시 개념어 팁 

1. 운율

(1) 시를 읽을 때 느껴지는 규칙적인 말의 가락. 특정 요소의 반복을 통해 나타나는 음악적 효과를 말함

(2) 운율 형성 방법

① 음운, 시어 등의 반복
예〉 갈래 갈래 갈린 길/ 길이라도 → 음운 'ㄱ'과 'ㄹ'을 반복
예〉 싸그락 싸그락 두드려 보았겠지/ 난분분 난분분 춤추었겠지 → 시어의 반복

② 통사 구조의 반복
예〉 그러는 동안에 영영 잃어버린 벗도 있다./ 그러는 동안에 멀리 떠나 버린 벗도 있다./
그러는 동안에 몸을 팔아 버린 벗도 있다./ 그러는 동안에 맘을 팔아 버린 벗도 있다. → 문장 구조의 반복

③ 음절 수, 음보 수의 반복
예〉 나 보기가∨ 역겨워∨ / 가실 때에는 / 말없이 ∨고이 보내 ∨ 드리우리다
　　　7글자　　　5글자　　　　7글자　　　　5글자
→ 7글자·5글자의 반복과 3음보(∨:음보)의 반복

④ 음성 상징어의 반복
수리를 흉내 낸 의성어와 모양을 흉내 낸 의태어를 반복하여 운율을 형성하고 생동감을 부여함
예〉 하롱하롱 꽃잎이 지는 어느 날 → 의태어의 사용
예〉 어디선가 북소리는/ 왜 둥둥둥둥 울려 나겠니 → 의성어의 사용

⑤ 수미상관
시의 처음과 끝에 동일하거나 유사한 시구를 배치하는 방식. 운율을 형성하고 시적 안정감을 부여함
예〉 1연, 5연 : 내를 건너서 숲으로/ 고개를 넘어서 마을로

2. 심상

시를 읽을 때 머릿속에 떠오르는 이미지. 시의 정서나 분위기를 구체적이고 생생하게 전달함

(1) **시각적 심상** : 모양이나 색깔과 같이 눈으로 느낄 수 있는 이미지　예〉 산은 자하산/ 봄눈 녹으면

(2) **청각적 심상** : 소리와 같이 귀로 느낄 수 있는 이미지　예〉 강바람은/ 산짐승의 우는 소릴 불러

(3) **후각적 심상** : 냄새와 같이 코로 느낄 수 있는 이미지
예〉 옛 탑 위의 고요한 하늘을 스치는 알 수 없는 향기는 누구의 입김입니까?

(4) **미각적 심상** : 맛과 같이 혀로 느낄 수 있는 이미지　예〉 메마른 입술이 쓰디쓰다.

(5) **촉각적 심상** : 감촉이나 온도와 같이 피부로 느낄 수 있는 이미지
예〉 꽃가루와 같이 부드러운 고양이의 털에

(6) **공감각적 심상** : 어떤 하나의 감각을 다른 감각으로 옮겨 표현한 이미지
예〉 점점 무거워져 오는 눈꺼풀 위로 멀리 누나가 다니는 분교의 풍금 소리 쌓이고 → 청각의 시각화
예〉 흰 옷고름 절로 향기로워라. → 시각의 후각화

3. 표현법

(1) **비유** : 어떤 현상이나 사물을 직접 설명하지 않고 다른 비슷한 현상이나 사물에 빗대어서 설명하는 것

(2) **원관념과 보조 관념**

① **원관념** : 비유에서 표현하고자 하는 실제 내용
② **보조 관념** : 비유에서 원관념의 뜻이나 분위기가 잘 드러나도록 도와주는 관념　예〉 [보조 관념] 나는 [보조 관념] 나룻배 / 당신은 행인
　　　　　　　　　　　　　　　　　　　　　　　　　[원관념]　　　[원관념]

다음 장에 이어서 >>>

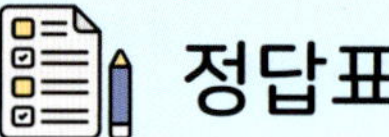 # 정답표

Ⅰ. 현대시
문제편 p.008 해설편 p.002
1. 현대시 ❶

001 ②	002 ③	003 ④	004 ②	005 ⑤
006 ③	007 ④	008 ⑤	009 ②	010 ④
011 ④	012 ④	013 ④	014 ①	015 ④
016 ①				

2. 현대시 ❷

017 ④	018 ④	019 ③	020 ③	021 ④
022 ④	023 ①	024 ⑤	025 ⑤	026 ④
027 ①	028 ④	029 ③	030 ④	031 ④

3. 현대시 ❸

032 ③	033 ⑤	034 ①	035 ①	036 ④
037 ⑤	038 ①	039 ④	040 ③	041 ⑤
042 ④	043 ②	044 ②	045 ③	046 ④

Ⅱ. 고전시가 및 시 복합
1. 하나의 고전시가
문제편 p.038 해설편 p.039

001 ②	002 ⑤	003 ②

2. 둘 이상의 고전시가

004 ④	005 ③	006 ①	007 ②	008 ③
009 ③	010 ④	011 ④	012 ①	013 ②
014 ①	015 ④	016 ①	017 ③	018 ①
019 ④	020 ⑤	021 ②	022 ⑤	023 ④

3. 고전시가와 현대시

024 ①	025 ③	026 ②	027 ④	028 ④

Ⅲ. 갈래 복합
문제편 p.054 해설편 p.070
1. 통합 지문

001 ⑤	002 ③	003 ①	004 ①	005 ⑤
006 ③	007 ②	008 ③	009 ④	

2. 고전시가와 수필 복합 지문 ❶

010 ③	011 ⑤	012 ③	013 ③	014 ④
015 ⑤	016 ③	017 ④	018 ④	019 ①
020 ④	021 ①	022 ④	023 ③	024 ④
025 ④	026 ⑤	027 ⑤	028 ③	029 ①
030 ④	031 ③			

3. 고전시가와 수필 복합 지문 ❷

032 ③	033 ②	034 ⑤	035 ③	036 ④
037 ③	038 ⑤	039 ⑤	040 ④	041 ④
042 ①	043 ④	044 ④	045 ④	046 ⑤
047 ③	048 ④	049 ⑤	050 ⑤	051 ③
052 ④	053 ④	054 ④	055 ①	056 ④
057 ⑤	058 ②	059 ②	060 ③	

4. 고전시가와 수필 복합 지문 ❸

061 ⑤	062 ⑤	063 ③	064 ②	065 ②
066 ①	067 ①	068 ④	069 ①	070 ③
071 ④	072 ⑤	073 ①	074 ④	075 ④
076 ②	077 ③	078 ④	079 ③	080 ④
081 ③	082 ②	083 ①	084 ⑤	085 ⑤

5. 현대시와 수필 복합 지문

086 ②	087 ③	088 ⑤	089 ④	090 ④

Ⅳ. 현대소설
문제편 p.102 해설편 p.147
1. 개화기 ~ 광복 이전 소설

001 ②	002 ④	003 ①	004 ②	005 ④
006 ①	007 ②	008 ③	009 ④	

2. 광복 이후 ~ 1950년대 소설

010 ④	011 ④	012 ②	013 ⑤	014 ①
015 ④	016 ⑤	017 ④	018 ①	019 ②
020 ②				

3. 1960년대 ~ 1970년대 소설

021 ②	022 ①	023 ①	024 ⑤	025 ④
026 ④	027 ②	028 ②	029 ③	030 ②
031 ③	032 ③	033 ④	034 ②	035 ⑤
036 ①	037 ③	038 ④	039 ③	

4. 1980년대 소설

040 ①	041 ⑤	042 ③	043 ⑤	044 ⑤
045 ①	046 ④	047 ⑤		

5. 1990년대 소설

048 ②	049 ②	050 ②	051 ③	052 ④
053 ①	054 ①			

6. 2000년 이후 소설

055 ①	056 ②	057 ⑤	058 ⑤	059 ②
060 ③	061 ①	062 ③	063 ③	064 ④
065 ④	066 ④	067 ⑤	068 ⑤	069 ②
070 ④	071 ⑤	072 ②	073 ⑤	074 ②

Ⅴ. 고전소설
문제편 p.146 해설편 p.213
1. 영웅 소설 ❶

001 ④	002 ⑤	003 ⑤	004 ②	005 ⑤
006 ④	007 ⑤	008 ②	009 ④	010 ⑤
011 ②	012 ②	013 ④	014 ⑤	015 ③
016 ⑤	017 ④	018 ④	019 ③	020 ⑤
021 ①				

2. 영웅 소설 ❷

022 ④	023 ④	024 ⑤	025 ⑤	026 ④
027 ④	028 ②	029 ③	030 ③	031 ③

032 ②	033 ②	034 ①	035 ⑤	036 ⑤
037 ④	038 ②	039 ③		

3. 전기 소설

040 ①	041 ④	042 ⑤	043 ②	044 ④
045 ①	046 ③	047 ⑤	048 ②	049 ④
050 ④	051 ②	052 ⑤		

4. 판소리 및 판소리계 소설

053 ③	054 ⑤	055 ③	056 ①	057 ④
058 ④	059 ⑦	060 ⑤	061 ②	062 ③
063 ②	064 ③	065 ②	066 ①	067 ③
068 ④	069 ②			

5. 애정 및 가정 소설

070 ②	071 ②	072 ⑤	073 ⑤	074 ①
075 ①	076 ②	077 ④	078 ④	079 ④
080 ②	081 ③	082 ②	083 ④	084 ②
085 ①	086 ③	087 ③	088 ③	

6.설화

089 ①	090 ⑤	091 ③

Ⅵ. 극
문제편 p.200 해설편 p.295
1. 희곡

001 ⑤	002 ③

2. 시나리오

003 ⑤	004 ④	005 ④	006 ④	007 ③
008 ②	009 ③	010 ④	011 ①	012 ②
013 ②				

미니모의고사 1회
문제편 p.210 해설편 p.308

001 ②	002 ④	003 ⑤	004 ④	005 ③
006 ④	007 ③	008 ⑤	009 ③	010 ⑤
011 ③	012 ⑤	013 ⑤	014 ④	015 ②

미니모의고사 2회
문제편 p.218 해설편 p.321

001 ④	002 ②	003 ⑤	004 ②	005 ③
006 ⑤	007 ④	008 ③	009 ③	010 ④
011 ④	012 ①	013 ④	014 ①	015 ②

2028학년도 대학수학능력시험 예시문항
문제편 p.228 해설편 p.333

001 ③	002 ⑤	003 ⑤	004 ④	005 ②
006 ②	007 ⑤	008 ②	009 ③	010 ④
011 ①	012 ⑤	013 ②	014 ④	015 ④

빠른 정답표 QR

QR코드를 스캔하시면
정답표 PDF를 다운로드하실 수 있습니다.

2026 마더텅
전국연합 학력평가 기출문제집
고1 국어 문학

학교 내신과 전국연합 학력평가의 대비를 위한 기출문제집!
풀면 풀수록 국어 문학의 원리가 정리되는 문제집!

풍부하고 다양한 문항구성

| 3개년 (2023~2025년) 전국연합 학력평가 전 문항 수록 | **+** | 7개년 (2016~2022년) 전국연합 학력평가 우수 문항 선별 수록 |

- 총 387문항 164개 작품을 6개의 유형별로 배치

체계적 학습에 최적화된 문제편

- 영역별·주제별로 세분화된 분류
- 164개 작품의 난도에 따른 문제 풀이 시간 제공
- 실전 대비를 위한 미니모의고사 2회분
- 2028학년도 대학수학능력 예시문항 수록

학교 내신과 학력평가 및 수능대비 실전 연습 가능!

친절하고 자세한 해설편

- 학습에 용이하게 해설편에 문제가 한 번 더!
- 친절하고 자세한 해설, 핵심 내용에 꼼꼼한 첨삭!
- 지문 내 근거를 바탕으로 한 풀이 과정!
- 지문의 핵심 내용을 체계적으로 정리한 지문 이해와 인물 관계도!
- 정확한 내용 이해를 위한 지문 속 어려운 어휘나 구절 풀이
- 문학 개념에 대한 이해를 깊어지게 하는 관련 기출 작품 제시!
- 편리한 문항 분석을 위한 문제 유형, 원문항 번호, 정답률 명시!
- 고3 연계 지문을 통한 수능 최적화 훈련!

*갈래 복합은 '고전시가와 수필, 현대시와 수필' 등 다른 갈래로 구성된 지문입니다.

4주 28일 완성 학습계획표

- 마더텅 기출문제집을 100% 활용할 수 있도록 도와주는 학습계획표입니다. 계획표를 활용하여 학습 일정을 계획하고 자신의 성적을 체크해 보세요.
  꼭 4주 완성을 목표로 하지 않더라도, 스스로 학습 현황을 체크하면서 공부하는 습관은 문제집을 끝까지 푸는 데 도움을 줍니다.
- 날짜별로 정해진 분량에 맞춰 공부하고 학습 결과를 기록합니다.
- 계획은 도중에 틀어질 수 있습니다. 하지만 계획을 세우고 지키는 과정은 그 자체로 효율적인 학습에 큰 도움이 됩니다.
  학습 중 계획이 변경될 경우에 대비해 마더텅 홈페이지에서 학습계획표 PDF 파일을 제공하고 있습니다.

주차	Day	학습 내용		성취도				
				100%	99~75%	74~50%	49~25%	24~0%
1 주 차	1일차	Ⅰ. 현대시	001번 ~ 010번					
	2일차		011번 ~ 022번					
	3일차		023번 ~ 034번					
	4일차		035번 ~ 046번					
	5일차	Ⅱ. 고전시가 및 시 복합	001번 ~ 010번					
	6일차		011번 ~ 020번					
	7일차		021번 ~ 028번					
2 주 차	8일차	Ⅲ. 갈래 복합	001번 ~ 009번					
	9일차		010번 ~ 018번					
	10일차		019번 ~ 031번					
	11일차		032번 ~ 046번					
	12일차		047번 ~ 060번					
	13일차		061번 ~ 072번					
	14일차		073번 ~ 090번					
3 주 차	15일차	Ⅳ. 현대소설	001번 ~ 009번					
	16일차		010번 ~ 020번					
	17일차		021번 ~ 031번					
	18일차		032번 ~ 047번					
	19일차		048번 ~ 058번					
	20일차		059번 ~ 074번					
	21일차	Ⅴ. 고전소설	001번 ~ 013번					
4 주 차	22일차		014번 ~ 029번					
	23일차		030번 ~ 039번					
	24일차		040번 ~ 052번					
	25일차		053번 ~ 069번					
	26일차		070번 ~ 081번					
	27일차		082번 ~ 091번					
	28일차	Ⅵ. 극	001번 ~ 013번					

*작품 유형 분류 : 시: 현대시 / 소설: 현대소설 / 고시: 고전시가 / 고설: 고전소설 / 수필: 수필 / 극: 극

[001~003]　2025년 9월 학평 (인천) 31~33번　정답과 해설편 p.002

다음 글을 읽고 물음에 답하시오.　3문항을 6분 안에 풀어보세요.　6분

(가)

　나는 바다로 가는 길로 걸어간다. 노오란 호박꽃이 많이 핀 돌담을 끼고 황혼이 있다.

　돌담을 돌아가면 — 바다가 소리쳐 부른다. 바다 소리에 내가 젖는다. 내가 젖는다.

　물방울이 **생활**처럼 **차**다. 몸에 스며든다. 요새는 모든 것이 ㉠짙은 커피처럼 너무도 쓰다.

　나는 **고향**에 가고 싶다. 고향의 숲이, 언덕이, 들이, 시내가 그립다. 어릴 적 기억이 ㉡파도처럼 달려든다.

　바다가 **어머니**라면 — 하고 나는 생각해 본다. 바다의 **품**에 안기고 싶다. 안기어 ㉢날개같이 보드러운 물결을 쓰고 맘 편히 쉬고 싶다.

　수평선 아득히 아물거리는 은색의 향수. 나는 **찢어진 추억의 천막을 깁**는다, 여기 **모래벌**에 주저앉아 —.

- 장만영, 「향수」-

(나)

꽃 사이 타오르는 햇살을 향하여
㉣고요히 돌아가는 해바라기처럼
높고 아름다운 하늘을 받들어
그 속에 맑은 넋을 살게 하라.

가시밭길을 넘어 그윽이 **웃**는 한 송이 꽃은
눈물의 이슬을 받아 핀다 하노니
깊고 거룩한 세상을 우러르기에
삼가 육신의 괴로움도 달게 받으라.

괴로움에 짐짓 웃을 양이면
슬픔도 오히려 아름다운 것이
고난을 **사랑**하는 이에게만이
마음 나라의 **원광**은 떠오르노라.

푸른 하늘로 푸른 하늘로
㉤항시 날아오르는 노고지리같이
맑고 아름다운 하늘을 받들어
그 속에 높은 넋을 살게 하라.

- 조지훈, 「마음의 태양」-

001 표현상 공통점

(가)와 (나)의 공통점으로 가장 적절한 것은?

① 명령형 어조를 사용하여 시적 의미를 강조하고 있다.
② 동일한 시구를 반복하여 시적 분위기를 고조하고 있다.
③ 일부 시행을 명사형으로 종결하여 여운을 남기고 있다.
④ 색채어의 대비를 통해 대상을 선명하게 제시하고 있다.
⑤ 수미상관 기법을 활용하여 구조적 안정감을 부여하고 있다.

002 시구의 의미

㉠~㉤에 대한 이해로 적절하지 <u>않은</u> 것은?

① ㉠ : 일상의 삶에서 받는 느낌을 미각적 이미지로 표현하여 화자가 삶에서 느끼는 고단함을 나타내고 있다.

② ㉡ : 기억이 걷잡을 수 없이 떠오르는 상황을 역동적 이미지로 표현하여 고향에 대한 화자의 그리움을 나타내고 있다.

③ ㉢ : 물결에서 연상되는 느낌을 촉각적 이미지로 표현하여 고향으로 돌아갈 수 있으리라는 화자의 기대를 나타내고 있다.

④ ㉣ : 햇살을 향하는 대상의 모습을 시각적 이미지로 표현하여 하늘에 대한 화자의 동경을 나타내고 있다.

⑤ ㉤ : 하늘로 나아가는 대상의 모습을 상승적 이미지로 표현하여 화자가 지향하는 가치를 추구해 나가는 마음을 나타내고 있다.

003 감상의 적절성

〈보기〉를 참고하여 (가), (나)를 감상한 내용으로 적절하지 <u>않은</u> 것은? `3점`

> **│ 보 기 │**
>
> 시에는 상황에 대한 화자의 인식이 반영되어 있다. 화자가 자신이 처한 상황이 부정적이라고 인식하는 것은 그러한 상황을 극복하고 싶은 화자의 의지를 드러내는 방법이 되기도 한다. (가)의 화자는 바닷가에서 과거의 긍정적 기억을 떠올리면서 삶의 상처를 치유하고자 한다. 한편 (나)의 화자는 자연물의 모습을 제시하고, 그들처럼 삶의 고통을 받아들이면서 숭고한 태도로 살겠다고 스스로 다짐하는 모습을 보여 준다.

① (가)에서 '생활'이 '차'다고 느끼는 것과 (나)에서 '괴로움'과 '슬픔'을 언급하는 것은 화자가 자신이 처한 상황이 부정적이라고 인식하고 있음을 나타낸 것이라고 할 수 있겠군.

② (가)에서 바다를 보며 '고향'의 모습과 '어머니'의 '품'을 떠올리는 것은 현재 화자가 있는 공간을 통해 과거의 긍정적 기억이 환기된 것이라고 할 수 있겠군.

③ (가)에서 '모래벌'에 앉아서 '찢어진 추억의 천막을 깁'는 것은 화자가 추억을 되새기면서 현재의 상처를 치유하는 과정을 의미하는 것이라고 할 수 있겠군.

④ (나)에서 '웃'으며 '가시밭길을 넘'은 후에야 '눈물의 이슬'을 받을 수 있다고 인식하는 것은 숭고한 태도로 살고자 하는 화자의 의지가 반영된 것이라고 할 수 있겠군.

⑤ (나)에서 '고난'을 '사랑'해야 '원광'이 떠오를 수 있다는 것은 고통을 수용해야 부정적인 상황을 극복할 수 있다는 화자의 인식을 나타낸 것이라고 할 수 있겠군.

다음 글을 읽고 물음에 답하시오.　3문항을 4분 안에 풀어보세요. 

(가)

상한 갈대라도 하늘 아래선
한 계절 넉넉히 흔들리거니
뿌리 깊으면야
밑둥 잘리어도 새순은 돋거니
충분히 흔들리자 상한 영혼이여
충분히 흔들리며 고통에게로 가자

뿌리 없이 흔들리는 부평초 잎이라도
물 고이면 꽃은 피거니
이 세상 어디서나 개울은 흐르고
이 세상 어디서나 등불은 켜지듯
가자 **고통이여 살 맞대고 가자**
외롭기로 작정하면 어딘들 못 가랴
가기로 목숨 걸면 지는 해가 문제랴

고통과 설움의 땅 훨훨 지나서
뿌리 깊은 벌판에 서자
두 팔로 막아도 바람은 불듯
영원한 눈물이란 없느니라
영원한 비탄이란 없느니라
캄캄한 밤이라도 하늘 아래선
마주 잡을 ㉠손 하나 오고 있거니

- 고정희, 「상한 영혼을 위하여」-

(나)

눈먼 ㉡손으로
나는 삶을 만져 보았네.
그건 가시투성이였어.

가시투성이 삶의 온몸을 만지며
나는 미소지었지.
이토록 가시가 많으니
곧 장미꽃이 피겠구나 하고.

장미꽃이 피어난다 해도
어찌 가시의 고통을 잊을 수 있을까
해도
장미꽃이 피기만 한다면
어찌 가시의 고통을 버리지 못하리오

눈먼 손으로
삶을 어루만지며
나는 가시투성이를 지나
장미꽃을 기다렸네.

그의 몸에는 많은 가시가
돋아 있었지만, 그러나,
나는 한 송이의 장미꽃도 보지 못하였네.

그러니, 그대, 이제 말해주오,
삶은 가시장미인가 장미가시인가
아니면 장미의 가시인가, 또는
장미와 가시인가를.

- 김승희, 「장미와 가시」-

004 표현상 특징

(가)와 (나)에 대한 설명으로 가장 적절한 것은?

① (가)와 (나)는 모두, 공간의 이동에 따라 시상을 입체적으로 전개하고 있다.
② (가)와 (나)는 모두, 설의적 표현을 사용하여 작품의 주제 의식을 강조하고 있다.
③ (가)와 (나)는 모두, 음성 상징어를 활용하여 시적 상황을 생동감 있게 드러내고 있다.
④ (가)는 명령형 문장을, (나)는 청유형 문장을 통해 시적 분위기를 고조시키고 있다.
⑤ (가)는 시각적 이미지를, (나)는 후각적 이미지를 통해 대상의 속성을 구체화하고 있다.

005 시어의 의미

㉠과 ㉡에 대한 이해로 가장 적절한 것은?

① ㉠과 ㉡은 모두, 화자에게 동정심을 유발하는 대상이다.
② ㉠과 ㉡은 모두, 화자가 부정적 현실을 극복하게 한 계기이다.
③ ㉠은 화자를 발전적으로 변화시키려는 존재이고, ㉡은 화자를 현실에 만족하게 하는 매개체이다.
④ ㉠은 화자가 친밀감을 느끼는 대상이고, ㉡은 화자가 경외감을 느끼는 대상이다.
⑤ ㉠은 화자에게 도움이 될 연대의 대상이고, ㉡은 화자가 삶의 본질을 생각하게 하는 매개체이다.

006 감상의 적절성

<보기>를 바탕으로 (가)와 (나)를 감상한 내용으로 적절하지 <u>않은</u> 것은? `3점`

> **| 보 기 |**
>
> (가)와 (나)는 모두, 자연물을 통해 삶의 고통과 희망을 형상화하고 있는 작품이다. (가)는 연약하지만 강한 생명력을 지닌 '갈대'와 '부평초'를 통해, 삶의 시련에 굴하지 않고 고통을 직접적으로 대면해 극복하고자 하는 굳센 의지와 희망을 노래하고 있다. (나)는 아름답지만 가시가 있는 '장미'를 통해 인고의 세월을 견디며 기대했던 희망이 실현되지 않을 때의 상실감과, 고통과 희망이 공존하는 삶을 살아가는 인간의 내면적 갈등을 노래하고 있다.

① (가)의 '밑둥 잘리어도 새순은 돋'는 모습은 연약하지만 강한 생명력을 지닌 존재를 구체적으로 형상화한 것이군.
② (가)의 '고통이여 살 맞대고 가자'는 고통을 피하지 않고 직접적으로 대면하여 극복하고자 하는 의지를 드러낸 것이군.
③ (나)의 '장미꽃이 피기만 한다면 / 어찌 가시의 고통을 버리지 못하리오'는 기대했던 희망이 실현되지 않을 때의 상실감을 노래한 것이군.
④ (나)의 '삶은 가시장미인가 장미가시인가'는 고통과 희망이 공존하는 삶을 살아가는 인간의 내면적 갈등을 드러낸 것이군.
⑤ (가)의 '뿌리 없이 흔들리는'과 (나)의 '가시가 많으니'는 모두, 삶의 고통을 겪고 있는 존재의 모습을 상징하는군.

다음 글을 읽고 물음에 답하시오. 4문항을 6분 안에 풀어보세요.

6분

(가)

떨리는 손으로 풀죽은 김밥을
입에 쑤셔넣고 있는 동안에도
기차는 여름 들판을 내 눈에 밀어넣었다.
㉠ 연둣빛 벼들이 눈동자를 찔렀다.
들판은 왜 저리도 푸른가.
아니다. 푸르다는 말은 적당치 않다.
초록은 동색이라지만
연두는 내게 좀 다른 종족으로 여겨진다.
거기엔 아직 고개 숙이지 않은
출렁거림, 또는 수런거림 같은 게 남아 있다.
저 순연한* 벼포기들.
그런데 **내 안은 왜 이리 어두운가.**
㉡ 나를 빛바래게 하려고 쏟아지는 저 햇빛도
결국 어두워지면 빛바랠 거라고 중얼거리며
김밥을 네 개째 삼키는 순간
갑자기 **울음**이 터져나왔다, 그것이 마치
감정이 몸에 돌기 위한 최소조건이라도 되는 듯.
눈에 즙처럼 괴는 연두.
그래. 저 빛에 나도 두고 온 게 있지.
기차는 여름 들판 사이로 오후를 달린다.

- 나희덕, 「연두에 울다」-

＊순연한 : 다른 것이 조금도 섞이지 않은, 온전한.

(나)

어느 사이에 나는 아내도 없고, 또,
아내와 같이 살던 집도 없어지고,
그리고 살뜰한 부모며 동생들과도 멀리 떨어져서,
㉢ 그 어느 바람 세인 쓸쓸한 거리 끝에 헤매이었다.
바로 날도 저물어서,
바람은 더욱 세게 불고, 추위는 점점 더해 오는데,
나는 어느 목수네 집 헌 샅을 깐,
한 방에 들어서 쥔을 붙이었다*.
이리하여 나는 이 습내 나는 춥고, 누긋한 방에서,
㉣ 낮이나 밤이나 나는 나 혼자도 너무 많은 것같이 생각하며,
딜옹배기에 북덕불*이라도 담겨 오면,
이것을 안고 손을 쬐며 재 우에 뜻없이 글자를 쓰기도 하며,
또 문밖에 나가지두 않고 자리에 누워서,
머리에 손깍지벼개를 하고 굴기도 하면서,
㉤ 나는 내 슬픔이며 어리석음이며를 소처럼 연하여 쌔김질하는
것이었다.
내 가슴이 꽉 메어 올 적이며,
내 눈에 뜨거운 것이 핑 괴일 적이며,

또 내 스스로 화끈 낯이 붉도록 부끄러울 적이며,
나는 내 슬픔과 어리석음에 눌리어 죽을 수밖에 없는 것을 느끼
는 것이었다.
그러나 잠시 뒤에 나는 고개를 들어,
허연 문창을 바라보든가 또 눈을 떠서 높은 천장을 쳐다보는 것
인데,
이때 나는 내 뜻이며 힘으로, **나를 이끌어 가는** 것이 힘든 일인
것을 생각하고,
이것들보다 **더 크고, 높은 것**이 있어서, 나를 마음대로 굴려 가는
것을 생각하는 것인데,
이렇게 하여 여러 날이 지나는 동안에,
내 어지러운 마음에는 슬픔이며, 한탄이며, 가라앉을 것은 차츰
앙금이 되어 가라앉고,
외로운 생각만이 드는 때쯤 해서는,
더러 나줏손에 쌀랑쌀랑 싸락눈이 와서 문창을 치기도 하는 때
도 있는데,
나는 이런 저녁에는 화로를 더욱 다가 끼며, 무릎을 꿇어 보며,
어느 먼 산 뒷옆에 바우섶에 따로 외로이 서서,
어두워 오는데 하이야니 눈을 맞을, 그 마른 잎새에는,
쌀랑쌀랑 소리도 나며 눈을 맞을,
그 드물다는 **굳고 정한 갈매나무**라는 나무를 생각하는 것이었
다.

- 백석, 「남신의주 유동 박시봉방」-

＊쥔을 붙이었다 : 주인집에 세 들었다.
＊북덕불 : 짚이나 풀 따위가 뒤섞여 엉클어진 뭉텅이에 피운 불.

007 표현상 공통점

(가)와 (나)의 표현상 공통점으로 가장 적절한 것은?

① 수미상관을 사용하여 주제 의식을 강조하고 있다.
② 시행을 명사로 마무리하여 시적 여운을 남기고 있다.
③ 소재의 나열을 통해 역동적 분위기를 강화하고 있다.
④ 계절적 이미지를 활용하여 시적 상황을 부각하고 있다.
⑤ 말을 건네는 방식을 사용하여 친밀감을 나타내고 있다.

DAY
01

I
현
대
시

008 소재의 의미

(가)의 '기차[A]'와 (나)의 '방[B]'에 대한 설명으로 가장 적절한 것은?

① A는 B와 달리 화자가 과거의 아픔을 떠올리는 공간이다.
② B는 A와 달리 화자가 이상적으로 생각하는 공간이다.
③ A는 화자가 애상감을, B는 자족감을 느끼는 공간이다.
④ A는 화자가 즐거움을, B는 고독감을 느끼는 공간이다.
⑤ A와 B는 모두 화자가 내적 갈등을 경험하는 공간이다.

009 화자의 상황

시상의 흐름을 고려하여 ㉠~㉤을 이해한 내용으로 적절하지 않은 것은?

① ㉠ : 연둣빛 벼들이 눈에 들어온 상황을 표현하고 있다.
② ㉡ : 햇빛이 자신을 성숙하게 만드는 상황을 표현하고 있다.
③ ㉢ : 가족들과 떨어진 채 방황하는 상황을 표현하고 있다.
④ ㉣ : 자기 한 몸도 감당하기 어려운 상황을 표현하고 있다.
⑤ ㉤ : 자신의 지난 삶을 성찰하고 있는 상황을 표현하고 있다.

010 감상의 적절성

<보기>를 바탕으로 (가), (나)를 감상한 내용으로 적절하지 않은 것은? `3점`

> **│ 보 기 │**
> (가)의 화자는 투병으로 생기를 잃은, (나)의 화자는 객지에서 홀로 힘겨워하는 처지에 놓여 있다. (가)와 (나)의 화자는 유사한 정서적 변화를 경험하게 된다. 무기력한 화자가 자신의 현실을 절망적으로 인식하다가, 특정한 계기로 정서적 변화를 경험하고 긍정적인 심리 상태에 이른다. 이 과정에서 특정 대상의 속성에 주목하는 모습을 보이기도 한다.

① (가)의 '떨리는 손으로 풀죽은 김밥'을 먹는 것에서, (나)의 '문밖에 나가지두 않고 자리에 누워' 있는 것에서 화자의 무기력한 모습을 엿볼 수 있군.
② (가)의 '들판은 왜 저리도 푸른가'에서, (나)의 '바람은 더욱 세게' 분다는 것에서 자신과 대비되는 특정 대상의 속성에 주목하는 화자의 모습을 확인할 수 있군.
③ (가)의 '내 안은 왜 이리 어두운가'에서, (나)의 '내 슬픔과 어리석음에 눌리어 죽을 수밖에 없는 것'에서 화자가 자신이 처한 현실을 절망적으로 인식하고 있음을 알 수 있군.
④ (가)의 '감정이 몸에 돌기 위한 최소조건'으로서 '울음'이 터진 것에서, (나)의 '나를 이끌어 가는' 운명으로서 '더 크고, 높은 것'을 인식한 것에서 정서적 변화의 계기를 알 수 있군.
⑤ (가)의 '그래. 저 빛에 나도 두고 온 게 있지'에서 생명력 회복에 대한 화자의 바람을, (나)의 '굳고 정한 갈매나무'를 생각하는 것에서 화자의 현실 극복 의지를 엿볼 수 있군.

다음 글을 읽고 물음에 답하시오. 3문항을 5분 안에 풀어보세요. 

(가)

가지마다 파아란 하늘을
바뜰었다.
파릇한 새순이 꽃보다 곱다.

청송(靑松)이래도 가을 되면
홀 홀 낙엽(落葉) 진다 하느니,

봄마다 새로 젊은
자랑이 사랑웁다.

낮에 **햇볕** 입고
밤에 별이 소올솔 내리는
이슬 마시고,

파릇한 새 순이
여름으로 자란다.

- 박두진, 「낙엽송(落葉松)」 -

(나)

1

　┌　나는 불을 끈다.
　│　꿈꾸는 시간을 위해 나는 불을 끈다.
[A]　메마른 껍질로 둘러진 현실의 울타리 안에는
　└　한 포기 풀도 자라지 못하는 가뭄의 뜰이 있고,

　┌　불모(不毛)의 뜰에서는 뿌리도 타는 목마름과
　│　비틀어진 가지에 마른 나뭇잎들이 보스라지고 있다.
[B]　나는 불을 끈다.
　└　꿈꾸는 시간을 위하여 나는 불을 끈다.

2

　┌　불을 끈 시간의 끝에서
　│　**가뭄에 마른 현실**의 시체에 꽃이 달리는
[C]　찬란한 화재(火災)를 위해 지피는 **불길**은
　└　**거인(巨人)처럼 치솟**아 꿈 속을 밝힌다.

　┌　요원(遼遠)의 그슬린 **검은 잿더미 위**에서
　│　**푸른 바다가 번져**가고
[D]　**싱그러운 냄새가 뿜어 삼월(三月)의 뜰**을 만드는
　└　삼월의 사상(思想)을 위하여.

3

　┌　나는 불을 끈다.
　│　꿈꾸는 시간을 위해 나는 **지하층계**를 딛고 내려간다.
[E]　가는 물줄기는 **어느 샘**에 뿌리를 박고
　└　질적질적 땅을 적시고 있다.

　┌　마른 뿌리는 가는 물줄기에 주둥이를 박고
　│　지금 목을 축이고 있다.
[F]　나는 불을 끈다.
　└　불을 켜는 시간을 위해 나는 불을 끈다.

- 박남수, 「소등(消燈)」 -

---

011 표현상 공통점

(가)와 (나)의 공통점으로 가장 적절한 것은?

① 감탄사를 사용하여 애상적 정서를 표현하고 있다.
② 동일한 연을 반복하여 주제 의식을 강조하고 있다.
③ 명령형 어조를 사용하여 시적 분위기를 고조시키고 있다.
④ 색채 이미지를 활용하여 대상을 감각적으로 나타내고 있다.
⑤ 경어체를 사용하여 대상에 대한 예찬적 태도를 드러내고 있다.

012 시상 전개 과정

[A] ~ [F]에 대한 이해로 적절하지 <u>않은</u> 것은?

① [A]에서 '울타리 안'의 상황은, [B]에서 '나뭇잎들이 보스라지'는 모습으로 구체화된다.

② [B]에서 '불을 끈다'는 화자의 행위에는, [C]에서 '불을 끈 시간의 끝'에서의 상황을 마주하려는 의도가 담겨 있다.

③ [D]에서 '그슬린' 대상은, [C]의 불을 '지피는' 행위와 관련된다.

④ [E]에서 다른 대상과 상생하는 '물줄기'는, [F]에서 다른 대상에게 의지하는 '물줄기'로 전환된다.

⑤ [F]에 나타난 '뿌리'의 모습은, [B]에서 '뿌리'가 처한 상황과 대비된다.

013 감상의 적절성

<보기>를 바탕으로 (가), (나)를 감상한 내용으로 적절하지 <u>않은</u> 것은? [3점]

> | 보 기 |
> (가)와 (나)에는 모두 소멸이 생성으로 이어진다는 인식이 드러난다. (가)의 화자는 계절의 변화라는 자연의 질서에 따라 죽음, 탄생, 성장을 반복하는 생명의 모습을 드러낸다. (나)의 화자는 척박한 현실이 생명력 있는 세계로 전환되기를 소망하며, 생명력 회복에 대한 지향을 드러낸다.

① (가)의 '파릇한 새 순'이 '여름으로 자란다'는 것에 계절의 변화에 따라 달라지는 생명의 모습이 드러나 있군.

② (나)의 '가뭄에 마른 현실'에 '불길'이 '거인처럼 치솟'는다는 것에 화자가 현실의 척박함을 인식하게 된 계기가 나타나 있군.

③ (나)의 '싱그러운 냄새가 뿜어' 만드는 '삼월의 뜰'에 화자가 지향하는 생명력 있는 세계가 형상화되어 있군.

④ (가)의 '홀 홀 낙엽'지는 청송이 '봄마다 새로 젊'다는 것에, (나)의 '검은 잿더미 위'에 '푸른 바다가 번져'간다는 것에 모두 소멸 이후 생성이 이어진다는 인식이 드러나 있군.

⑤ (가)의 '햇볕'을 입고 '이슬'을 마시는 것에 생명의 성장을 위한 과정이, (나)의 '지하층계'를 내려가 '어느 샘'을 인식하는 것에 화자의 의식에 내재된 생명력 회복에 대한 바람이 드러나 있군.

다음 글을 읽고 물음에 답하시오.　　3문항을 6분 안에 풀어보세요.　　6분

(가)

거미란 **놈**이 흉한 심보로 병원 뒤뜰 난간과 꽃밭 사이 사람 발이 잘 닿지 않는 곳에 그물을 쳐 놓았다. 옥외 요양을 받는 젊은 사나이가 누워서 치어다보기 **바르게—**

나비가 한 마리 **꽃밭**에 **날아**들다 **그물**에 걸리었다. 노오란 **날개를 파득거려도** 파득거려도 나비는 **자꾸** 감기우기만 한다. 거미가 **쏜살같이** 가더니 끝없는 끝없는 실을 뽑아 나비의 온몸을 감아 버린다. **사나이는** 긴 **한숨을 쉬**었다.

나이보담 무수한 고생 끝에 때를 잃고 병을 얻은 이 사나이를 위로할 말이—**거미줄을 헝클어 버리는** 것밖에 위로의 말이 없었다.

- 윤동주, 「위로」 -

(나)

누가 와서 나를 부른다면
내 보여 주리라
저 얼은 들판 위에 내리는 달빛을.
얼은 들판을 걸어가는 한 그림자를
지금까지 **내 생각해 온 것**은 모두 **무엇**인가.
친구 몇몇 친구 몇몇 그들에게는
이제 내 것 가운데 그중 외로움이 아닌 길을
보여 주게 되리.
오랫동안 네 여며온 고의춤*에 남은 것은 무엇인가.
두 팔 들고 **얼음을 밟**으며
갑자기 **구름 개인 들판을 걸어**갈 때
헐벗은 옷 **가득히 받**는 **달빛** 달빛.

- 황동규, 「달밤」 -

*고의춤 : 고의나 바지의 허리를 접어서 여민 사이.

014　표현상 공통점

(가)와 (나)의 공통점으로 가장 적절한 것은?

① 동일한 시어를 반복하여 시적 의미를 강조하고 있다.
② 명사로 시상을 마무리하여 시적 여운을 드러내고 있다.
③ 반어적 표현을 활용하여 화자의 태도를 부각하고 있다.
④ 영탄적 어조를 통해 시적 대상의 속성을 예찬하고 있다.
⑤ 공감각적 심상을 이용하여 애상적 분위기를 조성하고 있다.

015 시어의 의미

(가), (나)의 시어에 대한 이해로 적절하지 <u>않은</u> 것은?

① (가)에서 '바르게'를 활용하여 사나이가 누워 있는 곳이 거미가 쳐 놓은 그물을 쳐다보기에 좋은 위치임을 나타내고 있군.
② (가)에서 '자꾸'를 활용하여 거미가 쳐 놓은 그물에 걸려 계속해서 감기기만 하는 나비의 힘든 상황을 그려 내고 있군.
③ (가)에서 '쏜살같이'를 활용하여 나비를 감기 위해 매우 빠르게 움직이는 거미의 행동을 강조하고 있군.
④ (나)에서 '이제'를 활용하여 친구 몇몇과의 만남으로 인해 외로움이 아닌 길이 시작되었음을 드러내고 있군.
⑤ (나)에서 '가득히'를 활용하여 달빛이 화자의 헐벗은 옷을 환히 비추는 상황을 드러내고 있군.

016 감상의 적절성

<보기>를 바탕으로 (가), (나)를 감상한 내용으로 적절하지 <u>않은</u> 것은? 3점

> **| 보기 |**
>
> (가)와 (나)는 각각 일제 강점기와 1950년대의 부정적 현실을 배경으로 한다. 모두 자연물을 활용하고 있다는 공통점이 있지만, 화자가 현실에 대응하는 태도는 다르다. (가)는 암울한 현실에서 무기력한 우리 민족의 상황을 표현하며 이를 위로하는 화자의 행동을, (나)는 질문을 통해 자신을 성찰하고 자연물의 속성을 내면화하여 순수한 삶을 살고자 하는 화자의 자세를 드러내고 있다.

① (가)에서 '나비'가 '꽃밭'으로 '날아'드는 것은 일제 강점기의 암울한 현실에 대응하려는 화자의 의지를 드러낸 것이겠군.
② (가)에서 '한숨을 쉬'는 '사나이'를 위해 '거미줄을 헝클어 버리는' 것은 무기력한 우리 민족의 상황을 위로하는 화자의 행동을 드러낸 것이겠군.
③ (나)에서 '달빛'을 '받'으며 '구름 개인 들판을 걸어'가는 것은 달의 밝은 이미지를 내면화하여 순수한 삶을 살겠다는 화자의 자세를 드러낸 것이겠군.
④ (나)에서 '내 생각해 온 것'이 '무엇'인지를 물으며 자기 내면을 들여다보는 것은 질문을 통해 자신의 삶을 성찰하는 화자의 모습을 드러낸 것이겠군.
⑤ (가)에서 '거미란 놈'의 '그물'에 걸려 '나비'가 '날개를 파득거'리는 것과 (나)에서 화자가 '얼은 들판을 걸어가'며 '얼음을 밟'는 것은 모두 자연물을 활용하여 부정적 현실을 드러낸 것이겠군.

[017~019] 　**2024년 6월 학평 (부산) 43~45번**　정답과 해설편 p.015

다음 글을 읽고 물음에 답하시오.　3문항을 5분 안에 풀어보세요.

（가）

모밀묵이 먹고 싶다.
그 싱겁고 구수하고
못나고도 소박하게 점잖은
촌 잔칫날 팔모상에 올라
새사돈을 대접하는 것.
그것은 저문 봄날 해질 무렵에
허전한 마음이
마음을 달래는
쓸쓸한 식욕이 꿈꾸는 음식.
또한 인생의 참뜻을 짐작한 자의
너그럽고 넉넉한
눈물이 갈구하는 쓸쓸한 식성.
아버지와 아들이 겸상을 하고
손과 주인이 겸상을 하고
산나물을
곁들여 놓고
어수룩한 산기슭의 허술한 물방아처럼
슬금슬금 세상 얘기를 하며
먹는 음식.
그리고 마디가 굵은 사투리로
은은하게 서로 사랑하며 어여삐 여기며
그렇게 **이웃끼리**
이 세상을 건느고
저승을 갈 때,
보이소 아는 양반 앙인기요
보이소 웃마을 이생원 앙인기요
서로 불러 길을 가며 쉬며 그 **마지막 주막에서**
걸걸한 막걸리 잔을 나눌 때
절로 젓가락이 가는
쓸쓸한 식욕.

- 박목월, 「적막한 식욕」-

（나）

아픈 몸 일으켜 혼자 찬밥을 먹는다
찬밥 속에 서릿발이 목을 쑤신다
부엌에는 각종 전기 제품이 있어
일 분만 단추를 눌러도 ㉠ 따끈한 밥이 되는 세상
찬밥을 먹기도 쉽지 않지만
오늘 혼자 찬밥을 먹는다
가족에겐 ㉡ 따스한 밥 지어 먹이고
찬밥을 먹던 사람
이 빠진 그릇에 찬밥 훑어
누가 남긴 무 조각에 생선 가시를 핥고
몸에서는 제일 따스한 사랑을 뿜던 그녀
깊은 밤에도
혼자 달그락거리던 그 손이 그리워
나 오늘 아픈 몸 일으켜 찬밥을 먹는다
집집마다 신을 보낼 수 없어
신 대신 보냈다는 설도 있지만
홀로 먹는 찬밥 속에서 그녀를 만난다
나 오늘
세상의 찬밥이 되어

- 문정희, 「찬밥」-

017　표현상 공통점

（가）와 （나）의 공통점으로 가장 적절한 것은?

① 수미상관의 형태로 구조적 안정감을 부여하고 있다.
② 청자를 겉으로 드러내어 화자의 상황을 구체화하고 있다.
③ 촉각적 심상의 대비를 통해 화자의 정서를 드러내고 있다.
④ 명사로 시행을 종결하여 시적 대상의 의미를 부각하고 있다.
⑤ 향토적 분위기가 드러나는 표현을 활용하여 주제를 강조하고 있다.

018 시어의 의미

㉠, ㉡에 대한 설명으로 가장 적절한 것은?

① ㉠은 어려운 상황 속 화자의 이상을 실현해 주는 것이다.
② ㉡은 시적 대상의 희생 없이 편리하게 지을 수 있는 것이다.
③ ㉠은 ㉡과 달리 화자의 아픈 마음을 치유해 주는 것이다.
④ ㉡은 ㉠과 달리 시적 대상의 가치 있는 사랑을 느끼게 하는 것이다.
⑤ ㉠은 과거의 기억 속에, ㉡은 현재의 생활 속에 존재하는 것이다.

019 감상의 적절성

<보기>를 바탕으로 윗글을 감상한 내용으로 적절하지 <u>않은</u> 것은?

〔3점〕

┃ 보 기 ┃

　문학에서 음식은 일상적 삶의 모습을 보여 주거나 정서를 환기하는 소재로 활용된다. (가)에는 모밀묵을 매개로 형상화된 삶의 모습을 떠올리며 인생의 허전함과 쓸쓸함을 달래고 싶은 화자의 정서가 드러난다. (나)에는 화자가 아플 때 혼자 찬밥을 먹었던 경험에서 어머니의 희생적 삶을 깨닫고 어머니를 그리워하는 정서가 드러난다.

① (가)에서 모밀묵은 '촌 잔칫날' '새사돈'을 대접하는 음식으로 소박한 속성을 지닌 것이지만 귀한 사람에게도 내놓을 수 있는 음식이겠군.
② (가)에서 '슬금슬금 세상 얘기를 하며' 모밀묵을 함께 먹는 모습을 통해 타인과의 관계 속에서 허전함을 달래고 싶은 화자의 정서를 드러낸 것으로 볼 수 있겠군.
③ (가)에서 '이웃끼리' '저승'에 갈 때 '마지막 주막에서' 모밀묵을 먹는 것을 통해 현실에서 느낀 쓸쓸함을 화자가 극복하였음을 보여 주고 있군.
④ (나)에서 '누가 남긴 무 조각에 생선 가시를 핥'는 모습을 회상하며 어머니가 보여 줬던 희생적 삶을 깨닫고 있군.
⑤ (나)에서 '아픈 몸 일으켜 찬밥을 먹는' 모습을 통해 어머니를 그리워하는 화자의 정서를 드러내고 있군.

다음 글을 읽고 물음에 답하시오. 3문항을 4분 안에 풀어보세요.  4분

(가)

㉠ 이 투박한 대지에 발은 붙였어도
흰 구름 이는 머리는 항상 하늘을 향하고 사는 산

언제나 숭고할 수 있는 푸른 산이
그 푸른 산이 오늘은 무척 부러워

㉡ 하늘과 땅이 비롯하던 날 그 아득한 날 밤부터
저 산맥 위로는 푸른 별이 넘나들었고

골짝에는 양 떼처럼 흰 구름이 몰려오고 가고
때로는 늙은 산 수려한 이마를 쓰다듬거니

고산식물들을 품에 안고 길러낸다는 너그러운 산
정초한 꽃그늘에 자고 또 이는 구름과 구름

내 몸이 가벼이 흰 구름이 되는 날은
강 너머 저 푸른 산 이마를 어루만지리……

- 신석정, 「청산백운도」 -

(나)

새로 핀 꽃에서 어머니를 만나네
나에게는 어린아이가 많다네
꽃들이 옷 입는 법을
새로 가르쳐 주면
새 옷 입고 사운사운 시를 쓰겠네

이 도시가 악어들의 이빨로 가득해도
이만하면 살 만하다네
㉢ 우리는 모두 고향을 버리고 온 새
그래도 혼자가 아니라네
㉣ 아침이 또 찾아왔잖아
새 길이 내 앞에 누워 있잖아
고통과 쓸쓸함이 따라다니지만
부드러운 비가 어깨를 감싸 주는 날도 있지
새로 또 꽃은 피어
눈부시게 옷 입는 법을 가르쳐 주고
새들은 풀잎 같은 혀로 시 짓는 법을 들려주네
나무들은 몸으로 춤을 보여 주네

아무래도 나는 사랑을 앓고 있는 것 같네
㉤ 악어들이 검은 입을 벌린 이 도시
왜 자꾸 새 옷을 차려입고 싶은지
왜 자꾸 사운사운 시를 짓고 싶은지

- 문정희, 「새 옷 입는 법」 -

020 표현상 특징

(가)와 (나)에 대한 설명으로 가장 적절한 것은?

① (가)는 (나)와 달리, 음성 상징어를 통해 시적 의미를 강조하고 있다.
② (나)는 (가)와 달리, 역설적인 표현을 통해 주제 의식을 부각하고 있다.
③ (나)는 (가)와 달리, 유사한 문장 구조의 반복을 통해 시상을 마무리하고 있다.
④ (가)와 (나)는 모두, 청각적 심상을 통해 대상의 특성을 드러내고 있다.
⑤ (가)와 (나)는 모두, 말을 건네는 방식을 통해 청자에 대한 친근감을 표현하고 있다.

021 시구의 의미

㉠ ~ ㉤의 의미로 적절하지 <u>않은</u> 것은?

① ㉠ : '머리'와 '발'의 대비를 통해 '산'이 지향하는 공간을 보여 준다.
② ㉡ : '아득한'을 통해 '푸른 별'이 넘나드는 움직임이 오래전부터 지속되었음을 보여 준다.
③ ㉢ : '모두'를 통해 '우리'의 상황이 동일함을 드러낸다.
④ ㉣ : '또'를 통해 '아침'이 와도 변하지 않는 일상의 한계를 보여 준다.
⑤ ㉤ : '검은'을 통해 '도시'에 대한 부정적 인식을 드러낸다.

022 감상의 적절성

<보기>를 바탕으로 (가)와 (나)를 감상한 내용으로 적절하지 <u>않은</u> 것은? [3점]

> | 보 기 |
> 시에서는 화자가 자연을 긍정적으로 인식하고 지향하는 모습이 다양하게 형상화된다. (가)에서 화자는 자연을 불변성과 포용력을 지닌 존재로 인식하며, 동경하는 자연과 어우러지는 날을 희망한다. (나)에서 화자는 자연을 모성을 지닌 존재로 인식하며, 이러한 자연으로부터 배운 삶의 방식을 험난한 현실에서 실현하기를 희망한다.

① (가)에서는 '언제나 숭고할 수 있는 푸른 산'이 '고산식물들을 품에 안고 길러낸다'는 것에서 자연을 불변성과 포용력을 지닌 존재로 여기는 화자의 인식을 확인할 수 있군.
② (가)에서는 '푸른 산'을 '부러워'하는 '내'가 '흰 구름이 되는 날'에 '푸른 산'의 '이마를 어루만지'겠다는 것에서 동경하는 자연과 어우러지고 싶은 화자의 희망을 확인할 수 있군.
③ (나)에서는 '새로 핀 꽃에서 어머니를 만'난다는 것에서 자연을 모성을 지닌 존재로 여기는 화자의 인식을 확인할 수 있군.
④ (나)에서는 '새들'이 '시 짓는 법을 들려주'는 것과 '나무들'이 '몸으로 춤을 보여 주'는 것에서 자연으로부터 배운 삶의 방식을 험난한 현실에서 실현하고 있는 화자의 모습을 확인할 수 있군.
⑤ (가)에서는 '흰 구름'이 '쓰다듬'는 '늙은 산'의 '이마'를 '수려'하다고 한 것에서, (나)에서는 '어깨를 감싸 주는' '비'를 '부드'럽다고 한 것에서 자연을 긍정적으로 인식하는 화자의 모습을 확인할 수 있군.

다음 글을 읽고 물음에 답하시오.   3문항을 5분 안에 풀어보세요.

(가)

어메야,
복(福)이 따로 있나.
뚝심 세고
부지런하면 사는거지,
하늘이 물을 대는 **천수답(天水畓)***
그 논의 벼이삭.

니 말이 정말이데,
엄첩구나*
내 새끼야,
팔자가 따로 있나
본심 가지고
부지런하면 사는거지.

어메야,
누군 한 평생
만년을 사나.
허둥거리지 않고
제 길로 가면 그만이지.

오냐,
내 새끼야,
니 말이 엄첩구나.
잘 살고 못 살고가 어딨노.
제 길 가면 그만이지.
수런거리는 감잎 사이로
별떨기 빛나는 밤하늘.
그 하늘의 깊이.

- 박목월, 「천수답(天水畓)」-

*천수답 : 빗물에 의하여서만 벼를 심어 재배할 수 있는 논.
*엄첩구나 : '대견하구나'의 경상도 방언.

(나)

  ┌ 쬐그만 것이
[A] │ 노랗게 노랗게
  └ 전력을 다해 샛노랗게 피어 있다

  ┌ 아무 곳도 넘보지 않는다
  │ 다만 혼자
[B] │ 주어진 한계 그 안에서 아슬아슬
  └ 한치의 틈도 없이 끝까지

  ┌ 바위 새를 비집거나 잡초 속이거나
[C] │ 씨 뿌려진 그 자리가 바로 내 자리
  └ 터를 잡고

  ┌ 물을 길어 올리는 실뿌리
  │ 어둠을 힘껏 밀어내는 떡잎
[D] │ 그리고 그것들이 한데 어울려
  └ 열심히 열심히 한 댓새

  ┌ 세상에 그밖에는 할 일이 없어서
[E] │ 아주 노랗게 노랗게만 피는 꽃
  └ 피어선 질 수밖에 없는 꽃

  쬐그만 것이지만 **그 크기는**
  어떤 자로서도 잴 수 없다
  아 민들레!
  그래봤자
  혼자 가는 자의 **헛된 꿈**
  하지만 헛되어도 좋은 꿈 아니냐
  한 댓새를 짐짓 영원인 양하고
  보라 저기 민들레는 피어 있다

- 이형기, 「민들레꽃」-

023 표현상 공통점

(가)와 (나)의 공통점으로 가장 적절한 것은?

① 동일한 시어를 반복하여 시적 의미를 강조하고 있다.
② 공감각적 이미지를 통해 대상의 속성을 나타내고 있다.
③ 명령형 어조를 활용하여 화자의 정서를 부각하고 있다.
④ 음성 상징어를 활용하여 대상의 상황을 드러내고 있다.
⑤ 수미상관의 방식을 통해 구조적 안정감을 부여하고 있다.

024 내용 이해

[A] ~ [E]에 대한 이해로 적절하지 <u>않은</u> 것은?

① [A]에는 작지만 온 힘을 다해 선명한 빛깔로 피어 있는 민들레의 모습이 나타나 있다.

② [B]에는 다른 공간은 욕심내지 않고 주어진 한계 안에서 홀로 애쓰는 민들레의 모습이 나타나 있다.

③ [C]에는 씨가 뿌려진 비좁은 곳을 자신의 자리로 받아들이고 터를 잡는 민들레의 모습이 나타나 있다.

④ [D]에는 강한 의지와 생명력으로 꽃을 피우기 위해 노력하는 민들레의 모습이 나타나 있다.

⑤ [E]에는 꽃을 피웠지만 세상에서 자신이 할 일을 찾기 위해 결국 질 수밖에 없는 민들레의 모습이 나타나 있다.

025 감상의 적절성

〈보기〉를 바탕으로 (가), (나)를 감상한 내용으로 적절하지 <u>않은</u> 것은? `3점`

> **| 보 기 |**
>
> 시에는 삶을 대하는 가치 있는 태도가 담겨 있다. (가)에는 인간의 유한성에 대한 인식을 바탕으로, 열악한 농토를 하늘이 내린 축복의 땅이라 여기며 달관의 자세로 살아가려는 소신과 그에 대한 지지가 드러나 있다. (나)에는 민들레를 소멸될 수밖에 없는 운명에 좌절하지 않고 허무에 맞서는 존재로 바라보는 시선과 민들레의 내적 가치에 대한 긍정적 인식이 드러나 있다.

① (가)에서 '천수답'을 일구는 삶을 '제 길'이라고 여기는 것은 달관의 자세로 살아가려는 소신을 드러낸 것이겠군.

② (가)에서 '니 말이 정말이데', '니 말이 엄첩구나'라고 하는 것은 '어메'가 '내 새끼'에게 보내는 지지를 드러낸 것이겠군.

③ (가)에서 '누군 한 평생 / 만년을 사'냐고 말하는 것은 인간이 유한한 존재라는 인식을 드러낸 것이겠군.

④ (나)에서 '그 크기는 / 어떤 자로서도 잴 수 없다'고 하는 것은 민들레의 내적 가치에 대한 긍정적 인식을 드러낸 것이겠군.

⑤ (나)에서 '댓새를 짐짓 영원인 양하'는 모습을 '헛된 꿈'이라고 하는 것은 민들레를 소멸될 수밖에 없는 운명에 맞서는 존재로 바라보는 시선을 드러낸 것이겠군.

다음 글을 읽고 물음에 답하시오.　3문항을 5분 안에 풀어보세요.  **5분**

(가)

　　여기저기서 단풍잎 같은 슬픈 가을이 뚝뚝 떨어진다. 단풍잎 떨어져 나온 자리마다 봄을 마련해 놓고 나뭇가지 위에 하늘이 펼쳐 있다. 가만히 ㉠ 하늘을 들여다보려면 **눈썹**에 **파란 물감이 든다.** 두 손으로 따뜻한 볼을 쓸어보면 손바닥에도 파란 물감이 묻어난다. 다시 손바닥을 들여다본다. 손금에는 **맑은 강물**이 흐르고, 맑은 강물이 흐르고, 강물 속에는 사랑처럼 슬픈 얼굴―아름다운 **순이(順伊)**의 얼굴이 어린다. **소년(少年)**은 황홀히 눈을 감아 본다. 그래도 맑은 강물은 흘러 사랑처럼 슬픈 얼굴―아름다운 순이(順伊)의 얼굴은 어린다.

- 윤동주, 「소년(少年)」 -

(나)

자라면 뭐가 되고 싶니
의자가 되고 싶니
누군가의 **책상**이 되고 싶니
밟으면 삐걱 소리가 나는 계단도 있겠지
그 계단을 따라 올라가는 다락방
별빛이 들고 나는 창문들도 있구나
누군가 그 창문을 통해 바다를
생각할지도 몰라
수평선을 넘어가는 목선을 그리워할지도 몰라
㉡ 바다를 보는 게 꿈이라면
배가 되고 싶겠구나
어쩌면 그 무엇도 되지 못하고
아궁이 속 **장작**으로 눈을 감을지도 모르지
잊지 마렴 **한 줌 재**가 되었지만
넌 그때도 하늘을 날고 있는 거야
누군가의 **몸을 데워**주고 난 뒤
춤을 추듯 피어오르는 거야
하지만, 지금은
다만 네 잎사귀를 스치고 가는
저 **바람 소리**를 들어보렴
너는 지금 바람을 만나고 있구나
바람의 춤을 따라 흔들리고 있구나
지금이 바로 너로구나

- 손택수, 「나무의 꿈」 -

026 　표현상 특징

(가), (나)의 표현상 특징으로 가장 적절한 것은?

① (가)는 (나)와 달리 반어적 표현을 통해 시적 긴장을 고조시키고 있다.
② (나)는 (가)와 달리 동일한 종결 어미의 반복으로 운율감을 형성하고 있다.
③ (가)와 (나) 모두 대상을 의인화하여 화자의 연민을 드러내고 있다.
④ (가)와 (나) 모두 시어의 연쇄적 활용을 통해 시상을 발전시켜 나가고 있다.
⑤ (가)와 (나) 모두 시선의 이동을 통해 장소가 지닌 의미를 다양하게 제시하고 있다.

027 시어의 의미

㉠, ㉡에 대한 이해로 가장 적절한 것은?

① ㉠은 '소년(少年)'의 정서를 환기하는 기능을 하고 있다.
② ㉠은 '소년(少年)'이 거부하고자 하는 세계를 상징하고 있다.
③ ㉠은 '소년(少年)'이 자신의 한계를 인식하는 계기가 되고 있다.
④ ㉡은 '너'가 처한 긍정적 상황을 드러내는 역할을 한다.
⑤ ㉡은 '너'의 성찰이 이루어진 이후의 모습을 표상하고 있다.

028 감상의 적절성

〈보기〉를 참고하여 (가)와 (나)를 감상한 내용으로 적절하지 <u>않은</u>
것은? [3점]

> | 보 기 |
> (가), (나)는 시간의 흐름 속에서 성장하는 존재의 순수한 정서와
> 인식에 대해 표현하고 있다. (가)는 소년이 자연물에 동화되는 과정
> 을 감각적으로 드러내면서 과거의 사랑을 그리워하는 소년의 정서
> 를 보여 준다. (나)는 대상이 품을 수 있는 다양한 꿈을 제시하고, 꿈
> 을 이루지 못한 상황에서도 대상이 존재 가치가 있다는 것을 역설
> 적으로 보여 주고 있다. 또 미래보다 현재 상황과 모습에 주목하는
> 자세를 강조하며 마무리한다.

① (가)의 '파란 물감이 든' '눈썹'은 '소년(少年)'이 자연물에 동화되는 것을
   감각적으로 표현하는군.
② (가)의 '맑은 강물'에 어린 얼굴에는 '순이(順伊)'에 대한 '소년(少年)'의
   그리움이 투영되어 있군.
③ (나)의 '의자', '책상', '한 줌 재' 등은 대상이 품을 수 있는 다양한 꿈을 보
   여 주는군.
④ (나)의 '장작'은 꿈을 이루지 못한 상황에서도 '몸을 데워' 줄 수 있다는
   존재 가치에 대한 역설적 인식을 보여 주는군.
⑤ (나)의 '바람 소리'는 대상에게 '지금'의 상황과 모습을 주목하게 하는 계
   기가 될 수 있겠군.

다음 글을 읽고 물음에 답하시오.

3문항을 4분 안에 풀어보세요. **4분**

(가)

㉠ 밭둑에서 나는 바람과 놀고
할머니는 메밀밭에서
메밀을 꺾고 계셨습니다.

늦여름의 하늘빛이 메밀꽃 위에 빛나고
메밀꽃 사이사이로 할머니는 가끔
나와 바람의 장난을 살피시었습니다.

해마다 밭둑에서 자라고
아주 **커서도 덜 자**란 나는
늘 그러했습니다만

할머니는 저승으로 가버리시고
나도 벌써 몇 년인가
그 일은 까맣게 잊어버린 후

오늘 저녁 멍석을 펴고
마당에 누우니

온 **하늘** 가득
별로 피어 있는 어릴 적 **메밀꽃**

할머니는 나를 두고 메밀밭만 저승까지 가져가시어
날마다 저녁이면 메밀밭을 매시며
메밀꽃 사이사이로 **나를 살피**고 계셨습니다.

- 이성선, 「고향의 천정(天井) 1」-

(나)

밥물 눈금을 찾지 못해 질거나 된 밥을 먹는 날들이 있더니
이제는 그도 좀 익숙해져서 손마디나 손등,
손가락 주름을 눈금으로 쓸 줄도 알게 되었다
촘촘한 손등 주름 따라 **밥맛을 조금씩 달리**해본다
손등 중앙까지 올라온 수위를 중지의 마디를 따라 오르내리다보면
물꼬를 트기도 하고 막기도 하면서
논에 물을 보러 가던 할아버지 생각도 나고,
저녁때가 되면 한 끼라도 아껴보자
친구 집에 마실을 가던 소년의 저녁도 떠오른다
한 그릇으로 두 그릇 세 그릇이 되어라 밥국을 끓이던 ㉡ 문현동
가난한 지붕들이 내 손가락 마디에는 있다
일찍 철이 들어서 슬픈 귓속으로
봉지쌀 탈탈 터는 소리라도 들려올 듯,
얼굴보다 먼저 **늙은 손**이긴 해도
전기밥솥에는 없는 눈금을 내 손은 가졌다

- 손택수, 「밥물 눈금」-

---

029 표현상 특징

(가)와 (나)에 대한 설명으로 가장 적절한 것은?

① (가)는 (나)와 달리 설의법을 통해 화자의 의지를 표현하고 있다.
② (나)는 (가)와 달리 청각적 심상을 통해 화자의 정서를 부각하고 있다.
③ (가)는 격정적 어조를, (나)는 단정적 어조를 통해 화자의 기대감을 드러내고 있다.
④ (가)는 상승의 이미지를, (나)는 하강의 이미지를 통해 대상의 역동성을 강조하고 있다.
⑤ (가)와 (나)는 모두 계절감을 드러내는 시어를 통해 대상의 변화 양상을 나타내고 있다.

030 시어의 의미

㉠과 ㉡을 비교한 내용으로 가장 적절한 것은?

① ㉠은 화자가 벗어나려는, ㉡은 화자가 지향하는 공간이다.
② ㉠은 화자가 이질감을, ㉡은 화자가 동질감을 느끼는 공간이다.
③ ㉠은 화자의 슬픔이, ㉡은 화자의 그리움이 해소되는 공간이다.
④ ㉠은 화자의 동심이 허용되는, ㉡은 화자의 성숙함이 요구되는 공간이다.
⑤ ㉠은 화자가 경험한 적 없는 가상의, ㉡은 화자의 경험이 축적된 현실의 공간이다.

031 감상의 적절성

<보기>를 바탕으로 (가), (나)를 감상한 내용으로 적절하지 <u>않은</u> 것은? 　3점

| 보기 |
　과거의 경험에 대한 기억은 어떤 계기를 통해 되살아나 현재의 삶에 영향을 미칠 수 있다. (가)의 화자는 할머니와의 기억을 통해 과거와 현재를 연결하며 깨달음과 정서적 충만감을 얻고 있다. 한편 (나)의 화자는 일상적 행위의 반복 속에서 유년의 기억을 되살리고, 그 기억을 현재와 연결하며 자신의 현재 모습을 긍정하게 된다.

① (가)의 화자는 별이 가득한 '하늘'을 보며, 자신이 여전히 '나를 살피'시는 할머니의 사랑 속에 있음을 깨닫고 있군.
② (나)의 화자는 유년의 기억을 통해 '전기밥솥에는 없는 눈금'을 지닌 '늙은 손'을 긍정하며 자기 위안을 얻고 있군.
③ (가)의 '커서도 덜 자'랐다는 것과 (나)의 '밥맛을 조금씩 달리'하는 것은 현재의 화자에게 정서적 충만감을 주는군.
④ (가)에서 '마당에 누'워 하늘을 보는 행위와 (나)에서 '손가락 주름'으로 '밥물'을 맞추는 행위는 회상의 계기가 되는군.
⑤ (가)의 화자가 '별'에서 '메밀꽃'을 떠올리는 것과 (나)의 화자가 '가난한 지붕들이 내 손가락 마디에는 있다'고 생각하는 것은 기억이 현재의 삶에 영향을 미치고 있음을 보여 주는군.

[032~034]　2022년 9월 학평 (인천) 43~45번　정답과 해설편 p.027

다음 글을 읽고 물음에 답하시오.　3문항을 5분 안에 풀어보세요. 

(가)

┌　까마득한 날에
[A]　하늘이 처음 열리고
└　어데 닭 우는 소리 들렸으랴

┌　모든 산맥들이
[B]　바다를 연모해 휘달릴 때도
└　차마 이곳을 범하던 못하였으리라

┌　끊임없는 광음*을
[C]　부지런한 계절이 피어선 지고
└　**큰 강물이 비로소 길을** 열었다

지금 눈 나리고
매화 향기 홀로 아득하니
내 여기 **가난한 노래의 씨를** 뿌려라

다시 천고의 뒤에
백마 타고 오는 ㉠**초인이** 있어
이 광야에서 목 놓아 부르게 하리라

- 이육사, 「광야」-

*광음 : 햇빛과 그늘. 즉 낮과 밤이라는 뜻으로, 시간이나 세월을 이르는 말.

(나)

┌　머리가 마늘쪽같이 생긴 고향의 **소녀**와
[D]　한여름을 알몸으로 사는 고향의 **소년**과
└　같이 낯이 설어도 사랑스러운 **들길**이 있다

┌　그 길에 아지랑이가 피듯 태양이 타듯
│　제비가 날듯 길을 따라 물이 흐르듯 그렇게
[E]　그렇게
│
└　천연(天然)히*

울타리 밖에도 ㉡화초를 심는 마을이 있다
오래오래 **잔광**이 부신 마을이 있다
밤이면 더 많이 **별**이 뜨는 **마을**이 **있다**

- 박용래, 「울타리 밖」-

*천연히 : 생긴 그대로 조금도 꾸밈이 없이.

---

032 표현상 특징

[A] ~ [E]에 대한 설명으로 적절하지 <u>않은</u> 것은?

① [A] : 설의적 표현을 활용하여 원시성을 지닌 태초 광야의 모습을 강조하고 있다.
② [B] : 인격화된 대상의 행위를 추측하여 광야의 신성성을 부각하고 있다.
③ [C] : 추상적 대상을 구체화하여 광야가 끊임없이 생성되고 소멸되는 순환성을 나타내고 있다.
④ [D] : 시각적 심상을 활용하여 고향의 모습을 선명하게 표현하고 있다.
⑤ [E] : 비유적인 표현을 활용하여 인위적이지 않은 마을의 모습을 드러내고 있다.

033 시어의 의미

㉠과 ㉡에 대한 이해로 가장 적절한 것은?

① ㉠은 화자를 각성하게 하는 존재이며, ㉡은 화자를 성찰하게 하는 대상이다.

② ㉠은 공간의 황폐함을 심화하는 존재이며, ㉡은 공간에 생명력을 부여하는 대상이다.

③ ㉠은 공간의 변화를 가져오는 존재이며, ㉡은 공동체의 인식 전환을 일으키는 대상이다.

④ ㉠은 화자가 위화감을 느끼게 하는 존재이며, ㉡은 화자가 애상감을 느끼게 하는 대상이다.

⑤ ㉠은 화자가 지향하는 이상을 실현하는 존재이며, ㉡은 화자가 지향하는 공동체의 모습을 드러내는 대상이다.

034 감상의 적절성

<보기>를 바탕으로 (가), (나)를 감상한 내용으로 적절하지 <u>않은</u> 것은? 3점

| 보 기 |

　시에서의 시간 양상은 화자의 지향성을 내포하고 있다. 화자가 미래 지향성을 보이는 경우, 시에서의 시간은 현재에서 미래로 나아가는 순방향의 흐름을 보인다. 이때 화자는 현재의 결핍을 인식하고 과거로의 회귀 대신 발전된 미래에 대한 신뢰를 바탕으로 부정적인 현재 상황을 적극적으로 극복하려 한다. 화자가 과거 상황을 긍정적으로 인식하는 과거 지향성을 보이는 경우, 화자는 미래에 대한 신뢰 없이 과거의 공간을 훼손되지 않은 원형으로 여기는 모습을 보인다. 이때 화자의 과거 회상이 현재 시제로 표현되기도 하는데, 이는 과거 공간이 존속하기를 소망하는 화자의 심리가 반영된 것으로 볼 수 있다.

① (가)의 화자는 '큰 강물이 비로소 길을' 연 것을 통해 발전된 미래를 향한 희망을 확인하여 극복의 자세를 드러낸 것이겠군.

② (가)의 화자가 '가난한 노래의 씨'를 뿌리고자 하는 것은 현재의 결핍을 인식하고 있기 때문이겠군.

③ (나)의 '소녀', '소년', '들길'이 존재하는 고향의 모습을 통해 화자가 고향을 훼손되지 않은 원형으로 여기고 있음을 알 수 있겠군.

④ (나)의 '잔광'이 부시고 '별'이 뜨는 마을의 모습을 통해 화자가 마을을 긍정적으로 인식하고 있음을 알 수 있겠군.

⑤ (나)의 '마을'을 '있다'로 표현하는 것은 마을의 모습이 존속하기를 소망하는 화자의 심리를 드러낸 것이겠군.

다음 글을 읽고 물음에 답하시오.　3문항을 4분 안에 풀어보세요. 

(가)

모란이 피기까지는
나는 아직 나의 봄을 기둘리고 있을 테요
모란이 뚝뚝 떨어져 버린 날
나는 비로소 봄을 여읜 설움에 잠길 테요
오월 ⓐ <u>어느 날</u> 그 하루 무덥던 날
떨어져 누운 꽃잎마저 시들어 버리고는
천지에 모란은 자취도 없어지고
뻗쳐오르던 내 보람 서운케 무너졌느니
모란이 지고 말면 그뿐 내 한 해는 다 가고 말아
삼백예순 날 하냥 **섭섭해 우옵네다**
모란이 피기까지는
나는 **아직 기둘리고 있을 테요 찬란한 슬픔**의 봄을

- 김영랑, 「모란이 피기까지는」-

(나)

아래층에서 물 틀면 단수가 되는
좁은 계단을 올라야 하는 전세방에서
만학을 하는 나의 등록금을 위해
사글셋방으로 이사를 떠나는 형님네
달그락거리던 밥그릇들
베니어판으로 된 농짝을 리어카로 나르고
집안 형편을 적나라하게 까 보이던 이삿짐
가슴이 한참 덜컹거리고 이사가 끝났다
형은 시장 골목에서 자장면을 시켜주고
쉽게 정리될 살림살이를 정리하러 갔다
나는 전날 친구들과 깡소주를 마신 대가로
냉수 한 대접으로 조갈증을 풀면서
자장면을 앞에 놓고
이상한 중국집 젊은 부부를 보았다
바쁜 점심시간 맞춰 잠자주는 아기를 고마워하며
젊은 부부는 밀가루, 그 **연약한 반죽**으로
튼튼한 미래를 꿈꾸듯 명랑하게 전화를 받고
서둘러 배달을 나아갔다
나는 그 모습이 **눈물처럼 아름다워**
물배가 부른데도 자장면을 남기기 미안하여
마지막 면발까지 다 먹고 나니
더부룩하게 배가 불렀다, 살아간다는 게

ⓑ <u>그날 나는 분명 **슬픔도 배불렀다**</u>

- 함민복, 「그날 나는 슬픔도 배불렀다」-

---

035 표현상 특징

(가)에 대한 설명으로 적절하지 <u>않은</u> 것은?

① 색채어를 활용하여 대상의 불변성을 부각하고 있다.
② 변형된 수미상관의 구조를 통해 시의 주제를 강조하고 있다.
③ 도치의 방식으로 시상을 마무리하여 시적 의미를 강조하고 있다.
④ 음성 상징어를 통해 대상의 움직임에서 느끼는 인상을 드러내고 있다.
⑤ 작품의 표면에 나타난 화자가 자신의 정서를 직접적으로 드러내고 있다.

036 시어의 의미

ⓐ와 ⓑ에 대한 설명으로 가장 적절한 것은?

① ⓐ는 대상과의 소통이 확대된 시간이고, ⓑ는 대상과의 소통이 단절된 시간이다.
② ⓐ는 대상과의 유대감을 느끼는 시간이고, ⓑ는 대상과의 거리감을 느끼는 시간이다.
③ ⓐ는 대상을 통해 삶의 희망을 찾게 된 시간이고, ⓑ는 대상을 통해 삶의 권태를 느낀 시간이다.
④ ⓐ는 대상의 소멸로 인해 슬픔을 느낀 시간이고, ⓑ는 슬픔 속에서도 아름다움을 발견한 시간이다.
⑤ ⓐ는 현실에 대한 비판적 태도가 드러나는 시간이고, ⓑ는 미래에 대한 희망이 드러나는 시간이다.

037 감상의 적절성

〈보기〉를 참고하여 (가)와 (나)를 감상한 것으로 적절하지 않은 것은? 3점

| 보기 |
> 시에서 대비되는 정서나 태도, 이미지가 제시될 때, 화자가 처한 상황이나 대상에 대한 인식이 강조되는 효과가 있다. 그런데 상반되거나 이질적인 정서나 태도, 이미지들이 함께 나타날 때는 표면적으로 모순이 있는 것처럼 보이기도 한다. 하지만 시인은 모순적으로 보이는 것들을 통해서 표면적 진술 너머에 있는 보다 높은 차원의 인식을 보여 준다.

① (가) : '섭섭해 우옵네다'와 '아직 기둘리고 있을 테요'에서는 꽃이 사라진 것에 대한 화자의 태도가 대비되면서 화자의 기다림이 강조되는군.
② (가) : '찬란한 슬픔'은 모순된 진술처럼 보이지만, 표면적 진술 너머에 슬픔을 극복하려는 화자의 인식이 담겨 있음을 볼 수 있군.
③ (나) : '연약한 반죽'과 '튼튼한 미래'에서는 이미지의 대비를 통해 희망을 잃지 않는 중국집 젊은 부부의 건강한 삶을 강조하고 있군.
④ (나) : '이상한'과 '눈물처럼 아름다워'에서는 중국집 젊은 부부를 향한 태도가 대비되면서 중국집 젊은 부부에 대한 화자의 긍정적인 인식이 부각되고 있군.
⑤ (나) : '슬픔도 배불렀다'는 모순된 진술을 통해 중국집 젊은 부부의 고단한 삶과의 대비에서 느끼는 화자 자신의 삶에 대한 만족감을 강조하고 있군.

다음 글을 읽고 물음에 답하시오.　3문항을 4분 안에 풀어보세요.

(가)

사개 틀린* 고풍(古風)의 ㉠툇마루에 없는 듯이 앉아
아직 **떠오를 기척도 없는 달**을 기다린다
아무런 생각 없이
아무런 **뜻 없이**

이제 저 감나무 그림자가
사뿐 한 치씩 옮아오고
이 마루 위에 빛깔의 방석이
보시시 깔리우면

나는 내 하나인 외론 **벗**
가냘픈 **내 그림자**와
말없이 몸짓 없이 **서로 맞대고 있으려니**
이 밤 옮기는 발짓이나 들려오리라

> - 김영랑, 「사개 틀린 고풍의 툇마루에」-

*사개 틀린 : 사개가 틀어진. 한옥에서 못을 사용하지 않고 목재의 모서리
　를 깎아 요철을 끼워 맞추는 부분을 '사개'라고 한다.

(나)

우수* 날 저녁
그 전날 저녁부터
오늘까지 연 닷새 간을
고향, 내 새벽 ㉡산 여울을
찰박대며 뛰어 건너는
이쁜 발자욱 소리 하날
듣고 지내었더니
그 **새끼발가락** 하날
가만가만 만지작일 수도 있었더니
나 실로 정결한 말씀만 고를 수 있었더니
그가 왔다.
진솔* 속곳을 갈아입고
그가 왔다.
이른 아침,
난 그를 위해 닭장으로 내려가고
따뜻한 달걀
두 알을 집어내었다.
경칩*이 멀지 않다 하였다.

> - 정진규, 「따뜻한 달걀」-

*우수(雨水), 경칩(驚蟄) : 입춘(立春)과 춘분(春分) 사이에 드는 절기. 우수
　는 눈이 그치고 봄비가 오기 시작하는 시기, 경칩은 벌레가 깨어나고 겨울
　잠을 자던 개구리가 땅 밖으로 나오는 시기이다.
*진솔 : 옷이나 버선 따위가 한 번도 빨지 않은 새것 그대로인 것.

038　표현상 공통점

(가)와 (나)의 공통점으로 가장 적절한 것은?

① 음성 상징어를 활용하여 움직임의 정도를 드러내고 있다.
② 원경과 근경을 대비하여 심리적 거리감을 표현하고 있다.
③ 청자를 명시적으로 드러내어 화자의 바람을 표출하고 있다.
④ 가정의 진술을 활용하여 현실 극복의 의지를 드러내고 있다.
⑤ 추측을 나타내는 표현으로 시상을 종결하여 시적 여운을 자아내고 있다.

039 시어의 의미

㉠과 ㉡에 대한 설명으로 가장 적절한 것은?

① ㉠과 ㉡은 모두 오랜 세월의 흔적을 간직한 일상적 삶의 공간이다.
② ㉠과 ㉡은 모두 화자가 현실을 관조하며 스스로를 성찰하는 공간이다.
③ ㉠은 상승하는 대상과 친밀감을, ㉡은 하강하는 대상과 일체감을 느끼는 공간이다.
④ ㉠은 고독하고 적막한 상황이, ㉡은 생동하는 청량한 기운이 형상화되는 공간이다.
⑤ ㉠은 지나온 삶에 대한 그리움이, ㉡은 현재의 삶에 대한 만족감이 드러나는 공간이다.

040 감상의 적절성

<보기>를 참고하여 (가)와 (나)를 감상한 내용으로 적절하지 <u>않은</u> 것은? 3점

> **| 보기 |**
>
> (가)와 (나)는 자연의 순환적 질서에 감응하는 화자의 모습을 보여 준다. (가)의 화자는 밤이 깊어지면서 달이 떠오르기를 기다리고 있고, (나)의 화자는 절기가 바뀌면서 봄빛이 점점 뚜렷해지고 있음을 느끼고 있다. 시간의 흐름에 따른 자연의 점진적 변화를 감지하기 위해 화자는 온몸의 감각을 집중하면서, 자연을 자신과 교감을 이루는 주체로 인식한다.

① (가)의 화자가 '아무런 생각'이나 '뜻 없이' 달이 떠오르기를 기다리는 것은, 자연의 변화를 감지하기 위해 온몸의 감각을 집중하는 것으로 볼 수 있군.
② (나)에서 소리로 인식되던 대상의 '새끼발가락'을 만질 수 있게 되었다는 것은, 시간의 흐름에 따라 자연이 변화하는 양상을 표현한 것으로 볼 수 있군.
③ (가)의 '떠오를 기척도 없는 달'과 (나)의 '이쁜 발자욱 소리' 하나는 자연의 순환적 질서가 지연되는 것에 대한 화자의 조바심을 유발하는 것으로 볼 수 있군.
④ (가)에서는 달이 뜨는 것을 '이 밤 옮기는 발짓'을 한다고 표현하고, (나)에서는 뚜렷해진 봄빛을 '진솔 속곳을 갈아입'은 것으로 표현하여 자연을 행위의 주체로 인식하고 있군.
⑤ (가)에서는 달이 만든 '내 그림자'를 '벗' 삼아 '서로 맞대고 있으려'는 데서, (나)에서는 '경칩'을 예감하며 '달걀'의 온기를 느끼는 데서 화자와 자연이 교감하는 모습이 나타나는군.

다음 글을 읽고 물음에 답하시오.

3문항을 4분 안에 풀어보세요. 

(가)

[A]
문 열자 **선뜻!**
먼 산이 이마에 차라.

우수절(雨水節)* 들어
바로 초하루 아침,

[B]
새삼스레 눈이 덮인 멧부리와
서늘옵고 빛난 **이마받이**하다.

[C]
얼음 금 가고 **바람** 새로 따르거니
흰 옷고름 절로 향기로워라.

[D]
옹숭거리고* 살아난 양이
아아 꿈 같기에 설어라.

[E]
미나리 파릇한 **새순** 돋고
옴짓 아니 기던 **고기 입**이 오물거리는,

꽃 피기 전 철 아닌 눈에
핫옷* 벗고 도로 춥고 싶어라.

- 정지용, 「춘설(春雪)」-

* 우수절 : 24절기의 하나로, 봄비가 내리기 시작하는 시기임.
* 옹숭거리고 : 춥거나 두려워 몸을 궁상맞게 몹시 움츠려 작게 하고.
* 핫옷 : 안에 솜을 두어 지은 겨울옷.

(나)

흔들리는 나뭇가지에 꽃 한번 피우려고
눈은 얼마나 많은 도전을 멈추지 않았으랴

싸그락 싸그락 두드려 보았겠지
난분분* 난분분 춤추었겠지
미끄러지고 미끄러지길 수백 번,

바람 한 자락 불면 휙 날아갈 사랑을 위하여
햇솜 같은 마음을 다 퍼부어 준 다음에야
마침내 피워 낸 저 황홀 보아라

봄이면 가지는 그 한번 덴 자리에
세상에서 가장 아름다운 상처를 터뜨린다

- 고재종, 「첫사랑」-

* 난분분 : 눈이나 꽃잎 따위가 어지럽게 흩날리는 모양.

041 표현상 특징

(가), (나)에 대한 설명으로 가장 적절한 것은?

① (가)는 명암의 대비를 통해 화자의 내면을 드러내고 있다.
② (나)는 수미상관의 방식으로 시적 안정감을 드러내고 있다.
③ (가)는 공간의 이동에 따라 (나)는 시간의 흐름에 따라 시적 분위기를 조성하고 있다.
④ (가)와 (나)는 모두 설의적 표현을 사용하여 화자의 정서를 드러내고 있다.
⑤ (가)와 (나)는 모두 계절감을 드러내는 시어를 사용하여 주제를 형상화하고 있다.

042 내용 이해

(가)를 이해한 내용으로 적절하지 <u>않은</u> 것은?

① [A]에서 화자는 갑작스럽게 마주한 풍경에 대한 놀라움을 '선뜻!'이라는 시어로 표현하고 있다.

② [B]에서 화자는 [A]에서 이마에 닿을 듯 차갑게 느껴졌던 먼 산의 경치를 '이마받이'로 부각하고 있다.

③ [C]에서 화자는 '얼음'이 녹고 '바람'이 새로 부는 것을 통해 변화하는 자연의 모습을 그려내고 있다.

④ [D]에서 화자는 겨우내 '옹숭거리고' 살아온 자신을 돌아보며 [C]에서 보인 자신의 태도를 허무하게 여기고 있다.

⑤ [E]에서 화자는 겨울이 가고 봄이 오는 모습을 '새순' 돋는 미나리와 오물거리는 '고기 입'으로 생동감 있게 제시하고 있다.

043 감상의 적절성

<보기>를 참고하여 (가), (나)를 감상한 것으로 적절하지 <u>않은</u> 것은? `3점`

> | 보 기 |
>
> 시에서 '낯설게 하기'는 반복과 변형, 역설, 이질적인 대상 간의 결합, 언어의 비유적인 결합, 감각의 전이 등을 통해 사물을 재인식하거나 그 이면에 주목하여 새로운 의미를 형성하는 방법이다.

① (가)의 '흰 옷고름 절로 향기로워라'에서는 흰 옷고름의 시각적 이미지를 향기로움이라는 후각적 이미지로 표현함으로써 봄에 대한 화자의 느낌을 나타내고 있군.

② (가)의 '꽃 피기 전 철 아닌 눈'에서는 서로 어울리지 않는 봄과 눈을 결합함으로써 다시 돌아올 겨울에 대한 화자의 기대감을 드러내고 있군.

③ (나)의 '난분분 난분분'과 '미끄러지고 미끄러지길'에서는 시어를 반복하거나 변형함으로써 눈꽃을 피우기 위해 노력하는 눈의 모습을 표현하고 있군.

④ (나)의 '마침내 피워 낸 저 황홀 보아라'에서는 가지에 피어난 눈꽃을 '황홀'과 비유적으로 결합함으로써 눈의 노력이 결실을 맺는 기쁨을 드러내고 있군.

⑤ (나)의 '아름다운 상처'에서는 표면적으로 모순이 되는 두 시어를 연결하는 역설의 방법을 사용함으로써 시련을 겪고 피어나는 것의 아름다움을 강조하고 있군.

다음 글을 읽고 물음에 답하시오. 3문항을 4분 안에 풀어보세요.

(가)

어두운 ㉠방 안엔
빠알간 숯불이 피고,

외로이 늙으신 할머니가
애처로이 잦아드는 어린 목숨을 지키고 계시었다.

이윽고 **눈 속**을
아버지가 **약**을 가지고 돌아오시었다.

아 아버지가 눈을 헤치고 따 오신
그 붉은 산수유 열매—

나는 한 마리 어린 짐승,
젊은 아버지의 서느런 옷자락에
열로 상기한 볼을 말없이 부비는 것이었다.

이따금 뒷문을 눈이 치고 있었다.
그날 밤이 어쩌면 성탄제의 밤이었을지도 모른다.

어느새 나도
그때의 아버지만큼 나이를 먹었다.

옛것이라곤 찾아볼 길 없는
성탄제 가까운 도시에는
이제 **반가운 그 옛날의 것**이 내리는데,

서러운 서른 살 나의 이마에
불현듯 아버지의 **서느런 옷자락**을 느끼는 것은,

눈 속에 따 오신 산수유 붉은 알알이
아직도 **내 혈액 속에 녹아 흐르는** 까닭일까.

- 김종길, 「성탄제」 -

(나)

나는 당신의 옷을 다 지어 놓았습니다.
심의도 짓고 도포도 짓고 자리옷도 지었습니다.
짓지 아니한 것은 작은 주머니에 수놓는 것뿐입니다.

그 주머니는 나의 손때가 많이 묻었습니다.
짓다가 놓아두고 짓다가 놓아두고 한 까닭입니다.
다른 사람들은 나의 바느질 솜씨가 없는 줄로 알지마는
그러한 비밀은 나밖에는 아는 사람이 없습니다.
나의 마음이 아프고 쓰린 때에 주머니에 수를 놓으려면
나의 마음은 수놓는 금실을 따라서 바늘구멍으로 들어가고

주머니 속에서 맑은 노래가 나와서 나의 마음이 됩니다.
그리고 아직 ㉡이 세상에는 그 주머니에 넣을 만한 무슨 보물이 없습니다.
이 작은 주머니는 짓기 싫어서 짓지 못하는 것이 아니라 짓고 싶어서 다 짓지 않는 것입니다.

- 한용운, 「수(繡)의 비밀」 -

044 표현상 특징

(가)와 (나)에 대한 설명으로 가장 적절한 것은?

① (가)는 수미상관의 방식을 통해, (나)는 설의적 표현을 통해 화자의 의지를 드러내고 있다.

② (가)는 (나)와 달리 동일한 종결 표현을 사용하여 구조적 안정감을 부여하고 있다.

③ (나)는 (가)와 달리 역설적 표현을 통해 대상에 대한 화자의 정서를 부각하고 있다.

④ (가)와 (나)는 모두 후각적 이미지를 통해 시적 상황을 구체화하고 있다.

⑤ (가)와 (나)는 모두 시간의 흐름에 따라 시상을 전개하여 화자의 태도 변화를 드러내고 있다.

045 공간의 의미

⊙과 ⓛ에 대한 설명으로 가장 적절한 것은?

① ⊙은 화자가 자아를 성찰하는 공간이다.
② ⊙은 화자와 대상과의 관계가 단절된 공간이다.
③ ⓛ은 화자의 소망이 실현되지 못하고 있는 공간이다.
④ ⓛ은 화자가 일상의 삶에서 벗어난 초월적인 공간이다.
⑤ ⊙과 ⓛ은 모두 화자가 추구하는 이상적 공간이다.

046 감상의 적절성

〈보기〉를 참고하여 (가)를 감상한 내용으로 적절하지 <u>않은</u> 것은?

3점

> **| 보 기 |**
>
> 김종길 시인의 작품에 가족에 대한 시가 많은 것은 어린 시절 어머니의 부재 속에서도 가족의 보호를 받으며 자란 그의 성장 과정과 연관이 깊다. 「성탄제」에도 삼대로 이어지는 따뜻한 가족애가 다양한 소재를 통해 형상화되어 있다. 이러한 가족애는 개인의 경험을 넘어 현대인의 메마른 삶을 극복할 수 있는 인간애로 확장됨으로써 공감을 얻고 있다.

① '외로이 늙으신 할머니'가 어린 화자를 돌보고 있는 모습은 시인의 성장 배경과 관련이 있겠군.
② '눈 속'을 헤치고 '약'을 구해 온 아버지의 사랑은 삭막한 현실을 극복할 수 있는 인간애로 확장될 수 있겠군.
③ '반가운 그 옛날의 것'은 화자에게 어린 시절을 떠올리게 하는 역할을 하겠군.
④ '서느런 옷자락'은 화자가 경험하는 현대인의 메마른 삶을 형상화한 것이겠군.
⑤ '내 혈액 속에 녹아 흐르는' 산수유는 과거에서 현재까지 이어져 온 가족애를 의미한다고 볼 수 있겠군.

[001~003]   **2017년 3월 학평 (서울) 43~45번**   정답과 해설편 p.039

다음 글을 읽고 물음에 답하시오.   3문항을 4분 안에 풀어보세요. 

적객*에게 벗이 없어 공량(空樑)*의 제비로다
㉠ 종일 하는 말이 무슨 사설 하는지고
어즈버 내 풀어낸 시름은 널로만 하노라*

<4장>

인간(人間)에 유정*한 벗은 명월밖에 또 있는가
㉡ 천 리를 멀다 아녀 간 데마다 따라오니
어즈버 반가운 옛 벗이 다만 너인가 하노라

<5장>

설월(雪月)에 매화를 보려 잔을 잡고 창을 여니
섞인 꽃 여윈 속에 잦은 것이 향기로다
어즈버 호접(胡蝶)*이 이 향기 알면 애 끊일까 하노라

<6장>

- 이신의, 「단가육장」 -

＊적객 : 귀양살이하는 사람.

＊공량 : 들보.

＊널로만 하노라 : 너보다 많도다.

＊유정 : 인정이나 동정심이 있음.

＊호접 : 나비.

---

001 표현상 특징

윗글에 대한 설명으로 가장 적절한 것은?

① ‘4장’은 동일한 시어를 반복하여 주제 의식을 강화하고 있다.
② ‘5장’은 설의적 표현을 사용하여 화자의 정서를 효과적으로 드러내고 있다.
③ ‘6장’은 점층적으로 시상을 전개하여 화자의 의지를 강조하고 있다.
④ ‘4장’과 ‘5장’은 현재와 과거를 대조하여 화자의 내적 갈등을 드러내고 있다.
⑤ ‘5장’과 ‘6장’은 색채의 대비를 활용하여 대상을 구체적으로 묘사하고 있다.

002 감상의 적절성

〈보기〉를 참고하여 윗글을 감상한 내용으로 적절하지 <u>않은</u> 것은?

`3점`

> **┃ 보기 ┃**
> 　이신의는 충절과 신의를 중시했던 사대부로, 인목대비 폐위에 반대하는 글을 올렸다는 이유로 귀양을 가게 된다. 「단가육장」은 그가 귀양살이를 하면서 느낀 생각과 감정을 풀어낸 작품으로, 화자는 자연물을 친화적인 시선으로 바라보며 자신의 감정을 투영하기도 한다. 또한 자연물에 자신이 지향하는 유교적 이념을 투사하기도 한다.

① '풀어낸 시름'은 '적객'으로 살아가는 화자의 처지와 관련이 있다고 볼 수 있군.

② '간 데마다 따라오'는 '명월'은 화자가 지향하는 '신의'가 투사된 자연물로 볼 수 있겠군.

③ '명월'을 '너'로 지칭하고 '매화를 보려 잔을 잡고 창을 여'는 행위에서 자연물에 친화적인 화자의 시선을 엿볼 수 있군.

④ '설월'에 핀 '매화'는 화자가 지향하는 '충절'의 이념과 관련지을 수 있겠군.

⑤ '이 향기'에는 귀양살이를 오기 전의 삶에 대한 화자의 동경이 투영되어 있군.

003 시어의 의미

㉠과 ㉡에 대해 이해한 내용으로 적절한 것은?

① ㉠과 ㉡은 화자의 '벗'에 대한 태도 변화를 이끌어 낸다고 볼 수 있다.

② ㉠과 ㉡은 화자가 처한 상황을 부각하는 시간과 거리로 볼 수 있다.

③ ㉠과 ㉡은 화자와 '인간'과의 심리적 거리감을 구체화한 것으로 볼 수 있다.

④ ㉠은 화자의 내적 갈등이 심화되는 시간, ㉡은 화자의 내적 갈등이 해소되는 공간으로 볼 수 있다.

⑤ ㉠은 미래에 대한 화자의 낙관적 전망을, ㉡은 비관적 전망을 드러낸다고 할 수 있다.

2. 둘 이상의 고전시가

[004~007] 2020년 11월 학평 (경기) 39~42번 정답과 해설편 p.042

다음 글을 읽고 물음에 답하시오. 4문항을 7분 안에 풀어보세요. 

(가)

무옴 사룸들하 올혼 일 ᄒ쟈ᄉ라
사룸이 되여 나셔 올티곳 못ᄒ면
무쇼룰 갓 곳갈 싀워 밥 머기나 다ᄅ랴

〈제8수〉

풀목 쥐시거든 두 손으로 바티리라
나갈 데 겨시거든 막대 들고 ⓐ 조ᄎ리라
향음쥬 다 파흔 후에 뫼셔 가려 ᄒ노라

〈제9수〉

오늘도 다 새거다 호믜 메고 가쟈ᄉ라
내 논 다 매여든 네 논 졈 매여 주마
올 길에 뽕 따다가 누에 먹겨 보쟈ᄉ라

〈제13수〉

\- 정철, 「훈민가」 -

(나)

일곱 되 사온 쌀 꾸어 온 쌀 두 되 갑고
부족타 ᄒ지 않는 말이 뜻을 순하게 ᄒ오미라
깨진 그릇 좋단 말은 시가를 존중ᄒ미라
날고 기는 개 달긴덜 어른 압헤 감히 치며
부인의 목소리를 문 밧게 감히 내며
해가 져서 황혼되니 무탈과경* 다행이요
달기 우러 새벽 되면 오는 날을 엇지 할고
전전긍긍 조심 마음 시각을 노흘손가
행여 혹시 눈 밖에 날가 조심도 무궁ᄒ다
㉠ 친정에 편지하여 서러운 ᄉ설 불가ᄒ다
시원치 아닌 달란 말이 한 번 두 번 아니여던
번번이 염치 읍시 편지마다 ᄒ잔 말가
㉡ 빈궁(貧窮)이 내 팔ᄌ니 뉘 탓슬 ᄒ잔 말가
설매를 보내어서 이웃집에 꾸러가니
도라와서 우년 말이 전에 꾼 쌀 아니 주고
㉢ 염치 읍시 또 왔느냐 두 말 말고 바삐 가라
한심ᄒ다 이 내 몸이 금의옥식 길녀 ᄂ서
전곡(錢穀)을 모르다가 일조(一朝)에 이을 보니
이목구비 남 갓트되 엇지 이리 되얏넌고
수족이 건강ᄒ니 내 힘써 벌게 되면
어느 뉘가 시비ᄒ리 천한 욕을 면ᄒ리라
분한 마음 다시 먹고 치산범절* 힘쓰리라

김장ᄌ 이부ᄌ가 제 근본 부ᄌ런가
㉣ 밤낮으로 힘써 벌면 난들 아니 부ᄌ될가
오색당ᄉ 가는 실을 오리오리 ᄌ아내니
유황제 곤베틀에 필필이 ᄌ아내어
한림 주서 관복감이며 병ᄉ 수ᄉ 군복감이며
㉤ 길쌈도 ᄒ려니와 전답 으더 역농ᄒ니
때를 맞춰 힘써 ᄒ니 가업이 초성*이라

(중략)

산에 가 제ᄉ ᄒ기 절에 가 불공ᄒ기
불효부제* 제살흔덜 귀신인덜 도와줄가
악병이며 중병이며 이질이며 구창이며
이질 앓던 시아버지 초상흔덜 상관ᄒ랴
저의 심ᄉ 그러ᄒ니 서방인덜 온전할가
아들 죽고 우년 말이 아기딸이 마저 죽어
세간이 탕진ᄒ니 노복인덜 잇슬손가
제ᄉ음식 ᄎ릴 적에 정성 읍시 ᄒ엿스니
앙화(殃禍)가 엇지 읍실손가 셋째 아들 반신불수
문전옥답 큰 농장이 물난리에 내가 되고
안팎 기와 수백간이 불이 붓터 밧치 되고
태산갓치 쌓인 전곡 뉘 물건이 되단말가
춤혹ᄒ다 괴똥어미 단독일신 뿐이로다
일간 움집 으더 드니 기한(飢寒)을 견딜손가
다 떠러진 베치마를 이웃집의 으더 입고
뒤축 읍년 흔 집신을 짝을 모와 으더 신고
압집에 가 밥을 ⓑ 빌고 뒤집에 가 장을 빌고
초요기를 겨우 ᄒ고 불 못때년 찬 움집에
헌 거적을 뒤여스고 밤을 겨우 새여ᄂ셔
새벽 바람 찬바람에 이 집 가며 저 집 가며
다리 절고 곰배팔에 희희소리 요란ᄒ다
불효악행 ᄒ던 죄로 앙화를 바더시니
복선화음* ᄒ년 줄을 이를 보면 분명ᄒ다
딸아딸아 요내딸아 시집ᄉ리 조심ᄒ라
어미 행실 본을 바다 괴똥어미 경계ᄒ라

\- 작자 미상, 「복선화음록」 -

*무탈과경 : 아무 탈 없이 하루를 보냄.

*치산범절 : 재산을 늘리는 일.

*초성 : 기반이 마련됨.

*불효부제 : 효도와 공경을 하지 않음.

*복선화음 : 착한 이에게 복을 주고 악한 이에게 재앙을 줌.

004 표현상 공통점

(가)와 (나)의 공통점으로 가장 적절한 것은?

① 청유형 어미를 활용하여 대상을 예찬하고 있다.
② 선경후정 방식을 활용하여 시상을 전개하고 있다.
③ 고사성어를 활용하여 주제 의식을 강조하고 있다.
④ 유사한 통사 구조를 활용하여 운율을 형성하고 있다.
⑤ 계절의 순환을 활용하여 시적 의미를 부각하고 있다.

005 시구의 의미

㉠ ~ ㉺을 이해한 내용으로 적절하지 <u>않은</u> 것은?

① ㉠ : 자신의 서러운 처지를 친정에 알리기 어려워하고 있는 화자의 모습이 나타나 있다.
② ㉡ : 가난의 원인을 타인의 잘못이 아닌 자신의 운명으로 돌리는 화자의 모습이 나타나 있다.
③ ㉢ : 쌀을 꾸러 찾아간 이웃집에서 들은 말을 설매에게 하소연하는 화자의 모습이 나타나 있다.
④ ㉣ : 자신도 김 장자와 이 부자처럼 부자가 될 수 있다고 생각하는 화자의 모습이 나타나 있다.
⑤ ㉤ : 재산을 늘리기 위해 열심히 일하는 화자의 모습이 나타나 있다.

006 시어의 의미

ⓐ와 ⓑ에 대한 이해로 가장 적절한 것은?

① ⓐ는 타인을 위한, ⓑ는 자신을 위한 주체의 행위를 의미한다.
② ⓐ는 절망감이 반영된, ⓑ는 기대감이 반영된 주체의 행위를 의미한다.
③ ⓐ는 단절을 초래하는, ⓑ는 화합을 유도하는 주체의 행위를 의미한다.
④ ⓐ는 자연에 순응하는, ⓑ는 자연으로 도피하는 주체의 행위를 의미한다.
⑤ ⓐ는 제기된 문제를 해결하기 위한, ⓑ는 해결된 문제의 원인을 찾기 위한 주체의 행위를 의미한다.

007 감상의 적절성

〈보기〉를 바탕으로 (가)와 (나)를 감상한 내용으로 적절하지 <u>않은</u> 것은? `3점`

> **| 보기 |**
>
> 조선 시대에는 옳은 일의 실천, 어른 공경, 상부상조, 부녀자의 덕목과 같은 가르침을 전달하고자 하는 작품들이 있었다. 이러한 작품들은 가르침의 전달 효과를 높이기 위해 비유 대상 혹은 화자와 대비되는 대상을 활용하고, 구체적인 청자를 제시했다. 또한 화자가 스스로 실천하려는 행위를 제시하는 방식을 활용하여 설득 효과를 높이기도 하였다.

① (가)에서 '갓 곳갈'을 쓰고 '밥'을 먹는 'ᄆ쇼'를 통해, 비유 대상으로 옳은 일의 실천을 강조하고 있음을 짐작할 수 있군.
② (나)에서 '이질 앓던 시아버지'를 도와주지 않는 '귀신'을 통해, 화자와 대비되는 대상으로 상부상조를 강조하고 있음을 짐작할 수 있군.
③ (가)의 'ᄆᆞᆯ 사ᄅᆞᆷ 둘'에게 '올ᄒᆞᆫ 일 ᄒᆞ쟈스라'라고 한 것과 (나)의 '딸'에게 '시집스리 조심ᄒᆞ라'라고 한 것을 통해, 구체적인 청자를 제시하고 있음을 짐작할 수 있군.
④ (가)의 '풀목'을 '쥐시'면 '두 손으로 바티리라'는 것을 통해 어른에 대한 공경을, (나)의 '시가를 존중'하여 '깨진 그릇 좋단 말'을 한 것을 통해 부녀자의 덕목을 드러내고 있음을 짐작할 수 있군.
⑤ (가)의 '내'가 자신의 '논'을 다 매거든 '네 논'도 매어 준다는 것과 (나)의 '수족이 건강'한 '내'가 '힘써' 벌겠다는 것을 통해, 화자가 스스로 실천하려는 행위를 제시하고 있음을 짐작할 수 있군.

다음 글을 읽고 물음에 답하시오.   3문항을 4분 안에 풀어보세요.  **4분**

(가)

석양(夕陽)이 비꼈으니 그만하고 돌아가자
돛 내려라 돛 내려라
버들이며 물가의 꽃은 굽이굽이 새롭구나
지국총 지국총 어사와
㉠ <u>삼공(三公)*을 부러워하랴 만사(萬事)를 생각하랴</u>

〈춘(春) 6〉

굳은 비 멎어 가고 시냇물이 맑아 온다
비 떠라 비 떠라
낚싯대 둘러메니 깊은 흥(興)을 못 금(禁)하겠다
지국총 지국총 어사와
㉡ <u>연강(煙江)* 첩장(疊嶂)*은 뉘라서 그려낸고</u>

〈하(夏) 1〉

㉢ <u>물외(物外)에 조흔 일이 어부 생애 아니러냐</u>
비 떠라 비 떠라
어옹(漁翁)을 욷디 마라 그림마다 그렷더라
지국총 지국총 어사와
사시(四時) **흥(興)**이 흔 가지나 **추강(秋江)**이 으뜸이라

〈추(秋) 1〉

㉣ <u>물가의 외로운 솔 혼자 어이 씩씩흔고</u>
비 미여라 비 미여라
험한 구름 흔(恨)치 마라 세상(世上)을 가리운다
지국총 지국총 어사와
㉤ <u>파랑성(波浪聲)*을 싫어 마라 진훤(塵喧)*을 막는도다</u>

〈동(冬) 8〉

- 윤선도, 「어부사시사(漁父四時詞)」 -

＊삼공 : 삼정승으로, 영의정, 좌의정, 우의정을 일컬음.
＊연강 : 안개 낀 강.
＊첩장 : 겹겹이 둘러싼 산봉우리.
＊파랑성 : 물결 소리.
＊진훤 : 속세의 시끄러움.

(나)

초당 늦은 날에 깊이 든 잠 겨우 깨어
대창문을 바삐 열고 작은 뜰에 방황하니
시내 위의 버들잎은 봄바람을 먼저 얻어
위성 땅 아침 비*에 원객(遠客)의 근심이라
수풀 아래 **뻐꾹새**는 계절을 먼저 알아
태평세월 들일에는 **농부**를 재촉한다
아아 내 일이야 잠을 깨어 생각하니
세상의 모든 일이 모두가 허랑(虛浪)하다

공명(功名)이 때가 늦어 백발은 귀밑이요
산업(産業)에 꾀가 없어 초가집 몇 칸이라
백화주 두세 잔에 산수에 **정**이 들어
홍도 벽도(紅桃碧桃)* 난발(爛發)한데 지팡이 짚고 들어가니
산은 첩첩 기이하고 물은 청청 깨끗하다
안개 걷어 구름 되니 남산 서산 백운(白雲)이요
구름 걷혀 안개 되니 계산 안개 봉이 높다
앉아 보고 서서 보니 별천지가 여기로다
때 없는 두 귀밑을 돌시내에 다시 씻고
탁영대(濯纓臺) 잠깐 쉬고 세심대(洗心臺)로 올라가니
풍대(風臺)의 맑은 바람 심신이 시원하고
월사(月榭)의 **밝은 달**은 맑은 의미 일반이라

- 남석하, 「초당춘수곡(草堂春睡曲)」 -

＊위성 땅 아침 비 : 왕유의 시 구절로 벗과 이별하던 장소에 아침 비가 내리는 풍경을 말함.
＊홍도 벽도 : 복숭아 꽃.

---

008 표현상 공통점

(가)와 (나)의 공통점으로 가장 적절한 것은?

① 의인화된 대상을 통해 세태를 비판하고 있다.
② 설의적 표현을 통해 시적 의미를 강조하고 있다.
③ 영탄적 어조를 통해 화자의 정서를 부각하고 있다.
④ 촉각적 심상을 통해 시적 분위기를 조성하고 있다.
⑤ 역설적 표현을 통해 이상향에 대한 의지를 드러내고 있다.

009 시구의 의미

(가)와 (나)에 대한 설명으로 적절하지 <u>않은</u> 것은?

① (가)의 '버들'과 (나)의 '뻐꾹새'는 계절감을 드러내는 소재이다.
② (가)의 '흥'과 (나)의 '정'은 자연에서 화자가 느끼는 정서이다.
③ (가)의 '어옹'과 (나)의 '농부'는 화자의 처지에 공감하는 인물이다.
④ (가)의 '추강'과 (나)의 '밝은 달'은 화자가 긍정적으로 인식하는 대상이다.
⑤ (가)의 '낚싯대'와 (나)의 '백화주'는 풍류를 즐기는 화자의 모습을 드러내는 소재이다.

010 감상의 적절성

〈보기〉를 참고하여 ㉠~㉤을 감상한 내용으로 적절하지 <u>않은</u> 것은? [3점]

> **| 보기 |**
>
> (가)에는 속세를 벗어나 자연의 아름다움을 즐기면서 유유자적한 삶을 살고자 하는 화자의 모습이 드러나 있다. 이 작품에서 자연은 화자가 지향하는 공간으로 인간 세상과 대립되는 공간을 의미한다. 화자는 인간 세상을 멀리하고 자연에 귀의하고자 하는 태도를 보이고 있다.

① ㉠은 속세의 사람들이 추구하는 가치에서 벗어난 화자의 모습을 드러낸다고 볼 수 있군.
② ㉡은 화자가 자연의 아름다움에 감탄하며 이를 즐기고 있다고 볼 수 있군.
③ ㉢은 인간 세상과 대립되는 자연으로 화자가 지향하는 공간으로 볼 수 있군.
④ ㉣은 자연에 귀의하지 못한 사람으로 화자가 안타까워하는 대상으로 볼 수 있군.
⑤ ㉤은 인간 세상을 멀리하고자 하는 화자의 태도를 드러낸다고 볼 수 있군.

다음 글을 읽고 물음에 답하시오.  3문항을 4분 안에 풀어보세요. **4분**

(가)

백성들의 어려움이여, 백성들의 어려움이여	蒼生難蒼生難
흉년 들어 ㉠너희들은 먹을 것이 없구나	年貧爾無食
㉡나는 너희들을 구제할 마음이 있어도	我有濟爾心
너희들을 구제할 힘이 없구나	而無濟爾力
백성들의 괴로움이여, 백성들의 괴로움이여	蒼生苦蒼生苦
날이 추워 네가 이불이 없을 때	天寒爾無衾
㉢저들은 너희들을 구제할 힘이 있어도	彼有濟爾力
너희들을 구제할 마음이 없구나	而無濟爾心
원컨대, 잠시라도 소인배의 마음을 돌려서	願回小人腹
군자의 생각을 가져 보게나	暫爲君子慮
군자의 귀를 빌려	暫借君子耳
백성의 말을 들어 보게나	試聽小民語
백성은 할 말 있어도 임금은 알지 못하니	小民有語君不知
오늘 백성들은 모두 살 곳을 잃었구나	今歲蒼生皆失所
궁궐에서는 매양 백성을 걱정하는 조서 내리는데	北闕雖下憂民詔
지방 관청에 전해져서는 한갓 헛된 종이 조각	州縣傳看一虛紙
서울에서 관리를 보내 백성의 고통을 물으려	特遣京官問民瘼
역마로 날마다 삼백 리를 달려도	馹騎日馳三百里
백성들은 문턱에 나설 힘도 없어	吾民無力出門限
어느 겨를에 마음속 일을 말이나 하겠소	何暇面陳心內事
비록 한 고을에 한 서울 관리 온다고 해도	縱使一郡一京官
서울 관리는 귀가 없고 백성은 입이 없다네	京官無耳民無口
급회양* 같은 착한 관리를 불러다가	不如喚起汲淮陽
아직 죽지 않은 백성을 구해봄만 못하리라	未死子遺猶可救

- 어무적, 「유민탄(流民歎)」-

*급회양 : 중국 한나라 때 선정(善政)을 베푼 것으로 유명한 태수.

(나)

내 이미 **백구** 잊고 백구도 **나**를 잊네
둘이 서로 잊었으니 누군지 모르리라
언제나 해옹을 만나 이 둘을 가려낼꼬

붉은 잎 산에 가득 **빈 강**에 쓸쓸할 때
가랑비 낚시터에 낚싯대 제 맛이라
세상에 **득 찾는 무리** 어찌 알기 바라리

내 귀가 시끄러움 네 바가지 버리려믄
네 귀를 씻은 샘에 내 소는 못 먹이리*
공명은 **해진 신**이니 벗어나서 즐겨보세

옥계산 흐르는 **물** 못 이루어 **달** 띄우네
맑으면 갓끈 씻고 흐리거든 발 씻으리

어찌타 **세상 사람 청탁(淸濁)*** 있는 줄 모르는고

- 이별, 「장육당육가(藏六堂六歌)」-

*네 귀를~못 먹이리 : 벼슬 제안을 듣고 귀가 더럽혀졌다며 영수에 귀를 씻은 허유와 그 물을 소에게도 먹이지 않으려 했다는 소부의 고사에서 차용한 것임.

*청탁 : 맑음과 흐림을 아울러 이르는 말.

---

011 표현상 특징

(가)와 (나)에 대한 설명으로 가장 적절한 것은?

① (가)는 (나)와 달리 색채 대비를 통해 시적 분위기를 환기하고 있다.
② (가)는 (나)와 달리 선경후정의 방식을 통해 시상을 전개하고 있다.
③ (나)는 (가)와 달리 대구적 표현을 사용하여 시적 운율감을 형성하고 있다.
④ (가)와 (나) 모두 설의적 표현을 활용하여 시적 의미를 부각하고 있다.
⑤ (가)와 (나) 모두 자연물에 인격을 부여하여 화자의 정서를 드러내고 있다.

012 시어의 관계

㉠~㉢에 대한 설명으로 적절하지 <u>않은</u> 것은?

① ㉠은 자신들의 삶을 돌보지 않는 ㉡을 원망하고 있다.
② ㉡은 ㉠을 구제하지 못하는 것에 안타까움을 느끼고 있다.
③ ㉡은 ㉢이 군자와 같은 생각을 갖기를 바라고 있다.
④ ㉢은 ㉠의 삶을 구제할 힘을 지니고 있다.
⑤ ㉢은 ㉠이 겪고 있는 문제를 해결하지 않고 있다.

013 감상의 적절성

〈보기〉를 참고하여 (나)를 감상한 내용으로 적절하지 <u>않은</u> 것은?

3점

> **| 보 기 |**
> (나)는 갑자사화로 인해 유배되었다 풀려난 작가가 옥계산에 은거하며 쓴 작품이다. 이 작품을 통해 작가는 세속적 가치를 멀리하고 자연 속에서 자연과 하나 되어 풍류를 즐기는 삶을 추구하고 있음을 보여 주고 있다. 또한 옳고 그름을 분간하지 못하는 사람들을 비판하면서 분별 있는 삶의 자세에 대한 의지도 드러내고 있다.

① '백구'와 '나'가 서로 잊어 누군지 모른다는 것에서 화자가 자연과 하나가 된 삶을 살고 있음을 보여 주는군.
② '빈 강'에서 쓸쓸해하는 모습에서 유배되었다 풀려나도 '득 찾는 무리'로부터 벗어나기 어려운 화자의 현실이 드러나는군.
③ '공명'을 '해진 신'에 비유한 것에서 화자가 세속적 삶의 가치를 멀리하고 있음이 드러나는군.
④ '옥계산'에서 '물', '달'과 함께 지내는 모습에서 화자의 자연 친화적 삶의 태도가 드러나는군.
⑤ '세상 사람'을 '청탁'을 모르는 사람들로 여기는 것에서 맑고 탁함을 분간할 수 있어야 한다는 화자의 인식이 드러나는군.

다음 글을 읽고 물음에 답하시오. 4문항을 5분 안에 풀어보세요. 

(가)

㉠ 남은 다 쟈는 밤에 너 어이 홀로 쌔야
옥장(玉帳) 깊푼 곳에 쟈는 님 싱각는고
㉡ 천리(千里)예 외로운 꿈만 오락가락 ᄒᆞ노라

- 송이 -

(나)

그립고 그리워도 볼 수가 없어
마음은 바람에 나부끼는 종이 연 같아라
㉢ 돗자리라면 말아 두고 돌이라면 굴러 낼 수 있으련만
이 마음의 응어리 어느 때나 고칠까
그리운 사람은 멀리 하늘 모퉁이에 있는데
구름 뜬 하늘 아래 늘어진 푸른 버들
아득한 시름은 끝이 없어라
㉣ 홀로 앉아 공후를 타니
공후는 하소연하는 듯 흐느끼는 듯
다 타도록 비단 적삼 젖는 줄도 몰랐네
원컨대 쌍쌍이 나는 새가 되어서
임 향한 창 앞에 서 있고자
원컨대 **밝은 달이 되어**
임의 창문 휘장 뚫어 비춰 들고자
㉤ 슬픈 노래 잠 못 드는 밤 어찌 이리 긴고
꿈속에서도 요산 남쪽 건너지 못하였네
기나긴 그리움에 공연히 애만 끊노라

- 성현, 「장상사(長相思)」 -

(다)

명황(明皇)*은 귀비(貴妃)*룰 주겨나 여히연이
셟다 셟다 ᄒᆞᆫ들 우리 ᄀᆞ티 셜울런가
사라셔 못 보니 더욱 ᄒᆞ나 망극(罔極)ᄒᆞ다
수심(愁心)은 블이 되여 **가슴**애 픠여나니
절로 난 그 블이 **님의 탓도 아니로디**
내히 하 셜워 수인씨(燧人氏)*룰 원(怨)ᄒᆞ노라
함양궁전(咸陽宮殿)*이 다문 삼월(三月) 블거셔도
지금(至今)에 그 블로 오래 ᄐᆞ다 ᄒᆞ것마는
이 원수(怨讎) 이 블은 몃 삼월(三月)을 디내연고
눈믈은 임우(霖雨)이 되고 한숨은 ᄇᆞ람이 되여
불거니 ᄡᆞ리거니 그츨 적도 업서시니
이 비로 뎌 블을 쌤즉도 ᄒᆞ다마ᄂᆞᆫ
엇씨 ᄒᆞᆫ 블인디 풍우중(風雨中)에 ᄐᆞ노왜라
수화상극(水火相克)*도 거즛말이 되엿고야
픠거니 ᄡᆞ리거니 승부(勝負) 업시 싸호거든
죠고만ᄒᆞᆫ 몸은 전장(戰場)이 되엿ᄂᆞ다
아이고 하ᄂᆞ님아

칠석(七夕)비 ᄂᆞ리워 이 싸홈 말이쇼셔
어엿쁜 이 몸은 살가 너겨 ᄇᆞ라ᄂᆞ다
알고져 전생(前生)의 므슴 죄(罪)룰 지어두고
여흴 제 검던 머리 희도록 못 보ᄂᆞᆫ고
ᄉᆞ랑은 혜염업서* 노소(老少)도 모르ᄂᆞᆫ가
십년전(十年前) 맹서(盟誓)룰 오늘 믄득 싱각ᄒᆞ니
금석(金石) ᄀᆞ튼 말ᄉᆞᆷ이 어제론덧 그제론덧 귀예 징징 ᄒᆞ야시니
이 ᄆᆞ음 이 맹서(盟誓) 진토(塵土)이 되다 니즐소냐
아소온 내 뜻은 다시 볼가 ᄇᆞ라거든
일년(一年) 삼백일(三百日)에 니친 홀니 이실소냐

- 박인로, 「상사곡(相思曲)」 -

* 명황, 귀비 : 당나라 현종과 양귀비. 안사의 난으로 양귀비가 죽음.
* 수인씨 : 중국 고대 전설상의 제왕. 불을 쓰는 법을 전하였다고 함.
* 함양궁전 : 진나라 때 중국 함양에 지어진 궁전으로 항우가 불태웠는데 삼 개월 동안 꺼지지 않았다고 함.
* 수화상극 : 물과 불은 서로 용납하지 않는다는 뜻.
* 혜염업서 : 생각이 없어서.

014 표현상 공통점

(가) ~ (다)에 대한 공통점으로 가장 적절한 것은?

① 의문형 표현을 활용하여 화자의 정서를 강조하고 있다.
② 색채어를 활용하여 대상을 감각적으로 형상화하고 있다.
③ 언어유희를 활용하여 화자의 태도를 해학적으로 표현하고 있다.
④ 풍자의 기법을 활용하여 대상에 대한 비판 의식을 드러내고 있다.
⑤ 계절감을 나타내는 시어를 활용하여 시적 분위기를 조성하고 있다.

015 시구의 의미

⊙ ~ ⑩에 대한 설명으로 적절하지 <u>않은</u> 것은?

① ⊙ : '남'과 화자의 서로 다른 상황을 통해 화자가 놓인 외로운 처지를 표현하고 있다.
② ⓒ : 화자의 '꿈'을 통해 화자가 먼 곳에서 여유롭게 살고자 하는 염원을 표현하고 있다.
③ ⓒ : '돗자리', '돌'과 대비되는 화자의 마음을 통해 화자의 맺혀 있는 감정을 강조하고 있다.
④ ⓔ : 화자가 연주하는 '공후'의 소리를 통해 화자의 답답함과 슬픔을 표현하고 있다.
⑤ ⑩ : 화자가 '밤'에 잠을 자지 못하는 상황을 통해 화자의 애절한 감정을 강조하고 있다.

016 감상의 적절성

〈보기〉를 바탕으로 (나)와 (다)를 감상한 내용으로 적절하지 <u>않은</u> 것은? `3점`

> **┃ 보 기 ┃**
>
> '충신연주지사'는 충성스러운 신하가 왕을 그리워하며 부른 노래를 의미하는데, (나)와 (다)가 여기에 속한다. 이러한 주제 의식을 담은 노래들은 신하가 왕으로부터 멀리 떨어져 이별이 오래 지속된 상황에서 생긴 감정을 표현하고 있다. 왕에 대한 신하의 사랑과 그리움을 주로 표현하며, 자신의 마음을 몰라주는 왕에 대한 원망을 드러내기도 한다.

① (나)의 '그리운 사람'이 '멀리 하늘 모퉁이에 있는데'라고 한 것은 신하가 왕으로부터 멀어져 있는 상황을 나타낸 것이겠군.
② (나)의 '기나긴 그리움에 공연히 애만 끊노라'라고 한 것은 신하가 왕을 그리워하고 있음을 나타낸 것이겠군.
③ (다)의 '수심'이 '가슴'에 피어난 것이 '눔의 탓도 아니로디'라고 한 것은 신하가 자신의 마음을 몰라주는 왕을 원망하고 있음을 나타낸 것이겠군.
④ (다)의 '여흴 제 검던 머리 희도록 못 보는고'라고 한 것은 신하와 왕이 오랫동안 이별하고 있음을 나타낸 것이겠군.
⑤ (나)의 '밝은 달이 되어' '임의 창문 휘장'에 비추겠다는 것과 (다)의 '내 숫은 나시 볼가 부라거든'이라고 한 것은 왕에 내한 신하의 사랑을 나타낸 것이겠군.

017 소재의 의미

새와 블에 대한 설명으로 가장 적절한 것은?

① 새는 화자의 심리 전환을 표출하고, 블은 화자의 성격 변화를 유도하고 있다.
② 새는 화자의 현재 상황을 표현하고, 블은 화자의 미래 모습을 암시하고 있다.
③ 새는 화자의 내적인 갈등을 강조하고, 블은 화자의 외적인 화해를 보여 주고 있다.
④ 새는 화자의 간절한 바람을 드러내고, 블은 화자의 애타는 정서를 부각하고 있다.
⑤ 새는 화자의 반성적인 태도를 나타내고, 블은 화자의 실천적인 행위를 제시하고 있다.

다음 글을 읽고 물음에 답하시오.　3문항을 4분 안에 풀어보세요. 

천지간에 어느 일이 남들에겐 서러운가
아마도 서러운 건 임 그리워 서럽도다
양대(陽臺)에 구름비는 내린 지 몇 해인가
반쪽 거울 녹이 슬어 티끌 속에 묻혀 있다
청조(靑鳥)도 아니 오고 백안(白鴈)도 그쳤으니
소식도 못 듣거늘 임의 모습 보겠는가
㉠ 화조월석(花朝月夕)에 울며 그리워할 뿐이로다
그리워해도 못 보기에 그리워하지도 말리라 여겨
나도 장부(丈夫)로서 모진 마음 지어 내어
이제나 잊자 한들 눈에 절로 밟히거늘 설워 아니 그리워할쏘냐
㉡ 그리워해도 못 보니 하루가 삼 년 같도다
원수(怨讎)가 원수 아니라 못 잊는 게 원수로다
사택망처(徙宅忘妻)는 그 어떤 사람인고
그 있는 곳 알고자 진초(秦楚)*엔들 아니 가랴
무심하고 쉽게 잊기 배워나 보고 싶구나
어리석은 분수에 무슨 재주가 있을까마는
임 향한 총명*이야 **사광(師曠)**인들 미칠쏘냐
총명도 병이 되어 날이 갈수록 짙어 가니
㉢ 먹던 밥 덜 먹히고 자던 잠 덜 자인다
수척한 얼굴이 시름 겨워 검어 가니
취한 듯 흐릿한 듯 청심원 소합환 먹어도 효험 없다
고황(膏肓)에 든 병을 **편작(扁鵲)**인들 고칠쏘냐
목숨이 중한지라 못 죽고 살고 있노라
㉣ 처음 인연 맺을 적에 이리되자 맺었던가
비익조(比翼鳥) 부부 되어 연리지(連理枝) 수풀 아래
나무 얽어 집을 짓고 나무 열매 먹을망정
이승 동안은 하루도 이별 세상 안 보기를 원했건만
동과 서에 따로 살며 그리워하다 다 늙었다
예로부터 이른 말이 견우직녀를
천상(天上)의 인간 중에 불쌍하다 하건마는
그래도 저희는 한 해에 한 번을 해마다 보건마는
㉤ 애달프구나 우리는 몇 은하가 가려서 이토록 못 보는고

- 박인로, 「상사곡(相思曲)」 -

＊진초 : 진나라, 초나라 지역. 매우 먼 곳을 말함.
＊총명 : 듣거나 본 것을 오래 기억하는 힘이 있음.

018　고3 ｜ 2015학년도 수능A 43번
표현상 특징

윗글에 대한 설명으로 가장 적절한 것은?

① 자문자답의 방식으로, 임에 대한 그리움을 부각하고 있다.
② 풍자의 기법으로, 떠나간 임에 대한 서운함을 나타내고 있다.
③ 언어유희를 통해, 이별의 현실을 수용하는 담담한 태도를 드러내고 있다.
④ 의태어를 나열하여, 임의 부재로 인한 외로움을 시각적 이미지로 제시하고 있다.
⑤ 반어적 표현으로, 임에 대한 애정이 식어 가는 것에 대한 안타까움을 표현하고 있다.

019
고3 | 2015학년도 수능A 44번
화자의 정서

㉠~㉤에 대한 이해로 적절하지 <u>않은</u> 것은?

① ㉠은 꽃피는 아침과 달 밝은 밤, 즉 경치가 좋은 시절을 뜻하는 '화조월석'이라는 시어를 통해 임과 함께 좋은 때를 누리지 못하는 서러움을 표현하고 있다.

② ㉡은 짧은 동안을 나타내는 '하루'와 긴 시간을 나타내는 '삼 년'이라는 시어의 대비를 통해 임을 기다리는 간절한 정서를 표출하고 있다.

③ ㉢은 사람이 살아가는 데에 필수적인 요소인 '밥'과 '잠'이라는 시어를 통해 임에 대한 그리움으로 인한 고통을 나타내고 있다.

④ ㉣은 인연을 맺었던 때를 가리키는 '처음'과 현재의 상황을 나타내는 '이리되자'라는 시어를 통해 임과의 예정된 이별에 대한 안타까움을 드러내고 있다.

⑤ ㉤은 임과의 만남을 가로막는 존재를 나타내는 '은하'라는 시어를 통해 임과의 만남이 이루어지지 않음으로 인한 슬픔을 표현하고 있다.

020
고3 | 2015학년도 수능A 45번
자료를 활용하여 감상

〈보기〉는 윗글에서 사용한 고사를 정리한 것이다. 이를 바탕으로 윗글을 이해한 내용으로 적절하지 <u>않은</u> 것은? 3점

| 보 기 |
ⓐ 청조 : 신녀 서왕모를 위해 음식물을 가져오고 소식을 전해 주는 신화 속의 푸른 새.
ⓑ 사택망처 : 노나라 애공과 공자의 대화에 나오는 말로, 이사할 때 아내를 깜박 잊고 두고 가는 것.
ⓒ 사광 : 춘추 시대 진(晉)나라 악사로, 청각 능력이 우수하여 음률을 이해하고 기억하는 것에 뛰어났음.
ⓓ 편작 : 전국 시대의 명의로, 환자의 오장을 투시하는 경지에 도달하였다고 함.
ⓔ 비익조 : 암수가 각각 눈 하나와 날개 하나만 있어서 짝을 지어야만 날 수 있다는 전설 속의 새.

① ⓐ를 활용한 것은, '청조'가 소식을 전하지 못하는 것과 같이 화자와 임 사이에 소식이 끊겼음을 말하려는 것이군.

② ⓑ를 활용한 것은, '사택망처'한 이가 차라리 부러울 정도로 화자가 임을 잊기 어려워하고 있음을 말하려는 것이군.

③ ⓒ를 활용한 것은, 화자가 임에 대한 기억을 떨쳐 낼 수 없음을 '사광'의 기억력에 견주어 말하려는 것이군.

④ ⓓ를 활용한 것은, 임에 대한 화자의 그리움이 '편작'마저 고칠 수 없는 병처럼 매우 깊음을 말하려는 것이군.

⑤ ⓔ를 활용한 것은, 화자와 임이 이별하더라도 결국에는 '비익조'처럼 재회할 운명임을 말하려는 것이군.

다음 글을 읽고 물음에 답하시오.　3문항을 4분 안에 풀어보세요.　　4분

(가)

방(房) 안에 켜 있는 촉(燭)불 눌과 이별하였기에
겉으로 눈물 지고 속 타는 줄 모르는고
저 촉(燭)불 날과 같아서 속 타는 줄 모르도다

- 이개 -

(나)

꿈에 다니는 길이 자취가 남는다면
님의 집 창(窓) 밖에 석로(石路)라도 닳으리라
꿈길이 자취 없으니 그를 슬퍼하노라

- 이명한 -

(다)

　님이 오마 하거늘 저녁밥을 일찍 지어 먹고
　중문 나서 대문 나가 지방 위에 치달아 앉아 이수(以手)로 가액
(加額)하고* 오는가 가는가 건넌 산 바라보니 거머흿들* 서 있거늘
저야 님이로다. 버선 벗어 품에 품고 신 벗어 손에 쥐고 곰븨님븨 님
븨곰븨 천방지방 지방천방* 진 데 마른 데 가리지 말고 워렁충창*
건너가서 정(情)엣말 하려 하고 곁눈을 흘깃 보니 상년(上年) 칠월
사흗날 갉아 벗긴 주추리 삼대* 살뜰이도 날 속였구나
　모쳐라 밤일세망정 행여 낮이런들 남 웃길 뻔 하괘라

- 작자 미상 -

　*이수로 가액하고 : 손을 들어 이마에 얹고.

　*거머흿들 : 검은 듯 흰 듯한 것.

　*곰븨님븨 님븨곰븨 천방지방 지방천방 : 엎치락뒤치락 허둥거리는 모양.

　*워렁충창 : 우당탕퉁탕.

　*주추리 삼대 : 밭머리에 모아 세워 둔 삼의 줄기.

021　표현상 공통점

(가) ~ (다)의 공통점에 대한 설명으로 가장 적절한 것은?

① 청각적 심상을 활용하여 애상적 분위기를 조성하고 있다.
② 영탄적 표현을 통해 시적 상황에 대한 화자의 정서를 부각하고 있다.
③ 자조적 어조를 통해 과거의 행동에 대한 화자의 자책감을 드러내고 있다.
④ 역설적 표현을 통해 부정적인 상황에 대한 화자의 극복 의지를 나타내고 있다.
⑤ 가정적 상황을 제시하여 현재에 비해 미래가 나아질 것이라는 기대감을 드러내고 있다.

022 시어의 의미

(가), (나)에 대한 이해로 적절하지 <u>않은</u> 것은?

① (가)의 '겉으로 눈물 지고'에서 '눈물'은 촛농이 흘러내리는 모습을 비유한 것으로 화자의 슬픔을 형상화하고 있다.

② (가)의 '저 촉(燭)불 날과 같아서'에서 '촉(燭)불'은 화자와 동일시되는 대상이다.

③ (나)의 '꿈에 다니는 길'에서 '꿈'에는 화자의 소망이 투영되어 있다.

④ (나)의 '석로(石路)라도 닳으리라'에서 '닳으리라'는 임에 대한 화자의 간절한 그리움을 드러내고 있다.

⑤ (나)의 '그를 슬퍼하노라'에서 '슬퍼하노라'는 자신을 찾아 주지 않는 임에 대한 화자의 원망이 담겨 있다.

023 감상의 적절성

<보기>를 바탕으로 (다)를 감상한 내용으로 적절하지 <u>않은</u> 것은?

`3점`

> **| 보 기 |**
>
> 조선 후기에 등장한 사설시조는 형식 면에서 평시조와 달리 중장이 제한 없이 길어졌다. 내용 면에서는 실생활 소재들을 활용하여 일상에서 일어나는 문제를 주로 다루었는데 솔직함, 해학성, 애정을 서슴없이 표현하려는 대담성 등을 그 특징으로 하며 비유, 상징 등 다양한 표현기법을 활용하여 대상을 생동감 있게 그려 냈다.

① '곰븨님븨', '천방지방' 같은 음성 상징어를 활용하여 화자의 행동을 생동감 있게 표현하고 있군.

② 일상에서 흔히 볼 수 있는 '버선', '신'이라는 소재를 활용하여 임의 소중함을 상징하고 있군.

③ '주추리 삼대'를 임으로 착각하여 달려가는 화자의 우스꽝스러운 모습에서 해학성을 느낄 수 있군.

④ 임을 그리워하는 절실한 마음을 드러내기 위해 화자의 행동을 구체적으로 제시하다 보니 중장이 길어졌군.

⑤ '진 데 마른 데 가리지' 않고 임에게 가서 '정(情)엣말'을 하려는 모습에서 애정을 표현하려는 화자의 대담성을 엿볼 수 있군.

[024~028] 2024년 3월 학평 (서울) 16~20번 정답과 해설편 p.065

다음 글을 읽고 물음에 답하시오. 5문항을 8분 안에 풀어보세요.

(가)

잠깐 초록을 본 마음이 돌아가지 않는다.
초록에 붙잡힌 마음이
초록에 붙어 바람에 세차게 흔들리는 마음이
종일 떨어지지 않는다
여리고 연하지만 불길처럼 이글이글 휘어지는 초록
땅에 박힌 심지에서 끝없이 솟구치는 초록
나무들이 온몸의 진액을 다 쏟아내는 초록
㉠ 지금 저 초록 아래에서는
얼마나 많은 잔뿌리들이 발끝에 힘주고 있을까
초록은 수많은 수직선 사이에 있다
수직선들을 조금씩 지우며 번져가고 있다
직선과 사각에 **밀려 꺼졌다가는 다시 살아나고 있다**
흙이란 흙은 도로와 건물로 모조리 딱딱하게 덮인 줄 알았는데
이렇게 많은 초록이 **갑자기 일어날 줄은 몰랐다**
아무렇게나 버려지고 잘리고 갇힌 것들이
자투리땅에서 이렇게 크게 세상을 덮을 줄은 몰랐다
콘크리트 갈라진 틈에서도 솟아나고 있는
저 저돌적인 고요
[A] 단단하고 건조한 것들에게 옮겨 붙고 있는
저 촉촉한 불길

- 김기택, 「초록이 세상을 덮는다」-

(나)

어져 내 일이야 무슨 일 하다 하고
굳은 이 다 빠지고 **검던 털이** 희었네
어우와 소장불노력하고 노대에 도상비로다*

〈제1수〉

셋 넷 다섯 어제인 듯 열 스물 얼핏 지나
서른 마흔 한 일 없이 쉰 예순 넘는단 말인가
장부의 허다 사업을 못 다 하고 늙었느냐

〈제2수〉

생원이 무엇인가 **급제도 헛일**이니
밭 갈고 논 매더면 설마한들 배고프리
이제야 아무리 애달픈들 몸이 늙어 못하올쇠

〈제3수〉

너희는 젊었느냐 나는 **이미 늙었구나**

젊다 하고 믿지 마라 나도 일찍 젊었더니
젊어서 흐느적흐느적하다가 늙어지면 거짓 것이*

〈제4수〉

㉡ 재산인들 부디 말며 과갑인들 마다 할까
재산이 유수하고 과갑은 재천하니*
하오면 못할 이 없기는 착한 일인가 하노라

〈제5수〉

내 몸이 못하고서 너희더러 하라기는
내 못하여 애달프니 너희나 하여라
청년의 아니하면 **늙은 후 또 내 되리**

〈제6수〉

- 김약련, 「두암육가」-

*소장불노력하고 노대에 도상비로다 : 젊어서 노력하지 않고, 늙어서 상심
 과 슬픔뿐이로다.
*거짓 것이 : 거짓말처럼 허망한 것.
*재산이 유수하고 과갑은 재천하니 : 재산은 운수가 있어야 하고 과거 급제
 는 하늘에 달렸으니.

---

024 표현상 공통점

(가)와 (나)의 표현상 공통점으로 가장 적절한 것은?

① 대조적 표현을 활용하여 주제 의식을 부각하고 있다.
② 일부 시행을 명사로 마무리하여 여운을 남기고 있다.
③ 수미상관의 기법을 활용하여 리듬감을 조성하고 있다.
④ 명령적 어조를 사용하여 화자의 의지를 표출하고 있다.
⑤ 감탄사를 사용하여 대상에 대한 예찬을 드러내고 있다.

025 감상의 적절성

〈보기〉를 바탕으로 (가)와 (나)를 감상한 내용으로 적절하지 <u>않은</u> 것은? 3점

> **l 보 기 l**
>
> 사물을 바라보거나 삶을 되돌아보며 사색하는 경험을 통해 깨달음을 얻을 수 있다. (가)의 화자는 도시 공간에서 마주한 '초록'에 사로잡혀 초록을 들여다보며 그것이 지닌 생명력을 깨닫고, 이에 대한 감탄과 놀라움을 드러낸다. (나)의 화자는 자신의 백발을 바라보며 현재의 처지를 한탄하는 데 그치지 않고 지난 삶을 돌아보며 깨달은 바를 젊은이에게 전달하고 있다.

① (가)의 '잠깐 초록을 본' 것과 (나)의 '검던 털'이 하얘진 모습을 본 것은 사색을 시작하는 계기가 되는군.

② (가)의 '초록에 붙잡힌 마음'은 '초록'에 매료된 심리를, (나)의 '밭 갈고 논 매더면 설마한들 배고프리'는 넉넉지 않은 현실을 초래한 지난 삶에 대한 아쉬움을 나타내고 있군.

③ (가)의 '수직선들을 조금씩 지우며'를 통해 '초록'이 도시 공간과 균형을 이루기를, (나)의 '늙은 후 또 내 되리'를 통해 젊은이가 과오를 저지르지 않기를 바라고 있군.

④ (가)의 '밀려 꺼졌다가는 다시 살아나고 있'는 것에서 '초록'의 끈질긴 생명력을, (나)의 '급제도 헛일'에서 출세를 위한 삶이 전부가 아님을 깨닫고 있군.

⑤ (가)의 '갑자기 일어날 줄은 몰랐다'는 '초록'의 새로운 모습을 발견한 놀라움을, (나)의 '이미 늙었구나'는 현재의 처지에 대한 탄식을 드러내고 있군.

026 시구의 의미

[A]에 대한 설명으로 가장 적절한 것은?

① 지시 표현을 사용하여 대상에 대한 화자의 심리적 거부감을 나타내고 있다.

② 유사한 문장 구조를 반복하여 대상이 갖는 역동적 이미지를 나타내고 있다.

③ 점층적인 표현을 사용하여 대상에 대한 화자의 태도 변화를 드러내고 있다.

④ 하나의 문장을 두 개의 시행으로 나누어 대상의 순환 과정을 제시하고 있다.

⑤ 모순된 표현을 활용하여 대상과 자신을 동일시하는 화자의 모습을 드러내고 있다.

027 내용 이해

(나)에 대한 이해로 적절하지 <u>않은</u> 것은?

① 〈제1수〉의 '어져 내 일이야'에 담긴 한탄은, 〈제2수〉의 '장부의 허다 사업'을 못다 한 데서 비롯되는군.

② 〈제1수〉의 '노대에 도상비로다'에 담긴 애상감은, 〈제4수〉의 '늙어지면 거짓 것이'로 이어지는군.

③ 〈제2수〉의 '서른 마흔 한 일 없이'에 담긴 반성은, 〈제4수〉의 '젊어서 흐느적흐느적'하지 말라는 당부로 나타나는군.

④ 〈제3수〉의 '이제야 아무리 애달픈들'과 〈제6수〉의 '내 못하여 애달프니'에는 세월의 무상감에서 벗어나고자 하는 심리가 드러나는군.

⑤ 〈제5수〉의 '하오면 못할 이 없기는 착한 일'은, 〈제6수〉의 '너희더러 하라'에서 권유하는 내용이겠군.

028 화자의 정서

시상의 흐름을 고려하여 ㉠과 ㉡을 비교한 내용으로 가장 적절한 것은?

① ㉠에는 대상을 향한 화자의 애정이, ㉡에는 청자를 향한 화자의 원망이 나타나 있다.

② ㉠에는 대상과 화자 사이의 이질감이, ㉡에는 대상에 대한 화자의 거부감이 드러나 있다.

③ ㉠에는 감춰진 진실에 대한 화자의 회의가, ㉡에는 화자의 현재 상황에 대한 의문이 나타나 있다.

④ ㉠에는 힘의 근원에 대한 화자의 상상이, ㉡에는 뜻대로 되지 않는 삶에 대한 화자의 인식이 드러나 있다.

⑤ ㉠에는 문제의 원인에 대한 화자의 성찰이, ㉡에는 예상치 못한 결과를 수용하는 화자의 모습이 나타나 있다

[001~004] 2017년 11월 학평 (경기) 38~41번 정답과 해설편 p.070

다음 글을 읽고 물음에 답하시오. 4문항을 7분 안에 풀어보세요.  7분

(가)

조선 시대 사대부들이 향유했던 대표적인 문학 갈래인 시조에는 사대부들이 지향하는 삶이 잘 나타나 있다. 그런데 다수의 시조 작품에서 사대부가 자연 속에서 심성을 도야하며 안빈낙도(安貧樂道)하는 삶을 추구하는 모습이 드러나 있어 사대부는 현실 정치의 참여보다는 자연 속에 은둔하는 삶을 지향한다고 여겨지는 경향이 있다. 하지만 이는 유학적 가르침을 내면화했던 사대부에 대한 정확한 인식이라고 보기 어렵다.

조선 시대 사대부들의 삶은 관직의 유무에 따라 '출(出)'과 '처(處)'로 구분하여 이해될 수 있다. 유교 사회에서 '출'은, 유교적 가르침을 부단히 수양한 사대부가 관직에 나아가 사대부로서 품었던 정치적 포부를 펼치는 이상적인 삶의 형태로 이해될 수 있다. 사대부들은 유교적 가치관이 바로 서서 순리대로 정치가 실현되는 세상에서는 관직에 나아가 유교적 가르침을 실천하며 백성들을 '인(仁)'과 '의(義)'로써 다스리는 것을 자신들의 이상으로 여긴 것이다.

그런데 사대부들은 자신들이 직면한 시대의 상황에 따라 '출'의 가치를 달리 인식하기도 하였다. 유교적 가치관이 바로 서지 못해 나라가 혼란스러운 상황일 때, 사대부들은 '출'을 의롭지 못하다고 여겨 '처'를 선택하기도 한 것이다. 즉 그들은 의로움을 지키기 위해 스스로 '출'을 거부하고 '처'를 선택하는 것을 이상적이라고 여겼다. 그러나 사대부들은 '처'의 삶을 살면서도 혼란스러운 세상에 대한 근심을 표현하며 우국충정을 드러내는 것으로 자신의 본분을 지키려 하였다.

조선 시대 사대부들은 시조에서 '궁달(窮達)'이라는 표현도 자주 사용했는데, 이 또한 '처'와 '출'의 맥락과 관련지어 이해될 수 있다. '궁(窮)'은 '빈궁(貧窮)'과 '빈천(貧賤)'을, '달(達)'은 '영달(榮達)'과 '부귀(富貴)'를 의미한다. 여기서 빈궁과 빈천은 혼탁한 세상으로 인해 자신의 정치적 포부를 펼치지 않는 삶을, 영달과 부귀는 고위 관직에 올라 자신의 뜻을 펼칠 수 있는 삶을 의미한다고 볼 수 있다. 이런 점에서 '궁'은 '처'와, '달'은 '출'과 비슷한 맥락을 지닌다고 볼 수 있다. 따라서 빈천과 부귀는 앞에서 언급한 사대부의 삶의 처지와 관련지어 볼 때 단순히 경제적 상황만을 의미하는 것이 아니라 보다 확장된 의미를 가진다.

결국 관직의 유무에 따른 사대부의 처지와 그와 관련된 그들의 삶의 태도는 '출-달-부귀'와 '처-궁-빈천'이라는 대조적 맥락을 통해서 설명할 수 있다. 이와 같은 맥락을 잘 보여주는 시조 작품으로 권호문의 시조와 임제의 시조를 들 수 있다.

[A]
출(出)하면 **치군택민(致君澤民)*** 처(處)하면 조월경운(釣月耕雲)*
총명하고 밝은 군자(君子)는 이것을 즐기나니
하물며 **부귀(富貴)**는 위기(危機)라 **빈천거(貧賤居)**를 하오리라*

- 권호문, 「한거십팔곡」 중 제8수 -

[B]
부귀(富貴)를 탐(貪)치 말고 **빈천(貧賤)을 사양(辭讓)** 마라
부귀빈천(富貴貧賤)이 절로 절로 도ᄂᆞ이
부귀(富貴)는 위기(危機)라 탐(貪)하다가 **신명(身命)을 못ᄂᆞ이라***

- 임제 -

권호문과 임제는 당파 싸움이 극심했던 시기인 16세기 중후반을 살았던 인물이다. 권호문은 진사시에 합격하고 임제는 문과에 급제했지만, 자연에 은거하며 산림처사로 사는 삶을 선택했다. 그들의 시조에는 혼탁한 정치 현실에서 벼슬길에 나아가는 것이 위기라는 인식이 잘 드러나 있다.

*치군택민 : 목숨을 바쳐 임금을 섬기고 백성에게 은덕이 미치게 함.

*조월경운 : 달빛 아래서 고기 낚고 구름 속에서 밭을 갊. 곧 은둔 생활을 뜻함.

*빈천거를 하오리라 : 가난하게 지내리라.

*신명을 못ᄂᆞ이라 : 목숨을 부지하기 어렵다는 뜻.

(나)

이편은 저 외다* 하고 저편은 이 외다 하니
매일(每日)의 하는 일이 이 **싸움뿐**이로다
이 중의 **고립(孤立) 무조(無助)***는 님이신가 하노라

〈제14수〉

싸움에 시비만 하고 **공도(公道) 시비(是非)*** 아니 하네
어찌하여 세상 형편 이같이 되었는고
물불보다 심한 **환난** 날로 길어 가는구나

〈제25수〉

나라가 굳으면 집조차 굳으리라
집만 돌아보고 나라 일 아니 하네
하다가 명당(明堂)*이 기울면 어느 집이 굳으리오

〈제26수〉

공명(功名)을 원챤커든 **부귀(富貴)**인들 바랄소냐
초가 한 간에 괴로이 혼자 앉아

밤낮에 **우국상시(憂國傷時)***를 못내 설워 하노라

〈제28수〉

\- 이덕일, 「우국가」 -

* 외다 : 그르다.
* 고립 무조 : 홀로 있어 도움이 없음.
* 공도 시비 : 공평하고 바른 도리를 따짐.
* 명당 : 임금이 조회를 받던 장소.
* 우국상시 : 나라를 걱정하고 시절의 혼란함에 마음이 상함.

001 내용 이해

(가)에 대한 설명으로 가장 적절한 것은?

① 사대부들은 경제적인 상황에 따라 '출' 혹은 '처'의 삶을 선택한다.
② '영달'은 사대부가 지향하는 자연 속에서의 은둔의 삶을 의미한다.
③ 사대부들은 관직에 나아간 삶인 '빈궁'을 통해서 안빈낙도를 추구한다.
④ '궁'은 고위 관직에 올라 자신의 뜻을 펼칠 수 있는 삶을 의미한다고 볼 수 있다.
⑤ 사대부는 '처'의 상황에서 우국충정을 드러냄으로써 자신의 본분을 지키고자 하였다.

002 화자의 태도

(가)를 바탕으로 [A]와 [B]를 이해한 것으로 적절하지 않은 것은?

① [A]의 '치군택민'은 관직에 나아가 유교적 가르침을 실천하는 것을 의미한다.
② [A]의 '빈천거를 하오리라'에는 '처'의 삶을 살겠다는 화자의 의지가 드러나 있다.
③ [B]의 '빈천을 사양 마라'에는 관직에 나아가지 않는 '처'의 삶을 거부해야 한다는 화자의 태도가 드러나 있다.
④ [B]의 '신명을 못ㄴ 이라'는 나라의 유교적 가치관이 흔들리는 상황에서 '출'을 선택했을 때 초래할 결과를 의미한다.
⑤ [A]와 [B]에서 화자가 '부귀'의 삶을 지향하지 않는 것에서는 당파 싸움이 심한 시대에 '출'의 삶을 '위기'라고 여기는 화자의 인식이 드러나 있다.

003 감상의 적절성

(가)를 바탕으로 (나)를 감상한 내용으로 적절하지 않은 것은?

[3점]

① 〈제14수〉 : '싸움뿐'인 당대의 시대에 화자가 '고립 무조'를 선택한 것은 유교적 가르침을 바탕으로 자신을 수양하기 위해 '궁'의 삶을 지향한 것으로 볼 수 있겠군.
② 〈제25수〉 : '공도 시비'를 하지 않아 '환난'이 길어진다는 화자의 인식에서 정치가 순리대로 실현되지 않는 당대의 현실을 짐작할 수 있겠군.
③ 〈제26수〉 : '집만 돌아보고 나라 일 아니 하'는 사람들의 모습은, 유교적 가치를 바르게 실천하지 않은 당대의 사대부들의 모습을 드러낸 것이라 볼 수 있겠군.
④ 〈제28수〉 : '공명'과 '부귀'를 바라지 않는 화자의 모습에서 화자가 '달'의 삶을 지향하지 않음을 알 수 있겠군.
⑤ 〈제28수〉 : '초가 한 간'에서 '우국상시'를 느끼는 것은, '궁'의 상황에서도 화자가 혼란스러운 세상에 대해 근심을 드러낸 것이라 볼 수 있겠군.

004 표현상 공통점

[B]와 (나)의 표현상의 공통점으로 가장 적절한 것은?

① 동일한 시어를 반복하여 의미를 강조하고 있다.
② 대화체를 사용하여 대상과의 친밀감을 드러내고 있다.
③ 점층적 표현을 사용하여 화자의 태도를 부각하고 있다.
④ 설의적 표현을 활용하여 화자의 정서를 강조하고 있다.
⑤ 상승 이미지를 반복하여 화자의 의지를 나타내고 있다.

DAY 08

III

갈래 복합

다음 글을 읽고 물음에 답하시오.　5문항을 8분 안에 풀어보세요. 

(가)

　　향가와 시조는 일반적으로 형식적 측면에서 전승 과정에 초점을 두고 두 갈래의 영향 관계를 설명한다. 시조의 기원에 대한 다양한 설 중, 10구체 향가에서 비롯하였으리라는 설에 바탕을 두고 설명하는 학자들은 초기의 4구체나 과도기 형태인 8구체가 아닌, 10구체를 향가 중에서 정제된 형식으로 본다. 10구체는 대개 '4구 + 4구 + 2구'의 형태로 시상을 전개하다가 낙구에 주제를 제시하며 시상을 마무리한다. 이러한 형태는 후대 평시조가 정제된 틀을 갖추게 된 데에 영향을 끼쳤는데, 특히 낙구의 감탄사는 시조의 종장 첫 구에 나타나는 감탄사에 영향을 미쳤으리라는 것이다. 향가의 감탄사와 시조 종장의 감탄사는 앞에 나온 내용을 정서적으로 고양시키거나 환기시켜 노래의 내용을 완결하는 효과가 있다.

　　이런 전승 과정을 거쳐 형성된 시조가 오늘날까지 창작될 수 있었던 것은, 간결한 형식에서 기인한 바가 크다고 할 수 있다. 이러한 평시조의 형식적 특징은 조선 후기에 접어들어 그 변화가 두드러지게 나타난다. 각 장 4음보의 정형성이 파괴되어 시조의 장형화가 이루어지고 사설시조가 출현하게 된다.

　　향가와 시조는 형식적 측면에서와는 달리 내용적 측면에서의 영향 관계를 설명하기는 어렵다. 10세기 말 무렵까지 창작됐던 향가는 현재까지 가사가 전해지는 것이 총 25수에 불과하고, 위홍과 대구화상이 간행했다는 향가집 『삼대목』도 현재 전해지지 않는다. 현재 전하는 작품들의 내용은 주로 불교적 신앙심을 바탕으로 한 것이 많지만, 추모(追慕), 축사(逐邪), 안민(安民), 연군(戀君) 등 다양하다.

　　반면, 고려 말에 발생하여 조선 시대에 들어 본격적으로 융성한 시조는 시조가 지니는 형식미 때문에 조선 전기 사대부들의 미의식과 정신세계를 표현하는 데 적합한 갈래로 자리 잡았다. 이 시기 시조의 주제는 유교적 이념과 자연에 대한 동경이었는데, 이는 조선 사대부들의 이상이기도 했다. 조선 후기 시조는 자기 자신에 대한 새로운 인식과 실학의 대두로 인하여 관념적이고 형식적인 경향에서 벗어났다. 그러면서 시조에는 새로운 인간성을 발견하고 다양한 현실적 삶을 표현하고자 하는 경향이 나타났다.

(나)

㉠임금은 아버지요
신하는 사랑하실 어머니요
백성은 어린 아이라고 한다면
백성이 사랑을 알 것입니다.
꾸물거리며 사는 백성들
이들을 먹여 다스려
이 땅을 버리고 어디로 갈 것인가 한다면
나라가 다스려짐을 알 것입니다.
아으, 임금답게 신하답게 백성답게 한다면
나라가 태평할 것입니다.

- 충담사, 「안민가」 -

(다)

평생에 일이 업서 산수 간에 노니다가
강호에 ㉡님자되니 세상 일 다 니제라
엇더타 강산풍월이 긔 벗인가 ᄒ노라

- 낭원군의 시조 -

005 내용 이해

(가)를 이해한 내용으로 적절하지 않은 것은?

① 향가는 현재 전하는 것보다 더 많은 작품이 있었을 것이다.
② 향가의 4구체는 발전 과정에서 볼 때 초기 형태에 해당한다.
③ 향가와 달리 시조는 지금까지도 작품 창작이 계속되고 있다.
④ 시조의 형식미는 조선 전기 사대부들의 미의식을 드러내는 데 적합했다.
⑤ 시조는 실학의 영향을 받아 관념적인 내용을 담으려는 경향이 나타났다.

006 내용 이해

(가)를 바탕으로 (나)와 (다)를 이해한 것으로 적절하지 <u>않은</u> 것은?

① (나)의 '4구 + 4구 + 2구' 형태는 (다)의 '초장 + 중장 + 종장'의 3단 구성 형성에 영향을 준 것이군.
② (나)의 '아으'는 전승의 측면에서 (다)의 '엇더타'와 영향 관계에 있군.
③ (다)의 4음보 율격은 (나)에서 '4구'가 반복되는 형태의 영향을 받은 것이군.
④ (다)의 종장에 주제가 제시된 것은 (나)의 9구와 10구에 주제가 제시된 것과 동일한 방식이군.
⑤ (나)와 (다)의 형식은 모두 각각의 갈래에서 대표적인 형식이군.

007 시어의 의미

㉠과 ㉡에 대한 설명으로 가장 적절한 것은?

① ㉠은 '백성'을, ㉡은 '벗'을 그리워하고 있다.
② ㉠은 '이 땅'에 있고, ㉡은 '산수 간'에 있다.
③ ㉠은 ㉡과 달리 상상의 세계 속에 존재하고 있다.
④ ㉡은 ㉠과 달리 대상의 부재에 괴로워하고 있다.
⑤ ㉠과 ㉡은 모두 자신의 처지에 만족하고 있다.

008 내용 이해

<보기>는 (가)의 안민(安民)이 (나)에서 어떻게 구현되고 있는지를 나타낸 것이다. ⓐ ~ ⓔ에 대한 이해로 적절하지 않은 것은?

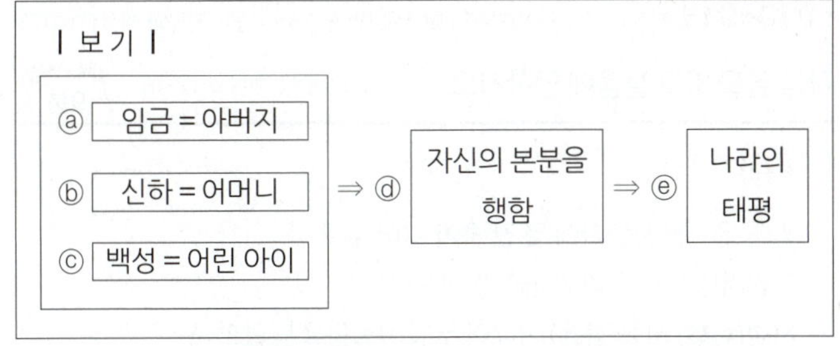

① ⓐ ~ ⓒ로 보아 국가를 가족의 확대된 형태로 생각한 것이군.
② ⓐ와 ⓑ가 ⓒ를 잘 먹여 다스리는 일이 통치의 근본이군.
③ ⓓ는 ⓑ와 ⓒ에게 ⓐ가 당부하는 것이군.
④ ⓓ에는 민심을 중시하는 정치의식이 담겨 있군.
⑤ ⓔ에 도달할 수 있는 방법은 ⓓ이겠군.

009 감상의 적절성

(가)와 <보기>를 바탕으로 (다)를 감상한 내용으로 가장 적절한 것은? `3점`

> | 보 기 |
> 낭원군의 시조는 조선시대 왕족의 정치 참여 금지로 인해 자신의 능력을 표출할 수 없었던 심정을 속세에서 벗어나 자연과 벗하는 모습으로 읊은 것이다.

① 자신의 능력을 표출하지 못하는 상황에서 벗어나기 위한 노력을 '평생에 일'로 표현하였군.
② 정치적 한계에서 벗어나고 싶은 마음을 '산수 간에 노니다가'로 해소했군.
③ 왕족의 역할을 다하고자 하는 의지를 '강호에 님자되니'에 담고 있군.
④ 왕족이기 때문에 현실 정치에 참여할 수 없는 체념의 정서를 '엇더타'에 집약해서 나타냈군.
⑤ 자연과 함께하고자 하는 마음을 '강산풍월'을 '벗'하는 것에 드러냈군.

2. 고전시가와 수필 복합 지문 ❶

[010~013]　　2025년 9월 학평 (인천) 38~41번　정답과 해설편 p.078

다음 글을 읽고 물음에 답하시오.　4문항을 9분 안에 풀어보세요.

(가)

방초 우거진 시냇가에 **몇 간 초가** 지어 두고
아침저녁 듣는 소리 새 울음뿐이로다
시경(詩經) 서경(書經) 기대어 누워 사립문을 닫았으니
산과 시내 새로운데 구름 안개만 잠겨 있다
늘어진 푸른 솔은 늙을 줄로 모르거든
가늘게 시냇물은 주야를 흘러간다
담쟁이 풀 깊은 곳에 찾을 이 뉘 있으며
비바람 부는 ㉠ 세상에 명성은 내 몰라라
화창한 바람 건듯 불어 산중에 봄이 드니
온갖 꽃이 가득 피고 나비들이 넘놀 적에
경치가 무궁하여 눈앞에 벌어지니
허다히 듣는 소리 반가이 보는 빛을
이른들 다 이르며 뉘라서 그려 내리
ⓐ 길고 긴 골짜기에 굴레 벗은 몸이 되어
꽃 핀 아침 달 뜬 저녁 **마음껏 노닐**다가
붉은 벼랑 구름 속에 이슬 맞고 자란 꽃을
일없이 노닐면서 아침저녁 사랑하다가
붉은 채소를 익게 삶아 아침저녁 요기하니
노순(鱸蓴)* 같은 맛이구나 팔진미를 아랑곳 하겠는가

(중략)

부귀를 다 잊으니 평생에 할 일 없어
청려장을 손에 들고 돌길에서 서성이니
버들에 바람 불고 솔 잣나무 달 비칠 때
마음속이 담담하니 해마(害馬)도 간 데 없다
연비어약(鳶飛魚躍)*을 때때로 살펴보니
가을 달 봄바람이 갈수록 흥이로다
단사표음(簞食瓢飮)*을 먹으나 못 먹으나
겨울 **갖옷** 여름 **갈옷** 입으나 못 입으나
ⓑ 빚 없는 청풍명월과 백년해로 하리라

- 김기홍, 「채미가」 -

*노순(鱸蓴) : 농어회와 순채나물국.

*연비어약(鳶飛魚躍) : 솔개가 날아가고 물고기가 뛰어놂.

*단사표음(簞食瓢飮) : 대나무로 만든 밥그릇에 담은 밥과 표주박에 든 물
　이라는 뜻으로, 소박한 생활을 이르는 말.

(나)

　을미년(1595) 봄, 내가 처음으로 농사를 짓기 위해 **두어 이랑의
밭**을 마련했다. 밭은 신벌리에 있었다. 이웃의 농부에게 밭이 어떠
냐고 물었더니 이렇게 대답했다.

　"참 좋은 밭입니다. 어떤 곡식을 심어도 잘 자랄 땅이지요. 습하
지도 않고 메마르지도 않아 수해나 가뭄이 들어도 별 영향이 없
을걸요. 전에 이곳에 농사를 지은 사람은 수확이 많았지요. 요즘
은 농사를 짓지 않는 사람이 많아 버려둔 지 5~6년 됐지만 말입
니다."

　나는 비옥했지만 오랫동안 버려졌다는 그 땅이 아까워 개간해
보기로 마음을 먹고 아주 단단한 농기구와 노련한 농사꾼 몇을 구
해 황소 두어 마리를 끌고 밭으로 갔다.

　3월 17일 무렵이었는데, 밭에는 잡초와 가시덤불이 우거져 한
치의 빈틈도 없었다. **뿌리가 서로 뒤엉켜** 아무리 날카로운 농기구
라고 해도 쉽게 끊어낼 수 없을 정도였다. 괜히 힘만 쓰고 밭은 개간
하지 못하는 것이 아닌가 하는 후회와 걱정이 슬며시 들었다. 하지
만 이미 시작한 일이라 중간에 그만둘 수도 없었다. 쟁기 하나에, 황
소 두 마리를 부려 한 사람은 쟁기질을 하고, 두 사람이 양쪽에서 고
삐를 끌면서 밭을 개간하기 시작했다.

　처음에는 무딘 도구로 단단한 돌을 깎는 것처럼 매우 어려웠다.
그러나 시간이 지날수록 밭을 일구면서 조금씩 앞으로 나아 갈 수
있었다. 보습이 닿는 곳마다, 물살이 거셀 때 물속의 돌이 서로 부대
끼며 내는 소리처럼, 우르릉 쾅쾅 하는 소리가 났다.

　잡초의 **뿌리를 끊**고 난 뒤 일군 밭을 보니 굳은 흙덩이가 겹겹이
쌓여 있어 마치 전쟁에서 패배한 굳세고 사나운 군사들이 분을 참
지 못하고 머리를 풀어 헤친 채 화를 내는 것 같았다. 그러나 밭을
점점 더 개간해 가자, **얽혔던 것**이 풀어지고 **단단한 흙**도 부서져 예
전의 밭 모양을 갖추게 되었고, 힘도 조금씩 덜 들게 되었다. 일하던
사람들도 피곤을 덜 느끼고 개간한 밭을 보며 기뻐했다. 이렇게 계
속 개간을 하면 수레 가득 조를 수확해 담을 수도 있고, 망태기에 곡
식을 채울 수도 있을 것이라는 생각이 들었다. 그런 생각을 하자 마
음이 점점 기쁨으로 차오르기 시작했다.

　이 일을 하다가 문득 깨달은 것이 있다. 사람의 **마음속에도 좋은
밭**이 하나씩 있다. 그 밭이 바로 측은지심, 수오지심, 사양지심, 시
비지심이다. 그리고 거기에 심는 ㉡ 씨앗이 인(仁), 의(義), 예(禮),
지(智)이다. 그 밭은 평평하여 험하지 않고 비옥해서 작물이 잘 자
란다. 그래서 처음에는 아무도 그 땅을 버리지 않는다.

　그러나 ㉢ 살면서 사심이 생겨 이랑이 올라오고, 욕심이 생겨 좋
은 곡식을 해치면, 밭이 황폐해지고, 나고 자라는 자연의 이치도 멈
춘다.

　하지만 그 본질은 사라지는 게 아니다. 진실로 밭을 일구려는 사
람이 ⓓ 안회의 사물(四勿)*을 황소로 삼고, 증자의 삼성(三省)*을
쟁기로 삼아 개간하기 어려운 땅을 일구기 시작하여, 한 번 이겨 낸

뒤에는 느긋한 여유가 생긴다. 그 결과 예전과 같은 밭을 일구어 낼 수 있을 것이다. 좋은 곡식이 왜 자라지 않을까 걱정만 하고 있을 필요는 없다. 내 밭이 황폐해져 개간할 수 없다고 생각한다면 이것은 스스로를 포기한 것일 뿐이다. ⓔ 밭을 황폐하게 하는 것도 자신이요, 개간해 내는 것도 자신이다. 나는 여태껏 개간하지 않는다면 몰라도 개간하는 일 자체가 불가능한 경우를 본 적이 없다.

- 정온, 「기황전설」-

*사물(四勿): '예의에 맞지 않는 것이면 보지 말며, 듣지 말며, 말하지 말며, 행동하지 말라.'라는 안회의 말.
*삼성(三省): '나는 날마다 세 가지를 반성한다. 남에게 최선을 다했는가, 친구와 신의 있게 지냈는가, 배운 것을 익혔는가.'라는 증자의 말.

010 표현상 특징

(가), (나)에 대한 설명으로 가장 적절한 것은?

① (가)는 자연물에 감정을 이입하여 대상에 대한 정서를 드러내고 있다.
② (나)는 불가능한 상황을 가정하여 주제 의식을 드러내고 있다.
③ (가)는 (나)와 달리, 설의적 표현을 사용하여 삶에 대한 긍정적 인식을 드러내고 있다.
④ (나)는 (가)와 달리, 영탄적 표현을 사용하여 대상에 대한 경외감을 드러내고 있다.
⑤ (가)와 (나)는 모두, 음성 상징어를 활용하여 공간에서 느껴지는 현장감을 드러내고 있다.

011 소재의 의미

㉠과 ㉡에 대한 이해로 가장 적절한 것은?

① ㉠은 화자의 기대에 부합하는 대상이고, ㉡은 글쓴이가 그 속성을 예찬하는 대상이다.
② ㉠은 화자의 시련을 부각하는 대상이고, ㉡은 글쓴이가 소망하는 바가 달라지게 만든 대상이다.
③ ㉠은 화자가 이해하고자 하는 대상이고, ㉡은 글쓴이가 사람이라면 누구나 갖고 있다고 여기는 대상이다.
④ ㉠은 화자가 마음으로부터 경계하는 대상이고, ㉡은 글쓴이가 물질적 여유를 위한 수단으로 삼는 대상이다.
⑤ ㉠은 화자가 거리를 두려는 대상이고, ㉡은 글쓴이가 가까이 사람들이 자신의 내면에서 키워 나가기를 바라는 대상이다.

012 문맥적 의미

ⓐ~ⓔ에 대해 이해한 내용으로 적절하지 않은 것은?

① ⓐ: 자연 속에 지내며 무언가에 얽매이지 않고 자유로운 상황에 놓이게 되었다는 의미가 담겨 있다.
② ⓑ: 돈이 없어도 누릴 수 있는 자연의 아름다움을 평생토록 누리겠다는 의미가 담겨 있다.
③ ⓒ: 마음이 황폐해지면 사심과 욕심으로 인해 결국 마음의 밭이 사라지게 된다는 의미가 담겨 있다.
④ ⓓ: 안회와 증자의 말을 교훈 삼아 마음의 밭을 일굴 때 처음의 어려움을 이겨 내면 할 수 있다는 마음이 생긴다는 의미가 담겨 있다.
⑤ ⓔ: 자신의 내면이 어떻게 가꾸어질지는 스스로의 마음가짐에 달려 있다는 의미가 담겨 있다.

013 감상의 적절성

<보기>를 참고하여 (가), (나)를 감상한 내용으로 적절하지 않은 것은? `3점`

> **| 보기 |**
> 문학 작품에는 삶에 대한 태도가 담겨 있다. (가)의 화자는 자연의 아름다움을 구체적으로 드러내며 가난함 속에서도 세속적 욕망에 초탈하여 유유자적하는 삶의 모습을 노래하고 있다. (나)의 글쓴이는 밭을 일구게 된 과정과 힘써 노력한 경험을 제시하며 이를 통해 깨우친 삶의 이치를 전달하고 있다.

① (가)에서는 아침과 저녁으로 '마음껏 노닐'면서 '부귀를 다 잊'었다고 말하는 것을 통해 유유자적하며 세속적 욕망에 초탈한 삶을 살아가는 모습을 나타내고 있군.
② (가)에서는 '온갖 꽃이 가득 피'어 '나비들이 넘놀'고 있는 경치를 바라보며 다 이를 수 없고 누구도 그려 낼 수 없다고 말하는 것을 통해 자연의 아름다움을 표현하고 있군.
③ (가)에서는 '몇 간 초가'에서 '붉은 채소'를 먹고 지내면서도 겨울의 '갖옷'과 여름의 '갈옷'을 마련하고자 힘쓰는 모습을 통해 가난한 환경을 이겨 내려는 삶의 태도를 드러내고 있군.
④ (나)에서는 '뿌리가 서로 뒤엉켜' 있는 밭을 '뿌리를 끊'은 뒤 '얽혔던 것'을 풀고 '단단한 흙'도 부수어 개간하는 과정을 통해 밭을 일구어나가는 노력을 보여 주고 있군.
⑤ (나)에서는 '두어 이랑의 밭'을 일구며 깨달은 경험을 통해 우리가 각자 갖고 있는 '마음속'의 '좋은 밭' 또한 황폐해지지 않도록 잘 일구어야 한다는 삶의 이치를 전달하고 있군.

다음 글을 읽고 물음에 답하시오. 5문항을 10분 안에 풀어보세요.

(가)

천지인간 만물 중에 무상(無常)할 손 이내 사정
못 할러라 못 할러라 빈집 살림 못 할러라
얽었으나 검었으나 부부밖에 또 있는가
견우직녀성도 둘이 서로 마주 섰고
용천검 태아검도 둘이 서로 짝이 되고
날짐승 길버러지 다 각각 짝이 있건만
전생(前生) 차생(此生) 무슨 죄로 우리 둘이 부부되어
검은 머리 백발 되고 희던 몸이 황금 되고
자손이 많고 영화를 누리며 백년해로 살자 했더니
하느님도 무정하고 가운(家運)이 불행하여
조물(造物)이 시기하고 귀신조차 사정(私情) 없다
말 잘하고 인물 좋고 활 잘 쏘고 키 훨씬 큰
다정한 우리 낭군 사랑하던 우리 낭군
무슨 나이 그리 많아 청산의 외로운 혼이 된단 말인가
삼생 연분 아니런가 **사주팔자 그러한가**
이미 부부 되었으면 죽지 말고 살았거나
그리 죽자 할 작시면 만나지나 말았거나
부질없는 이 내 심사 어느 누가 위로하리
심회(心懷)로다 심회로다 바다같이 깊은 수심(愁心)
태산같이 높은 심회 상사(相思)로다 상사로다
상사하던 우리 낭군 어이 그리 못 오는가
병들어 누워 인간사 끊어졌으니 못 오는가
약수(弱水) ⓐ 삼천 리가 둘러져 있어 못 오는가
만리장성이 가려서 못 오는가

(중략)

동쪽 창에 돋은 달이 서쪽 창으로 지거든 오시려나
병풍에 그린 황계(黃鷄) 새벽 즈음에 **날 새라고 꼬꼬** 울거든 오
시려나
금강산 상상봉(上上峰)이 평지 되어 물 밀어 배 둥둥 뜨거든 오
시려나
어이 그리 못 오는가 무슨 일로 못 오는가
가슴 속에 불이 나서 풀과 나무 다 타 간다
눈물이 비가 되어 붙은 불을 끄련마는
한숨이 바람 되어 점점 불어
구곡간장(九曲肝腸) 썩은 물이 눈으로 솟아날 제
구년지수(九年之水) 되었구나 **한강지수(漢江之水)** 되었구나

- 작자 미상, 「청춘과부가(靑春寡婦歌)」-

(나)

갈까 보다 말까 보다 임을 따라 아니 갈 수 없네
오늘 가고 내일 가고 모레 가고 글피 가고 하루 이틀 사흘 나흘
곱잡아 여드레 ⓑ 팔십 리를 다 못 갈지라도 임을 따라서 아니 갈 수

없네 천가지 만가지 **창과 칼, 도끼까지 닥친다 할지라도 임을 따라
아니 갈 수 없네** 나무라도 **은행나무**는 음양을 분하여 마주 섰고 돌
이라도 망부석은 암수를 따라서 마주 섰는데
이 내 팔자는 왜 그리 주책없어 간 곳마다 있어야 할 임 없어 나
못 살겠네

- 작자 미상, 「사설시조」-

(다)

오늘은 당신이 가르쳐 준 태백산맥 속의 소광리 소나무 숲에서
이 엽서를 띄웁니다. 아침 햇살에 빛나는 소나무 숲에 들어서니 당
신이 사람보다 나무를 더 사랑하는 까닭을 알 것 같습니다. 200년,
300년, 더러는 500년의 풍상(風霜)을 겪은 **소나무들**이 골짜기에
가득합니다. 그 긴 세월을 온전히 바위 위에서 버티어 온 것에 이르
러서는 차라리 경이였습니다. 바쁘게 뛰어다니는 우리들과는 달리
오직 **'신발 한 켤레의 토지'**에 서서 이처럼 **우람**할 수 있다는 것이 충
격이고 경이였습니다. 생각하면 소나무보다 훨씬 더 많은 것을 소
비하면서도 무엇 하나 변변히 이루어 내지 못하고 있는 나에게 소
광리의 솔숲은 마치 회초리를 들고 기다리는 엄한 스승 같았습니
다.

어젯밤 별 한 개 쳐다볼 때마다 100원씩 내라던 당신의 말이 생
각납니다. 오늘은 소나무 한 그루 만져볼 때마다 돈을 내야겠지요.
사실 서울에서는 그보다 못한 것을 그보다 비싼 값을 치르며 살아
가고 있다는 생각이 듭니다. 언젠가 경복궁 복원 공사 현장에 가 본
적이 있습니다. 일제가 파괴하고 변형시킨 조선 정궁의 기본 궁제
(宮制)를 되찾는 일이 당연하다고 생각하였습니다. 그러나 막상 오
늘 이곳 소광리 소나무 숲에 와서는 그러한 생각을 반성하게 됩니
다. 경복궁의 복원에 소요되는 나무가 원목으로 200만 재, 11톤 트
럭으로 500대라는 엄청난 양이라고 합니다. 소나무가 없어져 가고
있는 지금에 와서도 기어이 소나무로 복원한다는 것이 무리한 고집
이라고 생각됩니다. 수많은 소나무들이 베어져 눕혀진 광경이라니
감히 상상할 수가 없습니다. 그것은 이를테면 고난에 찬 몇 백만 년
의 세월을 잘라 내는 것이나 마찬가지입니다.

(중략)

나는 문득 당신이 진정 사랑하는 것이 소나무가 아니라 소나무
같은 '사람'이라는 생각이 들었습니다. 메마른 땅을 지키고 있는 수
많은 사람들이란 생각이 들었습니다. 문득 지금쯤 서울 거리의 자
동차 속에 앉아 있을 당신을 생각했습니다. 그리고 외딴섬에 갇혀
목말라 하는 남산의 소나무들을 생각했습니다. 남산의 소나무가 이
제는 더 이상 살아남기를 포기하고 자손들이나 기르겠다는 체념으
로 무수한 솔방울을 달고 있다는 당신의 이야기는 우리를 슬프게
합니다. 더구나 그 솔방울들이 싹을 키울 땅마저 황폐해 버렸다는
사실이 우리를 더욱 암담하게 합니다. 그러나 그보다 더 무서운 것
이 아카시아와 활엽수의 침습(侵襲)이라니 놀라지 않을 수 없습니
다. 척박한 땅을 겨우겨우 가꾸어 놓으면 이내 다른 경쟁수들이 쳐
들어와 소나무를 몰아내고 만다는 것입니다. 무한 경쟁의 비정한
논리가 뻗어 오지 않는 곳이 없습니다.

나는 마치 꾸중 듣고 집 나오는 아이처럼 산을 나왔습니다. **솔방울 한 개**를 주워 들고 내려오면서 생각하였습니다. 거인에게 잡아 먹힌 소년이 솔방울을 손에 쥐고 있었기 때문에 다시 소생했다는 신화를 생각하였습니다. 당신이 나무를 사랑한다면 솔방울도 사랑 해야 합니다. 무수한 솔방울들의 끈질긴 저력을 신뢰해야 합니다.

- 신영복, 「당신이 나무를 더 사랑하는 까닭」-

---

014 표현상 특징

(가) ~ (다)에 대한 설명으로 가장 적절한 것은?

① (가)는 계절 변화를 통해 과거와 현재의 대비되는 상황을 드러내고 있다.
② (나)는 점층적 표현을 통해 대상에 대한 예찬의 태도를 드러내고 있다.
③ (다)는 묻고 답하는 방식으로 글을 전개하여 독자의 깨달음을 유도하고 있다.
④ (가)와 (나)는 모두, 열거의 방식을 활용하여 화자의 정서를 강조하고 있다.
⑤ (나)와 (다)는 모두, 시간의 흐름에 따른 공간의 변화를 통해 역동적 분위기를 드러내고 있다.

015 소재의 의미

ⓐ, ⓑ에 대한 이해로 가장 적절한 것은?

① ⓐ는 임의 마음을 확인하고 싶은 화자의 바람을 의미한다.
② ⓑ는 임과의 물리적 거리로 인한 화자의 절망감을 의미한다.
③ ⓐ는 화자가 가야 할 험난한 여정을, ⓑ는 임이 가야 할 시련의 길을 의미한다.
④ ⓐ는 임에 대한 화자의 심리적 거리감을, ⓑ는 화자에 대한 임의 심리적 거리감을 강조한다.
⑤ ⓐ는 화자와 임 사이의 단절된 정도를, ⓑ는 화자가 감내해야 할 고난의 정도를 강조한다.

016 감상의 적절성

<보기>를 참고하여 (가)와 (나)를 감상한 내용으로 적절하지 <u>않은</u> 것은?

| 보 기 |

사랑하는 대상과의 이별 상황을 노래하고 있는 시에서, 시적 화자가 이에 대처하는 양상은 다양하게 나타난다. 시적 화자는 이별이라는 현실을 부정하거나, 이를 극복하기 위해 적극적이고 능동적인 태도를 보이기도 한다. 또한 이별의 현실에 체념, 원망, 자책과 같이 소극적이고 수동적인 태도를 보이기도 한다. 그리고 이별에 대처하는 이러한 양상은 복합적으로도 나타난다.

① (가)의 '조물이 시기하고 귀신조차 사정 없다'에는 임과 사별한 이유를 외부 요인으로 돌리는 화자의 원망이 나타나 있군.
② (가)의 '어이 그리 못 오는가 무슨 일로 못 오는가'에는 임과 사별했다는 상황을 받아들이기 힘들어하는 화자의 애절한 정서가 담겨 있군.
③ (가)의 '사주팔자 그러한가'와 (나)의 '이 내 팔자는 왜 그리 주책없어'에는 모두, 이별의 원인을 자신에게서 찾는 화자의 자책이 나타나 있군.
④ (나)의 '갈까 보다 말까 보다'에는 이별에 대처하는 화자의 복합적인 태도가 드러나 있군.
⑤ (나)의 '창과 칼, 도끼까지 닥친다 할지라도 임을 따라 아니 갈 수 없네'에는 임과의 이별을 거부하겠다는 화자의 적극적 의지가 드러나 있군.

017 인물의 태도

(다)의 '나'와 '당신'에 대한 이해로 적절하지 <u>않은</u> 것은?

① '나'는 인간이 이기적인 태도로 자연을 대한다고 여기고 있다.
② '나'는 인간 세상만이 아니라 자연에도 무한 경쟁의 논리가 적용되고 있다고 생각하고 있다.
③ '당신'은 '나'가 소광리 소나무 숲에서 바람직한 삶의 태도를 깨닫는 계기를 마련해 주었다.
④ '나'와 '당신'은 모두, 살아남기를 포기한 남산의 소나무에 대한 인식의 변화를 드러내고 있다.
⑤ '나'와 '당신'은 모두, 대가를 치르며 감상하고 싶을 정도로 자연이 지닌 가치가 높다고 평가하고 있다.

<보기>를 참고하여 (가) ~ (다)를 감상한 내용으로 적절하지 <u>않은</u> 것은? 3점

> **| 보기 |**
>
> 문학 작품에서 작가는 정서나 사상을 직접적으로 드러내기보다는 특정 사물이나 상황을 통해 간접적으로 돌려 말하는 경우가 많다. 이때 특정 사물이나 상황은 화자나 글쓴이의 처지와 동일시되거나 대조되어 정서를 심화시키는 대상으로 쓰인다. 또한 화자나 글쓴이가 어떤 감정이나 생각을 떠올리도록 매개하기도 한다.

① (가)에서 '병풍에 그린 황계'가 '날 새라고 꼬꼬' 운다는 실현 불가능한 상황을 설정한 것은 임이 다시는 돌아올 수 없다는 화자의 비극적인 인식을 드러내려는 의도로 볼 수 있군.

② (가)에서 '구곡간장 썩은 물'이 '눈으로 솟아' '구년'이나 흐르고 '한강'이 되었다는 과장된 상황을 설정한 것은 오지 않는 임에 대한 화자의 슬픔을 부각하려는 의도로 볼 수 있군.

③ (가)의 '견우직녀성'은 화자의 처지와 동일한, (나)의 '은행나무'는 화자의 처지와 대조되는 대상으로, 임의 부재로 인한 화자의 상실감을 심화하려는 의도로 설정한 사물로 볼 수 있군.

④ (다)의 '신발 한 켤레의 토지'만을 차지한 채 '우람'하게 서 있는 '소나무들'은 필요 이상의 많은 소비를 하며 살아온 글쓴이 자신의 삶을 반성하게 하는 사물로 볼 수 있군.

⑤ (다)의 '솔방울 한 개'는 글쓴이에게 황폐해지고 척박해진 환경에서도 희망을 품고 살아야 함을 환기하는 사물로 볼 수 있군.

다음 글을 읽고 물음에 답하시오.   4문항을 8분 안에 풀어보세요.   **8분**

(가)

산수간(山水間) 바위 아래 **띠집***을 짓노라 하니
그 모른 남들은 ㉠**웃는다** 한다마는
어리고 향암*의 뜻에는 내 분(分)인가 하노라

<제1수>

보리밥 풋나물을 알맞게 먹은 후에
바위 끝 물가에 슬카지 노니노라
그 남은 여남은 일이야 부럴 줄이 있으랴

<제2수>

내 **성이 게으르더니 하늘**이 알으실사
인간 만사(人間萬事)를 한 일도 아니 맡겨
다만당 다툴 이 없는 **강산을 지키라 하**시도다

<제5수>

- 윤선도, 「만흥(漫興)」-

*띠집 : 풀의 일종인 띠로 지붕을 이은 집.
*향암 : 시골에 사는 견문이 좁고 어리석은 사람.

(나)

모계위가 한여름에 들에 나가 김을 매다가 틈이 나자 우뚝 서 있었다. 밭두둑 사이에 큰 나무가 있었다. 아침에 그늘이 서쪽으로 지자, 사람들이 다투어 그 아래로 가고, 얼마 뒤에 해가 옮겨 가자 모두들 떠들썩하게 동편으로 몰려갔다. 뒤처져 온 이들 중에는 신발을 잃거나 발꿈치를 상한 자도 계속 이어졌다.

계위를 돌아보고는 꾸짖는 자가 있었다.

"저번에 그대는 동편에 있더니 이제 그대는 서편에 있군요. 군자라는 이가 진정 이다지도 지조가 없는지요?"

계위는 기가 막혀 ㉡**웃으며**, 세 번의 질문에도 대꾸하지 않았고, 말하던 자가 비로소 움찔하더니 얼마 있다 말하였다.

"내가 지나쳤군요. 그대의 자리는 종일토록 변하지 않았습니다. 내가 내 자리를 정하지 못한 것을 도리어 그대의 정해진 자리를 의심하였으니, 내가 참으로 망령된 사람입니다. 그렇지만 여름에 베옷 입고 겨울에 털옷 입으며, 비 오면 도롱이 입고 볕 나면 가리는 천성은 성인도 고치려고 하지 않았습니다. 공자님께서도 사람은 새, 짐승과는 함께 살 수 없고 사람과 함께해야 한다고 말하지 않으셨습니까? 우리는 이런 사람이 아닌가요? 그대는 이제 항상 사람들과 떨어져서 혼자 있고, 또 그것을 지켜 꼼짝 않는데, 도리를 알고 때를 안다는 사람도 진정 그러합니까?"

계위가 말했다.

"그렇군요. 저는 농부인데 어찌 도를 알겠습니까? 그래도 저는 일찍이 서유자에게 농사에 대해 들은 적이 있습니다. 봄에 밭 갈고 여름에 김매다 가을에 이르면 수확을 한다고 하니, 나는 이것으로 때를 따라가는 것이라 생각합니다. 무릇 비 오

고 가물고 바람 불고 볕이 내리쬐는 것은 하늘에 달린 것이
고, **밭 갈고 씨 뿌리**고 김매고 뿌리를 북돋는 것은 나에게 달
린 것입니다. 나는 내가 할 수 있는 것을 다하고 하늘에서 이
루어 주는 것을 받아들입니다. 내 힘을 다 쓰고 내 일이 이미
갖추어지면, 나는 안으로 마음속에 거리끼는 것이 없고, 밖으
로 외물에 휘둘리는 것이 없습니다. 해하지도 않고 탐하지도
[A] 않아 이해관계에도 불꽃이 튀지 않으니, 물에 파도가 일지 않
는 것처럼 담담하고 물이 사방으로 통하여 막히지 않는 것처
럼 트입니다. 이렇게 되면 시원한 바람을 맞으며 사탕수수 즙
을 마시는 것 같으니 높은 평상에 얼음을 쌓아 놓는다고 해도
내 상쾌함을 알기에는 부족할 것입니다. 홀로 나무 그늘에 구
구히 얽매이겠습니까?

저는 하늘의 때를 기다리는데, 사람들은 혹 서로 다른 사람과
시간을 다툽니다. 저는 마음속에 그늘이 있는데, 사람들은 모두
나무 그늘로 들어갑니다. 사람들이 나와 달리한 것이지, 내가 어
찌 사람들을 떠나기를 좋아했겠습니까? 그렇다 해도 **눈과 얼음
속에서** 솜옷을 입고 있는 자도 **여우 담비 털옷을 덮어 주면 사양
하지 않**는 법입니다. 내가 그늘을 싫어하여 도망쳤다고 하면 그
것도 인정(人情)이 아닐 것입니다.

그대는 어찌 생각해 보지 않으십니까? 그대가 이 그늘로 들어
갔을 적에 과연 조용하고 넉넉하게 노닐며 태연하게 스스로 얻
은 것이었습니까? 아니면 **다른 사람과 다툰** 다음에야 그늘에 들
수 있었습니까? 그렇지 않았다면 그 누가 무릎을 부딪치면서 발
을 뻗지 못하게 하였습니까? 그 누가 그대의 팔을 움츠려서 펴지
못하게 하였습니까? 그 누가 그대에게 한 발자국 남짓한 자리를
마음대로 차지하지 못하게 하여, 마치 철창 속에 갇힌 원숭이처
럼 답답하게 하였습니까? 그 누가 그대와 사람이 서로 꺼리게 하
여 도적을 보듯 흘겨보며 행여 한 사람이라도 나가서 내 자리를
너르게 하여 주기를 바라게 하였습니까? 이렇게 하여 **그늘에 들
어가는 것**은 차라리 뜨거운 **햇볕 아래 홀로 서 있는 것만도 못**합
니다. 그대는 말하지 마십시오. 저는 다시 김을 매야겠습니다."
물어봤던 사람이 머리를 숙였고 부끄러운 낯빛이었다.

- 홍석주, 「전간대(田間對)」-

019 표현상 공통점

(가)와 (나)의 공통점으로 가장 적절한 것은?

① 설의적 표현을 활용하여 삶의 태도를 강조하고 있다.
② 반어적 표현을 활용하여 인식의 변화를 드러내고 있다.
③ 점층적 표현을 활용하여 부정적인 상황을 부각하고 있다.
④ 과장적 표현을 활용하여 상황의 해학성을 보여 주고 있다.
⑤ 대조적 표현을 활용하여 자연 친화적 태도를 나타내고 있다.

020 인물의 태도

㉠, ㉡에 대한 이해로 가장 적절한 것은?

① ㉠에는 줏대 없는 행위에 대한, ㉡에는 염치없는 말에 대한 비판적 태도
가 담겨 있다.
② ㉠에는 일반적이지 않은 행위에 대한, ㉡에는 원망하는 말에 대한 비하
의 의도가 담겨 있다.
③ ㉠에는 공감할 수 없는 행위에 대한, ㉡에는 이치에 맞지 않는 말에 대
한 부정적 태도가 담겨 있다.
④ ㉠에는 자신을 평가하는 행위에 대한, ㉡에는 자신을 조롱하는 말에 대
한 냉소적 태도가 담겨 있다.
⑤ ㉠에는 열등감을 숨기려는 행위에 대한, ㉡에는 선입견을 지니고 있는
말에 대한 질책의 의도가 담겨 있다.

021 인물의 태도

**(나)의 [A]에 나타난 '모계위'의 생각을 이해한 내용으로 가장 적절
한 것은?**

① 순리에 따라 자신의 일을 다하여 외부 상황에 연연할 필요가 없다고 여
기고 있군.
② 자신에게 유리한 상황을 조성하려면 다른 사람들과 함께해야 한다고
여기고 있군.
③ 하늘의 도움을 받으려면 절기에 맞추어 남들보다 더 농사일에 힘써야
한다고 여기고 있군.
④ 적절한 때를 알고 행동하면 자신의 의지에 따라 주변 환경을 변화시킬
수 있다고 여기고 있군.
⑤ 다른 사람들과 관계를 원만하게 이어가 마음속에 거리끼는 것이 없도
록 해야 한다고 여기고 있군.

〈보기〉를 바탕으로 (가)와 (나)를 이해한 내용으로 적절하지 않은 것은? [3점]

> **| 보기 |**
>
> (가)와 (나)에서는 분수에 맞는 삶의 태도를 지향하는 모습이 나타나 있다. (가)의 화자는 자연에서 삶을 영위하는 것이 떳떳한 일이라 여기며 소박한 생활에 만족감을 느끼고 있다. 그리고 (나)의 모계위는 자신의 삶의 방식을 지키는 것이 중요한 일이라 여기며 자신의 이익을 위해 다른 사람을 해하는 상황을 비판적으로 인식하고 있다.

① (가)의 화자가 자연에서 '띠집'을 짓고 사는 것과 (나)의 모계위가 때에 따라 '밭 갈고 씨 뿌리'는 것에서 분수에 맞는 삶의 태도를 엿볼 수 있군.

② (가)의 화자가 '보리밥 풋나물을 알맞게 먹'으며 '그 남은 여남은 일'을 부러워하지 않는 것에서 자연에서의 소박한 삶에 대해 만족하고 있음을 알 수 있군.

③ (가)의 화자가 '하늘'이 자신의 '성이 게으'름을 알고 '강산을 지키라 하'였다는 것에서 자연 속에서 지내는 삶을 떳떳한 일로 생각하고 있음을 알 수 있군.

④ (나)의 모계위가 '눈과 얼음 속에서'는 '여우 담비 털옷을 덮어 주면 사양하지 않을' 것이라고 이야기한 것에서 타인과 다른 삶의 방식을 지향하고 있음을 알 수 있군.

⑤ (나)의 모계위가 '다른 사람과 다'투며 '그늘에 들어가는 것'은 '햇볕 아래 홀로 서 있는 것만도 못'하다고 말한 것에서 타인을 해하는 삶의 태도를 경계하고 있음을 알 수 있군.

다음 글을 읽고 물음에 답하시오. 　4문항을 8분 안에 풀어보세요. 

(가)

㉠ 저기 가는 저 노농(老農)아 이내 농가(農歌) 살펴 듣소
나라의 믿는 근본 우리 백성 그 아니며
우리 백성 믿는 근본 이내 **농사** 아니겠나
크고도 저 큰 사업 **천하 대본** 이뿐이라
밭이랑에 좋은 씨앗 일궈 묵힐 자리 살펴
농사 준비 이 **모춘(暮春)**에 때 **지키**기 급선무라

　　　　(중략)

묻노라 나라 조세 하은주(夏殷周)*와 어떠한고
공법(貢法) 조법(助法) 조세제는 하은(夏殷) 때에 끼친 법이라
주 나라 철법(徹法)은 십일지세(什一之稅) 그 아닌가
이렇듯 끼친 제도 역대 성조 본을 받아
가볍게 부과함은 이웃까지 좋을시고
어찌하여 권세부려 세금 고하 못 정하니
더할 세금 무슨 일인고 가렴(苛斂)은 어이 할꼬
여러 나라 어디인고 길쌈 허탕 오늘이라
봄엔 새 실 먼저 팔고 여름 곡식 다시 내니
중엄하다 저 조세를 어찌 아니 두려울까
아아 농부들아 농사 때를 놓치게 되면
이내 중세(重稅) 어이 할꼬 번거롭다 사양 마오
이 사이 저 사이에 섞어 핀 저 악초(惡草)를
어찌하여 용서할까 모든 뿌리 제거하세
제거 못 하면 어이 하리 송인 알묘(宋人揠苗) 이 때문이라
상한 새싹 물론이요 뿌린 씨와 자라는 씨에 가정(苛政)이라
금년에 못 다 하면 명년 제초 누가 할꼬
새싹 나와도 안 여무니 악초의 탓 그 아닌가
묘(苗) 논에 있는 가라지 간신과 어떠하며
조 밭에 있는 쭉정이 오랑캐와 어떠한고
㉡ 풍우 뒤에 저 황충(蝗虫)* 도적떼처럼 생기는구나
빼어난 저 큰 벼는 군자처럼 곤고(困苦)하다*
이내 농부 아니라면 우리 군자 기를손가
하자꾸나 이내 농사 더욱 바삐 하자꾸나
세금도 내려니와 현인 보필 않을 손가
소인 쫓고 군자 등용 왕실의 큰 **정치**라
악초 제거 좋은 벼 재배 전가(田家)의 급무로다
아아 저 농부야 다시 힘써 하자꾸나

　　　　　　　　　　- 정해정, 「민농가」 -

* 하은주 : 고대 중국의 세 국가인 하, 은, 주를 일컫는 말.

* 황충 : 메뚜기.

* 곤고하다 : 형편이나 처지 따위가 딱하고 어렵다.

(나)

비옹(否翁)이 정원을 거닐고 있는데, 패랭이를 쓰고 동달이를 입은 어떤 사람이 지나가고 있었다. 걸음을 멈추고 그와 이야기를 나누었는데, 갑자기 어떤 ⓐ 객이 이르러 깜짝 놀라 말했다.

"이 사람은 광주(廣州)의 무두장이 거복(巨福)입니다. 그대는 어찌하여 이 사람과 마주 앉아 있습니까?"

그러자 거복이 발끈 노하여 말했다.

"무두장이도 사람일 뿐입니다. ⓒ 어찌하여 마주 앉지 못한단 말입니까?"

비옹이 말했다.

"무두장이는 살생을 업으로 삼으니, 군자가 무두장이를 어질게 여기지 않는다."

거복이 말했다.

"사냥하여 사슴 잡는 것을 호방하게 여기는 것, 낚시질하여 물고기 잡는 것을 고아(高雅)하게 여기는 것, 벼슬하여 사람을 죽여 영예로워지는 것, 도축하여 소를 죽여 배불리 먹는 것, 이 모두 살생한다는 점은 똑같습니다."

비옹이 또한 발끈 노하여 말했다.

"네가 감히 벼슬아치가 되고자 하느냐? 사냥하고 낚시하고 벼슬하면서 죽이는 것은 모두 자기의 뜻으로 살생하는 것이다. 너는 남의 지시를 받아 도축하여 가축을 괴롭혀서 돈을 구하면서도 오히려 비루하지 않다고 여기느냐?"

거복이 피식 웃으며 말했다.

"소인은 어리석고 우둔하니, 벼슬하는 일을 어디에서 들었겠습니까? 소인이 일찍이 재상과 이웃이 되어 재상을 뵈었습니다. 어떤 ⓑ 객이 왔는데, 재상의 키가 작은데도 그 객은 키가 크다고 말했으며, 재상의 허리가 굽었는데도 그 객은 곧다고 말했습니다. 이 객이 가고 나서 얼마 지나지 않아 다시 왔는데, 객의 이름이 이미 황지(黃紙)*에 적혀 있었습니다. 한편, 재상의 키가 작은데 다른 ⓒ 객은 키가 작다고 말했고, 재상의 허리가 굽었는데 그 객은 굽었다고 말했습니다. 그 객이 가고 난 뒤, 재상은 이전에 왔던 객을 급히 불러와 귀에 대고 속삭였습니다. 얼마 지나지 않아 '키가 작다', '허리가 굽었다'라고 말했던 객은 이미 형벌을 받아 죽었다는 말이 들렸고, 귓속말을 들었던 객이 다시 왔는데 이미 관복을 입고 있었습니다. 그러니 다른 이의 지시를 받는 것도 똑같고, 다른 이를 죽여서 무언가를 구하는 것도 똑같습니다. 다만 작은 것을 작다 하고 굽은 것을 굽었다고 말한 사람을 가축을 괴롭히는 것에 비견할 수는 없겠으나, 높은 벼슬과 많은 재물이 서로 얼마만큼 거리가 있는지는 잘 모르겠습니다."

비옹이 멍해져 억지로 응답했다.

"네가 비교한 것에는 여전히 차이점이 있다. ⓓ 너는 손으로 흉기를 잡아 똥이 신발을 더럽히고 피가 옷소매를 적신다. 벼슬하는 자의 경우엔 이런 것이 있느냐?"

거복이 또 피식 웃으며 말했다.

"옹께서 분간하시는 것이 과연 이처럼 보잘것없군요. 남의 작은 키를 크다고 하고 남의 굽은 허리를 곧다고 하여 이름이 적힌 종이를 누렇게 물들이는 것이 똥에 더럽혀진 신발에 가깝지 않습니까. 또 작은 키를 작다 하고 굽은 허리를 굽었다고 한 사람을

죽여, 입은 옷을 붉게 물들이는 것이 어찌 피에 젖은 옷소매와 다르겠습니까. 법을 교묘히 엮고 형벌을 멋대로 사용하는 것은 또 어떻습니까. 저는 저의 도끼를 휘두르는 자이니, 소인의 어리석음과 우둔함은 단지 고향 이웃들에게만 알려질 뿐입니다. 옹께서는 선비이신데, 사실의 정밀함을 궁구하지 않은 채 단지 대략적인 것만 논하고, 마음보의 세밀함은 살피지 않은 채 단지 드러난 현상만 갖고 말씀하시어, ⓔ 낡은 풍속에 부화뇌동해서 세상 사람이 두려워하는 자를 두려워하고 세상 사람이 업신여기는 자를 업신여기시는군요. 아, 개탄스럽지 않겠습니까."

비옹이 이에 말문이 막혀 조용히 인사하고, 읍하고 문에서 전송해주었다.

- 유희, 「박장대(剝匠對)」-

*황지 : 과거 급제자의 성명을 기록하는 데 사용된 누런색 종이.

---

023 표현상 공통점

(가)와 (나)에 대한 설명으로 가장 적절한 것은?

① (가)와 달리 (나)는 사물에 인격을 부여하여 대상을 생동감 있게 표현하고 있다.
② (나)와 달리 (가)는 음성 상징어를 활용하여 대상의 속성을 드러내고 있다.
③ (나)와 달리 (가)는 열거와 연쇄의 방식을 통해 자신의 주장을 뒷받침하고 있다.
④ (가)와 (나)는 모두 물음의 형식을 통해 상황에 대한 판단을 드러내고 있다.
⑤ (가)와 (나)는 모두 원경에서 근경으로 시선을 옮기며 심리 변화를 드러내고 있다.

⊙~ⓗ에 대한 이해로 적절하지 않은 것은?

① ⊙ : 청자를 부르며 말을 건네는 모습이 드러난다.
② ⓛ : 부정적 상황을 유발하는 자연물이 드러난다.
③ ⓒ : 자신을 무시하는 상대의 발언에 대한 분한 감정이 드러난다.
④ ⓔ : 상대의 처지가 자신처럼 열악하다는 인식이 드러난다.
⑤ ⓜ : 남에게 동조하는 상대의 태도를 지적하는 모습이 드러난다.

ⓐ~ⓒ에 대한 이해로 가장 적절한 것은?

① ⓐ는 ⓒ로 인하여 예상하지 못한 상황에 처하게 된다.
② ⓑ는 ⓒ의 기대에 부합하는 행동을 하려고 노력한다.
③ ⓒ는 ⓑ를 이용하여 자신의 목적을 달성하려고 한다.
④ ⓐ와 ⓑ는 자신이 처한 상황을 모면하기 위해 다른 인물의 행동을 지지한다.
⑤ ⓑ와 ⓒ는 동일한 대상에 대한 상반된 평가를 함으로써 서로 다른 상황에 처한다.

〈보기〉를 바탕으로 (가), (나)를 감상한 내용으로 적절하지 않은 것은? 3점

> **│ 보 기 │**
> (가)와 (나)는 비판의 주체 또는 대상으로 등장하는 사대부를 통해, 조선 후기 사회의 문제 상황을 바라보는 사대부 작가의 의식 세계를 형상화하고 있다. (가)의 화자인 사대부는 농부의 삶을 가치 있게 바라보며 농부가 해야 할 일을 강조함과 동시에 정치 현실을 농사의 상황에 빗대어 비판하는 주체로 나타난다. (나)의 등장인물인 사대부는 무두장이의 삶을 낮추어 보는 위선적 태도를 보여 주는 인물로 그려져 비판의 대상이 된다.

① (가)의 '밭이랑에 좋은 씨앗 일궈 묵힐 자리 살'피고 '모춘'에 '때'를 '지키'라는 것에서 시기에 맞게 농부가 해야 할 일을 강조하는 화자인 사대부의 모습을 확인할 수 있군.
② (가)의 농부에게 '악초'를 '제거'하는 것과 '소인'을 '쫓'는 '정치'의 필요성을 함께 말하는 것에서 농사의 상황에 빗대어 정치 현실을 비판하는 화자인 사대부의 태도를 확인할 수 있군.
③ (나)의 '무두장이는 살생을 업으로 삼'는다는 비옹의 말에 대해 '모두 살생한다는 점'에서 '똑같'다고 거복이 반론하는 것에서 등장인물인 사대부의 위선적 태도를 비판하는 사대부 작가의 의식을 확인할 수 있군.
④ (가)의 화자인 사대부가 '더할 세금 무슨 일'이냐고 하는 것과, (나)에서 거복이 '법을 교묘히 엮고 형벌을 멋대로 사용하는 것'에 대해 등장인물인 사대부에게 말하는 것에서 당대 백성들의 어려움에 대한 사대부 작가의 인식을 확인할 수 있군.
⑤ (가)의 화자인 사대부가 '농사'를 '천하 대본'이라고 하는 것에서 농부의 삶을 가치 있게 보는 모습을, (나)의 등장인물인 사대부가 '네가 감히 벼슬아치가 되고자 하느냐'고 하는 것에서 신분 상승을 꾀하는 무두장이의 삶을 낮추어 보는 모습을 확인할 수 있군.

다음 글을 읽고 물음에 답하시오. 5문항을 9분 안에 풀어보세요. **9분**

(가)

장마 가뭄에 피해 입은 백성이 관찰사 가을 순행 기다림은
가을걷이 부족함을 채워줄까 해서인데 지나는 곳마다 죄를 묻는 폐단 있네
무논 재해도 감췄는데 목화밭이야 거론할까
백 묘(畝)나 되는 벌건 땅에 백지징세 하는구나
인자한 우리 임금 곡식 한 묶음도 모래 덮일까 염려하는데
불쌍한 백성 논밭 에다 좁은 길 넓히란다
각읍 관리 독촉하니 채찍 몽둥이 낭자하다
허다한 관인들이 대호(大戶) 소호(小戶)에 분담시켜
사방(四方) 부근 십 리 안에 닭과 개가 멸종하네
부자는 괜찮지만 가련한 이 가난한 자로다
해는 기울고 이정*은 저녁밥 재촉할 때
텅 빈 부엌 에서 우는 아낙 발 구르며 하는 말이
방아품에 얻은 양식 한두 되 있건마는
채소도 있건마는 그릇은 누구에게 빌릴꼬
앞뒷집 돌아보니 섣달그믐에 시루 빌리는 격이로다
한 마을 닭과 개 다 먹어 치우고 집집마다 또 거둔단 말인가
대호(大戶)에는 한 냥 넘고 소호(小戶)에도 육칠 전이라
이 놀이 다시 하면 이 백성 **못 살겠**네
낙토(樂土)에서 태어난 사람 태평성대 좋다 하여
편안히 지내더니 하릴없이 떠도네
한 사람의 호사(豪奢)가 몇 사람의 난리 되고
집과 논밭 다 팔고서 어디로 가잔 말인고
비나이다 비나이다 하느님께 비나이다
우리 임금님 어진 마음 밝은 촛불 되게 하시어 비추소서 비추소서
소문에 들리기를 아전 향원(鄕員) 벌한다기에
간악한 이 벌하는가 여겼더니 음식과 도로(道路) 탓하는구나
노예 차출 무슨 일인고 순령수의 권세로다
음식은 넘쳐나고 **뇌물**은 공공연히 오고 가니
좋을시고 좋을시고 상평통보 좋을시고
많이 주면 무사하고 적게 주면 트집 잡네
춘당대(春塘臺)*에 치는 장막 오목대(梧木臺)에 무슨 일인고
참람(僭濫)한* **과거장**서 **재주 겨루는 유생(儒生)**들아
오십삼 주* 시예향(詩禮鄕)에 의로운 선비 하나 없단 말인가
먹을 복 좋은 우리 순상* 출세운 좋은 우리 순상
들어오시면 육조판서 나가시면 팔도 관찰사
공명도 거룩하고 부귀도 그지없다
망극하도다 나라 은혜여 감격스럽도다 임금님 은혜여
한 토막 절개라도 있다면 온 힘을 다해 은혜에 보답하리라
배은망덕하게 되면 **자손에게 화가 미치리라**

- 작자 미상, 「합강정가(合江亭歌)」-

*이정 : 조선 시대에 지방 행정 조직의 최말단인 이(里)의 책임자.

*춘당대 : 서울 창경궁 안에 있는 대(臺)로 옛날에 과거를 실시하던 곳.
*참람한 : 분수에 넘쳐 너무 지나친.
*오십삼 주 : 조선 시대에 전라도가 53주였음.
*순상 : 조선 시대에 지방의 군무(軍務)를 순찰하던 일을 맡아보던 벼슬. 각 도의 관찰사가 겸임하였음.

(나)

돌아가리 돌아가리 말뿐이오 갈 이 없어
전원이 거칠어지니 아니 가고 어찌할까
초당 에 청풍명월(淸風明月)이 나명들명 기다리나니

〈효빈가〉

농암*에 올라 보니 노안(老眼)이 오히려 밝구나
인사(人事) 변한다고 산천 이야 변할 것인가
바위 앞 물과 언덕이 어제 본 듯하구나

〈농암가〉

공명(功名)이 끝이 있을까 수명도 하늘이 정한 것이라
금서 띠*에 굽은 허리에 팔십 넘어 만난 ㉠ 봄이 그 몇 해오
해마다 오늘 같은 날이 역시 임금님 은혜로다

〈생일가〉

- 이현보, 「귀전록(歸田錄)」-

*농암 : 경북 안동 예안의 분강(汾江) 가에 있는 바위 이름.
*금서 띠 : 1품 또는 2품 관원의 조복에 두르던 금이나 물소 뿔로 만든 띠.

(다)

나는 긴 ㉡ 여름 동안 별로 할 일이 없어서 늘 연못가 에 나가 고기들이 입을 뻐끔거리며 노는 모양을 구경하곤 했다. 그러던 어느 날 이웃에 사는 사람이 나에게 대나무를 베어다가 낚싯대를 만들어 주고 또 바늘을 굽혀 낚시를 실에 달아 주었다. 그동안 서울 생활에 바빠 일찍이 낚시 놓는 법도 알지 못했던 나는, 이웃 사람이 나를 위하여 낚싯대를 만들어 준 것만으로도 감사할 뿐이었다. 그래서 그 낚싯대를 물에 던져 넣은 뒤에 온종일을 기다려 보았다. 그러나 고기가 한 마리도 물리지 않았다.

(중략)

나는 그 사람이 가르쳐 주는 방법대로 낚싯대를 드리워 한참 만에 서너 마리의 고기를 낚아 올릴 수가 있었다. 그 사람은 또 말하기를,

"ⓐ 고기 잡는 방법은 그렇게 하면 잘 되었네만 ⓑ 고기 잡는 묘리는 아직 깨닫지 못하였네."
하였다.

그는 나의 낚싯대를 빼앗아 가지고 물속에 던져 넣었다. 그는 내가 낚던 낚싯대와 내가 쓰던 미끼와 내가 앉았던 자리를 그대로 이용하였으나 그가 잡아 올리는 물고기는 마치 기다리기라도 한 듯이 낚싯대를 던져 넣기가 바쁘게 딸려 올라왔다. 광주리에서 건져 내는 것 같았고, 소반에 올려놓은 것을 세는 것 같았다. 나는 감탄하면

서 말하였다.

"참으로 솜씨가 좋기도 하네. 자네, 그 묘한 솜씨를 좀 가르쳐 주겠나."

"잡는 방법이야 가르쳐 줄 수 있지만 묘한 솜씨야 가르쳐 줄 수 있겠나. 만일 가르쳐 줄 수 있다면 그것은 묘수라고 할 수 없지. 그러나 내가 자네에게 말할 수 있는 것은, 곧 자네가 내가 가르쳐 준 대로 아침이나 저녁이나 이 낚싯대를 물속에 드리워 놓고 정신을 집중하여 열흘이고 한 달이고 그 방법을 익힌다면 그 묘법을 터득할 수 있다는 것일세. 그렇게 되면 손은 알맞게 움직일 수 있고, 마음은 스스로 묘법을 이해하게 될 것일세. 그럼으로써 지금까지 얻을 수 없는 것과, 또 지금까지 깨닫지 못하던 오묘한 이치와, 한 가지는 깨달았지만 그 나머지 두세 가지 깨닫지 못한 것과, 아무것도 모르고 오히려 의혹만 많아지는 것과, 또 환하게 깨달았지만 그 깨달은 까닭은 모르는 것들을 모두 얻을 수 있을 것일세. 그러나 이런 것을 다 얻게 되면 내가 어떻게 거기에 간여할 수 있겠는가? 내가 자네에게 할 수 있는 말은 오직 이것뿐일세."

나는 낚싯대를 받아 물속에 던져 넣으면서 스스로 한탄하였다.

"참으로 그대의 말이 훌륭하다. 이러한 방법을 가지고 미루어 이용한다면 그것이 어찌 낚시 놓는 데만 응용되겠는가? 옛사람이 말하기를 '작은 것을 가지고 큰 것을 깨우칠 수 있다'고 하였는데 바로 이를 두고 한 말 아닌가?"

- 남구만, 「조설(釣設)」 -

---

027 표현상 특징

(가)~(다)에 대한 설명으로 가장 적절한 것은?

① (가)와 (나)는 자연물에 인격을 부여하여 화자의 정서를 강조하고 있다.
② (가)와 (다)는 색채 대비를 활용하여 대상의 특징을 드러내고 있다.
③ (나)와 (다)는 대상을 다양한 관점에서 묘사하여 장면을 구체화하고 있다.
④ (가)~(다)는 모두 대화의 형식을 사용하여 주제를 부각하고 있다.
⑤ (가)~(다)는 모두 의문의 방식을 활용하여 상황에 대한 인식을 드러내고 있다.

028 공간의 의미

<보기>를 바탕으로 (가)~(다)를 감상한 내용으로 적절하지 <u>않은</u> 것은?

> **| 보 기 |**
>
> 문학 작품에서 공간은 작품 안에 표현된 다양한 경험의 배경이자 상황적·역사적 맥락으로서의 의미를 지닐 수 있다. 작품 안에서의 공간은 인물들의 말과 행동, 대상의 이미지나 상징 등과의 관련성 속에서 다양한 의미로 실현된다.

① (가)의 논밭은 지배층을 위해 길로 넓혀진다는 점에서 백성들이 빼앗긴 삶의 터전을 의미하는 공간이라고 할 수 있다.
② (가)의 텅 빈 부엌은 방아품으로 얻은 양식을 담을 그릇조차 없는 곳이라는 점에서 아낙이 자신의 처지에 슬픔을 느끼는 공간이라고 할 수 있다.
③ (나)의 초당은 화자가 청풍명월과 어울릴 수 있는 곳으로 여긴다는 점에서 화자가 지향하는 공간이라고 할 수 있다.
④ (나)의 산천은 인사로 인해 변해 버린다는 점에서 변함없는 자연에 대한 화자의 소망을 투영한 공간이라고 할 수 있다.
⑤ (다)의 연못가는 '나'가 낚시의 경험을 통해 깨달음을 얻는다는 점에서 글쓴이의 배움이 확장되는 공간이라고 할 수 있다.

029 시어의 의미

㉠과 ㉡에 대한 이해로 가장 적절한 것은?

① ㉠은 화자가 임금님의 은혜에 감사를 느끼는 시간이고, ㉡은 글쓴이가 새로운 것을 시도하는 시간이다.
② ㉠은 화자가 인생의 덧없음을 느끼는 시간이고, ㉡은 글쓴이가 이웃의 친절에 고마움을 느끼는 시간이다.
③ ㉠은 화자가 내적 갈등을 해결하는 시간이고, ㉡은 글쓴이가 자신의 삶의 가치를 새롭게 인식하게 되는 시간이다.
④ ㉠은 화자가 한 해를 또 맞이하는 슬픔을 나타내는 시간이고, ㉡은 글쓴이가 자신의 지나온 삶을 반성하는 시간이다.
⑤ ㉠은 화자가 공명을 추구하던 시절을 의미하는 시간이고, ㉡은 글쓴이가 대상과의 교감을 통해 과거의 상황을 추억하는 시간이다.

030 감상의 적절성

<보기>를 참고하여 (가)를 감상한 내용으로 적절하지 <u>않은</u> 것은?

`3점`

> | 보 기 |
>
> 「합강정가」는 순시를 온 관찰사를 위한 뱃놀이와 관련한 현실을 비판한 작품이다. 이 작품은 관리들이 백성에게 잔치에 드는 비용을 부담시키는 일, 뇌물이 오고 가며 부정이 횡행한 일, 백성들이 가렴주구로 인해 유랑민이 되는 일 등 지배 계층의 유흥을 위해 강제로 노역에 동원되고 수탈을 당하는 백성들의 현실을 생생하게 그려 내고 있다. 특히 마지막 부분은 의로운 선비에 대한 기대와 관찰사를 향한 경고를 드러내고 있다.

① '이 놀이'를 '다시' 하게 되면 백성들이 '못 살겠'다고 한 것은 지배 계층의 유흥을 위해 수탈을 당하는 백성들의 현실을 드러낸다고 볼 수 있겠군.
② 백성들이 '집과 논밭'을 '다 팔고서' 떠나는 것은 가렴주구로 인해 유랑의 길을 떠나야 하는 백성들의 고통스러운 현실을 드러낸다고 볼 수 있겠군.
③ '뇌물'을 '많이 주면 무사하고 적게 주면 트집'이 잡히는 것은 관리들이 뇌물을 받으며 부정을 저지르는 것에 대한 비판을 드러낸다고 볼 수 있겠군.
④ '유생'들이 '과거장'에서 '재주'를 '겨루는' 것은 의로운 선비가 되기 위해 과거에 통과하기를 바라는 유생들의 기대를 드러낸다고 볼 수 있겠군.
⑤ '배은망덕'하면 '자손에게 화가 미치리라'라는 것은 임금에 대한 은혜를 잊지 말라는, 관찰사를 향한 경고를 드러낸다고 볼 수 있겠군.

031 내용 이해

(다)의 ⓐ, ⓑ에 대한 설명으로 적절하지 <u>않은</u> 것은?

① ⓐ는 누군가의 가르침을 통해 습득할 수 있다.
② ⓑ를 터득하면 다른 사람이 간여하지 않아도 된다.
③ ⓐ에 집중하기 위해서는 ⓑ에 대한 의혹에서 벗어나야 한다.
④ ⓐ를 꾸준히 반복하여 익힌다면 마음은 스스로 ⓑ를 이해하게 된다.
⑤ ⓑ를 알게 된 후에는 ⓐ만 알고 있을 때보다 더 많은 수확을 거둘 수 있다.

3. 고전시가와 수필 복합 지문 ❷

[032~037] **2024년 6월 학평 (부산) 35~39번** 정답과 해설편 p.098

다음 글을 읽고 물음에 답하시오. 6문항을 9분 안에 풀어보세요.

9분

(가)

강호에 봄이 드니 **미친 흥이 절로** 난다
시냇가 막걸리에 쏘가리 안주로다
이 몸이 한가한 것도 역시 임금의 은혜로다

㉠ 강호에 여름이 드니 초당에 일이 없다
미더운 강 물결이 보내는 것은 바람이로다
이 몸이 서늘한 것도 역시 임금의 은혜로다

강호에 가을이 드니 고기마다 살져 있다
조그마한 배에 그물 실어 흐르게 던져두고
이 몸이 **소일하는 것**도 역시 임금의 은혜로다

강호에 겨울이 드니 눈 깊이 자가 넘다
삿갓 비껴쓰고 **도롱이로 옷을 삼아**
이 몸이 춥지 않은 것도 역시 임금의 은혜로다

- 맹사성, 「강호사시가」 -

(나)

이보게 이웃 사람들아 **산수구경 가자**꾸나
산책은 오늘하고 목욕은 내일하세
아침에 나물캐고 저녁에 낚시하세
㉡ 이제 막 익은 술을 갈건으로 걸러놓고
꽃나무 가지 꺾어 잔을 세면서 먹으리라
화풍(和風)이 문득 불어 시내를 건너오니
청향(淸香)은 잔에 지고 낙홍(落紅)은 옷에 진다
술독이 비었으면 나에게 아뢰어라
아이를 시켜서 주가(酒家)에서 술을 사서
어른은 막대 짚고 아이는 술을 메고
미음완보(微吟緩步)*하여 시냇가에 혼자 앉아
모래밭 맑은 물에 잔 씻어 술을 부어
맑은 물 굽어보니 떠오는 것이 도화(桃花)로다
무릉(武陵)이 가깝구나 저 산이 그곳인가
소나무 사이 좁은 길에 진달래 꽃을 붙들고
산봉우리에 급히 올라 구름에 앉아보니
수많은 마을이 곳곳에 벌여있네
노을빛은 비단을 펼쳐 놓은 듯
㉢ 엊그제 검은 들판에 봄빛이 넘치는구나
공명도 날 꺼리고 **부귀**도 날 꺼리니
청풍명월(淸風明月) 외에 어떤 **벗**이 있사올고
단표누항(簞瓢陋巷)*에 허튼 생각 아니하니

아모타 백년행락(百年行樂)*이 ⓐ 이만하면 어떠한가

- 정극인, 「상춘곡」 -

*미음완보(微吟緩步) : 나직히 시를 읊조리며 천천히 걸음.
*단표누항(簞瓢陋巷) : 소박하고 청빈한 생활.
*백년행락(百年行樂) : 한평생 즐겁게 지냄.

(다)

　이번 겨울은 소대한 추위를 모두 천안 삼거리 마른 능수버들 아래 맞았다. ㉣ 일이 있어 충청도 진천(鎭川)으로 가던 날에 모두 소대한이 들었던 것이다. 나는 공교로이 타관 길에서 이런 이름 있는 날의 추위를 떨어가며 절기라는 것의 신묘한 것을 두고두고 생각하였다. 며칠내 마치 봄날같이 땅이 **슬슬** 녹고 바람이 푹석하니 불다가도 저녁결이나 밤사이 날새가 갑자기 차지는가 하면 으레이 다음 날은 대한이 **으등등**해서 왔다. 그동안만 해도 제법 **봄비가 풋나물 내음새를 피우며** 내리고 땅이 눅눅하니 밈*이 들고 해서 ㉤ 이제는 분명히 봄인가고 했는데 간밤 또 갑자기 바람결이 차지고 눈발이 날리고 하더니 아침은 또 쫑쫑하니 날새가 매찬데 아니나 다를까 입춘이 온 것이었다. 나는 실상 해보다 달이 좋고 아침보다 저녁이 좋은 것같이 양력보다는 음력이 좋은데 생각하면 오고가는 절기며 들고 나는 밀물이 우리 생활과 얼마나 신비롭게 얼키었는가.
　절기가 뜰 적마다 나는 고향의 하늘과 땅과 사람과 눈과 비와 바람과 꽃 들을 생각하는데 자연이 시골이 아름답듯이 세월도 시골이 아름답고 사람의 생활도 절대로 시골이 아름다울 것 같다.

(중략)

　이런 고향에서는 이번 입춘에도 몇 번이나 '보리 연자 갔다가 얼어 죽었다'는 말을 하며 입춘이 지나도 추위는 가지 않는다고 할 것인가. 해도 입춘만 넘으면 양지바른 둔덕에는 머리칼풀의 속움이 트는 것이다. 그러기에 입춘만 들면 한겨울내 친했던 창애와 설매*와 발구며 꿩, 노루, 토끼에 멧돼지며 매, 멧새, 출이 들과 떠나는 것이 섭섭해서 소년의 마음은 흐리었던 것이다. 높고 무섭고 쓸쓸하고 슬픈 겨울이나 그래도 가깝고 정답고 즐겁고 흥성흥성해서 좋은 겨울이 그만 입춘이 와서 가버리는 것이라고 **소년은 슬펐던 것이다.**
　그런 소년도 이제는 어느덧 가고 외투와 장갑과 마스크를 벗기가 가까워서 서글픈 마음이 없듯이 겨울이 가서 **슬퍼하는 슬픔도 가버렸다.** 입춘이 오기 전에 벌써 내 설매도 노루도 멧새도 다 가버린 것이다.
　입춘이 드는 날 나는 공일무휴(空日無休)의 오피스에 지각을 하는 길에서 겨울이 가는 것을 섭섭히 여기지 못했으나 봄이 오는 것을 즐거이 여기지는 않았다. 봄의 그 현란한 낭만과 미(美) 앞에 내 육체와 정신이 얼마나 약하고 가난할 것인가. 입춘이 와서 봄이 오

면 나는 어쩐지 까닭 모를 패부(敗負)*의 그 읍울(悒鬱)*을 느끼어
야 할 것을 생각하면 나는 차라리 ⓑ 입춘이 없는 세월 속에 있고 싶
다.

- 백석, 「입춘」 -

*밈 : 미음. 봄철이나 가을철에 생나무의 껍질과 나무속 사이에 생기는 물
　기가 많고 진득진득한 물질.

*설매 : 썰매의 평북, 함경 방언.

*패부(敗負) : 패배.

*읍울(悒鬱) : 걱정스러워 마음이 답답함.

---

032 표현상 특징

(가) ~ (다)에 대한 설명으로 가장 적절한 것은?

① (가)는 상승과 하강의 이미지를 활용하여 주제를 강조하고 있다.
② (나)는 청유형 어미를 반복하여 청자가 경계해야 할 삶의 모습을 제시
　하고 있다.
③ (다)는 소재의 나열을 통해 글쓴이가 과거에 느꼈던 계절 변화에 대한
　인식을 드러내고 있다.
④ (가)와 (나)는 모두 대상에 감정을 이입하여 화자의 심리적 변화를 간접
　적으로 드러내고 있다.
⑤ (나)와 (다)는 모두 공간의 대비를 통해 화자가 지향하는 삶의 태도를
　부각하고 있다.

033 구절의 의미

㉠ ~ ㉤에 대한 설명으로 적절하지 <u>않은</u> 것은?

① ㉠ : 여름날 한가한 초당의 모습이 드러나 있다.
② ㉡ : 자연과 동화되고 싶은 화자의 바람이 드러나 있다.
③ ㉢ : 변화된 들판을 보며 감탄하는 화자의 모습이 드러나 있다.
④ ㉣ : 타지에서 소대한을 맞이한 글쓴이의 상황이 드러나 있다.
⑤ ㉤ : 절기가 신묘하다고 생각하게 된 글쓴이의 경험이 드러나 있다.

<보기>를 참고하여 (가), (나)를 감상한 내용으로 적절하지 <u>않은</u> 것은?

`3점`

> **| 보 기 |**
>
> 시조나 가사 중에는 자연을 이상적인 공간으로 표현하는 작품들이 있다. 이런 작품에서 화자는 자연을 즐기며 자연과의 친밀감을 표현한다. 또한 자연 속 소박한 삶의 모습을 보여 주는데, 이러한 삶이 임금의 은혜임을 표현하기도 한다.

① (가)에는 가을의 풍요로움 속에서 '소일하는 것'이 임금의 은혜 덕분이라는 생각이 드러나 있군.

② (나)에는 '청풍명월'을 '벗'이라고 말하는 것에서 자연과의 친밀감이 드러나 있군.

③ (가)에는 봄에 '미친 흥이 절로' 난다는 것에서, (나)에는 '산수구경 가자'라고 제안하는 것에서 자연을 즐기려는 모습이 드러나 있군.

④ (가)에는 추운 겨울에 '도롱이로 옷을 삼아' 입는 모습에서, (나)에는 '아침에 나물 캐고 저녁에 낚시하'는 모습에서 소박한 삶이 드러나 있군.

⑤ (가)에는 여름의 '미더운 강 물결'을 바라보는 모습에서, (나)에는 '공명'과 '부귀'도 자신을 꺼린다는 것에서 이상적인 공간으로 가고 싶어 하는 마음이 드러나 있군.

<보기>를 바탕으로 (다)를 이해한 내용으로 적절하지 <u>않은</u> 것은?

> **| 보 기 |**
>
> 「입춘」은 절기의 변화에 따른 다양한 생각들을 형식에 구애받지 않고 자유롭게 쓴 작품이다. 글쓴이는 감각적 표현을 통해 절기의 모습을 드러내고 있으며, 음성 상징어를 활용하여 절기의 변화를 생생하게 나타내고 있다. 또한 자신을 객관화하여 어린 시절에 느꼈던 감정을 표현하기도 하고, 어른이 되어 어린 시절에 느꼈던 감정을 느끼지 못하는 것에 대한 안타까움을 드러내기도 한다.

① '슬슬', '으등등'과 같이 음성 상징어를 활용하여 절기의 변화를 생생하게 표현하고 있다.

② '봄비가 풋나물 내음새를 피우며'를 통해 봄의 모습을 감각적으로 표현하고 있다.

③ '절기가 뜰 적마다' 고향을 생각하는 모습을 통해 절기의 변화에 따라 고향에 대한 생각이 바뀌는 것을 표현하고 있다.

④ '소년은 슬펐던 것이다'와 같이 자신을 객관화하여 어린 시절에 느꼈던 감정을 표현하고 있다.

⑤ '슬퍼하는 슬픔도 가버렸다'를 통해 어린 시절의 감정을 느낄 수 없게 된 안타까움을 표현하고 있다.

036 구절의 의미

ⓐ와 ⓑ에 대한 이해로 가장 적절한 것은?

① ⓐ에는 과거에 대한 화자의 동경이, ⓑ에는 미래에 대한 글쓴이의 소망이 드러나 있다.

② ⓐ에는 화자 자신의 행위에 대한 아쉬움이, ⓑ에는 대상에 대한 글쓴이의 거부감이 드러나 있다.

③ ⓐ에는 대상의 부재로 인한 화자의 외로움이, ⓑ에는 대상을 맞이하는 글쓴이의 즐거움이 드러나 있다.

④ ⓐ에는 현재 상황에 대한 화자의 만족감이, ⓑ에는 현재 상황에 대한 글쓴이의 답답함이 드러나 있다.

⑤ ⓐ에는 자신이 결정할 수 없는 것에 대한 화자의 절망이, ⓑ에는 자신이 결정한 것에 대한 글쓴이의 후회가 드러나 있다.

037 시상 전개 방식

고3 | 2016학년도 수능A 41번

<보기>는 (가)의 글쓴이가 창작을 위해 세운 계획을 가상적으로 구성한 것이다. (가)에 공통적으로 반영된 것만을 있는 대로 고른 것은?

| 보기 |

ㄱ. 각 수 초장의 전반부에는 계절적 배경을 제시하며 시상의 단서를 드러내야겠군.

ㄴ. 각 수 초장의 후반부에서는 내면적 감흥을 구체적 사물을 통해 표현해야겠군.

ㄷ. 각 수 중장에서는 주변의 자연 풍광을 묘사하여 내가 즐기고 있는 삶의 모습을 제시해야겠군.

ㄹ. 각 수 종장에는 동일한 시구를 배치하여 전체적 통일성을 확보해야겠군.

① ㄱ, ㄴ 　　② ㄱ, ㄹ 　　③ ㄴ, ㄷ
④ ㄱ, ㄷ, ㄹ 　　⑤ ㄴ, ㄷ, ㄹ

다음 글을 읽고 물음에 답하시오.

4문항을 8분 안에 풀어보세요.  **8분**

(가)

산 너머 저 부자님 곡식 두고 자랑마오
입고 벗고 먹고 굶기 그 무엇이 관계(關係)한가
부세(浮世)에 좋은 영광 과거(科擧)밖에 또 있는가
하물며 모인 사람 한결같이 하는 말이
일 년에 대소과(大小科)는 평생 끽착(喫着)* 못 다 하리
규중(閨中)에 어리석은 부녀(婦女) 그 말을 믿었더니
벼슬길에 못 올라서 귀향은 무슨 일인가
지은 죄 없건마는 노하시니 천은(天恩)일세
머나먼 변방 길에 가네 오네 빚이로다
팔고 남은 적은 밭을 또 한 자리 판단 말인가
이제는 남은 전지(田地) 역농(力農)이나 하자 하니
어릴 때 엇나간 임을 내 어이 길들이리

(중략)

아무 마을 아무 댁은 자기 가장(家長) 자랑 말이
아기 때 스승 따라 천자문과 유합(類合)을 배우더니
가난에 놀랐는지 책을 묶어 시렁에 얹고
괭이 메고 호미 쥐어 논 매고 밭을 가꿔
여름에 수고하여 가을에 타작하니
집안 식구 배 불리고 환곡 세금 걱정없네
이 아니 신선인가 과거(科擧)하여 무엇하리
나도 ㉠ 그 말 들어 갑자기 깨달으니
글공부 하던 허비(虛費) 과거 보던 이 비용을
다 두어 전지(田地)사고 부경부엽(夫耕婦饁)*하였다면
저 부인 저 남편을 설마한들 못 미치겠는가
부질없는 이 말씀을 시원히 하자한들
있느니 없는 말씀 들으시기 싫으신지
마루 위 문 안으로 들이시지 않으시니
초당의 손님 가고 고요히 계실 때에
손자딸 옆에 끼고 부엌 웃문(門)을 여니
천황씨(天皇氏) 벗님 가장(家長) 찬 장판 위에 앉아
무슨 사업(事業) 또 하시려 책장을 펴 씨름 하네
문 밖에 권농차사(勸農差使)* 문관이라 두려웠는지
차지(次知)*는 두고 가오 내일 부디 바치소서
그는 좋게 마감하나 저 아이 소리 듣소
어제 아침 먹은 후에 다시 입을 못 데우니
분별없는 제 마음에 두고 아니 주는 듯이
저런 일 생각하니 그 누구 탓이 된다 하리
책 덮고 돌아앉아 나에게 하는 말씀
인황씨(人皇氏) 몇 대 손자 수인씨(燧人氏)*되었던지
절로 맺은 나무 열매 먹고 좋게 살던 것을
수인씨(燧人氏) 다사(多事)하여 교인화식(敎人火食)*하였구나
우리 부부 굶는 일은 그 탓이 수인씨(燧人氏)요

구만리 높은 위에 옥황상제 앉아 계셔
천하 사람 부귀 빈천 마련하여 주었으니
굶는 탓 물으련들 어이하여 올라가리
탓 물어 무엇하리 하늘만 기다리오
구태여 저 상제님이 무록인(無祿人)*을 내었을까
나도 ㉡ 이 말 듣고 말하여 무익하오
문 닫고 돌이켜 생각하니 오냐 어이하리
세상에 굶고 벗고 글 하다가
과거(科擧)도 못한 사람 많으니라

- 순천 김 씨, 「노부탄(老婦歎)」 -

* 끽착 : 의복과 음식을 아울러 이르는 말.
* 부경부엽 : 남편은 밭 갈고, 아내는 점심을 내감.
* 권농차사 : 조선 시대에 농사를 장려하던 직책.
* 차지 : 세금 통지서.
* 수인씨 : 중국 전설상의 황제.
* 교인화식 : 불로 음식을 조리하는 방법을 가르침.
* 무록인 : 녹봉이 없던 벼슬아치.

(나)

　지리산은 혹 두류산이라고도 부른다. 지리산의 발단이 북쪽의 백두산에서부터 시작되는데 꽃봉오리 같은 산봉우리와 꽃받침같이 아름다운 계곡이 끊이지 않고 이어져 내려와 대방군에까지 이르게 된다. ⓐ 그 산이 수천 리에 이었고 십여 고을에 걸쳐 있으므로 한 달 정도를 돌아다녀야 그 끝간 데를 알 수 있다. 옛 노인들 사이에 서로 전해오는 얘기에 "지리산 안에 청학동이 있는데 그곳으로 가는 길이 매우 좁아서 겨우 한 사람이 다닐 만하다. 머리를 숙이고 엎드려서 몇 리쯤 가다 보면 이내 확 트인 넓은 땅을 만나게 되는데 사방의 땅이 모두 기름져서 곡식을 뿌리고 심어서 기르기에 알맞다. 그러나 ⓑ 그곳에는 오직 청학(靑鶴)만이 살고 있기 때문에 청학동이라 부르게 된 것이다. 그곳은 옛날에 속세를 등진 사람이 살았던 곳이라서 아직도 가시덤불로 덮인 빈터에 허물어진 담장과 구덩이가 남아 있다."라는 말이 있다.

　옛날에 내가 당형(堂兄)인 최 상국(相國)과 함께 옷을 걷어 부치고 속세를 떠나 평생 은둔하려는 데 뜻을 두고 있었다. 그래서 둘이서 이 골짜기를 찾아가기로 약속하고는 대통발에 송아지 두세 마리를 싣고 **청학동으로 들어가 살**며 속세와 절연하고자 했다. 드디어 **화엄사에서 출발**하여 화개현에 이르러 신흥사에서 묵었는데, 지나는 곳마다 선경이 아닌 곳이 없었다. 바위들이 아름다움을 자랑하고 골짜기마다 물이 다투어 흐르며 대나무 울타리와 띠로 이은 집들이 복숭아꽃과 살구꽃 사이로 어른거리니 ⓒ 마치 인간 세상이 아닌 듯했다. 그러나 사람들이 말하는 청학동은 끝내 찾을 수가 없어서 다음과 같은 **시를 바위에 남겨**두었다.

(중략)

　어제 서재에서 우연히 오류선생(五柳先生)의 문집을 보게 되었는데 그 안에 「도원기(桃源記)」가 있기에 그것을 반복해서 읽었다.

그 글의 내용은 대략 이러했다. ⓓ 진(秦)나라 사람들이 전란을 싫어해서 처자식을 이끌고 지세가 깊고 험준한 곳을 찾아들었다가 산이 겹겹이 쌓여 있고, 시내가 어지럽게 흘러내려 나무꾼들조차도 찾을 수 없는 산골을 발견하여 거기에서 살았다. 진(晉)나라 태원 연간에 한 어부가 요행히 그곳에 찾아들었다가 갑자기 돌아가는 길을 잊어버리고 다시는 되돌아가지 못하였다.

훗날에 그곳의 경치를 채색으로 그리고 노래를 지어 그곳의 아름다움을 전하여 도원을 신선 세계라 여기게 되었다. 그러므로 그곳은 신선의 마차를 타고 다니며 장수하는 사람들이 영원히 살아갈 만한 곳이었다. 아마도 내가 도원기를 미숙하게 읽었기 때문일 것이니 ⓔ 실제로는 청학동과 다름이 없는 곳이리라.

어떻게 하면 유자기(劉子驥)*와 같은 고상한 선비를 만나 나도 한번 **그곳을 찾을 수 있을**까?

- 이인로, 「청학동기(靑鶴洞記)」 -

*유자기 : 진나라 남양의 선비, 도원을 찾으려 했지만 결국 찾지 못했다고 함.

038 표현상 공통점

(가)와 (나)의 공통점으로 가장 적절한 것은?

① 명암의 대비를 통해 대상에 대한 인식을 드러내고 있다.
② 반어적 표현을 통해 대상에 대한 감정을 드러내고 있다.
③ 연쇄의 방식을 통해 공간의 변화 과정을 드러내고 있다.
④ 명령형 어미를 통해 상황에 대한 정서를 드러내고 있다.
⑤ 물음의 방식을 통해 대상에 대한 태도를 드러내고 있다.

039 시구의 의미

㉠과 ㉡에 대한 이해로 가장 적절한 것은?

① ㉠과 ㉡은 모두, 시적 화자가 자신감을 얻는 계기로 작용하고 있다.
② ㉠과 ㉡은 모두, 시적 화자가 상대의 행동을 오해하는 계기로 작용하고 있다.
③ ㉠과 ㉡은 모두, 시적 화자가 상대에 대한 신뢰를 회복하는 계기로 작용하고 있다.
④ ㉠은 시적 화자가 상대를 부러워하는 계기로, ㉡은 시적 화자가 상대를 위로하는 계기로 작용하고 있다.
⑤ ㉠은 시적 화자가 자신의 지난날을 되돌아보는 계기로, ㉡은 시적 화자가 상대와의 대화를 단념하는 계기로 작용하고 있다.

040 내용 이해

ⓐ ~ ⓔ에 대한 설명으로 적절하지 <u>않은</u> 것은?

① ⓐ : 북쪽 백두산에서부터 시작되어 이어진 지리산의 광대한 범위를 확인할 수 있다.
② ⓑ : 청학동이라는 이름으로 불리게 된 유래를 알 수 있다.
③ ⓒ : 청학동을 찾아가는 중에 마주한 자연 풍경에 대한 감상을 확인할 수 있다.
④ ⓓ : 진나라 사람들이 청학동에 살게 된 이유를 확인할 수 있다.
⑤ ⓔ : 도원과 청학동을 동일한 성격의 공간으로 인식하고 있음을 알 수 있다.

041 감상의 적절성

<보기>를 바탕으로 (가)와 (나)를 감상한 내용으로 적절하지 <u>않은</u> 것은? `3점`

| 보 기 |
(가)와 (나)는 부정적 상황에 대응하는 과정에서 기대가 좌절되었던 작가의 경험이 서로 다른 모습으로 형상화되고 있다. (가)에는 남편의 출세로 영화를 얻으려던 기대가 좌절되자 무능한 남편을 설득하다 실패한 작가가 현실을 수용했던 경험이, (나)에는 속세와 단절된 이상적 공간을 찾는 데 실패한 작가가 좌절된 기대를 포기하지 않았던 경험이 나타난다.

① (가)의 '벼슬길에 못 올라서 귀향은 무슨 일인가'에서 남편의 출세로 영화를 얻으려던 기대가 좌절된 작가의 경험을 엿볼 수 있군.
② (가)의 '머나먼 변방 길에 가네 오네 빚'이라며 '남은 전지 역농이나 하자 하'는 것에서 부정적 상황에 대응하는 작가의 경험을 엿볼 수 있군.
③ (나)의 '청학동으로 들어가 살'고자 '화엄사에서 출발'한 것에서 속세와 단절된 이상적 공간을 찾으려 했던 작가의 경험을 엿볼 수 있군.
④ (가)의 '규중에 어리석은 부녀 그 말을 믿었더니'에서 남편을 설득하는 데 실패한 작가의 모습을, (나)의 '시를 바위에 남기는 모습에서 이상적 공간을 찾는 데 실패한 작가의 모습을 엿볼 수 있군.
⑤ (가)의 '문 닫고 돌이켜 생각하니 오냐 어이하리'에서 기대가 좌절된 현실을 수용하는 작가의 모습을, (나)의 '어떻게 하면' '그곳을 찾을 수 있을'지 생각하는 것에서 기대를 포기하지 않는 작가의 모습을 엿볼 수 있군.

다음 글을 읽고 물음에 답하시오.

5문항을 9분 안에 풀어보세요.  **9분**

(가)

구렁에 서 있는 나무 우뚝하기도 하구나
풍상(風霜)을 실컷 겪고 **독야청청(獨也靑靑)**하구나
져근덧 베지 말고 두면 **동량재(棟梁材)** * 되겠구나
〈제1수(소나무[松])〉

꼬리치고 휘파람 불며 기염(氣焰)*도 황홀하구나
이 뫼에 들어온 지 몇 해나 되었나니
진실로 네 잠깐 떠나면 **호리종횡(狐狸縱橫)** *하겠구나
〈제11수(호랑이[虎])〉

㉠ 오리마 적표마*들이 관단 노태*와 같겠느냐
바람에 슬피 울며 네 굽을 허위치니
아무리 **천리지(千里志)** * 있은들 알 이 없어 서러워라
〈제15수(말[馬])〉
- 권섭, 「십육영(十六詠)」-

* 동량재 : 기둥과 들보로 쓸 만한 재목. 한 집안이나 나라를 떠받치는 중대
　한 일을 맡을 만한 인재를 이르기도 함.
* 기염 : 불꽃처럼 대단한 기세.
* 호리종횡 : 여우와 살쾡이가 이리저리 날뜀. 여우와 살쾡이는 도량이 좁고
　간사한 사람을 비유적으로 이르는 말이기도 함.
* 오리마 적표마 : 오리마는 온몸의 털이 검은 말, 적표마는 붉은색을 가진
　명마.
* 관단 노태 : 관단과 노태로 모두 걸음이 느린 말을 의미함.
* 천리지 : 천리를 달리고자 하는 뜻.

(나)

북방 이십여 주에 경성이 문호인데
군사 백성 다스리기를 나에게 맡기시니
망극한 임금의 은혜 갚을 길이 어렵구나
㉡ 서생의 일은 글쓰기인가 여겼더니
　늙은이의 변방 부임 진실로 뜻밖이로다
임금께 절하고 칼을 짚고 돌아서니
만 리 밖 국경에 내 한 몸 다 잊었다
흥인문 내달아 녹양평에 말 갈아타고
은하수 옛길을 다시 지나간단 말이냐
┌ 회양 옛 사실* 소문만 들었더니
│ 대궐을 홀로 떠나는 적객*은 무슨 죄인가
[A] 높고 험한 철령을 험하단 말 전혀 마오
└ 세상살이에 비하면 평지인가 여기노라
눈물을 거두고 두어 걸음 돌아서니
서울이 어디요 대궐이 가렸도다
안변 북쪽은 저쯤에 오랑캐 땅인데
오랑캐를 정벌하여 천 리 밖 몰아내니

윤관 김종서의 큰 공적 초목이 다 알도다
용흥강 건너와 정평부 잠깐 지나
만세교 앞에 두고 낙민루에 올라앉아
옥저*의 산하 하나하나 돌아보니
천년의 풍패*에 상서로운 기운 어제인 듯하구나
함관령 저문 날에 말은 어찌 병들었는가
㉢ 모래바람 자욱한데 갈 길이 멀었구나
홍원 옛 고을의 천관도를 바라보고
대문령 넘어서 청해진에 들어오니
함경도의 요해지요 남북의 요충지라
충신과 정예 병사 무기를 늘어놓고
강한 활과 쇠뇌로 요충지를 지키는 듯
태평세월 백 년 동안 전쟁을 잊으니
철통같은 방어를 일러 무엇하리오
- 조우인, 「출새곡(出塞曲)」-

* 회양 옛 사실 : 중국 한나라 무제(武帝) 때 급장유(汲長孺)가 회양 태수로
　선정을 베풀었던 일.
* 적객 : 귀양살이를 하는 사람. 여기서는 임금 곁을 떠나 경성 판관으로 부
　임하는 자신의 신세를 말함.
* 옥저 : 함경도 함흥 일대에 위치했던 고대 국가.
* 풍패 : 천 년 전 한나라를 건국한 유방의 고향에 빗대어 조선을 건국한 이
　성계의 고향인 함흥을 가리킴.

(다)

　태안사 가는 길에 물이, 보성강 물이 있습니다. 그 물길이 끝나는
지점이 태안사 들어가는 입구지요. 아닙니다, 물길은 끝나지 않고
다만 태안사 들어가는 입구가 그 물길의 중간에나 있을 따름이지
요. ㉣ 물길이 끝났다고 슬퍼할 필요는 없습니다, 곧이어 숲이, 숲길
이 시작될 테니까요.
┌　여름 숲도 좋지만 겨울 숲은 또 나름대로 외로워서 좋습니다.
│ 높아서 좋습니다. 야위어서 좋습니다. 여름 숲의 무성함, 풍성
│ 함, 윤택함에 한동안 외로움을 잊고 살았습니다. 외롭지 않을 때
[B] 는 외롭지 않아서 좋았고 외로울 때는 또 외로워서 좋았습니다.
│ 올해는 유난히 눈이 안 내리는 겨울입니다. 높고 푸른 하늘이 외
└ 로운 나무 끝에 펼쳐져 있습니다.

(중략)

　거기에서 그 노인을 보았습니다. 노인은 절 부엌에서 나오는 음
식을 고양이에게 먹이고 있었습니다. 내가 빙긋 웃자 노인의 얼굴
이 한순간 붉어졌습니다. 노인은 소년의 얼굴을 가졌더군요. 아닙
니다. 아기의 얼굴이었습니다. 절 사람들이 다 싫어하는 도둑고양
이를 아기 얼굴을 가진 태안사 불목하니* 그 노인이 혼자 숨어서 돌
보고 있었습니다. 사람들이 많이 모여 있으면 다람쥐처럼 어딘가로
숨어 버리는 그를 보러 나는 태안사에 가곤 합니다. 고양이, 해탈이
는 잘 크고 있는지도 궁금하고요. 절 사람들은 노인을 이 처사라고
불렀습니다. 내가 그를 보면 바짝 반가워하는데도 그는 반가운 내

색을 할 줄 모릅니다. 내가 그와 헤어지는 게 못내 섭섭해 작별 인사가 길어지는데도 그는 그저 가라고 손짓 한번 해 주고 그만입니다. 그것이 처음에는 굉장히 서운했는데 이제 그조차 익숙해졌습니다.

태안사 가는 길은 참 좋습니다. 물이 있고 곧이어 숲이 있고 해탈이가 있고 다람쥐보다 더 빠르게 달릴 줄 아는 그가 있기 때문입니다. 나는 그와 어떤 특별한 말을 주고받은 적도 없습니다. 그래도 그는 나에게 커다란 위로가 됩니다. 그는 내 속의 부처가 되었습니다. 그는 아마 그것도 모를 테지요. 자신이 누군가의 마음속에 들어가 커다란 위로가 되고 부처가 되었다는 사실을. 나는 또한 누군가의 가슴속에 들어가 위로가 되고 부처가 될 수는 없을까요. 좀 더 가난해지고 좀 더 외로워지면 그럴 수 있을는지요. 하기사 태안사의 그는 가난과 외로움조차도 스스로 느끼지 않는 그저 '그'일 따름이었습니다. ⓒ 가난과 외로움조차도 때로는 거추장스런 장신구일 수도 있겠습니다.

- 공선옥, 「태안사 가는 길에서」 -

＊불목하니 : 절에서 밥을 짓고 물을 긷는 일을 맡아서 하는 사람.

---

042 표현상 특징

(가) ~ (다)에 대한 설명으로 가장 적절한 것은?

① (가)와 (나)는 모두 영탄적 어조를 통해 화자의 정서를 강조하고 있다.
② (가)와 (다)는 모두 시간적 표현을 활용하여 대상에 대한 인식 변화를 제시하고 있다.
③ (나)와 (다)는 모두 계절적 배경을 제시하여 분위기를 환기하고 있다.
④ (가)~(다)는 모두 불가능한 상황을 설정하여 주제 의식을 드러내고 있다.
⑤ (가)~(다)는 모두 반어적 표현을 사용하여 대상이 지닌 의미를 부각하고 있다.

043 내용 이해

[A]와 [B]에 대한 설명으로 가장 적절한 것은?

① [A]와 [B]에는 모두 자연의 섭리에 담긴 가치가 나타난다.
② [A]와 [B]에는 모두 변화하는 자연에서 얻는 즐거움이 나타난다.
③ [A]에는 이상적 세계를 동경하는 삶이, [B]에는 자연에 동화되는 삶이 나타난다.
④ [A]에는 자연을 보며 떠올린 삶의 고단함이, [B]에는 자연에서 느끼는 만족감이 나타난다.
⑤ [A]에는 자연물에서 연상된 대상에 대한 경외감이, [B]에는 자연을 거닐며 느끼는 쓸쓸함이 나타난다.

044 감상의 적절성

〈보기〉를 참고하여 (가)를 감상한 내용으로 적절하지 <u>않은</u> 것은?

> **｜ 보 기 ｜**
>
> 권섭의 「십육영(十六詠)」은 열여섯 개의 중심 소재를 통해 현실에 대한 인식을 드러낸 작품이다. (가)의 각 수의 초장과 중장에는 소재로 쓰인 대상의 특성이나 상징적 의미가 강조되어 있고, 종장에는 부조리한 현실에 대한 부정적인 시각이 표출되어 있다.

① 〈제1수〉에서 '풍상'을 이겨 낸 소나무를 '독야청청'한 모습으로 그리며 소나무의 지조 있는 모습을 드러내고 있군.
② 〈제1수〉에서 '베지' 않으면 '동량재'가 될 수 있다고 한 것은 인재가 되기 위해서 시련을 겪어야만 하는 현실에 대한 한탄을 드러낸 것이군.
③ 〈제11수〉에서 호랑이의 기세를 '황홀'하다고 표현하며 호랑이의 위엄 있는 모습을 그리고 있군.
④ 〈제11수〉에서 호랑이가 사라지면 '호리종횡'할 것이라고 한 것은 소인배들이 힘을 얻게 될 수도 있는 현실에 대한 우려를 표현한 것이군.
⑤ 〈제15수〉에서 '천리지'를 알아주는 이가 없다고 한 것은 인재가 뜻을 펼칠 수 없는 안타까운 현실을 드러낸 것이군.

〈보기〉를 바탕으로 (나), (다)를 이해한 내용으로 적절하지 <u>않은</u> 것은? [3점]

> **| 보 기 |**
>
> 문학 작품에는 여정 가운데 만나게 되는 상황과 그에 따른 감회, 그 여정이 자신의 삶에 끼친 영향 등이 드러나기도 한다. (나)에는 화자가 부임지인 경성으로 가는 도중에 보게 된 변방의 경치와 회포 등이 드러나며, (다)에는 글쓴이가 태안사를 다녀온 경험과 이를 통해 얻은 깨달음이 드러난다.

① (나) : 화자는 경성으로 떠나면서 관원의 임무를 맡게 된 것을 임금의 은혜로 여기고 있군.

② (나) : 화자는 낙민루에 올라 산하를 둘러보며 자연에서 느껴지는 기운에 감탄하고 있군.

③ (나) : 화자는 청해진에서 전쟁이 없어 오랑캐를 방어하는 일을 잊고 있는 병사들의 모습을 비판하고 있군.

④ (다) : 글쓴이는 태안사에서 고양이에게 먹이를 주는 노인의 모습을 따뜻한 시선으로 바라보고 있군.

⑤ (다) : 글쓴이는 태안사에서 만난 노인처럼 자신도 다른 사람들에게 위로가 되는 존재가 되고 싶어 하고 있군.

㉠ ~ ㉤에 대한 설명으로 적절하지 <u>않은</u> 것은?

① ㉠ : 오리마와 적표마가 뛰어난 능력을 지닌 존재라는 화자의 인식을 드러내고 있다.

② ㉡ : 화자가 자신이 변방의 임무를 맡을 것이라고 예상하지 못했음을 드러내고 있다.

③ ㉢ : 모래바람으로 인해 부임지로 가는 길이 험난할 것이라는 걱정을 드러내고 있다.

④ ㉣ : 물길이 끝나더라도 숲길이 시작된다는 것을 긍정적으로 여기고 있음을 드러내고 있다.

⑤ ㉤ : 가난과 외로움을 느끼며 살아가야 했던 노인의 삶에 대한 연민을 드러내고 있다.

다음 글을 읽고 물음에 답하시오.

5문항을 9분 안에 풀어보세요.

9분

(가)

玉屑寒堆壓	**옥설**이 차갑게 대나무를 누르고
氷輪逈映徹	얼음같이 둥근 달 휘영청 밝도다
從知苦節堅	여기서 알겠노라 **굳건한** 그 절개를
轉覺虛心潔	더욱이 깨닫노라 **깨끗한** 그 빈 마음

- 이황, 「설월죽(雪月竹)」 -

(나)

㉠ **모첨(茅簷)***의 달이 진 제 첫 잠을 얼핏 깨여
반벽 잔등(半壁殘燈)을 의지 삼아 누웠으니
일야(一夜) 매화가 발하니 **님**이신가 하노라

〈제1수〉

아마도 이 벗님이 풍운(風韻)*이 그지없다
옥골 빙혼(玉骨氷魂)*이 냉담도 하는구나
풍편(風便)*의 **그윽한 향기**는 세한 불개(歲寒不改)* 하구나

〈제2수〉

천기(天機)도 묘할시고 네 먼저 **춘휘(春暉)***로다
한 가지 꺾어 내어 이 소식 전(傳)차 하니
님께서 너를 보시고 반기실까 하노라

〈제3수〉

㉡ 님이 너를 보고 반기실까 아니실까
기년(幾年)* 화류(花柳)의 ⓐ **취한** 잠 못 깨었는가
두어라 다 각각 정이니 나와 늙자 하노라

〈제4수〉

- 권섭, 「매화(梅花)」 -

*모첨 : 초가지붕의 처마.
*풍운 : 풍류와 운치를 아울러 이르는 말.
*옥골 빙혼 : 매화의 별칭. '옥골'은 고결한 풍채를, '빙혼'은 얼음과 같이 맑고 깨끗한 넋을 의미함.
*풍편 : 바람결.
*세한 불개 : 매우 심한 한겨울의 추위에도 바뀌지 않음.
*춘휘 : 봄의 따뜻한 햇빛.
*기년 : 몇 해.

(다)

　휴전이 되던 해 음력 정월 초순께, 해가 설핏한 강 나루터에 아버지와 나는 서 있었다. 작은증조부께 세배를 드리러 가는 길이었다. 강만 건너면 바로 작은댁인데, 배가 강 건너편에 있었다. 아버지가 입에 두 손을 나팔처럼 모아 대고 강 건너에다 소리를 지르셨다.
　"사공―, 강 건너 주시오."

　건너편 강 언덕 위에 뱃사공의 오두막집이 납작하게 엎드려 있었다. **노랗게 식은 햇살**에 동그마니 드러난 외딴집, 지붕 위로 하얀 연기가 저녁 강바람에 산란하게 흩어지고 있었다. 그 오두막집 삽짝 앞에 능수버들나무가 맨 몸뚱이로 비스듬히 서 있었다. 둥치에 비해서 가지가 부실한 것으로 보아 고목인 듯싶었다. 나루터의 세월이 느껴졌다.
　강심만 남기고 강은 얼어붙어 있었고, 해가 넘어가는 쪽 컴컴한 산기슭에는 **적설**이 쌓여서 **하얗게 번쩍거렸다**. 나루터의 마른 갈대는 '서걱서걱' 아픈 소리를 내면서 언 몸을 회리바람에 부대끼고 있었다. 마침내 해는 서산으로 떨어지고 **갈대**는 더 **아픈 소리를 신음처럼** 질렀다.
　나룻배는 건너오지 않았다. 나는 ㉢ 뱃사공이 나오나 하고 추워서 발을 동동거리며 사공네 오두막집 삽짝을 바라보고 있었다. 아버지는 팔짱을 끼고 부동의 자세로 사공 집 삽짝 앞의 **버드나무 둥치처럼 꿈쩍도 않으셨다**. '사공―, 강 건너 주시오.' 나는 아버지가 그 소리를 한 번 더 질러 주시기를 바랐다. 그러나 아버지는 **두 번 다시 그 소리를 지르지 않으셨다**. 그걸 아버지는 치사(恥事)*로 여기신 것일까. 사공은 분명히 ⓑ 따뜻한 방 안에서 방문의 쪽유리를 통해서 건너편 나루터에 우리 부자가 하얗게 서 있는 것을 보았을 것이다. 그러나 도선의 효율성과 사공의 존재가치를 높이기 위해서 나루터에 ㉣ 선객이 더 모일 때를 기다렸기 쉽다. 그게 사공의 도선 방침일지는 모르지만 엄동설한에 서 있는 사람에 대한 옳은 처사는 아니다. 이 점이 아버지는 못마땅하셨으리라. 힘겨운 시대를 견뎌 내신 아버지의 완강함과 사공의 존재가치 간의 이념적 대치였다.
　아버지는 주루막을 지고 계셨다. 주루막 안에는 정성 들여 ㉤ 한지에 싼 육적(肉炙)과 술 항아리에 용수를 질러서 뜬, 제주(祭酒)로 쓸 술이 한 병 들어 있었다. 작은증조부께 올릴 세의(歲儀)다. **엄동설한 저문 강변**에 세의를 지고 **꿋꿋하게 서** 계시던 분의 모습이 보인다.

- 목성균, 「세한도(歲寒圖)」 -

*치사 : 행동이나 말 따위가 쩨쩨하고 남부끄러움.

---

047 표현상 공통점

(가) ~ (다)의 공통점으로 가장 적절한 것은?

① 설의적 표현으로 대상이 지닌 속성을 강조하고 있다.
② 명암의 대비를 통해 작품의 주제를 형상화하고 있다.
③ 구체적 사물이나 상황을 통해 내면적 가치를 발견하고 있다.
④ 직유법을 활용하여 대상의 외양을 구체적으로 묘사하고 있다.
⑤ 풍자적 기법으로 사회 현실에 대한 비판 의식을 보여 주고 있다.

DAY 12
III
갈래 복합

〈보기〉를 참고하여 (가)와 (나)를 감상한 내용으로 적절하지 <u>않은</u> 것은? `3점`

> | 보 기 |
> 　(가)와 (나)는 추운 계절을 이겨 내는 강인한 속성이 있어 예로부터 예찬의 대상이었던 대나무와 매화를 각각 시적 대상으로 삼고 있다. (가)의 화자는 사철 푸르고 속이 빈 대나무를 고매한 인품에 빗대고 있고, (나)의 화자는 이른 봄 피어난 매화를 통해 임을 떠올리고 매화에 대한 긍정적 인식과 임에 대한 정서를 함께 드러내고 있다.

① (가)의 화자는 '옥설'에 눌려도 푸름을 유지하는 대나무를 통해 '굳건한' 지조를 떠올리고 있군.

② (가)의 화자는 대나무의 속이 빈 속성을 긍정적으로 인식하여 대나무를 내면이 '깨끗한' 인품에 비유하고 있군.

③ (나)의 화자는 '옥골 빙혼(玉骨氷魂)'의 자태를 가진 매화를 '님'으로 착각한 것을 깨닫고 서러워하고 있군.

④ (나)의 화자는 추운 계절에도 굴하지 않고 '그윽한 향기'를 풍기는 매화의 강인함을 예찬하고 있군.

⑤ (나)의 화자는 '춘휘(春暉)'를 먼저 느끼게 해 준 매화의 소식을 '님'에게 전달하고 싶은 소망을 드러내고 있군.

㉠ ~ ㉤에 대한 설명으로 적절하지 <u>않은</u> 것은?

① ㉠ : 매화를 발견할 당시 화자의 상황과 시간적 배경이 드러나 있다.

② ㉡ : 매화를 대할 임의 반응이 어떠할지를 궁금해하는 마음이 드러나 있다.

③ ㉢ : 아버지와 대비되는 글쓴이의 행동에서 추위에서 벗어나고 싶어 하는 마음이 드러나 있다.

④ ㉣ : 선객들의 모습을 비판적으로 바라보는 아버지의 생각이 드러나 있다.

⑤ ㉤ : 작은댁에 세배하러 가면서 준비한 음식으로 아버지의 정성이 드러나 있다.

050 감상의 적절성

〈보기〉를 바탕으로 (다)를 감상한 내용으로 적절하지 <u>않은</u> 것은?

> **| 보기 |**
> (다)의 제목이기도 한 '세한도'는, 한겨울 풍경을 통해 선비의 지조를 드러낸 추사 김정희의 그림이다. (다)의 글쓴이는 혹독하게 추운 겨울에 뜻을 굽히지 않던 아버지의 모습에서 선비적 면모를 발견하고 이날의 경험을 회화적으로 형상화하고 있다. 글쓴이는 아버지가 사공의 처사를 부당하게 여겼고 이에 맞서는 의미로 추위를 견디며 꼿꼿이 서 있었다고 본 것이다.

① '노랗게 식은 햇살'과 '하얗게 번쩍거'리는 '적설'을 통해 매섭게 추운 겨울 강가를 회화적으로 형상화하고 있군.

② '아픈 소리를 신음처럼' 지르는 '갈대'는 사공의 부당한 처사에 맞서려는 글쓴이의 내면을 표상하고 있군.

③ 글쓴이는 '버드나무 둥치처럼 꿈쩍도 않'는 아버지의 모습에서 지조를 지키려는 선비적 면모를 발견하고 있군.

④ '두 번 다시 그 소리를 지르지 않'는 모습을 통해 자신의 뜻을 꺾지 않으려는 아버지의 태도를 드러내고 있군.

⑤ '엄동설한 저문 강변'에서 '꼿꼿하게 서' 있던 아버지의 모습은 추사의 그림 '세한도'의 이미지와 연결되는군.

051 대상의 의미

ⓐ와 ⓑ를 이해한 내용으로 가장 적절한 것은?

① ⓐ에는 임이 처한 상황에 대한 연민이, ⓑ에는 사공이 처한 상황에 대한 추측이 담겨 있다.

② ⓐ에는 화자가 지향하는 행동이, ⓑ에는 글쓴이가 지향하는 공간의 속성이 구체화되고 있다.

③ ⓐ에는 돌아오지 않는 임에 대한 원망이, ⓑ에는 곧 돌아올 사공에 대한 기대감이 내포되어 있다.

④ ⓐ에는 자신의 처지에 대해 자조하는 태도가, ⓑ에는 사공의 몰인정함에 대해 비판하는 태도가 드러나 있다.

⑤ ⓐ에는 화자의 처지와 대비되는 임의 모습이, ⓑ에는 글쓴이가 있는 공간과 대비되는 공간이 제시되어 있다.

다음 글을 읽고 물음에 답하시오.　5문항을 8분 안에 풀어보세요.

(가)

나는 이럴망정 외방의 늙은 종이
공물 바치고 돌아갈 때 하는 일 다 보았네
㉠ 우리 댁(宅) 살림이 예부터 이렇던가
전민(田民)*이 많단 말이 일국에 소문이 났는데
먹고 입으며 드나드는 종이 백여 명이 넘는데도
무슨 일 하느라 텃밭을 묵혔는가
농장이 없다던가 호미 연장 못 가졌나
날마다 무엇하려 밥 먹고 다니면서
열 나무 정자 아래 **낮잠만 자**는가
아이들 탓이던가
㉡ 우리 댁 종의 버릇 보노라면 이상하다
소 먹이는 아이들이 상마름을 능욕하고
오고 가는 어리석은 손님이 큰 양반을 기롱*한다
㉢ 그릇된 재산 모아 다른 꾀로 제 일하니
큰 집의 많은 일을 뉘라서 힘써 할까
곡식 창고 비었거든 창고지기인들 어찌하며
세간이 흩어지니 질그릇인들 어찌할까
내 잘못된 줄 내 몰라도 남 잘못된 줄 모르겠는가
㉣ 풀어헤치거니 맺히거니, 헐뜯거니 돕거니
하루 열두 때 어수선을 핀 것인가

(중략)

크게 기운 집에 상전님 혼자 앉아
명령을 뉘 들으며 논의를 뉘와 할까
낮 시름 밤 근심 혼자 맡아 계시거니
옥 같은 얼굴이 편하실 적 몇 날인가
이 집 이리 되기 뉘 탓이라 할 것인가
㉤ 생각 없는 종의 일은 묻지도 아니하려니와
돌이켜 생각하니 상전님 탓이로다
내 상전 그르다 하기에는 종의 죄 많건마는
그렇다 세상 보며 민망하여 여쭙니다
새끼 꼬는 일 멈추시고 내 말씀 들으소서
　┌ 집일을 고치려든 종들을 휘어잡고
[A] 종들을 휘어잡으려거든 상벌을 밝히시고
　└ 상벌을 밝히시려거든 어른 종을 믿으소서
진실로 이리 하시면 **가도(家道)*** 절로 일 겁니다

- 이원익, 「고공답주인가」-

*전민 : 농사짓는 일을 생업으로 삼는 사람.

*기롱 : 남을 속이거나 비웃으며 놀림.

*가도 : 집안에서 마땅히 지켜야 할 도덕적 규범.

(나)

"사람답게 살아라."라는 말은 소설가 김정한이 평생을 두고 자주 한 말이다. 나는 그의 문장 가운데 다음의 구절을 좋아한다. "어딜 가도 산이 있고 들이 있고 그리고 인간이 살았다. 인간이 사는 곳에는 으레 나뭇가리가 있고 그 곁에는 코흘리개들이 놀곤 하였다. 조국이란 것이 점점 가슴에 느껴졌다." 이 명료한 문장을 읽고 있으면 사람이 떼를 이루어 사는 세상의 풍경이 한눈에 들어오는 것만 같다. 그것도 느리고 큰 자연과 더불어. 사람의 생활이라는 것도 눈에 들어오는 문장이다.

　　┌ 이래저래 만나게 되는 사람들과 이런저런 사연으로 이별을 경험하게 된 사람들, 그리고 그들의 눈물과 사랑을 하고 있는 저 뜨거운 가슴도 짐작을 하게 된다. 조각돌처럼 까다롭고 별난 사
[B]람도 있고, 몽돌처럼 둥글둥글한 사람도 있고, 조각을 한 듯 잘 생긴 사람도 있고, 마음에 태풍이 지나가는 사람도 있고, 마음에 4월의 봄볕이 내리는 사람도 있다. 그들 모두 하나의 무리를 이
　　└ 루고 사는 것이 이 세상 아닌가 싶은 생각이 드는 것이다.

(중략)

나는 가끔 생각하기를 마당이 있는 집이 내게 있다면 주변의 돌들을 모아서 돌탑을 쌓고 싶다고 소망한다. 그리고 나의 아이들과 아내에게도 돌탑을 하나씩 쌓을 것을 부탁하고 싶다. 산사에 올라가다 보면 길가나 바위 위에 누군가 쌓아 올린 돌탑들처럼 나의 작은 마당 한쪽 한쪽에 돌탑을 쌓아 놓고 싶은 것이다. 아래에는 큰 돌이 필요하고 위를 향해 쌓아 갈수록 보다 작은 돌들이 필요할 것이다. 그리고 각각의 장소에서 구해 온 돌들은 각각의 크기와 모양과 빛깔을 지니고 있을 것이다. 반듯한 것도 있고 움푹 팬 것도 있을 것이다. 마치 여러 종류의 꽃과 풀들이 자라나서 하나의 화단을 이루듯이 그 돌들은 **서로 업고 업혀서** 하나의 탑을 이룰 것이다.

그런데 돌탑을 쌓아 본 사람은 돌탑을 쌓는 데에는 **잔돌**이 필요하다는 것을 알 것이다. 불안하게 **기우뚱하는 돌탑**의 층을 바로잡아 주려면 이 잔돌을 괴는 일이 무엇보다 필요하다. 잔돌을 굄으로써 **탑**은 한 층 한 층 **수평을 이루게** 된다. 못생긴 나무도 숲을 이루는 한 나무요, 쓸모없는 나무는 없다는 말이 있듯이 보잘것없고 작은 잔돌이라도 탑을 올리는 데에는 꼭 필요하다. 돌탑을 쌓아 올리면서 배우는 것 가운데 하나는 이 잔돌의 소중함을 아는 일이다.

사람 사는 세상도 다를 바 없다. 잔돌 같은 사람이 필요하다. 의견이 맞지 않아 다툴 때 그 대화의 매정한 분위기를 무너뜨려 주는 사람이 우리 주변에는 더러 있다. 잔돌처럼 작용해 의견이 다른 사람들의 의견과 의견의 대립을 풀어 주는 사람이 있다. 이런 부드러운 개입의 고마움을 우리는 간혹 잊고 사는 것이 아닐까 싶다.

봄 산이 봄 산인 이유는 새잎이 돋고 꽃이 거기에 있기 때문이다. 수많은 꽃은 자기의 존재감을 주장하지 않는다. 그냥 **스스로**의 생명력으로 피어나 봄 산의 아름다움을 이룬다. 이 세세하고 능동적인 존재의 움직임을 보살폈으면 한다. 돌탑에 다시 비유하자면 잔돌과 같은 그 무엇이기 때문이다.

- 문태준, 「돌탑과 잔돌」-

052 작품 간 공통점

(가)와 (나)의 공통점으로 가장 적절한 것은?

① 부재하는 대상에 대한 그리움을 표현하고 있다.
② 순수한 자연 세계에 대한 동경을 나타내고 있다.
③ 부정적 현실에 대한 냉소적 태도를 드러내고 있다.
④ 현실이나 세상에 대해 통찰한 내용을 전달하고 있다.
⑤ 자신이 처한 상황에 순응하는 태도를 보여 주고 있다.

053 표현상 특징

[A]와 [B]에 대한 설명으로 가장 적절한 것은?

① [A]는 [B]와 달리 대조적 의미를 지닌 구절을 활용하여 대상의 속성을 드러내고 있다.
② [B]는 [A]와 달리 자연물에 글쓴이의 감정을 이입하여 표현의 효과를 높이고 있다.
③ [A]는 반어법을 활용하여, [B]는 역설법을 활용하여 주제 의식을 강조하고 있다.
④ [A]와 [B]는 모두 유사한 문장 구조를 반복하여 전달 의도를 강조하고 있다.
⑤ [A]와 [B]는 모두 말을 건네는 어투를 사용하여 청자의 행동 변화를 호소하고 있다.

054 글쓴이의 태도

(나)의 글쓴이에 대한 이해로 적절한 것만을 고른 것은?

> ㄱ. 자연과 대비되는 인간의 유한성을 자각한다.
> ㄴ. 사람들이 서로 더불어 사는 세상을 긍정한다.
> ㄷ. 주장을 굽히지 않는 삶을 살았던 자신을 반성한다.
> ㄹ. 세상에는 갈등을 중재할 사람이 필요하다고 생각한다.

① ㄱ, ㄴ
② ㄱ, ㄷ
③ ㄴ, ㄷ
④ ㄴ, ㄹ
⑤ ㄷ, ㄹ

055 내용 이해

<보기>를 참고할 때 (가)의 ㉠ ~ ㉤에 대한 이해로 적절하지 <u>않은</u> 것은?

> **| 보기 |**
> 「고공답주인가」는 고공(종)이 상전에게 답을 하는 형식을 통해 국가 경영을 집안 다스리는 일에 빗대어 표현하고 있다. 이 작품에서 상전은 왕, 종은 신하를 가리키는데, 화자는 임진왜란으로 인해 나라가 황폐해지고 위계질서가 무너진 상황에서 당파 싸움만 일삼으며 재물을 탐하는 신하들을 비판하고 있다. 그리고 국가를 경영하는 왕으로서의 책임을 강조하고 있다.

① ㉠ : 나라가 황폐해진 상황이 예전부터 지금까지 이어지고 있다는 것을 드러내고 있다.
② ㉡ : 상하의 위계질서가 무너져 신하들의 기강이 해이해진 상황을 나타내고 있다.
③ ㉢ : 나라를 돌보는 일을 외면한 채 부정한 방법으로 재물을 탐하는 신하들의 모습을 드러내고 있다.
④ ㉣ : 시도 때도 없는 당파 싸움으로 인해 혼란스러운 조정의 모습을 나타내고 있다.
⑤ ㉤ : 나라가 어지러워진 책임이 신하뿐만 아니라 왕에게도 있다는 인식을 드러내고 있다.

056 감상의 적절성

<보기>를 바탕으로 (가), (나)를 감상한 내용으로 적절하지 <u>않은</u> 것은? `3점`

> **| 보기 |**
> 전체는 구성 요소들의 집합체이다. 그러므로 전체를 이루는 구성 요소들은 그 자체로는 두드러지지 않을지라도 전체를 위해 없어서는 안 되는 존재이다. 그리고 다양성을 지닌 구성 요소들은 각각의 역할을 능동적으로 수행할 때 존재의 의미를 획득하게 되고 전체는 조화로운 모습을 이루게 된다.

① (가)의 '가도'가 바로 선 집안은 구성 요소들이 어우러져 조화로운 모습을 갖춘 전체를 의미한다고 볼 수 있겠군.
② (나)의 '탑'이 '수평을 이루게' 하는 '잔돌'은 두드러지지 않지만 전체를 위해 없어서는 안 될 구성 요소로 볼 수 있겠군.
③ (가)의 '낮잠만 자'는 종과 달리 (나)의 '스스로' 핀 꽃은 능동적으로 존재의 의미를 획득한 구성 요소로 볼 수 있겠군.
④ (가)의 '먹고 입으며 드나드는'과 (나)의 '서로 업고 업혀서'는 다양성을 지닌 존재들의 필요성을 강조한 것으로 볼 수 있겠군.
⑤ (가)의 '크게 기운 집'은 구성 요소들이 역할을 제대로 수행하지 않은 결과로, (나)의 '기우뚱하는 돌탑'은 필요한 구성 요소들이 제대로 갖추어지지 않은 결과로 볼 수 있겠군.

다음 글을 읽고 물음에 답하시오. 4문항을 8분 안에 풀어보세요. 

(가)

저기 가는 저 [각시] 본 듯도 하구나
천상 백옥경(白玉京)*을 어찌하여 이별하고
해 다 져 저문 날에 누굴 보러 가시는고
어와 [너]로구나 이 내 사설 들어 보오
내 얼굴 이 거동이 **임** 사랑 받을 만할까만
어쩐 일로 날 보시고 너로다 여기시니
나도 임을 믿어 군뜻이 전혀 없어
아양이야 교태야 어지러이 하였더니
반기시는 낯빛이 전과 어찌 다르신고
누워 생각하고 일어나 앉아 헤아리니
내 몸의 지은 죄 산같이 쌓였으니
하늘이라 원망하며 사람이라 허물하랴
서러워 풀어 헤아리니 **조물***의 탓이로다
그리 생각 마오
맺힌 일이 있소이다
임을 모셔 있어 임의 일을 내 알거니
물 같은 얼굴이 편하실 적 몇 날일꼬

(중략)

반벽 푸른 등은 누굴 위하여 밝았는고
오르며 내리며 헤매며 오락가락하니
어느덧 힘이 다해 풋잠을 잠깐 드니
정성이 지극하여 꿈에 임을 보니
옥 같던 얼굴이 반이 넘게 늙었어라
마음에 먹은 말씀 실컷 사뢰자 하니
눈물이 이어져 나니 말씀인들 어이 하며
정을 못다 풀고 목조차 메어 오니
방정맞은 닭 울음에 잠을 어찌 깨었던고
어와 허사로다 이 임이 어디 간고
바로 일어나 앉아 창을 열고 바라보니
불쌍한 그림자 날 좇을 뿐이로다
차라리 사라져 **낙월(落月)**이나 되어서
임 계신 창 안에 번듯이 비추리라
각시님 달이야커녕 궂은 비나 되소서

– 정철, 「속미인곡(續美人曲)」–

*백옥경 : 옥황상제가 지내는 궁궐.

*조물 : 조물주.

(나)

[손[客]]이 [주옹(舟翁)]에게 물었다.

"그대가 배에서 사는데, 고기를 잡는다 하자니 낚시가 없고, 장
사를 한다 하자니 팔 것이 없고, 뱃사공 노릇을 한다 하자니 물

가운데만 있어 오고감이 없구려. 변화불측한 물에 조각배 하나
를 띄워 가없는 ⓐ 넓은 바다를 헤매다가, 바람 미치고 물결 놀라
돛대는 기울고 노까지 부러지면, 정신과 혼백이 흩어지고 두려
움에 싸여 목숨이 지척에 있게 될 것이로다. 이는 지극히 험한 데
서 위태로움을 무릅쓰는 일이거늘, 그대는 도리어 이를 즐겨 오
래오래 물에 떠가기만 하고 돌아오지 않으니 무슨 재미인가?"

주옹이 대답했다.

"아아, 그대는 생각하지 못하는가? 대개 사람의 마음이란 변덕
스러운 것이어서, ⓑ 평탄한 땅을 디디면 느긋해지고, 험한 지경
에 처하면 두려워 조심하는 법이다. 두려워 조심하면 든든하게
살지만, 느긋하면 반드시 흐트러져 위태롭게 되나니, 내 차라리
위험을 딛고서 항상 조심할지언정, 편안한 데 살아 스스로 쓸모
없게 되지 않으려 한다. 하물며 내 배는 정해진 꼴이 없이 떠도는
것이니, 혹시 무게가 한쪽에 치우치면 그 모습이 반드시 기울어
지게 된다. 왼쪽으로도 오른쪽으로도 기울지 않고, 무겁지도 가
볍지도 않게끔 내가 배 한가운데서 평형을 잡아야만 기울어지지
도 뒤집히지도 않아 내 배의 평온을 지킬 수 있다. 비록 ⓒ 풍랑
이 거세게 인다 한들 편안한 내 마음을 어찌 흔들 수 있겠는가?
또, 무릇 인간 세상이란 한 거대한 물결이요, 인심(人心)이란
ⓓ 한바탕 큰 바람이니, 하잘것없는 내 한 몸이 아득한 그 가운데
떴다 잠겼다 하는 것보다는, 오히려 ⓔ 한 잎 조각배로 만 리의
부슬비 속에 떠 있는 것이 낫지 않은가? 내가 배에서 살면서 세
상 사람을 보니, 안전한 때는 후환을 생각지 못하고, 욕심을 부리
느라 나중을 돌보지 못하다가, 마침내는 빠지고 뒤집혀 죽는 자
가 많다. 그대는 어찌 이를 두려워하지 않고 도리어 나를 위태롭
다 하는가?"

– 권근, 「주옹설(舟翁說)」–

---

057 표현상 공통점

(가)와 (나)의 공통점으로 가장 적절한 것은?

① 설의적 표현을 활용하여 의미를 강조하고 있다.
② 점층적 방식을 활용하여 주제를 부각하고 있다.
③ 다양한 감각적 심상을 사용하여 대상을 예찬하고 있다.
④ 반어적 진술을 통해 대상에 대한 태도를 드러내고 있다.
⑤ 명령적 어조를 통해 현실에 대한 비판 의식을 드러내고 있다.

058 감상의 적절성

〈보기〉를 바탕으로 (가)를 이해한 내용으로 적절하지 <u>않은</u> 것은?

> **| 보기 |**
>
> 연군 가사는 임금과 떨어진 신하가 임금을 그리워하고 걱정하며 충성심을 드러낸 가사 작품들을 가리킨다. 「속미인곡」은 정철이 정쟁(政爭)으로 인해 관직에서 물러난 후 낙향하였을 때 쓴 연군 가사의 대표적 작품이다.

① '천상 백옥경'은 화자가 '임'과 지냈던 곳으로 임금이 있는 궁궐에 대응된다.

② '내 몸의 지은 죄'가 '조물의 탓'이라는 화자의 한탄을 통해 작가가 자신을 관직에서 물러나게 한 사람들을 원망하고 있음을 알 수 있다.

③ 화자가 꿈속에서 '임'의 모습을 보고 '눈물이 이어져'난다고 하는 것에서 임금에 대한 작가의 걱정과 그리움의 깊이를 짐작할 수 있다.

④ '임'과 헤어지게 된 화자가 자신의 그림자를 '불쌍한'으로 표현한 것에서 임금과 떨어져 지내야 하는 것에 대한 작가의 안타까운 심정을 알 수 있다.

⑤ '낙월'이 되어서라도 '임 계신 창 안에 번듯이 비추'려는 화자의 모습에서 임금에 대한 작가의 충성심을 알 수 있다.

059 극적 구성

다음은 수업의 일부이다. 선생님의 설명에 따라 (가)와 (나)의 인물을 분석한 내용으로 적절하지 <u>않은</u> 것은? `3점`

> **선생님 :** 시나 수필을 창작할 때 주제 의식을 효과적으로 표현하기 위해 인물 간의 대화로 작품을 구성하기도 합니다. 이 경우 인물들은 중심 인물과 주변 인물로 나누어 볼 수 있는데, 중심 인물은 대화를 주도하며, 작가 의식을 대변하는 역할을 합니다. 주변 인물은 중심 인물의 말을 이끌어 내거나 중심 인물을 위로하고 대안을 제시하는 보조적 인물, 중심 인물과 대립하면서 중심 인물에게 문제 제기를 하는 대립적 인물로 나눌 수 있습니다.

	인물	특징적 발화	인물 유형	인물의 역할	
(가)	각시	내 사설 들어 보오	중심 인물	대화를 주도함.	
	너	누굴 보러 가시는고	주변 인물	중심 인물의 말을 이끌어 냄.	①
		그리 생각 마오	주변 인물	중심 인물과 대립함.	②
		궂은 비나 되소서	주변 인물	대안을 제시함.	③
(나)	주옹	그대는 어찌 이를 두려워하지 않고 도리어 나를 위태롭다 하는가?	중심 인물	작가 의식을 드러냄.	④
	손	그대는 도리어 이를 즐겨 오래오래 물에 떠가기만 하고 돌아오지 않으니 무슨 재미인가?	주변 인물	중심 인물에게 문제 제기를 함.	⑤

060 내용 이해

(나)의 ㉠ ~ ㉤을 이해한 내용으로 적절하지 <u>않은</u> 것은?

① ㉠ : 변화불측한 특성을 가진 곳으로, '세상 사람들'이 위험하다고 생각하는 공간이다.

② ㉡ : '주옹'이 사는 곳과 대비되는 장소로, '세상 사람들'이 안전하다고 생각하는 공간이다.

③ ㉢ : 조각배의 돛대를 기울게 하고 노를 부러뜨릴 수 있는 바람과 물결로, '주옹'이 위태로움을 느끼는 외적 요인이다.

④ ㉣ : 욕심을 부리는 세상 사람들의 마음을 비유한 것으로, 그들의 삶을 위태롭게 만드는 요인이다.

⑤ ㉤ : 바람에 쉽게 흔들릴 수 있는 곳이지만, 인간 세상과 비교했을 때 오히려 '주옹'이 안전함을 느끼는 곳이다.

4. 고전시가와 수필 복합 지문 ❸

[061~064]　2022년 3월 학평 (서울) 34~37번　정답과 해설편 p.123

다음 글을 읽고 물음에 답하시오.　4문항을 7분 안에 풀어보세요. 

(가)

가마를 급히 타고 **솔 아래 굽은 길**로 오며 가며 하는 때
녹양에 우는 **꾀꼬리 교태 겨워하는**구나
나무 풀 우거지어 녹음이 짙어진 때
기다란 난간에서 긴 졸음을 내어 펴니
물 위의 서늘한 바람은 그칠 줄을 모르도다
된서리 걷힌 후에 산빛이 금수(錦繡)로다
누렇게 익은 벼는 또 어찌 넓은 들에 펼쳐졌는가
㉠ 어부 피리도 흥에 겨워 달을 따라 부는구나
초목이 다 진 후에 강산이 묻혔거늘
조물주 야단스러워 빙설로 꾸며 내니
경궁요대*와 옥해은산*이 눈 아래 벌였구나
천지가 풍성하여 **간 데마다 승경(勝景)**이로다
인간 세상 떠나와도 **내 몸이 쉴 틈 없다**
이것도 보려 하고 저것도 들으려 하고
바람도 쐬려 하고 달도 맞으려 하고
밤일랑 언제 줍고 고기는 언제 낚고
사립문 뉘 닫으며 진 꽃일랑 뉘 쓸려뇨
㉡ 아침 시간 모자라니 저녁이라 싫을쏘냐
오늘이 부족하니 내일이라 넉넉하랴
이 산에 앉아보고 **저 산**에 걸어 보니
번거로운 마음에도 **버릴 일이 전혀 없다**
쉴 사이 없는데 오는 길을 알리랴
다만 지팡이가 다 무디어 가는구나
ⓐ 술이 익었으니 벗이야 없을쏘냐
노래 부르게 하고 악기를 타고 또 켜게 하고 방울 흔들며
온갖 소리로 취흥을 재촉하니
근심이라 있으며 시름이라 붙었으랴
누웠다가 앉았다가 굽혔다가 젖혔다가
읊다가 휘파람 불다가 마음 놓고 노니
천지도 넓디넓고 세월도 한가하다
태평성대 몰랐는데 이때가 그때로다
신선이 어떠한가 이 몸이 그로구나
㉢ 강산풍월 거느리고 내 백 년을 다 누리면
악양루* 위의 이백이 살아온들
호탕한 회포는 이보다 더할쏘냐

- 송순, 「면앙정가」-

* 경궁요대(瓊宮瑤臺) : 아름다운 구슬로 장식한 집과 누각.
* 옥해은산(玉海銀山) : 옥같이 맑은 바다와 은빛의 산.

* 악양루 : 당나라 시인 이백이 시를 지으면서 풍류를 즐긴 곳.

(나)

　동해 가까운 거리로 와서 나는 **가재미**와 가장 친하다. 광어, 문어, 고등어, 평메, 횟대…… 생선이 많지만 모두 한두 끼에 나를 물리게 하고 만다. 그저 **한없이 착하고 정다운** 가재미만 이 흰밥과 빨간 고추장과 함께 **가난하고 쓸쓸한** 내 상에 한 끼도 빠지지 않고 오른다. 나는 이 가재미를 처음 십 전 하나에 뼘가웃*씩 되는 것 여섯 마리를 받아 들고 왔다. 다음부터는 할머니가 두 두름 마흔 개에 이십오 전씩에 사오시는데 큰 가재미보다도 잔 것을 내가 좋아해서 모두 손길만큼 한 것들이다. 그동안 나는 한 달포 이 고을을 떠났다와서 오랜만에 내 가재미를 찾아 생선장으로 갔더니 섭섭하게도 이 물선*은 보이지 않았다. 음력 팔월 초상이 되어서야 이내 친한 것이 온다고 한다. ㉣ 나는 어서 그때가 와서 우리들 흰밥과 고추장과 다 만나서 아침저녁 기뻐하게 되기만 기다린다. 그때엔 또 이십오 전에 두어 두름씩 해서 나와 같이 ⓑ 이 물선을 좋아하는 H한테도 보내어야겠다.

　묘지와 뇌옥과 교회당과의 사이에서 생명과 죄와 신을 생각하기 좋은 운흥리를 떠나서 오백 년 오래된 이 고을에서도 다 못한 곳 옛날이 헐리지 않은 **중리**로 왔다. 예서는 물보다 구름이 더 많이 흐르는 성천강이 가까웁고 또 백모관봉*의 시허연 눈도 바라보인다. 이곳의 좌우로 긴 회담*들이 맞물고 늘어선 좁은 골목이 나는 좋다. 이 골목의 공기는 하이야니 밤꽃의 내음새가 난다. 이 골목을 나는 나귀를 타고 **일없이 왔다갔다 하고 싶다**. 또 예서 한 오 리 되는 학교까지 나귀를 타고 다니고 싶다. 나귀를 한 마리 사기로 했다. ㉤ 그래 소장 마장을 가보나 나귀는 나지 않는다. 촌에서 다니는 아이들이 있어서 수소문해도 나귀를 팔겠다는 데는 없다. 얼마 전엔 어느 아이가 **재래종의 조선 말** 한 필을 사면 어떠냐고 한다. 값을 물었더니 한 오 원 주면 된다고 한다. 이 좀말*로 할까고 머리를 기울여도 보았으나 그래도 나는 그 **처량한 당나귀**가 좋아서 좀더 이놈을 구해보고 있다.

- 백석, 「가재미 · 나귀」-

* 뼘가웃 : 한 뼘의 반 정도 되는 길이.
* 물선 : 음식을 만드는 재료.
* 백모관봉 : 흰 관모 모양의 봉우리. 정상에 흰 눈이 덮인 산의 모습을 가리키는 말로, 여기서는 백운산을 말함.
* 회담 : 석회를 바른 담.
* 좀말 : 아주 작은 말.

061 표현상 공통점

(가)와 (나)의 공통점으로 가장 적절한 것은?

① 색채어를 활용하여 사물의 역동성을 표현하고 있다.
② 말을 건네는 방식을 통해 독자의 주의를 환기하고 있다.
③ 영탄적 표현을 활용하여 대상에 대한 경외감을 드러내고 있다.
④ 연쇄적 표현을 통해 주변 사물을 사실감 있게 제시하고 있다.
⑤ 계절감을 환기하는 사물을 통해 자연의 모습을 드러내고 있다.

063 감상의 적절성

〈보기〉를 바탕으로 (가), (나)를 이해한 내용으로 적절하지 <u>않은</u> 것은? `3점`

| 보 기 |

　문학 작품에서 공간을 체험하는 주체는 공간 및 주변 경물에 대한 인식을 드러내며, 이 인식은 주체의 지향이나 삶에서 중시하는 가치를 암시한다. (가)의 화자는 '면앙정' 주변의 자연에 대한 인식과 함께 풍류 지향적인 태도를 드러내고 있고, (나)의 글쓴이는 공간의 변화와 대상에 대한 인식을 관련지으며 자신이 소중하게 생각하는 삶의 가치를 암시하고 있다.

① (가) : '솔 아래 굽은 길'을 오가는 화자는 '꾀꼬리'의 '교태겨워하는' 모습에 주목하면서 자연을 즐기는 자신의 태도와의 동일성을 발견하고 있다.
② (가) : '간 데마다 승경'이라는 화자의 인식은 '내 몸이 쉴 틈 없'는 다양한 일들을 통해 자연의 다채로운 풍광을 즐길 수 있으리라는 기대로 이어지고 있다.
③ (가) : '이 산'과 '저 산'에서 '번거로운 마음'과 '버릴 일이 전혀 없'음을 동시에 느끼는 화자의 모습에는 '인간 세상'의 번잡한 일상을 여전히 의식하고 있음이 드러나 있다.
④ (나) : '동해 가까운 거리로 와서' 주목하게 된 '가재미'에 대한 글쓴이의 인식은 '가난하고 쓸쓸한' 삶 속에서 '한없이 착하고 정다운' 것을 소중히 여기는 태도를 드러내고 있다.
⑤ (나) : '중리'로 와서 '재래종의 조선 말'보다 '처량한 당나귀'와 '일없이 왔다갔다 하고 싶다'는 글쓴이의 바람은 일상의 작은 존재에 대해 느끼는 우호적 인식을 드러내고 있다.

062 내용 이해

㉠ ~ ㉤에 대해 이해한 내용으로 적절하지 <u>않은</u> 것은?

① ㉠ : 감각적 경험을 통해 환기된 장면을 묘사하여 인간이 자연물과 어우러지는 상황을 제시하고 있다.
② ㉡ : 시간을 표현하는 시어를 대응시켜 현재와 같은 상황이 이후에도 이어질 것임을 드러내고 있다.
③ ㉢ : 역사적 인물과 견주며 삶에 대한 만족감을 드러내고 있다.
④ ㉣ : 기대하는 일이 실현되었을 때 느낄 심정을 직접적으로 표출하고 있다.
⑤ ㉤ : 원하는 것을 구하기 위해 시도한 방법이 실패하는 과정에서 느낀 체념을 드러내고 있다.

064 소재의 기능

ⓐ와 ⓑ에 대한 이해로 가장 적절한 것은?

① ⓐ는 화자에게 심리적 위안을 주는, ⓑ는 글쓴이에게 고독감을 느끼게 하는 매개체이다.
② ⓐ는 화자가 느끼는 흥을 심화하는, ⓑ는 글쓴이가 느끼는 기쁨을 확장하는 매개체이다.
③ ⓐ는 화자가 내면의 만족감을 드러내는, ⓑ는 글쓴이가 현실에 대한 불만을 표출하는 매개체이다.
④ ⓐ는 화자에게 삶의 목표를 일깨워 주는, ⓑ는 글쓴이에게 심경 변화의 계기를 제공하는 매개체이다.
⑤ ⓐ는 화자에게 이상적 세계의 모습을, ⓑ는 글쓴이에게 윤리적 삶의 태도를 떠올리게 하는 매개체이다.

다음 글을 읽고 물음에 답하시오.　1문항을 2분 안에 풀어보세요. 

> 무등산 한 활개 뫼가 동쪽으로 뻗어 있어
> 멀리 떼쳐 와 ⓐ 제월봉(霽月峰)이 되었거늘
> 무변대야(無邊大野)*에 무슨 짐작 하노라
> 일곱 굽이 한데 뭉쳐 우뚝우뚝 벌여 논 듯
> 가운데 굽이는 구멍에 든 ⓑ 늙은 용이
> 선잠을 갓 깨어 머리를 앉혔으니
> 너럭바위 위에 송죽을 헤치고 ⓒ 정자를 앉혔으니
> 구름 탄 청학이 천 리를 가리라 두 날개 벌렸는 듯
> 옥천산 용천산 내린 ⓓ 물이
> 정자 앞 넓은 들에 올올히 펴진 듯이
> 넓거든 기노라 푸르거든 희지 마나
> 쌍룡이 뒤트는 듯 긴 깁을 펼쳤는 듯
> 어디로 가노라 무슨 일 바빠서
> 닫는 듯 따르는 듯 밤낮으로 흐르는 듯
> 물 좇은 사정(沙汀)*은 눈같이 펴졌거든
> 어지러운 기러기는 무엇을 어르노라
> 앉으락 내리락 모이락 흩으락
> 노화(蘆花)*를 사이 두고 우러곰 좇니느뇨
> 넓은 길 밖이요 긴 하늘 아래 두르고 꽂은 것은
> 뫼인가 병풍인가 그림인가 아닌가
> 높은 듯 낮은 듯 궂는 듯 잇는 듯
> 숨거니 뵈거니 가거니 머물거니
> 어지러운 가운데 이름난 양하여
> 하늘도 저어치 않고 우뚝이 섰는 것이 ⓔ 추월산 머리 짓고
> 용구산 몽선산 불대산 어등산
> 용진산 금성산이 허공에 벌였거든
> 원근창애(遠近蒼崖)에 머문 짓도 하도 할샤
>
> 　　　　　　　　　　　　　　　- 송순, 「면앙정가」-

*무변대야 : 끝없이 넓은 들판.

*사정 : 모래톱.

*노화 : 갈대.

---

065 고3 | 2010학년도 수능 37번
　　감상의 적절성

〈보기〉를 참고하여 윗글을 감상한 내용으로 적절하지 <u>않은</u> 것은?

> | 보기 |
>
> 　송순이 「면앙정가」에서 펼쳐 보인 세계는 흔히 '면앙우주'라고 일컬어진다. 면앙우주는 작가에게 천지만물의 이치를 심성의 수양으로 내면화하는 공간이었다. 작가는 자연 세계를 통해 인간 세계의 이치를 읽어 내는 가운데 조화와 합일을 추구했다. 그는 객관적 자연물에 인간적 생명력과 의지를 부여하는 방식으로 자신의 이상과 세계관을 표출했다.

① ⓐ의 '제월봉'이 '무변대야에 무슨 짐작'을 한다는 표현에는 높은 이상을 향한 작가의 의지가 자연물에 투영되어 있군.

② ⓑ의 '늙은 용'이 '선잠을 갓 깨어'라는 표현에는 이상을 펼치기에 이미 늦었다고 여기는 작가의 조바심이 담겨 있어.

③ ⓒ의 '정자'가 '청학'처럼 '두 날개 벌렸는 듯'하다는 표현에서 면앙정이 비상(飛上)을 위한 심성 수양의 장소임을 알 수 있군.

④ ⓓ의 '물'이 '밤낮으로 흐르는' 모습을 통해 작가도 자신이 추구하는 바를 쉼 없이 행해야 함을 드러내고 있어.

⑤ ⓔ의 '추월산'을 비롯한 여러 산들이 '높은 듯 낮은 듯 궂는 듯 잇는 듯' 서 있다는 표현에서 조화와 합일을 추구하는 삶의 태도를 볼 수 있군.

[066~069]   2021년 9월 학평 (인천) 34~37번   정답과 해설편 p.127

다음 글을 읽고 물음에 답하시오.   4문항을 7분 안에 풀어보세요.   **7분**

(가)

어리고 성근 가지 너를 믿지 않았더니
눈 기약(期約) 능(能)히 지켜 [두세 송이] 피었구나
촛불 잡고 가까이 사랑할 때 암향부동(暗香浮動)*하더라

〈제2수〉

┌ 빙자옥질(氷姿玉質)*이여 눈 속에 네로구나
[A] 가만히 향기 놓아 황혼월(黃昏月)을 기약하니
└ 아마도 아치고절(雅致高節)*은 너뿐인가 하노라

〈제3수〉

동쪽 누각에 숨은 꽃이 [철쭉]인가 두견화(杜鵑花)인가
온 세상이 눈이어늘 제 어찌 감히 피리
알괘라 백설 양춘(白雪陽春)*은 매화밖에 뉘 있으리

〈제8수〉

- 안민영, 「매화사(梅花詞)」-

* 암향부동 : 그윽한 향기가 은근히 떠돎.

* 빙자옥질 : 얼음같이 맑고 깨끗한 살결과 구슬같이 아름다운 자질.

* 아치고절 : 우아하고 높은 절개.

* 백설 양춘 : 흰 눈이 날리는 이른 봄.

(나)

  나이가 들수록 격이 높아지는 것이 나무다. 경기도 용문사에는 천여 년 전에 심었다는 고령의 은행나무가 있어 45미터의 키에 아래 부분의 직경이 4미터가 된다니 산으로 치자면 백두요, 한라가 아닐 수 없다. 뜨락에 자질구레한 나무만 심어 놓고 바라보아도 한결 마음이 든든한데 그쯤 고령의 거목이고 보면, 내 하잘것없는 인생을 송두리째 맡기고 살아도 뉘우칠 게 없을 것 같다.

  홍야항야*로 일삼는 세속적인 생각에 젖어 사는 것이 너무나 치사한 것만 같아 새삼 허탈을 느낄 때가 한두 번이 아니다. 창 앞에 대를 심어 소슬한 가을바람을 즐길 줄 모르는 바 아니요, 또한 눈부신 장미꽃이 싫은 바도 아니요, 오색영롱한 [철쭉]도 싫은 바 아니지만, 그런 관목*보다는 아교목*이 좋고 아교목보다는 교목*이 믿음직해서 더 좋다. 욕심껏 꽂아 놓은 나무가 좁은 뜨락에 초만원이 되어 이제 어찌 할 도리가 없어 제일 먼저 장미를 담 옆으로 분산시키고 아교목의 호랑가시와 교목인 태산목, 은행나무, 낙우송을 알맞게 자리 잡아 세운 것도 호화찬란한 장미처럼 눈부신 여생이기보다는 담담하기를 바라는 탓도 있지만, 차라리 그보다는 날로 거목의 몸매가 잡혀가는 아교목들에게 끌리는 정이 더욱 도탑고 믿음직한 탓이기도 하리라.

  낙우송 사이로 바라나보이는 유월 하늘에서는 가시가 **은틀틸** 때마다 그 짙푸른 쪽물이 금시 쏟아질 것만 같아 좋거니와, 오월부터 개화하기 비롯한 태산목은 겨우 십 년이 되었는데도 [두세 송이]씩 연이어 꽃이 피는가 하면 그 맑은 향기가 어쩌도 그윽한지 문향(文

香) 십 리를 자랑하는 난(蘭) 또한 감히 따를 바 못 되리라.

┌ 백련꽃 송이처럼 탐스러운 봉오리에 어쩌면 향기를 가득 저
[B] 장하고 있는 것만 같다. 아침저녁 솔깃이 흘러드는 그 향기를 맡
└ 아 본 사람이면 알리라.

  ㉠ 집 주변에 오류(五柳)를 가꾸어 '한정소언 불모영리(閑靜少言不慕榮利)*'의 도를 터득한 도연명(陶淵明)은 그대로 향기 높은 저 태산목 같은 거목이 아니었을까 생각될 때, 장미류의 관목처럼 눈부신 꽃이고 싶어 하는 데는 머리를 써도, 태산목처럼 격 높은 향기를 마음에 지니기란 쉬운 일이 아니기에, 내 스스로 향기 지닐 마음의 여유 없음을 슬퍼할 따름이다.

(중략)

  문 밖에 심은 버드나무도 벌써 10년이 가깝게 자라고 보니, 이른 봄부터 찾아와서 옥을 굴리듯 울어 주는 밀화부리*도 버드나무가 없었던들 엄두도 낼 수 없는 일이다. 그러기에 이 근방에서는 버드나무집으로 통할 뿐 아니라, 혹시 전화로라도 우리 집 위칠 묻는 친구가 있으면 어느 지점에 와서 문 앞에 버드나무가 세 그루 서 있는 집이라면 무난히들 찾아오게 마련이다. 당초엔 다섯 그루를 심어 정성 들여 가꾸었는데 이웃집에서 가을 낙엽에 성화를 내고 자기 집 옆에 서 있는 놈만은 베어 주었으면 하기에, 그 집 주인에게 처분을 맡겼더니 베어다가 장작으로 패 땐 모양이고, 또 한 그루는 동네 애들이 매일 짓궂게 매달리는가 했더니 끝내는 껍질을 홀랑 벗겨대는 등쌀에 기어이 고사(枯死)하고 보니, 남은 세 그루가 옆채를 사이에 두고 태산목과 마주 보고 서 있게 되었다.

  ㉡ 그대로 다섯 그루가 자랐더라면 집 주변에 오류를 가꾸어 '한정소언 불모영리'의 도를 터득한 저 도연명의 풍모를 배우고자 함이었더니, 세 그루가 남게 되어 짓궂은 친구가 찾아올라치면 숫제 삼류선생(三流先生)이라 부르는 데는 긍정도 부정도 하지 않는 까닭은 삼류 인생을 살아가는 나에게 오류(五柳)선생은 못 될지언정, 삼류선생의 칭호도 오히려 과분한 것만 같아 설마 삼류선생이라 부르는 것은 아니겠지 하고 스스로를 위로하기 때문인지도 모른다.

- 신석정, 「향기 있는 사람」-

* 홍야항야 : 남의 일에 쓸데없이 참견하는 모양을 의미함.

* 관목 : 키가 작고 원줄기가 가늘며 밑동에서 가지를 많이 치는 나무.

* 아교목 : 교목과 관목의 중간 식물.

* 교목 : 줄기가 곧고 굵으며 높이가 8미터를 넘는 나무.

* 한정소언 불모영리 : 한가하고 조용하며 말이 적고 명예나 실리를 바라지 않음.

* 밀화부리 : 참새목 되새과의 새.

[A]와 [B]의 공통점으로 가장 적절한 것은?

① 비유적 표현을 사용하여 대상의 속성을 드러내고 있다.
② 시선의 이동을 통해 대상의 변화 과정을 제시하고 있다.
③ 색채 이미지를 활용하여 애상적 분위기를 조성하고 있다.
④ 자연물에 말을 건네는 어투를 활용하여 친근감을 드러내고 있다.
⑤ 대상에 감정을 이입하여 자연물에 대한 자신의 심정을 강조하고 있다.

(가)와 (나)의 두세 송이 와 철쭉 에 대한 이해로 적절하지 않은 것은?

① (가)와 (나)의 '철쭉'은 모두 화자가 거부하는 대상이다.
② (가)와 (나)의 '철쭉'은 모두 화자가 추구하는 대상을 부각하기 위해 사용되는 소재이다.
③ (가)와 (나)의 '두세 송이'는 모두 다른 자연물과 비교되는 소재이다.
④ (가)와 (나)의 '두세 송이'는 모두 화자가 긍정적으로 인식하는 대상이다.
⑤ (나)의 '두세 송이'와 달리 (가)의 '두세 송이'는 추운 계절임에도 불구하고 개화를 한 대상이다.

068 감상의 적절성

㉠과 ㉡에 대한 설명으로 가장 적절한 것은? `3점`

① ㉠은 '향기 지닐 마음'을 지니고 살아가는 삶에 대한 '나'의 자부심을, ㉡은 '삼류선생'이라 불리는 삶에 대한 '나'의 부끄러움을 나타낸다.

② ㉠은 '태산목 같은 거목'이 되고 싶은 '나'의 꿈을 실현한 만족감을, ㉡은 '도연명의 풍모'를 배우고자 노력했던 '나'에 대한 자족감을 나타낸다.

③ ㉠은 '한정소언 불모영리'의 도를 터득하지 못해 느꼈던 '나'의 슬픔을, ㉡은 '한정소언 불모영리'의 도를 터득한 후 느꼈던 '나'의 기쁨을 나타낸다.

④ ㉠은 '격 높은 향기'를 지니고 살아가지 못하는 삶에 대한 '나'의 안타까움을, ㉡은 '오류선생'의 풍모에 미치지 못한다고 생각하는 '나'의 겸손함을 나타낸다.

⑤ ㉠은 '오류를 가꾸어' 도연명의 도를 터득하고 싶었던 '나'의 소망을, ㉡은 '집 주변에 오류'를 가꾸지 못한 상황을 핑계로 도연명의 도를 저버리려는 '나'의 의도를 나타낸다.

069 갈래의 특징

〈보기〉는 '선생님'의 안내에 따라 학생들이 (나)를 감상한 내용이다. ⓐ~ⓔ 중 적절하지 <u>않은</u> 것은?

| 보기 |

선생님 : 수필은 글쓴이가 생활 주변에서 찾은 글감을 바탕으로 자신의 주관적 정서를 드러내는 글입니다. 자기 고백적인 성격이 강한 수필은 삶에 대한 통찰과 가치관을 담고 있으며, 개성 있는 표현으로 자신의 생각을 드러냅니다. 또한 독자들은 수필을 읽으며 글쓴이의 성격이나 삶에 대한 태도 등을 파악할 수 있습니다. 그러면 이 작품에 나타난 수필의 특징을 확인해 봅시다.

학생 1 : 아끼던 버드나무를 베고 싶다는 이웃에게 성화를 내는 모습에서 글쓴이의 성격을 엿볼 수 있어요. ····························· ⓐ

학생 2 : 자신의 삶이 눈부시기보다 담담한 인생이기를 바란다는 것에서 글쓴이의 삶에 대한 가치관을 엿볼 수 있어요. ········· ⓑ

학생 3 : 세속적인 생각에 젖어 사는 것에 대해 허탈함을 느끼는 모습에서 글쓴이의 삶에 대한 태도를 엿볼 수 있어요. ············ ⓒ

학생 4 : '-(으)리라'를 반복하여 나무에 대한 자신의 생각을 나타내는 것에서 글쓴이의 개성 있는 표현을 찾아볼 수 있어요. ······ ⓓ

학생 5 : 키우던 다섯 그루의 버드나무가 세 그루만 남게 된 일화에서 글쓴이가 자신의 생활 주변에서 글감을 찾은 것을 알 수 있어요. ·· ⓔ

① ⓐ　　② ⓑ　　③ ⓒ　　④ ⓓ　　⑤ ⓔ

다음 글을 읽고 물음에 답하시오.　3문항을 4분 안에 풀어보세요. 

매영(梅影)이 부드친 창(窓)에 옥인금차(玉人金釵)* 비겨신져
이삼(二三) 백발옹(白髮翁)은 **거문고와 노릭**로다
이윽고 **잔 드러 권(勸)하랼제** 달이 또한 오르더라
〈제1수〉

빙자옥질(氷姿玉質)*이여 눈 속에 네로구나
가만이 향기(香氣) 노아 **황혼월(黃昏月)**을 기약(期約)ᄒ니
아마도 **아치고절(雅致高節)***은 너뿐인가 ᄒ노라
〈제3수〉

ᄇ롬이 눈을 모라 산창(山窓)에 부딋치니
찬 기운(氣運) 시여 드러 ᄌ는 매화(梅花)를 침노(侵擄)ᄒ니
아무리 얼우려 허인들 **봄ᄯᆺ**이야 아슬소냐
〈제6수〉

동각(東閣)에 숨운 곳치 척촉(躑躅)인가 두견화(杜鵑花)인가
건곤(乾坤)이 눈이여늘 졔 엇지 감히 퓌리
알괘라 백설양춘(白雪陽春)*은 매화밧게 뉘 이시리
〈제8수〉
- 안민영,「매화사」-

＊옥인금차 : 미인의 금비녀.

＊빙자옥질 : 얼음같이 맑고 깨끗한 살결과 옥같이 아름다운 성질.

＊아치고절 : 우아한 풍치와 높은 절개.

＊백설양춘 : 흰 눈이 날리는 이른 봄.

윗글의 표현상 특징으로 가장 적절한 것은?

① 반어적 표현을 통해 시적 긴장감을 조성하고 있다.
② 대화의 형식을 통해 대상과의 친밀감을 나타내고 있다.
③ 다양한 감각적 심상을 사용하여 대상을 예찬하고 있다.
④ 대상에 감정을 이입하여 화자의 애상감을 심화하고 있다.
⑤ 명령적 어조를 통해 현실에 대한 비판 의식을 드러내고 있다.

071 고3 | 2014학년도 9월 모평B 32번
시상 전개 방식

윗글에 대한 설명으로 적절하지 <u>않은</u> 것은?

① 제1수는 시적 화자를 둘러싼 상황을 제시하여 시적 분위기를 형성하고 있다.
② 제3수는 제1수와 달리 대상을 의인화하여 대상의 면모를 강조하고 있다.
③ 제6수는 대상이 시련을 겪는 상황을 제시하여 대상의 속성을 부각하고 있다.
④ 제8수는 다른 자연물과 대상의 비교를 통해 공통된 특성을 부각하고 있다.
⑤ 제6수와 제8수는 의문의 형식을 통해 대상의 가치를 강조하고 있다.

072 고3 | 2014학년도 9월 모평B 33번
감상의 적절성

<보기>를 참고하여 윗글을 이해한 내용으로 적절하지 <u>않은</u> 것은?

3점

> | 보 기 |
>
> 　안민영의 「매화사」에는 매화를 감상하는 여러 가지 태도가 나타나 있다. 기본적으로 시흥(詩興)을 불러일으키는 자연물로서의 속성에 초점을 맞춰 매화를 감상하는 태도가 바탕이 된다. 여기에 당대의 이념과 관련하여 매화에 규범적 가치를 부여하여 감상하는 태도, 매화에 심미적으로 접근하여 아름다움을 음미하는 태도, 매화의 흥취를 즐기는 풍류적 태도 등이 덧붙여지기도 한다.

① '거문고와 노래'는 매화가 불러일으킨 시흥을 즐기기 위한 풍류적 요소이다.
② '잔 드러 권하랼제'는 고조된 흥취를 사람들과 함께하고 싶은 마음을 드러낸다.
③ '황혼월'은 매화를 심미적으로 감상할 때 매화의 아름다움을 더욱 돋보이게 한다.
④ '아치고절'은 자연물인 매화에 부여된 심미적이면서도 규범적인 가치이다.
⑤ '봄뜻'은 매화를 당대 이념에 국한하여 감상해야 의미를 파악할 수 있는 시어이다.

DAY
13

Ⅲ

갈래 복합

다음 글을 읽고 물음에 답하시오.　4문항을 7분 안에 풀어보세요.

(가)

　　고인(古人)*도 날 못 보고 **나도** 고인 못 뵈네
[A]　고인을 못 봐도 **가던 길** 앞에 있네
　　가던 길 앞에 있거든 아니 가고 어찌할까

〈제9수〉

　　당시(當時)에 가던 길을 몇 해를 버려 두고
[B]　어디 가 다니다가 이제야 돌아왔는고
　　이제야 돌아왔으니 **딴 데** 마음 말으리

〈제10수〉

　　청산(靑山)은 어찌하여 만고(萬古)에 푸르르며
　　유수(流水)는 어찌하여 주야(晝夜)에 그치지 않는고
　　우리도 그치지 마라 만고상청(萬古常靑)*하리라

〈제11수〉

- 이황, 「도산십이곡」 -

*고인 : 옛 성인(聖人), 성현.
*만고상청 : 아주 오랜 세월 동안 항상 푸름.

(나)

　　지나간 성인들의 가르침은 하나같이 간단하고 명료했다. 들으면 누구나 다 알아들을 수 있는 내용이었다. 그런데 학자(이 안에는 물론 신학자도 포함되어야 한다)라는 사람들이 튀어나와 불필요한 접속사와 수식어로써 **말의 갈래를 쪼개고 나누**어 명료한 진리를 어렵게 만들어 놓았다. 어떻게 살아야 할 것인가에 대한 자기 **자신의 문제는 묻어** 둔 채, 이미 뱉어 버린 말의 찌꺼기를 가지고 시시콜콜하게 뒤적거리며 이러쿵저러쿵 따지려 든다. 생동하던 언행은 이렇게 해서 지식의 울안에 갇히고 만다.

　　이와 같은 학문이나 지식을 나는 신용하고 싶지 않다. 현대인들은 자기 행동은 없이 남의 흉내만을 내면서 살려는 데에 맹점이 있다. 사색이 따르지 않는 지식을, 행동이 없는 지식인을 어디에다 쓸 것인가. 아무리 바닥이 드러난 세상이기로, 진리를 사랑하고 실현해야 할 지식인들까지 곡학아세(曲學阿世)*와 비겁한 침묵으로써 처신하려 드니, 그것은 지혜로운 일이 아니라 진리에 대한 배반이다.

　　얼마만큼 많이 알고 있느냐는 것은 대단한 일이 못 된다. 아는 것을 어떻게 살리고 있느냐가 중요하다. 인간의 탈을 쓴 인형은 많아도 인간다운 인간이 적은 현실 앞에서 지식인이 할 일은 무엇일까. 먼저 무기력하고 나약하기만 한 그 인형의 집에서 나오지 않고서는 어떠한 사명도 할 수가 없을 것이다.

　　무학(無學)이란 말이 있다. 전혀 배움이 없거나 배우지 않았다는 뜻이 아니다. 학문에 대한 무용론도 아니다. 많이 배웠으면서도 배운 자취가 없는 것을 가리킴이다. 학문이나 지식을 코에 걸지 않고 지식 과잉에서 오는 관념성을 경계한 뜻에서 나온 말일 것이다.

지식이나 정보에 얽매이지 않은 자유롭고 발랄한 삶이 소중하다는 말이다. 여러 가지 지식에서 추출된 진리에 대한 신념이 일상화되지 않고서는 지식 본래의 기능을 다할 수 없다. 지식이 인격과 단절될 때 그 지식인은 사이비요 위선자가 되고 만다.

　　책임을 질 줄 아는 것은 인간뿐이다. 이 시대의 실상을 모른 체하려는 무관심은 비겁한 회피요, 일종의 범죄다. 사랑한다는 것은 함께 나누어 짊어진다는 뜻이다. 우리에게는 우리 이웃의 기쁨과 아픔에 대해 나누어 가질 책임이 있다. 우리는 인형이 아니라 **살아 움직이는 인간**이다. 우리는 **끌려가는 짐승**이 아니라 신념을 가지고 당당하게 살아야 할 인간이다.

- 법정, 「인형과 인간」 -

*곡학아세 : 바른 길에서 벗어난 학문으로 세상 사람들에게 아첨함.

---

073 작품 간 공통점

(가)와 (나)의 공통점으로 가장 적절한 것은?

① 옛사람의 행적을 긍정적으로 바라보고 있다.
② 새로운 도전에 대한 기대감을 형상화하고 있다.
③ 사물의 아름다움에 대한 예찬적 태도를 드러내고 있다.
④ 자연과 하나 되는 삶의 과정을 순차적으로 제시하고 있다.
⑤ 지식인의 부정적 태도에 대한 냉소적인 인식을 나타내고 있다.

074 표현상 특징

[A]와 [B]에 대한 설명으로 적절하지 <u>않은</u> 것은?

① [A]는 유사한 문장 구조를 활용하여 운율감을 형성하고 있다.
② [B]는 시간과 관련된 표현을 활용하여 상황 변화의 기점을 강조하고 있다.
③ [A]와 [B]는 모두 의문형 어구를 활용하여 화자의 태도를 드러내고 있다.
④ [A]와 [B]는 모두 부정 표현을 사용하여 반성하는 자세를 드러내고 있다.
⑤ [A]와 [B]는 모두 앞 구절의 일부를 다음 구절에서 반복하여 내용을 연결하고 있다.

※ <보기>를 참고하여 075번과 076번의 두 물음에 답하시오.

> **┃ 보기 ┃**
>
> 문학 작품의 감상 과정에서 독자는 작품에 제시된 대상이나 상황 간의 관계를 파악함으로써 내용을 더 잘 이해할 수 있다. (가)와 (나)의 독자는 이러한 방식을 통해 ⊙ <u>학문의 길을 걷는 사람이 지녀야 하는 올바른 삶의 태도</u>를 발견하게 된다.

075 감상의 적절성

(가)와 (나)를 감상한 내용으로 적절하지 <u>않은</u> 것은? `3점`

① (가)의 9수에서는 '고인'과 '나'가 만나지 못하는 현실을 인식하고 학문 수양이라는 '가던 길'을 매개로 '고인'을 따르겠다는 화자의 의도가 드러나고 있다.
② (가)의 10수에서는 '당시에 가던 길'과 '딴 데'가 대비되면서 학문 수양 이외에 다른 것에는 힘을 쏟지 않겠다는 화자의 의지가 드러나고 있다.
③ (가)의 11수에서는 '청산'과 '유수'의 공통적 속성이 '우리도 그치지' 않겠다는 다짐과 연결되면서 끊임없이 학문에 정진하겠다는 자세가 드러나고 있다.
④ (나)에서는 '말의 갈래를 쪼개고 나누'는 태도와 '자신의 문제는 묻어' 두는 태도가 대비되면서 학문 수양에서 자기 중심적 태도를 버려야겠다는 다짐이 드러나고 있다.
⑤ (나)에서는 '살아 움직이는 인간'과 '끌려가는 짐승'이 대비되면서 학문을 통해 배운 신념을 바탕으로 당당하게 살아가겠다는 태도가 드러나고 있다.

076 내용 이해

(나)의 무학(無學) 의 의미를 바탕으로 <보기>의 ⊙을 설명한 내용으로 적절하지 <u>않은</u> 것은?

① 지식의 과잉에서 오는 관념성을 경계하는 태도이다.
② 배움이 부족하여 지식을 인격과 별개로 보는 태도이다.
③ 많이 배웠으면서 배운 자취를 자랑하지 않는 태도이다.
④ 지식에서 추출된 진리에 대한 신념이 일상화된 태도이다.
⑤ 지식이나 정보에 얽매이지 않은 자유롭고 발랄한 태도이다.

[077~079] 고3 | 2015학년도 6월 모평B 43~45번 정답과 해설편 p.136

다음 글을 읽고 물음에 답하시오. 3문항을 4분 안에 풀어보세요. 4분

이런들 엇더ᄒᆞ며 져런들 엇더ᄒᆞ료
초야우생(草野愚生)이 이러타 엇더ᄒᆞ료
ᄒᆞ믈며 천석고황(泉石膏肓)을 고쳐 므슴 ᄒᆞ료

〈제1수〉

연하(煙霞)로 집을 삼고 **풍월(風月)**로 벗을 사마
태평성대(太平聖代)에 병(病)으로 늘거 가네
이 즁에 ᄇᆞ라ᄂᆞᆫ 일은 허믈이나 업고쟈

〈제2수〉

순풍(淳風)*이 죽다 ᄒᆞ니 진실(眞實)로 거즛말이
인성(人性)이 어지다 ᄒᆞ니 진실(眞實)로 올흔 말이
천하(天下)에 허다영재(許多英才)를 소겨 말솜ᄒᆞᆯ가

〈제3수〉

유란(幽蘭)이 재곡(在谷)ᄒᆞ니 자연(自然)이 듯디 죠해
백운(白雲)이 재산(在山)ᄒᆞ니 자연(自然)이 보디 죠해
이 즁에 피미일인(彼美一人)*을 더옥 닛디 못ᄒᆞ얘

〈제4수〉

산전(山前)에 유대(有臺)ᄒᆞ고 대하(臺下)에 유수(有水) | 로다
떼 많은 **갈매기**는 오명가명 ᄒᆞ거든
엇더타 **교교백구(皎皎白駒)***ᄂᆞᆫ 멀리 ᄆᆞ음 두는고

〈제5수〉

춘풍(春風)에 **화만산(花滿山)**ᄒᆞ고 추야(秋夜)에 **월만대(月滿臺)**라
사시가흥(四時佳興)이 사ᄅᆞᆷ과 ᄒᆞᆫ가지라
ᄒᆞ믈며 어약연비(魚躍鳶飛) 운영천광(雲影天光)*이야 어찌 끝이 있으리

〈제6수〉

- 이황, 「도산십이곡(陶山十二曲)」 -

*순풍 : 순박한 풍속.
*피미일인 : 저 아름다운 한 사람. 곧 임금을 가리킴.
*교교백구 : 현자(賢者)가 타는 흰 망아지. 여기서는 현자를 가리킴.
*어약연비 운영천광 : 대자연의 우주적 조화와 오묘한 이치를 가리킴.

077 고3 | 2015학년도 6월 모평B 43번 시상 전개 방식

윗글에 대한 설명으로 적절하지 않은 것은?

① 제1수에서는 화자가 자신을 드러내고 삶의 지향을 제시함으로써 주제 의식을 환기한다.
② 제2수에 나타난 화자 자신에 대한 관심을 제3수에서는 사회로 확대하면서 시상을 전개한다.
③ 제3수의 시적 대상을 제4수에서도 반복적으로 다룸으로써 주제 의식을 강화한다.
④ 제4수와 제5수에서는 화자의 시선에 포착된 장면들을 배치하여 공간의 입체감을 부각하며 시상을 심화한다.
⑤ 제6수에서는 화자의 인식을 점층적으로 드러내어 주제 의식을 집약한다.

078 고3 | 2015학년도 6월 모평B 44번
시어의 기능

윗글의 시어에 대한 이해로 적절하지 <u>않은</u> 것은?

① '연하'와 '풍월'은 화자가 자신의 삶에 대해 자족감을 갖도록 하는 소재이다.
② '순풍'과 어진 '인성'은 화자가 바라는 세상의 모습을 알려 주는 표지이다.
③ '유란'과 '백운'은 화자가 심미적으로 완상하는 대상이다.
④ '갈매기'와 '교교백구'는 화자의 무심한 심정이 투영된 상징적 존재이다.
⑤ '화만산'과 '월만대'는 화자의 충만감을 자아내는 정경의 표상이다.

079 고3 | 2015학년도 6월 모평B 45번
감상의 적절성

윗글과 〈보기〉를 비교하여 감상한 내용으로 가장 적절한 것은?

3점

> **| 보 기 |**
>
> 그곳(부친에게 물려받은 별장)에는 씨 뿌려 식량을 마련할 만한 밭이 있고, 누에를 쳐서 옷을 마련할 만한 뽕나무가 있고, 먹을 물이 충분한 샘이 있고, 땔감을 마련할 수 있는 나무들이 있다. 이 네 가지는 모두 내 뜻에 흡족하기 때문에 그 집을 '사가(四可)'라고 이름을 지은 것이다.
>
> 녹봉이 많고 벼슬이 높아 위세를 부리는 자야 얻고자 하는 것은 무엇이든지 얻을 수 있지만, 나같이 곤궁한 사람은 백에 하나도 가능한 것이 없었는데 뜻밖에도 네 가지나 마음에 드는 것을 차지하였으니 너무 분에 넘치는 것은 아닐까? 기름진 음식을 먹는 것도 나물국에서부터 시작하고, 천 리를 가는 것도 문 앞에서 시작하니, 모든 일은 점진적으로 되는 것이다.
>
> 내가 이 집에 살면서 만일 전원의 즐거움을 얻게 되면, 세상일 다 팽개치고 고향으로 돌아가 태평성세의 농사짓는 늙은이가 되리라. 그리고 밭을 갈고 배[腹]를 두드리며 성군(聖君)의 가르침을 노래하리라. 그 노래를 음악에 맞춰 부르며 세상을 산다면 무엇을 더 바랄 게 있으랴.
>
> - 이규보, 「사가재기(四可齋記)」 -

① 윗글과 〈보기〉는 모두 지배층의 핍박으로부터 도피하기 위해 선택한 자연 은둔의 삶을 제시하고 있다.
② 윗글과 〈보기〉는 모두 불우한 처지에서 점진적으로 벗어날 수 있으리라는 낙관적 태도를 보여 주고 있다.
③ 윗글과 〈보기〉는 모두 유교적 가치를 존중하면서 한 개인으로서의 소망을 이루려는 모습을 드러내고 있다.
④ 윗글은 〈보기〉와 달리 삶의 물질적 여건이 마련된 후에야 자연의 즐거움을 누릴 수 있음을 강조하고 있다.
⑤ 윗글은 속세에 있으면서 자연을 동경하는 인간을, 〈보기〉는 자연에 있으면서 속세를 그리워하는 인간을 형상화하고 있다.

DAY
14

Ⅲ

갈래 복합

다음 글을 읽고 물음에 답하시오. 6문항을 9분 안에 풀어보세요.  **9분**

(가)

잠아 잠아 짙은 잠아 이내 눈에 쌓인 잠아

염치 불구 이내 잠아 검치 두덕* 이내 잠아

어제 간밤 오던 잠이 오늘 아침 다시 오네

잠아 잠아 무삼 잠고 가라 가라 멀리 가라

세상 사람 무수한데 구태 너는 간 데 없어

원치 않는 이내 눈에 이렇듯이 자심(滋甚)*하뇨

주야에 한가하여 월명 동창 혼자 앉아

삼사경 깊은 밤을 허도(虛度)이 보내면서

잠 못 들어 한하는데 그런 사람 있건마는

㉠ 무상불청(無常不請)* 원망 소래 온 때마다 듣난고니

석반(夕飯)*을 거두치고 황혼이 대듯마듯

㉡ 낮에 못 한 남은 일을 밤에 할랴 마음먹고

언하당(言下當)* 황혼이라 섬섬옥수(纖纖玉手)* 바삐 들어

등잔 앞에 고개 숙여 실 한 바람 불어 내어

드문드문 질긋 바늘 두엇 뜸 뜨듯마듯

난데없는 이내 ⓐ 잠이 소리 없이 달려드네

㉢ 눈썹 속에 숨었는가 눈알로 솟아 온가

이 눈 저 눈 왕래하며 무삼 요수 피우든고

맑고 맑은 이내 눈이 절로 절로 희미하다

- 작자 미상, 「잠노래」-

＊검치 두덕 : 욕심 언덕.

＊자심(滋甚) : 더욱 심함.

＊무상불청(無常不請) : 청하지 않은.

＊석반(夕飯) : 저녁밥.

＊언하당(言下當) : 말이 끝나자마자 바로. 여기서는 '그런 생각을 하자마자 바로'의 뜻임.

＊섬섬옥수(纖纖玉手) : 가냘프고 고운 여자의 손.

(나)

귓도리 저 귓도리 어여쁘다 저 귓도리

어인 귓도리 지는 달 새는 밤의 긴 소리 쟈른 소리 ㉣ 절절(節節)이 슬픈 소리 제 혼자 우러 녜어 사창(紗窓) ⓑ 여읜 잠을 살뜰히도* 깨우는구나

두어라 제 비록 미물(微物)이나 ㉤ 무인동방(無人洞房)에 내 뜻 알 이는 너뿐인가 하노라

- 작자 미상, 「귓도리 저 귓도리」-

＊살뜰히도 : 알뜰하게도, 여기서는 '얄밉게도'의 뜻임.

(다)

물은 하나의 국가요, 용은 그 나라의 군주다. 물고기 가운데 큰 것으로 고래, 곤어, 바닷장어 같은 것은 군주를 안팎에서 모시는 여러 신하이다. 그 다음으로 메기, 잉어, 다랑어, 자가사리 같은 것은 서리나 아전의 무리다. 이밖에 크기가 한 자 못 되는 것들은 물나라의 만백성이라 할 수 있다. 상하가 서로 차례가 있고 큰 놈이 작은 놈을 통솔하니, 그것이 어찌 사람과 다르겠는가?

그러므로 용은 물나라를 다스리면서, 날이 가물어 마르면 반드시 비를 내려 주고, 사람이 물고기를 다 잡아 버릴까 염려하여서는 큰 물결을 겹쳐 일어나게 하여 덮어 준다. 그러한 것이 물고기에 대해서 은혜를 끼침이 아닌 것은 아니다.

하지만 물고기에게 인자하게 베푸는 것은 한 마리 용뿐이요, 물고기를 학대하는 것은 수많은 큰 물고기들이다. 고래와 암코래는 조류를 들이마셔서 작은 물고기를 잡아먹는 일을 자신의 시서(詩書)로 삼고, 교룡과 악어는 물결을 헤치며 삼키고 씹어 먹어 작은 물고기를 잡아먹는 것을 거친 땅의 농사일로 삼으며, 문절망둑, 쏘가리, 두렁허리, 가물치의 족속은 틈을 타서 발동을 해서 작은 물고기를 자신의 은이요 옥으로 삼는다. 강자는 약자를 삼키고, 지위가 높은 자는 아랫것을 약탈하니, 진실로 강한 자, 높은 자가 싫증 내지 않는다면 작은 물고기는 반드시 남아나지 않을 것이다.

슬프다! 작은 물고기가 없다면 용이 누구와 더불어 군주가 되며, 저 큰 물고기들이 어찌 으스댈 수 있겠는가? 그러므로 용의 도리란 작은 물고기들에게 구구한 은혜를 베풀어 주는 것보다, 차라리 먼저 그들을 해치는 족속들을 물리치는 것만 못하리라!

아아, 사람들은 물고기에게만 큰 물고기가 있는 줄 알고 사람에게도 큰 물고기가 있는 줄을 알지 못하니, 물고기가 사람을 슬퍼하는 것이 어찌 사람이 물고기를 슬퍼하는 것보다 심하지 않다고 하랴?

- 이옥, 「어부(魚賦)」-

---

080 작품 간 공통점

(가) ~ (다)의 공통점으로 가장 적절한 것은?

① 대상의 부재로 인한 그리움의 심정을 드러내고 있다.

② 현실의 어려움을 극복하려는 의지적 태도를 보이고 있다.

③ 이상과 현실의 괴리에 대해 절망적인 심경을 표출하고 있다.

④ 부정적인 현재 상황에 대해 탄식하는 태도를 드러내고 있다.

⑤ 일상생활과 관련된 사물의 속성에서 삶의 교훈을 이끌어 내고 있다.

081 표현상 특징

(가), (나)에 대한 설명으로 적절한 것은?

① (가)와 달리 (나)는 동일한 시어의 반복을 통해 운율을 형성하고 있다.
② (나)와 달리 (가)는 청각적 심상을 통해 계절감을 드러내고 있다.
③ (가)와 (나)는 모두 시간적 배경을 통해 시적 상황을 구체화하고 있다.
④ (가)와 (나)는 모두 설의적 표현을 통해 시적 의미를 강조하고 있다.
⑤ (가)와 (나)는 모두 색채의 대비를 통해 표현 효과를 높이고 있다.

082 시어의 기능

ⓐ, ⓑ에 대한 이해로 가장 적절한 것은?

① ⓐ는 화자의 목적을 이루기 위한 보조적 수단이다.
② ⓑ는 외부적 요인으로 인해 방해 받고 있다.
③ ⓐ와 달리 ⓑ는 화자가 현실로부터 벗어나기 위한 행위이다.
④ ⓑ와 달리 ⓐ는 화자의 고통을 해소시키고 있다.
⑤ ⓐ와 ⓑ는 모두 화자가 거부하는 대상이다.

083 시구의 의미

㉠ ~ ㉤을 감상한 내용으로 적절하지 않은 것은?

① ㉠ : 화자와 상반된 처지에 있는 사람이 '잠'에게 불만을 드러내고 있다.
② ㉡ : 쉬지도 못하고 밤늦게까지 일을 해야 하는 화자의 고달픈 삶이 나타나 있다.
③ ㉢ : '잠'을 의인화하여 잠이 쏟아지는 화자의 현재 상황을 해학적으로 표현하고 있다.
④ ㉣ : 화자의 내면적 슬픔을 '귓도리'의 울음소리를 통해 간접적으로 드러내고 있다.
⑤ ㉤ : 혼자 살아가는 자신의 외로운 처지를 알아주는 유일한 대상이 '귓도리'라는 화자의 인식이 드러나 있다.

084 감상의 적절성

<보기>를 바탕으로 (다)를 감상한 내용으로 적절하지 않은 것은?

3점

| 보 기 |
「어부」는 국가의 상황을 물속의 세계에 빗대고, 군주를 '용'에, 여러 신하를 '큰 물고기'에, 백성을 '작은 물고기'에 빗대어 현실 세계를 비판하고 있다. 글쓴이는 나라의 근본은 '작은 물고기'인 백성이므로 백성들을 수탈하는 '큰 물고기', 즉 관리들을 잘 다스리는 것이 군주로서 해야 할 가장 중요한 일임을 강조하고 있다.

① 용이 큰 물결을 일어나게 하여 물고기를 덮어 주는 것은 백성을 어질게 살피는 군주의 모습으로 볼 수 있군.
② 교룡과 악어가 작은 물고기를 잡아먹는 것은 백성을 수탈하는 관리들의 모습으로 볼 수 있군.
③ 작은 물고기가 없으면 용이 군주가 될 수 없다고 하는 것은 나라의 근본이 백성에게 있다는 글쓴이의 인식을 보여 주는군.
④ 작은 물고기를 해치는 족속을 물리치는 것이 용의 도리라고 하는 것은 군주가 해야 할 가장 중요한 일이 관리를 잘 다스리는 일임을 말해 주는군.
⑤ 사람들이 사람에게도 큰 물고기가 있는 줄을 알지 못한다고 하는 것은 관리들의 수탈에 적극적으로 저항하지 않는 백성의 태도를 비판하는 것이군.

085 고3 | 2011학년도 6월 모평 43번   내용 이해

(다)의 논지를 긍정하는 신하가 군주에게 상소문을 올린다고 할 때, 적절하지 않은 것은?

신은 삼가 성상께 글을 올리옵니다. 성상의 바른 다스림에 백성들은 태평성대를 살아갈 수 있었사옵니다. ① 성상께서는 백성들이 편안하게 살 수 있도록 항상 성심을 다하고 계시옵니다. 하지만 성상의 뜻과는 달리 ② 조정의 대신들은 백성들을 가볍게 여기고 있사옵니다. 또한 ③ 지방관들은 백성을 사사로이 부리고 있으며, 그 밑에 있는 서리나 아전들은 백성들의 고혈을 짜 자신의 부를 축적하는 데만 눈이 멀어 있사옵니다. 이에 백성들은 죽어 사라질 위기에 처하였사옵니다. ④ 백성이 있어야 성상께서도 군주가 되시옵고, 벼슬아치들도 살 수 있는 것이옵니다. 하오니 ⑤ 무엇보다 시급한 것은 창고를 열어 백성들의 굶주림을 해결하는 일이옵니다.

전하, 부디 통촉하여 주시옵소서.

[**086~090**] 2019년 9월 학평 (인천) 34~38번 정답과 해설편 p.143

다음 글을 읽고 물음에 답하시오. 5문항을 7분 안에 풀어보세요.

7분

(가)

[A]
> **물로 사흘 배 사흘**
> 먼 삼천 리
> 더더구나 걸어 넘는 먼 삼천 리
> 삭주구성*은 산을 넘은 육천 리요

[B]
> 물 맞아 함빡히 젖은 제비도
> 가다가 비에 걸려 오노랍니다
> 저녁에는 **높은 산**
> 밤에 높은 산

[C]
> 삭주구성은 산 너머
> 먼 육천 리
> 가끔가끔 **꿈**에는 사오천 리
> 가다 오다 돌아오는 길이겠지요

[D]
> 서로 떠난 몸이길래 몸이 그리워
> **님을 둔 곳이길래** 곳이 그리워
> 못 보았소 새들도 집이 그리워
> 남북으로 오며 가며 아니합디까

[E]
> 들 끝에 **날아가는 나는 구름**은
> 밤쯤은 어디 바로 가 있을 텐고
> 삭주구성은 산 너머
> 먼 육천 리

- 김소월, 「삭주구성(朔州龜城)」-

*삭주구성 : '삭주'와 '구성'은 평안북도에 있는 지역. '구성'은 김소월의 고향임.

(나)

　이른 아침 차를 타고 나가 보니 아낙네들은 **얼어붙은 땅**을 파고 무씨를 갈고 있었습니다 그네들의 등에 업힌 아이들은 고개를 떨군 채 잠들어 있었습니다 남정네들은 어디 갔는지 보이지 않았습니다 ㉠논두렁에 불이 타고 흰 연기가 천지를 둘렀습니다

　진흙길을 따라가다 당신을 만났습니다 무릎까지 오는 장화를 신고 **당신**은 아직 물이 마르지 않은 뻘밭에서 흙투성이 연뿌리를 캐고 있었습니다

　혹시 당신이 찾은 것은 연뿌리보다 질기고 뻣센 **당신의 상처**가 아니었습니까 삽에 찍힌 연뿌리의 동체에서 굵다란 물관 구멍을 통해 사라진 것은 **도로(徒勞)*뿐인 한 생애**가 아니었습니까 **목청을 다해** 불러도 한사코 당신은 삽을 찍어 얼어붙은 연뿌리를 캐고 있었습니다

- 이성복, 「당신」-

*도로 : 헛되이 수고함. 보람 없이 애씀.

(다)

　담장 위 장미가 붉은 혀를 깨물고 있다. 비누 냄새 풍기는 하수도 물이 길 따라 흘러내린다. 물소리도 길 따라 휘어지며 흘러내린다. 저녁 식사 시간 골목길은 음식 냄새들의 유원지다. 종량제 쓰레기 봉투를 뜯고 있던 고양이가 도망간다. 전봇대에는 가스 배달, 중국집 전화번호 스티커가 신속히 붙는다. 한때 골목대장이었던 아이가 가장이 되어 아파트 경비하러 급히 내닫는다. 처녀가 힐끗 뒤돌아본다. 사내의 발짝 소리가 멈칫한다. 두부장수가 리어카를 세워 놓고 더 좁은 골목길로 종을 울리며 들어가자 붉은 장화를 신은 비둘기 분대가 후드득 리어카에 낙하한다. 아침 일곱 시, 더 넓은 골목길에 가 살기 위하여 직장 나가는 샐러리맨들의 발짝 소리가 발짝 소리에 밟힌다. 얼어붙은 길 위에 던진 연탄재가 부지직 소리를 낸다. 허리가 낫처럼 휜 할머니가 숨이 찬지 허리는 펴지 못하고 고개만 들고 숨을 고른다. 가로등이 켜지고 나방 그림자가 벽에 부딪친다.

　　　　(중략)

　건축가 이일훈 선생의 강의를 들은 적이 있다. 강의 중 슬라이드를 보는 시간이 있었다. 고건축물에서 현대 최첨단 건축물까지 다양한 건축물 설명을 듣는 도중 느닷없이 한적한 곳에 덩그렇게 서 있는 시골 방앗간 풍경이 떴다. 이 선생은 잠깐 사이를 두더니 말을 이었다. "나는 이 방앗간을 보는 순간 눈시울이 뜨거워지고 눈물이 났습니다. 완벽한 건축물을 만났기 때문이죠. 장식이라곤 아무것도 없이 양철 지붕만 올려놓았지만, 여기 어디 버릴 게 있습니까, 부족한 게 있습니까?" 가슴이 찡했다. 나도 어느 골목길에서였던가 그 비슷한 느낌을 받아 보았기에 더 그랬을 것이다. 나도 완벽한 골목길을 만났었다. 그 골목길은 밥을 먹고 있는 방이, 변을 보고 있는 화장실이, 달팽이만한 초인종 달린 대문이 양쪽으로 잇닿아 있었다. 이 골목은 담장이 없어 길이 담장이구나. 길이 담장이 될 수 있다니! 이렇게 평화롭고 완벽한 담장이 어디 있겠는가. 이렇게 완벽한 담장을 가진 골목길에서 사람들이 살아가고 있다니. 불신의 산물로 세워지는 담장과, 함께 살아가는 똑같은 인간이라는 믿음으로 세운 이 길 담장과의 그 어마어마한 차이. 길 담장 체험 후 나는 왠지 모르게 골목길이 건강해 보이기 시작했다. 그도 그런 것이, 그도 그럴 수 있는 것이, 우리가 살고 있는 ㉡골목길이 어떤 길인가!

노동을 마치고 술 취해 귀가하던 가장이, 아내와 자식새끼들 생각에 머리채를 흔들며 정신을 가다듬고 발걸음을 바로잡던 길 아닌가. 만삭의 아낙네들이 한 손에 남편과 자식새끼들에게 먹일 시장 바구니를 들고 한 손으로 허리를 짚으며 가족이 살고 있는 집을 향해 걷던 길이 아닌가. 철없는 아이들 즐겁게 뛰어 노는 웃음소리가 흘러넘치는 길이 아닌가. 밥숟가락보다도 더 우리들의 삶 때가 묻어 반질반질 윤기가 도는 길 아닌가……

- 함민복, 「길의 열매 집을 매단 골목길이여」-

086 표현상 특징

(가) ~ (다)에 대한 설명으로 가장 적절한 것은?

① (가)와 (나)는 명사로 시행을 마무리하여 여운을 주고 있다.
② (가)와 (다)는 대비적 상황을 제시하여 주제 의식을 강조하고 있다.
③ (나)와 (다)는 반어적 표현을 통해 대상의 의미를 부각하고 있다.
④ (가) ~ (다)는 모두 음성 상징어를 사용하여 생동감을 부여하고 있다.
⑤ (가) ~ (다)는 모두 공감각적 이미지를 통해 계절감을 드러내고 있다.

087 감상의 적절성

[A]~[E]를 감상한 내용으로 적절하지 않은 것은?

① [A]에서는 '물로 사흘 배 사흘'을 통해 삭주구성이 먼 곳에 있음을 보여 주고 있군.
② [B]에서는 '높은 산'을 반복하며 삭주구성이 가기 어려운 곳임을 나타내고 있군.
③ [C]에서는 삭주구성이 더 멀어진 '꿈'속 상황을 제시하여 화자의 안타까움을 드러내고 있군.
④ [D]에서는 '님을 둔 곳이길래'를 통해 삭주구성을 그리워하는 이유를 제시하고 있군.
⑤ [E]에서는 자유롭게 '날아가는 나는 구름'을 통해 삭주구성에 가고 싶은 화자의 마음을 부각하고 있군.

088 감상의 적절성

<보기>를 바탕으로 (나)를 감상한 내용으로 적절하지 않은 것은? `3점`

> **| 보기 |**
> 이 작품의 화자는 노동을 하며 고단하게 살아온 사람들의 모습을 그리고 있다. 그리고 그들의 고달픈 처지와 삶의 상처를 떠올리며, 그들에 대한 연민의 정서를 드러내고 있다.

① '얼어붙은 땅'은 아낙네들이 일하는 것을 더 고단하게 한다고 볼 수 있겠군.
② 물이 마르지 않은 뻘밭에서 일하는 '당신'은 고된 노동을 하고 있는 사람으로 볼 수 있겠군.
③ 화자가 '당신의 상처'를 연뿌리보다 질기고 뻣세다고 한 것은 그들의 삶에 대한 연민을 드러낸 것으로 볼 수 있겠군.
④ '도로뿐인 한 생애'는 나아지지 않는 삶을 살아가는 사람들의 고달픈 처지를 드러냈다고 볼 수 있겠군.
⑤ 화자가 '목청을 다해' 당신을 부른 것은 삶의 상처를 위로받고 싶은 마음을 드러낸 것으로 볼 수 있겠군.

089 공간의 의미

㉠과 ㉡에 대한 설명으로 가장 적절한 것은?

① ㉠은 ㉡과 달리 지나온 삶에 대한 그리움의 공간이다.
② ㉠은 ㉡과 달리 실현하고 싶은 소망이 드러나는 공간이다.
③ ㉡은 ㉠과 달리 현실에 대한 부정적 인식이 드러나는 공간이다.
④ ㉠과 ㉡은 모두 생활을 이어가는 삶의 터전으로서의 공간이다.
⑤ ㉠과 ㉡은 모두 자연의 섭리에 대한 깨달음이 나타나는 공간이다.

090 내용 이해

다음은 (다)에 대한 학생의 감상문이다. ⓐ ~ ⓔ 중, 적절하지 않은 것은?

> 이 글에서 ⓐ 글쓴이는 골목길의 다양한 풍경과 그 안의 모습을 보여 주고 있다. ⓑ 글쓴이는 시골 방앗간이 완벽한 건축물이라고 말하는 이일훈 선생의 강의에 공감하며, ⓒ 자신이 만났던 완벽한 골목길을 떠올리게 되었다. ⓓ 이일훈 선생의 강의는 글쓴이가 골목길에 대한 자신의 편견을 발견하고 후회하는 계기가 되었다. 그리고 ⓔ 글쓴이는 골목길을 우리들의 삶 때가 묻은 길이라고 표현하며 골목길에 대한 애정을 드러내고 있다.

① ⓐ   ② ⓑ   ③ ⓒ   ④ ⓓ   ⑤ ⓔ

[001~003] 2018년 11월 학평 (경기) 26~28번 정답과 해설편 p.147

다음 글을 읽고 물음에 답하시오. 3문항을 5분 안에 풀어보세요. 5분

용쇠는 역시 아무 대꾸가 없다.

"내 자식이니까 내 맘대로 한다구? 자네는 이렇게 생각하는지 모르겠네마는 그러나 부모가 자식을 때릴 권리가 어디 있나? 사람에게 수족을 붙여준 것은 일하라는 것이지 남을 함부로 때리라는 것은 아니야. 부모나 자식이나 사람이기는 일반이라 하면 제 자식이나 남의 자식이나 그리 등분이 없을 게다. 덮어놓고 제 뜻만 맞추라고 남을 강제하는 것은 포학한 짓이 아닌가? 얼걱박이*를 밉다고 암만 뚜드려 준대야 그게 별안간 빤질빤질해질 이치는 없지! 자네는 오늘부터 짐승을 배우게!"

"무얼? 짐승을?"

하고 용쇠는 얼굴이 빨개지며 불안한 표정으로 쳐다본다.

"그래! 짐승을 배우란 말이야! 자네 집에 제비가 제비 새끼를 치지 않는가? 그 어미 제비를 배우란 말이야! 공자님의 말이나 누구의 말보다도."

용쇠는 그게 무슨 소리인지 다만 자기를 모욕하는 줄만 알았다. 그래 ⓐ속으로는 분하였지마는 그대로 참고 들었다.

용쇠가 이렇게 혼이 난 뒤에 동리 사람들은 더욱 정도룡을 두려워하였다. 그러나 그를 경외하기는 그전부터 하였다. 그것은 그의 건장한 체격과 또한 그의 의리 있는 심지가 누구든지 자연히 그를 신뢰하고 싶은 마음이 생기게 하였다. 그것은 그를 미워하는 사람까지도 속으로는 그의 행동을 감복하였다. 그래 그의 이름이 근사한 것을 기화로 그를 모두 계룡산 정도령(鄭道令)이라 하였다.

그에 대한 이러한 존경은 건넛말 양반촌에서도—유명한 김 주사까지도—그를 만만히 보지 못하였다. 그래 고양이 있는 집에서 기를 펴지 못하고 사는 생쥐같이 지내던 이 동리 사람들이 그로 말미암아 적지 않은 힘을 입었다. ⓑ그래 이 동리 사람들은 어른 아이 없이 그를 참으로 정도령같이 믿으며 그의 말이라면 모두 복종하게 되었다. 물론 이 동리의 크거나 적은 일은 그의 계획과 지휘로 해결되었다. 그런데 그를 그중 사랑하기는 어린아이들과 여자들이었다. 그것은 **무지한 남자와 부모의 횡포를 규탄**해 주는 까닭으로 그러하였다. 마치 일전에 **용쇠를 혼내 주듯** 하므로.

그렇다고는 하지마는 이 **동리 사람들**의 생활은 참으로 가련하였다. 용쇠는 그래도 딸이나 팔아먹었지마는 늙은 부모하고 어린 자식들에 식구는 우글우글한데 양식이 떨어져서 굶주리는 집이 경성드뭇하였다*. 더구나 지금은 농가에서는 제일 어려운 보릿고개를 당한 판이니까. 모는 심어야겠는데 보리는 아직 덜 익어서 채 익지도 않은 **풋보리**를 베어다가 뽀얀 물을 짜내서 **죽물을 끓여 먹는** 집도 많다.

[중략 줄거리] 마을의 지주 김 주사는 춘이네가 소작하던 논을 하루 아침에 일본인 고리대금업자에게 넘긴다. 소작하던 논을 떼이고 먹

고살기가 어려워진 춘이 조모는 김 주사를 찾아간다.

김 주사는 감투를 쓰고—그는 지금 도 평의원이다마는 감투 쓸 일은 이 밖에도 많다. 전 금융조합장, 전 보통학교 학무위원, [A] 전 군참사, 적십자사 정사원, 지주회 부회장—(이담에 죽을 때에는 명정을 쓰기가 어려울 만큼 이렇게 직함이 많았다)—점잖은 목소리로 논 떼는 이유를 이렇게 말하였다.

"여태까지 몇 해를 잘 지어 먹었으니 인제는 고만 지어 먹게. 다른 사람도 좀 지어 먹어야지."

그때 노파는 벌벌 떨리는 목소리로

"아이구 나으리! 지금 와서 논을 떼면 어찌합니까? 그러면 제 집 식구는 모다 굶어 죽겠습니다!"

하고 개개빌어보았으나 김 주사는 그런 것은 나는 모르고, **내 땅은 내 말대로 언제든지 뗄 수 있지 않느냐**—됩다 불호령을 하였다.

그래도 ⓒ춘이 조모는 한나절을 애걸복걸하며 올 일 년만 더 지어 먹게 해달래 보았으나 그는 도무지 막무가내이었다. 벌써 다시 변통이 없을 줄 안 **춘이 조모**는 그 길로 나오다가 그 집 대뜰 위에서 그 아래로 물구나무를 서서 고만 그 자리에 즉사하였다. 그는 지금 여든다섯 살인데 여기까지도 간신히 지팡이를 짚고 기어 왔다.

그러나 김 주사는 조금도 개의치 않고 하인을 명하여 송장을 문밖으로 끌어내게 하였다. 그리고 송장 찾아가라고 춘이 집으 [B] 로 전갈을 시키고 일변 구장을 불러서 경찰서로 보고하게 하였다. 김 주사는 마침 그 일인과 술을 먹을 때이므로 그는 물론 튼튼한 증인이 되었다.

행여 무슨 도리나 있는가 하고 기다리던 춘이 모자는 천만뜻밖에 이 기별을 듣고 천지가 아득하여 전지도지* 쫓아갔다. ⓓ그들은 지금 시체 옆에 엎드려서 오직 섧게 통곡할 뿐이었다.

그런데 정도룡은 오늘 자기 집 모를 심다가 이 기별을 듣고는 한달음에 뛰어들어 왔다. 벌써 마을 사람들은 많이 모여 서서 김 주사의 포학한 행위를 욕하고 있다. 그중에 핏기 있는 원득이는 이 당장에 쫓아가서 그놈을 박살내자고 팔을 걷고 나서는데 겁쟁이들은 우물쭈물 **눈치만 보고** 겉으로 돈다. 더구나 **김 주사 집 땅을 부치는 사람들**은 아무 말도 못 하고 벌써부터 **꽁무니를 사리려** 든다.

"허—참 그거 원…… 나는 논을 갈다 왔는데 좀 가 보아야겠군!"

하고 ⓔ용쇠가 머리를 주죽주죽하며 돌아서는 바람에 나도 나도 하고 몇 사람이 그 뒤를 따라서려 하는데 별안간 정도룡은 벽력같이 소리를 질렀다.

"동리에 큰일이 났는데 제 집 일만 보러 드는 늬놈들도 김 주사 같은 놈이다."

이 바람에 개 한 마리가 자지러지게 놀라서 깨갱거리며 달아난다. 그래 그들은 머주하니 돌쳐섰다. 이때의 정도룡은 눈에서 불덩이가 왔다 갔다 하였다. 그는 아이들을 늘어 놓아서 들에 있는 사람들을 모조리 불러들였다. 그들은 그의 전갈을 듣고 모두 뛰어들어 왔다. 더구나 용쇠 같은 이 났단 말을 듣고.

정도룡은 그들을 **일일이 지휘하**여 일 치를 순서를 분배한 후 나머지 사람들은 상여를 메고 위선 김 주사 사는 동리로 급히 갔다.

- 이기영, 「농부 정도룡」-

＊얼걱박이 : 얼굴에 흠이 많은 이를 이르는 말.

＊성드뭇하다 : 많은 수효가 듬성듬성 흩어져 있음.

＊전지도지 : 엎드러지고 곱드러지며 몹시 급히 달아나는 모양.

001 서술상 특징

[A]와 [B]에 대한 설명으로 가장 적절한 것은?

① [A]에서는 외양 묘사를, [B]에서는 배경 묘사를 통해 현실감을 부각하고 있다.

② [A]에서는 열거를, [B]에서는 행위 제시를 통해 인물의 성격을 드러내고 있다.

③ [A]에서는 인물의 대립을, [B]에서는 상황 제시를 통해 사건의 분위기를 드러내고 있다.

④ [A]와 [B] 모두 공간의 이동을 통해 갈등을 심화시키고 있다.

⑤ [A]와 [B] 모두 인물의 내적 독백을 통해 사건의 흐름을 지연시키고 있다.

002 감상의 적절성

〈보기〉를 바탕으로 윗글을 감상한 내용으로 적절하지 않은 것은?

3점

| 보 기 |

이 작품은 일제 강점기 농촌을 배경으로 지주의 부당한 행위와 이로 인해 핍박받던 궁핍한 소작농들의 삶을 사실적으로 드러내고 있다. 특히 불의를 참지 못하는 인물이, 현실적 이해관계 때문에 불합리한 현실을 외면하는 사람들을 일깨우며 올바른 삶의 가치를 실천하기 위해 노력한다는 점이 특징적이다.

① '용쇠를 혼내 주듯' '무지한 남자와 부모의 횡포를 규탄'하는 정도룡의 모습에서 올바른 삶의 가치를 중시하는 인물의 태도를 알 수 있군.

② '동리 사람들'이 '풋보리'로 '죽물을 끓여 먹는' 모습에서 일제 강점기 농촌의 궁핍한 삶을 알 수 있군.

③ '내 땅은 내 말대로 언제든지 뗄 수 있지 않느냐'라고 말하는 김 주사의 모습에서 소작농을 핍박하는 지주의 태도를 알 수 있군.

④ '김 주사 집 땅을 부치는 사람들'이 '눈치만 보'며 '꽁무니를 사리'는 모습에서 현실적 이해관계를 외면하는 사람들의 단면을 알 수 있군.

⑤ '춘이 조모'의 장례를 '일일이 지휘하'는 정도룡의 모습에서 불의를 참지 못하는 인물의 실천적 노력을 알 수 있군.

003 인물의 심리

㉠ ~ ㉤에서 알 수 있는 인물의 심리에 대한 설명으로 적절하지 않은 것은?

① ㉠ : 자기가 저지른 잘못에 대한 용쇠의 뉘우침이 드러나 있다.

② ㉡ : 정도룡에 대한 동리 사람들의 신뢰감이 드러나 있다.

③ ㉢ : 지금까지 소작하던 논을 떼인 춘이 조모의 막막함이 드러나 있다.

④ ㉣ : 가족의 갑작스런 죽음에 대한 춘이 모자의 애통함이 드러나 있다.

⑤ ㉤ : 자신의 일에만 관심을 갖는 사람들에 대한 정도룡의 분노가 드러나 있다.

다음 글을 읽고 물음에 답하시오.　3문항을 5분 안에 풀어보세요.

안 초시는 한나절이나 화투패를 떼다 안 떨어지면 그 화풀이로 박희완 영감이 들고 중얼거리는 『속수국어독본』을 툭 채어 행길로 팽개치며 그랬다.

"넌 또 무슨 재술 바라구 밤낮 화투패나 떨어지길 바라니?"

"난 심심풀이지."

그러나 속으로는 박희완 영감보다 더 세상에 대한 야심이 끓었다. 딸이 평양으로 대구로 다니며 지방 순회까지 하여서 제법 돈냥이나 걷힌 것 같으나 연구소를 내느라고, 집을 뜯어고친다, 유성기를 사들인다, 교제를 하러 돌아다닌다 하느라고, 더구나 귀찮게만 아는 이 아비를 위해 쓸 돈은 예산에부터 들지 못하는 모양이었다.

"얘? 낡은 솜이 돼 그런지, 샀바느질이 돼 그런지 바지 솜이 모두 치어서 어떤 덴 홑옷이야. 암만해두 샤쓸 한 벌 사입어야겠다."

하고 딸의 눈치만 보아 오다 한번은 입을 열었더니,

"어련히 인제 사드릴라구요."

하고 딸은 대답은 선선하였으나 셔츠는 그해 겨울이 다 지나도록 구경도 못 하였다. ㉠ 셔츠는커녕 안경다리를 고치겠다고 돈 1원만 달래도 1원짜리를 굳이 바꿔다가 50전 한 닢만 주었다. 안경은 돈을 좀 주무르던 시절에 장만한 것이라 테만 오륙 원 먹는 것이어서 50전만으로 그런 다리는 어림도 없었다. 50전짜리 다리도 있지만 살 바에는 조촐한 것을 택하던 초시의 성미라 더구나 면상에서 짝짝이로 드러나는 것을 사기가 싫었다. ㉡ 차라리 종이 노끈인 채 쓰기로 하고 50전은 담뱃값으로 나가고 말았다.

[A]
　"왜 안경다린 안 고치셨어요?"
　딸이 그날 저녁으로 물었다.
　"흥……."
　초시는 말은 하지 않았다. 딸은 며칠 뒤에 또 50전을 주었다. 그러면서 어떻게 들으라고 하는 소리인지,
　"아버지 보험료만 해두 한 달에 3원 80전씩 나가요."
　하였다. 보험료나 타 먹게 어서 죽어 달라는 소리로도 들리었다.
　"그게 내게 상관있니?"
　"아버지 위해 들었지, 누구 위해 들었게요 그럼?"
　초시는 '정말 날 위해 하는 거면 살아서 한 푼이라두 다오. 죽은 뒤에 내가 알 게 뭐냐' 소리가 나오는 것을 억지로 참았다.
　"50전이문 왜 안경다릴 못 고치세요?"
　초시는 설명하지 않았다.
　"지금 아버지가 좋고 낮은 것을 가리실 처지야요?"
　그러나 50전은 또 마코* 값으로 다 나갔다. 이러기를 아마 서너 번째다.
　"자식도 소용없어. 더구나 딸자식…… 그저 내 수중에 돈이 있어야……."
　초시는 돈의 긴요성을 날로날로 더욱 심각하게 느끼었다.

(중략)

초시는 이날 저녁에 박희완 영감에게서 들은 이야기를 딸에게

하였다. 실패는 했을지라도 그래도 십수 년을 상업계에서 논 안 초시라 **출자(出資)를 권유하는 수작만은** 딸이 듣기에도 딴 사람인 듯 놀라웠다. 딸은 즉석에서는 가부를 말하지 않았으나 그의 머릿속에서도 이내 잊혀지지는 않았던지 다음 날 아침에는, ㉢ 딸 편이 먼저 이 이야기를 다시 꺼내었고, 초시가 박희완 영감에게 묻던 이상을 시시콜콜히 캐어물었다. 그러면 초시는 또 박희완 영감 이상으로 손가락으로 가리키듯 소상히 설명하였고 1년 안에 청장*을 하더라도 최소한도로 **50배 이상의 순이익이 날 것이라 장담 장담하**였다.

딸은 솔깃했다. 사흘 안에 **연구소 집을** 어느 신탁 회사에 넣고 **3천 원을** 돌리기로 하였다. 초시는 금시발복*이나 된 듯 뛰고 싶게 기뻤다.

"서 참위 이놈, 날 은근히 멸시했것다. 내 굳이 널 시켜 네 집보다 난 집을 살 테다. 네깟 놈이 천생 가쾌*지 별거냐……."

그러나 신탁 회사에서 돈이 되는 날은 웬 처음 보는 청년 하나가 초시의 앞을 가리며 나타났다. 그는 딸의 청년이었다. ㉣ 딸은 아버지의 손에 단 1전도 넣지 않았고 꼭 그 청년이 나서 돈을 쓰며 처리하게 하였다. 처음에는 팩 나오는 노염을 참을 수가 없었으나 며칠 밤을 지내고 나니, 적어도 3천 원의 순이익이 오륙만 원은 될 것이라, 만 원 하나야 어디로 가랴 하는 타협이 생기어서 안 초시는 으슬으슬 그, 이를테면 사위 녀석 격인 청년의 뒤를 따라나섰다.

[B]
　1년이 지났다.
　모두 꿈이었다. 꿈이라도 너무 악한 꿈이었다. 3천 원 어치 땅을 사놓고 날마다 신문을 훑어보며 수소문을 하여도 거기는 축항*이 된단 말이 신문에도, 소문에도 나지 않았다. 용당포(龍塘浦)와 다사도(多獅島)에는 땅값이 30배가 올랐느니 50배가 올랐느니 하고 졸부들이 생겼다는 소문이 있어도 여기는 감감 소식일 뿐 아니라 나중에 역시 이것도 박희완 영감을 통해 알고 보니 그 관변 모씨에게 박희완 영감부터 속아 떨어진 것이었다. **축항 후보지로** 측량까지 하기는 하였으나 무슨 결점으로인지 중지되고 마는 바람에 너무 기민하게 거기다 땅을 샀던, 그 모씨가 그 땅 처치에 곤란하여 꾸민 **연극**이었다.

돈을 쓸 때는 1원짜리 한 장 만져도 못 봤지만 벼락은 초시에게 떨어졌다. ㉤ 서너 끼씩 굶어도 밥 먹을 정신이 나지도 않았거니와 밥을 먹으러 들어갈 수도 없었다.

"재물이란 **친자 간의 의리도 배추 밑 도리듯** 하는 건가?"

탄식할 뿐이었다. 밥보다는 술과 담배가 그리웠다. 물론 안경다리는 그저 못 고치었다. 그러나 이제는 50전짜리는커녕 단 10전짜리도 얻어 볼 길이 없다.

추석 가까운 날씨는 해마다의 그때와 같이 맑았다. 하늘은 천 리 같이 트였는데 조각구름들이 여기저기 널리었다. 어떤 구름은 깨끗이 바래 말린 옥양목*처럼 흰빛이 눈이 부시다. 안 초시는 이번에도 자기의 때 묻은 적삼 생각이 났다. 그러나 이번에는 소매 끝을 불거나 떨지는 않았다. 고요히 흘러내리는 눈물을 그 더러운 소매로 닦았을 뿐이다.

- 이태준, 「복덕방」 -

*마코 : 일제 강점기 때의 담배 이름.

＊청장 : 장부를 청산한다는 뜻으로, 빚 따위를 깨끗이 갚음을 이르는 말.

＊금시발복 : 어떤 일을 한 다음 이내 복이 돌아와 부귀를 누리게 되는 것.

＊가쾌 : 집 흥정을 붙이는 일을 직업으로 가진 사람.

＊축항 : 항구를 구축함. 또는 그 항구.

＊옥양목 : 빛이 썩 희고 얇은 무명의 한 가지.

004 서술상 특징

[A]와 [B]에 대한 설명으로 가장 적절한 것은?

① [A]는 외양 묘사를 통해 인물의 성격을 드러내고 있고, [B]는 배경 묘사를 통해 인물의 처지를 드러내고 있다.

② [A]는 대화와 서술을 통해 인물 간의 갈등이 드러나고 있고, [B]는 요약적 서술을 통해 사건의 전모가 드러나고 있다.

③ [A]는 작품 속 서술자가 사건에 대해 평가하고 있고, [B]는 작품 밖 서술자가 앞으로 전개될 사건을 예측하고 있다.

④ [A]는 시간의 흐름에 역행하여 사건이 진행되고 있고, [B]는 시간의 흐름에 따라 사건이 순차적으로 진행되고 있다.

⑤ [A]는 향토적인 소재를 통해 주제 의식을 드러내고 있고, [B]는 상징적인 소재를 통해 사건의 의미를 드러내고 있다.

005 구절의 의미

㉠ ~ ㉤에 대한 설명으로 적절하지 않은 것은?

① ㉠ : 형편이 어려운 안 초시를 인색하게 대하는 딸의 모습이 드러나 있다.

② ㉡ : 저렴한 안경다리는 사지 않겠다는 안 초시의 자존심이 드러나 있다.

③ ㉢ : 안 초시가 전해준 이야기에 적극적으로 관심을 보이는 딸의 모습이 드러나 있다.

④ ㉣ : 안 초시의 수고로움을 덜어 주려는 딸의 심리가 드러나 있다.

⑤ ㉤ : 예상 밖의 결과로 딸과 마주할 자신이 없는 안 초시의 모습이 드러나 있다.

006 감상의 적절성

다음은 윗글이 창작될 당시 신문 기사의 일부이다. 이를 참고하여 윗글을 감상한 내용으로 적절하지 <u>않은</u> 것은? `3점`

○○ 일보

부동산 투기 열풍으로 전국은 지금 …

일본의 축항 사업 발표 후, 전국이 부동산 투기 열풍으로 떠들썩하다. 한탕주의에 빠진 많은 사람들이 제2의 황금광 사업으로 불리는 축항 사업에 몰려들고 있다. 1932년 8월, 중국 동북부와 연결되는 철도의 종착지이자 축항지로 나진이 결정되자, 빠르게 정보를 입수한 브로커들로 나진은 북새통을 이루고 있다. 하지만 누구나 투자에 성공하는 것은 아니어서, 잘못된 소문으로 투자에 실패하여 전 재산을 잃은 사람들, 이로 인해 가족들에게 외면받는 사람들, 자신의 피해를 사기로 만회하려는 사람들까지 등장하여 사회적 혼란이 커지고 있다. 이러한 모습은 물질 만능주의가 만연한 우리 사회의 어두운 단면을 보여 준다는 비판이 일고 있다.

① 딸에게 '출자를 권유하는 수작'으로 보아 안 초시는 건설 사업이 확정된 부지에 빠르게 투자하였겠군.

② 안 초시가 '50배 이상의 순이익이 날 것이라 장담 장담하'며 부추기는 모습에서 한탕주의에 빠져 있음을 알 수 있군.

③ 안 초시의 딸이 '연구소 집'을 담보로 '3천 원'을 마련한 것은 당시의 투기 열풍과 관련이 있겠군.

④ 모씨가 '축항 후보지'에 대해 '연극'을 꾸민 것은 자신의 피해를 사기로 만회하기 위한 것이었겠군.

⑤ 안 초시가 '친자 간의 의리도 배추 밑 도리듯' 한다고 '탄식'하는 모습에서 물질 만능주의의 어두운 모습을 엿볼 수 있군.

다음 글을 읽고 물음에 답하시오.

3문항을 5분 안에 풀어보세요. 5분

[앞부분의 줄거리] 덕순은 동네 어른으로부터 이상한 병에 걸린 사람이 병원에 가면 월급도 주고 병도 고쳐 준다는 말을 듣는다. 덕순은 열세 달이 되도록 배가 불러만 있는 아내가 이상한 병에 걸렸다고 믿고, 아내를 업고 팔자를 고칠 희망에 차 대학병원으로 향한다.

"이 뱃속에 어린애가 있는데요, 나올려다 소문이 적어서 그대로 죽었어요. 이걸 그냥 둔다면 앞으로 일주일을 못 갈 것이니 불가불 수술을 해야 하겠으나 또 그 결과가 반드시 좋다고 단언할 수도 없는 것이매 배를 가르고 아이를 꺼내다 만일 사불여의*하여 불행을 본다더라도 전혀 관계없다는 승낙만 있으면 내일이라도 곧 수술을 하겠어요."

하고 나 어린 간호부는 조금도 거리낌 없는 어조로 줄줄 쏟아 놓다가,

"어떻게 하실 테야요?"

"글쎄요……."

덕순이는 이렇게 얼떨떨한 낯으로 다시 한번 뒤통수를 긁지 않을 수 없었다.

간호부의 말이 무슨 소린지 다는 모른다 하더라도 속대중으로 저쯤은 알아챘던 것이니 아내의 생명이 위험하다는 그 말이 두렵기도 하려니와 겨우 아이를 뱄다는 것쯤, 연구 거리는 못 되는 병인 양 싶어 우선 낙심하고 마는 것이다. 하나 이왕 버린 노릇이매,

"그럼 먹을 것이 없는데요……."

"그건 여기서 입원시키고 먹일 것이니까 염려 마셔요……."

"그런데요 저……."

하고 덕순이는 열적은* 낯을 무얼로 가릴지 몰라 주볏주볏,

"월급 같은 건 안 주나요?"

"무슨 월급이오?"

"왜 여기서 병을 고치면 월급을 주는 수도 있다지요."

"제 병 고쳐 주는데 무슨 월급을 준단 말이오?"

하고 맨망스레도 톡 쏘는 바람에 덕순이는 고만 얼굴이 벌게지고 말았다. 팔자를 고치려던 그 계획이 완전히 어그러졌음을 알자, 그의 주린 창자는 척 꺾이며 두꺼운 손으로 이마의 진땀이나 훑어보는 밖에 별 도리가 없는 것이다. 하나 아내의 생명은 어차피 건져야 하겠기로 공손히 허리를 굽신하여,

"그럼 낼 데리고 올게, 어떻게 해주십시오."

하고 되도록 빌붙어 보았던 것이, 그때까지 끔찍끔찍한 소리에 얼이 빠져서 멀뚱히 누웠던 아내가 별안간 기급을 하여 일어나 살똥맞은 목성으로,

"나는 죽으면 죽었지 배는 안 째요."

하고 얼굴이 노랗게 되는 데는 더 할 말이 없었다. 죽이더라도 제 원대로나 죽게 하는 것이 혹은 남편 된 사람의 도릴지도 모른다. 아내의 꼴에 하도 어이가 없어,

"죽는 거보담야 수술을 하는 게 좀 낫겠지요!"

비소*를 금치 못하고 섰는 간호부와 의사가 눈에 보이지 않도록, 덕순이는 시선을 외면하여 뚱싯뚱싯 아내를 업고 나왔다. 지게

위에 올려놓은 다음 엎디어 다시 지고 일어나려니 이게 웬일일까, 아까 오던 때와는 갑절이나 무거웠다.

㉠ 덕순이는 얼마 전에 희망이 가득히 차 올라가던 길을 힘 풀린 걸음으로 터덜터덜 내려오고 있었다. 보지는 않아도 지게 위에서 소리를 죽여 훌쩍훌쩍 울고 있는 아내가 눈앞에 환한 것이다. 학식이 많은 의사는 일자무식인 덕순이 내외보다는 더 많이 알 것이니 생명이 한 이레를 못 가리라던 그 말을 어째 볼 도리가 없다. 인제 남은 것은 우중충한 그 냉골에 갖다 다시 눕혀 놓고 죽을 때나 기다리고 있을 따름이었다.

덕순이는 눈 위로 덮는 땀방울을 주먹으로 훔쳐 가며 장차 캄캄하여 올 그 전도를 생각해 본다. 서울을 장대고 왔던 것이 벌이도 제대로 안 되고 게다가 인젠 아내까지 잃는 것이다. 지에미붙을! 이놈의 팔자가, 하고 딱한 탄식이 목을 넘어오다 꽉 깨무는 바람에 한숨으로 터져 버린다.

한나절이 되자 더위는 더한층 무서워진다.

덕순이는 통째 짓무를 듯싶은 등어리를 견디지 못하여 먼젓번에 쉬어 가던 나무 그늘에 지게를 벗어 놓는다. 땀을 들여 가며 아내를 가만히 내려다보니 그동안 고생만 시키고 변변히 먹이지도 못하였던 것이 갑자기 후회가 나는 것이다. ㉡ 이럴 줄 알았다면 동넷집 닭이라도 훔쳐다 먹였을 걸 싶어,

"울지 말아, 그것들이 뭘 아나 제까짓 게!"

하고 소리를 뻑 지르고는,

"채미* 하나 먹어 볼 테야?"

"채민 싫어요."

아내는 더위에 속이 탔음인지 한길 건너 저쪽 그늘에서 팔고 있는 얼음냉수를 손으로 가리킨다. 남편이 한푼 더 보태어 담배를 사려던 그 돈으로 얼음냉수를 한 그릇 사다가 입에 먹여까지 주니 아내도 황송하여 한숨에 들이켠다. ㉢ 한 그릇을 다 먹고 나서 하나 더 사다 주랴 물었을 때 이번엔 왜떡이 먹고 싶다 하였다. 덕순이는 이것이 마지막이라는 생각으로 나머지 돈으로 왜떡 세 개를 사다 주고는 그대로 눈물도 씻을 줄 모르고 그걸 오직오직 깨물고 있는 아내를 이윽히 바라보고 있었다. 그러나 아내가 무슨 생각을 하였는지 왜떡을 입에 문 채 훌쩍훌쩍 울며,

㉣ "저 사촌 형님께 쌀 두 되 꿔다 먹은 거 부대 잊지 말구 갚우."

하고 부탁할 제 이것이 필연 아내의 유언이라 깨닫고는,

"그래 그건 염려 말아!"

"그리구 임자 옷은 영근 어머니더러 사정 얘길 하구 좀 빨아 달래우."

하고 이야기를 곧잘 하다가 다시 입을 일그리고 훌쩍훌쩍 우는 것이다.

덕순이는 그 유언이 너무 처량하여 눈에 눈물이 핑 돌아 가지고는 지게를 도로 지고 일어선다. 얼른 갖다 눕히고 죽이라도 한 그릇 더 얻어다 먹이는 것이 남편의 도릴 게다.

㉤ 때는 중복, 허리의 쇠뿔도 녹이려는 뜨거운 땡볕이었다.

덕순이는 빗발같이 내려붓는 등골의 땀을 두 손으로 번갈아 훔쳐 가며 끙끙 내려올 제, 아내는 지게 위에서 그칠 줄 모르는 그 수많은 유언을 차근차근 남기자, 울자, 하는 것이다.

- 김유정, 「땡볕」-

＊사불여의 : 일이 뜻대로 되지 아니함.

＊열적은 : 부끄러운.

＊비소 : 남을 비방하거나 비난하여 웃음.

＊채미 : 참외의 사투리.

---

007 서술상 특징

윗글의 서술상 특징으로 가장 적절한 것은?

① 시점의 변화를 통해 사건을 다각적으로 제시하고 있다.

② 특정 인물의 심리에 초점을 맞춰 사건을 서술하고 있다.

③ 객관적인 시선으로 등장인물들의 행동을 관찰하고 있다.

④ 이야기 속의 이야기를 통해 인물의 심리를 드러내고 있다.

⑤ 과거와 현재의 반복적인 교차로 사건의 원인을 드러내고 있다.

008 장면의 의미

㉠ ~ ㉤에 대한 이해로 적절하지 않은 것은?

① ㉠ : 상황에 대한 덕순의 인식이 달라졌음을 보여 준다.

② ㉡ : 덕순의 어려운 가정 형편과 아내에 대한 안타까운 마음을 드러낸다.

③ ㉢ : 아내를 위로함으로써 상황이 나아질 것이라는 기대감을 드러낸다.

④ ㉣ : 비정한 현실 속에서도 따뜻한 인간미를 잃지 않는 아내의 모습을 보여 준다.

⑤ ㉤ : 덕순 내외가 겪는 삶의 힘겨움과 가혹한 현실을 드러낸다.

009 감상의 적절성

<보기>를 참고하여 윗글을 감상한 내용으로 적절하지 않은 것은?

`3점`

> **| 보 기 |**
>
> 김유정 작품의 특징은 중심인물들이 대부분 순박하고 어리숙하다는 점이다. 작가는 그런 인물들을 연민의 시선으로 바라봄으로써 인물이 겪는 문제의 원인이 개인이 아니라 부조리한 사회에 있음을 보여 준다.
>
> 작가는 「땡볕」에서 이러한 문제의식을 보여 주기 위해 인물의 성격과 대비되는 속성을 가진 대학병원을 배경으로 설정했다. 덕순 내외는 동네 어른의 말만 믿고 희망에 차 대학병원을 찾았으나 돈이 없어 병을 치료하지 못하고 비극적 죽음을 앞두게 된다. 이를 통해 근대 자본주의 사회의 비인간성과 모순을 비판하고 있다.

① 돈이 없어 죽음을 맞을 수밖에 없는 부조리한 현실을 통해 당대 사회의 문제를 비판하고 있군.

② 동네 어른의 말만 믿고 무작정 병원을 찾아가는 모습을 통해 덕순의 어리숙한 성격을 알 수 있군.

③ 죽음을 앞두고 소리 죽여 우는 아내의 모습을 통해 비극적 상황에 좌절하는 개인을 형상화하고 있군.

④ 덕순이 월급을 받을 수 없다는 사실에 실망하는 장면을 통해 자본주의 사회의 비인간성을 보여 주고 있군.

⑤ 순박한 인간미를 가진 인물과 냉정한 속성을 지닌 대학병원의 대비를 통해 작가의 문제의식이 부각되고 있군.

DAY
15

IV

현대소설

2. 광복 이후 ~ 1950년대 소설

[010~013] 2019년 11월 학평 (경기) 21~24번 정답과 해설편 p.157

다음 글을 읽고 물음에 답하시오. 4문항을 7분 안에 풀어보세요.

"좌우간, 내가 그만침이나 **청백**했기 망정이지, **다른 동간들** 당했 단 소리 들었지? 누구는 맞아죽구, 누구는 집에다 불을 지르구, 누구는 팔대리가 부러지구."

푸시시 일어서다가, 비 오는 뜰을 이윽히 내다보면서, 맹순사는 곰곰이 그렇게 아낙을 타이르듯 한다. 서분이에게는 그러나, 그런 소리가 다 말 같지도 아니한 소리요 억지엣발명이었다.

"흥, 가네모도상은 그렇게 들이 긁어 먹구두, 되려 승찰 해서 부 장이 된 건 어떡하구?"

㉠ "며칠 가나."

"그렇게만 생각허믄 뱃속은 무척 편하겠수. 여주루 내려갔던 기 노시다상넨, 이살 해오는데, 재봉틀이 인장표루다 손틀 발틀 두 개에, 방안 짐이 여덟 개에, 옷이 옥상옷만 도랑꾸루 열다섯 도랑 꾸드래요. 그리구두 서울루 **뻐젓이** 와서 기계방아 사놓구 **돈벌 이만 잘 허믄서, 활개 펴구** 삽디다. 죽길 어째 죽으며, 팔대리가 부러질 팔대린 어딨어?"

"그런 게 글쎄 다 불한당질루 장만한 거 아냐?"

"뱃속에서 꼬록 소리가 나두, 만날 청백야?"

"아무렴, 사람이 청백하면, 가난해두 두려울 게 없는 법야, 헴."

맹순사는 마침내 양복장 문을 연다. 연방 청백을 뇌던 끝에, 이 양복장을 보자니 얼굴이 간지러웠다. 유치장 간수로 있을 때에, 가 구장수 하나가 경제범으로 들어와 있는데, 서분이가 쪽지 한 장 을 그에게다 주어 달라고 졸랐다. 못 이기는 체하고 전해 주었다. 그 런 지 이틀 만에 이 양복장이 방 윗목에 가 처억 놓여진 것을 보았으 나, 그는 내력을 물으려고 아니 하였다.

양복점 안에서 떼어 입은 대마직 국민복은 양복장보다도 조금 더 청백 순사를 얼굴 간지럽게 하였다.

작년 초가을, 좋지 못한 풍문이 들리는 파출소 건너편의 양복점 에서 맞추어 입은 것이었다. 공정가격 삼십이 원 각순데, 양복을 찾 아 들고는 지갑을 꺼내는 체하면서,

㉡ "얼마죠?"

하고 물었다. 지갑에는 돈이라야 삼 원밖에 없었다.

양복점 주인은, 온 천만에 말씀을 다 하신다면서, 어서 가시라고 등을 밀어 내었다.

이 양복장이나 양복은 한 예에 불과하고, 팔 년 동안 순사를 다니 면서, 그중에서도 통제경제가 강화된 이삼 년, 육십 몇 원이라는 월 급으로는 도저히 지탱해 나갈 수 없는 생활을 뇌물 받는 것으로써 보태어 나왔다. 몇십 원씩, 돈 백 원씩 쥐어 주는 것을, 사양하다가 못 이기는 체 받아 넣어 얼말지 모른다. 자청해 주는 것을 따담기 만 한 것이 아니라, 아쉰 때면 그럴싸한 사람을 찾아가서,

㉢ "수히 갚을 테니 백 원만……."

하고 가져다 쓰기도 여러 번이었다.

술대접을 받기는 실로 부지기수였다. 쌀, 나무, 고기, 생선, 술 모 두 다 그립지는 아니할 만큼 들어도 오고, 청해다 먹기도 하고 하였 다. 못 해주었네 못 해주었네 하여도, 아낙의 옷감도 여러 번 얻어다 준 것이었다. 공교로이 그 뉴똥치마만은 기회가 없고서 8·15가 덜컥 달려들고 말았지만.

이렇게 그는 작은 것이나마 뇌물을 먹지 아니한 것이 아니면서 도, 스스로 청백하였노라고 팔분의 자신이 있었다. 맹순사의 생각 엔 양복벌이나 빼앗아 입고, 돈이나 몇십 원, 돈 백 원 받아 쓰고, 쌀 나무며 찬거리나 조금씩 얻어먹고, **술대접**이나 받고 하는 것은, 아 무나 예사로 하는 일이요, 하여도 죄 될 것이 없고, 따라서 독직이 되거나 **죄가 되는 것이 아니었다.** 그것이 적어도 독직이나 죄가 되 자면, 몇만 원 집어먹고서 소위 팔자를 고친다는 둥, 허리띠를 푼다 는 둥의 수준에 올라야 비로소 문제가 되는 것이었다.

[중략 줄거리] 해방 직후 순사를 그만 두고 사람들을 피해 다니던 맹순사는 생활고로 인해 다시 순사가 되어 파출소로 첫 출근을 한 다.

옛날의 순사와 꼭 같이 차리고 하였건만 맹순사는 웬일인지 우 선 스스로가 위엄도 없고, 신도 나는 줄을 모르겠고 하였다. 만나거 나 지나치는 행인들의 동정이, 전처럼 조심하는 것 같은, 무서워하 는 것 같은 기색이 없고, 그저 본숭만숭이었다. 더러는 다뿍 적의와 경멸의 눈초리로 흘겨보기까지 하였다.

함부로 체포도 아니 하고, 위협도 아니 하고, 빰 같은 것은 물론 때리지 못하게 되었고 하니, 전보다 친근스럽고 안심한 얼굴로 대하고 하여야 할 것인데, 대체 웬일인지를 모르겠었다.

걸으면서 곰곰 생각하여 보았다.

㉣ '전에 많이들 행악을 했대서?'

정녕 그것인 성싶었다.

'애먼 사람, 불쌍한 사람한테 못 할 짓도 많이 했지.'

'쯧, 지금 와서 푸대접받아도 한무내하지.'

'화무십일홍이요, 달도 차면 기우는 법인데, 한때 잘들 해먹었으 니 인제는 그 대갚음도 받아야겠지.'

무엇인지 모를 한숨이 절로 내쉬어졌다.

마침내 ××**파출소**에 당도하였다. 여기서 맹순사는, 백성들이 **순 사**를 멸시하는 눈으로 보는 연유를 또 한 가지 발견하여야 하였다.

뚜벅뚜벅 파출소 안으로 들어서는 소리에, 테이블에 엎드려 졸 고 있다가 놀라 깨어 고개를 번쩍 드는 동간……

맹순사는 무심결에,

㉤ "아니, 네가 웬일이냐?"

하면서 다시금 짯짯이 그를 바라다보았다.

노마.

볼때기에 있는 붉은 점이 아니더라면, 얼굴 같은 딴사람인가 하 였을 것이었다.

행랑아들 노마였다.

　맹순사는 금년 봄, 시방 사는 홍파동으로 이사해 오기까지 여섯 해를 눌러, 사직동 그 집에서 살았다. 그 행랑에 노마네가 전 주인 때부터 들어 있었고, 왼편 볼때기에 붉은 점이 박힌 노마는 열두 살이었다. 근처의 삼 년짜리 학원을 일 년에 작파하고서, 저무나 새나 우미관 앞에 가 놀다간, 깃대도 받아 주고 삐라도 뿌려 주고 하는 것이 일이요, 집에 들어와서는 어멈 아범한테 매맞기가 일이요 하였다. 조금 더 자라더니, **우미관패**에 들어 가지고, 밤거리로 행패를 하고 다녔고. **사람을 치다 붙잡**혀 간 것을 몇 차례 놓이게 하여 주기도 하였다.

　노마는 겸연쩍은 듯, 그러나 일변 반갑기도 한 듯 싱글싱글 웃으면서,

　"이렇게 됐습니다, 나리. 많이 점 가르켜 줍쇼, 나리."

　"동간끼리두 나린가, 이 사람."

　나이가 시킴이리라. 맹순사는 내색을 아니 하고 소탈히 그러면서 같이 웃었다.

　그러나 속으로는,

　'저런 것이 다 순사니, 수모도 받아 싸지.'

하였다.

- 채만식, 「맹순사」 -

010 서술상 특징

윗글의 서술상의 특징으로 가장 적절한 것은?

① 서술자를 교체하여 새로운 사건을 도입하고 있다.
② 장면을 빈번하게 전환하여 긴박한 분위기를 형성하고 있다.
③ 인물의 외양을 묘사하여 인물의 성격 변화를 암시하고 있다.
④ 특정 인물의 시각에서 사건을 서술하여 인물의 내면을 드러내고 있다.
⑤ 서로 다른 장소에서 동시에 일어난 사건을 제시하여 인물들의 상황을 대비하고 있다.

011 발화 의도

㉠ ~ ㉤에 대한 설명으로 적절하지 <u>않은</u> 것은?

① ㉠ : 맹순사는 서분이가 알고 있는 상황이 지속되지 않을 것이라고 말하고 있다.
② ㉡ : 맹순사는 양복 값을 지불할 의사가 없으면서도 가격을 물어보고 있다.
③ ㉢ : 맹순사는 뇌물을 받는 것으로도 모자라 상대에게 돈을 요구하고 있다.
④ ㉣ : 맹순사는 과거의 행악을 생각하며 자신이 저지른 행동을 부인하고 있다.
⑤ ㉤ : 맹순사는 의외의 장소에서 뜻밖의 인물인 노마를 만나 놀라고 있다.

다음은 윗글에 대한 [학습 활동] 과제이다. 이를 수행한 결과로 적절하지 <u>않은</u> 것은?

| 학습 활동 |
　ⓐ ~ ⓔ에 들어갈 인물의 심리를 작품의 내용을 바탕으로 서술하시오.

공간	질문	답변	심리
방	맹순사와 대화를 나눌 때, 서분이의 심정을 드러내는 소재는?	재봉틀	ⓐ
	맹순사가 양복장을 보며 얼굴이 간지럽다고 느낀 이유는?	뇌물로 받은 것이어서	ⓑ
파출소 가는 길	행인들이 다시 순사가 된 맹순사를 바라보는 시선은?	흘겨 봄	ⓒ
	맹순사가 길을 걸으며 여러 생각들을 한 뒤 보인 행동은?	한숨을 쉼	ⓓ
파출소	맹순사가 노마와 인사를 나누며 보인 행동은?	내색을 아니 하고 웃음	ⓔ

① ⓐ : 자신들보다 부유하게 살고 있는 사람들에 대한 서분이의 부러움을 알 수 있다.

② ⓑ : 팔자를 고칠 만큼 뇌물을 많이 받지 못했다고 생각하는 모습에서 맹순사가 다른 사람들에게 느끼는 질투심을 알 수 있다.

③ ⓒ : 예전과 다른 눈초리에서 순사를 적대시하는 행인들의 마음을 알 수 있다.

④ ⓓ : 예전과 달라진 자신의 처지에 대한 맹순사의 착잡한 마음을 알 수 있다.

⑤ ⓔ : 동간이라고 말하면서도 속으로 노마를 무시하는 것에서 노마에 대해 못마땅해하는 맹순사의 마음을 알 수 있다.

〈보기〉를 참고하여 윗글을 감상한 내용으로 적절하지 <u>않은</u> 것은?

3점

| 보기 |
　이 작품은 혼란스러웠던 해방 전후의 사회 현실 속에서 도덕적 관념이 부족한 인물들을 비판적으로 드러내고 있다. 특히, 부정적 인물이 스스로를 긍정적으로 인식하는 모습을 제시한 뒤 그의 실상을 드러내는 방법을 통해 인물의 허위와 위선을 고발하고 있다. 또한 해방 이후 친일 잔재를 청산하지 못해서 나타나게 된 비극적 역사의 반복을, 당대 인물들의 모습을 통해 보여 주고 있다.

① 맹순사가 '다른 동간들'과 달리 자신은 '청백'하다고 말하는 모습에서 부정적 인물이 스스로를 긍정적으로 인식하고 있음을 확인할 수 있겠군.

② '뻐젓이' '돈벌이만 잘 허믄서, 활개 펴구' 사는 사람에 대한 서분이의 말에서 혼란스러운 당대 사회 모습을 확인할 수 있겠군.

③ 스스로 청백하다고 여기면서 '술대접'을 받은 것은 '죄가 되는 것이 아니었다'라고 생각하는 맹순사의 모습에서 인물의 허위와 위선을 확인할 수 있겠군.

④ 해방 후 다시 '순사'가 되어 '××파출소'에서 일하게 된 맹순사의 모습에서 친일 잔재를 청산하지 못해 비극적인 역사가 반복되는 것을 확인할 수 있겠군.

⑤ '우미관패'에 들어가 '사람을 치다 붙잡'힌 노마를 놓아줬던 맹순사의 모습에서 맹순사가 도덕적 관념을 회복하는 과정을 확인할 수 있겠군.

다음 글을 읽고 물음에 답하시오.

4문항을 8분 안에 풀어보세요.  **8분**

　까막개[黑浦]의 밤은 추위도 모르고 깊어만 갔다.

　북술이는 동무들과 맞잡고 둥당의 노래를 부를 때는 아무 시름도 없이 즐겁기만 했다. 그러나 혼자서 이 노래를 읊조리면 얼굴 모습조차 기억 속에 더듬기 어려운 어머니의 옛이야기처럼 서러움이 꿀컥 치밀었다. 둘레를 돌면서도 북술이의 눈은 이따금 ㉠ 갯가로 옮겨졌고, 그럴 때마다 용바우의 믿음직한 목소리가 귓전을 어루만져 슬픔을 가라앉히곤 했다.

　갯가에서는 막걸리를 나누는 참이었는지 한참 잦았던 징소리가 이번에는 더 세차게 마을을 스쳐서는 뒷주봉에 메아리를 울렸다.

　'한아부지가 기다릴라.'

　아쉬운 생각도 없지 않았지만 노래 중간에서 뺑소니를 쳐 나온 북술이의 걸음은 집에 가까울수록 무거워만졌다.

　당산 밑 낭떠러지에 등을 대고 다가붙은 갯집 큰방에는 불빛도 보이지 않았다. 정지와 큰방과 마루를 둘러싼 앞마당은 그대로 행길이자 갯가였다.

　"인자사 와……."

　굴뚝 뒤로 우거진 동백(冬柏)나무 그림자에서 불쑥 튀어나오는 소리였다.

　"아이고 놀랐재라우, 누고……."

　"나야, 나."

　용바우의 크고 벌어진 어깨가 북술이 앞으로 다가왔다.

　"난 또 누구라고, 갯가에서 벌써 왔는지라우."

　"안 갔재라, 내일이 유왕님[龍王] 고사 모시는 날이랑께."

　"응, 그랴."

　북술이는 깜빡 잊었던 용왕제(龍王祭)가 생각났다.

　"그렁께로 술도 고기도 못 먹고 정히 한다이께."

　까막개 사람들은 바다와 싸우면서 바다를 의지하고 살아왔다. 폭풍우를 만나면 바다가 적이었고, 고요하게 잠자는 날이면 바다보다 다사로운 벗은 없었다.

　이 섬에서는 일 년의 넉 달은 농사가 살려 주고 나머지 여덟 달은 바다가 키워 주어 미역과 자반과 생선으로 목숨을 이었다.

　그들은 바다에서 나서 바다에서 죽었다. 용바우 아버지도 그랬고, 북술이 아버지도 그러했다. 원수인 바다에 끝없는 저주를 보내면서 바다에 대한 지성은 그들의 신앙이었다.

　그러기에 가장 허물없고 깨끗한 젊은이들이 해마다 정초에는 용왕제 집사(執事)로 뽑혔다. 용바우도 금년에는 이 정성스러운 일에 한몫 들었다.

　용바우는 열다섯에 첫 배를 탔다. 털보영감으로 통하는 안선달과 두 살 맏이이지만 알이 작기에 대추씨라는 별명을 가진 두칠이 틈에 끼여 북술이 할아버지 박영감과 함께 칠산(七山) 바다에서 연평(延坪) 앞개까지 올리훑는 조기잡이로 시작된 뱃길이 어느새 십 년이 흘렀디.

　세월은 박영감의 등에서 살점을 앗아 가고, 머리빛을 갈아 내고, 이마에 밭이랑 같은 주름을 박아 가는 사이에 용바우는 제법 소금섬 두 가마씩을 단숨에 지고 발판을 나는 듯이 뱃전으로 오르내리

게 되었다. 간물에 절은 검붉은 얼굴은 윤기를 띠었고 이글이글 타는 화경 같은 눈동자는 박영감의 가슴속 빈 구석을 채워 주었다.

　용바우에게 북술이는 거리낌도 수줍음도 없었다. 나이야 먹어 가든 말든 그대로 장난이요 반말이었다. 그러던 북술이가 어느덧 용바우 앞에서 옷고름을 물지 않으면 앞섶을 만지작거리는 버릇이 생겼다.

　박영감은 박영감대로 용바우에 대한 속셈을 했고 용바우는 어느새 북술이가 제 물건처럼 소중해졌다. 북술이도 노상 용바우가 싫지는 않았다.

　[중략 줄거리] 출어를 나간 용바우는 돌아오지 않고, 북술은 곱슬머리 청년의 구애를 받는다.

　새벽에 진통이 시작하였다는 인실이 어머니가 해 질 무렵에 어린애가 걸린 대로 죽었다는 소문이 온 마을에 퍼졌다. 다물도(多物島)에 배를 가지고 갔던 인실이 아버지가 의사를 모시고 돌아온 것은 이미 운명한 뒤였다.

　북술이는 송기 벗기러 갔을 때의 손가락 자리가 종시 솟아나지 않던 인실이 어머니의 다리가 자꾸만 눈앞에 어른거렸다. 나도 시집을 가면 저러랴 싶으니 등골이 오싹했다.

　'의사가 있는 육지에 가 살아야지.'

　북술이의 마음은 자꾸만 육지로 줄달음쳤다.

　곱슬머리가 사흘째 찾아왔다.

　"긴차쿠가 내일 저녁 목포로 떠나, 꼭 같이 가지?"

　"그라재라우!"

　북술이의 눈망울은 안개보다 깊었다.

　"내일 저녁 해 떨어지문 곧……."

　"야."

　"까막바위로 와."

　"가지라우."

　곱슬머리에게 승낙을 하고 난 북술이의 마음은 한곳으로 정해졌다. 육지에 가서 자리만 잡으면 할아버지도 모시자는 곱슬머리의 눈동자에는 진정이 고였다고 생각되었다.

　자기를 아껴 주는 사람이면 다 고마웠다. 북술이의 머리에는 언제인가 한 번 보았던 육지의 화려한 모습이 그물코처럼 연달아 떠올랐다. 기차를 타고 자꾸자꾸 가고만 싶었다. 곱게 생겼다는 어머니의 얼굴도 그려 보았다. 그럴수록 북술이의 머릿속은 엉클어져 뜬눈으로 밤을 새웠다.

　집을 나선 북술이는 끝내 까막바위로 나갔다.

　해는 수평선에 가라앉았다. 어둠이 밀물처럼 스며들었다.

　뎀마*가 까막바위에 와 닿았다. 그러나 북술이는 보이지 않았다. 곱슬머리는 북술이가 자기를 놀라게 하려고 숨었나 싶었다. 몇 차례나 바위를 돌았다. 아무리 돌아도 북술이의 모습은 찾을 길 없었다.

　곱슬머리는 뎀마를 나루터로 돌렸다. 그러나 마을 어느 구석에도 북술이의 그림자는 찾아볼 수 없었다. 건착선에서는 연달아 고

동이 울려 왔다. 뎀마가 갯가에서 사라진 후 얼마 안 되어 건착선은 앞개를 떠났다.

ⓛ 까막바위에 선 북술이의 눈앞에는 고래등 같은 용바우가 가로막고 섰다. 할아버지의 꿀대를 파고 솟구치는 가래침 소리가 목덜미를 잡았다. 다음 용왕당과 나루터와 갯벌이 머릿속이 비좁게 감돌았다.

'그라문 씨집도 안 가구 큰애기로 늙으라제.'

용바우의 황소 같은 목소리가 어깻죽지를 붙잡았다.

뎀마의 물 가르는 소리가 점점 까막바위로 가까워 왔다.

북술이는 갑자기 마을 쪽으로 쏜살같이 달아났다. 용바우가 내일 틀림없이 연락선으로 돌아올 것만 같았다.

까막개의 아낙네들은 그리다가 목마르고, 기다리다 지쳐서 쓰러지면서도 바다와 더불어 살았다.

- 전광용, 「흑산도」 -

*뎀마 : 돛이 없는 작은 배.

---

014 서술상 특징

윗글의 서술상 특징으로 가장 적절한 것은?

① 서술자가 인물의 내면을 드러내어 독자의 이해를 돕고 있다.

② 서술자가 관찰자의 입장에서 사건을 전달함으로써 객관성을 높이고 있다.

③ 서술자가 사건을 이야기 속에서 전달하다가 이야기 밖에서 전달하고 있다.

④ 시간의 흐름에 따라 서술자를 달리하여 사건에 대한 다양한 관점을 제시하고 있다.

⑤ 등장인물로 설정된 서술자가 자신의 관점에서 다른 인물들에 대한 견해를 제시하고 있다.

015 내용 이해

윗글에 대한 이해로 적절하지 <u>않은</u> 것은?

① 용바우는 열다섯 살에 첫 배를 탔다.

② 북술이는 인실이 어머니와 송기를 벗기러 갔었다.

③ 박영감은 용바우와 함께 바다로 나가 조기잡이를 했다.

④ 용바우는 북술이를 보기 위해 고사도 가지 않고 그녀를 기다렸다.

⑤ 북술이는 할아버지가 자신을 기다릴 것이라는 생각에 아쉬움을 뒤로하고 집으로 향했다.

016 공간의 기능

㉠과 ㉡에 대한 이해로 가장 적절한 것은?

① ㉠은 인물이 기억을 잃는, ㉡은 인물이 기억을 되찾는 공간이다.
② ㉠은 ㉡과 달리, 인물이 대상의 부재 이유를 깨닫는 공간이다.
③ ㉡은 ㉠과 달리, 인물이 예상치 못한 타인과 마주치는 공간이다.
④ ㉠과 ㉡은 모두, 인물이 타인을 관찰하기 위해 몸을 숨긴 공간이다.
⑤ ㉠과 ㉡은 모두, 인물이 자신을 소중하게 생각하는 대상을 떠올리는 공간이다.

017 감상의 적절성

〈보기〉를 참고하여 윗글을 감상한 내용으로 적절하지 <u>않은</u> 것은?

3점

> | 보 기 |
>
> 　이 작품에서 바다와 섬은 섬사람들의 삶에 절대적 영향을 미친다. 섬사람들은 바다와 섬에 대해 양면적인 태도를 보이는데, 그들은 삶의 터전이자 시련을 주는 바다와 대립하면서도 바다를 숭배한다. 또한 열악한 환경인 섬에서 벗어나고 싶어 하면서도, 그 안에서 서로를 의지하며 섬사람의 운명에 순응하는 삶을 이어 가고자 한다.

① 까막개 사람들이 바다에서 나는 것들로 목숨을 이어 가면서도 바다로 인하여 목숨을 잃게 되는 것에서, 삶의 터전이자 시련의 공간인 바다의 모습을 확인할 수 있군.
② 까막개 사람들이 바다를 저주하면서도 허물없고 깨끗한 젊은이들을 뽑아 용왕제를 준비하는 것에서, 바다와 대립하면서도 바다를 숭배하는 섬사람들의 모습을 확인할 수 있군.
③ 북술이가 인실이 어머니의 죽음에 대한 소문을 듣고 의사가 있는 육지에서 살고 싶어 하는 것에서, 열악한 환경인 섬에서 벗어나고 싶어 하는 섬사람의 모습을 확인할 수 있군.
④ 북술이가 곱슬머리가 할아버지를 모시자고 한 제안에 진정성을 느끼는 것에서, 섬 안에서 서로 의지하며 살아가는 섬사람들의 모습을 확인할 수 있군.
⑤ 북술이가 용바우가 돌아올 것만 같다고 느끼며 마을로 향하는 것에서, 섬사람의 운명에 순응하는 삶을 선택한 섬사람의 모습을 확인할 수 있군.

DAY
16

Ⅳ

현대소설

다음 글을 읽고 물음에 답하시오.

3문항을 7분 안에 풀어보세요. **7분**

여기 동남향으로 후미진 골짜기에 억새와 솔가지로 덮은 움막이 하나 보인다. 양동욱 내외가 들어있다.

동욱 내외는 이 지리산 공비 소탕이 완료되던 다음해 봄에 여기를 찾아들어 막을 매고 밭을 일구기 시작했다.

피난살이를 부산에서 했다. **아무리 버둥거려봐도 살 수가 없었다.** 살아갈 재간이 없었다. 무슨 짓이든 못할 게 없겠으나 할 짓이, 할 일이 없었다.

약만 쓰면 살릴 줄 뻔히 알면서도 그렇지 못해 아이까지 죽였다.

영선고개 판잣집마저 헐리게 되자 별 작정도 없이 그만 떠 버렸다.

진주에서 몇 달 동안 살았다.

목수나 미장이 뒷일꾼으로도 다녀봤다. 한 달에도 며칠, 그나마도 작자가 달아 품삯은 고사하고라도 제 몫에 돌아오지도 않았다.

그의 아내가 양은그릇을 받아 이고 장사로도 나서봤다. 주로 촌 마을을 찾아다녔다. 본전도 더 깎지 않고는 팔리지 않았다.

할 일이 없었다. 살아갈 수가 없었다.

산청으로 들어갔다.

여기서는 더 할 일이 없었다.

"여보, ㉠ 두더지가 땅 밖에 나오면 죽게 마련이라오. 우리 그만 깊숙히 산골로 들어가서 밭농사나 짓자요……."

이래서 돈푼 될 것은 모조리 팔았다.

밀가루 두 포대와 감자씨 반 말을 사고 우거지 한 꾸러미를 바꿨다.

괭이, 호미, 톱, 낫 이런 연모와 함께 된장 몇 사발, 소금 두 됫박 그밖에 석유 한 병, 사기 호롱 한 개를 꾸려서 산청을 뒤로하고 산골로 접어들었다.

십 리도 넘게 들어갔다. 동욱의 걸음이 뜬다.

누구나 그래도 다 살아가는데 누구나 다 사는 세상에서 나만 살지 못하고 이렇게 무인 산골로 쫓겨가다니—하니 동욱은 어떤 패배감 같은 설움이 치밀어 목이 메인다. 그럴수록 뒤따라오는 그의 아내가 측은하기도 하고 미덥기도 했다.

㉡ "어쩔까, 산골은 어디 없이 매 한가지가 아니겠나?"

하고 동욱이 골짜기를 두리번거리자

"매 한가질 바야 더 들어가요. 길이 막히는 데까지 가 보자요!"

해는 벌써 한나절이 가까왔다. 어느 산구비로 희부옇게 강물이 보였다. 먼발치로 강만 바라보고 무작정 걸었다. 벼랑을 끼고 얼마를 돌아나가자 강은 발밑으로 흐르고 있었다. 물이 밭은 강이었다. 강을 건넜다. 있는 듯 없는 듯한 오솔길을 따라 산기슭을 돌고 몇 등을 넘어 골짜구니로 들어섰다. 들어갈수록 질펀한 골짜기였다. 길 옆에 오지그릇 조각들이 보였다.

"동네였나부지?"

"그런가 봐요!"

하잘것 없는 이 **오지그릇 조각들**이 이 날 이 두 내외에게는 먼 조상의 무덤이나 찾은 것처럼 **가슴이 설레고 반가**왔다.

[중략 줄거리] 산골 생활에 적응해 나가던 부부는 자신들에게 집을 지어 준 박 노인과 함께 살아가기를 바란다. 박 노인은, 과거에 자신을 배신했지만 가엾은 처지가 된 윤 생원을 거두어 부부를 찾아와 함께 생활해 나간다.

한 이틀 쉬더니 윤 생원은 괭이를 들고 나선다. 놀자니 온 전신이 근질거린다고 한다.

그런가 하면, 눈이 덮이기 전에 거름을 한 번 먹여야 한다고, 아직 차지도 않은 뒷간에다 물을 타서 보리밭에 퍼내기도 한다. 박 노인도 놀기 심심하다면서 산으로 올라가 나무를 베곤 한다.

정월달도 그럭저럭 넘어가고 이월 초순 어느날 밤이었다. 저녁을 먹고 나서 그대로 담배를 피우면서 박 노인이

"벌써 진달래가 폈데!"

그러자 동욱 아내가

"곧 나물이 돋겠네, 좋아라."

"나물은 역시 야산이 빨라. 여기는 산이 깊어서……."

동욱이

㉢ "그럼 감자씨도 널까?"

하자 박 노인이

"씨는 넉넉한지?"

동욱 아내가

"잔 것만 가려서 두어 말 돼요!"

그러자 윤 생원이 불쑥

"돼지는 언제 살끼요?"

하자, 박 노인은 비로소 생각이 난 듯

"세 전에 누가 구시(구유*) 두 개 파달라 카는데, **구시 두 개 파**면 돼지새끼 한 자우 사질까?"

그러자 윤 생원이 또

"안되면 도끼자루하고 도리깨 살도 다 내지."

"나도 **산나물 나면 여 내다 보**탤래."

이러고 난 한 열흘 뒤에 동욱과 윤 생원은 새로 일군 밭부터 골을 치기 시작한다. 삽에다 칡새끼를 걸어 동욱이가 당기고 윤 생원이 삽질을 했다. 서 마지기 턱이나 씨를 넣었다. 꼬박 사흘이 걸렸다. 감자갈이를 마치고 동욱과 윤 생원은 박 노인을 따라 **산에서 구유 감을 굴려 내**렸다. 며칠째 꽃바람이 불기 시작하자 산은 날로 물기가 어리기 시작한다.

닭이 품자리를 찾는다. 알은 딱 열 일곱 개밖에 낳지 않았다.

동욱 내외는 뜰 옆 양지쪽에서 닭을 품으면서 그의 아내가

"여보, 아무래도 방을 한 간 더 달아야 해요!"

"뭐하게 방은 또……."

"윤 생원 말요……."

㉣ 동욱은 그의 아내의 입을 바라본다.

"명숙이 엄마를 데리고 올까고—."

동욱은 비로소 말뜻을 알아차리고 **씨익 웃으**면서

"올까?"

"오다뿐이겠오. 인제 나이 서른 일곱인데, 아이를 달고 그게 어데 사는 게라고!"

"그렇게 됐으면 좋긴 하겠는데……."

"윤 생원도 알고 보니 당신보다도 세 살 위인 마흔 둘입디다.
⑩ 마흔 둘이면 한창인데 이 산속에서 어떻게 홀애비로 늙겠오."

- 오영수,「메아리」-

*구유 : 마소의 먹이를 담아 주는 그릇.

018 내용 이해

윗글에 대한 설명으로 적절한 것은?

① 동욱의 아내는 장사를 나서 봤지만 손해를 보았다.
② 동욱은 도시에서 느낀 패배감을 아내의 탓으로 돌렸다.
③ 동욱 내외는 아무런 준비도 없이 산골 생활을 시작했다.
④ 동욱은 박 노인과 함께 진주에서 뒷일꾼으로 일을 다녔다.
⑤ 동욱은 명숙이 엄마가 올 것을 확신하고 미리 방을 마련해 놓았다.

019 인물의 심리

㉠ ~ ⑩에 대한 이해로 적절하지 않은 것은?

① ㉠ : 절망적인 상황을 벗어나고자 하는 심정이 드러나 있다.
② ㉡ : 정착할 곳을 찾아가는 상황을 조금 더 견뎌 주기를 바라는 심정이 드러나 있다.
③ ㉢ : 봄철 농사일에 대한 기대감이 드러나 있다.
④ ㉣ : 상대가 말하려 하는 내용에 대한 궁금함이 드러나 있다.
⑤ ⑩ : 윤 생원의 처지를 걱정하는 모습이 드러나 있다.

020 감상의 적절성

〈보기〉를 바탕으로 윗글을 감상한 내용으로 적절하지 않은 것은?

〔3점〕

| 보 기 |

　「메아리」에서는 삶의 의욕을 잃어가던 인물들이 '산속'에서 서로 협력하는 과정이 나타난다. 이를 통해 작가는 인물들이 공동체를 형성해 나가며 인간다운 삶을 회복하는 모습을 보여 준다. 산속은 정신적 위안과 안정을 주는 공간으로, 삶의 애환을 지닌 인물들이 과거에 겪은 상처를 딛고 살아가게 해 준다. 아울러 산속은 혼란한 도시와 대비되어 인물들에게 물질적 안정을 주고 일상적인 삶을 가능하게 하는 동시에 새로운 구성원을 품을 수 있는 열린 공간으로 제시된다.

① '아무리 버둥거려봐도 살 수가 없었'던 피난살이와 '할 일이 없'어 살 수 없던 도시는 동욱 부부가 삶의 의욕을 잃었던 원인이라고 할 수 있겠군.
② 동욱 내외가 '오지그릇 조각들'을 보면서 '가슴이 설레고 반가'워하는 장면에서 산속이 정신적 위안과 물질적 안정을 주는 공간임을 알 수 있겠군.
③ 돼지를 기르고 싶다는 윤 생원의 말에 '구시 두 개 파'겠다거나 '산나물 나면 여 내다 보'태겠다고 대답하는 장면에서 서로를 도우며 살아가는 인물들의 모습을 확인할 수 있겠군.
④ 박 노인이 윤 생원과 함께 '산에서 구유감을 굴려 내'리는 장면에서 과거의 상처를 딛고 살아가는 공동체의 모습을 확인할 수 있겠군.
⑤ 윤 생원을 생각하며 '명숙이 엄마를 데리고' 오겠다는 아내와 '씨익 웃으'며 기대하는 동욱의 모습에서 산속이 새로운 인물을 품을 수 있는 열린 공간으로 제시되어 있다고 할 수 있겠군.

DAY 16

IV

현대소설

다음 글을 읽고 물음에 답하시오. 4문항을 9분 안에 풀어보세요.  9분

황씨는 바빴다. 필목* 잇맺음이 나는 대로 손수 둘러메고 장돌뱅이로 나섰다. 대전, 광천, 홍성, 화성, 청라, 남포, 웅천…… 인근에 장이 서는 대로 매장치기를 했다. 그 무렵 한철은 그럭저럭 나가고도 남은 돈이 있게 되기도 했었다.

"그 조시*로만 나갔더래면 시방은 흰목 젖혀 가메 살어 볼 텐디…… 그 방정맞은 놈으 까시미롱!" 방금 한 소리지만 소창직* 직조 공장은 잘돼 나갔었다. 봉당에 들인 공장이 초협해 헛간마저 털어 늘여 가며 쏠락쏠락 재미가 들랑거렸다. 오래잖아 선출이한테 빚으로 쓴 돈도 이자부터 본전까지 깨끗이 밑 닦을 수 있으리라 싶은 판세로 돼 있던 거였다. 그리 돼 가는 판에다 대고 누가 그 사업이 기울어지리라고 생각이나 해봤겠느냐 말이다. 가만히 앉아 있는데 인근 읍내에 공업 단지라는 것이 생긴다더란 소문이 왔다. 측량을 끝냈다더라더니 벌써 탱크같이 생긴 것들이 내를 메워 가고 있었다. 공장이 두어 채 서고 이어 사람이 달린다는 기별이 잇달았다. ㉠직공으로 부리던 열다섯 명의 계집애들이 들고일어났다. 공임을 배로 올려 주든가 새로 선 공장으로 가게 놓아주든가 하라는 것이었다. 노임을 배로 인상해 가면까지 버틸 만한 사업은 아니었다. 또 노임을 배로 올린대도 직공들은 '장래성' '희망성' 따위가 전혀 없다면서 무슨 핑계로든 빠져나갈 눈치를 보이고 있었다. 이틀 동안 쟁의도 벌어졌으나 속수무책이었다. 그 계집애들 입에서 그만두겠다는 말이 나왔을 때는 이미 들어갈 자리를 미리 마련해 놓은 뒤였던 것이다. 새로 생긴 제과 공장과 전기 기구 조립 공장은 첫 달 임금부터가 황씨네 소창직 공장의 두 달치 품삯에 맞먹고 있었다. 인건비의 앙등으로 치명상을 입을 줄은 더구나 예측할 수도 없던 일이었다. 직공들이 장래의 희망성이 없다는 말에만,

"흐이망성? 칫 미쳐두 곱게들 못 미치구…… 지집년덜이 알 실을 때가 돼야서 시집이나 갓버리면 구만인디. 시집가서두 불어다 서방 공대 헐라간디? 그러구 무에던지 배워 두면 지술이지 지술이 워디 따루 있을깨미……" 해 가며 그렇게 무심했던 것이 탈이라면 탈이랄 것이었다.

그런데 그런 치명적인 상처가 미처 아물기도 전이었다. 황씨로서 정말 뜻하지 않은 팔매가 또 한 번 날아와 그의 뒤통수를 갈겨 버린 것이다. 결정타였다. 그건 자기네가 앉아서 손으로 일하고 있던 사이 세상은 기계로 기계를 만들며 일하고 있는 걸 모른 체한 결과였다.

카시미론*의 물결이 쥐구멍 같은 벽촌에도 회오리쳐 대기 시작했던 것이다. 무엇이든 새로운 물건이 나왔을 때 그 물자의 효용에 현혹되는 촌사람들의 안목은 무서운 것이었다. 카시미론의 위력도 날로 그랬다. 어느덧 황씨네 기계들도 거미줄을 쓰는 날이 잦아졌다. 젖먹이 어린애의 기저귀감으로밖엔 쓰임새가 없는 백소창이나 한 장 토막에 두서너 필 내는 정도의 어처구니없는 사태로 급전된

것이었다. 황씨는 문을 닫지 않으려고 발버둥 쳐 보기도 했지만 도리 없었다.

"쬐끔 늦었던 겨, 다 시절 돌아가는 걸 보아 가메 눈치로 허야는 것을." 황씨는 비로소 유행이란 것에 관심을 갖게 된 것이다. 크게 밑진 것도 없고 번 것도 없이, 그러나 들인 시설비는 한 푼 못 건진 채 세상 물정에 어두웠음이나 한탄하며 조용히 문을 닫게 되었다.

[중략 줄거리] 소창직 직조 사업을 실패하게 된 황씨는, 암소를 키워 선출이에게 빚을 갚기로 한다. 황씨와 선출이는 함께 지극정성으로 암소를 키우고, 그 암소가 송아지를 배게 된다. 황씨 집에서 모든 일이 잘 되기를 바라는 고사가 있던 날, 황씨의 아내 고랏댁은 무심코 술지게미를 소 여물통에 놓아둔다. 이것을 맛본 암소는 광으로 들어가서 술독을 몽땅 비워 버린다.

고랏댁이 두 눈을 뒤집어쓰며 소란 떠는 바람에 황씨가 뛰어나왔고 이어 선출이와 수송이, 곽서방, 철호가 머슴방에서 뛰쳐나왔다. 외양간이 비워져 있는 걸 발견한 것도 양순이었다. "얼라, 엄니 소 워디 갔댜?" "소?" 사람들은 광을 버리고 외양간 앞으로 몰려 법석거리기 시작했다. "소가?" "소여……" "큰일 났네." "소 쥑이겄는디." 그들은 같은 순간에 각기 한마디씩 내뱉으며 대문 밖으로 내달았다. 그들은 한결같이 도둑이 들었다기보다 술지게미로 목을 축인 소가 거나해지자 계속 술내가 풍기는 광을 곁에 두고 더 참질 못해 고삐 줄을 끊었는지 풀었는지 하고 나와 대가리와 뿔로 비벼 광으로 들어가곤 술 한 독을 다 먹어 치운 것으로 추측한 것이다. 고랏댁 가늠으론 쌀 한 말을 담아 거르면 보통 막걸리 엿 말이 났다. 그러니까 소는 줄잡아 막걸리 너 말 가웃치를 단숨에 먹어 치운 셈이었다.

선출이와 황씨는 눈이 뒤집혀 있었다. 아니 간이 뒤집혔는지도 모를 일이었다. 소는 황씨네 밭마당 가 우물 도랑 건너 타작마당에서 주정하는 중이었다. 주정이 아니라 속에서 난 불을 끄는 꼴이었다. 펄펄 뛰다 나뒹굴고 비칠거려 일어났다 대가리를 처박고 엉덩춤이 한창인가 하면 무릎을 꿇다 모로 나자빠져 버둥대곤 했는데 사람들은 그저 한갓 장승이 달리 없었다. 선출이와 황씨가 뛰어들며 고삐를 잡으려 했을 때 사람들은 하나같이 그 두 사람을 붙잡고 늘어졌다. 위험한 일이기 때문이었다. 얼마나 그랬나 소가 탈진해 버리자 황씨는 내 소 살리라고 울부짖기에도 지쳐 두 다리를 뻗고 주저앉았고, 선출이는 푸닥거리 끝난 뒤 떡 못 얻어먹은 사람마냥 싱거운 얼굴에 허수아비 옷 벗겨 입힌 등신이 돼 있었다. 속으로 황씨가 생시 아니 몽유 중이기를 바랄 즈음 선출은 차라리 사람 죽는 꼴을 봄이 낫겠단 생각을 하고 난 뒤의 일이지만. 모두들 넋 나가 하는 사이 누군가가 소리 질렀다.

"짚토매 점 가져와. 소 얼어 죽겠다."

누군가가 짚누리를 헐고 짚 몇 단을 가져왔다. 이윽고 마당 한복판엔 때 아닌 모닥불이 화롱화롱 타올랐다. 또 누군가는 먹은 걸 토악질시켜 게워 내도록 해야 산다고 양순이에게 맷돌에 녹두를 타

오도록 재촉했다. 부랴부랴 맷돌에 녹쌀 낸 녹두가루를 밍근한 물에 타서 소 주둥이에 한 대야나 들어갔지만 워낙 의식 불명인 판이라 시간이 가도 별 효과가 없었다. 이런 경우엔 수의가 박사래도 소용없겠단 소리만이 잦아질 무렵 소는 잠이 들어 버렸다. 깊은 잠이었다. 아주 실신한 게라고 사람들은 말했다.

날씨는 섣달 날씨였고 얼어 달아나는 바람은 삼경을 넘었는데 소가 어른인 마당 한가운데선 불티만이 하늘 높이로 치솟고 치솟곤 했다.

그리고 거기서 그만이었다. 아무런 보람이 없었다. 암소는 제 한 몸만 믿고 걸었던 기대와 희망을 헌 멍에 벗어던지듯 하고 결국 가죽만 남기게 된 것이었다.

"배신을 해도 유만부동이다. 이 괘씸한 놈아, 이 괘씸한 놈……"

황씨가 소에게 달려들어 덜미를 꼬집어 뜯으며 혀를 깨무는 뒤에서, 고랏댁은 어서 날이 새어 소 배를 가르고 태중의 새끼를 꺼내면 푹신 고아 남편 몸보신이나 시키리란 생각과 함께 모닥불에 짚단을 더 얹었다.

밤이 깊어 가면서 ⓛ 마을 사람들은 모두 속으로 죽은 고기는 반 값이니 몇 근 사두면 그믐 대목까지 곰국을 내먹겠다고 치부하면서도 겉으론 하늘 아래 이 동네 서고 소가 술 취해 죽었다는 건 듣고 보기 처음이라고 탄식이 거듭이었다.

- 이문구, 「암소」-

*필목 : 필로 된 무명천.
*조시 : 무엇이 처음 시작됨.
*소창직 : 무명실로 만든 면직물.
*카시미론 : 캐시미어의 감촉을 재현한 저가 합성 섬유.

---

021 서술상 특징

윗글에 대한 설명으로 가장 적절한 것은?

① 서술자가 전해 들은 사건을 객관적으로 전달하고 있다.
② 서술자가 사건뿐만 아니라 인물의 심리를 서술하고 있다.
③ 주인공이 회상을 통해 자신의 경험을 직접 전달하고 있다.
④ 이야기 안의 서술자가 인물에 대한 생각을 드러내고 있다.
⑤ 장면마다 서술자를 바꿔 사건을 입체적으로 보여 주고 있다.

022 내용 이해

윗글을 읽고 알 수 있는 내용으로 적절하지 <u>않은</u> 것은?

① 황씨는 소창직 직조 사업이 어려워지자 매장치기를 했다.
② 촌사람들은 카시미론이라는 새로운 물건에 마음을 빼앗겼다.
③ 고랏댁은 암소가 송아지를 배고 있다는 사실을 알고 있었다.
④ 양순이는 외양간에서 암소가 사라진 것을 처음 발견했다.
⑤ 선출이는 암소가 술에 취해 날뛰는 것을 제지하지 못했다.

023 인물 이해

㉠과 ㉡에 대한 이해로 가장 적절한 것은?

① ㉠은 ㉡과 달리 자신의 이익을 관철하기 위해 의도적으로 갈등을 조성하고 있다.
② ㉡은 ㉠과 달리 자신들의 경제적 이익을 목적으로 서로 협력하는 모습을 보이고 있다.
③ ㉠은 인정에 호소하는 방법을 통해, ㉡은 알고 있는 지식을 활용하는 방법을 통해 상황의 반전을 꾀하고 있다.
④ ㉠은 현재의 상황에 대한 기대감이, ㉡은 당면한 상황에 대한 죄책감이 동기가 되어 특정 행위를 행하고 있다.
⑤ ㉠과 ㉡은 모두 자신들의 노력이 수포로 돌아가자 겉과 속이 다른 모습을 보이고 있다.

024 서사 전개 과정

윗글의 서사 전개 과정을 <보기>와 같이 도식화할 때, [A], [B]를 비교한 내용으로 적절하지 <u>않은</u> 것은? `3점`

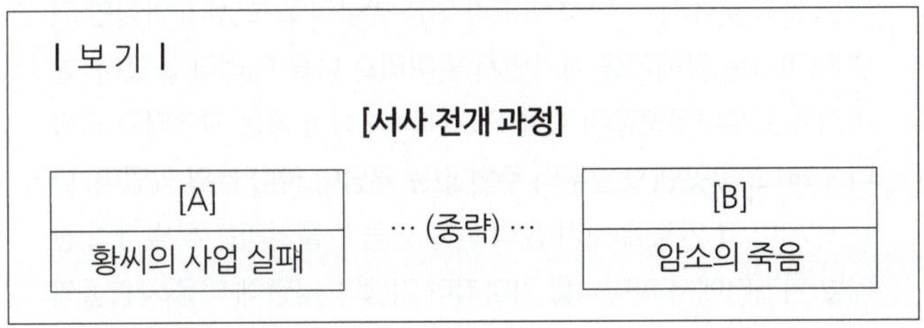

① [A]는 사회의 변화로 말미암아 일어난 사건이고, [B]는 개인의 실수로 일어난 사건이다.
② [A]는 사건에 대한 중심인물의 회한이, [B]는 사건에 대한 중심인물의 원망이 나타나 있다.
③ [A]는 장기적으로 일어난 사건의 과정이, [B]는 단기적으로 일어난 사건의 과정이 나타나 있다.
④ [A]는 문제 상황에 대한 중심인물의, [B]는 문제를 해결하려는 주변 인물의 행동이 나타나 있다.
⑤ [A]는 세태에 대한 중심인물의 관심을, [B]는 공동체에 대한 중심인물의 반감을 불러일으키고 있다.

다음 글을 읽고 물음에 답하시오.

3문항을 6분 안에 풀어 보세요.  **6분**

　녀석에게 고향을 배워 주겠노라 약속해 놓고도 막상 그것을 생각해 보려 하니 막연하기만 했다. 생각의 실마리가 쉽게 잡히지 않았다. 어머니가 돌아가신 후로 20년 가까운 세월 동안 한 번도 발걸음을 한 일이 없는 동백골이었다. 하나같이 기억이 희미했다. 제법 감동 같은 걸 싣고 떠오르는 일이 없었다. 생각난 것은 내 배앓이의 시초가 됐던 학교 잡부금과 꾀배에 관한 것뿐이었다. 그러나 그것은 다시 기억을 더듬어 낼 필요가 없는 것이었다. 그것은 간밤에 이미 확인이 끝난 일이었다. 다른 것을 찾아내야 했다. 훈이 녀석을 위해서도 좀 더 행복스런 고향을 찾아내야 했다. 나는 바다를 내려다보며 그 바다와 상관하여 기억을 더듬기 시작했다.

　동백골에서도 바다는 멀지 않았다. 바닷가 산비탈에 밭농사를 짓고 있어 그곳 사람들도 바다에는 무척 익숙했다. 그러나 나는 아직도 그 바다가 어떤 식으로 내 어린 시절과 상관되고 있었는지, 또 그것에 대해 무슨 말을 할 수 있을지 마땅한 생각이 떠오르지 않았다. 모든 게 뿌옇게 멀기만 했다. 아름아름 어떤 기억이 떠오를 듯하다가도 ㉠ 화산 마을 앞 넓은 바다가 눈앞으로 다가오면 그것에 가려 기억 속의 것은 금세 희미하게 멀어져 버리곤 했다.

　그럭저럭하다가 나는 결국 방으로 들어가 몸을 기대고 누워 버렸다. 하지만 누워서도 다시 생각을 계속했다. 다행히 눈앞에서 나를 간섭해 오는 바다가 없으니 이젠 생각이 훨씬 쉬운 것 같았다. ㉡ 동백골 앞바다가 좀 더 선명하게 떠올랐다. 이윽고 한 가지 행복스런 정경이 멀리서부터 천천히 뇌리 속으로 비춰 들어왔다. 그것은 참으로 **행복스런 추억**이었다.

　바다가 있었다. 여름의 바다는 유난히 넓고 푸르게 반짝거렸다. 바다에 발뿌리를 내려 뻗은 산줄기는 어디라 할 것 없이 울창한 녹음으로 푸르게 뒤덮여 있었다. 산비탈은 대부분 밭갈이가 되어 있고, 고구마나 수수나 콩이나 목화 같은 것을 심은 여름 밭가리 가운데는 다섯 마지기 남짓한 우리 집 밭뙈기도 끼여 있었다. 어머니는 여름 한철을 대개 그 다섯 마지기 여름 밭갈이로 보냈다. 아침만 되면 어머니는 김매기를 나가면서 밭머리로 나를 데려다 놓았다. 밭머리에는 푸나무꾼들이 산을 오르내리며 쉬어 가는 지게터가 있었다. 그리고 그곳엔 옛날부터 주인 없는 무덤이 하나 누워 있었다. 나는 언제나 그 인적에 씻겨 윤이 돋을 만큼 반들거리는 무덤가의 잔디밭 지게터에서 어머니를 기다리며 지냈다. 나중에 마을 사람들의 이야기를 들어 안 일이지만, 나는 내 기억의 한참 전부터도 여름이면 늘상 그 밭머리의 지게터에서 하루 해를 지내곤 했댔다. 그리고 그 시기엔 어머니가 나를 업어다 쇠고삐처럼 허리에 띠를 감아 매어 놓곤 했댔다. 걸핏하면 아무 데나 기어가 흙덩이를 집어 먹고 나무 가시 같은 데에 얼굴을 자주 할퀴여 댔기 때문이라고. 어떤 때 사람들이 지게터를 지나가다 보면 나는 온몸에 오줌과 똥을 짓이겨 바른 채 배가 고파 울고 있거나, 울음을 울다울다 제풀에 지쳐 더운 뙤약볕 아래 잠이 들어 있는 것을 볼 때가 많았다고.

　[중략 줄거리] '나'의 고향 이야기를 들은 훈이는 '나'에게 고향을 찾아가지 않는 이유를 묻는다. 당황한 '나'는 그날 밤 심한 배앓이를 한

다. 다음날 '나'는 차분하게 가라앉은 기분을 느끼며 기태에게 이제 화산 마을에서 떠나 서울로 가겠다고 말한다.

　"**악마구리 속**이라도 할 수 없지. **나를 그토록 폐허로 만든 곳이** 서울이라면 내 병도 아마 그 서울 쪽에 뿌리가 있을 테니까. 뿌리를 뽑고 싶으면 싫더라도 그 뿌리가 내려진 곳으로 돌아가는 게 정직한 태돌 테구."

　"아서…… 자네 생각이 어떤 건지 모르지만, 난 아무래도 자넬 다시 서울로는 돌아가게 하고 싶지 않아. 내 집이 혹 불편해져서 그런다면 더 할 말이 없지만, 그렇더라도 서울보단 차라리 동백골이나 한번 들어가 지내보는 게 어떨까도 싶고……"

　"동백골 쪽도 생각해 보지 않은 건 아니었어. 그것도 뭐 새삼스런 기대가 생겨서 그랬던 건 아니구. 기대 같은 걸로 말한다면 그건 오히려 정반대의 생각에서였다고 할까. 난 사실 지금도 그 동백골이 어떤 곳이었던가를 깡그리 잊고 있던 건 아니거든. 그런데 거기 너무 오래 발을 끊고 지내다 보니 어릴 적 일들이 **터무니없는 요술을 부리려 들더**구만. 그럴듯한 요술로 나를 마구 속이려 든단 말일세. 내 눈으로 다시 가서 사실을 확인해 두고 싶기도 했어. 더 이상 내게 요술을 부릴 수 없도록. 하지만 아직도 내게는 용기가 훨씬 모자란 것 같아. 고향이 어떻게 **나를 두렵게 하더**라도 그 현실을 현실대로 **정직하게 맞부딪쳐** 들어갈 수 있는 내 용기가 말일세. 당분간은 그 동백골 한 곳이라도 나를 속이게 놔두는 것이 나을 듯싶더구만. 그래야 또 자네 말대로 그 악마구리 속 같은 서울 살이를 버텨 나가기가 나을 듯싶기도 하고……"

　"서울이란 할 수가 없군. 자넨 이제 진짜 서울 사람이 다 되어 버린 것 같다니까……"

　기태는 아직도 곧이들리지 않는 듯 허허 웃었다.

　그러나 나는 이제 아무 새로운 느낌도 없었다. 어이없어하는 기태를 향해 담담하게 대답했다.

　"하지만 뭐 서울에 무슨 새삼스런 기대가 있어선 물론 아니야. 그게 이를테면 유일하게 정직한 나의 삶이라는 것이겠고, 서울은 실상 그런 내 하나밖에 없는 **소중한 삶의 터전**인 셈이니까……"

　"병은 고칠 작정이 아니군."

　기태는 그제서야 겨우 기가 꺾이기 시작했다. 그가 비로소 정색을 하며 혼잣말처럼 중얼거렸다. 그러자 나는 마지막으로 좀 더 지껄였다.

　"할 수 없는 일이지. 이제 와서 알게 된 일이지만, 그건 맘대로 되는 일이 아닌 것 같거든. 살아오느라고 이 몰골로 폐허가 다 되었는데 좀 어려운 일이 아니지 않아. 이런 식으로는 어림도 없는 일이야. 난 단념했어. 그리고 이제부턴 그런 걸 불편스럽게 여기거나 부끄러워하지도 않을 것 같애. 나에겐 그 밖에 남은 게 없거든. 어떻게 보면 나는 그 많은 증세들 때문에, 그것을 건강 삼아 지금까지 살아왔던 것 같기도 하구. 고칠 수도 없고 굳이 고치려고 하지도 않겠어. 마음에 들진 않지만 이게 살아 있는 **내 진짜 얼굴**이거든. 그렇다면 난 다시 서울을 찾아 들어가는 것이 새삼스럽게 두려워질 일도 아니겠고, 자 그럼……"

- 이청준, 「귀향 연습」-

025 내용 이해

윗글에 대한 이해로 적절하지 <u>않은</u> 것은?

① '나'는 어머니가 돌아가신 후에는 동백골에 가지 않았다.
② '나'는 훈이에게 행복스러운 고향 이야기를 들려주기 위해 고민했다.
③ 어머니는 여름 한철을 대개 산비탈에 있는 밭을 가는 일로 보냈다.
④ 기태는 서울 살이를 버텨 보겠다는 '나'의 선택을 지지했다.
⑤ 기태는 '나'의 병을 고치기 위해 서울보다는 동백골에서 지내보는 것을 권했다.

026 공간의 의미

㉠과 ㉡에 대한 설명으로 가장 적절한 것은?

① '나'는 ㉠과 ㉡에서의 경험을 동일시하고 있다.
② ㉠을 바라보면서 ㉡에서의 '나'의 행동을 후회한다.
③ ㉠에서 벗어난 뒤 ㉡에 관한 '나'의 기억이 선명해진다.
④ ㉠을 떠나면서 ㉡에서 '나'가 생각했던 의문이 해소된다.
⑤ '나'는 ㉠에서의 일을 잊기 위해 ㉡에서의 일을 떠올린다.

027 감상의 적절성

〈보기〉를 바탕으로 윗글을 감상한 내용으로 적절하지 <u>않은</u> 것은?

`3점`

> **⏐ 보 기 ⏐**
>
> 「귀향 연습」에서 '나'는 도시 질서에 적응하지 못한다. '나'는 고향을 도시와 대립된 공간으로 인식하고 고향을 행복했던 곳으로 이상화하며 고향에 관한 기억을 왜곡한다. 그런데 훈이와의 대화가 계기가 되어 '나'는 고향에 관한 생각이 환상에 불과했음을 인식하고 서울행을 결정하면서 현실에 대한 긍정성을 회복하려는 모습을 보인다.

① 서울에서의 생활을 '악마구리 속'이라고 표현하는 것으로 보아, '나'가 도시 생활에 적응하는 데 어려움을 느꼈을 것이라고 볼 수 있군.
② 고향이 '나를 두렵게 하'여 '정직하게 맞부딪'칠 용기가 모자란다고 말하는 것으로 보아, '나'는 고향에 대한 환상을 깨려 한다고 볼 수 있군.
③ 동백골에서의 어린 시절 일들이 '터무니없는 요술을 부리려 들더'라고 표현하는 것으로 보아, '나'는 고향의 이미지를 왜곡하고 있었음을 깨달았다고 볼 수 있군.
④ 동백골은 '행복스런 추억'이 있는 공간으로, 서울은 '나를 그토록 폐허로 만든 곳'으로 여겼던 것으로 보아, '나'는 고향을 서울과 대립된 공간으로 인식했다고 볼 수 있군.
⑤ 서울을 '소중한 삶의 터전'으로 여기고 마음에 들지 않더라도 '내 진짜 얼굴'을 받아들이겠다고 말하는 것으로 보아, '나'는 현실에 대한 긍정성을 회복하려 한다고 볼 수 있군.

DAY 17

Ⅳ 현대소설

다음 글을 읽고 물음에 답하시오.   4문항을 7분 안에 풀어보세요. 

"아니, 작은 것 한 장도 못 되는 돈 갖고 이 바닥에서 독채 전세를 얻겠다고?"

그러더니 다시 한바탕 해소라도 발작한 것같이 급하게 웃었다. 거금 구십만원을 작은 것 한 장도 안 되다니, 이 노인이 귀가 좀 어두운가 해서 나는 다시 목청을 돋우어 구십만원을 강조했다.

그래도 노인은 탁하고 급한 웃음을 멎을 척도 안 했다. 사무실 앞에 **승용차가 나란히 두 대가 멎**더니 부인들과 신사들이 섞인 한 떼가 안으로 들이닥쳤다. 이곳도 결코 파리 날리는 한가한 곳이 아니었던 것이다.

"사모님, 지금 보신 **그 땅** 눈 꽉 감고 잡아놓으십시다. 글쎄 문제없다니까요. 중도금 치르기 전에 평당 오천원 띠기는 누워서 떡 먹기라니까요."

젊은 신사들이 부인들을 꾀고 노인도 합세했다.

"우리하고 손잡고 이 바닥에서 큰돈 잡은 사모님네들 숱합니다, 숱해."

나는 그들에게 완전히 잊혀졌다. 영아 기저귀를 갈아주고 다시 업고 나올 때까지 아무도 거들떠보지 않았다. 나는 다시 버스를 타고 이 아름다운 신흥 주택가에 앙심을 품고 떠났다.

그 다음날은 수유리 쪽으로, 그 다음날은 망우리 쪽으로, 그 다음날은 갈현동 쪽으로 다녀봤지만 어디서고 구십만원짜리 독채 전세는 구경도 못 하고 다만 구십만원의 가치를 좀더 분명히 알아온 데 불과했다.

결국 우린 의논을 다시 해서 독채는 아니더라도 안집으로부터 뚝 떨어진 부엌도 따로 있고 출입문도 따로 있어 독립된 오붓한 생활을 할 수 있는 전세방을 구하기로 합의했다. 어차피 전셋집도 못 되는 전세방을 구할 바에야 구태여 교통이 불편한 변두리로 갈 게 뭐냐고 도심에 가까운 주택가를 돌기 시작했다. 구십만원짜리 전세방을 구한단 소리에 복덕방 영감의 반응은 괜찮았다. 사뭇 굽실대기까지 했다. 그 바람에 나도 좀 배짱을 부렸다. 방이 깨끗하고 널찍해야 된다느니, 부엌에 상하수도 시설이 갖춰져야 한다느니, 그리고 남편이 하던 소리도 했다. 정원이 있는 양옥집이어야 하고 주인집에 전화가 있어야 한다고 말이다. 나는 남편이 나한테 그런 소리를 했을 때 그 철딱서니 없음이 딱하고 한심해 대꾸도 안 했었는데 거드름을 부리고 싶은 나머지 ⊙ 그 소리까지 했다.

그런데 재수 나쁘게도 **첫번째 본 집**에서 등에 업힌 영아를 트집 잡았다. 아무리 뚝 떨어진 방이지만 갓난애가 딸린 집은 싫다는 거였다. 주인여자는 외눈 하나 까딱 안 하고 ⓒ 그런 소리를 하며 우리 영아를 냉랭하게 쏘아보았다. 세상에 이럴 수가 — 나는 그 여자의 시선에 못된 주술이라도 걸려 있어 우리 영아가 곧 어떻게 되는 것 같아 허둥지둥 그 집을 뛰쳐나왔다. 세상에, 겨우 생후 일 년밖에 안 된 천사 같은 것을 그런 독사 같은 눈으로 노려보다니, 정말 재수 옴 붙은 날이었다.

애는 무조건 싫다니, 그럼 **셋방살이 신세가 무슨 대역죄**라고 단종수술이라도 하란 말인가.

그러나 그 다음에 본 집도, 또 그 다음에 본 집도 아이를 꺼리기

는 마찬가지였다. 마당에 기저귀 널어놓는 것 보기 싫다는 둥, 걸음마 타면 잔디를 망쳐놓을 거라는 둥, 꽃을 딸 거라는 둥, 멋대로 트집들을 잡았다. 어떤 점잖은 중년 부인은

"쯧쯧, 미련도 하지. 아이는 집 장만부터 하고 낳아야지 어쩌자고 아이부터 낳았수?"

ⓒ 그 여자 말을 들으니 집 장만하기 전에 아기를 낳는다는 일이 사생아를 낳는 일보다 훨씬 더 부끄러운 일로 여겨졌다. 나는 수치심으로 온몸이 불화로처럼 달아올랐다.

[중략 줄거리] 복덕방 영감은 애를 데리고 다니면 집을 얻기 힘들 것이라고 하고, 남편은 친정에 영아를 맡기고 둘이서 집을 알아보자고 한다.

"잔디 밟지 마세요." 주인여자가 맑고 차가운 목소리로 주의를 주고 먼저 현관으로 들어가더니 뒤란으로 난 **셋방**의 부엌문을 안에서 열어주었다. 부엌도 방도 넓고 정결하고 밝았다. 방의 벽지도 고급이었고 부엌의 상하수도 시설도 갖추어져 있었다. 여자가 다시 식구를 물었다. 남편이 **냉큼 두 내외뿐**이라고 하자 여자는,

"젊은 두 내외 믿을 수 있나요. 언제 애가 생길지. 그렇지만 어린 애가 생기면 방은 당장 옮기실 각오하셔야 돼요."

하고 못을 박았다. 나는 가슴이 마구 두방망이질하는 걸 느꼈다. 영아도 영아였지만 나는 지금 몸에 이상을 느끼고 있는 중이었다. 어머니의 해몽에 의하면 아들이 틀림없다는 용꿈까지 꾼 뒤였고, 나도 낳는 김에 아주 아들 하나 더 낳고 그만둘 셈이었다. 그런데 이 여자는 남의 **배까지 흘끔흘끔** 보며 이런 **야박한 소리**를 거침없이 하는 것이었다. 나는 집에 대한 정나미까지 뚝 떨어지고 말았다. 그래도 남편은 이 집을 얻기를 고집했고, 언제나 그렇듯이 일은 남편 고집대로 되고 말았다.

"영아는 이사 가는 날 내가 당당히 안고 들어갈 테니 당신은 조금도 걱정 말라구. 제년이 어쩔 거야, 내 새끼 내가 끼고 들어 가는데."

이렇게 ⓔ **큰소리**를 탕탕 치고는 정작 이사 가는 날은 딴소리를 했다.

"여보, 장모님 기력도 예전 같으시잖은데 이삿짐 거들어주십사기도 뭣하니, 여보, 집에서 편히 영아나 좀 봐주십사고 합시다."

이삿짐을 대충 정리하고 밤에 영아를 데리러 나서려는데 남편은 또 ⓜ **딴소리**를 했다.

"여보, 이 다음 공일까지만 영아를 외할머니한테 두어둡시다. 이 기회에 아주 젖을 떼게. 돌이 넘도록 젖을 빨린다는 건 무식하고 야만적이야. 더군다나 임신 초기에 젖을 그대로 빨린다는 건 애에게도 해롭고 모체에게도 해롭고 태아에게도 해롭고 그야말로 백해무익이라는 거야."

고대하던 다음 일요일, 나는 일찍부터 **친정 나들이**를 서둘렀다. 남편도 순순히 따라나섰다. 집을 비우려면 뒤란으로 난 부엌문을 안에서 잠그고 주인집 마루를 지나 현관으로 나가야 한다. 주인여자가 괜히 샐쭉하며 동부인해서 정답게 어디를 가느냐고 했다.

"네, 이 사람 외식도 좀 시키고 쇼핑도 좀 하려구요."

"어머머, 재미가 깨가 쏟아지셔."

"그럼요, 아이 없을 때 실컷 재미 봐야지 언제 봅니까."

오늘은 꼭 영아를 데려오고야 말겠다던 남편의 수작이 이랬다. 나는 가슴이 막히는 듯한 **절망감을 느**꼈다.

일 주일 동안에 영아는 많이 여위었다.

목이 상큼하고 눈은 더 크고 슬퍼 보였다. 어머니도 많이 수척해지신 것 같았다. 올케의 기색도 안 좋았다.

- 박완서, 「서글픈 순방(巡房)」-

028 서술상 특징

윗글에 대한 설명으로 가장 적절한 것은?

① 여러 인물의 내적 독백을 나열하여 주제를 드러내고 있다.
② 과거와 현재를 반복적으로 교차하여 갈등 해소의 실마리를 제시하고 있다.
③ 외부 이야기 속에 내부 이야기를 삽입하여 이야기의 신뢰도를 높이고 있다.
④ 작품 내부의 서술자가 자신이 겪은 사건을 진술하며 주관적 판단을 드러내고 있다.
⑤ 인물의 표정 변화와 내면 변화를 반대로 서술하여 그 인물의 특성을 부각하고 있다.

029 내용 이해

㉠~㉤에 대한 이해로 적절하지 않은 것은?

① ㉠은 '나'의 태도가 과거와 달라졌음을 보여 준다.
② ㉡은 '나'의 상황에 '주인여자'가 공감한다는 내용을 담고 있다.
③ ㉢은 '나'가 자신의 상황을 돌아보며 수치심을 느끼게 한다.
④ ㉣은 '나'의 걱정과 관련해 '남편'이 앞으로 무엇을 하겠다는 것인지를 언급한다.
⑤ ㉤은 '나'의 바람과 '남편'의 생각이 다름을 보여 준다.

030 인물의 태도

<보기>에 따라 윗글을 이해한 내용으로 가장 적절한 것은?

| 보 기 |

선생님 : 이 작품에는 '구십만 원'을 둘러싼 인물들의 다양한 행동이 드러나 있습니다. 행동의 이유에 주목하여 작품을 읽어 봅시다.

① '복덕방 영감'이 '나'에게 굽실거리는 이유는 '복덕방 영감'이 '구십만 원'의 가치에 대해 오해를 하고 있었기 때문이에요.
② '나'가 '남편'과 의논하여 구하는 집의 조건을 변경한 이유는 '구십만 원'의 가치에 대한 인식이 바뀌었기 때문이에요.
③ '노인'이 웃음을 터뜨린 이유는 '구십만 원'의 가치에 대한 '나'의 인식을 이용하여 이득을 볼 수 있으리라 생각했기 때문이에요.
④ '나'가 '노인'에게 '목청을 돋우어' '구십만 원'을 강조한 이유는 '구십만 원'의 가치에 대한 생각이 서로 일치함을 확인했기 때문이에요.
⑤ '나'가 '신흥 주택가'를 떠나 사흘 동안 세 지역을 다닌 이유는 '복덕방 영감'으로부터 '구십만 원'의 가치라면 전세방을 구할 수 있다는 말을 들었기 때문이에요.

031 감상의 적절성

<보기>를 참고하여 윗글을 감상한 내용으로 적절하지 않은 것은? `3점`

| 보 기 |

　이 작품에서는 주거 공간이 정착의 수단이자 물질주의적 욕망의 대상으로 그려지고 있다. 부동산으로 부(富)를 축적하던 1970년대의 세태 속에서 가족의 터전을 찾는 인물들은 경제적 여유를 지닌 이들에 의해 삶의 방식을 간섭받는다. 이 과정에서 경제적 격차를 실감하며 현실의 부당함을 인식하게 되는 인물들은 부에 가치를 두는 정도에 따라 각기 다른 현실 대응 방식을 보여 준다.

① '승용차가 나란히 두 대가 멎'은 후 거기서 내린 '젊은 신사들'이 '그 땅'에 대해 말하는 부분에서, 부동산을 부의 축적 수단으로 인식하던 세태를 짐작할 수 있군.
② '나'가 '첫번째 본 집'을 나와서 '셋방살이 신세가 무슨 대역죄'냐고 생각하는 부분에서, 주거 공간을 얻는 과정에서 마주한 현실이 부당하다고 느끼는 것을 짐작할 수 있군.
③ 주인여자가 '배까지 흘끔흘끔' 보면서 하는 말을 '나'가 '야박한 소리'라고 생각하는 부분에서, 경제적 여유를 지닌 이들에 의해 삶의 방식을 간섭받는 모습을 확인할 수 있군.
④ 남편이 '셋방'의 상태와 시설을 보고 주인여자의 말에 '냉큼 두 내외뿐'이라고 하는 부분에서, 대상의 물질적 조건을 고려하여 살 곳을 선택하는 현실 대응 방식을 확인할 수 있군.
⑤ '나'가 '친정 나들이'를 갈 때 주인여자에게 남편이 하는 말을 듣고 '절망감을 느'끼는 부분에서, 경제적 격차를 인지하지 못하고 가족의 정착만을 중시했던 태도를 후회하는 것을 확인할 수 있군.

다음 글을 읽고 물음에 답하시오.   4문항을 7분 안에 풀어보세요. 

[앞부분의 줄거리] 아버지는 도시 변두리에서 노새 마차를 몰면서 연탄 배달 일을 한다. 어느 날 가파른 골목을 오르던 마차가 넘어지면서 노새가 달아나 버리고 아버지와 '나'는 노새를 찾아 헤맨다.

[A]

까마귀 새끼라는 것은 우리 아버지가 까맣게 연탄재를 뒤집어쓰고 다닌대서 그 아들인 나를 가리키는 말이다. 사실 아버지는 노상 시커먼 몰골을 하고 다녔다. 옷은 물론 국방색 신발도 어느새 깜장 구두가 되어 있었다. 손 얼굴 할 것 없이 온몸이 껌정투성이였다. 어쩌다가 휑 하고 코를 풀면 콧물조차도 까맸다. 그런 가운데에서도 눈 하나만은 퀭하니 크게 빛났다. 아이들은 그런 아버지를 보고 까마귀라고 불러댔으나 차마 대놓고 그러지는 못하고, 만만한 나만 보면 까마귀 새끼라고 놀려댔다. 하지만 저희네들 아버지는 별것이었던가. 영길이네 아버지는 조그마한 기계와 연탄불을 피워가지고 다니면서, 뻥 소리와 함께 생쌀을 납작하게 눌러 튀겨내는 장사를 하고 있었고, 종달이네 형님은 번데기 장수였다. 순철이네 아버지는 시장 경비원이었고, 귀달네 아버지는 포장마차에서 장사를 하고 있었다. 그래서 우리는 영길이더러 '뻥', 종달이더러는 '뻔'이라는 별명을 붙여주었으며, 순철이 귀달이도 모두 하나씩 별명을 가지고 있었다. 그러니까 내가 까마귀 새끼라는 별명을 가지고 있다는 것은 어떻게 보면 당연한 것이고 별로 억울할 것도 없었다.

㉠ 내가 집에 돌아온 것은 밤 열 시도 넘어서였으나 아버지는 그때까지 돌아오지 않고 있었다. 할머니와 어머니는 동네 사람들의 귀띔으로 미리 [사건]을 알고 있었던지, 내가 들어서자 얼른 뛰어나오며 허겁지겁 물었다.

"찾았니?"

"아버지는 어떻게 되셨어?"

내가 혼자 들어서는 걸 보면 찾지 못한 것을 번연히 알면서도 어머니는 다그쳐 물어댔다. 어머니는 나에게 밥을 줄 생각도 하지 않고 한숨만 내리 쉬고 올려 쉬곤 하였다.

아버지가 돌아온 것은 통행금지 시간이 거의 되어서였다. 예상한 일이지만 아버지는 빈 몸이었고 형편없이 힘이 빠져 있었다. 그때까지 식구들은 아무도 잠들지 않았다. 작은형도 일이 일인지라 기타도 치지 않고 죽은 듯이 방안에만 처박혀 있었다. ㉡ <u>아버지를 보고도 아무도 말을 하지 않았다.</u> 다만 할머니만이 말을 걸었다.

"이제 오니?"

"네."

그뿐, 아버지는 더는 말이 없었다. 그리고는 어머니가 보아온 밥상을 한옆으로 밀어놓고는 쓰러지듯 방 한가운데 드러눕고 말았다. 아버지는 지금 내일부터 당장 벌이를 나갈 수 없는 아픔보다도 길들여 키워온 노새가 가여워서 저러는지도 모를 일이었다. 아버지는 원래가 마부였다. 서울에 올라오기 전 시골에서도 줄곧 말마차를 끌었다. 어쩌다가 소달구지를 끄는 적도 있기는 했으나 얼마 가지 않아서 도로 말마차로 바꾸곤 했다. 그런 아버지였으므로 서울에 올라와서는 내내 말마차 하나로 버텨나왔었는데 어떻게 마음먹었

는지 노새로 바꾸고 만 것이다. 노새나 말이나 요즘은 그놈의 삼륜차 때문에 아버지의 일감이 자칫 줄어드는 듯하기도 했다. 웬만한 오르막길도 끄떡없이 오르고, 웬만한 골목 안 집까지도 드르륵 들이닥치니 아버지의 말마차가 위협을 느낌직도 했고, 사실 일감을 빼앗기기도 했다. 그런데도 그때마다 아버지는 큰소리였다. "휘발유 한 방울 안 나오는 나라에서 자동차만 많으면 뭘 해." 마치 애국자처럼 말하는 것이었으나 나는 아버지의 그 말 뒤에 숨은 오기 같은 것을 느낄 수 있었다. 너무 고단해서였을까, 이날 밤 나는 앞뒤를 가릴 수 없을 만큼 깊이 잠에 빠졌던 것 같다.

(중략)

아버지는 술이 약한 편이어서 저러다가 어쩌나 하고 걱정이 되었다.

"아버지, 고만 드세요. 몸에 해로워요."

"으응."

대답하면서도 아버지는 술잔을 놓지 않았다. 얼마나 지났을까. 안주를 계속 주워 먹었으므로 어느 정도 시장기를 면한 나는 비로소 아버지를 쳐다보았다.

㉢ <u>"이제부터 내가 노새다. 이제부터 내가 노새가 되어야지 별수 있니? 그놈이 도망쳤으니까. 이제 내가 노새가 되는 거지."</u>

기분 좋게 취한 듯한 아버지는 놀라는 나를 보고 히힝 한 번 웃었다. 나는 어쩐지 그런 아버지가 무섭지만은 않았다. 그러면 형들이나 나는 노새 새끼고, 어머니는 암노새고, 할머니는 어미 노새가 되는 것일까? 나도 아버지를 따라 히히힝 웃었다. 어른들은 이래서 술집에 오는 모양이었다. 나는 안주만 집어먹었는데도 술 취한 사람마냥 턱없이 즐거웠다. 노새 가족—노새 가족은 우리 말고는 이 세상에 또 없을 것이었다.

그러나 이러한 생각은 아버지와 내가 집에 당도했을 때 무참히 깨어지고 말았다. 우리를 본 어머니가 허둥지둥 달려 나와 매달렸다.

㉣ <u>"이걸 어쩌우. 글쎄 경찰서에서 당신을 오래요. 그놈의 노새가 사람을 다치고 가게 물건들을 박살을 냈대요. 이걸 어쩌지."</u>

"노새는 찾았대?"

"찾고나 그러면 괜찮게요? 노새는 간데온데없고 사람들만 다치고 하니까, 누구네 노새가 그랬는지 수소문 끝에 우리 집으로 순경이 찾아왔지 뭐유."

오늘 낮에 지서에서 나온 사람이 우리 노새가 튀는 바람에 여기저기서 많은 피해를 입었으니 도로 무슨 법이라나 하는 법으로 아버지를 잡아넣어야겠다고 이르고 갔다는 것이었다. 아버지는 술이 확 깨는 듯 그 자리에 선 채 한동안 눈만 뒤룩뒤룩 굴리고 서 있더니 휑 하고 코를 풀었다. 그리고는 아무 말 없이 스적스적 문밖으로 걸어 나갔다. 나는 "아버지" 하고 뒤를 따랐으나 아버지는 돌아보지도 않고 어두운 골목길을 나가고 있었다.

㉤ <u>나는 그 순간 또 한 마리의 노새가 집을 나가는 것 같은 착각을 일으켰다.</u> 그리고는 무엇인가가 뒤통수를 때리는 것을 느꼈다. 아, 우리 같은 노새는 어차피 이렇게 비행기가 붕붕거리고, 헬리콥터가 앵앵거리고, 자동차가 빵빵거리고, 자전거가 쌩쌩거리는 대처

에서는 발붙이기 어려운 것인가 하는 생각이 들었다. 언젠가 남편이 택시 운전사인 칠수 어머니가 하던 말, "최소한도 자동차는 굴려야지 지금이 어느 땐데 노새를 부려." 했다는 말이 생각났다. 그러나 그것은 잠깐 동안이고 나는 금방 아버지를 쫓았다. 또 한 마리의 노새를 찾아 캄캄한 골목길을 마구 뛰었다.

- 최일남, 「노새 두 마리」 -

032 서술상 특징

윗글에 대한 설명으로 가장 적절한 것은?

① 상징적 소재를 통해 주제를 형상화하고 있다.
② 풍자적 기법을 통해 인물을 희화화하고 있다.
③ 시점의 전환을 통해 상황을 입체적으로 보여 주고 있다.
④ 사건의 반전을 통해 갈등이 해소될 것임을 암시하고 있다.
⑤ 회상을 통해 외부 이야기에서 내부 이야기로 이동하고 있다.

033 내용 이해

사건 에 대한 이해로 가장 적절한 것은?

① '아버지'가 '칠수 어머니'의 충고를 받아들이는 계기가 된다.
② '나'와 '노새'가 동네 아이들의 놀림거리가 되는 계기가 된다.
③ '나'의 가족이 시골을 떠나 도시에 정착하게 되는 계기가 된다.
④ '아버지'가 당장 벌이를 나갈 수 없는 어려움에 처하는 계기가 된다.
⑤ '동네 사람들'이 '아버지'가 노새를 끄는 이유를 알게 되는 계기가 된다.

034 감상의 적절성

㉠ ~ ㉤에 대한 이해로 적절하지 않은 것은?

① ㉠ : 늦게까지 '노새'를 찾는 '아버지'의 절박함을 느낄 수 있군.
② ㉡ : 가족들이 '노새'를 찾지 못한 '아버지'의 무능력함에 실망하고 있음을 알 수 있군.
③ ㉢ : 달아난 '노새'를 대신하려는 '아버지'의 가장으로서의 책임감을 느낄 수 있군.
④ ㉣ : '어머니'가 '노새'로 인해 생긴 문제를 걱정하고 있음을 알 수 있군.
⑤ ㉤ : '나'는 힘들고 지친 '아버지'를 '노새'와 같다고 생각하고 있음을 알 수 있군.

035 표현상 효과

[A]를 〈보기〉와 같이 바꾸어 썼을 때 나타나는 효과로 가장 적절한 것은?

| 보기 |

"까마귀 새끼."
영길이가 놀렸다.
"너네 아버지는 까마귀, 넌 까마귀 새끼."
종달이가 거들었다.
"신발도 깜장 구두, 연탄재 뒤집어쓴 껌정투성이."
아버지가 시장 경비원인 순철이도 한마디 했다.
"그래, 나 까마귀 새끼다. 그러는 니들은 뭐가 달라서."
"너네 아버지는 콧물도 까맣더라."
귀달네 아버지는 포장마차에서 장사를 하는데, 귀달이도 나를 놀린다. 나도 뻥튀기 장수 아들 영길이와 번데기 장수 동생 종달이의 별명을 불렀다.
"영길이는 뻥, 종달이는 뻔."

① 외양을 묘사하여 인물의 성격을 드러내고 있다.
② 호흡이 긴 문장을 사용하여 인물의 심리를 드러내고 있다.
③ 인물의 성격 변화 과정을 제시하여 긴장감을 고조하고 있다.
④ 새로운 인물을 등장시켜 인물 간의 대립 구도를 드러내고 있다.
⑤ 인물 간의 대화를 보여 주어 상황을 현장감 있게 제시하고 있다.

다음 글을 읽고 물음에 답하시오. 4문항을 7분 안에 풀어보세요.

[앞부분의 줄거리] 가족을 찾아 헤매던 '손'은 물이 찬 포구에 산봉우리가 비치는 모습이 학이 날아오르는 듯하여 이름 붙여진 선학동에 도착한다. '손'은 우연히 찾은 주막의 주인 사내에게서 소리꾼 여자에 대한 이야기를 듣는다.

손은 아직도 여자와 자신의 인연에 대해선 분명한 말이 한마디도 없었다. 하지만 그는 이제 학이 날지 못하는 선학동에 **아비의 유골을 묻고 간 여자의 일을 제 일처럼 못내 안타까워하**고 있었다. 주인은 그것으로 모든 일이 분명해진 것 같았다. 그리고 그것으로 만족한 것 같았다.

그가 다시 입을 열기 시작했다.

"아니, 노형은 아까 내 얘길 잊었구만요. 여자가 한 일은 부질없는 것이 아니었어. 여자가 간 뒤로 이 선학동엔 다시 학이 날기 시작했다니께요. 여자가 이 선학동에 다시 학을 날게 했어요. 포구 물이 막혀 버린 이 선학동에 아직도 학이 날고 있는 것을 본 사람이 그 눈이 먼 여자였으니 말이오……."

주인은 이번에야말로 선학동에 다시 학이 날게 된 사연을 이야기하기 시작했다.

(중략)

그러자 여자는 정작으로 그 비상학을 좇듯이 보이지도 않는 눈길로 벌판 쪽을 한참이나 더듬어대었다. 그러다 비로소 채비가 제법 만족스러워진 노인 쪽을 돌아보며 비탄조로 말했다.

"아배의 소리는 그러니께 그 시절에 늘 물 위를 날아오른 학과 함께 노닐었답니다."

주인 사내로선 갈수록 예사롭지 않은 소리들이었다. 눈 아래 들판엔 이제 물도 없고 산그림자도 없었다. 게다가 여자는 어렸을 적 아비의 소망처럼 그 물이나 산그림자의 형용을 깊이 눈여겨보았을 리 없었다. 하지만 여자는 이제 눈을 못 보기 때문에 오히려 성한 사람이 볼 수 없는 물과 산그림자를 보고 있는지도 몰랐다. 두 눈이 성해 있는 사람이라면 그 말라붙은 들판에서 있지도 않은 물과 산그림자를 볼 리가 없었다. 있지도 않은 물과 산그림자를 본 것은 그녀가 오히려 앞을 못 보는 맹인이기 때문이었다.

사내의 그런 상상은 차츰 어떤 불가사의한 믿음으로 변해 갔다.

망망창해에 탕탕(蕩蕩)한 물결이라
백빈주 갈매기는 홍요안에 날아들고……

여자가 마침내 소리를 시작하고 있었다. 그런데 사내는 그 여자의 오장이 끓어오르는 듯한 목소리 속에 문득 자신도 그것을 본 것이다. 사립에 기대어 눈을 감고 가만히 여자의 소리를 듣고 있자니 사내의 머릿속에서 오랫동안 잊혀져 온 옛날의 그 **비상학이 서서히 날개를 펴고 날아오르기 시작**한 것이다. 그리고 여자의 소리가 길게 이어져 나갈수록 선학동은 다시 옛날의 포구로 바닷물이 차오르고 한 마리 선학이 그곳을 끝없이 노닐기 시작했다.

그런 일이 있은 후로 사내는 여자의 학을 믿지 않을 수 없었다.

여자는 날마다 밀물 때를 잡아서 소리를 하였다. 소리는 언제나 이 **선학동을 옛날의 포구 마을로 변하게** 하였고, 그 포구에 다시 선학이 유유히 날아오르게 하였다.

그리고 그러다 여자는 어느 날 밤 문득 선학동을 떠나갔다.

⊙ 하지만 사내는 여자가 그렇게 선학동을 떠나가고 나서도 그녀의 소리가 여전히 귓전을 맴돌고 있었다. 그 소리가 귓전을 울려 올 때마다 선학동은 다시 포구가 되었고, 그녀의 소리는 한 마리 선학과 함께 물 위를 노닐었다. 아니 이제는 그 소리가 아니라 여자 자신이 한 마리 학이 되어 선학동 포구 물 위를 끝없이 노닐었다.

그래 사내는 이따금 말했다.

"여자는 어디로 떠나간 것이 아니여. 그 여자는 이 **선학동의 학**이 되어 버린 거여. 학이 되어서 **언제까지나 이 고을 하늘을 떠돈**단 말이여."

여자가 그토록 갑자기 마을을 떠나가 버린 데 대한 아쉬움 때문이었을까. 주막집 이웃들이나 벌판 건너 선학동 사람들마저 사내의 그런 소리엔 그리 허물을 해 오는 눈치가 없었다. 선학동 사람들은 여자가 모셔온 아비의 유골을 모른 체해 주듯 여자가 그렇게 주막을 떠나가고 나서도 그녀의 사연이나 간 곳을 굳이 묻고 드는 일이 없었다. 뿐더러 주막집 **사내가 이따금 그렇게 앞도 뒤도 없는 소리를 지껄여대도** 그러는 사내를 탓하려 들기는커녕 오히려 **그와 어떤 믿음을 같이하고 싶은 진중한 얼굴들이 되곤** 하였다.

손은 이제 완전히 녹초가 되어 버린 표정이었다. 이따금 손을 가져가던 술잔마저 이제는 전혀 마음에 없는 모양이었다.

이야기를 끝내고 난 주인 쪽 역시 마찬가지였다. ⓒ 가슴 속에 지녀 온 이야기들을 손 앞에 모두 털어놓은 것만으로 주인은 이제 자기 할 일을 다해 버린 사람 같았다. 손이 뭐라고 대구를 해 오든 안해 오든 그로서는 전혀 괘념을 할 일이 아니라는 태도였.

주인은 완전히 손의 반응을 무시하고 있었다. 뒷산 고개를 넘어오는 솔바람 소리가 아직도 이따금 두 사람의 귓전을 멀리 스쳐가고 있었다. 그 솔바람 소리에 멀리 둑 너머 바닷물 소리가 섞이는 듯하였다.

ⓒ 침묵을 견디지 못한 건 이번에도 결국 손 쪽이 먼저였다.

"주인장 이야긴 고맙게 들었소."

이윽고 손이 먼저 주인에게 말했다. ⓔ 그의 어조는 이제 아무것도 숨길 것이 없다는 듯 낮고 차분했다.

"하지만 아까 이야기 가운데서 주인장께선 일부러 사람을 하나 빠뜨려 놓고 있었지요."

주인이 달빛 속으로 손을 이윽히 건너다보았다.

손이 다시 말을 이었다.

"주인장 어렸을 적에 이 마을에 찾아들었다는 그 소리꾼 부녀의 이야기 말이오. 그때 그 어린 계집아이에겐 **소리 장단을 잡아 주던 오라비**가 하나 있었을 겁니다. 그런데 주인장께선 일부러 그 오라비 이야길 빼놓고 있었지요."

추궁하듯 손이 주인의 얼굴을 마주 바라보았다. ⓜ 주인도 이젠 더 사실을 숨길 것이 없다는 듯 고개를 두어 번 깊이 끄덕여 보였다.

"그렇지요. 난 그 오라비가 뒷날 늙은 아비와 어린 누이를 버리고 혼자 도망을 쳤다는 이야기까지도 여자에게 다 듣고 있었으니께요."

"그렇담 주인장은 그 오누이가 서로 아비의 피를 나누지 않은 남
남 한가지 사이란 것도 알고 있었겠구만요. 그리고 그 어린 오라
비가 부녀를 버리고 떠난 것은 차마 그 원망스런 의붓아비를 죽
여 없앨 수가 없어서였다는 것도 말이오."

주인이 다시 고개를 무겁게 끄덕여 보였다.

- 이청준, 「선학동 나그네」-

036 서술상 특징

윗글의 서술상 특징으로 가장 적절한 것은?

① 인물의 회상을 통해 과거와 현재가 연결되고 있다.
② 풍자적 서술을 통해 인물의 행위를 비판하고 있다.
③ 반어적 표현을 통해 집단 간의 갈등을 부각하고 있다.
④ 동시에 진행되는 여러 사건을 병렬적으로 제시하고 있다.
⑤ 장면마다 서술자를 달리하여 상황을 입체적으로 보여 주고 있다.

037 내용 이해

윗글에 대해 이해한 내용으로 적절하지 않은 것은?

① 손은 여자의 오라비가 가족을 떠난 이유를 주인 사내에게 이야기하고
있다.
② 여자는 이전에 온 적이 있는 선학동으로 다시 찾아와서 아비의 유골을
묻었다.
③ 여자는 선학동에 다시 돌아온 손으로부터 아버지에 대한 이야기를 전
해 듣고 있다.
④ 주인 사내는 여자의 소리를 들으며 잊고 있었던 비상학의 모습을 다시
떠올리게 되었다.
⑤ 주인 사내는 여자와 오라비가 아비의 피를 나누지 않은 오누이라는 사
실을 알고 있었다.

038 인물의 심리

㉠ ~ ㉤에 대한 설명으로 적절하지 않은 것은?

① ㉠ : 인상적이었던 과거의 사건을 잊지 못하는 인물의 심리가 드러나 있
다.
② ㉡ : 하고 싶었던 행동을 마치고 난 인물의 심리가 드러나 있다.
③ ㉢ : 상대방과 이야기를 더 이어가고자 하는 인물의 심리가 드러나 있
다.
④ ㉣ : 자신의 속마음을 상대방에게 들켜 당혹감을 느끼는 인물의 심리가
드러나 있다.
⑤ ㉤ : 자신의 의도를 알아차린 상대방의 말에 수긍하는 인물의 심리가 드
러나 있다.

039 감상의 적절성

<보기>를 참고하여 윗글을 감상한 내용으로 적절하지 않은 것은? [3점]

> **| 보 기 |**
> 이 작품에는 삶의 아픔을 지닌 인물들이 등장한다. 가족을 떠날
> 수밖에 없었던 아픔을 지닌 '손'은 '여자'를 찾아다니는 행위를 통해,
> 앞을 보지 못한 채 살아가는 여자는 소리를 통해 각자 자신이 지닌
> 삶의 아픔에서 벗어나기 위해 노력한다. 그 과정에서 예술적 경지
> 에 다다른 여자의 소리는 마을 사람들의 생각이나 행동에까지 영향
> 을 미친다.

① '아비의 유골을 묻고 간 여자의 일을 제 일처럼 못내 안타까워하'는 '손'
의 모습에서 가족을 떠날 수밖에 없었던 '손'의 아픔을 짐작할 수 있겠
군.
② '여자가 마침내 소리를 시작'했을 때 '비상학이 서서히 날개를 펴고 날아
오르기 시작'했다고 느끼는 '사내'의 모습에서 '여자'의 소리가 예술적
경지에 이르렀음을 확인할 수 있겠군.
③ '여자'가 '선학동을 옛날의 포구 마을로 변하게' 하고 선학동을 떠나지
않으며 '소리 장단을 잡아 주던 오라비'를 기다린 것에서 삶의 아픔에서
벗어나기 위해 노력하는 모습을 확인할 수 있겠군.
④ '여자'가 '선학동의 학'이 되어서 '언제까지나 이 고을 하늘을 떠돈'다고
'사내'가 이따금 말하는 모습에서 '여자'의 소리에 대한 믿음을 가지게
된 '사내'의 행동을 확인할 수 있겠군.
⑤ '사내가 이따금 그렇게 앞도 뒤도 없는 소리를 지껄여대'도 선학동 사람
들이 '그와 어떤 믿음을 같이하고 싶은 진중한 얼굴들이 되곤' 했다는
것에서 '여자'의 소리가 마을 사람들의 생각에 영향을 미쳤음을 알 수
있겠군.

DAY
18

Ⅳ

현
대
소
설

[040~043]　2024년 3월 학평 (서울) 25~28번　**정답과 해설편 p.183**

다음 글을 읽고 물음에 답하시오.　4문항을 8분 안에 풀어보세요.　8분

[앞부분의 줄거리] 설렁탕집 주인 '달평 씨'는 선행은 아무도 모르게 해야 한다는 신념을 가진 인물이다. 그러나 우연히 신문 기자들에 의해 선행이 과장되어 세상에 알려지면서 달평 씨는 대중들의 시선을 의식하게 되고, 본래 자신의 모습을 잃어버리는 첫 번째 죽음을 맞게 된다.

　그러나 어쩐 일인지 세상 사람들의 관심은 달평 씨에게서 자꾸 멀어져가고 있었다. 그것을 눈치 못 챌 매스컴들이 아니었다. 달평 씨의 미담이 **세상 사람들에게 알려지는 기회가 부쩍 줄어**들었다.

　그러나 달평 씨는 거기서 물러설 위인이 아니었다. 그가 **입을 더 크게 벌**렸다.

　"나는 전과잡니다. 용서 못 받을 죄를 수없이 지고도 뻔뻔스럽게 살아온 흉악무도한 죄인입니다."

　달평 씨는 듣기에 **끔찍한 지난날 자기의 악행**을 요목요목 들추어 만천하에 공개하기 시작했다. 치한, 사기, 모리배, 폭력…… 등등, 그는 초빙되어 간 그 강단에 서서 꾸벅꾸벅 조는 사람들의 머리를 들게 하고 그 쳐든 얼굴에 공포를 끼었었다. 그다음에 그가 보여 주는 연기는 참회하는 자의 흐느낌과 손수건을 적시는 눈물이었다. 그리고 그는 결론짓곤 했다.

　"여러분은 이제 내가 어째서 내 식구의 배를 굶겨 가면서 나보다 못사는 사람, 나보다 불우한 이웃을 위하는 일에 몸을 던졌는가를 아시게 되었을 겁니다."

　청중들이 떠나갈 듯 박수를 치며 고개를 크게 주억거렸다.

　"어머니, 그게 사실입니까? 아버지가 신문에 난 것처럼 그렇게 나쁜 죄를 많이 진 분입니까?"

　달평 씨의 아들딸이 숨 가쁘게 달려와 어머니의 얼굴을 쳐다보았다. 그들은 그제야 어머니의 얼굴에 전에는 전혀 볼 수 없었던 그늘이 깔려 있음을 발견했다. 그네의 입에서 나온 대답 역시 전과는 달리 남편이 밖에서 한 말을 부정하는 것이었다.

　"아니다, 느 아버진 결코 그렇게 나쁜 짓을 할 어른이 아니다."

　"그럼, 뭡니까? 아버진 왜 당신의 입으로 그런 말을 하시는 겁니까?"

　그러나 달평 씨의 부인은 더 대답하지 않고, 신문을 보고 부쩍 늘어난, 얼굴이 험악한 사람들의 식당 방문을 맞기 위해 일어서고 있었을 뿐이다. 어떻든 달평 씨의 그러한 ㉠ **폭탄선언**으로 인해 세상 사람들은 **다시 달평 씨를 입에 올리기 시작**했던 것이다. 얼굴이 험악하게 생긴 사람들이 찾아와 손을 벌리기 시작했고 그들이 만든 무슨 **친선 단체의 회장직 감투**가 여지없이 **달평 씨에게 씌워**지기도 했다.

　그러나 날 샌 원수 없고 밤 지난 은혜 없다고 세상 사람들은 모든 걸 너무나 쉽게 잊었다. 세상 사람들은 달평 씨를 다시 그들의 관심

밖으로 내동댕이쳤다. 보은식당의 종업원들은 식당 안에서 나폴레옹처럼 초조하게 서성거리는 달평 씨의 모습을 더욱 자주 보게 되었다.

　"오늘 A 주간 신문 기자가 왔다 갔지?"

　어느 날 밖에 나갔다 들어온 달평 씨가 그의 부인한테 물었다.

　"예, 왔었어요."

　"와서 뭘 묻읍데까?"

　"당신이 정말 옛날에 그런 나쁜 짓을 한 사실이 있느냐고 묻더군요?"

　"그래서?"

　"모른다고 했지요, 제가 잘 모르는 일이기 때문에……."

　후우 가슴이라도 쓸어내릴 듯 숨을 내쉬던 달평 씨가 손가락을 동그랗게 해 보이며 물었다.

　"그래, 얼마나 쥐여 보냈소?"

　"아무것도요, 마침 돈이 집에 하나도 없어서."

　"뭐라구? 그래, 그 사람을 빈손으로 보냈단 말이야?"

　"아무래도 식당 문을 닫아야 할까 봐요. 지난 기 세금도 아직……."

　"뭐야? 도대체 여편네가 장살 어떻게 하길래 그따위 소릴 하는 거야?"

　그러나 달평 씨의 부인은 사자처럼 포효하는 남편한테 맞서 대들지 않았다. 언제나처럼 조용한 얼굴로 식당에 찾아온 손님을 맞았을 뿐이다.

　이때 식당에 와 있던 달평 씨의 **아들딸들**이 어머니 대신 우, 하고 일어섰던 것이다.

　"아버지, 도대체 왜 이러시는 거예요?"

　"아버지, 지금 우리 집 형편이 어떻게 돌아가고 있는지 아시고나 계신 겁니까?"

　"아빠, 아빠보다 열 배, 아니 백 배, 천 배, 만 배도 더 잘사는 사람들도 못하는 일을 아빠가 어떻게 하신다고 그러시는 거예요? 아빠, **오른손이 하는 일을 왼손이 모르게 하라는 말** 생각 안 나세요?"

　"아버지, 제발 정신 좀 차리세요!"

　자식들이 내쏟는 그 공박에 속수무책으로 멍청히 듣고만 있던 달평 씨가 벌떡 일어나 종업원들도 다 있는 그 자리에서 ㉡ **폭탄선언**을 한 것이 바로 그때였다.

　그것은 정말 대형 폭탄이었다. 어쩌면 달평 씨가 가진 마지막 카드였을 것이다.

　"내 이 말은 더 있다가 하려 했었지만…… 기왕 아무 때고 알아야 할 일…… 올 것은 빨리 오는 게 피차……."

　여느 때와 달리 말까지 더듬어 대는 달평 씨의 목소리는 사뭇 비장한 느낌까지 드는 것이었다. 종업원들까지 숨을 죽였다.

　"너희 셋은 모두 내 핏줄이 아냐. 기철이 넌 호남선 기차간에서 주웠고, 기수 넌 서울역 광장에 버려진 걸 주워온 거고, 애숙이

년 파주 양갈보촌이 네 고향이지. 물론 남들한테야 저기 있는 느
덜 어머니 배 속으로 난 것처럼 연극을 해왔다만……."
　얼굴이 하얗게 질린 달평 씨의 세 남매가 서로 얼굴을 마주 본 다
음 황황히 눈길을 피하며, 구원이라도 청하듯 카운터에 앉은 그들
어머니 쪽으로 고개를 돌렸다.
　그때 달평 씨의 부인이 이제까지 그 누구도 보지 못했던 분연한
얼굴 표정으로 일어섰던 것이다. 그네가 소리쳤다.
　"여보, 이젠 당신 자식들까지 팔아먹을 작정이에요?"
　가속으로 무너져 내려 더 어찌할 길 없는 남편의 그 두 번째 죽음
의 순간에 이처럼 거연히 부르짖고 일어선 **그네의 외침**은 우리의
달평 씨를 다시 한번 살려 낼 오직 한 가닥의 빛이었던 것이다.

- 전상국, 「달평 씨의 두 번째 죽음」 -

040 서술상 특징

윗글에 대한 설명으로 적절하지 않은 것은?

① 공간적 배경을 통해 인물의 심리를 암시하고 있다.
② 비유적 표현을 통해 인물의 행동을 묘사하고 있다.
③ 대화를 통해 인물들 간의 갈등 상황을 드러내고 있다.
④ 시간의 흐름에 따라 사건을 순차적으로 전개하고 있다.
⑤ 서술자가 작중 상황에 대해 자신의 생각을 드러내고 있다.

041 내용 이해

윗글을 이해한 내용으로 가장 적절한 것은?

① 청중들은 달평 씨의 강연을 듣고 나서 심드렁해했다.
② 달평 씨의 아들딸은 어머니의 발언으로 인해 아버지를 이해하게 되었
다.
③ 종업원들은 달평 씨에게 경제적 어려움을 호소하며 도움을 요청했다.
④ 달평 씨는 A 주간 신문 기자를 만나 새로운 선행을 알릴 수 있었다.
⑤ 달평 씨의 부인은 어려워진 식당 운영에 대해 화를 내는 남편에게 맞서
대들지 않았다.

042 감상의 적절성

〈보기〉를 참고하여 윗글을 감상한 내용으로 적절하지 않은 것은?

`3점`

> **| 보기 |**
>
> 　이 작품은 주인공인 '달평 씨'가 대중의 시선을 지나치게 의식하
> 게 되면서 몰락해 가는 과정을 그리고 있다. 순수한 의도로 선행을
> 베풀어 오던 달평 씨는 언론에 의해 유명세를 치르게 된 후 그것에
> 중독되어, 자극적인 정보에만 반응하는 대중과 언론의 관심을 끌기
> 위해 보여 주기식 선행을 베풀고 거짓을 지어낸다. 그러한 허위의
> 식으로 인해 그는 점점 자신의 정체성을 잃어가고, 끝내 가족까지
> 파탄에 이르게 한다.

① '세상 사람들에게 알려지는 기회가 부쩍 줄어들'자 '입을 더 크게 벌'리
는 달평 씨의 모습에서 대중의 관심을 얻고자 하는 인물의 욕심이 드러
나는군.
② '끔찍한 지난날 자기의 악행'을 공개하자 '다시 달평 씨를 입에 올리기
시작'하는 사람들을 통해 자극적인 정보에만 반응하는 대중들의 모습
을 보여 주는군.
③ '달평 씨에게 씌워'진 '친선 단체의 회장직 감투'를 거부하지 않은 것은
불우한 사람들까지도 철저하게 속이려는 달평 씨의 허위의식을 보여
주는군.
④ '오른손이 하는 일을 왼손이 모르게 하라는 말 생각 안 나'느냐고 묻는
'아들딸들'의 말을 통해 달평 씨가 보여 주기식 선행을 베풀고 있음이
드러나는군.
⑤ '달평 씨를 다시 한번 살려 낼 오직 한 가닥의 빛'인 '그네의 외침'은 달평
씨가 더 이상 파탄의 길로 가지 않도록 하는 아내의 저항이겠군.

043 내용 이해

㉠, ㉡을 이해한 내용으로 가장 적절한 것은?

① ㉠은 사건의 초점을 다른 인물로 전환시키려는 행위이다.
② ㉡은 다른 인물들이 과거에 벌인 일들을 폭로하는 행위이다.
③ ㉠은 상대의 입장을 이해하기 위한, ㉡은 상대의 의심을 피하기 위한 행
위이다.
④ ㉡은 ㉠으로 인해 발생한 사건의 전말을 드러내려는 행위이다.
⑤ ㉠과 ㉡은 모두 반향을 일으켜 자신이 처한 상황을 바꾸어 보려는 행위
이다.

DAY
18
Ⅳ
현대소설

다음 글을 읽고 물음에 답하시오.   4문항을 8분 안에 풀어보세요.

[A] 아내와 동행할 수는 없다고 나는 생각을 굳혔다. 그녀의 지적처럼 설사 어떤 비난을 당하는 한이 있더라도 말이다. 숙부의 갑작스런 죽음이 무엇을 뜻하는가를 비로소 깨달았던 것이다. 적어도 나에게 있어서 그 죽음은 일찍이 내가 속해 있었던 한 세계의 완전한 종언(終焉)을 의미하는 것이었다. 이제 내가 장사 치를 것은 한 사내의 시신이 아니라 그것과 연루된 나의 어둡고 치욕스러운 과거였다. 그러므로 지금까지 한사코 담을 쌓고 은폐해 왔던 그 세계를 마지막 순간에 내 아내에게 열어 보일 수는 없다고 나는 생각했다.

"뭘 챙긴다구 그래? 내 양말이나 몇 켤레 내주구려. 돈 좀 하구……."

불쑥 나는 말했다.

예상했던 일이다. 가방을 챙기던 아내의 동작이 딱 멎었다. 아무 말 없이 그녀는 한동안 내 얼굴을 똑바로 쳐다보았다. 당신이란 사람은 정말 이해할 수가 없노라는 그런 눈빛이었다. 처가는 월남 가족이었다. 고향도 친지도 다 버리고 온 **실향민**이란 의식이 언제나 강한 사람들이었고, 그래서 그런 것에 대한 **관심과 집착도 별난** 데가 있었다. 하지만 ㉠ 나는 그렇지 못했다. 고향이나 친지, 심지어는 나의 가계(家系)에 이르기까지 거의 한 번도 속을 털어놓고 **이야기한 적이 없는** 사람이었다. 그 세계는 이를테면 내 아내에게 있어서는 철저하게 닫혀 있는 세계였는데, 그 앞에서 ㉡ 그녀는 종종 그런 눈빛으로 나를 바라보곤 했던 것이다.

숙부는 그 세계에 속해 있는 마지막 한 사람인 셈이었다. 아내로서는 지금까지 단 한 번도 상면해 본 적이 없는 그런 인물이었다. 그녀가 간직하고 있는 결혼 사진첩에도 그의 얼굴은 없다. 어머니의 당부에도 불구하고 우리의 결혼을 알리지 않았다. 이번에는 그쪽에서 사정이 있었던 것이다. 그러므로 이제 와서 새삼스레, 그것도 사자(死者)의 얼굴을 내 아내에게 보여 줄 수는 없다고 나는 거듭 생각을 다졌다.

"나 혼자 다녀오는 것이 좋겠소. 당신까지 무리할 건 없어. 내가 그쪽에 **발길을 들여놓는** 일도 어차피 이번으로 **마지막**이 될 테니깐……."

[중략 줄거리] 고향과 연을 끊은 채 살아가던 '나'는 삼촌의 장례를 치르기 위해 고향으로 향하면서 과거를 떠올린다. 어린 시절 '나'의 가족은, 사상운동을 하다 전쟁 직전 종적을 감춘 아버지로 인해 마을 사람들로부터 수모를 당한다. 가슴에 부상을 입고 전쟁에서 돌아온 삼촌은 파편 제거 수술에 실패하여 상처를 안은 채 살아간다.

살아생전에 내가 고인을 마지막 본 것은 7~8년 전의 일이 된다. 내 어머니의 장례 때 참석지 못했던 그는 어느 날 불쑥, 그것도 내 직장으로 찾아왔던 것이다. 첫 모습에서 나는 그가 이제 막 출감(出監)하는 길임을 알아볼 수 있었다. 내가 들은 바로는 그때가 네 번째의 출감에 해당했다. 철 지난 옷을 후줄근하게 걸친 그는 꼭 그 차림에 어울리는 표정을 하고 내게 말했다.

"형수님께서 운명하셨단 소식은 저 안에서 들었네. 지금이라도 무덤이나마 찾아봤으마 하는데, 자네 그럴 만한 짬을 낼 수 있겠는가?"

[B] 두말없이 나는 앞장섰다. 서둘면 퇴근 시간 전에 돌아올 수 있겠다고 어림했지만 물론 그렇게는 되지 않았다. 근교라고는 해도 우리가 묘소에 닿은 것은 해가 설핏한 때였다. 내 어머니의 봉분에는 잔디가 제법 깊고 넓게 뿌리를 내리고 있었다. 그는 지석 앞에다 2홉들이 소주 한 병과 쥐치포 몇 쪽을 호주머니에서 꺼내 놓았다. 그러고는 허리를 꺾고 무릎을 꿇은 채 오래도록 일어나지 않았다. 혼신의 힘을 다해 오열을 참고 있음이 분명했다. 그러나 끝내는 땅바닥에 얼굴을 박은 채 그는 신음 같은 울음소리를 냈다.

"자네 아버님 제삿날 5월 중 적당한 날을 택해 모시도록 하소. 가급적이면 중순 이전이 좋겠네."

돌아오는 차 중에서 그는 불쑥 말했다. 나는 멍하니 얼굴을 쳐다보았다. 그때까지도 나는 아버지의 제사를 모시고 있지 않았기 때문이다. 그것은 내 어머니의 줄기찬 희망 때문이었다. 6·25 한 해 전에 영영 행방을 감추어 버린 아버지가 세상 어딘가에 아직도 살아 계시리란 희망을 내 어머니는 마지막 순간까지도 포기하지 않고 있었던 것이다.

㉢ 해마다 주인 없는 생일상만을 차려 왔던 일을 생각하고 나는 다음 말을 기다렸다. 그러나 그는 어둠이 얇게 깔리기 시작한 창밖 거리만을 내다볼 뿐 더 이상 말이 없었다. 버스에서 내리는 길로 그는 곧장 서울역으로 가 버렸다. 내 집으로 모시마고 나는 물론 말했지만 그는 단지 이렇게 대꾸했을 따름이었다.

"도리가 아닌 줄은 알지마는 어쩌겠노. 나야 워낙 그런 사람 아닝가? 빈 껍데기만 남아서 넝마로 굴러댕긴다 뿐이지, **진짜 모습은 진작에 끝**난 거네. 인제사 생각하마, 기왕 **한 구덩이 묻히지 못한 것만 원통**할 따름이제…… 자네 집사람한테는 날 만났단 얘기도 하지 마소."

나는 더 이상 그를 잡지 않았고, 그런다고 돌아설 사람도 아니었다. 그날 밤 내내 잠을 설치면서 나는 그가 남긴 말을 곰곰 되씹었었다. 적어도 한 가지 사실만은 분명했다. 그는, ㉣ 삼촌은 내 아버지의 죽음을 목격했던 것이다. ……어쩌면 그의 **가슴에 남아 있는 상흔**과도 관계가 있는 건지 모른다고까지 나는 생각했다. 비로소 나는 그를 좀 이해할 수 있을 것 같았다. 제대를 하고 돌아온 삼촌의 모습, 눅눅한 골방에 드러누워 누에처럼 보내던 생활, 재수술을 거부하며 그가 내뱉었던 말들, 궂은 날이면 육신의 어딘가가 아프다면서 오밤중에도 곧잘 끙끙 앓던 일, 그리고 또 갈수록 말수가 줄어든 대신 뿌리가 점점 더 깊이 느껴지던 기침 소리 등등…… 그랬다. 옛날과는 생판 모습이 달라져 버린 그 삼촌에게서 나는 문득문득 어딘가로 종적을 감추어 버린 ㉤ 내 아버지의 모습을 발견하곤 했던 것이다.

- 이동하, 「파편」-

044 서술상 특징

[A]와 [B]의 서술상 특징에 대한 설명으로 가장 적절한 것은?

① [A]는 이야기를 전달하는 방식으로, [B]는 이야기를 전해 듣는 방식으로 인물이 처한 상황을 나타내고 있다.
② [A]는 과거를 회상하는 진술을 통해, [B]는 상황을 가정하는 진술을 통해 사건 해결의 실마리를 제시하고 있다.
③ [A]는 요약적 서술을 통해, [B]는 의식의 흐름에 따른 서술을 통해 서술자의 내적 갈등이 해소되는 양상을 보여 주고 있다.
④ [A]는 시간의 흐름에 따라 사건이 변화하는 추이를, [B]는 공간의 이동에 따라 변화하는 인물 간의 관계를 보여 주고 있다.
⑤ [A]는 내면의 서술을 통해 서술자가 특정 판단을 내린 이유를, [B]는 행동의 묘사를 통해 관찰 대상의 심리를 드러내고 있다.

045 내용 이해

㉠~㉤에 대한 이해로 적절하지 <u>않은</u> 것은?

① ㉠ : '나'가 처가의 상황을 이해하지 못했던 자신의 행동을 성찰하고 있음을 드러낸다.
② ㉡ : 아내가 '나'의 행동을 이해하지 못하는 일이 반복되어 왔음을 나타낸다.
③ ㉢ : '나'의 어머니가 남편이 살아 있다는 희망을 가지고 살아왔음을 알려 준다.
④ ㉣ : 삼촌이 '나'에게 아버지의 제사 시기를 알려 줄 수 있었던 이유를 짐작하게 한다.
⑤ ㉤ : '나'가 변해 버린 삼촌의 모습을 통해 종적을 감춘 아버지를 떠올렸음을 보여 준다.

046 소재의 의미

한 세계 에 대해 이해한 내용으로 적절하지 <u>않은</u> 것은?

① '나'가 삼촌과 함께 속해 있다고 생각하는 세계이다.
② '나'가 아내에게 털어놓지 못하고 은폐해 왔던 과거이다.
③ '나'가 아버지의 행적으로 인해 겪었던 치욕스러운 시간이다.
④ '나'가 어머니의 죽음을 계기로 벗어나고 싶어 하는 과거이다.
⑤ '나'가 삼촌의 장례에 아내와 동행하지 않으려는 이유가 되는 시간이다.

047 감상의 적절성

〈보기〉를 참고하여 윗글을 감상한 내용으로 적절하지 <u>않은</u> 것은?

[3점]

> **│ 보 기 │**
>
> 「파편」은 전쟁의 상처와 아픔을 다양한 인물을 통해 다각도로 제시하고 있다. 작품에는 전쟁의 폭력성으로 인해 신체적, 정신적 상처를 입고 무기력하게 사는 인물, 정신적 상처를 입고 자기 안에 갇혀 부정적 기억을 외면하려는 인물, 고향과 가족을 잃고 살아가는 인물이 등장한다. 이를 통해 전쟁은 종전 후에도 인물의 삶에 지속적으로 영향을 미치는 비극적인 사건임을 보여 주고 있다.

① 가슴에 파편이 박힌 채 전쟁에서 돌아온 삼촌의 '가슴에 남아 있는 상흔'은 전쟁의 폭력성을 보여 주는 것이겠군.
② '실향민'인 처가가 고향과 친지에 대해 '관심과 집착'이 '별난' 것은 전쟁으로 고향과 가족을 잃은 아픔을 보여 주는 것이겠군.
③ '나'가 아내에게 자신의 가계에 대해 '이야기한 적이 없'이 살아온 것은 '나'가 정신적 상처로 인해 자기 안에 갇혀 살아가는 모습을 보여 주는 것이겠군.
④ '나'가 삼촌의 장례를 치르는 것을 '마지막'으로 더 이상 고향에 '발길을 들여놓'지 않으려는 것은 전쟁의 상처가 '나'의 삶에 지속적으로 영향을 미치고 있음을 보여 주는 것이겠군.
⑤ 삼촌이 '진짜 모습은 진작에 끝'났다며 '한 구덩이 묻히지 못한 것만 원통'하다고 말하는 것은 무기력한 삶에서 벗어나기 위해 전쟁의 기억을 외면하는 모습을 보여 주는 것이겠군.

[048~051]　2021년 9월 학평 (인천) 20~23번　정답과 해설편 p.190

다음 글을 읽고 물음에 답하시오.　4문항을 7분 안에 풀어보세요.　　7분

　　나는 남편의 유품을 정리하면서 어쩌면 이렇게 단 한 가지도 값나가는 게 없을까 놀라고 민망해한 적이 있다. 그럼에도 불구하고 자식들을 비롯해서 가깝게 지내던 조카들은 그가 쓰던 걸 뭐든지 한 가지씩이라도 얻어 갖길 원했다. 다들 그렇게 아쉬운 처지가 아닌데도 그런다는 건 그 뜻이 소유나 쓸모에 있지 않고 아끼고 간직하려는 데 있으려니 싶어 나는 목이 메게 감격을 했다. 크게 성공하거나 성취한 건 없어도 생전에 주위 사람들로부터 많이 사랑받았다는 증거 같아서 나는 기쁜 마음으로 그의 유품을 공평하게 나눴다. 그러나 모자는 다 내가 가졌다. 그건 누가 달라지도 않았지만 달라고 해도 안 주었을 것이다.

　　마지막 일 년은 참으로 아까운 시절이었다. 죽을 날을 정해놓은 사람과의 나날의 아까움을 무엇에 비길까. 애를 끊는 듯한 애달픔이었다.

(중략)

　　그런 옛일에 얽힌 농담이라면 얼마든지 재미나게도 그윽하게도 할 수 있었으련만 나는 고약한 성깔에 잔뜩 치받쳐 있었다. 여북해야 그가 딱하다는 듯이 그러나 역시 농담으로 받았다.

　　"당신이야말로 왜 그래? 꼭 틈바구니에 낀 쥐 같잖아."

　　그리고 피식 웃더니 탄식하듯 덧붙였다.

　　"생전 ㉠틈바구니에 끼여 봤어야지."

　　그의 목소리가 하도 연민에 차 있어서 나는 대꾸하지 못했다. 죽어 가는 사람으로부터의 연민은 감동적이었다. **울어버릴 것 같았다.**

　　CT 촬영은 참으로 놀라운 첨단 과학이었다. 뇌를 가로세로 여러 장으로 슬라이스하듯이 나누어 찍은 단면 사진은 내 눈으로도 고루 퍼진 암을 확인할 수 있을 만큼 선명했다. 뇌는 혈관의 회로가 달라서 항암제가 미치지 못한다고 했다. 그에게 남아 있는 유일한 치료법은 방사선을 뇌에다 쬐는 거였다. 방사선 치료란 죽는 연습이었다. 그 치료엔 아무도 입회하지 못했다. 방사선과 의사까지도 그를 치료대에 혼자 고정시켜 놓고 나와서 밖에서 컴퓨터 화면을 보며 조종했다. 그 안에서 그는 어떤 기분으로 고립되어 있으며, 방사선이란 어떻게 생긴 빛일까? 그 깊이 모를 외로움과, 너무 밝아 차라리 **암흑과 상통할 것 같은 빛에 대한 공포감**은 죽음에 대한 상상력과 너무도 유사했다. 그는 이마가 까맣게 타도록 방사선 치료를 받았지만 다시 해 본 CT 촬영에서 암은 소멸되지도 줄지도 않은 채였다. 미국 가 있는 막내를 잠시 귀국토록 했다. 돌아가신 후 장례에 맞춰 오려고 허둥대는 것보다는 생전에 뵈러 오는 게 효도가 아니겠느냐는 게 딴 자식들의 의견이기도 했다. 아버지한테 뭐 사다 드리면 좋겠느냐고 막내가 전화로 물어 왔다. 약 종류를 묻는 말투였다. 그러나 그의 병세도 그렇지만, 때도 이미 미국엔 별의별 신효한

약, 불로초 같은 것까지도 있는 것처럼 여기던 촌스러운 시대가 아니었다. 나는 막내에게 모자를 사 오라고 말했다. 최고급으로 사 오라는 말도 잊지 않았다. 과연 막내가 사 온 모자는 내 마음속에 있는 그의 모자의 원형과 가장 가까웠다. 순모로 된 통짜 중절모였고 비단 리본이 달려 있었다. 그러나 테가 너무 넓어 신사 모자라기보다는 카우보이 모자를 연상시켰다. 아니나 다를까, 네 살짜리 손자 녀석이 그 모자를 보더니 "와아, 장고 모자다." 하면서 그걸 빼앗고 싶어 했다. 녀석이 좋아하는 만화 영화의 주인공 장고가 그런 모자를 쓰고 있다고 했다. 그는 모자를 쓴 채 안 빼앗기려고 이리저리 도망을 다녔다. 여전히 비틀대며, 손자가 울음을 터뜨려도 그는 그 모자를 내놓지 않았다. **손자와의 마지막 장난**이었다. 마지막 한 달가량 자리보전하고 있을 때를 빼고는 그는 집에서도 줄창 그 모자를 쓰고 있었다. 막내에 대한 사랑 때문에도 그 모자를 아꼈겠지만, 넓은 테는 방사선 치료로 시꺼멓게 탄 이마를 가려 주는 데 안성맞춤이었다. 그 장고 모자가 그의 여덟 번째 모자이자 마지막 모자가 되었다.

　　나는 요새도 가끔 그가 남긴 여덟 개의 모자를 꺼내 본다. 그 안에서 **머리카락 한 오라기**라도 찾아보려고 더듬어 보지만 번번이 헛손질로 끝난다. 그 여러 개의 모자는 멋이나 체면을 위한 것이 아니라, 단지 민머리를 가리기 위한 것이었다. 그의 몸을 차디찬 땅속에 묻은 건 확실한데 아침마다 우수수 지던 그 숱한 머리카락은 지금 어느 만큼 멀리 흩어져 티끌로 떠도는 걸까. 생명의 가엾음이 티끌과 다를 바 없다는 속절없는 생각에 잠기기도 한다. 그의 흔적을, 남긴 물질에서 찾는 것보다는 남긴 말이나 생각에서 찾는 게 그래도 조금은 덜 허전하다. 그는 평범한 사람이고, 잘난 척할 줄도 몰랐기 때문에 담소는 즐겼지만 그럴듯한 말은 할 줄 몰랐다. 우리집엔 그 흔한 가훈도 없다. 그의 말이 생각나는 것도 그가 끼면 편안하고 여유로워지는 담소 분위기이지, 멋있거나 뜻 깊은 말뜻은 아니다.

　　오직 틈바구니만이 예외다. 내가 생전 틈바구니에 끼여 보지 않았다는 게 무슨 뜻일까? 그런 생각이 나를 자꾸 심각하게 한다. 그가 나 대신 가 주던 동사무소나 세무서에 볼일 보러 가서 똑똑지 못하게 굴다가 구박 맞으면 이게 틈바구닌가 싶기도 하고, 사용자와 노동자, 가진 자와 못 가진 자, 칼자루 쥔 자와 칼날 쥔 자, 통일꾼과 반통일꾼이 서로 목청을 높여 싸우는 걸 봐도 전처럼 선뜻 어느 쪽이 옳거니 양자택일이 안 되고, 또 그놈의 틈바구니에 사로잡히게 된다. 여봐란듯이 틈바구니에 끼기 위해선 거친 두 목청 사이에 낀 틈바구니의 숨결을 찾아내야만 할 것 같다. 어쩌면 그는 그때 삶과 죽음의 틈바구니에서 어느 만큼은 내 원색적인 분노를 관조할 수도 있었기에 해 본 단순한 연민의 소리일 뿐인 것을 내가 괜히 심각하게 굴었는지도 모르겠다. 그래도 여전히 틈바구니는 아무것도 아닌 게 되지 않는다. 그가 남긴 모자가 나에겐 모자라는 **물질 이상**이듯이 틈바구니란 말 또한 말뜻 이상의 것, 한없이 추구해야 할 화두임을 면할 수가 없다.

- 박완서, 「여덟 개의 모자로 남은 당신」-

048 서술상 특징

윗글에 대한 설명으로 가장 적절한 것은?

① 인물 간의 대화를 통해 특정 인물을 풍자하고 있다.
② 독백적 진술을 활용하여 인물의 내면을 드러내고 있다.
③ 동일한 공간에서 사건이 반복되며 갈등이 심화되고 있다.
④ 장면이 빈번하게 교차되며 긴박한 분위기를 조성하고 있다.
⑤ 인물의 외양을 사실적으로 묘사하여 인물의 성격을 드러내고 있다.

049 내용 이해

윗글에 대한 이해로 적절하지 <u>않은</u> 것은?

① '조카들'은 아쉬운 처지가 아니었지만 '남편'의 유품을 얻기를 바랐다.
② '나'는 '남편'의 병세가 방사선 치료를 받으면서 나아지는 것을 느꼈다.
③ '딴 자식들'은 '남편'의 생전에 '막내'를 귀국시켜야 한다고 생각했다.
④ '막내'는 '남편'을 위해 카우보이 모자가 연상되는 중절모를 사 왔다.
⑤ '남편'은 잘난 척할 줄 몰랐기 때문에 평소 멋있거나 그럴듯한 말을 하지 않았다.

050 소재의 기능

㉠의 기능에 대한 설명으로 가장 적절한 것은?

① 이야기의 초점을 '남편'에서 '막내'로 전환하고 있다.
② '나'에게 쉽게 해결할 수 없는 고민을 유발하고 있다.
③ '남편'의 죽음에 대한 '나'의 미안함을 보여 주고 있다.
④ '막내'에게 '남편'의 죽음을 이해하는 실마리를 제공하고 있다.
⑤ '나'의 가족에게 공동체적 삶의 의미를 성찰하게 하는 계기를 제공하고 있다.

051 감상의 적절성

〈보기〉를 바탕으로 윗글을 감상한 내용으로 적절하지 <u>않은</u> 것은? [3점]

> | 보 기 |
> 이 작품은 죽음을 앞둔 남편의 모습을 관찰하고 남편의 내면을 들여다보는 '나'의 시선을 통해 남편에 대한, 그리고 죽음에 대한 '나'의 인식을 드러내고 있다. '나'는 죽은 남편이 남기고 간 모자를 간직하며 남편에 대한 사랑과 그리움을 드러낸다. 또한 남편의 죽음을 앞두고 있는 가족들의 모습을 통해 따뜻한 가족애를 보여 주기도 한다.

① 남편의 모자를 '물질 이상'의 것으로 여기며 모자를 모두 간직하는 '나'의 모습에서, 남편에 대한 '나'의 사랑을 확인할 수 있겠군.
② 남편이 농담으로 받은 말에 '울어버릴 것 같다'고 느끼는 '나'의 모습에서, 남편의 말에 '나'에 대한 연민이 담겨 있다고 믿고 있는 '나'의 인식을 확인할 수 있겠군.
③ 방사선 치료를 받는 남편의 '빛에 대한 공포감'을 덜어 주려는 '나'의 모습에서, '암흑과 상통할 것 같은' 죽음에 대해 느끼는 '나'의 두려움을 확인할 수 있겠군.
④ 힘겹지만 '손자와의 마지막 장난'을 하며 가족들과 평범한 일상을 보내고 있는 남편의 모습에서, 가족에 대한 남편의 사랑을 확인할 수 있겠군.
⑤ 남편이 남긴 모자에서 '머리카락 한 오라기'라도 찾고 싶어 하는 '나'의 모습에서, 남편을 그리워하는 '나'의 애틋한 마음을 확인할 수 있겠군.

다음 글을 읽고 물음에 답하시오.

3문항을 6분 안에 풀어보세요. 

[앞부분의 줄거리] '나'는 취재 차 중앙아시아로 향하면서 강제 이주된 고려인 동포들의 삶을 목격한다. 또한 한국을 그리며 '말 배우는 아이'라는 글을 쓴 고려인 '류다'를 만나길 희망한다. 알마아타에 도착한 '나'는 인근 우슈토베 지역을 여행하며 고려인 '미하일'로부터 류다가 이식쿨 호수 근처에 살고 있음을 듣게 된다.

"여기 사람들이 말하는데, 그 호수 밑에 옛날 도시가 가라앉아 있다고 그렇게 말합니다."

내가 그 호수에 관심을 보이자 미하일이 말했다. 그는 드물게도 서울 동숭동에 있는 해외동포교육원의 초청을 받아 어느새 한국에도 갔다 왔다고 했는데, **우리말을 꽤 정확하게 구사하**고 있었다. 그의 말에 나는 더욱 흥미를 갖지 않을 수 없었다.

"호수 밑에……"

나는 음료수와 함께 나온 깡통 맥주를 한 모금 마시며 그 먼 호수를 머릿속에 그렸다. 미하일의 말에 의하면 키르기스말로 이식쿨의 이식은 뜨겁다는 뜻이며, 쿨은 호수라고 했다. 또, 이식쿨의 물은 위는 민물, 아래는 짠물이며, 이에 비교되어 발하슈 호수는 한쪽이 민물, 다른 쪽이 짠물로서, 서로 차이를 보인다는 것이었다. 그리고 키르기스스탄의 소설가 아이트마토프가 쓴 《하얀 배》라는 소설까지 들먹거렸다. 부모가 이혼하는 바람에 그 호숫가의 할아버지 집으로 와 살고 있는 한 소년이 호수를 떠가는 **하얀 배**를 보면서, 커다란 물고기가 되어 **배를 따라가기를 꿈꾸는** 이야기라는 것이었다. 그의 말을 들으면서 나는 나대로 학교 시절에 읽은 독일 소설가 슈토름의 소설 《이멘 호수》를 떠올리고도 있었다.

㉠ "하얀 배라……"

신비하고 아름다운 광경이 내 머리를 자극했다.

그러던 나는 한글 선생이나 미하일 누구에게랄 것 없이 그곳까지 가볼 수는 없느냐고 조심스럽게 물었다. 미하일이 들려주는 이야기는 모두 그 호수를 향한 내 마음을 한층 북돋기에 부족함이 없는 것이었다.

그러나 미하일에 의하면, 알마아타에서 호수까지는 직선거리는 그리 멀지 않지만 천산 산맥이 가로막혀 있어서 서남쪽 고갯길이 뚫린 곳으로 빙 돌아가야 하기 때문에 상당히 멀다는 것이었다.

㉡ "꼭 거길 가봤으면 하는데……무슨 방법이 없었을까요?"

나는 한글 선생과 미하일을 번갈아 쳐다보며 간청하다시피 했다. 내 말에 미하일은 한참 동안 생각을 하는 듯하다가 마침내 자기도 이 기회에 비탈리를 찾아가서 한번 만날 겸 같이 가보자고 말했다. 알마아타로 가서 차편을 알아보자는 것이었다. 이렇게 되어 나는 정말 뜻하지 않게 그 호수를 향하여 떠나게 된 것이었다.

우슈토베에의 여행에서 얻은 것은 적지 않은 셈이었다. 다른 것은 그렇다 치더라도 무엇보다 우리 동포들의 무덤을 보았고, 그들이 저 1937년에 내동댕이쳐 버려졌던 처절한 삶의 뿌리를 내리기 위해 **광야에 파놓은 갈대 움막집의 흔적**을 보았다. 오늘날 그곳에 문을 연 한글학교도 보았다. ㉢ 그러나 무엇보다도 내 가슴을 뛰게 한 것은 새로운 세계, 산속의 호수를 향해 가게 된 것이었다.

(중략)

그 호수를 보겠다고 해서, 카라가지나무와 주다나무와 미루나무와 버드나무를 이정표로 달려왔고, 드디어 보았다. 그러나……

나는 머리에 '그러나'가 꼬리표처럼 따라붙는 것을 어쩌지 못했다. 서울에서의 문제들은 서울에 가서의 일이다. ㉣ 나는 그 꼬리표를 떼어내려고 머리를 흔들었다. 그러나……

그때였다. 유원지의 돌 축대를 바라보던 나는 거기 웬 나무가 한 그루 우뚝 서 있는 것을 보았다. 들어올 때는 눈에 띄지 않은 까닭을 알 수 없었다. 아니다. 그 나무만 서 있었다면 그냥 스쳐 지나갔을지도 모른다. 그러니까 나는 그 나무만을 본 것이 아니라 그 옆에 서 있는 한 여자를 함께 본 것이었다. 젊고 환한 얼굴이 나무 그늘에 묻혀 있었다.

"류다!"

미하일이 소리쳤다. 우리는 돌 축대를 올라가 그 나무 아래로 걸음을 옮겼다. 서로 몇 마디의 러시아말이 오가고 난 뒤 내가 소개되었다.

"안녕하십니까."

맑은 눈동자가 나를 바라보았다. 순간, 나는 **너무나 또렷한 우리말**에 놀라지 않을 수 없었다. 중앙아시아에서 처음 들어 보는 또렷한 우리말이었다. 그리고 그 말 뒤에 '이 말은 우리 민족 말입니다' 하는 말이 소리 없이 뒤따르고 있음도 또렷이 느낄 수 있었다.

"아, 안녕하십니까."

㉤ 나는 엉겁결에 똑같이 따라하고 말았다. 그와 함께 나는 그 단순한 인사말이 왜 그렇게 깊은 울림으로 온몸을 떨리게 하는지 형언할 수 없는 감동에 휩싸였다. ⓐ 개양귀비 꽃밭이 수런거리고, 숲속의 들고양이들이 귀를 쫑긋거리고, 커다란 까마귀들이 전나무 가지를 치고 날았으며, 사막쥐들이 이리 뛰고 저리 뛰고, 돌소금이 하얗게 깔린 사막으로 큰바람이 이는 광경이 눈에 어른거렸다. 천산에서 빙하가 우르르르 무너지는 소리가 들린다고도 생각되었다.

나는 호수 건너 눈 덮인 천산을 바라보았다. '그러나'라고 미진했던 마음이 그녀의 "안녕하십니까"에 눈 녹듯 스러지는 듯 싶었다. 건너편의 천산이 내게 "안녕하십니까"의 새로운 의미를 배워 주고 있다고 받아들여졌다. **멀리 동방의 조상 나라**를 동경하며 하얀 배를 그리는 모습이 거기 있음을 알 수 있었다.

그녀가 그 그늘에 서 있던 나무가 바로 러시아말로 '키파리스'인 사이프러스였다. 스타니슬라브는 그 나무가 본래 중앙아시아에는 없는 나무로서 그루지야에나 가야 많다고 설명해 주었다. 아마도 유원지가 북적거리던 시절, 무슨 기념으로 심은 나무일 것이라고도 했다.

그날 그녀를 만나서 이야기를 나눈 시간은 매우 짧을 수밖에 없었다. 우리는 곧 알마아타로 돌아가야 했고, 또 내가 그녀와 오랫동안 함께 있어야 할 이유도 특별히 없는 것이었다. 그러나 나는 그 어느 때보다도 많은 느낌을 받았다.

ⓑ 키르기스스탄의 사이프러스나무 아래 우리 민족의 말인 "안녕하십니까"의 의미를 전혀 새롭게 말하는 처녀가 있었다. 나는 돌아오는 차 안에서도 내내 그 모습이 머리에서 떠나지를 않았다. 그리고 그 나무 아래서 호수를 바라보았을 때 물에 비치던 하얀 만년

설의 산봉우리를 눈에 그렸다. 그리고 그것이 바로 하얀 배의 또 다른 모습이라고 깨달은 나는 입속으로 가만히 "안녕하십니까"를 되뇌었다.

- 윤후명, 「하얀 배」 -

052 인물의 심리

㉠ ~ ㉤에 대한 이해로 적절하지 <u>않은</u> 것은?

① ㉠ : 이식쿨 호수와 관련된 이야기를 듣고 흥미를 느끼고 있음이 드러난다.
② ㉡ : 이식쿨 호수에 가고 싶어 하는 간절한 마음을 확인할 수 있다.
③ ㉢ : 계획에 없었던 새로운 여정에 대한 기대감과 설렘이 나타난다.
④ ㉣ : 이식쿨 호수만을 생각하며 달려왔던 것을 반성하는 마음이 드러난다.
⑤ ㉤ : 놀라움에 자신도 생각지 못한 반응이 나타났음을 확인할 수 있다.

053 장면의 의미

ⓐ와 ⓑ에 대한 설명으로 가장 적절한 것은?

① ⓐ는 상상 속 장면을 활용하여, ⓑ는 과거 회상을 활용하여 인물의 내면 상황을 드러내고 있다.
② ⓐ는 내적 독백을 사용하여, ⓑ는 구어체를 사용하여 인물 사이의 대립 양상을 제시하고 있다.
③ ⓐ는 전해 들은 이야기를 통해, ⓑ는 직접 경험한 사건을 통해 인물의 성격을 구체적으로 보여 주고 있다.
④ ⓐ는 외부 세계를 묘사하여, ⓑ는 인물 간의 대화를 서술하여 인물이 처한 상황을 객관적으로 전달하고 있다.
⑤ ⓐ는 앞으로 일어날 일들을 제시하여, ⓑ는 이전에 일어난 일들을 제시하여 인물의 심리 변화 과정을 나타내고 있다.

054 감상의 적절성

<보기>를 바탕으로 윗글을 감상한 내용으로 적절하지 <u>않은</u> 것은?

3점

| 보 기 |

이 작품에서 '하얀 배'는 외부 세계에 대한 동경을 상징하는 것으로, 중앙아시아 동포들의 고국에 대한 그리움을 서정적으로 드러내는 기능을 한다. '나'는 하얀 배를 그리는 소년과 류다를 연결지어 이해하면서, 류다를 포함한 중앙아시아 동포들이 시련이 연속되는 삶 속에서도 언어를 통해 민족의 정체성을 잃지 않으려는 모습에 주목한다.

① '호수 밑에 옛날 도시'는 소년이 '하얀 배'를 타고 가고자 하는 동경의 공간으로 '나'가 지향하는 곳이군.
② 미하일이 '우리말을 꽤 정확하게 구사하'는 것은 민족의 정체성을 잃지 않으려는 동포들의 모습으로 볼 수 있군.
③ '광야에 파놓은 갈대 움막집의 흔적'은 중앙아시아 동포들이 겪었던 시련을 증명하는 것이겠군.
④ '나'는 류다의 '너무나 또렷한 우리말'에서 동포들의 고국에 대한 그리움을 읽어 내고 있군.
⑤ '나'는 '멀리 동방의 조상 나라'를 꿈꾸는 류다와 '배를 따라가기를 꿈꾸는' 소년을 연관지었군.

DAY 19
IV
현대소설

[055~058]　2023년 3월 학평 (서울) 34~37번　정답과 해설편 p.196

다음 글을 읽고 물음에 답하시오.
4문항을 8분 안에 풀어보세요.　

[앞부분의 줄거리] 국민학교 2학년생인 '나'는 걸구대(궐기대회)가 열릴 때마다 멧돼지를 서너 마리씩 미국 대통령이나 유엔 사무총장과 같은 외국 귀인들에게 보낸다는 것을 알고 의아해한다.

　어린 소견에 도무지 알다가도 모를 노릇이었다. 그런 식으로 마구 보내 주다가는 오래지 않아 나라 안의 멧돼지는 깡그리 씨가 마를 판이었다. 그렇잖아도 가뜩이나 육고기가 부족한 가난뱅이 나라에서 서양 부자 나라의 지체 높은 양반들한테 뭣 때문에 툭하면 그 귀한 멧돼지들을 보낸단 말인가. 또 보낸다면 그 멀고 먼 나라까지 무슨 수로, 그리고 어떤 모양으로 그 짐승들을 보낸단 말인가.

　멧돼지 보내기가 몇 번이나 되풀이된 다음, 마지막 순서로 혈서 쓰기가 시작되었다. 검정색 학생복 차림의 피 끓는 청년 학도들이 차례차례 연단에 올라 손가락을 깨물어 하얀 천 위에다 붉게 혈서를 쓰고 있었다. 그쯤에서 진력이 날 대로 나버린 급우 녀석들이 나를 향해 자꾸만 눈짓을 보내왔다. 엎어지면 코 닿을 자리에 집이 있는 내가 몇몇 친한 녀석들을 데리고 몰래 광장을 빠져나와 걸구대가 끝날 때까지 우리 식당에서 즐거운 시간을 함께 보낸 적이 종종 있었던 까닭이었다. 녀석들과 함께 걸구대에서 막 도망쳐 나오려는 순간이었다. 바로 그때 새롭게 연단에 오른 청년의 모습이 내 발목을 꽉 붙잡았다. 그보다 앞서 혈서를 쓴 학생들과 달리 그는 학생복 차림이 아니었다. 검정물로 염색한 군복을 걸친 그 헙수룩한 모습이 먼빛으로 봐도 어쩐지 많이 눈에 익어 보였다. 잠시 후에 열 손가락을 모조리 깨물어 혈서를 쓴, 참으로 보기 드문 열혈 애국 청년이 등장했음을 걸구대 사회자가 확성기를 통해 널리 알렸다. 곧이어 '북진통일'이라고 대문짝만 하게 적힌 혈서가 청중에게 공개되었다. 치솟는 박수갈채로 역전 광장이 갑자기 떠나갈 듯 요란해졌다. 설마 그럴 리가 있겠느냐고, 혹시 내가 잘못 봤을지도 모른다고 생각하면서 나는 고개를 저었다. 나는 몇몇 급우들과 함께 슬며시 광장을 벗어나고 말았다.

　내가 결코 잘못 본 게 아니라는 사실이 이윽고 밝혀졌다. 창권이 형은 열 손가락에 빨갛게 핏물이 밴 붕대를 친친 감은 채 식당에 돌아옴으로써 어머니와 나를 기절초풍케 만들었다. 너무도 어처구니가 없는 나머지 어머니는 형이 돌아오면 퍼부으려고 잔뜩 별러서 장만했던 욕바가지를 꺼내들 엄두조차 못 낼 정도였다. 아프지 않더냐는 내 걱정에 형은 마치 남의 살점 얘기하듯 심상하게 대꾸했다.

　"괭기찮어. 어째피 남어도는 피니깨."

　그 혈서 사건 이후부터 창권이 형은 자기 몸 안에 들끓는 더운 피를 덜어내기 위해 이따금 주먹으로 자신의 코쭝배기를 후려쳐 일부러 코피를 쏟아 내야 하는 수고를 더 이상 할 필요가 없게 되었다. 그리고 어머니 말마따나 형은 정말 우리 식당에서 아무짝에도 쓸모

없는 인간으로 완전히 바뀌어 버렸다. 역전 광장에서는 사흘이 멀다 하고 크고 작은 걸구대가 잇달아 벌어졌다. 덕분에 형의 상처 난 **손가락들은 좀체 아물 새가 없었다.** 걸구대 때마다 단골로 혈서를 쓰는 열혈 애국 청년 노릇에 워낙 바쁘다 보니 식당 안에 진드근히 붙어 있을 겨를도 없었다. 어머니는 결국 역마살이 뻗쳐 하고많은 날들을 밖으로만 나대는 형의 발을 묶어 식당 안에 주저앉히려는 노력을 포기할 지경에 이르렀다. 형은 어느덧 장국밥을 전문으로 하는 식당의 허드재비 심부름꾼에서 당당한 손님으로 격이 달라져 있었다.

　중요한 일로 높은 사람들을 만나러 간다며 아침 일찍 집을 나선 창권이 형이 해 질 녘에 다따가* 고등학생으로 변해 돌아왔다. 그동안 형의 변모는 너무나 급격해서 그러잖아도 눈알이 팽팽 돌 지경이었는데, 방금 새로 사 입은 빳빳한 학생복에 어엿이 어느 학교의 교표까지 붙인 학생모 차림은 상상을 뛰어넘는 것이라서 어머니와 나는 다시 한번 할 말을 잃고 말았다.

　"일트레면은 가짜배기 나이롱 고등과 학생인 심이지."

　언제 학교에 들어갔었느냐는 내 물음에 형은 천연덕스레 대꾸하고 나서 한바탕 히히거렸다. 가짜 대학생 이야기는 더러 들어봤어도 가짜 고등학생은 형이 처음이었다.

　"핵교도 안 댕기는 반거충이 청년이 단골 혈서가란 속내가 알려지는 날이면 넘들 보기에도 모냥이 숭칙허다고, 날더러 당분간 **고등과 학생 숭내를 내고 댕기**란다."

　형은 모자에 붙은 교표에 호호 입김을 불어 소맷부리로 정성스레 광을 내기 시작했다. 안 그래도 새것임을 만천하에 광고하듯 ㉠ 너무 번뜩여서 오히려 탈인 그 금빛의 교표를 형은 내친김에 아예 순금제로 바꿔 놓을 작정인 듯 시간 가는 줄 모르고 일삼아 닦고 또 닦아 댔다. 나는 국민학교 졸업이 학력의 전부인 형을 한동안 물끄러미 바라보았다. 가정 형편이 어려워 어릴 때부터 남의집살이로 잔뼈를 굵혀 나온 형은 자신을 진짜배기 고등학생으로 착각하고 있는 기색이었다.

　"요담번 궐기대회 때부텀 나가 맥아더 원수에게 보내는 멧세지 낭독까장 맡어서 허기로 결정이 나뿌렀다."

　형은 교표 닦기를 끝마친 후 호주머니에서 피난민 시체로부터 선사 받은 금장의 회중시계를 꺼내어 더욱더 공력을 들여 삐까번쩍 광을 내기 시작했다. 정말 갈수록 태산이었다. 형은 걸구대에서 자신이 맡은 역할이 단골 혈서가 노릇 말고 다른 중요한 것이 더 있음을 자랑스레 밝히는 중이었다. 나는 멧돼지를 멧세지라 잘못 발음한 형의 실수를 부득이 지적하지 않을 수 없었다. 하지만 무식한 가짜 고등학생은, 멧돼지가 아니라고, 꼬부랑말로 **멧세지**가 맞다고 턱도 없는 우김질을 끝까지 계속했다.

　　　　　　　　(중략)

　창권이 형의 마지막 활약상은 그리 오래 지속되지 못했다. 그날도 형은 군산으로 원정을 떠나 적성중립국 감시위원들의 추방을 요

구하는 **시위대의 선두에 섰다.** 시위 분위기가 무르익자 형은 그만 흥분을 가누지 못하고 미군 부대 철조망을 타 넘는 만용을 부렸다. 바로 그때 경비병들이 송아지만 한 셰퍼드들을 풀어놓았다. 형은 셰퍼드들의 집중 공격을 받아 엉덩이 살점이 뭉텅 뜯겨 나가고 왼쪽 발뒤꿈치의 인대가 끊어지는 **중상을 입었다.** 형이 병원에서 퇴원할 때는 이미 한쪽 다리를 저는 불구의 몸으로 변해 있었다.

퇴원한 뒤에도 창권이 형은 한동안 우리 집에 계속 머물렀다. 형의 그 가짜배기 애국 학도 행각을 애초부터 꼴같잖게 여기던 어머니는 쩔쑥쩔쑥 기우뚱거리는 걸음걸이로 하릴없이 식당 안팎을 서성이는 먼촌붙이 조카를 눈엣가시로 알고 노골적으로 박대했다. 우리 식당에 빌붙어 눈칫밥이나 축내며 지내던 어느 날, 형은 마침내 시골집으로 돌아갈 결심을 굳혔다.

떠나기 전날 밤, 창권이 형은 보퉁이를 다 꾸린 다음 크게 선심이라도 쓰는 척하면서 내게 금장 회중시계를 만져 볼 기회를 딱 한 차례 허락했다. 행여 닳기라도 할까 봐 오래 구경시키는 것마저도 꺼려 하던 그 귀물 단지를 형이 내 손에 통째로 맡긴 것은 그때가 처음이자 마지막이었다. 피난민 시체로부터 받은 선물이라고 주장하던 그 **회중시계**가 내 작은 손바닥 위에 제법 묵직한 중량감으로 올라앉아 있었다. 등잔불 그늘 안에서도 말갛고 은은한 광휘를 발산하는 금시계를 일삼아 들여다보고 있자니 마치 형의 금빛 찬란하던 한때를 그것이 째깍째깍 증언하는 듯한 느낌이 언뜻 들었다. 전쟁 기간을 통틀어 형의 수중에 남겨진 **유일한 전리품**이었다.

"형이 옳았어."

회중시계를 되돌려 주면서 형의 호의에 대한 답례 삼아 뭔가 형에게 위로가 될 적당한 말을 찾느라 나는 복잡한 머릿속을 한참이나 뒤장질하지 않으면 안 되었다.

"멧돼지가 아니었어. 멧세지가 맞는 말이여."

내 말에 아무런 대꾸 없이 형은 그저 보일락말락 미소만 시부저기 흘리고 있을 따름이었다.

- 윤흥길, 「아이젠하워에게 보내는 멧돼지」-

＊다따가 : 난데없이 갑자기.

---

055 서술상 특징

윗글에 대한 설명으로 가장 적절한 것은?

① 이야기 내부 인물이 중심인물의 행동과 그에 대한 자신의 생각을 서술하고 있다.
② 이야기 내부 인물이 인물과 인물 사이의 갈등을 해소하는 과정을 보여 주고 있다.
③ 이야기 내부 인물이 과거와 현재를 반복적으로 교차하며 자신의 경험을 전달하고 있다.
④ 이야기 외부 서술자기 특정 소재와 관련된 인물의 내면 심리를 묘사하고 있다.
⑤ 이야기 외부 서술자가 서로 다른 공간에서 동시에 일어나는 사건들을 나열하고 있다.

056 내용 이해

윗글을 읽고 알 수 있는 내용이 <u>아닌</u> 것은?

① '나'는 궐기대회가 끝나기 전 친구들과 도중에 나온 적이 있었다.
② '나'는 창권이 형이 궐기대회에서 혈서를 쓴 사실을 어머니를 통해 전해 들었다.
③ 창권이 형은 열혈 애국 청년 노릇으로 바빠지게 되자 식당 심부름꾼으로 일할 겨를이 없었다.
④ 창권이 형은 퇴원 후 어머니에게 노골적인 박대를 받던 끝에 고향으로 돌아갈 결심을 했다.
⑤ 어머니는 창권이 형이 궐기대회에서 박수갈채를 받으며 애국 학도로 행세하는 것을 못마땅하게 여겼다.

057 소재의 의미

㉠에 대한 이해로 가장 적절한 것은?

① 빛나는 교표로는 오히려 창권이 형의 능청스러운 성격을 은폐하기 어려움을 의미한다.
② 교표가 빛이 날수록 오히려 창권이 형이 자신의 행동을 부끄럽게 생각할 수 있음을 의미한다.
③ 번뜩이는 교표로 인해 궐기대회에서 창권이 형이 맡는 역할이 오히려 축소될 수 있음을 의미한다.
④ 교표를 정성스럽게 닦는 행위 때문에 오히려 창권이 형이 불안감을 더 크게 느끼게 됨을 의미한다.
⑤ 지나치게 새것으로 보이는 교표 때문에 오히려 창권이 형의 학력 위조가 쉽게 탄로 날 수 있음을 의미한다.

DAY 19

IV

현대소설

〈보기〉를 바탕으로 윗글을 감상한 내용으로 적절하지 <u>않은</u> 것은?

[3점]

> **| 보 기 |**
>
> 　이 작품은 6·25 전쟁으로 인해 혼란해진 사회를 배경으로 한다. 창권이 형은 궐기대회에서 애국 학도로 활약하게 되는 과정에서 권력층에 편승하는 모습을 보인다. 정치적 목적을 위해 대중을 기만하는 권력층에 이용당하다 결국 몰락하게 되는 창권이 형을 통해 어리석은 인물이 가진 욕망의 허망함을 풍자하고 있다. 그리고 궐기대회에서 벌어지는 일을 제대로 이해하지 못하는 어린 '나'를 통해 궐기대회가 희화화된다.

① '멧세지'를 보내는 것을 '멧돼지 보내기'로 오해한 '나'를 통해 궐기대회가 희화화되는군.

② '좀체 아물 새가 없'는 '손가락들'은 표면적으로는 애국심의 증거이지만 이면적으로는 창권이 형이 권력층에 이용당하는 인물임을 엿볼 수 있게 하는군.

③ '고등과 학생 숭내를 내고 댕기'라고 지시하는 것에서 자신들의 목적을 위해 대중을 속이는 권력층의 부정적 면모가 드러나는군.

④ '시위대의 선두에 섰'다가 '중상을 입'은 비극을 통해 권력층에 편승하려는 창권이 형의 부질없는 욕망이 풍자되고 있군.

⑤ '유일한 전리품'이었던 '회중시계'는 전쟁 시기에 애국 학도로서의 신념을 지키지 못한 창권이 형의 고뇌를 상징하는군.

다음 글을 읽고 물음에 답하시오.　4문항을 7분 안에 풀어보세요.

아버지와 **나**는 십여 년 전까지 **돼지축사로 쓰였다는, 낡은 베니어판 문 다섯 개가 나란히 붙어 있는 건물에서 살고 있다.** 쪽마루도 없는데다 처마마저 참새 꼬리처럼 짧아 아침이면 이슬에 젖은 신발을 신고 학교에 가야 한다. 며칠 전 주인아주머니는 누런 갱지에 '빈 방 있음'이라고 써 3호실 문짝에 붙여 놓았다. 그 방 앞을 지나던 나는 열린 문틈으로 안을 들여다 보았다. 벽에는 얼룩과 곰팡이와 낙서가 가득했고, 들뜬 황갈색 비닐 장판 위로는 뽀얀 먼지가 살얼음처럼 깔려 있었다. 비스듬하게 세워진 낡은 캐비닛 뒤쪽 벽에는 쥐가 들락거릴 정도의 작고 새까만 구멍이 뚫려 있는데, 구멍 주위로 자잘한 시멘트 가루와 흙덩이가 흩어져 있어 마치 상처 부위에 엉겨붙은 피딱지처럼 보였다. 총알에 맞아 쿨럭쿨럭 피를 쏟아내는 심장을 본 것 같은 섬뜩함이 가슴을 오그라뜨렸다.

[A]
　그 방에 살던 파키스탄 청년 알리는 도둑질을 하고 마을을 떠났다. 강풍이 불던 날 밤의 어둠과 소란을 틈타 한방을 쓰던 비재 아저씨의 ⊙ 돈을 훔쳐 달아난 것이다. 비재 아저씨는 송금비용을 아끼려고 벽에 구멍을 파서 돈을 숨겨놓았다고 한다. 그날 밤 알리가 돈을 꺼낼 때 나던 조심스런 부스럭거림을 아저씨는 왜 듣지 못했을까. 하긴, 이틀 연속 철야근무에 특근까지 했으니 그럴 만도 하다. 게다가 그날따라 2호실 방글라데시 아주머니의 갓난아기는 밤새 잠을 자지 않고 보챘고, 저녁 내내 텔레비전 앞에서 시끄럽게 떠들던 1호실 미얀마 아저씨들은 나중엔 취한 목소리로 노래를 불러대기까지 했다. 밤에 일하는 5호실의 러시아 아가씨 마리나는 아예 집에 들어오지도 않았다. 4호실에서 사는 아버지와 나만이 일찌감치 불을 끄고 어둠 속에 누워 있었다. 하지만 우리들 역시 머릿속으로는 매우 혼란스러운 생각, 집 나간 어머니 생각에 빠져 있어서 누군가 돈을 훔치느라 바스락대는 소리를 들을 수 없었다.

　사실 알리는 비재 아저씨 아들의 생명을 훔쳐 도망간 거나 다름없다. 아저씨는 막내아들의 심장수술 비용을 마련하려고 여기 왔으니까. 이 마을에선 불행이 너무나 흔해 발에 차일 지경이다. 그래서 웬만한 일에는 누구도 신경 쓰지 않는다. 하지만 비재 아저씨가 그날 새벽에 내지른 절망과 분노에 찬 비명 소리는 한동안 잊히지 않을 것 같다.

(중략)

　"안녕?" 창문에 매달린 코끼리는 여전히 말이 없다. 무심한 눈길로 먼 곳을 쳐다볼 뿐. 일곱 개의 코를 가진, 퍼체우라*에 은사로 화려하게 수놓인 그 코끼리는 원래 인도 신들의 왕 인드라를 태우는 구름이었다고 한다. "그래서요?" 창문에 퍼체우라를 달다가 그 이야기를 들은 나는 흥분해서 아버지를 재촉했다. "어느 날 창조주 브라마가 '세계의 알'을 깨뜨리면서 코끼리의 격이 낮아져 그만 우주를 떠받치는 기둥이 되었단다." 나는 눈을 질끈 감았다. 아버지는 슬쩍 내 안색을 살폈다. "어차피 그건 힌두교 신화일 뿐이야. 신이 깨뜨린 알이란 없어." 순간 못대가리에서 미끄러져 엇나간 망치가

아버지의 손톱을 찢었다. 손톱 끝에 침을 바르고 통증을 참던 아버지는 떨어진 못을 찾으려고 두 손을 뻗어 바닥을 더듬었다. 문득 아버지가 ⓛ 코끼리처럼 여겨졌다. 구름보다 높은 히말라야에서 태어나 이곳, 후미진 공장지대에서 살아가고 있으니……

어디선가 ⓒ 노랫소리가 들려온다. 가늘게 떨리는 그 목소리 주인은 2호실 토야 엄마다. 모레니에 절로 세이데세, 모레니에 절로 세이데세, 날 그곳으로 데려다 주세요, 날 그곳으로 데려다 주세요…… 지난봄에 단속반을 피해 뒷산으로 도망치다가 발목을 삐어 결국 잡히고 만 토야 아빠는 스리랑카로 추방된 뒤 돌아오지 못하고 있다. **혼자 남은 토야 엄마는 집에서 기계부품에 나사를 꿰어 버는 푼돈으로** 연명하는 눈치다. 훌둘리아 푸자토레 게노 펠레라코 헬라거리, 탈 모르넷 아게 슈두 바레크 피레아쇼크, 기도꽃을 꺾어 왜 그냥 버렸을까, 사랑하는 사람이 죽기 전에 다시 돌아오세요…… 갑자기 어머니 생각이 난다. ⓔ 신 김치와 미역국 냄새, 연한 레몬로션 냄새, 그리고 뭐라고 이름 붙일 수 없지만 스르르 잠이 오게 하는 신비한 살내까지. 지난봄에 어머니가 남기고 간 냄새는 한동안 방 안 어딘가에 남아 미풍이 불 때마다 언뜻언뜻 맡아졌다. 하지만 이제 방 안에선 그 냄새가 나지 않는다. 퀴퀴한 홀아비 냄새와 지독한 곰팡내가 진동할 뿐이다.

환기를 시키려고 퍼체우라를 젖힌다. 노란 햇빛이 반대편 벽에 있는 히말라야 ⓜ 달력 사진에 내려앉아 너울댄다. 투명하고 생생한 햇빛, 푸른 티크나무 숲, 눈 덮인 안나푸르나, 잔잔하게 물결치는 페와호, 그리고 사탕수수를 빨아 먹으며 환하게 웃는 아이들…… 아버지는 해마다 똑같은 달력을 사 온다. 아버지가 그 사진을 보면서 기쁨을 얻듯이 나도 그렇게 되기를 바라는 걸까? 하지만 내 눈엔 오후 빛을 받은 히말라야가 금으로 씌운 어금니처럼 보일 뿐이다. 햇빛에 녹아내리기 직전의 노란 바닐라 아이스크림이거나. 달력에서는 여전히 검고 굵은 동그라미가 소용돌이치고 있다. 마음이 편치 않다. 요즘엔 이상하게도 입에서 아무 말이나 튀어나온다. 학교에서 내내 긴장하다가 집에 돌아오면 모든 게 귀찮고, 무엇보다 화가 난다. 오늘은 소영이 오빠가 친구들을 데리고 쉬는 시간마다 우리 교실로 내려왔다. 나는 화장실에 숨어 있다가 수업이 시작된 뒤에야 교실로 들어갈 수 있었다. 겁이 나서가 아니었다. 일대일이라면 자신 있었다. 하지만 한꺼번에 덤벼들어 쥐 잡듯 나를 짓밟는다면, 앞으로 나를 볼 때마다 누구든 그 장면을 떠올릴 것이다. 그것만은 정말 견디기 힘들 것 같았다.

아기 손바닥만큼 작아진 빛은 퍼체우라가 흔들릴 때마다 놀란 듯 부르르 떤다. 갑자기 잠이 몰려온다. 아버지처럼 고향 가는 꿈이라도 꿀 수 있다면 좋겠다. 밤마다 아버지는 낡은 춤바를 입고 고향 마을로 찾아가는 **꿈**을 꾼다. 노란 유채꽃 언덕 너머 보이는 눈부신 설산과 낯익은 황토 집, 정다운 마을 사람들이 있는 곳으로. 꿈에서 아버지는 가녀린 퉁게꽃과 붉은 비저꽃이 흐드러진 고향집 마당으로 들어서서는 가족과 친지에 둘러싸여 달과 바트, 더르가리(야채 반찬), 물소고기에 토마토 양념을 발라 구운 첼라를 실컷 먹는다고 했다. 하지만 다음날 공힝에시 비행기에 오르려고 히면 누군가 아버지 앞을 가로막으며 거칠게 끌어낸다고 했다. "난 **한국으로 돌아가야** 돼. 거기 내 **가족이 있어.** 제발, 보내줘. 일자리도, 이웃도, 내 청춘도 거기 두고 왔단 말이야. 제발……!" 잠꼬대 끝에 몸을 벌떡

일으키는 아버지는 매번 황급히 사방을 둘러본다. 그러고는 땀으로 흥건해진 속옷을 벗으며 어둠 속에서 긴 안도의 숨을 내쉰다.

그렇지만 나보다는 낫겠지. 난…… **태어난 곳은 있지만 고향이 없다.** 한국에 네팔 대사관이 없어 아버지는 혼인신고를 못했다. 그래서 내겐 호적도 없고 국적도 없다. **학교에서조차 청강생일 뿐**이다. 살아 있지만 태어난 적이 없다고 되어 있는 아이……

- 김재영, 「코끼리」-

---

* 퍼체우라 : 네팔 남자들이 몸에 걸치는 직사각형의 천.

---

059 내용 이해

윗글을 이해한 내용으로 가장 적절한 것은?

① '비재 아저씨'는 자신의 돈을 훔쳐 달아난 '알리'의 처지를 이해하고 있다.
② '나'는 마을에 불행이 잦아 사람들이 웬만한 일에는 무신경하다고 여기고 있다.
③ '아버지'는 힌두교 신화에 대한 '나'의 반응을 못마땅해하고 있다.
④ '토야 엄마'는 스리랑카로 추방된 '남편'을 무책임하다고 생각하고 있다.
⑤ '아버지'는 고향에 돌아가지 못하고 한국에서 살아야만 하는 현실에 절망하고 있다.

060 서술상 특징

[A]에 대한 설명으로 적절하지 않은 것은?

① 특정 사건이 지닌 의미를 서술자가 제시하고 있다.
② 특정 사건의 전말을 서술자가 요약적으로 설명하고 있다.
③ 특정 사건을 일으킨 인물의 내적 동기를 서술자가 분석하여 제시하고 있다.
④ 특정 사건이 발생한 시점에 주변에서 벌어진 여러 정황을 나열하고 있다.
⑤ 특정 사건의 피해자가 보인 행동에 대한 서술자의 심리적 반응을 보여주고 있다.

DAY
20

IV

현대소설

㉠ ~ ㉤에 대한 이해로 가장 적절한 것은?

① ㉠ : 경제적으로 풍족해지고 싶은 비재 아저씨의 물질적 욕망이 담긴 소재이다.
② ㉡ : 아버지의 현재 삶과 대조되는 것으로 아버지에 대한 '나'의 안타까운 심정을 대변하는 소재이다.
③ ㉢ : 부재하는 가족에 대한 '나'의 그리움의 정서를 유발하는 소재이다.
④ ㉣ : 어머니가 떠난 이후 방치된 가정의 모습을 표상하는 것으로 아버지에게 쓸쓸함을 느끼게 하는 소재이다.
⑤ ㉤ : 아버지가 고향에 대해 느끼는 감정에 '나'가 공감하게 되는 소재이다.

〈보기〉를 바탕으로 윗글을 감상한 내용으로 적절하지 않은 것은?

`3점`

> **│ 보기 │**
>
> 「코끼리」는 더 나은 삶을 꿈꾸며 고향을 떠나 한국으로 온 이주 노동자들이 차별 속에서 힘겹게 살아가는 모습을 이주 노동자 2세인 '나'의 시각을 통해 사실적으로 묘사하고 있는 작품이다. 이들은 열악한 주거 환경과 궁핍한 경제적 상황 속에서 사회적, 정서적으로 고립된 삶을 살아간다. 특히 네팔인 아버지와 조선족 어머니 사이에서 태어나 편견과 정체성의 혼란 속에서 소외감을 느끼는 '나'의 모습은 이주 노동자 2세가 마주하는 현실을 드러내고 있다. 또한, 이주 노동자가 겪는 문제가 다음 세대에 이어질 수도 있음을 보여 준다.

① '아버지'와 '나'가 '돼지축사'를 개조한, '낡은 베니어판 문 다섯 개가 나란히 붙어 있는 건물에서 살고 있'는 것은 이주 노동자들의 열악한 삶을 사실적으로 보여 주는 것이군.
② '혼자 남은 토야 엄마'가 '집에서 기계부품에 나사를 꿰어 버는 푼돈으로' 생계를 이어가는 모습은 궁핍한 경제적 상황 속에서 살아가는 이주 노동자의 현실을 보여 주는 것이군.
③ 아버지가 '꿈'에서 '가족이 있어' '한국으로 돌아가야' 한다는 것은 이주 노동자들이 받는 차별과 그 아픔이 다음 세대에게 이어진 현실을 보여 주는 것이군.
④ '나'가 '태어난 곳은 있지만 고향이 없다'라고 생각하는 것은 이주 노동자 2세가 이방인으로서 느끼는 정체성의 혼란을 보여 주는 것이군.
⑤ '나'가 '학교에서조차' 자신의 존재를 인정받을 수 없는 '청강생일 뿐'이라고 인식하는 것은 이주 노동자 2세가 느끼는 소외감과 정서적 고립을 보여 주는 것이군.

다음 글을 읽고 물음에 답하시오.

4문항을 7분 안에 풀어보세요.    7분

지금 그 자식들은 저희들이 나고 자란, 저희들의 탯자리인 집이 수몰이 되건 말건 관심이 없다. **수몰 보상금을 나눠 가진** 뒤에는 **제 어미가 어찌 살든 내려와 보지도 않는**다. 이제 물이 들어차면 덕님은 순천의 막내딸년 집으로 가기로 되어 있긴 하지만, 시부모와 영감 산소를 지척에 두고 떠나야 하는 심정은 천 갈래 만 갈래로 찢어지는 것만 같았다. 그러나 그 심정 누가 알아주랴. 평생을 살면서 영감 죽을 때 빼고는 이렇게 애통해 본 적이 없었다. 설이 가까워 오건만 어느 자식이 내려온다는 기별도 없다. 혼자서 설을 쇠어야 하나, 아니면 오라는 소리는 없어도 어느 자식 집으로 쇠러 가야 하나, 팔십 노구가 그저 거추장스러울 뿐이다.

[A]
생전에 사람 기척도 없던 집에 오늘은 무슨 방송국에서 촬영을 왔었다. 수몰민들이 마지막 설 준비하는 것을 촬영한다고 했다. 사진 박히는 건 질색이지만 그쪽에서 하도 마지막 설 준비하는 기분이 어떠냐고 물어대싸서, 그만 울음을 터뜨리고 말았다. 그랬더니 방송국에서 나온 젊은 처자가 하는 말이, 왜 눈물을 흘리지 않고 우시냐고 물었다.

"눈물이 보타부러서 그러는개비."

"할머니 이제 금방 하신 말씀 한 번만 더 해보세요."

그래서 또 쑥스럽지만,

"눈물이 보타부렀어."

처자가 깔깔대며 웃었다. 설 준비하는 흉내를 내라는데 솥에 넣고 끓일 것이 없어서 물이라도 붓고 불을 땠더니, 불 때는 것이 무슨 구경거리라고 또 사진을 박았다.

[중략 줄거리] 만수는 남도의 한 수몰 예정지에 살면서 월남전에 함께 참전했던 대석을 부른다. 뚝방 동네에 살던 대석은 수몰 예정지에 사업거리가 있다는 만수의 말을 듣고 어린 아들 명호를 데리고 만수를 찾아가고 세 사람은 동네를 돌아다닌다.

명호의 노랫가락 덕분인지 그날 밤새 달빛조차 그득했다. 그득한 달빛 아래 그들이 모은 고물들은 내일 새벽 광주의 고물상으로 반출이 될 거였다. 문짝을 떼어 내느라 힘을 쓸 때 처음에는 용기가 나지 않다가 나중에는 우지끈 소리에도 흥이 났다. 땀이 비 오듯 쏟아졌다. 두 사나이가 그렇게 고물을 주워 담는 동안 반지 남편 칠환이는 짐승 수집에 나서고 있는 참이었다. 칠환이는 작년까지 경기도 광주의 가구 공장에 다녔다. 그곳에서 아내인 반지를 만났다. 두 사람은 열심히 살아 보려고 했으나 칠환이 사고를 당했다. 술을 먹고 오토바이를 타고 퇴근을 하다 오토바이와 함께 전봇대에 부딪혀 칠환은 장애인이 되고 말았다. 행복과 불행은 늘 칠환에게 교대로 왔다. 아내를 만나자 사고를 당했고, 사고를 당하자 고향 집이 수몰 지구가 되었으니 보상금을 타 가라는 연락이 온 것이다. 집이라고 해 봤자 이미 폐가가 된 지 오래인 집으로 내려와 보상금을 타서 제 병원비로 다 써 버린 칠환은, 이제 **남이 버리고 간 집**에 제가 들어가 살고 있다. 그러나 그 집은 기름 보일러로 개조한 집이라 칠환네는 기름 살 돈이 없어 고생을 하고 있는 중이었다. 요즘 마을 주변에는

떠난 사람들이 버리고 간 짐승들이 심심찮게 돌아다니고 있었다. 그 짐승들을 물막이 공사하는 인부들이 더러는 키우기도 하고 더러는 잡아먹기도 하는 모양이었다. 오늘 칠환은 그 **짐승들을 잡아다가 팔아서 돈을 마련**해 볼 생각인 것이다. 그러나 낮에는 용기가 없어 밤에 도둑고양이처럼 살금살금 동네를 돌아다니고 있는 중이었다. 값나가는 **소나 개**는 이미 처분을 하고 떠난 뒤여서 동네는 값 안 나가는 **고양이나 염소와 닭들의 세상이 되어 있었다**. 이왕이면 염소를 잡으려고 칠환이 막 동네 고샅길을 거슬러 올라가고 있는데 어디선가 우지끈, 하고 집 무너지는 소리가 났다. 집에 대한 철거 공사는 이주가 완전히 이루어진 후에 한다고 했는데 벌써부터 철거 공사가 시작되었는가 싶어 가슴이 철렁 내려앉았다. 그러나 소리가 났으므로 본능적으로 몸을 숨겼다. 몸을 숨기고 고개만 내밀어 바라본즉 저쪽에서도 뭔가 불길했던지, 두 명의 사나이가 담 너머로 고개를 내밀어 사방을 살피고 있는 중이다. 작은 머리통이 하나 더 나오는 것을 보니 사람 수는 세 명인 것이 분명했다.

"누구시오?"

㉠ "집쥔이오."

칠환이 목소리를 가다듬어 점잖게 말했다. 왜 제 입에서 집주인이란 말이 나왔는지는 알 수 없었다. 그러나 생각건대 임기응변, 그것은 막다른 길에 접어든 인생에 있어서는 항상 최대의 무기가 아닐 수 없었다. 칠환의 대답이 끝나기도 전에 저쪽에서 고개를 쑥 집어넣어 버렸다. 아마 대책을 모의하는 모양이다. 대책을 모의해야 할 만한 상황인 것이 저자들이 필시 그리 떳떳한 일을 도모하는 자들은 아닐 거라는 확신이 들면서 칠환의 머릿속에 재미있는 생각 하나가 획 지나갔다.

㉡ "누가 이 야심한 밤에 남의 빈집을 털고 있는 거요?"

그때 다시 고개들이 연달아 쑥쑥 나왔다. 작은 머리통은 나오지 않는 걸 보니 그놈은 겁이 좀 많은 모양이다.

㉢ "우리는 수자원공사에서 나온 직원이오."

칠환은 찔끔했다. 그러나 다시 목소리를 가다듬어,

㉣ "아직 집을 완전히 비우지도 않았는데 철거를 하다니요. 그것은 사유재산에 대한 침해가 된다는 것을 아시오, 모르시오."

최대한 머리를 짜내 구사한 말이긴 하지만 여간 떨리는 게 아니다. 그러나 절대로 떨고 있는 표시를 내면 안 된다. 저쪽에서 응답이 돌아왔다.

"여보시오, 집주인이란 자가 어째 몸을 숨기는 거요. 당신의 재산에 손을 대고 있는 자 앞에 떳떳하게 나와 보시오."

"그럼 나도 묻겠소. 당신들이야말로 고개만 내밀고 있는 이유가 뭐요?"

"우리야 집주인인 당신이 무서워서 이러는 것 아니오."

"그렇다면 협상을 하십시다. 집주인 허락도 없이 남의 재산에 손을 댔으니 **손댄 물건값**을 나에게 쳐주면 없던 일로 하리다."

다시 머리 둘이 쏙 들어갔다. 머리가 언제 다시 나오려나, 칠환은 침을 꼴깍 삼키며 기다렸는데, 느닷없이 건장한 두 사나이가 제 앞에 쑥 나타났다. 칠환은 그만 생포된 짐승같이 바들바들 떨며 그 자리에서 꼼짝도 할 수가 없었다.

㉤ "겁내지 마시오. 우리는 고물 장수들이오. 당신은 뭐 하는 사람이오?"

"주민이오. 아내와 아이가 기름이 없어 냉골에서 떨고 있어요. 짐승들을 본 적 있소?"

"사람은 없고 사방에 고양이 새끼들이던데 고양이 잡으러 나왔소?"

"그래라우."

난데없이 본토박이 말이 불쑥 튀어나왔다.

"우리도 일은 대충 끝냈으니 **어디 한번 고양이나 잡아** 봅시다."

"이왕이면 염소를 잡아 주시오."

그렇게 해서 오밤중에 버려진 짐승들에 대한 사냥이 시작되었다. 겨울 달밤에 벌이는 짐승 쫓기는 명호한테도 신나는 놀이가 아닐 수 없었다.

- 공선옥, 「먼 바다」-

---

063 내용 이해

윗글에 대한 이해로 적절하지 <u>않은</u> 것은?

① '덕님'은 살던 집을 떠나야 하는 상황을 슬퍼하고 있다.
② '두 사나이'가 동네에서 뜯은 문짝은 고물상으로 옮겨질 것이다.
③ '칠환'은 가구 공장에서 작업 중 사고를 당해 장애를 입었다.
④ '칠환'은 고향 집에 대한 보상금을 자신의 병원비로 모두 사용하였다.
⑤ '명호'는 버려진 짐승들을 쫓는 달밤의 사냥에 동참하였다.

064 인물의 심리

㉠~㉤에 대해 이해한 내용으로 적절하지 <u>않은</u> 것은?

① ㉠ : 예상치 못한 상황에 임기응변으로 대처하고 있다.
② ㉡ : 상대방이 떳떳한 일을 하는 사람들이 아닐 것이라는 확신이 담겨 있다.
③ ㉢ : 위기를 모면하기 위해 자신들의 정체를 속이고 있다.
④ ㉣ : 자신에게 유리하게 진행되는 상황에 자신감을 얻어 상대방의 행동을 지적하고 있다.
⑤ ㉤ : 떨고 있는 상대방을 안심시키기 위한 의도가 담겨 있다.

065 장면의 기능

[A]에 대한 이해로 가장 적절한 것은?

① 덕님과 논쟁하는 방송국 사람의 모습을 통해 언론의 비인간적인 속성을 부각한다.
② 덕님의 생활을 관찰하는 방송국 사람의 모습을 통해 수몰민의 실상을 폭로하려는 언론의 의도를 드러낸다.
③ 덕님의 상황에 공감하지 못하고 촬영하는 방송국 사람의 모습을 통해 타인의 고통에 무관심한 언론의 면모를 드러낸다.
④ 방송국 사람을 이용하여 자신의 처지를 알리려는 덕님의 모습을 통해 어려운 상황을 극복하려는 수몰민의 의지를 부각한다.
⑤ 방송국 사람의 요구를 순순히 들어주는 덕님의 모습을 통해 보상금을 받기 위해 애쓰는 수몰민의 이중적인 태도를 드러낸다.

066 감상의 적절성

<보기>를 바탕으로 윗글을 감상한 내용으로 적절하지 않은 것은?

`3점`

> **| 보기 |**
>
> 이 작품은 수몰 예정지에 사는 수몰민들의 모습을 통해 개발 난민이 겪는 현실을 보여 준다. 수몰 예정지인 마을에서는 생계 유지 문제로 주민들 사이에 갈등이 일어나기도 하고 보상금으로 인해 가족 공동체의 붕괴가 가속화되기도 한다. 또한 빈집이 늘어난 마을에 주민들의 눈을 피해 들어온 외지인과 아직 떠나지 못한 주민이 문제를 일으키기도 한다. 한편 수몰 예정지에서 유랑하는 이들끼리의 연대를 통해 어려운 이들이 서로 돕는 따뜻한 모습을 보여 주기도 한다.

① 덕님의 자식들이 '수몰 보상금을 나눠 가진' 후 '제 어미가 어찌 살든 내려와 보지도 않'는 모습을 통해 개발 과정에서 가족 공동체가 붕괴되는 모습을 보여 주고 있군.
② 칠환이 '남이 버리고 간 집'에 살면서 '짐승들을 잡아다가 팔아서 돈을 마련'하려는 모습을 통해 삶의 기반을 잃고 유랑하는 이의 비참한 현실을 보여 주고 있군.
③ 사람들이 '소나 개'를 처분하고 떠나 '고양이나 염소와 닭들의 세상이 되어 있'는 마을의 모습을 통해 주민들이 떠나 빈집이 늘어난 수몰 예정지의 상황을 보여 주고 있군.
④ 칠환이 두 사나이에게 '손댄 물건값'을 치르라고 말하는 모습을 통해 보상금을 노린 외지인과 생계 유지를 위해 자신의 재산을 지키려는 주민 사이의 갈등을 보여 주고 있군.
⑤ 두 사나이가 칠환의 이야기를 듣고 나서 경계를 풀고 그를 도와 '어디 한번 고양이나 잡아' 보자고 제안하는 모습을 통해 유랑하는 이들끼리 연대하는 모습을 보여 주고 있군.

DAY **20**

IV

현대소설

다음 글을 읽고 물음에 답하시오. 4문항을 8분 안에 풀어보세요.  8분

만두 집을 했던 엄마가 어떻게 피아노를 가르칠 생각을 했는지 알 수 없다. 욕심이거나 뭔가 강요하려 한 것은 아니었다. 엄마는 배움이 짧았고, 자신의 교육적 선택에 늘 자신감을 갖지 못했다. 다만 그때 엄마는 어떤 '보통'의 기준들을 따라가고 있었으리라. **놀이 공원에 가고, 엑스포에 가는 것**처럼, 어느 시기에는 어떠어떠한 것을 해야 한다는 풍문들을 말이다. 돌이켜보면 어릴 때 엑스포에 가고 박물관에 간 것이 그렇게 재밌었던 것 같지는 않다. 하지만 나를 엑스포에 보내주고, 놀이 공원에 함께 가 준 엄마에게 고마운 마음이 든다. 누구나 겪는, **평범한 유년의 프로그램** 중 하나였을 뿐이지만, 무지한 눈으로 시대의 풍문들에 고개 끄덕였을, 김밥을 싸고 관광버스에 올랐을 엄마의 피로한 얼굴이 떠오르는 까닭이다. 이따금 내가 회전목마 위에서 비명을 지르는 동안, 한 손으로 얼굴을 가린 채 벤치에 누워 있던 엄마의 모습이 떠오르곤 한다. 신을 벗고 짧은 잠을 청하던 엄마의 얼굴은 도 — 처럼 낮고 고요했던가 그렇지 않았던가. 엄마를 따라 하느라, 피아노 의자 위에 누워 있던 나를 보고, 선생님은 라 — 처럼 놀랐던가 그렇지 않았던가. 일과 중 가장 중요한 일이 '엄마 100원만'인 줄 알았던 때이긴 했지만. 나는 헨델이 없는 헨델의 방에서 음악을 했고, 엄마는 **베토벤같이 풀린 파마머리를 한 채 귀머거리처럼 만두를 빚었다.** ㉠ 마침 동네에 음악 학원이 생겼고, 엄마의 만두가 불티나게 팔리던 시절이라 가능했던 일인지도 모른다.

엄마는 내게 피아노를 사줬다. 읍내서부터 먼짓길을 달려 온 **파란 트럭**이 집 앞에 섰을 때, 엄마가 무척 기뻐했던 기억이 난다. **세탁기도 냉장고도 아닌 피아노라니.** 어쩐지 우리 삶의 질이 **한 뼘쯤 세련돼진** 것 같았다. 피아노는 노릇한 원목으로 돼, 학원에 있는 어떤 것보다 좋아 보였다. ㉡ 원목 위에 양각된 우아한 넝쿨무늬, 은은한 광택의 금속 페달, 건반 위에 깔린 레드 카펫은 또 얼마나 선정적인 빛깔이던지. 그것은 우리 집에 있는 가재들과 때깔부터 달랐다. 다만 좀 멋쩍은 것은 피아노가 가정집 '거실'이 아닌, ⓐ 만두 가게 안에 놓인다는 사실이었다. 우리 가족은 **생계와 주거**를 한 건물 안에서 해결하고 있었다. ㉢ 낮에는 방에 손님을 들이고, 밤에는 식구들이 이불을 펴고 자는 식으로 말이다. 피아노는 나와 언니가 쓰는 작은방에 놓였다. 안방은 주방을, 작은방은 홀을 마주보고 있었다.

나는 오후 내 가게에 붙어 피아노를 연주했다. 울림 폭을 크게 해 주는 오른쪽 페달을 밟고, 멋을 부려 「소녀의 기도」나 「아드린느를 위한 발라드」와 같은 곡을 말이다. 찜통에선 수증기가 푹푹 나고, 홀에서는 장사꾼과 농부들이 흙 묻은 장화를 신은 채 우적우적 만두를 씹고 있는 공간에서, 누구라도 만두를 삼키다 말고 울고 가게 만들었을 그런 연주를. 쉽고 아름답지만 촌스러워서 누구라도 가게 앞을 지나다 **얼굴을 붉히게 만들었을,** 그러나 좀더 정직한 사람이라면 만두 접시를 집어던지며 '다 때려치우라 그래!' 소리쳤을 그런 연주를 말이다. 한번은 연주가 끝난 뒤 박수 소리가 들려 고개를 돌린 적이 있다. 홀에서 웬 백인 남자가 **손뼉을 치며** "원더풀"이라 외치고 있었다. 외국인과 나 사이에 어정쩡한 침묵이 흘렀다. 나는 부

끄러웠지만 수줍게 한마디 했다. 땡큐…… 집 안에선 밀가루 입자가 햇빛을 받으며 분분히 날렸고, 건반을 짚은 손가락 아래론 지문이 하얗게 묻어났다.

[중략 줄거리] 아빠의 빚보증 때문에 가계가 어려워졌지만 엄마는 피아노만은 빼앗기지 않고 싶어 했다. 대학 진학을 앞두고 언니의 서울 반지하방으로 이사하게 된 '나'는, 피아노를 가지고 가 달라는 엄마의 부탁을 받게 된다.

언니의 표정은 뜨악했다. 외삼촌이 담배를 피우는 사이, 나는 사정을 설명하느라 애를 먹었다. 엄마가 다 얘기한 줄 알았는데, 언니는 아무것도 모르고 있었다. 언니가 답답한 듯 말했다.

"여기, ⓑ 반지하야."

나는 조그맣게 대꾸했다.

"나도 알아."

우리는 트럭 앞에 모여 피아노를 올려다봤다. ㉣ 그것은 몰락한 러시아 귀족처럼 끝까지 체면을 차리며 우아하고 담담하게 서 있었다. **외삼촌의 트럭**은 길 한가운데를 막고 있었다. 우리는 서둘러 목장갑을 꼈다. 외삼촌이 피아노의 한쪽 끝을, 언니와 내가 반대쪽을 잡았다. 외삼촌이 신호를 보냈다. 나는 깊은 숨을 쉰 뒤 피아노를 번쩍 들어 올렸다. 1980년대 산(産) **피아노가 잠시 세기말 도시의 하늘 위로 비상**했다. 그 모습이 꽤 아름다워 하마터면 탄성을 지를 뻔했다. 우리는 한 걸음씩 이동했다. 다리가 후들거리고 진땀이 났다. 사람들이 **우리를 흘깃거렸다.** 뒤에서 승용차 한 대가 비켜달라는 듯 경적을 울려댔다. 곧 건물 2층에 사는 집주인이 체육복 차림으로 내려왔다. 동글동글한 체구에, 아침 체조를 빼먹지 않을 것같이 생긴 50대 중반의 사내였다. 그는 집 앞에서 벌어진 풍경이 믿기지 않는다는 듯 아연한 표정으로 서 있었다. 나는 피아노를 든 채 어색하게 웃으며 목례했다. 언니 역시 눈치껏 사내에게 인사했다. **좁고 가파른 계단** 아래로 피아노가 천천히 머리를 디밀고 있었다. **세탁기도, 냉장고도 아닌 피아노라니.** 우리 삶이 **세 뼘쯤 민망해지는 기분**이었다. 갑자기 **쿵 — 하는 소리**가 났다. 외삼촌이 피아노를 놓친 모양이었다. 우당탕탕 — 피아노가 계단을 미끄러져 나갔다. 언니와 나는 다급하게 피아노 다리를 붙잡았다. 윙 — 하는 공명감 사이로, 악기 속 여러 개의 시간이 뭉개지는 소리가 났다. 피아노 넝쿨무늬가 고장 난 스프링처럼 흔들리고 있는 모습이 보였다. 충격 때문에 몸에서 떨어져 나간 모양이었다. 그제야 나는 내가 **오랫동안 양각된 거라 믿어온 문양이 사실은 본드로 붙여져 있던 것**이라는 걸 깨달았다. 우리는 외삼촌의 안색을 살폈다. 외삼촌은 괜찮다는 신호를 보낸 뒤 다시 계단을 내려갔다. 나는 외삼촌의 부상이나 피아노의 상태가 걱정되지 않았다. 그보다는 쿵 — 소리, 내가 처음 도착한 도시에 울려 퍼지는 그 사실적이고, 커다랗고, 노골적인 소리에 **얼굴이 붉어졌다.** 집주인은 어이없고 못마땅하다는 표정으로 ㉤ 언니와, 나와, 피아노와, 외삼촌과, 다시 피아노를 번갈아 쳐다봤다.

"학생."

주인 남자가 언니를 불렀다. 언니는 재빨리 계단을 올라갔다. 출구 쪽, 네모난 햇살 아래 뭔가 열심히 설명하고 있는 언니의 모습이 보였다. 언니는 승용차 운전자에게도 양해를 구했다. 우리는 결국

관리비를 더 내고, 피아노를 절대 치지 않겠다는 조건으로 집주인을 돌려보냈다. 집주인은 돌아서며 한마디 했는데, 치지도 않을 피아노를 왜 갖고 있느냐는 거였다.

- 김애란, 「도도한 생활」-

067 서술상 특징

윗글의 서술상 특징으로 가장 적절한 것은?

① 동일한 사건을 여러 인물의 관점에서 다양하게 서술하고 있다.
② 서술자가 교체되면서 인물 간의 갈등을 다각적으로 조명하고 있다.
③ 이야기 외부의 서술자가 특정 인물의 관점에서 사건을 해석하고 있다.
④ 사건에 개입되지 않은 인물의 관점을 통해 사건을 객관적으로 전달하고 있다.
⑤ 이야기 내부의 서술자가 인물의 행위를 묘사하며 자신의 내면을 드러내고 있다.

068 표현상 특징

㉠ ~ ㉤에 대한 이해로 적절하지 <u>않은</u> 것은?

① ㉠은 추측과 짐작을 드러내는 표현을 사용하여 현재의 시각에서 지나간 일의 의미를 진술하고 있다.
② ㉡은 외양에 대한 묘사를 나열하여 인물이 대상에서 받은 인상의 근거를 제시하고 있다.
③ ㉢은 앞서 언급한 내용을 부연하여 자신의 경험에 대한 이해의 폭이 확장되었음을 강조하고 있다.
④ ㉣은 비유적인 표현을 사용하여 어울리지 않는 곳에 놓이게 된 대상을 바라보는 마음을 드러내고 있다.
⑤ ㉤은 쉼표를 빈번하게 사용하여 예기치 않은 상황에 대한 인물의 불편한 심리를 부각하고 있다.

069 내용 이해

ⓐ와 ⓑ를 바탕으로 윗글을 이해한 내용으로 적절하지 <u>않은</u> 것은?

① '파란 트럭'에 의해 ⓐ로 옮겨져 엄마를 기쁘게 했던 피아노는, '외삼촌의 트럭'에 의해 ⓑ로 옮겨지면서 언니를 당황하게 했다.
② ⓐ에서 '나'는 '손뼉을 치'는 사람이 부끄러워하는 모습을 발견하고 있고, ⓑ에서 '나'는 '우리를 흘깃거'리는 시선에서 부끄러움을 느끼고 있다.
③ ⓐ는 우리 가족이 '생계와 주거'를 모두 해결해야 했던 공간이고, ⓑ는 '나'와 언니가 '좁고 가파른 계단'을 오르내리며 살아야 하는 공간이다.
④ ⓐ에서 '나'가 누구라도 '얼굴을 붉히게 만들었을' 연주를 했던 피아노는 ⓑ로 옮겨지는 과정에서 '쿵 — 하는 소리'로 '나'의 '얼굴이 붉어'지게 했다.
⑤ ⓐ에서 피아노에 대한 반가움을 드러내던 '세탁기도 냉장고도 아닌 피아노라니.'라는 표현은, ⓑ로 피아노가 옮겨지는 과정에서 나타나는 무안함을 드러내는 데 활용되고 있다.

070 감상의 적절성

<보기>를 참고하여 윗글을 감상한 내용으로 적절하지 <u>않은</u> 것은?

`3점`

| 보 기 |

　엄마가 내게 사 준 피아노는 엄마가 꿈꾸었던 '도도한 생활'의 상징으로, 부모로서 자녀가 누리기를 희망했던 삶의 기준을 의미한다. '나'는 성년이 되면서 엄마가 애써 마련해 준 환경에서 벗어나 새로운 환경에 직면하게 되는데, 이 환경은 '나'의 욕구를 제한하고 지금까지 '나'가 살아왔던 환경을 재평가하도록 한다. 윗글은 이러한 과정에서 인물이 겪는 각성의 순간을 포착하고 있다.

① '놀이공원에 가고, 엑스포에 가는 것'과 같은 '평범한 유년의 프로그램'은, 엄마가 자녀에게 마련해 주고 싶었던 환경의 일부이겠군.
② '베토벤같이 풀린 파마머리를 한 채 귀머거리처럼 만두를 빚'던 모습은, 피아노가 상징하는 삶에 가까워지기 위한 엄마의 수고를 보여 주는군.
③ '한 뼘쯤 세련돼진' 느낌을 주던 피아노에서 '세 뼘쯤 민망해지는 기분'을 느끼게 된 것은 '나'를 둘러싼 환경의 변화 때문이겠군.
④ '피아노가 잠시 세기말 도시의 하늘 위로 비상'하는 모습에서 '나'는 자신의 욕구를 제한해 온 환경이 변화하고 있음을 확인하게 되는군.
⑤ '오랫동안 양각된 거라 믿어온 분양이 사실은 본드로 묻여져 있던 것'임을 깨달으면서, '나'는 엄마가 애써 마련해 준 환경이 그리 견고하지 못한 것이었음을 알게 되는군.

다음 글을 읽고 물음에 답하시오. 4문항을 8분 안에 풀어보세요.  8분

[A] 만수 씨는 명절 앞두고 업자들한테서 들어오는 구두표 같은 **상품권**은 사양하다 못해 받아서는 자신은 가지지 않고 구두 많이 닳은 사람부터 순서대로 나눠 줬다. 그것도 평소에 사람 하나하나를 잘 지켜보지 않으면 힘든 일이었다. 그렇게 시간이 흘렀다.

ⓐ 구내식당 아줌마들이나 여직원들 사이에서 만수 씨는 노총각에 사람 좋고 하니 인기가 하늘을 찌를 듯했다. 공장 전체 인원 육백 명 중 여자는 서른 명도 안 되는데 그중 삼분의 일이 구내식당에 있었다.

그런데 어느 때부터인가 여자들 사이에 이상한 소문이 났다. 만수 씨와 내가 전부터 사귀던 사이이고 둘 사이에 아기가 있는데 그 아이를 만수 씨가 키우고 있다는 식이었다. 내가 딴 남자하고 바람이 나서 아기를 버리고 떠나갔다가 그 남자한테 싫증이 나자 다시 만수 씨에게 빌붙어 피를 빨아먹고 있다는 것이었다. 소문이라는 게 원래 어처구니없는 것이지만 해도 너무한다 싶었다. ㉠ 건드리면 더 커질 것 같아서 아예 아무 말을 하지 않았다. 하지만 몇 달이 지나기도 전에 소문은 온 공장 안에서 기정사실이 되었다. 여자들 모두가 나를 질투하고 미워하게 되었다. 지옥이 따로 없었다. 내 칫솔에 새똥이 묻어 있기도 하고 면도날이 내가 조리를 담당한 냄비 속에 들어 있기도 했다. ㉡ 도저히 견딜 수가 없어 만수 씨를 찾아갔다.

— 미안합니다. 저 때문에 오해를 받아서 많이 괴로우신 걸 잘 압니다. 제가 아무리 아니라고 해도 사람들이 의심을 더 하니까 어쩔 수가 없네요. 좀 잠잠해질 때까지 다른 데 가 계시면 어떨까요. 제 여동생이 결혼하고 나서 저 사는 동네 중학교 앞에서 ⓑ 분식집을 합니다. 거기를 좀 도와주세요. 월급은 지금보다 많이 드리라 할게요. 부탁합니다.

만수 씨는 그렇게 말했다. ㉢ 오래도록 생각했지만 다른 도리가 없었다. 사실 나는 만수 씨를 좋아했다. 만수 씨를 처음 봤을 때부터 좋아하고 있었다.

[B] 오빠가 그 여자를 데리고 와서 주방을 맡기라고 했을 때는 억장이 무너지는 것 같았다. 튀김, 어묵, 떡볶이 같은 아이들 주전부리 음식 파는 가게 크기라는 게 어른 세 사람만 서 있어도 꽉 차는데 어떻게 사람을 더 들이라는 것인가. 칼과 도마, 싱크대는 여자들한테는 양보할 수 없는 고유 영역 같은 것인데 하루아침에 물러나라니 말도 안 되는 소리였다. 떡볶이나 어묵에 무슨 솜씨를 부릴 일이 있는가. 어린 학생들 코 묻은 돈 받아서 월급을 주고 월세 내고 나면 남는 게 뭐가 있을 것인가. 내가 거기까지 얘기했을 때 오빠가 점퍼 안주머니에서 **적금 통장**을 꺼내 놓았다. 그동안 나온 월급을 모은 것이라며 건물 주인한테 이야기해서 가게를 키워 가지고 제대로 된 식당을 해 보자고 했다. 이제까지 무슨 생각으로 아무 말도 하지 않았는지 원망스러웠고 그다지 고맙지도 않았다.

[중략 줄거리] 구내식당에서 일하던 여자의 음식 솜씨 덕분에 새로 차린 기사 식당은 자리를 잡는다. 하지만 IMF 이후 공장을 되살리려는 투쟁에 여자가 참여하면서 식당 운영에 차질이 생긴다. 이에 여동생의 남편이 만수에게 불만을 토로한다.

— 아니, 형님 다니던 회사가 형님이 게으르고 일 안 해서 망한 겁니까. 망해도 그렇지, 자본가라는 놈들이 어떤 놈들인데 그놈들이 형님네처럼 아무것도 없이 나갔겠냐고요. 지금도 홍콩이나 하와이 해변 같은 데 가서 빼돌린 돈 가지고 떵떵거리면서 잘살고 있어요.

[C] 처남이 착하다는 건 인정한다. 성실하기도 했다. 그런데 방향이 틀렸다. 같이 해야 할 일은 같이 열심히 하겠지만 싸울 일은 싸워서 해결해야 하지 않는가. 또 싸울 때도 상대를 제대로 골라서 싸워야지 제 편, 제 식구에게 피해를 입혀 가며 제 살 깎아 먹기 식으로 하는 건 나부터 용납할 수 없었다. 그냥 놔두니까 처남은 계속 주절주절 말을 이어가고 있었다.

— 우리 어릴 때 굶기를 밥 먹듯 하던 때를 생각해 봐. 나는 원망하는 사람이 없어. 내 팔자가 그런 걸 뭐. 또 원망해서 뭐해? 그 사람들이 잘못을 뉘우치고 제자리로 돌려놓을 것도 아니고 그럴 능력도 없고. 그 사람들이 그러고 싶어서 그러겠냐고. 부도내고 싶어 부도내는 회사가 어디 있겠어? 나는 이렇게 가난하지만 소박하게, 보통 사람 나름의 행복을 누리면서 살아가면 된다고 생각하네.

㉣ 그런 건 내 알 바가 아니었다. 나부터 살길을 찾아야 했다.

— 지금 저 주방에 있는 아줌마하고는 무슨 사이인 겁니까?

— 진주 씨? 우리는 같이 싸우고 있어. 투쟁.

— 뭐 때문에 투쟁하는데요? 누구를 상대로요?

— 우리가 공장을 지키기 위해서 싸우다 보면 사장님이 투자자를 데리고 돌아오실 거야. 그럼 회사 주식을 담보로 가지고 있는 채권단한테 빚도 갚고 공장이 다시 돌아가는 거지. 우리는 희망이 있어. 희망 때문에 싸우는 거야.

— 그런데 수민이 엄마가 저 아줌마하고 앞으로 어쩔 거냐고 자꾸 그러는데요. 계속 이렇게 살 수는 없다고.

— 지금처럼 일이 있으면 투쟁 현장에 가서 밥도 해 주고 옛날 회사 사람들하고 일주일에 한 번 만나는 데 같이 가고 끝나면 여기 와서 바쁠 때 음식 제대로 하는지 감독하고 하면 되지.

— 우리 식당 하루 스물네 시간 돌아가는 뎁니다. 누구는 자기 하고 싶은 대로 멋대로 일했다 말았다 하고 월급은 사장보다 더 챙겨가고 누구는 하루 스물네 시간 꼬박 일하고 있는데……. 수민이 엄마가 무슨 죄를 겼습니까. 그런다고 형님이 돈이나 많이 주는 것도 아니고. 집도 그렇지요. 지금 애들 자꾸 크니까 교육 문제도 그렇고 집을 옮겨야 되고 하는데 돈 생기는 데는 ⓒ 기사 식당밖에 없잖습니까. 그런데 그 돈을 형님이 다 통장에 집어넣고 꼭 움켜쥐고 있다고…….

[D] — 아니, 그건 아닌데. 여기 재료비하고 인건비, 월세 제하고 나서 또 우리 공장에서 같이 투쟁하는 식구들 먹고 자고, 각자 가족이 있으니까 최소한 앞가림은 해야 하고 그러느라고 다 썼지. 우리 공장 때문에 소송도 걸려 있고 거기도 **돈**이 엄청나게 들어가서 말이지. 내가 뭘 쥐고 있겠어. 내가 장부에 다 기록해 놨어.

ⓜ <u>어처구니가 없었다.</u> 아이들이 좁아터진 집 안에서 열대야가 기상 관측 이래 신기록을 내고 있는 한여름에 온몸에 땀띠가 나서 잠을 못 자고 울고 아내는 손이 불어 터지도록 설거지하고 일해서 번 돈을 엉뚱한 데 처넣어 왔다는 말이었다.

- 성석제, 「투명 인간」 -

---

071 내용 이해

윗글의 내용에 대한 이해로 적절하지 <u>않은</u> 것은?

① 진주가 느끼는 만수에 대한 호감은 첫 만남에서부터 시작되었다.
② 만수의 노력에도 진주에 대한 공장 사람들의 오해는 풀리지 않았다.
③ 만수는 공장이 다시 돌아갈 것이라는 기대를 품고 투쟁을 계속하였다.
④ 만수 여동생의 남편은 식당 운영에 따른 수익금 배분의 불공평함을 문제 삼았다.
⑤ 만수의 여동생은 불성실함 때문에 진주에 대한 생각이 부정적으로 바뀌게 되었다.

072 인물의 심리

㉠ ~ ㉤에 대한 설명으로 가장 적절한 것은?

① ㉠ : 주변 상황에 신경 쓰지 않는 '나'의 무던함을 보여 준다.
② ㉡ : 질투와 괴롭힘으로 인한 '나'의 고통이 한계점에 이르렀음을 보여 준다.
③ ㉢ : 상대가 제시한 대안이 '나'가 내심 바라고 있었던 내용임을 드러낸다.
④ ㉣ : 이상적인 삶의 방식만을 고집하는 상대에 대해 빈정거리는 '나'의 태도를 드러낸다.
⑤ ㉤ : 공장에서 투쟁하는 사람들에 대한 '나'의 안타까운 심정을 드러낸다.

073 갈등 양상

ⓐ ~ ⓒ를 이해한 내용으로 가장 적절한 것은?

① ⓐ에서 조성된 인물 간의 긴장감은 ⓑ에서 심화된다.
② ⓐ로 인한 인물 간 유대감은 ⓒ에서 반감된다.
③ ⓑ에서의 인물과 사회와의 갈등이 ⓒ에서 인물 간의 갈등으로 전환된다.
④ ⓐ, ⓒ에서는 특정 인물이 갈등 해결의 실마리를 제공한다.
⑤ ⓑ, ⓒ와 관련된 갈등은 특정 인물이 타인을 대하는 태도가 원인으로 작용한다.

074 감상의 적절성

<보기>를 참고하여 윗글을 감상한 내용으로 적절하지 <u>않은</u> 것은? 3점

> ┃ 보 기 ┃
> 「투명 인간」은 선량한 주인공이 근현대사를 관통하면서 물질 만능의 한국 사회로부터 어떻게 소외되어 가는지를 그린 장편 소설이다. 특히 주인공은 가족과 동료를 위해 자신의 것을 나누며 희생하다 결국 '투명 인간'이 된다. '투명 인간'이 된 주인공 대신 주변인들이 서술자로 등장하면서 주인공에 관한 이야기를 풀어낸다. 이런 서술 방식은 주인공에 관한 다양한 정보를 제공하고 이 정보들을 통해 주인공의 삶을 다각도에서 조명한다. 이를 통해 주인공을 입체적으로 드러낸다.

① [A]의 '상품권'을 동료들에게 나눠 주는 모습을 통해 주인공의 선량한 성품을 확인할 수 있겠군.
② [B]의 '적금 통장'을 통해 물질 만능의 한국 사회로부터 주인공이 소외당하고 있는 현실을 확인할 수 있겠군.
③ [D]의 '돈'의 사용처를 통해 주변인들을 위해 자신의 것을 나누며 희생하는 주인공의 면모를 확인할 수 있겠군.
④ [A], [B]에서 주인공을 지칭하는 표현을 통해 주변인들이 서술자로 등장하고 있음을 확인할 수 있겠군.
⑤ [B], [C]에서 주변인들이 제공한 정보를 통해 주인공의 삶을 다각도에서 조명하고 있음을 확인할 수 있겠군.

[001~003]　　2025년 6월 학평 (부산) 26~28번　정답과 해설편 p.213

다음 글을 읽고 물음에 답하시오.　　3문항을 7분 안에 풀어보세요.　**7분**

[앞부분의 줄거리] 명나라 시절 홍 시랑과 부인 양 씨 사이에서 태어난 계월은 남장을 한 채 길러진다. 이후 장사랑의 난으로 부모와 헤어진 계월은 여공에게 구출된 뒤, 이름을 평국이라 고치고, 여공의 아들 보국과 함께 수학하여 과거에 장원급제를 한다. 이후 오랑캐가 침략하자, 평국(계월)은 원수, 보국은 중군장이 되어 이를 평정한다. 이후 평국이 여자임이 밝혀지지만, 천자는 그녀를 벌하지 않고 보국과의 결혼을 중매한다.

　이때 남관장이 장계를 올리거늘, 천자가 급히 뜯어 보았다.
　'오왕과 초왕이 반역하여 지금 황성을 침범하려고 합니다. 오왕은 구덕지로 대원수를 삼고 초왕은 장맹길로 선봉을 삼아, 장수 천여 명과 군사 십만을 거느리고 쳐들어왔습니다. 호주 북쪽 지방의 십여 성으로부터 항복을 받고, 형주자사 이왕태를 베고, 마구 쳐들어오고 있습니다. 소장의 힘으로는 방비할 길이 없어서 소식을 올립니다. 원컨대 황상은 어진 명장을 보내셔서 적을 막아 주십시오.'
　천자가 깜짝 놀라 조정의 모든 신하들과 의논했다. 우승상 정영태가 말했다.
　㉠ "이 도적은 좌승상 평국을 보내 막아야 합니다. 급히 평국을 부르십시오."
　천자가 듣고 지긋이 생각하다가 말했다.
　㉡ "평국이 전일에는 세상에 나왔기에 불렀지만, 지금은 규중에 머물러 있는 여자인지라 차마 불러낼 수 없도다. 어찌 전쟁터로 보내리오?"
　신하들이 말했다.
　"평국이 지금 규중에 있으나, 이름이 조야(朝野)*에 있고 또한 작록(爵祿)*을 거두지 않았으니, 어찌 규중에 있다 하여 거리끼겠습니까?"
　천자가 마지못해 급히 평국을 불러냈다. 이때 평국이 규중에서 홀로 지내면서 날마다 시녀들과 함께 장기와 바둑으로 세월을 보내고 있었다. 사관(辭官)이 와서 천자가 부르는 명령을 전하자, 평국이 깜짝 놀라, 급히 여자 옷을 벗고 조복*으로 갈아입은 후에 사관을 따라 들어가 천자 앞에 엎드렸다. 천자가 매우 기뻐하며 말했다.
　"네가 규중에 머문 후로는 오래 보지 못하여 밤낮으로 보고 싶더니, 이제 경을 보니 매우 기쁘도다. 내가 덕이 없어 지금 오나라와 초나라 양국이 반역하여, 호주 북쪽 지방을 쳐서 항복을 받고 남관을 헤치고 황성을 침범한다고 하니, 경은 나아와 나라와 조정을 편안하게 지키도록 하라."
　평국이 엎드려 아뢰었다.
　"신첩이 외람되게 폐하를 속이고 높은 공후(公侯) 작록을 영화롭게 지내기가 황공합니다. 신첩의 죄를 용서하시고 이처럼 사

랑하시니, ㉢ 신첩이 비록 어리석으나 힘을 다해 성은을 만분의 일이나 갚고자 합니다. 폐하는 근심치 마소서."
　천자가 매우 기뻐하며 즉시 천병만마(千兵萬馬)를 뽑아 모으도록 했다. 삼남원에 진을 치고 원수가 친히 붓을 잡아 보국에게 전령하기를, '적병이 급하니 중군은 급히 대령하여 군령을 어기지 말라' 했거늘, 보국이 전령을 보고 분함을 이기지 못하여 부모께 여쭈었다.
　"계월이 또 소자를 중군으로 부리려 하니, 이런 일이 어디 있습니까?"
　여공이 말했다.
　"전일에 너에게 무엇이라 이르더냐? 계월을 괄시하다가 이런 일을 당하니, 어찌 그르다 하리요? 국사가 매우 중하니, 어떻게 해 볼 수가 없다."
　여공이 보국에게 바삐 가라고 재촉했다.
　보국이 할 수 없어 갑주를 갖추고 진중에 나아가 원수 앞에 엎드리니, 홍 원수가 분부했다.
　"만일 명령을 거역하는 자가 있으면, 군법을 시행할 것이다."
　보국이 두려워하며 중군 처소로 돌아와 명령 내리기를 기다렸다.
　홍 원수가 장수들에게 각각의 임무를 정하고 추구월 갑자일에 행군했다. 십일 월 초일 일에 남관에 당도하여 삼일 동안 군사를 머물게 하고, 즉시 떠나 오일에 천촉산을 지나 영경루에 다다랐다. 적병이 평원광야에 진을 쳤는데, 굳세기가 철통같았다.
　원수가 적진을 대하여 진을 치고 명령했다.
　"장령을 어기는 자가 있으면, 세워 두고 벨 것이다."
　호령이 서릿발 같았다. 모든 장수들과 군졸들이 두려워하며 어찌할 줄을 몰라 했다. 보국 또한 매우 조심했다.
　이튿날 원수가 중군에게 분부했다.
　"오늘은 중군이 나가 싸우라."
　중군이 명령에 순종하여 말에 올라 삼 척 장검을 들고, 적진을 가리키며 외쳤다.
　"나는 명나라 중군대장 보국이다. 대원수의 명을 받아 너희 머리를 베려 하니, 너희는 바삐 나와 칼을 받으라."
　적장 운평이 이 소리 듣고 대로하여 말을 몰고 나와 싸웠다. 세 번을 채 겨루지도 못해서 보국의 칼이 빛나더니, 그 순간 운평의 머리가 말 아래로 떨어졌다. 적장 운경이 운평의 죽음을 보고, 분을 내며 말을 몰아 달려들었다. 보국이 승리의 기세가 등등하여 창검을 높이 들고 싸웠다. 두어 차례 겨루기도 전에 보국이 칼을 날려 칼을 들고 있는 운경의 팔을 치니, 운경이 미처 손을 놀리지 못하고 칼을 든 채 말 아래로 떨어졌다. 보국이 운경의 머리를 베어 들고 본진으로 돌아오고 있었다. 그때 적장 구덕지가 크게 노하여 장검을 높이 들고 말을 몰아 고함치며 달려들었고, 또 난데없는 적병들이 사방에서 달려들었다.
　보국이 매우 다급하여 피하고자 했으나, 한순간에 적들이 함성

을 지르며 보국을 천여 겹 에워쌌다. 사세가 위급하매 보국이 하늘을 우러러 탄식했다. 이때 원수가 장대에서 북을 치다가 보국의 위급함을 보고, 급히 말을 몰아 장검을 높이 들고 좌충우돌하여 적진을 헤치고 들어가 구덕지의 머리를 베어 들고 보국을 구해 낸 후, 몸을 날려 적진 속을 헤집고 다녔다. ㉣ 동에 번쩍하더니 어느 새 서쪽에 있는 적장을 베고, 남쪽으로 가는 듯하더니 어느 새 북쪽에 있는 장수를 베고, 좌충우돌하여 적장 오십여 명과 군사 천여 명을 한 칼로 쓸어버리고 본진으로 돌아왔다.

　보국이 원수 보기를 부끄러워하니, 원수가 보국을 꾸짖으며 조롱했다.

　㉤ "저러하고 평일에 남자라 칭하리요? 나를 업신여기더니 이제도 그러할까?"

　원수가 장대에 앉아 구덕지의 머리를 함에 넣어 황성으로 보냈다.

- 작자 미상, 「홍계월전」-

＊조야 : 조정과 민간을 통틀어 이르는 말.

＊작록 : 관직과 직위, 그에 따라 받는 녹봉을 아울러 이르는 말.

＊조복 : 관원이 조정에 나아가 하례할 때에 입던 예복.

---

001 서술상 특징

윗글에 대한 설명으로 가장 적절한 것은?

① 고사를 활용하여 인물 간 갈등 양상을 제시하고 있다.
② 시간의 역전적 구성을 통해 사건의 인과 관계를 드러내고 있다.
③ 서술자가 직접 개입하여 상황에 대한 독자의 판단을 유도하고 있다.
④ 인물의 활약상을 구체적으로 묘사하여 상황의 긴박함을 고조하고 있다.
⑤ 현실적 공간과 비현실적 공간의 교차를 통해 환상적 분위기를 조성하고 있다.

002 인물 이해

윗글의 인물에 대한 이해로 적절하지 않은 것은?

① '남관장'은 반란군의 규모와 위세를 구체적으로 언급하면서 조정에 다급하게 도움을 요청하고 있다.
② '천자'는 반란이 일어난 원인을 자신의 부덕함으로 돌리면서 평국에게 반란을 진압하도록 명을 내리고 있다.
③ '평국'은 자신의 죄를 용서한 천자에게 감사해 하며 은혜를 갚으려 하고 있다.
④ '여공'은 사적인 일보다 공적인 일을 중시하면서 보국이 계월의 명령을 따라야 한다고 판단하고 있다.
⑤ '보국'은 계월의 지시를 두둔하는 여공의 말에 불만을 표출하고 있다.

003 감상의 적절성

<보기>를 바탕으로 ㉠~㉤을 감상한 내용으로 적절하지 않은 것은? `3점`

> | 보 기 |
> 　「홍계월전」에서 주인공 계월은 자신이 지닌 우월한 능력을 사회적으로 인정받아 여러 문제를 해결하는데, 이는 기존 여성 영웅 소설의 주인공이 남성의 권위에서 벗어나지 못했던 한계를 탈피한 것이다. 특히 계월이 국가에 충성하는 신하이자 국난을 극복하는 영웅으로 그려지는 것은 여성도 삶의 주체로 사회적 자아를 실현할 수 있는 존재임을 보여 주고 있다. 또한 여성의 사회 진출이 제한되었던 당대 남성 중심의 사회적 현실과 제도에 대한 비판도 담고 있다. 한편 이 작품에 등장하는 남성들은 조선시대의 통념적인 남성상과는 달리 권위적이지 않으며 나약한 모습으로도 그려지고 있다.

① ㉠은 계월이 여성임을 알고 있으면서도 정영태가 장수로서의 그녀의 능력을 인정하는 장면으로, 남성의 권위를 내세우는 조선시대의 통념적인 남성상과는 다른 모습으로 볼 수 있군.
② ㉡은 전쟁터에 계월이 출정해야 한다는 제안에 천자가 망설이는 장면으로, 여성의 사회 진출에 대한 당대 사회의 인식이 드러난 것으로 볼 수 있군.
③ ㉢은 계월이 나라를 구하기 위해 천자의 명령을 따르는 장면으로, 국가에 충성하는 신하이자 국난을 극복하는 주체로서 사회적 자아를 실현하고자 하는 여성의 모습으로 볼 수 있군.
④ ㉣은 원수 계월이 위기에 처한 중군장 보국을 구한 후 적진을 평정하는 장면으로, 여성 영웅이 우월한 능력으로 당면한 문제를 해결하는 모습으로 볼 수 있군.
⑤ ㉤은 여지리는 이유로 전쟁터에서 자신을 무시한 보국을 계월이 조롱하는 장면으로, 남성 중심의 사회 제도에 대한 비판 의식을 담고 있다고 볼 수 있군.

DAY
21

V

고전소설

다음 글을 읽고 물음에 답하시오.

3문항을 5분 안에 풀어보세요. 

여공이 물러 나오자 위공과 정렬 부인이 다시 일어나 칭찬하기를,

"어지신 덕택으로 계월을 구하사 친자식같이 길러 입신양명하게 하시니 은혜가 백골난망이로소이다."

하며 슬픈 감회를 금치 못하거늘 여공이 더욱 감사하며 공손히 응답하더라. ㉠ 평국과 보국이 또한 엎드려 먼 길에 평안히 행차하심을 치하하더라. 위공과 정렬 부인이며 기주후와 공렬 부인과 춘랑도 또한 자리에 참례하고 양윤이 또한 마음에 기꺼함을 헤아리지 못할지라. 이날 큰 잔치를 배설하고 삼 일을 즐기니라.

이때 천자 신하들을 돌아보고 이르기를,

"평국과 보국을 한 궁궐 안에 살게 하리라."

하시고, 종남산 아래에 터를 닦고 집을 지을새, 천여 칸을 불일성지(不日成之)*로 지으니, 그 장함을 헤아리지 못할지라. 집을 다 지은 후에 노비 천 명과 수성군 백 명씩 내려 주시고 또 채단과 보화를 수천 바리를 상으로 내려 주시니, 평국과 보국이 황은을 축수하고 한 궁궐 안에 침소를 정하고 거처하니 그 궁궐 안 넓이가 십 리가 남은지라 위의와 거동이 천자나 다름이 없더라.

이때 평국이 전장에 다녀온 후로 자연 몸이 곤하여 ㉡ 병이 침중하니 집안이 경동하여 주야 약으로 치료하니, 천자께서 이 말을 들으시고 매우 놀라사 명의를 급히 보내어,

"병세를 자세히 보고 오라. 만일 위중하면 짐이 친히 가 보리라."

하시고 어의(御醫)를 명하사 보내시니, 어의 황명을 받자와 평국의 침소에 와 병세를 진맥하니 병세 위중하지 아니한지라. 속히 약을 가르쳐 쓰라 하고 돌아와 천자께 사실을 아뢰더라.

[A]
어의 다녀와 아뢰기를,

"평국의 병세는 위중하지 아니하옵기로 약을 가르쳐 쓰라 하옵고 왔사오나 또한 괴이한 일이 있어 수상하여이다."

하더라. 천자 놀라 묻기를,

"무슨 연고가 있더냐."

어의 땅에 엎드려 아뢰기를,

"평국의 맥을 보오니 남자의 맥이 아니오매 이상하여이다."

천자 그 말을 들으시고 이르기를,

"평국이 여자면 어찌 적진에 나가 적진 십만 대병을 소멸하고 왔으리오. 평국의 얼굴이 도화색(桃花色)이요, 체격이 작고 약하여 혹 미심하거니와 아직은 누설하지 말라."

하시고 자주 문병하시니라.

이때 평국이 병세 점점 나으매 생각하되,

'어의가 나의 맥을 보았으니 필시 본색이 탄로날지라 이제는 할 일 없이 되었으니, 여복을 갈아입고 규중에 몸을 숨어 세월을 보냄이 옳다.'

하고, 즉시 남복을 벗고 여복을 입고 ㉢ 부모 앞에 뵈어 느끼며 뺨에 두 줄기 눈물이 종횡하거늘 부모 또한 눈물을 흘리며 위로하더라.

[중략 줄거리] 이후 홍계월(평국)은 천자의 주선으로 보국과 혼인을 하게 되는데, 군영 및 집안에서의 사건 등으로 남편 보국과 갈등을 겪으면서 남편과 떨어져 홀로 지내게 된다.

각설. 이때 남관장이 장계(狀啓)*를 올리거늘 천자 즉시 뜯어 열어 보시니 하였으되,

[B]
'오왕(吳王)과 초왕(楚王)이 반하여 지금 장안을 범하고자 하옵나이다. 오왕은 구덕지를 얻어 대원수를 삼고, 초왕은 장맹길을 얻어 선봉을 삼아 장수 천여 명과 군사 십만을 거느려 호주 북지 십여 성을 항복 받고 형주자사 완태를 베고 짓쳐오매 소장의 힘으로는 방비할 길이 없사와 감히 아뢰오니 엎드려 바라옵건대 황상은 어진 명장을 보내어 막으소서.'

하였거늘, 천자 보시고 크게 곤란하사 온 조정의 신하들을 모아 의논하시되 우승상 명연태 아뢰기를,

"이 도적을 좌승상 평국을 보내어 방비하올 것이니 급히 영을 내려 부르옵소서."

천자 들으시고 한참 뒤에,

"평국이 전일에는 출세하였기로 불러 국사를 의논하였거니와 ㉣ 지금은 규중 여자라 어찌 영으로 불러 들여 전장에 보내리오."

하시되 신하들이 아뢰기를,

"평국이 지금 규중에 처하오나 이름이 조야에 있삽고 또한 작록이 영구하오니 어찌 혐의하오리오."

하거늘, 천자 마지못하여 급히 평국을 영으로 부르시니라.

이때 평국이 규중에 홀로 있어 매일 시비를 데리고 장기와 바둑으로 세월을 보내더니 사관이 나와 천자가 부르는 명을 전하거늘, 평국이 크게 놀라 급히 여복을 벗고 조복으로 사관을 따라 어전에 엎드리니 천자 크게 기뻐하며 이르기를,

"㉤ 경이 규중에 처한 까닭에 오래 보지 못하여 주야로 사모하더니 이제 경을 보매 기쁘기 헤아릴 수 없거니와 짐이 덕이 없어 지금 오초 양국이 반하여 호주 북지를 항복 받고 남관을 넘어 황성을 범하고자 한다 하니 경은 마땅히 출사하야 사직을 안보하게 하라."

하시되 평국이 엎드려 아뢰기를,

"신첩이 외람하와 폐하를 속이옵고 공후 작록을 받자와 영화로 지내옵기 황공하온데 죄를 사하시고 이토록 사랑하옵시니 신첩이 비록 우매하오나 힘을 다하여 폐하의 성은을 만분의 일이나 갚을까 하오니 근심하지 마옵소서."

하더라.

- 작자 미상, 「홍계월전」-

---

* 불일성지 : 며칠 안 되어 일이 이루어짐.

* 장계 : 신하가 임금에게 올리는 일이나 문서.

004
고3 | 2016학년도 6월 모평A 38번
장면의 의미

[A]와 [B]에 대한 설명으로 가장 적절한 것은?

① [A]와 [B]는 모두 정황을 전달하는 주체에 대한 부정적인 태도가 나타나 있다.
② [A]는 대화를 통해, [B]는 요약적 제시를 통해 사건에 대한 정보를 제공하고 있다.
③ [A]는 인물의 외양 묘사를 통해, [B]는 과장된 표현을 통해 장면을 극대화하고 있다.
④ [A]와 [B]는 모두 여러 가지 사건이 동시에 발생하여 긴박한 분위기를 조성하고 있다.
⑤ [A]에는 문제를 즉각적으로 해결해야 할 상황이, [B]에는 문제 해결을 유보해야 할 상황이 제시되어 있다.

005
고3 | 2016학년도 6월 모평A 39번
구절의 의미

㉠~㉤에 대한 이해로 적절하지 <u>않은</u> 것은?

① ㉠ : 홍계월과 보국이 멀리서 온 여공에게 고마움을 표하는 모습을 보여 준다.
② ㉡ : 홍계월이 병이 나자 집안사람들이 많이 놀라며 지극한 정성으로 치료하는 모습을 보여 준다.
③ ㉢ : 홍계월이 부모 앞에서 울음을 터트리며 서러움을 드러내는 모습을 보여 준다.
④ ㉣ : 천자가 조정에서 물러나 있는 홍계월을 다시 전쟁터로 보내야 하는지 고민하는 모습을 보여 준다.
⑤ ㉤ : 천자가 집안일에 매달려 있는 홍계월을 오랫동안 보지 못해 그리워하는 모습을 보여 준다.

006
고3 | 2016학년도 6월 모평A 40번
감상의 적절성

〈보기〉를 참고하여 윗글을 감상한 내용으로 적절하지 <u>않은</u> 것은?

`3점`

> **| 보 기 |**
>
> 「홍계월전」은 비범한 능력을 가진 여성 영웅 홍계월의 활약상을 그린 작품이다. '고난 - 위기 - 극복'의 영웅 소설 구조를 유지하면서도 여성 영웅의 형상을 그려 낸다. 특히 주인공은 여러 차례 위기를 겪게 되는데, 어린 시절에 겪는 1차 위기에서는 조력자의 도움으로 고난을 극복하게 된다. 2차 위기에서는 여성에 대한 사회적 제약으로 인해 개인적 고난을 겪게 되는데, 그런 중에 국가의 위기가 발생함으로써 모든 난관을 극복할 수 있는 기회를 갖게 된다.

① 신하들이 나라의 위기를 해결할 인물로 홍계월을 적극 추천하는 것에서 홍계월의 뛰어난 능력을 짐작할 수 있군.
② 홍계월이 정체가 탄로 나면 나랏일을 할 수 없다고 판단한 것에서 여성의 사회적 참여에 제약이 따랐음을 짐작할 수 있군.
③ 홍계월이 궁궐에서 천자에 못지않은 생활을 하여 천자의 노여움을 사게 된 것은 2차 위기의 빌미가 되었음을 알 수 있군.
④ 여공이 어린 홍계월을 구하여 입신양명하게 한 것에서 주인공이 1차 위기를 조력자의 도움으로 극복했음을 확인할 수 있군.
⑤ 홍계월이 천자의 부름을 받아 사직을 보전하라는 명을 받은 것에서 국가의 위기와 개인적 고난을 동시에 극복할 기회를 얻었다는 사실을 알 수 있군.

DAY
21

V

고전소설

다음 글을 읽고 물음에 답하시오.　4문항을 8분 안에 풀어보세요.

서 공자는 부모 생각이 더욱 간절해졌다. 모친의 행적을 찾고 부친의 소식을 남방에 가 자세히 듣고자 하여 산을 넘고 물을 건너 길을 가려 하였다. 왕 공자가 말리며 말했다.

"형은 다만 공부에 힘써 과거에 급제하면 자연 알 것이니, 어찌 작정한 방향도 없이 세월을 헛되이 보낼 수 있으리오."

왕 공자가 권유하여 떠나지 못하게 하니, 서 공자가 그대로 머물러 있었다.

이때, 서 공자가 구슬을 넣은 비단 주머니가 해어진 것을 보고서 석파에게 그 비단 주머니를 보여 주며 똑같이 하나를 새로 지어 달라고 하니, 석파가 말했다.

"이것을 지어 무엇 하시려 하느뇨?"

서 공자가 눈물을 흘리며 구슬에 관한 내력을 말하니, 석파 또한 왕 소저의 구슬에 관한 이야기를 알고 있어서 놀라며 말했다.

"그 구슬을 조금 구경하사이다."

서 공자가 구슬을 내어 보이니, 고운 빛이 눈부시게 밝았고 웅(雄) 글자가 뚜렷하였다. 인하여 구슬을 가지고 안채로 들어가 부인 유 씨에게 이 **곡절을 고하**였다. 이때 부인 유 씨는 혜란 소저가 점점 나이 들어가며 장성하는데 구슬이 있는 곳을 알지 못해 밤낮으로 걱정하였다. 그러던 차에 석파의 말을 듣고 몹시 놀라며 기뻐하여 구슬을 받아 보니, 웅 글자도 뚜렷이 있고 혜란 소저의 구슬과도 신통히 같았다. 부인 유 씨가 왕 공자를 불러 그 까닭을 이르니, 왕 공자도 구슬을 보고 손뼉을 치며 크게 웃으며 말했다.

"어찌 이와 같은 신통한 일이 고금에 또 있으리까?"

부인 유 씨가 마음 가득히 아주 기뻐하며 말했다.

"이 구슬의 자웅(雌雄)을 가지고 가서 서 공자에게 그 내력을 일러주고 혼인하기로 정하여 멀지 아니한 가까운 장래에 혼례를 행하도록 하라."

왕 공자가 자웅의 구슬 을 가지고 사랑채에 나아가 서 공자를 향해 말했다.

"형은 만일 자(雌) 글자가 쓰인 구슬이 있으면 그곳에 정혼하려 하느냐?"

서 공자가 어떠한 곡절인지도 모르고 웃으며 말했다.

"형은 지나치게 조롱하지 말라. 소제(小弟)도 미덥지 아니한 일인 줄 알지만, 부모님께서 주신 물건이니 버리지 못할 것이라서 몸에 지니고 있었도다. 마침 구슬을 넣은 비단 주머니가 해졌기 때문에 석파에게 고쳐 달라고 하였더니, 실없는 석파가 널리 퍼뜨려 형에게 조롱을 받음이로다."

왕 공자가 구슬 자웅을 내어 놓고 말했다.

"다름 아니라 나에게 누이동생이 있는데 나이가 열다섯 살이로다. 누이동생이 태어날 때 꿈꾼 이야기가 이상하였지만 자 글자가 쓰인 구슬을 얻었도다. 그래서 지금까지 웅 글자가 쓰인 구슬을 가지고 있는 이를 찾느라 정혼하지 못하였도다. 그랬는데 누가 형에게 이 구슬이 있을 줄 생각했으랴. 누이동생은 비록 배운 것이 없으나 사람됨이 영민하고 지혜로워 군자의 아내는 감당할 것이니, 형은 쾌히 허락하라."

서 공자도 또한 신기하게 여기며 고마워하여 말했다.

[A]
"형의 은혜를 여러 해 입었고 또 아름다운 숙녀를 용렬하고 어리석은 사람의 배우자로 정해 진(秦)나라와 진(晉)나라의 왕실이 혼인을 맺고 지낸 것처럼 아주 가까운 정의(情誼)를 맺고자 하시니 어찌 사양하리오만, 소제(小弟)는 이 세상의 죄인이나이다. 부모의 생사를 모르는데, 다만 혼인하려는 마음을 생각할 수 있으리오. 구슬은 소제 또한 부모님으로부터 받은 것이라 신기하오나, **부모님의 소식을 듣기 전에는 혼인하려는 마음을 두지 않으리이다.** 형은 다시 말을 하지 마소서."

왕 공자가 말했다.

"형의 말은 사리에 맞지 않도다. 자친(慈親)의 소식을 모르니 실로 사람의 자식으로서 뼈에 사무치게 고통스러운 일이나, 형이 장가를 들지 않으면 조상 대대의 제사는 어찌하려는 것이오. 마땅히 **서둘러 장가**를 든 후라도 부모 소식을 알아봄이 옳은 데다 또 **조상에게 죄인되는 것**도 면할지니 거듭거듭 생각해 보라."

[중략 줄거리] 서 공자와 왕 공자는 과거에 합격하고 천자의 허락으로 서 공자와 왕혜란이 혼인한다. 이후 서 공자는 남만으로 출정하는 한편, 제왕이 왕혜란을 흠모해 납치하려 한다.

차설. 제왕은 **무뢰배를 보내어 왕 씨를 데려**다가 후원의 깊은 별당에 들이고서 매우 기뻐하고 즐거워하여 들어가 소저를 보았다. 지난번 여자의 옷으로 갈아입고 유명 승상의 집에 가서 보았던 왕 소저가 아니니, 크게 놀라 물었다.

"그대는 누구이뇨?"

월향이 도적에게 잡혀서 이곳에 도착해 제왕을 보니 분한 마음이 격렬히 일어나는지라 바로 칼을 들어 두 조각을 내고 싶었으나 억지로 참으면서 큰 소리로 말했다.

[B]
"나는 서 원수의 부인의 시비 월향이오. 우리 부인이 비록 여자이시나, 모든 일을 헤아리시는 것이 귀신같다오. 환관이 친히 와 사내종들에게 술 먹이는 것을 보고 그날 밤에 변고가 있을 줄 짐작하시고, 나를 대신 있게 한 뒤에 부인은 몸을 피하셨나이다. 제왕은 당당한 만승천자(萬乘天子)의 금지옥엽(金枝玉葉)이요 천승군왕(千乘君王)이거늘, 어찌 차마 이같이 어질지 못하고 의롭지 못한 일을 자행하시나이까? 일반 백성의 범상한 여자라도 그렇게 하지 못하려든, 군부(君父)의 명을 꾸며 만들고 불측한 마음을 품어서 감히 조정의 경상가(卿相家) 부인을 밝은 대낮에 도적하고자 했으니 어찌 처벌이 없으리오. 죄는 개인의 사사로운 사정으로 봐주는 것이 없나니, 옛날 진(秦)나라 상앙(商鞅)은 태자가 법을 범하자 그 스승까지 형벌하였나니, 제왕은 어찌 몸을 보전하려 하오."

말을 다 마쳤는데, 아름다운 목소리가 비분강개하여 기운이 추상같았다. 제왕이 한편으로는 왕 소저를 잃은 것을 분하게 여기고 다른 한편으로는 월향의 꾸짖음에 크게 화를 내었다. 그래서 궁노(宮奴)에게 명하여 월향을 잡아매어 죽이고자 하였지만, 월향이 **조금도 겁내지** 아니하고 말했다.

"나는 주인을 위하여 **죽으려 하**나니 빨리 죽이소서."

- 작자 미상, 「쌍주기연」 -

007 내용 이해

윗글을 이해한 내용으로 적절하지 않은 것은?

① 서 공자는 부친의 소식을 알기 위해 남방으로 가고자 하였다.
② 왕 공자는 떠나려는 서 공자를 말리며 공부에 힘쓸 것을 권유했다.
③ 제왕은 납치해 온 대상이 왕혜란이 아니라는 사실에 분함을 느꼈다.
④ 왕혜란은 자신에게 변고가 일어날 것을 짐작하여 미리 몸을 피하였다.
⑤ 부인 유 씨는 서 공자에게 과거에 합격하는 대로 혼인할 것을 제안했다.

008 말하기 방식

[A], [B]에 대한 이해로 가장 적절한 것은?

① [A]에서는 상대에게 받은 은혜를 고마워하며 상대의 제안을 흔쾌히 받아들이고 있다.
② [B]에서는 상대의 신분을 언급하며 상대의 지위에 맞지 않는 비도덕적인 행동을 질책하고 있다.
③ [B]에서는 상대에게 행동의 이유를 물으며 상대의 행동으로 인해 자신이 입게 될 피해를 염려하고 있다.
④ [A]와 [B]에서는 모두 자신이 처한 문제 상황을 언급하며 문제 해결을 위해 상대에게 도움을 요청하고 있다.
⑤ [A]와 [B] 모두 고사를 인용하여, [A]에서는 상대를 설득하고 있고, [B]에서는 상대에 대한 두려움을 나타내고 있다.

009 소재의 기능

자웅의 구슬과 관련한 설명으로 적절하지 않은 것은?

① 부인 유 씨가 딸의 혼사를 추진하지 않고 기다려 온 계기가 되는 소재이다.
② 왕 공자가 서 공자에게 왕혜란에 대한 과거 내력을 알리는 계기가 되는 소재이다.
③ 서 공자와 왕혜란이 태어날 때부터 서로의 배필로 정해져 있음을 보여 주는 소재이다.
④ 서 공자가 자신의 정혼 상대로 왕혜란을 만나게 될 것이라고 확신하게 만드는 소재이다.
⑤ 왕 공자가 자신의 누이와 서 공자가 서로 인연임을 우연히 알아차리도록 만드는 소재이다.

010 감상의 적절성

〈보기〉를 참고하여 윗글을 감상한 내용으로 적절하지 않은 것은?

3점

| 보 기 |
　「쌍주기연」은 중심인물의 애정 서사를 바탕으로 임금이나 주인에 대한 충성, 부모에 대한 효, 여성의 절개라는 당대의 보편적 가치를 수호하는 모습을 담아내고 있다. 이 과정에서 보조 인물이 사건 전개에 능동적으로 개입하여 중심인물의 애정 서사에 도움을 주거나, 보편적 가치를 훼손하는 악인형 인물과 대립하여 작품의 주제 의식을 형상화하는 데 기여하는 모습을 보인다.

① 석파가 부인 유 씨에게 '곡절을 고하'여 왕혜란의 혼례를 추진하는 데 영향을 주는 것으로 보아 보조 인물이 중심인물의 애정 서사에 도움을 주고 있음을 알 수 있군.
② 서 공자가 '부모님의 소식을 듣기 전에는 혼인하'지 않으려는 것으로 보아 중심인물이 부모에 대한 효라는 당대의 보편적 가치를 수호하고 있음을 알 수 있군.
③ 왕 공자가 '서둘러 장가'를 들어 '조상에게 죄인되는 것'을 면하라고 하는 것으로 보아 보조 인물이 보편적 가치에 얽매이지 않고 사건 전개에 능동적으로 개입하고 있음을 알 수 있군.
④ 제왕이 '무뢰배를 보내어 왕 씨를 데려'가려 하는 것으로 보아 악인형 인물이 여성의 절개라는 당대의 보편적 가치를 훼손하려 하고 있음을 알 수 있군.
⑤ 월향이 '조금두 겁내지' 않고 '죽으려 하는' 것으로 보아 보조 인물이 악인형 인물과의 대립 상황에서도 주인에 대한 충성을 다하여 주제 의식을 형상화하는 데 기여하고 있음을 알 수 있군.

다음 글을 읽고 물음에 답하시오.

3문항을 7분 안에 풀어보세요.  7분

[앞부분의 줄거리] 제후국인 남만국이 명나라 변방을 침범하자, 천자는 이를 해결하기 위해 서경을 남만국에 안무사로 파견한다. 서경이 사신으로 떠난 후 남만국에 잡혀 돌아오지 않자 그의 아들 서천흥은 아버지를 구하고 국난을 해결하기 위해 대원수로 출정한다. 이때 남만 태자는 섬으로 유배된 서경을 극진히 대접한다.

어느 날 태자가 근심하는 빛이 얼굴에 가득하여 말했다.

"그사이에 부왕께서 명나라와 전쟁하셨는데, 우리의 장수와 군사들이 죽은 것이 이루 셀 수가 없다 하나이다. 듣자니 명나라 장수 가운데 대원수는 공의 아드님이란 말이 있나이다. 부왕께서 이를 아시고 대인을 군중에 데려다 볼모로 삼아 아드님으로 하여금 귀순케 하고자 하시나이다. 그래서 소자에게 대인을 군중으로 데려오라고 명하셨지만, 아무리 **부왕의 명**이라도 소자가 이를 차마 행하지 못하오리다. 소자가 심복으로 하여금 천리마 두 필을 준비하게 하였사오니, 산골짜기의 좁은 길로 남모르게 **명나라 진영으로 가**옵소서. 그 후에 부왕의 목숨을 구하여 만국이 아주 망하게 하지 마소서."

서 안무사가 위로하여 말했다.

"내 어찌 그대의 인정 어린 마음을 잊으랴."

그러고는 작별하였다. 곧바로 천리마를 타고 종자와 함께 명나라 진영을 향하였다.

이때 서 원수가 길협을 놓아 보낸 뒤로 또 싸우러 나아가 **적장 수십 명을 죽이며 승승장구**하여 **잃었던 고을들을 회복**하고 남만국의 수만 병사들을 죽이니, 위엄이 만국에서 크게 떨쳤다. 만왕은 군영의 문을 닫고 서 안무사 잡아 오기를 기다렸다.

서 원수가 여러 날 싸움을 돋우었지만 만왕이 끝내 안전한 곳에 들어앉아서 나오지 않으니, 달리 어떻게 할 도리가 없어 승전한 표문(表文)*을 천자에게 보낸 뒤 여러 장수들과 묘책을 의논하고 있었다. 갑자기 비밀스레 한 병사가 들어와 고했다.

"군영 바깥문 밖에 우리나라 사람 한 명과 만국 사람 한 명이 와 서찰 한 통을 전해 달라고 하기에 바치옵니다."

서 원수가 그 서찰을 떼어 보니, 서찰은 이러하다.

'나는 다른 사람이 아니라 만왕의 명으로 십여 년 동안 만국에서 치욕을 감내하던 안무사 서경이라. 도움을 준 사람이 있어서 목숨을 보전하여 달아나 왔나니, 오신 대원수는 뉘신지 몰라도 바삐 만나 보기를 바라오.'

서 원수가 서찰을 다 읽고 나서 마음이 떨리고 정신이 아득하였지만 바삐 군영의 문밖까지 나아가 맞으니, 서 안무사의 머리가 백발이었고 모습이 수척하였으나 뚜렷한 부친이었다. 서 원수가 부친을 한 번 부르고는 몹시 슬프고 가슴 아파 정신이 혼미하여 까무러쳤다. 서 안무사가 서 원수를 보니 사신으로 떠날 때에는 6세 어린아이였거늘 지금은 엄연한 대장이니 어찌 알아보리오. 서 안무사는 서 원수가 아버지라고 부르는 소리를 따라 역시 통곡하였다. 그리고 서 원수를 안아 보니 호흡이 멎었는지라 크게 놀라 주물렀다. 이윽고 서 원수가 눈을 뜨니, 서 안무사가 어루만져 위로하며 말했다.

"살아서 서로 만났으니 기쁘기 그지없다만, 이롭지 못한 시름과 슬픔을 드러내지 말거라."

모든 장수들이 또한 위로하며 축하하는 소리가 떠들썩하였다. 서 원수가 조용히 부친을 모시고서 서로 그간의 고난과 재앙을 슬퍼하며 근심스럽게 말했다.

(중략)

이때 남만의 태자가 서 안무사를 보낸 뒤 곡 승상과 의논하였다.

[A]
"아무 때라도 아군이 반드시 패할 것이오. 서 원수는 장수로서의 지략이 손무, 오기와 제갈량에 버금가오. 까마귀가 모인 것 같은 병졸로서 어찌 당할 수 있으리오. 이 때문에 서 안무사를 살려 보내어 은혜를 끼친 것이라오. 대왕께서 만일 봉변을 당하실지라도 서 안무사는 인자하고 후덕한 어른이요, 서 원수는 충성하고 효성스러운 군자이니, 필시 구하여 줄 것이오. 경(卿)과 함께 나아가 부왕께 귀순하시도록 간하여 보사이다."

그러고서 명나라의 군영을 향해 떠났는데, 도중에 패잔군을 만나 만왕이 사로잡혔다는 소식을 듣고 태자가 목 놓아 슬프게 울며 말했다.

"부왕께서 내 말을 듣지 않으시더니, 이 봉변을 당하신 것은 국운이 불행함이로다."

급히 길을 재촉해 명나라 군영에 다다르자, 태자가 윗옷 한쪽을 벗고 등에 형장을 진 채로 손가락을 깨물어 항복 문서를 쓰고서 통곡하였다. 명나라의 선봉 군대가 태자를 잡아 중군(中軍)에 아뢰니, 서 원수가 명을 내려 '태자를 진중으로 들이라.' 하였다. 태자가 코를 땅에 대고 엉금엉금 무릎으로 기어가 항복 문서를 올렸다. 서 원수가 항복 문서를 받고는 태자가 부친 서 안무사를 후하게 대접한 은혜를 생각하니 어찌 감격하지 않으리오. 군사에게 명하여 큰 칼과 옥새를 빼앗고 장막 안으로 불러올리니, 태자가 두 번 절하며 말했다.

"부왕의 죄는 마땅히 면치 못하려니와 **부왕의 본심**이 아니라 간신의 충동질에 말미암은 것이니, 원수는 다시 살려 주는 은혜를 내리고자 천자께 아뢰어 부왕의 목숨을 살려 주시면, 대대로 황제의 은혜에 감사하고 원수의 덕을 잊지 않으리다."

이렇게 말하며 눈물이 얼굴에 가득하였다. 서 원수가 태자를 보니, 언사가 부드럽고 온화한 데다 기상이 활달하여 아닌 게 아니라 정말로 천승(千乘)*의 국왕다움이 외모에 나타나는지라 아무렇지 아니한 듯이 말했다.

[B]
"만왕의 죄악은 천벌을 면하기 어렵고, 내가 또한 남만의 씨 하나라도 남기지 않아 후세 사람의 근심이 없도록 하려 했었는데, 그대를 보니 하늘이 오히려 남만에게 복을 주심이로다. 내 어찌 하늘의 뜻을 거역할 것이며, 가친(家親)*께서 십여 년 동안 그대의 은혜를 많이 입었으니, 당연히 천자께 아뢰어 만왕의 목숨을 구할 것이로다. 그리고 즉시 군대를 돌이킬 것이니, 그대는 어진 사람을 얻어 남만의 백성을 살피고 어루만져 다른 근심이 없게 할지어다."

태자가 거듭거듭 절하며 고마워하고 마음속으로 칭송하였다.

'내 서 안무사가 오늘날에 제일로 알았더니, 그 아들은 젊었는데도 풍채가 갑절이나 더 낫도다.'

　서 원수가 표문을 올렸으니, 만왕을 사로잡고 남만의 태자가 귀순해 왔는데 태자는 인자한 데다 효성스러워 가히 남만의 왕이 됨 직하나 만왕은 용렬한 데다 어리석어 비록 죄를 용서할지언정 다시 나랏일을 맡게 할 수 없으니, 태자를 봉하여 대대로 **천자의 은혜를 감사하도록 하게 하자**고 아뢴 것으로 황제의 명을 기다렸다.

- 작자 미상, 「쌍주기연」 -

* 표문 : 마음에 품은 생각을 적어서 임금에게 올리는 글.

* 천승 : 제후(諸侯)가 다스리는 나라를 이르는 말.

* 가친 : 남에게 자기 아버지를 높여 이르는 말.

011　내용 이해

윗글을 이해한 내용으로 적절하지 <u>않은</u> 것은?

① 서 안무사는 재회 전에 서 원수에게 서찰을 먼저 보냈다.
② 서 안무사는 서 원수를 보자마자 자신의 아들임을 알아차렸다.
③ 서 원수는 만왕을 잡기 전에 승전한 표문을 천자께 보냈다.
④ 태자는 패잔군으로부터 부왕이 사로잡혔다는 소식을 들었다.
⑤ 태자는 항복 문서를 직접 작성하여 서 원수에게 올렸다.

012　말하기 방식

[A]와 [B]에 대한 설명으로 가장 적절한 것은?

① [A]는 [B]와 달리 객관적 근거를 들어 현실에 대한 기존의 판단이 바뀐 과정을 언급하고 있다.
② [B]는 [A]와 달리 초월적 권위를 명분으로 삼아 자신의 생각이 바뀌게 된 이유를 언급하고 있다.
③ [A]는 신의에 어긋난 행동을, [B]는 사회적 지위에 어울리는 행동을 할 것을 상대에게 요구하고 있다.
④ [A]는 타인의 힘을 빌려, [B]는 자신의 역량으로 자신이 처한 문제 상황을 해결하려는 의지를 밝히고 있다.
⑤ [A]와 [B]는 모두 자신의 신분을 내세우는 방법을 활용하여 상대의 행동 변화를 촉구하고 있다.

013　감상의 적절성

〈보기〉를 바탕으로 윗글을 감상한 내용으로 적절하지 <u>않은</u> 것은?

`3점`

> | 보 기 |
>
> 　「쌍주기연」은 서천흥이 천자 중심의 위계질서를 회복하고 충효의 가치를 구현하는 내용의 영웅 소설이다. 이 작품의 인물들은 전형적인 영웅 소설과는 다른 행동 양상을 보이기도 한다. 이를테면, 영웅과 적대국 인물이 충효의 가치를 각자의 방식으로 구현하는 것, 적대국 인물이 영웅의 효 실천에 일조하는 것, 위기 상황에서 적대국 인물 간의 현실 대응 태도가 다른 것 등이다.

① 태자가 서 안무사를 볼모로 삼으라는 '부왕의 명'을 거역한 것에서 적대국 인물 간의 현실 대응이 다름을 알 수 있군.
② 태자가 서 안무사를 '명나라 진영으로 가'도록 풀어 준 것에서 적대국 인물이 영웅의 효 실천에 일조함을 확인할 수 있군.
③ 서 원수가 '적장 수십 명을 죽이며 승승장구'하고 '잃었던 고을들을 회복'하는 것에서 영웅적 활약상을 알 수 있군.
④ 태자가 '부왕의 본심'을 서 원수에게 전한 것이 결정적 원인이 되어 부왕의 목숨을 구하고 나라가 망하지 않게 한 것에서 충효를 실천하려는 모습을 알 수 있군.
⑤ 서 원수가 태자를 만왕으로 봉하여 '천자의 은혜를 감사하도록 하게 하자'고 아뢴 것에서 천자와 제후 간의 위계질서를 회복하려는 의도를 알 수 있군.

다음 글을 읽고 물음에 답하시오.

4문항을 8분 안에 풀어보세요.  **8분**

　이날 부마가 장신부적을 써서 부모와 승상 부부와 육개 처첩과 비복 등을 각각 한 장씩 맡겨 옷깃 속에 감추어 어려운 일을 면하게 하고 외당에 거하여 천명을 기다리더라.

　이튿날 양처상과 사일보 등이 위조 서간을 만들어 천자께 드려 왈,

　"신 등이 임호은의 간정을 잡았사오니 폐하는 바삐 호은의 부자를 잡게 하소서."

　상이 그 서간을 보시니, 임호은의 글씨와 박지근의 필적이라. 글의 사연이 나라를 비방하여 찬역코자 하는 글이어늘, 상이 남필에 익노하사 왈,

　"바삐 준일 부자를 잡아들여라."

하시니, 양처상 등이 수명하고 우림장군(羽林將軍) 호연수(胡連洙)를 불러 왈,

　"그대는 우림군 삼백을 거느려 임호은의 집을 둘러싸고 호은의 머리를 베어 오라."

　호연수가 청령하고 갑옷을 갖추고 군사를 거느려 임부를 둘러싸고 연수가 큰 칼을 들고 바로 각로 부자에게 달려들어 베고자 하였더니, 홀연 공중에서 철갑 입은 신장이 내려와 방천극을 들어 칼을 막으며 꾸짖어 왈,

　"군명이 아무리 엄혹한들 네 어찌 이렇듯 방자하리오. 각로 부자는 송국 출신이어늘 네 감히 충신을 해치려 하는다."

　언파에 연수를 잡아 문밖에 내치고 문득 간 데 없는지라. 연수가 황급하여 칼을 던지고 땅에 엎드려 애걸 왈,

　"황명이 급하오니 바라건대 각로 부자는 어명을 순종하소서."

　각로 부자가 왈,

[A]　"신자가 되어 어찌 군명을 거역하리오. 그대는 우리 부자의 몸을 결박하라."

　연수가 바야흐로 각로 부자를 결박하여 돌아와 황상께 임준일 잡아 온 사연을 주달하온데, 천자가 승정전(承政殿)에 어좌하시고 형구를 갖춘 후 각로 부자를 잡아들여 계하에 꿇리고 수죄 왈,

　"짐이 너의 부자를 박대함이 없거늘 무엇이 부족하여 찬역을 도모하느뇨. 이실직고(以實直告)하라."

　임 부마가 고두 주 왈,

　"신의 부자가 다만 군상만 아옵고 충성을 다하여 성은을 만분지 일이나 갚고자 하였더니, 이렇듯 죄상이 나타났사오니 무슨 말씀을 주달하오리까."

　상이 크게 꾸짖어 가라사대,

　"가난한 도적이 무엇을 발명코자 하느뇨."

하시고, 좌우를 호령하여 각로 부자를 올려 매고 치라 하신데, 집장 무사(執杖武士)가 힘을 다하여 칠새, 삼백여 장을 치되 각로 부자는 조금도 상하는 곳이 없고 형장 소리만 산천이 뒤덮는 듯하니, 상이 더욱 대로하사 집장을 갈아 엄히 칠새, 팔백여 장에 이르도록 집장 소리만 날 뿐이요, 각로 부자는 조금도 상하는 데 없는지라.

　[중략 줄거리] 절도에 유배된 임호은은 천기를 살펴 천자에게 향하던 중 금화산 유수 선생에게 갑옷과 보검 등을 얻는다.

　임 부마가 정신을 차려 동정을 살펴보니, 호진 장졸이 모두 연석에 향하였으니, 부마가 들어오는 줄 알지 못하고 풍류소리와 살벌지성(殺伐之聲)*이 낭자하더라.

　부마가 몸을 솟아 연석에 들어가니, 천자가 호왕과 빈주 분좌하시고 호왕의 등 뒤에 여덟 장수가 창검을 들고 섰으니, 살기가 등등하고 천자를 모신 세 장수는 얼굴이 백지장 같아 병기를 잡지 못하였으며, 황상의 용안이 사상이 되어 일신을 안정치 못하시거늘, 부마가 바로 짓치고자 하다가 적의 동정을 보려 하고 몸을 날려 천자 뒤에 은신하고 살피니, 이윽고 달세통, 장운간이 여복을 장속하고 각각 비수를 들고 들어와 호왕께 검무를 청하거늘, 호왕이 쾌히 허하니 양장이 연석에서 검무하는지라.

　임 부마가 벽력도를 들고 급히 내달아 달세통, 장운간을 각각 발길로 차서 던지니, 양인이 비수를 던지고 거꾸러져 피를 토하거늘, 부마가 전포로 천자를 가리우며 봉안을 높이 떠 호왕을 보며 꾸짖어 왈,

　"무도한 오랑캐 감히 만승천자를 해코자 하니 어찌 살려 하느뇨."

하고, 벽력도를 한 번 들어 치니, 한 줄 화광이 일어나며 호왕의 시위(侍衛) 팔장(八將)의 머리 일시에 내려지는지라.

　호왕이 천자를 해하려 하더니 불의에 신장이 내려와 양장을 차서 거꾸러뜨리고, 팔장의 머리 베임을 보고 혼비백산(魂飛魄散)하여 면색(面色)이 여토(如土)하여 동인 듯이 앉았거늘, 부마가 호왕을 베고자 하나 행여 천자의 옥체 상할까 하여 천자를 옆에 끼고 몸을 날려 나올새, 벽력도를 들고 좌우충돌하니 칼이 이는 곳에 호진 장졸의 머리 추풍낙엽 같으니, 감히 막을 자가 없는지라.

　부마가 천자를 옆에 끼고 성을 넘어와 마상에 뫼시고 복지 통곡 왈,

　"폐하는 용체를 진중하소서. 소신 임호은이 이에 왔나이다."

　천자가 호왕의 간계에 빠져 사지에 들었으매 죽기만 바라시더니, 뜻밖에 신장이 내려와 호장 벰을 보시매 아무런 줄 모르시더니, 임호은 삼자를 들으시고 경희하여 반향이나 어린 듯하시다가 정신을 진정하사 왈,

　"짐이 지금 호진에 있느냐. 아까 짐을 옆에 끼고 나온 장수 진실로 경이렷다."

　언홀에 통곡하시거늘, 부마가 돈수 통곡 왈,

　"소신 임호은이 불충하와 폐하 이렇듯 욕을 당하심이로소이다."

　천자가 부마의 손을 잡으시고 낙루 왈,

　"짐이 불명하여 경의 충성을 알지 못하고 간신의 꾀에 빠져 경으로 하여금 해외에 고초하게 하니, 이제 백번 뉘우치나 미치지 못하는지라. 어찌 용히 짐의 위태함을 알아 이렇듯 짐의 목숨을 구하느뇨."

　부마가 천자를 위로 왈,

　"폐하는 옥체를 진중하옵소서. 신이 적소에서 천기를 보온즉 폐하의 주성이 운무에 싸였기로 주야 배도하여* 이르렀삽더니, 폐하의 이렇듯 하심은 신의 불충이로소이다. 그러나 신이 죄인으로 폐하의 부르시는 명이 없사오니, 신의 죄가 더욱 중하여이다."

　　상이 위유하사 왈,

> 　　"짐이 불명하여* 간신의 참언을 살피지 못하니, 어찌 하늘이
> 　　벌하지 아니시리오. 용담호구에 들었거늘 경의 충성으로 독
> [B]　행만리(獨行萬里)하여 사지에 있던 임금을 구하니, 경의 충
> 　　성은 고금에 쌍이 없으리로다."

　　하시며 추회(追悔)하시거늘*, 부마가 다시 주 왈,

　　　"이는 간신의 무리 폐하의 성총을 가리움이요, 또한 신의 운명이
　　오니 어찌 폐하의 과실이리까. 신하가 되어 군부의 위급함을 구
　　함은 상사이옵거늘, 어찌 과도히 응대하시나이까."

　　인하여 황상을 모셔 대진으로 돌아올새, 일진 장졸이 부마의 용맹
함을 보고 희열 왈,

　　　"임 부마가 와 계시니, 아 등의 성명은 보전하리라."

　　하고 만세를 부르니, 그 소리 원근에 진동하더라.

- 작자 미상, 「임호은전」 -

＊살벌지성 : 음악의 곡조가 거칠고 급하여 무시무시한 느낌을 주는 소리.

＊배도하다 : 이틀에 갈 길을 하루에 걷다.

＊불명하다 : 사리에 어둡다.

＊추회하다 : 지나간 일을 후회하다.

014　서술상 특징

윗글에 대한 설명으로 가장 적절한 것은?

① 언어유희를 통해 인물의 성격을 비판하고 있다.
② 인물의 희화화를 통해 해학성을 드러내고 있다.
③ 꿈과 현실을 교차 서술하여 사건의 실마리를 밝히고 있다.
④ 시간의 역전을 통해 사건을 새로운 국면으로 전환하고 있다.
⑤ 비유적 표현을 사용하여 인물이 처한 상황을 드러내고 있다.

015　내용 이해

윗글에 대한 이해로 적절하지 <u>않은</u> 것은?

① 임호은은 천기를 읽어 천자의 위험을 예측했다.
② 양처상은 호연수에게 임호은을 죽이라고 명령했다.
③ 임호은은 천자의 몸이 상할까 걱정하며 호왕을 베었다.
④ 호연수는 공중에서 내려온 신장에 의해 문밖으로 내쳐졌다.
⑤ 호진의 장졸들은 임호은이 성에 침입한 것을 눈치채지 못했다.

016　말하기 방식

[A]와 [B]에 대한 설명으로 가장 적절한 것은?

① [A]는 자신의 신념을 밝히며 상대에게 조언하고 있고, [B]는 자신의 잘
　못을 변명하며 상대를 탓하고 있다.
② [A]는 미래를 예측하여 상대의 배려를 기대하고 있고, [B]는 과거를 회
　상하며 상대의 용서를 바라고 있다.
③ [A]는 상대의 능력을 무시하며 상대를 비난하고 있고, [B]는 자신의 능
　력을 과시하며 상대의 문제를 해결하고 있다.
④ [A]는 자신이 입을 피해를 언급하며 상대를 설득하고 있고, [B]는 자신
　이 얻을 이익을 설명하며 상대의 이해를 구하고 있다.
⑤ [A]는 복종의 당위성을 인정하며 상대의 요구를 수용하고 있고, [B]는
　자신의 행동을 후회하며 상대의 능력을 인정하고 있다.

017　감상의 적절성

<보기>를 바탕으로 윗글을 감상한 내용으로 적절하지 <u>않은</u> 것은?

[3점]

> ┃ 보 기 ┃
> 　　이 작품은 천상계에서 하강한 주인공이 고난과 행운을 반복적으
> 로 경험하며 유교적 가치를 실현하는 영웅 소설이다. 주인공은 윤
> 리적으로 타락한 신하들의 모함으로 겪는 고난을 비범한 능력으로
> 견디며 충신의 소임을 다한다. 이후 주인공은 국가적 위기 상황을
> 절대적인 힘을 사용하여 해결하며, 천자로부터 신하로서의 명예를
> 회복하고 사람들에게 영웅으로 인정받는다.

① 양처상과 사일보가 천자께 드리는 서간을 위조한 점에서, 윤리적으로
　타락한 인물의 모습을 확인할 수 있겠군.
② 임 부마가 집장무사가 힘을 다해 치는 장을 맞고도 조금도 상하는 곳이
　없다는 점에서, 비범한 능력으로 고난을 견디는 인물의 모습을 확인할
　수 있겠군.
③ 임 부마가 한 번 들어 치면 화광이 일어나는 벽력도로 적들을 물리치며
　천자를 구하는 것에서, 국가적 위기 상황에서 절대적인 힘을 발휘하는
　인물의 모습을 확인할 수 있겠군.
④ 임 부마가 달세통과 장운간을 물리치고 전포로 천자를 가리며 호왕을
　꾸짖는 것에서, 천자로부터 신하로서의 명예를 회복한 인물의 모습을
　확인할 수 있겠군.
⑤ 일진 장졸이 부마의 용맹함을 보고 희열하며 만세를 부르는 것에서, 사
　람들에게 영웅으로 인정받는 인물의 모습을 확인할 수 있겠군.

DAY 22　Ⅴ　고전소설

다음 글을 읽고 물음에 답하시오.　4문항을 8분 안에 풀어보세요.　**8분**

　선봉장 원이정이 내달아 양주 자사 양운을 맞아 싸우다가 사로잡힌 바 되니, 또 도원수 양경이 내달아 적을 상대하더니 물러나며 두어 번 싸우는 척하다가 실수하여 사로잡히는 체하고 적진으로 들어갔다. 황제는 그 연유를 알지 못하고 경황실색하며 이렇게 물었다.

　"하신(下臣) 중 누가 대적하리요?"

　좌우의 모두가 일제히 아뢰었다.

　"이제 형세가 곤궁하오니 마땅히 항복하기만 같지 못하옵니다."

　천자가 크게 분하여 대답하지 않고 좌우를 돌아보며 말하기를,

　"누가 능히 흉적을 소멸하고 짐의 분을 덜겠는가?"

　그러나 하신의 모든 무리가 거의 다 양경의 세력에 들었는지라 누가 대적하겠는가? 급함이 경각에 달리게 되었다.

　태자비가 이 시랑 댁에서 조정에서 모시러 오기를 기다리며 밤낮으로 국가 소식을 탐지하였는데 하루는 피난하는 백성이 길을 막고 울었다. 태자비가 소애를 시켜 위로하며 백성에게 물으니 백성이 말하기를,

　"양경의 동족(同族)인 황주, 익주, 서주, 강주, 성주, 형주 도읍이 다 반역하여 **조정을 침노**하였는데, 천자께서 몸소 공격하시다가 도적에게 패하여 거의 죽게 되셨으니 백성이 당하지 못하여 피난하나이다."

　태자비가 듣고 하늘을 우러러 탄식하며 말하기를,

　"전쟁터에는 나라를 일으켜 세울 신하가 없고 양경 같은 소인이 있어 백성을 다 없어지게 하고 임금을 해치니 어찌 통한치 아니하리오. 황상이 이제 친행(親行)하신다 하니 그 흉적의 세력을 어찌 당하리오. **내 비록 여자이**나 한번 소리쳐 역적을 깨뜨리고 백성을 건지며 **임금을 구원하리라**."

　(중략)

　태자비가 분기충천하여 천조검을 높이 들고 말하기를,

　"너희는 어떤 도적이기에 성질이 억세게 고집스럽고 사납기가 그지없어 우리 황상을 이리도 핍박하는가? 나는 성제(聖帝)의 명을 받아 주 씨 강산을 구하러 왔으니 나를 대적할 이 있거든 모두 나와 승부를 겨루자."

하는 소리 진동하니 양주 자사 양운이 소리에 응답하여 크게 소리쳐 말하기를,

[A]
　"이제 주 씨의 부조(父祖)가 덕망을 잃어 천하 백성이 도탄에 들어 눈을 뜨지 못함을 차마 보지 못하여 주 씨를 들어 내쳐서 만민을 건지고자 하나니, 너는 어떠한 사람이기에 시절 돌아감을 알지 못하고 우리로 하여금 대공을 세우지 못하게 하는가?"

　태자비가 대답하여 말하기를,

[B]
　"자고로 신하는 그 위를 범하지 못하나니, 너희가 주 씨의 녹을 먹었으나 임금의 은혜를 갚기는커녕 도리어 이리 하느냐. 옥체를 빌린 임금의 마음은 하해와 같으니 어찌 하늘의 벌이 없겠는가? 급히 항복하면 죄를 용서하려니와, 끝내 하늘 뜻에 순종하지 않으면 아득히 살아날 길이 없는 곳으로 나아가게 하리니 급히 결단하라."

　양운이 노하여 달려들거늘, 태자비가 맞아 싸워 두 합에 태자비의 칼이 번뜩하더니 양주 자사 양운의 머리를 베어 칼끝에 꿰어 들고 재주를 자랑하며 쳐들어갔다. 적진에서 양운의 죽음을 보고 또 한 장수가 내닫거늘,

　태자비가 바라보니 신장이 구 척이고 얼굴은 수묵을 갈아 뿌린 듯하고 눈은 커서 세 치 닷 푼이나 되었다. 창검이 엄숙하여 청천(靑天)의 번개 같으니 이는 황주 자사였다.

　태자비가 크게 꾸짖어 말하기를,

　"이런 도적이 시정에 있으나 무엇에 쓸 수 있겠는가? 너와 더불어 대적함이 욕되나 위국충신이 있는 고로 마지못해 다투니 급히 결단하라."

　황주 자사가 크게 노하여 달려들어 태자비와 싸우기를 20여 합이나 승부를 가리지 못했다.

　이때에 천자가 대상(臺上)에서 바라보니 난데없는 장군이 필마(匹馬)로 들어와 적장을 모두 죽이는 것이었다. 이를 보고 의아한 중에 안심되어 말씀하시기를,

　"밝으신 하늘이 주 씨 강산을 보전케 하시도다."

　이어 기뻐하며 일월기(日月旗)를 둘러 접응하였다.

　태자비가 황주 자사와 싸우기를 30여 합에 결단하지 못하였는데, 문득 태자비가 입은 전포(戰袍)의 용두(龍頭)에서 청황룡이 엎드려 있다가 붉은 기운을 토하니, 삼태호총마가 귀를 세우는 가운데 안개가 자욱하여 양진을 분별하지 못하였다. 그런데 문득 태자비의 몸이 공중에 솟구치더니 칼을 들어 황주 자사의 목을 베어 말 아래로 내리치니 누가 감히 당하리오. 태자비가 드디어 **모든 역적을 함몰시키**고 군사는 놓아 보내니, 적진에 잡혀갔던 양경과 원이정의 몸이 살아와서 태자비를 보고 칭송하며 말하기를,

　"우리들은 대국 도원수와 선봉장이나 재주가 없어 적진에 잡혀 죽게 되었더니 장군의 은혜를 입어 **목숨을 보전**하고 흉적을 격파하였으니 은혜 난망(難忘)이로소이다."

　태자비가 한 꾀를 생각하고 이렇게 말하였다.

　"정말 몰랐습니다."

　그러고는 양경을 데리고 천자 계신 곳에 가서 육도 자사의 머리를 올리니 천자가 크게 기뻐하시며 자리에서 내려와 태자비의 손을 잡으시고 말씀하시었다.

　"장군의 충성은 무엇보다도 크니 금수강산으로도 갚지 못하리라."

　태자비가 엎드려 아뢰었다.

　"폐하의 홍복(洪福)이라, 신이 무슨 공이 있겠습니까?"

　천자가 매우 칭찬하자, 태자비가 다시 여쭈어 아뢰었다.

　"이제 육도 자사가 죽고 자리가 비었으니 엎드려 바라옵건대 폐하께서는 여섯 자사를 정하여 각각 모든 병사를 다스리게 하옵소서."

　이에 천자가 이를 따랐다.

　이어 태자비가 천자를 모시고 황성에 올라왔는데, 남쪽 성문 위에 천자가 전좌한 뒤, 태자비가 황상에게 이렇게 아뢰었다.

"또한 성 안에 육도 자사의 남은 무리가 무수하오니 다시 성에 들
어가 반적(叛賊)을 다 없앤 후 환궁하겠습니다."
　천자가 크게 놀라 그대로 윤허하시니, 태자비가 즉시 차환 등을
호령하여, 양경과 원이정을 잡아들이라는 소리가 천지를 진동하였
다.

- 작자 미상, 「정각록」 -

018 서술상 특징

윗글에 대한 설명으로 가장 적절한 것은?

① 서술자가 직접 개입하여 인물을 희화화하고 있다.
② 역순행적 구성을 통해 사건의 인과 관계를 밝히고 있다.
③ 전기적 요소를 활용하여 비현실적인 장면을 부각하고 있다.
④ 공간을 환상적으로 묘사하여 인물의 내적 갈등을 보여 주고 있다.
⑤ 장면에 따라 서술자를 달리하여 사건을 입체적으로 드러내고 있다.

019 내용 이해

윗글에 대한 이해로 적절하지 않은 것은?

① 도원수 양경은 적과 싸우는 척하다 일부러 적진에 잡혀갔다.
② 하신의 무리들은 전장의 형세를 이유로 천자의 항복을 만류했다.
③ 태자비는 이 시랑 댁에서 지내며 나라의 상황을 알기 위해 노력하였다.
④ 천자는 전장에 말을 타고 나타난 장군이 태자비임을 알아보지 못했다.
⑤ 태자비는 천자에게 반적을 없앤 후 환궁하겠다는 의사를 밝혔다.

020 말하기 방식

[A]와 [B]에 대한 설명으로 가장 적절한 것은?

① [A]와 [B]는 모두 자신의 처지를 하소연하며 상대의 동정심을 불러일
으키고 있다.
② [A]는 [B]와 달리 실행을 위한 방안을 요구하며 상대의 제안을 수용하
지 않고 있다.
③ [B]는 [A]와 달리 상대의 의도를 추측하며 자신이 해야 할 일을 계획하
고 있다.
④ [A]는 성인의 말을 인용하여, [B]는 역사적 사실에 빗대어 자신이 처한
상황을 드러내고 있다.
⑤ [A]는 자신의 행동이 정당함을 말하며, [B]는 상대가 지켜야 할 태도의
당위성을 내세우며 상대의 행동을 비판하고 있다.

021 감상의 적절성

〈보기〉를 바탕으로 윗글을 감상한 내용으로 적절하지 않은 것은? 　3점

| 보 기 |
　「정각록」은 여성 영웅 소설로, 주인공 정 소저는 백성들에게 인
정을 베풀어야 한다는 신념을 지니고, 유교 이념을 구현하기 위해
신하로서의 도리를 다하는 인물로 그려진다. 태자비가 된 정 소저
는 국가 위기를 초래하는 반역 세력을 숙청함으로써 현 체제를 유
지하고 국가 질서를 수호하려고 한다. 이처럼 이 작품은 여성을 영
웅적 인물로 설정하여 국가적 위기를 해결하는 주체적인 인물로 그
려 내고 있다.

① 태자비가 양경과 원이정의 '목숨을 보전'해 주는 것에서, 정 소저는 백
성들에게 인정을 베풀어야 한다는 신념을 지니고 있는 인물로 볼 수 있
겠군.
② 태자비가 '조정을 침노'한 반역 무리를 응징하려고 하는 것에서, 정 소
저는 현 체제를 유지하고 국가 질서를 수호하고자 한다고 볼 수 있겠군.
③ 태자비가 전장에 나가 '모든 역적을 함몰시'킨 것에서, 정 소저는 국가
적 위기를 해결할 수 있는 영웅적 능력을 지니고 있는 인물로 볼 수 있
겠군.
④ 태자비가 '내 비록 여자'이'지만 적진에 나서 싸우겠다고 말하는 것에서,
정 소저는 주체적으로 판단하고 행동하는 여성으로 볼 수 있겠군.
⑤ 태자비가 '임금을 구원하'기 위해 전장에 직접 나가 싸우는 것에서, 정
소저는 유교 이념을 구현하기 위해 신하로서의 도리를 다하려 한다고
볼 수 있겠군.

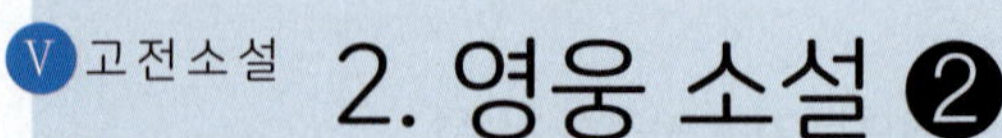

[022~025]　　2023년 6월 학평 (부산) 29~32번　　정답과 해설편 p.233

다음 글을 읽고 물음에 답하시오.　4문항을 8분 안에 풀어보세요.

　㉠ 황성에 병란(兵亂)이 일어났고, 살기(殺氣)가 등등하며, 천자는 피신한 모양이라. 국진은 재빨리 방으로 들어와 무장을 갖추고, 머리에 황금 투구를 쓰고, 몸에 풍운갑을 입고, 좌수에 절륜도와 우수에 청학선, 이런 식으로 무장을 갖추자 잠시도 지체없이 말에 뛰어오르리라.

　그리하여 국진은 필마단기(匹馬單騎)*로 나는 듯이 달렸고, 달리면서도 자기의 중대한 임무를 잊지 않은 터. 그의 빛나는 준마는 순식간에 그를 황성으로 옮겨 주니, 그의 마음과 몸과 말은 실로 혼연일체가 된 듯하더라.

　아니나 다르랴, 그가 읽은 천기는 정확하였으니, 달마국의 수십만 대군은 명나라 군을 무찔러 없애고, 이때 황성으로 쳐들어와 황성의 운명은 경각에 달하였으니, 국진은 즉시 궐내로 들어가 어전에 꿇어 엎드려 가로되,

[A]　“소신이 중임을 맡아 원방(遠方)에 갔사와 폐하께 근심을 끼쳤사오니 이것은 모두가 신의 죄인 줄로 아뢰오. 적병을 파한 후에 죄를 당하여지이다.”

하고 아뢰더라.

　절망한 천자는 그것이 누군가 처음에는 잘 모르시는 듯하다가 장국진이라는 것을 아시자 놀라시며, 계하로 뛰어내려가 그의 손을 잡고 반가워서 어쩔 줄을 몰라 하시며,

[B]　“경이 있었으면 무슨 근심을 하리오. 경은 힘을 다하여 사직(社稷)을 안보(安保)하고 짐의 근심을 덜라.”

하고는 눈물을 뿌리며 애걸하듯이 하교하시더라.

　적은 어느새 도성에 다다르고 도성의 백성들은 아우성치니, 이는 지옥을 상상하게 하더라. 그것은 도무지 구할 도리가 없는 완전한 파멸을 보는 듯하더라. 이것을 어느 누구의 힘으로 구원하여 밝은 빛을 뿌려 터인가.

　국진은 다시 말에 오르자, **한 손에 절륜도, 또 한 손에 청학선을 흔들며** 성문을 빠져나가 물밀 듯 밀려드는 수십만 ㉡ 적군의 진영으로 비호처럼 달리더라. 그의 절륜도가 닿는 곳마다 번갯불이 번쩍 일더니 적장과 적 군사는 **추풍낙엽같이 쓰러**지니, 적군에게는 전혀 예상하지 못한 일대 혼란이 일더라. 그들의 시체는 산을 이루고 피가 바다를 이루면서 물러가니라.

[중략 줄거리] 국진은 달마국을 정벌하기로 결심하고 이를 위해 전장으로 떠난다. 달마국은 천원국과 합력하여 국진을 대적한다.

　결국 국진이 병을 얻어 누운 것도 당연한 이치일 터라. 이것은 전투 중에 치명적인 일로, 국진은 군중에 엄명을 내려 진문을 굳게 닫게 하고 이 어려운 지경을 어찌 구할 것인지 궁리에 궁리를 더하더라. 적은 몇 번이고 도전하니, 이쪽의 진 앞에서 호통을 지르곤 하더

라. 그러나 국진의 진에서 아무런 답이 없자 백운도사와 오금도사는 장국진에게 중대한 곡절이 있음을 의심하기 시작하더라.

　며칠이 지나도 국진의 **신병은 조금도 차도가 없**으니, 이 위급함을 무엇으로 해결하여야 한단 말인가.

　이때 어려서부터 닦아 온 천문지리가 누구보다 능통한 이 부인이 천기를 보고 있던 터라, 남편의 이런 사실을 깨닫고는 놀라움을 금치 못하더라. 더욱이 옆에 있던 유 부인 역시 남편의 위험에 애통해 하니, 장 승상이나 왕씨도 이 소식을 듣고 달려와 울 따름이더라. 육도삼략과 손오병법에도 능통한 이 부인은 생각 끝에 결연히 일어서더니, ㉢ 달마국 전장으로 달려가 병을 앓는 남편을 구하고 이 싸움을 결단 지으리라 결심하더라.

　이 부인은 즉시 남장을 하고 머리에 용인 투구를 쓰고, 몸에 청사 전포를 입고, 왼손에 비린도, 오른손에 홀기를 들고는, 시부모와 유 부인과 주위 사람들에게 이별을 고하고 필마단기로 달마국을 향하여 ㉣ 집을 떠나리라. 유 부인은 멀리 전송을 나와 이 부인의 전도를 근심하며, 봉서 한 통과 바늘 한 쌍을 유 부인의 품속에서 내어 주더라.

　그리고 이 부인에게 말하되,

　“이것을 가지고 동정호 물 건널 제 물에 던지면 용왕 부인이 청할 것이니, 들어가 보옵소서. 동정호 용왕은 첩의 전생 부모이니 부모가 보오면 반가워할 터요, 이제 **가장 좋은 선약(仙藥)을 얻어** 가야 승상의 목숨을 구할 것이오. 다음은 선녀 한 쌍을 얻어 가야 천원 왕과 달마 왕을 잡으리라.”

하니, 이 부인은 그것을 받아 가지고 질풍처럼 달리더라.

　동정호에 왔을 때 이 부인은 유 부인이 시킨 대로 하여 ㉤ 용궁에 인도되어 들어가자, 용왕 내외가 반가워하며 만년주(萬年酒)를 권하더라. 그리고는 유 부인의 말대로 선약과 선녀 한 쌍을 이 부인에게 내리시며,

　“천원 왕과 달마 왕은 욕이나 뵈옵되 죽이지는 마옵소서. 두 사람은 천상 선관으로 인간에 적거(謫居)*하였으니, 만일 죽이면 일후에 원(怨)이 되리라.”

하고 교시하더라.

　또한 용왕 부인은 선녀들에게 분부하여 **이 부인을 잘 모시고 가서 공을 이루라고 특별히 당부하**더라.

　이렇게 하여 이 부인은 용궁에서 나와 전장으로 질풍같이 달려가니, 마음이 든든하기만 하더라.

　이때 명나라 진영은 **적병들에 의해 완전히 포위**되고 있었으며, 진문은 열지 않고 굳게 닫혀 있었으니, 적병은 이것을 깨칠 속셈으로 그 준비에 분주하더라. 명나라 군의 운명은 경각에 있음이더라.

　이를 본 이 부인은 잠시도 지체할 여유가 없으니, 투구를 고쳐 쓰고, 비린도를 높이 들어 만리청총의 고삐를 바싹 쥐어 잡고, 좌우에 따라온 선녀들은 앞에 서서 길을 인도하라고 분부하고 즉시 급하게 채찍질을 하니, 만리 청총마는 화살처럼 적의 포위를 일직선으로 밟아 넘어서며 명나라 진문으로 향하여 달리더라.

적병들은 이 돌발적인 사태를 만나 몹시 어리둥절할 뿐이더라. 난데없이 천지에 소나기가 퍼붓고 **번갯불과 천둥이 무섭게 진동**하니 어느 누구든 **공포 속에서 정신을 잃는** 것은 당연한 일이라, 적병들이라고 해서 무섭지 않으랴. 그들은 이 사태를 운명에 맡길 뿐이더라.

- 작자 미상, 「장국진전(張國振傳)」-

*필마단기 : 혼자 한 필의 말을 탐. 또는 그렇게 하는 사람.
*적거 : 귀양살이를 하고 있음.

---

022 서술상 특징

윗글의 서술상 특징으로 적절한 것은?

① 연속되는 대화를 활용해 인물 간의 갈등을 고조시키고 있다.
② 과거와 현재의 빈번한 교체로 인물의 내력을 소개하고 있다.
③ 한 인물의 동일한 행위를 반복함으로써 사건의 전환을 예고하고 있다.
④ 서술자의 개입을 통해 작중 상황에 대한 주관적 판단을 제시하고 있다.
⑤ 특정 인물의 외양이나 행동을 과장되게 표현하여 인물을 희화화하고 있다.

023 내용 이해

㉠ ~ ㉤을 중심으로 윗글을 이해한 내용으로 적절하지 <u>않은</u> 것은?

① ㉠에서의 병란은 국진이 자신의 중대한 임무를 수행하기 위해 이동하는 계기가 된다.
② ㉡에서 국진은 고통에 시달리는 도성의 백성들을 구원하기 위해 적병과 맞서 싸운다.
③ ㉢에서 국진에게 일어나는 일은 이 부인이 남장을 결심하는 원인이 된다.
④ ㉣에서 이 부인은 미래를 예측하여 위기에 대비할 수 있는 방법을 국진에게 알려 주고 있다.
⑤ ㉤에서 용왕 내외는 적장의 전생 신분을 밝힘으로써 앞날을 경계하고 있다.

024 말하기 방식

[A], [B]에 대한 설명으로 가장 적절한 것은?

① [A]는 자신의 실망감을 우회적으로 표현하고 있고, [B]는 상대에 대한 원망을 직설적으로 표현하고 있다.
② [A]는 자신의 목적을 달성하기 위해 거짓으로 말하고 있고, [B]는 상대의 질문에 답하기 위해 사건 내용을 밝히고 있다.
③ [A]는 자신의 손해를 줄이기 위해 상대의 요청을 거절하고 있고, [B]는 상대의 손해를 줄이기 위해 상대를 설득하고 있다.
④ [A]는 상대에 대한 호감을 바탕으로 상대를 격려하고 있고, [B]는 사건 해결을 위해 상대에게 용기를 북돋워 주고 있다.
⑤ [A]는 상대의 근심을 덜기 위해 그 원인을 자신의 탓으로 돌리고 있고, [B]는 상대에 대한 믿음을 바탕으로 명령하고 있다.

025 감상의 적절성

〈보기〉를 바탕으로 윗글을 감상한 내용으로 적절하지 <u>않은</u> 것은? 3점

| 보 기 |

이 작품은 장국진이라는 영웅의 일생을 다룬 영웅소설이다. 주인공의 영웅적 활약과 더불어 여성 영웅의 활약도 중요하게 나타나고, 이들은 위기 상황에서 주변 인물이나 초월적 존재의 도움으로 위기를 극복해 간다. 이 과정에서 초월적 세계와 현실 세계의 상호 작용, 남성과 여성의 상호 작용을 통해 영웅성이 강화되고 있다.

① 국진이 말에 올라 '한 손에 절륜도, 또 한 손에 청학선을 흔들며' 수십만 적군을 '추풍낙엽같이 쓰러'뜨리는 데에서, 주인공의 영웅적 활약상을 확인할 수 있다.
② 전투 중 '신병은 조금도 차도가 없'는 국진이 '적병들에 의해 완전히 포위'된 장면에서, 영웅이 처한 위기 상황을 확인할 수 있다.
③ '가장 좋은 선약(仙藥)을 얻어' 국진의 병을 구하려는 데에서, 초월적 존재의 도움으로 위기를 극복해 나간다는 점을 확인할 수 있다.
④ 용왕 부인이 선녀들에게 '이 부인을 잘 모시고 가서 공을 이루라고 특별히 당부하'는 장면에서, 초월적 세계와 현실 세계의 상호 작용을 확인할 수 있다.
⑤ 이 부인이 국진을 구하기 위해 '번갯불과 천둥이 무섭게 진동'하여 '공포 속에서 정신을 잃는' 상황을 이겨 내는 데에서, 남성과 여성의 상호 작용을 확인할 수 있다.

DAY 22 Ⅴ 고전소설

다음 글을 읽고 물음에 답하시오.

4문항을 8분 안에 풀어보세요.  **8분**

[앞부분의 줄거리] 정소저는 양경의 계략으로 전쟁에 나가게 된 정원수를 그리워하며 힘든 나날을 보낸다. 이때 민가를 잠행하던 태자가 우연히 정소저를 보게 되고, 그녀의 아름다움과 기상에 반하여 그녀를 아내로 삼겠다고 결심한다.

정소저 시비를 데리고 관음사로 행하거늘 태자 또한 **여복(女服)으로 갈아 입고** 시비를 데리고 이날 **관음사로 찾아가**니 모든 스님들이 합장하며

"소저는 누구 집 행차이온지 알지 못하겠거니와 이런 누지(陋地)에 왕림하셨습니까?"

하니, 시비 답하기를

"**주상공 댁 소저**인데 부친께서 임지로 가셔서 안위를 위하여 발원코자 왔나이다."

하니, 노승이 말하기를

"정강로댁 소저도 부친의 안위를 위하여 왔거니와 소저와 같은 딱한 사연이 있나이다."

하니, 주소저 짐짓 탄식하며 말하기를

"그 소저의 정도가 나와 같도다."

하며, 슬퍼하니 노승이 위로하기를

"주소저와 정소저 다 같이 발원코자 왔다 하니 함께 발원함이 좋겠습니다."

하고, 정소저를 보고 주소저의 사연을 설명하고 서로 생면함을 간청하니 정소저 듣고 말하기를

"세상에 또한 나와 같은 사람이 어디 있는가?"

하며,

"나도 딱한 사정을 듣고 서로 보고 슬픈 마음을 위로하고자 합니다."

하였다. 노승이 반기며

"주소저의 사연도 같으니 지성으로 발원하여 소원을 이루소서."

하고, 즉시 불전에 나아가 분향하고 주소저를 청하여 각각 시비를 데리고 좌정하였다. 잠시 후 주소저 눈을 들어 정소저를 살펴보니 **탁월한 풍채와 늠름한 기상**이 사람의 정신을 놀라게 하였다.

주소저 이르기를

"노승의 말씀을 들으니 낭자의 심정이 나와 같습니다. 부친이 전장에 가서 소식이 적조하옵기로 슬픈 마음을 이기지 못하여 불전에 발원하여 부친을 위로하고자 왔나이다."

하니, 정소저 탄식하며 말하기를

[A] "제 팔자가 기구하여 열 살 전에 모친을 이별하고 다만 부친만 바라고 지냈더니 항명(降命)*이 지중하여 부친은 전장에 가시고 실로 몸이 의지할 곳이 없사와 불전에 지성으로 발원하와 부친께서 입성하여 쉬 돌아오시기를 바라고 있습니다."

하고, **서로 슬픈 정회를 위로**하였다. 주소저 같이 앉으면 소저 **옥수를 잡**고 만난 정회를 설하는 듯하되 정소저 조금도 싫어하는 거동이 없었다.

이러구러 황혼이 되어 욕탕에 목욕하고 불전에 나가 빌기를

"분명 정낭자와 배필이 되게 하시려거든 이 금전이 방중에 내려오소서."

하며, 돈을 던지니 빈 공중에 솟았다가 방 가운데로 떨어졌다. 주소저가 신통히 여겨 또 금전을 잡고 축원하며 말하기를

"황상께서 양경의 딸로 간택하였으니, 만일 양 씨를 퇴할 수거든 금전이 스스로 방 밖에 내려지게 하소서."

하고, 금전을 던지나 금전이 여러 번 돌다가 문 밖에 내려지는지라.

주소저 신기하게 여기던 차 정소저 또한 다가와 금전을 던지며 축원하기를

"부친께서 전장에 나가 성공하고 쉬이 돌아오시게 하거든 금전이 방중에 내려지소서."

하고, 금전을 던지니 이 금전이 방문 밖으로 내려가는지라. 또다시 축원하고 재배하여 독축하기를

"이 몸이 비록 **여자이오나 어릴 적부터 병서를 공부**하였사오니 부친을 위로하려 전장에 나아가 선전(善戰)*하려 하시거든 금전이 방중에 내려지소서."

하고, 금전을 던지니 금전이 높이 올랐다가 방중에 내려오는지라.

소저 한편 기뻐하며 독축하기를

"이후로는 다시 험한 일이 없고 심중에 먹은 마음대로 되게 하시려거든 금전이 방중에 떨어지소서."

하고, 던지니 금전이 다시 방중에 떨어지는지라. 소저 일희일비하여 물러나오니 주소저 이르기를

"동전 축사(祝辭)는 어떻게 되었습니까?"

"길흉이 상반되는 것 같소이다."

주소저가 다시 위로하며

"이는 다 팔자이오니 너무 실망하지 마옵소서."

하니, 정소저 말하길

"우리 피차 함께하였으니 대강 말씀을 통하게 되었거니와 저는 그렇다하더라도 조금 전에 말씀을 들어보니 부친께서는 만리 전장에 가시고 단 한 몸 의지할 곳이 막연하오니 가련하고 애연하지 아니하오리까?"

하며, 서로 위로하더니 한 노승이 마침 들어오시며 말하기를

"정원수 전장에서 패했다는 소식이 왔으니 이 난국이 큰 근심이로다."

(중략)

이때, 정원수 여러 달 적진 중에 있어 명이 경각에 있었더니 안남국 황제 항복했다는 소식을 듣고 마음이 즐거워 이르기를

"이제 이 사람 고향에 돌아가 우리 황상을 뵈옵고 조상 향화를 받들고 정녕 그리던 자식을 보겠도다."

하는데, 밖에 한 **장수** 찾아와 원수를 기다리더라. 나와 보니 **소년이 대하며** 앞에 와 재배하고 뵙거늘 정원수 백수(白首) 풍진에 눈물을 흘리며 슬퍼하며 소년에게 이르기를

[B] "소장은 재주 용렬하여 대공을 이루지 못하고 또한 황상을 생각하니 어찌 한심치 아니하며 생전에 고향 돌아가지 못하고 이 땅에 죽음을 면치 못하게 되었더니 천만으로 장군의 구조함을 입어 종명(終命)*을 보존하여 본국에 돌아가 부모와

> 자식을 상봉하게 하니 그 은혜를 어찌 만분의 일이나마 갚으
> 리오.”

하며, 양 볼에 흐르는 눈물을 그치지 못하거늘 소저 그 말씀을 듣고
일희일비하여 좌우를 물리치고 붙들고 대성통곡하며 말하기를
　　“여식 정모는 **부친의 위급함을 듣고** 잠깐 **남자 되어 적진을 진정
　　시키고** 그 간에 그리던 부친 일시도 그냥 있을 수 없어 불초하나
　　마 부친을 위하고자 하였사오니 부친은 안심하옵소서.”
하고, 소저도 눈물을 금치 못함이 그지없으니 정원수 그 말을 듣고
대경 질색하여 한참 말을 못하다가 정신을 진정하여 다시 보니 비
록 남자 의복으로 환역(換易)하였으나 얼굴이 분명한지라.

- 작자 미상, 「정비전」-

＊항명 : 임금 혹은 윗사람에게 받은 명.

＊선전 : 있는 힘을 다하여 잘 싸움.

＊종명 : 남은 수명.

---

026 서술상 특징

윗글에 대한 설명으로 가장 적절한 것은?

① 언어유희를 사용하여 시대의 현실을 비판하고 있다.
② 배경 묘사를 통해 인물의 내면 심리를 표출하고 있다.
③ 인물의 행동을 과장하여 해학적 분위기를 조성하고 있다.
④ 인물 간의 대화를 통해 인물이 처한 상황을 드러내고 있다.
⑤ 꿈과 현실의 교차를 통해 앞으로 일어날 사건을 암시하고 있다.

027 인물의 심리

[A]와 [B]에 대한 설명으로 가장 적절한 것은?

① [A]에는 낙관적인 미래에 대한 확신이, [B]에는 부정적인 미래에 대한
불안이 나타나 있다.
② [A]에는 인물 간의 갈등을 해결한 주체가, [B]에는 인물 간의 갈등을 유
발한 주체가 나타나 있다.
③ [A]에는 자신이 처한 어려움에 대한 체념이, [B]에는 상대가 처한 어려
움에 대한 공감이 나타나 있다.
④ [A]에는 특정 인물과의 재회를 바라는 이유가, [B]에는 특정 인물과의
재회가 가능해진 이유가 나타나 있다.
⑤ [A]에는 기대가 실현된 상황에 대한 인물의 심경이, [B]에는 기대가 어
긋나 버린 상황에 대한 인물의 심경이 나타나 있다.

DAY
22

V

고전소설

다음은 동전 축사(祝辭)를 정리한 것이다. 이에 대한 반응으로 적절하지 <u>않은</u> 것은?

구분	동전을 던지는 인물	알고 싶은 내용	동전의 위치	
			방 중	방 밖
㉠	주소저	정낭자와 배필이 될 수 있는가?	○	
㉡	주소저	간택된 양 씨를 퇴할 수 있는가?		○
㉢	정소저	부친이 전장에서 성공하고 쉽게 돌아올 수 있는가?		○
㉣	정소저	전장에 나아가 선전할 수 있는가?	○	
㉤	정소저	이후 험한 일 없이 마음먹은 대로 일이 될 수 있는가?	○	

① ㉠에서 '동전을 던지는 인물'은 '동전의 위치'를 보고 자신이 바라는 일이 이루어질 것이라고 생각했겠군.
② ㉡에서 '동전의 위치'는 '동전을 던지는 인물'이 꺼리는 일이 이루어질 것이라는 뜻으로 해석되겠군.
③ ㉢에서 '동전의 위치'는 '동전을 던지는 인물'이 바라는 것이 이루어지지 않을 것이라는 뜻으로 해석되겠군.
④ ㉣에서 '알고 싶은 내용'은 '동전을 던지는 인물'이 하고자 하는 행동과 관련이 있겠군.
⑤ ㉤에서 '동전의 위치'는 '동전을 던지는 인물'이 바라는 대로 나타났다고 할 수 있겠군.

〈보기〉를 참고하여 윗글을 감상한 내용으로 적절하지 <u>않은</u> 것은?

3점

> **│ 보 기 │**
> 고전소설에서 '복장전환'이라는 화소는 주체적인 삶을 살고자 하는 인물의 의지를 보여 준다. 복장전환은 자신의 실체를 상대에게 숨기는 수단으로 쓰이는데 이를 통해 인물들은 다양한 욕구를 실현하고자 한다. 이 작품에서는 사회적 한계를 극복하고, 위기 국면에서 고난에 적극적으로 대처하고, 때로는 이성과 교우를 맺기 위해 복장전환이 사용된다.

① 태자가 '여복으로 갈아 입'고 정소저를 뒤따라 '관음사로 찾아가'는 것에서, 애정 욕구를 실현하기 위해 복장전환을 선택한 인물의 의지를 확인할 수 있군.
② 태자가 자신을 '주상공 댁 소저'로 속이고 정소저와 '서로 슬픈 정회를 위로'하며 '옥수를 잡'을 수 있었던 것에서 복장전환이 이성과의 교우를 가능하게 해 주는 수단으로 쓰였음을 확인할 수 있군.
③ 주소저가 '탁월한 풍채와 늠름한 기상'을 지닌 정소저를 보고 놀라는 것에서 정소저가 자신의 실체를 상대에게 숨기는 수단으로 복장전환을 사용했음을 확인할 수 있군.
④ '여자이오나 어릴 적부터 병서를 공부'했다고 한 정소저가 '남자 되어 적진을 진정시'켰다고 하는 것에서 복장전환을 한 인물이 자신의 사회적 한계를 극복하고 능력을 발휘했음을 확인할 수 있군.
⑤ 정소저가 '부친의 위급함을 듣고' '소년' '장수'가 되었다는 것에서 인물이 위기 국면에서 고난에 적극적으로 대처하기 위해 복장전환을 선택했음을 확인할 수 있군.

다음 글을 읽고 물음에 답하시오.

4문항을 7분 안에 풀어보세요. 

　　수적들이 현의 다리를 잡고 물에 던졌을 때, 풍랑이 현을 휩쓸다가 모래사장으로 내굴렸다. 어린 현이 물을 끝없이 토하며 어머니를 부르고 통곡하다가 사방을 둘러보니 무인지경(無人之境)이었다.

　　이때 절강 소흥부에 유 소사라는 재상이 있었다. 황성에서 벼슬을 하다가 나이가 들어 퇴사(退仕)하고 고향으로 돌아오는 중이었는데, 문득 울음소리가 들려왔다. 사공에게 분부하여 그 울음소리가 나는 곳에 배를 대고 내려와 보니 한 아이가 울고 있었다.

　　유 소사가 그 아이에게 다가가 물었다.

　　"네 어찌 된 아이이건대 홀로 이렇게 슬피 우느냐?"

　　현이 울음을 그치고 올려다보니 한 백발노인이었다. 유 소사가 이어서

　　"네 어디에 살고 나이는 몇이며 이름은 무엇이냐?"

하고 묻자 현이 대답했다.

　　"나이는 일곱 살이옵고 성명은 최현이오며, 모친을 따라 부친 적소로 찾아가다가 모친도 없사옵고 시종도 없삽기로 갈 바를 알지 못해 홀로 울었나이다."

　　소사가 다시금 묻기를

　　"부친이 어디로 갔건대 찾아가느냐?"

라 하니, 현이 대답하였다.

　　"부친은 벼슬을 하시다가 참소(讒訴)에 들어 유배 가셨기로, 모친과 그 적소에 찾아가는 길이었사옵니다."

　　유 소사가 현을 데리고 집으로 돌아와서는 부인에게 말했다.

　　"간밤에 한 꿈을 얻었는데, 백발노인이 와 이르되 '그대 일생 자식 없음을 서러워하매 양자를 데려왔으니 수양아들로 삼아 잘 기르라' 하시기로 이 아이를 데려왔소이다."

　　그러자 부인이 말하기를,

　　"첩도 간밤에 한 꿈을 얻었는데, 하늘에서 칠성(七星)이 떨어져 치마에 싸이거늘 이를 더욱 사랑하였습니다. 지금 짐작하옵건대 그 꿈이 허사가 아니옵니다."

하였다.

　　[중략 줄거리] 유 소사의 양자로 살아가던 최현은 유 소사 부부가 죽자 의지할 곳이 없어 양식을 빌며 정처 없이 떠돌던 중 한 도사를 만나게 된다.

　　"이 칼은 천사검(天賜劍)이요, 이 책은 옥갑경(玉甲經)이라. 성인군자가 가질 만한데, 만일 그대 곧 아니면 가질 사람이 없는 까닭으로, 사해를 두루 돌아 이제야 전하노라. 그대는 삼가 누설하지 말라."

　　현이 일어나 두 번 절하고,

　　"소생은 인간의 천한 것이라, 이 두 보배를 어찌 지니리까? 바라노니 존공은 지닐 사람에게 주옵소서."

라 하니, 도사가 웃으며 말했다.

　　"하늘이 그대를 내실 때 대명(大明)을 위하여 내셨도다. 또한 천

사옥갑은 그대를 위하여 내신 것이니, 어찌 사양하리오?"

　　"설령 보배라 한들 내어 쓰지 못하오니 그 어찌 소생이 가질 바이리까? 엎드려 바라건대 존공은 가져가시어 제 임자에게 전하옵소서."

　　"어찌 이같이 고집하는가? 이 두 가지를 가지면 영화(榮華)를 누리며 대국을 편안하게 하고 이름이 사해(四海)에 진동할 것이니, 어찌 사양함이 이같이 심하리오? 이 칼이 비록 서리었으나 쓸 때를 당하면 자연히 저절로 빠져나와 펼치면 길이가 팔 척이라. 이 두 가지 보배는 서천서역국(西天西域國)에 떨어져서 서기가 천하에 비추었으되 찾아갈 사람이 없어 이 늙은 것이 삼 년을 수고하고 그대를 찾다가, 오늘 여기에 와서 전하는 것이니 부디 잘 간수하라. 멀지 아니하여 상장군의 절월(節鉞)*과 대원수의 인신(印信)*을 찰 것이니, 그때를 당하면 이 노인의 말을 생각하리라."

[A]

　　현이 공손히 대답했다.

　　"정녕 그러하오면 사양할 수 없삽거니와, 미천한 소생을 위하여 여러 세월을 수고하시니 마음에 황송무지하옵니다. 감히 묻고자 하니, 존공의 거주와 존호(尊號)를 알고 싶습니다."

　　"나의 이름은 ㉠ 공신술이요, 살기는 공동산에 있으니, 차후에 혹여 급한 일이 있거든 공동산으로 찾아오라. 할 말은 무궁하나 급히 떠나니, 그대는 칠 년 전에 갔던 남경 순천부로 찾아가라."

　　도사가 떠나가더니 불과 몇 걸음에 홀연히 사라져 보이지 않아 어디로 가는지 알 수 없었다.

　　현이 도사를 이별하고, 천사옥갑을 품에 품고 남경으로 향했다. 현이 여러 날만에 순천부에 이르러서는 밥을 빌러 한 집에 들어갔는데, 그 주인이 현의 구걸하는 소리를 듣고 불쌍하게 여겨 가까이 부르고는 물었다.

　　"그대는 어디 사람이며 어찌 이리 빌어먹는가?"

　　"가화공참(家禍孔慘)*하기로 자연히 걸식하오이다."

　　주인이 가만히 현을 보다가 다시 물었다.

　　"그대의 이름과 얼굴이 본 듯하니 알지 못할 일이라. 그대 혹여 남에게 적선한 일이 있는가?"

　　"구걸하는 아이가 어찌 사람을 구제함이 있으리오?"

　　"칠 년 전에 진주강 모래사장에서 금은보화로 사람을 구제한 일이 없는가? 공자는 숨기지 말고 바로 이르소서."

　　현이 말했다.

　　"서촉으로 가려 하던 중 상인 완삼이 파선하고 물가에서 울거늘, 자연히 마음에 측은하여 약간 물건을 준 일이 있는데, 이것을 어찌 구제하였다 하리오?"

　　주인이 이 말을 듣고는 크게 놀라고 크게 기뻐하며 현을 붙들고 반기며 말했다.

　　"공자는 나를 몰라보나이까? 내가 바로 ㉡ 완삼이로소이다. 간밤에 한 꿈을 얻었는데 공자를 만나 은혜를 갚는 꿈이었으나, 내 어찌 공자를 뵈올 줄 알았으리오?"

　　완삼이 현을 붙잡고 집으로 들이기 못내 반기워하며 치자를 불러 말했다.

　　"진주강에서 나를 구하던 공자가 이제 오셨으니, 만일 이 공자가 아니었던들 너희들이 순천부 관비될 것을 어찌 면하였으며, 오

늘날 먹고 입는 것이 어찌 군색(窘塞)을 면했으리오? 이제 뵈옵기는 천만몽매(千萬夢寐)의 일이요 하늘이 지시함이라.”

완삼이 못내 사례하니 현이 또한 공손히 대답했다.

“작은 것을 주고 큰 인사를 받으니 도리어 민망하오이다.”

완삼이 즉시 현의 의복을 갈아입히고는 아침저녁으로 공경을 극진히 하였다.

- 작자 미상, 「최현전」-

* 절월 : 임금이 관리가 지방에 부임할 때 주는 물건.

* 인신 : 도장이나 관인.

* 가화공참 : 집안이 당한 화가 매우 참혹함.

---

030 서술상 특징

윗글에 대한 설명으로 가장 적절한 것은?

① 언어유희를 활용하여 인물을 희화화하고 있다.

② 세밀한 외양 묘사를 통해 인물의 심리를 나타내고 있다.

③ 대화를 통해 이전에 일어난 사건의 정황을 드러내고 있다.

④ 풍자적 기법을 통해 인물의 부정적 성격을 강조하고 있다.

⑤ 서술자가 개입하여 사건에 대해 주관적인 평가를 하고 있다.

031 말하기 방식

[A]에 대한 이해로 가장 적절한 것은?

① 자신의 권위를 내세우며 상대방의 책임을 추궁하고 있다.

② 과거와 현재를 비교하며 상대방의 달라진 태도를 비판하고 있다.

③ 제안을 수용할 경우 일어날 일을 언급하며 상대방을 설득하고 있다.

④ 자신의 본심을 숨긴 채 질문을 던지며 상대방의 궁금증을 유발하고 있다.

⑤ 상대방의 말과 행동이 불일치함을 지적하며 자신의 결백을 입증하고 있다.

032 인물 이해

㉠과 ㉡에 대한 이해로 가장 적절한 것은?

① ㉠과 달리 ㉡은 뛰어난 지략을 활용해 최현을 돕는다.
② ㉠과 달리 ㉡은 최현이 베푼 선행에 대한 보답으로 최현을 돕는다.
③ ㉡과 달리 ㉠은 최현이 처한 개인적 위기를 해결할 수 있도록 최현을 돕는다.
④ ㉠과 ㉡은 모두 최현과의 약속을 지키기 위해 최현을 돕는다.
⑤ ㉠과 ㉡은 모두 최현이 초월적 능력을 가질 수 있도록 최현을 돕는다.

033 감상의 적절성

<보기>를 참고하여 윗글을 감상한 내용으로 적절하지 <u>않은</u> 것은?

`3점`

| 보 기 |
「최현전」과 같은 영웅 소설에는 공통적인 서사 구조가 나타난다. 주인공은 하늘이 낸 비범한 인물로, 어린 시절 고난을 겪지만 새로운 인물들과 운명적으로 만나며 고난을 극복해 간다. 주인공은 고난과 극복의 과정을 반복하다가 결국 승리하도록 예정되어 있다.

① 하늘이 대명을 위해 최현을 냈다고 공신술이 말하는 것을 보니 최현은 비범한 인물이라고 볼 수 있겠군.
② 천사옥갑을 자신이 지닐 수 없다고 최현이 말하는 것을 보니 최현의 승리가 예정되어 있다고 볼 수 있겠군.
③ 최현이 수적을 만나 어머니와 헤어지게 되는 것을 보니 최현은 어린 시절에 고난을 겪는다고 볼 수 있겠군.
④ 유 소사 부부가 죽어서 최현이 의지할 곳을 잃은 것을 보니 최현은 또다시 고난을 겪게 된다고 볼 수 있겠군.
⑤ 유 소사가 꿈속 암시대로 최현을 만나게 되는 것을 보니 최현과 유 소사의 만남은 운명적이라고 볼 수 있겠군.

DAY
23

V

고전소설

다음 글을 읽고 물음에 답하시오.

길동 등이 임금에게 아뢰었다.

[A]
"신의 아비가 나라의 은혜를 많이 입었사온데, 신이 어찌 감히 나쁜 짓을 하오리까마는, 신은 본래 천한 종의 몸에서 났는지라, 그 아비를 아비라 못 하옵고 그 형을 형이라 못 하와, 평생 한이 맺혔기에 집을 버리고 도적의 무리에 참여하였사옵니다. 그러나 백성은 추호도 범하지 않고 각 읍 수령이 백성들을 들볶아 착취한 재물만 빼앗았을 뿐입니다. 이제 십 년이 지나면 조선을 떠나 갈 곳이 있사오니, 엎드려 빌건대 성상께서는 근심하지 마시고 신을 잡으라는 공문을 거두어 주십시오."

하고, 말을 마치며 여덟 명이 한꺼번에 넘어지므로, 자세히 보니 다 풀로 만든 허수아비였다. 임금이 더욱 놀라며 진짜 길동을 잡으라는 공문을 다시 팔도에 내렸다.

길동이 허수아비를 없애고 두루 다니다가 사대문에 글을 써 붙였는데, 그 글에다,

"소신 길동은 아무리 하여도 잡지 못할 것이오니, 병조판서 벼슬을 내리시면 잡히겠습니다."

고 하였다. 임금이 그 글을 보고 신하들을 모아 의논하니, 여러 신하들이 말했다.

"이제 그 도적을 잡으려 하다가 잡지 못하고 도리어 병조판서를 제수하심은 이웃 나라에도 창피스러운 일입니다."

임금이 옳다고 여기고 다만 경상 감사에게 길동 잡기를 재촉하니, 경상 감사가 왕명을 받고는 황공하고 죄송하여 어쩔 줄을 몰랐다.

하루는 길동이 공중으로부터 내려와 절하고 말했다.

"제가 지금은 진짜 길동이오니, 형님께서는 아무 염려 마시고 결박하여 서울로 보내십시오."

감사가 이 말을 듣고는 손을 잡고 눈물을 흘리면서 말했다.

"이 철없는 아이야. 너도 나와 동기인데 부형의 가르침을 듣지 않고 온 나라를 떠들썩하게 하니, 어찌 애닯지 않으랴. 네가 이제 진짜 몸이 와서 나를 보고 ㉠ 줍혀가기를 주원ᄒ니도로혀긔특ᄒ 오히로다."

하고, 급히 길동의 왼쪽 다리를 보니, 과연 혈점이 있었다. 즉시 팔다리를 단단히 묶어 죄인 호송용 수레에 태운 뒤, 건장한 장교 수십 명을 뽑아 철통같이 싸고 풍우같이 몰아가도, 길동의 안색은 조금도 변치 않았다. 여러 날 만에 서울에 다다랐으나, 대궐 문에 이르러 길동이 한번 몸을 움직이자, 쇠사슬이 끊어지고 수레가 깨어져, 마치 매미가 허물 벗듯 공중으로 올라가며, 나는 듯이 운무에 묻혀 가 버렸다. 장교와 모든 군사가 어이없어 다만 공중만 바라보며 넋을 잃을 따름이었다. 어쩔 수 없이 이 사실을 보고하니, 임금이 듣고,

"천고에 이런 일이 어디 있으랴?"

하며, 크게 근심을 했다. 이에 여러 신하 중 한 사람이 아뢰기를,

"길동의 소원이 병조판서를 한번 지내면 조선을 떠나겠다는 것이라 하오니, 한번 제 소원을 풀면 제 스스로 은혜에 감사하오리니, 그때를 타 잡는 것이 좋을까 하옵니다."

고 했다. 임금이 옳다 여겨 즉시 길동에게 병조판서를 제수하고 사대문에 글을 써 붙였다.

그때 길동이 이 말을 듣고 즉시 고관의 복장인 사모관대에 서띠를 띠고 덩그런 수레에 의젓하게 높이 앉아 큰 길로 버젓이 들어오면서 말하기를,

"이제 홍 판서 사은(謝恩)하러 온다."

고 했다. 병조의 하급 관리들이 맞이해 궐내에 들어간 뒤, 여러 관원들이 의논하기를,

"길동이 오늘 사은하고 나올 것이니 도끼와 칼을 쓰는 군사를 매복시켰다가 나오거든 일시에 쳐 죽이도록 하자."

하고 약속을 하였다. 길동이 궐내에 들어가 엄숙히 절하고 아뢰기를,

"소신의 죄악이 지중하온데, 도리어 은혜를 입사와 평생의 한을 풀고 돌아가면서 전하와 영원히 작별하오니, 부디 만수무강하소서."

하고, 말을 마치며 몸을 공중에 솟구쳐 구름에 싸여 가니, 그 가는 곳을 알 수가 없었다.

(중략)

한편, 길동이 제사를 극진히 받들어 삼년상을 마치고 나서는, 모든 영웅을 모아 무예를 익히며 농업에 힘을 쓰니, 병사는 잘 조련되고 양식도 풍족했다. 남쪽에 율도국이라는 나라가 있었으니, 기름진 평야가 수천 리나 되어 실로 살기 좋은 나라라, 길동이 매양 마음속으로 생각해 오던 바였다. 모든 사람을 불러 말하기를,

"내가 이제 율도국을 치고자 하니 그대들은 최선을 다하라."

하고는 그날 진군을 하였다. 길동은 스스로 선봉장이 되고, 마숙으로 후군장을 삼아, 잘 훈련된 병사 오만을 거느리고 율도국 철봉산에 다다라 싸움을 걸었다. 율도국 태수 김현충이 난데없는 군사가 이름을 보고 크게 놀라, 왕에게 보고하는 한편 한 부대의 군사를 거느리고 내달아 싸웠다. 길동이 이를 맞아 싸워 한 번의 접전에 김현충을 베고 철봉을 얻어 백성을 달래어 위로하였다. 정철로 철봉을 지키게 하고, 대군을 지휘해 움직여 바로 도성을 치는데, 격서(檄書)를 율도국에 보냈으니, 그 내용은 이러하였다.

[B]
"의병장 홍길동은 글을 율도왕에게 부치나니, 대저 임금은 한 사람의 임금이 아니요, 천하 사람의 임금이라. 내 하늘의 명을 받아 병사를 일으켜 먼저 철봉을 파하고 물밀듯 들어오고 있으니, 왕은 싸우고자 하거든 싸우고, 그렇지 않으면 일찍 항복하여 살기를 도모하라."

왕이 다 보고 나서 소리쳐 말하기를,

"우리 나라가 철봉을 굳게 믿거늘, 이제 잃었으니 어찌 대항하랴."

하고는, 모든 신하를 거느리고 항복했다.

길동이 성중에 들어가 백성을 달래어 안심시키고 왕위에 오른 후, 전의 율도왕으로 의령군을 봉했다. 마숙과 최철로 각각 좌의정과 우의정을 삼고, 나머지 여러 장수에게도 각각 벼슬을 내리니, 조정에 가득 찬 신하들이 만세를 불러 하례하였다. 왕이 나라를 다스린 지 삼 년에 산에는 도적이 없고, 길에서는 떨어진 물건을 주워 가지지 않으니, 태평세계라고 할 만하였다.

- 허균, 「홍길동전」 -

034 구절의 의미

㉠은 「홍길동전」의 경판본을 옮긴 것이다. 〈보기〉를 바탕으로 ㉠을 바르게 끊은 것은?

| 보 기 |
　고소설은 띄어쓰기도 되어 있지 않고 지금은 쓰지 않는 문자도 있어 내용 파악이 쉽지 않다. 이때 어절 단위로 끊어 읽는 것이 의미 파악의 시작이다.

① 줍혀가기롤 ∨ ᄌ원ᄒ니 ∨ 도로혀 ∨ 긔특ᄒ ∨ ᄋ히로다
② 줍혀가기롤 ∨ ᄌ원ᄒ니 ∨ 도로 ∨ 혀긔 ∨ 특ᄒ ∨ ᄋ히로다
③ 줍혀 ∨ 가기롤 ∨ ᄌ ∨ 원ᄒ니 ∨ 도로혀긔 ∨ 특ᄒ ∨ ᄋ히로다
④ 줍혀 ∨ 가기롤 ∨ ᄌ ∨ 원ᄒ니 ∨ 도로혀 ∨ 긔특ᄒ ∨ ᄋ ∨ 히로다
⑤ 줍혀가 ∨ 기롤 ∨ ᄌ원 ∨ ᄒ니 ∨ 도로 ∨ 혀긔 ∨ 특ᄒ ∨ ᄋ ∨ 히로다

035 말하기 방식

[A]와 [B]에 대한 설명으로 적절한 것은?

① [A]는 자신의 권위를 내세워 상대에게 충고하고 있다.
② [B]는 상대와 같은 입장임을 내세워 동의를 구하고 있다.
③ [B]는 [A]와 달리 상대의 의도를 알고 이에 답하고 있다.
④ [A]와 [B]는 모두 상황을 가정하여 상대의 행위를 평가하고 있다.
⑤ [A]와 [B]는 모두 자신의 행위를 정당화하며 상대의 태도 변화를 꾀하고 있다.

036 감상의 적절성

〈보기〉를 참고하여 윗글을 이해한 내용으로 적절하지 않은 것은?

3점

| 보 기 |
　「홍길동전」이 지금까지 인기를 얻는 이유는 독자들의 흥미를 불러일으키는 길동의 활약이 돋보이기 때문이다. 길동은 백성의 편에 서서 백성이 살기 좋은 세상을 구현하려고 하며, 초월적 능력을 발휘하여 위기를 극복한다. 또한 새 나라를 건설하며, 자신이 가진 신분적 한계를 극복한다. 이러한 모습은 독자들의 기대를 충족시키며 공감을 이끌어 낸다.

① 새 나라를 건설하려는 모습은 길동이 율도국을 공격하는 것에서 드러나는군.
② 초월적 능력을 발휘하는 모습은 잡히지 않기 위해 길동이 도술을 부리는 것에서 나타나는군.
③ 신분적 한계를 극복하는 모습은 미천한 신분이었던 길동이 왕위에 오르는 것에서 알 수 있군.
④ 백성의 편에 서서 펼치는 활약은 수령이 백성들에게 착취한 재물을 길동이 빼앗았다는 것에서 파악할 수 있군.
⑤ 백성이 살기 좋은 세상을 구현하려는 노력을 인정받는 모습은 길동이 병조판서에 제수되는 것에서 확인할 수 있군.

다음 글을 읽고 물음에 답하시오.

3문항을 5분 안에 풀어보세요.  5분

[앞부분의 줄거리] 홍 판서와 시비 춘섬 사이에서 서자로 태어난 길동은 자신의 처지를 괴로워하다가 부친께 호부호형을 허락받고, 집을 나와 활빈당 활동을 벌여 조정과 대립하다가 병조판서 벼슬을 받는다.

음력 구월 보름에 임금이 달빛을 받으며 후원을 걸으실새, 문득 맑은 바람이 일어나며 공중에서 피리 소리가 청아한 가운데 한 소년이 내려와 주상 앞에 엎드렸다. 임금이 놀라 묻기를,

"선동(仙童)이 어찌 인간 세상에 내려왔으며 무슨 일을 말하고자 하나뇨?"

소년이 땅에 엎드려 아뢰기를,

"신은 전임 병조판서 홍길동이옵니다."

상이 놀라 또 묻기를,

"네가 어찌 심야에 왔느냐?"

길동이 대답해 가로되,

"신이 전하를 받들어 만세를 모실까 했으나, 천한 종의 몸에서 태어났기에 문(文)으로는 홍문관 벼슬이 막히고 무(武)로는 선전관 벼슬길이 막히었습니다. 이런 까닭에 활빈당으로 더불어 사방을 멋대로 떠돌아다니며 관청에 폐를 끼치고 조정에 죄를 지었던 것이온데, 이는 전하로 하여금 아시게 하려 함이었습니다. 이제 벼슬을 내리어 신의 소원을 풀어 주셨으니 전하를 하직하고 조선을 떠나가옵니다. 엎드려 바라건대 전하는 만수무강하소서."

하더니 공중에 올라 아득히 날아가거늘, 임금이 그 재주를 못내 칭찬하였다. 그 후로는 길동의 폐단이 없으니 사방이 태평하였다.

길동이 조선을 하직하고 남경 땅 제도라는 섬으로 들어가, 수천 호의 집을 짓고 농업에 힘쓰고 무기 창고를 지으며 군법을 연습하니, 병사는 잘 훈련되고 양식은 풍족하게 되었다.

(중략)

상주 인형이 자세히 보니, 곧 길동이라 붙잡고 통곡하며,

"아우야, 그 사이 어디 갔더냐? 아버지께서 평소에 유언이 간절하셨는데, 이제 오니 어찌 자식의 도리이겠느냐?"

하며, 손을 이끌고 내당에 들어가 모부인(母夫人)을 뵈옵고 춘섬을 상면하여 한바탕 통곡하였다.

"네가 어찌 중이 되어 다니느냐?"

하니, 길동이 대답했다.

"소자가 조선을 떠나 머리 깎고 중이 되어 지술(地術)을 배웠습니다. 이제 부친을 위하여 좋은 터를 구했으니, 모친은 염려 마소서."

[A]

인형이 크게 기뻐 말하였다.

"너의 재주 기이한지라, 좋은 터를 얻었으면 무슨 염려가 있으리오."

다음날 길동이 운구하여 제 모친을 모시고 서강 강변에 이

르니, 지휘해 놓은 대로 배가 기다리고 있었다. 배에 올라 화살같이 빨리 저어 한 곳에 다다르니, 여러 사람이 수십 척의 배를 대어 놓고 있었다. 서로 반기며 호위하여 가니 그 광경이 대단하였다. 어언간 산 위에 다다르매, 인형이 자세히 본즉 산세가 웅장한지라, 길동의 지식을 못내 탄복하였다. 일을 마치고 함께 길동의 처소로 돌아오니, 백씨와 조씨가 시어머니와 시숙을 맞아 뵈옵는 한편, 인형과 춘섬은 못내 길동의 지식을 탄복하였다.

여러 날이 되자, 인형은 길동과 춘섬을 이별하면서 산소를 극진히 모시라 당부한 후, 산소에 하직하고 출발했다. 본국에 이르러 모부인을 뵈옵고 전후 사실을 고하니, 부인이 신기하게 여겼다. 길동이 제사를 극진히 받들어 삼년상을 마치매 모든 영웅을 모아 무예를 익히며 농업에 힘쓰니, 병사는 잘 조련되고 양식도 풍족했다.

남쪽에 율도국이라는 나라가 있었으니, 기름진 평야가 수천 리나 되며 덕화(德化)가 행해지니 실로 살기 좋은 나라라, 길동이 매양 생각해 오던 바였다. 모든 사람을 불러 말하기를,

"내가 이제 율도국을 치고자 하니 그대들은 정성을 다하라."

하고는 그날로 진군하였다. 길동은 스스로 선봉장이 되고 마숙으로 후군장을 삼아, 정예병 오만을 거느리고 율도국 철봉산에 다다라 싸움을 걸었다. 율도국 태수 김현충이 난데없는 군사가 이름을 보고 크게 놀라 왕에게 보고하는 한편, 한 부대의 군사를 거느리고 내달아 싸웠다. 길동이 이를 맞아 싸워 한 번에 김현충을 베고 철봉을 얻어 백성을 달래어 위로하였다. 정철로 철봉을 지키게 하고, 대군을 지휘하여 바로 도성을 칠새, 격서(檄書)를 율도국에 보냈으니, 내용은 이러하였다.

"의병장 홍길동은 글을 율도왕에게 부치나니, 대저 임금은 한 사람의 임금이 아니요 천하 사람의 임금이라. 내 하늘의 명을 받아 병사를 일으키매, 먼저 철봉을 깨뜨리고 물밀듯 들어오니, 왕은 싸우고자 하거든 싸우고, 그렇지 않으면 일찍 항복하여 살기를 도모하라."

왕이 보기를 마치자 크게 놀라,

"우리나라가 철봉을 굳게 믿었거늘, 이제 잃었으니 어찌 대항하리오."

하고는, 모든 신하를 거느리고 항복했다.

길동이 성중에 들어가 백성을 달래어 안심시키고 왕위에 오른 후, 율도왕을 의령군에 봉했다. 마숙과 최철로 각각 좌의정과 우의정을 삼고, 나머지 여러 장수에게도 각각 벼슬을 내리니, 조정에 가득 찬 신하들이 만세를 불러 하례하였다. 왕이 나라를 다스린 지 삼년에 산에는 도적이 없고 길에 떨어진 물건도 주워 갖지 않으니, 태평세계라고 할 만하였다.

- 허균, 「홍길동전」-

037 고3 | 2014학년도 수능A 41번
내용 이해

윗글에 대한 이해로 적절하지 <u>않은</u> 것은?

① 길동이 하늘에서 내려오자 임금은 그를 선동으로 오해했다.
② 인형은 부친의 장례식에 나타난 길동을 동생으로 대했다.
③ 길동은 잘 훈련된 정예병을 이끌고 율도국을 공격했다.
④ 율도국 태수는 길동이 보낸 격서에 놀라 항복했다.
⑤ 길동은 부하들에게 벼슬을 주고 율도국을 다스렸다.

038 고3 | 2014학년도 수능A 42번
장면의 의미

[A]에 대한 이해로 가장 적절한 것은?

① 부친의 삼년상을 길동이 영웅들을 모아 함께 치르는 과정에서, 길동과 부하들 간의 유대감이 공고해지고 있다.
② 부친의 생전에 호부호형을 허락받았던 길동이 부친의 사후에는 산소를 모시게 됨으로써, 자식으로서의 지위가 강화되고 있다.
③ 부친을 운구하는 일에 많은 사람들이 엄숙하게 참여함으로써, 부친의 평소 넓은 인간관계가 사회적 차원에서 확인되고 있다.
④ 부친을 산소에 모시는 자리에 모부인이 참석하였다는 점에서, 부친 사후 모부인을 중심으로 길동의 가족 관계가 재편되고 있다.
⑤ 부친을 위해 좋은 터를 마련하고자 지술을 배운 길동을 모친이 염려하는 데서, 주술을 용인하지 않으려는 가족의 태도가 드러나고 있다.

039 고3 | 2014학년도 수능A 43번
감상의 적절성

<보기>를 참고하여 윗글을 감상한 내용으로 적절하지 <u>않은</u> 것은?

[3점]

| 보 기 |

　서자 홍길동의 일생은 신분의 한계를 극복하는 과정이다. 이 과정에서 당대 사회가 안고 있는 문제뿐만 아니라 개인의 이기적 욕망에서 비롯되는 문제도 드러난다. 즉 신분의 한계를 극복하는 과정에서 길동은 부당한 사회와 충돌하기도 하고, 개인적 욕망 성취를 위해 사회 부조리와 타협하거나 명분과 괴리되는 행위를 하여 스스로 모순에 빠지기도 하는 것이다.

① 비범한 능력을 가지고 있음에도 천한 종의 몸에서 태어났다는 이유로 길동의 벼슬길이 막히는 것을 보면, 당대 사회가 인재를 등용하는 데에 폐쇄적이었음을 알 수 있어.
② 신분 차별에 저항했던 길동이 벼슬을 받자 자신의 행적을 '죄'라고 부르는 것을 보면, 길동이 욕망 성취 과정에서 당대의 사회 제도와 타협하고 있음을 알 수 있어.
③ 봉건 체제의 상징인 임금이 당대 사회 제도의 부당함에 공감하여 길동의 재주를 칭찬하는 것을 보면, 당대 사회가 개인의 이기적인 욕망을 제도적으로 승인하고 있음을 알 수 있어.
④ 분란을 일으킨 길동에게 임금이 벼슬을 내려 길동의 불만을 달랠 뿐 그 근본 원인은 해소하지 않는 것을 보면, 당대 사회가 사회 문제를 해결하는 데에 한계가 있었음을 알 수 있어.
⑤ 길동이 율도국을 침략하여 '살기 좋은 나라'를 위기에 빠뜨리면서도 스스로를 '의병장'이라 부르며 침략을 정당화하는 것을 보면, 길동의 욕망 성취 과정에서 행위와 명분 사이에 괴리가 있음을 알 수 있어.

[040~042]　2023년 3월 학평 (서울) 43~45번　정답과 해설편 p.249

다음 글을 읽고 물음에 답하시오.　3문항을 6분 안에 풀어보세요. 

[앞부분의 줄거리] 전생에 부부였던 남해 용왕의 딸과 동해 용왕의 아들은 각각 금방울과 해룡으로 환생한다. 해룡은 피란 도중에 부모와 헤어져 장삼과 변 씨의 집에서 자라게 된다.

어느 추운 겨울날, 눈보라가 내리치는 밤에 변 씨는 소룡과 함께 따뜻한 방에서 자고 해룡에게는 방아질을 시켰다. 해룡은 어쩔 수 없이 밤새도록 방아를 찧었는데, 얇은 홑옷만 입은 아이가 어찌 추위를 견딜 수 있겠는가? 추위를 이기지 못해 잠깐 쉬려고 제 방에 들어가니, 눈보라가 방 안에까지 들이치고 덮을 것이 하나도 없었다. 해룡이 몸을 잔뜩 웅크리고 엎드려 있는데, 갑자기 방 안이 대낮처럼 밝아지고 여름처럼 더워져 온몸에 땀이 났다. 놀라고 또 이상해 바로 일어나 밖을 자세히 살펴보니, 아직 날이 밝지 않았는데 하얀 눈이 뜰에 가득했다. 방앗간에 나가 보니 밤에 못다 찧은 것이 다 찧어져 그릇에 담겨 있었다. 해룡이 더욱 놀라고 괴이하게 여겨 방으로 돌아오니 방 안은 여전히 밝고 더웠다.

아무리 생각해도 이상해 방 안을 두루 살펴보니, 침상 위에 예전에 없었던 북만 한 방울 같은 것이 놓여 있었다. 해룡이 잡으려 했으나, 방울이 이리 미끈 달아나고 저리 미끈 달아나며 요리 구르고 저리 굴러 잡히지 않았다. 더욱 놀라고 신통해서 자세히 보니, 금빛이 방 안에 가득하고, 방울이 움직일 때마다 향취가 가득히 퍼져 코를 찔렀다. 이에 해룡은 생각했다.

'이것은 반드시 무슨 까닭이 있어서 일어난 일일 테니, 좀 더 두고 지켜봐야겠다.'

해룡은 마음속으로 기뻐하며 자리에 누웠다. 그동안 굶주림과 추위에 시달린 몸이 따뜻해지니, 마음이 절로 놓여 아침 늦도록 곤히 잠을 잤다. 이때 변 씨 모자는 추위 잠을 자지 못하고 떨며 앉아 있다가 날이 밝자마자 밖으로 나와보니, 눈이 쌓여 온 집 안을 뒤덮었고 찬바람이 얼굴을 깎듯이 세차게 불어 몸을 움직이는 것마저 어려웠다. 이에 변 씨는 생각했다.

'해룡이 틀림없이 얼어 죽었겠구나.'

해룡을 불러도 대답이 없자, 해룡이 얼어 죽었으리라 생각하고 눈을 헤치고 나와 문틈으로 방 안을 엿보았다. 그랬더니 해룡이 벌거벗은 채 깊이 잠들어 있는데 놀라서 깨우려다가 자세히 살펴보니 하얀 눈이 온 세상 가득 쌓여 있는데, 오직 해룡이 자고 있는 사랑채 위에는 눈이 한 점도 없고 더운 기운이 연기처럼 일어나고 있었다. 이것이 어찌 된 일인지 알 수가 없었다.

변 씨가 놀라 소룡에게 이런 상황을 이야기했다.

"매우 이상한 일이니, 해룡의 거동을 두고 보자꾸나."

문득 해룡이 놀라 잠에서 깨어 내당으로 들어가 변 씨에게 문안을 올린 뒤 비를 잡고 눈을 쓸려 하는데, 갑자기 한 줄기 광풍이 일어나며 반 시간도 채 안 되어 눈을 다 쓸어버리고는 그쳤다. 해룡은

이미 짐작하고 있었으나, 변 씨는 그 까닭을 전혀 알지 못해 더욱 신통히 여기며 마음속으로 생각했다.

'분명 해룡이 요술을 부려 사람을 속인 것이로다. 만약 해룡을 집에 오래 두었다가는 큰 화를 당하리라.'

변 씨는 어떻게든 해룡을 죽여 없앨 생각으로 이리저리 궁리하다가, 한 가지 계교를 생각해 내고는 해룡을 불러 말했다.

[A]
"가군*이 돌아가신 뒤 우리 가산이 점점 줄어들게 된 것은 너 또한 잘 알 것이다. 구호동에 우리 집 논밭이 있는데, 근래에는 호환이 자주 일어나 사람을 다치게 해 농사를 짓지 못하고 묵혀둔 지 벌써 수십여 년이 되었구나. 이제 그 땅을 다 일구어 너를 장가보내고 우리도 네 덕에 잘살게 된다면, 어찌 기쁘지 않겠느냐? 다만 너를 그 위험한 곳에 보내면, 혹시 후회할 일이 생길까 걱정이구나."

해룡이 기꺼이 허락하고 농기구를 챙겨 구호동으로 가려 하니, 변 씨가 짐짓 말리는 체했다. 이에 해룡이 웃으며 말했다.

"사람의 목숨은 하늘에 달려 있으니, 어찌 짐승에게 해를 당하겠나이까?"

해룡이 가벼운 발걸음으로 집을 나서자, 변 씨가 문밖에까지 나와 당부하며 말했다.

"쉬이 잘 다녀오너라."

해룡이 공손하게 대답하고 구호동으로 들어가 보니, 사면이 절벽으로 둘러싸여 있고 그 사이에 작은 들판이 하나 있는데, 초목이 아주 무성했다. 해룡이 등나무 넝쿨을 붙들고 들어가니, 오직 호랑이와 표범, 승냥이와 이리의 자취뿐이요, 인적은 아예 없었다. 해룡은 조금도 두려워하지 않고 옷을 벗은 뒤 잠깐 쉬었다. 해가 서산으로 넘어가려 할 무렵 자리에서 일어나 밭을 두어 이랑 갈고 있는데, 갑자기 바람이 거세게 불고 모래가 날리면서 산꼭대기에서 이마가 흰 칡범이 주홍색 입을 벌리고 달려들었다. 해룡이 정신을 바싹 차리고 손으로 호랑이를 내리치려 할 때, 또 서쪽에서 큰 호랑이가 벽력같은 소리를 지르며 달려들어 해룡이 매우 위급한 상황에 처하게 되었다. 그 순간 갑자기 등 뒤에서 금방울이 달려와 두 호랑이를 한 번씩 들이받았다. 호랑이들이 소리를 지르며 달려들었으나, 금방울이 나는 듯이 뛰어서 연달아 호랑이를 들이받으니 두 호랑이가 동시에 거꾸러졌다.

해룡이 달려들어 호랑이 두 마리를 다 죽이고 돌아보니, 금방울이 번개같이 굴러다니며 한 시간도 채 안 되어 그 넓은 밭을 다 갈아버렸다. 해룡은 기특하게 여기며 금방울에게 거듭거듭 사례했다. 해룡이 죽은 호랑이를 끌고 산을 내려오면서 돌아보니, 금방울은 어디로 갔는지 사라지고 없었다.

한편, 변 씨는 해룡을 구호동 사지에 보내고 생각했다.

'해룡은 반드시 호랑이에게 물려 죽었을 것이다.'

변 씨가 집 안팎을 들락날락하며 매우 기뻐하고 있는데, 문득 밖에서 사람들이 요란하게 떠드는 소리가 들려와 급히 나아가 보니, 해룡이 큰 호랑이 두 마리를 끌고 왔다. 변 씨는 크게 놀랐지만 무사

히 잘 다녀온 것을 칭찬했다. 또한 큰 호랑이를 잡은 것을 기뻐하는 체하며 해룡에게 말했다.

"일찍 들어가 쉬어라."

해룡이 변 씨의 칭찬에 감사드리고 제 방으로 들어가 보니, 방울이 먼저 와 있었다.

- 작자 미상, 「금방울전」 -

*가군 : 남에게 자기 남편을 이르는 말.

040 내용 이해

윗글의 내용에 대한 이해로 적절하지 <u>않은</u> 것은?

① 변 씨는 소룡에게 잠자는 해룡을 깨우라고 지시했다.
② 변 씨는 해룡을 도운 것이 금방울이라는 것을 몰랐다.
③ 해룡은 밤에 방아질을 하다가 추워 방 안으로 들어갔다.
④ 해룡은 방 안에서 움직이는 금방울을 보고 신통해했다.
⑤ 금방울은 구호동에서 사라진 후 해룡보다 먼저 방에 도착했다.

041 말하기 방식

[A]에 대한 설명으로 가장 적절한 것은?

① 지난 일의 책임을 상대방에게 전가하며 태도 변화를 촉구하고 있다.
② 상대방으로 인한 자신의 손해를 언급하며 요청 사항을 전달하고 있다.
③ 상대방의 역할에 대해 의문을 제기하며 자신의 입장을 수정하고 있다.
④ 자신이 제안한 바가 서로에게 이익이 됨을 근거로 상대방을 설득하고 있다.
⑤ 상대방이 취하려는 행위를 만류하기 위해 상대방과 자신의 관계를 언급하고 있다.

042 서사 구조

<보기>는 윗글의 서사 구조를 도식화한 것이다. ㄱ ~ ㄹ에 대한 설명으로 적절하지 <u>않은</u> 것은? 3점

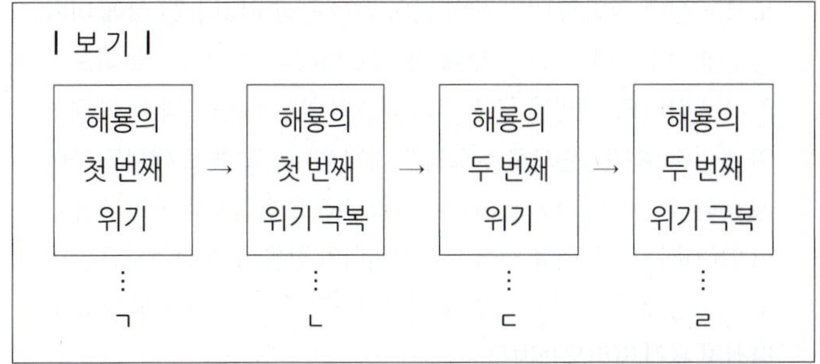

① ㄱ은 집에서 얼어 죽게 될, ㄷ은 구호동에서 짐승에게 해를 입게 될 상황이다.
② ㄱ과 ㄷ은 모두 해룡에게 수행하기 어려운 과제가 주어지는 상황이다.
③ ㄴ은 장차 해룡에게 화를 입을 것을 염려한 변 씨가 ㄷ을 계획하는 계기가 된다.
④ ㄴ과 ㄹ은 신이한 능력을 지닌 금방울에 의해 주도적으로 진행된다.
⑤ ㄱ ~ ㄹ의 과정에서 해룡은 겉과 속이 다르게 자신을 대하는 변 씨의 이중성을 눈치채고 반발하게 된다.

다음 글을 읽고 물음에 답하시오.　4문항을 6분 안에 풀어보세요. 

　막 씨 졸연 복통이 있어 마치 태중에 아이 놀 듯하여 점점 불러 오거늘 심히 괴이히 여겨 행여 남이 알까 근심하더니, 십 삭에 미쳐는 산점*이 있어 ㉠ 초막(草幕)에 엎드렸더니, 해산하고 돌아보니 아이는 아니요, 금방울 같은 것이 금광이 찬란하거늘, 막 씨 대경하여 괴이히 여기며 **손으로 누르되** 터지지 아니하고 **돌로 깨쳐도** 깨어지지 아니하거늘, 이에 집어다가 멀리 버리고 돌아보니 금방울이 굴러 따라오는지라. 더욱 의심하여 집어다가 **깊은 물**에 들이치고 돌아오니 금방울이 물 위에 가볍게 떠다니다가 막 씨의 가는 양을 보고 **여전히 굴러 따라오는지라.**

　막 씨 헤아리되,

　‘나의 팔자 기구하여 이 같은 괴물을 만나 타일에 이로 인하여 반드시 큰 화근이 되리로다.’

하고 불 땔 때에 **아궁이**에 들이쳤더니, 닷새 후에 헤쳐 본즉 금방울이 뛰어나오되 상하기는커녕 새로이 금빛이 더욱 씩씩하고 ㉡ **향내** 진동하거늘, 막 씨 하릴없어 두고 보니 밤이면 품속에 들어 자고 낮이면 굴러다니며 혹 칩떠 **나는 새도 잡고** 나무에 올라 과실도 따 가지고 와 앞에 놓으니, 막 씨 자세히 본즉 속에서 실 같은 것이 온갖 것을 묻혀 오되 그 털이 출입이 있어 평시에는 반반하고 뵈지 아니하거늘, 추위를 당하여도 방울이 굴러 품에 들면 조금도 춥지 아니하여 엄동설한에 한데서 남의 방아를 찧어 주고 저녁에 초막으로 돌아오니 방울이 굴러 막에서 내달아 반기는 듯 뛰놀거늘 막 씨 추위를 견디지 못하여 막 속으로 들어가니 그 속이 놀랍게 더우며 방울이 빛을 내어 밝기 낮 같거늘, 막 씨 기이히 여겨 남이 알까 저어하여 낮이면 막 속에 두고 밤이면 품속에 품고 자더니, 방울이 점점 자라매 **산에 오르기를 평지같이 다니**며 진 데와 마른 데 없이 굴러다니되 몸에 흙이 묻지 아니하더라.

[중략 줄거리] 금방울을 탐내다 뜻을 이루지 못한 자가 금방울이 요괴롭다고 비방한다. 이에 고을 수령인 장 공은 막 씨를 잡아서 금방울을 제압하고자 하나, 오히려 금방울이 신통력을 발휘하여 장 공은 먹고 자는 것조차 여의치 않게 된다.

　부인이 막 씨 놓음을 권하니 장 공이 깨닫고 즉시 막 씨를 놓으니 그날부터 침식이 여전한지라. 장 공이 막 씨의 효행을 듣고 크게 뉘우쳐 초막을 헐고 그 터에 크게 집을 지으며 ㉢ 정문(旌門)*을 세워 잡인을 금하고 달마다 월음*을 주어 일생을 편안케 하니라.

　　차설. 장 공이 뇌양에 온 후로 몸이 평안하나 주야 해룡을 생각하고 부인으로 더불어 슬퍼하더니, 부인이 이로 인하여 침석에 위독하여 백약이 무효하매 공이 주야 병측을 떠나지 아니하더니, 일일은 부인이 공의 손을 잡고 눈물을 흘려 왈,

　　　“첩의 팔자 기박하여 한 낱 자식을 난중(亂中)에 잃고 지금 보전함은 요행 생전에 만나 볼까 하였더니 십여 년 존망을 모르매 병입골수하여 명이 오늘뿐이라. ⓐ **구천에 돌아간들 어찌 눈을 감으리오?** 바라건대 공은 길이 보중하소서.”

　　하고 인하여 명이 진하니, 장 공이 낯을 대고 애통하여 자로 기절하매 좌우가 붙들어 구호하더니, 밖에서 방울이 굴러 부인 시[A]

신 앞으로 들어가거늘, 모두 보니 풀잎 같은 것을 물어다 놓고 가는지라. 급히 집어 보니 나뭇잎 같은 것이로되 가늘게 썼으되 ‘**보은초(報恩草)**’라 하였거늘, 공이 대희 왈,

　　“이는 막 씨가 보은한 것이로다.”

하고, 그 풀을 부인 입에 넣으니, 식경 후에 부인이 몸을 운동하여 돌아눕거늘, 좌우가 울음을 그치고 수족을 주무르니 그제야 부인이 숨을 길게 쉬는지라. 공이 병을 물은대, 부인이 자고 나매 정신이 씩씩하다고 대답하니, 공이 대열하여 방울의 수말*을 다하고 못내 기뻐하더라.

　그 후로 부인의 병세 과연 평복되니 부인이 친히 막 씨의 ㉣ 집에 가 재생지은(再生之恩)을 만만사례하고 맺어 형제 되매, 그 후로는 방울이 굴러 부인 앞에 오거늘 장 공 부부 사랑하여 손에 놓지 아니하니, 방울이 아는 듯 이리 안기며 저리 품기어 영민함이 사람 뜻대로 하는지라, 이름을 ㉤ ‘**금령(金鈴)**’이라 했다.

- 작자 미상, 「금방울전」-

* 산점 : 해산의 기미.

* 정문 : 충신·효자·열녀 들을 표창하기 위해 집 앞에 세우던 붉은 문.

* 월음 : 매달 주는 돈이나 물품.

* 수말 : 일의 처음부터 끝.

043　고3 | 2013학년도 수능 13번
서술상 특징

[A]에 대한 이해로 가장 적절한 것은?

① 서술자가 주인공으로 등장하여 자신의 체험을 사실적으로 서술하고 있다.
② 요약적 서술과 등장인물의 말을 통해 사건의 경과를 드러내고 있다.
③ 인물 간의 갈등 양상을 통해 불신의 감정을 표현하고 있다.
④ 배경 묘사를 통해 인물의 내면 심리를 표출하고 있다.
⑤ 부정적 인물에 대한 비판 의식을 표현하고 있다.

044
고3 | 2013학년도 수능 14번
소재의 의미

㉠~㉤에 대한 설명으로 적절하지 <u>않은</u> 것은?

① ㉠ : 막 씨의 당시 처지를 보여 주는 공간이다.
② ㉡ : 금방울의 신이한 면모를 보여 준다.
③ ㉢ : 막 씨의 효행에 대한 사회적 보상을 상징한다.
④ ㉣ : 막 씨와 장 공 부인의 갈등이 심화되는 공간이다.
⑤ ㉤ : 금방울이 존재 가치를 인정받았음을 보여 준다.

046
고3 | 2013학년도 수능 16번
관용적 표현

ⓐ의 상황을 나타내는 말로 가장 적절한 것은?　　[1점]

① 각골통한(刻骨痛恨)　　② 구사일생(九死一生)
③ 사필귀정(事必歸正)　　④ 순망치한(脣亡齒寒)
⑤ 연목구어(緣木求魚)

045
고3 | 2013학년도 수능 15번
감상의 적절성

＜보기＞를 참고하여 윗글을 감상한 내용으로 적절하지 <u>않은</u> 것은?

> **| 보 기 |**
> 「금방울전」은 비정상적인 모습으로 태어난 주인공이 온갖 고난과 시련을 극복한 후, 방울을 깨고 사람으로 변신하는 과정을 그리고 있다. 금방울은 태어나자마자 어머니로부터 시련을 겪지만, 방울의 모습을 한 채로 자신의 의지를 지니고 다양한 능력을 발휘한다. 또 주인공이면서도 타인을 돕는 조력자로서의 모습을 강하게 지닌다.

① 막 씨가 금방울을 '손으로 누르'고 '돌로 깨'는 것은 금방울의 변신을 돕기 위한 행동이다.
② 막 씨가 금방울을 '깊은 물'과 '아궁이'에 들이치는 행위는 어머니에 의한 금방울의 시련을 형상화한 것이다.
③ 막 씨가 금방울을 거듭 버려도 '여전히 굴러 따라오는' 것은 금방울의 의지를 드러낸 것이다.
④ 금방울이 '나는 새도 잡고' '산에 오르기를 평지같이 다니'는 것 등은 금방울의 다양한 능력을 보여 준 것이다.
⑤ 금방울이 '보은초'를 구해 와 장 공의 부인을 살려 내는 것은 조력자로서의 성격을 보여 주는 것이다.

다음 글을 읽고 물음에 답하시오.

3문항을 5분 안에 풀어보세요.

5분

　중국 황제가 크게 화를 내어 신라를 침공하고자 하여 계란을 솜으로 여러 번 싸서 돌함에 넣고 황초를 불에 녹여 그 안을 채워서 흔들리지 않게 하고 또 구리쇠를 녹여 함에 부어 열어 보지 못하게 하여 봉서와 함께 신라에 보내었다. 봉서의 내용인즉,

　　㉠'너희 나라가 만약 이 함 속에 있는 물건을 알아내어 시를 바치지 못한다면, 너희 나라를 도살하여 없애 버리겠다.'
하였더라. 대국 사신이 조서를 받들고 신라에 도착하니 신라왕이 몸소 사신을 맞이하고 조서를 읽어 보시고는 즉시 나라의 선비들을 불러 모아 이르시기를,

　　㉡"너희 유생 중에 이 함 속에 있는 물건을 알아내어 시를 짓는 사람은 장차 관직을 높여 땅을 나누어 줄 것이다."
하시매 아무도 그 속 물건을 알아내지 못하여 온 조정이 들끓더라.

　이때 아이도 왕이 내린 명령을 들었다. 또 나 승상의 딸아이가 아름답고 재예*가 뛰어나며 게다가 절개가 있다는 소문을 들은 터인지라, 떨어진 옷으로 갈아입고 거울을 수선하는 장사로 사칭하고는 서울로 들어갔다. 그러고는 승상 댁 문 앞에 이르러 '거울 수선하라'는 말을 여러 차례 외쳤다. 이에 나 승상의 딸이 그 소리를 듣고 낡은 거울을 유모에게 주어 보내고, 인해 유모를 따라 외문 밖으로 나와 사립문 틈으로 엿보았다. 그 장사 역시 몰래 눈으로 바라보고 아름다운 아가씨라 여기고는 쥐고 있던 거울을 고의로 떨어뜨려 깨뜨렸다. 유모가 발을 구르며 다급하게 화를 내자 장사 아이가 말하기를,

　　"이미 거울이 깨졌으니 발은 굴러 무엇하겠습니까? 이 몸이 노복이 되어 거울 깨뜨린 보상을 하겠으니 청을 들어주소서."
하는지라. 유모가 돌아가 승상께 고하니 승상께서 허락하시고 묻기를,

　　"너의 이름은 무엇이며 어디에 살고 있느냐?"
　　아이가 대답하되,

　　"거울을 고치다 깨뜨렸으니 파경노라 불러 주시옵고, 일찍 부모를 여의고 갈 곳이 없나이다."
하는지라. 승상은 파경노에게 말 먹이는 일을 하도록 하였다. 파경노가 말을 타고 나가면 말 무리들이 열을 지어 뒤따랐으며 조금도 싸우는 일이 없었다. 이후로 말들이 살찌고 여윈 말이 없었다. ㉢아침에 파경노가 말 무리들을 이끌고 나가 사방에 흩어 놓고 숲 속에서 온종일 시를 읊으면, 청의동자* 수 명이 어디서 왔는지 혹은 말을 먹이고 혹은 채찍으로 훈련시키더라. 해가 지면 말들이 구름같이 모여 파경노 앞에 늘어서서 머리를 조아리니 보는 이마다 신기함을 칭찬하지 않는 이 없더라. 나 승상 부인께서 이 소문을 듣고 승상에게 말하기를,

　　"파경노는 생김새가 기이하고 말 다룸도 또한 기이하니 필시 비범한 사람일 것입니다. 천한 일을 맡게 하지 마옵소서."
하니 승상도 옳게 여기고 그 말을 따랐다. 예전에 동산에다 나무와 꽃을 많이 심었으나 잘 가꾸지 못하여 거칠어지고 매몰되어 잡초 속에 묻혀 버렸는지라, 파경노로 하여금 꽃밭 가꾸는 일을 맡기었다. 파경노는 또한 한가로이 꽃밭에 앉아서 시만 읊고 있을 뿐 가꾸

는 일은 하지 않으나 하늘에서 선녀가 밤에 내려와 혹은 거름을 주어 가꾸고 혹은 풀을 뽑으니 전보다 배나 더 아름답고 무성하였다.

[중략 줄거리] 승상은 시를 지으라는 임금의 명을 받고 시름에 빠진다. 파경노의 비범함을 알아차린 딸의 권유로 승상이 파경노에게 시 짓는 일을 명하자 파경노는 자신을 사위로 삼는다면 시를 짓겠다고 말한다. 파경노가 노비라는 이유로 혼인을 반대하던 승상은 딸이 설득하자 결국 파경노를 사위로 맞이한다.

　다음날 아침 승상이 사람을 시켜 시 짓는 모습을 엿보라 하였다. 이때 파경노가 자기 이름을 지어 치원이라 하고, 자를 고운이라 하더라. 승상의 딸이 옆에 앉아서 시 짓기를 재촉하니 치원이 말하기를,

　　"시는 내일 중으로 지을 것이니 너무 재촉하지 마오."
하고는 승상의 딸더러 종이를 벽 위에 붙여 놓도록 하고 스스로 붓대롱을 잡아 발가락에 끼우고 잤다. 승상의 딸이 근심하다가 고단하여 자는데 꿈속에 쌍룡이 하늘에서 내려와 함 위에서 서로 벗하며 무늬 옷을 입은 동자 십여 명이 함을 받들고 서서 소리 내어 노래하니 함이 열리는 듯하였다. 이윽고 쌍룡의 콧구멍에서 여러 가지 빛깔의 상서로운 기운이 나와 함 속을 환히 비추니 그 안에 붉은 옷을 입고 푸른 수건을 쓴 사람이 좌우로 늘어서서 어떤 자는 시를 지어 읊고 어떤 자는 붓을 잡아 글씨를 쓰는데, 승상이 빨리 시를 지으라고 재촉하는 소리에 놀라 깨어 보니 꿈이더라. ㉣치원 역시 깨어나 시를 지어 벽에 붙은 종이에다 써 놓으니 용과 뱀이 놀라 꿈틀거리는 듯하더라. 시의 내용인즉,

　　둥글고 둥근 함 속의 물건은
　　반은 희고 반은 노란데,
　　밤마다 때를 알아 울려 하건만
　　뜻만 머금을 뿐 토하지 못하도다.

이더라. 치원이 승상의 딸을 시켜 승상께 바치게 하니 승상이 믿지 않다가 딸의 꿈 이야기를 듣고서야 믿고 대궐로 들어가 왕께 바치었다. 왕이 보시고서 크게 놀라 물으시기를,

　　"경이 어떻게 알아 가지고 시를 지었느뇨?"
하시니 대답하여 아뢰되,

　　㉤"신이 지은 것이 아니옵고 신의 사위가 지은 것이옵니다."
하니 왕은 사신으로 하여금 대국 황제께 바치었다. 황제가 그 시를 보시고 말씀하시기를,

　　"'둥글고 둥근 함 속의 물건은 반은 희고 반은 노란데'는 맞는 구절이나 '밤마다 때를 알아 울려 하건만 뜻만 머금을 뿐 토하지 못하도다'라 한 것은 잘못이로다."
하고 함을 열고 달걀을 보시니 여러 날 따뜻한 솜 속에서 병아리로 되어 있으매 황제가 탄복하면서 말하기를,

　　"이는 천하의 기재로다."
하고 학사를 불러 보이시니, 칭찬하지 않는 자가 없었다.

- 작자 미상, 「최고운전」-

＊재예 : 재능과 기예를 아울러 이르는 말.

＊청의동자 : 신선의 시중을 든다는 푸른 옷을 입은 사내아이.

047 내용 이해

윗글에서 알 수 있는 내용으로 적절하지 <u>않은</u> 것은?

① '아이'는 승상 댁의 노복이 된 이후에 돌함의 존재에 대해 알게 되었다.
② '승상의 부인'은 파경노의 외모와 행동을 근거로 그가 범상한 인물이 아님을 알아보았다.
③ '승상'은 파경노에게 천한 일을 맡기지 말라는 부인의 말을 따랐다.
④ '파경노'는 승상의 딸과 결혼한 이후 자신의 이름을 스스로 치원이라 지었다.
⑤ '승상의 딸'은 치원이 지은 시에 대해 회의적인 태도를 보이는 승상에게 자신의 꿈 이야기를 들려주었다.

048 소재의 기능

윗글의 거울 에 대한 설명으로 가장 적절한 것은?

① 아이가 승상에게 자신의 능력을 증명하는 데 사용된 소재이다.
② 승상 댁에 노복으로 들어간 아이가 겪게 될 고난을 암시하는 소재이다.
③ 아이가 승상의 사위가 되려는 내적 욕망을 실현하는 데 동원된 소재이다.
④ 혼인을 둘러싸고 아이와 승상 사이에 긴장감이 조성될 것을 예고하는 소재이다.
⑤ 아이가 승상 딸의 뛰어난 재예와 절개를 시험할 수 있는 기회를 제공하는 소재이다.

049 감상의 적절성

〈보기〉를 바탕으로 ㉠~㉤을 이해한 내용으로 적절하지 <u>않은</u> 것은? `3점`

| 보 기 |
　「최고운전」은 '시 짓기'를 통해 주인공과 국가가 당면한 문제 상황이 해결되는 구조로 서사가 전개되고 있다. 이 작품은 뛰어난 능력을 가지고 있으나 신분적 한계로 인해 자신의 능력을 제대로 펼치지 못했던 실존 인물 최치원의 삶을 바탕으로 창작되었다. 최치원의 삶이 주인공에 투영되어 형상화되는 과정에서 그의 비범함이 극적으로 부각되며, 이는 주로 '시 짓기'를 통해 발휘된다.

① ㉠에서 '시 짓기'는 중국 황제가 신라를 문제 상황에 빠뜨리기 위해 내세운 불합리한 요구로군.
② ㉡에서 '시 짓기'는 국가적 문제를 해결할 수 있는 인재가 없는 신라의 상황을 보여 주는군.
③ ㉢에서 '시 짓기'는 초월적 요소와 결합하여 인물의 비범함을 드러내는군.
④ ㉣에서 '시 짓기'는 신분적 한계로 인한 울분을 직접적으로 토로하는 수단이로군.
⑤ ㉤에서 '시 짓기'는 개인의 능력을 드러냄과 동시에 국가의 위기를 해결하는 방법이 되는군.

다음 글을 읽고 물음에 답하시오.

3문항을 5분 안에 풀어보세요. **5분**

　승상 나업은 딸 하나가 있었다. 재예(才藝)가 당대에 빼어났다. 아이는 이 말을 듣고 헌 옷으로 갈아입고 거울 고치는 장사라 속여 승상 집 앞에 가서 "거울 고치시오!"라 외쳤다. 소저는 이 말을 듣고 **거울**을 꺼내 유모에게 주어 보냈다. 소저는 유모 뒤를 따라 바깥문 안쪽까지 나가 문틈으로 엿보았다. 장사가 소저의 얼굴을 언뜻 보고 반해, 손에 쥐었던 **거울**을 일부러 떨어뜨려 깨뜨렸다. 유모가 놀라 화내며 때리자 장사가 울며 말했다.

　"거울이 이미 깨졌거늘 때려 무엇 하세요? 저를 노비로 삼아 거울 값을 갚게 해 주세요."

　유모가 들어가 이를 승상께 아뢰니 허락하였다. 승상은 그의 이름을 거울을 깨뜨린 노비라는 뜻으로 파경노(破鏡奴)라 짓고 말 먹이는 일을 시켰다. 말들은 저절로 살쪄 여윈 것이 하나도 없었다.

　하루는 천상의 선관들이 구름처럼 몰려와 말 먹일 꼴을 다투어 그에게 주었다. 이에 파경노는 말들을 풀어놓고 누워만 있었다. 날이 저물어 말들이 파경노가 누워 있는 곳에 와 그를 향해 머리를 숙이며 늘어서자 보는 자마다 모두 기이하게 여겼다. 승상 부인은 이 말을 듣고 승상에게 말했다.

　"파경노는 용모가 기이하고 탄복할 일이 많으니 필시 비범한 사람일 것입니다. 마부 일도, 천한 일도 맡기지 마세요."

　승상이 옳게 여겨 그 말을 따랐다. 이전에 승상은 동산에 꽃과 나무를 많이 심었는데, 파경노에게 이를 기르게 했다. 이때부터 동산의 **화초**가 무성하며 조금도 시들지 않아, 봉황이 쌍쌍이 날아들어 꽃가지에 깃들었다.

　열흘이 지났다. 파경노는 소저가 동산의 **꽃**을 보고 싶으나 파경노가 부끄러워 오지 못한다는 말을 들었다. 이에 파경노는 승상을 뵙고 말했다.

　"제가 이곳에 온 지 여러 해 지났습니다. 한 번도 노모를 뵙지 못했으니, 노모를 뵙고 올 말미를 주십시오."

　승상은 닷새를 주었다. 소저는 파경노가 귀향했다는 소식을 듣고 동산에 들어와 꽃을 보고,

　"꽃이 난간 앞에서 웃는데 소리는 들리지 않네."라고 시를 지었다. 파경노는 꽃 사이에 숨어 있다가,

　"새가 숲 아래서 우는데 눈물 보기 어렵네."라고 **시**로 화답했다. 소저가 부끄러워 얼굴을 붉히며 돌아갔다.

[중략 줄거리] 중국 황제는 신라 왕에게 석함을 보내, 그 안에 있는 물건을 알아내 시를 지어 올리라 명한다. 신라 왕은 이를 해결하지 못하고 나업에게 과업을 넘긴다.

　나업은 집으로 돌아와 석함을 안고 통곡했다. 파경노는 이 말을 듣고 사람들에게 왜 우는지를 물었다. 사람들이 모두 말해 주자, 자못 기쁨을 띠며 꽃가지를 꺾어 외청으로 갔다.

　소저가 슬피 울다가 문득 벽에 걸린 **거울**에 비친 그림자를 보았다. 속으로 놀라 창틈으로 엿보니 파경노가 **꽃**을 들고 서 있었다. 소저가 이상히 여겨 묻자, 시치미를 떼며 말했다.

　"그대가 이 꽃을 보고 싶다 하여 그대를 위해 가져 왔소. 시들기 전에 받아 보시오."

　소저가 한숨을 크게 쉬니, 파경노가 위로하며 말했다.

　"거울 속에 비친 이가 반드시 그대 근심을 없애 줄 것이오. 근심치 말고 꽃을 받으시오."

　소저가 꽃을 받고 부끄러워하며 안으로 들어갔다.

　얼마 뒤 소저는 파경노의 말을 괴이히 여겨 승상께 말했다.

　"파경노가 비록 어리지만 재주가 남보다 뛰어나고, 신인(神人)의 기운이 있어 석함 속의 물건을 알아내어 **시**를 지을 수 있을 것입니다."

　승상이 말했다.

　"너는 어찌 쉽게 말하느냐? 만약 파경노가 할 수 있다면 나라의 이름난 선비 가운데 한 명도 시를 짓지 못해 이 석함을 나에게 맡겼겠느냐?"

　소저가 말했다.

　"뱁새는 비록 작지만 큰 새매를 살린다 합니다. 그가 비록 노둔하나 큰 재주를 지니고 있는지 어찌 알겠습니까?"

　이어서 파경노가 걱정하지 말라고 했음을 고했다.

　"만약 그가 시를 지을 수 없다면 어찌 그런 말을 냈겠습니까? 원컨대 그를 불러 시험 삼아 시를 짓게 하소서."

　승상이 파경노를 불러 구슬리며 말했다.

　"만약 이 석함 속의 물건을 알아내 시를 짓는다면 후한 상을 줄 것이며, 마땅히 네 뜻을 이루어 주겠다."

　파경노가 거절하며 말했다.

　"비록 후한 상을 준다 한들 제가 어찌 시를 짓겠습니까?"

　소저가 이 말을 듣고 승상에게 말했다.

　"살고 싶고 죽기 싫은 것이 인지상정입니다. 옛날에 어떤 이가 사형을 당하게 되었을 때, 그에게 '네가 만약 시를 짓는다면 내 마땅히 사면해 주겠다.' 했습니다. 그 사람은 무식한 이였으나 그 명을 따랐습니다. 하물며 파경노는 문학이 넉넉해 시를 지을 수 있지만 거짓으로 못하는 체하고 있습니다. 지금 아버님께서 그를 겁박하시면 어찌 삶을 좋아하고 죽음을 싫어하는 마음이 없어 복종치 않겠습니까?"

　승상이 그럴듯하다 여기고 파경노를 불렀다.

- 작자 미상, 「최고운전」-

050

서술상 특징

윗글의 서술상 특징으로 가장 적절한 것은?

① 시간의 역전을 통해 사건의 진상을 밝히고 있다.
② 서술자의 개입을 통해 사건의 전모를 밝히고 있다.
③ 인물의 희화화를 통해 사건의 반전 효과를 나타내고 있다.
④ 인물 간의 대화를 통해 사건 해결의 방안을 제시하고 있다.
⑤ 꿈과 현실의 교차를 통해 앞으로 일어날 사건을 암시하고 있다.

051

소재의 기능

윗글의 내용에 대한 이해로 적절하지 않은 것은?

① 유모에게 주어 보낸 '거울'은 아이가 소저의 얼굴을 보게 되는 계기를 만들고, 벽에 걸린 '거울'은 파경노가 소저에게 자신의 존재감을 드러내는 계기를 만든다.
② 깨뜨린 '거울'은 아이가 파경노라는 이름을 얻고 승상의 집안으로 들어가는 계기가 되고, 파경노가 관리한 동산의 '화초'는 승상 부인으로부터 인정받는 계기로 작용한다.
③ 동산의 '꽃'은 소저가 보고 싶었으나 파경노로 인해 접근하기 어렵게 된 대상이고, 파경노가 들고 서 있던 '꽃'은 소저에게 자신의 마음을 전달하기 위한 수단이다.
④ 동산에서 화답한 '시'는 파경노가 소저와 교감하기 위해 읊은 것이고, 석함 속 물건에 대한 '시'는 파경노가 해결할 수 있다고 소저가 기대하는 과제이다.
⑤ 석함 속 물건에 대한 '시'는 나업에게 슬픔을 유발하는 과업이지만, 파경노에게는 소저의 슬픔을 해소시켜 줄 수 있는 수단이다.

052

감상의 적절성

〈보기〉를 참고하여 윗글을 감상한 내용으로 적절하지 않은 것은?

`3점`

> **| 보 기 |**
>
> 「최고운전」은 비범한 인물로서의 최치원을 형상화했다. 주인공은 문제 해결의 국면에서 치밀함, 기지, 당당함을 보인다. 또한 초월적 존재의 도움을 받으면서도 이에 전적으로 의존하지 않고 자신이 지닌 신이한 능력을 발휘하여 개인의 문제와 국가의 과제를 직접 해결한다. 이는 당대 독자들이 원했던 새로운 영웅상을 최치원에 투영하여 작품 속에서 구현한 것이다.

① 아이가 헌 옷으로 바꾸어 입고 거울 고치는 장사라 속이는 장면은 최치원이 치밀한 면모를 지닌 인물임을 보여 주는군.
② 파경노에게 선관들이 몰려와 말먹이를 가져다주는 장면은 최치원이 초월적 존재에게 도움을 받는 인물임을 보여 주는군.
③ 파경노가 기른 뒤로 화초가 시들지 않아 봉황이 날아드는 장면은 최치원이 신이한 능력을 지닌 인물임을 보여 주는군.
④ 파경노가 노모를 핑계 삼아 말미를 얻는 장면은 최치원이 원하는 바를 얻기 위해 기지를 발휘하는 인물임을 보여 주는군.
⑤ 파경노가 승상의 제안을 거절하는 장면은 최치원이 보상을 추구하기보다 스스로 국가의 과제를 해결하려는 당당한 인물임을 보여 주는군.

4. 판소리 및 판소리계 소설

[053~056]　　2022년 3월 학평 (서울) 42~45번　정답과 해설편 p.260

다음 글을 읽고 물음에 답하시오.　4문항을 8분 안에 풀어보세요. 

[A]
이때 춘향 어미는 삼문간에서 들여다보고 땅을 치며 우는 말이,

"신관 사또는 사람 죽이러 왔나? 팔십 먹은 늙은 것이 무남독녀 딸 하나를 금이야 옥이야 길러내어 이 한 몸 의탁코자 하였더니, 저 지경을 만든단 말이오? 마오 마오. 너무 마오!"

와르르 달려들어 춘향을 얼싸안고,

"아따, 요년아. 이것이 웬일이냐? 기생이라 하는 것이 수절이 다 무엇이냐? 열 소경의 외막대 같은 네가 이 지경이 되었으니 어디 가서 의탁하리? 할 수 없이 죽었구나."

향단이 들어와서 춘향의 다리를 만지면서,

"여보 아가씨, 이 지경이 웬일이오? 한양 계신 도련님이 내년 삼월 오신댔는데, 그동안을 못 참아서 황천객이 되시겠네. 아가씨, 정신 차려 말 좀 하오. 백옥 같은 저 다리에 유혈이 낭자하니 웬일이며, 실낱같이 가는 목에 큰 칼*이 웬일이오?"

(중략)

칼머리 세워 베고 우연히 잠이 드니, 향기 진동하며 여동 둘이 내려와서 춘향 앞에 꿇어앉으며 여쭈오되,

"소녀들은 **황릉묘 시녀**로서 부인의 명을 받아 낭자를 모시러 왔사오니 사양치 말고 가사이다."

춘향이 공손히 답례하는 말이,

"황릉묘라 하는 곳은 **소상강 만 리 밖** 멀고도 먼 곳인데, 어떻게 가잔 말인가?"

"가시기는 염려 마옵소서."

손에 든 **봉황 부채** 한 번 부치고 두 번 부치니 **구름같이 이는 바람** 춘향의 몸 훌쩍 날려 공중에 오르더니 여동이 앞에 서서 길을 인도하여 석두성을 바삐 지나 한산사 구경하고, 봉황대 올라가니 왼쪽은 동정호요 오른쪽은 팽려호로다. 적벽강 구름 밖에 열두 봉우리 둘렀는데, 칠백 리 동정호의 오초동남 여울목에 오고 가는 상인들은 순풍에 돛을 달아 범피중류 떠나가고, 악양루에서 잠깐 쉬고, 푸른 풀 무성한 군산에 당도하니, 흰 마름꽃 핀 물가에 갈까마귀 오락가락 소리하고, 숲속 원숭이가 자식 찾는 슬픈 소리, 나그네 마음 처량하다. 소상강 당도하니 경치도 기이하다. 대나무는 숲을 이루어 아황 여영 눈물 흔적 뿌려 있고, 거문고 비파 소리 은은히 들리는데, 십층 누각이 구름 속에 솟았도다. 영롱한 전주발과 안개 같은 비단 장막으로 주위를 둘렀는데, 위의도 웅장하고 기세도 거룩하다.

여동이 앞에 서서 춘향을 인도하여 문 밖에 세워 두고 대전에 고하니,

"춘향이 바삐 들라 하라."

춘향이 황송하여 계단 아래 엎드리니 부인이 명령하시되,

"대전 위로 오르라."

춘향이 대전 위에 올라 손을 모아 절을 하고 공손히 자리에서 일어나 좌우를 살펴보니, 제일 층 옥가마 위에 아황 부인 앉아 있고 제이 층 황옥가마에는 여영 부인 앉았는데, 향기 진동하고 옥으로 만든 장식 소리 쟁쟁하여 하늘나라가 분명하다. 춘향을 불러다 자리를 권하여 앉힌 후에,

"춘향아, 들어라. 너는 **전생** 일을 모르리라. 너는 부용성 영주궁의 **운화 부인 시녀**로서 서왕모 요지연에서 장경성에 눈길 주어 복숭아로 희롱하다 인간 세상에 귀양 가서 시련을 겪고 있거니와 머지않아 장경성을 다시 만나 부귀영화를 누릴 것이니 **마음을 변치 말고 열녀를 본받**아 후세에 이름을 남기라."

춘향이 일어서서 두 부인께 절을 한 후에 달나라 구경하려다가 발을 잘못 디뎌 깨달으니 한바탕 꿈이라. 잠을 깨어 탄식하는 말이,

"이 꿈이 웬 꿈인가? 뜻 이룰 큰 꿈인가? 내가 죽을 꿈이로다."

[B]
칼을 비스듬히 안고

"애고 목이야, 애고 다리야. 이것이 웬일인고?"

향단이 원미를 가지고 와서,

"여보, 아가씨. 원미 쑤어 왔으니 정신 차려 잡수시오."

춘향이 하는 말이,

"원미라니 무엇이냐, 죽을 먹어도 이죽을 먹고, 밥을 먹어도 이밥을 먹지, 원미라니 나는 싫다. 미음물이나 하여 다오."

미음을 쑤어다가 앞에 놓고,

[C]
"이것을 먹고 살면 무엇할꼬? 어두침침 옥방 안에 칼머리 비스듬히 안고 앉았으니, 벼룩 빈대 온갖 벌레 무른 등의 피를 빨고, 궂은 비는 부슬부슬, 천둥은 우루루, 번개는 번쩍번쩍, 도깨비는 휙휙, 귀신 우는 소리 더욱 싫다. 덤비는 것이 헛것이라. 이것이 웬일인고? 서산에 해 떨어지면 온갖 귀신 모여든다. 살인하고 잡혀 와서 아흔 되어 죽은 귀신, 나라 곡식 훔쳐 먹다 곤장 맞아 죽은 귀신, 죽은 아낙 능욕하여 고문당해 죽은 귀신, 제각기 울음 울고, 제 서방 해치고 남의 서방 즐기다가 잡혀 와서 죽은 귀신 처량히 슬피 울며 '동무 하나 들어왔네' 하고 달려드니 처량하고 무서워라. 아무래도 못 살겠네. 동방의 귀뚜라미 소리와 푸른 하늘에 울고 가는 기러기는 나의 근심 자아낸다."

한없는 근심과 그리움으로 날을 보낸다.

이때 이 도령은 서울 올라가서 밤낮을 가리지 않고 공부하여 글 짓는 솜씨가 당대에 제일이라. 나라가 태평하고 백성이 평안하니 태평과를 보려 하여 팔도에 널리 알려 선비를 모으니 춘당대 넓은 뜰에 구름 모이듯 모였구나. 이 도령 복색 갖춰 차려 입고 시험장 뜰에 가서 글 제목 나오기 기다린다.

시험장이 요란하여 현제판을 바라보니 '강구문동요*'라 하였겠다. 시험지를 펼쳐놓고 한번에 붓을 휘둘러 맨 먼저 글을 내니, 시험관이 받아보고 글자마다 붉은 점이요 구절마다 붉은 동그라미를 치는구나. 이름을 뜯어 보고 승정원 사령이 호명하니, 이 도령 이름 듣

고 임금 앞에 나아간다.

- 작자 미상, 「춘향전」 -

＊칼 : 죄인에게 씌우던 형틀.
＊강구문동요(康衢聞童謠) : 길거리에서 태평세월을 칭송하는 아이들 노래
　를 들음.

053 인물 이해

[A]와 [B]를 통해 인물을 이해한 내용으로 가장 적절한 것은?

① [A]에서는 '춘향 어미'의 비난을 통해, [B]에서는 '향단'의 옹호를 통해 '신관 사또'에 대한 두 인물의 상반된 인식을 알 수 있다.
② [A]에서는 '춘향 어미'의 만류를 통해, [B]에서는 '향단'의 재촉을 통해 '춘향'의 수절에 대한 두 인물의 상반된 인식을 알 수 있다.
③ [A]에서는 앞날을 걱정하는 '춘향 어미'를 통해, [B]에서는 '춘향'의 현재 상태를 염려하는 '향단'을 통해 '춘향'의 고난에 대한 상이한 반응을 확인할 수 있다.
④ [A]에서는 격앙된 '춘향 어미'를 진정시키는 모습을 통해, [B]에서는 '춘향'에게 음식을 정성스레 건네는 모습을 통해 '향단'의 침착한 태도를 확인할 수 있다.
⑤ [A]에서 '도련님'의 약속을 신뢰하는 '춘향 어미'의 모습과 [B]에서 '춘향'의 앞날을 걱정하는 '향단'의 모습으로 인해 '춘향'의 내적 갈등이 심화되고 있음을 확인할 수 있다.

054 인물의 심리

[C]에 대한 이해로 적절하지 <u>않은</u> 것은?

① 공간의 특징을 열거하여 자신의 비참한 처지를 드러내고 있다.
② 비현실적인 존재를 언급하며 자신이 느끼는 두려움을 드러내고 있다.
③ 청각적 경험을 자극하는 자연물을 통해 자신의 근심을 드러내고 있다.
④ 미래에 대한 부정적 전망과 함께 자신의 신세에 대한 한탄을 드러내고 있다.
⑤ 자신과 같이 억울한 처지에 놓인 사람들에 대한 연민의 감정을 드러내고 있다.

※ <보기>를 참고하여 055번과 056번의 두 물음에 답하시오.

| 보기 |

　서사적 모티프란 전체 이야기를 구성하는 작은 이야기 단위이다. 이 작품에서는 황릉묘의 주인이자 정절의 표상인 아황 부인과 여영 부인이 등장하는 황릉묘 모티프가 사용되었다. 이는 천상계와 인간 세상, 전생과 현생, 꿈과 현실의 대응을 형성하면서 공간적 상상력을 풍요롭게 하는 동시에 주인공의 또 다른 정체성을 드러낸다.

　서사적 모티프는 작품을 읽는 독자에게 서사 이해의 실마리를 제공함으로써 작품의 전개 방향을 예측하게 한다. 황릉묘 모티프에서 '머지않아 장경성을 다시 만나 부귀영화를 누릴 것'이라는 두 부인의 말을 감안하여, 독자는 이어지는 내용에서 　⑦　.

055 서사 구조

<보기>를 참고하여 윗글을 감상한 내용으로 적절하지 <u>않은</u> 것은?

[3점]

① 춘향이 잠이 들어 '황릉묘 시녀'를 만난 것은 황릉묘 모티프를 통해 꿈과 현실의 연결이 일어나게 됨을 보여 주는군.

② '봉황 부채'에 의한 '구름 같이 이는 바람'을 타고 '소상강 만리 밖' 황릉묘까지 춘향이 날려가는 것은 꿈속 공간의 초월적 성격을 드러내는군.

③ 아황 부인과 여영 부인이 '춘향이 바삐 들라'라고 명령하는 것은 자신의 문제를 서둘러 해결하고자 하는 춘향에게 인간 세상에 대비되는 천상계의 질서가 있음을 보여 주는군.

④ '전생'에 춘향이 '운화 부인 시녀'였다는 아황 부인과 여영 부인의 말은 전생과 현생의 대응을 드러내면서 공간적 상상력의 확장을 유도하는군.

⑤ 아황 부인과 여영 부인이 춘향에게 '마음을 변치 말고 열녀를 본받'으라고 당부하는 것은 춘향이 정절을 지켜나갈 인물임을 암시하는군.

056 감상의 적절성

<보기>의 ⑦에 들어갈 내용으로 가장 적절한 것은?

① '내가 죽을 꿈이로다'라는 춘향의 말보다는 이 도령이 과거에 급제한 상황에 주목하며 두 인물의 재회를 예상할 것이다.

② 꿈에 대해 자문하며 탄식하는 춘향의 모습을 보고 춘향이 현실에서의 정체성에 의문을 갖게 되리라고 예상할 것이다.

③ 두 부인과의 만남이 꿈임을 깨닫는 춘향의 모습을 보고 꿈과 현실의 대비가 주는 허무함을 절감하게 될 것이다.

④ 춘향이 자신의 실수로 꿈에서 깨어나는 장면을 춘향의 고난이 지속될 것이라는 암시로 받아들일 것이다.

⑤ 꿈에서 '달나라 구경'을 이루지 못하고 깨어난 춘향이 꿈에 대한 미련을 보이리라고 예상할 것이다.

다음 글을 읽고 물음에 답하시오.　2문항을 4분 안에 풀어보세요.

　　만금 같은 너를 만나 백년해로하잤더니, 금일 이별 어이하리! 너를 두고 어이 가잔 말이냐? 나는 아마도 못 살겠다! 내 마음에는 어르신네 공조참의 승진 말고, 이 고을 풍헌(風憲)만 하신다면 이런 이별 없을 것을, 생눈 나올 일을 당하니, 이를 어이한단 말인고? 귀신이 장난치고 조물주가 시기하니, 누구를 탓하겠냐마는 속절없이 춘향을 어찌할 수 없네! 네 말이 다 못 될 말이니, 아무튼 잘 있거라!

　　춘향이 대답하되, 우리 당초에 광한루에서 만날 적에 내가 먼저 도련님더러 살자 하였소? 도련님이 먼저 나에게 하신 말씀은 다 잊어 계시오? 이런 일이 있겠기로 처음부터 마다하지 아니하였소? 우리가 그때 맺은 금석 같은 약속 오늘날 다 허사로세! 이리해서 분명 못 데려가겠소? 진정 못 데려가겠소? 떠보려고 이리하시오? 끝내 아니 데려가시려 하오? 정 아니 데려가실 터이면 날 죽이고 가오!

　　그렇지 않으면 광한루에서 날 호리려고 ㉠ 명문(明文) 써 준 것이 있으니, ㉡ 소지(所志) 지어 가지고 본관 원님께 이 사연을 하소연하겠소. 원님이 만일 당신의 귀공자 편을 들어 패소시키시면, 그 소지를 덧붙이고 다시 글을 지어 전주 감영에 올라가서 순사또께 소장(訴狀)을 올리겠소. 도련님은 양반이기에 ㉢ 편지 한 장만 부치면 순사또도 같은 양반이라 또 나를 패소시키거든, 그 글을 덧붙여 한양 안에 들어가서, 형조와 한성부와 비변사까지 올리면 도련님은 사대부라 여기저기 청탁하여 또다시 송사에서 지게 하겠지요. 그러면 그 ㉣ 판결문을 모두 덧보태어 똘똘 말아 품에 품고 팔만장안 억만가호마다 걸식하며 다니다가, 돈 한 푼씩 빌어 얻어서 동이전에 들어가 바리뚜껑 하나 사고, 지전으로 들어가 장지 한 장 사서 거기에다 언문으로 ㉤ 상언(上言)을 쓸 때, 마음속에 먹은 뜻을 자세히 적어 이월이나 팔월이나, 동교(東郊)로나 서교(西郊)로나 임금님이 능에 거둥하실 때, 문밖으로 내달아 백성의 무리 속에 섞여 있다가, 용대기(龍大旗)가 지나가고, 협련군(挾輦軍)의 자개창이 들어서며, 붉은 양산이 따라오며, 임금님이 가마나 말 위에 당당히 지나가실 제, 왈칵 뛰어 내달아서 바리뚜껑 손에 들고, 높이 들어 땡땡하고 세 번만 쳐서 억울함을 하소연하는 격쟁(擊錚)을 하오리다! 애고애고 설운지고!

　　그것도 안 되거든, 애쓰느라 마르고 초조해하다 죽은 후에 넋이라도 삼수갑산 험한 곳을 날아다니는 제비가 되어 도련님 계신 처마에 집을 지어, 밤이 되면 집으로 들어가는 체하고 도련님 품으로 들어가 볼까! 이별 말이 웬 말이오?

　　이별이란 두 글자 만든 사람은 나와 백 년 원수로다! 진시황이 분서(焚書)할 때 이별 두 글자를 잊었던가? 그때 불살랐다면 이별이 있을쏘냐? 박랑사(博浪沙)*에서 쓰고 남은 철퇴를 천하장사 항우에게 주어 힘껏 둘러메어 이별 두 글자를 깨치고 싶네! 옥황전에 솟아올라 억울함을 호소하여, 벼락을 담당하는 상좌가 되어 내려와 이별 두 글자를 깨치고 싶네!

- 작자 미상, 「춘향전」-

＊박랑사 : 중국 지명. 장량이 진시황을 암살하려 했던 곳.

057　고3 ｜ 2018학년도 9월 모평 33번
말하기 방식

윗글에 대한 이해로 적절하지 <u>않은</u> 것은?

① '도련님'은 이별의 상황이 자신의 입장에서는 불가피한 것임을 드러내고 있다.

② '춘향'은 '도련님'을 처음 만날 때부터 이별의 상황을 우려하였음을 말하고 있다.

③ '춘향'은 '도련님' 곁에 머물고 싶은 마음을 자연물에 의탁하여 드러내고 있다.

④ '춘향'은 고사를 활용하여 자신의 상황이 역사적 사건과 관련되어 있음을 말하고 있다.

⑤ '춘향'은 천상의 존재에게 억울함을 전하는 상황을 설정하여 자신의 감정을 드러내고 있다.

058　고3 ｜ 2018학년도 9월 모평 34번
소재의 기능

㉠~㉤에 대한 설명으로 가장 적절한 것은?

① ㉠ : '도련님'의 마음을 확인하고자 '춘향'이 쓴 글이다.

② ㉡ : '도련님'이 자신의 무고함을 밝히는 내용이 담길 것이다.

③ ㉢ : '춘향'과의 친밀감을 강화하려는 '도련님'의 마음을 전하는 내용이 담길 것이다.

④ ㉣ : '도련님'에게는 약속 파기의 책임을 물을 수 없음을 밝히는 내용이 담길 것이다.

⑤ ㉤ : '춘향'이 '순사또'의 힘을 빌려 '임금'에게 자신의 입장을 전하는 내용이 담길 것이다.

DAY
25
V
고전소설

다음 글을 읽고 물음에 답하시오.

4문항을 8분 안에 풀어보세요.

8분

　"여보 마누라, 슬퍼 마오. 가난 구제는 나라에서도 못한다 하니 형님인들 어찌하시겠소? 우리 부부가 품이나 팔아 살아갑시다."

　흥부 아내 이 말에 순종하여 서로 나가서 품을 팔기로 하였다. 흥부 아내는 방아 찧기, 술집의 술 거르기, 초상난 집 제복 짓기, 대사 치르는 집 그릇 닦기, 굿하는 집의 떡 만들기, 얼음이 풀릴 때면 나물 캐기, 봄보리 갈아 보리 놓기. 흥부는 이월 동풍에 가래질하기, 삼사월에 부침질하기, 일등 전답의 무논 갈기, 이 집 저 집 돌아가며 이엉 엮기 등 이렇게 내외가 **온갖 품을 다 팔았다**. 그러나 역시 **살기는 막연**하였다.

(중략)

　큰 구렁이가 제비 새끼를 모조리 잡아먹고 남은 한 마리가 허공으로 뚝 떨어져 피를 흘리며 발발 떠는 것이었다. 흥부 아내가 명주실을 급히 찾아내어 주니 흥부는 얼른 받아 제비 새끼의 상한 다리를 곱게 감아 매어 찬 이슬에 얹어 두었다. 그랬더니 하루 지나고 이틀 지나고 이리하여 십여 일이 지나자 상한 다리가 제대로 소생되어 날아다니게 되니, 줄에 앉아 재잘거리며 울고 둥덩실 떠서 날아갈 때 소상강 기러기는 왔노라 하고 강남 가는 제비는 가노라 하직하는 것이었다.

　이리하여 제비가 강남 수천 리를 훨훨 날아가서 **제비 왕**을 뵈러 가니 제비 왕이 물었다.

　"경은 어찌하여 다리를 절며 들어오느냐?"

　"신의 부모가 조선국에 나가 흥부의 집에 깃들었는데 뜻밖에 큰 구렁이의 화를 입어 다리가 부러져 죽을 것을 흥부의 구조를 받아 살아서 돌아왔습니다. 흥부의 가난을 면케 해주신다면 소신은 그 은공을 만분의 일이라도 갚을까 합니다."

　"흥부는 과연 어진 사람이다. 공 있는 자에게 보은함은 군자의 도리이니, 그 은혜를 어찌 아니 갚으랴? 내가 **박씨** 하나를 줄 테니 경은 가지고 나가 은혜를 갚도록 하라."

　제비가 왕께 감사드리고 물러 나와서 그럭저럭 그 해를 넘기고 이듬해 춘삼월을 맞으니 모든 제비가 타국으로 건너갈 때였다. 그 제비 허공 중천에 높이 떠서 박씨를 입에 물고 너울너울 자주자주 바삐 날아 흥부네 집 동네를 찾아들어 너울너울 넘노는 거동은 마치 북해 흑룡이 여의주를 물고 오색구름 사이로 넘는 듯, 단산의 어린 봉이 대씨를 물고 오동나무에서 노니는 듯, 황금 같은 꾀꼬리가 봄빛을 띠고 수양버들 사이를 오가는 듯하였다. 이리 기웃 저리 기웃 넘노는 거동을 흥부 아내가 먼저 보고 반긴다.

　"여보, 아이 아버지, 작년에 왔던 제비가 입에 무엇을 물고 와서 저토록 넘놀고 있으니 어서 나와 구경하오."

　흥부가 나와 보고 이상히 여기고 있으려니 그 제비가 머리 위를 날아들며 입에 물었던 것을 앞에다 떨어뜨린다. 집어 보니 한가운데 '보은(報恩)박'이란 글 석 자가 쓰인 박씨였다.

　그것을 울타리 밑에 터를 닦고 심었더니 이삼일에 싹이 나고, **사오일**에 순이 뻗어 마디마디 잎이 나고, 줄기마다 꽃이 피어 박 네 통

이 열린 것이다. 추석날 아침이었다. 배가 고파 죽겠으니 영근 박 한 통을 따서 박속이나 지져 먹자고 박을 따서 먹줄을 반듯하게 긋고서 흥부 내외는 톱을 마주 잡고 켰다. 이렇게 밀거니 당기거니 켜서 툭 타 놓으니 오색 채운이 서리며 청의동자 한 쌍이 나오는 것이었다.

　왼손에 약병을 들고 오른손에 쟁반을 눈 위로 높이 받쳐 들고 나온 그 동자들은,

　"이것을 값으로 따지면 억만 냥이 넘으니 팔아서 쓰십시오."

　라고 말하며 홀연히 사라져 버렸다.

　박 한 통을 또 따놓고 슬근슬근 톱질이다. 쓱삭 쿡칵 툭 타 놓으니 속에서 온갖 **세간붙이**가 나왔다.

　또 한 통을 따서 먹줄 쳐서 톱을 걸고 툭 타 놓으니 **순금 궤**가 하나 나왔다. 금거북 자물쇠를 채웠는데 열어 보니 황금, 백금, 밀화, 호박, 산호, 진주, 주사, 사향 등이 가득 차 있었다. 그런데 쏟으면 또 가득 차고 또 가득 차고 해서 밤낮 쏟고 나니 큰 부자가 된 것이다.

　다시 한 통을 툭 타 놓으니 일등 목수들과 **각종 곡식**이 나왔다. 그 목수들은 우선 명당을 가려 터를 잡고 집을 지었다. 그다음 또 사내종, 계집종, 아이종이 나오며 온갖 것을 여기저기 다 쌓고 법석이니 흥부 내외는 좋아하고 춤을 추며 돌아다녔다.

　이리하여 흥부는 좋은 집에서 즐거움으로 세월을 보내게 되었다.

　이런 소문이 놀부 귀에 들어가니,

　"이놈이 도둑질을 했나? 내가 가서 욱대기면* 반재산을 뺏어 낼 것이다."

　벼락같이 건너가 닥치는 대로 살림살이를 쳐부수는 것이었다.

　한참 이렇게 소란을 피우고 있을 때 마침 출타 중이던 흥부가 들어왔다.

　"네 이놈, 도둑질을 얼마나 했느냐?"

　"형님 그 말씀이 웬 말씀이오?"

　흥부가 앞뒷일을 자세히 말하자, 그럼 네 집 구경을 자세히 하자고 놀부가 나섰다.

　흥부는 형을 데리고 돌아다니며 집 구경을 시키는데 놀부가 재물이 나오는 **화초장***을 달라고 했다. 그러고는 흥부가 화초장을 하인을 시켜 보내주겠다는 것도 마다하고 **스스로 짊어지고** 가서 집에 이르니 놀부 아내는 눈이 휘둥그레진다. 그리고 그 출처와 흥부가 부자가 된 연유를 알게 되자,

　"우리도 다리 부러진 제비 하나 만났으면 그 아니 좋겠소?"

　라며, 그해 동지섣달부터 제비를 기다렸다.

- 작자 미상, 「흥부전」 -

*욱대기면 : 난폭하게 윽박질러 협박하면.

*화초장 : 문짝에 유리를 붙이고 화초 무늬를 채색한 옷장.

059 서술상 특징

윗글에 대한 설명으로 가장 적절한 것은?

① 인물의 반복적 행위와 결과를 나열하여 극적 효과를 높이고 있다.
② 서술자를 작중 인물로 설정하여 사건의 현장감을 조성하고 있다.
③ 전기(傳奇)적인 요소를 활용하여 주인공의 영웅성을 부각하고 있다.
④ 권위 있는 새로운 인물이 등장하여 인물 간의 갈등을 해소하고 있다.
⑤ 꿈과 현실을 교차적으로 서술하여 사건을 입체적으로 구성하고 있다.

060 내용 이해

윗글에 대한 이해로 적절하지 <u>않은</u> 것은?

① 흥부 부부는 먹고살기 위해 온갖 노력을 다하였다.
② 박에서 나온 목수들은 흥부 부부를 위해 좋은 터에 집을 지어 주었다.
③ 흥부는 자신이 치료해 준 제비가 박씨를 물고 온 사실을 알아채고 그를 매우 반겼다.
④ 제비는 다리를 다친 사연을 제비 왕에게 말하며 흥부에게 받은 은혜를 갚기를 원하였다.
⑤ 놀부는 흥부의 집을 방문하기 전까지 흥부가 어떻게 부자가 되었는지를 정확히 알지 못했다.

061 감상의 적절성

<보기>를 참고하여 윗글을 감상한 내용으로 적절하지 <u>않은</u> 것은?

`3점`

| 보 기 |

조선 후기에는 잦은 자연재해와 관리들의 횡포 때문에 백성들은 아무리 노력해도 가난에서 벗어날 수 없었다. 이러한 시대적 배경에서 창작된 「흥부전」은 최소한의 의식주라도 해결하고 싶었던 당시 백성들의 소망이 반영된 작품으로 볼 수 있다. 특히 당시의 백성들은 성품이 착한 흥부 내외가 초월적인 존재의 도움으로 가난을 벗어나는 장면을 통해 대리만족을 얻기도 하였다. 하지만 착한 흥부에게 주어지는 보상이 환상성(幻想性)을 띠고 있다는 점은 가난이 실제 현실에서는 극복되기 어렵다는 것을 우회적으로 보여 주고 있다.

① 흥부 내외가 '온갖 품을 다 팔았'지만 여전히 '살기는 막연'했던 것은 창작 당시의 시대적 배경과 관련이 있겠군.
② 흥부 집을 찾아간 놀부가 '화초장'을 '스스로 짊어지고' 간 것은 가난을 극복하기 위한 백성들의 노력으로 볼 수 있겠군.
③ '제비 왕'이 제비에게 준 '박씨'를 통해 흥부가 가난을 벗어날 수 있었다는 점에서 초월적 존재의 도움을 확인할 수 있겠군.
④ 흥부가 타는 박 속에서 '세간붙이'와 '각종 곡식'이 나온 것은 의식주 문제를 해결하고 싶었던 백성들의 소망과 관련이 있겠군.
⑤ '사오일' 만에 열린 박에서 '순금 궤'가 나와 부자가 된다는 점에서 흥부에게 주어진 보상이 환상성을 띠고 있음을 알 수 있겠군.

062 관용적 표현

윗글의 놀부를 평가하는 말로 가장 적절한 것은?

① 불난 집에 부채질하는 인물이군.
② 소 잃고 외양간 고치는 인물이군.
③ 사촌이 땅을 사면 배 아파하는 인물이군.
④ 간에 붙었다 쓸개에 붙었다 하는 인물이군.
⑤ 오르지 못할 나무는 쳐다도 보지 않는 인물이군.

다음 글을 읽고 물음에 답하시오.   3문항을 6분 안에 풀어보세요.  6분

[아니리]

우리 세상 같고 보면 일품 제상님네가 먼저 차례로 들어오실 터인데, 수국(水國)이라 물고기 등물이 각각 벼슬 이름을 맡아 가지고 들어오는데, 용국의 벼슬 이름이 사기(史記)에 있던 바라, 꼭 이렇게 들어오것다.

[자진모리]

[A]
승상은 거북, 승지는 도미, 판서 민어, 주서 오징어, 한림 박대, 대사성 도루묵, 방첨사 조개, 해운공 방게, 병사 청어, 군수 해구, 현감 홍어, 조부장 조기, 비변랑 낭청 장대, 성대, 청달이, 가오리, 좌우 나졸, 금군 모조리, 상어, 솔치, 눈치, 준치, 삼치, 멸치, 미끈 장어, 사수, 자가사리며, 꺽지, 금리어, 장뚱어, 망둥이, 빠각 빠각 들어와서 대왕전에 절을 꾸벅 꾸벅 꾸벅 꾸벅 하는구나.

[아니리]

용왕이 요만하고 보시더니, "경들 중에 세상을 나가서 ㉠ 천년 토끼 간을 얻어 짐의 병을 구원할 자 뉘 있나뇨?"

좌우 신하들이 서로 보기만 하고 묵묵부답이 되었것다. 용왕이 또다시 탄식하시는데,

[중모리]

왕이 똘똘 탄식헌다.

"남의 나라는 충신이 있어서, 할고사군 개자추와 광초망신 기신*이는 죽을 임금을 살렸건마는, 우리나라는 충신이 있어도 어느 누가 날 살리리오?"

정언 잉어가 여짜오되,

"세상이라 허는 곳은 인심이 박하여 지혜 용맹 없는 자는 성공하지를 못하리다."

"좌승상 거북이 어떠하뇨."

"승상 거북은 지략이 넓사오나 복판이 모두 다 대모*인 고로, 세상을 나가오면 인간들이 잡어다가 복판 떼어 대모장도, 밀이 개살짝, 탕건 묘또기, 쥘쌈지 끈까지 대모가 아니면은 할 줄을 모르니 보내지는 못하리다."

[아니리]

이때 해운공 방게가 열 발을 쩍 벌리고 살살 기어 들어와서 공손히 엎드리더니, 장담하여 말을 하는데,

[중중모리]

"신의 고향 세상이오. 신의 고향 세상이라. 청림벽계(靑林碧溪) 산천수 가만히 몸 담그고 천봉만학(千峯萬壑)을 바라보니, 산토끼 달토끼 안면이 있사오니, 소신의 엄지발로 토끼놈의 가는 허리를 바드드드득 안어다가 대왕전 바치리다."

[아니리]

"네 말은 그러하나, 너 생긴 눈이 허망하게 푹 솟았기로 왔다갔다를 잘하니, 가다가 뒷걸음질을 잘할 테니, 저리 물렀거라."

[중모리]

"방첨사 조개가 어떠하뇨?"

정언이 여짜오되,

"방첨사 조개는 철갑이 굿굿 방신제도*가 좋사오나, 옛글에 이르기를, 휼조와 싸우다가 어부의 공이 된다 하였으니, 세상에를 나가오면, 휼조라는 새가 있어, 수루루 펄펄 펄펄 날아 들어, 휼조는 조개를 물고, 조개는 휼조를 물고, 서로 놓지를 못하다가 어부에게 잡히어 속절없이 죽을 터이니, 보내지를 못하리다."

[아니리]

"그리하면 어찌하면 옳단 말이냐?"

[자진모리]

"그럼 수문장 메기가 어떠한고?"

정언이 여짜오되,

"메기는 수염 길고 입 크고 풍채 좋거니와, 아가리가 너무 커서 식량이 너룬 고로, 세상을 나가오면 요깃감을 얻으려고 조그마한 산천수 이리저리 기댈 제, 사립 쓴 어옹들이 비바람이 불어도 돌아가지 않는지라, 입감 꿰어서 물에 풍, 탐식으로 덜컥 삼켜 꼼짝없이 죽게 되면 탁 채어 낚어다가 인간의 이질, 복질, 설사, 배앓이 하는 데 약으로 먹사오니 보내지는 못하리다."

[아니리]

한참 이리 결정을 못하고 있을 적에, 저 영덕전 뒤에서 한 신하가 들어오는데,

[진양조]

영덕전 뒤로 한 신하가 들어온다. 눈 작고 다리 짧고, 목 길고 주둥이는 까마귀 부리 같구나. 등에다 방패를 지고 앙금앙금 기어 들어오더니, 몸을 굽혀 재배하고 상소를 올리거늘,

[아니리]

왕이 상소를 받아 보시니, 별주부 자라였다.

(중략)

[아니리]

용왕이 상소 받아 보시고 칭찬 왈,

"신하라! 별주부가 신하다, 충신이라! 별주부가 충신이로다. 참으로 충신일다. 그러나 우리 수국 충신이 다 세상 사람의 고기밥이 된다 하니, 그 아니 원통한고?"

별주부 여짜오되,

"소신은 네 발이 갖춰 있어 강상(江上)에 높이 떠 망보기를 잘하와 인간에게 잡힐 걱정은 없사오나, 바닷속에 태어나 토끼 얼굴을 모르오니, 화상(畵像)을 하나 그려주사이다."

"글랑은 그리 하여라."

[중중모리]

"화공을 불러라."

화공을 불러 들여 토끼 화상을 그린다. 동정호 유리로 만든 벼루에 비단같은 물결 담은 거북 연적 오징어로 먹 갈아, 붓을 풀어 단청 채색을 두루 묻히어서 이리저리 그린다.

[B]
천하명산승지간의 경개 보던 눈 그리고, 두견앵무 지지 울 제 소리 듣던 귀 그리고, 난초지초 온갖 향초 꽃 따먹던 입 그리고, 봉래 방장 운무* 중의 냄새 잘 맡던 코 그리고, 대한엄동 설한풍 어한(禦寒)*하던 털 그리고, 만화방창 꽃밭에서 펄펄 뛰던 발 그리고, 두 귀는 쭝긋, 눈은 도리도리, 허리는 늘씬, 꼬리가 뭉퉁,

> 좌편 청산이요, 우편은 녹순데, 녹수청산의 애굽은 장송, 휘느러
> 진 버드나무, 들랑달랑 오락가락 엉거주춤 기는 토끼 산토끼 달
> 토끼 얼픗 그려, 아미산 위에 뜬 반달이 가을이 되었다는 말이
> 이에서 더할쏘냐.
>
> "아나, 엿다, 별주부야. 어서 가지고 나가거라."
>
> - 유성준 창본, 「수궁가」

* 할고사군 개자추와 광초망신 기신 : 임금을 위해 희생한 고사 속 충신들.

* 대모 : 바다거북의 등껍질. 장식품이나 공예품을 만드는 데 쓰임.

* 방신제도 : 제 몸을 지키는 방법.

* 봉래 방장 운무 : 신선이 사는 산의 안개.

* 어한 : 추위를 막아주는.

---

063 내용 이해

윗글에 대한 이해로 적절한 것은?

① 용왕은 자신에게 신임을 얻기 위해 다투는 신하들을 못마땅하게 생각
한다.

② 잉어는 지혜와 용맹이 있는 인물이 토끼의 간을 얻어 올 수 있을 것이라
고 생각한다.

③ 잉어는 승상인 거북이 다양한 재주가 있으나 지략이 없는 것을 한탄한
다.

④ 방게는 수국에서 벼슬을 얻지 못하자 자신의 고향인 육지로 돌아가고
싶어 한다.

⑤ 화공은 토끼의 모습을 모르는 자라를 돕기 위해 육지로 동행한다.

064 장면 이해

[A]와 [B]에 대한 이해로 가장 적절한 것은?

① [A]는 용궁의 모습을, [B]는 육지의 모습을 묘사하여 공간적 배경을 대
비하고 있다.

② [A]는 수국의 신하를, [B]는 토끼의 신체 부위를 열거하여 장면을 구체
화하고 있다.

③ [A]는 신하들의 생활 모습을, [B]는 토끼의 생활 모습을 제시하여 인물
의 성격을 보여 주고 있다.

④ [A]는 용왕이 처한 문제를, [B]는 이에 대한 해결책을 제시하여 사건의
전개 방향을 예고하고 있다.

⑤ [A]는 용궁을 긍정적으로, [B]는 토끼를 부정적으로 평가하여 인물에
대한 작가의 태도를 드러내고 있다.

065 내용 이해

**㉠을 선정하는 과정을 다음과 같이 정리할 때, 이에 대한 설명으로
적절하지 않은 것은?** `3점`

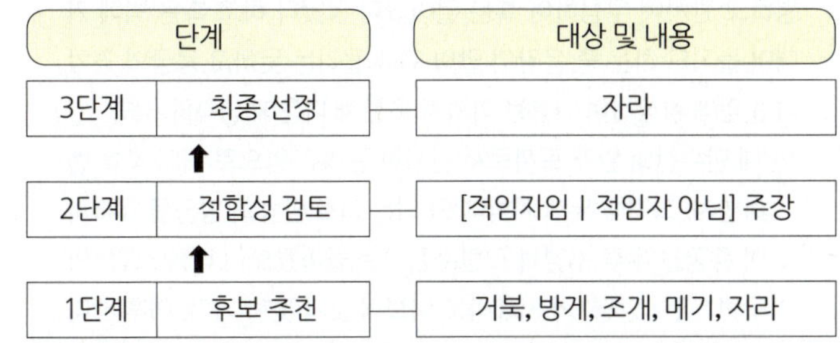

① '1단계'에서 방게와 자라는 스스로 후보로 나선다.

② '2단계'에서 용왕은 방게의 눈이 솟아 있어 다른 동물들 눈에 띄기 쉬우
므로 적임자가 아니라고 주장한다.

③ '2단계'에서 잉어는 조개가 휼조와 서로 물고 싸우다가 인간에게 잡힐
것이므로 적임자가 아니라고 주장한다.

④ '2단계'에서 잉어는 메기가 탐식 때문에 돌아다니다가 인간들에게 잡힐
것이므로 적임자가 아니라고 주장한다.

⑤ '3단계'에서 자라가 선정된 것은, 망보기를 잘하여 인간에게 잡힐 염려
가 없다는 자라의 주장이 받아들여졌기 때문이다.

다음 글을 읽고 물음에 답하시오.

4문항을 8분 안에 풀어보세요.

각설 토끼는 만수산에 들어가 바위 구멍에 숨어 사니 신세가 태평하고 만사에 무심하여 혹은 일어났다 앉았다 하고 혹은 벽에 기대어 눕기도 하는 중 용왕의 말이 귀에 들리는 듯하고 용궁의 경치가 눈앞에 삼삼하여 기쁨을 이기지 못한 채 마음에 생각하기를,

'내 만수산의 일개 토끼로서 간사한 놈의 꾀임으로 거의 죽을 뻔하였지. 그러나 두세 치밖에 안 되는 혀로 만승의 임금을 유혹하여 용궁을 두루 구경하고 만수산으로 돌아왔으니 비록 소장*의 구변*이나 양평*의 지혜라도 이보다 낫지 못할 거야. 이후에 다시는 동해 가를 밟지도 말고 맹세코 용궁 사람들과 말도 말고 돌 베개에 팔이나 괴고 살아갈 뿐야.'

이때 홀연히 한 떼의 검은 구름이 남쪽으로부터 오더니 조금 있다가 광풍이 일어나 소나기가 쏟아진다. 또 우레 소리가 울리고 번갯불이 번쩍번쩍하더니 조용하고 컴컴해져 지척을 분간할 수 없었다. 토끼가 크게 놀라,

'이는 필시 용왕의 조화야.'

하고, 막 피하여 숨으려 할 제 뇌공이 바위 구멍으로 쳐들어오더니 토끼를 잡아가는데 날아가듯 빨라 잠깐 사이에 남천문 밖에 이르렀다. 토끼가 혼이 나가고 기운을 잃어 땅에 엎어졌다가 다시 깨어나 머리를 들고 보니 천상의 백옥경이었다. 토끼가 영문을 몰라 섬돌 아래에 기고 있는데 문지기가 달려들어와,

"동해용왕 광연이 명을 받아 문 밖에 왔습니다."

한다. 토끼가 이 말을 듣고 크게 놀라 마음속으로 생각하기를,

'이는 반드시 용왕이 상제에게 고하여 나를 죽이려 하는구나. 지난 번에는 궤변으로 죽을 고비를 넘겼으나 이번에는 죽음을 면할 수 없을 거야.'

하고, 머리를 구부리고 턱을 고인 채 말없이 정신 나간 듯 있었더니 조금 이따가 전상에서 한 선관이 부른다.

"상제의 명이니 용왕과 토끼를 판결하라."

말이 끝나기도 전에 용왕은 전하에 꿇어 앉고 토끼를 바라보면서 몹시 한스러워 했다. 한 선관이 지필묵을 두 사람 앞에 놓더니,

"상제의 명이니 각자 느낀 바를 진술하고 **처분을 기다리**라."

한다. 용왕이 붓을 잡고 진술을 하는데 그 대강은 이러했다.

[A]
"엎드려 생각건대 소신은 모든 관리들의 장으로서 직책이 사해의 우두머리가 되어 구름과 안개를 일으키는 변화를 부리고 하늘에 오르내려 비를 내립니다. 삼가 나라의 신을 받들어 아래로 수많은 백성을 훈육하고 감히 어리석은 정성을 다하여 위로 임금님의 은혜에 보답하여 왔습니다. 하온데 한 병이 깊이 들어 몸의 위태로움이 바늘 방석에 앉은 듯하고 백 가지 약이 효험이 없으니 목숨이 조석에 달려 있습니다. 그러나 삼신산이 아득히 머니 선약을 어디서 구하며 편작이 이미 죽고 양의가 다시 나오지 않았습니다만 도사의 한마디 말을 듣고 만수산에서 토끼를 얻었으나 마침내 그 간교한 꾀에 빠져 후회한들 무슨 소용이 있겠습니까마는 세상에 놓쳐버렸으니 다만 속수무책일 뿐입니다. 오늘 이렇게 다시 와 뵈오니 굶은 자가 밥을 얻은 듯하고 온갖 병이 다 나아 고목에 꽃이 핀 듯

합니다. 엎드려 원하옵건대 전하께서는 제왕께서 작은 것을 가지고 큰 것을 바꾼 인자함을 본받아 소신의 병으로 죽게 된 목숨을 구해주소서. 엎드려 임금님께 비오니 가엾고 불쌍히 여겨 주소서."

토끼가 또한 진술하기를,

[B]
"엎드려 생각건대 소신은 만수산에서 낳고 만수산에서 자라 오로지 성명*을 산중에서 다하였을 뿐 세상에 출세함을 구하지 않았습니다. 수양산에서 고사리 캐 먹다 죽은 백이의 높은 절개를 본받고 동고에서 시를 읊은 도잠의 기풍을 따랐습니다. 아침에 구름 낀 산에 올라 고라니 사슴들과 짝하여 놀고 밤에는 월궁에서 상아*와 함께 약방아를 찧었습니다. 그러는 동안에 세상 사람들에게 해를 끼치지 않았는데 어찌하다 용왕에게 원망을 사서 결박하여 섬돌 아래 놓이니 절인 생선이 줄에 꾀인 듯하고 전상에서 호령하니 뜨거운 불바람이 부는 듯합니다. 사는 것을 좋아하고 죽는 것을 싫어하는 마음에 어찌 대소가 있겠습니까? 목숨을 살려 몸을 보전함에 귀천이 있을 수 없고 더불어 죄 없이 죽게 됨은 속여서라도 살아남과 같지 않으니 오늘 뜻밖에 용왕의 비위를 거슬렸으니 어찌 감히 삶을 구하겠으며 다시 위태로운 땅을 밟아 스스로 화를 받을 것을 알겠습니다. 말을 이에 마치고자 하오니 엎드려 비옵건대 살펴주소서."

옥황이 다 읽고 나서 여러 신선들과 의논하니 일광노가 나와 말한다.

"두 사람이 진술한 바로 그 옳고 그름이 불을 보듯 환하게 되었습니다. 폐하께서 병든 자를 위하여 죄 없는 자를 죽인다면 그 원망을 어찌하겠습니까? **강자를 누르고 약자를 도와 공정한 처결을 하소서.**"

옥황이 그 말이 옳다 하고 다음과 같이 판결하였다.

"대체로 천지는 만물이 머물다 가는 여관과 같고 세월은 백 대에 걸쳐 지나는 손님과 같다. **낮으면 늙고 늙으면 죽는 것은 인간의 일상적 일**이오 사물의 항상 되는 일인즉 진실로 이에 초연하여 혼자 존재함을 듣지 못 했고 날개가 돋아 신선이 된다함을 듣지 못 했노라. 또 혹 병이 들어 일찍 죽는 자나 혹 상처를 입어 죽는 자는 모두 다 명이니 어찌 원혼이겠는가? 동해용왕 광연은 병이 들었으나 도리어 살고 만수산 토끼는 죄가 없으나 죽는다면 이는 마땅히 살 자가 죽는 것이다. 광연이 비록 살아날 약이 있다 하나 **토끼인들 어찌 죽음을 싫어하는 마음이 없겠는가?** 광연은 용궁으로 보내고 토끼는 세상으로 놓아주어 그 천명을 즐기게 함이 하늘의 뜻에 순응함이라."

이에 다시 뇌공을 시켜 토끼를 만수산에 압송하니 토끼가 백배 사례하며 가버렸다.

[C]
이날 용왕이 적혼공에게,

"옥황이 죄 없이 죽는다 하여 토끼를 보내주는 모양이니 너는 문 밖에 그가 나오는 것을 기다리고 있다가 바로 죽여라. 그렇지 않으면 죽음을 면할 수 없으리니 입조심을 하여 비밀이 새어나지 않도록 해라."

하니 적혼공이,

"대왕의 입에서 나와 소신의 귀에 들어온 말을 어찌 아는 이

　　가 있겠습니까?”
　　　말을 마치자 우레 소리가 나고 광풍이 갑자기 일어 뇌공이 토
　　끼를 압령하여 북쪽을 향하여 가니 날아가는 화살 같고 추상 같
　　았다. 적혼공이 감히 손도 못 대고 손을 놓고 물러가니 용왕이
　　크게 탄식하며,
　　　“하늘이 망해놓은 화이니 다시 바랄 게 없구나.”
　　하고 적혼공과 더불어 손을 잡고 통곡하며 돌아갔다.

- 작자 미상, 「토공전」 -

＊소장 : 중국 전국 시대의 소진과 장의를 아울러 이르는 말.

＊구변 : 말을 잘하는 재주나 솜씨.

＊양평 : 중국 한나라 시대의 장양과 진평을 아울러 이르는 말.

＊성명 : '목숨'이나 '생명'을 달리 이르는 말.

＊상아 : 달 속에 있다는 전설 속의 선녀. 항아.

---

066 인물의 심리

윗글을 이해한 내용으로 적절하지 <u>않은</u> 것은?

① 만수산에서 토끼는 갑작스러운 날씨 변화가 옥황 때문이라고 생각하여 두려워했다.
② 토끼는 백옥경에서 용왕을 만나기 전까지는 자신이 잡혀 온 이유를 알지 못했다.
③ 만수산에서 토끼는 자신의 뛰어난 말솜씨에 대해 자부심을 느꼈다.
④ 토끼는 용궁에서 만수산으로 돌아온 것에 대해 만족감을 느꼈다.
⑤ 만수산에서 지내던 토끼는 용궁에서의 기억을 떠올렸다.

067 말하기 방식

[A]와 [B]를 비교한 내용으로 적절하지 <u>않은</u> 것은?

① [A]와 [B]는 모두 자신의 내력을 요약하며 진술을 시작하고 있다.
② [A]와 [B]는 모두 비유적 표현을 사용하여 자신이 고난에 처했음을 부각하고 있다.
③ [A]는 제안의 문제점을 스스로 인정하고 있고, [B]는 제안에 대한 확신을 드러내고 있다.
④ [A]에는 자신에게 유리한 결과를 기대하는 모습이, [B]에는 자신에게 불리한 결과를 예상하는 모습이 나타나 있다.
⑤ [A]와 [B]는 모두 자신의 요구를 제시하며 진술을 마무리하고 있다.

068 감상의 적절성

<보기>를 바탕으로 윗글을 감상한 내용으로 적절하지 <u>않은</u> 것은?　〔3점〕

> **｜ 보 기 ｜**
>
> 　윗글은 『토끼전』을 고쳐 쓴 한문 소설로 재판을 통해 갈등을 해결하는 송사 설화의 모티프가 나타난다. 용왕과 토끼는 옥황상제가 주관하는 재판 상황에 놓이게 되고, 이 상황에서는 지위의 우열보다는 진술의 우위가 판결에 영향을 미친다. 이 판결의 내용은 지위의 높고 낮음보다 생명의 가치를 존중하는 작가의 의식을 드러내고 있다.

① '상제의 명이니 용왕과 토끼를 판결하라.'라는 말에서, 송사 설화의 모티프가 쓰였음을 확인할 수 있군.
② 꿇어 앉아 함께 '처분을 기다리'는 것에서, 용왕과 토끼가 재판 당사자로서 대등한 처지에 놓이게 되었음을 알 수 있군.
③ '강자를 누르고 약자를 도와 공정한 처결을 하소서.'라는 일광노의 말에서, 토끼의 진술에 대한 지지를 확인할 수 있군.
④ '낳으면 늙고 늙으면 죽는 것은 인간의 일상적 일'이라는 말에서, 옥황이 판결을 망설이는 이유를 짐작할 수 있군.
⑤ '토끼인들 어찌 죽음을 싫어하는 마음이 없겠는가?'라는 말에서, 모든 생명은 소중하다는 작가의 의식을 확인할 수 있군.

069 서사적 기능

[C]의 서사적 기능으로 가장 적절한 것은?

① 적혼공의 말을 통해 앞서 일어난 사건을 평가하고 있다.
② 용왕의 시도가 실패하였음을 보여 주어 주제 의식을 강조하고 있다.
③ 용왕의 탄식을 통해 용왕과 옥황 간의 새로운 갈등을 예고하고 있다.
④ 뇌공에 의해 공간이 전환되는 과정에서 공간적 배경의 사실성을 강조하고 있다.
⑤ 용왕의 지시를 따르지 않는 적혼공의 반응을 제시하여 독자의 흥미를 유발하고 있다.

DAY
25
V
고전소설

[070~073] 2024년 10월 학평 (경기) 42~45번 정답과 해설편 p.275

다음 글을 읽고 물음에 답하시오. 4문항을 10분 안에 풀어보세요.  **10분**

[앞부분의 줄거리] 정 소저는 계모 박 씨의 모함을 의심 없이 받아들인 아버지 정공 때문에 위기에 처하고, 집에서 나와 숨어 다니던 중 도적을 만나 강물에 몸을 던진다. 이때, 정혼자 조무(용홍)와 동생 조성이 정 소저를 우연히 발견하여 구출한다.

소저가 매우 놀라며 말하였다.

"내가 외가로 가지 않고 구차하게 길가에서 분주하게 다닌 것은 조숙모에게 부끄럽고, 아버지의 허물을 드러내고 싶지 않아서였다. 뜻밖에 저 공자들을 만나니 내가 차마 사실을 말하여 부끄러움을 더하겠는가? 은인의 덕이 산과 바다 같으나 차마 근본을 아뢰게 되어 저 집에서 우리 집의 허물을 알게 되면 매우 부끄럽게 될 것이다. 모름지기 너는 다만 대답하기를 내가 타향에서 떠돌아다니다가 서울의 친척을 찾으러 왔다가 도적을 만나 물에 빠져 죽을 뻔했다고 말하여라. 조 공자가 이미 우리가 여자인 줄을 알았으니 남녀는 구별이 있는 것이다. 생명을 구해준 은혜에 몸소 사례하지 못함을 아뢰어라."

벽난과 춘앵이 굳이 근본을 이르지 말라는 소저의 말을 듣고 나와서 상의하여 말하였다.

"이제 하늘이 도와주셔서 조 공자를 만났으나 어찌 차마 좋은 기회를 놓치게 되면 우리 주인과 노비는 어디에 의지하며 소저의 백년가약을 어느 날 이루겠는가? 우리들이 가만히 사실을 아뢰어 조 공자가 일을 처리하는 것을 보아야겠구나."

이에 조 공자의 안전에 나가 말하였다.

[A] "우리 소저께서는 타향에서 떠돌아다니시다 친척을 찾으러 왔다가 도적을 만나 물에 빠져 죽게 되었습니다. 은인께서 생명을 구해준 은혜를 입어 남은 목숨을 회생하게 되었습니다. 우리 소저께서 은혜는 태산 같사오나 몸소 사례치 못함을 아뢰라 하셨습니다."

조 공자들이 크게 아쉬워하고 섭섭해하며 어떻게 일을 처리할까를 마음속 깊이 생각하고 주저하고 있었다. 두 명의 시비가 다시 머리를 조아리며 말하였다.

"소저께서 차마 상공께 근본을 바로 고하지 못하여 이리 하였습니다만, 저희들이야 상공을 만나 사실대로 고하지 아니하겠습니까? 더욱 대공자는 저희들의 주군(主君)이시고 은인이시니 어찌 숨기는 죄를 더하며 주인의 평생을 매몰되게 하겠습니까? 저희의 주인은 정참정의 딸로 외가에서 조 공자와 정혼하였습니다. 그러나 소저가 본댁으로 돌아오신 후에 가내에 어질지 못한 사람이 있어서 수많은 방법으로 정참정을 보채고 소저를 재해에 빠지게 하였습니다. 마침내는 소저를 정참정 부인의 사촌인 박수관의 후실로 위협하고 명령하여 시집보내려 하였습니다. 그래서 소저가 외가로 가시고자 하나 석공 어르신께서 성품이 엄숙하셔서 반드시 정공과 더불어 큰 사단을 일으키실 것이라 생각하였습니다. 일의 형세가 매우 난처하여 남장으로 바꿔 입고 강가의 이평장 부인은 소저의 고모이신데, 그 분을 찾아가 의지하고자 하셨습니다. 그러나 이평장 부인이 이사를 가신 지 수일이 지났고 가신 곳을 모르기 때문에 강변에서 방황하시다가 따르는 도적을 만나서 소저께서 억울하고 원통하게도 강물에 몸을 던졌습니다. 상공께서 저희의 목숨을 살려주신 은혜를 만나 주인과 노비 세 사람이 살아나니 이 은덕은 분골쇄신하더라도 다 갚지 못할 것입니다."

두 공자가 이 말을 들으니 참혹함은 말할 것도 없고 정 소저의 굳은 절개와 아름다운 행동은 깊이 사람을 감동시킬 만하였다. 또한 그 계모 박 씨가 자애롭지 못해 이 변을 일으킴을 짐작하고 사람의 마음이 자연스럽게 측은하였다. 정 소저의 절행이 빼어나 자기를 위하여 온갖 고생이 이 지경에 미쳤음에 감복하고 하물며 평생의 아름다운 배필과 하늘이 정한 연분이 심상치 않다는 것을 알았다. 용홍 공자의 두 눈에는 가을 물처럼 고운 광채가 어리었다. 용홍이 말하였다.

"소저의 수많은 고초와 슬픈 한이 이 조생을 위함이니 어찌 감사하지 않겠는가? 너희들은 우리가 집에 들어가 일을 처리할 사이에 소저를 보호하라."

(중략)

석공이 소저의 얼굴을 쓰다듬으며 길게 탄식하며 말하였다.

[B] "일이 이미 여기에 이르렀으니 설마 어찌하겠느냐? 손녀가 어린 나이에 효성과 절개와 지혜가 모두 갖추어졌으니 완고한 아비와 어리석은 어미의 흉계에서 벗어나 목숨을 보전하여 명철보신(明哲保身)한 것이다. 부모가 낳아준 몸을 보전하고 죽은 어미의 남긴 가르침을 이으니 네 아비가 흙과 나무 같은 마음을 지니고 있다고 하더라도 성혼한 후에 서로 만나서 부녀가 상봉하는 즐거움을 얻는다면 어찌 너를 책망하며 혼인을 한 것을 그르다고 하겠느냐? 모든 일에는 원래의 계획을 변경할 때와 임기응변의 방법이 있다. 이제 조 상국이 밖에 와서는 너와의 혼인을 완전하게 정하고 너의 뜻을 알려고 하니 어찌 고상하지 못한 모습으로 사양하느냐? 내가 네 부모를 대신하여 혼인을 관장할 것이다. 너에게 혼인을 묻는 말이 아니니 너는 다시 이상한 말을 내지 마라."

소저가 조 상국이 왔다는 말을 듣고 더욱 불안하고 놀라며 부끄러워 옥 같은 얼굴이 발그스레해졌다. 눈썹을 나직하게 낮추고 또 아뢰었다.

"소녀의 도리로 차마 아버지를 속이고 혼인을 못 하겠습니다. 조 상국은 당세(當世)의 군자이십니다. 원컨대 조부께서는 손녀의 보잘 것 없는 마음을 살피시어 뜻을 이루게 해 주십시오."

그런 후에 조모와 삼촌의 안부와 동생의 무사함을 묻고는 슬프고 참혹하여 눈물을 흘릴 뿐이었다. 석공이 밖으로 나와 조공을 보고 손녀와 묻고 대답한 말을 일일이 전하고는 탄식하며 말하였다.

"손녀의 마음이 금석(金石)같아서 저의 용렬하고 어리석은 말로 알아듣도록 타이를 방법이 없으니 어찌하겠습니까?"

조공이 무릎을 치며 몹시 탄복하고 칭찬하며 말하였다.

"정 소저의 일과 행동은 여자 중에 군자입니다. 이것은 다 현형(賢兄)의 높은 교훈에 힘입은 것입니다. 제가 이와 같은 며느리를 얻으니 어찌 아버지의 어질지 못함을 한탄하겠습니까? 이것은 신부와 의논할 말이 아니니 현형이 혼인을 관장하십시오."

석공이 이 말을 옳게 여겨 다시 소저에게 묻지 않고 혼례를 준비하였다. 석 학사 부인이 나오고 석공 부인이 정 공자와 함께 나와 소저를 보았는데 서로 붙들고 매우 오열함을 이기지 못하였다. 소저는 그리워하던 아우를 만나니 반갑고 기쁜 뜻이 서로 뒤섞여 일어났다.

- 작자 미상, 「현몽쌍룡기」-

070 서술상 특징

윗글에 대한 설명으로 가장 적절한 것은?

① 과장된 상황을 설정하여 해학성을 유발하고 있다.
② 비유법을 사용하여 인물의 외양을 표현하고 있다.
③ 배경 묘사를 통해 인물의 성격 변화를 암시하고 있다.
④ 꿈과 현실을 교차하여 사건을 입체적으로 구성하고 있다.
⑤ 전기적 요소를 활용하여 비현실적인 장면을 부각하고 있다.

071 내용 이해

윗글의 내용에 대한 이해로 적절하지 않은 것은?

① 벽난과 춘앵은 정 소저가 조 공자와 정혼한 인물임을 밝혔다.
② 정 소저는 이평장 부인이 이사해 살고 있는 곳으로 찾아갔다.
③ 조 공자는 정 소저를 보호할 것을 명령했다.
④ 석공은 조 상국이 정 소저의 뜻을 알려고 한다고 말했다.
⑤ 석공 부인이 정 공자와 함께 나와 정 소저를 보았다.

072 말하기 방식

[A]와 [B]에 대한 이해로 가장 적절한 것은?

① [A]는 [B]와 달리 상대의 행동에 변화를 촉구하고 있다.
② [B]는 [A]와 달리 상대에게 다른 인물의 말을 전하고 있다.
③ [A]와 [B]는 모두 상대의 의도에 의문을 제기하고 있다.
④ [A]와 [B]는 모두 상대가 처한 어려움에 대해 공감하고 있다.
⑤ [A]와 [B]는 모두 과거에 일어난 일을 상대에게 언급하고 있다.

073 감상의 적절성

<보기>를 참고하여 윗글을 감상한 내용으로 적절하지 않은 것은?　[3점]

> | 보 기 |
> 「현몽쌍룡기」는 가부장적 사회를 살아가는 여성의 삶을 담고 있다. 이 작품 속 여성 인물은 친정 식구들로 인해 혼사가 지연되는 등의 고난을 겪음에도 당대 여성에게 요구되던 덕목을 지킬 뿐 아니라 자식으로서의 도리를 지키고, 친정 가문의 일원으로서의 소속감을 유지하기 위해 애쓴다. 이러한 점에서 이 작품은 당시 여성 독자층의 큰 공감을 얻을 수 있었다는 의의를 지닌다.

① 정 소저가 친정 가문의 허물을 조 공자가 알게 되면 부끄러울 것이라고 생각하는 것에서 친정 가문의 일원으로서 소속감을 지니고 있음을 알 수 있군.
② 가내의 어질지 못한 인물로 인해 정 소저가 죽을 위기를 겪었다는 것에서 고난이 친정 식구로부터 비롯되었음을 알 수 있군.
③ 두 공자가 정 소저의 사연을 듣고 굳은 절개에 감동받았다는 것에서 정 소저가 당대에 요구되던 여성의 덕목을 갖춘 인물임을 알 수 있군.
④ 정 소저가 아버지를 속인 채로는 혼인하지 못하겠다는 것에서 자식으로서의 도리를 따르고자 함을 알 수 있군.
⑤ 조공이 정 소저를 군자라고 칭하며 혼인을 진행하려는 것에서 정 소저가 가부장적 사회에서도 혼사를 주관할 수 있는 권리를 인정받았음을 알 수 있군.

다음 글을 읽고 물음에 답하시오.　4문항을 7분 안에 풀어보세요.　　7분

[앞부분의 줄거리] 왕언의 딸 왕시는 홍관 땅의 김유령을 만나 혼인을 했지만 나라의 늙은 신하에 의해 이별하게 되었다.

김유령이 무릎을 꿇고 대답하였다.

"제 나이 스무 살 되었을 때 아내를 얻었는데, **나라의 노신하가 궁녀로 들이니** 늘 서러워하며 지내고 있습니다. 세상일도 잊은 채, 다만 아내의 소식이나 한번 듣고 싶어 그것만을 희망하고 살고 있었습니다. 그런데 어느날 꿈에 선할아버님께서 이르시기를, '어찌 화산도사를 찾아가 보지 않는가? 그 도사가 못할 일이 없으니 네가 가보면 소원을 이룰 수 있으리라. 갈 때 돈 일만 관을 가져가라.'라고 하셨습니다. 그래서 꿈에서 깨어나자마자 돈을 장만하여 가지고 이렇게 온 것입니다."

그러자 도사가 말했다.

"네 아내를 도로 밖으로 내어다 살고자 하느냐? 네 뜻을 자세히 말해라."

김유령이 말했다.

"도로 내어다 살기야 바랄 수 있겠습니까? 그저 나와 하루만이라도 만나보아 서로 말이나 나누었으면 합니다."

도사가 그 말을 듣고 말했다.

"네 뜻을 바로 말하지 않는구나. 하루만 보고 헤어지면 더욱 슬플 것이다. 그러니 어떻게 해 주었으면 좋겠다고 사실대로 다 말해라."

그러자 김유령이 다시 대답하였다.

"함께 살기야 어찌 바라지 않을까마는 불가능할 일이라 차마 말씀드리지 못할 뿐입니다. 만약 함께 살게만 해 주신다면 제가 두 엄을 지고 다니는 사람이 되라 한다 해도 원망하지 않겠습니다."

(중략)

"접때 이 땅에 오라고 하시던 사람인데 다시 왔습니다."

그러자 도사가 대답하였다.

[A]
"네가 인간 세계에 태어나서도 착실한 사람이므로 월궁도사가 너에게 알려준 것이다. 그래서 그대의 일이 이루어지도록 정으로 가르침으로써 **그대가 선간(仙間)에서 저지른 일이 잘못되었다**하고 인간 세상에서 일 년만 좋은 일을 하면 선간에서 전에 지은 죄를 없애려고 그대의 말을 들으려 했더니, 그대 무엇 때문에 짐승을 살게 하였단 말인가? 비록 하늘이 생겨나게 했으나 뱀이란 모질어 죄 없는 사람이며 불쌍한 짐승을 다 잡아먹느니라. 또 남의 것을 빼앗고 죄 없는 사람을 죽이는 도적을 어째서 살려 주었느냐? 불쌍한 것을 구제하라 하였지 그런 것들을 살려내라 하더냐? 이 두 가지 일을 또 저질렀으니 삼 년간 조심하고 사 년 만에 오너라. 그때 보자."

이러고는 간데없이 사라졌다. 김유령이 애닲고 민망해 집에 와서 문을 닫고는 들어앉아 조심하여 **그릇된 일을 전혀 하지 않았다.** 그렇게 행실을 삼가고 있다가 사 년 만에 화산으로 들어갔다. 그제

서야 도사는 김유령이를 보고 이렇게 말했다.

[B]
"네 뜻이 보통이 아니로다. 돌이 굳지만 모래 될 때가 있고 쇠가 굳다 하나 녹을 때가 있으되 너는 돌이나 쇠보다도 더욱 굳은 사람이로다. 네게 이루어질 게 있으리라. 네 돈을 내라."

김유령이 돈을 내어 바치니 그 도사가 동쪽으로 그중의 일백을 던지니 이윽고 푸른 옷 입은 사람이 오는 것이었다. 다시 서쪽으로 일백을 던지자 이윽고 흰 옷 입은 사람이 오고 또 일백을 북쪽으로 던지니 검은 옷 입은 사람이 오고 나머지를 공중에다 던지자 이윽고 쇠머리 쓴 사람과 용의 몸을 지닌 사람과 귀밑머리가 단정한 사람 등이 오는 것이었다. 도사가 그중 검은 옷 입은 사람더러 말했다.

"유령이를 죽여 대령하고, 궁궐에 가 왕시도 죽이고 오라."

그러자 그 검은 옷 입은 사람이 즉시 유령이를 죽여 대령하고 왕시도 죽이고 와서는 보고하였다.

"왕시를 죽이고 왔습니다."

그러자 이번에는 푸른 옷 입은 사람더러 말했다.

"유령이를 살려내라."

그러자 살려내는 것이었다. 도사가 김유령더러 말했다.

"네 집에 가서 들어보아라. 왕시가 죽었다며 장례를 치를 것이다. 담당 관리를 내어 석 달 만에 묻으면 네 소원이 이루어질 것이지만, 석 달 안에 묻지 못하면 네 소원이 이루어지지 못할 것이니라. 그러니 빨리 가라."

유령이 청원하였다.

"집이 두 달 걸리니 어찌하면 좋겠습니까?"

그러자 그 도사가 사람을 불러 이렇게 일렀다.

"김유령으로 하여금 그 집에 들어가도록 하여라."

이윽고 서쪽으로부터 구름이 일고 천둥치며 하늘과 땅이 자욱하게 어두워졌다가 밝아지는 것이었다. 살펴보니 **어느 결에 자기 집에 도착해 있었다.** 들어보니 왕시가 죽었다며 장례 담당 관원을 내어 묻으려고 하였다.

김유령이 장례 담당 관원에게 소청하여 스무 날 내에 묻었다. 김유령이 생각하니, 도사 말이 자신의 소원을 이룰 수 있다고 해서 기쁘기는 하나 그 시신을 묻고 보니 슬픈 심사가 더욱 그지없었다. 다시 화산으로 즉시 가서 도사에게 왕시를 묻었다고 아뢰려고 하였다.

화산에 가니 마침 그 도사가 월궁도사를 만나러 간 지 열흘이 넘도록 오지 않고 있었다. 매우 민망하여 음식을 먹지 않은 지 이레가 되어 기운과 정신이 아주 없었다. 도사를 모시고 다니는 아이더러 그 서러운 사정을 말하니, 그 아이도 도무지 어디에 들어가 있는지 몰라 더욱 민망해하고 있었다.

이윽고 천지가 자욱하고 천둥치고 바람불고 비내리고 어두워져 심사가 더욱 아득하여 어쩔 줄을 몰랐다. 그러더니 문득 날도 밝아지고 바람도 그치고 비도 개면서 도사가 내려오는 것이었다.

김유령이 나아가 뵙고, 왕시 묻은 일을 말하였다. 그러자 도사가 조그만 종이에 주사(朱砂)를 갈아서 부적을 써서 공중으로 치올리니 이윽고 도끼 가진 것과 괭이 가진 귀신이 모두 오는 것이었다. 또 동방에서 내치니 이윽고 푸른 옷 입은 사람이 왔다.

도사가 그 푸른 옷 입은 사람에게 말했다.

"저 귀신을 데리고 왕시의 무덤을 파내 화산 밑에다가 두고 와

라."

　그러자 푸른 옷 입은 놈이 그 귀신을 데리고 갔다. 이윽고 북방의 검은 옷 입은 사람더러 말했다.

　"옛집에 가서 무빙 등 왕시를 알던 종들을 다 잡아다가 유희국에다가 두어라."

　그러자 하직하고 가는 것이었다. 도사가 김유령더러 말했다.

　"**이제야 그대의 소원이 이루어질 것**이다. 내려가라. 다만 왕시의 종들을 다 잡아온 것은 행여 일이 생기면 네가 잘못될 것이므로 죽여온 것이니 서러워 말라."

- 작자 미상, 「왕시전」-

---

074 서술상 특징

윗글의 서술상 특징으로 가장 적절한 것은?

① 인물 간의 대화를 중심으로 사건을 전개하고 있다.
② 현재와 과거의 교차 서술로 주제를 부각하고 있다.
③ 인물의 외양 묘사로 성격의 변화를 드러내고 있다.
④ 서술자가 개입하여 인물의 행동에 대해 평가하고 있다.
⑤ 인물의 심리를 서술하여 인물 간의 갈등을 표출하고 있다.

075 내용 이해

윗글에 대한 이해로 적절하지 않은 것은?

① 김유령은 도사에게 처음부터 숨김없이 소원을 말하였다.
② 도사는 김유령에게 소원을 이루기 위한 과업을 제시하였다.
③ 김유령은 담당 관원에게 소청하여 왕시의 시신을 스무 날 안에 묻었다.
④ 김유령은 왕시의 시신을 묻고 난 이후 도사에게 이를 알리기 위해 화산으로 갔다.
⑤ 도사는 검은 옷 입은 사람에게 무빙 등 왕시를 알던 종들을 유희국으로 데려가게 했다.

076 말하기 방식

[A]와 [B]에 대한 이해로 가장 적절한 것은?

① [A]에는 상대를 회유하려는 의도가, [B]에는 상대를 조롱하려는 의도가 드러난다.
② [A]에는 상대의 행동을 질책하는 태도가, [B]에는 상대의 성품을 칭찬하는 태도가 드러난다.
③ [A]에서는 다른 이의 조언을 바탕으로, [B]에서는 자신의 경험을 바탕으로 의사 결정을 하고 있다.
④ [A]와 [B]에는 모두 상대의 미래에 대한 불안한 마음이 드러난다.
⑤ [A]와 [B]에서는 모두 과거의 사건을 근거로 들어 문제 해결을 유보하고 있다.

077 감상의 적절성

<보기>를 바탕으로 윗글을 감상한 내용으로 적절하지 않은 것은? `3점`

> **보 기**
>
> 　「왕시전」은 여인을 향한 남성의 애틋한 사랑을 그린 작품이다. 혼인한 남녀 주인공이 외부의 힘에 의해 헤어질 수밖에 없었지만, 이를 극복하고 재회하는 행복한 결말을 맞이한다. 그 과정에서 초월적 존재의 힘을 빌려 문제를 해결하거나 남자 주인공이 원래 신선계의 존재였다고 설정하는 등의 전기적(傳奇的) 요소가 나타난다.

① '나라의 노신하가 궁녀로 들이니'라고 김유령이 말하는 장면에서, 외부의 힘에 의해 남녀 주인공이 헤어지게 되었음을 알 수 있겠군.
② '그대가 선간에서 저지른 일이 잘못되었다'라고 도사가 말하는 장면에서, 주인공이 전생에 신선계의 인물이었음을 알 수 있겠군.
③ '그릇된 일을 전혀 하지 않았다'라는 장면에서, 왕시에 대한 김유령의 애틋한 사랑을 알 수 있겠군.
④ '어느 결에 자기 집에 도착해 있었다'라는 장면에서, 김유령이 부리는 도술이 초월적 존재의 힘을 빌린 것임을 알 수 있겠군.
⑤ '그대의 소원이 이루어질 것'이라고 도사가 말하는 장면에서, 남녀 주인공이 다시 만나는 행복한 결말을 암시하고 있음을 알 수 있겠군.

다음 글을 읽고 물음에 답하시오. 4문항을 8분 안에 풀어보세요.

춘풍 아내 곁에 앉아 하는 말이

[A]
　"마오 마오 그리 마오. 청루미색* 좋아 마오. 자고로 이런 사람이 어찌 망하지 않을까? 내 말을 자세히 들어보소. 미나리골 박화진이라는 이는 청루미색 즐기다가 나중에는 굶어 죽고, 남산 밑에 이 패두는 소년 시절 부자였으나 주색에 빠져 다니다가 늙어서는 상거지 되고, 모시전골 김 부자는 술 잘 먹기 유명하여 누룩 장수가 도망을 다니기로 장안에 유명터니 수만금을 다 없애고 끝내 똥 장수가 되었다니, 이것으로 두고 볼지라도 청루잡기 잡된 마음 부디부디 좋아 마소."

춘풍이 대답하되,

[B]
　"자네 내 말 들어보게. 그 말이 다 옳다 하되, 이 앞집 매갈쇠는 한잔 술도 못 먹어도 돈 한 푼 못 모으고, 비우고개 이도명은 오십이 다 되도록 주색을 몰랐으되 남의 집만 평생 살고, 탁골 사는 먹돌이는 투전 잡기 몰랐으되 수천 금 다 없애고 나중에는 굶어 죽었으니, 이런 일을 두고 볼지라도 주색잡기* 안 한다고 잘 사는 바 없느니라. 내 말 자네 들어보게. 술 잘 먹던 이태백은 호사스런 술잔으로 매일 장취 놀았으되 한림학사 다 지내고 투전에 으뜸인 원두표는 잡기를 방탕히 하여 소년부터 유명했으나 나중에 잘되어서 정승 벼슬 하였으니, 이로 두고 볼진대 주색잡기 좋아하기는 장부의 할 바라. 나도 이리 노닐다가 나중에 일품 정승 되어 후세에 전하리라."

아내의 말을 아니 듣고 수틀리면 때리기와 전곡 남용 일삼으니 이런 변이 또 있을까? 이리저리 놀고 나니 집안 형용 볼 것 없다.

　㉠"다 내 몸에 정해진 일이요, 내 이제야 허물을 뉘우치고 책망하는 마음이 절로 난다."

아내에게 지성으로 비는 말이

　"노여워 말고 슬퍼 마소. 내 마음에 자책하여 가끔 말하기를, '오늘의 옳음과 어제의 잘못을 깨달았노라'고 한다오. 지난 일은 고사하고 가난하여 못 살겠네. 어이 하여 살잔 말인고? 오늘부터 집안의 모든 일을 자네에게 맡기나니 마음대로 치산하여 의식이 염려 없게 하여 주오."

춘풍 아내 이른 말이,

　㉡"부모 유산 수만금을 청루 중에 다 들이밀고 이 지경이 되었는데 이후에는 더욱 근심이 많을 것이니, 약간 돈냥이나 있다 한들 그 무엇이 남겠소?"

춘풍이 대답하되,

　"자네 하는 말이 나를 별로 못 믿겠거든 이후로는 주색잡기 아니 하기로 결단하는 각서를 써서 줌세."

[중략 줄거리] 춘풍 아내가 열심히 품을 팔아 집안을 일으키자 춘풍은 다시 교만해지고, 아내의 만류에도 호조에서 이천 냥을 빌려 평양으로 장사를 떠나게 된다. 춘풍이 평양에서 기생 추월의 유혹에 넘어가 장사는 하지 않고 재물을 모두 탕진한 채 추월의 하인이 되었다는 소식을 듣고 춘풍의 아내가 통곡한다.

이리 한참 울다가 도로 풀고 생각하되,

　'우리 가장 경성으로 데려다가 호조 돈 이천 냥을 한 푼 없이 다 갚은 후에 의식 염려 아니하고 부부 둘이 화락하여 백 년 동락하여 보자. 평생의 한이로다.'

마침 그때 김 승지 댁이 있으되 승지는 이미 죽고, 맏자제가 문장을 잘해 소년 급제하여 한림 옥당 다 지내고 도승지를 지낸 고로, 작년에 평양 감사 두 번째 물망에 있다가 올해 평양 감사 하려고 도모한단 말을 사환 편에 들었것다. 승지 댁이 가난하여 아침저녁으로 국록을 타서 많은 식구들이 사는 중에 그 댁에 노부인 있다는 말을 듣고, 바느질품을 얻으려고 그 댁에 들어가니, 후원 별당 깊은 곳에 도승지의 모부인이 누웠는데 형편이 가난키로 식사도 부족하고 의복도 초췌하다. 춘풍 아내 생각하되,

　'이 댁에 붙어서 우리 가장 살려내고 추월에게 복수도 할까.'

하고 바느질, 길쌈 힘써 일해 얻은 돈냥 다 들여서 승지 댁 노부인에게 아침저녁으로 진지를 올리고, 노부인께 맛난 차담상을 특별히 간간히 차려드리거늘, 부인이 감지덕지 치사하며 하는 말이,

　"이 은혜를 어찌할꼬?"

주야로 유념하니, 하루는 춘풍의 처더러 이르는 말이,

　㉢"내 들으니 네가 집안이 기울어서 바느질품으로 산다 하던데, 날마다 차담상을 차려 때때로 들여오니 먹기는 좋으나 불안하도다."

춘풍 아내 여쭈되,

　"소녀가 혼자 먹기 어렵기로 마누라님 전에 드렸는데 칭찬을 받사오니 오히려 감사하여이다."

대부인이 이 말을 듣고 춘풍의 처를 못내 기특히 생각하더라.

하루는 도승지가 대부인 전에 문안하고 여쭈되,

　"요사이는 어머님 기후가 좋으신지 화기가 얼굴에 가득하옵니다."

대부인 하는 말씀이,

　"기특한 일 보았도다. 앞집 춘풍의 지어미가 좋은 차담상을 매일 차려오니 내 기운이 절로 나고 정성에 감격하는구나."

승지가 이 말을 듣고 춘풍의 처를 귀하게 보아 매일 사랑하시더니, 천만 의외로 김 승지가 평양 감사가 되었구나. 춘풍 아내, 부인 전에 문안하고 여쭈되,

　"승지 대감, 평양 감사 하였사오니 이런 경사 어디 있사오리까?"

부인이 이른 말이,

　㉣"나도 평양으로 내려 갈 제, 너도 함께 따라가서 춘풍이나 찾아보아라."

하니 춘풍 아내 여쭈되,

　"소녀는 고사하옵고 오라비가 있사오니 비장*으로 데려가 주시길 바라나이다."

대부인이 이른 말이,

　㉤"네 청이야 아니 듣겠느냐? 그리하라."

허락하고 감사에게 그 말을 하니 감사도 허락하고,

　"회계 비장 하라."

하니 좋을시고, 좋을시고. 춘풍의 아내 없던 오라비를 보낼 쏜가? 제가 손수 가려고 여자 의복 벗어놓고 남자 의복 치장한다.

- 작자 미상, 「이춘풍전」-

* 청루미색 : 기생집의 아름다운 기녀.

* 주색잡기 : 술과 여자와 노름을 아울러 이르는 말.

* 비장 : 감사를 따라다니며 일을 돕는 무관 벼슬.

078 내용 이해

윗글을 이해한 내용으로 적절하지 <u>않은</u> 것은?

① 춘풍은 호조 돈 이천 냥을 빌려 평양으로 떠났다.
② 춘풍 아내는 바느질품을 팔며 생계를 이었다.
③ 춘풍 아내는 춘풍의 잘못에도 가정의 화목을 바라고 있다.
④ 도승지는 평양 감사직을 연이어 두 번 맡게 되었다.
⑤ 대부인은 도승지에게 춘풍 아내의 정성을 칭찬하였다.

079 말하기 방식

[A], [B]에 대한 설명으로 가장 적절한 것은?

① [A]는 권위를 내세워 행위의 당위성을 강조하고 있다.
② [B]는 상대의 주장을 수용하여 태도에 변화를 보이고 있다.
③ [A]는 [B]의 내용을 예측하여 반박의 여지를 차단하고 있다.
④ [B]는 [A]의 반례를 들어서 자신의 행동을 합리화하고 있다.
⑤ [A]와 [B]는 모두 영웅의 행적을 주장의 근거로 삼고 있다.

080 인물의 심리 및 태도

㉠ ~ ㉤을 이해한 내용으로 적절하지 <u>않은</u> 것은?

① ㉠ : 다른 사람의 잘못을 자신의 탓으로 여기고 있다.
② ㉡ : 앞으로의 상황이 악화될 것을 염려하고 있다.
③ ㉢ : 상대방의 호의를 부담스럽게 생각하고 있다.
④ ㉣ : 상대의 처지를 고려해 동행을 권유하고 있다.
⑤ ㉤ : 신의를 바탕으로 요청을 흔쾌히 수락하고 있다.

081 감상의 적절성

<보기>를 바탕으로 윗글을 감상한 내용으로 적절하지 <u>않은</u> 것은?

`3점`

> **┃ 보 기 ┃**
> 이 작품은 남편이 저지른 일을 아내가 수습하는 서사가 중심이 된다. 춘풍은 가장이지만 경제관념 없이 현실적 쾌락만을 추구하며 자신이 초래한 문제를 해결하려 하지 않는다. 반면, 춘풍 아내는 적극적으로 현실의 문제를 해결하려는 의지를 갖고 주도면밀하게 목적을 달성한다. 이러한 두 인물의 대비되는 특징으로 인해 무능한 가장의 모습과 주체적인 아내의 역할 및 능력이 부각된다.

① 춘풍이 가난을 불평하며 아내에게 집안일에 대한 모든 권리를 넘기는 것에서 무책임한 가장의 모습을 엿볼 수 있군.
② 춘풍이 전곡을 남용하고 주색잡기에 빠져 있는 것에서 경제 관념 없이 현실적 쾌락을 추구하는 모습을 엿볼 수 있군.
③ 춘풍 아내가 사환에게 정보를 얻고 김 승지 댁 대부인에게 의도적으로 접근한 것에서 주도면밀한 모습을 엿볼 수 있군.
④ 춘풍 아내가 춘풍을 구하기 위해 비장의 지위를 획득하고 남장을 하는 것에서 적극적인 문제 해결 의지를 엿볼 수 있군.
⑤ 춘풍이 각서를 쓰고, 춘풍 아내가 차담상을 차리는 것에서 신분 상승을 통해 목적을 달성하려는 의도를 엿볼 수 있군.

DAY
26

V

고전소설

다음 글을 읽고 물음에 답하시오.　4문항을 8분 안에 풀어보세요.　8분

숙향이 선녀들에게 말하기를,

"천상에서 내가 저지른 죄가 매우 크도다. 그러나 내가 인간 세상에서 겪은 고초 가운데 부모와 헤어진 일과 장 승상 댁에서 악명을 입은 일은 더욱 망극하니, 차라리 죽어서 모르고자 하노라."

하니 그 선녀가 공손하게 대답했다.

"그것은 조금도 염려하지 마소서. 그 모든 것이 이미 천상에서 마련하신 일이니 다시 고칠 길이 없나이다. 낭자의 부모도 전생에 지은 죄로 낭자를 잃고 간장을 썩이며 고행을 겪게 한 것이니, 어찌 한탄하리오. 장 승상 댁에서도 십 년만 머물도록 정한 것이니, 그것도 한탄할 일이 아니옵니다. 또한 항아께서 사향이 낭자를 모함한 것을 아시고 이미 상제께 아뢰어 벼락을 치게 했으며, 장 승상 부부와 모든 종들도 다 낭자가 억울한 처지인 줄 알고 있나이다. 그리하여 승상께서 종을 이 물가에 보내어 낭자를 찾아 모셔 오도록 명했으나 종이 낭자를 못 찾고 돌아갔으니, 그것도 염려하지 마소서. 그러나 앞으로도 두 번이나 죽을 액이 남아 있으니, 낭자께서는 부디 조심하소서."

"무슨 액이 또 있을꼬?"

"갈대밭에서 화재를 만나 죽을 위기에 처하고, 또 낙양 옥중에 가서 곤욕을 치르게 될 것이옵니다. 그런 후에야 태을선군을 만나 영화를 누릴 것이니, 너무 염려하지 마소서."

이에 숙향이 탄식하며 말하기를,

"이미 지나간 고행도 생각하면 천지가 망극하거늘, 이제 남은 두 액을 어떻게 견디리오? 장 승상 부인이 나를 지극히 사랑하시고 또 내게 잘못이 없다는 것을 아신다고 하니, 도로 그리 가서 두 액을 면할까 하노라."

하니 그 선녀가 웃으면서 말했다.

[A]

"하늘이 벌써 정하신 일이기 때문에 낭자 마음대로 할 수 없나이다. 이제 낭자께서는 비록 돌로 만든 갓을 쓰고 무쇠 두멍*에 들어가는 액일지라도 어찌 그 액을 면할 수 있겠나이까? 장 승상 댁과의 인연은 십 년뿐이요, 거기 계시면 태을선군이 사는 곳과는 삼천삼백육십오 리나 떨어져 있기 때문에 선군을 쉽게 만날 수도 없나이다. 또한 선군이 아니면 낭자의 힘으로는 결코 부모님을 다시 만나지 못하리이다."

숙향이 그 말을 듣고 탄식하며 묻기를,

"선군이 인간 세상에 왔다니, 이름은 무엇이라 하는가?"

하니 선녀가 대답했다.

"예전에 항아의 말씀을 듣자오니, '이름은 선이요, 자는 태을이며, 낙양 땅 이위공의 아들이 되어 천하의 부귀공명을 누리리라.' 하시더이다."

"똑같은 일로 죄를 지어 인간 세상에 귀양 왔다고 했는데, 나는 어찌 이렇듯 고행을 겪게 하고, 선군은 호화롭게 지내게 했는고?"

"천상에 계실 때 낭자께서 먼저 선군을 희롱했기에 낭자의 죄가 더 무겁나이다. 선군은 상제께서 가장 사랑하시어 잠시도 곁을 떠나지 못하게 했으나, 항아께서 선군도 벌을 주어야 한다고 요청한 까닭에 상제께서 마지못해 선군을 인간 세상에 귀양 보냈나이다. 그러나 상제께서는 선군을 너무 사랑하시어 인간 세상에서도 부귀영화를 누리게 했나이다."

[중략 줄거리] 숙향은 온갖 시련을 겪지만 이선을 만나 부부의 연을 맺는다. 이후 황태후가 병이 들자, 병부 상서 이선은 선약을 구하기 위해 떠난다.

병부 상서가 용왕께 사례한 후 선관의 의복으로 갈아입고 물가로 나오니, 용자가 벌써 붉은 조롱박 하나를 가지고 기다리고 있었다. 상서가 용자와 함께 그 박을 타고 가니, 노를 젓지 않는데도 화살처럼 빠르게 바다 위를 떠갔다.

얼마쯤 가다가 용자가 상서에게 말했다.

"저 혼자 가면 아무 데도 걸릴 것 없이 쉽게 갈 수 있사오나, 여러 신령들이 지키고 있기 때문에 인간 세상 사람은 마음대로 선계에 들어갈 수 없나이다. 지금 상공께서는 인간 세상에 내려와 진객이 되었사오니, 어디를 가든 제가 하라는 대로만 하소서. 가는 곳마다 용왕께서 주신 공문을 보여 주고 가겠나이다."

이에 상서가 묻기를,

"수궁에서는 용왕이 으뜸이라. 바로 수로로 가면 쉬울 터인데, 어찌하여 번거롭게 육지에 있는 나라들을 거쳐 가려 하는가?"

하니 용자가 대답했다.

[B]

"수로로 곧장 가면 얼마나 좋겠나이까? 그러나 상제께서 그것을 아시게 되면 용궁에 큰 변이 일어나고, 각 지경을 맡은 신령들에게도 좋지 않은 일이 생길 것이옵니다. 번거롭더라도 여러 나라를 지나면서 공문을 보여 주고 가야만 하나이다."

상서와 용자가 한 나라에 이르렀는데, 그 나라 이름은 ⊙ 회회국이었다. 그곳 사람들은 똑바로 걷지 못하고 게처럼 옆으로 다녔으며, 왕의 이름은 경성이었다. 용자가 물가에 배를 대고 혼자 들어가 왕에게 공문을 드리니 왕이 공문을 보고 물었다.

"함께 가는 사람이 태을성인가?"

용자가 대답하기를,

"그러하옵니다."

하니 왕이 즉시 공문에 날인해 용자에게 돌려주었다. 왕이 용자와 함께 물가로 나와 상서에게 반갑게 인사했으나, 상서는 그 왕이 누구인지 몰라 공경하기만 하더라.

용자가 왕에게 하직 인사를 올린 후 상서를 모시고 또 한 나라에 가니, 그곳은 함밀국이었다. 그곳 사람들은 화식은 먹지 않고 꿀만 먹고 살며, 왕의 이름은 필성이었다. 용자가 공문을 드리니, 왕이 보고 말하기를,

"그대가 태을성을 모시고 가는데, 이 앞이 제일 험하니 조심하라."

하고 날인한 후 공문을 돌려주었다.

또 한 나라에 가니, 그곳은 유리국이었다. 그 땅에 사는 사람들은 모두 중국 사람과 비슷했으나 생선처럼 비린 것을 먹지 않았으며, 왕의 이름은 기성이었다. 용자가 왕에게 공문을 드리니 왕이 화를

내며 묻기를,

　"선계는 인간 세상과 다른데, 어떻게 진객이 마음대로 이곳에 들어왔는가?"

하고 공문을 본 척도 하지 않았다. 용자가 사정하며 말하기를,

　"태을성이 인간 세상에 내려와 중국의 병부 상서가 되었는데, 황제의 명을 받들어 ⓒ 봉래산의 개언초를 얻으러 가다가 우리 ⓔ 용궁에 왔나이다. 그리하여 소자가 모시고 가는 길이오니, 저의 낯을 보아 허락해 주소서."

하니 왕이 말하기를,

　"이번엔 통과시켜 주겠지만, 다시는 분수에 넘치는 일을 하지 말라."

하고 마지못해 날인하고 공문을 돌려주었다.

- 작자 미상, 「숙향전」 -

＊두멍 : 물을 많이 담아 두고 쓰는 큰 가마나 독.

---

082 내용 이해

윗글의 내용에 대한 이해로 가장 적절한 것은?

① 용자는 상서에게 공문의 사용을 주의하라고 당부하였다.
② 용자는 상서가 원하는 곳까지 혼자 갈 수 없는 이유를 설명해 주었다.
③ 장 승상은 사향이 숙향을 모함한 사실을 알지 못한 채 숙향을 찾았다.
④ 필성은 용자에게 일어날 불미스러운 일을 피할 방법에 대해 안내하였다.
⑤ 선녀는 갈대밭과 낙양 옥중에서 곤욕을 치른 숙향의 어리석음을 질타하였다.

083 공간의 의미

㉠ ~ ㉔에 대한 설명으로 적절하지 않은 것은?

① ㉠은 용왕의 조력을 통해 상서가 통과할 수 있는 공간이다.
② ㉠은 천상계 존재인 태을성을 호의적으로 생각하는 왕이 지키는 공간이다.
③ ㉔은 상제의 권위에 의해 영향을 받는 공간이다.
④ ㉠과 ㉡은 누구에게도 자유로운 이동을 허용하지 않는 공간이다.
⑤ ㉡은 용자와 상서가 육지의 ㉠을 경유하여 향하는 곳이다.

084 말하기 방식

[A], [B]에 대한 설명으로 가장 적절한 것은?

① [A]는 과거의 사건을 요약적으로 진술하여 현재 상황을 변화시키기 위한 인물의 의지가 필요함을 강조하고 있다.
② [B]는 가정적 상황을 제시하여 상대방이 예상하지 못한 결과가 일어날 수 있음을 전달하고 있다.
③ [A]는 [B]와 달리 구체적인 수치를 언급하여 인물이 처한 상황의 다급함을 부각하고 있다.
④ [B]는 [A]와 달리 의문의 형식을 활용하여 정해진 운명에서 벗어날 수 없음을 강조하고 있다.
⑤ [A]는 유사한 상황을 나열하는, [B]는 여러 인물의 발화를 반복하는 방식으로 미래에 대한 우려를 드러내고 있다.

085 감상의 적절성

<보기>를 참고하여 윗글을 감상한 내용으로 적절하지 않은 것은?　3점

> **| 보 기 |**
>
> 　「숙향전」은 이질적인 두 개의 서사로 이루어진 작품이다. 두 남녀 주인공의 지상에서의 삶에는 천상의 죄업이 공통으로 전제되었지만 그 죄업의 책임은 여성에게 두고 있다. 숙향이 지상에서 겪은 고난의 과정은 천상의 죄업에 대한 징벌적 의미이다. 이러한 숙향의 서사는 가부장제 사회에서 열세에 놓인 여성의 현실적 상황을 반영한 것이다. 반면 이선의 서사는 입신양명이라는 당대 남성의 이상적 소망을 형상화한 것이다. 이러한 소망을 이루려는 과정에는 환상성이 드러난다. 이 같은 이질적 서사는 당대 인식에 내재된 남녀 차별적 시선이 개입한 결과라 할 수 있다.

① 상제가 이선을 인간 세상에 보냈다는 것에서 입신양명이라는 당대 남성의 이상적 소망이 형상화되었음을 알 수 있군.
② 선녀가 숙향의 죽을 액을 하늘이 정했다고 말하는 것에서 숙향의 고난의 과정이 징벌적인 의미를 지님을 알 수 있군.
③ 이선이 조롱박을 타고 바다 위를 떠가거나 신이한 세계의 인물들을 만나는 과정에서 이선의 서사는 환상성이 드러남을 알 수 있군.
④ 상제가 선군을 마지못해 귀양 보낸 것과 달리 숙향은 고행을 겪도록 한 것에서 천상의 죄업에 대한 책임을 여성에게 두고 있음을 알 수 있군.
⑤ 이선이 호화롭게 지내는 것과 달리 숙향은 여러 차례의 죽을 위기에 처한다는 것에서 가부장제 사회에서 열세에 놓인 여성의 현실적 상황이 반영되었음을 알 수 있군.

DAY
27
Ⅴ
고전소설

다음 글을 읽고 물음에 답하시오.

3문항을 5분 안에 풀어 보세요.

[앞부분의 줄거리] 명나라 효종 때, 김생이라는 선비는 상사동 길가에서 영영을 보고 사랑에 빠진다. 영영을 만날 궁리를 하던 김생은 막동의 도움으로 영영의 이모인 노파에게 접근한다.

그 날도 두 사람은 술이 떨어질 때까지 마셨다.

김생은 빨간 보자기를 풀어 비단 적삼 하나를 내놓았다.

"매일 할머니를 괴롭히고도 갚을 것이 없어 걱정했는데 이것이라도 제 정성으로 아시고 받아 주시오."

노파는 김생의 마음 씀씀이에 감동하면서도 그 속마음을 알 수 없어 근심이 되었다. 노파는 아무래도 안 되겠다 싶었는지 바로 일어나서 절을 하였다.

"제가 과부 되어 살아온 지 오래지만 이웃 사람조차 도와주지 않았습니다. 그런데 도련님께서 이렇게 마음을 써 주시니 몸 둘 바를 모르겠습니다. 혹 도련님께서 소망이 있으시다면 비록 죽는 일이라도 말씀하소서."

그제야 김생은 얼굴에 슬픈 빛을 띠고 입을 열기 시작했다.

"그렇게 말씀하시니 어찌 사실대로 말하지 않겠소? 제가 어느 날 집으로 가는 길에 한 낭자를 보았습니다. 나이 어린 협기로 뒤를 쫓아왔더니 그 낭자가 들어 간 곳이 바로 이곳이었소. 그런데 그 낭자를 본 뒤부터 마음이 취한 듯 모든 일에 흥미를 잃고 그 낭자만 생각하니, 애끓는 괴로움이 벌써 여러 날이라오."

노파는 김생이 여인을 본 날짜와 여인의 복장을 물었다. 노파는 짚이는 사람이 있는 모양이었다.

"도련님께선 제 죽은 언니의 딸을 보신 것 같습니다. 그 애의 이름은 영영(英英)이라 하는데 정말 탐스러운 아이이지요. 하지만 ……."

"하지만 뭐란 말이요?"

김생은 노파가 무슨 말을 할지 걱정되었다. 그걸 아는지 모르는지 노파는 김생보다 더 심각한 표정으로 말을 이었다.

"도련님은 그 애를 만나는 것조차 어려울 것입니다."

"그건 무슨 말이요?"

"그 애는 회산군(檜山君)의 시녀입니다. **궁중에서 나고 자라 문밖을 나서지 못합니다.**"

"그렇다면 전에 내가 본 날은 어인 나들이였소?"

"그 때는 마침 그 애 부모의 제삿날이라 제가 회산군 부인께 청하고 겨우 데려왔었지요."

"……."

"영영은 자태가 곱고 음률이나 글에도 능통해 회산군께서 첩을 삼으려 하신답니다. 다만 그 **부인의 투기가 두려워 뜻대로 못할 뿐이랍니다.**"

김생은 크게 한숨을 내쉬며 탄식하였다.

"결국 하늘이 나를 죽게 하는구나!"

노파는 김생의 병이 깊은 것을 보고 안타까워했다. 노파는 그렇게 김생을 바라보고 있다가 한참만에 입을 열었다.

"방법이 없는 것은 아닙니다."

"그래요? 그, 그것이 무엇이오? 빨리 말해 보시오."

"단오가 한 달이 남았으니 그 때 다시 작은 제사상을 벌이고 부인에게 **영아를 보내 주십사고 청하면 그리 될 수도 있습니다.**"

김생은 그 말을 듣고 뛸 듯이 기뻐했다.

"할머니 말대로 된다면 인간의 오월 오일은 곧 천상의 칠석이오."

김생과 노파는 그렇게 서로 이야기를 하면서 **영영을 불러낼 계획을 세웠다.**

마침내 노파와 약속한 날이 되었다. 김생은 날이 밝기도 전에 그 집으로 달려갔다.

(중략)

영영을 그리는 마음은 예전보다 두 배나 더 간절하였다. 그러나 청조가 오지 않으니 소식을 전하기 어렵고, 흰기러기는 오래도록 끊기어 편지를 전할 길도 없었다. 끊어진 거문고 줄은 다시 맬 수가 없고 깨어진 거울은 다시 합칠 수가 없으니, 가슴을 졸이며 근심을 하고 이리저리 뒤척이며 잠 못 이룬들 무슨 소용이 있겠는가? 김생은 마침내 몸이 비쩍 마르고 병이 들어 자리에 누워 있었다. 그렇게 두어 달이 지나니 김생은 죽은 몸이나 다름없었다. 마침 김생의 친구 중에 이정자(李正字)라고 하는 이가 문병을 왔다. 정자는 김생이 갑자기 병이 난 것을 이상해했다. 병들고 지친 김생은 그의 손을 잡고 모든 이야기를 털어놓았다. 정자는 모든 이야기를 듣고 놀라며 말했다.

[A]
"자네의 병은 곧 나을 걸세. 회산군 부인은 내겐 고모가 되는 분이라네. 그 분은 의리가 있고 인정이 많으시네. 또 부인이 소천(所天)*을 잃은 후로부터, 가산과 보화를 아끼지 아니하고 희사(喜捨)와 보시(布施)를 잘 하시니, 내 자네를 위하여 애써 보겠네."

김생은 뜻밖의 말을 듣고 너무 기뻐서 병든 몸인데도 일어나 정자의 손이 으스러져라 꽉 잡을 정도였다. 김생은 신신 부탁하며 정자에게 절까지 하였다. 정자는 그 날로 부인 앞에 나아가 말했다.

"얼마 전에 장원 급제한 사람이 문 앞을 지나다가, 말에서 떨어져 정신을 차리지 못한 것을 고모님이 시비에게 명하여 사랑으로 데려간 일이 있사옵니까?"

"있지."

"그리고 영영에게 명하여 차를 올리게 한 일이 있사옵니까?"

"있네."

[B]
"그 사람은 바로 저의 친구로 김 모라 하는 이옵니다. 그는 재기(才氣)가 범인(凡人)을 지나고 풍도(風度)가 속되지 않아, 장차 크게 될 인물이옵니다. 불행하게도 상사의 병이 들어 문을 닫고 누워서 신음하고 있은 지 벌써 두어 달이 되었다 하더이다. 제가 아침저녁으로 왔다 갔다 하면서 문병하는데, 피부가 파리해지고 목숨이 아침저녁으로 불안하니, 매우 안타까이 여겨 병이 든 이유를 물어 본 즉 영영으로 인함이라 하옵니다. 영영을 김생에게 주시는 것이 어떻겠습니까?"

부인은 듣고 나서,

"내 어찌 영영을 아껴 사람이 죽도록 하겠느냐?"

하였다. 부인은 곧바로 영영을 김생의 집으로 가게 하였다. 그리하여 꿈에도 그리던 두 사람이 서로 만나게 되니 그 기쁨이야 말할 수 없을 정도였다. 김생은 기운을 차려 다시 깨어나고, 수일 후에는 일어나게 되었다. 이로부터 김생은 공명(功名)을 사양하고, **영영과 더불어 평생을 해로하였다.**

- 작자 미상, 「영영전」 -

*소천(所天) : 아내가 남편을 일컫는 말.

086 서술상 특징

윗글에 대한 설명으로 가장 적절한 것은?

① 전기적 요소를 활용해 긴박한 분위기를 조성하고 있다.
② 비유적 표현을 활용해 인물 간의 갈등을 심화하고 있다.
③ 인물의 외양 묘사를 통해 영웅적 면모를 보여 주고 있다.
④ 역순행적 구성을 통해 사건을 입체적으로 구성하고 있다.
⑤ 서술자의 주관적 논평을 통해 인물의 심리를 드러내고 있다.

087 말하기 방식

[A]와 [B]에 나타난 인물의 말하기에 대한 설명으로 가장 적절한 것은?

① [A]는 상대에게 조언하고, [B]는 상대에게 거래를 제안하고 있다.
② [A]는 상대에게 칭찬하고, [B]는 상대에게 서운함을 토로하고 있다.
③ [A]는 상대에게 위로하고, [B]는 상대에게 원하는 것을 부탁하고 있다.
④ [A]는 상대에게 공감하고, [B]는 상대에게 자신의 능력을 자랑하고 있다.
⑤ [A]는 상대에게 충고하고, [B]는 상대에게 자신의 친구를 소개하고 있다.

088 감상의 적절성

〈보기〉를 참고하여 윗글을 감상한 내용으로 적절하지 <u>않은</u> 것은? [3점]

| 보기 |

　「영영전」은 궁녀인 영영과 선비인 김생의 신분을 초월한 사랑을 그린 작품이다. 주인공 영영을 통해 조선 시대 궁녀들의 폐쇄적인 생활상을 엿볼 수 있으며, 영영의 신분은 김생과의 사랑을 가로막는 장애물로 작용한다. 김생은 영영을 만나기 위해 노력하며, 이 과정에서 김생이 영영을 만나도록 도와주는 인물들이 등장한다. 결국, 조력자들의 도움으로 영영과 김생은 사랑의 장애물을 극복하고 사랑을 성취하여 행복한 결말을 맞이하게 된다.

① '궁중에서 나고 자라 문밖을 나서지 못합니다.'에서 조선 시대 궁녀들의 폐쇄적인 생활상을 확인할 수 있군.
② '부인의 투기가 두려워 뜻대로 못할 뿐이랍니다.'에서 회산군 부인의 투기가 김생과 영영의 사랑을 가로막는 장애물임을 확인할 수 있군.
③ '영아를 보내 주십사고 청하면 그리 될 수도 있습니다.'에서 노파도 김생이 영영을 만나도록 도와주는 조력자임을 확인할 수 있군.
④ '영영을 불러낼 계획을 세웠다.'에서 김생이 영영을 만나기 위해 노력하고 있음을 확인할 수 있군.
⑤ '영영과 더불어 평생을 해로하였다.'에서 영영과 김생이 사랑을 성취하여 행복한 결말을 맞이했음을 확인할 수 있군.

[089~091]

2024년 9월 학평 (인천) 43~45번　정답과 해설편 p.291

다음 글을 읽고 물음에 답하시오.　3문항을 6분 안에 풀어보세요.

"도련님은 어디서 온 누구십니까? 지금 어디를 가시는 길인지 물어봐도 될까요?"

"네, 저는 하늘 옥황 문왕성 문 도령입니다. 지금 아랫마을 거무 선생님께 글공부 가는 길이오."

자청비가 문 도령을 찬찬히 살펴보는데 인물이 단정하고 눈빛이 깊은 것이 마음에 들었다. 게다가 거무 선생께 글공부를 간다 하니 같이 글공부하러 가고 싶은 생각이 불쑥 솟아났다.

"도련님, 우리 집에도 나와 닮은 남동생이 있는데 마침 거무 선생께 글공부하러 가고 싶어 합니다. 이름은 **자청 도령**이라 하니 같이 벗하여 가는 것이 어떻겠습니까?"

조금이라도 자청비와 더 있고 싶은 문 도령은 선선히 그러겠다고 대답하고는 자청비를 따라갔다. 자청비는 문 도령을 집 앞 골목에 세워 놓고, 부모님 방으로 달려갔다.

"아버님, 어머님, 저도 다른 선비들처럼 글공부하러 가고 싶습니다."

대감이 펄쩍 뛰었다.

"계집아이가 글을 배워 무엇에 쓴단 말인고?"

어머니도 자청비의 손을 잡으며 달랬다.

"시집갈 나이가 다 되었는데 밖으로 나돌아다니면 안 좋은 소문만 난다. 그러니 그냥 집에서 살림이나 배우는 게 좋을 것 같다."

자청비가 차분하게 부모님을 설득했다.

"아버님, 어머님, 늘그막에 딸자식 하나 얻었는데 내일이라도 아버님 어머님이 세상을 떠나면 기일 제사 때 축지방*은 누가 쓸 겁니까?"

그 말끝에 부모님이 뭐라 대답을 못 하고 있는데 자청비는 계속해서 말을 이었다.

"나에게 오라비가 있습니까? 형제가 있습니까? 그저 집안에 자식이라곤 나 하나밖에 없는데, 여자라도 배워 놓으면 다 써먹을 데가 있습니다. 저라도 공부를 해서 축지방이나 쓰게 해 주세요."

자청비의 말을 들은 대감은 마음이 움직였다.

"듣고 보니 그럴듯한 말이구나. 늘그막에 귀한 딸자식 하나 얻었더니 부모 기일 제사까지 벌써부터 챙기려고 마음을 쓰니 기특하구나. 그렇다면 거무 선생께 가서 글공부하도록 하거라."

부모님께 허락을 받은 자청비는 방으로 들어가 입고 있던 옷을 벗어 두고 남자 옷으로 갈아입었다. 그러고는 책을 한 아름 안고, 붓도 몇 자루 감아쥐고는 부모님께 이별 인사를 드리는 둥 마는 둥 하고 밖으로 뛰쳐나갔다.

골목에 나가 보니 문 도령이 서성이며 기다리고 있었다. 자청비는 시침을 뚝 떼고 다가가 인사를 했다.

"처음 뵙겠습니다. 저는 자청 도령인데 누님한테 말씀 잘 들었습

니다."

"예, 저는 하늘 옥황 문왕성 문 도령이오."

문 도령은 자청 도령을 위아래로 훑어보며 고개를 갸웃했다.

'아무리 남매지간이라고 하여도 이렇게 닮을 수가 있는가? 자청 도령도 곱상하니 아가씨라고 해도 믿겠구나.'

문 도령과 자청 도령은 나란히 아랫마을 거무 선생에게 갔다.

[중략 줄거리] 자청 도령이 자청비임을 알게 된 문 도령은 자청비와 결혼을 한다. 한편, 이들을 시기한 하늘 무리들이 문 도령을 죽이고, 군졸들을 보내 자청비를 강제로 데려가려고 하자 자청비는 매미, 등에, 봉황새를 죽은 문 도령이 있는 방에 걸어 둔다.

"저 위에 보면 **우리 낭군이 깔고 앉았던 방석**이 있습니다. 그걸 내려서 깔고 앉아 보십시오. 그것이 조금 무겁긴 하지만 사나이라면 그 정도는 거뜬히 들 수 있어야 하지 않겠습니까? 그리하면 제가 스스로 가겠습니다."

선반 위에 놓인 무쇠 방석을 가리키며 말하자 군졸들이 달려들어 방석을 내리려 하였다. 그러나 어찌나 무거운지 꼼짝도 하지 않았다.

"문 도령이 이렇게 힘센 장수였구나. 아무래도 소문대로 보통 인물이 아니로군. 잘못하다가는 무슨 변이라도 당하는 게 아닌지 모르겠어."

군졸들은 겁이 나서 누구도 선뜻 나서려고 하지 않았다. 그러자 군졸들을 이끌고 온 우두머리가 문 도령이 누워 있는 방을 쳐다보며 한마디 했다.

"이놈들아, 걱정들 하지 마라. 그래봐야 죽은 목숨 아니냐? 죽은 목숨 아무 소용 없다."

"맞는 말이로구나. 제아무리 잘난 문 도령이라도 이미 죽은 목숨인데 어떻게 할 수 있겠는가."

그런데 죽은 줄 알았던 문 도령이 코를 골며 자는 소리가 들렸다. 주얼재열 **매미**, **등에**가 나는 소리, **봉황새** 꺽꺽 부리 벌리는 소리가 코 고는 소리로 들렸던 것이었다.

"어이? 이거 무슨 소리인가?"

"문 도령이 코 골며 자는 소리 같은데. 문 도령은 죽은 것이 아닌가?"

그때 방 밖에 서 있던 머슴이 자청비가 시킨 대로 손을 한 번 탁 쳤다. 그러자 화들짝 놀란 군졸들이 겁을 집어먹고 앞다투어 도망쳐 버렸다. 위기를 모면한 자청비는 죽은 남편을 살려 내기 위해 서천꽃밭으로 들어가 갖가지 꽃을 얻어 왔다. 자청비가 가져온 살살이꽃, 피살이꽃, 도환생꽃을 남편의 시체 위에 뿌리자 문 도령이 기지개를 켜며 일어나 앉았다.

"아, 잘 갔다! 그런데 무슨 일인가? 주변이 왜 이처럼 어지럽소?"

자청비는 그 사이에 있었던 일을 소상히 일러 주었다.

"아, 그러니까 부인 덕에 내가 이리 살아났구려."

문 도령은 또 한 번 자청비의 기지에 감탄하며 부인의 손을 꼭 잡았다.

하늘 옥황 천자국에 큰 사변이 일어났다. 검은 무리가 난을 일으켜 천자국이 큰 혼란에 빠지게 된 것이다. 옥황상제 천지왕은 여기저기 방을 붙이도록 했다.

"이 난을 평정하는 자에게 하늘 옥황의 땅 한 조각 물 한 조각을 갈라 주겠노라."

자청비는 문 도령과 함께 서천꽃밭에서 가져온 수레멸망악심꽃을 들고 천자국으로 갔다. 수레멸망악심꽃은 뿌리면 뿌리는 대로 많은 사람이 죽는 꽃이었다. 천지왕은 난을 평정하기 위해 왔다는 문 도령과 자청비에게 임무를 맡겼다. 전장으로 가 보니 삼만 명의 군사들이 칼을 치고 활을 받으며 치열하게 싸우고 있었다. 자청비는 천자국 병사들을 철수시키고는 수레멸망악심꽃을 동서로 뿌려 댔다. 그러자 난을 일으킨 군사들이 건삼밭의 늙은 삼 쓰러지듯 동서로 즐비하게 쓰러지며 숨이 끊어져 버렸다. 곧 난은 평정되고 천자국이 평온해졌다. 천지왕은 크게 기뻐하며 둘의 공을 치하했다.

"내 너희들에게 하늘나라에 있는 기름진 땅을 갈라 주겠으니 잘 맡아 다스리도록 하여라."

그러나 자청비는 이를 사양하고 인간 세상에 내려가 살고자 하니 대신 씨앗을 달라고 청을 드렸다.

"하늘님아, 하늘나라 기름진 땅 대신 **제주 땅에 내려가서 심을 오곡의 씨앗을 내려** 주십시오. 제주 백성들 농사짓고 살게 해 주겠습니다."

천지왕은 자청비를 기특하게 여기고 인간을 널리 이롭게 하라며 **여러 곡식**을 내려 주었다.

- 작자 미상, 「세경본풀이」 -

* 축지방 : 제사 때 읽어 천지의 신령께 고하는 글을 적은 종이 조각.

---

089 서술상 특징

윗글에 대한 설명으로 가장 적절한 것은?

① 비현실적 요소를 통해 인물의 비범한 능력을 드러내고 있다.
② 꿈과 현실을 교차하여 앞으로 일어날 사건을 암시하고 있다.
③ 비유적 표현을 사용하여 인물의 심리적 갈등을 드러내고 있다.
④ 공간적 배경에 대한 묘사를 통해 낭만적 분위기를 형성하고 있다.
⑤ 서술자가 직접적으로 개입하여 인물을 주관적으로 평가하고 있다.

090 내용 이해

윗글에 대한 이해로 적절하지 <u>않은</u> 것은?

① 자청비는 문 도령에게 자청 도령을 만날 것을 제안했다.
② 대감은 부모의 제사를 걱정하는 자청비를 기특하게 여겼다.
③ 군졸들은 문 도령이 살아 있다고 생각해 겁을 먹고 도망쳤다.
④ 난을 일으킨 군사들은 자청비가 뿌린 꽃에 의해 숨이 끊어졌다.
⑤ 천지왕은 천자국의 난을 평정하기 위해 자청비를 찾아가 도움을 구했다.

091 감상의 적절성

<보기>를 참고하여 윗글을 감상한 내용으로 적절하지 <u>않은</u> 것은? `3점`

> **| 보 기 |**
>
> 「세경본풀이」는 자청비가 농사를 관장하는 '세경신'이 되기까지의 과정을 담은 제주도 서사무가이다. 이 과정에서 자청비는 여성이라는 이유로 사회적 제약을 받거나, 여러 난관에 봉착한다. 그때마다 자청비는 거짓말이나 속임수를 사용하여 상대와 동질성을 이뤄 상대방의 수용을 얻기도 하고, 상황을 미리 조작하여 자신의 불리한 상황을 반전시키기도 한다. 또한, 유인책을 사용해 상대를 함정에 빠뜨려 목적을 달성하기도 한다.

① 자청비가 '자청 도령' 행세를 한 것은 문 도령과의 동질성을 획득하기 위한 속임수로 볼 수 있겠군.
② 자청비가 '계집아이가 글을 배워 무엇에' 쓰냐며 부모로부터 글공부를 제지당하는 것은 자청비가 받는 사회적 제약으로 볼 수 있겠군.
③ 자청비가 무쇠 방석을 '우리 낭군이 깔고 앉았던 방석'이라고 말한 것은 상대방을 함정에 빠뜨려 자신의 편으로 만들기 위한 유인책으로 볼 수 있겠군.
④ 자청비가 '매미', '등에', '봉황새', 박수 소리를 이용한 것은 문 도령이 살아 있는 것처럼 상황을 미리 조작하여 자신의 불리한 상황을 반전시키기 위한 것으로 볼 수 있겠군.
⑤ 자청비가 천지왕에게 '제주 땅에 내려가서 심을 오곡의 씨앗을 내려' 달라고 요청하여 '여러 곡식'을 받는 것은 자청비가 지닌 세경신으로서의 면모로 볼 수 있겠군.

[001~002] 2024년 3월 학평 (서울) 44~45번 정답과 해설편 p.295

다음 글을 읽고 물음에 답하시오. 2문항을 3분 안에 풀어보세요. 

[앞부분의 줄거리] 동물원의 코끼리들이 도심으로 탈출했다. 근처 선거 유세장에서는 정치인이 부상을 당하였고, 일대는 쑥대밭이 되었다. 조련사는 유세를 방해하기 위해 일부러 코끼리를 풀어 준 혐의로 경찰서에 붙잡혀 와 조사를 받는다. 참고인 자격의 의사와 아들의 면회를 온 어머니도 함께 있다.

조련사 정말인데. 코끼리들은 공연하면서 많이 우는데. 답답하다고 우는데. 슬퍼서 우는데. 난 다 알고 있었는데. 코끼리들이 며칠 전서부터 도망갈 조짐을 보인 것도 알았는데. 도망가려고 의논하는 소릴 들었는데. 그리고 그날은 공원에 갈 때 다른 날과 다르게 빨리 걸었는데. 난 눈치를 챘는데. 오늘이구나. 다른 조련사들이 나한테 다 맡기고 매점에 갔을 때, 코끼리들이 주위를 살피기 시작했는데. 거위들이 꽥꽥댈 때 서로 눈을 마주쳤는데. 나도 코끼리랑 눈이 마주쳤지만 휘파람을 불었는데. 못 본 척 휘파람만 불었는데. 도망가라고. 가서 가족들 애인들 만나라고 일부러 못 본 척했는데.

어머니 겁을 많이 먹었어요. 두려우면 말이 많아져요.

어머니가 손수건을 꺼내 조련사를 닦아 주려 하나 조련사가 피한다.

의사 (조련사에게) 도망치지 마세요. 선생님은 지금 또 다른 거짓말을 만들고 그리로 도망가는 겁니다. 용기를 내서 직면하세요. 직면이 무슨 뜻인 줄 아시죠? 정정당당하게 직접 부딪치는 거예요. 지금이 가장 중요한 순간입니다.

조련사가 외면한다.

형사 (담배를 비벼 끄고) 야, 인마! 나 똑바로 쳐다봐. 너 아까 시인했지? 시켜서 했다고. 그들이 널 1년 전부터 코끼리 조련에 투입했잖아.

조련사가 외면한다.

어머니 있는 그대로 말씀드려. 넌 그저 착한 마음에 코끼리들을 풀어 주고 싶었잖아. 네가 그랬잖니? 동물들이 밧줄에 묶여 있는 것 보면 마음이 아프다고. 꼭 네가 묶인 것처럼 마음이 아프다고. 왜 말을 못 해? 왜 그렇게 말을 못 해?

조련사는 자신의 말이 받아들여지지 않는 것에 대해 너무 답답

하다. 그는 발을 구르고 팔을 휘두르고 고개를 흔들며 몸으로 그 답답함을 호소한다.

조련사 진짜 그랬는데. 왜 내 말을 안 믿는데.

형사 (소리를 지른다) 가만히 앉아!

의사 직면하기 힘들어서 그런 겁니다.

어머니 얘야, 정신 차려.

(중략)

조련사 (꽤 지쳐 있다) 내가 했는데. 다 내가 했는데.

형사 (조련사의 어깨를 두드리며) 그만, 그만. 진정해. 거기까지. 잘했어. 오후에 기자단이 오면 나한테 했던 말을 그대로 하면 돼. 그러면 모든 일이 마무리되는 거야. 어마어마한 음모가 드러나는 거지. 걱정 마. 넌 가벼운 문책을 받는 데 그치도록 손써 줄게.

이때, 친절한 노크 소리. 느닷없이 코끼리가 들어온다. 코끼리는 오로지 조련사에게만 보인다. 따라서 조련사와 코끼리의 대화는 아무도 들을 수 없다.

조련사 삼코!

코끼리가 조련사에게 다가와 그를 일으켜 세운 후 가슴에 번호표를 달아 준다.

코끼리 57621번째 코끼리가 된 걸 축하해.

코끼리가 조련사의 목에 화환을 걸어 준다. 코끼리가 조련사를 형사가 있는 쪽으로 보낸다. 이때부터 말하는 사람에게만 차례로 조명이 비춰진다. 조련사에게 조명이 비춰질 때마다 그는 조금씩 코끼리로 변해 있다.

형사 (조련사에게) 넌 톱기사로 다뤄질 거야. 다른 얘긴 집어치우고 유세장 얘기만 해. 어떻게 유세장으로 코끼리를 유인했는지. 고생했다. 배고프지? 좀 이따 따뜻한 국밥이라도 먹자. 기자 회견 때는 김창건 의원 이름을 분명히 말해. 그래야 네 혐의가 쉽게 풀릴 테니까.

조련사가 편안한 미소를 지으며 오른손을 올려 이마에 경례를 붙인다. 조련사가 어둠으로 사라지면 어둠 속에 있던 코끼리가 그에게 조끼를 입힌다. 코끼리가 그를 의사에게 보낸다.

의사 고백한 내용, 모두 녹음했어요. 코끼리를 사랑할 순 있지만 그건 병이에요. 병을 고치는 건 문제점을 인정하는 데서 출발하죠. 선생님의 인정은 정말 용감한 일입니다. 고비를 넘기셨어요. 선생님께도 곧 진짜 애인이 생길 수 있습니다. 코끼리가 아닌 진짜 여자.

조련사가 행복한 미소를 지으며 감사의 인사를 정중하게 한다. 조련사가 어둠으로 사라지면 코끼리가 그에게 화려한 벨벳 모자를 씌운다. 코끼리가 그를 어머니에게 보낸다.

어머니 어쩌겠니. 순진하기만 한 걸. 그렇게 생겨 먹은 걸. 인생 뭐 있니? 생긴 대로 사는 거지. 그래도 넌 여전히 착하고 멋지다. 그럼, 누구 아들인데. 누가 너처럼 용감할 수 있니? 그래, 다 풀어 줘. 다 초원으로 데리고 가. 개구리도 코끼리도, 엄마도 아빠도 다, 다 데리고 가. 사람들이 나중엔 알 거야. 네가 얼마나 좋은 일을 했는지. 혹시 아니? 노벨 평화상이라도 줄지.

조련사가 어머니를 살짝 포옹했다 푼다. 조련사가 어둠으로 사라지면 코끼리가 그에게 커다란 코가 붙어 있는 머리를 씌워 준다. 어느새 조련사는 코끼리와 똑같은 형상을 갖췄다. 조명이 서서히 무대 전체를 비춘다. 형사, 의사, 어머니는 자신의 의지가 관철된 듯, 결의에 찬 박수를 친다. 박수 소리가 점점 커져 우레 같은 박수 소리가 된다. 마치 서커스를 보려고 몰려든 관중의 박수 소리처럼. 조련사와 코끼리는 형사, 의사, 어머니 사이를 돌며 쇼를 시작한다.

- 이미경, 「그게 아닌데」-

---

001 내용 이해

윗글을 이해한 내용으로 적절하지 <u>않은</u> 것은?

① 조련사는 코끼리들이 동물원에서 탈출하려는 모습을 보고도 방관했다고 말했다.
② 형사는 조련사에게 배후 세력의 지시를 받았다는 것을 인정하라고 다그쳤다.
③ 어머니는 조련사가 한 행동의 원인을 조련사의 심리나 성품에서 찾았다.
④ 의사는 조련사의 말과 행동을 병과 연관 지어 해석했다.
⑤ 형사, 의사, 어머니는 서로 의견을 교환하며 조련사를 설득할 방법을 모색했다.

002 감상의 적절성

<보기>를 바탕으로 윗글을 감상한 내용으로 적절하지 <u>않은</u> 것은? `3점`

> **ㅣ보기ㅣ**
>
> 이 작품은 사람들 사이의 소통 단절의 문제를 조련사가 코끼리로 변해 가는 과정을 통해 상징적으로 나타낸다. 조련사는 상대가 자신만의 논리를 일방적으로 강요하는 것에 답답함과 무력감을 느낀다. 결국 조련사는 자기 생각을 버리고 타인의 의지에 맞추어 순응하는 수동적인 처지가 된다. 조련사가 코끼리가 되는 결말은 그가 회복 불가능한 단절 상황에 놓이게 되었음을 의미한다.

① 조련사가 어머니의 손길을 피하고, 의사와 형사의 말을 외면하는 것에서 소통이 단절된 상황을 엿볼 수 있군.
② 조련사가 꽤 지쳐 있는 상태에서 자신이 했다는 말을 반복하는 것에서 소통이 어려운 상황에 대한 자포자기의 심정을 엿볼 수 있군.
③ 조련사가 코끼리로 조금씩 변하면서 형사, 의사의 말에 미소를 짓는 것에서 소통이 단절된 상황에서 벗어났음을 엿볼 수 있군.
④ 조련사가 코끼리의 형상을 갖춘 뒤 형사, 의사, 어머니가 결의에 찬 박수를 치는 것에서 자신들의 의지가 관철된 만족감을 엿볼 수 있군.
⑤ 조련사가 코끼리가 되어 형사, 의사, 어머니 사이를 돌며 쇼를 하는 것에서 동물원의 코끼리와 다를 바 없는 수동적인 처지로 전락했음을 엿볼 수 있군.

DAY 28 · VI · 극

2. 시나리오

[003~005]   2019년 3월 학평 (서울) 39~41번   정답과 해설편 p.298

다음 글을 읽고 물음에 답하시오.   3문항을 4분 안에 풀어보세요.   **4분**

S#49. 몽타주*

ㅇ 산채 정식처럼 각종 산나물과 된장찌개를 정갈하게 무치고 끓이고 소박한 상을 정사에게 올리는 장금.

ㅇ 사신, 먹으며 가운데 미간이 찡그려진다.

ㅇ 보는 장금과 장번 내시, 오겸호, 불안하고,

ㅇ 다음날은 각종 해조류 반찬이 눈에 띄게 많은 밥상.

ㅇ 보는 정사. 미역국에 고기 대신 생선이 들어가 있다.

ㅇ 먹고는 역시 가운데 미간이 찡그려지는 정사.

ㅇ 보는 장금과 장번 내시, 오겸호, 불안.

ㅇ 흰 생선 살을 잘 발라내고 있는 장금.

ㅇ 생선 살을 넣은 두부로 두부전골을 끓이는 장금.

ㅇ 두부전골을 중심으로 올려지는 상.

ㅇ 먹어 보고는 역시 미간이 심하게 찡그려지는 사신 정사.

ㅇ 말린 나물과 버섯들을 걷어 가는 장금.

ㅇ 대나무 밥을 하는 장금.

ㅇ 사신에게 올려지는 상. 보면 물김치와 톳나물, 버섯나물과 산나물 그리고 대나무 밥이 올려져 있고.

ㅇ 먹고는 미간을 찡그리는 사신의 모습.

ㅇ 보는 장금의 모습.

S#55. 태평관 연회장

들어오는 장금, 보면, 화려하게 차려진 음식상이 있다. 이때, 오겸호와 장번 내시가 사신을 모시고 나오고, 상을 보는 정사, 놀라는데, 그를 바라보는 최 상궁과 금영의 표정에 자신감이 넘친다. 한 켠에는 불안한 표정으로 서 있는 장금.

오겸호 그동안 (장금을 보며) 궁녀의 불경한 짓거리로 본의 아니게 무례를 저질렀습니다.

정 사 ……

오겸호 하여 오늘부터는 만한전석을 올릴 것입니다!

정 사 만한전석을? (장금을 본다.)

오겸호 오늘은 저 불경한 것의 처결이 있는 날이니 원하시는 대로 벌을 내리고 마음껏 드십시오!

장 금 ……

금 영 (장금을 보는데)

정사, 역시 장금을 본다. 그러고는 자신의 앞에 놓인 음식을 보고, 다시 한 번 장금을 보고는 수저를 들어 음식을 먹기 시작한다. 보는 최 상궁과 금영, 희색이 가득하고, 정사는 계속 먹어 보는데, 미간이 찌푸려지지 않는다. 오겸호 정사의 미간을 보고는 입가에 미소를 띠며 최 상궁을 보면 최 상궁 목례를 하고, 불안한 장금, 계

속 먹는 사신 정사. 최 상궁과 장번 내시의 표정, 이제는 끝이라는 듯 바라보는 금영의 표정. 절망에 휩싸이는 장금의 표정.

S#56. 태평관 연회장 안

모두가 지켜보는 가운데 음식을 먹던 정사, 수저를 놓는다. 모두들 정사를 바라보는데,

오겸호 대인! 대인을 능멸한 나인이옵니다.

정 사 ……

오겸호 어찌 하올까요?

정 사 앞으로 산해진미는 이것으로 끝이오!

모 두 ……?

정 사 (장금에게) 이 정도 먹은 것은 용서해 주겠느냐?

장 금 ……

정 사 오늘의 만한전석은 참으로 훌륭하였소.

오겸호 예, 앞으로 연회는 이틀 동안 계속될 것이옵니다.

정 사 정성은 고마우나, 사양해야 할 듯하오.

오겸호 대인, 그게 무슨 말씀이온지, 그동안, 저 나인의 방자한 행동으로 입에 맞지 않는 음식을 드시느라 고생하셨던 것을 송구하게 생각하여 준비한 음식입니다. 어찌하여 마다시는지요.

정 사 (웃으며) 저 방자한 나인 때문이오.

오겸호 무슨 말씀이신지?

정 사 그동안 나는 맛있고 기름진 음식만을 탐해 왔소. 하여, 지병인 소갈을 얻었음에도, 사람이란 참으로 약한 존재인지라, 알면서도 그런 음식을 끊을 수가 없었소이다.

모 두 ……

정 사 (장금에게) 나는 조선의 사람도 아니며, 오래 있을 사람도 아니다. 대충 내가 원하는 음식을 해 주어 보내면 될 것을, 어찌하여 고집을 피웠느냐?

장 금 ……

장번 내시 어서 아뢰어라.

장 금 저는 다만 마마님의 뜻을 따랐을 뿐이옵니다.

정 사 그 뜻이 무엇이냐?

장 금 그 어떠한 경우에도, 먹는 사람에게 해가 되는 것을, 올려서는 안 된다는 것입니다. 그것이 음식을 하는 자의 도리라 하셨습니다.

정 사 그로 인해 자신에게 크나큰 위험이 닥쳐도 말이냐?

장 금 이미, 한 상궁 마마님께서 끌려가시며 제게 몸소 보여 주시지 않으셨습니까?

정 사 (웃으며) 참으로 고집불통인 스승과 제자로다.

모 두 (보면)

정 사 그래, 하여, 알았다. 음식을 하는 자가 도리와 소신이 있듯이 음식을 먹는 자 또한 도리가 있어야 한다는 것을.

모 두　…….

정 사　음식을 해 주는 자가 올곧은 마음으로 내 몸을 지켜 주려는
　　　데 정작 먹는 자인 내가 내 몸을 소홀히 하여, 나를 해치는
　　　음식을 먹는다는 것이 말이 안 되지. 먹는 자에게도 도리가
　　　있는 것이었어.

모 두　…….

정 사　갖은 향신료에 절어 있던 차라 네가 올린 음식이 처음에는
　　　풀 냄새만 나더니 먹으면 먹을수록, 그 재료 고유의 맛이
　　　느껴지면서 참으로 맛있었다. 또 다른 맛의 공간이더구나.
　　　비록 조선의 작은 땅덩어리에 사나, 네 배포와 심지는 대륙
　　　의 땅보다도 크구나.

장 금　…….

정 사　가는 날까지 내 음식은 고집불통인 네 스승과 너에게 맡기
　　　겠노라!

- 김영현 각본, 「대장금(大長今)」 -

＊몽타주 : 각각 촬영한 화면을 이어 붙여 다양한 효과를 연출하는 기법으
　로, 사건을 속도감 있게 보여 주는 효과를 나타내기도 함.

003　내용 이해

윗글을 통해 알 수 있는 내용으로 적절한 것은?

① 한 상궁은 정사의 뜻을 알고 장금에게 음식을 준비하도록 했다.
② 장금과 금영은 정사가 먹을 음식을 기쁜 마음으로 함께 준비하였다.
③ 정사는 오겸호의 조언에 따라 장금이 만든 음식을 억지로 먹고 있었다.
④ 오겸호는 만한전석을 준비하라고 한 정사의 지시에 불만을 가지고 있
　었다.
⑤ 정사는 떠나는 날까지 음식을 준비하라고 할 만큼 장금에 대한 신뢰를
　보였다.

004　감상의 적절성

〈보기〉를 통해 윗글을 감상한 내용으로 적절하지 않은 것은? 3점

| 보 기 |

　음식은 먹는 사람의 건강을 지키는 수단이자 맛에 대한 욕망을
충족하는 수단이기도 하다. 이 둘은 상충되기도 하지만 조화를 이
루기도 한다. 「대장금」은 다양한 음식을 소재로 한 일련의 사건과
음식에 대한 소신을 지키는 장금의 모습에서 전통 음식 문화에 대
한 자부심을 느끼게 한다.

① 정사는 '소갈'에 걸리고도 맛있고 '기름진 음식'을 끊을 수 없었다는 점
　에서 맛에 대한 욕망을 제어하지 못하였음을 알 수 있군.
② 장금이 정사가 싫어하는 것을 알면서도 '생선'과 '산나물'을 이용하여 만
　든 음식을 올리는 것은 정사의 건강을 우선시했기 때문이군.
③ 정사는 장금이 만든 음식에서 '재료 고유의 맛'을 느끼며 건강을 지키는
　것과 맛에 대한 욕망이 조화를 이룰 수 있음을 깨닫게 되는군.
④ 장금은 정사가 '만한전석'과 같이 건강을 해치는 음식을 선호하는 것을
　보고 음식을 먹는 자의 도리를 지키지 않는다고 말하며 안타까워했군.
⑤ 장금이 위험을 무릅쓰고 먹는 사람의 건강에 도움이 되는 음식을 고집
　하는 것에서 '음식을 하는 자의 도리'를 지키고자 하는 소신을 확인할
　수 있군.

005　연출 계획

S#49를 제작하기 위한 회의 내용으로 적절하지 않은 것은?

① 음식을 정성스럽게 만드는 장금의 솜씨를 강조할 필요가 있습니다. 음
　식을 만드는 손을 클로즈업하면 좋겠습니다.
② 이틀에 걸친 사건을 짧은 장면으로 이어 붙인 장면입니다. 사건이 속도
　감 있게 전달될 수 있도록 편집하면 좋겠습니다.
③ 불안해하는 오겸호를 담은 장면이 반복됩니다. 배우의 표정 연기를 통
　해 긴장감이 고조되도록 연출을 하면 좋겠습니다.
④ '음식 준비 - 사신의 시식 - 장금의 기대 - 사신의 평가'가 이어지고 있습
　니다. 이 순서대로 장면들을 편집하면 좋겠습니다.
⑤ 조선 시대를 배경으로 하고 있습니다. 사실성이 드러나도록 당시의 의
　복과 소품을 고증하여 준비하는 것이 좋겠습니다.

DAY
28

VI

극

다음 글을 읽고 물음에 답하시오.  3문항을 4분 안에 풀어보세요.

S# 29 궁궐 외각의 작은 문(밤)

㉠ <u>보쌈 한 박 나인을 들고 가는 일단의 나인들. 역시 은밀하고 기민한 동작이다.</u> 불안한 얼굴로 보자기를 하나 들고 뒤따라가는 한 나인. 온몸이 사시나무처럼 떨고 있다. 몸도 마음도 진정시키기가 어렵다.

S# 30 산 계곡 은밀한 곳(밤)

보쌈을 풀고 나오는 박 나인. 나인 하나가 눈과 입을 풀어 주면 앞의 전경이 보인다. 가운데 최고 상궁인 최 상궁이 떡 버티고 서 있고 옆엔 기미 상궁, 그리고 나인들 예닐곱 명이 서 있다. 그 가운데 불안한 눈빛의 최 나인, 그리고 한 나인, 또 한 나인이 들고 있는, 보자기를 벗긴 술병까지. 이윽고 바닥에 꿇려지는 박 나인. 박 나인, 뭔가 일이 크게 잘못되었음을 깨닫는데, 그런 상황에서 주변을 살피며 재빨리 술병 안에 무언가를 넣는 한 나인.

박 나인	(영문을 모르는 채 두려움에 떨고)
최고 상궁	네 죄를 인정하겠느냐?
박 나인	무엇을 말씀하시는 것입니까?
㉡ **최고 상궁**	다시 묻겠다! 네 죄를 인정하느냐?
박 나인	(더욱 안타까워) 마마님, 무엇이옵니까? 무슨 연유로 이리 하시는지 알려 주시옵소서.
한 나인	…….

(중략)

S# 47 암자 안(밤)

들어오는 천수, 보면 박 나인이 한삼으로 입을 막은 채 토악질을 하고 있다. 천수, 얼른 들어와,

㉢ <u>**천수** 막지 마시오! 토악질을 해야 살아난다고 했소.</u>

하고는 얼른 박 나인의 옆으로 가 등을 쓰다듬고, 두드려 주며 토악질을 돕는다. 한참을 그러고 나니, 잠시 토악질을 멈추는 박 나인. 힘없이 누우려는데, 박 나인이 누웠던 곳에 작은 쪽지 하나가 있다. 쪽지를 발견하는 천수. 박 나인에게 말없이 쪽지를 건넨다. 박 나인, 받아 들어 펴 본다. 수라간에서 급히 썼는지, 종이에 간장으로 쓴 한 나인의 옛 한글 서찰 이다. 보는 박 나인의 눈에 금방 눈물이 맺히고, 천수도 같이 보게 되나 천수의 얼굴은 복잡하다.

한 나인	(E*) 명이야, 살았느냐? 살았느냐? 지금 너를 죽일 약병을 들고 어찌할 줄을 모르겠다.

S# 48 수라간(회상*, 밤)

급히 들어오는 한 나인. ㉣ <u>이리저리 휘돌아보다가 선반 옆 서랍 속에서 무언가를 급히 찾는다.</u>

한 나인	(E) 순간, 부자탕은 감두탕이나 녹두로 해독할 수 있다는 네 말이 떠올랐다. 그러나, 네가 이걸로 살아날 수 있을지 알 수가 없구나. 살았느냐, 명이야…….

이윽고 녹두물 그릇을 찾은 듯 급히 품에 넣고 나간다.

S# 49 암자 안(밤)

눈물을 흘리며 보고 있는 박 나인, 옆에서 보는 천수. 박 나인에게 연민과 동질감이 느껴질수록 마음이 복잡하다.

한 나인	(E) 혹, 죽었거든 나를 용서치 말며 혹, 살았거든 내 말을 들어다오.

S# 50 수라간(회상, 밤)

급히 글을 쓰고 있는 한 나인의 모습. ㉤ <u>글을 쓰며, 하염없이 눈물이 흐르고 있다.</u>

한 나인	(E) 나도 일의 전모는 알 수 없으나, 네가 남자와 통정했다는 말을 나는 믿지 않는다. 믿지 않기에 너는 다시 궁으로 돌아와서는 안 된다. 그들의 눈에 띄어서도 안 된다. 멀리 도망가서 살아라. 살아다오! 그리해서 힘없이 너를 보낸 나를, 그들의 협박에 무릎 꿇은 나를 벌해 다오! 이를 어찌하면 좋으냐, 명이야…….

S# 51 암자 안(밤)

박 나인, 하염없이 눈물을 흘리는데……, 천수, 조용히 나오고.

- 김영현, 「대장금」-

> *E : 'Effect'의 약자로서 보통 효과음을 말함. 이 극본에서는 말하는 장면은 보이지 않고 목소리만 나오는 경우를 가리킴.
> *회상 : 현재 상황에서 과거를 떠올리는 것을 말함. 이 극본에서는 지난 사건에 대한 정보가 담긴 서찰 내용의 재현을 가리킴.

---

006 고3 | 2012학년도 6월 모평 37번
서술상 특징

윗글에 대한 설명으로 가장 적절한 것은?

① 암시적이고 비유적인 대사들이 활용되고 있다.
② 사건의 발생 순서에 따라 장면이 연결되고 있다.
③ 시간적 배경에 의해 고즈넉한 분위기가 조성되고 있다.
④ 인물 간의 우호적 관계와 대립적 관계가 드러나고 있다.
⑤ 장소의 변화에 따라 갈등이 해결되는 양상을 보이고 있다.

007

서찰과 관련지어 윗글을 이해한 내용으로 적절하지 <u>않은</u> 것은?

① '한 나인'은 '박 나인'의 생존에 대해 확신하지 못했다.
② '박 나인'은 남자와 통정했다는 혐의를 받고 징벌을 당했다.
③ '한 나인'은 구체적인 증거물에 근거하여 '박 나인'이 결백하다고 보았다.
④ '박 나인'이 '한 나인'에게 알려 준 정보 덕분에 '박 나인'이 살 수 있었다.
⑤ '한 나인'은 '박 나인'을 살리려는 시도가 발각될지도 모른다는 생각에 불안해했다.

008

㉠~㉤ 중 〈보기〉의 촬영 기법을 적용하기에 가장 적절한 것은?

> | 보 기 |
>
> 앙각(仰角, Low-angle) : 주로 인물의 권위나 위세를 시각적으로 표현하기 위해 카메라를 인물보다 아래쪽에 설치하여 올려 찍는 기법.

① ㉠　　　② ㉡　　　③ ㉢　　　④ ㉣　　　⑤ ㉤

다음 글을 읽고 물음에 답하시오.

3문항을 4분 안에 풀어보세요.  **4분**

S#90. 전철역 안 / 오후

경숙, 비틀거리며 뒤편에 있는 의자로 가서 앉는다. 점점 일그러지는 그녀의 표정. 조금씩 새어 나오는 신음 소리. 배를 움켜쥔 손. 의자로 점점 기울어져 눕다시피 되는 경숙. 점점 흐려지는 눈빛.

(플래시백*)

동물원의 인파 속에 서 있는 젊은 경숙과 어린 초원. 초원은 한쪽 손에 풍선을 들고 멍하게 서 있고, 경숙은 초원의 손을 잡고 있다. 우울한 표정의 경숙, 초원을 바라보고 서 있다. ⓐ스르륵 풀리는 초원의 손. 초원, 사람들 틈으로 마술처럼 사라진다.

S#93. 병원 병실 / 밤

경숙 이왕 이렇게 세상에 태어난 이상, 뭐 하나라도 즐길 수 있는 거, 살아 있다는 기분 느낄 수 있는 거 하나쯤 엄마가 만들어 주고 떠나자. 그런데 어느 날 보니……. 그러면서, 내가 좋아하고 꿈꾸고 위로받고 있는 거였어. 아무것도 모르는 애를 멋대로 굴려 가면서. 하지만 그만둘 수가 없었어. 그럼 난 살 수가 없을 것 같았거든. (눈물을 떨군다) …… 애가 기억하더라구. 옛날에 동물원에서 잃어버렸던 걸……. 기억나지 당신도? 사실은 말야, 그때, 내가 초원이를 버렸던 거야. 사람들 틈에서 손을 놓았지. 도저히, 키울 자신이 없었거든……. 그러니까, 제 살자고 애를 버렸던 엄마가, 이제 또 제가 살려고 애를 그렇게 한평생 못살게 군 거야.

희근 당신 그때 스물일곱이었어.

경숙 지금은 아니야. 담임 선생님이 그랬어. 애가 힘들어도 힘들단 소리를 안 한대. 내가 늘 그랬거든. 초원이 힘들어, 안 힘들어? 안 힘들지? 힘들지 않지? 좋지? 좋아하지? …… 십오 년을 그렇게 애를 다그쳤어. 그래서 이젠 힘들다, 하기 싫단 말을 아예 못 해. 어떡하지? 우리 초원이 불쌍해서? 어쩜, 초원이는 엄마가 자길 또 내버릴까 봐, 그렇게 열심히, 힘들단 소리도 못 하고 지금껏 산 거 아닐까, 여보? 어떡하지? 그럼 나 정말 지옥 갈 거야, 그치?

S#94. 병원 정원 / 낮

정욱 예전에 초원이 마라톤 좋아한다고 했을 때, 내가 직접 달려 보지도 않고 그딴 소리하지 말라고 한 거 기억나요?

허공을 바라보고 있는 경숙에게 진지하게 계속 말하는 정욱.

정욱 그건 정말 모르는 거예요. 직접 뛰어 본 사람만 아는 거죠. 승부를 위해, 기록을 위해, 다른 사람을 위해 뛰는 거랑은 다른 거거든요. 그럴 땐 멈추고 싶죠. 그리고 멈춰 서 있으면……. 그 느낌은 쉽게 까먹어요. 그럼 영영 다시 뛸 수 없죠. (경숙을 바라보며) 제가 페이스메이커 할게요. 같이 뛴다구요.

경숙 하지만, 우리 앤 달라요, 남들과 달라요. 똑같지 않다구요! 그걸 깨닫는 데 20년 걸렸어요. 바보처럼……. 그깟 200시간으로 뭐가 달라졌을 것 같아요? 어림도 없어요. 애 맘을 아냐구요? 그걸 알면, 난 지금 당장 죽어도 소원이 없어요. (큰 목소리로) 가세요! 이젠, 안 해요! 내가 그놈의 걸 알 때까지 하루라도 더 살기 위해서라도 이제 마라톤 안 해요!

S#95. 몽타주

- 학교로 가는 승합차에 올라타는 초원. 차에 타기 전 아파트를 올려다보지만 엄마가 늘 손 흔들어 주던 자리엔 아무도 없다. ……
  ………………………………………………………………────ⓒ
- 병원에서 탁상 달력을 바라보는 경숙. 10월 10일 날짜에 눈이 간다. 미련을 버리려는 듯, 텔레비전을 켠다. …………────ⓛ
- 아파트 복도 구석에 앉아 정욱이 사준 얼룩말 러닝화를 박스에서 꺼내 보는 초원. 냄새를 킁킁 맡아 본 후, 다시 박스에 넣는다.
  ………………………………………………………………────ⓒ

[중략 줄거리] 경숙은 퇴원하고, 초원은 정욱에게 마라톤 훈련을 받지 않으나 깊은 밤 운동장을 스스로 달린다. 10월 10일 마라톤 대회가 열리는 날, 초원은 혼자 대회 현장으로 향한다. 초원이 사라지자 놀란 경숙과 동생 중원은 초원을 찾아 나서고, 대회 현장에서 초원을 발견한다.

S#101. 춘천 공설 운동장 / 아침

경숙, 초원을 잡아끌지만, 초원은 움직일 생각을 안 한다.

경숙 너 뛰다가 쓰러지면 또 주사 맞잖아. 주사 맞을 거야?
초원 (머뭇거리다가 이내) 안 쓰러져. 초원이 안 쓰러져.

그 순간 '타앙' 울리는 출발 총성. '와아' 하는 함성 소리와 함께 물밀 듯이 밀려 나가기 시작하는 사람들. 그 틈바구니에서 손을 붙잡은 채, 서로 노려보고 있는 초원과 경숙.

중원 (가운데에 서서 간절한 표정으로) 엄마!
경숙 초원아, 나중에 오자. 오늘은 안 돼. 너 혼자선 안 돼.

초원 모자와 거칠게 부딪치면서 출발하는 사람들. 달려 나가는 수많은 사람들 틈에서, 보였다 안 보였다 하는 초원과 경숙. 하지만 초원의 손을 꼭 잡고 있는 경숙.

경숙 초원아, 엄마가 잘못했어. 이제, 이런 거 안 시킬게.
초원 초원이 다리는…….

경숙, 숨이 멎는 듯

초원 초원이 다리는……?
경숙 (경숙의 눈가가 젖어 들고) 백만 불짜리 다리…….

어느새, ⓑ <u>스르르 손이 풀리고</u>, 초원은 바람처럼 군중들 틈으로 사라진다.

- 정윤철, 윤진호, 송예진 각본, 「말아톤」-

*플래시백 : 영화가 순차적으로 진행되는 도중 과거 시간대의 장면을 삽입하는 기법.

---

009 연출 계획

윗글을 영화로 연출하기 위한 연출자의 주문 사항으로 적절하지 않은 것은?

① S#93에서 경숙이 말할 때, 자책감을 담아낼 수 있는 표정으로 연기해 주세요.
② S#94에서 정욱이 경숙을 설득할 때, 진지한 태도가 드러나는 어조로 대사를 해 주세요.
③ S#94에서 경숙이 정욱의 제안을 거절할 때, 감정을 억누르려는 차분한 목소리로 연기해 주세요.
④ S#101에서 마라톤 대회가 시작되는 상황일 때, 생생한 현장감이 부각될 수 있는 효과음을 넣어 주세요.
⑤ S#101에서 초원과 경숙이 대화할 때, 마라토너들은 일시에 그들의 주변을 빠르게 지나쳐 가도록 해 주세요.

010 감상의 적절성

〈보기〉를 감독의 인터뷰라고 할 때, 〈보기〉를 바탕으로 S#95의 ㉠ ~ ㉢을 감상한 내용으로 적절하지 않은 것은? `3점`

> | 보 기 |
>
> "S#95에서 몽타주 기법을 사용한 것은 장면과 장면을 연결해 주면서 사건을 압축적으로 전개하고자 했기 때문입니다. 몽타주 기법을 사용하게 되면 장면들이 서로 연결되면서, 하나의 장면만으로는 보여 줄 수 없었던 사건의 진행 과정과 인물의 심리를 관객들이 짐작할 수 있게 됩니다. 그리고 자칫 느슨해질 수 있는 사건 전개에 속도감을 부여하여 영화에 대한 몰입도를 높일 수 있습니다."

① ㉠은 S#90과 연계된 S#93에서 경숙이 입원한 것과 관련하여 초원의 일상에 변화가 생겼음을 알 수 있게 하는군.
② ㉡은 S#94에서의 대사와는 달리 초원의 마라톤 대회 참가에 대해 경숙이 미련을 가지고 있었음을 알 수 있게 하는군.
③ ㉢은 S#101에서 마라톤을 하고 싶어 하는 모습을 보이는 초원과 연결하여 이해할 수 있겠군.
④ ㉡, ㉢을 통해 초원과 경숙의 모습을 대비하여 S#101에서 중원에 의해 두 사람의 갈등이 해소될 것임을 나타내는군.
⑤ ㉠ ~ ㉢을 나열한 것은 초원과 경숙의 일상을 압축적으로 보여 줌으로써 속도감 있게 사건을 전개하기 위한 것이군.

011 구절의 의미

ⓐ와 ⓑ를 연계하여 초원에 대한 경숙의 인식 변화를 이해한 것으로 가장 적절한 것은?

① 책임을 져야 하는 부담스러운 존재에서 의지를 지닌 주체적인 존재로 인정하게 되었음을 알 수 있다.
② 보살핌을 받지 못하던 소외된 존재에서 남을 위해 애쓰는 대견한 존재로 인식하게 되었음을 알 수 있다.
③ 다가가기 어려운 고독한 존재에서 먼저 마음을 열고 다가오는 살가운 존재로 인식하게 되었음을 알 수 있다.
④ 가르침에 잘 따르는 순종적인 존재에서 자기 고집만 내세우는 야속한 존재로 받아들이게 되었음을 알 수 있다.
⑤ 함께하며 위안을 얻는 존재에서 뒤늦게 속마음을 알게 되어 미안함을 느끼는 존재로 생각하게 되었음을 알 수 있다.

다음 글을 읽고 물음에 답하시오.

2문항을 3분 안에 풀어보세요. **3분**

[앞부분의 줄거리] 노비 소이는 한자를 몰라 이도(세종)가 심온에게 보낸 비밀 명령(밀지)이 바뀐 것을 눈치 채지 못한다. 이로 인해 심온과 소이의 가족은 모두 죽게 되고, 소이는 충격으로 실어증에 걸린다. 그 후 소이는 궁궐 나인이 되어 한자를 익히게 된다. 한편 이도는 농민들을 위해 '농사직설'을 편찬하지만, 한자를 몰라 이를 활용하지 못하는 백성들을 목격한다.

#23. 이도의 집무실(밤, 회상)

어두운 얼굴로 터덜터덜 들어오는 이도. 탁자 위에 그사이 늘어난 작은 모형들이 있다. 자격루, 혼천의, 향약집성방, 앙부일구(이름 모두 자막 표기) 등등을 보는 이도.

이도 (스스로 비웃듯이 보며) 또…… 지랄을 했단 말인가…….
헛지랄…….

하고는 자격루를 들어 보인다. 무표정하게 내던지는 이도. 놀라는 근지, 목야, 덕금. 이도, 하나씩 때려 부순다. 무표정하게. '농사직설'을 집어 찢으려는데, 그때 들어온 정인지가 몸으로 말린다.

정인지 (감히 몸으로 안으며) 전하! 아니 되옵니다!
이도 (막무가내로 찢으려는데)
정인지 전하, 실패가 아니옵니다! 농사직설이 보급되어, 실제로 수확량이 늘고 백성들의 살림이 풍요로워지고 있지 않사옵니까!
이도 (확 노려보며) 네깟 놈도 정치가랍시고, 숲만 보는 것이냐? 나무는 보지 않아? 풍성해진 숲 안에 한 그루 한 그루 썩어 가는 나무들은 상관없단 말이냐!
정인지 (아무 말 못하는데)

이도, 정인지를 밀치고 확 나가려는데, 구석에 서 있는 소이가 보인다. 앞에서 벌벌 떨고 있는 궁녀들과 달리 차가운 무표정의 소이.

이도 (그런 소이에게 시선 고정한 채) 너희들 모두 나가 있거라.

정인지, 불안하게 보다가 근지, 목야, 덕금을 데리고 나간다. 소이, 역시 무표정한 얼굴로 서 있는데.

이도 어찌 그리 보는 것이야.
소이 (무표정하게 보고) …….
이도 (소이에게 한 발짝씩 다가가며) 그 긴 세월 조금도 변하지 않는구나. 그 마음은 얼마나 단단하기에 그리 열리지 않는 것이냐.
소이 (역시 반응 없이 무표정하게 본다) …….
이도 이해를 구했고, 용서를 구했다. 이 나라의 임금인 내가! 너에게 다 자세히 설명했다.

이도 너희들을 살리려 밀지를 보냈지만, 밀지가 바뀌었다고! 내가 죽이려고 한 것이 아니었다고. 난 누구에게도 당당히 말할 수 있어! 할 만큼 했다고! 헌데 바뀌지 않아. 너도, 세상도, 변하지 않는다.
소이 …….
이도 네가 이리된 것이 온전히 나의 책임이냐? 네가 인생을 그 따위로 사는 것도 온전히 내 책임이냐? 너의 남은 삶이 모두 내 책임인 것이냐? 아니다!
소이 …….
이도 (멱살을 잡으며) 넌 네 인생을 위해 아무 것도 하지 않는다! 너희들은 세 살배기 아기처럼 세상을 향해 떼를 쓰고 있을 뿐이야! 아니냐? 말을 해 봐! 말을!
소이 (무표정하게) …….
이도 (보다가 체념한 듯) 너도…… 말…… 못하는 게 벼슬이냐? 좋겠구나…….

하고 돌아서 나가려는데, 소이가 탁자에 있던 붓을 들어 종이에 한 자로 무엇인가를 쓴다. 나가다 말고 소이가 쓴 것을 읽어 보는 이도. 자막 '아기라면 키우셔야지요.' 놀라서 소이와 종이를 번갈아 보는 이도에서 cut*.

#24. 글자방(밤, 회상)

글자 없는 글자방. 세필 붓을 쾅 놓는 이도.

이도 앞으로 이걸로 네 의견을 적거라.
소이 (이도 보다가 세필 붓 보는데)
이도 지금 내가 얘기하는 것에 대해 네 생각을 적어 보거라.
소이 (보면)
이도 (약간 긴장한 채) 글자를…… 만들려 한다.
소이 (보면) ……?
이도 쉬운 글자…… 너무나 쉬운 글자……. 어떠하냐?
소이 (약간 놀라고) ……!
이도 아기를…… 키우라고 하지 않았느냐?
소이 ……!
이도 (초조한 듯 설명을 덧붙이며) 제아무리 멍청하다 해도, 배울 수 있는 쉬운 글자, 그런 걸 만들려 한다. 어찌 생각하느냐?

소이 드디어, 붓을 든다. 그리고 수첩에 뭔가 쓰는 소이. '是(옳을 시).' ⊙ 결연한 표정의 이도.

- 김영현 · 박상연, 「뿌리 깊은 나무」 -

*cut : 장면을 중지한다는 의미.

012 연출 계획

㉠의 연출 계획으로 가장 적절한 것은?

① 이도의 불안감이 잘 드러나도록 화면이 흔들리는 효과를 주어야겠어.
② 굳은 의지가 잘 드러나도록 이도 역을 맡은 배우의 얼굴을 근접해서 찍어야겠어.
③ 이도의 결정에 영향을 끼친 인물이 드러나도록 여러 인물의 모습을 삽입해야겠어.
④ 충격을 받은 모습이 잘 드러나도록 이도 역을 맡은 배우를 높은 곳에서 내려다보듯이 찍어야겠어.
⑤ 내면의 갈등을 숨기고 있는 이도의 심리가 잘 드러나도록 배우의 목소리를 내레이션으로 넣어야겠어.

013 감상의 적절성

〈보기〉를 참고하여 윗글을 감상한 내용으로 적절하지 <u>않은</u> 것은?

`3점`

> **| 보 기 |**
>
> 이 작품은 '세종(이도)이 한글을 창제하였다.'라는 역사적 사실의 기록에 작가의 허구적 상상력이 더해져 있다. 이러한 허구적 상상력의 하나가 한글 창제의 과정에서 세종이 노비 출신의 나인 '소이'를 비롯한 하위 계층과도 소통하였다는 설정이다. 작가는 이러한 설정을 통해 백성의 입장에서 고뇌하고 좌절한 끝에 한글을 창제하게 되는 인간 이도의 모습을 강조하고자 하였다.

① '농사직설'이 한자로 씌어져 백성들에게 소용이 없었기 때문에 이도가 '쉬운 문자'를 만들고자 한 것으로 볼 수 있군.
② '나무는 보지 않아?'라는 이도의 말은 자신에 대한 당대 정치가들의 비판으로 인해 좌절하는 이도의 모습을 보여 주고 있군.
③ '아기'의 함축적 의미를 활용하여 백성을 '떼를 쓰'는 '아기'로 여기는 이도의 인식과 '아기라면 키우셔야지요.'라는 소이의 글을 연결하고 있군.
④ 이도가 소이에게 자신의 뜻을 밝히고 이에 대한 의견을 묻는 것은 백성의 입장을 고려하는 이도의 모습을 보여 주는 것으로 볼 수 있군.
⑤ '글자방'은 한글 창제 과정에서 이도가 소이와 같은 하위 계층과 소통하는 공간이군.

[001~003]　2019년 6월 학평 (부산) 30, 31, 33번　정답과 해설편 p.308

다음 글을 읽고 물음에 답하시오.

(가)

여승(女僧)은 합장(合掌)하고 절을 했다
가지취의 내음새가 났다
쓸쓸한 낯이 옛날같이 늙었다
ⓐ 나는 불경(佛經)처럼 서러워졌다

평안도(平安道)의 어늬 산(山) 깊은 금점판*
나는 파리한 여인(女人)에게서 옥수수를 샀다
여인은 나 어린 딸아이를 따리며 가을밤같이 차게 울었다

섶벌*같이 나아간 지아비 기다려 십 년(十年)이 갔다
지아비는 돌아오지 않고
어린 딸은 도라지꽃이 좋아 돌무덤으로 갔다

산(山)꿩도 설게 울은 슬픈 날이 있었다
산(山)절의 마당귀에 여인의 머리오리가 눈물방울과 같이 떨어
진 날이 있었다

- 백석, 「여승」-

＊금점판 : 금광의 일터.
＊섶벌 : 재래종의 일벌.

(나)

김천의료원 6인실 302호에 산소마스크를 쓰고 암 투병 중인 그
녀가 누워 있다
ⓐ 바닥에 바짝 엎드린 가재미처럼 그녀가 누워 있다
ⓒ 나는 그녀의 옆에 나란히 한 마리 가재미로 눕는다
가재미가 가재미에게 눈길을 건네자 그녀가 울컥 눈물을 쏟아낸
다
한쪽 눈이 다른 한쪽 눈으로 옮아 붙은 야윈 그녀가 운다
그녀는 죽음만을 보고 있고 ⓑ 나는 그녀가 살아온 파랑 같은 날
들을 보고 있다
좌우를 흔들며 살던 그녀의 물속 삶을 나는 떠올린다
그녀의 오솔길이며 그 길에 돋아나던 대낮의 뻐꾸기 소리며
ⓒ 가늘은 국수를 삶던 저녁이며 흙담조차 없었던 그녀 누대*의
가계를 떠올린다
두 다리는 서서히 멀어져 가랑이지고
폭설을 견디지 못하는 나뭇가지처럼 등뼈가 구부정해지던 그 겨
울 어느 날을 생각한다
ⓓ 그녀의 숨소리가 느릅나무 껍질처럼 점점 거칠어진다

ⓔ 나는 그녀가 죽음 바깥의 세상을 이제 볼 수 없다는 것을 안다
한쪽 눈이 다른 쪽 눈으로 캄캄하게 쏠려버렸다는 것을 안다
나는 다만 좌우를 흔들며 헤엄쳐 가 그녀의 물속에 나란히 눕는
다
산소호흡기로 들이마신 물을 마른 내 몸 위에 그녀가 가만히 적
셔준다

- 문태준, 「가재미」-

＊누대 : 여러 대.

001

(가)와 (나)의 공통점으로 가장 적절한 것은?

① 자연물에 감정을 이입하여 화자의 심리를 드러내고 있다.
② 비유적 표현을 통해 시적 상황을 효과적으로 나타내고 있다.
③ 현재 시제를 사용하여 시적 상황을 현장감 있게 제시하고 있다.
④ 상승과 하강의 이미지를 대비하여 시적 의미를 강화하고 있다.
⑤ 음성 상징어를 사용하여 시적 대상이 지닌 정서를 생동감 있게 드러내
　고 있다.

002

ⓐ, ⓑ에 대한 설명으로 적절한 것은?

① ⓐ는 자신과 시적 대상의 삶을 비교하고 있다.

② ⓐ는 시적 대상으로 인해 삶을 바라보는 관점이 변하고 있다.

③ ⓑ는 시적 대상을 통해 자신이 추구하는 삶의 모습을 드러내고 있다.

④ ⓑ는 시적 대상과의 상호작용을 통해 정서적으로 교감하는 모습을 드러내고 있다.

⑤ ⓐ와 ⓑ는 모두 시상이 전개되면서 시적 대상과 하나가 되려는 의지를 드러내고 있다.

003

㉠ ~ ㉤에 대한 이해로 적절하지 <u>않은</u> 것은?

① ㉠ : 병상에 누워 투병하는 그녀의 모습에서 납작한 가재미를 떠올리고 있다.

② ㉡ : 투병 중인 그녀에 대한 나의 연민과 위로가 구체적 행위로 드러나 있다.

③ ㉢ : 가난하고 힘들게 살았던 그녀의 과거 삶이 드러나 있다.

④ ㉣ : 죽음이 임박해지고 있는 그녀의 현재 상황이 드러나 있다.

⑤ ㉤ : 죽음을 받아들일 수밖에 없는 그녀의 체념적 태도가 나타나 있다.

다음 글을 읽고 물음에 답하시오.

(가)

어와 성은(聖恩)이야 망극(罔極)할사 성은(聖恩)이다
강호(江湖) 안로(安老)도 분(分) 밧긔 일이어든
하물며 두 아들 정성을 다해 봉양함은 또 어인가 하노라
〈제2수〉

전나귀 바삐 몰아 다 저문 날 오신 손님
보리피 거친 밥에 찬물(饌物)*이 아조 업다
아희야 배 내어 띄워라 그물 놓아 보리라
〈제4수〉

달 밝고 바람 잔잔하니 물결이 비단일다
단정(短艇)*을 비스듬히 놓아 오락가락 하는 흥(興)을
백구(白鷗)야 하 즐겨 마라 **세상(世上) 알가 하노라**
〈제5수〉

모래 우희 자는 ㉠ 백구(白鷗) 한가(閑暇)할샤
강호(江湖) 풍취(風趣)를 네가 지닐 때 내가 지닐 때
석양(夕陽) 반범귀흥(半帆歸興)*은 너도 날만 못 하리라
〈제6수〉

식록(食祿)*을 긋친 후(後)로 어조(漁釣)*을 생애(生涯)하니
헴 업슨 아이들은 괴롭다 하지마는
두어라 강호한적(江湖閑適)이 **이 내 분(分)인가 하노라**
〈제9수〉
- 나위소, 「강호구가(江湖九歌)」 -

* 찬물 : 반찬이 될 만한 것.
* 단정 : 자그마한 배.
* 반범귀흥 : 돛을 반쯤 올리고 돌아오는 멋.
* 식록 : 먹고살기 위한 벼슬.
* 어조 : 낚시질.

(나)

이자(李子)가 저녁의 서늘함을 맞아, 뜰에 나가 거닐다가 ㉡ 거미가 있는 것을 보았다. 짧은 처마 앞에 거미줄을 날리며 해바라기 가지에 그물을 펴고 있었다. 가로로 치고 세로로 치고 벼리로 하고 줄로 하는데, 그 너비는 한 자가 넘고 그 제도는 규격에 맞으며 촘촘하며 성글지 않아 실로 교묘하고도 기이하였다. 이자는 그것이 간교한 마음이 있다고 여겨 지팡이를 들어서 거미줄을 걷어 버렸다. 그것을 다 걷어내고는 또 내치려고 하는데, 거미줄 위에서 소리치는 것이 있는 듯하였다.

　"나는 내 줄을 짜서 내 배를 도모하려 하거늘 그대에게 무슨 관계가 있다고 이같이 나를 해치는가?"
　이자가 성내어 말하였다.

"덫을 설치하여 산 것을 죽이니 벌레들의 적이다. 나는 다시 또 너를 제거하여 다른 벌레들에게 덕을 베풀려고 한다."
다시 웃으며 말하는 것이 있었다.
"아, 어부가 설치한 그물에 바닷물고기가 걸려드는 것이 어부가 포학해서이겠는가? 우인(虞人)*이 놓은 그물에 들짐승이 푸줏간에 올려지는 것이 어찌 우인의 교(敎)이겠는가? 법관이 내건 법령에 뭇 완악한 사람이 옥에 갇히는 것이 어찌 법관의 잘못이겠는가? 그대는 어찌하여 복희씨(伏羲氏)의 그물*을 시비하지 아니하고 백익(伯益)의 불태움*을 부정하지 아니하며 고요(皐陶)의 형벌 제정을 책망하지 아니하는가? 무엇이 이것과 다르겠는가? 더구나 그대는 내 그물에 걸려든 놈을 알기나 하는가? 나비는 허랑방탕한 놈일 뿐 분단장을 하여 세상을 속이고 번화함을 좋아하여 좇으며 흰 꽃에 아첨하고 붉은 꽃에 아양 떤다. 이 때문에 내가 그물로 잡게 되는 것이다. 파리는 참으로 소인배라. 옥 또한 참소를 입었고 술과 고기에 자기 목숨을 잊어버리고 이익을 좋아하여 싫증 내지 않는다. 이 때문에 내가 그물로 잡게 되는 것이다. 매미는 자못 청렴 정직하여 글하는 선비와 비슷하지만 '선명(善鳴)'이라 스스로 자랑하며 시끄럽게 울어 그칠 줄 모른다. 이리하여 내 그물에 걸려들게 된 것이다. 벌은 실로 시랑 같은 놈이라. 제 몸에 꿀과 칼을 지니고 망령되이 관아에 나아간다고 하면서 공연히 봄꽃 탐하기를 일삼는다. 이리하여 내 그물에 걸려든 것이다. 모기는 가장 엉큼한 놈이라. 성질이 흉악한 짐승 같아 낮에는 숨고 밤에는 나타나서 사람의 고혈을 빨아댄다. 그렇기에 내 그물에 걸려든 것이다. 잠자리는 품행이 없어 경박한 공자처럼 편안히 있을 겨를이 없으며 홀연히 회오리바람인 양 날아다닌다. 그렇기에 또한 내가 그물로 잡게 되는 것이다. 그 밖에 부나방이 화(禍)를 즐기는 것, 초파리가 일을 좋아하는 것, 반딧불이가 허장성세하여 불빛을 내는 것, 하늘소가 함부로 그 이름을 훔치는 것, 선명한 옷차림을 한 하루살이 무리, 수레바퀴를 막아서는 말똥구리 무리와 같은 것들은 재앙을 스스로 만들어 흉액을 피할 줄 모르니 그물에 몸이 걸려 간과 뇌가 땅바닥을 칠하게 된다. 아, 세상은 성강(成康)의 시절이 아니어서 형벌을 놓아두고 쓰지 않을 수 없고, 사람은 신선이나 부처가 아니어서 소찬(素餐)만 먹을 수도 없다. 저들이 그물에 걸린 것은 곧 저들의 잘못이지 내가 그물을 쳤다고 하여 어찌 나를 미워한단 말인가? 또 그대가 저들에게 어찌하여 사랑을 베풀면서 나에게만은 어찌하여 화를 내고, 나를 훼방하면서까지 도리어 저들을 감싸준단 말인가? 아, 기린은 사로잡을 수 없는 것이고 봉황은 유인할 수 없는 것이니 군자는 도를 알아서 죄를 지어 구속됨으로써 재앙을 입지 않아야 한다. 이러한 것을 거울 삼아 삼가고 힘쓸지어다! 그대의 이름을 팔지 말며 그대의 재주를 자랑하지 말며 이욕으로 화를 부르지 말며 재물에 목숨을 바치지 마라. 경박하거나 망령되이 굴지 말며 원망하거나 시기하지 말며 땅을 잘 가려서 밟고 때에 맞추어 오고 가야 한다. 그렇지 않으면 세상에는 더 큰 거미가 있으니 그 그물이 나보다 천 배, 만 배가 될 뿐이 아닐 것이다."
이자가 이 말을 듣고, 지팡이를 던지고 달아나다가 세 번이나 자빠지면서 문지방에 이르렀는데 문에 자물쇠를 채우고서야 몸을 구

부리고 비로소 한숨을 쉬었다. 거미는 그 실을 내어 다시 처음과 같이 그물을 치고 있었다.

- 이옥, 「거미를 읊은 부」-

*우인 : 고대 중국에서 산림(山林)을 맡아보던 벼슬아치.
*복희씨의 그물 : 복희씨는 중국 신화 속에 나오는 사람으로 노끈을 맺어 그물을 만들어서 사냥하고 고기를 잡았다고 함.
*백익의 불태움 : 백익은 순임금의 신하로 산에 불을 질러 태우자 짐승이 도망하여 숨었다고 함.

004

(가)와 (나)에 대한 설명으로 가장 적절한 것은?

① (가)에는 유한한 삶에 대한 회의적 태도가 드러나 있다.
② (가)에는 초월적 세계에 대한 동경의 태도가 드러나 있다.
③ (나)에는 자신의 한계를 극복하려는 의지적 태도가 드러나 있다.
④ (나)에는 부정적인 세상의 모습을 비판하는 태도가 드러나 있다.
⑤ (가)와 (나)에는 이상과 현실의 괴리에 대해 고뇌하는 태도가 드러나 있다.

005

㉠과 ㉡을 비교한 내용으로 가장 적절한 것은?

① ㉠은 화자의, ㉡은 이자의 심리적 갈등을 해소시켜 주는 소재이다.
② ㉠은 화자에게, ㉡은 이자에게 인생의 무상함을 느끼게 하는 소재이다.
③ ㉠은 화자의 정서를 부각하는 소재이고, ㉡은 이자에게 깨달음을 주는 소재이다.
④ ㉠은 화자가 외로움을 느끼게 하는 소재이고, ㉡은 이자에게 두려움을 주는 소재이다.
⑤ ㉠은 화자의 과거를 떠올리게 하는 소재이고, ㉡은 이자가 미래를 예측하게 하는 소재이다.

006

(가)의 표현상의 특징으로 가장 적절한 것은?

① 과거와 미래를 대비하여 주제를 부각하고 있다.
② 연쇄법을 사용하여 시적 의미를 강조하고 있다.
③ 반어적 표현을 통해 시적 긴장감을 조성하고 있다.
④ 영탄적 어조를 통해 화자의 정서를 표현하고 있다.
⑤ 근경에서 원경으로 시선을 이동하며 시상을 전개하고 있다.

007

〈보기〉를 참고하여 (가)를 감상한 내용으로 적절하지 <u>않은</u> 것은?

`3점`

> | 보기 |
>
> 「강호구가」는 나위소가 관직에서 물러난 뒤 고향인 나주에 돌아와 영산강을 배경으로 지은 작품이다. 이 작품은 나이가 들어 벼슬에서 물러난 처지에서 성은(聖恩)의 감격을 드러내며, 강호에서 자연을 즐기며 소박하게 살아가는 어부의 생활을 노래하였다. 또한 세속의 삶을 부러워하지 않고, 강호의 삶에 만족하는 태도가 잘 표현되어 있다.

① '망극할사 성은이다'에는 자연을 즐기며 자식의 봉양을 받는 것을 임금의 은혜로 여기는 모습이 드러나 있군.
② '아희야 배 내어 띄워라 그물 놓아 보리라'에는 손님을 대접하기 위해 낚시를 하는 소박한 삶의 모습이 드러나 있군.
③ '세상 알가 하노라'에는 자연에서 누리는 흥을 세속의 사람들에게 알리고자 하는 모습이 드러나 있군.
④ '식록을 긋친 후로 어조을 생애하니'에는 관직에서 물러난 뒤 강호에서 어부의 삶을 살고 있는 모습이 드러나 있군.
⑤ '이 내 분인가 하노라'에는 자연에서 유유자적하는 삶에 만족하는 모습이 드러나 있군.

008

〈보기〉를 바탕으로 (나)를 이해한 내용으로 적절하지 <u>않은</u> 것은?

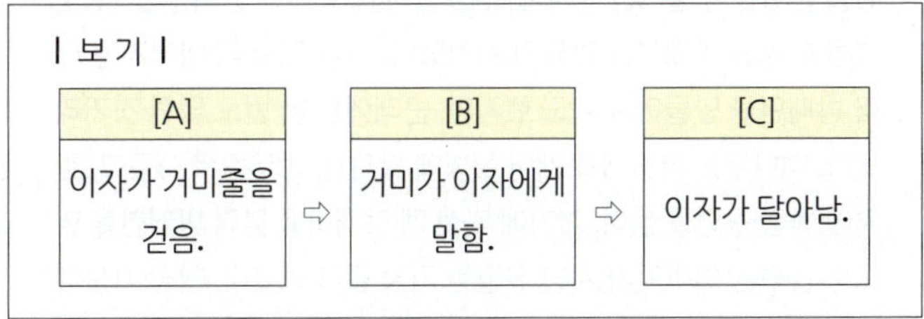

① 이자는 다른 벌레들을 살리기 위해 [A]의 행동을 하는군.
② 거미는 [B]에서 벌레들이 그물에 걸린 이유를 설명하고 있군.
③ 거미는 [B]에서 벌레들의 모습을 인간들의 삶의 모습으로 확장하고 있군.
④ [B]에서 거미는 근거를 들어 [A]의 행동이 잘못되었음을 지적하고 있군.
⑤ [C]에서 이자는 [B]에 의문을 품고 이를 해결할 방법을 모색하고 있군.

다음 글을 읽고 물음에 답하시오.

───────────────────────────────

　　우리 집안은 일찍부터 논이나 밭뙈기 한 두렁도 가져 본 적 없었으므로, 아버지는 낫이나 호미 자루 한 번 잡아 보지 않았다. 그렇다고 일정한 직업을 가져 본 적도 없었다. 일 년을 따져 평균 아홉 달은 집을 떠나 어디론가 떠돌아 다녔고, 집에 붙어 있는 나머지 달은 낚시로 소일했다. 이태 전 봄까지만도 우리는 읍내 거리 장마당 부근에 살았다. 그때 역시 엄마는 근동 **장터를 떠돌며 어물 장사를** 했고, 아버지는 읍내에서 사 킬로 정도 떨어진 지금 우리가 사는 주남 저수지에 낚시를 다니며, 늘 집 떠날 궁리만 하고 지냈다. 새마을 도로가 확장되는 통에 우리가 세 든 읍내 장터 집이 헐리게 되자, 아버지는 엄마를 졸라 주남 저수지 옆 민 씨 별채로 이사를 오게 되었다.

　　"주남 저수지는 우리나라에서 알아주는 철새 도래지 아인가. 내가 새를 무척 좋아하거덩."

　　아버지가 말했다.

　　㉠ "당신이사 땅으로 걸어댕기는 철새인께 날아댕기는 철새가 좋겠지예. 그런데 새 구경하는 거도 좋지만 그 구경 댕기모 밥이 생기요 떡이 생기요?"

　　엄마는 말도 되잖은 소리란 듯 한숨을 내쉬며 돌아앉고 말았다.

　　"그거 말고도, 관리인 민 씨 말이 타지에서 오는 낚시꾼들 뒷바라지나 해 주모 찬값 정도는 번다 안카나⋯⋯."

　　엄마는 그쪽으로 이사하면 당장 장사 다니는 길이 먼 줄을 알면서도, 어떻게 아버지가 집에 눌러 있을까 싶었던지 그 말에 선선히 동의했다. 그러나 주남 저수지 쪽으로 이사 와서 보름을 채 못 넘겨 아버지는 슬그머니 집을 떠나고 말았다. 부산과 마산의 낚시꾼들이 떡밥은 물론 술이며 안주 접시까지 심부름시키는 데 아버지는 더 참아 낼 수 없었던 것이다. 더러운 세상, 나쁜 놈들이라며 전에는 입에 담지 않던 욕설을 술김에 종종 뱉더니, 기어코 그 떠돌이 병에 발동이 걸렸다. 늘 궁금한 일이지만, 아버지는 집을 떠나 떠돌 동안 숙식을 어떻게 해결하고 다니는지 알 수 없었다. 그로부터 두 달 뒤, 여름이 끝날 무렵에서야 아버지는 돌아왔다. 그 행려 끝에 무슨 결심을 굳혔는지 돌배산 자락을 덮은 민 씨네 대나무 밭의 굵은 대 몇 그루를 쪄와 방패연을 만들기 시작했다. 내가 어릴 때 아버지는 더러 방패연을 만들어 주기도 했지만, 근래에는 한 번도 없던 짓거리였다. 대나무를 가늘게 쪼개어 햇빛에 말려선, 장두칼로 다듬고, 한지에 바람 구멍을 뚫어, 거기에 다섯 개 댓개비를 붙여 방패연을 만드는 솜씨는 아버지가 지닌 유일한 기술 같아 보였다. 천장 가운데 태극무늬나 붉은 원을 오려 붙여 만든 연이 큰 놈은 두 번 접은 신문지만 했고 작은 놈은 교과서만 한 크기도 있었다.

　　㉡ "겨울도 아인데 그 많은 연을 어데다 팔라 캅니꺼?"

　　내가 물었다.

　　"머 꼭 돈이 목적이라서 맹그나. 쓸모읎어도 맹글고 싶으이께 맹들제. 참새가 날라 카모 기러기만큼 와 하늘 높이 몬 날겠노. 먼 데꺼정 갈 필요가 읎으이께 지 오를 만큼 오르고 말지러."

　　아버지가 쓸데없이 비유까지 곁들여 말했다.

　　"옛적에 연 맹글어 줬다는 돌아가신 할아부지 생각이 나서 맹글어예?"

　　"사람은 어데 갈 **목적이 읎어도 어떤 때는 연맨크로 그냥 멀리로 떠나 댕기고** 싶은 꿈이 있는 기라. ㉢ 그런 꿈 읎이 일만 하는 사람은 꼭 개미 같아. 사람은 개미가 아이잖아. 돈 벌라고 밤낮으로 일만 하는 사람을 보모 사람 사는 목적이 저런가 싶을 때가 있지러. 그 사람들이 보모 **내 같은 사람이 쓸모읎이 보일란지 몰라도⋯⋯."**

　　아버지가 어설픈 미소를 띠어 보였다.

　　"묵고살기 바쁘모 그래 산천 구경하고 싶어도 몬 떠나는 거 아입니꺼."

　　하며, 나는 엄마를 생각했다.

　　"그렇기사 하겠제. 그라고 보모 나는 아매 떠돌아댕기는 팔자를 타고났나 보제."

　　아버지가 시무룩이 말했다.

[중략 줄거리] 나와 아버지는 낚시꾼들에게 방패연을 팔러 가지만 연은 거의 팔리지 않는다. 그 무렵 아버지는 훌쩍 또 집을 떠나고, 장마가 시작된 여름밤에 다시 돌아온다. 나는 장사 가신 어머니를 마중 나가기 위해 자전거를 끌고 장터로 간다.

　　뇌성이 다시 한차례 하늘 복판에서 쪼개졌다. 엄마는 흠칫 어깨를 떨었고, 나는 몸이 오그라드는 듯한 놀람으로 무심결에 자전거 핸들을 눌러 잡았다.

　　"짝대기라 캤나? 그라몬 어데 다쳤단 말인가?"

　　"그렇지는 않은 거 같고⋯⋯."

　　"늘 배창자가 아푸다더니 속병이 생긴 게로구나. 객지로 돌아댕기며 굶기도 오지게 굶었을끼고."

　　그럴 줄 알았다는 듯 엄마는 아무렇지 않게 말했다.

　　㉣ "참, 양석 떨어졌을 낀데 너그들 저녁밥은 우쨌노?"

　　"장 씨 집에서 라면 두 봉지 꿔다 묵었지예."

　　"아부지는?"

　　"읍내서 묵고 왔다 캅디더."

　　자전거 짐받이에 얹힌 함지박을 고무줄로 묶고, 나는 천천히 자전거를 몰았다. 함지박 쪽에서 쿰쿰한 비린내가 코끝을 따라왔다. 그 냄새는 이미 후각에 익은 엄마의 냄새이기도 했다.

　　㉤ "엄마, 자전거에 타예. 그라몬 퍼뜩 갈 수 있을 낀데."

　　다른 때 같으면 사양했을 엄마가 오늘따라 아무 말없이 안장 앞쪽 파이프에 머릿수건을 깔고 올라앉았다. 내색은 않았지만 엄마 역시 아버지를 빨리 만나고 싶은 모양이었다. 힘주어 페달을 밟자 엄마 온몸에서 풍겨 나는 비린내가 내 쪽으로 옮아왔다.

　　"쯧쯧, 그래도 숨질이 붙었으몬 **더러 처자슥은 보고 싶은지 집구석이라고 찾아드니⋯⋯.** 원쑤도, 그런 원쑤가 어딨노. 그런 남정네가 이 시상에 멫이나 될꼬. 그래 굶으미 맥 놓고 떠돌아댕기도 우째 안죽 객사를 안 하는공 모리겠데이."

　　엄마는 한숨 끝에 아버지를 두고 혼잣말을 중얼거렸다.

　　뙤약볕 아래 장터마다 싸다니느라 까맣게 그을린 엄마 얼굴을 떠올리자, 나는 공연히 코허리가 찡하게 쓰렸다. 엄마는 키가 작고 몸매가 깡마른데다 살결이 검어, 볼 때마다 안쓰럽고 측은한 마음이 마음 귀퉁이에 그늘을 만들었다. 그럴 적마다 아버지에 대한 원망 또한 반사적으로 감정을 자극했다. 아버지에 대한 원망 섞인 감정은 증오라기보다 썰물이 되어 당신을 내 옆에서 멀리로 밀어내는 작용을 했다. 아버지에 대한 그런 마음은 엄마의 경우도 비슷하리라 여겨졌다. 다만 **순환의 법칙을 좇아** 한때의 미움도 시간이 흐르면 연민으로 녹아, 끝내 **밀물**이 되어 엄마 여윈 마음을 다시 채워 주리란 점만이 다를 뿐이었다.

- 김원일, 「연(鳶)」 -

009

윗글의 서술상 특징에 대한 설명으로 적절한 것은?

① 장면마다 다른 서술자를 설정하여 사건을 다각도로 제시하고 있다.
② 사건을 체험한 서술자가 중심인물과 관련된 자신의 생각을 드러내고 있다.
③ 외부 이야기에서 내부 이야기로 장면을 전환하면서 사건을 전개하고 있다.
④ 작품 밖의 서술자가 중심인물의 내적 갈등이 해소되는 과정을 서술하고 있다.
⑤ 동시에 일어나는 두 개의 사건을 병렬적으로 배치하여 긴장감을 조성하고 있다.

010

㉠ ~ ㉤에 대한 이해로 적절하지 <u>않은</u> 것은?

① ㉠ : 저수지 근처로 이사를 가자는 아버지의 제안을 못마땅해하는 어머니의 푸념이 담겨 있다.
② ㉡ : 뜬금없이 많은 연을 만드는 아버지의 행동에 대해 의아해하는 '나'의 심리가 담겨 있다.
③ ㉢ : 생계를 위한 경제적 활동에 얽매이고 싶지 않은 아버지의 삶의 태도가 담겨 있다.
④ ㉣ : 어려운 가정 형편 속에서 자식들을 걱정하는 어머니의 애정이 담겨 있다.
⑤ ㉤ : 아버지의 끼니를 염려하는 마음에 어머니를 빨리 모셔 가려는 '나'의 의도가 담겨 있다.

011

<보기>를 참고하여 윗글을 감상한 내용으로 적절하지 <u>않은</u> 것은?

3점

> | 보 기 |
> 　이 작품은 역마살을 타고나 여기저기 떠돌아다니는 아버지의 삶과, 생계를 책임진 채 아버지에 대한 원망과 애정을 안고 살아가는 어머니의 삶을 그리고 있다. 작품의 주요 소재인 '연'은 바람이 부는 대로 하늘을 날아다니지만 연줄로 '얼레'에 매여 있어 지상으로 돌아올 수밖에 없다. '연'과 '얼레'의 이러한 속성은 이리저리 떠돌다 가족들이 있는 집으로 돌아오는 아버지의 삶을 형상화하는 데 기여하고 있다.

① '장터를 떠돌며 어물 장사를' 하는 것에서, 가족의 생계를 떠안고 사는 어머니의 삶을 엿볼 수 있어.
② '목적이 읎어도 어떤 때는 연맨크로 그냥 멀리로 떠나 댕기'는 삶에 대해 말한 부분에서, 아버지가 하늘을 나는 연처럼 자유롭게 떠돌며 살기를 원한다는 것을 알 수 있어.
③ '내 같은 사람이 쓸모읎이 보일란지 몰라도'라고 말한 부분에서, 아버지가 역마살로 인해 무능할 수밖에 없었던 자신의 삶을 후회하고 있음을 엿볼 수 있어.
④ '더러 처자슥은 보고 싶은지 집구석이라고 찾아'든다는 말에서, 어머니는 아버지에게 가족들이 얼레와 같은 역할을 하고 있다고 생각하고 있음을 알 수 있어.
⑤ '순환의 법칙을 좇아' 미움도 시간이 흐르면 연민이 되어 '밀물'처럼 마음을 채워 준다는 부분에서, 아버지에 대한 원망과 애정을 안고 사는 어머니에 대한 나의 인식을 엿볼 수 있어.

다음 글을 읽고 물음에 답하시오.

계모 장씨는 이성이 왕실의 한 사람이 되어 그 권세가 가볍지 않음을 알고 늘상 혜랑과 신광 법사에게 의논하였다. 그러던 차에 이성과 화양 공주가 화목하지 않음을 알아챈 혜랑이 말하였다.

"이러한 기회는 두 번 다시 오지 않습니다. 부인께서 뜻을 이루실 때입니다."

"무슨 말이냐?"

혜랑이 헤헤헤 웃으며 말하였다.

"이렇게 저렇게 하면 묘하지 않겠습니까?"

장씨가 잠시 동안 생각하더니 말하였다.

"이는 정말 중요한 일이니 다른 꾀를 생각해 보아라."

혜랑이 신광 법사를 돌아보며 말하였다.

"부인께서 이처럼 약하시니 어떻게 소원을 이루겠습니까?"

신광 법사가 말하였다.

"이때가 정말 좋으니 부인은 의심하거나 걱정하지 마십시오."

그러고는 비밀스럽게 계교를 행하였다.

한편 보모 정 상궁은 이성이 화양 공주를 박대하자 통한히 여기고 말하였다.

"공주께서는 임금님의 아주 귀한 딸입니다. 더욱이 임금님께서 특별히 부탁하신 혼인인데 부마께서 이렇게 매몰차시니 어찌 분하지 않겠습니까?"

화양이 그 말을 듣고는 볼을 붉히며 말하였다.

"이 무슨 말인가? 서방님이 드러나게 나를 박대함이 없고 도리어 나의 불초함을 예로 대한다. 이로 인해 내가 항시 조심하고 있거늘 네가 주인을 원망하며 권세를 운운하니 어찌 한심하지 않겠는가?"

말의 기운이 엄숙하니 정 상궁이 두려워하며 물러났다. 그때 갑자기 신발 소리가 나며 이성이 ⓐ 방으로 들어왔다. 화양이 물러 내려서며 이성을 맞은 후 자리를 잡고 앉았다. 이성이 화양의 기색을 살펴보니 조금도 방자함이 보이지 않았고, 잘난 척하는 마음이 조금도 얼굴에 드러나지 않았다. 이에 화양을 지극히 후대하며 정이 점점 솟아났다. 한밤중 동안 그곳에 있다가 부모가 있는 곳으로 가 문안 인사를 정성껏 올렸다.

혜랑은 장씨와 매일 화양을 해칠 계교를 짜는 한편, 신광 법사에게는 이렇게 저렇게 하되 비밀이 탄로나지 않게 하라고 당부하고 보냈다. 혜랑의 가르침을 들은 신광 법사는 개용단*으로 이성의 모습을 한 채 ⓑ 명월루에 숨었다. 밤이 깊어 인적이 고요해지자, 바로 ⓒ 화양 공주의 방으로 뛰어 들어가 칼을 빼어 즉시 화양을 찌르려고 하였다. 때마침 방 밖에 시비들의 소리가 시끄럽게 들리자 마음이 급해진 신광 법사는 엉겁결에 비껴 찌르고 도망갔다. 비명소리를 들은 시비들이 놀라 들어와 시신이 침상 위에 놓여 있는 것을 보고, 목놓아 울며 말하였다.

"이 무슨 일이란 말인가?"

발을 구르고 ⓓ 외당에 사실을 알리며 우왕좌왕하였다. 이성이 미처 나오지 못한 사이에 이영준이 이성을 급히 불렀다. 이성이 나와 보니 명월루에 울음소리가 진동하였다. 시비들은 급히 뜻하지

않은 재앙이 화양의 몸에 미쳤다고 전하였다. 이성은 크게 놀라면서도 얼굴빛을 태연히 하였다. 이성이 화양을 찔렀다는 소식을 들은 이영준은 보자마자 어디에 있었는지 물었다. 이성이 정당에 있었다고 답하자, 이영준은 장씨를 의심하면서도 여러 시녀들이 이성이 찔렀다고 하는 말을 듣고는 정신없이 이성과 함께 명월루로 갔다. 시비들이 울부짖으며 어찌할 바를 모르다가 이영준과 이성을 보고 놀랐다. 이영준이 휘장 밖에 서서는 이성에게 들어가 보라고 하였다. 화양은 침상 아래 거꾸러진 채로 유혈이 낭자하니 그 모습이 매우 잔혹하였다. 왕실의 금지옥엽으로 이런 일을 당하였고, 그 누명이 이성에게 미칠 수 있으니 어찌 멸문지화*를 면할 수 있겠는가? 그럼에도 얼굴빛이 전혀 흔들리지 않고 천천히 나아가 공주를 살폈다. 두 눈이 감긴 채 두 뺨에는 혈기가 없고 손과 발은 얼음처럼 차가웠다. 살 방도가 전혀 없어 보였으나 비단 저고리를 걷고 자세히 보니 눈같이 흰 피부에 붉은 피가 가득하되 약간의 생기가 있었다. 주머니에서 침을 내어 기를 통하게 할 곳을 짚어 찔렀다. 이성의 침법이 원래 신이하였기에 얼마 지나지 않아 얼굴에 붉은빛이 통하고 생기가 돌았다. 약을 주자 잠시 후 화양이 숨을 쉬더니 소스라치게 놀라며 깨어났다.

[중략 줄거리] 누명을 쓰고 유배되었던 이성은 외적이 쳐들어오자 풀려나 전장에서 활약하고, 반역의 무리를 제압하는 과정에서 누명을 벗는다.

그때 사신이 이르렀다는 전갈이 오자 이영준이 이상하게 여겨 즉시 당에서 내려가 임금의 교지를 받았다. 보니 장씨의 허물이 적지 않게 들어 있었다. 궁궐에서 자기 집의 허물이 드러나 모든 관리에게 파다하게 알려진 사실이 부끄러운 한편 장씨의 심술에 통분하였다. 이에 노비를 호령하여 장씨를 모시던 시녀와 유모 혜랑을 잡아들이게 한 후 실상을 파헤쳤다. 혜랑이 비록 크게 간악하지만 일이 이 지경에 이르렀으니 어찌 속일 수 있겠는가? 처음에 자객을 보내어 이성을 해하려고 한 일부터 화양을 해쳐 그 죄를 이성에게 뒤집어씌운 일까지 바로 자백하였다.

'장씨가 마음이 좁은 여자여서 이미 짐작은 하고 있었지만 간교함이 이 정도일 줄은 생각도 하지 못하였다.'

생각이 이에 미치자 소리를 높여 꾸짖었다.

"너의 간악한 꾀로 명공의 집안에 화란을 짓고, 요악한 도사와 결탁하여 그 화가 국가에까지 미쳤다. 또한 너의 주인을 아주 못된 아녀자로 만들었으니 어찌 죽음을 면하겠느냐?"

말을 마치고는 노비를 명하여 지져 죽이는 형벌을 더해 죽였다. 장씨는 아들의 얼굴을 보아 ⓔ 후원 냉옥에 가두었다가 개과천선하기를 기다린 후 다시 처치하고자 하였다. 이때 장씨는 자기 허물이 온 나라에 시끄럽게 드러나자 크게 부끄러워하며 사람을 멀리하였다.

한편 열한 살인 이무는 모든 일에 어른처럼 노련하였다. 이 일을 당하니 마치 벼락에 온몸이 부서지는 듯하였다. 어머니 장씨의 허물이 이처럼 심한 것에 새롭게 놀라며 부끄러워 죽고 싶은 마음이 들었다. 그러나 죄를 받은 어머니를 보살필 사람이 없음을 알고 목숨을 유지하다가 아버지 이영준의 분노가 조금 가라앉자 이성과 함

께 나아가 울며 말하였다.

　"소자들은 천륜의 죄인입니다. 엎드려 바라오니 아버님께서는 어머니의 망극한 죄를 더하지 마시어 불초한 저희들로 하여금 만고의 죄인이 되지 않게 해 주십시오."

　말을 하며 눈물을 비처럼 흘리니 그 효성스러운 거동이 사람의 분한 마음을 봄눈 녹듯이 사라지게 할 정도였다.

- 작자 미상, 「화산기봉(華山奇逢)」-

*개용단 : 마음먹은 대로 모습을 바꿔 주는 묘약.

*멸문지화 : 한집안이 다 죽임을 당하는 끔찍한 재앙.

012

윗글에 대한 이해로 가장 적절한 것은?

① 이영준은 직접 화양의 상태를 확인하고 이성을 의심했다.
② 장씨는 자신의 잘못이 드러났음에도 끝까지 결백을 주장했다.
③ 이영준은 혜랑이 자백하는 척하며 장씨를 모함한 것을 꾸짖었다.
④ 이성은 화양이 습격을 당할 것을 예상하고 미리 그녀에게 주의를 주었다.
⑤ 혜랑은 이성과 화양의 불화가 자신의 계획에 유리하게 작용한다고 판단했다.

013

윗글의 서술상 특징으로 가장 적절한 것은?

① 외양을 세밀하게 묘사하여 인물을 희화화하고 있다.
② 꿈과 현실의 교차를 통해 사건의 진상을 밝히고 있다.
③ 대화와 삽입된 노래를 통해 인물들의 심회를 드러내고 있다.
④ 비현실적인 소재를 활용하여 낭만적 분위기를 형성하고 있다.
⑤ 서술자가 개입하여 사건에 대한 주관적 판단을 드러내고 있다.

014

㉠ ~ ㉤에 대한 설명으로 적절하지 <u>않은</u> 것은?

① ㉠은 이성이 화양의 태도를 확인하고 화양에게 긍정적 감정을 느끼는 곳이다.
② ㉡은 신광 법사가 혜랑의 지시를 이행하기 위해 이동한 곳이다.
③ ㉢은 신광 법사가 외부적인 요인으로 인해 조급히 행동하는 곳이다.
④ ㉣은 이영준과 이성이 문제 해결에 대한 의견 차이를 드러내는 곳이다.
⑤ ㉤은 장씨가 자신의 행위를 반성하도록 이영준에 의해 보내진 곳이다.

015

<보기>를 참고하여 윗글을 감상한 내용으로 적절하지 <u>않은</u> 것은? `3점`

> ｜ 보 기 ｜
> 　「화산기봉」에서 주인공의 혼인은 계모와의 갈등이 심화되는 계기가 된다. 이로 인해 가문 전체에 위협이 되는 사건이 초래되지만, 주인공은 비범한 능력을 발휘하여 위기에 대응한다. 한편 이러한 갈등의 해결 과정에서 가족 외 인물은 갈등 유발의 책임이 전가되어 처벌되는 반면, 가족 내 인물은 유교적 윤리를 바탕으로 포용의 대상이 된다. 이를 통해 가문의 안정을 지향하는 사대부의 면모를 보여 주고 있다.

① 장씨가 왕실의 사람이 된 이성을 경계하여 계교를 꾸미는 것을 보니, 주인공의 혼인으로 인해 계모와 주인공 사이의 갈등이 심화되고 있음을 엿볼 수 있군.
② 화양이 이성을 원망하는 정 상궁을 질책하는 것을 보니, 가족 내 갈등이 유발된 책임을 가족 외 인물에게 돌리고 있는 상황을 확인할 수 있군.
③ 장씨와 혜랑에 의해 이성이 누명을 쓰는 일이 멸문지화로 이어질 수 있다는 것을 보니, 계모가 일으킨 사건이 가문의 존속을 위협할 수 있음을 짐작할 수 있군.
④ 이성이 신이한 침술로 목숨이 위태로운 화양을 소생시키는 것을 보니, 주인공이 비범한 능력을 통해 급박한 상황에 대응하고 있음을 확인할 수 있군.
⑤ 이무와 이성이 장씨를 용서해 달라고 간청하는 것을 보니, 효라는 유교적 윤리를 바탕으로 악행을 저지른 가족 내 인물을 포용하려는 모습을 엿볼 수 있군.

다음 글을 읽고 물음에 답하시오.

(가)

ⓐ 해는 출렁거리는 빛으로
내려오며
제 빛에 겨워 흘러 넘친다
㉠ 모든 초록, 모든 꽃들의
왕관이 되어
자기의 왕관인 초록과 꽃들에게
웃는다, 비유의 아버지답게
초록의 샘답게
하늘의 푸른 넓이를 다해 웃는다
하늘 전체가 그냥
기쁨이며 신전이다

해여, 푸른 하늘이여,
그 빛에, 그 공기에
취해 찰랑대는 자기의 즙에 겨운,
공중에 뜬 물인
나뭇가지들의 초록 기쁨이여

흙은 그리고 깊은 데서
㉡ 큰 향기로운 눈동자를 굴리며
넌지시 주고받으며
싱글거린다

오 이 향기
싱글거리는 흙의 향기
㉢ 내 코에 댄 깔대기와도 같은
하늘의, 향기
나무들의 향기!

- 정현종, 「초록 기쁨 — 봄숲에서」-

(나)

㉣ 들길은 마을에 들자 붉어지고
마을 골목은 들로 내려서자 푸르러졌다
바람은 넘실 천 이랑 만 이랑
㉤ 이랑 이랑 햇빛이 갈라지고
보리도 허리통이 부끄럽게 드러났다
꾀꼬리는 엽태 혼자 날아 볼 줄 모르나니
암컷이라 쫓길 뿐
수놈이라 쫓을 뿐

황금빛 난 길이 어지럴 뿐
얇은 단장하고 아양 가득 차 있는
ⓑ 산봉우리야 오늘밤 너 어디로 가 버리련?

- 김영랑, 「오월」-

001

(가)와 (나)의 공통점으로 가장 적절한 것은?

① 화자가 인식한 사물의 특징에서 삶의 교훈을 이끌어 내고 있다.
② 이상과 현실을 대비시켜 이상에 대한 화자의 염원을 나타내고 있다.
③ 과거와 현재를 교차시켜 현실의 삶에 대한 반성의 태도를 나타내고 있다.
④ 자연물에 인격을 부여하여 화자가 자연과 교감하는 모습을 보여 주고 있다.
⑤ 자연의 모습을 부각하여 자연에 합일되지 못하는 인간의 고독감을 드러내고 있다.

002

(가)의 표현상 특징에 대한 설명으로 적절하지 <u>않은</u> 것은?

① 문장부호를 활용하여 호흡의 흐름을 조절하고 있다.
② 반어적 표현을 사용하여 숨은 의미를 나타내고 있다.
③ 동일한 시어를 반복함으로써 의미를 강조하고 있다.
④ 감각적 이미지로 대상에 대한 인상을 표현하고 있다.
⑤ 영탄적 표현을 사용하여 화자의 정서를 나타내고 있다.

003

ⓐ와 ⓑ에 대한 설명으로 가장 적절한 것은?

① ⓐ는 화자의 지난 삶을 떠올리게 하는 대상이다.
② ⓐ는 기쁨을 느끼는 화자와 동일시되는 대상이다.
③ ⓑ는 화자에게 새로운 행동을 촉구하는 대상이다.
④ ⓑ는 화자가 밤의 시간에 관찰하여 파악한 대상이다.
⑤ ⓐ, ⓑ는 모두 화자가 관심을 갖고 주관적으로 인식하는 대상이다.

004

〈보기〉를 참고하여 ㉠ ~ ㉤을 감상한 내용으로 적절하지 <u>않은</u> 것은? `3점`

| 보기 |
　두 시는 모두 봄을 소재로 한 작품이다. (가)는 숲을 배경으로 해, 하늘, 나무, 꽃, 흙 등이 어우러지는 조화로움을 보여 준다. (나)는 보리밭이 펼쳐진 시골을 배경으로 봄날의 정감을 표현하고 있다. 이 시에서는 들, 보리, 꾀꼬리, 산봉우리 등으로 화자의 시선이 옮겨 간다.

① ㉠ : 햇빛이 나무와 꽃에 비쳐 빛나는 모습을 '왕관'으로 표현한 것이라 볼 수 있어.
② ㉡ : '큰 향기로운 눈동자를 굴리며'의 주체는 흙을 바라보는 화자라 볼 수 있어.
③ ㉢ : 자연의 향기가 코로 전해지는 것을 비유적으로 나타낸 것이라 볼 수 있어.
④ ㉣ : 화자가 본 시골길과 들판의 모습을 감각적으로 표현한 것이라 볼 수 있어.
⑤ ㉤ : 보리밭의 이랑 사이로 햇빛이 비춰 반짝이는 모습을 나타낸 것이라 볼 수 있어.

다음 글을 읽고 물음에 답하시오.

(가)

태산이 높다 하되 하늘 아래 뫼히로다.
오르고 또 오르면 못 오를 리 업건마는
사람이 제 아니 오르고 뫼만 높다 하더라.

- 양사언의 시조 -

(나)

[A]
乍晴還雨雨還晴   언뜻 개었다가 다시 비가 오고 비 오다가 다시 개이니,
天道猶然況世情   하늘의 도도 그러하거늘, 하물며 세상 인정이라.

[B]
譽我便是還毀我   나를 기리다가 문득 돌이켜 나를 헐뜯고,
逃名却自爲求名   공명을 피하더니 도리어 스스로 공명을 구함이라.

[C]
花門花謝春何管   꽃이 피고 지는 것을, 봄이 어찌 다스릴고.
雲去雲來山不爭   구름 가고 구름 오되, 산은 다투지 않음이라.

[D]
寄語世人須記認   세상 사람들에게 말하노니, 반드시 기억해 알아 두라.
取歡無處得平生   기쁨을 취하려 한들, 어디에서 평생 즐거움을 얻을 것인가.

- 김시습, 「사청사우(乍晴乍雨)*」-

*사청사우(乍晴乍雨) : 날이 맑았다 비가 오다 함, 변덕스런 날씨를 가리킴.

(다)

행랑채가 퇴락*하여 지탱할 수 없게끔 된 것이 세 칸이었다. 나는 마지못하여 이를 모두 수리하였다. 그런데 그 두 칸은 앞서 장마에 비가 샌 지가 오래 되었으나, 나는 그것을 알면서도 망설이다가 손을 대지 못했던 것이고, 나머지 한 칸은 비를 한 번 맞고 샜던 것이라 서둘러 기와를 갈았던 것이다. 이번에 수리하려고 본즉 비가 샌 지 오래된 것은 그 서까래, 추녀, 기둥, 들보가 모두 썩어서 못 쓰게 되었던 까닭으로 수리비가 엄청나게 들었고, 한 번밖에 비를 맞지 않았던 한 칸의 재목들은 완전하게 하여 다시 쓸 수 있었던 까닭으로 그 비용이 많지 않았다.

나는 이에 느낀 것이 있었다. 사람의 몸에 있어서도 마찬가지라는 사실을. 잘못을 알고서도 바로 고치지 않으면 곧 그 자신이 나쁘게 되는 것이 마치 나무가 썩어서 못 쓰게 되는 것과 같으며, 잘못을 알고 고치기를 꺼리지 않으면 해(害)를 받지 않고 다시 착한 사람이 될 수 있으니, 저 집의 재목처럼 말끔하게 다시 쓸 수 있는 것이다.

뿐만 아니라 나라의 정치도 이와 같다. 백성을 좀먹는 무리들을 내버려두었다가는 백성들이 도탄*에 빠지고 나라가 위태롭게 된다. 그런 연후에 급히 바로잡으려 하면 이미 썩어 버린 재목처럼 때는 늦은 것이다. 어찌 삼가지 않겠는가.

- 이규보, 「이옥설(理屋說)」-

*퇴락(頹落) : 낡아서 무너지고 떨어짐.
*도탄(塗炭) : 몹시 곤궁하거나 고통스러운 지경을 이르는 말.

005

(가) ~ (다)의 공통점으로 가장 적절한 것은?

① 자신의 가치관을 성찰하며 개선하고 있다.
② 현재 처한 상황을 극복하고자 노력하고 있다.
③ 바른 삶을 살아가는 자세에 대해 말하고 있다.
④ 이념과 현실 사이의 갈등 속에서 방황하고 있다.
⑤ 추구하는 이상 세계의 모습을 구체적으로 언급하고 있다.

006

[A] ~ [D]에 대한 설명으로 적절하지 <u>않은</u> 것은?

① [A]에서는 자연 현상에 빗대어 세상 인정에 대한 화자의 부정적 인식을 드러내고 있다.

② [B]에서는 대구법을 사용하여 세상 인정에 대한 구체적인 사례를 들고 있다.

③ [C]에서는 가변적인 대상과 불변적인 대상을 대조하여 화자의 의도를 분명히 하고 있다.

④ [D]에서는 도치법을 활용하여 화자가 전달하고자 하는 바를 강조하고 있다.

⑤ [A] ~ [D]에서는 세상 사람들을 청자로 설정하여 묻고 답하며 시상을 전개하고 있다.

007

<보기>를 참고하여 (다)를 이해한 내용으로 가장 적절한 것은?

`3점`

> | 보 기 |
>
> 설(設)은 일반적으로 두 단계의 구조로 나뉜다. 글쓴이의 개인적인 경험을 들려주는 ㉠ 전반부와 그로부터 얻은 결과를 독자에게 전하는 ㉡ 후반부로 구분된다. 글쓴이의 주관이 직접적으로 드러나고 경험담이 기반이 되기 때문에 수필과 비슷하다.

① ㉠은 문제에 대해 다양한 해결책을 제시하고 있다.

② ㉠과 ㉡은 서로 상반되는 견해를 제시하고 있다.

③ ㉠이 사건의 결과라면 ㉡은 그 원인에 해당한다.

④ ㉡은 ㉠의 사실적 상황을 바탕으로 유추한 것이다.

⑤ ㉠은 ㉡에서 얻은 깨달음을 자신의 생활에 적용한 것이다.

다음 글을 읽고 물음에 답하시오.

　　103동 502호 김석만씨는 내가 입금한 돈 칠백만 원을 돌려 주시오!

　　붉은색 매직펜으로 큼지막하게 쓴 그 글씨들을 읽고 나는 남자의 얼굴을 다시 한번 바라보았다. 분명, 어젯밤 호프집에서 만난 그 남자가 맞았다. 부스스한 머리칼도, 검은색 양복도 그대로였다. 남자는 사람들을 향해 대자보를 높이 쳐들지도 않았고, 아파트 쪽도 쳐다보지 않은 채, 그저 가만히 고개를 숙인 채 앉아만 있었다. 돗자리가 끝나는 부분엔 남자의 것으로 보이는 감색 운동화 한 켤레가 가지런히 놓여 있었다.

　　나는 창문을 올리고 다시 차를 움직였다. 정문 경비가 내 차를 보자 인사를 했고, 나도 꾸벅 고개를 숙였다. 망신을 주려고 온 사람이었구나. 나는 핸들을 돌리면서 그렇게 생각했다. 뭐야, 그럼 어젯밤부터 저기에 저러고 있었다는 건가? 502호? 502호에 누가 살지? 저런다고 소용이 있을까? 직접 찾아가서 담판을 내야지. 나는 속도를 높이면서 그런 생각들을 하다가 이내 다시 그날 작성해야 할 서류들과 학과 취업률 따위들을 떠올렸다. 칠백만 원이든 천칠백만 원이든 남과 남 사이에 벌어진 일이었다. 내가 참견할 만한 일도, 참견할 수도 없는 일이었다. 그저 누군지 모를 사람의 망신을 한 번 보았을 뿐, 저러다가 금세 말겠지. 나는 그렇게 생각했다. 나는 학교에 도착한 후 인터넷으로, 죽은 아이의 아빠가 단식을 시작했다는 기사와, 교육부에서 대학의 구조조정 로드맵을 발표했다는 기사를 차례로 읽었고, 교무처와 인재개발원 팀장들과 길게 통화를 했다. 그러다보니 어느 순간 점심시간이 되었고, 자연스레 아침에 보았던 남자를 잊을 수 있었다.

　　그러나 저러다가 말겠지, 했던 남자는 내 예상과는 다르게 몇 날 며칠 그 자리에 계속 앉아 있었다. 그사이 파란 천막 모서리에는 커튼처럼 얇은 비닐이 사면으로 매달렸고, 돗자리 위에는 새로 스티로폼 두 장이 깔렸다. 밤이 되면 비닐을 내리고, 스티로폼 위에 침낭을 깔고 자는 모양이었다. 그리고 다시 아침이 되면 비닐을 둘둘 말아올린 후, 합판에 붙인 대자보를 자신의 무릎 앞에 세웠다. 남자는 여전히 말이 없었고, 아파트 단지 안으로 들어오는 일도 없었으며, 아파트로 들어가는 사람들을 붙잡고 말을 거는 일도 없었다. 그는 그저 고요하게 거기에 앉아 있을 뿐이었다.

　　그 며칠 사이 나는 '참좋은 마트' 사장에게서 남자에 대한 사정을 좀더 자세히 듣게 되었다. 그게요, 사정이 좀 딱하게 됐더라구요. '참좋은 마트' 사장은 나를 비치파라솔 의자에 앉힌 후 음료수 한 병을 따주면서 말을 이었다. 저 사람이 어린 시절부터 부모 떠나서 어렵게 지낸 모양인데, 아, 얼마 전까지는 인천에 있는 무슨 세차장에서 일을 했다고 하더라구요. 한데, 저 사람 어머니라는 분이 몇 달 전에 갑자기 찾아와서는 자기가 빚을 졌으니 조금 도와달라고 하면서 계좌번호를 놓고 간 모양이에요. 알고 봤더니 이 사람 어머니라는 분이 사채를 쓴 모양인데…… 추어탕집 주방에서 일했다나 어쨌다나. 뭐 아무튼 거기에서 일하다가 관절염 때문에 그만두고 철없이 사채를 썼나봐요. 처음에 이백만 원을 빌린 게 금세 사백만 원이 되고 육백만 원이 되고 칠백만 원이 된 모양이에요. 그러니 덜컥 겁

이 났겠죠. 그래서 할 수 없이 오래전부터 왕래가 없던 아들을 찾아간 모양인데…… 남자도 선뜻 돈을 보내진 못한 모양이에요. 당장 그만한 돈을 마련하기도 어려웠겠지만, 뭐 안 봐도 뻔한 거 아니겠어요. 거 왜 섭섭하고 원망 같은 게 없었겠어요. 딱 봐도 해준 것도 없는 어머니 같은데, 갑자기 찾아와서 도와달라고 하니…… 아무튼 그래도 이 사람이 몇 달 뒤에 그 계좌로 돈을 넣은 모양이에요. 군소리 없이 칠백만 원 전부.

　　'참좋은 마트' 사장은 그 대목에서 잠시 말을 끊었다. 언제부터인가 '란 헤어센스' 여사장도 우리 옆에 와서 자리를 잡고 앉아 있었다. 매미가 울고, 날파리가 많은 여름 저녁이었다.

　　한데, 여기서부터가 더 안타까운 얘기인데…… 그사이에 저 사람 어머니도 그 돈을 갚았다는 거예요. 살고 있던 방 보증금도 빼고 여기저기 아는 사람들한테 조금씩 융통도 하고…… 그리고 그 돈을 갚고 얼마 뒤에 바로 돌아가셨대요.

　　　　　　　　　　　(중략)

　　아, 그래도 저 남자하고 정이 참 많이 들었는데…… 뭘 한 것도 없지만 몇 달 동안 매일매일 얼굴 보고 인사했는데……

　　그나마 첫서리 내리기 전에 일이 이렇게 돼서 얼마나 다행이에요. 저러다가 겨울 맞으면 큰일나죠.

　　502호 할머니는 나서지 않을 거 같으니까 우리가 직접 전하는 거로 하죠, 뭐. 절차가 따로 필요 있나요?

　　나는 거기까지만 듣고 '참좋은 마트'를 나섰다. 바로 집으로 들어가려다가 말고 나는 걸음을 멈춘 채 뒤돌아 남자를 한 번 바라보았다. 남자는 대자보판을 아예 양팔로 끌어안은 채 꾸벅꾸벅 졸고 있었다. 남자는 이제 어디로 가게 될까? 인천으로 돌아가겠지. 나는 남자의 인천 거처가 그때까지도 무사히 남아 있기를 바라보았다. 거기까지가 내가 남자를 위해 할 수 있는 전부라고 생각했다.

　　후에, 호프집 여주인으로부터 전해들은 이야기에 따르면, 다음 날 그 남자는, 권순찬씨의 행동은, 편지봉투에 정성껏 오만 원권 지폐로 칠백만 원을 마련해간 아파트 입주민들을 충분히 당혹스럽게 만들었다고 한다.

　　입주민 대표는 여비조로 따로 이십만 원이 든 편지봉투도 들고 갔고, 신문기자를 부르진 않았지만 '참좋은 마트' 사장이 스마트폰으로 그 모든 과정을 동영상으로 남기기로 했고, 사람들은 남자와 일일이 악수를 하며 박수를 칠 생각이었으며, 기꺼이 남자의 천막 철거 작업을 도울 작정이었지만……

　　하지만, 남자는 사람들의 그 모든 선의를 거부했다.

　　저는 이 돈을 받을 수가 없습니다.

　　남자는 그렇게 말하고 다시 대자보 판을 잡고 제자리에 앉았다.

　　아니, 권순찬씨. 이게 우리가 다른 뜻이 있는 게 아니고요. 502호 할머니 대신해서 전해드리는 겁니다. 여기 502호 할머니 돈도 포함되어 있어요.

　　입주민 대표가 그렇게 말했지만, 남자는 요지부동이었다.

　　저는 원래 그 할머니한테 돈을 받을 생각이 없었습니다. 저는 김석만씨를 만나러 온 거예요. 그 사람을 직접 만나서 일을 해결하려고요……

　모여 있던 사람들의 탄식이 흐르고, 몇 번의 실랑이가 더 오갔지만, 남자는 뜻을 굽히지 않았다. 그는 아무 일 아니라는 듯 천연스럽게 스티로폼 위로 올라온 모래를 손바닥으로 쓸어내리기도 했다.

　그만 갑시다! 사람들의 성의를 원 저렇게 무시해서야……

　누군가 그렇게 외쳤고, 사람들은 하나둘 다시 단지 정문 쪽으로 되돌아왔다. 그것이 내가 전해들은 그날 일의 전부였다.

　㉠ 아파트엔 그가 칠백만 원에 대한 이자를 받으려 한다는 소문이 돌기 시작했다.

- 이기호, 「권순찬과 착한 사람들」-

※ 다음을 참고하여 009번과 010번의 두 물음에 답하시오.

> **선생님** : 이 작품의 뒷부분에서 권순찬은 누군가의 신고로 아파트에서 쫓겨납니다. 그 후, '나'는 외제차를 타고 나타난 김석만 씨를 목격하고 자신과 입주민들의 모습을 돌아보게 됩니다. 입주민들은 작품의 제목처럼 착한 사람들입니다. 그러나 문제의 원인과 해결책을 자신들의 입장에서만 찾은 입주민들은 자신들이 베푼 선의를 거절하였다는 이유로 권순찬에게 화를 냅니다. 이 작품은 문제의 진짜 원인을 보지 못하고 애꿎은 사람에게 화를 냈던 우리의 모습을 반성하게 합니다.

008

윗글의 내용과 일치하는 것은?

① 권순찬은 아파트로 들어가는 사람들을 붙잡고 김석만의 행방을 물었다.

② 권순찬은 502호 할머니에게 자신의 일을 해결해 달라고 호소하고 있다.

③ 나는 권순찬의 인천 거처가 권순찬이 돌아갈 때까지 무사히 남아 있기를 바라고 있다.

④ 나는 처음부터 권순찬이 아파트 단지 앞에서 오랫동안 머물 것이라고 예상하고 있었다.

⑤ 나는 작성해야 할 서류에 대한 생각 때문에 권순찬의 일에 참견하는 것을 다음으로 미루고 있다.

009

㉠을 통해 추론할 수 있는 내용으로 가장 적절한 것은?

① 입주민들과 권순찬의 관계가 회복될 것임을 알 수 있군.

② 권순찬이 입주민들의 관심을 끌고 싶어 함을 알 수 있군.

③ 권순찬에 대한 입주민들의 생각이 바뀌고 있음을 알 수 있군.

④ 권순찬이 기다리는 김석만이 아파트에 나타날 것임을 알 수 있군.

⑤ 입주민들이 권순찬을 오해했던 자신들의 실수를 인정하고 있음을 알 수 있군.

010

윗글을 감상한 내용으로 적절하지 <u>않은</u> 것은? 

① 권순찬이 김석만을 기다린 것은 김석만을 자신이 해결하고자 하는 문제의 원인이라고 생각했기 때문이겠군.

② 입주민들이 돈을 모아 권순찬에게 주려고 한 것은 문제의 해결책을 입주민들의 입장에서 찾은 결과로 볼 수 있겠군.

③ 입주민들이 권순찬에게 화를 낸 것은 문제의 진짜 원인을 보지 못하고 애꿎은 사람에게 화를 낸 것으로 볼 수 있겠군.

④ '참좋은 마트' 사장이 권순찬의 사연을 나에게 들려주는 것은 권순찬이 지닌 문제의 진짜 원인을 파악했기 때문이겠군.

⑤ 권순찬이 입주민들의 선의를 거부한 것은 입주민들의 돈을 받는 것이 권순찬이 원하는 해결책이 아니었기 때문이겠군.

다음 글을 읽고 물음에 답하시오.

[앞부분의 줄거리] 안평대군은 열 명의 궁녀를 뽑아 자신의 궁에 두고서 외부와의 교류를 금하고 시 짓기를 가르쳤다.

[A]
　"처음 보았을 때에는 우열을 가릴 수 없었으나 거듭 읽노라니 자란의 시가 뜻이 심원하여 나도 모르게 감탄하고 흥겨운 마음이 드는구나. 나머지 시들 또한 모두 맑고 좋은데, 유독 운영의 시만은 서글피 누군가를 그리워하는 마음이 보이거늘 그리는 사람이 누군지 모르겠다. 준엄히 캐물을 일이로되 그 재주가 아까워 그냥 덮어두기로 한다."
　저는 뜰로 내려가 엎드려 울며 대답했습니다.
　"시를 짓는 중에 우연히 나온 말이지. 어찌 다른 뜻이 있겠습니까? 지금 주군께 의심을 받으니 첩은 만 번 죽어도 유감이 없나이다."
　대군은 자리에 앉으라 명하고 이렇게 말했습니다.
　"시는 진정한 마음에서 우러나오는 것이라서 가리고 숨길 수가 없는 법이다. 너는 더 말하지 말아라."

　그리고는 비단 열 꾸러미를 내어 우리 열 사람에게 나누어 주었습니다. 대군이 일찍이 제게 사사로운 마음을 보인 적이 없으나 궁중 사람들은 모두 대군의 마음이 제게 있다는 걸 알고 있었습니다.
　우리 열 사람은 방으로 돌아와 아름다운 등불을 환히 밝히고는 칠보로 만든 책상 위에 『당율』 한 권을 놓아두고 궁녀들의 원망을 담은 옛사람들의 시 중 어떤 작품이 훌륭한지 토론을 벌였습니다. 저 혼자 병풍에 기대어 흙으로 빚어 놓은 인형처럼 근심스레 말이 없자 소옥이 저를 돌아보고 말했습니다.

[B]
　"낮에 연기를 읊은 시로 주군에게 의심을 받더니 그 때문에 근심스러워 말이 없는 거니? 아니면 주군의 뜻이 네게 있겠기에 속으로 기뻐서 말이 없는 거니? 네 속을 모르겠구나."
　제가 옷깃을 여미고 대답했습니다.
　"너는 내가 아닌데 어찌 내 마음을 안단 말이니? 지금 막 시 한 편을 지으려는데, 묘안이 떠오르지 않아 고심하느라 말하지 않았던 것뿐이야."
　은섬이 이렇게 말했습니다.
　"어딘가 뜻이 향하는 곳이 있어 마음이 여기 있지 않으니 옆 사람의 말이 지나가는 바람 소리처럼 들리겠지. 네가 말하지 않는 까닭을 알긴 어렵지 않아. 어디 내가 한번 맞혀 볼까?"
　그러더니 창밖의 포도 시렁을 주제로 칠언 사운의 시를 지어보라 재촉하더군요.

[중략 줄거리] 운영은 진사와 처음 만났을 때의 일을 들려주며 진사에 대한 자신의 마음을 자란에게 털어 놓는다.

　"나는 이때부터 자려 해도 잠을 이루지 못하고 먹는 것이 줄었으며 마음이 답답하여 모르는 사이에 옷과 허리띠가 헐렁해졌단다. 너는 이 일을 기억 못하겠니?"

　자란이 이렇게 대답했습니다.
　"잊고 있었는데 지금 네 말을 듣고 보니 술에서 막 깨어난 듯 어슴푸레 생각이 날 듯 말 듯 하구나."
　그 뒤로 대군이 진사와 자주 만났으나 저희들을 가까이 두지 않았기에 저는 그때마다 문틈으로 엿보고 했답니다. 하루는 고운 종이에 오언 사운의 시 한 수를 적었어요.

베옷 입고 가죽 띠 두른 선비
옥 같은 얼굴 신선과 같지.
늘 주렴 사이로만 바라보나니
월하노인*의 인연 어디 없는지?
얼굴 씻으매 눈물이 물을 이루고
거문고 타매 한스러움 현을 울리네.
가슴 속 원망 끝이 없어서
고개 들고 하늘에 하소연하네.

　이 시와 금비녀 하나를 함께 싸서 열 겹으로 거듭 봉하여 진사에게 주고자 했지만 전달할 방법이 없었답니다. 그날, 달 밝은 밤에 대군이 술자리를 크게 열어 손님을 모으고 진사의 재주를 매우 칭찬하며 일전에 진사가 지은 시 두 편을 내보였습니다. 모인 사람들이 돌려 보며 칭찬하기를 마지않더니 모두들 진사를 한번 만나보고 싶어 했습니다. 대군이 즉시 하인과 말을 보내 진사를 초청했습니다. 잠시 후 진사가 도착하여 자리로 오는데, 얼굴이 수척하고 몸은 홀쭉한 것이 예전의 기상이라곤 전혀 찾아볼 수가 없었습니다. 대군이 위로하며 이렇게 말했습니다.
　"진사는 굴원의 마음이 있는 것도 아니면서 연못가에서의 초췌한 모습부터 미리 가진 게요?"
　모여 있던 이들이 한바탕 크게 웃었지요. 진사가 일어나 인사하고 말했습니다.
　"저는 빈천한 유생으로서 외람되이 나리의 은총을 받았습니다. 그러나 복이 지나치면 재앙이 생기는 법인지, 질병이 온몸을 휘감아 요사이 식음을 전폐하고 있습니다. 다른 사람의 도움 없이는 움직이기 어려우나 지금 부르심을 받자와 겨우 부축을 받고 와서 인사드립니다."
　손님들이 모두 몸가짐을 바루어 공손함을 표했습니다. 진사는 나이 어린 유생으로서 말석에 앉았기에 저희가 있던 안쪽 방과는 단지 벽 하나를 사이에 두고 있을 뿐이었습니다.
　밤이 이미 다하여 손님들이 모두 취했을 때입니다. ㉠ 제가 벽에 <u>구멍을 뚫고 엿보니 진사 역시 제 뜻을 알고 모퉁이를 향해 앉아 있더군요.</u> 저는 봉한 편지를 구멍 사이로 던졌습니다. 진사는 편지를 주워 집으로 돌아가서 뜯어보고는 슬픔을 이기지 못해 편지를 차마 손에서 놓지 못했답니다. 그리워하는 정이 지난날보다 곱절이 되어 버틸 수 없을 지경이었고, 답장을 보내고자 하나 전할 방도가 없는지라 홀로 수심에 잠겨 탄식할 뿐이었지요.

- 작자 미상, 「운영전」 -

---

*월하노인 : 부부의 인연을 맺어 준다는 전설상의 노인.

011

[A], [B]에 대한 설명으로 적절하지 않은 것은?

① [A]에서 대군은 여러 궁녀들의 시와 비교하면서 운영의 시에 대한 평가를 내리고 있다.

② [A]에서 대군은 시에 대한 자신의 생각을 근거로 운영의 대답을 거짓이라고 판단하고 있다.

③ [B]에서 소옥은 [A]의 상황에 근거하여 운영이 침묵하는 이유를 추측하고 있다.

④ 운영은 [A]의 대군과 [B]의 소옥 모두에게 자신의 진심을 우회적으로 드러내고 있다.

⑤ [B]에서 은섬은 운영이 딴 곳에 마음을 두고 있음을 언급하면서 운영의 말이 사실인지를 시험하려 하고 있다.

012

윗글과 관련하여 이 시를 이해한 내용으로 적절하지 않은 것은?

① '베옷 입고 가죽 띠 두른 선비 / 옥 같은 얼굴 신선과 같지'는 진사에 대한 운영의 호감을 반영한 표현으로 볼 수 있군.

② '주렴 사이로만 바라보나니'는 진사를 문틈으로 엿볼 수밖에 없었던 운영의 처지와 유사한 구절로 볼 수 있군.

③ '월하노인의 인연 어디 없는지?'는 진사와 인연을 맺기 어려운 자신의 처지에 대한 운영의 한탄이 담긴 것으로 볼 수 있군.

④ '얼굴 씻으매' 흐르는 '눈물'은 자신의 마음을 알아채지 못했던 자란에 대한 운영의 서운함을 드러낸 것으로 볼 수 있군.

⑤ '거문고를 타매' 드러나는 '한스러움'은 혼자 병풍에 기대어 근심스레 말이 없던 운영의 심정과 연결할 수 있군.

013

㉠을 나타내기에 가장 적절한 것은?

① 이심전심(以心傳心)　　② 인과응보(因果應報)

③ 견물생심(見物生心)　　④ 역지사지(易地思之)

⑤ 수구초심(首丘初心)

다음 글을 읽고 물음에 답하시오.

남자 네, 어떤 돌은 말입니다. 사람들이 다듬어서 보석을 만들지요. (보석을 가리키며) 이걸 보십쇼. 부인의 그이께서 밤새껏 다듬으신 겁니다. 참, 다시 없는 솜씨에요. 여든 여덟, 이 각면체(各面體)들이 서로 치밀하게 아물려서 한 점 빈틈이 없거든요. 부인, 이건 보석으로서의 가장 완전한 모양입니다. 일단 이 안으로 들어온 빛은 밖으론 절대 새어나갈 수가 없습니다. 그래서 시간이 오래될수록 이 보석의 내부엔 자꾸만 빛이 축적되는 겁니다. 마침내는 하늘에서 방금 뜯어내온 별처럼 찬란하다 못해…… 그렇습니다, 부인. 이건 한낱 여인을 장식하기보다 저 장엄한 하늘의 별이 되어야 하는 겁니다.

그녀 그런 건 상관없어요. 저에게 지금 소중한 건 그이에요. 어디 계시죠, 그인?

남자 ㉠ 바람에 흩어지고 있군요.

그녀 제발 좀 저에게 가르쳐 주세요.

남자 그인 계약을 어기셨습니다. 보석을 이런 완전한 모양으로는 다시 깎지 않겠다는. 그런데 그걸 어기신 겁니다. (보석을 내밀며) 사랑하는 부인께 대신 이걸 전해 달라 하시더군요.

그녀 그이가 안 계신다면, 아, 이런 것이 무슨 소용 있겠어요!

남자 진정하십시요, 부인, 이렇게 깎여진 보석은 세상에서 단 하나 이것뿐입니다.

그녀 하나라구요! 수천 개인들 그게 무엇일까요! (보석을 내던지며) 아무 소용 없어요, 저에게. 그이면 됐던 거예요. ㉡ 그이라면 다 황홀하게 꾸미고도 남았어요! 오, 차라리 저에게 재앙을 주세요! (비탄으로 울부짖으며 나간다)

남자 (보석을 주워들고) 쯧쯧, 인간들이란 가장 완전하며 가장 소용없는 걸 만든단 말이야. 난 이해 못 하겠어. 기껏 그들 꼴을 보며 웃는 수밖에. (키득키득 웃는다) 웃는 것도 싫군. 그저 이 돌을 하늘에 던져 올려 별이나 만들자.

　(암전(暗轉). 울려 퍼지는 결혼 축하곡. 사원(寺院)의 종소리. 사람들의 환호성이 거리를 메운다. 그이는 창 밖을 바라본다. 노인. 구부러진 허리. 백발(白髮). 살갗은 고목의 껍질 같다. 그이는 한숨을 쉰다. 남자, 어느 사이에 들어와 구석진 자리에서 지긋이 한탄하는 그이를 지켜본다.)

[중략 줄거리] 자신의 일생을 바쳐 완벽한 보석을 세공한 '그이'는 보석이 세상에서 가장 완벽한 형태로 완성되었지만 그 보석을 위해 모든 것을 다 포기하고 살아온 자신의 현실을 한탄한다.

남자 참으로 묘한 일이군요. ㉢ 일생을 다 바쳐 마침내 바랐던 걸 성취하고서도 한탄해야 하니 말입니다.

그이 이 부질없는 것에 평생을 매달렸다니…….

남자 전혀 없습니까, 드릴 만한 사람이?

그이 있다면야 왜 내가 후횔 하겠소? 보시오, 나를. 머리는 새하얗

고 허리는 굽어 버렸소. 목소리는 쉬어터졌으며 살갗은 어느새 흉칙하게 찌그러졌소. 어리석다는 건 바로 이렇소. 차라리 이따위 걸 소망하기보다 한 여인을 사랑하는 쪽이 더 옳았던 것 같소. 더구나 오늘 거리엔 결혼식의 행렬이 지나갔소. 난 어여쁜 신부를 보았소. 그리고 하염없이 울었소. 만약 나에게 다시 젊음을 준다면, 한번 다시 젊음을 준다면…….

남자 왜 말씀을 그만 두십니까?

그이 아, 그건 불가능한 거요.

남자 궁금한데요. 다시 젊음을 준다면 어떻게 하시겠습니까?

그이 한 여인을 사랑하겠소.

남자 글쎄요. 그것 역시 결국엔 후회되지 않을까요?

그이 아니요. 난 결코 후회하지 않을 거요!

남자 사랑 역시 당신이 늘 소망했던 그 완전한 보석과 같은 거지요. 말하자면 당신은 한 여인을 완전히 사랑하고자 할 겁니다.

그이 물론이요, 나는.

남자 그렇다면 어찌 될 것 같습니까? 당신은 그 여인에게 당신의 사랑을 드러내보이기 위해, 이 세상에서 가장 완전한 형태의 보석을 다듬어 주고자 할 겁니다.

그이 당연히 난 그럴 거요.

남자 아, 욕심도 많으시군요. ㉣ 완전한 사랑과 완전한 보석, 그 두 가지를 모두 갖고 싶지 않은 사람이 어디 있겠습니까? 그 중 하나만이라도 가질 수 있다는 것에 만족하셔야지요.

그이 (손 위에 놓인 보석을 바라보며) 내가 한 여인을 사랑할 수 있게 된다면 난 이것을 기꺼이 포기하겠소.

남자 (냉소하며) 그랬다가 다시 만드시려구요? ㉤ 만약 당신이 터득한 그 완전한 형태의 보석 세공술(細工術)을 포기하신다면, 난 당신의 사랑을 위해 젊음을 다시 드릴 수도 있겠습니다만…….

그이 누구요? 당신이 누구이기에 다시 젊음을 주시겠다는 거요?

남자 자, 어떻게 하시렵니까?

그이 당신이 설마……?

남자 그것 보십시요. 당신은 후회한다는 말은 하면서도 보석을 포기하진 못하는군요.

그이 (보석을 남자에게 내던진다) 젊음을 주시요! 당신이 그렇게 할 수 있다면!

남자 계약하셔야 합니다.

그이 좋소. 어떤 계약이요?

남자 만일 당신이 이런 완전한 형태의 보석을 깎을 경우엔 당신은 늙어버립니다. ㉥ 그리고 그 즉시 재로 변해지고 말 겁니다.

그이 계약하겠소!

- 이강백, 「보석과 여인」-

014

'남자'에 대한 설명으로 가장 적절한 것은?

① '그이'의 행동을 부추겨서 '그이'의 선택을 이끌어 내고 있다.
② '그이'의 상황을 전달하여 '그녀'와의 관계 회복을 유도하고 있다.
③ '그이'의 행동을 예측하여 '그이'의 미래를 낙관적으로 전망하고 있다.
④ '그녀'의 태도를 비판하여 '그녀'의 내면적 갈등을 유발하고 있다.
⑤ '그녀'에게 기회를 부여하여 '그이'와의 갈등 해소의 실마리를 제공하고 있다.

015

〈보기〉를 참고하여 윗글을 감상한 내용으로 적절하지 <u>않은</u> 것은?

| 보 기 |

　이 작품은 고도의 상징성을 바탕으로 인간의 보편적이면서도 실존적인 측면을 형상화하여 관객의 공감을 이끌어 내고자 했다. 즉 현실적 가치를 상징하는 '보석'과 이상적 가치를 상징하는 '사랑'을 통해, 양립할 수 없는 가치를 동시에 추구하는 인간의 일반적인 속성과 삶의 본질적 한계를 보여 주고 있는 것이다. 또한 '계약 모티프'를 바탕으로 이야기의 결말 부분을 먼저 제시하는 원점회귀의 구성 방식을 취하면서 운명적 비극성을 극대화하고 있다.

① ㉠과 ㉮을 통해 관객들은 결말 부분이 먼저 제시되고 있음을 확인할 수 있겠군.
② ㉡을 통해 관객들은 양립할 수 없는 가치를 동시에 추구하는 인간의 모습을 떠올릴 수 있겠군.
③ ㉢을 통해 관객들은 현실적 가치만으로는 만족하지 못하는 인간의 모습을 떠올릴 수 있겠군.
④ ㉣을 통해 관객들은 인간의 보편적 속성을 떠올릴 수 있겠군.
⑤ ㉤을 통해 관객들은 인물들 간의 계약을 바탕으로 내용이 전개되고 있음을 확인할 수 있겠군.

[**001~003**]　2028학년도 수능 예시문항 31~33번 정답과 해설편 p.333

다음 글을 읽고 물음에 답하시오.

홍 낭자가 양창곡의 뜻을 보고자 하여 **선비로 남장해** 묻길,

"나는 저 사람의 마음을 아나 저 사람은 내 마음을 모른다면, 이 또한 '지기'라 할 수 있으리오?"

양 공자가 웃으며,

"백아가 거문고를 연주하여야 종자기가 있거늘, 사람이 지조를 닦아 마음속에 간직했다가 밖으로 드러내면, 구름이 용을 따르고 바람이 호랑이를 따르듯, **같은 소리로 서로 응하며 같은 기운으로 서로 구하리니**, 어찌 모를 리가 있으리오?"

선비가 말하길,

"세간에 신의 없은 지 오래되어 곤궁한 처지였을 때 사귄 정을 부귀한 후 잊는 자들이 흔히 있더이다. 부귀와 궁달에 있어서 **처음과 끝이 한결같은 자**를 볼 수 있으리오?"

양 공자가 웃으며,

"옛말에 이르되 '가난하고 천할 때의 친구는 잊어서는 안 되고, 지게미와 쌀겨를 먹으며 고생한 아내는 집에서 내보내서는 안 된다.' 하니, 부귀와 궁달에 따라 친소를 달리하면 이는 경박한 일이라. 어찌 이 때문에 세상을 의심하리오?"

선비가 웃으며,

"형은 충직한 사람이로다. 저는 본디 지조가 없는 사람이라. 신하가 임금을 섬기고 선비가 친구를 사귐에, 그 명망을 닦고 예절을 지켜 도리에 부합해 사귐을 하는 사람도 있으며, 그 재주를 드러내면서 형편에 따른 방도로써 사귐을 하는 사람도 있소. 형은 어떻게 생각하시오?"

양 공자가 답하길,

"사람의 나아가고 물러남을 어찌 가벼이 논하리오? 성인에게도 공명정대한 원칙과 형편에 따른 방도가 있나니, 군신과 붕우 사이에 마음 한구석을 비춰 볼 따름이라. 나 역시 과거에 응시하려는 선비로, 덕을 닦아 이름을 드날리지 못하고 문장 찌꺼기로 망령되이 **임금의 은혜**를 얻고자 하니, 이 어찌 규중 처녀가 얼굴을 가리고 스스로 짝을 구함과 다르리오? 이로써 보건대 나아가고 물러남이 정대하고 깨끗하여 옛사람에게 부끄럽지 않은 자가 몇이나 있는고?"

선비가 미소하고 몸을 일으키며,

"밤이 깊었고 여행 중에 잠을 못 자는 것이 몸을 보살피는 도리가 아니니, 무궁무진한 정담은 내일을 기약할지라."

양 공자가 차마 떠나지 못해 하더라.

[중략 줄거리] 홍 낭자는 양창곡과 이별한 후 오랑캐 장수가 되었다가, 명나라 원수가 된 양창곡과 다시 만나 그의 군영에서 사마라는 직책을 받고 축융 왕의 항복을 받아 낸다.

일지련이 부친 축융 왕을 모시고 막사로 돌아가 가만히 생각하길,

'내가 아무리 사람 보는 안목이 없다 해도 홍 장군은 분명 남자가 아닐지라. 만약 여자라면 누구를 위해 만 리 밖에서 종군했으리오? 양 원수의 용모와 풍채를 보건대 비범한 장수요, 또 홍 장군의 기색과 언사를 살피건대 자못 조심해 무례한 뜻을 드러내지 않으나 은근한 정을 띤 듯하니, 이 어찌 지기를 따르려고 남자로 변복해 종군한 것이 아니리오?'

또 의심하길,

'여자의 질투는 세상 부녀자의 일반적인 정이라. 남자가 아니라면 홍 장군은 **어째서 이처럼** 나를 사랑하는고?'

끝내 깨닫지 못하고, 총명하고 지혜로운 마음에 조급한 심정을 참지 못해 홍 사마의 본색을 알고자 조용히 그의 막사로 가거늘, 마침 홍 사마가 고요히 홀로 앉아 있더라. 일지련이 앞으로 나아가 아뢰길,

"제가 장군께서 살려 주신 은덕을 입어 휘하에서 모시며 정성을 다하고자 하였으나, 다시 생각건대 제 처지가 남자와 다르고 군중에 여자가 있는 것은 예로부터 꺼리는 바라, 저의 부친이 이미 군중에 계시니 저는 마땅히 본국으로 돌아가 행동이 어그러짐을 면할까 하나이다."

홍 사마가 웃으며,

[A]　"낭자의 말이 지나치도다. 옛날 목란은 그의 아버지를 대신해 만 리 밖에서 종군했으나 일찍이 그녀를 비판하는 사람이 없었거늘, 낭자만 어찌 이에 구애되리오?"

일지련이 눈길을 흘려 홍 사마를 보고 웃으며,

"제가 오랑캐 땅에서 자라 예법을 배우지 못했으나, 남자와 여자가 같은 자리에 앉으면 안 된다는 것은 성인의 밝은 가르침이라, 만약 군중에 처한즉 어찌 남자와 어깨를 나란히 하고 자리를 함께하지 않을 수 있으리이까? 그러므로 목란이 충효는 극진하나 규방의 아녀자가 지켜야 하는 단정한 행실은 부족했던 것으로 생각하나이다."

홍 사마가 이 말을 듣고 눈을 들어 일지련을 보며 양 볼에 홍조 만발하여 오랫동안 말이 없더니 자신의 본색을 알고자 함인 줄 짐작하고 자기 행장을 수습하여 길게 탄식해,

[B]　"세상에 한결같이 단정해 규방 예절을 어기지 않은 여자가 몇이나 되리오? 혹은 환난을 당해 어쩔 수 없이 어기는 자도 있고, 혹은 지기를 좇아 예절을 돌아보지 못하는 자도 있으니, 어찌 한 가지로 논할 수 있으리오?"

일지련이 사례하고 돌아와 마음속으로 웃으며,

'나의 안목이 과연 틀리지 않았도다. 홍 사마가 어떠한 여자로서 종군한 것인지 모르나, 그의 말과 **의로운 기상**을 보건대 분명히 내 평생을 저버리지 않으리라. 내가 맹세코 번화한 **명나라**를 구경하리라.'

하더라.

- 남영로, 「옥루몽」-

001 내용 이해

윗글의 내용에 대한 이해로 가장 적절한 것은?

① 홍 낭자는 양 공자가 자신의 속마음을 알아주지 않는 점에 서운함을 느꼈다.

② 양 공자는 선비와의 이별을 아쉬워하며 선비로부터 다시 만날 약속을 받아 냈다.

③ 일지련은 홍 장군이 양 원수를 대하는 태도를 보고 두 사람의 관계에 대한 호기심을 가졌다.

④ 일지련은 양 원수의 비범함을 눈치채고 그의 휘하에 장수로 들어가고자 하였다.

⑤ 홍 사마는 일지련의 말을 듣고 조급한 성정을 꾸짖기 위해 오랫동안 침묵하였다.

002 말하기 방식

[A], [B]를 이해한 내용으로 가장 적절한 것은?

① [A]에서는 목란의 고사에 나타난 옛날의 일과 일지련의 상황은 서로 다르다고 설명하고 있다.

② [B]에서는 사례를 들어 여인이 군중에 머무를 때 발생할 수 있는 문제를 일지련에게 알려 주고 있다.

③ [A]에서는 군중에 머무는 것은 잘못된 행동이라는 일지련의 걱정을 위로하고, [B]에서는 군중에 머무를 수 있는 현실적인 방안을 제시하고 있다.

④ [A]에서는 본국으로 돌아가려는 일지련의 계획을 실현 불가능성을 이유로 들어 만류하고, [B]에서는 그 계획을 시기의 문제를 이유로 들어 만류하고 있다.

⑤ [A]에서는 여인이 지켜야 할 행동에 대한 일지련의 의견이 과도하다고 평하고, [B]에서는 당위적 윤리 규범을 내세우는 일지련의 생각을 바꾸도록 설득하고 있다.

003 감상의 적절성

〈보기〉를 참고하여 윗글을 감상한 내용으로 적절하지 않은 것은?

3점

| 보 기 |
　「옥루몽」에서는 다양한 지기 관계 형성을 중심으로 서사가 진행된다. 지기란 서로 마음을 알아주고 뜻을 함께하는 사람으로, 인물들은 이상적인 인물과의 지기 관계를 추구한다. 인물들은 자신의 의도를 우회적으로 드러내면서, 상대의 의중을 탐색하는 대화를 통해 성별과 신분, 처지에서 비롯된 사회적 제약을 뛰어넘는 관계를 모색한다. 이러한 지기 관계의 양상을 통해 유교적 질서를 존중하면서도 개인적 욕망을 인정하는 작가의 인식을 엿볼 수 있다.

① 홍 낭자가 '선비로 남장해' 양 공자의 뜻을 확인하는 데서, 지기 관계 형성에서 성별이 사회적 제약이 될 수 있음을 알 수 있군.

② 양 공자가 지기는 '같은 소리로 서로 응하며 같은 기운으로 서로 구하리'라고 하는 데서, 지기 관계는 일방적인 것이 아니라 쌍방적인 것이라고 여김을 알 수 있군.

③ 일지련이 홍 사마가 '어째서 이처럼' 자신을 아끼는지 알고자 하면서도 예법에 대해 문답하는 데서, 지기 관계 형성을 위한 탐색 과정에서 인물이 의도를 우회적으로 드러냄을 알 수 있군.

④ 홍 낭자가 양 공자에게 '처음과 끝이 한결같은 자'에 대해 묻는 것과 일지련이 홍 사마의 '의로운 기상'을 믿는 데서, 인물들이 지기 관계에서 상대방의 도덕성을 중시함을 알 수 있군.

⑤ 양 공자가 덕이 모자란데도 '임금의 은혜'를 얻겠다는 것과 일지련이 '명나라' 구경을 결심하는 데서, 지기 관계에서 유교적 질서와 개인적 욕망의 추구가 동시에 인정됨을 알 수 있군.

다음 글을 읽고 물음에 답하시오.

(가)

그대는 속객(俗客)이라 내 이름 어이 알까
오늘날 내 이름을 그대에게 이르려니
비늘 가진 동물 중에 머리 있는 용이로세
조선이 천명을 받아 성현이 나셨도다
삼한을 어루만져 한양에 도읍하니
인물이 번성하고 인가(人家)가 가득하다
아, 옥황상제 건천문을 여시고
중국 땅을 바라보고 하토를 굽어보시어
한 폭 조서(詔書)를 ㉠ 수국(水國)에 전하시되

[A]
동문 밖 십 리 땅은 청룡이 네가 지키고
남문 밖 십 리 땅은 적룡이 네가 지키고
서문 밖 십 리 땅은 백룡이 네가 지키고
북문 밖 십 리 땅은 흑룡이 네가 지키고
왕성 안 십 리 땅은 황룡이 네가 지키어
우물의 물을 뿜어 백성을 이롭게 하라

우리는 백룡이라 서쪽을 주관하여
반송방 노첨정계* ㉡ 팔각정 내린 맥에
자리를 점지하여 삼백 년 걸쳐 있어
꼬리를 한 번 치면 감천이 솟아나니
이러하여 세상 사람 이르기를 ㉢ 초리우물
그러나 수근(水根)은 유한하고 먹을 이도 많구나

[B]
아침이야 저녁이야 새벽이야 밤중이야
재상의 집 선비의 집 무반의 집 한량의 집
국숫집 팥죽집 떡집이며 엿집이라
통이로세 물동이로세 장군이야 항아리야
긷거니 푸거니 이 우물에 모여드니

두레박도 빠지고 쪽박도 깨지고
아이구야 사람 죽네 싸움으로 시끌하고
워그적워그적 휩쓸려 붐비는 게 더욱 심해

[C]
쌀을 씻고 팥을 간들 물 없이 밥이 되며
미역과 찐 다시마는 바리바리 쌓여 있고
채소와 대하 꾸러미 아무리 쌓였던들
이 물이 없게 되면 국이 어이 되겠는가

서문 밖 천만 집에 ㉣ 물싸움 심하더니

[D]
그대는 슬기로워 여인 중에 호걸이라
가만히 생각하니 새 물 어이 못 파리오
오른손에 자를 들고 뒤뜰로 들어가서
지맥을 헤아리고 사방을 둘러보아
여종에게 분부하되 이곳을 깊이 파라

[E]
정성이 극진하니 내 마음 감동하여
넓은 바다에 쌓인 물을 머금어 뿜어내니
그대네 북창 아래 ㉤ 감로수가 절로 난다

- 이운영, 「착정가」-

*반송방 노첨정계 : 한양 서대문 밖에 있던 지명.

(나)

'풍속 중에 청명일에 우물을 쳐낸다[俗以淸明日淘井]'라는 글이 있고, 운서(韻書)에서 '도(淘)' 자의 의미를 찾아봤지만 없었다. '씻어서 깨끗이 한다'라는 뜻인 듯했지만, 사실 정확하지는 않았다. 그래서 의문이 남았지만 그냥 내버려두었다.

바닷가에 와서 거처를 세 번 옮겼다. … (중략) … 그곳 땅이 본래 낮아 습한데 내가 거처한 마지막 집은 더욱 심했다. 다른 집보다 좋은 점은 우물이 있는 것이었다. 우물은 울안 동남쪽에 있었는데, 지세가 낮은 중에도 낮았다. 우물 곁 연못에 부들과 피가 자랐고, 그 옆 마구간에서 소와 말을 길렀다. 실로 모두가 꺼리는 것이 모여 있었다. 집을 옮기자마자 종들에게 그릇을 도르래에 묶어 물을 긷게 하여 우물을 쳐냈다. 마침 겨울이라 힘을 적게 쓰고도 효과는 컸다. 봄이 지나고 또 우물을 쳐냈는데, 그릇이 우물 안 물에 닿으니 그 깊이가 거의 두 길이었다. 그러나 깨끗이 쳐내도 물은 맑아지지 않고 쳐내기 전과 같았다. 이것이 어찌 물의 성질 때문이랴? 물의 맑고 탁함과 많고 적음은 땅의 높낮이와 춥고 더움에 관계가 있을 뿐이다. 그래도 소동파가 새집을 지으며 사십 척이나 파고서야 물을 얻은 일보다는 나았다.

사람에게도 어찌 본성이 없겠는가? 기질에 얽매이고 욕망에 빠질 뿐이니, 또한 이 우물이 낮은 곳에 있는 것과 같다. 맑고 쾌활한 본성은 비록 하늘로부터 받은 것이나, 맑게 다스리는 노력 또한 현명한 스승과 어진 벗이 이끌어 주고 도와주는 것에 달려 있지 않겠는가? 성현이 이르지 않았는가? "생각하는 것은 슬기로운 것이고, 슬기로운 이가 성인이 된다."라고 했듯이 생각하기를 우물 쳐내듯 하면, 처음에는 흐린 물이 있겠지만 오래도록 끌어 올리면 차츰 맑은 물이 나오는 법이다. 사람의 생각도 처음에는 혼탁하지만 오래할수록 명쾌해진다. 이 우물도 비록 처음에는 흐린 물이 나오더라도 오래도록 쳐내면 맑은 물이 어찌 나오지 않겠는가? 또한 이는 사람이 학문을 하는 것과 같으니, 생각하고 생각하면 귀신이라도 통하게 해 주는 것이다.

내가 오늘 우물 쳐낸 일을 보고, 생각을 지극히 해서 성인이 되는 노력을 깨달았다. 이에 노비에게 물이 맑아지기를 기다려 마시게 하고, 항상 노력하고 경계하는 뜻을 마음에 새겨 응당 청명일을 기다려 다시 우물을 쳐내고자 한다.

- 박장원, 「치정설」-

---

004 표현상 공통점

(가)와 (나)의 공통점으로 가장 적절한 것은?

① 음성 상징어를 활용하여 어수선한 분위기를 표출하고 있다.

② 구체적 수치를 활용하여 대상의 정도 차이를 제시하고 있다.

③ 대구 표현을 활용하여 긴장감이 강해지는 양상을 형상화하고 있다.

④ 의문형 어미를 활용하여 전달하고자 하는 의미가 당연한 것임을 강조하고 있다.

⑤ 계절적 배경이 드러나는 표현을 활용하여 대상의 변화에 대한 기대감을 나타내고 있다.

005 내용 이해

[A]~[E]에 대한 이해로 적절하지 <u>않은</u> 것은?

① [A] : 옥황상제의 조서라는 형식을 빌려 우물에도 백성에 대한 하늘의 뜻이 담겨 있음을 암시하고 있다.

② [B] : 우물을 사용하려는 사람들의 모습을 열거하여 우물을 독점하려는 욕망을 비판하고 있다.

③ [C] : 식생활에 관련된 소재를 활용하여 살아가는 데 있어서 우물의 중요성을 강조하고 있다.

④ [D] : 여성의 주체적인 행위를 묘사하여 새로운 우물을 찾는 과정을 드러내고 있다.

⑤ [E] : 신이한 힘이라는 환상적 요소를 도입하여 우물에서 물이 솟아나게 된 상황을 극적으로 표현하고 있다.

006 시어의 의미와 기능

㉠~㉤을 중심으로 (가)를 이해한 내용으로 가장 적절한 것은?

① ㉡의 근원이 ㉠에 있는 것으로 제시하여 우물이 소망을 기원하는 장소임을 보여 주고 있다.

② ㉢의 작명 유래를 설명하여 우물에 대해 세상 사람들이 느끼는 위압감을 해소하고 있다.

③ ㉢에 마을 사람들이 북적이는 현상으로 인해 ㉣이 발생했다고 판단하고 있다.

④ ㉢과 ㉤의 자리를 찾는 데에 마을 사람들의 역할이 중요함을 밝히고 있다.

⑤ ㉣로 인한 불편을 해소하기 위해 외부의 도움을 받은 결과물인 ㉤을 부정적으로 바라보고 있다.

007 인물의 태도

다음은 학생이 (나)를 읽고 작성한 감상문의 일부이다. ⓐ~ⓔ 중 적절하지 <u>않은</u> 것은?

> 오늘은 수업 시간에 「치정설」을 읽었는데, 시간의 흐름에 따라 '의문, 경험, 사유, 의지'가 이어지는 구조로 되어 있음을 알 수 있었다. 글쓴이는 과거에 ⓐ <u>한자 '도(淘)'의 의미에 대한 의문</u>을 가졌다. 시간이 지나고 글쓴이는 표층적 의미의 '도(淘)'를 경험하게 되는데, 그것은 ⓑ <u>맑은 물을 얻기 위해 우물을 쳐낸 일</u>이었다. 그리고 이런 노력에도 불구하고 우물물이 깨끗해지지 않았던 경험을 한 글

쓴이는 ⓒ <u>인간의 심성을 맑게 다스리기 위해 필요한 노력이 '도(淘)'의 또 다른 의미라고 사유한다.</u> 우물물을 쳐내는 일처럼 ⓓ <u>주변 사람의 영향에서 벗어나서 혼자 끊임없이 생각해야 슬기로워질 수 있음을 깨달은 것이다.</u> 이렇게 우물물과 인간이 다르지 않다는 인식을 통해 '도(淘)'의 또 다른 의미를 도출한 글쓴이는 ⓔ <u>앞으로 '도(淘)'를 실천하겠다는 의지를 드러냈다.</u>

① ⓐ   ② ⓑ   ③ ⓒ   ④ ⓓ   ⑤ ⓔ

008 감상의 적절성

<보기>를 참고하여 (가), (나)를 감상한 내용으로 적절하지 <u>않은</u> 것은? `3점`

> **| 보기 |**
>
> (가)와 (나)는 모두 조선 후기 사대부가 겪은 결핍의 상황에 대한 관찰을 바탕으로 창작한 작품이다. 작품에서 재구성된 일상은 대상을 재현하고 작가의 의식을 투영한다. (가)는 공동체에 대한 작가의 관심을 바탕으로, 초현실적 존재를 화자로 설정하여 일상을 묘사함으로써 대상에 대한 작가의 참신한 발상을 보여 준다. (나)는 개인의 수양에 대한 작가의 관심을 바탕으로, 유배 생활의 경험을 통해 사고를 확장함으로써 인간의 본성에 대한 작가의 성찰적 태도를 보여 준다.

① (가)에서 '그대'에게 '내 이름'을 '용이로세'라고 하면서 말을 이어 가는 설정에서 초현실적 존재의 입장으로 일상의 문제에 접근하려는 작가의 참신한 발상을 엿볼 수 있군.

② (나)에서 우물에 '실로 모두가 꺼리는 것이 모여 있'다고 주목한 데서 공간적 여건으로 인해 개인의 수양이 가로막힐 수 있음을 드러내려는 작가의 의도를 알 수 있군.

③ (나)에서 우물을 '깨끗이 쳐'내면서 '오래도록 끌어 올리'는 행위를 '성인이 되는 노력'에 빗댄 데서 작가가 유배 중의 경험을 통해 사고를 확장하고 있음을 알 수 있군.

④ (가)에서 '수근은 유한하고 먹을 이도 많'다는 것과 (나)에서 우물이 '쳐내기 전과 같았다'는 것에서 작가가 관찰을 통해 확인한 결핍의 양상을 알 수 있군.

⑤ (가)에서 '인물이 번성하고 인가가 가득하다'라고 한 데서 공동체의 번영에 대한, (나)에서 '물의 성질'과 '사람'의 '본성'을 연결한 데서 개인의 성찰에 대한 작가의 관심을 엿볼 수 있군.

다음 글을 읽고 물음에 답하시오.

작년, 더위가 찔 무렵이었다. B 공단 성창비료 석교공장의 노무과장이 장정 셋을 거느리고 집에 들이닥친 일이 있었다. 그날은 종옥이가 시장에 나가 홀로 집을 지키던 참이었다.

㉠ "김병국이란 작자가 누구요? 어떤 위인인가 상판 좀 봅시다." 힘꼴깨나 써 보이는 한 장정이 기세등등하게 말했다.

㉡ "내 아들놈인데 다, 당신네는 누, 누구요?" 기세에 눌려 내 목소리가 더 더듬거렸다.

㉢ "그렇담 마빡 새파란 놈이겠군. 그 새끼 좀 봅시다!" 다른 장정이 윽박질렀다. "아들은 집에 없소. 무, 무슨 일인데 이러오?"

"그 자식 당장 작살낼 테야. 암모니아 가스가 아니라 진짜 똥물을 아가리에 퍼 넣어야 정신 차릴 개새끼!" 또 다른 장정이 방문 열린 큰방과 건넌방을 기웃거렸다.

㉣ "소란 피워 죄송합니다만, 병국이란 자제분을 만날 수 없겠습니까?" 마흔쯤 된 노무과장이란 자가 내게 정중하게 말했다.

"마루에라도 앉아요." 노무과장을 상대로 내가 말했다. "병국이를 차, 찾자면 힘들겠네요. 늘 자정쯤 돌아오니, 난들 그놈 행선지를 모르오."

"사실을 말씀드리자면……" 노무과장이 병국이를 찾아온 이유를 설명했다. ㉤ "선생 자제분이 우리 회사를 상대로 관계 요로에 진정설 냈습니다. 여기 시 보건과에서 접수한 진정서 사본을 보십시오."

마루에 걸터앉은 노무과장이 복사판 서류를 꺼냈다. 방으로 들어가 돋보기안경을 찾아 낄 틈도 없이 어릿어릿한 글자를 대충 훑어보았다.

……성창비료 석교공장은 연간 40억 규모의 흑자를 내면서도 폐기 처리 과정에 근본적 개선책이 전무함이 입증되었다. 8월 4일 새벽 2시 20분, 당 공장은 야음을 틈타 암모니아 가스를 다량으로 배출해, 가스가 폐수천(석교천)을 따라 안개처럼 덮쳐 동진강 하류로 확산된 바 있다. 이로 인해 새벽 4시 10분 동진강 하류에서 오징어잡이 나가던 어민 18명이 심한 두통과 구토증으로 실신한 사건이 있었다. 당사는 기계의 밸브가 고장 나서 가스가 샜다고 변명하지만 이런 일이 일주일을 주기로 수십 차례 반복되었음을 입증하며 (관계 자료 별첨), 이로 미루어 당사는 고의로 밸브를 틀어 야밤에 가스를 배출함이 객관적으로 입증됨으로써……

"정신병자 놈이 쓴 낙서는 더 읽을 필요가 없소." 장정이 진정서를 낚아챘다.

"아, 아들놈이 낸 진정서가 틀림없습니까?" 노무과장에게 물었다.

"분명합니다. 뒷조사해 보니 자제분은 이 방면에 **상습범**이더군요. 6월에는 풍천화학을 상대로 진정서를 낸 바 있었습니다. 풍천화학도 야음에 카드뮴과 수은 등 중금속 물질을 배출시켜 동진강 하류 삼각주 지대에 서식하는 각종 새 3백여 마리와 물고기가 떼죽음을 당했다나요. 사람이 아닌, 한갓 새나 물고기가 말입니다." 노

무과장이 '새나 물고기'란 말을 강조했다. 그는 이어, "**국민 소득 1천 달러 달성**에, 오늘날 **조국 근대화**가 무엇으로 이루어졌는지는 선생도 잘 알지요?" 했다.

"사람이 아닌, 한갓 **새와 물고기**가 죽었다구 진정을 내? ⓐ 빈대 잡겠다고 초가삼간 태우겠다는 미친놈 짓거리를 이번에는 아예 뿌리 뽑아야 해!" 한 장정이 주먹을 내두르며 소리쳤다.

(중략)

"요즘 제 딴에는 조류와 **공해 문제**를 여, 연구한답시고…… 모르긴 하지만 그 일 때문에 시, 심려를 끼치지 않았나……."

"자제분은 군 통제 구역 출입이 어떤 처벌을 받는지 알 만한 식견이 있음에도 무모한 행동을 했어요. 설령 그 일이 정당해도 사전에 부대의 양해를 구해야지요."

"야영하다 자신도 모르는 사이에 워, 월경했겠죠. 부대장님의 선처를 바랍니다. 내보내 주시면 **아비 된 제가 단단히 주의를 주겠**습니다."

윤 소령이 당번병을 불러 차를 내오라고 일렀다. 그리고 1968년 11월 울진 · 삼척 지구의 무장 공비 출현과 그들이 저지른 만행을 예로 들었다.

"……야음을 틈타 쾌속정을 이용해서 동해안 따라 남하했던 겁니다." 아울러 국내 유수의 공업 단지 보안과 경비의 중요성을 강조했다. "우리는 실전이 없달 뿐 지금도 전쟁 중입니다. 국민이 평안을 원한다면, 그 평안을 확보하기 위해 한시도 경각심을 늦출 수 없어요. 국민 복지의 향상과 제반 산업의 발전도 **안보의 확립** 위에서만 가능합니다."

[A]
차를 마시고 나자 소령은 당번병에게, 김병국 군을 데려오라고 말했다. 한참 뒤, 아들이 중위와 함께 파견 대장실로 왔다. 쑥대머리에 땟국 앉은 꾀죄죄한 아들놈 몰골이 중병 든 환자 꼴이었다. 점퍼와 검정 바지도 뻘투성이여서 하수도 공사라도 하다 나온 듯했다. 꺼진 눈자위에 번들거리는 눈만이 살아, 나를 보았다.

"넌 도대체 어, 어떻게 돼먹은 놈인가! 통금 시간에 허가증 없이는 해안 일대에 모, 못 다니는 줄 알면서." 내가 노기를 띠며 말했다.

"본의는 아니었어요. 사나흘 사이에 동진강 하구 삼각주에서 갑자기 새들이 집단으로 죽기에, 이유를 좀 캐내 보려던 게……." 병국이는 머리를 떨구었다.

- 김원일, 「도요새에 관한 명상」 -

009 서술상 특징

[A]의 서술상 특징으로 가장 적절한 것은?

① 공간적 배경을 비유적으로 표현하여 갈등의 원인을 암시하고 있다.
② 사건에 대한 인물의 판단을 그 판단에 대한 논평과 함께 제시하고 있다.
③ 인물의 외양을 묘사하여 그 인물의 심리를 간접적으로 제시하고 있다.
④ 시간 표지를 통해 시간의 순서를 뒤바꾸며 인물의 사연을 전하고 있다.
⑤ 여러 인물의 시선에 의존하며 사건에 대한 상반된 입장을 드러내고 있다.

010 말하기 방식

㉠~㉤에 대한 이해로 적절하지 <u>않은</u> 것은?

① ㉠은 ㉡의 말투에서 나타나는 증상이 더 심해지게 한 말이다.
② ㉢은 ㉡에 담긴 정보를 추측의 단서로 활용하면서도 '나'의 질문은 무시하는 말이다.
③ ㉣은 ㉢으로 인해 고조되는 상황의 긴장감을 일시적으로 완화하는 계기가 되는 말이다.
④ ㉣은 ㉤에서 드러나는 인물의 행적에 대해 존중의 태도를 드러내는 말이다.
⑤ ㉤은 ㉠에서 드러나는 분위기의 이유를 짐작할 수 있는 말이다.

011 문맥적 의미

'한 장정'이 ⓐ를 인용하여 전하려는 의도로 가장 적절한 것은?

① 작은 목표에 집착하다가 큰 손해를 끼치는 어리석음을 탓하고자 한다.
② 의로운 목표를 정당하지 못한 방법으로 이루려는 위선을 탓하고자 한다.
③ 목표는 설정하지 않으면서 섣부르게 행동만 앞서는 무모함을 탓하고자 한다.
④ 목표는 거창하면서도 성취할 방법은 잘 알지 못하는 미숙함을 탓하고자 한다.
⑤ 당면한 목표를 달성하는 데 있어 꼭 해야 할 일을 미루는 나태함을 탓하고자 한다.

012 감상의 적절성

다음은 윗글을 읽고 진행한 교과 융합 수업의 〈학습 활동〉이다. 〈학습 활동〉의 결과로 적절하지 <u>않은</u> 것은? `3점`

> ─── 〈 학습 활동 〉 ───
>
> 다음은 '인간과 자연의 관계'에 관한 글이다. 이를 바탕으로 작품에서 확인할 수 있는 작가의 인식을 정리해 보자.
>
> > 사회 생태주의는 환경 오염에 대한 생태주의의 인식을 사회적 차원으로 확장한다. 생태주의는 자연의 가치를 인정하고 공존을 모색하는 등 인간과 자연의 관계를 재정립하는 데 초점이 있다. 사회 생태주의는 환경 오염이 자연의 훼손이면서 사회적 문제라는 점에서, 이러한 재정립이 사회적 담론에 대한 비판에 기반해야 한다고 본다. 한 사회의 지배 담론은 특정 가치나 필요에 따라 자연의 훼손을 당연시하고 이를 해결하기 위한 노력을 무가치한 것으로 왜곡할 수 있기 때문이다. 사회 생태주의는 근대화, 경제 개발, 권위주의, 안보 위기 등 생태주의와 충돌할 수 있는 우리 사회의 지배 담론에 주목하면서 이에 대한 비판과 대응을 촉구한다.

① 공장의 오염 물질이 '새와 물고기'뿐 아니라 어민의 삶도 위태롭게 한다는 설정에서, 환경 오염을 자연에 대한 훼손으로 보는 관점을 넘어 사회적 문제로 확장하는 인식을 확인할 수 있다.
② 공장 관계자가 병국을 '상습범'으로 폄훼하며 '국민 소득 1천 달러 달성'을 언급하는 설정에서, 환경 오염의 해결 노력이 경제 개발 담론에 의해 왜곡될 수 있다는 인식을 확인할 수 있다.
③ 공장 관계자가 환경 오염의 피해를 무시하며 '조국 근대화'를 강조하는 설정에서, 환경 오염의 해결을 위해 우리 사회의 지배 담론에 비판적으로 접근해야 한다는 인식을 확인할 수 있다.
④ 병국이 '공해 문제'를 연구하지 못하도록 '아비 된 제가 단단히 주의를 주겠'다고 '나'가 말하는 설정에서, 권위주의 담론이 자연의 훼손을 당연시한다는 인식을 확인할 수 있다.
⑤ 새 떼를 조사하다 통제 구역을 넘은 병국을 두고 윤 소령이 '안보의 확립'을 강조하는 설정에서, 환경 오염의 해결 노력이 안보 위기 담론과 부딪칠 수 있다는 인식을 확인할 수 있다.

다음 글을 읽고 물음에 답하시오.

(가)

　시에서 시간과 공간은 화자의 경험이나 기억이 감각적 이미지를 통해 형상화되는 배경으로 기능한다. 이때 시간과 공간은 화자의 과거 경험과 현재 상황을 잇는 회상 형식이나, 상징적 공간과 화자가 처한 현실의 동일시 등을 통해 현재 시점으로 표현되기도 한다. 화자의 경험이나 기억은 실제로 존재하는 것이든 내면에서 떠올린 것이든, ㉠ 시간과 공간의 감각적 이미지화를 통해 화자가 직면한 현실로 받아들여져 독자의 공감을 유도하는 시적 장치로 구조화된다.

(나)

　나의 소년 시절은 은빛 바다가 엿보이는 그 긴 언덕길을 어머니의 상여와 함께 꼬부라져 돌아갔다.

　내 첫사랑도 그 길 위에서 조약돌처럼 집었다가 조약돌처럼 잃어버렸다.

　그래서 나는 푸른 하늘빛에 호져 때 없이 그 길을 넘어 강가로 내려갔다가도 노을에 함북 자줏빛으로 젖어서 돌아오곤 했다.

　그 강가에는 봄이, 여름이, 가을이, 겨울이 나의 나이와 함께 여러 번 댕겨갔다. 까마귀도 날아가고 두루미도 떠나간 다음에는 누런 모래둔과 그리고 어두운 내 마음이 남아서 몸서리쳤다. ⓐ 그런 날은 항용 감기를 만나서 돌아와 앓았다.

　할아버지도 언제 난지를 모른다는 동구 밖 그 늙은 버드나무 밑에서 나는 지금도 돌아오지 않는 어머니, 돌아오지 않는 계집애, 돌아오지 않는 이야기가 돌아올 것만 같애 멍하니 기다려 본다. 그러면 어느새 어둠이 기어와서 내 뺨의 얼룩을 씻어준다.

- 김기림, 「길」 -

(다)

한밤중에 혼자
깨어 있으면
세상의
온도가 내려간다

ⓑ 간간이
늑골 사이로
추위가 몰려온다

등산도 하지 않고
땀 한번 안 흘리고
내 속에서 마주치는
한계령 바람 소리

다 불어버려
갈 곳이 없다
머물지도 떠나지도 못한다
언 몸 그대로
눈보라 속에 놓인다

- 천양희, 「한계」 -

013　표현상 특징

㉠을 중심으로 (나), (다)를 이해한 내용으로 가장 적절한 것은?

① (나)는 색채 이미지를 활용하여 자연물에 대한 화자의 심리적 거리감을 표현하고 있다.

② (나)는 공감각적 이미지를 활용하여 자연물이 형성하는 시적 분위기로 화자의 내면을 드러내고 있다.

③ (다)는 하강의 이미지를 통해 주변 상황의 변화를 아쉬워하는 화자의 마음을 드러내고 있다.

④ (다)는 청각적 이미지를 활용하여 동적 대상을 정적 대상으로 수용하려는 화자의 인식을 드러내고 있다.

⑤ (나)와 (다)는 모두 밝음과 어둠의 이미지를 대비하여 화자가 지향하는 세계를 제시하고 있다.

014 시구의 의미

ⓐ, ⓑ에 대한 이해로 가장 적절한 것은?

① ⓐ는 화자가 내면의 괴로움에 맞서려 하는 태도를 드러낸다.

② ⓑ는 화자가 자신이 느낀 고통을 회피하려는 것을 드러낸다.

③ ⓐ와 ⓑ는 화자에게 고통을 더할 새로운 갈등 상황이 발생했음을 드러낸다.

④ ⓐ와 ⓑ는 화자가 심리적 고통을 신체적 반응과 연결하여 인지하고 있음을 드러낸다.

⑤ ⓐ는 화자의 아픔이 반복적으로 찾아오는 것임을, ⓑ는 화자의 아픔이 끊임이 없이 이어지는 것임을 드러낸다.

015 감상의 적절성

(가)를 참고하여 (나), (다)를 감상한 내용으로 적절하지 않은 것은? 3점

① (나)는 '어머니의 상여'에 대한 경험을 '늙은 버드나무 밑'에서 떠올리는 것으로 표현하여, 회상 형식을 통해 화자의 현재 상황과 이어지는 과거의 상실감을 그려내는군.

② (나)는 '조약돌처럼' 잃어버린 대상을 '동구 밖'에서 여전히 '기다려 본다'라고 하는 것을 통해, 과거에 함께했던 대상에 대한 그리움을 현재 시점으로 표현하는군.

③ (다)는 '머물지도 떠나지도 못'하는 상황을 '눈보라 속에 놓인' 모습으로 표현하여, 현재 화자가 처한 한계 상황을 형상화하는군.

④ (나)는 '까마귀'와 '두루미'가 떠난 '강가'에서 계절이 바뀜을 통해, (다)는 '세상'에서 '바람 소리'와 마주침을 통해 상징적 공간이 현재 화자가 처한 현실과 동일시됨을 보여 주는군.

⑤ (나)는 떠나간 대상을 기다리는 상황이 '지금도' 계속됨을 통해, (다)는 '한밤중' 깨어 있는 상황이 '내 속'에서 떠올린 '한계령'으로 연결됨을 통해 화자가 직면한 현재를 보여 주는군.

	단어	뜻
1	적객	귀양살이를 하는 사람
2	공량(空樑)	빈 서까래, 대들보
3	사설	늘어놓는 말이나 이야기. 푸념
4	어즈버	감탄사 '아아'
5	시름	마음에 걸려 풀리지 않고 항상 남아 있는 근심과 걱정
6	널로만	너보다
7	하노라	많도다
8	유정한	인정이나 동정심이 있는
9	멀다 아녀	멀다고 하지 않고
10	설월(雪月)	눈을 비추는 겨울 달빛
11	잦은	깊이 스며들거나 배어드는
12	호접(胡蝶)	호랑나비

정철, 「훈민가」 2020년 11월 학평 39번~42번
문제편 p.040 해설편 p.042

	단어	뜻
1	사롬돌하	사람들아. '하'는 정중하게 부르는 뜻을 나타내는 조사 '아, 이여'
2	올티곳	올바르지
3	무쇼	말과 소
4	싀워	씌워
5	조ᄎ리라	뒤따르리라
6	향음쥬	유학을 공부하는 선비들이 모여 마을의 자치 규약인 향약을 읽고 술을 마시며 잔치하던 일
7	파훈	끝난
8	새거다	날이 밝았다
9	매여든	매면. 논밭에 난 잡풀을 뽑으면
10	졈	좀

작자 미상, 「복선화음록」 2020년 11월 학평 39번~42번
문제편 p.040 해설편 p.043

	단어	뜻		단어	뜻
1	달긴덜	닭인들	18	가업이 초성이라	집안 살림의 기반이 마련되는구나
2	압혜	앞에	19	불효부제	효도하지 않고 공경하지 않음
3	밧게	밖에	20	심ᄉ	심경, 심정, 마음
4	무탈과경	아무 탈 없이 하루를 보냄	21	세간	집안의 살림살이
5	노흘손가	놓을 것인가. '-ㄹ 손가'는 '-ㄹ 것인가'	22	탕진ᄒ니	다 써서 없애버리니
6	무궁ᄒ다	끝이 없다	23	노복	늙은 종
7	ᄉ설	늘어놓는 말이나 이야기. 푸념	24	잇슬손가	있을 것인가
8	빈궁(貧窮)	가난하고 궁색함	25	앙화(殃禍)	어떤 일로 인하여 생기는 재난
9	뉘	누구	26	문전옥답	집 가까이에 있는 기름진 논
10	금의옥식	좋은 옷을 입고 좋은 음식을 먹음	27	단독일신	가족이나 친척이 없는 홀몸
11	전곡(錢穀)	돈과 곡식	28	기한(飢寒)	굶주리고 헐벗어 배고프고 추움
12	일조(一朝)	하루아침	29	초요기	끼니를 먹기 전에 우선 시장기를 면하기 위하여 조금 먹는 음식
13	치산범절	재산을 늘리는 일	30	뒤여스고	뒤집어쓰고
14	오색당ᄉ	다섯 가지 색의 명주실	31	새여ᄂ셔	새고 나서
15	ᄌ아내니	실을 뽑아내니	32	복선화음	착한 사람에게는 복을 주고 악한 사람에게는 재앙을 줌
16	전답	밭과 논			
17	역농ᄒ니	힘써 농사를 지으니			

윤선도, 「어부사시사」 2020년 9월 학평 29번~31번

문제편 p.042 해설편 p.047

	단어	뜻
1	석양(夕陽)	저녁 햇빛
2	비꼈으니	비스듬히 비쳤으니
3	삼공(三公)	삼정승. 영의정, 좌의정, 우의정을 일컬음
4	만사(萬事)	여러 가지 온갖 일
5	연강(煙江)	안개 낀 강
6	첩장(疊嶂)	잇따라 겹쳐 있는 산봉우리
7	뉘라서	누가
8	물외(物外)	세속을 벗어난 곳. 자연
9	조혼	깨끗한
10	어옹(漁翁)	고기 잡는 노인
11	혼 가지나	비슷하지만
12	혼(恨)치 마라	몹시 억울하거나 원통하여 원망스럽게 생각하지 마라
13	파랑성(波浪聲)	물결 소리
14	진훤(塵喧)	속세의 시끄러움

남석하, 「초당춘수곡」 2020년 9월 학평 29번~31번

문제편 p.042 해설편 p.048

	단어	뜻
1	초당	억새나 짚 따위로 지붕을 올린 작은 집. 초가집
2	대창문	대나무로 창살을 만든 창문. 큰 창문
3	위성 땅 아침 비	중국 당나라의 시인 왕유의 시 「송원이사안서」의 구절로 벗과 이별하던 장소에 아침 비가 내리는 풍경을 말함
4	원객(遠客)	멀리서 온 손님
5	허랑(虛浪)하다	헛되다. 허망하다
6	공명(功名)	공을 세워서 자기의 이름을 널리 드러냄
7	홍도 벽도 (紅桃碧桃)	복숭아꽃
8	난발(爛發)한데	활짝 폈는데
9	별천지	특별히 경치가 좋은 곳
10	일반이라	마찬가지라

 **고전시가 필수어휘 뜻풀이**

	단어	뜻
1	원컨대	바라건대
2	소인배	마음이 좁고 간사한 사람
3	매양	매 때마다. 항상
4	조서	임금의 명령을 일반에게 알릴 목적으로 적은 문서
5	역마	조선 시대에 각 역참에 두었던 말
6	급회양	중국 한나라 때 백성을 잘 다스린 것으로 유명한 관리

	단어	뜻
1	백구	갈매기
2	해옹	바다에 사는 늙은이. 은일지사(속세를 떠나 숨어 지내는 선비)
3	청탁(淸濁)	맑음(옳음)과 흐림(그름)을 아울러 이르는 말

송이, 「남은 다 쟈는 밤에」 2018년 11월 학평 29번~32번
문제편 p.046 해설편 p.054

	단어	뜻
1	늬	나는
2	어이	어찌하여
3	옥장(玉帳)	옥으로 장식한 장막

성현, 「장상사」 2018년 11월 학평 29번~32번
문제편 p.046 해설편 p.054

	단어	뜻
1	공후	하프와 비슷한 동양의 옛 현악기
2	휘장	천을 여러 폭으로 이어서 빙 둘러치는 장막

박인로, 「상사곡」 2018년 11월 학평 29번~32번
문제편 p.046 해설편 p.055

	단어	뜻		단어	뜻
1	주겨나	죽어서	13	샘즉도	끌 수도
2	여ᄒ여니	이별하였지만	14	엇씨혼	어찌된
3	셟다	서럽다	15	투노왜라	타는구나
4	망극(罔極)ᄒ다	좋지 못한 일이 생기게 되어 매우 슬프다	16	수화상극(水火相克)	물과 불이 서로 맞지 아니하여 공존할 수 없음
5	하	많이	17	전장(戰場)	전쟁터
6	수인씨(燧人氏)	중국 고대 전설상의 제왕으로 불을 쓰는 법과 음식물을 조리하는 법을 전하였다고 함	18	칠석(七夕)비	전설 속의 견우와 직녀가 만나는 음력 7월 7일에 내리는 비
7	원(怨)ᄒ노라	원망하노라	19	어엿쁜	불쌍한
8	함양궁전(咸陽宮殿)	진나라 때 중국 함양에 지어진 궁전으로 항우가 불태웠는데 석 달 동안 그 불이 꺼지지 않았다고 함	20	살가 너겨 보라니다	살기를 바랍니다
9	다믄	다만	21	혜염업서	생각이 없어서
10	블거셔도	불탔어도	22	금석(金石)	쇠붙이와 돌. 매우 굳고 단단한 것을 비유
11	임우(霖雨)	장맛비	23	진토(塵土)	티끌과 흙
12	쓰리거니	뿌리거니	24	니친 홀니 이실소냐	잊은 날이 있겠는가

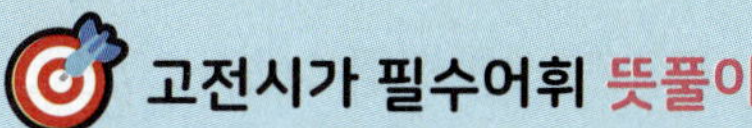

이개, 「방 안에 켜 있는 촛불」 2017년 6월 학평 43번~45번
문제편 p.050 해설편 p.061

	단어	뜻
1	촉(燭)불	촛불
2	눌과	누구와
3	날과	나와

이명한, 「꿈에 다니는 길이」 2017년 6월 학평 43번~45번
문제편 p.050 해설편 p.061

	단어	뜻
1	자취	흔적
2	석로(石路)	돌길

작자 미상, 「님이 오마 하거늘」 2017년 6월 학평 43번~45번
문제편 p.050 해설편 p.061

	단어	뜻
1	오마 하거늘	온다고 하기에
2	지방	문지방
3	치달아	달려가
4	이수(以手)로	손으로
5	가액(加額)하고	잘 보려고 이마 위에 손을 얹고
6	거머횟들	검은 듯 흰 듯한 것
7	워렁충창	우당탕퉁탕
8	정(情)엣말	정이 넘치는 말
9	상년(上年)	지난 해
10	갉아 벗긴	껍질 벗긴
11	살뜰이도	알뜰히도
12	모쳐라	아차. 무엇이 잘못된 것을 갑자기 깨달았을 때 하는 말
13	뻔 하괘라	뻔하였구나

	단어	뜻
1	어져	감탄사 '아, 어'
2	어우와	감탄사 '아아'
3	소장불노력하고 노대에 도상비로다	젊어서 노력하지 않고, 늙어서 상심과 슬픔뿐이로다
4	허다	매우 많은
5	생원	조선 시대에 과거 시험 중 생원과에 합격한 사람
6	과갑	과거 급제
7	유수하고	정해진 운수가 있고
8	재천하니	하늘에 달렸으니

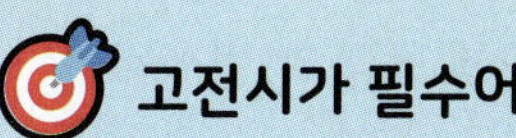

	단어	뜻
1	출(出)하면	(벼슬길에) 나아가면
2	치군택민 (致君澤民)	임금을 섬기며 백성에게 은혜와 덕이 이르게 함
3	처(處)하면	(자연 속으로) 들어오면
4	조월경운 (釣月耕雲)	달빛 아래에서 낚시를 하며 구름 속에서 밭을 갊
5	빈천거(貧賤居)	가난하게 살아감

	단어	뜻
1	도느이	도는 것이니
2	신명(身命)	몸과 목숨
3	못느이라	지키기 어렵다

	단어	뜻
1	외다	그르다, 잘못되었다
2	고립(孤立) 무조(無助)	홀로 있어 도움을 받지 못함
3	공도(公道)	공평하고 바른 도리
4	환난	근심과 재난
5	굳으면	힘이나 뜻이 강하고 굳세면
6	명당(明堂)	모든 벼슬아치들이 모여 임금께 안부 인사를 드리고 나랏일에 대해 아뢰던 궁전
7	한 간	매우 좁은 집
8	우국싱시 (憂國傷時)	나라를 걱정하고 시절의 혼란함에 마음이 상함

낭원군, 「평생에 일이 업서」 2017년 9월 학평 31번~35번
문제편 p.056 해설편 p.075

	단어	뜻
1	산수 간	산과 물의 사이. 자연
2	노니다가	한가하게 이리저리 놀다가
3	강호	강과 호수. 자연
4	님자되니	주인이 되니
5	니제라	잊는구나
6	엇더타	아아. 회한이나 아쉬움 등의 체념적 정서를 나타내는 감탄사
7	강산풍월	자연의 아름다운 풍경
8	긔	그것이

김기홍, 「채미가」 2025년 9월 학평 38번~41번
문제편 p.058 해설편 p.078

	단어	뜻
1	방초	향기롭고 꽃다운 풀
2	간	건물의 넓이를 잴 때 쓰는 단위
3	시경(詩經) 서경(書經)	옛 성현들의 유교의 사상과 교리를 써 놓은 유학의 다섯 가지 경서인 오경 중 두가지
4	사립문	나뭇가지를 엮어서 만든 문
5	주야	낮과 밤. 쉬지 않고
6	뉘	누가
7	명성	세상에 널리 퍼져 평판 높은 이름
8	건듯	바람이 가볍게 슬쩍 부는 모양
9	무궁하여	끝이 없어
10	허다히	매우 많고 흔하게
11	일없이	까닭 없이
12	청려장	명아주의 줄기로 만든 지팡이
13	해마(害馬)	마음속의 근심, 걱정
14	연비어약 (鳶飛魚躍)	솔개가 날아가고 물고기가 뛰어놂
15	단사표음 (簞食瓢飮)	대나무로 만든 밥그릇에 담은 밥과 표주박에 든 물이라는 뜻으로, 청빈하고 소박한 생활을 이름
16	갖옷	짐승의 털가죽으로 안을 댄 옷
17	갈옷	거친 베로 지은 옷
18	청풍명월	맑은 바람과 밝은 달
19	백년해로	평생을 사이좋게 지내고 즐겁게 함께 늙음

작자 미상,「청춘과부가」 2025년 6월 학평 38번~42번
문제편 p.060 해설편 p.081

	단어	뜻
1	무상(無常)할 손	허무하고 덧없는 것은. '-ㄹ 손'은 '-ㄴ 것은'
2	얽었으나	얼굴에 군데군데 푹 패인 자국이 생겼거나
3	용천검	옛날 장수들이 쓰던 보배로운 칼, 전설상의 명검
4	태아검	중국 초나라의 보배로운 칼, 전설상의 명검
5	차생(此生)	지금 살고 있는 세상, 현생
6	영화	몸이 귀하게 되어 이름이 세상에 빛남
7	무정하고	인정이 없고
8	가운(家運)	집안의 운수
9	조물(造物)	우주의 만물을 만들고 다스리는 신인 조물주
10	삼생 연분	전생(과거세), 현생(현재세), 내생(미래세)의 삼생에 걸쳐 맺어진 부부의 인연
11	죽자 할 작시면	죽을 것이었으면. '-ㄹ 작시면'은 '-ㄹ 것 같으면'
12	심사	마음
13	심회(心懷)	마음속에 품고 있는 생각이나 느낌
14	상사(相思)	서로 생각하고 그리워함
15	약수(弱水)	신선이 살았다는 중국 서쪽의 전설 속의 강. 길이가 삼천 리나 되며 부력이 매우 약하여 기러기의 털도 가라앉는다고 함
16	상상봉(上上峰)	가장 높은 봉우리
17	구곡간장 (九曲肝腸)	굽이굽이 서린 창자. 깊은 마음속 또는 시름이 쌓인 마음속을 비유
18	구년지수 (九年之水)	오랫동안 계속되는 큰 홍수. 중국 요나라 때 9년 동안이나 계속되었다는 큰 홍수에서 유래

작자 미상,「갈까 보다 말까 보다」 2025년 6월 학평 38번~42번
문제편 p.060 해설편 p.082

	단어	뜻
1	글피	모레의 다음 날
2	사흘	3일
3	나흘	4일
4	곱잡아	곱절로 셈하여 헤아려
5	여드레	8일
6	음양	우주 만물의 서로 반대되는 두 가지 기운으로서 이원적 대립 관계를 나타내는 것
7	주책없어	이랬다 저랬다 제멋대로인지

단어	뜻
1 산수간(山水間)	산과 물 사이, 자연
2 띠집	초가집. 볏과의 풀인 띠로 지붕을 올린 집
3 어리고	어리석고
4 향암	시골에서 지내 온갖 사리에 어둡고 어리석은 사람
5 분(分)	분수. 자기 신분에 맞는 한도
6 슬카지	실컷
7 여남은	그 밖의 다른. 나머지
8 셩	본성. 본바탕
9 다만당	다만

	단어	뜻
1	노농(老農)	늙은 농부
2	농가(農歌)	농부들이 부르는 노동요
3	천하 대본	온 세상의 큰 근본
4	모춘(暮春)	늦은 봄. 음력 3월
5	끼친	남긴
6	십일지세 (什一之稅)	수확의 10분의 1을 거두어들인 세법
7	성조	어진 임금이 다스리는 나라
8	고하	많고 적음
9	가렴(苛斂)	세금을 가혹하게 거두어들임
10	길쌈	실을 내어 옷감을 짜는 일
11	중엄하다	무겁고 엄하다
12	중세(重稅)	무거운 세금
13	악초(惡草)	해로운 풀
14	송인 알묘 (宋人揠苗)	어떤 송나라 사람이 곡식이 빨리 자라지 않는 것이 답답해서 싹을 뽑아 올렸다가 말라 죽게 했다는 고사에서 유래. 여기서는 '탐관오리가 눈앞의 이익을 탐해 성급하게 권력을 휘두르는 것'을 비유
15	가정(苛政)	가혹한 정치
16	금년	올해
17	명년	내년
18	황충(蝗虫)	메뚜기
19	곤고(困苦)하다	형편이나 처지 따위가 딱하고 어렵다
20	현인	어질고 총명하여 성인에 다음가는 사람
21	보필	일을 도움
22	등용	인재를 뽑아서 씀
23	전가(田家)	농사하는 집
24	급무	빨리 처리하여야 할 일

	단어	뜻
1	순행	감독하거나 단속하기 위해 돌아다님
2	폐단	옳지 못한 경향이나 해로운 현상
3	무논	물이 괴어 있는 논
4	백지징세	조선 후기에 불법으로 세금을 거두어들였던 방법 중 하나. 수확이 없어서 조세를 면제 받아야 할 땅에 억지로 세금을 매기어 받았음
5	낭자하다	흩어져 어지럽다
6	허다한	아주 많은
7	대호(大戶)	큰 집. 부잣집
8	소호(小戶)	작은 집. 가난한 집
9	가련한	가엾고 불쌍한
10	이정	조선 시대에 지방 행정 조직의 최말단인 이(里)의 책임자
11	낙토(樂土)	늘 즐겁고 행복하게 살 수 있는 좋은 땅
12	하릴없이	달리 어떻게 할 도리가 없이
13	호사(豪奢)	호화로운 사치
14	아전	조선 시대에 중앙과 지방의 관아에 속한 관리
15	향원(鄕員)	수령을 속이고 백성을 괴롭히던 마을의 세력가. 겉으로는 선량한 척하면서 환곡이나 공물을 중간에서 가로채는 일을 하였음
16	순령수	대장을 호위하는 군사
17	춘당대(春塘臺)	서울 창경궁 안에 있는 시설. 과거를 실시하던 곳
18	참람(僭濫)한	분수에 넘쳐 너무 지나친
19	유생(儒生)	유학을 공부하는 선비
20	시예향(詩禮鄕)	문학과 예술이 발달한 마을
21	순상	조선 시대에 지방의 군사에 관한 일을 감독하던 벼슬
22	그지없다	끝이 없다

	단어	뜻
1	초당	억새나 짚 따위로 지붕을 인 조그마한 집채. 초가집
2	청풍명월(淸風明月)	맑은 바람과 밝은 달
3	나명들명	나왔다 들어갔다 하며
4	인사(人事)	세상에서 벌어지는 일
5	산천	자연
6	금서 띠	높은 벼슬의 관리가 조정에 나아갈 때 입는 옷에 두르던 금이나 물소 뿔로 만든 띠

	단어	뜻
1	강호	자연
2	한가한	여유가 있는
3	미더운	믿음직스러운
4	소일하는	심심하지 않게 세월을 보내는
5	자	길이의 단위. 한 자는 약 30cm
6	비껴쓰고	비스듬히 쓰고
7	도롱이	짚이나 띠로 만든 비옷

정극인, 「상춘곡」 2024년 6월 학평 35번~39번
문제편 p.070 해설편 p.098

	단어	뜻
1	산수	경치
2	갈건	칡베로 만든 두건(머릿수건)
3	화풍(和風)	솔솔 부는 화창한 바람
4	청향(清香)	맑고 깨끗한 향기
5	낙홍(落紅)	떨어지는 꽃잎
6	미음완보(微吟緩步)	나직이 시를 읊조리며 천천히 걸어 다님
7	도화(桃花)	복숭아꽃
8	무릉(武陵)	무릉도원. 이상 세계
9	공명	공을 세워서 자기의 이름을 널리 드러냄
10	청풍명월(清風明月)	맑은 바람과 밝은 달
11	단표누항(簞瓢陋巷)	가난하지만 욕심 없는 소박하고 깨끗한 생활
12	백년행락(百年行樂)	한평생 잘 놀고 즐겁게 지냄

	단어	뜻
1	부세(浮世)	덧없는 세상
2	끽착(喫着)	먹을 것과 입을 것
3	규중(閨中)	부녀자가 거처하는 곳
4	천은(天恩)	하늘 또는 임금의 은혜
5	변방	나라의 경계가 되는 변두리의 땅
6	전지(田地)	논밭
7	역농(力農)	힘써 농사를 지음
8	유합(類合)	조선 성종 때에 서거정이 지은 한문 학습서
9	시렁	물건을 얹어 놓기 위하여 방이나 마루 벽에 두 개의 긴 나무를 가로질러 선반처럼 만든 것
10	환곡	조선 시대에 곡식을 백성들에게 꾸어 주고 이자를 붙여 거두던 일 또는 그 곡식
11	허비(虛費)	헛되이 쓴 비용
12	부경부엽(夫耕婦饁)	남편은 밭을 갈고, 아내는 점심을 내감
13	천황씨(天皇氏)	중국 고대 전설상의 제왕
14	권농차사(勸農差使)	조선 시대에 농사를 장려하던 직책
15	차지(次知)	세금 통지서
16	분별없는	세상 물정에 대하여 옳고 그른 것을 판단할 능력이 없는
17	인황씨(人皇氏)	중국 고대 전설에 나오는 세 명의 임금 중 하나
18	수인씨(燧人氏)	중국 전설상의 황제로 불을 쓰는 법과 음식물을 조리하는 법을 전하였다고 함
19	절로	저절로
20	다사(多事)하여	쓸데없는 일에 간섭을 잘하여
21	교인화식(教人火食)	불로 음식을 조리하는 방법을 가르침
22	무록인(無祿人)	녹봉이 없던 벼슬아치. 먹고살 능력이 전혀 없는 사람

고전시가 필수어휘 뜻풀이

	단어	뜻
1	구렁	구덩이. 파인 땅
2	풍상(風霜)	바람과 서리
3	독야청청(獨也靑靑)	남들이 모두 절개를 꺾는 상황 속에서도 홀로 절개를 지키고 있음을 비유적으로 이르는 말
4	져근덧	잠깐. 잠시
5	동량재(棟梁材)	기둥과 들보로 쓸 만한 재목이라는 뜻으로, 한 집안이나 나라를 떠받치는 중대한 일을 맡을 만한 인재를 이르는 말
6	기염(氣焰)	불꽃처럼 대단한 기세
7	호리종횡(狐狸縱橫)	여우와 살쾡이가 이리저리 날뜀. 여우와 살쾡이는 도량이 좁고 간사한 사람을 비유하는 말이기도 함
8	오리마	검은 말
9	적표마	붉은색과 흰 털을 가진 뛰어난 말
10	관단 노태	느리고 둔한 말
11	허위치니	허비니. 손톱이나 날카로운 물건 따위로 긁어 파니
12	천리지(千里志)	천리를 달리고자 하는 뜻

	단어	뜻
1	문호	외부와 교류하기 위한 통로나 수단을 비유적으로 이르는 말
2	망극한	은혜가 끝이 없는
3	서생	유학을 공부하는 사람
4	변방	나라의 경계가 되는 땅
5	회양 옛 사실	중국 한나라 무제 때 급장유가 회양 태수로 선정을 베풀었던 일
6	적객	귀양살이를 하는 사람
7	공적	공로
8	초목	풀과 나무
9	산하	자연
10	상서로운	복되고 길한 일이 일어날 것 같은
11	요해지	땅의 형세가 군사적으로 아주 중요한 곳
12	요충지	땅의 형세가 군사적으로 아주 중요한 곳
13	정예	날쌔고 용맹스러운 군사
14	쇠뇌	쇠로 된 발사 장치가 달린 활
15	태평세월	근심이나 걱정이 없는 시절

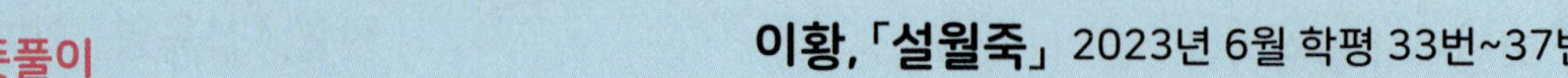

이황, 「설월죽」 2023년 6월 학평 33번~37번
문제편 p.079 해설편 p.111

	단어	뜻
1	옥설	백옥같이 희고 깨끗한 눈
2	휘영청	달빛 따위가 몹시 밝은 모양

권섭, 「매화」 2023년 6월 학평 33번~37번
문제편 p.079 해설편 p.111

	단어	뜻
1	모첨(茅簷)	초가지붕의 처마
2	반벽 잔등 (半壁殘燈)	벽 중간쯤에 걸려 있는 희미한 등불
3	일야(一夜)	하룻밤
4	발하니	피니
5	풍운(風韻)	풍류와 운치
6	옥골 빙혼 (玉骨氷魂)	옥같이 희고 깨끗한 모습과 얼음과 같이 맑고 깨끗한 넋
7	풍편(風便)	바람의 움직임
8	세한 불개 (歲寒不改)	한겨울의 추위에도 변하지 않음
9	천기(天機)	하늘의 이치
10	춘휘(春暉)	봄의 따뜻한 햇빛
11	전(傳)차	전하고자
12	기년(幾年)	몇 해
13	화류(花柳)	꽃과 버들. 향락 혹은 세속적인 가치를 상징

이원익, 「고공답주인가」 2023년 3월 학평 23번~27번
문제편 p.082　해설편 p.115

	단어	뜻
1	외방	서울 이외의 지방
2	공물	궁중이나 나라에 세금으로 바치던 특산물
3	전민(田民)	농사짓는 일을 생업으로 삼는 사람
4	일국	온 나라
5	상마름	지주를 대신하여 땅을 관리하는 마름 중 우두머리
6	능욕하고	남을 업신여겨 욕보이게 하고
7	기롱한다	남을 속이거나 비웃으며 놀린다
8	뉘라서	누가
9	세간	집안 살림에 쓰는 온갖 물건
10	질그릇	진흙만으로 구워 만든 그릇. 질이 좋지 않은 그릇
11	가도(家道)	집안에서 마땅히 지켜야 할 도덕적 규범
12	일	일어날

정철, 「속미인곡」 2022년 6월 학평 32번~35번
문제편 p.084　해설편 p.119

	단어	뜻
1	천상 백옥경(白玉京)	하늘 위에 옥황상제가 산다고 하는 궁궐
2	사설	늘어놓는 말이나 이야기, 푸념
3	얼굴	모습
4	거동	태도. 행동
5	군뜻	다른 뜻
6	어지러이	정신이 흐리고 얼떨떨하게. 어지럽게
7	낯빛	얼굴빛. 얼굴에 나타나는 표정이나 빛깔
8	허물하랴	(잘못을) 탓하겠는가. 허물을 들어 꾸짖겠는가
9	조물	조물주. 만물을 만들고 다스리는 신
10	반벽 푸른 등	벽 가운데 걸려 있는 푸른 등불
11	풋잠	잠든 지 얼마 안 되어 깊이 들지 못한 잠
12	사뢰자	(말씀을) 올리려
13	사라져	죽어서
14	낙월(落月)	지는 달
15	번듯이	환하게

송순,「면앙정가」 2022년 3월 학평 34번~37번
문제편 p.086 해설편 p.123

	단어	뜻
1	녹양	푸른 버드나무
2	겨워하는구나	거세게 일어난 감정이나 정서를 누르기 어려워하는구나
3	녹음	푸른 잎이 우거진 나무의 그늘
4	된서리	가을의 서리
5	금수(錦繡)	수놓은 비단. '단풍 든 산의 아름다운 모습' 비유
6	조물주	우주의 만물을 만들고 다스리는 신
7	빙설	얼음과 눈
8	경궁요대	옥으로 장식한 궁전과 누대(누각)라는 뜻으로, 호화로운 궁전을 이르는 말
9	옥해은산	옥같이 맑은 바다와 은빛의 산
10	벌였구나	펼쳐졌구나
11	승경(勝景)	뛰어난 경치
12	사립문	나뭇가지를 엮어서 만든 문
13	취흥	술에 취하여 일어나는 흥취
14	태평성대	어진 임금이 잘 다스리어 백성들이 살기 좋은 세상
15	강산풍월	자연의 아름다운 풍경
16	악양루	중국 당나라 시인 이백(이태백)이 시를 지으면서 풍류를 즐긴 곳
17	호탕한	시원스럽고 넓은
18	회포	마음속에 품은 생각이나 정

안민영,「매화사」 2021년 9월 학평 34번~37번
문제편 p.089 해설편 p.127

	단어	뜻
1	성근	엉성한. 사이가 뜬
2	기약(期約)	약속
3	능(能)히	능력이 있어서 쉽게
4	암향부동 (暗香浮動)	그윽한 향기가 은은히 떠돎
5	빙자옥질 (氷姿玉質)	얼음같이 맑고 깨끗한 살결과 구슬같이 아름다운 자질
6	황혼월(黃昏月)	저녁에 뜨는 달
7	아치고절 (雅致高節)	우아하고 높은 절개
8	두견화(杜鵑花)	진달래꽃
9	백설 양춘 (白雪陽春)	흰 눈 속에서도 봄빛을 보이는 꽃

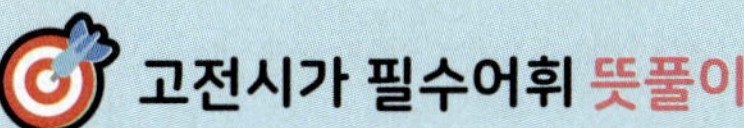

고전시가 필수어휘 뜻풀이

이황, 「도산십이곡」 2021년 3월 학평 38번~41번
문제편 p.094 해설편 p.133

	단어	뜻
1	고인(古人)	옛 성인. 성현
2	청산(靑山)	푸른 산
3	만고(萬古)	아주 오랜 세월 동안

	단어	뜻
4	유수(流水)	흐르는 물
5	주야(晝夜)	밤과 낮
6	만고상청 (萬古常靑)	아주 오랜 세월 동안 변함없이 언제나 푸름

작자 미상, 「잠노래」 2019년 6월 학평 41번~45번
문제편 p.098 해설편 p.138

	단어	뜻
1	검치 두덕	욕심 언덕. 언덕처럼 쌓인 욕심
2	간밤	바로 어젯밤
3	무삼	무슨
4	구태	일부러 애써
5	자심(滋甚)하뇨	더욱 심하냐
6	월명 동창	달이 환히 비치는, 동쪽으로 난 창
7	삼사경	밤 11시에서 새벽 3시 무렵
8	허도(虛度)이	하는 일 없이 시간을 헛되이
9	무상불청 (無常不請)	청하지 않은

	단어	뜻
10	석반(夕飯)	저녁밥
11	거두치고	걷어치우고. 다 먹고 치우고
12	언하당(言下堂)	말이 끝나자마자 바로
13	섬섬옥수 (纖纖玉手)	가냘프고 고운 여자의 손
14	실 한 바람	한 발 정도 길이의 실
15	불어 내어	풀어내어
16	요수	요상한 수작

작자 미상, 「귓도리 저 귓도리」 2019년 6월 학평 41번~45번
문제편 p.098 해설편 p.138

	단어	뜻
1	귓도리	귀뚜라미
2	어여쁘다	불쌍하다
3	어인	어찌된
4	쟈른	짧은
5	절절(節節)이	마디마디마다

	단어	뜻
6	사창(紗窓)	비단으로 장막을 친 방
7	여왼 잠	선잠. 깊이 들지 못하거나 흡족하게 이루지 못한 잠
8	살뜰히도	알뜰히도. 잘도
9	미물(微物)	작고 부잘것없는 것
10	무인동방 (無人洞房)	임 없이 혼자 지내는 방

나위소, 「강호구가」 2018년 9월 학평 38번~42번
문제편 p.212 해설편 p.310

	단어	뜻
1	성은(聖恩)이야	임금의 은혜로구나
2	망극(罔極)할사	끝이 없구나
3	강호(江湖)	강과 호수. 자연
4	안로(安老)	편안히 늙는 것
5	분(分)	분수
6	밧긔	밖의
7	찬물(饌物)	반찬이 될 만한 것
8	단정(短艇)	작은 배
9	하	너무

	단어	뜻
10	세상(世上)	속세. 자연과 대비되는 인간 세상
11	우희	위에
12	풍취(風趣)	아담한 정취가 있는 풍경
13	반범귀흥(半帆歸興)	돛을 반쯤 올리고 돌아오는 흥
14	식록(食祿)	관리가 봉급을 받는 것. 벼슬
15	어조(漁釣)	낚시질
16	혬	헤아림, 생각
17	강호한적(江湖閑適)	자연에서 한가롭게 지내는 것

이운영, 「착정가」 2028학년도 예시문항 34번~38번
문제편 p.230 해설편 p.336

	단어	뜻
1	속객(俗客)	속세의 사람
2	천명	하늘의 명령
3	성현	지혜와 덕이 뛰어난 성인과 현인
4	삼한	한반도 전체
5	도읍하니	나라의 수도를 정하니
6	인가(人家)	사람이 사는 집
7	건천문	하늘의 문
8	하토	서울에서 멀리 떨어진 지방
9	조서(詔書)	임금의 명령을 적은 문서
10	왕성	임금이 사는 성
11	점지하여	미리 정하여
12	무반	군사 일을 맡아보던 관리
13	한량	놀고먹던 말단 양반 계층
14	장군	액체를 담아서 옮길 때에 쓰는 그릇
15	호걸	지혜와 용기가 뛰어나고 기개(씩씩한 기상)와 풍모(풍채)가 있는 사람
16	지맥	풍수지리에서 땅속의 정기가 순환한다는 줄

[001~003] 다음 글을 읽고 물음에 답하시오.

작품 이해 단계 ① 화자 ② 상황 및 대상 ③ 정서 및 태도 ④ 주제

(가)

① 화자: '나'

1 ¹ 나는 바다로 가는 길로 걸어간다. ² 노오란 호박꽃이 많이 핀 돌담을 끼고 황혼(누런빛 黃 어두울 昏 : 해가 지고 어스름해질 때. 또는 그때의 어스름한 빛)이 있다.
→ ② 상황: 황혼에 바다로 가는 길로 걸어가는 상황

2 ¹ 돌담을 돌아가면 — 바다가 소리쳐 부른다. ² 바다 소리에 내가 젖는다. ³ 내가 젖는다.
→ ③ 정서: 바다 소리를 들으며 일체감을 느낀다.

3 ¹ 물방울이 **생활**처럼 **차다**. ² 몸에 스며든다. ³ 요새는 모든 것이 ㉠ 짙은 커피처럼 너무도 쓰다.
→ ③ 정서: 현재의 부정적 삶에 고통을 느낀다.

4 ¹ 나는 **고향**에 가고 싶다. ² 고향의 숲이, 언덕이, 들이, 시내가 그립다. ³ 어릴 적 기억이 ㉡ 파도처럼 달려든다.
→ ②③ 상황 및 정서: 고향을 그리워하며 어린 시절을 회상하는 상황

5 ¹ 바다가 **어머니**라면 — 하고 나는 생각해 본다. ² 바다의 **품**에 안기고 싶다. ³ 안기어 ㉢ 날개같이 보드러운 물결을 쓰고 맘 편히 쉬고 싶다.
→ ③ 태도: 어머니의 품 같은 바다에서 위안을 얻고자 한다.

6 ¹ **수평선**(물 水 평평할 平 선線 : 물과 하늘이 맞닿아 경계를 이루는 선) 아득히 **아물거리는**(보일 듯 말 듯 하게 조금씩 자꾸 움직이는) 은색의 **향수**(고향 鄕 근심 愁 : 고향에 대한 그리움). ² 나는 **찢어진 추억의 천막을 깁는다**(꿰맨다), 여기 **모래벌**(모래가 덮여 있는 벌판)에 주저앉아 —.
→ ③ 태도: 과거의 추억을 떠올리며 삶의 상처를 치유하고자 한다.

- 장만영, 「향수」-

④ 주제:
바닷가에서 그리운 과거의 추억을 떠올리며 삶의 상처를 치유하고자 한다.

· 지문 이해

삶의 고통 인식	• 물방울이 생활처럼 차다. • 요새는 모든 것이 짙은 커피처럼 너무도 쓰다.
과거의 긍정적 기억 회상	• 나는 고향에 가고 싶다. 고향의 숲이, ~ 시내가 그립다. • 어릴 적 기억이 파도처럼 달려든다.
위안에 대한 소망	• 바다의 품에 안기고 싶다. 안기어 ~ 맘 편히 쉬고 싶다.
상처 치유의 의지	• 나는 찢어진 추억의 천막을 깁는다,

(나) ① 화자: 안 드러남

1 ¹ 꽃 사이 타오르는 햇살을 향하여
→ '해바라기'가 지향하는 대상
² ㉣ 고요히 돌아가는 해바라기처럼
→ ② 상황: 해바라기가 햇살을 향해 움직이는 상황
³ 높고 아름다운 하늘을 받들어
→ '이상'을 상징
⁴ 그 속에 맑은 넋을 살게 하라.
→ 여기서는 '하늘'
→ ③ 태도: 이상을 추구하며 맑은 삶을 살고자 한다.
→ 정신

2 ¹ 가시밭길을 넘어 그윽이 웃는 한 송이 꽃은
→ '시련, 고난'을 상징
² 눈물의 이슬을 받아 핀다 하노니
→ ② 상황: 가시밭길을 넘어 눈물 끝에 꽃이 피어나는 상황

3 ¹ 깊고 거룩한 세상을 우러르기에
→ '이상 세계'를 상징
⁴ 삼가 육신의 괴로움도 달게 받으라.
→ 겸손하고 조심하는 마음으로 정중하게
→ 몸 肉 몸 身 : 몸 / 기꺼이
→ ③ 태도 : 깊고 거룩한 세상(이상 세계)에 도달하기 위해 괴로움을 감수하고자 한다.

3 ¹ **괴로움**에 짐짓 웃을 양이면
→ 일부러 그렇게
² **슬픔**도 오히려 아름다운 것이
→ 역설적 표현
→ ③ 태도 : (이상에 도달하는 과정에서의) 슬픔을 아름답다고 생각한다.
³ **고난**을 **사랑**하는 이에게만이
⁴ 마음 나라의 **원광**은 떠오르노라.
→ ③ 태도 : 고난을 이겨 낸 후에 마음의 원광이 떠오른다고 생각한다.
→ 둥글 圓 빛 光 : 둥글게 빛나는 빛. 고난을 극복한 후의 '결실'

4 ¹ 푸른 하늘로 푸른 하늘로
→ '노고지리'가 지향하는 대상
² ㉤ 항시 날아오르는 노고지리같이
→ 항상 恒 때 時 : 언제나
→ ② 상황: 노고지리가 하늘을 향해 날아오르는 상황
→ '종달새'의 옛말
³ 맑고 아름다운 하늘을 받들어
⁴ 그 속에 높은 넋을 살게 하라.
→ ③ 태도 : 이상을 추구하며 숭고한 삶을 살고자 한다.

- 조지훈, 「마음의 태양」-

④ 주제 :
삶의 고통을 수용하면서 맑고 숭고하게 살겠다고 다짐한다.

· 조지훈 { 중요 작가 }

「맹세」(2024학년도 6월 모평), 「산상의 노래」(2021학년도 6월 모평), 「고풍 의상」(2018학년도 6월 모평), 「파초우」(2014학년도 수능B), 「승무」(2010학년도 수능), 「멋 설」(2005학년도 수능), 「마음의 태양」(2005학년도 9월 모평) 기출. 고3 평가원 시험에 7번 이상 출제된 작가이다. 박목월, 박두진과 함께 청록파 시인으로, 전통적 소재를 사용하여 자연과 인간의 조화를 보여 주는 서정시를 창작했다.

· 지문 이해

자연물	해바라기	한 송이 꽃	노고지리
	맑은 넋으로 이상을 지향함	고통을 수용하고 극복함	높은 넋으로 이상을 지향함

↑ 본받고자 함

화자	이상적 삶의 추구	고통과 슬픔의 수용	고난의 극복과 승화
	• 높고 아름다운 하늘을 받들어/ 그 속에 맑은 넋을 살게 하라. • 맑고 아름다운 하늘을 받들어/ 그 속에 높은 넋을 살게 하라.	• 삼가 육신의 괴로움도 달게 받으라. • 괴로움에 짐짓 웃을 양이면/ 슬픔도 오히려 아름다운 것	• 고난을 사랑하는 이에게만이/ 마음 나라의 원광은 떠오르노라.

001 | 표현상 공통점 – 적절한 것 고르기 2025년 9월 학평 31번
정답률 65%, 매력적 오답 ④ 20% | 정답 ②

(가)와 (나)의 공통점으로 가장 적절한 것은?

선지	핵심 체크 내용	(가)	(나)
①	명령형 어조 → 시적 의미 강조	X	O
✔②	동일한 시구 반복 → 시적 분위기 고조	O	O
③	일부 시행을 명사형으로 종결 → 여운을 남김	X	X
④	색채어의 대비 → 대상을 선명하게 제시함	X	X
⑤	수미상관 기법 → 구조적 안정감 부여	X	O

→ (나)만 해당
① ***명령형 어조**를 사용하여 시적 의미를 강조하고 있다.
* '–아라/–어라' 등의 종결 어미를 사용하여 명령이나 요구의 뜻을 나타내는 어조

근거 (나) ❶-4 그 속에 맑은 넋을 살게 하라.// ❷-4 육신의 괴로움도 달게 받으라.
풀이 (나)에서는 '하라', '받으라'와 같은 명령형 어조를 사용하여 고통을 수용하고, 맑게 살아가고자 하는 의지를 강조하고 있다. 하지만 (가)에서는 명령형 어조가 나타나지 않는다.

→ 적절하지 않음!

✔ ❷ 동일한 시구를 반복하여 시적 분위기를 *고조하고 있다. * 높아지게 하고
근거 (가) ❷-2~3 내가 젖는다./ 내가 젖는다.
(나) ❹-1 푸른 하늘로 푸른 하늘로
풀이 (가)는 '내가 젖는다'라는 시구를 반복하여, (나)는 '푸른 하늘로'라는 시구를 반복하여 시적 분위기를 고조하고 있다.

→ 적합!

③ 일부 시행을 명사형으로 종결하여 *여운을 남기고 있다. * 감동이 여전히 남아 있는 느낌
풀이 (가)와 (나) 모두 시행을 명사형으로 종결하여 여운을 남기는 부분이 나타나지 않는다.

→ 적절하지 않음!

> ■ 일부 시행을 명사형으로 종결하여 여운을 남기는 작품
> • 이용악, 「그리움」(2021학년도 수능)
> 잉크병 얼어드는 이러한 밤에/ 어쩌자고 잠을 깨어/ 그리운 곳 차마 그리운 곳// 눈이 오는가 북쪽엔/ 함박눈 쏟아져 내리는가
> → 일부 시행을 '그리운 곳'이라는 명사형으로 종결하여 고향에 대한 그리움을 표현하며 시적 여운을 남기고 있다.

④ *색채어의 대비를 통해 대상을 선명하게 제시하고 있다. * 색깔을 나타내는 말
근거 (가) ❶-2 노오란 호박꽃// ❻-1 은색의 향수
(나) ❹-1 푸른 하늘로
풀이 (가)의 '노오란', '은색', (나)의 '푸른'에 색채어가 사용되었으나, (가)와 (나) 모두 색채어의 대비가 드러난다고 보기 어렵다.

→ 적절하지 않음!

> ■ 색채어의 대비를 통해 대상을 선명하게 제시하는 작품
> • 황동규, 「살구꽃과 한때」(2026학년도 6월 모평)
> → 살구꽃의 분홍색('하늘의 연분홍')과 나무 밑동의 검은색('검은 둥치들')을 대비하여 살구나무의 모습을 선명하게 제시하고 있다.

→ (나)만 해당

⑤ *수미상관 기법을 활용하여 구조적 안정감을 부여하고 있다.
* 시의 처음과 끝에 동일하거나 유사한 구절을 반복하여 배치하는 방식
근거 (나) ❶-3~4 높고 아름다운 하늘을 받들어/ 그 속에 맑은 넋을 살게 하라.// ❹-3~4 맑고 아름다운 하늘을 받들어/ 그 속에 높은 넋을 살게 하라.
풀이 (나)는 첫 연과 끝 연에 유사한 구조를 반복하는 수미상관 기법을 활용하여 구조적 안정감을 부여하고 있다. 그러나 (가)에서는 수미상관 기법이 나타나지 않는다.

→ 적절하지 않음!

---

002 시구의 의미 – 적절하지 않은 것 고르기 2025년 9월 학평 32번
정답률 80%, 매력적 오답 ④ 10%
정답 ③

㉠~㉤에 대한 이해로 적절하지 않은 것은?

① ㉠ : 일상의 삶에서 받는 느낌을 *미각적 이미지로 표현하여 화자가 삶에서 느끼는 ** 고단함을 나타내고 있다. * 맛과 같이 혀로 느낄 수 있는 이미지 ** 괴로움
근거 (가) ❸-3 요새는 모든 것이 ㉠ 짙은 커피처럼 너무도 쓰다.
풀이 ㉠은 현재의 일상을 커피의 쓴맛이라는 미각적 이미지로 표현하여 화자가 삶에서 느끼는 고단함을 효과적으로 드러내고 있다.

→ 적합!

② ㉡ : 기억이 걷잡을 수 없이 떠오르는 상황을 *역동적 이미지로 표현하여 고향에 대한 화자의 그리움을 나타내고 있다. * 힘차고 활발하게 움직이는 이미지
근거 (가) ❹ 나는 고향에 가고 싶다. ~ 어릴 적 기억이 ㉡ 파도처럼 달려든다.
풀이 ㉡은 걷잡을 수 없이 떠오르는 어릴 적 기억을 '달려든다'라는 역동적 이미지로 표현하여 고향에 대한 그리움을 강조하고 있다.

→ 적합!

✔ ㉢ : 물결에서 *연상되는 느낌을 **촉각적 이미지로 표현하여 고향으로 돌아갈 수 있으리라는 화자의 기대를 나타내고 있다.
* 떠오르는 ** 감촉이나 온도와 같이 피부로 느낄 수 있는 이미지
근거 (가) ❺-2~3 바다의 품에 안기고 싶다. 안기어 ㉢ 날개같이 보드러운 물결을 쓰고 맘 편히 쉬고 싶다.
풀이 ㉢은 물결에서 연상되는 부드러운 느낌을 촉각적 이미지로 표현한 것이다. 하지만 이는 고향으로 돌아갈 수 있으리라는 기대가 아니라 바다의 품에서 현실의 고통을 위로받고 싶은 화자의 소망을 드러낸 것으로 볼 수 있다.

현실에서의 고통을 위로받고 싶은 마음을

→ 적절하지 않음!

④ ㉣ : 햇살을 향하는 대상의 모습을 *시각적 이미지로 표현하여 하늘에 대한 화자의 ** 동경을 나타내고 있다.
* 모양이나 색깔과 같이 눈으로 느낄 수 있는 이미지 ** 어떤 것을 간절히 그리워하여 그것만을 생각함
근거 (나) ❶-1~2 햇살을 향하여/㉣ 고요히 돌아가는 해바라기처럼
풀이 ㉣은 해바라기가 햇살을 향해 움직이는 모습을 시각적 이미지로 표현한 것이다. 이를 통해 이상 세계인 하늘에 대한 화자의 동경을 나타내고 있다.

→ 적합!

⑤ ㉤ : 하늘로 나아가는 대상의 모습을 *상승적 이미지로 표현하여 화자가 지향하는 가치를 추구해 나가는 마음을 나타내고 있다. * 낮은 데서 위로 올라가는 이미지
근거 (나)-❹ 푸른 하늘로/㉤ 항시 날아오르는 노고지리같이/ 맑고 아름다운 하늘을 받들어/ 그 속에 높은 넋을 살게 하라.
풀이 ㉤은 푸른 하늘을 향해 날아오르는 노고지리의 모습을 상승적 이미지로 표현한 것이다. 이를 통해 화자가 지향하는 높은 넋, 즉 숭고한 정신을 추구하는 마음을 나타내고 있다.

→ 적합!

---

003 감상의 적절성 – 적절하지 않은 것 고르기 2025년 9월 학평 33번 **1등급 문제**
정답률 35%, 매력적 오답 ① 20%, ②, ③, ⑤ 15%
정답 ④

〈보기〉를 참고하여 (가), (나)를 감상한 내용으로 적절하지 않은 것은? 3점

> | 보기 |
> [1] 시에는 상황에 대한 화자의 인식이 반영되어 있다. [2] 화자가 자신이 처한 상황이 부정적이라고 인식하는 것은 그러한(부정적) 상황을 극복하고 싶은 화자의 의지를 드러내는 방법이 되기도 한다. [3] (가)의 화자는 바닷가에서 과거의 긍정적 기억을 떠올리면서 삶의 상처를 치유하고자 한다. [4] 한편 (나)의 화자는 자연물의 모습을 제시하고, 그들(자연물)처럼 삶의 고통을 받아들이면서 숭고한(높을 崇 뛰어날 高 : 뜻이 높고 훌륭한) 태도로 살겠다고 스스로 다짐하는 모습을 보여 준다.

① (가)에서 '생활'이 '차다고 느끼는 것과 (나)에서 '괴로움'과 '슬픔'을 언급하는 것은 화자가 자신이 처한 상황이 부정적이라고 인식하고 있음을 나타낸 것이라고 할 수 있겠군.
근거 〈보기〉-2 화자가 자신이 처한 상황이 부정적이라고 인식하는 것
(가) ❸-1 물방울이 生活처럼 차다.
(나) ❸-1~2 괴로움에 짐짓 웃을 양이면/ 슬픔도 오히려 아름다운 것
풀이 (가)의 화자는 자신의 '생활'이 '차다'고 하였고, (나)의 화자는 '괴로움'과 '슬픔'을 언급하였다. '차다', '괴로움', '슬픔'은 모두 부정적인 정서와 관련된 말로, (가)와 (나)의 화자가 자신이 처한 상황을 부정적으로 인식하고 있음을 나타낸 것으로 볼 수 있다.

→ 적절함!

② (가)에서 바다를 보며 '고향의 모습과 '어머니'의 '품'을 떠올리는 것은 현재 화자가 있는 공간을 통해 과거의 긍정적 기억이 *환기된 것이라고 할 수 있겠군. * 떠오른
근거 〈보기〉-3 (가)의 화자는 바닷가에서 과거의 긍정적 기억을 떠올리면서
(가)-❹ 나는 고향에 가고 싶다. 고향의 숲이, 언덕이, 들이, 시내가 그립다. 어릴 적 기억이 파도처럼 달려든다.// ❺-1~2 바다가 어머니라면 — 하고 나는 생각해 본다. 바다의 품에 안기고 싶다.
풀이 (가)에서 화자는 바다를 바라보며 파도처럼 달려드는 '고향'과, 물결과 같이 부드러운 '어머니'의 '품'을 떠올리고 있다. 이는 현재 화자가 있는 공간인 바다를 통해 과거의 긍정적 기억이 환기된 것으로 볼 수 있다.

→ 적절함!

③ (가)에서 '모래벌'에 앉아서 '찢어진 추억의 천막을 깁'는 것은 화자가 추억을 되새기면서 현재의 상처를 치유하는 과정을 의미하는 것이라고 할 수 있겠군.
근거 〈보기〉-3 (가)의 화자는 바닷가에서 과거의 긍정적 기억을 떠올리면서 삶의 상처를 치유하고자 한다.

(가) **❻-2** 나는 **찢어진 추억의 천막을 깁**는다, 여기 **모래벌**에 주저앉아 —.

[풀이] '찢어진 추억의 천막'은 삶의 상처를, 이를 '깁'는 행위는 상처를 치유하려는 의지를 나타낸 것이다. 따라서 화자가 '모래벌'에 앉아서 '찢어진 추억의 천막'을 깁는 것은 과거의 긍정적인 추억을 되새기면서 상처를 치유하는 과정을 의미하는 것으로 볼 수 있다.

→ 적절함!

✓ ④ (나)에서 '웃'으며 '가시밭길을 넘'은 후에야 '눈물의 이슬'을 받을 수 있다고 인식하는 것은 숭고한 태도로 살고자 하는 화자의 의지가 반영된 것이라고 할 수 있겠군. (넘어 / 받아 꽃이 피어난다고)

[근거] <보기>-4 (나)의 화자는 자연물의 모습을 제시하고, 그들처럼 삶의 고통을 받아들이면서 숭고한 태도로 살겠다고 스스로 다짐하는 모습을 보여 준다.

(나) **❷-1~2** 가시밭길을 넘어 그윽히 웃는 한 송이 꽃이/ 눈물의 이슬을 받아 핀다 하노니

[풀이] (나)에서 꽃은 '가시밭길을 넘'어 '눈물의 이슬'을 받아야 '웃'으며 피어나게 된다. 이는 삶의 고통을 인내하는 과정이 있어야만 시련을 극복하고 결실을 얻을 수 있음을 의미한다. 따라서 '웃'으며 '가시밭길을 넘'은 후에야 '눈물의 이슬'을 받을 수 있다고 파악하는 것은 적절하지 않다.

→ 적절하지 않음!

⑤ (나)에서 '고난'을 '사랑'해야 '원광'이 떠오를 수 있다는 것은 고통을 수용해야 부정적인 상황을 극복할 수 있다는 화자의 인식을 나타낸 것이라고 할 수 있겠군.

[근거] <보기>-4 (나)의 화자는 자연물의 모습을 제시하고, 그들처럼 삶의 고통을 받아들이면서 숭고한 태도로 살겠다고 스스로 다짐하는 모습을 보여 준다.

(나) **❸-3~4** 고난을 사랑하는 이에게만이/ 마음 나라의 원광은 떠오르노라.

[풀이] (나)에서 '고난'을 '사랑'하는 이에게만이 '원광'이 떠오른다고 한 것은, 고통을 회피하지 않고 수용해야만 부정적 상황을 극복하고 숭고한 경지에 이를 수 있다는 화자의 인식을 나타낸 것으로 볼 수 있다.

→ 적절함!

💡 **어떻게 풀까?** ④번 선지는 '가시밭길을 넘어 그윽히 웃는 한 송이 꽃이/ 눈물의 이슬을 받아 핀다 하노니'라는 시행의 선후 관계를 교묘하게 뒤섞어 놓은 함정으로, 정확한 인과 관계를 파악해야만 정답을 고를 수 있었다. 이 시행의 선후 관계는 '가시밭길을 넘고(시련) → 눈물의 이슬을 받아야(고통) → 그윽히 웃는 꽃이 핀다(결실)'이다. 즉, 시련과 고통의 과정이 있어야만 결실에 이를 수 있다는 의미이다. 그러나 ④번 선지는 '웃으며 가시밭길을 넘은 후'에 '눈물의 이슬'을 받는다고 설명한다. 이런 유형의 함정은 지문과 선지의 핵심 단어나 서술 순서가 비슷해 보일 때 빠지기 쉽다. 따라서 선지를 읽을 때는 문장의 구조와 조사까지 꼼꼼하게 파악해야 한다.

[004~006] 다음 글을 읽고 물음에 답하시오.

작품 이해 단계 1 화자 2 상황 및 대상 3 정서 및 태도 4 주제

(가) 1 화자: 안 드러남

→ '상한 영혼'을 의미

1 1 상한 갈대라도 하늘 아래선 (충분히)
2 한 계절 넉넉히 흔들리거니 ('삶의 강한 의지'를 의미)
3 뿌리 깊으면야 ('시련과 고난'을 의미)
4 **밑동 잘리어도 새순은 돋거니** ('희망'을 의미)
→ 밑동. 나무줄기에서 뿌리에 가까운 부분
→ 23 대상 및 태도: 밑동 잘린 '상한 갈대'라도 뿌리 깊으면 새순이 돋는다고 생각한다.
5 충분히 흔들리자 상한 영혼이여
6 충분히 흔들리며 고통에게로 가자
→ 3 정서 및 태도: 고통을 회피하지 않고 직시하고자 한다.

2 → '시련과 고난'을 의미 / 개구리밥. '상한 영혼'을 의미
1 **뿌리 없이 흔들리는 부평초 잎이라도** ('희망'을 의미)
→ 23 대상 및 태도: 뿌리 없는 '부평초 잎'이라도 물 고이면 꽃이 핀다고 생각한다.
2 물 고이면 꽃은 피거니
3 이 세상 어디서나 개울은 흐르고 ('희망'을 의미)
4 이 세상 어디서나 등불은 켜지듯

5 가자 **고통이여 살 맞대고 가자**
6 외롭기로 작정하면 어딘들 못 가랴
7 가기로 목숨 걸면 지는 해가 문제랴
→ '시련과 고난'을 의미
→ 3 정서 및 태도: 고통을 적극적으로 수용하고자 한다.

3 → '부정적 현실'을 의미
1 고통과 설움의 땅 훨훨 지나서
2 뿌리 깊은 벌판에 서자
→ 고통을 극복하고 도달한 성숙의 공간
3 두 팔로 막아도 바람은 불듯
4 **영원한 눈물이란 없느니라**
→ 3 태도: 삶의 고통은 영원하지 않다고 생각한다.
5 **영원한 비탄이란 없느니라**
→ 슬퍼할 탄(嘆) 탄식할 탄(歎): 슬픔과 탄식
6 **캄캄한 밤이라도 하늘 아래선** ('부정적 현실'을 의미)
7 **마주 잡을 ⑦손 하나 오고 있거니**
→ 고통을 함께 이겨 낼 존재
→ 3 태도: 부정적 상황에서도 고통을 함께 이겨 낼 존재가 있다고 믿는다.

- 고정희, 「상한 영혼을 위하여」 -

4 주제: 고통을 회피하지 않고 수용하는 성숙한 삶의 자세

· **지문 이해**

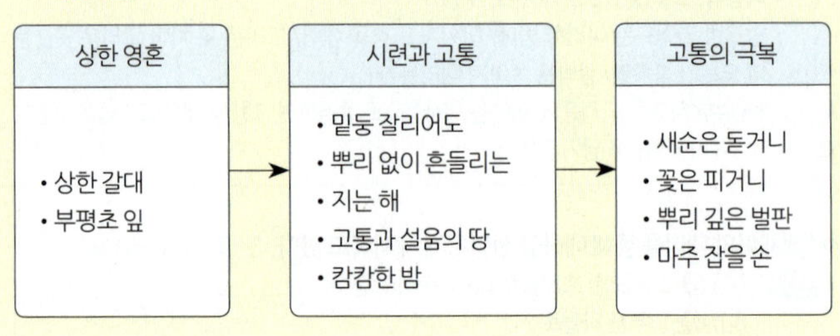

(나)

1 1 눈먼 ⑥손으로
→ 1 화자: '나'
2 나는 삶을 만져 보았네. (여기서는 '삶')
→ 2 상황: 삶이 고통으로 가득 차 있음을 알게 된 상황
3 그건 가시투성이였어.
→ '삶의 고통'을 의미

2 1 가시투성이 삶의 온몸을 만지며
2 나는 미소지었지.
→ 3 정서 및 태도: 고통 속에서도 절망하지 않고 미래의 희망을 기다린다.
3 **이토록 가시가 많으니**
4 곧 **장미꽃**이 피겠구나 하고. ('희망, 이상'을 의미)

3 1 장미꽃이 피어난다 해도
→ 3 태도: 희망이 실현된다 해도 그 과정에서의 고통을 잊을 수 없을 것이라고 생각한다.
2 어찌 가시의 고통을 잊을 수 있을까
3 (그렇다) 해도
→ 고통을 잊을 수 없을 것이라 하더라도
4 **장미꽃이 피기만 한다면**
→ 3 태도: 희망이 실현되기만 한다면 고통을 기꺼이 감수할 수 있다고 생각한다.
5 **어찌 가시의 고통을 버리지 못하리오**

4 1 눈먼 손으로
2 삶을 어루만지며
3 나는 가시투성이를 지나
→ 3 태도: 삶의 고통을 견디며 희망을 기다린다.
4 장미꽃을 기다렸네.

5 1 그의 몸에는 많은 가시가 (여기서는 '삶')
2 돋아 있었지만, 그러나,
3 나는 한 송이의 장미꽃도 보지 못하였네.
→ 23 상황 및 정서: 고통을 감내하며 기다렸지만 희망을 이루지 못해 실망감과 상실감을 느낀다.

6 1 그러니, 그대, 이제 말해주오,

2 삶은 가시장미인가 장미가시인가
↳ 희망을 간절히 기다린다 해도 결국 고통뿐임
↳ 고통을 견디고 기다린 끝에 희망을 맞이함
3 아니면 장미의 가시인가, 또는
↳ 고통과 희망은 서로 긴밀하게 연결되어 있음.
희망적인 삶에는 고통이 따를 수밖에 없음
4 장미와 가시인가를.
↳ 삶의 희망과 고통은 각각 독립적인 별개의 요소임

3 태도 :
삶의 고통과 희망의 관계에 대해 성찰한다.

- 김승희, 「장미와 가시」-

4 주제 : 고통과 희망이 공존하는 삶에 대한 내적 갈등과 성찰

· 지문 이해

고통의 발견	삶이 가시(고통)로 가득함을 깨달음
희망의 기대	장미꽃(희망)을 기대하며 미소 지음
고통의 인내	가시(고통)를 견디며 장미꽃(희망)을 기다림
절망적 깨달음	장미꽃을 보지 못함(희망이 실현되지 않음)
근원적 질문	장미와 가시의 관계(삶의 본질)에 대해 성찰함

004
표현상 특징 - 적절한 것 고르기 2025년 6월 학평 43번
정답률 65%, 매력적 오답 ④ 20%
정답 ②

(가)와 (나)에 대한 설명으로 가장 적절한 것은?

선지	핵심 체크 내용	(가)	(나)
①	공간의 이동 → 시상을 입체적으로 전개	X	X
②	설의적 표현 → 작품의 주제 의식 강조	O	O
③	음성 상징어 → 시적 상황을 생동감 있게 드러냄	O	X
④	(가) 명령형 문장 → 시적 분위기 고조	X	-
	(나) 청유형 문장 → 시적 분위기 고조	-	X
⑤	(가) 시각적 이미지 → 대상의 속성 구체화	O	-
	(나) 후각적 이미지 → 대상의 속성 구체화	-	X

① (가)와 (나)는 모두, 공간의 이동에 따라 시상을 *입체적으로 전개하고 있다.
* 여러 각도에서
근거 **(가) 3**-1~2 고통과 설움의 땅 훨훨 지나서/ 뿌리 깊은 벌판에 서자
풀이 (가)는 고통을 직시하고 적극적으로 수용하며, 그 고통을 극복하고자 하는 화자의 고통에 대한 대응 방식에 따라 시상을 점층적으로 전개하고 있다. (나)는 화자의 내면 세계를 중심으로 시상이 전개되고 있다. 따라서 (가)와 (나) 모두 공간의 이동에 따라 시상이 전개되고 있지 않다.
→ 적절하지 않음!

② (가)와 (나)는 모두, *설의적 표현을 사용하여 작품의 주제 의식을 강조하고 있다.
* 쉽게 판단할 수 있는 사실을 의문의 형식으로 표현하여 의미를 강조하는 방법
근거 **(가) 2**-6~7 외롭기로 작정하면 어딘들 못 가랴/ 가기로 목숨 걸면 지는 해가 문제랴
(나) 3-2 어찌 가시의 고통을 잊을 수 있을까/ 5 어찌 가시의 고통을 버리지 못하리오
풀이 (가)는 '가랴', '문제랴'와 같은 설의적 표현을 통해 '고통을 회피하지 않고 수용하는 성숙한 삶의 자세'라는 주제 의식을 강조하고 있다. (나)는 '있을까', '못하리오'와 같은 설의적 표현을 통해 '고통과 희망이 공존하는 삶에 대한 내적 갈등과 성찰'이라는 주제 의식을 부각하고 있다.
→ 적절함!

③ (가)와 (나)는 모두, *음성 상징어를 활용하여 시적 상황을 생동감 있게 드러내고 있다.
(가)는
* 소리를 흉내 낸 의성어와 모양을 흉내 낸 의태어
근거 **(가) 3**-1 고통과 설움의 땅 훨훨 지나서
풀이 (가)는 '길 따위를 시원스럽게 홀가분한 기분으로 떠나는 모양'을 의미하는 의태어 '훨훨'을 활용하여 화자가 고통과 설움을 극복하는 상황을 생동감 있게 드러내고 있다. 그러나 (나)에는 의성어나 의태어가 사용되지 않았다.
→ 적절하지 않음!

■ 음성 상징어
소리나 모양을 음성으로 나타낸 말을 가리킨다. 의성어(소리를 흉내 낸 말)와 의태어(모양을 흉내 낸 말)를 포괄하는 말이다.

1. '음성 상징어'로 표현된 기출 선지
① 모습이나 소리를 흉내 낸 말을 사용하여 인상 깊게 표현하고 있다.
• 작자 미상, 「흥부전」 (2014년 고1 3월 학평)
제비 새끼 하나가 공중에서 뚝(의태어) 떨어져, 대발 틈에 발이 빠져 자끈(의성어, 의태어) 부러져
② 음성 상징어를 사용하여 대상을 생생하게 묘사하고 있다.
• 작자 미상, 「수궁가」 (2014년 고1 11월 학평)
만화방창 화림 중의 펄펄(의태어) 뛰던 발 그려, ~ 들락날락(의태어) 오락가락(의태어) 앙그주춤(영거주춤)(의태어) 기난 듯이
③ 음성 상징어를 활용하여 행동의 격렬함을 강조한다.
• 박경리, 「토지」 (2020학년도 6월 모평)
손이 빰 위로 날았다. 앞가슴을 잡고 와락와락(의태어) 흔들어 댄다. ~ 고래고래(의태어) 소리를 지른다.

2. '의태어'로 표현된 기출 선지
① 의성어와 의태어를 구사하여 화자의 상황을 구체화하고 있다.
• 한용운, 「알 수 없어요」 (2013학년도 6월 모평)
언뜻언뜻 보이는 푸른 하늘／ ~ 작은 시내는 구비구비 누구의 노래입니까
② 의태어를 사용하여 인물의 행동을 생생하게 묘사하고 있다.
• 작자 미상, 「장끼전」 (2013년 고1 9월 학평)
장끼란 놈 얼룩 공지깃 펼쳐 들고 꾸벅꾸벅 고개짓하며

3. '의성어'로 표현된 기출 선지
① 의성어는 화자에게 원망의 감정을 불러일으키고 있군.
• 박목월, 「내게는 원수가 없어」 (2014년 고3 7월 학평A)
적막 중문에 온 님을 물으락 나오락 캉캉 짖어 도로 가게 하니

④ **(나)** 는 ***명령형 문장**을, **(가)** 는 ****청유형 문장**을 통해 시적 분위기를 고조시키고 있다. * '-아라/-어라' 등의 종결 어미를 사용하여 명령이나 요구의 뜻을 나타내는 문장 ** '-자' 등의 종결 어미를 사용하여 같이 행동할 것을 요청하는 문장
근거 **(가) 2**-5 가자 고통이여 살 맞대고 가자
(나) 6-1 그대, 이제 말해주오,
풀이 (가)는 명령형 문장이 아닌 청유형 문장을, (나)는 청유형 문장이 아닌 명령형 문장을 통해 시적 분위기를 고조시키고 있다.
→ 적절하지 않음!

⑤ (가)는 시각적 이미지를, (나)는 후각적 이미지를 통해 대상의 속성을 구체화하고 있다.
근거 **(가) 1**-1~2 상한 갈대라도 / 4 새순은 돋거니// **2**-1 뿌리 없이 흔들리는 부평초 잎/ 2 꽃은 피거나
풀이 (가)는 흔들리는 '상한 갈대'에 '새순'이 돋고, 뿌리 없이 흔들리는 '부평초 잎'에 '꽃'이 피는 시각적 이미지를 통해 고통 속에서도 생명을 이어 가는 속성을 구체화하고 있다. (나)에는 후각적 이미지가 사용되지 않았다.
→ 적절하지 않음!

005
시어의 의미 - 적절한 것 고르기 2025년 6월 학평 44번
정답률 80%
정답 ⑤

㉠과 ㉡에 대한 이해로 가장 적절한 것은?

(가) 3-6~7 캄캄한 밤이라도 하늘 아래선/ 마주 잡을 ㉠손 하나 오고 있거니
(나)-1 눈먼 ㉡손으로/ 나는 삶을 만져 보았네./ 그건 가시투성이었어.

① ㉠과 ㉡은 모두, 화자에게 동정심을 유발하는 대상이다.
풀이 (가)의 ㉠(손)은 화자와 함께 고통을 극복할 대상이고, (나)의 ㉡(손)은 화자가 삶을 인식하게 하는 감각의 주체이다. ㉠(손)과 ㉡(손) 모두 화자에게 동정심을 유발하는 대상이라고 볼 수 없다.
→ 적절하지 않음!

② ㉠과 ㉡은 모두, 화자가 부정적 현실을 극복하게 한 계기이다.
풀이 (가)의 ㉠(손)은 미래의 고통을 함께 극복할 존재이지, 화자가 부정적 현실을 극복하

게 한 계기로 보기 어렵다. 현실 극복의 계기는 시련 속에서도 '새순'과 '꽃'을 피워 내는 '갈대'와 '부평초'의 생명력이라고 보는 것이 적절하다. 한편 (나)의 화자는 ㉡(손)을 통해 삶이 '가시투성이'임을 깨닫게 되었으므로, 부정적 현실을 극복하게 한 계기라는 설명은 적절하지 않다.

→ 적절하지 않음!

③ ㉠은 화자를 *발전적으로 변화시키려는 존재이고, ㉡은 화자를 현실에 만족하게 하는 **매개체이다. * 더 좋은 상태로 ** 둘 사이를 이어 주는 존재
풀이 (가)의 ㉠(손)은 화자가 고통을 극복할 수 있게 돕는다는 점에서 화자를 발전적으로 변화시켜 줄 가능성이 있는 존재이다. 그러나 (나)의 ㉡(손)은 화자가 삶이 '가시투성이'임을 깨닫게 하므로, 현실에 만족하게 하는 매개체로 보기 어렵다.

→ 적절하지 않음!

④ ㉠은 화자가 친밀감을 느끼는 대상이고, ㉡은 화자가 *경외감을 느끼는 대상이다.
* 공경하면서 두려워하는 감정
풀이 (가)의 ㉠(손)은 화자가 마주 잡는 대상이라는 점에서 친밀감을 느끼는 대상으로 볼 수 있다. 그러나 (나)의 ㉡(손)은 화자 자신의 손으로, 화자가 경외감을 느끼는 대상으로 보기 어렵다.

→ 적절하지 않음!

✓⑤ ㉠은 화자에게 도움이 될 *연대의 대상이고, ㉡은 화자가 삶의 본질을 생각하게 하는 매개체이다. * 한 덩어리로 서로 연결되어 있음
풀이 (가)의 ㉠(손)은 '캄캄한 밤'이라는 부정적 현실에서 화자가 마주 잡을 대상으로, 고통을 함께 극복할 연대의 대상으로 볼 수 있다. 한편 (나)의 화자는 ㉡(손)으로 삶을 만져 봄으로써, 삶의 고통을 깨닫고 그 본질에 대해 성찰하게 된다. 따라서 ㉡(손)은 화자가 삶의 본질을 생각하게 하는 매개체로 볼 수 있다.

→ 적절함!

---

006 감상의 적절성 - 적절하지 않은 것 고르기 2025년 6월 학평 45번 | 정답 ③
정답률 75%, 매력적 오답 ⑤ 10%

<보기>를 바탕으로 (가)와 (나)를 감상한 내용으로 적절하지 않은 것은? [3점]

| 보기 |
1 (가)와 (나)는 모두, 자연물을 통해 삶의 고통과 희망을 형상화하고 있는 작품이다. 2 (가)는 연약하지만 강한 생명력을 지닌 '갈대'와 '부평초'를 통해, 삶의 시련에 굴하지 않고 고통을 직접적으로 대면해(대할 對 앞 面 : 마주해) 극복하고자 하는 굳센 의지와 희망을 노래하고 있다. 3 (나)는 아름답지만 가시가 있는 '장미'를 통해 인고(참을 忍 괴로울 苦 : 괴로움을 참고 견딤)의 세월을 견디며 기대했던 희망이 실현되지 않을 때의 상실감과, 고통(≒가시)과 희망(≒장미)이 공존하는(함께 共 존재할 存 : 함께 존재하는) 삶을 살아가는 인간의 내면적 갈등을 노래하고 있다.

① (가)의 '밑둥 잘리어도 새순은 돋는' 모습은 연약하지만 강한 생명력을 지닌 존재를 구체적으로 형상화한 것이군.
근거 <보기>-2 (가)는 연약하지만 강한 생명력을 지닌 '갈대'와 '부평초'
(가) ❶-1 상한 갈대라도/4 밑둥 잘리어도 새순은 돋거니
풀이 (가)의 '상한 갈대'는 '밑둥'이 잘린 시련 속에서도 '새순'을 틔워 낸다는 점에서 연약하지만 강인한 생명력을 지닌 존재로 볼 수 있다.

→ 적절함!

② (가)의 '고통이여 살 맞대고 가자'는 고통을 피하지 않고 직접적으로 대면하여 극복하고자 하는 의지를 드러낸 것이군.
근거 <보기>-2 (가)는 ~ 삶의 시련에 굴하지 않고 고통을 직접적으로 대면해 극복하고자 하는 굳센 의지와 희망을 노래하고 있다.
(가) ❷-5 가자 고통이여 살 맞대고 가자
풀이 (가)의 '고통이여 살 맞대고 가자'는 고통을 회피하지 않고 정면으로 마주하여 이를 극복하고자 하는 의지를 드러낸 것이다.

→ 적절함!

✓③ (나)의 '장미꽃이 피기만 한다면 / 어찌 가시의 고통을 버리지 못하리오'는 기대했던 희망이 실현되지 않을 때의 상실감을 노래한 것이군.
희망에 대한 소망과 고통에의 극복 의지를
근거 <보기>-3 (나)는 ~ 기대했던 희망이 실현되지 않을 때의 상실감
(나) ❸-4~5 장미꽃이 피기만 한다면/ 어찌 가시의 고통을 버리지 못하리오// ❺-2~3 그러나,/ 나는 한 송이의 장미꽃도 보지 못하였네.
풀이 (나)의 '장미꽃이 피기만 한다면 / 어찌 가시의 고통을 버리지 못하리오'는 '장미꽃'이

라는 희망이 실현될 수 있다면 '가시의 고통'을 기꺼이 감수할 수 있다는 것으로, 희망에 대한 간절한 소망과 고통에의 극복 의지를 표현한 것이다. 기대했던 희망이 실현되지 않았을 때의 상실감은 '나는 한 송이의 장미꽃도 보지 못하였네'에 드러난다.

→ 적절하지 않음!

④ (나)의 '삶은 가시장미인가 장미가시인가'는 고통과 희망이 공존하는 삶을 살아가는 인간의 내면적 갈등을 드러낸 것이군.
근거 <보기>-3 (나)는 ~ 고통과 희망이 공존하는 삶을 살아가는 인간의 내면적 갈등을 노래하고 있다.
(나) ❻-2 삶은 가시장미인가 장미가시인가
풀이 (나)의 '삶은 가시장미인가 장미가시인가'는 고통과 희망의 관계에 대한 화자의 고뇌가 담긴 질문으로, 고통과 희망이 공존하는 삶을 살아가는 인간의 내면적 갈등을 드러낸 것으로 볼 수 있다.

→ 적절함!

⑤ (가)의 '뿌리 없이 흔들리는'과 (나)의 '가시가 많으니'는 모두, 삶의 고통을 겪고 있는 존재의 모습을 상징하는군.
근거 <보기>-1 (가)와 (나)는 모두, 자연물을 통해 삶의 고통과 희망을 형상화하고 있는 작품이다.
(가) ❷-1 뿌리 없이 흔들리는 부평초 잎이라도
(나) ❷-3 이토록 가시가 많으니
풀이 (가)의 '뿌리 없이 흔들리는' 부평초 잎은 시련을 겪는 연약한 존재의 모습을, (나)의 '가시가 많으니'는 고통으로 가득한 화자의 삶을 나타내므로, 삶의 고통을 겪고 있는 존재의 모습을 상징한다고 볼 수 있다.

→ 적절함!

[007~010] 다음 글을 읽고 물음에 답하시오.

작품 이해 단계 ① 화자 ② 상황 및 대상 ③ 정서 및 태도 ④ 주제

(가)

1 떨리는 손으로 풀죽은 김밥을
→ 눅눅하고 흐물흐물한
→ ②③ 상황 및 태도 : 김밥을 억지로 먹는 무기력한 상황
2 입에 쑤셔넣고 있는 동안에도
3 기차는 여름 들판을 내 눈에 밀어넣었다.
→ ② 상황 : 기차 안에서 여름 들판을 바라보는 상황
→ ① 화자 : '나'
4 ㉠ 연둣빛 벼들이 눈동자를 찔렀다.
5 들판은 왜 저리도 푸른가.
→ 진실 的 마땅할 當 : 꼭 들어맞지
6 아니다. 푸르다는 말은 적당치 않다.
→ 풀색(초(草))과 녹색(록(錄))은 같은 색이라는 뜻. 이름은 다르나 따져 보면 같다는 의미
7 초록은 동색이라지만
→ ②③ 대상 및 태도 : '연두'를 초록과는 다른 특별한 존재로 느낀다.
8 연두는 내게 좀 다른 종족으로 여겨진다.
→ 생명체. 존재
9 거기엔 아직 고개 숙이지 않은
→ 여기서는 '연두'
10 출렁거림, 또는 수런거림 같은 게 남아 있다.
→ 여럿이 한데 모여
→ ②③ 대상 및 정서 : '연두'에서 생명력과 순수함을 느낀다.
11 저 순연한 벼포기들.
→ 수선스럽게 자꾸 지껄임
→ 순수할 純 그러할 然 : 다른 것이 조금도 섞이지 않은, 온전한
12 그런데 내 안은 왜 이리 어두운가.
→ ③ 태도 : 자신의 무기력함을 인식한다.
→ '늙고 쇠약하게'를 의미
13 ㉡ 나를 빛바래게 하려고 쏟아지는 저 햇빛도
→ ③ 태도 : 자신의 노쇠함을 인식하며 체념한다.
14 결국 어두워지면 빛바랠 거라고 중얼거리며
15 김밥을 네 개째 삼키는 순간
→ 여기서는 '울음'
16 갑자기 울음이 터져나왔다, 그것이 마치
→ ③ 정서 : 울음이 터지며 억눌렸던 감정을 표출한다.
17 감정이 몸에 돌기 위한 최소조건이라도 되는 듯.
→ 어떤 일이나 상황이 일어나기 위해 필요한 최소한의 조건
18 눈에 즙처럼 괴는 연두.
→ ② 상황 : 눈물이 고인 채 '연두'를 바라보는 상황
→ 즙 汁 : 물기가 들어 있는 물체에서 짜낸 액체
19 그래. 저 빛에 나도 두고 온 게 있지.
→ ③ 태도 : 과거의 젊음과 생명력을 떠올리며 그리워한다.
→ 여기서는 '연둣빛'
20 기차는 여름 들판 사이로 오후를 달린다.

- 나희덕, 「연두에 울다」-

④ 주제 : 젊음에 대한 그리움과 생명에 대한 의지

• **지문 이해**

	연둣빛 들판(생명력, 순수함)을 봄	
• 떨리는 손으로 풀죽은 김밥을 입에 쑤셔넣고 → 무기력함 • 내 안은 왜 이리 어두운가. → 절망감 • 나를 빛바래게 하려고 쏟아지는 저 햇빛 → 체념	→	• 갑자기 울음이 터져나왔다, ~ 감정이 몸에 돌기 위한 최소조건이라도 되는 듯. → 억눌렸던 감정이 터짐. 정서적 변화의 계기 • 눈에 즙처럼 괴는 연두. → 연두를 내면화함 • 그래. 저 빛에 나도 두고 온 게 있지. → 젊음, 생명력을 그리워하며 회복을 염원함

(나)

1 어느 사이에 나는 아내도 없고, 또,

[1] 화자 : '나'

2 아내와 같이 살던 집도 없어지고,

3 그리고 살뜰한 부모며 동생들과도 멀리 떨어져서,

[2][3] 상황 및 정서: 가족과 헤어져 혼자 낯선 거리를 떠돌며 외롭고 쓸쓸하다.

자상한

4 ⓒ그 어느 바람 세인 쓸쓸한 거리 끝에 헤매었다.

센

5 바로 날도 저물어서,

시련, 고난

6 **바람은 더욱 세게 불고, 추위는 점점 더해 오는데,**

7 나는 어느 목수네 집 헌 샅을 깐,

여기서는 '박시봉' · 갈대를 엮어서 만든 자리

8 한 방에 들어서 쥔을 붙이었다.

주인집에 세 들어 살게 되었다

9 이리하여 나는 이 습내 나는 춥고, 누긋한 방에서,

방 한 칸 · 습기로 인한 눅눅한 냄새 · 눅눅한

[2] 상황: 열악하고 누추한 방에서 살게 된 상황

10 ⓔ낮이나 밤이나 나는 나 혼자도 너무 많은 것같이 생각하며,

[2] 상황: 자기 몸 하나도 감당하기 힘든 상황

11 딜옹배기에 북덕불이라도 담겨 오면,

아주 작은 질그릇 · 위 · 짚이나 풀 따위가 뒤섞여 엉클어진 뭉텅이에 피운 불

12 이것을 안고 손을 쬐며 재 우에 뜻없이 글자를 쓰기도 하며,

불에 타고 남는 가루 모양의 물질

13 **또 문밖에 나가지두 않고 자리에 누워서,**

[2] 상황: 방 안에서 홀로 무기력하게 지내는 상황

14 머리에 손깍지벼개를 하고 굴기도 하면서,

구르기 · 계속하여

15 ⓓ나는 내 슬픔이며 어리석음이며를 소처럼 연하여 쌔김질하는 것이었다.

한번 삼킨 먹이를 다시 게워 내어 씹는. 여기서는 '반추하는 (되풀이하여 음미하거나 생각하는)'의 의미

[3] 태도: 지난 삶을 돌아보며 성찰한다.

16 내 가슴이 꽉 메어 올 적이며,

17 내 눈에 뜨거운 것이 핑 괴일 적이며,

여기서는 '눈물'

18 또 내 스스로 화끈 낯이 붉도록 부끄러울 적이며,

얼굴

19 **나는 내 슬픔과 어리석음에 눌리어 죽을 수밖에 없는 것을 느끼는 것이었다.**

[3] 태도: 과거의 어리석은 삶에 부끄러움과 슬픔을 느낀다.

20 그러나 잠시 뒤에 나는 고개를 들어,

21 허연 문창을 바라보든가 또 눈을 떠서 높은 천장을 쳐다보는 것인데,

門 窓 창문: 주로 문을 바르는 데 쓰는 얇은 종이

22 이때 나는 내 뜻이며 힘으로, **나를 이끌어 가는** 것이 힘든 일인 것을 생각하고,

여기서는 '내 뜻이며 힘'을 의미

23 이것들보다 **더 크고, 높은 것**이 있어서, 나를 마음대로 굴려 가는 것을 생각하는 것인데,

초월적 존재, 운명을 의미

[3] 태도: 의지와 능력이 아니라 운명이 자신의 삶을 이끌어 왔다고 생각한다. (삶에 대한 운명론적 인식)

24 이렇게 하여 여러 날이 지나는 동안에,

25 내 어지러운 마음에는 슬픔이며, 한탄이며, 가라앉을 것은 차츰 앙금이 되어 가라앉고,

[3] 정서: 슬픔과 한탄이 진정되며 마음의 안정을 느낀다.

한할 恨 탄식할 歎: 한숨을 쉬며 탄식함

가루 같은 물에 가라앉아 생긴 층. 여기서는 '마음속에 가라앉은 감정'을 비유

26 외로운 생각만이 드는 때쯤 해서는,

저녁 무렵

27 더러 나줏손에 쌀랑쌀랑 싸락눈이 와서 문창을 치기도 하는 때도 있는데,

빗방울이 갑자기 찬 바람을 만나 얼어 떨어지는 쌀알 같은 눈

28 나는 이런 저녁에는 화로를 더욱 다가 끼며, 무릎을 꿇어 보며,

불 火 화로 爐: 숯불을 담아 놓는 그릇

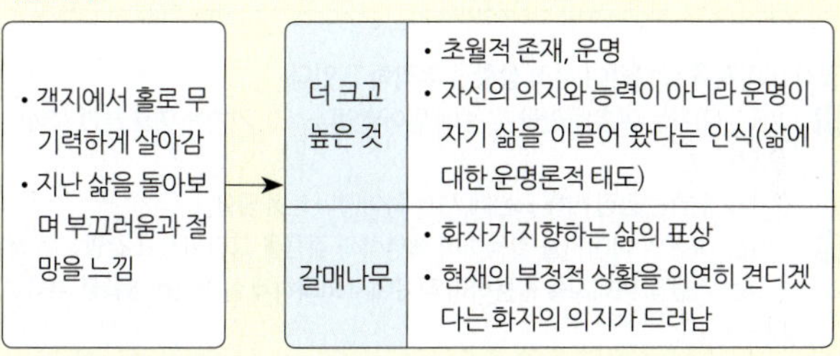

29 어느 먼 산 뒷옆에 바우섶에 따로 외로이 서서,

뒤의 옆쪽 · 바위 옆

30 어두워 오는데 하이야니 눈을 맞을, 그 마른 잎새에는,

31 쌀랑쌀랑 소리도 나며 눈을 맞을,

깨끗할 淨 : 맑고 깨끗한

32 그 드물다는 **굳고 정한 갈매나무**라는 나무를 생각하는 것이었다.

화자의 현실 극복 의지를 간접적으로 드러내는 소재

[3] 태도 : 홀로 눈을 맞으면서도 굳고 깨끗한 갈매나무를 생각하며 의지를 다진다.

- 백석, 「남신의주 유동 박시봉방」-

평안북도 서북부에 있는 지역

편지에서 세대주나 집주인의 이름 아래 붙여 그 집에 거처하고 있음을 나타내는 말

[4] 주제: 절망적 상황에서의 자기 성찰과 새로운 삶을 향한 의지

• **지문 이해**

• 객지에서 홀로 무기력하게 살아감 • 지난 삶을 돌아보며 부끄러움과 절망을 느낌	더 크고 높은 것	• 초월적 존재, 운명 • 자신의 의지와 능력이 아니라 운명이 자기 삶을 이끌어 왔다는 인식(삶에 대한 운명론적 태도)
	갈매나무	• 화자가 지향하는 삶의 표상 • 현재의 부정적 상황을 의연히 견디겠다는 화자의 의지가 드러남

---

007 | 표현상 공통점 – 적절한 것 고르기　2025년 3월 학평 26번
 정답률 80% | 정답 ④

(가)와 (나)의 표현상 공통점으로 가장 적절한 것은?

선지	핵심 체크 내용	(가)	(나)
①	수미상관 → 주제 의식 강조	X	X
②	시행을 명사로 마무리 → 시적 여운	O	X
③	소재의 나열	X	O
	역동적 분위기 강화	X	X
④	계절적 이미지 → 시적 상황 부각	O	O
⑤	말을 건네는 방식 → 친밀감 나타냄	X	X

① *수미상관을 사용하여 주제 의식을 강조하고 있다.

* 시의 처음과 끝에 동일하거나 유사한 구절을 반복하여 배치하는 방식

풀이 (가)와 (나)는 모두 수미상관 방식이 사용되지 않았다.

→ 적절하지 않음!

> ■**수미상관의 형태**
> 수미상관의 형태를 통해 운율을 형성하고 주제를 강조하며, 구조적 균형감과 안정감을 부여한다.
>
> ■**수미상관의 형태가 나타나는 작품**
> • **김소월, 「진달래꽃」** (2017년 고1 9월 학평)
> 나 보기가 역겨워/ 가실 때에는/ 말없이 고이 보내 드리우리다 (1연)
> 나 보기가 역겨워/ 가실 때에는/ 죽어도 아니 눈물 흘리우리다 (4연)
> • **이용악, 「그리움」** (2021학년도 수능)
> 눈이 오는가 북쪽엔/ 함박눈 쏟아져 내리는가 (1연)
> 눈이 오는가 북쪽엔/ 함박눈 쏟아져 내리는가 (5연)
> → 첫 연과 마지막 연에 동일한 구절을 반복하여 배치하는 수미상관의 형태를 통해 주제를 강조하고 구조적 안정감을 주고 있다.

(가)만 해당

② 시행을 *명사로 마무리하여 **시적 여운을 남기고 있다.

* 사물의 이름을 나타내는 품사　** 시가 끝난 후에도 감동이 여전히 남아 있는 느낌

근거 (가)-11 저 순연한 벼포기들./ 18 눈에 즙처럼 괴는 연두.

풀이 (가)는 명사인 '벼포기들', '연두'로 시행을 마무리하여 시적 여운을 남기고 있다. 그러나 (나)는 시행을 명사로 마무리한 부분은 나타나지 않는다.

→ 적절하지 않음!

(나)만 해당

③ 소재의 나열을 통해 *역동적 분위기를 강화하고 있다.　* 힘차고 활발하게 움직이는 분위기

근거 (나)-1~3 어느 사이에 나는 아내도 없고, 또,/ 아내와 같이 살던 집도 없어지고,/ 그리고 살뜰한 부모며 동생들과도 멀리 떨어져서,

풀이 (가)는 소재의 나열을 통해 역동적 분위기를 강화한 부분을 찾을 수 없다. (나)는 '아내', '집', '부모', '동생들'을 나열하여 화자의 가난하고 외로운 처지를 드러내고 있을 뿐, 역동적 분위기를 강화하고 있지는 않다.

→ 적절하지 않음!

■소재의 나열을 통해 역동적 분위기를 강화하는 작품
• 유치환, 「채전」 (2023학년도 수능)
한여름 채전(푸성귀 菜 밭 田 : 채소밭)으로 가 보아라/ 나비가 심방 오고(찾을 尋 찾을 訪 : 찾아오고) 풍뎅이가 찾아오고 잠자리가 왔다 가고 바람결에 스쳐 가고 그늘이 지나가고 비가 내리고 햇볕이 다시 나고……
→ '나비', '풍뎅이', '잠자리', '바람결', '그늘', '비', '햇볕' 등을 나열하여 채전의 생명력 가득한 역동적 분위기를 강화하고 있다.

④ 계절적 이미지를 활용하여 시적 상황을 부각하고 있다.
근거 (가)-3 기차는 여름 들판을 내 눈에 밀어넣었다./ 20 기차는 여름 들판 사이로 오후를 달린다.
(나)-6 추위는 점점 더해 오는데,/ 30 하이야니 눈을 맞을,
풀이 (가)는 '여름'의 이미지를 활용하여 생명력과 젊음을 그리워하고 갈망하는 상황을, (나)는 '겨울'의 이미지를 활용하여 타향에서 고독하게 살아가는 상황을 부각하고 있다.

→ 적절함!

⑤ 말을 건네는 방식을 사용하여 *친밀감을 나타내고 있다. * 매우 친하고 가까운 느낌
풀이 (가)와 (나) 모두 말을 건네는 방식이 아닌, 독백체를 활용하여 자신의 내면을 드러내고 있다.

→ 적절하지 않음!

■말을 건네는 방식을 사용하여 친밀감을 나타내는 작품
• 김관식, 「거산호 2」 (2022학년도 수능)
네 품이 내 고향인 그리운 산아/ 미역취(국화과의 여러해살이풀) 한 이파리 상긋한 산내음새(냄새)/ 산에서도 오히려 산을 그리며/ 꿈같은 산 정기(생기 있는 자연의 기운)를 그리며 산다.
→ '산'에게 말을 건네는 방식을 사용하여 산에 대한 화자의 친밀감을 나타내고 있다.

■대화와 대화체 구분 (대화 ⊂ 대화체)
화자가 혼잣말하는 것이 아니라 청자에게 말을 건네고 이에 대해 청자가 답을 해야 '대화'이다. 대화체는 상대에게 말을 건네는 말투로 '대화'를 포괄하는 표현이다.
• 대화와 독백, 대화체와 독백체 구별하기
〈대화와 독백은 시적 상황(내용)과 관련 / 대화체, 독백체는 문체(표현 형식)를 의미〉

대 화 체		독 백 체
대화	독 백	
실제 화자 ⇌ 실제 청자	화자 → 가상의 청자	화자의 혼잣말
• 화자와 청자가 실제로 말을 주고받음 (청자의 반응이 시에 나타남)	• 가상의 청자에게 말을 건네는 듯한 말투 ('~야, ~이여' 등의 부르는 말이 있음)	• 순수하게 혼잣말하는 듯한 말투
	화자 → 독자	※ 독백체의 판단 기준 : 주제가 시인의 내면 세계와 직접 관련되어 시적 화자가 자기 자신에 대해 생각하고 고민하는 모습이 나타난다.
	• 독자에게 말을 건네는 듯한 말투 ('~라'와 같은 명령형, '~자'와 같은 청유형)	

■대화가 나타나는 작품
• 백석, 「고향」 (2004학년도 수능)
고향이 어데냐 (의원)
평안도 정주라는 곳이라 (화자)
→ 의원의 물음과 화자의 대답이 오고 가는 대화가 나타난다.
• 작자 미상, 「댁들에 동난지이 사오」
댁들에 동난지이 사오. (게젓 장수) 져 장수야, 네 황후 긔 무서시라 웨난다. (고객) (여러분, 동난것 사십시오. 저 장수(게젓 장수)야, 네 물건 그 무엇이라 외치는 것이냐?)
→ 게젓 장수와 고객들의 대화가 나타난다.

• 작자 미상, 「시집살이 노래」 (2014학년도 6월 모평AB)
형님 형님 사촌 형님 시집살이 어떱뎁까 (사촌 동생)
이애 이애 그말 마라. 시집살이 개집살이 (사촌 형님)
→ 사촌 동생의 물음과 사촌 형님의 대답이 오고 가는 대화가 나타난다.

■청자의 반응은 나타나지 않지만 대화체가 나타나는 작품
• 김기림, 「연륜」 (2022학년도 6월 모평)
무너지는 꽃 이파리처럼/ 휘날려 발 아래 깔리는 서른 나문 해야// ~ 산호 필 바다 바다에 내려앉은 섬으로 가자
→ 청자의 반응은 나타나지 않지만, '서른 나문 해야'라는 부르는 말이 있고 '가자'라는 청유형이 나타나므로 대화체이다.
• 이성복, 「꽃피는 시절」 (2024년 고2 6월 학평)
멀리 있어도 나는 당신을 압니다./ 귀먹고 눈먼 당신은 추운 땅속을 헤매다/ 누군가의 입가에서 잔잔한 웃음이 되려 하셨지요.
→ 청자의 반응은 나타나지 않지만, 청자인 '당신'에게 '-ㅂ니다', '-요'라는 말하는 듯한 대화체가 나타난다.

■독백체가 나타나는 작품
• 윤동주, 「자화상」 (2011학년도 수능)
산모퉁이를 돌아 논가 외딴 우물을 홀로/ 찾아가선 가만히 들여다봅니다.
→ 부정적 현실에서 자신의 모습을 성찰하는 독백체이다.
• 김영랑, 「내 마음을 아실 이」 (2003학년도 수능)
내 마음을 아실 이 ~ 사랑도 모르리, 내 혼자 마음은.
→ 자신의 마음을 알아줄 임에 대한 간절한 그리움을 표현한 독백체이다.

1등급 문제

008 | 소재의 의미 – 적절한 것 고르기 2025년 3월 학평 27번
정답률 60%, 매력적 오답 ③ 20%, ④ 10% | 정답 ⑤

(가)의 '기차[A]'와 (나)의 '방[B]'에 대한 설명으로 가장 적절한 것은?

① A는 B와 달리 화자가 과거의 아픔을 떠올리는 공간이다.
　　　　　　　　　　　현재
근거 (가)-12 그런데 내 안은 왜 이리 어두운가.
(나)-15 나는 내 슬픔이며 어리석음이며를 소처럼 연하여 쌔김질하는 것이었다.
풀이 A(기차)는 (가)의 화자가 현재의 아픔과 무기력을 인식하는 공간이고, B(방)는 (나)의 화자가 과거의 어리석은 삶을 되돌아보며 아픔과 슬픔을 느끼는 공간이다.

→ 적절하지 않음!

② B는 A와 달리 화자가 *이상적으로 생각하는 공간이다.
* 생각할 수 있는 범위 안에서 가장 완전하다고
풀이 A(기차)와 B(방)는 모두 (가)와 (나)의 화자가 자신을 부정적으로 인식하며 성찰하는 공간이다. 따라서 A(기차)와 B(방)는 모두 화자가 이상적으로 생각하는 공간으로 볼 수 없다.

→ 적절하지 않음!

③ A는 화자가 *애상감을, B는 **자족감을 느끼는 공간이다.
* 슬퍼하거나 아파하는 감정 ** 스스로 만족하는 느낌
풀이 A(기차)는 (가)의 화자가 자신의 무기력을 인식하고 절망을 느끼는 공간이므로 애상감을 느끼는 공간으로 볼 수 있다. 그러나 B(방)는 (나)의 화자가 자족감을 느끼는 공간으로 보기 어렵다.

→ 적절하지 않음!

④ A는 화자가 즐거움을, B는 *고독감을 느끼는 공간이다. * 외롭고 쓸쓸한 느낌
근거 (나)-26 외로운 생각만이 드는 때쯤 해서는,
풀이 (나)의 화자는 B(방)에서 외로움을 느끼고 있으므로 적절한 설명이다. 그러나 (가)의 화자는 A(기차)에서 즐거움을 느끼고 있지 않다.

→ 적절하지 않음!

⑤ A와 B는 모두 화자가 *내적 갈등을 경험하는 공간이다.
* 한 개인의 마음속에서 일어나는 갈등
근거 (가)-8~12 연두는 내게 좀 다른 종족으로 여겨진다./ 거기엔 아직 고개 숙이지 않은/ 출렁거림, 또는 수런거림 같은 게 남아 있다./ 저 순연한 벼포기들./ 그런데 내 안은 왜 이리 어두운가.
(나)-15~19 나는 내 슬픔이며 어리석음이며를 소처럼 연하여 쌔김질하는 것이었다./ 내 가슴이 꽉 메어 올 적이며,/ 내 눈에 뜨거운 것이 핑 괴일 적이며,/ 또 내 스스로 화끈 낯이 붉도록 부끄러울 적이며,/ 나는 내 슬픔과 어리석음에 눌리어 죽을 수밖에 없는 것을 느끼는 것이었다.

풀이 (가)의 화자는 A(기차)에서 생명력 넘치는 '연두'와 대비되는 자신의 어두운 내면을 인식하고 슬픔을 느낀다. 또한 (나)의 화자는 B(방)에서 과거의 삶을 되돌아보며 부끄러움과 절망감을 느끼고 있다. 따라서 A(기차)와 B(방)는 모두 화자가 내적 갈등을 경험하는 공간이라 볼 수 있다.

→ 적절함!

---

009 화자의 상황 - 적절하지 않은 것 고르기 | 2025년 3월 학평 28번
정답률 75% **정답 ②**

시상의 흐름을 고려하여 ㉠~㉤을 이해한 내용으로 적절하지 않은 것은?

① ㉠ : 연둣빛 벼들이 눈에 들어온 상황을 표현하고 있다.

근거 (가)-4 ㉠연둣빛 벼들이 눈동자를 찔렀다.

풀이 ㉠은 연둣빛 벼들이 화자의 눈에 들어온 상황으로, 화자가 연둣빛 벼들을 보고 있음을 나타낸다.

→ 적절함!

② ㉡ : 햇빛이 자신을 *성숙하게 만드는 상황을 표현하고 있다.
　　*힘들게 하는　　*(내면이) 성장하게

근거 (가)-13~14 ㉡나를 빛바래게 하려고 쏟아지는 저 햇빛도/ 결국 어두워지면 빛바랠 거라고 중얼거리며

풀이 (가)의 화자는 햇빛이 자신을 빛바래게 한다고 생각하고 있으므로 ㉡은 햇빛이 자신을 힘들게 하는 상황을 표현한 것으로 이해하는 것이 적절하다.

→ 적절하지 않음!

③ ㉢ : 가족들과 떨어진 채 *방황하는 상황을 표현하고 있다.
　　*이리저리 헤매어 돌아다니는

근거 (나)-1~4 나는 아내도 없고, 또,/ 아내와 같이 살던 집도 없어지고,/ 그리고 살뜰한 부모며 동생들과도 멀리 떨어져서,/ ㉢그 어느 바람 세인 쓸쓸한 거리 끝에 헤매이었다.

풀이 (나)의 화자는 아내, 부모, 동생들과 헤어져 거리를 헤매는 상황이다. 따라서 ㉢은 가족들과 떨어진 채 방황하는 화자의 상황을 표현한 것으로 이해할 수 있다.

→ 적절함!

④ ㉣ : 자기 한 몸도 *감당하기 어려운 상황을 표현하고 있다.
　　*책임지기

근거 (나)-10 낮이나 밤이나 나는 나 혼자도 너무 많은 것같이 생각하며,

풀이 ㉣은 화자가 자신의 존재를 버겁게 느낀다는 것으로, 화자가 자기 한 몸도 감당하기 어려운 상황을 표현한 것이다.

→ 적절함!

⑤ ㉤ : 자신의 지난 삶을 *성찰하고 있는 상황을 표현하고 있다.
　　*돌아보며 반성하고

근거 (나)-15 ㉤나는 내 슬픔이며 어리석음이며를 소처럼 연하여 쌔김질하는 것이었다.

풀이 ㉤의 '쌔김질'은 되풀이하여 생각한다는 '반추'의 의미로 해석할 수 있다. 따라서 ㉤은 화자가 자신의 지난 삶을 성찰하고 있는 상황을 표현한 것으로 이해할 수 있다.

→ 적절함!

1등급 문제

010 감상의 적절성 - 적절하지 않은 것 고르기 | 2025년 3월 학평 29번
정답률 60%, 매력적 오답 ④ 25% **정답 ②**

〈보기〉를 바탕으로 (가), (나)를 감상한 내용으로 적절하지 않은 것은? [3점]

| 보기 |
[1] (가)의 화자는 투병(싸울 鬪 병 病 : 병을 이겨 내기 위해 견딤)으로 생기를 잃은, (나)의 화자는 객지(나그네 客 땅 地 : 고향이 아닌 곳)에서 홀로 힘겨워하는 처지에 놓여 있다. [2] (가)와 (나)의 화자는 유사한 정서적 변화를 경험하게 된다. [3] 무기력한 화자가 자신의 현실을 절망적으로 인식하다가, 특정한 계기로 정서적 변화를 경험하고 긍정적인 심리 상태에 이른다. [4] 이 과정에서 특정 대상의 속성에 주목하는 모습을 보이기도 한다.

① (가)의 '떨리는 손으로 풀죽은 김밥을 먹는 것에서, (나)의 '문밖에 나가지두 않고 자리에 누워' 있는 것에서 화자의 무기력한 모습을 엿볼 수 있군.

근거 〈보기〉-1 (가)의 화자는 투병으로 생기를 잃은, (나)의 화자는 객지에서 홀로 힘겨워하는 처지/3 무기력한 화자

(가)-1~2 떨리는 손으로 풀죽은 김밥을/ 입에 쑤셔넣고 있는 동안

(나)-13 또 문밖에 나가지두 않고 자리에 누워서,

풀이 (가)의 화자가 '떨리는 손으로 풀죽은 김밥'을 '입에 쑤셔넣'는 것은 투병 중에 식욕을 잃은 무기력한 모습을 보여 준다. (나)의 화자가 '문밖에 나가지두 않고 자리에 누워'

있는 것은 객지에서 홀로 힘겨워하는 무기력한 모습을 보여 준다.

→ 적절함!

② (가)의 '들판은 왜 저리도 푸른가'에서, (나)의 '바람은 더욱 세게' 분다는 것에서 자신과 대비되는 특정 대상의 속성에 주목하는 화자의 모습을 확인할 수 있군.

근거 (가)-5 들판은 왜 저리도 푸른가./12 그런데 내 안은 왜 이리 어두운가.

(나)-6 바람은 더욱 세게 불고,

풀이 (가)의 '들판은 왜 저리도 푸른가'는 무기력한 자신과 대비되는 생기 넘치는 들판의 모습에 주목하는 화자의 모습이 드러난다. 그러나 (나)의 '바람은 더욱 세게' 부는 것은 화자에게 닥친 고난과 시련을 의미하는 것이므로 적절하지 않은 설명이다.

→ 적절하지 않음!

③ (가)의 '내 안은 왜 이리 어두운가'에서, (나)의 '내 슬픔과 어리석음에 눌리어 죽을 수밖에 없는 것'에서 화자가 자신이 처한 현실을 절망적으로 인식하고 있음을 알 수 있군.

근거 〈보기〉-1 (가)의 화자는 투병으로 생기를 잃은, (나)의 화자는 객지에서 홀로 힘겨워하는 처지/3 무기력한 화자가 자신의 현실을 절망적으로 인식

(가)-12 그런데 내 안은 왜 이리 어두운가.

(나)-19 나는 내 슬픔과 어리석음에 눌리어 죽을 수밖에 없는 것을 느끼는 것이었다.

풀이 (가)의 '내 안은 왜 이리 어두운가'는 화자가 투병으로 생기를 잃은 현실을 절망적으로 인식하고 있음을 드러낸 것으로 볼 수 있다. (나)의 '내 슬픔과 어리석음에 눌리어 죽을 수밖에 없는 것'은 화자가 객지에서 홀로 힘겨워하는 현실을 절망적으로 인식하는 것으로 볼 수 있다.

→ 적절함!

④ (가)의 '감정이 몸에 돌기 위한 최소조건'으로서 '울음'이 터진 것에서, (나)의 '나를 이끌어 가는' 운명으로서 '더 크고, 높은 것'을 인식한 것에서 정서적 변화의 계기를 알 수 있군.

근거 〈보기〉-2 (가)와 (나)의 화자는 유사한 정서적 변화를 경험하게 된다.

(가)-16~17 갑자기 울음이 터져나왔다, 그것이 마치/ 감정이 몸에 돌기 위한 최소조건이라도 되는 듯./19 그래. 저 빛에 나도 두고 온 게 있지.

(나)-22~25 이때 나는 내 뜻이며 힘으로, 나를 이끌어 가는 것이 힘든 일인 것을 생각하고,/ 이것들보다 더 크고, 높은 것이 있어서, 나를 마음대로 굴려 가는 것을 생각하는 것인데,/ 이렇게 하여 여러 날이 지나는 동안에,/ 내 어지러운 마음에는 슬픔이며, 한탄이며, 가라앉을 것은 차츰 앙금이 되어 가라앉고,

풀이 (가)의 화자가 터뜨린 '울음'은 '감정이 몸에 돌기 위한 최소조건'으로, 절망감을 느끼던 화자는 '울음'을 계기로 생명력 회복에 대한 의지를 보이게 된다. (나)의 화자는 내 뜻과 힘으로는 '나를 이끌어 가는' 것이 힘든 일이며, '나를 이끌어 가는' 것은 '더 크고, 높은 것'이라는 삶의 운명을 인식하게 된다. 이를 통해 화자는 절망에서 벗어나 마음의 안정을 느끼게 된다.

→ 적절함!

⑤ (가)의 '그래. 저 빛에 나도 두고 온 게 있지'에서 생명력 회복에 대한 화자의 바람을, (나)의 '굳고 정한 갈매나무'를 생각하는 것에서 화자의 현실 극복 의지를 엿볼 수 있군.

근거 〈보기〉-3 무기력한 화자가 자신의 현실을 절망적으로 인식하다가, 특정한 계기로 정서적 변화를 경험하고 긍정적인 심리 상태에 이른다.

(가)-18~19 눈에 즙처럼 괴는 연두./ 그래. 저 빛에 나도 두고 온 게 있지.

(나)-32 그 드물다는 굳고 정한 갈매나무라는 나무를 생각하는 것이었다.

풀이 (가)의 '그래. 저 빛에 나도 두고 온 게 있지'에는 생명력 넘치는 연둣빛 벼들을 눈에 담으며 생명력을 회복하기를 염원하는 화자의 모습이 드러난 것으로 볼 수 있다. (나)의 화자는 '굳고 정한 갈매나무'를 생각하며 외롭고 힘든 상황 속에서도 의연하게 견디는 갈매나무처럼 살고자 하는 현실 극복 의지를 드러내고 있다.

→ 적절함!

작품 이해 단계 ① 화자 ② 상황 및 대상 ③ 정서 및 태도 ④ 주제

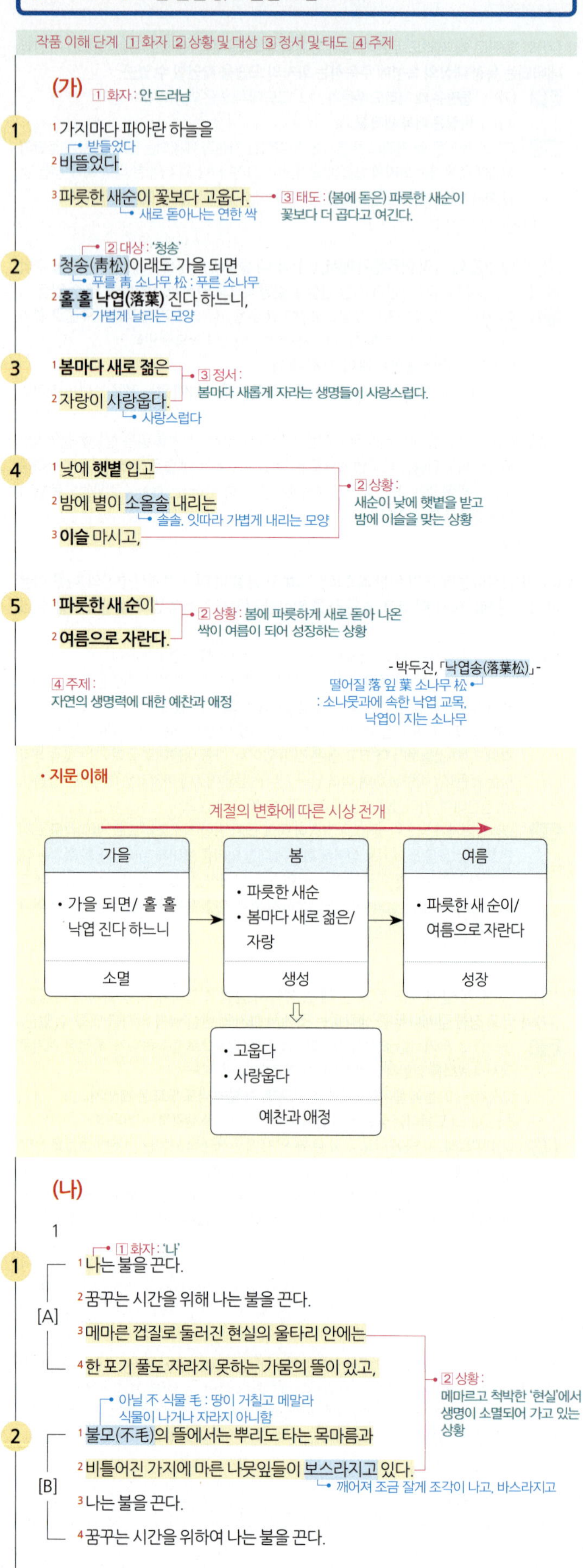

(가)

① 화자 : 안 드러남

1
1 가지마다 파아란 하늘을
  → 받들었다
2 바뜰었다.
3 파릇한 새순이 꽃보다 곱다. → ③ 태도 : (봄에 돋은) 파릇한 새순이
  → 새로 돋아나는 연한 싹   꽃보다 더 곱다고 여긴다.

2
→ ② 대상 : '청송'
1 청송(靑松)이래도 가을 되면
  → 푸를 靑 소나무 松 : 푸른 소나무
2 홀 홀 낙엽(落葉) 진다 하느니,
  → 가볍게 날리는 모양

3
1 봄마다 새로 젊은 → ③ 정서 :
2 자랑이 사랑웁다.   봄마다 새롭게 자라는 생명들이 사랑스럽다.
  → 사랑스럽다

4
1 낮에 햇별 입고
                    → ② 상황 :
2 밤에 별이 소올솔 내리는   새순이 낮에 햇볕을 받고
3 이슬 마시고,   밤에 이슬을 맞는 상황
  → 솔솔. 잇따라 가볍게 내리는 모양

5
1 파릇한 새 순이 → ② 상황 : 봄에 파릇하게 새로 돋아 나온
2 여름으로 자란다.   싹이 여름이 되어 성장하는 상황

④ 주제 :   - 박두진, 「낙엽송(落葉松)」-
자연의 생명력에 대한 예찬과 애정   떨어질 落 잎 葉 소나무 松
                          : 소나뭇과에 속한 낙엽 교목.
                            낙엽이 지는 소나무

· 지문 이해

계절의 변화에 따른 시상 전개 →

가을	봄	여름
· 가을 되면/ 홀 홀 낙엽 진다 하느니	· 파릇한 새순 · 봄마다 새로 젊은/ 자랑	· 파릇한 새 순이/ 여름으로 자란다
소멸	생성	성장

⇓

· 고웁다
· 사랑웁다

예찬과 애정

(나)

1

① 화자 : '나'

1
1 나는 불을 끈다.
[A]
2 꿈꾸는 시간을 위해 나는 불을 끈다.
3 메마른 껍질로 둘러진 현실의 울타리 안에는
4 한 포기 풀도 자라지 못하는 가뭄의 뜰이 있고,
  → 아닐 不 식물 毛 : 땅이 거칠고 메말라   → ② 상황 :
    식물이 나거나 자라지 아니함   메마르고 척박한 '현실'에서
                                     생명이 소멸되어 가고 있는
2   상황
1 불모(不毛)의 뜰에서는 뿌리도 타는 목마름과
[B]
2 비틀어진 가지에 마른 나뭇잎들이 보스라지고 있다.
  → 깨어져 조금 잘게 조각이 나고, 바스라지고
3 나는 불을 끈다.
4 꿈꾸는 시간을 위하여 나는 불을 끈다.

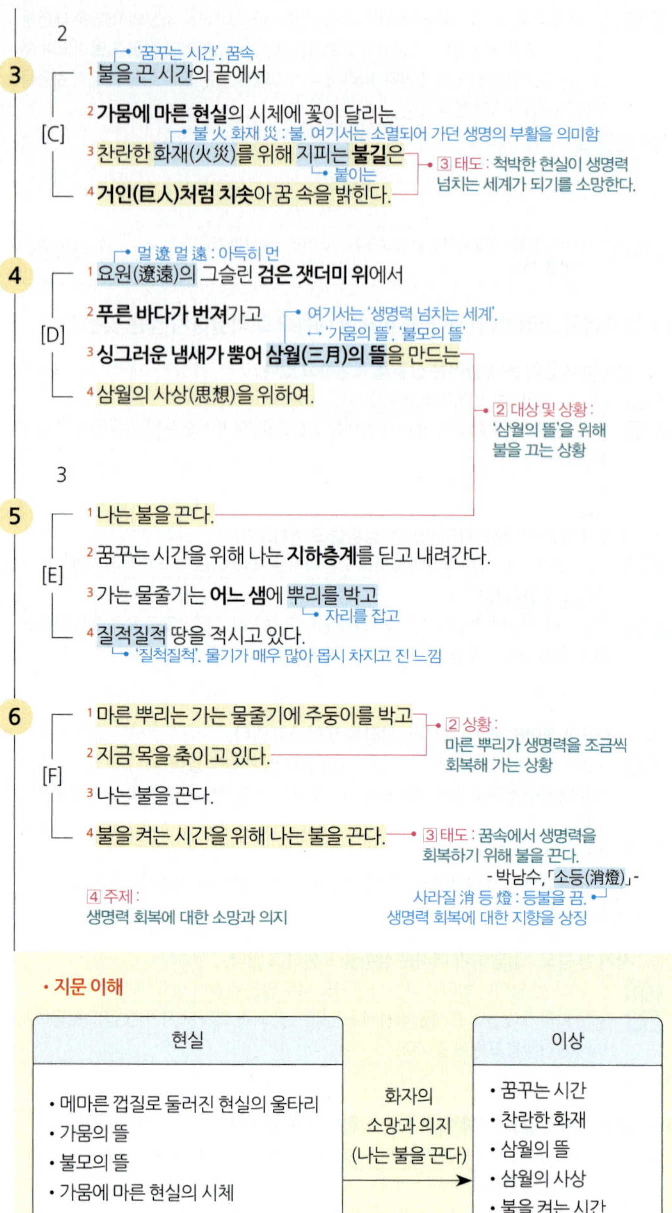

2

3
1 '꿈꾸는 시간', 꿈속
1 불을 끈 시간의 끝에서
[C]
2 가뭄에 마른 현실의 시체에 꽃이 달리는
  → 불 火 화재 災 : 불. 여기서는 소멸되어 가던 생명의 부활을 의미함
3 찬란한 화재(火災)를 위해 지피는 불길은 → ③ 태도 : 척박한 현실이 생명력
4 거인(巨人)처럼 치솟아 꿈 속을 밝힌다.   넘치는 세계가 되기를 소망한다.
  → 붙이는

4
1 멀 遼 멀 遠 : 아득히 먼
1 요원(遼遠)의 그슬린 검은 잿더미 위에서
[D]
2 푸른 바다가 번져가고 → 여기서는 '생명력 넘치는 세계'.
3 싱그러운 냄새가 뿜어 삼월(三月)의 뜰을 만드는 → '가뭄의 뜰', '불모의 뜰'
4 삼월의 사상(思想)을 위하여.
                          → ② 대상 및 상황 :
                            '삼월의 뜰'을 위해
                            불을 끄는 상황

3

5
1 나는 불을 끈다.
[E]
2 꿈꾸는 시간을 위해 나는 지하층계를 딛고 내려간다.
3 가는 물줄기는 어느 샘에 뿌리를 박고
  → 자리를 잡고
4 질적질적 땅을 적시고 있다.
  → '질척질척'. 물기가 매우 많아 몹시 차지고 진 느낌

6
1 마른 뿌리는 가는 물줄기에 주둥이를 박고 → ② 상황 :
[F]   마른 뿌리가 생명력을 조금씩
2 지금 목을 축이고 있다.   회복해 가는 상황
3 나는 불을 끈다.
4 불을 켜는 시간을 위해 나는 불을 끈다. → ③ 태도 : 꿈속에서 생명력을
                                    회복하기 위해 불을 끈다.
④ 주제 :   - 박남수, 「소등(消燈)」-
생명력 회복에 대한 소망과 의지   사라질 消 등 燈 : 등불을 끔.
                                     생명력 회복에 대한 지향을 상징

· 지문 이해

현실		이상
· 메마른 껍질로 둘러진 현실의 울타리 · 가뭄의 뜰 · 불모의 뜰 · 가뭄에 마른 현실의 시체	화자의 소망과 의지 (나는 불을 끈다)	· 꿈꾸는 시간 · 찬란한 화재 · 삼월의 뜰 · 삼월의 사상 · 불을 켜는 시간
삭막하고 척박함		생명력 넘침

---

011 표현상 공통점 - 적절한 것 고르기 | 2024년 10월 학평 31번 | 정답률 90% | 정답 ④

(가)와 (나)의 공통점으로 가장 적절한 것은?

선지	핵심 체크 내용	(가)	(나)
①	감탄사 → 애상적 정서 표현	X	X
②	동일한 연 반복 → 주제 의식 강조	X	X
③	명령형 어조 → 시적 분위기 고조시킴	X	X
✓④	색채 이미지 활용 → 대상을 감각적으로 나타냄	O	O
⑤	경어체 사용	X	X
	대상에 대한 예찬적 태도	O	O

① ＊**감탄사를 사용하여** ＊＊**애상적 정서를 표현하고 있다.**
＊ 놀람이나 느낌, 부름, 응답 따위를 나타내는 말 ＊＊ 슬퍼하거나 가슴 아파하는

풀이 (가), (나) 모두 감탄사가 나타나지 않으며, 이를 통해 애상적 정서를 표현하고 있지
도 않다.
→ 적절하지 않음!

■ 감탄사를 사용하여 애상적 정서를 표현하는 작품
• 김소월, 「접동새」(2016년 고2 3월 학평, 2014학년도 6월 모평B)
진두강 가람 가에 살던 누나는/ 의붓어미 시샘에 죽었습니다.// 누나라고 불러 보
랴/ 오오 불설워(몹시 서러워)/ 시새움에 몸이 죽은 우리 누나는/ 죽어서 접동새가 되
었습니다.
→ '오오'라는 감탄사를 사용하여 죽은 누나에 대한 애상적 정서를 드러내고 있다.

② 동일한 연을 반복하여 주제 의식을 강조하고 있다.
> **풀이** (가), (나) 모두 동일한 연을 반복하고 있지 않다. 참고로 (나)에서는 '나는 불을 끈다'
가 반복되고 있는데, 이는 연이 아니라 행의 반복으로 보는 것이 적절하다.

→ 적절하지 않음!

■ 동일한 연을 반복하여 주제 의식을 강조하고 있는 작품
• 박목월, 「나그네」
구름에 달 가듯이/ 가는 나그네(2연)// ~ 구름에 달 가듯이/ 가는 나그네(5연)
→ 동일한 연을 반복하여 달관의 경지에 이른 나그네의 모습을 강조하고 있다.

③ *명령형 어조를 사용하여 시적 분위기를 고조시키고 있다.
* '−아라/−어라' 등의 종결 어미를 사용하여 명령이나 요구의 뜻을 나타내는 어조
> **풀이** (가), (나) 모두 명령형 어조를 사용하고 있지 않다.

→ 적절하지 않음!

■ 명령형 어조를 사용하여 시적 분위기를 고조시키고 있는 작품
• 정희성, 「답청(踏 밟을 답 靑 푸를 청 : 봄에 파랗게 난 풀을 밟으며 산책함)」
풀을 밟아라./ 들녘에 매 맞은 풀/ 맞을수록 시퍼런/ 봄이 온다./ ~ 풀을 밟아라./ 밟
으면 밟을수록 푸르른/ 풀을 밟아라.
→ '밟아라'라는 명령형 어조를 사용하여 밟힐수록 더욱 강인해지는 민중의 생명력과
봄(미래의 희망)을 쟁취하기 위한 화자의 의지를 강조함으로써 시적 분위기를 고조
시키고 있다.

④ *색채 이미지를 활용하여 대상을 **감각적으로 나타내고 있다.
* 색으로부터 받은 느낌 ** 시각, 청각, 후각, 촉각, 미각과 같은 감각이 느껴지는 이미지로
> **근거** (가) ❶-1 가지마다 파아란 하늘/ 3 파릇한 새순이 꽃보다 곱다.// ❺-1 파릇한
새 순이
(나) ❹-1~2 요원의 그슬린 검은 잿더미 위에서/ 푸른 바다가 번져가고
> **풀이** (가)는 '파아란 하늘', '파릇한 새 순'에서 색채 이미지를 활용하여 하늘과 새순의 모습
을 감각적으로 나타내고 있다. (나)는 '검은 잿더미', '푸른 바다'에서 색채 이미지를
활용하여 잿더미와 바다의 모습을 감각적으로 나타내고 있다.

→ 적절함!

⑤ *경어체를 사용하여 대상에 대한 **예찬적 태도를 드러내고 있다.
* 높임말 ** 훌륭하거나 좋거나 아름답다고 찬양하는
> **근거** (가) ❶-3 파릇한 새순이 꽃보다 곱다.// ❸ 봄마다 새로 젊은/ 자랑이 사랑웁다.
(나) ❸-3~4 찬란한 화재를 위해 지피는 불길은/ 거인처럼 치솟아 꿈 속을 밝힌
다.// ❹-2~3 푸른 바다가 번져가고/ 싱그러운 냄새가 뿜어 삼월의 뜰을 만드는
> **풀이** (가)는 봄의 새순과 같은 자연의 생명력에 대해 '곱다', '사랑웁다' 등으로 표현하며
예찬하는 태도를 보인다. 한편 (나)는 암울한 현실과 대비되는 꿈속 세계의 생명력
넘치는 모습을 예찬하고 있다. 그러나 (가)와 (나) 모두 낮춤의 종결 어미 '−다'가 나타
나므로 공경의 뜻을 나타내는 경어체가 사용되었다고 볼 수 없다.

→ 적절하지 않음!

■ 경어체를 사용하여 대상에 대한 예찬적 태도를 드러내는 작품
• 한용운, 「달을 보며」(2020년 고2 3월 학평)
달은 차차차 당신의 얼굴이 되더니 넓은 이마 둥근 코 아름다운 수염이 역력히 보입
니다/ 간 해에는 당신의 얼굴이 달로 보이더니 오늘 밤에는 달이 당신의 얼굴이 됩
니다
→ '보입니다', '됩니다'와 같은 경어체를 사용하여 당신의 아름다움에 대한 예찬적 태
도를 드러내고 있다.

---

012 | 시상 전개 과정 − 적절하지 않은 것 고르기 | 2024년 10월 학평 32번
정답률 75% | **정답 ④**

[A] ~ [F]에 대한 이해로 적절하지 않은 것은?

① [A]에서 '울타리 안'의 상황은, [B]에서 '나뭇잎들이 보스라지'는 모습으로 구체화된다.
> **근거** [A] (나) ❶-3~4 메마른 껍질로 둘러진 현실의 울타리 안에는/ 한 포기 풀도 자라지
못하는 가뭄의 뜰이 있고,
[B] (나) ❷-1~2 불모의 뜰에서는 뿌리도 타는 목마름과/ 비틀어진 가지에 마른 나
뭇잎들이 보스라지고 있다.
> **풀이** [A]에서 한 포기 풀도 자라지 못하는 가뭄의 뜰이 있는 '울타리 안'의 상황은, [B]에서
목마름에 타는 뿌리의 모습과 비틀어진 가지에 마른 '나뭇잎들이 보스라지'고 있는
모습으로 보다 구체화되어 제시되고 있다.

→ 적절함!

**② [B]에서 '불을 끈다'는 화자의 행위에는, [C]에서 '불을 끈 시간의 끝'에서의 상황을 마
주하려는 의도가 담겨 있다.**
> **근거** [B] (나) ❷-4 꿈꾸는 시간을 위하여 나는 불을 끈다.
[C] (나)-❸ 불을 끈 시간의 끝에서/ ~ 거인처럼 치솟아 꿈 속을 밝힌다.
> **풀이** [B]에서 꿈꾸는 시간을 위해 불을 끈 화자는, [C]에서 거인처럼 치솟은 불길이 가뭄
에 마른 현실을 찬란하게 밝히는 장면을 마주한다. 따라서 [B]에서 '불을 끈다'는 화
자의 행위에는, [C]에서 '불을 끈 시간의 끝'에서의 상황, 즉 소멸되어 가던 생명이 부
활하는 꿈속의 상황을 마주하려는 의도가 담겨 있다고 볼 수 있다.

→ 적절함!

③ [D]에서 '그슬린' 대상은, [C]의 불을 '지피는' 행위와 관련된다.
> **근거** [D] (나) ❹-1 요원의 그슬린 검은 잿더미 위에서
[C] (나) ❸-3 찬란한 화재를 위해 지피는 불길
> **풀이** [C]에서 화자는 찬란한 화재, 즉 생명의 부활을 위해 불을 지핀다고 하였으므로 이어
지는 [D]에서 '그슬린' 검은 잿더미는 [C]에서의 불을 '지피는' 행위에 따른 결과라고
할 수 있다.

→ 적절함!

'어느 샘에 기반을 둔 | 다른 대상('마른 뿌리')에게 의지가
되어 주는 존재로 형상화된다

**④ [E]에서 다른 대상과 *상생하는 '물줄기'는, [F]에서 다른 대상에게 의지하는 '물줄기'
로 **전환된다.** * 둘 이상이 서로 북돋우며 다 같이 잘 살아가는 ** 바뀐다
> **근거** [E] (나) ❺-3~4 가는 물줄기는 어느 샘에 뿌리를 박고/ 질질척 땅을 적시고 있다.
[F] (나) ❻-1~2 마른 뿌리는 가는 물줄기에 주둥이를 박고/ 지금 목을 축이고 있다.
> **풀이** [E]에서 '물줄기'는 땅을 적시고 있을 뿐, 다른 대상과 상생하고 있지는 않다. 한편,
[F]에서 마른 뿌리는 가는 '물줄기'를 통해 목마름을 해소하고 있으므로 다른 대상에
게 의지하는 것은 '물줄기'가 아니라 마른 뿌리로 보는 것이 적절하다.

→ 적절하지 않음!

⑤ [F]에 나타난 '뿌리'의 모습은, [B]에서 '뿌리'가 처한 상황과 대비된다.
> **근거** [F] (나) ❻-1~2 마른 뿌리는 가는 물줄기에 주둥이를 박고/ 지금 목을 축이고 있다.
[B] (나) ❷-1 불모의 뜰에서는 뿌리도 타는 목마름과
> **풀이** [F]에서 가는 물줄기를 통해 목을 축이며 목마름을 해소하고 있는 '뿌리'의 모습은,
[B]에서 타는 목마름을 겪고 있는 '뿌리'의 상황과는 상반된다.

→ 적절함!

1등급 문제

013 | 감상의 적절성 − 적절하지 않은 것 고르기 | 2024년 10월 학평 33번
정답률 60%, 매력적 오답 ⑤ 20%, ④ 10% | **정답 ②**

<보기>를 바탕으로 (가), (나)를 감상한 내용으로 적절하지 않은 것은? [3점]

> **| 보기 |**
> [1] (가)와 (나)에는 모두 소멸이 생성으로 이어진다는 인식이 드러난다. [2] (가)의 화자
> 는 계절의 변화라는 자연의 질서에 따라 죽음, 탄생, 성장을 반복하는 생명의 모습을 드
> 러낸다. [3] (나)의 화자는 척박한(메마를 척 薄 척박할 박 : 상황이 나쁘고 열악한) 현실이 생명력
> 있는 세계로 전환되기를 소망하며, 생명력 회복에 대한 지향(뜻 지 志 향할 향 向 : 바람, 추구)을
> 드러낸다.

**① (가)의 '파릇한 새 순'이 '여름으로 자란다'는 것에 계절의 변화에 따라 달라지는 생명의
모습이 드러나 있군.**
> **근거** <보기>-2 (가)의 화자는 계절의 변화라는 자연의 질서에 따라 죽음, 탄생, 성장을 반
복하는 생명의 모습을 드러낸다.

(가)-**⑤** **파릇한 새 순**이/ **여름**으로 자란다.

풀이 (가)에서 봄의 '파릇한 새 순'이 '여름으로 자란다'는 것은 계절의 흐름에 따라 탄생에서 성장으로 이어지는 생명의 모습을 드러낸 것이다.

→ 적절함!

② (나)의 '가뭄에 마른 현실'에 '불길'이 '거인처럼 치솟'는다는 것에 화자가 현실의 척박함을 인식하게 된 계기가 나타나 있군.

근거 **<보기>-3** (나)의 화자는 척박한 현실이 생명력 있는 세계로 전환되기를 소망하며, 생명력 회복에 대한 지향을 드러낸다.

(나) **③-2~4** 가뭄에 마른 현실의 시체에 꽃이 달리는/ 찬란한 화재를 위해 지피는 **불길**은/ **거인처럼 치솟**아 꿈 속을 밝힌다.

풀이 (나)에서 화자는 '가뭄에 마른 현실'에 '꽃이 달리는 찬란한 화재'를 소망하고 있으며, 이를 위해 '거인처럼 치솟'는 '불길'을 지핀다. 이는 <보기>를 토대로 볼 때 척박한 현실이 생명력 있는 세계로 전환되기를 바라는 화자의 소망과 지향을 드러낸 것으로 이해하는 것이 적절하다. 따라서 '거인처럼 치솟'는 '불길'이 현실의 척박함을 처음으로 인식하게 된 계기라는 감상은 적절하지 않다.

→ 적절하지 않음!

③ (나)의 '싱그러운 냄새가 뿜어' 만드는 '삼월의 뜰'에 화자가 지향하는 생명력 있는 세계가 *형상화되어 있군. * 구체적으로 표현되어

근거 **<보기>-3** (나)의 화자는 척박한 현실이 생명력 있는 세계로 전환되기를 소망하며, 생명력 회복에 대한 지향을 드러낸다.

(나) **④-3~4** 싱그러운 냄새가 뿜어 삼월의 뜰을 만드는/ 삼월의 사상을 위하여.

풀이 (나)의 화자는 '싱그러운 냄새가 뿜어' '삼월의 뜰'을 만드는 삼월의 사상을 지향하고 있는데, <보기>를 참조할 때 이는 곧 생명력 회복에 대한 지향으로 이해할 수 있다. 따라서 '싱그러운 냄새가 뿜어' 만드는 '삼월의 뜰'은 화자가 지향하는 생명력 있는 세계, 생명력을 회복한 세계가 형상화된 것이라 할 수 있다.

→ 적절함!

④ (가)의 '홀 홀 낙엽'지는 청송이 '봄마다 새로 젊'다는 것에, (나)의 '검은 잿더미 위'에 '푸른 바다가 번져'간다는 것에 모두 소멸 이후 생성이 이어진다는 인식이 드러나 있군.

근거 **<보기>-1** (가)와 (나)에는 모두 소멸이 생성으로 이어진다는 인식이 드러난다.

(가) **②~③** 청송이래도 가을 되면/ **홀 홀 낙엽** 진다 하느니,// **봄마다 새로 젊**은/ 자랑이 사랑웁다.

(나) **④-1~2** 요원의 그슬린 **검은 잿더미 위**에서/ **푸른 바다가 번져**가고

풀이 (가)에서 가을이 되어 '홀 홀 낙엽'지며 소멸했던 청송이 '봄마다 새로 젊'은 자랑으로 소생하는 모습에서 소멸이 생성으로 이어진다는 인식이 드러난다. (나)의 '검은 잿더미'는 생명력의 소멸을, '푸른 바다'는 생명력 넘치는 세계를 의미한다. 따라서 '검은 잿더미 위'에 '푸른 바다가 번져'간다는 것은 소멸 이후에 생성이 이어진다는 인식이 드러난 것으로 볼 수 있다.

→ 적절함!

⑤ (가)의 '햇볕'을 입고 '이슬'을 마시는 것에 생명의 성장을 위한 과정이, (나)의 '지하층계'를 내려가 '어느 샘'을 인식하는 것에 화자의 의식에 내재된 생명력 회복에 대한 바람이 드러나 있군.

근거 **<보기>-2~3** (가)의 화자는 계절의 변화라는 자연의 질서에 따라 죽음, 탄생, 성장을 반복하는 생명의 모습을 드러낸다. (나)의 화자는 척박한 현실이 생명력 있는 세계로 전환되기를 소망하며, 생명력 회복에 대한 지향을 드러낸다.

(가) **④~⑤** 낮에 **햇볕** 입고/ 밤에 별이 소올솔 내리는/ **이슬** 마시고,// 파릇한 새 순이/ 여름으로 자란다.

(나) **⑤-2~⑥-2** 꿈꾸는 시간을 위해 나는 **지하층계**를 딛고 내려간다./ 가는 물줄기는 **어느 샘**에 뿌리를 박고/ 질척질척 땅을 적시고 있다.// 마른 뿌리는 가는 물줄기에 주둥이를 박고/ 지금 목을 축이고 있다.

풀이 (가)에서 새순은 낮에 '햇볕'을 입고 밤에 '이슬'을 마시며 자라므로, '햇볕'을 입고 '이슬'을 마시는 것에 생명의 성장을 위한 과정이 드러나 있다고 볼 수 있다. (나)의 '어느 샘'은 땅을 적시고, 마른 뿌리의 목을 축여 주는 물줄기의 기반이 된다는 점에서 생명력의 회복을 돕는 존재라 할 수 있다. 따라서 화자가 '지하층계'를 내려가 '어느 샘'을 인식하는 것은, 자신의 의식에 내재된 생명력 회복에 대한 바람과 지향이 표출된 것으로 이해할 수 있다.

→ 적절함!

[014~016] 다음 글을 읽고 물음에 답하시오.

작품 이해 단계 **1** 화자 **2** 상황 및 대상 **3** 정서 및 태도 **4** 주제

(가)

1 화자 : 안 드러남

1 **거미란 놈**이 **흉한**(못된) **심보**(마음씨)로 병원 뒤뜰 난간과 꽃밭 사이 사람 발이 잘 닿지 않는 곳에 **그물**(여기서는 거미줄)을 쳐 놓았다. **2** **옥외**(집 屋 바깥 外 : 집 밖) 요양을 받는 젊은 사나이가 누워서 **치어다보기**(쳐다보기)**바르게**—
└→ **2** 대상 및 상황 :
'거미'가 '옥외 요양을 받는 젊은 사나이'의 눈에 잘 보이도록 그물을 쳐 놓은 상황

2 **1** **나비**가 한 마리 꽃밭에 날아들다 (거미가 쳐 놓은) **그물**에 걸리었다. **2** 노오란 **날개를 파닥거려도** 파득거려도 나비는 **자꾸** (거미줄에) 감기우기만 한다. **3** 거미가 **쏜살같이** 가더니 끝없는 끝없는 실을 뽑아 나비의 온몸을 감아 버린다. **4** **사나이는 긴 한숨을 쉬었다.** → **2** 대상 및 상황 :
그물에 걸린 '나비'를 실로 감아 버리는 '거미'의 모습에 '사나이'가 긴 한숨을 쉬는 상황

3 나이보담 무수한 고생 끝에 때(알맞은 시기)를 잃고 병을 얻은 이 사나이를 위로할 말이—**거미줄을 헝클어 버리는 것밖에 위로의 말이 없었다.**
└→ **3** 태도 : 거미줄을 헝클어 버림으로써 '사나이'를 위로하고자 한다.
　　　　　　　　　　　　　　　　　　　　　- 윤동주, 「위로」-

4 주제 : 암울한 상황에 처한 '젊은 사나이'를 위로하고자 한다.

· 지문 이해

대상		
· '나비' ≒ '옥외 요양을 받는 젊은 사나이'		· '거미'
↓		↓
· 동일시의 대상, 서로 대응되는 존재	↔	· 흉한 심보로 그물을 쳐 놓음
· 유대감을 느낌		· 실을 뽑아 나비의 온몸을 감아 버림
· 무기력하다는 점에서 공통적		

관찰 ↑

화자
· 관찰자
· 거미줄을 헝클어 버리는 것으로 '사나이'를 위로하고자 함

(나)

　　　　　　　　┌→ **1** 화자 : '나'
1 누가 와서 나를 부른다면

2 내 보여 주리라
　　　　　　　　　　맑고 순수한
　　　　　　　　　　영혼을 의미
3 저 얼은 들판 위에 내리는 달빛을.

4 얼은 들판을 걸어가는 한 그림자를
　　└→ 고독한 자아를 의미

5 지금까지 **내 생각해온 것은** 모두 **무엇인가.**
　→ **1** 상황 : 지금까지의 삶의 목표, 이상에 대해 성찰하는 상황

→ **3** 태도 :
누군가 '나'를 부른다면 '달빛'과 '얼은 들판을 걸어가는 한 그림자'를 보여 주겠다고 다짐한다.

→ **2** 대상 : '달빛', '얼은 들판을 걸어가는 한 그림자'

6 친구 몇몇 친구 몇몇 그들에게는

7 이제 내 것 가운데 그중 외로움이 아닌 길을

8 보여 주게 되리.
　→ **3** 태도 : '외로움이 아닌 길'을 걷겠다고 다짐한다.

9 오랫동안 네 여며온 **고의춤**에 남은 것은 무엇인가.
　　　　　└→ 고의(남자의 여름 홑바지)나 바지의 허리를 접어서 여민 사이

10 두 팔 들고 **얼음을 밟으**며

11 갑자기 **구름 개인** 들판을 걸어갈 때
　　　　　　　└→ 갠, 걷힌

12 헐벗은 옷 **가득히 받는 달빛** 달빛.
　→ **3** 태도 : 헐벗은 삶 속에서 달빛의 맑고 깨끗한 기운을 마음속 가득히 채운다.

　　　　　　　　　　　　　　- 황동규, 「달밤」-

4 주제 : (달빛을 내면화함으로써) 맑고 깨끗한 삶과 순수한 영혼을 지향한다.

· 지문 이해

1~4행	→	5~8행	→	9~12행
고독한 '나'의 모습		삶에 대한 성찰 및 외로움이 아닌 길을 걷겠다는 다짐		'달빛'의 밝고 깨끗한 기운의 내면적 수용

1등급 문제

014 | 표현상 공통점 – 적절한 것 고르기 2024년 9월 학평 26번
정답률 55%, 매력적 오답 ⑤ 25% | 정답 ①

(가)와 (나)의 공통점으로 가장 적절한 것은?

선지	핵심 체크 내용	(가)	(나)
①	동일한 시어 반복 → 시적 의미 강조	O	O
②	명사로 시상 마무리 → 시적 여운	X	O
③	반어적 표현 활용 → 화자의 태도 부각	X	X
④	영탄적 어조 → 시적 대상의 속성 예찬	X	X
⑤	공감각적 심상	X	X
	애상적 분위기 조성	O	X

① 동일한 시어를 반복하여 시적 의미를 강조하고 있다.

근거 (가) ❷-2~3 노오란 날개를 파득거려도 파득거려도 나비는 자꾸 감기우기만 한다. 거미가 쏜살같이 가더니 끝없는 끝없는 실을 뽑아
(나)-6 친구 몇몇 친구 몇몇 그들에게는/ 12 헐벗은 옷 가득히 받는 달빛 달빛.

풀이 (가)는 '파득거려도', '끝없는'이라는 동일한 시어를 반복하여 그물을 벗어나고자 하는 나비의 애처로운 몸짓과 끝없이 실을 뽑아 나비의 온몸을 감아 버리려는 거미의 흉한 심보를 각각 강조하고 있다. (나)는 '친구', '몇몇', '달빛'이라는 동일한 시어를 반복하여 화자의 삶의 태도와 다짐을 강조하고 있다.

→ 적절함!

→ (나)만 해당

② *명사로 시상을 마무리하여 **시적 여운을 드러내고 있다.
* 사람이나 사물의 이름을 나타내는 단어 ** 시가 끝난 후에도 감동이 여전히 남아 있는 느낌

근거 (나)-12 헐벗은 옷 가득히 받는 달빛 달빛.

풀이 (나)는 '달빛'이라는 명사로 시상을 마무리함으로써 시적 여운을 주고 있다. 반면에 (가)는 명사로 시상을 마무리하고 있지 않다.

→ 적절하지 않음!

③ *반어적 표현을 활용하여 화자의 태도를 부각하고 있다.
* 말하고자 하는 원래 의미와는 반대되는 표현

풀이 (가), (나) 모두 반어적 표현을 활용하고 있지 않다.

→ 적절하지 않음!

■ 반어적 표현을 활용하여 화자의 태도를 부각하는 작품
· 김광규, 「안개의 나라」
언제나 안개가 짙은/ 안개의 나라에는/ 아무 일도 일어나지 않는다/ 어떤 일이 일어나도/ 안개 때문에/ 아무것도 보이지 않으므로
→ 안개의 나라에서는 안개 때문에 아무것도 보이지 않을 뿐이므로 '아무 일도 일어나지 않는다'는 것은 사실은 많은 일이 일어나고 있다는 반어적 표현이다. 이를 통해 진실을 은폐하는 억압적 정치 현실을 우회적으로 제시하고 그 현실을 비판하는 화자의 태도를 부각하고 있다.

■ 반어적 표현
속마음과 반대로 말하는 것을 말한다. 예를 들어, 할머니가 자신의 손녀에게 "참 밉게도 생겼다."라고 말한다든지, 접시를 깬 아이에게 "잘~한다."라고 말하는 것 등은 속마음과 반대로 표현한 반어적 표현이다. 반어적 표현이 사용되면 시적 화자가 말할 법한 내용과 반대되기 때문에 독자의 주목이나 호기심을 끌게 된다.

■ 반어적 표현이 드러난 작품
· 김소월, 「진달래꽃」 (2017년 고1 9월 학평)
죽어도 아니 눈물 흘리오리다
→ 임이 나를 떠나게 된다면 몹시 슬프겠지만, 속마음과는 반대로 '죽어도 눈물을 흘리지 않겠다'라고 말하고 있다.

· 김소월, 「먼 후일」 (2012년 고1 9월 학평)
먼 후일 당신이 찾으시면/ 그 때에 내 말이 '잊었노라'// 당신이 속으로 나무라면/ '무척 그리다가 잊었노라'/ 그래도 당신이 나무라면/ '믿기지 않아서 잊었노라'// 오늘도 어제도 아니 잊고/ 먼 후일 그 때에 '잊었노라'
→ '당신'을 잊지 못하는 '내' 마음을 '잊었노라'라고 반대로 표현하고 있다. '잊었노라'라는 반어적 표현에 약간의 변화를 주어 매 연마다 반복적으로 제시함으로써 '당신'을 잊지 못하는 화자의 애절한 마음을 효과적으로 표현하고 있다.

■ 역설적 표현
어떤 말이 겉으로 볼 때는 논리적으로 맞지 않지만 그 속에 더욱 깊은 뜻이 담겨 있는 표현 방식이다.

■ 역설적 표현이 드러난 작품
· 이형기, 「낙화」 (2014학년도 수능A)
결별이 이룩하는 축복에 싸여
→ '결별'은 일반적으로 슬프고 부정적인 상황이기에 '축복'할 일이 아니다. 그러나 화자를 '성숙'하게 만드는 계기가 되는 것이므로 이 시에서는 '결별'을 '축복'이라 표현하고 있다.

· 한용운, 「님의 침묵」 (2009학년도 수능)
아아 님은 갔지마는 나는 님을 보내지 아니하였습니다.
→ '님이 갔다'와 '님을 보내지 않았다'는 서로 모순되는 표현이다. 그러나 이를 통해 '님'이 곁에 없지만, 나는 여전히 '님'을 생각하고 있음을 나타낸다.

· 조지훈, 「*승무」 (2010학년도 수능) * 장삼과 고깔을 걸치고 북채를 쥐고 추는 민속춤.
끝내 수행을 이루지 못한 고뇌를 법고(절에서 의식을 거행할 때에 치는 큰북)를 두드려서 잊으려는 파계승의 심정을 나타냄
정작으로 고와서 서러워라.
→ '고운 것'은 일반적으로 '서러움'의 정서를 일으키지 않는다. 그런데 이 작품에서 시적 화자가 서러움을 느끼는 것은 '정작으로 고운' 젊은 여인의 승무를 보니 그 여인에게서 어떤 사연으로 인한 한(恨)이 느껴지기 때문이다.

■ 반어와 역설의 구별
반어와 역설은 둘 다 그 이면에 다른 의미가 담겨 있다는 공통점이 있다. 반어인지 역설인지 헷갈릴 때에는 그 이면의 의미는 생각하지 말고 그 문장 자체에 모순(앞뒤가 서로 맞지 않음)이 있는지 없는지 살펴보고, 모순이 있으면 역설이라고 생각하면 된다.

④ *영탄적 어조를 통해 시적 대상의 속성을 **예찬하고 있다. * 감탄사나 감탄형 어미 등을 이용하여 감정을 강하게 나타내는 말투 ** 훌륭하거나 좋거나 아름답다고 찬양하고

풀이 (가)와 (나)는 모두 영탄적 어조가 드러나지 않으며, 특정 대상의 속성을 예찬하고 있지도 않다.

→ 적절하지 않음!

■ 영탄적 어조를 통해 시적 대상의 속성을 예찬하고 있는 작품
· 안민영, 「매화사」 (2014학년도 9월 모평B)
빙자옥질(氷姿玉質)이여 눈 속에 네로구나/ 가만이 향기(香氣) 노아 황혼월(黃昏月)을 기약(期約) 하니/ 아마도 아치고절(雅致高節)은 너뿐인가 하노라
(얼음같이 맑고 깨끗한 모습과 옥처럼 아름다운 성질이여, 눈 속에 피어난 너(매화)로구나/ 가만히 향기를 풍기며 저녁에 뜨는 달을 기다리니/ 아마도 우아하고 높은 절개를 지닌 것은 너뿐인가 하노라)
→ '빙자옥질이여', '네로구나', '너뿐인가 하노라'에서 영탄적 어조를 확인할 수 있으며 이를 통해 시적 대상인 '매화'의 아름다운 모습과 높은 절개를 예찬하고 있다.

→ (가)만 해당

⑤ *공감각적 심상을 이용하여 **애상적 분위기를 조성하고 있다.
* 하나의 감각을 다른 감각으로 옮겨 표현한 심상 ** 슬픈 분위기

근거 (가)-❸ 나이보담 무수한 고생 끝에 때를 잃고 병을 얻은 이 사나이

풀이 (가)는 젊은 나이에 병을 얻은 사나이의 모습에서 애상적 분위기가 드러난다고 볼 수 있으나, 공감각적 심상은 사용되지 않았다. (나)는 공감각적 심상도, 애상적 분위기도 드러나지 않는다.

→ 적절하지 않음!

■ 공감각적 심상을 이용하여 애상적 분위기를 조성하고 있는 작품
· 기형도, 「엄마 걱정」 (2013년 고1 6월 학평)
아무리 천천히 숙제를 해도/ 엄마 안 오시네, 배춧잎 같은 발소리 더벅더벅
→ '배춧잎 같은 발소리'에서 청각을 시각화한 공감각적 심상을 이용하여 삶에 지친 어머니의 고단한 삶을 형상화함으로써 애상적 분위기를 조성하고 있다.

015 | 시어의 의미 - 적절하지 않은 것 고르기 | 2024년 9월 학평 27번
정답률 80%, 매력적 오답 ⑤ 10% | 정답 ④

(가), (나)의 시어에 대한 이해로 적절하지 않은 것은?

① (가)에서 '바르게'를 활용하여 사나이가 누워 있는 곳이 거미가 쳐 놓은 그물을 쳐다보기에 좋은 위치임을 나타내고 있군.

근거 (가)-❶ 거미란 놈이 ~ 그물을 쳐 놓았다. 옥외 요양을 받는 젊은 사나이가 누워서 치어다보기 **바르게**—

풀이 (가)에서 거미는 '옥외 요양을 받는 젊은 사나이가 누워서 치어다보기 바르게' 그물을 쳐 놓았다. 이는 '사나이'가 누워 있는 위치에서 거미의 그물이 똑바로 잘 보인다는 의미이다.

→ 적절함!

② (가)에서 '자꾸'를 활용하여 거미가 쳐 놓은 그물에 걸려 계속해서 감기기만 하는 나비의 힘든 상황을 그려 내고 있군.

근거 (가)-❷-2 노오란 날개를 파드거려도 파드거려도 나비는 **자꾸** 감기우기만 한다.

풀이 (가)에서는 반복을 의미하는 단어 '자꾸'를 활용하여 날개를 파드거리며 벗어나려고 애써 보지만 거미가 쳐 놓은 그물에 걸려 계속 감기기만 하는 나비의 힘든 상황을 그려 내고 있다.

→ 적절함!

③ (가)에서 '쏜살같이'를 활용하여 나비를 감기 위해 매우 빠르게 움직이는 거미의 행동을 강조하고 있군.

근거 (가)-❷-3 거미가 **쏜살같이** 가더니 끝없는 끝없는 실을 뽑아 나비의 온몸을 감아 버린다.

풀이 (가)에서는 '쏜 화살과 같이 매우 빠르게'를 의미하는 '쏜살같이'를 활용하여 그물에 걸린 나비를 감기 위해 재빠르게 움직이는 거미의 민첩한 행동을 강조하고 있다.

→ 적절함!

④ (나)에서 '이제'를 활용하여 친구 몇몇과의 만남으로 인해 외로움이 아닌 길이 시작되었음을 드러내고 있군.

근거 (나)-6~8 친구 몇몇 친구 몇몇 그들에게는/ **이제** 내 것 가운데 그중 외로움이 아닌 길을/ 보여 주게 되리.

풀이 (나)의 화자는 달빛이 비추는 들판을 걸으며 이 길이 외로움의 길이 아님을 알게 되었다. 그리고 '이제' 외로움이 아닌 길을 친구 몇몇에게 보여 주겠다고 하였다. 즉, '이제'를 활용하여 외로움이 아닌 길이 시작되었음을 드러낸 것은 맞지만, 친구 몇몇과의 만남을 계기로 외로움이 아닌 길이 시작된 것은 아니다.

→ 적절하지 않음!

⑤ (나)에서 '가득히'를 활용하여 달빛이 화자의 헐벗은 옷을 환히 비추는 상황을 드러내고 있군.

근거 (나)-12 헐벗은 옷 **가득히** 받는 달빛 달빛.

풀이 (나)에서는 '빛 등이 빈 데 없이 널리 퍼져 있는 상태'를 의미하는 '가득히'를 활용하여 화자의 헐벗은 옷을 달빛이 환하고 충만하게 비추고 있는 상황을 드러내고 있다.

→ 적절함!

1등급 문제

016 | 감상의 적절성 - 적절하지 않은 것 고르기 | 2024년 9월 학평 28번
정답률 50%, 매력적 오답 ⑤ 25% | 정답 ①

〈보기〉를 바탕으로 (가), (나)를 감상한 내용으로 적절하지 않은 것은? 3점

| 보 기 |
　[1](가)와 (나)는 각각 일제 강점기와 1950년대의 부정적 현실을 배경으로 한다. [2]모두 자연물을 활용하고 있다는 공통점이 있지만, 화자가 현실에 대응하는 태도는 다르다. [3](가)는 암울한(어두울 暗 막힐 鬱 : 절망적이고 침울한) 현실에서 무기력한(없을 無 기운 氣 힘 力 : 감당할 수 있는 힘과 기운이 없는) 우리 민족의 상황을 표현하며 이를 위로하는 화자의 행동을, (나)는 질문을 통해 자신을 성찰하고 자연물의 속성을 내면화하여(안 內 모습 面 될 化 : 정신적 · 심리적으로 깊이 마음속에 자리 잡히게 하여)순수한 삶을 살고자 하는 화자의 자세를 드러내고 있다.

이상을 추구하는 태도를

① (가)에서 '나비'가 '꽃밭'으로 '날아'드는 것은 일제 강점기의 암울한 현실에 대응하려는 화자의 의지를 드러낸 것이겠군.

근거 〈보기〉-3 (가)는 암울한 현실에서 무기력한 우리 민족의 상황을 표현하며 이를 위로하는 화자의 행동

(가) ❷-1 나비가 한 마리 꽃밭에 **날아**들다 그물에 걸리었다.

풀이 '나비'의 입장에서 본다면 '꽃밭'은 추구하는 공간 혹은 도달하고자 하는 이상이라고 할 수 있다. 따라서 (가)에서 '나비'가 꽃밭으로 '날아'드는 것은 이상을 추구하는 행위라 할 수 있으며, 일제 강점기의 암울한 현실에 대응하려는 화자의 의지와는 무관하다. 참고로, 〈보기〉를 토대로 본다면 꽃밭으로 날아들던 나비가 거미가 쳐 놓은 그물에 걸려들어 파득거리는 것은 일제 강점기의 암울한 상황에서 희망이 꺾인 채 고통받고 있는 우리 민족의 현실을 표현한 것으로 이해할 수 있다.

→ 적절하지 않음!

② (가)에서 '한숨을 쉬'는 '사나이'를 위해 '거미줄을 헝클어 버리는' 것은 무기력한 우리 민족의 상황을 위로하는 화자의 행동을 드러낸 것이겠군.

근거 〈보기〉-3 (가)는 암울한 현실에서 무기력한 우리 민족의 상황을 표현하며 이를 위로하는 화자의 행동

(가) ❷-4 사나이는 긴 한숨을 쉬었다.// ❸ 이 사나이를 위로할 말이—**거미줄을 헝클어 버리는** 것밖에 위로의 말이 없었다.

풀이 〈보기〉를 토대로 볼 때, 나비의 온몸을 실로 감아 버리는 거미를 보며 '긴 한숨을 쉬'는 '사나이'를 위해 '거미줄을 헝클어 버리는' 화자의 행위는 일제 강점기를 살아가는 무기력한 우리 민족을 위로하려는 의도로 이해할 수 있다.

→ 적절함!

③ (나)에서 '달빛'을 '받'으며 '구름 개인 들판을 걸어'가는 것은 달의 밝은 이미지를 내면화하여 순수한 삶을 살겠다는 화자의 자세를 드러낸 것이겠군.

근거 〈보기〉-3 (나)는 ~ 자연물의 속성을 내면화하여 순수한 삶을 살고자 하는 화자의 자세를 드러내고 있다.

(나)-11~12 갑자기 **구름 개인 들판을 걸어**갈 때/ 헐벗은 옷 가득히 **받는 달빛** 달빛.

풀이 〈보기〉를 토대로 볼 때 (나)에서 화자가 '달빛'을 '받'으며 '구름 개인 들판을 걸어'가는 것은 달의 밝고 깨끗한 속성을 내면화하여 맑고 순수한 삶을 살고자 하는 화자의 자세를 드러낸 것으로 이해할 수 있다.

→ 적절함!

④ (나)에서 '내 생각해 온 것'이 '무엇'인지를 물으며 자기 내면을 들여다보는 것은 질문을 통해 자신의 삶을 성찰하는 화자의 모습을 드러낸 것이겠군.

근거 〈보기〉-3 (나)는 질문을 통해 자신을 성찰하고

(나)-5 지금까지 **내 생각해 온 것**은 모두 **무엇**인가.

풀이 〈보기〉를 바탕으로 볼 때 '지금까지 내 생각해 온 것은 모두 무엇인가'라며 스스로에게 던지는 화자의 질문은 지금까지의 삶을 돌아보며 자신을 성찰하는 화자의 모습을 드러낸 것으로 볼 수 있다.

→ 적절함!

⑤ (가)에서 '거미란 놈'의 '그물'에 걸려 '나비'가 '날개를 파득거'리는 것과 (나)에서 화자가 '얼은 들판을 걸어가'며 '얼음을 밟'는 것은 모두 자연물을 활용하여 부정적 현실을 드러낸 것이겠군.

근거 〈보기〉-1~2 (가)와 (나)는 각각 일제 강점기와 1950년대의 부정적 현실을 배경으로 한다. 모두 자연물을 활용하고 있다는 공통점이 있지만,

(가) ❶-1 거미란 놈이 흉한 심보로 병원 뒤뜰 난간과 꽃밭 사이 사람 발이 잘 닿지 않는 곳에 그물을 쳐 놓았다.// ❷-1~2 나비가 한 마리 꽃밭에 날아들다 **그물**에 걸리었다. 노오란 **날개를 파득거**려도

(나)-4 얼은 들판을 걸어가는 한 그림자/ 10 두 팔 들고 **얼음을 밟**으며

풀이 〈보기〉를 바탕으로 볼 때 (가)에서 '거미란 놈'의 '그물'에 걸려 '나비'가 '날개를 파득거'리는 것은 '거미', '나비'와 같은 자연물을 활용하여 일제 강점기의 부정적 현실을 드러낸 것으로 이해할 수 있다. 또한, (나)에서 화자가 '얼은 들판을 걸어가'며 '얼음을 밟'는 것은 '(얼은) 들판', '얼음'과 같은 자연물을 활용하여 1950년대의 부정적 현실을 드러낸 것으로 이해할 수 있다.

→ 적절함!

I 현대시

2. 현대시 ❷

마더텅 전국연합 학력평가 기출문제집 고1 국어 문학

I 현대시

[017~019] 다음 글을 읽고 물음에 답하시오.

작품 이해 단계 **1**화자 **2**상황 및 대상 **3**정서 및 태도 **4**주제

(가)
1화자: 안 드러남
2대상: '모밀묵'
1 모밀묵이 먹고 싶다. → **3**태도: (삶의 애환을 달래 주는) '모밀묵'이 먹고 싶다.

2 그 싱겁고 구수하고

3 못나고도 소박하게 점잖은
└→ 마을 村 : 시골
4 **촌 잔칫날 팔모상**에 올라
└→ 여덟 개의 모가 난 상
5 **새사돈**을 대접하는 것.
└→ 자식과 혼인한 상대의 부모
6 그것은 저문 봄날 해질 무렵에
└→ 인생의 허전함, 쓸쓸함, 허무함을 느낄 무렵에

7 허전한 마음이

8 마음을 달래는

9 쓸쓸한 식욕이 꿈꾸는 음식.
└→ 쓸쓸할 때 생각이 나는
10 또한 인생의 참뜻을 짐작한 자의

11 너그럽고 넉넉한

12 눈물이 갈구하는 쓸쓸한 식성.
└→ 목마를 渴 구할 求 : 간절히 바라며 구하는
13 아버지와 아들이 겸상을 하고
└→ 겸할 兼 상 床 : 여러 사람이 함께 음식을 먹음
14 손과 주인이 겸상을 하고
└→ 손님
15 산나물을

16 곁들여 놓고

17 어수룩한 산기슭의 허술한 물방아처럼
└→ 어둑어둑한   └→ 낡고 헌
18 **슬금슬금 세상 얘기를 하며**

19 먹는 음식.

20 그리고 마디가 굵은 사투리로
└→ 말의 토막
21 은은하게 서로 사랑하며 어여삐 여기며

22 그렇게 **이웃끼리**

23 이 세상을 **건느고**
└→ 건너고
24 **저승**을 갈 때,

25 보이소 아는 양반 앙인기요
└→ 여보시오   └→ 아닌가요
26 보이소 웃마을 이생원 앙인기요
└→ 윗마을
27 서로 불러 길을 가며 쉬며 그 **마지막 주막에서**

28 **걸걸한 막걸리 잔을 나눌 때**
└→ 목을 자극하는 맛이 있는
29 절로 젓가락이 가는

30 쓸쓸한 식욕.

고요할 寂 쓸쓸할 寞 : 외롭고 쓸쓸한 →
└→ - 박목월, 「적막한 식욕」-

4주제: '모밀묵'은 삶의 쓸쓸함과 애환을 달래 준다.

• 제목의 의미
화자가 시에서 표현한 '모밀묵'은 허전하고 쓸쓸한 마음과 삶의 애환을 달래 주는 음식이다. 이러한 속성을 지닌 '모밀묵'을 먹고 싶어 하는 화자는 현재 외롭고 쓸쓸한 마음임을 짐작할 수 있으며, 그 마음을 위로받고 싶은 욕구를 시의 제목인 '적막한 식욕'에 함축하고 있다.

• 지문 이해

대상('모밀묵')의 속성	
2~5행	그 싱겁고 ~ 대접하는 것 → 소박하고 점잖은 음식
6~9행	그것은 ~ 꿈꾸는 음식 → 허전한 마음을 달래 주는 음식
10~12행	또한 ~ 쓸쓸한 식성 → 인생의 쓸쓸함을 달래 주는 음식
13~19행	아버지와 ~ 먹는 음식 → 세상 얘기를 하며 먹는 음식
20~30행	그리고 ~ 쓸쓸한 식욕 → 저승길에서 이웃 간에 나누어 먹는 음식

→ '모밀묵'의 속성을 병렬적으로 나열하여 시상을 전개함

↓

인생의 허전함과 쓸쓸함을 위로해 주는 음식

(나)
2대상: '찬밥'
1 아픈 몸 일으켜 혼자 찬밥을 먹는다 → **2**상황: 아픈 몸으로 혼자 찬밥을 먹는 상황

2 찬밥 속에 서릿발이 목을 쑤신다
└→ 땅속의 물이 얼어 기둥 모양으로 솟아오른 것
3 부엌에는 각종 전기 제품이 있어

4 일 분만 단추를 눌러도 ㉠따끈한 밥이 되는 세상

5 찬밥을 먹기도 쉽지 않지만

6 오늘 혼자 찬밥을 먹는다

7 가족에겐 ㉡따스한 밥 지어 먹이고

8 찬밥을 먹던 사람
└→ '어머니'를 가리킴
9 이 빠진 그릇에 찬밥 훑어
└→ 그릇의 가장자리가 떨어져 나간
10 **누가 남긴 무 조각에 생선 가시를 핥고**

11 몸에서는 제일 따스한 사랑을 뿜던 **그녀**
└→ '어머니'를 가리킴
2대상 및 상황: 가족을 위해 헌신했던 '어머니'를 떠올리는 상황

12 깊은 밤에도
3정서: (고단한 삶을 산) 어머니를 그리워한다.
13 혼자 달그락거리던 그 손이 그리워
1화자: '나'
14 나 오늘 **아픈 몸 일으켜 찬밥을 먹는다**

15 집집마다 신을 보낼 수 없어
3태도: 어머니의 사랑이 신의 사랑처럼 숭고하다고 생각한다.
16 신 대신 (어머니를) 보냈다는 설도 있지만
└→ 말씀 說 : 이야기
17 홀로 먹는 찬밥 속에서 그녀를 만난다
23상황 및 정서: 찬밥을 먹으며 어머니를 그리워한다.
18 나 오늘
└→ 가치를 인정받지 못하는 존재를 비유함. 화자 역시 '어머니'가 되었음을 의미함
19 세상의 찬밥이 되어

- 문정희, 「찬밥」-

4주제: 찬밥을 먹으며 가족을 위해 희생했던 어머니를 그리워한다.

• 지문 이해

대상('찬밥')의 의미	
• 가족에겐 따스한 밥 지어 먹이고/ 찬밥을 먹던 사람	어머니의 헌신적 삶을 회상하게 하는 매개체
• 깊은 밤에도/ ~ 그 손이 그리워/ 나 오늘 아픈 몸 일으켜 찬밥을 먹는다	어머니에 대한 그리움을 불러일으키는 매개체

017 표현상 공통점 – 적절한 것 고르기 2024년 6월 학평 43번
정답률 40%, 매력적 오답 ⑤ 30%, ③ 15%, ② 10% | 정답 ④

(가)와 (나)의 공통점으로 가장 적절한 것은?

선지	핵심 체크 내용	(가)	(나)
①	수미상관 형태 → 구조적 안정감 부여	X	X
②	청자를 겉으로 드러냄 → 화자의 상황을 구체화	X	X
③	촉각적 심상의 대비 → 화자의 정서 드러냄	X	O
④	명사로 시행 종결 → 시적 대상의 의미 부각	O	O
⑤	향토적 분위기가 드러나는 표현 → 주제 강조	O	X

① **수미상관의 형태로 구조적 안정감을 부여하고 있다.**
　* 시의 처음과 마지막 부분에 같거나 유사한 구절을 배치하는 형태
　풀이　(가)와 (나)는 모두 수미상관의 형태가 나타나지 않는다.
　→ 적절하지 않음!

　■ 수미상관의 형태
　007번 문제 ①번 선지 (2025년 3월 학평) 참고 → 007쪽

② **청자를 겉으로 드러내어 화자의 상황을 구체화하고 있다.**
　풀이　(가)와 (나)는 모두 화자의 독백으로 시상이 전개되고 있으므로 청자를 겉으로 드러내어 화자의 상황을 구체화하고 있다고 볼 수 없다.
　→ 적절하지 않음!

　■ 청자를 겉으로 드러내어 화자의 상황을 구체화하고 있는 작품
　• 박인로, 「누항사」 (2013학년도 9월 모평, 2009학년도 6월 모평)
　어와 긔 뉘신고 (이웃 농부) 염치(廉恥) 업산 내옵노라. (화자) / 초경(初更) (저녁 7시~9시)도 거읜대 긔 엇지 와 겨신고. (이웃 농부) / 연년(年年) (해마다)에 이러ᄒ기 구차(苟且)ᄒᆫ 줄 알건마는 / 쇼 업산 궁가(窮家) (가난한 집)애 혜염 (걱정) 만하 왓노라. (화자)
　("어, 거기 누구신가?" "염치없는 저옵니다." "초경도 거의 지났는데 그 어찌 와 계십니까?" "해마다 이렇게 하기 구차한 줄 알지마는, 소 없는 가난한 집에서 걱정이 많아 왔습니다.")
　→ 청자인 이웃 농부를 겉으로 드러내어 농사에 꼭 필요한 소가 없는 가난한 형편 때문에 해마다 이웃에 소를 빌리러 가는 화자의 구차한 상황을 구체화하고 있다.

　어떻게 풀까? (가)에서 '보이소 아는 양반 앙인기요/ 보이소 웃마을 이생원 앙인기요' 구절에서 청자가 겉으로 드러난다고 볼 수도 있다. 하지만 이는 저승 가는 길에 만난 이웃끼리의 대화를 화자가 상상하고 인용한 구절로, (가)의 시적 청자로 보기는 어렵다. 대개 청자가 겉으로 드러난 시에서는 청자에게 화자의 정서나 태도를 전달하는 경우가 많다. 이 관점에서 보면 저승길에 만난 이웃들이 청자가 될 수 있을지 생각해 볼 수 있다.

③ **촉각적 심상의 대비를 통해 화자의 정서를 드러내고 있다.**　* 피부로 느끼는 감각적 이미지　　〔(나)만 해당〕
　근거　(나)-7~8 가족에겐 따스한 밥 지어 먹이고/찬밥을 먹던 사람
　풀이　(나)에서는 '따스한 밥'과 '찬밥'이라는 촉각적 심상의 대비를 통해 가족을 위해 헌신했던 어머니를 떠올리며 그리워하는 화자의 정서를 드러내고 있다. (가)에서는 촉각적 심상의 대비가 나타나지 않는다.
　→ 적절하지 않음!

④ **명사로 시행을 종결하여 시적 대상의 의미를 부각하고 있다.**
　* 사람이나 사물의 이름을 나타내는 단어
　근거　(가)-5 새사돈을 대접하는 것./ 9 쓸쓸한 식욕이 꿈꾸는 음식./ 12 눈물이 갈구하는 쓸쓸한 식성./ 19 먹는 음식./ 30 쓸쓸한 식욕.
　　　　(나)-8 찬밥을 먹던 사람/ 11 사랑을 뿜던 그녀
　풀이　(가)는 '것', '음식', '식성', '식욕' 등의 명사로 시행을 종결하여 삶의 허전함과 쓸쓸함을 달래 주는 '모밀묵'의 속성을 부각하고 있다. (나)는 '사람', '그녀'와 같은 명사로 시행을 종결하여 가족을 위한 어머니의 헌신과 사랑을 부각하고 있다.
　→ 적절함!

⑤ **향토적 분위기가 드러나는 표현을 활용하여 주제를 강조하고 있다.**　〔(가)만 해당〕
　* 고향이나 시골의 정취가 담긴 분위기
　근거　(가)-1 모밀묵이 먹고 싶다./ 4 촌 잔칫날/ 15 산나물을/ 17 어수룩한 산기슭의 허술한 물방아처럼/ 25~26 보이소 아는 양반 앙인기요/ 보이소 웃마을 이생원 앙인

기요
　풀이　(가)는 '모밀묵', '촌 잔칫날', '산나물', '물방아' 등의 향토적 소재와 사투리가 사용된 대화를 사용하여 인생의 쓸쓸함과 삶의 애환을 달래 주는 모밀묵이라는 주제를 강조하고 있다. 한편, (나)는 향토적 분위기가 드러나는 표현을 활용하고 있지 않다.
　→ 적절하지 않음!

018 시어의 의미 – 적절한 것 고르기 2024년 6월 학평 44번
정답률 80% | 정답 ④

㉠, ㉡에 대한 설명으로 가장 적절한 것은?

(나)-4 일 분만 단추를 눌러도 ㉠따끈한 밥이 되는 세상
(나)-7 가족에겐 ㉡따스한 밥 지어 먹이고

① **㉠은 어려운 상황 속 화자의 *이상을 실현해 주는 것이다.**
　* 생각할 수 있는 범위 안에서 가장 완전하다고 여겨지는 상태
　풀이　㉠은 문명의 발달로 쉽고 간편하게 지을 수 있는 밥을 의미하는 것으로, 화자의 이상을 실현해 주는 것과는 무관하다.
　→ 적절하지 않음!

② **㉡은 시적 대상의 희생 없이 편리하게 지을 수 있는 것이다.**　〔희생과 정성이 담긴〕
　풀이　㉡은 자신은 찬밥을 먹으면서도 가족에게는 따스한 밥을 지어 먹이는 어머니의 희생과 정성을 의미하는 것이다.
　→ 적절하지 않음!

③ **㉠은 ㉡과 달리 화자의 아픈 마음을 치유해 주는 것이다.**
　풀이　㉠은 쉽고 간단하게 만들 수 있는 밥으로, 화자의 아픈 마음을 치유해 주는 것으로 보기 어렵다.
　→ 적절하지 않음!

④ **㉡은 ㉠과 달리 시적 대상의 가치 있는 사랑을 느끼게 하는 것이다.**
　풀이　가족을 위한 어머니의 희생과 사랑, 정성이 담긴 ㉡은 단추 하나로 간단히 지을 수 있는 ㉠과 달리 화자로 하여금 어머니의 가치 있는 사랑을 느끼게 하는 것이다.
　→ 적절함!

⑤ **㉠은 과거의 기억 속에, ㉡은 현재의 생활 속에 존재하는 것이다.**
　풀이　㉠은 화자의 현재의 일상 속에, ㉡은 화자의 과거의 기억 속에 존재하는 것이다.
　→ 적절하지 않음!

019 감상의 적절성 – 적절하지 않은 것 고르기 2024년 6월 학평 45번
정답률 75% | 정답 ③

〈보기〉를 바탕으로 윗글을 감상한 내용으로 적절하지 않은 것은?　3점

| 보 기 |
[1]문학에서 음식은 일상적 삶의 모습을 보여 주거나 정서를 환기하는 소재로 활용된다. [2](가)에는 모밀묵을 매개로 형상화된 (구체화된) 삶의 모습을 떠올리며 인생의 허전함과 쓸쓸함을 달래고 싶은 화자의 정서가 드러난다. [3](나)에는 화자가 아플 때 혼자 찬밥을 먹었던 경험에서 어머니의 희생적 삶을 깨닫고 어머니를 그리워하는 정서가 드러난다.

　■ 음식이 정서를 환기하는 소재로 활용된 작품
　• 백석, 「국수」
　아, 이 반가운 것은 무엇인가/ 이 히수무레하고 부드럽고 수수하고 슴슴한 (음식 맛이 조금 싱거운) 것은 무엇인가/ ~ 이 조용한 마을과 이 마을의 으젓한 사람들과 살틀하니 (사랑하고 위하는 마음이 자상하고 지극하니) 친한 것은 무엇인가/ 이 그지없이 고담하고 (글이나 그림 따위의 표현이 꾸밈이 없고 담담하고) 소박한 것은 무엇인가
　→ '국수'는 고향 마을에서의 공동체적 삶과 유대감을 환기하는 소재로 활용되었다.

① (가)에서 모밀묵은 '촌 잔칫날' '새사돈'을 대접하는 음식으로 소박한 속성을 지닌 것이지만 귀한 사람에게도 내놓을 수 있는 음식이겠군.
　근거　〈보기〉-2 (가)에는 모밀묵을 매개로 형상화된 삶의 모습을 떠올리며

(가)-3~5 못나고도 소박하게 점잖은/ **촌 잔칫날** 팔모상에 올라/ **새사돈**을 대접하는 것.

풀이 (가)에서 모밀묵은 못나고 소박한 음식이지만, '촌 잔칫날'에 '새사돈'에게 대접할 수 있다는 것으로 보아 귀한 사람에게도 내놓을 수 있는 음식임을 알 수 있다.

→ 적절함!

② (가)에서 '슬금슬금 세상 얘기를 하며' 모밀묵을 함께 먹는 모습을 통해 타인과의 관계 속에서 허전함을 달래고 싶은 화자의 정서를 드러낸 것으로 볼 수 있겠군.

근거 〈보기〉-2 (가)에는 모밀묵을 매개로 형상화된 삶의 모습을 떠올리며 인생의 허전함과 쓸쓸함을 달래고 싶은 화자의 정서가 드러난다.

(가)-13~14 아버지와 아들이 겸상을 하고/ 손과 주인이 겸상을 하고/ 18~19 **슬금슬금 세상 얘기를 하며**/ 먹는 음식.

풀이 (가)의 화자는 아버지와 아들, 손과 주인이 각각 겸상을 하고 '슬금슬금 세상 얘기를 하며' 함께 모밀묵을 먹는 모습을 떠올리면서 타인과의 관계 속에서 인생의 허전함과 쓸쓸함을 달래고 싶은 마음을 드러내고 있다.

→ 적절함!

③ (가)에서 '이웃끼리' '저승'에 갈 때 '마지막 주막에서' 모밀묵을 먹는 것을 통해 현실에서 느낀 쓸쓸함을 화자가 극복하였음을 보여 주고 있군.
인생의 허전함과 쓸쓸함을 달래고 싶은 화자의 정서를

근거 〈보기〉-2 (가)에는 모밀묵을 매개로 형상화된 삶의 모습을 떠올리며 인생의 허전함과 쓸쓸함을 달래고 싶은 화자의 정서가 드러난다.

(가)-22~30 그렇게 **이웃끼리**/ 이 세상을 건느고/ **저승**을 갈 때,/ ~ 서로 불러 길을 가며 쉬며 그 **마지막 주막에서**/ 걸걸한 막걸리 잔을 나눌 때/ 절로 젓가락이 가는/ 쓸쓸한 식욕.

풀이 (가)에서 '이웃끼리' '저승'에 갈 때 '마지막 주막에서' 모밀묵을 함께 나누어 먹는 모습은 인생의 허전함과 쓸쓸함을 달래고 위로를 주고받고자 함이지 현실에서 느낀 쓸쓸함을 화자가 극복하였음을 보여 주는 것은 아니다.

→ 적절하지 않음!

④ (나)에서 '누가 남긴 무 조각에 생선 가시를 핥'는 모습을 회상하며 어머니가 보여 줬던 희생적 삶을 깨닫고 있군.

근거 〈보기〉-3 어머니의 희생적 삶을 깨닫고

(나)-9~10 이 빠진 그릇에 찬밥 훑어/ **누가 남긴 무 조각에 생선 가시를 핥**고

풀이 (나)에서 화자는 이 빠진 그릇에 찬밥을 훑고 '누가 남긴 무 조각에 생선 가시를 핥'는 어머니의 모습을 회상하며 가족을 위한 어머니의 희생적 삶을 깨닫고 어머니를 그리워한다.

→ 적절함!

⑤ (나)에서 '아픈 몸 일으켜 찬밥을 먹는' 모습을 통해 어머니를 그리워하는 화자의 정서를 드러내고 있군.

근거 〈보기〉-3 (나)에는 화자가 아플 때 혼자 찬밥을 먹었던 경험에서 ~ 어머니를 그리워하는 정서가 드러난다.

(나)-14 나 오늘 **아픈 몸 일으켜 찬밥을 먹는**다/ 17 홀로 먹는 찬밥 속에서 그녀를 만난다

풀이 (나)에서 '찬밥'은 어머니에 대한 그리움을 불러일으키는 매개체이다. '아픈 몸 일으켜 찬밥을 먹는' 화자가 홀로 먹는 찬밥 속에서 그녀(어머니)를 만난다는 것을 통해 어머니를 그리워하는 화자의 정서를 확인할 수 있다.

→ 적절함!

[020~022] 다음 글을 읽고 물음에 답하시오.

작품 이해 단계 1 화자 2 상황 및 대상 3 정서 및 태도 4 주제

(가)

1 ㉠ 이 **투박한 대지에 발은 붙였어도**
└ 클 大 땅 地 : 대자연의 넓고 큰 땅
└ 볼품없이 둔하고 튼튼하기만 한
2 **흰 구름 이는 머리는 항상 하늘**을 향하고 사는 산
└ 머리 위에 둔   └ '이상'을 의미
2 대상 및 상황 : 대지에 발을 붙인 '산'이 하늘을 향하고 사는 상황
└ 높을 崇 높을 高 : 뜻이 높고 훌륭할

2 1 **언제나 숭고할 수 있는 푸른 산이**
2 그 푸른 산이 오늘은 무척 **부러워**
3 정서 : 변함없이 숭고한 푸른 산이 부럽.

3 1 ㉡ 하늘과 땅이 비롯하던 날 그 아득한 날 밤부터
└ 까마득히 오래된   └ 생기던
2 저 산맥 위로는 푸른 별이 넘나들었고
2 상황 : 아득한 날부터 산이 별과 함께했던 상황(산과 별의 교감)

4 1 골짝에는 양 떼처럼 **흰 구름**이 몰려오고 가고
└ 골짜기
2 때로는 **늙은 산 수려한 이마를 쓰다듬**거니
└ 빼어날 秀 아름다울 麗 : 빼어나게 아름다운
2 상황 : 흰 구름이 늙은 산의 수려한 이마를 쓰다듬는 상황(산과 구름의 교감)

5 1 **고산식물들을 품에 안고 길러낸다**는 너그러운 산
└ 높을 高 산 山 자랄 植 물건 物 : 높은 산에서 저절로 나는 식물
└ 깨끗하고 아름다운   └ 솟아오르는
2 정초한 꽃그늘에 자고 또 이는 구름과 구름
└ 꽃나무의 그늘
2 상황 : 산이 고산식물들을 품속에서 길러내는 상황

6 1 **내 몸이 가벼이 흰 구름이 되는 날은**
└ 1 화자 : '나'
2 강 너머 저 **푸른 산 이마를 어루만지리**……
3 정서 : 푸른 산과 어우러져 살고 싶다.

- 신석정, 「청산백운도」 -
└ 푸를 靑 산 山 흴 白 구름 雲 그림 圖 : 푸른 산과 흰 구름을 그린 그림

4 주제 : 숭고하고 너그러운 푸른 산과 더불어 살기를 소망한다.

· 지문 이해

대상 : '푸른 산'	
• 머리는 항상 하늘을 향하고 사는 산 • 언제나 숭고할 수 있는 푸른 산	변함없이 하늘을 지향하는 숭고함(불변성)
• 흰 구름 이는 머리 • 저 산맥 위로는 푸른 별이 넘나들었고 • 흰 구름이 ~ 늙은 산 수려한 이마를 쓰다듬거니 • 정초한 꽃그늘에 자고 또 이는 구름	다른 자연물과 더불어 살아감
• 고산식물들을 품에 안고 길러낸다는 너그러운 산	다른 생명을 너그럽게 감싸는 포용력

화자	
• 숭고할 수 있는 푸른 산이/ ~ 부러워	푸른 산을 동경함
• 내 몸이 가벼이 흰 구름이 되는 날은/ ~ 푸른 산 이마를 어루만지리	푸른 산과 어우러져 살고 싶음

(나)

1 1 **새로 핀 꽃에서 어머니를 만나네**
3 태도 : 새로 핀 꽃에서 어머니의 모습을 느낀다. (자연을 모성을 지닌 존재로 인식)
└ 1 화자 : '나'
2 나에게는 어린아이가 많다네
3 태도 : '나'는 어린아이가 같아 배울 것이 많고, 순수하다고 생각한다.
3 꽃들이 옷 입는 법을
4 새로 가르쳐 주면
3 태도 : 꽃에게 옷 입는 방법을 배워 시를 쓰겠다고 다짐한다.
5 새 옷 입고 **사운사운** 시를 쓰겠네
└ '사랑살랑'의 방언. 조용히 가만가만 행동하는 모양

2 1 이 도시가 악어들의 이빨로 가득해도
└ 화자가 살아가는 곳   └ 험난한 현실을 의미
3 태도 : 험난한 도시의 삶도 살아갈 만하다고 여긴다.
2 이만하면 살 만하다네
3 ㉢ 우리는 모두 고향을 버리고 온 새
3 태도 : 고향을 떠나왔지만 혼자가 아니라고 생각한다.
4 그래도 혼자가 아니라네
5 ㉣ 아침이 또 찾아왔잖아
6 새 길이 내 앞에 누워 있잖아
7 고통과 쓸쓸함이 따라다니지만
2 상황 : 부드러운 비가 고통과 쓸쓸함을 위로해 주는 상황
8 **부드러운 비가 어깨를 감싸 주는** 날도 있지
9 새로 또 꽃은 피어
10 눈부시게 옷 입는 법을 가르쳐 주고
3 태도 : 자연의 모습을 보고 삶의 방식을 배운다.
11 **새들은 풀잎 같은 혀로 시 짓는 법을 들려주**네
12 **나무들은 몸으로 춤을 보여 주**네

3
• '자연에 대한 사랑'을 의미함
¹ 아무래도 나는 사랑을 앓고 있는 것 같네

² ⓒ 악어들이 검은 입을 벌린 이 도시

³ 왜 자꾸 새 옷을 차려입고 싶은지 ◀ ③ 태도 : 자연으로부터 배운 삶의 방식을
도시에서 실현하고 싶다.
⁴ 왜 자꾸 사운사운 시를 짓고 싶은지

- 문정희, 「새 옷 입는 법」 -

④ 주제 :
자연으로부터 배운 삶의 방식을 실현하기를 소망한다.

• 지문 이해

화자	
• 나에게는 어린아이가 많다네	순수한 어린아이 같은 존재
• 이 도시가 악어들의 이빨로 가득해도 • 고향을 버리고 온 새 • 고통과 쓸쓸함이 따라다니지만	고향을 떠나 도시에 살면서 고통과 쓸쓸함을 느낌
• 나는 사랑을 앓고 있는 것 같네 • 왜 자꾸 새 옷을 차려입고 싶은지/ 왜 자꾸 사운사운 시를 짓고 싶은지	자연에서 배운 삶의 방식을 실현하고 싶음

자연	
• 새로 핀 꽃에서 어머니를 만나네	화자가 모성을 느끼는 존재
• 부드러운 비가 어깨를 감싸 주는 날 • 꽃은 피어/ 눈부시게 옷 입는 법을 가르쳐 주고/ 새들은 풀잎 같은 혀로 시 짓는 법을 들려주네/ 나무들은 몸으로 춤을 보여 주네	화자를 위로해 주고 삶의 방식을 가르쳐 주는 존재

---

020 표현상 특징 - 적절한 것 고르기 2023년 11월 학평 39번
정답률 75%
정답 ③

(가)와 (나)에 대한 설명으로 가장 적절한 것은?

선지	핵심 체크 내용	(가)	(나)
①	음성 상징어 → 시적 의미 강조	X	O
②	역설적 표현 → 주제 의식 부각	X	X
③	유사한 문장 구조 반복 → 시상 마무리	X	O
④	청각적 심상 → 대상의 특성 드러냄	X	O
⑤	말을 건네는 방식 → 청자에 대한 친근감 표현	X	X

(나)는
① **(가)는 (나)와 달리, *음성 상징어를 통해 시적 의미를 강조하고 있다.**
* 소리를 흉내 낸 말인 의성어와 모양을 흉내 낸 말인 의태어
근거 (나) ❶-5 새 옷 입고 사운사운 시를 쓰겠네// ❸-4 왜 자꾸 사운사운 시를 짓고 싶은지
풀이 (나)는 '조용히 가만가만 행동하는 모양'을 의미하는 '사운사운'이라는 의태어를 사용하여 시를 쓰는 화자의 모습을 강조하고 있다. 반면에 (가)에는 음성 상징어가 사용되지 않았다.

→ 적절하지 않음!

② **(나)는 (가)와 달리, *역설적인 표현을 통해 주제 의식을 부각하고 있다.**
* 겉으로 보기에는 말이 되지 않는 모순된 표현이지만 그 속에 중요한 진리를 담고 있는 표현
풀이 (가)와 (나) 모두 역설적인 표현은 나타나지 않는다.

→ 적절하지 않음!

■ 역설적인 표현
014번 문제 ③번 선지 (2024년 9월 학평) 참고 →013쪽

✓ ③ **(나)는 (가)와 달리, 유사한 문장 구조의 반복을 통해 *시상을 마무리하고 있다.**
* 시에 나타난 사상이나 감정
근거 (가)-❻ 내 몸이 가벼이 흰 구름이 되는 날은/ 강 너머 저 푸른 산 이마를 어루만지리……
(나) ❸-3~4 왜 자꾸 새 옷을 차려입고 싶은지/ 왜 자꾸 사운사운 시를 짓고 싶은지
풀이 (나)는 '왜 자꾸 ~을/를 ~고 싶은지'라는 유사한 문장 구조를 반복하여 시상을 마무리하고 있다. (가)의 마지막 연에는 유사한 문장 구조가 반복되고 있지 않다.

→ 적절함!
(나)는
④ **(가)와 (나)는 모두, 청각적 심상을 통해 대상의 특성을 드러내고 있다.**
근거 (나) ❷-11 새들은 풀잎 같은 혀로 시 짓는 법을 들려주네
풀이 (나)는 '시 짓는 법을 들려주네'에서 청각적 심상을 통해 화자에게 삶의 방식을 가르쳐 주는 자연의 모습을 드러내고 있다. 반면에 (가)에는 청각적 심상이 나타나지 않는다.

→ 적절하지 않음!

⑤ **(가)와 (나)는 모두, 말을 건네는 방식을 통해 청자에 대한 친근감을 표현하고 있다.**
풀이 (가)와 (나) 모두 말을 건네는 방식이 아닌, 화자의 독백 형식으로 시상이 전개되고 있다.

→ 적절하지 않음!

■ 말을 건네는 방식을 통해 청자에 대한 친근감을 표현하는 작품
• 이상화, 「빼앗긴 들에도 봄은 오는가」
고맙게 잘 자란 보리밭아,/ 간밤 자정이 넘어 내리던 고운 비로/ 너는 삼단(줄기가 긴 식물인 삼을 묶은 단) 같은 머리를 감았구나. 내 머리조차 가뿐하다.
→ 청자인 '보리밭'에게 말을 건네는 방식을 통해 친근감을 표현하고 있다.

■ 말을 건네는 방식
007번 문제 ⑤번 선지 (2025년 3월 학평) 참고 →008쪽

---

021 시구의 의미 - 적절하지 않은 것 고르기 2023년 11월 학평 40번
정답률 75%
정답 ④

㉠ ~ ㉤의 의미로 적절하지 않은 것은?

① ㉠ : '머리'와 '발'의 *대비를 통해 '산'이 **지향하는 공간을 보여 준다.
* 차이를 밝히기 위해 맞대어 비교함 ** 바라고 추구하는
근거 (가)-❶ ㉠ 이 투박한 대지에 발은 붙였어도/ 흰 구름 이는 머리는 항상 하늘을 향하고 사는 산
풀이 투박한 대지에 붙인 '발'과 하늘을 향하고 사는 '머리'를 대비하여, 즉 높이의 대비를 통해 '산'이 하늘을 지향하고 있음을 보여 주고 있다.

→ 적절함!

② ㉡ : '아득한'을 통해 '푸른 별'이 넘나드는 움직임이 오래전부터 지속되었음을 보여 준다.
근거 (가)-❸ ㉡ 하늘과 땅이 비롯하던 날 그 아득한 날 밤부터/ 저 산맥 위로는 푸른 별이 넘나들었고
풀이 산맥 위로 '푸른 별'이 넘나들었던 것이 하늘과 땅이 생기던 '아득한' 날 밤부터라고 함으로써 '푸른 별'이 넘나드는 움직임이 오래전부터 지속되었음을 보여 주고 있다.

→ 적절함!

③ ㉢ : '모두'를 통해 '우리'의 상황이 동일함을 드러낸다.
근거 (나) ❷-1~3 이 도시가 악어들의 이빨로 가득해도/ 이만하면 살 만하다네/ ㉢ 우리는 모두 고향을 버리고 온 새
풀이 도시에 사는 '우리'를 모두 고향을 버리고 온 새라고 표현함으로써 고향을 떠나온 '우리'의 상황이 동일함을 드러내고 있다.

→ 적절함!

'아침'에 새로운 하루를 시작하는 화자의 태도를
✓ ④ ㉣ : '또'를 통해 '아침'이 와도 변하지 않는 일상의 한계를 보여 준다.
근거 (나) ❷-5~6 ㉣ 아침이 또 찾아왔잖아/ 새 길이 내 앞에 누워 있잖아
풀이 '아침'이 '또' 찾아온 것과 뒤에 이어지는 새 길이 앞에 누워 있는 것은 유사한 의미로 이해할 수 있다. 이는 다시 찾아온 '아침'에 새로운 하루를 시작하는 화자의 태도가 드러난 것이지, 변하지 않는 일상의 한계를 보여 준다고 이해하기는 어렵다.

→ 적절하지 않음!

⑤ ⓜ : '검은'을 통해 '도시'에 대한 부정적 인식을 드러낸다.

근거 (나) ❸-2 ⓜ 악어들이 검은 입을 벌린 이 도시

풀이 화자는 자신이 살아가는 '도시'를 악어들이 '검은' 입을 벌린 곳이라고 표현하고 있다. 이는 검은색의 색채 이미지를 통해 '도시'에 대한 부정적인 인식을 드러낸 것이다.

→ 적절함!

---

022 감상의 적절성 – 적절하지 않은 것 고르기 2023년 11월 학평 41번
정답률 80%   **정답 ④**

〈보기〉를 바탕으로 (가)와 (나)를 감상한 내용으로 적절하지 않은 것은? 3점

| 보 기 |
[1] 시에서는 화자가 자연을 긍정적으로 인식하고 지향하는 모습이 다양하게 형상화된다(모양 形 모양 象 될 化 : 표현된다). [2] (가)에서 화자는 자연을 불변성(아닐 不 변할 變 성질 性 : 변하지 않는 성질)과 포용력(감쌀 包 받아들일 容 힘 力 : 남을 너그럽게 감싸 주거나 받아들이는 힘)을 지닌 존재로 인식하며, 동경하는(그리워할 憧 동경할 憬 : 간절히 그리워하여 그것만을 생각하는) 자연과 어우러지는 날을 희망한다. [3] (나)에서 화자는 자연을 모성(어머니 母 성질 性 : 여성이 어머니로서 가지는 정신적·육체적 성질. 또는 그런 본능)을 지닌 존재로 인식하며, 이러한 자연으로부터 배운 삶의 방식을 험난한 현실에서 실현하기를(진실로 實 나타날 現 : 실제로 이루기를) 희망한다.

① (가)에서는 '언제나 숭고할 수 있는 푸른 산'이 '고산식물들을 품에 안고 길러낸다'는 것에서 자연을 불변성과 포용력을 지닌 존재로 여기는 화자의 인식을 확인할 수 있군.

근거 〈보기〉-2 (가)에서 화자는 자연을 불변성과 포용력을 지닌 존재로 인식

(가) ❷-1 언제나 숭고할 수 있는 푸른 산// ❺-1 고산식물들을 품에 안고 길러낸다는 너그러운 산

풀이 (가)에서는 '푸른 산'이 '언제나 숭고할 수 있'다는 점에서 자연을 불변성을 지닌 존재로, '고산식물들을 품에 안고 길러낸다'는 점에서 자연을 포용력을 지닌 존재로 여기는 화자의 인식이 드러난다.

→ 적절함!

② (가)에서는 '푸른 산'을 '부러워'하는 '내'가 '흰 구름이 되는 날'에 '푸른 산'의 '이마를 어루만지'겠다는 것에서 동경하는 자연과 어우러지고 싶은 화자의 희망을 확인할 수 있군.

근거 〈보기〉-2 (가)에서 화자는 ~ 동경하는 자연과 어우러지는 날을 희망한다.

(가) ❷-2 그 푸른 산이 오늘은 무척 부러워// ❻ 내 몸이 가벼이 흰 구름이 되는 날은/ 강 너머 저 푸른 산 이마를 어루만지리……

풀이 (가)의 화자가 '푸른 산'을 '부러워'하는 모습에서 '산'에 대한 동경이 드러난다. 이러한 화자가 '흰 구름이 되는 날'에 '푸른 산'의 '이마를 어루만지'고자 하는 것에서 동경하는 자연(푸른 산)과 어우러지고 싶어 하는 소망을 확인할 수 있다.

→ 적절함!

③ (나)에서는 '새로 핀 꽃에서 어머니를 만'난다는 것에서 자연을 모성을 지닌 존재로 여기는 화자의 인식을 확인할 수 있군.

근거 〈보기〉-3 (나)에서 화자는 자연을 모성을 지닌 존재로 인식

(나) ❶-1 새로 핀 꽃에서 어머니를 만나네

풀이 (나)에서 '새로 핀 꽃'을 보며 '어머니'의 모습을 느끼는 것에서 자연을 모성을 지닌 존재로 여기는 화자의 인식을 확인할 수 있다.

→ 적절함!

④ (나)에서는 '새들'이 '시 짓는 법을 들려주'는 것과 '나무들'이 '몸으로 춤을 보여 주'는 것에서 자연으로부터 배운 삶의 방식을 험난한 현실에서 실현하고 있는 화자의 모습을 확인할 수 있군.
〔자연이 화자에게 가르쳐 준 삶의 방식을〕

근거 〈보기〉-3 (나)에서 화자는 ~ 자연으로부터 배운 삶의 방식을 험난한 현실에서 실현하기를 희망한다.

(나) ❷-11~12 새들은 풀잎 같은 혀로 시 짓는 법을 들려주네/ 나무들은 몸으로 춤을 보여 주네

풀이 〈보기〉에 따르면 (나)의 화자는 자연으로부터 삶의 방식을 배웠다고 하였다. 따라서 (나)에서 '새들'이 풀잎 같은 혀로 '시 짓는 법을 들려주'고 '나무들'이 '몸으로 춤을 보여 주'는 것은 자연이 화자에게 가르쳐 준 삶의 방식을 의미한다. 그러나 자연으로부터 배운 삶의 방식을 험난한 현실에서 실현하고 있는 화자의 모습은 드러나지 않는다.

→ 적절하지 않음!

---

⑤ (가)에서는 '흰 구름'이 '쓰다듬'는 '늙은 산'의 '이마'를 '수려'하다고 한 것에서, (나)에서는 '어깨를 감싸 주는' '비'를 '부드'럽다고 한 것에서 자연을 긍정적으로 인식하는 화자의 모습을 확인할 수 있군.

근거 〈보기〉-1 시에서는 화자가 자연을 긍정적으로 인식하고 지향하는 모습이 다양하게 형상화된다.

(가) ❹ 흰 구름이 몰려오고 가고/ 때로는 늙은 산 수려한 이마를 쓰다듬거니

(나) ❷-8 부드러운 비가 어깨를 감싸 주는 날도 있지

풀이 (가)에서 '흰 구름'이 '쓰다듬'는 '늙은 산'을 '수려'한 이마를 지닌 존재로, (나)에서 화자의 '어깨를 감싸 주는' '비'를 '부드러운' 존재로 여긴 것에서 자연을 긍정적으로 인식하는 화자의 모습을 확인할 수 있다.

→ 적절함!

[023~025] 다음 글을 읽고 물음에 답하시오.

작품 이해 단계 [1]화자 [2]상황 및 대상 [3]정서 및 태도 [4]주제

(가)

(화자 : 자식('내 새끼')/ 청자 : 어메)
[2]대상 : '어메'

1
[1] **어메야**,
└ '어머니'의 방언. 1연의 청자
[2] 복(福)이 따로 있나.
└ 굳세게 버티거나 감당하여 내는 힘
[3] **뚝심 세고**
┐[3](자식의) 태도 :
[4] 부지런하면 사는거지,
┘ 뚝심 세고 부지런하면 잘살 수 있다고 여긴다.
└ 하늘 天 물 水 논 畓 : 물의 근원이 전혀 없어 빗물에 의해서만
[5] 하늘이 물을 대는 **천수답(天水畓)** 벼를 심어 재배할 수 있는 논. 농사짓기에 열악한 땅
└ 천수답
[6] 그 논의 벼이삭.
└ 스스로의 노력으로 이룬 결과물

(화자 : 어메/ 청자 : 자식('내 새끼'))

2
[1] **니 말이 정말이데**,
└ '어메'의 자식
[2] 엄첩구나
└ '대견하구나'의 경상도 방언
[3] **내 새끼야**,
└ 2연의 청자
[4] 팔자가 따로 있나
┐ 근본 本 마음 心 : 본디부터 변함없이 그대로 가지고
있는 마음 혹은 꾸밈이나 거짓이 없는 참마음
[5] **본심 가지고**
┘[3](어메의) 태도 :
[6] 부지런하면 사는거지.
본심을 가지고 부지런하면 잘살 수 있다는 말에 동의한다.

(화자 : 자식('내 새끼')/ 청자 : 어메)

3
[1] 어메야,

[2] **누군 한 평생**

[3] **만년을 사나.**
└ 많을 萬 해 年 : 오랜 세월
[4] 허둥거리지 않고 ┐[3](자식의) 태도 :
삶에 있어 허둥거리지 않고 제 길로 가면 된다고 생각한다.
[5] **제 길로 가면 그만이지.** ┘

(화자 : 어메/ 청자 : 자식('내 새끼'))

4
[1] 오냐,

[2] 내 새끼야,

[3] 니 말이 엄첩구나.

[4] 잘 살고 못 살고가 어딨노.

[5] 제 길 가면 그만이지. ┐[3](어메의) 태도 :
└ 감나무 잎 삶에 있어 제 길을 가면 된다는 말에 동의한다.
[6] 수런거리는 감잎 사이로
└ 한데 모여 수선스럽게 자꾸 지껄이는
[7] 별떨기 빛나는 밤하늘,
└ 별 무더기
[8] 그 하늘의 깊이.

— 박목월, 「천수답(天水畓)」 —

[4]주제 : 추구하는 삶에 대한 소신을 드러낸다.

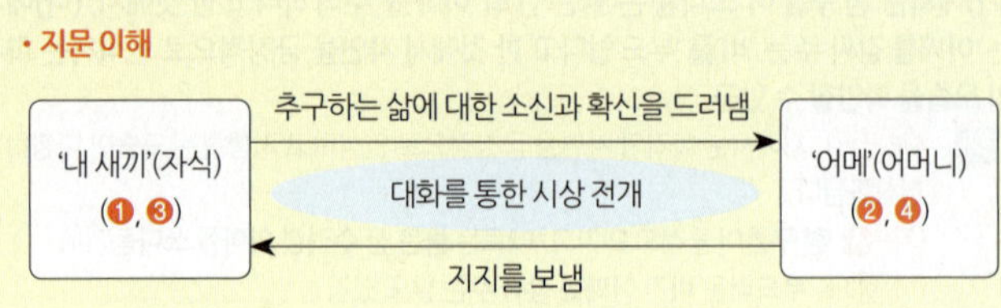

(나)
① 화자 : 안 드러남

1
[A]
1 쬐그만 것이
└ 민들레
2 노랗게 노랗게
3 전력을 다해 샛노랗게 피어 있다 → ② 상황 :
└ 온전할 全 힘 力 : 모든 힘   민들레가 샛노랗게 피어 있는 상황

2
[B]
1 아무 곳도 넘보지 않는다
└ 욕심내지
2 다만 혼자   → ③ 태도 :
3 주어진 한계 그 안에서 아슬아슬   욕심내지 않고 주어진 환경에서
└ 한정할 限 경계 界 : 범위   꽃을 피우려 한다.
4 한치의 틈도 없이 끝까지
└ 아주 조금의

3
[C]
1 바위 새를 비집거나 잡초 속이거나
└ 사이
2 씨 뿌려진 그 자리가 바로 내 자리
└ 민들레의
3 터를 잡고
└ 자리

4
[D]
└ 뿌리줄기에서 수염처럼 많이 뻗어 나온 뿌리
1 물을 길어 올리는 실뿌리
2 어둠을 힘껏 밀어내는 떡잎   → ② 상황 :
3 그리고 그것들이 한데 어울려   '민들레'가 꽃을 피우기 위해 최선을 다하는 상황
└ 실뿌리와 떡잎
4 열심히 열심히 한 댓새
└ 5일 정도

5
[E]
└ 꽃을 피우는 것밖에는
1 세상에 그밖에는 할 일이 없어서
2 아주 노랗게 노랗게만 피는 꽃
3 피어선 질 수밖에 없는 꽃

6
1 쬐그만 것이지만 **그 크기는**   → ③ 태도 : 쬐그만 '민들레'의 내적인 크기는
2 **어떤 자로서도 잴 수 없다**   어떤 자로도 잴 수 없다고 여긴다.
3 아 민들레!
4 그래봤자
5 혼자 가는 자의 **헛된 꿈**   → ③ 태도 :
└ 민들레   댓새만 피더라도 아름답게 피어 있는
6 하지만 헛되어도 좋은 꿈 아니냐   민들레에 대해 감탄한다.
7 **한 댓새를 짐짓 영원인 양하고**
└ 대략   └ 것처럼
8 보라 저기 민들레는 피어 있다

- 이형기, 「민들레꽃」-

④ 주제 :
자신의 운명을 받아들이며 아름다운 꽃을 피우는 '민들레'에 대해 예찬한다.

'민들레'의 속성	화자의 태도
• 아무 곳도 넘보지 않는다 → 욕심이 없음 • 씨 뿌려진 그 자리가 바로 내 자리 → 현실 상황을 긍정적으로 받아들임 • 그것들이 한데 어울려/ 열심히 열심히 한 댓새 → 꽃을 피우기 위해 최선을 다함 • 한 댓새를 짐짓 영원인 양하고/ ~ 민들레는 피어 있다 → 운명에 좌절하지 않고 영원히 지지 않을 것처럼 아름답게 꽃을 피움	• 쬐그만 것이지만 그 크기는/ 어떤 자로서도 잴 수 없다/ 아 민들레! → '민들레'의 내적 가치에 대한 예찬

---

023 표현상 공통점 – 적절한 것 고르기 2023년 9월 학평 27번
정답률 60%, 매력적 오답 ② 20%, ⑤ 10%   정답 ①

(가)와 (나)의 공통점으로 가장 적절한 것은?

선지	핵심 체크 내용	(가)	(나)
①	동일한 시어 반복 → 시적 의미 강조	O	O
②	공감각적 이미지 → 대상의 속성 나타냄	X	X
③	명령적 어조 → 화자의 정서 부각	X	O
④	음성 상징어 → 대상의 상황 드러냄	X	O
⑤	수미상관의 방식 → 구조적 안정감 부여	X	X

① 동일한 시어를 반복하여 시적 의미를 강조하고 있다.

근거 (가) ❶-1 어메야,// ❸-1 어메야,
　　 (가) ❷-3 내 새끼야,// ❹-2 내 새끼야,
　　 (가) ❶-4 부지런하면 사는거지,// ❷-6 부지런하면 사는거지.
　　 (가) ❷-1~2 니 말이 정말이데,// 엄첩구나,// ❹-3 니 말이 엄첩구나.
　　 (가) ❸-5 제 길로 가면 그만이지.// ❹-5 제 길 가면 그만이지.
　　 (나) ❶-2 노랗게 노랗게// ❺-2 노랗게 노랗게만 피는 꽃
　　 (나) ❶-3 전력을 다해 샛노랗게 피어 있다// ❻-8 보라 저기 민들레는 피어 있다
　　 (나) ❹-4 열심히 열심히 한 댓새

풀이 (가)는 '어메야', '내 새끼야', '부지런하면', '사는거지', '니 말', '엄첩구나', '제 길 가면', '그만이지' 등의 동일한 시어를 반복하여 화자가 추구하는 삶의 모습을 강조하고 있다. (나)는 '노랗게', '피어 있다', '열심히' 등의 동일한 시어를 반복하여 운명에 좌절하지 않고 최선을 다해 아름답게 꽃을 피워 내는 민들레의 모습을 강조하고 있다.

→ 적절함!

② *공감각적 이미지를 통해 대상의 속성을 나타내고 있다.
* 어떤 대상의 감각을 다른 감각으로 옮겨서 표현한 이미지

풀이 (가), (나) 모두 공감각적 이미지가 나타나는 부분이 없다.

→ 적절하지 않음!

■ 공감각적 이미지를 통해 대상의 속성을 나타내는 작품
• 송수권, 「대숲 바람소리」 (2019년 고3 10월 학평)
눈 그쳐 뜨는 새벽별의 푸른 숨소리, 청청한 청청한/ 댓닢파리(대나무 이파리)의 맑은 숨소리.
→ 대나무 숲에서 부는 바람 소리를 통해 우리 민중의 저항 정신을 떠올리고 있는 시이다. 대나무 소리를 '푸른 숨소리', '맑은 숨소리'라는 공감각적 이미지(청각의 시각화)로 표현하여 우리 민중의 맑은 정신과 꿋꿋한 삶의 모습을 나타내고 있다.

┌ (나)만 해당
③ *명령형 어조를 활용하여 화자의 정서를 부각하고 있다.
* '–아라/–어라' 등의 종결 어미를 사용하여 명령이나 요구의 뜻을 나타내는 말투

근거 (나) ❻-8 보라 저기 민들레는 피어 있다
풀이 (나)에는 '보라'에서 명령형 어조를 활용하여 민들레를 예찬하는 화자의 정서를 부각하고 있다. (가)에서는 명령형 어조를 활용하지도, 이를 통해 화자의 정서를 부각하고 있지도 않다.

→ 적절하지 않음!

┌ (나)만 해당
④ *음성 상징어를 활용하여 대상의 상황을 드러내고 있다.
* 소리를 흉내 낸 의성어와 모양을 흉내 낸 의태어

근거 (나) ❷-3 주어진 한계 그 안에서 아슬아슬
풀이 (나)는 '일 따위가 잘 안될까 봐 두려워서 마음이 약간 위태롭거나 조마조마한 모양'을 나타내는 음성 상징어 '아슬아슬'을 활용하여 대상인 민들레가 다른 곳을 넘보지 않고 주어진 한계 안에서 꽃을 피워 내려 애쓰는 상황을 드러내고 있다. (가)는 음성 상징어를 활용하지 않았고, 이를 통해 대상의 상황을 드러내고 있지도 않다.

→ 적절하지 않음!

⑤ *수미상관의 방식을 통해 구조적 안정감을 부여하고 있다.
* 시의 처음과 끝이 같거나 유사한 형태로 구성되는 방식

풀이 (가), (나)는 모두 수미상관의 방식을 사용하여 구조적 안정감을 부여하고 있지 않다.

→ 적절하지 않음!

■ 수미상관의 방식을 통해 구조적 안정감을 부여하는 작품
• 허영자, 「씨앗을 받으며」(2020년 고2 9월 학평)
  1연 : 가을 뜨락(뜰. 마당)에/ 씨앗을 받으려니/ 두 손이 송구하다(두렵고 부끄럽다)
  6연 : 가을 뜨락에/ 젊음이 역사한(힘들여 이룬) 씨앗을 받으려니/ 도무지/ 두 손이 염치없다(부끄러움을 모른다).
    → 첫 연과 마지막 연에 유사한 구절을 반복하는 수미상관의 방식을 통해 구조적 안정감을 얻고 있다.

러나 있다. 3 (나)에는 민들레를 소멸될 수밖에 없는 운명에 좌절하지 않고 허무(빌 虛 없을 無 : 허전함과 쓸쓸함)에 맞서는 존재로 바라보는 시선과 민들레의 내적 가치(내부적인, 정신과 관련된 가치)에 대한 긍정적 인식이 드러나 있다.

① (가)에서 '천수답'을 일구는 삶을 '제 길'이라고 여기는 것은 달관의 자세로 살아가려는 소신을 드러낸 것이겠군.
  근거 〈보기〉-2 (가)에는 ~ 열악한 농토를 하늘이 내린 축복의 땅이라 여기며 달관의 자세로 살아가려는 소신
  (가) ❶-5 하늘이 물을 대는 천수답// ❸-5 제 길로 가면 그만이지.
  풀이 (가)의 화자가 열악한 농토인 '천수답'을 하늘이 물을 대는 축복의 땅이라 여기며 이러한 '천수답'을 일구는 삶을 '제 길'로 가는 삶이라고 여기는 것에서 달관의 자세로 살아가려는 소신이 드러나 있다.
  → 적절함!

② (가)에서 '니 말이 정말이데', '니 말이 엄첩구나'라고 하는 것은 '어메'가 '내 새끼'에게 보내는 지지를 드러낸 것이겠군.
  근거 〈보기〉-2 (가)에는 ~ 달관의 자세로 살아가려는 소신과 그에 대한 지지가 드러나 있다.
  (가) ❷-1 니 말이 정말이데,// ❹-3 니 말이 엄첩구나.
  풀이 (가)에서 달관의 자세로 살아가려는 소신을 밝히는 '내 새끼'에게 '어메'는 '니 말이 정말이데', '니 말이 엄첩구나'라고 하며 지지를 드러내고 있다.
  → 적절함!

③ (가)에서 '누군 한 평생 / 만년을 사'냐고 말하는 것은 인간이 유한한 존재라는 인식을 드러낸 것이겠군.
  근거 〈보기〉-2 (가)에는 인간의 유한성에 대한 인식
  (가) ❸-2~3 누군 한 평생 / 만년을 사나.
  풀이 (가)에서 '누군 한 평생 / 만년을 사'냐는 화자의 말은 그 누구도 한평생 만년을 살 수는 없다는, 인간의 유한성에 대한 인식을 바탕으로 한 말이다.
  → 적절함!

④ (나)에서 '그 크기는 / 어떤 자로서도 잴 수 없다'고 하는 것은 민들레의 내적 가치에 대한 긍정적 인식을 드러낸 것이겠군.
  근거 〈보기〉-3 (나)에는 ~ 민들레의 내적 가치에 대한 긍정적 인식이 드러나 있다.
  (나) ❻-1~2 쬐그만 것이지만 그 크기는/ 어떤 자로서도 잴 수 없다
  풀이 (나)에서 민들레의 실제 크기는 작지만 내적인 '크기는 / 어떤 자로서도 잴 수 없다'고 하는 것은 민들레의 내적 가치에 대한 긍정적 인식이 드러나 있는 것이다.
  → 적절함!

✓⑤ (나)에서 '댓새를 짐짓 영원인 양하'는 모습을 '헛된 꿈'이라고 하는 것은 민들레를 소멸될 수밖에 없는 운명에 맞서는 존재로 바라보는 시선을 드러낸 것이겠군.
  좌절하지 않고 허무에 맞서는 존재로
  근거 〈보기〉-3 (나)에는 민들레를 소멸될 수밖에 없는 운명에 좌절하지 않고 허무에 맞서는 존재로 바라보는 시선
  (나) ❻-5~7 혼자 가는 자의 헛된 꿈/ 하지만 헛되어도 좋은 꿈 아니냐/ 한 댓새를 짐짓 영원인 양하고
  풀이 (나)에서 화자는 '댓새를 짐짓 영원인 양하'는 민들레의 모습을 '헛된 꿈', '헛되어도 좋은 꿈'이라고 하였다. 이는 민들레에 대해 소멸될 수밖에 없는 운명에 좌절하지 않고 허무에 맞서는 존재로 바라본 것이다. 따라서 민들레를 소멸될 수밖에 없는 운명에 맞서는 존재로 바라보는 시선을 드러낸 것이라는 설명은 적절하지 않다.
  → 적절하지 않음!

---

024 내용 이해 - 적절하지 않은 것 고르기 2023년 9월 학평 28번
정답률 85% | 정답 ⑤

[A] ~ [E]에 대한 이해로 적절하지 <u>않은</u> 것은?

① [A]에는 작지만 온 힘을 다해 선명한 빛깔로 피어 있는 민들레의 모습이 나타나 있다.
  근거 [A] (나)-❶ 쬐그만 것이/ 노랗게 노랗게/ 전력을 다해 샛노랗게 피어 있다
  풀이 [A]에는 작지만 전력을 다해서 샛노랗게 피어 있는 민들레의 모습이 나타나 있다.
  → 적절함!

② [B]에는 다른 공간은 욕심내지 않고 주어진 한계 안에서 홀로 애쓰는 민들레의 모습이 나타나 있다.
  근거 [B] (나)-❷ 아무 곳도 넘보지 않는다/ 다만 혼자/ 주어진 한계 그 안에서 아슬아슬/ 한치의 틈도 없이 끝까지
  풀이 [B]에는 아무 곳도 넘보지 않고 주어진 한계 안에서 꽃을 피우기 위해 홀로 애쓰는 민들레의 모습이 나타나 있다.
  → 적절함!

③ [C]에는 씨가 뿌려진 비좁은 곳을 자신의 자리로 받아들이고 터를 잡는 민들레의 모습이 나타나 있다.
  근거 [C] (나)-❸ 바위 새를 비집거나 잡초 속이거나/ 씨 뿌려진 그 자리가 바로 내 자리/ 터를 잡고
  풀이 [C]에는 비좁은 바위 새이건 잡초 속이건 씨 뿌려진 그 자리를 자신의 자리로 받아들이고 터를 잡는 민들레의 모습이 나타나 있다.
  → 적절함!

④ [D]에는 강한 의지와 생명력으로 꽃을 피우기 위해 노력하는 민들레의 모습이 나타나 있다.
  근거 [D] (나)-❹ 물을 길어 올리는 실뿌리/ 어둠을 힘껏 밀어내는 떡잎/ 그리고 그것들이 한데 어울려/ 열심히 열심히 한 댓새
  풀이 [D]에는 물을 길어 올리는 실뿌리와 어둠을 힘껏 밀어내는 떡잎이 한데 어울려 꽃을 피우기 위해 열심히 노력하는 민들레의 모습이 나타나 있다.
  → 적절함!

✓⑤ [E]에는 꽃을 피웠지만 세상에서 자신이 할 일을 찾기 위해 결국 질 수밖에 없는 민들레의 모습이 나타나 있다.
  근거 [E] (나)-❺ 세상에 그밖에는 할 일이 없어서/ 아주 노랗게 노랗게만 피는 꽃/ 피어선 질 수밖에 없는 꽃
  풀이 [E]에서 민들레는 질 수밖에 없음에도 노랗게 꽃을 피운다고 하였다. 민들레에게 있어 세상에서 자신이 할 일은 꽃을 피우는 것이므로 세상에서 자신이 할 일을 찾기 위해 결국 질 수밖에 없는 민들레의 모습이 나타나 있다는 설명은 적절하지 않다.
  → 적절하지 않음!

---

025 감상의 적절성 - 적절하지 않은 것 고르기 2023년 9월 학평 29번 **[1등급 문제]**
정답률 55%, 매력적 오답 ② 20%, ① 15% | 정답 ⑤

〈보기〉를 바탕으로 (가), (나)를 감상한 내용으로 적절하지 <u>않은</u> 것은? [3점]

| 보기 |
  1 시에는 삶을 대하는 가치 있는 태도가 담겨 있다. 2 (가)에는 인간의 유한성(있을 有 한정할 限 성질 性 : 일정하게 정해진 범위나 한계가 있는 성질)에 대한 인식을 바탕으로, 열악한(못할 劣 나쁠 惡 : 몹시 나쁜) 농토(농사 農 흙 土 : 농사짓는 땅)를 하늘이 내린 축복의 땅이라 여기며 달관(통달할 達 볼 觀 : 인생의 진리를 꿰뚫어 보아 사소한 일에 집착하지 않고 넓고 멀리 바라봄 또는 그러한 경지)의 자세로 살아가려는 소신(바 所 믿을 信 : 굳게 믿고 있는 바)과 그에 대한 지지(지탱할 支 지닐 持 : 의견이 좋거나 옳다고 판단하여 뜻을 같이하고 힘을 씀)가 드

[026~028] 다음 글을 읽고 물음에 답하시오.

작품 이해 단계 1 화자 2 상황 및 대상 3 정서 및 태도 4 주제

(가) 1 화자 : 안 드러남

  1 여기저기서 단풍잎 같은 슬픈 가을이 뚝뚝 떨어진다. 2 단풍잎 떨어져 나온 자리마다 봄을 마련해 놓고 나뭇가지 위에 하늘이 펼쳐 있다. 3 (소년이) 가만히 ㉠하늘을 들여다보려면 눈썹에 파란 물감이 든다. 4 두 손으로 따뜻한 볼을
  └→ 2 대상 및 상황 : 소년이 가을 하늘을 보며 파란 물감이 드는 상황
  쓸어 보면 손바닥에도 파란 물감이 묻어난다. 5 다시 손바닥을 들여다본다. 6 손

금에는 **맑은 강물**('소년의 내면'을 비유한 말)이 흐르고, 맑은 강물이 흐르고, 강물
└▶ ②대상 및 상황: 소년이 손금을 보며 순이를 떠올리는 상황
속에는 사랑처럼 슬픈 얼굴—아름다운 **순이(順伊)**의 얼굴이 어린다(희미하게
비친다). 7 **소년(少年)**은 황홀히 눈을 감아 본다. 8 그래도 맑은 강물은 흘러 사랑
└▶ ③(대상의) 정서: 사랑하는 순이를 떠올리며 황홀함과 슬픔을 느낀다.
처럼 슬픈 얼굴—아름다운 순이(順伊)의 얼굴은 어린다.
④ 주제:
가을 하늘에 물든 소년이 순이를 떠올리며 그리워한다.

- 윤동주, 「소년(少年)」-

• **윤동주** 중요 작가

「바람이 불어」(2020학년도 수능), 「병원」(2017학년도 9월 모평), 「또 다른 고향」(2013
학년도 9월 모평), 「길」(2008학년도 6월 모평) 기출. 고3 평가원 문제에 4번 이상 출제된
시인이다. 식민지 지식인의 고뇌와 자기반성과 성찰을 표현한 서정시를 많이 썼다. 윤동
주의 대표적인 시는 주제와 특징을 정리해 두는 것이 좋다.

• **지문 이해**

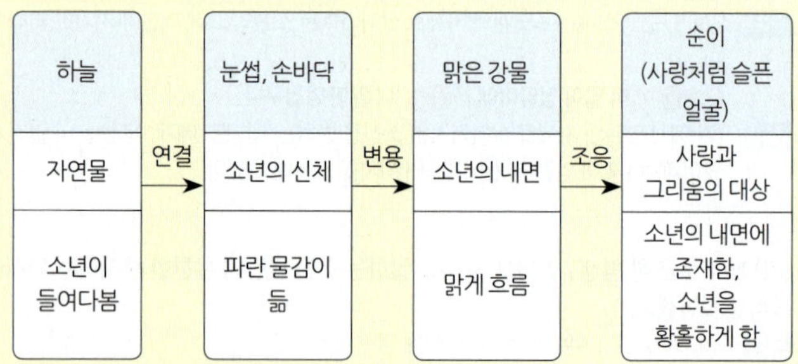

• 「**소년(少年)**」의 시상 전개

「소년(少年)」에 제시된 자연물들은 서로 간의 **유사성**(무리 類 닮을 似 성질 性 : 비슷한 성질)
을 바탕으로 연결되고 변용된다(변할 變 모양 容 : 형태가 바뀐다). 또한 (자연물들은) 이(유사
성을 바탕으로 연결되고 변용되는) 과정을 거쳐 맞닿은 주체의 신체적 변화를 유발하고(불러
낼 誘 일어날 發 : 일으키고) 내면의 정서를 **표면화하는**(겉 表 모습 面 될 化 : 겉으로 드러내는)
것으로 제시된다. 이때 주체의 변화는 자연물의 속성에 조응하는(견줄 照 응할 應 : 대응하
는, 짝이 되는) 것으로 그려진다.
→ 2023년 고2 3월 학평 44번 문제의 〈보기〉 내용이다.

(나) ① 화자 : 안 드러남
└▶ ② 대상 및 상황 : 나무에게 자라서 무엇이 되고 싶은지 묻는 상황
1 자라면 뭐가 되고 싶니

2 **의자**가 되고 싶니 ─

3 누군가의 **책상**이 되고 싶니 ─

4 밟으면 삐걱 소리가 나는 계단도 있겠지 ──   ┌▶ ②③ 대상 및 태도 :
┌▶ 주로 부엌 위에 이 층처럼   나무가 여러 가지가 될
5 그 계단을 따라 올라가는 **다락방** 만들어서 물건을 넣어   수 있다고 생각한다.
                                           두는 방
6 별빛이 들고 나는 **창문**들도 있구나 ─
└▶ 들어가고 나가는
7 누군가 그 창문을 통해 바다를

8 생각할지도 몰라
┌▶ 나무 木 배 船 : 나무로 만든 배
9 수평선을 넘어가는 **목선**을 그리워할지도 몰라

10 ⓒ **바다**를 보는 게 꿈이라면 ──   ┌▶ ②③ 대상 및 태도 :
                                      나무가 배가 될 수 있다고 생각한다.
11 배가 되고 싶겠구나 ──

12 어쩌면 그 무엇도 되지 못하고
┌▶ 통나무를 길쭉하게 잘라서 쪼갠, 땔감으로 쓰는 나무
13 아궁이 속 **장작**으로 눈을 감을지도 모르지
└▶ 방이나 솥 따위에 불을 때기 위하여 만든 구멍
14 잊지 마렴 **한 줌 재**가 되었지만 ──   ┌▶ ②③ 대상 및 태도 :
└▶ 불에 타고 남는 가루   나무가 장작이 되면 누군가의
15 년 그때도 하늘을 날고 있는 거야   몸을 데워주고 날아갈 것이라고
                                           생각한다.
16 누군가의 **몸을 데워**주고 난 뒤 ──

17 춤을 추듯 피어오르는 거야 ──

18 하지만, 지금은 ──

19 다만 네 잎사귀를 스치고 가는 ──

20 저 **바람 소리**를 들어보렴 ──   ┌▶ ② 대상 및 상황 :
                                   나무가 지금 바람을 만나 흔들리는 상황

21 너는 지금 바람을 만나고 있구나 ──

22 바람의 춤을 따라 흔들리고 있구나 ──

23 **지금**이 바로 너로구나 ──

- 손택수, 「나무의 꿈」-

④ 주제:
나무의 가능성과 현재의 존재 가치를 이야기한다.

• **지문 이해**

나무의 미래	나무의 현재
• 누군가의 의자, 책상, 계단, 다락방이 됨 • 누군가 바다를 생각할 창문이 됨 • 누군가 그리워할 목선이 됨 • 누군가의 몸을 데워주는 장작이 됨	• 잎사귀를 스치는 바람을 만나 흔들리는 모습

1등급 문제

026 | 표현상 특징 – 적절한 것 고르기 2023년 6월 학평 43번
정답률 40%, 매력적 오답 ② 25%, ③, ⑤ 15% | 정답 ④

(가), (나)의 표현상 특징으로 가장 적절한 것은?

선지	핵심 체크 내용	(가)	(나)
①	반어적 표현 → 시적 긴장 고조	X	X
②	동일한 종결 어미의 반복 → 운율 형성	O	O
③	대상의 의인화	O	O
	화자의 연민	X	X
④	시어의 연쇄적 활용 → 시상 발전	O	O
⑤	시선의 이동 → 장소가 지닌 의미를 다양하게 제시	X	X

① (가)는 (나)와 달리 *반어적 표현을 통해 **시적 긴장을 고조시키고 있다.
* 겉으로 드러낸 표현과 속에 담긴 의미가 반대되는 표현 ** 독자의 관심을 유발하고

풀이 (가)와 (나) 모두 반어적 표현을 통해 시적 긴장을 고조시키는 부분은 나타나지 않는
다.

→ 적절하지 않음!

┌─────────────────────────────────────┐
│ ■ **반어적 표현** │
│ 014번 문제 ③번 선지 (2024년 9월 학평) 참고 → 013쪽 │
└─────────────────────────────────────┘

(가)와 (나) 모두
② (나)는 (가)와 달리 동일한 *종결 어미의 반복으로 운율감을 형성하고 있다.
* 문장을 끝맺게 하는 어미

근거 (가)-1 떨어진다./ 3 물감이 든다./ 4 묻어난다./ 5 들여다본다./ 6 얼굴이 어린
다./ 7 감아 본다./ 8 얼굴은 어린다.
(나)-1 뭐가 되고 싶니/ 2 의자가 되고 싶니/ 3 책상이 되고 싶니
(나)-4 계단도 있겠지/ 13 감을지도 모르지
(나)-6 창문들도 있구나/ 11 배가 되고 싶겠구나/ 21 만나고 있구나/ 22 흔들리고
있구나/ 23 너로구나

풀이 (가)는 '-ㄴ 다'의 종결 어미를 반복하여, (나)는 '-니', '-지', '-구나' 등의 종결 어미를 반
복하여 운율감을 형성하고 있다.

→ 적절하지 않음!

💡 **어떻게 풀까?** 종결 어미는 한 문장을 종결되게 하는 어말 어미로, 평서형, 감탄형, 의
문형, 명령형, 청유형 등이 있다. 운문에서 종결 어미를 물을 때는 문장의 단위를 생각
해 보자. 문장 성분인 마침표가 있다면 파악이 쉽겠지만, 그렇지 않은 경우에는 어떻게 해
야 할까?
(가)는 마침표로 문장을 구분하여 '-ㄴ 다'의 종결 어미가 반복되고 있음을 쉽게 확인할 수
있다. 그러나 (나)는 문장이 구분되어 있지 않아 종결 어미를 찾는 게 어려웠을 것이다. 종
결 어미는 서술어를 통해 실현된다. 따라서 서술어로 끝나는 시행을 추려낸 뒤, 반복되는
종결 어미가 있는지 확인하면 문제를 해결할 수 있다.

③ (가)와 (나) 모두 대상을 *의인화하여 화자의 **연민을 드러내고 있다.

* 사람이 아닌 것을 사람처럼 표현하여 ** (대상을) 불쌍히 여김

근거 **(가)-2** (하늘은) 단풍잎 떨어져 나온 자리마다 봄을 마련해 놓고 나뭇가지 위에 하늘이 펼쳐 있다.
(나)-1~3 자라면 뭐가 되고 싶니/ ~ /누군가의 책상이 되고 싶니/ **10~17** 바다를 보는 게 꿈이라면/ ~/ 춤을 추듯 피어오르는 거야/ **19~23** 네 잎사귀를 스치고 가는/ 저 바람 소리를 들어보렴/ ~/ 바로 너로구나

풀이 (가)에서 봄을 마련해 놓은 주체를 '하늘'로 본다면 '하늘'을 의인화했다고 볼 수 있으나, '하늘'에 대한 화자의 연민을 드러내고 있지는 않다. (나)에서는 '나무'를 '너'라고 지칭하며 꿈을 가질 수 있는 존재로 의인화하였으나, '나무'에 대한 화자의 연민을 드러내고 있지는 않다.

→ 적절하지 않음!

■ **대상을 의인화하여 화자의 연민을 드러내는 작품**
• 이용악, 「오랑캐꽃」
너는 오랑캐의 피 한 방울 받지 않았건만/ 오랑캐꽃/ 너는 돌가마도 털메투리도 모르는 오랑캐꽃/ 두 팔로 햇빛을 막아 줄게/ 울어 보렴 목 놓아 울어나 보렴 오랑캐꽃
→ '오랑캐꽃'을 '너'라고 의인화해 '울어 보렴 목 놓아 울어나 보렴'이라고 위로를 건네며 '오랑캐꽃'에 대한 화자의 연민을 드러내고 있다.

■ **비유**
표현하고자 하는 대상(원관념)을 다른 대상(보조 관념)에 빗대어 표현하는 방법으로, 두 대상 사이의 유사성을 바탕으로 한다.
• **직유법**: '처럼, 같이, -듯이' 등을 사용하여 하나의 대상(원관념)을 비슷한 성질을 가진 다른 대상(보조 관념)과 직접 관련짓는 방법이다.
예) 사과 같은 내 얼굴 예쁘기도 하지요.
• **은유법**: 비슷한 두 대상을 간접적으로 관련짓는 방법으로, 주로 '~은 ~이다' 또는 '~의'의 구조를 가진다.
예) 내 마음은 호수요. 내 마음의 호수. (내 마음 = 호수)
• **의인법**: 사람이 아닌 대상을 사람인 것처럼 표현하는 방법이다. 문학에서는 감정이나 생각은 사람만 가진 것으로 보므로, 무생물이나 사물 등이 '감정, 생각'이 있는 것으로 나타나면 의인법이 쓰였다고 보면 된다.
예) 갈매기가 나에게 친근하게 말을 건넸다.
• **활유법**: 무생물을 살아 움직이는 생물처럼 표현하는 방법이다.
예) 모든 산맥들이/ 바다를 연모해 휘달릴 때도

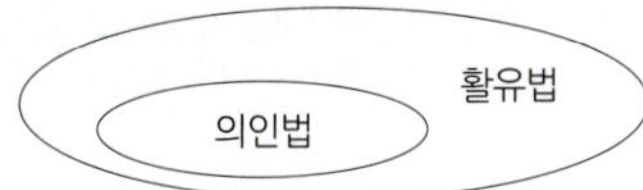

■ **다양한 비유법을 통해 작품의 미적 효과를 높이는 작품**
• 이효석, 「메밀꽃 필 무렵」 (2005학년도 수능)
달은 지금 긴 산허리에 걸려 있다. 밤중을 지난 무렵인지 죽은 듯이(직유법) 고요한 속에서 짐승 같은(직유법) 달의 숨소리(활유법)가 손에 잡힐 듯이 들리며, 콩 포기와 옥수수 잎새가 한층 달에 푸르게 젖었다. 산허리는 온통 메밀밭이어서 피기 시작한 꽃이 소금을 뿌린 듯이(직유법) 흐뭇한 달빛에 숨이 막힐 지경이다. 붉은 대궁이 향기같이(직유법) 애잔하고 나귀들의 걸음도 시원하다.
→ 다양한 비유적 언어 표현을 통해 작품의 미적 효과를 높이고 있다.

■ **직유법이 나타난 작품**
• 정지용, 「유리창 1」 (2017년 고2 3월 학평)
아아, 늬는 산 새처럼 날아갔구나!
→ '-처럼'을 사용한 직유법이 나타난다.

■ **은유법이 나타난 작품**
• 한용운, 「나룻배와 행인」 (2003학년도 수능)
나는 나룻배/ 당신은 행인
→ 나를 '나룻배'에, 당신을 '행인'에 빗대어 표현하는 은유법이 나타난다.

■ **의인법이 나타난 작품**
• 김현승, 「플라타너스」 (2018학년도 9월 모평)
꿈을 아느냐 네게 물으면, 플라타너스, 너의 머리는 어느덧 파아란 하늘에 젖어 있다.
→ '플라타너스'를 '너'라고 지칭하고 묻고 있는 부분에서 의인법이 나타난다.

■ **활유법이 나타난 작품**
• 이성복, 「서해」 (2011학년도 6월 모평)
언제나 바다는 멀리서 진펄에 몸을 뒤척이겠지요
→ 바다가 몸을 뒤척인다고 표현하여 생동감을 부여한다.

• 박남수, 「아침 이미지1」 (2016학년도 수능AB)
어둠은 새를 낳고, 돌을 낳고, 꽃을 낳는다.
→ 무생물인 '어둠'이 '새, 돌, 꽃'을 '낳는다'고 생물인 것처럼 표현하여 생동감을 부여한다.

④ (가)와 (나) 모두 시어의 *연쇄적 활용을 통해 **시상을 발전시켜 나가고 있다.

* 앞 구절의 끝 어구를 다음 구절의 앞 부분에 이어받는   ** 시에 드러난 시인의 생각이나 감정

근거 **(가)-1~6** 단풍잎 같은 슬픈 가을이 뚝뚝 떨어진다. 단풍잎 떨어져 나온 자리마다 하늘이 펼쳐 있다. ~ 하늘을 들여다보려면 ~ 눈썹에 파란 물감이 든다. ~ 손바닥에도 파란 물감이 묻어난다. 다시 손바닥을 ~ 손금에는 맑은 강물이 흐르고, ~ 강물 속에는 ~ 순이의 얼굴이 어린다.
(나)-4~10 계단도 있겠지/ 그 계단을 따라 올라가는 다락방/ ~ 창문들도 있구나/ 누군가 그 창문을 통해 바다를/ 생각할지도 몰라/ ~/ 바다를 보는 게 꿈이라면

풀이 (가)에서는 '단풍잎', '하늘', '파란 물감', '손바닥', '강물'의 연쇄적 활용을 통해, (나)에서는 '계단', '창문', '바다'의 연쇄적 활용을 통해 시상을 발전시켜 나가고 있다.

→ 적절함!

⑤ (가)와 (나) 모두 시선의 이동을 통해 장소가 지닌 의미를 다양하게 제시하고 있다.

근거 **(가)-3~6** 하늘을 들여다보려면 ~ 눈썹에 파란 물감이 든다. ~ 손바닥에도 파란 물감이 묻어 난다. 다시 손바닥을 들여다본다. 손금에는 맑은 강물이 흐르고, ~ 강물 속에는 ~ 순이의 얼굴이 어린다.
(나)-4~8 밟으면 삐걱 소리가 나는 계단도 있겠지/ 그 계단을 따라 올라가는 다락방/ 별빛이 들고 나는 창문들도 있구나/ 누군가 그 창문을 통해 바다를/ 생각할지도 몰라

풀이 (가)에는 소년의 시선이 '하늘', '눈썹', '손바닥(손금)', '맑은 강물', '순이의 얼굴'로 이동하면서 시상이 전개되고 있다. (나)에도 '계단', 그 '계단'을 따라 올라가면 있는 '다락방', '다락방'에 있는 '창문', 그리고 '창문'을 통해 보이는 '바다'로 시선의 이동이 드러난다. 그러나 (가)와 (나) 모두 시선의 이동을 통해 장소가 지닌 의미를 다양하게 제시하고 있지는 않다.

→ 적절하지 않음!

---

027 | 시어의 의미 – 적절한 것 고르기   2023년 6월 학평 44번
정답률 65%, 매력적 오답 ④ 10% | 정답 ①

㉠, ㉡에 대한 이해로 가장 적절한 것은?

(가)-3 가만히 ㉠하늘을 들여다보려면 눈썹에 파란 물감이 든다.
(나)-10~11 ㉡바다를 보는 게 꿈이라면/ 배가 되고 싶겠구나

① ㉠은 '소년(少年)'의 정서를 *환기하는 기능을 하고 있다. * 불러일으키는

근거 **(가)-3~8** ㉠하늘을 들여다보려면 눈썹에 파란 물감이 든다. ~ 손바닥에도 파란 물감이 묻어난다. 다시 손바닥을 들여다본다. 손금에는 맑은 강물이 흐르고, ~ 맑은 강물은 흘러 사랑처럼 슬픈 얼굴—아름다운 순이의 얼굴은 어린다.

풀이 '하늘'을 바라보던 '소년'의 눈썹과 손바닥에 파란 물감이 묻어나고, '소년'은 손금에 흐르는 맑은 강물 속에서 사랑처럼 슬픈 순이의 얼굴을 발견한다. 따라서 ㉠(하늘)은 순이에 대한 그리움이라는 '소년'의 정서를 환기하는 기능을 한다고 볼 수 있다.

→ 적절함!

② ㉠은 '소년(少年)'이 거부하고자 하는 세계를 상징하고 있다.

풀이 '하늘'을 보던 '소년'은 '하늘'에 동화되어 눈썹과 손바닥에 파란 물감이 들게 되므로 ㉠(하늘)이 '소년'이 거부하고자 하는 세계를 상징한다고 보기는 어렵다.

→ 적절하지 않음!

③ ㉠은 '소년(少年)'이 자신의 *한계를 인식하는 **계기가 되고 있다.

* 능력이 작용하는 범위   ** 원인

풀이 (가)에서 '소년'이 ㉠(하늘)을 계기로 자신의 한계를 인식하는 모습은 나타나지 않는다.

→ 적절하지 않음!

④ ㉡은 '너'가 처한 긍정적 상황을 드러내는 역할을 한다.

풀이 (나)의 화자는 '너'의 꿈이 무엇일지 상상하며 '너'가 '바다'를 보는 게 꿈이면 배가 되고 싶겠다고 하고 있다. 따라서 ㉡(바다)은 화자가 상상한, '너'의 꿈과 관련된 대상이지 '너'가 처한 긍정적 상황을 드러내는 역할을 하는 것은 아니다.

→ 적절하지 않음!

⑤ ⓒ은 '너'의 *성찰이 이루어진 이후의 모습을 **표상하고 있다. *반성 **상징하고
풀이 '바다'는 화자가 상상한, '너'가 보고 싶어 하는 대상이므로 ⓒ(바다)이 '너'의 성찰이 이루어진 이후의 모습을 드러낸 것은 아니다.

→ 적절하지 않음!

---

028 감상의 적절성 - 적절하지 않은 것 고르기 2023년 6월 학평 45번 **1등급 문제**
정답률 50%, 매력적 오답 ④ 20%, ① 15%, ⑤ 10% **정답 ③**

〈보기〉를 참고하여 (가)와 (나)를 감상한 내용으로 적절하지 <u>않은</u> 것은? [3점]

| 보기 |
1 (가), (나)는 시간의 흐름 속에서 성장하는 존재의 순수한 정서와 인식에 대해 표현하고 있다. 2 (가)는 소년이 자연물에 동화되는(같을 同 될 化 : 하나가 되는) 과정을 감각적으로(느낄 感 깨달을 覺 ~의 的 : 시각, 청각, 후각, 촉각, 미각과 같은 감각이 느껴지는 이미지로) 드러내면서 과거의 사랑을 그리워하는 소년의 정서를 보여 준다. 3 (나)는 대상이 품을 수 있는 다양한 꿈을 제시하고, 꿈을 이루지 못한 상황에서도 대상이 존재 가치가 있다는 것을 역설적으로(거스를 逆 말할 說 ~의 的 : 모순을 통해 강조하여) 보여 주고 있다. 4 또 미래보다 현재 상황과 모습에 주목하는 자세를 강조하며 마무리한다.

① (가)의 '파란 물감이 든' '눈썹'은 '소년(少年)'이 자연물에 동화되는 것을 감각적으로 표현하는군.
근거 〈보기〉-2 (가)는 소년이 자연물에 동화되는 과정을 감각적으로 드러내면서
(가)-3 하늘을 들여다보려면 눈썹에 파란 물감이 든다.
풀이 (가)의 '파란 물감이 든' '눈썹'은 '소년'이 자연물인 하늘에 동화되는 것을 시각적으로 표현한 것이다.

→ 적절함!

② (가)의 '맑은 강물'에 어린 얼굴에는 '순이(順伊)'에 대한 '소년(少年)'의 그리움이 *투영되어 있군. *나타나
근거 〈보기〉-2 과거의 사랑을 그리워하는 소년의 정서를 보여 준다.
(가)-6~7 손금에는 맑은 강물이 흐르고, 맑은 강물이 흐르고, 강물 속에는 사랑처럼 슬픈 얼굴―아름다운 순이의 얼굴이 어린다. 소년은 황홀히 눈을 감아 본다.
풀이 (가)에서 '소년'의 손금에 흐르는 '맑은 강물'에는 사랑처럼 슬픈 얼굴인 '순이'의 얼굴이 어려 있다. 이는 '순이'에 대한 '소년'의 그리움이 투영된 것으로 볼 수 있다.

→ 적절함!

✓③ (나)의 '의자', '책상', '한 줌 재' 등은 대상이 품을 수 있는 다양한 꿈을 보여 주는군.
근거 〈보기〉-3 (나)는 대상이 품을 수 있는 다양한 꿈을 제시하고,
(나)-2~3 의자가 되고 싶니/ 누군가의 책상이 되고 싶니 12~14 어쩌면 그 무엇도 되지 못하고/ 아궁이 속 장작으로 눈을 감을지도 모르지/ 잊지 마렴 한 줌 재가 되었지만
풀이 (나)의 '의자'와 '책상'은 '너'가 품을 수 있는 다양한 꿈을 보여 준다. 그러나 '한 줌 재'는 그 무엇도 되지 못한 상황을 의미하므로 '너'의 꿈을 보여 주는 것이라 볼 수 없다.

→ 적절하지 않음!

④ (나)의 '장작'은 꿈을 이루지 못한 상황에서도 '몸을 데워' 줄 수 있다는 존재 가치에 대한 역설적 인식을 보여 주는군.
근거 〈보기〉-3 꿈을 이루지 못한 상황에서도 대상이 존재 가치가 있다는 것을 역설적으로 보여 주고 있다.
(나)-12~17 어쩌면 그 무엇도 되지 못하고/ 아궁이 속 장작으로 눈을 감을지도 모르지/ 잊지 마렴 한 줌 재가 되었지만/ 넌 그때도 하늘을 날고 있는 거야/ 누군가의 몸을 데워주고 난 뒤/ 춤을 추듯 피어오르는 거야
풀이 (나)의 '장작'이 한 줌 재가 된 것은 '너'가 꿈꾸는 그 무엇도 되지 못한 상황이며, 그럼에도 누군가의 '몸을 데워' 줄 수 있는 것은 새롭게 발견한 '너'의 존재 가치를 의미한다. 따라서 '장작'은 꿈을 이루지 못한 상황에서도 '몸을 데워' 줄 수 있다는 존재 가치에 대한 역설적 인식을 보여 준다.

→ 적절함!

⑤ (나)의 '바람 소리'는 대상에게 '지금'의 상황과 모습을 주목하게 하는 계기가 될 수 있겠군.
근거 〈보기〉-4 미래보다 현재 상황과 모습에 주목하는 자세를 강조하며 마무리한다.
(나)-19~23 네 잎사귀를 스치고 가는/ 저 바람 소리를 들어보렴/ 너는 지금 바람을 만나고 있구나/ 바람의 춤을 따라 흔들리고 있구나/ 지금이 바로 너로구나
풀이 대상인 '너(나무)'에게 '바람 소리'를 들어보라 하고 있다. 이를 통해 '너'가 바람을 만나 잎사귀가 바람의 춤을 따라 흔들리는 '지금'의 상황과 모습을 주목하게 하고 있다.

→ 적절함!

[029~031] 다음 글을 읽고 물음에 답하시오.

작품 이해 단계 ① 화자 ② 상황 및 대상 ③ 정서 및 태도 ④ 주제

(가)

1
1 ㉠밭둑에서 나는 바람과 놀고
① 화자: '나'
└ 밭의 경계가 되고 사람이 걸어 다닐 수 있도록 한 둑
2 할머니는 메밀밭에서
② 대상: '할머니'
3 메밀을 꺾고 계셨습니다.

2
흰색 꽃으로 7~10월에 핌
1 늦여름의 하늘빛이 메밀꽃 위에 빛나고
② 상황: 과거에 할머니가 메밀을 꺾으며 '나'를 돌보던 상황
2 메밀꽃 사이사이로 할머니는 가끔
3 나와 바람의 장난을 살피시었습니다.

3
1 해마다 밭둑에서 자라고
2 아주 커서도 덜 자란 나는
└ 나이로는 자랐지만 충분히 성숙하지는 않은
3 늘 그러했습니다만
└ '할머니의 사랑과 보살핌을 받았다'는 의미

4
1 할머니는 저승으로 가버리시고
② 상황: 할머니가 돌아가시고 '나'가 할머니와의 추억과 할머니의 사랑을 잊은 상황
2 나도 벌써 몇 년인가
3 그 일은 까맣게 잊어버린 후
└ 할머니와의 추억, 할머니의 사랑

5
짚으로 엮어 만든 큰 깔개
1 오늘 저녁 멍석을 펴고
2 마당에 누우니
② 상황: '나'가 오늘 마당에 누워 별을 보며 어릴 적 메밀꽃을 떠올리는 상황

6
1 온 하늘 가득
2 별로 피어 있는 어릴 적 메밀꽃
└ 과거 회상의 매개체

7
1 할머니는 나를 두고 메밀밭만 저승까지 가져가시어
③ 정서: '나'에 대한 할머니의 사랑과 정성을 깨닫는다.
2 날마다 저녁이면 메밀밭을 매시며
└ 논밭에 난 잡풀을 뽑으시며
3 메밀꽃 사이사이로 나를 살피고 계셨습니다.
└ '별'을 의미함

- 이성선, 「고향의 천정(天井) 1」-

④ 주제: '나'는 과거를 회상하며 할머니를 그리워한다.

- 지문 이해

과거 (①~③)	시간의 경과 (④)	현재 (⑤~⑦)	
• 할머니는 가끔/ 나와 바람의 장난을 살피시었습니다.	• 할머니는 저승으로 가버리시고/ 그 일은 까맣게 잊어버린 후	• 별로 피어 있는 어릴 적 메밀꽃	• 할머니는 ~/ 메밀꽃 사이사이로 나를 살피고 계셨습니다.
→'할머니'의 보살핌을 받던 어린 시절	→'할머니'의 부재, 시간의 흐름과 망각	→'별'을 매개로 메밀꽃을 떠올림	→'할머니'의 사랑에 대한 깨달음, '할머니'에 대한 그리움

(나)

1 **밥물 눈금**을 찾지 못해 질거나 된 밥을 먹는 날들이 있더니
  └ 밥을 지을 때 쌀의 양에 맞는 적절한 물의 양을 알려 주는 눈금
2 이제는 그도 좀 익숙해져서 손마디나 손등,
  └ 물기가 많거나 적은 / 밥물을 맞추는 것
3 **손가락 주름**을 눈금으로 쓸 줄도 알게 되었다
4 촘촘한 손등 주름 따라 **밥맛을 조금씩 달리**해본다
5 손등 중앙까지 올라온 **수위**를 중지의 마디를 따라 오르내리다보면
  └ 물 水 위치 位 : 물의 높이 / 가운데 中 손가락 指 : 가운뎃손가락
6 **물꼬**를 트기도 하고 막기도 하면서
  └ 논에 물이 넘어 들어오거나 나가게 하기 위하여 만든 좁은 통로
7 논에 물을 보러 가던 할아버지 생각도 나고,
8 저녁때가 되면 한 끼라도 아껴보자
  └ 이웃에 놀러 다니는 일
9 친구 집에 마실을 가던 소년의 저녁도 떠오른다
  └ 화자 자신
10 한 그릇으로 두 그릇 세 그릇이 되어라 밥국을 끓이던 ⓛ **문현동**
  └ 부산에 위치한 동네 / 식은 밥에 김치나 나물을 넣어 죽처럼 끓인 국
11 가난한 지붕들이 내 손가락 마디에는 있다
  └ 화자 : '나' / 손을 보며 과거의 가난했던 시절을 떠올린다.
12 일찍 철이 들어서 슬픈 귓속으로
  └ 사리를 판단할 줄 아는 힘이 생겨서
13 봉지쌀 탈탈 터는 소리라도 들려올 듯,
  └ 봉지에 담아서 파는 적은 분량의 쌀
14 얼굴보다 먼저 **늙은 손**이긴 해도
  └ 정서 : 일찍 철이 든 것이 슬프다.
15 **전기밥솥에는 없는 눈금**을 내 손은 가졌다
  └ 태도 : '나'의 현재 모습을 긍정적으로 인식한다.

                              - 손택수, 「밥물 눈금」-

② 대상 및 상황 : 밥물을 맞추다가 '할아버지'와 가난했던 '소년'이 떠오르는 상황

④ 주제 : 가난했던 과거를 떠올리며, '나'의 현재 모습을 긍정적으로 인식한다.

・지문 이해

화자의 체험	과거 회상	화자의 인식
・손가락 주름을 눈금으로 쓸 줄도 알게 되었다 ・손등 중앙까지 올라온 수위	・논에 물을 보러 가던 할아버지 ・친구 집에 마실을 가던 소년 ・밥국을 끓이던 문현동 / 가난한 지붕	・얼굴보다 먼저 늙은 손이긴 해도/ 전기밥솥에는 없는 눈금을 내 손은 가졌다
→ 손으로 밥물을 맞추는 일상적 행위의 반복 → 과거 회상의 매개체	→ 그리운 할아버지 → 가난했던 어린 시절과 동네의 모습	→ '나'의 현재 모습에 대한 긍정적 인식

---

029 표현상 특징 - 적절한 것 고르기   2023년 3월 학평 16번 | 정답 ②
정답률 70%, 매력적 오답 ③ 10%

(가)와 (나)에 대한 설명으로 가장 적절한 것은?

선지	핵심 체크 내용	(가)	(나)
①	설의법 → 화자의 의지를 표현함	X	X
②	청각적 심상 → 화자의 정서 부각	X	O
③	격정적 어조 → 화자의 기대감	X	-
③	단정적 어조 → 화자의 기대감	-	X
④	상승의 이미지	O	-
④	대상의 역동성 강조	X	-
④	하강의 이미지	-	O
④	대상의 역동성 강조	-	X
⑤	계절감을 드러내는 시어	O	X
⑤	대상의 변화 양상	X	X

① **(가)는 (나)와 달리 *설의법을 통해 화자의 의지를 표현하고 있다.**
* 이미 알고 있는 사실을 의도적으로 의문의 형식으로 나타내어 뜻을 강조하는 표현법
풀이   (가)와 (나)에는 모두 설의법이 나타나지 않으며 화자의 의지를 표현하고 있지도 않

다. (가)의 화자는 '할머니'의 사랑에 대한 깨달음과 그리움을, (나)의 화자는 과거를 회상하며 자신의 현재 모습에 대한 긍정적 인식을 표현하고 있을 뿐이다.

→ 적절하지 않음!

② **(나)는 (가)와 달리 *청각적 심상을 통해 화자의 정서를 부각하고 있다.**
* 소리와 같이 귀로 느낄 수 있는 이미지
근거   (나)-12~13 일찍 철이 들어서 슬픈 귓속으로/ 봉지쌀 탈탈 터는 소리라도 들려올 듯,
풀이   (나)는 '봉지쌀 탈탈 터는 소리'라는 청각적 심상을 통해 가난했던 어린 시절을 떠올리며 슬픔을 느끼는 화자의 정서를 부각하고 있다. 한편, (가)에는 할머니를 그리워하는 화자의 정서는 드러나나 청각적 심상이 나타나지 않는다.

→ 적절함!

③ **(가)는 *격정적 어조를, (나)는 **단정적 어조를 통해 화자의 기대감을 드러내고 있다.** * 감정을 강렬하게 드러내는 말투 ** 딱 잘라서 판단하고 결정하는 말투
풀이   (가)에서 화자는 어린 시절의 추억과 '할머니'의 사랑에 대한 깨달음을 차분한 어조로 전달하고 있으므로 격정적 어조와는 거리가 멀며, 화자의 기대감을 드러내고 있지도 않다. (나)에서 화자는 '밥물 눈금'을 통해 떠올린 가난했던 어린 시절에 대한 기억과 현재 자신의 모습에 대한 긍정적 인식을 담담한 어조로 전달하고 있으므로 단정적 어조가 드러난다고 보기 어려우며 화자의 기대감을 드러내고 있지도 않다.

→ 적절하지 않음!

상승의 이미지와

④ **(가)는 *상승의 이미지를, (나)는 **하강의 이미지를 통해 대상의 ***역동성을 강조하고 있다.** * 위 上 오를 乘 : 위로 올라가는 이미지 ** 아래 下 내릴 降 : 아래로 내려가는 이미지 *** 힘 力 움직일 動 성질 性 : 힘차고 활발하게 움직이는 성질이나 특성
근거   (가)-5~6 오늘 저녁 멍석을 펴고/ 마당에 누우니// ~ 별로 피어 있는 어릴 적 메밀꽃
     (나)-5 손등 중앙까지 올라온 수위를 중지의 마디를 따라 오르내리다보면
풀이   (가)에서는 '멍석을 펴고 마당에 누'워 밤하늘의 '별'을 올려다보는 화자의 행위에서 상승의 이미지가 나타난다. 그러나 이를 통해 대상의 역동성을 강조하고 있지는 않다. (나)에서는 '수위를 중지의 마디를 따라 오르내리다보면'에서 상승의 이미지와 하강의 이미지가 함께 나타난다. 그러나 이를 통해 대상의 역동성을 강조하고 있지는 않다.

→ 적절하지 않음!

> **■상승 이미지**
> 위로 올라가는 느낌의 이미지로 흔히 이상과 희망의 추구, 초월적 세계에의 지향, 기쁨과 즐거움 같은 시적 화자의 긍정적 정서와 어울린다.
>
> **■상승 이미지가 드러나는 작품**
> ・조지훈, 「마음의 태양」 (2005학년도 9월 모평)
> 마음 나라의 원광은 떠오른다.
>   항시 날아오르는 노고지리('종달새'의 옛말)같이
> → 상승 이미지를 통해 아름답고 높은 넋으로 살고 싶은 화자의 마음을 드러낸다.
>
> **■하강 이미지**
> 아래로 떨어지는 느낌의 이미지로 흔히 좌절, 슬픔, 비애의 정서와 어울린다.
>
> **■하강 이미지가 드러나는 작품**
> ・김광균, 「외인촌」 (2000학년도 수능)
> 잠기어 가고// 창을 내리고// 별빛이 내리고
> → '잠기어', '내리고'에서 하강 이미지가 드러난다.

(가)는

⑤ **(가)와 (나)는 모두 *계절감을 드러내는 시어를 통해 대상의 변화 **양상을 나타내고 있다.** * 계절 季 철 節 느낄 感 : 계절의 느낌 ** 모양 樣 모양 相 : 모습
근거   (가)-2-1 늦여름의 하늘빛이 메밀꽃 위에 빛나고
풀이   (가)의 '늦여름'은 여름의 계절감을 드러내는 시어이다. 그러나 이를 통해 대상의 변화 양상을 나타내고 있지는 않다. (나)에서는 계절감을 드러내는 시어를 찾아볼 수 없으며, 대상의 변화 양상을 나타내고 있지도 않다.

→ 적절하지 않음!

> **■계절감을 드러내는 시어를 통해 대상의 변화 양상을 나타내는 작품**
> ・황지우, 「겨울-나무로부터 봄-나무에로」 (2010학년도 9월 모평, 2015학년도 9월 모평A)
> 자기의 뜨거운 혀로 싹을 내밀고/ 천천히, 서서히, 문득, 푸른 잎이 되고/ 푸르른 사월 하늘 들이받으면서/ 나무는 자기의 온몸으로 나무가 된다
> → '싹', '푸른 잎', '푸르른 사월 하늘' 등의 계절감을 드러내는 시어를 통해 봄을 맞이한 나무의 변화 양상을 나타내고 있다.

㉠과 ㉡을 비교한 내용으로 가장 적절한 것은?

> (가) ❶-1 ㉠밭둑에서 나는 바람과 놀고
> (나)-10 한 그릇으로 두 그릇 세 그릇이 되어라 밥국을 끓이던 ㉡문현동

①㉠은 화자가 벗어나려는, ㉡은 화자가 지향하는 공간이다.

근거 (가) ❷-2~3 할머니는 가끔/ 나와 바람의 장난을 살피셨습니다.
(나)-12 일찍 철이 들어서 슬픈 귓속으로

풀이 ㉠(밭둑)은 화자가 할머니의 보살핌을 받으며 바람과 놀던 추억의 공간이므로 화자가 벗어나려는 공간으로 볼 수 없다. ㉡(문현동)은 가난으로 인해 화자를 일찍 철이 들게 했던 슬픈 공간이므로 화자가 지향하는 공간으로 볼 수 없다.

→ 적절하지 않음!

②㉠은 화자가 *이질감을, ㉡은 화자가 **동질감을 느끼는 공간이다.
* 다를 異 성질 性質 느낄 感 : 성질이 서로 달라 낯설거나 잘 맞지 않는 느낌 ** 같을 同 성질 性質 느낄 感 : 성질이 서로 비슷해서 익숙하거나 잘 맞는 느낌

풀이 ㉠(밭둑)은 화자가 할머니와 함께했던 추억의 공간이므로 화자가 이질감을 느끼는 공간으로 볼 수 없다. 반면에 ㉡(문현동)은 어린 시절 가난했던 화자와 마찬가지로 사람들이 가난하게 살아가던 공간이므로 화자가 동질감을 느끼는 공간으로 볼 수 있다.

→ 적절하지 않음!

③㉠은 화자의 슬픔이, ㉡은 화자의 그리움이 해소되는 공간이다.

풀이 ㉠(밭둑)은 화자가 할머니의 보살핌을 받으면서 천진난만하게 보낼 수 있었던 유년의 공간이므로 화자의 슬픔이 해소되는 공간으로 보기는 어렵다. ㉡(문현동)은 유년의 화자가 가난한 삶을 살았던 공간이므로 화자의 그리움이 해소되는 공간으로 보기는 어렵다.

→ 적절하지 않음!

④㉠은 화자의 *동심이 허용되는, ㉡은 화자의 성숙함이 요구되는 공간이다.
* 아이 童 마음 心 : 어린아이의 마음 혹은 어린아이처럼 순수하고 맑은 마음

근거 (가) ❷-3 나와 바람의 장난
(나)-12 일찍 철이 들어서 슬픈 귓속으로

풀이 ㉠(밭둑)에서 화자는 바람과 놀고 바람과 장난을 친다. 따라서 ㉠(밭둑)은 화자의 동심이 허용되는 공간으로 볼 수 있다. ㉡(문현동)은 가난으로 인해 화자를 일찍 철들게 했던 곳이므로 화자의 성숙함이 요구되는 공간으로 볼 수 있다.

→ 적절함!

⑤㉠은 화자가 경험한 적 없는 *가상의, ㉡은 화자의 경험이 **축적된 현실의 공간이다.
* 거짓 假 생각 想 : 사실이 아니거나 사실 여부가 분명하지 않은 것을 사실이라고 가정하여 생각하는 ** 모을 蓄 쌓을 積 : 모여서 쌓인

풀이 ㉠(밭둑)은 할머니와 함께한 화자의 유년의 추억의 공간이므로 화자가 경험한 적 없는 가상의 공간으로 볼 수 없다. ㉡(문현동)은 화자가 유년기에 경험한 공간이므로 화자의 경험이 축적된 현실의 공간으로 볼 수 있다.

→ 적절하지 않음!

<보기>를 바탕으로 (가), (나)를 감상한 내용으로 적절하지 않은 것은? [3점]

> | 보 기 |
> [1]과거의 경험에 대한 기억은 어떤 계기(맺을 契 기회 機 : 결정적인 원인이나 기회)를 통해 되살아나 현재의 삶에 영향을 미칠 수 있다. [2](가)의 화자는 할머니와의 기억을 통해 과거와 현재를 연결하며 깨달음과 정서적 충만감(가득할 充 가득 찰 滿 느낄 感 : 한껏 가득하게 찬 느낌이나 감정)을 얻고 있다. [3]한편 (나)의 화자는 일상적 행위의 반복 속에서 유년(어릴 幼 나이 年 : 어린 나이나 때)의 기억을 되살리고, 그 기억을 현재와 연결하며 자신의 현재 모습을 긍정하게 된다.

① (가)의 화자는 별이 가득한 '하늘'을 보며, 자신이 여전히 '나를 살피'시는 할머니의 사랑 속에 있음을 깨닫고 있군.

근거 <보기>-2 (가)의 화자는 할머니와의 기억을 통해 과거와 현재를 연결하며 깨달음과 정서적 충만감을 얻고 있다.
(가)-❻~❼ 온 하늘 가득/ 별로 피어 있는 어릴 적 메밀꽃// 할머니는 나를 두고 메밀밭만 저승까지 가져가시어/ 날마다 저녁이면 메밀밭을 매시며/ 메밀꽃 사이사이로 나를 살피고 계셨습니다.

풀이 (가)의 화자는 별이 가득한 '하늘'을 보며, 저승에 가신 할머니가 여전히 '나를 살피'고 계신다고 생각하며, 자신이 여전히 할머니의 사랑 속에 있음을 깨닫고 있다.

→ 적절함!

② (나)의 화자는 유년의 기억을 통해 '전기밥솥에는 없는 눈금'을 지닌 '늙은 손'을 긍정하며 자기 *위안을 얻고 있군. * 위로할 慰 편안할 安 : 위로하여 마음을 편하게 함

근거 <보기>-3 (나)의 화자는 일상적 행위의 반복 속에서 유년의 기억을 되살리고, 그 기억을 현재와 연결하며 자신의 현재 모습을 긍정하게 된다.
(나)-2~3 이제는 그도 좀 익숙해져서 손마디나 손등,/ 손가락 주름을 눈금으로 쓸 줄도 알게 되었다/ 14~15 얼굴보다 먼저 늙은 손이긴 해도/ 전기밥솥에는 없는 눈금을 내 손은 가졌다

풀이 (나)의 화자는 '손가락 주름', '손등 주름' 등을 통해서 밥물을 맞추는 일상적 행위의 반복 속에서 유년의 기억을 떠올리고, '전기밥솥에는 없는 눈금'을 지닌 자신의 '늙은 손'을 긍정하며 위안을 얻고 있다.

→ 적절함!

③ (가)의 '커서도 덜 자'랐다는 것과 (나)의 '밥맛을 조금씩 달리'하는 것은 현재의 화자에게 정서적 충만감을 주는군.

근거 (가) ❸-2 아주 커서도 덜 자란 나는
(나)-4 촘촘한 손등 주름 따라 밥맛을 조금씩 달리해본다

풀이 (가)의 '커서도 덜 자'랐다는 것은 화자가 나이로는 자랐지만 충분히 성숙하지는 않았다는 의미이므로 이것이 현재의 화자에게 정서적 충만감을 준다고 보기는 어렵다. (나)의 '밥맛을 조금씩 달리'하는 것은 밥물을 맞추는 일에 어려움을 겪던 화자가 이제는 익숙하게 밥물을 맞추게 되었음을 의미할 뿐, 이것이 현재의 화자에게 정서적 충만감을 준다고 볼 수는 없다.

→ 적절하지 않음!

④ (가)에서 '마당에 누워 하늘을 보는 행위와 (나)에서 '손가락 주름'으로 '밥물'을 맞추는 행위는 회상의 계기가 되는군.

근거 <보기>-1 과거의 경험에 대한 기억은 어떤 계기를 통해 되살아나
(가) ❺-2~❻ 마당에 누우니// 온 하늘 가득/ 별로 피어 있는 어릴 적 메밀꽃
(나)-1 밥물 눈금을 찾지 못해 질거나 된 밥을 먹는 날들이 있더니/ 3 손가락 주름을 눈금으로 쓸 줄도 알게 되었다

풀이 (가)의 화자는 '마당에 누워 밤하늘의 별을 보다가 할머니와 함께했던 과거의 추억을 떠올리게 된다. (나)의 화자는 '손가락 주름'으로 '밥물'을 맞추다가 가난했던 유년 시절을 떠올리게 된다. 따라서 (가)에서 '마당에 누워 하늘을 보는 행위와 (나)에서 '손가락 주름'으로 '밥물'을 맞추는 행위는 모두 회상의 계기가 된다고 볼 수 있다.

→ 적절함!

⑤ (가)의 화자가 '별'에서 '메밀꽃'을 떠올리는 것과 (나)의 화자가 '가난한 지붕들이 내 손가락 마디에는 있다'고 생각하는 것은 기억이 현재의 삶에 영향을 미치고 있음을 보여 주는군.

근거 <보기>-1 과거의 경험에 대한 기억은 ~ 현재의 삶에 영향을 미칠 수 있다.
(가) ❻-2 별로 피어 있는 어릴 적 메밀꽃
(나)-11 가난한 지붕들이 내 손가락 마디에는 있다

풀이 (가)의 화자가 현재 올려다보고 있는 밤하늘의 '별'에서 할머니와 함께했던 과거의 '메밀꽃'을 떠올리는 것은 과거의 경험에 대한 기억이 현재의 삶에 영향을 미치고 있음을 보여 주는 것이라 할 수 있다. 또한 (나)의 화자가 현재 자신의 늙고 주름진 '손가락 마디'에 과거의 '가난한 지붕들'이 있다고 생각하는 것은 과거의 경험에 대한 기억이 현재의 삶에 영향을 미치고 있음을 보여 주는 것이라 할 수 있다.

→ 적절함!

3. 현대시 ❸

마더텅 전국연합 학력평가 기출문제집 고1 국어 문학

[032~034] 다음 글을 읽고 물음에 답하시오.

작품 이해 단계 ① 화자 ② 상황 및 대상 ③ 정서 및 태도 ④ 주제

(가)

1
[A]
1 **까마득한 날에**
└→ 아주 먼 옛날. 태초
└→ 이 세상이 처음 시작되고, 천지개벽하고
2 **하늘이 처음 열리고**
3 **어데 닭 우는 소리 들렸으랴**
└→ '들리지 않았다'는 의미
└→ 어디에 · '생명의 기척'을 의미

② 상황:
까마득한 날에 하늘이 열리고 생명의 기척이 없었던 상황

2
[B]
1 **모든 산맥들이**
└→ 사랑할 戀 그리워할 慕 : 사랑하여 간절히 그리워해
2 **바다를 연모해 휘달릴 때도**
└→ 빨리 달릴
3 **차마 이곳을 범하던 못하였으리라**
└→ 광야 · 들어가지는, 건드리지는

② 상황:
산맥이 형성될 때에도 광야는 범하지 못한 상황

3
[C]
1 **끊임없는 광음을**
└→ 빛 光 그늘 陰 : 햇빛과 그늘. 낮과 밤이라는 뜻으로, '시간'이나 '세월'을 의미
2 **부지런한 계절이 피어선 지고**
└→ 왔다가 가고
3 **큰 강물이 비로소 길을 열었다**
└→ '문명, 역사'를 의미

② 상황:
세월이 흘러 역사가 시작된 상황

4
1 **지금 눈 나리고**
└→ 내리고
└→ '시련, 고난'을 의미
2 **매화 향기 홀로 아득하니**
└→ 희미하니
3 **내 여기 가난한 노래의 씨를 뿌려라**
└→ 광야에
└→ ① 화자: '내(나)'

② 상황:
눈이 내리고 매화 향기가 아득한 상황

③ 태도:
(미래를 위해) 가난한 노래의 씨를 뿌린다.

5
1 **다시 천고의 뒤에**
└→ 일천 千 옛 古 : 아주 오랜 세월 뒤. 미래
2 **백마 타고 오는 ⊙초인이 있어**
└→ 뛰어넘을 超 사람 人 : 보통 사람으로는 생각할 수 없을 만큼 뛰어난 능력을 가진 사람
3 **이 광야에서 목 놓아 (노래를) 부르게 하리라**
└→ 큰 목소리로

③ 태도 : 천고의 뒤에 초인이 올 것이라 생각한다.

④ 주제:
광야의 부정적 현실을 극복하려는 의지와 신념
└→ 넓을 廣 들 野 : 아득히 넓은 들. '우리 민족의 삶의 터전'을 의미

- 이육사, 「광야」-

· 이육사 [중요 작가]

「초가」(2022학년도 수능), 「강 건너간 노래」(2018학년도 수능) 기출. 고3 평가원 문제에 2번 이상 출제된 시인이다. 일제 강점기에 끝까지 민족의 양심을 지키며 일제에 항거한 시인으로, 그의 대표적인 시의 주제와 특징을 시대적 배경과 연결하여 정리해 두는 것이 좋다.

· 지문 이해

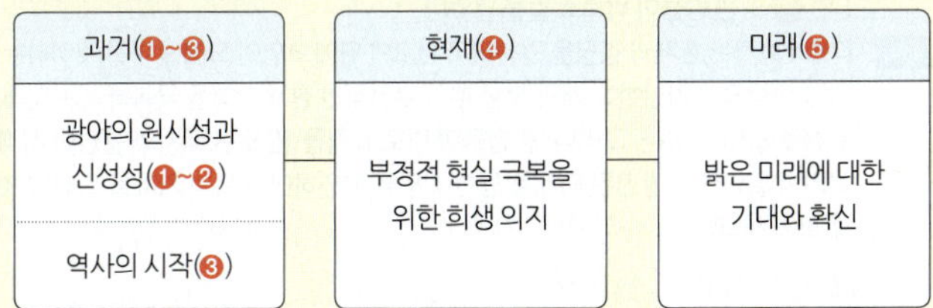

과거(❶~❸)	현재(❹)	미래(❺)
광야의 원시성과 신성성(❶~❷) 역사의 시작(❸)	부정적 현실 극복을 위한 희생 의지	밝은 미래에 대한 기대와 확신

· 시어의 상징적 의미

작품이 창작된 시기가 일제 강점기임을 고려한다면 '눈'은 일제 강점기의 암울한 현실을, '가난한 노래의 씨'는 광복을 위한 화자의 희생을, '백마 타고 오는 초인'은 화자가 기다리는 대상인 광복, 혹은 광복을 이끌 후손을 의미한다고 볼 수 있다.

(나)

① 화자: 안 드러남

1
[D]
1 **머리가 마늘쪽같이 생긴 고향의 소녀와**
└→ 마늘의 낱개. '꾸밈없는 소녀의 모습'을 비유
2 **한여름을 알몸으로 사는 고향의 소년과**
└→ 자연 그대로의 순수함을 간직한
3 **같이 낮이 설어도 사랑스러운 들길이 있다**
└→ 익숙하지 않아도

② 대상 및 상황:
고향에 순수한 '소녀'와 '소년'. 사랑스러운 '들길'이 있는 상황

2
[E]
1 **그 길에 아지랑이가 피듯 태양이 타듯**
└→ 햇빛이 강하게 쬘 때 공기가 공중에서 아른아른 움직이는 현상
└→ 들길
2 **제비가 날듯 길을 따라 물이 흐르듯 그렇게**
3 **그렇게**

③ 정서:
들길의 아지랑이, 태양, 제비, 물의 모습과 울타리 밖에도 화초를 심는 마을의 모습이 천연하다고 느낀다.

3
천연(天然)히
└→ 자연 天 그러할 然 : 생긴 그대로 조금도 꾸밈이 없이

4
1 **울타리 밖에도 ⓒ화초를 심는 마을이 있다**
└→ 이웃과 아름다움을 함께 나누는 마을의 모습
2 **오래오래 잔광이 부신 마을이 있다**
└→ 남을 殘 빛 光 : 해가 질 무렵의 약한 햇빛
3 **밤이면 더 많이 별이 뜨는 마을이 있다**

② 상황: 마을과 자연이 조화를 이루는 상황

- 박용래, 「울타리 밖」-

④ 주제:
인간과 자연이 조화된, 아름다운 세계에 대한 소망
└→ 풀이나 나무 따위를 얽거나 엮어서 담 대신에 경계를 지어 막는 물건

· 지문 이해

고향의 모습	화자의 정서
· '낮이 설어도 사랑스러운 들길' · '천연히 ~ 화초를 심는 마을' · '오래오래 잔광이 부신 마을' · '밤이면 더 많이 별이 뜨는 마을'	→ 인간과 자연이 조화를 이루는 세계를 소망함

1등급 문제

032 | 표현상 특징 - 적절하지 않은 것 고르기 | 2022년 9월 학평 43번
정답률 60%, 매력적 오답 ② 15%, ④ 10%
정답 ③

[A] ~ [E]에 대한 설명으로 적절하지 않은 것은?

① [A] : *설의적 표현을 활용하여 **원시성을 지닌 ***태초 광야의 모습을 강조하고 있다. * 쉽게 판단할 수 있는 사실을 의문의 형식으로 표현하여 의미를 강조하는 방법 ** 문명 이전의 자연 그대로의 성질 *** 하늘과 땅이 생겨난 맨 처음

근거 [A] (가)-❶ 까마득한 날에/ 하늘이 처음 열리고/ 어데 닭 우는 소리 들렸으랴

풀이 '어데 닭 우는 소리 들렸으랴'는 광야 어디에도 생명의 기척이 없었다는 사실을 설의적으로 표현한 것으로, 이를 통해 원시성을 지닌 태초 광야의 모습을 강조하고 있다.

→ 적절함!

② [B] : *인격화된 대상의 행위를 추측하여 광야의 **신성성을 부각하고 있다. * 사람처럼 표현된 ** 함부로 가까이 할 수 없을 만큼 고결하고 거룩한 성질

근거 [B] (가)-❷ 모든 산맥들이/ 바다를 연모해 휘달릴 때도/ 차마 이곳을 범하던 못하였으리라

풀이 바다를 연모하는 것으로 인격화된 산맥이 차마 광야를 범하지 못하였을 것이라는 추측이 표현을 통해 광야의 신성성을 부각하고 있다.

→ 적절함!

✓ **③** [C] : *추상적 대상을 구체화하여 광야가 끊임없이 생성되고 소멸되는 **순환성을 나타내고 있다.
계절이 반복되는
* 일정한 형태가 없어 지각할 수 없는 ** 주기적으로 반복되거나 되풀이하여 도는 성질

근거 [C] (가)-**③** 끊임없는 광음을/ 부지런한 계절이 피어선 지고/ 큰 강물이 비로소 길을 열었다

풀이 [C]에서는 계절이라는 추상적 대상을 꽃처럼 피고 지는 것으로 구체화하여 반복되는 계절의 순환성을 나타내고 있다. 광야가 끊임없이 생성되고 소멸되는 순환성을 나타내고 있지는 않다.

→ 적절하지 않음!

④ [D] : 시각적 심상을 활용하여 고향의 모습을 선명하게 표현하고 있다.

근거 [D] (나)-**①** 머리가 마늘쪽같이 생긴 고향의 소녀와/ 한여름을 알몸으로 사는 고향의 소년과/ 같이 낯이 설어도 사랑스러운 들길이 있다

풀이 '머리가 마늘쪽같이 생긴 고향의 소녀'와 '한여름을 알몸으로 사는 고향의 소년'이라는 시각적 심상을 활용하여 꾸밈없이 순수한 고향의 모습을 선명하게 표현하고 있다.

→ 적절함!

⑤ [E] : 비유적인 표현을 활용하여 *인위적이지 않은 마을의 모습을 드러내고 있다.
* 자연의 힘이 아닌 사람의 힘으로 이루어지는 것

근거 [E] (나)-**②~③** 그 길에 아지랑이가 피듯 태양이 타듯/ 제비가 날듯 길을 따라 물이 흐르듯 그렇게/ 그렇게// 천연히

풀이 '아지랑이가 피듯', '태양이 타듯', '제비가 날듯', '물이 흐르듯'이라는 비유적인 표현을 활용하여 인위적이지 않고 천연한 마을의 모습을 드러내고 있다.

→ 적절함!

---

033 | 시어의 의미 - 적절한 것 고르기 | 2022년 9월 학평 44번 | **정답 ⑤**
정답률 70%

㉠과 ㉡에 대한 이해로 가장 적절한 것은?

> (가) **⑤**-1~2 다시 천고의 뒤에/ 백마 타고 오는 ㉠ 초인이 있어
> (나) **④**-1 울타리 밖에도 ㉡화초를 심는 마을이 있다

① ㉠은 화자를 *각성하게 하는 존재이며, ㉡은 화자를 **성찰하게 하는 대상이다.
* 깨달아 알게 ** 반성하게

풀이 ㉠(초인)은 노래를 부름으로써 화자의 바람을 실현해 주는 존재이지 화자를 각성하게 하는 존재는 아니다. ㉡(화초)은 화자가 긍정적으로 여기는 공동체의 모습을 보여 주는 것으로, 화자를 성찰하게 하는 대상이라 볼 수 없다.

→ 적절하지 않음!

② ㉠은 공간의 *황폐함을 심화하는 존재이며, ㉡은 공간에 생명력을 부여하는 대상이다. * 거칠어져 못 쓰게 됨

풀이 ㉠(초인)은 화자가 뿌린 씨의 결실인 노래를 불러 광야의 부정적 상황을 극복할 수 있게 하는 인물이므로, ㉠(초인)으로 인해 공간의 황폐함이 심화된다고 볼 수 없다. ㉡(화초)은 울타리 밖이라는 공간에 자연의 생명력을 부여하는 대상으로 볼 수 있다.

→ 적절하지 않음!

인식을 드러내는
③ ㉠은 공간의 변화를 가져오는 존재이며, ㉡은 공동체의 인식 전환을 일으키는 대상이다.

풀이 ㉠(초인)은 노래를 부름으로써 눈 내리는 광야의 부정적 상황을 극복하고 긍정적인 방향으로 이끌어 갈 인물이므로, 공간의 변화를 가져오는 존재로 볼 수 있다. ㉡(화초)은 공동체가 지니고 있는, 남을 배려하며 인정이 가득한 모습을 보여 주는 것으로 공동체의 인식 전환을 일으키는 대상으로 볼 수 없다.

→ 적절하지 않음!

④ ㉠은 화자가 *위화감을 느끼게 하는 존재이며, ㉡은 화자가 **애상감을 느끼게 하는 대상이다. * 조화롭게 어울리지 않는 어설픈 느낌 ** 슬프고 가슴 아픈 느낌

풀이 ㉠(초인)은 화자의 바람을 실현해 줄 존재로, 화자가 기다리는 대상일 뿐 화자가 위화감을 느끼게 하는 존재는 아니다. ㉡(화초)은 화자가 공동체의 인정과 배려를 느끼게 하는 대상일 뿐 애상감을 느끼게 하는 대상이 아니다.

→ 적절하지 않음!

✓ **⑤** ㉠은 화자가 지향하는 이상을 실현하는 존재이며, ㉡은 화자가 지향하는 공동체의 모습을 드러내는 대상이다.

근거 (가) **④**-3~**⑤** 내 여기 가난한 노래의 씨를 뿌려라// 다시 천고의 뒤에/ 백마 타고 오는 ㉠ 초인이 있어/ 이 광야에서 목 놓아 부르게 하리라

풀이 (가)의 화자는 천고의 뒤에 백마 타고 올 ㉠(초인)을 위해 그가 부를 노래의 씨를 심는다. 따라서 ㉠(초인)은 광야에서 목 놓아 노래를 부르는 행위를 통해 화자가 지향하는 이상을 실현하는 존재이다. (나)의 마을 사람들은 ㉡(화초)을 자신의 것으로만 한정하지 않고 울타리 밖에도 ㉡(화초)을 심는다. 이는 울타리 밖의 타인을 배려하는 인정 넘치는 모습이므로 ㉡(화초)은 화자가 지향하는 공동체의 모습을 드러내는 대상이다.

→ 적절함!

---

034 | 감상의 적절성 - 적절하지 않은 것 고르기 | 2022년 9월 학평 45번 | **정답 ①**
1등급 문제
정답률 35%, 매력적 오답 ② 25%, ③, ⑤ 15%, ④ 10%

<보기>를 바탕으로 (가), (나)를 감상한 내용으로 적절하지 않은 것은? 3점

> | 보기 |
> [1]시에서의 시간 양상은 화자의 지향성을 내포하고(안 內 감쌀 包 : 담고) 있다. [2]화자가 미래 지향성을 보이는 경우, 시에서의 시간은 현재에서 미래로 나아가는 순방향의 흐름을 보인다. [3]이때 화자는 현재의 결핍(없을 缺 모자랄 乏 : 있어야 할 것이 없어지거나 모자람)을 인식하고 과거로의 회귀(돌 回 돌아갈 歸 : 돌아감) 대신 발전된 미래에 대한 신뢰를 바탕으로 부정적인 현재 상황을 적극적으로 극복하려 한다. [4]화자가 과거 상황을 긍정적으로 인식하는 과거 지향성을 보이는 경우, 화자는 미래에 대한 신뢰 없이 과거의 공간을 훼손되지 않은 원형(근원 原 모양 形 : 본래의 모습)으로 여기는 모습을 보인다. [5]이때 화자의 과거 회상이 현재 시제로 표현되기도 하는데, 이는 과거 공간이 존속하기를(있을 存 이을 續 : 그대로 있거나 계속되기를) 소망하는 화자의 심리가 반영된 것으로 볼 수 있다.

✓ **①** (가)의 화자는 '큰 강물이 비로소 길을' 연 것을 통해 발전된 미래를 향한 희망을 확인하여 극복의 자세를 드러낸 것이겠군.

근거 <보기>-2~3 화자가 미래 지향성을 보이는 경우, ~ 발전된 미래에 대한 신뢰를 바탕으로 부정적인 현재 상황을 적극적으로 극복하려 한다.
(가) **③**-3 큰 강물이 비로소 길을 열었다

풀이 (가)의 화자는 현재의 결핍을 인식하고 천고의 뒤에 초인이 노래를 부를 것이라는 희망을 바탕으로 가난한 노래의 씨를 뿌려 부정적인 현재 상황을 극복하려는 미래 지향성을 보이고 있다. 그러나 '큰 강물이 비로소 길을' 연 것은 역사와 문명이 시작된 과거의 일이므로 발전된 미래를 향한 희망을 확인하여 극복의 자세를 드러낸 것으로 보기 어렵다.

→ 적절하지 않음!

② (가)의 화자가 '가난한 노래의 씨'를 뿌리고자 하는 것은 현재의 결핍을 인식하고 있기 때문이겠군.

근거 <보기>-2~3 화자가 미래 지향성을 보이는 경우, ~ 발전된 미래에 대한 신뢰를 바탕으로 부정적인 현재 상황을 적극적으로 극복하려 한다.
(가) **④**-1 지금 눈 나리고/ 3 내 여기 가난한 노래의 씨를 뿌려라

풀이 (가)의 화자는 현재 눈이 내리는 부정적 상황(결핍)을 인식하고 '가난한 노래의 씨'를 뿌려 이를 적극적으로 극복하고자 하므로 적절한 설명이다.

→ 적절함!

I 현대시

③ (나)의 '소녀', '소년', '들길'이 존재하는 고향의 모습을 통해 화자가 고향을 훼손되지 않은 원형으로 여기고 있음을 알 수 있겠군.

근거 〈보기〉-4 화자가 과거 상황을 긍정적으로 인식하는 과거 지향성을 보이는 경우, 화자는 ~ 과거의 공간을 훼손되지 않은 원형으로 여기는 모습을 보인다.
(나)-❶ 머리가 마늘쪽같이 생긴 고향의 **소녀**와/ 한여름을 알몸으로 사는 고향의 **소년**과/ 같이 낮이 설어도 사랑스러운 **들길**이 있다

풀이 (나)에는 순수한 '소녀'와 '소년', 사랑스러운 '들길'이 조화를 이루며 존재하는 고향의 모습이 드러난다. 이를 통해 화자가 고향을 훼손되지 않은 원형으로 여기고 있음을 알 수 있다.

→ 적절!

④ (나)의 '잔광'이 부시고 '별'이 뜨는 마을의 모습을 통해 화자가 마을을 긍정적으로 인식하고 있음을 알 수 있겠군.

근거 〈보기〉-4 화자가 과거 상황을 긍정적으로 인식하는 과거 지향성을 보이는 경우,
(나) ❹-2~3 오래오래 **잔광**이 부신 마을이 있다/ 밤이면 더 많이 **별**이 뜨는 마을이 있다

풀이 (나)의 마을은 오래오래 '잔광'이 부시고 '별'이 많이 뜨는 아름다운 모습으로 그려지고 있으므로 화자가 마을을 긍정적으로 인식하고 있음을 알 수 있다.

→ 적절함!

⑤ (나)의 '마을'을 '있다'로 표현하는 것은 마을의 모습이 존속하기를 소망하는 화자의 심리를 드러낸 것이겠군.

근거 〈보기〉-4~5 화자가 과거 상황을 긍정적으로 인식하는 과거 지향성을 보이는 경우, ~ 화자의 과거 회상이 현재 시제로 표현되기도 하는데, 이는 과거 공간이 존속하기를 소망하는 화자의 심리가 반영된 것으로 볼 수 있다.
(나) ❹-3 밤이면 더 많이 별이 뜨는 **마을**이 **있다**

풀이 (나)에서 '마을'에 대한 화자의 과거 회상을 '있었다'가 아닌 '있다'라는 현재 시제로 표현한 것은 마을의 모습이 존속하기를 소망하는 화자의 심리를 드러낸 것이다.

→ 적절함!

[035~037] 다음 글을 읽고 물음에 답하시오.

작품 이해 단계 1 화자 2 상황 및 대상 3 정서 및 태도 4 주제

(가)

1 모란이 피기까지는

2 나는 아직 나의 봄을 기둘리고 있을 테요
┌ 1 화자 : '나' └ 기다리고

23 대상 및 태도 : '모란'이 필 때까지 기다린다.

3 모란이 뚝뚝 떨어져 버린 날

4 나는 비로소 봄을 여읜 설움에 잠길 테요
└ 이별한

23 상황 및 정서 : 모란이 떨어져 서러워한다.

5 오월 ⓐ어느 날 그 하루 무덥던 날

6 떨어져 누운 꽃잎마저 시들어 버리고는

7 천지에 모란은 자취도 없어지고
┌ 세상 └ 흔적

8 뻗쳐오르던 내 보람 서운케 무너졌느니
└ 서운하게

23 상황 및 정서 : 모란이 흔적도 없이 사라져 서운해한다.

9 모란이 지고 말면 그뿐 내 한 해는 다 가고 말아

3 정서 : 모란이 진 이후로 매일 울며 섭섭해한다.

10 삼백예순 날 하냥 **섭섭해 우웁네다**
┌ 늘 └ 웁니다

11 모란이 피기까지는
┌ 빛날 燦 화려할 爛 : 매우 화려하고 아름다운

12 나는 **아직 기둘리고 있을 테요 찬란한 슬픔의 봄을**

3 태도 : 모란이 필 때까지 기다린다.   3 정서 및 태도 : 봄을 찬란하면서도 슬픈 계절이라 생각한다.

- 김영랑, 「모란이 피기까지는」-

4 주제 : 모란이 피기를 간절히 기다린다.

• 김영랑 중요 작가

「업」(2024학년도 9월 모평), 「청명」(2020학년도 9월 모평), 「모란이 피기까지는」(2015학년도 9월 모평B), 「거문고」(2010학년도 6월 모평), 「독을 차고」(2005학년도 6월 모평), 「내 마음 아실 이」(2003학년도 수능) 기출. 고3 평가원 문제에 6번 이상 출제된 시인이다. 잘 다듬어진 언어로 섬세한 서정을 노래한 순수 서정시의 극치를 보여 주는 작품을 창작했다. 김영랑의 대표적인 시는 주제와 특징을 정리해 두는 것이 좋다.

• 지문 이해

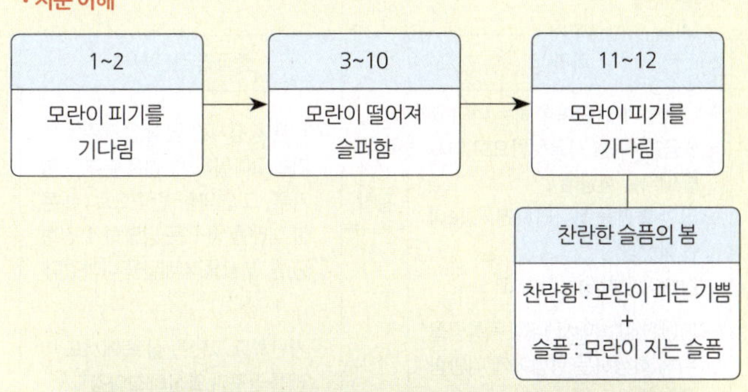

▲ 모란
'모란'은 화자가 추구하는 아름다움이자 삶의 보람이며 소망하는 대상이다.

(나)

1 아래층에서 물 틀면 단수가 되는
┌ 끊을 斷 물 水 : 수도의 물이 끊어짐

2 좁은 계단을 올라야 하는 전세방에서

3 만학을 하는 나의 등록금을 위해
┌ 늦을 晩 배울 學 : 나이가 들어 뒤늦게 공부함
└ 1 화자 : '나'   └ 형님 가족

2 상황 : '나'의 등록금을 위해 형님네가 전세방에서 사글셋방으로 이사가는 상황

4 사글셋방으로 이사를 떠나는 형님네
└ 월세방. 전세방보다 열악한 곳

5 달그락거리던 밥그릇들
└ 옷을 넣는 작은 장

6 베니어판으로 된 농짝을 리어카로 나르고
┌ 얇은 널빤지 └ 바퀴가 둘 달린 작은 수레

2 상황 : 집안 형편이 어려워 살림살이가 얼마 없는 상황

7 집안 형편을 적나라하게 까 보이던 이삿짐
└ 있는 그대로 숨김없이

8 가슴이 한참 덜컹거리고 이사가 끝났다
└ 3 정서 : 형님네에 대한 미안함에 가슴이 덜컹거린다.

9 형은 시장 골목에서 자장면을 시켜주고
└ '나'에 대한 형의 애정을 의미함

10 쉽게 정리될 살림살이를 정리하러 갔다

11 나는 전날 친구들과 **깡소주**를 마신 대구로
└ 강소주. 안주 없이 먹는 소주

12 냉수 한 대접으로 **조갈증**을 풀면서
└ 목이 몹시 마른 것

13 자장면을 앞에 놓고

14 **이상한 중국집 젊은 부부를 보았다**
└ 2 대상 : '중국집 젊은 부부'

15 바쁜 점심시간 맞춰 잠자주는 아기를 고마워하며

16 젊은 부부는 밀가루, 그 **연약한 반죽으로**
└ 밀가루 반죽을 의미함

2 상황 : 젊은 부부가 고단하지만 미래를 꿈꾸며 열심히 일하는 상황

17 **튼튼한 미래를 꿈꾸듯 명랑하게 전화를 받고**
└ 밝고 유쾌하게

18 서둘러 배달을 나아갔다

19 나는 그 모습이 **눈물처럼 아름다워**
└ 3 정서 : '나'는 젊은 부부의 모습이 슬프면서도 아름답다고 느낀다.

20 물배가 부른데도 자장면을 남기기 미안하여
└ 물만 먹어서 채운 배

21 마지막 면발까지 다 먹고 나니

22 더부룩하게 배가 불렀다, 살아간다는 게
└ 속이 편안하지 않고 거북하게

2 ⓑ그날 나는 분명 **슬픔도 배불렀다**

- 함민복, 「그날 나는 슬픔도 배불렀다」-

4 주제 : 중국집 젊은 부부의 삶에서 슬픔과 아름다움을 발견하고 자신의 삶을 성찰한다.

• **지문 이해**

<table>
<tr><td>화자</td><td></td><td>중국집 젊은 부부</td></tr>
</table>

화자		중국집 젊은 부부
• '전세방에서/ 만학을 하는 나의 등록금을 위해/ 사글셋방으로 이사를 떠나는 형님네' • '집안 형편을 적나라하게 까 보이던 이삿짐' • '가슴이 한참 덜컹거리고' → 가난한 삶 속에서 '나'의 등록금을 위해 희생하는 형님에게 미안함을 느낌	관찰 →	• '바쁜 점심시간 맞춰 잠자주는 아기를 고마워하며/ 젊은 부부는 밀가루, 그 연약한 반죽으로/ 튼튼한 미래를 꿈꾸듯 명랑하게 전화를 받고/ 서둘러 배달을 나아갔다' → 가난하고 고단한 삶 속에서도 미래를 꿈꾸며 열심히 살아감

• '나는 그 모습이 눈물나게 아름다워'
• '그날 나는 분명 슬픔도 배불렀다'

눈물, 슬픔 : 젊은 부부의 고단한 삶
+
아름다움, 배부름 : 젊은 부부의 긍정적인 삶의 태도

---

035 | 표현상 특징 - 적절하지 않은 것 고르기 2022년 6월 학평 29번
정답률 85% | **정답 ①**

(가)에 대한 설명으로 적절하지 않은 것은?

① *색채어를 활용하여 대상의 **불변성을 부각하고 있다.
  * 색깔을 나타내는 말 ** 변하지 않는 성질
  근거 (가) 3~4 모란이 뚝뚝 떨어져 버린 날/ 나는 비로소 봄을 여읜 설움에 잠길 테요
  풀이 (가)에는 색채어가 사용되어 있지 않다. 또한 시적 대상인 '모란'은 봄에 잠깐 피었다가 지는 꽃이므로 불변성을 지닌 존재로 볼 수 없다.

  → 적절하지 않음!

> ■ 색채어를 활용하여 대상의 불변성을 부각하는 작품
> • 신흠, 「방옹시여」 (2017학년도 9월 모평, 2019년 고1 3월 학평)
> 초목(草木)이 다 매몰(埋沒)한 제 송죽(松竹)만 푸르렀다/ 풍상(風霜) 섞어 친 제 네 무슨 일 혼자 푸른가/ 두어라 내 성(性)이니 물어 무엇 하리
> (풀과 나무가 다 눈에 파묻힐 때에 소나무와 대나무만 푸르렀다/ 바람과 서리 섞여 칠 때 송죽은 무슨 일로 혼자 푸른가/ 두어라 각자의 본성이니 물어 무엇 하겠는가)
> → 푸른색의 색채어를 활용하여 송죽의 불변성을 부각하고 있다.

② 변형된 *수미상관의 구조를 통해 시의 주제를 강조하고 있다.
  * 시의 처음과 끝에 같거나 비슷한 구절을 반복하여 배치하는 방식
  근거 (가)-1~2 모란이 피기까지는/ 나는 아직 나의 봄을 기둘리고 있을 테요/ 11~12 모란이 피기까지는/ 나는 아직 기둘리고 있을 테요 찬란한 슬픔의 봄을
  풀이 (가)는 시의 처음과 끝에 유사한 구절을 반복하는 수미상관의 구조를 통해 모란이 피기를 간절히 기다리는 시의 주제를 강조하고 있다.

  → 적절함!

③ *도치의 방식으로 시상을 마무리하여 시적 의미를 강조하고 있다.
  * 문장에서 문장 성분의 순서를 뒤바꾼 방식
  근거 (가)-11~12 모란이 피기까지는/ 나는 아직 기둘리고 있을 테요 찬란한 슬픔의 봄을
  풀이 '나는 아직 기둘리고 있을 테요'와 '찬란한 슬픔의 봄을'을 도치하여 시상을 마무리함으로써 화자에게 찬란함과 동시에 슬픔을 느끼게 하는 봄의 의미를 강조하고 있다.

  → 적절함!

④ *음성 상징어를 통해 대상의 움직임에서 느끼는 인상을 드러내고 있다.
  * 소리를 흉내 낸 의성어와 모양을 흉내 낸 의태어
  근거 (가)-3 모란이 뚝뚝 떨어져 버린 날
  풀이 어떤 물체가 잇따라 아래로 떨어지는 소리나 모양을 나타내는 음성 상징어인 '뚝뚝'을 통해 모란이 떨어지는 움직임에서 느끼는 인상을 드러내고 있다.

  → 적절함!

---

⑤ 작품의 표면에 나타난 화자가 자신의 정서를 직접적으로 드러내고 있다.
  근거 (가)-4 나는 비로소 봄을 여읜 설움에 잠길 테요/ 8 뻗쳐오르던 내 보람 서운케 무너졌느니/ 10 삼백예순 날 하냥 섭섭해 우옵네다
  풀이 작품의 표면에 나타난 화자 '나'가 모란이 떨어져서 느끼는 서러움, 서운함, 섭섭함을 직접적으로 드러내고 있다.

  → 적절함!

---

036 | 시어의 의미 - 적절한 것 고르기 2022년 6월 학평 30번
정답률 90% | **정답 ④**

ⓐ와 ⓑ에 대한 설명으로 가장 적절한 것은?

> (가)-5~8 오월 ⓐ어느 날 그 하루 무덥던 날/ 떨어져 누운 꽃잎마저 시들어 버리고는/ 천지에 모란은 자취도 없어지고/ 뻗쳐오르던 내 보람 서운케 무너졌느니
> (나) ❶-16~19 젊은 부부는 밀가루, 그 연약한 반죽으로/ 튼튼한 미래를 꿈꾸듯 명랑하게 전화를 받고/ 서둘러 배달을 나아갔다/ 나는 그 모습이 눈물처럼 아름다워//
> ❷ ⓑ그날 나는 분명 슬픔도 배불렀다

① ⓐ는 대상과의 *소통이 확대된 시간이고, ⓑ는 대상과의 소통이 **단절된 시간이다.
  * 뜻이 서로 통함 ** 끊긴
  풀이 ⓐ(어느 날)는 모란이 자취도 없이 사라진 시간이므로 대상과의 소통이 확대된 시간으로 볼 수 없다. ⓑ(그날)는 중국집 젊은 부부의 모습에서 슬픔과 아름다움을 느낀 시간일 뿐, 대상과의 소통이 단절된 부분은 확인할 수 없다.

  → 적절하지 않음!

② ⓐ는 대상과의 *유대감을 느끼는 시간이고, ⓑ는 대상과의 거리감을 느끼는 시간이다.
  * 연결되어 있다는 느낌
  풀이 ⓐ(어느 날)는 모란이 사라져 슬픔을 느끼는 시간이므로 대상과의 유대감을 느꼈다고 볼 수 없으며, ⓑ(그날)는 중국집 젊은 부부의 삶에서 슬픔과 아름다움을 발견한 시간이므로 대상과 거리감을 느꼈다는 설명은 적절하지 않다.

  → 적절하지 않음!

③ ⓐ는 대상을 통해 삶의 희망을 찾게 된 시간이고, ⓑ는 대상을 통해 삶의 *권태를 느낀 시간이다. * 싫증. 지루함
  풀이 ⓐ(어느 날)는 화자에게 가치 있는 대상인 모란이 전부 사라진 시간이므로 삶의 희망을 찾게 된 시간으로 볼 수 없다. ⓑ(그날)는 대상인 중국집 젊은 부부를 통해 슬픔 속에서 아름다움을 느낀 시간일 뿐, 삶의 권태를 느낀 시간은 아니다.

  → 적절하지 않음!

④ ⓐ는 대상의 소멸로 인해 슬픔을 느낀 시간이고, ⓑ는 슬픔 속에서도 아름다움을 발견한 시간이다.
  풀이 ⓐ(어느 날)는 모란이 자취도 없이 사라져 화자가 슬픔을 느낀 시간이다. ⓑ(그날)는 고단하지만 열심히 일하는 중국집 젊은 부부의 모습을 보고 화자가 슬픔 속에서 아름다움을 발견한 시간이다.

  → 적절함!

⑤ ⓐ는 현실에 대한 *비판적 태도가 드러나는 시간이고, ⓑ는 미래에 대한 희망이 드러나는 시간이다. * 옳고 그름을 판단하여 밝히거나 잘못된 점을 지적하는
  풀이 ⓐ(어느 날)는 모란이 사라진 것을 슬퍼하는 시간일 뿐, 현실 비판적 태도가 드러난 시간은 아니다. ⓑ(그날)는 고단하지만 희망을 잃지 않고 살아가는 중국집 젊은 부부를 보며 아름다움을 발견한 시간이므로 미래에 대한 희망('튼튼한 미래를 꿈꾸듯')이 드러나는 시간으로 볼 수도 있다.

  → 적절하지 않음!

037 감상의 적절성 - 적절하지 않은 것 고르기 2022년 6월 학평 31번
정답률 80%

정답 ⑤

〈보기〉를 참고하여 (가)와 (나)를 감상한 것으로 적절하지 **않은** 것은? [3점]

| 보기 |
　[1] 시에서 대비되는(대할 對 견줄 比 : 서로 다른) 정서나 태도, 이미지가 제시될 때, 화자가 처한 상황이나 대상에 대한 인식이 강조되는 효과가 있다. [2] 그런데 상반되거나(서로 相 반할 反 : 서로 반대되거나) 이질적인(다를 異 성질 質 ~의 的 : 성질이 다른) 정서나 태도, 이미지들이 함께 나타날 때는 표면적으로 모순(창 矛 방패 盾 : 어떤 사실의 앞뒤, 또는 두 사실이 이치상 어긋나서 서로 맞지 않음)이 있는 것처럼 보이기도 한다. [3] 하지만 시인은 모순적으로 보이는 것들을 통해서 표면적 진술 너머에 있는 보다 높은 차원의 인식을 보여 준다.

① **(가)** : '섭섭해 우옵네다'와 '아직 기둘리고 있을 테요'에서는 꽃이 사라진 것에 대한 화자의 태도가 대비되면서 화자의 기다림이 강조되는군.

　근거 〈보기〉-1 시에서 대비되는 정서나 태도, 이미지가 제시될 때, 화자가 처한 상황이나 대상에 대한 인식이 강조되는 효과가 있다.
　(가)-9~12 모란이 지고 말면 그뿐 내 한 해는 다 가고 말아/ 삼백예순 날 하냥 **섭섭해 우옵네다**/ 모란이 피기까지는/ 나는 **아직 기둘리고 있을 테요**

　풀이 '섭섭해 우옵네다'에서는 꽃이 진 것을 서운해하는 화자의 태도가 드러나지만, '아직 기둘리고 있을 테요'에서는 꽃이 다시 피기를 기다리는 화자의 태도를 확인할 수 있다. 이와 같은 태도의 대비를 통해 꽃에 대한 화자의 기다림이 강조되는 효과가 있다.

　→ 적절함!

② **(가)** : '찬란한 슬픔'은 모순된 진술처럼 보이지만, 표면적 진술 너머에 슬픔을 극복하려는 화자의 인식이 담겨 있음을 볼 수 있군.

　근거 〈보기〉-2~3 그런데 상반되거나 이질적인 정서나 태도, 이미지들이 함께 나타날 때는 표면적으로 모순이 있는 것처럼 보이기도 한다. 하지만 시인은 모순적으로 보이는 것들을 통해서 표면적 진술 너머에 있는 보다 높은 차원의 인식을 보여 준다.
　(가)-12 나는 아직 기둘리고 있을 테요 **찬란한 슬픔**의 봄을

　풀이 봄을 수식하는 '찬란한'과 '슬픔'은 이질적인 이미지로, 표면적으로 모순된 진술처럼 보이지만, 봄은 모란이 지는 슬픈 계절이면서 동시에 모란이 피는 찬란한 계절이라는 의미가 담겨 있어 슬픔을 극복하려는 화자의 인식을 확인할 수 있다.

　→ 적절함!

③ **(나)** : '연약한 반죽'과 '튼튼한 미래'에서는 이미지의 대비를 통해 희망을 잃지 않는 중국집 젊은 부부의 건강한 삶을 강조하고 있군.

　근거 〈보기〉-1 시에서 대비되는 정서나 태도, 이미지가 제시될 때, 화자가 처한 상황이나 대상에 대한 인식이 강조되는 효과가 있다.
　(나) ❶-16~18 젊은 부부는 밀가루, 그 **연약한 반죽**으로/ **튼튼한 미래**를 꿈꾸듯 명랑하게 전화를 받고/ 서둘러 배달을 나아갔다

　풀이 '연약한 반죽'과 '튼튼한 미래'는 '연약한'과 '튼튼한'의 대비를 통해 힘겨운 삶이지만 미래를 꿈꾸며 희망을 잃지 않는 중국집 젊은 부부의 건강한 삶을 강조하고 있다.

　→ 적절함!

④ **(나)** : '이상한'과 '눈물처럼 아름다워'에서는 중국집 젊은 부부를 향한 태도가 대비되면서 중국집 젊은 부부에 대한 화자의 긍정적인 인식이 부각되고 있군.

　근거 〈보기〉-1 시에서 대비되는 정서나 태도, 이미지가 제시될 때, 화자가 처한 상황이나 대상에 대한 인식이 강조되는 효과가 있다.
　(나) ❶-14~19 **이상한** 중국집 젊은 부부를 보았다/ 바쁜 점심시간 맞춰 잠자주는 아기를 고마워하며/ 젊은 부부는 밀가루, 그 연약한 반죽으로/ 튼튼한 미래를 꿈꾸듯 명랑하게 전화를 받고/ 서둘러 배달을 나아갔다/ 나는 그 모습이 **눈물처럼 아름다워**

　풀이 화자는 중국집 젊은 부부를 보고 처음에는 '이상'하다고 생각하지만, 그들의 모습을 관찰한 후에는 '눈물처럼 아름'답다고 느낀다. 이와 같은 태도의 대비를 통해 중국집 젊은 부부에 대한 화자의 긍정적인 인식이 부각되고 있다.

　→ 적절함!

모습에서 느낀 슬픔과 아름다움을
✓⑤ **(나)** : '슬픔도 배불렀다'는 모순된 진술을 통해 중국집 젊은 부부의 고단한 삶과의 대비에서 느끼는 화자 자신의 삶에 대한 만족감을 강조하고 있군.

　근거 〈보기〉-2~3 그런데 상반되거나 이질적인 정서나 태도, 이미지들이 함께 나타날 때는 표면적으로 모순이 있는 것처럼 보이기도 한다. 하지만 시인은 모순적으로 보이는 것들을 통해서 표면적 진술 너머에 있는 보다 높은 차원의 인식을 보여 준다.
　(나) ❶-19 나는 그 모습이 눈물처럼 아름다워// ❷ 그날 나는 분명 **슬픔도 배불렀**다

　풀이 '슬픔도 배불렀다'는 모순된 진술로, 화자가 고단한 삶 속에서도 희망을 잃지 않는 중국집 젊은 부부를 보고 슬픔 속에서 아름다움을 느꼈음을 나타낸 것이다. 따라서 중국집 젊은 부부의 고단한 삶과의 대비에서 느끼는 화자 자신의 삶에 대한 만족감을 강조하고 있다는 설명은 적절하지 않다.

　→ 적절하지 않음!

[038~040] 다음 글을 읽고 물음에 답하시오.

작품 이해 단계 [1] 화자 [2] 상황 및 대상 [3] 정서 및 태도 [4] 주제

(가)
　한옥에서 못을 사용하지 않고 목재의 모서리를 깎아 요철을 끼워 맞추는 부분
　툇간에 놓은 마루
[1] [1] 사개 틀린 고풍(古風)의 ㉠ **툇마루에** 없는 듯이 앉아
　└ 틀어진　└ 옛 古 풍속 風 : 예스러운 모습
　[2] 대상 및 상황: 고풍의 툇마루에 고요히 앉아 '달'을 기다리는 상황
[2] 아직 **떠오를 기척도 없는 달**을 기다린다

[3] 아무런 생각 없이

[4] 아무런 뜻 없이

2
[1] 이제 저 감나무 그림자가
　　　└ 가볍게 움직이는 모양
　[2] 상황: 달이 떠올라 감나무 그림자가 다가오는 상황
[2] **사뿐** 한 치씩 옮아오고
　　　└ 길이의 단위. 한 치는 약 3cm
[3] 이 마루 위에 **빛깔**의 방석이
　　　└ 달빛을 비유한 말
　[2] 상황: 달빛이 툇마루 위에 비치는 상황
[4] 보시시 깔리우면
　　└ 포근하게 살며시

3
　[1] 화자: '나'　[3] 정서: 외롭다.
[1] 나는 내 하나인 외론 **벗**
　　　└ '내 그림자'를 비유한 말
[2] 가냘픈 **내 그림자**와
　[2] 대상 및 상황: '가냘픈 내 그림자'와 함께 고요한 달의 움직임을 느끼는 상황
[3] 말없이 몸짓 없이 **서로 맞대고 있으려니**
[4] **이 밤 옮기는 발짓**이나 들려오리라
　　　└ 달의 움직임

- 김영랑, 「사개 틀린 고풍의 툇마루에」-

　[4] 주제:
　사개 틀린 고풍의 툇마루에 고요히 앉아 홀로 달을 기다린다.

· 지문 이해

화자	대상	상황 및 정서
'나'	'달'	· '아직 떠오를 기척도 없는 달을 기다린다' · '나는 내 하나인 외론 벗/ 가냘픈 내 그림자' ⇒ 외로이 달을 기다림

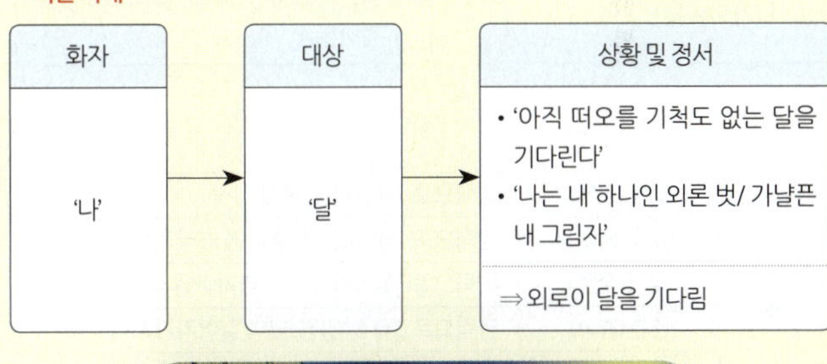

(나)

> 비 雨 물 水 : 봄에 들어선다는 입춘(양력 2월 4일경)과 겨울잠을
> 자던 개구리가 놀라서 깬다는 경칩(양력 3월 5일경) 사이에 있는
> 24절기의 하나. 눈이 그치고 봄비가 오기 시작하는 시기

1 **우수** 날 저녁

2 그 전날 저녁부터

   → 모두 다섯 날 동안
3 오늘까지 **연 닷새 간을**

   → 강이나 바다에서 바닥이 얕거나 폭이 좁아 물살이 빠르게 흐르는 곳
4 고향, 내 새벽 ⓛ **산 여울을**
  → ① 화자 : '내(나)'

5 **찰박대며 뛰어 건너는**
  → 얕은 물 등을 밟거나 치는 소리를 자꾸 내며
6 **이쁜 발자욱 소리** 하날
  → 봄이 오는 소리 → 하나를
7 듣고 지내었더니

② 상황 : 봄이 되어 여울이 녹아 찰박대는 소리가 나는 상황(봄이 오는 상황)

8 그 **새끼발가락** 하날
  → 봄
9 **가만가만** 만지작일 수도 있었더니
  → 자꾸 만질

② 상황 : 봄기운을 조금씩 느끼는 상황

10 나 실로 **정결한** 말씀만 고를 수 있었더니
  → 깨끗할 精 맑을 潔 : 순수하고 깨끗하며 단아한

③ 태도 : (다가오는 봄에 대해) 경건한 마음을 가진다.

11 **그가 왔다.**
  → 봄
12 **진솔 속곳을 갈아입고**
  → 새 속옷
13 **그가 왔다.**

② 대상 및 상황 : 새 옷을 입은 '그'가 온 상황(새봄이 온 상황)

14 이른 아침,

15 난 그를 위해 **닭장으로 내려가고**

16 **따뜻한 달걀**

17 두 알을 집어내었다.

③ 태도 : '나'는 '그(봄)'를 맞이하기 위해 따뜻한 달걀을 준비한다.

18 **경칩**이 멀지 않다 하였다.
  → 놀랄 驚 겨울잠을 잘 蟄 : 24절기의 하나. 겨울잠을 자던 벌레, 개구리 따위가 깨어 꿈틀거리기 시작한다는 시기(양력 3월 5일경)

③ 정서 : 머지않아 찾아 올 완연한 봄을 기다린다.

           - 정진규, 「따뜻한 달걀」-

④ 주제 : 경건하고 정성스러운 마음으로 새봄을 맞이한다.

· 지문 이해

대상	정서 및 태도
• '이쁜 발자욱 소리 하나' • '그 새끼발가락 하나' • '그' ⇒ 다가오는 봄	• '나 실로 정결한 말씀만 고를 수 있었더니' • '난 그를 위해 닭장으로 내려가고/ 따뜻한 달걀/ 두 알을 집어내었다.' ⇒ 경건하고 정성스러운 마음으로 봄을 맞이함

· 24절기

	입춘(立春)	양력으로 2월 4일경, 봄의 시작
봄	우수(雨水)	양력으로 2월 18일경, 봄비가 내리고 싹이 틈
	경칩(驚蟄)	양력으로 3월 5일경, 개구리가 겨울잠에서 깨어남
	춘분(春分)	양력으로 3월 21일경, 낮이 길어지기 시작
	청명(淸明)	양력으로 4월 5일경, 봄 농사 준비
	곡우(穀雨)	양력으로 4월 20일경, 농사비가 내림
여름	입하(立夏)	양력으로 5월 5일경, 여름의 시작
	소만(小滿)	양력으로 5월 21일경, 본격적인 농사의 시작
	망종(芒種)	양력으로 6월 6일경, 씨뿌리기 시작
	하지(夏至)	양력으로 6월 21일경, 낮이 가장 긴 시기
	소서(小暑)	양력으로 7월 7일경, 더위의 시작
	대서(大暑)	양력으로 7월 24일경, 가장 무더운 시기
가을	입추(立秋)	양력으로 8월 8일경, 가을의 시작
	처서(處暑)	양력으로 8월 23일경, 일교차가 커짐
	백로(白露)	양력으로 9월 8일경, 이슬이 내리기 시작
	추분(秋分)	양력으로 9월 23일경, 밤이 길어지는 시기
	한로(寒露)	양력으로 10월 8일경, 찬 이슬이 내리기 시작
	상강(霜降)	양력으로 10월 23일경, 서리가 내리기 시작
겨울	입동(立冬)	양력으로 11월 8일경, 겨울의 시작
	소설(小雪)	양력으로 11월 22일경, 얼음이 얼기 시작
	대설(大雪)	양력으로 12월 8일경, 겨울 큰 눈이 옴
	동지(冬至)	양력으로 12월 22일경, 밤이 가장 긴 시기
	소한(小寒)	양력으로 1월 6일경, 겨울 중 가장 추울 때
	대한(大寒)	양력으로 1월 20일경, 겨울 큰 추위

1등급 문제

038 표현상 공통점 - 적절한 것 고르기 2022년 3월 학평 31번
정답률 40%, 매력적 오답 ③, ⑤ 20%, ② 15% ｜정답 ①

(가)와 (나)의 공통점으로 가장 적절한 것은?

선지	핵심 체크 내용	(가)	(나)
①	음성 상징어를 활용 → 움직임의 정도를 드러냄	O	O
②	원경과 근경을 대비 → 심리적 거리감을 표현함	X	X
③	청자를 명시적으로 드러냄	X	X
	화자의 바람을 표출함	O	O
④	가정의 진술을 활용	O	O
	현실 극복의 의지를 드러냄	X	X
⑤	추측을 나타내는 표현으로 시상을 종결 → 시적 여운을 자아냄	O	X

① ***음성 상징어를 활용하여 움직임의 정도를 드러내고 있다.**
  * 소리를 흉내 낸 말인 의성어와 모양을 흉내 낸 말인 의태어

근거 (가) ❷-2 사뿐 한 치씩 옮아오고/ 4 보시시 깔리우면
(나)-9 가만가만 만지작일 수도 있었더니

풀이 (가)에서는 매우 가볍게 움직이는 모양을 의미하는 '사뿐', 포근하게 살며시를 의미하는 '보시시'라는 음성 상징어를 활용하여, 달그림자가 가볍게 조금씩 움직이는 모습을 드러내고 있다. (나)에서는 움직임 따위가 드러나지 않도록 조용조용을 의미하는 '가만가만'이라는 음성 상징어를 활용하여 조금씩 다가오는 봄의 기운을 조심스럽게 느껴보는 화자의 움직임을 드러내고 있다.

→ 적절함!

② ***원경과 근경을 대비하여 심리적 거리감을 표현하고 있다.**
  * 멀리 보이는 경치와 가까이 보이는 경치를 서로 맞대어 비교하여

풀이 (가)와 (나)는 모두 원경과 근경을 대비하고 있지 않다. 또한, (가)에서는 화자가 대상인 달을 기다리고 있고, (나)에서는 화자가 대상인 봄을 환영하며 정성스럽게 맞이하고 있으므로 (가)와 (나) 모두 화자와 대상 간에 심리적 거리감이 존재한다고 보기 어렵다.

→ 적절하지 않음!

③ 청자를 ***명시적으로** 드러내어 화자의 바람을 표출하고 있다.
  * 나타날 明 보일 示 ~의 的 : 겉으로 분명하게

풀이 (가)의 화자는 달이 떠오르기를 기다리며 달의 움직임을 느끼고 싶어 하고, (나)의 화자는 다가오는 봄의 기운을 느끼며 완연한 봄이 찾아오길 바라고 있다. 하지만 (가)와 (나) 모두 청자가 시의 표면에 드러나 있지 않으므로 청자를 명시적으로 드러내고 있다는 설명은 적절하지 않다.

→ 적절하지 않음!

> ■ **청자를 명시적으로 드러내어 화자의 바람을 표출하고 있는 작품**
> • 김기림, 「태양의 풍속」(2024년 고3 3월 학평)
> 태양(화자가 추구하는 새로운 정신)아/ 다만 한 번이라도 좋다. 너를 부르기 위하여 나는 두루미의 목통을 비러오마.
> → 청자인 '태양'을 명시적으로 드러내어 '태양'을 곁에 데려오기 위한 화자의 간절한 바람을 표출하고 있다.

  → (가)만 해당
④ ***가정의 진술을 활용하여 현실 극복의 의지를 드러내고 있다.**
  * 사실이 아닌 것을 임시로 사실인 것처럼 정하는 말하기

근거 (가)-❷ 이제 저 감나무 그림자가/ 사뿐 한 치씩 옮아오고/ 이 마루 위에 빛깔의 방석이/ 보시시 깔리우면

풀이 (가)에서는 '~면'과 같은 가정의 진술을 활용하고 있으나 이는 달이 떠오르기를 바라

I
현대시

는 화자의 심정을 드러낼 뿐, 현실 극복의 의지와는 관계가 없다. (나)에서는 가정의 진술도, 현실 극복의 의지도 드러나지 않는다.

→ 적절하지 않음!

• (가)만 해당

⑤ **추측을 나타내는 표현으로 *시상을 종결하여 **시적 여운을 자아내고 있다.**
* 시를 끝맺어 ** 시가 끝난 후에도 남아 있는 시의 정서나 감동

근거 **(가) ❸-4** 이 밤 옮기는 발짓이나 들려오리라
(나)-18 경칩이 멀지 않다 하였다.

풀이 (가)는 '들려오리라'라는 추측을 나타내는 표현으로 시상을 종결하여 떠오를 달에 대한 화자의 기대감을 드러내며 시적 여운을 자아내고 있다. 한편, (나)는 앞으로 다가올 일을 전하며 시상을 끝맺고 있으므로 추측을 나타내는 표현으로 시상을 종결하여 시적 여운을 자아낸다는 설명은 적절하지 않다.

→ 적절하지 않음!

---

039 | 시어의 의미 – 적절한 것 고르기 2022년 3월 학평 32번
정답률 70%, 매력적 오답 ① 15% | 정답 ④

㉠과 ㉡에 대한 설명으로 가장 적절한 것은?

> **(가) ❶-1** 사개 틀린 고풍의 ㉠툇마루에 없는 듯이 앉아
> **(나)-4** 고향, 내 새벽 ㉡산 여울을

㉠은
① **㉠과 ㉡은 모두 오랜 세월의 흔적을 간직한 *일상적 삶의 공간이다.** * 날마다 볼 수 있는

풀이 사개가 틀어졌다는 표현과 고풍이라는 시어를 통해 ㉠(툇마루)의 오랜 세월을, 또한 ㉠(툇마루)에서 매일 뜨고 지는 달을 기다리는 행위에서 일상적인 삶의 공간인 ㉠(툇마루)의 의미를 파악할 수 있다. 한편 ㉡(산 여울)은 봄이 오는 기척을 느낄 수 있는 고향의 자연 공간으로 이해하는 것이 적절하다.

→ 적절하지 않음!

② **㉠과 ㉡은 모두 화자가 현실을 *관조하며 스스로를 **성찰하는 공간이다.** * 볼 觀 비출
照 : 고요한 마음으로 대상을 잔잔히 바라보며 ** 살필 省 살필 察 : 자기의 마음을 반성하고 살피는

풀이 (가)의 화자는 ㉠(툇마루)에 앉아 달을 기다리고 있고, (나)의 화자는 고향의 ㉡(산 여울)에서 느껴지는 봄기운을 반가워하고 있으므로 ㉠(툇마루)과 ㉡(산 여울)은 모두 화자가 현실을 관조하며 스스로를 성찰하는 공간으로 볼 수 없다.

→ 적절하지 않음!

③ **㉠은 상승하는 대상과 친밀감을, ㉡은 하강하는 대상과 *일체감을 느끼는 공간이다.**
* 한 一 몸 體 느낄 感 : 어우러져 한덩어리가 되는 느낌

근거 **(가) ❶-1~2** ㉠ 툇마루에 없는 듯이 앉아/ 아직 떠오를 기척도 없는 달을 기다린다/ ❸-2~3 가냘픈 내 그림자와/ 말없이 몸짓 없이 서로 맞대고 있으려니

풀이 (가)의 화자는 ㉠(툇마루)에 앉아 달이 떠오르기를 고대하고 있으므로 ㉠(툇마루)은 상승하는 대상인 달과 친밀감을 느끼는 공간으로 볼 수 있다. 한편, (나)에서는 하강하는 대상이 나타나지 않으므로 ㉡(산 여울)이 하강하는 대상과 일체감을 느끼는 공간이라는 설명은 적절하지 않다.

→ 적절하지 않음!

④ **㉠은 고독하고 적막한 상황이, ㉡은 *생동하는 **청량한 기운이 형상화되는 공간이다.** * 살 生 움직일 動 : 생기 있게 살아 움직이는 ** 맑을 淸 밝을 亮 : 맑고 깨끗한

근거 **(가) ❸-1~3** 나는 내 하나인 외론 벗/ 가냘픈 내 그림자와/ 말없이 몸짓 없이 서로 맞대고 있으려니
(나)-4~7 고향, 내 새벽 ㉡ 산 여울을/ 찰박대며 뛰어 건너는/ 이쁜 발자욱 소리 하날/ 듣고 지내었더니

풀이 ㉠(툇마루)에서 달이 떠오르기를 말없이 몸짓 없이 적막하게 기다리는 화자는 자신의 그림자를 '외론 벗'이라고 표현하며 외로움을 드러내고 있다. 따라서 ㉠(툇마루)은 고독하고 적막한 상황이 형상화되는 공간이라 할 수 있다. 한편 ㉡(산 여울)은 봄이 찰박대며 뛰어다니는 이쁜 발자국 소리가 나는 공간으로 그려지고 있으므로 생동하는 청량한 기운이 형상화되는 공간이라 할 수 있다.

→ 적절함!

⑤ **㉠은 지나온 삶에 대한 그리움이, ㉡은 현재의 삶에 대한 만족감이 드러나는 공간이다.**

풀이 (가)의 화자는 ㉠(툇마루)에서 달이 떠오르기를 기다리고 있으므로 ㉠(툇마루)에 대해 지나온 삶에 대한 그리움이 드러나는 공간이라는 설명은 적절하지 않다. (나)의 화자는 ㉡(산 여울)에서 느껴지는 봄의 기운을 반갑게 맞이하고 있으므로 ㉡(산 여울)은 현재의 삶에 대한 만족감이 드러나는 공간이라고 볼 수 있다.

→ 적절하지 않음!

---

040 | 감상의 적절성 – 적절하지 않은 것 고르기 2022년 3월 학평 33번
정답률 65%, 매력적 오답 ①, ② 10% | 정답 ③

〈보기〉를 참고하여 (가)와 (나)를 감상한 내용으로 적절하지 않은 것은? [3점]

> | 보기 |
> [1] (가)와 (나)는 자연의 순환적 질서에 감응하는(느낄 感 응할 應 : 어떤 느낌을 받아 마음이 따라 움직이는) 화자의 모습을 보여 준다. [2] (가)의 화자는 밤이 깊어지면서 달이 떠오르기를 기다리고 있고, (나)의 화자는 절기(절기 節 기후 氣 : 한 해를 스물넷으로 나눈, 계절의 표준이 되는 것)가 바뀌면서 봄빛이 점점 뚜렷해지고 있음을 느끼고 있다. [3] 시간의 흐름에 따른 자연의 점진적(점점 漸 나아갈 進 ~의 的 : 조금씩 앞으로 나아가는) 변화를 감지하기(느낄 感 알 知 : 느끼어 알기) 위해 화자는 온몸의 감각을 집중하면서, 자연을 자신과 교감(주고받을 交 감응할 感 : 서로의 마음을 함께 나누어 가짐)을 이루는 주체로 인식한다.

① **(가)의 화자가 '아무런 생각'이나 '뜻 없이' 달이 떠오르기를 기다리는 것은, 자연의 변화를 감지하기 위해 온몸의 감각을 집중하는 것으로 볼 수 있군.**

근거 **〈보기〉-3** 시간의 흐름에 따른 자연의 점진적 변화를 감지하기 위해 화자는 온몸의 감각을 집중하면서,
(가) ❶-3~4 아무런 생각 없이/ 아무런 뜻 없이

풀이 〈보기〉를 참고할 때 (가)의 화자가 '아무런 생각'이나 '뜻 없이' 달이 떠오르기를 기다리는 것은, 시간의 흐름에 따른 자연의 점진적 변화를 감지하기 위해서 온몸의 감각을 집중하는 것으로 볼 수 있다.

→ 적절함!

② **(나)에서 소리로 인식되던 대상의 '새끼발가락'을 만질 수 있게 되었다는 것은, 시간의 흐름에 따라 자연이 변화하는 *양상을 표현한 것으로 볼 수 있군.** * 모습

근거 **〈보기〉-3** 시간의 흐름에 따른 자연의 점진적 변화를 감지
(나)-4~9 고향, 내 새벽 산 여울을/ 찰박대며 뛰어 건너는/ 이쁜 발자욱 소리 하날/ 듣고 지내었더니/ 그 새끼발가락 하날/ 가만가만 만지작일 수도 있었더니

풀이 (나)에서 '찰박대며 뛰어 건너는 이쁜 발자욱 소리'로 인식되던 봄의 '새끼발가락'을 만질 수 있게 되었다는 것, 즉 소리가 만질 수 있는 형태로 다가왔다는 것은 시간의 흐름에 따라 봄빛이 더욱 뚜렷해졌음을 표현한 것으로 볼 수 있다.

→ 적절함!

③ **(가)의 '떠오를 기척도 없는 달'과 (나)의 '이쁜 발자욱 소리' 하나는 자연의 순환적 질서가 지연되는 것에 대한 화자의 *조바심을 유발하는 것으로 볼 수 있군.**
* 조마조마하여 불안을 느끼는 마음

근거 **〈보기〉-1** (가)와 (나)는 자연의 순환적 질서에 감응하는 화자의 모습을 보여 준다.
(가) ❶-2 아직 떠오를 기척도 없는 달을 기다린다
(나)-4~7 고향, 내 새벽 산 여울을/ 찰박대며 뛰어 건너는/ 이쁜 발자욱 소리 하날/ 듣고 지내었더니

풀이 (가)의 화자는 자연의 순환적 질서에 따라 '떠오를 기척도 없는 달'이 떠오르기를 고요히 기다리고 있으며, (나)의 화자는 봄이 오는 자연의 순환적 질서에 감응하여 봄의 '이쁜 발자욱 소리'에 귀 기울이고 있다. 따라서 (가)와 (나) 모두에 자연의 순환적 질서가 지연되는 것에 대한 조바심은 드러나 있지 않다.

→ 적절하지 않음!

④ **(가)에서는 달이 뜨는 것을 '이 밤 옮기는 발짓'을 한다고 표현하고, (나)에서는 뚜렷해진 봄빛을 '진솔 속곳을 갈아입'은 것으로 표현하여 자연을 행위의 주체로 인식하고 있군.**

근거 **〈보기〉-3** 자연을 자신과 교감을 이루는 주체로 인식한다.
(가) ❸-4 이 밤 옮기는 발짓이나 들려오리라
(나)-12~13 진솔 속곳을 갈아입고/ 그가 왔다.

풀이 (가)에서는 달이 떠서 움직이는 것을 '이 밤 옮기는 발짓'으로 표현하여 자연인 달을 행위의 주체로 나타내고 있다. 또한 (나)에서는 봄빛이 뚜렷해진 것을 그(봄)가 '진솔 속곳을 갈아입'고라고 표현하여 자연인 봄을 행위의 주체로 제시하고 있다.

→ 적절함!

⑤ **(가)에서는 달이 만든 '내 그림자'를 '벗' 삼아 '서로 맞대고 있으려'는 데서, (나)에서는 '경칩'을 예감하며 '달걀'의 온기를 느끼는 데서 화자와 자연이 교감하는 모습이 나타나는군.**

근거 **〈보기〉-3** 자연을 자신과 교감을 이루는 주체로 인식한다.
(가) ❸-1~3 나는 내 하나인 외론 벗/ 가냘픈 내 그림자와/ 말없이 몸짓 없이 서로 맞대고 있으려니
(나)-15~18 난 그를 위해 닭장으로 내려가고/ 따뜻한 달걀/ 두 알을 집어내었다./ 경칩이 멀지 않다 하였다.

풀이 (가)의 화자가 달빛이 만들어준 '내 그림자'를 '벗' 삼아 서로 맞대고 있으려는 것은 자

연과 교감하는 모습으로 볼 수 있다. 또한 (나)에서 봄을 위해 집어낸 '달걀'에서 온기를 느끼고 머지않아 다가올 '경칩'을 예감하는 화자의 모습은 자연과 교감을 느끼는 모습으로 이해할 수 있다.

→ 적절함!

[041~043] 다음 글을 읽고 물음에 답하시오.

작품 이해 단계 ①화자 ②상황 및 대상 ③정서 및 태도 ④주제

(가) ①화자: 안 드러남

1 [A]
¹ 문 열자 선뜻!
  └ 기분이나 느낌이 시원한 모양. 혹은 보기에 시원한 모양
² 먼 산이 이마에 차라.
  ②③ 상황 및 정서:
  문을 열자마자 느낀 먼 산의 차가움에 놀라워한다.

2
¹ 우수절(雨水節) 들어
  └ 24절기의 하나로, 봄비가 내리기 시작하는 양력 2월 19일경
  ② 상황: 겨울이 지나고 봄이 된 상황
² 바로 초하루 아침,
  └ 매달 첫째 날. 여기서는 3월 1일

3 [B]
¹ (겨울이 지났는데도) 새삼스레 눈이 덮인 멧부리와
  └ 산꼭대기
  ② 상황: 눈 덮인 산과 가까이 있는 듯이 느끼는 상황
² 서늘옵고 빛난 이마받이하다.
  └ (멧부리와) 이마로 부딪치다

4 [C]
¹ 얼음 금 가고 바람 새로 따르거니
  └ 봄바람
  ② 상황: 불어오는 바람에 옷고름에서 향기가 느껴지는 상황
² 흰 옷고름 절로 향기로워라.
  └ 저고리나 두루마기 앞에 기다랗게 달아 양쪽 옷자락을 여미어 매는 끈

5 [D]
¹ 옹숭거리고 살아난 양이
  └ 옹송그리고, 추워서 몸을 움츠려 작게 하고
  └ 살아온 모습
² 아아 꿈 같기에 설어라.
  ③ 정서: 봄을 맞이한 것이 꿈처럼 느껴진다.
  ① 움츠리고 있던 생명이 살아 움직이는 모습이 꿈만 같아 서러워라
  ② 다시 온 봄이 꿈을 꾸는 것처럼 낯설어라

6 [E]
¹ 미나리 파릇한 새순 돋고
  └ 새싹
  ② 상황: 봄이 되어 새순이 돋고 고기가 움직이는 상황
² 움짓 아니 기던 고기 입이 오물거리는,
  └ 움직이지 않던

7
¹ 꽃 피기 전 철 아닌 눈에
  ③ 정서: 겨울이 가는 것이 아쉽기도 하지만 겨울옷을 벗고 온몸으로 봄을 느끼고 싶다.
² 핫옷 벗고 도로 춥고 싶어라.
  └ 안에 솜을 두어 지은 겨울옷

- 정지용, 「춘설(春雪)」-
봄 春 눈 雪: 봄에 내리는 눈

④ 주제: '봄눈을 바라보며 느낀 봄의 생동감'이다.

• 정지용 중요 작가

「달」(2018학년도 9월 모평), 「조찬」(2015학년도 수능A), 「발열」(2010학년도 6월 모평), 「인동차」(2006학년도 수능) 기출. 정지용은 고3 평가원 시험에 4번 이상 출제된 시인이다. 세련된 이미지와 절제된 시어의 서정시를 많이 썼다. 출제될 가능성이 높으니 정지용의 대표적인 시들의 주제와 특징을 정리해 두는 것이 좋다.

• 지문 이해

대상	정서와 태도
• 새삼스레 눈이 덮인 멧부리 • 얼음 금 가고 바람 새로 따르거니 • 미나리 파릇한 새순 돋고/ 움짓 아니 기던 고기 입이 오물거리는, → 봄의 눈 덮인 산과 생기 있게 움직이는 자연의 모습	• 문 열자 선뜻! • 아아 꿈 같기에 설어라. • 핫옷 벗고 도로 춥고 싶어라. → 때 아닌 눈에 놀라움을 느끼며 온몸으로 봄을 느끼고 싶어 한다.

(나) ①화자: 안 드러남

1
¹ 흔들리는 나뭇가지에 꽃 한번 피우려고
  ② 대상: 꽃
  └ 눈꽃
² 눈은 얼마나 많은 도전을 멈추지 않았으랴
  ② 상황: 나뭇가지에 눈꽃을 피우기 위해 눈이 도전을 멈추지 않는 상황

2
¹ 싸그락 싸그락 두드려 보았겠지
² 난분분 난분분 춤추었겠지
  └ 눈이 어지럽게 흩날리는 모양
³ 미끄러지고 미끄러지길 수백 번,

3
¹ 바람 한 자락 불면 휙 날아갈 사랑을 위하여
  └ '눈꽃'을 의미함
² 햇솜 같은 마음을 다 퍼부어 준 다음에야
  └ 그 해에 새로 난 솜
  ② 상황: 눈의 노력과 헌신으로 눈꽃을 피워 낸(사랑을 이룬) 상황
³ 마침내 피워 낸 저 황홀 보아라
  └ '눈꽃'을 의미함

4
¹ 봄이면 가지는 그 한번 덴 자리에
  └ 눈꽃이 녹아 없어진 자리. '이별'을 의미
  ② 상황: 봄이 와서 눈꽃이 녹아 없어진 자리에 봄꽃이 핀(정신적 성숙을 이룬) 상황
² 세상에서 가장 아름다운 상처를 터뜨린다.
  └ '봄꽃'을 의미. 시련과 고난을 겪은 후에 이룬 정신적 성숙을 강조하는 역설적 표현

- 고재종, 「첫사랑」-

④ 주제:
'노력과 헌신으로 이룬 첫사랑과 이별 후의 정신적 성숙'이다.

• 지문 이해

눈꽃을 피우려 노력함	→	눈꽃이 핌	→	눈이 녹은 자리에 봄꽃이 핌
• 눈은 얼마나 많은 도전을 멈추지 않았으랴 • 싸그락 싸그락 두드려 보았겠지/ 난분분 난분분 춤추었겠지/ 미끄러지고 미끄러지길 수백 번,		• 마침내 피워 낸 저 황홀 보아라		• 봄이면 가지는 그 한번 덴 자리에/ 세상에서 가장 아름다운 상처를 터뜨린다
첫사랑을 이루기 위한 노력과 시련		첫사랑이 이루어진 기쁨		이별 후의 정신적 성숙

---

041 표현상 특징 - 적절한 것 고르기 2021년 9월 학평 27번
정답률 85% 정답 ⑤

(가), (나)에 대한 설명으로 가장 적절한 것은?

선지	핵심 체크 내용	(가)	(나)
①	명암의 대비 → 화자의 내면을 드러냄	X	-
②	수미상관의 방식 → 시적 안정감을 드러냄	-	X
③	(가) 공간의 이동 → 시적 분위기 조성	X	-
	(나) 시간의 흐름 → 시적 분위기 조성	-	O
④	설의적 표현 → 화자의 정서를 드러냄	X	O
⑤	계절감을 드러내는 시어 사용 → 주제를 형상화	O	O

① (가)는 *명암의 대비를 통해 화자의 내면을 드러내고 있다.
* 밝음과 어두움을 맞대어 비교함

풀이 (가)는 밝음과 어두움의 대비를 통해 화자의 내면을 드러내고 있지 않다.
→ 적절하지 않음!

■ 명암의 대비를 통해 화자의 내면을 드러내는 작품
• 윤동주, 「쉽게 씌어진 시」(2007년 고2 3월 학평, 2012·2013년 고1 11월 학평)
등불을 밝혀 어둠을 조금 내몰고,/ 시대처럼 올 아침을 기다리는 최후의 나,
→ '어둠'과 '등불', '아침'이라는 명암의 대비를 통해 현재의 부정적 현실을 극복하고자 하는 화자의 의지를 드러내고 있다.

② (나)는 *수미상관의 방식으로 시적 안정감을 드러내고 있다.
* 시의 처음과 끝에 유사하거나 비슷한 구절을 반복하여 배치하는 방식

풀이 (나)는 시의 처음과 마지막이 유사한 수미상관의 방식을 통해 시적 안정감을 드러내고 있지 않다.

→ 적절하지 않음!

> ■수미상관의 방식이 나타나는 작품
> • 김종길, 「고고(孤高)」 (2015학년도 9월 모평B)
> 1연 : 북한산이/ 다시 그 높이를 회복하려면/ 다음 겨울까지는 기다려야만 한다.
> 5~6연 : 그 고고(孤高)한 높이를 회복하려면// 백운대와 인수봉만이 가볍게 눈을 쓰는/ 어느 겨울날 이른 아침까지는/ 기다려야만 한다.
> → 1연과 마지막 5~6연에 비슷한 구절이 배치된 '변형된 수미상관의 방식'이 나타난다.

③ (가)는 공간의 이동에 따라 (나)는 시간의 흐름에 따라 시적 분위기를 조성하고 있다.

근거 (가)-❶ 문 열자 선뜻!/ 먼 산이 이마에 차라.
(나) ❶-2 눈은 얼마나 많은 도전을 멈추지 않았으랴// ❹-1 봄이면 가지는 그 한번 덴 자리

풀이 (가)의 화자가 1연에서 문을 열고 먼 산을 바라보고 있다는 점에서 공간적 배경이 집 안임을 짐작할 수 있지만 시상이 전개되면서 공간의 이동은 드러나지 않는다. (나)는 겨울에서 봄이라는 시간의 흐름에 따라 시적 분위기가 조성되고 있다.

→ 적절하지 않음!

(나)만 해당

④ (가)와 (나)는 모두 *설의적 표현을 사용하여 화자의 정서를 드러내고 있다.
* 쉽게 판단할 수 있는 사실을 의문의 형식으로 표현하여 의미를 강조하는 방법

근거 (나)-❶ 흔들리는 나뭇가지에 꽃 한번 피우려고/ 눈은 얼마나 많은 도전을 멈추지 않았으랴

풀이 (나)의 1연에서 설의적 표현을 사용하여 나뭇가지에 꽃을 피우기 위한 눈의 노력을 강조하고 그 노력에 대한 화자의 감탄을 드러내고 있다. (가)에는 설의적 표현을 사용하여 화자의 정서를 드러내는 부분을 찾을 수 없다.

→ 적절하지 않음!

⑤ (가)와 (나)는 모두 계절감을 드러내는 시어를 사용하여 주제를 형상화하고 있다.

근거 (가) ❸-1 눈이 덮인 멧부리// ❹-1 얼음 금 가고// ❼-1 꽃 피기 전 철 아닌 눈
(나) ❶-2 눈은 얼마나 많은 도전을 멈추지 않았으랴// ❹-1 봄이면 가지는 그 한번 덴 자리

풀이 (가)는 '눈, 얼음, 꽃'과 같은 계절감을 드러내는 시어를 사용하여 겨울이 지나고 찾아온 봄의 생명력이라는 주제를 형상화하고 있다. (나)는 '눈, 봄'과 같은 계절감을 드러내는 시어를 사용하여 노력을 통해 이루어낸 사랑과 이별 후의 성숙이라는 주제를 형상화하고 있다.

→ 적절함!

---

042 | 내용 이해 - 적절하지 않은 것 고르기 | 2021년 9월 학평 28번
정답률 90% | 정답 ④

(가)를 이해한 내용으로 적절하지 않은 것은?

① [A]에서 화자는 갑작스럽게 마주한 풍경에 대한 놀라움을 '선뜻!'이라는 시어로 표현하고 있다.

근거 [A] (가)-❶ 문 열자 선뜻!/ 먼 산이 이마에 차라.

풀이 [A]에서 화자는 문을 열고 갑작스럽게 마주한 눈 덮인 산이 이마에 닿을 듯 차갑게 느껴져 '선뜻!'이라는 시어로 놀라움을 표현하고 있다.

→ 적절함!

② [B]에서 화자는 [A]에서 이마에 닿을 듯 차갑게 느껴졌던 먼 산의 경치를 '이마받이'로 *부각하고 있다. * 강조하고

근거 [B] (가)-❸ 새삼스레 눈이 덮인 멧부리와/ 서늘옵고 빛난 **이마받이**하다.

풀이 화자는 [B]에서 눈 덮인 멧부리와 '이마받이'한다고 표현함으로써 먼 산과 자신과의 거리를 완전히 없애, [A]에서 이마에 닿을 듯 차갑게 느꼈던 먼 산의 경치를 부각하고 있다.

→ 적절함!

③ [C]에서 화자는 '얼음'이 녹고 '바람'이 새로 부는 것을 통해 변화하는 자연의 모습을 그려내고 있다.

근거 [C] (가)-❹ **얼음** 금 가고 **바람** 새로 따르거니/ 흰 옷고름 절로 향기로워라.

풀이 화자는 [C]에서 '얼음'에 금이 가고 '바람'이 새로 부는 풍경을 통해 겨울에서 봄으로 변화하는 자연의 모습을 그려내고 있다.

→ 적절함!

④ [D]에서 화자는 *겨우내 '옹숭거리고' 살아온 자신을 돌아보며 [C]에서 보인 자신의 태도를 **허무하게 여기고 있다. * 겨울 내내 ** 헛되고 보잘것없게

근거 [D] (가)-❺ **옹숭거리고** 살아난 양이/ 아아 꿈 같기에 설어라.

풀이 화자는 [D]에서 겨우내 '옹숭거리고' 살아온 모습을 떠올리며 현재 봄이 찾아온 것이 꿈 같다고 표현하고 있을 뿐, [C]에서 보인 자신의 태도를 허무하게 여기고 있지는 않다.

→ 적절하지 않음!

⑤ [E]에서 화자는 겨울이 가고 봄이 오는 모습을 '새순' 돋는 미나리와 오물거리는 '고기 입'으로 *생동감 있게 제시하고 있다. * 살아 움직이는 듯이

근거 [E] (가)-❻ 미나리 파릇한 **새순** 돋고/ 옴짓 아니 기던 **고기 입**이 오물거리는,

풀이 화자는 [E]에서 파릇한 '새순'이 돋는 미나리와 오물거리는 '고기 입'을 통해 봄이 오는 모습을 생동감 있게 묘사하고 있다.

→ 적절함!

---

043 | 감상의 적절성 - 적절하지 않은 것 고르기 | 2021년 9월 학평 29번
정답률 75% | 정답 ②

〈보기〉를 참고하여 (가), (나)를 감상한 것으로 적절하지 않은 것은? [3점]

> | 보기 |
> 시에서 '낯설게 하기'는 반복과 변형, 역설(겉으로 보기에는 말이 되지 않는 모순된 표현이지만 그 속에 중요한 진리를 담고 있는 표현), 이질적인(성질이 다른) 대상 간의 결합, 언어의 비유적인 결합, 감각의 전이(어떤 하나의 감각을 다른 감각으로 옮긴 표현) 등을 통해 사물을 재인식(새롭게 인식)하거나 그 이면(겉으로 나타나지 않는 부분)에 주목하여 새로운 의미를 형성하는 방법이다.

① (가)의 '흰 옷고름 절로 향기로워라'에서는 흰 옷고름의 시각적 이미지를 향기로움이라는 후각적 이미지로 표현함으로써 봄에 대한 화자의 느낌을 나타내고 있군.

근거 (가)-❹ 바람 새로 따르거니/ 흰 옷고름 절로 향기로워라. (감각의 전이)

풀이 (가)의 화자는 따뜻한 봄바람에 날리는 흰 옷고름에서 향기를 느끼고 있다. 이는 흰 옷고름이라는 시각적 이미지를 향기라는 후각적 이미지로 전이함으로써 봄을 맞이한 화자의 기쁨을 드러낸 것이다.

→ 적절함!

② (가)의 '꽃 피기 전 철 아닌 눈'에서는 서로 어울리지 않는 봄과 눈을 결합함으로써 다시 돌아올 겨울에 대한 화자의 기대감을 드러내고 있군.

근거 (가) ❼-1 꽃 피기 전 철 아닌 눈 (이질적인 대상 간의 결합)

풀이 (가)의 '꽃 피기 전 철 아닌 눈'에서는 이질적인 대상인 봄과 눈을 결합하여 봄눈에 대해 놀랍고 낯설게 인식하는 화자의 태도를 드러내고 있다. 이는 다시 돌아올 겨울에 대한 화자의 기대감이 아닌 눈 내린 봄을 온몸으로 느끼고 싶은 화자의 정서를 드러내는 표현으로 이해하는 것이 적절하다.

→ 적절하지 않음!

③ (나)의 '난분분 난분분'과 '미끄러지고 미끄러지길'에서는 시어를 반복하거나 변형함으로써 눈꽃을 피우기 위해 노력하는 눈의 모습을 표현하고 있군.

근거 (나)-❶ 나뭇가지에 꽃 한번 피우려고/ 눈은 얼마나 많은 도전을 멈추지 않았으랴// ❷-2~3 난분분 난분분 춤추었겠지 (반복)/ 미끄러지고 미끄러지길 수백 번, (변형)

풀이 '난분분 난분분'에서는 시어를 반복하고, '미끄러지고 미끄러지길'에서는 시어를 변형하여 나뭇가지에 눈꽃을 피우기 위해 노력하는 눈의 모습을 표현하고 있다.

→ 적절함!

④ (나)의 '마침내 피워 낸 저 황홀 보아라'에서는 가지에 피어난 눈꽃을 '황홀'과 비유적으로 결합함으로써 눈의 노력이 결실을 맺는 기쁨을 드러내고 있군.

근거 (나)-❸ 바람 한 자락 불면 휙 날아갈 사랑을 위하여/ 햇솜 같은 마음을 다 퍼부어 준 다음에야/ 마침내 피워 낸 저 황홀 보아라 (비유)

풀이 '마침내 피워 낸 저 황홀 보아라'에서는 눈의 노력과 헌신으로 가지에 피워 낸 눈꽃을 '황홀'에 비유함으로써 사랑을 이뤄 낸 기쁨을 드러내고 있다.

→ 적절함!

⑤ (나)의 '아름다운 상처'에서는 표면적으로 모순이 되는 두 시어를 연결하는 역설의 방법을 사용함으로써 시련을 겪고 피어나는 것의 아름다움을 강조하고 있군.

근거 (나)-❹ 봄이면 가지는 그 한번 덴 자리에/ 세상에서 가장 아름다운 상처를 터뜨린

다 (역설)

풀이 '아름다운 상처'에서는 '아름답다'와 '상처'라는 표면적으로 모순되는 두 시어를 연결
하는 역설의 방식을 통해 첫사랑의 아픔이라는 시련을 겪고 피어나는 것의 아름다
움을 강조하고 있다.

→ 적절함!

[044~046] 다음 글을 읽고 물음에 답하시오.

작품 이해 단계 ①화자 ②상황 및 대상 ③정서 및 태도 ④주제

(가)

1 ¹ 어두운 ㉠방 안엔
   ² 빠알간 숯불이 피고,

2 ¹ **외로이 늙으신 할머니가**
   ² 애처로이 잦아드는 어린 목숨을 지키고 계시었다.
   → 앓고 있는 '나'. '잦아드는'은 기운이 가라앉아 잠잠해져 가는

   ②상황 : 늙으신 할머니가
   잦아드는 어린 목숨을 지키고
   계셨던 상황

3 ¹ 이윽고 **눈 속을**
   ² 아버지가 **약**을 가지고 돌아오시었다.

   ②대상 및 상황 :
   '아버지'가 눈을 헤치고 '산수유 열매'를
   가지고 돌아오셨던 상황

4 ¹ 아 아버지가 눈을 헤치고 따 오신
   → 해열 작용이 있는 열매
   ² 그 붉은 산수유 열매—

5 ¹ 나는 한 마리 어린 짐승,
   ² 젊은 아버지의 서느런 옷자락에
   ³ 열로 상기한 볼을 말없이 부비는 것이었다.
   → 열이 나서 붉어진

   ①화자 : '나' → 돌봄이 필요한 연약한
   존재인 '나'를 비유
   → 눈을 헤치고 온 아버지의 희생과
   자식에 대한 사랑. '서느런'은 차가운
   ②상황 : '나'가 '아버지'의 서느런
   옷자락에 말없이 볼을 비볐던 상황

6 ¹ 이따금 뒷문을 눈이 치고 있었다.
   ² 그날 밤이 어쩌면 성탄제의 밤이었을지도 모른다.
   → 성탄절

7 ¹ 어느새 나도
   ² 그때의 아버지만큼 나이를 먹었다.

   ②상황 :
   '나'가 어른이 된 상황

8 ¹ 옛것이라곤 찾아볼 길 없는
   ² 성탄제 가까운 도시에는
   ³ 이제 **반가운 그 옛날의 것**이 내리는데,
   → 눈

   ②③상황 및 정서 :
   성탄제가 가까운 날에 삭막한 도시에서
   내리는 눈을 바라보며 반가움을 느낀다.

9 ¹ 서러운 서른 살 나의 이마에
   ² 불현듯 아버지의 **서느런 옷자락**을 느끼는 것은,
   → 갑자기

   ③정서 :
   (삭막한 현실에) 서러운 '나'는
   갑자기 '아버지'의 사랑을 느낀다.

10 ¹ 눈 속에 따 오신 산수유 붉은 알알이
   ² 아직도 내 **혈액 속에 녹아 흐르는** 까닭일까.

   ③태도 : '나'는 '아버지'의 사랑이
   '나'에게 계속 남아있다고 생각한다.

   \- 김종길, 「성탄제」-

④주제 :
'나'는 '아버지'의 희생과 사랑을 느낄 수 있었던 어린 시절을 떠올리며
'아버지'의 사랑을 그리워한다.

· 김종길 중요 작가

「문」(2024학년도 수능), 「고고」(2015학년도 9월 모평B), 「성탄제」(2011학년도 6월 모
평) 기출. 고3 평가원 문제에 3번 이상 출제된 시인이다. 일상의 것을 시의 소재로 삼아
일정한 거리를 두고 간결한 언어로 표현하는 특징이 있다. 김종길의 대표적인 시는 주제

와 특징을 정리해 두는 것이 좋다.

· 지문 이해

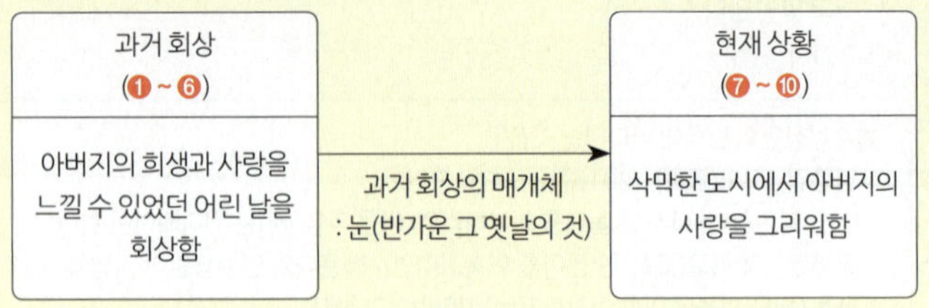

· 시어의 대비 (차이를 밝히기 위해 맞대어 비교함)

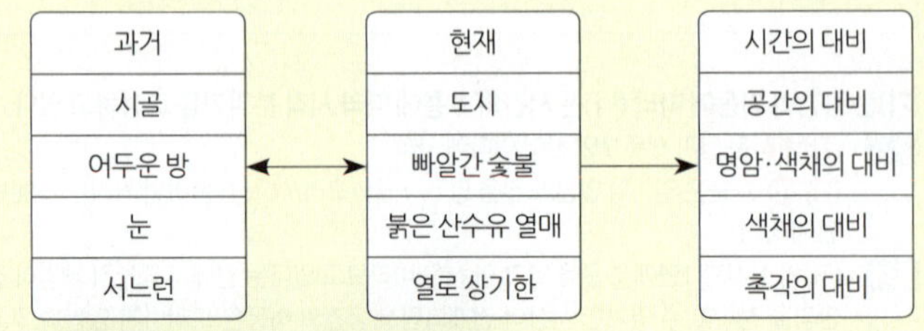

◀ 산수유 열매
: '흰 눈'과 '붉은 산수유 열매'의 색채 대비를
통해 아버지의 자식에 대한 헌신적 사랑을
효과적으로 보여 주고 있다.

(나)

①화자 : '나'
②대상 : '당신'

1 ¹ 나는 당신의 옷을 다 지어 놓았습니다.
   → 예전에 예절을 차릴 때 보통으로 입던 남자의 겉옷
   ² 심의도 짓고 도포도 짓고 자리옷도 지었습니다.
   → 예전에 신분이 높은 선비들이 입던 웃옷 → 잠잘 때 입는 옷
   ³ 짓지 아니한 것은 작은 주머니에 수놓는 것뿐입니다.

   ②상황 : '나'가 작은 주머니에
   수놓는 것을 빼고는 '당신'의
   옷을 다 지어 놓은 상황

2 ¹ 그 주머니는 나의 손때가 많이 묻었습니다.
   → '당신'에 대한 그리움으로 주머니를 많이 만졌기 때문
   ² 짓다가 놓아두고 짓다가 놓아두고 한 까닭입니다.
   ³ 다른 사람들은 나의 바느질 솜씨가 없는 줄로 알지마는
   → '나'가 주머니에 수놓기를 마무리하지 않는 이유
   ⁴ 그러한 비밀은 나밖에는 아는 사람이 없습니다.
   ⁵ 나의 마음이('당신'이 그리워) 아프고 쓰린 때에 주머니에 수를 놓으려면
   ⁶ 나의 마음은 수놓는 금실을 따라서 바늘구멍으로 들어가고
   ⁷ 주머니 속에서 맑은 노래가 나와서 나의 마음이 됩니다.

   ③정서 및 태도 : 마음이 아프고 쓰린 때에 '나'는 주머니에 수를 놓으면서
   마음을 달랜다.('나'가 주머니에 수놓기를 마무리하지 않는 이유 ①)

   ⁸ 그리고 아직 ㉡이 세상에는 그 주머니에 넣을 만한 무슨 보물이 없습니다.
   → '당신'과 재회할 수 없는 현실 상황('나'가 주머니에 수놓기를 마무리하지 않는 이유 ②)
   ⁹ 이 작은 주머니는 짓기 싫어서 짓지 못하는 것이 아니라 짓고 싶어서 다 짓
     지 않는 것입니다.

   ③태도 :
   '나'는 이 작은 주머니를 계속해서 짓고 싶어서 의도적으로 다 짓지 않는다.
   → 수놓기를 계속하고 싶어서 의도적으로 수놓기를 완성하지 않는다는 역설적인 표현

   \- 한용운, 「수(繡)의 비밀」-

④주제 :
'나'는 '당신'을 그리워하는 마음을 달래기 위해 수놓기를 마무리 짓지 않는다.

· 한용운 중요 작가

「알 수 없어요」(2013학년도 6월 모평), 「님의 침묵」(2009학년도 수능), 「나룻배와 행인」
(2003학년도 수능) 기출. 한용운은 고3 평가원 시험에 3번 이상 출제된 시인이다. 시의
서정성을 배격하고 고도의 은유법을 구사하여 일제에 저항하는 민족 정신이 담긴 시를
창작했다. 출제될 가능성이 높으니 한용운의 대표적인 시들의 주제와 특징을 정리해 두
는 것이 좋다.

· 지문 이해

수(繡)의 비밀('나'가 주머니에 수놓기를 마무리하지 않는 이유)
• 나의 마음이 아프고 쓰린 때에 주머니에 수를 놓으려면/ ~ 주머니 속에서 맑은 노래가 나와서 나의 마음이 됩니다. → • 그래서 이 작은 주머니는 짓기 싫어서 짓지 못하는 것이 아니라 짓고 싶어서 다 짓지 않는 것입니다.
• 아직 이 세상에는 그 주머니에 넣을 만한 무슨 보물이 없습니다.

◀ 주머니에 수
: 수를 놓으면서 '당신'의 부재로 인한 그리움의 마음을 달랠 수 있다.

044	표현상 특징 - 적절한 것 고르기 2021년 6월 학평 43번 정답률 65%, 매력적 오답 ⑤ 15%	정답 ③

(가)와 (나)에 대한 설명으로 가장 적절한 것은?

선지	핵심 체크 내용	(가)	(나)
①	수미상관의 방식	X	-
	설의적 표현	-	X
	화자의 의지 드러냄	X	O
②	동일한 종결 표현 → 구조적 안정감 부여	O	O
③	역설적 표현 → 대상에 대한 화자의 정서 부각	X	O
④	후각적 이미지 → 시적 상황 구체화	X	X
⑤	시간의 흐름에 따라 시상 전개	O	X
	화자의 태도 변화 드러냄	X	X

① (가)는 *수미상관의 방식을 통해, (나)는 **설의적 표현을 통해 화자의 의지를 드러내 ← (나)만 해당
고 있다. * 시의 처음과 끝에 같거나 비슷한 구절을 반복하여 배치하는 방식   ** 누구나 알 법한 내용을
의도적으로 의문의 형식으로 나타냄으로써 뜻을 강조하는 표현

> **근거** (나) ❷-9 이 작은 주머니는 짓기 싫어서 짓지 못하는 것이 아니라 짓고 싶어서 다 짓지 않는 것입니다.

> **풀이** (가)는 수미상관의 방식을 사용하지도, 이를 통해 화자의 의지를 드러내고 있지도 않다. (나)에는 설의적 표현이 나타나지 않지만, '짓고 싶어서 다 짓지 않는 것'이라고 말한 부분에서는 의도적으로 수놓기를 완성하지 않으려는 화자의 의지가 드러난다고 볼 수 있다.

→ 적절하지 않음!
(가)와 (나)는 모두

② (가)는 (나)와 달리 동일한 *종결 표현을 사용하여 구조적 안정감을 부여하고 있다.
* 문장을 끝맺는 데 쓰이는 표현

> **근거** (가) ❷-2 지키고 계시었다.// ❸-2 돌아오시었다. // ❺-3 부비는 것이었다.// ❻ 눈이 치고 있었다./ ~ 밤이었을지도 모른다.// ❼-2 나이를 먹었다.
> (나) ❶ 놓았습니다./ ~ 지었습니다./ ~ 것뿐입니다./ ❷-1~2 묻었습니다./ ~ 까닭입니다./ ❹ 없습니다./ 8~9 없습니다./ ~ 것입니다.

> **풀이** (가)에서는 '~(었)다', (나)에서는 '~습니다', '~입니다'라는 동일한 종결 표현을 사용하고 있다. 이처럼 동일한 종결 표현을 반복적으로 사용하면 운율 형성의 효과와 함께 구조적으로 안정된 느낌을 줄 수 있다.

→ 적절하지 않음!

③ (나)는 (가)와 달리 *역설적 표현을 통해 대상에 대한 화자의 정서를 부각하고 있다.
* 겉으로는 앞뒤가 맞지 않아 모순되는 것 같으나 그 속에 중요한 진리를 담고 있는 표현

> **근거** (나) ❷-9 이 작은 주머니는 짓기 싫어서 짓지 못하는 것이 아니라 짓고 싶어서 다 짓지 않는 것입니다.

> **풀이** (나)의 '짓고 싶어서 다 짓지 않는 것입니다'는 수놓기를 계속하고 싶어서 의도적으로 수놓기를 완성하지 않는다는 의미의 역설적 표현이다. 화자는 '당신'의 옷에 수놓기를 하면서 부재하는 '당신'을 기다리고, 마음의 위안을 얻고 있다. 따라서 역설적 표

현을 통해 부재하는 '당신'에 대한 화자의 기다림, 그리움, 애틋함 등의 정서를 부각하고 있다. 한편, (가)에는 역설적 표현이 나타나지 않는다.

→ 적절함!

> **■ 역설적 표현**
> 014번 문제 ③번 선지 (2024년 9월 학평) 참고 → 013쪽

④ (가)와 (나)는 모두 *후각적 이미지를 통해 시적 상황을 구체화하고 있다.
* 코로 냄새를 맡는 느낌을 주는 이미지

> **근거** (가) ❶ 어두운 방/빠알간 숯불// ❹-2 붉은 산수유 열매 (시각적 이미지)
> (가) ❺-2~3 서느런 옷자락에/ 열로 상기한 볼 (촉각적 이미지)

> **풀이** (가)와 (나)는 모두 후각적 이미지가 나타나지 않는다. 참고로 (가)는 시각적 이미지('어두운', '빠알간', '붉은')와 촉각적 이미지('서느런', '열로 상기한')를 통해 시적 상황을 구체화하고 있다.

→ 적절하지 않음!

> **■ 후각적 이미지를 통해 시적 상황을 구체화하고 있는 작품**
> • 김춘수, 「강우(降雨)」(내릴 降 비 雨 : 비가 내림 혹은 내리는 비) (2011학년도 6월 모평)
> 조금 전까지는 거기 있었는데/ 어디로 갔나,/ 밥상은 차려놓고 어디로 갔나,/ 넙치지지미 맵싸한 냄새가/ 코를 맵싸하게 하는데/ 어디로 갔나,/ 이 사람이 갑자기 왜 말이 없나,
> → 후각적 이미지를 통해 부재하는 대상을 애타게 찾고 있는 시적 상황을 구체화하고 있다.

⑤ (가)와 (나)는 모두 시간의 흐름에 따라 *시상을 전개하여 화자의 태도 변화를 드러내 (가)는
고 있다. * 시의 내용을 펼쳐 나가

> **근거** (가) ❻-2 그날 밤이 어쩌면 성탄제의 밤이었을지도 모른다.
> ❼ 어느새 나도/ 그때의 아버지만큼 나이를 먹었다.

> **풀이** (가)는 과거에서 현재로 시상이 전환되므로 시간의 흐름에 따라 시상을 전개한다고 볼 수 있다. 그러나 이를 통해 화자의 태도 변화를 드러내고 있지는 않다. 과거와 현재 모두 화자는 '아버지'의 사랑을 느끼며 그에 대한 그리움을 드러내고 있기 때문이다. 한편 (나)는 시간의 흐름에 따라 시상을 전개하지도, 이를 통해 화자의 태도 변화를 드러내고 있지도 않다.

→ 적절하지 않음!

045	공간의 의미 - 적절한 것 고르기 2021년 6월 학평 44번 정답률 80%	정답 ③

㉠과 ㉡에 대한 설명으로 가장 적절한 것은?

> (가) ❶-1 어두운 ㉠방 안엔
> (나) ❷-8 그리고 아직 ㉡이 세상에는 그 주머니에 넣을 만한 무슨 보물이 없습니다.

시적 배경이 되는
① ㉠은 화자가 자아를 *성찰하는 공간이다. * 반성하고 살피는

> **풀이** ㉠(방 안)에서 '할머니'와 화자('애처로이 잦아드는 어린 목숨')는 약을 구하러 간 '아버지'를 기다린다. 따라서 ㉠(방 안)은 화자가 자아를 성찰하는 공간과는 거리가 멀며, 시적 배경이 되는 공간으로 이해하는 것이 적절하다.

→ 적절하지 않음!
화자가 대상으로부터 애정과 친밀감을 확인하는
② ㉠은 화자와 대상과의 관계가 단절된 공간이다.

> **풀이** ㉠(방 안)에서 화자는 '할머니'의 간호를 받으며 눈을 헤치고 약을 구하러 간 '아버지'를 기다린다. 이후 눈 속에서 산수유 열매를 구해 온 '아버지'의 옷자락에 화자는 열로 상기한 볼을 비빈다. 따라서 ㉠(방 안)은 화자와 대상('할머니', '아버지')과의 관계가 단절된 공간이 아니라 화자에 대한 대상의 애정과 친밀감을 확인할 수 있는 공간으로 보는 것이 적절하다.

→ 적절하지 않음!

③ ㉡은 화자의 소망이 실현되지 못하고 있는 공간이다.

> **풀이** 화자는 '당신의 옷'을 짓고, '작은 주머니'에 수를 놓고 있다. 화자는 수를 놓는 주머니에 보물도 넣고 싶지만 아직 ㉡(이 세상)에는 그럴 만한 무슨 보물이 없다고 하였다. 따라서 ㉡(이 세상)은 화자의 소망 혹은 바람이 실현되지 못하고 있는 공간이라 볼 수 있다.

→ 적절함!

④ ⓛ은 화자가 일상의 삶에서 벗어난 *초월적인 공간이다. * 어떤 한계나 표준을 뛰어넘은
　풀이　ⓛ(이 세상)은 화자가 '당신의 옷'을 짓고, 수를 놓으며 부재하는 '당신'을 기다리는, 일
　　　　상적 삶이 이루어지는 공간일 뿐 일상의 삶에서 벗어난 초월적인 공간은 아니다.

　→ 적절하지 않음!

⑤ ㉠과 ⓛ은 모두 화자가 추구하는 *이상적 공간이다. * 가장 완전하다고 여겨지는
　풀이　㉠(방 안)은 (가)의 공간적 배경 중 하나로, 아픈 화자를 돌봐주는 대상('할머니', '아버
　　　　지')의 모습을 통해 사랑과 따뜻함을 느낄 수는 있으나 이를 화자가 추구하는 이상적
　　　　공간이라 보기는 어렵다. 또한 ⓛ(이 세상)은 화자가 수놓고 있는 '주머니'에 넣을 만한
　　　　보물이 아직 존재하지 않는 공간이므로 화자의 소망을 실현시켜 주지 못하는 공간
　　　　일 뿐 화자가 추구하는 이상적 공간은 아니다.

　→ 적절하지 않음!

> **046**　감상의 적절성 – 적절하지 않은 것 고르기　2021년 6월 학평 45번
> 　　　　　정답률 80%　　　　　　　　　　　　　　　　　　　　정답 ④

〈보기〉를 참고하여 (가)를 감상한 내용으로 적절하지 <u>않은</u> 것은?　[3점]

> | 보기 |
> 　　¹ 김종길 시인의 작품에 가족에 대한 시가 많은 것은 어린 시절 어머니의 **부재**(있지 아
> 니함) 속에서도 가족의 보호를 받으며 자란 그의 성장 과정과 연관이 깊다. ² 「성탄제」에
> 도 **삼대**(아버지, 아들, 손자의 세 대)로 이어지는 따뜻한 **가족애**(가족에 대한 사랑)가 다양한
> 소재를 통해 **형상화되어**(구체적으로 나타나) 있다. ³ 이러한 가족애는 개인의 경험을 넘어
> 현대인의 메마른 삶을 극복할 수 있는 **인간애**(인간에 대한 사랑)로 확장됨으로써 공감을
> 얻고 있다.

① '외로이 늙으신 할머니'가 어린 화자를 돌보고 있는 모습은 시인의 성장 배경과 관련이
　있겠군.
　근거　〈보기〉-1 김종길 시인의 작품에 가족에 대한 시가 많은 것은 어린 시절 어머니의 부
　　　　재 속에서도 가족의 보호를 받으며 자란 그의 성장 과정과 연관이 깊다.
　　　　(가) ② **외로이 늙으신 할머니**가/ 애처로이 잦아드는 어린 목숨을 지키고 계시었다.
　풀이　'외로이 늙으신 할머니'가 앓고 있는 어린 화자를 돌보고 있는 모습은 어린 시절 어머
　　　　니의 부재 속에서도 가족의 보호를 받으며 자란 시인의 성장 배경과 관련이 있다고
　　　　볼 수 있다.

　→ 적절함!

② '눈 속을 헤치고 '약'을 구해 온 아버지의 사랑은 *삭막한 현실을 극복할 수 있는 인간
　애로 확장될 수 있겠군. * 쓸쓸하고 막막한
　근거　〈보기〉-3 이러한 가족애는 개인의 경험을 넘어 현대인의 메마른 삶을 극복할 수 있
　　　　는 인간애로 확장됨으로써 공감을 얻고 있다.
　　　　(가) ③ 이윽고 **눈 속을**/ 아버지가 **약**을 가지고 돌아오시었다.
　풀이　앓고 있는 어린 화자를 위해 '눈 속'을 헤치고 '약'을 구해 온 아버지의 사랑은 현대인
　　　　의 삭막하고 메마른 삶을 극복할 수 있는 인간애로 확장될 수 있다.

　→ 적절함!

③ '반가운 그 옛날의 것'은 화자에게 어린 시절을 떠올리게 하는 역할을 하겠군.
　근거　〈보기〉-2 「성탄제」에도 삼대로 이어지는 따뜻한 가족애가 다양한 소재를 통해 형상
　　　　화되어 있다.
　　　　(가) ❽-3 이제 **반가운 그 옛날의 것**이 내리는데,
　풀이　성탄제가 다가온 도시에 내리는 '눈'은 화자로 하여금 과거 자신을 위해 '아버지'가 눈
　　　　속을 헤치고 따 왔던 산수유 열매를 떠올리게 한다. 따라서 '반가운 그 옛날의 것(눈)'
　　　　은 화자에게 가족의 따뜻한 사랑과 보호를 받던 어린 시절을 떠올리게 하는 역할을
　　　　한다고 볼 수 있다.

　→ 적절함!

화자에 대한 '아버지'의 희생과 사랑을
✔④ '서느런 옷자락'은 화자가 경험하는 현대인의 메마른 삶을 형상화한 것이겠군.
　근거　〈보기〉-2 「성탄제」에도 삼대로 이어지는 따뜻한 가족애가 다양한 소재를 통해 형상
　　　　화되어 있다.
　　　　(가) ❾-2 불현듯 아버지의 **서느런 옷자락**을 느끼는 것은,
　풀이　어른이 된 화자는 아버지의 '서느런 옷자락'을 불현듯 느끼며 유년 시절 자신을 위해
　　　　희생했던 아버지의 사랑을 떠올리고 있다. 따라서 '서느런 옷자락'은 화자에 대한 아
　　　　버지의 사랑을 형상화한 소재로, 화자가 경험하는 현대인의 메마른 삶과는 무관하
　　　　다.

　→ 적절하지 않음!

---

⑤ '내 혈액 속에 녹아 흐르는' 산수유는 과거에서 현재까지 이어져 온 가족애를 의미한다
　고 볼 수 있겠군.
　근거　〈보기〉-2 「성탄제」에도 삼대로 이어지는 따뜻한 가족애가 다양한 소재를 통해 형상
　　　　화되어 있다.
　　　　(가) ❿ 눈 속에 따 오신 산수유 붉은 알알이/ 아직도 **내 혈액 속에 녹아 흐르는** 까닭
　　　　일까.
　풀이　'붉은 산수유 열매'는 화자에 대한 '아버지'의 헌신적 사랑을 의미한다. 따라서 어른이
　　　　된 화자가 '산수유 붉은 알알이' 아직도 혈액 속에 녹아 흐른다고 한 것은 과거부터 현
　　　　재까지 따뜻한 가족애가 계속 이어져 오고 있음을 의미한다고 볼 수 있다.

　→ 적절함!

Ⅱ 고전시가 및 시 복합 │ 1. 하나의 고전시가

마더텅 전국연합 학력평가 기출문제집 고1 국어 문학

[001~003] 다음 글을 읽고 물음에 답하시오.

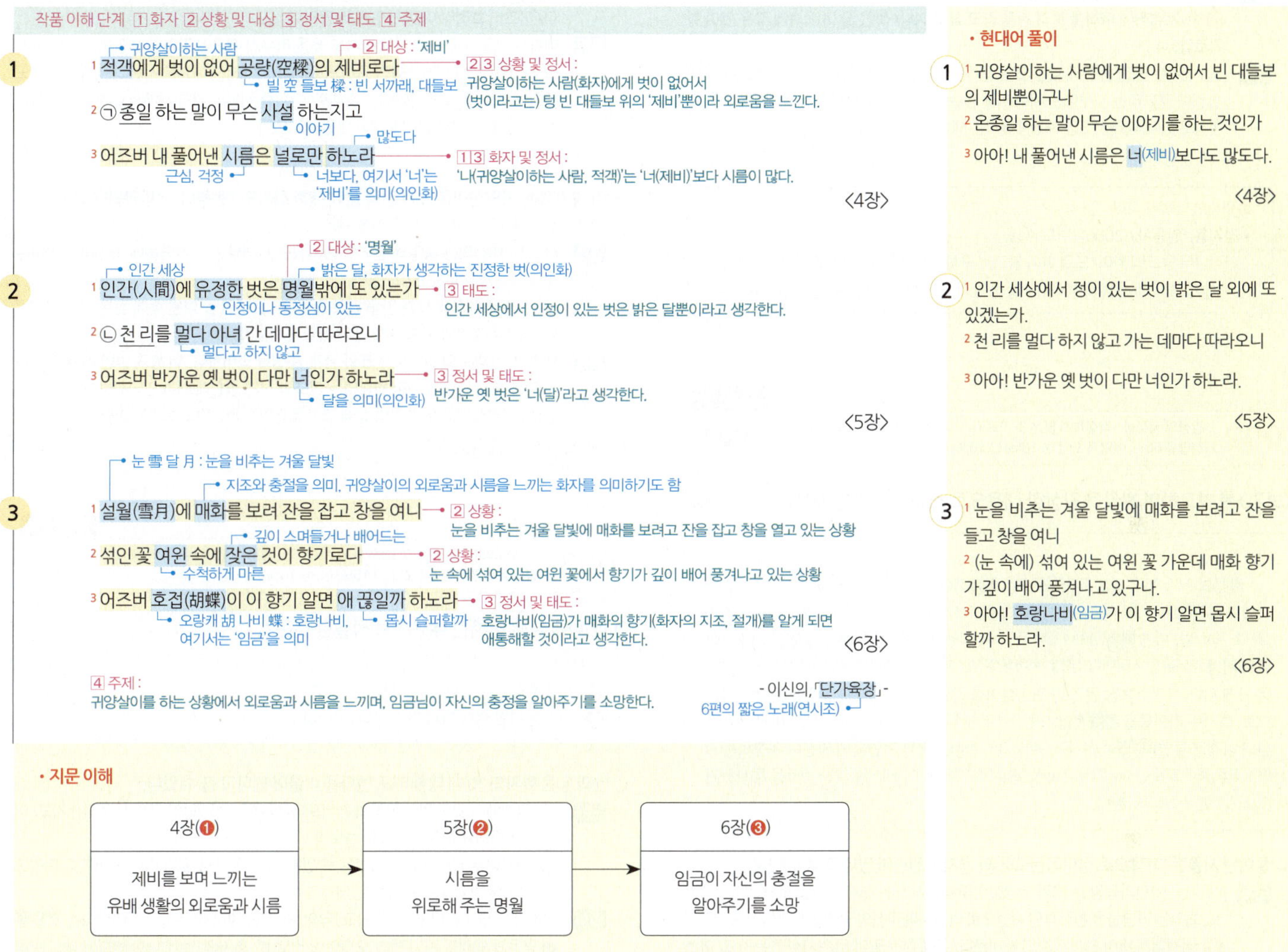

• 현대어 풀이

1 ¹ 귀양살이하는 사람에게 벗이 없어서 빈 대들보의 제비뿐이구나
² 온종일 하는 말이 무슨 이야기를 하는 것인가
³ 아아! 내 풀어낸 시름은 너(제비)보다도 많도다.
〈4장〉

2 ¹ 인간 세상에서 정이 있는 벗이 밝은 달 외에 또 있겠는가.
² 천 리를 멀다 하지 않고 가는 데마다 따라오니
³ 아아! 반가운 옛 벗이 다만 너인가 하노라.
〈5장〉

3 ¹ 눈을 비추는 겨울 달빛에 매화를 보려고 잔을 들고 창을 여니
² (눈 속에) 섞여 있는 여읜 꽃 가운데 매화 향기가 깊이 배어 풍겨나고 있구나.
³ 아아! 호랑나비(임금)가 이 향기 알면 몹시 슬퍼할까 하노라.
〈6장〉

• 지문 이해

4장(❶)	→	5장(❷)	→	6장(❸)
제비를 보며 느끼는 유배 생활의 외로움과 시름		시름을 위로해 주는 명월		임금이 자신의 충절을 알아주기를 소망

---

001 표현상 특징 - 적절한 것 고르기 2017년 3월 학평 43번
정답률 65%, 매력적 오답 ③ 15%

정답 ②

윗글에 대한 설명으로 가장 적절한 것은?

① '4장'은 동일한 시어를 반복하여 *주제 의식을 강화하고 있다.
* 작품 전체를 통해 나타내려는 작가의 생각
풀이 '4장'에는 동일한 시어의 반복이 나타나지 않는다.
→ 적절하지 않음!

✓ '5장'은 설의적 표현을 사용하여 *화자의 **정서를 효과적으로 드러내고 있다.
* 시 속에서 말하는 사람 ** 사람의 마음에 일어나는 여러 가지 감정
근거 ❷-1 인간에 유정한 벗은 명월밖에 또 있는가
풀이 '설의적 표현'이란 당연한 사실에 대해 물음(의문)의 형식으로 표현함으로써 어떠한 대답을 요구하는 것이 아니라 말하는 이의 생각이나 뜻을 강조하는 표현 방법을 말한다. '인간에 유정한 벗은 명월밖에 또 있는가'에서 '-는가'라는 의문의 형식을 통해, 인간 세상에서 정이 있는 진정한 벗은 밝은 달뿐이라는 화자의 생각을 강조하고 있다.
→ 적절함!

③ '6장'은 *점층적으로 **시상을 전개하여 화자의 의지를 강조하고 있다.
* 정도를 점점 강하게 하거나 크게 하거나 높게 하는 것 ** 시 속의 정서나 생각을 나타내어
풀이 '6장'에서는 점층적인 시상 전개가 나타나지 않는다.
→ 적절하지 않음!

■ 점층적 표현이 드러나는 작품
• 정몽주, 「단심가」
이 몸이 주거주거 일백 번 고쳐 주거,/ 백골이 진토(티끌과 흙)되어 넉시라도 잇고 업고,/ 님 향한 일편단심이야 가실 줄이 이시랴.
→ '이 몸이 주거주거 〈 일백 번 고쳐 주거 〈 백골이 진토되어'와 같이 죽음에 대한 강도를 점점 높이고 있으므로 점층적 표현이다.
• 김광욱, 「율리유곡」 (2011학년도 수능, 2022학년도 6월 모평)
공명도 잊었노라 부귀도 잊었노라/ 세상 번우한(괴롭고 조심스러운) 일 다 주어 잊었노라/ 내 몸을 네미져 잇스니 남이 이니 잇으랴
→ 세속적 욕심을 버리는 화자의 태도가 점점 강하게 표현되고 있다.(공명 〈 부귀 〈 세상 번우한 일)

④ '4장'과 '5장'은 현재와 과거를 *대조하여 화자의 **내적 갈등을 드러내고 있다.
→ 현재만 드러남
* 서로 맞대어 다른 점을 나타내어 ** 한 인물이 자신의 내부에서 스스로 일으키는 심리적 갈등
> 풀이 '4장'과 '5장'은 귀양살이로 인해 외로움을 느끼고 있는 화자의 현재 상황만 드러나고 있으며, 현재와 과거를 대조하여 화자의 내적 갈등을 드러내지 않는다.

→ 적절하지 않음!

⑤ '5장'과 '6장'은 색채의 *대비를 활용하여 대상을 구체적으로 **묘사하고 있다.
* 차이를 밝히기 위해 서로 맞대어 비교하는 것 ** 그림을 그리듯이 표현하고
> 근거 ❷-1 인간에 유정한 벗은 명월밖에 또 있는가
> ❸-1~2 설월에 매화를 보려 잔을 잡고 창을 여니/ 섞인 꽃 여윈 속에 잦은 것이 향기로다
> 풀이 '5장'에서는 '명월'을 통해 밝은 달빛, 즉 흰색의 이미지만 활용하고 있다. 또한 '6장'의 '설월에 매화'라는 시구에는 매화 위에 흰 눈이 덮여 있는 상황을 흰색 이미지로만 표현하고 있다. 따라서 '5장'과 '6장'에서는 색채의 대비가 나타나지 않는다.

→ 적절하지 않음!

> ■ 색채의 대비가 나타나는 작품
> • 정지용, 「인동차」 (2006학년도 수능)
> 자작나무 덩그럭 불이/ 도로 피어 붉고,// 구석에 그늘 지어/ 무가 순 돋아 파릇하고
> → '붉은색'과 '푸른색'의 색채 대비를 통해 아늑하고 따뜻한 분위기를 조성하고 있다.

[1등급 문제]

002 감상의 적절성 – 적절하지 않은 것 고르기 2017년 3월 학평 44번
정답률 60%, 매력적 오답 ③ 15%, ④ 10% | 정답 ⑤

〈보기〉를 참고하여 윗글을 감상한 내용으로 적절하지 않은 것은? [3점]

| 보기 |
1 이신의(1551~1627, 조선 중기의 문신)는 충절(충성스러운 절개)과 신의(믿음과 의리)를 중시했던 사대부(학자 출신의 관리)로, 인목대비(조선 제14대 왕 선조의 계비, 계비는 임금이 다시 장가를 가서 맞은 아내)폐위(왕이나 왕비 등의 자리에서 몰아냄)에 반대하는 글을 올렸다는 이유로 귀양(죄인을 먼 시골이나 섬으로 보내어 일정한 기간 동안 제한된 곳에서만 살게 하는 형벌)을 가게 된다. 2 「단가육장」은 그가 귀양살이를 하면서 느낀 생각과 감정을 풀어낸 작품으로, 화자는 자연물을 친화적인(서로 뜻이 맞거나 사이좋게 지내는) 시선으로 바라보며 자신의 감정을 투영하기도(반영하여 나타내기도) 한다. 3 또한 자연물에 자신이 지향하는(어떤 목표로 뜻이 향하는, 추구하는)유교적 이념(이상적으로 여겨지는 생각이나 견해)을 투사하기도(반영하여 나타내기도)한다.

① '풀어낸 시름'은 '적객'으로 살아가는 화자의 처지와 관련이 있다고 볼 수 있군.
> 근거 〈보기〉-2 「단가육장」은 그가 귀양살이를 하면서 느낀 생각과 감정을 풀어낸 작품으로, 화자는 자연물을 친화적인 시선으로 바라보며 자신의 감정을 투영하기도 한다.
> ❶ 적객에게 벗이 없어 공량의 제비로다/ 종일 하는 말이 무슨 사설 하는지고/ 어즈버 내 풀어낸 시름은 널로만 하노라
> 풀이 화자는 '적객'으로 살아가면서 제비만을 벗으로 생각하는 외로운 상황에 처해 있다. 이러한 처지에서 생긴 시름을 제비를 보며 풀어내고 있으므로 적절한 설명으로 이해할 수 있다.

→ 적절함!

② '간 데마다 따라오'는 '명월'은 화자가 지향하는 '신의'가 투사된 자연물로 볼 수 있겠군.
> 근거 〈보기〉 이신의는 충절과 신의를 중시했던 사대부로, ~ 자연물에 자신이 지향하는 유교적 이념을 투사하기도 한다.
> ❷ 인간에 유정한 벗은 명월밖에 또 있는가/ 천 리를 멀다 아녀 간 데마다 따라오니/ 어즈버 반가운 옛 벗이 다만 너인가 하노라
> 풀이 화자는 천 리를 멀다 하지 않고 '간 데마다 따라오'는 '명월'을 믿음과 의리를 지닌 벗으로 표현하고 있으므로, '명월'은 화자가 지향하는 임금에 대한 '신의'가 투사된 자연물로 이해할 수 있다.

→ 적절함!

③ '명월'을 '너'로 *지칭하고 '매화를 보려 잔을 잡고 창을 여'는 행위에서 자연물에 친화적인 화자의 시선을 엿볼 수 있군. * 가리켜서 부르고
> 근거 〈보기〉-2 화자는 자연물을 친화적인 시선으로 바라보며
> ❷ 인간에 유정한 벗은 명월밖에 또 있는가/ 천 리를 멀다 아녀 간 데마다 따라오니/ 어즈버 반가운 옛 벗이 다만 너인가 하노라
> ❸-1 설월에 매화를 보려 잔을 잡고 창을 여니

> 풀이 자연물인 '명월'을 '너'라고 지칭(의인화)하며 마치 사람처럼 대하는 모습과 눈이 내린 겨울날에 매화를 보기 위해 '잔을 잡고 창을 여'는 행동에서 자연물을 친근하게 생각하는 화자의 태도가 나타난다.

→ 적절함!

④ '설월'에 핀 '매화'는 화자가 지향하는 '충절'의 이념과 관련지을 수 있겠군.
> 근거 〈보기〉 이신의는 충절과 신의를 중시했던 사대부로, ~ 자연물에 자신이 지향하는 유교적 이념을 투사하기도 한다.
> ❸ 설월에 매화를 보려 잔을 잡고 창을 여니/ 섞인 꽃 여윈 속에 잦은 것이 향기로다/ 어즈버 호접이 이 향기 알면 애 끊을까 하노라
> 풀이 매화는 겨울의 극한 추위 속에서도 꽃을 피우기 때문에 강인한 생명력을 지닌 존재로 해석된다. 이러한 매화의 특성으로 인해 시에서는 매화를 시련과 역경 속에서도 임금에 대한 충절을 나타내는 소재로 자주 활용한다. 위의 시에서도 화자가 지향하는 '충절'을 겨울밤에 핀 '매화'와 연결하고 있다.

→ 적절함!

⑤ '이 향기'에는 귀양살이를 오기 전의 삶에 대한 화자의 *동경이 **투영되어 있군.
→ 임금에 대한 변함없는 충성심
* 어떤 것을 간절히 그리워하여 그것만을 생각함 ** 나타나고
> 근거 〈보기〉 이신의는 충절과 신의를 중시했던 사대부로, ~ 자연물에 자신이 지향하는 유교적 이념을 투사하기도 한다.
> ❸ 설월에 매화를 보려 잔을 잡고 창을 여니/ 섞인 꽃 여윈 속에 잦은 것이 향기로다/ 어즈버 호접이 이 향기 알면 애 끊을까 하노라
> 풀이 '이 향기'는 매화의 향기로 지조와 절개, 충절을 의미한다. '이 향기 알면 애 끊을까 하노라'를 통해 임금에 대한 변함없는 지조와 현재 상황에 대한 안타까움이 나타나 있을 뿐, 귀양살이를 오기 전의 삶에 대한 동경이 드러난다고 보기는 어렵다.

→ 적절하지 않음!

[1등급 문제]

003 시어의 의미 – 적절한 것 고르기 2017년 3월 학평 45번
정답률 60%, 매력적 오답 ③ 15%, ①, ④ 10% | 정답 ②

㉠과 ㉡에 대해 이해한 내용으로 적절한 것은?

> ❶-2 ㉠ 종일 하는 말이 무슨 사설 하는지고
> ❷-2 ㉡ 천 리를 멀다 아녀 간 데마다 따라오니

① ㉠과 ㉡은 화자의 '벗'에 대한 태도 변화를 이끌어 낸다고 볼 수 있다.
> 근거 ❶ 적객에게 벗이 없어 공량의 제비로다/ ㉠종일 하는 말이 무슨 사설 하는지고/ 어즈버 내 풀어낸 시름은 널로만 하노라
> ❷ 인간에 유정한 벗은 명월밖에 또 있는가/ ㉡천 리를 멀다 아녀 간 데마다 따라오니/ 어즈버 반가운 옛 벗이 다만 너인가 하노라
> 풀이 제비가 '종일' 이야기를 하고 있고, 달이 '천 리'를 멀다 하지 않고 따라다니는 것을 통해 믿음과 의리를 지닌 벗의 모습이 드러날 뿐, 화자의 '벗'에 대한 변화된 태도는 찾을 수 없다.

→ 적절하지 않음!

② ㉠과 ㉡은 화자가 처한 상황을 *부각하는 시간과 거리로 볼 수 있다.
* 두드러지게 하는
> 근거 ❶ 적객에게 벗이 없어 공량의 제비로다/ ㉠종일 하는 말이 무슨 사설 하는지고/ 어즈버 내 풀어낸 시름은 널로만 하노라
> ❷ 인간에 유정한 벗은 명월밖에 또 있는가/ ㉡천 리를 멀다 아녀 간 데마다 따라오니/ 어즈버 반가운 옛 벗이 다만 너인가 하노라
> 풀이 화자는 '종일' 이야기를 하는 제비보다 시름이 많은 자신의 상황을 시간적으로 강조하고 있다. 또한, '천 리'만큼 멀리 떨어진 곳에서 귀양살이를 하고 있는 화자를 따라오는 명월을 통해 화자가 처한 상황을 거리로 부각하고 있음을 확인할 수 있다.

→ 적절함!

③ ㉠과 ㉡은 화자와 '인간'과의 *심리적 거리감을 구체화한 것으로 볼 수 있다.
* 개인이 느끼는 주관적인 거리감
> 근거 ❷ 인간에 유정한 벗은 명월밖에 또 있는가/ ㉡천 리를 멀다 아녀 간 데마다 따라오니/ 어즈버 반가운 옛 벗이 다만 너인가 하노라
> 풀이 '천 리' 만큼이나 멀리 떨어져 있는 화자의 상황을 통해 화자와 인간 세상과의 심리적 거리감을 구체화했다고 볼 수 있지만, ㉠(종일)에는 심리적 거리감이 나타나지 않는다.

→ 적절하지 않음!

④ ㉠은 화자의 내적 갈등이 *심화되는 시간, ㉡은 화자의 내적 갈등이 **해소되는 공간
으로 볼 수 있다. * 점점 깊어지는 ** 해결되어 사라지는

근거 ❶ 적객에게 벗이 없어 공량의 제비로다/ ㉠종일 하는 말이 무슨 사설 하는지고/ 어
즈버 내 풀어낸 시름은 널로만 하노라

❷ 인간에 유정한 벗은 명월밖에 또 있는가/ ㉡천 리를 멀다 아녀 간 데마다 따라오
니/ 어즈버 반가운 옛 벗이 다만 너인가 하노라

풀이 ㉠(종일)은 시름을 풀어냄으로써 내적 갈등이 해소되는 시간으로 이해할 수 있으나,
㉡(천 리)은 화자가 있는 공간과 인간 세상의 거리이므로 내적 갈등이 해소되는 공간
으로 이해하기 어렵다.

→ 적절하지 않음!

⑤ ㉠은 미래에 대한 화자의 *낙관적 전망을, ㉡은 **비관적 전망을 드러낸다고 할 수 있
다. * 앞으로의 일 따위가 잘되어 갈 것으로 여기는(↔ 비관적) ** 앞으로의 일이 잘 안될 것이라고 보는

풀이 ㉠(종일)과 ㉡(천 리) 모두 미래에 대한 전망은 나타나지 않으므로, 화자가 미래의 일을
어떻게 바라보고 있는지 알 수 없다.

→ 적절하지 않음!

2. 둘 이상의 고전시가

[004~007] 다음 글을 읽고 물음에 답하시오.

작품 이해 단계 ① 화자 ② 상황 및 대상 ③ 정서 및 태도 ④ 주제

(가)

② 대상 :
'무을 사룸들(마을 사람들)'

1 ¹ **무을 사룸들**하 **올흔 일 ᄒ쟈스라**
③ 태도 :
올은 일 — 마을 사람들에게 옳은 일을 하자고 권유한다.

² 사룸이 되여 나셔 **올티곳 못ᄒ**면
올바르지

말과 소
³ **무쇼를 갓 곳갈** 싀워 **밥** 머기나 다르랴
갓과 고깔

④ 주제 :
'올바른 삶에 대한 권유'이다.
〈제8수〉

2 ¹ **(어른이) 풀목 쥐시거든 두 손으로 바티리라**
③ 태도 :
(어른을) 공경할 것을 다짐한다.

² 나갈 데 겨시거든 막대 들고 ⓐ **조츠리라**

마친
³ **향음쥬** 다 파흔 후에 뫼셔 가려 ᄒ노라
마을 鄕 마실 飮 술 酒 : 유학을 공부하는 선비들이 모여 마을의 자치 규약인 향약을 읽고 술을 마시며 잔치하던 일

④ 주제 :
'어른 공경에 대한 다짐'이다.
〈제9수〉

3 날이 밝았다
¹ **오늘도** 다 **새거다 호미 메고 가쟈스라**
① 화자 : '내(나)'
² **내 논** 다 매여든 **네 논** 졈 매어 주마
② 대상 : '네(너)'
③ 태도 :
부지런히 일하고, 서로 도와가며 노동할 것을 권유한다.

³ 올 길에 뽕 따다가 누에 먹겨 보쟈스라

④ 주제 :
'근면과 상부상조에 대한 권유'이다.
〈제13수〉

- 정철, 「훈민가」 -
가르칠 訓 백성 民 노래 歌 : 백성을 가르치는 노래

· 현대어 풀이
(가)

1 ¹ 마을 사람들아, 옳은 일 하자꾸나
² 사람으로 태어나서 올바르지 못하면
³ 말과 소에 갓이나 고깔을 씌워서 밥을 먹이는 것과 다르겠는가
〈제8수〉

2 ¹ (어른이) 팔목을 쥐시거든 (내) 두 손으로 (어른의 손을) 받치리라
² 나갈 데가 있으시면 지팡이를 들고 따라 모시리라
³ 향음주가 다 끝난 뒤에는 (어른을) 모셔 가려 하노라
〈제9수〉

3 ¹ 오늘도 날이 밝았다, 호미를 메고 나가자꾸나
² 내 논을 다 매면 네 논을 좀 매어 주마
³ 돌아오는 길에 뽕을 따다가 누에에게 먹여 보자꾸나
〈제13수〉

· 정철 중요 작가

「풍파에 일렁이던 배」(2025학년도 9월 모평), 「심의산 서너 바퀴」(2025학년도 9월 모평), 「사미인곡」(2006학년도 9월 모평, 2013학년도 6월 모평, 2021학년도 수능), 「속미인곡」(2006학년도 수능), 「성산별곡」(2013학년도 수능, 2024학년도 9월 모평), 「관동별곡」(2015학년도 수능B, 2021학년도 6월 모평) 기출. 고3 평가원 시험에 여러 번 출제된 작가이다. 정철의 작품은 전부 현대어 해석 및 주제와 감상을 꼼꼼히 정리해 두는 것이 좋다.

· 지문 이해

❶	❷	❸
옳은 일을 하자	어른을 공경하자	부지런히 일하고 서로 돕자

설득

· 청유형 어미 활용
· 말을 건네는 어투 사용
· 사람과 동물을 대비
· 화자를 평범한 백성으로 설정

(나)

('나'에 관한 이야기)

1 일곱 되 사온 쌀 꾸어 온 쌀 두 되 갑고
→ 부피의 단위, 한 되는 약 1.8ℓ

2 부족타 ᄒ지 않는 말이 뜻을 순하게 ᄒ오미라

3 **깨진 그릇 좋단 말**은 **시가를 존중**ᄒ미라
→ 시가의 가난한 형편

4 날고 기는 개 달긴덜 어른 압헤 감히 치며

5 부인의 목소리를 문 밧게 감히 내며

6 해가 져서 황혼되니 **무탈과경** 다행이요
→ 아무 탈 없이 하루를 보냄

7 달기 우러 새벽 되면 오는 날을 엇지 할고
→ 두려워서 떨 戰 두려워서 떨 戰 두려워할 兢 두려워할 兢 : 몹시 두려워서 벌벌 떨며 조심함

8 전전긍긍 조심 마음 시각을 노흘손가
2 3 상황 및 태도 :
시가에서 전전긍긍하며 눈 밖에 날까 조심한다.

9 행여 혹시 눈 밖에 날가 조심도 **무궁**ᄒ다
→ 없을 無 다할 窮 : 끝이 없다

10 ㉠친정에 편지하여 서러운 **설** 불가ᄒ다
→ 말씀 辭 말씀 說 : 늘어놓는 말이나 푸념

11 시원치 아닌 달란 말이 한 번 두 번 아니여던

12 번번이 염치 읍시 편지마다 ᄒ잔 말가
1 화자 : '내(나)'

13 ㉡**빈궁(貧窮)**이 내 팔ᄌ니 뉘 탓슬 ᄒ잔 말가
→ 가난할 貧 가난할 窮 : 아주 가난함
3 태도 :
가난을 내 팔자로 여기고 남 탓을 하지 않는다.

14 설매를 보내어서 이웃집에 꾸러가니
→ 여자 종의 이름

15 (설매가) 도라와서 우넌 말이 전에 꾼 쌀 아니 주고
→ 부끄러움을 아는 마음

16 ㉢염치 읍시 또 왔느냐 두 말 말고 바삐 가라
→ 비단 錦 옷 衣 옥 玉 밥 食 : 좋은 옷을 입고 좋은 음식을 먹으며 자라서

17 한심ᄒ다 이 내 몸이 **금의옥식** 길녀 ᄂ서
→ 돈 錢 곡식 穀 : 돈과 곡식   → 한 ― 아침 朝 : 하루아침
3 태도 :
귀하게 자란 내가 하루아침에 가난한 상황에 처하게 된 것이 한탄스럽다.

18 **전곡(錢穀)**을 모르다가 **일조(一朝)**에 이을 보니
→ 가난한 상황
→ 귀 耳 눈 目 입 口 코 鼻 : 얼굴의 생김새

19 이목구비 남 갓트되 엇지 이리 되얏넌고
→ 손 手 발 足 : 손과 발

20 **수족이 건강**ᄒ니 **내 힘써** 벌게 되면
→ 옳을 是 아닐 非 : 옳고 그름을 따지는 말다툼을 하겠는가

21 어느 뉘가 **시비**ᄒ리 천한 욕을 면ᄒ리라
→ 다스릴 治 재산 産 모를 凡 절도 節 : 재산을 늘리는 일

22 분한 마음 다시 먹고 **치산범절** 힘쓰리라
3 태도 :
밤낮으로 노력하여 치산범절에 힘쓰겠다고 다짐한다.

23 **김장ᄌ** 이부ᄌ가 제 근본 부ᄌ런가
→ 큰 부자

24 ㉣밤낮으로 힘써 벌면 난들 아니 부ᄌ될가
→ 다섯 가지 색의 명주실   → 실을 뽑아내니

25 **오색당ᄉ** 가는 실을 오리오리 ᄌ아내니
→ 여러 필

26 유황제 곤베틀에 필필이 ᄌ아내어
→ 병사, 수사와 같이 군대와 관련된 일을 하던 관리들의 공식 복장에 쓰이는 옷감

27 **한림 주서 관복감**이며 **병ᄉ 수ᄉ 군복감**이며
→ 한림, 주서와 같은 벼슬아치들의 공식 복장에 쓰이는 옷감
→ 밭과 논을 얻어 힘써 농사를 지으니

28 ㉤**길쌈도** ᄒ려니와 **전답** 으더 역농ᄒ니
→ 실을 내어 옷감을 짜는 일
2 상황 :
길쌈과 농사로 힘써 벌어 집안 살림의 기반이 마련되어 가는 상황

29 **때를 맞춰 힘써** ᄒ니 **가업이 초성이라**
→ 집안 살림의 기반이 마련되는구나

(중략)

('괴똥어미'에 관한 이야기)

→ 부처 佛 받들 供 : 부처 앞에 꽃이나 음식 등을 바치기

30 산에 가 제ᄉ ᄒ기 절에 가 불공ᄒ기
→ 아닐 不 효도 孝 아닐 不 공경할 悌 : 효도하지 않고 공경하지 않음

31 **불효부제** 제살ᄒ덜 **귀신**인덜 도와줄가
2 상황 : '괴똥어미'가) 불효부제하는 상황
→ 무거울 重 병 病 : 목숨이 위태로울 정도로 몹시 앓는 병
→ 전염병의 하ᄂ

32 악병이며 **중병**이며 이질이며 **구창**이며
→ 악할 惡 병 病 : 고치기 힘든 병
→ 입안에 나는 부스럼

33 **이질 앓던 시아버지** 초상ᄒ덜 상관ᄒ랴
→ 죽은들

(나)

1 일곱 되의 사온 쌀로 꾸어 온 쌀 두 되를 갚고

2 부족하다고 말하지 않는 것이 뜻을 순하게 함이다

3 (시가의) 깨진 그릇을 좋다고 하는 말은 시가를 존중함이다

4 날고 기는 개나 닭인들 어른 앞에서 감히 치며

5 부인의 목소리를 문 밖에 감히 내며

6 해가 져서 황혼이 되니 아무 탈 없이 하루를 보내 다행이요

7 닭이 울어 새벽이 되면 오는 날을 어찌 할까

8 전전긍긍 조심하는 마음을 한시라도 놓을 것인가

9 행여 혹시 (시가의) 눈 밖에 날까 조심도 끝이 없다

10 친정에 편지하여 서러운 이야기를 하는 것은 안 된다

11 시원치 않은 (돈, 곡식 등을) 달라는 말이 한 번 두 번이 아니거든

12 번번이 염치없이 편지마다 (돈, 곡식 등을 달라는 말을) 한단 말인가

13 가난이 내 팔자니 누구 탓을 하자는 말인가

14 (여자 종인) 설매를 보내어서 이웃집에 (쌀을) 꾸러가니

15 돌아와서 울며 하는 말이 "전에 꾼 쌀은 안 주고(갚고)

16 염치없이 또 왔느냐. 두 말 말고 어서 가라."

17 한심하다 이 내 몸이 좋은 옷을 입고 좋은 음식으로 자라서

18 돈과 곡식 걱정을 모르고 살다가 하루아침에 이(가난한 상황)를 보니

19 생긴 것은 남과 같은데 어찌 이리 되었는고

20 손발이 건강하니 내가 힘써 벌게 되면

21 어느 누가 뭐라고 하겠는가 천한 욕을 면할 것이다

22 분한 마음을 다시 먹고 재산을 늘리는 일에 힘쓰리라

23 김 장자 이 부자가 처음부터 부자였는가

24 밤낮으로 힘써 벌면 나인들 부자가 되지 않겠는가

25 오색 명주실 가는 실을 올올이 뽑아내니

26 유황제 곤베틀에 여러 필 뽑아내어

27 한림, 주서의 관복감이며 병사, 수사의 군복감이며

28 길쌈도 하려니와 논밭도 얻어 농사에 힘쓰니

29 때를 맞춰 힘써 하니 집안 살림의 기반이 마련되는구나

(중략)

30 산에 가 제사하기 절에 가 불공하기

31 효도와 공경을 하지 않으면 제사를 하더라도 귀신인들 도와주겠는가

32 악병이며 중병이며 이질이며 구창이며

33 이질을 앓던 시아버지가 초상을 한들 상관하는가

34 ┌ '괴똥어미'
저의 심ㅅ 그러ㅎ니 서방인덜 온전할가
                              ┌ ②상황 및 대상 :
                              '저(괴똥어미)'의 남편과 자식들이 온전하지 못하고, 세간마저 탕진해 버린 상황
35 아들 죽고 우넌 말이 아기딸이 마저 죽어
        ┌ 집안의 살림살이를 다 써서 없애버리니
36 세간이 탕진ㅎ니 노복인덜 잇슬손가
            └ 늙은이 老 종 僕 : 늙은 종
37 제ㅅ음식 ㅊ릴 적에 정성 읍시 ㅎ엿스니
        ┌ 재앙 殃 재앙 禍 : 어떤 일로 인하여 생기는 재난   ┌ 반 半 몸 身 아니 不 따를 隨 : 온몸의 절반이 마비된 사람
38 양화(殃禍)가 엇지 읍실손가 셋째 아들 반신불수
        ┌ 문 門 앞 前 기름질 沃 논 畓 : 집 가까이에 있는 기름진 논
39 문전옥답 큰 농장이 물난리에 내가 되고
                      └ 시내보다는 크지만 강보다는 작은 물줄기
40 안팎 기와 수백간이 불이 붓터 밧치 되고
                          └ 밭
41 태산갓치 쌓인 전곡 뉘 물건이 되단말가
┌ ②대상 : '괴똥어미'   ┌ 가족이나 친척이 없는 홀몸
42 춤혹ㅎ다 괴똥어미 단독일신 뿐이로다
        ┌ 참혹할 慘 심할 酷 : 비참하고 끔찍하다   ②③상황 및 정서 :
                                              양화로 인해 '괴똥어미'가 홀로 남은 상황이 참혹하다.
43 일간 움집 으더 드니 기한(飢寒)을 견딜손가
        ┌ 움을 파고 지은 집   ┌ 주릴 飢 찰 寒 : 굶주리고 헐벗어 배고프고 추움
44 다 떠러진 베치마를 이웃집의 으더 입고
45 뒤축 읍넌 흔 집신을 짝을 모와 으더 신고
46 압집에 가 밥을 ⓑ빌고 뒤집에 가 장을 빌고
        ┌ 처음 初 면할 療 주릴 飢 : 끼니를 먹기 전에 우선 시장기를 면하기 위하여 조금 먹는 음식
47 초요기를 겨우 ㅎ고 불 못때넌 찬 움집에
        ┌ 짚을 두툼하게 엮어 자리처럼 만든 물건
48 헌 거적을 뒤여스고 밤을 겨우 새여ㄴ셔
            └ 뒤집어쓰고
49 새벽 바람 찬바람에 이 집 가며 저 집 가며
        ┌ 꼬부라져 붙어 펴지 못하게 된 팔
50 다리 절고 곰배팔에 희희소리 요란ㅎ다
                  └ 사람들이 희희 웃는 소리
51 불효악행 ㅎ던 죄로 양화를 바더시니
                              ┌ ③태도 :
                              불효와 악독한 행동을 하던 죄로 재앙을 받은 '괴똥어미'를 보면
                              착한 이에게는 복을 주고 악한 이에게는 재앙을 준다는 것이 분명하다.
52 복선화음 ㅎ넌 줄을 이를 보면 분명ㅎ다
        └ 복 福 착할 善 재앙 禍 사악할 淫 : 착한 사람에게는 복을 주고 악한 사람에게는 재앙을 줌

('나'의 딸에게 하는 당부)
┌ ②대상 : '요내딸(나의 딸)'
53 딸아딸아 요내딸아 시집ㅅ리 조심ㅎ라
                              ┌ ③태도 :
                              '요내딸'에게 시집살이를 조심할 것과
                              어미('나')의 행실은 본받고 '괴똥어미'의 행실은 경계할 것을 당부한다.
54 어미 행실 본을 바다 괴똥어미 경계ㅎ라

┌ ④주제 :
'부녀자로서의 올바른 삶의 자세와 태도'이다
                              - 작자 미상, 「복선화음록」-
                      복 福 착할 善 재앙 禍 사악할 淫 기록할 錄 :
                      착한 이에게 복을 주고 악한 이에게 재앙을 주는 것에 대한 기록

34 저(괴똥어미)의 마음이 그러하니 서방인들 온전하겠는가

35 아들 죽고 우는 말이 어린 딸이 마저 죽어

36 살림을 다 써서 없애 버리니 늙은 종인들 있을 것인가

37 제사 음식을 차릴 적에 정성 없이 하였으니

38 재앙이 어찌 없겠는가 셋째 아들은 반신불수가 되고

39 집 가까이에 있는 기름진 논과 큰 농장이 물난리에 내가 되고

40 안팎 기와집 수백 칸이 불이 붙어 밭이 되고

41 태산같이 쌓인 곡식과 돈이 누구의 물건이 되었단 말인가

42 비참하고 끔찍하다 괴똥어미 혼자의 몸이 되었구나

43 한 칸 움집 얻어 들어가니 배고픔과 추위를 견디겠는가

44 다 떨어진 베치마를 이웃집에서 얻어 입고

45 뒤축이 없는 헌 짚신을 짝을 모아 얻어 신고

46 앞집에 가 밥을 얻고 뒷집에 가 장을 얻고

47 요기를 겨우 조금 하고 불 못 때는 찬 움집에

48 헌 거적을 뒤집어쓰고 밤을 겨우 새고 나서

49 새벽바람 찬바람에 이 집 가며 저 집 가며

50 다리 절고, 꼬부라져 붙어 펴지 못하는 팔에 (사람들의) 희희 웃는 소리 요란하다

51 불효와 악독한 행동을 하던 죄로 재앙을 받았으니

52 착한 이에게는 복을 주고 악한 이에게는 재앙을 주는 것이 이를 보면 분명하다

53 딸아 딸아 나의 딸아 시집살이 조심해라

54 어미의 행실을 본받고 괴똥어미의 행실을 경계하여라

• 지문 이해

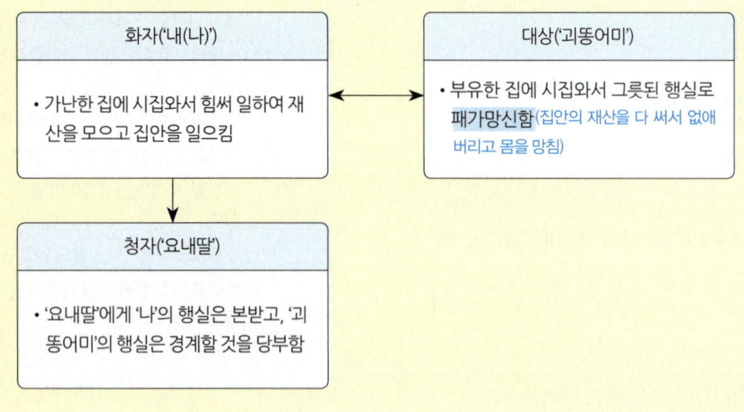

004 표현상 공통점 – 적절한 것 고르기 2020년 11월 학평 39번
정답률 70%, 매력적 오답 ② 10%   정답 ④

(가)와 (나)의 공통점으로 가장 적절한 것은?

선지	핵심 체크 내용	(가)	(나)
①	청유형 어미 활용	O	X
	대상 예찬	X	X
②	선경후정 방식 활용 → 시상 전개	X	X
③	고사성어 활용 → 주제 의식 강조	X	X
④	유사한 통사 구조 활용 → 운율 형성	O	O
⑤	계절의 순환 활용 → 시적 의미 부각	X	X

→ (가)만 해당

① *청유형 어미를 활용하여 대상을 예찬하고 있다. * '~자, ~세, ~ㅂ시다' 등처럼 말하는 이가 듣는 이에게 어떤 행동을 함께하기를 요청하는 문장에 사용되는 어미

근거 (가) ❶-1 ㅎ쟈스라// ❸-1 가쟈스라/3 먹겨 보쟈스라

풀이 (가)에서는 'ㅎ쟈스라(하자), 가쟈스라(가자), 먹겨 보쟈스라(먹여 보자)'와 같이 청유형 어미를 활용하여 어떤 행위를 함께하도록 설득하고 있으나, 대상을 예찬하고 있지는 않다. 한편 (나)는 청유형 어미를 활용하거나, 대상을 예찬하는 부분을 찾을 수 없다. 참고로 (나)에는 '조심ㅎ라, 경계ㅎ라'와 같이 명령형 어미 '~라'를 사용하여 듣는 이에게 어떤 행위를 하도록 요구하는 부분이 나타난다.

→ 적절하지 않음!

② *선경후정 방식을 활용하여 **시상을 전개하고 있다. * 자연이나 사물 등을 먼저 묘사한 이후에 정서나 생각 등을 드러내는 시상 전개 방식 ** 시에 나타난 생각이나 감정

풀이 (가)와 (나)는 모두 선경후정의 시상 전개 방식을 활용하고 있지 않다.

→ 적절하지 않음!

■ **선경후정 방식을 활용하여 시상을 전개하고 있는 작품**
- **김광균, 「추일서정」** (2020학년도 6월 모평)
  낙엽은 폴-란드 망명정부의 지폐/ ~ / 공장의 지붕은 흰 이빨을 드러내인 채/ 한 가닥 구부러진 철책이 바람에 나부끼고/ 그 위에 세로팡지(紙)로 만든 구름이 하나(선경)/ 자욱-한 풀벌레 소리 발길로 차며/ 호올로 황량한 생각 버릴 곳 없어/ 허공에 띄우는 돌팔매 하나/ 기울어진 풍경의 장막 저쪽에/ 고독한 반원을 긋고 잠기어 간다. (후정)
  → 먼저 가을날의 풍경을 묘사('낙엽은 ~ 구름이 하나')한 후에 황량함과 고독감에서 벗어나지 못하는 화자의 정서('자욱-한 ~ 잠기어 간다')를 제시하고 있다.

---

③ *고사성어를 활용하여 주제 의식을 강조하고 있다.
* 옛이야기에서 유래한, 한자로 이루어진 말

풀이 (가)와 (나)는 모두 고사성어를 활용하여 주제 의식을 강조하고 있지 않다.

→ 적절하지 않음!

■ **고사성어의 예**
- *각주구검 * 새길 刻 배 舟 구할 求 칼 劍
  → 융통성 없이 현실에 맞지 않는 낡은 생각을 고집하는 어리석음을 이르는 말로, 초나라 사람이 배에서 칼을 물속에 떨어뜨리고는 그 위치를 뱃전에 표시하였다가 나중에 배가 움직인 것을 생각하지 않고 칼을 찾으려 했다는 데서 유래함.
- *삼고초려 * 석 三 돌아갈 顧 풀 草 농막집 廬
  → 인재를 맞아들이기 위하여 참을성 있게 노력함을 이르는 말로, 중국 삼국 시대에 촉한의 유비가 난양에 은거하고 있던 제갈량의 초가집으로 세 번이나 찾아갔다는 데서 유래함.

---

④ *유사한 통사 구조를 활용하여 운율을 형성하고 있다. * 비슷한 문장 구조

근거 (가) ❷-1~2 풀목 쥐시거든 두 손으로 바티리라/ 나갈 데 겨시거든 막대 들고 조츠리라
(나)-39~40 문전옥답 큰 농장이 물난리에 내가 되고/ 안팎 기와 수백간이 불이 붓터 밧치 되고

풀이 (가)에서는 '~거든 ~리라'를, (나)에서는 '~이 ~가(이) 되고'와 같은 유사한 통사 구조를 활용하여 운율을 형성하고 있다.

→ 적절함!

⑤ 계절의 순환을 활용하여 시적 의미를 부각하고 있다.

풀이 (가)와 (나)는 모두 '봄 → 여름 → 가을 → 겨울 → 봄 ~'과 같은 계절의 순환을 활용하

고 있지 않으며, 이를 통해 시적 의미를 부각하고 있지도 않다.

→ 적절하지 않음!

005 시구의 의미 – 적절하지 않은 것 고르기 2020년 11월 학평 40번
정답률 65%, 매력적 오답 ⑤ 15%, ④ 10%   정답 ③

㉠ ~ ㉤을 이해한 내용으로 적절하지 않은 것은?

① ㉠ : 자신의 서러운 처지를 친정에 알리기 어려워하고 있는 화자의 모습이 나타나 있다.
근거 (나)-10 ㉠친정에 편지하여 서러운 소설 불가ㅎ다/12 번번이 염치 읍시 편지마다 ㅎ잔 말가
풀이 시집살이의 어려움과 가난으로 인해 전전긍긍하는 화자는 서러운 이야기를 염치없이 친정에 전할 수는 없다고 말하고 있다.

→ 적절함!

② ㉡ : 가난의 원인을 타인의 잘못이 아닌 자신의 운명으로 돌리는 화자의 모습이 나타나 있다.
근거 (나)-13 ㉡빈궁이 내 팔즈니 뉘 탓슬 ㅎ잔 말가
풀이 화자는 빈곤한 처지를 자신의 팔자로 여기면서 누구 탓을 하겠느냐고 하였으므로 가난의 원인을 자신의 운명으로 돌리고 있음을 알 수 있다.

→ 적절함!

③ ㉢ : 쌀을 꾸러 찾아간 이웃집에서 들은 말을 설매에게 하소연하는 화자의 모습이 나타나 있다. 〔화자 / 설매〕
근거 (나)-14~16 설매를 보내어서 이웃집에 꾸러가니/ 도라와서 우넌 말이 전에 꾼 쌀 아니 주고/㉢ 염치 읍시 또 왔느냐 두 말 말고 바삐 가라
풀이 화자는 '설매'를 보내 이웃집에서 쌀을 꾸려고 한 것이지, 화자가 직접 쌀을 꾸기 위해 이웃집을 찾아간 것은 아니다. 따라서 ㉢은 쌀을 꾸러 찾아간 이웃집에서 들은 말을 '화자'에게 하소연하는 '설매'의 모습이 나타나 있다고 이해하는 것이 적절하다.

→ 적절하지 않음!

④ ㉣ : 자신도 김 장자와 이 부자처럼 부자가 될 수 있다고 생각하는 화자의 모습이 나타나 있다.
근거 (나)-23~24 김장즈 이부즈가 제 근본 부즈런가/ ㉣ 밤낮으로 힘써 벌면 난들 아니 부즈될가
풀이 화자는 김 장자와 이 부자가 처음부터 부자였겠느냐고 하면서 밤낮으로 힘써 벌면 자신도 부자가 될 수 있다고 생각하고 있다.

→ 적절함!

⑤ ㉤ : 재산을 늘리기 위해 열심히 일하는 화자의 모습이 나타나 있다.
근거 (나)-22 분한 마음 다시 먹고 치산범절 힘쓰리라/28 ㉤길쌈도 ㅎ려니와 전답 으더 역농ㅎ니
풀이 분한 마음을 다시 먹고 재산을 늘리는 일('치산범절')에 힘쓰겠다고 다짐한 화자는 길쌈도 하고 논과 밭을 얻어 농사도 하면서 재산을 늘리기 위해 노력한다.

→ 적절함!

006 시어의 의미 – 적절한 것 고르기 2020년 11월 학평 41번
정답률 70%   정답 ①

ⓐ와 ⓑ에 대한 이해로 가장 적절한 것은?

(가) ❷-2 〔어른이〕 나갈 데 겨시거든 막대 들고 ⓐ조츠리라
(나)-46 〔괴똥어미가〕 압집에 가 밥을 ⓑ빌고 뒤집에 가 장을 빌고

① ⓐ는 타인을 위한, ⓑ는 자신을 위한 *주체의 행위를 의미한다. * 어떤 작용이나 행동의 주가 되는 존재

풀이 어른이 나갈 데가 있으시면 '나'가 지팡이를 들고 따라 모시겠다고 하였으므로, ⓐ조츠리라는 타인(노인, 어르신)을 위한 주체(화자인 '나')의 행위를 의미한다. 한편, 그릇된 행실로 패가망신한 '괴똥어미'가 굶주림을 면하기 위해 이 집 저 집을 돌아다니며 음식을 구걸하고 있으므로 ⓑ빌고는 '괴똥어미' 자신을 위한 주체('괴똥어미')의 행위를 의미한다.

→ 적절함!

② ⓐ는 절망감이 반영된, ⓑ는 기대감이 반영된 주체의 행위를 의미한다.
　풀이　ⓐ(조츠리라)는 노인 혹은 어르신에 대한 주체(화자인 '나')의 공경심이 반영된 행위이
　므로 절망감이 반영된 주체의 행위로 볼 수 없다. 또한 ⓑ(빌고)는 곤궁한 처지에 놓인
　주체('괴똥어미')가 배고픔과 추위를 견딜 수 없어 마지못해 하는 행위이므로 기대감
　이 반영된 주체의 행위로 볼 수 없다.
　→ 적절하지 않음!

③ ⓐ는 *단절을 **초래하는, ⓑ는 화합을 유도하는 주체의 행위를 의미한다.
　* 결합이나 연관 관계를 끊음　** 이끌어 내는
　　풀이　ⓐ(조츠리라)는 어르신에 대한 주체(화자인 '나')의 공경과 존중의 행위를 의미하므로
　단절을 초래하는 주체의 행위로 볼 수 없다. ⓑ(빌고)는 절망적인 상황에서 주체('괴
　똥어미')가 어쩔 수 없이 하는 행위이므로 화합을 유도하는 주체의 행위로 볼 수 없
　다.
　→ 적절하지 않음!

④ ⓐ는 자연에 *순응하는, ⓑ는 자연으로 **도피하는 주체의 행위를 의미한다.
　* 적응하여 따르는　** 도망하여 피하는
　　풀이　ⓐ(조츠리라)는 어른을 공경하는 태도에 대해 말하고 있으므로 주체(화자인 '나')가 자
　연에 순응하는 행위와는 거리가 멀다. ⓑ(빌고)는 굶주림을 면하기 위한 주체('괴똥어
　미')의 궁여지책(窮할 窮 나머지 餘 ~의 之 꾀 策 : 궁한 나머지 생각다 못하여 짜낸 계책)이
　므로 이를 자연으로 도피하는 행위로 이해할 수는 없다.
　→ 적절하지 않음!

⑤ ⓐ는 *제기된 문제를 해결하기 위한, ⓑ는 해결된 문제의 원인을 찾기 위한 주체의 행
　위를 의미한다. * 내어놓아진
　　풀이　ⓐ(조츠리라)는 어른을 공경하는 태도를 의미하는 것일 뿐 제기된 문제를 해결하기 위
　한 주체(화자인 '나')의 행위를 의미하지는 않는다. ⓑ(빌고)는 배고픔과 추위('기한')
　라는 당면한 문제를 해결하기 위해 주체('괴똥어미')가 마련한 임시방편일 뿐 해결된
　문제의 원인을 찾기 위한 주체의 행위를 의미하지는 않는다.
　→ 적절하지 않음!

1등급 문제

007　감상의 적절성 – 적절하지 않은 것 고르기　2020년 11월 학평 42번
　　　　정답률 40%, 매력적 오답 ④ 25%, ① 15%, ③, ⑤ 10%　　　**정답 ②**

〈보기〉를 바탕으로 (가)와 (나)를 감상한 내용으로 적절하지 <u>않은</u> 것은?　3점

| 보기 |
　¹ 조선 시대에는 옳은 일의 실천, 어른 공경, 상부상조(서로 相 도울 扶 서로 相 도울 助 :
서로서로 도움), 부녀자(며느리 婦 여자 女 사람 子 : 결혼한 여자와 성숙한 여자)의 덕목(덕 德 목
록 目 : 충(忠), 효(孝), 인(仁), 의(義) 등의 덕을 분류하는 명목)과 같은 가르침을 전달하고자 하
는 작품들이 있었다. ² 이러한 작품들은 가르침의 전달 효과를 높이기 위해 비유 대상
(빗대는 대상) 혹은 화자와 대비되는(대할 對 견줄 比 : 서로 맞대어 비교되는) 대상을 활용하
고, 구체적인 청자를 제시했다. ³ 또한 화자가 스스로 실천하려는 행위를 제시하는 방
식을 활용하여 설득 효과를 높이기도 하였다.

① (가)에서 '갓 곳갈'을 쓰고 '밥'을 먹는 'ᄆᆞ쇼'를 통해, 비유 대상으로 옳은 일의 실천을 강
조하고 있음을 짐작할 수 있군.
　근거　〈보기〉-1~2 조선 시대에는 옳은 일의 실천, ~ 같은 가르침을 전달하고자 하는 작품
　들이 있었다. 이러한 작품들은 가르침의 전달 효과를 높이기 위해 비유 대상 혹은
　화자와 대비되는 대상을 활용하고,
　(가) ❶-3 ᄆᆞ쇼를 갓 곳갈 싀워 밥 머기나 다ᄅᆞ랴
　풀이　(가)에서는 올바르지 못한 사람을 갓과 고깔을 쓰고 밥을 먹는 마소에 비유함으로써,
　옳은 일을 실천하여 올바른 삶을 살아갈 것을 강조하고 있다.
　→ 적절함!

　　　　　　　　　　　　　　　가 초상을 한들 상관하지 않는 '괴똥어미'를 '귀신'도 도와주지 않는다며
✓ (나)에서 '이질 앓던 시아버지'를 도와주지 않는 '귀신'을 통해, 화자와 대비되는 대상으
로 상부상조를 강조하고 있음을 짐작할 수 있군.
　'부녀자의 덕목'을
　근거　〈보기〉-1 조선 시대에는 옳은 일의 실천, 어른 공경, 상부상조, 부녀자의 덕목과 같
　은 가르침을 전달하고자 하는 작품들이 있었다.
　(나)-31 불효부제 제살흔덜 귀신인덜 도와줄가/ 33 이질 앓던 시아버지 초상흔덜
　상관ᄒ랴
　풀이　(나)에서는 병을 앓던 시아버지가 죽어도 상관하지 않는 '괴똥어미'를 통해, 효도와
　공경을 하지 않으면 제사를 지내더라도 '귀신'이 도와주지 않는다며 부녀자의 덕목
　을 강조하고 있다.
　→ 적절하지 않음!

---

③ (가)의 'ᄆᆞ을 사름돌'에게 '올흔 일 ᄒ쟈ᄉ라'라고 한 것과 (나)의 '딸'에게 '시집ᄉ리 조
심ᄒ라'라고 한 것을 통해, 구체적인 청자를 제시하고 있음을 짐작할 수 있군.
　근거　〈보기〉-2 이러한 작품들은 ~ 구체적인 청자를 제시했다.
　(가) ❶-1 ᄆᆞ을 사름돌하 올흔 일 ᄒ쟈ᄉ라
　(나)-53 딸아딸아 요내딸아 시집ᄉ리 조심ᄒ라
　풀이　(가)의 〈제8수〉에서 화자는 구체적인 청자인 '마을 사람들'에게 옳은 일을 하자고 권
　유하고, (나)에서는 화자가 구체적인 청자인 자신의 '딸'('요내딸')에게 시집살이를 조
　심하라고 조언한다.
　→ 적절함!

④ (가)의 '풀목'을 '쥐'시면 '두 손으로 바티리라'는 것을 통해 어른에 대한 공경을, (나)의
'시가를 존중'하여 '깨진 그릇 좋단 말'을 한 것을 통해 부녀자의 덕목을 드러내고 있음
을 짐작할 수 있군.
　근거　〈보기〉-1 조선 시대에는 옳은 일의 실천, 어른 공경, 상부상조, 부녀자의 덕목과 같
　은 가르침을 전달하고자 하는 작품들이 있었다.
　(가) ❷-1 풀목 쥐거든 두 손으로 바티리라
　(나)-3 깨진 그릇 좋단 말은 시가를 존중ᄒ미라
　풀이　(가)에서 (어른이) 팔목을 쥐시면 (내) 두 손으로 (어른의 손을) 받치겠다는 부분을 통
　해 어른에 대한 공경을 드러내고 있음을 짐작할 수 있다. (나)에서는 '깨진 그릇 좋단
　말'을 한 것을 통해 시가를 가난하다고 무시하지 않고 존중하는 부녀자의 덕목을 드
　러내고 있음을 짐작할 수 있다.
　→ 적절함!

⑤ (가)의 '내가 자신의 '논'을 다 매거든 '네 논'도 매어 준다는 것과 (나)의 '수족이 건강'한
'내'가 '힘써' 벌겠다는 것을 통해, 화자가 스스로 실천하려는 행위를 제시하고 있음을
짐작할 수 있군.
　근거　〈보기〉-3 또한 화자가 스스로 실천하려는 행위를 제시하는 방식을 활용하여 설득
　효과를 높이기도 하였다.
　(가) ❸-2 내 논 다 매여든 네 논 겸 매여 주마
　(나)-20 수족이 건강ᄒ니 내 힘써 벌게 되면
　풀이　(가)의 〈제13수〉에서 화자('내')가 자신의 논을 다 매면 '네 논'도 좀 매어 주겠다고 하
　는 부분을 통해 화자가 스스로 실천하려는 행위를 제시하고 있음을 알 수 있다. 또
　한, (나)에서는 몹시 가난한 곳으로 시집온 상황에서 손발이 건강한 '내'가 힘써 벌겠
　다는 다짐을 하는 부분을 통해 화자가 스스로 실천하려는 행위를 제시하고 있음을
　알 수 있다.
　→ 적절함!

💡 어떻게 풀까? 이 문항의 정답률이 낮았던 이유 중 하나는 (가)와 (나)의 현대어 풀이에
어려움을 겪었기 때문이다. 고전시가를 분석할 때 시어 하나하나의 뜻을 파악하지 못
해도, 주제를 알면 전반적인 내용 흐름을 파악할 수 있다. 처음 보는 지문의 주제를 어떻게
파악할 수 있을까? 바로 〈보기〉에 제시된 설명을 바탕으로 짐작할 수 있다.
　〈보기〉를 보면 (가)는 옳은 일의 실천, 어른 공경, 상부상조를, (나)는 부녀자의 덕목을 전
달하고자 함을 알 수 있다. 이 맥락에서 지문을 분석하고 선지에 적용하는 연습이 필요하
다.

[008~010] 다음 글을 읽고 물음에 답하시오.

작품 이해 단계 ① 화자 ② 상황 및 대상 ③ 정서 및 태도 ④ 주제

(가) ① 화자 : 안 드러남

1
· 저녁 夕 볕 陽 : 저녁 햇빛
1 석양(夕陽)이 비꼈으니 (낚시를) 그만하고 돌아가자
└ 비스듬히 비쳤으니
→ ② 상황 : 날이 저물어 돛을 내리고 돌아가는 상황
2 돛 내려라 돛 내려라
└ 바람을 받아 배를 나아가게 하는, 뱃바닥에 세운 기둥에 매어 펴 올리고 내리도록 만든 넓은 천
3 버들이며 물가의 꽃은 굽이굽이 새롭구나
└ 찌그덩(노 젓는 소리의 의성어)
4 지국총 지국총 어사와
└ 어여차(노를 저으며 외치는 소리의 의성어)
5 ㉠삼공(三公)을 부러워하랴 만사(萬事)를 생각하랴
└ 삼정승. 영의정, 좌의정, 우의정을 일컬음
└ 많을 萬 일 事 : 여러 가지 온갖 일. 여기서는 세속의 일을 의미
→ ③ 태도 : 벼슬길이나 세상사에 미련이 없다.
⟨춘(春) 6⟩ └ 봄

④ 주제 : 어부의 생활에 만족하며 세상사에 미련을 갖지 않는다.

2
1 궂은 비 멎어 가고 시냇물이 맑아 온다
└ 그쳐
2 비 떠라 비 떠라
└ 흥겨울 興 : 재미나 즐거움을 일어나게 하는 감정
└ 견딜 禁 : 억누르지 못하겠구나
3 낚싯대 둘러메니 깊은 흥(興)을 못 금(禁)하겠다
4 지국총 지국총 어사와
→ ②③ 상황 및 정서 : 그림 같은 강과 산을 보며 흥을 억누르지 못하는 상황
· 안개 煙 강 江 : 안개 낀 강
· 누가
5 ㉡연강(煙江) 첩장(疊嶂)은 뉘라서 그려낸고
└ 겹쳐질 疊 산봉우리 嶂 : 겹겹이 둘러싼 산봉우리

④ 주제 : 여름 강산의 아름다움에 감탄한다.
⟨하(夏) 1⟩ └ 여름

3
· 사물 物 바깥 外 : 세속을 벗어난 곳, 자연
1 ㉢물외(物外)에 조흔 일이 어부 생애 아니러냐
└ 깨끗한
└ 살 生 끝 涯 : 생활
→ ③ 태도 : 깨끗한 자신의 생활에 자부심을 가진다.
2 비 떠라 비 떠라
└ 비웃지
3 어옹(漁翁)을 욷디 마라 (어부 생애를) 그림마다 그렷더라
└ 고기 잡을 漁 늙은이 翁 : 고기 잡는 노인
4 지국총 지국총 어사와
└ 비슷하지만
5 사시(四時) 흥(興)이 흔 가지나 추강(秋江)이 으뜸이라
└ 넉 四 계절 時 : 사계절
└ 가을 秋 강 江 : 가을 강

④ 주제 : 어부 생활의 자부심과 가을 강의 흥취를 느낀다.
⟨추(秋) 1⟩ └ 가을

4
· 소나무. 여기서는 화자 자신을 상징함
1 ㉣물가의 외로운 솔 혼자 어이 씩씩흔고
2 비 미여라 비 미여라
└ 한할 恨 : 원망하지 마라
3 험한 구름 흔(恨)치 마라 세상(世上)을 가리운다
└ 속세
→ ②③ 대상 및 태도 : '험한 구름'과 '파랑성'이 속세를 막아준다고 생각한다.
4 지국총 지국총 어사와
└ 물결 波 물결 浪 소리 聲 : 물결 소리
5 ㉤파랑성(波浪聲)을 싫어 마라 진훤(塵喧)을 막는도다
└ 티끌 塵 시끄러울 喧 : 속세의 시끄러움

④ 주제 : 속세를 멀리하는 자신의 삶에 대해 자부심을 느낀다.
⟨동(冬) 8⟩ └ 겨울

- 윤선도, 「어부사시사(漁父四時詞)」-

· 현대어 풀이

(가)

1
1 저녁 햇빛이 비스듬히 비쳤으니(날이 저물었으니) (낚시를) 그만하고 돌아가자
2 돛 내려라 돛 내려라
3 버들이며 물가의 꽃은 곳곳마다 새롭구나
4 찌그덩 찌그덩 어여차
5 삼정승을 부러워하겠느냐 온갖 세상일을 생각하겠느냐
⟨춘(春) 6⟩

2
1 궂은 비 그쳐 가고 시냇물이 맑아 온다
2 배 떠라 배 떠라
3 낚싯대 둘러메니 깊은 흥을 억누르지 못하겠구나
4 찌그덩 찌그덩 어여차
5 안개 낀 강과 겹겹이 둘러싼 산봉우리는 누가 (그림처럼) 그려 냈는가
⟨하(夏) 1⟩

3
1 세속을 벗어난 곳에서 깨끗하게 지내는 일이 어부의 생활이 아니더냐
2 배 떠라 배 떠라
3 고기 잡는 늙은이를 비웃지 마라 (어부 생애는) 그림마다 그려져 있더라
4 찌그덩 찌그덩 어여차
5 사계절 흥취가 비슷하지만 가을 강이 으뜸이라
⟨추(秋) 1⟩

4
1 물가의 외로운 소나무 혼자 어찌 씩씩한가
2 배 매어라 배 매어라
3 험한 구름 원망하지 마라 (험한 구름이) 세상을 가린다
4 찌그덩 찌그덩 어여차
5 물결 소리를 싫어하지 마라 (물결 소리가) 속세의 시끄러움을 막는도다
⟨동(冬) 8⟩

· 윤선도 중요 작가

「견회요」(2012학년도 6월 모평), 「만흥」(2007학년도 9월 모평, 2021학년도 6월 모평), 「어부사시사」(2005학년도 6월 모평) 기출. 윤선도는 고3 평가원 문제에 4번 이상 출제된 작가이다. 기출된 작품들과 대표작들은 현대어 풀이가 가능하도록 정리해 두는 것이 좋다.

· 지문 이해

자연		인간 세상
버들, 물가의 꽃, 시냇물, 연강, 첩장, 물외, 추강, 험한 구름, 파랑성	←대조→	삼공, 만사, 세상, 진훤
화자가 지향하는 이상적 공간		화자가 멀리하는 세속적 공간

• 「어부사시사」의 후렴구

「어부사시사」는 각 계절별로 10수씩, 총 40수의 연시조이다. 보통의 평시조와 다르게 이 작품은 초장과 중장 사이, 중장과 종장 사이에 후렴구가 등장하는 것이 특징이다. 초장과 중장 사이의 후렴구는 1수에서 10수에 걸쳐 출항(배가 출발함)에서 귀항(배가 돌아옴)까지의 과정을 나타낸 것이다. 윗글에서 〈하(夏) 1〉과 〈추(秋) 1〉의 초장과 중장 사이의 후렴구(비 떠라 비 떠라)가 같은 것을 보면 알 수 있듯이 이는 각 계절마다 반복된다. 중장과 종장 사이의 후렴구 '지국총 지국총 어사와'는 모든 수에 반복되어 나타난다. 이는 '지국총(至匊悤)'과 '어사와(於思臥)'라는 한자음으로 '찌그덩'이라는 노 젓는 소리와 '어여차'라는 외침을 나타낸 것으로, 운율을 형성하고 흥을 더하는 역할을 한다.

(나)

→ 풀 草 집 堂 : 억새나 짚 따위로 지붕을 올린 작은 집. 초가집
1 초당 늦은 날에 깊이 든 잠 겨우 깨어 ──
→ 대나무로 창살을 만든 창문. 혹은 큰 창문
2 대창문을 바삐 열고 작은 뜰에 방황하니
2 상황 : 초당에서 잠이 깨어 방황하는 상황
→ '버들잎'은 중국에서 이별할 때 아쉬움을 나타내는 징표였음
3 시내 위의 버들잎은 봄바람을 먼저 얻어
2 3 상황 및 태도 : 버들잎을 보고 원객의 근심을 떠올린다.
→ 멀 遠 손님 客 : 멀리서 온 손님. 여기서는 화자 자신
4 위성 땅 아침 비에 원객(遠客)의 근심이라
→ 중국 당나라의 시인 왕유의 시 「송원이사안서」의 구절로 벗과 이별하던 장소에 아침 비가 내리는 풍경을 말함
5 수풀 아래 뻐꾹새는 계절을 먼저 알아
→ 클 太 편안할 平 세월 歲 세월 月 : 근심이나 걱정이 없는 시절
6 태평세월 들일에는 농부를 재촉한다
→ 들에서 하는 농사일
7 아아 내 일이야 잠을 깨어 생각하니
1 화자 : '내(나)'
→ 헛될 虛 허망할 浪 : 헛되다. 허망하다
8 세상의 모든 일이 모두가 허랑(虛浪)하다
3 정서 : 공명을 이루지 못하고 늙어가는 세월에 허망함을 느낀다.
→ 공 功 이름 名 : 공을 세워서 자기의 이름을 널리 드러냄
9 공명(功名)이 때가 늦어 백발은 귀밑이요
→ 생산할 産 일 業 : 이루어 내는 일. 여기서는 돈 버는 일
10 산업(産業)에 꾀가 없어 초가집 몇 칸이라
2 상황 : 돈 벌 능력이 없어 가난한 상황
→ 여러 百 꽃 花 술 酒 : 여러 가지 꽃을 넣어서 빚은 술
11 백화주 두세 잔에 산수에 정이 들어
→ 복숭아꽃. 계절적 배경이 봄임   → 활짝 폈는데
12 홍도 벽도(紅桃碧桃) 난발(爛發)한데 지팡이 짚고 들어가니
→ 맑을 淸 맑을 淸 : 맑고
13 산은 첩첩 기이하고 물은 청청 깨끗하다
→ 겹쳐질 疊 겹쳐질 疊 : 겹겹이
→ 흰 白 구름 雲 : 흰 구름
14 안개 걷어 구름 되니 남산 서산 백운(白雲)이요
→ 남쪽 산과 서쪽 산
2 상황 : 산속의 아름다운 봄날 풍경을 감상하는 상황
15 구름 걷혀 안개 되니 계산 안개 봉이 높다
→ 다를 別 하늘 天 땅 地 : 특별히 경치가 좋은 곳
16 앉아 보고 서서 보니 별천지가 여기로다
→ 바닥이 돌로 된 시내
17 때 없는 두 귀밑을 돌시내에 다시 씻고
→ '대(흙이나 돌 따위로 높이 쌓아 올려 사방을 바라볼 수 있게 만든 곳)'의 이름.
'탁영'은 갓끈을 씻고 자연에서 살아간다는 의미
18 탁영대(濯纓臺) 잠깐 쉬고 세심대(洗心臺)로 올라가니
3 정서 : 자연을 즐기며 맑음과 시원함을 느낀다.
→ 바람을 쐬기 좋은 높고 평평한 곳   → 마음을 깨끗하게 한다는 뜻을 지닌 '대'의 이름
19 풍대(風臺)의 맑은 바람 심신이 시원하고
→ 마음 心 몸 身 : 마음과 몸
20 월사(月榭)의 밝은 달은 맑은 의미 일반이라
→ 달 月 정자 榭 : 달을 구경하는 정자   → 마찬가지라
4 주제 : 봄날의 자연에서 흥취를 느낀다.

초당에서 봄잠을 자다 깨어 부른 노래
- 남석하, 「초당춘수곡(草堂春睡曲)」-

(나)

1 초당에서 늦은 오후에 깊이 든 잠을 겨우 깨어

2 창문을 바삐 열고 작은 뜰에서 서성거리니

3 시내 위의 버들잎은 봄바람에 흔들리고

4 친구와 이별하던 장소에 내리는 아침 비에 나그네는 근심을 느끼는구나

5 수풀 아래 뻐꾹새는 (봄의) 계절을 먼저 알아

6 근심 걱정 없는 (농부에게) 농사일을 하라고 농부를 재촉한다

7 아아 내 일이야 잠을 깨어 생각하니

8 세상의 모든 일이 모두가 헛되다

9 공명이 때가 늦어 귀밑머리가 하얗게 세고

10 돈 버는 것에도 꾀가 없어 초가집 몇 칸에 사는구나

11 백화주 두세 잔을 마시니 산수에 정이 들어

12 복숭아꽃 활짝 핀 곳에 지팡이를 짚고 들어가니

13 산은 겹겹이 기이하고 물은 맑고 깨끗하다

14 안개 걷혀 구름 되니 남쪽 산과 서쪽 산에 흰 구름이요

15 구름 걷혀 안개 되니 계산 봉우리에 안개가 끼었다

16 앉아서 보고 서서 보니 별천지(좋은 경치)가 여기로다

17 (속세의) 때가 없는 두 귀밑을 시냇물에 다시 씻고

18 탁영대에서 잠깐 쉬고 세심대로 올라가니

19 풍대의 맑은 바람에 몸과 마음이 시원하고

20 정자에서 보는 밝은 달은 맑은 의미와 마찬가지라

• 지문 이해

전반부(1~10)	후반부(11~20)
• '잠 겨우 깨어/ ~ 작은 뜰에 방황하니' • '위성 땅 아침 비에 원객의 근심이라' • '세상의 모든 일이 모두가 허랑하다' • '공명이 때가 늦어 백발은 귀밑이요' • '산업에 꾀가 없어 초가집 몇 칸이라'	• '백화주 두세 잔에 산수에 정이 들어' • '산은 첩첩 기이하고 물은 청청 깨끗하다' • '앉아 보고 서서 보니 별천지가 여기로다' • '풍대의 맑은 바람 심신이 시원하고' • '월사의 밝은 달은 맑은 의미 일반이라'
→ 잠에서 깨어 방황하며 근심함 → 늙도록 이룬 일이 없어 허망함	→ 아름다운 자연 속에서 흥취를 느낌 → 자연을 즐기며 화자의 갈등이 해소됨

1등급 문제

008 표현상 공통점 - 적절한 것 고르기 2020년 9월 학평 29번
정답률 50%, 매력적 오답 ② 20%, ① 15% | **정답 ③**

(가)와 (나)의 공통점으로 가장 적절한 것은?

선지	핵심 체크 내용	(가)	(나)
①	의인화된 대상	O	O
	세태 비판	X	X
②	설의적 표현 → 시적 의미 강조	O	X
③	영탄적 어조 → 화자의 정서 부각	O	O
④	촉각적 심상 → 시적 분위기 조성	X	O
⑤	역설적 표현 → 이상향에 대한 의지	X	X

① *의인화된 대상을 통해 **세태를 비판하고 있다.
* 사람이 아닌 것이 사람처럼 표현된 ** 세상의 모습

근거 (가) ④-1 물가의 외로운 솔 혼자 어이 씩씩흔고
(나)-5~6 수풀 아래 뻐꾹새는 계절을 먼저 알아/ 태평세월 들일에는 농부를 재촉한다

풀이 (가)에서는 '솔'을 외롭고 씩씩하다고 의인화하여 '솔'의 긍정적 모습을 부각하고 있으며, (나)에서는 '뻐꾹새'가 계절을 알고 농부를 재촉한다고 의인화하여 봄날의 모습을 생동감 있게 표현하고 있다. 따라서 (가)와 (나) 모두 의인화된 대상은 드러나지만, 이를 통해 세태를 비판하고 있지는 않다.

→ 적절하지 않음!
• (가)만 해당

② *설의적 표현을 통해 시적 의미를 강조하고 있다.
* 쉽게 판단할 수 있는 사실을 의문의 형식으로 표현하여 의미를 강조하는 방법

근거 (가) ❶-5 삼공을 부러워하랴 만사를 생각하랴// ❷-5 연강 첩장은 뉘라서 그려낸고// ❸-1 물외에 조흔 일이 어부 생애 아니러냐// ❹-1 외로운 솔 혼자 어이 씩씩흔고

풀이 (가)에는 '삼공을 부러워하랴 만사를 생각하랴'라는 설의적 표현을 통해 속세에 미련을 두지 않는 모습을, '연강 첩장은 뉘라서 그려낸고'라는 설의적 표현을 통해 자연의 아름다움에 대한 감탄을, '물외에 조흔 일이 어부 생애 아니러냐'라는 설의적 표현을 통해 삶에 대한 만족감을, '외로운 솔 혼자 어이 씩씩흔고'라는 설의적 표현을 통해 솔의 변함없는 모습을 강조하고 있다. 반면에 (나)에는 설의적 표현을 통해 시적 의미를 강조하는 부분이 드러나지 않는다.

→ 적절하지 않음!

③ *영탄적 어조를 통해 화자의 정서를 **부각하고 있다.
* 감탄사나 부르는 말, 감탄형 어미 등을 이용하여 감정을 강하게 나타내는 말투 ** 두드러지게 하고

근거 (가) ❶-3 버들이며 물가의 꽃은 굽이굽이 새롭구나// ❹-5 파랑성을 싫어 마라 진훤을 막는도다
(나) 7~8 아아 내 일이야 잠을 깨어 생각하니/ 세상의 모든 일이 모두가 허랑하다/ 16 별천지가 여기로다

풀이 (가)에서는 감탄형 어미 '-구나', '-도다'를 사용하여 '버들'과 '꽃'을 즐기는 화자의 정서와 속세를 차단하는 '파랑성'에 만족하는 화자의 정서를 부각하고 있다. (나)에서는 '아아'라는 감탄사와 '내 일이야'라는 부르는 말을 사용하여 화자의 허무함을 강조하고 있으며, 감탄형 어미 '-로다'를 사용하여 자연의 아름다움에 감탄하는 화자의 정서를 부각하고 있다.

→ 적절함!

■ **영탄적 어조**
'영탄적 어조'는 느낌표나 부르는 말, 감탄사(아아, 어머나 등), 감탄형 어미(-구나, -도다, -로라 등), 의문형 문장(얼마나 ~ ㄹ까, 어쩌면 ~ ㄹ까 등)을 통해 말하는 이가 자신의 감정을 강하게 드러내는 것을 말한다.

■ **영탄적 어조를 통해 화자의 정서를 부각하는 작품**
• 김소월,「초혼」
산산이 부서진 이름이여!/ 허공 중에 헤어진 이름이여!/ 불러도 주인 없는 이름이여!/ 부르다가 내가 죽을 이름이여!"
→ '~ 이름이여!'를 반복하여 대상의 부재 상황(대상이 곁에 없는 상황)에서 화자가 느끼는 안타까움의 감정을 강하게 나타내고 있다.

• (나)만 해당
④ *촉각적 심상을 통해 시적 분위기를 조성하고 있다. * 피부로 느끼는 감각적 이미지
근거 (나)-19 풍대의 맑은 바람 심신이 시원하고
풀이 (나)에서는 '맑은 바람 심신이 시원하고'라는 촉각적 심상을 통해 맑고 시원한 시적

분위기를 조성하고 있다. 반면에 (가)에는 촉각적 심상을 통해 시적 분위기를 조성하는 부분이 나타나지 않는다.

→ 적절하지 않음!

⑤ *역설적 표현을 통해 **이상향에 대한 의지를 드러내고 있다. * 겉으로 보기에는 앞뒤가 맞지 않아 모순되는 것 같으나 그 속에 중요한 진리를 담고 있는 ** 가장 완전한 이상적 세계

풀이 (가)와 (나) 모두 앞뒤가 모순된 역설적 표현을 통해 이상향에 대한 의지를 드러내는 부분이 드러나지 않는다.

→ 적절하지 않음!

■ **역설적 표현을 통해 이상향에 대한 의지를 드러내는 작품**
• 유치환,「깃발」
이것(깃발)은 소리 없는 아우성/ 저 푸른 해원(바다)을 향하여 흔드는/ 영원한 노스탤지어(향수, 고향에 대한 그리움)의 손수건
→ '소리 없는 아우성'이라는 역설적 표현을 통해 '푸른 해원'이라는 이상향을 향한 깃발의 의지를 드러내고 있다.

■ **역설적 표현**
현대시 014번 문제 ③번 선지 (2024년 9월 학평) 참고 →013쪽

009 시구의 의미 - 적절하지 않은 것 고르기 2020년 9월 학평 30번
정답률 75% | **정답 ③**

(가)와 (나)에 대한 설명으로 적절하지 않은 것은?

① (가)의 '버들'과 (나)의 '뻐꾹새'는 계절감을 드러내는 소재이다.
근거 (가) ❶-3 버들이며 물가의 꽃은 굽이굽이 새롭구나
(나)-5~6 수풀 아래 뻐꾹새는 계절을 먼저 알아/ 태평세월 들일에는 농부를 재촉한다

풀이 (가)에는 '버들'과 꽃이 어우러진 봄날 물가의 모습이, (나)에는 '뻐꾹새'가 봄의 계절을 먼저 알아 농부의 일을 재촉하고 있는 상황이 제시되어 있다. 따라서 '버들'과 '뻐꾹새'는 봄의 계절감을 드러내는 소재이다.

→ 적절함!

② (가)의 '흥'과 (나)의 '정'은 자연에서 화자가 느끼는 정서이다.
근거 (가) ❸-5 사시 흥이 흔 가지나 추강이 으뜸이라
(나)-11 백화주 두세 잔에 산수에 정이 들어

풀이 (가)의 화자는 사계절의 자연에서 '흥'을 느끼고, (나)의 화자는 백화주를 마시며 산수에 '정'을 느끼고 있다. 따라서 (가)의 '흥'과 (나)의 '정'은 자연에서 느끼는 화자의 즐거움과 흥취를 의미한다.

→ 적절함!

③ (가)의 '어옹'과 (나)의 '농부'는 화자의 처지에 공감하는 인물이다.
근거 (가) ❸-3 어옹을 웃디 마라 그림마다 그렷더라
(나)-5~6 수풀 아래 뻐꾹새는 계절을 먼저 알아/ 태평세월 들일에는 농부를 재촉한다

풀이 (가)의 '어옹'은 '고기 잡는 노인'이라는 뜻으로 화자 자신을 의미한다. (나)의 '농부'는 근심과 걱정이 없는 존재로, 들일을 하라는 뻐꾹새의 재촉을 받는다. 따라서 (가)의 '어옹'과 (나)의 '농부'가 화자의 처지에 공감하는 인물이라는 설명은 적절하지 않다.

→ 적절하지 않음!

④ (가)의 '추강'과 (나)의 '밝은 달'은 화자가 긍정적으로 인식하는 대상이다.
근거 (가) ❸-5 사시 흥이 흔 가지나 추강이 으뜸이라
(나)-20 월사의 밝은 달은 맑은 의미 일반이라

풀이 (가)의 '추강'은 화자가 사계절 흥취 중에서 으뜸으로 생각하는 대상이고 (나)의 '밝은 달'은 맑은 의미를 가진 대상이므로, (가)의 '추강'과 (나)의 '밝은 달' 모두 화자가 긍정적으로 인식하는 대상이라 할 수 있다.

→ 적절함!

⑤ (가)의 '낚싯대'와 (나)의 '백화주'는 *풍류를 즐기는 화자의 모습을 드러내는 소재이다. * 고상하고 우아한 멋

근거 (가) ❷-3 낚싯대 둘러메니 깊은 흥을 못 금하겠다
(나)-11 백화주 두세 잔에 산수에 정이 들어

풀이 (가)의 화자는 '낚싯대'를 둘러메고 깊은 흥을 억누르지 못하고 있으며, (나)의 화자는 '백화주'를 마시며 산수에 정이 든다. 따라서 '낚싯대'와 '백화주'는 풍류를 즐기는 화자의 모습을 드러내는 소재로, 화자의 흥취를 더하는 역할을 하고 있다.

→ 적절함!

010 감상의 적절성 – 적절하지 않은 것 고르기 2020년 9월 학평 31번
정답률 65%, 매력적 오답 ③ 10%　　　정답 ④

〈보기〉를 참고하여 ㉠~㉤을 감상한 내용으로 적절하지 <u>않은</u> 것은?　3점

| 보기 |
　¹ (가)에는 속세를 벗어나 자연의 아름다움을 즐기면서 <u>유유자적한</u>(한가로울 悠 한가로울 悠 스스로 自 즐길 適 : 속세를 떠나 어느 것에도 얽매이지 않고 자유로우며 편안한) 삶을 살고자 하는 화자의 모습이 드러나 있다. ² 이 작품에서 자연은 화자가 <u>지향하는</u>(뜻 志 향할 向 : 마음이 향하는) 공간으로 인간 세상과 <u>대립되는</u>(상대 對 설 立 : 반대되는) 공간을 의미한다. ³ 화자는 인간 세상을 멀리하고 자연에 <u>귀의하고자</u>(돌아갈 歸 의지할 依 : 의지해 살아가고자) 하는 태도를 보이고 있다.

① ㉠은 속세의 사람들이 추구하는 가치에서 벗어난 화자의 모습을 드러낸다고 볼 수 있군.
> **근거**　〈보기〉-1 (가)에는 속세를 벗어나
> **(가) ❶**-5 ㉠삼공을 부러워하랴 만사를 생각하랴
> **풀이**　㉠의 '삼공'은 '삼정승'으로 속세의 사람들이 추구하는 '부귀영화'의 가치를 드러낸다. 그러나 화자는 '삼공'이 부럽지 않다고 함으로써 세속적 가치에서 벗어난 모습을 보이고 있다.

→ 적절함!

② ㉡은 화자가 자연의 아름다움에 감탄하며 이를 즐기고 있다고 볼 수 있군.
> **근거**　〈보기〉-1 (가)에는 속세를 벗어나 자연의 아름다움을 즐기면서 유유자적한 삶을 살고자 하는 화자의 모습이 드러나 있다.
> **(가) ❷**-5 ㉡연강 첩장은 뉘라서 그려낸고
> **풀이**　㉡의 '연강 첩장'은 아름다운 강과 산의 모습으로, 화자는 이를 누가 그림처럼 그려 냈냐고 물으며 감탄하고 있다. 따라서 ㉡에는 화자가 자연의 아름다움에 감탄하며 이를 즐기는 모습이 드러난다고 볼 수 있다.

→ 적절함!

③ ㉢은 인간 세상과 대립되는 자연으로 화자가 지향하는 공간으로 볼 수 있군.
> **근거**　〈보기〉-2 이 작품에서 자연은 화자가 지향하는 공간으로 인간 세상과 대립되는 공간을 의미한다.
> **(가) ❸**-1 ㉢물외에 조흔 일이 어부 생애 아니러냐
> **풀이**　㉢('물외')은 세속을 벗어난 곳, 즉 자연을 의미한다. 따라서 ㉢('물외')은 인간 세상과 대립되는 공간이자 화자가 지향하는 공간이라고 볼 수 있다.

→ 적절함!

✓④ <u>자연에 귀의하며 살아가는 화자를 상징하는</u> ㉣은 자연에 귀의하지 못한 사람으로 화자가 안타까워하는 대상으로 볼 수 있군.
> **근거**　〈보기〉-3 화자는 인간 세상을 멀리하고 자연에 귀의하고자 하는 태도를 보이고 있다.
> **(가) ❹**-1 ㉣물가의 외로운 솔 혼자 어이 씩씩흔고
> **풀이**　〈동(冬) 8〉에 등장하는 ㉣의 '솔'은 사계절 변함없이 푸른 존재로, 겨울에도 혼자 씩씩하게 서 있으므로 화자가 긍정적으로 인식하는 대상이라 할 수 있다. 이는 자연에 귀의하지 못한 사람이 아니라 인간 세상을 멀리하고 자연에 귀의하고자 하는 신념을 굽히지 않는 화자 자신을 상징하는 대상으로 볼 수 있다.

→ 적절하지 않음!

⑤ ㉤은 인간 세상을 멀리하고자 하는 화자의 태도를 드러낸다고 볼 수 있군.
> **근거**　〈보기〉-3 화자는 인간 세상을 멀리하고
> **(가) ❹**-5 ㉤파랑성을 싫어 마라 진훤을 막는도다
> **풀이**　화자는 '진훤(속세의 시끄러움)'을 막아주는 '파랑성(물결 소리)'을 긍정적으로 여기고 있다. 따라서 ㉤에는 시끄러운 인간 세상을 멀리하고자 하는 화자의 태도가 드러난다고 볼 수 있다.

→ 적절함!

[011~013] 다음 글을 읽고 물음에 답하시오.

작품 이해 단계　1 화자　2 상황 및 대상　3 정서 및 태도　4 주제

(가)

	┌▸ 2 대상 : '백성들'
¹ 蒼生難蒼生難 창 생 난 창 생 난	백성들의 어려움이여, 백성들의 어려움이여
	┌▸ 농작물이 잘 자라지 않아 굶주리게 된 해
² 年貧爾無食 연 빈 이 무 식	흉년 들어 ㉠너희들은 먹을 것이 없구나 ←▸ 2 상황 : 농사가 잘 되지 않아 '너희들(백성들)'이 먹을 것이 없어 어려움을 겪는 상황
³ 我有濟爾心 아 유 제 이 심	┌▸ 1 화자 : '나'　　▸ 도와줄 ㉡나는 너희들을 구제할 마음이 있어도
⁴ 而無濟爾力 이 무 제 이 력	너희들을 구제할 힘이 없구나 ←▸ 3 정서 : ('나'는) '너희들'을 구제할 힘이 없는 것을 한탄한다.
	┌▸ 3 대상의 정서 : 백성들은 괴롭다.
⁵ 蒼生苦蒼生苦 창 생 고 창 생 고	백성들의 괴로움이여, 백성들의 괴로움이여
	┌▸ 2 상황 : 추운 날에 '네(백성들)'가 이불이 없는 상황
⁶ 天寒爾無衾 천 한 이 무 금	날이 추워 네가 이불이 없을 때
	┌▸ 2 지방 관리들
⁷ 彼有濟爾力 피 유 제 이 력	㉢저들은 너희들을 구제할 힘이 있어도 ←▸ 2 대상 및 상황 : '저들(관리들)'은 '너희들(백성들)'을 구제할 마음이 없는 상황
⁸ 而無濟爾心 이 무 제 이 심	너희들을 구제할 마음이 없구나
	┌▸ 바라건대
⁹ 願回小人腹 원 회 소 인 복	(관리들아) 원컨대, 잠시라도 소인배의 마음을 돌려서 ←▸ 마음이 좁고 간사한 사람
	┌▸ 현명하고 훌륭한 사람
¹⁰ 暫爲君子慮 잠 위 군 자 려	군자의 생각을 가져 보게나
¹¹ 暫借君子耳 잠 차 군 자 이	군자의 귀를 빌려
	▸ 3 태도 : ('저들'이) 백성의 말을 들어 보길 바란다.
¹² 試聽小民語 시 청 소 민 어	백성의 말을 들어 보게나
¹³ 小民有語君不知 소 민 유 어 군 불 지	백성은 할 말 있어도 임금은 알지 못하니 ←▸ 2 상황 : ('저들'이 '백성'의 말에 귀 기울이지 않아) '백성'의 말은 '임금'에게 전해지지 않고, '백성들'은 살 곳을 잃은 상황
¹⁴ 今歲蒼生皆失所 금 세 창 생 개 실 소	오늘 백성들은 모두 살 곳을 잃었구나
	┌▸ 항상　　┌▸ 고할 詔 쓸 書 : 임금의 명령을 적은 문서
¹⁵ 北闕雖下憂民詔 북 궐 수 하 우 민 조	궁궐에서는 매양 백성을 걱정하는 조서 내리는데 ←▸ 2 상황 : 지방 관청에 전해지는 궁궐의 조서가 의미 없는 종이 조각이 되는 상황
	┌▸ 단지　┌▸ 부질없는
¹⁶ 州縣傳看一虛紙 주 현 전 간 일 허 지	지방 관청에 전해져서는 한갓 헛된 종이 조각
¹⁷ 特遣京官問民瘼 특 견 경 관 문 민 막	서울에서 <u>관리</u>를 보내 백성의 고통을 물으려 ←▸ 벼슬아치

· 현대어 풀이

(가)

¹ 백성들의 어려움이여, 백성들의 어려움이여

² 흉년이 들어 너희들은 먹을 것이 없구나

³ 나는 너희들을 돕고 싶은 마음이 있어도

⁴ 너희들을 도울 힘이 없구나

⁵ 백성들의 괴로움이여, 백성들의 괴로움이여

⁶ 날씨가 추운데 네가 이불이 없을 때

⁷ 저들은 너희들을 도울 힘이 있어도

⁸ 너희들을 도울 마음이 없구나

⁹ 바라건대, (지방 관리들아) 잠시라도 소인배의 마음을 고쳐먹어

¹⁰ 군자의 생각을 가져 보게나

¹¹ 군자의 귀를 빌려서

¹² 백성의 말을 들어 보게나

¹³ 백성은 할 말이 있어도 임금은 (백성의 말을) 알지 못하니

¹⁴ 오늘 백성들은 모두 살 곳을 잃었구나

¹⁵ 궁궐에서는 항상 백성을 걱정하는 문서를 보내는데

¹⁶ 지방 관청에 전해지면 한낱 부질없는 종이 조각(에 불과하구나)

¹⁷ 서울에서 관리를 보내 백성의 고통을 물으려

18 駏騎日馳三百里
일 기 일 치 삼 백 리
역마로 날마다 삼백 리를 달려도
└▶ 역참 驛 말 馬 : 조선 시대에 각 역참에 두었던 말

19 吾民無力出門限
오 민 무 력 출 문 한
백성들은 문턱에 나설 힘도 없어

20 何暇面陳心內事
하 가 면 진 심 내 사
어느 겨를에 (백성들이) 마음속 일을 말이나 하겠소
└▶ 틈

21 縱使一郡一京官
종 사 일 군 일 경 관
비록 한 고을에 한 서울 관리 온다고 해도
└▶ 마을

22 京官無耳民無口
경 관 무 이 민 무 구
서울 관리는 귀가 없고 백성은 입이 없네 ──▶ 2 상황 :
'서울 관리'는 '백성'의 고통에 귀 기울이지 않고
'백성'은 말을 하지 못하는 상황

23 不如喚起汲淮陽
불 여 환 기 급 회 양
급회양 같은 착한 관리를 불러다가
└▶ 중국 한나라 때 백성을 잘 다스린 것으로 유명한 관리

24 未死子遺猶可救
미 사 자 견 유 가 구
아직 죽지 않은 백성을 구해봄만 못하리라

- 어무적, 「유민탄(流民歎)」 -
흐를 流 백성 民 탄식할 歎 : 떠돌아다니는 백성을 한탄함 ▶

4 주제 :
'백성'을 구제하려는 생각이 없는 '관리들'을 비판하고,
살 곳을 잃은 '백성'의 암담한 현실을 한탄한다.

18 역마를 타고 날마다 삼백 리를 달려가도

19 백성들은 문턱을 나설 힘도 없는데

20 무슨 여유가 있어 (백성들이) 마음속 일을 말이나 할 수 있겠소

21 비록 한 마을에 한 명의 서울 관리가 온다고 해도

22 서울 관리는 귀(백성의 말을 들을 마음)가 없고 백성은 입(마음속 말을 할 겨를)이 없다네

23 (그러니) 급회양 같은 착한 관리를 불러다가

24 아직 죽지 않은 백성을 구하려고 하는 것만 못할 것이다(백성들이나마 구해봄이 오히려 낫겠구나)

· 지문 이해

1~8	9~12	13~20	21~24
'백성들'에 대한 '나'의 연민과 '백성'을 구제하는 것에 무관심한 '관리들'	소인배의 마음을 가진 '관리들'을 군자로 만들고 싶은 소망	'임금'의 조서도 소용없는 암담한 현실	해결 가능성이 보이지 않는 현실에 대한 답답함

(나)

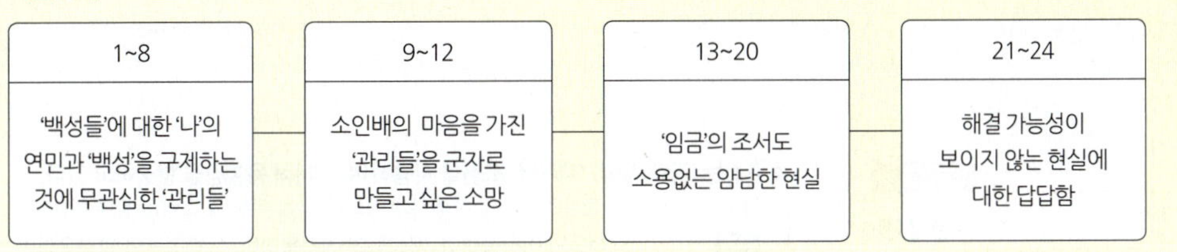

2 대상 : '백구'
└▶ 흰 白 갈매기 鷗 : 갈매기, 자연을 의미함

1 ¹내 이미 백구 잊고 백구도 나를 잊네
└▶ 1 화자 : '내(나)'

2 상황 :
자연에 동화되어 살아가는 물아일체(物我一體 :
자연과 내가 하나가 됨)의 상황

²둘이 서로 잊었으니 누군지 모르리라
└▶ '나'와 '백구'

³언제나 해옹을 만나 이 둘을 가려낼꼬
└▶ 바다 海 늙은이 翁 : 바다에 사는 늙은이.
은일지사(隱逸之士 : 속세를 떠나 숨어 지내는 선비)

3 정서 : 쓸쓸하다.

2 ¹붉은 잎 산에 가득 빈 강에 쓸쓸할 때

²가랑비 낚시터에 낚싯대 제 맛이라 ──▶ 2 상황 : 빗속에서 낚시를 즐기는(풍류) 상황

└▶ 얻을 得 : 이득
³세상에 득 찾는 무리 어찌 알기 바라리 ──▶ 3 태도 :
└▶ '알 수 없다'는 설의적 표현   자신의 이익을 찾는 무리들은 낚시의 즐거움을 모를 것이라고 비판한다.

3 ¹내 귀가 시끄러움 네 바가지 버리려은

└▶ 샘물
²네 귀를 씻은 샘에 내 소는 못 먹이리

└▶ 공 功 이름 名 : 공을 세워 이름을 널리 알리는 것
³공명은 해진 신이니 벗어나서 즐겨보세 ──▶ 3 태도 :
└▶ 낡아서 떨어진 신발, 세속적인 가치가 헛됨을 빗댄 말   공명에서 벗어나 자연을 즐기며 살아가려고 한다.

└▶ 황해도 평산에 위치, '나'가 세상과 단절되어 사는 곳
4 ¹옥계산 흐르는 물 못 이루어 달 띄우네
└▶ 연못

²맑으면 갓끈 씻고 흐리거든 발 씻으리
└▶ 갓에 다는 끈
³어찌타 세상 사람 청탁(淸濁) 있는 줄 모르는고 ──▶ 3 태도 : 옳고 그름을 모르는 세상 사람들을 비판한다.
└▶ 맑을 淸 흐릴 濁 :
맑음(옳음)과 흐림(그름)을 아울러 이르는 말

4 주제 :
속세를 벗어나 자연에서 낚시하며 사는 삶을 즐긴다.

- 이별, 「장육당육가(藏六堂六歌)」 -
작가가 평산에서 지내며 살던 집인 '장육당'에서 지은 6수로 된 연시조 ▶

(나)

1 ¹내가 이미 갈매기를 잊었고 갈매기도 나를 잊었네('나'와 '갈매기'가 서로 구분하지 못할 정도로 하나가 되었네)

²둘이 서로(의 경계를) 잊었으니 (서로 하나가 되어) 누가 누군지 모르리라

³언제가 되면 바다에 사는 늙은이를 만나 이 둘을 가려낼까

2 ¹붉은 색 잎이 산에 가득하고 빈 강에 쓸쓸할 때

²가랑비 내리는 낚시터에 낚싯대가 딱 알맞구나

³세상에 이득을 찾는 사람들이 (낚시의 즐거움을) 어찌 알기를 바라겠는가

3 ¹내 귀가 시끄러우면 네 바가지를 버리려무나

²네 귀를 씻은 샘물에 내 소는 못 먹이리라

³공을 세워 이름을 드러내는 일은 낡은 신발과 같으니 (공명에서) 벗어나서 즐겨보자

4 ¹옥계산에 흐르는 물이 연못을 이루어 달을 띄우네

²맑으면 갓끈을 씻고 흐리면 발을 씻으리

³어찌하여 세상 사람은 옳고 그름이 있는 것을 모르는가

· 지문 이해

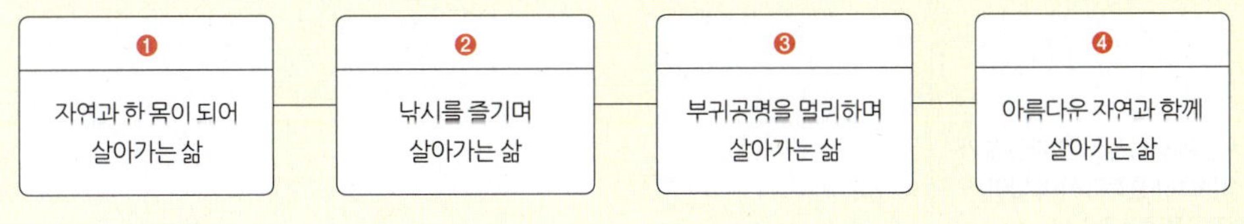

❶	❷	❸	❹
자연과 한 몸이 되어 살아가는 삶	낚시를 즐기며 살아가는 삶	부귀공명을 멀리하며 살아가는 삶	아름다운 자연과 함께 살아가는 삶

- '장육당육가'의 구절과 관련된 고사

③-2 네 귀를 씻은 샘에 내 소는 못 먹이리 : 소부와 허유의 고사

중국의 요 임금이 못난 아들에게 나라를 물려줄 수 없어 고민하던 중 허유에게 자신의 자리를 양보하려
하자 허유는 기산으로 도망쳐 직접 농사지으며 살았다. 후에 요 임금이 허유를 다시 구주의 우두머리로
임명하려 하자 세상에 이름을 알리는 것을 싫어한 허유는 요 임금의 제안을 거절한 후 더러운 말을 들었
다며 영천수에 자신의 귀를 씻는다.

이때 같은 영천에 사는 또 다른 은자(벼슬을 하지 않고 자연에 묻혀 사는 것을 추구하는 사람)인 소부가 소에게
물을 먹이려 강가에 왔다가 허유의 말을 듣고 소부는 "당신이 만약 깊은 산속에서 살았다면 아무도 당신
을 발견할 수 없었을 것이오. 하지만 당신은 여기저기 돌아다니며 명성을 얻고 있으면서 지금 귀를 씻는
행위는 또 뭐요? 당신의 귀를 씻은 더러운 물을 내 소에게 먹일 수 없소."라고 말하며 상류로 올라가 소에
게 물을 먹인다.

④-2 맑으면 갓끈 씻고 흐리거든 발 씻으리 : 굴원의 '어부사'의 한 대목

어부가 굴원에게 조정에서 추방당한 이유를 묻자 굴원은 세상 모두가 취해 있는데 나 혼자 깨어 있어서
그렇다고 대답한다. 어부가 세상이 취해 있으면 같이 취하지 그러느냐고 다시 묻자, 굴원은 '물고기 뱃속에 장사를 지내더라도 어찌
티끌을 뒤집어 쓸 수 있겠냐'고 한다. 그러자 어부는 빙그레 웃으며 다음과 같은 노래를 부르며 사라진다. "창랑의 물결이 맑을 때면
내 갓끈 씻을 수 있고 창랑의 물결이 흐릴 때면 내 발이나 씻어 보리라." 어부는 세상이 맑으면 (갓끈을 씻고) 나아가 뜻을 펼치고 그렇
지 못하면 (발을 씻고) 은둔하며 살 것을 말한 것이다.

1등급 문제

| **011** | 표현상 특징 – 적절한 것 고르기 2019년 9월 학평 31번
정답률 45%, 매력적 오답 ③ 25%, ② 20% | **정답 ④** |

(가)와 (나)에 대한 설명으로 가장 적절한 것은?

선지	핵심 체크 내용	(가)	(나)
①	색채 대비 → 시적 분위기 환기	X	X
②	선경후정 → 시상 전개	X	X
③	대구적 표현 → 시적 운율감 형성	O	O
④	설의적 표현 → 시적 의미 부각	O	O
⑤	자연물에 인격 부여 → 화자의 정서 표현	X	O

① (가)는 (나)와 달리 *색채 대비를 통해 시적 분위기를 **환기하고 있다. * 색깔과 관련된
이미지의 비교나 대조를 통해 의미를 구체적이고 명확하게 표현하는 방법 ** 불러일으키고

> **근거** (나) **❷-1** 붉은 잎 산에 가득
> **풀이** (가)에는 두드러지는 색이 없고 (나)에는 '붉은 잎'이라는 이미지가 제시되어 있기는
> 하지만 색채 대비가 나타나지는 않는다. 따라서 (가)와 (나)에는 모두 색채 대비를 통
> 해 시적 분위기를 환기하는 구절이 나오지 않는다.

→ 적절하지 않음!

> **■ 색채 대비를 통해 시적 분위기를 환기하는 작품**
> • 김기림, 「바다와 나비」(2006학년도 6월 모평)
> 흰나비는 도무지 바다가 무섭지 않다.// 청(靑)무우밭인가 해서 내려갔다가는/ 어
> 린 날개가 물결에 절어서/ 공주처럼 지쳐서 돌아온다.// 삼월달 바다가 꽃이 피지
> 않아서 서글픈/ 나비 허리에 새파란 초생달이 시리다.
> → '흰나비'의 흰색과 '청무우밭'과 '바다', '새파란'의 푸른색이 색채 대비를 이루고 있
> 으며, 이를 통해 나비의 순수한 이미지와 바다의 차갑고 냉혹한 이미지를 강조하여
> 시의 분위기를 환기한다.

② (가)는 (나)와 달리 *선경후정의 방식을 통해 **시상을 전개하고 있다.

* 먼저 先 경치 景 뒤 後 뜻 情 : 먼저 자연이나 사물을 묘사한 후 화자의 생각이나 감정을 표현하는 방식
** 시의 내용을 펼쳐 나가고

> **풀이** (가)와 (나)는 경치를 먼저 제시하고 다음으로 정서를 제시하는 방식을 사용하고 있
> 지 않다.

→ 적절하지 않음!

> **■ 선경후정의 방식을 통해 시상을 전개하는 작품**
> • 정약용, 「보리타작」(2016년 고1 3월 학평)
> 검게 탄 (농부의) 두 어깨 햇볕 받아 번쩍이네./ ~ 삽시간에 보리 낟알 온 마당에 가
> 득하네. (선경) / ~ (보리타작하는 사람들의) 기색을 살펴보니 즐겁기 짝이 없어/ ~
> 낙원이 먼 곳에 있는 게 아닌데/ 무엇하러 벼슬길에 헤매고 있겠는가. (후정)
> → 마당에서 보리타작하는 농부들의 건강한 모습을 본 후(선경) 벼슬길에서 낙원을
> 찾던 자신의 삶을 반성(후정)하고 있다.

③ (나)는 (가)와 달리 *대구적 표현을 사용하여 **시적 운율감을 형성하고 있다. (가)와 (나) 모두
* 비슷하거나 동일한 문장구조를 나란히 배치하는 표현 ** 시를 읽을 때 느껴지는 말의 가락(리듬)

> **근거** (가)-1 백성들의 어려움이여, 백성들의 어려움이여/ 5 백성들의 괴로움이여, 백성
> 들의 괴로움이여
> (가)-3~4 나는 너희들을 구제할 마음이 있어도/ 너희들을 구제할 힘이 없구나/
> 7~8 저들은 너희들을 구제할 힘이 있어도/ 너희들을 구제할 마음이 없구나
> (가)-9~12 소인배의 마음을 돌려서/ 군자의 생각을 가져 보게나/ 군자의 귀를 빌려/
> 백성의 말을 들어 보게나
> (가)-22 서울 관리는 귀가 없고 백성은 입이 없다네
> (나) **❶-1** 내 (가) 이미 백구(를) 잊고 백구도 나를 잊네
> (나) **④-2** 맑으면 갓끈 씻고 흐리거든 발 씻으리
> **풀이** (가)와 (나) 두 작품 모두 비슷하거나 동일한 문장구조를 반복함으로써 시적 운율감
> 을 형성하고 있다.

→ 적절하지 않음!

④ (가)와 (나) 모두 *설의적 표현을 활용하여 시적 의미를 **부각하고 있다.

* 쉽게 알 수 있는 내용을 의문의 형식을 이용하여 강조하는 표현 ** 두드러지게 하고

> **근거** (가)-20 어느 겨를에 마음속 일을 말이나 하겠소
> (나) **❶-3** 언제나 해옹을 만나 이 둘을 가려낼꼬/ **❷-3** 세상에 득 찾는 무리 어찌
> 알기 바라리// **④-3** 어찌타 세상 사람 청탁(淸濁) 있는 줄 모르는고
> **풀이** (가)는 '어느 겨를에 마음속 일을 말이나 하겠소'라는 설의적 표현을 통해 자신들의
> 괴로운 상황을 말할 수 없는 백성들의 안타까운 현실을 부각하고 있다. (나)의 '언제
> 나 해옹을 만나 이 둘을 가려낼꼬'라는 설의적 표현은 화자와 갈매기를 구분하기 힘
> 들다는 의미로 화자와 자연이 하나가 되었음을 강조하는 것이다. 또한 '세상에 득 찾
> 는 무리 어찌 알기 바라리'와 '어찌타 세상 사람 청탁(淸濁) 있는 줄 모르는고'라는 설
> 의적 표현을 통해 세속적 가치를 추구하는 사람들을 비판하고 자연 속에서 은거하
> 며 옳고 그름을 분간하며 살고 싶은 화자의 마음을 부각하고 있다.

→ 적절함!

⑤ (가)와 (나) 모두 *자연물에 인격을 부여하여 **화자의 정서를 드러내고 있다. (나)는 (가)와 달리
* 자연물을 사람인 것처럼 표현하여 ** 시에서 말하는 사람의 감정이나 태도

> **근거** (나) **❶-1** 내 이미 백구 잊고 백구도 나를 잊네
> **풀이** (나)의 '백구도 나를 잊네'에서 '백구'를 사람처럼 표현하여 자연과 하나 된 삶을 즐기
> 는 화자의 정서가 드러나지만 (가)에는 의인법이 사용되지 않았다.

→ 적절하지 않음!

012 | 시어의 관계 - 적절하지 않은 것 고르기 | 2019년 9월 학평 32번
정답률 85%

정답 ①

㉠~㉢에 대한 설명으로 적절하지 않은 것은?

> (가)-1~2 백성들의 어려움이여, 백성들의 어려움이여/ 흉년 들어 ㉠ <u>너희</u>들은 먹을 것이 없구나
> → 너희들(백성들)
> (가)-3~4 ㉡<u>나</u>는 너희들을 구제할 마음이 있어도/ 너희들을 구제할 힘이 없구나
> → 나(화자)
> (가)-7~8 ㉢<u>저들</u>은 너희들을 구제할 힘이 있어도/ 너희들을 구제할 마음이 없구나
> → 저들(관리들)

✓ **① ㉠은 자신들의 삶을 돌보지 않는 ㉢을 원망하고 있다.**
[풀이] ㉠(너희들)은 흉년이 들어 먹을 것이 없는 '백성들'이고, ㉢(나)은 백성들을 구제하고 싶어도 구제할 힘이 없는 '화자'라는 것을 알 수 있지만, '백성들'이 '화자'를 원망하는 내용은 드러나지 않는다.

→ 적절하지 않음!

② ㉡은 ㉠을 *구제하지 못하는 것에 안타까움을 느끼고 있다. * 도와주지
[풀이] ㉡(나)은 ㉠(너희들)을 구제하고자 하는 마음이 있어도 구제할 힘이 없다. 따라서 백성을 구제하고 싶지만 그럴 수 있는 힘이 없는 것에 대한 화자의 안타까움이 드러나 있다.

→ 적절함!

③ ㉡은 ㉢이 *군자와 같은 생각을 갖기를 바라고 있다. * 현명하고 어진 사람
[근거] (가)-9~12 원컨대, 잠시라도 소인배의 마음을 돌려서/ 군자의 생각을 가져 보게나/ 군자의 귀를 빌려/ 백성의 말을 들어 보게나
[풀이] ㉡(나)은 ㉢(저들)에게 '군자의 생각'을 가지고, '군자의 귀'를 빌려 백성들의 말을 들어 보기를 바라고 있다. 따라서 ㉢(저들)이 군자와 같은 생각을 갖기를 ㉡(나)이 바라고 있다는 것을 알 수 있다.

→ 적절함!

④ ㉢은 ㉠의 삶을 구제할 힘을 지니고 있다.
[풀이] '구제할 힘이 있어도'라는 구절을 통해 ㉢(저들)은 ㉠(너희들)의 삶을 도와줄 수 있는 힘이 있음을 알 수 있다.

→ 적절함!

⑤ ㉢은 ㉠이 겪고 있는 문제를 해결하지 않고 있다.
[풀이] '구제할 마음이 없구나'라는 구절을 통해 ㉢(저들)은 ㉠(너희들)을 도와주고 싶은 마음이 없다는 것을 알 수 있다.

→ 적절함!

---

013 | 감상의 적절성 - 적절하지 않은 것 고르기 | 2019년 9월 학평 33번
정답률 65%, 매력적 오답 ① 15%

정답 ②

〈보기〉를 참고하여 (나)를 감상한 내용으로 적절하지 않은 것은? [3점]

> | 보기 |
> 1 (나)는 갑자사화(조선 연산군 10년(1504)에 폐비 윤 씨와 관련하여 많은 선비들이 죽임을 당한 사건)로 인해 유배되었다(귀양을 갔다가) 풀려난 작가가 옥계산에 은거하며(세상을 피해 숨어 살며) 쓴 작품이다. 2 이 작품을 통해 작가는 세속적 가치(일반적으로 사람들이 중요하게 생각하는 것, 부나 명예 등)를 멀리하고 자연 속에서 자연과 하나 되어 풍류(멋)를 즐기는 삶을 추구하고 있음을 보여 주고 있다. 3 또한 옳고 그름을 분간하지(구별하지) 못하는 사람들을 비판하면서 분별(세상에 대한 바른 생각이나 판단) 있는 삶의 자세에 대한 의지도 드러내고 있다.

① '백구'와 '나'가 서로 잊어 누군지 모른다는 것에서 화자가 자연과 하나가 된 삶을 살고 있음을 보여 주는군.
[근거] 〈보기〉 2 작가는 ~ 자연 속에서 자연과 하나 되어 풍류를 즐기는 삶을 추구하고 있음
(나) ❶-1~2 내 이미 **백구** 잊고 백구도 **나**를 잊네/ 둘이 서로 잊었으니 누군지 모르리라
[풀이] '백구'와 '나'가 서로 잊었다는 것은 자연과 화자가 서로 구분되지 않을 만큼 하나로 동

화되었다는 의미로 볼 수 있다. 따라서 화자가 자연 속에서 자연과 하나가 된 삶을 살고 있다는 것은 적절하다.

→ 적절함!

✓ **② '빈 강'에서 쓸쓸해하는 모습에서 유배되었다 풀려나도 '득 찾는 무리'로부터 벗어나기 어려운 화자의 현실이 드러나는군.** 한적하게 낚시를 하는 ~ 를 멀리하고자 하는 화자의 마음이
[근거] 〈보기〉-1~2 유배되었다 풀려난 작가가 옥계산에 은거하며 ~ 세속적 가치를 멀리하고 자연 속에서 자연과 하나 되어 풍류를 즐기는 삶을 추구하고 있음
(나)-❷ 붉은 잎 산에 가득 **빈 강**에 쓸쓸할 때/ 가랑비 낚시터에 낚싯대 제 맛이라/ 세상에 **득 찾는 무리** 어찌 알기 바라리
[풀이] '빈 강'에서 낚시를 하는 즐거움을 세상에 '득 찾는 무리'는 알지 못할 것이라고 말하는 것은 화자가 세속적 가치를 추구하는 무리를 멀리하고 자연 속에서 풍류를 즐기는 삶을 추구하고 있음을 알게 해 준다. 따라서 화자는 '득 찾는 무리'로부터 벗어나기 어려운 것이 아니라 '득 찾는 무리'를 멀리하고자 하는 것이다.

→ 적절하지 않음!

③ '공명'을 '해진 신'에 비유한 것에서 화자가 세속적 삶의 가치를 멀리하고 있음이 드러나는군.
[근거] 〈보기〉-2 작가는 세속적 가치를 멀리하고
(나) ❸-3 **공명**은 해진 신이니 벗어나서 즐겨보세
[풀이] '공명'은 세속적 가치를 추구하는 사람들이 갖고자 하는 것이다. 화자는 '공명'을 '해진 신'에 비유하며 그것에서 벗어나 자연을 즐겨보고자 하므로 화자는 세속적인 삶의 가치를 멀리하고 있음을 알 수 있다.

→ 적절함!

④ '옥계산'에서 '물', '달'과 함께 지내는 모습에서 화자의 *자연 친화적 삶의 태도가 드러나는군. * 자연을 사랑하고 즐기며 자연 속에서 지내고 싶어 하는 태도
[근거] 〈보기〉-2 자연 속에서 자연과 하나 되어 풍류를 즐기는 삶을 추구하고 있음
(나) ❹-1 **옥계산** 흐르는 물 못 이루어 **달** 띄우네
[풀이] '옥계산'은 화자가 세상과 거리를 두고 은거하는 자연이다. 이곳에서 자연물인 '물', '달'과 함께 지내는 화자의 모습에서 자연 속에서 자연과 하나 되어 풍류를 즐기는 자연 친화적인 삶의 태도가 드러난다.

→ 적절함!

⑤ '세상 사람'을 '청탁'을 모르는 사람들로 여기는 것에서 맑고 탁함을 분간할 수 있어야 한다는 *화자의 인식이 드러나는군. * 시에서 말하는 사람의 생각
[근거] 〈보기〉-3 옳고 그름을 분간하지 못하는 사람들을 비판하면서 분별 있는 삶의 자세에 대한 의지도 드러내고 있다.
(나) ❹-3 어찌타 **세상 사람 청탁** 있는 줄 모르는고
[풀이] '청탁'이 있는 줄 모르는 '세상 사람'은 옳고 그름을 구별하지 못하는 사람들이다. 화자는 이러한 사람들을 비판하면서 맑고 탁함을 분간할 수 있는 삶의 자세, 즉 분별 있는 삶의 자세에 대한 의지를 드러낸다.

→ 적절함!

작품 이해 단계 ① 화자 ② 상황 및 대상 ③ 정서 및 태도 ④ 주제

(가)

└ 나는
① 화자 : '늬(나)'
└ 어찌하여

1 ㉠ 남은 다 쟈는 밤에 **늬 어이 홀로 씨야**
└ 옥 玉 휘장 帳 : 옥으로 장식한 장막

② 대상 및 상황 :
남은 다 자는 밤에 '나'만 홀로 깨어 '님'을 생각하는 상황

2 **옥장(玉帳) 깊푼 곳에 쟈는 님 싱각는고**

3 ㉡ **천리(千里)예 외로운 꿈만 오락가락 ᄒ노라**
└ 1리는 약 400m로, 여기서는 '님'과 멀리 떨어져 있다는 의미

③ 정서 :
('님'과 '나' 사이의) 머나먼 거리에 ('님'을 만나고자 하는) 꿈만 오락가락하여 외로움을 느낀다.

- 송이 -

④ 주제 :
'님'과 멀리 떨어져 있는 '나'는 '님'을 그리워한다.

• **지문 이해**

화자의 상황	남은 다 자는 밤에 '나'만 홀로 깨어 '님'을 생각하는 상황
화자의 정서	'님'과 멀리 떨어져 있어 외롭고 '님'이 그리움

(나) ① 화자 : 안 드러남

②③ 상황 및 정서 :
몹시 그리워도 볼 수가 없는 상황

1 **그립고 그리워도 볼 수가 없어**

└ '임'을 그리워하지만 볼 수 없는 화자의 마음이 바람에 나부끼지만 하늘에 닿을 수 없는 종이 연과 같다는 의미

2 **마음은 바람에 나부끼는 종이 연 같아라**

3 ㉢ **돗자리라면 말아 두고 돌이라면 굴러 낼 수 있으련만**
└ 가슴속에 쌓여 있는 한이나 불만 따위의 감정

4 **이 마음의 응어리 어느 때나 고칠까** ——— ③ 정서 : 간절한 그리움으로 인한 마음의 응어리가 풀리지 않는다.

5 **그리운 사람은 멀리 하늘 모퉁이에 있는데** ——— ② 대상 및 상황 : '그리운 사람'이 멀리 있는 상황
└ '임'의 곁에 가지 못하는 화자의 모습이 하늘을 향하지 못하고 땅으로 늘어진 버들과 같다는 의미

6 **구름 뜬 하늘 아래 늘어진 푸른 버들**

7 **아득한 시름은 끝이 없어라** ——— ③ 정서 : 근심과 걱정이 끝이 없다.
└ 하프와 비슷한 동양의 옛 현악기

8 ㉣ **홀로 앉아 공후를 타니**

9 **공후는 하소연하는 듯 흐느끼는 듯** ——— ②③ 상황 및 정서 :
홀로 앉아 '공후'를 연주하며 (그리움 때문에) 눈물을 흘리는 상황

10 **다 타도록 비단 적삼 젖는 줄도 몰랐네**
└ 남녀 또는 암수가 각각 짝을 이룬 모양

11 **원컨대 쌍쌍이 나는 새가 되어서**
┌ ② 대상 : '임'
12 **임 향한 창 앞에 서 있고자**

③ 정서 :
새와 밝은 달이 되어 '임'에게 가고 싶은 마음이 간절하다.

13 **원컨대 밝은 달이 되어**

14 **임의 창문 휘장 뚫어 비춰 들고자**
└ 천을 여러 폭으로 이어서 빙 둘러치는 장막

15 ㉤ **슬픈 노래 잠 못 드는 밤 어찌 이리 긴고**

16 **꿈속에서도 요산 남쪽 건너지 못하였네**
└ 황해북도 수안군의 옛 이름인 요산의 남쪽, 여기서는 '임'이 계신 곳

17 **기나긴 그리움에 공연히 애만 끊노라** ——— ③ 정서 : '임'을 만나지 못하는 안타까움과 '임'에 대한 그리움 때문에 고통을 느낀다.
└ 아무 까닭이나 실속이 없게

- 성현, 「장상사(長相思)」-

길 長 서로 相 생각할 思 : 긴 그리움, 간절히 그리워함

④ 주제 :
'임'을 간절히 그리워한다.

• **지문 이해**

화자의 상황	화자의 소망
• '그립고 그리워도 볼 수가 없어' • '홀로 앉아 공후를 타니 / 공후는 하소연하는 듯 흐느끼는 듯' → '임'이 그리워도 볼 수 없음	• '새가 되어서 / 임 향한 창 앞에 서 있고자' • '달이 되어 / 임의 창문 휘장 뚫어 비춰 들고자' → '임'의 곁에 가고 싶음

⇒ '임'에 대한 그리움으로 고통스러움

• **현대어 풀이**

(가)

1 남은 다 자는 밤에 나는 어찌하여 홀로 깨어

2 옥으로 장식한 장막 깊은 곳에 자는 님을 생각하는가

3 ('님'과 '나' 사이의) 머나먼 거리에 외로운 꿈만 왔다 갔다 하는구나

(나)

1 그립고 그리워도 볼 수가 없어

2 마음은 바람에 나부끼는 종이 연 같아라

3 (화자의 마음이) 돗자리라면 말아 두고 돌이라면 굴러 낼 수 있으련만

4 이 마음의 근심과 한은 어느 때나 풀릴까

5 그리운 사람은 멀리 하늘 모퉁이에 있는데

6 구름 뜬 하늘 아래 늘어진 푸른 버들

7 아득한 근심과 걱정은 끝이 없어라

8 홀로 앉아 공후를 연주하니

9 공후는 하소연을 하는 듯 흐느끼며 우는 듯

10 공후 연주를 마치도록 비단 적삼이 (눈물로) 젖는 줄도 몰랐네

11 원컨대 짝을 지어 나는 새가 되어서

12 임 향한 창 앞에 서 있고자

13 원컨대 밝은 달이 되어

14 임의 창문을 둘러친 장막을 뚫어 비춰 들고자

15 (임에 대한 그리움으로) 슬픈 노래 잠 못 드는 밤은 어찌 이리 긴 것인가

16 꿈속에서도 임을 만나지 못하였네

17 기나긴 그리움에 공연히 고통스러워하는구나

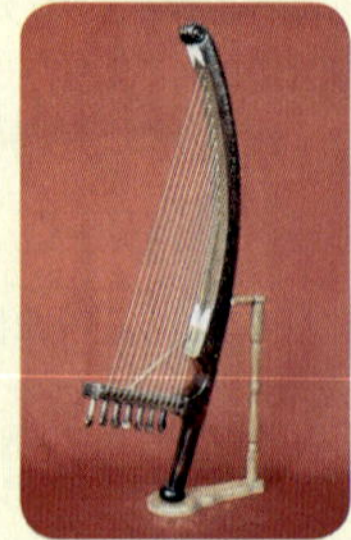

▲ 공후 ((나)-8~9)
: 임에 대한 그리움으로 인한 화자의 슬픔을 '공후'라는 악기에 이입('공후는 하소연하는 듯 흐느끼는 듯')하였다.

(다)

┌ 명나라의 황제, 당 현종을 이름
└ 양귀비, 당 현종의 후궁으로 그의 총애를 받았던 인물. 안사의 난으로 죽음

1 **명황(明皇)**은 **귀비(貴妃)**를 주겨나 여히여니
  └ 이별하였지만

┌ 서럽다   ┌ ① 화자: '우리'('=나')
2 셟다 셟다 흔둘 우리 ᄀ티 셜울런가
  └ ② ③ 상황 및 정서: '우리'는 살아있는데도 만나지 못해 더욱 서럽고 슬프다.

3 사라셔 못 보니 더욱 흥나 **망극(罔極)**흐다
  └ 없을 罔 다할 極 : 좋지 못한 일이 생기게 되어 매우 슬프다

4 **수심(愁心)**은 블이 되여 **가슴**애 피여나니   └ ③ 정서 : 수심이 깊다.
  └ 시름 愁 마음 心 : 근심과 걱정

5 절로 난 그 블이 **놈의 탓도 아니로디**
  ┌ ① 화자: '나'('=우리')   ┌ 중국 고대 전설상의 제왕으로 불을 쓰는 법과 음식물을 조리하는 법을 전하였다고 함
6 내히 하 셜워 수인씨(燧人氏)롤 **원(怨)**흐노라
  └ 많이   └ 원망할 怨 : 원망하노라

7 **함양궁전(咸陽宮殿)**이 다믄 삼월(三月) 블거셔도
  └ 진나라 때 중국 함양에 지어진 궁전으로 항우가 불태웠는데 석 달 동안 그 불이 꺼지지 않았다고 함

8 지금(至今)에 그 블로 오래 트다 흥거마눈
  └ 3개월을 몇 번, 오랜 시간을 의미

9 이 원수(怨讎) 이 블은 몃 삼월(三月)을 디내연고
  └ 장마 霖 비 雨 : 장맛비

10 눈믈은 **임우(霖雨)**이 되고 한숨은 브롬이 되여

11 불거니 쓰리거니 그츌 적도 업서시니

12 이 비로 뎌 블을 쎔즉도 흐다마눈
  ┌ 바람 風 비 雨 가운데 中 : 비바람 속에서도
13 엇씨 흔 블인디 풍우중(風雨中)에 트노왜라
  └ 타는구나

14 **수화상극(水火相克)**도 거즛말이 되엿고야
  └ 물 水 불 火 서로 相 이길 克 : 물과 불이 서로 맞지 아니하여 공존할 수 없음

15 피거니 쓰리거니 승부(勝負) 업시 싸호거든
  └ 이길 勝 질 負 : 이김과 짐

16 죠고만흔 몸은 전장(戰場)이 되엿누다
  └ 싸울 戰 마당 場 : 전쟁터

17 아이고 하느님아
  └ ② 대상 : '하느님'

18 **칠석(七夕)**비 누리워 이 싸홈 말이쇼셔
  └ 일곱 七 저녁 夕 : 전설 속의 견우와 직녀가 만나는 음력 7월 7일에 내리는 비

19 **어엿쓴 이 몸은 살가 너겨 부라누다**
  └ 불쌍한   └ 살기를 바랍니다   ┌ ② ③ 상황 및 정서 : ('하느님'에게) 불쌍한 '이 몸'을 구제해 달라고 비는 상황

20 알고져 **전생(前生)**의 므슴 죄(罪)롤 지어두고
  └ 이 세상에 태어나기 이전의 생애

21 **여흴 제 검던 머리 희도록 못 보는고**
  └ 헤어질 때   └ 생각이 없어서

22 ᄉ랑은 혜염업서 노소(老少)도 모릭 눈가
  └ ② 대상 : '(내) ᄉ랑'   └ 늙은이 老 적을 少 : 늙고 젊음

23 **십년전(十年前)** 맹서(盟誓)롤 오놀 믄득 싱각흐니
  └ 맹세   ┌ 귀에 쟁쟁하여, 귀에 울리는 듯하여

24 **금석(金石)** 굿 튼 말숨이 어제론덧 그제론덧 귀예 징징 흐야시니
  └ 쇠 金 돌 石 : 쇠붙이와 돌, 매우 굳고 단단한 것을 비유

25 이 ᄆ음 이 맹서(盟誓) **진토(塵土)**가 되다 니즐소냐
  └ 아쉬운   └ 티끌 塵 흙 土 : 티끌과 흙

26 **아소온 내 뜻은 다시 볼가 부라거든**
  ┌ ③ 정서 및 태도 :
  └ '나'는 '맹서'와 '마음'을 결코 잊을 수 없으며 ('내) ᄉ랑'을 다시 볼 수 있기를 간절히 바란다.

27 일년(一年) 삼백일(三百日)에 니친 홀니 이실소냐
  └ 잊은 날이 있겠는가

┌ ④ 주제 :
└ '나'는 '(내) ᄉ랑'과 이별하여 안타까움과 그리움을 느끼며,
  '(내) ᄉ랑'과 재회할 수 있기를 간절히 바란다.

- 박인로, 「**상사곡(相思曲)**」 -
서로 相 생각할 思 가락 曲 :
남녀 사이의 사랑을 주제로 한 노래

(다)

1 당 현종과 양귀비는 죽어서나 이별하였지만

2 서럽다 서럽다 한들 우리같이 서러울까

3 (우리는) 살아있는데 (이별하여) 못 보니 더욱 슬프다

4 근심은 불이 되어 가슴에 피어나니

5 저절로 피어난 그 불이 남의 탓도 아니로되

6 내 서러움이 커서 (불을 쓰는 법을 전했다는) 수인씨를 원망하는구나

7 함양궁전은 다만 3개월만 탔어도

8 지금에 (와서는) 그 불을 오래 탔다고 하건마는

9 이 원수 이 불은 몇 개월을 타는 것인가

10 눈물은 장마가 되고 한숨은 바람이 되어

11 불거니 뿌리거니 그칠 적도 없으리니

12 이 비로 저 불을 끌 수도 있지마는

13 어찌된 불인지 비바람 속에서도 타는구나

14 물과 불이 서로 맞지 않아 공존할 수 없다는 말도 거짓말이 되었구나

15 (불이) 피거니 (비가) 뿌리거니 승부 없이 싸우는데

16 조그마한 (내) 몸이 전쟁터가 되었구나

17 아이고 하느님아

18 칠석날 비를 내려 이 싸움을 말리소서

19 불쌍한 이 몸은 살기를 바랍니다

20 알고 싶구나 전생에 무슨 죄를 지었길래

21 헤어질 때 검던 머리 희도록 못 보는가

22 (내) 사랑은 생각이 없어서 늙어가는 것도 모르는가

23 십 년 전 맹세를 오늘 문득 생각하니

24 쇠붙이와 돌처럼 굳고 단단한 말씀(약속)이 어제인 듯 그제인 듯 귀에 쟁쟁하니

25 이 마음 이 맹세 (내가) 티끌과 흙이 된다고 잊을 것인가

26 아쉬운 내 뜻은 (내 사랑을) 다시 볼까 바라는 것이니

27 일 년 삼백 일에 (하루라도 내 사랑을) 잊은 날이 있겠는가

• **박인로** 〔중요 작가〕

「누항사」(2013학년도 9월 모평, 2009학년도 6월 모평), 「상사곡」(2015학년도 수능A) 기출. 고3 평가원 문제에 3번 이상 출제된 작가이다. 스스로 현대어 풀이가 가능하도록 대표 작품들을 정리해 두는 것이 좋다.

• **지문 이해**

대상	• 'ᄉ랑은 혜염업서 노소(老少)도 모릭 눈가' ⇒ 오래도록 이별해 있는 임(ᄉ랑)
화자의 상황	• '사라셔 못 보니 더욱 흥나 망극(罔極)흐다'　• '수심(愁心)은 블이 되여 가슴애 피여나니' • '여흴 세 검던 머리 희노록 못 보는고' ⇒ 임과 오래도록 이별하여 근심이 가득한 상황
화자의 태도	• '아소온 내 뜻은 다시 볼가 부라거든/ 일년(一年) 삼백일(三百日)에 니친 홀니 이실소냐' ⇒ 임을 잊지 못하고 그리워하며, 임과 재회할 수 있기를 간절히 바람

014 표현상 공통점 - 적절한 것 고르기 2018년 11월 학평 29번
정답률 65%, 매력적 오답 ③ 10% **정답 ①**

(가) ~ (다)에 대한 공통점으로 가장 적절한 것은?

선지	핵심 체크 내용	(가)	(나)	(다)
①	의문형 표현 → 화자의 정서 강조	O	O	O
②	색채어	X	O	O
	대상을 감각적으로 형상화	X	X	X
③	언어유희 → 화자의 태도를 해학적으로 표현	X	X	X
④	풍자의 기법 → 대상에 대한 비판 의식 드러냄	X	X	X
⑤	계절감을 나타내는 시어 → 시적 분위기 조성	X	X	O

① *의문형 표현을 활용하여 **화자의 정서를 강조하고 있다. * 상대에게 질문을 하는 형식의 문장에서 나타나는, ~ㄹ까?, ~어?, ~냐? 등과 같은 표현 ** 시 속에서 말하고 있는 이의 감정

근거 (가)-2 옥장 깊푼 곳에 자는 님 싱각는고
(나)-4 이 마음의 응어리 어느 때나 고칠까/ 15 슬픈 노래 잠 못 드는 밤 어찌 이리 긴고
(다)-2 섧다 섧다 흔들 우리 ㄱ티 셜울런가/ 9 이 원수 이 블은 몇 삼월을 디내연고/ 21 여힐 제 검던 머리 희도록 못 보는고/ 22 스랑은 혜염업서 노소로 모르 는가/ 25 이 모음 이 맹서 진토이 되다 니줄소냐/ 27 일년 삼백일에 니친 홀니 이실소냐

풀이 (가)에서는 '싱각는고'에서 의문형 표현 '~는고'를 활용하여 '님'에 대한 화자의 그리움을 강조하고 있다. (나)에서는 '고칠까'에서 의문형 표현 '~ㄹ까'를 활용하여 그리운 '임'을 볼 수 없는 상황에서 느끼는 화자의 근심과 한의 정서를 강조하고 있다. 또한, '긴고'에서 의문형 표현 '~ㄴ고'를 활용하여 '임'에 대한 그리움 때문에 잠들지 못하는 화자의 고통을 강조하고 있다. (다)에서는 '셜울런가'에서 의문형 표현 '~ㄹ런가'를 활용하여 대상('(내) 스랑')과 이별한 화자의 서러움을 강조하였고, '디내연고', '보는고'와 '모르 는가'에서 의문형 표현 '~(는)고'와 '~는가'를 각각 활용하여 대상과 오래도록 이별해 있는 상황에서 화자가 느끼는 원망과 그리움을 강조하고 있다. 또한, '니줄소냐'와 '이실소냐'에서 의문형 표현 '~ㄹ소냐'를 활용하여 대상에 대한 화자의 변함없는 사랑과 그리움을 강조하고 있다.

→ 적절함!

(나), (다)만 해당

② *색채어를 활용하여 대상을 **감각적으로 형상화하고 있다. * 색깔을 나타내는 말 ** 감각을 자극하는 방법을 사용하여 나타내고 있다

근거 (나)-5~6 그리운 사람은 멀리 하늘 모퉁이에 있는데/ 구름 뜬 하늘 아래 늘어진 푸른 버들
(다)-21 여힐 제 검던 머리 희도록 못 보는고

풀이 (가)에는 색채어를 활용한 부분이 없다. (나)에는 '푸른 버들'에서 '푸른'이라는 색채어를 활용하고 있으나, 이는 (시적) 대상('그리운 사람')이 있는 곳인 '하늘'을 향하지 못하고 아래로 '늘어'져 있으므로 (시적) 대상인 '그리운 사람'에게 갈 수 없는 화자의 모습을 감각적으로 형상화한 것으로 보는 것이 적절하다. (다)에서는 '검던 머리 희도록'에서 '검던', '희도록'이라는 색채어를 활용하고 있으나, 이는 화자가 (시적) 대상('(내) 스랑')과 이별한 후에 만나지 못한 날이 검었던 머리가 희어질 정도로 오래되었음(시간의 경과)을 감각적으로 형상화하고 있다고 보는 것이 적절하다.

→ 적절하지 않음!

> **■ 색채어를 활용하여 대상을 감각적으로 형상화하고 있는 작품**
> • 김광균, 「향수」(2015년 10월 학평B)
> 저물어 오는 육교 우에/ 한 줄기 황망한 기적을 뿌리고/ 초록색 램프를 달은 화물차가 지나간다
> → '초록색 램프'에서 '초록색'이라는 색채어를 활용하여 대상인 '화물차'를 감각적으로 형상화하고 있다.

③ *언어유희를 활용하여 화자의 태도를 **해학적으로 표현하고 있다. * 발음은 우연히 같으나 그 뜻은 다른, 동음이의어를 활용하거나 말과 말 사이의 발음의 유사성 등을 활용하여 재미있게 꾸미는 말의 표현으로 일종의 말장난 ** 우스꽝스럽게 표현하여 웃음을 유발하고 있다

풀이 (가), (나), (다)에는 언어유희를 활용한 부분이 나타나지 않으며 화자의 태도를 해학적으로 표현하고 있지도 않다.

→ 적절하지 않음!

> **■ 언어유희를 활용한 작품**
> ① 동음이의어(소리는 같으나 뜻이 다른 단어)를 통한 언어유희가 나타나는 작품
> • 작자 미상, 「춘향전」(2018학년도 9월 모평)
> 상을 발길로 탁 차 던지며 운봉의 갈비를 직신(지그시 힘을 주어 자꾸 누르며), "갈비 한 대 먹고지고."
> → 사람의 신체 일부인 '갈비(뼈)'와 음식의 한 종류인 '갈비'가 발음은 같고 뜻은 다르다는 점을 활용한 언어유희가 나타난다.
> ② 비슷한 음절(글자)을 활용한 언어유희가 나타나는 작품
> • 작자 미상, 「봉산탈춤」(2017년 고2 9월 학평)
> "아, 이 양반이 허리 꺾어 절반인지, 개다리소반인지, 꾸레미전에 백반인지"
> → '반'이라는 음절을 반복적으로 활용한 언어유희가 나타난다.
> ③ 어순 도치(단어의 배치 순서를 바꿈)를 통한 언어유희가 나타나는 작품
> • 작자 미상, 「춘향전」(2018학년도 9월 모평)
> "어 추워라, 문 들어온다, 바람 닫아라. 물 마른다, 목 들여라."
> → 원래대로라면 "바람 들어온다, 문 닫아라. 목 마른다, 물 들여라"의 순서로 단어를 배치하는 것이 정상적인 어순인데, 이러한 단어의 배치 순서를 바꿈으로써 웃음을 유발하는 언어유희가 나타난다.

④ 풍자의 기법을 활용하여 대상에 대한 비판 의식을 드러내고 있다.

풀이 '풍자의 기법'이란 사회적 현상이나 현실, 특정한 인물 등에 대해 주어진 사실을 곧이곧대로 드러내지 않고 과장하거나 왜곡(기울 歪 굽을 曲 : 사실과 다르게 해석하거나 그릇되게 함) 혹은 비꼬아서 표현함으로써 대상을 우스꽝스럽게 나타내어 웃음을 유발하는 기법을 말한다. 풍자의 기법을 활용하여 대상에 대한 비판 의식을 드러내는 경우가 많다. 그러나 (가), (나), (다)는 모두 풍자의 기법을 활용하여 대상에 대한 비판 의식을 드러내고 있지 않다.

→ 적절하지 않음!

> **■ 풍자의 기법을 활용하여 대상에 대한 비판 의식을 드러내고 있는 작품**
> • 박지원, 「호질」(2012학년도 수능)
> → 이름 있는 유학자로 사람들의 존경을 받는 인물인 '북곽 선생'의 이중적이고 위선적인 행동을 '범'이 꾸짖는 방식으로 풍자하고 있다. '북곽 선생'은 '범' 앞에서 비굴하게 행동하다가 '범'이 사라지고 난 뒤 농부 앞에서는 또다시 위선적인 모습을 보이는데, 이러한 모습을 통해 끝까지 위선과 허세를 버리지 못하는 '북곽 선생'의 이중성과 허세를 풍자함으로써 대상('북곽 선생')에 대한 비판 의식을 드러내고 있다.

(다)만 해당

⑤ *계절감을 나타내는 시어를 활용하여 시적 분위기를 조성하고 있다. * 계절의 변화에 따라 일어나는 느낌

근거 (다)-18 칠석비 누리워 이 싸홈 말이쇼셔
풀이 (가)와 (나)는 계절감을 나타내는 시어를 활용하여 시적 분위기를 조성하고 있지 않다. (다)의 '칠석비'는 전설 속의 견우와 직녀가 만나는 음력 7월 7일에 내리는 비를 말하는 것으로 여름이라는 계절감을 나타내는 시어로 볼 수 있다. 또한 화자는 대상과의 이별로 인해 자신의 마음에 가득찬 근심과 걱정을 '하느님'이 '칠석비'를 내려서 해소해 주기를 희망하고 있으므로 계절감을 나타내는 시어를 활용하여 시적 분위기를 조성하고 있다고 볼 수 있다.

→ 적절하지 않음!

> **■ 계절감을 나타내는 시어를 활용하여 시적 분위기를 조성하고 있는 작품**
> • 김현승, 「가을의 기도」
> 가을에는/ 기도하게 하소서./ 낙엽들이 지는 때를 기다려 내게 주신/ 겸허한 모국어로 나를 채우소서.// 가을에는/ 사랑하게 하소서./ 오직 한 사람을 택하게 하소서./ 가장 아름다운 열매를 위하여 이 비옥(肥沃)한(땅이 기름지고 양분이 많은)/ 시간을 가꾸게 하소서.// 가을에는/ 호올로 있게 하소서./ 나의 영혼, 굽이치는 바다와 백합(百合)의 골짜기를 지나,/ 마른 나뭇가지 위에 다다른 까마귀같이
> → '가을', '낙엽', '열매', '마른 나뭇가지' 등과 같이 계절감을 나타내는 시어 혹은 시구를 활용하여 고독하면서도 경건한 시적 분위기를 조성하고 있다.

015 | 시구의 의미 - 적절하지 않은 것 고르기 | 2018년 11월 학평 30번 | 정답 ②
정답률 80%

③ ~ ⑩에 대한 설명으로 적절하지 않은 것은?

① ① : '남'과 화자의 서로 다른 상황을 통해 화자가 놓인 외로운 처지를 표현하고 있다.

근거 **(가)-1** ① 남은 다 자는 밤에 니 어이 홀로 씨야

풀이 ①에서는 '남'은 '다 자는 밤'에 화자('니')는 홀로 깨어 있다고 하였다. 따라서 ①에서는 '남'과 화자의 서로 다른 상황이 드러나며, 이를 통해 멀리 떨어져 있는 '님'을 그리워하는 화자의 외로운 처지를 표현하고 있다.

→ 적절함!

'님'을 만나고 싶어 하는 화자의 소망이 실현되기가 어려움
② ① : 화자의 '꿈'을 통해 화자가 먼 곳에서 여유롭게 살고자 하는 염원을 표현하고 있다.

근거 **(가)-3** ① 천리예 외로운 꿈만 오락가락 ㅎ노라

풀이 ①에 나타난 화자의 '꿈'은 '님'을 만나고 싶어 하는 화자의 소망을 나타낸 것으로 볼 수 있으며 '외로운 꿈'이 '오락가락'한다고 하였으므로 ①은 '님'을 만나고자 하는 화자의 소망이 실현되기가 어려움을 드러낸 것으로 이해할 수 있다.

→ 적절하지 않음!

③ ⓒ : '돗자리', '돌'과 *대비되는 화자의 마음을 통해 화자의 **맺혀 있는 감정을 강조하고 있다. * (두 가지의 차이를 밝힐 목적으로) 서로 맞대어서 비교되는 ** 마음속에 풀리지 않는 응어리가 되어 남아 있는

근거 **(나)-3~4** ⓒ 돗자리라면 말아 두고 돌이라면 굴러 낼 수 있으련만/ 이 마음의 응어리 어느 때나 고칠까

풀이 화자는 그리운 '임'을 볼 수가 없는 상황에서 '임'을 향한 자신의 마음을 '돗자리'처럼 말아 둘 수도 없고 '돌'처럼 굴러 낼 수도 없어, 화자의 '마음의 응어리'를 고치기가 어렵다고 호소하고 있다. 따라서 ⓒ은 '돗자리', '돌'과 대비되는 화자의 마음을 통해 화자의 맺혀 있는 감정을 강조하고 있다고 볼 수 있다.

→ 적절함!

④ ② : 화자가 연주하는 '공후'의 소리를 통해 화자의 답답함과 슬픔을 표현하고 있다.

근거 **(나)-8~9** ② 홀로 앉아 공후를 타니/공후는 하소연하는 듯 흐느끼는 듯

풀이 그리운 '임'을 볼 수가 없는 상황에서 화자는 끝이 없는 '아득한 시름'을 안고 '홀로 앉아 공후를 타니' '공후의 소리'가 '하소연하는 듯 흐느끼는 듯'하다고 하였다. 따라서 ②에 대해 화자가 연주하는 '공후'의 소리를 통해 화자의 답답함과 슬픔을 표현하고 있다고 보는 것은 적절하다.

→ 적절함!

⑤ ⑩ : 화자가 '밤에 잠을 자지 못하는 상황을 통해 화자의 애절한 감정을 강조하고 있다.

근거 **(나)-15** ⑩ 슬픈 노래 잠 못 드는 밤 어찌 이리 긴고

풀이 ⑩에서 화자는 그리운 '임' 생각에 슬퍼하며 잠을 이루지 못하다가 '밤'이 '어찌 이리 긴고'라며 탄식하고 있는데, 이를 통해 화자의 애절한 감정을 강조하고 있다.

→ 적절함!

016 | 감상의 적절성 - 적절하지 않은 것 고르기 | 2018년 11월 학평 31번 | 정답 ③
정답률 75%, 매력적 오답 ⑤ 10%

〈보기〉를 바탕으로 (나)와 (다)를 감상한 내용으로 적절하지 **않은** 것은? [3점]

| 보기 |
1 '충신연주지사(충성 忠 신하 臣 사모할 戀 주인 主 어조사 之 말씀 詞)'는 충성스러운 신하가 왕을 그리워하며 부른 노래를 의미하는데, (나)와 (다)가 여기에 속한다. 2 이러한 주제 의식을 담은 노래들은 신하가 왕으로부터 멀리 떨어져 이별이 오래 지속된 상황에서 생긴 감정을 표현하고 있다. 3 왕에 대한 신하의 사랑과 그리움을 주로 표현하며, 자신의 마음을 몰라주는 왕에 대한 원망을 드러내기도 한다.

① (나)의 '그리운 사람'이 '멀리 하늘 모퉁이에 있는데'라고 한 것은 신하가 왕으로부터 멀어져 있는 상황을 나타낸 것이겠군.

근거 **〈보기〉-1~2** '충신연주지사'는 충성스러운 신하가 왕을 그리워하며 부른 노래를 의미하는데, ~ 이러한 주제 의식을 담은 노래들은 신하가 왕으로부터 멀리 떨어져 이별이 오래 지속된 상황에서 생긴 감정을 표현하고 있다.

(나)-5 그리운 사람은 멀리 하늘 모퉁이에 있는데

풀이 〈보기〉에 따르면 (나)는 '신하가 왕으로부터 멀리 떨어져 이별이 오래 지속된 상황에서 생긴 감정을 표현하고 있는 '충신연주지사'에 속한다. 따라서 (나)에서 '그리운 사람'이 '멀리 하늘 모퉁이에 있'다고 표현한 것은 신하가 왕으로부터 멀어져 있는 상황을 나타내는 것이라고 볼 수 있다.

② (나)의 '기나긴 그리움에 공연히 애만 끊노라'라고 한 것은 신하가 왕을 그리워하고 있음을 나타낸 것이겠군.

근거 **〈보기〉-3** 왕에 대한 신하의 사랑과 그리움을 주로 표현하며,

(나)-17 기나긴 그리움에 공연히 애만 끊노라

풀이 〈보기〉에서 (나)와 같은 '충신연주지사'는 '왕에 대한 신하의 사랑과 그리움을 주로 표현'한다고 하였다. 따라서 (나)에서 '기나긴 그리움에 공연히 애만 끊노라'라고 한 것은 신하가 왕을 그리워하고 있음을 나타내는 것이라고 볼 수 있다.

→ 적절함!

신하가 임금과의 이별에 대해 스스로를 탓하고 있음
③ (다)의 '수심'이 '가슴'에 피어난 것이 '눔의 탓도 아니로다'라고 한 것은 신하가 자신의 마음을 몰라주는 왕을 원망하고 있음을 나타낸 것이겠군.

근거 **〈보기〉-3** 자신의 마음을 몰라주는 왕에 대한 원망을 드러내기도 한다.

(다)-4~5 수심은 불이 되어 가슴애 피여나니/절로 난 그 불이 눔의 탓도 아니로다

풀이 (다)의 '수심'이 '가슴'에 피어난 것이 '눔의 탓도 아니로다'라고 한 것은 '(내) 수랑(임금)'과의 이별로 인해 화자의 마음속에 근심이 저절로 생겨난 것일 뿐 남의 탓은 아니라는 의미이므로 신하가 자신의 마음을 몰라주는 왕을 원망하는 것이라고 볼 수 없다.

→ 적절하지 않음!

④ (다)의 '여흴 제 검던 머리 희도록 못 보는고'라고 한 것은 신하와 왕이 오랫동안 이별하고 있음을 나타낸 것이겠군.

근거 **〈보기〉-1~2** '충신연주지사'는 ~ 신하가 왕으로부터 멀리 떨어져 이별이 오래 지속된 상황에서 생긴 감정을 표현하고 있다.

(다)-21 여흴 제 검던 머리 희도록 못 보는고

풀이 '신하가 왕으로부터 멀리 떨어져 이별이 오래 지속된 상황에서 생긴 감정을 표현하고 있는 '충신연주지사'에 속하는 노래인 (다)에서 '여흴 제 검던 머리 희도록 못 보는고'라고 한 것은 신하와 왕이 오랫동안 이별하고 있음을 나타낸 것이라고 보는 것이 적절하다.

→ 적절함!

⑤ (나)의 '밝은 달이 되어' '임의 창문 휘장'에 비추겠다는 것과 (다)의 '내 뜻은 다시 볼가 부라거든'이라고 한 것은 왕에 대한 신하의 사랑을 나타낸 것이겠군.

근거 **〈보기〉-3** 왕에 대한 신하의 사랑과 그리움을 주로 표현하며,

(나)-13~14 원컨대 밝은 달이 되어/ 임의 창문 휘장 뚫어 비취 들고자

(다)-26 아소온 내 뜻은 다시 볼가 부라거든

풀이 〈보기〉를 바탕으로 볼 때 (나)의 '밝은 달이 되어' '임의 창문 휘장'에 비추겠다는 것과 (다)의 '내 뜻은 다시 볼가 부라거든'이라고 한 것은 왕에 대한 신하의 사랑과 그리움을 표현한 것이라고 볼 수 있다.

→ 적절함!

017 | 소재의 의미 - 적절한 것 고르기 | 2018년 11월 학평 32번 | 정답 ④
정답률 85%

새와 불에 대한 설명으로 가장 적절한 것은?

(나)-11~12 원컨대 쌍쌍이 나는 새가 되어서/ 임 향한 창 앞에 서 있고자
(다)-13 엇씨 흔 불인디 풍우중에 투 노왜라

① 새는 화자의 심리 전환을 *표출하고, 불은 화자의 성격 변화를 **유도하고 있다. * 겉으로 드러내고 ** 이끌고 있다

풀이 (나)에서 '새'가 화자의 심리 전환을 표출하고 있다고 보기는 어렵다. (다)에서 '불'이 화자의 성격 변화를 유도하고 있다고 보는 것은 적절하지 않다.

→ 적절하지 않음!

화자의 소망을   현재 심리 상태를 표현하고
② 새는 화자의 현재 상황을 표현하고, 불은 화자의 미래 모습을 암시하고 있다.

풀이 (나)에서 '새'는 화자의 현재 상황을 표현하고 있는 것이 아니라 화자의 소망을 표현하고 있다고 봐야 한다. (다)에서 '불'은 화자의 미래 모습을 암시하고 있는 것이 아니라 화자의 현재 심리 상태를 표현하고 있는 것으로 봐야 한다.

→ 적절하지 않음!

화자의 소망을   현재 심리 상태를 표현하고
③ 새는 *화자의 내적인 갈등을 강조하고, 불은 화자의 외적인 화해를 보여 주고 있다. * 시에서 말하는 이가 자신의 내부에서 스스로 일으키는 심리적인 갈등

풀이 (나)에서 '새'는 화자의 내적인 갈등을 강조하고 있다고 보기 어렵다. (다)에서 '불'은 '(내) 수랑'과의 이별로 인해 화자의 내부에서 일어나는 근심과 고통 등이 극심함을

나타내는 소재로 볼 수 있으므로, '블'은 화자의 외적인 화해를 보여 주고 있는 것이 아니다.

→ 적절하지 않음!

④ 새는 화자의 간절한 바람을 드러내고, 블은 화자의 애타는 정서를 *부각하고 있다.
 * 두드러지게 하고 있다

풀이 (나)에서 '새'는 '임'과 함께 있고 싶은 화자의 심리가 투영된 소재로, 화자의 간절한 바람을 드러내고 있다고 볼 수 있다. (다)에서 '풍우중에도 계속되는 '블'은 '(내) 스랑'과의 이별로 인한 화자의 근심이 그만큼 깊고 강함을 강조하는 소재로 볼 수 있으므로, '블'은 대상과의 이별로 인한 화자의 애타는 정서를 부각하기 위한 표현으로 볼 수 있다.

→ 적절함!

⑤ 새는 화자의 *반성적인 태도를 나타내고, 블은 화자의 **실천적인 행위를 제시하고 있다. * 자신의 말이나 행동에 대하여 잘못이나 부족함이 없는지 돌이켜 보는 태도 ** 생각한 바를 실제로 행하는 행동

풀이 (나)에서 '새'는 화자의 반성적인 태도를 나타내고 있지 않다. (다)에서 '블'은 화자의 실천적인 행위를 제시하고 있지 않다.

→ 적절하지 않음!

[018~020] 다음 글을 읽고 물음에 답하시오.

작품 이해 단계 ① 화자 ② 상황 및 대상 ③ 정서 및 태도 ④ 주제

• 현대어 풀이

1 천지간에 어느 일이 남들에겐 서러운가

2 아마도 서러운 건 임 그리워 서럽도다
　② 대상 : '임'
　③ 정서 : 임이 그리워서 서럽다.

3 양대(陽臺)에 구름비 내린 지 몇 해인가
　'양대'는 남녀 사이의 사귀는 정을 의미함. 임과 헤어진 지 몇 해나 되었나

4 반쪽 거울 녹이 슬어 티끌 속에 묻혀 있다
　먼지

5 청조(靑鳥)도 아니 오고 백안(白鴈)도 그쳤으니
　소식을 전해 줄 흰 기러기도 오지 않으니
　신녀 서왕모를 위해 음식물을 가져오고 소식을 전해 주는 신화 속의 푸른 새

6 소식도 못 듣거늘 임의 모습 보겠는가

7 ㉠화조월석(花朝月夕)에 울며 그리워할 뿐이로다
　꽃피는 아침과 달 밝은 밤
　②③ 상황 및 정서 : 임을 그리워하며 울고 있는 상황

8 그리워해도 못 보기에 그리워하지도 말리라 여겨

9 나도 장부(丈夫)로서 모진 마음 지어 내어
　다 자란 씩씩한 남자
　① 화자 : '나'

10 이제나 잊자 한들 눈에 절로 밟히거늘 설워 아니 그리워할쏘냐
　③ 정서 : 서럽고 몹시 그립다.

11 ㉡그리워해도 못 보니 하루가 삼 년 같도다

12 원수(怨讐)가 원수 아니라 못 잊는 게 원수로다
　원망할 怨 원수 讐 : 임이 원망스럽지는 않고 내가 임을 잊지 못하는 것이 원망스럽구나

13 사택망처(徙宅忘妻)는 그 어떤 사람인고
　노나라 애공과 공자의 대화에 나오는 말로, 이사할 때 아내를 깜박 잊고 두고 가는 것

14 그 있는 곳 알고자 진초(秦楚)엔들 아니 가랴
　진나라, 초나라 지역, 매우 먼 곳을 말함

15 무심하고 쉽게 잊기 배워나 보고 싶구나

16 어리석은 분수에 무슨 재주가 있을까마는
　듣거나 본 것을 오래 기억하는 힘

17 임 향한 총명이야 사광(師曠)인들 미칠쏘냐
　따라올 수 있겠는가
　춘추 시대 진(晉)나라 악사로, 청각 능력이 우수하여 음률을 이해하고 기억하는 것에 뛰어났음

18 총명도 병이 되어 날이 갈수록 짙어 가니

19 ㉢먹던 밥 덜 먹히고 자던 잠 덜 자인다

20 수척한 얼굴이 시름 겨워 검어 가니
　야위고 마른

21 취한 듯 흐릿한 듯 청심원 소합환 먹어도 효험 없다
　정신과 관련된 병을 치료하는 약
　효과

22 고황(膏肓)에 든 병을 편작(扁鵲)인들 고칠쏘냐
　심장과 횡격막의 사이, 마음속 깊은 곳을 뜻함
　고칠 수 있겠는가
　전국 시대의 명의(뛰어난 의사)로, 환자의 오장을 투시하는 경지에 도달하였다고 함

23 목숨이 중한지라 못 죽고 살고 있노라

24 ㉣처음 인연 맺을 적에 이리되자 맺었던가
　두 나무의 가지가 서로 맞닿아서 결이 서로 통한 것. 화목한 부부나 남녀 사이를 비유적으로 이르는 말

25 비익조(比翼鳥) 부부 되어 연리지(連理枝) 수풀 아래
　암수가 각각 눈 하나와 날개 하나만 있어서 짝을 지어야만 날 수 있다는 전설 속의 새

26 나무 얽어 집을 짓고 나무 열매 먹을망정

27 이승 동안은 하루도 이별 세상 안 보기를 원했건만
　살아 있는 동안은 헤어지지 않기를

28 동과 서에 따로 살며 그리워하다 다 늙었다
　동쪽과 서쪽에

29 예로부터 이른 말이 견우직녀를

1 세상에서 어떤 일이 남들에게는 서러운 일인가

2 아마도 서러운 것은 임을 그리워하는 것이다

3 임과의 사랑에 구름비가 내린 지 몇 해가 되었는가

4 반쪽 거울은 녹이 슬어 먼지 속에 묻혀 있다

5 (소식을 전해 주는) 청조도 오지 않고 흰 기러기도 오지 않으니

6 소식도 못 듣는데 임의 모습을 볼 수 있겠는가

7 꽃피는 아침과 달 밝은 밤에 울며 (임을) 그리워할 뿐이로다

8 그리워해도 못 보기에 그리워하지도 말리라 다짐해

9 나도 씩씩한 남자로서 독한 마음을 먹어서

10 이제는 잊고 싶어도 자꾸 눈에 떠오르니 서러워서 그리워하지 않을 수 있겠는가

11 그리워해도 못 보니 하루가 삼 년 같구나

12 내가 임을 잊지 못하는 것이 원망스럽구나

13 이사할 때 아내를 깜박 잊고 가는 사람은 도대체 어떤 사람인가

14 그 사람 있는 곳 알 수 있다면 (아무리 멀다 해도) 진초엔들 가지 않겠는가

15 무심하고 쉽게 잊는 것을 배우나 보고 싶구나

16 어리석은 분수에 무슨 재주가 있을까마는

17 임에 대해 기억하는 힘만은 사광의 기억력인들 따라올 수 있겠는가

18 (임에 대해) 기억하는 힘이 좋은 것도 병이 되어 날이 갈수록 짙어 가니

19 잘 먹던 밥도 못 먹고 잘 자던 잠도 못 잔다

20 야위고 마른 얼굴이 시름 때문에 검어지니

21 취한 듯 흐릿한 듯 약을 먹어도 효과가 없다

22 마음속 깊이 든 병을 편작인들 고칠 수 있겠는가

23 목숨이 소중하기에 죽지 못해 살고 있노라

24 처음에 인연 맺을 적에 이렇게 헤어지려고 맺었던 것인가

25 비익조라는 (전설 속의 새) 부부가 되어 연리지 수풀 아래

26 나무를 얽어서 집을 짓고 나무 열매를 먹을망정

27 살아 있는 동안에는 하루도 헤어지지 않기를 원했건만

28 동쪽과 서쪽에 따로 살며 그리워하다 다 늙었구나

29 옛날부터 있었던 말이 견우직녀를

30 천상(天上)의 인간 중에 불쌍하다 하건마는
　　└─ 견우직녀　└─ 음력 7월 7일, 칠석날
31 그래도 저희는 한 해에 한 번을 해마다 보건마는
　　　　　　　　└─ '나'와 '임' 사이의 장애물
32 ⓔ 애달프구나 우리는 몇 은하가 가려서 이토록 못 보는고 →　2 상황 : 임과 헤어져서 보지 못하는 상황
　　　└─ '나'와 '임'

4 주제 :
'임에 대한 그리움'이다.

- 박인로, 「상사곡(相思曲)」-
생각하고 그리워하는 노래 ●┘

30 하늘 나라의 인간 중에 불쌍하다고 하지마는

31 그래도 저희는 한 해에 한 번을 해마다 보건마는

32 안타깝구나 우리는 몇 개의 은하수가 가리고 있어서 이토록 보지 못하는가

· 지문 이해

화자의 상황	· 양대에 구름비는 내린 지 몇 해인가 · 애달프구나 우리는 몇 은하가 가려서 이토록 못 보는고 → 임과 헤어져서 보지 못하는 상황
화자의 정서	· 아마도 서러운 건 임 그리워 서럽도다 · 이제나 잊자 한들 눈에 절로 밟히거늘 설워 아니 그리워할쏘냐 → 임이 너무 그리워 서럽고, 잊으려 해도 잊지 못해 서러움
	· 원수가 원수 아니라 못 잊는 게 원수로다 → 임을 잊지 못하는 내 자신이 원망스러움
	· 임 향한 총명이야 사광인들 미칠쏘냐 ~ 고황에 든 병을 편작인들 고칠쏘냐 → 임에 대한 그리움으로 병이 남

 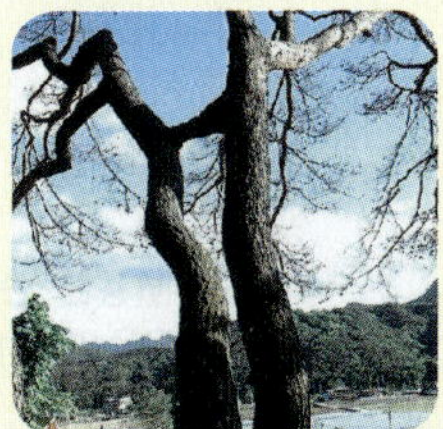

▲ 비익조(比翼鳥)와 연리지(連理枝)(25)
: 비익조는 암컷과 수컷이 눈과 날개가 하나씩이라서 짝을 짓지 않으면 날지
못한다는 새이고, 연리지는 뿌리가 서로 다른 나무가 허공에서 만나 한 가지로
합쳐진 나무이다. 이 둘은 모두 남녀 간의 깊은 인연이나 사이좋은 부부를 의미한다.

---

018 | 표현상 특징 - 적절한 것 고르기　고3 | 2015학년도 수능A 43번
정답률 85%　　　　　　　　　　　　　　　　정답 ①

윗글에 대한 설명으로 가장 적절한 것은?

✓① *자문자답의 방식으로, 임에 대한 그리움을 부각하고 있다.
　* 스스로 묻고 스스로 답하는 방식
　근거　1 천지간에 어느 일이 남들에겐 서러운가 (자문)
　　　　2 아마도 서러운 건 임 그리워 서럽도다 (자답)
　풀이　화자가 남들은 세상에서 어떤 일이 서러운지 질문을 한 뒤, 서러운 것은 임을 그리워
　　　　하는 것이라고 스스로 대답하고 있다.

　→ 적절함!

② *풍자의 기법으로, 떠나간 임에 대한 서운함을 나타내고 있다.
　* 현실의 부정적 현상이나 모순을 다른 것에 빗대어 비판하고 비웃는 표현 방법
　근거　12 원수(怨讐)가 원수 아니라 못 잊는 게 원수로다
　풀이　자신이 임을 잊지 못하는 것을 원망하고 있을 뿐, 떠나간 임에 대한 서운함은 나타나
　　　　지 않는다. 또한 풍자의 기법도 활용하지 않았다.

　→ 적절하지 않음!

■ 풍자적 기법이 나타나는 작품
· 작자 미상, 「두터비 파리를 물고」 (2011학년도 6월 모평)
두터비 파리를 물고 두엄 우희 치다라 안자/ 것넌 산 바라보니 백송골 떠 잇거늘 가
슴이 금즉하여 풀덕 뛰여 내닷다가 두엄 아래 갓바지거고/ 모쳐라 날낸 낼싀만졍 에
헐질 번 하괘라. (두꺼비가 파리를 물고 거름더미 위에 뛰어 올라가 앉아/ 건너편 산
을 바라보니 흰 송골매가 떠 있기에 가슴이 섬뜩하여 펄쩍 뛰어 내닫다가 거름더미
아래 자빠졌구나/ 마침 날쌘 나였기에 망정이지 하마터면 다쳐서 멍들 뻔했구나)

→ 두터비(탐관오리)가 파리(힘없는 백성)를 괴롭히며 허세를 부리다가 백송골(중앙
관리, 권력자)이 나타나자 피하는 모습을 풍자하고 있다.

　　　　　　　　　　　　　　　　수용하지 못하고 서러워하는 심정을
③ *언어유희를 통해, 이별의 현실을 **수용하는 ***담담한 태도를 드러내고 있다.
　* 말을 재미있게 꾸미는 표현 방식 ** 받아들이는 *** 차분하고 평온한
　근거　32 애달프구나
　풀이　윗글에서는 언어유희의 표현을 찾아 볼 수 없다. 또한 이별의 현실을 수용하는 화자
　　　　의 담담한 태도가 아니라 이별의 현실을 수용하지 못하고 서러워하는 화자의 감정
　　　　이 나타난다.

　→ 적절하지 않음!

■ 이별을 수용하는 태도가 나타나는 작품
· 이형기, 「낙화」 (2014학년도 수능A)
헤어지자/ 섬세한 손길을 흔들며
　→ 이별을 수용하는 화자의 태도가 나타나고 있다.

④ *의태어를 나열하여, **임의 부재로 인한 외로움을 시각적 이미지로 제시하고 있다.
　* 모양을 흉내 내는 말 ** 임이 없는 상황
　근거　4 반쪽 거울 녹이 슬어 티끌 속에 묻혀 있다
　풀이　'반쪽 거울'에 녹이 슬어 있는 모습에서 임의 부재로 인한 화자의 외로움이 시각적 이
　　　　미지로 제시되고 있다. 그러니 의태어를 나열한 부분은 윗글에 나타나지 않는다.

　→ 적절하지 않음!

■ **시각적 이미지와 함께 다양한 심상이 나타나는 작품**
- 김종길, 「성탄제」 (2011학년도 6월 모평)
  아, 아버지가 눈을 헤치고 따 오신/ 그 붉은 산수유 열매—(시각적 이미지)
  젊은 아버지의 서느런 옷자락에(촉각적 심상)
- 오장환, 「고향 앞에서」 (2006학년도 6월 모평, 2015학년도 수능B)
  전나무 우거진 마을/ 집집마다 누룩을 디디는 소리(청각적 심상), 누룩이 뜨는 내음새
  ……(후각적 심상)

■ **의태어의 나열을 통해 화자의 정서가 시각적으로 나타나는 작품**
- 작자 미상, 「임이 오마 하거늘」 (2015학년도 9월 모평A)
  버선을 벗어 품에 품고 신 벗어 손에 쥐고 곰비임비(엎치락뒤치락) 임비곰비 천방지방(허둥지둥) 지방천방
  → 임이 보이는 듯하자 버선과 신발을 벗어 들고 뛰어가는 모습을 의태어를 나열('곰비임비 임비곰비 천방지방 지방천방')하여 시각적으로 나타내고 있다. 화자의 이러한 모습에는 임을 기다리는 간절한 마음이 담겨 있다.

⑤ *반어적 표현으로, 임에 대한 애정이 식어 가는 것에 대한 안타까움을 표현하고 있다.
    지속되어 잊기 힘듦을
    * 본래의 속마음과 반대로 말하는 것

근거 15 무심하고 쉽게 잊기 배워나 보고 싶구나

풀이 무심하고 쉽게 임을 잊는 것을 배우고 싶다는 것은 임에 대한 애정이 식어 가는 것이 아니라, 그만큼 임을 잊기가 힘들다는 심정을 강조하기 위한 표현이다. 또한 반어적 표현도 나타나지 않는다.

→ 적절하지 않음!

■ **반어적 표현**
현대시 014번 문제 ③번 선지 (2024년 9월 학평) 참고 → 013쪽

---

019 | 화자의 정서 - 적절하지 않은 것 고르기 | 고3 | 2015학년도 수능A 44번
정답률 85% | 정답 ④

㉠ ~ ㉤에 대한 이해로 적절하지 않은 것은?

① ㉠은 꽃피는 아침과 달 밝은 밤, 즉 경치가 좋은 시절을 뜻하는 '화조월석'이라는 시어를 통해 임과 함께 좋은 때를 누리지 못하는 서러움을 표현하고 있다.

근거 7 ㉠화조월석(花朝月夕)에 울며 그리워할 뿐이로다

풀이 '화조월석'은 꽃피는 아침과 달 밝은 밤을 뜻한다. 화자는 이런 아름다운 경치를 임과 함께 즐기지 못하는 것을 서러워하며 임을 그리워하고 있다.

→ 적절함!

② ㉡은 짧은 동안을 나타내는 '하루'와 긴 시간을 나타내는 '삼 년'이라는 시어의 *대비를 통해 임을 기다리는 간절한 정서를 **표출하고 있다.
    * 대조, 둘 이상의 내용을 맞대어 같고 다름을 따짐 ** 나타내고

근거 11 ㉡그리워해도 못 보니 하루가 삼 년 같도다

풀이 임을 기다리는 '하루'가 '삼 년'처럼 길게 느껴진다고 표현한 부분에서 시간을 나타내는 시어가 대비를 이루어 임을 기다리는 간절한 심정이 더욱 두드러진다.

→ 적절함!

③ ㉢은 사람이 살아가는 데에 필수적인 요소인 '밥'과 '잠'이라는 시어를 통해 임에 대한 그리움으로 인한 고통을 나타내고 있다.

근거 19 ㉢먹던 밥 덜 먹고 자던 잠 덜 자인다

풀이 '밥'을 먹고 '잠'을 자는 것은 사람이 살아가는 데에 필수적이다. 그런데 화자는 임에 대한 그리움으로 인해 '밥'도 제대로 먹지 못하고 '잠'도 제대로 못 자는 고통을 받고 있다.

→ 적절함!

④ ㉣은 인연을 맺었던 때를 가리키는 '처음'과 현재의 상황을 나타내는 '이리되자'라는 시어를 통해 임과의 예정된 이별에 대한 안타까움을 드러내고 있다.
    예상하지 못한

근거 24 ㉣처음 인연 맺을 적에 이리되자 맺었던가/ 27 이승 동안은 하루도 이별 세상 안 보기를 원했건만

풀이 ㉣은 '예정된 이별'이 아니라 화자가 '처음'에 임과 만날 때는 이별할 것을 미처 예상하지 못했다는 말이다. 이것은 '하루도 이별 세상 안 보기를 원했다'는 말을 통해 다시 확인할 수 있다.

→ 적절하지 않음!

---

⑤ ㉤은 임과의 만남을 가로막는 존재를 나타내는 '은하'라는 시어를 통해 임과의 만남이 이루어지지 않음으로 인한 슬픔을 표현하고 있다.

근거 28~32 동과 서에 따로 살며 그리워하다 다 늙었다/ 예로부터 이른 말이 견우직녀를/ ~ 그래도 저희(견우직녀)는 한 해에 한 번을 보건마는/ ㉤애달프구나 우리는 몇 은하가 가려서 이토록 못 보는고

풀이 ㉤은 심지어 은하수를 사이에 둔 견우와 직녀도 한 해에 한 번은 만나는데, 화자와 임 사이에는 얼마나 많은 '은하'가 있기에 만나지 못하는지를 슬퍼하는 표현이다. 따라서 '은하'라는 시어는 임과의 만남을 가로막는 존재를 나타낸다.

→ 적절함!

---

020 | 자료를 활용하여 감상 - 적절하지 않은 것 고르기 | 고3 | 2015학년도 수능A 45번
정답률 85% | 정답 ⑤

〈보기〉는 윗글에서 사용한 *고사를 정리한 것이다. 이를 바탕으로 윗글을 이해한 내용으로 적절하지 않은 것은? * 옛이야기 [3점]

| 보기 |
1 ⓐ 청조 : 신녀(신령 神 여자 女) 서왕모를 위해 음식물을 가져오고 소식을 전해 주는 신화 속의 푸른 새.
2 ⓑ 사택망처 : 노나라 애공과 공자의 대화에 나오는 말로, 이사할 때 아내를 깜박 잊고 두고 가는 것.
3 ⓒ 사광 : 춘추 시대 진(晉)나라 악사(악기로 음악을 연주하는 사람)로, 청각 능력이 우수하여 음률(음악의 가락)을 이해하고 기억하는 것에 뛰어났음.
4 ⓓ 편작 : 전국 시대의 명의(병을 잘 고쳐 이름난 의사)로, 환자의 오장(다섯 가지 내장)을 투시하는(환히 꿰뚫어 보는) 경지에 도달하였다고 함.
5 ⓔ 비익조 : 암수가 각각 눈 하나와 날개 하나만 있어서 짝을 지어야만 날 수 있다는 전설 속의 새.

① ⓐ를 활용한 것은, '청조'가 소식을 전하지 못하는 것과 같이 화자와 임 사이에 소식이 끊겼음을 말하려는 것이군.

근거 〈보기〉-1 ⓐ 청조 : ~ 소식을 전해 주는 신화 속의 푸른 새.
5~6 청조(靑鳥)도 아니 오고 백안(白雁)도 그쳤으니/ 소식조차 못 듣거늘

풀이 '청조'는 소식을 전해 주는 존재인데, 윗글에서 '청조'가 오지 않는다고 한 것은 화자와 임 사이에 소식이 끊겼음을 나타낸 것이다.

→ 적절함!

▲ 청조

② ⓑ를 활용한 것은, '사택망처'한 이가 차라리 부러울 정도로 화자가 임을 잊기 어려워하고 있음을 말하려는 것이군.

근거 〈보기〉-2 ⓑ 사택망처 : 노나라 애공과 공자의 대화에 나오는 말로, 이사할 때 아내를 깜박 잊고 두고 가는 것.
13~15 사택망처(徙宅忘妻)는 그 어떤 사람인고/ 그 있는 곳 알고자 진초(秦楚)엔들 아니 가랴/ 무심하고 쉽게 잊기 배워나 보고 싶구나

풀이 화자는 '진초'처럼 아무리 먼 곳이라도 '사택망처'한 사람을 찾아가 임을 잊는 것을 배우고 싶다고 할 정도로 임을 잊기 어려워하고 있다.

→ 적절함!

③ ⓒ를 활용한 것은, 화자가 임에 대한 기억을 떨쳐 낼 수 없음을 '사광'의 기억력에 *견주어 말하려는 것이군. * 비교하여

근거 〈보기〉-3 ⓒ 사광 : 춘추 시대 진(晉)나라 악사로, 청각 능력이 우수하여 음률을 이해하고 기억하는 것에 뛰어났음.
16~17 어리석은 분수에 무슨 재주가 있을까마는/ 임 향한 총명이야 사광(師曠)인들 미칠쏘냐

풀이 윗글의 화자는 다른 재주는 없지만 임에 대해 기억하는 힘만은 '사광'이 음률을 기억하는 능력보다도 뛰어나다고 말한다. 이는 그만큼 임에 대한 기억을 떨쳐 낼 수 없음을 강조하는 것이다.

→ 적절함!

④ ⓓ를 활용한 것은, 임에 대한 화자의 그리움이 '편작'마저 고칠 수 없는 병처럼 매우 깊음을 말하려는 것이군.

근거 〈보기〉-4 ⓓ 편작 : 전국 시대의 명의로, 환자의 오장을 투시하는 경지에 도달
22 고황(膏肓)에 든 병을 **편작(扁鵲)**인들 고칠쏘냐

풀이 임에 대한 화자의 그리움은 '편작'이라도 고칠 수가 없다고 한다. 이는 그만큼 임에 대한 그리움이 깊다는 것을 강조한 표현이다.

→ 적절함!

함께하기를 바라는 소망

⑤ ⓔ를 활용한 것은, 화자와 임이 **이별하더라도 결국에는** '비익조'처럼 *재회할 운명임을 말하려는 것이군. * 다시 만날

근거 〈보기〉-5 ⓔ 비익조 : 암수가 ~ 짝을 지어야만 날 수 있다는 전설 속의 새.
25 **비익조(比翼鳥)** 부부 되어 연리지(連理枝) 수풀 아래/ 27 이승 동안은 하루도 이별 세상 안 보기를 원했건만

풀이 윗글에서 '비익조'를 활용한 것은 화자와 임이 재회할 운명임을 말하려는 것이 아니라, 화자가 임과 '비익조' 같은 부부가 되어 살아 있는 동안 헤어지는 일이 없기를 원했음을 비유적으로 말하려는 것이다.

→ 적절하지 않음!

[021~023] 다음 글을 읽고 물음에 답하시오.

작품 이해 단계 ① 화자 ② 상황 및 대상 ③ 정서 및 태도 ④ 주제

(가)

② 대상 : '촉불(촛불)'
누구와

¹ 방(房) 안에 켜 있는 촉(燭)불 눌과 이별하였기에
← 초가 타면서 촛농이 떨어져 흘러내리는 모습을 비유

②③ 상황 및 정서 : 방 안의 '촛불'이 눈물(촛농)을 흘리며 타는 모습을 바라보며 '나'와 같아서 속이 타들어 가는 줄을 모른다고 생각한다.

² 겉으로 눈물 지고 속 타는 줄 모르고
← 초의 속에 있는 심지가 타는 줄

³ 저 촉(燭)불 날과 같아서 속 타는 줄 모르도다
← 나와 ← 마음속이 타들어 가는 줄을
① 화자 : '날(나)'

④ 주제 : 눈물(촛농)을 흘리며 타고 있는 '촛불'을 바라보며, 이별로 인해 속이 타들어 가는 줄 모르는 '나'와 같다고 여기며 안타까워한다.

- 이개

• 현대어 풀이

(가)

¹ 방 안에 켜져 있는 촛불은 누구와 이별하였기에

² 겉으로 눈물지고(촛농이 떨어지고) 속(심지)이 타는 줄 모르는가

³ 저 촛불이 나와 같아서 마음속이 타들어 가는 줄을 모르는구나.

• 지문 이해

방 안에 켜 있는 촛불		화자인 '나'
촛농을 흘리며 심지가 타들어 감	동일시	이별로 인한 슬픔으로 속이 타들어 감

(나)

① 화자 : 안 드러남

(내가 왔다 간) 흔적

¹ 꿈에 다니는 길이 자취가 남는다면
② 대상 : '님'

² 님의 집 창(窓) 밖에 석로(石路)라도 닳으리라
← 돌 石 길 路 : 돌길

② 상황 : 꿈에 다니는 길이 흔적이 남는다면 '님'의 집 창 밖에 있는 돌길이 닳았을 정도로 꿈속에서 '님'을 자주 찾아가는 상황

³ 꿈길이 자취 없으니 그를 슬퍼하노라
← 꿈길이 자취가 없는 것

③ 정서 : 꿈길은 흔적이 남지 않으니, '님'을 향한 마음을 '님'은 알 수가 없을 것이기에 그를 슬퍼한다.

- 이명한

④ 주제 : '님'을 간절히 그리워하나 그러한 마음을 '님'이 결코 알 길이 없기에 (나는) 슬픔을 느낀다.

(나)

¹ 꿈에서 (님에게) 다니는 길에 (내가 왔다 간) 흔적이 남는다면

² 님의 집 창문 밖 돌길이라도 다 닳았으리라 (그만큼 꿈속에서 님에게 자주 찾아갔음)

³ 꿈길은 흔적이 남지 않으니 (님이 내가 왔다 간 것을 모를 테니) 그러한 사실이 슬프다.

• 지문 이해

꿈속에서 '님'을 자주 찾아감	→	'님'을 향한 마음을 '님'이 알지 못해 슬픔

(다)

② 대상 : '님'

② 상황 : '님'이 온다고 하기에 저녁밥을 일찍 지어 먹고 '님'을 기다리다가 '갉아 벗긴 주추리 삼대'를 '님'으로 착각하여 허둥대며 마중을 나가는 상황

¹ 님이 오마 하거늘(온다고 하기에) 저녁밥을 일찍 지어 먹고

² 중문(안채와 사랑채 사이의 작은 문) 나서 대문 나가 지방(문지방, 출입문 밑에 마룻바닥보다 조금 높게 가로로 댄 나무) 위에 치달아(달려가) 앉아 이수(以手)로(써 以 손 手 : 손으로) 가액(加額)하고(몸에 붙일 加 이마 額 : 잘 보려고 이마 위에 손을 얹고) 오는가 가는가 건넌 산 바라보니 거머흿들(검은 듯 흰 듯한 것) 서 있거늘 저야(저것이) 님이로다. ³ 버선 벗어 품에 품고 신(신발) 벗어 손에 쥐고 곰븨님븨 님븨곰븨 천방지방 지방천방(엎치락뒤치락 허둥대며) 진 데 마른 데(질척한 땅 마른 땅) 가리지 말고 워렁충창(우당탕퉁탕, '급히 달리는 발소리'를 말함) 건너가서 정(情)엣말(정이 넘치는 말) 하려 하고 곁눈을 흘깃 보니 상년(上年)(이전 上 해 年 : 지난 해) 칠월 사흗날(7월 3일) 갉아 벗긴(껍질 벗긴) 주추리 삼대(뽕나뭇과의 식물에 속하는 삼의 줄기) 살뜰이도(알뜰히도) 날 속였구나

① 화자 : '날(나)'

(다)

¹ 님이 온다고 하기에 저녁밥을 일찍 지어 먹고

² 중문을 지나서 대문으로 나가 문지방 위에 달려가 앉아서 손을 이마에 대고 님이 오는가 하여 건너편 산을 바라보니 검은 듯 흰 듯한 것이 서 있기에 저것이 바로 님이로구나(님이라고 생각했다). ³ 버선을 벗어서 품에 품고 신발을 벗어서 손에 쥐고 엎치락뒤치락 허둥대며 질척한 땅, 마른 땅을 가리지 않고 우당탕퉁탕 건너가서 정이 넘치는 말을 하려고 곁눈으로 흘깃 보니, 지난해 7월 3일에 껍질을 벗긴 삼 줄기가 알뜰히도(잘도) 나를 속였구나.

4 **모처라**(아차) **밤일세망정**(밤이었기에 망정이지) **행여 낮이런들**(낮이었다면) 남 웃길 **뻔 하괘라**(뻔하였구나)
  └ ③ 정서 : '갉아 벗긴 주추리 삼대'를 '님'으로 착각하여
     정이 넘치는 말을 하려던 것을 부끄럽고 민망해한다.

  ④ 주제 : '님'을 간절하게 기다린다.

- 작자 미상 -

4 아차 밤이었기 망정이지 낮이었다면 남을 웃길
뻔하였구나.

• 지문 이해

| 임을 기다리는 애타는 마음 | → | 임을 빨리 보고 싶은 마음에 허둥지둥 달려감 | → | 껍질 벗긴 주추리 삼대였음 | → | 착각이었음을 깨닫고는 창피해함 |

---

021 | 표현상 공통점 - 적절한 것 고르기   2017년 6월 학평 43번
정답률 55%, 매력적 오답 ③ 25%
정답 ②

(가) ~ (다)의 공통점에 대한 설명으로 가장 적절한 것은?

선지	핵심 체크 내용	(가)	(나)	(다)
①	청각적 심상 활용	X	X	O
	애상적 분위기 조성	O	O	X
✓②	영탄적 표현 → 시적 상황에 대한 화자의 정서 부각	O	O	O
③	자조적 어조	X	X	O
	과거의 행동에 대한 화자의 자책감 드러냄	X	X	X
④	역설적 표현 → 부정적인 상황에 대한 화자의 극복 의지 나타냄	X	X	X
⑤	가정적 상황 제시	X	O	X
	현재에 비해 미래가 나아질 것이라는 기대감 드러냄	X	X	X

① *청각적 심상을 활용하여 **애상적 분위기**를 조성하고 있다.**
  └ (다)만 해당   └ (가), (나)만 해당
  * 귀를 통해 소리를 듣는 듯한 느낌 ** 슬프거나 가슴 아픈 분위기를 만들고 있다

  근거 **(다)-3** 진 데 마른 데 가리지 말고 워렁충창 건너가서

  풀이 (다)에는 '님'을 맞이하기 위해 급하게 뛰어가는 발소리를 '워렁충창'으로 표현하고
  있으므로 청각적 심상이 활용되고 있다. 그러나 '주추리 삼대'를 '님'으로 착각하고 우
  당탕대는 화자의 모습으로 인해, 애상적 분위기가 아니라 우스꽝스럽고 해학적인
  분위기가 조성되고 있다. 한편 (가)와 (나)에는 청각적 심상은 나타나지 않지만 임과
  의 이별을 슬퍼하는 애상적 분위기가 드러난다.

  → 적절하지 않음!

✓② *영탄적 표현을 통해 시적 상황에 대한 화자의 정서를 **부각**하고 있다.**
  * 감탄사 등을 사용하여 감정을 강하게 나타내는 표현 ** 두드러지게 나타내고

  근거 **(가)-3** 저 촉불 날과 같아서 속 타는 줄 모르도다
  (나)-3 꿈길이 자취 없으니 그를 슬퍼하노라
  (다)-3~4 상년 칠월 사흘날 갉아 벗긴 주추리 삼대 샅뜰이도 날 속였구나/ 모처라
  밤일세망정 행여 낮이런들 남 웃길 뻔 하괘라

  풀이 영탄적 표현이란 '아아', '어머나', '어즈버' 등과 같은 감탄사, '-도다', '-로다', '-로구나',
  '-라' 등과 같은 감탄을 나타내는 종결 어미(말을 끝맺는 부분), '-이여' 등과 같은 누군가
  를 강하게 부르는 말, 느낌표 등을 사용하여 자신의 감정을 강하게 나타내는 것을 말
  한다. (가)에서는 '모르도다'에서 감탄을 나타내는 종결 어미 '-도다'를 사용하여 '님'
  과 이별한 화자의 속 타는 심정을 부각하고 있다. (나)에서는 '슬퍼하노라'에서 감탄
  을 나타내는 종결 어미 '-노라'를 사용하여 부재하는(있지 않는) '님'을 간절히 그리워하
  는 화자의 서글픈 심정을 부각하고 있다. (다)에서는 '속였구나'와 '하괘라'에서 각각
  감탄을 나타내는 종결 어미 '-구나'와 '-라'를 사용하여 '주추리 삼대'를 '님'으로 착각하
  고 허둥대며 마중을 나간 상황에서 화자가 느끼는 민망하고 겸연쩍은 심정과 실망
  감을 부각하고 있다.

  → 적절함!

③ *자조적 어조를 통해 과거의 행동에 대한 화자의 **자책감**을 드러내고 있다.**
  └ (다)만 해당
  * 자기를 비웃는 듯한 말투 ** 스스로를 원망하고 탓하는 마음

  근거 **(가)-3** 저 촉불 날과 같아서 속 타는 줄 모르도다
  (나)-3 꿈길이 자취 없으니 그를 슬퍼하노라
  (다)-4 모처라 밤일세망정 행여 낮이런들 남 웃길 뻔 하괘라

  풀이 (가)와 (나)에는 스스로를 비웃는 자조적 어조가 나타나지 않는다. (가)에서는 '~ 모
  르도다'에서 알 수 있듯 감탄을 나타내는 종결 어미를 통해 '님'과 이별한 화자의 속
  타는 심정을 강조하는 영탄적 어조 및 애상적 어조(슬프거나 가슴 아픈 말투)가 드러나

고 있다. (나)에서도 '~ 슬퍼하노라'에서 알 수 있듯 감탄을 나타내는 종결 어미를 통
해 부재하는 '님'에 대한 간절한 그리움과 슬픔을 강조하는 영탄적 어조 및 애상적 어
조가 드러나고 있다. (다)에서는 '주추리 삼대'를 '님'으로 착각하고 허둥대며 달려가
정이 넘치는 말을 건네려던 자신에 대한 자조적 어조가 드러나고 있다. 그러나 이는
화자의 현재의 행동에 대한 민망함과 겸연쩍은 심정, '님'이 아직 오지 않은 것에 대
한 실망감을 드러내고 있을 뿐 과거의 행동에 대한 화자의 자책감이나 원망을 드러
내고 있다고 보기는 어렵다.

  → 적절하지 않음!

④ 역설적 표현을 통해 부정적인 상황에 대한 화자의 극복 의지를 나타내고 있다.
  풀이 '역설적 표현'이란, 겉으로 보기에는 앞뒤가 논리적으로 맞지 않는 모순인 표현이
  지만 그 속에는 더 깊은 뜻을 품고 있는 표현을 말한다. (가), (나), (다)에는 모두 역설
  적인 표현이 나타나지 않으며, 부정적인 상황에 대한 화자의 극복 의지 역시 나타나
  지 않는다. (가)에서는 '님'과 이별한 화자의 슬픔을 촛농을 떨어뜨리며 타고 있는 촛
  불에 이입한 '감정이입의 표현(자신의 감정을 다른 사물이나 자연물에 옮겨 넣는 표현, 화자
  의 감정과 대상의 감정이 같도록 표현하는 방법)'이, (나)에서는 '꿈에 다니는 길이 자취
  남는다면'에서 사실이 아닌 것을 가상하여 정하는 '가정적 표현'이, (다)에서는 '주추
  리 삼대 샅뜰이도(얄미운 감정을 반어적으로 표현) 날 속였구나'에서 상황이나 속마음과
  는 반대로 표현하는 '반어적 표현'이 사용되었다.

  → 적절하지 않음!

■ 역설적 표현
현대시 014번 문제 ③번 선지 (2024년 9월 학평) 참고 → 013쪽

**⑤ 가정적 상황을 제시하여 현재에 비해 미래가 나아질 것이라는 기대감을 드러내고 있
다.**
  └ (나)만 해당
  근거 **(나)-1~2** 꿈에 다니는 길이 자취가 남는다면/ 님의 집 창 밖에 석로라도 닳으리라
  풀이 '가정적 상황'이란 사실이 아니거나 또는 사실인지 아닌지 분명하지 않은 것을 임시
  로 정한 상황을 말한다. (가)와 (다)에는 가정적 상황이 나타나지 않는다. (나)에서는
  상황을 가정하는 '-다면'을 사용하여 '꿈에 다니는 길이 만약 그 흔적이 남는다고 한
  다면'이라고 화자 혼자서 상상한다. 그러나 이러한 가정적 상황을 제시하여 현재에
  비해 미래가 나아질 것이라는 기대감을 드러내고 있는 것이 아니라 '님의 집 창 밖에
  석로라도 닳으리라'라고 하여, 화자가 '님'을 그만큼 간절히 그리워하고 있음을 강조
  하여 드러내고 있다.

  → 적절하지 않음!

---

022 | 시어의 의미 - 적절하지 않은 것 고르기   2017년 6월 학평 44번
정답률 60%, 매력적 오답 ② 15%, ③ 10%
정답 ⑤

(가), (나)에 대한 이해로 적절하지 않은 것은?

**① (가)의 '겉으로 눈물 지고'에서 '눈물'은 촛농이 흘러내리는 모습을 *비유한 것으로 화
자의 슬픔을 **형상화하고 있다.** * 어떤 현상이나 사물을 직접 설명하지 아니하고 다른 비슷한
현상이나 사물에 빗댄 것 ** 눈에 보이지 않는 것을 구체적이고 명확한 것으로 표현하고 있다**
  근거 **(가)** 방 안에 켜 있는 촉불 눌과 이별하였기에/ 겉으로 눈물 지고 속 타는 줄 모르는
  고/ 저 촉불 날과 같아서 속 타는 줄 모르도다
  풀이 화자는 촛불이 타면서 흘러내리는 촛농을 '눈물'에 빗대어 누구와 이별하였기에 '눈
  물'이 '지고' 속 타는 줄 모르냐고 표현하고 있다. 이는 '님'과 이별한 화자의 슬픈
  감정이 촛불에 이입되었기 때문으로 볼 수 있다. 즉, 화자는 '저 촉불 날과 같아서'라
  고 하여 '촛불'과 화자 자신을 동일하게 여기며, 눈에 보이지 않는 화자의 슬픔을 촛
  농이 흘러내리는 모습을 통해 구체적으로 표현하고 있다.

→ 적절함!

② **(가)의 '저 촉(燭)불 날과 같아서'에서 '촉(燭)불'은 화자와 *동일시되는 대상이다.**

* 동일한 것으로 여겨지는

근거 **(가)** 방 안에 켜 있는 촉불 눌과 이별하였기에/ 겉으로 눈물 지고 속 타는 줄 모르는고/ 저 촉불 날과 같아서 속 타는 줄 모르도다

풀이 (가)에서 화자는 '저 촉불 날과 같아서'라고 하여 '촉불'과 화자 자신을 동일시하고 있다. 그렇기 때문에 촛농을 떨어뜨리며 심지가 타고 있는 '촉불'의 모습을 바라보며 '촉불'이 마치 눈물을 흘리고 있는 것처럼 느끼고 '촉불'에 '님'과 이별한 화자의 슬픔을 이입하고 있는 것이다.

→ 적절함!

③ **(나)의 '꿈에 다니는 길'에서 '꿈'에는 화자의 소망이 *투영되어 있다.** * 반영되어, 나타나

근거 **(나)-1~2** 꿈에 다니는 길이 자취가 남는다면/ 님의 집 창 밖에 석로라도 닳으리라

풀이 화자는 '님의 집 창 밖에 석로라도 닳'을 만큼 꿈속에서 '님'을 자주 찾아간다. 이는 현실에서는 '님'을 직접 만나러 갈 수 없기 때문에 꿈에서라도 '님'을 만나고자 하는 화자의 간절한 소망과 그리움이 반영되어 있다고 볼 수 있다.

→ 적절함!

④ **(나)의 '석로(石路)라도 닳으리라'에서 '닳으리라'는 임에 대한 화자의 간절한 그리움을 드러내고 있다.**

근거 **(나)-1~2** 꿈에 다니는 길이 자취가 남는다면/ 님의 집 창 밖에 석로라도 닳으리라

풀이 화자는 만약에 꿈속에서 화자가 다니는 길에 흔적이 남는다면 '님의 집 창 밖'에 있는 돌길이라도 닳았을 것이라고 말할 수 있을 정도로 꿈속에서 '님'을 자주 찾아간다. 따라서 '닳으리라'에는 '님'에 대한 화자의 간절한 그리움이 담겨 있다.

→ 적절함!

⑤ **(나)의 '그를 슬퍼하노라'에서 '슬퍼하노라'는 자신을 찾아 주지 않는 임에 대한 화자의 원망이 담겨 있다.** 님에 대한 자신의 그리움을 '님'이 알아차릴 수 없다는 사실에 대한 슬픔

근거 **(나)** 꿈에 다니는 길이 자취가 남는다면/ 님의 집 창 밖에 석로라도 닳으리라/ 꿈길이 자취 없으니 그를 슬퍼하노라

풀이 화자는 꿈에 다니는 길에 흔적이 남는다면 '님의 집 창 밖'에 있는 돌길이라도 닳을 만큼 '님'을 수없이 찾아갈 정도로 '님'을 간절히 그리워하고 있다. 그러나 '꿈길'에는 흔적이 남지 않으니 '님'은 화자의 이러한 간절한 그리움을 알 수가 없고, 이에 화자는 '그를(그러한 사실을, 즉 '님'에 대한 화자의 간절한 그리움의 마음을 '님'이 알아차릴 수가 없다는 사실을)' 슬퍼한다고 하였다. 따라서 '그를 슬퍼하노라'에서 자신을 찾아 주지 않는 '님'에 대한 화자의 원망이 담겨 있다는 설명은 적절하지 않다.

→ 적절하지 않음!

1등급 문제

023 | 감상의 적절성 – 적절하지 않은 것 고르기 2017년 6월 학평 45번
정답률 50%, 매력적 오답 ③, ④, ⑤ 15% | **정답 ②**

<보기>를 바탕으로 (다)를 감상한 내용으로 적절하지 <u>않은</u> 것은? [3점]

| 보기 |

[1] 조선 후기에 등장한 **사설시조**(평시조보다 중장이 길게 늘어난 형식의 시조)는 형식 면에서 **평시조**(3장 6구, 4음보의 시조 형식을 엄격하게 지킨 시조)와 달리 **중장**(시조를 이루는 세 개의 장 중에서 가운데의 장)이 제한 없이 길어졌다. [2] 내용 면에서는 **실생활**(실제의 생활) 소재들을 활용하여 일상에서 일어나는 문제를 주로 다루었는데 솔직함, **해학성**(웃음을 유발하는 성질), 애정을 서슴없이 표현하려는 **대담성**(겁이 없고 용감한 성질) 등을 그 특징으로 하며 **비유**(어떤 대상을 다른 대상에 빗대어 표현하는 것), **상징**(추상적인 것을 구체적인 대상으로 표현하는 것) 등 다양한 표현기법을 활용하여 대상을 생동감 있게 그려 냈다.

① **'곰븨님븨', '천방지방' 같은 *음성 상징어를 활용하여 화자의 행동을 **생동감 있게 표현하고 있군.**

* 소리를 흉내 낸 의성어나 모양을 흉내 낸 의태어를 이르는 말 ** 생기 있게 살아 움직이는 듯한 느낌

근거 **<보기>-2** 내용 면에서는 실생활 소재들을 활용하여 ~ 다양한 표현기법을 활용하여 대상을 생동감 있게 그려 냈다.

(다)-3 버선 벗어 품에 품고 신 벗어 손에 쥐고 곰븨님븨 님븨곰븨 천방지방 지방천방 진 데 마른 데 가리지 말고 워렁충창 건너가서

풀이 (다)에서는 '곰븨님븨 님븨곰븨 천방지방 지방천방'이라는 의태어와 '워렁충창'이라는 의성어를 통해 '주추리 삼대'를 '님'으로 착각하고는 허둥대면서 '님'을 마중하러 나가는 화자의 모습을 생생하게 표현하고 있다.

→ 적절함!

---

1. 의성어를 활용한 작품

• 한하운, 「보리피리」
보리피리 불며/ 봄 언덕/ 고향 그리워/ 피-ㄹ 닐니리
→ 피리소리를 흉내 낸 의성어인 '피-ㄹ 닐니리'를 사용하여 고향에 대한 그리움과 방랑의 삶을 살아야 하는 화자의 서러움을 생생하게 드러낸다.

• 함민복, 「길의 열매 집을 매단 골목길이여」 (2019년 고1 9월 학평)
얼어붙은 길 위에 던진 연탄재가 부지직 소리를 낸다.
→ 물기 있는 물건이 뜨거운 열에 닿아서 급히 타는 소리를 나타내는 '부지직'이라는 의성어를 사용하여 생동감을 부여하고 있다.

2. 의태어를 활용한 작품

• 한용운, 「알 수 없어요」 (2013학년도 6월 모평)
언뜻언뜻 보이는 푸른 하늘은/ ~ 작은 시내는 구비구비 누구의 노래입니까
→ 의태어 '언뜻언뜻, 구비구비'를 통해 '누구'의 속성을 나타내고 있다.

• 이형기, 「낙화」 (2014학년도 수능A)
하롱하롱 꽃잎이 지는 어느 날
→ 의태어 '하롱하롱'을 통해 이별을 통해 삶을 성찰하는 진지한 분위기를 드러내고 있다.

3. 의성어이면서 의태어인 시어를 활용한 작품

• 김영랑, 「모란이 피기까지는」 (2015학년도 9월 모평B)
모란이 뚝뚝 떨어져 버린 날/ 나는 비로소 봄을 여읜 설움에 잠길 테요
→ '뚝뚝'은 큰 물체나 물방울 따위가 잇따라 아래로 떨어지는 소리나 모양을 나타내는 말이다.

• 노천명, 「산나물」 (2018년 고3 4월 학평)
꿩이 푸드덕 날면 깜짝들 놀라곤 하는 것이었다.
→ '푸드덕'은 큰 새가 힘 있게 날개를 치는 소리나 모양을 나타내는 말이다.

② **일상에서 흔히 볼 수 있는 '버선', '신'이라는 소재를 활용하여 임의 소중함을 상징하고 있군.** 허둥대며 임을 마중 나가는 화자의 솔직함을 드러내고

근거 **<보기>-2** 내용 면에서는 실생활 소재들을 활용하여 ~ 솔직함, 해학성, ~ 대담성 등을 ~ 다양한 표현기법을 활용하여 대상을 생동감 있게 그려 냈다.

(다)-3 버선 벗어 품에 품고 신 벗어 손에 쥐고 곰븨님븨 님븨곰븨 천방지방 지방천방 진 데 마른 데 가리지 말고 워렁충창 건너가서 ~ 주추리 삼대 살뜰이도 날 속였구나

풀이 (다)는 '버선'이나 '신'과 같은 일상에서 흔히 볼 수 있는 소재를 활용하고 있다. 그러나 이러한 소재를 활용하여 임의 소중함을 상징하고 있는 것은 아니다. '버선', '신'이라는 실생활 소재를 활용하여, '주추리 삼대'를 '님'으로 착각하고는 반가운 마음에 버선도 벗어 품에 품고, 신도 벗어 손에 쥐고는 허둥대며 '님'을 맞으러 가는 화자의 모습을 그림으로써 솔직함, 해학성, 대담성 등을 드러낸다고 보는 것이 적절하다.

→ 적절하지 않음!

③ **'주추리 삼대'를 임으로 착각하여 달려가는 화자의 우스꽝스러운 모습에서 해학성을 느낄 수 있군.**

근거 **<보기>-2** 내용 면에서는 실생활 소재들을 활용하여 일상에서 일어나는 문제를 주로 다루었는데 솔직함, 해학성 ~ 다양한 표현기법을 활용하여 대상을 생동감 있게 그려 냈다.

(다)-2~3 건넌 산 바라보니 거머흿들 서 있거늘 저야 님이로다. 버선 벗어 품에 품고 신 벗어 손에 쥐고 곰븨님븨 님븨곰븨 천방지방 지방천방 ~ 워렁충창 건너가서 ~ 흘긋 보니 ~ 주추리 삼대 살뜰이도 날 속였구나

풀이 화자는 검은 듯 흰 듯한 것('거머흿들')을 보고는 '님'이라고 착각하여 엎치락뒤치락 허둥대며 우당탕퉁탕 '님'의 마중을 나가지만, 그것은 '님'이 아닌 '주추리 삼대'였다. 따라서 '주추리 삼대'가 서 있는 모습을 보고 임으로 착각하여 허둥대며 마구 달려가는 화자의 모습은 웃음을 유발하고 그러한 모습에서 해학성을 느낄 수 있다.

→ 적절함!

▲ 주추리 삼대((다)-3)

④ 임을 그리워하는 절실한 마음을 드러내기 위해 화자의 행동을 구체적으로 제시하다 보니 중장이 길어졌군.

근거 〈보기〉-1 조선 후기에 등장한 사설시조는 형식 면에서 평시조와 달리 중장이 제한 없이 길어졌다.

(다)-2~3 중문 나서 대문 나가 지방 위에 치달아 앉아 이수로 가액하고 오는가 가는가 건넌 산 바라보니 거머흿들 서 있거늘 저야 님이로다. 버선 벗어 품에 품고 신 벗어 손에 쥐고 곰븨님븨 님븨곰븨 천방지방 지방천방 진 데 마른 데 가리지 말고 워렁충창 건너가서 정엣말 하려 하고 곁눈을 흘긋 보니 상년 칠월 사흗날 갉아 벗긴 주추리 삼대 살뜰이도 날 속였구나

풀이 사설시조는 평시조와 달리 중장이 제한 없이 길어졌다고 했는데, (다)의 중장도 평시조에 비해 매우 길다. (다)의 중장에서는 '님'을 마중 나가는 화자의 행동이 상세하고 길게 그려지고 있는데, 이를 통해 '님'을 그리워하며 간절히 기다리는 화자의 절실한 마음이 잘 전달이 되고 있다. 따라서 임을 그리워하는 절실한 마음을 드러내기 위해 화자의 행동을 구체적으로 제시하다 보니 중장이 길어졌다는 설명은 적절하다.

→ 적절함!

▲ 지방((다)-2)

⑤ '진 데 마른 데 가리지' 않고 임에게 가서 '정(情)엣말'을 하려는 모습에서 애정을 표현하려는 화자의 대담성을 엿볼 수 있군.

근거 〈보기〉-2 내용 면에서는 실생활 소재들을 활용하여 ~ 애정을 서슴없이 표현하려는 대담성 등을 그 특징으로 하며 ~ 다양한 표현기법을 활용하여 대상을 생동감 있게 그려 냈다.

(다)-3 버선 벗어 품에 품고 신 벗어 손에 쥐고 곰븨님븨 님븨곰븨 천방지방 지방천방 진 데 마른 데 가리지 말고 워렁충창 건너가서 정엣말 하려 하고 곁눈을 흘긋 보니 상년 칠월 사흗날 갉아 벗긴 주추리 삼대 살뜰이도 날 속였구나

풀이 (다)에서 화자는 '주추리 삼대'를 '님'으로 착각하고는 버선과 신발마저 벗고 허둥대며 '진 데 마른 데 가리지' 않고 서둘러 '님'에게로 달려가 정이 듬뿍 담긴 말을 하려고 한다. 이러한 화자의 모습에서 애정을 서슴없이 표현하려는 대담성을 엿볼 수 있다.

→ 적절함!

💡 **어떻게 풀까?** 고전시가를 보면 화자가 그리워하고 기다리는 대상을 '님'과 '임'으로 혼재되어 표현하고 있다. 사전에서 '님'을 찾아보면 '임'의 옛말로 일부 속담에 쓰인다고 제시되어 있다. 언어 규범상 사랑하고 그리워하는 사람을 지칭할 때는 '임'이라 표현해야 올바르지만, 문학 작품에서는 '임'을 '님'이라 표현하는 것도 허용하므로 헷갈리지 말자.

▲ 임인 줄 알았더니 주추리 삼대가…!

3. 고전시가와 현대시

II 고전시가 및 시 복합

마더텅 전국연합 학력평가 기출문제집 고1 국어 문학

[024~028] 다음 글을 읽고 물음에 답하시오.

작품 이해 단계 ① 화자 ② 상황 및 대상 ③ 정서 및 태도 ④ 주제

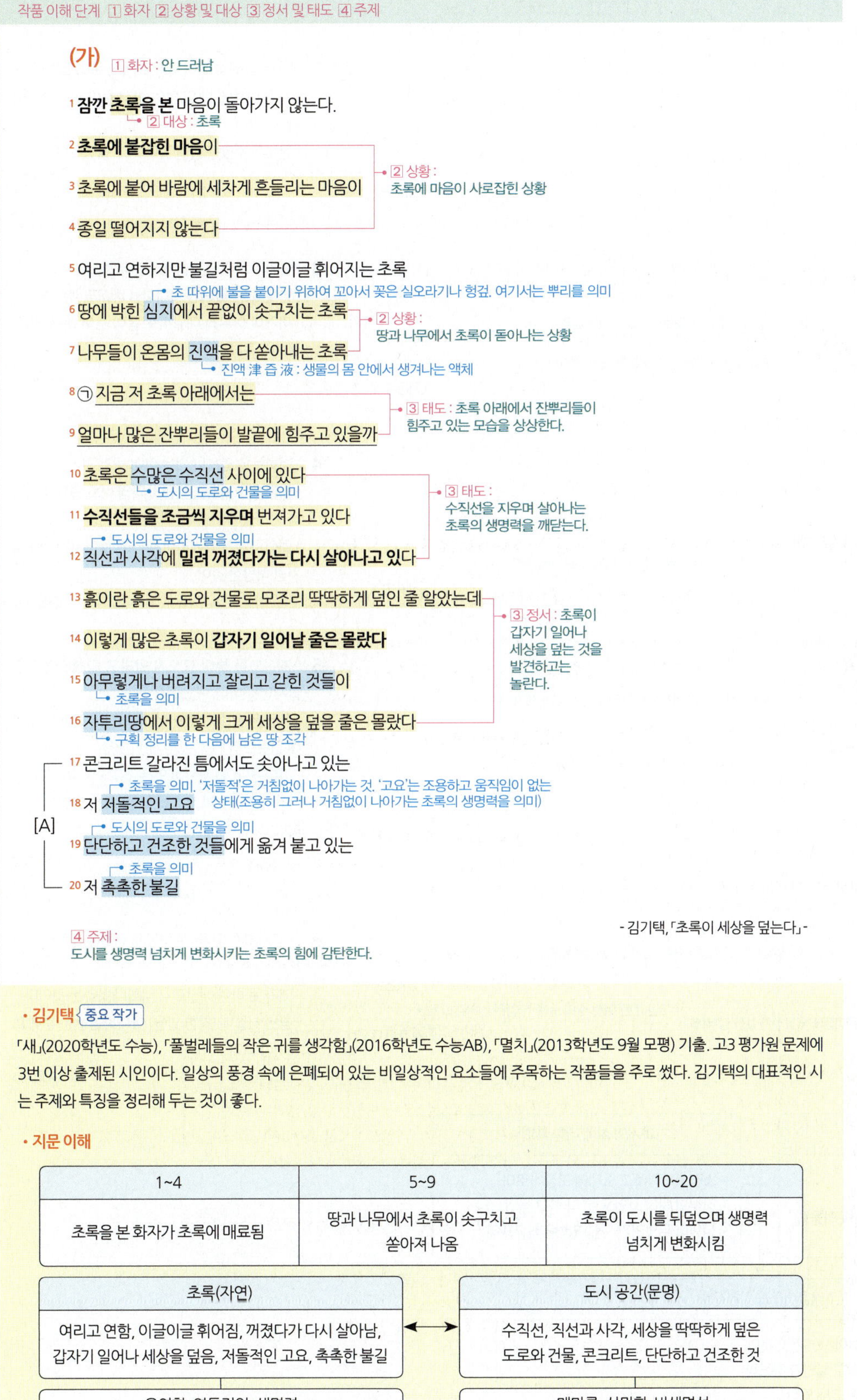

(가) ① 화자 : 안 드러남

1 **잠깐 초록을 본** 마음이 돌아가지 않는다.
　└ ② 대상 : 초록

2 **초록에 붙잡힌 마음**이

3 **초록에 붙어 바람에 세차게 흔들리는 마음**이
　② 상황 : 초록에 마음이 사로잡힌 상황

4 **종일 떨어지지 않는다**

5 여리고 연하지만 불길처럼 이글이글 휘어지는 초록
　└ 초 따위에 불을 붙이기 위하여 꼬아서 꽂은 실오라기나 헝겊. 여기서는 뿌리를 의미

6 땅에 박힌 **심지에서 끝없이 솟구치는 초록**
　② 상황 : 땅과 나무에서 초록이 돋아나는 상황

7 나무들이 온몸의 진액을 다 쏟아내는 초록
　└ 진액 津 즙 液 : 생물의 몸 안에서 생겨나는 액체

8 ⑦ **지금 저 초록 아래에서는**
　③ 태도 : 초록 아래에서 잔뿌리들이 힘주고 있는 모습을 상상한다.

9 **얼마나 많은 잔뿌리들이 발끝에 힘주고 있을까**

10 **초록은 수많은 수직선 사이에 있다**
　└ 도시의 도로와 건물을 의미
　③ 태도 : 수직선을 지우며 살아나는 초록의 생명력을 깨닫는다.

11 **수직선들을 조금씩 지우며 번져가고 있다**
　└ 도시의 도로와 건물을 의미

12 직선과 사각에 **밀려 꺼졌다가는 다시 살아나고 있다**

13 흙이란 흙은 도로와 건물로 모조리 딱딱하게 덮인 줄 알았는데
　③ 정서 : 초록이 갑자기 일어나 세상을 덮는 것을 발견하고는 놀란다.

14 이렇게 많은 초록이 **갑자기 일어날 줄은 몰랐다**

15 아무렇게나 버려지고 잘리고 갇힌 것들이
　└ 초록을 의미

16 **자투리땅**에서 이렇게 크게 세상을 덮을 줄은 몰랐다
　└ 구획 정리를 한 다음에 남은 땅 조각

17 콘크리트 갈라진 틈에서도 솟아나고 있는
　└ 초록을 의미. '저돌적'은 거침없이 나아가는 것. '고요'는 조용하고 움직임이 없는 상태(조용히 그러나 거침없이 나아가는 초록의 생명력을 의미)

[A]

18 저 **저돌적인 고요**
　└ 도시의 도로와 건물을 의미

19 단단하고 건조한 것들에게 옮겨 붙고 있는
　└ 초록을 의미

20 저 **촉촉한 불길**

- 김기택, 「초록이 세상을 덮는다」-

④ 주제 : 도시를 생명력 넘치게 변화시키는 초록의 힘에 감탄한다.

· **김기택** 중요 작가

「새」(2020학년도 수능), 「풀벌레들의 작은 귀를 생각함」(2016학년도 수능AB), 「멸치」(2013학년도 9월 모평) 기출. 고3 평가원 문제에 3번 이상 출제된 시인이다. 일상의 풍경 속에 은폐되어 있는 비일상적인 요소들에 주목하는 작품들을 주로 썼다. 김기택의 대표적인 시는 주제와 특징을 정리해 두는 것이 좋다.

· **지문 이해**

1~4	5~9	10~20
초록을 본 화자가 초록에 매료됨	땅과 나무에서 초록이 솟구치고 쏟아져 나옴	초록이 도시를 뒤덮으며 생명력 넘치게 변화시킴

초록(자연)	도시 공간(문명)
여리고 연함, 이글이글 휘어짐, 꺼졌다가 다시 살아남, 갑자기 일어나 세상을 덮음, 저돌적인 고요, 촉촉한 불길	수직선, 직선과 사각, 세상을 딱딱하게 덮은 도로와 건물, 콘크리트, 단단하고 건조한 것
유연함, 역동적임, 생명력	메마름, 삭막함, 비생명성

(나)

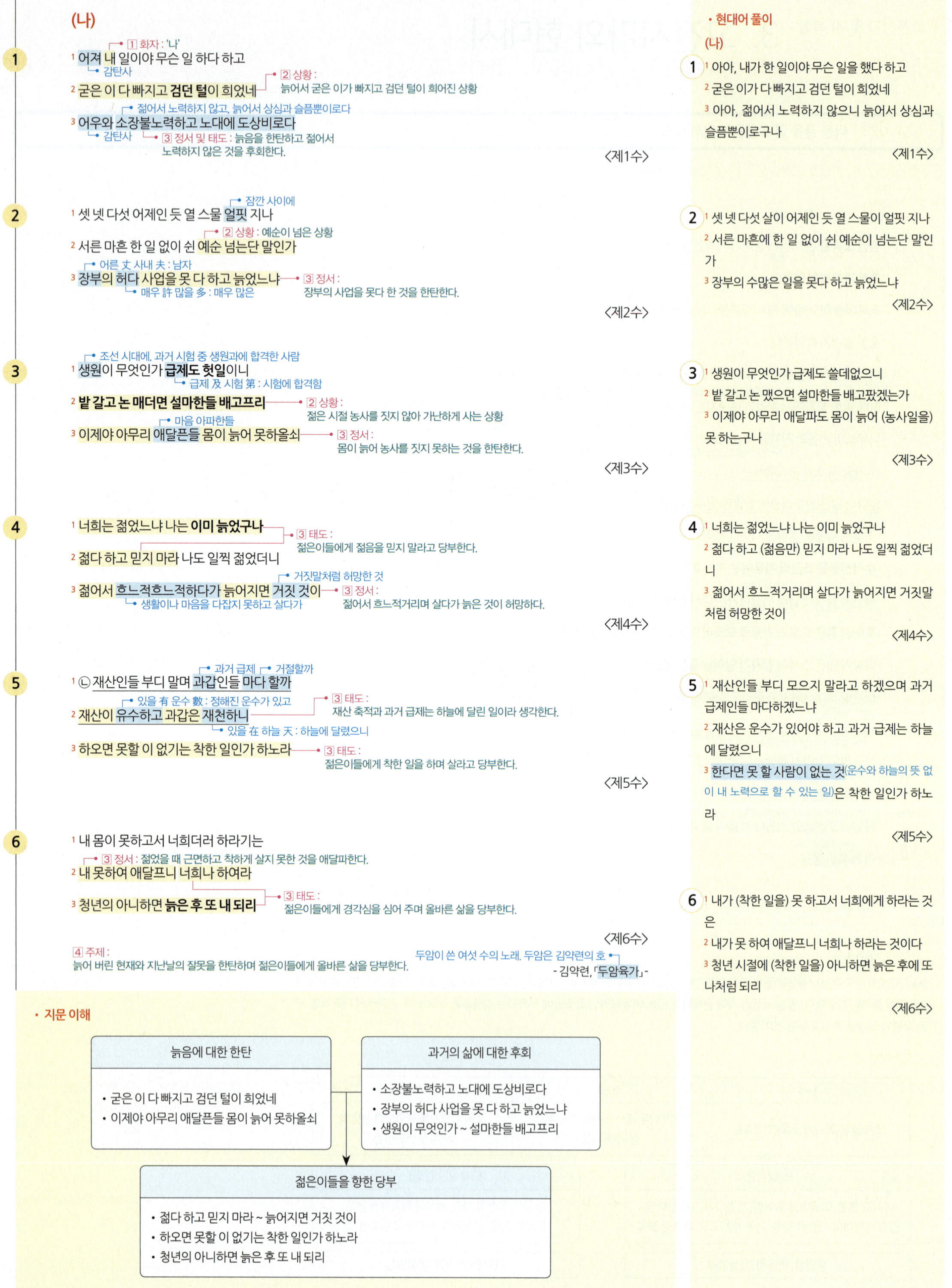

〈제1수〉

어져 내 일이야 무슨 일 하다 하고
굳은 이 다 빠지고 **검던 털**이 희었네
어우와 소장불노력하고 노대에 도상비로다

〈제2수〉

셋 넷 다섯 어제인 듯 열 스물 얼핏 지나
서른 마흔 한 일 없이 쉰 예순 넘는단 말인가
장부의 허다 사업을 못 다 하고 늙었느냐

〈제3수〉

생원이 무엇인가 **급제도 헛일**이니
밭 갈고 논 매더면 설마한들 배고프리
이제야 아무리 애달픈들 몸이 늙어 못하올쇠

〈제4수〉

너희는 젊었느냐 나는 **이미 늙었구나**
젊다 하고 믿지 마라 나도 일찍 젊었더니
젊어서 흐느적흐느적하다가 늙어지면 거짓 것이

〈제5수〉

ⓛ 재산인들 부디 말며 과갑인들 마다 할까
재산이 유수하고 과갑은 재천하니
하오면 못할 이 없기는 착한 일인가 하노라

〈제6수〉

내 몸이 못하고서 너희더러 하라기는
내 못하여 애달프니 너희나 하여라
청년의 아니하면 **늙은 후 또 내 되리**

- 김약련, 「두암육가」 -

· 현대어 풀이

(나)

〈제1수〉

아아, 내가 한 일이야 무슨 일을 했다 하고
굳은 이가 다 빠지고 검던 털이 희었네
아아, 젊어서 노력하지 않으니 늙어서 상심과 슬픔뿐이로구나

〈제2수〉

셋 넷 다섯 살이 어제인 듯 열 스물이 얼핏 지나
서른 마흔에 한 일 없이 쉰 예순이 넘는단 말인가
장부의 수많은 일을 못 다 하고 늙었느냐

〈제3수〉

생원이 무엇인가 급제도 쓸데없으니
밭 갈고 논 맸으면 설마한들 배고팠겠는가
이제야 아무리 애달파도 몸이 늙어 (농사일을) 못 하는구나

〈제4수〉

너희는 젊었느냐 나는 이미 늙었구나
젊다 하고 (젊음만) 믿지 마라 나도 일찍 젊었더니
젊어서 흐느적거리며 살다가 늙어지면 거짓말처럼 허망한 것이

〈제5수〉

재산인들 부디 모으지 말라고 하겠으며 과거 급제인들 마다하겠느냐
재산은 운수가 있어야 하고 과거 급제는 하늘에 달렸으니
한다면 못 할 사람이 없는 것(운수와 하늘의 뜻 없이 내 노력으로 할 수 있는 일)은 착한 일인가 하노라

〈제6수〉

내가 (착한 일을) 못 하고서 너희에게 하라는 것은
내가 못 하여 애달프니 너희나 하라는 것이다
청년 시절에 (착한 일을) 아니하면 늙은 후에 또 나처럼 되리

024 | 표현상 공통점 - 적절한 것 고르기 2024년 3월 학평 16번
정답률 75%, 매력적 오답 ② 10% | 정답 ①

(가)와 (나)의 표현상 공통점으로 가장 적절한 것은?

선지	핵심 체크 내용	(가)	(나)
①	대조적 표현 → 주제 의식 부각	O	O
②	일부 시행 명사로 마무리 → 여운을 남김	O	X
③	수미상관 기법 → 리듬감 조성	X	X
④	명령적 어조	X	O
	화자의 의지 표출	X	X
⑤	감탄사 사용	X	O
	대상에 대한 예찬	O	X

① *대조적 표현을 활용하여 주제 의식을 **부각하고 있다.

* 대상 간의 차이점을 밝히는 표현 ** 강조하고

근거 (가)-5 여리고 연하지만 불길처럼 이글이글 휘어지는 초록/ 10 초록은 수많은 수직선 사이에 있다/ 12~13 직선과 사각에 밀려 꺼졌다가는 다시 살아나고 있다/ 흙이란 흙은 도로와 건물로 모조리 딱딱하게 덮인 줄 알았는데/ 19~20 단단하고 건조한 것들에게 옮겨 붙고 있는/ 저 축축한 불길

(나) ❶-2 굳은 이 다 빠지고 검던 털이 희었네// ❹-1 너희는 젊었느냐 나는 이미 늙었구나

풀이 (가)는 여림, 연함, 휘어짐, 촉촉함의 속성을 가지고 있는 '초록'과 직선, 사각, 딱딱함, 단단함, 건조함의 속성을 가지고 있는 '도로와 건물'을 대조함으로써 메마르고 삭막한 세상을 덮는 역동적이고 유연한 자연의 생명력을 부각하고 있다. (나)는 '굳은 이'와 '빠진 이', '검던 털'과 '하얗게 센 털'을 각각 대조하여 늙음에 대한 화자의 탄식을, '젊은 너희'와 '늙은 화자'를 대조하여 젊은 시절에 대한 화자의 후회와 젊은이들에 대한 당부를 강조하고 있다.

→ 적절함!

② 일부 시행을 명사로 마무리하여 *여운을 남기고 있다. (가)만 해당

* 시가 끝난 후에도 감동이 여전히 남아 있는 느낌

근거 (가)-5 휘어지는 초록/ 6 솟구치는 초록 / 7 쏟아내는 초록/ 18 저돌적인 고요/ 20 촉촉한 불길

풀이 (가)에서는 일부 시행을 '초록, 고요, 불길'과 같은 명사로 마무리하여 여운을 남기고 있으나 (나)에서는 명사로 마무리한 시행이 나타나지 않는다.

→ 적절하지 않음!

③ *수미상관의 기법을 활용하여 리듬감을 조성하고 있다.

* 시의 처음과 끝에 동일하거나 유사한 구절을 반복하여 배치하는 방식

풀이 (가)와 (나) 모두 수미상관을 사용하여 리듬감을 조성하고 있지 않다.

→ 적절하지 않음!

④ *명령적 어조를 사용하여 화자의 의지를 표출하고 있다. (나)만 해당

* '–아라/–어라' 등의 종결 어미를 사용하여 명령이나 요구의 뜻을 나타내는 말투

근거 (나) ❹-2 젊다 하고 믿지 마라// ❻-2 내 못하여 애달프니 너희나 하여라

풀이 (나)의 '믿지 마라', '너희나 하여라'에서 명령적 어조를 사용하고 있으나 이는 화자의 의지를 표출하려는 의도가 아니라 젊은이들에게 자신의 깨달음을 전달하기 위한 것이다. (가)에서는 명령적 어조도, 화자의 의지가 표출된 부분도 드러나지 않는다.

→ 적절하지 않음!

> ■ 명령적 어조를 사용하여 화자의 의지를 표출하고 있는 작품
> • 정훈, 「용추유영가」 (2018년 고3 4월 학평, 2020년 고2 9월 학평)
>   아이야 사립문 닫아라 세상 알까 하노라
>   → '-아라'라는 명령형 어미를 사용하여 바깥세상으로 통하는 문('사립문')을 닫고 세상과 단절하려는 화자의 의지를 표출하고 있다.

⑤ 감탄사를 사용하여 대상에 대한 *예찬을 드러내고 있다. (나)만 해당 / (가)만 해당

* 훌륭하거나 좋거나 아름답다고 찬양함

근거 (가)-17~20 콘크리트 갈라진 틈에서도 솟아나고 있는/ 저 저돌적인 고요/ 단단하고 건조한 것들에게 옮겨 붙고 있는/ 저 축축한 불길

(나) ❶-1 어져 내 일이야/ 3 어우와 소장불노력하고 노대에 도상비로다

풀이 (가)는 세상을 뒤덮는 초록에 대한 예찬이 드러나 있으나 감탄사를 사용하고 있지는 않다. (나)는 '어져', '어우와'에서 감탄사를 사용하여 늙음에 대한 탄식을 드러내고 있을 뿐, 대상을 예찬하고 있지는 않다.

→ 적절하지 않음!

> ■ 감탄사를 사용하여 대상에 대한 예찬을 드러내고 있는 작품
> • 이신의, 「사우가」 (2015년 고2 11월 학평, 2018년 고3 10월 학평)
>   춘광을 번폐하고 엄상에 혼자 피니/ 어즈버 청고한 내 벗이 다만 넨(국화)가 하노라
>   (봄볕을 마다하고 된서리에 혼자 피니/ 아아 맑고 고결한 내 친구가 다만 너인가 하노라)
>   → 감탄사를 사용하여 국화의 맑고 고결한 모습을 예찬하고 있다.

1등급 문제

025 | 감상의 적절성 - 적절하지 않은 것 고르기 2024년 3월 학평 17번
정답률 35%, 매력적 오답 ② 40%, ④ 15% | 정답 ③

〈보기〉를 바탕으로 (가)와 (나)를 감상한 내용으로 적절하지 않은 것은? 3점

> | 보기 |
> [1] 사물을 바라보거나 삶을 되돌아보며 사색하는(생각할 思 탐구할 索 : 깊이 생각하는) 경험을 통해 깨달음을 얻을 수 있다. [2] (가)의 화자는 도시 공간에서 마주한 '초록'에 사로잡혀 초록을 들여다보며 그것(여기서는 초록)이 지닌 생명력을 깨닫고, 이에 대한 감탄과 놀라움을 드러낸다. [3] (나)의 화자는 자신의 백발을 바라보며 현재의 처지를 한탄하는(뉘우칠 恨 한숨 歎 : 한숨을 쉬며 탄식하는) 데 그치지 않고 지난 삶을 돌아보며 깨달은 바를 젊은이에게 전달하고 있다.

① (가)의 '잠깐 초록을 본' 것과 (나)의 '검던 털'이 하얘진 모습을 본 것은 사색을 시작하는 계기가 되는군.

근거 〈보기〉-1 사물을 바라보거나 삶을 되돌아보며 사색하는 경험을 통해 깨달음을 얻을 수 있다.

(가)-1 잠깐 초록을 본 마음이 돌아가지 않는다./ 5 여리고 연하지만 불길처럼 이글이글 휘어지는 초록/ 14~16 이렇게 많은 초록이 갑자기 일어날 줄은 몰랐다/ ~ 이렇게 크게 세상을 덮을 줄은 몰랐다/ 18 저 저돌적인 고요/ 20 저 축축한 불길

(나) ❶-2~3 굳은 이 다 빠지고 검던 털이 희었네/ ~ 소장불노력하고 노대에 도상비로다// ❷-3 장부의 허다 사업을 못 다 하고 늙었느냐// ❹-3 젊어서 흐느적흐느적하다가 늙어지면 거짓 것이

풀이 (가)의 화자는 '잠깐 초록을 본' 것을 계기로 초록의 유연함과 역동성, 생명력에 대해 사색하고 있다. (나)의 화자는 '검던 털'이 하얘진 자신의 모습을 본 것을 계기로 자신의 늙음과 지난날에 대해 사색하고 있다.

→ 적절함!

② (가)의 '초록에 붙잡힌 마음'은 '초록'에 *매료된 심리를, (나)의 '밭 갈고 논 매더면 설마한들 배고프리'는 넉넉지 않은 현실을 **초래한 지난 삶에 대한 아쉬움을 나타내고 있군. * 마음이 사로잡힌 ** 생겨나게 한

근거 〈보기〉-2 (가)의 화자는 도시 공간에서 마주한 '초록'에 사로잡혀/ 3 (나)의 화자는 ~ 현재의 처지를 한탄하는 데 그치지 않고 지난 삶을 돌아보며 깨달은 바

(가)-2~4 초록에 붙잡힌 마음이/ 초록에 붙어 바람에 세차게 흔들리는 마음이/ 종일 떨어지지 않는다

(나) ❸-1~2 생원이 무엇인가 급제도 헛일이니/ 밭 갈고 논 매더면 설마한들 배고프리

풀이 (가)의 '초록에 붙잡힌 마음'은 마음이 초록에 붙어 종일 떨어지지 않을 정도로 '초록'에 매료된 화자의 심리를 나타내고 있다. (나)의 '밭 갈고 논 매더면 설마한들 배고프리'는 과거에 급제했으나 농사를 짓지 않아 넉넉지 않은 상황에 처한 것에 대한 아쉬움이 드러난 표현이다.

→ 적절함!

③ (가)의 '수직선들을 조금씩 지우며'를 통해 '초록'이 도시 공간과 균형을 이루기를, (나)의 '늙은 후 또 내 되리'를 통해 젊은이가 *과오를 저지르지 않기를 바라고 있군. 도시 공간을 변화시키는 모습을 발견하고 있고 / * 잘못

근거 〈보기〉-2~3 (가)의 화자는 도시 공간에서 마주한 '초록'에 사로잡혀 초록을 들여다보며 그것이 지닌 생명력을 깨닫고, 이에 대한 감탄과 놀라움을 드러낸다. (나)의 화자는 ~ 지난 삶을 돌아보며 깨달은 바를 젊은이에게 전달하고 있다.

(가)-10~11 초록은 수많은 수직선 사이에 있다/ 수직선들을 조금씩 지우며 번져가고 있다

(나) ❹-3 젊어서 흐느적흐느적하다가 늙어지면 거짓 것이// ❻-2~3 내 못하여 애달프니 너희나 하여라/ 청년의 아니하면 늙은 후 또 내 되리

풀이 (나)의 '늙은 후 또 내 되리'는 젊은이들이 화자의 젊은 시절처럼 흐느적흐느적 살다가는 자신과 같은 신세가 될 것이라는 의미로, 젊은이들이 과오를 저지르지 않기를 바라는 화자의 마음이 담겨 있다. (가)의 '수직선들을 조금씩 지우며'는 '초록'이 '수직

선'의 도시 공간을 뒤덮어 생명력 넘치는 공간으로 변화시키는 모습을 나타낸 것이다. 따라서 '초록'이 도시 공간과 균형을 이루기를 바란다는 설명은 적절하지 않다.

→ 적절하지 않음!

④ (가)의 '밀려 꺼졌다가는 다시 살아나고 있'는 것에서 '초록'의 끈질긴 생명력을, (나)의 '급제도 헛일'에서 출세를 위한 삶이 전부가 아님을 깨닫고 있군.

근거 〈보기〉-2~3 (가)의 화자는 ~ 초록을 들여다보며 그것이 지닌 생명력을 깨닫고, ~ (나)의 화자는 ~ 지난 삶을 돌아보며 깨달은 바

(가)-10~12 초록은 ~/ 직선과 사각에 밀려 꺼졌다가는 다시 살아나고 있다

(나) ③-1~2 생원이 무엇인가 급제도 헛일이니/ 밭 갈고 논 매더면 설마한들 배고프리

풀이 (가)의 화자는 '초록'이 직선과 사각에 '밀려 꺼졌다가는 다시 살아나고 있'는 것에서 '초록'의 끈질긴 생명력을 깨닫고 있다. (나)의 화자는 '급제도 헛일'에서 과거에 급제했으나 가난하게 살아가는 자신의 모습을 통해 출세를 위한 삶이 전부가 아님을 깨닫고 있다.

→ 적절함!

⑤ (가)의 '갑자기 일어날 줄은 몰랐다'는 '초록'의 새로운 모습을 발견한 놀라움을, (나)의 '이미 늙었구나'는 현재의 처지에 대한 탄식을 드러내고 있군.

근거 〈보기〉-2~3 (가)의 화자는 ~ 초록을 들여다보며 그것이 지닌 생명력을 깨닫고, 이에 대한 감탄과 놀라움을 드러낸다. (나)의 화자는 자신의 백발을 바라보며 현재의 처지를 한탄

(가)-13~14 흙이란 흙은 도로와 건물로 모조리 딱딱하게 덮인 줄 알았는데/ 이렇게 많은 초록이 갑자기 일어날 줄은 몰랐다

(나) ④-1 너희는 젊었느냐 나는 이미 늙었구나/ 3 젊어서 흐느적흐느적하다가 늙어지면 거짓 것이

풀이 (가)의 '갑자기 일어날 줄은 몰랐다'는 도로와 건물로 딱딱하게 덮인 줄 알았던 흙에서 많은 초록이 일어난 것을 본 화자가 그 역동적 생명력에 대한 놀라움을 드러낸 것이다. (나)의 '이미 늙었구나'는 이룬 것 없이 허망하게 늙어 버린 현재 자신의 처지에 대한 탄식을 드러낸 것이다.

→ 적절함!

---

026 시구의 의미 – 적절한 것 고르기 2024년 3월 학평 18번
정답률 85%   정답 ②

[A]에 대한 설명으로 가장 적절한 것은?

[A] (가)-17~20 콘크리트 갈라진 틈에서도 솟아나고 있는/ 저 저돌적인 고요/ 단단하고 건조한 것들에게 옮겨 붙고 있는/ 저 축축한 불길

① 지시 표현을 사용하여 대상에 대한 화자의 심리적 거부감을 나타내고 있다.

감탄을

* 이, 그, 저와 같이 어떤 대상을 가리킬 때 사용하는 표현

풀이 [A]에서 '저'라는 지시 표현을 사용하였으나 이를 통해 '초록'에 대한 심리적 거부감을 나타내고 있지는 않다. 화자는 대상인 '초록'의 생명력에 감탄하고 있다.

→ 적절하지 않음!

✓② 유사한 문장 구조를 반복하여 대상이 갖는 *역동적 이미지를 나타내고 있다.

* 힘차고 활발하게 움직이는 이미지

풀이 [A]의 '솟아나고 있는/ 저 저돌적인 고요'와 '옮겨 붙고 있는/ 저 축축한 불길'에서 유사한 문장 구조를 반복하여 콘크리트 바닥에서 저돌적으로 솟아나며 단단하고 건조한 것들에게 옮겨 붙는 '초록'의 역동적 이미지를 나타내고 있다.

→ 적절함!

③ *점층적인 표현을 사용하여 대상에 대한 화자의 태도 변화를 드러내고 있다.

* 그 정도를 점점 크게 하거나 강하게 하거나 높게 하는 등의 표현

풀이 [A]에서 콘크리트 바닥에서 저돌적으로 솟아나는 것과 단단하고 건조한 것들에게 옮겨 붙는 것은 '초록'의 역동성을 대등하게 보여 주는 표현이므로 점층적인 표현이 사용되었다고 보기는 어렵다. 또한 화자는 '초록'에 대해 긍정적인 태도로 일관하고 있으므로 대상에 대한 태도 변화를 드러내고 있지도 않다.

→ 적절하지 않음!

④ 하나의 문장을 두 개의 시행으로 나누어 대상의 *순환 과정을 제시하고 있다.

* 주기적으로 자꾸 되풀이하여 도는 과정

풀이 [A]는 하나의 문장인 '콘크리트 갈라진 틈에서도 솟아나고 있는/ 저 저돌적인 고요'와 '단단하고 건조한 것들에게 옮겨 붙고 있는/ 저 축축한 불길'을 각각 두 개의 시행

으로 나누고 있으나 '초록'의 순환 과정을 제시하고 있지는 않다.

→ 적절하지 않음!

⑤ *모순된 표현을 활용하여 대상과 자신을 **동일시하는 화자의 모습을 드러내고 있다. * 논리적으로 앞뒤가 맞지 않는 표현 ** 똑같은 것으로 보는

풀이 '저돌적인 고요'와 '축축한 불길'에서 모순된 표현을 사용하고 있으나 화자가 '초록'과 자신을 동일시하는 모습은 나타나지 않는다.

→ 적절하지 않음!

---

027 내용 이해 – 적절하지 않은 것 고르기 2024년 3월 학평 19번
정답률 70%, 매력적 오답 ⑤ 10%   정답 ④

(나)에 대한 이해로 적절하지 않은 것은?

① 〈제1수〉의 '어져 내 일이야'에 담긴 한탄은, 〈제2수〉의 '장부의 허다 사업'을 못다 한 데서 비롯되는군.

근거 (나) ①-1 어져 내 일이야 무슨 일 하다 하고/ 3 소장불로력하고 노대에 도상비로다// ②-3 장부의 허다 사업을 못다 하고 늙었느냐

풀이 〈제1수〉의 '어져 내 일이야'에는 젊어서 노력하지 않아 '장부의 허다 사업'을 다 못 하고 늙어 버린 데에서 비롯된 한탄과 슬픔이 나타나 있다.

→ 적절함!

② 〈제1수〉의 '노대에 도상비로다'에 담긴 *애상감은, 〈제4수〉의 '늙어지면 거짓 것이'로 이어지는군. * 슬퍼하거나 가슴 아파하는 감정

근거 (나) ①-3 소장불로력하고 노대에 도상비로다// ④-3 젊어서 흐느적흐느적하다가 늙어지면 거짓 것이

풀이 〈제1수〉의 '노대에 도상비로다'는 '늙어서 슬픔과 상심뿐이로다'라는 의미로 현재 처지에 대한 화자의 애상감이 나타난다. 이는 〈제4수〉의 '늙어지면 거짓 것이'에서 허망감으로 이어지고 있다.

→ 적절함!

③ 〈제2수〉의 '서른 마흔 할 일 없이'에 담긴 반성은, 〈제4수〉의 '젊어서 흐느적흐느적'하지 말라는 당부로 나타나는군.

근거 (나) ②-2~3 서른 마흔 할 일 없이 쉰 예순 넘는단 말인가/ 장부의 허다 사업을 못다 하고 늙었느냐// ④-2~3 젊다 하고 믿지 마라 나도 일찍 젊었더니/ 젊어서 흐느적흐느적하다가 늙어지면 거짓 것이

풀이 〈제2수〉에서 남자로 태어나 '서른 마흔 할 일 없이' 살아온 것에 대한 화자의 반성은 〈제4수〉에서 젊은이들에게 '젊어서 흐느적흐느적' 살아가지 말라는 당부로 나타나 있다.

→ 적절함!

✓④ 〈제3수〉의 '이제야 아무리 애달픈들'과 〈제6수〉의 '내 못하여 애달프니'에는 세월의 *무상감에서 벗어나고자 하는 심리가 드러나는군. * 덧없고 허무하다는 느낌

자신의 삶에 대한 안타까운

근거 (나) ③-2~3 밭 갈고 논 매더면 설마한들 배고프리/ 이제야 아무리 애달픈들 몸이 늙어 못하올쇠// ⑥-2 내 못하여 애달프니 너희나 하여라

풀이 〈제3수〉의 '이제야 아무리 애달픈들'에는 넉넉지 못한 처지에 농사를 짓고 싶어도 몸이 늙어서 할 수 없는 화자의 안타까움이 드러난다. 〈제6수〉의 '내 못하여 애달프니'에는 화자가 젊어서 착한 일을 하지 못한 것에 대해 안타까워하며 젊은이들에게 착한 일을 권유하는 심리가 드러나 있다.

→ 적절하지 않음!

⑤ 〈제5수〉의 '하오면 못할 이 없기는 착한 일'은, 〈제6수〉의 '너희더러 하라'에서 권유하는 내용이겠군.

근거 (나) ⑤-3 하오면 못할 이 없기는 착한 일인가 하노라// ⑥-1 내 몸이 못하고서 너희더러 하라기는

풀이 〈제5수〉의 '하오면 못할 이 없기는 착한 일'은 화자가 젊은 시절에 하지 못한 일로, 〈제6수〉의 '너희더러 하라'에서 권유하는 내용에 해당한다.

→ 적절함!

028 화자의 정서 - 적절한 것 고르기 2024년 3월 학평 20번
정답률 90%　　　　　　　　　　　　　　　　정답 ④

***시상의 흐름을 고려하여 ㉠과 ㉡을 비교한 내용으로 가장 적절한 것은?**
* 시에 드러난 시인의 생각이나 감정

> **(가)-8~9** ㉠ 지금 저 초록 아래에서는/ 얼마나 많은 잔뿌리들이 발끝에 힘주고 있을까
> **(나) ❺-1~2** ㉡ 재산인들 부디 말며 과갑인들 마다 할까/ 재산이 유수하고 과갑은 재천하니

당부가

① ㉠에는 대상을 향한 화자의 애정이, ㉡에는 청자를 향한 화자의 **원망이** 나타나 있다.
　풀이 ㉠에는 대상인 초록을 향한 화자의 애정이 나타난다고 볼 수 있으나, ㉡에는 청자인 젊은이들에 대한 화자의 당부가 드러날 뿐, 원망이 드러나 있지 않다.
　→ 적절하지 않음!

② ㉠에는 **대상과 화자 사이의 *이질감이,** ㉡에는 **대상에 대한 화자의 거부감이** 드러나 있다. * 성질이 서로 달라 낯설거나 잘 맞지 않는 느낌
　풀이 ㉠에는 대상인 초록과 화자 사이의 이질감이 드러나 있지 않다. ㉡에서 화자는 대상인 재산과 과갑을 마다하지 않는다고 하였으므로 대상에 대한 화자의 거부감이 드러나 있다고 볼 수 없다.
　→ 적절하지 않음!

③ ㉠에는 **감춰진 진실에 대한 화자의 *회의가,** ㉡에는 **화자의 현재 상황에 대한 의문이** 나타나 있다. * 의심을 품음
　풀이 ㉠에는 초록 아래의 상황을 상상하는 화자의 태도가 드러날 뿐, 감춰진 진실에 대한 회의는 드러나지 않는다. ㉡은 재산이나 과갑을 마다하지 않는다는 것을 의문의 형식으로 표현한 것이지 화자의 현재 상황에 대한 의문을 표현한 것이 아니다.
　→ 적절하지 않음!

④ ㉠에는 **힘의 *근원에 대한 화자의 상상이,** ㉡에는 **뜻대로 되지 않는 삶에 대한 화자의 인식이** 드러나 있다. * 시작되는 근본
　근거 **(가)-6~7** 땅에 박힌 심지에서 끝없이 솟구치는 초록/ 나무들이 온몸의 진액을 다 쏟아내는 초록
　　　(나) ❸-1~2 생원이 무엇인가 급제도 헛일이니/ 밭 갈고 논 매더면 설마한들 배고프리
　풀이 ㉠에는 땅과 나무들이 초록을 만들어 내는 힘의 근원이 잔뿌리에서 오는 것이라는 화자의 상상이 드러나 있다. ㉡은 재산 축적이나 과거 급제를 마다하지 않은 화자가 궁핍하게 살아가는 것에서, 재산이나 과갑은 노력으로 얻을 수 있는 것이 아닌 운수와 하늘의 뜻에 달렸다는 화자의 운명론적 인식을 드러낸 것이다.
　→ 적절함!

⑤ ㉠에는 **문제의 원인에 대한 화자의 *성찰이,** ㉡에는 **예상치 못한 결과를 **수용하는 화자의 모습이** 나타나 있다. * 반성 ** 받아들이는
　풀이 (가)의 화자는 땅과 나무에서 나오는 초록을 문제로 인식하지 않으므로 ㉠에 문제의 원인에 대한 화자의 성찰이 드러난다는 것은 적절하지 않다. ㉡에는 재산을 모으는 일이나 과거에 급제하는 것이 뜻대로 되지 않는다는 화자의 생각이 나타나 있을 뿐, 예상치 못한 결과를 수용하는 화자의 모습이 드러난다고 보기 어렵다.
　→ 적절하지 않음!

[001~004] 다음 글을 읽고 물음에 답하시오.

(가)

1 ¹조선 시대 사대부(선비 士 큰 大 지아비 夫 : 학자인 선비(士)와 관직에 올라 나랏일을 돌보던 관리인 대부(大夫)를 아울러 이르는 말)들이 향유했던(누릴 享 있을 有 : 즐기던) 대표적인 문학 갈래인 시조(일정한 형식을 갖춘 정형시로서, 고려 말부터 발달해 온 우리나라 고유의 시가)에는 사대부들이 지향하는(뜻 志 향할 向 : 바라고 추구하는) 삶이 잘 나타나 있다. ²그런데 다수의(많은 수의) 시조 작품에서 사대부가 자연 속에서 심성을 도야하며(인격적으로 훌륭한 사람이 되기 위해 몸과 마음을 갈고닦으며) 안빈낙도(安貧樂道)하는(편안할 安 가난할 貧 즐길 樂 도리 道 : 가난한 생활을 하면서도 편안한 마음으로 도를 즐겨 지키는) 삶을 추구하는 모습이 드러나 있어 사대부는 현실 정치의 참여보다는 자연 속에 은둔하는(숨을 隱 달아날 遁 : 세상일을 피하여 숨는) 삶을 지향한다고 여겨지는 경향이 있다. ³하지만 이(사대부가 현실 정치 참여보다는 자연 속에 은둔하는 삶을 지향한다는 생각)는 유학적 가르침(공자의 생각이나 사상을 근본으로 삼는 학문인 유학에서의 가르침)을 내면화했던(마음속에 깊이 새겼던) 사대부에 대한 정확한 인식(알 認 알 識 : 판단)이라고 보기 어렵다.

→ 조선 시대 사대부들의 삶의 태도에 대한 부정확한 인식
(조선 시대 사대부들이 지향하는 삶에 대한 일반적인 통념과 이에 대한 문제 제기)

2 ¹조선 시대 사대부들의 삶은 관직(벼슬)의 유무(있을 有 없을 無 : 있음과 없음)에 따라 '출(出)(날 出 : 관직에 나아감)'과 '처(處)(머무를 處 : 자연에 머무름)'로 구분하여 이해될 수 있다. ²유교 사회(공자의 가르침을 바탕으로 나라에 대한 충성과 부모에 대한 효도 등을 중요시하는 사상인 유교가 중심이 되는 사회)에서 '출'은, 유교적 가르침을 부단히(아닐 不 끊을 斷 : 끊임이 없이, 꾸준히) 수양한(닦을 修 기를 養 : 몸과 마음을 갈고닦아 인격이나 지식 등을 높은 수준으로 끌어올린) 사대부가 관직에 나아가 사대부로서 품었던 정치적 포부(마음속에 지니고 있는, 미래에 대한 계획이나 희망)를 펼치는 이상적인(가장 완전하다고 여겨지는) 삶의 형태로 이해될 수 있다. ³사대부들은 유교적 가치관(어질고 의로우며, 예의 있고 지혜로우며 믿음이 있어야 한다는 '인의예지신(仁義禮智信)'을 중요시하는 유교를 중심으로 하는 생각과 태도)이 바로 서서 순리(순할 順 다스릴 理 : 순한 이치나 도리)대로 정치가 실현되는(열매 實 나타날 現 : 이루어지는) 세상에서는 관직에 나아가 유교적 가르침을 실천하며 백성들을 '인(仁)(어질 仁 : 남을 사랑하고 어질게 행동하는 일)'과 '의(義)(의로울 義 : 사람으로서 지키고 행해야 할 바른 도리)'로써 다스리는 것을 자신들의 이상(가장 완전하다고 여겨지는 상태)으로 여긴 것이다.

→ 관직 유무에 따른 조선 시대 사대부들의 삶의 방식 및 태도 ① - '출(出)'

3 ¹그런데 사대부들은 자신들이 직면한(당할 直 앞 面 : 직접 당하거나 접한) 시대의 상황에 따라 '출'의 가치를 달리 인식하기도 하였다. ²유교적 가치관이 바로 서지 못해 나라가 혼란스러운 상황일 때, 사대부들은 '출'을 의롭지 못하다고(정의에서 벗어나 올바르지 못하다고) 여겨 '처'를 선택하기도 한 것이다. ³즉 그들은 의로움(정의에 벗어남 없이 올바름)을 지키기 위해 스스로 '출'을 거부하고 '처'를 선택하는 것을 이상적이라고 여겼다. ⁴그러나 사대부들은 '처'의 삶을 살면서도 혼란스러운 세상에 대한 근심(염려와 걱정)을 표현하며 우국충정(근심 憂 나라 國 참될 衷 마음 情 : 나랏일을 근심하고 걱정하는 참된 마음)을 드러내는 것으로 자신의 본분(근본 本 분수 分 : 마땅히 지켜 행해야 할 도리)을 지키려 하였다.

→ 시대 상황에 따른 조선 시대 사대부들의 삶의 방식 및 태도 ② - '처(處)'

4 ¹조선 시대 사대부들은 시조에서 '궁달(窮達)(다할 窮 통달할 達 : 가난함을 의미하는 '빈궁'과 지위가 높고 귀하게 됨을 의미하는 '영달'을 아울러 이르는 말)'이라는 표현도 자주 사용했는데, 이(궁달) 또한 '처'와 '출'의 맥락(줄기 脈 이을 絡 : 서로 이어져 있는 관계)과 관련지어 이해될 수 있다. ²'궁(窮)(다할 窮 : 가난함)'은 '빈궁(貧窮)(가난할 貧 다할 窮 : 몹시 가난함)'과 '빈천(貧賤)(가난할 貧 천할 賤 : 가난하고 천함)'을, 달(達)(통달할 達 : 지위가 높고 귀하게 됨)'은 '영달(榮達)(영화 榮 통달할 達 : 지위가 높고 귀하게 되어 출세함)'과 '부귀(富貴)(부유할 富 귀할 貴 : 재산이 많고 지위가 높음)'를 의미한다. ³여기서 빈궁과 빈천은 혼탁한(섞을 混 흐릴 濁 : 어지러우며 깨끗하지 못한) 세상으로 인해 자신의 정치적 포부(마음속에 지니고 있는, 미래에 대한 계획이나 희망)를 펼치지 않는 삶을, 영달과 부귀는 고위 관직(높고 귀한 벼슬자리)에 올라 자신의 뜻을 펼칠 수 있는 삶을 의미한다고 볼 수 있다. ⁴이런 점에서 '궁'은 '처'와, '달'은 '출'과

비슷한 맥락을 지닌다고 볼 수 있다. ⁵따라서 빈천과 부귀는 앞에서 언급한(말한) 사대부의 삶의 처지와 관련지어 볼 때 단순히 경제적 상황만을 의미하는 것이 아니라 보다 확장된 의미를 가진다.

→ '궁(窮)'과 '달(達)'의 의미를 통한 조선 시대 사대부들의 삶의 태도에 대한 이해

5 ¹결국 관직의 유무에 따른 사대부의 처지와 그와 관련된 그들의 삶의 태도는 '출-달-부귀'와 '처-궁-빈천'이라는 대조적 맥락(서로 반대되는 연관 관계)을 통해서 설명할 수 있다. ²이와 같은 맥락(관계)을 잘 보여주는 시조 작품으로 권호문의 시조와 임제의 시조를 들 수 있다.

[A]

¹ 출(出)하면 치군택민(致君澤民) 처(處)하면 조월경운(釣月耕雲)
² 총명하고 밝은 군자(君子)는 이것을 즐기나니
³ 하물며 부귀(富貴)는 위기(危機)라 빈천거(貧賤居)를 하오리라

[1] 화자 : 안 드러남
[4] 주제 :
자연 속에서 가난하지만 즐겁게 살아가겠다.

- 권호문, 「한거십팔곡」 중 제8수 -

· 현대어 풀이

¹ 벼슬길에 나아가면 임금을 섬기며 백성에게 은혜와 덕이 닿게 하고, 들어오면 달빛 아래에서 고기를 낚으며 구름 속에서 밭을 간다네.
² 슬기롭고 똑똑한 군자는 이것(자연 속에서의 삶)을 즐기나니
³ 더군다나 재산이 많고 지위가 높은 것은 위태로우니, 가난한 삶을 살아가리라.

[B]

¹ 부귀(富貴)를 탐(貪)치 말고 빈천(貧賤)을 사양(辭讓) 마라
² 부귀빈천(富貴貧賤)이 절로 절로 도느이
³ 부귀(富貴)는 위기(危機)라 탐(貪)하다가 신명(身命)을 못느이라

[1] 화자 : 안 드러남
[4] 주제 :
부귀를 욕심내는 것은 목숨을 지키기 어려운 위험한 일이니, 부귀를 탐하지 마라.

- 임제 -

· 현대어 풀이

¹ 재산이 많고 지위가 높은 것을 욕심내지 말고, 가난하고 천하게 사는 것을 거절하지 마라
² 부귀와 빈천이 저절로 돌고 도는 것이니
³ 부귀는 위험한 것이라서 욕심내다가는 몸과 목숨을 지키기가 어렵다

→ '출-달-부귀'와 '처-궁-빈천'의 대조적 맥락을 잘 보여주는 시조 작품의 사례

6 ¹권호문과 임제는 당파 싸움(정치적인 입장이나 견해를 달리하는 집단끼리 서로 대립하고 싸우는 일)이 극심했던(다할 極 심할 甚 : 매우 심했던) 시기인 16세기 중후반을 살았던 인물이다. ²권호문은 진사시(조선 시대 과거시험 중의 하나)에 합격하고 임제는 문과(조선 시대 고급 관리를 뽑는 과거시험)에 급제했지만(과거시험에 합격했지만), 자연에 은거하며(숨을 隱 살 居 : 세상을 피하여 숨어서 살며) 산림처사(뫼 山 수풀 林 곳 處 선비 士 : 벼슬을 하지 않고 세속을 떠나 산골에 파묻혀서 글을 읽으며 지내는 선비)로 사는 삶을 선택했다. ³그들의 시조에는 혼탁한(섞을 混 흐릴 濁 : 어지러우며 깨끗하지 못한) 정치 현실에서 벼슬길에 나아가는 것이 위기라는 인식이 잘 드러나 있다.

→ 혼탁한 정치 현실에서 벼슬길에 나아가는 것은 위기라는 인식이 잘 드러나 있는,
권호문과 임제의 시조

• 지문 이해

〈조선 시대 사대부들의 삶의 방식 및 태도(= 조선 시대 사대부들이 지향하던 삶)〉

관직 유무 \ 시대 상황	순리대로 정치가 실현되는 세상	혼탁한 세상
관직 유(有)	출(出), 영달과 부귀 (= 관직에 나아가 정치적 포부를 펼치는 삶)	
관직 무(無)		처(處), 빈궁과 빈천 (= 관직을 거부하고 자연 속에서 삶)

⇒ 관직의 유무(有無)와 시대 상황에 따라 조선 시대 사대부들은 '출-달-부귀'와 '처-궁-빈천'이라는 대조적 맥락의 삶의 방식과 태도를 취하였다.

작품 이해 단계 ① 화자 ② 상황 및 대상 ③ 정서 및 태도 ④ 주제

(나) ① 화자 : 안 드러남

1
1 이편은 저 **외다** 하고 저편은 이 외다 하니
  └ 그르다, 잘못되었다
2 매일(每日)의 하는 일이 이 **싸움뿐**이로다
3 이 중의 **고립(孤立) 무조(無助)**는 님이신가 하노라
  └ 외로울 孤 설 立 : 홀로 있어 외톨이로 됨
  └ 없을 無 도울 助 : 도움을 받지 못함
〈제14수〉

② 상황 : 이편과 저편이 서로가 잘못되었다고 매일 싸움만 하는 상황
② 상황 및 대상 : 이편과 저편의 싸움뿐인 가운데 홀로 있어 도움을 받지 못하는 이는 '님'일 것이라고 걱정하는 상황

2
1 싸움에 시비만 하고 **공도(公道) 시비(是非)** 아니 하네
  └ 옳을 是 아닐 非 : 옳고 그름을 따지는 말다툼
  └ 공평할 公 길 道 : 공평하고 바른 도리
2 어찌하여 세상 형편 이같이 되었는고
3 물불보다 심한 **환난** 날로 길어 가는구나
  └ 근심 患 어려울 難 : 근심과 재난
〈제25수〉

② 상황 : 싸움에 옳으니 그르니 하는 말다툼(서로의 이익을 위한 말다툼)만 하고 공평하고 바른 도리에 대해서는 따지지를 않는 상황
② 대상 : '세상 형편'
②③ 상황 및 정서 : 싸움에 시비만 하는 '세상 형편'에 대해 한탄한다.

3
1 나라가 굳으면 집조차 굳으리라
  └ 힘이나 뜻이 강하고 굳세면
2 **집만 돌아보고 나라 일 아니 하네**
3 하다가 명당(明堂)이 기울면 어느 집이 굳으리오
  └ 밝을 明 집 堂 : 모든 벼슬아치들이 모여 임금께 안부 인사를 드리고 나랏일에 대해 아뢰던 궁전
〈제26수〉

② 대상 : '나라', '집'
② 상황 : (벼슬아치들이) 사적인 삶에만 관심을 가질 뿐 나라의 일은 하지 않는 상황

4
1 **공명(功名)**을 원찬커든 **부귀(富貴)**인들 바랄소냐
  └ 공 功 이름 名 : 공을 세워서 자기의 이름을 널리 드러냄
  └ 부유할 富 귀할 貴 : 재산이 많고 지위가 높음
2 **초가 한 간**에 괴로이 혼자 앉아
  └ 간(間)은 건물의 넓이를 잴 때 쓰는 단위로 '한 간'은 매우 좁은 집을 의미함
  └ 짚이나 갈대 따위로 지붕을 얹은 집
3 밤낮에 **우국상시(憂國傷時)**를 못내 설워 하노라
  └ 근심 憂 나라 國 상처 傷 때 時 : 나라를 걱정하고 시절의 혼란함에 마음이 상함
  └ 이루 다 말할 수 없이
〈제28수〉

② 상황 및 대상 : '공명'도, '부귀'도 바라지 않는 상황
②③ 상황 및 정서 : 가난한 처지 속에서도 나라에 대한 걱정으로 몹시 서럽다.

④ 주제 : 서로 싸우기 바쁜 관리들을 비판하고 나라를 걱정한다.
- 이덕일, 「우국가」-
근심 憂 나라 國 노래 歌 : 나랏일을 근심하는 노래

• 현대어 풀이

1
1 이쪽 사람들은 저쪽 사람들이 그르다 하고 저쪽 사람들은 이쪽 사람들이 그르다 하니
2 매일 하는 일이 이 싸움뿐이로구나
3 이러한 가운데 홀로 있어 아무런 도움을 받지 못하는 이는 님(임금)일 것이다.
〈제14수〉

2
1 싸움에 옳으니 그르니 하는 말다툼(서로의 이익을 위한 말다툼)만 하고 공평하고 바른 도리에 대해서는 따지지를 아니 하는구나
2 어찌하여 세상 돌아가는 형편이 이같이 되었는고
3 물과 불보다(수해, 화재보다) 심한 근심과 고난이 날이 갈수록 길어지는구나
〈제25수〉

3
1 나라가 굳건하면 백성들 개개인의 삶도 견고해질 것이다
2 개인의 사적인 삶에만 관심을 가질 뿐 (벼슬아치들이) 나라 일은 아니 하는구나
3 그러다가(나라의 일은 아니 하다가) 나라의 통치가 기울면 어느 집이 굳건하겠는가(나라의 통치가 기울어지면 백성들의 삶도 굳건할 수가 없다)
〈제26수〉

4
1 공을 세워서 이름을 널리 드러내는 것을 원하지 않는데, (하물며) 재산이 많고 높은 것을 바라겠느냐
2 (가난한) 초가집에 괴로이 혼자 앉아
3 밤낮으로 나라를 걱정하고 시절의 혼란함에 마음이 상하여 몹시 서러워하노라
〈제28수〉

• 지문 이해

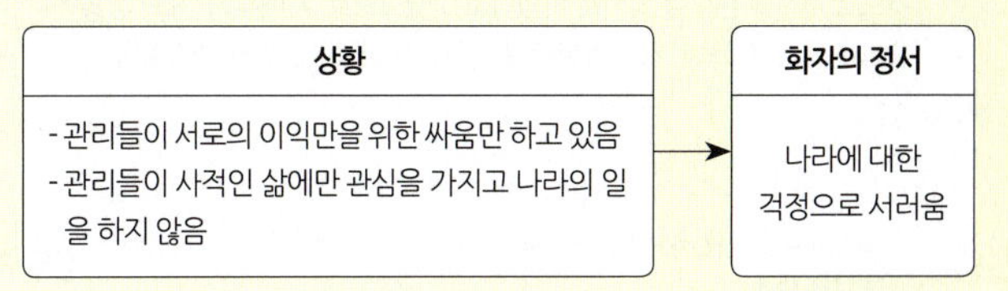

상황	화자의 정서
- 관리들이 서로의 이익만을 위한 싸움만 하고 있음 - 관리들이 사적인 삶에만 관심을 가지고 나라의 일을 하지 않음	나라에 대한 걱정으로 서러움

---

001 내용 이해 – 적절한 것 고르기 2017년 11월 학평 38번
정답률 75%   정답 ⑤

(가)에 대한 설명으로 가장 적절한 것은?

① 사대부들은 경제적인 상황에 따라 '출' 혹은 '처'의 삶을 선택한다. (시대 상황에)

근거 **(가)** ❷-3 사대부들은 유교적 가치관이 바로 서서 순리대로 정치가 실현되는 세상에서는 관직에 나아가 유교적 가르침을 실천하며 백성들을 '인'과 '의'로써 다스리는 것을 자신들의 이상으로 여긴 것이다./ ❸-2 유교적 가치관이 바로 서지 못해 나라가 혼란스러운 상황일 때, 사대부들은 '출'을 의롭지 못하다고 여겨 '처'를 선택하기도 한 것이다.

풀이 사대부들은 경제적인 상황이 아니라 시대 상황에 따라 '출' 혹은 '처'의 삶을 선택한다고 하였다. 즉, 사대부들은 순리대로 정치가 실현되는 세상에서는 '출'을, 혼탁한 세상에서는 '처'의 삶을 선택한다고 하였다.

→ 적절하지 않음!
(고위 관직에 올라 자신의 뜻을 펼칠 수 있는 삶)
② '영달'은 사대부가 지향하는 자연 속에서의 *은둔의 삶을 의미한다.
  * 숨길 隱 달아날 遁 : 세상일을 피하여 숨어 사는 삶

근거 **(가)** ❹-3 여기서 빈궁과 빈천은 혼탁한 세상으로 인해 자신의 정치적 포부를 펼치지 않는 삶을, 영달과 부귀는 고위 관직에 올라 자신의 뜻을 펼칠 수 있는 삶을 의미한다고 볼 수 있다.

풀이 '영달'은 사대부가 지향하는 자연 속에서의 은둔의 삶을 의미하는 것이 아니라 고위 관직에 올라 자신의 뜻을 펼칠 수 있는 삶을 의미하는 것으로 볼 수 있다고 하였다.

→ 적절하지 않음!
(혼탁한 세상으로 인해 자신의 정치적 포부를 펼치지 않는 삶인)
③ 사대부들은 관직에 나아간 삶인 '빈궁'을 통해서 *안빈낙도를 추구한다.
  * 편안할 安 가난할 貧 즐길 樂 길 道 : 가난한 생활을 하면서도 편안한 마음으로 도를 즐겨 지킴

근거 **(가)** ❹-3~4 여기서 빈궁과 빈천은 혼탁한 세상으로 인해 자신의 정치적 포부를 펼치지 않는 삶을, 영달과 부귀는 고위 관직에 올라 자신의 뜻을 펼칠 수 있는 삶을 의미한다고 볼 수 있다. 이런 점에서 '궁'은 '처'와, '달'은 '출'과 비슷한 맥락을 지닌다고 볼 수 있다.

풀이 '빈궁'은 혼탁한 세상으로 인해 자신의 정치적 포부를 펼치지 않는 삶을 의미한다고 하였으므로 '빈궁'을 사대부들이 관직에 나아간 삶이라고 보는 것은 적절하지 않다.

→ 적절하지 않음!
(혼탁한 세상으로 인해 자신의 정치적 포부를 펼치지 않는 삶을)
④ '궁'은 *고위 관직에 올라 자신의 뜻을 펼칠 수 있는 삶을 의미한다고 볼 수 있다.
  * 높고 귀한 벼슬자리

근거 **(가)** ❹-2~4 '궁'은 '빈궁'과 '빈천'을, '달'은 '영달'과 '부귀'를 의미한다. 여기서 빈궁과 빈천은 혼탁한 세상으로 인해 자신의 정치적 포부를 펼치지 않는 삶을, 영달과 부귀는 고위 관직에 올라 자신의 뜻을 펼칠 수 있는 삶을 의미한다고 볼 수 있다. 이런 점에서 '궁'은 '처'와, '달'은 '출'과 비슷한 맥락을 지닌다고 볼 수 있다.

풀이 '궁'은 '빈궁'과 '빈천'을 의미하며, 빈궁과 빈천은 혼탁한 세상으로 인해 자신의 정치적 포부를 펼치지 않는 삶을 의미한다고 하였다. '영달과 부귀', 즉 '달'이 고위 관직에 올라 자신의 뜻을 펼칠 수 있는 삶을 의미한다고 볼 수 있다.

→ 적절하지 않음!
⑤ 사대부는 '처'의 상황에서 *우국충정을 드러냄으로써 자신의 **본분을 지키고자 하였다. * 근심 憂 나라 國 참된 衷 속마음 情 : 나랏일을 근심하고 걱정하는 참된 마음 ** 근본 本 분수 分 : 마땅히 지켜 행해야 할 도리

근거 **(가)** ❸-2~4 유교적 가치관이 바로 서지 못해 나라가 혼란스러운 상황일 때, 사대

부들은 '출'을 의롭지 못하다고 여겨 '처'를 선택하기도 한 것이다. 즉 그들은 의로움을 지키기 위해 스스로 '출'을 거부하고 '처'를 선택하는 것을 이상적이라고 여겼다. 그러나 사대부들은 '처'의 삶을 살면서도 혼란스러운 세상에 대한 근심을 표현하며 우국충정을 드러내는 것으로 자신의 본분을 지키려 하였다.

풀이 유교적 가치관이 바로 서지 못해 나라가 혼란스러운 상황일 때, 사대부들은 '출'을 거부하고 '처'를 선택하는 것을 이상적이라고 여겼다고 하였다. 하지만 사대부들은 '처'의 삶을 살면서도 혼란스러운 세상에 대한 근심을 표현하며 우국충정을 드러내는 것으로 자신의 본분을 지키려 하였다고 하였으므로, 사대부가 '처'의 상황에서 우국충정을 드러냄으로써 자신의 본분을 지키고자 하였다는 설명은 적절하다.

→ 적절함!

---

002 화자의 태도 - 적절하지 않은 것 고르기 2017년 11월 학평 39번
정답률 75% **정답 ③**

(가)를 바탕으로 [A]와 [B]를 이해한 것으로 적절하지 않은 것은?

① [A]의 *'치군택민'은 관직에 나아가 유교적 가르침을 실천하는 것을 의미한다.
* 보낼 致 임금 君 은혜 澤 백성 民 : 임금을 섬기며 백성에게 은혜와 덕이 이르게 함

근거 (가) ❷-2~3 유교 사회에서 '출'은, 유교적 가르침을 부단히 수양한 사대부가 관직에 나아가 사대부로서 품었던 정치적 포부를 펼치는 이상적인 삶의 형태로 이해될 수 있다. 사대부들은 유교적 가치관이 바로 서서 순리대로 정치가 실현되는 세상에서는 관직에 나아가 유교적 가르침을 실천하며 백성들을 '인'과 '의'로써 다스리는 것을 자신들의 이상으로 여긴 것이다.

[A]-1 출하면 **치군택민** 처하면 조월경운

풀이

(가)의 '출'	=	관직에 나아가 유교적 가르침을 실천하며 백성들을 '인'과 '의'로써 다스리면서 정치적 포부를 펼치는 삶
	=	
[A]의 '출'	=	치군택민

(가)를 바탕으로 [A]를 이해하면, '치군택민'은 관직에 나아가 유교적 가르침을 실천하며 백성들을 '인'과 '의'로써 다스리면서 정치적 포부를 펼치는 것을 의미한다고 볼 수 있다.

→ 적절함!

② [A]의 *'빈천거를 하오리라'에는 '처'의 삶을 살겠다는 **화자의 의지가 드러나 있다.
* 가난할 貧 천할 賤 살 居 : 가난하게 살아가리라 ** 시 속에서 말하는 사람

근거 (가) ❹-2~4 '궁'은 '빈궁'과 '빈천'을, ~ 의미한다. 여기서 빈궁과 빈천은 혼탁한 세상으로 인해 자신의 정치적 포부를 펼치지 않는 ~ 삶을 의미한다고 볼 수 있다. 이런 점에서 '궁'은 '처'와, ~ 비슷한 맥락을 지닌다고 볼 수 있다.

[A]-3 하물며 부귀는 위기라 **빈천거를 하오리라**

풀이 (가)에서 '빈궁'과 '빈천'은 혼탁한 세상으로 인해 자신의 정치적 포부를 펼치지 않는 삶을 의미한다고 볼 수 있으며 '궁(= 빈궁, 빈천)'은 '처'와 비슷한 맥락을 지닌다고 볼 수 있다고 하였으므로, 이를 바탕으로 [A]를 이해하면 '빈천거를 하오리라'에는 '궁' 혹은 '처'의 삶을 살겠다는 화자의 의지가 드러나 있다고 볼 수 있다.

→ 적절함!

③ [B]의 *'빈천을 사양 마라'에는 관직에 나아가지 않는 '처'의 삶을 거부해야 한다는 화자의 태도가 드러나 있다. * 가난하고 천하게 사는 것을 거절하지 마라
거부하지 말라는

근거 (가) ❸-2~3 유교적 가치관이 바로 서지 못해 나라가 혼란스러운 상황일 때, 사대부들은 '출'을 의롭지 못하다고 여겨 '처'를 선택하기도 한 것이다. 즉 그들은 의로움을 지키기 위해 스스로 '출'을 거부하고 '처'를 선택하는 것을 이상적이라고 여겼다./
❹-2~3 '궁'은 '빈궁'과 '빈천'을, ~ 의미한다. 여기서 빈궁과 빈천은 혼탁한 세상으로 인해 자신의 정치적 포부를 펼치지 않는 ~ 삶을 의미한다고 볼 수 있다.

[B]-1 부귀를 탐치 말고 **빈천을 사양 마라**

풀이 (가)를 통해 '빈천'은 '처'와 비슷한 맥락을 지님을 알 수 있다. 그런데 (가)에서는 유교적 가치관이 바로 서지 못해 나라가 혼란스러운 상황일 때 사대부들은 의로움을 지키기 위해 스스로 '출'을 거부하고 '처'를 선택하는 것을 이상적이라고 여겼음을 알 수 있다. 따라서 [B]의 '빈천을 사양 마라'는 '처'의 삶을 거부하지 말라는 의미로 이해할 수 있으며 이는 나라가 혼란스러운 상황일 때는 관직에 나아가지 않는 '처'의 삶을 선택하는 것이 이상적이라는 화자의 태도가 드러나 있다고 이해하는 것이 적절하다.

→ 적절하지 않음!

④ [B]의 *'신명을 못느 이라'는 나라의 유교적 가치관이 흔들리는 상황에서 '출'을 선택했을 때 **초래할 결과를 의미한다.
* 몸 身 목숨 命 : 몸과 목숨을 지키기 어렵다 ** 부를 招 올 來 : 가져올, 불러올

근거 (가) ❸-2 유교적 가치관이 바로 서지 못해 나라가 혼란스러운 상황일 때, 사대부들은 '출'을 의롭지 못하다고 여겨 '처'를 선택하기도 한 것이다./ ❺-1 결국 관직의 유무에 따른 사대부의 처지와 그와 관련된 그들의 삶의 태도는 '출-달-부귀'와 '처-궁-빈천'이라는 대조적 맥락을 통해서 설명할 수 있다./ ❻-3 그들의 시조에는 혼탁한 정치 현실에서 벼슬길에 나아가는 것이 위기라는 인식이 잘 드러나 있다.

[B]-3 부귀는 위기라 탐하다가 **신명을 못느 이라**

풀이 (가)에서 유교적 가치관이 바로 서지 못해 나라가 혼란스러운 상황일 때 사대부들은 '출'을 의롭지 못하다고 여겨 '처'를 선택하기도 하였으며, 권호문과 임제의 시조에는 혼탁한 정치 현실에서 벼슬길에 나아가는 것(= '출' 혹은 '부귀'를 선택하는 것)이 위기라는 인식이 잘 드러나 있다고 하였다. 따라서 [B]의 '부귀는 위기라'에는 혼탁한 정치 현실에서 '출(= 부귀)'을 선택하는 것이 위태롭다는 인식이 드러나 있으며 '신명을 못느 이라'는 나라의 유교적 가치관이 흔들리는 상황에서 '출'을 선택하여 벼슬길에 나아갔을 때 불러올 결과를 의미한다고 보는 것이 적절하다.

→ 적절함!

⑤ [A]와 [B]에서 화자가 '부귀'의 삶을 지향하지 않는 것에서는 *당파 싸움이 심한 시대에 '출'의 삶을 '위기'라고 여기는 화자의 **인식이 드러나 있다.
* 정치적인 입장이나 견해를 달리하는 집단끼리 서로 대립하고 싸우는 일 ** 판단하여 아는 것

근거 (가) ❻ 권호문과 임제는 당파 싸움이 극심했던 시기인 16세기 중후반을 살았던 인물이다. 권호문은 진사시에 합격하고 임제는 문과에 급제했지만, 자연에 은거하며 산림처사로 사는 삶을 선택했다. 그들의 시조에는 혼탁한 정치 현실에서 벼슬길에 나아가는 것이 위기라는 인식이 잘 드러나 있다.

[A]-3 하물며 **부귀**는 **위기**라 빈천거를 하오리라
[B]-3 **부귀**는 **위기**라 탐하다가 신명을 못느 이라

풀이 [A]와 [B]의 화자는 공통적으로 '부귀는 위기'라고 인식하면서 '부귀'의 삶을 추구하지 않는다. 이는 (가)를 바탕으로 볼 때 [A]와 [B]에 당파 싸움이 극심했던 시기에 벼슬길에 나아가는 것(= '출'의 삶)은 위기라고 생각했던 화자의 인식이 드러나 있는 것으로 이해할 수 있다.

→ 적절함!

1등급 문제

003 감상의 적절성 - 적절하지 않은 것 고르기 2017년 11월 학평 40번
정답률 50%, 매력적 오답 ③ 20%, ④ 15%, ② 10% **정답 ①**

(가)를 바탕으로 (나)를 감상한 내용으로 적절하지 않은 것은? 3점

① <제14수> : '싸움뿐'인 당대의 시대에 화자가 **고립 무조를 선택한 것은 유교적 가르침을 바탕으로 자신을 **수양하기 위해 '궁'의 삶을 지향한 것으로 볼 수 있겠군.
'님'이 '고립 무조'의 상황에 처함
* 홀로 있어 아무런 도움을 받지 못함 ** 닦을 修 기를 養 : 몸과 마음을 갈고닦아 품성이나 지식 등을 높은 수준으로 끌어올리기

근거 (가) ❹-2~4 '궁'은 '빈궁'과 '빈천'을, '달'은 '영달'과 '부귀'를 의미한다. 여기서 빈궁과 빈천은 혼탁한 세상으로 인해 자신의 정치적 포부를 펼치지 않는 삶을, 영달과 부귀는 고위 관직에 올라 자신의 뜻을 펼칠 수 있는 삶을 의미한다고 볼 수 있다. 이런 점에서 '궁'은 '처'와, '달'은 '출'과 비슷한 맥락을 지닌다고 볼 수 있다.
(나) ❶-2~3 매일의 하는 일이 이 **싸움뿐**이로다/ 이 중의 **고립 무조**는 님이신가 하노라

풀이 <제14수>에는 '싸움뿐'인 당대의 시대에 '고립 무조'의 상황에 처해 있는 '님'에 대한 화자의 걱정이 드러나 있으므로, 화자가 '고립 무조'를 선택했다는 설명은 적절하지 않다. 또한 화자가 유교적 가르침을 바탕으로 자신을 수양하기 위해 '궁'의 삶을 지향했다는 내용도 찾아볼 수 없다.

→ 적절하지 않음!

② <제25수> : '*공도 시비'를 하지 않아 **'환난'이 길어진다는 화자의 인식에서 정치가 ***순리대로 실현되지 않는 당대의 현실을 짐작할 수 있겠군.
* 공평할 公 길 道 옳을 是 아닐 非 : 공평하고 바른 도리에 대해 따짐 ** 근심 患 어려울 難 : 근심과 재난
*** 순할 順 다스릴 理 : 순한 이치나 도리

근거 (가) ❷-3 사대부들은 유교적 가치관이 바로 서서 순리대로 정치가 실현되는 세상에서는 관직에 나아가 유교적 가르침을 실천하며 백성들을 '인'과 '의'로써 다스리는 것을 자신들의 이상으로 여긴 것이다.
(나) ❷ 싸움에 시비만 하고 **공도 시비** 아니 하네/ 어찌하여 세상 형편 이같이 되었는고/ 물불보다 심한 **환난** 날로 길어 가는구나

풀이 <제25수>에서 화자는 서로의 이익을 위한 싸움만 하고 공평하고 바른 도리에 대해서는 따지지 않는 '세상 형편'에 대해 '환난'이 '날로 길어' 간다며 한탄하고 있다. 이러한 화자의 인식을 통해 당대의 현실이 순리대로 정치가 실현되는 세상이 아님을 짐작할 수 있다.

→ 적절함!

③ <제26수> : '집만 돌아보고 나라 일 아니 하'는 사람들의 모습은, *유교적 가치를 바르게 실천하지 않은 당대의 사대부들의 모습을 드러낸 것이라 볼 수 있겠군.
  * 임금에 대한 충성과 백성에 대한 사랑, 부모에 대한 효도 등 유교에서 중요하게 여기는 덕목

[근거] (가) ❷-3 사대부들은 유교적 가치관이 바로 서서 순리대로 정치가 실현되는 세상에서는 관직에 나아가 유교적 가르침을 실천하며 백성들을 '인'과 '의'로써 다스리는 것을 자신들의 이상으로 여긴 것이다.
(나) ❸-2~3 집만 돌아보고 나라 일 아니 하네/ 하다가 명당이 기울면 어느 집이 굳으리오

[풀이] <제26수>에서 화자는 개인의 사적인 삶에만 관심을 가질 뿐 나라의 일은 하지 않는 벼슬아치들의 행태(다닐 行 모습 態 : 행동하는 모양새)를 언급하면서 나라의 통치가 기울면 백성들의 삶도 굳건할 수 없게 됨을 염려하고 있다. 따라서 '집만 돌아보고 나라 일 아니 하'는 것은, 유교적 가르침을 실천하지 않는 당대의 사대부들의 모습이라고 볼 수 있다.

→ 적절함!

④ <제28수> : '공명'과 '부귀'를 바라지 않는 화자의 모습에서 화자가 '달'의 삶을 지향하지 않음을 알 수 있겠군.
[근거] (가) ❹-2~4 '달'은 '영달'과 '부귀'를 의미한다. 여기서 ~ 영달과 부귀는 고위 관직에 올라 자신의 뜻을 펼칠 수 있는 삶을 의미한다고 볼 수 있다. 이런 점에서 ~ '달'은 '출'과 비슷한 맥락을 지닌다고 볼 수 있다.
(나) ❹-1 공명을 원챤커든 부귀인들 바랄소냐
[풀이] <제28수>에서 화자는 '공명'과 '부귀'를 바라지 않는다고 하였다. 화자의 이러한 모습은 (가)를 바탕으로 볼 때 '달(= '영달'과 '부귀')' 혹은 '출'의 삶을 지향하지 않는 것으로 이해할 수 있다.

→ 적절함!

⑤ <제28수> : '초가 한 간'에서 *우국상시'를 느끼는 것은, '궁'의 상황에서도 화자가 혼란스러운 세상에 대해 근심을 드러낸 것이라 볼 수 있겠군.
  * 근심 憂 나라 國 상처 傷 때 時 : 나라를 걱정하고 시절의 혼란함에 마음이 상함
[근거] (가) ❹-4 '궁'은 '처'와, '달'은 '출'과 비슷한 맥락을 지닌다고 볼 수 있다./ ❸-4 사대부들은 '처'의 삶을 살면서도 혼란스러운 세상에 대한 근심을 표현하며 우국충정을 드러내는 것으로 자신의 본분을 지키려 하였다.
(나) ❹-2~3 초가 한 간에 괴로이 혼자 앉아/ 밤낮에 우국상시를 못내 설워 하노라
[풀이] <제28수>에서 화자는 가난한 처지 속에서도 나라에 대한 걱정으로 몹시 서러워하고 있다. <제28수>에서 '초가 한 간에 괴로이 혼자 앉아 있는 화자는 (가)를 바탕으로 볼 때 '빈궁'과 '빈천', 즉 '궁'의 상황에 있다고 할 수 있으며 화자가 '밤낮에 우국상시(憂國傷時)'를 못내 설워 하는 것은 혼란스러운 세상에 대한 화자의 근심을 드러낸 것이라 볼 수 있다.

→ 적절함!

			1등급 문제

004 표현상 공통점 - 적절한 것 고르기 2017년 11월 학평 41번
정답률 30%, 매력적 오답 ③ 25%, ②, ④ 20%
정답 ①

[B]와 (나)의 표현상의 공통점으로 가장 적절한 것은?

선지	핵심 체크 내용	[B]	(나)
①	동일한 시어를 반복 → 의미를 강조	O	O
②	대화체를 사용	O	X
	대상과의 친밀감을 드러냄	X	X
③	점층적 표현을 사용	X	X
	화자의 태도를 부각	O	O
④	설의적 표현을 활용 → 화자의 정서를 강조	X	O
⑤	상승 이미지를 반복 → 화자의 의지를 나타냄	X	X

① *동일한 **시어를 반복하여 의미를 강조하고 있다. * 똑같은 ** 시 속에 사용된 단어
[근거] (가) [B]-1 부귀를 탐치 말고/3 부귀는 위기라 탐하다가
[B]-1 빈천을 사양 마라/2 부귀빈천이 절로 절로 도느이
(나) ❶-1 이편은 저 외다 하고 저편은 이 외다 하니
❷-1 싸움에 시비만 하고 공도 시비 아니 하네
❸-1~2 나라가 굳으면 집조차 굳으리라/ 집만 돌아보고 나라 일 아니 하네
[풀이] [B]에서는 '부귀'와 '빈천', '탐'이라는 시어를 반복하여, 부귀와 빈천은 저절로 돌고 도는 것이며 부귀는 위험한 것이니 탐하지 말며 빈천을 거절하지 말라는 의미를 강조하고 있다. (나)의 <제14수>에서는 '외다'라는 시어를 반복하여 이편과 저편이 서로가 그르다고 하며 매일 '싸움뿐'인 상황을 강조하고 있다. <제25수>에서는 '시비'라는 시어를 반복하여 자신의 이익을 위한 '시비'만 하고 공평하고 바른 도리에 대한 '시

비'는 하지 않는 '세상 형편'에 대한 한탄의 의미를 강조하고 있다. <제26수>에서는 '나라'와 '집'이라는 시어를 반복하여 벼슬아치들이 사적인 삶에만 관심을 가질 뿐 나라의 일은 하지 않는 상황과 그러한 상황 속에서 나라의 통치가 기울면 백성들의 삶도 굳건할 수 없게 된다는 점을 강조해서 드러내고 있다.

→ 적절함!

■ 동일한 시어를 반복하여 의미를 강조하고 있는 작품
• 문태준, 「평상이 있는 국숫집」(2017년 고2 9월 학평)
국수가 찬물에 헹궈져 건져 올려지는 동안 쯧쯧쯧쯧 쯧쯧쯧쯧,/ ~ 국수가 찬물에 헹궈져 건져 올려지는 동안/ 쯧쯧쯧쯧 쯧쯧쯧쯧,
  → 연민이나 안타까움 등을 느껴 혀를 가볍게 차는 소리라는 뜻을 지닌 '쯧'이라는 시어를 반복하여, '평상이 있는 국숫집'에서 '마주 앉은 사람'들이 서로의 삶에 대해 이해하고 공감하며 연민을 느끼고 있다는 의미를 강조하고 있다.

→ [B]만 해당
② *대화체를 사용하여 대상과의 **친밀감을 드러내고 있다.
  * 대상에게 말을 건네는 말투 ** 매우 친하고 가까운 느낌
[근거] (가) [B]-1 부귀를 탐치 말고 빈천을 사양 마라
[풀이] [B]에는 화자가 독자에게 '~라'의 명령형 어미를 사용하여 말을 건네는 듯한 어투가 나타나고 있어, 대화체가 사용되었다고 볼 수 있다. 그러나 이러한 대화체를 사용하여 [B]에서는 부귀를 욕심내지 말며 빈천을 거절하지 말라고 독자에게 권유하고 있을 뿐, 대상과의 친밀감을 드러내고 있다고 보기는 어렵다. 한편, (나)에서는 서로의 이익을 위한 시비와 싸움만 하는 세상 형편에 대한 화자의 한탄과 나라에 대해 염려하는 화자의 독백, 즉 혼잣말만 있을 뿐 대화체를 사용하고 있지 않으며 대상과의 친밀감을 드러내고 있지도 않다.

→ 적절하지 않음!

■대화체
현대시 007번 문제 ⑤번 선지 (2025년 3월 학평) 참고 → 008쪽

특정한 시어를 반복하여
③ *점층적 표현을 사용하여 화자의 태도를 **부각하고 있다.
  * 그 정도를 점점 강하게 하거나, 크게 하거나, 높게 하는 등의 표현 ** 뜰 浮 새길 剋 : 두드러지게 하고
[근거] (가) [B]-1 부귀를 탐치 말고/3 부귀는 위기라 하다가
[B]-1 빈천을 사양 마라/2 부귀빈천이 절로 절로 도느이
(나) ❶-1 이편은 저 외다 하고 저편은 이 외다 하니
❷-1 싸움에 시비만 하고 공도 시비 아니 하네
❸-1~2 나라가 굳으면 집조차 굳으리라/ 집만 돌아보고 나라 일 아니 하네
[풀이] [B]에서는 '부귀', '빈천'과 같은 특정 시어를 반복하여 부귀를 욕심내지 말고 빈천을 거부하지 말라고 권유하는 화자의 태도를 부각하고 있으며, (나)에서는 '싸움', '시비', '나라', '집' 등의 특정 시어를 반복하여 각자의 이익을 위한 싸움뿐인 세상 형편에 대해 한탄하고 나라에 대해 걱정하는 화자의 태도를 부각하고 있다. 즉, [B]와 (나)는 특정한 시어의 반복을 통해 화자의 태도를 부각하고 있을 뿐, 점층적 표현을 사용하여 화자의 태도를 부각하고 있지는 않다.

→ 적절하지 않음!

■점층적 표현을 사용하고 있는 작품
• 이양하, 「신록 예찬」(2013학년도 수능)
신록(새 新 푸를 綠 : 늦봄이나 초여름에 새로 나온 잎의 푸른빛)을 대하고 있으면, 신록은 먼저 나의 눈을 씻고, 나의 머리를 씻고, 나의 가슴을 씻고, 다음에 나의 마음의 모든 구석구석을 하나하나 씻어 낸다.
  → 신록을 대하고 있을 때 글쓴이가 느끼는 마음의 기쁨과 위안, 신록에 동화되는(같게 되는, 하나가 되는) 듯한 느낌을 그 범위(눈<머리<가슴)를 점점 크게, 그 강도를 점점 강하게 하여 점층적으로 표현하고 있다.

→ (나)만 해당
④ *설의적 표현을 활용하여 화자의 정서를 강조하고 있다.
  * 분명한 답이 있는데도 의도적으로 물음의 형식으로 나타낸 표현
[근거] (나) ❸-3 하다가 명당이 기울면 어느 집이 굳으리오/ ❹-1 공명을 원챤커든 부귀인들 바랄소냐
[풀이] (나)의 '하다가 명당이 기울면 어느 집이 굳으리오'에는 나라의 통치가 기울어지면 백성들의 삶도 굳건할 수가 없다는 내용을 의도적으로 의문의 형식으로 나타냄으로써 화자의 염려를 강조한 설의적 표현이 나타난다. 또한 (나)의 '공명을 원챤기든 부귀인들 바랄소냐'에는 공을 세워서 이름을 널리 드러내는 것도, 재산이 많고 지위가 높은 것도 바라지 않는다는 내용을 의도적으로 의문의 형식으로 나타냄으로써 공명도, 부귀도 원하지 않는다는 화자의 정서를 강조한 설의적 표현이 나타난다. 그러나 [B]에는 이러한 설의적 표현이 활용된 부분을 찾아볼 수 없다.

→ 적절하지 않음!

⑤ *상승 이미지를 반복하여 화자의 의지를 나타내고 있다.
* 위로 올라가는 듯한 느낌을 주는 이미지

풀이 [B]와 (나)는 특정한 시어의 반복을 통해 의미를 강조하고 화자의 태도를 부각하고 있을 뿐, 상승 이미지를 반복하는 부분이 나타나지 않으며 이를 통해 화자의 의지를 나타내고 있지도 않다.

→ 적절하지 않음!

> ■ **상승 이미지를 반복하고 있는 작품**
> • 황지우, 「겨울-나무로부터 봄-나무에로」(2010학년도 9월 모평, 2015학년도 9월 모평A)
> 밀고 간다, 막 밀고 올라간다/ 온몸이 으스러지도록/ 으스러지도록 부르터지면서/ 터지면서 자기의 뜨거운 혀로 싹을 내밀고/ 천천히, 서서히, 문득, 푸른 잎이 되고/ 푸르른 사월 하늘 들이받으면서/ 나무는 자기의 온몸으로 나무가 된다
> → '막 밀고 올라간다', '사월 하늘 들이받으면서'와 같이 위로 올라가는 듯한 느낌을 주는 상승 이미지를 반복하여 '겨울-나무'가 '봄-나무'로 변화해 가는 과정을 표현하고 있다.

> 💡 **어떻게 풀까?** 이 문항은 정답률보다 오답률이 더 높았다. 고전시가의 현대어 풀이도 어려운데, 그 안에서 표현상 특징을 파악하기는 쉽지 않았을 것이다. 하지만 평소에 잘 틀리거나 헷갈리는 표현법을 예문과 함께 정리해서 반복적으로 보면 오히려 세부 내용 파악이나 감상의 적절성 등의 문제보다 표현법 문제를 더 수월하게 풀 수 있다. 나에게 부족한 개념을 정리해 볼 필요가 있다.

[005~009] 다음 글을 읽고 물음에 답하시오.

(가)

1 ¹향가(삼국 시대 말 ~ 통일 신라 시대 사이에 유행하였던, 일정한 형식을 지닌 한국 고유의 시가와 시조(고려 말부터 발달해 온, 일정한 형식을 지닌 한국 고유의 시가)는 일반적으로 형식적 측면에서 전승 과정(전해 내려오는 과정)에 초점을 두고 두 갈래의 영향 관계(향가와 시조 사이에 서로 영향을 주고받은 관계)를 설명한다. ²시조의 기원(일어날 起 근원 源 : 처음으로 생겨나게 된 근원에 대한 다양한 설(말씀 說 : 여러 학자들의 생각이나 견해) 중, 10구체 향가에서 비롯하였으리라는 설(시조가 10구체 향가로부터 생겨났을 것이라고 보는 견해)에 바탕을 두고 설명하는 학자들은 초기의 4구체(4구, 즉 4개의 행으로 이루어진 향가의 한 형식)나 과도기(지날 過 건널 渡 때 期 : 향가가 4구체에서 10구체로 바뀌어 가는 도중의 시기) 형태인 8구체(8구, 즉 8개의 행으로 이루어진 향가의 한 형식)가 아닌, 10구체(10구, 즉 10개의 행으로 이루어진 향가의 한 형식)를 향가 중에서 정제된(가지런할 整 가지런할 齊 : 다듬어지고 정돈된) 형식으로 본다. ³10구체는 대개 '4구 + 4구 + 2구'의 형태로 시상(시 詩 생각 想 : 시에 나타난 생각이나 감정)을 전개하다가(펼쳐 나가다가) 낙구(10구체 향가에서 마지막 '2구'에 해당하는 부분)에 주제를 제시하며 시상을 마무리한다. ⁴이러한 형태는 후대(뒤 後 세대 代 : 뒤에 오는 시대) 평시조(형식상 가장 기본이 되는 형태의 시조)가 정제된 틀을 갖추게 된 데에 영향을 끼쳤는데, 특히 낙구의 감탄사('아아', '어즈버'('아아'의 옛말) 등과 같이 감탄을 나타내는 말)는 시조의 종장(시조의 3장인 '초장 - 중장 - 종장' 중 마지막 장) 첫 구(첫 구절, '구'는 시조의 '장'을 의미상 두 부분으로 나눈 단위를 말함)에 나타나는 감탄사에 영향을 미쳤으리라는 것이다. ⁵향가의 감탄사와 시조 종장의 감탄사는 앞에 나온 내용을 정서적으로 고양시키거나(높을 高 올릴 揚 : 정신이나 기분 등을 북돋워서 높이거나)환기시켜(부를 喚 일어날 起 : 생각 등을 불러일으켜서) 노래의 내용을 완결하는(완전할 完 맺을 結 : 완전히 끝을 맺는) 효과가 있다.

→ 향가(10구체)와 시조의 형식적 측면에서의 영향 관계

2 ¹이런 전승 과정을 거쳐 형성된(10구체 향가에서 생겨난) 시조가 오늘날까지 창작될(지어질) 수 있었던 것은, 간결한(간단하고 깔끔한) 형식에서 기인한(일어날 起 인할 因 : 어떠한 것에 원인을 두는)바가 크다고 할 수 있다. ²이러한 평시조(형식상 가장 기본이 되는 형태의 시조)의 형식적 특징은 조선 후기(임진왜란(1592년) 이후를 조선 후기로 봄)에 접어들어 그 변화가 두드러지게(뚜렷하게) 나타난다. ³각 장('장'은 현대시의 '행'에 해당하는 시조의 단위로, 평시조는 초장 - 중장 - 종장의 3개의 장으로 이루어짐)4음보의 정형성('음보'는 시를 읽을 때 끊어 읽는 단위, 각 장을 4음보로 끊어 읽는 시조의 규칙성)이 파괴되어(무너져) 시조의 장형화(길이가 길어짐)가 이루어지고 사설시조('장형 시조'라고도 하며, 초장 - 중장 - 종장의 세 개의 장 가운데 대개 두 개의 장이 평시조보다 길어진 형태의 시조)가 출현하게(나타날 出 나타날 現 : 나타나게) 된다.

→ 조선 후기에 두드러지게 나타난, 평시조의 형식상의 변화

3 ¹향가와 시조는 형식적 측면에서와는 달리 내용적 측면에서의 영향 관계를 설명하기는 어렵다. ²10세기 말 무렵까지 창작됐던 향가는 현재까지 가사(노랫말)가 전해지는 것이 총 25수(작품)에 불과하고, 위홍과 대구화상(신라 진성여왕 때의 신하(위홍)와 승려(대구화상))로, 왕의 명령을 받아 이 둘이 일반 백성들 사이에 떠돌던 향가를 수집하여 향가집 『삼대목』을 펴냄)이 간행했다는(펴냈다는) 향가집(여러 향가를 한데 모은 책)『삼대목』도 현재 전해지지 않는다. ³현재 전하는 작품들의 내용은 주로 불교적 신앙심(믿을 信 우러를 仰 마음 心 : 신을 믿고 따르는 마음)을 바탕으로 한 것이 많지만, 추모(追慕)(따를 追 그릴 慕 : 죽은 사람을 그리워하며 생각함), 축사(逐邪)(쫓을 逐 간사할 邪 : 나쁜 기운이나 귀신을 물리쳐 내쫓음), 안민(安民)(편안 安 백성 民 : 백성의 마음을 어루만져 편히 살게 함), 연군(戀君)(그리워할 戀 임금 君 : 임금을 그리워함) 등 다양하다.

→ 현재 전하는 향가 작품의 수와 내용적 특징

4 ¹반면, 고려 말에 발생하여(생겨나) 조선 시대에 들어 본격적으로 융성한(높을 隆 성할 盛 : 대단하게 성장하고 널리 퍼진) 시조는 시조가 지니는 형식미(형식적 아름다움) 때문에 조선 전기(임진왜란(1592년) 이전의 시기) 사대부(고려 및 조선 시대에 벼슬을 하지 않은 '사(士)'와 벼슬길에 나아갔던 '대부(大夫)'를 모두 아울러 합쳐서 이르는 말)들의 의의식(아름다울 美 생각 意 지식 識 : 아름다움(美)을 느끼거나 이해하고, 아름다움(美)을 가려서 판단하는 의식)과 정신세계를 표현하는 데 적합한 갈래로 자리 잡았다. ²이 시기(조선 전기) 시조의 주제는 유교적 이념(임금에 대한 충성, 부모에 대한 효도, 남편에 대한 정절(지조, 절개), 어른에 대한 공경 등을 중요하게 여기는 생각이나 가치관)과 자연에 대한 동경(그리워할 憧 그리워할 憬 : 어떤 것을 간절히 그리워하여 그것만 생각함)이었는데, 이는(시조의 주제인 유교적 이념과 자연에 대한 동경은) 조선 사대부들의 이상(다스릴 理 생각 想 : 가장 완전하다고 여겨지는 상태)이기도 했다. ³조선 후기(임진왜란(1592년) 이후의 시기) 시조는 자기 자신에 대한 새로운 인식(새로운 판단과 앎)과 실학(실제로 행할 實 학문 學 : 조선 후기에 나타났던, 실생활에 도움이 되는 실용적인 학문)의 대두(들 擡 머리 頭 : 어떤 현상이 새롭게 나타남)로 인하여 관념적(볼 觀 생각 念 ~의 的 : 현실에서 멀어져 구체적이지 않고 막연한 것)이고 형식적인(모양 形 법 式 ~의 的 : 겉으로 드러나 보이는 모습을 위주로 하는) 경향에서 벗어났다. ⁴그러면서 시조에는 새로운 인간성(사람의 됨됨이, 인격)을 발견하고 다양한 현실적 삶(실제의 구체적인 삶)을 표현하고자 하는 경향이 나타났다.

→ 조선 시대에 들어 본격적으로 융성한 시조의 내용적 특징

작품 이해 단계 ① 화자 ② 상황 및 대상 ③ 정서 및 태도 ④ 주제

(나)

① 화자 : 안 드러남

1 ⊙임금은 아버지요

2 신하는 사랑하실 어머니요

3 백성은 어린 아이라고 한다면

4 백성이 사랑을 알 것입니다.
└ 느리게 자꾸 움직이며
5 꾸물거리며 사는 백성들
└ ② 대상 : '꾸물거리며 사는 백성들'
6 이들을 먹여 다스려
└ '꾸물거리며 사는 백성들'
7 이 땅을 버리고 어디로 갈 것인가 한다면
└ 백성들이 '이 땅을 버리고 어디로 갈 것인가'라고 한다면
8 나라가 다스려짐을 알 것입니다.

9 아으, 임금답게 신하답게 백성답게 한다면
└ 낙구의 감탄사, 10구체 향가의 특징으로 후에 시조의 종장 첫 구 감탄사에 영향을 줌
10 나라가 태평할 것입니다.
└ 클 太 평평할 平 : ((가) ①-3~4 내용 참고)
아무 근심과 걱정이 없음

④ 주제 : 편안 安 백성 民 노래 歌 : 백성의 마음을 어루만져 편안히 살게 하는 노래
'임금'과 '신하'가 부모처럼 '백성'을 사랑으로 보살피고, '백성'들의 먹고사는 문제를 해결해 준다면(임금답게 신하답게 백성답게 한다면) 나라는 평안하고 백성은 편안하게 살 수 있다.

②③ 대상 및 태도 : '임금'과 '신하'가 어린 아이를 보살피는 부모처럼 '백성'을 잘 보살핀다면 백성들이 '임금'과 '신하'의 사랑을 알게 될 것이라고 생각한다.

③ 태도 : 백성들을 먹여 다스려 백성들이 '이 땅을 버리고 어디로 가겠는가'라는 말을 할 정도로 만족해한다면 나라가 온전하게 유지가 될 것이라고 생각한다.

③ 태도 : 임금과 신하 그리고 백성 각자가 자신의 자리에서 마땅히 지켜야 할 본분과 도리를 다한다면 나라가 평안할 것이라 생각한다. (주제가 제시된 부분, (가) ①-3 내용 참고)

- 충담사, 「안민가」-

> • **현대어 풀이**
> 1 임금은 아버지고
> 2 신하는 사랑해 주시는 어머니고
> 3 백성은 어린 아이라고 한다면
> 4 백성이 (임금과 신하의) 사랑을 알 것입니다.
> 5 느리게 자꾸 움직이며 사는 백성들
> 6 이들을 먹여 다스려
> 7 (백성들이) '이 땅을 버리고 어디로 갈 것인가?'(이 땅을 버리고 가지 않겠다)라고 한다면
> 8 나라가 잘 다스려짐을 알 것입니다.
> 9 아으, 임금답게 신하답게 백성답게 (각자에게 주어진 본분에) 충실한다면

¹⁰ 나라가 평안하고 백성은 편안하게 살 수 있을 것입니다.

• 지문 이해

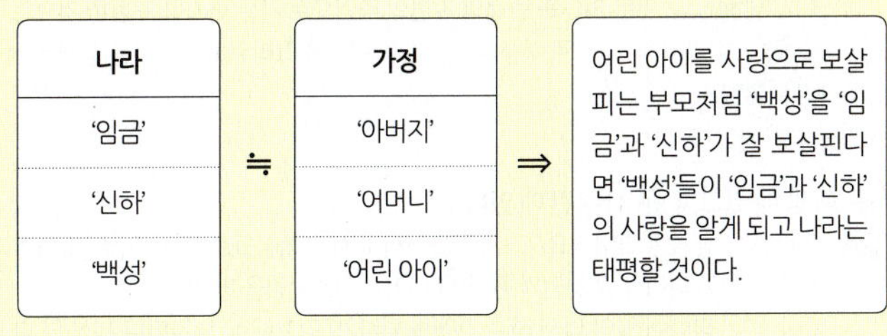

(다) ① 화자 : 안 드러남 / 나랏일

산 山 물 水 사이 間 : 산과 물의 사이, 즉 자연 속
한가하게 이리저리 놀다가

¹ 평생에 일이 업서 산수 간에 노니다가

강 江 호수 湖 : 강과 호수, 즉 자연 / 잊는구나

② 대상 및 상황 : '산수 간'에서 놀다가 '강호'의 주인이 되어(자연 속에서 한가롭게 지내) 세상 일을 다 잊어버린 상황

² 강호에 ⓛ 님자되니 세상 일 다 니제라

주인이 되니 / 친구

³ 엇더타 강산풍월이 긔 벗인가 ᄒ노라

③ 태도 : 강산풍월을 벗으로 삼는다.

그것이
강 江 산 山 바람 風 달 月 : 자연의 아름다운 풍경
'아아', 감정을 나타내는 감탄사, 10구체 향가 낙구의 감탄사에 영향을 받음

- 낭원군의 시조 -

④ 주제 :
자연 속에서 한가롭게 지내면서 세상 일에 대해서는 다 잊어버리고, 자연을 벗으로 삼는다.

• 현대어 풀이

¹ 평생에 일이 없어 자연 속에서 한가롭게 노닐다가

² 자연의 주인이 되니 세상 일을 다 잊는구나

³ 아아 자연, 그것이 (나의) 친구인가 하노라

• 지문 이해

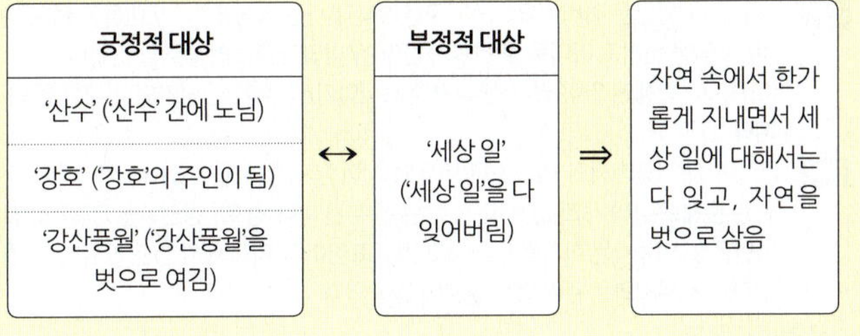

---

005 | 내용 이해 - 적절하지 않은 것 고르기 2017년 9월 학평 31번
정답률 75% | 정답 ⑤

(가)를 이해한 내용으로 적절하지 않은 것은?

① 향가는 현재 전하는 것보다 더 많은 작품이 있었을 것이다.

근거 **(가) ③-2** 10세기 말 무렵까지 창작됐던 향가는 현재까지 가사가 전해지는 것이 총 25수에 불과하고, 위홍과 대구화상이 간행했다는 향가집『삼대목』도 현재 전해지지 않는다.

풀이 향가의 가사가 현재까지 전해지는 것이 총 25수에 불과하다는 점, 그리고 위홍과 대구화상이 간행했다는 향가집『삼대목』도 현재 전해지고 있지 않다는 점 등을 토대로 볼 때, 당대에는 현재 전해지는 향가의 작품 수보다 더 많은 작품이 있었을 것이다.

→ 적절함!

② 향가의 4구체는 발전 과정에서 볼 때 초기 형태에 해당한다.

근거 **(가) ①-2** 시조의 기원에 대한 다양한 설 중, 10구체 향가에서 비롯하였으리라는 설에 바탕을 두고 설명하는 학자들은 초기의 4구체나 과도기 형태인 8구체가 아닌, 10구체를 향가 중에서 정제된 형식으로 본다.

풀이 (가)에서 향가는 초기의 4구체, 과도기 형태인 8구체 그리고 향가 중에서 가장 정제된 형식인 10구체의 세 가지 형식으로 발전해 왔음을 알 수 있다. 따라서 향가의 4구체는 향가의 발견 과정에서 볼 때 초기 형태에 해당한다고 보는 것이 적절하다.

→ 적절함!

③ 향가와 달리 시조는 지금까지도 작품 창작이 계속되고 있다.

근거 **(가) ②-1** 이런 전승 과정을 거쳐 형성된 시조가 오늘날까지 창작될 수 있었던 것은, 간결한 형식에서 기인한 바가 크다고 할 수 있다. / **③-2** 10세기 말 무렵까지 창작됐던 향가는

풀이 (가)에서 향가는 10세기 말 무렵까지 창작되었지만 10구체 향가에서 비롯되어 형성된 시조는 오늘날까지 창작되고 있다고 하였다. 따라서 향가와 달리 시조는 지금까지도 작품 창작이 계속되고 있다고 보는 것이 적절하다.

→ 적절함!

④ 시조의 형식미는 조선 전기 사대부들의 미의식을 드러내는 데 적합했다.

근거 **(가) ④-1** 반면, 고려 말에 발생하여 조선 시대에 들어 본격적으로 융성한 시조는 시조가 지니는 형식미 때문에 조선 전기 사대부들의 미의식과 정신세계를 표현하는 데 적합한 갈래로 자리 잡았다.

풀이 (가)에서 시조는 시조가 지니는 형식미 때문에 조선 전기 사대부들의 미의식과 정신세계를 표현하는 데 적합한 갈래로 자리 잡았다고 하였으므로 시조의 형식미는 조선 전기 사대부들의 미의식을 드러내는 데 적합했다고 보는 것이 적절하다.

→ 적절함!

관념적인 내용에서 벗어나려는

✔⑤ 시조는 *실학의 영향을 받아 **관념적인 내용을 담으려는 경향이 나타났다.
* 실생활에 도움이 되는 실용적인 학문 ** 현실에서 멀어져 구체적이지 않고 막연한

근거 **(가) ④-3** 조선 후기 시조는 자기 자신에 대한 새로운 인식과 실학의 대두로 인하여 관념적이고 형식적인 경향에서 벗어났다.

풀이 (가)에서 조선 후기 시조는 실학이 등장함에 따라 관념적이고 형식적인 경향에서 벗어났다고 언급하고 있으므로, 실학의 영향을 받아 관념적인 내용을 담으려는 경향이 나타났다는 설명은 적절하지 않다.

→ 적절하지 않음!

---

006 | 내용 이해 - 적절하지 않은 것 고르기 2017년 9월 학평 32번
정답률 65%, 매력적 오답 ④ 10% | 정답 ③

(가)를 바탕으로 (나)와 (다)를 이해한 것으로 적절하지 않은 것은?

① (나)의 '4구 + 4구 + 2구' 형태는 (다)의 '초장 + 중장 + 종장'의 *3단 구성 형성에 영향을 준 것이군. * 내용이나 형식 등을 기준으로 작품을 나누었을 때, 총 3개의 단위로 구성된 형태

근거 **(가) ①-3~4** 10구체는 대개 '4구 + 4구 + 2구'의 형태로 시상을 전개하다가 낙구에 주제를 제시하며 시상을 마무리한다. 이러한 형태는 후대 평시조가 정제된 틀을 갖추게 된 데에 영향을 끼쳤는데, 특히 낙구의 감탄사는 시조의 종장 첫 구에 나타나는 감탄사에 영향을 미쳤으리라는 것이다.

(나)-1~4 임금은 아버지요 ~ 백성이 사랑을 알 것입니다. (4구)
5~8 꾸물거리며 사는 백성들 ~ 나라가 다스려짐을 알 것입니다. (4구) ⇒ '4구+4구+2구'
9~10 아으, ~ 나라가 태평할 것입니다. (2구)
(다)-1 평생에 ~ 노니다가 (초장)
2 강호에 ~ 니제라 (중장) ⇒ '초장+중장+종장의 3단 구성'
3 엇더타 ~ ᄒ노라 (종장)

풀이 (나)의 향가는 '임금은 ~ 알 것입니다'의 4구, '꾸물거리며 ~ 알 것입니다'의 4구, '아으 ~ 것입니다'의 2구로 구성되어 대개의 10구체 향가와 마찬가지로 '4구 + 4구 + 2구'의 구성을 갖추고 있다. 또한, (다)의 시조는 '평생에 ~ 노니다가'의 초장, '강호에 ~ 니제라'의 중장, '엇더타 ~ ᄒ노라'의 종장으로 구성되어 '초장 + 중장 + 종장'의 3단 구성의 형태를 보인다. 한편 (가)에는 '4구 + 4구 + 2구'의 형태로 시상을 전개하다가 낙구에 주제를 제시하고 시상을 마무리하는 10구체 향가의 구성이 후대에 평시조가 틀을 갖추는 데 영향을 주었을 것이라고 언급되어 있다. 따라서 (나)의 '4구 + 4구 + 2구' 형태는 (다)의 '초장 + 중장 + 종장'의 3단 구성 형성에 영향을 준 것으로 보는 것이 적절하다.

→ 적절함!

② (나)의 '아으'는 *전승의 측면에서 (다)의 '엇더타'와 영향 관계에 있군. * 전해 내려옴

근거 **(가) ①-3~4** 10구체는 대개 '4구 + 4구 + 2구'의 형태로 시상을 전개하다가 낙구에 주제를 제시하며 시상을 마무리한다. 이러한 형태는 후대 평시조가 정제된 틀을 갖추게 된 데에 영향을 끼쳤는데, 특히 낙구의 감탄사는 시조의 종장 첫 구에 나타나는 감탄사에 영향을 미쳤으리라는 것이다.

(나)-9 아으, 임금답게 신하답게 백성답게 한다면
(다)-3 엇더타 강산풍월이 긔 벗인가 ᄒ노라

풀이 (가)에서 10구체 향가의 낙구의 감탄사는 시조의 종장 첫 구에 나타나는 감탄사에 영향을 미쳤을 것이라고 하였다. 따라서 (나)의 '아으'는 전승의 측면에서 (다)의 '엇더타'와 영향 관계에 있다고 보는 것이 적절하다.

→ 적절함!

형태와는 관련이 없군

✔③ (다)의 4음보 *율격은 (나)에서 '4구'가 반복되는 형태의 영향을 받은 것이군.
* 시를 읽을 때 느껴지는 말의 가락

근거 (가) ❶-3~4 10구체는 대개 '4구 + 4구 + 2구'의 형태로 시상을 전개하다가 낙구에 주제를 제시하며 시상을 마무리한다. 이러한 형태는 후대 평시조가 정제된 틀을 갖추게 된 데에 영향을 끼쳤는데, 특히 낙구의 감탄사는 시조의 종장 첫 구에 나타나는 감탄사에 영향을 미쳤으리라는 것이다.
(나)-1~4 임금은 아버지요 ~ 백성이 사랑을 알 것입니다. (4구)
5~8 꾸물거리며 사는 백성들 ~ 나라가 다스려짐을 알 것입니다. (4구)
(다)-1 평생에˅일이 업서˅산수 간에˅노니다가 (4음보 율격)

풀이 (가)에서 10구체 향가의 '4구 + 4구 + 2구' 형태의 시상 전개 방식과 낙구에 주제를 제시하며 시상을 마무리하는 방식이 후대 평시조가 정제된 틀을 갖추게 된 데에 영향을 끼쳤다는 점 등은 확인할 수 있다. 그러나 (다)와 같은 시조의 4음보 율격이 (나)와 같은 10구체 향가에서 '4구'가 반복되는 형태의 영향을 받은 것이라는 점은 (가)에서 확인할 수 없다.

→ 적절하지 않음!

④ (다)의 종장에 주제가 제시된 것은 (나)의 9구와 10구에 주제가 제시된 것과 동일한 방식이군.

근거 (가) ❶-3~4 10구체는 대개 '4구 + 4구 + 2구'의 형태로 시상을 전개하다가 낙구에 주제를 제시하며 시상을 마무리한다. 이러한 형태는 후대 평시조가 정제된 틀을 갖추게 된 데에 영향을 끼쳤는데, 특히 낙구의 감탄사는 시조의 종장 첫 구에 나타나는 감탄사에 영향을 미쳤으리라는 것이다.
(나)-9~10 아으, 임금답게 신하답게 백성답게 한다면/ 나라가 태평할 것입니다. (낙구)
(다)-3 엇더타 강산풍월이 긔 벗인가 흐노라 (종장)

풀이 (나)에서는 임금과 신하, 백성 각각이 각자의 자리에서 맡은 바 본분을 다한다면 나라가 평안할 것이라는 주제가 (나)의 마지막 부분(낙구)인 9구와 10구에서 제시되고 있다. (다)에서는 자연과 벗하며 살아가고자 하는 삶의 태도라는 주제가 (다)의 마지막 부분인 종장에서 제시되고 있다. 이렇게 (나)와 (다)가 각각의 작품의 마무리 부분에서 주제를 제시하는 동일한 방식은 10구체 향가에서 낙구(10구체 향가에서 마지막 2구)에 주제를 제시하며 시상을 마무리하는 형태가 후대 평시조가 정제된 틀을 갖추는 데에 영향을 끼쳤기 때문인 것으로 파악할 수 있다.

→ 적절함!

⑤ (나)와 (다)의 형식은 모두 각각의 갈래에서 대표적인 형식이군.

근거 (가) ❶-2~4 시조의 기원에 대한 다양한 설 중, 10구체 향가에서 비롯하였으리라는 설에 바탕을 두고 설명하는 학자들은 초기의 4구체나 과도기 형태인 8구체가 아닌, 10구체를 향가 중에서 정제된 형식으로 본다. 10구체는 대개 '4구 + 4구 + 2구'의 형태로 시상을 전개하다가 낙구에 주제를 제시하며 시상을 마무리한다. 이러한 형태는 후대 평시조가 정제된 틀을 갖추게 된 데에 영향을 끼쳤는데, 특히 낙구의 감탄사는 시조의 종장 첫 구에 나타나는 감탄사에 영향을 미쳤으리라는 것이다.
(다)-1 평생에˅일이 업서˅산수 간에˅노니다가
2 강호에˅님자되니˅세상 일˅다 니제라
3 엇더타˅강산풍월이˅긔 벗인가˅흐노라

풀이 (가)를 토대로 볼 때 향가는 초기의 4구체 형식, 과도기의 8구체 형식을 거쳐 가장 정제된 형식인 10구체의 형태로 다듬어졌다는 것을 알 수 있다. 따라서 '4구 + 4구 + 2구'의 형태로 구성된 (나)는 향가라는 갈래에서 가장 정제되고 발달된 형식인 10구체 향가 작품에 속한다. 또한 (가)를 통해 평시조는 10구체 향가의 영향을 받아 정제된 틀을 갖추게 되었음을 알 수 있다. '초장 + 중장 + 종장'의 형태를 갖추고 4음보의 정형성(끊어 읽는 마디가 네 마디씩 규칙적으로 반복되는 형식)을 지키고 있는 (다)는 시조라는 갈래에서 가장 기본적이면서 정제된 틀을 갖추고 있는 평시조에 속한다. 따라서 10구체 향가인 (나)와 평시조인 (다)의 형식은 모두 각각의 갈래에서 대표적인 형식으로 볼 수 있다.

→ 적절함!

---

007 | 시어의 의미 – 적절한 것 고르기 2017년 9월 학평 33번
정답률 70%, 매력적 오답 ④ 15% | 정답 ②

㉠과 ㉡에 대한 설명으로 가장 적절한 것은?

(나)-1 ㉠ 임금은 아버지요
(다)-2 강호에 ㉡ 님자되니 세상 일 다 니제라

그리워하고 있지 않다

① ㉠은 '백성'을, ㉡은 '벗'을 그리워하고 있다.
근거 (나)-1 ㉠ 임금은 아버지요/ 5~6 꾸물거리며 사는 백성들/ 이들을 먹여 다스려
(다)-2~3 강호에 ㉡ 님자되니 세상 일 다 니제라/ 엇더타 강산풍월이 긔 벗인가 흐노라

풀이 ㉠(임금)은 '백성'을 '먹여 다스'려야 하는 존재로서, 가정에서 '아버지'와 같은 역할을 해야 하는 존재로 그려지고 있다. 한편, (다)에서 화자는 '강호에 님자되'어, 즉 자연의 임자(주인)가 되어 세상 일은 다 잊고 '강산풍월'을 벗으로 여긴다고 말하고 있다. 다시 말해 ㉡(님자)은 자연과 벗하며 자연의 주인으로 사는 화자를 표현한 것으로 볼 수 있다. 따라서 ㉠(임금)은 '백성'을, ㉡(님자)은 '벗'을 그리워하고 있다는 설명은 적절하지 않다.

→ 적절하지 않음!

✓② ㉠은 '이 땅'에 있고, ㉡은 '산수 간'에 있다.
근거 (나)-1 임금은 아버지요/ 5~8 꾸물거리며 사는 백성들/ 이들을 먹여 다스려/ 이 땅을 버리고 어디로 갈 것인가 한다면/ 나라가 다스려짐을 알 것입니다.
(다)-1~2 평생에 일이 업서 산수 간에 노니다가/ 강호에 ㉡ 님자되니 세상 일 다 니제라

풀이 ㉠(임금)은 '이 땅'의 '백성들'을 '먹여 다스'려야 하는 존재로 그려지고 있으므로 ㉠(임금)이 '이 땅'에 있다는 설명은 적절하다. 또한 (다)에서 화자는 자연 속에서 자연의 ㉡(님자)이 된다고 하였으므로 ㉡(님자), 즉 화자는 '산수 간'에 있다고 볼 수 있다.

→ 적절함!
㉠과 ㉡ 모두 현실의

③ ㉠은 ㉡과 달리 상상의 세계 속에 존재하고 있다.
근거 (나)-1 임금은 아버지요/ 5~8 꾸물거리며 사는 백성들/ 이들을 먹여 다스려/ 이 땅을 버리고 어디로 갈 것인가 한다면/ 나라가 다스려짐을 알 것입니다.
(다)-1~2 평생에 일이 업서 산수 간에 노니다가/ 강호에 ㉡ 님자되니 세상 일 다 니제라

풀이 ㉠(임금)은 '이 땅'에서 '백성들'을 '먹여 다스'려야 하는 존재이고 ㉡(님자)은 '평생에 일이 업서 산수 간'에 노닐고 있다. 따라서 ㉠(임금)이 존재하고 있는 '이 땅'과 ㉡(님자)이 존재하고 있는 '산수 간'은 모두 현실의 세계이므로, 이들이 상상의 세계 속에 존재하고 있다는 설명은 적절하지 않다.

→ 적절하지 않음!

④ ㉡은 ㉠과 달리 대상의 *부재에 괴로워하고 있다. * 존재하지 않음
근거 (나)-1 임금은 아버지요/ 5~8 꾸물거리며 사는 백성들(대상)/ 이들을 먹여 다스려/ 이 땅을 버리고 어디로 갈 것인가 한다면/ 나라가 다스려짐을 알 것입니다.
(다)-1~2 평생에 일이 업서 산수 간에 노니다가/ 강호에 ㉡ 님자되니 세상 일 다 니제라

풀이 ㉠(임금)은 가정에서의 '아버지'에 비유되어 '이 땅'의 '백성들'(대상)을 '먹여 다스'려야 하는 존재로 나타나고 있다. ㉡(님자)은 '산수 간'이나 '강호', '강산풍월'(대상)과 같은 자연을 벗하며 사는 화자를 나타내고 있는 표현이다. 따라서 ㉠(임금)과 ㉡(님자)은 모두 대상의 부재와는 관련 없는 상황에 놓여 있다.

→ 적절하지 않음!

> ■대상의 부재에 괴로워하고 있는 상황이 드러나는 작품
> • 김소월, 「초혼」
> 산산이 부서진 이름이여!/ 허공 중에 헤어진 이름이여!/ 불러도 주인 없는 이름이여!/ 부르다가 내가 죽을 이름이여!
> → '불러도 주인 없는 이름'에서 대상의 부재가 나타나며 화자는 '부르다가 내가 죽을 이름'이라고 하며 대상의 부재로 인한 괴로움을 드러내고 있다.

㉡은
⑤ ㉠과 ㉡은 모두 자신의 처지에 만족하고 있다.
근거 (나)-1 ㉠ 임금은 아버지요/ 5~8 꾸물거리며 사는 백성들/ 이들을 먹여 다스려/ 이 땅을 버리고 어디로 갈 것인가 한다면/ 나라가 다스려짐을 알 것입니다.
(다) 평생에 일이 업서 산수 간에 노니다가/ 강호에 ㉡ 님자되니 세상 일 다 니제라/ 엇더타 강산풍월이 긔 벗인가 흐노라

풀이 (나)에서는 '백성'들을 '아버지'처럼 '먹여 다스'려야 하는 ㉠(임금)의 역할에 대해 말하고 있을 뿐, ㉠(임금)이 자신의 처지에 만족하고 있는지 여부는 나타나지 않는다. (다)에서는 '강호에 님자'가 되어 자연을 벗 삼아 '세상 일'을 잊고 살아가고 있는 화자의 상황이 드러나 있으므로, 별도로 주어지는 다른 외부의 정보가 없이 작품 자체의 내용만을 보고 판단한다면 ㉡(님자)은 자신의 처지에 만족하고 있다고 할 수 있다.

→ 적절하지 않음!

---

008 | 내용 이해 – 적절하지 않은 것 고르기 2017년 9월 학평 34번
정답률 75%, 매력적 오답 ④ 15% | 정답 ③

<보기>는 (가)의 *안민(安民)이 (나)에서 어떻게 **구현되고 있는지를 나타낸 것이다. ⓐ ~ ⓔ에 대한 이해로 적절하지 않은 것은?
* 편안 安 백성 民 : 백성의 마음을 어루만져 편히 살게 함 ** 갖출 具 나타날 現 : 구체적으로 나타나고

| 보기 |

ⓐ	임금 = 아버지
ⓑ	신하 = 어머니
ⓒ	백성 = 어린 아이

⇒ ⓓ 자신의 *본분을 행함 ⇒ ⓔ 나라의 태평

* 근본 本 직분 分 : 마땅히 지켜 행해야 할 일이나 도리

(가) ❸-3 현재 전하는 작품들의 내용은 주로 불교적 신앙심을 바탕으로 한 것이 많지만, 추모(追慕), 축사(逐邪), 안민(安民), 연군(戀君) 등 다양하다.

① ⓐ~ⓒ로 보아 국가를 가족의 확대된 형태로 생각한 것이군.
근거 (나)-1~4 임금은 아버지요/ 신하는 사랑하실 어머니요/ 백성은 어린 아이라고 한다면/ 백성이 사랑을 알 것입니다.
풀이 ⓐ~ⓒ를 보면 국가의 '임금'과 '신하', '백성'을 각각 가족을 이루는 구성원인 '아버지'와 '어머니', '어린 아이'와 동일하게 보고 있다. 따라서 ⓐ~ⓒ로 보아 국가를 가족의 확대된 형태로 생각한 것이라는 설명은 적절하다.

→ 적절함!

② ⓐ와 ⓑ가 ⓒ를 잘 먹여 다스리는 일이 *통치의 근본이군.
* 거느릴 統 다스릴 治 : 나라나 지역을 도맡아 다스림
근거 (나)-5~8 꾸물거리며 사는 백성들/ 이들을 먹여 다스려/ 이 땅을 버리고 어디로 갈 것인가 한다면/ 나라가 다스려짐을 알 것입니다.
풀이 (나)에서 ⓐ(임금)와 ⓑ(신하)가 ⓒ(백성)를 '먹여 다스려' 백성이 '이 땅을 버리고 어디로 갈 것인가(이 땅을 버리고 가지 않겠다)'라고 한다면 나라가 잘 다스려지고 있음을 알 수 있다고 하였다. 따라서 ⓐ(임금)와 ⓑ(신하)가 ⓒ(백성)를 잘 먹여 다스리는 일이 통치의 근본이라는 설명은 적절하다.

→ 적절함!

ⓐ~ⓒ   화자
③ ⓓ는 ⓑ와 ⓒ에게 ⓐ가 당부하는 것이군.
근거 (나)-9~10 아으, 임금답게 신하답게 백성답게 한다면/ 나라가 태평할 것입니다.
풀이 (나)의 화자는 임금과 신하, 백성이 각자 자신의 맡은 바 본분을 다한다면 나라가 평안하고 백성이 편안할 것이라는 점을 전달하고 있다. 즉, 화자가 임금과 신하, 백성 각각에 대해 '자신의 본분을 행할 것을 당부하고 있는 것이지 ⓐ(임금)가 ⓑ(신하)와 ⓒ(백성)에게 신하와 백성으로서의 본분을 다하라고 당부하고 있는 것은 아니다.

→ 적절하지 않음!

④ ⓓ에는 *민심을 중시하는 **정치의식이 담겨 있군.
* 백성 民 마음 心 : 백성의 마음 ** 나라를 다스리는 일인 정치에 관한 생각이나 견해
근거 (나)-9~10 아으, 임금답게 신하답게 백성답게 한다면/ 나라가 태평할 것입니다.
풀이 (나)에서는 임금과 신하가 어린 아이를 돌보는 부모처럼 사랑으로 백성들을 보살피고, 백성들을 잘 먹여 다스린다면 나라가 태평하게 유지될 것이라고 말하고 있다. 즉, 임금과 신하, 백성이 각자의 위치에 맞게 본분을 행한다면 나라는 평안할 것이라고 보는 것이다. 따라서 ⓓ(자신의 본분을 행함)에는 백성들의 마음을 중요하게 여기는 정치의식이 담겨 있다고 볼 수 있다.

→ 적절함!

⑤ ⓔ에 *도달할 수 있는 방법은 ⓓ이겠군. * 목적한 곳이나 수준에 다다를
근거 (나)-9~10 아으, 임금답게 신하답게 백성답게 한다면/ 나라가 태평할 것입니다.
풀이 (나)에서는 임금은 임금답게, 신하는 신하답게, 백성은 백성답게 각자 자신의 본분을 행한다면 나라가 태평할 것이라고 하였으므로 ⓔ(나라의 태평)에 도달할 수 있는 방법은 ⓓ(자신의 본분을 행함)라고 보는 것이 적절하다.

→ 적절함!

| | 1등급 문제 |

009 감상의 적절성 - 적절한 것 고르기 2017년 9월 학평 35번
정답률 35%, 매력적 오답 ⑤ 35%, ② 10%   정답 ④

(가)와 〈보기〉를 바탕으로 (다)를 감상한 내용으로 가장 적절한 것은? 3점

| 보기 |

낭원군의 시조는 조선시대 왕족(임금 王 친족 族 : 임금과 한집안에 속하는 사람들)의 정치 참여 금지로 인해 자신의 능력을 표출할(겉 表 나타날 出 : 겉으로 나타낼) 수 없었던 심정을

속세(풍속 俗 인간 世 : 사람들이 살고 있는 일반적인 세상, 사회)에서 벗어나 자연과 벗하는 모습으로 읊은 것이다.

정치 참여와 관련된 일
① 자신의 능력을 표출하지 못하는 상황에서 벗어나기 위한 노력을 '평생에 일'로 표현하였군.
근거 〈보기〉 조선시대 왕족의 정치 참여 금지로 인해 자신의 능력을 표출할 수 없었던 심정
(다) 평생에 일이 업서 산수 간에 노니다가/ 강호에 님자되니 세상 일 다 니제라/ 엇더타 강산풍월이 긔 벗인가 ᄒ노라
풀이 (다)의 화자는 '평생에 일'이 없어 '산수 간에 노니다가' '강호에 님자되니 세상 일'은 다 잊어버리고 '강산풍월'을 벗으로 여긴다고 하였다. 따라서 자신의 능력을 표출하지 못하는 상황에서 벗어나기 위한 노력이 나타난다고 보기 어려우며, '평생에 일'이란 정치 참여와 관련된 일로 파악하는 것이 적절하므로 자신의 능력을 표출하지 못하는 상황에서 벗어나기 위한 노력을 '평생에 일'로 표현하였다는 설명은 적절하지 않다.

→ 적절하지 않음!

② 정치적 한계에서 벗어나고 싶은 마음을 '산수 간에 노니다가'로 *해소했군.
* 어려운 일을 해결하여 없애 버렸군
근거 (다) 평생에 일이 업서 산수 간에 노니다가/ 강호에 님자되니 세상 일 다 니제라/ 엇더타 강산풍월이 긔 벗인가 ᄒ노라
풀이 〈보기〉에서는 (다)에 대해 조선시대 왕족의 정치 참여 금지로 인해 자신의 능력을 표출할 수 없었던 심정을 속세에서 벗어나 자연과 벗하는 모습으로 읊은 것이라고 하였다. 따라서 (다)에 왕족의 정치 참여 금지라는 정치적 한계로부터 벗어나고 싶은 마음이 담겨있다고 보기 어려우며 그렇기 때문에 이러한 마음을 '산수 간에 노니다가'로 해소했다는 설명도 적절하지 않다.

→ 적절하지 않음!

속세에서 벗어나 자연과 벗하는 모습
③ 왕족의 역할을 다하고자 하는 의지를 '강호에 님자되니'에 담고 있군.
* 임금 王 겨레 族 : 임금과 한집안에 속하는 사람들
근거 〈보기〉 능력을 표출할 수 없었던 심정을 속세에서 벗어나 자연과 벗하는 모습으로 읊은 것
(다) 평생에 일이 업서 산수 간에 노니다가/ 강호에 님자되니 세상 일 다 니제라/ 엇더타 강산풍월이 긔 벗인가 ᄒ노라
풀이 (다)의 '강호에 님자되니'에서는 속세에서 벗어나 자연과 벗하는 모습을 엿볼 수 있을 뿐, 왕족의 역할을 다하고자 하는 의지가 담겨 있다고 보기 어렵다.

→ 적절하지 않음!

④ 왕족이기 때문에 *현실 정치에 참여할 수 없는 **체념의 정서를 '엇더타'에 ***집약해서 나타냈군.
* 현실의 정치, 실제 이루어지고 있는 정치 ** 희망을 버리고 단념하는 마음 *** 한데 모아서
근거 (가) ❶-5 향가의 감탄사와 시조 종장의 감탄사는 앞에 나온 내용을 정서적으로 고양시키거나 환기시켜 노래의 내용을 완결하는 효과가 있다.
〈보기〉 조선시대 왕족의 정치 참여 금지로 인해 자신의 능력을 표출할 수 없었던 심정
(다) 평생에 일이 업서 산수 간에 노니다가/ 강호에 님자되니 세상 일 다 니제라/ 엇더타 강산풍월이 긔 벗인가 ᄒ노라
풀이 (가)에서 시조 종장의 감탄사는 앞에 나온 내용을 정서적으로 고양시키거나 환기시켜 노래의 내용을 완결하는 효과가 있다고 하였으므로 왕족이기 때문에 현실 정치에 참여할 수 없는 체념의 정서를 '엇더타'라는 종장의 감탄사에 집약해서 나타냈다고 볼 수 있다.

→ 적절함!
정치적 한계로 인해 자신의 능력을 표출할 수 없었던
⑤ 자연과 함께하고자 하는 마음을 '강산풍월'을 '벗'하는 것에 드러냈군.
근거 (다) 평생에 일이 업서 산수 간에 노니다가/ 강호에 님자되니 세상 일 다 니제라/ 엇더타 강산풍월이 긔 벗인가 ᄒ노라
풀이 (다) 작품 자체만 놓고 판단한다면 자연과 함께하고자 하는 마음을 '강산풍월'을 '벗'하는 것에 드러냈다고 볼 수 있다. 그러나 조선시대 왕족의 정치 참여 금지로 인해 자신의 능력을 표출할 수 없었던 심정을 속세에서 벗어나 자연과 벗하는 모습으로 읊은 것이라고 한 〈보기〉의 내용을 바탕으로 (다)를 감상한다면, '강산풍월'을 '벗'하는 것은 자연과 함께하고자 하는 마음을 드러낸 것이 아니라 조선시대 왕족의 정치 참여 금지로 인해 자신의 능력을 표출할 수 없었던 심정을 드러낸 것으로 보는 것이 적절하다.

→ 적절하지 않음!

[010~013] 다음 글을 읽고 물음에 답하시오.

작품 이해 단계 ① 화자 ② 상황 및 대상 ③ 정서 및 태도 ④ 주제

(가)

1 방초 우거진 시냇가에 **몇 간 초가** 지어 두고
  ↳ 꽃다울 芳 풀 草 : 향기롭고 꽃다운 풀
  ↱ 건물의 넓이를 잴 때 쓰는 단위
2 아침저녁 듣는 소리 새 울음뿐이로다
3 시경(詩經) 서경(書經) 기대어 누워 사립문을 닫았으니
  ↳ 옛 성현들이 유교의 사상과 교리를 써 놓은 유학의 다섯 가지 경서인 오경 중 두 가지. 이외에도 주역, 예기, 춘추가 있음
  ↱ 나뭇가지를 엮어서 만든 문
4 산과 시내 새로운데 구름 안개만 잠겨 있다
5 늘어진 푸른 솔은 늙을 줄을 모르거든
  ↳ 소나무
6 가늘게 시냇물은 주야를 흘러간다
  ↳ 낮 晝 밤 夜 : 낮과 밤. 쉬지 않고
7 담쟁이 풀 깊은 곳에 찾을 이 뉘 있으며
  ↳ 누가
8 비바람 부는 ㉠세상에 명성은 내 몰라라
  ↳ 어지럽고 험난한 속세를 의미
  ↳ 이름 名 명예 聲 : 세상에 널리 퍼져 평판 높은 이름
  ↱ ① 화자 : '나'
9 화창한 바람 건듯 불어 산중에 봄이 드니
  ↳ 바람이 가볍게 슬쩍 부는 모양
10 **온갖 꽃이 가득 피고 나비들이 넘놀** 적에
  ↳ 오르락내리락하며 날 때에
11 경치가 무궁하여 눈앞에 벌어지니
  ↳ 없을 無 다할 窮 : 끝이 없어
12 허다히 듣는 소리 반가이 보는 빛을
  ↳ 많을 許 많을 多 : 매우 많고 흔하게
13 이른들 다 이르며 뉘라서 그려 내리
  ↳ 무엇이라고 말한들   ↳ 누가
14 ⓐ 길고 긴 골짜기에 굴레 벗은 몸이 되어
  ↳ 행동이나 생각의 자유를 얽매는 일
15 꽃 핀 아침 달 뜬 저녁 **마음껏 노닐**다가
16 붉은 벼랑 구름 속에 이슬 맞고 자란 꽃을
  ↳ 까닭 없이
17 일없이 노닐면서 아침저녁 사랑하다가
  ↳ 면할 療 굶주릴 飢 : 배고픔을 겨우 면할 정도로 조금 먹으니
18 **붉은 채소**를 익게 삶아 아침저녁 요기하니
19 노순(鱸蒪) 같은 맛이구나 팔진미를 아랑곳 하겠는가
  ↳ 물고기 이름 鱸 순채 蒪 : 농어회와 순채나물국
  ↳ 여덟 八 진귀할 珍 맛 味 : 중국에서 성대한 음식상에 갖춘다고 하는 진귀한 여덟 가지 음식의 아주 좋은 맛
  ↱ 관심을 두겠는가

(중략)

20 **부귀를 다 잊**으니 평생에 할 일 없어
  ↳ 부유할 富 귀할 貴 : 많은 재산과 높은 지위
21 청려장을 손에 들고 돌길에서 서성이니
  ↳ 푸를 靑 명아주 藜 지팡이 杖 : 명아주의 줄기로 만든 지팡이
22 버들에 바람 불고 솔 잣나무 달 비칠 때
23 마음속이 담담하니 해마(害馬)도 간 데 없다
  ↳ 맑을 淡 맑을 淡 : 차분하고 평온하니
  ↳ 해로울 害 말 馬 : 마음속의 근심, 걱정
24 연비어약(鳶飛魚躍)을 때때로 살펴보니
  ↳ 솔개 鳶 날 飛 고기 魚 뛸 躍 : 솔개가 날아가고 물고기가 뛰어놂
25 가을 달 봄바람이 갈수록 흥이로다
  ↳ 흥겹구나
26 단사표음(簞食瓢飲)을 먹으나 못 먹으나
  ↳ 대광주리 簞 밥 食 박 瓢 마실 飲 : 대나무로 만든 밥그릇에 담은 밥과 표주박에 든 물이라는 뜻으로, 청빈하고 소박한 생활을 이름
27 겨울 **갖옷** 여름 **갈옷** 입으나 못 입으나
  ↳ 거친 베로 지은 옷
  ↳ 짐승의 털가죽으로 안을 댄 옷
28 ⓑ 빚 없는 청풍명월과 백년해로 하리라
  ↳ 맑을 淸 바람 風 밝을 明 달 月 : 맑은 바람과 밝은 달
  ↳ 일백 百 해 年 함께 偕 늙을 老 : 평생을 사이좋게 지내고 즐겁게 함께 늙음

④ 주제 : 속세를 벗어나 자연 속에서 유유자적하는 소박한 삶에 대한 지향

- 김기홍, 「채미가」 -

우측 태도 주석
③ 태도 : 속세와 거리를 두고 자연 속에서 소박하게 살아간다.
③ 태도 : 속세의 명성에 연연하지 않고 살아가고자 한다.
② 상황 : 산속의 봄 경치가 표현할 수 없을 정도로 아름다운 상황
②③ 상황 및 태도 : 아름다운 자연 속에서 소박하게 살아가는 삶에 만족한다.
②③ 상황 및 정서 : 부귀를 다 잊고 자연 속에서 마음의 평온을 느낀다.
③ 태도 : 가난하고 소박한 생활에 연연해 하지 않고 자연과 함께 늙어가고자 한다.

· 현대어 풀이

1 향기로운 풀이 우거진 시냇가에 작은 초가를 지어 두고
2 아침저녁 듣는 소리는 새 울음뿐이로다
3 시경과 서경에 기대어 누워 사립문을 닫았으니
4 산과 시내 새로운데 구름과 안개만 잠겨 있다

---

5 늘어진 푸른 솔은 늙을 줄 모르거든
6 가늘게 (흐르는) 시냇물은 쉬지 않고 흘러간다
7 담쟁이 풀 깊은 곳에 찾아올 이 누가 있으며
8 비바람 부는 세상에 명성을 떨치는 것을 나는 몰라라
9 화창한 바람이 가볍게 불어 산중에 봄이 드니
10 온갖 꽃이 가득 피고 나비들이 오르락내리락하며 날 때에
11 경치가 끝이 없어 눈앞에 펼쳐지니
12 흔하게 듣는 소리 반가이 보는 빛을
13 말한들 다 말하며 누가 그려 내겠는가 (말이나 그림으로 표현할 수 없을 정도로 아름답다)
14 길고 긴 골짜기에 자유로운 몸이 되어
15 꽃 핀 아침과 달 뜬 저녁에 마음껏 노닐다가
16 붉은 벼랑 구름 속에 이슬 맞고 자란 꽃을
17 일없이 노닐면서 아침저녁 사랑하다가
18 붉은 채소를 익도록 삶아 아침저녁에 조금씩 먹으니
19 농어회와 순채나물국 같은 맛이구나 팔진미에 관심을 두겠는가

(중략)

20 부귀를 다 잊으니 평생에 할 일 없어
21 지팡이를 손에 들고 돌길에서 서성이니
22 버드나무에 바람 불고 소나무와 잣나무에 달이 비칠 때
23 마음속이 평온하니 근심과 걱정도 간 데 없다
24 솔개가 날아가고 물고기가 뛰어노는 것을 때때로 살펴보니
25 가을 달 봄바람이 갈수록 흥겹구나
26 소박한 음식을 먹으나 못 먹으나
27 겨울에 털옷 여름에 베옷을 입으나 못 입으나
28 빚지지 않고 내 것처럼 누릴 수 있는 아름다운 자연과 함께 즐겁게 늙어가리라

· 지문 이해

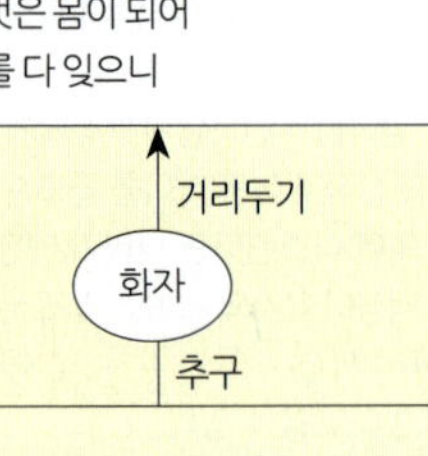

·「채미가(캘 採 고비 薇 노래 歌)」의 의미

(1) '고사리를 캐면서 부르는 노래'라는 뜻
(2) 중국 주나라 초, 주나라의 곡식을 먹지 않겠다며 수양산에 은거하며 고사리만으로 연명했던 백이와 숙제가 죽을 지경에 이르러 불렀다는 노래

(나)

1 을미년(1595) 봄, 내가 처음으로 농사를 짓기 위해 **두어 이랑**(논이나 밭을 갈아 골을 타서 두두룩하게 흙을 쌓아 만든 곳)**의 밭**을 마련했다. 2 밭은 **신벌리**(경상남도 거창에 위치한 지역)에 있었다. 3 이웃의 농부에게 밭이 어떠냐고 물었더니 이렇게 대답했다.

4 "참 좋은 밭입니다. 5 어떤 곡식을 심어도 잘 자랄 땅이지요. 6 습하지도 않고 메마르지도 않아 **수해**(물 水 해할 害 : 장마나 홍수로 인한 피해)나 가뭄이 들어도 별 영향이 없을걸요. 7 전에 이곳에 농사를 지은 사람은 수확이 많았지요. 8 요즘은 농사를 짓지 않는 사람이 많아 버려둔 지 5~6년 됐지만 말입니다."

9 나는 **비옥했지만**(기름질 肥 기름질 沃 : 식물이 자라는 데 필요한 양분이 많았지만) 오랫동안 버려졌다는 그 땅이 아까워 **개간해**(열 開 개간할 墾 : 거친 땅이나 버려 둔 땅을 일구어 논밭이나 쓸모 있는 땅으로 만들어) 보기로 마음을 먹고 아주 단단한 농기구와 **노련한**(익숙할 老 익숙할 鍊 : 많은 경험으로 익숙하고 솜씨 있는) 농사꾼 몇을 구해 황소 두어 마리를 끌고 밭으로 갔다.

→ '나'는 비옥했지만 오랫동안 버려진 밭을 개간해 보기로 한다.

2 1 3월 17일 무렵이었는데, 밭에는 잡초와 가시덤불이 우거져 한 치의 빈틈도 없었다. 2 **뿌리가 서로 뒤엉켜** 아무리 날카로운 농기구라고 해도 쉽게 끊어낼 수 없을 정도였다. 3 괜히 힘만 쓰고 밭은 개간하지 못하는 것이 아닌가 하는 후회와 걱정이 슬며시 들었다. 4 하지만 이미 시작한 일이라 중간에 그만둘 수도 없었다. 5 **쟁기**(논밭을 가는 농기구) 하나에, 황소 두 마리를 부려 한 사람은 쟁기질을 하고, 두 사람이 양쪽에서 고삐를 끌면서 밭을 개간하기 시작했다.

6 처음에는 **무딘**(날이 날카롭지 못한) 도구로 단단한 돌을 깎는 것처럼 매우 어려웠다. 7 그러나 시간이 지날수록 밭을 일구면서 조금씩 앞으로 나아갈 수 있었다. 8 **보습**(쟁기의 끝에 끼워 땅을 갈아 흙덩이를 일으키는 데에 쓰는 삽 모양의 쇳조각)이 닿는 곳마다, 물살이 거셀 때 물속의 돌이 서로 부대끼며 내는 소리처럼, 우르릉 쾅쾅 하는 소리가 났다.

9 잡초의 **뿌리를 끊**고 난 뒤 일군 밭을 보니 굳은 흙덩이가 겹겹이 쌓여 있어 마치 전쟁에서 패배한 굳세고 사나운 군사들이 분을 참지 못하고 머리를 풀어 헤친 채 화를 내는 것 같았다. 10 그러나 밭을 점점 더 개간해 가자, **얽혔던 것이** 풀어지고 **단단한 흙**도 부서져 예전의 밭 모양을 갖추게 되었고, 힘도 조금씩 덜 들게 되었다. 11 일하던 사람들도 피곤을 덜 느끼고 개간한 밭을 보며 기뻐했다. 12 이렇게 계속 개간을 하면 수레 가득 조를 수확해 담을 수도 있고, **망태기**(새끼나 갈대를 엮어 물건을 나르기에 편하게 만든 기구)에 곡식을 채울 수도 있을 것이라는 생각이 들었다. 13 그런 생각을 하자 마음이 점점 기쁨으로 차오르기 시작했다.

→ 처음에는 힘들었으나, 포기하지 않고 밭을 일구자 밭이 예전의 모양을 갖추게 되었고, '나'는 수확에 대한 기대를 품는다.

3 1 **이 일**(밭을 개간하는 일)을 하다가 문득 깨달은 것이 있다. 2 사람의 **마음속에도 좋은 밭**이 하나씩 있다. 3 그 밭(사람의 마음속에 있는 좋은 밭)이 바로 **측은지심**(가엾게 여길 惻 걱정할 隱 ~의 之 마음 心 : 불쌍히 여기는 마음으로 인의예지 가운데 인(仁)에서 우러나옴), **수오지심**(미워할 羞 악할 惡 ~의 之 마음 心 : 옳지 못함을 부끄러워하고 착하지 못함을 미워하는 마음으로 인의예지 가운데 의(義)에서 우러나옴), **사양지심**(말씀 辭 양보할 讓 ~의 之 마음 心 : 겸손히 남에게 사양하는 마음으로 인의예지 가운데 예(禮)에서 우러나옴), **시비지심**(옳을 是 그를 非 ~의 之 마음 心 : 옳고 그름을 가릴 줄 아는 마음으로 인의예지 가운데 지(智)에서 우러나옴)이다. 4 그리고 거기(사람의 마음속에 있는 좋은 밭. 측은지심, 수오지심, 사양지심, 시비지심)에 심는 ⓛ 씨앗이 인(仁), 의(義), 예(禮), 지(智)이다. 5 그 밭(사람의 마음속에 있는 좋은 밭)은 평평하여 험하지 않고 비옥해서 작물이 잘 자란다. 6 그래서 처음에는 아무도 그 땅을 버리지 않는다.

7 그러나 ⓒ 살면서 **사심**(사사 私 마음 心 : 개인적 욕심을 채우려는 마음)이 생겨 이랑이 올라오고(본성이 어긋나지고), 욕심이 생겨 **좋은 곡식**(인의예지의 성장)을 해치면, (마음의) 밭이 황폐지지고, (생겨)나고 자라는(본성이 발현되고 성장하는) 자연의 이치도 멈춘다.

→ 사람의 마음속에 있는 좋은 밭도 사심과 욕심으로 인해 황폐해지기도 한다.

4 1 하지만 그 **본질**(근본 本 성질 質 : 본디부터 가지고 있는 성질)은 사라지는 게 아니다. 2 진실로 밭을 일구려는 사람이 ⓓ **안회의 사물(四勿)**(넷 四 말 勿 : 유교에서 금지하는 네 가지 예가 아니면 보지 말고, 듣지 말고, 말하지 말고, 움직이지 말라는 안회의 말)을 황소로 삼고, **증자의 삼성(三省)**(셋 三 살필 省 : 남에게 최선을 다했는지, 친구와 신의 있게 지냈는지, 배운 것을 익혔는지의 세 가지 측면에서 매일 스스로를 반성한다는 증자의 말)을 쟁기로 삼아 개간하기 어려운 땅을 일구기 시작하여, 한 번 이겨 낸 뒤에는 느긋한 여유가 생긴다. 3 그 결과 예전과 같은 밭을 일구어 낼 수 있을 것이다. 4 좋은 곡식이 왜 자라지 않을까 걱정만 하고 있을 필요는 없다. 5 내 밭이 황폐해져 개간할 수 없다고 생각한다면 이것은 스스로를 포기한 것일 뿐이다. 6 ⓔ 밭을 황폐하게 하는 것도 자신이요, 개간해 내는 것도 자신이다. 7 나는 여태껏 개간하지 않는다면 몰라도 개간하는 일 자체가 불가능한 경우를 본 적이 없다.

→ '나'는 안회와 증자의 가르침을 따라 노력하면 마음속의 좋은 밭을 다시 일굴 수 있으며, 이는 자신에게 달린 일이라고 생각한다.

- 정온, 「기황전설(일으킬 起 거칠 荒 밭 田 말씀 說 : 거친 밭을 일군 것에 대한 견해를 서술한 글)」 -

---

· 중심 내용

'나'는 버려진 밭을 개간한 경험을 바탕으로, 마음속의 밭도 욕심에 의해 황폐해지지 않도록 내면을 꾸준히 가꿔야 한다는 깨달음을 얻는다.

· 지문 이해

밭		사람의 마음속에 있는 좋은 밭 (측은지심, 수오지심, 사양지심, 시비지심)
씨앗		인, 의, 예, 지
잡초, 가시덤불	유추 →	사심, 욕심
개간하는 일		마음을 수양하고 본성을 회복하려는 노력
황소, 쟁기		안회의 사물, 증자의 삼성(성현의 가르침)
밭이 다시 일구어짐		선한 본성을 회복함
좋은 곡식		인의예지(仁義禮智)의 성장

---

010 | 표현상 특징 – 적절한 것 고르기　2025년 9월 학평 38번
정답률 70%, 매력적 오답 ① 15% | 정답 ③

(가), (나)에 대한 설명으로 가장 적절한 것은?

선지	핵심 체크 내용	(가)	(나)
①	자연물에 감정을 이입 → 대상에 대한 정서 드러냄	X	-
②	불가능한 상황을 가정 → 주제 의식 드러냄	-	X
③	설의적 표현 → 삶에 대한 긍정적 인식 드러냄	O	X
④	영탄적 표현	O	X
④	대상에 대한 경외감 드러냄	X	X
⑤	음성 상징어 활용 → 공간에서 느껴지는 현장감 드러냄	X	O

① (가)는 ***자연물에 감정을 이입하여** 대상에 대한 정서를 드러내고 있다.
　* 감정을 자연물에 불어넣어(화자의 감정 = 자연물의 감정)
　[근거] **(가)-11~13** 경치가 무궁하여 눈앞에 벌어지니/ 허다히 듣는 소리 반가이 보는 빛을/ 이른들 다 이르며 뉘라서 그려 내리
　[풀이] (가)의 화자가 눈앞에 펼쳐진 자연의 아름다운 경치에 감탄하는 모습은 드러나지만, 자연물에 감정을 이입한 부분은 나타나지 않는다.
　→ 적절하지 않음!

② (나)는 **불가능한 상황을 가정하여** 주제 의식을 드러내고 있다.
　[풀이] (나)의 글쓴이는 밭을 개간한 경험을 바탕으로 얻은 깨달음, 즉 사람의 마음속에 있는 밭 또한 황폐해지지 않도록 스스로의 내면을 가꾸는 노력을 꾸준히 해야 한다는 주제 의식을 드러내고 있을 뿐 불가능한 상황을 가정하고 있지는 않다.
　→ 적절하지 않음!

> ■ **불가능한 상황을 가정하여 주제 의식을 드러내고 있는 작품**
> • **작자 미상, 「정석가」** (2015학년도 9월 모평A)
> 삭삭기 세몰애 별헤 나는/ 구은 밤 닷 되를 심고이다./ 그 바미 우미 도다 삭나거시아/ 유덕(有德)ᄒ신 님믈 여히 ᄋ와지이다./ 옥(玉)으로 련(蓮)ㅅ고즐 사교이다./ 바회 우희 졉듀(接柱)ᄒ요이다./ 그 고지 삼동(三同)이 퓌거시아/ 유덕(有德)ᄒ신 님 여히 ᄋ와지이다./ 므쇠로 텰릭을 몰아 나는/ 텰ᄉ(鐵絲)로 주름 바고이다./ 그 오시 다 헐어시아/ 유덕(有德)ᄒ신 님 여히 ᄋ와지이다.
> (바삭바삭한 가는 모래 벼랑에/ 구운 밤 닷 되를 심습니다./ 그 밤이 움이 돋아 싹이 나야만/ 유덕하신 임을 이별하고 싶습니다./ 옥으로 연꽃을 새깁니다./ (그 꽃을) 바위 위에 접을 붙입니다./ 그 꽃이 세 묶음이 피어야만/ 유덕하신 임을 이별하고 싶습니다./ 무쇠로 무관의 제복을 재단하여/ 철사로 주름을 박습니다./ 그 옷이 다 헐어야만/ 유덕하신 임을 이별하고 싶습니다.)
> → 불가능한 상황(모래에 심은 구운 밤에 싹이 남, 옥으로 만든 꽃이 바위 위에서 피어 남, 무쇠로 만든 옷이 헒)을 가정하여 임과 이별하고 싶지 않은 마음과 임에 대한 영원한 사랑을 드러내고 있다.

③ (가)는 (나)와 달리, ***설의적 표현**을 사용하여 삶에 대한 긍정적 인식을 드러내고 있다. * 쉽게 판단할 수 있는 사실을 의문의 형식으로 표현하여 의미를 강조하는 방법
　[근거] **(가)-11~13** 경치가 무궁하여 눈앞에 벌어지니/ ~ 이른들 다 이르며 뉘라서 그려 내

Ⅲ 갈래 복합

리/ 19 눈순 같은 맛이구나 팔진미를 아랑곳 하겠는가

풀이 (가)는 '뉘라서 그려 내리', '아랑곳 하겠는가'에서 설의적 표현을 사용하여 자연 속에서 소박하게 살아가는 삶에 대한 긍정적 인식을 드러내고 있다. (나)에 설의적 표현은 나타나지 않는다.

→ 적절함!

(가)는 (나)와 달리
④ **(나)는 (가)와 달리, *영탄적 표현을 사용하여 대상에 대한 **경외감을 드러내고 있다.**

* 감탄사나 감탄형 어미 등을 이용하여 감정을 강하게 나타내는 방법 ** 공경하면서 두려워하는 감정

근거 (가)-25 가을 달 봄바람이 갈수록 흥미로다

풀이 (나)에는 영탄적 표현이 나타나지 않는다. 한편, (가)에는 '흥미로다'라는 영탄적 표현이 나타나지만 이를 통해 자연에서 비롯되는 화자의 흥취를 드러내고 있을 뿐 대상에 대한 경외감을 드러내고 있지는 않다.

→ 적절하지 않음!

> ■영탄적 표현을 사용하여 대상에 대한 경외감을 드러내고 있는 작품
> • 황동규, 「살구꽃과 한때」 (2026학년도 6월 모평)
> → '아 하늘의 기둥들!'이라는 영탄적 표현을 사용하여 살구꽃을 잔뜩 떠받든 채 묵묵히 서 있는 살구나무 둥치들에 대한 경외감을 드러내고 있다.

(나)는
⑤ **(가)와 (나)는 모두, *음성 상징어를 활용하여 공간에서 느껴지는 **현장감을 드러내고 있다.** * 소리를 흉내 낸 의성어와 모양을 흉내 낸 의태어 ** 어떤 일이 이루어지고 있는 현장에서 느낄 수 있는 느낌

근거 (나) ❷-8 보습이 닿는 곳마다, 물살이 거셀 때 물속의 돌이 서로 부대끼며 내는 소리처럼, 우르릉 쾅쾅 하는 소리가 났다.

풀이 (나)는 '우르릉 쾅쾅'이라는 음성 상징어를 활용하여 개간 중인 밭에서 느껴지는 현장감을 생생하게 드러내고 있다. (가)에는 음성 상징어가 나타나지 않는다.

→ 적절하지 않음!

---

011 | 소재의 의미 – 적절한 것 고르기 2025년 9월 학평 39번
정답률 75%, 매력적 오답 ③ 10% | 정답 ⑤

㉠과 ㉡에 대한 이해로 가장 적절한 것은?

> (가)-8 비바람 부는 ㉠세상에 명성은 내 몰라라
> (나) ❸-2~4 사람의 마음속에도 좋은 밭이 하나씩 있다. 그 밭이 바로 측은지심, 수오지심, 사양지심, 시비지심이다. 그리고 거기에 심는 ㉡씨앗이 인, 의, 예, 지이다.

① **㉠은 화자의 기대에 *부합하는 대상이고, ㉡은 글쓴이가 그 속성을 **예찬하는 대상이다.** * 들어맞는 ** 높여 칭찬하는

풀이 (가)의 화자는 ㉠(세상)을 '비바람'이 부는 곳으로 표현하였고, 그곳의 '명성'을 외면하고 있으므로 ㉠(세상)은 화자가 멀리하고자 하는 대상일 뿐 화자의 기대에 부합하는 대상으로 보기 어렵다. (나)의 글쓴이는 '측은지심, 수오지심, 사양지심, 시비지심'을 '마음속의 좋은 밭'에, '인(仁), 의(義), 예(禮), 지(智)'를 거기에 심는 ㉡(씨앗)으로 보았다. 즉, ㉡(씨앗)은 내면에서 가꿔 나가기를 바라는 대상이므로 글쓴이가 예찬하는 대상으로 볼 수 없다.

→ 적절하지 않음!

② **㉠은 화자의 시련을 부각하는 대상이고, ㉡은 글쓴이가 소망하는 바가 달라지게 만든 대상이다.**

풀이 ㉠(세상)은 (가)의 화자가 멀리하려는 부정적인 대상이지만 화자가 겪은 특정한 시련을 부각하는 대상으로 보기는 어렵다. (나)의 글쓴이는 사람들이 마음속의 좋은 밭에 인, 의, 예, 지라는 ㉡(씨앗)을 잘 일구어 나가기를 소망하고 있을 뿐 ㉡(씨앗)으로 인해 글쓴이가 소망하는 바가 달라지고 있지는 않다.

→ 적절하지 않음!

③ **㉠은 화자가 이해하고자 하는 대상이고, ㉡은 글쓴이가 사람이라면 누구나 갖고 있다고 여기는 대상이다.**

풀이 (가)의 화자는 ㉠(세상)을 멀리하고자 할 뿐 이해하려고 하지는 않는다. (나)의 글쓴이는 사람의 마음속에는 좋은 밭이 하나씩 있고 ㉡(씨앗)은 그 마음속에 심는 것이라고 하였으므로 글쓴이는 ㉡(씨앗)을 사람이라면 누구나 보편적으로 갖고 있는 대상으로 여기고 있음을 짐작할 수 있다.

→ 적절하지 않음!

④ **㉠은 화자가 마음으로부터 *경계하는 대상이고, ㉡은 글쓴이가 물질적 여유를 위한 수단으로 삼는 대상이다.** * 조심하여 단속하는

풀이 (가)의 화자는 ㉠(세상)과 거리를 두고자 하므로 ㉠(세상)은 화자가 마음으로부터 경계하는 대상이라고 볼 수 있다. 그러나 (나)의 ㉡(씨앗)은 물질적 여유를 위한 수단이 아니라, 글쓴이가 마음의 밭에서 가꾸어야 한다고 생각하는 대상인 '인, 의, 예, 지'를 의미한다.

→ 적절하지 않음!

✔ ⑤ **㉠은 화자가 거리를 두려는 대상이고, ㉡은 글쓴이가 각각의 사람들이 자신의 내면에서 키워 나가기를 바라는 대상이다.**

풀이 (가)의 화자는 속세와 거리를 두고 자연 속에서 유유자적하며 소박하게 살아가는 삶을 지향하고 있으므로 ㉠(세상)은 화자가 거리를 두려는 대상으로 볼 수 있다. (나)의 ㉡(씨앗)은 내면의 밭에서 키워야 할 덕목인 '인, 의, 예, 지'를 의미한다. 글쓴이는 거친 밭을 잘 개간해야 곡식이 자라듯, 사람들 역시 마음의 밭을 가꾸어야 '인, 의, 예, 지'라는 씨앗을 길러 낼 수 있다고 하였다. 따라서 ㉡(씨앗)은 글쓴이가 각각의 사람들이 자신의 내면에서 키워 나가기를 바라는 대상으로 볼 수 있다.

→ 적절함!

---

012 | 문맥적 의미 – 적절하지 않은 것 고르기 2025년 9월 학평 40번
정답률 65%, 매력적 오답 ④ 15%, ② 10% | 정답 ③

ⓐ~ⓔ에 대해 이해한 내용으로 적절하지 않은 것은?

① **ⓐ : 자연 속에 지내며 무언가에 얽매이지 않고 자유로운 상황에 놓이게 되었다는 의미가 담겨 있다.**

근거 (가)-14 ⓐ 길고 긴 골짜기에 굴레 벗은 몸이 되어

풀이 '길고 긴 골짜기'는 자연을, '굴레'는 행동이나 생각을 얽매는 일을 의미한다. 따라서 ⓐ는 무언가에 얽매이지 않는 자유로운 상황에 놓이게 되었다는 의미로 볼 수 있다.

→ 적절함!

② **ⓑ : 돈이 없어도 누릴 수 있는 자연의 아름다움을 평생토록 누리겠다는 의미가 담겨 있다.**

근거 (가)-28 ⓑ 빚 없는 청풍명월과 백년해로 하리라

풀이 '빚 없는 청풍명월'은 자연은 값을 치르지 않아도 누구나 누릴 수 있다는 의미이며, '백년해로'는 평생을 즐겁게 함께 누린다는 의미이다. 따라서 ⓑ에는 돈이 없어도 즐길 수 있는 자연의 아름다움을 평생 누리겠다는 의미가 담겨 있다.

→ 적절함!

마음이 황폐해진다는
✔ ③ **ⓒ : 마음이 황폐해지면 사심과 욕심으로 인해 결국 마음의 밭이 사라지게 된다는 의미가 담겨 있다.**

근거 (나) ❸-7 ⓒ 살면서 사심이 생겨 이랑이 올라오고, 욕심이 생겨 좋은 곡식을 해치면, (원인) 밭이 황폐해지고, 나고 자라는 자연의 이치도 멈춘다. (결과)

풀이 ⓒ는 사심과 욕심으로 인해 결국 마음이 황폐해진다는 의미이지 마음의 밭이 사라진다는 의미를 담고 있지는 않다. 또한 ⓒ에 따르면 사심과 욕심은 마음이 황폐해지는 원인일 뿐 마음이 황폐해지면서 사심과 욕심이 생겨난다고 한 것은 아니다.

→ 적절하지 않음!

④ **ⓓ : 안회와 증자의 말을 교훈 삼아 마음의 밭을 일굴 때 처음의 어려움을 이겨 내면 할 수 있다는 마음이 생긴다는 의미가 담겨 있다.**

근거 (나) ❹-1 ⓓ 안회의 사물을 황소로 삼고, 증자의 삼성을 쟁기로 삼아 개간하기 어려운 땅을 일구기 시작하여, 한 번 이겨 낸 뒤에는 느긋한 여유가 생긴다.

풀이 (나)의 글쓴이는 '안회의 사물'과 '증자의 삼성'을 각각 황소와 쟁기, 즉 밭을 일구기 위한 도구로 삼았다. 이는 안회와 증자의 가르침을 교훈 삼아 마음의 밭을 일군다는 의미로 이해할 수 있다. 또한, '한 번 이겨 낸 뒤에는 느긋한 여유가 생긴다'고 한 것은 마음의 밭을 가꿀 때 처음에 맞닥뜨리는 어려움을 극복하고 나면 이후로는 할 수 있다는 마음의 여유가 생긴다는 뜻으로 이해할 수 있다.

→ 적절함!

⑤ **ⓔ : 자신의 내면이 어떻게 가꾸어질지는 스스로의 마음가짐에 달려 있다는 의미가 담겨 있다.**

근거 (나) ❹-6 ⓔ 밭을 황폐하게 하는 것도 자신이요, 개간해 내는 것도 자신이다.

풀이 밭을 황폐하게 하거나 개간해 내는 것은 오로지 자신에게 달려 있다고 하였으므로 이는 자신의 내면이 어떻게 가꾸어질지는 스스로의 마음가짐에 따라 정해진다는 의미로 이해할 수 있다.

→ 적절함!

013 감상의 적절성 - 적절하지 않은 것 고르기 2025년 9월 학평 41번
정답률 80%   정답 ③

〈보기〉를 참고하여 (가), (나)를 감상한 내용으로 적절하지 않은 것은? [3점]

| 보기 |
　[1]문학 작품에는 삶에 대한 태도가 담겨 있다. [2](가)의 화자는 자연의 아름다움을 구체적으로 드러내며 가난함 속에서도 세속적 욕망에 초탈하여(뛰어넘을 超 벗어날 脫 : 벗어나) 유유자적하는(한가할 悠 한가할 悠 스스로 自 즐길 適 : 속세를 떠나 아무 속박 없이 조용하고 편안하게 사는) 삶의 모습을 노래하고 있다. [3](나)의 글쓴이는 밭을 일구게 된 과정과 힘써 노력한 경험을 제시하며 이를 통해 깨우친 삶의 이치를 전달하고 있다.

① (가)에서는 아침과 저녁으로 '마음껏 노닐'면서 '부귀를 다 잊'었다고 말하는 것을 통해 유유자적하며 세속적 욕망에 초탈한 삶을 살아가는 모습을 나타내고 있군.

근거 〈보기〉-2 (가)의 화자는 ~ 가난함 속에서도 세속적 욕망에 초탈하여 유유자적하는 삶의 모습을 노래하고 있다.
(가)-15 꽃 핀 아침 달 뜬 저녁 **마음껏 노닐**다가/ 20 **부귀를 다** 잊으니 평생에 할 일 없어

풀이 (가)의 화자가 꽃 핀 아침부터 달 뜬 저녁까지 '마음껏 노닐'면서 '부귀를 다 잊'었다고 말하는 것은, 세속적 욕망(부귀)을 초탈하여 자연 속에서 한가롭게 살아가는 모습을 보여 준다고 할 수 있다.

→ 적절함!

■ 유유자적하며 세속적 욕망에 초탈한 삶을 살아가는 모습이 나타나는 작품
• 김광욱, 「율리유곡(栗里遺曲) - 〈제8곡〉」(2022학년도 6월 모평)
삼공(三公)이 귀하다 한들 이 강산과 바꿀쏘냐/ 조각배에 달을 싣고 낚싯대 흩던질 때/ 이 몸이 이 청흥(淸興) 가지고 만호후인들 부러우랴
(높은 벼슬이 귀하다고 한들 이 강산과 바꾸겠는가/ 조각배에 달빛을 싣고 낚싯대를 던질 때에/ 이 몸이 이 맑은 흥과 운치를 가지고 있으니 세력이 큰 제후인들 부럽겠는가)
→ '삼공'이나 '만호후'와 같은 높은 사회적 지위보다 자연 속에서의 삶에 가치를 두는 것에서 세속적 욕망에 초탈한 삶의 모습이 드러난다.

② (가)에서는 '온갖 꽃이 가득 피'어 '나비들이 넘놀'고 있는 경치를 바라보며 다 이를 수 없고 누구도 그려 낼 수 없다고 말하는 것을 통해 자연의 아름다움을 표현하고 있군.

근거 〈보기〉-2 (가)의 화자는 자연의 아름다움을 구체적으로 드러내며
(가)-10 **온갖 꽃이 가득 피고 나비들이 넘놀** 적에/ 13 이른들 다 이르며 뉘라서 그려 내리

풀이 (가)에서는 '온갖 꽃이 가득 피'어 '나비들이 넘'노는 경치를 바라보며, 그 광경을 말로 다 표현할 수 없고 그려 낼 수도 없다고 말하는 것을 통해 자연의 아름다움을 구체적으로 드러내고 있음을 알 수 있다.

→ 적절함!

③ (가)에서는 '몇 간 초가'에서 '붉은 채소'를 먹고 지내면서도 겨울의 '갖옷'과 여름의 '갈옷'을 마련하고자 힘쓰는 모습을 통해 가난한 환경을 이겨 내려는 삶의 태도를 드러내고 있군.
（에 연연해 하지 않는 / 가난함 속에서도 세속적 욕망에 초탈한 / 지내며）

근거 〈보기〉-2 (가)의 화자는 ~ 가난함 속에서도 세속적 욕망에 초탈하여 유유자적하는 삶의 모습을 노래하고 있다.
(가)-1 방초 우거진 시냇가에 **몇 간 초가** 지어 두고/ 18 **붉은 채소**를 익게 삶아 아침 저녁 요기하니/ 27 겨울 **갖옷** 여름 **갈옷** 입으나 못 입으나

풀이 (가)의 화자는 '몇 간 초가'에서 '붉은 채소'로 요기하며 팔진미에 관심을 두지 않고, 겨울에 '갖옷'을, 여름에 '갈옷'을 입든 못 입든 개의치 않는다. 이를 통해 (가)의 화자가 가난함 속에서도 세속적 욕망에 초탈한 삶의 태도를 드러내고 있다고 볼 수 있다. 따라서 겨울의 '갖옷'과 여름의 '갈옷'을 마련하고자 힘쓴다거나 가난한 환경을 이겨 내려는 삶의 태도를 보이고 있지는 않다.

→ 적절하지 않음!

④ (나)에서는 '뿌리가 서로 뒤엉켜' 있는 밭을 '뿌리를 끊'은 뒤 '얽혔던 것'을 풀고 '단단한 흙'도 부수어 개간하는 과정을 통해 밭을 일구어 나가는 노력을 보여 주고 있군.

근거 〈보기〉-3 (나)의 글쓴이는 밭을 일구게 된 과정과 힘써 노력한 경험을 제시하며
(나) ❷-2 **뿌리가 서로 뒤엉켜** 아무리 날카로운 농기구라고 해도 쉽게 끊어낼 수 없을 정도였다./ 9~10 잡초의 **뿌리를 끊**고 난 뒤 ~ 밭을 점점 더 개간해 가자, **얽혔던 것**이 풀어지고 **단단한 흙**도 부서져 예전의 밭 모양을 갖추게 되었고,

풀이 (나)에서는 글쓴이가 밭을 일구게 된 과정과 힘써 노력한 경험을 제시하고 있는데, 이는 '뿌리가 서로 뒤엉켜' 있는 밭에 난 잡초의 '뿌리를 끊'어 '얽혔던 것'을 풀고 '단단

한 흙'도 부수며 노력하는 모습으로 구체적으로 형상화되어 있다.

→ 적절함!

⑤ (나)에서는 '두어 이랑의 밭을 일구'며 깨달은 경험을 통해 우리가 각자 갖고 있는 '마음속'의 '좋은 밭' 또한 황폐해지지 않도록 잘 일구어야 한다는 삶의 이치를 전달하고 있군.

근거 〈보기〉-3 (나)의 글쓴이는 밭을 일구게 된 과정과 힘써 노력한 경험을 제시하며 이를 통해 깨우친 삶의 이치를 전달하고 있다.
(나) ❶-1 내가 처음으로 농사를 짓기 위해 **두어 이랑의 밭**을 마련했다./ ❸-2 사람의 **마음속에도 좋은 밭**이 하나씩 있다.

풀이 (나)의 글쓴이는 '두어 이랑의 밭'을 일구게 된 과정과 힘써 노력한 경험을 제시하며 이를 통해 깨우친 삶의 이치, 즉 우리가 갖고 있는 내면의 '좋은 밭' 또한 황폐해지지 않도록 잘 가꾸어야 한다는 것을 전달하고 있다.

→ 적절함!

[014~018] 다음 글을 읽고 물음에 답하시오.

작품 이해 단계 ① 화자 ② 상황 및 대상 ③ 정서 및 태도 ④ 주제

(가)

→ ① 화자 : '나'

[1] 천지인간 만물 중에 무상(無常)할 손 이내 사정
└→ 없을 無 범상할 常 : 덧없는. 허무한 것은

[2] 못 할러라 못 할러라 빈집 살림 못 할러라
└→ (천연두를 앓아) 얼굴에 군데군데 푹 패인 자국이 생겼거나

[3] 얽었으나 검었으나 부부밖에 또 있는가
└→ 견우성과 직녀성. 칠월칠석 저녁이면 은하수를 사이에 두고 동서로 서로 마주함

[4] **견우직녀성**도 둘이 서로 마주 섰고
└→ 중국 초나라의 보배로운 칼

[5] 용천검 태아검도 둘이 서로 짝이 되고
└→ 옛날 장수들이 쓰던 보배로운 칼

[6] 날짐승 길버러지 다 각각 짝이 있건만
└→ 기어다니는 벌레
└→ 날아다니는 짐승   └→ 다음 此 삶 生 : 지금 살고 있는 세상

[7] 전생(前生) 차생(此生) 무슨 죄로 우리 둘이 부부되어
└→ 먼저 前 삶 生 : 이 세상에 태어나기 이전의 생애

[8] 검은 머리 백발 되고 희던 몸이 황금 되고
└→ 일백 百 해 年 함께 偕 늙을 老 : 부부가 되어 한평생을 사이좋게 지내고 즐겁게 함께 늙음

[9] 자손이 많고 영화를 누리며 백년해로 살자 했더니
└→ 영화 榮 빛날 華 : 몸이 귀하게 되어 이름이 세상에 빛남

[10] 하느님도 무정하고 가운(家運)이 불행하여
└→ 집 家 운수 運 : 집안의 운수
└→ 없을 無 인정 情 : 인정이 없고   └→ 사사로울 私 인정 情 : 사사로운 정

[11] **조물(造物)이 시기하고 귀신조차 사정(私情) 없다**
└→ 시기할 猜 미워할 忌 : 샘내어 미워하고
└→ 지을 造 만물 物 : 우주의 만물을 만들고 다스리는 신인 조물주

[12] 말 잘하고 인물 좋고 활 잘 쏘고 키 훨씬 큰

[13] 다정한 우리 낭군 사랑하던 우리 낭군
→ ② 대상 및 상황 : 사랑하던 '우리 낭군'이 젊은 나이에 죽은 상황

[14] 무슨 나이 그리 많아 청산의 외로운 혼이 된단 말인가

[15] 삼생 연분 아니런가 **사주팔자 그러한가**
→ ③ 태도 : 낭군과의 사별이 운명의 탓이라고 생각한다.
└→ 전생(과거세), 현생(현재세), 내생(미래세)의 삼생에 걸쳐 맺어진 부부의 인연

[16] 이미 부부 되었으면 죽지 말고 살았거나

[17] 그리 죽자 할 작시면 만나지나 말았거나
└→ 마음 心 심정 思 : 마음

[18] 부질없는 이 내 심사 어느 누가 위로하리
└→ 시름 愁 마음 心 : 근심하는 마음
→ ③ 정서 : 죽은 낭군을 그리워하며 근심한다.

[19] 심회(心懷)로다 심회로다 바다같이 깊은 수심(愁心)
└→ 마음 心 품을 懷 : 마음속에 품고 있는 생각이나 느낌

[20] 태산같이 높은 심회 상사(相思)로다 상사로다
└→ 서로 相 생각할 思 : 서로 생각하고 그리워함

[21] 상사하던 우리 낭군 어이 그리 못 오는가
└→ 약할 弱 물 水 : 신선이 살았다는 중국 서쪽의 전설 속의 강. 길이가 삼천 리나 되며 부력이 매우 약하여 기러기의 털도 가라앉는다고 함

[22] 병들어 누워 인간사 끊어졌으니 못 오는가

[23] 약수(弱水) ⓐ삼천 리가 둘러져 있어 못 오는가
└→ 일만 萬 리 里 길 長 성 城 : 서로 넘나들지 못하게 가로막는 크고 긴 장벽을 비유적으로 이르는 말

[24] 만리장성이 가려서 못 오는가

(중략)

[25] 동쪽 창에 돋은 달이 서쪽 창으로 지거든 오시려나

[26] **병풍에 그린 황계(黃鷄)** 새벽 즈음에 **날 새라고 꼬꼬** 울거든 오시려나
└→ 누를 黃 닭 鷄 : 털빛이 누런 닭

[27] 금강산 상상봉(上上峰)이 평지 되어 물 밀어 배 둥둥 뜨거든 오시려나
└→ 위 上 위 上 봉우리 峰 : 가장 높은 봉우리

28 어이 그리 못 오는가 무슨 일로 못 오는가

29 가슴 속에 불이 나서 풀과 나무 다 타 간다

30 눈물이 비가 되어 붙은 불을 끄련마는

31 한숨이 바람 되어 점점 불어

32 **구곡간장(九曲肝腸)** 썩은 물이 눈으로 솟아 날 제

33 **구년지수(九年之水)** 되었구나 한강지수(漢江之水) 되었구나

- 아홉 九 굽을 曲 간 肝 창자 腸
: 굽이굽이 서린 창자. 깊은 마음속
또는 시름이 쌓인 마음속을 비유함

- 한강물
3 정서 : 눈물로 홍수가 나고 강물을 이룰 정도로 슬픔이 극심하다.

- 아홉 九 해 年 ~의 之 물 水 : 오랫동안 계속되는 큰 홍수.
중국 요나라 때 9년 동안이나 계속되었다는 큰 홍수에서 유래한 말

4 주제:
남편과 사별한 슬픔과 남편에 대한 그리움

- 작자 미상, 「청춘과부가(靑春寡婦歌)」 -
젊을 靑 젊은 나이 春 없을 寡 아내 婦 노래 歌
: 젊어서 남편을 잃고 홀로된 아픔을 노래한 규방 가사

• 현대어 풀이

1 세상 모든 인간과 만물 중에 허무하고 덧없는 것은 나의 사정

2 못 하겠구나 못 하겠구나 빈집 살림 못 하겠구나

3 얼굴이 얽었거나 검었거나 부부밖에 또 있는가

4 견우성과 직녀성도 둘이 서로 마주 섰고

5 용천검과 태아검도 둘이 서로 짝이 되고

6 날짐승과 기는 벌레(하찮은 미물)도 다 각각 짝이 있건만

7 전생과 이번 생에 무슨 죄로 우리 둘이 부부 되어

8 검은 머리가 백발이 되고 (젊어서) 희던 몸이 (나이가 들어) 황금(처럼 누렇게) 되고

9 자손이 많고 영화를 누리며 한평생을 사이좋게 지내고 즐겁게 함께 늙자고 했더니

10 하느님도 인정이 없고 집안의 운수가 불행하여

11 조물주가 질투하고 귀신조차 사사로운 정이 없다

12 말 잘하고 인물 좋고 활 잘 쏘고 키 훨씬 큰

13 다정한 우리 낭군 사랑하던 우리 낭군

14 무슨 나이 그리 많아(그리 많은 나이도 아닌데) (죽어서) 청산의 외로운 혼이 된단 말인가

15 삼생의 연분이 아니던가 사주팔자가 그러한가

16 이미 부부가 되었으면 죽지 말고 살았거나

17 그리 (일찍) 죽을 것이었으면 (나를) 만나지나 말았거나

18 부질없는 나의 마음 어느 누가 위로하리

19 심회로다 심회로다 바다같이 깊은 근심

20 태산같이 높은 심회 상사로다 상사로다

21 그리워하던 우리 낭군 어이 그리 못 오는가

22 병들어 누워 인간사가 끊어졌으니 (우리 낭군이) 못 오는가

23 약수가 삼천 리가 둘러 있어 못 오는가

24 만리장성이 가려서 못 오는가

(중략)

25 동쪽 창에 돋은 달이 서쪽 창으로 지거든 오시려나

26 병풍에 그린 누런 닭이 새벽 즈음에 날 새라고 꼬꼬 울거든 오시려나

27 금강산 가장 높은 봉우리가 평지가 되어 물이 밀려 들어와 배가 둥둥 뜨거든 오시려나

28 어이 그리 못 오는가 무슨 일로 못 오는가

29 가슴 속에 불이 나서 풀과 나무 다 타 간다

30 눈물이 비가 되어 붙은 불을 끌 수 있으련마는

31 한숨이 바람 되어 점점 불어

32 마음속에 담긴 깊은 시름이 썩은 물이 (되어) 눈으로 솟아날 때

33 (눈물이) 큰 홍수가 되었구나 한강 물이 되었구나

• 지문 이해

상황		정서
• 사랑하던 우리 낭군 ~ 청산의 외로운 혼이 된단 말인가	• 병풍에 그린 황계 ~ 오시려나 • 금강산 상상봉이 ~ 오시려나	• 바다같이 깊은 수심 ~ 상사로다 • 구곡간장 ~ 한강지수 되었구나
→젊은 시절에 남편을 잃음('청춘과부'가 됨)	→사별한 남편과의 재회가 불가능함	→깊은 그리움과 슬픔

• 시행의 의미

시행	의미 및 효과
• 견우직녀성도 둘이 서로 마주 섰고 • 용천검 태아검도 둘이 서로 짝이 되고 • 날짐승 길버러지 다 각각 짝이 있것만	화자의 처지와 대비되는 대상 →화자의 외로운 처지를 부각함
• 약수 삼천 리가 둘러져 있어 못 오는가 • 만리장성이 가려서 못 오는가	화자와 대상('우리 낭군') 사이의 장애물 상징 →단절감을 강조함
• 병풍에 그린 황계 새벽 즈음에 날 새라 고 꼬꼬 울거든 • 금강산 상상봉이 평지 되어 물 밀어 배 둥둥 뜨거든	불가능한 상황을 가정 →'우리 낭군'에 대한 그리움을 강조함

(나)

1 갈까 보다 말까 보다 임을 따라 아니 갈 수 없네

2 대상 및 상황 : '임'을 따라갈 수밖에 없다고 생각하는 상황

3 태도 : 아무리 멀고 수많은 장애가 있다고 할지라도 임을 따라갈 수밖에 없다고 생각한다.

2 오늘 가고 내일 가고 모레(내일의 다음 날) 가고 글피(모레의 다음 날) 가고 하루 이틀 사흘(3일) 나흘(4일) 곱잡아(곱절로 셈하여 헤아려) 여드레(8일) ⓑ **팔십 리**(거리의 단위. 약 0.4km)를 다 못 갈지라도 임을 따라서 아니 갈 수 없네 **천가지 만가지**(수많은) **창과 칼, 도끼까지 닥친다 할지라도 임을 따라 아니 갈 수 없네** 나무라 도 **은행나무** 는 음양(음기 陰 양기 陽 : 우주 만물의 서로 반대되는 두 가지 기운으로서 이 원적 대립 관계를 나타내는 것)을 분하여(나눌 分 : 나누어) 마주 섰고 돌이라도 **망부석** (정조를 굳게 지키던 아내가 멀리 떠난 남편을 기다리다 그대로 죽어 화석이 되었다는 전설적 인 돌)은 암수를 따라서 마주 섰는데

▭ : 화자의 처지와 대비되는 대상 →화자의 외로운 처지를 부각함

1 화자 : '나'

3 태도 : 주책없는 '나'의 팔자를 원망한다.

3 **이 내 팔자는 왜 그리 주책없어**(이랬다저랬다 제멋대로인지) 간 곳마다 있어야 할 임 없어 나 못 살겠네 3 정서 : 부재하는 '임'으로 인해 괴로움을 느낀다.

- 작자 미상, 「사설시조」-

4 주제: '임'과 함께 있고 싶은 간절한 마음

• 현대어 풀이

1 갈까 보다 말까 보다 임을 따라 아니 갈 수가 없네

2 오늘 가고 내일 가고 모레 가고 글피 가고 하루 이틀 사흘 나흘 곱절로 셈하여 헤아려 여 덟 날 팔십 리를 다 못 갈지라도 임을 따라서 아니 갈 수가 없네 수많은 창과 칼, 도끼까지 닥친다 할지라도 임을 따라갈 수밖에 없네 나무라도 은행나무는 음과 양의 두 가지 기운 을(암나무와 수나무로) 나누어 마주 섰고 돌이라도 망부석은 암과 수를 따라서 마주 섰는데

3 이 내 팔자는 왜 그리 주책없어 간 곳마다 있어야 할 임이 없어 나는 못 살겠네

• 지문 이해

대상	화자의 상황	정서
• 음양을 분하여 마주 서 있는 은행나무 • 암수를 따라서 마주 서 있는 망부석	• 간 곳마다 있어야 할 임이 없음	• 임을 따라 아니 갈 수 없네 • 나 못 살겠네
→화자의 처지와 대비되는 자연물 →화자가 부러워하는 대상	→'임'과 함께 있지 못하는 화자	→'임'을 따라가 함께 있고 싶음 →자신의 처지를 한탄함

(다)

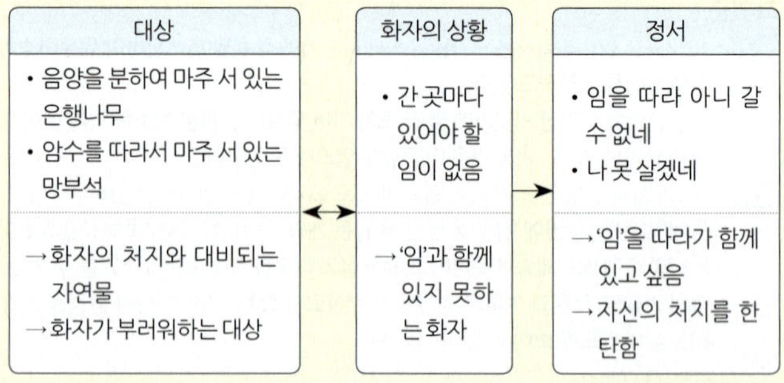

1 오늘은 **당신**(편지를 받는 대상. 독자)이 가르쳐 준 **태백산맥**(추가령 지구대에서 강원도, 경 상도까지 뻗어 있는 국내에서 가장 큰 산맥) 속의 **소광리 소나무 숲**(경북 울진군 소광리에 있는 소 나무 숲)에서 이 엽서를 띄웁니다(편지글 형식). 2 아침 햇살에 빛나는 소나무 숲에 들어서니 당신이 사람보다 나무를 더 사랑하는 까닭을 알 것 같습니다. 3 200년, 300년, 더러는 500년의 풍상(風霜)(바람 風 서리 霜 : 바람과 서리. 온갖 어려움)을 겪은 **소나무들**이 골짜기 (산과 산 사이에 움푹 패어 들어간 곳)에 가득합니다. 4 (소나무들이) 그 긴 세월을 온전히 바위

위에서 버티어 온 것에 이르러서는 차라리 경이였습니다(놀랄 驚 기이할 異 : 놀랍고 신기했습니다). 5 바쁘게 뛰어다니는 우리들과는 달리 (소나무들은) 오직 **'신발 한 켤레의 토지'**(좁은 땅)에 서서 이처럼 **우람할**(크고 웅장할) 수 있다는 것이 충격이고 경이였습니다. 6 생각하면 소나무보다 훨씬 더 많은 것을 소비하면서도(없앨 消 쓸 費 : 써서 없애면서도) 무엇 하나 변변히(제대로) 이루어 내지 못하고 있는 나에게 소광리의 솔숲은 마치 회초리를 들고 기다리는 엄한 스승(소광리의 소나무를 비유한 말) 같았습니다('나'를 성찰하게 한다는 의미).

→ '나'는 소광리 솔숲의 소나무를 보며 경이로움을 느끼고 스스로를 반성한다.

2 1 어젯밤 별 한 개 쳐다볼 때마다 100원씩 내라던 당신의 말(별이 그만큼 가치 있는 존재라는 의미)이 생각납니다. 2 오늘은 소나무 한 그루 만져볼 때마다 돈을 내야겠지요. 3 사실 서울에서는 그(여기서는 별, 소나무)보다 못한 것을 그보다 비싼 값을 치르며 살아가고 있다는 생각이 듭니다. 4 언젠가 경복궁 복원 공사 현장에 가 본 적이 있습니다. 5 일제가 파괴하고 변형시킨 조선 정궁(本 正 宮 전 宮 : 궁중의 의식을 행하고 왕이 나와서 조회를 하던 궁전)의 기본 궁제(宮制)(궁전 宮 생김새 制 : 궁궐의 모습)(전통적으로 우리나라의 궁궐에는 소나무가 주요 건축 자재로 사용되었음)를 되찾는 일이 당연하다고 생각하였습니다. 6 그러나 막상 오늘 이곳 소광리 소나무 숲에 와서는 그러한 생각(여기서는 경복궁의 기본 궁제를 되찾는 일이 당연하다는 생각)을 반성하게 됩니다. 7 경복궁의 복원에 소요되는(것 所 요구할 要 : 필요한) 나무가 원목으로 200만 재(재목의 부피를 나타내는 단위), 11톤 트럭으로 500대라는 엄청난 양이라고 합니다. 8 소나무가 없어져 가고 있는 지금에 와서도 기어이(반드시) 소나무로 복원한다는 것이 무리한 고집이라고 생각됩니다. 9 수많은 소나무들이 베어져 눕혀진 광경이라니 감히 상상할 수가 없습니다. 10 그것은 이를테면 (소나무의) 고난에 찬 몇 백만 년의 세월을 잘라 내는 것이나 마찬가지입니다.

→ '나'는 경복궁 복원에 막대한 양의 소나무를 소요하는 일이 무리한 고집이라고 생각한다.

(중략)

3 1 나는 문득 당신이 진정 사랑하는 것이 소나무가 아니라 소나무 같은 '사람'(메마르고 척박한 현실을 견뎌내는 '사람')이라는 생각이 들었습니다. 2 메마른 땅을 지키고 있는 수많은 사람들이란 생각이 들었습니다. 3 문득 지금쯤 서울 거리의 자동차 속에 앉아 있을 당신을 생각했습니다. 4 그리고 외딴섬에 갇혀 목말라 하는 남산의 소나무들(문명 속에 갇혀 생존을 위협받는 존재들)을 생각했습니다. 5 남산의 소나무가 이제는 더 이상 살아남기를 포기하고 자손들이나 기르겠다는 체념으로 무수한 솔방울(소나무 열매의 송이. 공처럼 둥그스름한 모양으로 여러 개의 잔비늘 같은 조각이 겹겹이 달려 있고 그 사이에 씨가 들어 있음. 소나무에게 남은 희망을 의미함)을 달고 있다는 당신의 이야기는 우리를 슬프게 합니다. 6 더구나 그 솔방울들이 싹을 키울 땅마저 황폐해(거칠 荒 부서질 廢 : 거칠어지고 메말라) 버렸다는 사실이 우리를 더욱 암담하게(어두울 暗 조용할 澹 : 절망스럽게) 합니다. 7 그러나 그(솔방울이 싹을 틔울 땅마저 황폐해졌다는 사실)보다 더 무서운 것이 아카시아와 활엽수의 침습(侵襲)(범할 侵 엄습할 襲 : 갑자기 침범하여 공격함)이라니 놀라지 않을 수 없습니다. 8 척박한(메마를 瘠 척박할 薄 : 기름지지 못하고 메마른) 땅을 겨우겨우 가꾸어 놓으면 이내 다른 경쟁수들(경쟁 대상이 되는 나무들. 여기서는 아카시아와 활엽수)이 쳐들어와 소나무를 몰아내고 만다는 것입니다. 9 무한 경쟁의 비정한(없을 非 인정 情 : 냉혹한) 논리가 뻗어 오지 않는 곳이 없습니다(인간과 소나무 모두 무한 경쟁의 현실 속에 살고 있다는 의미).

→ 무한 경쟁의 비정한 논리가 만연한 현대 사회를 비판적으로 인식한다.

4 1 나는 마치 꾸중 듣고 집 나오는 아이(소광리 솔숲에서 현대인의 무분별한 소비, 무한 경쟁의 현실을 깨닫고 반성한 글쓴이를 비유한 말)처럼 산을 나왔습니다. 2 솔방울 한 개를 주워 들고 내려오면서 생각하였습니다. 3 거인에게 잡아먹힌 소년이 솔방울(희망, 끈질긴 생명력 상징)을 손에 쥐고 있었기 때문에 다시 소생했다는(깨어날 蘇 살 生 : 거의 죽어 가다가 다시 살아났다는) 신화를 생각하였습니다. 4 당신이 나무를 사랑한다면 솔방울도 사랑해야 합니다. 5 무수한 솔방울들의 끈질긴 저력(속 底 힘 力 : 속에 간직하고 있는 든든한 힘)을 신뢰해야 합니다.

→ 솔방울의 끈질긴 저력과 생명력을 예찬한다.

- 신영복, 「당신이 나무를 더 사랑하는 까닭」-

• 중심 내용
'나'는 소광리 솔숲의 소나무를 보며 경이로움을 느끼고, 소나무보다 더 많은 것을 소비하면서도 무엇 하나 제대로 이루어 내지 못하는 스스로를 반성한다. 또한 무한 경쟁의 논리가 만연한 현대 사회의 비정성을 비판하고, 솔방울들의 끈질긴 저력을 예찬한다.

---

014 표현상 특징 - 적절한 것 고르기 2025년 6월 학평 38번 정답률 70%, 매력적 오답 ②, ⑤ 10% | 정답 ④

(가) ~ (다)에 대한 설명으로 가장 적절한 것은?

선지	핵심 체크 내용	(가)	(나)	(다)
①	계절 변화	X	-	-
	과거와 현재의 대비되는 상황	O		
②	점층적 표현	-	O	-
	대상에 대한 예찬의 태도		X	
③	묻고 답하는 방식	-	-	X
	독자의 깨달음 유도			O
④✓	열거의 방식 → 화자의 정서 강조	O	O	-
⑤	시간의 흐름에 따른 공간의 변화 → 역동적 분위기	-	X	X

① (가)는 계절 변화를 통해 과거와 현재의 대비되는 상황을 드러내고 있다.

근거 (가)-9 자손이 많고 영화를 누리며 백년해로 살자 했더니/ 13 다정한 우리 낭군 사랑하던 우리 낭군/ 14 무슨 나이 그리 많아 청산의 외로운 혼이 된단 말인가

풀이 (가)는 낭군과 백년해로를 약속했던 과거와 낭군이 죽은 뒤 화자만 홀로 남은 현재를 대비하고 있으나, 이를 계절 변화를 통해 드러내고 있지는 않다.

→ 적절하지 않음!

'임'을 따라가겠다는 화자의 의지를
② (나)는 *점층적 표현을 통해 대상에 대한 **예찬의 태도를 드러내고 있다.
* 표현의 정도를 점점 강하게 하거나, 크게 하거나, 높게 하는 수사법 ** 훌륭하다고 찬양함

근거 (나)-2 오늘 가고 내일 가고 모레 가고 글피 가고 하루 이틀 사흘 나흘 곱잡아 여드레 팔십 리를 다 못 갈지라도 임을 따라서 아니 갈 수 없네

풀이 (나)는 임을 따라가는 시간이 '오늘'에서 '여드레'로 점점 늘어나는 점층적 표현을 활용하여 오랜 시간이 걸리더라도 임을 따라가고자 하는 화자의 의지를 강조하고 있을 뿐, 이를 통해 대상인 임을 예찬하고 있지는 않다.

→ 적절하지 않음!

편지글 형식으로
③ (다)는 묻고 답하는 방식으로 글을 전개하여 독자의 깨달음을 유도하고 있다.

근거 (다) ❶-1 오늘은 당신이 가르쳐 준 태백산맥 속의 소광리 소나무 숲에서 이 엽서를 띄웁니다.

풀이 (다)는 '당신'에게 말을 건네는 편지글의 형식으로 글을 전개하고 있으나 묻고 답하는 방식은 나타나지 않는다. (다)는 무차별적 소비를 일삼는 현대인과 무한 경쟁의 비정한 논리가 지배하는 현대 사회를 비판하고, 척박한 환경에서도 끈질긴 생명력을 지닌 소나무를 통해 독자의 깨달음을 유도하고 있다.

→ 적절하지 않음!

■ 묻고 답하는 방식으로 글을 전개하여 독자의 깨달음을 유도하고 있는 작품
• 정약용, 「수오재기」
내 밭을 지고 달아날 자가 있는가(문). 밭은 지킬 필요가 없다(답). 내 집을 지고 달아날 자가 있는가(문). 집도 지킬 필요가 없다(답). ~ 그러니 천하 만물은 모두 지킬 필요가 없다. ~ 그러니 천하에 나[吾]보다 더 잃어버리기 쉬운 것은 없다. 어찌 실과 끈으로 묶고 빗장과 자물쇠로 잠가서 나를 굳게 지키지 않겠는가.

→ 묻고 답하는 방식을 통해 천하만물은 지켜야 할 필요가 없으나 세속적 이익이나 유혹에 쉽게 흔들리는 '나(본질적 자아)'는 지켜야 한다는 내용을 제시하여 독자의 깨달음을 유도하고 있다.

✓**④ (가)와 (나)는 모두, *열거의 방식을 활용하여 화자의 정서를 강조하고 있다.**
* 예나 사실을 낱낱이 늘어놓는 방식

근거 (가)-12 말 잘하고 인물 좋고 활 잘 쏘고 키 훨씬 큰
(나)-2 하루 이틀 사흘 나흘 ~ 창과 칼, 도끼까지 닥친다 할지라도 임을 따라 아니 갈 수 없네

풀이 (가)는 낭군의 장점을 열거하여 사별한 낭군에 대한 그리움을 강조하고 있다. (나)는 시간의 경과와 장애물을 열거하여 어떤 상황에서도 임을 따르겠다는 의지와 임에 대한 깊은 사랑을 강조하고 있다.

→ 적절함!

⑤ (나)와 (다)는 모두, 시간의 흐름에 따른 공간의 변화를 통해 *역동적 분위기를 드러내고 있다. * 힘차고 활발하게 움직이는

근거 (나)-2 오늘 가고 내일 가고 모레 가고 글피 가고 하루 이틀 사흘 나흘 곱잡아 여드레 팔십 리를 다 못 갈지라도 임을 따라서 아니 갈 수 없네
(다) ❶-1 오늘은 당신이 가르쳐 준 태백산맥 속의 소광리 소나무 숲에서 이 엽서를

띄웁니다. / ❷-4 언젠가 경복궁 복원 공사 현장에 가 본 적이 있습니다. / ❸-4 외딴 섬에 갇혀 목말라 하는 남산의 소나무들을 생각했습니다. / ❹-1 나는 마치 꾸중 듣고 집 나오는 아이처럼 산을 나왔습니다.

풀이 (나)는 '오늘 가고 내일 가고'에서 시간의 흐름을 제시하여 임을 따라가는 상황을 가정하고 있으나, 공간의 변화가 나타나지는 않으며 역동적 분위기 또한 나타난다고 보기 어렵다. (다)의 글쓴이는 '소광리 소나무 숲'에서 '경복궁'과 '남산'을 떠올릴 뿐, 시간의 흐름에 따른 공간의 변화는 나타나지 않으며 역동적 분위기도 나타나지 않는다.

→ 적절하지 않음!

■ **시간의 흐름에 따른 공간의 변화가 나타나는 작품**

• 위백규, 「농가(農歌)」 (2021년 고1 6월 학평, 2022학년도 수능)
땀은 듣는(방울져 떨어지는) 대로 듣고 볕은 쬘 대로 쬔다 / ~ 돌아가자 돌아가자 해 지거든 돌아가자 / 계변(시내 溪 가장자리 邊 : 물이 흐르는 시내의 가)에 손발 씻고 호미 메고 돌아올 제
  → '낮'에서 '저녁'으로의 시간 경과와 함께 농사일을 하던 '들'에서 '계변'을 거쳐 '집'으로 돌아오는 공간의 변화가 나타난다.

---

015 소재의 의미 – 적절한 것 고르기 2025년 6월 학평 39번
정답률 70%, 매력적 오답 ②, ④ 10% **정답 ⑤**

ⓐ, ⓑ에 대한 이해로 가장 적절한 것은?

> (가)-23 약수 ⓐ삼천 리가 둘러져 있어 못 오는가
> (나)-2 ⓑ팔십 리를 다 못 갈지라도 임을 따라서 아니 갈 수 없네

① ⓐ는 임의 마음을 확인하고 싶은 화자의 바람을 의미한다.
  풀이 ⓐ(삼천 리)는 화자와 임의 단절감을 강조할 뿐, 임의 마음을 확인하고 싶은 화자의 바람을 의미하지는 않는다.
  → 적절하지 않음!

② ⓑ는 임과의 물리적 거리로 인한 화자의 절망감을 의미한다.
  풀이 ⓑ(팔십 리)는 아무리 먼 거리라도 임을 따라가겠다는 임의 의지를 강조하기 위해 설정된 거리이다. 이를 임과의 물리적 거리로 인한 화자의 절망감을 의미한다고 보는 것은 적절하지 않다.
  → 적절하지 않음!

③ ⓐ는 화자가 가야 할 험난한 여정을, ⓑ는 임이 가야 할 시련의 길을 의미한다.
  풀이 ⓐ(삼천 리)는 화자와 임 사이의 단절의 정도를 의미할 뿐, 화자가 가야 할 험난한 여정과는 관련이 없다. ⓑ(팔십 리)는 화자가 임에게 가기 위해 감내할 수 있는 시련의 길을 의미할 뿐, 임이 가야 할 시련의 길을 의미하지는 않는다.
  → 적절하지 않음!

④ ⓐ는 임에 대한 화자의 심리적 거리감을, ⓑ는 화자에 대한 임의 심리적 거리감을 강조한다.
  풀이 ⓐ(삼천 리)는 화자와 죽은 임 사이에 놓인 약수의 거리로, 극복할 수 없는 단절감을 나타내므로 임에 대한 화자의 심리적 거리감을 강조하는 것으로 볼 수 있다. 한편, ⓑ(팔십 리)는 화자가 임을 따르기 위해 기꺼이 감수하려는 거리를 의미하므로 화자에 대한 임의 심리적 거리감으로 이해하는 것은 적절하지 않다.
  → 적절하지 않음!

⑤ ⓐ는 화자와 임 사이의 단절된 정도를, ⓑ는 화자가 감내해야 할 고난의 정도를 강조한다.
  풀이 ⓐ(삼천 리)는 화자와 죽은 임 사이에 놓인, 건널 수 없는 장애물(약수)의 거리를 의미한다. 따라서 이는 화자와 임 사이의 단절된 정도를 강조한다고 볼 수 있다. ⓑ(팔십 리)는 화자가 임에게 가기 위해 기꺼이 가고자 하는 거리이므로 화자가 임과 함께하기 위해 감내해야 할 고난의 정도를 강조한다고 할 수 있다.
  → 적절함!

---

016 감상의 적절성 – 적절하지 않은 것 고르기 2025년 6월 학평 40번
정답률 35%, 매력적 오답 ⑤ 25%, ④ 20%, ① 15% **정답 ③**

〈보기〉를 참고하여 (가)와 (나)를 감상한 내용으로 적절하지 **않은** 것은?

> | 보기 |
> [1] 사랑하는 대상과의 이별 상황을 노래하고 있는 시에서, 시적 화자가 이에 대처하는 양상은 다양하게 나타난다. [2] 시적 화자는 이별이라는 현실을 부정하거나, 이를 극복하기 위해 적극적이고 능동적인 태도를 보이기도 한다. [3] 또한 이별의 현실에 체념, 원망, 자책(스스로 自 꾸짖을 責 : 스스로 깊이 뉘우치고 자신을 책망함)과 같이 소극적이고 수동적인 태도를 보이기도 한다. [4] 그리고 이별에 대처하는 이러한 양상은 복합적으로도 나타난다.

① (가)의 '조물이 시기하고 귀신조차 사정 없다'에는 임과 사별한 이유를 외부 요인으로 돌리는 화자의 원망이 나타나 있군.
  근거 〈보기〉-3 이별의 현실에 체념, 원망
  (가)-11 조물이 시기하고 귀신조차 사정 없다
  풀이 (가)의 '조물이 시기하고 귀신조차 사정 없다'에는 낭군과 사별한 이유를 '조물', '귀신'과 같은 외부 요인으로 돌리며 이들을 원망하는 화자의 태도가 드러난다.
  → 적절함!

② (가)의 '어이 그리 못 오는가 무슨 일로 못 오는가'에는 임과 사별했다는 상황을 받아들이기 힘들어하는 화자의 *애절한 정서가 담겨 있군. * 견디기 어렵도록 애타는
  근거 〈보기〉-2 시적 화자는 이별이라는 현실을 부정하거나,
  (가)-28 어이 그리 못 오는가 무슨 일로 못 오는가
  풀이 (가)의 화자가 '어이 그리 못 오는가 무슨 일로 못 오는가'라고 낭군이 돌아오지 않는 이유를 반복하여 묻는 것에서 임과 사별했다는 현실을 받아들이지 못하고 힘들어하는 화자의 애절한 정서를 확인할 수 있다.
  → 적절함!

③ (가)의 '사주팔자 그러한가'와 (나)의 '이 내 팔자는 왜 그리 주책없어'에는 모두, 이별의 원인을 자신에게서 찾는 화자의 자책이 나타나 있군.
  운명의 탓으로 돌리는 화자의 체념이
  근거 〈보기〉-3 이별의 현실에 체념, 원망, 자책
  (가)-15 삼생 연분 아니런가 사주팔자 그러한가
  (나)-3 이 내 팔자는 왜 그리 주책없어 간 곳마다 있어야 할 임 없어 나 못 살겠네
  풀이 (가)의 '사주팔자 그러한가'와 (나)의 '이 내 팔자는 왜 그리 주책없어'에는 모두 이별의 원인을 자신의 '팔자'에서 찾는 모습이 담겨 있다. 이는 이별의 원인을 자신이 타고난 '운명'의 탓으로 여기는 것이므로 이별의 원인에 대한 화자의 자책이 나타난다고 볼 수 없다.
  → 적절하지 않음!

④ (나)의 '갈까 보다 말까 보다'에는 이별에 대처하는 화자의 복합적인 태도가 드러나 있군.
  근거 〈보기〉-4 이별에 대처하는 이러한 양상은 복합적으로도 나타난다.
  (나)-1 갈까 보다 말까 보다
  풀이 (나)의 '갈까 보다 말까 보다'에는 이별 상황을 극복하기 위한 적극적이고 능동적인 태도('갈까 보다')와 이별 상황에 체념하는 소극적이고 수동적인 태도('말까 보다')가 복합적으로 나타난다.
  → 적절함!

⑤ (나)의 '창과 칼, 도끼까지 닥친다 할지라도 임을 따라 아니 갈 수 없네'에는 임과의 이별을 거부하겠다는 화자의 적극적 의지가 드러나 있군.
  근거 〈보기〉-2 시적 화자는 이별이라는 현실을 부정하거나, 이를 극복하기 위해 적극적이고 능동적인 태도를 보이기도 한다.
  (나)-2 천가지 만가지 창과 칼, 도끼까지 닥친다 할지라도 임을 따라 아니 갈 수 없네
  풀이 (나)의 '창과 칼, 도끼까지 닥친다 할지라도 임을 따라 아니 갈 수 없네'는 어떤 시련('창과 칼, 도끼까지 닥친다 할지라도')이 닥쳐도 임을 따르겠다는 것으로, 임과의 이별을 거부하는 화자의 적극적 의지가 드러나 있다.
  → 적절함!

017 인물의 태도 - 적절하지 않은 것 고르기 2025년 6월 학평 41번
정답률 60%, 매력적 오답 ② 15%, ⑤ 10% **정답 ④**

(다)의 '나'와 '당신'에 대한 이해로 적절하지 <u>않은</u> 것은?

① '나'는 인간이 이기적인 태도로 자연을 대한다고 여기고 있다.

근거 (다) ❷-7~10 경복궁의 복원에 소요되는 나무가 원목으로 200만 재, 11톤 트럭으로 500대라는 엄청난 양이라고 합니다. 소나무가 없어져 가고 있는 지금에 와서도 기어이 소나무로 복원한다는 것이 무리한 고집이라고 생각합니다. ~ 그것은 이를테면 고난에 찬 몇 백만 년의 세월을 잘라 내는 것이나 마찬가지입니다.

풀이 '나'는 경복궁 복원에 소요되는 나무의 양을 언급하면서 인간의 필요에 따라 수많은 소나무를 베어 내는 것은 무리한 고집이며, 몇 백만 년의 세월을 잘라내는 것이나 다름 없다며 비판하고 있다. 이는 인간이 이기적인 태도로 자연을 대한다고 여기는 '나'의 태도를 보여 주는 것이다.

→ 적절함!

② '나'는 인간 세상만이 아니라 자연에도 무한 경쟁의 논리가 적용되고 있다고 생각하고 있다.

근거 (다) ❸-7~9 그러나 그보다 더 무서운 것이 아카시아와 활엽수의 침습이라니 ~ 척박한 땅을 겨우겨우 가꾸어 놓으면 이내 다른 경쟁수들이 쳐들어와 소나무를 몰아내고 만다는 것입니다. 무한 경쟁의 비정한 논리가 뻗어 오지 않는 곳이 없습니다.

풀이 '나'는 아카시아와 활엽수와 같은 경쟁수들이 소나무를 몰아내는 상황을 언급하며 인간 세상뿐만 아니라 자연에도 무한 경쟁의 비정한 논리가 적용된다는 것을 지적하고 있다.

→ 적절함!

③ '당신'은 '나'가 소광리 소나무 숲에서 바람직한 삶의 태도를 깨닫는 계기를 마련해 주었다.

근거 (다) ❶-1 오늘은 당신이 가르쳐 준 태백산맥 속의 소광리 소나무 숲에서 이 엽서를 띄웁니다. / 6 소나무보다 훨씬 더 많은 것을 소비하면서도 무엇 하나 변변히 이루어 내지 못하고 있는 나에게 소광리의 솔숲은 마치 회초리를 들고 기다리는 스승 같았습니다.

풀이 '나'는 당신이 알려 준 소광리 소나무 숲에서, 척박한 환경에서도 저력을 보이는 소나무를 보며 소비 위주의 삶을 성찰하고, 바람직한 삶의 태도를 깨닫게 된다. 따라서 '당신'은 '나'가 바람직한 삶의 태도를 깨닫는 계기를 마련해 주었다고 볼 수 있다.

→ 적절함!

④ '나'와 '당신'은 모두, 살아남기를 포기한 남산의 소나무에 대한 인식의 변화를 드러내고 있다.

근거 (다) ❸-5 남산의 소나무가 이제는 더 이상 살아남기를 포기하고 자손들이나 기르겠다는 체념으로 무수한 솔방울을 달고 있다는 당신의 이야기는 우리를 슬프게 합니다.

풀이 남산의 소나무가 살아남는 일을 포기했다는 언급은 있으나, 이에 대한 '나'와 '당신'의 인식 변화는 언급되어 있지 않다.

→ 적절하지 않음!

⑤ '나'와 '당신'은 모두, 대가를 치르며 감상하고 싶을 정도로 자연이 지닌 가치가 높다고 평가하고 있다.

근거 (다) ❷-1~2 어젯밤 별 한 개 쳐다볼 때마다 100원씩 내라던 당신의 말이 생각납니다. 오늘은 소나무 한 그루 만져볼 때마다 돈을 내야겠지요.

풀이 별 한 개 쳐다볼 때마다 100원씩 내라고 한 '당신'의 말이나 소나무 한 그루 만져볼 때마다 돈을 내야겠다는 '나'의 생각을 통해 돈이라는 대가를 치르며 감상하고 싶을 정도로 자연의 가치를 높이 평가하고 있음을 알 수 있다.

→ 적절함!

018 감상의 적절성 - 적절하지 않은 것 고르기 2025년 6월 학평 42번
정답률 60%, 매력적 오답 ④, ⑤ 15% **정답 ③**

<보기>를 참고하여 (가) ~ (다)를 감상한 내용으로 적절하지 <u>않은</u> 것은? [3점]

| 보기 |
[1]문학 작품에서 작가는 정서나 사상을 직접적으로 드러내기보다는 특정 사물이나 상황을 통해 간접적으로 돌려 말하는 경우가 많다. [2]이때 특정 사물이나 상황은 화자나 글쓴이의 처지와 동일시되거나 대조되어 정서를 심화시키는 대상으로 쓰인다. [3]또한

화자나 글쓴이가 어떤 감정이나 생각을 떠올리도록 매개하기도(매개 媒 낄 介 : 둘 사이에서 양편의 관계를 맺어 주기도) 한다.

① (가)에서 '병풍에 그린 황계'가 '날 새라고 꼬꼬' 운다는 실현 불가능한 상황을 설정한 것은 임이 다시는 돌아올 수 없다는 화자의 비극적인 인식을 드러내려는 의도로 볼 수 있군.

근거 <보기>-1 문학 작품에서 작가는 ~ 특정 사물이나 상황을 통해 간접적으로 돌려 말하는 경우가 많다.

(가)-26 병풍에 그린 황계 새벽 즈음에 날 새라고 꼬꼬 울거든 오시려나

풀이 (가)에서 '병풍에 그린 황계'가 '날 새라고 꼬꼬' 운다는 것은 현실적으로 실현 불가능한 일이다. 화자가 이와 같은 불가능한 상황을 설정한 것은 사별한 임이 다시 돌아오는 것이 현실적으로 불가능하다는 비극적 인식을 드러낸 것으로 볼 수 있다.

→ 적절함!

② (가)에서 '구곡간장 썩은 물'이 '눈으로 솟아' '구년'이나 흐르고 '한강'이 되었다는 과장된 상황을 설정한 것은 오지 않는 임에 대한 화자의 슬픔을 부각하려는 의도로 볼 수 있군.

근거 <보기>-1 문학 작품에서 작가는 ~ 특정 사물이나 상황을 통해 간접적으로 돌려 말하는 경우가 많다.

(가)-32~33 구곡간장 썩은 물 눈으로 솟아날 제 / 구년지수 되었구나 한강지수 되었구나

풀이 (가)에서 '구곡간장 썩은 물'이 '눈으로 솟아' '구년'이나 흐르고 '한강'이 되었다는 것은 화자의 마음속 시름이 그만큼 크고 깊음을 과장적으로 표현한 것이다. 이는 돌아올 수 없는 임에 대한 화자의 슬픔과 근심을 강조하기 위한 것으로 볼 수 있다.

→ 적절함!

③ (가)의 '견우직녀성'은 화자의 처지와 동일한, (나)의 '은행나무'는 화자의 처지와 대조되는 대상으로, 임의 부재로 인한 화자의 상실감을 심화하려는 의도로 설정한 사물로 볼 수 있군. [(가)의 '견우직녀성'과]

근거 <보기>-2 이때 특정 사물이나 상황은 화자나 글쓴이의 처지와 동일시되거나 대조되어 정서를 심화시키는 대상으로 쓰인다.

(가)-4 견우직녀성도 둘이 서로 마주 섰고

(나)-2 은행나무는 음양을 분하여 마주 섰고

풀이 (가)의 둘이 서로 마주 서 있는 '견우직녀성'은 임과 사별한 화자의 처지와 대조되어 임의 부재로 인한 화자의 상실감을 심화한다고 볼 수 있다. (나)의 음양을 분하여 마주 서 있는 '은행나무'도 임의 부재로 괴로워하는 화자의 처지와 대조됨으로써 임의 부재로 인한 화자의 상실감을 심화한다.

→ 적절하지 않음!

④ (다)의 '신발 한 켤레의 토지'만을 차지한 채 '우람'하게 서 있는 '소나무들'은 필요 이상의 많은 소비를 하며 살아온 글쓴이 자신의 삶을 반성하게 하는 사물로 볼 수 있군.

근거 <보기>-3 또한 화자나 글쓴이가 어떤 감정이나 생각을 떠올리도록 매개하기도 한다.

(다) ❶-3~6 200년, 300년, 더러는 500년의 풍상을 겪은 소나무들 ~ 바쁘게 뛰어다니는 우리들과는 달리 오직 신발 한 켤레의 토지에 서서 이처럼 우람할 수 있다는 것이 ~ 소나무보다 훨씬 더 많은 것을 소비하면서도 무엇 하나 변변히 이루어 내지 못하고 있는 나에게 소광리의 솔숲은 마치 회초리를 들고 기다리는 엄한 스승 같았습니다.

풀이 '신발 한 켤레의 토지'에서 '우람'하게 자란 '소나무'는 그보다 훨씬 더 많은 것을 소비하면서도 무엇 하나 이룬 것 없는 글쓴이가 자신의 삶을 반성하도록 매개하는 역할을 한다.

→ 적절함!

⑤ (다)의 '솔방울 한 개'는 글쓴이에게 황폐해지고 척박해진 환경에서도 희망을 품고 살아야 함을 *환기하는 사물로 볼 수 있군. * 생각을 불러일으키는

근거 <보기>-3 화자나 글쓴이가 어떤 감정이나 생각을 떠올리도록 매개하기도 한다.

(다) ❹-2~5 솔방울 한 개를 주워 들고 내려오면서 생각하였습니다. 거인에게 잡아먹힌 소년이 솔방울을 손에 쥐고 있었기 때문에 다시 소생했다는 신화를 생각하였습니다. ~ 무수한 솔방울들의 끈질긴 저력을 신뢰해야 합니다.

풀이 (다)의 '솔방울 한 개'는 척박한 환경에 굴하지 않는 끈질긴 생명력과 저력을 의미한다. 따라서 글쓴이에게 '솔방울 한 개'는 현대 사회의 황폐함과 척박함 속에서도 희망을 잃지 않고 살아야 한다는 점을 환기하는 대상이라 할 수 있다.

→ 적절함!

[019~022] 다음 글을 읽고 물음에 답하시오.

작품 이해 단계 ① 화자 ② 상황 및 대상 ③ 정서 및 태도 ④ 주제

(가)

1
¹**산수간(山水間)** 바위 아래 **띠집**을 짓노라 하니
└ 산과 물 사이
└ 초가집. 볏과의 풀인 띠로 지붕을 올린 집
→ ② 상황: 자연 속에 띠집을 지으려는 상황
²그 모른 남들은 ⑦<u>웃는다</u> 한다마는
└ (자연 속에서의 소박한 삶을 택한) '나'의 뜻
³**어리고** **향암**의 뜻에는 내 **분(分)**인가 하노라
└ 어리석고
└ 시골 鄕 어두울 闇 : 시골에서 지내 온갖 사리에 어둡고 어리석은 사람
└ 분수 分 : 분수. 자기 신분에 맞는 한도
└ ① 화자 : '내(나)'
→ ③ 정서 : 자연 속에서의 소박한 삶에 만족한다.

〈제1수〉

2
¹**보리밥 풋나물**을 알맞게 먹은 후에
└ 소박한 음식. '풋나물'은 봄철에 새로 난 나무나 풀의 연한 싹으로 만든 나물
²바위 끝 물가에 **슬카지** 노니노라
└ 실컷
³그 남은 **여남은 일**이야 부럴 줄이 있으랴
└ 그 나머지 다른 일. 속세의 일
→ ②③ 상황 및 정서 : 자연 속에서 소박한 삶을 즐긴다.

〈제2수〉

3
¹내 **성이 게으르더니 하늘**이 알으실사
└ 성품 性 : 본성. 본바탕
²**인간 만사(人間萬事)**를 한 일도 아니 맡겨
└ 인간 세상의 수많은 일. 속세의 일
³**다만당** 다툴 이 없는 **강산을 지키라 하시도다**
└ 다만
→ ③ 태도 : 하늘이 내게 자연을 지키는 일을 맡겼다고 여긴다.

넘쳐흐를 漫 흥취 興 : 넘쳐흐르는 흥취

〈제5수〉
- 윤선도, 「만흥(漫興)」-

④ 주제 : 자연에 묻혀 살아가는 삶에서 즐거움과 만족감을 느낀다.

• **현대어 풀이**

1
¹산과 물 사이 바위 아래에 초가집을 지으려 하니
²나의 뜻을 모르는 남들은 비웃는다지만
³어리석고 시골뜨기인 내 생각에는 (이것이) 내 분수인가 하노라

〈제1수〉

2
¹보리밥과 풋나물을 알맞게 먹은 후에
²바위 끝 물가에서 실컷 노니노라
³그 나머지 다른 일이야 부러워할 줄이 있으랴

〈제2수〉

3
¹내 본성이 게으른 것을 하늘이 아셔서
²인간 세상의 수많은 일을 한 가지도 아니 맡겨
³다만 (서로 가지려고) 다툴 이가 없는 강산을 지키라 하시도다

〈제5수〉

• **지문 이해**

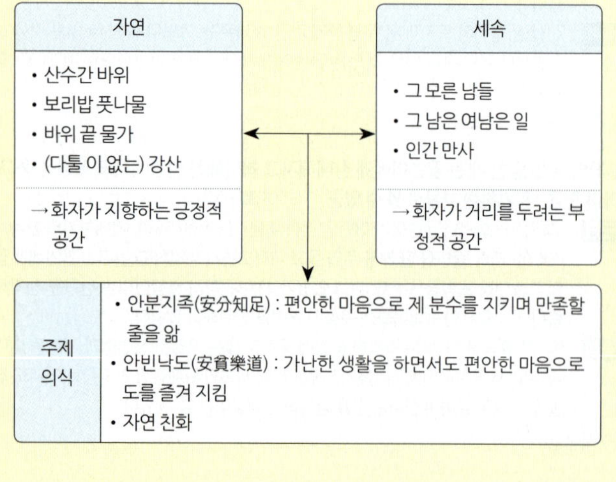

자연	세속
• 산수간 바위 • 보리밥 풋나물 • 바위 끝 물가 • (다툴 이 없는) 강산	• 그 모른 남들 • 그 남은 여남은 일 • 인간 만사
→ 화자가 지향하는 긍정적 공간	→ 화자가 거리를 두려는 부정적 공간

주제 의식	• 안분지족(安分知足) : 편안한 마음으로 제 분수를 지키며 만족할 줄을 앎 • 안빈낙도(安貧樂道) : 가난한 생활을 하면서도 편안한 마음으로 도를 즐겨 지킴 • 자연 친화

(나)

1
¹모계위가 한여름에 들에 나가 김을 매다가<u>(잡초를 뽑다가)</u> 틈이 나자 우뚝 서 있었다. ²**밭두둑**<u>(밭과 밭 사이의 경계에 있는 둑)</u> 사이에 큰 나무가 있었다. ³아침에 그늘이 서쪽으로 지자, 사람들이 다투어 그 아래로 가고, 얼마 뒤에 해가 옮겨 가자 모두들 떠들썩하게 동편으로 몰려갔다. ⁴뒤처져 온 이들 중에는 신발을 잃거나 발꿈치를 **상한**<u>(다칠 傷 : 다친)</u> 자도 계속 이어졌다.

→ 사람들이 한여름에 나무 그늘을 따라 경쟁적으로 이동한다.

2
¹계위를 돌아보고는 꾸짖는 자가 있었다.
²"저번에 그대는 동편에 있더니 이제 그대는 서편에 있군요<u>(계위는 한곳에 일정하게 있었지만 나무 그늘을 따라 이리저리 옮겨 다닌 '꾸짖는 자'의 관점에서는 자신이 서편으로 이동하면 계위는 동편에 있고, 동편으로 이동하면 계위는 서편에 있는 것처럼 보이므로 계위가 이리저리 이동했다고 착각한 것임)</u>. ³군자라는 이가 진정 이다지도 **지조**<u>(뜻 志 지조 操 : 원칙과 신념을 굽히지 아니하고 끝까지 지켜 나가는 꿋꿋한 의지)</u>가 없는지요?"
⁴계위는 기가 막혀 ⓛ<u>웃으며</u>, 세 번의 질문에도 대꾸하지 않았고, 말하던 자<u>(꾸짖는 자)</u>가 비로소 움찔하더니 얼마 있다 말하였다.
⁵"내<u>(꾸짖는 자)</u>가 지나쳤군요. ⁶그대<u>(모계위)</u>의 자리는 종일토록 변하지 않았습니다. ⁷내가 내 자리를 정하지 못한 것을<u>(내가 한곳에 있지 않고 나무 그늘을 따라 이리저리 움직인 것을)</u> 도리어 그대의 정해진 자리를 의심하였으니, 내가 참으로 **망령된**<u>(망령될 妄 정신 靈 : 경솔하고 어리석은)</u> 사람입니다. ⁸그렇지만 여름에 베옷 입고 겨울에 털옷 입으며, 비 오면 도롱이<u>(짚, 띠 따위로 엮어 허리나 어깨에 걸쳐 두르는 비옷)</u> 입고 볕 나면 가리는 천성<u>(상황 변화에 맞추어 행동하는 본성)</u>은 성인<u>(성스러울 聖 사람 人 : 지혜와 덕이 매우 뛰어나 길이 우러러 받들 만한 사람)</u>도 고치려고 하지 않았습니다. ⁹공자님께서도 사람은 새, 짐승과는 함께 살 수 없고 사람과 함께해야 한다<u>(인간의 사회성)</u>고 말하지 않으셨습니까? ¹⁰우리는 이런 사람이 아닌가요? ¹¹그대는 이제 항상 사람들과 떨어져서 혼자 있고, 또 그것을 지켜 꼼짝 않는데, 도리를 알고 때를 안다는 사람도 진정 그러합니까?"

→ 꾸짖는 자는 인간은 상황에 따라 변화하는 존재이며, 사회성을 지닌 존재라는 점을 들어 모계위의 삶의 방식을 비판한다.

3
¹계위가 말했다.

[A]
²"그렇군요. ³저는 농부인데 어찌 도를 알겠습니까? ⁴그래도 저는 일찍이 **서유자**<u>(후한 때의 선비. 집안이 가난해 몸소 농사를 지으며 살았다고 함)</u>에게 농사에 대해 들은 적이 있습니다. ⁵봄에 밭 갈고 여름에 김매다 가을에 이르면 수확을 한다고 하니, 나는 이것으로 때를 따라가는 것이라 생각합니다<u>(농부로서 자연의 순리에 순응하는 삶이 곧 진정한 도(道)라고 생각한다는 의미)</u>. ⁶**무릇**<u>(대체로 헤아려 생각하건대)</u> 비 오고 **가물고**<u>(오랫동안 계속하여 비가 오지 않고)</u> 바람 불고 볕이 내리쬐는 것은 하늘에 달린 것이고, **밭 갈고 씨 뿌리**고 김매고 뿌리를 북돋는 것은 나에게 달린 것입니다. ⁷나는 내가 할 수 있는 것을 다하고 하늘에서 이루어 주는 것을 받아들입니다. ⁸내 힘을 다 쓰고 내 일이 이미 갖추어지면, 나는 안으로 마음속에 거리끼는<u>(걸리는)</u> 것이 없고, 밖으로 외물<u>(바깥 外 만물 物 : 바깥 세계의 사물)</u>에 휘둘리는 것이 없습니다<u>(자신의 책임을 다하고 나면 마음의 자유와 평화를 얻고 외물에 휘둘리지 않는다는 의미)</u>. ⁹해하지도 않고 탐하지도 않아 이해관계에도 **불꽃이 튀지**<u>(다툼이 일어나지)</u> 않으니, 물에 파도가 일지 않는 것처럼 담담하고 물이 사방으로 통하여 막히지 않는 것처럼 트입니다. ¹⁰이렇게 되면 시원한 바람을 맞으며 사탕수수 즙을 마시는 것 같으니 높은 **평상**<u>(평평할 平 상 床 : 나무로 만든 침상. 밖에다 내어 앉거나 드러누워 쉴 수 있도록 만든 것)</u>에 얼음을 쌓아 놓는다고 해도 내 상쾌함을 알기에는 부족할 것입니다. ¹¹홀로 나무 그늘에 구구히<u>(구차하게)</u> 얽매이겠습니까?<u>(외적인 편안함에 집착하겠느냐는 의미)</u>

→ 모계위는 자연의 질서에 따라 본분을 다하면 내면의 자유와 평화를 얻어 외부 상황에 연연하지 않게 된다고 말한다.

4
¹저는 하늘의 때<u>(순리, 즉 순조로운 이치나 도리)</u>를 기다리는데, 사람들은 혹<u>(간혹. 때로)</u> 서로 다른 사람과 시간을 다툽니다. ²저는 마음속에 그늘<u>(내적 편안함)</u>이 있는데, 사람들은 모두 나무 그늘<u>(외적 편안함)</u>로 들어갑니다. ³사람들이 나와 달리한 것이지, 내가 어찌 사람들을 떠나기를 좋아했겠습니까?<u>(계위에게 항상 사람들과 떨어져서 혼자 있는다고 한 꾸짖는 자의 비판에 대한 반박)</u> ⁴그렇다 해도 **눈과 얼음 속에서** 솜옷을 입고 있는 자도 **여우 담비 털옷**<u>('솜옷'보다 더 따뜻한 옷을 의미)</u>을 덮어 주면 **사양하지 않는** 법입니다. ⁵내가 그늘을 싫어하여 도망쳤다고 하면 그것도 인정(人情)<u>(사람 人 본성 情 : 사람이 본래 가지고 있는 감정이나 심정)</u>이 아닐 것입니다<u>(자신도 그늘을 싫어하는 것이 아니라는 의미)</u>.

→ 모계위는 사람들과 자신의 삶의 태도가 다를 뿐, 자신이 사람들을 떠나기를 좋아하거나 그늘을 싫어하는 것은 아니라고 말한다.

5

¹그대는 어찌 생각해 보지 않으십니까? ²그대가 이 그늘로 들어갔을 적에 과연 조용하고 넉넉하게 노닐며 태연하게(편안할 泰 그럴 然 : 자연스럽게) 스스로 얻은 것이었습니까? ³아니면 다른 사람과 다툰 다음에야 그늘에 들 수 있었습니까? ⁴그렇지 않았다면 그 누가 무릎을 부딪치면서 발을 뻗지 못하게 하였습니까? ⁵그 누가 그대의 팔을 움츠려서 펴지 못하게 하였습니까? ⁶그 누가 그대에게 한 발자국 남짓한 자리를 마음대로 차지하지 못하게 하여, 마치 철창 속에 갇힌 원숭이처럼 답답하게 하였습니까? ⁷그 누가 그대와 사람이 서로 꺼리게 하여 도적을 보듯 흘겨보며 행여 한 사람이라도 나가서 내 자리를 너르게 하여(넓혀) 주기를 바라게 하였습니까? ⁸이렇게 하여(타인과 경쟁적으로 다투어) 그늘에 들어가는 것은 차라리 뜨거운 햇볕 아래 홀로 서 있는 것만도 못합니다(타인과의 다툼과 몸부림 끝에 들어간 그늘에서 불편하게 있는 것보다 뜨거운 햇볕 아래 홀로 평화롭게 서 있는 것이 더 낫다는 의미). ⁹그대는 말하지 마십시오. ¹⁰저는 다시 김을 매야겠습니다."
¹¹물어봤던 사람이 머리를 숙였고 부끄러운 낯빛이었다.

→ 모계위는 편안함을 좇는 이기적인 삶보다 내면이 평온한 삶이 더 낫다고 말한다.

- 홍석주, 「전간대(田間對)(밭 田 사이 間 대답할 對 : 밭 사이에서의 대화)」-

· **중심 내용**

한여름에 나무 그늘을 따라 경쟁적으로 이동하는 사람들과 달리 종일 자신의 자리를 지키며 김을 매는 모계위를 어떤 사람이 꾸짖는다. 이에 계위는 자연의 순리에 따라 본분을 다하고 내면의 평화를 얻는 삶이 편안함을 좇아 타인과 경쟁하는 삶보다 낫다며 반박한다.

· **지문 이해**

꾸짖는 자	모계위
· 인간은 상황에 따라 변화하는 존재이며, 사회성을 지닌 존재라고 생각함 · 다른 사람들과 달리 나무 그늘을 따라 이동하지 않고 홀로 한자리를 지키는 계위의 삶의 방식을 꾸짖음	· 자연의 순리를 따름 · 농부로서 자신의 분수에 맞는 삶을 실천함 · 외물에 휘둘리지 않음 · 외적인 편안함보다 내면의 평화를 중시함 · 자신의 편의를 위해 타인을 해하는 이기적인 삶의 태도를 경계함
→ 일반적인 사람들의 삶의 방식과 태도를 대변하는 인물	→ 작가 의식(주제 의식)을 대변하는 인물

---

019 표현상 공통점 - 적절한 것 고르기 2025년 3월 학평 39번
정답률 65%, 매력적 오답 ④, ⑤ 10% **정답 ①**

(가)와 (나)의 공통점으로 가장 적절한 것은?

선지	핵심 체크 내용	(가)	(나)
①	설의적 표현 활용 → 삶의 태도 강조	O	O
②	반어적 표현 활용	X	X
	인식의 변화 드러냄	X	O
③	점층적 표현 활용 → 부정적인 상황 부각함	X	O
④	과장적 표현 활용	X	X
	상황의 해학성 보여 줌	X	O
⑤	대조적 표현 활용	O	O
	자연 친화적 태도 나타냄	O	X

① ***설의적 표현을 활용하여 삶의 태도를 강조하고 있다.**
* 쉽게 판단할 수 있는 사실을 의문의 형식으로 표현하여 의미를 강조하는 방법

근거 (가) ❷-3 그 남은 여남은 일이야 부럴 줄이 있으랴
(나) ❸-11 홀로 나무 그늘에 구구히 얽매이겠습니까?

풀이 (가)에서는 설의적 표현을 활용함으로써 자연 속에서의 소박한 삶에 만족하는 삶의 태도를 강조하고 있다. (나)에서는 설의적 표현을 활용하여 외적인 편안함에 집착하지 않는 삶의 태도를 강조하고 있다.

→ 적절함!

② ***반어적 표현을 활용하여 인식의 변화를 드러내고 있다.** (나)만 해당
* 말하고자 하는 원래 의미와는 반대되는 표현

근거 (나) ❺-11 물어봤던 사람이 머리를 숙였고 부끄러운 낯빛이었다.
풀이 (가)에서는 반어적 표현이 나타나지 않으며, 인식의 변화도 드러나지 않는다. (나)에 반어적 표현은 사용되지 않았으나 모계위의 삶의 방식에 비판을 제기했던 '꾸짖는 자'가 모계위의 말을 들은 후 머리를 숙이고 부끄러운 낯빛을 하였으므로 인식의 변화가 드러난다고 볼 수 있다.

→ 적절하지 않음!

③ ***점층적 표현을 활용하여 부정적인 상황을 부각하고 있다.** (나)만 해당
* 뒤로 갈수록 의미가 고조되거나 정도가 높아지는 표현

근거

(나) ❺-4~7	그 누가 무릎을 부딪치면서 발을 뻗지 못하게 하였습니까?
	그 누가 그대의 팔을 움츠려서 펴지 못하게 하였습니까?
	그 누가 그대에게 한 발자국 남짓한 자리를 마음대로 차지하지 못하게 하여, 마치 철창 속에 갇힌 원숭이처럼 답답하게 하였습니까?
	그 누가 그대와 사람이 서로 꺼리게 하여 도적을 보듯 흘겨보며 행여 한 사람이라도 나가서 내 자리를 너르게 하여 주기를 바라게 하였습니까?

뒤로 갈수록 사람들이 경쟁적으로 다투는 모습이 강해짐

풀이 (가)에서는 점층적 표현을 활용하고 있지 않다. 또한 (가)의 화자는 자연 속에서의 삶에 만족하고 있으므로, 부정적 상황에 처해 있다고 보기 어렵다. (나)는 '꾸짖는 자'의 비판에 대해 모계위가 반박하는 부분에서 점층적 표현을 활용하여 사람들이 경쟁적으로 다투며 그늘을 차지하려는 부정적인 상황을 부각하고 있다.

→ 적절하지 않음!

④ ***과장적 표현을 활용하여 상황의 **해학성을 보여 주고 있다.** (나)만 해당
* 실제보다 지나치게 부풀려서 나타내는 표현 ** 익살스럽고 우스꽝스러운 성질

근거 (나) ❶-3~4 아침에 그늘이 서쪽으로 지자, 사람들이 다투어 그 아래로 가고, 얼마 뒤에 해가 옮겨 가자 모두들 떠들썩하게 동편으로 몰려갔다. 뒤처져 온 이들 중에는 신발을 잃거나 발꿈치를 상한 자도 계속 이어졌다.
풀이 (가)는 과장적 표현도, 상황의 해학성도 나타나지 않는다. (나)는 사람들이 앞다투어 그늘을 찾아 이리저리 몰려다니고 이동하는 모습을 묘사한 부분에서 상황의 해학성이 나타난다고 볼 수 있으나 과장적 표현을 활용하고 있지는 않다.

→ 적절하지 않음!

■ **과장적 표현과 상황의 해학성을 보여 주고 있는 작품**
· **작자 미상, 「춘향전」** (2018학년도 9월 모평)
'암행어사 출두야.' 외치는 소리에 강산이 무너지고 천지가 뒤눕는 듯 초목금순들 아니 떨랴. 남문에서 출두야, 북문에서 출두야, 동서문 출두 소리 청천에 진동하고,(과장적 표현) ~ 본관 사또가 똥을 싸고 멍석 구멍 생쥐 눈 뜨듯 하고 내아로 들어가서, '어 추워라, 문 들어온다 바람 닫어라. 물 마른다 목 들여라.(상황의 해학성)'
→ 과장적 표현을 활용하여 암행어사의 위세를 강조하고, 암행어사 출두로 인해 넋을 잃고 도망치는 본관 사또의 모습을 희화화함으로써 상황의 해학성을 보여 주고 있다.

⑤ ***대조적 표현을 활용하여 자연 친화적 태도를 나타내고 있다.** (가), (나) 해당 / (가)만 해당
* 대상을 맞대어 차이점을 밝히는 표현

근거 (가) ❸-2~3 인간 만사를 한 일도 아니 맡겨 / 다만당 다툴 이 없는 강산을 지키라 하시도다
(나) ❹-2 저는 마음속에 그늘이 있는데, 사람들은 모두 나무 그늘로 들어갑니다.
풀이 (가)는 '인간 만사'와 '다툴 이 없는 강산', '아니 맡겨'와 '지키라 하시도다'를 대조하여 속세와 거리를 두고 자연 속에서의 삶을 지향하는 태도를 드러내고 있다. (나)는 내적인 편안함을 의미하는 '마음속에 그늘'과 외적인 편안함을 의미하는 '나무 그늘'을 대조하여 자연 친화적 태도가 아닌 내면의 평온함을 중시하는 태도를 나타내고 있다.

→ 적절하지 않음!

020 인물의 태도 - 적절한 것 고르기 2025년 3월 학평 40번
정답률 35%, 매력적 오답 ④ 40%, ①, ② 10% | **정답 ③**

㉠, ㉡에 대한 이해로 가장 적절한 것은?

> (가) ❶-1~2 산수간 바위 아래 띠집을 짓노라 하니/ 그 모른 남들은 ㉠웃는다 한다마는
> (나) ❷-1~4 계위를 돌아보고는 꾸짖는 자가 있었다. "저번에 그대는 동편에 있더니 이제 그대는 서편에 있군요. 군자라는 이가 진정 이다지도 지조가 없는지요?" 계위는 기가 막혀 ㉡웃으며,

	웃음의 주체	웃음의 대상
㉠	화자의 뜻을 모르는 남들	화자
㉡	모계위	계위를 꾸짖는 자

① ㉠에는 *줏대 없는 행위에 대한, ㉡에는 **염치없는 말에 대한 비판적 태도가 담겨 있다. *자기의 처지나 생각을 꿋꿋이 지키고 내세움 **부끄러움을 모르고 뻔뻔한

  풀이 (가)에서 ㉠은 자연 속에서의 소박한 삶을 택한 '나'의 뜻을 이해하지 못하는 '남들'의 반응이므로 줏대 없는 행위에 대한 비판적 태도가 담겨 있다고 볼 수 없다. (나)에서 ㉡은 나무 그늘을 쫓아 이리저리 옮겨 다닌 '꾸짖는 자'가 한곳에 머문 계위에게 지조가 없다며 비판하자 계위가 보인 반응이므로, 상대의 염치없는 말에 대한 계위의 비판적 태도가 담겨 있다고 볼 수 있다.

  → 적절하지 않음!

② ㉠에는 일반적이지 않은 행위에 대한, ㉡에는 원망하는 말에 대한 *비하의 의도가 담겨 있다. *업신여겨 낮춤

  풀이 세속을 멀리하고 자연과 벗하며 소박하게 살아가는 삶은 일반적이거나 보편적인 행위는 아니라고 볼 수 있다. 따라서 ㉠에는 일반적이지 않은 화자의 행위에 대한 남들의 비하와 조롱의 의도가 담겨 있다고 볼 수 있다. 한편, '꾸짖는 자'는 계위에게 지조가 없다며 비난했을 뿐 원망을 드러내지 않았다. 따라서 ㉡에는 원망하는 말에 대한 비하의 의도가 담겨 있다고 볼 수 없다.

  → 적절하지 않음!

✓ ③ ㉠에는 공감할 수 없는 행위에 대한, ㉡에는 이치에 맞지 않는 말에 대한 부정적 태도가 담겨 있다.

  풀이 (가)에서 '남들'은 속세에서 살아가는 사람들로, 자연 속에서의 소박한 삶을 택한 화자의 행위에 공감하지 못하고 있다. 따라서 ㉠에는 공감할 수 없는 화자의 행위에 대한 '남들'의 부정적 태도가 담겨 있다고 볼 수 있다. 한편, 나무 그늘을 쫓아 이리저리 지조 없이 움직인 것은 '꾸짖는 자' 본인임에도 불구하고 한자리를 일정하게 지킨 계위에게 오히려 지조가 없다며 비판을 한 것이기에 ㉡에는 상대방('꾸짖는 자')의 이치에 맞지 않는 말에 대한 계위의 부정적 태도가 담겨 있다고 볼 수 있다.

  → 적절함!

④ ㉠에는 자신을 평가하는 행위에 대한, ㉡에는 자신을 조롱하는 말에 대한 *냉소적 태도가 담겨 있다. *쌀쌀맞게 비웃는 태도

  풀이 ㉠의 주체는 '남들'이고 대상은 화자이다. 따라서 '남들'이 자신을 평가하는 행위에 대해 냉소적 태도를 보인 것이 아니라, 화자의 행위에 대한 '남들'의 냉소적 태도가 담긴 것이다. 한편, ㉡에는 자신을 비난하고 조롱하는 '꾸짖는 자'의 말에 대한 계위의 냉소적 태도가 담겨 있다고 볼 수 있다.

  → 적절하지 않음!

⑤ ㉠에는 *열등감을 숨기려는 행위에 대한, ㉡에는 **선입견을 지니고 있는 말에 대한 ***질책의 의도가 담겨 있다. *자기를 남보다 못하거나 무가치한 인간으로 낮추어 평가하는 감정 **어떤 대상에 대하여 이미 마음속에 가지고 있는 고정 관념 ***꾸짖어 나무람

  풀이 ㉠은 자연 속에서 은거하려는 화자의 삶의 방식을 이해하지 못한 '남들'의 냉소이므로, 열등감을 숨기려는 행위에 대한 질책의 의도가 담겨 있다는 설명과는 무관하다. 한편, ㉡은 사실과 맞지 않는 말을 하는 상대방에 대한 계위의 질책의 의도가 담겨 있다. 그러나 '꾸짖는 자'의 말은 착각에 따른 것이지, 선입견에서 비롯된 말이라고는 할 수 없다.

  → 적절하지 않음!

---

021 인물의 태도 - 적절한 것 고르기 2025년 3월 학평 41번
정답률 70%, 매력적 오답 ④ 10% | **정답 ①**

(나)의 [A]에 나타난 '모계위'의 생각을 이해한 내용으로 가장 적절한 것은?

> [A] (나) ❸-2~11 "그렇군요. 저는 농부인데 어찌 도를 알겠습니까? 그래도 저는 일찍이 서유자에게 농사에 대해 들은 적이 있습니다. 봄에 밭 갈고 여름에 김매다 가을에 이르면 수확을 한다고 하니, 나는 이것으로 때를 따라가는 것이라 생각합니다. 무릇 비 오고 가물고 바람 불고 볕이 내리쬐는 것은 하늘에 달린 것이고, 밭 갈고 씨 뿌리고 김매고 뿌리를 북돋는 것은 나에게 달린 것입니다. 나는 내가 할 수 있는 것을 다하고 하늘에서 이루어 주는 것을 받아들입니다. 내 힘을 다 쓰고 내 일이 이미 갖추어지면, 나는 안으로 마음속에 거리끼는 것이 없고, 밖으로 외물에 휘둘리는 것이 없습니다. 해하지도 않고 탐하지도 않아 이해관계에도 불꽃이 튀지 않으니, 물에 파도가 일지 않는 것처럼 담담하고 물이 사방으로 통하여 막히지 않는 것처럼 트입니다. 이렇게 되면 시원한 바람을 맞으며 사탕수수 즙을 마시는 것 같으니 높은 평상에 얼음을 쌓아 놓는다고 해도 내 상쾌함을 알기에는 부족할 것입니다. 홀로 나무 그늘에 구구히 얽매이겠습니까?

✓ ① *순리에 따라 자신의 일을 다하여 외부 상황에 **연연할 필요가 없다고 여기고 있군. *순조로운 이치 **집착하여 미련을 가질

  풀이 '모계위'는 농부로서 자연의 순리에 따라 자신이 할 수 있는 것을 다하고 나면 외물에 휘둘리는 것이 없다고 하였다.

  → 적절함!

② 자신에게 유리한 상황을 *조성하려면 다른 사람들과 함께해야 한다고 여기고 있군. *만들려면

  풀이 '모계위'는 자연의 순리에 따라 농부로서 자신의 본분을 다하고 하늘에서 이루어 주는 것을 받아들인다고 하였을 뿐 자신에게 유리한 상황을 조성한다거나 다른 사람들과 함께해야 한다고 여기고 있지는 않다.

  → 적절하지 않음!

③ 하늘의 도움을 받으려면 *절기에 맞추어 남들보다 더 농사일에 힘써야 한다고 여기고 있군. *한 해를 스물넷으로 나눈, 계절의 표준이 되는 것

  풀이 '모계위'는 자신의 책임을 다하고 하늘에서 이루어 주는 것을 받아들인다는 입장일 뿐 하늘의 도움을 받아야 한다거나 그러기 위해서 남들보다 더 농사일에 힘써야 한다고 여기고 있지는 않다.

  → 적절하지 않음!

  외물에 휘둘리지 않는다고

④ 적절한 때를 알고 행동하면 자신의 의지에 따라 주변 환경을 변화시킬 수 있다고 여기고 있군.

  풀이 '모계위'는 때에 따라 봄에 밭 갈고 여름에 김매다 가을에 이르면 수확을 해야 한다고 생각하므로 자연의 순리에 따라 적절한 때를 알고 행동하는 것의 중요성을 인지하고 있다고 볼 수 있다. 그러나 의지에 따라 주변 환경을 변화시킬 수 있다고 여기고 있지는 않다. 적절한 때를 알고 행동하면 외물, 즉 주변 환경에 휘둘릴 것이 없다고 생각하기 때문이다.

  → 적절하지 않음!

  자연의 순리에 따라 본분을 다하여

⑤ 다른 사람들과 관계를 원만하게 이어가 마음속에 거리끼는 것이 없도록 해야 한다고 여기고 있군.

  풀이 '모계위'는 내 힘을 다 쓰고 내 일이 이미 갖추어지면 자신의 마음속에 거리끼는 것이 없다고 하였을 뿐, 다른 사람들과의 원만한 관계 유지를, 마음에 거리낌이 없는 상태의 전제 조건으로 여긴 것은 아니다.

  → 적절하지 않음!

---

022 감상의 적절성 - 적절하지 않은 것 고르기 2025년 3월 학평 42번
정답률 75%, 매력적 오답 ③ 10% | **정답 ④**

<보기>를 바탕으로 (가)와 (나)를 이해한 내용으로 적절하지 않은 것은? [3점]

> | 보 기 |
> [1] (가)와 (나)에서는 분수에 맞는 삶의 태도를 지향하는(뜻 志 향할 向 : 향하는) 모습이 나타나 있다. [2] (가)의 화자는 자연에서 삶을 영위하는(꾀할 營 할 爲 : 꾸려 나가는) 것이 떳떳한 일이라 여기며 소박한 생활에 만족감을 느끼고 있다. [3] 그리고 (나)의 모계위는 자신의 삶의 방식을 지키는 것이 중요한 일이라 여기며 자신의 이익을 위해 다른 사람을 해하는(손해를 입히는) 상황을 비판적으로 인식하고 있다.

① (가)의 화자가 자연에서 '띠집'을 짓고 사는 것과 (나)의 모계위가 때에 따라 '밭 갈고 씨 뿌리'는 것에서 분수에 맞는 삶의 태도를 엿볼 수 있군.

근거 **<보기>-1** (가)와 (나)에서는 분수에 맞는 삶의 태도를 지향하는 모습이 나타나 있다.

(가) ❶-1 산수간 바위 아래 **띠집**을 짓노라 하니

(나) ❸-6~7 **밭 갈고 씨 뿌리**고 김매고 뿌리를 북돋는 것은 나에게 달린 것입니다. 나는 내가 할 수 있는 것을 다하고 하늘에서 이루어 주는 것을 받아들입니다.

풀이 <보기>를 바탕으로 보면 (가)의 화자가 자연 속에서 소박하게 '띠집'을 짓고 사는 것은 분수에 맞는 삶의 태도를 지향하는 모습이라 할 수 있다. 또한, (나)에서 모계위가 자연의 순리에 따라 '밭 갈고 씨 뿌리'며 농부로서의 소임을 다하는 모습 역시 분수에 맞는 삶의 태도를 지향하는 모습이라 할 수 있다.

→ 적절함!

② (가)의 화자가 '보리밥 풋나물을 알맞게 먹'으며 '그 남은 여남은 일'을 부러워하지 않는 것에서 자연에서의 소박한 삶에 대해 만족하고 있음을 알 수 있군.

근거 **<보기>-2** (가)의 화자는 자연에서 삶을 영위하는 것이 떳떳한 일이라 여기며 소박한 생활에 만족감을 느끼고 있다.

(가)-❷ **보리밥 풋나물을 알맞게 먹**은 후에/ ~/ 그 남은 **여남은 일**이야 부럴 줄이 있으랴

풀이 (가)의 화자가 자연 속에서 '보리밥 풋나물'과 같은 소박한 음식을 먹고 한가롭게 지내며 그 나머지 다른 일, 즉 속세의 일을 부러워하지 않는 것에서 자연에서의 소박한 생활에 만족감을 느끼고 있음을 알 수 있다.

→ 적절함!

③ (가)의 화자가 '하늘'이 자신의 '성이 게으'름을 알고 '강산을 지키라 하'였다는 것에서 자연 속에서 지내는 삶을 떳떳한 일로 생각하고 있음을 알 수 있군.

근거 **<보기>-2** (가)의 화자는 자연에서 삶을 영위하는 것이 떳떳한 일이라 여기며

(가)-❸ 내 **성이 게으**르더니 **하늘**이 알으실사/ ~/ 다만당 다툴 이 없는 **강산을 지키**라 하시도다

풀이 (가)에서 '하늘'이 화자의 '성이 게으'름을 알고 '강산을 지키라 하'였다는 것은 화자가 자연 속에서 삶을 영위하는 것을 천명, 즉 하늘의 뜻으로 여기고 이를 떳떳하게 생각하고 있음을 나타낸 것이다.

→ 적절함!

✔ ④ (나)의 모계위가 '눈과 얼음 속에서'는 '여우 담비 털옷을 덮어 주면 사양하지 않'을 것이라고 이야기한 것에서 **타인과 다른 삶의 방식을 지향**하고 있음을 알 수 있군.

모계위도 타인과 같은 인정을 지니고 있음을

근거 **<보기>-3** (나)의 모계위는 자신의 삶의 방식을 지키는 것이 중요한 일이라 여기며 자신의 이익을 위해 다른 사람을 해하는 상황을 비판적으로 인식하고 있다.

(나) ❹-4~5 그렇다 해도 **눈과 얼음 속에서** 솜옷을 입고 있는 자도 **여우 담비 털옷**을 덮어 주면 사양하지 않는 법입니다. 내가 그늘을 싫어하여 도망쳤다고 하면 그것도 인정이 아닐 것입니다.

풀이 (나)의 모계위가 타인과 다른 삶의 방식을 지향하고 있는 것은 맞다. 그러나 (나)에서 모계위가 '눈과 얼음 속에서' '여우 담비 털옷을 덮어 주면 사양하지 않'는다고 한 것은, 자신도 사람이라면 누구나 지니는 감정인 인정을 갖고 있음을 말한 것이다. 즉, (나)의 모계위는 사람으로서 자신도 그늘을 싫어하지는 않지만, 자신의 이익을 위해 다른 사람을 해하는 상황을 비판적으로 인식하기에 그늘을 차지하기 위해 다른 사람들과 경쟁하지 않은 것이다.

→ 적절하지 않음!

⑤ (나)의 모계위가 '다른 사람과 다'투며 '그늘에 들어가는 것'은 '햇볕 아래 홀로 서 있는 것만도 못'하다고 말한 것에서 타인을 해하는 삶의 태도를 경계하고 있음을 알 수 있군.

근거 **<보기>-3** (나)의 모계위는 자신의 삶의 방식을 지키는 것이 중요한 일이라 여기며 자신의 이익을 위해 다른 사람을 해하는 상황을 비판적으로 인식하고 있다.

(나) ❺-3 아니면 **다른 사람과 다**툰 다음에야 그늘에 들 수 있었습니까?/ **8** 이렇게 하여 **그늘에 들어가는 것**은 차라리 뜨거운 **햇볕 아래 홀**로 서 있는 것만도 **못**합니다.

풀이 <보기>를 바탕으로 볼 때 자신의 이익을 위해 다른 사람을 해하는 상황을 비판적으로 인식하는 모계위의 입장에서는 '다른 사람과 다'투면서 '그늘에 들어가는 것'은 '뜨거운 햇볕'을 홀로 견디며 서 있는 것만도 못한 것이다. 이를 통해 자신의 편의를 위해 타인을 해하는 삶의 태도를 경계하는 모계위의 관점을 확인할 수 있다.

→ 적절함!

[**023~026**] 다음 글을 읽고 물음에 답하시오.

작품 이해 단계 **1** 화자 **2** 상황 및 대상 **3** 정서 및 태도 **4** 주제

(가)

┌ 늙을 老 농부 農 : 늙은 농부
[1] 화자 : '나' ┐ [2] 대상 및 상황 : '노농'에게 자신의 노래를 들어 보라고 하는 상황
1 ㉠ 저기 가는 저 **노농(老農)**아 이내 농가(農歌) 살펴 듣소
┐ 농부 農 노래 歌 : 농부들이 부르는 노동요
2 나라의 믿는 근본 우리 백성 그 아니며
3 우리 백성 믿는 근본 이내 **농사** 아니겠나
[3] 태도 : 농사와 백성을 나라의 근본으로 여긴다.
4 크고도 저 큰 사업 **천하 대본** 이뿐이라
└ 여기서는 '농업' ┐ 하늘 天 아래 下 클 大 근본 本 : 온 세상의 큰 근본이라는 뜻
5 밭이랑에 좋은 씨앗 일궈 묵힐 자리 살펴
┐ 늦을 暮 봄 春 : 늦은 봄, 음력 3월
[3] 태도 : 농사는 알맞은 때를 지키는 것이 중요하다고 생각한다.
6 농사 준비 이 **모춘(暮春)**에 때 지키기 급선무라
└ 급할 急 먼저 先 힘쓸 務 : 무엇보다도 먼저 서둘러 해야 할 일

(중략)

┌ 조세 租 세금 稅 : 세금
┌ 고대 중국의 세 국가인 하, 은, 주를 일컫는 말
7 묻노라 나라 조세 하은주(夏殷周)와 어떠한고
┌ 중국 하나라 때의 논밭에 대한 세법
8 공법(貢法) 조법(助法) 조세제는 하은(夏殷) 때에 끼친 법이라
└ 남긴 │ ┌ 중국 주나라 때의 논밭에 대한 세법
9 주 나라 철법(徹法)은 십일지세(什一之稅) 그 아닌가
└ 수확의 10분의 1을 거두어들이는 세법
[3] 태도 : 역대 성조를 본받아 세금을 가볍게 부과하는 것이 좋다고 생각한다.
10 이렇듯 끼친 제도 역대 성조 본을 받아
┐ 뛰어날 聖 왕조 朝 : 어진 임금이 다스리는 나라. 여기서는 '하은주'
11 가볍게 부과함은 이웃까지 좋을시고
┐ 권세 權 세력 勢 : 권력과 세력
12 어찌하여 권세부려 세금 고하 못 정하니
└ 많고 적음
[3] 태도 : 가혹한 세금을 부과하는 지배층을 비판한다.
13 더할 세금 무슨 일인고 가렴(苛斂)은 어이 할꼬
└ 실을 내어 옷감을 짜는 일 ┐ 가혹할 苛 거둘 斂 : 세금을 가혹하게 거두어들임
14 여러 나라 어디인고 길쌈 허탕 오늘이라
└ 과거에 백성을 위해 세금을 가볍게 부과하던 나라 │ 헛수고
15 봄엔 새 실 먼저 팔고 여름 곡식 다시 내니
┐ 무거울 重 엄할 嚴 : 무겁고 엄하다
16 중엄하다 저 조세를 어찌 아니 두려울까
[3] 정서 : 가혹한 세금에 시달리는 백성을 안타깝게 여긴다.
17 아아 농부들아 농사 때를 놓치게 되면
┐ 무거울 重 세금 稅 : 무거운 세금
18 이내 중세(重稅) 어이 할꼬 번거롭다 사양 마오
┐ 나쁠 惡 풀 草 : 해로운 풀. '탐관오리'를 비유
19 이 사이 저 사이에 섞어 핀 저 **악초(惡草)**를
20 어찌하여 용서할까 모든 뿌리 제거하세
[3] 태도 : 새싹과 씨(백성)를 자라지 못하게 하는 악초(탐관오리)를 뽑아 버려야 한다고 생각한다.
21 제거 못 하면 어이 하리 송인 알묘(宋人揠苗) 이 때문이라
└ 어떤 송나라 사람이 곡식이 빨리 자라지 않는 것이 답답해서 싹을 뽑아 올렸다가 말라 죽게 했다는 고사. 여기서는 '탐관오리가 눈앞의 이익을 탐해 성급하게 권력을 휘두르는 것'을 비유
22 상한 새싹 물론이요 뿌린 씨와 자라는 씨에 가정(苛政)이라
└ '백성'을 비유 ┐ 가혹할 苛 정사 政 : 가혹한 정치
23 금년에 못 다 하면 명년 제초 누가 할꼬
└ 지금 今 해 年 : 올해 │ ┌ 없앨 除 풀 草 : 잡초를 뽑아 없앰
└ 밝을 明 해 年 : 내년
24 새싹 나와도 안 여무니 악초의 탓 그 아닌가
┌ 모를 심은 논 ┌ 논밭에서 벼 사이에 자라는 잡초
25 묘(苗) 논에 있는 가라지 간신과 (비교해) 어떠하며
┌ 조를 심은 밭 ┌ 껍질만 있고 속에 알맹이가 들지 아니한 곡식
26 조 밭에 있는 쭉정이 오랑캐와 (비교해) 어떠한고
┌ 바람 風 비 雨 : 비바람
[3] 태도 : 백성의 삶을 힘들게 하는 간신, 오랑캐, 도적을 비판한다.
27 ㉡ 풍우 뒤에 저 황충(蝗蟲) 도적떼처럼 생기는구나
└ 메뚜기 蝗 벌레 蟲 : 메뚜기
28 빼어난 저 큰 벼는 군자처럼 곤고(困苦)하다
└ 괴로울 困 괴로울 苦 : 형편이나 처지 따위가 딱하고 어렵다
└ 군자 君 사람 子 : 행실이 점잖고 어질며 덕과 학식이 높은 사람
29 이내 농부 아니라면 우리 군자 기를손가
30 하자꾸나 이내 농사 더욱 바삐 하자꾸나
┐ 도울 輔 도울 弼 : 일을 도움
31 세금도 내려니와 현인 보필 않을 손가
└ 어질 賢 사람 人 : 어질고 총명하여 성인에 다음가는 사람
[3] 태도 : 조정에서 소인을 쫓고 군자를 등용해야 한다고 생각한다.
32 **소인 쫓**고 군자 **등용** 왕실의 큰 **정치**라
└ 등용할 登 쓸 用 : 인재를 뽑아서 씀
└ 소인 小 사람 人 : 도량이 좁고 간사한 사람 ┌ 급할 急 힘쓸 務 : 빨리 처리하여야 할 일
33 **악초 제거** 좋은 벼 재배 **전가(田家)**의 급무로다
└ 밭 田 집 家 : 농사하는 집
34 아아 저 농부야 다시 힘써 하자꾸나 → [3] 태도 : 농사에 더욱 힘쓸 것을 독려한다.

- 정해정, 「민농가」-

[4] 주제 : 불쌍히 여길 憫 농부 農 노래 家 : 농부를 불쌍히 여기는 노래
농사의 중요성을 강조하고 가혹한 조세 제도를 비판한다.

• 현대어 풀이

1저기 가는 저 늙은 농부여, 나의 농사 노래를 살펴 듣소
2나라가 믿는 근본이 우리 백성이 아니고 무엇이겠는가
3우리 백성이 믿는 근본은 이 농사일이 아니겠는가
4크고도 저 큰 사업(농업), 세상의 근본이 바로 이것뿐이다
5밭이랑에 좋은 씨앗을 (골라 땅을) 일구고 뿌릴 자리를 살펴
6농사 준비는 늦은 봄에 때를 지키는 것이 급선무다
(중략)
7묻노라 나라의 조세 제도는 하·은·주와 비교해서 어떠한가
8공법과 조법 같은 세금 제도는 옛날 하·은 때부터 내려온 법이다
9주나라 철법은 수확의 10분의 1만 거두는 세법이 아닌가
10이처럼 내려온 제도는 역대 어진 왕들의 본을 받아
11세금을 가볍게 부과하면 이웃까지 좋겠구나
12어찌하여 권세를 부려 세금의 많고 적음을 제대로 정하지 못하는가
13더 거두는 세금이 무슨 일인가 가혹한 세금은 어찌 할 것인가
14(옛날 좋았던) 여러 나라들은 어디 있는가 길쌈해도 허탕인 오늘이다
15봄에는 새로 짠 실을 먼저 내고, 여름에는 곡식을 다시 내니
16무겁고 엄한 저 조세를 어찌 아니 두려워하겠는가
17아아, 농부들아! 농사 시기를 놓치게 되면
18이 무거운 세금을 어찌 감당할 수 있겠는가 번거롭다고 피하지 마라
19이 사이 저 사이에 섞어 핀 저 해로운 풀(탐관오리)을
20어찌 용서하겠는가 모든 뿌리를 제거하세
21제거하지 못하면 어찌 하겠는가 송인 알묘(송나라 사람의 싹 뽑기 고사)가 이 때문이다
22상한 새싹은 물론이고, 뿌린 씨와 자라나는 싹(백성)에 가혹한 정치를 가하는구나
23올해 뽑지 못하면, 내년에 이 잡초를 누가 뽑을 것인가
24새싹이 나더라도 제대로 자라지 못하는 건 악초의 탓이 아니겠는가
25모를 심은 논에 있는 가라지는 간신과 비교해서 어떠하며
26조밭에 있는 쭉정이는 오랑캐와 비교해서 어떠하겠는가
27비바람 뒤의 저 메뚜기는 도적 떼처럼 생기는구나
28빼어난 저 큰 벼는 군자처럼 어려운 상황이구나
29우리 농부가 아니라면, 우리 군자를 누가 기르겠는가
30하자꾸나 우리 농사를 더욱 바삐 하자꾸나
31세금도 줄여주려면, 어진 사람이 임금을 잘 보좌해야 하지 않겠는가
32소인은 몰아내고 군자를 등용하는 것이 왕실의 큰 정치다
33악초를 제거하고 좋은 벼를 기르는 건 농가의 시급한 일이다
34아아, 저 농부여 다시 힘내서 농사를 하자꾸나

• 지문 이해

농사의 가치와 근면한 실천 촉구	가혹한 조세 비판	탐관오리·간신 비판
• 우리 백성 믿는 근본 이내 농사 아니겠나/ ~ 천하 대본 이뿐이라 • 하자꾸나 이내 농사 더욱 바삐 하자꾸나 • 아아 저 농부야 다시 힘써 하자꾸나	• 권세부려 세금 고하 못 정하니/ 더할 세금 무슨 일인고 가렴은 어이 할꼬 • 중엄하다 저 조세를 어찌 아니 두려울까	• 섞어 핀 저 악초(탐관오리)를 / 어찌하여 용서할까 모든 뿌리 제거하세 • 상한 새싹 물론이요 뿌린 씨와 자라는 씨에 가정이라 • 새싹 나와도 안 여무니 악초의 탓 그 아닌가 • 묘 논에 있는 가라지 간신과 어떠하며

(나)

1비옹(否翁)이 정원을 거닐고 있는데, **패랭이**(대나무의 조각을 엮어 만든 갓)를 쓰고 **동달이**(저고리 위에 덧입는 윗옷)를 입은 **어떤 사람**(여기서는 거복)이 지나가고 있었다. 2걸음을 멈추고 그(어떤 사람, 거복)와 이야기를 나누었는데, 갑자기 어떤 ⓐ객이 이르러 깜짝 놀라 말했다.

3"이 사람은 **광주(廣州)**(경기도에 있는 지역)의 **무두장이**(짐승의 날가죽에서 털과 기름을 뽑아 가죽을 부드럽게 만드는 일을 직업으로 하는 사람) 거복(巨福)입니다. 4**그대**(여기서는 비옹)는 어찌하여 이 사람과 마주 앉아 있습니까?"

5그러자 거복이 발끈 **노하여**(화를 내며) 말했다.

6"무두장이도 사람일 뿐입니다. 7ⓒ 어찌하여 마주 앉지 못한단 말입니까?"
8비옹이 말했다.

9"**무두장이는 살생**(죽일 殺 살 生 : 생명을 죽임)**을 업**(일 業 : 직업)**으로 삼**으니, 군자가 무두장이를 어질게(덕이 높게) 여기지 않는다."
10거복이 말했다.

11"**(사대부가)** 사냥하여 사슴 잡는 것을 호방하게(호걸 豪 놓을 放 : 대담하고 씩씩하게) 여기는 것, 낚시질하여 물고기 잡는 것을 **고아(高雅)**하게(높을 高 우아할 雅 : 뜻이나 품격이 높고 우아하게) 여기는 것, 벼슬하여 사람을 죽여 영예로워지는(빛 榮 명예 譽 : 영광스러워지는) 것(사대부의 살생), **도축**하여(죽일 屠 짐승 畜 : 가축을 잡아) 소를 죽여 배불리 먹는 것(무두장이의 살생), 이 **모두 살생한다는 점**은 **똑같**습니다."
12비옹이 또한 발끈 노하여 말했다.

13"**네가 감히 벼슬아치가 되고자 하느냐**? 14사냥하고 낚시하고 벼슬하면서 죽이는 것은 모두 자기의 뜻으로 살생하는 것이다. 15너는 남의 지시를 받아 도축하여 가축을 괴롭혀서 돈을 구하면서도 오히려 **비루하지**(더러울 鄙 천할 陋 : 천하고 더럽지) 않다고 여기느냐?"

→ 무두장이 거복이 사냥, 낚시, 벼슬, 도축이 살생한다는 점에서 똑같다고 말하자 비옹은 거복의 일이 천하다고 반박한다.

1거복이 피식 웃으며 말했다.

2"**소인**(소인 小 사람 人 : 자신을 낮추어 이르는 말. 여기서는 거복)은 어리석고 우둔하니(어리석을 愚 둔할 鈍 : 미련하고 둔하니), 벼슬하는 일을 어디에서 들었겠습니까? 3소인이 일찍이 **재상**(재상 宰 정승 相 : 임금을 돕고 모든 관원을 지휘하고 감독하는 일을 맡아보던 이품 이상의 벼슬)과 이웃이 되어 재상을 뵈었습니다. 4어떤 ⓑ객이 왔는데, 재상의 키가 작은데도 그객은 키가 크다고 말했으며, 재상의 허리가 굽었는데도 그객은 곧다고 말했습니다. 5이객이 가고 나서 얼마 지나지 않아 다시 왔는데, 객의 이름이 이미 **황지(黃紙)**(누를 黃 종이 紙 : 과거 급제자의 성명을 기록하는 데 사용된 누런색 종이)에 적혀 있었습니다. 6한편, 재상의 키가 작은데 다른 ⓒ객은 키가 작다고 말했고, 재상의 허리가 굽었는데 그객은 굽었다고 말했습니다. 7그객이 가고 난 뒤, 재상은 이전에 왔던 객(재상에게 아첨하여 이름이 황지에 적힌 객)을 급히 불러와 귀에 대고 속삭였습니다. 8얼마 지나지 않아 '키가 작다', '허리가 굽었다'라고 말했던 객은 이미 형벌을 받아 죽는다는 말이 들렸고, 귓속말을 들었던 객이 다시 왔는데 이미 **관복**(벼슬 官 옷 服 : 벼슬아치의 옷)을 입고 있었습니다. 9그러니 **(벼슬아치가)** 다른 이의 지시를 받는 것도 **(무두장이와)** 똑같고, 다른 이를 죽여서 **무언가**(권력, 관직, 재물 등)를 구하는 것도 **(무두장이와)** 똑같습니다. 10다만 작은 것을 작다 하고 굽은 것을 굽었다고 말한 사람을 **(형벌로 죽이는 일을)** 가축을 괴롭히는 것에 **비견할**(견줄 比 어깨 肩 : 비교할) 수는 없겠으나, (정직한 이를 죽인 대가로 얻은) 높은 벼슬과 많은 재물이 (무두장이가 도축하여 번 돈과) 서로 얼마만큼 거리가 있는지는 잘 모르겠습니다."

→ 거복은 벼슬아치도 남의 지시에 따라 사람을 해하고 대가를 얻는다는 점에서 자신과 다르지 않다고 주장한다.

1비옹이 멍해져 억지로 응답했다.

2"네가 비교한 것에는 여전히 차이점이 있다. 3ⓓ 너는 손으로 흉기를 잡아 똥이 신발을 더럽히고 피가 옷소매를 적신다. 4벼슬하는 자의 경우엔 이런 것이 있느냐?"
5거복이 또 피식 웃으며 말했다.

6"옹께서 **분간하시는**(나눌 分 가릴 揀 : 사물의 옳고 그름이나 이치를 가리는) 것이 과연 이처럼 보잘것없군요. 7남의 작은 키를 크다고 하고 남의 굽은 허리를 곧다고 하여 이름이 적힌 종이를 누렇게 물들이는 것(황지에 이름을 올리는 것)(부정하게 관직을 얻는 것)이 똥에 더럽혀진 신발(도축하는 사람의 모습)에 가깝지 않습니까. 8또 작은 키를 작다 하고 굽은 허리를 굽었다고 한 사람을 죽여, 입은 옷을 붉게 물들이는 것(권력자의 부정적인 모습)이 어찌 피에 젖은 옷소매(도축하는 사람의 모습)와 다르겠습니까. 9**법을 교묘히**(공교할 巧 묘할 妙 : 약삭빠르게) **엮고 형벌을 멋대로 사용하는 것**은 또 어떻습니까. 10저는 저의 도끼를 휘두르는 자이니, 소인의 어리석음과 우둔함은 단지 고향 이웃들에게만 알려질 뿐입니다. 11옹께서는 선비이신데, 사실의 **정밀함**(정할 精 자세할 密 : 자세함)을 궁구하지(연구할 窮 연구할 究 : 깊게 탐구하지) 않은 채 단지 **대략적인**(대강 大 간략할 略 : 겉으로 드러난) 것만 논하고, **마음보**(내면)의 **세밀함**(자세할 細 자세할 密 : 섬세함)은 살피지 않은 채 단지 드러난 현상만 갖고 말씀하시어, ⓔ 낡은 풍속에 **부화뇌동해서**(맞출 附 응할 和 우레 雷 같을 同 : 줏대 없이 남의 의견에 따라 움직여서) 세상 사람이 두려워하는 자를 두려워하고 세상 사람이 **업신여기는**(하찮게 여기는) 자를 업신여기시는군요. 12아, 개탄스럽습니다(슬퍼할 慨 탄식할 歎 : 분하고 안타깝지) 않겠습니까."
13비옹이 이에 말문이 막혀 조용히 인사하고, 읍하고(인사하고, 두 손을 맞잡아 얼굴 앞으로 들어 올리고 허리를 앞으로 공손히 구부렸다가 몸을 펴면서 손을 내리는 인사) 문에서 전송해

주었다(보낼 餞 보낼 送 : 예를 갖추어 떠나보냈다).

→ 거복은 겉모습과 낮은 풍속에 따라 판단하는 비옹을 비판하고,
비옹은 이에 반박하지 못한 채 태도를 바꾼다.

- 유희, 「박장대(剝匠對)(벗길 剝 장인 匠 대답할 對 : 무두장이(박장)와의 대화)」-

· 중심 내용

무두장이 거복은 비옹이 자신을 비하하자, 자신과 벼슬아치가 살생한다는 점에서 다르지 않다고 주장한다. 비옹은 직업의 차이와 겉모습을 들어 거복을 비판하지만, 거복은 아첨과 살생으로 벼슬을 얻는 자들이 더 부끄럽다고 반박한다. 결국 비옹은 침묵하며 태도를 바꾼다.

---

023 | 표현상 특징 – 적절한 것 고르기 2024년 10월 학평 34번
정답률 65%, 매력적 오답 ③ 20% | 정답 ④

(가)와 (나)에 대한 설명으로 가장 적절한 것은?

선지	핵심 체크 내용	(가)	(나)
①	사물에 인격 부여 → 대상을 생동감 있게 표현함	-	X
②	음성 상징어 활용 → 대상의 속성을 드러냄	X	-
③	열거와 연쇄의 방식 → 주장을 뒷받침함	△	-
④	물음의 형식 → 상황에 대한 판단	O	O
⑤	원경에서 근경으로 시선 이동	X	X
	심리 변화	X	O

① (가)와 달리 (나)는 *사물에 인격을 부여하여 대상을 **생동감 있게 표현하고 있다.
* 사물을 의인화하여 ** 생기 있게 살아 움직이는 듯한 느낌

풀이 (나)에는 사물을 의인화하여 대상을 생동감 있게 표현하는 부분이 나타나지 않는다.

→ 적절하지 않음!

② (나)와 달리 (가)는 *음성 상징어를 활용하여 대상의 속성을 드러내고 있다.
* 소리를 흉내 낸 의성어와 모양을 흉내 낸 의태어

풀이 (가)에는 의성어나 의태어와 같은 음성 상징어를 활용하여 대상의 속성을 드러내는 부분이 나타나지 않는다.

→ 적절하지 않음!

③ (나)와 달리 (가)는 *열거와 **연쇄의 방식을 통해 자신의 주장을 뒷받침하고 있다.
* 여러 가지 예나 사실을 낱낱이 죽 늘어놓음 ** 앞 구절의 끝 어구를 다음 구절의 첫 어구에 이어받아 표현하는 방식

근거 (가)-2~3 나라의 믿는 근본 우리 백성 그 아니며/ 우리 백성 믿는 근본 이내 농사 아니겠나/ 20~21 어찌하여 용서할까 모든 뿌리 제거하세/ 제거 못 하면 어이 하리 송인 알묘 이 때문이라

풀이 (가)는 '우리 백성', '제거'라는 말을 다음 구절에 이어서 전개하는 연쇄의 방식을 활용하여 백성과 농사가 나라의 근본이라는 것과 악초를 제거해야 한다는 주장을 뒷받침하고 있다. 그러나 (가)에 열거를 사용한 부분은 나타나지 않는다.

→ 적절하지 않음!

> **■열거와 연쇄의 방식을 통해 자신의 주장을 뒷받침하는 작품**
> • **유한준, 「잊음을 논함」**(2024학년도 수능)
> 내적인 것을 잊기 때문에 외적인 것을 잊을 수 없게 되고, 외적인 것을 잊을 수 없기 때문에 내적인 것을 더더욱 잊는다. 그렇기 때문에 하늘이 잊지 못해 벌을 내리기도 하고, 남들이 잊지 못해 질시의 눈길을 보내며, 귀신이 잊지 못해 재앙을 내린다.
> → '외적인 것을 잊을 수 없게 되고'를 다음 구절에 이어서 전개하는 연쇄의 방식과 내적인 것을 잊었을 때의 결과('벌을 내리기도 하고', '질시의 눈길을 보내며', '재앙을 내린다')를 늘어놓는 열거의 방식을 활용하고 있다. 이를 통해 내적인 것을 잊어서는 안 된다는 주장을 뒷받침하고 있다.

④ (가)와 (나)는 모두 물음의 형식을 통해 상황에 대한 판단을 드러내고 있다.

근거 (가)-3 우리 백성 믿는 근본 이내 농사 아니겠나/ 7 묻노라 나라 조세 하은주와 어떠한고/ 9 주 나라 철법은 십일지세 그 아닌가/ 13 더할 세금 무슨 일인고 가렴은 어이 할꼬/ 23~24 금년에 못 다 하면 명년 제조 누가 할꼬/ 새싹 나와도 안 여무니 악초의 탓 그 아닌가/ 26 조 밭에 있는 쭉정이 오랑캐와 어떠한고/ 29 이내 농부 아니

라면 우리 군자 기를손가/ 31 세금도 내려니와 현인 보필 않을 손가
(나) ❶-4 그대는 어찌하여 이 사람과 마주 앉아 있습니까?"/ 7 어찌하여 마주 앉지 못한단 말입니까?"/ 13 "네가 감히 벼슬아치가 되고자 하느냐?/ 15 오히려 비루하지 않다고 여기느냐?"/ ❷-2 "소인은 어리석고 우둔하니, 벼슬하는 일을 어디에서 들었겠습니까?/ ❸-4 벼슬하는 자의 경우엔 이런 것이 있느냐?"/ 12 개탄스럽지 않겠습니까."

풀이 (가)는 물음의 형식을 통해 농업의 중요성, 가혹한 조세 제도, 악초(탐관오리) 제거의 필요성, 농사를 통한 군자 보필 등에 대한 화자의 판단을 드러내고 있다. (나)는 물음의 형식을 활용하여 무두장이의 삶을 업신여기는 객과 비옹, 그리고 이에 대한 거복의 비판적 시각을 드러내고 있다.

→ 적절함!

(나)는
⑤ (가)와 (나)는 모두 *원경에서 **근경으로 시선을 옮기며 심리 변화를 드러내고 있다.
* 먼 곳 ** 가까운 곳

근거 (나) ❶-15 너는 남의 지시를 받아 도축하여 가축을 괴롭혀서 돈을 구하면서도 오히려 비루하지 않다고 여기느냐?"/ ❸-3 너는 손으로 흉기를 잡아 똥이 신발을 더럽히고 피가 옷소매를 적신다. 13 비옹이 이에 말문이 막혀 조용히 인사하고, 읍하고 문에서 전송해주었다.

풀이 (가)는 원경에서 근경으로 시선을 옮기며 심리 변화를 드러내는 부분이 나타나지 않는다. (나)에서 비옹은 무두장이인 거복을 업신여기다가 거복의 논리적인 반박에 의해 그를 인정하는 심리 변화를 드러내고 있다. 그러나 이러한 변화가 원경에서 근경으로 시선을 옮기는 중에 드러나지는 않는다.

→ 적절하지 않음!

> **■원경에서 근경으로 시선을 옮기며 심리 변화를 드러내는 작품**
> • 신경림, 「장자를 빌려 - 원통에서」(2018년 고1 9월 학평)
> → 화자인 '나'는 설악산 대청봉에서 보이는 세상(원경)을 단순하다고 생각했지만, 속초와 원통(근경)에서 평범한 사람들의 삶을 보며 고단하고 복잡하다는 것을 느낀다.

---

024 | 구절의 의미 – 적절하지 않은 것 고르기 2024년 10월 학평 35번
정답률 80% | 정답 ④

㉠~㉤에 대한 이해로 적절하지 않은 것은?

① ㉠ : 청자를 부르며 말을 건네는 모습이 드러난다.
근거 (가)-1 ㉠저기 가는 저 노농아 이내 농가 살펴 듣소
풀이 ㉠에서 화자는 청자인 '노농'을 부르며 말을 건네고 있다.

→ 적절함!

② ㉡ : 부정적 상황을 유발하는 자연물이 드러난다.
근거 (가)-27 ㉡풍우 뒤에 저 황충 도적떼처럼 생기는구나
풀이 ㉡에는 농사에 해를 끼치는 자연물인 '황충'을 도적떼로 비유하여 제시하고 있다.

→ 적절함!

③ ㉢ : 자신을 무시하는 상대의 발언에 대한 분한 감정이 드러난다.
근거 (나) ❶-3~7 "이 사람은 광주의 무두장이 거복입니다. 그대는 어찌하여 이 사람과 마주 앉아 있습니까?" 그러자 거복이 발끈 노하여 말했다. "무두장이도 사람일 뿐입니다. ㉢어찌하여 마주 앉지 못한단 말입니까?"
풀이 ㉢은 거복의 말로, 자신을 무시하는 객의 발언에 대한 분한 감정을 드러내고 있다.

→ 적절함!

④ ㉣ : 상대의 처지가 자신처럼 *열악하다는 인식이 드러난다. * 매우 좋지 않다는
근거 (나) ❸-2~4 "네가 비교한 것에는 여전히 차이점이 있다. ㉣너는 손으로 흉기를 잡아 똥이 신발을 더럽히고 피가 옷소매를 적신다. 벼슬하는 자의 경우엔 이런 것이 있느냐?"
풀이 ㉣은 비옹이 거복과 벼슬하는 자의 차이점을 부각하기 위해 상대의 처지를 드러낸 말이다. 비옹은 자신의 처지를 열악하다고 인식하지 않으므로 적절하지 않은 설명이다.

→ 적절하지 않음!

⑤ ㉤ : 남에게 *동조하는 상대의 태도를 지적하는 모습이 드러난다.
* 남의 주장에 자기의 의견을 일치시키는
근거 (나) ❸-5 거복이 또 피식 웃으며 말했다./ 11 ㉤낮은 풍속에 부화뇌동해서 세상 사람이 두려워하는 자를 두려워하고 세상 사람이 업신여기는 자를 업신여기시는군요.

---

025 인물의 태도 - 적절한 것 고르기 2024년 10월 학평 36번 정답률 75% 정답 ⑤

ⓐ~ⓒ에 대한 이해로 가장 적절한 것은?

(나) ❶-2 걸음을 멈추고 그와 이야기를 나누었는데, 갑자기 어떤 ⓐ 객이 이르러 깜짝 놀라 말했다.
(나) ❷-4 어떤 ⓑ 객이 왔는데, 재상의 키가 작은데도 그 객은 키가 크다고 말했으며, 재상의 허리가 굽었는데도 그 객은 곧다고 말했습니다. / 6 한편, 재상의 키가 작은데 다른 ⓒ 객은 키가 작다고 말했고, 재상의 허리가 굽었는데 그 객은 굽었다고 말했습니다.
ⓐ : 비옹에게 거복이 무두장이임을 알려 주며 거복을 무시한 사람
ⓑ : 재상에게 아첨하여 관직을 얻은 사람
ⓒ : 재상에게 아첨하지 않고 진실을 말했다가 형벌을 받아 죽게 된 사람

① ⓐ는 ⓒ로 인하여 예상하지 못한 상황에 처하게 된다.
근거 (나) ❶-3~4 "이 사람은 광주의 무두장이 거복입니다. 그대는 어찌하여 이 사람과 마주 앉아 있습니까?"
풀이 ⓐ는 비옹과 거복의 만남 장면에 등장한 인물이고, ⓒ는 거복이 비옹에게 들려주는 일화 속에 등장하는 인물이다. ⓐ가 ⓒ로 인하여 예상하지 못한 상황에 처하게 되는 것은 아니다.

→ 적절하지 않음!

② ⓑ는 ⓒ의 기대에 *부합하는 행동을 하려고 노력한다. * 일치하는
풀이 윗글에 ⓒ가 ⓑ에게 품은 기대가 드러나 있지 않다. 또한 ⓑ가 ⓒ에게 어떠한 행동을 취하고 있지도 않으므로 적절하지 않은 진술이다.

→ 적절하지 않음!

③ ⓒ는 ⓑ를 이용하여 자신의 목적을 달성하려고 한다.
풀이 윗글에 ⓒ의 목적이 드러나 있지 않다. 따라서 ⓒ가 ⓑ를 이용하여 자신의 목적을 달성하려고 한다는 진술은 적절하지 않다.

→ 적절하지 않음!

④ ⓐ와 ⓑ는 자신이 처한 상황을 *모면하기 위해 다른 인물의 행동을 지지한다.
  * 벗어나기
풀이 ⓐ는 비옹이 무두장이인 거복과 함께 있는 것을 보고 무두장이를 무시하는 발언을 할 뿐, 자신이 처한 상황을 모면하기 위해 다른 인물의 행동을 지지하고 있지는 않다. ⓑ는 관직을 얻기 위해 재상에게 아첨하고 있을 뿐, 자신이 처한 상황을 모면하기 위해 다른 인물의 행동을 지지하지 않는다.

→ 적절하지 않음!

⑤ ⓑ와 ⓒ는 동일한 대상에 대한 *상반된 평가를 함으로써 서로 다른 상황에 처한다.
  * 서로 다른
풀이 ⓑ는 키가 작고 허리가 굽은 재상에게 키가 크고 허리가 곧다고 아첨하여 황지에 이름이 적히고(관직에 오르고), ⓒ는 재상의 키가 작고 허리가 굽었다고 사실대로 말하여 형벌을 받아 죽게 되었다. 따라서 ⓑ와 ⓒ가 동일한 대상인 재상에 대한 상반된 평가를 함으로써 서로 다른 상황에 처했다고 이해하는 것은 적절하다.

→ 적절함!

1등급 문제

026 감상의 적절성 - 적절하지 않은 것 고르기 2024년 10월 학평 37번 정답 ⑤
정답률 45%, 매력적 오답 ④ 25%, ③ 15%, ② 10%

〈보기〉를 바탕으로 (가), (나)를 감상한 내용으로 적절하지 않은 것은? 3점

| 보기 |
¹(가)와 (나)는 비판의 주체 또는 대상으로 등장하는 사대부(선비 士 클 大 사내 夫 : 양반)를 통해, 조선 후기 사회의 문제 상황을 바라보는 사대부 작가의 의식 세계를 형상화하고 있다. ²(가)의 화자인 사대부는 농부의 삶을 가치 있게 바라보며 농부가 해야 할 일을 강조함과 동시에 정치 현실을 농사의 상황에 빗대어 비판하는 주체로 나타난다.

³(나)의 등장인물인 사대부는 무두장이의 삶을 낮추어 보는 위선적(거짓 僞 어질 善 ~의 的 : 겉으로만 도덕적인 체하는)태도를 보여 주는 인물로 그려져 비판의 대상이 된다.

① (가)의 '밭이랑에 좋은 씨앗 일궈 묵힐 자리 살피고 '모춘'에 '때'를 '지키'라는 것에서 시기에 맞게 농부가 해야 할 일을 강조하는 화자인 사대부의 모습을 확인할 수 있군.
근거 〈보기〉-2 (가)의 화자인 사대부는 ~ 농부가 해야 할 일을 강조함
(가)-5~6 밭이랑에 좋은 씨앗 일궈 묵힐 자리 살펴/ 농사 준비 이 모춘에 때 지키기 급선무라
풀이 '모춘'에 '때'를 지켜 '밭이랑에 좋은 씨앗 일궈 묵힐 자리 살피는 것은 때에 맞춰 농사를 준비하는 것으로, 시기에 맞게 농부가 해야 할 일을 강조하는 화자인 사대부의 모습이 드러난다.

→ 적절함!

② (가)의 농부에게 '악초'를 '제거'하는 것과 '소인'을 '쫓'는 '정치'의 필요성을 함께 말하는 것에서 농사의 상황에 빗대어 정치 현실을 비판하는 화자인 사대부의 태도를 확인할 수 있군.
근거 〈보기〉-2 (가)의 화자인 사대부는 ~ 정치 현실을 농사의 상황에 빗대어 비판하는 주체로 나타난다.
(가)-32~33 소인 쫓고 군자 등용 왕실의 큰 정치라/ 악초 제거 좋은 벼 재배 전가의 급무로라
풀이 (가)의 화자가 농부에게 '악초'를 '제거'하는 것이 전가의 급무이며 '소인'을 '쫓'는 것이 왕실의 '정치'라며 그 필요성을 함께 말하는 것에서 농사의 상황에 빗대어 정치 현실을 비판하고 있음을 확인할 수 있다.

→ 적절함!

③ (나)의 '무두장이는 살생을 업으로 삼'는다는 비옹의 말에 대해 '모두 살생한다는 점'에서 '똑같'다고 거복이 반론하는 것에서 등장인물인 사대부의 위선적 태도를 비판하는 사대부 작가의 의식을 확인할 수 있군.
근거 〈보기〉-3 (나)의 등장인물인 사대부는 무두장이의 삶을 낮추어 보는 위선적 태도를 보여 주는 인물로 그려져 비판의 대상이 된다.
(나) ❶-9 "무두장이는 살생을 업으로 삼으니, 군자가 무두장이를 어질게 여기지 않는다." / 11 "사냥하여 사슴 잡는 것을 호방하게 여기는 것, 낚시질하여 물고기 잡는 것을 고아하게 여기는 것, 벼슬하여 사람을 죽여 영예로워지는 것, 도축하여 소를 죽여 배불리 먹는 것, 이 모두 살생한다는 점은 똑같습니다."
풀이 사대부인 비옹이 '살생을 업으로 삼'는 무두장이를 천하게 여기자 무두장이인 거복은 사대부의 사냥, 낚시, 벼슬과 무두장이의 도축이 '모두 살생한다는 점'에서 '똑같'다고 반론하고 있다. 이를 통해 등장인물인 사대부의 위선적 태도를 비판하는 사대부 작가의 의식을 확인할 수 있다.

→ 적절함!

④ (가)의 화자인 사대부가 '더할 세금 무슨 일'이냐고 하는 것과, (나)에서 거복이 '법을 교묘히 엮고 형벌을 멋대로 사용하는 것'에 대해 등장인물인 사대부에게 말하는 것에서 당대 백성들의 어려움에 대한 사대부 작가의 인식을 확인할 수 있군.
근거 〈보기〉-1 조선 후기 사회의 문제 상황을 바라보는 사대부 작가의 의식 세계를 형상화하고 있다.
(가)-13 더할 세금 무슨 일인고 가렴은 어이 할꼬
(나) ❸-9 법을 교묘히 엮고 형벌을 멋대로 사용하는 것은 또 어떻습니까.
풀이 (가)의 화자인 사대부는 '더할 세금 무슨 일'이냐는 것을 통해 과중한 세금이 백성들의 삶을 어렵게 한다는 인식을 드러내고 있다. (나)에서 거복이 '법을 교묘히 엮고 형벌을 멋대로 사용하는 것'을 사대부인 비옹에게 말하는 것을 통해 벼슬아치들의 가혹한 정치가 백성의 삶을 어렵게 한다는 인식을 드러내고 있다.

→ 적절함!

⑤ (가)의 화자인 사대부가 '농사'를 '천하 대본'이라고 하는 것에서 농부의 삶을 가치 있게 보는 모습을, (나)의 등장인물인 사대부가 '네가 감히 벼슬아치가 되고자 하느냐'고 하는 것에서 신분 상승을 꾀하는 무두장이의 삶을 낮추어 보는 모습을 확인할 수 있군.
근거 〈보기〉-2~3 (가)의 화자인 사대부는 농부의 삶을 가치 있게 바라보며 ~ (나)의 등장인물인 사대부는 무두장이의 삶을 낮추어 보는 위선적 태도를 보여 주는 인물
(가)-3~4 우리 백성 믿는 근본 이내 농사 아니겠나/ 크고도 저 큰 사업 천하 대본 이뿐이라
(나) ❶-9 "무두장이는 살생을 업으로 삼으니, 군자가 무두장이를 어질게 여기지 않는다." / 11 벼슬하여 사람을 죽여 영예로워지는 것, 도축하여 소를 죽여 배불리 먹는 것, 이 모두 살생한다는 점은 똑같습니다." / 13 "네가 감히 벼슬아치가 되고자 하느냐?"
풀이 (가)의 화자인 사대부가 '농사'를 '천하 대본', 즉 세상의 큰 근본으로 여기는 것에서 농부의 삶을 가치 있게 보는 모습을 확인할 수 있다. (나)에서 무두장이 거복은 자신을 업신여기는 비옹에게, 벼슬과 도축이 모두 살생한다는 점에서 같다고 말한다. 이에

비옹은 '네가 감히 벼슬아치가 되려 하느냐'고 발끈하는데, 이는 천한 무두장이가 자신의 신분을 높은 벼슬아치와 대등하게 여기는 것 같아 분노한 것이다. 하지만 거복은 단지 비옹이 자신을 얕잡아 보는 태도를 지적한 것이며, 신분 상승을 꾀한 것은 아니므로 적절하지 않은 진술이다.

→ 적절하지 않음!

[027~031] 다음 글을 읽고 물음에 답하시오.

작품 이해 단계 [1] 화자 [2] 상황 및 대상 [3] 정서 및 태도 [4] 주제

(가)

[1] 화자 : 안 드러남
[2] 대상 : 백성

1 장마 가뭄에 피해 입은 백성이 관찰사 가을 순행 기다림은
2 가을걷이 부족함을 채워줄까 해서인데 지나는 곳마다
 (백성의) 죄를 묻는 폐단 있네
3 무논 재해도 감췄는데 목화밭이야 거론할까
4 백 묘(畝)나 되는 벌건 땅에 백지징세 하는구나
5 인자한 우리 임금 곡식 한 묶음도 모래 덮일까 염려하는데

6 불쌍한 백성 논밭에다 좁은 길 넓히란다
7 각읍 관리 독촉하니 채찍 몽둥이 낭자하다
8 허다한 관인들이 대호(大戶) 소호(小戶)에 (음식 마련을) 분담시켜
9 사방(四方) 부근 십 리 안에 닭과 개가 멸종하네
10 부자는 괜찮지만 가련한 이 가난한 자로다
11 해는 기울고 이정은 저녁밥 재촉할 때
12 텅 빈 부엌에서 우는 아낙 발 구르며 하는 말이
13 방아품에 얻은 양식 한두 되 있건마는
14 채소도 있건마는 그릇은 누구에게 빌릴꼬
15 앞뒷집 돌아보니 섣달그믐에 시루 빌리는 격이로다
16 한 마을 닭과 개 다 먹어 치우고 집집마다 또 (세금을) 거둔단 말인가
17 대호(大戶)에는 한 냥 넘고 소호(小戶)에도 육칠 전이라
18 이 놀이 다시 하면 이 백성 못 살겠네
19 낙토(樂土)에서 태어난 사람 태평성대 좋다 하여
20 편안히 지내더니 하릴없이 떠도네
21 한 사람의 호사(豪奢)가 몇 사람의 난리 되고
22 집과 논밭 다 팔고서 어디로 가잔 말인고
23 비나이다 비나이다 하느님께 비나이다
24 우리 임금님 어진 마음 밝은 촛불 되게 하시어 비추소서 비추소서
25 소문에 들리기를 (관찰사가 순행 길에) 아전 향원(鄕員) 벌한다기에
26 간악한 이 벌하는가 여겼더니 음식과 도로(道路) 탓하는구나
27 노예 차출 무슨 일인고 순령수의 권세로다
28 음식은 넘쳐나고 뇌물은 공공연히 오고 가니
29 좋을시고 좋을시고 상평통보 좋을시고
30 (뇌물을) 많이 주면 무사하고 적게 주면 트집 잡네
31 춘당대(春塘臺)에 치는 장막 오목대(梧木臺)에 무슨 일인고

32 참람(僭濫)한 과거장서 재주 겨루는 유생(儒生)들아
33 오십삼 주 시예향(詩禮鄕)에 의로운 선비 하나 없단 말인가
34 먹을 복 좋은 우리 순상 출세운 좋은 우리 순상
35 들어오시면 육조판서 나가시면 팔도 관찰사
36 공명도 거룩하고 부귀도 그지없다
37 망극하도다 나라 은혜여 감격스럽도다 임금님 은혜여
38 한 토막 절가라도 있다면 온 힘을 다해 은혜에 보답하리라
39 배은망덕하게 되면 자손에게 화가 미치리라

[4] 주제 : 백성을 착취하여 유흥을 즐기는 관리들을 비판한다.

- 작자 미상, 「합강정가(合江亭歌)」 -

・현대어 풀이

1 장마와 가뭄에 피해 입은 백성이 관찰사 가을 순행을 기다리는 것은
2 (관찰사가) 가을걷이의 부족함을 채워 줄까 기대해서인데 지나는 곳마다 (백성의) 죄를 묻는 폐단이 있네
3 무논이 재해에 묻혔는데 목화밭의 재해를 말하겠는가(목화밭의 피해도 당연하다는 의미)
4 백 묘나 되는 벌건 땅에 부당하게 세금을 거두는구나
5 인자한 우리 임금 곡식 한 묶음도 모래 덮일까 염려하는데
6 불쌍한 백성의 논밭에다 좁은 길 넓히라고 하는구나
7 각읍 관리가 독촉하니 채찍과 몽둥이가 어지럽다
8 수많은 관인들이 큰 집과 작은 집에 (잔치 음식 마련을) 나누어 맡겨
9 사방 부근 십 리 안에 닭과 개가 멸종하네
10 부자는 괜찮지만 불쌍한 이는 가난한 자로다
11 해는 기울고 이정은 저녁밥을 재촉할 때
12 텅 빈 부엌에서 우는 아낙이 발 구르며 하는 말이
13 방아를 찧어 주고 얻은 양식이 한두 되건마는
14 채소도 있건마는 그릇은 누구에게 빌릴꼬
15 앞뒷집 돌아보니 섣달그믐에 시루 빌리는 격이로다(집집마다 관리에게 바칠 음식을 마련하느라 이웃에 도움을 요청할 수도 없다는 의미)
16 한 마을의 닭과 개 다 먹어 치우고 집집마다 또 (세금을) 거둔단 말인가
17 부잣집에는 한 냥 넘고 가난한 집에도 육칠 전이라
18 이 놀이(뱃놀이)를 다시 하면 이 백성 못 살겠네
19 살기 좋은 땅에서 태어난 사람 태평성대 좋다 하여
20 편안히 지내더니 어쩔 수 없이 떠도네
21 한 사람의 호화로운 사치가 몇 사람의 난리 되고
22 집과 논밭 다 팔고서 어디로 가잔 말인가
23 비나이다 비나이다 하느님께 비나이다
24 우리 임금님 어진 마음이 밝은 촛불 되게 하시어 비추소서 비추소서
25 소문에 들리기를 (관찰사가 순행 길에) 아전과 못된 권세가를 벌한다기에
26 간악한 이를 벌하는가 여겼더니 (바치는) 음식과 (좁은) 도로를 탓하는구나
27 노예를 차출하는 것은 무슨 일인가 순령수의 권세로구나
28 음식은 넘쳐나고 뇌물은 공공연히 오고 가니
29 좋을시고 좋을시고 상평통보 좋을시고
30 (뇌물을) 많이 주면 무사하고 적게 주면 트집 잡네
31 (서울) 춘당대에 치는 장막이 (전주) 오목대에 무슨 일인가
32 분수에 넘치는 과거 시험장에서 재주 겨루는 유생들아
33 오십삼 주 시예향(전라도 전주)에 의로운 선비 하나 없단 말인가
34 먹을 복 좋은 우리 순상, 출세 좋은 우리 순상
35 들어오시면 육조판서 나가시면 팔도 관찰사
36 공명도 거룩하고 부귀도 끝이 없구나
37 망극하도다 나라의 은혜여, 감격스럽도다 임금님의 은혜여
38 한 토막의 절가라도 있다면 온 힘을 다해 은혜에 보답하리라
39 배은망덕하게 되면 자손에게 화가 미치리라

• 지문 이해

지배층 (관찰사 (순상), 관인, 이정, 순령수)	백 묘나 되는 벌건 땅에 백지징세 하는 구나	백성에게 부당하게 세금을 거둠
	백성 논밭에다 좁은 길을 넓히란다/ 각읍 관리 독촉하니 채찍 몽둥이 낭자 하다	백성에게 폭력을 가하며 땅을 빼앗음
	이정은 저녁밥을 재촉할 때/ ~ 그릇은 누구에게 빌릴꼬/ ~ 한 마을 닭과 개 다 먹어 치우고	가난한 백성들의 양식과 세간을 착취함
	노예 차출 무슨 일인고 순령수의 권세 로다	백성들을 강제로 노역에 동원 시킴
	뇌물은 공공연히 오고 가니/ ~ 적게 주면 트집 잡네	뇌물을 주고받는 부정을 저지름

가렴주구 ↓ ↑ 원망, 비판

백성	장마 가뭄에 피해 입은 백성이 관찰사 가을 순행 기다림은/ ~ 죄를 묻는 폐단 있네	재해를 당한 백성이 관찰사를 기다렸으나 도리어 화를 입음
	이 놀이 다시 하면 이 백성 못 살겠네	유흥을 위해 백성을 착취하는 관리를 비판함
	집과 논밭 다 팔고서 어디로 가잔 말인 고	삶의 터전을 잃고 유랑하게 됨
	우리 임금님 어진 마음 밝은 촛불 되게 하시어 비추소서 비추소서	임금이 백성의 사정을 알고 선정을 베풀기를 기원함
	참람한 과거장서 재주 겨루는 유생들아/ 오십삼 주 시예향에 의로운 선비 하나 없단 말인가	과거 시험장의 참람함과 백성을 생각하는 의로운 선비가 없음을 비판함
	배은망덕하게 되면 자손에게 화가 미치리라	배은망덕한 관리들에게 화가 미칠 것을 경고함

◀ 시루 (가)-15
'섣달그믐에 시루 빌리는 격'은 섣달그믐날(음력 12월 31일)에 설날에 먹을 떡을 만들기 위해 어느 집이나 쓰는 시루(떡이나 쌀 따위를 찌는 데 쓰는 둥근 질그릇)를 얻어야 다닌다는 뜻으로, (가)에서는 집집마다 관인을 대접하느라 그릇을 빌리는 일이 불가능함을 의미한다.

(나)　　1 화자 : 안 드러남

1 ¹(전원으로) 돌아가리 돌아가리 말뿐이오 갈 이 없어 → 2 상황 : 전원으로 돌아가겠다고 하면서도 가는 이가 없는 상황
　└ 논과 밭. 고향
²전원이 거칠어지니 아니 가고 어찌할까 → 3 태도 : 전원에 돌아가기로 결심한다.
　　└ 맑은 바람과 밝은 달　└ 나왔다 들어갔다 하며
³초당에 청풍명월(淸風明月)이 나명들명 기다리나니 → 3 태도 : 청풍명월이 자신을 기다리고 있다고 생각한다.
　└ 억새나 짚 따위로 지붕을 인 조그마한 집채. 초가집
본받을 效 찡그릴 嚬 노래 歌 : 도연명의 『귀거래사』를 흉내 내어 부른 노래
〈효빈가〉

2 ¹ 경북 안동 예안의 분강(汾江) 가에 있는 바위 이름
농암에 올라 보니 노안(老眼)이 오히려 밝구나 → 2 상황 : 농암에 올라 경치를 바라보는 상황
　　　└ 늙어 시력이 나빠진 눈
²인사(人事) 변한다고 산천이야 변할 것인가 → 3 태도 : 인사와 달리 산천은 변함없다고 생각한다.
　└ 세상일　　└ 자연
³바위 앞 물과 언덕이 어제 본 듯하구나
〈농암가〉
언덕 壟 바위 巖 노래 歌 : 농암에 올라가 부른 노래

3 ¹ 공을 세워서 자기의 이름을 널리 드러냄
공명(功名)이 끝이 있을까 수명도 하늘이 정한 것이라 → 3 태도 : 공명과 수명은 하늘이 정한 것이라고 생각한다.
²금서 띠에 굽은 허리에 팔십 넘어 만난 ㉠봄이 그 몇 해오
　└ 높은 벼슬의 관리가 조정에 나아갈 때 입는 옷에 두르던 금이나 물소 뿔로 만든 띠

³해마다 오늘 같은 날이 역시 임금님 은혜로다 → 3 태도 : 해마다 오늘을 맞이하는 것이 임금의 은혜라고 생각한다.
　└ 여기서는 화자의 생일
〈생일가〉
태어날 生 날 日 노래 歌 : 생일을 맞이하여 부른 노래
- 이현보, 「귀전록(歸田錄)」-
돌아갈 歸 밭 田 기록할 錄 : 전원으로 돌아가 쓴 기록
4 주제 :
전원으로 돌아온 것에 만족하며 임금의 은혜에 감사한다.

• 현대어 풀이

1 ¹(전원으로) 돌아가리 돌아가리 말만 할 뿐이오 (전원에) 갈 사람이 없어
²전원이 거칠어지니 아니 가고 어찌할까
³초당에 청풍명월이 나왔다 들어갔다 하며 (나를) 기다리나니
〈효빈가〉

2 ¹농암에 올라 보니 노안이 오히려 밝구나(눈앞이 잘 보이는구나)
²세상일이 변한다고 자연이 변하겠는가
³바위 앞의 물과 언덕이 어제 본 듯하구나
〈농암가〉

3 ¹공명이 끝이 있을까 수명도 하늘이 정한 것이라
²금서 띠에(벼슬을 지내느라) 굽은 허리에 팔십 넘어 만난 봄이 그 몇 해인가
³해마다 오늘 같은 날을 맞는 것이 역시 임금님 은혜로다
〈생일가〉

• 지문 이해

〈효빈가〉	〈농암가〉	〈생일가〉
청풍명월이 기다리는 전원으로 돌아가기로 결심함	세상사와 달리 자연은 변함이 없음을 인식함	해마다 생일을 맞이할 수 있게 해 주신 임금의 은혜에 감사함

• 도연명의 「귀거래사」(돌아갈 歸 갈 去 올 來 말씀 辭 : 고향으로 돌아감을 노래함)
이현보는 중국 송나라 시인 도연명의 대표작인 『귀거래사』의 영향을 받아 〈효빈가〉를 지었다고 한다. 도연명은 41세 때 평택의 현령으로 재직하면서 상급 관리들에게 굽신거려야 하는 현실을 깨닫고, "내 어찌 쌀 다섯 말의 봉급 때문에 그들에게 허리를 굽힐소냐."라고 소리치고는 관직에서 물러나 고향으로 돌아가 버렸다고 한다. 『귀거래사』는 이때 지은 작품으로, 고향으로 돌아오는 심정과 전원 생활의 만족감이 담겨 있다.

(다)

1 ¹나(글쓴이인 남구만)는 긴 ⓒ 여름 동안 별로 할 일이 없어서 늘 연못가에 나가 고기들이 입을 뻐끔거리며 노는 모양을 구경하곤 했다. ²그러던 어느 날 이웃에 사는 사람이 나에게 대나무를 베어다가 낚싯대를 만들어 주고 또 바늘을 굽혀 낚시를 실에 달아 주었다. ³그동안 서울 생활에 바빠 일찍이 낚시 놓는 법도 알지 못했던 나는, 이웃 사람이 나를 위하여 낚싯대를 만들어 준 것만으로도 감사할 뿐이었다. ⁴그래서 그 낚싯대를 물에 던져 넣은 뒤에 온종일을 기다려 보았다. ⁵그러나 고기가 한 마리도 물리지 않았다.

→ 이웃 사람이 '나'에게 낚시대를 만들어 주었으나 '나'는 고기를 낚지 못했다.

(중략)

2 ¹나는 그 사람이 가르쳐 주는 방법대로 낚싯대를 드리워 한참 만에 서너(3~4) 마리의 고기를 낚아 올릴 수가 있었다. ²그 사람은 또 말하기를,
"ⓐ고기 잡는 방법은 그렇게 하면 잘 되었네만 ⓑ 고기 잡는 묘리(묘할 妙 이치 理 : 묘한 이치)는 아직 깨닫지 못하였네."
하였다.
³그는 나의 낚싯대를 빼앗아 가지고 물속에 던져 넣었다. ⁴그는 내가 낚던 낚싯대와 내가 쓰던 미끼와 내가 앉았던 자리를 그대로 이용하였으나 그가 잡아 올리는 물고기는 마치 기다리기라도 한 듯이 낚싯대를 던져 넣기가 바쁘게 딸려 올라왔다. ⁵광주리(대, 싸리, 버들 따위를 재료로 하여 바닥은 둥글고 촘촘하게, 위쪽은 성기게 엮어 만든 그릇)에서 건져 내는 것 같았고, 소반(작을 小 소반 盤 : 작은 밥상)에 올려놓은 것을 세는 것 같았다. ⁶나는 감탄하면서 말하였다.
⁷"참으로 솜씨가 좋기도 하네. ⁸자네, 그 묘한 솜씨를 좀 가르쳐 주겠나."

→ '나'는 그에게 낚시하는 묘한 솜씨를 가르쳐 달라고 청했다.

3

¹ "잡는 방법(가르침에 의한 것)이야 가르쳐 줄 수 있지만 묘한 솜씨(스스로 터득하는 것)야 가르쳐 줄 수 있겠나(가르쳐 줄 수 없다는 의미). ² 만일 가르쳐 줄 수 있다면 그것은 묘수(묘할 妙 방법 手 : 좋은 방법)라고 할 수 없지. ³ 그러나 내가 자네에게 말할 수 있는 것은, 곧 자네가 내가 가르쳐 준 대로 아침이나 저녁이나 이 낚싯대를 물속에 드리워 놓고 정신을 집중하여 열흘(10일)이고 한 달이고 그 방법을 익힌다면 그 묘법(묘할 妙 방법 法 : 절묘한 방법)을 터득할 수 있다는 것일세. ⁴ 그렇게 되면 손은 (낚시를 하기에) 알맞게 움직일 수 있고, 마음은 스스로 묘법을 이해하게 될 것일세. ⁵ 그럼으로써 지금까지 얻을 수 없는 것과, 또 지금까지 깨닫지 못하던 오묘한 이치와, (오묘한 이치 중에) 한 가지는 깨달았지만 그 나머지 두세 가지 깨닫지 못한 것과, 아무것도 모르고(깨닫지 못하고) 오히려 의혹(의심할 疑 의심할 惑 : 의심)만 많아지는 것과, 또 (오묘한 이치를) 환하게 깨달았지만 그 깨달은 까닭은 모르는(어떻게 깨닫게 되었는지 모르는) 것들을 모두 얻을 수 있을 것일세. ⁶ 그러나 이런 것을 다 얻게 되면(스스로 노력하여 터득하게 되면) 내가 어떻게 거기에 간여할(막을 干 참여할 與 : 간섭할) 수 있겠는가(간여하지 않아도 된다는 의미)?

⁷ 내가 자네에게 할 수 있는 말은 오직 이것뿐일세."

⁸ 나는 낚싯대를 받아 물속에 던져 넣으면서 스스로 한탄하였다(한할 恨 탄식할 歎 : 한숨을 쉬며 탄식하였다).

⁹ "참으로 그대의 말이 훌륭하다. ¹⁰ 이러한 방법을 가지고 미루어(다른 것을 헤아려) 이용한다면 그것이 어찌 낚시 놓는 데만 응용되겠는가(응할 應 쓸 用 : 쓰이겠는가)? ¹¹ 옛사람이 말하기를 '작은 것(≒낚시)을 가지고 큰 것(≒삶에 대한 깨달음)을 깨우칠 수 있다'고 하였는데 바로 이(글쓴이의 경험)를 두고 한 말 아닌가?"

> → '나'는 집중하고 노력하면 낚시의 묘법을 터득할 수 있다는 그의 말을 듣고 이를 다른 상황에도 적용할 수 있음을 깨닫는다.

- 남구만, 「조설(釣設)(낚시 釣 말씀 設 : 낚시에 관한 이야기)」-

• 중심 내용

'나'는 낚싯대를 만들어 준 이웃에게 낚시하는 묘법을 가르쳐 주기를 청했다. 스스로 노력하면 낚시의 묘법을 터득할 수 있다는 그의 말을 들은 '나'는 이것을 다른 상황에도 적용할 수 있음을 깨닫는다.

1등급 문제

027 | 표현상 특징 – 적절한 것 고르기 2024년 9월 학평 38번
정답률 50%, 매력적 오답 ③ 20%, ④ 15%, ① 10% | 정답 ⑤

(가) ~ (다)에 대한 설명으로 가장 적절한 것은?

선지	핵심 체크 내용	(가)	(나)	(다)
①	자연물에 인격 부여 → 화자의 정서 강조	X	O	-
②	색채 대비 → 대상의 특징 드러냄	X	-	X
③	대상을 다양한 관점에서 묘사 → 장면 구체화	-	X	X
④	대화의 형식 → 주제 부각	X	X	O
⑤	의문의 방식을 활용 → 상황에 대한 인식 드러냄	O	O	O

(나)는
① **(가)와 (나)는 *자연물에 인격을 부여하여** 화자의 정서를 강조하고 있다.
* 자연물을 의인화하여

근거 (나) ❶-3 청풍명월이 나명들명 기다리나니
풀이 (나)의 '청풍명월'이 화자를 기다린다고 한 것에서 자연물에 인격을 부여하여 자연으로 돌아가고 싶어 하는 화자의 정서를 강조하고 있다. 그러나 (가)에는 자연물을 의인화한 부분이 나타나지 않는다.

→ 적절하지 않음!

② **(가)와 (다)는 *색채 대비를 활용하여** 대상의 특징을 드러내고 있다.
* 둘 이상의 색채 이미지를 뚜렷하게 나타내 시적 의미를 구체적으로 표현하는 방법

풀이 (가)와 (다)에는 모두 색채 대비가 나타나지 않는다.

→ 적절하지 않음!

■ 색채 대비를 활용하여 대상의 특징을 드러내는 작품
• 김춘수, 「샤갈의 마을에 내리는 눈」(2019학년도 수능)
삼월에 눈이 오면/ 샤갈의 마을(프랑스 화가 샤갈의 그림 속 마을)의 쥐똥만 한 겨울 열매들은/ 다시 올리브빛으로 물이 들고/ 밤에 아낙들은/ 그해의 제일 아름다운 불을/ 아궁이에 지핀다.

→ 눈의 흰색, 열매의 푸른색, 불의 붉은색을 대비하여 봄의 생명력과 아름다움을 드러내고 있다.

③ **(나)와 (다)는 대상을 다양한 관점에서 *묘사하여 장면을 구체화하고 있다.**
* 그림 그리듯이 구체적으로 표현하여

근거 (다) ❷-3~5 그는 나의 낚싯대를 빼앗아 가지고 물속에 던져 넣었다. 그는 내가 낚던 낚싯대와 내가 쓰던 미끼와 내가 앉았던 자리를 그대로 이용하였으나 그가 잡아 올리는 물고기는 마치 기다리기라도 한 듯이 낚싯대를 던져 넣기가 바쁘게 딸려 올라왔다. 광주리에서 건져 내는 것 같았고, 소반에 올려놓은 것을 세는 것 같았다.
풀이 (다)에서 '그가 낚시하는 장면을 묘사한 부분이 있으나 그를 바라보는 '나'의 관점만 제시되어 있다. (나)에는 대상을 다양한 관점에서 묘사한 부분이 나타나지 않는다.

→ 적절하지 않음!

■ 대상을 다양한 관점에서 묘사하여 장면을 구체화하는 작품
• 박지원, 「일야구도하기(한 一 밤 夜 아홉 九 건널 渡 강 河 기록할 記 : 하룻밤에 강물을 아홉 번 건넌 이야기)」
나는 산중에 살고 있는데, 대문 앞에 큰 계곡이 있다. ~ 나는 예전에 방문을 닫고 누워서 그 소리를 다른 비슷한 소리에 견주어 보며 들은 적이 있었다. ~ 산이 갈라지고 언덕이 무너지는 듯한 소리, 이는 흥분해서 들은 경우다. 개구리 떼가 다투어 우는 듯한 소리, 이는 우쭐해서 들은 경우다. 만 개의 축(대나무로 만든 악기)이 연거푸 울리는 듯한 소리, 이는 분노하면서 들은 경우다.
→ '나'는 흥분했을 때, 우쭐했을 때, 분노했을 때 계곡의 물소리가 각각 다르게 들리는 것을 묘사하여 각각의 장면을 구체화하고 있다.

(다)는
④ **(가)~(다)는 모두 대화의 형식을 사용하여 주제를 부각하고 있다.**
근거 (다) ❷-7·❸-7 "참으로 솜씨가 좋기도 하네. 자네, 그 묘한 솜씨를 좀 가르쳐 주겠나." "잡는 방법이야 가르쳐 줄 수 있지만 묘한 솜씨야 가르쳐 줄 수 있겠나. ~ 내가 자네에게 할 수 있는 말은 오직 이것뿐일세."
풀이 (가)에는 저녁밥을 재촉하는 이정 때문에 발 구르며 우는 아낙의 말이 제시되어 있으나 말을 주고받는 대화의 형식이 드러나지는 않는다. (다)는 '나'와 그의 대화를 통해 스스로 노력하여 터득하는 일의 중요성을 드러내고 있다.

→ 적절하지 않음!

⑤ **(가)~(다)는 모두 의문의 방식을 활용하여 상황에 대한 인식을 드러내고 있다.**
근거 (가)-3 무논 재해도 감췄는데 목화밭이야 거론할까/14 채소도 있건마는 그릇은 누구에게 빌릴꼬/16 한 마을 닭과 개 다 먹어 치우고 집집마다 또 거둔단 말인가/22 집과 논밭 다 팔고서 어디로 가잔 말인고/33 오십삼 주 시예향에 의로운 선비 하나 없단 말인가
(나) ❷-2 인사 변한다고 산천이야 변할 것인가
(다) ❸-9~11 "참으로 그대의 말이 훌륭하다. 이러한 방법을 가지고 미루어 이용한다면 그것이 어찌 낚시 놓는 데만 응용되겠는가? 옛사람이 말하기를 '작은 것을 가지고 큰 것을 깨우칠 수 있다'고 하였는데 바로 이를 두고 한 말 아닌가?"
풀이 (가)는 의문의 방식을 활용하여 흉년으로 무논에 목화 농사까지 망친 상황에서 관리들의 수탈이 계속되는 현실과 의로운 선비가 없는 상황에 대한 부정적 인식을 드러내고 있다. (나)는 의문의 방식을 활용하여 자연은 변하지 않는다는 인식을 드러내고 있다. (다)는 의문의 방식을 활용하여 그에게 들은 낚시하는 묘리를 다른 상황에도 적용할 수 있다는 인식을 드러내고 있다.

→ 적절함!

---

028 | 공간의 의미 – 적절하지 않은 것 고르기 2024년 9월 학평 39번
정답률 70%, 매력적 오답 ③ 15% | 정답 ④

<보기>를 바탕으로 (가) ~ (다)를 감상한 내용으로 적절하지 <u>않은</u> 것은?

| 보기 |
¹ 문학 작품에서 공간은 작품 안에 표현된 다양한 경험의 배경이자 상황적·역사적 맥락(맥락 脈 이을 絡 : 관계)으로서의 의미를 지닐 수 있다. ² 작품 안에서의 공간은 인물들의 말과 행동, 대상의 이미지나 상징 등과의 관련성 속에서 다양한 의미로 실현된다(내용 實 나타날 現 : 나타나다).

① **(가)의 논밭은 지배층을 위해 길로 넓혀진다는 점에서 백성들이 빼앗긴 삶의 터전을 의미하는 공간이라고 할 수 있다.**
근거 (가)-6 불쌍한 백성 논밭에다 좁은 길 넓히란다

Ⅲ 갈래 복합

| 풀이 | (가)에서 '논밭'은 백성들이 삶을 영위하기 위해 농사짓는 곳인데, 관찰사의 순행을 위해 길이 되어 넓혀지고 있다. 따라서 '논밭'은 백성들이 지배층에게 빼앗긴 삶의 터전을 의미한다고 볼 수 있다. |

→ 적절함!

② (가)의 텅 빈 부엌 은 방아품으로 얻은 양식을 담을 그릇조차 없는 곳이라는 점에서 아낙이 자신의 처지에 슬픔을 느끼는 공간이라고 할 수 있다.

| 근거 | (가)-11~14 이정은 저녁밥 재촉할 때/ 텅 빈 부엌 에서 우는 아낙 발 구르며 하는 말이/ 방아품에 얻은 양식 한두 되 있건마는/ 채소도 있건마는 그릇은 누구에게 빌릴꼬 |
| 풀이 | 아낙은 이정이 저녁밥을 재촉하는 상황에서 방아품으로 얻은 양식이 있지만 담을 그릇이 없어 '텅 빈 부엌'에서 발을 구르며 울고 있다. 따라서 '텅 빈 부엌'은 아낙이 자신의 처지에 슬픔을 느끼는 공간이라고 할 수 있다. |

→ 적절함!

③ (나)의 초당 은 화자가 청풍명월과 어울릴 수 있는 곳으로 여긴다는 점에서 화자가 *지향하는 공간이라고 할 수 있다. * 바라고 추구하는

| 근거 | (나)❶-2~3 전원이 거칠어지니 아니 가고 어찌할까/ 초당 에 청풍명월이 나명들명 기다리나니 |
| 풀이 | (나)의 화자는 '초당'에 있는 청풍명월이 자신을 기다린다고 생각하여 전원으로 돌아가고자 한다. 따라서 '초당'은 화자가 청풍명월과 어울릴 수 있는 곳으로 여기는 공간이자 화자가 지향하는 자연을 의미한다고 볼 수 있다. |

→ 적절함!

④ (나)의 산천 은 인사로 인해 변해 버린다는 점에서 변함없는 자연에 대한 화자의 소망을 *투영한 공간이라고 할 수 있다. * 나타낸

| 근거 | (나)❷-2 인사 변한다고 산천 이야 변할 것인가 |
| 풀이 | (나)의 '산천'은 자연을 의미하는 것으로, 변화가 심한 인간사와 대비되어 불변성을 상징하는 공간으로 제시되어 있다. 따라서 '산천'은 인사로 인해 변해 버리는 공간이 아닌, 전원으로 돌아온 화자에게 변함없는 모습을 보여 주는 공간의 의미이다. |

→ 적절하지 않음!

⑤ (다)의 연못가 는 '나'가 낚시의 경험을 통해 깨달음을 얻는다는 점에서 글쓴이의 배움이 *확장되는 공간이라고 할 수 있다. * 넓어지는

| 근거 | (다)❶-1 나는 긴 여름 동안 별로 할 일이 없어서 늘 연못가 에 나가 고기들이 입을 뻐끔거리며 노는 모양을 구경하곤 했다./ ❸-3 내가 자네에게 말할 수 있는 것은, 곧 자네가 내가 가르쳐 준 대로 그 방법을 익힌다면 그 묘법을 터득할 수 있다는 것일세. |
| 풀이 | (다)의 '연못가'는 '나'가 낚시를 하고 '그'에게 낚시의 묘리에 대해 들으면서 노력을 통해 스스로 터득하는 일의 중요성을 깨닫는 장소이다. 따라서 '연못가'는 글쓴이의 배움이 확장되는 공간이라고 볼 수 있다. |

→ 적절함!

1등급 문제

| 029 | 시어의 의미 – 적절한 것 고르기　2024년 9월 학평 40번
정답률 60%, 매력적 오답 ② 15%, ③ 10% | 정답 ① |

㉠과 ㉡에 대한 이해로 가장 적절한 것은?

> (나)❸-2 금서 띠에 굽은 허리에 팔십 넘어 만난 ㉠ 봄이 그 몇 해오
> (다)❶-1 나는 긴 ㉡ 여름 동안 별로 할 일이 없어서 늘 연못가에 나가 고기들이 입을 뻐끔거리며 노는 모양을 구경하곤 했다.

① ㉠은 화자가 임금님의 은혜에 감사를 느끼는 시간이고, ㉡은 글쓴이가 새로운 것을 시도하는 시간이다.

| 근거 | (나)❸-3 해마다 오늘 같은 날이 역시 임금님 은혜로다
(다)❶-2~4 이웃에 사는 사람이 나에게 대나무를 베어다가 낚싯대를 만들어 주고 또 바늘을 굽혀 낚시를 실에 달아 주었다. 그동안 서울 생활에 바빠 일찍이 낚시 놓는 법도 알지 못했던 나는, 이웃 사람이 나를 위하여 낚싯대를 만들어 준 것만으로도 감사할 뿐이었다. 그래서 그 낚싯대를 물에 던져 넣은 뒤에 온종일을 기다려 보았다. |
| 풀이 | (나)의 화자는 팔십 세가 넘었음에도 ㉠(봄)을 계속 맞이하고 있음에 만족감을 느끼며 이를 임금의 은혜로 생각하고 있다. 따라서 ㉠(봄)은 화자가 임금님의 은혜에 감사함을 느끼는 시간으로 볼 수 있다. (다)의 글쓴이는 ㉡(여름)에 할 일이 없어 고기들을 구경하다가 이웃 사람의 도움으로 낚시를 시도하게 된다. 따라서 ㉡(여름)은 글쓴이가 새로운 것을 시도하는 시간으로 볼 수 있다. |

→ 적절함!

② ㉠은 화자가 인생의 *덧없음을 느끼는 시간이고, ㉡은 글쓴이가 이웃의 친절에 고마움을 느끼는 시간이다. * 보람이나 쓸모가 없어 헛되고 허전함　만족감

| 근거 | (다)❶-2~4 이웃에 사는 사람이 나에게 대나무를 베어다가 낚싯대를 만들어 주고 또 바늘을 굽혀 낚시를 실에 달아 주었다. ~ 이웃 사람이 나를 위하여 낚싯대를 만들어 준 것만으로도 감사할 뿐이었다. |
| 풀이 | (나)의 화자는 팔십 세를 넘겨서도 ㉠(봄)을 여러 번 맞이한 것에 만족스러워하고 있을 뿐, 인생의 덧없음을 느끼고 있지 않다. (다)의 글쓴이는 ㉡(여름)에 자신을 위해 낚싯대를 만들어 준 이웃에게 고마워하고 있으므로 적절한 설명이다. |

→ 적절하지 않음!

③ ㉠은 화자가 *내적 갈등을 해결하는 시간이고, ㉡은 글쓴이가 자신의 삶의 가치를 새롭게 인식하게 되는 시간이다. * 마음속에서 일어나는 갈등　스스로 깨우치는 태도의 중요성을

| 풀이 | (나)의 화자는 내적 갈등을 느끼고 있지 않으므로 ㉠(봄)이 화자가 내적 갈등을 해결하는 시간이라는 설명은 적절하지 않다. (다)의 글쓴이는 ㉡(여름)에 이웃 사람에게 낚시의 묘리에 대해 들으면서 스스로의 힘으로 터득하는 일의 중요성을 새롭게 인식하고 있으나 자신의 삶의 가치를 인식하게 된 것은 아니다. |

→ 적절하지 않음!

④ ㉠은 화자가 한 해를 또 맞이하는 슬픔을 나타내는 시간이고, ㉡은 글쓴이가 자신의 지나온 삶을 반성하는 시간이다. 기쁨

| 풀이 | (나)의 화자는 팔십 세를 넘겼으나 ㉠(봄)을 또 맞이한 것을 기뻐하고 있으므로 화자의 슬픔을 나타내는 시간이라는 설명은 적절하지 않다. (다)의 글쓴이는 ㉡(여름)에 이웃 사람의 말을 통해 삶의 깨달음을 얻었으나 자신의 지나온 삶을 반성하고 있지는 않다. |

→ 적절하지 않음!

⑤ ㉠은 화자가 공명을 추구하던 시절을 의미하는 시간이고, ㉡은 글쓴이가 대상과의 *교감을 통해 과거의 상황을 추억하는 시간이다. * 감정을 나눔

| 풀이 | (나)의 '금서 띠에 굽은 허리'는 화자가 높은 관직에 있었음을 드러낸 것이다. 이처럼 공명을 누리던 중에 고향에 돌아온 화자는 팔십이 넘은 나이에 ㉠(봄)을 다시 맞이한 것을 기뻐하고 있다. 따라서 ㉠(봄)이 화자가 공명을 추구하던 시절이라는 이해는 적절하지 않다. 또한 (다)의 글쓴이는 ㉡(여름)에 낚시를 하고 이웃 사람과 대화하면서 과거의 상황을 추억하고 있지 않다. |

→ 적절하지 않음!

| 030 | 감상의 적절성 – 적절하지 않은 것 고르기　2024년 9월 학평 41번
정답률 70%, 매력적 오답 ⑤ 15% | 정답 ④ |

<보기>를 참고하여 (가)를 감상한 내용으로 적절하지 않은 것은?　[3점]

> | 보기 |
> [1]합강정가 는 순시(돌 巡 볼 視 : 돌아다니며 사정을 보살핌)를 온 관찰사를 위한 뱃놀이(배를 타고 노는 놀이)와 관련한 현실을 비판한 작품이다. [2]이 작품은 관리들이 백성에게 잔치에 드는 비용을 부담시키는(떠맡을 負 책임질 擔 : 떠맡기는) 일, 뇌물이 오고 가며 부정이 횡행한(제멋대로 할 橫 행할 行 : 마구 행해지는) 일, 백성들이 가렴주구(가혹할 苛 거둘 斂 벨 誅 취할 求 : 세금을 가혹하게 거두어들이고, 무리하게 재물을 빼앗음)로 인해 유랑민(떠돌 流 유랑할 浪 백성 民 : 집이 없이 이리저리 떠돌아다니는 백성)이 되는 일 등 지배 계층의 유흥(놀 遊 흥 興 : 놀이)을 위해 강제로 노역(일할 勞 부릴 役 : 괴롭고 힘든 노동)에 동원되고(사용할 動 인원 員 : 이용되고) 수탈(빼앗을 收 빼앗을 奪 : 강제로 빼앗음)을 당하는 백성들의 현실을 생생하게 그려 내고 있다. [3]특히 마지막 부분은 의로운 선비에 대한 기대와 관찰사를 향한 경고를 드러내고 있다.

① '이 놀이'를 '다시' 하게 되면 백성들이 '못 살겠'다고 한 것은 지배 계층의 유흥을 위해 수탈을 당하는 백성들의 현실을 드러낸다고 볼 수 있겠군.

| 근거 | <보기>-1~2 『합강정가 는 순시를 온 관찰사를 위한 뱃놀이와 관련한 현실을 비판한 작품이다. 이 작품은 관리들이 백성에게 잔치에 드는 비용을 부담시키는 일, ~ 지배 계층의 유흥을 위해 ~ 수탈을 당하는 백성들의 현실을 생생하게 그려 내고 있다.
(가)-16~18 한 마을 닭과 개 다 먹어 치우고 집집마다 또 거둔단 말인가/ 대호에는 한 냥 넘고 소호에도 육칠 전이라/ 이 놀이 다시 하면 이 백성 못 살겠네 |
| 풀이 | (가)에서 백성들은 관찰사를 위한 뱃놀이인 '이 놀이'로 인해 닭과 개를 바치고 세금을 내는 등 잔치에 드는 음식과 비용을 부담하고 있다. 따라서 '이 놀이'를 '다시' 하게 되면 백성들이 '못 살겠'다고 한 것에서 지배 계층의 유흥을 위해 수탈을 당하는 백성들의 현실을 확인할 수 있다. |

→ 적절함!

② 백성들이 '집과 논밭'을 '다 팔고서' 떠나는 것은 가렴주구로 인해 유랑의 길을 떠나야 하는 백성들의 고통스러운 현실을 드러낸다고 볼 수 있겠군.

근거 〈보기〉-2 백성들이 가렴주구로 인해 유랑민이 되는 일 등 ~ 백성들의 현실을 생생하게 그려 내고 있다.
(가)-21~22 한 사람의 호사가 몇 사람의 난리 되고/ **집과 논밭 다 팔고서** 어디로 가잔 말인고

풀이 백성들은 관찰사의 호화로운 뱃놀이로 인해 삶의 터전을 빼앗기고 유랑할 수밖에 없는 현실을 한탄하고 있다. 따라서 백성들이 '집과 논밭'을 '다 팔고서' 떠나는 것은 지배 계층의 가렴주구로 인해 유랑의 길을 떠나야 하는 백성들의 고통스러운 현실을 생생하게 드러낸다고 볼 수 있다.

→ 적절함!

③ '뇌물'을 '많이 주면 무사하고 적게 주면 트집'이 잡히는 것은 관리들이 뇌물을 받으며 부정을 저지르는 것에 대한 비판을 드러낸다고 볼 수 있겠군.

근거 〈보기〉-2 뇌물이 오고 가며 부정이 횡행한 일
(가)-28 **뇌물**은 공공연히 오고 가니/ 30 **많이 주면 무사하고 적게 주면 트집** 잡네

풀이 관리들 사이에서 '뇌물'이 공공연히 오가면서 '뇌물'을 '많이 주면 무사하고 적게 주면 트집'이 잡힌다고 한 것에서 관리들이 부정을 저지르는 것에 대한 화자의 비판이 드러나 있다.

→ 적절함!

④ '유생'들이 '과거장'에서 '재주'를 '겨루는' 것은 의로운 선비가 되기 위해 과거에 통과하기를 바라는 유생들의 기대를 드러낸다고 볼 수 있겠군.

근거 〈보기〉-3 마지막 부분은 의로운 선비에 대한 기대
(가)-31~33 춘당대에 치는 장막 오목대에 무슨 일인고/ 참람한 **과거장**서 **재주 겨루는 유생**들아/ 오십삼 주 시예향에 의로운 선비 하나 없단 말인가

풀이 화자는 오목대의 '과거장'에 창경궁의 춘당대에서나 볼 수 있는 화려한 장막이 쳐져 있는 모습을 보고 참람하다(분수에 넘쳐 지나치다)고 비판하고 있다. 또한 전주에 백성을 위하는 의로운 선비가 없음을 한탄하고 있다. 따라서 '유생'들이 '과거장'에서 '재주'를 '겨루는' 모습에서 의로운 선비가 되기 위해 과거에 통과하기를 바라는 유생들의 기대가 드러난다고 보는 것은 적절하지 않다.

→ 적절하지 않음!

⑤ '배은망덕'하면 '자손에게 화가 미치리라'라는 것은 임금에 대한 은혜를 잊지 말라는, 관찰사를 향한 경고를 드러낸다고 볼 수 있겠군.

근거 〈보기〉-3 관찰사를 향한 경고를 드러내고 있다.
(가)-37~39 감격스럽도다 임금님 은혜여/ 한 토막 절개라도 있다면 온 힘을 다해 은혜에 보답하리라/ **배은망덕**하게 되면 **자손에게 화가 미치리라**

풀이 (가)의 화자는 감격스러운 임금의 은혜에 온 힘을 다해 보답해야 하며 '배은망덕'하면 '자손에게 화가 미'칠 것이라고 경고하고 있다. 이는 임금에 대한 은혜를 잊지 말라는, 관찰사를 향한 경고라고 볼 수 있다.

→ 적절함!

---

031 | 내용 이해 - 적절하지 않은 것 고르기 2024년 9월 학평 42번 | **정답 ③**
정답률 75%, 매력적 오답 ② 10%

(다)의 ⓐ, ⓑ에 대한 설명으로 적절하지 <u>않은</u> 것은?

(다) ❷-2 그 사람은 또 말하기를, "ⓐ고기 잡는 방법은 그렇게 하면 잘 되었네만 ⓑ고기 잡는 묘리는 아직 깨닫지 못하였네."

① ⓐ는 누군가의 가르침을 통해 *습득할 수 있다. * 배울

근거 (다) ❶-3~5 그동안 서울 생활에 바빠 일찍이 낚시 놓는 법도 알지 못했던 나 ~ 그래서 그 낚싯대를 물에 던져 넣은 뒤에 온종일을 기다려 보았다. 그러나 고기가 한 마리도 물리지 않았다./ ❷-1 나는 그 사람이 가르쳐 주는 방법대로 낚싯대를 드리워 한참 만에 서너 마리의 고기를 낚아 올릴 수가 있었다.

풀이 '나'는 처음에는 낚시 놓는 법을 몰라 고기를 한 마리도 잡지 못했으나, 그가 가르쳐 준 방법대로 하자 서너 마리의 고기를 잡을 수 있었다. 따라서 누군가의 가르침을 통해 ⓐ(고기 잡는 방법)를 습득할 수 있다는 것은 적절하다.

→ 적절함!

② ⓑ를 터득하면 다른 사람이 간여하지 않아도 된다.

근거 (다) ❸-3 내가 자네에게 말할 수 있는 것은, 곧 자네가 내가 가르쳐 준 대로 아침이나 저녁이나 이 낚싯대를 물속에 드리워 놓고 정신을 집중하여 열흘이고 한 달이고 그 방법을 익힌다면 그 묘법을 터득할 수 있다는 것일세./ 6 그러나 이런 것을 다 얻

게 되면 내가 어떻게 거기에 간여할 수 있겠는가?

풀이 그는 '나'에게 자신이 가르쳐 준 대로 정신을 집중하여 오랫동안 반복하면 고기 잡는 묘법을 스스로 터득할 수 있다고 하였고, 이를 얻게 되면 다른 사람이 간여하지 않아도 된다고 하였다. 따라서 ⓑ(고기 잡는 묘리)를 터득하면 다른 사람이 간여하지 않아도 된다는 것은 적절하다.

→ 적절함!

③ ⓐ에 집중하기 위해서는 ⓑ에 대한 의혹에서 벗어나야 한다.

근거 (다) ❸-3 내가 자네에게 말할 수 있는 것은, 곧 자네가 내가 가르쳐 준 대로 아침이나 저녁이나 이 낚싯대를 물속에 드리워 놓고 정신을 집중하여 열흘이고 한 달이고 그 방법을 익힌다면 그 묘법을 터득할 수 있다는 것일세.

풀이 그는 '나'에게 자신에게 배운 고기 잡는 방법대로 정신을 집중하여 꾸준히 반복하면 고기 잡는 묘리를 스스로 터득할 수 있다고 하였다. ⓑ(고기 잡는 묘리)를 얻기 위해 ⓐ(고기 잡는 방법)에 집중해야 하는 것이지, ⓐ(고기 잡는 방법)에 집중하기 위해 ⓑ(고기 잡는 묘리)에 대한 의혹에서 벗어나야 하는 것은 아니다.

→ 적절하지 않음!

④ ⓐ를 꾸준히 반복하여 익힌다면 마음은 스스로 ⓑ를 이해하게 된다.

근거 (다) ❸-3~4 내가 자네에게 말할 수 있는 것은, 곧 자네가 내가 가르쳐 준 대로 아침이나 저녁이나 이 낚싯대를 물속에 드리워 놓고 정신을 집중하여 열흘이고 한 달이고 그 방법을 익힌다면 그 묘법을 터득할 수 있다는 것일세. 그렇게 되면 손은 알맞게 움직일 수 있고, 마음은 스스로 묘법을 이해하게 될 것일세.

풀이 그는 자신이 가르쳐 준 고기 잡는 방법을 오랫동안 꾸준히 반복하면 고기 잡는 묘법을 스스로 터득하여 마음이 스스로 묘법을 이해할 수 있게 된다고 하였다. 따라서 ⓐ(고기 잡는 방법)를 꾸준히 반복하여 익힌다면 마음은 스스로 ⓑ(고기 잡는 묘리)를 이해하게 된다는 것은 적절하다.

→ 적절함!

⑤ ⓑ를 알게 된 후에는 ⓐ만 알고 있을 때보다 더 많은 수확을 거둘 수 있다.

근거 (다) ❷-1 나는 그 사람이 가르쳐 주는 방법대로 낚싯대를 드리워 한참 만에 서너 마리의 고기를 낚아 올릴 수가 있었다./ 3~4 그는 나의 낚싯대를 빼앗아 가지고 물속에 던져 넣었다. 그는 내가 낚던 낚싯대와 내가 쓰던 미끼와 내가 앉았던 자리를 그대로 이용하였으나 그가 잡아 올리는 물고기는 마치 기다리기라도 한 듯이 낚싯대를 던져 넣기가 바쁘게 딸려 올라왔다./ ❸-1 잡는 방법이야 가르쳐 줄 수 있지만 묘한 솜씨야 가르쳐 줄 수 있겠나.

풀이 '나'는 그에게 고기 잡는 방법을 배운 후 서너 마리의 고기를 낚았으나, 고기 잡는 방법과 고기 잡는 묘리를 모두 터득한 그는 '나'와 같은 조건에서 더 많은 고기를 잡았다. 따라서 ⓑ(고기 잡는 묘리)를 알게 된 후에는 ⓐ(고기 잡는 방법)만 알고 있을 때보다 더 많은 수확을 거둘 수 있다는 것은 적절하다.

→ 적절함!

3. 고전시가와 수필 복합 지문 ❷

[032~037] 다음 글을 읽고 물음에 답하시오.

작품 이해 단계 ① 화자 ② 상황 및 대상 ③ 정서 및 태도 ④ 주제

(가)

1 └ 강 江 호수 湖 : 자연
③ 정서 : 재미와 즐거움이 저절로 일어난다.
1 **강호에 봄이 드니 미친 흥이 절로 난다**
└ 흥 興 : 즐거움
② 상황 : 봄에 시냇가에서 막걸리와 쏘가리를 먹는 상황
2 시냇가 막걸리에 쏘가리 안주로다
└ ① 화자 : 이 몸('나')
└ 쏘가리와 물고기
3 이 몸이 한가한 것도 역시 임금의 은혜로다
└ 한가할 閑 틈 暇 : 여유가 있는
③ 태도 : 한가롭게 지내는 것이 임금의 은혜 덕분이라고 생각한다.

2
└ 억새나 짚 따위로 지붕을 인 작은 집. 초가집
1 ⓐ **강호에 여름이 드니 초당에 일이 없다**
② 상황 : 여름에 초당에서 바람을 쐬는 상황
2 **미더운 강 물결이** 보내는 것은 바람이로다
└ 믿음직스러운
3 이 몸이 서늘한 것도 역시 임금의 은혜로다
③ 태도 : 시원하게 지내는 것이 임금의 은혜 덕분이라고 생각한다.

3
1 강호에 가을이 드니 고기마다 살져 있다
② 상황 : 가을에 그물을 던져두고 낚시를 하는 상황
2 조그마한 배에 그물 실어 흐르게 던져두고
3 이 몸이 **소일하는 것도** 역시 임금의 은혜로다
└ 없앨 消 날 日 : 심심하지 않게 세월을 보내는
③ 태도 : 심심하지 않게 지내는 것이 임금의 은혜 덕분이라고 생각한다.

4
1 강호에 겨울이 드니 눈 깊이 자가 넘다
└ 길이의 단위. 한 자는 약 30cm
└ 비나 햇볕을 막기 위해 만든 갓
② 상황 : 겨울에 눈이 내려 삿갓을 쓰고 도롱이를 입은 상황
2 삿갓 비껴쓰고 **도롱이로 옷을 삼아**
└ 비스듬히 쓰고 └ 짚이나 띠로 만든 비옷
3 이 몸이 춥지 않은 것도 역시 임금의 은혜로다
③ 태도 : 춥지 않게 지내는 것이 임금의 은혜 덕분이라고 생각한다.

④ 주제 : 사계절의 자연을 즐기며 임금의 은혜에 감사한다.

- 맹사성, 「**강호사시가**」-
강 江 호수 湖 넉 四 때 時 노래 歌 : 봄·여름·가을·겨울 사계절을 자연에서 노니는 노래

• **강호사시가** 중요 작품

2016학년도 수능A, 2017년 4월 학평 기출. 사계절의 변화와 그에 따른 화자의 흥취, 화자의 구체적인 삶의 모습, 임금의 은혜에 감사한 마음이 각 수마다 반복되는 특징이 있는 시조이다.

• **현대어 풀이**

1 1 자연에 봄이 찾아오니 즐거움이 저절로 일어난다
2 시냇가에서 막걸리를 마시며 쏘가리를 안주로 먹는구나
3 내가 한가하게 지내는 것도 역시 임금님의 은혜 덕분이다

2 1 자연에 여름이 찾아오니 초당에서 할 일이 없다
2 믿음직스러운 강의 물결이 보내는 것은 바람이로구나
3 내가 시원하게 지내는 것도 역시 임금님의 은혜 덕분이다

3 1 자연에 가을이 찾아오니 고기마다 살쪄 있다
2 조그마한 배에 그물을 실어 흘러가는 대로 던져두고
3 내가 심심하지 않게 세월을 보내는 것도 역시 임금님의 은혜 덕분이다

4 1 자연에 겨울이 찾아오니 눈이 매우 깊게 쌓였구나
2 삿갓을 비스듬히 쓰고 도롱이를 옷으로 입고
3 내가 춥지 않게 지내는 것도 역시 임금님의 은혜 덕분이다

• **지문 이해**

봄❶	여름❷	가을❸	겨울❹
시냇가에서 술을 마시며 노는 한가로움	초당에서 강바람을 맞고 지내는 시원함	강가에서 배를 띄우고 노는 재미	삿갓과 도롱이로 추위를 막는 따뜻함

↓

임금의 은혜에 대한 감사

〈봄❶〉

〈여름❷〉

〈가을❸〉

〈겨울❹〉

(나)

└ 산 山 물 水 : 경치
1 이보게 이웃 사람들아 **산수구경 가자꾸나**
② 대상 및 상황 : '이웃'들에게 산수 구경을 가자고 권유하는 상황
2 산책은 오늘하고 목욕은 내일하세
3 **아침에 나물캐고 저녁에 낚시하세**
└ 칡 葛 수건 巾 : 칡베로 만든 두건
4 ⓑ 이제 막 익은 술을 갈건으로 걸러놓고
③ 태도 : 자연 속에서 술을 마시며 풍류를 즐긴다.
5 꽃나무 가지 꺾어 잔을 세면서 먹으리라
└ 온화할 和 바람 風 : 솔솔 부는 화창한 바람
6 화풍(和風)이 문득 불어 시내를 건너오니
└ 맑을 淸 향기 香 : 맑고 깨끗한 향기
7 청향(淸香)은 잔에 지고 낙홍(落紅)은 옷에 진다
└ 떨어질 落 붉을 紅 : 떨어지는 꽃잎
8 술독이 비었으면 나에게 아뢰어라
└ ① 화자 : '나'
9 아이를 시켜서 **주가(酒家)에서** 술을 사서
└ 술 酒 집 家 : 술집
10 어른은 막대 짚고 아이는 술을 메고
11 **미음완보(微吟緩步)하여** 시냇가에 혼자 앉아
└ 작을 微 읊을 吟 느릴 緩 걸음 步 : 나직이 시를 읊조리며 천천히 걸어
12 모래밭 맑은 물에 잔 씻어 술을 부어
└ 복숭아나무 桃 꽃 花 : 복숭아꽃
13 맑은 물 굽어보니 떠오는 것이 도화(桃花)로다
└ 호반 武 언덕 陵 : 무릉도원. 이상 세계
③ 태도 : 무릉도원이 가까운 곳에 있다고 생각한다.
14 무릉(武陵)이 가깝구나 저 산이 그곳인가
└ 여기서는 '무릉'
15 소나무 사이 좁은 길에 진달래 꽃을 붙들고
16 산봉우리에 급히 올라 구름에 앉아보니
② 상황 : 산봉우리에 올라 마을을 내려다보는 상황
17 수많은 마을이 곳곳에 벌여있네

18 노을빛은 비단을 펼쳐 놓은 듯
　▶ ③ 태도 :
　　아름다운 봄 경치에 감탄한다.
19 ⓒ 엊그제 검은 들판에 봄빛이 넘치는구나
　└ 功 공 이름 名 : 공을 세워서 자기의 이름을 널리 드러냄
20 **공명**도 날 꺼리고 **부귀**도 날 꺼리니
　피하고, 싫어하고　└ 부유할 富 귀할 貴 :
　　　　　　　　　　　재산이 많고 지위가 높음
　　　　　　　　　　▶ ③ 태도 : 공명과 부귀를 멀리하고
　　　　　　　　　　　자연만을 벗으로 생각한다.
21 **청풍명월(淸風明月)** 외에 어떤 **벗**이 있사올고
　맑을 淸 바람 風 밝을 明 달 月 : 맑은 바람과 밝은 달
22 **단표누항(簞瓢陋巷)**에 허튼 생각 아니하니
　밥그릇 簞 바가지 瓢 좁을 陋　└ 여기서는 '공명', '부귀'
　거리 巷 : 가난하지만 욕심　　　▶ ③ 태도 :
　없는 소박하고 깨끗한 생활　　　현재의 소박하고 즐거운
　　　　　　　　　　　　　　　삶에 만족한다.
23 아모타 백년행락(百年行樂)이 ⓐ 이만하면 어떠한가
　└ 일백 百 해 年 다닐 行 즐거울 樂 : 한평생 즐겁게 지냄
　　　완상할 賞 봄 春 가락 曲 : 봄 경치를 감상하며 즐기는 노래 ◀
　　　　　　　　　　　　　　　　　　- 정극인, 「상춘곡」-
　④ 주제 :
　봄의 경치를 즐기면서 욕심 없는 소박한 삶을 추구한다.

· 현대어 풀이

1 이봐 이웃 사람들아, 산수 구경 가자꾸나
2 산책은 오늘 하고 목욕은 내일 하세
3 아침에 나물을 캐고 저녁에 낚시를 하세
4 이제 막 익은 술을 갈건으로 걸러 놓고
5 꽃나무 가지를 꺾어 술잔을 세어 가면서 먹으리라
6 봄바람이 문득 불어 시내를 건너오니
7 맑은 향기는 잔에 스미고 붉은 꽃잎은 옷에 떨어진다
8 술독이 비었거든 나에게 알려라
9 아이를 시켜서 술집에서 술을 사서
10 어른은 막대 짚고 아이는 술독을 메고
11 시를 나직이 읊조리며 천천히 걸어 시냇가에 혼자 앉아
12 모래밭 맑은 물에 잔을 씻어 술을 부어
13 맑은 물을 굽어보니 떠내려오는 것이 복숭아꽃이로구나
14 무릉도원이 가깝구다 저 산이 **그곳**(무릉도원)인가
15 소나무 사이 좁은 길에 진달래꽃을 붙들고
16 산봉우리에 급히 올라 구름 속에 앉아 보니
17 수많은 마을이 곳곳에 펼쳐져 있네
18 노을빛은 비단을 펼쳐 놓은 듯
19 엊그제까지 검었던 (겨울의) 들판에 (이제는) 봄빛이 넘치는구나
20 공명도 날 꺼리고 부귀도 날 꺼리니 (공명과 부귀를 멀리하니)
21 맑은 바람과 밝은 달 외에 어떤 벗이 있겠는가
22 가난하지만 욕심 없는 소박하고 깨끗한 삶에 헛된 생각 (부귀, 공명) 아니하니
23 아무튼 한평생 즐겁게 지내는 것이 이만하면 충분하지 않겠는가

· 지문 이해

1~3	4~14	15~19	20~23
이웃들에게 산수 구경을 권유함	자연 속에서 술을 마시며 풍류를 즐김	산봉우리에 올라 아름다운 봄 경치에 감탄함	가난하지만 욕심 없는 삶을 추구함

(다)

1 1이번 겨울은 **소대한**(작을 小 클 大 추울 寒 : 겨울 절기에 해당하는 소한과 대한. '소한'은 1월 6일경, '대한'은 1월 20일경으로 가장 추운 때임) 추위를 모두 **천안**(충청남도 동북쪽에 있는 지역) 삼거리 마른 **능수버들**(버드나뭇과의 낙엽 활엽 교목) 아래 맞았다. 2ⓔ 일이 있어 **충청도 진천(鎭川)**(충청북도 북서쪽 끝에 있는 지역)으로 가던 날에 모두 소대한이 들었던 것이다. 3나는 **공교로이**(뜻하지 않게) **타관**(다를 他 마을 官 : 고향이 아닌 곳) 길(여기서는 천안 삼거리)에서 이런 이름 있는 날(소대한)의 추위를 떨어가며 **절기**(절기 節 날씨 氣 : 한 해를 스물넷으로 나눈, 계절의 표준이 되는 것)라는 것의 **신묘한**(신령 神 묘할 妙 : 신기하고 묘한) 것을 두고두고(여러 번) 생각하였다. 4며칠내 마치 봄날같이 땅이 **슬슬** 녹고 바람이 푹석하니(부드럽게) 불다가도 저녁결이나 밤사이 **날새**(날씨)가 갑자기 차지는가 하면 **으레이**(으레. 꼭) 다음날은 대한이 **으등등해서**(기세등등해서. 기운차고 힘차게) 왔다. 5그동안만 해도 제법 **봄비가 풋나물**(봄철에 새로 난 나무나 풀의 연한 싹으로 만든 나물) **내음새**(냄새)**를 피우며** 내리고 땅이 눅눅하니(축축하니) 밈(미음. 봄철이나 가을철에 생나무의 껍질과 나무속 사이에 생기는 물기가 많고 진득진

득한 물질)이 들고 해서 ⓔ 이제는 분명히 봄인가고 했는데 간밤 또 갑자기 바람결이 차지고 눈발이 날리고 하더니 아침은 또 쫑쫑하니(빈틈없이) 날새가 매찬데(맵찬데. 맵고 찬데) 아니나 다를까 **입춘**(봄이 시작되는 절기. 2월 4일경)이 온 것이었다. 6나는 **실상**(진실로 實 나타낼 狀 : 실제로) 해보다 달이 좋고 아침보다 저녁이 좋은 것같이 양력보다는 음력이 좋은데 생각하면 오고가는 절기며 들고 나는 **밀물**(조수의 간만으로 밀려드는 바닷물)이 우리 생활과 얼마나 신비롭게 얼키는가.

7**절기가 뜰**(바뀔) **적마다** 나는 고향의 하늘과 땅과 사람과 눈과 비와 바람과 꽃 **들**(등)을 생각하는데 자연이 시골이 아름답듯이 세월도 시골이 아름답고 사람의 생활도 절대로 시골이 아름다울 것 같다.

　▶ '나'는 타관에서 입춘을 맞이하며 절기의 신묘함을 생각한다.

(중략)

2 1이런 고향에서는 이번 입춘에도 몇 번이나 '보리 연자(제비)(봄보리를 심을 때 오는 제비) 갔다가 얼어 죽었다'는 말을 하며 입춘이 지나도 추위는 가지 않는다고 할 것인가. 2**해도**(그래도) 입춘만 넘으면 양지바른(햇볕이 잘 드는) **둔덕**(언덕)에는 머리칼풀(가느다란 풀)의 속움(싹)이 트는 것이다. 3그러기에 입춘만 들면 한겨울내(한겨울 내내) 친했던 **창애**(덫. 짐승을 꾀어서 잡는 틀)와 **설매**(썰매)와 **발구**(마소에 메워 물건을 실어 나르는 큰 썰매)며 꿩, 노루, 토끼에 멧돼지며 매, 멧새, **출출이**(뱁새) 들과 떠나는 것이 섭섭해서 **소년**(어린 시절의 '나')의 마음은 흐리던 것이다. 4높고 무섭고 쓸쓸하고 슬픈 겨울이나 그래도 가깝고 정답고 즐겁고 흥성흥성해서(흥겹고 활기차서) 좋은 겨울이 그만 입춘이 와서 가버리는 것이라고 **소년은 슬펐던 것이다.**

　▶ 소년 시절의 '나'는 정답고 즐겁던 겨울이 가는 것을 슬퍼했었다.

3 1그런 소년도 이제는 어느덧 가고(어른이 되어) 외투와 장갑과 마스크를 벗기(겨울이 가기)가 가까워서 서글픈 마음이 없듯이 겨울이 가서 **슬퍼하는 슬픔도 가버렸다.** 2입춘이 오기 전에 벌써 내 설매도 노루도 멧새도 다 가버린 것이다.

3입춘이 드는 날 나는 공일무휴(空日無休)(빌 空 날 日 없을 無 쉴 休 : 공휴일에도 쉬는 날이 없음)의 **오피스**(office. 사무실)에 지각을 하는 길에서 겨울이 가는 것을 섭섭히 여기지 못했으나 봄이 오는 것을 즐거이 여기지는 않았다. 4봄의 그 **현란한**(고울 絢 빛날 爛 : 눈부시게 찬란한) **낭만**(물결 浪 넘칠 漫 : 감미롭고 감상적인 분위기)과 **미(美)**(아름다울 美 : 아름다움) 앞에 내 육체와 정신이 얼마나 약하고 가난할 것인가. 5입춘이 와서 봄이 오면 나는 어쩐지 까닭 모를 패부(敗負)(패할 敗 질 負 : 패배)의 그 읍울(悒鬱)(답답할 悒 우울할 鬱 : 걱정스러워 마음이 답답함)을 느끼어야 할 것을 생각하면 나는 차라리 ⓑ **입춘이 없는 세월 속에 있고 싶다.**

　▶ '나'는 어른이 되어 어린 시절의 감정을 느끼지 못하는 것이 안타깝다.

- 백석, 「입춘」-

· 중심 내용
'나'는 입춘을 맞이하며 겨울이 가는 것을 슬퍼했던 소년 시절을 떠올리며 어른이 된 후로 그때의 감정을 느끼지 못하는 것을 안타까워한다.

◀ 창애((다) ❷-3)

(가) ~ (다)에 대한 설명으로 가장 적절한 것은?

선지	핵심 체크 내용	(가)	(나)	(다)
①	상승과 하강의 이미지 → 주제 강조	X	-	-
②	청유형 어미 반복	-	O	-
②	청자가 경계해야 할 삶의 모습 제시		X	
③	소재의 나열 → 과거에 느꼈던 계절 변화에 대한 인식 제시	-	-	O
④	대상에 감정 이입 → 화자의 심리적 변화를 간접적으로 드러냄	X	X	-
⑤	공간의 대비	-	X	X
⑤	화자가 지향하는 삶의 태도 부각		O	

① (가)는 *상승과 하강의 이미지를 활용하여 주제를 강조하고 있다.
* 위로 올라가는 느낌의 이미지와 아래로 내려가는 느낌의 이미지

풀이 (가)에는 상승과 하강의 이미지가 나타나지 않는다.

→ 적절하지 않음!

■상승과 하강의 이미지를 활용하여 주제를 강조하는 작품
• 김춘수, 「분수」 (2021년 고1 11월 학평)
떨어져서 부서진 무수한 네(분수)가/ 왜 이런/ 선연한(뚜렷한) 무지개로/ 다시 솟아야만 하는가,
→ 분수의 물이 떨어지는 하강 이미지와 무지개가 되어 솟는 상승 이미지를 활용하여 '현실적 한계를 극복하기 위해 끊임없이 도전하는 삶의 태도'라는 주제를 강조하고 있다.

② (나)는 *청유형 어미를 반복하여 청자가 경계해야 할 삶의 모습을 제시하고 있다.
* '–자', '–자꾸나', '–세', '–읍시다' 등으로, 화자가 청자에게 같이 행동할 것을 요청하는 뜻을 나타내는 어미

근거 (나)-1~3 이보게 이웃 사람들아 산수구경 가자꾸나/ 산책은 오늘하고 목욕은 내일하세/ 아침에 나물캐고 저녁에 낚시하세

풀이 (나)는 '–꾸나', '–세' 등의 청유형 어미를 반복하여 청자인 이웃 사람들에게 산수 구경을 권유하고 있을 뿐, 청자가 경계해야 할 삶의 모습을 제시하고 있지 않다.

→ 적절하지 않음!

■청유형 어미를 통해 청자가 경계해야 할 삶의 모습을 제시하는 작품
• 주세붕, 「*오륜가」 (2018학년도 6월 모평) * 유교 사상에 바탕을 둔 인간의 5가지 덕목에 대한 노래
종(신하를 의미)과 주인(임금을 의미)과를 뉘라셔(누가) 삼기신고(만들었는가)/ 벌과 개미가 이 뜻(주인을 섬기는 뜻)을 몬져(먼저) 아니/ 한 마음(마음)애 두 뜻 업시 속이지나 마옵사이다
→ 청유의 뜻을 나타내는 '–사이다'를 사용하여 청자인 '신하'에게 반역할 마음을 품고 임금을 속이는 태도를 경계하고 있다.

③ (다)는 소재의 나열을 통해 글쓴이가 과거에 느꼈던 계절 변화에 대한 인식을 드러내고 있다.
근거 (다) ❷-3 입춘만 들면 한겨울내 친했던 창애와 설매와 발구며 꿩, 노루, 토끼에 멧돼지며 매, 멧새, 출이 들과 떠나는 것이 섭섭해서 소년의 마음은 흐리었던 것이다.
풀이 (다)에서 글쓴이는 소년 시절의 겨울 내내 친했던 '창애', '설매', '발구', '꿩', '노루', '토끼', '멧돼지', '매', '멧새', '출이' 등을 나열하며 입춘이 되면 이들이 떠나는 것이 섭섭했다고 하였다. 따라서 소재의 나열을 통해 글쓴이가 과거에 느꼈던 계절 변화에 대한 인식을 드러내고 있다고 볼 수 있다.

→ 적절함!

④ (가)와 (나)는 모두 *대상에 감정을 이입하여 화자의 심리적 변화를 간접적으로 드러내고 있다. * 자신이 느끼는 감정을 다른 사물도 느끼는 것처럼 표현하여
풀이 (가)와 (나) 모두 대상에 감정을 이입하지도, 화자의 심리적 변화를 드러내고 있지도 않다.

→ 적절하지 않음!

■감정 이입
시에서 말하는 사람의 감정을 다른 사물이 느끼는 것으로 표현하는 문학 기법이다.
• 윤선도, 「견회요」 (2012학년도 6월 모평)
추성(유배지) 진호루 밖에 울어 예는 저 시내야
(추성의 진호루 밖에서 울면서 흐르는 저 시내야)
→ '임'(임금)을 향한 충성스러운 마음을 '임'이 알아주지 않아 슬퍼하는 화자의 감정을 '시내'에 이입하고 있다.

↱ (나)만 해당
⑤ (나)와 (다)는 모두 공간의 *대비를 통해 화자가 지향하는 삶의 태도를 부각하고 있다.
* 차이를 맞대어 비교함

근거 (나)-20~23 공명도 날 꺼리고 부귀도 날 꺼리니/ 청풍명월 외에 어떤 벗이 있사올고/ 단표누항에 허튼 생각 아니하니/ 아모타 백년행락이 이만하면 어떠한가
풀이 (나)에서 화자는 '공명'과 '부귀'와 같은 세속적 가치를 멀리하고 자연 속에서 살아가는 소박하고 청빈한 삶을 지향하고 있다. 하지만 (나)에 공간의 대비는 나타나 있지 않다. (다)에는 공간의 대비도, 화자가 지향하는 삶의 태도도 드러나 있지 않다.

→ 적절하지 않음!

■공간의 대비를 통해 화자가 지향하는 삶의 태도를 부각하는 작품
• 이현보, 「어부단가」 (2023학년도 9월 학평)
이 중에 시름없으니 어부의 생애로다/ 일엽편주(한 척의 조그마한 배)를 만경파(한없이 넓은 바다)에 띄워 두고/ 인세(인간 세상. 속세)를 다 잊었거니 날 가는 줄을 아는가
→ 만경파(자연)와 인세(속세)를 대비하여 자연에 묻혀 살아가는 삶을 지향하는 화자의 태도를 부각하고 있다.

㉠ ~ ㉤에 대한 설명으로 적절하지 않은 것은?

① ㉠ : 여름날 한가한 초당의 모습이 드러나 있다.
근거 (가) ❷-1 ㉠ 강호에 여름이 드니 초당에 일이 없다
풀이 초당에 일이 없다는 것을 통해 여름날 한가한 초당의 모습을 확인할 수 있다.

→ 적절함!

② ㉡ : 자연과 *동화되고 싶은 화자의 바람이 드러나 있다. * 하나가 되고
근거 (나)-4 ㉡ 이제 막 익은 술을 갈건으로 걸러놓고
풀이 ㉡은 술을 마시기 위해 갈건으로 술을 걸러 놓았다는 것으로 자연에서 풍류를 즐기는 화자의 모습을 드러내고 있다. 따라서 ㉡에 자연과 동화되고 싶은 화자의 바람이 드러난다고 보기 어렵다.

→ 적절하지 않음!

③ ㉢ : 변화된 들판을 보며 감탄하는 화자의 모습이 드러나 있다.
근거 (나)-19 ㉢ 엊그제 검은 들판에 봄빛이 넘치는구나
풀이 ㉢에는 검었던 겨울 들판에 봄빛이 넘치는 것을 보고 감탄하는 화자의 모습이 드러나 있다.

→ 적절함!

④ ㉣ : *타지에서 소대한을 맞이한 글쓴이의 상황이 드러나 있다. * 다른 지역
근거 (다) ❶-2~3 ㉣ 일이 있어 충청도 진천으로 가던 날에 모두 소대한이 들었던 것이다. 나는 공교로이 타관 길에서 이런 이름 있는 날의 추위를 떨어가며 절기라는 것의 신묘한 것을 두고두고 생각하였다.
풀이 ㉣에는 일이 있어 타관인 충청도 진천에서 소대한을 맞이한 글쓴이의 상황이 드러나 있다.

→ 적절함!

⑤ ㉤ : 절기가 신묘하다고 생각하게 된 글쓴이의 경험이 드러나 있다.
근거 (다) ❶-5~6 제법 봄비가 풋나물 내음새를 피우며 내리고 땅이 눅눅하니 밈이 들고 해서 ㉤ 이제는 분명히 봄인가고 했는데 간밤 또 갑자기 바람결이 차지고 눈발이 날리고 하더니 아침은 또 쫑쫑하니 날새가 매찬데 아니나 다를까 입춘이 온 것이었다. ~ 생각하면 오고가는 절기며 들고 나는 밀물이 우리 생활과 얼마나 신비롭게 얼키었는가.
풀이 ㉤에는 봄비가 내려 봄이 오나 싶었는데 날씨가 갑자기 추워지고 입춘이 오는 것을 보면서 절기가 신묘하다고 생각하게 된 글쓴이의 경험이 드러나 있다.

→ 적절함!

034 | 감상의 적절성 - 적절하지 않은 것 고르기 2024년 6월 학평 37번
정답률 85% | 정답 ⑤

〈보기〉를 참고하여 (가), (나)를 감상한 내용으로 적절하지 않은 것은? `3점`

| 보기 |
[1] 시조나 가사 중에는 자연을 **이상적인**(다스릴 理 원할 想 ∼의 的 : 완전한, 완벽한) 공간으로 표현하는 작품들이 있다. [2] 이런 작품에서 화자는 자연을 즐기며 자연과의 친밀감을 표현한다. [3] 또한 자연 속 **소박한**(평소 素 소박할 朴 : 꾸밈이나 거짓이 없고 수수한) 삶의 모습을 보여 주는데, 이러한 삶이 임금의 은혜임을 표현하기도 한다.

① (가)에는 가을의 풍요로움 속에서 '소일하는 것'이 임금의 은혜 덕분이라는 생각이 드러나 있군.

`근거` 〈보기〉-3 이러한 삶이 임금의 은혜임을 표현하기도 한다.

(가)-❸ 강호에 가을이 드니 고기마다 살져 있다/ 조그마한 배에 그물 실어 흐르게 던져두고/ 이 몸이 **소일하는 것**도 역시 임금의 은혜로다

`풀이` (가)에는 고기마다 살이 오른 가을의 풍요로움 속에서 느긋하게 고기를 잡으며 '소일하는 것'이 임금의 은혜 덕분이라는 생각이 드러난다.

→ 적절함!

② (나)에는 '청풍명월'을 '벗'이라고 말하는 것에서 자연과의 친밀감이 드러나 있군.

`근거` 〈보기〉-2 화자는 ∼ 자연과의 친밀감을 표현한다.

(나)-21 청풍명월 외에 어떤 **벗**이 있사올고

`풀이` (나)에는 '청풍명월'만이 자신의 '벗'이라고 표현한 것에서 자연과의 친밀감이 드러나 있다.

→ 적절함!

③ (가)에는 봄에 '미친 흥이 절로' 난다는 것에서, (나)에는 '산수구경 가자'라고 제안하는 것에서 자연을 즐기려는 모습이 드러나 있군.

`근거` 〈보기〉-2 화자는 자연을 즐기며

(가)-❶-1 강호에 봄이 드니 **미친 흥이 절로** 난다

(나)-1 이보게 이웃 사람들아 **산수구경 가자**꾸나

`풀이` (가)에는 강호에 봄이 찾아오니 '미친 흥이 절로' 난다고 한 것에서, (나)에는 이웃들에게 함께 '산수구경 가자'라고 제안하는 것에서 자연을 즐기려는 모습이 드러나 있다.

→ 적절함!

④ (가)에는 추운 겨울에 '도롱이로 옷을 삼아' 입는 모습에서, (나)에는 '아침에 나물 캐고 저녁에 낚시하'는 모습에서 소박한 삶이 드러나 있군.

`근거` 〈보기〉-3 자연 속 소박한 삶의 모습을 보여 주는데,

(가)-❹-1∼2 강호에 겨울이 드니 눈 깊이 자가 넘다/ 삿갓 비껴쓰고 **도롱이로 옷을 삼아**

(나)-3 아침에 나물캐고 저녁에 낚시하세

`풀이` (가)에는 겨울을 보내기 위해 농민들이 입던 비옷인 '도롱이로 옷을 삼아' 입는 모습에서, (나)에는 '아침에 나물캐고 저녁에 낚시하'는 모습에서 욕심 없는 소박한 삶의 모습이 드러나 있다.

→ 적절함!

⑤ (가)에는 여름의 '미더운 강 물결'을 바라보는 모습에서, (나)에는 '공명'과 '부귀'도 자신을 꺼린다는 것에서 **이상적인 공간으로 가고 싶어 하는 마음**이 드러나 있군.

`근거` 〈보기〉-1 시조나 가사 중에는 자연을 이상적인 공간으로 표현하는 작품들이 있다.

(가)-❷ 강호에 여름이 드니 초당에 일이 없다/ **미더운 강 물결**이 보내는 것은 바람이로다/ 이 몸이 서늘한 것도 역시 임금의 은혜로다

(나)-20 **공명**도 날 꺼리고 **부귀**도 날 꺼리니

`풀이` (가)에서 화자는 여름에 시원한 바람을 보내는 '미더운 강 물결'을 바라보며 현재의 삶에 만족하고 있으므로 이상적인 공간으로 가고 싶어 하는 마음이 드러나 있다고 보기 어렵다. (나)에서 '공명'과 '부귀'가 자신을 꺼린다는 것은 세속적 가치를 멀리하는 화자의 태도가 드러난 것이지 이상적인 공간으로 가고 싶어 하는 마음이 드러난 것은 아니다.

→ 적절하지 않음!

035 | 감상의 적절성 - 적절하지 않은 것 고르기 2024년 6월 학평 38번
정답률 80% | 정답 ③

〈보기〉를 바탕으로 (다)를 이해한 내용으로 적절하지 않은 것은?

| 보기 |
[1] 「입춘」은 절기의 변화에 따른 다양한 생각들을 형식에 **구애받지**(잡힐 拘 거리낄 礙 : 얽매이지) 않고 자유롭게 쓴 작품이다. [2] 글쓴이는 감각적 표현을 통해 절기의 모습을 드러내고 있으며, **음성 상징어**(소리를 흉내 낸 의성어와 모양을 흉내 낸 의태어)를 활용하여 절기의 변화를 생생하게 나타내고 있다. [3] 또한 자신을 **객관화하여**(자신을 제3자의 입장에서 보며) 어린 시절에 느꼈던 감정을 표현하기도 하고, 어른이 되어 어린 시절에 느꼈던 감정을 느끼지 못하는 것에 대한 안타까움을 드러내기도 한다.

① '슬슬', '으등등'과 같이 음성 상징어를 활용하여 절기의 변화를 생생하게 표현하고 있다.

`근거` 〈보기〉-2 음성 상징어를 활용하여 절기의 변화를 생생하게 나타내고 있다.

(다)-❶-4 며칠내 마치 봄날같이 땅이 **슬슬** 녹고 바람이 푹석하니 불다가도 저녁결에나 밤사이 날새가 갑자기 차지는가 하면 으레이 다음날은 대한이 **으등등**해서 왔다.

`풀이` (다)는 '모르는 사이에 스르르 녹아 버리는 모양'을 나타내는 의태어 '슬슬'과 '기세가 매우 높고 힘찬 모양'을 나타내는 의태어 '으등등'을 사용하여 겨울에서 봄이 되는 절기의 변화를 생생하게 표현하고 있다.

→ 적절함!

② '봄비가 풋나물 내음새를 피우며'를 통해 봄의 모습을 감각적으로 표현하고 있다.

`근거` 〈보기〉-2 글쓴이는 감각적 표현을 통해 절기의 모습을 드러내고 있으며,

(다)-❶-5∼6 제법 **봄비**(시각적 이미지)가 풋나물 내음새를 피우며(후각적 이미지)

`풀이` '봄비가 풋나물 내음새를 피우며'를 통해 봄의 모습을 시각적 이미지와 후각적 이미지를 사용하여 감각적으로 표현하고 있다.

→ 적절함!

③ '절기가 뜰 적마다' 고향을 생각하는 모습을 통해 절기의 변화에 따라 고향에 대한 생각이 바뀌는 것을 표현하고 있다.

`근거` (다)-❶-7 **절기가 뜰 적마다** 나는 고향의 하늘과 땅과 사람과 눈과 비와 바람과 꽃들을 생각하는데 자연이 시골이 아름답듯이 세월도 시골이 아름답고 사람의 생활도 절대로 시골이 아름다울 것 같다.

`풀이` 글쓴이는 '절기가 뜰 적마다' 고향의 모습을 생각한다고 하였다. 절기의 변화에 따라 고향에 대한 글쓴이의 생각이 바뀌고 있지는 않다.

→ 적절하지 않음!

④ '소년은 슬펐던 것이다'와 같이 자신을 객관화하여 어린 시절에 느꼈던 감정을 표현하고 있다.

`근거` 〈보기〉-3 자신을 객관화하여 어린 시절에 느꼈던 감정을 표현하기도 하고,

(다)-❷-4 높고 무섭고 쓸쓸하고 슬픈 겨울이나 그래도 가깝고 정답고 즐겁고 흥성흥성해서 좋은 겨울이 그만 입춘이 와서 가버리는 것이라고 **소년은 슬펐던 것이다**.

`풀이` '소년은 슬펐던 것이다'는 어린 시절의 자신을 '나'가 아닌 '소년'이라고 객관화하여 어린 시절에 느꼈던 감정, 즉 겨울이 가는 슬픔을 표현한 것이다.

→ 적절함!

⑤ '슬퍼하는 슬픔도 가버렸다'를 통해 어린 시절의 감정을 느낄 수 없게 된 안타까움을 표현하고 있다.

`근거` 〈보기〉-3 어른이 되어 어린 시절에 느꼈던 감정을 느끼지 못하는 것에 대한 안타까움을 드러내기도 한다.

(다)-❸-1 그런 소년도 이제는 어느덧 가고 외투와 장갑과 마스크를 벗기가 가까워서 서글픈 마음이 없듯이 겨울이 가서 **슬퍼하는 슬픔도 가버렸다**.

`풀이` 어린 시절에는 겨울이 가는 것이 슬펐지만 어른이 되어 '슬퍼하는 슬픔도 가버렸다'라고 표현한 것을 통해 어린 시절의 감정을 느낄 수 없게 된 안타까움을 드러내고 있다.

→ 적절함!

III

갈래 복합

036 구절의 의미 - 적절한 것 고르기 2024년 6월 학평 39번
정답률 85%   정답 ④

ⓐ와 ⓑ에 대한 이해로 가장 적절한 것은?

(나)-23 아모타 백년행락이 ⓐ 이만하면 어떠한가
(다) ❸-5 입춘이 와서 봄이 오면 나는 어쩐지 까닭 모를 패부의 그 읍울을 느끼어야 할 것을 생각하면 나는 차라리 ⓑ 입춘이 없는 세월 속에 있고 싶다.

① ⓐ에는 과거에 대한 화자의 *동경이, ⓑ에는 미래에 대한 글쓴이의 소망이 드러나 있다. * 간절히 그리워하여 그것만을 생각함
　풀이 ⓐ에는 현재 상황에 대해 만족하는 화자의 태도가 드러날 뿐, 과거에 대한 동경이 드러나지는 않는다. ⓑ에는 봄이 오지 않기를 바라는 글쓴이의 심정이 드러날 뿐, 미래에 대한 소망은 드러나지 않는다.
　→ 적절하지 않음!

② ⓐ에는 화자 자신의 행위에 대한 아쉬움이, ⓑ에는 대상에 대한 글쓴이의 거부감이 드러나 있다.　만족감
　풀이 ⓑ에는 패부의 읍울을 느끼게 하는 입춘에 대한 글쓴이의 거부감이 드러나 있다고 볼 수 있다. 그러나 ⓐ에는 봄을 즐기는 자신의 행위에 대한 만족감이 드러날 뿐, 아쉬움은 드러나지 않는다.
　→ 적절하지 않음!

③ ⓐ에는 대상의 *부재로 인한 화자의 외로움이, ⓑ에는 대상을 맞이하는 글쓴이의 즐거움이 드러나 있다. * 곁에 없음
　풀이 ⓐ에는 대상의 부재로 인한 화자의 외로움이 나타나지 않으며, ⓑ에서 글쓴이는 입춘이 오지 않기를 바라므로 대상을 맞이하는 즐거움이 드러난다고 보기 어렵다.
　→ 적절하지 않음!

④ ⓐ에는 현재 상황에 대한 화자의 만족감이, ⓑ에는 현재 상황에 대한 글쓴이의 답답함이 드러나 있다.
　풀이 ⓐ에는 '이만하면 충분하다'라는 의미로 자연 속에서 살아가는 현재 상황에 대한 화자의 만족감이 드러나 있다고 볼 수 있다. ⓑ에는 봄이 와서 까닭 모를 패부의 읍울을 느껴야 하는 현재 상황에 대한 글쓴이의 답답함이 드러나 있다고 볼 수 있다.
　→ 적절함!

⑤ ⓐ에는 자신이 결정할 수 없는 것에 대한 화자의 절망이, ⓑ에는 자신이 결정한 것에 대한 글쓴이의 후회가 드러나 있다.
　풀이 ⓐ에 자신이 결정할 수 없는 것에 대한 화자의 절망이 드러나지 않으며, ⓑ에 자신이 결정한 것에 대한 글쓴이의 후회가 드러나지 않는다.
　→ 적절하지 않음!

1등급 문제

037 시상 전개 방식 - 적절한 것 고르기 고3 | 2016학년도 수능A 41번
정답률 55%, 매력적 오답 ④ 40%   정답 ②

<보기>는 (가)의 글쓴이가 창작을 위해 세운 계획을 *가상적으로 구성한 것이다. (가)에 공통적으로 **반영된 것만을 있는 대로 고른 것은?
* 상상하여 만들어 본 ** 나타난

| 보기 |

ㄱ. 각 수 *초장의 **전반부에는 계절적 배경을 제시하며 ***시상의 단서를 드러내야겠군. * 시조의 첫 번째 행 ** 앞쪽 부분 *** 시의 내용을 펼쳐 나가는 실마리
　근거 (가) ❶-1 강호에 봄이 드니// ❷-1 강호에 여름이 드니// ❸-1 강호에 가을이 드니// ❹-1 강호에 겨울이 드니
　풀이 각 수는 모두 초장의 전반부에 '봄', '여름', '가을', '겨울'이라는 계절적 배경을 제시하며 시상의 단서를 드러내고 있다.
　→ 적절함!

ㄴ. 각 수 초장의 *후반부에서는 **내면적 감흥을 ***구체적 사물을 통해 표현해야겠군. * 뒤쪽 부분 ** 마음속에서 감동받아 일어난 흥 *** 일정한 형태를 갖춘
　근거 (가) ❶-1 미친 흥이 절로 난다// ❷-1 초당에 일이 없다// ❸-1 고기마다 살져 있다// ❹-1 눈 깊이 자가 넘다
　풀이 ❷ ~ ❹는 각각 '초당', '고기', '눈' 등 구체적 사물을 통해 내면적 감흥을 표현하였다고 볼 수 있지만, ❶은 내면적 감흥을 사물을 통해 표현하지 않고 '미친

흥'이라고 직접 드러내고 있다.
　→ 적절하지 않음!

❶ ~ ❸만 해당
ㄷ. 각 수 *중장에서는 주변의 자연 **풍광을 ***묘사하여 내가 즐기고 있는 삶의 모습을 제시해야겠군. * 시조의 두 번째 · 가운데 행 ** 경치 *** 그림 그리듯이 나타내어
　근거 (가) ❶-2 시냇가 막걸리에 쏘가리 안주로다// ❷-2 미더운 강 물결이 보내는 것은 바람이로다// ❸-2 조그마한 배에 그물 실어 흐르게 던져두고// ❹-2 삿갓 비껴쓰고 도롱이로 옷을 삼아
　풀이 ❶ ~ ❸은 냇가에서 물고기를 안주로 술을 마시는 모습과, 바람이 부는 강가, 그물을 던져 놓은 배가 떠 있는 주변의 자연 풍광을 묘사하였다. 하지만 ❹는 자연의 풍광을 묘사하지 않고, 대신 '삿갓'과 '도롱이'를 쓴 자신의 모습을 드러내고 있다.
　→ 적절하지 않음!

ㄹ. 각 수 *종장에는 **동일한 시구를 배치하여 전체적 통일성을 확보해야겠군. * 시조의 마지막 행 ** 똑같은 말을 사용하여 시 전체가 하나로 느껴지도록 해야겠군
　근거 (가) ❶, ❷, ❸, ❹-3 역시 임금의 은혜로다
　풀이 각 수는 모두 종장의 마지막에 '역시 임금의 은혜로다'라는 동일한 시구를 배치하여 전체적 통일성을 확보하고 있다.
　→ 적절함!

① ㄱ, ㄴ　　　② ㄱ, ㄹ　　　③ ㄴ, ㄷ
　　　　　→ 적절함!
④ ㄱ, ㄷ, ㄹ　　　⑤ ㄴ, ㄷ, ㄹ

작품 이해 단계 ① 화자 ② 상황 및 대상 ③ 정서 및 태도 ④ 주제

(가)

1 산 너머 저 부자님 곡식 두고 자랑마오

2 입고 벗고 먹고 굶기 그 무엇이 관계(關係)한가

　　과거 科 제출할 擧 : 예전에, 우리나라의 관리 채용 시험
3 부세(浮世)에 좋은 영광 과거(科擧)밖에 또 있는가　──③ 태도 : 과거에 합격하는 것만이 영광스러운 일이라고 생각한다.
　　뜰 浮 세상 世 : 덧없는 세상
4 하물며 모인 사람 한결같이 하는 말이

▶5행 : '모인 사람'의 말
　　먹을 喫 입을 着 : 먹을 것과 입을 것
5 일 년에 대소과(大小科)는 평생 끽착(喫着) 못 다 하리
　　클 大 작을 小 과거 科 : 대과(문관을 뽑는 문과와 무관을 뽑는 무과)와 소과(생원과 진사를 뽑는 과거)
6 규중(閨中)에 어리석은 부녀(婦女) 그 말을 믿었더니
　　규방 閨 가운데 中 : 부녀자가 거처하는 곳　　여자 婦 여자 女 : 부녀자. 여기서는 화자 자신
7 벼슬길에 못 올라서 귀향은 무슨 일인가
8 지은 죄 없건마는 노하시니 천은(天恩)일세　──② 상황 : 남편의 출세가 좌절된 상황
　　하늘 天 은혜 恩 : 하늘 또는 임금의 은혜
9 머나먼 변방 길에 가네 오네 빚이로다
　　변방 邊 장소 方 : 나라의 경계가 되는 변두리의 땅
10 팔고 남은 적은 밭을 또 한 자리 판단 말인가
　　힘 力 농사 農 : 힘써 농사를 지음
11 이제는 남은 전지(田地) 역농(力農)이나 하자 하니　──③ 태도 : 남은 논밭에 농사를 짓고자 하나 '임'을 설득하기가 어렵다.
　　밭 田 땅 地 : 논밭
12 어릴 때 엇나간 임을 내 어이 길들이리
　　① 화자 : '나'
　　② 대상 : '임(남편)'
　　　　　　(중략)

13 아무 마을 아무 댁은 자기 가장(家長) 자랑 말이
　　부인　　집 家 어른 長 : 남편

▶14~19행 : '아무 마을 아무 댁'의 자기 가장 자랑 말

14 아기 때 스승 따라 천자문과 유합(類合)을 배우더니
　　조선 성종 때에, 서거정이 지은 한문 학습서
　　일천 千 글자 字 책 文 : 한문 학습 입문서
15 가난에 놀랐는지 책을 묶어 시렁에 얹고
　　물건을 얹어 놓기 위하여 방이나 마루 벽에 두 개의 긴 나무를 가로질러 선반처럼 만든 것
16 괭이 메고 호미 쥐어 논 매고 밭을 가꿔
　　땅을 파거나 흙을 고르는 데 쓰는 농기구

17 여름에 수고하여 가을에 타작하니
　└→ 칠 打 농사 作 : 곡식의 이삭을 떨어서 낟알을 거두니
18 집안 식구 배 불리고 환곡 세금 걱정없네
　└→ 조선 시대에, 곡식을 백성들에게 꾸어 주고 이자를 붙여
　　　거두던 일 또는 그 곡식
19 이 아니 신선인가 과거(科擧)하여 무엇하리
20 나도 ㉠ 그 말 들어 갑자기 깨달으니
　└→ 아무 마을 아무 댁의 자기 가장 자랑 말
21 글공부 하던 허비(虛費) 과거 보던 이 비용을
　└→ 헛될 虛 쓸 費 : 헛되이 쓴 비용
22 다 두어 전지(田地)사고 부경부엽(夫耕婦饁)하였다면
　└→ 지아비 夫 밭갈 耕 아내 婦 들밥 내갈 饁 :
　　　남편은 밭을 갈고, 아내는 점심을 내감
23 저 부인 저 남편을 설마한들 못 미치겠는가
24 부질없는 이 말씀을 (남편에게) 시원히 하자한들
25 있느니 없는 말씀 들으시기 싫으신지
26 마루 위 문 안으로 (나를) 들이시지 않으시니
27 초당의 손님 가고 고요히 계실 때에
　└→ 풀 草 집 堂 : 작은 초가집
28 손자딸 옆에 끼고 부엌 웃문(門)을 여니
　└→ 손녀딸　└→ 친구
29 천황씨(天皇氏) 벗님 가장(家長) 찬 장판 위에 앉아
　└→ 하늘 天 임금 皇 성 氏 : 중국 고대 전설상의 제왕
30 무슨 사업(事業) 또 하시려 책장을 펴 씨름 하네
　└→ 일 事 업 業 : 일　└→ 힘을 쏟네
31 문 밖에 권농차사(勸農差使) (남편이) 문관이라 두려웠는지
　└→ 문과 출신의 벼슬아치
　└→ 권할 勸 농사 農 부릴 差 부릴 使 : 조선 시대에 농사를 장려하던 직책

▶ 32행 : '권농차사'의 말

32 차지(次知)는 두고 가오 내일 부디 바치소서
　└→ 매길 次 나타낼 知 : 세금 통지서
33 그는 좋게 마감하나 저 아이 소리 듣소
　└→ 권농차사　└→ 손자딸　└→ 불평하는 소리
34 어제 아침 먹은 후에 다시 입을 못 데우니
　└→ 아무것도 먹지 못하니
35 분별없는 제 마음에 (먹을 것을) 두고 아니 주는 듯이
　└→ 철없는　└→ 손자딸의
36 저런 일 생각하니 그 누구 탓이 된다 하리 ─→ ③정서 : 줄곧 굶고 있는 '손자딸'의
　　　　　소리를 들으며 남편을 원망한다.
37 (임이) 책 덮고 돌아앉아 나에게 하는 말씀

▶ 38~46행 : '임(남편)'의 말

38 인황씨(人皇氏) 몇 대 손자 수인씨(燧人氏) 되었던지
　└→ 사람 人 임금 皇 성 氏 :　└→ 부싯돌 燧 사람 人 성 氏 : 중국 전설상의 황제로 불을
　　　중국 고대 전설에 나오는　　　쓰는 법과 음식물을 조리하는 법을 전하였다고 함
　　　세 명의 임금 중 하나
39 절로 맺은 나무 열매 먹고 좋게 살던 것을　└→ 가르칠 敎 사람 人 불 火 음식 食 :
　└→ 저절로　　　　　불로 음식을 조리하는 방법을 가르침
40 수인씨(燧人氏) 다사(多事)하여 교인화식(敎人火食)하였구나
　└→ 많을 多 일 事 : 쓸데없는 일에 간섭을 잘하여
41 우리 부부 굶는 일은 그 탓이 수인씨(燧人氏)요
42 구만리 높은 위에 옥황상제 앉아 계셔　─→ ③태도 : 부귀 빈천은 옥황상제가
　　　　　정한 운명이라고 생각한다.
43 천하 사람 부귀 빈천 마련하여 주었으니
　└→ 부유할 富 귀할 貴 가난할 貧 천할 賤 :
　　　재산이 많고 지위가 높은 것과 가난하고 천한 것
44 굶는 탓 물으련들 어이하여 올라가리
45 탓 물어 무엇하리 하늘만 기다리오　└→ 없을 無 녹봉 祿 사람 人 : 녹봉이 없던 벼슬아치.
　　　여기서는 먹고살 능력이 전혀 없는 사람
46 구태여 저 상제님이 무록인(無祿人)을 내었을까
　└→ 옥황상제　└→ 없을 無 이익 益 : 쓸데없다
47 나도 ㉡ 이 말 듣고 말하여 무익하오
　└→ 임(남편)의 말
48 문 닫고 돌이켜 생각하니 오냐 어이하리　─→ ③태도 :
　　　남편에 대한 설득을 단념하고
　　　현실을 수용한다.
49 세상에 굶고 벗고 글 하다가
50 과거(科擧)도 못한 사람 많으니라　└→ 늙을 老 아내 婦 탄식할 歎 :
　　　늙은 아내의 탄식
　　　　　－ 순천 김 씨, '노부탄(老婦歎)' －

④주제 :
'나'는 가난을 벗어나고자 하나 무능한 남편을 설득하지 못하고 체념한다.

• **현대어 풀이**

1 산 너머에 사는 저 부자님, 곡식을 두고 자랑하지 마시오
2 (옷을) 입고 벗고 (음식을) 먹고 굶기 그 무엇에 관계하겠는가
3 덧없는 인생에 좋은 영광은 과거 시험밖에 또 있는가
4 하물며 모인 사람들이 한결같이 하는 말이
5 "일 년 동안 대과와 소과에 합격하면 평생 먹고 입는 것을 다 못하겠는가."
6 규방에 있는 어리석은 부녀자(화자 자신)가 그 말(사람들의 말)을 믿었더니

7 벼슬길에 못 오르고 고향에 돌아오는 것(혹은 귀양살이하는 것)은 무슨 일인가
8 지은 죄가 없지마는 노하시니 하늘(임금)의 은혜일세
9 머나먼 변방 길에 가느라 오느라 빚이로다
10 팔고 남은 적은 밭을 또 한 자리 팔아야 한다는 말인가
11 이제는 남은 논밭에 힘써 농사나 짓자 하니
12 어릴 때 엇나간 임(남편)을 내가 어찌 길들이리

(중략)

13 아무 마을 아무 댁은 자기 남편을 자랑하여 하는 말이
14 "아기 때 스승을 따라 천자문과 유합을 배우더니
15 가난에 놀랐는지 책을 묶어 시렁에 얹고
16 괭이 메고 호미 쥐어 논을 매고 밭을 가꿔
17 여름에 수고하여 가을에 타작하니
18 집안 식구 배부르게 하고 환곡 세금 걱정 없네
19 이것이 신선이 아닌가 과거 급제해서 무엇 하겠는가."
20 나도 그 말 들어 갑자기 깨달으니
21 글공부를 하며 헛되이 쓴 비용 과거 보던 이 비용을
22 다 두어 논밭을 사고 남편은 밭을 갈고 아내('나')는 점심을 내갔다면
23 저 부인과 저 남편('아무 마을 아무 댁'과 그녀의 남편)을 설마한들 못 미치겠는가
24 부질없는 이 말씀을 (남편에게) 시원히 하자 한들
25 있으나 마나 한 말씀 들으시기 싫으신지
26 마루 위 문 안으로 (나를) 들이시지 않으시니
27 초당의 손님 가고 고요히 계실 때에
28 손녀딸을 옆에 끼고 부엌 윗문을 여니
29 천황씨의 벗님 같은 남편이 차가운 장판 위에 앉아
30 무슨 일을 또 하시려고 책장을 펴 씨름을 하네
31 문밖에 권농차사는 (남편이) 문관이라 두려웠는지
32 "세금 통지서는 두고 가오 내일 부디 바치소서."
33 그(권농차사)는 좋게 마감하나 저 아이(손자딸) 소리 듣소
34 어제 아침 먹은 후에 다시 입을 못 데우니(아무것도 먹지 못하고 있으니)
35 철없는 아이의 마음에 (먹을 것을) 두고도 아니 주는 듯이
36 저런 일을 생각하니 그 누구 탓이 된다 하겠는가
37 책 덮고 돌아앉아 (남편이) 나에게 하는 말씀
38 "인황씨의 몇 대 손자가 수인씨가 되었던지
39 저절로 맺은 나무 열매 먹고 좋게 살던 것을
40 수인씨가 쓸데없이 간섭을 잘하여 불로 음식을 조리하는 방법을 가르쳤구나
41 우리 부부 굶는 일은 그 탓이 수인씨요
42 구만리 높은 위에 옥황상제가 앉아 계셔
43 온 세상 사람에게 부귀와 빈천을 마련하여 주었으니
44 굶는 탓을 (옥황상제에게) 물으련들 어이하여 (구만리 높은 위까지) 올라가리
45 (굶는) 탓을 물어 무엇하리 하늘만 기다리오
46 구태여 저 옥황상제님이 녹봉이 없던 벼슬아치(먹고살 능력이 없는 사람)를 내었을까."
47 나도 (남편의) 이 말을 듣고 말해도 소용없구나
48 문 닫고 돌이켜 생각하니 오냐 어찌하리
49 세상에 굶고 벗고 글공부 하다가
50 과거 급제도 못한 사람이 많으니라

• **귀향? 귀양?** ((가)-7)

7행의 '귀향(고향으로 돌아감)'은 다음과 같은 근거로 '귀양(유배)'으로 볼 수도 있다.
근거 ① 이어지는 구절의 내용 고려 ('지은 죄 없건마는 노하시니 천은일세', '머나먼 변방
　　　길에')
근거 ② '귀양'으로 기록되어 있는 이본의 존재
근거 ③ 작자인 순천 김 씨의 남편 김약련이 실제로는 대과와 소과에 합격해 짧은 벼슬살
　　　이를 하던 중 귀양을 갔다가 낙향했다는(고향으로 거처를 옮겼다는) 점

• **내방 가사(규방 가사)**

조선 후기 부녀자에 의해 지어져 전해진 가사의 총칭으로, 영·정조 이후부터 민간에도 널
리 유행하게 되어 일반 평민이나 부녀자들 사이에도 창작이 활발했다. 당시 부녀자층은
한문을 배울 기회가 거의 없었으며, 학자와 문인들로부터 소외당한 훈민정음을 배워 여
성의 섬세한 감성과 풍부한 예술성을 살린 시가를 창작했다. 봉건 사회 규중 여성의 슬픔

과 원한, 남녀 간의 애정, 고된 시집살이의 고통 등을 일상어를 사용하여 과감하고 솔직하게 표현한 것이 특징이다. 특히 선조 때 허난설헌이 지었다는「규원가」는 내방 가사 중 뛰어난 작품으로 평가되고 있다.

· 부부 가사
순천 김 씨가 회갑을 맞이하여 부부의 삶을 되돌아보며「노부탄」을 지어 남편 김약련에게 건넸고, 이에 김약련은 아내에게 화답하는 글인「답부사」를 지었다.「답부사」에서 김약련은 자신의 가치관을 표현하면서도 아내의 생각에 동의하며, 서로 다름을 인정하고 조율하려는 태도가 드러난다. 부부가 서로 주고받은 이 작품은 김약련이 남긴「두암제영」에 수록되어 있다.

· 지문 이해

기대	좌절	깨달음과 생각의 전환
· 부세에 좋은 영광 과 거밖에 또 있는가 · 대소과는 평생 끽착 못 다 하리 / 규중에 어리석은 부녀 그 말을 믿었더니	· 벼슬길에 못 올라서 귀향은 무슨 일인가 · 가네 오네 빚이로다 · 적은 밭을 또 한 자리 판단 말인가	· 이제는 남은 전지 역 농이나 하자 하니 · 글공부 하던 허비 과 거 보던 이 비용을 / 다 두어 전지사고 부경 부업하였다면 / 저 부 인 저 남편을 설마한 들 못 미치겠는가
→ 남편이 과거 급제를 하여 부귀영화를 누 릴 것을 기대함	→ 남편이 벼슬길에 못 오르고 귀향한 것에 기대가 좌절됨	→ 과거 급제가 최고라 는 생각에서 농사에 힘쓰며 사는 것이 낫다는 것으로 생각 을 전환함

설득 시도와 실패	현실 수용과 체념
· 어릴 때 엇나간 임을 내 어이 길들이리 · 부질없는 이 말씀을 시원히 하자한들 / 있 느니 없는 말씀 들으 시기 싫으신지 · 우리 부부 굶는 일은 그 탓이 수인씨요 · 옥황상제 앉아 계셔 / 천하 사람 부귀 빈천 마련하여 주었으니	· 문 닫고 돌이켜 생각 하니 오냐 어이하리 / 세상에 굶고 벗고 글 하다가 / 과거도 못한 사람 많으니라
→ 농사에 힘쓰며 살자 고 남편을 설득하려 고 하나 실패함	→ 자신이 처한 현실을 수용하고 체념함

(나)

1 ¹ 지리산(경상남도, 전라남도, 전라북도에 걸쳐 있는 산)은 혹 두류산(꼭대기 頭 흐를 流 산 山)이라고도 부른다. ² 지리산의 발단(일어날 發 처음 端 : 시작)이 북쪽의 백두산에서부터 시작되는데 꽃봉오리 같은 산봉우리와 꽃받침같이 아름다운 계곡이 끊이지 않고 이어져 내려와 대방군(전라북도 남원)에까지 이르게 된다. ³ ⓐ 그 산이 수천 리에 이었고 십여 고을에 걸쳐 있으므로 한 달 정도를 돌아다녀야 그 끝간 데(끝)를 알 수 있다. ⁴ 옛 노인들 사이에 서로 전해오는 얘기에 "지리산 안에 청학동이 있는데 그곳으로 가는 길이 매우 좁아서 겨우 한 사람이 다닐 만하다. ⁵ 머리를 숙이고 엎드려서 몇 리쯤 가다 보면 이내 확 트인 넓은 땅을 만나게 되는데 사방의 땅이 모두 기름져서 곡식을 뿌리고 심어서 기르기에 알맞다. ⁶ 그러나 ⓑ 그곳(청학동)에는 오직 청학(靑鶴)(푸를 靑 학 鶴 : 푸른 학)만이 살고 있기 때문에 청학동이라 부르게 된 것이다. ⁷ 그곳은 옛날에 속세를 등진 사람이 살았던 곳이라서 아직도 가시덤불로 덮인 빈터에 허물어진 담장과 구덩이가 남아 있다."라는 말이 있다.

→ 세속과 동떨어진 '지리산 청학동'과 관련해 전해오는 얘기가 있다.

2 ¹ 옛날에 내(글쓴이인 이인로)가 당형(堂兄)(집 堂 형 兄 : 사촌 형)인 최 상국(相國)(고려 시대 문신인 최담. '상국'은 영의정, 좌의정, 우의정을 통틀어 이르는 말)과 함께 옷을 걷어 부치고 속세를 떠나 평생 은둔하려는(숨을 隱 숨을 遁 : 세상일을 피하여 숨으려는) 데 뜻을 두고 있었다. ² 그래서 둘이서 이 골짜기(지리산 청학동)를 찾아가기로 약속하고는 대통발(대나무 조각을 엮어서 통같이 만든 고기잡이 기구)에 송아지 두세 마리를 싣고 청학동으로 들어가 살며 속세와 절연하고자(끊을 絕 인연 緣 : 인연을 끊고자) 했다. ³ 드디어 화엄사(전라남도 구례에 있는

절)에서 출발하여 화개현(경상남도 하동에 위치한 곳)에 이르러 신흥사(경상남도 하동에 있었던 절)에서 묵었는데, 지나는 곳마다 선경(신선 仙 장소 境 : 경치가 신비스럽고 그윽한 곳)이 아닌 곳이 없었다. ⁴ 바위들이 아름다움을 자랑하고 골짜기마다 물이 다투어 흐르며 대나무 울타리와 띠(풀)로 이은 집들이 복숭아꽃과 살구꽃 사이로 어른거리니 ⓒ 마치 인간 세상이 아닌 듯했다. ⁵ 그러나 사람들이 말하는 청학동은 끝내 찾을 수가 없어서 다음과 같은 **시를 바위에 남겨두었다.**

→ '나'는 청학동으로 들어가 은둔하고자 했으나 끝내 청학동을 찾지 못했다.

(중략)

3 ¹ 어제 서재에서 우연히 오류선생(五柳先生)(다섯 五 버들 柳 먼저 先 날 生 : 중국 진나라의 시인 도연명이 그의 집에 버드나무 다섯 그루를 심어 놓고 스스로를 이르던 호)의 문집(글 文 모을 集 : 시나 문장을 모아 엮은 책)을 보게 되었는데 그 안에 **도원기(桃源記)**(복숭아 桃 근원 源 기록할 記 : 도연명이 지은 산문「도화원기(桃花源記)」를 말하는 것으로, 이상향 혹은 별천지를 뜻하는 '무릉도원'은「도화원기」에서 나온 말임)가 있기에 그것을 반복해서 읽었다. ² 그 글의 내용은 대략 이러했다. ³ ⓓ 진(秦)나라 사람들이 전란(싸울 戰 어지러울 亂 : 전쟁으로 인한 난리)을 싫어해서 처자식을 이끌고 지세(땅 地 형세 勢 : 땅의 생긴 모양이나 형세)가 깊고 험준한 곳을 찾아들었다가 산이 겹겹이 쌓여 있고, 시내가 어지럽게 흘러내려 나무꾼들조차도 찾을 수 없는 산골을 발견하여 거기에서 살았다. ⁴ 진(晉)나라 태원 연간(시대 年 동안 間 : 왕위에 있을 때)에 한 어부가 요행히(뜻밖으로 운수가 좋게) 그곳에 찾아들었다가 갑자기 돌아가는 길을 잊어버리고 다시는 되돌아가지 못하였다.

4 ¹ 훗날에 그곳의 경치를 채색으로(채색 彩 빛깔 色 : 색을 칠해서) 그리고 노래를 지어 그곳의 아름다움을 전하여 도원을 신선 세계라 여기게 되었다. ² 그러므로 그곳은 신선의 마차를 타고 다니며 장수하는(길 長 수명 壽 : 오래 사는) 사람들이 영원히 살아갈 만한 곳이었다. ³ 아마도 내가 도원기를 미숙하게(아닐 未 깊이 熟 : 허술하게) 읽었기 때문일 것이니 ⓔ 실제로는 청학동과 다름이 없는 곳이리라.

→「도원기」를 읽은 '나'는 신선 세계인 도원이 청학동과 다름없는 곳이리라 생각한다.

5 **어떻게 하면** 유자기(劉子驥)(중국 진나라 남양의 선비로 도원을 찾으려 했지만 결국 찾지 못했다고 함)와 같은 **고상한**(높을 高 높을 尙 : 품위나 몸가짐의 수준이 높고 훌륭한) 선비를 만나 나도 한번 **그곳**(이상 세계. 청학동)을 찾을 수 있을까?

→ '나'는 여전히 이상적 공간을 찾기를 희망한다.

- 이인로,「청학동기(靑鶴洞記)(푸를 靑 학 鶴 고을 洞 기록할 記 : 청학동에 관한 기록 혹은 청학동을 찾아다닌 경험에 대한 기록)」-

· 중심 내용
'나'는 청학동을 찾아 은거하고 싶었으나 끝내 찾지 못한다. '나'는 도원과 같은 이상적 공간인 청학동을 여전히 지향하고 동경한다.

대통발((나) ❷-2) ▶

(가)와 (나)의 공통점으로 가장 적절한 것은?

선지	핵심 체크 내용	(가)	(나)
①	명암의 대비 → 대상에 대한 인식을 드러냄	X	X
②	반어적 표현 → 대상에 대한 감정을 드러냄	O	X
③	연쇄의 방식 → 공간의 변화 과정을 드러냄	X	X
④	명령형 어미	O	X
④	상황에 대한 정서를 드러냄	X	X
⑤	물음의 방식 → 대상에 대한 태도를 드러냄	O	O

① **명암의 대비를 통해 대상에 대한 인식을 드러내고 있다.** * 밝음과 어두움

　풀이　(가)와 (나) 모두 명암의 대비는 드러나지 않는다.

　→ 적절하지 않음!

> **■ 명암의 대비가 나타나는 작품**
> • 신석정, 「꽃덤불」 (2016학년도 9월 모평AB)
> 다시 우러러보는 이 하늘에/ 겨울밤 달이 아직도 차거니/ 오는 봄엔 분수처럼 쏟아지는 태양을 안고/ 그 어느 언덕 꽃덤불에 아늑히 안겨 보리라.
> → 화자가 처해 있는 암담하고 혼란스러운 현실을 드러내는 '겨울밤(어둠)'과 화자가 소망하는 밝은 미래를 의미하는 '태양(밝음)'을 대비하고 있다. 이를 통해 광복이 되었지만 이념 갈등으로 혼란스러운 현실을 극복하고 진정한 평화 국가를 건설하고자 하는 화자의 소망을 드러내고 있다.

　⤵ (가)만 해당

② **반어적 표현을 통해 대상에 대한 감정을 드러내고 있다.**
　* 말하고자 하는 원래 의미와는 반대되는 표현

　근거　(가)-29 천황씨 벗님 가장 찬 장판 위에 앉아

　풀이　(가)의 화자가 자신의 남편을 중국 고대 전설상의 제왕인 '천황씨'의 벗님에 빗댄 것을 통해 남편의 무능력함을 반어적으로 표현했음을 알 수 있다. 한편 (나)에는 반어적 표현이 나타나지 않는다.

　→ 적절하지 않음!

> **■ 반어적 표현**
> 현대시 014번 문제 ③번 선지 (2024년 9월 학평) 참고 →013쪽

③ **연쇄의 방식을 통해 공간의 변화 과정을 드러내고 있다.**
　* 앞 구절의 끝 어구를 다음 구절의 앞 구절에 이어받아 표현하는 방식

　풀이　(가)와 (나) 모두 연쇄의 방식은 나타나지 않는다.

　→ 적절하지 않음!

> **■ 연쇄의 방식을 활용한 작품**
> • 신석정, 「산은 알고 있다」
> 그칠 줄 모르고 흘러가는 시냇물과 시냇물이 모여서 부르는 노랫소리와 철쭉꽃 나리꽃과 나리꽃에 내려앉은 나비의 날개에 사운대는(흔들리는) 바람과 바람결에 묻혀 가는 꿈과 생시를 산은 잘 알고 있다.
> → 연쇄법을 사용하여 '시냇물'이 노래하고 '바람'이 부는 자연의 모습을 묘사하고 있다.

　⤵ (가)만 해당

④ **명령형 어미를 통해 상황에 대한 정서를 드러내고 있다.**
　* 명령이나 요구의 뜻을 나타내기 위해 사용하는 '-아라/-어라' 등의 종결 어미

　근거　(가)-1 산 너머 저 부자님 곡식 두고 자랑마오 (쌓아 둔 곡식보다는 과거 급제가 더 영광스러운 일이라는 화자의 인식 표출)/ 32~33 차지는 두고 가오 내일 부디 바치소서 (내일은 세금을 바치라는 권농차사의 권유)/ 그는 좋게 마감하나 저 아이 소리 듣소 (계속 굶고 있는 손자딸의 불평에 귀를 기울여 보라는 요구)

　풀이　(가)는 '-오', '-소서', '-소' 등의 명령형 어미를 통해 상황에 대한 화자의 인식이나 상대에 대한 요구의 의미를 드러내고 있다. 그러나 이를 통해 상황에 대한 정서를 드러내고 있지는 않다. (나)에는 명령형 어미가 사용되지 않았다.

　→ 적절하지 않음!

⑤ **물음의 방식을 통해 대상에 대한 태도를 드러내고 있다.**

　근거　(가)-12 어릴 때 엇나간 임을 내 어이 길들이리
　　　　(나)-❺ 어떻게 하면 유자기와 같은 고상한 선비를 만나 나도 한번 그곳을 찾을 수 있을까?

　풀이　(가)에서는 '어릴 때 엇나간 임을 내 어이 길들이리'에서 물음의 방식을 통해 대상인 '임'에 대한 원망과 한탄의 태도를 드러내고 있다. (나)에서는 '어떻게 하면 ~ 나도 한번 그곳을 찾을 수 있을까?'에서 물음의 방식을 통해 대상인 '그곳(이상적 공간)'에 대한 지향의 태도를 드러내고 있다.

　→ 적절함!

1등급 문제

039　시구의 의미 - 적절한 것 고르기　2023년 11월 학평 36번
　　　　정답률 60%, 매력적 오답 ④ 20%　　　　**정답 ⑤**

㉠과 ㉡에 대한 이해로 가장 적절한 것은?

> **(가)-13~23** 아무 마을 아무 댁은 자기 가장 자랑 말이/ 아기 때 스승 따라 천자문과 유합을 배우더니/ 가난에 놀랐는지 책을 묶어 시렁에 얹고/ 괭이 메고 호미 쥐어 논 매고 밭을 가꿔/ 여름에 수고하여 가을에 타작하니/ 집안 식구 배 불리고 환곡 세금 걱정 없네/ 이 아니 신선인가 과거하여 무엇하리/ 나도 ㉠ 그 말 들어 갑자기 깨달으니/ 글공부 하던 허비 과거 보던 이 비용을/ 다 두어 전지사고 부경부엽하였다면/ 저 부인 저 남편을 설마한들 못 미치겠는가
> → ㉠ 그 말(아무 마을 아무 댁의 말) : 일찍이 가장이 과거를 포기하고 농사를 지었더니 잘살게 되었다는 자랑

> **(가)-37~50** 책 덮고 돌아앉아 나에게 하는 말씀/ 인황씨 몇 대 손자 수인씨 되었던지/ 절로 맺은 나무 열매 먹고 좋게 살던 것을/ 수인씨 다사하여 교인화식하였구나/ 우리 부부 굶는 일은 그 탓이 수인씨요/ 구만리 높은 위에 옥황상제 앉아 계셔/ 천하 사람 부귀 빈천 마련하여 주었으니/ 굶는 탓 물으련들 어이하여 올라가리/ 탓 물어 무엇하리 하늘만 기다리오/ 구태여 저 상제님이 무록인을 내었을까/ 나도 ㉡ 이 말 듣고 말하여 무익하오/ 문 닫고 돌이켜 생각하니 오냐 어이하리/ 세상에 굶고 벗고 글 하다가/ 과거도 못한 사람 많으니라
> → ㉡ 이 말('나'의 남편의 말) : 가난이 수인씨의 탓이고 부귀 빈천은 옥황상제가 정해 주었으므로 어찌할 수 없다는 운명론적인 세계관

① ㉠과 ㉡은 모두, 시적 화자가 자신감을 얻는 계기로 작용하고 있다.

　풀이　(가)의 화자는 아무 마을 아무 댁의 자기 가장을 자랑하는 ㉠을 듣고는 글공부와 과거 시험에 든 비용으로 논밭을 사서 농사를 지었다면 자신들도 잘살 수 있었으리라는 깨달음을 얻고 있을 뿐 자신감을 얻고 있지는 않다. 또한, 화자는 가난이 수인씨의 탓이고 부귀 빈천은 옥황상제가 마련해 준 것이라는 남편의 ㉡을 듣고 더 이상 대화를 할 필요가 없다고 생각하게 되므로 ㉡은 화자가 자신감을 얻는 계기와 무관하다.

　→ 적절하지 않음!

② ㉠과 ㉡은 모두, 시적 화자가 상대의 행동을 오해하는 계기로 작용하고 있다.

　풀이　(가)의 화자는 ㉠을 듣고 자기 가장을 자랑하는 아무 마을 아무 댁의 행동을 오해하지 않았으며, 오히려 삶의 방향에 관한 깨달음을 얻었다. ㉡은 화자로 하여금 남편과의 대화가 무익하다는 생각을 하게 하는 계기가 되었지만 ㉡으로 인해 화자가 남편의 행동을 오해하게 되지는 않았다.

　→ 적절하지 않음!

③ ㉠과 ㉡은 모두, 시적 화자가 상대에 대한 신뢰를 회복하는 계기로 작용하고 있다.

　풀이　(가)의 화자는 애초에 아무 마을 아무 댁에 대한 신뢰가 손상된 적이 없으므로 ㉠이 신뢰 회복의 계기로 작용하고 있다는 설명은 적절하지 않다. 남편에게 원망의 감정을 지니고 있던 화자는 ㉡을 들은 후 남편과의 무익한 대화를 단념해 버리므로 ㉡이 남편에 대한 신뢰 회복의 계기로 작용했다고 볼 수 없다.

　→ 적절하지 않음!

④ ㉠은 시적 화자가 상대를 부러워하는 계기로, ㉡은 시적 화자가 상대를 위로하는 계기로 작용하고 있다.

　풀이　㉠을 들은 (가)의 화자는 자신들도 아무 마을 아무 댁 부부처럼 농사에 힘쓰며 살았다면 '저 부인 저 남편'처럼 살 수 있었을 것이라고 생각했으므로 ㉠은 시적 화자가 상대를 부러워하는 계기로 작용했다고 볼 수 있다. 한편, 화자는 부귀 빈천은 운명에 달린 것이라는 ㉡을 듣고 남편과의 대화를 단념하고 있을 뿐, 남편을 위로하고 있지 않다.

　→ 적절하지 않음!

⑤ ㉠은 시적 화자가 자신의 지난날을 되돌아보는 계기로, ㉡은 시적 화자가 상대와의 대화를 단념하는 계기로 작용하고 있다.

　풀이　㉠을 들은 (가)의 화자는 과거를 회상하며 글공부와 과거에 들인 돈으로 차라리 논밭을 사서 농사에 힘썼더라면 더 잘살 수 있었을 것이라고 후회하고 깨달음을 얻는다. 따라서 ㉠은 시적 화자가 자신의 지난날을 되돌아보는 계기로 작용하고 있다고 볼 수 있다. 한편, ㉡을 통해 가난을 운명으로 인식하는 남편의 생각을 알게 된 화자는 남편과의 대화가 무익함을 깨닫고는 대화를 단념해 버린다. 따라서 ㉡이 시적 화자가 상대와의 대화를 단념하는 계기로 작용하고 있다는 설명은 적절하다.

　→ 적절함!

Ⅲ
갈래
복합

040 | 내용 이해 - 적절하지 않은 것 고르기 | 2023년 11월 학평 37번
정답률 65%, 매력적 오답 ⑤ 15% | 정답 ④

ⓐ ~ ⓔ에 대한 설명으로 적절하지 않은 것은?

① ⓐ : 북쪽 백두산에서부터 시작되어 이어진 지리산의 *광대한 범위를 확인할 수 있다.
* 크고 넓은
근거 (나) ❶-2~3 지리산의 발단이 북쪽의 백두산에서부터 시작되는데 ~ ⓐ 그 산이 수천 리에 이었고 십여 고을에 걸쳐 있으므로 한 달 정도를 돌아다녀야 그 끝간 데를 알 수 있다.
풀이 지리산이 북쪽의 백두산에서 시작된다고 하였고, ⓐ에서 그 산이 수천 리에 이어져 있다는 것에서 지리산의 광대한 범위를 확인할 수 있다.
→ 적절함!

② ⓑ : 청학동이라는 이름으로 불리게 된 *유래를 알 수 있다. * 까닭
근거 (나) ❶-6 ⓑ 그곳에는 오직 청학만이 살고 있기 때문에 청학동이라 부르게 된 것이다.
풀이 ⓑ를 통해 청학만이 살고 있기 때문에 푸른 학이 사는 동네라는 의미의 청학동이라는 명칭이 붙여졌음을 확인할 수 있다.
→ 적절함!

③ ⓒ : 청학동을 찾아가는 중에 마주한 자연 풍경에 대한 감상을 확인할 수 있다.
근거 (나) ❷-2~4 청학동으로 들어가 살며 속세와 절연하고자 했다. 드디어 화엄사에서 출발하여 화개현에 이르러 신흥사에서 묵었는데, 지나는 곳마다 선경이 아닌 곳이 없었다. ~ ⓒ 마치 인간 세상이 아닌 듯했다.
풀이 청학동으로 들어가 속세와 절연하고자 했던 '나'는 청학동을 찾아가는 중에 마주한 아름다운 자연 풍경에 대해 ⓒ에서 마치 인간 세상이 아닌 듯했다는 감상을 표현하였다.
→ 적절함!

✓ ⓓ : 진나라 사람들이 청학동에 살게 된 이유를 확인할 수 있다.
(도원)
근거 (나) ❸-1~3 어제 서재에서 우연히 오류선생의 문집을 보게 되었는데 그 안에 「도원기」가 있기에 그것을 반복해서 읽었다. 그 글의 내용은 대략 이러했다. ⓓ 진나라 사람들이 전란을 싫어해서 처자식을 이끌고 지세가 깊고 험준한 곳을 찾아들었다가 ~ 산골을 발견하여 거기에서 살았다. / ❹-1 훗날에 그곳의 경치를 채색으로 그리고 노래를 지어 그곳의 아름다움을 전하여 도원을 신선 세계라 여기게 되었다.
풀이 ⓓ는 '나'가 대략 서술한 「도원기」의 내용으로, 진나라 사람들이 전란을 피해 은둔한 곳이 도원이었음이 드러나 있다.
→ 적절하지 않음!

⑤ ⓔ : 도원과 청학동을 동일한 성격의 공간으로 인식하고 있음을 알 수 있다.
근거 (나) ❹-1 훗날에 그곳의 경치를 채색으로 그리고 노래를 지어 그곳의 아름다움을 전하여 도원을 신선 세계라 여기게 되었다. / 3 ⓔ 실제로는 청학동과 다름이 없는 곳이리라.
풀이 ⓔ에는 훗날 신선 세계라 여기게 된 도원이 실제로는 청학동과 다름없을 것이라는 '나'의 생각이 담긴 것으로, 도원과 청학동을 이상적 공간이라는 동일한 성격의 공간으로 여기고 있는 '나'의 인식을 확인할 수 있다.
→ 적절함!

---

041 | 감상의 적절성 - 적절하지 않은 것 고르기 | 2023년 11월 학평 38번
정답률 60%, 매력적 오답 ② 25% | **1등급 문제** | 정답 ④

<보기>를 바탕으로 (가)와 (나)를 감상한 내용으로 적절하지 않은 것은? 3점

| 보 기 |
¹(가)와 (나)는 부정적 상황에 대응하는 과정에서 기대가 좌절되었던 작가의 경험이 서로 다른 모습으로 형상화되고 있다. ²(가)에는 남편의 출세로 영화(榮華 榮 빛날 華 : 몸이 귀하게 되어 이름이 세상에 빛남)를 얻으려던 기대가 좌절되자 무능한 남편을 설득하다 실패한 작가가 현실을 수용했던 경험이, (나)에는 속세와 단절된 이상적 공간을 찾는 데 실패한 작가가 좌절된 기대를 포기하지 않았던 경험이 나타난다.

① (가)의 '벼슬길에 못 올라서 귀향은 무슨 일인가'에서 남편의 출세로 영화를 얻으려던 기대가 좌절된 작가의 경험을 엿볼 수 있군.
근거 <보기>-2 (가)에는 남편의 출세로 영화를 얻으려던 기대가 좌절되자
(가)-3~7 부세에 좋은 영광 과거밖에 또 있는가/ 하물며 모인 사람 한결같이 하는

말이/ 일 년에 대소과는 평생 끽착 못 다 하리/ 규중에 어리석은 부녀 그 말을 믿었더니 (기대)/ 벼슬길에 못 올라서 귀향은 무슨 일인가 (좌절)
풀이 <보기>를 바탕으로 할 때 '벼슬길에 못 올라서 귀향은 무슨 일인가'는 남편이 과거에 급제하여 출세하면 영화를 얻을 수 있을 것이라 기대했으나 남편의 귀향으로 인해 그 기대가 좌절되었던 작가의 경험이 형상화되어 있다.
→ 적절함!

② (가)의 '머나먼 변방 길에 가네 오네 빚'이라며 '남은 전지 역농이나 하자 하'는 것에서 부정적 상황에 대응하는 작가의 경험을 엿볼 수 있군.
근거 <보기>-1 (가)와 (나)는 부정적 상황에 대응하는 과정 ~ 작가의 경험이 ~ 형상화되고 있다.
(가)-9 머나먼 변방 길에 가네 오네 빚이로다/ 11 이제는 남은 전지 역농이나 하자 하니
풀이 (가)에서 남편이 '머나먼 변방 길'을 오가느라 '빚'을 진 것은 부정적 상황으로 볼 수 있다. 이러한 상황에서 '남은 전지'에 '역농이나 하자'고 하는 것에서 경제적 궁핍이라는 부정적 상황에 '역농'으로 대응하는 작가의 경험이 드러나 있다고 볼 수 있다.
→ 적절함!

③ (나)의 '청학동으로 들어가 살'고자 '화엄사에서 출발'한 것에서 속세와 단절된 이상적 공간을 찾으려 했던 작가의 경험을 엿볼 수 있군.
근거 <보기>-2 (나)에는 속세와 단절된 이상적 공간을 찾는 데 실패한 작가가 좌절된 기대를 포기하지 않았던 경험이 나타난다.
(나) ❷-2~3 그래서 둘이서 이 골짜기를 찾아가기로 약속하고는 ~ 청학동으로 들어가 살며 속세와 절연하고자 했다. 드디어 화엄사에서 출발하여
풀이 속세를 떠나 평생 은둔하려던 '나'는 '청학동으로 들어가 살'고자 '화엄사에서 출발'하여 청학동을 찾아 나선다. '나'의 이러한 행동은 속세와 단절된 이상적 공간을 찾으려던 작가의 경험이 나타난 것으로 이해할 수 있다.
→ 적절함!

■ 속세와 단절된 이상적 공간이 나타나는 작품
• 김관식, 「거산호1」
산에 가 살래./ 팥밭을 일궈 곡식도 심구고 ~ 물고기 몇 놈 데리고 오고/ 작록(벼슬 爵 녹봉 祿 : 관직과 녹봉)도 싫으니 산에 가 살래.
→ 화자는 부귀영화와 같은 세속적 가치('작록')도 거부하고 '산'에 가서 살고 싶어 하므로 '산'은 속세와 단절된 이상적 공간으로 볼 수 있다.

(남편의 출세로 영화를 얻고자 기대하던)
✓ (가)의 '규중에 어리석은 부녀 그 말을 믿었더니'에서 남편을 설득하는 데 실패한 작가의 모습을, (나)의 '시를 바위에 남기는 모습에서 이상적 공간을 찾는 데 실패한 작가의 모습을 엿볼 수 있군.
근거 <보기>-2 (가)에는 남편의 출세로 영화를 얻으려던 기대 ~ (나)에는 속세와 단절된 이상적 공간을 찾는 데 실패한 작가
(가)-4~6 하물며 모인 사람 한결같이 하는 말이/ 일 년에 대소과는 평생 끽착 못 다 하리/ 규중에 어리석은 부녀 (작가) 그 말을 믿었더니
(나) ❷-5 그러나 사람들이 말하는 청학동은 끝내 찾을 수가 없어서 다음과 같은 시를 바위에 남겨두었다.
풀이 (나)에서 '나'는 청학동을 끝내 찾을 수 없어서 '시를 바위에 남'긴다. 이를 통해 속세와 단절된 이상적 공간을 찾는 데 실패한 작가의 모습을 확인할 수 있다. 그러나 (가)의 '규중에 어리석은 부녀 그 말(과거에 합격하면 평생 먹고사는 일이 다 해결된다는 사람들의 말)을 믿었더니'에서는 남편을 설득하는 데 실패한 모습이 드러나 있지 않다. 이 부분에서는 남편의 출세로 영화를 얻고자 기대하던 작가의 모습을 확인할 수 있다.
→ 적절하지 않음!

⑤ (가)의 '문 닫고 돌이켜 생각하니 오냐 어이하리'에서 기대가 좌절된 현실을 수용하는 작가의 모습을, (나)의 '어떻게 하면' '그곳을 찾을 수 있을'지 생각하는 것에서 기대를 포기하지 않는 작가의 모습을 엿볼 수 있군.
근거 <보기>-2 (가)에는 남편의 출세로 영화를 얻으려던 기대가 좌절되자 ~ 작가가 현실을 수용했던 경험이, (나)에는 속세와 단절된 이상적 공간을 찾는 데 실패한 작가가 좌절된 기대를 포기하지 않았던 경험이 나타난다.
(가)-47~50 나도 이 말 듣고 말하여 무익하오/ 문 닫고 돌이켜 생각하니 오냐 어이하리/ 세상에 굶고 벗고 글 하다가/ 과거도 못한 사람이 많으니라
(나) ❺ 어떻게 하면 유자기와 같은 고상한 선비를 만나 나도 한번 그곳을 찾을 수 있을까?
풀이 (가)의 작가는 남편의 말을 듣고 대화를 단념한 후, 세상에 가난하게 글공부하다가 과거에 합격하지도 못한 사람이 많다며 남편의 출세가 좌절된 현실을 수용하는 모습을 보여 주고 있다. (나)에서 청학동을 찾는 데 실패한 '나'는 포기하지 않고 '어떻게

하면 '그곳을 찾을 수 있을'지를 고민한다. 이를 통해 좌절된 기대를 포기하지 않는 작가의 모습을 확인할 수 있다.

→ 적절함!

[042~046] 다음 글을 읽고 물음에 답하시오.

작품 이해 단계 ① 화자 ② 상황 및 대상 ③ 정서 및 태도 ④ 주제

(가)   ① 화자 : 안 드러남

1 구렁에 서 있는 나무 우뚝하기도 하구나
  └ 소나무
  └ 구덩이, 파인 땅
  ② 대상 및 상황 : '나무(소나무)'가 풍상을 겪고도 독야청청한 상황
2 풍상(風霜)을 실컷 겪고 독야청청(獨也靑靑)하구나
  └ 바람 風 서리 霜 : 바람과 서리
  └ 홀로 獨 어조사 也 푸를 靑 푸를 靑 : 홀로 푸름. 홀로 절개를 굳세게 지킴
3 져근덧 베지 말고 두면 동량재(棟梁材) 되겠구나
  └ 잠시
  └ 기둥과 들보로 쓸 만한 재목. 한 집안이나 나라를 떠받치는 중대한 일을 맡을 만한 인재를 말함
  ③ 태도 : 나무를 베지 않으면 동량재가 될 것이라고 생각한다.
  ④ 주제 : 인재가 제대로 쓰이지 못하는 현실을 비판한다.

〈제1수(소나무[松(송)])〉

2 ¹ (호랑이가) 꼬리치고 휘파람 불며 기염(氣焰)도 황홀하구나
  └ 황홀할 恍 황홀할 惚 : 눈부시게 찬란하구나
  └ 기세 氣 불꽃 焰 : 불꽃처럼 대단한 기세
  ② 대상 및 상황 : '호랑이'의 대단한 기세가 눈부신 상황
² 이 뫼에 들어온 지 몇 해나 되었나니
  └ 산
³ 진실로 네 잠깐 떠나면 호리종횡(狐狸縱橫)하겠구나
  └ 호랑이
  └ 여우 狐 살쾡이 狸 세로 縱 가로 橫 : 여우와 살쾡이가 이리저리 날뜀. 여우와 살쾡이는 도량이 좁고 간사한 사람을 비유하는 말이기도 함
  ③ 태도 : 호랑이가 산을 떠나면 여우와 살쾡이가 날뛸 것이라고 생각한다.
  ④ 주제 : 소인배들이 힘을 얻게 될 수 있는 현실을 걱정한다.

〈제11수(호랑이[虎(호)])〉

3 ¹ ㉠ 오리마 적표마들이 관단 노태와 같겠느냐
  └ 검은 말   └ 붉은색과 흰 털을 가진 뛰어난 말
  └ 오리마와 적표마   └ 관단과 노태. 느리고 둔한 말
  ② 대상 및 상황 : '오리마'와 '적표마'가 슬피 울며 굽을 내두르는 상황
² 바람에 슬피 울며 네 굽을 허위치니
  └ 두껍고 단단한 발톱   └ 이리저리 마구 내두르니
³ 아무리 천리지(千里志) 있은들 알 이 없어 서러워라
  └ 일천 千 리 里 뜻 志 : 천리를 달리고자 하는 뜻
  ③ 정서 및 태도 : 오리마와 적표마의 뜻을 알아줄 사람이 없어 서럽다.
  ④ 주제 : 인재가 뜻을 펼치지 못하는 현실을 안타까워한다.

〈제15수(말[馬(마)])〉

- 권섭, 「십육영(十六詠)」-

십 十 여섯 六 시 詩 읊을 詠 : 열여섯 수의 시. 각 수에서 소나무, 국화, 매화, 대나무, 산, 시내, 강, 바다, 신선, 용, 호랑이, 학, 사람, 잉어, 말, 매를 중심 소재로 하고 있다.

· 현대어 풀이

1 ¹ 구렁에 서 있는 나무가 우뚝하기도 하구나
² 바람과 서리를 실컷 겪고도 홀로 푸르구나
³ 잠시 베지 말고 두면 동량재가 되겠구나

〈제1수(소나무[松])〉

2 ¹ (호랑이가) 꼬리치고 휘파람 불며 불꽃같은 기세도 황홀하구나
² 이 산에 들어온 지 몇 해나 되었는가
³ 진실로 네(호랑이)가 잠깐 떠나면 여우와 살쾡이가 이리저리 날뛰겠구나

〈제11수(호랑이[虎])〉

3 ¹ 오리마와 적표마(뛰어난 말)들이 관단과 노태(느리고 둔한 말)와 같겠느냐
² 바람에 슬피 울며 네(말의) 굽을 마구 내두르니
³ 아무리 천리를 달리려는 뜻이 있어도 알 이가 없어 서러워라

〈제15수(말[馬])〉

· 지문 이해

	〈제1수(소나무)〉	〈제11수(호랑이)〉	〈제15수(말)〉
대상의 속성 (예찬적 태도)	고난 속에서도 절개를 지킴	산을 지키고 질서를 유지함	천리를 달리고자 함
현실 인식 (비판적 태도)	인재가 제대로 쓰이지 않는 현실	소인배들이 힘을 얻어 날뛸 수 있는 현실	인재가 뜻을 펼치지 못하는 현실

(나)

1 북방 이십여 주에 경성이 문호인데
  └ 함경북도 중앙에 위치한 지역
  └ 문 門 출입구 戶 : 외부와 교류하기 위한 통로
  ② 상황 : 임금께서 '나'에게 경성을 다스리는 임무를 맡기신 상황
2 군사 백성 다스리기를 나에게 맡기시니
  └ ① 화자 : '나'
3 망극한 임금의 은혜 갚을 길이 어렵구나
  └ 없을 罔 다할 極 : 은혜가 끝이 없는
  ③ 정서 : 임금의 은혜에 감사한다.
4 ㉡ 서생의 일은 글쓰기인가 여겼더니
  └ 글 書 사람 生 : 유학을 공부하는 사람
  ③ 태도 : 자신이 변방에 부임하게 될 것을 전혀 예상하지 못했다.
5 늙은이의 변방 부임 진실로 뜻밖이로다
  └ 다다를 赴 맡은 일 任 : 임명을 받아 근무할 곳으로 감
  └ 변방 邊 곳 方 : 나라의 경계가 되는 땅
6 임금께 절하고 칼을 짚고 돌아서니
7 만 리 밖 국경에 내 한 몸 다 잊었다
  ③ 태도 : 내 한 몸 잊고 나라를 위해 일할 것을 다짐한다.
8 흥인문 내달아 녹양평에 말 갈아타고
  └ 경기도 의정부에 있는 지역
  └ 동대문. 조선 시대에 건립한 한양 도성의 동쪽 정문
9 은하수 옛길을 다시 지나간단 말이냐
  └ 은 銀 강 河 물 水 : 강물과 같은 별들의 무리
10 회양 옛 사실 소문만 들었더니
  └ 중국 한나라 무제 때 급장유가 회양 태수로 선정을 베풀었던 일
11 대궐을 홀로 떠나는 적객은 무슨 죄인가
  └ 귀양 갈 謫 사람 客 : 귀양살이를 하는 사람. 여기서는 임금 곁을 떠나 경성 판관으로 부임하는 화자를 말함
[A]
12 높고 험한 철령을 험하단 말 전혀 마오
  └ 함경남도와 강원도의 경계에 있는 고개
13 세상살이에 비하면 평지인가 여기노라
  ③ 태도 : 높고 험한 철령보다 세상살이가 더 험하다고 생각한다.

14 눈물을 거두고 두어 걸음 돌아서니

15 서울이 어디요 대궐이 가렸도다
  └ 임금이 계신 곳

16 안변 북쪽은 저쯤에 오랑캐 땅인데
  └ 강원도에 위치한 지역

17 오랑캐를 정벌하여 천 리 밖 몰아내니
  └ 고려 예종 때의 학자로 여진을 정벌함
  ③ 태도 : 오랑캐를 정벌한 윤관과 김종서의 공적을 떠올린다.
18 윤관 김종서의 큰 공적 초목이 다 알도다
  └ 풀 草 나무 木 : 풀과 나무
  └ 공 功 성과 績 : 공로
  └ 조선 전기의 충신으로 여진족을 몰아냄
19 용흥강 건너와 정평부 잠깐 지나
  └ 함경남도에 있는 강   └ 만세교에 있는 누각(문과 벽이 없이 높이 지은 집)
  └ 함경남도에 위치한 지역
20 만세교 앞에 두고 낙민루에 올라앉아
  └ 함경남도 함흥에 있는 다리
21 옥저의 산하 하나하나 돌아보니
  └ 산 山 강 河 : 자연
  └ 함경도 함흥 일대에 위치했던 고대 국가
  ③ 정서 : 함흥 일대의 자연을 보며 상서로운 기운을 느낀다.
22 천년의 풍패에 상서로운 기운 어제인 듯하구나
  └ 상서 祥 길조 瑞 : 복되고 길한 일이 일어날 것 같은
  └ 천 년 전 한나라를 건국한 유방의 고향. 여기서는 조선을 건국한 이성계의 고향인 함흥을 가리킴
23 함관령 저문 날에 말은 어찌 병들었는가
  └ 함경남도 함주와 홍원 사이에 있는 고개
  ② 상황 : 말이 병들고 모래바람이 자욱해 여정이 험난한 상황
24 ㉢ 모래바람 자욱한데 갈 길이 멀었구나
  └ 잔뜩 끼어 흐릿한데
25 홍원 옛 고을의 천관도를 바라보고
  └ 홍원의 동남부에 위치한 섬
  └ 함경남도에 위치한 지역
26 대문령 넘어서 청해진에 들어오니
  └ 함경남도 청해에 있던 군영
  └ 함경남도 나선에 있는 고개
27 함경도의 요해지요 남북의 요충지라
  └ 중요할 要 칠 衝 땅 地 : 땅의 형세가 군사적으로 아주 중요한 곳
  └ 중요할 要 요새 害 땅 地 : 땅의 형세가 군사적으로 아주 중요한 곳
28 충신과 정예 병사 무기를 늘어놓고
  └ 뛰어날 精 빠를 銳 : 날쌔고 용맹스러운 군사
  └ 충성 忠 신하 臣 : 충성스러운 신하
  ③ 태도 : 전쟁이 없는 것이 충신과 병사의 방어 덕분이라고 생각한다.
29 강한 활과 쇠뇌로 요충지를 지키는 듯
  └ 쇠로 된 발사 장치가 달린 활
30 태평세월 백 년 동안 전쟁을 잊으니
  └ 클 太 편안할 平 세월 歲 세월 月 : 근심이나 걱정이 없는 시절
31 철통같은 방어를 일러 무엇하리오
  └ 준비가 튼튼하고 치밀하여 허점이 없는

- 조우인, 「출새곡(出塞曲)」-

  └ 떠날 出 변방 塞 악곡 曲 : 변방으로 떠나는 여정을 담은 노래
  ④ 주제 : '나'는 부임지인 경성으로 가는 험난한 여정 속에서 여러 가지를 보고 느낀다.

· 현대어 풀이

1 북방 이십여 주에 경성이 문호인데
2 (임금께서) 군사와 백성을 다스리는 일을 나에게 맡기시니
3 끝이 없는 임금의 은혜를 갚을 길이 어렵구나
4 서생의 일은 글쓰기인가 여겼더니
5 늙은이가 변방에 부임하는 일은 진실로 뜻밖이로다
6 임금께 절하고 칼을 짚고 돌아서니
7 만 리 밖 국경에 내 한 몸을 다 잊었다

Ⅲ 갈래 복합

8홍인문 밖을 달려 녹양평에서 말을 갈아타고
9은하수 옛길을 다시 지나간단 말이냐
10회양 옛 사실(한나라 급장유의 일)을 소문만 들었더니
11대궐을 홀로 떠나는 적객은 무슨 죄인가
12높고 험한 철령이 험하다는 말을 전혀 하지 마오
13세상살이에 비하면 (철령은) 평지인가 여기노라
14눈물을 거두고 두어 걸음을 돌아서니
15서울이 어디요 대궐이 가려서 보이지 않는구나
16안변의 북쪽은 저쯤에 오랑캐 땅인데
17오랑캐를 정벌하여 천 리 밖으로 몰아내니
18윤관과 김종서의 큰 공적은 초목이 다 알도다
19용흥강을 건너와 정평부를 잠깐 지나
20만세교를 앞에 두고 낙민루에 올라앉아
21옥저의 자연을 하나하나 돌아보니
22천년의 함흥에 길한 기운이 어제인 듯하구나
23함관령 저문 날에 말은 어찌 병들었는가
24모래바람이 자욱한데 갈 길이 멀었구나
25홍원 옛 고을의 천관도를 바라보고
26대문령을 넘어서 청해진에 들어오니
27(청해진은) 함경도의 요해지요 남북의 요충지라
28충신과 정예 병사가 무기를 늘어놓고
29강한 활과 쇠뇌로 요충지를 지키는 듯
30태평세월 백 년 동안 전쟁을 잊으니
31철통같은 방어를 말해 무엇 하리오

- **지문 이해**

변방의 경치	회포(감상)
• 높고 험한 철령을 ~ 세상살이에 비하면 평지인가 여기노라 → 높고 험한 철령	세상살이의 고단함을 생각함
• 안변 북쪽은 저쯤에 ~ 윤관 김종서의 큰 공적 초목이 다 알도다 → 안변 북쪽	오랑캐를 정벌한 윤관과 김종서의 공적을 떠올림
• 낙민루에 올라앉아 ~ 상서로운 기운 어제인 듯하구나 → 낙민루에서 본 함흥	상서로운 기운을 느낌
• 함관령 저문 날에 ~ 모래바람 자욱한데 갈 길이 멀었구나 → 함관령의 모래바람	여정의 험난함을 느낌
• 청해진에 들어오니 ~ 철통같은 방어를 일러 무엇 하리오 → 청해진	충신과 병사들을 자랑스러워함

(다)

1 1태안사(전라남도 곡성군 죽곡면 동리산에 있는 절) 가는 길에 물이, 보성강(전라남도 보성군 웅치면에서 시작하여 보성, 곡성을 지나 섬진강에 합류하는 강) 물이 있습니다 2그 물길이 끝나는 지점이 태안사 들어가는 입구지요. 3아닙니다. 물길은 끝나지 않고 다만 태안사 들어가는 입구가 그 물길의 중간에나 있을 따름이지요. 4ⓓ 물길이 끝났다고 슬퍼할 필요는 없습니다, 곧이어 숲이, 숲길이 시작될 테니까요.

→ 태안사 가는 길에는 보성강과 숲길이 있다.

2 [B] 1여름 숲도 좋지만 겨울 숲은 또 나름대로 외로워서 좋습니다. 2높아서 좋습니다. 3야위어서 좋습니다. 4여름 숲의 무성함, 풍성함, 윤택함(윤기 潤 윤 澤 : 빛깔의 부드러움과 윤기)에 한동안 외로움을 잊고 살았습니다. 5외롭지 않을 때(숲의 여름)는 외롭지 않아서 좋았고 외로울 때(숲의 겨울)는 또 외로워서 좋았습니다. 6올해는 유난히 눈이 안 내리는 겨울입니다. 7높고 푸른 하늘이 외로운 나무 끝에 펼쳐져 있습니다.

→ '나'는 겨울 숲의 외로움을 좋아한다.

(중략)

3 1거기(태안사)에서 그 노인(태안사의 불목하니)을 보았습니다. 2노인은 절 부엌에서 나오는 음식을 고양이에게 먹이고 있었습니다. 3내가 빙긋 웃자 노인의 얼굴이 한순간 붉어졌습니다. 4노인은 소년의 얼굴을 가졌더군요. 5아닙니다. 6아기의 얼굴이었습니다. 7절 사람들이 다 싫어하는 도둑고양이를 아기 얼굴을 가진 태안사 불목하니(절에서 밥을 짓고 물을 긷는 일을 맡아서 하는 사람) 그 노인이 혼자 숨어서 돌보고 있었습니다. 8사람들이 많이 모여 있으면 다람쥐처럼 어딘가로 숨어 버리는 그(태안사의 불목하니)를 보러 나는 태안사에 가곤 합니다. 9고양이, 해탈이(고양이의 이름)는 잘 크고 있는지도 궁금하고요. 10절 사람들은 노인을 이 처사(살 處 선비 士 : 예전에, 벼슬을 하지 아니하고 시골에 묻혀 살던 선비)라고 불렀습니다. 11내가 그를 보면 바짝 반가워하는데도 그는 반가운 내색(표정)을 할 줄 모릅니다. 12내가 그와 헤어지는 게 못내(매우) 섭섭해 작별 인사가 길어지는데도 그는 그저 가라고 손짓 한번 해 주고 그만입니다. 13그것이 처음에는 굉장히 서운했는데 이제 그조차 익숙해졌습니다.

→ '나'는 태안사의 노인을 보러 태안사에 가곤 한다.

4 1태안사 가는 길은 참 좋습니다. 2물이 있고 곧이어 숲이 있고 해탈이가 있고 다람쥐보다 더 빠르게 달릴 줄 아는 그(태안사의 불목하니)가 있기 때문입니다. 3나는 그와 어떤 특별한 말을 주고받은 적도 없습니다. 4그래도 그는 나에게 커다란 위로가 됩니다. 5그는 내 속의 부처가 되었습니다. 6그는 아마 그것도 모를 테지요. 7자신이 누군가의 마음속에 들어가 커다란 위로가 되고 부처가 되었다는 사실을. 8나는 또한 누군가의 가슴속에 들어가 위로가 되고 부처가 될 수는 없을까요. 9좀 더 가난해지고 좀 더 외로워지면 그럴 수 있을는지요. 10하기사(하기야) 태안사의 그는 가난과 외로움조차도 스스로 느끼지 않는 그저(그 자체로) '그'일 따름이었습니다. 11ⓔ 가난과 외로움조차도 때로는 거추장스런(성가시고 귀찮은) 장신구일 수도 있겠습니다.

→ '나'는 그처럼 누군가에게 위로가 되는 존재가 되고 싶어 하며 가난과 외로움에서 벗어난 삶이 있음을 깨닫는다.

-공선옥, 「태안사 가는 길에서」-

- **중심 내용**

'나'는 태안사 가는 길에 있는 물과 숲과 태안사의 노인을 좋아한다. '나'는 '나'에게 부처와 같은 존재인 그를 보며 '나도 누군가에게 위로가 되는 존재가 되고 싶다고 생각한다. 그리고 그의 모습을 통해 가난과 외로움에서 벗어난 삶도 있음을 깨닫는다.

---

042 표현상 특징 - 적절한 것 고르기 2023년 9월 학평 16번 / 정답률 70% | 정답 ①

(가) ~ (다)에 대한 설명으로 가장 적절한 것은?

선지	핵심 체크 내용	(가)	(나)	(다)
①	영탄적 어조 → 화자의 정서 강조	O	O	-
②	시간적 표현	O	-	O
	대상에 대한 인식 변화 제시	X	-	X
③	계절적 배경 → 분위기 환기	-	X	O
④	불가능한 상황 설정 → 주제 의식 드러냄	X	X	X
⑤	반어적 표현 → 대상이 지닌 의미 부각	X	X	X

① (가)와 (나)는 모두 *영탄적 어조를 통해 화자의 정서를 강조하고 있다.
* 감탄사나 감탄형 어미 등을 이용하여 감정을 강하게 나타내는 말투

근거 (가) ①-1 나무 우뚝하기도 하구나 / 2 독야청청하구나 / 3 동량재 되겠구나// ②-1 기염도 황홀하구나// ③-3 천리지 있은들 알 이 없어 서러워라
(나)-3 망극한 임금의 은혜 갚을 길이 어렵구나 / 5 진실로 뜻밖이로다 / 13 평지인가 여기노라/ 22 상서로운 기운 어제인 듯하구나/ 23~24 저문 날에 말은 어찌 병들었는가/ 모래바람 자욱한데 갈 길이 멀었구나/ 31 철통같은 방어를 일러 무엇 하리오

풀이 (가)는 영탄적 어조를 통해 소나무와 호랑이에 대한 예찬과 천리마에 대한 안타까움을 강조하고 있다. (나)는 영탄적 어조를 사용하여 임금의 은혜에 대한 감사함과 부임지로 향하는 길의 고됨, 변방의 경치에서 오는 감회 등을 강조하고 있다.

→ 적절함!

② **(가)와 (다)는 모두 시간적 표현을 활용하여 대상에 대한 인식 변화를 제시하고 있다.**

근거　(가) ❷-2　몇 해나 되었나니
　　　(다) ❷-6　올해는 유난히 눈이 안 내리는 겨울입니다.

풀이　(가)의 '몇 해', (다)의 '올해'에서 시간적 표현이 사용되었다고 볼 수 있으나 이를 통해 대상에 대한 인식의 변화를 제시하고 있지는 않다.

→ 적절하지 않음!

■ **시간적 표현을 활용하여 대상에 대한 인식의 변화를 제시하는 작품**
- 문정희, 「찔레」
그대 사랑하는 동안/ 내겐 우는 날이 많았었다.// 아픔이 출렁거려/ 늘 말을 잃어 갔다.// 오늘은 그 아픔조차/ 예쁘고 뾰족한 가시로/ 꽃 속에 매달고// 슬퍼하지 말고/ 꿈결처럼/ 초록이 흐르는 이 계절에/ 무성한 사랑으로 서 있고 싶다.
　→ 사랑의 실패에 괴로워했던 화자는 가시가 있지만 아름다운 찔레꽃을 보고 사랑의 아픔을 찔레꽃처럼 아름답게 승화시키고자 한다. 화자는 이러한 사랑(의 아픔)에 대한 인식의 변화를 '오늘'이라는 시간적 표현을 활용하여 드러내고 있다.

---

③ **(나)와 (다)는 모두 계절적 배경을 제시하여 분위기를 *환기하고 있다.** * 불러일으키고

근거　(다)-❷　여름 숲도 좋지만 겨울 숲은 또 나름대로 외로워서 좋습니다. ~ 올해는 유난히 눈이 안 내리는 겨울입니다. 높고 푸른 하늘이 외로운 나무 끝에 펼쳐져 있습니다.

풀이　(다)는 여름의 풍성한 분위기와 겨울의 외로운 분위기를 계절적 배경을 제시하여 환기하고 있으나 (나)에는 계절적 배경을 제시하여 분위기를 환기하는 부분을 찾을 수 없다.

→ 적절하지 않음!

④ **(가)~(다)는 모두 불가능한 상황을 설정하여 주제 의식을 드러내고 있다.**

풀이　(가), (나), (다)에서 불가능한 상황을 설정하여 주제 의식을 드러내는 부분은 나타나지 않는다.

→ 적절하지 않음!

■ **불가능한 상황을 설정하여 주제 의식을 드러내는 작품**
- 조지훈, 「맹세」 (2024학년도 6월 모평)
붉은 마음이 숯이 되는 날까지/ 그 숯이 되살아 다시 재 될 때까지/ 못 잊힐 모습을 어이 하리야/ 거룩한 이름 부르며 나는 울어라.
　→ 화자는 '붉은 마음'이 '숯'이 되고 그 '숯'이 '재'가 되는 불가능한 상황을 설정하여 임에 대한 간절한 그리움과 영원한 사랑을 드러내고 있다.

---

⑤ **(가)~(다)는 모두 *반어적 표현을 사용하여 대상이 지닌 의미를 부각하고 있다.**
* 말하고자 하는 원래 의미와는 반대되는 표현

풀이　(가), (나), (다)에서 반어적 표현을 사용하여 대상이 지닌 의미를 부각하는 부분은 나타나지 않는다.

→ 적절하지 않음!

■ **반어적 표현을 사용하여 대상이 지닌 의미를 부각하는 작품**
- 김광규, 「묘비명」 (2018학년도 수능)
한 줄의 시는커녕/ 단 한 권의 소설도 읽은 바 없이/ 그는 한평생을 행복하게 살며/ 많은 돈을 벌었고/ 높은 자리에 올라/ 이처럼 훌륭한 비석을 남겼다
　→ 정신적 가치보다 물질적 가치를 추구한 '그'가 남긴 비석을 훌륭하다고 반어적으로 표현함으로써 물질적 가치를 중시하는 세태의 부정적 의미를 부각하고 있다.

■ **반어적 표현**
현대시 014번 문제 ③번 선지 (2024년 9월 학평) 참고 →013쪽

043　내용 이해 – 적절한 것 고르기　2023년 9월 학평 17번
　　　정답률 75%　　　　　　　　　　　　　　　　　정답 ④

[A]와 [B]에 대한 설명으로 가장 적절한 것은?

[A] (나)-10~13　회양 옛 사실 소문만 들었더니/ 대궐을 홀로 떠나는 적객은 무슨 죄인가/ 높고 험한 철령을 험하단 말 전혀 마오/ 세상살이에 비하면 평지인가 여기노라
[B] (다)-❷　여름 숲도 좋지만 겨울 숲은 또 나름대로 외로워서 좋습니다. 높아서 좋습니다. 야위어서 좋습니다. 여름 숲의 무성함, 풍성함, 윤택함에 한동안 외로움을 잊고 살았습니다. 외롭지 않을 때는 외롭지 않아서 좋았고 외로울 때는 또 외로워서 좋았습니다. 올해는 유난히 눈이 안 내리는 겨울입니다. 높고 푸른 하늘이 외로운 나무 끝에 펼쳐져 있습니다.

① **[A]와 [B]에는 모두 자연의 *섭리에 담긴 가치가 나타난다.**
* 자연계를 지배하고 있는 원리와 법칙

풀이　[B]에서는 잎이 우거져 무성함, 풍성함, 윤택함이 느껴지는 여름 숲의 모습과 잎이 져서 외롭고 야윈 겨울 숲의 모습을 통해 자연의 섭리에 담긴 가치를 드러내고 있다. 반면 [A]에는 자연의 섭리에 담긴 가치가 드러나지 않는다.

→ 적절하지 않음!

② **[A]와 [B]에는 모두 변화하는 자연에서 얻는 즐거움이 나타난다.**

풀이　[B]는 여름에서 겨울로의 변화를 경험하며 각 계절에 만족감을 느끼는 글쓴이의 모습이 드러난다. 반면 [A]에는 변화하는 자연에서 얻는 즐거움이 나타나지 않는다.

→ 적절하지 않음!

③ **[A]에는 *이상적 세계를 동경하는 삶이, [B]에는 자연에 **동화되는 삶이 나타난다.**
* 완전하다고 느끼는　** 하나가 되는

풀이　[A]에서 화자는 험한 철령을 지나며 고된 세상살이를 떠올리고 있으므로 이상적 세계를 동경한다고 볼 수 없다. [B]에서 글쓴이는 여름 숲의 풍성함과 겨울 숲의 외로움을 모두 좋아하고 있으므로 자연에 동화되었다고 볼 수 있다.

→ 적절하지 않음!

④ **[A]에는 자연을 보며 떠올린 삶의 *고단함이, [B]에는 자연에서 느끼는 만족감이 나타난다.** * 힘듦

풀이　[A]에서 화자는 험한 철령을 지나며 고된 세상살이를 떠올리고 있으므로 자연을 보며 떠올린 삶의 고단함이 나타난다고 볼 수 있다. [B]에서 글쓴이는 무성함, 풍성함, 윤택함이 느껴지는 여름 숲과 외롭고 야윈 겨울 숲이 모두 좋다고 하였으므로 자연에서 느끼는 만족감이 드러난다고 볼 수 있다.

→ 적절함!

⑤ **[A]에는 자연물에서 *연상된 대상에 대한 **경외감이, [B]에는 자연을 거닐며 느끼는 쓸쓸함이 나타난다.** * 떠올려진　** 공경하면서 두려워하는 감정

풀이　[A]에서 화자는 철령을 보며 삶의 고단함을 떠올리고 있을 뿐, 대상에 대한 경외감을 느끼고 있지는 않다. [B]에서 글쓴이는 겨울 숲의 외로움이 좋다고 하였을 뿐, 자연을 거닐며 쓸쓸함을 느끼고 있지는 않다.

→ 적절하지 않음!

044　감상의 적절성 – 적절하지 않은 것 고르기　2023년 9월 학평 18번
　　　정답률 75%, 매력적 오답 ④ 10%　　　　　　　정답 ②

〈보기〉를 참고하여 (가)를 감상한 내용으로 적절하지 않은 것은?

| 보기 |
[1] 권섭의 「십육영(十六詠)」은 열여섯 개의 중심 소재를 통해 현실에 대한 인식을 드러낸 작품이다. [2] (가)의 각 수의 초장과 중장에는 소재로 쓰인 대상의 특성이나 상징적 의미가 강조되어 있고, 종장에는 부조리한 현실에 대한 부정적인 시각이 표출되어 있다.

① **〈제1수〉에서 '풍상'을 이겨 낸 소나무를 '독야청청'한 모습으로 그리며 소나무의 *지조 있는 모습을 드러내고 있군.** * 원칙과 신념을 굽히지 아니하고 끝까지 지켜 나가는 꿋꿋한 의지

근거　〈보기〉-2　중장에는 소재로 쓰인 대상의 특성
　　　(가) ❶-1~2　나무 우뚝하기도 하구나/ 풍상을 실컷 겪고 독야청청하구나

풀이　〈제1수〉에서는 '풍상'을 실컷 겪고도 '독야청청'한 소나무의 모습을 통해 소나무의 지조 있는 모습을 보여 주고 있다.

→ 적절함!

✓ **①** <제1수>에서 '베지' 않으면 '동량재'가 될 수 있다고 한 것은 인재가 되기 위해서 시련을 겪어야만 하는 현실에 대한 한탄을 드러낸 것이군. *(전에)*

- **근거** <보기>-3 종장에는 부조리한 현실에 대한 부정적인 시각이 표출되어 있다. *(겪고 외절하는)*
- **(가) ❶-3** 져근덧 베지 말고 두면 **동량재** 되겠구나
- **풀이** '동량재'는 나라를 떠받치는 중대한 일을 맡을 만한 인재를 말한다. <제1수>에서 '베지' 않으면 '동량재'가 될 수 있다고 한 것은 인재로 성장하기도 전에 시련을 겪는 현실에 대한 한탄을 드러낸 것이다. 인재가 되기 위해서 시련을 겪어야만 하는 현실을 드러낸 것은 아니다.
- → 적절하지 않음!

③ <제11수>에서 호랑이의 기세를 '황홀'하다고 표현하며 호랑이의 *위엄 있는 모습을 그리고 있군. * 존경할 만한 위세가 있어 점잖고 엄숙한 기세

- **근거** <보기>-2 초장과 중장에는 소재로 쓰인 대상의 특성
- **(가) ❷-1** 꼬리치고 휘파람 불며 기염도 **황홀**하구나
- **풀이** <제11수>에서는 꼬리 치고 휘파람 부는 호랑이의 기세에 대해 기염이 '황홀'하다고 표현함으로써 호랑이의 위엄 있는 모습을 그리고 있다.
- → 적절함!

④ <제11수>에서 호랑이가 사라지면 '호리종횡'할 것이라고 한 것은 *소인배들이 힘을 얻게 될 수도 있는 현실에 대한 우려를 표현한 것이군.
* 마음 씀씀이가 좁고 간사한 사람들이나 그 무리

- **근거** <보기>-3 종장에는 부조리한 현실에 대한 부정적인 시각이 표출되어 있다.
- **(가) ❷-3** 진실로 네 잠깐 떠나면 **호리종횡**하겠구나
- **풀이** '호리종횡'은 여우와 살쾡이와 같은 간사한 무리들이 이리저리 날뛰는 것을 의미한다. 따라서 <제11수>에서 호랑이가 사라지면 '호리종횡'할 것이라고 한 것은 힘 있는 호랑이가 사라지면 소인배들이 힘을 얻어 날뛸 수 있는 현실에 대한 우려를 표현한 것이다.
- → 적절함!

⑤ <제15수>에서 '천리지'를 알아주는 이가 없다고 한 것은 인재가 뜻을 펼칠 수 없는 안타까운 현실을 드러낸 것이군.

- **근거** <보기>-3 종장에는 부조리한 현실에 대한 부정적인 시각이 표출되어 있다.
- **(가) ❸-1** 오리마 적표마들이 관단 노태와 같겠느냐/ **3** 아무리 **천리지** 있은들 알 이 없어 서러워라
- **풀이** '천리지'는 천리를 달리고자 하는 뜻을 말한다. <제15수>에서 '천리지'를 알아주는 이가 없다고 한 것은 오리마나 적표마 같은 빠른 말이 달리고자 해도 알아주는 사람이 없다는 것으로, 인재가 뜻을 펼칠 수 없는 안타까운 현실을 드러내고 있다.
- → 적절함!

1등급 문제

045 | 내용 이해 - 적절하지 않은 것 고르기 2023년 9월 학평 19번
정답률 45%, 매력적 오답 ② 35%, ① 10% | **정답 ③**

<보기>를 바탕으로 (나), (다)를 이해한 내용으로 적절하지 <u>않은</u> 것은? **3점**

| 보기 |
¹문학 작품에는 여정 가운데 만나게 되는 상황과 그에 따른 **감회**(느낄 感 생각 懷 : 지난 일을 돌이켜 볼 때 느껴지는 생각), 그 여정이 자신의 삶에 끼친 영향 등이 드러나기도 한다. ²(나)에는 화자가 부임지인 경성으로 가는 도중에 보게 된 변방의 경치와 **회포**(품을 懷 생각 抱 : 마음속에 품은 생각) 등이 드러나며, (다)에는 글쓴이가 태안사를 다녀온 경험과 이를 통해 얻은 깨달음이 드러난다.

① (나) : 화자는 경성으로 떠나면서 관원의 임무를 맡게 된 것을 임금의 은혜로 여기고 있군.

- **근거** <보기>-2 (나)에는 화자가 부임지인 경성으로 가는 ~ 회포
- **(나)-1~3** 북방 이십여 주에 경성이 문호인데/ 군사 백성 다스리기를 나에게 맡기시니/ 망극한 임금의 은혜 갚을 길이 어렵구나
- **풀이** (나)의 화자는 문호인 경성으로 떠나면서 자신에게 군사와 백성을 다스리는 임무를 맡긴 임금의 은혜에 감사하고 있다.
- → 적절함!

② (나) : 화자는 낙민루에 올라 산하를 둘러보며 자연에서 느껴지는 기운에 감탄하고 있군.

- **근거** <보기>-2 (나)에는 화자가 부임지인 경성으로 가는 도중에 보게 된 변방의 경치
- **(나)-20~22** 낙민루에 올라앉아/ 옥저의 산하 하나하나 돌아보니/ 천년의 풍패에 상서로운 기운 어제인 듯하구나
- **풀이** (나)의 화자는 낙민루에 올라앉아 함흥 지역의 산하를 둘러보며 천년 전의 상서로운 기운이 어제인 듯하다며 자연에서 느껴지는 복되고 길한 기운에 감탄하고 있다. *(전에)*
- → 적절함!

✓ **③** (나) : 화자는 청해진에서 전쟁이 없어 오랑캐를 방어하는 일을 잊고 있는 병사들의 모습을 비판하고 있군. *(철통같이 / 방어하고)*

- **근거** <보기>-2 (나)에는 화자가 부임지인 경성으로 가는 도중에 보게 된 변방의 경치와 회포 *(긍정적으로 바라보고)*
- **(나)-26** 청해진에 들어오니/ **28~31** 충신과 정예 병사 무기를 늘어놓고/ 강한 활과 쇠뇌로 요충지를 지키는 듯/ 태평세월 백 년 동안 전쟁을 잊으니/ 철통같은 방어를 일러 무엇하리오
- **풀이** (나)의 화자는 청해진에서 충신과 병사들이 무기를 늘어놓고 철통같은 방어로 요충지를 지킨 덕에 전쟁이 없는 것을 긍정적으로 바라보고 있다. 따라서 전쟁이 없어 오랑캐를 방어하는 일을 잊고 있는 병사들의 모습을 비판하고 있다는 설명은 적절하지 않다.
- → 적절하지 않음!

④ (다) : 글쓴이는 태안사에서 고양이에게 먹이를 주는 노인의 모습을 따뜻한 시선으로 바라보고 있군.

- **근거** <보기>-2 (다)에는 글쓴이가 태안사를 다녀온 경험
- **(다) ❸-2~6** 노인은 절 부엌에서 나오는 음식을 고양이에게 먹이고 있었습니다. 내가 빙긋 웃자 노인의 얼굴이 한순간 붉어졌습니다. 노인은 소년의 얼굴을 가졌더군요. 아닙니다. 아기의 얼굴이었습니다.
- **풀이** (다)의 글쓴이는 태안사에서 고양이에게 먹이를 주는 노인을 보고 빙긋 웃었으며, 노인의 얼굴을 순수한 아기의 얼굴처럼 느끼고 있으므로 노인의 모습을 따뜻한 시선으로 바라보고 있다고 할 수 있다.
- → 적절함!

⑤ (다) : 글쓴이는 태안사에서 만난 노인처럼 자신도 다른 사람들에게 위로가 되는 존재가 되고 싶어 하고 있군.

- **근거** <보기>-2 (다)에는 글쓴이가 태안사를 다녀온 경험과 이를 통해 얻은 깨달음이 드러난다.
- **(다) ❹-6~8** 그는 아마 그것도 모를 테지요. 자신이 누군가의 마음속에 들어가 커다란 위로가 되고 부처가 되었다는 사실을. 나는 또한 누군가의 가슴속에 들어가 위로가 되고 부처가 될 수는 없을까요.
- **풀이** (다)의 글쓴이는 태안사에서 만난 노인이 자신에게 위로가 되고 부처가 된 것처럼 자신도 누군가의 마음속에 들어가 위로가 되고 부처가 되고 싶다고 하였다.
- → 적절함!

어떻게 풀까? 고전시가와 현대 수필이 함께 출제된 지문에서 현대 수필은 고전시가에 비해 상대적으로 수월하게 보는 경향이 있다. 아무래도 고전시가의 해석에 어려움을 겪고, 감으로 선지를 고르는 경우가 많기 때문이다. 정답인 선지 ③ 다음으로 많은 학생들이 고른 선지 ②는 어휘의 의미를 잘 파악하지 못해서 선택한 결과이다. '상서롭다'를 부정적인 의미로 생각하고 자연에서 느끼는 기운에 감탄했다는 선지를 적절하지 않다고 파악한 것으로 보인다. 모든 고전시가의 어휘를 다 파악할 수는 없으나, 기본적인 필수 어휘들은 공부할 필요가 있다.

---

046 | 문맥적 의미 - 적절하지 않은 것 고르기 2023년 9월 학평 20번
정답률 85% | **정답 ⑤**

㉠ ~ ㉤에 대한 설명으로 적절하지 <u>않은</u> 것은?

① ㉠ : 오리마와 적표마가 뛰어난 능력을 지닌 존재라는 화자의 인식을 드러내고 있다.

- **근거** (가) ❸-1 ㉠ 오리마 적표마들이 관단 노태와 같겠느냐
- **풀이** ㉠은 빠른 오리마, 적표마를 둔하고 느린 관단, 노태와 비교할 수 없다는 것으로 오리마와 적표마가 뛰어난 능력을 지닌 존재라는 화자의 인식을 드러내고 있다.
- → 적절함!

② ㉡ : 화자가 자신이 변방의 임무를 맡을 것이라고 예상하지 못했음을 드러내고 있다.

- **근거** (나)-4~5 ㉡ 서생의 일은 글쓰기인가 여겼더니/ 늙은이의 변방 부임 진실로 뜻밖이로다
- **풀이** ㉡에서 화자는 자신의 일이 글쓰는 것이라고만 여겼는데 변방에 부임하게 된 것을 뜻밖의 일로 받아들이고 있다. 따라서 화자가 자신이 변방의 임무를 맡을 것이라고 예상하지 못했음을 알 수 있다.
- → 적절함!

③ ⓒ : 모래바람으로 인해 부임지로 가는 길이 험난할 것이라는 걱정을 드러내고 있다.

근거 (나)-24 ⓒ 모래바람 자욱한데 갈 길이 멀었구나

풀이 ⓒ은 자욱한 모래바람 속에서 부임지로 가는 길이 멀고 험난할 것이라는 화자의 걱정을 드러내고 있다.

→ 적절함!

④ ⓔ : 물길이 끝나더라도 숲길이 시작된다는 것을 긍정적으로 여기고 있음을 드러내고 있다.

근거 (다) ❶-4 ⓔ 물길이 끝났다고 슬퍼할 필요는 없습니다, 곧이어 숲이, 숲길이 시작될 테니까요.

풀이 ⓔ에서 글쓴이는 물길이 끝났어도 숲길이 시작될 테니 슬퍼할 필요가 없다고 하였다. 이를 통해 숲길이 시작된다는 것을 긍정적으로 여기고 있음을 드러내고 있다.

→ 적절함!

⑤ ⓜ : 가난과 외로움을 ~~느끼며~~ 느끼지 않는 살아가야 했던 노인의 삶에 대한 *연민을 드러내고 있다. (삶에서 얻은 깨달음)

* 불쌍하게 여김

근거 (다) ❹-10~11 태안사의 그는 가난과 외로움조차도 스스로 느끼지 않는 그저 '그'일 따름이었습니다. ⓜ 가난과 외로움조차도 때로는 거추장스런 장신구일 수도 있겠습니다.

풀이 ⓜ은 글쓴이가 노인의 삶을 통해 얻은 깨달음으로, 가난과 외로움에서 벗어난 삶이 있을 수 있음을 의미한다. 또한 (다)의 글쓴이는 태안사의 노인을 가난과 외로움을 느끼지 않는 '그' 자체로 여기고 있다. 따라서 ⓜ이 가난과 외로움을 느끼며 살아가야 했던 노인의 삶에 대한 연민을 드러낸다는 설명은 적절하지 않다.

→ 적절하지 않음!

[047~051] 다음 글을 읽고 물음에 답하시오.

작품 이해 단계 ① 화자 ② 상황 및 대상 ③ 정서 및 태도 ④ 주제

(가) ① 화자 : 안 드러남

1 玉屑寒堆壓
  옥 설 한 퇴 압
옥설이 차갑게 대나무를 누르고
2 氷輪逈映徹
  빙 륜 형 영 철
얼음같이 둥근 달 휘영청 밝도다
3 從知苦節堅
  종 지 고 절 견
여기서 알겠노라 **굳건한** 그 절개를
4 轉覺虛心潔
  전 각 허 심 결
더욱이 깨닫노라 **깨끗한** 그 빈 마음

- 옥 玉 가루 屑 : 백옥같이 희고 깨끗한 '눈'을 아름답게 이르는 말
- ② 대상 및 상황 : '대나무'에 눈이 쌓이고 달이 밝은 상황
- 뜻이나 의지가 굳세고 건실한 / 달빛 따위가 몹시 밝은 모양
- 절개 節 절조 槪 : 신념, 신의 따위를 굽히지 아니하고 굳게 지키는 꿋꿋한 태도
- ③ 태도 : '대나무'의 굳건한 절개와 깨끗한 빈 마음을 깨닫는다.

- 이항, 「설월죽(雪月竹)」
  눈 雪 달 月 대 竹

④ 주제 :
한겨울 달밤에 '대나무'의 절개와 깨끗한 마음을 예찬한다.

• **현대어 풀이**

1 흰 눈이 차갑게 대나무를 누르고(흰 눈이 대나무 위에 쌓여 있고)
2 얼음같이 둥근 달이 휘영청 밝구나
3 여기(대나무에 흰 눈이 쌓인 모습)서 알겠노라 굳세고 건실한 그(대나무의) 절개를
4 더욱이 깨닫노라 깨끗한 그 빈 마음을(속이 비어 있는 대나무의 속성에서 욕심 없이 깨끗한 빈 마음을 깨달음)

• **지문 이해**

〈시상 전개 과정(선경 후정(앞에는 경치를 묘사하고 뒤에는 정서를 표현하는 방식))〉

1~2행	3~4행
• 옥설, 달 → 배경 • 대나무 → 대상	• 알겠노라 ~ 절개를 • 깨닫노라 ~ 빈 마음 → 예찬, 깨달음
선경	후정

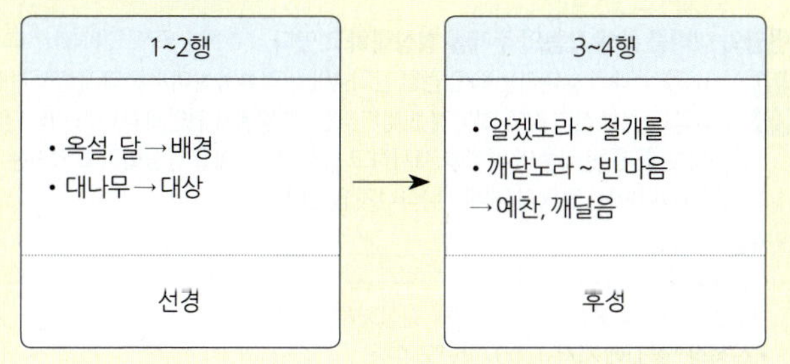

〈제목의 의미〉

설(雪)	월(月)	죽(竹)
• 계절적 배경(겨울) • '대나무'를 누르고 있는 시련	• 시간적 배경(밤) • '휘영청 밝'아서 '대나무'를 돋보이게 함	• 시적 대상 • 절개와 무욕(욕심이 없음) 상징 → 주제 의식 형상화

(나)

① 1 ㉠ 모첨(茅簷)의 달이 진 제 첫 잠을 얼핏 깨여
- 띠 茅 처마 簷 : 초가지붕의 처마
- 막 곤하게 든 잠

2 반벽 잔등(半壁殘燈)을 의지 삼아 누었으니
- 반 半 벽 壁 모자랄 殘 등 燈 : 벽 중간쯤에 걸려 있는 희미한 등불

3 일야(一夜) 매화가 발하니 **님**이신가 하노라
- 한 一 밤 夜 : 하룻밤 피니
→ ② 대상 및 상황 : '매화'를 보고 '님'을 떠올리는 상황

〈제1수〉

② 1 아마도 이 벗님이 풍운(風韻)이 그지없다
- 매화 경치 風 운치 韻 : 풍류와 운치
2 **옥골 빙혼(玉骨氷魂)**이 냉담도 하는구나
- 찰 冷 맑을 淡 : 차갑고 맑음
- 옥 玉 골격 骨 얼음 氷 넋 魂 : 옥같이 희고 깨끗한 모습과 얼음과 같이 맑고 깨끗한 넋. 매화를 달리 이르는 말
3 풍편(風便)의 **그윽한 향기**는 세한 불개(歲寒不改) 하구나
- 바람 風 익을 便 : 바람의 움직임
- 해 歲 찰 寒 아닐 不 고칠 改 : 한겨울의 추위에도 변하지 않음
→ ②③ 대상 및 태도 : '매화'의 풍운, 냉담, 향기를 예찬한다.

〈제2수〉

③ 1 천기(天機)도 묘할시고 네 먼저 **춘휘(春暉)**로다
- 훌륭할 妙 : 뛰어나구나
- 매화
- 하늘 天 재치 機 : 하늘의 이치 봄 春 빛 暉 : 봄의 따뜻한 햇빛
2 한 가지 꺾어 내어 이 소식 전(傳)차 하니
- 봄소식 전할 傳 : 전하고자
3 님께서 너를 보시고 반기실까 하노라
→ ②③ 대상 및 태도 : '님'에게 '매화'를 보내 봄소식을 전하고자 한다.

〈제3수〉

④ 1 ㉡ 님이 너를 보고 반기실까 아니실까
- 몇 幾 해 年 : 몇 해
2 기년(幾年) 화류(花柳)의 ⓐ 취한 잠 못 깨었는가
- 꽃 花 버들 柳 : 꽃과 버들. 향락 혹은 세속적인 가치를 상징
3 두어라 다 각각 정이니 **나와 늙자 하노라**
- ① 화자 : '나'
→ ③ 태도 : '매화'와 함께 늙어가고자 소망한다.

④ 주제 :
'매화'에 대해 예찬하며 임을 그리워한다.

〈제4수〉

- 권섭, 「매화(梅花)」-

• **현대어 풀이**

① 1 초가지붕의 처마에 달이 질 때 막 든 잠을 얼핏 깨어
2 벽에 걸려 있는 희미한 등불을 의지 삼아 누웠으니
3 하룻밤에 매화가 피어나니 임이신가 하노라

〈제1수〉

② 1 아마도 이 벗님(매화)이 풍류와 운치가 끝이 없다
2 옥같이 희고 깨끗한 모습과 얼음과 같이 맑고 깨끗한 넋은 차갑고 맑기도 하구나.
3 바람결에 풍기는 그윽한 향기는 한겨울의 추위에도 변하지 않는구나

〈제2수〉

③ 1 하늘의 이치도 기이하구나 네(매화)가 먼저 봄의 햇빛을 느끼게 해 주는구나.
2 한 가지를 꺾어 내어 이 소식(봄소식)을 전하고자 하니
3 임께서 너를 보시고 반기실까 하노라

〈제3수〉

④ 1 임이 너를 보고 반기실까 아니실까
2 몇 해 동안 꽃과 버들에 취해 잠을 못 깨었는가
3 두어라 다 각각의 정이니 나와 (매화가 함께) 늙고자 하노라

〈제4수〉

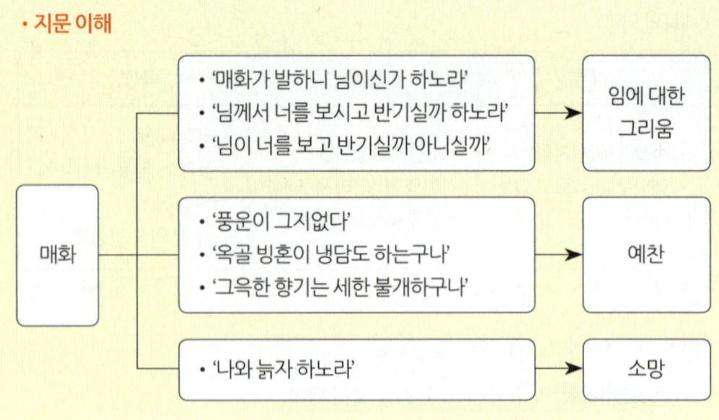

(다)

1 [1]휴전이 되던 해(1953년) 음력 정월(1월) 초순께, 해가 설핏한(해가 져서 그 빛이 약한) 강 나루터(나룻배가 닿고 떠나는 곳)에 아버지와 나는 서 있었다. [2]작은증조부(할아버지의 작은아버지)께 세배를 드리러 가는 길이었다. [3]강만 건너면 바로 작은댁(작은증조부 댁)인데, 배가 강 건너편에 있었다. [4]아버지가 입에 두 손을 나팔처럼 모아 대고 강 건너에다 소리를 지르셨다.

[5]"사공—, 강 건너 주시오."

→ 아버지와 '나'는 강 건너 작은댁에 가기 위해 나루터에 서 있었다.

2 [1]건너편 강 언덕 위에 뱃사공의 오두막집(작고 초라한 집)이 납작하게 엎드려 있었다. [2]노랗게 식은 햇살에 동그마니(따로 오똑하게) 드러난 외딴집(홀로 떨어져 있는 집), 지붕 위로 하얀 연기가 저녁 강바람에 산란하게(흩어질 散 어지러울 亂 : 어수선하고 뒤숭숭하게) 흩어지고 있었다. [3]그 오두막집 삽짝(나뭇가지를 엮어서 만든 문짝) 앞에 능수버들나무가 맨 몸뚱이로 비스듬히 서 있었다. [4]둥치(큰 나무의 밑동)에 비해서 가지가 부실한(아닐 不 튼튼할 實 : 약한) 것으로 보아 고목(옛 古 나무 木 : 여러 해 자라 더 크지 않을 정도로 오래된 나무)인 듯 싶었다. [5]나루터의 세월이 느껴졌다.

→ '나'는 강 건너편 뱃사공의 오두막집과 삽짝 앞 고목을 보았다.

3 [1]강심(강 江 가운데 心 : 강의 한복판)만 남기고 강은 얼어붙어 있었고, 해가 넘어가는 쪽 컴컴한 산기슭에는 적설(쌓을 積 눈 雪 : 쌓여 있는 눈)이 쌓여서 하얗게 번쩍거렸다. [2]나루터의 마른 갈대는 '서걱서걱' 아픈 소리를 내면서 언 몸을 회리바람(회오리바람)에 부대끼고(부딪치고) 있었다. [3]마침내 해는 서산(서쪽 西 산 山 : 서쪽 산)으로 떨어지고 갈대는 더 아픈 소리를 신음처럼 질렀다.

→ 한겨울 해질녘의 나루터 풍경은 황량했다.

4 [1]나룻배는 건너오지 않았다. [2]나는 ⓒ뱃사공이 나오나 하고 추워서 발을 동동거리며(구르며) 사공네 오두막집 삽짝을 바라보고 있었다. [3]아버지는 팔짱을 끼고 부동(아닐 不 움직일 動 : 몸이 움직이지 않음)의 자세로 사공 집 삽짝 앞의 버드나무 둥치처럼 꿈쩍도 않으셨다. [4]'사공—, 강 건너 주시오.' [5]나는 아버지가 그 소리를 한 번 더 질러 주시기를 바랐다. [6]그러나 아버지는 두 번 다시 그 소리를 지르지 않으셨다. [7]그걸 아버지는 치사(恥事)(부끄러울 恥 일 事 : 행동이나 말 따위가 쩨쩨하고 남부끄러움)로 여기신 것일까. [8]사공은 분명히 ⓓ따뜻한 방 안에서 방문의 쪽유리(작은 유리)를 통해서 건너편 나루터에 우리 부자가 하얗게(추워서 핏기 없이) 서 있는 것을 보았을 것이다. [9]그러나 도선(건널 渡 배 船 : 나루와 나루 사이 오가며 사람이나 짐 따위를 실어 나르는 작은 배)의 효율성과 사공의 존재가치를 높이기 위해서 나루터에 ⓔ선객(배 船 손님 客 : 배를 탈 손님)이 더 모일 때를 기다렸기 쉽다(기다렸을 것이다). [10]그게 사공의 도선 방침(방향 方 바늘 針 : 방향과 계획)일지는 모르지만 엄동설한(엄할 嚴 겨울 冬 눈 雪 찰 寒 : 한겨울의 심한 추위)에 서 있는 사람에 대한 옳은 처사(처리할 處 일 事 : 일 처리)는 아니다. [11]이 점이 아버지는 못마땅하셨으리라. [12]힘겨운 시대를 견뎌 내신 아버지의 완강함(완고할 頑 굳셀 剛 : 기질이 꼿꼿하고 곧으며 고집이 셈)과 사공의 존재가치 간의 이념적 대치(마주할 對 일어설 峙 : 서로 맞서서 버팀)였다.

→ '나'는 부동자세의 아버지와 건너오지 않는 나룻배를 보며 아버지의 완강함과 사공의 존재가치가 이념적으로 대치한다고 생각했다.

5 [1]아버지는 주루막(물건을 담아 나르는 데 쓰는 농기구)을 지고 계셨다. [2]주루막 안에는 정성 들여 ⓕ한지(한국 韓 종이 紙 : 닥나무 껍질 따위의 섬유를 원료로 하여 한국 고유의 제조법으로 만든 종이)에 싼 육적(肉炙)(고기 肉 구울 炙 : 제사나 잔치 때에 쓰는, 쇠고기를 굽거나 지진 음식)과 술 항아리에 용수(술이나 장을 거르는 데 쓰는, 싸리나 대오리로 만든 둥글고 긴 통)를 질러서(꽂아서) 뜬(발효시킨), 제주(祭酒)(제사 祭 술 酒 : 제사에 쓰는 술)로 쓸 술이 한 병 들어 있었

다. [3]작은증조부께 올릴 세의(歲儀)(해 歲 선물 儀 : 연말에 선사하는 물건)다. [4]엄동설한 저문 강변에 세의를 지고 꿋꿋하게 서 계시던 분(아버지)의 모습이 보인다.

→ 저문 강변에서 세의를 지고 꿋꿋하게 서 계시던 아버지의 모습을 떠올린다.

- 목성균, 「세한도(歲寒圖)(해 歲 찰 寒 그림 圖 : 매우 심한 한겨울의 추위를 배경으로 그린 그림)」-

'나'는 완강한 아버지와 사람보다는 도선의 효율성을 중시하는 사공 간의 이념적 대치를 경험했던 과거를 회상하며 강변에서 꿋꿋하게 서 계시던 아버지의 모습을 떠올린다.

▲ 주루막((다) **5**-1)

▲ 용수((다) **5**-2)

▲ 세한도

: 한겨울 풍경을 통해 선비의 지조를 드러낸 추사 김정희의 그림 '세한도'이다. 엄동설한에도 꿋꿋하고 완강한 태도를 유지한 '아버지'의 모습과 김정희가 그린 '세한도'는 전달하고자 하는 의미가 서로 유사하다. 김정희 그림의 '세한도(歲寒圖)'라는 제목은 논어의 '자한편'에서 따왔는데, 사람은 고난을 겪을 때에 비로소 그 지조의 일관성이나 인격의 고귀함 등이 드러날 수 있다는 뜻이다.

---

047 | 표현상 공통점 - 적절한 것 고르기 | 2023년 6월 학평 33번 | 정답률 75% | 정답 ③

(가) ~ (다)의 공통점으로 가장 적절한 것은?

선지	핵심 체크 내용	(가)	(나)	(다)
①	설의적 표현 → 대상이 지닌 속성을 강조	X	O	X
②	명암의 대비	X	X	O
	주제를 형상화	X	X	X
③	구체적 사물이나 상황 → 내면적 가치를 발견	O	O	O
④	직유법 → 대상의 외양을 구체적으로 묘사	O	X	O
⑤	풍자적 기법 → 사회 현실에 대한 비판 의식	X	X	X

→ (나)만 해당

① *설의적 표현으로 대상이 지닌 속성을 강조하고 있다.
* 이미 알고 있는 사실을 의도적으로 의문의 형식으로 표현함으로써 내용을 강조하고자 하는 표현

근거 | (나) **4**-2 기년 화류의 취한 잠 못 깨었는가

풀이 | (나)의 '기년 화류의 취한 잠 못 깨었는가'에서 설의적 표현을 통해 몇 해 동안 꽃과 버들에 취해 있는 '님'의 속성을 강조하고 있다. (가)와 (다)에는 설의적 표현이 나타나지 않는다.

→ 적절하지 않음!

→ (다)만 해당

② *명암의 대비를 통해 작품의 주제를 형상화하고 있다. * 밝음과 어두움을 맞대어 비교함

근거 | (다) **3**-1 해가 넘어가는 쪽 컴컴한 산기슭에는 적설이 쌓여서 하얗게 번쩍거렸다.

풀이 | (다)의 '컴컴한 산기슭'과 '하얗게 번쩍거리'는 '적설'에서 명암의 대비가 나타난다. 그러나 이를 통해 작품의 배경을 제시하고 있을 뿐, 주제를 형상화하고 있지는 않다. (가)와 (나)에는 명암의 대비가 나타나지 않는다.

→ 적절하지 않음!

■ 명암의 대비를 통해 작품의 주제를 형상화하는 작품
• 신석정, 「들길에 서서」 (2007학년도 수능)
저문 들길에 서서 푸른 별을 바라보자
→ '저문 들길'이라는 어둠의 이미지와 '푸른 별'이라는 밝음의 이미지가 대조되어 긍정적 미래가 오길 희망하는 주제를 형상화하고 있다.

✔③ **구체적 사물이나 상황을 통해 내면적 가치를 발견하고 있다.**

근거 (가)-3~4 굳건한 그 절개를/ ~ 깨끗한 그 빈 마음
(나)-❷ 풍운이 그지없다/ 옥골 빙혼이 냉담도 하는구나/ ~ 세한 불개 하구나
(다) ❹-12 힘겨운 시대를 견뎌 내신 아버지의 완강함/ ❺-4 엄동설한 저문 강변에 세의를 지고 꿋꿋하게 서 계시던 분의 모습

풀이 (가)는 구체적 사물인 '대나무'를 통해 절개와 무욕을, (나)는 구체적 사물인 '매화'를 통해 지조와 절개를, (다)는 '아버지'와 함께 한겨울 강 나루터에서 나룻배를 기다렸던 구체적 상황을 통해 힘겨운 시대를 견뎌 내신 '아버지'의 완강함과 꿋꿋함을 발견하고 있다.

→ 적절함!
↱ (가), (다)만 해당
④ *직유법을 활용하여 대상의 **외양을 구체적으로 묘사하고 있다. * '~같이, ~처럼' 등을 사용하여 표현하려는 대상을 이와 유사한 속성을 가진 다른 대상에 빗대어 표현하는 것 ** 겉모습

근거 (가)-2 얼음같이 둥근 달
(다) ❶-4 아버지가 입에 두 손을 나팔처럼 모아 대고 강 건너에다 소리를 지르셨다./ ❹-3 아버지는 팔짱을 끼고 부동의 자세로 사공 집 삽짝 앞의 버드나무 둥치처럼 꿈쩍도 않으셨다.

풀이 (가)는 '얼음같이'에서 직유법을 활용하여 대상인 '달'의 외양을 구체적으로 묘사하고 있다. (다)는 '나팔처럼'과 '버드나무 둥치처럼'에서 직유법을 활용하여 대상인 '아버지'의 외양을 구체적으로 묘사하고 있다. 그러나 (나)에는 직유법이 사용되지 않았다.

→ 적절하지 않음!

⑤ *풍자적 기법으로 사회 현실에 대한 비판 의식을 보여 주고 있다. * 부정적 현실이나 상황, 인물 등을 비웃으며 비꼬고 비판하는 방식

풀이 (가), (나), (다) 모두 풍자적 기법을 사용하여 사회 현실을 비판하고 있지 않다.

→ 적절하지 않음!

> ■ 풍자적 기법으로 사회 현실에 대한 비판 의식을 보여 주고 있는 작품
> • **김지하, 「오적」**
> 시(詩)를 쓰되 좀스럽게 쓰지 말고 똑 이렇게 쓰럇다./ 내 어쩌다 붓끝이 험한 죄로 칠전에 끌려가/ 볼기를 맞은 지도 하도 오래라 삭신이 근질근질/ 방정맞은 조동아리 손목댕이 오물오물 수물수물/ 뭐든 자꾸 쓰고 싶어 견딜 수가 없으니, 에라 모르겠다/ ~ 예가 바로 재벌(狾㹸), 국회의원, 고급 공무원, 장성, 장차관이라 이름하는,/ 간땡이 부어 남산만 하고 목 질기기가 동탁 배꼽 같은/ 천하흉포 오적의 소굴이렷다.
> → '재벌, 국회의원, 고급 공무원, 장성, 장차관'을 일제의 한국 침략 과정에 적극 가담했던 다섯 명의 친일 인사 '을사오적'에 빗대어 해학적으로 풍자함으로써 1970년대 당시 한국 사회의 비리와 부정부패한 현실에 대한 비판 의식을 보여 주고 있다.

---

048 | 감상의 적절성 – 적절하지 않은 것 고르기 2023년 6월 학평 34번
정답률 80% | 정답 ③

〈보기〉를 참고하여 (가)와 (나)를 감상한 내용으로 적절하지 않은 것은? [3점]

> | 보 기 |
> [1] (가)와 (나)는 추운 계절을 이겨 내는 강인한 속성이 있어 예로부터 예찬(공경할 禮 찬양할 讚 : 훌륭하거나 좋다고 찬양함)의 대상이었던 대나무와 매화를 각각 시적 대상으로 삼고 있다. [2] (가)의 화자는 사철 푸르고 속이 빈 대나무를 고매한(높을 高 멀리 갈 邁 : 높고 빼어난) 인품(사람 人 품격 品 : 사람의 됨됨이)에 빗대고 있고, (나)의 화자는 이른 봄 피어난 매화를 통해 임을 떠올리고 매화에 대한 긍정적 인식과 임에 대한 정서를 함께 드러내고 있다.

① (가)의 화자는 '옥설'에 눌려도 푸름을 유지하는 대나무를 통해 '굳건한' 지조를 떠올리고 있군.

근거 〈보기〉-2 (가)의 화자는 사철 푸르고 속이 빈 대나무를 고매한 인품에 빗대고 있고,
(가)-1 옥설이 차갑게 대나무를 누르고/3 여기서 알겠노라 **굳건한** 그 절개를

풀이 (가)의 화자는 '옥설'에 차갑게 눌려도 사철 푸른 대나무를 통해 '굳건한' 절개와 지조를 떠올리며 대나무를 예찬하고 있다.

→ 적절함!

② (가)의 화자는 대나무의 속이 빈 속성을 긍정적으로 인식하여 대나무를 내면이 '깨끗한' 인품에 비유하고 있군.

근거 〈보기〉-2 (가)의 화자는 사철 푸르고 속이 빈 대나무를 고매한 인품에 빗대고 있고,

(가)-4 더욱이 깨닫노라 **깨끗한** 그 빈 마음

풀이 (가)의 화자는 대나무의 속이 빈 속성을 '깨끗한 그 빈 마음'이라고 긍정적으로 인식하여 사람의 깨끗하고 고매한 인품에 빗대고 있다.

→ 적절함!

예찬하고 있군
✔③ (나)의 화자는 '옥골 빙혼(玉骨氷魂)'의 자태를 가진 매화를 '님'으로 ~~착각한 것을 깨닫고 서러워하고 있군.~~

근거 〈보기〉-2 (나)의 화자는 이른 봄 피어난 매화를 통해 임을 떠올리고 매화에 대한 긍정적 인식과 임에 대한 정서를 함께 드러내고 있다.
(나) ❶-3 일야 매화가 발하니 **님**이신가 하노라 // ❷-3 옥골 빙혼이 냉담도 하는구나

풀이 (나)의 화자는 〈제1수〉에서 밤에 핀 매화를 보고 '님'을 떠올리고 〈제2수〉에서 '옥골 빙혼(옥같이 희고 깨끗한 모습과 얼음과 같이 맑고 깨끗한 넋)'의 자태를 가진 매화를 예찬한다. 따라서 (나)의 화자가 '옥골 빙혼'의 자태를 가진 매화를 '님'으로 착각했다고 볼 수 없으며, 서러워하고 있다고 볼 수도 없다.

→ 적절하지 않음!

④ (나)의 화자는 추운 계절에도 굴하지 않고 '그윽한 향기'를 풍기는 매화의 강인함을 예찬하고 있군.

근거 〈보기〉-1 (가)와 (나)는 추운 계절을 이겨 내는 강인한 속성이 있어 예로부터 예찬의 대상이었던 대나무와 매화를 각각 시적 대상으로 삼고 있다.
(나) ❷-3 풍편의 **그윽한 향기**는 세한 불개 하구나

풀이 (나)의 화자는 '세한불개' 하고(한겨울의 추위에도 변하지 않고) '그윽한 향기'를 풍기는 매화의 강인한 속성을 예찬하고 있다.

→ 적절함!

⑤ (나)의 화자는 '춘휘(春暉)'를 먼저 느끼게 해 준 매화의 소식을 '님'에게 전달하고 싶은 소망을 드러내고 있군.

근거 〈보기〉-2 (나)의 화자는 이른 봄 피어난 매화를 통해 임을 떠올리고 매화에 대한 긍정적 인식과 임에 대한 정서를 함께 드러내고 있다.
(나) ❸-1~2 천기도 묘할시고 네 먼저 **춘휘**로다/ 한 가지 꺾어 내어 이 소식 전차 하니

풀이 (나)의 화자는 '춘휘(봄의 따뜻한 햇빛)'를 먼저 느끼게 해 준 매화의 한 가지를 꺾어 내어 '님'에게 이 소식을 전하고자 하는 소망을 드러내고 있다.

→ 적절함!

---

049 | 구절의 의미 – 적절하지 않은 것 고르기 2023년 6월 학평 35번
정답률 80% | 정답 ④

㉠ ~ ㉤에 대한 설명으로 적절하지 않은 것은?

① ㉠ : 매화를 발견할 당시 화자의 상황과 시간적 배경이 드러나 있다.

근거 (나) ❶-1 ㉠모첨의 달이 진 제 첫 잠을 얼핏 깨어

풀이 ㉠에서는 화자가 매화를 발견할 당시 '첫 잠을 얼핏' 깬 화자의 상황과 '모첨의 달이 진' 시간적 배경이 드러나 있다.

→ 적절함!

② ㉡ : 매화를 대할 임의 반응이 어떠할지를 궁금해하는 마음이 드러나 있다.

근거 (나) ❸-2 한 가지 꺾어 내어 이 소식 전차 하니 // ❹-1 ㉡님이 너를 보고 반기실까 아닐까

풀이 ㉡에서는 매화 한 가지를 꺾어 임에게 보냈을 때 임의 반응이 어떠할지를 궁금해하는 화자의 마음이 드러나 있다.

→ 적절함!

③ ㉢ : 아버지와 대비되는 글쓴이의 행동에서 추위에서 벗어나고 싶어 하는 마음이 드러나 있다.

근거 (다) ❹-2~3 나는 ㉢뱃사공이 나오나 하고 추워서 발을 동동거리며 사공네 오두막 집 삽짝을 바라보고 있었다. 아버지는 팔짱을 끼고 부동의 자세로 사공 집 삽짝 앞의 버드나무 둥치처럼 꿈쩍도 않으셨다.

풀이 ㉢에서는 팔짱을 끼고 부동의 자세로 꿈쩍 않고 서 있는 아버지의 모습과는 대비되는 글쓴이의 행동이 나타난다. 글쓴이의 이러한 행동에는 추위에서 벗어나고 싶어 하는 마음이 드러나 있다고 볼 수 있다.

→ 적절함!

사공의 의도를 추측하는 글쓴이의
✔④ ㉣ : ~~선객들의 모습을 비판적으로 바라보는 아버지의 생각이 드러나 있다.~~

근거 (다) ❹-9 도선의 효율성과 사공의 존재가치를 높이기 위해서 나루터에 ㉣선객이 더 모일 때를 기다렸기 쉽다.

ⓔ에는 사공의 처사에 대해 그 의도를 추측하는 글쓴이의 생각이 드러나 있다. 즉, 글쓴이와 아버지를 엄동설한에 서 있게 하는 사공의 처사가 '도선의 효율성과 사공의 존재가치를 높이기 위해서 나루터에 선객이 더 모일 때를 기다렸'기 때문일 것이라는 글쓴이의 생각이 드러나 있는 것이다. 따라서 ⓔ에는 아버지의 생각이 드러나 있지 않으며, 아버지는 선객들의 모습을 비판적으로 바라보고 있지도 않다.

→ 적절하지 않음!

⑤ ⓜ : 작은댁에 세배하러 가면서 준비한 음식으로 아버지의 정성이 드러나 있다.
- **근거** **(다) ⑤-2~3** 주루막 안에는 정성 들여 ⓜ 한지에 싼 육적과 술 항아리에 용수를 질러 뜬, 제주로 쓸 술이 한 병 들어 있었다. 작은증조부께 올릴 세의다.
- **풀이** ⓜ은 작은증조부께 세배를 드리러 가면서 아버지가 주루막 안에 지고 가는 음식으로 아버지의 정성이 드러나 있다.

→ 적절함!

---

050 감상의 적절성 – 적절하지 않은 것 고르기 **2023년 6월 학평 36번** 정답률 70%, 매력적 오답 ④ 10%   **정답 ②**

〈보기〉를 바탕으로 (다)를 감상한 내용으로 적절하지 <u>않은</u> 것은?

| 보기 |
¹ (다)의 제목이기도 한 '세한도'는, 한겨울 풍경을 통해 선비의 지조를 드러낸 추사 김정희의 그림이다. ² (다)의 글쓴이는 혹독하게 추운 겨울에 뜻을 굽히지 않던 아버지의 모습에서 선비적 면모를 발견하고 이날의 경험을 회화적으로(그림의 성격을 띠는 것으로) 형상화하고 있다. ³ 글쓴이는 아버지가 사공의 처사를 부당하게 여겼고 이에 맞서는 의미로 추위를 견디며 꿋꿋이 서 있었다고 본 것이다.

① '노랗게 식은 햇살'과 '하얗게 번쩍거'리는 '적설'을 통해 매섭게 추운 겨울 강가를 회화적으로 형상화하고 있군.
- **근거** **〈보기〉-2** 혹독하게 추운 겨울에 ~ 이날의 경험을 회화적으로 형상화하고 있다.
- **(다) ❷-2** 노랗게 식은 햇살에 동그마니 드러난 외딴집,/ **❸-1** 해가 넘어가는 쪽 컴컴한 산기슭에 **적설**이 쌓여서 **하얗게 번쩍거**렸다.
- **풀이** (다)에서는 '노랗게 식은 햇살'과 '컴컴한 산기슭에' 쌓여서 '하얗게 번쩍거'리는 '적설'을 통해 해질녘의 매섭게 추운 겨울 강가를 마치 그림을 보고 있는 것처럼 회화적으로 형상화하고 있다.

→ 적절함!

한겨울 나루터의 쓸쓸하고 스산한 분위기를 부각하는군
✓② '아픈 소리를 신음처럼' 지르는 '갈대'는 사공의 부당한 처사에 맞서려는 글쓴이의 내면을 *표상하고 있군. *나타낼 表 모양 象 : 드러내고
- **근거** **〈보기〉-3** 글쓴이는 아버지가 사공의 처사를 부당하게 여겼고 이에 맞서는 의미로 추위를 견디며 꿋꿋이 서 있었다고 본 것이다.
- **(다) ❸-2~3** 나루터의 마른 갈대는 '서걱서걱' 아픈 소리를 내면서 언 몸을 회리바람에 부대끼고 있었다. 마침내 해는 서산으로 떨어지고 **갈대**는 더 **아픈 소리를 신음처럼** 질렀다.
- **풀이** '아픈 소리를 신음처럼' 지르는 '갈대'는 한겨울의 강추위에 언 갈대가 회리바람에 부대끼는 모습을 표현한 것일 뿐, 이를 사공의 부당한 처사에 맞서려는 글쓴이의 내면을 표상한 것으로 볼 수는 없다. 따라서 '아픈 소리를 신음처럼' 지르는 '갈대'는 한겨울 나루터의 스산하고 을씨년스러운 분위기를 부각하는 자연물로 이해하는 것이 적절하다.

→ 적절하지 않음!

③ 글쓴이는 '버드나무 둥치처럼 꿈쩍도 않는 아버지의 모습에서 지조를 지키려는 선비적 면모를 발견하고 있군.
- **근거** **〈보기〉-2** (다)의 글쓴이는 혹독하게 추운 겨울에 뜻을 굽히지 않던 아버지의 모습에서 선비적 면모를 발견
- **(다) ❹-2~3** 나는 뱃사공이 나오나 하고 추워서 발을 동동거리며 사공네 오두막집 삽짝을 바라보고 있었다. 아버지는 팔짱을 끼고 부동의 자세로 사공 집 삽짝 앞의 **버드나무 둥치처럼 꿈쩍도 않**으셨다./ 12 힘겨운 시대를 견뎌 내신 아버지의 완강함
- **풀이** 글쓴이는 뱃사공이 나오나 하고 추워서 발을 동동거리는 자신과 달리 부동자세로 '버드나무 둥치처럼 꿈쩍도 않'고 뜻을 굽히지 않던 아버지의 모습에서 선비적 면모를 발견하고 있다.

→ 적절함!

④ '두 번 다시 그 소리를 지르지 않는 모습을 통해 자신의 뜻을 꺾지 않으려는 아버지의 태도를 드러내고 있군.
- **근거** **〈보기〉-2** (다)의 글쓴이는 혹독하게 추운 겨울에 뜻을 굽히지 않던 아버지의 모습

(다) ❹-4~6 '사공—, 강 건너 주시오.' 나는 아버지가 그 소리를 한 번 더 질러 주시기를 바랐다. 그러나 아버지는 **두 번 다시 그 소리를 지르지 않**으셨다.
- **풀이** '사공—, 강 건너 주시오.'라는 소리를 아버지가 한 번 더 질러 주기를 바란 글쓴이의 바람과는 달리 아버지는 두 번 다시 그 소리를 지르지 않으셨다. 이러한 모습을 통해 자신의 뜻을 굽히지 않으려는 아버지의 태도를 드러내고 있다.

→ 적절함!

⑤ '엄동설한 저문 강변'에서 '꿋꿋하게 서' 있던 아버지의 모습은 추사의 그림 '세한도'의 이미지와 연결되는군.
- **근거** **〈보기〉-1** (다)의 제목이기도 한 '세한도'는, 한겨울 풍경을 통해 선비의 지조를 드러낸 추사 김정희의 그림이다.
- **(다) ❺-4** 엄동설한 저문 강변에 세의를 지고 **꿋꿋하게 서** 계시던 분의 모습이 보인다.
- **풀이** '엄동설한 저문 강변'에 세의를 지고 '꿋꿋하게 서' 계시던 아버지의 모습은 한겨울 풍경을 통해 선비의 지조를 드러낸 추사 김정희의 그림인 '세한도'의 이미지와 연결된다고 볼 수 있다.

→ 적절함!

1등급 문제

051 대상의 의미 – 적절한 것 고르기 **2023년 6월 학평 37번** 정답률 55%, 매력적 오답 ④ 25%, ① 10%   **정답 ⑤**

ⓐ와 ⓑ를 이해한 내용으로 가장 적절한 것은?

- **(나) ❹-2** 기년 화류의 ⓐ 취한 잠 못 깨었는가
- **(다) ❹-8** 사공은 분명히 ⓑ 따뜻한 방 안에서 방문의 쪽유리를 통해서 건너편 나루터에 우리 부자가 하얗게 서 있는 것을 보았을 것이다.

안타까움 혹은 원망

① ⓐ에는 임이 처한 상황에 대한 *연민이, ⓑ에는 사공이 처한 상황에 대한 추측이 담겨 있다. *불쌍히 여김
- **풀이** ⓐ에서 임은 몇 해 동안 꽃과 버들에 취해 있으므로 ⓐ에는 임에 대한 연민이 아닌, 임에 대한 안타까움 혹은 원망이 담겨 있다고 보는 것이 적절하다. ⓑ에는 따뜻한 방 안에서 추위에 하얗게 서 있는 우리 부자를 보고 있는 사공의 상황에 대한 글쓴이의 추측이 담겨 있다.

→ 적절하지 않음!

② ⓐ에는 화자가 지향하는 행동이, ⓑ에는 글쓴이가 지향하는 공간의 속성이 구체화되고 있다.
- **풀이** ⓐ에는 임이 처한 상황에 대한 화자의 추측이 담겨 있을 뿐 화자가 지향하는 행동이 구체화되고 있지는 않다. 한편, 추워서 발을 동동거리고 있는 글쓴이의 입장에서 ⓑ는 글쓴이가 지향하는 공간의 속성이 구체화된 것으로 이해할 수 있다.

→ 적절하지 않음!

③ ⓐ에는 돌아오지 않는 임에 대한 원망이, ⓑ에는 곧 돌아올 사공에 대한 기대감이 *내포되어 있다. *담겨
- **풀이** ⓐ에는 몇 해 동안 꽃과 버들에 취해 아직도 잠을 못 깬 임에 대한 화자의 안타까움과 원망이 담겨 있으므로 ⓐ에는 돌아오지 않는 임에 대한 원망이 내포되어 있다고 볼 수 있다. 그러나 ⓑ에는 사공의 상황에 대한 글쓴이의 추측이 담겨 있을 뿐 곧 돌아올 사공에 대한 기대감이 내포되어 있지는 않다.

→ 적절하지 않음!

④ ⓐ에는 자신의 처지에 대해 *자조하는 태도가, ⓑ에는 사공의 **몰인정함에 대해 비판하는 태도가 드러나 있다.
*스스로 自 비웃을 嘲 : 스스로를 비웃는 ** 없을 沒 사람 人 정情 : 인정 없음
- **근거** **(다) ❹-9~10** 도선의 효율성과 사공의 존재가치를 높이기 위해서 나루터에 선객이 더 모일 때를 기다렸기 쉽다. 그게 사공의 도선 방침일지는 모르지만 엄동설한에 서 있는 사람에 대한 옳은 처사는 아니다.
- **풀이** ⓐ에는 임의 상황에 대한 화자의 추측이 담겨 있을 뿐, 자신의 처지에 대해 자조하는 태도는 드러나지 않는다. ⓑ에서 글쓴이는 자신과 아버지가 추위에 떨며 나루터에 서 있는 것을 보고도 따뜻한 방 안에서 선객이 더 모일 때를 기다리고 있었을 사공의 모습을 추측하고 있으므로 사공의 몰인정함에 대한 비판적인 태도가 드러난다고 볼 수 있다.

→ 적절하지 않음!

6 ⓐ에는 화자의 처지와 대비되는 임의 모습이, ⓑ에는 글쓴이가 있는 공간과 대비되는 공간이 제시되어 있다.

근거 (나) **❶**-3 일야 매화가 발하니 님이신가 하노라
풀이 ⓐ에서 꽃과 버들에 취해 있는 임의 모습은 매화가 핀 것을 보고 임을 떠올리며 그리워하는 화자의 처지와는 대비된다. 한편 ⓑ에는 글쓴이가 있는 추운 나루터와는 대비되는 따뜻한 공간이 제시되어 있다.

→ 적절함!

[052~056] 다음 글을 읽고 물음에 답하시오.

작품 이해 단계 ① 화자 ② 상황 및 대상 ③ 정서 및 태도 ④ 주제

(가)

① 화자 : '나' — '지방에서 온 관리'를 비유한 말. '외방'은 다른 지방
1 **나는 이럴망정 외방의 늙은 종**이
— 바칠 貢 물건 物 : 궁중이나 나라에 세금으로 바치던 특산물
2 (우리 집에) **공물 바치고 돌아갈 때 하는 일 다 보았네**
— 댁 宅 : 집. '나라'를 비유한 말
3 ㉠ 우리 댁(宅) 살림이 예부터 이렇던가
— 살아가는 형편 — 예전, 과거 / ② 상황 : 과거에는 집안에 농민이 많았던 상황
4 전민(田民)이 많단 말이 일국에 소문이 났는데
— 농사지을 田 백성 民 : 농민 — 모든 一 나라 國 : 온 나라
5 **먹고 입으며 드나드는** 종이 백여 명이 넘는데도
— '나라의 관리'를 의미함
6 무슨 일 하느라 텃밭을 묵혔는가
— 쇠로 만든 농기구 — 농사짓지 않고 그대로 놔두었는가 / ② 상황 : 종들이 게으름을 피우고 일하지 않는 상황
7 농장이 없다던가 호미 연장 못 가졌나
— 농사 農 논밭 場 : 농사지을 땅
8 날마다 무엇하려 밥 먹고 다니면서
9 **열 나무 정자 아래 낮잠만 자**는가
— 경치가 좋은 곳에 놀거나 쉬기 위하여 지은 집
10 아이들 탓이던가
11 ㉡ 우리 댁 종의 버릇 보노라면 이상하다
— 지주를 대신하여 땅을 관리하는 사람. 여기서는 '상급 관리'를 의미함
12 **소 먹이는 아이들이 상마름을 능욕하고**
— '하급 관리'를 의미함 — 업신여길 凌 욕될 辱 : 업신여겨 치욕스럽게 하고 / ② 상황 : 종들 사이의 위계질서가 무너지고 종들이 재산을 모아 탐욕을 부리는 상황
13 오고 가는 어리석은 손님이 큰 양반을 기롱한다
— 속일 欺 놀릴 弄 : 속이거나 비웃는다
14 ㉢ **그릇된 재산 모아 다른 꾀로 제 일하니**
— 옳지 못한 — 누가
15 큰 집의 많은 일을 뉘라서 힘써 할까
— 여기서는 '나라'를 의미함
16 곡식 창고 비었거든 창고지기인들 어찌하며
— 창고를 관리하고 지키는 사람
17 세간이 흩어지니 질그릇인들 어찌할까
— 표면에 약을 바르지 않고 진흙만으로 구워 만든, 질이 좋지 않은 그릇
— 집안 살림에 쓰는 온갖 물건
18 내 잘못된 줄 내 몰라도 남 잘못된 줄 모르겠는가
— 남을 해치는 말을 하거니
19 ㉣ **풀어헤치거니 맺히거니, 헐뜯거니 돕거니**
— 흩어지거니 — 모이거니 / ② 상황 : 종들이 자신의 이익을 위해 서로 헐뜯고 다투는 상황
20 하루 열두 때 (집안을) 어수선을 핀 것인가
— 하루 종일 — 어지럽힌 것인가

(중략)

— '형편이 기울어진 나라'를 비유한 말
21 **크게 기운 집**에 상전님 혼자 앉아
— 집주인. '임금'을 비유한 말
22 (상전님의) 명령을 뉘 들으며 논의를 뉘와 할까
— 누가 — 누구와 / ② 상황 : 크게 기운 집에서 상전님이 혼자 근심하는 상황
23 낮 시름 밤 근심 혼자 맡아 계시거니
24 옥 같은 얼굴이 편하실 적 몇 날인가
25 이 집 이리 되기 뉘 탓이라 할 것인가
— 누구
26 ㉤ 생각 없는 종의 일은 묻지도 아니하려니와
— 집이 이렇게 된 것은 종의 탓도 크지만 상전님의 탓도 있다고 생각한다.
27 돌이켜 생각하니 상전님 탓이로다 / ③ 태도 :
28 내 상전 그르다 하기에는 종의 죄 많건마는
— 잘못했다고 — 말씀을 올립니다
29 그렇다 세상 보며 민망하여 여쭙니다
— 민망할 憫 멍할 惘 : 보기에 답답하고 안타까워
30 새끼 꼬는 일 멈추고 내 말씀 들으소서
— 짚을 꼬아 줄을 만드는 일. 여기서는 '사소한 일'을 의미함

[A]
31 집일을 고치려거든 종들을 휘어잡고
— '나랏일'을 의미함 — 손아귀에 넣고 부리고
32 종들을 휘어잡으려거든 상벌을 밝히시고
— 고위 관리인 '화자'를 비유한 말 — 상줄 賞 벌할 罰 : 잘한 것에 상을 주고 잘못한 것에 벌을 주는 일
33 상벌을 밝히시려거든 어른 종을 믿으소서
— 이렇게 — 일어날 / ③ 태도 : 어른 종을 믿어 상벌을 밝히고 종들을 휘어잡으면 가도가 일어날 것이라고 생각한다.
34 진실로 이리 하시면 **가도(家道)** 절로 일 겁니다
— 집 家 도리 道 : 집안에서 마땅히 지켜야 할 도덕적 규범. 여기서는 '나라의 규범'을 의미함

- 이원익, 「고공답주인가」 -
품 雇 장인 工 대답할 答 주인 主 사람 人 노래 歌 : 고공(종)이 주인에게 답하는 노래
④ 주제 : '종'을 비판하고, '상전'에게 집안을 일으킬 방법에 대해 이야기한다.

· 현대어 풀이

1 나는 이럴망정 다른 지방에서 온 늙은 종이
2 (집에) 공물 바치고 돌아갈 때 하는 일을 다 보았네
3 우리 집 살림이 예전부터 이렇던가
4 농민이 많단 말이 온 나라에 소문이 났는데
5 먹고 입으며 (집에) 드나드는 종이 백여 명이 넘는데도
6 무슨 일 하느라 텃밭을 농사짓지 않고 놔두었는가
7 농장이 없다던가 호미 연장을 못 가졌나
8 날마다 무엇을 하려고 밥 먹고 다니면서
9 열 나무 정자 아래에서 낮잠만 자는가
10 아이들 탓이던가
11 우리 집 종의 버릇을 보노라면 이상하다
12 소 먹이는 아이들이 상마름을 욕보이고
13 오고 가는 어리석은 손님이 큰 양반을 속이고 놀린다
14 옳지 못한 방법으로 재산 모아 다른 꾀로 자기의 일을 하니
15 큰 집의 많은 일을 누가 힘써 할까
16 곡식 창고가 비었거든 창고지기인들 어찌하며(할 일이 있겠으며)
17 살림살이가 흩어지니 질그릇인들 어찌할까(질그릇에 담을 것이 있겠는가)
18 내가 잘못된 줄 내가 몰라도 남이 잘못된 줄을 모르겠는가
19 흩어지거니 모이거니(당파를 결성하거니), 헐뜯거니 돕거니(당파 싸움을 하거니)
20 하루 종일 (집안을) 어지럽히는 것인가

(중략)

21 크게 기울어진 집에 상전님 혼자 앉아
22 (상전의) 명령을 누가 들으며 논의를 누구와 할까
23 낮 시름 밤 근심 혼자 맡아 계시거니
24 (상전의) 옥 같은 얼굴이 편하실 적 몇 날일까
25 이 집이 이렇게 된 것이 누구의 탓이라 할 것인가
26 생각 없는 종의 탓임은 말할 것도 없지만
27 돌이켜 생각하니 상전님의 탓이로다
28 내가 상전이 잘못했다고 하기에는 종의 죄가 많지만
29 그렇다 해도 세상 보려니 민망하여 말씀드립니다
30 새끼 꼬는 일을 멈추고 내 말씀을 들으소서
31 집일을 고치려거든 종들을 휘어잡고
32 종들을 휘어잡으려거든 상벌을 밝히시고
33 상벌을 밝히시려거든 어른 종을 믿으소서
34 진실로 이렇게 하시면 가도가 절로 일어날 겁니다

· 지문 이해

크게 기운 집	종	상전님	어른 종('나')
형편이 기울어진 나라	탐욕스럽고 게으른 관리	임금	임금에게 조언하는 고위 관리

(나)

❶ 1 "사람답게 살아라."라는 말은 소설가 김정한(일제 강점기 핍박받는 농민의 모습과 친일파 승려의 횡포를 그린 농민 소설 「사하촌」의 작가)이 평생을 두고 자주 한 말이다. 2 나는 그(김정한)의 문장 가운데 다음의 구절을 좋아한다. 3 "어딜 가도 산이 있고 들이 있고 그리고 인간이 살았다. 4 인간이 사는 곳에는 으레(늘) 나뭇가리(땔나무를 쌓은 더미)가 있고 그 곁에는

코흘리개(철없는 어린아이)들이 놀곤 하였다. [5]조국이란 것이 점점 가슴에 느껴졌다." [6]이 명료한(밝을 明 분명할 瞭 : 뚜렷하고 분명한) 문장을 읽고 있으면 사람이 떼를 이루어 사는 세상의 풍경이 한눈에 들어오는 것만 같다. [7]그것도 느리고 큰 자연과 더불어. [8]사람의 생활이라는 것도 눈에 들어오는 문장이다.

[B]
[9]이래저래 만나게 되는 사람들과 이런저런 사연으로 이별을 경험하게 된 사람들, 그리고 그들의 눈물과 사랑을 하고 있는 저 뜨거운 가슴도 짐작을 하게 된다. [10]조각돌(조각난 돌)처럼 까다롭고 별난 사람도 있고, 몽돌(모가 나지 않고 둥근 돌)처럼 둥글둥글한 사람도 있고, 조각을 한 듯 잘생긴 사람도 있고, 마음에 태풍이 지나가는 사람도 있고, 마음에 4월의 봄볕이 내리는 사람도 있다. [11]그들 모두 하나의 무리를 이루고 사는 것이 이 세상 아닌가 싶은 생각이 드는 것이다.

→ 김정한의 문장을 읽으면 다양한 사람들이 모여 세상을 이루고 있음을 생각하게 된다.

(중략)

2 [1]나는 가끔 생각하기를 마당이 있는 집이 내게 있다면 주변의 돌들을 모아서 돌탑을 쌓고 싶다고 소망한다. [2]그리고 나의 아이들과 아내에게도 돌탑을 하나씩 쌓을 것을 부탁하고 싶다. [3]산사(산 山 절 寺 : 산속에 있는 절)에 올라가다 보면 길가나 바위 위에 누군가 쌓아 올린 돌탑들처럼 나의 작은 마당 한쪽 한쪽에 돌탑을 쌓아 놓고 싶은 것이다. [4]아래에는 큰 돌이 필요하고 위를 향해 쌓아 갈수록 보다 작은 돌들이 필요할 것이다. [5]그리고 각각의 장소에서 구해 온 돌들은 각각의 크기와 모양과 빛깔을 지니고 있을 것이다. [6]반듯한 것도 있고 움푹 팬 것도 있을 것이다. [7]마치 여러 종류의 꽃과 풀들이 자라나서 하나의 화단을 이루듯이 그 돌들은 서로 **업고 업혀서**(쌓고 쌓여서) 하나의 탑을 이룰 것이다.

[8]그런데 돌탑을 쌓아 본 사람은 돌탑을 쌓는 데에는 **잔돌**(조그마한 돌)이 필요하다는 것을 알 것이다. [9]불안하게 **기우뚱하는**(기울어지는) 돌탑의 층을 바로잡아 주려면 이 잔돌을 **괴는**(아래를 받쳐 안정시키는) 일이 무엇보다 필요하다. [10]잔돌을 굄으로써 **탑**은 한 층 한 층 **수평을 이루게** 된다. [11]못생긴 나무도 숲을 이루는 한 나무요, 쓸모없는 나무는 없다는 말이 있듯이 보잘것없고 작은 잔돌이라도 탑을 올리는 데에는 꼭 필요하다. [12]돌탑을 쌓아 올리면서 배우는 것 가운데 하나는 이 잔돌의 소중함을 아는 일이다.

→ 돌탑을 쌓을 때 잔돌이 필요하다는 것에서 잔돌의 소중함을 알게 되었다.

3 [1]사람 사는 세상도 다를 바 없다. [2]잔돌 같은 사람이 필요하다. [3]의견이 맞지 않아 다툴 때 그 대화의 **매정한**(쌀쌀맞고 인정 없는) 분위기를 무너뜨려 주는 사람이 우리 주변에는 더러 있다. [4]잔돌처럼 작용해 의견이 다른 사람들의 의견과 의견의 **대립**(대할 對 설 立 : 맞서는 상황)을 풀어 주는 사람이 있다. [5]이런 부드러운 개입의 고마움을 우리는 간혹 잊고 사는 것이 아닐까 싶다.

[6]봄 산이 봄 산인 이유는 새잎이 돋고 꽃이 **거기**(봄 산)에 있기 때문이다. [7]수많은 꽃은 자기의 존재감을 주장하지 않는다. [8]그냥 **스스로**의 생명력으로 피어나 봄 산의 아름다움을 이룬다. [9]이 **세세하고**(작을 細 작을 細 : 작고) **능동적인**(능할 能 움직일 動 ~의 的 : 스스로 움직이는) 존재의 움직임을 **보살폈으면**(이리저리 살펴보았으면) 한다. [10](세세하고 능동적인 존재를) 돌탑에 다시 비유하자면 잔돌과 같은 그 무엇이기 때문이다.

→ 세상에는 세세하고 능동적인 잔돌 같은 사람이 필요하다.

- 문태준, 「돌탑과 잔돌」 -

• **중심 내용**
김정한의 문장을 읽으면 다양한 사람들이 모여 세상을 이루고 있다는 것을 생각하게 된다. '나'는 가끔 마당 있는 집에서 돌탑을 쌓는 것을 소망하는데, 돌탑을 쌓을 때 잔돌의 역할이 중요한 것처럼 사람 사는 세상에서도 잔돌 같은 사람이 꼭 필요하다고 생각한다.

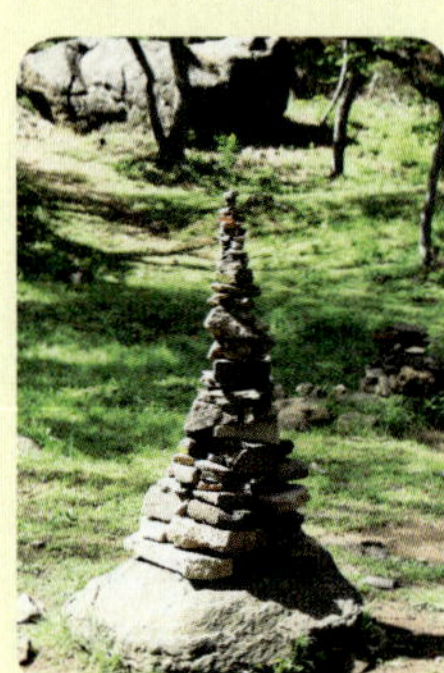

◀ 돌탑
돌탑을 쌓을 때 한 층 한 층의 수평을 이루게 해 주는 잔돌이 필요하듯 사람 사는 세상에도 사람 사이의 의견 대립을 풀어 줄 수 있는 잔돌 같은 사람이 필요하다.

(가)와 (나)의 공통점으로 가장 적절한 것은?

① ***부재하는 대상에 대한 그리움을 표현하고 있다.** * 존재하지 않는

풀이 (가)와 (나) 모두 대상의 부재를 언급하고 있지 않으며, 그리움을 표현하고 있지도 않다.

→ 적절하지 않음!

> ■ **부재하는 대상에 대한 그리움을 표현하는 작품**
> • 이수익, 「결빙의 아버지」 (2018학년도 6월 모평)
> 밤마다 나는 벌벌 떨면서/ 아버지 가랭이 사이로 시린 발을 밀어 넣고/ 그 가슴팍에 벌레처럼 파고들어 얼굴을 묻은 채/ 겨우 잠이 들곤 했었지요.// ~// 나를 품어 주던 그 가슴이 이제는 한 줌 뼛가루로 삭아/ 붉은 흙에 자취 없이 뒤섞여 있음을 생각하면/ 옛날처럼 나는 다시 아버지 곁에 눕고 싶습니다.
> → 화자는 자신을 품에 안고 추위를 막아 주던 아버지에 대한 그리움을 표현하고 있다.

② 순수한 자연 세계에 대한 ***동경을 나타내고 있다.** * 간절히 그리워함

풀이 (가)에는 순수한 자연 세계에 대한 동경이 드러나 있지 않다. (나)에서는 인간과 자연이 더불어 사는 세상에 대한 긍정적인 시선이 드러나 있지만, 순수한 자연 세계에 대한 동경이 나타난다고 보기 어렵다.

→ 적절하지 않음!

> ■ **순수한 자연 세계에 대한 동경을 나타내는 작품**
> • 권호문, 「한거십팔곡」 (2019학년도 9월 모평, 2024학년도 6월 모평)
> 비록 못 이뤄도 임천(수풀 林 샘 泉 : 자연)이 좋으니라/ 무심어조(없을 無 마음 心 물고기 魚 새 鳥 : 욕심 없는 물고기와 새)는 절로 한가하나니/ 조만간 세사(세상 世 일 事 : 세속의 일)를 잊고 너(무심어조)를 좇으려 하노라
> → '세사'를 잊고 '임천'에서 '무심어조'를 따르겠다는 것에서 순수한 자연 세계에 대한 화자의 동경이 드러난다.

→ (가)만 해당
③ 부정적 현실에 대한 ***냉소적 태도를 드러내고 있다.** * 쌀쌀한 태도로 업신여기어 비웃는

풀이 (가)는 나라의 상황을 집안의 상황에 빗대어 임금과 신하의 잘못으로 나라가 기울어져 가는 부정적 현실을 비판하고 있으나, 이에 대해 비웃는 냉소적 태도는 드러나 있지 않다. (나)에는 부정적 현실이나 냉소적 태도가 드러나 있지 않다.

→ 적절하지 않음!

> ■ **부정적 현실에 대한 냉소적 태도를 드러내는 작품**
> • 황지우, 「새들도 세상을 뜨는구나」
> 흰 새 떼들이/ 자기들끼리 끼룩거리면서/ 자기들끼리 낄낄대면서/ 일렬 이열 삼렬 횡대로 자기들의 세상을/ 이 세상(자유를 억압하는 현실)에서 떠 메고/ 이 세상 밖(이상 세계) 어디론가 날아간다
> → '끼룩거리면서', '낄낄대면서'를 통해 자유가 허용되지 않는 억압적 현실에 대한 냉소적 태도를 드러내고 있다.
> • 김혜순, 「한강물 얼고, 눈이 내린 날」 (2021학년도 9월 모평)
> 언 강물과 언 하늘(자유를 억압하는 현실)이 맞붙은 사이로/ 저어가지 못하는 배들이 나란히/ 날아가지 못하는 말들이 나란히/ 숨죽이고 있는 것을 비웃으며, 우리는/ 빙그르르. 올 겨울 몹시 춥고 얼음이 꽝꽝 얼고.
> → '우리'가 '비웃는' 행위를 통해 자유가 억압된 현실에 대한 냉소적 태도를 드러내고 있다.

④✔ 현실이나 세상에 대해 ***통찰한 내용을 전달하고 있다.** * 예리하게 꿰뚫어 본

근거 (가)-5~6 먹고 입으며 드나드는 종이 백여 명이 넘는데/ 무슨 일 하느라 텃밭을 묵혔는가/ 14~15 그릇된 재산 모아 다른 꾀로 제 일하니/ 큰 집의 많은 일을 뉘라서 힘써 할까/ 19~20 풀어헤치거니 맺히거니, 헐뜯거니 돕거니/ 하루 열두 때 어수선을 핀 것인가/ 27 돌이켜 생각하니 상전님 탓이로다
(나) ❶-9~11 이래저래 만나게 되는 사람들 ~ 그들 모두 하나의 무리를 이루고 사는 것이 이 세상 아닌가 싶은 생각이 드는 것이다./ ❸-1~5 사람 사는 세상도 다를 바 없다. ~ 부드러운 개입의 고마움을 우리는 간혹 잊고 사는 것이 아닐까 싶다.

풀이 (가)의 화자는 자신이 처한 현실을 통찰하여 종과 상전의 탓으로 집안의 살림이 무너지게 된 현실과 이를 바로잡을 수 있는 방법을 전달하고 있다. 한편 (나)의 글쓴이는 자신이 살아가는 세상을 통찰하여 다양한 사람들이 살아가는 세상에 잔돌 같은 사람이 필요함을 전달하고 있다.

→ 적절함!

⑤ 자신이 처한 상황에 *순응하는 태도를 보여 주고 있다. * 적응하여 따르는

풀이 (가)의 화자는 자신이 처한 상황에 순응하는 것이 아니라, 잘못된 상황을 바로잡으려는 태도를 보이고 있다. 또한 (나)에서 글쓴이가 자신이 처한 상황에 순응하는 태도를 보이는 부분은 찾을 수 없다.

→ 적절하지 않음!

■ **자신이 처한 상황에 순응하는 태도를 보여 주는 작품**
- 정희성, 「저문 강에 삽을 씻고」 (2014년 고3 4월 학평B, 2018년 고2 6월 학평)
  일이 끝나 저물어/ 스스로 깊어 가는 강을 보며/ 쭈그려 앉아 담배나 피우고/ 나는 돌아갈 뿐이다./ ~/ 흐르는 물에 삽을 씻고/ 먹을 것 없는 사람들의 마을로/ 다시 어두워 돌아가야 한다.
  → 노동자인 화자는 매일 반복되는 힘겨운 현실에 순응하는 태도를 보이고 있다.
- 백석, 「흰 바람벽이 있어」 (2015년 고3 3월 학평A, 2021년 고2 3월 학평)
  이 흰 바람벽(방이나 칸살의 옆을 둘러막은 둘레의 벽)엔/ 내 쓸쓸한 얼굴을 쳐다보며/ 이러한 글자들이 지나간다/ — 나는 이 세상에서 가난하고 외롭고 높고 쓸쓸하니 살어가도록 태어났다/ 그리고 이 세상을 살아가는데/ 내 가슴은 너무도 많이 뜨거운 것으로 호젓한(쓸쓸한) 것으로 사랑으로 슬픔으로 가득 찬다
  → 화자는 바람벽에 떠오르는 글자를 보며 자신이 처한 가난하고 외로운 상황을 운명으로 받아들이며 순응하고 있다.

1등급 문제

053 표현상 특징 - 적절한 것 고르기　2023년 3월 학평 24번
정답률 60%, 매력적 오답 ② 25%　　**정답 ④**

[A]와 [B]에 대한 설명으로 가장 적절한 것은?

선지	핵심 체크 내용	[A]	[B]
①	대조적 의미의 구절 → 대상의 속성 드러냄	X	O
②	자연물에 감정 이입 → 표현의 효과 높임	X	X
③	반어법 → 주제 의식 강조	X	-
③	역설법 → 주제 의식 강조	-	X
④	유사한 문장 구조 반복 → 전달 의도 강조	O	O
⑤	말을 건네는 어투 → 청자의 행동 변화 호소	O	X

[A] (가)-31~33 집일을 고치려거든 종들을 휘어잡고/ 종들을 휘어잡으려거든 상벌을 밝히시고/ 상벌을 밝히시려거든 어른 종을 믿으소서
[B] (나)❶-9~11 이래저래 만나게 되는 사람들과 이런저런 사연으로 이별을 경험하게 된 사람들을, 그리고 그들의 눈물과 사랑을 하고 있는 저 뜨거운 가슴도 짐작을 하게 된다. 조각돌처럼 까다롭고 별난 사람도 있고, 몽돌처럼 둥글둥글한 사람도 있고, 조각을 한 듯 잘생긴 사람도 있고, 마음에 태풍이 지나가는 사람도 있고, 마음에 4월의 봄볕이 내리는 사람도 있다. 그들 모두 하나의 무리를 이루고 사는 것이 이 세상 아닌가 싶은 생각이 드는 것이다.

[B]　[A]
① [A]는 [B]와 달리 *대조적 의미를 지닌 구절을 활용하여 대상의 속성을 드러내고 있다. * 반대되는

풀이 [B]는 '조각돌처럼 까다롭고 별난 사람'과 '몽돌처럼 둥글둥글한 사람', '마음에 태풍이 지나가는 사람'과 '마음에 4월의 봄볕이 내리는 사람'을 대조적으로 제시하여 다양한 사람들의 속성을 드러내고 있다. 반면에 [A]는 대조적 의미를 지닌 구절을 활용하여 대상의 속성을 드러내고 있지 않다.

→ 적절하지 않음!

② [B]는 [A]와 달리 *자연물에 글쓴이의 감정을 이입하여 표현의 효과를 높이고 있다.
* 글쓴이의 감정을 자연물에 불어넣어 자연물과 글쓴이가 동일한 감정을 가진 것으로 표현하여

풀이 [B]에 자연물인 '돌'이 나타나 있지만 글쓴이의 감정을 이입하고 있지는 않다. [A]에는 자연물도, 감정 이입의 표현 방식도 나타나지 않는다.

→ 적절하지 않음!

■ **자연물에 화자의 감정을 이입하여 표현의 효과를 높이고 있는 작품**
- 조우인, 「자도사」 (2023학년도 6월 모평)
  차라리 죽어서 자규(두견새)의 넋이 되어/ 밤마다 이화(배꽃)에 피눈물 울어 내어/ 오경(새벽 3시에서 5시 사이)에 잔월(새벽까지 지지 않고 희미하게 남아 있는 달)을 섞어 임의 잠을 깨우리라

→ '자규'가 밤마다 피눈물을 흘린다고 '자규'에 감정 이입을 하여, 화자의 마음을 알아주지 않는 임에 대한 원망의 감정을 효과적으로 보여 준다.

③ [A]는 *반어법을 활용하여, [B]는 **역설법을 활용하여 주제 의식을 강조하고 있다.
* 실제 의미와는 반대로 표현하는 방법　** 표면적으로 말이 안 되지만 중요한 진리를 담고 있는 표현 방법

풀이 [A]에 반어법은 사용되지 않았고, [B]에도 역설법은 사용되지 않았다.

→ 적절하지 않음!

■ **반어법과 역설법**
현대시 014번 문제 ③번 선지 (2024년 9월 학평) 참고 → 013쪽

---

④ [A]와 [B]는 모두 *유사한 문장 구조를 반복하여 전달 의도를 강조하고 있다. * 비슷한

풀이 [A]는 '~을 ~거든 ~을 ~고(소서)'의 문장 구조를 반복하여 나라를 바로잡기 위한 방법을 전달하려는 의도를 강조하고 있다. [B]는 '~ ㄴ/는 사람도 있고(있다)'의 문장 구조를 반복하여 세상에 다양한 사람이 있음을 전달하려는 의도를 강조하고 있다.

→ 적절함!

[A]는
⑤ [A]와 [B]는 모두 말을 건네는 어투를 사용하여 *청자의 행동 변화를 **호소하고 있다. * 듣는 이 ** 불러일으키고

풀이 [A]는 청자인 '상전'에게 말을 건네는 어투(~소서)를 사용하여 청자가 화자의 말을 듣고 종들을 잘 관리하기를 호소하고 있다. 그러나 [B]는 독백 형식으로 화자의 생각을 드러낼 뿐, 말을 건네는 어투를 사용하여 청자의 행동 변화를 호소하고 있지 않다.

→ 적절하지 않음!

---

054 글쓴이의 태도 - 적절한 것 고르기　2023년 3월 학평 25번
정답률 80%　　**정답 ④**

(나)의 글쓴이에 대한 이해로 적절한 것만을 고른 것은?

ㄱ. 자연과 *대비되는 인간의 **유한성을 ***자각한다.
* 반대되는 ** 인간의 삶에 한계가 있음 *** 스스로 깨닫는다

근거 (나)❶-3~7 "어딜 가도 산이 있고 들이 있고 그리고 인간이 살았다. ~ 그것도 느리고 큰 자연과 더불어.

풀이 (나)에 자연과 인간이 더불어 살아가는 모습은 제시되어 있으나, 글쓴이가 자연의 영원성과 대비되는 인간의 유한성을 자각하는 모습은 드러나지 않는다.

→ 적절하지 않음!

ㄴ. 사람들이 서로 더불어 사는 세상을 *긍정한다. * 옳다고 인정한다

근거 (나)❶-6 이(김정한의) 명료한 문장을 읽고 있으면 사람이 떼를 이루어 사는 세상의 풍경이 한눈에 들어오는 것만 같다./ 11 그들 모두 하나의 무리를 이루고 사는 것이 이 세상 아닌가 싶은 생각이 드는 것이다.

풀이 (나)의 글쓴이는 김정한의 문장을 읽고 사람들이 떼를 이루어 사는 풍경을 생각하며, 그들이 무리를 이루고 사는 것이 이 세상이라고 생각한다. 이를 통해 사람들이 더불어 사는 세상을 긍정하고 있음을 알 수 있다.

→ 적절함!

ㄷ. 주장을 굽히지 않는 삶을 살았던 자신을 *반성한다. * 잘못을 뉘우친다

풀이 (나)에서 글쓴이가 주장을 굽히지 않았던 삶을 살았던 자신을 반성하는 내용은 나타나지 않는다.

→ 적절하지 않음!

ㄹ. 세상에는 갈등을 *중재할 사람이 필요하다고 생각한다. * 다툼에 끼어들어 화해시킬

근거 (나)❸-2~4 잔돌 같은 사람이 필요하다. 의견이 맞지 않아 다툴 때 그 대화의 매정한 분위기를 무너뜨려 주는 사람이 우리 주변에는 더러 있다. 잔돌처럼 작용해 의견이 다른 사람들의 의견과 의견의 대립을 풀어 주는 사람이 있다.

풀이 (나)의 글쓴이는 의견이 맞지 않아 다툴 때 대화의 매정한 분위기를 무너뜨려 주고 의견의 대립을 풀어 주는 잔돌 같은 사람이 필요하다고 생각하므로 적절한 설명이다.

→ 적절함!

---

① ㄱ, ㄴ　② ㄱ, ㄷ　③ ㄴ, ㄷ　④ ㄴ, ㄹ　⑤ ㄷ, ㄹ
→ 적절함!

III 갈래 복합

〈보기〉를 참고할 때 (가)의 ㉠ ~ ㉤에 대한 이해로 적절하지 않은 것은?

| 보 기 |
[1]「고공답주인가」는 고공(종)이 상전에게 답을 하는 형식을 통해 국가 경영을 집안 다스리는 일에 빗대어 표현하고 있다. [2] 이 작품에서 상전은 왕, 종은 신하를 가리키는데, 화자는 임진왜란으로 인해 나라가 황폐해지고(거칠 荒 무너질 廢 : 망가지고) 위계질서(지위 位 차례 階 차례 秩 차례 序 : 상하 관계에서 마땅히 있어야 하는 차례와 순서)가 무너진 상황에서 당파(무리 黨 갈래 派 : 조선 시대에, 정치 세력 결집 단체였던 붕당 안에서 정치적인 입장에 따라 다시 나뉜 파벌) 싸움만 일삼으며 재물을 탐하는 신하들을 비판하고 있다. [3] 그리고 국가를 경영하는 왕으로서의 책임을 강조하고 있다.

이어진 것이 아님을

① ㉠ : 나라가 황폐해진 상황이 예전부터 지금까지 이어지고 있다는 것을 드러내고 있다.

　근거　〈보기〉-2 화자는 임진왜란으로 인해 나라가 황폐해지고
　　　　(가)-3~4 ㉠ 우리 댁 살림이 예부터 이렇던가/ 전민이 많단 말이 일국에 소문이 났는데

　풀이　〈보기〉에 따르면 이 작품은 국가를 집안에 비유하고 있다. ㉠에서 화자는 '우리 댁 살림이 예부터 이렇던가'라고 하면서 과거에는 농사짓는 백성들이 많았음을 언급하고 있다. 따라서 ㉠은 예전에는 지금과 달리 나라의 살림이 풍족했음을 드러내고 있다.

→ 적절하지 않음!

② ㉡ : 상하의 위계질서가 무너져 신하들의 *기강이 **해이해진 상황을 나타내고 있다.
* 규율과 법도 　** (긴장이나 규율이) 풀려 느슨해진

　근거　〈보기〉-2 이 작품에서 상전은 왕, 종은 신하를 가리키는데, 화자는 임진왜란으로 인해 나라가 황폐해지고 위계질서가 무너진 상황
　　　　(가)-11~12 ㉡ 우리 댁 종의 버릇 보노라면 이상하다/ 소 먹이는 아이들이 상마름을 능욕하고

　풀이　〈보기〉에 따르면 이 작품에서 종은 신하를 가리킨다. ㉡에서 '소 먹이는 아이들'이 자신보다 지위가 높은 '상마름'을 능욕하는 것은 상하의 위계질서가 무너져 신하들의 기강이 해이해진 상황을 나타내고 있다.

→ 적절함!

③ ㉢ : 나라를 돌보는 일을 외면한 채 부정한 방법으로 재물을 탐하는 신하들의 모습을 드러내고 있다.

　근거　〈보기〉-2 종은 신하를 가리키는데, ~ 재물을 탐하는 신하들을 비판하고 있다.
　　　　(가)-14~15 ㉢ 그릇된 재산 모아 다른 꾀로 제 일하니/ 큰 집의 많은 일을 뉘라서 힘써 할까

　풀이　〈보기〉에 따르면 이 작품에서 종은 신하를 가리킨다. ㉢에서 종들이 '그릇된 재산'을 모으고 '다른 꾀'로 '제 일'을 하느라 '큰 집'의 일을 하지 않는 것은 나라를 돌보는 일을 외면한 채 부정한 방법으로 재물을 탐하는 신하들의 모습을 드러낸 것이다.

→ 적절함!

④ ㉣ : 시도 때도 없는 당파 싸움으로 인해 혼란스러운 *조정의 모습을 나타내고 있다.
* 임금이 나라의 정치를 신하들과 의논하거나 집행하는 곳

　근거　〈보기〉-2 종은 신하를 가리키는데, ~ 당파 싸움만 일삼으며 재물을 탐하는 신하들을 비판하고 있다.
　　　　(가)-19~20 ㉣ 풀어헤치거니 맺히거니, 헐뜯거니 돕거니/ 하루 열두 때 어수선을 핀 것인가

　풀이　〈보기〉에 따르면 이 작품은 당파 싸움을 일삼는 신하들을 비판하고 있다고 하였다. ㉣은 서로 흩어지고 모이면서 당파를 결성하고 헐뜯고 도우면서 어수선하게 당파 싸움을 일삼는 신하들을 비판하고 있다.

→ 적절함!

⑤ ㉤ : 나라가 어지러워진 책임이 신하뿐만 아니라 왕에게도 있다는 인식을 드러내고 있다.

　근거　〈보기〉-2~3 이 작품에서 상전은 왕, ~ 국가를 경영하는 왕으로서의 책임을 강조하고 있다.
　　　　(가)-25~27 이 집 이리 되기 뉘 탓이라 할 것인가/ ㉤ 생각 없는 종의 일은 묻지도 아니하려니와/ 돌이켜 생각하니 상전님 탓이로다

　풀이　〈보기〉에 따르면 이 작품에서 상전은 왕을 가리키며, 국가를 경영하는 왕으로서의 책임을 강조하고 있다. ㉤은 집안이 이렇게 된 것이 상전의 탓이라는 것으로, 나라가 어지러워진 책임이 신하뿐만 아니라 왕에게도 있다는 인식을 드러내고 있다.

→ 적절함!

〈보기〉를 바탕으로 (가), (나)를 감상한 내용으로 적절하지 않은 것은?　[3점]

| 보 기 |
[1] 전체는 구성 요소들의 집합체(모일 集 합할 合 물질 體 : 모여 이루어진 덩어리)이다. [2] 그러므로 전체를 이루는 구성 요소들은 그 자체로는 두드러지지 않을지라도 전체를 위해 없어서는 안 되는 존재이다. [3] 그리고 다양성을 지닌 구성 요소들은 각각의 역할을 능동적으로(능할 能 움직일 動 ~의 的 : 스스로) 수행할 때 존재의 의미를 획득하게 되고 전체는 조화로운 모습을 이루게 된다.

① (가)의 '가도'가 바로 선 집안은 구성 요소들이 어우러져 조화로운 모습을 갖춘 전체를 의미한다고 볼 수 있겠군.

　근거　〈보기〉-3 다양성을 지닌 구성 요소들은 각각의 역할을 능동적으로 수행할 때 존재의 의미를 획득하게 되고 전체는 조화로운 모습을 이루게 된다.
　　　　(가)-31~34 집일을 고치려거든 종들을 휘어잡고/ 종들을 휘어잡으려거든 상벌을 밝히시고/ 상벌을 밝히시려거든 어른 종을 믿으소서/ 진실로 이리 하시면 가도 절로 일 겁니다

　풀이　어른 종을 믿어 상벌을 밝히고 종들을 휘어잡으면 '가도'가 일어날 것이라고 한 것으로 보아, '가도'가 바로 선 집안은 구성원들이 어우러져 조화로운 모습을 갖춘 전체를 의미한다고 볼 수 있다.

→ 적절함!

② (나)의 '탑'이 '수평을 이루게' 하는 '잔돌'은 두드러지지 않지만 전체를 위해 없어서는 안 될 구성 요소로 볼 수 있겠군.

　근거　〈보기〉-2 전체를 이루는 구성 요소들은 그 자체로는 두드러지지 않을지라도 전체를 위해 없어서는 안 되는 존재이다.
　　　　(나) ❷-8~10 돌탑을 쌓아 본 사람은 돌탑을 쌓는 데에는 잔돌이 필요하다는 것을 알 것이다. 불안하게 기우뚱하는 돌탑의 층을 바로잡아 주려면 이 잔돌을 괴는 일이 무엇보다 필요하다. 잔돌을 굄으로써 탑은 한 층 한 층 수평을 이루게 된다.

　풀이　돌탑을 쌓을 때 괴는 '잔돌'은 '탑'이 수평을 이루려면 없어서는 안 되는 존재이다. 따라서 '잔돌'은 그 자체로는 두드러지지 않지만 전체를 위해 없어서는 안 되는 구성 요소로 볼 수 있다.

→ 적절함!

③ (가)의 '낮잠만 자'는 종과 달리 (나)의 '스스로' 핀 꽃은 능동적으로 존재의 의미를 획득한 구성 요소로 볼 수 있겠군.

　근거　〈보기〉-3 다양성을 지닌 구성 요소들은 각각의 역할을 능동적으로 수행할 때 존재의 의미를 획득하게 되고
　　　　(가)-5~9 종이 백여 명이 넘는데도/ 무슨 일 하느라 텃밭을 묵혔는가/ 농장이 없다던가 호미 연장 못 가졌나/ 날마다 무엇하려 밥 먹고 다니면서/ 열 나무 정자 아래 낮잠만 자는가
　　　　(나) ❸-7~9 수많은 꽃은 자기의 존재감을 주장하지 않는다. 그냥 스스로의 생명력으로 피어나 봄 산의 아름다움을 이룬다. 이 세세하고 능동적인 존재의 움직임을 보살폈으면 한다.

　풀이　(가)의 종은 자신의 역할인 농사일을 하지 않고 '낮잠만 자'고 있으므로 능동적으로 존재의 의미를 획득한 요소로 볼 수 없다. 이와 달리 (나)의 '스스로' 핀 꽃은 봄 산의 아름다움을 이루므로 능동적으로 존재의 의미를 획득한 구성 요소로 볼 수 있다.

→ 적절함!

④ (가)의 '먹고 입으며 드나드는'과 (나)의 '서로 업고 업혀서'는 다양성을 지닌 존재들의 필요성을 강조한 것으로 볼 수 있겠군.

　근거　〈보기〉-3 다양성을 지닌 구성 요소들은 각각의 역할을 능동적으로 수행할 때 존재의 의미를 획득하게 되고 전체는 조화로운 모습을 이루게 된다.
　　　　(가)-5~6 먹고 입으며 드나드는 종이 백여 명이 넘는데도/ 무슨 일 하느라 텃밭을 묵혔는가
　　　　(나) ❷-4~7 아래에는 큰 돌이 필요하고 위를 향해 쌓아 갈수록 보다 작은 돌들이 필요할 것이다. 그리고 각각의 장소에서 구해 온 돌들은 각각의 크기와 모양과 빛깔을 지니고 있을 것이다. 반듯한 것도 있고 움푹 팬 것도 있을 것이다. ~ 그 돌들은 서로 업고 업혀서 하나의 탑을 이룰 것이다.

　풀이　(나)의 '서로 업고 업혀서'는 다양한 크기와 모양의 돌들이 모여 하나의 '탑'을 이루는 모습을 나타낸 것이므로, 다양성을 지닌 존재들의 필요성을 강조한 것으로 볼 수 있다. 반면에 (가)의 '먹고 입으며 드나드는' 종은 자신의 역할을 다하지 않는 모습으로, 다양성을 지닌 존재들의 필요성을 강조한 것으로 볼 수 없다.

→ 적절하지 않음!

⑤ (가)의 '크게 기운 집'은 구성 요소들이 역할을 제대로 수행하지 않은 결과로, (나)의 '기우뚱하는 돌탑은 필요한 구성 요소들이 제대로 갖추어지지 않은 결과로 볼 수 있겠군.

근거 <보기>-2~3 전체를 이루는 구성 요소들은 그 자체로는 두드러지지 않을지라도 전체를 위해 없어서는 안 되는 존재이다. 그리고 다양성을 지닌 구성 요소들은 각각의 역할을 능동적으로 수행할 때 존재의 의미를 획득하게 되고 전체는 조화로운 모습을 이루게 된다.

(가)-21 크게 기운 집에 상전님 혼자 앉아

(나) ❷-9 불안하게 기우뚱하는 돌탑의 층을 바로잡아 주려면 이 잔돌을 괴는 일이 무엇보다 필요하다.

풀이 (가)의 '크게 기운 집'은 '형편이 기울어진 나라'를 빗댄 것으로, 나라를 구성하는 신하와 임금이 자신의 역할을 제대로 수행하지 않은 결과로 볼 수 있다. (나)의 '기우뚱하는 돌탑'은 돌탑을 쌓는 데 필요한 큰 돌이나 잔돌이 없을 때 일어날 수 있는 결과이므로, 필요한 구성 요소들이 제대로 갖추어지지 않은 결과로 볼 수 있다.

→ 적절함!

[057~060] 다음 글을 읽고 물음에 답하시오.

작품 이해 단계 ① 화자 ② 상황 및 대상 ③ 정서 및 태도 ④ 주제

(가) ① 화자 : 두 여인('갑녀'와 '을녀'
     └ 을녀, '각시'는 젊은 부인

1 (갑녀의 말) 저기 가는 저 각시 본 듯도 하구나

2 **천상 백옥경(白玉京)**을 어찌하여 이별하고
     └ 하늘 天 위 上 흴 白 옥 玉 도읍 京 :
       하늘 위에 옥황상제가 산다고 하는 궁궐

3 해 다 져 저문 날에 누굴 보러 가시는고

4 (을녀의 말) 어와 너로구나 이 내 사설 들어 보오
     └ 갑녀   └ 늘어놓는 말이나 이야기
     ② 대상 : '임'

5 내 얼굴 이 거동이 임 사랑 받을 만할까만
     └ 모습   └ 행할 行 움직일 動 : 태도, 행동

6 어쩐 일로 날 보시고 너로다 여기시니
                     └ 너로구나

7 나도 임을 믿어 군뜻이 전혀 없어
             └ 다른 뜻

8 아양이야 교태야 어지러이 하였더니
  └ 아양과 응석을 부리며 └ 어지럽게

9 반기시는 낯빛이 전과 어찌 다르신고
           └ 얼굴빛

10 누워 생각하고 일어나 앉아 헤아리니

11 **내 몸의 지은 죄** 산같이 쌓였으니

12 하늘이라 원망하며 사람이라 허물하랴
                          └ (잘못을) 탓하겠는가

13 서러워 풀어 헤아리니 **조물의 탓**이로다
                      └ 지을 造 만물 物 : 조물주, 만물을 만들고 다스리는 신

14 (갑녀의 말) 그리 생각 마오

15 (을녀의 말) 맺힌 일이 있소이다
             └ 마음속에 잊히지 않는 응어리가 되어 남아 있는

16 임을 모셔 있어 임의 일을 내 알거니

17 물 같은 얼굴이 편하실 적 몇 날일꼬
   └ 물같이 연약한   ② 상황 : '임'을 염려하는 상황

(중략)

     └ 반 半 벽 壁 : 벽 가운데 걸려 있는 푸른 등불
18 반벽 푸른 등은 누굴 위하여 밝았는고

19 오르며 내리며 헤매며 오락가락하니
   └ ('임'의 소식을 알려고 산을) 오르내리며 (강가를) 헤매며 방황하니

20 어느덧 힘이 다해 풋잠을 잠깐 드니
                 └ 잠든 지 얼마 안 되어 깊이 들지 못한 잠

21 정성이 지극하여 꿈에 임을 보니

22 옥 같던 얼굴이 반이 넘게 늙었어라

23 마음에 먹은 말씀 실컷 사뢰자 하니
                 └ (말씀을) 올리려 하니

24 **눈물이 이어져** | | | 말씀인들 어이 하며   ②③ 상황 및 정서 :
                                             꿈속에서 '임'을 만났으나, 마음속 말을
25 정을 못다 풀고 목조차 메어 오니   못하고 닭 울음에 잠이 깨어 안타깝고
                                             슬프다.
26 방정맞은 닭 울음에 잠을 어찌 깨었던고

27 어와 허사로다 이 임이 어디 간고
   └ 빌 虛 일 事 : 헛된 일

---

28 바로 일어나 앉아 창을 열고 바라보니

29 **불쌍한** 그림자 날 좇을 뿐이로다

     └ 떨어질 落 달 月 : 지는 달
30 **차라리 사라져 낙월(落月)**이나 되어서   ③ 태도 : 차라리 죽어서 낙월이나 되어
     └ 죽어서   '임'의 창 안을 비추고 싶다.

31 **임 계신 창 안에 번듯이 비추리라**
     └ 환히

32 (갑녀의 말) 각시님 달이야커녕 궂은 비나 되소서   ③ 태도 : '각시(을녀)'에게 달보다는
                                              궂은 비가 되라고 조언한다.

     └ 이을 續 아름다울 美 사람 人 악곡 曲 : 사미인곡의 속편
                                            - 정철, 「속미인곡(續美人曲)」

     ④ 주제 :
     '을녀'는 헤어진 임에 대한 그리움을 '갑녀'에게 하소연하고 '갑녀'에게서 위로를 받는다.

• **현대어 풀이**

1 저기 가는 저 여인(을녀) 본 듯도 하구나

2 하늘 위에 옥황상제가 산다고 하는 궁궐을 어찌하여 이별하고

3 해가 다 저문 날에 누구를 보러 가시는고 ▶ 갑녀의 물음

4 아 너(갑녀)로구나 내 사정을 들어 보오

5 내 얼굴과 이 태도가 임의 사랑을 받음 직한가마는

6 어쩐지 나를 보시고 너로구나 (하시며 특별히) 여기시기에

7 나도 임을 믿어 다른 뜻이 전혀 없어

8 아양과 응석을 부리며 지나치게 굴었던지

9 반기시는 얼굴빛이 예전과 어찌 다르신가

10 누워서 생각하고 일어나 앉아서 헤아려 보니

11 내 몸의 지은 죄가 산같이 쌓였으니

12 하늘을 원망하겠으며 다른 사람을 탓하겠는가

13 서러워 풀어내어 헤아려 보니 조물주의 탓이로다 ▶ 을녀의 대답

14 그리 생각 마오 ▶ 갑녀의 위로

15 (마음속에) 맺힌 일이 있소이다

16 임을 모시고 있어 임의 일을 내가 알거니

17 물 같은 얼굴이 편하실 적이 몇 날일까 ▶ 을녀의 하소연 1 - '임'에 대한 염려

(중략)

18 벽 가운데 걸린 푸른 등불은 누굴 위하여 밝혀져 있는가

19 ('임'의 소식을 알려고 산을) 오르내리며 (강가를) 헤매며 방황하니

20 잠깐 사이에 기운이 다하여 풋잠을 잠깐 드니

21 정성이 지극하여 꿈에서 임을 보니

22 옥 같던 얼굴이 반이 넘게 늙었구나

23 마음속에 품은 생각을 실컷 아뢰려고 하니

24 눈물이 연달아 나니 말씀인들 어찌 하며

25 정을 못다 풀고 목조차 메어 오니

26 방정맞은 닭 울음소리에 잠은 어찌 깨었던가

27 아, 헛일이로다. 이 임이 어디로 갔는가

28 (잠결에) 바로 일어나 앉아 창을 열고 바라보니

29 불쌍한 그림자가 나를 따를 뿐이로다

30 차라리 죽어서 지는 달이나 되어서

31 임이 계신 창 안에 환하게 비추리라 ▶ 을녀의 하소연 2 - '임'을 향한 그리움과 재회에 대한 소망

32 각시님 달보다는 궂은 비나 되소서 ▶ 갑녀의 위로와 조언

• **지문 이해**

갑녀의 물음(1~3)	주의 환기, 을녀의 대답을 유도	
을녀의 대답(4~13)	임과 이별한 사연(운명론적 인식)	갑녀와
갑녀의 위로(14)	상심하는 을녀를 위로	을녀의
을녀의 하소연 1(15~17)	'임'에 대한 염려	대화를
을녀의 하소연 2(18~31)	'임'을 향한 그리움과 재회에 대한 소망	통한
갑녀의 위로와 조언(32)	적극적인 태도를 가질 것을 을녀에게 권유	시상 전개

(나)

1

¹ 손[客](나그네)이 주옹(舟翁)(배에서 사는 노인)에게 물었다.

² "그대(주옹)가 배에서 사는데, 고기를 잡는다 하자니 낚시(낚시 도구)가 없고, 장사를 한다 하자니 팔 것이 없고, 뱃사공 노릇을 한다 하자니 물 가운데만 있어 오고감이 없구려. ³ 변화불측한(변할 變 될 化 아닐 不 헤아릴 測 : 변화가 심해서 이루 다 헤아릴 수가 없는) 물에 조각배(작은 배) 하나를 띄워 가없는(끝이 없는) ㉠ 넓은 바다를 헤매다가, 바람 미치고 물결 놀라 돛대는 기울고 노까지 부러지면, 정신과 혼백(넋 魂 넋 魄 : 넋)이 흩어지고 두려움에 싸여 목숨이 지척(가까울 咫 짧을 尺 : 눈앞)에 있게(위태롭게) 될 것이로다. ⁴ 이는 지극히 험한 데(여기서는 '바다')서 위태로움을 무릅쓰는 일이거늘, 그대는 도리어(오히려) 이를 즐겨 오래오래 물에 떠가기만 하고 돌아오지 않으니 무슨 재미인가?"

→ '손'이 '주옹'에게 위태로움을 무릅쓰고 배에서 사는 까닭을 묻는다.

2

¹ 주옹이 대답했다.

² "아아, 그대(손)는 생각하지 못하는가? ³ 대개 사람의 마음이란 변덕스러운 것이어서, ㉡ 평탄한(평평한) 땅을 디디면 느긋해지고(여유 있게 되고), 험한 지경에 처하면 두려워 조심하는 법이다. ⁴ 두려워 조심하면 든든하게 살지만, 느긋하면 반드시 흐트러져 위태롭게 되나니, 내 차라리 위험을 딛고서 항상 조심할지언정, 편안한 데 살아 스스로 쓸모없게 되지 않으려 한다. ⁵ 하물며 내 배는 정해진 꼴이 없이 떠도는 것이니, 혹시 무게가 한쪽에 치우치면 그 모습이 반드시 기울어지게 된다. ⁶ 왼쪽으로도 오른쪽으로도 기울지 않고, 무겁지도 가볍지도 않게끔 내가 배 한가운데서 평형(평평할 平 고를 衡 : 사물이 한쪽으로 기울지 않고 안정해 있음)을 잡아야만 기울어지지도 뒤집히지도 않아 내 배의 평온을 지킬 수 있다. ⁷ 비록 ㉢ 풍랑(바람 風 물결 浪 : 바람과 물결)이 거세게 인다 한들 편안한 내 마음을 어찌 흔들 수 있겠는가? ⁸ 또, 무릇(대체로 헤아려 생각하건대) 인간 세상이란 한 거대한 물결이요, 인심(人心)(사람 人 마음 心 : 사람의 마음)이란 ㉣ 한바탕 큰 바람이니, 하잘것없는(보잘것없는, 시시하여 중요하게 여길 만하지 않은) 내 한 몸이 아득한 그 가운데 떴다 잠겼다 하는 것보다는, 오히려 ㉤ 한 잎 조각배로 만 리의 부슬비 속에 떠 있는 것이 낫지 않은가? ⁹ 내가 배에서 살면서 세상 사람을 보니, 안전한 때는 후환(뒤 後 근심 患 : 어떤 일로 말미암아 뒷날에 생기는 걱정과 근심)을 생각지 못하고, 욕심을 부리느라 나중을 돌보지 못하다가, 마침내는 빠지고 뒤집혀 죽는 자가 많다. ¹⁰ 그대는 어찌 이를 두려워하지 않고 도리어 나를 위태롭다 하는가?"

→ '주옹'은 배에서 경계하며 중심을 잡고 사는 것이 인간 세상에서의 삶보다 안전하다고 생각한다.

- 권근, 「주옹설(舟翁說)(배 舟 늙은이 翁 말씀 說 : 배에서 사는 노인의 이야기)」-

· 중심 내용

'손'이 '주옹'에게 위태로움을 무릅쓰고 배에서 사는 까닭을 묻자 '주옹'은 위태로운 배 위에서는 더 조심하고 경계하게 되므로 오히려 안전하다고 답한다. 또한 '주옹'은 거대한 물결 같은 인간 세상 속에서 같이 흔들리며 살기보다는 배 위에서 스스로 중심을 잡고 살아가는 삶이 낫다고 말한다.

1등급 문제

057 표현상 공통점 - 적절한 것 고르기 2022년 6월 학평 32번
정답률 60%, 매력적 오답 ②, ③ 15%   **정답 ①**

(가)와 (나)의 공통점으로 가장 적절한 것은?

선지	핵심 체크 내용	(가)	(나)
①	설의적 표현 → 의미를 강조함	O	O
②	점층적 방식 → 주제를 부각함	X	X
③	다양한 감각적 심상	O	X
	대상을 예찬함	X	X
④	반어적 진술 → 대상에 대한 태도를 드러냄	X	X
⑤	명령적 어조	O	O
	현실에 대한 비판 의식을 드러냄	X	O

✔ ① *설의적 표현을 활용하여 의미를 강조하고 있다.

* 쉽게 판단할 수 있는 사실을 의문의 형식으로 표현하여 의미를 강조하는 방법

근거 **(가)-12** 하늘이라 원망하며 사람이라 허물하랴

(나) ❷-7~8 비록 풍랑이 거세게 인다 한들 편안한 내 마음을 어찌 흔들 수 있겠는가? 또, 무릇 인간 세상이란 한 거대한 물결이요, 인심이란 한바탕 큰 바람이니, ~ 오히려 한 잎 조각배로 만 리의 부슬비 속에 떠 있는 것이 낫지 않은가?

풀이 (가)에서는 설의적 표현을 활용하여 '임'의 마음이 변한 것에 대한 화자의 자책을 강조하고 있다. (나)에서는 설의적 표현을 활용하여 더 조심하고 경계하며 살 수 있는 배 위에서의 삶이 인간 세상에서의 삶보다 오히려 낫다는 주옹의 가치관을 강조하고 있다.

→ 적절함!

② *점층적 방식을 활용하여 주제를 부각하고 있다.

* 그 정도를 점점 크게 하거나 강하게 하거나 높게 하는 등의 표현 방식

풀이 (가)와 (나)는 모두 점층적 방식을 활용하여 주제를 부각하고 있지 않다.

→ 적절하지 않음!

■ 점층적 방식을 활용하여 주제를 부각하고 있는 작품
• 작자 미상, 「나모도 돌도 바히 업슨」 (2012년 고1 6월 학평)
나모도 돌도 바히(전혀) 업슨 뫼(산)에 매게 쫓친(쫓기는) 불가토리(까투리. 꿩의 암컷) 안(마음)과,/ 대천 바다 한가온대 일천 석 시른 대중강(큰 배)이 노도 일코(잃고) 닷도 일코 돛대도 것고 뇽층(돛대에 맨 굵은 줄)도 끈코 키(배의 방향을 조종하는 장치)도 빠지고 바람 부러 물결치고 안개 뒤섯거 자자진 날의, 갈 길은 천 리 만 리 남고 사면이 거머 어둑 천지 적막 가치노을 떠난대(사나운 물결이 일어나는데) 수적(해적) 만난 도사공(뱃사공의 우두머리)의 안과,/ 엇그제 님 여흰(이별한) 내 안이야 엇다가 가을하리오(비교하리오).
→ '까투리'의 위기 상황에서 더 절박한 '도사공'의 위기 상황으로 전개되는 점층적 방식을 활용하여 '님'과의 이별로 인해 '까투리'와 '도사공'보다 더 괴로운 화자의 심정을 강조하고 있다.

↗ (가)만 해당

③ 다양한 *감각적 심상을 사용하여 대상을 **예찬하고 있다.

* 시각적 · 청각적 · 미각적 · 후각적 · 촉각적 · 공감각적 심상 등과 같이 감각적인 표현을 통해 마음속에 떠오르는 인상 ** 매우 좋게 여겨 찬양하고 기리고

근거 **(가)-18** 반벽 푸른 등은 누굴 위하여 밝았는고/ **26** 방정맞은 닭 울음에 잠을 어찌 깨었던고/ **29** 불쌍한 그림자 날 좇을 뿐이로다

(나) ❶-3 변화불측한 물에 조각배 하나를 띄워 가없는 넓은 바다를 헤매다가, 바람 미치고 물결 놀라 돛대는 기울고 노까지 부러지면,/ **❷-8** 한 잎 조각배로 만 리의 부슬비 속에 떠 있는 것이 오히려 낫지 않은가?

풀이 (가)에서는 '반벽 푸른 등', '불쌍한 그림자'에 시각적 심상이, '닭 울음'에 청각적 심상이 나타나지만, 이는 임을 만나지 못하는 슬픔과 외로움을 드러낼 뿐, 대상을 예찬하고 있는 것은 아니다. (나)에서는 '변화불측한 물에 ~ 노까지 부러지면'과 '한 잎 조각배로 ~ 부슬비 속에 떠 있는 것'에서 시각적 심상을 통해 배 안에서의 상황을 드러낼 뿐, 다양한 심상을 사용하여 대상을 예찬하고 있는 것은 아니다.

→ 적절하지 않음!

④ *반어적 진술을 통해 대상에 대한 태도를 드러내고 있다.

* 속마음과는 반대로 표현하여 의도를 강조하고자 하는 것

풀이 (가)와 (나)는 모두 반어적 진술을 통해 대상에 대한 태도를 드러내고 있지 않다.

→ 적절하지 않음!

■ 반어적 진술을 통해 대상에 대한 태도를 드러내고 있는 작품
• 김광규, 「상행(上行)」 (2014년 고3 4월 학평A)
황혼 속에 고함치는 원색의 지붕들과/ 잠자리처럼 파들거리는 TV 안테나들/ 흥미 있는 주간지를 보며/ 고개를 끄덕여 다오./ 농약으로 질식한 풀벌레의 울음 같은/ 심야 방송이 잠든 뒤의 전파 소리 같은/ 듣기 힘든 소리에 귀 기울이지 말아 다오./ ~/ 보다 긴 말을 하고 싶으면 침묵해 다오./ 침묵이 어색할 때는/ 오랫동안 가문 날씨에 관하여/ 아르헨티나의 축구 경기에 관하여/ 성장하는 GNP와 증권 시세에 관하여/ 이야기해 다오./ 너를 위하여/ 그리고 나를 위하여.
→ 소소한 일상의 문제가 아니라 급속한 산업화로 인해 생겨난 사회의 여러 근본적인 문제들에 대해 비판의 목소리를 낼 수 있어야 함을 반어적으로 진술하고 있다.

■ 반어적 진술
현대시 014번 문제 ③번 선지 (2024년 9월 학평) 참고 → 013쪽

↗ (가)만 해당   ↗ (나)만 해당

⑤ *명령적 어조를 통해 현실에 대한 비판 의식을 드러내고 있다.

* '-(아/어)라, -게, -오' 등으로 문장을 끝맺음으로써 상대에게 특정한 행위를 요구하는 말투

근거 **(가)-14** 그리 생각 마오

(나) ❷-8 또, 무릇 인간 세상이란 한 거대한 물결이요, 인심이란 한바탕 큰 바람이니,

풀이 (가)에는 '그리 생각 마오'에서 명령적 어조가 나타나지만, 이를 통해 자신의 처지를 하소연하는 '을녀'에 대한 '갑녀'의 위로를 드러낼 뿐 현실에 대한 비판 의식을 드러내고 있지는 않다. (나)에는 '인간 세상이란 거대한 물결이요, 인심이란 한바탕 큰 바람'이라는 부분에서 위험하고 변화무쌍한 현실에 대한 비판 의식이 드러난다고 볼 수 있지만 명령적 어조는 찾아볼 수 없다.

→ 적절하지 않음!

---

058 감상의 적절성 - 적절하지 않은 것 고르기 2022년 6월 학평 33번
정답률 75%　　　　　　　　　　　　　　　　정답 ②

〈보기〉를 바탕으로 (가)를 이해한 내용으로 적절하지 <u>않은</u> 것은?

> | 보기 |
> [1] 연군(그리워할 戀 임금 君 : 임금을 그리워함) 가사(고려 말에서 조선 초기에 걸쳐 발생. 우리말로 된 운문(시)과 산문(줄글)의 중간 형태의 문학)는 임금과 떨어진 신하가 임금을 그리워하고 걱정하며 충성심을 드러낸 가사 작품들을 가리킨다. [2]「속미인곡」은 정철이 정쟁(政爭)(정사 政 다툴 爭 : 정치에서의 싸움)으로 인해 관직(벼슬 官 벼슬 職 : 관리가 국가로부터 위임받은 일정한 직무나 직책)에서 물러난 후 낙향하였을(떨어질 落 시골 鄕 : 고향 또는 시골로 거처를 옮겼을) 때 쓴 연군 가사의 대표적 작품이다.

① '천상 백옥경'은 화자가 '임'과 지냈던 곳으로 임금이 있는 궁궐에 *대응된다.

* 대할 對 응할 應 : 서로 짝이 된다

근거 〈보기〉-2 「속미인곡」은 ~ 연군 가사의 대표적 작품이다.

(가)-2 **천상 백옥경**을 어찌하여 이별하고/ 5 내 얼굴 이 거동이 **임** 사랑 받을 만할까 만

풀이 〈보기〉에서 '속미인곡'은 연군 가사의 대표적 작품이라고 하였으므로 '임'은 임금에 대응되며, 화자가 '임'의 사랑을 받으며 지냈던 '천상 백옥경'은 임금이 있는 궁궐로 볼 수 있다.

→ 적절함!

작가의 운명론적 태도를

② '내 몸의 지은 죄'가 '조물의 탓'이라는 화자의 한탄을 통해 작가가 자신을 관직에서 물러나게 한 사람들을 원망하고 있음을 알 수 있다.

근거 〈보기〉-2 「속미인곡」은 정철이 정쟁으로 인해 관직에서 물러난 후 낙향하였을 때 쓴 연군 가사의 대표적 작품이다.

(가)-9~13 반기시는 낯빛이 전과 어찌 다르신고/ 누워 생각하고 일어나 앉아 헤아리니/ **내 몸의 지은 죄** 산같이 쌓였으니/ 하늘이라 원망하며 사람이라 허물하랴/ 서러워 풀어 헤아리니 **조물의 탓**이로다

풀이 화자는 '임'의 태도가 달라진 것이 '내 몸의 지은 죄'로 인한 것이라며 자책하다가, 결국 '조물의 탓'이라고도 여기는 운명론적인 태도(모든 일은 미리 정해진 필연적인 법칙에 따라 일어나므로 인간의 의지로는 변경할 수 없다는 태도)를 보인다. 따라서 화자의 한탄을 통해 작가가 자신을 관직에서 물러나게 한 사람들을 원망하고 있다는 설명은 적절하지 않다.

→ 적절하지 않음!

③ 화자가 꿈속에서 '임'의 모습을 보고 '눈물이 이어져' 난다고 하는 것에서 임금에 대한 작가의 걱정과 그리움의 깊이를 짐작할 수 있다.

근거 〈보기〉-1 연군 가사는 임금과 떨어진 신하가 임금을 그리워하고 걱정하며 충성심을 드러낸 가사 작품들을 가리킨다.

(가)-21~24 꿈에 임을 보니/ ~ 마음에 먹은 말씀 실컷 사뢰자 하니/ **눈물이 이어져** 나니 말씀인들 어이 하며

풀이 〈보기〉에 따르면 (가)는 임금과 떨어진 신하가 임금을 그리워하고 걱정하며 충성심을 드러낸 연군 가사의 대표적 작품이라고 하였다. 따라서 꿈속에서 '임'의 모습을 보고 '눈물이 이어져' 난다고 하는 화자를 통해 임금에 대한 작가의 걱정과 그리움의 깊이를 짐작할 수 있다.

→ 적절함!

④ '임'과 헤어지게 된 화자가 자신의 그림자를 '불쌍한'으로 표현한 것에서 임금과 떨어져 지내야 하는 것에 대한 작가의 안타까운 심정을 알 수 있다.

근거 〈보기〉-1 연군 가사는 임금과 떨어진 신하가 임금을 그리워하고 걱정하며 충성심을 드러낸 가사 작품들을 가리킨다.

(가)-21~29 꿈에 임을 보니/ ~ 마음에 먹은 말씀 실컷 사뢰자 하니/ 눈물이 이어져 나니 말씀인들 어이 하며/ 정을 못다 풀고 목조차 메어 오니/ 방정맞은 닭 울음에 잠을 어찌 깨었던고 ~/ **불쌍한** 그림자 날 좇을 뿐이로다

풀이 꿈속에서 그리던 '임'을 만났지만 속마음을 실컷 말하지도 못한 채 잠에서 깨어 버린 화자는 자신의 그림자를 불쌍하다고 표현한다. 이를 통해 임금과 떨어져 지내야 하

는 것에 대한 작가의 안타까운 심정을 알 수 있다.

→ 적절함!

⑤ '낙월'이 되어서라도 '임 계신 창 안에 번듯이 비추'려는 화자의 모습에서 임금에 대한 작가의 충성심을 알 수 있다.

근거 〈보기〉-1 연군 가사는 임금과 떨어진 신하가 임금을 그리워하고 걱정하며 충성심을 드러낸 가사 작품들을 가리킨다.

(가)-30~31 차라리 사라져 **낙월**이나 되어서/ **임 계신 창 안에 번듯이 비추리라**

풀이 화자는 '임'에 대한 간절한 그리움을 '낙월'이 되어서라도 '임 계신 창 안에 번듯이 비추겠다는 다짐으로 표출하고 있다. 이러한 화자의 모습은 (가)가 연군 가사라는 점을 고려하였을 때, 임금에 대한 작가의 충성심이 드러난 것으로 이해할 수 있다.

→ 적절함!

1등급 문제

059 극적 구성 - 적절하지 않은 것 고르기 2022년 6월 학평 34번
정답률 50%, 매력적 오답 ③ 25%, ④ 10%　　　정답 ②

다음은 수업의 일부이다. 선생님의 설명에 따라 (가)와 (나)의 인물을 분석한 내용으로 적절하지 <u>않은</u> 것은?　　3점

> **선생님** : [1] 시나 수필을 창작할 때 주제 의식을 효과적으로 표현하기 위해 인물 간의 대화로 작품을 구성하기도 합니다. [2] 이 경우 인물들은 중심 인물과 주변 인물로 나누어 볼 수 있는데, 중심 인물은 대화를 주도하며, 작가 의식(작가가 작품을 통해 전달하고자 하는 바, 주제)을 대변하는(대신할 代 말씀 辯 : 대신하여 그의 의견이나 태도를 표하는) 역할을 합니다. [3] 주변 인물은 중심 인물의 말을 이끌어 내거나 중심 인물을 위로하고 대안(대신할 代 생각 案 : 어떤 생각이나 계획을 대신하는 생각이나 계획)을 제시하는 보조적 인물, 중심 인물과 대립하면서(마주할 對 설 立 : 반대편에서 갈등하면서) 중심 인물에게 문제 제기를 하는 대립적 인물로 나눌 수 있습니다.

	중심 인물	주변 인물
(가)	각시(을녀) →대화를 주도함	너(갑녀) →중심 인물의 하소연을 유도하고 위로함 →보조적 인물
(나)	주옹 →작가 의식을 대변함	손 →중심 인물에게 문제를 제기함 →대립적 인물

	인물	특징적 발화	인물 유형	인물의 역할	
(가)	각시	내 사설 들어 보오	중심 인물	대화를 주도함.	
	너	누굴 보러 가시는고	주변 인물	중심 인물의 말을 이끌어 냄.	①
		그리 생각 마오	주변 인물	중심 인물을 위로함 중심 인물과 대립함.	②
		궂은 비나 되소서	주변 인물	대안을 제시함.	③
(나)	주옹	그대는 어찌 이를 두려워하지 않고 도리어 나를 위태롭다 하는가?	중심 인물	작가 의식을 드러냄.	④
	손	그대는 도리어 이를 즐겨 오래오래 물에 떠가기만 하고 돌아오지 않으니 무슨 재미인가?	주변 인물	중심 인물에게 문제 제기를 함.	⑤

①

근거 〈선생님의 설명〉-3 주변 인물은 중심 인물의 말을 이끌어 내거나

(가)-1~4 저기 가는 저 각시 본 듯도 하구나/ 천상 백옥경을 어찌하여 이별하고/ 해 다 져 저문 날에 누굴 보러 가시는고/ 어와 너로구나 이 내 사설 들어 보오

풀이 '너'는 중심 인물인 '각시'에게 말을 걸어 '각시'의 사연을 이끌어 내는 주변 인물이다.

→ 적절함!

②

근거 〈선생님의 설명〉-3 주변 인물은 중심 인물을 위로하고 대안을 제시하는 보조적 인물,

(가)-11~14 내 몸의 지은 죄 산같이 쌓였으니/ 하늘이라 원망하며 사람이라 허물하랴/ 서러워 풀어 헤아리니 조물의 탓이로다/ 그리 생각 마오

풀이 '너(주변 인물)'는 '임'이 자신을 대하는 태도가 예전과 달라진 것을 자책하며 체념하

는 '각시(중심 인물)'에게 '그리 생각 마오'라고 하며 위로하고 있을 뿐, '각시'와 대립하고 있지 않다.

→ 적절하지 않음!

③
근거 〈선생님의 설명〉-3 주변 인물은 ~ 대안을 제시하는 보조적 인물
(가)-30~32 차라리 사라져 낙월이나 되어서/ 임 계신 창 안에 번듯이 비추리라/ 각시님 달이야커녕 궂은 비나 되소서
풀이 '너'는 낙월이 되어서 임 계신 창 안을 비춰준다는 '각시'에게 낙월보다 궂은 비가 되어 '임'에게 적극적으로 다가가라는 대안을 제시하는 주변 인물이다.

→ 적절함!

④
근거 〈선생님의 설명〉-2 중심 인물은 대화를 주도하며, 작가 의식을 대변하는 역할을 합니다.
(나) ❷-2~10 "아아, 그대(손)는 생각하지 못하는가? ~ 내(주옹)가 배에서 살면서 세상 사람을 보니, 안전한 때는 후환을 생각지 못하고, 욕심을 부리느라 나중을 돌보지 못하다가, 마침내는 빠지고 뒤집혀 죽는 자가 많다. 그대는 어찌 이를 두려워하지 않고 도리어 나를 위태롭다 하는가?"
풀이 '주옹'은 '손'과의 대화를 주도하며 편안함만을 추구하기보다는 늘 조심하며 경계하는 삶의 태도가 필요하다는 작가 의식을 대변하고 있는 중심 인물이다.

→ 적절함!

⑤
근거 〈선생님의 설명〉-3 중심 인물과 대립하면서 중심 인물에게 문제 제기를 하는 대립적 인물
(나) ❶-2 "그대(주옹)가 배에서 사는데,/ 4 지극히 험한 데서 위태로움을 무릅쓰는 일이거늘, 그대는 도리어 이를 즐겨 오래오래 물에 떠가기만 하고 돌아오지 않으니 무슨 재미인가?"
풀이 '손'은 중심 인물인 '주옹'이 위태로움을 무릅쓰고 배 위에서 사는 것에 문제 제기를 하고 있는 주변 인물이자 대립적 인물이다.

→ 적절함!

> 💡 어떻게 풀까? (가)와 (나)가 한 지문으로 엮인 이유는 두 작품 간의 공통점이 있기 때문이다. 그 공통점은 '선생님의 설명'에 제시되어 있으며, 두 작품 모두 두 인물의 대화로 내용을 전개하고 그 대화 속에 주제가 담겨 있다는 것이다. 제시된 '설명'에 따라 각 작품에서 중심 인물과 주변 인물을 찾고, 그들이 말하고자 하는 것을 정리한 후 선지에 대입하면 정답에 접근할 수 있다. (나)는 큰따옴표로 인물의 대화가 구분되어 있어 쉽게 정리할 수 있으나, (가)는 그렇지 않다. 따라서 (가)는 행별로 대화를 묶으며 내용을 구분하여 파악하는 것이 필요하다.

1등급 문제

060 | 내용 이해 - 적절하지 않은 것 고르기 2022년 6월 학평 35번
정답률 60%, 매력적 오답 ④ 25% | 정답 ③

(나)의 ㉠ ~ ㉤을 이해한 내용으로 적절하지 않은 것은?

① ㉠ : 변화불측한 특성을 가진 곳으로, '세상 사람들'이 위험하다고 생각하는 공간이다.
근거 (나) ❶-3~4 변화불측한 물에 조각배 하나를 띄워 가없는 ㉠ 넓은 바다를 헤매다가, 바람 미치고 물결 놀라 돛대는 기울고 노까지 부러지면, 정신과 혼백이 흩어지고 두려움에 싸여 목숨이 지척에 있게 될 것이로다. 이는 지극히 험한 데서 위태로움을 무릅쓰는 일이거늘,
풀이 ㉠(넓은 바다)은 변화불측한 곳으로, '손'과 같은 일반적인 '세상 사람들'에게는 지극히 험하며 위태로움을 무릅쓰고 살아야 하는 공간으로 인식되고 있다.

→ 적절함!

② ㉡ : '주옹'이 사는 곳과 *대비되는 장소로, '세상 사람들'이 안전하다고 생각하는 공간이다. * 대할 對 견줄 比 : 차이를 밝힐 목적으로 서로 맞대어져 비교되는
근거 (나) ❷-3 대개 사람의 마음이란 변덕스러운 것이어서, ㉡ 평탄한 땅을 디디면 느긋해지고, 험한 지경에 처하면 두려워 조심하는 법이다.
풀이 ㉡(평탄한 땅)은 '주옹'이 사는 '배 위'와는 대비되는 곳으로, '세상 사람들'이 안전하다고 생각하여 마음이 느긋해지고 편안해지는 공간이다.

→ 적절함!

③ ㉢ : 조각배의 돛대를 기울게 하고 노를 부러뜨릴 수 있는 바람과 물결로, '주옹'이 위태로움을 느끼는 외적 요인이다.
'주옹'의 편안한 마음을 흔들 수는 없다
근거 (나) ❶-3 바람 미치고 물결 놀라 돛대는 기울고 노까지 부러지면, 정신과 혼백이 흩어지고 두려움에 싸여 목숨이 지척에 있게 될 것이로다./ ❷-6~7 왼쪽으로도 오른쪽으로도 기울지 않고, 무겁지도 가볍지도 않게끔 내가 배 한가운데서 평형을 잡아야만 기울어지지도 뒤집히지도 않아 내 배의 평온을 지킬 수 있다. 비록 ㉢ 풍랑이 거세게 인다 한들 편안한 내 마음을 어찌 흔들 수 있겠는가?
풀이 ㉢(풍랑)은 조각배의 돛대를 기울게 하고 노를 부러뜨릴 수 있는 바람과 물결로, '주옹'은 '손'의 염려와 달리 풍랑이 거세게 인다 하더라도 늘 조심하며 중심을 잡고 살아가는 자신의 편안한 마음을 흔들 수는 없다고 하였다.

→ 적절하지 않음!

④ ㉣ : 욕심을 부리는 세상 사람들의 마음을 비유한 것으로, 그들의 삶을 위태롭게 만드는 요인이다.
근거 (나) ❷-8~9 또, 무릇 인간 세상이란 한 거대한 물결이요, 인심이란 ㉣ 한바탕 큰 바람이니, ~ 내가 배에서 살면서 세상 사람을 보니, 안전한 때는 후환을 생각지 못하고, 욕심을 부리느라 나중을 돌보지 못하다가, 마침내는 빠지고 뒤집혀 죽는 자가 많다.
풀이 ㉣(한바탕 큰 바람)은 세상 사람들의 마음인 '인심'을 비유한 것으로, '주옹'은 후환을 생각지 못하고, 욕심을 부리느라 나중을 돌보지 못하다가, 마침내는 빠지고 뒤집혀 죽는 세상 사람들이 많다고 보았으므로 ㉣(한바탕 큰 바람)은 세상 사람들의 삶을 위태롭게 만드는 요인이라 할 수 있다.

→ 적절함!

⑤ ㉤ : 바람에 쉽게 흔들릴 수 있는 곳이지만, 인간 세상과 비교했을 때 오히려 '주옹'이 안전함을 느끼는 곳이다.
근거 (나) ❷-8 하잘것없는 내 한 몸이 아득한 그 가운데 떴다 잠겼다 하는 것보다는, 오히려 ㉤ 한 잎 조각배로 만 리의 부슬비 속에 떠 있는 것이 낫지 않은가?
풀이 '주옹'은 인간 세상 가운데 떴다 잠겼다 하는 것보다 오히려 ㉤(한 잎 조각배)으로 만 리의 부슬비 속에 떠 있는 것이 항상 조심하고 경계하며 살게 되므로 오히려 든든하고 안전하다고 말하고 있다.

→ 적절함!

Ⅲ 갈래 복합　4. 고전시가와 수필 복합 지문 ❸

마더텅 전국연합 학력평가 기출문제집 고1 국어 문학

[061~064] 다음 글을 읽고 물음에 답하시오.

작품 이해 단계　1 화자　2 상황 및 대상　3 정서 및 태도　4 주제

(가)

1 가마를 급히 타고 **솔 아래 굽은 길로** 오며 가며 하는 때
└ 소나무
└ 아리따울 嬌 모습 態 : 아양을 부리는구나

2 녹양에 우는 **꾀꼬리 교태 겨워하는**구나
└ 푸를 綠 버드나무 楊 : 푸른 버드나무

3 나무 풀 우거지어 **녹음이 짙어진 때**
└ 푸를 綠 그늘 陰 : 푸른 잎이 우거진 나무의 그늘

4 기다란 난간에서 긴 졸음을 내어 펴니

5 물 위의 서늘한 바람은 그칠 줄을 모르도다

6 **된서리 걷힌 후에 산빛이 금수(錦繡)로다**
└ 비단 錦 수놓을 繡 : 수놓은 비단. '단풍 든 산의 아름다운 모습'을 비유
└ 가을의 서리

7 누렇게 익은 벼는 또 어찌 넓은 들에 펼쳐졌는가

8 ㉠ **어부 피리도 흥에 겨워 달을 따라 부는구나**

9 초목이 다 진 후에 강산이 (눈에) 묻혔거늘
└ 지을 造 만물 物 주인 主 : 우주의 만물을 만들고 다스리는 신

10 조물주 야단스러워 빙설로 꾸며 내니
└ 얼음 氷 눈 雪 : 얼음과 눈

11 **경궁요대와 옥해은산이 눈 아래 벌였구나**
└ 옥 玉 바다 海 은 銀 산 山 : 옥같이 맑은 바다와 은빛의 산
└ 펼쳐졌구나

12 **천지가 풍성하여 간 데마다 승경(勝景)이로다**
└ 구슬 瓊 집 宮 아름다운 옥 瑤 대 臺 : 아름다운 구슬로 장식한 궁전과 누각
└ 뛰어날 勝 경치 景 : 뛰어난 경치

13 **인간 세상** 떠나와도 (경치를 감상하느라) **내 몸이 쉴 틈이 없다**
└ 속세. 자연과 대비되는 공간

14 이것도 보려 하고 저것도 들으려 하고

15 바람도 쐬려 하고 달도 맞으려 하고

16 밤일랑 언제 줍고 고기는 언제 낚고

17 사립문 뉘 닫으며 진 꽃일랑 뉘 쓸려뇨
└ 누가
└ 나뭇가지를 엮어서 만든 문

18 ㉡ 아침 시간 모자라니 저녁이라 (경치 감상하기) 싫을쏘냐

19 오늘이 부족하니 내일이라 넉넉하랴

20 **이 산**에 앉아보고 **저 산**에 걸어 보니

21 **번거로운 마음**에도 **버릴 일이 전혀 없**다

22 쉴 사이 없는데 (이곳으로) 오는 길을 (다른 사람들에게) 알리랴

23 다만 지팡이가 다 무디어 가는구나

24 ⓐ **술이 익었으니 벗이야 없을쏘냐**

25 **노래 부르게 하고 악기를 타고 또 켜게 하고 방울 흔들며**

26 **온갖 소리로 취흥을 재촉하니**
└ 취할 醉 흥취 興 : 술에 취하여 일어나는 흥취

27 **근심이라 있으며 시름이라 붙었으랴**

28 **누웠다가 앉았다가 굽혔다가 젖혔다가**

29 (시를) **읊다가 휘파람 불다가 마음 놓고 노니**

30 **천지도 넓디넓고 세월도 한가하다**
└ 매우 太 편안할 平 임금 聖 시대 代 : 어진 임금이 잘 다스리어 백성들이 살기 좋은 세상

31 **태평성대 몰랐는데 이때가 그때로다**
└ 지금 └ 신선 └ 태평성대

32 **신선이 어떠한가 이 몸이 그로구나**
└ '나' └ 삶. 평생

33 ㉢ **강산풍월 거느리고 내 백 년을 다 누리면**
└ 강 江 산 山 바람 風 달 月 : 자연의 아름다운 풍경

34 **악양루 위의 이백이 살아온**들
└ 중국 당나라 시인 이백(이태백)이 시를 지으면서 풍류를 즐긴 곳

35 **호탕한 회포는 이보다 더할쏘냐**
└ 자연에서의 삶
└ 품을 懷 마음 抱 : 마음속에 품은 생각이나 정
└ 호걸 豪 호탕할 宕 : 시원스럽고 넓은

- 송순, 「면앙정가」-

전라남도 담양 제월봉 아래에 있는 정자인 면앙정에서 부른 노래

4 주제:
면앙정 주변의 자연을 감상하며 풍류를 즐기는 삶에 만족한다.

---

2 상황:
여름에 꾀꼬리 소리를 듣고 난간에서 서늘한 바람을 쐬는 상황

2 상황: 가을에 단풍 든 산과 누렇게 익은 벼를 보고 어부의 피리 소리를 듣는 상황

2 상황:
겨울에 눈 덮인 아름다운 경치를 감상하는 상황

23 상황 및 태도:
자연을 감상하느라 쉴 여유가 없다.
1 화자: '내(나)'

23 상황 및 정서:
벗과 술을 마시며 흥겨움을 느낀다.

23 상황 및 정서:
근심과 시름 없이 한가롭게 세월을 보낸다.

3 정서 : 신선처럼 지내는 지금의 삶이 태평성대처럼 만족스럽다.

• 현대어 풀이

1 (여름) 가마를 급히 타고 소나무 아래 굽은 길로 오며 가며 하는 때

2 푸른 버드나무에서 우는 꾀꼬리는 아양을 부리는구나

3 나무와 풀이 우거지어 녹음이 짙어진 때

4 기다란 난간에서 긴 졸음을 내어 펴니

5 물 위의 서늘한 바람은 그칠 줄을 모르는구나

6 (가을) 가을 서리가 걷힌 후에 산빛이 수놓은 비단 같구나

7 누렇게 익은 벼는 또 어찌 넓은 들에 펼쳐졌는가

8 어부도 흥에 겨워 달을 따라 피리를 부는구나

9 (겨울) 초목이 다 진 후에 강산이 (눈에) 묻혔거늘

10 조물주가 야단스러워 얼음과 눈으로 세상을 꾸며 내니

11 (눈 덮인) 아름다운 궁전과 누각, 새하얀 바다와 산들이 눈 아래 펼쳐졌구나

12 천지가 풍성하여 가는 데마다 뛰어난 경치로다

13 인간 세상을 떠나와도 (경치를 감상하느라) 내 몸이 쉴 틈이 없다

14 이것도 보려 하고 저것도 들으려 하고

15 바람도 쐬려 하고 달도 맞으려 하고

16 밤은 언제 줍고 고기는 언제 낚고

17 사립문은 누가 닫으며 진 꽃일랑 누가 쓸겠는가

18 아침에도 (경치를 감상하느라) 시간이 모자란데 저녁이라 싫겠는가

19 오늘이 부족한데 내일이라고 (시간이) 넉넉하겠는가

20 이 산에 앉아보고 저 산에 걸어 보니

21 (이리저리 바쁘게 다니느라) 번거롭지만 버릴 일이 전혀 없다

22 쉴 사이가 없는데 (이곳 면앙정으로) 오는 길을 (다른 사람들에게) 알리겠는가

23 다만 지팡이가 다 닳아 가는구나

24 술이 익었는데 벗이 없겠는가

25 노래를 부르게 하고 악기를 타고 또 켜게 하고 방울을 흔들며

26 온갖 소리로 취한 흥을 재촉하니

27 근심이라 있으며 시름이라 붙었겠는가

28 누웠다가 앉았다가 굽혔다가 젖혔다가

29 (시를) 읊다가 휘파람 불다가 하며 마음 놓고 노니

30 천지도 넓디넓고 세월도 한가하다

31 태평성대를 모르고 지냈는데 지금이 태평성대구나

32 신선이 어떠한 것인가 내가 신선이로구나

33 아름다운 자연을 거느리고 내 평생을 다 누리면

34 악양루 위의 이백이 살아온다 해도

35 시원스럽고 넓은 마음이야 이보다 더하겠는가

• 지문 이해

면앙정 주변의 경치(1~12)	여름(1~5)	• '녹양에 우는 꾀꼬리' • '나무 풀 우거지어 녹음이 짙어진 때'
	가을(6~8)	• '된서리 걷힌 후에 산빛이 금수로다' • '누렇게 익은 벼는 또 어찌 넓은 들에 펼쳐졌는가'
	겨울(9~12)	• '조물주 야단스러워 빙설로 꾸며 내니' • '경궁요대와 옥해은산이 눈 아래 벌였구나'
자연을 즐기는 생활(13~23)		• '인간 세상 떠나와도 내 몸이 쉴 틈이 없다' • '이것도 보려 하고 ~ 저 산에 걸어 보니' • '번거로운 마음에도 버릴 일이 전혀 없다' • '쉴 사이 없는데 오는 길을 알리랴' • '다만 지팡이가 다 무디어 가는구나'
자연 속에서 즐기는 풍류와 삶에 대한 만족감 (24~35)		• '취흥을 재촉하니 ~ 근심이라 있으며 시름이라 붙었으랴' • '천지도 넓디넓고 세월도 한가하다' • '태평성대 몰랐는데 이때가 그때로다' • '신선이 어떠한가 이 몸이 그로구나' • '호탕한 회포는 이보다 더할쏘냐'

Ⅲ
갈래
복합

(나)

1 ¹**동해 가까운 거리**(함흥에 위치한 운흥리)**로 와서** 나는 **가재미**('가자미'의 방언. 몸이 납작하여 타원형에 가깝고, 두 눈은 오른쪽에 몰려 붙어 있음)와 가장 친하다. ²**광어, 문어, 고등어, 평메**(바닷물고기의 한 종류)**, 횟대**(바닷물고기의 한 종류)…… 생선이 많지만 모두 한두 끼에 나를 물리게(싫증이 나게) 하고 만다. ³그저 **한없이 착하고 정다운** 가재미만이 이 흰밥과 빨간 고추장과 함께 **가난하고 쓸쓸한** 내 상에 한 끼도 빠지지 않고 오른다. ⁴나는 이 가재미를 처음 십 전(우리나라의 옛 화폐 단위. 1전은 1원의 100분의 1) 하나에 뼘가웃(한 뼘의 반 정도 되는 길이)씩 되는 것 여섯 마리를 받아 들고 왔다. ⁵다음부터는 할머니가 두 두름(물고기를 짚으로 한 줄에 열 마리씩 두 줄로 엮은 것을 세는 단위) 마흔 개에 이십오 전씩에 사오시는데 큰 가재미보다도 잔(작은) 것을 내가 좋아해서 모두 손길만큼 한(손 정도 크기인) 것들이다.

→ '나'는 착하고 정다운 가재미를 좋아하여 자주 먹는다.

2 ¹그동안 나는 한 달포(한 달이 조금 넘는 기간) 이 고을(동해 가까운 거리)을 떠났다 와서 오랜만에 내 가재미를 찾아 **생선장**(생선 따위의 어물을 파는 시장)으로 갔더니 섭섭하게도 이 물선(음식을 만드는 재료. 여기서는 '가재미')은 보이지 않았다. ²음력 팔월 초상(초순. 1일부터 10일 사이)이 되어서야 이내 **친한 것**(여기서는 '가재미')이 온다고 한다. ³ⓔ 나는 어서 그때가 와서 우리들 흰밥과 고추장과 다 만나서 아침저녁 기뻐하게 되기만 기다린다. ⁴그때엔 또 이십오 전에 두어 두름씩 해서 나와 같이 ⓑ 이 물선을 좋아하는 H한테도 보내어야겠다.

→ 음력 팔월이 되어 가재미를 다시 만나기를 기대한다.

3 ¹묘지와 **뇌옥**(감옥 牢 감옥 獄 : 교도소)과 교회당과의 사이에서 **생명**(묘지와 관련됨)과 **죄**(뇌옥과 관련됨)와 **신**(교회당과 관련됨)을 생각하기 좋은 **운흥리**(함경남도 함흥에 위치한 지역)를 떠나서 오백 년 오래된 이 고을에서도 다 못한 곳 옛날이 헐리지 않은 **중리**(함경남도 북청군에 위치한 지역)로 왔다. ²예서는(여기에서는) 물보다 구름이 더 많이 흐르는 **성천강**(함경남도 신흥군에서 시작하여 함주군을 지나 동해로 흘러 들어가는 강)이 가까웁고 또 **백모관봉**(눈이 덮인 산봉우리의 모습이 관리들의 모자인 관모를 쓰고 있는 것과 같다는 의미. 여기서는 함경남도 함주군과 정평군 사이에 있는 백운산)의 **시허연**(매우 허연) 눈도 바라본다.

→ '나'는 운흥리에서 성천강과 백운산 근처의 중리로 이사를 오게 되었다.

4 ¹이곳(중리)의 좌우로 긴 **회담**(석회를 바른 담)들이 맞물고 늘어선 좁은 골목이 나는 좋다. ²이 골목의 공기는 **하이야니**(하얀) 밤꽃의 내음새가 난다. ³이 골목을 나는 나귀를 타고 **일없이**(이유 없이) 왔다갔다 하고 싶다. ⁴또 예서(여기에서) 한 오 리(거리의 단위. 1리는 약 0.4km) 되는 학교까지 나귀를 타고 다니고 싶다. ⁵나귀를 한 마리 사기로 했다. ⁶ⓓ 그래 소장(소를 사고파는 시장) 마장(말을 사고파는 시장)을 가보나 나귀는 **나지**(팔지) 않는다. ⁷촌(마을 村 : 시골 마을)에서 (학교에) 다니는 아이들이 있어서 수소문해도 나귀를 팔겠다는 데는 없다. ⁸얼마 전엔 어느 아이가 **재래종**(있을 在 이래 來 종류 種 : 예전부터 전하여 내려오는 품종)의 **조선 말** 한 필(말이나 소를 세는 단위)을 사면 어떠냐고 한다. ⁹값을 물었더니 한 오 원 주면 된다고 한다. ¹⁰이 좀말(아주 작은 말)로 할까고 머리를 기울여도(생각해) 보았으나 그래도 나는 그 **처량한**(처량할 凄 외로울 凉 : 사전적 의미는 '쓸쓸한'이나, 중심 소재인 '가재미'와 같은 의미로 파악하여 '순박한' 정도로 풀이) **당나귀**가 좋아서 좀더 이놈(당나귀)을 구해보고 있다.

→ 나귀를 구하는 일이 쉽지 않지만 그래도 나귀와 함께 이곳을 다니고 싶다.

- 백석, 「가재미·나귀」-

• 중심 내용

동해 가까운 거리로 온 '나'는 착하고 정다운 가재미를 좋아해 자주 먹는다. 고을을 잠시 떠났다가 오니 음력 팔월이 되어야 가재미가 나온다 하여 다시 만나기만을 기다린다. 그 후 중리로 이사 온 '나'는 나귀를 타고 다니고 싶어 구해보지만 쉽지 않다. 한 아이가 좀말을 추천하지만, 나귀가 좋아서 좀 더 구해 보려 한다.

1등급 문제

061 | 표현상 공통점 – 적절한 것 고르기 | 2022년 3월 학평 34번
정답률 35%, 매력적 오답 ④ 35%, ① 15%

정답 ⑤

(가)와 (나)의 공통점으로 가장 적절한 것은?

선지	핵심 체크 내용	(가)	(나)
①	색채어 활용	O	O
	사물의 역동성을 표현함	X	X
②	말을 건네는 방식 → 독자의 주의를 환기함	O	X
③	영탄적 표현 → 대상에 대한 경외감을 드러냄	O	X
④	연쇄적 표현	X	X
	주변 사물을 사실감 있게 제시함	O	O
⑤	계절감을 환기하는 사물 → 자연의 모습을 드러냄	O	O

① *색채어를 활용하여 사물의 **역동성을 표현하고 있다.
* 색깔을 나타내는 말 ** 힘차고 활발하게 움직이는 성질

근거 (가)-2 녹양에 우는 꾀꼬리/ 3 녹음이 짙어진 때/ 7 누렇게 익은 벼
(나) ❶-3 흰밥과 빨간 고추장/ ❸-2 시허연 눈도 바라보인다./ ❹-2 이 골목의 공기는 하이야니 밤꽃의 내음새가 난다.

풀이 (가)의 '녹양', '녹음', '누렇게 익은 벼', (나)의 '흰밥과 빨간 고추장', '시허연 눈', '하이야니 밤꽃의 내음새'에 색채어가 활용되어 있지만 대상의 활발한 움직임을 나타내는 역동성은 드러나지 않는다.

→ 적절하지 않음!
↳ (가)만 해당

② 말을 건네는 방식을 통해 독자의 주의를 *환기하고 있다. * 불러일으키고

근거 (가)-7 누렇게 익은 벼는 또 어찌 넓은 들에 펼쳐졌는가/ 17~19 사립문 뉘 닫으며 진 꽃일랑 뉘 쓸려뇨/ 아침 시간 모자라니 저녁이라 싫을쏘냐/ 오늘이 부족하니 내일이라 넉넉하랴/ 22 쉴 사이 없는데 오는 길을 알리랴/ 24 술이 익었으니 벗이야 없을쏘냐/ 27 근심이라 있으며 시름이라 붙었으랴/ 35 호탕한 회포는 이보다 더할쏘냐

풀이 (가)에서는 물음의 형식을 활용한 말을 건네는 방식을 통해 독자의 주의를 불러일으키고 있다. 반면에 (나)에서는 말을 건네는 방식이 사용되지 않았다.

→ 적절하지 않음!
↳ (가)만 해당

③ *영탄적 표현을 활용하여 대상에 대한 **경외감을 드러내고 있다.
* 감탄사나 감탄형 어미 등을 이용하여 감정을 강하게 나타내는 방법 ** 공경하면서 두려워하는 감정

근거 (가)-5~6 물 위의 서늘한 바람은 그칠 줄을 모르도다/ 된서리 걷힌 후에 산빛이 금수로다/ 11~12 경궁요대와 옥해은산이 눈 아래 벌였구나/ 천지가 풍성하여 간 데마다 승경이로다

풀이 (가)에는 '-도다', '-로다', '-구나' 등의 감탄형 종결 어미를 활용한 영탄적 표현을 통해 아름다운 자연에 대한 경외감을 드러내고 있다. 반면에 (나)에는 영탄적 표현이 사용되지 않았다.

→ 적절하지 않음!

④ *연쇄적 표현을 통해 주변 사물을 사실감 있게 제시하고 있다.
* 앞 구절의 끝 어구를 다음 구절의 앞 구절에 이어받아 표현하는 방법

근거 (가)-1~12 가마를 급히 타고 ~ 간 데마다 승경이로다
(나) ❸-2 예서는 물보다 구름이 더 많이 흐르는 성천강이 가까웁고 또 백모관봉의 시허연 눈도 바라보인다./ ❹-1~2 이곳의 좌우로 긴 회담들이 맞물고 늘어선 좁은 골목이 나는 좋다. 이 골목의 공기는 하이야니 밤꽃의 내음새가 난다.

풀이 (가)와 (나)에 주변 풍경을 사실감 있게 제시한 부분들은 나타나지만 연쇄적 표현은 사용되어 있지 않다.

→ 적절하지 않음!

> **■ 연쇄적 표현이 나타나는 작품**
> • **이원익, 「고공답주인가」** (2016학년도 수능B, 2023년 고1 3월 학평)
> 집일을 곳치거든 죵들을 휘오시고/ 죵들을 휘오거든 상벌을 밝히시고/ 상벌을 밝히거든 어른 죵을 미드쇼셔
> → '죵들을 ~ 밝히거든'에서 앞 구절의 끝말을 다음 구절의 첫말에 이어받아 나타내는 연쇄가 나타난다.

⑤ 계절감을 환기하는 사물을 통해 자연의 모습을 드러내고 있다.

근거 (가)-2~3 녹양에 우는 꾀꼬리 교태 겨워하는구나/ 나무 풀 우거지어 녹음이 짙어진 때/ 6~7 된서리 걷힌 후에 산빛이 금수로다/ 누렇게 익은 벼는 또 어찌 넓은 들에 펼쳐졌는가/ 10~11 조물주 야단스러워 빙설로 꾸며 내니/ 경궁요대와 옥해은산이

눈 아래 벌였구나
(나) ❸-2 백모관봉의 시허연 눈도 바라보인다.
풀이 (가)에서는 여름의 계절감을 환기하는 '녹양', '녹음', 가을의 계절감을 환기하는 '된서리', '금수', '누렇게 익은 벼', 겨울의 계절감을 환기하는 '빙설', '경궁요대', '옥해은산'을 통해 면앙정 주변의 자연의 모습을 나타내고 있다. (나)에서는 겨울의 계절감을 환기하는 '눈'을 통해 백운산의 모습을 드러내고 있다.

→ 적절함!

🔅 **어떻게 풀까?** 이 문항은 선지 ④를 제외하고는 생소하거나 어려운 표현법은 없다. 다만, 표현법을 작품에서 찾고, 그 표현의 효과까지 연결을 못했기에 오답률이 높았다고 본다.
선지 ①은 매력적인 오답의 자격을 갖췄다. (가)와 (나)에 색채어가 많이 나와 학생들이 아주 쉽게 함정에 빠질 수 있었다. 색채어를 찾는 데서 그치지 말고 그 효과까지 연결했어야 한다.
선지 ④는 연쇄적 표현의 개념 정리가 필요했다. 간혹 학생들이 연쇄와 나열을 혼동하기도 한다. (가)에는 '~ 하고'의 표현이, (나)에는 '광어, 문어, 고등어…' 등의 생선이 나열되어 있는데, 이를 연쇄로 보면 안 된다. 연쇄는 앞 구절의 끝 어구를 다음 구절이 이어받아 꼬리에 꼬리를 물고 연결된 것으로 앞 구절과 다음 구절의 연속성이 있어야 한다. 예를 들면 '문학 공부하면 시험 잘 보겠지, 시험 잘 보면 마더텅 장학생 되겠지.'의 식으로 '시험 잘 보다'의 구절을 이어받아 공부해야 하는 이유를 강조하는 것처럼 말이다.
표현상의 특징을 묻는 문제는 오답 풀이를 하면서 의문이 생길 때마다 개념과 예문을 정리해 두자.

---

062 내용 이해 - 적절하지 <u>않은</u> 것 고르기　2022년 3월 학평 35번
정답률 50%, 매력적 오답 ①, ②, ③ 15%
1등급 문제　　**정답 ⑤**

□ ~ □에 대해 이해한 내용으로 적절하지 <u>않은</u> 것은?

① □ : 감각적 경험을 통해 환기된 장면을 묘사하여 인간이 자연물과 어우러지는 상황을 제시하고 있다.
근거 (가)-8 □ 어부 피리도 흥에 겨워 달을 따라 부는구나
풀이 어부의 피리 소리를 듣고 어부가 흥에 겨워 달을 따라 피리를 분다는 것은 청각적 경험을 통해 환기된 장면을 묘사하여 인간이 자연물과 어우러지는 상황을 표현한 것이다.

→ 적절함!

② □ : 시간을 표현하는 시어를 대응시켜 현재와 같은 상황이 이후에도 이어질 것임을 드러내고 있다.
근거 (가)-18~19 □ 아침 시간 모자라니 저녁이라 싫을쏘냐/ 오늘이 부족하니 내일이라 넉넉하랴
풀이 '아침'과 '저녁', '오늘'과 '내일'이라는 시간을 표현하는 시어를 대응시켜 쉴 겨를 없이 자연을 감상하는 상황이 이후에도 이어질 것임을 드러내고 있다.

→ 적절함!

③ □ : 역사적 인물과 견주며 삶에 대한 만족감을 드러내고 있다.
근거 (가)-33~35 □ 강산풍월 거느리고 내 백 년을 다 누리면/ 악양루 위의 이백이 살아온들/ 호탕한 회포는 이보다 더할쏘냐
풀이 이백과 비교할 때 현재의 자신이 더 낫다는 점에서 역사적 인물인 이백과 견주며 자신의 삶에 대한 만족감을 드러내고 있다.

→ 적절함!

④ □ : 기대하는 일이 실현되었을 때 느낄 심정을 직접적으로 표출하고 있다.
근거 (나) ❷-2~3 음력 팔월 초상이 되어서야 이내 친한 것('가재미')이 온다고 한다. □ 나는 어서 그때가 와서 우리들 흰밥과 고추장과 다 만나서 아침저녁 기뻐하게 되기만 기다린다.
풀이 음력 팔월 초에 '가재미'가 나오면 흰밥과 고추장과 함께 먹을 일을 기대하며 기뻐하고 있으므로 기대하는 일이 실현되었을 때 느낄 심정을 직접적으로 표출하고 있다고 볼 수 있다.

→ 적절함!

✓⑤ □ : 원하는 것을 구하기 위해 시도한 방법이 <u>실패하는 과정에서 느낀 체념</u>을 드러내고 있다.
실패했지만 단념하지 않을 것임
근거 (나) ❹-5~10 나귀를 한 마리 사기로 했다. □ 그래 소장 마장을 가보나 나귀는 나지 않는다. 촌에서 다니는 아이들이 있어서 수소문해도 나귀를 팔겠다는 데는 없다.

얼마 전엔 어느 아이가 재래종의 조선 말 한 필을 사면 어떠냐고 한다. ~ 이 좀말로 할까고 머리를 기울여도 보았으나 그래도 나는 그 처량한 당나귀가 좋아서 좀더 이놈을 구해보고 있다.
풀이 글쓴이는 나귀를 사기 위해 소장, 마장을 가봤지만 나귀를 구하지 못했고, 어느 아이가 조선 말 한 필을 권해서 생각도 해 보았지만 아무래도 당나귀가 좋아서 좀 더 구해보고 있다고 하였다. 따라서 원하는 것을 구하기 위해 시도한 방법이 실패하는 과정에서 느낀 체념을 드러내고 있다고 볼 수 없다.

→ 적절하지 않음!

---

063 감상의 적절성 - 적절하지 않은 것 고르기　2022년 3월 학평 36번
정답률 65%, 매력적 오답 ② 10%
정답 ③

<보기>를 바탕으로 (가), (나)를 이해한 내용으로 적절하지 않은 것은?　3점

| 보기 |
[1] 문학 작품에서 공간을 체험하는 주체는 공간 및 주변 경물(경치 景 만물 物 : 계절에 따라 달라지는 경치)에 대한 인식을 드러내며, 이 인식은 주체의 지향이나 삶에서 중시하는 가치를 암시한다(넌지시 暗 보일 示 : 넌지시 드러낸다). [2] (가)의 화자는 '면앙정' 주변의 자연에 대한 인식과 함께 풍류(경치 風 흐를 流 : 멋스럽게 노는 생활) 지향적인 태도를 드러내고 있고, (나)의 글쓴이는 공간의 변화와 대상에 대한 인식을 관련지으며 자신이 소중하게 생각하는 삶의 가치를 암시하고 있다.

① (가) : '솔 아래 굽은 길'을 오가는 화자는 '꾀꼬리'의 '교태 겨워하는' 모습에 주목하면서 자연을 즐기는 자신의 태도와의 *동일성을 발견하고 있다. * 서로 같은 성질
근거 <보기> 문학 작품에서 공간을 체험하는 주체는 공간 및 주변 경물에 대한 인식을 드러내며, 이 인식은 주체의 지향이나 삶에서 중시하는 가치를 암시한다. (가)의 화자는 '면앙정' 주변의 자연에 대한 인식
(가)-1~2 가마를 급히 타고 솔 아래 굽은 길로 오며 가며 하는 때/ 녹양에 우는 꾀꼬리 교태 겨워하는구나
풀이 '솔 아래 굽은 길'을 오가는 화자는 '꾀꼬리'의 울음소리를 듣고 그 '교태 겨워하는' 모습에 주목한다. 이는 자연을 즐기는 자신의 모습이 꾀꼬리와 동일하다고 여겨 자신의 흥겨움을 꾀꼬리에 투영한 것이므로 적절한 설명이다.

→ 적절함!

② (가) : '간 데마다 승경'이라는 화자의 인식은 '내 몸이 쉴 틈 없'는 다양한 일들을 통해 자연의 다채로운 *풍광을 즐길 수 있으리라는 기대로 이어지고 있다. * 자연의 모습
근거 <보기> 문학 작품에서 공간을 체험하는 주체는 공간 및 주변 경물에 대한 인식을 드러내며, 이 인식은 주체의 지향이나 삶에서 중시하는 가치를 암시한다. (가)의 화자는 '면앙정' 주변의 자연에 대한 인식과 함께 풍류 지향적인 태도를 드러내고 있고,
(가)-12~13 천지가 풍성하여 간 데마다 승경이로다/ 인간 세상 떠나와도 내 몸이 쉴 틈 없다
풀이 면앙정 주변의 경치가 뛰어나다는 화자의 인식은 자연의 다양한 모습을 즐기느라 쉴 틈이 없을 것이라는 기대로 이어지고 있다.

→ 적절함!

✓③ (가) : '이 산'과 '저 산'에서 '번거로운 마음'과 '버릴 일이 전혀 없'음을 동시에 느끼는 화자의 모습에는 '인간 세상의 번잡한 일상을 여전히 의식하고 있음'이 드러나 있다.
자연을 즐기느라 바쁘게 돌아다니는 삶을 만족하고 있음
근거 (가)-20~21 이 산에 앉아보고 저 산에 걸어 보니/ 번거로운 마음에도 버릴 일이 전혀 없다
풀이 화자는 '이 산'과 '저 산'의 경치를 즐기느라 바빠 '번거로운 마음'이지만 '버릴 일이 전혀 없'다고 함으로써 자연과 더불어 사는 현재의 삶에 만족함을 드러내고 있다. 따라서 '인간 세상의 번잡한 일상을 의식하고 있다는 설명은 적절하지 않다.

→ 적절하지 않음!

④ (나) : '동해 가까운 거리로 와서' 주목하게 된 '가재미'에 대한 글쓴이의 인식은 '가난하고 쓸쓸한' 삶 속에서 '한없이 착하고 정다운' 것을 소중히 여기는 태도를 드러내고 있다.
근거 <보기>-2 (나)의 글쓴이는 공간의 변화와 대상에 대한 인식을 관련지으며 자신이 소중하게 생각하는 삶의 가치를 암시하고 있다.
(나) ❶-1~3 동해 가까운 거리로 와서 나는 가재미와 가장 친하다. ~ 그저 한없이 착하고 정다운 가재미만 이 흰밥과 빨간 고추장과 함께 가난하고 쓸쓸한 내 상에 한 끼도 빠지지 않고 오른다.
풀이 (나)의 글쓴이는 '동해 가까운 거리로 와서' '한없이 착하고 정다운' 가재미와 가장 친하여 '가난하고 쓸쓸한 삶' 속에서 언제나 함께한다고 하였으므로 '가재미'에 대해 소중히 여기는 태도를 드러내고 있다고 할 수 있다.

→ 적절함!

⑤ (나) : '중리'로 와서 '재래종의 조선 말'보다 '처량한 당나귀'와 '일없이 왔다갔다 하고 싶다'는 글쓴이의 바람은 일상의 작은 존재에 대해 느끼는 우호적 인식을 드러내고 있다.

근거 ＜보기＞-2 (나)의 글쓴이는 공간의 변화와 대상에 대한 인식을 관련지으며 자신이 소중하게 생각하는 삶의 가치를 암시하고 있다.

(나) **③-1** 옛날이 헐리지 않은 **중리**로 왔다. / **④-3** 이(중리의) 골목을 나는 나귀를 타고 **일없이 왔다갔다 하고 싶다**. / **7~10** 수소문해도 나귀를 팔겠다는 데는 없다. 얼마 전엔 어느 아이가 **재래종의 조선 말** 한 필을 사면 어떠냐고 한다. ~ 이 좀말로 할까고 머리를 기울여도 보았으나 그래도 나는 그 **처량한 당나귀**가 좋아서 좀더 이놈을 구해보고 있다.

풀이 글쓴이는 '중리'로 와서 나귀를 구하고 싶었지만 구하지 못했고 어느 아이가 '재래종의 조선 말'을 사는 것이 어떠냐고 권하자 그래도 '처량한 당나귀'와 '일없이 왔다갔다 하고 싶다'는 바람을 이야기한다. 이를 통해 일상의 작은 존재에 대해 느끼는 글쓴이의 우호적 인식을 드러내고 있다.

→ 적절함!

---

064 | 소재의 기능 - 적절한 것 고르기 2022년 3월 학평 37번
정답률 80% | **정답 ②**

ⓐ와 ⓑ에 대한 이해로 가장 적절한 것은?

(가)-24~27 ⓐ 술이 익었으니 벗이야 없을쏘냐 / 노래 부르게 하고 악기를 타고 또 켜게 하고 방울 흔들며 / 온갖 소리로 취흥을 재촉하니 / 근심이라 있으며 시름이라 붙었으랴
(나) **②-4** 그때에 또 이십오 전에 두어 두름씩 해서 나와 같이 ⓑ 이 물선('가재미')을 좋아하는 H한테도 보내어야겠다.

① ⓐ는 화자에게 *심리적 위안을 주는, ⓑ는 글쓴이에게 **고독감을 느끼게 하는 ***매개체이다. * 마음을 위로하여 편안함 ** 외로움 *** 소재
　　기쁨

풀이 ⓐ(술)는 화자에게 근심과 시름을 덜어주고 흥을 느끼게 한다는 점에서 심리적 위안을 준다고 할 수 있지만, ⓑ(이 물선)는 글쓴이가 좋아하는 소재이므로 고독감을 느끼게 한다고 볼 수 없다.

→ 적절하지 않음!

✓② ⓐ는 화자가 느끼는 흥을 심화하는, ⓑ는 글쓴이가 느끼는 기쁨을 확장하는 매개체이다.

풀이 (가)의 화자는 ⓐ(술)를 마시며 노래를 부르고 악기를 연주하며 흥에 취해 있으므로 ⓐ(술)는 화자의 흥을 돋우는 소재이다. ⓑ(이 물선)는 글쓴이와 H가 모두 좋아해 H에게 보내려는 소재이므로 글쓴이가 느끼는 기쁨을 확장하는 매개체이다.

→ 적절함!

③ ⓐ는 화자가 내면의 만족감을 드러내는, ⓑ는 글쓴이가 현실에 대한 불만을 표출하는 매개체이다.

풀이 (가)의 화자는 자연 속에서 술을 마시며 즐기고 있으므로 ⓐ(술)는 내면의 만족감을 드러내는 소재라 할 수 있다. 하지만 ⓑ(이 물선)는 글쓴이가 좋아하는 것이므로 현실에 대한 불만을 표출하는 매개체라 할 수 없다.

→ 적절하지 않음!

④ ⓐ는 화자에게 삶의 목표를 일깨워 주는, ⓑ는 글쓴이에게 심경 변화의 계기를 제공하는 매개체이다.

풀이 ⓐ(술)는 화자로 하여금 자연 속에서 풍류를 즐기며 살아가는 삶의 목표를 일깨워 준다고 볼 수 있지만, ⓑ(이 물선)는 글쓴이에게 심경 변화의 계기를 제공하고 있지 않다.

→ 적절하지 않음!

⑤ ⓐ는 화자에게 이상적 세계의 모습을, ⓑ는 글쓴이에게 윤리적 삶의 태도를 떠올리게 하는 매개체이다.

풀이 ⓐ(술)는 화자가 지향하는 삶, 즉 자연 속에서 풍류를 즐기는 이상적 세계의 모습을 떠올리게 하는 매개체라고 볼 수 있다. 하지만 ⓑ(이 물선)는 글쓴이가 좋아하는 것일 뿐, 윤리적 삶의 태도를 떠올리게 하는 매개체는 아니다.

→ 적절하지 않음!

작품 이해 단계 ①화자 ②상황 및 대상 ③정서 및 태도 ④주제

① 화자 : 안 드러남

　　　　　　한 줄기
1 무등산 한 활개 뫼가 동쪽으로 뻗어 있어
　　　　　　　　　　떨어져 나와 　② 대상 :
2 멀리 떼쳐 와 ⓐ제월봉(霽月峰)이 되었거늘　'제월봉'
3 무변대야(無邊大野)에 무슨 짐작 하노라
　　끝없이 넓은 들판 　무슨 생각하느라
4 일곱 굽이 한데 뭉쳐 우뚝우뚝 벌여 논 듯
5 가운데 굽이는 구멍에 든 ⓑ늙은 용이 　③ 정서 : '제월봉'의 가운데 굽이는 잠에서
　　　살짝 든 잠 　깬 늙은 용이 머리를 얹은 것 같다고 느낀다.
6 선잠을 갓 깨어 머리를 앉혔으니
　　　크고 널찍한 바위 　소나무와 대나무
7 너럭바위 위에 송죽을 헤치고 ⓒ정자를 앉혔으니 　② 대상 : '정자(면앙정)'
8 구름 탄 청학이 천 리를 가리라 두 날개 벌렸는 듯 　③ 정서 : 정자의 모습이 구름 탄
　　　　　　　　　　　　② 대상 : 　청학이 천 리를 가기 위해 날개를
9 옥천산 용천산 내린 ⓓ물이 　'물' 　펼친 모습 같다고 느낀다.
10 정자 앞 넓은 들에 올올히 펴진 듯이
11 넓거든 기노라 푸르거든 희지 마나
　　　　　　　　　긴 비단('시냇물'을 비유)
12 쌍룡이 뒤트는 듯 긴 깁을 펼쳤는 듯 　③ 정서 : 물이 흐르는 모습이 쌍룡이
　　　　　　　　　　　　　　뒤트는 것 같기도 하고 긴 비단을 펼쳐
13 어디로 가노라 무슨 일 바빠서 　놓은 것 같다고 느낀다.
14 닫는 듯 따르는 듯 밤낮으로 흐르는 듯
　　달리는 듯 　모래톱, 모래밭
15 물 좋은 사정(沙汀)은 눈같이 펴졌거든
　　　　따르는
16 어지러운 기러기는 무엇을 어르노라
17 앉으락 내리락 모이락 흩으락 　② 대상 : '기러기'
　　　　　　　　　　　울면서 쫓아다니느냐
18 노화(蘆花)를 사이 두고 우러곰 좇니느뇨 　③ 태도 :
　　　갈대 　기러기가 나를 쫓는다고 생각한다.
19 넓은 길 밖이요 긴 하늘 아래 두르고 꽂은 것은
　　　신인가
20 뫼인가 병풍인가 그림인가 아닌가
21 높은 듯 낮은 듯 궂은 듯 잇는 듯 　② 대상 :
　　　　　　　　　　　병풍처럼 늘어서 있는 '산봉우리들'
22 숨거니 뵈거니 가거니 머물거니
23 어지러운 가운데 이름난 양하여
　　　　　　　　　꺼리지 않고
24 하늘도 저어치 않고 우뚝이 섰는 것이 ⓔ추월산 머리 짓고
　　　　　　　　　　　　머리를 이루고
25 용구산 몽선산 불대산 어등산
　　　　　　　　　텅 빈 공중에 늘어서 있는데
26 용진산 금성산이 허공에 벌였거든
　　　　　　　　　머문 것(산봉우리)도 많기도 많구나
27 원근창애(遠近蒼崖)에 머문 짓도 하도 할샤 　③ 정서 :
　　　멀리 또는 가까이 있는 푸른 절벽 　면앙정 주변에 늘어선 산봉우리들에 감탄한다.
　　　　　　　　　　　　　　- 송순, 「면앙정가」-

④ 주제 :
'면앙정과 면앙정 주변의 아름다운 경치'이다.　면앙정이라는 정자에서 부르는 노래

· 현대어 풀이
1 무등산 한 줄기가 동쪽으로 뻗어 있어
2 멀리 떨어져 나와 제월봉이 되었거늘
3 끝없이 넓은 들판에 무슨 생각하느라
4 일곱 굽이가 한 곳에 뭉쳐 우뚝우뚝 벌여 놓은 듯
5 가운데 굽이는 구멍에 들어 있는 늙은 용이
6 살짝 든 잠을 갓 깨어 머리를 얹어 놓은 듯하고
7 크고 널찍한 바위 위에 소나무와 대나무를 헤치고 정자를 지어 두니
8 구름 탄 푸른 학이 천 리를 가려고 두 날개를 펼친 듯하다.
9 옥천산, 용천산에서 흘러내린 시냇물이
10 정자 앞의 넓은 들에 끊임없이 펴진 듯이
11 넓으면서도 길고 푸르면서도 희며
12 쌍룡이 뒤트는 듯 긴 비단을 펼쳐 놓은 듯
13 어디로 가노라 무슨 일이 바빠서
14 달리는 듯, 따르는 듯 밤낮으로 흐르는 듯하다.
15 물을 따르는 모래톱은 눈같이 퍼져 있는데
16 어지러운 기러기는 무엇을 어르느라

17 앉았다가 내렸다가 모였다가 흩어졌다가
18 갈대를 사이에 두고 울면서 쫓아다니느냐?
19 넓은 길 밖이요 긴 하늘 아래 두르고 꽂아 둔 것은
20 산인가 병풍인가, 그림인가 아닌가.
21 (산봉우리들이) 높은 듯 낮은 듯 (산맥들이) 끊어지는 듯 이어지는 듯
22 숨어 있는 듯하면서도 보이고 가는 것 같으면서도 머물러 있으니
23 어지러운 가운데 이름난 듯하여
24 하늘도 꺼리지 않고 우뚝이 솟아 있는 것이 추월산 머리를 이루고
25 용구산, 몽선산, 불대산, 어등산,
26 용진산, 금성산이 허공에 늘어서 있는데
27 멀리 또는 가까이 있는 푸른 절벽에 머문 산봉우리들이 많기도 많구나.

- 지문 이해

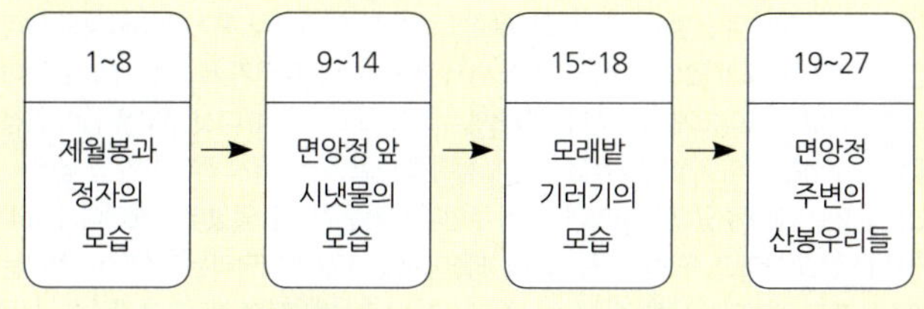

1~8	9~14	15~18	19~27
제월봉과 정자의 모습	면앙정 앞 시냇물의 모습	모래밭 기러기의 모습	면앙정 주변의 산봉우리들

---

065 감상의 적절성 - 적절하지 않은 것 고르기 | 고3 | 2010학년도 수능 37번
정답률 80% **정답 ②**

〈보기〉를 참고하여 윗글을 감상한 내용으로 적절하지 않은 것은?

| 보기 |
1 송순이 「면앙정가」에서 펼쳐 보인 세계는 흔히 '면앙우주'라고 일컬어진다. 2 면앙우주는 작가에게 천지만물의 이치(자연의 체계, 자연이 움직이는 방식)를 심성의 수양으로 내면화하는(몸과 마음을 갈고 닦으면서 자연의 이치를 깊이 이해하려는) 공간이었다. 3 작가는 자연 세계를 통해 인간 세계의 이치를 읽어 내는 가운데 조화와 합일(하나가 됨)을 추구했다. 4 그는 객관적 자연물에 인간적 생명력과 의지를 부여하는 방식으로(자연물을 사람처럼 표현하는 방식으로) 자신의 이상(가장 완전한 상태로 여겨 추구하려는 것)과 세계관(세상을 바라보는 시각)을 표출했다(드러냈다).

① ⓐ의 '제월봉'이 '무변대야에 무슨 짐작'을 한다는 표현에는 높은 이상을 향한 작가의 의지가 자연물에 *투영되어 있군. * 나타나고

근거 〈보기〉-1 송순이 「면앙정가」에서 펼쳐 보인 세계는 흔히 '면앙우주'라고 일컬어진다./ 4 그는 객관적 자연물에 ~ 자신의 이상과 세계관을 표출
1~3 무등산 한 활개 뫼가 ~/ 멀리 떼쳐 와 ⓐ 제월봉(霽月峰)이 되었거늘/ 무변대야(無邊大野)에 무슨 짐작 하노라

풀이 '제월봉'은 무등산의 한 줄기가 멀리 떨어져 나와 된 것으로, 끝없이 넓은 들판(무변대야)에서 무슨 생각을 하고 있다. 이를 〈보기〉와 관련시키면 '제월봉'을 사람처럼 표현함으로써, 송순이 제월봉(객관적 자연물)에 자신의 높은 이상을 향한 의지를 투영한 것으로 볼 수 있다.

→ 적절함!

✓② ⓑ의 '늙은 용'이 '선잠을 갓 깨어'라는 표현에는 이상을 펼치기에 이미 늦었다고 여기는 작가의 *조바심이 담겨 있어. * 조마조마하여 졸이는 마음
〔펼쳐 보이기 시작한〕〔의지가〕

근거 〈보기〉-4 그는 객관적 자연물에 인간적 생명력과 의지를 부여하는 방식으로 자신의 이상과 세계관을 표출
5~6 가운데 굽이는 구멍에 든 ⓑ 늙은 용/ 선잠을 갓 깨어 머리를 얹혔으니

풀이 화자는 제월봉의 가운데 굽이를 선잠에서 깨어난 '늙은 용'이 머리를 얹혀 놓은 것 같다고 표현한다. 그런데 늙은 용이 선잠을 '갓 깨어' 있다고 했으므로, 작가의 조바심이 아니라, 작가가 자신의 높은 이상을 펼쳐 보이기 시작한 것으로 보아야 한다.

→ 적절하지 않음!

③ ⓒ의 '정자'가 '청학처럼 두 날개 벌렸다'는 표현에서 면앙정이 *비상(飛上)을 위한 심성 수양의 장소임을 알 수 있군. * 높이 날아오름

근거 〈보기〉-2 면앙우주는 ~ 천지만물의 이치를 심성의 수양으로 내면화하는 공간
7~8 너럭바위 위에 송죽을 헤치고 ⓒ 정자를 앉혔으니/ 구름 탄 청학이 천 리를 가리라 두 날개 벌렸는 듯

풀이 화자는 정자(면앙정)의 모습을 구름 탄 청학이 천 리를 가려고 두 날개를 벌리고 있는 듯하다고 표현한다. 따라서 면앙정은 천 리를 가려고 마음먹은 청학이 날기 전에 머무르는 장소이므로, 작가가 천지만물의 이치를 내면화하기 위한 심성 수양의 장소로 삼는 곳임을 알 수 있다.

→ 적절함!

④ ⓓ의 '물'이 '밤낮으로 흐르는' 모습을 통해 작가도 자신이 추구하는 바를 쉼 없이 행해야 함을 드러내고 있어.

근거 〈보기〉-3 작가는 자연 세계를 통해 ~ 조화와 합일을 추구
9 옥천산 용천산 내린 ⓓ 물이/13~14 어디로 가노라 무슨 일 바빠서/ 닫는 듯 따르는 듯 밤낮으로 흐르는 듯

풀이 물이 밤낮으로 흐르는 모습을 통해 작가도 자신이 추구하는 조화와 합일을 위해 쉼 없이 행해야 할 것임을 짐작할 수 있다.

→ 적절함!

⑤ ⓔ의 '추월산'을 비롯한 여러 산들이 '높은 듯 낮은 듯 긎는 듯 잇는 듯' 서 있다는 표현에서 조화와 합일을 추구하는 삶의 태도를 볼 수 있군.

근거 〈보기〉-3 작가는 자연 세계를 통해 인간 세계의 이치를 읽어 내는 가운데 조화와 합일을 추구
19~24 넓은 길 밖이요 긴 하늘 아래 두르고 꽂은 것은/ 뫼인가 병풍인가 그림인가 아닌가/ 높은 듯 낮은 듯 긎는 듯 잇는 듯/ ~ 하늘도 저어치 않고 우뚝이 섰는 것이 ⓔ 추월산 머리 짓고

풀이 추월산을 비롯한 여러 산들은 높은 산이든 낮은 산이든 산맥들로 이어졌다 끊어지면서 서로 조화롭게 이어져 있다. 따라서 이는 자연 세계(산들의 모습)를 통해 작가가 추구하는 조화와 합일의 삶의 태도를 나타낸 것으로 볼 수 있다.

→ 적절함!

[066~069] 다음 글을 읽고 물음에 답하시오.

작품 이해 단계 ① 화자 ② 상황 및 대상 ③ 정서 및 태도 ④ 주제

(가)

① 화자 : 안 드러남

1
1 어리고 성근 가지 너를 믿지 않았더니
〔엉성한〕 〔② 대상 : '너(매화)'〕 〔매화〕
2 눈 기약(期約) 능(能)히 지켜 두세 송이 피었구나
〔능할 能 : 능력이 있어서 쉽게〕 〔눈이 오면 꽃을 피우겠다는 약속〕
3 촛불 잡고 가까이 사랑할 때 암향부동(暗香浮動)하더라
〔넌지시 暗 향기 香 뜰 浮 움직일 動 : 그윽한 향기가 은은히 떠도는구나〕
②③ 상황 및 태도 : 눈이 오면 꽃을 피우겠다는 약속을 능히 지켜 꽃을 피운 매화를 가까이에서 감상하며 즐긴다.
〈제2수〉

2
〔얼음 氷 맵시 姿 옥 玉 바탕 質 : 얼음같이 맑고 깨끗한 모습과 옥처럼 아름다운 성질〕 〔매화〕
[A] 1 빙자옥질(氷姿玉質)이여 눈 속에 네로구나
2 가만히 향기 놓아 황혼월(黃昏月)을 기약하니
〔누를 黃 어두울 昏 달 月 : 저녁에 뜨는 달을 기다리니〕
3 아마도 아치고절(雅致高節)은 너뿐인가 하노라
〔우아할 雅 이를 致 높을 高 절개 節 : 우아하고 높은 절개〕
③ 태도 : 매화의 아름다움('빙자옥질')과 절개('아치고절')를 예찬한다.
〈제3수〉

3
〔사방을 바라볼 수 있도록 문과 벽이 없이 다락처럼 높이 지은 집〕
1 동쪽 누각에 숨은 꽃이 철쭉인가 두견화(杜鵑花)인가
〔진달래꽃〕
2 온 세상이 눈이어늘 제 어찌 감히 피리
〔철쭉과 두견화〕
3 알괘라 백설 양춘(白雪陽春)은 매화밖에 뉘 있으리
〔흰 白 눈 雪 볕 陽 봄 春 : 흰 눈 속에서도 봄빛을 보이는 꽃〕
③ 태도 : 흰 눈 속에서도 유일하게 꽃을 피우는('백설 양춘') 매화의 생명력을 예찬한다.
〈제8수〉

④ 주제
매화의 아름다움과 절개, 생명력을 예찬한다.

- 안민영, 「매화사(梅花詞)」-

- 현대어 풀이

1
1 어리고 엉성한 가지를 지닌 너(매화)를 믿지 않았더니
2 눈이 오면 꽃을 피우겠다는 약속을 능히 지켜 두세 송이 피었구나
3 촛불 잡고 가까이 다가가 사랑할 때 그윽한 향기가 은은히 떠도는구나

〈제2수〉

2 ¹얼음같이 맑고 깨끗한 모습과 옥처럼 아름다운 성질이여, 눈 속에 (피어난) **너**(매화)로구나

²가만히 향기를 풍기며 저녁에 뜨는 달을 기다리니

³아마도 우아하고 높은 절개를 지닌 것은 너뿐인가 하노라

〈제3수〉

3 ¹동쪽 누각에 숨은 듯이 피어난 꽃이 철쭉인가 두견화인가

²온 세상이 눈에 덮여 있는데 (철쭉과 두견화가) 제 어찌 감히 (꽃을) 피우겠는가

³알겠구나, 흰 눈 속에서도 봄빛을 보이는 것(꽃을 피우는 것)은 매화밖에 누가 있겠는가

〈제8수〉

• **지문 이해**

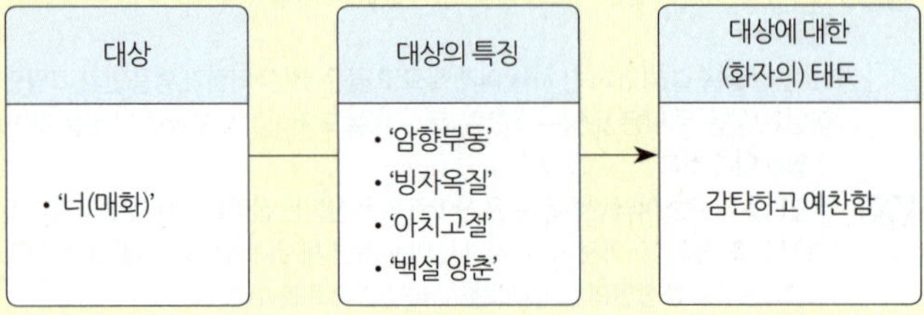

대상	대상의 특징	대상에 대한 (화자의) 태도
• '너(매화)'	• '암향부동' • '빙자옥질' • '아치고절' • '백설 양춘'	감탄하고 예찬함

(나)

1 ¹나이가 들수록 **격**(인품 格 : 품위)이 높아지는 것이 나무다. ²경기도 **용문사**(경기도 양평군 용문면에 있는 절)에는 천여 년 전에 심었다는 **고령의**(높을 高 나이 齡 : 나이가 많은. 오래된) 은행나무가 있어 45미터의 키에 아래 부분의 **직경**(곧을 直 지름 徑 : 지름)이 4미터가 된다니 산으로 치자면 백두요, 한라가 아닐 수 없다. ³**뜨락**(집 가까이에 딸려 있는 빈터. 뜰)에 자질구레한 나무만 심어 놓고 바라보아도 한결 마음이 든든한데 그쯤 고령의 **거목**(클 巨 나무 木 : 굵고 큰 나무)이고 보면, 내 **하잘것없는**(시시한) 인생을 송두리째 맡기고 살아도 뉘우칠 게 없을 것 같다.

→ '나'는 나이 들수록 격이 높아지는 것은 나무라고 생각한다.

2 ¹**홍야항야**(관계도 없는 남의 일에 쓸데없이 참견하는 것)로 일삼는 세속적인 생각에 젖어 사는 것이 너무나 치사한 것만 같아 새삼 **허탈**(기운이 빠짐)을 느낄 때가 한두 번이 아니다. ²창 앞에 대를 심어 **소슬한**(쓸쓸할 蕭 쓸쓸할 瑟 : 으스스하고 쓸쓸한) 가을바람을 즐길 줄 모르는 바 아니요, 또한 눈부신 장미꽃이 싫은 바도 아니요, **오색영롱한**(여러 가지 빛깔이 한데 어울려 눈부시게 찬란한) 철쭉도 싫은 바 아니지만, 그런 **관목**(키가 작고 원줄기가 가늘며 밑동에서 가지를 많이 치는 무궁화, 진달래, 앵두나무 따위)보다는 **아교목**(교목과 관목의 중간 식물로 줄기가 곧고 굵으며 높이 자란 나무 중에서 그다지 크지 않은 나무)이 좋고 아교목보다는 **교목**(줄기가 곧고 굵으며 높이가 8미터를 넘는 나무로 소나무, 향나무, 감나무 따위)이 믿음직해서 더 좋다. ³욕심껏 꽃아 놓은 나무가 좁은 뜨락에 **초만원**(넘을 超 찰 滿 수효 員 : 정원을 넘어 더할 수 없이 꽉 찬 상태)이 되어 이제 어찌 할 도리가 없어 제일 먼저 장미를 담 옆으로 분산시키고 아교목의 호랑가시와 교목인 태산목, 은행나무, 낙우송을 알맞게 자리 잡아 세운 것도 호화찬란한 장미처럼 눈부신 **여생**(남을 餘 날 生 : 앞으로 남은 인생)이기보다는 **담담하기**(차분하고 평온하기)를 바라는 탓도 있지만, 차라리 그보다는 날로 거목의 몸매가 잡혀가는 아교목들에게 끌리는 정이 더욱 도탑고 믿음직한 탓이기도 하리라.

→ '나'는 믿음직한 교목을 가장 좋아한다.

3 낙우송 사이로 바라다보이는 유월 하늘에서는 가지가 흔들릴 때마다 그 짙푸른 **쪽물**(잎을 염료로 사용하는 식물인 쪽에서 얻는 짙푸른 물감)이 금시 쏟아질 것 같아 좋거니와, 오월부터 **개화하기**(열 開 꽃 花 : 꽃이 피기) **비롯한**(시작한) 태산목은 겨우 십 년이 되었는데도 두세 송이씩 연이어 꽃이 피는가 하면 그 맑은 향기가 어찌도 그윽한지 **문향**(文香)(화려할 文 향기 香 : 화려한 향기) 십 리를 자랑하는 난(蘭) 또한 감히 따를 바 못 되리라.

→ '나'는 낙우송의 빛깔과 태산목의 향기를 좋아한다.

4 **[B]** ¹(태산목 꽃은)백련꽃 송이처럼 탐스러운 봉오리에 어쩌면 향기를 가득 저장하고 있는 것만 같다. ²아침저녁 **솔깃이**(그럴듯해 보여 마음이 쏠리는 데가 있게) 흘러드는 그 향기를 맡아 본 사람이면 알리라.

→ 태산목의 꽃은 무척 향기롭다.

---

5 ⓐ집 주변에 **오류**(五柳)(다섯 五 버들 柳 : 다섯 그루의 버드나무)를 가꾸어 '**한정소언 불모영리**(閑靜少言 不慕榮利)(한가할 閑 고요할 靜 적을 少 말씀 言 아닐 不 바랄 慕 영화 榮 이로울 利 : 한가하고 고요하며 말이 적고 명예나 실리를 바라지 않음)'의 도를 터득한 **도연명**(陶淵明)(중국 동진의 시인(365〜427))은 그대로 향기 높은 저 태산목 같은 거목이 아니었을까 생각될 때, 장미류의 관목처럼 눈부신 꽃이고 싶어 하는 데는 머리를 써도, 태산목처럼 격 높은 향기를 마음에 지니기란 쉬운 일이 아니기에, 내 스스로 향기 지닐 마음의 여유 없음을 슬퍼할 따름이다.

→ '나'는 태산목처럼 격 높은 향기를 지닐 마음의 여유가 '나'에게는 없음을 슬퍼한다.

(중략)

6 ¹문 밖에 심은 버드나무도 벌써 10년이 가깝게 자라고 보니, 이른 봄부터 찾아와서 옥을 굴리듯 울어 주는 **밀화부리**(되샛과의 새)도 버드나무가 없었던들 엄두도 낼 수 없는 일이다. ²그러기에 이 근방에서는 버드나무집으로 통할 뿐 아니라, 혹시 전화로라도 우리 집 위치 묻는 친구가 있으면 어느 지점에 와서 문 앞에 버드나무가 세 그루 서 있는 집이라면 무난히들 찾아오게 마련이다. ³**당초엔**(처음엔) (버드나무를) 다섯 그루를 심어 정성 들여 가꾸었는데 이웃집에서 가을 낙엽에 **성화**를 내고(몹시 귀찮게 굴고) 자기 집 옆에 서 있는 놈만은 베어 주었으면 하기에, 그 집 주인에게 **처분**(처리)을 맡겼더니 베어다가 장작으로 패 땐 모양이고, 또 한 그루는 동네 애들이 매일 짓궂게 매달리는가 했더니 끝내는 껍질을 홀랑 벗겨대는 **등쌀**(귀찮게 구는 짓)에 기어이 **고사**(枯死)하고(마를 枯 죽을 死 : 나무가 말라 죽고) 보니, 남은 세 그루가 옆채를 사이에 두고 태산목과 마주 보고 서 있게 되었다.

→ 근방에서 버드나무집으로 통하는 우리 집에는 원래 다섯 그루였던 버드나무가 세 그루만 남았다.

7 ⓑ그대로 다섯 그루가 자랐더라면 집 주변에 **오류**(다섯 그루의 버드나무)를 가꾸어 '**한정소언 불모영리**(한가하고 고요하며 말이 적고 명예나 실리를 바라지 않음)'의 도를 터득한 저 도연명의 **풍모**(모습 風 얼굴 貌 : 드러나 보이는 사람의 겉모양과 얼굴)를 배우고자 함이었더니, 세 그루가 남게 되어 짓궂은 친구가 찾아올라치면 **숫제**(아예) **삼류선생**(三流先生)(석 三 사회 계층 流 먼저 先 날 生)이라 부르는 데는 긍정도 부정도 하지 않는 까닭은 **삼류**(석 三 사회 계층 流 : 어떤 방면에서 가장 낮은 지위나 부류) 인생을 살아가는 나에게 **오류**(五柳)(도연명의 호)선생은 못 될지언정, 삼류선생의 칭호도 오히려 과분한 것만 같아 설마 삼류선생이라 부르는 것은 아니겠지 하고 스스로를 위로하기 때문인지도 모른다.

→ 도연명의 풍모를 배우고자 하던 '나'는 삼류선생의 칭호도 과분하다고 느낀다.

- 신석정, 「향기 있는 사람」-

• **중심 내용**

'나'는 나이가 들수록 격이 높아지는 것은 나무라고 생각하며, 나무 중에서도 믿음직한 교목을 가장 좋아한다. '나'는 낙우송의 빛깔과 태산목의 맑고 그윽한 향기를 좋아하나, 태산목처럼 격 높은 향기를 지닐 마음의 여유가 '나'에게 없음을 슬퍼한다. 문 밖에 심었던 다섯 그루의 버드나무가 세 그루만 남게 되자 짓궂은 친구는 '나'를 삼류선생이라 부르지만 '나'는 삼류선생의 칭호도 과분하다고 느낀다.

1등급 문제

066 | 표현상 공통점 - 적절한 것 고르기 | 2021년 9월 학평 34번
정답률 45%, 매력적 오답 ⑤ 30%, ④ 10% | **정답 ①**

[A]와 [B]의 공통점으로 가장 적절한 것은?

선지	핵심 체크 내용	[A]	[B]
① ✓	비유적 표현 사용 → 대상의 속성 드러냄	O	O
②	시선의 이동 → 대상의 변화 과정 제시	X	X
③	색채 이미지 활용	O	O
	애상적 분위기 조성	X	X
④	자연물에 말을 건네는 어투 활용 → 친근감 드러냄	O	O
⑤	대상에 감정 이입	X	X
	자연물에 대한 자신의 심정 강조	O	O

[A] (가)-❷ 빙자옥질이여 눈 속에 네로구나 / 가만히 향기 놓아 황혼월을 기약하니 / 아마도 아치고절은 너뿐인가 하노라
[B] (나)-❹ 백련꽃 송이처럼 탐스러운 봉오리에 어쩌면 향기를 가득 저장하고 있는 것만 같다. 아침저녁 솔깃이 흘러드는 그 향기를 맡아 본 사람이면 알리라.

✔① 비유적 표현을 사용하여 대상의 속성을 드러내고 있다.

풀이 [A]에서는 '매화'의 아름다움을 '빙자옥질(얼음같이 맑고 깨끗한 모습과 옥처럼 아름다운 성질)'에, 매화의 절개를 '아치고절(우아하고 높은 절개)'에 비유하여 매화의 속성을 드러내고 있다. [B]에서는 태산목의 꽃을 '백련꽃 송이'에 빗대어서 태산목의 향기로운 속성을 드러내고 있다.

→ 적절함!

② 시선의 이동을 통해 대상의 변화 과정을 제시하고 있다.

풀이 [A]에서 화자의 시선은 '매화'에 고정되어 있으므로 시선의 이동이 나타나지 않으며 대상인 '매화'의 변화 과정도 제시되어 있지 않다. [B]에서 글쓴이는 태산목 꽃의 향기를 예찬하고 있을 뿐 시선의 이동이나 대상의 변화 과정은 나타나 있지 않다.

→ 적절하지 않음!

■ 시선의 이동에 따라 시상을 전개하는 작품
• 조지훈, 「고풍 의상」 (2018학년도 6월 모평)
자주빛 호장을 받친 호장저고리 / 호장저고리와 하얀 동정이 환하니 밝도소이다 / ~ 열두 폭 기인 치마가 사르르 물결을 친다 / 초마 끝에 곱게 감춘 운혜 당혜(여성이 신던 가죽신)
→ 고풍 의상을 입은 여인의 모습을 '저고리 → 치마 → 운혜 당혜', 즉 위에서 아래로의 시선의 이동에 따라 표현하고 있다.

③ *색채 이미지를 활용하여 **애상적 분위기를 조성하고 있다.
* 색으로부터 받은 느낌 ** 슬퍼하거나 가슴 아파하는

풀이 [A]의 '눈', [B]의 '백련꽃'에 흰색의 색채 이미지가 나타나 있지만 [A]는 '매화', [B]는 '태산목의 꽃'에 대해 예찬하고 있으므로 애상적 분위기와는 거리가 멀다.

→ 적절하지 않음!

■ 색채 이미지를 활용하여 애상적 분위기를 조성하고 있는 작품
• 이규보, 「모춘강상송인후유감」 (2012년 고1 6월 학평)
늦은 봄 떠나는 벗 보내고 오니 / 눈앞 가득 고운 풀에 맘이 아프네. / ~ / 노을은 햇빛 비쳐 붉게 흐르고 / 먼 강물은 하늘만큼 푸르네. / 강가의 버드나무 수없는 푸른 실은 / 내 마음 얽매어 머물게 하네.
→ 붉게 물든 노을은 저녁이라는 시간적 배경을, 푸른 강물은 벗과 화자의 경계가 되는 공간적 배경을 색채 이미지로 나타내어 벗과의 이별로 인한 화자의 애상감을 조성하고 있다.

─ [A]만 해당 ─
④ 자연물에 말을 건네는 어투를 활용하여 친근감을 드러내고 있다.

풀이 [A]에서는 자연물인 '매화'를 의인화하여 '너'라고 지칭하며 말을 건넴으로써 '매화'에 대한 친근감을 드러내고 있다. [B]에서는 '태산목 꽃'에 대한 생각을 드러내고 있을 뿐, 자연물에 말을 건네는 어투를 활용하여 친근감을 드러내고 있지는 않다.

→ 적절하지 않음!

⑤ *대상에 감정을 이입하여 자연물에 대한 자신의 심정을 강조하고 있다.
* 대상이 화자와 같은 감정을 느끼는 것처럼 표현하여

풀이 [A]와 [B]에서는 각각 '매화'와 '태산목 꽃'을 예찬하고 있으나 대상에 감정을 이입하고 있지는 않다.

→ 적절하지 않음!

1등급 문제

067 소재의 기능 – 적절하지 않은 것 고르기 2021년 9월 학평 35번
정답률 50%, 매력적 오답 ③ 25%, ④ 10% **정답 ①**

(가)와 (나)의 두세 송이 와 철쭉 에 대한 이해로 적절하지 않은 것은?

✔① (가)와 (나)의 '철쭉'은 모두 화자가 *거부하는 대상이다. * 받아들이지 않고 물리치는

근거 (가)-❸ 동쪽 누각에 숨은 꽃이 철쭉 인가 두견화인가 / 온 세상이 눈이어늘 제 어찌 감히 피리 / 알괘라 백설 양춘은 매화밖에 뉘 있으리
(나) ❷-2 오색영롱한 철쭉 도 싫은 바 아니지만, 그런 관목보다는 아교목이 좋고 아교목보다는 교목이 믿음직해서 더 좋다.

풀이 (가)의 '철쭉'은 눈 속에서도 꽃을 피우는 '매화'와 대조되는 대상으로, '매화'의 절개와 생명력을 부각시킨다. 그러나 (가)의 '철쭉'을 화자가 거부하는 대상으로 볼 근거는 없다. (나)의 화자(글쓴이)는 '철쭉도 싫은 바 아니지만'이라고 하였으므로, (나)의 '철쭉'은 글쓴이가 거부하는 대상이라 할 수 없다.

→ 적절하지 않음!

② (가)와 (나)의 '철쭉'은 모두 화자가 추구하는 대상을 *부각하기 위해 사용되는 소재이다. * 두드러지게 하기 위해

근거 (가)-❸ 동쪽 누각에 숨은 꽃이 철쭉 인가 두견화인가 / 온 세상이 눈이어늘 제 어찌 감히 피리 / 알괘라 백설 양춘은 매화밖에 뉘 있으리
(나) ❷-2 오색영롱한 철쭉 도 싫은 바 아니지만, 그런 관목보다는 아교목이 좋고 아교목보다는 교목이 믿음직해서 더 좋다.

풀이 (가)의 '철쭉'은 화자가 추구하는 대상인 '매화'와는 대조적인 속성을 지닌 대상으로서 '매화'의 생명력을 부각하기 위해 사용된 소재이다. (나)의 '철쭉'은 글쓴이가 선호하는 대상인 믿음직한 '교목'과 비교되어 '교목'을 부각하기 위해 사용된 소재이다.

→ 적절함!

③ (가)와 (나)의 '두세 송이'는 모두 다른 자연물과 비교되는 소재이다.

근거 (가) ❶-2 눈 기약 능히 지켜 두세 송이 피었구나 // ❸-3 백설 양춘은 매화밖에 뉘 있으리
(나)-❸ 오월부터 개화하기 비롯한 태산목은 겨우 십 년이 되었는데도 두세 송이 씩 연이어 꽃이 피는가 하면 그 맑은 향기가 어찌도 그윽한지 문향 십 리를 자랑하는 난 또한 감히 따를 바 못 되리라.

풀이 (가)에서 '눈 기약 능히 지켜 두세 송이' 핀 '매화'의 꽃에 대해 화자는 '백설 양춘은 매화밖에 뉘 있으리'라고 하면서 다른 자연물(철쭉, 두견화)과 '매화'를 비교하고 있다. (나)의 '두세 송이'씩 연이어 핀 '태산목'의 꽃은 그 향기가 '난 또한 감히 따를 바가 못 될 정도로 맑고 그윽하다고 하였으므로 (나)의 '두세 송이'는 다른 자연물인 '난'과 비교되는 소재이다.

→ 적절함!

④ (가)와 (나)의 '두세 송이'는 모두 화자가 긍정적으로 인식하는 대상이다.

근거 (가) ❶-2~3 눈 기약 능히 지켜 두세 송이 피었구나 / 촛불 잡고 가까이 사랑할 때 암향부동하더라
(나)-❸ 오월부터 개화하기 비롯한 태산목은 겨우 십 년이 되었는데도 두세 송이 씩 연이어 꽃이 피는가 하면 그 맑은 향기가 어찌도 그윽한지 문향 십 리를 자랑하는 난 또한 감히 따를 바 못 되리라.

풀이 (가)에서 화자는 '눈 기약 능히 지켜 두세 송이' 핀 '매화'의 꽃을 촛불을 든 채 감상하고 있으므로 (가)의 '두세 송이'는 화자가 긍정적으로 인식하는 대상이라고 할 수 있다. (나)에서 '두세 송이씩 연이어' 핀 '태산목'의 꽃향기에 대해 글쓴이는 맑고 그윽하다고 평가하였으므로 (나)의 '두세 송이' 역시 글쓴이가 긍정적으로 인식하는 대상이라 할 수 있다.

→ 적절함!

⑤ (나)의 '두세 송이'와 달리 (가)의 '두세 송이'는 추운 계절임에도 불구하고 *개화를 한 대상이다. * 꽃이 핌

근거 (가) ❶-2 눈 기약 능히 지켜 두세 송이 피었구나
(나)-❸ 오월부터 개화하기 비롯한 태산목은 겨우 십 년이 되었는데도 두세 송이 씩 연이어 꽃이 피는가 하면

풀이 오월부터 개화하기 시작하는 (나)의 '두세 송이'와 달리 (가)의 '두세 송이'는 눈이 내리는 추운 계절임에도 불구하고 꽃을 피운 대상이다.

→ 적절함!

Ⅲ

갈래 복합

㉠과 ㉡에 대한 설명으로 가장 적절한 것은? `3점`

> (나)-❺ ㉠ 집 주변에 오류를 가꾸어 '한정소언 불모영리'의 도를 터득한 도연명은 그대로 향기 높은 저 태산목 같은 거목이 아니었을까 생각될 때, 장미류의 관목처럼 눈부신 꽃이고 싶어 하는 데는 머리를 써도, 태산목처럼 격 높은 향기를 마음에 지니기란 쉬운 일이 아니기에, 내 스스로 향기 지닐 마음의 여유 없음을 슬퍼할 따름이다.
> (나)-❼ ㉡ 그대로 다섯 그루가 자랐더라면 집 주변에 오류를 가꾸어 '한정소언 불모영리'의 도를 터득한 저 도연명의 풍모를 배우고자 함이었더니, 세 그루가 남게 되어 짓궂은 친구가 찾아올라치면 숫제 삼류선생이라 부르는 데는 긍정도 부정도 하지 않는 까닭은 삼류 인생을 살아가는 나에게 오류선생은 못 될지언정, 삼류선생의 칭호도 오히려 과분한 것만 같아 설마 삼류선생이라 부르는 것은 아니겠지 하고 스스로를 위로하기 때문인지도 모른다.

① ㉠은 '향기 지닐 마음'을 지니고 살아가는 삶에 대한 '나'의 *자부심을, ㉡은 '삼류선생'이라 불리는 삶에 대한 '나'의 부끄러움을 나타낸다.

* 자신의 가치와 능력을 믿고 당당히 여기는 마음

`풀이` ㉠에서 '나'는 자신이 '향기를 지닐 마음'의 여유가 없음을 슬퍼하므로 '향기 지닐 마음'을 지니고 살아가는 삶에 대한 자부심을 드러내고 있다는 것은 적절하지 않다. ㉡에서는 '삼류선생'의 칭호를 과분하게 여기는 '나'의 겸손함이 드러날 뿐 '삼류선생'이라 불리는 삶에 대한 부끄러움이 나타난다고 보기는 어렵다.

→ 적절하지 않음!

② ㉠은 '태산목 같은 거목'이 되고 싶은 '나'의 꿈을 실현한 만족감을, ㉡은 '도연명의 풍모'를 배우고자 노력했던 '나'에 대한 *자족감을 나타낸다. * 스스로 만족하게 여기는 느낌

`풀이` ㉠에서 '태산목 같은 거목'은 글쓴이가 '한정소언 불모영리'의 도를 터득한 '도연명'에 대해 평가한 말이다. '나'는 '태산목처럼 격 높은 향기를 마음에 지니기란 쉬운 일이 아니'라고 하였으므로 ㉠이 '태산목 같은 거목'이 되고 싶은 꿈을 실현한 만족감을 나타낸다는 것은 적절하지 않다. ㉡에서 '나'가 '도연명의 풍모'를 배우고자 하였음을 확인할 수 있으나 그 노력에 대한 자족감을 나타낸다고 보기는 어렵다.

→ 적절하지 않음!

③ ㉠은 '한정소언 불모영리'의 도를 터득하지 못해 느꼈던 '나'의 슬픔을, ㉡은 '한정소언 불모영리'의 도를 터득한 후 느꼈던 '나'의 기쁨을 나타낸다.

`풀이` ㉠에서 '나'는 '한정소언 불모영리'의 도를 터득한 도연명을 '태산목 같은 거목'으로 여기고 자신이 태산목처럼 격 높은 향기를 지닐 마음의 여유가 없음을 슬퍼하고 있다. ㉡에서 '나'는 '한정소언 불모영리'의 도를 터득한 도연명의 풍모를 배우고자 했으나 오류선생(도연명의 호)은 되지 못했다고 하였으므로 '나'가 '한정소언 불모영리'의 도를 터득했다는 설명은 적절하지 않으며, 이로 인한 기쁨이 드러난다는 것도 적절하지 않다.

→ 적절하지 않음!

✔④ ㉠은 '격 높은 향기를' 지니고 살아가지 못하는 삶에 대한 '나'의 안타까움을, ㉡은 '오류선생의 풍모에 미치지 못한다고 생각하는 '나'의 겸손함을 나타낸다.

`풀이` ㉠에서 '나'는 태산목처럼 '격 높은 향기'를 마음에 지니기란 쉬운 일이 아니며, 스스로 향기 지닐 마음의 여유 없음을 슬퍼하고 있으므로 ㉠은 '격 높은 향기를' 지니고 살아가지 못하는 삶에 대한 '나'의 안타까움을 나타낸다고 볼 수 있다. ㉡에서 '나'는 '오류선생'은 못 될지언정, 삼류선생의 칭호도 오히려 과분하다고 하였으므로 ㉡은 '오류선생'의 풍모에 미치지 못한다고 생각하는 '나'의 겸손함을 나타낸다고 할 수 있다.

→ 적절함!

⑤ ㉠은 '오류를 가꾸어' 도연명의 도를 터득하고 싶었던 '나'의 소망을, ㉡은 '집 주변에 오류'를 가꾸지 못한 상황을 핑계로 도연명의 도를 저버리려는 '나'의 의도를 나타낸다.

`풀이` 집 주변에 '오류를 가꾸어' '한정소언 불모영리'의 도를 터득한 도연명의 풍모를 배우고자 한 '나'의 소망은 ㉠이 아닌 ㉡에 드러난다. ㉡에서는 도연명의 풍모를 배우고자 했던 '나'에게 삼류선생의 칭호도 오히려 과분하다는 겸손함이 나타날 뿐 '집 주변에 오류'를 가꾸지 못한 상황을 핑계로 도연명의 도를 저버리려는 '나'의 의도가 나타나지는 않는다.

→ 적절하지 않음!

<보기>는 '선생님'의 안내에 따라 학생들이 (나)를 감상한 내용이다. ⓐ~ⓔ 중 적절하지 않은 것은?

> | 보기 |
>
> 선생님 : 수필은 글쓴이가 생활 주변에서 찾은 글감을 바탕으로 자신의 주관적 정서를 드러내는 글입니다. 자기 고백적인 성격이 강한 수필은 삶에 대한 통찰(꿰뚫을 洞 살필 察 : 예리한 관찰력으로 사물을 꿰뚫어 봄)과 가치관을 담고 있으며, 개성 있는 표현으로 자신의 생각을 드러냅니다. 또한 독자들은 수필을 읽으며 글쓴이의 성격이나 삶에 대한 태도 등을 파악할 수 있습니다. 그러면 이 작품에 나타난 수필의 특징을 확인해 봅시다.
>
> 학생 1 : 아끼던 버드나무를 베고 싶다는 이웃에게 성화를 내는 모습에서 글쓴이의 성격을 엿볼 수 있어요. ·········· ⓐ
> 학생 2 : 자신의 삶이 눈부시기보다 담담한 인생이기를 바란다는 것에서 글쓴이의 삶에 대한 가치관을 엿볼 수 있어요. ·········· ⓑ
> 학생 3 : 세속적인 생각에 젖어 사는 것에 대해 허탈함을 느끼는 모습에서 글쓴이의 삶에 대한 태도를 엿볼 수 있어요. ·········· ⓒ
> 학생 4 : '-(으)리라'를 반복하여 나무에 대한 자신의 생각을 나타내는 것에서 글쓴이의 개성 있는 표현을 찾아볼 수 있어요. ·········· ⓓ
> 학생 5 : 키우던 다섯 그루의 버드나무가 세 그루만 남게 된 일화에서 글쓴이가 자신의 생활 주변에서 글감을 찾은 것을 알 수 있어요. ·········· ⓔ

✔① ⓐ : ~~아끼던 버드나무를 베고 싶다는 이웃에게 성화를 내는 모습에서~~ 글쓴이의 성격을 엿볼 수 있어요.
이웃이 글쓴이에게 성화를 내자 그 집 주인에게 버드나무의 처분을 맡기는

`근거` (나)-❻-3 당초엔 다섯 그루를 심어 정성 들여 가꾸었는데 이웃집에서 가을 낙엽에 성화를 내고 자기 집 옆에 서 있는 놈만은 베어 주었으면 하기에, 그 집 주인에게 처분을 맡겼더니 베어다가 장작으로 패 땐 모양이고,

`풀이` 글쓴이가 이웃에게 성화를 낸 것이 아니라 이웃집에서 글쓴이에게 버드나무 낙엽 때문에 성화를 낸 것이다.

→ 적절하지 않음!

② ⓑ : 자신의 삶이 눈부시기보다 담담한 인생이기를 바란다는 것에서 글쓴이의 삶에 대한 가치관을 엿볼 수 있어요.

`근거` (나)-❷-3 호화찬란한 장미처럼 눈부신 여생이기보다는 담담하기를 바라는 탓도 있지만,

`풀이` 글쓴이는 '호화찬란한 장미처럼 눈부신 여생이기보다는 담담하기를 바'란다고 하였으므로 이를 통해 차분하고 평온한 삶을 추구하는 글쓴이의 가치관을 엿볼 수 있다.

→ 적절함!

③ ⓒ : 세속적인 생각에 젖어 사는 것에 대해 허탈함을 느끼는 모습에서 글쓴이의 삶에 대한 태도를 엿볼 수 있어요.

`근거` (나)-❷-1 홍야항야로 일삼는 세속적인 생각에 젖어 사는 것이 너무나 치사한 것만 같아 새삼 허탈을 느낄 때가 한두 번이 아니다.

`풀이` 글쓴이는 '세속적인 생각에 젖어 사는 것이 너무나 치사한 것만 같아 새삼 허탈을 느낄 때가 한두 번이 아니'라고 하였으므로 이를 통해 세속적인 생각을 부정적으로 여기는 글쓴이의 삶에 대한 태도를 엿볼 수 있다.

→ 적절함!

④ ⓓ : '-(으)리라'를 반복하여 나무에 대한 자신의 생각을 나타내는 것에서 글쓴이의 개성 있는 표현을 찾아볼 수 있어요.

`근거` (나)-❷-3 차라리 그보다는 날로 거목의 몸매가 잡혀가는 아교목들에게 끌리는 정이 더욱 도탑고 믿음직한 탓이기도 하리라. / ❸ 그 맑은 향기가 어찌도 그윽한지 문향 십 리를 자랑하는 난 또한 감히 따를 바 못 되리라. / ❹-2 아침저녁 솔깃이 흘러드는 그 향기를 맡아 본 사람이면 알리라.

`풀이` 글쓴이는 '-(으)리라'를 반복하여 나무에 대한 자신의 생각을 나타내고 있는데, 이는 글쓴이의 개성 있는 표현이라 할 수 있다.

→ 적절함!

⑤ ⓔ : 키우던 다섯 그루의 버드나무가 세 그루만 남게 된 *일화에서 글쓴이가 자신의 생활 주변에서 글감을 찾은 것을 알 수 있어요. * 세상에 널리 알려지지 아니한 흥미 있는 이야기

`근거` (나)-❻ 문 밖에 심은 버드나무도 벌써 10년이 가깝게 자라고 보니, ~ 남은 세 그루가 옆채를 사이에 두고 태산목과 마주 보고 서 있게 되었다.

`풀이` 문 밖에 심은 다섯 그루의 버드나무가 세 그루만 남게 된 일화를 통해 글쓴이가 자신

의 생활 주변에서 글감을 찾았다는 것을 알 수 있다.
→ 적절함!

[070~072] 다음 글을 읽고 물음에 답하시오.

작품 이해 단계 ①화자 ②상황 및 대상 ③정서 및 태도 ④주제

〈제1수〉
매화 梅 그림자 影 : 매화의 그림자
미인의 금비녀
1 **매영(梅影)**이 부드친 창(窓)에 **옥인금차(玉人金釵)** 비겨신져
②상황 : 매화의 그림자가 창에 비치는 상황
2 이삼(二三) **백발옹(白髮翁)**은 **거문고와 노릭**로다
①화자 : '백발옹' 중 한 사람
3 이윽고 **잔 드러 권(勸)하랼졔** 달이 쏘한 오르더라
②상황 : 술을 마시려는데 달이 떠오른 상황

〈제3수〉
②대상 : '빙자옥질(매화)'
1 **빙자옥질(氷姿玉質)**이여 눈 속에 네로구나
└ 얼음같이 맑고 깨끗한 피부와 옥같이 아름다운 성질
2 가만이 향기(香氣) 노아 **황혼월(黃昏月)**을 기약(期約)하니
└ 저녁달이라는 뜻으로 매화의 향기와 어울려 아름다운 분위기를 만듦
3 아마도 **아치고절(雅致高節)**은 너뿐인가 호노라
└ 우아한 모습과 꿋꿋한 태도
③태도 : 우아한 풍치, 높은 절개를 보여 주는 매화를 예찬(존경하고 찬양)한다.

〈제6수〉
1 부 룸이 눈을 모라 산창(山窓)에 부딪치니
2 찬 기운(氣運) 시여 드러 조는 매화(梅花)를 **침노(侵擄)**허니
└ 해를 끼치니
3 아무리 얼우려 허인들 **봄뜻**이야 아슬소냐
③태도 : 눈과 바람의 차가운 기운에도 봄뜻을 빼앗기지 않는 매화를 예찬한다.

〈제8수〉
1 동각(東閣)에 숨은 쏫치 **척촉(躑躅)**인가 두견화(杜鵑花)인가
└ 철쭉   └ 진달래
2 건곤(乾坤)이 눈이여늘 졔 엇지 감히 퓌리
└ 하늘 乾 땅 坤 : 온 천지
3 알괘라 백설양춘(白雪陽春)은 매화밧게 뉘 이시리
④주제 : '매화에 대한 예찬'이다.
└ 흰 눈이 날리는 이른 봄
③태도 : 흰 눈이 남아 있음에도 꽃을 피우는 매화를 칭찬한다.
- 안민영, 「매화사」-

• **현대어 풀이**

〈제1수〉
1 매화 그림자가 비친 창에 어여쁜 여인의 금비녀가 비스듬히 기대어 있구나.
2 두어 명의 노인은 거문고를 타며 노래하는구나.
3 이윽고 술잔을 들어 서로 권할 때 달이 또한 솟아오르더라.

▲ 매화
: 매화는 다른 나무보다 꽃이 일찍 피며, 잎보다 꽃이 먼저 핀다.

〈제3수〉
1 얼음같이 맑고 깨끗한 살결과 옥처럼 아름다운 성질이여, 눈 속에 피어난 너(매화)로구나.
2 (매화가) 가만히 향기를 풍기며 저녁에 뜨는 달을 기다리니,
3 아마도 우아한 모습과 높은 절개를 보여 주는 것은 너뿐인가 하노라.

〈제6수〉
1 바람이 눈을 몰고 와서 산에 있는 집의 창문에 부딪치니,
2 차가운 기운이 방으로 새어 들어와 잠자고 있는 매화를 괴롭히는데
3 아무리 추운 날씨가 (매화를) 얼게 하려 한들 새봄이 찾아왔음을 알리려는 의지를 빼앗을 수 있겠느냐.

〈제8수〉
1 동쪽의 화분 뒤로 숨은 듯이 피어난 꽃이 철쭉꽃이냐 진달래꽃이냐?
2 온 천지가 눈으로 뒤덮였는데 제(철쭉과 진달래)가 어찌 감히 피어나겠는가?

---

3 알겠도다! 흰 눈이 남아 있는 초봄에 피는 꽃은 매화 말고 어느 것이 있겠는가?

• **고전시가의 '화자'**
〈제1수〉에서 화자는 '백발옹' 중 한 사람이다. '매영, 옥인금차, 거문고, 노래, 달'은 모두 화자의 흥을 돋우는 소재인데, '백발옹'은 그런 것들을 즐기는 주체이기 때문에 '백발옹'을 화자로 보는 것이다. 이와 같이 고전시가에서는 화자가 '나'라는 표현 대신 다른 말로 자신을 드러내는 경우가 종종 있다.

■ **화자가 '나'가 아닌 다른 말로 나타나는 작품**
• 이황, 「도산십이곡」(2012학년도 9월 모평, 2015학년도 6월 모평B, 2023학년도 수능)
이런들 엇더하며 뎌런들 엇더하료/ 초야우생이 이러타 엇더하료
→ 화자가 '초야우생(草野愚生 : 시골에 묻혀 사는 어리석은 사람'이라는 뜻으로 화자가 자신을 낮추어 이르는 말)'으로 나타난다.

070 | 표현상 특징 - 적절한 것 고르기 | 고3 | 2014학년도 9월 모평B 31번
정답률 90% 정답 ③

윗글의 표현상 특징으로 가장 적절한 것은?

① ***반어적 표현**을 통해 ****시적 긴장감**을 *****조성**하고 있다. * 속마음과 반대로 말하는 것
** 시의 표현이 일상에서 언어를 사용하는 방식과 달라서 생기는 색다른 느낌 *** 만들고
풀이 윗글에 반어적 표현은 나타나지 않는다.
→ 적절하지 않음!

■ **반어적 표현**
현대시 014번 문제 ③번 선지 (2024년 9월 학평) 참고 → 013쪽

② ***대화의 형식**을 통해 **대상과의 친밀감**을 나타내고 있다. ← 의인화를
* 화자가 누군가에게 말을 건네고 이에 대한 상대의 반응이 드러나는 형식
근거 〈제3수〉-1 빙자옥질(氷姿玉質)이여 눈 속에 네로구나
풀이 매화를 '너'라고 표현하여 의인화(사람이 아닌 것을 사람처럼 표현)했으므로 대상과의 친밀감이 나타난다. 그러나 매화의 대답은 드러나지 않으므로 대화의 형식이 아니다.
→ 적절하지 않음!

■ **대화의 형식**
현대시 007번 문제 ⑤번 선지 (2025년 3월 학평) 참고 → 008쪽

③ **다양한 감각적 심상을 사용하여 대상을 *예찬하고 있다.** * 존경하고 찬양하고
근거 〈제1수〉-1 매영(梅影)이 부드친 창(窓)에 옥인금차(玉人金釵) 비겨신져 (시각적 심상)
〈제3수〉-1 빙자옥질(氷姿玉質)이여 눈 속에 네로구나 (시각적 심상)
〈제1수〉-2 이삼(二三) 백발옹(白髮翁)은 거문고와 노릭로다 (청각적 심상)
〈제3수〉-2 가만이 향기 노아 황혼월을 기약하니 (후각적 심상)
〈제6수〉-2 찬 기운(氣運) 시여 드러 조는 매화(梅花)를 침노(侵擄)허니 (촉각적 심상)
〈제3수〉-3 아마도 아치고절(雅致高節)은 너뿐인가 호노라// 〈제8수〉-3 알괘라 백설양춘(白雪陽春)은 매화밧게 뉘 이시리 (매화에 대한 예찬)
풀이 윗글은 '다양한 감각적 심상을 사용'하여 매화를 '예찬'하고 있다.
→ 적절함!

■ **다양한 감각적 심상이 사용된 작품**
• 박남수, 「종소리」
나는 떠난다. 청동(靑銅)의 표면에서/ ~ 광막한 하나의 울음이 되어/ 하나의 소리가 되어.// ~ 나는 바람을 타고/ 들에서는 푸름이 된다./ 꽃에서는 웃음이 되고/ 천상에서는 악기가 된다.// 먹구름이 깔리면/ 하늘의 꼭지에서 터지는 뇌성(천둥이 칠 때 나는 소리)이 되어/ 가루 가루 가루의 음향이 된다.
→ 청각적 심상(울음, 소리, 뇌성), 시각적 심상(푸름), 공감각적 심상(가루 가루 가루의 음향) 등을 사용하여 대상인 '종소리'를 다양한 이미지로 그려내고 있다.

④ **대상에 *감정을 이입**하여 화자의 ****애상감**을 심화하고 있다.
* 자기가 느끼는 감정을 다른 사물이 느끼는 것으로 표현 ** 슬픈 느낌
풀이 윗글에는 화자가 대상에 감정을 이입하여 애상감을 심화하는 부분이 나타나지 않는다.
→ 적절하지 않음!

■ 감정 이입을 통해 화자의 애상감을 드러내는 작품
- 백석, 「여승」 (2009학년도 6월 모평)
  산꿩도 설게 울은 슬픈 날이 있었다.
  → 산꿩에 감정을 이입하여 우리 민족의 비극적 현실에 대한 화자의 슬픈 정서를 드러
  낸다.
- 김소월, 「산」
  산새도 오리나무/ 위에서 운다.
  → 산새에 감정을 이입하여 고향에 돌아가고 싶지만 돌아갈 수 없는 슬픔을 드러낸다.

영탄적   대상에 대한 예찬
⑤ **명령적 어조를 통해 현실에 대한 비판 의식을 드러내고 있다.**
 * '~하여라', '~해라'와 같은 종결형을 사용하여 누군가에게 명령을 하는 듯한 말투
근거　<제3수>-1 빙자옥질이여 눈 속에 네로구나/ 3 아마도 아치고절은 너뿐인가 ㅎ노라
풀이　윗글은 영탄적 어조(감정을 강하게 나타내는 말투)를 통해 매화를 예찬하고 있을 뿐, 명
령적 어조나 현실에 대한 비판 의식은 나타나지 않는다.

→ 적절하지 않음!

■ 명령적 어조를 통해 현실에 대한 비판 의식을 드러내는 작품
- 신동엽, 「껍데기는 가라」
  껍데기는 가라./ 사월(四月)도 알맹이만 남고/ 껍데기는 가라.
  → 화자가 부정적인 현실을 나타내는 '껍데기'에게 '가라'라고 명령하여 현실에 대한
  비판 의식을 드러내고 있다.

071　시상 전개 방식 - 적절하지 않은 것 고르기　고3 | 2014학년도 9월 모평B 32번
　　　　정답률 90%　　　　　　　　　　　정답 ④

윗글에 대한 설명으로 적절하지 <u>않은</u> 것은?

① 제1수는 시적 화자를 둘러싼 상황을 제시하여 시적 분위기를 *형성하고 있다. * 만들고
근거　<제1수> 매영(梅影)이 부드친 창(窓)에 옥인금차(玉人金釵) 비겨신져/ 이삼(二三)
　　　　백발옹(白髮翁)은 거문고와 노리로다/ 이윽고 잔 드러 권(勸)하랄제 달이 쏘한 오르
　　　　더라
풀이　매화 그림자가 비친 창이 있는 방에서 금비녀를 한 미인과 두세 명의 백발노인들이
　　　　거문고를 타고 노래를 부르며 술을 마시고 있다. 따라서 시적 화자를 둘러싼 상황이
　　　　제시되어 여유롭고 멋스러운 분위기를 형성한다.

→ 적절함!

② 제3수는 제1수와 달리 대상을 *의인화하여 대상의 **면모를 강조하고 있다.
 * 사람이 아닌 것을 사람처럼 표현하여 ** 사람이나 사물의 겉모습 또는 됨됨이
근거　<제1수>-1 매영(梅影)이 부드친 창(窓)에 옥인금차(玉人金釵) 비겨신져
　　　　<제3수> 빙자옥질(氷姿玉質)이여 눈 속에 네로구나/ 가만이 향기(香氣) 노아 황혼
　　　　월(黃昏月)을 기약(期約)ㅎ니/ 아마도 아치고절(雅致高節)은 너뿐인가 ㅎ노라
풀이　제1수에서는 단순히 매화 그림자가 창에 비치고 있지만, 제3수에서는 화자가 매화
　　　　를 '빙자옥질, 너'라고 부르며 의인화하여 매화의 면모인 '아치고절'을 강조하고 있다.

→ 적절함!

■ 비유
현대시 026번 문제 ③번 선지 (2023년 6월 학평) 참고 → 023쪽

③ 제6수는 대상이 시련을 겪는 상황을 제시하여 대상의 속성을 *부각하고 있다.
 * 두드러지게 나타내고
근거　<제6수>-2~3 찬 기운(氣運) 시여 드러 즈는 매화(梅花)를 침노(侵擄)허니/ 아무리
　　　　얼우려 허인들 봄뜻이야 아슬소냐
풀이　찬 기운이 매화를 '침노'한 것은 대상이 시련을 겪는 상황이 제시된 것이고, 시련이 닥
　　　　치더라도 봄뜻을 빼앗기지 않는 매화의 모습은 대상의 속성을 부각하는 것이다.

→ 적절함!
　　　　　　　　　　　　　　　　　　　　　　대상만의 차별된
✓④ 제8수는 다른 자연물과 대상의 비교를 통해 <s>공통된</s> 특성을 부각하고 있다.
근거　<제8수> 동각(東閣)에 숨은 쏫치 척촉(躑躅)인가 두견화(杜鵑花)인가/ 건곤(乾坤)
　　　　이 눈이여늘 졔 엇지 감히 퓌리/ 알괘라 백설양춘(白雪陽春)은 매화밧게 뉘 이시리
풀이　제8수는 '철쭉, 두견화'와 '매화'를 비교하여, 눈이 남아 있는 이른 봄에 피는 꽃은 매
　　　　화밖에 없음을 말하면서 매화만이 가진 특성을 부각한다.

→ 적절하지 않음!

---

⑤ 제6수와 제8수는 의문의 형식을 통해 대상의 가치를 강조하고 있다.
근거　<제6수>-3 아무리 얼우려 허인들 봄뜻이야 아슬소냐
　　　　<제8수>-3 알괘라 백설양춘(白雪陽春)은 매화밧게 뉘 이시리
풀이　제6수와 제8수에서는 '의문의 형식('아슬소냐, 뉘 이시리')'을 통해 매화의 가치(봄을
　　　　알리려 함, 눈 속에서 꽃이 핌)를 강조한다.

→ 적절함!

■ 의문의 형식을 통해 대상의 가치를 강조하는 작품
- 윤선도, 「오우가」
  작은 것이 높이 떠서 만물을 다 비추니/ 밤중의 광명이 너만한 것 또 있느냐/ 보고도
  말 아니하니 내 벗인가 하노라
  → 의문의 형식을 통해 달의 밝음과 말이 없는 모습을 예찬한다.
- 박두진, 「향현」 (2017학년도 6월 모평)
  핏내를 잊은 여우 이리 등속이 사슴 토끼와 더불어 싸릿순 칡순을 찾아 함께 즐거이
  뛰는 날을 믿고 길이 기다려도 좋으랴?
  → 의문의 형식을 통해 강자와 약자가 함께 즐거이 뛰는 평화로운 날을 기대하고 있
  다.

072　감상의 적절성 - 적절하지 않은 것 고르기　고3 | 2014학년도 9월 모평B 33번
　　　　정답률 75%, 매력적 오답 ② 15%　　　　정답 ⑤

<보기>를 참고하여 윗글을 이해한 내용으로 적절하지 <u>않은</u> 것은?　3점

| 보기 |
1 안민영의 「매화사」에는 매화를 감상하는 여러 가지 태도가 나타나 있다. 2 기본적으
로 시흥(詩興)(시를 짓고 싶은 마음, 시가 일으키는 즐거운 마음)을 불러일으키는 자연물로서
의 속성에 초점을 맞춰 매화를 감상하는 태도가 바탕이 된다. 3 여기에 당대의 이념(당시
에 중요하게 여겨진 가치, 예를 들어 유교에서 중시된 절개, 지조, 충성심, 효 등)과 관련하여 매화
에 규범적 가치를 부여하여 감상하는 태도(인간의 도덕적인 의미를 담아 생각하는 태도), 매
화에 심미적으로 접근하여 아름다움을 음미하는 태도('아름다움'의 측면에서 대상을 바라보
고 감상하는 태도), 매화의 흥취를 즐기는 풍류적 태도(흥미와 취미로 즐기려는 태도) 등이 덧
붙여지기도 한다.

① '거문고와 노리'는 매화가 불러일으킨 시흥을 즐기기 위한 풍류적 요소이다.
근거　<보기>-2~3 시흥(詩興)을 불러일으키는 자연물로서의 속성에 초점을 맞춰 매화를
　　　　감상 ~ 매화의 흥취를 즐기는 풍류적 태도
　　　　<제1수>-1~2 매영(梅影)이 부드친 창(窓)에 옥인금차(玉人金釵) 비겨신져/ 이삼
　　　　(二三) 백발옹(白髮翁)은 거문고와 노리로다
풀이　윗글의 화자가 매화 그림자가 비친 창을 보며 거문고를 연주하고 노래를 하는 모습
　　　　에서 매화가 불러일으킨 시흥을 즐기고 있음을 알 수 있다.

→ 적절함!

② '잔 드러 권하랄제'는 *고조된 흥취를 사람들과 함께하고 싶은 마음을 드러낸다.
 * 높아진
근거　<보기>-2~3 시흥(詩興)을 불러일으키는 자연물로서의 ~ 매화의 흥취를 즐기는 풍
　　　　류적 태도
　　　　<제1수>-2~3 이삼(二三) 백발옹(白髮翁)은 거문고와 노리로다/ 이윽고 잔 드러 권
　　　　(勸)하랄제 달이 쏘한 오르더라
풀이　두세 명의 백발노인이 거문고를 연주하고 노래를 하며 즐기다가 이윽고 술잔을 들어
　　　　서로 '권하고' 있으므로 고조된 흥취를 함께하고 싶은 마음이 드러나는 것이다.

→ 적절함!

③ '황혼월'은 매화를 심미적으로 감상할 때 매화의 아름다움을 더욱 돋보이게 한다.
근거　<보기>-3 매화에 심미적으로 접근하여 아름다움을 음미하는 태도
　　　　<제3수>-1~2 빙자옥질(氷姿玉質)이여 눈 속에 네로구나/ 가만이 향기 노아 황혼월
　　　　(黃昏月)을 기약(期約)ㅎ니
풀이　'황혼월'이 뜨는 저녁은 매화의 향기와 어우러져 아름다운 분위기를 만들어 매화의
　　　　아름다운 모습을 더욱 돋보이게 한다.

→ 적절함!

④ '아치고절'은 자연물인 매화에 *부여된 심미적이면서도 규범적인 가치이다. * 붙여진
근거　<보기>-3 매화에 규범적 가치를 부여 ~ 매화에 심미적으로 접근하여 아름다움을
　　　　음미하는 태도
　　　　<제3수>-3 아마도 아치고절(雅致高節)은 너뿐인가 ㅎ노라

풀이 '아치'는 우아한 모습이라는 뜻이므로 심미적인 가치이고, '고절'은 높은 절개라는 뜻이므로 규범적인 가치이다.

→ 적절함!

· 심미적 : 시련을 이겨 낸 생명력, 당대 이념 : 절개와 지조

✓ ⑤ '봄뜻'은 매화를 당대 이념에 *국한하여 감상해야 의미를 파악할 수 있는 시어이다.
* 범위를 한정하여

근거 〈보기〉 안민영의 「매화사」에는 매화를 감상하는 여러 가지 태도가 나타나 있다. ~ 여기에 당대의 이념과 관련하여 매화를 ~ 덧붙여지기도 한다.
〈제6수〉-1 부 룸이 눈을 모라 산창(山窓)에 부딪치니/ 3 아무리 얼우려 허인들 봄 뜻이야 아슬소냐

풀이 당대 이념에 국한하여 감상한다는 것은 작품이 쓰인 시대적 배경만을 고려하여 감상한다는 뜻이다. 그러나 〈보기〉에서는 매화를 감상하는 여러 가지 태도가 있다고 했으므로 당대 이념에 국한해야만 '봄뜻'이라는 시어의 의미를 파악할 수 있는 것은 아니다. 당대 이념에 국한하여 감상하면, 작품이 쓰인 시대는 조선 후기이므로 매화는 유교에서 말하는 이상적인 선비, '봄뜻'은 절개와 지조로 이해할 수 있다. 그러나 당대를 고려하지 않는다면, 매화의 '봄뜻'을 추운 겨울을 이겨 내는 매화의 강인한 생명력으로 해석할 수도 있다.

→ 적절하지 않음!

[073~076] 다음 글을 읽고 물음에 답하시오.

작품 이해 단계 ① 화자 ② 상황 및 대상 ③ 정서 및 태도 ④ 주제

(가)

옛 古 사람 人 : 옛 성인. 성현
① 화자 : '나'

① 고인(古人)도 날 못 보고 나도 고인 못 뵈네
② 대상 및 상황 : '고인'을 만날 수 없는 상황

[A] **2** 고인을 못 봐도 (고인이) 가던 길 앞에 있네
행하던 길, '학문 수양의 길'을 의미

3 가던 길 앞에 있거든 아니 가고 어찌할까
③ 태도 : '고인'이 가던 길을 따르겠다고 다짐한다.

④ 주제 : 옛 성현들이 가던 학문의 길을 따르겠다고 다짐한다.
〈제9수〉

'학문 수양의 길'을 의미

② **당시(當時)에 가던 길을 몇 해를 버려 두고**
② 상황 : 다른 곳에 가 다니다가 예전의 가던 길로 다시 돌아온 상황

[B] **2** 어디 가 다니다가 이제야 (당시에 가던 길로) 돌아왔는고
'벼슬길'을 의미

3 이제야 돌아왔으니 딴 데 말으리
③ 태도 : 다른 곳에 마음 두지 않겠다고 다짐한다.
'벼슬길'을 의미

④ 주제 : 벼슬에 마음 두지 않고 학문에 정진하겠다고 다짐한다.
〈제10수〉

푸를 靑 산山 : 푸른 산

③ 청산(靑山)은 어찌하여 만고(萬古)에 푸르르며
흐를 流 물 水 : 흐르는 물
일 만萬 옛 古 : 오랜 세월
② 대상 : 변함없는 '청산'과 '유수'

2 유수(流水)는 어찌하여 주야(晝夜)에 그치지 않는고
낮 晝 밤 夜 : 밤낮으로

3 우리도 (유수처럼) 그치지 마라 (청산처럼) 만고상청(萬古常靑)하리라
일 만萬 옛날 古 항상 常 푸를 靑 : 아주 오랜 세월 항상 푸르라
③ 태도 : '유수'처럼 그치지 않고, '청산'처럼 항상 푸르겠다고 다짐한다.

④ 주제 : 끊임없이 학문에 정진하겠다고 다짐한다.
〈제11수〉
- 이황, 「도산십이곡」-
도산 서원에서 지은 열두 곡

· **도산십이곡** 중요 작품

2012학년도 9월 모평, 2015학년도 6월 모평B, 2023학년도 수능 기출. 현대어 풀이가 가능하도록 정리해 두는 것이 좋다.

· **현대어 풀이**

① **1** 성현도 날 못 보고 나도 성현을 뵙지 못하네

2 성현을 못 뵈어도 (성현이) 가던 (학문의) 길이 앞에 있네

3 (성현이) 가던 (학문의) 길이 앞에 있으니 가지 않고 어찌하겠는가
〈제9수〉

---

② **1** 당시에 가던 (학문 수양의) 길을 몇 해를 버려 두고

2 어디에 가서 다니다가 이제야 (학문 수양의 길로) 돌아왔는가

3 이제야 돌아왔으니 다른 곳에 마음 두지 않으리
〈제10수〉

③ **1** 푸른 산은 어찌하여 오랜 세월 푸르르며

2 흐르는 물은 어찌하여 밤낮으로 그치지 않는가

3 우리도 (물처럼) 그치지 말고 (산처럼) 오랜 세월 항상 푸르리라
〈제11수〉

· **지문 이해**

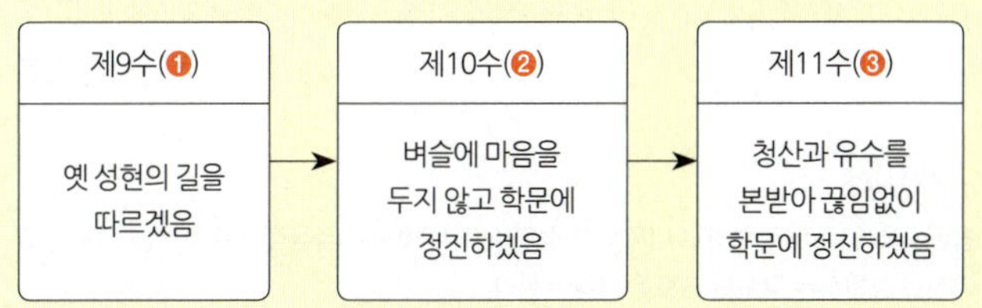

(나)

① **1** 지나간(예전) 성인(성인 聖 사람 人 : 지혜와 덕이 매우 뛰어나 우러러 본받을 만한 사람)들의 가르침은 하나같이 간단하고 명료했다(밝을 明 뚜렷할 瞭 : 뚜렷하고 분명했다). **2** (성인들의 가르침은) 들으면 누구나 다 알아들을 수 있는 내용이었다. **3** 그런데 학자(이 안에는 물론 신학자(신 神 학문 學 사람 者 : 종교를 연구하는 사람)도 포함되어야 한다)라는 사람들이 튀어나와 불필요한 접속사(이을 接 이을 續 말 詞 : 이어 주는 말)와 수식어(꾸밀 修 꾸밀 飾 말 語 : 꾸미는 말)로써 말의 갈래를 쪼개고 나누어 (성인들의) 명료한 진리를 어렵게 만들어 놓았다. **4** 어떻게 살아야 할 것인가에 대한 자기 **자신의 문제는 묻어 둔**(생각하지 않은) 채, 이미 뱉어 버린 말의 찌꺼기(가치 있는 것을 뺀 나머지)를 가지고 시시콜콜하게(자질구레한 것까지 낱낱이 따지고) 뒤적거리며 (불필요한 접속사와 수식어로) 이러쿵저러쿵 따지려 든다. **5** 생동하던(살 生 움직일 動 : 살아 움직이던) (성인들의) 언행(말 言 행할 行 : 말과 행동)은 이렇게 해서 지식의 울안(울타리 안. 테두리 안)에 갇히고 만다.

→ 성인들의 가르침을 어렵게 만드는 지식인들에 대해 비판한다.

② **1** 이와 같은 (성인들의 가르침을 어렵게 만드는 지식인들의) 학문이나 지식을 나는 신용하고(믿을 信 쓸 用 : 받아들이고) 싶지 않다. **2** 현대인들은 자기 행동은 없이 남의 흉내만을 내면서 살려는 데에 맹점(어두울 盲 점 點 : 모순되고 잘못된 점)이 있다. **3** 사색(생각할 思 찾을 索 : 깊이 생각하고 이치를 따짐)이 따르지 않는 지식을, 행동이 없는 지식인을 어디에다 쓸 것인가. **4** 아무리 바닥이 드러난(타락한. 잘못된) 세상이기로, 진리를 사랑하고 실현해야(얼마 實 드러낼 現 : 이뤄야) 할 지식인들까지 곡학아세(굽힐 曲 학문 學 알랑거릴 阿 세상 世 : 바른길에서 벗어난 학문으로 세상 사람들에게 아첨함)와 비겁한 침묵으로써 처신하려(살 處 자신 身 : 살아가려) 드니, 그것(곡학아세와 비겁한 침묵)은 지혜로운 일이 아니라 진리에 대한 배반이다.

→ 사색과 실천이 없는 지식인들의 처신은 진리에 대한 배반이다.

③ **1** 얼마만큼 많이 알고 있느냐는 것은 대단한 일이 못 된다. **2** 아는 것을 어떻게 살리고 있느냐가 중요하다. **3** 인간의 탈을 쓴 인형(사람 人 모양 形 : 자기의 주관 없이 다른 사람의 말이나 뜻에 따라 움직이는 무기력하고 나약한 존재)은 많아도 인간다운 인간이 적은 현실 앞에서 지식인이 할 일은 무엇일까. **4** 먼저 무기력하고 나약하기만 한 그 인형의 집에서 나오지 않고서는 어떠한 사명(부릴 使 명령 命 : 맡겨진 임무. '지식인의 책임'을 의미)도 할 수가 없을 것이다.

→ 지식인은 무기력하고 나약한 인형의 삶에서 벗어나 사명을 다해야 한다.

④ **1** 무학(無學)이란 말이 있다. **2** 전혀 배움이 없거나 배우지 않았다는 뜻이 아니다. **3** 학문에 대한 무용론(없을 無 쓸 用 견해 論 : 필요가 없다는 주장)도 아니다. **4** 많이 배웠으면서도 배운 자취(표시)가 없는 것을 가리킴이다. **5** 학문이나 지식을 코에 걸지(자랑삼아 내세우지) 않고 지식 과잉(지나칠 過 남을 剩 : 넘쳐남)에서 오는 관념성(생각 觀 생각 念 성질 性 : 현실과 거리가 있는 추상적이고 이론적인 성질)을 경계한(경계할 警 경계할 戒 : 주의하라는) 뜻에서 나온 말일 것이다. **6** 지식이나 정보에 얽매이지 않은 자유롭고 발랄한 삶이 소중하다는 말이다. **7** 여러 가지 지식에서 추출된(뽑을 抽 날 出 : 얻은) 진리에 대한 신념(믿을 信 생각 念 : 믿음)이 일상화되지(실천으로 나타나지) 않고서는 지식 본래의 기능을 다할 수 없다. **8** 지식이 인격(사람 人 인품 格 : 사람으로서의 품격)과 단절될(끊을 斷 끊을 切 : 분리될) 때 그 지식인은

사이비(닮을 似 말 이을 而 아닐 非 : 겉은 지식인 같지만 속은 완전히 다른 가짜)요 위선자(거짓 僞 착할 善 사람 者 : 자신을 거짓으로 꾸미는 사람)가 되고 만다.

→ 지식인은 많은 배움을 통해 얻은 진리를 실천하는 무학의 태도를 가져야 한다.

5 [1] 책임을 질 줄 아는 것은 인간뿐이다. [2] 이 시대의 실상(본질 實 모양 相 : 실제 모습. 진실)을 모른 체하려는 무관심은 비겁한 회피(피할 回 피할 避 : 마땅히 져야 할 책임을 지지 아니함)요, 일종의 범죄다. [3] 사랑한다는 것은 함께 나누어 짊어진다는 뜻이다. [4] 우리에게는 우리 이웃의 기쁨과 아픔에 대해 나누어 가질 책임이 있다. [5] 우리는 인형이 아니라 **살아 움직이는 인간**이다. [6] 우리는 **끌려가는 짐승**(≒인형)이 아니라 신념을 가지고 당당하게 살아야 할 인간이다.

→ 우리는 시대의 실상을 알고 이웃을 사랑하며 신념을 가지고 살아야 할 인간이다.

- 법정, 「인형과 인간」 -

• 중심 내용

참된 지식인은 무기력하고 나약한 인형의 삶에서 벗어나 적극적으로 학문을 배우고 그 지식을 실천하는 무학의 태도를 가져야 한다.

1등급 문제

073 | 작품 간 공통점 - 적절한 것 고르기 2021년 3월 학평 38번
정답률 35%, 매력적 오답 ⑤ 35%, ② 15% | 정답 ①

(가)와 (나)의 공통점으로 가장 적절한 것은?

✓① 옛사람의 *행적을 긍정적으로 바라보고 있다. * 평생 한 일이나 업적
근거 (가) ❶-2~3 고인을 못 봐도 가던 길 앞에 있네/ 가던 길 앞에 있거든 아니 가고 어찌할까
(나) ❶-1~2 지나간 성인들의 가르침은 하나같이 간단하고 명료했다. 들으면 누구나 다 알아들을 수 있는 내용이었다.
풀이 (가)에서는 고인이 가던 길을 따르겠다는 의지를 보이고 있고, (나)에서는 지나간 성인의 가르침이 간단하고 명료하다고 하였으므로 (가)와 (나) 모두 옛사람의 행적을 긍정적으로 바라보고 있다는 설명은 적절하다.

→ 적절함!

② 새로운 도전에 대한 기대감을 *형상화하고 있다. * 드러내고
근거 (가)-❷ 당시에 가던 길을 몇 해를 버려 두고/ 어디 가 다니다가 이제야 돌아왔는고/ 이제야 돌아왔으니 딴 데 마음 말으리
풀이 (가)에서 화자가 현재 추구하고자 하는 학문 수양의 길은 과거에 떠났다가 다시 돌아온 길이므로 새로운 도전이라 할 수 없다. (나)에도 새로운 도전에 대한 기대감은 드러나 있지 않다.

→ 적절하지 않음!

③ 사물의 아름다움에 대한 *예찬적 태도를 드러내고 있다. * 높여 찬양하는
근거 (가) ❸-1~2 청산은 어찌하여 만고에 푸르르며/ 유수는 어찌하여 주야에 그치지 않는고
풀이 (가)는 청산과 유수로 대표되는 자연의 영원성(속성)을 예찬하여 학문 수양을 향한 화자의 의지를 부각하고 있으나 자연 그 자체의 아름다움을 예찬하고 있지는 않다. (나)에도 사물의 아름다움에 대한 예찬적 태도는 드러나 있지 않다.

→ 적절하지 않음!

④ 자연과 하나 되는 삶의 과정을 *순차적으로 제시하고 있다. * 차례대로
근거 (가)-❸ 청산은 어찌하여 만고에 푸르르며/ 유수는 어찌하여 주야에 그치지 않는고/ 우리도 그치지 마라 만고상청하리라
풀이 (가)에 청산과 유수의 불변성을 본받으려는 화자의 태도는 드러나지만 화자와 자연이 하나 되는 삶의 과정이 제시되어 있지는 않다. (나)에도 자연과 하나 되는 삶의 과정이 순차적으로 드러나 있지 않다.

→ 적절하지 않음!
(나)만 해당
⑤ 지식인의 부정적 태도에 대한 *냉소적인 인식을 나타내고 있다. * 부정적으로 여겨 비웃는
근거 (나) ❶-3~4 학자(이 안에는 물론 신학자도 포함되어야 한다)라는 사람들이 튀어나와 불필요한 접속사와 수식어로써 말의 갈래를 쪼개고 나누어 명료한 진리를 어렵게 만들어 놓았다. 어떻게 살아야 할 것인가에 대한 자기 자신의 문제는 묻어 둔 채, 이미 뱉어 버린 말의 찌꺼기를 가지고 시시콜콜하게 뒤적거리며 이러쿵저러쿵

따지려 든다./ ❷-3~4 사색이 따르지 않는 지식을, 행동이 없는 지식인을 어디에다 쓸 것인가. ~ 진리를 사랑하고 실현해야 할 지식인들까지 곡학아세와 비겁한 침묵으로써 처신하려 드니, 그것은 지혜로운 일이 아니라 진리에 대한 배반이다.
풀이 (나)에서는 진리를 사랑하고 실현해야 할 지식인들이 오히려 진리를 어렵게 만들고 곡학아세하거나 행동하지 않고 침묵하는 것에 대한 냉소적 태도가 드러나 있다. (가)에는 이러한 내용을 찾아볼 수 없다.

→ 적절하지 않음!

💡 어떻게 풀까? 이 문제는 두 작품의 표현상의 공통점이 아닌, 내용상의 공통점을 묻고 있다. (가)와 (나)의 중심 내용을 파악하고 접근하면 답을 추려나갈 수 있다. 낯선 지문의 중심 내용이나 주제를 파악할 때는 <보기>형 문제에서 힌트를 얻어 보자. 071번과 072번의 <보기>에 (가)와 (나)의 중심 내용을 알 수 있는 단서가 나온다. 이를 바탕으로 선지를 살펴보면, 선지 ③, ④는 중심 내용과는 거리가 멀다는 것을 짐작할 수 있다. 이제 나머지 선지와 지문 내용을 비교하며 선택의 범위를 좁혀 나가면 된다. 고전시가의 현대어 풀이가 어렵거나 낯선 작품이 나올 때는 당황하지 말고 <보기>의 설명부터 읽어 보자.

1등급 문제

074 | 표현상 특징 - 적절하지 않은 것 고르기 2021년 3월 학평 39번
정답률 60%, 매력적 오답 ③ 15%, ⑤ 10% | 정답 ④

[A]와 [B]에 대한 설명으로 적절하지 않은 것은?

[A] (가)-❶ 고인도 날 못 보고 나도 고인 못 뵈네/ 고인을 못 봐도 가던 길 앞에 있네/ 가던 길 앞에 있거든 아니 가고 어찌할까
[B] (가)-❷ 당시에 가던 길을 몇 해를 버려 두고/ 어디 가 다니다가 이제야 돌아왔는고/ 이제야 돌아왔으니 딴 데 마음 말으리

① [A]는 유사한 문장 구조를 활용하여 운율감을 형성하고 있다.
근거 [A] (가)-❶-1 고인도 날 못 보고 나도 고인 못 뵈네
풀이 [A]의 초장에서 'A도 B(를) 못 보다(뵈다)'라는 비슷한 문장 구조를 통해 운율감을 형성하고 있다.

→ 적절함!

② [B]는 시간과 관련된 표현을 활용하여 상황 변화의 *기점을 강조하고 있다. * 시작되는 지점
근거 [B] (가)-❷-1~2 당시에 가던 길을 몇 해를 버려 두고/ 어디 가 다니다가 이제야 돌아왔는고
풀이 화자는 과거에 가던 학문의 길에서 벗어났다가 다시 돌아오게 된 상황 변화의 기점을 시간과 관련된 표현인 '이제야(말하고 있는 이때에 이르러서야 비로소)'를 활용하여 강조하고 있다.

→ 적절함!

③ [A]와 [B]는 모두 *의문형 어구를 활용하여 화자의 태도를 드러내고 있다. * 의문을 나타내는 종결 어미인 '-느냐', '-ㄴ가' 등이 붙은 어구
근거 [A] (가)-❶-3 가던 길 앞에 있거든 아니 가고 어찌할까// [B] (가)-❷-2 어디 가 다니다가 이제야 돌아왔는고
풀이 [A]는 의문형 어구인 '어찌할까'를 활용하여 성인의 삶을 본받겠다는 의지적 태도를, [B]는 의문형 어구인 '돌아왔는고'를 활용하여 과거에 대한 반성적 태도를 드러내고 있다.

→ 적절함!

[B]만 해당
✓④ [A]와 [B]는 모두 부정 표현을 사용하여 반성하는 자세를 드러내고 있다.
근거 [A] (가)-❶ 고인도 날 못 보고 ~/ 고인을 못 봐도 ~/ ~ 아니 가고 어찌할까
[B] (가)-❷-3 이제야 돌아왔으니 딴 데 마음 말으리
풀이 [B]에서는 '말다(말으리)'라는 부정 표현을 사용하여 학문의 길에서 벗어나 있던 과거를 반성하며 앞으로의 의지를 다지고 있다. [A]에서도 부정 표현인 '못'과 '아니가 사용되었지만, 이는 성인을 만나지 못하더라도 성인이 가신 길을 따르지 않을 수 없다는 의지를 드러낸 것일 뿐, 반성하는 자세를 드러낸 것은 아니다.

→ 적절하지 않음!

⑤ [A]와 [B]는 모두 앞 구절의 일부를 다음 구절에서 반복하여 내용을 연결하고 있다.
근거 [A] (가)-❶ 고인도 날 못 보고 나도 고인 못 뵈네 (초장)/ 고인을 못 봐도 가던 길 앞에 있네 (중장)/ 가던 길 앞에 있거든 아니 가고 어찌할까 (종장)

[B] (가) ❷-2~3 어디 가 다니다가 이제야 돌아왔는고 (중장)/ 이제야 돌아왔으니 딴 데 마음 말으리 (종장)

풀이 [A]는 초장의 뒷 구절('고인 못 뵈네')이 중장의 앞 구절('고인을 못 봐도')에, 중장의 뒷 구절('가던 길 앞에 있네')이 종장의 앞 구절('가던 길 앞에 있거든')에 반복되며, [B]에서도 중장의 뒷 구절('이제야 돌아왔는고')이 종장의 앞 구절('이제야 돌아왔으니')로 연결되고 있다. 따라서 [A]와 [B] 모두 앞 구절의 일부를 다음 구절에서 반복하여 내용을 유기적으로 연결하고 있다.

→ 적절함!

※ <보기>를 참고하여 075번과 076번의 두 물음에 답하시오.

| 보기 |
[1] 문학 작품의 감상 과정에서 독자는 작품에 제시된 대상이나 상황 간의 관계를 파악함으로써 내용을 더 잘 이해할 수 있다. [2] (가)와 (나)의 독자는 이러한 방식을 통해 ㉠ 학문의 길을 걷는 사람이 지녀야 하는 올바른 삶의 태도를 발견하게 된다.

1등급 문제

075 감상의 적절성 - 적절하지 않은 것 고르기 2021년 3월 학평 40번
정답률 60%, 매력적 오답 ① 15%

정답 ④

(가)와 (나)를 감상한 내용으로 적절하지 <u>않은</u> 것은? 3점

① (가)의 9수에서는 '고인'과 '나'가 만나지 못하는 현실을 인식하고 학문 수양이라는 '가던 길'을 *매개로 '고인'을 따르겠다는 화자의 의도가 드러나고 있다. * 연결 고리

근거 (가)-❶ 고인도 날 못 보고 **나**도 고인 못 뵈네/ 고인을 못 봐도 **가던 길** 앞에 있네/ 가던 길 앞에 있거든 아니 가고 어찌할까

풀이 (가)의 화자는 9수에서 '고인'과 만나지 못하는 현실을 인식하지만, '고인'이 갈고닦은 학문의 길을 매개로 하여 '고인'을 따르겠다는 의지를 드러내고 있다.

→ 적절함!

② (가)의 10수에서는 '당시에 가던 길'과 '딴 데'가 *대비되면서 학문 수양 이외에 다른 것에는 힘을 쏟지 않겠다는 화자의 의지가 드러나고 있다. * 반대되면서

근거 (가)-❷ 당시에 가던 길을 몇 해를 버려 두고/ 어디 가 다니다가 이제야 돌아왔는고/ 이제야 돌아왔으니 **딴 데** 마음 말으리

풀이 '당시의 가던 길'은 학문 수양에 정진했던 과거의 삶을 의미하고, '딴 데'는 학문의 길에서 벗어난 벼슬길을 의미한다. 화자는 이 둘을 대비하면서 이제는 학문 수양 이외에 다른 것('딴 데')에 마음을 두거나 힘을 쏟지 않겠다는 의지를 드러내고 있다.

→ 적절함!

③ (가)의 11수에서는 '청산'과 '유수'의 공통적 속성이 '우리도 그치지' 않겠다는 다짐과 연결되면서 끊임없이 학문에 *정진하겠다는 자세가 드러나고 있다. * 힘써 나아가겠다는

근거 (가)-❸ **청산**은 어찌하여 만고에 푸르르며/ **유수**는 어찌하여 주야에 그치지 않는고/ **우리도 그치지** 마라 만고상청하리라

풀이 (가)에 나타난 '청산'과 '유수'는 변함없는 속성을 가지고 있다. 화자는 '청산'과 '유수'를 본받아 '우리도 그치지' 말고 '만고상청(오랜 세월 항상 푸름)'하자고 다짐하며 끊임없이 학문에 정진하겠다는 자세를 드러내고 있다.

→ 적절함!

유사하게 연결되면서
④ (나)에서는 '말의 갈래를 쪼개고 나누는' 태도와 '자신의 문제를 묻어' 두는 태도가 대비되면서 학문 수양에서 자기 중심적 태도를 버려야겠다는 다짐이 드러나고 있다.
버려야 한다는 인식이

근거 (나)-❶-3~4 그런데 학자(이 안에는 물론 신학자도 포함되어야 한다)라는 사람들이 튀어나와 불필요한 접속사와 수식어로써 **말의 갈래를 쪼개고 나누어** 명료한 진리를 어렵게 만들어 놓았다. 어떻게 살아야 할 것인가에 대한 자기 **자신의 문제는 묻어** 둔 채,/ ❺-3~4 사랑한다는 것은 함께 나누어 짊어진다는 뜻이다. 우리에게는 우리 이웃의 기쁨과 아픔에 대해 나누어 가질 책임이 있다.

풀이 (나)에서는 성인의 명료한 진리를 쪼개고 나누어 어렵게 만들고 자신의 삶의 문제를 묻어 두고 돌아보지 않는 지식인의 태도를 모두 비판하고 있으므로 '말의 갈래를 쪼개고 나누는' 태도와 '자신의 문제는 묻어' 두는 태도가 대비된다고 볼 수 없다. 또한 자기 중심적 태도를 버려야 한다는 인식이 드러나 있지만 이를 다짐하고 있지는 않다.

→ 적절하지 않음!

---

⑤ (나)에서는 '살아 움직이는 인간'과 '끌려가는 짐승'이 대비되면서 학문을 통해 배운 신념을 바탕으로 당당하게 살아가겠다는 태도가 드러나고 있다.

근거 (나) ❺-5~6 우리는 인형이 아니라 **살아 움직이는 인간**이다. 우리는 **끌려가는 짐승**이 아니라 신념을 가지고 당당하게 살아야 할 인간이다.

풀이 (나)에서는 능동적으로 살아 움직이는 '인간'과 수동적으로 끌려다니는 '짐승'을 대비하여 학문을 통해 배운 신념을 바탕으로 사랑을 실천하며 당당하게 살아가겠다는 화자의 태도가 드러난다.

→ 적절함!

1등급 문제

076 내용 이해 - 적절하지 않은 것 고르기 2021년 3월 학평 41번
정답률 50%, 매력적 오답 ③ 20%, ①, ④, ⑤ 10%

정답 ②

(나)의 무학(無學)의 의미를 바탕으로 <보기>의 ㉠을 설명한 내용으로 적절하지 <u>않은</u> 것은?

<보기>-2 (가)와 (나)의 독자는 이러한 방식을 통해 ㉠ 학문의 길을 걷는 사람이 지녀야 하는 올바른 삶의 태도를 발견하게 된다.

① 지식의 과잉에서 오는 관념성을 경계하는 태도이다.

근거 (나) ❹-5 지식 과잉에서 오는 관념성을 경계하는 뜻에서 나온 말일 것이다.

풀이 글쓴이는 지식의 과잉에서 오는 관념성, 즉 현실에 관심을 두지 않은 채 간단명료한 진리를 어려운 이론에 가두려는 태도를 경계하고 있다.

→ 적절함!

② 배움이 부족하여 지식을 인격과 별개로 보는 태도이다.

근거 (나) ❹-4 많이 배웠으면서도 배운 자취가 없는 것을 가리킴이다./ 8 지식이 인격과 단절될 때 그 지식인은 사이비요 위선자가 되고 만다.

풀이 글쓴이는 많이 배웠으면서도 배운 자취가 없는 것이 '무학'이라고 하였으며, 지식이 인격과 단절되는 것을 경계하고 있으므로 배움이 부족한 것이나 지식과 인격을 별개로 보는 것을 지식인의 올바른 태도로 보기는 어렵다.

→ 적절하지 않음!

③ 많이 배웠으면서 배운 자취를 자랑하지 않는 태도이다.

근거 (나) ❹-4~5 많이 배웠으면서도 배운 자취가 없는 것을 가리킴이다. 학문이나 지식을 코에 걸지 않고

풀이 글쓴이는 많이 배웠으면서도 이를 내세우지 않아 배운 자취가 없는 것을 '무학'이라 하였으므로 적절한 설명이다.

→ 적절함!

④ 지식에서 추출된 진리에 대한 신념이 일상화된 태도이다.

근거 (나) ❹-7 여러 가지 지식에서 추출된 진리에 대한 신념이 일상화되지 않고서는 지식 본래의 기능을 다할 수 없다.

풀이 글쓴이는 여러 가지 지식에서 얻은 진리를 믿고 실천하는 것이 지식 본래의 기능이라 하였으므로 적절한 설명이다.

→ 적절함!

⑤ 지식이나 정보에 얽매이지 않은 자유롭고 발랄한 태도이다.

근거 (나) ❹-6 지식이나 정보에 얽매이지 않은 자유롭고 발랄한 삶이 소중하다는 말이다.

풀이 글쓴이는 배움을 지식과 정보에 가두지 않는 자유롭고 발랄한 태도를 지향하므로 적절한 설명이다.

→ 적절함!

III 갈래 복합

작품 이해 단계 ① 화자 ② 상황 및 대상 ③ 정서 및 태도 ④ 주제

〈제1수〉

1 이런들 엇더ᄒ며 져런들 엇더ᄒ료

└ ① 화자 : '초야우생(자연에 묻혀 사는 어리석은 사람, 화자가 자신을 낮춘 말)'

2 초야우생(草野愚生)이 이러타 엇더ᄒ료

└ ② 상황 : '천석고황(자연을 너무 사랑하는 병)'에 걸린 상황

3 ᄒ믈며 천석고황(泉石膏肓)을 고쳐 므슴 ᄒ료

└ ③ 태도 : '천석고황'을 고칠 필요가 없다고 생각한다.

④ 주제 : '속세에 얽매이지 않고 자연에 묻혀 사는 삶'이다.

〈제2수〉

└ 안개와 노을, 고요한 자연의 경치를 말함

1 **연하(煙霞)**로 집을 삼고 **풍월(風月)**로 벗을 사마

└ 청풍명월, 맑은 바람과 밝은 달을 말함

2 태평성대(太平聖代)에 병(病)으로 늘거 가네

└ '천석고황'

└ ② 상황 : '태평성대'에 자연을 사랑하며 살아가는 상황

3 이 즁에 ᄇ라는 일은 허믈이나 업고쟈

└ 잘못 저지른 실수

└ ③ 태도 : 허물 없이 살고 싶다.

④ 주제 : '자연 속에서 허물 없이 사는 삶의 추구'이다.

〈제3수〉

└ 순박한 풍습

1 **순풍(淳風)**이 죽다 ᄒ니 진실(眞實)로 거즛말이

└ ② 대상 : '순풍(세상의 거짓 없는 좋은 풍습)'과 '인성(사람의 성품)'

2 **인성(人性)**이 어지다 ᄒ니 진실(眞實)로 올흔 말이

└ ③ 태도 : 인간의 성품은 본래 어질다고 생각한다.

3 천하(天下)에 허다영재(許多英才)를 소겨 말슴ᄒ가

└ 수많은 영재들

④ 주제 : '사람의 어질고 착한 성품에 대한 믿음'이다.

〈제4수〉

└ 그윽한 향기를 내뿜는 난초

1 **유란(幽蘭)**이 재곡(在谷)ᄒ니 자연(自然)이 듯디 죠해

2 **백운(白雲)**이 재산(在山)ᄒ니 자연(自然)이 보디 죠해

└ ② 상황 : 향기가 그윽한 난초와 흰 구름이 있어 자연이 더욱 좋은 상황

3 이 즁에 피미일인(彼美一人)을 더옥 닛디 못ᄒ얘

└ ② 대상 : '피미일인(임금)'

└ 저 아름다운 한 사람

└ ③ 정서 : '피미일인(임금)'을 그리워한다.

④ 주제 : '임금을 그리는 마음'이다.

〈제5수〉

└ 낚시터

1 산전(山前)에 유대(有臺)ᄒ고 대하(臺下)에 유수(有水) ㅣ 로다

└ ② 상황 : 아름다운 자연에서 갈매기가 오락가락 노니는 상황

2 떼 많은 **갈매기**는 오명가명 ᄒ거든

└ 현자(賢者)가 타는 흰 망아지. 여기서는 현자를 가리킴

3 엇더타 **교교백구(皎皎白駒)**는 멀리 ᄆ음 두는고

└ ③ 정서 : '교교백구(현자)'가 아름다운 자연으로부터 멀리(속세에) 마음을 두는 것을 안타까워한다.

④ 주제 : '자연을 등지는 현자에 대한 안타까움'이다.

〈제6수〉

└ ② 대상 : '사시가흥(사계절의 아름다운 흥취)'

1 춘풍(春風)에 **화만산(花滿山)**ᄒ고 추야(秋夜)에 **월만대(月滿臺)**라

2 사시가흥(四時佳興)이 사ᄅᆷ과 ᄒ가지라

└ ③ 태도 : 대자연의 아름다운 조화가 끝이 없다고 생각하고 있다.

3 ᄒ믈며 어약연비(魚躍鳶飛) 운영천광(雲影天光)이야 어찌 끝이 있으리

└ 대자연의 우주적 조화와 오묘한 이치

④ 주제 : '대자연의 아름다운 조화에 대한 예찬'이다.

— 이황, 「도산십이곡(陶山十二曲)」—

• **현대어 풀이**

〈제1수〉

1 이런들 어떻고 저런들 어떠하겠는가?

2 시골에 묻혀 사는 어리석은 사람이 이렇게 산들(부귀와 명예를 떠나 살아간들) 어떠하리오.

3 더구나 자연을 사랑하는 것이 고칠 수 없는 병처럼 됐는데 고쳐서 무엇 할까?

〈제2수〉

1 안개와 노을의 멋진 풍경을 집으로 삼고, 맑은 바람과 밝은 달을 친구로 삼아서

2 훌륭한 임금이 다스리는 좋은 시대에 (자연을 사랑하는) 병으로 늙어 가는구나.

3 이 중에 바라는 것은 허물이나 없이 살았으면 하는 것이다.

〈제3수〉

1 예전부터 전해 온 좋은 풍속이 다 사라졌다고 하는 것은 참으로 거짓말이다.

2 인간의 성품이 본래부터 어질다고 하는 말은 참으로 옳은 말이다.

3 (예전부터 전해 온 좋은 풍속이 다 사라졌다는 거짓말로) 이 세상의 수많은 똑똑한 사람들을 속일 수 있을까?

〈제4수〉

1 그윽한 향기를 내뿜는 난초가 깊은 골짜기에 피었으니 자연의 향기를 맡는 것이 좋구나.

2 흰 구름이 산에 걸려 있으니 자연의 경치가 보기 좋구나.

3 이러한 가운데서도 우리 임금님을 더욱 잊을 수가 없구나.

▲ 유란(幽蘭)

〈제5수〉

1 산 앞에 대(낚시터)가 있고 대 아래 물이 흐르는구나.

2 떼를 지어 나는 갈매기는 (이 아름다운 자연에서) 오락가락 하는데

3 어찌하여 희고 깨끗한 말(현자, 어진 사람)은 멀리 뛰어갈 생각을 하는 것일까(이 좋은 곳을 떠날 생각만 할까)?

◀ 갈매기
: 자연 속에서 오락가락하며 여유로운 모습을 보이는, 화자의 무심(無心)한 심정이 투영된 존재로 볼 수 있다. 여기에서는 교교백구와 반대되는 의미이다.

〈제6수〉

1 봄바람이 부니 산에 꽃이 가득 피고, 가을밤에는 달빛이 대에 가득하니,

2 사계절의 아름다운 흥취가 사람의 흥취와 같다.

3 더구나 물고기는 물에서 뛰놀고, 솔개는 하늘 높이 날며, 흘러가는 구름은 그늘을 만들고, 밝은 태양이 빛나는 이러한 자연의 아름다움이 어떻게 끝이 있겠는가.

• **〈제5수〉 교교백구(皎皎白駒)의 '백구(흰 망아지)'**

백구에 대한 다양한 말들이 있는데 그중에 대표적인 것은 다음과 같다.

① 현자(현인, 어질고 총명한 사람) : 주희(중국 송나라의 유학자)는 자신의 시집에서 "현자가 떠나려 함에 붙들려고 했으나 할 수 없었으므로 시를 지어 노래했다."라고 했다. 이 외에 어떤 사람은 "원래 은나라 사람들은 흰색을 숭상했으므로(높고 귀하게 여겼으므로) 한 대부(벼슬아치)가 흰 망아지를 타고 무왕(중국 주나라의 제미 왕)을 위해 기자(箕子 : 고조선에 있었다는 전설상의 기자 조선의 시조)를 전송할(예의를 갖추어 떠나보낼) 때 부른 노래다."라고 했으며 또 다른 사람은 "왕 된 사람이 현인이 머물러 주기를 바랐지만 그 마음을 돌리지 못하고 산림 속으로 보내며 시를 지어 불렀다."라고 했다. 따라서 백구가 '현자'를 가리키는 말로 쓰이게 됐다.

▲ 백구

② 친구와 이별 : 채옹(蔡邕 : 중국 후한 시대의 문인)과 조식(曹植 : 중국 삼국 시대 위나라의 시인)은 "백구의 시는 친구를 잃은 사람이 부른 노래다."라고 했다. 현대에 이르러 대부분의 시경(중국에서 가장 오래된 시집으로 공자가 편찬했다고 알려진 시집) 학자들은 채옹과 조식의 뜻을 따라 '백구'를 친구와 이별의 뜻으로 받아들이고 있다.

→「도산십이곡」에 쓰인 '백구'는 ①의 '현자'의 뜻으로 쓰였다.

---

077 | 시상 전개 방식 - 적절하지 않은 것 고르기 고3 | 2015학년도 6월 모평B 43번 | 정답률 65%, 매력적 오답 ② 10% | **정답 ③**

윗글에 대한 설명으로 적절하지 않은 것은?

① 제1수에서는 화자가 자신을 드러내고 *삶의 지향을 제시함으로써 **주제 의식을 ***환기한다. * 원하는 삶의 방향 ** 작가가 말하고자 하는 중심 내용 *** 떠올리게 한다

근거 〈제1수〉 이런들 엇더ᄒ며 져런들 엇더ᄒ료/ 초야우생(草野愚生)이 이러타 엇더ᄒ료/ ᄒ믈며 천석고황(泉石膏肓)을 고쳐 므슴 ᄒ료

풀이 '초야우생'은 '자연에 묻혀 사는 어리석은 사람'이라는 뜻으로 화자가 스스로를 낮추며 자기 자신을 드러내는 말이다. 화자의 '삶의 지향'인 자연 속에 묻혀 살며 속세에 매이지 않는 삶은 '천석고황'에 잘 드러나 '주제 의식을 환기'한다.

→ 적절함!

② 제2수에 나타난 화자 자신에 대한 관심을 제3수에서는 사회로 확대하면서 *시상을 전개한다. * 시의 내용을 펼친다

근거 〈제2수〉 연하(煙霞)로 집을 삼고 풍월(風月)로 벗을 사마/ 태평성대(太平聖代)에 병(病)으로 늘거 가네/ 이 즁에 부라는 일은 허믈이나 업고쟈
〈제3수〉 순풍(淳風)이 죽다 ᄒ니 진실(眞實)로 거즛말이/ 인성(人性)이 어지다 ᄒ니 진실(眞實)로 올흔 말이/ 천하(天下)에 허다영재(許多英才)를 소겨 말슴홀가

풀이 제2수에서는 자연 속에서 살아가려는 '자신의 삶'을 말하고 제3수에서는 사회의 좋은 풍속에 대해 말하고 있으므로, '관심'을 화자 자신에서 '사회로 확대하면서 시상을 전개'한 것이다.

→ 적절함!

'순풍'과 '인성' '피미일인(임금)'

③ 제3수의 시적 대상을 제4수에서도 반복적으로 다룸으로써 주제 의식을 강화한다.

근거 〈제3수〉 순풍(淳風)이 죽다 ᄒ니 진실(眞實)로 거즛말이/ 인성(人性)이 어지다 ᄒ니 진실(眞實)로 올흔 말이/ 천하(天下)에 허다영재(許多英才)를 소겨 말슴홀가
〈제4수〉-3 이 즁에 피미일인(彼美一人)을 더욱 닛디 못ᄒ얘

풀이 제3수의 시적 대상은 '순풍'과 '인성'인데 제4수의 시적 대상은 '피미일인(임금)'으로 달라지므로, 시적 대상을 반복적으로 다룸으로써 주제 의식을 강화하지 않았다.

→ 적절하지 않음!

④ 제4수와 제5수에서는 화자의 시선에 *포착된 장면들을 배치하여 **공간의 입체감을 부각하며 시상을 심화한다. * 비친 ** 공간이 생생하게 느껴지게 하며 주제 의식을 강조한다

근거 〈제4수〉-1~2 유란(幽蘭)이 재곡(在谷)ᄒ니 자연(自然)이 듯디 죠해/ 백운(白雲)이 재산(在山)ᄒ니 자연(自然)이 보디 죠해
〈제5수〉-1~2 산전(山前)에 유대(有臺)ᄒ고 대하(臺下)에 유수(有水) ㅣ로다/ 떼 많은 갈매기는 오명가명 ᄒ거든

풀이 제4수에서는 화자의 시선에 골짜기에 핀 난초와 흰 구름이 떠 있는 산이 포착된다. 제5수에서는 산 앞에 낚시터가 있고, 그 아래로 물이 흐르며, 공중에는 갈매기들이 날아다니는 모습이 포착된다. 따라서 이를 통해 '공간의 입체감'이 부각되며, 자연 속에서 느끼는 흥취가 심화된다.

→ 적절함!

⑤ 제6수에서는 화자의 인식을 *점층적으로 드러내어 주제 의식을 **집약한다. * 그 정도를 점점 강하게 하거나, 크게 하거나, 높게 하는 방식 ** 한데 모아서 요약한다

근거 〈제6수〉 춘풍(春風)에 화만산(花滿山)ᄒ고 추야(秋夜)에 월만대(月滿臺)라/ 사시가흥(四時佳興)이 사롬과 ᄒ가지라/ ᄒ믈며 어약연비(魚躍鳶飛) 운영천광(雲影天光)이야 어찌 끝이 있으리

풀이 화자가 아름다운 자연의 모습을 인식하는 배경이 초장에서는 봄(춘풍)과 가을(추야), 중장에서는 사계절(사시가흥), 종장에서는 영원한 시간(끝없는 어약연비 운영천광)으로 점층적으로 확대되고 있다. 이러한 점층적 표현을 통해 '자연 친화적인 삶의 추구'라는 주제 의식을 집약하고 있다.

→ 적절함!

■ 점층적으로 시상을 전개하는 작품
• 박용래, 「월훈」(2008·2024학년도 9월 모평)
  → 귀뚜라미가 처음에는 그냥 울다가, 다음에는 '떼를 지어' 울고, 마지막에는 '벽이 무너지라고' 운다고 하여 점층적으로 시상을 전개하고 있다.

---

078 시어의 기능 - 적절하지 않은 것 고르기 고3 | 2015학년도 6월 모평B 44번
정답률 75%, 매력적 오답 ③ 10% 정답 ④

윗글의 시어에 대한 이해로 적절하지 않은 것은?

① '연하'와 '풍월'은 화자가 자신의 삶에 대해 *자족감을 갖도록 하는 소재이다. * 스스로 넉넉하다고 느낌

근거 〈제2수〉-1 연하(煙霞)로 집을 삼고 풍월(風月)로 벗을 사마

풀이 화자가 안개와 노을의 멋진 풍경(연하)으로 집을 삼고, 맑은 바람과 밝은 달(풍월)을 친구로 삼아 살아간다는 부분에서 화자의 '자족감'이 나타난다.

→ 적절함!

② '순풍'과 어진 '인성'은 화자가 바라는 세상의 모습을 알려 주는 *표지이다. * (다른 것과 구별되는) 표시

근거 〈제3수〉-1~2 순풍(淳風)이 죽다 ᄒ니 진실(眞實)로 거즛말이/ 인성(人性)이 어지다 ᄒ니 진실(眞實)로 올흔 말이

풀이 화자는 세상에 순박한 풍속(순풍)이 다 사라졌다는 말은 거짓말이라 하고 인간의 성품(인성)이 본래 어질다는 말은 옳다고 한다. 따라서 '순풍'과 '인성'은 '화자가 바라는

세상의 모습'을 알려 주는 표지이다.

→ 적절함!

③ '유란'과 '백운'은 화자가 *심미적으로 완상하는 대상이다. * 대상의 '아름다움'에 중점을 두고 즐겨 구경하는

근거 〈제4수〉-1~2 유란(幽蘭)이 재곡(在谷)ᄒ니 자연(自然)이 듯디 죠해/ 백운(白雲)이 재산(在山)ᄒ니 자연(自然)이 보디 죠해

풀이 화자는 그윽한 향기를 내뿜는 난초(유란)와, 산에 걸려 있는 흰 구름(백운)을 보면서 좋다고 말하므로, '유란'과 '백운'은 화자가 '심미적으로 완상하는 대상'이다.

→ 적절함!

자연을 벗어나려는 존재

④ '갈매기'와 '교교백구'는 화자의 *무심한 심정이 투영된 상징적 존재이다. * 욕심 없는 마음을 나타낸

근거 〈제5수〉-2~3 떼 많은 갈매기는 오명가명 ᄒ거든/ 엇더타 교교백구(皎皎白駒)는 멀리 ᄆ음 두는고

풀이 '갈매기'는 자연 속에서 '오명가명'하며 여유로운 모습을 보이므로, 화자의 '무심한 심정이 투영된 존재'로 볼 수 있다. 그러나 '교교백구'는 멀리에 마음을 둔다고 했으므로 자연을 즐기지 못하고 속세로 떠나고 싶어 하는 존재이며, 화자는 이에 대해 '엇더타'라고 하며 안타까워한다.

→ 적절하지 않음!

⑤ '화만산'과 '월만대'는 화자의 *충만감을 자아내는 **정경의 ***표상이다. * 한껏 가득찬 느낌과 감정 ** 정서를 불러일으키는 경치 *** 본보기, 대표적인 예

근거 〈제6수〉-1~2 춘풍(春風)에 화만산(花滿山)ᄒ고 추야(秋夜)에 월만대(月滿臺)라/ 사시가흥(四時佳興)이 사롬과 ᄒ가지라

풀이 화자는 봄바람이 부니 산에 꽃이 가득 피고(화만산), 가을밤에는 달빛이 대에 가득하니(월만대) 흥이 난다고 하므로, '화만산'과 '월만대'는 '화자의 충만감을 자아내는 정경'이다.

→ 적절함!

---

079 감상의 적절성 - 적절한 것 고르기 고3 | 2015학년도 6월 모평B 45번
정답률 75% 정답 ③

윗글과 〈보기〉를 비교하여 감상한 내용으로 가장 적절한 것은? [3점]

| 보기 |

[1] 그곳(부친에게 물려받은 별장)에는 씨 뿌려 식량을 마련할 만한 밭이 있고, 누에를 쳐서 옷을 마련할 만한 뽕나무가 있고, 먹을 물이 충분한 샘이 있고, 땔감을 마련할 수 있는 나무들이 있다. [2] 이 네 가지는 모두 내 뜻에 흡족하기 때문에 그 집을 '사가(四可)'라고 이름을 지은 것이다.

[3] 녹봉(조선 시대 벼슬아치에게 주던 것으로 오늘날의 월급이나 연봉 같은 것)이 많고 벼슬이 높아 위세(지위와 권세)를 부리는 자야 얻고자 하는 것은 무엇이든지 얻을 수 있지만, 나같이 곤궁한(가난한) 사람은 백에 하나도 가능한 것이 없었는데(백 가지 원하는 것 중에 한 가지도 얻지 못했는데) 뜻밖에도 네 가지나 마음에 드는 것을 차지하였으니 너무 분에 넘치는 것은 아닐까? [4] 기름진 음식을 먹는 것도 나물국에서부터 시작하고, 천 리를 가는 것도 문 앞에서 시작하니, 모든 일은 점진적으로 되는(조금씩 진전되는) 것이다.

[5] 내가 이 집에 살면서 만일 전원(도시에서 떨어진 시골)의 즐거움을 얻게 되면, 세상일 다 팽개치고 고향으로 돌아가 태평성세의 농사짓는 늙은이가 되리라. [6] 그리고 밭을 갈고 배(腹)를 두드리며 성군(聖君)(어질고 덕이 뛰어난 임금)의 가르침을 노래하리라. [7] 그 노래를 음악에 맞춰 부르며 세상을 산다면 무엇을 더 바랄 게 있으랴.

- 이규보, 「사가재기(四可齋記)」(‘사가재’라는 별장에 대한 글) -

속세를 떠나

① 윗글과 〈보기〉는 모두 지배층의 *핍박으로부터 **도피하기 위해 선택한 자연 ***은둔의 삶을 제시하고 있다. * 괴롭힘 ** 벗어나기 *** 세상일을 피하여 숨음

근거 〈제2수〉-1~2 연하(煙霞)로 집을 삼고 풍월(風月)로 벗을 사마/ 태평성대(太平聖代)에 병(病)으로 늘거 가네
〈보기〉-5 내가 이 집에 살면서 만일 전원의 즐거움을 얻게 되면, 세상일 다 팽개치고 고향으로 돌아가 태평성세의 농사짓는 늙은이가 되리라.

풀이 윗글의 화자는 '태평성대'에 늙어 간다고 말하고, 〈보기〉의 글쓴이도 '태평성세'의 농사짓는 늙은이가 되겠다고 한다. 따라서 둘 다 현실을 태평한 시대로 생각하고 있으므로, '지배층의 핍박에서 도피하여 자연 은둔의 삶을 선택한 것이 아니라 자신이 기꺼이 원해서 자연 속에서 지내는 것이다.

→ 적절하지 않음!

② 윗글과 〈보기〉는 모두 불우한 처지에서 점진적으로 벗어날 수 있으리라는 *낙관적 태도를 보여 주고 있다. * 모든 일이 잘 되리라는

근거 〈제1수〉 이런들 엇더ᄒ며 져런들 엇더ᄒ료/ 초야우생(草野愚生)이 이러타 엇더ᄒ

료/ 흥믈며 천석고황(泉石膏肓)을 고쳐 므슴 흐료

＜보기＞-3~4 나같이 곤궁한 사람은 백에 하나도 가능한 것이 없었는데 뜻밖에도 네 가지나 마음에 드는 것을 차지하였으니 너무 분에 넘치는 것은 아닐까? ~ 모든 일은 점진적으로 되는 것이다.

풀이 윗글의 화자는 자연 속에서 즐거워할 뿐, 불우한 처지에 있지 않다. 그리고 ＜보기＞의 글쓴이는 곤궁한 처지에서 점진적으로 벗어나야 하는데, 한꺼번에 많은 것을 얻게 되어 자신의 분에 넘치는 것은 아닌지 걱정하고 있다.

→ 적절하지 않음!

✔ ⓑ 윗글과 ＜보기＞는 모두 *유교적 가치를 존중하면서 한 개인으로서의 소망을 이루려는 모습을 드러내고 있다. * 부모께 효도, 임금께 충성, 형제간 우애, 벗 사이의 믿음 등의 가치

근거 ＜제1수＞-3 흥믈며 천석고황(泉石膏肓)을 고쳐 므슴 흐료 (개인의 소망)

＜제3수＞-1~2 순풍(淳風)이 ~/ 인성(人性)이 어지다 흐니 진실(眞實)로 올흔 말이 (유교적 가치)

＜제4수＞-3 이 즁에 피미일인(彼美一人)을 더옥 닛디 못흐애 (유교적 가치)

＜보기＞-5 내가 이 집에 살면서 만일 전원의 즐거움을 얻게 되면, (개인의 소망)

＜보기＞-6 성군(聖君)의 가르침을 노래하리라. (유교적 가치)

풀이 윗글은 예전부터 전해 온 좋은 풍속(순풍), 본래 어진 인간의 성품(인성), 임금(피미일인)을 그리워함을 통해 '유교적 가치를 존중'하는 것이 드러나고, '천석고황'에서 자연 속에서 살고 싶다'는 '개인으로서의 소망'이 나타난다. ＜보기＞의 글쓴이도 '성군의 가르침을 노래'하겠다는 부분과 '전원의 즐거움' 부분에서 각각 '유교적 가치'와 '개인으로서의 소망'이 드러난다.

→ 적절함!

윗글, ＜보기＞ 모두 / 여건과 상관없이

④ 윗글은 ＜보기＞와 달리 삶의 물질적 *여건이 마련된 후에야 자연의 즐거움을 누릴 수 있음을 강조하고 있다. * 주어진 조건

근거 ＜제2수＞ 연하(煙霞)로 집을 삼고 풍월(風月)로 벗을 사마/ ~ 이 즁에 브라는 일은 허믈이나 업고야

＜보기＞-5~7 내가 이 집에 살면서 만일 전원의 즐거움을 얻게 되면, 세상일 다 팽개치고 고향으로 돌아가 태평성세의 농사짓는 늙은이가 되리라./ ~ 부르며 세상을 산다면 무엇을 더 바랄 게 있으랴.

풀이 윗글의 화자는 자연 속에서 아무 허물 없이 살기를 바라고 있다. 그리고 ＜보기＞의 글쓴이도 '전원의 즐거움'을 얻게 되면 '농사짓는 늙은이'가 되어 살 것이고 더 바랄 게 없다고 말한다. 따라서 둘 다 '삶의 물질적 여건'과 상관없이 '자연의 즐거움'을 누릴 수 있음을 말하고 있다.

→ 적절하지 않음!

· ＜보기＞의 글쓴이에 해당 / 속세 / 자연

⑤ 윗글은 속세에 있으면서 자연을 *동경하는 인간을, ＜보기＞는 자연에 있으면서 속세를 그리워하는 인간을 **형상화하고 있다.

* 어떤 것을 간절히 그리워하여 그것만을 생각하는 ** 구체적으로 보여 주고

근거 ＜제2수＞ 연하(煙霞)로 집을 삼고 풍월(風月)로 벗을 사마/ 태평성대(太平聖代)에 병(病)으로 늘거 가녜/ 이 즁에 브라는 일은 허믈이나 업고쟈

＜보기＞-5 내가 이 집에 살면서 만일 전원의 즐거움을 얻게 되면, 세상일 다 팽개치고 고향으로 돌아가 태평성세의 농사짓는 늙은이가 되리라.

풀이 윗글의 화자는 속세가 아니라 자연 속에 있으며 그 삶에 만족하고 있다. ＜보기＞의 글쓴이는 '이 집에 살면서 전원의 즐거움을 얻게' 되길 소망하므로 현재 속세에 있으면서 고향에서 농사지으며 살기를 동경하고 있는 것이다.

→ 적절하지 않음!

[080~085] 다음 글을 읽고 물음에 답하시오.

작품 이해 단계 ① 화자 ② 상황 및 대상 ③ 정서 및 태도 ④ 주제

(가)

② 대상 : '잠' / ① 화자 : '내(나)'
1 잠아 잠아 짙은 잠아 이내 눈에 쌓인 잠아
↳ 돌아보지 않는, 불고(아닐 不 돌아볼 顧)가 맞는 표현임
2 염치 불구 이내 잠아 검치 두덕 이내 잠아
↳ 부끄러움 ↳ 욕심 언덕, 언덕처럼 쌓인 잠의 욕심
3 어제 간밤 오던 잠이 오늘 아침 다시 오네
↳ 지난 밤 ② 상황 : 어젯밤에 오던 '잠'이 오늘 아침에 다시 오는 상황
4 잠아 잠아 무삼 잠고 가라 가라 멀리 가라
↳ 무슨 ↳ 하필이면 ↳ 갈 곳이 없어 ③ 태도 : 잠에게 멀리 가라고 한다.
5 세상 사람 무수한데 구태 너는 간 데 없어
↳ 더욱 심하나
6 원치 않는 이내 눈에 이렇듯이 자심(滋甚)하뇨
↳ 낮 晝 밤 夜 : 밤낮으로 ↳ 달 月 밝을 明 동녘 東 창 窓 : 달이 환히 비치는, 동쪽으로 난 창
7 주야에 한가하여 월명 동창 혼자 앉아

· 현대어 풀이

1 잠아 잠아 짙은 잠아 이 내 눈에 쌓인 잠아
2 체면과 부끄러움을 돌아보지 않는 이 내 잠아 욕심 많은 이 내 잠아
3 어젯밤에 오던 잠이 오늘 아침 다시 오네
4 잠아 잠아 무슨 잠이냐 가라 가라 멀리 가라
5 세상 사람이 헤아릴 수 없이 많은데 하필이면 너는 갈 데 없어
6 원치 않는 이 내 눈에 이렇듯이 점점 더 심해지느냐
7 밤낮으로 한가하여 달이 환히 비치는, 동쪽으로 난 창에 혼자 앉아
8 늦은 시간 깊은 밤을 헛되이 보내면서
9 잠 못 들어 원망스럽게 생각하는 그런 사람 있건마는
10 청하지도 않은 (나에게 찾아와서) 원망을 듣느냐
11 저녁밥을 다 먹고 황혼(해가 질 때쯤)이 되자마자
12 낮에 못 한 남은 일을 밤에 하려고 마음먹고
13 그런 생각을 하자마자 바로 황혼이라 고운 손을 바삐 들어
14 등잔 앞에 고개 숙여 실 한 가락을 풀어내어
15 드문드문 질긋 바늘 두어 땀을 뜨자마자
16 난데없이 이 내 잠이 소리 없이 달려드네
17 눈썹 속에 숨었는가 눈 아래로부터 솟아 온 것인가
18 이 눈 저 눈을 가고 오고 하며 무슨 요상한 수작을 피우는가
19 맑고 맑은 이 내 눈이 (잠이 쏟아져서) 절로 절로 희미하다

· 지문 이해

대상	원치 않는 '나'에게 자꾸만 찾아오는 염치없는 '잠'
화자의 상황	낮에 못 한 남은 일을 밤에 하려고 마음먹고 바느질을 시작하자마자 난데없이 '잠'이 쏟아지는 상황
화자의 정서 및 태도	밤낮으로 일해야 하는 '나'에게 자꾸만 찾아오는 잠이 원망스러워 '잠'을 쫓으려 함

밤 11시에서 새벽 3시 무렵 / 헛될 虛 때 度 : 헛되이
8 삼사경 깊은 밤을 허도(虛度)이 보내면서
↳ 원망스럽게 생각하는
9 잠 못 들어 한하는데 그런 사람 있건마는
↳ 없을 無 항상 常 아닐 不 청할 請 : 청하지 않은 ↳ 원망하는 소리를 듣느냐
10 ⓐ 무상불청(無常不請) 원망 소래 온 때마다 듣난고니 ③ 정서 및 태도 : (무수한 사람들을 두고) 하필이면 원치 않는 '나'에게 자꾸만 찾아오는 '잠(너)'을 원망한다.
↳ 다 먹고
11 석반(夕飯)을 거두치고 황혼이 대듯마듯
↳ 저녁 夕 밥 飯 : 저녁밥 ↳ 되자마자
12 ⓑ 낮에 못 한 남은 일을 밤에 할랴 마음먹고
↳ 말씀 言 아래 下 당할 當 : 말이 끝나자마자 바로, 여기서는 그런 생각을 하자마자 바로
13 언하당(言下當) 황혼이라 섬섬옥수(纖纖玉手) 바삐 들어
↳ 가늘 纖 가늘 纖 옥 玉 손 手 : 가냘프고 고운 여자의 손
14 등잔 앞에 고개 숙여 실 한 바람 불어 내어
↳ 한 발, 한 가락 ↳ 풀어내어
15 드문드문 질긋 바늘 두엇 뜸 뜨듯마듯
↳ 땀, 실을 꿴 바늘로 한 번 뜬 자국을 세는 단위
16 난데없는 이내 ⓒ 잠이 소리 없이 달려드네 ② 상황 : (낮에 못 한 남은 일을 밤에 하려고 마음먹고 바늘 두어 땀을 뜨자마자) 난데없이 잠이 쏟아지는 상황
↳ 눈 아래로
17 ⓒ 눈썹 속에 숨었는가 눈알로 솟아 온가
↳ 갈 往 올 來 : 가고 오고 하며
18 이 눈 저 눈 왕래하며 무삼 요수 피우든고
↳ 요상한 수작
19 맑고 맑은 이내 눈이 절로 절로 희미하다

- 작자 미상, 「잠노래」-

④ 주제 : 한가한 사람들을 다 두고 밤낮으로 일을 해야 하는 '나'에게 자꾸만 찾아오는 '잠'이 원망스럽다.

(나)

② 대상 : '귓도리'(귀뚜라미) / ②③ 상황 및 정서 : 달이 지고 밤이 새도록 슬픈 소리로 계속 울어서 살짝 든 ('나'의) 잠을 깨우는 '귓도리'가 얄밉고도 불쌍하다.
↳ 불쌍하다
1 귓도리 저 귓도리 어여쁘다 저 귓도리
↳ 짧은 / ↳ 마디마디마다
2 어인 귓도리 지는 달 새는 밤의 긴 소리 쟈른 소리 ② 절절(節節)이 슬픈 소
↳ 비단으로 장막을 친 방, 여인의 거처 / ↳ 잘도
리 제 혼자 우러 녜어 사창(紗窓) ⓑ 여윈 잠을 살뜰히도 깨우는구나
↳ 살짝 든 잠 / ① 화자 : '내(나)'
3 두어라 제 비록 미물(微物)이나 ⓔ 무인동방(無人洞房)에 내 뜻 알 이는 너
↳ 작을 微 만물 物 : 작고 보잘것없는 것 ↳ 없을 無 사람 人 골 洞 방 房 : 임 없이 혼자 지내는 방
뿐인가 하노라 ③ 정서 및 태도 : 독수공방하는 '나'의 외로운 마음을 아는 이는 '귓도리(너)'뿐이라고 생각한다.

④ 주제 : 독수공방하는 외로운 '나'의 마음을 아는 이는 '귓도리'뿐이다.

- 작자 미상, 「귓도리 저 귓도리~」-

- 이옥, 「어부(魚賦)」(고기 魚 읊을 賦 : '부'는 한문수필 종류 중 하나.
인간 사회의 이야기를 물고기들에 빗대어 표현), -

・**현대어 풀이**

1 귀뚜라미 저 귀뚜라미 불쌍하다 저 귀뚜라미

2 어찌된 귀뚜라미가 지는 달, 새는 밤에 긴 소리 짧은 소리, 마디마디 슬픈 소리로 저 혼자 계속 울어 비단으로 장막을 친 방 (안에서) 살짝 든 잠을 잘도 깨우는구나

3 두어라 제 비록 작고 보잘것없는 것이지만 임 없이 혼자 외로이 지내는 내 처지를 아는 이는 너(귀뚜라미)뿐인가 하노라

・**지문 이해**

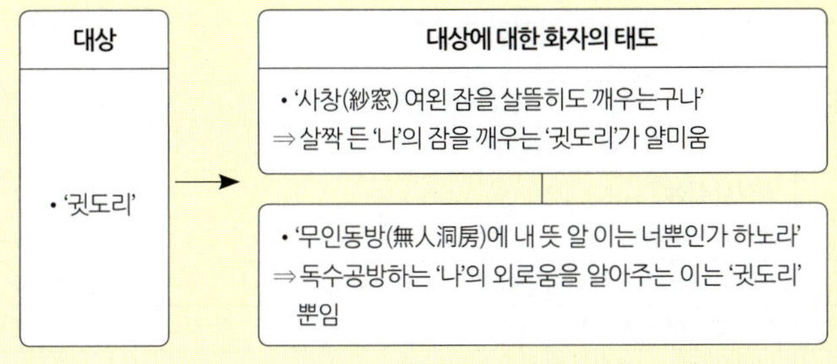

(다)

1 ¹물은 하나의 국가요, 용은 그 나라의 **군주**(임금 君 주인 主 : 임금)다. ²물고기 가운데 큰 것으로 고래, 곤어, 바닷장어 같은 것은(큰 물고기는) 군주를 안팎에서 모시는 여러 신하이다. ³그 다음으로 메기, 잉어, 다랑어, 가자미리 같은 것은(중간 크기의 물고기는) **서리**(조선 시대에, 문서의 기록과 관리를 맡아보던 하급 관리)나 **아전**(조선시대에, 중앙과 지방의 각 관아의 벼슬아치 밑에서 일을 보던 사람)의 무리다. ⁴이밖에 크기가 한 **자**(길이의 단위. 한 자는 약 30.3 cm) 못 되는 것들은 **물나라**(국가)의 만백성(일 만 萬 일백 百 성 姓 : 나라 안의 모든 백성)이라 할 수 있다. ⁵**상하**(위 上 아래 下 : 위아래)가 서로 차례가 있고 큰 놈이 작은 놈을 **통솔**하니 (거느릴 統 거느릴 率 : 무리를 거느려 다스리니), 그것이 어찌 사람과 다르겠는가?(사람과 다르지 않다.)

→ 국가, 군주, 신하와 백성은 각각 물, 용, 물고기에 빗댈 수 있다.

2 ¹그러므로 용은 물나라를 다스리면서, 날이 가물어 마르면 반드시 비를 내려 주고, 사람이 물고기를 다 잡아 버릴 염려하여서는 큰 물결을 겹쳐 일어나게 하여 덮어 준다. ²그러한 것이 물고기에 대해서 은혜를 끼침이 아닌 것은 아니다(끼치는 것은 맞다).

→ 용은 물고기를 보호해 준다.

3 ¹하지만 물고기에게 **인자하게**(어질 仁 사랑할 慈 : 마음이 어질고 자애롭게) 베푸는 것은 한 마리 용뿐이요, 물고기를 **학대하는**(사나울 虐 대우할 待 : 몹시 괴롭히고 가혹하게 대우하는) 것은 수많은 큰 물고기들이다. ²고래와 암코래는 **조류**(조수 潮 흐를 流 : 밀물과 썰물 때문에 일어나는 바닷물의 흐름)를 들이마셔서 작은 물고기를 잡아먹는 일을 자신의 **시서(詩書)로 삼고**(시 詩 쓸 書 : 시와 글씨로 삼고, 하찮은 흥밋거리로 여기고), **교룡**(사람의 키 정도 되고 뱀 모양을 한 상상 속의 동물)과 악어는 물결을 헤치며 삼키고 씹어 먹어 작은 물고기를 잡아먹는 것을 거친 땅의 농사일로 삼으며(자신들의 재산을 불리는 수단으로 여기며), 문절망둑, 쏘가리, 두렁허리, 가물치의 **족속**(겨레 族 무리 屬 : 같은 패거리나 부류)은 틈을 타서 **발동**을 해서(쏠 發 움직일 動 : 움직이기 시작해서) 작은 물고기를 자신의 은이요 옥으로 삼는다(자신의 재산으로 여긴다). ³강자는 약자를 삼키고, 지위가 높은 자는 아랫것을 **약탈하니**(노략질할 掠 빼앗을 奪 : 폭력을 써서 남의 것을 억지로 빼앗으니), 진실로 강한 자, 높은 자가(약자를 약탈하는 일을) 싫증 내지 않는다면 작은 물고기는 반드시 남아나지 않을 것이다.

→ 수많은 큰 물고기들은 작은 물고기를 잡아먹고 학대한다.

4 ¹슬프다! ²작은 물고기가 없다면 용이 누구와 더불어 군주가 되며, 저 큰 물고기들이 어찌 으스댈 수 있겠는가? ³그러므로 용의 도리란(왕으로서 해야 할 일이란) 작은 물고기들에게 **구구한**(작고 소소한) 은혜를 베풀어 주는 것보다, 차라리 먼저 그들(작은 물고기들)을 해치는 **족속**(큰 물고기)들을 물리치는 것만 못하리라!

→ 용의 도리는 먼저 작은 물고기들을 해치는 족속들을 물리치는 것이다.

5 아아, 사람들은 물고기에게만 큰 물고기가 있는 줄 알고 사람에게도 **큰 물고기가**(백성들에게 해를 끼치는 탐관오리가) 있는 줄을 알지 못하니, **물고기가 사람을 슬퍼하는 것이 어찌 사람이 물고기를 슬퍼하는 것보다 심하지 않다고 하랴?**(사람이 물고기를 딱하게 여기는 것보다 물고기가 사람을 딱하게 여기는 마음이 더 크다.)

→ 사람에게도 '큰 물고기'와 같은 존재가 있는 줄을 사람들이 알지 못하니 안타깝다.

・**중심 내용**

국가, 군주, 신하와 백성은 각각 물, 용, 큰 물고기와 작은 물고기에 빗댈 수 있는데, '작은 물고기'를 잡아먹고 학대하는 '큰 물고기'를 물리치는 것이 용의 도리이듯 백성들을 착취하고 수탈하는 **탐관오리**(탐할 貪 벼슬 官 더러울 汚 벼슬아치 吏 : 백성의 재물을 탐내어 빼앗는, 행실이 깨끗하지 못한 관리)들을 물리치는 것이 군주의 도리이다.

・**지문 이해**

❶	인간 세상을 물나라에 비유
❷~❹	강자가 약자를 수탈하는 상황과 군주의 도리
❺	인간 세상의 부당한 모습에 대한 탄식

1등급 문제

080	작품 간 공통점 - 적절한 것 고르기 2019년 6월 학평 41번 정답률 60%, 매력적 오답 ⑤ 15%, ①, ③ 10%	정답 ④

(가) ~ (다)의 공통점으로 가장 적절한 것은?

선지	핵심 체크 내용	(가)	(나)	(다)
①	대상의 부재로 인한 그리움의 심정	X	O	X
②	현실의 어려움	O	O	O
	극복하려는 의지적 태도	O	X	O
③	이상과 현실의 괴리에 대해 절망적인 심경	X	X	X
④	부정적인 현재 상황에 대해 탄식하는 태도	O	O	O
⑤	일상생활과 관련된 사물의 속성에서 삶의 교훈을 이끌어 냄	X	X	X

→ (나)만 해당

① 대상의 *부재로 인한 그리움의 심정을 드러내고 있다.
* 아닐 不 있을 在 : 현재 그곳에 있지 아니함

근거 (나)-3 두어라 제 비록 미물이나 무인동방에 내 뜻 알 이는 너뿐인가 하노라

풀이 (나)에서 '무인동방에 내 뜻 알 이는 너뿐인가 하노라'라는 구절을 통해 화자가 임 없이 혼자 지내는 외로운 처지임을 알 수 있다. 따라서 (나)는 대상의 부재로 인한 그리움의 심정을 드러내고 있는 것으로 볼 수 있다. 그러나 (가)와 (다)는 대상이 부재하는 상황이 나타나지 않고, 그리움의 심정을 드러내고 있는 것으로 보기도 어렵다.

→ 적절하지 않음!

■ 대상의 부재로 인한 그리움의 심정을 드러내고 있는 작품
・성현, 「장상사(長相思)」(2018년 고1 11월 학평)
그립고 그리워도 볼 수가 없어/ 마음은 바람에 나부끼는 종이 연 같아라/ ~ 그리운 사람은 멀리 하늘 모퉁이에 있는데
→ 부재하는 대상, 즉 '멀리 하늘 모퉁이에 있'어 '볼 수가 없'는 '사람'에 대한 '그립고 그리'운 심정을 드러내고 있다.

→ (가), (다)만 해당

② 현실의 어려움을 극복하려는 *의지적 태도를 보이고 있다.
* 어떤 일을 이루고자 하는 적극적이고 강한 태도

근거 (가)-4 잠아 잠아 무삼 잠고 가라 가라 멀리 가라
(나)-3 두어라 제 비록 미물이나 무인동방에 내 뜻 알 이는 너뿐인가 하노라
(다) ❹-3 그러므로 용의 도리란 작은 물고기들에게 구구한 은혜를 베풀어 주는 것보다, 차라리 먼저 그들을 해치는 족속들을 물리치는 것만 못하리라!
❺ 아아, 사람들은 물고기에게만 큰 물고기가 있는 줄 알고 사람에게도 큰 물고기가 있는 줄을 알지 무하니,

풀이 (가)에서는 낮에 못 한 일을 밤에 해야 할 정도로 고된 노동에 시달리는 상황에서 잠이 쏟아져 화자가 괴로워하고 있으므로 현실의 어려움이 드러난다고 볼 수 있다. 또한 화자가 '가라 가라 멀리 가라'라고 하며 밀려드는 '잠'을 이겨 내려 하므로 의지적 태도를 보인다고 볼 수 있다. (나)에서는 임 없이 혼자 외로이 지내는 화자의 처지가 나타나므로 현실의 어려움이 드러난다고 할 수 있다. 그러나 화자는 '무인동방'의 상

황을 극복하려는 의지적 태도를 보이고 있지는 않으며, 자신의 처지를 알아주는 이는 '귓도리'뿐이라며 외로움을 토로하고(토할 吐 드러낼 露 : 마음에 있는 것을 드러내어 말하고) 있을 뿐이다. (다)에서는 백성들을 착취하고 수탈하는 '큰 물고기'와 같은 관리들이 존재하는 세태를 지적하고 있으므로 현실의 어려움을 담아내고 있는 것으로 볼 수 있다. 또한 그들('작은 물고기', '만백성')을 해치는 족속들('큰 물고기', '탐관오리')을 물리쳐야 한다며 군주의 도리를 강조하고 있으므로 의지적 태도를 보이고 있는 것으로 이해할 수도 있다.

→ 적절하지 않음!

> ■ **현실의 어려움을 극복하려는 의지적 태도를 보이고 있는 작품**
> • 이육사, 「광야」
>   지금 눈 내리고/ 매화 향기 홀로 아득하니/ 내 여기 가난한 노래의 씨를 뿌려라.
>   → '눈 내리고 매화 향기 홀로 아득한' 어려운 현실 상황을 '가난한 노래의 씨를 뿌리는' 의지적 태도로 극복하고자 한다.

③ ***이상과 현실의** **괴리에 대해 절망적인 심경을 표출하고 있다.
  * 다스릴 理 생각 想 : 가장 완전하다고 여겨지는 상태 ** 어그러질 乖 떼어놓을 離 : 서로 어그러져 동떨어짐

  풀이 (가)에서는 고된 노동에 시달리는 상황에서 잠마저 쏟아져서 화자가 괴로워하고 있는 현실, (나)에서는 '무인동방'에 있는 화자의 외로운 현실, (다)에서는 백성들을 착취하고 수탈하는 관리들이 존재하는 현실이 드러나고 있지만 (가), (나), (다) 모두에서 화자가 추구하는 이상이 표면적으로 제시되지는 않고 있다. 따라서 (가)~(다)는 모두 이상과 현실의 괴리가 드러난다고 보기는 어렵다.

  → 적절하지 않음!

> ■ **이상과 현실의 괴리에 대해 절망적인 심경을 표출하고 있는 작품**
> • 박인로, 「누항사」 (2009학년도 6월 모평, 2013학년도 9월 모평)
>   강호 한 꿈을 꾼 지도 오래러니/ 입과 배가 누가 되어 어즈버 잊었도다
>   → 이상과 현실의 괴리, 즉 화자는 자연을 벗 삼아 살겠다는 이상('강호 한 꿈')과 먹고 사는 생계에 얽매인 현실('입과 배가 누가 되어') 사이의 괴리에 대해 탄식('어즈버 잊었도다')하며 절망적인 심경을 표출하고 있다.

✔④ **부정적인 현재 상황에 대해** ***탄식하는 태도를 드러내고 있다.**
  * 분하고 억울하거나 뉘우치는 일이 있을 때 한숨을 쉬는

  근거 (가)-12 낮에 못 한 남은 일을 밤에 할랴 마음먹고/ 14~16 등잔 앞에 고개 숙여 실 한 바람 불어 내어/ 드문드문 질긋 바늘 두엇 뜸 뜨듯마듯/ 난데없는 이내 잠이 소리 없이 달려드네
  (나)-3 두어라 제 비록 미물이나 무인동방에 내 뜻 알 이는 너뿐인가 하노라
  (다) ❺ 아아, 사람들은 물고기에게만 큰 물고기가 있는 줄 알고 사람에게도 큰 물고기가 있는 줄을 알지 못하니, 물고기가 사람을 슬퍼하는 것이 어찌 사람이 물고기를 슬퍼하는 것보다 심하지 않다고 하랴?

  풀이 (가)에서는 쏟아지는 잠을 참고 낮에 못 한 일을 밤에 마저 해야 하는 고달픈 현재 상황에 대해 화자가 원망하고 탄식하는 태도가 드러난다. (나)에서는 '무인동방'의 상황에 있는 화자가 자신의 외로운 처지에 대해 탄식하는 태도가 드러나고 있다. (다)에서는 '큰 물고기'처럼 백성들을 괴롭히고 착취하는 탐관오리들이 존재하는 부정적인 현재 상황에 대해 탄식하는 태도가 드러나고 있다.

  → 적절함!

⑤ **일상생활과 관련된 사물의 속성에서 삶의 교훈을 이끌어 내고 있다.**
  풀이 (가)의 '등잔', '바늘', '실', (나)의 '사창' 등은 일상생활과 관련된 사물이라고 볼 수 있지만 이들의 '속성'은 제시되지 않았으며, 따라서 일상생활과 관련된 사물의 속성에서 삶의 교훈을 이끌어 내고 있지 않다. (다)에는 일상생활과 관련된 사물이 등장하지 않는다.

  → 적절하지 않음!

> ■ **일상생활과 관련된 사물의 속성에서 삶의 교훈을 이끌어 내고 있는 작품**
> • 김소운, 「특급품」 (2015년 고2 6월 학평)
>   비자반(비자나무로 만든 바둑판) 일등품 위에 또 한층 뛰어 특급품이란 것이 있다. ~ 머리카락 같은 가느다란 흉터가 보이면 이게 특급품이다. ~ 큰 균열이 아니고 회생할 여지가 있을 정도라면 헝겊으로 싸고 뚜껑을 덮어서 조심스럽게 간수해 둔다. ~ 1년, 이태(2년), 때로는 3년까지 그냥 내버려 둔다. ~ 그 동안에 상처 났던 바둑판은 제 힘으로 제 상처를 고쳐서 ~ 그 치명적인 시련을 이겨 내면 되레 한 급이 올라 특급품이 되어 버린다. (사물의 성질) ~ 과실로 해서 더 커가고 깊어가는 인격이 있다. ~ 제 과실, 제 상처를 제 힘으로 다스릴 수 있는 비자반의 탄력 ―, 그 탄력만이 과실을 효용한다. 인생이 바둑판만도 못하다고 해서야 될 말인가. (삶의 교훈)
>   → '비자반'은 상처를 이겨 낸 흔적이 있으면 가치를 인정받는다. 이러한 사물의 속성을 통해 인간도 자신의 잘못을 슬기롭게 이겨 내면 더욱 성장할 수 있다는 삶의 교훈을 이끌어 내고 있다.

1등급 문제

081 | 표현상 특징 - 적절한 것 고르기 2019년 6월 학평 42번
정답률 55%, 매력적 오답 ④ 20%, ① 10% | **정답 ③**

(가), (나)에 대한 설명으로 적절한 것은?

선지	핵심 체크 내용	(가)	(나)
①	동일한 시어의 반복 → 운율 형성	O	O
②	청각적 심상	O	O
	계절감 드러냄	X	O
✔③	시간적 배경 → 시적 상황 구체화	O	O
④	설의적 표현 → 시적 의미 강조	O	X
⑤	색채의 대비 → 표현 효과 높임	X	X

(가)와 (나)는 모두
① **(가)와 달리 (나)는 동일한 시어의 반복을 통해 운율을 형성하고 있다.**
  근거 (가)-1~4 잠아 잠아 짙은 잠아 이내 눈에 쌓인 잠아/ 염치 불구 이내 잠아 검치 두덕 이내 잠아/ 어제 간밤 오던 잠이 오늘 아침 다시 오네/ 잠아 잠아 무삼 잠고 가라 가라 멀리 가라
  (나)-1 귓도리 저 귓도리 어여쁘다 저 귓도리/ 2 긴 소리 쟈른 소리 절절이 슬픈 소리
  풀이 (가)에서는 '잠아', '가라' (나)에서는 '귓도리', '소리'라는 동일한 시어를 각각 반복함으로써 운율을 형성하고 있다.

  → 적절하지 않음!
  (가)와 달리 (나)는
② **(나)와 달리 (가)는** ***청각적 심상을 통해** ****계절감을 드러내고 있다.** * 귀를 통해 소리를 듣는 듯한 느낌 ** 계절 季 마디 節 느낄 感 : 계절의 변화에 따라 일어나는 느낌
  근거 (가)-10 무상불청 원망 소래 온 때마다 듣난고니
  (나)-2 어인 귓도리 지는 달 새는 밤의 긴 소리 쟈른 소리 절절이 슬픈 소리 제 혼자 우러 녜어
  풀이 (나)에서 '귓도리'의 '긴 소리 쟈른 소리 절절이 슬픈 소리'는 청각적 심상으로 가을이라는 계절감을 드러내는 것으로 볼 수 있다. 반면에 (가)에는 '원망 소래'라는 청각적 심상이 드러나 있기는 하지만 계절감과는 무관하다.

  → 적절하지 않음!

✔③ **(가)와 (나)는 모두 시간적 배경을 통해 시적 상황을 구체화하고 있다.**
  근거 (가)-12~16 낮에 못 한 남은 일을 밤에 할랴 마음먹고/ 언하당 황혼이라 섬섬옥수 바삐 들어/ 등잔 앞에 고개 숙여 실 한 바람 불어 내어/ 드문드문 질긋 바늘 두엇 뜸 뜨듯마듯/ 난데없는 이내 잠이 소리 없이 달려드네
  (나)-2 어인 귓도리 지는 달 새는 밤의 긴 소리 쟈른 소리 절절이 슬픈 소리 제 혼자 우러 녜어 사창 여읜 잠을 살뜰히도 깨우는구나
  풀이 (가)는 '황혼'이라는 시간적 배경을 통해 낮에 끝내지 못한 일을 밤이 되어서까지 졸음을 참고서 해야 하는 시적 상황을 구체화하고 있다. (나)는 '지는 달 새는 밤'이라는 시간적 배경을 통해 독수공방하며 외로움에 잠 못 드는 시적 상황을 구체화하고 있다.

  → 적절함!
  (나)와 달리 (가)는
④ **(가)와 (나)는 모두** ***설의적 표현을 통해 시적 의미를 강조하고 있다.** * 분명한 답이 있는데도 불구하고 의도적으로 의문의 형식으로 표현함으로써 화자의 정서나 태도 등의 시적 의미를 강조하는 표현
  근거 (가)-6 원치 않는 이내 눈에 이렇듯이 자심하뇨
  풀이 (가)에서는 잠을 참고 일해야 하는 '나'에게 졸음이 몰려오는 상황에 대한 원망을 '원치 않는 이내 눈에 이렇듯이 자심하뇨'라는 설의적 표현을 통해 강조하고 있다. (나)에는 설의적 표현이 나타나지 않는다.

  → 적절하지 않음!

⑤ **(가)와 (나)는 모두** ***색채의 대비를 통해 표현 효과를 높이고 있다.**
  * 색깔과 관련된 이미지인 색채 이미지를 둘 이상 비교하거나 대조함으로써 전달하고자 하는 바를 보다 구체적이고 명확하게 표현하는 방법
  풀이 (가)와 (나)에는 색채의 대비를 통해 표현 효과를 높이고 있는 부분이 나타나지 않는다.

  → 적절하지 않음!

■ **색채의 대비를 통해 표현 효과를 높이고 있는 작품**
- 박인로, 「사제곡」(2016년 고2 11월 학평)
  흰구롬 말근 니는 편편(片片)이 써여 나라/ ~/ 서리친 신남기 봄쏫도곤 불거시니
  (맑은 시냇물 위로 흰구름이 조각조각 떠서 날아가고/ ~/ 서리가 내린 단풍나무가
  봄날의 꽃보다 더욱 붉으니)
  → '흰구롬'의 하얀색과 '서리 내린 단풍나무'의 붉은 색의 색채 대비를 통해 아름다운
  자연의 경치를 효과적으로 표현하고 있다.

---

082 | 시어의 기능 - 적절한 것 고르기 | 2019년 6월 학평 43번   1등급 문제
정답률 60%, 매력적 오답 ③ 15%, ⑤ 10%   **정답 ②**

ⓐ, ⓑ에 대한 이해로 가장 적절한 것은?

> (가)-16 난데없는 이내 ⓐ잠이 소리 없이 달려드네
> (나)-2 어인 귓도리 지는 달 새는 밤의 긴 소리 쟈른 소리 절절이 슬픈 소리 제 혼자 우
> 러 녜어 사창 ⓑ여읜 잠을 살뜰히도 깨우는구나

이루는 데 방해가 된다
① ⓐ는 화자의 목적을 이루기 위한 *보조적 수단이다. * 주된 것에 덧붙여 도움을 주는 수단
> 풀이 ⓐ(잠)는 낮에 못 끝내고 남은 일을 밤에 하려는 화자를 방해하는 것이지, 화자의 목
> 적을 이루기 위해 도움을 주는 수단이 아니다.

→ 적절하지 않음!

② ⓑ는 외부적 요인으로 인해 방해 받고 있다.
> 풀이 '무인동방'의 외로운 처지인 화자는 '귓도리'의 '절절이 슬픈 소리'로 인해 ⓑ(여읜 잠)
> 에서 깨고 만다. 따라서 ⓑ(여읜 잠)는 외부적 요인, 즉 '귓도리'의 울음소리로 인해 방
> 해 받고 있다고 보는 것이 적절하다.

→ 적절함!

③ ⓐ와 달리 ⓑ는 화자가 현실로부터 벗어나기 위한 행위이다.
> 풀이 ⓐ(잠)는 낮에 못 끝내고 남은 일을 밤에 하려는 화자를 방해하는 것이므로 ⓐ(잠)는
> 화자가 현실로부터 벗어나기 위한 행위라는 설명과는 전혀 관련이 없다. ⓑ(여읜 잠)
> 는 독수공방하는 화자의 살짝 든 잠을 의미하지만 화자가 현실로부터 벗어나기 위
> 해 일부러 잠을 청한 것인지는 드러나지 않는다.

→ 적절하지 않음!

④ ⓑ와 달리 ⓐ는 화자의 고통을 해소시키고 있다.
> 풀이 ⓐ(잠)는 낮에 못 끝내고 남은 일을 밤에 하려는 화자를 방해하는 것이므로 ⓐ(잠)는
> 화자의 고통을 심화시키는 것으로 볼 수 있다. 따라서 ⓐ(잠)가 화자의 고통을 해소시
> 키고 있다는 설명은 적절하지 않다. 한편, (나)에서 드러난 화자의 고통은 임이 없이
> 홀로 외로이 지내는 상황에서 비롯된 것이므로 화자가 고독한 처지에서 벗어나야만
> 화자의 고통이 해소될 수 있다. 따라서 ⓑ(여읜 잠) 역시 화자의 고통을 해소시키고 있
> 다고 보기는 어렵다.

→ 적절하지 않음!
ⓑ와 달리 ⓐ는
⑤ ⓐ와 ⓑ는 모두 화자가 거부하는 대상이다.
> 근거 (가)-4 잠아 잠아 무삼 잠고 가라 가라 멀리 가라
> 풀이 ⓐ(잠)는 낮에 못 끝내고 남은 일을 밤에 하려는 화자를 방해하는 것이므로, 화자는
> 시도 때도 없이 자신을 찾아와 화자를 방해하는 ⓐ(잠)에게 불만을 갖고 '가라 가라
> 멀리 가라'라고 하며 거부하고 있다. 한편 (나)에서 ⓑ(여읜 잠)를 방해한 '귓도리'에 대
> 해 얄밉게도 깨웠다('살뜰히도 깨우는구나')고 표현한 것을 토대로 보았을 때 ⓑ(여읜
> 잠)를 화자가 거부하는 대상으로 보기는 어렵다.

→ 적절하지 않음!

---

083 | 시구의 의미 - 적절하지 않은 것 고르기 | 2019년 6월 학평 44번   1등급 문제
정답률 50%, 매력적 오답 ②, ③, ④ 15%   **정답 ①**

㉠ ~ ㉤을 감상한 내용으로 적절하지 않은 것은?

화자가
① ㉠ : 화자와 *상반된 처지에 있는 사람이 '잠'에게 불만을 드러내고 있다.
* 서로 相 되돌릴 反 : 서로 반대되는
> 근거 (가)-9~10 잠 못 들어 한하는데 그런 사람 있건마는/ ㉠무상불청 원망 소래 온 때마
> 다 듣난고니

풀이 화자는 시도 때도 없이 자신을 찾아오는 '잠'에게 잠 못 들어 하는 사람을 두고서 '잠'
을 청하지도 않은 나에게 찾아와서 원망을 듣느냐며 한탄한다. 따라서 ㉠은 화자가
'잠'에게 불만을 드러내고 있는 부분으로 볼 수 있다.

→ 적절하지 않음!

② ㉡ : 쉬지도 못하고 밤늦게까지 일을 해야 하는 화자의 고달픈 삶이 나타나 있다.
> 근거 (가)-12 ㉡낮에 못 한 남은 일을 밤에 할랴 마음먹고
> 풀이 화자는 낮에 못 한 일을 밤에 마저 하려고 마음먹고 있으므로 쉬지도 못하고 밤늦게
> 까지 일을 해야 한다는 점에서 고달픈 삶을 살고 있다고 볼 수 있다.

→ 적절함!

**③ ㉢ : '잠'을 *의인화하여 잠이 쏟아지는 화자의 현재 상황을 **해학적으로 표현하고 있
다.** * 사람이 아닌 것을 사람처럼 표현하여 ** 우습고 익살스럽게
> 근거 (가)-17~18 ㉢눈썹 속에 숨었는가 눈알로 솟아 온가/ 이 눈 저 눈 왕래하며 무삼 요
> 수 피우든고
> 풀이 화자는 '잠'이 '이 눈 저 눈'을 오고 가면서 요상한 수작을 피운다고 '잠'을 의인화하여
> 잠이 쏟아지는 화자의 현재 상황을 우스꽝스럽고 익살스럽게 표현하고 있다.

→ 적절함!

> **어떻게 풀까?** 선지 ③에서 잠을 의인화한 것이 왜 해학적인지 의문이 생겼을 것이다.
> 해학은 재미있다, 없다의 개인적 감상이 아니다. 해학은 우리 서민들이 자신에게 닥친
> 고통이나 갈등 상황을 극복하고자 하는 건강한 삶의 의지에서 비롯된 것이다.
> (가)의 화자는 잠을 참으면서 집안일을 해야 하는 상황에서 슬퍼하거나 좌절하지 않고 노
> 래를 부르며 잠을 쫓아내며 주어진 상황을 극복하려 하고 있다. 여기에서 화자의 해학적
> 인 태도, 즉 현재 상황을 해학적으로 표현했다고 볼 수 있는 것이다. 보통 민요나 사설시조
> 와 같은 서민 문학에 이러한 해학성이 많이 나타난다.

④ ㉣ : 화자의 *내면적 슬픔을 '귓도리'의 울음소리를 통해 간접적으로 드러내고 있다.
* 정신적인, 마음속의
> 근거 (나)-2 어인 귓도리 지는 달 새는 밤의 긴 소리 쟈른 소리 ㉣절절이 슬픈 소리 제 혼
> 자 우러 녜어 사창 여읜 잠을 살뜰히도 깨우는구나
> 풀이 독수공방하는 외로운 처지의 화자는 '귓도리' 소리를 듣는 '절절이 슬픈 소리'라고
> 표현하였다. 이는 '무인동방'의 화자가 느끼는 외로움과 고독과 같은 내면적 슬픔을
> '귓도리'의 울음소리를 통해 간접적으로 드러낸 것으로 이해할 수 있다.

→ 적절함!

**⑤ ㉤ : 혼자 살아가는 자신의 외로운 처지를 알아주는 유일한 대상이 '귓도리'라는 화자
의 인식이 드러나 있다.**
> 근거 (나)-3 두어라 제 비록 미물이나 ㉤무인동방에 내 뜻 알 이는 너뿐인가 하노라
> 풀이 '무인동방'의 고독한 처지인 화자는 '절절이 슬픈 소리'로 우는 '귓도리'에게 외로운
> '내 뜻'을 '알 이는 너뿐'이라고 하였다. 따라서 ㉤에는 혼자 살아가는 자신의 외로운
> 처지를 알아주는 유일한 대상이 '귓도리'라는 화자의 인식이 드러나 있는 것으로 보
> 는 것이 적절하다.

→ 적절함!

---

084 | 감상의 적절성 - 적절하지 않은 것 고르기 | 2019년 6월 학평 45번   **정답 ⑤**
정답률 65%, 매력적 오답 ④ 15%

〈보기〉를 바탕으로 (다)를 감상한 내용으로 적절하지 않은 것은?   3점

> | 보기 |
> [1] 「어부」는 국가의 상황을 물속의 세계에 빗대고, 군주(임금 君 주인 主 : 임금)를 '용'에,
> 여러 신하를 '큰 물고기'에, 백성을 '작은 물고기'에 빗대어 현실 세계를 비판하고 있다.
> [2] 글쓴이는 나라의 근본은 '작은 물고기'인 백성이므로 백성들을 수탈하는(거둘 收 빼앗을
> 奪 : 강제로 빼앗는) '큰 물고기', 즉 관리(관직에 있는 벼슬아치)들을 잘 다스리는 것이 군주로
> 서 해야 할 가장 중요한 일임을 강조하고 있다.

**① 용이 큰 물결을 일어나게 하여 물고기를 덮어 주는 것은 백성을 *어질게 살피는 군주
의 모습으로 볼 수 있군.** * 너그럽고 슬기롭게
> 근거 〈보기〉 「어부」는 국가의 상황을 물속의 세계에 빗대고, 군주를 '용'에, 여러 신하를
> '큰 물고기'에, 백성을 '작은 물고기'에 빗대어 현실 세계를 비판 ~ 글쓴이는 ~ 백성들
> 을 수탈하는 ~ 관리들을 잘 다스리는 것이 군주로서 해야 가장 중요한 일임을 강
> 조
> (다) ❷ 그러므로 용은 물나라를 다스리면서, 날이 가물어 마르면 반드시 비를 내려

주고, 사람이 물고기를 다 잡아 버릴까 염려하여서는 큰 물결을 겹쳐 일어나게 하여 덮어 준다. 그러한 것이 물고기에 대해서 은혜를 끼침이 아닌 것은 아니다.

풀이 〈보기〉를 바탕으로 (다)를 보면 사람이 물고기를 다 잡아 버릴까 봐 걱정하여 큰 물결을 겹쳐 일어나게 함으로써 덮어 주는 '용'의 모습은 백성을 어질게 살피는 군주의 모습을 빗댄 것으로 볼 수 있다.

→ 적절함!

② 교룡과 악어가 작은 물고기를 잡아먹는 것은 백성을 수탈하는 관리들의 모습으로 볼 수 있군.

근거 〈보기〉「'어부」는 국가의 상황을 물속의 세계에 빗대고, 군주를 '용'에, 여러 신하를 '큰 물고기'에, 백성을 '작은 물고기'에 빗대어 현실 세계를 비판하고 있다. ~ 백성들을 수탈하는 '큰 물고기', 즉 관리들

(다) ③-2 교룡과 악어는 물결을 헤치며 삼키고 씹어 먹어 작은 물고기를 잡아먹는 것을 거친 땅의 농사일로 삼으며, ~ 작은 물고기를 자신의 은이요 옥으로 삼는다.

풀이 〈보기〉에 따르면 (다)는 여러 신하를 '큰 물고기'에, 백성을 '작은 물고기'에 빗대어 현실 세계를 비판하고 있으므로 큰 물고기인 '교룡'과 '악어'가 작은 물고기를 잡아먹는 것은 백성을 수탈하는 관리들의 모습으로 볼 수 있다.

→ 적절함!

③ 작은 물고기가 없으면 용이 군주가 될 수 없다고 하는 것은 나라의 근본이 백성에게 있다는 글쓴이의 인식을 보여 주는군.

근거 〈보기〉-2 글쓴이는 나라의 근본은 '작은 물고기'인 백성이므로 백성들을 수탈하는 '큰 물고기', 즉 관리들을 잘 다스리는 것이 군주로서 해야 할 가장 중요한 일임을 강조하고 있다.

(다) ④-2 작은 물고기가 없다면 용이 누구와 더불어 군주가 되며, 저 큰 물고기들이 어찌 으스댈 수 있겠는가?

풀이 〈보기〉를 바탕으로 (다)를 보면 작은 물고기가 없다면 용이 누구와 더불어 군주가 될 수 있는지 의문을 드러낸다. 즉 백성들 없이는 군주가 될 수 없으며 나라의 근본이 백성에게 있다는 글쓴이의 인식을 보여 주는 것으로 이해할 수 있다.

→ 적절함!

④ 작은 물고기를 해치는 족속을 물리치는 것이 용의 도리라고 하는 것은 군주가 해야 할 가장 중요한 일이 관리를 잘 다스리는 일임을 말해 주는군.

근거 〈보기〉-2 글쓴이는 나라의 근본은 '작은 물고기'인 백성이므로 백성들을 수탈하는 '큰 물고기', 즉 관리들을 잘 다스리는 것이 군주로서 해야 할 가장 중요한 일임을 강조하고 있다.

(다) ④-3 그러므로 용의 도리란 작은 물고기들에게 구구한 은혜를 베풀어 주는 것보다, 차라리 먼저 그들을 해치는 족속들을 물리치는 것만 못하리라!

풀이 〈보기〉에 따르면 (다)의 글쓴이는 백성들을 수탈하는 '큰 물고기', 즉 관리들을 잘 다스리는 것이 군주로서 해야 할 가장 중요한 일임을 강조하고 있다. 따라서 이를 바탕으로 보면 (다)에서 먼저 '작은 물고기들'을 해치는 족속을 물리치는 것이 용의 도리임을 강조한 것은 군주가 해야 할 가장 중요한 일이 관리를 잘 다스리는 일임을 말해 주는 것으로 볼 수 있다.

→ 적절함!

관리들이 백성들을 수탈하는 현실을 비판하고 이에 대한 안타까움을 드러낸 것이군

✓⑤ 사람들이 사람에게도 큰 물고기가 있는 줄을 알지 못한다고 하는 것은 관리들의 수탈에 적극적으로 저항하지 않는 백성의 태도를 비판하는 것이군.

근거 〈보기〉「'어부」는 ~ 현실 세계를 비판하고 있다. ~ 백성들을 수탈하는 '큰 물고기', 즉 관리들을 잘 다스리는 것이 군주로서 해야 할 가장 중요한 일임을 강조하고 있다.

(다) ⑤ 아아, 사람들은 물고기에게만 큰 물고기가 있는 줄 알고 사람에게도 큰 물고기가 있는 줄을 알지 못하니,

풀이 〈보기〉를 바탕으로 (다)를 볼 때 '사람들'이 물고기에게만 큰 물고기가 있는 줄 알고 사람에게도 큰 물고기가 있는 줄을 알지 못한다고 한 것은 '관리들'이 백성들을 수탈하는 현실을 비판하고 이에 대한 안타까움을 드러낸 것이지 관리들의 수탈에 적극적으로 저항하지 않는 백성의 태도를 비판하는 것이 아니다.

→ 적절하지 않음!

(다)의 *논지를 긍정하는 신하가 군주에게 **상소문을 올린다고 할 때, 적절하지 <u>않은</u> 것은? * 말하려는 것 ** 임금에게 올리는 글

> 신은 삼가 성상(임금)께 글을 올리옵니다. 성상의 바른 다스림에 백성들은 태평성대(어진 임금이 잘 다스려 아무 걱정 없이 평안한 세상)를 살아갈 수 있었사옵니다. ① 성상께서는 백성들이 편안하게 살 수 있도록 항상 성심을 다하고(임금의 마음을 다 쓰시고) 계시옵니다. 하지만 성상의 뜻과는 달리 ② 조정의 대신들(나랏일을 하는 신하들)은 백성들을 가볍게 여기고 있사옵니다. 또한 ③ 지방관들은 백성을 사사로이(개인적으로) 부리고 있으며, 그 밑에 있는 서리나 아전들은 백성들의 고혈을 짜(백성들을 몹시 괴롭혀) 자신의 부를 축적하는(쌓는) 데만 눈이 멀어 있사옵니다. 이에 백성들은 죽어 사라질 위기에 처하였사옵니다. ④ 백성이 있어야 성상께서도 군주가 되시옵고, 벼슬아치들도 살 수 있는 것이옵니다. 하오니 ⑤ 무엇보다 시급한 것은 창고를 열어 백성들의 굶주림을 해결하는 일이옵니다. 전하, 부디 통촉하여 주시옵소서(형편을 깊이 생각하여 주십시오).

① 성상께서는 백성들이 편안하게 살 수 있도록 항상 성심을 다하고 계시옵니다.

근거 (다) ②~③-1 용은 물나라를 다스리면서, 날이 가물어 마르면 반드시 비를 내려 주고, ~ 큰 물결을 겹쳐 일어나게 하여 ~ 물고기에 대해서 은혜를 끼침이 아닌 것은 아니다. 하지만 물고기에게 인자하게 베푸는 것은 한 마리 용뿐이요,

풀이 용(군주, 성상)은 물고기(백성)들을 위해 비를 내려 주고 물결을 일으켜 덮어 준다고 하였다. 따라서 성상은 백성이 편안하게 살 수 있도록 항상 성심을 다하고 있다고 볼 수 있다.

→ 적절함!

② 조정의 대신들은 백성들을 가볍게 여기고 있사옵니다.

근거 (다) ③-2 고래와 암코래는 ~ 작은 물고기를 잡아먹는 일을 자신의 시서로 삼고,

풀이 조정의 대신들을 뜻하는 '고래와 암코래'는 백성을 뜻하는 작은 물고기를 '시서'로 삼는다고 하는데, '시서'는 예전 양반들의 흥밋거리에 해당하므로 대신들이 백성들을 가볍게 여기는 것으로 볼 수 있다.

→ 적절함!

③ 지방관들은 백성을 사사로이 부리고 있으며, 그 밑에 있는 서리나 아전들은 백성들의 고혈을 짜 자신의 부를 축적하는 데만 눈이 멀어 있사옵니다.

근거 (다) ③-2 교룡과 악어는 ~ 작은 물고기를 잡아먹는 것을 거친 땅의 농사일로 삼으며, 문절망둑, 쏘가리 ~ 족속은 ~ 작은 물고기를 자신의 은이요 옥으로 삼는다.

풀이 '교룡과 악어'가 작은 물고기를 거친 땅의 농사일로 삼는다는 것은 지방관들이 백성을 사사로이 부리고 있는 것을 뜻한다. 그리고 '문절망둑, 쏘가리' 등의 족속이 작은 물고기를 은과 옥으로 삼는 것은 서리나 아전들이 백성들을 이용해 개인의 부를 쌓는 것을 의미한다.

→ 적절함!

④ 백성이 있어야 성상께서도 군주가 되시옵고, 벼슬아치들도 살 수 있는 것이옵니다.

근거 (다) ④-2 작은 물고기가 없다면 용이 누구와 더불어 군주가 되며, 저 큰 물고기들이 어찌 으스댈 수 있겠는가?

풀이 작은 물고기(백성)가 없다면 용(군주, 성상)도, 큰 물고기들(벼슬아치들)도 제 노릇을 할 수 없다.

→ 적절함!

백성을 해치는 벼슬아치들을 물리치는 일

✓⑤ 무엇보다 시급한 것은 창고를 열어 백성들의 굶주림을 해결하는 일이옵니다.

근거 (다) ④-3 그러므로 용의 도리란 작은 물고기들에게 구구한 은혜를 베풀어 주는 것보다, 차라리 먼저 그들을 해치는 족속들을 물리치는 것만 못하리라!

풀이 용(군주)이 작은 물고기들(백성)을 위해 가장 먼저 해야 할 일은 자잘한 은혜를 베푸는 것이 아니라, 물고기들을 해치는 족속들(벼슬아치들)을 물리치는 일이다. 백성들의 굶주림을 해결하는 일은 (다)에 나오지 않는다.

→ 적절하지 않음!

Ⅲ 갈래 복합

5. 현대시와 수필 복합 지문

마더텅 전국연합 학력평가 기출문제집 고1 국어 문학

[086~090] 다음 글을 읽고 물음에 답하시오.

작품 이해 단계 ①화자 ②상황 및 대상 ③정서 및 태도 ④주제

(가) ①화자 : 안 드러남

1
[A]
1 **물로 사흘 배 사흘**
　↳ 마을 里 : 거리의 단위.
2 먼 삼천 리 1리는 약 0.4km
3 더더구나 걸어 넘는 먼 삼천 리
4 삭주구성은 산을 넘은 육천 리요
　↳ 평안북도에 있는 삭주군과 구성군. 구성은 김소월의 고향임

② 대상 및 상황 :
'삭주구성'까지 가는 길이
멀고도 험한 상황

2
[B]
　↳ 온통, 흠뻑
1 물 맞아 함빡히 젖은 제비도
2 가다가 비에 걸려 오노랍니다
3 저녁에는 **높은 산**
4 밤에 높은 산

② 상황 :
'삭주구성'까지 쉽게 갈 수 없는 상황

3
[C]
1 삭주구성은 산 너머
2 먼 육천 리
　↳ 꿈속에서는 조금 더 가까움
3 가끔가끔 **꿈**에는 사오천 리
4 가다 오다 돌아오는 길이겠지요

②③ 상황 및 정서 :
꿈속에서라도 '삭주구성'에 가고 싶지만
가지 못하고 돌아오는 상황

4
[D]
1 서로 떠난 몸이길래 몸이 그리워
　②대상 : '님'
2 **님을 둔 곳이길래** 곳이 그리워
3 못 보았소 새들도 집이 그리워
4 남북으로 오며 가며 아니합디까

③ 정서 :
그리운 '님'이 있는 곳이기에 '삭주구성'이
그립다.

　↳ '새들', '구름' : 고향에 가지 못하는 화자와
대비되는 소재

5
[E]
1 들 끝에 **날아가는 나는 구름**은
2 밤쯤은 어디 바로 가 있을 텐고
3 삭주구성은 산 너머
4 먼 육천 리

－ 김소월, 「삭주구성(朔州龜城)」 －

④ 주제 :
'님'이 있는 '삭주구성'이 그립다.

· 김소월 　중요 작가

「접동새」(2014학년도 6월 모평A), 「길」(2011학년도 9월 모평), 「나의 집」(2008학년도 6월 모평) 기출. 김소월은 고3 평가원 문제에 3번 이상 출제된 시인이다. 민요적 율격에 한국의 전통적인 한을 담은 서정시를 많이 썼다. 출제될 가능성이 높으니 김소월의 대표적인 시들의 주제와 특징을 정리해 두는 것이 좋다.

· 지문 이해

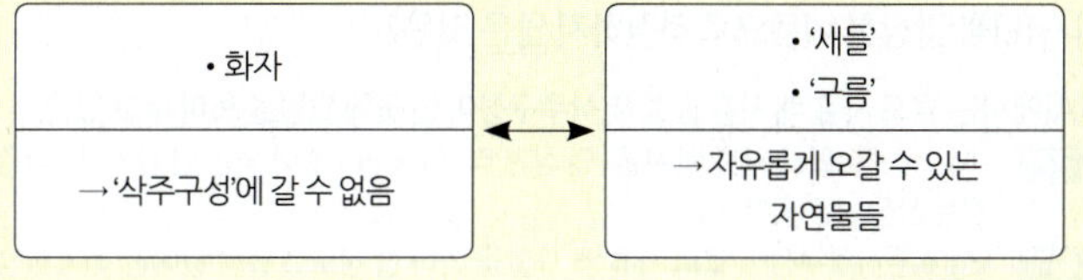

· 화자	↔	· '새들' · '구름'
→ '삭주구성'에 갈 수 없음		→ 자유롭게 오갈 수 있는 자연물들

(나) ①화자 : 안 드러남

②상황 : 아이들을 등에 업은 '아낙네들'이 얼어붙은 땅을 파고 무씨를 갈고 있는 상황('아낙네들'의 힘든 노동 상황)
②대상 : '아낙네들'

1
1 이른 아침 차를 타고 나가 보니 아낙네들은 **얼어붙은 땅**을 파고 무씨를 갈고 있었습니다 2 그네들의 등에 업힌 아이들은 고개를 떨군 채 잠들어 있었습니다 3 남정네들은 어디 갔는지 보이지 않았습니다 4 ㉠ **논두렁**(물이 괴어 있도록 논의 가장자리를 흙으로 둘러막아 불룩하게 만든 것)에 불이 타고 흰 연기가 천지를 둘렀습니다

2
②대상 : '당신'
1 진흙길을 따라가다 당신을 만났습니다 2 무릎까지 오는 장화를 신고 **당신**은 아직 물이 마르지 않은 **뻘밭**(미끈미끈한 고운 흙이 깔린 개펄)에서 흙투성이 **연뿌리**(연근. 연꽃의 뿌리)를 캐고 있었습니다

②상황 : 뻘밭에서 흙투성이 연뿌리를 캐고 있는
'당신'을 만난 상황('당신'의 힘든 노동 상황)

3
②상황 : '당신'이 얻는 것도 없이 계속 고생만 하고 있는 상황
1 혹시 당신이 찾은 것은 연뿌리보다 질기고 **뻣센**(뻣뻣하고 억센) **당신의 상처**(삶의 아픔)가 아니었습니까 2 삽에 찍힌 연뿌리의 동체(몸통)에서 굵다란 물관 구멍(식물에서 물의 통로 구실을 하는 조직)을 통해 (물이 빠져나간 것처럼) 사라진 것은 **도로**(徒勞)(헛되이 徒 일할 勞 : 헛되이 수고함, 보람 없이 애씀)**뿐인 한 생애**(인생)가 아니었습니까 3 **목청을 다해** 불러도 한사코 당신은 삽을 찍어 얼어붙은 연뿌리를 캐고 있었습니다

③ 정서 및 태도 :
'당신'에게 연민을 느끼며, 위로의 말이라도 건네려고 '당신'을 불러 본다.

④ 주제 :
힘겨운 삶을 살아온 이들에게 연민을 느낀다.

－ 이성복, 「당신」 －

· 지문 이해

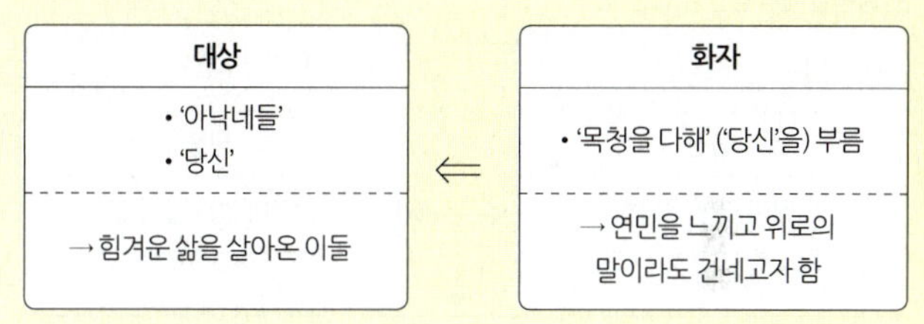

대상		화자
· '아낙네들' · '당신'	⇐	· '목청을 다해' ('당신'을) 부름
→ 힘겨운 삶을 살아온 이들		→ 연민을 느끼고 위로의 말이라도 건네고자 함

(다)

1
1 담장 위 장미가 붉은 혀를 깨물고 있다(장미의 매우 붉은 모습을 비유적으로 표현). 2 비누 냄새 풍기는 하수도 물이 길 따라 흘러내린다. 3 물소리도 길 따라 휘어지며 흘러내린다. 4 저녁 식사 시간 골목길은 음식 냄새들의 유원지(돌아다니며 구경하거나 놀기 위하여 여러 가지 시설을 갖추어 놓은 곳)다(골목길 곳곳에 음식 냄새가 풍기는 것을 비유적으로 표현). 5 종량제 쓰레기봉투를 뜯고 있던 고양이가 도망간다. 6 전봇대에는 가스 배달, 중국집 전화번호 스티커가 신속히 붙는다. 7 한때 골목대장이었던 아이가 가장이 되어 아파트 경비하러 급히 내닫는다(뛰어나간다). 8 처녀가 힐끗 뒤돌아본다. 9 사내의 발짝 소리가 멈칫한다. 10 두부장수가 리어카(손수레)를 세워 놓고 더 좁은 골목길로 종을 울리며 들어가자 붉은 장화를 신은 비둘기 분대(비둘기 한 무리)가 후드득 리어카에 낙하한다(떨어질 落 아래 下 : 아래로 떨어진다). 11 아침 일곱 시, 더 넓은 골목길에 가 살기 위하여(더 나은 곳으로 가서 살기 위하여) 직장 나가는 샐러리맨(salaried man, 봉급에 의존하여 생계를 꾸려 나가는 봉급생활자)들의 발짝(발을 한 번 떼어 놓는 걸음) 소리가 발짝 소리에 밟힌다. 12 얼어붙은 길 위에 던진 연탄재가 부지직 소리를 낸다. 13 허리가 낫('ㄱ' 자 모양으로 생긴 농기구)처럼 휜 할머니가 숨이 찬지 허리는 펴지 못하고 고개만 들고 숨을 고른다. 14 가로등이 켜지고 나방 그림자가 벽에 부딪친다.

→ '골목길'에는 서민들의 삶의 풍경이 가득하다.

(중략)

Ⅲ
갈래
복합

[2] [1]건축가 이일훈 선생의 강의를 들은 적이 있다. [2]강의 중 슬라이드(사진이나 그림·도표 등을 기계 장치에 의해서 스크린에 확대하여 비추어 나타내는 것)를 보는 시간이 있었다. [3]고건축물(옛 시대의 건축물)에서 현대 최첨단 건축물까지 다양한 건축물 설명을 듣는 도중 느닷없이(갑자기) 한적한 곳에 덩그렇게 서 있는 시골 방앗간 풍경이 떴다. [4]이 선생은 잠깐 사이를 두더니 말을 이었다. [5]"나는 이 방앗간을 보는 순간 눈시울이 뜨거워지고 눈물이 났습니다. [6]완벽한 건축물을 만났기 때문이죠. [7]장식이라곤 아무것도 없이 양철 지붕(얇은 철판으로 된 지붕)만 올려놓았지만, 여기 어디 버릴 게 있습니까, 부족한 게 있습니까?" [8]가슴이 찡했다. [9]나도 어느 골목길에서였던가 그 비슷한 느낌을 받아 보았기에 더 그랬을 것이다. [10]나도 완벽한 골목길을 만났었다. [11]그 골목길은 밥을 먹고 있는 방이, 변을 보고 있는 화장실이, 달팽이만한 초인종 달린 대문이 양쪽으로 잇닿아 있었다. [12]이 골목은 담장이 없어 길이 담장이구나. [13]길이 담장이 될 수 있다니! [14]이렇게 평화롭고 완벽한담장이 어디 있겠는가. [15]이렇게 완벽한 담장을 가진 골목길에서 사람들이 살아가고 있다니. [16]불신의 산물(서로가 서로를 믿지 못하는 분위기로 인해 생겨난 사물)로 세워지는 담장과, 함께 살아가는 똑같은 인간이라는 믿음으로 세운 이 길 담장과의 그 어마어마한 차이. [17]길 담장 체험 후 나는 왠지 모르게 골목길이 건강해 보이기 시작했다. [18]그도 그런 것이, 그도 그럴 수 있는 것이, 우리가 살고 있는 ⓒ골목길이 어떤 길인가!

→ '나'는 담장이 없는, 완벽하고 건강해 보이는 '골목길'을 만난 적이 있다.

[3] [1]노동을 마치고 술 취해 귀가하던 가장이, 아내와 자식새끼들 생각에 머리채(길게 늘어뜨린 머리털)를 흔들며 정신을 가다듬고 발걸음을 바로잡던 길 아닌가. [2]만삭의(곧 아이를 낳을) 아낙네들이 한 손에 남편과 자식새끼들에게 먹일 시장바구니를 들고 한 손으로 허리를 짚으며 가족이 살고 있는 집을 향해 걷던 길이 아닌가. [3]철없는 아이들 즐겁게 뛰어노는 웃음소리가 흘러넘치는 길이 아닌가. [4]밥숟가락보다도 더 우리들의 삶 때가 묻어 반질반질 윤기가 도는 길 아닌가…….

→ '나'는 '골목길'이 우리들의 삶 때가 묻은, 정감 넘치는 길이라고 생각한다.

- 함민복, 「길의 열매 집을 매단 골목길이여」-

• 중심 내용

'나'는 담장이 없는 '골목길'이 완벽하고 건강해 보인다고 생각하며, 우리들의 삶 때가 묻은 '골목길'에서 정감을 느낀다.

• 지문 이해

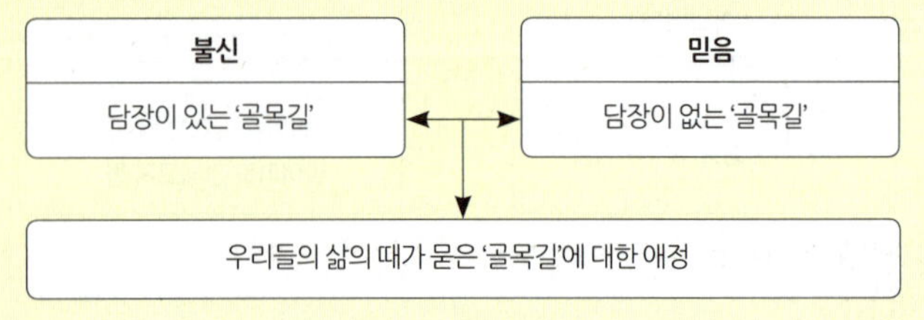

불신		믿음
담장이 있는 '골목길'	↔	담장이 없는 '골목길'

↓

우리들의 삶의 때가 묻은 '골목길'에 대한 애정

1등급 문제

086 표현상 특징 – 적절한 것 고르기   2019년 9월 학평 34번   정답률 50%, 매력적 오답 ⑤ 20%, ③ 15% | 정답 ②

(가) ~ (다)에 대한 설명으로 가장 적절한 것은?

선지	핵심 체크 내용	(가)	(나)	(다)
①	명사로 시행 마무리 → 여운 형성	O	X	-
②	대비적 상황 제시 → 주제 의식 강조	O	-	O
③	반어적 표현 → 대상의 의미 부각	-	X	X
④	음성 상징어 → 생동감 부여	X	X	O
⑤	공감각적 이미지 → 계절감 표현	X	X	X

(가)는

① (가)와 (나)는 *명사로 **시행을 마무리하여 ***여운을 주고 있다.
* 사물의 이름을 나타내는 품사 ** 시의 행 *** 시가 끝난 후에도 진한 감동이 여전히 남아 있는 느낌
[근거] (가) ❷-3~4 저녁에는 높은 산/ 밤에 높은 산 // ❺-3~4 삭주구성은 산 너머/ 먼 육천 리
[풀이] (가)는 '높은 산', '먼 육천 리' 등과 같이 다수의 시행을 명사로 마무리함으로써 여운을 주고 있다. (나)는 명사가 아닌 '~습니다'로 대부분의 시행을 마무리하고 있다.

→ 적절하지 않음!

② (가)와 (다)는 *대비적 상황을 제시하여 주제 의식을 강조하고 있다.
* 두 가지의 차이를 명백히 하기 위해 서로 비교하는 상황
[근거] (가) ❸-3~4 가끔가끔 꿈에는 사오천 리/ 가다 오다 돌아오는 길이겠지요 (화자의 상황)
(가) ❹-3~4 못 보았소 새들도 집이 그리워/ 남북으로 오며 가며 아니합디까
(가) ❺-1~2 들 끝에 날아가는 나는 구름은/ 밤쯤은 어디 바로 가 있을 텐고
(다) ❷-16~17 불신의 산물로 세워지는 담장과, 함께 살아가는 똑같은 인간이라는 믿음으로 세운 이 길 담장과의 그 어마어마한 차이. 길 담장 체험 후 나는 왠지 모르게 골목길이 건강해 보이기 시작했다.
[풀이] (가)에서는 고향인 '삭주구성'을 그리워하지만 갈 수 없는 화자의 상황과 집이 그리워 남북으로 자유롭게 오고 가는 '새들', 들 끝에 날아가는 '구름'의 상황이 대비되어 고향에 대한 그리움이라는 주제 의식을 강조한다. (다)에서는 '불신의 산물로 세워지는 담장'과 '믿음으로 세운 이 길 담장'을 대비하여 서민들의 삶이 묻어 있는 골목길에서 느끼는 정감이라는 주제 의식을 강조한다.

→ 적절함!

③ (나)와 (다)는 반어적 표현을 통해 대상의 의미를 *부각하고 있다. * 두드러지게 하고
[풀이] '반어적 표현'이란 속마음 혹은 실제로 전달하고자 하는 내용이나 의도와는 반대가 되도록 나타내는 표현을 의미한다. (나)와 (다)에는 이러한 반어적 표현이 나타나지 않는다.

→ 적절하지 않음!

■ 반어적 표현
현대시 014번 문제 ③번 선지 (2024년 9월 학평) 참고 → 013쪽

(다)만
④ (가) ~ (다)는 모두 *음성 상징어를 사용하여 **생동감을 부여하고 있다.
* 소리를 흉내 낸 말인 의성어와 모양을 흉내 낸 말인 의태어 ** 살아 움직이는 듯한 느낌을 주고
[근거] (다) ❶-8 처녀가 힐끗 뒤돌아본다./ 10 비둘기 분대가 후드득 리어카에 낙하한다./ 12 얼어붙은 길 위에 던진 연탄재가 부지직 소리를 낸다./ ❸-4 우리들의 삶 때가 묻어 반질반질 윤기가 도는 길
[풀이] (다)에서만 '힐끗(가볍게 한 번 슬쩍 흘겨보는 모양)', '후드득(새가 갑자기 날개를 치며 날아가는 소리나 모양)', '부지직(물기 있는 물건이 뜨거운 열에 닿아서 급히 타는 소리)', '반질반질(윤기가 흐르고 매우 매끄러운 모양)'과 같은 음성 상징어를 사용하여 생동감을 부여하고 있다.

→ 적절하지 않음!

⑤ (가) ~ (다)는 모두 공감각적 이미지를 통해 *계절감을 드러내고 있다.
* 계절의 변화에 따라 일어나는 느낌
[풀이] '공감각적 이미지'란 원래의 감각을 다른 감각으로 옮겨서 표현함으로써 두 가지의 감각을 동시에 느끼게 하는 것을 말한다. (가), (나), (다)에는 이러한 공감각적 이미지가 나타나는 부분이 없다.

→ 적절하지 않음!

■ 공감각적 이미지를 통해 계절감을 드러내는 작품
• 정지용, 「*춘설(春雪)」(2021년 고1 9월 학평) * 봄 春 눈 雪 : 봄에 내리는 눈
얼음 금 가고 바람 새로 따르거니/ 흰 옷고름 절로 향기로워라. (시각의 후각화)
→ 봄바람에 날리는 흰 옷고름(시각적 심상)에서 봄의 향기(후각적 심상)가 느껴진다는 공감각적 표현을 통해 봄이 오는 모습을 나타내고 있다.

087 감상의 적절성 – 적절하지 않은 것 고르기   2019년 9월 학평 35번   정답률 85% | 정답 ③

[A] ~ [E]를 감상한 내용으로 적절하지 않은 것은?

① [A]에서는 '물로 사흘 배 사흘'을 통해 삭주구성이 먼 곳에 있음을 보여 주고 있군.
[근거] [A] (가) ❶ 물로 사흘 배 사흘/ 먼 삼천 리/ 더더구나 걸어 넘는 먼 삼천 리/ 삭주구성은 산을 넘은 육천 리요
[풀이] [A]에는 삭주구성이 '물로 사흘 배 사흘'을 가야 할 정도로 멀리 떨어진 곳에 있음이 드러나 있다.

→ 적절함!

② [B]에서는 '높은 산'을 반복하며 삭주구성이 가기 어려운 곳임을 나타내고 있군.
[근거] [B] (가) ❷ 물 맞아 함빡히 젖은 제비도/ 가다가 비에 걸려 오노랍니다/ 저녁에는 높

은 산/ 밤에 높은 산

[풀이] [B]에서는 '높은 산'이라는 시구가 반복 제시되고 있는데, 이는 삭주구성까지 가는 길이 멀고도 험하여 삭주구성이 가기 어려운 곳임을 나타내는 것이다.

→ 적절함!

더 가까워진

③ [C]에서는 삭주구성이 더 멀어진 '꿈' 속 상황을 제시하여 화자의 안타까움을 드러내고 있군.

[근거] [C] (가) ❸ 삭주구성은 산 너머/ 먼 육천 리/ 가끔가끔 꿈에는 사오천 리/ 가다 오다 돌아오는 길이겠지요

[풀이] [C]에서는 삭주구성은 '산 너머 먼 육천 리'에 있지만 화자의 '꿈'에서는 현실보다 가까운 '사오천 리'라고 하며 삭주구성이 그리워 '꿈'속에서라도 가고 싶은 화자의 안타까움을 드러낸다.

→ 적절하지 않음!

④ [D]에서는 '님을 둔 곳이길래'를 통해 삭주구성을 그리워하는 이유를 제시하고 있군.

[근거] [D] (가) ❹ 서로 떠난 몸이길래 몸이 그리워/ 님을 둔 곳이길래 곳이 그리워/ 못 보았소 새들도 집이 그리워/ 남북으로 오며 가며 아니합디까

[풀이] [D]에서 '님을 둔 곳이길래 곳이 그립다는 시행을 통해 화자가 멀고 험한 길을 감수하더라도 '삭주구성'에 가려고 하는 이유와 그곳을 그리워하는 까닭을 짐작할 수 있다.

→ 적절함!

⑤ [E]에서는 자유롭게 '날아가는 나는 구름'을 통해 삭주구성에 가고 싶은 화자의 마음을 부각하고 있군.

[근거] [E] (가) ❺ 들 끝에 날아가는 나는 구름은/ 밤쯤은 어디 바로 가 있을 텐고/ 삭주구성은 산 너머/ 먼 육천 리

[풀이] '삭주구성'이 그립지만 갈 수 없는 화자와 달리 '구름'은 자유로운 존재이다. 따라서 '구름'은 화자의 상황과는 상반되는 처지에 있는 자연물로서, 이를 통해 '삭주구성'에 가고 싶은 화자의 마음이 부각된다.

→ 적절함!

---

088 감상의 적절성 - 적절하지 않은 것 고르기 2019년 9월 학평 36번
정답률 80% | 정답 ⑤

〈보기〉를 바탕으로 (나)를 감상한 내용으로 적절하지 <u>않은</u> 것은? [3점]

| 보기 |
¹ 이 작품의 화자는 노동을 하며 고단하게(처지가 좋지 못해 몹시 힘들게) 살아온 사람들의 모습을 그리고 있다. ² 그리고 그들의 고달픈 처지와 삶의 상처를 떠올리며, 그들에 대한 연민(불쌍하고 가엽게 여김)의 정서를 드러내고 있다.

① '얼어붙은 땅'은 아낙네들이 일하는 것을 더 고단하게 한다고 볼 수 있겠군.

[근거] 〈보기〉-1 이 작품의 화자는 노동을 하며 고단하게 살아온 사람들의 모습을 그리고 있다.

(나) ❶-1 이른 아침 차를 타고 나가 보니 아낙네들은 얼어붙은 땅을 파고 무씨를 갈고 있었습니다

[풀이] 〈보기〉에 따르면, (나)의 아낙네들은 생계를 위한 삶의 현장, 즉 노동의 공간에서 힘들게 일하고 있는 사람들이며, '얼어붙은 땅'은 아낙네들의 노동을 한층 더 고단하고 힘겹게 하는 요인으로 볼 수 있다.

→ 적절함!

② 물이 마르지 않은 뻘밭에서 일하는 '당신'은 고된 노동을 하고 있는 사람으로 볼 수 있겠군.

[근거] 〈보기〉-1 이 작품의 화자는 노동을 하며 고단하게 살아온 사람들의 모습을 그리고 있다.

(나) ❷-2 무릎까지 오는 장화를 신고 당신은 아직 물이 마르지 않은 뻘밭에서 흙투성이 연뿌리를 캐고 있었습니다

[풀이] 〈보기〉에 따르면 (나)의 화자는 노동을 하며 힘들게 살아온 사람들의 모습을 그리고 있으며, 물이 마르지 않은 뻘밭에서 연뿌리를 캐고 있는 '당신'은 노동을 하며 힘겨운 삶을 살아가고 있는 사람에 해당한다.

→ 적절힘!

③ 화자가 '당신의 상처'를 연뿌리보다 질기고 *뻣세다고 한 것은 그들의 삶에 대한 연민을 드러낸 것으로 볼 수 있겠군. * 뻣뻣하고 억세다고

[근거] 〈보기〉-2 그들의 고달픈 처지와 삶의 상처를 떠올리며, 그들에 대한 연민의 정서를 드러내고 있다.

(나) ❸-1 혹시 당신이 찾은 것은 연뿌리보다 질기고 뻣센 당신의 상처가 아니었습니까

[풀이] (나)의 화자가 뻘밭에서 연뿌리를 캐고 있는 당신에게 노동의 결과는 질기고 뻣센 '당신의 상처'가 아니었냐고 하는 것은 그들, 즉 노동을 하며 고단하게 살아온 사람들의 삶에 대한 연민을 드러낸 것으로 볼 수 있다.

→ 적절함!

④ '도로뿐인 한 생애'는 나아지지 않는 삶을 살아가는 사람들의 고달픈 처지를 드러냈다고 볼 수 있겠군.

[근거] 〈보기〉-2 그들의 고달픈 처지와 삶의 상처를 떠올리며,

(나) ❸-2 삽에 찍힌 연뿌리의 동체에서 굵다란 물관 구멍을 통해 사라진 것은 도로뿐인 한 생애가 아니었습니까

[풀이] 노동을 하며 고단하게 살아온 사람들의 고달픈 처지와 이에 대한 연민이 드러나는 (나)에서 화자가 뻘밭에서 연뿌리를 캐고 있는 당신에게 노동의 결과는 '도로(헛수고)뿐인 한 생애'가 아니었냐고 하는 것은 나아지지 않는 삶을 살아가는 사람들의 고달픈 처지를 드러낸 것으로 볼 수 있다.

→ 적절함!

당신에 대한 연민의 정서를

⑤ 화자가 '목청을 다해' 당신을 부른 것은 삶의 상처를 위로받고 싶은 마음을 드러낸 것으로 볼 수 있겠군.

[근거] 〈보기〉-2 그들의 고달픈 처지와 삶의 상처를 떠올리며, 그들에 대한 연민의 정서를 드러내고 있다.

(나) ❸-3 목청을 다해 불러도 한사코 당신은 삽을 찍어 얼어붙은 연뿌리를 캐고 있었습니다

[풀이] (나)의 화자가 노동을 하며 고단하게 살아온 사람들에 대한 연민의 정서를 드러내고 있다는 〈보기〉의 내용을 바탕으로 볼 때, 화자가 '목청을 다해' 당신을 부른 것은 고달픈 처지의 당신에 대한 연민과 안타까움을 드러내고 있는 것으로 이해할 수 있다. 따라서 화자가 당신을 부른 것은 자신이 삶의 상처를 위로받고 싶은 것이 아니라, 화자가 당신을 위로하고 싶은 마음을 드러낸 것으로 볼 수 있다.

→ 적절하지 않음!

---

089 공간의 의미 - 적절한 것 고르기 2019년 9월 학평 37번
정답률 85% | 정답 ④

㉠과 ㉡에 대한 설명으로 가장 적절한 것은?

(나) ❶-4 ㉠논두렁에 불이 타고 흰 연기가 천지를 둘렀습니다
(다) ❷-18 그도 그런 것이, 그도 그럴 수 있는 것이, 우리가 살고 있는 ㉡골목길이 어떤 길인가!

① ㉠은 ㉡과 달리 지나온 삶에 대한 그리움의 공간이다.

[풀이] ㉠(논두렁)은 아낙네들이 노동을 하고 있는 공간이며 ㉡(골목길)은 우리들의 삶 때가 묻은 정감 넘치는 일상의 공간으로 그려지고 있으므로, ㉠(논두렁)과 ㉡(골목길)은 모두 지나온 삶에 대한 그리움의 공간과는 거리가 멀다.

→ 적절하지 않음!

② ㉠은 ㉡과 달리 실현하고 싶은 소망이 드러나는 공간이다.

[풀이] ㉠(논두렁)은 아낙네들이 노동을 하고 있는 공간이며 ㉡(골목길)은 사람들이 살아가고 있는, 일상적인 삶의 공간이므로 ㉠(논두렁)과 ㉡(골목길)을 모두 실현하고 싶은 소망이 드러나는 공간으로 보기는 어렵다.

→ 적절하지 않음!

③ ㉡은 ㉠과 달리 현실에 대한 부정적 인식이 드러나는 공간이다.

[풀이] ㉠(논두렁)과 ㉡(골목길)은 각각 아낙네들의 노동의 공간, 서민들의 일상적 삶의 공간으로서의 의미를 지닐 뿐 현실에 대한 부정적 인식이 드러나는 공간은 아니다.

→ 적절하지 않음!

④ ㉠과 ㉡은 모두 생활을 이어가는 삶의 터전으로서의 공간이다.

[풀이] ㉠(논두렁)은 아낙네들이 노동을 하고 있는 공간이므로 생활을 이어가는 삶의 터전으로서의 공간으로 볼 수 있다. ㉡(골목길) 또한 가장이 가족들을 떠올리며 귀가하는 공간이며 만삭의 아낙네들이 가족을 위해 상을 봐서 집을 향해 걷던 길이므로 생활을 이어가는 삶의 터전으로서의 공간으로 보는 것이 적절하다.

→ 적절함!

⑤ ㉠과 ㉡은 모두 자연의 섭리에 대한 깨달음이 나타나는 공간이다.

[풀이] ㉠(논두렁)과 ㉡(골목길)은 모두 사람들의 일상적인 삶이 이루어지는 공간으로 자연의

섭리에 대한 깨달음이 나타나는 공간이 아니다. 참고로 '자연의 섭리'란 봄 - 여름 - 가을 - 겨울이 차례대로 오고, 물이 위에서 아래로 흐르는 것과 같이 자연의 세계를 지배하는 이치나 원리 등을 말한다.

→ 적절하지 않음!

---

090 내용 이해 - 적절하지 않은 것 고르기 **2019년 9월 학평 38번**
정답률 80% 　　　　　　　　　　　　　　　　　정답 ④

다음은 (다)에 대한 학생의 감상문이다. ⓐ ~ ⓔ 중, 적절하지 <u>않은</u> 것은?

> 이 글에서 ⓐ 글쓴이는 골목길의 다양한 풍경과 그 안의 모습을 보여 주고 있다. ⓑ 글쓴이는 시골 방앗간이 완벽한 건축물이라고 말하는 이일훈 선생의 강의에 공감하며, ⓒ 자신이 만났던 완벽한 골목길을 떠올리게 되었다. ⓓ 이일훈 선생의 강의는 글쓴이가 골목길에 대한 자신의 편견(치우칠 偏 볼 見 : 공정하지 못하고 한쪽으로 치우친 생각)을 발견하고 후회하는 계기가 되었다. 그리고 ⓔ 글쓴이는 골목길을 우리들의 삶 때가 묻은 길이라고 표현하며 골목길에 대한 애정을 드러내고 있다.

① ⓐ 글쓴이는 골목길의 다양한 풍경과 그 안의 모습을 보여 주고 있다.

　근거　(다) ❶ 담장 위 장미가 붉은 혀를 깨물고 있다. ~ 허리가 낫처럼 휜 할머니가 숨이 찬지 허리는 펴지 못하고 고개만 들고 숨을 고른다. 가로등이 켜지고 나방 그림자가 벽에 부딪친다.

　풀이　글쓴이는 골목길의 다양한 풍경과 골목길을 지나는 다양한 사람들의 모습(아파트 경비하러 급히 내닫는 가장, 처녀, 사내, 두부장수, 직장 나가는 샐러리맨들, 할머니 등)을 보여 주고 있다.

→ 적절함!

② ⓑ 글쓴이는 시골 방앗간이 완벽한 건축물이라고 말하는 이일훈 선생의 강의에 공감하며,

　근거　(다) ❷-5~6 "나(이일훈 선생)는 이 방앗간을 보는 순간 눈시울이 뜨거워지고 눈물이 났습니다. 완벽한 건축물을 만났기 때문이죠./8~9 가슴이 찡했다. 나(글쓴이)도 어느 골목길에서였던가 그 비슷한 느낌을 받아 보았기에 더 그랬을 것이다.

　풀이　글쓴이는 시골 방앗간을 보는 순간 완벽한 건축물을 만났기 때문에 눈시울이 뜨거워지고 눈물이 났다는 이일훈 선생의 강의를 들으며 어느 골목길에서 그 비슷한 느낌을 받았었던 적이 있어 가슴이 찡했다고 하였다. 따라서 글쓴이는 이일훈 선생의 말에 공감하고 있다고 볼 수 있다.

→ 적절함!

③ ⓒ 자신이 만났던 완벽한 골목길을 떠올리게 되었다.

　근거　(다) ❷-10~15 나도 완벽한 골목길을 만났었다. ~ 이렇게 완벽한 담장을 가진 골목길에서 사람들이 살아가고 있다니.

　풀이　이일훈 선생의 강의에 공감한 글쓴이는 자신이 만났던, 담장이 없어 길이 담장인 완벽한 골목길을 떠올린다.

→ 적절함!

✓ ④ ⓓ 이일훈 선생의 강의는 글쓴이가 ~~골목길에 대한 자신의 편견을 발견하고 후회하는 계기가 되었다.~~

(수정) 완벽한 골목길을 만나 그 비슷한 느낌을 받아 본 적이 있는 자신의 체험을 떠올리는

　근거　(다) ❷-8~10 가슴이 찡했다. 나도 어느 골목길에서였던가 그 비슷한 느낌을 받아 보았기에 더 그랬을 것이다. 나도 완벽한 골목길을 만났었다.

　풀이　이일훈 선생의 강의에 공감한 글쓴이는 완벽한 골목길을 만나서 그 비슷한 느낌을 받아 본 적이 있는 자신의 체험을 떠올리고 있을 뿐, 이일훈 선생의 강의가 골목길에 대한 글쓴이의 편견을 발견하고 후회하는 계기가 되지는 않는다.

→ 적절하지 않음!

⑤ ⓔ 글쓴이는 골목길을 우리들의 삶 때가 묻은 길이라고 표현하며 골목길에 대한 애정을 드러내고 있다.

　근거　(다) ❸-4 밥숟가락보다도 더 우리들의 삶 때가 묻어 반질반질 윤기가 도는 길 아닌가…….

　풀이　글쓴이는 서민들의 일상적 삶이 펼쳐지는 공간인 골목길에 대해 밥숟가락보다도 더 우리들의 삶 때가 묻어 반질반질 윤기가 도는 길이라고 표현하며 골목길에 대한 애정을 드러내고 있다.

→ 적절함!

Ⅳ 현대소설 | 1. 개화기 ~ 광복 이전 소설

마더텅 전국연합 학력평가 기출문제집 고1 국어 문학

[001~003] 다음 글을 읽고 물음에 답하시오.

1
¹ 용쇠는 역시 아무 대꾸가 없다.

² "내 자식이니까 내 맘대로 한다구? ³ 자네(용쇠)는 이렇게 생각하는지 모르겠네마는 그러나 부모가 자식을 때릴 권리가 어디 있나?(없다) ⁴ 사람에게 수족(손 手 발 足 : 손과 발)을 붙여준 것은 일하라는 것이지 남을 함부로 때리라는 것은 아니야. ⁵ 부모나 자식이나 사람이기는 일반(마찬가지)이라 하면 제 자식이나 남의 자식이나 그리 등분(차이)이 없을 게다. ⁶ 덮어놓고(옳고 그름이나 상황을 생각하지 않고) 제 뜻만 맞추라고 남을 강제하는(힘으로 억눌러 원하지 않는 일을 시키는) 것은 포학한(사납고 모진) 짓이 아닌가? ⁷ 얼걱박이(얼굴에 푹 파인 자국이 많은 사람)를 믿다고 암만 뚜드려 준대야 그게 별안간 빤질빤질해질 이치는(아무리 때린대도 얼굴이 갑자기 매끄러워질 리는 없지! ⁸ 자네(용쇠)는 오늘부터 짐승을 배우게!"

⁹ "무얼? ¹⁰ 짐승을?"

¹¹ 하고 용쇠는 얼굴이 빨개지며 불안한 표정으로 (정도룡을) 쳐다본다.

¹² "그래! ¹³ 짐승을 배우란 말이야! ¹⁴ 자네 집에 제비가 제비 새끼를 치지(기르지) 않는가? ¹⁵ 그 어미 제비를 배우란 말이야(자식을 때리는 용쇠가 제비만도 못하다며, 제비로부터 부모의 자세를 배우라는 의미)! ¹⁶ 공자(고대 중국의 학자)님의 말이나 누구의 말보다도."

¹⁷ 용쇠는 그게(자식을 아끼며 기르는 제비를 배우라는 말이) 무슨 소리인지(뜻인지) (이해하지 못하고) 다만 자기를 모욕하는(무시하고 부끄럽게 하는) 줄만 알았다. ¹⁸ 그래(그리하여) ⊙속으로는 분하였지마는 그대로 참고 들었다.

→ 정도룡이 딸을 때리는 용쇠를 혼내지만 용쇠는 자신의 잘못은 돌아보지 않고 분하게만 생각한다.

2
¹ 용쇠가 이렇게 혼이 난 뒤에 동리 사람들은 더욱 정도룡을 두려워하였다. ² 그러나 그(정도룡)를 경외하기는(공경하면서 두려워하기는) 그전(용쇠가 정도룡에게 혼이 나기 전)부터 하였다. ³ 그것은 그의 건강한(튼튼하고 기운이 센) 체격과 또한 그의 의리 있는 심지(마음씨)가 누구든지 자연히 그를 신뢰하고(믿고) 싶은 마음이 생기게 하였다. ⁴ 그것은 그를 미워하는 사람까지도 속으로는 그의 행동을 감복하였다(감동하여 마음으로 따랐다). ⁵ 그래(그리하여) 그의 이름이 근사한 것(정도룡의 이름이 정도령과 비슷한 것)을 기회(핑계)로 그(정도룡)를 모두 계룡산 정도령(鄭道令)(〈정감록〉이라는 책에서 조선이 망한 후 계룡산에 새 나라를 세울 것이라고 예언한 인물)이라 하였다.

⁶ 그에 대한 이러한 존경은 건넛말 양반촌(건너편 양반들이 사는 마을)에서도—유명한 김주사(남자를 높여 부르는 말)까지도—그를 만만히 보지 못하였다. ⁷ 그래(그리하여) 고양이 있는 집에서 기를 펴지 못하고 사는 생쥐같이(힘 있는 사람 앞에서 꼼짝 못하고) 지내던 이 동리(골 洞 마을 里 : 마을) 사람들이 그로 말미암아 적지 않은 힘을 입었다. ⁸ ⓛ 그래 이 동리 사람들은 어른 아이 없이 그를 참으로 정도령같이(새 나라를 세울 사람이라고) 믿으며 그의 말이라면 모두 복종하게 되었다. ⁹ 물론 이 동리의 크거나 적은 일은 그의 계획과 지휘로 해결되었다. ¹⁰ 그런데 그를 그중(마을 사람들 중) (남들보다 더 많이) 사랑하기는 어린아이들과 여자들이었다. ¹¹ 그것은 무지한(어리석은) 남자와 부모의 횡포(제멋대로 굴며 사납게 행동하는 것)를 규탄해(잘못을 따지고 꾸짖어) 주는 까닭으로 그러하였다. ¹² 마치 일전에(얼마 전) (자식을 때린) 용쇠를 혼내 주듯 하므로.

→ 마을 사람들은 정도룡의 정의로운 행동에 감동하고 정도룡을 믿고 따른다.

3
¹ 그렇다고는 하지마는 이 동리(마을) 사람들의 생활은 참으로 가련하였다(불쌍했다). ² 용쇠는 그래도 딸이나 팔아먹었지마는(팔아 돈을 벌었지만) 늙은 부모하고 어린 자식에 식구는 우글우글한데(많은데) 양식(먹을 것)이 떨어져서 굶주리는 집이 겅성드뭇하였다(여기저기 많이 흩어져 있었다). ³ 더구나 지금은 농가(농촌)에서는 제일 어려운 보릿고개(보리가 나올 때까지의 넘기 힘든 고개라는 뜻, 농촌의 식량 사정이 가장 어려운 때를 빗댄 말)를 당한 판이니까. ⁴ 모(벼의 싹)는 심어야겠는데 보리는 아직 덜 익어서 채(아직) 익지도 않은 풋보리(아직 익지 않은 보리)를 베어다가 뽀얀 물을 짜내서 죽물을 끓여 먹는 집도 많다.

→ 마을 사람들은 가난으로 먹고살기 힘든 생활을 한다.

4
[중략 줄거리] ¹ 마을의 지주(땅 주인) 김 주사는 춘이네가 소작하던(빌려서 농사짓던) 논을 하루아침에(갑자기) 일본인 고리대금업자(돈을 빌려주고 은행보다 비싼 이자를 받는 일을 하는 사람)에게 넘긴다. ² 소작하던 논을 떼이고(뺏기고) 먹고살기가 어려워진 춘이 조모(할머니)는 김 주사를 찾아간다.

→ 김 주사가 빌려 줬던 논을 갑자기 빼앗아 버리자 춘이 조모가 김 주사를 찾아간다.

5
¹ 김 주사는 감투를 쓰고('높은 지위에 오르고'의 속된 표현)—그(김 주사)는 지금 도평의원(지금의 도 의회 의원 정도)이다마는 감투 쓸 일은 이 밖에도 많다. ² 전(앞 前 : 이전의 경력을 나타내는 말) 금융조합장(일제 강점기 농민들에게 돈을 빌려 주던 단체의 우두머리), 전 보통학교(일제 강점기의 초등학교) 학무위원(학교 업무를 의논하며 돕는 위원), 전 군참사(군수(지역의 우두머리)에게 전문 지식을 제공하며 돕는 지위), 적십자사(전쟁 시에는 부상자의 간호나 사람들의 보호가, 평상시에는 재해·질병의 구조와 예방을 하는 기구) 정사원(정식 사원), 지주회(땅 주인들의 모임) 부회장—(이담에 죽을 때에는 명정(죽은 사람의 관직과 성씨 따위를 적은 깃발)을 쓰기가 어려울 만큼 이렇게 직함(지위 이름)이 많았다)— ³ 점잖은 목소리로 논 떼는(뺏는) 이유를 이렇게 말하였다.

[A]

⁴ "여태까지(지금까지) 몇 해를 (논을 빌려) 잘 지어(농사지어) 먹었으니 (내 논에서) 인제는 고만 지어(이제는 그만 농사지어) 먹게. ⁵ 다른 사람도 좀 (내 논을 빌려) 지어(농사지어) 먹어야지."

⁶ 그때 노파(할머니, 여기서는 춘이 조모)는 벌벌 떨리는 목소리로

"아이구 나으리(나리, 여기서는 김 주사)! ⁷ 지금 와서 논을 떼면(빼앗으면) 어찌합니까? ⁸ 그러면 제 집 식구는 모다(모두) 굶어 죽겠습니다!"

⁹ 하고 개개빌어(간절히 빌어)보았으나 김 주사는 그런 것은 나는 모르고(춘이 가족이 굶는 것은 내 알 바가 아니고), **내 땅은 내 맘대로 언제든지 뗄(빼앗을) 수 있지 않느냐**—됩다(도리어) 불호령(몹시 심하게 하는 꾸짖음)을 하였다.

¹⁰ 그래도 ⓒ 춘이 조모(할머니)는 한나절(하룻낮의 반 동안, 약 6시간 동안)을 애걸복걸하며(사정하고 간절히 빌며) 올(올해) 일 년만 더 (논을 빌려) 지어(농사지어) 먹게 해달라 보았으나 그(김 주사)는 도무지 막무가내이었다(들어 주지 않았다). ¹¹ 벌써 다시 (땅을 빌릴) 변통(좋은 방법)이 없을 줄 안 춘이 조모는 그 길로(그 후로) 나오다가 그(김 주사) 집 대뜰 위에서 그 아래로 물구나무를 서서(거꾸로 떨어져) 고만(그만) 그 자리에 즉사하였다(바로 죽었다). ¹² 그(춘이 조모)는 지금 여든다섯 살(85세)인데 여기(김 주사의 집)까지도 간신히 지팡이를 짚고 기어 왔다.

[B]

¹³ 그러나 김 주사는 (춘이 조모의 죽음을) 조금도 개의치(신경쓰지) 않고 하인을 명하여(시켜) 송장(시체, 여기서는 춘이 조모의 시체)을 문밖으로 끌어내게 하였다. ¹⁴ 그리고 송장 찾아가라고 춘이 집으로 전갈을 시키고(소식을 전하게 하고) 일변(한편) 구장(마을의 우두머리)을 불러서 경찰서로 (춘이 조모의 죽음을) 보고하게 하였다. ¹⁵ 김 주사는 마침 그 일인(일본 사람, 여기서는 일본인 고리대금업자)과 술을 먹을 때이므로 그(일본 사람)는 물론 튼튼한(든든한) 증인이 되었다.

→ 춘이 조모는 땅을 빌려 달라고 김 주사에게 부탁했으나 거절당하고 김 주사의 집 대뜰 위에서 떨어져 갑자기 죽게 되고, 김 주사는 하인을 시켜 춘이 조모의 시체를 문밖으로 끌어내게 한다.

6
¹ 행여(혹시) (땅을 빌릴) 무슨 도리(좋은 방법)나 있는가 하고 (김 주사의 집에 간 춘이 조모를) 기다리던 춘이 모자(어머니 母 아들 子 : 어머니와 아들)는 천만뜻밖에 이 기별(춘이 조모가 죽은 소식)을 듣고 천지가 아득하여(큰 충격을 받아) 전지도지(엎어지며 몹시 급히 달려가는 모양) 쫓아갔다. ² ⓔ 그들(춘이 모자)은 지금 시체(춘이 조모의 시체) 옆에 엎드려서 오직 섧게(서럽게) 통곡할(소리를 높여 슬프게 울) 뿐이었다.

→ 춘이 조모가 죽었다는 소식을 듣고 달려 온 춘이 모자가 춘이 조모의 시체 옆에서 슬퍼하며 운다.

7
¹ 그런데 정도룡은 오늘 자기 집 모(벼의 싹)를 심다가 이 기별(춘이 조모가 죽은 소식)을 듣고는 한달음에(쉬지 않고 한 번에) 뛰어들어 왔다. ² 벌써 마을 사람들은 많이 모여 서서 김 주사의 포학한(사납고 모진) 행위를 욕하고 있다. ³ 그중에 핏기 있는(젊고 기운찬) 원득이는 이 당장에 쫓아가서 그놈(여기서는 김 주사)을 박살내자고 팔을 걷고(적극적으로) 나서는데 겁쟁이들은 우물쭈물 눈치만 보고 겉으로 돈다(나서지 않는다). ⁴ 그러나 김 주사 집 땅을 부치는(빌려서 농사짓는) 사람들은 아무 말도 못 하고 벌써부터 (김 주사에게 맞서는 일에) 꽁무니를 사리려(슬그머니 피하려) 든다.

⁵ "허—참 그거 원…… ⁶ 나는 논을 갈다 왔는데(논에) 좀 가 보아야겠군!"

⁷ 하고 ⓜ 용쇠가 머리를 주죽주죽하며 돌아서는 바람에 나도 나도 하고 몇 사람이 그(용쇠) 뒤를 따르려 하는데 별안간 정도룡은 벽력같이(벼락같이, 매우 크게) 소리를 질렀다.

⁸ "동리(마을)에 큰일(춘이 조모가 죽은 일)이 났는데 제 집 일만 보러 드는 늬놈(네놈)들도 김 주사 같은 놈이다."

9 이(정도룡이 큰소리치는) 바람에 개 한 마리가 자지러지게(몹시 놀라 몸이 움츠러들게) 놀라서 깨갱거리며 달아난다. 10 그래(그리하여) 그들(춘이 조모의 죽음을 모른 체하고 집으로 돌아가려던 사람들)은 머쓱하니(무안하여) 돌쳐섰다(돌아섰다). 11 이때의 정도룡은 눈에서 불덩이가 왔다 갔다 하였다(눈을 부릅뜨며 화를 냈다). 12 그(정도룡)는 아이들을 늘어 놓아서(여러 곳에 보내어 연락을 해) 들에 있는 사람들을 모조리 불러들였다. 13 그들(들에 있던 사람들)은 그의 전갈(소식)을 듣고 모두 뛰어들어 왔다. 14 더구나 용쇠 같은 이 났단(용쇠가 춘이 조모의 죽음을 모른 체하고 자기 일만 하려다 혼이 났단) 말을 듣고.

15 정도룡은 그들(마을 사람들)을 일일이 지휘하여 일(춘이 조모의 장례)을 치를 순서를 분배한(나눈) 후 나머지 사람들은 상여(시체를 무덤까지 나르는 가마 같은 도구)를 메고 위선(우선) 김 주사 사는 동리(마을)로 급히 갔다.

- 이기영, 「농부 정도룡」-

· 중심 내용

정도룡은 딸을 때리는 용쇠를 꾸짖고, 마을 사람들은 정도룡의 정의로운 행동에 감동해 정도룡을 믿고 따른다. 한편 춘이 조모가 김 주사에게 땅을 빌려 달라고 부탁하러 갔다가 거절당하고 죽게 된다. 정도룡은 춘이 조모의 죽음을 모른 체하는 마을 사람들을 꾸짖고, 마을 사람들을 모아 춘이 조모의 장례를 준비한다.

· 인물 관계도

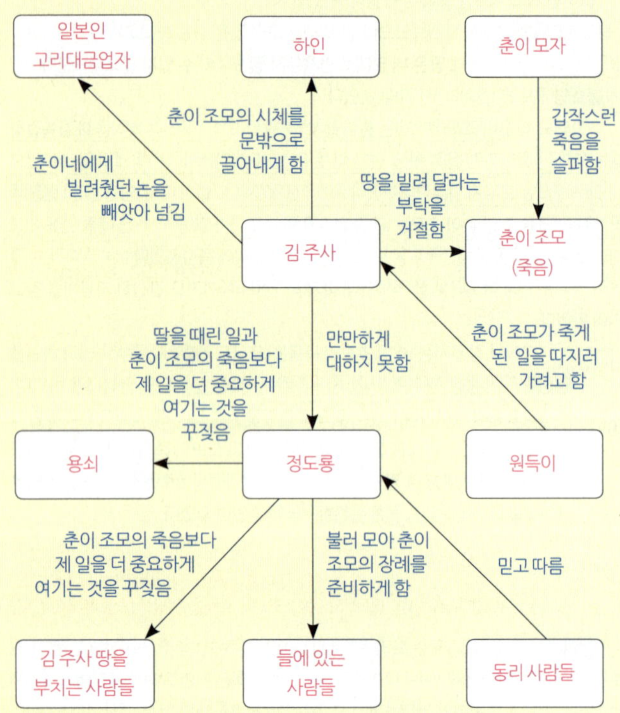

· 전체 줄거리 ([ ]: 지문 내용)

정도룡은 이곳저곳을 떠돌며 일하다가 우연히 아내를 만나 결혼해 지금의 마을로 이사를 오고, 아들인 석봉이와 딸 금순이를 낳고 땅을 빌려 농사지으며 가난하게 산다. 정도룡은 불의를 가만두고 보지 못하는 성격으로, 용쇠가 셋째 딸을 돈을 받고 팔았다는 얘기를 듣고 화를 내고 [용쇠가 넷째 딸을 심하게 때리는 것을 보고 용쇠를 꾸짖는다. 마을 사람들은 정도룡의 정의로운 행동에 감동하고 정도룡을 믿고 따르며 이름이 비슷하다는 이유로 계룡산 정도령이라고 부르기까지 한다.] 정도룡은 석봉이가 학교에서 계란과 고기를 많이 먹어야 한다고 배웠다는 말을 듣고 가난한 사람들의 처지는 생각하지 않는 학교는 다닐 필요가 없다며 석봉이에게 학교를 관두게 한다. 또한 금순이가 예배당에서 현재의 가난한 처지에도 감사하면서 살라고 가르쳤다고 말하자 정도룡은 분노하며 금순이에게 예배당을 못 다니게 한다. [어느 날 김 주사는 자신과 함께 고리대금업을 하고 있는 일본인에게 땅을 주기 위하여 춘이네가 소작하고 있던 땅을 갑자기 빼앗는다. 춘이 조모는 김 주사에게 땅을 빌려 달라고 부탁하러 갔다가 김 주사의 집 대뜰 위에서 떨어져 죽게 된다. 정도룡은 이 소식을 듣고 즉시 달려가 마을 사람들을 모아 춘이 조모의 시체를 수습하여 장례를 치른다.] 이후 자신이 빌렸던 땅을 춘이네에게 주고 자신은 김 주사를 찾아가 새로 땅을 내놓으라고 당당하게 요구한다. 금석이는 김 주사가 만일 아버지(정도룡)의

말을 들어주지 않으면 김 주사를 죽이겠다고 금순이에게 말한다. 김 주사가 땅을 주기로 했다는 소식을 듣게 되자 금순이는 자신도 김 주사를 죽일 생각이었다는 듯이 주머니에서 칼을 꺼낸다. 이를 본 정도룡의 아내는 금순이를 껴안으며 울고 마침 집으로 돌아온 정도룡은 가족들의 모습을 보며 놀란다.

<table><tr><td>**001**</td><td>서술상 특징 - 적절한 것 고르기   2018년 11월 학평 26번
정답률 80%</td><td>정답 ②</td></tr></table>

[A]와 [B]에 대한 설명으로 가장 적절한 것은?

[A] ❺-1~3 김 주사는 감투를 쓰고—그는 지금 도 평의원이다마는 감투 쓸 일은 이 밖에도 많다. 전 금융조합장, 전 보통학교 학무위원, 전 군참사, 적십자사 정사원, 지주회 부회장—(이담에 죽을 때에는 명정을 쓰기가 어려울 만큼 이렇게 직함이 많았다)—점잖은 목소리로 논 떼는 이유를 이렇게 말하였다.

[B] ❺-13~15 그러나 김 주사는 조금도 개의치 않고 하인을 명하여 송장을 문밖으로 끌어내게 하였다. 그리고 송장 찾아가라고 춘이 집으로 전갈을 시키고 일변 구장을 불러서 경찰서로 보고하게 하였다. 김 주사는 마침 그 일인과 술을 먹을 때이므로 그는 물론 튼튼한 증인이 되었다.

① [A]에서는 *외양 묘사를, [B]에서는 **배경 묘사를 통해 ***현실감을 부각하고 있다. * 인물의 겉모습을 자세히 표현한 것 ** 시간과 공간과 같은 배경을 자세히 표현한 것 *** 현실과 같은 느낌을 강조하고

풀이 [A]에서 외양 묘사가 나타나지도 않고, [B]에서 배경 묘사가 나타나지도 않는다.

→ 적절하지 않음!

■ 인물의 외양 묘사가 나타나는 작품
• 작자 미상, 「소대성전」 (2015학년도 수능A, 2020년 고2 3월 학평)
나무 베는 아이가 나무를 베어 시냇가에 놓고 버들 그늘을 의지하여 잠이 깊이 들었거늘, 보니 의상이 남루하고(낡고) 머리털이 흩어져 귀밑을 덮었으며 검은 때 줄줄이 흘러 두 뺨에 가득하니 그 추레함(깨끗하지 못하고 생기가 없음)을 측량치 못하나(모두 말할 수 없으나) 그중에도 은은한 기품(타고난 성품)이 이때 속에 비치거늘
→ 아이의 누추한 겉모습을 묘사하고 있다.

■ 배경 묘사가 나타나는 작품
• 임철우, 「사평역」
수은등 불빛이 약해지는 부분에서부터 차츰 희미해져 가다가 이윽고 흐물흐물 녹아 버렸는가 싶게 철길은 더 이상 볼 수가 없다. 그 저편은 칠흑 같은 어둠이다. 어둠에 삼키어져 버린 철길의 끝이 오늘 밤은 까닭 없이 늙은 역장의 가슴 한구석을 썰렁하게 만든다. ~ 지금 대합실에 모여 있는 사람은 모두 다섯이다. 한가운데에 톱밥 난로가 놓여 있고 그 주위로 세 사람이 달라붙어 있다.
→ 칠흑 같은 어둠에 삼켜져 철길이 보이지 않는 간이역을 묘사하고 있다.

✓② [A]에서는 *열거를, [B]에서는 행위 제시를 통해 인물의 성격을 드러내고 있다.
* 여러 가지 대상을 늘어놓음

근거 [A] ❺-2 전 금융조합장, 전 보통학교 학무위원, 전 군참사, 적십자사 정사원, 지주회 부회장 ~ 이렇게 직함이 많았다
[B] ❺-13 김 주사는 조금도 개의치 않고 하인을 명하여 송장(춘이 조모의 시체)을 문밖으로 끌어내게 하였다.

풀이 [A]에서는 김 주사의 직함들을 열거해 지위에 욕심이 많은 김 주사의 성격을 드러내고, [B]에서는 김 주사가 춘이 조모의 죽음을 전혀 신경 쓰지 않고 하인을 시켜 춘이 조모의 시체를 집밖으로 끌어내게 하는 행위를 통해 김 주사의 인정 없는 성격을 드러내고 있다.

→ 적절함!

③ [A]에서는 인물의 *대립을, [B]에서는 상황 제시를 통해 사건의 분위기를 드러내고 있다. * 갈등

근거 [B] ❺-13 김 주사는 조금도 개의치 않고 하인을 명하여 송장(춘이 조모의 시체)을 문밖으로 끌어내게 하였다.

풀이 [B]에서 김 주사가 춘이 조모의 죽음을 슬퍼하기는커녕 오히려 쌀쌀맞게 춘이 조모의 시체를 집밖으로 끌어내게 하는 상황을 통해 사건의 비극적 분위기를 드러낸다고 볼 수 있지만, [A]에서 인물의 대립은 나타나지 않는다.

→ 적절하지 않음!

■ 인물의 대립을 통해 사건의 분위기를 드러내는 작품
• 이태준, 「농군」 (2017년 고1 3월 학평)
한편 쪽에서 갈가마귀(까마귀)떼처럼 이곳 토민들(이 지역에서 대대로 살고 있던 중국인들)이 수십 명씩 무더기가 져서 새까맣게 몰려오는 것이다. ~ 삽을 든 채 집으로 뛰어들어가다가 그들(토민들) 한패와 부딪혔다. ~ 봇도랑(물길)을 못 내게 하는 모양이다. 그러자 윗구역에서, 또 그 윗구역에서 여깃말(중국말) 할 줄 아는 조선 사람들이 내려왔다. ~ 윗구역에서 내려오는 조선 사람 하나가 괭이를 둘러메고 여기 토민들 몰켜선 데로 뭐라고 여깃말로 호통을 치면서 그냥 닥치는 대로 찍으려 덤벼드는 것이다.
→ 벼농사를 짓기 위해 봇도랑을 내려는 조선 사람들과 이를 막으려는 토민들의 대립을 통해 사건의 긴박한 분위기가 나타난다.

④ [A]와 [B] 모두 공간의 이동을 통해 갈등을 *심화시키고 있다. *깊어지게 하고
풀이 [A]와 [B] 모두 공간의 이동이 나타나지 않는다.
→ 적절하지 않음!

⑤ [A]와 [B] 모두 인물의 *내적 독백을 통해 사건의 흐름을 **지연시키고 있다.
*등장인물의 마음속 생각을 혼잣말로 드러내는 표현 방법 **늦추고
풀이 [A]와 [B] 모두 인물의 내적 독백이 나타나지 않는다.
→ 적절하지 않음!

■ 인물의 내적 독백을 통해 사건의 흐름을 지연시키고 있는 작품
• 전상국, 「동행」 (2018년 고2 6월 학평)
억구 앞에 멈춰 선 큰 키의 사내가 할 말을 잊은 듯 멍청하니 고개를 위로 향했다. 고개를 약간 젖히고 입을 헤— 벌린 채. 그(큰 키의 사내)의 이러한 생각하는 표정 위에 눈이 내려앉고 있었다.
—— 그날 밤 난 생물 선생네 담을 빙빙 돌고만 있었지. 내 키보다두 낮은 담이었어. 난 거푸(계속) 담을 돌고만 있었지. 만약 내가 담을 넘어 들어간다면……. 그러나 난 담을 넘어서는 안 된다고 생각했다. ~ 담을 넘는다는 건 분명 나쁜 짓이라고……. 무서웠던 거야. 결국 난 새끼토끼 구할 생각을 거두고 담만 돌다 돌아오고 말았지.(내적 독백)
→ 큰 키의 사내가 억구를 잡아갈지 놓아줄지를 결정하지 못한 채 내적 독백(새끼 토끼를 구하지 못했던 과거 회상)을 통해 사건의 흐름을 늦추고 있다.

---

002 감상의 적절성 - 적절하지 않은 것 고르기 2018년 11월 학평 27번
정답률 65%, 매력적 오답 ⑤ 20% 정답 ④

〈보기〉를 바탕으로 윗글을 감상한 내용으로 적절하지 않은 것은? [3점]

| 보기 |
¹이 작품은 일제 강점기 농촌을 배경으로 지주(땅 주인, 여기서는 김 주사)의 부당한(잘못된) 행위와 이로 인해 핍박받던(괴롭힘당하던) 궁핍한(가난한) 소작농(다른 사람의 땅을 빌려 농사를 짓고 일정한 값을 치르는 사람)들의 삶을 사실적으로 드러내고 있다. ²특히 불의(옳지 못한 일)를 참지 못하는 인물(여기서는 정도룡)이, 현실적 이해관계(이익과 손해가 걸린 관계) 때문에 불합리한(바람직하지 않은) 현실을 외면하는(모른 체하는) 사람들을 일깨우며 올바른 삶의 가치를 실천하기(생각한 바를 실제 행동으로 옮기기) 위해 노력한다는 점이 특징적이다.

① '용쇠를 혼내 주듯' '무지한 남자와 부모의 횡포를 규탄'하는 정도룡의 모습에서 올바른 삶의 가치를 *중시하는 인물의 태도를 알 수 있군. *중요하게 생각하는
근거 〈보기〉-2 특히 불의를 참지 못하는 인물이, ~ 사람들을 일깨우며 올바른 삶의 가치를 실천하기 위해 노력한다는 점이 특징적이다.
❶-2~6 "내 자식이니까 내 맘대로 한다구? ~ 부모가 자식을 때릴 권리가 어디 있나? ~ 덮어놓고 제 뜻만 맞추려고 남을 강제하는 것은 포학한 짓이 아닌가?
❷-11~12 그것은 **무지한 남자와 부모의 횡포를 규탄**해 주는 까닭으로 그러하였다. 마치 일전에 **용쇠를 혼내 주듯** 하므로.
풀이 정도룡은 딸을 때리는 '용쇠를 혼내 주듯' '무지한 남자와 부모의 횡포를 규탄하고 있으므로 이를 통해 정도룡이 올바른 삶의 가치를 중시하는 인물임을 알 수 있다.
→ 적절함!

② '동리 사람들'이 '풋보리'로 '죽물을 끓여 먹는' 모습에서 일제 강점기 농촌의 궁핍한 삶을 알 수 있군.
근거 〈보기〉-1 이 작품은 일제 강점기 농촌을 배경으로 ~ 궁핍한 소작농들의 삶을 사실적으로 드러내고 있다.

---

❸ 동리 사람들의 생활은 참으로 가련하였다. ~ 양식이 떨어져서 굶주리는 집이 경성드믓하였다. ~ 채 익지도 않은 **풋보리**를 베어다가 뽀얀 물을 짜내서 **죽물을 끓여 먹는** 집도 많다.
풀이 '동리 사람들'이 먹을 것이 부족해 굶주리면서 겨우 '풋보리'로 '죽물을 끓여 먹는' 모습에서 일제 강점기 농촌의 궁핍한 삶을 알 수 있다.
→ 적절함!

③ '내 땅은 내 말대로 언제든지 뗄 수 있지 않느냐'라고 말하는 김 주사의 모습에서 소작농을 핍박하는 지주의 태도를 알 수 있군.
근거 〈보기〉-1 이 작품은 일제 강점기 농촌을 배경으로 지주의 부당한 행위와 이로 인해 핍박받던 궁핍한 소작농들의 삶을 사실적으로 드러내고 있다.
❹-1 마을의 지주 김 주사는 춘이네가 소작하던 논을 하루아침에 일본인 고리대금업자에게 넘긴다.
❺-6~9 노파는 ~ 지금 와서 논을 뗴면 어찌합니까? 그러면 제 집 식구는 모다 굶어 죽겠습니다!" 하고 개개빌어보았으나 김 주사는 그런 것은 나는 모르고, **내 땅은 내 말대로 언제든지 뗄 수 있지 않느냐**—됩다 불호령을 하였다.
풀이 지주인 김 주사가 춘이네가 소작하던 논을 제멋대로 일본인에게 넘기고 춘이 조모에게 '내 땅은 내 말대로 언제든지 뗄 수 있지 않느냐고 오히려 큰소리치는 모습에서 소작농을 핍박하는 지주의 태도를 알 수 있다.
→ 적절함!

④ '김 주사 집 땅을 부치는 사람들'이 '눈치만 보'며 '꽁무니를 사리'는 모습에서 현실적 이해관계를 외면하는 사람들의 *단면을 알 수 있군. *한 모습 [불합리한 현실을]
근거 〈보기〉-2 현실적 이해관계 때문에 불합리한 현실을 외면하는 사람들
❼-2~4 벌써 마을 사람들은 많이 모여 서서 김 주사의 포학한 행위를 욕하고 있다. ~ 겁쟁이들은 우물쭈물 **눈치만 보**고 겉으로 돈다. 더구나 **김 주사 집 땅을 부치는 사람들**은 아무 말도 못 하고 벌써부터 **꽁무니를 사리**ㄴ다.
풀이 '김 주사 집 땅을 부치는 사람들'은 김 주사에게 땅을 빌려 쓰는 처지라서 김 주사의 잘못을 욕하지도 못하고 김 주사에게 맞서려고 나서지도 않는다. 이처럼 '김 주사 집 땅을 부치는 사람들'이 '눈치만 보'며 '꽁무니를 사리'는 모습에서 현실적 이해관계 때문에 불합리한 현실을 외면하는 사람들의 단면을 알 수 있다.
→ 적절하지 않음!

⑤ '춘이 조모'의 장례를 '일일이 지휘하'는 정도룡의 모습에서 불의를 참지 못하는 인물의 실천적 노력을 알 수 있군.
근거 〈보기〉-2 특히 불의를 참지 못하는 인물이, ~ 올바른 삶의 가치를 실천하기 위해 노력한다는 점이 특징적이다.
❺-11 벌써 다시 변통이 없을 줄 안 **춘이 조모**는 그 길로 나오다가 그(김 주사) 집 대뜰 위에서 그 아래로 물구나무를 서서 고만 그 자리에 즉사하였다.
❼-8 "동리에 큰일이 났는데 제 집 일만 보러 드는 늬놈들도 김 주사 같은 놈이다."/
15 정도룡은 그들을 **일일이 지휘**하여 일 치를 순서를 분배한 후 나머지 사람들은 상여를 메고 위선 김 주사 사는 동리로 급히 갔다.
풀이 '춘이 조모'가 죽은 소식을 듣고도 제 일만 하려는 사람들을 꾸짖고 사람들을 모아 '춘이 조모'의 장례를 돕도록 '일일이 지휘하'는 정도룡의 모습에서 불의를 참지 못하는 인물인 정도룡의 실천적 노력을 알 수 있다.
→ 적절함!

---

003 인물의 심리 - 적절하지 않은 것 고르기 2018년 11월 학평 28번
정답률 85% 정답 ①

㉠ ~ ㉤에서 알 수 있는 인물의 심리에 대한 설명으로 적절하지 않은 것은?
[드러나지 않는다]
① ㉠ : 자기가 저지른 잘못에 대한 용쇠의 뉘우침이 드러나 있다.
근거 ❶-17~18 용쇠는 그게 무슨 소리인지 다만 자기를 모욕하는 줄만 알았다. 그래 ㉠속으로는 분하였지마는 그대로 참고 들었다.
풀이 정도룡이 딸을 때리는 용쇠를 혼내지만 용쇠는 자신의 잘못은 생각하지 않고 정도룡이 자신을 무시한다고만 생각하며 분해하고 있다. 정도룡이 앞에 있어서 참고 있을 뿐 자신의 잘못에 대한 용쇠의 뉘우침은 드러나지 않는다.
→ 적절하지 않음!

② ㉡ : 정도룡에 대한 동리 사람들의 *신뢰감이 드러나 있다. *믿음
근거 ❷-8 ㉡그래 이 동리 사람들은 어른 아이 없이 그를 참으로 정도령같이 믿으며 그의 말이라면 모두 복종하게 되었다.
풀이 정도룡을 무조건 믿고 따르는, 동리 사람들의 정도룡에 대한 신뢰감이 드러나 있다.
→ 적절함!

③ ⓒ : 지금까지 소작하던 논을 떼인 춘이 조모의 막막함이 드러나 있다.
- **근거** ❺-7~8 지금 와서 논을 떼면 어찌합니까? 그러면 제 집 식구는 모다 굶어 죽겠습니다!" / 10 ⓒ 춘이 조모는 한나절을 애걸복걸하며 올 일 년만 더 지어 먹게 해달래 보았으나 그는 도무지 막무가내이었다.
- **풀이** 춘이 조모가 김 주사에게 올해만이라도 땅을 빌려 달라고 부탁하지만 거절당하는 모습에서 지금까지 소작하던 논을 떼이고 먹고살기가 어려워진 춘이 조모의 막막함이 드러난다.
- → 적절함!

④ ⓔ : 가족의 갑작스런 죽음에 대한 춘이 모자의 *애통함이 드러나 있다. * 슬픔
- **근거** ❻ 춘이 모자는 천만뜻밖에 이 기별을 듣고 ~ ⓔ 그들은 지금 시체 옆에 엎드려서 오직 섧게 통곡할 뿐이었다.
- **풀이** 춘이 모자가 춘이 조모의 시체 옆에서 서럽게 우는 모습에서 춘이 조모의 갑작스런 죽음에 대한 춘이 모자의 애통함이 드러난다.
- → 적절함!

⑤ ⓜ : 자신의 일에만 관심을 갖는 사람들에 대한 정도룡의 분노가 드러나 있다.
- **근거** ❼-6~8 나는 논을 갈다 왔는데 좀 가 보아야겠군!" 하고 ⓜ 용쇠가 머리를 주죽주죽하며 돌아서는 바람에 나도 나도 하고 몇 사람이 그 뒤를 따라서려 하는데 별안간 정도룡은 벽력같이 소리를 질렀다. "동리에 큰일이 났는데 제 집 일만 보러 드는 늬놈들도 김 주사 같은 놈이다."
- **풀이** 정도룡이 춘이 조모의 죽음보다 자신의 일을 더 중요하게 여기는 사람들을 큰 소리로 꾸짖는 모습에서 그들에 대한 정도룡의 분노가 드러난다.
- → 적절함!

> **[004~006] 다음 글을 읽고 물음에 답하시오.**

1

1 안 초시(한문을 좀 아는 유식한 사람을 높여 부르던 말)는 한나절(하룻낮의 반)이나 화투패를 떼다 안 떨어지면(화투를 맞춰 보며 행운을 점치다가 결과가 좋지 않으면) 그 화풀이로 박희완 영감이 들고 중얼거리는『속수국어독본(일제 강점기에 총독부가 일본어 보급을 위해 펴낸 책자. 여기서 '국어'는 '일본어'임)』을 툭 채어(빼앗아) 행길(사람들이 많이 다니는 큰 길)로 팽개치며 그랬다.

2 "넌 또 무슨 재술(재물이 생기거나 좋은 일이 있을 운수를) 바라구 밤낮 화투패나 떨어지길 바라니?"

3 "난 심심풀이지."

4 그러나 (안 초시는) 속으로는 박희완 영감보다 더 세상에 대한 야심(길들이지 않을 野 마음 心 : 욕망)이 끓었다. 5 딸이 평양으로 대구로 다니며 지방 순회까지 하여서 제법 돈냥이나 걷힌(얼마간 돈을 번) 것 같으나 연구소를 내느라고, 집을 뜯어고친다, 유성기(축음기, 레코드플레이어)를 사들인다, 교제를 하러(여러 사람을 만나러) 돌아다닌다 하느라고, 더구나 귀찮게만 아는 이 아비를 위해 쓸 돈은 예산에부터 들지 못하는(생각하지도 않는) 모양이었다.

6 "얘? 7 낡은 솜이 돼 그런지, 삯바느질이 돼(꼼꼼하게 바느질하지 않아서) 그런지 바지 솜이 모두 치어서(한쪽으로 쏠리거나 뭉쳐서) 어떤 덴 (솜 없이) 홑옷(한 겹으로 된 옷)이야. 8 암만해두 샤쓸(셔츠를) 한 벌 사입어야겠다."

9 하고 딸의 눈치만 보아 오다 한번은 입을 열었더니,

10 "어련히(걱정하지 않아도 분명히) 인제 사드릴라구요."

하고 딸은 대답은 선선하였으나(시원스러웠으나) 셔츠는 그해 겨울이 다 지나도록 구경도 못 하였다. 11 ㉠ 셔츠는커녕 안경다리를 고치겠다고 돈 1원(일제 강점기 1원 = 100전)만 달래도 1원짜리를 굳이 바꿔다가 50전 한 닢만 주었다. 12 안경은 돈을 좀 주무르던(돈이 넉넉하던) 시절에 장만한 것이라 테만 오륙 원 먹는(드는) 것이어서 50전만으로 그런 다리는 어림도 없었다. 13 50전짜리 다리도 있지만 살 바에는 조촐한(단정한) 것을 택하던 초시(안 초시)의 성미(성격)라 더구나 면상(얼굴)에서 짝짝이로(서로 짝이 아닌 것끼리) 드러나는 것을 사기가 싫었다. 14 ㉡ 차라리 종이 노끈인(부러진 안경다리를 종이 노끈으로 묶은) 채 쓰기로 하고 50전은 담뱃값으로 나가고 말았다.

15 "왜 안경다린 안 고치셨어요?"

16 딸이 그날 저녁으로 물었다.

17 "흥……"

18 초시는 말은 하지 않았다. 19 딸은 며칠 뒤에 또 50전을 주었다. 20 그러면서 어떻게 들으라고 하는 소리인지,

21 "아버지 보험료만 해두 한 달에 3원 80전씩 나가요."

하였다. 22 보험료나 타 먹게 어서 죽어 달라는 소리로도 들리었다.

23 "그게 내게 상관있니?"

24 "아버지 위해 들었지, 누구 위해 들었게요 그럼?"

25 초시는 '정말 날 위해 하는 거면 살아서 한 푼이라두 다오. 26 죽은 뒤에 내가 알 게 뭐냐' 소리가 나오는 것을 억지로 참았다.

[A]

27 "50전이문 왜 안경다릴 못 고치세요?"

28 초시는 설명하지 않았다.

29 "지금 아버지가 좋고 낮은 것을 가리실 처지야요?"

30 그러나 50전은 또 마코(일제 강점기 때의 담배 이름) 값으로 다 나갔다. 31 이러기를 아마 서너 번째다.

32 "자식도 소용없어. 33 더구나 딸자식…… 34 그저 내 수중(손 手 안 中 : 손안)에 돈이 있어야……."

35 초시는 돈의 긴요성(긴할 緊 중요할 要 성질 性 : 필요성과 중요성)을 날로날로 더욱 심각하게 느끼었다.

> → 경제적 능력이 부족한 안 초시는 딸에게 의지하고 그런 자신에게 인색한 딸에게 불만을 가진다.

(중략)

2

1 초시는 이날 저녁에 박희완 영감에게서 들은 이야기를 딸에게 하였다. 2 실패는 했을지라도 그래도 십수 년을 상업계(물건을 사고 팔아 이익을 얻는 직업 분야)에서 논 안 초시라 출자(出資)(나갈 出 자본 資 : 투자)를 권유하는 수작(잔을 돌릴 酬 술 부을 酌 : 말이나 행동)만은 딸이 듣기에도 딴 사람인 듯 놀라웠다. 3 딸은 즉석에서는 가부를 말하지(투자를 할지 말지 말하지) 않았으나 그의 머릿속에서도 이내 잊혀지지는 않았던지 다음 날 아침에는, ⓒ 딸 편이 먼저 이 이야기를 다시 꺼내었고, 초시가 박희완 영감에게 묻던 이상을 시시콜콜히(아주 작은 것까지 낱낱이 따지는 모양) 캐어물었다. 4 그러면 초시는 또 박희완 영감 이상으로 손가락으로 가리키듯 소상히(분명하게 할 昭 자세할 詳 : 분명하고 자세히) 설명하였고 1년 안에 청장(깨끗할 淸 장부책 帳 : 빚을 깨끗이 갚음)을 하더라도 최소한도로 50배 이상의 순이익이 날 것이라 장담 장담하였다.

5 딸은 솔깃했다. 6 사흘 안에 연구소 집을 어느 신탁(재산의 관리와 처분을 맡김) 회사에 (담보로) 넣고 3천 원을 돌리기(빌려서 투자하기)로 하였다. 7 초시는 금시발복(바로 속 때 時 일어날 發 복 福 : 어떤 일을 한 다음 곧바로 복이 들어와 부귀를 누림)이나 된 듯 뛰고 싶게 기뻤다.

8 "서 참위(대한제국 시대 장교 계급) 이놈, 날 은근히 멸시(업신여길 蔑 볼 視 : 무시)했겠것다. 9 내 굳이 널 시켜 네 집보다 난(좋은) 집을 살 테다. 10 네깟 놈이 천생(어쩔 수 없이) 가쾌(부동산의 중개인)지 별거냐……."

11 그러나 신탁 회사에서 돈이 되는 날은 웬 처음 보는 청년 하나가 초시의 앞을 가리며 나타났다. 12 그는 딸의 청년(연인)이었다. 13 ⓔ 딸은 아버지의 손에 단 1전도 넣지 않았고 꼭 그 청년이 나서 돈을 쓰며 처리하게 하였다. 14 처음에는 팩(갑자기 성을 내는 모양) 나오는 노염(화)을 참을 수가 없었으나 며칠 밤을 지내고 나니, 적어도 3천 원의 순이익이 오륙만 원은 될 것이라, 만 원 하나야 어디로 가랴 하는 타협이 생기어서(1만 원 정도는 받게 될 것이라는 기대로 화를 가라앉혀) 안 초시는 으슬으슬 그, 이를테면 사위 녀석 격인 청년의 뒤를 따라나섰다.

> → 안 초시는 박희완 영감으로부터 들은 소문을 믿고 딸에게 투자를 권유하고, 안 초시의 딸은 연구소 집을 담보로 돈을 빌려 투자하게 된다.

3

1 1년이 지났다.

2 모두 꿈이었다. 3 꿈이라도 너무 악한(나쁜) 꿈이었다. 4 3천 원 어치 땅을 사놓고 날마다 신문을 훑어보며 수소문을 하여도 거기는 축항이 된단(항구가 세워진다는) 말이 신문에도, 소문에도 나지 않았다. 5 용당포(龍塘浦)(황해남도 해주시에 있는 포구)와 다사도(多獅島)(평안북도 용천군에 있는 섬)에는 땅값이 30배가 올랐느니 50배가 올랐느니 하고 졸부(갑자기 猝 부자 富 : 벼락 부자)들이 생겼다는 소문이 있어도 여기는 감감소식(소식이 전혀 없는 상태)일 뿐 아니라 나중에 역시 이것도 박희완 영감을 통해 알고 보니 그 관변(정부나 관청 쪽에서 일하는) 모씨(아무개)에게 박희완 영감부터 속아 떨어진 것이었다. 6 축항(지을 築 항구 港 : 항구를 세울) 후보지로 측량(잴 測 양 量 : 지형의 높낮이, 면적 따위를 잼)까지 하기는 하였으나 무슨 결점(부족할 缺 점 點 : 잘못이나 부족한 점)으로인지 중지되고 마는 바람에 너무 기민하게(때 機 재빠를 敏 : 빠르게) 거기다 땅을 샀던, 그 모씨가 그 땅 처치에 곤란하여 꾸민 연극이었다.

[B]

7 돈을 쓸 때는 1원짜리 한 장 만져도 못 봤지만 벼락은 초시에게 떨어졌다(모든 책임은

안 초시에게 지워졌다). [8]ⓔ 너너 끼씩 굶어도 밥 먹을 정신이 나지도 않았거니와 밥을 먹으러 들어갈 수도 없었다.

[9]"재물이란 **친자**(부모와 자식) 간의 의리도 **배추 밑 도리듯** 하는(쓸모없으면 단번에 잘라내 버리는) 건가?"

[10]**탄식할**(한탄할 歎 숨 쉴 息 : 한숨 쉬며 안타까워함) 뿐이었다. [11]밥보다는 술과 담배가 그리웠다. [12]물론 안경다리는 그저 못 고치었다. [13]그러나 이제는 50전짜리는커녕 단 10전짜리도 얻어 볼 길이 없다.

[14]추석 가까운 날씨는 해마다의 그때와 같이 맑았다. [15]하늘은 **천 리같이**(아주 멀리, '리' 는 거리의 단위, 1리는 약 0.4km) 트였는데 조각구름들이 여기저기 널리었다. [16]어떤 구름은 깨끗이 바래(볕을 쐬어 하얘지도록) 말린 **옥양목**(희고 얇은 무명천의 한 종류)처럼 흰빛이 눈이 부시다. [17]안 초시는 이번에도 자기의 때 묻은 **적삼**(저고리 모양의 윗도리) 생각이 났다. [18]그러나 이번에는 소매 끝을 (먼지를 없애려고) 불거나 떨지는 않았다. [19]고요히 흘러내리는 눈물을 그 더러운 소매로 닦았을 뿐이다.

> → 안 초시가 박희완 영감에게 들은 소문은 모씨가 거짓으로 꾸민 것으로 밝혀지고, 안 초시는 투자에 실패한 딸로부터 소외당하고 좌절한다.

- 이태준, 「복덕방」-

・이태준 〔중요 작가〕

「해촌 일지」(2026학년도 6월 모평), 「파초」(2015학년도 수능A), 「돌다리」(2012학년도 수능), 「복덕방」(2007학년도 9월 모평) 기출. 고3 평가원 문제에 4번 이상 출제된 중요한 작가이다. 앞으로도 출제 가능성이 높으므로 대표적인 작품들을 정리해 두는 것이 좋다.

・중심 내용

안 초시가 딸에게 권유한 투자가 사실은 모씨가 꾸민 사기에 속은 것임이 밝혀지고 딸의 투자가 실패하자 안 초시는 좌절한다.

・전체 줄거리 ([ ] : 지문 내용)

안 초시, 서 참위, 박희완 영감 세 노인은 자주 복덕방에 모인다. 안 초시는 여러 차례 사업을 실패하고 지금은 복덕방에서 신세를 지고 있다. 무용가 딸이 있으나 관계가 별로 좋지 않다. 안 초시는 늘 다시 잘살아보려는 꿈을 안고 산다. 서 참위는 대한 제국 말기 군인이었으나 일제 강점 후 복덕방을 차렸고, 아들 학비를 걱정하며 돈을 많이 벌어야 한다는 생각을 한다. 박희완 영감은 재판소에 다니는 조카를 구실로 **대서업**(관청 행정이나 법률 행위에 필요한 서류를 대신 작성하여 주고 보수를 받는 직업)을 한다고 일어 공부를 하나 합격할 가망은 거의 없다. 한편 [재기를 꿈꾸던 안 초시에게 박희완 영감이 부동산 투자 정보를 일러준다. 안 초시는 딸과 의논하여 투자를 결심하고, 딸은 연구소 집을 담보로 빌린 돈을 몽땅 부동산에 투자한다. 그러나 투자 정보는 사기였고, 안 초시의 딸은 아버지를 맹렬히 비난한다.] 이후 삶에 대한 꿈을 상실한 안 초시는 자살하고 만다. 아버지의 자살로 자신의 사회적 명예가 떨어질까 걱정한 안 초시의 딸은 서 참위의 충고대로 아버지의 장례식을 성대하게 치른다. 장례식에 참석한 서 참위와 박희완 영감은 안 초시의 딸의 위선과 조문객들의 허세에 마음이 아파 장례식장을 떠난다.

・인물 관계도

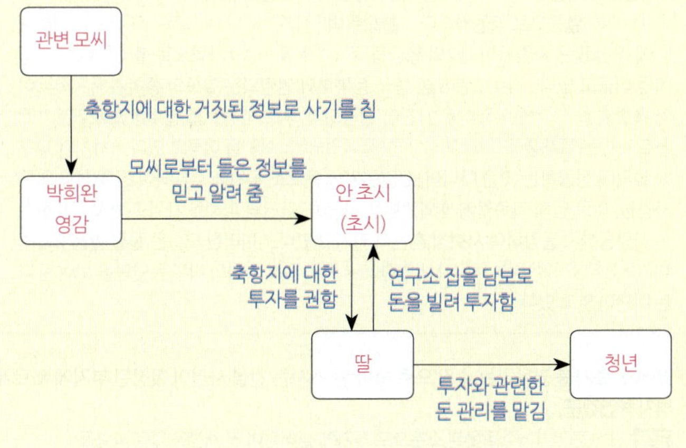

[A]와 [B]에 대한 설명으로 가장 적절한 것은?

① [A]는 *외양 묘사를 통해 인물의 성격을 드러내고 있고, [B]는 배경 묘사를 통해 인물의 처지를 드러내고 있다. * 겉모습을 자세하게 그려내듯이 표현함

〔풀이〕 [A]에 외양 묘사도, [B]에 배경 묘사도 나타나지 않는다.

→ 적절하지 않음!

> **■외양 묘사를 통해 인물의 성격을 드러내고 있는 작품**
> • **박경리, 「토지」**(2020학년도 6월 모평)
> 어둑어둑한 방에서 정말 글을 읽고 있었는지. 최치수 콧날에 금실 같은 한 줄기 불빛이 미끄러진다. 수그러진 그의 콧날이 날카롭다. 이 세상 온갖 신경질과 우수가 감도는 옆모습, 당장에라도 벌떡 일어서서 눈을 부릅뜨고 고함을 칠 것 같은 위태위태한 분위기가 방 안 가득히 맴돈다.
> → 최치수의 외양 묘사를 통해 독선적이고 신경질적인 그의 성격을 드러낸다.

② [A]는 대화와 서술을 통해 인물 간의 갈등이 드러나고 있고, [B]는 *요약적 서술을 통해 사건의 **전모가 드러나고 있다. * 압축적으로 요약하여 간략하게 서술하는 방식 ** 전체 내용

〔근거〕 **[A]** ❶-15~34 "왜 안경다린 안 고치셨어요?" 딸이 그날 저녁으로 물었다. "흥……." 초시는 말은 하지 않았다. ~ "아버지 보험료만 해두 한 달에 3원 80전씩 나가요." 하였다. 보험료나 타 먹게 어서 죽어 달라는 소리로도 들리었다. "그게 내게 상관 있니?" "아버지 위해 들었지, 누구 위해 들었게요 그럼?" 초시는 '정말 날 위해 하는 거면 살아서 한 푼이라두 다오. 죽은 뒤에 내가 알 게 무냐 소리가 나오는 것을 억지로 참았다. "50전이문 왜 안경다릴 못 고치세요?" 초시는 설명하지 않았다. "지금 아버지가 좋고 낮은 것을 가리실 처지야요? ~ "자식도 소용없어. 더구나 딸자식…… 그저 내 수중에 돈이 있어야……"

[B] ❸-1~6 1년이 지났다. ~ 거기는 축항이 된단 말이 신문에도, 소문에도 나지 않았다. ~ 박희완 영감을 통해 알고 보니 그 관변 모씨에게 박희완 영감부터 속아 떨어진 것이었다. 축항 후보지로 측량까지 하기는 하였으나 무슨 결점으로인지 중지되고 마는 바람에 너무 기민하게 거기다 땅을 샀던, 그 모씨가 그 땅 처치에 곤란하여 꾸민 연극이었다.

〔풀이〕 [A]는 안 초시와 딸의 대화, 안 초시의 심리에 대한 서술을 통해 안 초시와 딸이 돈 문제로 갈등하는 모습이 나타나고 있고, [B]는 축항이 된다는 말에 딸을 설득해 땅에 투자하게 했지만 사실은 모씨에게 사기를 당한 것이었음을 알게 되기까지 1년 동안의 일이 요약적으로 서술되고 있다.

→ 적절함!

③ [A]는 작품 속 서술자가 사건에 대해 평가하고 있고, [B]는 작품 밖 서술자가 앞으로 전개될 사건을 예측하고 있다.

〔근거〕 **[A]** ❶-25~26 초시는 ~ 내가 알 게 무냐 소리가 나오는 것을 억지로 참았다./ 35 초시는 돈의 긴요성을 날로날로 더욱 심각하게 느끼었다.

〔풀이〕 작품 속 서술자가 사건을 서술하는 것은 1인칭 시점이다. 1인칭 시점은 '나' 또는 '우리'라는 말이 나타나는데 [A]에는 '초시'라는 제3자의 이름이 나타나므로 서술자가 작품 밖에서 사건을 서술하는 3인칭 시점임을 알 수 있다. 또한 [A]에서 서술자가 사건에 대해 평가하고 있지도 않고, [B]에서 서술자가 앞으로 전개될 사건을 예측하고 있지도 않다.

→ 적절하지 않음!

> **■소설의 시점**
> • 서술자는 소설에서 이야기를 이끌어 가는 사람(서술 주체)을 가리킨다. (≠ 작가)
> • 서술자는 실제 작가와 동일하지 않으며, 이야기(사건)와 독자 사이에서 서로를 소개하는 역할을 한다.
> • 현대소설에서는 한 작품에 여러 시점이 혼합되어 사용되기도 한다.
> 예) 전영택, 「화수분」: 작품 전체는 1인칭 관찰자 시점이나 부분적으로 전지적 작가 시점이 나타난다.
> 1) 1인칭 시점 : 작품 속 등장인물에 '나' 또는 '우리'가 나온다.
>   ① 1인칭 주인공 시점 ('나' = 서술자 = 주인공)
>   • '나'가 주인공이며 자신이 이야기를 한다. 따라서 가장 주관적인 시점이다
>   • '나'가 자신의 감정과 생각을 직접적으로 말한다.
>   • '나'가 자신의 속마음을 말하고, 그 이야기를 독자가 듣는 것이므로, '나'와 독자가 심리적으로 친밀하게 느낀다. 따라서 둘의 심리적 거리는 매우 가깝다.
>   ② 1인칭 관찰자 시점 ('나' = 서술자 ≠ 주인공)
>   • '나'가 다른 사람의 이야기를 하므로 '나'는 주인공이 아니다.

IV 현대소설

- 주인공의 감정과 생각은 '나'의 추측을 통해 간접적으로 제시된다.
- '나'가 주인공을 관찰하여 말하기 때문에, 1인칭 주인공 시점과 비교할 때 좀 더 객관적인 시점이다.
- 주인공의 생각과 심리를 직접적으로 알 수 없으므로 긴장감과 신비감을 준다.

2) 3인칭 시점 : 주인공이 '그, 그녀' 또는 제3자의 이름(예) 철수, 영희 등)이며 이야기를 이끌어 가는 서술자는 작품 속 등장인물이 아니다.

① 전지(온전할 全 알 知 : 모든 것을 안다는 뜻, 서술자를 신과 같은 입장에 둠)적 작가 시점
- 작품 밖 서술자가 모든 등장인물들의 감정과 생각, 행동 등을 말해 준다.
- 작품 밖 서술자가 인물과 사건에 대한 모든 상황을 말해 주므로, 다른 시점에 비해 독자의 상상력이 제한된다.
- 고전소설에는 작품 밖 서술자가 작품 안에 등장하여 인물과 사건에 대해 자신의 생각을 나타내는 경우가 많다. (= 서술자의 개입, 편집자적 논평)
  예) 작자 미상, 「유충렬전」(2006학년도 수능, 2015학년도 9월 모평AB)
  "태후가 ~ 하시는 말씀이야 어찌 말로 다 표현할 수 있으리오."
- 현대소설에서 작품 밖 서술자가 여러 등장인물들 중 어느 한 인물을 주인공으로 내세워 그 인물의 시각에서 이야기를 진행하는 경우도 있다. 이런 경우, 서술자는 독자로 하여금 초점이 되는 인물의 내면에 공감하도록 유도하는 경우가 많다. (= 제한적 전지적 시점, 초점화)
  예) 채만식, 「미스터 방」(2023학년도 6월 모평)
- 제약이 가장 적은 시점이기에 작품 수가 가장 많다. 고전소설은 대부분 전지적 작가 시점이다.

② 작가 관찰자 시점 (= 3인칭 관찰자 시점)
- 서술자가 작품 밖에서 등장인물들의 행동과 대화를 관찰하여 전달하므로, 인물들의 감정이나 생각은 나오지 않는다.
- 다른 시점들에 비해 가장 객관적인 시점이다.
- 독자는 행동과 대화만으로 등장인물들의 심리를 추측해야 하므로, 독자의 상상력과 추리력이 가장 많이 필요한 시점이다.

[A]와 [B] 모두
④ [A]는 시간의 흐름에 *역행하여 사건이 진행되고 있고, [B]는 시간의 흐름에 따라 사건이 **순차적으로 진행되고 있다. * 반대로 거슬러 ** 일어난 순서대로

근거 [A] ❶-15~35 "왜 안경다린 안 고치셨어요?" 딸이 그날 저녁으로 물었다. "흥……." 초시는 말은 하지 않았다. 딸은 며칠 뒤에 또 50전을 주었다. ~ 그러나 50전은 또 마코 값으로 다 나갔다. 이러기를 아마 서너 번째다. ~ 초시는 돈의 긴요성을 날로날로 더욱 심각하게 느끼었다.

[B] ❸-1~6 1년이 지났다. ~ 거기는 축항이 된단 말이 신문에도, 소문에도 나지 않았다. ~ 박희완 영감을 통해 알고 보니 그 관변 모씨에게 박희완 영감부터 속아 떨어진 것이었다. 축항 후보지로 측량까지 하기는 하였으나 무슨 결점으로인지 중지되고 마는 바람에 너무 기민하게 거기다 땅을 샀던, 그 모씨가 그 땅 처치에 곤란하여 꾸민 연극이었다.

풀이 [A]와 [B] 모두 시간의 흐름에 따라 사건이 서술되고 있으므로, [A]가 시간의 흐름에 역행하여 사건이 진행된다고 볼 수 없다.

→ 적절하지 않음!

⑤ [A]는 *향토적인 소재를 통해 주제 의식을 드러내고 있고, [B]는 상징적인 소재를 통해 사건의 의미를 드러내고 있다. * 고향이나 시골의 분위기가 나타나는

풀이 [A]에 향토적인 소재도, [B]에 상징적인 소재도 나타나지 않는다.

→ 적절하지 않음!

---

005 구절의 의미 – 적절하지 않은 것 고르기 2021년 6월 학평 27번
정답률 80%   정답 ④

㉠ ~ ㉤에 대한 설명으로 적절하지 않은 것은?

① ㉠ : 형편이 어려운 안 초시를 *인색하게 대하는 딸의 모습이 드러나 있다.
* 지나치게 돈을 아끼며

근거 ❶-11 ㉠ 셔츠는커녕 안경다리를 고치겠다고 돈 1원만 달래도 1원짜리를 굳이 바꿔다가 50전 한 닢만 주었다.

풀이 형편이 어려운 안 초시가 안경다리를 고치기 위해 1원만 달라고 부탁하자 딸은 1원의 반값인 50전만 준다. 이를 통해 아버지인 안 초시를 인색하게 대하는 딸의 모습이 드러난다.

→ 적절함!

② ㉡ : 저렴한 안경다리는 사지 않겠다는 안 초시의 자존심이 드러나 있다.
근거 ❶-12~14 안경은 ~ 테만 오류 원 먹는 것이어서 50전만으로 그런 다리는 어림도

없었다. 50전짜리 다리도 있지만 살 바에는 조촐한 것을 택하던 초시의 성미라 더구나 면상에서 짝짝이로 드러나는 것을 사기가 싫었다. ㉢ 차라리 종이 노끈인 채 쓰기로 하고 50전은 담뱃값으로 나가고 말았다.

풀이 안 초시는 자신의 오류 원짜리 안경에 50전짜리 안경다리를 붙이는 것은 볼품없다고 생각해 부러진 안경다리를 종이 노끈으로 묶어 쓰더라도 50전짜리 안경다리는 사지 않는다. 따라서 ㉡에는 저렴한 안경다리는 사지 않겠다는 안 초시의 자존심이 드러난다고 볼 수 있다.

→ 적절함!

③ ㉢ : 안 초시가 전해준 이야기에 적극적으로 관심을 보이는 딸의 모습이 드러나 있다.
근거 ❷-1~3 초시는 이날 저녁에 박희완 영감에게서 들은 이야기를 딸에게 하였다. ~ 출자를 권유하는 수작만은 딸이 듣기에도 딴 사람인 듯 놀라웠다. 딸은 ~ 잊혀지지는 않았던지 다음 날 아침에는, ㉢ 딸 편이 먼저 이 이야기를 다시 꺼내었고, 초시가 박희완 영감에게 묻던 이상을 시시콜콜히 캐어물었다.

풀이 ㉢에서 딸은 안 초시가 전해준 투자 이야기에 대해 자세히 물으며 적극적으로 관심을 보이고 있다.

→ 적절함!

안 초시를 믿지 못하는
④ ㉣ : 안 초시의 수고로움을 덜어 주려는 딸의 심리가 드러나 있다.
근거 ❷-13~14 ㉣ 딸은 아버지의 손에 단 1전도 넣지 않았고 꼭 그 청년이 나서 돈을 쓰며 처리하게 하였다. 처음에는 팩 나오는 노염을 참을 수가 없었으나

풀이 ㉣에서 딸이 안 초시가 아닌 청년에게 돈 관리를 맡기는 것은 안 초시를 믿지 못하기 때문이지 안 초시의 수고로움을 덜어 주려는 것이 아니다.

→ 적절하지 않음!

⑤ ㉤ : 예상 밖의 결과로 딸과 마주할 자신이 없는 안 초시의 모습이 드러나 있다.
근거 ❷-4 초시는 ~ 1년 안에 청장을 하더라도 최소한도로 50배 이상의 순이익이 날 것이라 장담 장담하였다.
❸-4~8 3천 원 어치 땅을 사놓고 ~ 거기는 축항이 된단 말이 신문에도, 소문에도 나지 않았다. ~ 모씨가 그 땅 처치에 곤란하여 꾸민 연극이었다. ~ ㉤ 서너 끼씩 굶어도 밥 먹을 정신이 나지도 않았거니와 밥을 먹으러 들어갈 수도 없었다.

풀이 안 초시는 딸에게 큰 이익을 볼 것이라고 확신하며 투자를 적극적으로 권한다. 그러나 1년 후 자신들이 사기를 당했다는 것을 알게 되자 딸과 제대로 마주하지 못한다.

→ 적절함!

---

006 감상의 적절성 – 적절하지 않은 것 고르기 2021년 6월 학평 28번
정답률 65%, 매력적 오답 ④ 15%   정답 ①

다음은 윗글이 창작될 당시 신문 기사의 일부이다. 이를 참고하여 윗글을 감상한 내용으로 적절하지 않은 것은? [3점]

○○ 일보

부동산 투기 열풍으로 전국은 지금 …

[1] 일본의 축항(항구를 세움) 사업 발표 후, 전국이 부동산 투기(땅이나 건물 등을 이용해 큰 이익을 얻음) 열풍으로 떠들썩하다. [2] 한탕주의(한 번에 많은 돈을 얻거나 크게 성공하려는 태도)에 빠진 많은 사람들이 제2의 황금광(많은 돈을 벌어들임) 사업으로 불리는 축항 사업에 몰려들고 있다. [3] 1932년 8월, 중국 동북부와 연결되는 철도의 종착지(도착 장소)이자 축항지(항구가 세워질 장소)로 나진이 결정되자, 빠르게 정보를 입수한 브로커(중개인)들로 나진은 북새통(많은 사람들로 소란스럽고 어수선한 상황)을 이루고 있다. [4] 하지만 누구나 투자에 성공하는 것은 아니어서, 잘못된 소문으로 투자에 실패하여 전 재산을 잃은 사람들, 이로 인해 가족들에게 외면받는 사람들, 자신의 피해를 사기로 만회(회복)하려는 사람들까지 등장하여 사회적 혼란이 커지고 있다. [5] 이러한 모습은 물질 만능주의(돈을 가장 중요하게 생각하는 태도)가 만연한(널리 퍼진) 우리 사회의 어두운 단면을 보여 준다는 비판이 일고 있다.

확정되지 않은 사실을 모른 채 딸에게 투자를 권유했음
① 딸에게 '출자를 권유하는 수작'으로 보아 안 초시는 건설 사업이 확정된 부지에 빠르게 투자하였겠군.
근거 <신문 기사>-4 잘못된 소문으로 투자에 실패하여 전 재산을 잃은 사람들,
❷-1~2 초시는 이날 저녁에 박희완 영감에게서 들은 이야기를 딸에게 하였다. ~ 출자를 권유하는 수작만은 딸이 듣기에도 딴 사람인 듯 놀라웠다./ 5~6 딸은 ~ 3천 원을 돌리기로 하였다.
❸-6 축항 후보지로 측량까지 하기는 하였으나 무슨 결점으로인지 중지되고 마는 바람에 너무 기민하게 거기다 땅을 샀던, 그 모씨가 그 땅 처치에 곤란하여 꾸민 연극이었다.

풀이 안 초시는 축항 건설 사업이 확정되었다는 거짓 소문을 믿고 딸에게 출자를 권유하여 땅에 투자하게 한다. 따라서 안 초시가 딸에게 출자를 권유한 땅은 건설 사업이 확정된 부지도 아니었고, 부지에 투자한 사람은 안 초시가 아니라 안 초시의 딸이다.

→ 적절하지 않음!

② 안 초시가 '50배 이상의 순이익이 날 것이라 장담 장담'하며 부추기는 모습에서 한탕주의에 빠져 있음을 알 수 있군.

근거 〈신문 기사〉-2 한탕주의에 빠진 많은 사람들이 제2의 황금광 사업으로 불리는 축항 사업에 몰려들고 있다.

❷-4 초시는 ~ 1년 안에 청장을 하더라도 최소한도로 **50배 이상의 순이익이 날 것이라 장담 장담**하였다.

풀이 안 초시가 50배 이상의 순이익이 날 것이라 장담하며 딸에게 투자를 적극적으로 부추기는 모습에서 한 번에 많은 돈을 벌려는 한탕주의에 빠져 있음을 알 수 있다.

→ 적절함!

③ 안 초시의 딸이 '연구소 집'을 *담보로 '3천 원'을 마련한 것은 당시의 투기 열풍과 관련이 있겠군. * 돈을 빌리는 조건으로 맡기는 것

근거 〈신문 기사〉-1 일본의 축항 사업 발표 후, 전국이 부동산 투기 열풍으로 떠들썩하다.

❷-5~6 딸은 ~ 사흘 안에 **연구소 집**을 어느 신탁 회사에 넣고 **3천 원**을 돌리기로 하였다.

풀이 윗글이 창작될 당시의 신문 기사에 따르면, 당시에 축항 사업 발표로 부동산 투기 열풍이 일어났음을 알 수 있다. 이를 통해 안 초시의 딸이 신탁 회사에 '연구소 집'을 담보로 '3천 원'을 빌려 축항된다는 땅에 투자한 것이 당시의 투기 열풍과 관련이 있음을 알 수 있다.

→ 적절함!

④ 모씨가 '축항 후보지'에 대해 '연극'을 꾸민 것은 자신의 피해를 사기로 만회하기 위한 것이었겠군.

근거 〈신문 기사〉-4 자신의 피해를 사기로 만회하려는 사람들까지 등장하여

❸-6 **축항 후보지**로 측량까지 하기는 하였으나 무슨 결점으로인지 중지되고 마는 바람에 너무 기민하게 거기다 땅을 샀던, 그 모씨가 그 땅 처치에 곤란하여 꾸민 **연극**이었다.

풀이 모씨는 축항 후보지의 땅을 샀는데 그 땅이 사업에서 탈락하게 되자 자신의 피해를 만회하기 위해 자신이 산 땅이 축항이 확정된 땅이라는 거짓 소문을 퍼뜨린다. 따라서 모씨가 '축항 후보지'에 대해 '연극'을 꾸민 것은 자신의 피해를 사기로 만회하기 위한 것으로 볼 수 있다.

→ 적절함!

⑤ 안 초시가 '친자 간의 의리도 배추 밑 도리듯' 한다고 '탄식'하는 모습에서 물질 만능주의의 어두운 모습을 엿볼 수 있군.

근거 〈신문 기사〉-4~5 잘못된 소문으로 투자에 실패하여 전 재산을 잃은 사람들, 이로 인해 가족들에게 외면받는 사람들, ~ 등장하여 사회적 혼란이 커지고 있다. 이러한 모습은 물질 만능주의가 만연한 우리 사회의 어두운 단면을 보여 준다는 비판이 일고 있다.

❸-7~10 돈을 쓸 때는 1원짜리 한 장 만져도 못 봤지만 벼락은 초시에게 떨어졌다. ~ "재물이란 **친자 간의 의리도 배추 밑 도리듯** 하는 건가?" **탄식**할 뿐이었다.

풀이 안 초시의 딸이 투자에 실패한 후 안 초시를 외면하자 안 초시가 재물은 '친자 간의 의리도 배추 밑 도리듯' 한다고 '탄식'하는 것을 통해 당시 사회에 널리 퍼진 물질 만능주의의 어두운 모습을 엿볼 수 있다.

→ 적절함!

[007~009] 다음 글을 읽고 물음에 답하시오.

1 **[앞부분의 줄거리]** [1] 덕순은 동네 어른으로부터 (연구 거리가 될) 이상한 병에 걸린 사람이 병원에 가면 월급도 주고 병도 고쳐 준다는 말을 듣는다. [2] 덕순은 열세 달이 되도록 배가 불러만 있는 아내가 이상한 병에 걸렸다고 믿고, 아내를 업고 (아내의 병을 고치고 월급노 받아) 쌀사는 고칠 회망에 차 내학병원으로 항한다.

→ 덕순은 아내의 병도 고치고 월급도 받을 것을 기대하며 아내를 데리고 대학병원에 간다.

2 [1] "이(덕순 아내의) 뱃속에 어린애가 있는데요, (아이가) 나올려다 소문(아이가 나오는 곳)이 적어서 (뱃속에서) 그대로 죽었어요. [2] 이걸(덕순 아내의 뱃속에서 죽은 아이를) 그냥 둔

다면 (덕순 아내는) 앞으로 일주일을 못 갈(살고 죽을) 것이니 불가불(아닐 不 옳을 可 아닐 不 : 할 수 없이) 수술(뱃속 아이를 꺼내는 수술)을 해야 하겠으나 또 그 결과가 반드시 좋다고 단언할(확실하게 말할) 수도 없는 것이매(것이므로) (덕순 아내의) 배를 가르고 아이를 꺼내다 만일 사불여의하여(일 事 아닐 不 같을 如 뜻 意 : 일이 뜻대로 되지 않아) 불행(덕순 아내에게 나쁜 일)을 본다더라도 전혀 관계없다는(상관하지 않겠다는) 승낙만 있으면 내일이라도 곧 수술을 하겠어요."

3 하고 나(나이) 어린 간호부(간호사)는 조금도 거리낌(마음에 걸려 찜찜함이) 없는 어조(말투)로 줄줄 쏟아 놓다가,

"어떻게 하실 테야요(건가요)?"

[4] "글쎄요……."

[5] 덕순이는 이렇게 얼떨떨한 낯(얼굴)으로 다시 한번 뒤통수를 긁지 않을 수 없었다.

[6] 간호부(간호사)의 말이 무슨 소린지 다는 모른다 하더라도 속대중(어림짐작)으로 저쯤은(대강은) 알아챘던 것이니 아내의 생명이 위험하다는 그 말이 두렵기도 하려니와 겨우 아이를 뱄다는(임신했다는) 것쯤, 연구 거리는 못 되는 병인 양(연구 거리가 못 되는 병이어서 월급을 받지 못할 듯) 싶어 우선 낙심(실망)하고 마는 것이다. [7] 하나(그러나) 이왕(어차피) 버린 노릇이매(병원에 와 버린 김에),

"그럼(병원에 있는 동안) 먹을 것이 없는데요……."

[8] "그건 여기서(병원에서) 입원시키고 먹일 것이니까 염려(걱정) 마서요……."

[9] "그런데요 저……."

[10] 하고 덕순이는 열적은(부끄러운) 낯(얼굴)을 무얼로(무엇으로) 가릴지 몰라 주뼛주뼛(주뼛주뼛, 부끄러워서 자꾸 머뭇거리거나 주저주저하는 모양),

"월급 같은 건 안 주나요?"

[11] "무슨 월급이오?"

[12] "왜 여기서 병을 고치면 월급을 주는 수도 있다지요."

[13] "제 병 고쳐 주는데 무슨 월급을 준단 말이오?"

[14] 하고 맨망스레도(조심성 없이 함부로) 톡(말을 쌀쌀맞게 쏘아붙이는 모양으로) 쏘는 바람에 덕순이는 고만(그만) 얼굴이 벌게지고 말았다. [15] (아내의 병을 고치고 월급도 받아) 팔자를 고치려던 그 계획이 완전히 어그러졌음(빗나감)을 알자, 그의 주린 창자는 척 꺾이며(기운이 꺾이며) 두꺼운 손으로 이마의 진땀이나 훑어보는 밖에 별 도리(방법)가 없는 것이다. [16] 하나(그러나) 아내의 생명은 어차피 건져야(살려야) 하겠기로 공손히 허리를 굽신하여(구부렸다 펴며),

"그럼 낼(아내를) 데리고 올게, 어떻게 해주십시오(병을 고쳐 주십시오)."

[17] 하고 되도록 빌어(부탁해) 보았던 것이, 그때까지 끔찍끔찍한(뱃속에서 아이가 죽어 수술해야 한다는) 소리에 얼이 빠져서(충격을 받아서) 멀뚱히 누웠던 아내가 별안간(갑자기) 기급을 하여(겁을 내어 놀라) 일어나 살똥맞은(당돌한) 목성(목소리)으로,

"나는 죽으면 죽었지 배는 안 째요(수술은 안 해요)."

[18] 하고 얼굴이 노랗게 되는 데는 더 할 말이 없었다. [19] 죽더라도 제 원대로나(수술을 하지 않아 아내가 죽는다고 해도 아내가 원하는 대로나 하고) 죽게 하는 것이 혹은(어쩌면) 남편 된 사람의 도릴지도(마땅히 해야 할 바른길일지도) 모른다. [20] 아내의 꼴(수술하지 않고 차라리 죽겠다는 모습)에 하도 어이가 없어,

"죽는 거보담야(것보다야) 수술을 하는 게 좀 낫겠지요!"

[21] 비소(비웃음)를 금치(참지) 못하고 섰는 간호부(간호사)와 의사가 눈에 보이지 않도록, 덕순이는 시선을 외면하여(피하여) 뚱싯뚱싯(행동이 느리고 부자연스러운 모양) 아내를 업고 나왔다.

→ 덕순은 간호사로부터 아내의 병을 고치기 위해서는 돈을 내고 수술을 해야 한다는 말을 듣고 실망하고, 아내는 수술하지 않겠다고 말한다.

3 [1] 지게(짐을 얹어 사람의 등에 지는 기구) 위에 (아내를) 올려놓은 다음 엎디어(엎드려) 다시 (지게를) 지고 일어나려니 이게 웬일일까, 아까 (병원으로) 오던 때와는 갑절(두 배)이나 무거웠다.

[2] ⓐ덕순이는 얼마 전에 희망이 가득히 차 (병원으로) 올라가던 길을 힘 풀린 걸음으로 터덜터덜(지쳐 무거운 발걸음으로 계속 힘없이 걷는 소리로) 내려오고 있었다. [3] (아내를) 보지는 않아도 지게 위에서 소리를 죽여 훌쩍훌쩍 울고 있는 아내가 눈앞에 환한(또렷이 보이는) 것이다. [4] 학식(배울 學 알 識 : 배운 지식)이 많은 의사는 일자무식(한 一 글자 字 없을 無 알 識 : 글자를 한 자도 모를 정도로 무식한 사람)인 덕순이 내외(안 內 바깥 外 : 부부)보다는 더 많이 알 것이니 (수술하지 않으면) 생명(아내의 목숨)이 한 이레(약 7일)를 못 가리라던 그 말을 어째 볼 도리(틀렸다고 생각할 수)가 없다. [5] 인제(이제) 남은 것은 우중충한 그 냉골(차가운 방)에 (아내를) 갖다 다시 눕혀 놓고 죽을 때나 기다리고 있을 따름이었다.

[6] 덕순이는 눈 위로 덮는 땀방울을 주먹으로 훔쳐(닦아) 가며 장차(앞으로) 캄캄하여 올 그 전도(미래)를 생각해 본다. [7] 서울을 장대고(기대하고) 왔던 것이 벌이(돈벌이)도 제대로 안 되고 게다가 인젠(이제는) 아내까지 잃는 것이다. [8] 지에미붙을(욕설의 한 종류)! [9] 이놈의

팔자가, 하고 딱한 탄식(안타까움)이 목을 넘어오다 (입술을) 꽉 깨무는 바람에 한숨으로 터져 버린다.

4 ¹한나절(한낮)이 되자 더위는 더한층 무서워진다.
²덕순이는 (땀을 많이 흘려) 통째 짓무를(살이 헐어서 문드러질) 듯싶은 등어리(등)를 견디지 못하여 먼젓번에 쉬어 가던 나무 그늘에 지게를 벗어 놓는다. ³땀을 들여(식혀) 가며 아내를 가만히 내려다보니 그동안 고생만 시키고 변변히(제대로 충분히) 먹이지도 못하였던 것이 갑자기 후회가 나는 것이다. ⁴ⓒ 이럴 줄 알았다면 동넷집 닭이라도 훔쳐다 먹였을 걸 싶어,

"울지 말아, 그것들(의사와 간호사)이 뭘 아나 제까짓 게!"

⁵하고 소리를 뻑(뻑, 갑자기 날카롭게 지르거나 내는 소리) 지르고는,

"채미(참외의 사투리) 하나 먹어 볼 테야?"

⁶"채민 싫어요."

⁷아내는 더위에 속이 탔음인지(목이 말랐는지) 한길(큰길) 건너 저쪽 그늘에서 팔고 있는 얼음냉수(빙수의 일종)를 손으로 가리킨다. ⁸남편이 한푼 더 보태어 담배를 사려던 그 돈으로 얼음냉수를 한 그릇 사다가 입에 먹여까지 주니 아내도 황송하여(분에 넘쳐 고맙고 미안해) 한숨에 들이켠다. ⁹ⓒ 한 그릇

▲ 왜떡

을 다 먹고 나서 하나 더 사다 주라 물었을 때 이번에 왜떡(밀가루나 쌀가루를 반죽하여 얇게 늘여서 구운 과자. 일본 과자의 일종)이 먹고 싶다 하였다. ¹⁰덕순이는 이것이 마지막이라는 생각으로 나머지 돈으로 왜떡 세 개를 사다 주고는 그대로 눈물도 씻을 줄 모르고 그걸 오직오직(질기고 단단한 물건이 자꾸 부서지는 소리를 내며) 깨물고 있는 아내를 이윽히(그윽하게) 바라보고 있었다. ¹¹그러나 아내가 무슨 생각을 하였는지 왜떡을 입에 문 채 훌쩍훌쩍 울며,

ⓔ "저 사촌 형님께 쌀 두 되(부피의 단위. 1되는 약 1.8L) 꿔다(빌려) 먹은 거 부대(꼭) 잊지 말구 갚우(갚으세요)."

¹²하고 부탁할 제 이것이 필연(분명) 아내의 유언(죽기 전에 남기는 말)이라 깨닫고는,

"그래 그건 염려(걱정) 말아!"

¹³ "그리구(그리고) 임자(부부 사이에서 서로를 부르는 말. 여기서는 덕순) 옷은 영근 어머니더러 사정 얘길 하구 좀 빨아 달래우(달라고 하세요)."

¹⁴하고 이야기를 곧잘 하다가 다시 입을 일그리고(씨그러뜨리고) 훌쩍훌쩍 우는 것이다.

¹⁵덕순이는 그 유언이 너무 처량하여(슬프고 쓸쓸해) 눈에 눈물이 핑 돌아 가지고는 지게를 도로 지고 일어선다. ¹⁶얼른 갖다 (아내를) 눕히고 죽이라도 한 그릇 더 얻어다 먹이는 것이 남편의 도릴 게다.

5 ¹ⓟ 때는 중복(삼복 중 중간에 드는 복날. 삼복은 음력 6월에서 7월 사이의 절기로 대개 10일 간격으로 초복, 중복, 말복으로 나뉨), 허리(중복허리, 중복 무렵의 가장 더운 때)의 쇠뿔(소의 뿔)도 녹이려는 뜨거운 땡볕이었다.

²덕순이는 빗발같이 내려붓는 등골의 땀을 두 손으로 번갈아 훔쳐(닦아) 가며 끙끙 내려올 제, 아내는 지게 위에서 그칠 줄 모르는 그 수많은 유언을 차근차근 남기자, 울자, 하는 것이다.

- 김유정, 「땡볕」 -

「봄·봄」(2016학년도 6월 모평A), 「만무방」(2007학년도 수능) 기출. 김유정은 고3 평가원 문제에 2번 출제된 작가이다. 김유정은 1930년대 농촌 현실을 해학적으로 표현하면서도 당대 현실을 비판하는 소설을 썼다. 앞으로도 김유정 작품은 출제될 가능성이 높으니 대표작들의 특징을 정리해 두는 것이 좋다.

· 중심 내용

아내의 병도 고치고 월급도 받을 것을 기대하며 병원에 간 덕순은 아내의 병을 고치기 위해서는 돈을 내고 수술을 해야 한다는 말을 듣고 실망하고, 수술을 하지 않겠다는 아내를 등에 지고 뜨거운 땡볕 아래 힘겹게 집으로 돌아간다.

· 전체 줄거리

덕순은 기영이 할아버지로부터 연구 거리가 되는 병에 걸린 사람이 병원에 가면 월급도 받고 병도 고칠 수 있다는 말을 듣는다. 덕순은 13달 동안 배가 불러 있는 아내가 연구 거리가 되는 병에 걸렸다고 믿고, 뜨거운 땡볕 아래 아내를 지게에 지고 대학병원으로 찾아간다. 그러나 간호사는 덕순의 아내가 임신했었는데 아이가 뱃속에서 죽어 13달 동안 배가 불러 있던 것이며, 당장 수술하지 않으면 1주일도 못 가 아내가 죽을 것이라고 말한다. 덕순은 수술하지 않겠다는 아내를 다시 지게에 지고 무거운 마음으로 병원을 나선다. 덕순은 아내가 먹고 싶어 하는 얼음냉수와 왜떡을 사 주고, 아내는 사촌 형님께 빌린 쌀을 잊지 말고 갚으라는 둥 옷은 영근 어머니에게 빨아 달라고 부탁하라는 둥 유언 같은 말을 한다. 뜨거운 땡볕 아래 덕순은 아내의 유언과 울음 소리를 들으며 힘겹게 집으로 돌아간다.

· 인물 관계도

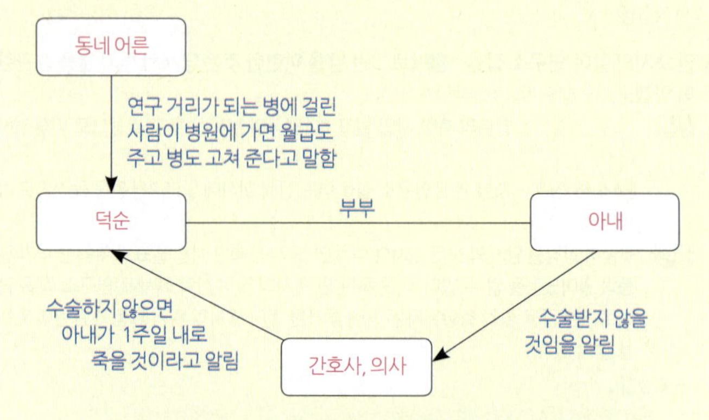

---

007 | 서술상 특징 - 적절한 것 고르기 2018년 6월 학평 24번
정답률 55%, 매력적 오답 ③ 25%, ④ 10% | 정답 ②

윗글의 *서술상 특징으로 가장 적절한 것은? * 이야기가 진행되는 중 눈에 띄는 점

① *시점의 변화를 통해 사건을 **다각적으로 제시하고 있다.
* 사건을 바라보는 시각 ** 여러 측면으로

근거 **②**-**⑤** "이 뱃속에 어린애가 있는데요, ~ 그 수많은 유언을 차근차근 남기자, 울자, 하는 것이다.

풀이 윗글은 작품 밖의 서술자가 작품 속 인물들의 행동과 속마음을 서술하는 전지적 작가 시점으로, 시점의 변화가 나타나지도 않고 사건을 다각적으로 제시하지도 않는다.

→ 적절하지 않음!

② 특정 인물의 *심리에 초점을 맞춰 사건을 서술하고 있다. * 속마음

근거 **②**-5~6 덕순이는 ~ 간호부의 말이 무슨 소린지 다는 모른다 하더라도 ~ 낙심하고 마는 것이다.

---

③-2~9 덕순이는 얼마 전에 희망이 가득히 차 ~ 한숨으로 터져 버린다.
④-3 아내를 가만히 내려다보니 ~ 갑자기 후회가 나는 것이다./ **10** 덕순이는 이것이 마지막이라는 생각으로/ **15** 덕순이는 그 유언이 너무 처량하여 눈에 눈물이 핑 돌아 가지고는

풀이 윗글은 덕순이라는 특정 인물의 심리에 초점을 맞춰 사건을 서술하고 있다.

→ 적절함!

③ ***객관적인 시선으로 등장인물들의 행동을 관찰하고 있다.**
* 감정이나 생각을 담지 않고 사실 그대로의

풀이 서술자가 인물들의 행동을 객관적으로 관찰하기만 하고 인물들의 생각과 감정은 나타내지 않는 것을 관찰자 시점(1인칭 관찰자 시점, 작가 관찰자 시점)이라고 한다. 윗글은 작품 밖 서술자가 인물들의 속마음까지 서술하는 전지적 작가 시점이므로 객관적인 시선으로 등장인물들의 행동을 관찰하고 있지 않다.

→ 적절하지 않음!

> ■ **소설의 시점**
> 004번 문제 ③번 선지 (2021년 6월 학평) 참고 → 151쪽

④ **이야기 속의 이야기를 통해 인물의 심리를 드러내고 있다.**
풀이 이야기 속에 또 다른 이야기가 들어 있는 구성을 액자식 구성이라고 하는데 윗글은 액자식 구성이 나타나지 않는다.

→ 적절하지 않음!

> ■ **이야기 속에 이야기가 담긴 구성이 나타나는 작품**
> • 이청준, 「소문의 벽」 (2014학년도 수능B)
> 그 달의 화제 작가로서 박준을 인터뷰한 기사가 실려 있었다. ~ 나는 그것이나마 찢어지다 남은 데서부터 기사를 읽어 내려가기 시작했다. (바깥 이야기)
> 어렸을 때 겪은 일이지만 난 아주 기분 나쁜 기억을 한 가지 가지고 있다. ~ 나는 지금 어떤 전짓불 아래서 나의 진술을 행하고 있는지 때때로 엄청난 공포감을 느낄 때가 많다. 지금 당신 같은 질문을 받게 될 때가 바로 그렇다…… (안 이야기)
> → '나'가 '박준'의 인터뷰 기사를 읽는 바깥 이야기 속에 '박준'의 인터뷰 기사 내용인 안 이야기가 담긴 액자식 구성이 나타난다.

⑤ ***과거와 현재의 반복적인 교차로 사건의 원인을 드러내고 있다.**
* 과거와 현재를 번갈아 제시하는 진행으로

풀이 윗글은 덕순이 아내를 데리고 병원을 다녀오는 현재의 사건만 나타날 뿐 과거와 현재의 반복적인 교차가 나타나지 않는다.

→ 적절하지 않음!

---

008 | 장면의 의미 - 적절하지 않은 것 고르기 2018년 6월 학평 25번
정답률 80% | 정답 ③

㉠ ~ ㉤에 대한 이해로 적절하지 않은 것은?

① ㉠ : 상황에 대한 덕순의 ***인식**이 달라졌음을 보여 준다. * 생각
근거 **③-2** ㉠ 덕순이는 얼마 전에 희망이 가득히 차 올라가던 길을 힘 풀린 걸음으로 터덜터덜 내려오고 있었다.
풀이 덕순은 병원에서 월급도 받고 아내의 병을 고칠 수 있을 것이라고 기대하지만, 간호사로부터 아내의 병을 고치기 위해서는 돈을 내고 수술을 해야 한다는 말을 듣고 실망한다. 따라서 ㉠은 아내가 병에 걸린 상황에 대한 덕순의 인식이 희망에서 실망으로 달라졌음을 보여 준다.

→ 적절함!

② ㉡ : 덕순의 어려운 가정 형편과 아내에 대한 안타까운 마음을 드러낸다.
근거 **④-3~4** 아내를 ~ 고생만 시키고 변변히 먹이지도 못하였던 것이 갑자기 후회가 나는 것이다. ㉡ 이럴 줄 알았더면 동넷집 닭이라도 훔쳐다 먹였을 걸 싶어,
풀이 ㉡에서 덕순은 가정 형편이 어려워 아내를 제대로 먹이지 못했던 것을 안타까워하고 있다.

→ 적절함!

③ ㉢ : 아내를 위로함으로써 상황이 나아질 것이라는 기대감을 드러낸다.
근거 **④-9~10** ㉢ 한 그릇을 다 먹고 나서 하나 더 사다 주랴 물었을 때 이번에 왜떡이 먹고 싶다 하였다. 덕순이는 이것이 마지막이라는 생각으로 나머지 돈으로 왜떡 세 개를 사다 주고는
풀이 ㉢에서 덕순은 아내가 먹고 싶어 하는 음식을 챙겨 주며 위로하고 있지만, 아내가 죽

기 전에 마지막으로 먹는 왜떡이라고 생각하며 안쓰러워하고 있을 뿐 상황이 나아질 것을 기대하고 있지 않다.

→ 적절하지 않음!

④ ㉣ : ***비정한 현실 속에서도 따뜻한 **인간미를 잃지 않는 아내의 모습을 보여 준다.**
* 인정 없는 ** 사람다운 따뜻한 마음

근거 **④-11~12** ㉣ "저 사촌 형님께 쌀 두 되 꿔다 먹은 거 부대 잊지 말구 갚우." 하고 부탁할 제 이것이 필연 아내의 유언이라 깨닫고는,
풀이 ㉣은 돈이 없어 병을 치료하지 못하고 죽음을 앞둔 상황에도 사촌 형님께 빌린 쌀을 잊지 말고 갚으라고 당부하며 인간적인 도리를 지키고자 하는 아내의 모습에서 따뜻한 인간미를 느낄 수 있다.

→ 적절함!

⑤ ㉤ : 덕순 ***내외가 겪는 삶의 힘겨움과 **가혹한 현실을 드러낸다.**
* 부부 ** 모질고 혹독한

근거 **⑤** ㉤ 때는 중복, 허리의 쇠뿔도 녹이려는 뜨거운 땡볕이었다. 덕순이는 ~ 땀을 두 손으로 번갈아 훔쳐 가며 끙끙 내려올 제, 아내는 ~ 유언을 차근차근 남기자, 울자, 하는 것이다.
풀이 뜨거운 땡볕 아래에서 덕순이 병든 아내를 등에 지고 힘들게 내려오는 모습은 덕순 부부가 가혹한 현실에서 겪는 삶의 힘겨움을 드러낸 것으로 볼 수 있다.

→ 적절함!

---

009 | 감상의 적절성 - 적절하지 않은 것 고르기 2018년 6월 학평 26번
정답률 65%, 매력적 오답 ③ 15% | 정답 ④

〈보기〉를 참고하여 윗글을 감상한 내용으로 적절하지 않은 것은? [3점]

> | 보기 |
> [1] 김유정 작품의 특징은 중심인물들이 대부분 순박하고(순수하고) 어리숙하다는(순진하고, 슬기롭지 못하다는) 점이다. [2] 작가는 그런 인물들을 연민(불쌍하게 여김)의 시선으로 바라봄으로써 인물이 겪는 문제의 원인이 개인이 아니라 부조리한(이치에 맞지 않거나 도리에 어긋난) 사회에 있음을 보여 준다.
> [3] 작가는 「땡볕」에서 이러한 문제의식(어떤 대상에 대해 문제점을 찾고 그에 적극적으로 대처하려는 생각)을 보여 주기 위해 인물의 성격과 대비(반대)되는 속성(성격)을 가진 대학병원을 배경으로 설정했다. [4] 덕순 내외(부부)는 동네 어른의 말만 믿고 희망에 차 대학병원을 찾았으나 돈이 없어 병을 치료하지 못하고 비극적(슬프고 불행한) 죽음을 앞두게 된다. [5] 이를 통해 근대 자본주의 사회(개인이 이익을 얻기 위해 자유롭게 생산 활동을 하는 사회)의 비인간성(인정이 없는 모습)과 모순(이치에 어긋남)을 비판하고 있다.

① 돈이 없어 죽음을 맞을 수밖에 없는 부조리한 현실을 통해 ***당대 사회의 문제를 비판하고 있군.** * 작품이 쓰인 당시
근거 〈보기〉-4~5 덕순 내외는 ~ 돈이 없어 병을 치료하지 못하고 비극적 죽음을 앞두게 된다. 이를 통해 근대 자본주의 사회의 비인간성과 모순을 비판하고 있다.
풀이 〈보기〉를 참고하여 윗글을 보면 덕순의 아내가 돈이 없어 병을 치료하지 못하고 죽음을 맞을 수밖에 없는 부조리한 현실을 통해 당대 사회의 문제를 비판하고 있음을 알 수 있다.

→ 적절함!

② 동네 어른의 말만 믿고 무작정 병원을 찾아가는 모습을 통해 덕순의 어리숙한 성격을 알 수 있군.
근거 〈보기〉-1 중심인물들이 대부분 순박하고 어리숙하다는 점이다./ 4 덕순 내외는 동네 어른의 말만 믿고 희망에 차 대학병원을 찾았으나
❶ 덕순은 동네 어른으로부터 이상한 병에 걸린 사람이 병원에 가면 월급도 주고 병도 고쳐 준다는 말을 듣는다. ~ 아내를 업고 팔자를 고칠 희망에 차 대학병원으로 향한다.
풀이 덕순이 동네 어른의 말만 믿고 아내의 병도 고치고 월급도 받을 것을 기대하며 무작정 병원을 찾아가는 모습을 통해 덕순의 어리숙한 성격을 알 수 있다.

→ 적절함!

③ 죽음을 앞두고 소리 죽여 우는 아내의 모습을 통해 ***비극적 상황에 좌절하는 개인을 **형상화하고 있군.** * 슬프고 불행한 ** 구체적으로 표현하고
근거 〈보기〉-4 덕순 내외는 ~ 돈이 없어 병을 치료하지 못하고 비극적 죽음을 앞두게 된다.
③-3 지게 위에서 소리를 죽여 훌쩍훌쩍 울고 있는 아내가 눈앞에 환한 것이다.
④-14 다시 입을 일그리고 훌쩍훌쩍 우는 것이다.

 아내가 돈이 없어 병을 치료하지 못해 죽음을 앞두고 소리 죽여 우는 모습을 통해 비극적 상황에 좌절하는 개인의 모습을 볼 수 있다.

→ 적절함!

④ 돈이 없어 수술을 하지 않으려는 덕순 부부를 간호사와 의사가 비웃는
~~덕순이 월급을 받을 수 없다는 사실에 실망하는~~ 장면을 통해 자본주의 사회의 비인간성을 보여 주고 있군.

근거 〈보기〉-4~5 덕순 내외는 ~ 돈이 없어 병을 치료하지 못하고 비극적 죽음을 앞두게 된다. 이를 통해 근대 자본주의 사회의 비인간성과 모순을 비판하고 있다.
❷-6 연구 거리는 못 되는 병인 양 싶어 우선 낙심하고 마는 것이다./ 10~15 "월급 같은 건 안 주나요?" ~ 팔자를 고치려던 그 계획이 완전히 어그러졌음을 알자, ~ 이마의 진땀이나 훑어보는 밖에 별 도리가 없는 것이다./ 21 비소를 금치 못하고 섰는 간호부와 의사가 눈에 보이지 않도록,

풀이 덕순이 자신의 기대와 달리 병원으로부터 월급을 받을 수 없다는 사실에 실망하는 장면은 덕순의 어리숙한 모습을 보여 주는 것이다. 윗글에서는 돈이 없어 수술을 포기하는 덕순 부부의 절망적인 상황을 간호사와 의사가 비웃으며 바라보는 장면에서 자본주의 사회의 비인간성을 보여 준다.

→ 적절하지 않음!

⑤ 순박한 인간미를 가진 인물과 냉정한 속성을 지닌 대학병원의 *대비를 통해 작가의 문제의식이 **부각되고 있군. * 차이를 밝히기 위해 맞대어 비교 ** 강조

근거 〈보기〉-1 중심인물들이 대부분 순박하고 어리숙하다는 점이다./ 3~5 이러한 문제 의식을 보여 주기 위해 인물의 성격과 대비되는 속성을 가진 대학병원을 배경으로 설정했다. ~ 이를 통해 근대 자본주의 사회의 비인간성과 모순을 비판하고 있다.

풀이 윗글에서는 동네 어른의 말만 믿고 무작정 병원을 찾아가는 순박한 인간미를 가진 덕순 부부와 죽음을 앞두고 있는 인물 앞에서도 냉정한 대학 병원의 대비를 통해 근대 자본주의 사회의 비인간성과 모순을 비판하는 작가의 문제의식이 부각되고 있음을 알 수 있다.

→ 적절함!

2. 광복 이후 ~ 1950년대 소설

[010~013] 다음 글을 읽고 물음에 답하시오.

1

1 "좌우간(어쨌든), 내가 그만침(그만큼)이나 청백했기(바르고 깨끗했기) 망정이지, (일제 강점기 때 순사였던) 다른 동간(동료)들 당했단 소리 들었지?2 누구는 맞아죽구, 누구는 집에다 불을 지르구, 누구는 팔대리(팔다리)가 부러지구."

3 푸시시(슬그머니 일어나는 모양) 일어나다가, 비 오는 뜰을 이윽히 내다보면서, 맹순사는 곰곰이 그렇게 아낙(여자, 여기서는 서분이)을 타이르듯 한다. 4 서분이에게는 그러나, 그런(청백하지 않았으면 맞아 죽었을 거라는) 소리가 다 말 같지도 아니한 소리요 억지엣발명(억지로 우기는 변명)이었다.

5 "흥, 가네모도상은 그렇게 들이(마구) 긁어 먹구두(뇌물을 받아 먹고도), 되려(도리어) 승찰(승진) 해서 부장이 된 건 어떡하구?"

6 ㉠"며칠 가나."

7 "그렇게만 생각허믄 뱃속(마음)은 무척 편하겠수. 8 여주루 내려갔든 기노시다상넨, (서울로) 이살 해오는데(이사 오는데), 재봉틀이 인장표루다(상표가 있는 재봉틀로, '인장표'는 도장 찍힌 상표) 손틀(손재봉틀, 손으로 손잡이를 돌려서 바느질하게 되어 있는 재봉틀) 발틀(발재봉틀, 발을 놀려 돌리는 재봉틀) 두 개에, 방안 짐이 여덟 개에, 옷이 옥상(아주머니를 뜻하는 일본어, 여기서는 기노시다상의 부인)옷만 도랑꾸루(여행 가방으로, '도랑꾸'는 트렁크(trunk)를 뜻하는 일본식 발음) 열다섯 도랑꾸루래요. 9 그리구두 서울루 뻐꺼이(보란듯이) 와서 기계방아(방아 찧는 기계) 사놓구 돈벌이만 잘 허믄서, 활개 펴구(떳떳하게, '활개'는 사람의 어깨에서 팔까지 또는 궁둥이에서 다리까지의 양쪽 부분) 삽디다. 10 죽길 어째 죽으며, 팔대리가 부러질 팔대린 어딨어?"

11 "그런 게 글쎄 다 불한당질루(남의 재산을 빼앗아) 장만한 거 아냐?"

12 "뱃속에서 꼬록 소리가 나두(먹고사는 게 힘들어도), 만날(늘) 청백야?"

13 "아무렴, 사람이 청백하면, 가난해두 두려울 게 없는 법야, 헴."

2

1 맹순사는 마침내 양복장(옷장) 문을 연다. 2 연방 청백을 뇌던(자꾸 바르고 깨끗해야 한다고 말한) 끝에, 이 양복장을 보자니 얼굴이 간지러웠다(부끄러웠다). 3 유치장(경찰서에 죄를 지은 사람들을 한때 가두어 두는 곳) 간수(교도관)로 있을 때에, 가구장수 하나가 경제범(경제와 관련한 법을 어긴 죄인, 경제사범)으로 들어와 있었는데, 서분이가 쪽지 한 장을 그(가구장수)에게다 주어 달라고 졸랐다. 4 (맹순사는) 못 이기는 체하고 전해 주었다. 5 그런 지 이틀 만에 이 양복장이 (맹순사의) 방 윗목에 가 처억 놓여진 것을 보았으나, 그(맹순사)는 내력(일이 이루어진 까닭)을 물으려고 아니 하였다.

6 양복점 안에서 떼어(빼앗아) 입은 대마직(삼에서 뽑은 실로 짠 천) 국민복(일제 강점기 때 남성들에게 입도록 강요한 국방색의 한 벌 옷)은 양복장(옷장)보다도 조금 더 청백 순사(바르고 깨끗한 순사, 여기서는 맹순사)를 얼굴 간지럽게 하였다.

7 작년 초가을, 좋지 못한 풍문(소문)이 들리는 파출소 건너편의 양복점에서 맞추어 입은 것이었다. 8 공정가격(정해진 가격) 삼십 이 원 각순데(32원을 조금 넘는데), 양복을 찾아 들고는 지갑을 꺼내는 체하면서,

9 ㉡"얼마죠?"

하고 물었다. 10 지갑에는 돈이라야 삼 원밖에 없었다.

11 양복점 주인은, 온 천만에 말씀을 다 하신다면서, 어서 가시라고 등을 밀어 내었다.

12 이 양복장이나 양복은 한 예에 불과하고, 팔 년 동안 순사(일제 강점기 경찰관의 낮은 계급, 지금의 순경)를 다니면서, 그중에서도 통제경제(일제 강점기 때 일제가 경제 활동을 통제하고 모든 자원을 전쟁에 동원하여 우리 민족의 생활이 어려워짐)가 강화된 이삼 년, 육십 몇 원이라는 월급으로는 도저히 지탱해(유지해) 나갈 수 없는 생활을 뇌물 받는 것으로써 보태어 나왔다. 13 몇십 원씩, 돈 백 원씩 쥐어 주는 것을, 사양하다가 못 이기는 체 받아 넣기 얼말는지 모른다(얼마인지 모른다, 많았다). 14 자청해(스스로 나서서) 주는 것을 따담기(받기)만 한 것이 아니라, 아쉴(돈이 모자란) 때면 그럴싸한 사람을 찾아가서,

15 ㉢"수히(금방) 갚을 테니 백 원만……."

하고 가져다 쓰기도 여러 번이었다.

16 술대접을 받기는 실로 부지기수였다(아닐 不 알 知 其 셈 數 : 셀 수가 없을 만큼 많았다). 17 쌀, 나무, 고기, 생선, 술 모두 다 그립지는(모자라지는) 아니할 만큼 들어도 오고, 청해다(부탁해) 먹기도 하고 하였다. 18 (서분이를 풍족하게) 못 해주었네 못 해주었네 하여

도, 아낙(서분이)의 옷감도 여러 번 얻어다 준 것이었다. 19 공교로이 그 뉴똥치마(빛깔이 곱고 부드라우며 잘 구겨지지 않는 천으로 만든 치마)만은(뇌물로 받을) 기회가 없고서 8·15(우리나라가 일제로부터 해방됨)가 덜컥 달려들고(일어나고) 말았지만.

20 이렇게 그(맹순사)는 작은 것이나마 뇌물을 먹지 아니한 것이 아니면서도, 스스로 청백하였노라고(바르고 깨끗했다고) 팔분의(80%의, 많은) 자신이 있었다. 21 맹순사의 생각엔 양복벌이나 빼앗어 입고, 돈이나 몇십 원, 돈 백 원 받아 쓰고, 쌀 나무(땔감으로 쓰는 나무)며 찬거리(반찬거리)나 조금씩 얻어먹고, 술대접이나 받고 하는 것은, 아무나 예사로(아무렇지 않게) 하는 일이요, 하여도 죄 될 것이 없고, 따라서 독직(공무원의 부정행위)이 되거나 죄가 되는 것이 아니었다. 22 그것이 적어도 독직이나 죄가 되자면, 몇만 원 집어먹고서 소위(이른바) 팔자를 고친다는 둥, 허리띠를 푼다(생활이 여유로워진다)는 둥의 수준에 올라야 비로소 문제가 되는 것이었다.

3

[중략 줄거리] 해방 직후 순사(지금의 순경)를 그만 두고 사람들을 피해 다니던 맹순사는 생활고(경제적인 어려움)로 인해 다시 순사가 되어 파출소로 첫 출근을 한다.

4

1 옛날(일제 강점기)의 순사와 꼭 같이 차리고 하였건만 맹순사는 웬일인지 우선 스스로가 위엄(존경할 만한 힘)도 없고, 신도 나는 줄을 모르겠다 하였다. 2 만나거나 지나치는 행인들의 동정이(분위기가), (순사를) 전처럼 조심하는 것 같은, 무서워하는 것 같은 기색이 없고, 그저 본숭만숭(본체만체)이었다. 3 더러는 다뿍(다소 넘치게 많은 모양) 적의(적으로 생각함)와 경멸(깔보아 하찮게 여김)의 눈초리로 흘겨보기까지 하였다.

4 함부로 체포도 아니 하고, 위협도 아니 하고, 뺨 같은 것은 물론 때리지 못하게 되고 하니, 전보다 친근스러하고 안심한 얼굴로 대하고 하여야 할 것인데, 대체 웬일인지를 모르겠었다.

5 걸으면서 곰곰 생각하여 보았다.

6 ㉣'전(일제 강점기)에 (순사들이) 많이들 행악(나쁜 짓)을 했대서?'

7 정녕(틀림없이, 꼭) 그것인 성싶었다(것 같았다).

8 '애먼(억울한) 사람, 불쌍한 사람한테 못 할(나쁜) 짓도 많이 했지.'

9 '쯧, 지금 와서 푸대접받아도 한무내하지(상관없지).'

10 '화무십일홍(꽃 花 없을 無 열 十 날 日 붉을 紅 : 열흘 동안 붉은 꽃은 없다는 뜻으로, 한번 번성한 것이 얼마 못 가서 반드시 약해짐을 빗댄 말)이요, 달도 차면 기우는 법(세상의 온갖 것이 한번 번성하면 다시 약해지기 마련이라는 말)인데, 한때 잘들 해먹었으니(뇌물을 받으며 권력을 누렸으니) 인제는(이제는) 그 대갚음도 받아야겠지.'

11 무엇인지 모를 한숨이 절로 내쉬어졌다.

5

1 마침내 ××파출소에 당도(도착)하였다. 2 여기서 맹순사는, 백성들이 순사를 멸시하는(하찮게 여겨 깔보는) 눈으로 보는 연유(이유)를 또 한 가지 발견하여야 하였다.

3 뚜벅뚜벅 파출소 안으로 들어서는 소리에, 테이블에 엎드려 졸고 있다가 놀라 깨어 고개를 번쩍 드는 동간(동료, 여기서는 노마)……

4 맹순사는 무심결에,

5 ㉤"아니, 네가 웬일이냐?"

하면서 다시금 깟깟이(주의를 기울여 자세히) 그(노마)를 바라보았다.

6 노마.

7 볼때기에 있는 붉은 점이 아니더라면, 얼굴(이) 같은 딴사람인가 하였을 것이었다.

8 행랑(대문간 곁에 있는 방)아들 노마였다.

9 맹순사는 금년(올해) 봄, 시방(지금) 사는 홍파동으로 이사해 오기까지 여섯 해를 눌러, 사직동 그 집(노마네와 함께 살던 집)에서 살았다. 10 그 행랑에 노마네가 전 주인 때부터 들어 있었고, 원편 볼때기에 붉은 점이 박힌 노미는 열두 살이었다. 11 근치의 삼 년끼리(3년 동안 다녀야 하는) 학원을 일 년에 작파하고서(중간에 그만두고서), 저무나 새나(밤낮으로) 우미관(1912년에 세워진 영화관) 앞에 가 놀다간, (영화를 알리기 위한) 깃대도 받아 주고 삐라(전단지)도 뿌려 주고 하는 것이 일이요, 집에 들어와서는 어멈 아범(부모님)한테 매맞기가 일이요 하였다. 12 조금 더 자라더니, 우미관패에 들어 가지고, 밤거리로 행패(난폭한 짓)를

하고 다녔고. 13 (노마가) **사람을 치다** (순사에게) **붙잡**혀 간 것을 (맹순사가) 몇 차례 놓이게 하여 주기도 하였다.

14 노마는 겸연쩍은(쑥스러운) 듯, 그러나 일변(한편) 반갑기도 한 듯 싱글싱글 웃으면서,

"이렇게 됐습니다, 나리(지위가 높은 사람을 높여 부르는 말. 여기서는 맹순사). 15 많이 점(좀) 가르켜 줍쇼, 나리."

16 "동간끼리두 나린가, 이 사람."

17 나이가 시킴이리라(들었기 때문이다). 18 맹순사는 내색을 아니 하고(속마음을 겉으로 드러내지 않고) 소탈히(털털하게) 그러면서 같이 웃었다.

19 그러나 속으로는,

'저런 것(행패를 부려 순사에게 붙잡혀 오던 노마)이 다 순사니, 수모(창피)도 받아 싸지(마땅하지).'

하였다.

→ ××파출소에 도착한 맹순사는 예전에 행패를 부려 파출소에 끌려오던 노마가 순사가 된 것을 보고 사람들이 순사를 깔보는 것이 당연하다고 생각한다.

- 채만식, 「맹순사」 -

· 중심 내용

맹순사는 뇌물을 받기는 했지만 다른 사람들에 비하면 작은 것이므로 자신은 죄가 없고 청백하다고 생각한다. 해방이 되자 맹순사는 사람들이 순사를 깔보는 것에 심란해하지만 예전에 행패를 일삼던 노마가 순사가 된 것을 보고 사람들의 그런 태도가 당연하다고 생각한다.

· 전체 줄거리 ([ ] : 지문 내용)

[맹순사의 아내 서분이는 맹순사가 일제 강점기에 순사를 하면서 뉴똥치마 한 벌을 해 주지 못한 것이 늘 불만이다. 맹순사는 서분이에게 자신이 청백했기에 살아남았지 그렇지 않았다면 해방 후 사람들에게 맞아 죽었을 것이라고 말하지만, 서분이는 가네모도상이나 기노시다상은 뇌물을 받고도 오히려 승진하여 부장이 된 것을 말하며 투덜거린다. 사실 맹순사는 뇌물을 받아 생활에 보태 왔는데 다른 동료들에 비해 뇌물을 적게 받았기 때문에 스스로 청백하다고 생각한다. 해방 후 맹순사는 사람들의 보복이 두려워 순사 일을 그만두었지만 생활이 어려워지자 다시 순사가 되어 ××파출소로 발령받는다. 첫 출근을 하러 가는 길에 맹순사는 사람들이 순사를 미워하고 깔보는 느낌을 받고 그 이유가 일제 강점기에 순사들이 나쁜 짓을 많이 해서라고 생각한다. ××파출소에 도착한 맹순사는 예전에 행패를 부려 파출소에 끌려오던 노마가 순사가 된 것을 보고 놀라게 되고 사람들이 순사를 깔보는 것이 당연하다고 생각한다.] 일주일쯤 후에 노마가 다른 파출소로 옮겨 가고 강봉세가 대신 오게 된다. 강봉세는 재작년에 맹순사가 유치장 간수로 있을 때 만난 살인 강도범이었는데 이후 감옥에서 나와 순사가 된 것이다. 맹순사는 강봉세가 유치장에 있을 때에 밥을 굶기자 화를 내면서 언젠가 맹순사를 죽이겠다고 협박한 것을 떠올리며 두려워하고, 다시 순사가 된 것을 후회하면서 집으로 돌아와 사직서를 쓴다.

· 인물 관계도

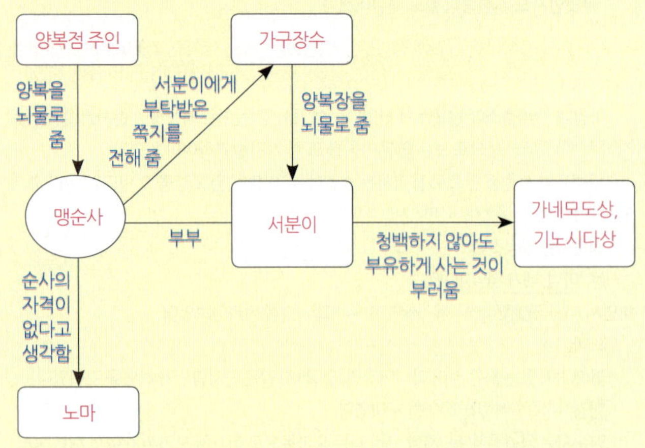

---

010 서술상 특징 - 적절한 것 고르기 2019년 11월 학평 21번
정답률 60%, 매력적 오답 ③ 15%, ② 10%   정답 ④

윗글의 서술상의 특징으로 가장 적절한 것은?

① 서술자를 교체하여 새로운 사건을 도입하고 있다.

[풀이] 윗글은 작품 밖의 서술자가 등장인물들의 감정과 생각, 행동을 말해 주는 전지적 작가 시점으로 서술자의 교체는 나타나지 않는다.

→ 적절하지 않음!

■ 서술자를 교체하여 새로운 사건을 도입하는 작품
- 김원일, 「손풍금」 (2019년 고2 3월 학평)
남파 간첩으로 체포되어 21년을 복역하고 작고한 작은할아버지의 생애를 석사 논문의 주제로 삼은 손자는 할아버지에게 과거사를 묻는다.
중손골로 찾아온 맏이 녀석과 한바탕 난리를 치르고 난 뒤 화가 가라앉지 않아 곽가 불러 술이나 한잔 하려 아내에게 술상을 차리라고 말한 뒤라, 나(할아버지)는 깜짝 놀라 뒷봉창을 보았다. 봉창이 훤했다. 나는 방문을 열고 뛰어나갔다. 변소 뒤 군용 천막으로 덮어 둔 폐지더미에서 불길이 일고 있었다. ~ 폐지는 다 타버리더라도 광수(작은할아버지)부터 살려야 했다. 나는 정신없이 불길 속으로 뛰어들었다.
→ 앞부분의 서술자인 '손자'가 작은할아버지의 생애를 인터뷰하는 장면에서 뒷부분의 서술자인 할아버지로 서술자가 교체되면서 작은할아버지와 관련된 할아버지의 회상이 시작된다.

② *장면을 빈번하게 전환하여 **긴박한 분위기를 형성하고 있다.
* 시간이나 공간적 배경을 자주 바꿔 ** 매우 급한 분위기를 만들고

[풀이] 윗글은 장면을 빈번하게 전환하지도 긴박한 분위기를 조성하지도 않는다.

→ 적절하지 않음!

■ 장면을 빈번하게 전환하여 긴박한 분위기를 형성하는 작품
- 작자 미상, 「소대성전」 (2015학년도 수능A, 2020년 고2 3월 학평)
호왕(청나라 왕)이 또한 계책(어떤 일을 이루기 위한 꾀)을 생각하고 대장 겸한을 불러 말하기를, ~ 겸한이 군을 거느려 장안으로 가니라. (장면 1) 이때 원수(소대성)가 적진(적의 군대가 있는 곳)을 대하여 진욕(모욕을 줌)을 무수히 하되 호왕이 끝내 나오지 아니하거늘 ~ "이놈(호왕)이 여러 날 나지 아니하매 고이하게(이상하게) 여겼더니 장안을 범하였도다." ~ 원수 총망 중에(급하게) 하직하고(작별을 아뢰고) 일진(한 무리의 군사) 명마(훌륭한 말)를 거느려 장안을 향하니라. (장면 2) 호왕이 크게 기뻐하여 철기(철갑을 입고 말을 탄 병사) 삼천을 거느려 그날 밤 삼경(깊은 밤)에 명진(명나라 군대의 진영)에 다다르니 ~ 상(임금)이 대경하여(크게 놀라) ~ 북문으로 달아나더니 날이 이미 밝으며 황강 강가에 다다르니 ~ 호왕이 창으로 상의 가슴을 겨누며 꾸짖어 말하기를, "죽기를 서러워하거든 항서(항복한다는 내용의 글)를 써 올리라." (장면 3) ~ 이때 원수 장안으로 가 호왕을 찾으니 호왕은 없고 (장면 4) ~ 원수 황강으로 가며 분기충천하여(매우 분노하여) ~ 멀리 바라보니 상이 강변에 넘어졌는지라 원수가 우레(천둥) 같은 소리를 벽력(번개)같이 지르며, "호왕은 나의 임금을 해치 말라." (장면 5)
→ 윗글은 호왕이 계책을 세워 겸한과 대화하는 장면, 오랑캐가 장안에 침범했다는 말을 듣고 원수가 장안으로 가는 장면, 그 틈을 타 호왕이 명진에 침입해 상을 사로잡아 항복을 요구하는 장면, 원수가 위기에 처한 천자를 구하는 장면으로 빈번하게 전환되어 긴박감을 드러내고 있다.

③ 인물의 *외양을 묘사하여 인물의 성격 변화를 암시하고 있다.
* 겉모습을 말로 자세하게 설명하여

[근거] ❺-6~7 노마. 볼때기에 있는 붉은 점이 아니더라면, 얼굴 같은 딴사람인가 하였을 것이었다. / 10 왼편 볼때기에 붉은 점이 박힌 노마는

[풀이] 외양을 묘사하여 맹순사가 예전에 알고 지내던 노마임을 확인하고 있을 뿐 인물의 성격 변화는 나타나지 않는다.

→ 적절하지 않음!

④ 특정 인물의 시각에서 사건을 서술하여 인물의 내면을 드러내고 있다.

[근거] ❷-2~22 이 양복장을 보자니 얼굴이 간지러웠다. ~ 팔 년 동안 순사를 다니면서, ~ 사양하다가 못 이기는 체 받아 넣기 얼말는지 모른다. ~ 이렇게 그는 작은 것이나마 뇌물을 먹지 아니한 것이 아니면서도, 스스로 청백하였노라고 팔분의 자신이 있었다. ~ 아무나 예사로 하는 일이요, 하여도 죄가 될 것이 없고, 따라서 독직이 되거나 죄가 되는 것이 아니었다. ~ 팔자를 고친다는 둥, 허리띠를 푼다는 둥의 수준에 올라야 비로소 문제가 되는 것이었다.

❹ 옛날의 순사와 꼭 같이 차리고 하였건만 맹순사는 웬일인지 우선 스스로가 위엄도 없고, 신도 나는 줄을 모르겠고 하였다. ~ 한때 잘들 해먹었으니 인제는 그 대갚음

도 받아야겠지.' 무엇인지 모를 한숨이 절로 내쉬어졌다.
5-19 그러나 속으로는, '저런 것이 다 순사니, 수모도 받아 싸지.' 하였다.
풀이 윗글은 맹순사의 시각에 초점을 맞춰 사람들에게 술대접을 받고 옷감을 얻은 일들을 아무렇지 않게 생각하는 맹순사의 내면을 드러내고 있다.

→ 적절함!

⑤ 서로 다른 장소에서 **동시**에 일어난 사건을 제시하여 인물들의 상황을 *대비하고 있다. * ≒대조. 둘 이상의 내용을 맞대어 같고 다름을 비교함
근거 **1**~**5** "좌우간, 내가 그만침이나 청백했기 망정이지, ~ 맹순사는 마침내 양복장 문을 연다. ~ 다시 순사가 되어 파출소로 첫 출근을 한다. ~ 걸으면서 곰곰 생각하여 보았다. ~ 마침내 ××파출소에 당도하였다. ~ '저런 것이 다 순사니, 수모도 받아 싸지.' 하였다.
풀이 맹순사의 집, 파출소로 가는 길, ××파출소에서 일어난 사건은 동시에 일어난 사건이 아니며 이를 통해 인물들의 상황을 대비하고 있지도 않다.

→ 적절하지 않음!

> ■ 서로 다른 장소에서 동시에 일어난 사건을 제시하고 있는 작품
> • 조위한,「최척전」(2017학년도 6월 모평, 2023학년도 수능)
> 옥영은 돈우(頓于)라는 왜병(일본 병사)에게 붙잡혀 일본으로 갔다. ~ 돈우는 영리한 옥영을 사랑하여 도망치지 않도록 좋은 옷과 맛있는 음식을 주어 그의 마음을 위로하였다. (일본에서 옥영의 삶)
> ~ 이때(같은 시간) 최척은 중국 소흥부에 살고 있었는데, 여유문과 의형제를 맺었다. 여유문은 자기 누이동생과 최척을 맺어(결혼시켜) 주려고도 했으나 최척이 끝내 사양하였다. (중국에서 최척의 삶)
> → 옥영과 최척이 전쟁으로 헤어진 후 옥영은 일본에서, 최척은 중국에서 각각 살아가는 모습을 서술하고 있다.

---

011 발화 의도 - 적절하지 않은 것 고르기 2019년 11월 학평 22번
정답률 80% **정답 ④**

㉠ ~ ㉤에 대한 설명으로 적절하지 않은 것은?

① ㉠ : 맹순사는 서분이가 알고 있는 상황이 지속되지 않을 것이라고 말하고 있다.
근거 **1**-5~6 "흥, 가네모도상은 그렇게 들이 긁어 먹구두, 되려 승찰 해서 부장이 된 건 어떡하구?" ㉠ "며칠 가나."
풀이 서분이가 가네모도상이 뇌물을 받는 부정을 저지르고도 승진을 해서 부장이 된 상황을 말하자 맹순사는 부정한 방법으로 얻은 부는 오래가지 않을 것이라고 말하고 있다.

→ 적절함!

② ㉡ : 맹순사는 양복 값을 지불할 의사가 없으면서도 가격을 물어보고 있다.
근거 **2**-8~10 공정가격 삼십이 원 각순데, 양복을 찾아 들고는 지갑을 꺼내는 체하면서, ㉡"얼마죠?" 하고 물었다. 지갑에는 돈이라야 삼 원밖에 없었다.
풀이 맹순사가 양복을 살 돈이 없으면서도 지갑을 꺼내는 체하며 괜히 양복 가격을 묻는 것에서 양복 값을 지불할 의사가 없음을 알 수 있다.

→ 적절함!

③ ㉢ : 맹순사는 뇌물을 받는 것으로도 모자라 상대에게 돈을 요구하고 있다.
근거 **2**-13~15 몇십 원씩, 돈 백 원씩 ~ 자청해 주는 것을 따담기만 한 것이 아니라, 아쉬 때면 그럴싸한 사람을 찾아가서, ㉢"수히 갚을 테니 백 원만……" 하고 가져다 쓰기도 여러 번이었다.
풀이 맹순사는 사람들이 주는 뇌물을 받는 것으로도 모자라 돈이 필요할 때면 사람들을 직접 찾아가 돈을 요구하고 있다.

→ 적절함!

④ ㉣ : 맹순사는 과거의 행악을 생각하며 자신이 저지른 행동을 *부인하고 있다. 인정하고
* 인정하지 않고
근거 **4**-6~8 ㉣'전에 많이들 행악을 했대서?' 정녕 그것이 성싶었다. '애먼 사람, 불쌍한 사람한테 못 할 짓도 많이 했지.'
풀이 맹순사는 과거의 행악을 생각하며 자신이 저지른 행동을 인정하고 있으므로 부인하고 있다는 설명은 적절하지 않다.

→ 적절하지 않음!

⑤ ㉤ : 맹순사는 의외의 장소에서 뜻밖의 인물인 노마를 만나 놀라고 있다.
근거 **5**-1 마침내 ××파출소에 당도하였다./5~6 ㉤"아니, 네가 웬일이냐?" 하면서 다시금 짯짯이 그를 바라다보았다. 노마./12~13 우미관패에 들어 가지고, 밤거리로 행패를 하고 다녔고. 사람을 치다 붙잡혀 간 것을 몇 차례 놓이게 하여 주기도 하였

다.
풀이 맹순사는 사고를 치고 순사에게 몇 번이고 붙잡혀 갔던 노마가 순사가 되어 파출소에 있는 것을 보고 놀라고 있다.

→ 적절함!

---

012 인물의 심리 - 적절하지 않은 것 고르기 2019년 11월 학평 23번
정답률 75% **정답 ②**

다음은 윗글에 대한 [학습 활동] 과제이다. 이를 수행한 결과로 적절하지 **않은** 것은?

> | 학습 활동 |
> ⓐ ~ ⓔ에 들어갈 인물의 심리를 작품의 내용을 바탕으로 서술하시오.

공간	질문	답변	심리
방	맹순사와 대화를 나눌 때, 서분이의 심정을 드러내는 소재는?	재봉틀	ⓐ
	맹순사가 양복장을 보며 얼굴이 간지럽다고 느낀 이유는?	뇌물로 받은 것이어서	ⓑ
파출소 가는 길	행인들이 다시 순사가 된 맹순사를 바라보는 시선은?	흘겨 봄	ⓒ
	맹순사가 길을 걸으며 여러 생각들을 한 뒤 보인 행동은?	한숨을 쉼	ⓓ
파출소	맹순사가 노마와 인사를 나누며 보인 행동은?	내색을 아니하고 웃음	ⓔ

① ⓐ : 자신들보다 부유하게 살고 있는 사람들에 대한 서분이의 부러움을 알 수 있다.
근거 **1**-8~9 여주루 내려갔던 기노시다상넨, 이살 해오는데, 재봉틀이 인장표라두 손틀발틀 두 개에, ~ 서울루 뻐젓이 와서 기계방아 사놓구 돈벌이만 잘 허믄서, 활개 펴구 삽디다.
풀이 기노시다상네는 재봉틀이 두 개나 되고 돈벌이를 잘 하며 산다는 서분이의 말을 통해 부유하게 살고 있는 기노시다상네에 대한 서분이의 부러움을 알 수 있다.

→ 적절함!

뇌물로 받은 양복장을 보며 얼굴이 간지럽다고 느끼는
✓② ⓑ : 팔자를 고칠 만큼 뇌물을 많이 받지 못했다고 생각하는 모습에서 맹순사가 다른 사람들에게 느끼는 질투심을 알 수 있다.
자신의 행동에 부끄러움을 느끼고 있음
근거 **2**-2~5 연방 청백을 뇌던 끝에, 이 양복장을 보자니 얼굴이 간지러웠다. 유치장 간수로 있을 때에, 가구장수 하나가 경제범으로 들어와 있었는데, 서분이가 쪽지 한 장을 그에게다 주어 달라고 졸랐다. ~ 이틀 만에 이 양복장이 방 윗목에 가 처억 놓여진 것을 보았으나, 그는 내력을 물으려고 아니 하였다.
풀이 맹순사는 뇌물로 받은 양복장을 보면 얼굴이 간지럽다고 한다. 이는 자신의 행동에 대한 부끄러움을 나타내는 것으로, 팔자를 고칠 만큼 뇌물을 받지 못했다고 생각하는 것도, 다른 사람들에 대한 질투심을 나타내는 것도 아니다.

→ 적절하지 않음!

③ ⓒ : 예전과 다른 눈초리에서 순사를 *적대시하는 행인들의 마음을 알 수 있다.
* 적으로 여기는
근거 **4**-2~3 만나거나 지나치는 행인들의 동정이, 전처럼 조심하는 것 같은, 무서워하는 것 같은 기색이 없고, 그저 본숭만숭이었다. 더러는 다뿍 적의와 경멸의 눈초리로 흘겨보기까지 하였다.
풀이 예전과 달리 순사 차림의 맹순사를 적의와 경멸의 눈초리로 흘겨보는 모습을 통해 순사를 적대시하는 행인들의 마음을 알 수 있다.

→ 적절함!

④ ⓓ : 예전과 달라진 자신의 처지에 대한 맹순사의 착잡한 마음을 알 수 있다.
근거 **4**-2~3 행인들의 동정이, 전처럼 조심하는 것 같은, 무서워하는 것 같은 기색이 없고, 그저 본숭만숭이었다. 더러는 다뿍 적의와 경멸의 눈초리로 흘겨보기까지 하였다./9~11 '쯧, 지금 와서 푸대접받아도 한무내하지.' '화부십일홍이요, 날도 차면 기우는 법인데, 한때 잘들 해먹었으니 인제는 그 대갚음도 받아야겠지.' 무엇인지 모를 한숨이 절로 내쉬어졌다.
풀이 맹순사는 예전에는 사람들이 순사를 어려워했지만 지금은 깔본다고 생각하며 한숨을 쉰다. 이를 통해 예전과 달라진 자신의 처지에 대한 맹순사의 착잡한 마음을 알 수

있다.

→ 적절함!

⑤ ⓔ : *동간이라고 말하면서도 속으로 노마를 무시하는 것에서 노마에 대해 못마땅해
하는 맹순사의 마음을 알 수 있다. *동료

근거 ❺-16~19 "동간끼리두 나린가, 이 사람." 맹순사는 내색을 아니 하고 소탈히 그
러면서 같이 웃었다. 그러나 속으로는, '저런 것이 다 순사니, 수모도 받아 싸지.' 하였
다.

풀이 겉으로는 노마에게 동간이라고 말하면서도, 속으로는 노마가 순사의 자격이 없다고
무시하는 것을 통해 노마를 못마땅해하는 맹순사의 마음을 알 수 있다.

→ 적절함!

---

013 감상의 적절성 - 적절하지 않은 것 고르기 2019년 11월 학평 24번
정답률 80%   정답 ⑤

<보기>를 참고하여 윗글을 감상한 내용으로 적절하지 않은 것은?   [3점]

| 보기 |
　¹이 작품은 혼란스러웠던 해방 전후의 사회 현실 속에서 도덕적 관념(도덕적으로 옳은
것을 따르고 옳지 않은 것을 멀리하려는 마음)이 부족한 인물들을 비판적으로 드러내고 있
다. ²특히, 부정적 인물이 스스로를 긍정적으로 인식하는 모습을 제시한 뒤 그의 실상
(실제 모습)을 드러내는 방법을 통해 인물의 허위(진실이 아닌 것을 진실인 것처럼 꾸밈)와 위
선(겉으로만 착한 체함)을 고발하고 있다. ³또한 해방 이후 친일 잔재를 청산하지(일제 강점
기 때 일제를 도왔던 세력을 깨끗하게 정리하지) 못해서 나타나게 된 비극적 역사의 반복을,
당대(작품이 쓰인 당시) 인물들의 모습을 통해 보여 주고 있다.

① 맹순사가 '다른 동간들'과 달리 자신은 '청백'하다고 말하는 모습에서 부정적 인물이 스
스로를 긍정적으로 인식하고 있음을 확인할 수 있겠군.

근거 <보기>-2 특히, 부정적 인물이 스스로를 긍정적으로 인식하는 모습을 제시한 뒤
❶-1 "좌우간, 내가 그만침이나 청백했기 망정이지, 다른 동간들 당했단 소리 들었
지?
❷-20~22 그는 작은 것이나마 뇌물을 먹지 아니한 것이 아니면서도, 스스로 청백
하였노라고 팔분의 자신이 있었다. ~ 팔자를 고친다는 둥, 허리띠를 푼다는 둥의 수
준에 올라야 비로소 문제가 되는 것이었다.

풀이 맹순사는 자신이 받은 뇌물은 다른 사람들에 비하면 작은 것이므로 자신은 죄가 없
고 '다른 동간들'과 달리 자신은 '청백'하다고 말한다. 이를 통해 부정적 인물인 맹순
사가 스스로를 긍정적으로 인식하는 것을 확인할 수 있다.

→ 적절함!

② '뻐젓이' '돈벌이만 잘 허믄서, 활개 펴구' 사는 사람에 대한 서분이의 말에서 혼란스러
운 당대 사회 모습을 확인할 수 있겠군.

근거 <보기>-1 이 작품은 혼란스러웠던 해방 전후의 사회 현실 속에서 도덕적 관념이 부
족한 인물들을 비판적으로 드러내고 있다.
❶-9~11 서울루 뻐젓이 와서 기계방아 사놓구 돈벌이만 잘 허믄서, 활개 펴구 삽디
다. 죽길 어째 죽으며, 팔대리가 부러질 팔대니 어딨어?" "그런 게 글쎄 다 불한당질
루 장만한 거 아니냐?"

풀이 불한당질을 했지만 사람들에게 보복을 당하기는커녕 오히려 '뻐젓이' '돈벌이만 잘
허믄서, 활개 펴구' 잘사는 사람에 대한 서분이의 말을 통해 혼란스러운 당대 사회 모
습을 확인할 수 있다.

→ 적절함!

③ 스스로 청백하다고 여기면서 '술대접'을 받은 것은 '죄가 되는 것이 아니었다'라고 생각
하는 맹순사의 모습에서 인물의 허위와 위선을 확인할 수 있겠군.

근거 <보기>-2 특히, 부정적 인물이 스스로를 긍정적으로 인식하는 모습을 제시한 뒤 그
의 실상을 드러내는 방법을 통해 인물의 허위와 위선을 고발하고 있다.
❷-20~22 그는 작은 것이나마 뇌물을 먹지 아니한 것이 아니면서도, 스스로 청백
하였노라고 팔분의 자신이 있었다. 맹순사의 생각엔 ~ 술대접이나 받고 하는 것은,
아무나 예사로 하는 일이요, 하여도 죄 될 것이 없고, 따라서 독직이 되거나 죄가 되
는 것이 아니었다. ~ 팔자를 고친다는 둥, 허리띠를 푼다는 둥의 수준에 올라야 비로
소 문제가 되는 것이었다.

풀이 맹순사가 스스로를 청백하다고 여기며 다른 사람들이 받은 뇌물에 비하면 '술대접'
을 받은 것은 '죄가 되는 것이 아니었다'라고 생각하는 모습에서 인물의 허위와 위선
을 확인할 수 있다.

→ 적절함!

---

④ 해방 후 다시 '순사'가 되어 '××파출소'에서 일하게 된 맹순사의 모습에서 친일 잔재를
청산하지 못해 비극적인 역사가 반복되는 것을 확인할 수 있겠군.

근거 <보기>-3 또한 해방 이후 친일 잔재를 청산하지 못해서 나타나게 된 비극적 역사의
반복을, 당대 인물들의 모습을 통해 보여 주고 있다.
❸ 해방 직후 순사를 그만 두고 사람들을 피해 다니던 맹순사는 생활고로 인해 다시
순사가 되어 파출소로 첫 출근을 한다.
❺-1~2 마침내 ××파출소에 도달하였다. 여기서 맹순사는, 백성들이 순사를 멸시
하는 눈으로 보는 연유를 또 한 가지 발견하여야 하였다.

풀이 일제 강점기 때 일제의 '순사'였던 맹순사가 해방 후 다시 '순사'가 되어 '××파출소'에
서 일하게 된 모습에서 친일 잔재를 청산하지 못해 비극적인 역사가 반복되는 것을
확인할 수 있다.

→ 적절함!

✓⑤ '우미관패'에 들어가 '사람을 치다 붙잡'힌 노마를 놓아줬던 맹순사의 모습에서 맹순사
가 도덕적 관념을 회복하는 과정을 확인할 수 있겠군.

근거 ❺-12~13 조금 더 자라더니, 우미관패에 들어 가지고, 밤거리로 행패를 하고 다녔
고. 사람을 치다 붙잡아 간 것을 몇 차례 놓이게 하여 주기도 하였다.

풀이 '우미관패'에 들어가 '사람을 치다 붙잡'힌 노마를 맹순사가 몇 번이나 놓아 준 것은 맞
지만, 이를 통해 맹순사가 도덕적 관념을 회복하는 과정을 확인할 수는 없다.

→ 적절하지 않음!

[014~017] 다음 글을 읽고 물음에 답하시오.

① ¹까막개[黑浦](黑 검을 흑 浦 바닷가 포 : 흑포, 흑산도의 옛 이름)의 밤은 추위도 모르고 깊
어만 갔다.
　²북술이는 동무(친구)들과 (손을) 맞잡고 둥당의 노래(둥당애타령. 강강술래를 할 때 불렀던
노래)를 부를 때는 아무 시름(걱정)도 없이 즐겁기만 했다. ³그러나 혼자서 이 노래를 읊조
리면 얼굴 모습조차 기억 속에 더듬기 어려운 (기억나지 않는) 어머니의 옛이야기처럼 서러
움이 꿀컥 치밀었다. ⁴(강강술래를 하며) 둘레를 돌면서도 북술이의 눈은 이따금 ㉠ 갯가
(바닷물이 드나드는 곳의 물가)로 옮겨졌고, 그럴 때마다 용바우의 믿음직한 목소리가 귓전
(귓바퀴의 가장자리)을 어루만져 슬픔을 가라앉히곤 했다.
　⁵갯가에서는 막걸리를 나누는 참이었는지 한참 잦았던(잠잠해졌던) 징소리가 이번에는
더 세차게 마을을 스쳐서는 뒷주봉(우두머리 主 봉우리 峯 : 뒷산의 가장 높은 봉우리)에 메아
리(울려 퍼져 가던 소리가 산이나 절벽 같은 데에 부딪쳐 되울려오는 소리)를 울렸다.
　⁶'한아부지(할아버지 박영감)가 기다릴라.'
　⁷아쉬운 생각도 없지 않았지만 노래 중간에서 뺑소니(급히 몰래 달아남)를 쳐 나온 북술
이의 걸음은 집에 가까울수록 무거워만졌다.
　⁸당산(집 堂 산 山 : 토지나 마을의 수호신이 있다고 하여 신성시하는 마을 근처의 산) 밑 낭떠
러지에 등을 대고 다가붙은(가까이 붙은) 갯집(바다 근처의 집) 큰방(안방)에는 불빛도 보이지
않았다. ⁹정지(부엌)와 큰방과 마루를 둘러싼 앞마당은 그대로 행길(사람이 다니는 길)이자
갯가였다.
　¹⁰"인자사(이제야) 와……."
　¹¹굴뚝 뒤로 우거진 동백(冬柏)나무 그림자에서 불쑥 튀어나오는 소리였다.
　¹²"아이고 놀랐재라우, 누고(누구)……."
　¹³"나야, 나."
　¹⁴용바우의 크고 벌어진 어깨가 북술이 앞으로 다가왔다.
　¹⁵"난 또 누구라고, 갯가에서 벌써 왔는지라우."
　¹⁶"안 갔재라, 내일이 유왕님(龍王)(龍 용 용 王 임금 왕 : 용왕님) 고사(아뢸 告 제사 祀 : 액
운은 없어지고 풍요와 행운이 오도록 집안에서 섬기는 신에게 음식을 차려 놓고 비는 제사) 모시
는 날이랑이께."
　¹⁷"응, 그랴."
　¹⁸북술이는 깜빡 잊었던 용왕제(龍王祭)(음력 정월 14일에 배의 주인이 제사를 주관하여 뱃
사공이 지내는 제사)가 생각났다.
　¹⁹"그렁께로(그러니까) 술도 고기도 못 먹고 (몸과 마음을) 정히(깨끗할 淨 : 맑고 깨끗하게)
한다이께."
　²⁰까막개 사람들은 바다와 싸우면서 바다를 의지하고 살아왔다. ²¹폭풍우를 만나면
바다가 적이었고, 고요하게 잠자는 날이면 바다보다 다사로운(따뜻한) 벗은 없었다.
　²²이 섬(까막개)에서는 일 년의 넉 달(4달)은 농사가 살려 주고 나머지 여덟 달은 바다가
키워 주어 미역과 자반(생선으로 만든 반찬)과 생선으로 목숨을 이었다.

---

23 그들(까막개 사람들)은 바다에서 나서 바다에서 죽었다. **24** 용바우 아버지도 그랬고, 북술이 아버지도 그러했다. **25** 원수인 바다에 끝없는 저주를 보내면서 바다에 대한 **지성**(지극할 至 정성 誠 : 지극한 정성)은 그들의 **신앙**(믿을 信 우러를 仰 : 믿고 받드는 일)이었다.

26 그러기에 가장 허물없이(바르고) 깨끗한 젊은이들이 해마다 **청초**(정월 正 처음 初 : 음력 1월 초)에는 용왕제 **집사**(執事)(처리할 執 일 事 : 일을 맡아 봉사하는 사람)로 뽑혔다. **27** 용바우도 **금년**(지금 今 해 年 : 올해)에는 이 정성스러운 일(용왕제)에 한몫 들었다(역할을 맡게 되었다).

→ 북술이는 용바우를 만나 용왕제에 대한 이야기를 듣는다.

2 **1** 용바우는 열다섯에 첫 배를 탔다. **2** 털보영감으로 통하는 안선달과 두 살 맏이(형)이지만 알이 작기에 대추씨라는 별명을 가진 두칠이 틈에 끼여 북술이 할아버지 박영감과 함께 **칠산**(七山) 바다(전라북도 부안 위도에서 전라남도 신안 비안도까지의 바다)에서 **연평**(延坪)(인천광역시 옹진군에 위치한 섬) 앞개(바다)까지 올리훑는(아래에서 위로 올라가면서 훑는) 조기잡이로 시작된 뱃길(배를 타고 다니는 길)이 어느새 십 년이 흘렀다.

3 세월은 박영감(북술이 할아버지)의 등에서 **살점을 앗아 가고**(살이 빠져 왜소해졌다는 의미), **머리빛을 갈아 내고**(머리가 하얗게 셌다는 의미), 이마에 **밭이랑**(밭의 고랑 사이에 흙을 높게 올려서 만든 두둑한 곳) 같은 주름을 박아 가는 사이에 용바우는 제법 **소금섬**(소금을 담은, 짚으로 엮어 만든 그릇) 두 **가마**(부피의 단위로 약 180리터)씩을 단숨에(쉬지 않고 곧장) 지고 **발판**(어떤 곳을 오르내리거나 건너다닐 때 발을 디디기 위하여 설치해 놓은 장치)을 나는 듯이 **뱃전**(배의 양쪽 가장자리 부분)으로 오르내리게 되었다. **4** (용바우의) **간물**(소금기가 섞인 물)에 절은 검붉은 얼굴은 윤기를 띠었고 이글이글 타는 **화경**(햇빛을 비추면 불을 일으키는 거울이라는 뜻으로, 돋보기의 '볼록 렌즈'를 이르는 말) 같은 눈동자는 박영감의 가슴속 빈 구석을 채워 주었다.

→ 용바우는 박영감과 함께 십 년 동안 고기잡이를 해 왔다.

3 **1** 용바우에게 북술이는 **거리낌**(불편함)도 수줍음도 없었다. **2** 나이야 먹어 가든 말든 그대로 장난이요 반말이었다. **3** 그러던 북술이가 어느덧 용바우 앞에서 **옷고름**(저고리나 두루마기의 깃 끝과 그 맞은편에 하나씩 달아 양편 옷깃을 여밀 수 있도록 한 헝겊 끈)을 (입에) 물지 않으면 **앞섶**(옷의 앞자락에 있는 긴 헝겊)을 만지작거리는 버릇이 생겼다.

4 박영감은 박영감대로 **용바우에 대한 속셈**(용바우와 북술이를 혼인시키는 것. '속셈'은 마음속으로 하는 궁리나 계획)을 했고 용바우는 어느새 북술이가 제 물건처럼 소중해졌다. **5** 북술이도 **노상**(늘) 용바우가 싫지는 않았다.

→ 용바우와 북술이는 어느덧 서로에게 호감을 느끼게 되었다.

4 **[중략 줄거리]** **1** **출어**(나갈 出 물고기 漁 : 물고기를 잡으러 배를 타고 나감)를 나간 용바우는 돌아오지 않고, 북술은 곱슬머리 청년의 **구애**(구할 求 사랑 愛 : 사랑을 구함. 여기서는 청혼)를 받는다.

2 새벽에 **진통**(싸움 陣 아플 痛 : 아이를 낳을 때에, 짧은 간격을 두고 주기적으로 반복되는 배의 통증)이 시작하였다는 인실이 어머니가 해 질 무렵에 어린애가 걸린 대로 죽었다는 소문이 온 마을에 퍼졌다. **3** **다물도**(多物島)(전라남도 신안군 흑산면에 있는 섬)에 배를 가지고 갔던 인실이 아버지가 의사를 모시고 돌아온 것은 (인실이 어머니가) 이미 **운명한**(죽을 殞 목숨 命 : 사망한) 뒤였다.

4 북술이는 **송기**(소나무의 속껍질. 떡이나 죽을 만들어 먹기도 함) 벗기러 갔을 때의 **손가락 자리**(손가락으로 누른 자리)가 (병 때문에) **종시**(끝내) **솟아나지 않던**(원래대로 돌아오지 않던) 인실이 어머니의 다리가 자꾸만 눈앞에 어른거렸다(자꾸 떠올랐다). **5** 나도 시집을 가면 저러랴 싶으니 **등골이 오싹했다**(등골에 소름이 끼칠 정도로 매우 놀라거나 두려웠다. '등골'은 등 한가운데에 길게 움푹 들어간 곳).

6 '의사가 있는 육지에 가 살아야지.'

7 북술이의 마음은 자꾸만 육지로 **줄달음쳤다**(빠르게 향했다).

8 곱슬머리가 **사흘째**(3일째) 찾아왔다.

9 "**긴차쿠**(きんちゃく. 건착선)가 내일 저녁 목포로 떠나, 꼭 같이 가지?"

10 "그라재라우!"

11 북술이의 눈망울은 안개보다 깊었다.

12 "내일 저녁 해 떨어지문 곧……."

13 "**야**(예)"

14 "까막바위로 와."

15 "가지라우."

16 곱슬머리에게 **승낙**(받들 承 허락할 諾 : 원하는 바를 들어줌)을 하고 난 북술이의 마음은 **한곬**(한쪽. 여기서는 곱슬머리를 따라 육지로 가는 것)으로 정해졌다. **17** 육지에 가서 자리만 잡

으면 할아버지(박영감)도 (육지로) 모시자는 곱슬머리의 눈동자에는 **진정**(진실 眞 마음 情 : 진심)이 고였다고 생각되었다.

18 자기를 아껴 주는 사람이면 다 고마웠다. **19** 북술이의 머리에는 언제인가 한 번 보았던 육지의 화려한 모습이 **그물코**(그물에 뚫려 있는 구멍)처럼 연달아 떠올랐다. **20** 기차를 타고 자꾸자꾸 가고만 싶었다. **21** 곱게 생겼다는 어머니의 얼굴도 그려 보았다. **22** 그럴수록 북술이의 머릿속은 **엉클어져**(복잡하게 얽혀) 뜬눈으로 밤을 새웠다.

→ 출어 나간 용바우가 돌아오지 않고 해산하던 인실이 어머니가 죽자 북술이는 곱슬머리를 따라 육지로 가고자 한다.

5 **1** 집을 나선 북술이는 끝내 까막바위로 나갔다.

2 해는 **수평선**(물 水 평평할 平 선 線 : 물과 하늘이 맞닿아 경계를 이루는 선)에 가라앉았다. **3** 어둠이 **밀물**(밀려 들어오는 바닷물)처럼 스며들었다.

4 (곱슬머리가 탄) **뎀마**(てんま. 돛이 없는 작은 배)가 까막바위에 와 닿았다. **5** 그러나 북술이는 보이지 않았다. **6** 곱슬머리는 북술이가 자기를 놀라게 하려고 숨었나 싶었다. **7** 몇 차례나 바위를 돌았다. **8** 아무리 돌아도 북술이의 모습은 찾을 길 없었다.

9 곱슬머리는 뎀마를 **나루터**(나룻배가 닿고 떠나는 일정한 곳)로 돌렸다. **10** 그러나 마을 어느 구석에도 북술이의 그림자는 찾아볼 수 없었다. **11** **건착선**(덮을 巾 쓸 着 배 船 : 주머니 모양의 그물망으로 고기를 잡는 배)에서는 연달아 **고동**(신호를 위하여 길게 내는 기적 소리)이 울려 왔다. **12** 뎀마가 갯가에서 사라진 후 얼마 안 되어 건착선은 앞개를 떠났다.

13 ⓒ 까막바위에 선 북술이의 눈앞에는 **고래등 같은**(덩치가 큰) 용바우가 가로막고 섰다. **14** 할아버지의 **꿀대**(목청)를 파고 솟구치는 가래침 소리가 목덜미를 잡았다. **15** 다음 **용왕당**(용왕에게 제사를 지내는 곳)과 나루터와 갯벌이 머릿속이 비좁게 감돌았다.

16 '그라문 씨집(시집)도 안 가구 큰애기(처녀)로 늙으라제.'

17 용바우의 황소 같은 목소리가 **어깻죽지**(어깨에 팔이 붙은 부분)를 붙잡았다. **18** 뎀마의 물 가르는 소리가 점점 까막바위로 가까워 왔다.

19 북술이는 갑자기 마을 쪽으로 쏜살같이 달아났다. **20** 용바우가 내일 틀림없이 **연락선**(잇닿을 連 이을 絡 배 船 : 물가에서 양쪽 교통을 이어 주기 위하여 정기적으로 다니는 배)으로 돌아올 것만 같았다.

21 까막개의 아낙네(여자)들은 **그리다가**(그리워하다가) 목마르고, 기다리다 지쳐서 쓰러지면서도 바다와 더불어 살았다.

→ 까막바위에서 갈등하던 북술이는 내일 용바우가 돌아올 것 같다는 생각에 마을로 달아난다.

- 전광용, 「**흑산도**(전라남도 신안군 흑산면에 속하는 섬)」 -

· 중심 내용

까막개에 사는 북술이는 용바우에게 내일이 용왕제라는 이야기를 듣는다. 용바우는 박영감과 함께 십 년간 배를 탄 어부이다. 어릴 때부터 친했던 용바우와 북술이는 점점 서로에 대한 호감을 키워 나간다. 출어 나간 용바우가 돌아오지 않고 해산하던 인실이 어머니가 죽자 북술이는 자신에게 구애한 곱슬머리를 따라 육지로 가고자 한다. 북술이는 곱슬머리와 만나기로 한 까막바위에서 갈등하다가 내일 용바우가 돌아올 것 같다는 생각에 마을로 달아난다.

· 인물 관계도

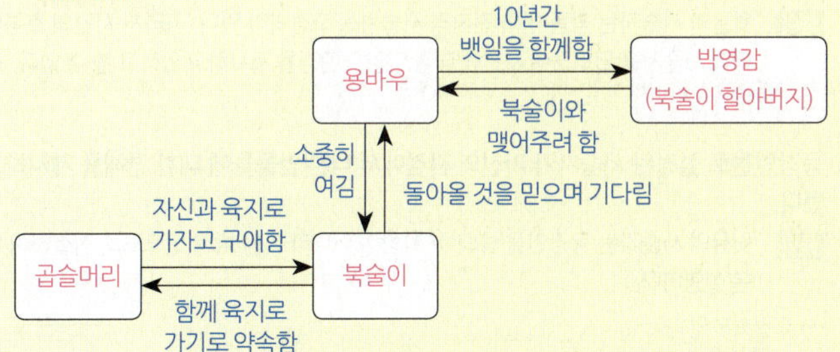

· 전체 줄거리([ ] : 지문 내용)

[섬마을인 까막개에 사는 북술이는 친구들과 강강술래를 하다가 집으로 돌아온다. 북술이는 집 근처에서 자신을 기다리고 있던 용바우에게 내일이 용왕제라는 이야기를 듣는다. 바다와 씨우면서도 비다를 의지하고 살아가는 끼막개 사람들은 매년 용왕제를 정성껏 지낸다. 용바우는 북술이 할아버지인 박영감과 함께 십 년간 배를 탄 어부이다. 어릴 때부터 친했던 용바우와 북술이는 점점 서로에 대한 호감을 키워 가고, 박영감도 용바우를 북술이와 혼인시키려는 속셈을 갖고 있다.] 용왕제가 끝난 후 용바우는 박영감과 북술이의 만류에도 불구하고 식량이 바닥났다며 출어를 나가려 한다. 결국 몸이 좋지 않은 박

영감을 제외한 용바우, 털보 영감, 두칠이가 바다로 나간다. 두 달이 지나도록 배는 돌아오지 않고, 그럼에도 북술이는 용바우를 계속 기다린다. 한편 때때로 육지에서 건착선을 타고 오는 곱슬머리 청년은 북술이에게 육지에서 함께 살자고 구애한다. 어느 날 북술이와도 친하던 [인실이 어머니가 아이를 낳다가 죽자 북술이는 곱슬머리를 따라 육지로 가고자 한다. 북술이는 곱슬머리와 만나기로 한 까막바위에서 갈등하다가 내일 용바우가 돌아올 것 같다는 생각에 마을로 달아난다.] 자리를 털고 일어난 박영감은 배를 수리해 고기를 잡으러 떠나고 북술이는 나루터에 서서 아득한 육지를 바라본다.

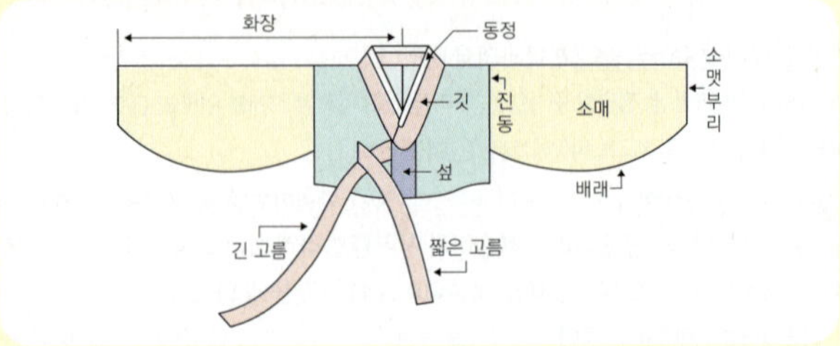

▲ 저고리

❸-3 북술이가 어느덧 용바우 앞에서 옷고름을 물지 않으면 앞섶을 만지작거리는 버릇이 생겼다.

---

014 | 서술상 특징 - 적절한 것 고르기 **2023년 11월 학평 31번**
정답률 75%, 매력적 오답 ② 15% | 정답 ①

윗글의 서술상 특징으로 가장 적절한 것은?

① 서술자가 인물의 내면을 드러내어 독자의 이해를 돕고 있다.
> **근거** ❶-2~4 북술이는 동무들과 맞잡고 둥당의 노래를 부를 때는 아무 시름도 없이 즐겁기만 했다. ~ 용바우의 믿음직한 목소리가 귓전을 어루만져 슬픔을 가라앉히곤 했다./ ❸-1 용바우에게 북술이는 거리낌도 수줍음도 없었다./ 4~5 박영감은 박영감대로 용바우에 대한 속셈을 했고 용바우는 어느새 북술이가 제 물건처럼 소중해졌다. 북술이도 노상 용바우가 싫지는 않았다./ ❹-16~21 북술이의 마음은 한곬으로 정해졌다.~ 곱게 생겼다는 어머니의 얼굴도 그려 보았다./ ❺-20 용바우가 내일 틀림없이 연락선으로 돌아올 것만 같았다.
> **풀이** 작품 밖의 전지적 서술자가 북술이, 박영감, 용바우의 내면을 드러내어 독자의 이해를 돕고 있음을 확인할 수 있다.
> → 적절함!

② 서술자가 관찰자의 입장에서 사건을 전달함으로써 객관성을 높이고 있다.
> **풀이** 윗글의 서술자는 인물의 말과 행동뿐 아니라 내면 심리까지 전달하고 있다. 따라서 관찰자의 입장에서 사건을 전달함으로써 객관성을 높이고 있다고 볼 수 없다.
> → 적절하지 않음!

③ 서술자가 사건을 이야기 속에서 전달하다가 이야기 밖에서 전달하고 있다.
> **풀이** 윗글의 서술자는 이야기 밖에서만 사건을 전달하고 있으므로 적절하지 않다.
> → 적절하지 않음!

④ 시간의 흐름에 따라 서술자를 달리하여 사건에 대한 다양한 관점을 제시하고 있다.
> **풀이** 윗글의 서술자는 작품 밖의 전지적 서술자로 고정되어 있다. 따라서 시간의 흐름에 따라 서술자를 달리하여 사건에 대한 다양한 관점을 제시하고 있다고 볼 수 없다.
> → 적절하지 않음!

⑤ 등장인물로 설정된 서술자가 자신의 관점에서 다른 인물들에 대한 견해를 제시하고 있다.
> **풀이** 윗글의 서술자는 등장인물 중의 한 사람이 아니라 작품 밖에 있으므로 적절하지 않은 설명이다.
> → 적절하지 않음!

> ■ 소설의 시점
> 004번 문제 ③번 선지 (2021년 6월 학평) 참고 → 151쪽

---

015 | 내용 이해 - 적절하지 않은 것 고르기 **2023년 11월 학평 32번**
정답률 50%, 매력적 오답 ⑤ 25%, ② 20% | 정답 ④

윗글에 대한 이해로 적절하지 않은 것은?

① 용바우는 열다섯 살에 첫 배를 탔다.
> **근거** ❷-1 용바우는 열다섯에 첫 배를 탔다.
> **풀이** 용바우는 열다섯 살에 첫 배를 탔다고 제시되어 있다.
> → 적절함!

② 북술이는 인실이 어머니와 송기를 벗기러 갔었다.
> **근거** ❹-4 북술이는 송기 벗기러 갔을 때의 손가락 자리가 종시 솟아나지 않던 인실이 어머니의 다리가 자꾸만 눈앞에 어른거렸다.
> **풀이** 북술이는 인실이 어머니와 송기를 벗기러 갔을 때 그녀의 불편한 다리를 보았다고 하였다.
> → 적절함!

③ 박영감은 용바우와 함께 바다로 나가 조기잡이를 했다.
> **근거** ❷-1~2 용바우는 열다섯에 첫 배를 탔다. ~ 북술이 할아버지 박영감과 함께 칠산 바다에서 연평 앞개까지 올리훑는 조기잡이로 시작된 뱃길이 어느새 십 년이 흘렀다.
> **풀이** 용바우는 박영감과 함께 칠산 바다에서 연평 앞개까지 올리훑는 조기잡이로 뱃일을 시작했다.
> → 적절함!

④ 용바우는 북술이를 보기 위해 고사도 가지 않고 그녀를 기다렸다.
> **근거** ❶-10~16 "인자사 와……." 굴뚝 뒤로 우거진 동백나무 그림자에서 불쑥 튀어나오는 소리였다. "아이고 놀랐재라우, 누고……." "나야, 나." 용바우의 크고 벌어진 어깨가 북술이 앞으로 다가왔다. "난 또 누구라고, 갯가에서 벌써 왔는지라우." "안 갔재라, 내일이 유왕님 고사 모시는 날이랑이께."
> **풀이** 용바우가 북술이를 보기 위해 그녀를 기다린 것은 맞으나 '내일이 유왕님 고사 모시는 날'이라고 하였으므로 고사를 가지 않고 북술이를 기다렸다는 것은 적절하지 않다.
> → 적절하지 않음!

⑤ 북술이는 할아버지가 자신을 기다릴 것이라는 생각에 아쉬움을 뒤로하고 집으로 향했다.
> **근거** ❶-2 북술이는 동무들과 맞잡고 둥당의 노래를 부를 때는 아무 시름도 없이 즐겁기만 했다./ 6~7 '한아부지가 기다릴라.' 아쉬운 생각도 없지 않았지만 노래 중간에서 빵소니를 쳐 나온 북술이의 걸음은 집에 가까울수록 무거워만졌다.
> **풀이** 동무들과 즐겁게 둥당의 노래를 부르던 북술이는 할아버지가 기다릴 것이라는 생각에 아쉬움을 뒤로하고 집으로 향했다.
> → 적절함!

> 💡 **어떻게 풀까?** 세부 내용을 파악하는 문항으로 오답률이 높다. 선지와 지문 내용의 일치 여부를 파악하며 문제를 풀어야 한다. 이때, 지문의 구어체로 표현된 것들이 선지에는 문어체로 요약되어, 선지의 표현과 지문의 표현이 다르다. 선지 ⑤를 틀린 선택지라 생각한 학생들은 문장에 제시된 인물의 속마음, 인물의 감정이 어디서 비롯되었는지를 파악하지 못했던 것이다. 다시 지문을 살펴보며 어떤 문장을 내가 잘못 해석했는지 되짚어 보자.

---

016 | 공간의 기능 - 적절한 것 고르기 **2023년 11월 학평 33번**
정답률 75%, 매력적 오답 ③ 15% | 정답 ⑤

㉠과 ㉡에 대한 이해로 가장 적절한 것은?

> ❶-4 둘레를 돌면서도 북술이의 눈은 이따금 ㉠ 갯가로 옮겨갔고, 그럴 때마다 용바우의 믿음직한 목소리가 귓전을 어루만져 슬픔을 가라앉히곤 했다.
> ❺-13 ㉡ 까막바위에 선 북술이의 눈앞에는 고래등 같은 용바우가 가로막고 섰다.

① ㉠은 인물이 기억을 잃는, ㉡은 인물이 기억을 되찾는 공간이다.
> **풀이** 북술이는 ㉠(갯가)을 바라보며 용바우를 떠올리고 있으므로 기억을 잃는 공간이라 할 수 없고, ㉡(까막바위)은 북술이가 서서 용바우를 떠올리는 공간이므로 기억을 되찾는 공간으로 볼 수 없다.

→ 적절하지 않음!

② ㉠은 ㉡과 달리, 인물이 대상의 *부재 이유를 깨닫는 공간이다. * 존재하지 않음

풀이 ㉠(갯가)은 북술이가 용바우가 있을 것이라고 생각하는 장소일 뿐, 용바우가 부재한 이유를 깨닫는 공간으로는 볼 수 없다.

→ 적절하지 않음!

③ ㉡은 ㉠과 달리, 인물이 예상치 못한 타인과 마주치는 공간이다.

근거 ❺-18~20 뎀마의 물 가르는 소리가 점점 까막바위로 가까워 왔다. 북술이는 갑자기 마을 쪽으로 쏜살같이 달아났다. 용바우가 내일 틀림없이 연락선으로 돌아올 것만 같았다.

풀이 북술이는 곱슬머리를 만나기 위해 ㉡(까막바위)으로 나왔다가 용바우가 내일이라도 돌아올 것만 같아 마을 쪽으로 달아난다. ㉡(까막바위)에서 인물이 예상치 못한 타인과 마주치고 있지는 않다.

→ 적절하지 않음!

④ ㉠과 ㉡은 모두, 인물이 타인을 관찰하기 위해 몸을 숨긴 공간이다.

풀이 ㉠(갯가)과 ㉡(까막바위) 모두 북술이가 타인을 관찰하기 위해 몸을 숨긴 공간으로 볼 수 없다.

→ 적절하지 않음!

⑤ ㉠과 ㉡은 모두, 인물이 자신을 소중하게 생각하는 대상을 떠올리는 공간이다.

근거 ❸-4 용바우는 어느새 북술이가 제 물건처럼 소중해졌다.

풀이 북술이는 ㉠(갯가)을 바라보면서 용바우의 믿음직한 목소리를 떠올리며 자신의 슬픔을 가라앉히고 있고, ㉡(까막바위)에서는 고래등 같은 용바우를 떠올리고 있다. 용바우는 북술이를 소중하게 여기고 있으므로, ㉠(갯가)과 ㉡(까막바위)은 모두 북술이가 자신을 소중하게 생각하는 대상인 용바우를 떠올리는 공간이라고 할 수 있다.

→ 적절함!

1등급 문제

017 | 감상의 적절성 – 적절하지 않은 것 고르기 | 2023년 11월 학평 34번
정답률 55%, 매력적 오답 ⑤ 25%

정답 ④

〈보기〉를 참고하여 윗글을 감상한 내용으로 적절하지 않은 것은? [3점]

| 보 기 |
[1] 이 작품에서 바다와 섬은 섬사람들의 삶에 **절대적**(뛰어날 絕 대할 對 ~의 的 : 비교하거나 상대될 만한 것이 없는) 영향을 미친다. [2] 섬사람들은 바다와 섬에 대해 **양면적인**(두 兩 쪽 面 ~의 的 : 서로 다른 두 가지의) 태도를 보이는데, 그들은 삶의 터전이자 시련을 주는 바다와 대립하면서도 바다를 **숭배한다**(높일 崇 굽힐 拜 : 우러러 받들어 모신다) [3] 또한 **열악한**(못할 劣 나쁠 惡 : 매우 나쁜) 환경인 섬에서 벗어나고 싶어 하면서도, 그 안에서 서로를 의지하며 섬사람의 운명에 **순응하는**(따를 順 응할 應 : 따르는) 삶을 이어 가고자 한다.

① 까막개 사람들이 바다에서 나는 것들로 목숨을 이어 가면서도 바다로 인하여 목숨을 잃게 되는 것에서, 삶의 터전이자 시련의 공간인 바다의 모습을 확인할 수 있군.

근거 〈보기〉-2 삶의 터전이자 시련을 주는 바다

❶-22~24 이 섬에서는 일 년의 넉 달은 농사가 살려 주고 나머지 여덟 달은 바다가 키워 주어 미역과 자반과 생선으로 목숨을 이었다. 그들은 바다에서 나서 바다에서 죽었다. 용바우 아버지도 그랬고, 북술이 아버지도 그러했다.

풀이 까막개 사람들이 바다에서 나는 미역과 자반과 생선으로 목숨을 이어 가면서도 용바우 아버지와 북술이 아버지가 바다에서 목숨을 잃은 것에서, 삶의 터전이자 시련의 공간인 바다의 모습을 확인할 수 있다.

→ 적절함!

② 까막개 사람들이 바다를 저주하면서도 허물없고 깨끗한 젊은이들을 뽑아 용왕제를 준비하는 것에서, 바다와 대립하면서도 바다를 숭배하는 섬사람들의 모습을 확인할 수 있군.

근거 〈보기〉-2 섬사람들은 바다와 섬에 대해 양면적인 태도를 보이는데, 그들은 삶의 터전이자 시련을 주는 바다와 대립하면서도 바다를 숭배한다.

❶-25~26 원수인 바다에 끝없는 저주를 보내면서 바다에 대한 지성은 그들의 신앙이었다. 그러기에 가장 허물없고 깨끗한 젊은이들이 해마다 정초에는 용왕제 집사로 뽑혔다.

풀이 까막개 사람들은 시련을 주는 바다를 저주하면서도 용왕제를 준비할 때 허물없고 깨끗한 젊은이들을 뽑아 바다에 대한 지성을 보이고 있다. 이를 통해 바다와 대립하면서도 바다를 숭배하는 섬사람들의 모습을 확인할 수 있다.

→ 적절함!

③ 북술이가 인실이 어머니의 죽음에 대한 소문을 듣고 의사가 있는 육지에서 살고 싶어 하는 것에서, 열악한 환경인 섬에서 벗어나고 싶어 하는 섬사람의 모습을 확인할 수 있군.

근거 〈보기〉-3 열악한 환경인 섬에서 벗어나고 싶어 하면서도,

❹-2~3 새벽에 진통이 시작하였다는 인실이 어머니가 해 질 무렵에 어린애가 걸린 대로 죽었다는 소문이 온 마을에 퍼졌다. 다물도에 배를 가지고 갔던 인실이 아버지가 의사를 모시고 돌아온 것은 이미 운명한 뒤였다 / ❻-6~7 '의사가 있는 육지에 가 살아야지.' 북술이의 마음은 자꾸만 육지로 줄달음쳤다.

풀이 북술이는 의사가 제때 오지 않아 아이를 낳다 죽은 인실이 어머니에 대한 소문을 듣고 의사가 있는 육지에서 살고 싶어 하는 모습을 보인다. 이를 통해 열악한 환경인 섬에서 벗어나 육지로 가고 싶어 하는 섬사람의 모습을 확인할 수 있다.

→ 적절함!

④ 북술이가 곱슬머리가 할아버지를 모시자고 한 제안에 진정성을 느끼는 것에서, 섬 안에서 서로 의지하며 살아가는 섬사람들의 모습을 확인할 수 있군.

근거 ❹-17 육지에 가서 자리만 잡으면 할아버지도 모시자는 곱슬머리의 눈동자에는 진정이 고였다고 생각되었다.

풀이 북술이는 육지에 가서 자리를 잡으면 할아버지를 모시자고 한 곱슬머리의 제안에 진정성을 느끼고 고마워하고 있다. 그러나 곱슬머리는 북술이에게 섬이 아닌 육지에서 살자고 하였으므로 이를 통해 섬 안에서 서로 의지하며 살아가는 섬사람들의 모습을 확인할 수는 없다.

→ 적절하지 않음!

⑤ 북술이가 용바우가 돌아올 것만 같다고 느끼며 마을로 향하는 것에서, 섬사람의 운명에 순응하는 삶을 선택한 섬사람의 모습을 확인할 수 있군.

근거 〈보기〉-3 그 안에서 서로를 의지하며 섬사람의 운명에 순응하는 삶을 이어 가고자 한다.

❺-19~20 북술이는 갑자기 마을 쪽으로 쏜살같이 달아났다. 용바우가 내일 틀림없이 연락선으로 돌아올 것만 같았다.

풀이 곱슬머리와 함께 육지로 떠날 결심을 했던 북술이는 내일이라도 용바우가 돌아올 것만 같아 마을로 달아난다. 이를 통해 섬사람끼리 의지하며 살아가는 운명에 순응하기로 한 모습을 확인할 수 있다.

→ 적절함!

[018~020] 다음 글을 읽고 물음에 답하시오.

❶ [1] 여기 **동남향**(동쪽 東 남쪽 南 방향 向 : 서북쪽에서 동남쪽을 바라보는 방향)으로 후미진(매우 깊은) **골짜기**(산과 산 사이에 움푹 패어 들어간 곳)에 **억새**(볏과의 여러해살이풀)와 **솔가지**(꺾어서 말린 소나무의 가지)로 덮은 **움막**(추위나 비바람만 가릴 정도로 임시로 지은 집)이 하나 보인다. [2] 양동욱 내외(안 內 바깥 外 : 부부)가 들어와있다(살고 있다).

[3] 동욱 내외는 이 지리산 **공비**(함께할 共 비적 匪 : 북한 공산당의 게릴라군) **소탕**(제거할 掃 없앨 蕩 : 휩쓸어 죄다 없애 버림)이 완료되던 다음해 봄에 여기(지리산)를 찾아들어 막을 매고(움막을 짓고) 밭을 일구기 시작했다.

→ 동욱 내외는 지리산 골짜기에 움막을 짓고 밭을 일구며 산다.

❷ [1] **피난살이**(재난을 피하여 가서 하는 살림살이)를 부산에서 했다. [2] **아무리 버둥거려봐도**(애를 써 봐도) 살 수가 없었다. [3] 살아갈 **재간**(재주 才 재능 幹 : 방법)이 없었다. [4] 무슨 짓이든 못할 게 없겠으나 할 짓이, 할 일이 없었다.

[5] 약만 쓰면 살릴 줄 뻔히 알면서도 **그렇지**(가난으로 약을 사지) 못해 아이까지 죽였다.

[6] **영선고개**(부산 중구 대청동에 있는 고개) **판잣집**(판자로 사방을 이어 둘러서 벽을 만들고 허술하게 지은 집)마저 헐리게 되자 별 **작정**(계획)도 없이 그만 (부산을) 떠 버렸다.

[7] **진주**(경상남도 서남부에 있는 지역)에서 몇 달 동안 살았다.

[8] 목수나 미장이(벽이나 천장, 바닥에 흙, 시멘트 따위를 바르는 일을 직업으로 하는 사람) **뒷일꾼**(보조하거나 허드렛일을 하는 일꾼)으로도 다녀봤다. [9] 한 달에도 며칠, 그나마도 **작자가 달아**(여기서는 목수나 미장이가 인색해서) **품삯은 고사하고라도**(일을 한 대가로 받는 돈은커녕) 제 몫에 (돈이) 돌아오지도 않았다.

[10] 그(동욱)의 아내가 **양은그릇**(쇠그릇)을 받아 이고(머리 위에 얹고) 장사로도 나서봤다. [11] 주로 **촌마을**(시골 마을)을 찾아다녔다. [12] (받아 온 양은그릇이) **본전**(본래 本 돈 錢 : 원가)도 더 깎지 않고는 팔리지 않았다(손해를 보고 팔았다는 의미).

[13] **할 일이 없었다.** [14] 살아갈 수가 없었다.

15 산청(경상남도 중서부에 있는 지역)으로 들어갔다.
16 여기서는 더 할 일이 없었다.
17 "여보(여기서는 동욱), ㉠ 두더지가 땅 밖에 나오면 죽게 마련이라오(여기서는 동욱 부부가 도시에서는 살 수 없음을 빗댄 말). **18** 우리 그만 깊숙히 산골로 들어가서 밭농사나 짓자요……."
19 이래서 돈푼(아주 적은 돈) 될 것은 모조리 팔았다.
20 밀가루 두 포대(물건을 '베자루'에 담아 그 분량을 세는 단위)와 감자씨 반 말(부피의 단위. 1말은 약 18리터)을 사고 우거지(배추 같은 푸성귀에서 뜯어낸 겉대) 한 꾸러미를 바꿨다.
21 괭이, 호미, 톱, 낫 이런 연모(연장. 도구)와 함께 된장 몇 사발, 소금 두 됫박(되. 부피의 단위. 1되는 약 1.8리터) 그밖에 석유 한 병, 사기 호롱(석유를 담아 불을 켜는 데에 쓰는 흰 그릇) 한 개를 꾸려서 산청을 뒤로하고 산골로 접어들었다.

→ 동욱 내외는 부산, 진주, 산청을 떠돌지만 먹고살 방법이 없어 산골로 들어가 살기로 한다.

3
1 십 리(거리의 단위. 1리는 약 0.4km)도 넘게 들어갔다. **2** 동욱의 걸음이 뜬다(느리다).
3 누구나 그래도 다 살아가는데 누구나 다 사는 세상에서 나만 살지 못하고 이렇게 무인(없을 無 사람 人 : 사람 없는) 산골로 쫓겨가다니―하니 동욱은 어떤 패배감 같은 설움이 치밀어 목이 메인다. **4** 그럴수록 뒤따라오는 그의 아내가 측은하기도(가엾게 여길 惻 가엾어 할 隱 : 가엾기도)하고 미덥기도(믿음직스럽기도)했다.
5 ㉡"어쩔까, 산골은 어디 없이 매 한가지가 아니겠나(다 똑같지 않겠나. 더 깊이 들어가지 말고 이곳에서 머물러 살자는 의미)?"
6 하고 동욱이 골짜기를 두리번거리자
"매 한가질 바야(다 똑같을 바에야) 더 들어가요. **7** 길이 막히는 데까지 가 보자요!"
8 해는 벌써 한나절(하루 낮의 반)이 가까왔다. **9** 어느 산구비(산이 휘어서 구부러진 곳)로 희부옇게(선명하지 못하고 허옇게) 강물이 보였다. **10** 먼발치로 강만 바라보고 무작정 걸었다.
11 벼랑을 끼고 얼마를 돌아나가자 강은 발밑으로 흐르고 있었다. **12** 물이 밭은(말라붙은) 강이었다. **13** 강을 건넜다. **14** 있는 듯 없는 듯한 오솔길(좁은 길)을 따라 산기슭(산의 비탈이 끝나는 아랫부분)을 돌고 몇 등(산의 등줄기)을 넘어 골짜구니(골짜기)로 들어섰다. **15** 들어갈수록 질펀한(땅이 넓고 평평하게 펼쳐진) 골짜기였다. **16** 길 옆에 오지그릇(진흙으로 빚어 잿물을 입혀 구운 그릇. 검붉은 윤이 나고 단단함) 조각들이 보였다.
17 "동네였나부지?"
18 "그런가 봐요!"
19 하잘것 없는(하찮은) 이 오지그릇 조각들이 이 날 이 두 내외(동욱 부부)에게는 먼 조상의 무덤이나 찾은 것처럼 가슴이 설레고 반가왔다.

→ 산골로 들어가다가 오지그릇 조각을 발견한 동욱 내외는 살 만한 장소를 찾아 기뻐한다.

4
[중략 줄거리] **1** 산골 생활에 적응해 나가던 부부는 자신들에게 집을 지어 준 박 노인과 함께 살아가기를 바란다. **2** 박 노인은, 과거에 자신을 배신했지만 가엾은 처지가 된 윤 생원을 거두어 부부를 찾아와 함께 생활해 나간다.

→ 산골에서 동욱 내외는 박 노인, 윤 생원과 함께 살게 된다.

5
1 한 이틀 쉬더니 윤 생원은 괭이(땅을 파거나 흙을 고르는 데 쓰는 농기구)를 들고 나선다. **2** 놀자니 온 전신이 근질거린다(하고 싶은 일을 억지로 참느라 힘들다)고 한다.
3 그런가 하면, 눈이 덮이기 전에 거름(식물이 잘 자라도록 땅을 기름지게 하기 위하여 주는 물질)을 한 번 먹여야 한다고, 아직 차지도 않은 뒷간(화장실)에다 물을 타서(배설물을) 보리밭에 퍼내기도 한다. **4** 박 노인도 놀기 심심하다면서 산으로 올라가 나무를 베곤 한다.
5 정월달(음력 1월)도 그럭저럭 넘어가고 이월 초순(한 달 중 1일에서 10일까지의 동안) 어느 날 밤이었다. **6** 저녁을 먹고 나서 그대로 담배를 피우면서 박 노인이
"벌써 진달래가 폈데(피었더군)!"
7 그러자 동욱 아내가
"곧 나물이 돋겠네, 좋아라."
8 "나물은 역시 야산(들 野 산 山 : 들 가까이의 나지막한 산)이 빨라. **9** 여기는 산이 깊어서……."
10 동욱이
㉢ "그럼 감자씨도 널까(뿌릴까)?"
11 하자 박 노인이
"씨는 넉넉한지?"
12 동욱 아내가
"잔(작은) 것만 가려서(골라서) 두어(둘 정도) 말(부피의 단위. 1말은 약 18리터) 돼요!"
13 그러자 윤 생원이 불쑥
"돼지는 언제 살까요?"

14 하자, 박 노인은 비로소 생각이 난 듯
"세 전(설을 쇠기 전)에 누가 **구시(구유)**(소나 말의 먹이를 담아 주는 그릇) 두 개 **파달라**(파내어 달라) 카는데, **구시 두 개 파면**(파내어 주면) 돼지새끼 한 **자우**(쌍) 사질까?"
15 그러자 윤 생원이 또
"안되면 도끼자루하고 도리깨 살도 다 내지(도끼 손잡이랑 도리깨에 달린 나뭇가지도 다 팔지. '도리깨'는 곡식의 낟알을 떠는 데 쓰는 농기구)."
16 "나도 **산나물 나면 여**(돼지 사는 데에) **내다 보**탤래."

→ 동욱 내외는 봄에 농사지을 생각에 들뜨고,
윤 생원이 돼지를 사려고 하자 박 노인과 동욱 아내가 돈을 보태겠다고 말한다.

6
1 이러고 난 한 열흘 뒤(이월 중순. 2월 11일에서 20일 사이)에 동욱과 윤 생원은 새로 일군 밭부터 골(밭이나 논을 갈아 곡식을 심을 수 있게 손질하여 놓은 두둑과 고랑)을 **치기**(만들기) 시작한다. **2** 삽에다 칡새끼(칡을 꼬아 줄처럼 만든 것)를 걸어 동욱이가 당기고 윤 생원이 삽질을 했다. **3** 서(셋) 마지기(논밭 넓이의 단위. 밭 1마지기는 약 100평) 턱(정도)이나 씨를 넣었다. **4** 꼬박 사흘(3일)이 걸렸다. **5** 감자갈이를 마치고 동욱과 윤 생원은 박 노인을 따라 **산에서 구유감**(구유를 만들 재료인 큰 나무)**을 굴려 내렸다.** **6** 며칠째 꽃바람(꽃이 필 무렵에 부는 봄바람)이 불기 시작하자 산은 날로 물기가 어리기 시작한다.
7 닭이 품자리(알을 품을 자리)를 찾는다. **8** 알은 딱 열 일곱 개밖에 낳지 않았다.
9 동욱 내외는 뜰 옆 양지(볕 陽 땅 地 : 볕이 바로 드는 곳)쪽에서 닭을 품기면서(알을 품게 하면서) 그의 아내가
"여보, 아무래도 방을 한 간(칸) 더 달아야(만들어야) 해요!"
10 "뭐하게 방은 또……."
11 "윤 생원 말요……."
12 ㉣ 동욱은 그의 아내의 입을 바라본다.
13 "**명숙이 엄마**(부산에서 홀로 아이를 키우며 살아가는 여인. 전체 줄거리 참고)**를** 데리고 올까고―."
14 동욱은 비로소 말뜻을 알아차리고 **씨익 웃으**면서
"명숙이 엄마가 올까?"
15 "오다뿐이겠오. **16** 명숙이 엄마가 인제 나이 서른 일곱인데, 아이를 달고 그게 어데 사는 게라고!"
17 "그렇게 됐으면(명숙이 엄마가 산골로 와 함께 살면) 좋긴 하겠는데……."
18 "윤 생원도 알고 보니 당신(동욱)보다도 세 살 위인 마흔 둘입디다. **19** ㉤ 마흔 둘이면 한창인데 이 산속에서 어떻게 홀애비(아내 없이 혼자 지내는 사내)로 늙겠오."

→ 동욱과 윤 생원, 박 노인은 함께 일을 하고,
동욱 아내는 명숙이 엄마를 데려와 윤 생원과 맺어 주려 한다.

- 오영수, 「메아리」-

· **중심 내용**
도시에 정착하지 못한 동욱 내외는 산골로 들어가 박 노인, 윤 생원과 함께 농사를 지으며 살아간다.

· **전체 줄거리 ([ ] : 지문 내용)**
[전쟁 중 부산에서 피난살이를 하던 양동욱 부부는 진주, 산청을 떠돌지만 생활이 어려워져 산골로 들어가 살기로 한다.] 동욱 부부는 지리산 후미진 골짜기에 움막을 짓고 밭을 일구어 감자 씨를 뿌린다. 또, 봄나물과 더덕 등을 캐어 장에 내다 팔아서 여러 씨앗과 생활용품을 마련한다. 가을이 되자 제법 겨울을 지낼 식량을 준비할 수 있게 되고 닭과 강아지도 기르게 된다. 추운 겨울을 보낼 일을 걱정하던 동욱 부부는 산에서 혼자 살고 있는 목수 박 노인에게 부탁해 집을 짓기로 한다. 박 노인은 경북 청송에서 목수 일을 했는데 이십 년 전 아내가 자신의 조수인 윤방구와 **사통한**(부부가 아닌 남녀가 몰래 서로 정을 통한) 사실을 알게 된 후 산속에 들어와 혼자 살게 되었다고 말한다. 집이 완성된 후 동욱 부부가 박 노인에게 같이 지내자고 권하지만 박 노인은 사양한다. 동욱 부부는 겨울을 보내며 아직도 부산 시장 바닥에서 아이를 홀로 키우며 고생하고 있을 명숙이 엄마를 안타까워한다. 어느 날 밤, 박 노인은 윤방구를 데리고 동욱 부부를 찾아온다. 이십 년 전 박 노인이 떠난 뒤 마을에서 쫓겨난 윤방구는 빨치산(공비. 북한의 게릴라군)이 되었으나 박 노인의 도움으로 간신히 목숨을 부지하게 된다. 동욱 부부는 그를 윤 생원이라고 부르기로 한다. [박 노인, 윤 생원과 함께 살게 된 동욱 부부는 이듬해(바로 다음의 해) 봄이 되자 농사를 짓기 시작하고 윤 생원은 돼지를 기르고 싶어 한다. 동욱 아내는 명숙이 엄마를 데려와 윤 생원과 맺어 주려 하고,] 이를 알게 된 박 노인은 기뻐한다. 며칠 뒤 동욱 아내는 명숙이 엄마를 데리러 부산으로 떠나고, 산청장을 다녀온 박 노인이 돼지를 사오지 않아 실망한 윤 생원에게 박 노인은 동욱 아내가 좋은 소식을 가지고 올 것이라고 말한다.

• 인물 관계도

◀ 오지그릇(③-16)
도시를 떠나 정착할 곳을 찾아다니던 동욱 내외가 발견한 오지그릇 조각들은 산골이 사람이 살았던 마을이었다는 단서로, 그들에게 설렘을 안겨 준다.

---

018 | 내용 이해 – 적절한 것 고르기　2024년 6월 학평 40번
정답률 65%, 매력적 오답 ③ 10%　　　**정답 ①**

윗글에 대한 설명으로 적절한 것은?

① 동욱의 아내는 장사를 나서 봤지만 손해를 보았다.

> **근거** ❷-10~12 그(동욱)의 아내가 양은그릇을 받아 이고 장사로도 나서봤다. ~ 본전도 더 깎지 않고는 팔리지 않았다.
>
> **풀이** 동욱의 아내는 양은그릇 장사를 나서 봤지만 본전도 찾지 못하고 손해를 본다.
>
> → 적절함!

② 동욱은 도시에서 느낀 패배감을 아내의 탓으로 돌렸다.

> **근거** ❸-3~4 누구나 그래도 다 살아가는데 누구나 다 사는 세상에서 나만 살지 못하고 이렇게 무인 산골로 쫓겨가다니—하니 동욱은 어떤 패배감 같은 설움이 치밀어 목이 메인다. 그럴수록 뒤따라오는 그의 아내가 측은하기도 하고 미덥기도 했다.
>
> **풀이** 도시에 정착하지 못하고 산골로 떠나게 된 동욱은 패배감을 느끼며, 자신을 따라오는 아내를 가엾게 여기고 있을 뿐 아내를 탓하고 있지 않다.
>
> → 적절하지 않음!

③ 동욱 내외는 ~~아무런 준비도 없이~~ 산골 생활을 시작했다.
필요한 물품을 미리 준비해

> **근거** ❷-17~21 "여보, ~ 우리 그만 깊숙히 산골로 들어가서 밭농사나 짓자요……." 이래서 돈푼 될 것은 모조리 팔았다. 밀가루 두 포대와 감자씨 반 말을 사고 우거지 한 꾸러미를 바꿨다. 괭이, 호미, 톱, 낫 이런 연모와 함께 된장 몇 사발, 소금 두 됫박 그밖에 석유 한 병, 사기 호롱 한 개를 꾸려서 산청을 뒤로하고 산골로 접어들었다.
>
> **풀이** 동욱 내외는 산골 생활에 필요한 물품들을 미리 준비해 산골로 들어간다.
>
> → 적절하지 않음!

④ 동욱은 ~~박 노인과 함께~~ 진주에서 뒷일꾼으로 일을 다녔다.

> **근거** ❷-7~8 진주에서 몇 달 동안 살았다. 목수나 미장이 뒷일꾼으로도 다녀봤다.
> ❹-1 산골 생활에 적응해 나가던 부부는 자신들에게 집을 지어 준 박 노인과 함께 살아가기를 바란다.
>
> **풀이** 동욱이 박 노인을 만난 것은 도시를 떠나 산골에 들어왔을 때이지 진주에서 뒷일꾼으로 일할 때가 아니다.
>
> → 적절하지 않음!

확신하지 않았다

⑤ 동욱은 명숙이 엄마가 올 것을 ~~확신하고 미리 방을 마련해 놓았다.~~

> **근거** ❻-9~14 그의 아내가 "여보, 아무래도 방을 한 간 더 달아야 해요!" "뭐하게 방은 또……." ~ "명숙이 엄마를 데리고 올까고—." 동욱은 비로소 말뜻을 알아차리고 씨익 웃으면서 "올끼?"
>
> **풀이** 동욱 부인은 명숙이 엄마를 산골로 데려오고 싶어 동욱에게 방을 준비하자고 하였다. 이에 동욱은 "올까?"라고 말하고 있으므로 동욱은 명숙이 엄마가 올 것을 확신하고 있지도 않고 미리 방을 마련하지도 않았다.
>
> → 적절하지 않음!

---

019 | 인물의 심리 – 적절하지 않은 것 고르기　2024년 6월 학평 41번
정답률 65%, 매력적 오답 ⑤ 20%　　　**정답 ②**

㉠ ~ ㉤에 대한 이해로 적절하지 <u>않은</u> 것은?

① ㉠ : 절망적인 상황을 벗어나고자 하는 심정이 드러나 있다.

> **근거** ❷-17~18 "여보, ㉠ 두더지가 땅 밖에 나오면 죽게 마련이라오. 우리 그만 깊숙히 산골로 들어가서 밭농사나 짓자요……."
>
> **풀이** ㉠에서 동욱 아내가 도시에 정착하지 못해 산골로 떠나자고 말하는 것을 통해 절망적인 상황을 벗어나고자 하는 심정을 확인할 수 있다.
>
> → 적절함!

미안해하는

② ㉡ : ~~정착할 곳을 찾아가는 상황을 조금 더 견뎌 주기를 바라는~~ 심정이 드러나 있다.

> **근거** ❸-4~5 그럴수록 뒤따라오는 그의 아내가 측은하기도 하고 미덥기도 했다. ㉡ "어쩔까, 산골은 어디 없이 매 한가지가 아니겠나?"
>
> **풀이** ㉡은 산골은 다 똑같을 것이니 여기쯤에서 머물자는 의미로, 아내에 대한 미안함과 깊은 산골로 들어가는 수고를 덜어 주려는 동욱의 심정이 드러날 뿐, 정착할 곳을 찾아가는 상황을 아내가 견뎌 주기를 바라는 심정은 드러나지 않는다.
>
> → 적절하지 않음!

③ ㉢ : 봄철 농사일에 대한 기대감이 드러나 있다.

> **근거** ❺-6 "벌써 진달래가 폈데!"/ 10 동욱이 ㉢ "그럼 감자씨도 넣까?"
>
> **풀이** ㉢에서 동욱이 봄을 맞아 감자를 심으려는 것을 통해 봄철 농사일에 대한 기대감이 드러난다.
>
> → 적절함!

④ ㉣ : 상대가 말하려 하는 내용에 대한 궁금함이 드러나 있다.

> **근거** ❻-9~12 그의 아내가 "여보, 아무래도 방을 한 간 더 달아야 해요!" "뭐하게 방은 또……." "윤 생원 말요……." ㉣ 동욱은 그의 아내의 입을 바라본다.
>
> **풀이** ㉣에서 방을 마련하려는 이유에 대한 아내의 답변을 궁금해하는 동욱의 모습이 드러난다.
>
> → 적절함!

⑤ ㉤ : 윤 생원의 처지를 걱정하는 모습이 드러나 있다.

> **근거** ❻-18~19 "윤 생원도 알고 보니 당신보다도 세 살 위인 마흔 둘입디다. ㉤ 마흔 둘이면 한창인데 이 산속에서 어떻게 홀애비로 늙겠오."
>
> **풀이** ㉤에서 산속에서 홀로 지내는 윤 생원의 처지를 걱정하는 동욱 아내의 모습이 드러난다.
>
> → 적절함!

1등급문제

020 | 감상의 적절성 – 적절하지 않은 것 고르기　2024년 6월 학평 42번
정답률 50%, 매력적 오답 ④ 30%　　　**정답 ②**

〈보기〉를 바탕으로 윗글을 감상한 내용으로 적절하지 <u>않은</u> 것은?　3점

> | 보기 |
> [1]「메아리」에서는 삶의 의욕을 잃어가던 인물들이 '산속'에서 서로 협력하는 과정이 나타난다. [2] 이를 통해 작가는 인물들이 공동체를 형성해 나가며 인간다운 삶을 회복하는 모습을 보여 준다. [3] 산속은 정신적 위안(위로할 慰 편안할 安 : 위로하여 마음을 편하게 함)과 안정을 주는 공간으로, 삶의 애환(슬픔 哀 기쁠 歡 : 슬픔과 기쁨)을 지닌 인물들이 과거에 겪은 상처를 딛고 살아가게 해 준다. [4] 아울러 산속은 혼란한(섞일 混 어지러울 亂 : 어지럽고 질서가 없는) 도시와 대비되어(대조할 對 비교할 比 : 대조되어) 인물들에게 물질적 안정을 주고 일상적인 삶을 가능하게 하는 동시에 새로운 구성원을 품을 수 있는 열린 공간으로 제시된다.

① '아무리 버둥거려봐도 살 수가 없었'던 피난살이와 '할 일이 없'어 살 수 없던 도시는 동욱 부부가 삶의 의욕을 잃었던 원인이라고 할 수 있겠군.

> **근거** 〈보기〉-1「메아리」에서는 삶의 의욕을 잃어가던 인물들
> ❷-1~3 피난살이를 부산에서 했다. 아무리 버둥거려봐도 살 수가 없었다. 살아갈 재간이 없었다./ 13 할 일이 없었다.
>
> **풀이** '아무리 버둥거려봐도 살 수가 없었'던 피난살이와 '할 일이 없'어 생계를 유지할 수 없었던 도시 생활은 동욱 부부가 삶의 의욕을 잃은 원인으로 볼 수 있다.
>
> → 적절함!

✓ 동욱 내외가 '오지그릇 조각들'을 보면서 '가슴이 설레고 반가'워하는 장면에서 산속이
   정신적 위안과 물질적 안정을 주는 공간임을 알 수 있겠군.
   정착이 가능한
   근거 ❸-16~19 길 옆에 오지그릇 조각들이 보였다. "동네였나부지?" "그런가 봐요!" 하
   잘것 없는 이 **오지그릇 조각들**이 이 날 이 두 내외에게는 먼 조상의 무덤이나 찾은 것
   처럼 **가슴이 설레고 반가**왔다.
   풀이 동욱 내외가 '오지그릇 조각들'을 보고 '가슴이 설레고 반가'워한 것은 산속이 사람이
   살았던 곳, 즉 정착이 가능한 공간이라는 것을 확인했기 때문이다. 그러나 이 부분에
   서 산속이 물질적 안정을 주는 공간임이 드러나지는 않는다.
   → 적절하지 않음!

③ 돼지를 기르고 싶다는 윤 생원의 말에 '구시 두 개 파'겠다거나 '산나물 나면 여 내다 보'
   태겠다고 대답하는 장면에서 서로를 도우며 살아가는 인물들의 모습을 확인할 수 있
   겠군.
   근거 〈보기〉-1 인물들이 '산속'에서 서로 협력하는 과정이 나타난다.
   ❺-13~16 윤 생원이 불쑥 "돼지는 언제 살끼요?" 하자, 박 노인은 ~ **구시 두 개 파**
   먼 돼지새끼 한 자우 사질까?" 그러자 윤 생원이 또 "안되면 도끼자루하고 도리깨 살
   도 다 내지." "나도 **산나물 나면 여** 내다 보탤래."
   풀이 돼지를 기르고 싶다는 윤 생원의 말에 박 노인이 '구시 두 개 파'겠다거나 동욱 아내가
   '산나물 나면' 돼지를 사는 데 보태겠다고 대답하는 장면에서 서로를 도우면서 살아
   가는 인물들의 모습을 확인할 수 있다.
   → 적절함!

④ 박 노인이 윤 생원과 함께 '산에서 구유감을 굴려 내'리는 장면에서 과거의 상처를 딛고
   살아가는 공동체의 모습을 확인할 수 있겠군.
   근거 〈보기〉-2~3 인물들이 공동체를 형성해 나가며 인간다운 삶을 회복하는 모습을 보
   여 준다. 산속은 ~ 인물들이 과거에 겪은 상처를 딛고 살아가게 해 준다.
   ❹-2 박 노인은, 과거에 자신을 배신했지만 가엾은 처지가 된 윤 생원을 거두어 부
   부를 찾아와 함께 생활해 나간다. / ❻-5 동욱과 윤 생원은 박 노인을 따라 **산에서 구
   유감을 굴려 내렸다.**
   풀이 박 노인이 과거에 자신을 배신했던 윤 생원과 함께 '산에서 구유감을 굴려 내'리는 장
   면에서 과거의 상처를 딛고 살아가는 공동체의 모습을 확인할 수 있다.
   → 적절함!

⑤ 윤 생원을 생각하며 '명숙이 엄마를 데리고' 오겠다는 아내와 '씨익 웃으'며 기대하는
   동욱의 모습에서 산속이 새로운 인물을 품을 수 있는 열린 공간으로 제시되어 있다고
   할 수 있겠군.
   근거 〈보기〉-4 산속은 ~ 새로운 구성원을 품을 수 있는 열린 공간으로 제시된다.
   ❻-11~19 "윤 생원 말요……." ~ "**명숙이 엄마를 데리고** 올까고—." 동욱은 비로소
   말뜻을 알아차리고 **씨익 웃으**면서 "올까?" ~ "윤 생원도 ~ 마흔 둘이면 한창인데 이
   산속에서 어떻게 홀애비로 늙겠오."
   풀이 동욱 아내가 홀로 사는 윤 생원의 처지를 생각하며 '명숙이 엄마를 데리고' 오겠다는
   것과 이에 '씨익 웃으'며 기대하는 동욱의 모습에서 산속이 새로운 인물('명숙이 엄
   마')을 품을 수 있는 열린 공간으로 제시되고 있음을 확인할 수 있다.
   → 적절함!

Ⅳ 현대소설 · 3. 1960년대 ~ 1970년대 소설

마더텅 전국연합 학력평가 기출문제집 고1 국어 문학

[021~024] 다음 글을 읽고 물음에 답하시오.

1 ¹황씨는 바빴다. ²필목(필 疋 무명 木 : 필(일정한 길이로 말아 놓은 천을 세는 단위)로 된 무명천 잇맞음(이어서 묶는 작업)이 나는(끝나는) 대로 손수(남의 힘을 빌리지 아니하고 제 손으로 직접) 둘러메고 장돌뱅이(여러 장으로 돌아다니면서 물건을 파는 장수를 낮잡아 이르는 말)로 나섰다. ³대전, 광천, 홍성, 화성, 청라, 남포, 웅천(충청남도에 위치한 지역들)…… 인근(이웃 鄰 가까울 近 : 근처)에 장이 서는 대로 매장치기(매양 每 시장 場 : 장날마다 장을 보러 다니는 일)를 했다. ⁴그 무렵 한철(한창 성한 때)은 그럭저럭 나가고도 남은 돈이 있게 되기도 했었다.

⁵"그 조시(비롯할 肇 처음 始 : 처음 상태)로만 나갔더라면 시방(지금)은 흰목 젖혀 가며(힘을 뽐내면서) 살아 볼 텐디…… 그 방정맞은 놈이 까시미롱(cashmilon, 캐시미어의 감촉을 재현한 저가 합성 섬유. 양모처럼 보온성이 좋으면서도 가볍고 부드러워 옷감이나 담요 등을 만드는 데 쓰임)!" ⁶방금 한 소리지만 소창직(무명실로 만든 면직물) 직조(짤 織 만들 造 : 기계나 베틀로 천을 짜는 일) 공장은 잘돼 나갔었다. ⁷봉당(집 안에 있는 평평한 빈터)에 들인 공장이 초첩해(매우 좁고 작아) 헛간마저 털어 (공장을) 늘려 가며 쏠락쏠락(조금씩) 재미가 들랑거렸다. ⁸오래잖아(곧) 선출이한테 빚으로 쓴 돈도 이자부터 본전(원금 本 돈 錢 : 빌린 돈)까지 깨끗이 밑 닦을(처리할) 수 있으리라 싶은 판세(일이 되어 가는 상황)로 돼 있던 거였다. ⁹그리 돼 가는 판에다 대고 누가 그 사업(여기서는 소창직 직조 사업)이 기울어지리라고 생각이나 해봤겠느냐 말이다. ¹⁰가만히 앉아 있는데 인근 읍내에 공업 단지라는 것이 생긴다더란 소문이 왔다. ¹¹측량(헤아릴 測 헤아릴 量 : 기기를 써서 물건의 높이, 깊이, 넓이, 방향 따위를 잼)을 끝냈다더라더니 벌써 탱크같이 생긴 것들이 내(개울)를 (흙으로) 메워 가고 있었다. ¹²공장이 두어 채 서고 이어 사람이 달린다는(모자란다는) 기별(새로울 츪 나눌 別 : 소식)이 잇달았다. ¹³㉠직공(일 職 공업 工 : 공장에서 일하는 사람)으로 부리던 열다섯 명의 계집애들이 들고일어났다(항의하고 나섰다). ¹⁴공임(일 工 품삯 賃 : 일한 데 대한 품삯)을 배로 올려 주든가 새로 선 공장으로 가게 놓아주든가 하라는 것이었다. ¹⁵노임(일할 勞 품삯 賃 : 노동 임금. 노동에 대한 보수)을 배로 인상해 가며까지 버틸 만한 사업은 아니었다. ¹⁶또 노임을 배로 올린대도 직공들은 '장래성' '희망성' 따위가 전혀 없다면서 무슨 핑계로든 빠져나갈 눈치를 보이고 있었다. ¹⁷이틀 동안 쟁의(다툴 爭 의견 議 : 고용주와 근로자 사이에서 일어나는 분쟁)도 벌어졌으나 속수무책(묶을 束 손 手 없을 無 계책 策 : 손을 묶은 것처럼 어찌할 도리가 없어 꼼짝 못 함)이었다. ¹⁸그 계집애들 입에서 그만두겠다는 말이 나왔을 때는 이미 (새로 들어선 공장에) 들어갈 자리를 미리 마련해 놓은 뒤였던 것이다. ¹⁹새로 생긴 제과(과자나 빵을 만드는) 공장과 전기 기구 조립 공장은 첫 달 임금부터가 황씨네 소창직 공장의 두 달치 품삯에 맞먹고 있었다. ²⁰인건비의 앙등(오를 昻 오를 騰 : 뛰어오름)으로 치명상을 입을 줄은 더구나 예측할 수도 없던 일이었다. ²¹직공들이 장래의 희망성이 없다는 말에만,

²²"흐이망성(희망성)? ²³칫 미쳐두 곱게들 못 미치구…… 지집년덜이 알 실을(애 낳을) 때가 돼야서 시집이나 갓버리면 구만인디. ²⁴시집가서두 블어다(일해서) 서방(남편) 공대(부양) 헐라간디(먹여 살리려고)? ²⁵그러구 무에던지 배워 두면 지술(기술)이지 지술이 워디 따루 있을깨미……" ²⁶해 가며 그렇게 무심했던(없을 無 마음 心 : 관심 두지 않았던) 것이 탈(잘못)이라면 탈이랄 것이었다.

→ 직조 공장을 운영하는 황씨는 공업 단지가 들어서면서 인건비가 급등하자 타격을 입는다.

2 ¹그런데 그런 치명적인 상처가 미처 아물기도 전이었다. ²황씨로서 정말 뜻하지 않은 팔매(작고 단단한 돌. 여기서는 갑작스럽고 위협적인 타격)가 또 한 번 날아와 그의 뒤통수를 갈겨 버린 것이다. ³결정타(결단할 決 정할 定 칠 打 : 일의 결과에 결정적인 영향을 미치는 행동이나 사건을 비유하는 말)였다. ⁴그건 자기네가 앉아서 손으로 일하고 있던 사이 세상은 기계로 기계를 만들며 일하고 있는 걸 모른 체한 결과였다.

⁵카시미론의 물결(유행)이 쥐구멍 같은 벽촌(궁벽할 僻 마을 村 : 외따로 떨어져 있는 구석진 마을)에도 회오리쳐 대기 시작했던 것이다. ⁶무엇이든 새로운 물건이 나왔을 때 그 물자의 효용(보람 效 용도 用 : 쓸모)에 현혹되는(어지럽힐 眩 미혹할 惑 : 정신을 빼앗겨 해야 할 바를 잊어버리는) 촌사람들의 안목(눈 眼 눈 目 : 사물을 보고 가치를 분별하는 능력)은 무서운 것이었다. ⁷카시미론의 위력도 날로(날이 갈수록) 그랬다. ⁸어느넛 황씨네 기계늘노 거미줄을 쓰는(사용하지 않는) 날이 잦아졌다. ⁹젖먹이 어린애의 기저귀감으로밖에 쓰임새가 없는 백소창(이불의 안감이나 기저귓감 따위로 쓰는 흰색 천)이나 한 장 토막에 두서너 필(피륙 疋 : 일정한 길이로 말아 놓은 피륙을 세는 단위) 내는 정도의 어처구니없는 사태로 급전된(갑자기 훑 바꿀 轉 : 갑자기 바뀌게 된) 것이었다. ¹⁰황씨는 문을 닫지 않으려고 발버둥 쳐 보기도 했지만

도리(방법 道 도리 理 : 방법) 없었다.

¹¹"쬐꼼 늦었던 겨, 다 시절 돌아가는 걸 보아 가메 눈치로 허야는 것을." ¹²황씨는 비로소 유행이란 것에 관심을 갖게 된 것이다. ¹³크게 밑진(들인 밑천이나 기울인 노력에 비하여 얻은 것이 적어 손해를 본) 것도 없고 번 것도 없이, 그러나 (공장에) 들인 시설비는 한 푼 못 건진 채 세상 물정에 어두웠음이나 한탄하며 조용히 문을 닫게 되었다.

→ 황씨는 카시미론 열풍과 기술 발전에 뒤쳐져 공장을 폐업하게 된다.

3 [중략 줄거리] ¹소창직 직조 사업을 실패하게 된 황씨는, 암소를 키워 선출이에게 빚을 갚기로 한다. ²황씨와 선출이는 함께 지극정성으로 암소를 키우고, 그 암소가 송아지를 배게 된다. ³황씨 집에서 모든 일이 잘 되기를 바라는 고사(고할 告 제사 祀 : 불운은 없어지고 풍요와 행운이 오도록 집안에서 섬기는 신에게 음식을 차려 놓고 비는 제사)가 있던 날, 황씨의 아내 고랏댁은 무심코(아무 생각 없이) 술지게미(술을 거르고 남은 찌꺼기)를 소 여물통(소의 먹이인 여물을 담는 그릇)에 놓아둔다. ⁴이것(술지게미)을 맛본 암소는 광(세간이나 그 밖의 여러 가지 물건을 넣어 두는 곳)으로 들어가서 술독을 몽땅 비워 버린다.

⁵고랏댁이 두 눈을 뒤집어쓰며 소란 떠는 바람에 황씨가 뛰어나왔고 이어 선출이와 수송이, 곽서방, 철호가 머슴방에서 뛰쳐나왔다. ⁶(소가 있어야 할) 외양간이 비워져 있는 걸 발견한 것도 양순이(황씨와 고랏댁의 딸)였다. ⁷"얼라, 엄니(엄마. 여기서는 고랏댁) 소 워디 갔댜?" ⁸"소?" ⁹사람들은 광을 버리고 외양간 앞으로 몰려 법석거리기(소란스럽게 떠들기) 시작했다. ¹⁰"소가?" ¹¹"소여……" ¹²"큰일 났네." ¹³"소 쥑이겄는디(죽겠는데)." ¹⁴그들은 같은 순간에 각기 한마디씩 내뱉으며 대문 밖으로 내달았다. ¹⁵그들은 한결같이 (소)도둑이 들었다기보다 술지게미로 목을 축인 소가 거나해지자(술에 취해) 계속 술내가 풍기는 광을 곁에 두고 더 참질 못해 고삐 줄(말이나 소를 몰거나 부리려고 재갈이나 코뚜레, 굴레에 잡아매는 줄)을 끊었는지 풀었는지 하고 나와 대가리와 뿔로 비벼 광으로 들어가곤 술 한 독을 다 먹어 치운 것으로 추측한 것이다. ¹⁶고랏댁 가늠(짐작)으론 쌀 한 말(부피의 단위. 약 18리터)을 담아 거르면 보통 막걸리 엿(여섯) 말이 났다. ¹⁷그러니까 소는 줄잡아(대강 짐작으로 헤아려) 막걸리 너 말 가웃치(4말 반)를 단숨에 먹어 치운 셈이었다.

→ 황씨가 빚을 갚기 위해 정성껏 키운 암소가 술독을 비우고 외양간을 뛰쳐나간다.

4 ¹선출이와 황씨는 눈이 뒤집혀 있었다. ²아니 간이 뒤집혔는지도 모를 일이었다. ³소는 황씨네 밭마당 가 우물 도랑(매우 좁고 작은 개울) 건너 타작마당(칠 打 지을 作 : 곡식의 낟알을 줄기에서 떨어내는 일을 하는 마당)에서 주정하는(술 酒 술 취할 酊 : 술에 취해 정신없이 행동하는) 중이었다. ⁴주정이 아니라 속에서 난 불을 끄는 꼴이었다. ⁵펄펄 뛰다 나뒹굴고 비칠거려(비틀거려) 일어났다 대가리를 처박고 엉덩춤이 한창인가 하면 무릎을 꿇다 모(옆)로 나자빠져 버둥대곤 했는데 사람들은 그저 한갓 장승(돌이나 나무에 사람의 얼굴을 새겨서 마을 또는 절 어귀나 길가에 세운 푯말)이 달리 없었다(가만히 서 있을 수밖에 없었다는 의미). ⁶선출이와 황씨가 뛰어들며 고삐를 잡으려 했을 때 사람들은 하나같이 그 두 사람(여기서는 선출이와 황씨)을 붙잡고 늘어졌다. ⁷위험한 일이기 때문이었다. ⁸얼마나 그랬나 소가 탈진해(빠질 脫 다할 盡 : 몸의 기운이 다 빠져) 버리자 황씨는 내 소 살리라고 울부짖기에도 지쳐 두 다리를 뻗고 주저앉았고, 선출이는 푸닥거리(무당이 부정이나 살을 풀기 위해 간단하게 음식을 차려놓고 하는 굿) 끝난 뒤 떡 못 얻어먹은 사람마냥 싱거운(멍한) 얼굴에 허수아비 옷 벗겨 입힌 등신(같을 等 신 神 : 나무, 돌, 흙, 쇠 따위로 만든 사람의 형상)이 돼 있었다. ⁹속으로 황씨가 생시(살 生 때 時 : 자지 않고 깨어 있을 때) 아니(아니라) 몽유(꿈 夢 놀 遊 : 꿈속에서 놂) 중이기를 바랄 즈음 선출은 차라리 사람 죽는 꼴을 봄이 낫겠단 생각을 하고 난 뒤의 일이지만. ¹⁰모두들 넋 나가 하는 사이 누군가가 소리 질렀다.

¹¹"짚토매(짚단을 쌓아 올린 더미) 좀 가져와. ¹²소 얼어 죽겠다."

¹³누군가가 짚누리(짚단을 쌓아 올린 더미)를 헐고 짚 몇 단(짚, 땔나무, 채소 따위의 묶음을 세는 단위)을 가져왔다. ¹⁴이윽고 마당 한복판엔 때 아닌 모닥불이 화룡화룡(불길이 흔들리며 타오르는 모양) 타올랐다. ¹⁵또 누군가는 (소가) 먹은 걸 토악질시켜 게워 내도록(토해 내게) 해야 산다고 양순이에게 맷돌(곡식을 가는 데 쓰는 기구)에 녹두를 타(갈아) 오도록 재촉했다. ¹⁶부랴부랴 맷돌에 녹쌀 낸(녹두를 쌀처럼 간) 녹두가루를 밍근한(약간 미지근한) 물에 타서 소 주둥이에 한 대야(무엇을 씻을 때 쓰는 둥글넓적한 그릇)나 들어갔지만 워낙 의식 불명인(의식을 잃은) 판(상태)이라 시간이 가도 별 효과가 없었다. ¹⁷이런 경우엔 수의(짐승 獸 의사 醫 : 가축에 생기는 여러 가지 질병을 진찰하고 치료하는 의사)가 박사래도 소용없겠단 소리만이 잦아질 무렵 소는 잠이 들어 버렸다. ¹⁸깊은 잠이었다. ¹⁹아주 실신한(잃을 失 정신 神 : 의식을 잃은)게라고 사람들은 말했다.

Ⅳ
현대소설

20 날씨는 섣달(음력으로 12월 31일) 날씨였고 얼어 달아나는 바람은 삼경(셋 三 밤 시각 更 : 밤 11시에서 새벽 1시 사이)을 넘었는데 소가 어른인 마당 한가운데선 불티(타는 불에서 튀는, 재가 되기 전의 작은 불똥)만이 하늘 높이로 치솟고 치솟곤 했다.

21 그리고 거기서 그만이었다. 22 아무런 보람이 없었다. 23 암소는 제 한 몸만 믿고 (황씨가) 걸었던 기대와 희망을 헌 멍에(수레나 쟁기를 끌기 위하여 마소의 목에 얹는 구부러진 막대) 벗어던지듯 하고 결국 가죽만 남기게(죽게) 된 것이었다.

24 "배신을 해도 유만부동(같을 類 많을 萬 아닐 不 같을 同 : 정도에 넘침)이다. 25 이 괘씸한 놈(소를 가리키는 말)아, 이 괘씸한 놈……"

26 황씨가 소에게 달려들어 덜미(목의 뒤쪽 부분과 그 아래 근처)를 꼬집어 뜯으며 혀를 깨무는 뒤에서, 고랏댁은 어서 날이 새어 소 배를 가르고 태중(배 胎 속 中 : 아이를 배고 있는 동안)의 새끼를 꺼내면 푹신 고아(고기나 뼈를 무르거나 진액이 빠지도록 끓는 물에 푹 삶아) 남편(여기서는 황씨) 몸보신이나 시키리란 생각과 함께 모닥불에 짚단을 더 얹었다.

27 밤이 깊어 가면서 ⓒ 마을 사람들은 모두 속으로 죽은 고기는 반값이니 몇 근(무게의 단위. 한 근은 약 600그램) 사두면 그믐(음력으로 그달의 마지막 날) 대목(명절을 앞두고 경기가 가장 활발한 시기)까지 곰국(소의 뼈나 양(胖), 곱창, 양지머리 따위의 국거리를 넣고 진하게 푹 고아서 끓인 국)을 내먹겠다고 치부하면서도(둘 置 장부 簿 : 여기서는) 겉으론 하늘 아래 이 동네 서고(들어서고, 생긴 이래로) 소가 술 취해 죽었다는 건 듣고 보기 처음이라고 탄식(탄식할 歎 숨 쉴 息 : 근심이나 원망 따위로 한탄하여 숨을 내쉼)이 거듭이었다.

→ 술에 취한 암소가 날뛰다 쓰러져 죽자 황씨는 절망에 빠진다.

- 이문구, 「암소」 -

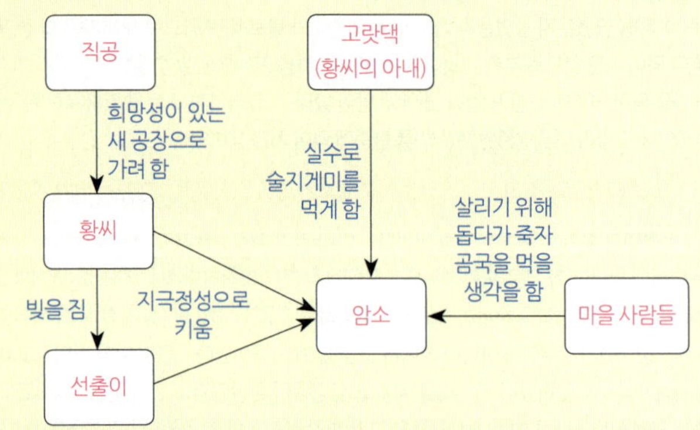

통에 놓아둔다. 이를 맛본 암소는 술 냄새를 따라 광으로 들어가 술독에 있던 막걸리를 전부 마셔 버린다. 술에 취한 암소는 집을 뛰쳐나가 타작마당에서 주정을 부리며 격렬하게 날뛴다. 이윽고 소가 탈진해 쓰러지자 마을 사람들의 도움으로 모닥불을 피우고 녹두물을 소에게 먹이지만 소는 결국 죽게 된다. 마지막 희망이었던 암소의 죽음에 황씨와 선출은 절망하고 선출이 곁에서 신실이마저 목 놓아 운다. 마을 사람들은 속으로 곰국 생각을 하면서도 겉으로는 술 취해 죽은 소를 탄식한다.]

---

021 서술상 특징 - 적절한 것 고르기 2025년 3월 학평 22번
정답률 70%, 매력적 오답 ① 15%, ④ 10% 정답 ②

윗글에 대한 설명으로 가장 적절한 것은?

① *서술자가 전해 들은 사건을 **객관적으로 전달하고 있다.
  * 이야기를 이끌어 가는 사람 ** 감정이나 생각을 담지 않고 사실 그대로

  근거 ❶-9 그리 돼 가는 판에다 대고 누가 그 사업이 기울어지리라고 생각이나 해봤겠느냐 말이다.
  ❹-2 아니 간이 뒤집혔는지도 모를 일이었다. / 5 사람들은 그저 한갓 장승이 달리 없었다. / 8 선출이는 푸닥거리 끝난 뒤 떡 못 얻어먹은 사람마냥 싱거운 얼굴에 허수아비 옷 벗겨 입힌 등신이 돼 있었다. / 22~23 아무런 보람이 없었다. ~ 결국 가죽만 남기게 된 것이었다.

  풀이 윗글은 서술자가 작품 밖에서 사건을 전달하며 자신의 주관적 생각을 덧붙이고 있다.

  → 적절하지 않음!

② 서술자가 사건뿐만 아니라 인물의 심리를 서술하고 있다.

  근거 ❷-13 세상 물정에 어두웠음이나 한탄하며 조용히 문을 닫게 되었다.
  ❸-15 술 한 독을 다 먹어 치운 것으로 추측한 것이다.
  ❹-9 속으로 황씨가 생시 아니 몽유 중이기를 바랄 즈음 선출은 차라리 사람 죽는 꼴을 봄이 낫겠단 생각을 하고 난 뒤의 일이지만 / 26 고랏댁은 ~ 태중의 새끼를 꺼내면 푹신 고아 남편 몸보신이나 시키리란 생각 / 27 마을 사람들은 모두 속으로 ~ 소가 술 취해 죽었다는 건 듣고 보기 처음이라고 탄식이 거듭이었다.

  풀이 윗글의 서술자는 작품 밖에서 사건을 전달하며 황씨를 비롯한 인물들의 심리를 서술하고 있다.

  → 적절함!

③ 주인공이 *회상을 통해 자신의 경험을 직접 전달하고 있다. * 돌이켜 떠올림

  풀이 윗글의 서술자는 작품 밖에서 주인공이 경험한 사건을 전달하고 있다.

  → 적절하지 않음!

  ■ 주인공이 회상을 통해 자신의 경험을 직접 전달하는 작품
  · 김주영, 「고기잡이는 갈대를 꺾지 않는다」(2022년 고2 3월 학평)
  아우와 나 사이에 은연중에 지켜진 관행(오래전부터 해 오던 일)에 따른다면, 내가 학교에서 생활하는 시간을 제외한 모든 시간을 아우와 짝이 되어 보낸다는 점이었다. 심지어 측간(화장실)을 가는 일조차 행동 통일이 되어야(함께해야) 직성이 풀렸다.
  → 주인공인 '나'가 회상을 통해 어린 시절에 아우와 함께 대부분의 시간을 보냈던 경험을 직접 드러내고 있다.

④ 이야기 안의 서술자가 인물에 대한 생각을 드러내고 있다. 밖

  근거 ❹-5 사람들은 그저 한갓 장승이 달리 없었다. / 8 선출이는 푸닥거리 끝난 뒤 떡 못 얻어먹은 사람마냥 싱거운 얼굴에 허수아비 옷 벗겨 입힌 등신이 돼 있었다.
  풀이 윗글의 서술자는 작품 밖에서 인물에 대한 생각을 드러내고 있다.

  → 적절하지 않음!

  ■ 이야기 안의 서술자가 인물에 대한 생각을 드러내는 작품
  · 양귀자, 「원미동 사람들」(2024학년도 9월 모평)
  믿지 않겠지만 내게는 스물일곱짜리 남자 친구가 또 하나 있다. 우리 집 옆, 형제슈퍼의 김 반장(조직 班 우두머리 長 : 행정 구역의 단위인 '반'을 대표하여 일을 맡아보는 사람) 이 바로 또 하나의 내 친구인데 그는 원미동 23통 5반의 반장으로 누구보다도 씩씩하고 재미있는 사람이었다.
  → 이야기 안의 서술자 '나'가 김 반장에 대해 씩씩하고 재미있는 사람이라고 평가하고 있다.

⑤ 장면마다 서술자를 바꿔 사건을 *입체적으로 보여 주고 있다. * 다양한 방향에서

풀이 윗글은 하나의 서술자가 사건을 서술하고 있다.

→ 적절하지 않음!

> ■ 장면마다 서술자를 바꿔 사건을 입체적으로 보여 주는 작품
> • 성석제, 「투명 인간」(2022년 고1 9월 학평)
> — 미안합니다. ~ 제 여동생이 결혼하고 나서 저 사는 동네 중학교 앞에서 분식집을 합니다. 거기를 좀 도와주세요. 월급은 지금보다 많이 드리라 할게요. 부탁합니다. 만수 씨는 그렇게 말했다. 오래도록 생각했지만 다른 도리가 없었다. 사실 나(진주)는 만수 씨를 좋아했다. 만수 씨를 처음 봤을 때부터 좋아하고 있었다.(서술자 '나' : 진주) 오빠(만수)가 그 여자(진주)를 데리고 와서 주방을 맡기라고 했을 때는 억장이 무너지는 것 같았다. ~ 내(만수의 여동생)가 거기까지 얘기했을 때 오빠가 점퍼 안주머니에서 적금 통장을 꺼내 놓았다.(서술자 '나' : 만수의 여동생)
> → 장면에 따라 1인칭 서술자 '나'를 '진주'에서 '만수의 여동생'으로 바꾸어 사건을 입체적으로 보여 주고 있다.

1등급 문제

022 | 내용 이해 – 적절하지 않은 것 고르기 | 2025년 3월 학평 23번
정답률 40%, 매력적 오답 ③ 30%, ⑤ 15%, ④ 10% | **정답 ①**

윗글을 읽고 알 수 있는 내용으로 적절하지 않은 것은?

공장을 폐업했다

① 황씨는 소창직 직조 사업이 어려워지자 매장치기를 했다.

근거 ❶-2~4 필목 잇맴음이 나는 대로 손수 둘러메고 장돌뱅이로 나섰다. ~ 인근에 장이 서는 대로 매장치기를 했다. 그 무렵 한철은 그럭저럭 나가고도 남은 돈이 있게 되기도 했었다.
❷-9~10 백소창이나 한 장 토막에 두서너 필 내는 정도의 어처구니없는 사태로 급전된 것이었다. 황씨는 문을 닫지 않으려고 발버둥 쳐 보기도 했지만 도리 없었다./ 13 조용히 문을 닫게 되었다.

풀이 황씨는 소창직 직조 사업이 어려워지자 결국 공장을 폐업하게 된다. 황씨가 매장치기를 한 것은 소창직 직조 사업이 잘되어 가던 때였으므로 적절하지 않은 설명이다.

→ 적절하지 않음!

② 촌사람들은 카시미론이라는 새로운 물건에 마음을 빼앗겼다.

근거 ❷-5~6 카시미론의 물결이 쥐구멍 같은 벽촌에도 회오리쳐 대기 시작했던 것이다. 무엇이든 새로운 물건이 나왔을 때 그 물자의 효용에 현혹되는 촌사람들의 안목은 무서운 것이었다.

풀이 카시미론이라는 새로운 물건이 나오자 촌사람들은 그 효용에 현혹되었다고 하였다.

→ 적절함!

③ 고랏댁은 암소가 송아지를 배고 있다는 사실을 알고 있었다.

근거 ❹-26 고랏댁은 어서 날이 새어 소 배를 가르고 태중의 새끼를 꺼내면 푹신 고아 남편 몸보신이나 시키리란 생각과 함께 모닥불에 짚단을 더 얹었다.

풀이 고랏댁은 암소가 죽자, 날이 밝으면 뱃속의 새끼를 꺼내어 남편의 몸보신을 시키려는 생각을 하였으므로 적절하다.

→ 적절함!

④ 양순이는 외양간에서 암소가 사라진 것을 처음 발견했다.

근거 ❸-6~7 외양간이 비워져 있는 걸 발견한 것도 양순이였다. "얼라, 엄니 소 워디 갔다?"

풀이 양순이는 소가 있어야 할 외양간이 비워져 있는 것을 처음으로 발견하고 엄마를 불렀다.

→ 적절함!

⑤ 선출이는 암소가 술에 취해 날뛰는 것을 *제지하지 못했다. * 막지

근거 ❹-6 선출이와 황씨가 뛰어들며 고삐를 잡으려 했을 때 사람들은 하나같이 그 두 사람을 붙잡고 늘어졌다.

풀이 황씨와 선출이가 날뛰는 소의 고삐를 잡으려 했을 때 사람들이 그들을 붙들고 늘어졌다고 하였으므로 적절하다.

→ 적절함!

1등급 문제

023 | 인물 이해 – 적절한 것 고르기 | 2025년 3월 학평 24번
정답률 50%, 매력적 오답 ⑤ 20%, ③ 15%, ② 10% | **정답 ①**

㉠과 ㉡에 대한 이해로 가장 적절한 것은?

> ❶-13 ㉠직공으로 부리던 열다섯 명의 계집애들이 들고일어났다.
> ❹-27 밤이 깊어 가면서 ㉡마을 사람들은 모두 속으로 죽은 고기는 반값이니 몇 근 사두면 그믐 대목까지 곰국을 내먹겠다고 치부하면서도 겉으론 하늘 아래 이 동네 서고 소가 술 취해 죽었다는 건 듣고 보기 처음이라고 탄식이 거듭이었다.

① ㉠은 ㉡과 달리 자신의 이익을 *관철하기 위해 의도적으로 갈등을 조성하고 있다.
* 어려움을 뚫고 나아가 이루기

근거 ❶-14 공임을 배로 올려 주든가 새로 선 공장으로 가게 놓아주든가 하라는 것이었다./ 17 이틀 동안 쟁의도 벌어졌으나 속수무책이었다.
❹-10~15 누군가가 소리 질렀다. "짚토매 좀 가져와. 소 얼어 죽겠다." 누군가가 짚누리를 헐고 짚 몇 단을 가져왔다. ~ 또 누군가는 먹은 걸 토악질시켜 게워 내도록 해야 산다고 양순이에게 맷돌에 녹두를 타 오도록 재촉했다.

풀이 ㉠(직공)은 자신의 이익을 위해 공임을 배로 올려 주든지 새로 들어선 공장으로 가게 해 달라고 쟁의를 벌이며 의도적으로 갈등을 조성하였다. 그러나 ㉡(마을 사람들)은 술에 취한 소를 구하기 위해 불을 피우고 양순이에게 녹두를 타 오도록 재촉했으므로 자신의 이익을 위해 의도적으로 갈등을 조성했다고 볼 수 없다.

→ 적절함!

㉠은 ㉡과 달리

② ㉡은 ㉠과 달리 자신들의 경제적 이익을 목적으로 서로 협력하는 모습을 보이고 있다.

근거 ❶-17 이틀 동안 쟁의도 벌어졌으나 속수무책이었다.
❹-10~15 누군가가 소리 질렀다. "짚토매 좀 가져와. 소 얼어 죽겠다." 누군가가 짚누리를 헐고 짚 몇 단을 가져왔다. ~ 또 누군가는 먹은 걸 토악질시켜 게워 내도록 해야 산다고 양순이에게 맷돌에 녹두를 타 오도록 재촉했다.

풀이 ㉠(직공)은 자신들의 경제적 이익을 목적으로 협력하여 쟁의를 벌였지만, ㉡(마을 사람들)의 협력은 소를 구하기 위한 것이었으며, 경제적 이익을 위한 행동으로 보기 어렵다.

→ 적절하지 않음!

③ ㉠은 *인정에 호소하는 방법을 통해, ㉡은 알고 있는 지식을 활용하는 방법을 통해 **상황의 반전을 ***꾀하고 있다. * 사람이 본래 가진 감정 ** 상황이 뒤바뀌어 변함 *** 이루려고 힘쓰고

근거 ❶-14 공임을 배로 올려 주든가 새로 선 공장으로 가게 놓아주든가 하라는 것이었다.
❹-10~15 누군가가 소리 질렀다. "짚토매 좀 가져와. 소 얼어 죽겠다." 누군가가 짚누리를 헐고 짚 몇 단을 가져왔다. ~ 또 누군가는 먹은 걸 토악질시켜 게워 내도록 해야 산다고 양순이에게 맷돌에 녹두를 타 오도록 재촉했다.

풀이 ㉠(직공)은 자신들의 노동 조건 개선을 황씨에게 적극적으로 요구했을 뿐, 인정에 호소하는 방법을 통해 상황의 반전을 꾀했다고 볼 수 없다. ㉡(마을 사람들)은 소가 날뛰다 탈진하자 짚단을 모아 불을 피우고, 술을 게워 내도록 녹두를 타 오라고 하였으므로 자신이 알고 있는 지식을 활용하여 상황의 반전을 꾀하고 있다고 볼 수 있다.

→ 적절하지 않음!

④ ㉠은 현재의 상황에 대한 기대감이, ㉡은 *당면한 상황에 대한 죄책감이 동기가 되어 특정 행위를 행하고 있다. * 눈앞에 당한

근거 ❶-16 또 노임을 배로 올린대도 직공들은 '장래성' '희망성' 따위가 전혀 없다면서 무슨 핑계로든지 빠져나갈 눈치를 보이고 있었다.

풀이 ㉠(직공)은 황씨의 공장에 '장래성', '희망성'이 보이지 않는다며 새 공장으로 옮겨 가려고 하였으므로 현재의 상황에 대한 기대감이 특정 행위를 하는 동기가 되었다고 볼 수 없다. ㉡(마을 사람들)은 소가 술에 취해 날뛰는 위기 상황을 해결하기 위해 협력하였으므로 행위의 동기가 죄책감이라고 볼 여지는 없다.

→ 적절하지 않음!

㉡은

⑤ ㉠과 ㉡은 모두 자신들의 노력이 *수포로 돌아가자 겉과 속이 다른 모습을 보이고 있다. * 헛수고

근거 ❶-18 그 계집애들 입에서 그만두겠다는 말이 나왔을 때는 이미 들어갈 자리를 미리 마련해 놓은 뒤였던 것이다.
❹-27 마을 사람들은 모두 속으로 죽은 고기는 반값이니 몇 근 사두면 그믐 대목까지 곰국을 내먹겠다고 치부하면서도 겉으론 하늘 아래 이 동네 서고 소가 술 취해 죽었다는 건 듣고 보기 처음이라고 탄식이 거듭이었다.

풀이 ㉡(마을 사람들)은 소를 살리려던 노력이 수포로 돌아가자 겉으로는 탄식하면서도 속

IV
현대소설

으로는 곰국을 먹을 생각을 하고 있으므로 겉과 속이 다른 모습을 보이고 있다고 할 수 있다. 그러나 ㉠(직공)은 새 공장으로 이직하게 되었으므로 노력이 수포로 돌아 갔다고 볼 수 없으며, 겉과 속이 다른 모습을 보이고 있지도 않다.

→ 적절하지 않음!

---

024 | 서사 전개 과정 – 적절하지 않은 것 고르기 2025년 3월 학평 25번
정답률 65%, 매력적 오답 ④ 15%, ② 10%   정답 ⑤

윗글의 서사 전개 과정을 <보기>와 같이 *도식화할 때, [A], [B]를 비교한 내용 으로 적절하지 __않은__ 것은? * 그림으로 나타낼   3점

| 보기 |

[서사 전개 과정]

[A]	… (중략) …	[B]
황씨의 사업 실패		암소의 죽음

① [A]는 사회의 변화로 *말미암아 일어난 사건이고, [B]는 개인의 실수로 일어난 사건이 다. * 인해

근거 ❶-10 가만히 앉아 있는데 인근 읍내에 공업 단지라는 것이 생긴다더란 소문이 왔 다./ 19~20 새로 생긴 제과 공장과 전기 기구 조립 공장은 첫 달 임금부터가 황씨네 소창직 공장의 두 달치 품삯에 맞먹고 있었다. 인건비의 앙등으로 치명상을 입을 줄 은 더구나 예측할 수도 없던 일이었다./ ❷-5 카시미론의 물결이 쥐구멍 같은 벽촌 에도 회오리쳐 대기 시작했던 것이다./ 9~10 백소창이나 한 장 토막에 두서너 필 내 는 정도의 어처구니없는 사태로 급전된 것이었다. 황씨는 문을 닫지 않으려고 발버 둥 쳐 보기도 했지만 도리 없었다.
❸-3~4 황씨의 아내 고랏댁은 무심코 술지게미를 소 여물통에 놓아둔다. 이것을 맛본 암소는 광으로 들어가서 술독을 몽땅 비워 버린다.

풀이 [A]는 공업 단지 조성과 카시미론의 등장과 같은 사회의 변화로 인해 일어난 사건이 다. [B]는 고랏댁이 무심코 술지게미를 소 여물통에 놓아두었기 때문에 개인의 실수 로 일어난 사건이다.

→ 적절함!

② [A]는 사건에 대한 중심인물의 *회한이, [B]는 사건에 대한 중심인물의 원망이 나타나 있다. * 후회

근거 ❷-11 "쬐끔 늦던 겨, 다 시절 돌아가는 걸 보아 가메 눈치로 허야는 것을."/ 13 그러나 들인 시설비는 한 푼 못 건진 채 세상 물정에 어두웠음이나 한탄하며 조 용히 문을 닫게 되었다.
❹-24~26 "배신을 해도 유만부동이. 이 괘씸한 놈아, 이 괘씸한 놈……" 황씨가 소에게 달려들어 덜미를 꼬집어 뜯으며

풀이 [A]는 세상 물정에 어두웠음을 한탄하는 중심인물인 황씨의 회한이 나타나 있다. [B]는 술에 취해 날뛰다 죽은 소에 대한 중심인물인 황씨의 원망이 나타나 있다.

→ 적절함!

③ [A]는 장기적으로 일어난 사건의 과정이, [B]는 단기적으로 일어난 사건의 과정이 나 타나 있다.

근거 ❶-10 가만히 앉아 있는데 인근 읍내에 공업 단지라는 것이 생긴다더란 소문이 왔 다./ 19~20 새로 생긴 제과 공장과 전기 기구 조립 공장은 첫 달 임금부터가 황씨네 소창직 공장의 두 달치 품삯에 맞먹고 있었다. 인건비의 앙등으로 치명상을 입을 줄 은 더구나 예측할 수도 없던 일이었다./ ❷-5 카시미론의 물결이 쥐구멍 같은 벽촌 에도 회오리쳐 대기 시작했던 것이다./ 9~10 백소창이나 한 장 토막에 두서너 필 내 는 정도의 어처구니없는 사태로 급전된 것이었다. 황씨는 문을 닫지 않으려고 발버 둥 쳐 보기도 했지만 도리 없었다.
❸-3~4 황씨 집에서 모든 일이 잘 되기를 바라는 고사가 있던 날, ~ 암소는 광으로 들어가서 술독을 몽땅 비워 버린다./ ❹-20~23 날씨는 섣달 날씨였고 ~ 암소는 제 한 몸만 믿고 걸었던 기대와 희망을 헌 멍에 벗어던지듯 하고 가죽만 남기게 된 것이 었다.

풀이 [A]는 산업화로 인한 공업 단지 조성, 카시미론 유행 등 장기간에 걸쳐 일어난 사건 의 과정이 나타나 있다. [B]는 술을 잔뜩 마신 암소가 하룻밤 사이에 죽게 된 사건이 나타나 있다.

→ 적절함!

④ [A]는 문제 상황에 대한 중심인물의, [B]는 문제를 해결하려는 주변 인물의 행동이 나 타나 있다.

근거 ❷-10 황씨는 문을 닫지 않으려고 발버둥 쳐 보기도 했지만 도리 없었다./ 13 조용 히 문을 닫게 되었다.

❹-10~15 누군가가 소리 질렀다. "짚토매 점 가져와. 소 얼어 죽겠다." 누군가가 짚 누리를 헐고 짚 몇 단을 가져왔다. ~ 또 누군가는 먹은 걸 토악질시켜 게워 내도록 해 야 산다고 양순이에게 맷돌에 녹두를 타 오도록 재촉했다.

풀이 [A]는 소창직 직조 사업의 실패로 인해 공장을 폐업하는 중심인물인 황씨의 행동이 나타나 있다. [B]는 암소가 죽어 가는 문제를 해결하려는 주변 인물인 마을 사람들의 행동이 나타나 있다.

→ 적절함!

⑤ [A]는 *세태에 대한 중심인물의 관심을, [B]는 공동체에 대한 중심인물의 **반감을 불러일으키고 있다. * 세상의 상태나 모습 ** 반대하거나 반항하는 감정

근거 ❷-12 황씨는 비로소 유행이란 것에 관심을 갖게 된 것이다.

풀이 [A]로 인해 중심인물인 황씨는 유행에 관심을 가지게 되었으므로 적절하다. 그러나 [B]로 인해 중심인물인 황씨가 마을 공동체에 대해 반감을 가지게 된 것은 아니다.

→ 적절하지 않음!

[025~027] 다음 글을 읽고 물음에 답하시오.

1 ¹녀석(여기서는 기태의 조카인 훈이. 전체 줄거리 참고)에게 고향을 배워(배우게 해. 가르쳐) 주겠노라 약속해 놓고도 막상 그것(고향)을 생각해 보려 하니 막연하기만(어두울 漢 그럴 然 : 어렴풋하기만) 했다. ²생각의 실마리(풀어 나갈 수 있는 첫머리)가 쉽게 잡히지 않았다. ³어 머니가 돌아가신 후로 20년 가까운 세월 동안 한 번도 발걸음을 한 일이 없는 동백골이었 다. ⁴하나같이 기억이 희미했다. ⁵제법 감동 같은 걸 싣고 떠오르는 일이 없었다. ⁶생각난 것은 내 배앓이(배탈)의 시초(시작 始 처음 初 : 시작)가 됐던 학교 잡부금(섞일 雜 거둘 賦 돈 金 : 학교에 잡다하게 내야 하는 돈)과 꾀배(꾀병으로 아픈 척하는 배탈)에 관한 것뿐이었다. ⁷그러 나 그것은 다시 기억을 더듬어 낼 필요가 없는 것이었다. ⁸그것은 간밤(어젯밤)에 이미 확 인이 끝난 일이었다. ⁹다른 것을 찾아내야 했다. ¹⁰훈이 녀석을 위해서도 좀 더 행복스런 고향을 찾아내야 했다. ¹¹나는 바다를 내려다보며 그 바다와 상관하여(서로 相 관계할 關 : 관련하여) 기억을 더듬기 시작했다.

→ '나'는 훈이에게 들려주기 위해 고향에서 행복했던 기억을 떠올리려 한다.

2 ¹동백골에서도 바다는 멀지 않았다. ²바닷가 산비탈(산의 가파른 곳)에 밭농사를 짓고 있어 그곳 사람들도 바다에는 무척들 익숙했다. ³그러나 나는 아직도 그 바다가 어떤 식 으로 내 어린 시절과 상관되고 있었는지, 또 그것에 대해 무슨 말을 할 수 있을지 마땅한 생각이 떠오르지 않았다. ⁴모든 게 뿌옇게 멀기만 했다. ⁵아름아름(어렴풋이) 어떤 기억이 떠오를 듯하다가도 ㉠화산 마을 앞 넓은 바다가 눈앞으로 다가오면 그것(화산 마을 앞 바 다)에 가려 기억 속의 것(동백골의 바다)은 금세 희미하게 멀어져 버리곤 했다.

→ '나'는 화산 마을의 바다를 보며 동백골의 바다를 생각하지만 고향의 기억을 선명하게 떠올리지 못한다.

3 ¹그럭저럭하다가 나는 결국 방으로 들어가 몸을 기대고 누워 버렸다. ²하지만 누워서 도 다시 생각을 계속했다. ³다행히 눈앞에서 나를 간섭해 오는 바다(여기서는 화산 마을의 바다)가 없으니 이젠 (동백골에 대한) 생각이 훨씬 쉬운 것 같았다. ⁴㉡동백골 앞바다가 좀 더 선명하게 떠올랐다. ⁵이윽고 한 가지 행복스런 정경(뜻 情 경치 景 : 풍경)이 멀리서부터 천천히 뇌리 속(머리 腦 속 裏 : 머릿속)으로 비춰 들어왔다. ⁶그것은 참으로 행복스런 추억 이었다.

→ 방으로 돌아온 '나'는 동백골에서의 행복한 추억을 떠올리게 된다.

4 ¹바다가 있었다. ²여름의 바다는 유난히 넓고 푸르게 반짝거렸다. ³바다에 발뿌리를 내려 뻗은 산줄기는 어디라 할 것 없이 울창한 녹음(푸를 綠 그늘 陰 : 푸른 잎이 우거진 나무 나 수풀)으로 푸르게 뒤덮여 있었다. ⁴산비탈은 대부분 밭갈이(밭을 가는 일)가 되어 있고, 고구마나 수수나 콩이나 목화 같은 것을 심은 여름 밭가리(밭둑. 밭과 밭 사이의 경계를 이루 고 있거나 밭가에 둘려 있는 둑) 가운데는 다섯 마지기(논밭 넓이의 단위. 밭 한 마지기는 약 100평 정도) 남짓한 우리 집 밭떼기(얼마 안 되는 자그마한 밭)도 끼어 있었다. ⁵어머니는 여름 한철 (한 시기)을 대개 그 다섯 마지기 여름 밭갈이로 보냈다. ⁶아침만 되면 어머니는 김매기(논 밭의 잡초를 뽑는 일)를 나가면서 밭머리(밭의 끄트머리)로 나를 데려다 놓았다. ⁷밭머리에는 푸나무꾼들이 산을 오르내리며 쉬어 가는 지게터가 있었다. ⁸그리고 그곳엔 옛날부터 주 인 없는 무덤이 하나 누워 있었다. ⁹나는 언제나 그 인적(사람 人 발자취 跡 : 사람들이 오고 간 흔적)에 씻겨 윤이 돋을 만큼 반들거리는 무덤가의 잔디밭 지게터에서 어머니를 기다

리며 지냈다. ¹⁰ 나중에 마을 사람들의 이야기를 들어 안 일이지만, 나는 내 기억의 한참 전부터도 여름이면 늘상 그 밭머리의 지게터에서 하루해(해가 떠서 질 때까지의 동안)를 지내곤 했댔다. ¹¹ 그리고 그 시기엔 어머니가 나를 업어다 쇠고삐(소의 고삐)처럼 허리에 띠를 감아 매어 놓곤 했댔다. ¹² 걸핏하면(툭하면) 아무 데나 기어가 흙덩이를 집어 먹고 나무가시 같은 데에 얼굴을 자주 할퀴어 댔기 때문이라고. ¹³ 어떤 때 사람들이 지게터를 지나가다 보면 나는 온몸에 오줌과 똥을 짓이겨 바른 채 배가 고파 울고 있거나, 울음을 울다 울다 제풀에(저 혼자 저절로) 지쳐 더운 뙤약볕(여름에 강하게 내리쬐는 뜨거운 볕) 아래 잠이 들어 있는 것을 볼 때가 많았다고.

→ 어린 시절 '나'는 여름 내내 밭갈이로 바쁜 어머니의 보살핌을 받지 못하고 배고픔에 울다 지쳐 잠이 들곤 했다.

5 [중략 줄거리] ¹ '나'의 고향 이야기를 들은 훈이는 '나'에게 고향을 찾아가지 않는 이유를 묻는다. ² 당황한 '나'는 그날 밤 심한 배앓이(배탈)를 한다. ³ 다음날 '나'는 차분하게 가라앉은 기분을 느끼며 기태에게 이제 화산 마을에서 떠나 서울로 가겠다고 말한다.

→ '나'는 왜 고향에 가지 않느냐는 훈이의 질문에 당황하고 기태에게 서울로 돌아가겠다고 말한다.

6 ¹ "악마구리 속(무질서하고 시끄러운 곳. 여기서는 '서울'을 의미함. '악마구리'는 참개구리)이라도 할 수 없지. ² 나를 그토록 폐허로 만든(망가뜨린) 곳이 서울이라면 내 병도 아마 그 서울 쪽으로 뿌리가 있을 테니까. ³ 뿌리를 뽑고 싶으면 싫더라도 그 뿌리가 내려진 곳으로 돌아가는 게 정직한 태돌(태도일) 테구." ⁴ "아서(그렇게 하지 말라고 금지할 때 하는 말)…… ⁵ 자네(여기서는 '나') 생각이 어떤 건지 모르지만, 난 아무래도 자넬 다시 서울로는 돌아가게 하고 싶지 않아. ⁶ 내 집이 혹 불편해져서 그런다면 더 할 말이 없지만, 그렇더라도 서울보단 차라리 동백골이나 한번 들어가 지내보는 게 어떨까도 싶고……" ⁷ "동백골 쪽도 생각해 보지 않은 건 아니었어. ⁸ 그것도 뭐 새삼스런 기대가 생겨서 그랬던 건 아니구. ⁹ 기대 같은 걸로 말한다면 그건 오히려 정반대의 생각에서였다고 할까. ¹⁰ 난 사실 지금도 그 동백골이 어떤 곳이었던가를 깡그리(모두) 잊고 있던 건 아니거든. ¹¹ 그런데 거기(동백골) 너무 오래 발을 끊고 지내다 보니 어릴 적 일들이 터무니없는 요술을 부리려 들더구만. ¹² 그럴듯한 요술로 (어린 시절의 고향은 행복했던 곳이었다고) 나를 마구 속이려 든단 말일세. ¹³ 내 눈으로 다시 가서 사실을 확인해 두고 싶기도 했어. ¹⁴ 더 이상 내게 요술을 부릴 수 없도록. ¹⁵ 하지만 아직도 내게는 용기가 훨씬 모자란 것 같아. ¹⁶ 고향이 어떻게 나를 두렵게 하더라도 그 현실을 현실대로 정직하게 맞부딪쳐 들어갈(고향이 행복했던 곳이었다는 건 착각이었다는 사실을 받아들일) 수 있는 내 용기가 말일세. ¹⁷ 당분간은 그 동백골 한 곳이라도 나를 속이게 놔두는 것이 나을 듯싶더구만. ¹⁸ 그래야 또 자네(여기서는 기태) 말대로 그 악마구리 속 같은 서울 살이를 버텨 나가기가 나을 듯싶기도 하고……"

¹⁹ "서울이란 할 수가 없군. ²⁰ 자넨(여기서는 '나') 이제 진짜 서울 사람이 다 되어 버린 것 같다니까……"

²¹ 기태는 아직도 곧이들리지(들은 그대로 믿기지) 않는 듯 허허 웃었다.

²² 그러나 나는 이제 아무 새로운 느낌도 없었다. ²³ 어이없어하는 기태를 향해 담담하게 대답했다.

²⁴ "하지만 뭐 서울에 무슨 새삼스런(새로운) 기대가 있어선 물론 아니야. ²⁵ 그게 이를테면 유일하게 정직한 나의 삶이라는 것이겠고, 서울은 실상 그런 내 하나밖에 없는 소중한 삶의 터전인 셈이니까……"

²⁶ "병은 고칠 작정이 아니군."

²⁷ 기태는 그제서야 겨우 기가 꺾이기 시작했다. ²⁸ 그가 비로소 정색을 하며 혼잣말처럼 중얼거렸다. ²⁹ 그러자 나는 마지막으로 좀 더 지껄였다.

³⁰ "할 수 없는 일이지. ³¹ 이제 와서 알게 된 일이지만, 그건(병을 고치는 일) 맘대로 되는 일이 아닌 것 같거든. ³² 살아오느라고 이 몰골로 폐허가 다 되었는데(망가졌는데) (병을 고치는 것은) 좀 어려운 일이 아니지 않아(매우 어려운 일이야). ³³ 이런 식으로는 어림도 없는 일이야. ³⁴ 난 단념했어. ³⁵ 그리고 이제부턴 그런 걸(병) 불편스럽게 여기거나 부끄러워하지도 않을 것 같애. ³⁶ 나에겐 그(병) 밖에 남은 게 없거든. ³⁷ 어떻게 보면 나는 그 많은 증세들 때문에, 그것을 건강 삼아 지금까지 살아왔던 것 같기도 하구. ³⁸ 고칠 수도 없고 굳이 고치려고 하지도 않겠어. ³⁹ 마음에 들진 않지만 이게 살아 있는 내 진짜 얼굴이거든. ⁴⁰ 그렇다면 난 다시 서울을 찾아 들어가는 것이 새삼스럽게 두려워질 일도 아니겠고, 자 그럼……"

→ 기태는 '나'의 병을 걱정하며 동백골에서 지내볼 것을 권하지만 '나'는 서울로 돌아가겠다고 말한다.

- 이청준, 「귀향 연습」 -

· **중심 내용**

'나'는 훈이에게 들려주기 위해 어린 시절 고향에서 행복했던 기억을 떠올리고, 기태는 '나'의 병을 걱정하며 동백골에서 지낼 것을 권하지만 '나'는 서울로 돌아가겠다고 말한다.

· **전체 줄거리 ([ ] : 지문 내용)**

고향을 떠나 도시 생활을 하면서 여러 병을 앓던 '나'는 건강을 위해 어린 시절 친구인 기태가 사는 화산 마을로 내려간다. 기태의 집 별채(본채와 따로 지은 집)에는 기태의 조카인 11살 훈이와 근처 초등학교에서 근무하는 정은영 선생이 함께 생활하고 있었다. '나'는 낯선 여자와 함께 생활하게 된 것에 어색함을 느끼고 배앓이를 하게 된다. 초등학교 시절 '나'는 학교 잡부금을 내지 못하는 날엔 꾀병으로 배탈이 난 척하고 학교를 쉬곤 했는데, 어느 날부터 밀린 잡부금으로 고민하는 날이면 정말로 배가 아프게 되었고 이후 마음에 내키지 않은 일을 하게 될 때면 항상 배앓이로 애를 먹게 되었다. '나'는 기태로부터 훈이가 어릴 때부터 1년마다 골절 사고가 일어나 입원하곤 했는데 올해는 기태의 추천으로 이곳에 내려와 쉬고 있다는 말을 듣게 된다. 별채로 돌아온 '나'는 훈이의 방을 찾아가고 훈이는 '나'의 고향에 대해 묻는다. 훈이는 정 선생이 고향을 배우면 병을 잊게 되고 저절로 병이 나을 것이라고 알려 줬다고 말하고, ['나'는 훈이에게 가르쳐 줄 고향에 대해 고민하게 된다. '나'는 고향 동백골의 바다를 생각하다가 어린 시절 밭일로 바쁜 어머니 곁에서 배가 고파 울다 지쳐 잠이 들곤 했던 일을 고향에서 행복했던 기억으로 떠올리게 된다.] 다음 날 '나'의 이야기를 들은 훈이는 '나'가 기분 나쁘고 무서운 이야기를 즐겁게 말하는 게 이상하지만 고향 이야기이니까 무서운 생각이 없어졌다고 말한다. 도망치듯 방으로 돌아온 '나'는 고향에 대한 기억을 과장해 말하긴 했지만 훈이의 반응이 나쁘지 않아 계속 고향 이야기를 들려주겠다고 생각한다. 이후 훈이에게 계속 고향 이야기를 들려주던 '나'는 언제부턴가 배앓이가 사라지고 안색이 좋아진 것을 알게 된다. 훈이 또한 방에서 지내던 생활에서 벗어나 마당을 돌아다니기도 하고 뼈가 부러질까 봐 겁을 내지도 않게 된다. 그러던 어느 날 정 선생이 갑자기 사라지는데, '나'는 기태가 정 선생의 순결을 빼앗았고 그날 이후 정 선생이 떠난 사실을 알게 된다. 그날 밤 훈이는 '나'에게 고향에 대한 이야기가 사실인지, 그렇다면 왜 고향에 찾아갈 생각을 하지 않는지를 묻지만 '나'는 대답하지 못하고 밤새 배앓이에 시달린다. [이튿날 아침, '나'는 기태에게 서울로 돌아가겠다고 말하고 기태는 '나'의 병을 걱정하며 동백골에서 지내볼 것을 권하지만, 나는 결심을 굽히지 않는다.] 이후 '나'는 훈이를 부탁한다는 말을 남기고 화산 마을을 떠난다.

· **인물 관계도**

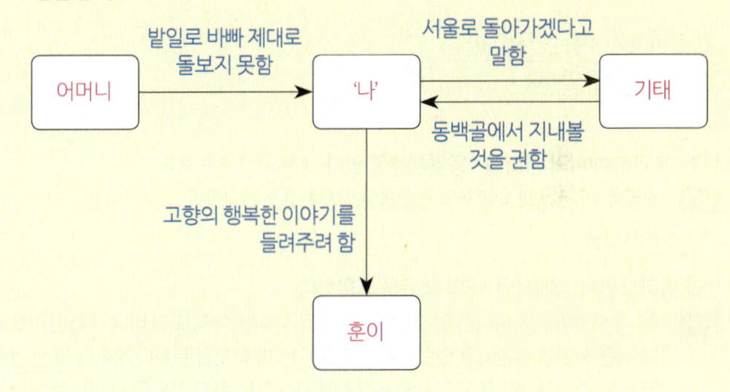

---

025 | 내용 이해 - 적절하지 않은 것 고르기 | 2023년 9월 학평 43번 | 정답률 75% | 정답 ④

윗글에 대한 이해로 적절하지 <u>않은</u> 것은?

① '나'는 어머니가 돌아가신 후에는 동백골에 가지 않았다.

근거 ❶-3 어머니가 돌아가신 후로 20년 가까운 세월 동안 한 번도 발걸음을 한 일이 없는 동백골이었다.

풀이 어머니가 돌아가신 뒤로 '나'는 20년 가까운 세월 동안 한 번도 동백골에 간 적이 없다.

→ 적절함!

② '나'는 훈이에게 행복스러운 고향 이야기를 들려주기 위해 고민했다.

근거 ❶-10~11 훈이 녀석을 위해서도 좀 더 행복스런 고향을 찾아내야 했다. 나는 ~ 기억을 더듬기 시작했다.

❸ 나는 결국 방으로 들어가 ~ 누워서도 다시 생각을 계속했다. ~ 이윽고 한 가지 행복스런 정경이 멀리서부터 천천히 뇌리 속으로 비춰 들어왔다. 그것은 참으로 행복스런 추억이었다.

| 풀이 | '나'는 훈이에게 고향의 이야기를 들려주기 위해 행복스러운 고향의 기억을 떠올리려 노력한다.

→ 적절함!

③ 어머니는 여름 한철을 대개 산비탈에 있는 밭을 가는 일로 보냈다.

| 근거 | ❹-4~5 산비탈은 대부분 밭갈이가 되어 있고, ~ 여름 밭갈이 가운데에 다섯 마지기 남짓한 우리 집 밭뙈기도 끼어 있었다. 어머니는 여름 한철을 대개 그 다섯 마지기 여름 밭갈이로 보냈다.

| 풀이 | 어머니는 여름 한철을 산비탈에서 밭을 가는 일로 바쁘게 보냈다.

→ 적절함!

④ 기태는 서울 살이를 버텨 보겠다는 '나'의 선택을 지지했다.   지지하지 않았다

| 근거 | ❻-18~26 그래야 또 자네 말대로 그 악마구리 속 같은 서울 살이를 버텨 나가기가 나을 듯싶기도 하고……? ~ 어이없어하는 기태를 향해 담담하게 대답했다. ~ 서울은 실상 그런 내 하나밖에 없는 소중한 삶의 터전인 셈이니까……" "병은 고칠 작정이 아니군."

| 풀이 | '나'가 서울 살이를 버텨 보겠다고 말하자 기태는 어이없어하며 '나'가 병을 고칠 마음이 없다고 생각한다. 이를 통해 기태는 서울 살이를 버텨 보겠다는 '나'의 선택을 지지하지 않는다는 것을 알 수 있다.

→ 적절하지 않음!

⑤ 기태는 '나'의 병을 고치기 위해 서울보다는 동백골에서 지내보는 것을 권했다.

| 근거 | ❻-2~6 나를 그토록 폐허로 만든 곳이 서울이라면 내 병도 아마 그 서울 쪽에 뿌리가 있을 테니까. ~ 그 뿌리가 내려진 곳으로 돌아가는 게 정직한 태돌 테구." "아서…… ~ 서울보단 차라리 동백골이나 한번 들어가 지내보는 게 어떨까도 싶고……"

| 풀이 | 서울로 돌아가려는 '나'에게 기태는 '나'의 병을 고치기 위해 서울보다는 동백골에서 지내볼 것을 권한다.

→ 적절함!

---

026 공간의 의미 - 적절한 것 고르기 2023년 9월 학평 44번
정답률 75%

정답 ③

㉠과 ㉡에 대한 설명으로 가장 적절한 것은?

> ❷-5 ㉠ 화산 마을 앞 넓은 바다
> ❸-4 ㉡ 동백골 앞바다

① '나'는 ㉠과 ㉡에서의 경험을 *동일시하고 있다. * 똑같은 것으로 보고

| 풀이 | 윗글에 '나'가 ㉠과 ㉡에서의 경험을 동일시하고 있는 내용은 나타나지 않는다.

→ 적절하지 않음!

② ㉠을 바라보면서 ㉡에서의 '나'의 행동을 후회한다.

| 근거 | ❷ 동백골에서도 바다는 멀지 않았다. ~ 그러나 나는 아직도 그 바다가 어떤 식으로 내 어린 시절과 상관되고 있었는지, ~ 어떤 기억이 떠오를 듯하다가도 ㉠ 화산 마을 앞 넓은 바다가 눈앞으로 다가오면 그것에 가려 기억 속의 것은 금세 희미하게 멀어져 버리곤 했다.

| 풀이 | '나'는 ㉠을 바라보면서 ㉡에서의 기억을 떠올리려 하고 있을 뿐 ㉡에서의 자신의 행동을 후회하는 모습은 나타나지 않는다.

→ 적절하지 않음!

③ ㉠에서 벗어난 뒤 ㉡에 관한 '나'의 기억이 선명해진다.

| 근거 | ❷~❸ 동백골에서도 바다는 멀지 않았다. ~ 어떤 기억이 떠오를 듯하다가도 ㉠ 화산 마을 앞 넓은 바다가 눈앞으로 다가오면 그것에 가려 기억 속의 것은 금세 희미하게 멀어져 버리곤 했다. 그럭저럭하다가 나는 결국 방으로 들어가 ~ 누워서도 다시 생각을 계속했다. ~ ㉡ 동백골 앞바다가 좀 더 선명하게 떠올랐다. ~ 그것은 참으로 행복스런 추억이었다.

| 풀이 | '나'는 ㉠에서 벗어나 방으로 돌아온 뒤 ㉡에서 어린 시절의 행복했던 기억을 선명하게 떠올리게 된다.

→ 적절함!

④ ㉠을 떠나면서 ㉡에서 '나'가 생각했던 의문이 해소된다.

| 풀이 | 윗글에 '나'가 ㉡에서 의문을 가졌던 내용은 나타나지 않는다.

→ 적절하지 않음!

---

⑤ '나'는 ㉠에서의 일을 잊기 위해 ㉡에서의 일을 떠올린다.

| 근거 | ❷ 동백골에서도 바다는 멀지 않았다. ~ 어떤 기억이 떠오를 듯하다가도 ㉠ 화산 마을 앞 넓은 바다가 눈앞으로 다가오면 그것에 가려 기억 속의 것은 금세 희미하게 멀어져 버리곤 했다.

| 풀이 | '나'는 ㉠을 바라보면서 ㉡에서의 일을 떠올리고 있을 뿐, ㉠에서의 일을 잊기 위해 ㉡에서의 일을 떠올리고 있지 않다.

→ 적절하지 않음!

---

027 감상의 적절성 - 적절하지 않은 것 고르기 2023년 9월 학평 45번
정답률 65%, 매력적 오답 ④ 15%, ③ 10%

정답 ②

〈보기〉를 바탕으로 윗글을 감상한 내용으로 적절하지 않은 것은? [3점]

| 보기 |

[1] 「귀향 연습」에서 '나'는 도시 질서에 적응하지 못한다. [2] '나'는 고향을 도시와 대립된 공간으로 인식하고 고향을 행복했던 곳으로 이상화하며(현실을 그대로 보지 않고 가장 완전한 세계로 생각하며) 고향에 관한 기억을 왜곡한다(사실과 다르게 해석한다). [3] 그런데 훈이와의 대화가 계기가 되어 '나'는 고향에 관한 생각이 환상에 불과했음을 인식하고 서울행을 결정하면서 현실에 대한 긍정성을 회복하려는 모습을 보인다.

① 서울에서의 생활을 '악마구리 속'이라고 표현하는 것으로 보아, '나'가 도시 생활에 적응하는 데 어려움을 느꼈을 것이라고 볼 수 있군.

| 근거 | 〈보기〉-1 「귀향 연습」에서 '나'는 도시 질서에 적응하지 못한다.

| ❻-1~2 '악마구리 속'이라도 할 수 없지. 나를 그토록 폐허로 만든 곳이 서울이라면/ 18 악마구리 속 같은 서울 살이

| 풀이 | 〈보기〉를 통해 윗글의 '나'는 도시에 적응하지 못했음을 알 수 있다. 따라서 '나'가 서울에서의 생활을 '악마구리 속'이라고 부정적으로 표현하는 것에서 '나'가 도시 생활에 적응하는 데 어려움을 느꼈을 것이라고 짐작할 수 있다.

→ 적절함!

② 고향이 '나를 두렵게 하여' '정직하게 맞부딪'칠 용기가 모자란다고 말하는 것으로 보아, '나'는 고향에 대한 환상을 깨려 한다고 볼 수 있군.   하'더라도   없군

| 근거 | ❻-15~17 아직도 내게는 용기가 훨씬 모자란 것 같아. 고향이 어떻게 나를 두렵게 하더라도 그 현실을 현실대로 정직하게 맞부딪쳐 들어갈 수 있는 내 용기가 말일세. 당분간은 그 동백골 한 곳이라도 나를 속이게 놔두는 것이 나을 듯싶더구만.

| 풀이 | '나'는 고향이 '나를 두렵게 하더라도' '정직하게 맞부딪'칠 용기가 모자란 것 같아 고향이 '나'를 속이게 놔두겠다고 말하고 있으므로 '나'는 고향에 대한 환상을 깨려 한다고 볼 수 없다.

→ 적절하지 않음!

③ 동백골에서의 어린 시절 일들이 '터무니없는 요술을 부리려 들더'라고 표현하는 것으로 보아, '나'는 고향의 이미지를 왜곡하고 있었음을 깨달았다고 볼 수 있군.

| 근거 | 〈보기〉-2~3 '나'는 고향을 ~ 행복했던 곳으로 이상화하며 고향에 관한 기억을 왜곡한다. 그런데 훈이와의 대화가 계기가 되어 '나'는 고향에 관한 생각이 환상에 불과했음을 인식하고

| ❸-5~6 이윽고 한 가지 행복스런 정경이 멀리서부터 천천히 뇌리 속으로 비춰 들어왔다. 그것은 참으로 행복스런 추억이었다.

| ❹-6~13 아침만 되면 어머니는 김매기를 나가면서 밭머리로 나를 데려다 놓았다. ~ 나는 온몸에 오줌과 똥을 짓이겨 바른 채 배가 고파 울고 있거나, 울음을 울다울다 제풀에 지쳐 더운 뙤약볕 아래 잠이 들어 있는 것을 볼 때가 많았다고

| ❻-11~12 어릴 적 일들이 터무니없는 요술을 부리려 들더구만. 그럴듯한 요술로 나를 마구 속이려 든단 말일세.

| 풀이 | 〈보기〉에 따르면 윗글의 '나'는 고향을 행복했던 곳으로 이상화하며 기억을 왜곡하다가 그것이 환상이었음을 인식하게 된다고 하였다. 어린 시절 어머니의 보살핌을 받지 못하고 배고픔에 울다 지쳐 잠들던 일을 행복한 기억으로 떠올렸던 '나'는 어린 시절 일들이 '나'에게 '터무니없는 요술'을 부렸다고 생각하게 된다. 이를 통해 '나'가 고향의 이미지를 왜곡하고 있었음을 깨달았다고 볼 수 있다.

→ 적절함!

④ 동백골은 '행복스런 추억'이 있는 공간으로, 서울은 '나를 그토록 폐허로 만든 곳'으로 여겼던 것으로 보아, '나'는 고향을 서울과 대립된 공간으로 인식했다고 볼 수 있군.

| 근거 | 〈보기〉-2 '나'는 고향을 도시와 대립된 공간으로 인식하고

| ❸-4~6 동백골 앞바다가 좀 더 선명하게 떠올랐다. ~ 그것은 참으로 행복스런 추억이었다.

| ❻-2 나를 그토록 폐허로 만든 곳이 서울이라면

풀이 고향인 동백골을 어린 시절의 '행복스런 추억'이 있는 긍정적인 공간으로, 서울을 '나를 그토록 폐허로 만든' 부정적인 곳으로 여겼던 것을 통해 '나'는 고향을 서울과 대립된 공간으로 인식했음을 알 수 있다.

→ 적절함!

⑤ 서울을 '소중한 삶의 터전'으로 여기고 마음에 들지 않더라도 '내 진짜 얼굴'을 받아들이겠다고 말하는 것으로 보아, '나'는 현실에 대한 긍정성을 회복하려 한다고 볼 수 있군.

근거 <보기>-3 훈이와의 대화가 계기가 되어 '나'는 고향에 관한 생각이 환상에 불과했음을 인식하고 서울행을 결정하면서 현실에 대한 긍정성을 회복하려는 모습을 보인다.

❻-25 서울은 실상 그런 내 하나밖에 없는 **소중한 삶의 터전**인 셈이니까⋯⋯"/
39~40 마음에 들진 않지만 이게 살아 있는 **내 진짜 얼굴**이거든. 그렇다면 난 다시 서울을 찾아 들어가는 것이 새삼스럽게 두려워질 일도 아니겠고,

풀이 <보기>에 따르면 '나'는 서울행을 결정하면서 현실에 대한 긍정성을 회복하려는 모습을 보인다고 하였다. 따라서 '나'가 서울을 '소중한 삶의 터전'으로 여기고 마음에 들지 않더라도 서울에서의 '내 진짜 얼굴'을 받아들이겠다고 말하는 것에서 '나'가 현실에 대한 긍정성을 회복하려 한다는 것을 알 수 있다.

→ 적절함!

[028~031] 다음 글을 읽고 물음에 답하시오.

❶ ¹ "아니, 작은 것 한 장(여기서는 100만 원)도 못 되는 돈 갖고 이 바닥(여기서는 신흥 주택가)에서 독채(다른 가족과 함께 쓰지 않고 한 가족이 전체를 사용하는 집) 전세를 얻겠다고?"
² 그러더니 (부동산 노인은) 다시 한바탕 해소(기침)라도 발작한 것같이 급하게 웃었다.
³ 거금(클 巨 돈 金 : 많은 돈) 구십만원(현재 가치로 약 천만 원)을 작은 것 한 장도 안 된다니, 이 노인이 귀가 좀 어두운가 해서 나는 다시 목청을 돋우어 구십만원을 강조했다.
⁴ 그래도 노인은 탁하고 급한 웃음을 멎을 척도 안 했다. ⁵ 사무실 앞에 **승용차가 나란히 두 대가 멎**더니 부인들과 신사들이 섞인 한 떼가 안으로 들이닥쳤다. ⁶ 이곳도 결코 **파리 날리는**(영업이나 사업 따위가 잘 안되는) 한가한 곳이 아니었던 것이다.
⁷ "사모님, 지금 보신 **그 땅** 눈 꽉 감고 잡아놓으십시다(투자하십시다). ⁸ 글쎄 문제없다니까요. ⁹ 중도금(계약금을 치르고 나서 마지막 잔금을 치르기 전에 지불하는 돈) 치르기 전에 평당 오천원(현재 가치로 약 6만 원) 띠기는(벌기는) 누워서 떡 먹기(매우 쉬운 일이라는 것을 빗댄 말)라니까요."
¹⁰ 젊은 **신사들**이 부인들을 꾀고(부추기고) 노인도 합세했다.
¹¹ "우리하고 손잡고 이 바닥에서 큰돈 잡은 사모님네들 **숱합니다**(많습니다), 숱해."
¹² 나는 그들에게 완전히 잊혀졌다. ¹³ **영아**('나'의 딸) 기저귀를 갈아주고 다시 업고 나올 때까지 아무도 거들떠보지 않았다. ¹⁴ 나는 다시 버스를 타고 이 아름다운 **신흥**(새로 생긴) 주택가에 앙심(원망할 怏 마음 心 : 원한)을 품고 떠났다.

→ '나'는 '구십만원'으로 독채 전셋집을 얻으려다가 부동산 노인에게 무시를 당한다.

❷ ¹ 그 다음날은 **수유리**(서울 강북구) 쪽으로, 그 다음날은 **망우리**(서울 중랑구) 쪽으로, 그 다음날은 **갈현동**(서울 은평구) 쪽으로 다녀봤지만 어디서고 구십만원짜리 독채 전세는 구경도 못 하고 다만 구십만원의 (얼마 안 되는) 가치를 좀더 분명히 알아온 데 불과했다.
² 결국 **우린**('나'와 남편) 의논을 다시 해서 독채는 아니더라도 **안집**(주인집)으로부터 뚝 떨어진 부엌도 따로 있고 출입문도 따로 있어 독립된 **오붓한**(편안하고 조용한) 생활을 할 수 있는 전세방을 구하기로 합의했다. ³ 어차피 전셋집도 못 되는 전세방을 구할 바에야 구태여 교통이 불편한 변두리로 갈 게 뭐냐고 도심에 가까운 주택가를 돌기 시작했다. ⁴ 구십만원짜리 전세방을 구한단 소리에 **복덕방**(가옥이나 토지 같은 부동산을 매매하는 일이나 임대차를 중개하여 주는 곳) 영감의 반응은 괜찮았다. ⁵ **사뭇**(매우) 굽실대기까지 했다. ⁶ 그 바람에 나도 좀 **배짱**(조금도 굽히지 아니하고 버티어 나가는 태도)을 부렸다. ⁷ 방이 깨끗하고 널찍해야 된다느니, 부엌에 상하수도 시설이 갖춰져야 한다느니, 그리고 남편이 하던 소리도 했다. ⁸ 정원이 있는 양옥집이어야 하고 주인집에 전화가 있어야 한다고 말이다. ⁹ 나는 남편이 나한테 그런 소리(정원이 있는 양옥집이어야 하고 주인집에 전화가 있어야 한다는 말)를 했을 때 그 철딱서니 없음이 딱하고 한심해 대꾸도 안 했는데 **거드름**(거만스러운 태도)을 부리고 싶은 나머지 ⑦ 그 소리까지 했다.

→ '나'는 '구십만원'으로는 독채 전셋집을 얻을 수 없다는 사실을 깨닫고,
남편과 상의해 도심 가까운 곳에 전세방을 구하기로 한다.

❸ ¹ 그런데 재수 나쁘게도 **첫번째 본 집**에서 등에 업힌 영아를 트집잡았다. ² 아무리 뚝 떨어진 방이지만 갓난애가 딸린 집은 싫다는 거였다. ³ 주인여자는 **외눈 하나 까딱 안 하고**(태도나 기색이 아무렇지도 않은 듯이) ⑥ 그런 소리를 하며 우리 영아를 냉랭하게(찰 冷 찰 冷 : 쌀쌀맞게) 쏘아보았다. ⁴ 세상에 이럴 수가— 나는 그 여자의 시선에 못된 **주술**(빌 呪 술수 術 : 주문)이라도 걸려 있어 우리 영아가 곧 어떻게 되는 것 같아 허둥지둥 그 집을 뛰쳐나왔다. ⁵ 세상에, 겨우 **생후**(날 生 후 後 : 태어난 지) 일 년밖에 안 된 천사 같은 것을 그런 독사 같은 눈으로 노려보다니, 정말 재수 옴 붙은(아주 재수가 없는) 날이었다.
⁶ 애는 무조건 싫다니, 그럼 **셋방살이 신세가 무슨 대역죄**(클 大 거스를 逆 죄 罪 : 국가와 사회를 어지럽히는 큰 죄)라고 **단종수술**(임신을 불가능하게 하는 수술)이라도 하란 말인가.
⁷ 그러나 그 다음에 본 집도, 또 그 다음에 본 집도 아이를 꺼리기는 마찬가지였다. ⁸ 마당에 기저귀 널어놓는 것 보기 싫다는 둥, 걸음마 타면 잔디를 망쳐놓 거라는 둥, 꽃을 딸 거라는 둥, 멋대로 트집들을 잡았다. ⁹ 어떤 점잖은 중년 부인은
"쯧쯧, 미련도 하지. ¹⁰ 아이는 집 장만부터 하고 낳아야지 어쩌자고 아이부터 낳았수?"
¹¹ ⓒ 그 여자 말을 들으니 집 장만하기 전에 아기를 낳는다는 일이 **사생아**(법적 부부가 아닌 남녀 사이에서 태어난 아이)를 낳는 일보다 훨씬 더 부끄러운 일로 여겨졌다. ¹² 나는 **수치심**(부끄러울 羞 부끄러울 恥 마음 心 : 부끄러움)으로 온몸이 불화로처럼 달아올랐다.

→ 집주인들은 아이가 있다는 이유로 전세방을 내어주지 않고,
'나'는 집을 마련하기도 전에 아이를 낳았다는 사실에 부끄러움을 느낀다.

❹ [중략 줄거리] 복덕방 영감은 애를 데리고 다니면 집을 얻기 힘들 것이라고 하고, 남편은 친정에 영아를 맡기고 둘이서 집을 알아보자고 한다.

→ '나'는 딸을 친정에 맡기고 남편과 함께 전세방을 보러 다니게 된다.

❺ ¹ "잔디 밟지 마세요." ² 주인여자가 맑고 차가운 목소리로 주의를 주고 먼저 현관으로 들어가더니 **뒤란**(뒷마당)으로 난 **셋방**의 부엌문을 안에서 열어주었다. ³ 부엌도 방도 넓고 **정결하고**(깨끗할 淨 깨끗할 潔 : 매우 깨끗하고) 밝았다. ⁴ 방의 벽지도 고급이었고 부엌의 상하수도 시설도 갖추어져 있었다. ⁵ 여자가 다시 식구를 물었다. ⁶ 남편이 **냉큼 두 내외**(안 內 바깥 外 : 부부)뿐이라고 하자 여자는,
"젊은 두 내외 믿을 수 있나요. ⁷ 언제 애가 생길지. ⁸ 그렇지만 어린애가 생기면 방은 당장 옮기실 각오하셔야 돼요."
⁹ 하고 못을 박았다(딱 잘라 말했다). ¹⁰ 나는 가슴이 마구 **두방망이질하는**(매우 크게 뛰는) 걸 느꼈다. ¹¹ 영아도 영아였지만 나는 지금 몸에 **이상**(여기서는 임신한 기운)을 느끼고 있는 중이었다. ¹² 어머니의 해몽(풀이할 解 꿈 夢 : 꿈풀이)에 의하면 아들이 틀림없다는 용꿈까지 꾼 뒤였고, 나도 낳는 김에 아주 아들 하나 더 낳고 그만둘 셈이었다. ¹³ 그런데 **이 여자**(주인여자)는 남의 **배까지 흘끔흘끔** 보며 이런 **야박한**(거칠 野 야박할 薄 : 인정이 없는) 소리를 거침없이 하는 것이었다. ¹⁴ 나는 집에 대한 **정나미까지 뚝 떨어지고**(정이 아주 없어져서 다시 대하기 싫어지고) 말았다.

→ 남편은 주인여자에게 아이가 없다고 거짓말하고,
'나'는 아이가 생기면 방을 빼라는 주인여자의 태도를 기분 나빠한다.

❻ ¹ 그래도 남편은 이 집을 얻기를 고집했고, 언제나 그렇듯이 일은 남편 고집대로 되고 말았다.
² "영아는 이사 가는 날 내가 당당히 안고 들어갈 테니 당신은 조금도 걱정 말라구. ³ 제 년(여기서는 주인여자)이 어쩔 거야, 내 새끼 내가 끼고 들어 가는데."
⁴ 이렇게 ⓔ **큰소리**(잘난 체하며 장담하거나 과장하여 하는 말)를 탕탕 치고는 정작 이사 가는 날은 딴소리를 했다.
⁵ "여보, 장모님 기력도 예전 **같으시잖은데**(같으시지 않은데) 이삿짐(정리를) 거들어주십사기도 뭣하니(어려우니), 여보, 집에서 편히 영아나 좀 봐주십사고 합시다."
⁶ 이삿짐을 대충 정리하고 밤에 영아를 데리러 나서려는데 남편은 또 ⓕ **딴소리**를 했다.
⁷ "여보, 이 다음 **공일**(빌 空 날 日 : 공휴일)까지만 영아를 **외할머니**(여기서는 '나'의 친정어머니)한테 두어둡시다. ⁸ 이 기회에 아주 젖을 떼게. ⁹ **돌**(태어난 지 1년)이 넘도록 젖을 빨린다는 건 무식하고 야만적이야. ¹⁰ 더군다나 임신 초기에 젖을 그대로 빨린다는 건 애(여기서는 '영아')에게도 해롭고 **모체**(어머니 母 몸 體 : 어머니의 몸. 여기서는 '나'의 몸)에게도 해롭고 **태아**(태어 胎 아이 兒 : 뱃속의 아이)에게도 해롭고 그야말로 백해무익(일백 百 해할 害 없을 無 더할 益 : 해롭기만 하고 하나도 좋을 것이 없음)이라는 거야."

→ 딸을 낭랑하게 네리고 가겠나던 남편은 막상 이삿날이 되자
딸을 친정집에 맡겨 두고 주말에 데려오자고 말한다.

❼ ¹ (딸을 데려오려고) 고대하던(쓸 苦 기다릴 待 : 몹시 기다리던) 다음 일요일, 나는 일찍부터 **친정 나들이**를 서둘렀다. ² 남편도 순순히 따라나섰다. ³ 집을 비우려면 **뒤란**(뒷마당)으로 난 부엌문을 안에서 잠그고 주인집 마루를 지나 현관으로 나가야 한다. ⁴ 주인여자가

괜히 **샐쭉하며**(약간 못마땅해하며) **동부인해서**(함께 同 남편 夫 사람 人 : 아내와 함께 동행해서) 정답게 어디를 가느냐고 했다.

⁵"네, 이 사람(여기서는 '나') 외식도 좀 시키고 쇼핑도 좀 하려구요."

⁶"어머머, 재미가 깨가 쏟아지셔(신혼 생활이 재미가 넘치시네)."

⁷"그럼요, 아이 없을 때 실컷 재미 봐야지 언제 봅니까."

⁸오늘은 꼭 영아를 데려오고야 말겠다던 남편의 수작이 이랬다. ⁹나는 가슴이 막히는 듯한 **절망감을 느꼈다.**

> → 남편과 함께 딸을 데리러 가는 길에 남편이 아직 아이가 없을 때 부부끼리 외출한다고 주인여자에게 둘러대자 '나'는 절망감을 느낀다.

8

¹일 주일 동안에 영아는 많이 여위었다.

²목이 **상큼하고**(까칠하고) 눈은 더 크고 슬퍼 보였다. ³어머니도 많이 수척해지신 것 같았다. ⁴**올케**(오빠의 아내)의 기색도 안 좋았다.

> → '나'는 오랜만에 본 딸이 많이 야위었고 친정 식구들도 힘들어 보인다고 느낀다.

- 박완서, 「서글픈 **순방**(巡房)(돌 巡 방 房 : 방을 찾아 여러 곳을 돌아다님)」-

· 중심 내용

'나'와 남편은 '구십만원'으로 독채 전셋집을 얻을 수 없음을 알게 된 후 도심 가까이에 전세방을 구하기로 한다. 아이가 있다는 사실을 숨기고 겨우 전세방을 구하지만 남편이 친정에 맡겨 둔 딸을 데려올 생각이 없음을 알게 된 '나'는 절망감을 느낀다.

· 전체 줄거리 ([ ] : 지문 내용)

'나'는 지난 3년간 아껴 모은 적금 50만 원과 전셋돈 40만 원을 합쳐 90만 원으로 독채 전셋집을 구하러 다닌다. 영동지구(현재의 서울 강남)에 있는 부동산을 찾아간 ['나'가 90만 원짜리 독채 전세를 구한다고 하자 노인은 '나'를 무시해 버리고 다른 손님들을 설득하기 바쁘다. 이후 '나'는 서울 여러 곳을 다니지만 90만 원으로는 독채 전세를 구할 수 없다는 사실을 깨닫고 남편과 의논해 도심 가까운 곳에 전세방을 구하기로 한다. 그러나 집주인 들은 아이가 있다는 이유로 방을 내어주지 않고] '나'는 집으로 돌아와 남편에게 울면서 하소연한다. 다음 날 '나'는 남편과 함께 딸 영아를 친정에 맡기고 전세방을 보러 다닌다. [남편은 전세방이 마음에 들어 주인여자에게 아이가 없다고 거짓말을 하고, '나'는 딸이 있는 데다가 임신까지 한 상태라 걱정스럽지만 결국 남편의 고집대로 그 방을 계약한다. 당당하게 딸을 데리고 들어가겠다던 남편은 막상 이삿날이 되자 주말까지 딸을 친정에 맡겨 두자고 말한다. 일요일에 '나'는 남편과 함께 딸을 데리러 나서는데 남편이 주인여자 에게 아직 아이가 없을 때 부부끼리 외출한다고 둘러대는 말을 듣고 절망감을 느낀다.] '나'는 한 주 동안 여윈 딸의 모습에 가슴 아파하지만 남편은 '나'의 임신을 핑계로 장모님 께 딸을 조금 더 맡기겠다고 부탁한다. 집으로 돌아온 '나'는 주인집의 음식 냄새에 구역 질을 하고, 남편은 주인 식구에게 낮에 먹은 불고기 때문이라고 말하며 허둥댄다. '나'는 남편의 모습을 더럽다고 생각하고 서럽게 운다.

· 인물 관계도

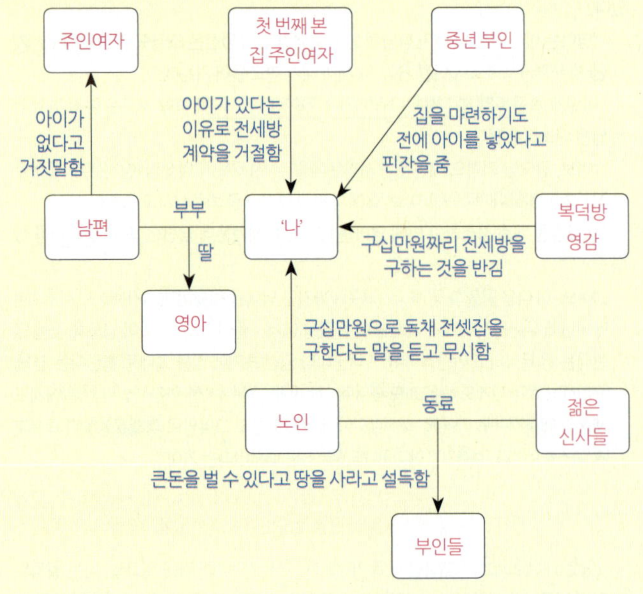

윗글에 대한 설명으로 가장 적절한 것은?

① 여러 인물의 *내적 독백을 **나열하여 주제를 드러내고 있다.
'나'

* 등장인물의 마음속 생각을 혼잣말로 드러내는 표현 방법 ** 나란히 늘어놓아

근거 ❸-5~6 세상에, 겨우 생후 일 년밖에 안 된 천사 같은 것을 그런 독사 같은 눈으로 노려보다니, ~ 애는 무조건 싫다니, 그럼 셋방살이 신세가 무슨 대역죄라고 단종수 술이라도 하란 말인가.

풀이 윗글은 아이가 있는 가족에게는 셋방을 놓지 않겠다는 집주인에 대한 불만을 '나'의 내적 독백으로 나열하여 집을 구하는 과정의 어려움이라는 주제를 드러내고 있다. 여러 인물의 내적 독백을 나열하는 부분은 나타나지 않으며, 오직 '나'의 관점에서만 서술되고 있다.

→ 적절하지 않음!

② 과거와 현재를 반복적으로 *교차하여 갈등 해소의 실마리를 제시하고 있다.

* 뒤섞어 제시하여

근거 ❶-❼ "아니, 작은 것 한 장도 못 되는 돈 갖고 이 바닥에서 독채 전세를 얻겠다고?" ~ 거금 구십만원을 작은 것 한 장도 안 된다니, 이 노인이 귀가 좀 어두운가 해서 나는 다시 목청을 돋우어 구십만원을 강조했다. ~ 그런데 재수 나쁘게도 첫번째 본 집 에서 ~ 갓난애가 딸린 집은 싫다는 거였다. 주인여자는 외눈 하나 까딱 안 하고 그런 소리를 하며 우리 영아를 냉랭하게 쏘아보았다. ~ 오늘은 꼭 영아를 데려오고야 말 겠다던 남편의 수작이 이랬다. 나는 가슴이 막히는 듯한 절망감을 느꼈다.

풀이 윗글은 '나'가 집을 구하면서 겪은 갈등을 시간 순서대로 제시하고 있을 뿐, 과거와 현 재를 반복적으로 교차하여 갈등 해소의 실마리를 제시하고 있지 않다.

→ 적절하지 않음!

> ■ 과거와 현재를 반복적으로 교차하여 갈등 해소의 실마리를 제시하는 작품
> • 송기원, 「다시 월문리에서」 (2017년 고2 3월 학평)
> → 과거와 현재를 반복적으로 교차하여 어머니의 죽음을 받아들이지 못하던 '나'가 어 머니에 대한 과거의 기억(극심한 보릿고개에 웅덩이의 물물로 죽을 쑤어 먹고, 풀독 이 올라 죽어 가는 '나'를 무릎 위에 눕혀 울고 있던 젊은 어머니에 대한 기억)을 떠 올리며 내적 갈등을 해소하고 있다.

③ 외부 이야기 속에 내부 이야기를 *삽입하여 이야기의 신뢰도를 높이고 있다.
* 끼워 넣어

풀이 윗글에 외부 이야기 속에 내부 이야기를 삽입한 부분은 나타나지 않는다.

→ 적절하지 않음!

④ *작품 내부의 서술자가 자신이 겪은 사건을 진술하며 주관적 판단을 드러내고 있다.
* 작품 안에서 이야기를 이끌어 가는 사람

근거 ❶-2~3 한바탕 해소라도 발작한 것같이 급하게 웃었다. 거금 구십만원을 작은 것 한 장도 안 된다니, 이 노인이 귀가 좀 어두운가 해서 나는 다시 목청을 돋우어 구십 만원을 강조했다.

❸-4~5 나는 그 여자의 시선에 못된 주술이라도 걸려 있어 우리 영아가 곧 어떻게 되는 것 같아 허둥지둥 그 집을 뛰쳐나왔다. 세상에, 겨우 생후 일 년밖에 안 된 천사 같은 것을 그런 독사 같은 눈으로 노려보다니,

❽ 일 주일 동안에 영아는 많이 여위었다. 목이 상큼하고 눈은 더 크고 슬퍼 보였다. 어머니도 많이 수척해지신 것 같았다. 올케의 기색도 안 좋았다.

풀이 윗글은 1인칭 주인공 시점(이야기 내부의 서술자인 '나'가 자신의 경험과 속마음을 말하는 시점)으로 작품 내부의 서술자인 '나'가 집을 구하면서 겪은 사건을 진술하며 자신의 주관적 판단을 드러내고 있다.

→ 적절함!

⑤ 인물의 표정 변화와 내면 변화를 반대로 서술하여 그 인물의 특성을 *부각하고 있다.
* 뚜렷하게 드러내고

풀이 윗글에 인물의 표정 변화와 내면 변화를 반대로 서술하여 인물의 특성을 부각하는 부분은 나타나지 않는다. 윗글에서 인물의 특성은 인물의 말과 행동, 내면 심리를 통 해 드러난다.

→ 적절하지 않음!

029 | 내용 이해 - 적절하지 않은 것 고르기 | 2024년 10월 학평 39번 · 정답률 85% | 정답 ②

㉠~㉤에 대한 이해로 적절하지 <u>않은</u> 것은?

① ㉠은 '나'의 태도가 과거와 달라졌음을 보여 준다.

근거 ❷-6~9 그 바람에 나도 좀 배짱을 부렸다. 방이 깨끗하고 널찍해야 된다느니, 부엌에 상하수도 시설이 갖춰져야 한다느니, 그리고 남편이 하던 소리도 했다. 정원이 있는 양옥집이어야 하고 주인집에 전화가 있어야 한다고 말이다. 나는 남편이 나한테 그런 소리를 했을 때 그 철딱서니 없음이 딱하고 한심해 대꾸도 안 했었는데 거드름을 부리고 싶은 나머지 ㉠그 소리까지 했다.

풀이 '나'는 이전에는 남편이 전세방 상태를 따지는 것을 한심하다고 생각했는데 직접 전세방을 구하러 다니게 되면서 자신도 남편처럼 전세방의 조건을 내걸며 거드름을 부린다. 이를 통해 ㉠에서 '나'의 태도가 과거와 달라졌음을 알 수 있다.

→ 적절함!

공감하지 못한다는

✓ ② ㉡은 '나'의 상황에 '주인여자가 공감한다는 내용을 담고 있다.

근거 ❸-1~3 첫번째 본 집에서 등에 업힌 영아를 트집잡았다. 아무리 뚝 떨어진 방이지만 갓난애가 딸린 집은 싫다는 거였다. 주인여자는 외눈 하나 까딱 안 하고 ㉡그런 소리를 하며 우리 영아를 냉랭하게 쏘아보았다.

풀이 어린 딸을 데리고 전세방을 구하러 온 '나'에게 '주인여자'는 아이가 있다는 이유로 방을 내어 줄 수 없다고 거절한다. 따라서 ㉡은 '나'의 상황에 '주인여자'가 공감하지 못하는 내용이 담겨 있음을 알 수 있다.

→ 적절하지 않음!

③ ㉢은 '나'가 자신의 상황을 돌아보며 *수치심을 느끼게 한다. * 부끄러움

근거 ❸-9~12 어떤 점잖은 중년 부인은 "쯧쯧, 미련도 하지. 아이는 집 장만부터 하고 낳아야지 어쩌자고 아이부터 낳았수?" ㉢그 여자 말을 들으니 집 장만하기 전에 아기를 낳는다는 일이 사생아를 낳는 일보다 훨씬 더 부끄러운 일로 여겨졌다. 나는 수치심으로 온몸이 불화로처럼 달아올랐다.

풀이 ㉢에서 중년 부인이 '나'에게 집을 마련한 뒤에 아이를 낳았어야 한다고 핀잔을 주자 '나'는 집도 없는 처지에 아이부터 낳은 자신의 상황을 돌아보며 수치심을 느끼고 있다.

→ 적절함!

④ ㉣은 '나'의 걱정과 관련해 '남편'이 앞으로 무엇을 하겠다는 것인지를 언급한다.

근거 ❺-5~10 여자가 다시 식구를 물었다. 남편이 냉큼 두 내외뿐이라고 하자 여자는, ~ 어린애가 생기면 방은 당장 옮기실 각오하셔야 돼요." 하고 못을 박았다. 나는 가슴이 마구 두방망이질하는 걸 느꼈다.

❻-2~4 "영아는 이사 가는 날 내가 당당히 안고 들어갈 테니 당신은 조금도 걱정 말라구. 제년이 어쩔 거야, 내 새끼 내가 끼고 들어 가는데." 이렇게 ㉣큰소리를 탕탕 치고는

풀이 '나'가 주인여자에게 아이가 있다는 사실을 숨긴 것을 걱정하자 '남편'은 자신이 딸을 당당하게 데리고 갈 테니 걱정하지 말라고 말한다. 따라서 ㉣은 '나'의 걱정과 관련해 '남편'이 앞으로 무엇을 하겠다는 것인지를 언급하고 있다.

→ 적절함!

⑤ ㉤은 '나'의 바람과 '남편'의 생각이 다름을 보여 준다.

근거 ❻-6~10 이삿짐을 대충 정리하고 밤에 영아를 데리러 나서려는데 남편은 또 ㉤딴소리를 했다. "여보, 이 다음 공일까지만 영아를 외할머니한테 두어둡시다. 이 기회에 아주 젖을 떼게. ~ 임신 초기에 젖을 그대로 빨린다는 건 애에게도 해롭고 모체에게도 해롭고 태아에게도 해롭고 그야말로 백해무익이라는 거야."

풀이 '나'가 친정에 맡겨 둔 딸을 데려오려고 하자 '남편'은 핑계를 대며 딸을 조금 더 친정에 두자고 말한다. 따라서 ㉤은 '나'의 바람과 '남편'의 생각이 다름을 보여 준다.

→ 적절함!

---

030 | 인물의 태도 - 적절한 것 고르기 | 2024년 10월 학평 40번 · 정답률 70%, 매력적 오답 ⑤ 10% | 정답 ②

＜보기＞에 따라 윗글을 이해한 내용으로 가장 적절한 것은?

> | 보 기 |
> **선생님** : 이 작품에는 '구십만원'을 둘러싼 인물들의 다양한 행동이 드러나 있습니다. 행동의 이유에 주목하여 작품을 읽어 봅시다.

① '복덕방 영감'이 '나'에게 굽실거리는 이유는 '복덕방 영감'이 '구십만원'의 가치에 대해 오해를 하고 있었기 때문이에요.
평가했기

근거 ❷-4~5 구십만원짜리 전세방을 구한단 소리에 복덕방 영감의 반응은 괜찮았다. 사뭇 굽실대기까지 했다.

풀이 '복덕방 영감'은 전세방으로 '구십만원'의 가치가 높다고 판단했기 때문에 '구십만원'짜리 전세방을 구하려는 '나'에게 굽실대는 모습을 보인다. 따라서 '복덕방 영감'이 '나'에게 굽실거리는 이유가 '구십만원'의 가치에 대해 오해했기 때문이라고 볼 수 없다.

→ 적절하지 않음!

✓ ② '나'가 '남편'과 의논하여 구하는 집의 조건을 변경한 이유는 '구십만원'의 가치에 대한 인식이 바뀌었기 때문이에요.

근거 ❷-1~2 그 다음날은 수유리 쪽으로, 그 다음날은 망우리 쪽으로, 그 다음날은 갈현동 쪽으로 다녀봤지만 어디서고 구십만원짜리 독채 전세는 구경도 못 하고 다만 구십만원의 가치를 좀더 분명히 알아온 데 불과했다. 결국 우리 의논을 다시 해서 독채는 아니더라도 ~ 전세방을 구하기로 합의했다.

풀이 '나'는 '구십만원'으로 독채 전세를 구할 수 없음을 깨닫고 '남편'과 의논하여 독채가 아닌 전세방을 구하기로 한다. 이를 통해 '나'가 집의 조건을 변경한 이유가 '구십만원'의 가치에 대한 인식이 바뀌었기 때문임을 확인할 수 있다.

→ 적절함!

터무니없다고

③ '노인'이 웃음을 터뜨린 이유는 '구십만원'의 가치에 대한 '나'의 인식을 이용하여 이득을 볼 수 있으리라 생각했기 때문이에요.

근거 ❶-1~4 "아니, 작은 것 한 장도 못 되는 돈 갖고 이 바닥에서 독채 전세를 얻겠다고?" 그러더니 다시 한바탕 해소라도 발작한 것같이 급하게 웃었다. 거금 구십만원을 작은 것 한 장도 안 된다니, 이 노인이 귀가 좀 어두운가 해서 나는 다시 목청을 돋우어 구십만원을 강조했다. 그래도 노인은 탁하고 급한 웃음을 멎을 척도 안 했다./ 12~13 나는 그들에게 완전히 잊혀졌다. ~ 아무도 거들떠보지 않았다.

풀이 '나'가 '구십만원'으로 독채 전세를 얻고 싶다고 말하자 '노인'은 웃음을 터뜨리고 '나'를 무시한다. '노인'이 웃음을 터뜨린 이유는 독채 전세를 얻기에는 '구십만원'이 너무 적어서 어이없었기 때문이지 '구십만원'의 가치에 대한 '나'의 인식을 이용하여 이득을 볼 수 있으리라 생각했기 때문이라고 볼 수 없다.

→ 적절하지 않음!

④ '나'가 '노인'에게 '목청을 돋우어' '구십만원'을 강조한 이유는 '구십만원'의 가치에 대한 생각이 서로 일치함을 확인했기 때문이에요.
다름을 알지 못했기

근거 ❶-1~3 "아니, 작은 것 한 장도 못 되는 돈 갖고 이 바닥에서 독채 전세를 얻겠다고?" 그러더니 다시 한바탕 해소라도 발작한 것같이 급하게 웃었다. 거금 구십만원을 작은 것 한 장도 안 된다니, 이 노인이 귀가 좀 어두운가 해서 나는 다시 목청을 돋우어 구십만원을 강조했다.

풀이 '노인'이 '구십만원'을 '작은 것 한 장도 못 되는 돈'이라고 무시하듯 말하자 '나'는 '거금 구십만원'을 '노인'이 잘못 들었다고 생각하고 '목청을 돋우어' '구십만원'을 강조한다. 이를 통해 '나'와 '노인'이 '구십만원'의 가치에 대한 생각이 서로 다른 것을 알 수 있다.

→ 적절하지 않음!

⑤ '나'가 '신흥 주택가'를 떠나 사흘 동안 세 지역을 다닌 이유는 '복덕방 영감'으로부터 '구십만원'의 가치라면 전세방을 구할 수 있다는 말을 들었기 때문이에요.
독채 전세를 찾기 위해서예요

근거 ❶-14~❷-2 나는 다시 버스를 타고 이 아름다운 신흥 주택가에 앙심을 품고 떠났다. 그 다음날은 수유리 쪽으로, 그 다음날은 망우리 쪽으로, 그 다음날은 갈현동 쪽으로 다녀봤지만 어디서고 구십만원짜리 독채 전세는 구경도 못 하고 다만 구십만원의 가치를 좀더 분명히 알아온 데 불과했다. 결국 우린 의논을 다시 해서 독채는 아니더라도 ~ 전세방을 구하기로 합의했다./ 4 구십만원짜리 전세방을 구한단 소리에 복덕방 영감의 반응은 괜찮았다.

풀이 '나'가 '신흥 주택가'를 떠나 사흘 동안 세 지역을 다닌 이유는 독채 전세를 구하기 위해서이다. 이후 '나'는 '구십만원'으로는 독채 전세를 구할 수 없음을 알게 되고 '복덕방 영감'에게 '구십만원'짜리 전세방을 요구했을 뿐 '나'가 '복덕방 영감'으로부터 '구십만원'의 가치라면 전세방을 구할 수 있다는 말을 들은 내용은 나타나지 않는다.

→ 적절하지 않음!

〈보기〉를 참고하여 윗글을 감상한 내용으로 적절하지 않은 것은? [3점]

| 보기 |

[1] 이 작품에서는 주거(살 住 살 居 : 일정한 곳에 머물러 삶) 공간이 정착의 수단이자 물질주의적(돈이나 물건 등의 이익을 추구하는) 욕망의 대상으로 그려지고 있다. [2] 부동산(아닐 不 움직일 動 재산 産 : 땅이나 건물 등 움직여 옮길 수 없는 재산)으로 부(富)(부유할 富 : 재산)를 축적하던 1970년대의 세태(세상 世 모습 態 : 세상의 모습) 속에서 가족의 터전을 찾는 인물들은 경제적 여유를 지닌 이들에 의해 삶의 방식을 간섭받는다. [3] 이 과정에서 경제적 격차(거리 隔 다를 差 : 차이)를 실감하며 현실의 부당함을 인식하게 되는 인물들은 부에 가치를 두는 정도에 따라 각기 다른 현실 대응 방식을 보여 준다.

① '승용차가 나란히 두 대가 멎'은 후 거기서 내린 '젊은 신사들'이 '그 땅'에 대해 말하는 부분에서, 부동산을 *부의 축적 수단으로 인식하던 세태를 짐작할 수 있군. * 재산을 쌓는

근거 〈보기〉-2 부동산으로 부를 축적하던 1970년대의 세태

❶-5 사무실 앞에 승용차가 나란히 두 대가 멎더니 부인들과 신사들이 섞인 한 떼가 안으로 들이닥쳤다. / 7~10 "사모님, 지금 보신 그 땅 눈 꽉 감고 잡아놓으십시오. 글쎄 문제없다니까요. 중도금 치르기 전에 평당 오천원 띠기는 누워서 떡 먹기라니요." 젊은 신사들이 부인들을 꾀고

풀이 '승용차가 나란히 두 대가 멎'은 후 거기서 내린 '젊은 신사들'이 부인들에게 '그 땅'을 사면 크게 이익을 얻을 수 있다고 설득하는 부분에서, 부동산을 부의 축적 수단으로 인식하던 세태를 짐작할 수 있다.

→ 적절함!

② '나'가 '첫번째 본 집'을 나와서 '셋방살이 신세가 무슨 대역죄'냐고 생각하는 부분에서, 주거 공간을 얻는 과정에서 마주한 현실이 부당하다고 느끼는 것을 짐작할 수 있군.

근거 〈보기〉-2~3 부동산으로 부를 축적하던 1970년대의 세태 속에서 가족의 터전을 찾는 인물들은 경제적 여유를 지닌 이들에 의해 삶의 방식을 간섭받는다. 이 과정에서 경제적 격차를 실감하며 현실의 부당함을 인식하게 되는 인물들

❸-1~2 그런데 재수 나쁘게도 첫번째 본 집에서 등에 업힌 영아를 트집잡았다. 아무리 뚝 떨어진 방이지만 갓난애가 딸린 집은 싫다는 거였다. / 6 애는 무조건 싫다니, 그럼 셋방살이 신세가 무슨 대역죄라고 단종수술이라도 하란 말인가.

풀이 '첫번째 본 집'의 주인이 아이가 있다는 이유로 전세방을 내주지 않아 '나'가 '셋방살이 신세가 무슨 대역죄'냐고 억울해하는 것을 통해 주거 공간을 얻는 과정에서 마주한 현실이 부당하다고 느끼는 것을 알 수 있다.

→ 적절함!

③ 주인여자가 '배까지 흘끔흘끔' 보면서 하는 말을 '나'가 '야박한 소리'라고 생각하는 부분에서, 경제적 여유를 지닌 이들에 의해 삶의 방식을 간섭받는 모습을 확인할 수 있군.

근거 〈보기〉-2 부동산으로 부를 축적하던 1970년대의 세태 속에서 가족의 터전을 찾는 인물들은 경제적 여유를 지닌 이들에 의해 삶의 방식을 간섭받는다.

❺-6~8 여자는, "젊은 두 내외 믿을 수 있나요. 언제 애가 생길지. 그렇지만 어린애가 생기면 방은 당장 옮기실 각오하셔야 돼요." / 13 이 여자는 남의 배까지 흘끔흘끔 보며 이런 야박한 소리를 거침없이 하는 것이었다.

풀이 '나'는 '나'의 '배까지 흘끔흘끔' 보면서 아이가 생기면 전세방을 빼야 한다는 주인여자의 말을 '야박한 소리'라고 생각하고 기분 나빠 한다. 이를 통해 가족의 터전을 찾는 인물들이 경제적 여유를 지닌 이들에 의해 삶의 방식을 간섭받는 모습을 확인할 수 있다.

→ 적절함!

④ 남편이 '셋방'의 상태와 시설을 보고 주인여자의 말에 '냉큼 두 내외뿐'이라고 하는 부분에서, 대상의 물질적 조건을 고려하여 살 곳을 선택하는 현실 대응 방식을 확인할 수 있군.

근거 〈보기〉-1 이 작품에서는 주거 공간이 ~ 물질주의적 욕망의 대상으로 그려지고 있다. / 3 인물들은 부에 가치를 두는 정도에 따라 각기 다른 현실 대응 방식을 보여 준다.

❹ 복덕방 영감은 애를 데리고 다니면 집을 얻기 힘들 것이라고 하고, 남편은 친정에 영아를 맡기고 둘이서 집을 알아보자고 한다.

❺-2~6 주인여자가 ~ 셋방의 부엌문을 안에서 열어주었다. 부엌도 방도 넓고 정결하고 밝았다. 방의 벽지도 고급이었고 부엌의 상하수도 시설도 갖추어져 있었다. (대상의 물질적 조건) 여자가 다시 식구를 물었다. 남편이 냉큼 두 내외뿐이라고 하자

풀이 아이가 있으면 전세방을 구하기 힘들다는 사실을 알게 된 남편은 '셋방'의 상태와 시설이 만족스러워 주인여자에게 식구가 '냉큼 두 내외뿐'이라고 거짓말한다. 이를 통

해 대상의 물질적 조건을 고려하여 살 곳을 선택하는 남편의 현실 대응 방식을 확인할 수 있다.

→ 적절함!

✓ ⑤ '나'가 '친정 나들이'를 갈 때 주인여자에게 남편이 하는 말을 듣고 '절망감을 느끼는 부분에서, 경제적 격차를 인지하지 못하고 가족의 정착만을 중시했던 태도를 후회하는 것을 확인할 수 있군.   남편의 속셈을 눈치채고 충격을 받은 것을

근거 ❼ 고대하던 다음 일요일, 나는 일찍부터 친정 나들이를 서둘렀다. 남편도 순순히 따라나섰다. ~ 주인여자가 괜히 샐쭉하며 동부인해서 정답게 어디를 가느냐고 했다. ~ "그럼요, 아이 없을 때 실컷 재미 봐야지 언제 봅니까." 오늘은 꼭 영아를 데려오고야 말겠다던 남편의 수작이 이랬다. 나는 가슴이 막히는 듯한 절망감을 느꼈다.

풀이 '나'는 딸을 데려오려고 '친정 나들이'를 나서는 중에 남편이 주인여자에게 딸을 데리러 간다고 솔직하게 말하지 않고 부부끼리 외출한다고 둘러대는 것을 듣고 '절망감을 느낀다. 이는 남편이 딸을 데려올 생각이 없음을 눈치채고 충격을 받은 것이지 경제적 격차를 인지하지 못하고 가족의 정착만을 중시했던 태도를 후회하는 것으로 볼 수 없다.

→ 적절하지 않음!

해 대상의 물질적 조건을 고려하여 살 곳을 선택하는 남편의 현실 대응 방식을 확인할 수 있다.

→ 적절함!

[032~035] 다음 글을 읽고 물음에 답하시오.

1 [앞부분의 줄거리] [1] 아버지는 도시 변두리(가장자리)에서 노새(말과 당나귀 사이에서 난 동물, 크기는 말보다 약간 작음) 마차를 몰면서 연탄 배달 일을 한다. [2] 어느 날 가파른 골목을 오르던 마차가 넘어지면서 노새가 달아나 버리고 아버지와 '나'는 노새를 찾아 헤맨다.

→ 아버지와 나는 연탄 마차가 넘어진 틈에 달아난 노새를 찾아다닌다.

2 [1] 까마귀 새끼라는 것은 우리 아버지가 (연탄 배달 일을 하면서) 까맣게 연탄재를 뒤집어쓰고 다닌대서 그 아들인 나를 가리키는 말이다. [2] 사실 아버지는 노상(언제나) 시커먼 몰골(볼품없는 모양새)을 하고 다녔다. [3] 옷은 물론 국방색(군복 빛깔과 같은 카키색이나 어두운 녹갈색) 신발도 어느새 깜장 구두가 되어 있었다. [4] 손 얼굴 할 것 없이 온몸이 검정투성이였다. [5] 어쩌다가 헹(코를 야무지게 푸는 소리) 하고 코를 풀면 콧물조차도 까맸다. [6] 그런 가운데에서도 눈 하나만은 퀭하니(눈이 쑥 들어가 크고 기운 없어 보이게) 크게 빛났다. [7] 아이들은 그런 아버지를 보고 까마귀라고 불러댔으나 차마 대놓고 그러지는 못하고, 만만한 나만 보면 까마귀 새끼라고 놀려댔다. [8] 하지만 저희네들 아버지는 별것이었던가(특별히 내세울 만한 직업을 가지지 않았다). [9] 영길이네 아버지는 조그마한 기계와 연탄불을 피워가지고 다니면서, 뻥(갑자기 요란스럽게 터지는 소리) 소리와 함께 생쌀(익히지 않은 쌀)을 납작하게 눌러 튀겨내는 (뻥튀기) 장사를 하고 있었고, 종달이네 형님은 번데기 장수였다. [10] 순철이네 아버지는 시장 경비원이었고, 귀달이네 아버지는 포장마차에서 장사를 하고 있었다. [11] 그래서 우리는 영길이더러 '뻥', 종달이더러는 '뻔'이라는 별명을 붙여주었으며, 순철이 귀달이도 모두 하나씩 (아버지의 직업과 관련한) 별명을 가지고 있었다. [12] 그러니까 내가 까마귀 새끼라는 별명을 가지고 있다는 것은 어떻게 보면 당연한 것이고 별로 억울할 것도 없었다.

[A]

→ 나는 연탄 배달을 하는 아버지로 인해 까마귀 새끼라는 별명으로 놀림당한다.

3 [1] ㉠ 내가 집에 돌아온 것은 밤 열 시도 넘어서였으나 아버지는 그때까지 돌아오지 않고 있었다. [2] 할머니와 어머니는 동네 사람들의 귀띔(미리 슬그머니 알려 줌)으로 미리 사건(노새가 달아난 일)을 알고 있었던지, 내가 들어서자 얼른 뛰어나오며 허겁지겁 물었다.

[3] "노새는 찾았니?"

[4] "아버지는 어떻게 되셨어?"

[5] 내가 혼자 들어서는 걸 보면 (노새를) 찾지 못한 것을 번연히(분명히) 알면서도 어머니는 다그쳐(몰아붙여) 물어댔다. [6] 어머니는 나에게 밥을 줄 생각도 하지 않고 한숨만 내리쉬고 올려 쉬곤 하였다.

[7] 아버지가 돌아온 것은 통행금지 시간(1960~70년대에 일반인이 거리를 다니는 것을 금지하던, 밤 12시에서 오전 4시까지의 시간)이 거의 되어서였다. [8] 예상한 일이지만 아버지는 (노새를 찾지 못해) 빈 몸이었고 형편없이 힘이 빠져 있었다. [9] 그때까지 식구들은 아무도 잠들지 않았다. [10] 작은형도 일이 일인지라(심각한 일이라) 기타도 치지 않고 죽은 듯이 방안에만 처박혀 있었다. [11] ㉡ 아버지를 보고도 아무도 말을 하지 않았다. [12] 다만 할머니만이 (아버지에게) 말을 걸었다.

[13] "이제 오니?"

¹⁴ "네."

¹⁵ 그뿐, 아버지는 더는 말이 없었다. ¹⁶ 그리고는 어머니가 **보아온**(차려 온) 밥상을 **한옆**(한쪽 옆)으로 밀어놓고는 쓰러지듯 방 한가운데 드러눕고 말았다. ¹⁷ 아버지는 지금 내일부터 당장 **벌이**(연탄 배달 일)를 나갈 수 없는 아픔보다도 길들여 키워온 노새가 가여워서 저러는지도 모를 일이었다.

→ 아버지와 나는 노새를 찾지 못하고 밤늦게 집으로 돌아온다.

4 ¹ 아버지는 원래가 **마부**(마차를 모는 사람)였다. ² 서울에 올라오기 전 시골에서도 줄곧 **말마차**(말이 끄는 수레)를 끌었다. ³ 어쩌다가 **소달구지**(소가 끄는 수레)를 끄는 적도 있기는 했으나 얼마 가지 않아서 도로 말마차로 바꾸곤 했다. ⁴ 그런 아버지였으므로 서울에 올라와서는 내내 말마차 하나로 버텨나왔었는데 어떻게 마음먹었는지 노새로 바꾸고 만 것이다. ⁵ 노새나 말이나 요즘은 그놈의 **삼륜차**(바퀴가 앞에 한 개, 뒤에 두 개 달려 있는 차로 주로 짐을 실어 나름) 때문에 아버지의 **일감**(일거리)이 자칫 줄어드는 듯하기도 했다. ⁶ (삼륜차는) 웬만한 오르막길도 끄떡없이 오르고, 웬만한 골목 안 집까지도 **드르륵**(큰 물건이 구르다가 멈추는 소리) 들이닥치니 아버지의 말마차가 위협을 느낌직도 했고, 사실 일감을 빼앗기기도 했다. ⁷ 그런데도 그때마다 아버지는 **큰소리였다**(당당하게 말했다). ⁸ "휘발유 한 방울 안 나오는 나라에서 자동차만 많으면 뭘 해." ⁹ 마치 애국자처럼 말하는 것이었으나 나는 아버지의 그 말 뒤에 숨은 **오기**(고집) 같은 것을 느낄 수 있었다. ¹⁰ 너무 **고단해서였을까**(피곤해서였을까), 이날 밤 나는 **앞뒤를 가릴**(이것저것 생각할) 수 없을 만큼 깊이 잠에 빠졌던 것 같다.

→ 아버지는 삼륜차 때문에 일거리가 줄어들지만 노새 마차를 고집한다.

(중략)

5 ¹ 아버지는 **술이 약한**(술을 잘 마시지 못하는) 편이어서 저러다가 어쩌나 하고 걱정이 되었다.

² "아버지, **고만**(그만) 드세요. ³ 몸에 **해로워요**(나빠요)."

⁴ "으응."

⁵ 대답하면서도 아버지는 술잔을 놓지 않았다. ⁶ 얼마나 지났을까. ⁷ 안주를 계속 주워 먹었으므로 어느 정도 **시장기를 면한**(배를 채운) 나는 비로소 아버지를 쳐다보았다.

⁸ ⓒ "이제부터 내가 노새다(직접 마차를 끌어서라도 가족을 책임지겠다). ⁹ 이제부터 내가 노새가 되어야지 별수 있니? ¹⁰ **그놈**(노새)이 도망쳤으니까. ¹¹ 이제 내가 노새가 되는 거지."

¹² 기분 좋게 취한 듯한 아버지는 놀라는 나를 보고 **히힝**(말이 우는 소리를 내며) 한 번 웃었다. ¹³ 나는 어쩐지 **그런**(술에 취한) 아버지가 무섭지만은 않았다. ¹⁴ 그러면 형들이나 나는 노새 새끼고, 어머니는 암노새고, 할머니는 어미 노새가 되는 것일까? ¹⁵ 나도 아버지를 따라 히히힝 웃었다. ¹⁶ 어른들은 **이래서**(괴로움을 이겨 내기 위해) 술집에 오는 모양이었다. ¹⁷ 나는 안주만 집어먹었는데도 술 취한 사람마냥 **턱없이**(무작정) 즐거웠다. ¹⁸ 노새 가족―노새 가족은 우리 말고는 이 세상에 또 없을 것이었다.

→ 아버지는 술에 취해 이제부터 자신이 노새가 되겠다고 말하며 웃는다.

6 ¹ 그러나 이러한 생각은 아버지와 내가 집에 **당도**(도착)했을 때 무참히 깨어지고 말았다. ² 우리를 본 어머니가 허둥지둥 달려 나와 매달렸다.

³ ⓐ "이걸 **어쩌우**(어떻게 해요). ⁴ 글쎄 경찰서에서 **당신**(아버지)을 오래요. ⁵ 그놈의 노새가 사람을 다치고 가게 물건들을 박살을 냈대요. ⁶ 이걸 어쩌지."

⁷ "노새는 찾았대?"

⁸ "찾고나 그러면 괜찮게요? ⁹ 노새는 **간데온데없고**(찾을 수 없고) 사람들만 다치고 하니까, 누구네 노새가 그랬는지 **수소문**(소문을 두루 찾아 살핌) 끝에 우리 집으로 **순경**(경찰)이 찾아왔지 **뭐유**(뭐예요)."

¹⁰ 오늘 낮에 **지서**(파출소)에서 나온 사람이 우리 노새가 튀는 바람에 여기저기서 많은 피해를 입었으니 도로 무슨 법이라나 하는 법으로 아버지를 잡아넣어야겠다고 이르고 갔다는 것이었다.

→ 아버지가 기분 좋게 집에 도착하지만 어머니는 달아난 노새가 사람들에게 피해를 입혀 경찰이 찾아왔다고 말한다.

7 ¹ 아버지는 **술이 확 깨는**(갑자기 정신이 드는) 듯 그 자리에 선 채 한동안 눈만 **뒤룩뒤룩**(크고 둥그런 눈알이 자꾸 힘 있게 움직이는 모양으로) 굴리고 서 있더니 힝 하고 코를 풀었다. ² 그리고는 아무 말 없이 **스적스적**(힘들이지 아니하고 느릿느릿 행동하는 모양으로) 문밖으로 걸어 나갔다. ³ 나는 "아버지" 하고 뒤를 따랐으나 아버지는 돌아보지도 않고 어두운 골목길을 나가고 있었다.

⁴ ⓔ 나는 그 순간 **또 한 마리의 노새**(여기서는 아버지를 빗댄 말)가 집을 나가는 것 같은

착각을 일으켰다. ⁵ 그리고는 무엇인가가 **뒤통수를 때리는 것**(깨달음)을 느꼈다. ⁶ 아, 우리 같은 노새(가난하고 시대에 적응하지 못한 사람들)는 어차피 이렇게 비행기가 붕붕거리고, 헬리콥터가 앵앵거리고, 자동차가 빵빵거리고, 자전거가 쌩쌩거리는 **대처**(도시)에서는 **발붙이기**(자리 잡기) 어려운 것인가 하는 생각이 들었다. ⁷ 언젠가 남편이 택시 운전사인 칠수 어머니가 하던 말, "최소한도 자동차는 굴려야지 지금이 어느 땐데 노새를 부려." 했다는 말이 생각났다. ⁸ 그러나 그것은 잠깐 동안이고 나는 금방 아버지를 쫓았다. ⁹ 또 한 마리의 노새(여기서는 아버지)를 찾아 캄캄한 골목길을 마구 뛰었다.

→ 나는 힘없이 나가는 아버지를 보며 또 한 마리의 노새가 집을 나가는 것 같다고 생각한다.

- 최일남, 「노새 두 마리(아버지, 그리고 달아난 노새, 시대 변화에 적응하지 못하는 존재 상징)」-

· 중심 내용

달아난 노새를 찾지 못한 아버지는 혼자서라도 일하겠다며 힘을 내지만, 노새가 사람들에게 피해를 입혔다는 말을 듣고 힘없이 집을 나선다.

· 전체 줄거리 ([ ] : 지문 내용)

고향을 떠나 도시로 온 아버지는 노새를 부리며 연탄 배달 일을 한다. 어느 날 가파른 언덕길을 오르다가 마차가 엎어지고 노새가 갑자기 달아나 버린다. 아버지와 나는 노새를 찾아 나서지만 찾지 못하고, 나는 노새가 고속도로를 따라 멀리 달아나는 꿈을 꾼다. 다음 날 새벽부터 [아버지와 나는 다시 노새를 찾아 돌아다니지만 찾지 못한다. 밤이 되어 아버지와 나는 술집에 들르게 되고 술에 취한 아버지는 이제부터 자신이 노새가 되겠다고 말하며 웃는다. 집에 도착하자 어머니는 노새가 사람들을 다치게 하고 가게 물건을 망가뜨려 순경이 왔다고 말한다. 아무 말 없이 집을 나서는 아버지를 보며 나는 또 한 마리의 노새가 집을 나가는 것 같다고 생각하며 아버지를 급히 뒤쫓는다.]

· 인물 관계도

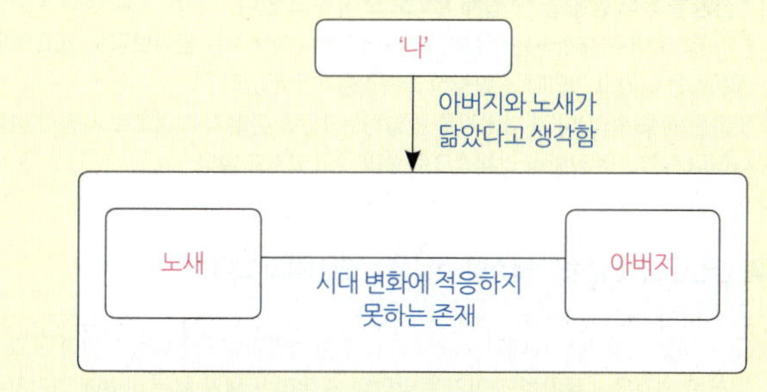

윗글에 대한 설명으로 가장 적절한 것은?

① *상징적 소재를 통해 주제를 **형상화하고 있다.
* 눈에 보이지 않는 개념을 구체적으로 보여 주는 소재 ** 구체적으로 표현하고

근거 **7**-4~6 나는 그 순간 또 한 마리의 노새가 집을 나가는 것 같은 착각을 일으켰다. ~ 우리 같은 노새는 어차피 ~ 발붙이기 어려운 것인가 하는 생각이 들었다.

풀이 '노새'라는 상징적 소재를 통해 시대에 뒤떨어져 도시에 제대로 적응하지 못하는 아버지의 삶, 즉 도시 이주민들의 고달픈 삶을 형상화하고 있다.

→ 적절함!

② *풍자적 기법을 통해 인물을 **희화화하고 있다.
* 대상의 잘못된 점을 지적하여 비판하고 비웃는 표현 방법 ** 우스꽝스럽게 표현하고

풀이 윗글에는 풍자적 기법도, 인물을 희화화하고 있는 부분도 나타나 있지 않다.

→ 적절하지 않음!

■ 풍자적 기법을 통해 인물을 희화화하고 있는 작품
• 작자 미상, 「배비장전」 (2022학년도 9월 모평)
높은 담 구멍 찾아가서 ~ 방자놈이 안에서 배비장의 두 발목을 모아 쥐고 힘껏 잡아당기니, 부른 배가 딱 걸려서 들도 나도(들어가지도 나가지도) 아니하는구나. 배비장 두 눈을 회게(크게) 뜨고 이를 갈며, "좀 놓아다고!" 하면서, 죽어도 문자(文字)는 쓰던(한자를 써서 말하는) 것이었다. "포복불입(飽腹不入)(배가 불러 들어갈 수 없음)하니 출분이기사(出糞而幾死)(똥이 나와 죽겠음)로다."
→ 담 구멍에 몸이 끼여 고통스러운 상황에서도 어려운 한자를 쓰면서 허세를 부리는 배비장을 풍자하며 희화화하고 있다.

③ 시점의 *전환을 통해 상황을 **입체적으로 보여 주고 있다. * 바꿈 ** 다양하고 복잡하게

근거 **2**~**7** 까마귀 새끼라는 것은 우리 아버지가 ~ 아버지는 돌아보지도 않고 어두운 골목길을 나가고 있었다. ~ 캄캄한 골목길을 마구 뛰었다.

풀이 윗글은 작품 속의 '나'가 아버지를 관찰하는 1인칭 관찰자 시점으로 시점의 전환이 나타나지 않으며 상황을 입체적으로 보여 주고 있지도 않다.

→ 적절하지 않음!

다시 시작될

④ *사건의 반전을 통해 갈등이 해소될 것임을 **암시하고 있다.
* 사건을 예상 밖의 방향으로 바꾸는 것 ** 넌지시 알리고

근거 **5**-8~**7**-2 "이제부터 내가 노새야. ~ 술 취한 사람마냥 턱없이 즐거웠다. ~ 그러나 이러한 생각은 ~ 무참히 깨어지고 말았다. ~ 우리 노새가 튀는 바람에 여기저기서 많은 피해를 입었으니 ~ 법으로 아버지를 잡아넣어야겠다고 이르고 갔다는 것이었다. 아버지는 술이 확 깨는 듯 ~ 아무 말 없이 스적스적 문밖으로 걸어 나갔다.

풀이 아버지는 노새를 잃은 슬픔을 잊고 기분 좋게 술에 취해 집으로 돌아오지만 노새가 사람들에게 피해를 입혀 경찰이 찾아왔다는 말을 듣고 힘없이 집을 나간다. 따라서 사건의 반전을 통해 갈등이 다시 시작됨을 암시하는 것이지 갈등이 해소될 것을 암시하는 것이 아니다.

→ 적절하지 않음!

⑤ *회상을 통해 **외부 이야기에서 내부 이야기로 이동하고 있다.
* 돌이켜 떠올림 ** 바깥 이야기에서 그 속에 또 다른 이야기

풀이 외부 이야기 속에 또 다른 내부 이야기로 이동하는 구조를 액자 구조라 하는데 윗글에는 액자 구조가 나타나지 않는다.

→ 적절하지 않음!

■ 외부 이야기에서 내부 이야기로 이동하는 구조로 된 작품
• 임제, 「원생몽유록」 (2015년 고3 10월 학평A)
꿋꿋한 절개를 지닌 선비 자허가 밤에 독서를 하다가 잠이 든다. ~ 그들은 자허가 오는 것을 보고 일제히 마중을 나왔다. ~ 천둥소리가 울리니 모두가 홀연히 흩어졌다. 자허도 역시 놀라 깨어 본즉 곧 한바탕의 꿈이었다.
→ '자허'가 책을 읽다가 잠이 드는 외부 이야기 속에 꿈속에서 임금과 여섯 신하를 만나는 내부 이야기가 삽입되어 있다.

사건 에 대한 이해로 가장 적절한 것은?

3-2 할머니와 어머니는 동네 사람들의 귀띔으로 미리 사건 을 알고 있었던지,

① '아버지'가 '칠수 어머니'의 충고를 받아들이는 계기가 된다.

근거 **4**-8~9 "휘발유 한 방울 안 나오는 나라에서 자동차만 많으면 뭘 해." ~ 아버지의 그 말 뒤에 숨은 오기 같은 것을 느낄 수 있었다.
7-7 칠수 어머니가 하던 말, "최소한도 자동차는 굴려야 지금이 어느 땐데 노새를 부려."

풀이 '아버지'는 자동차가 필요하다는 '칠수 어머니'의 충고와 달리 노새 마차를 고집하고 있으므로 '아버지'가 '칠수 어머니'의 충고를 받아들인 것이 아니다.

→ 적절하지 않음!

② '나'와 '노새'가 동네 아이들의 놀림거리가 되는 계기가 된다.

근거 **2**-1 까마귀 새끼라는 것은 우리 아버지가 까맣게 연탄재를 뒤집어쓰고 다닌대서 그 아들인 나를 가리키는 말이다./7 아이들은 ~ 만만한 나만 보면 까마귀 새끼라고 놀려댔다.

풀이 '나'는 노새가 달아난 사건 때문이 아니라 연탄 배달을 하는 아버지 때문에 동네 아이들의 놀림거리가 되고, 윗글에서 '노새'가 동네 아이들의 놀림거리가 되는 내용은 나타나지 않는다.

→ 적절하지 않음!

③ '나'의 가족이 시골을 떠나 도시에 *정착하게 되는 계기가 된다. * 자리를 잡아 살게

근거 **4**-4 서울에 올라와서는 ~ 노새로 바꾸고 만 것이다.

풀이 '나'의 가족이 서울에 온 후 노새를 부린 것이지 노새가 달아난 사건 때문에 '나'의 가족이 시골을 떠나 도시에 정착한 것이 아니다.

→ 적절하지 않음!

④ '아버지'가 당장 벌이를 나갈 수 없는 어려움에 처하는 계기가 된다.

근거 **1**-1 아버지는 도시 변두리에서 노새 마차를 몰면서 연탄 배달 일을 한다.
3-17 아버지는 지금 내일부터 당장 벌이를 나갈 수 없는 아픔보다도

풀이 '아버지'는 노새를 부려 연탄 배달 일을 하는데 노새가 달아난 사건 때문에 당장 벌이를 나갈 수 없게 된다.

→ 적절함!

⑤ '동네 사람들'이 '아버지'가 노새를 끄는 이유를 알게 되는 계기가 된다.

풀이 윗글에서 '동네 사람들'이 '아버지'가 노새를 끄는 이유를 알게 되는 내용은 나타나지 않는다.

→ 적절하지 않음!

㉠ ~ ㉢에 대한 이해로 적절하지 않은 것은?

① ㉠: 늦게까지 '노새'를 찾는 '아버지'의 *절박함을 느낄 수 있군. * 다급하고 힘겨움

근거 **3**-1 ㉠ 내가 집에 돌아온 것은 밤 열 시도 넘어서였으나 아버지는 그때까지 돌아오지 않고 있었다.

풀이 ㉠에서 밤이 늦도록 '노새'를 찾느라 집에 돌아오지 않는 '아버지'의 절박함이 나타난다.

→ 적절함!

② ㉡: 가족들이 '노새'를 찾지 못한 '아버지'의 *무능력함에 실망하고 있음을 알 수 있군. * 능력이 없음

근거 **3**-11 ㉡ 아버지를 보고도 아무도 말을 하지 않았다.

풀이 ㉡에서 가족들은 '아버지'를 걱정하고 있을 뿐 '노새'를 찾지 못한 '아버지'의 무능력함에 실망하고 있지 않다.

→ 적절하지 않음!

③ ㉢: 달아난 '노새'를 대신하려는 '아버지'의 *가장으로서의 책임감을 느낄 수 있군.
* 집家 어른 長 : 집안을 이끌어 가는 사람

근거 **5**-8~11 ㉢ "이제부터 내가 노새다. 이제부터 내가 노새가 되어야지 별수 있니? 그 놈이 도망쳤으니까. 이제 내가 노새가 되는 거지."

풀이 ⓒ에서 '아버지'는 자신이 이제부터 '노새'라고 말하며 달아난 '노새'를 대신해 가족을 책임지려고 한다.

→ 적절힘!

④ ⓔ : '어머니'가 '노새'로 인해 생긴 문제를 걱정하고 있음을 알 수 있군.

근거 ❻-3~6 ⓔ "이걸 어쩌우. 글쎄 경찰서에서 당신을 오래요. 그놈의 노새가 사람을 다치고 가게 물건들을 박살을 냈대요. 이걸 어쩌지."

풀이 ⓔ에서 '어머니'는 '노새'가 일으킨 문제 때문에 아버지가 곤란해지게 되자 걱정하고 있다.

→ 적절힘!

⑤ ⓜ : '나'는 힘들고 지친 '아버지'를 '노새'와 같다고 생각하고 있음을 알 수 있군.

근거 ❼-4 ⓜ 나는 그 순간 또 한 마리의 노새가 집을 나가는 것 같은 착각을 일으켰다.

풀이 ⓜ에서 '나'는 노새가 일으킨 문제 때문에 힘들고 지친 '아버지'를 '또 한 마리의 노새' 같다고 생각하고 있다.

→ 적절함!

---

035 | 표현상 효과 - 적절한 것 고르기 | 2018년 9월 학평 26번
정답률 90% | 정답 ⑤

[A]를 〈보기〉와 같이 바꾸어 썼을 때 나타나는 효과로 가장 적절한 것은?

| 보기 |
"까마귀 새끼."
영길이가 놀렸다.
"너네 아버지는 까마귀, 넌 까마귀 새끼."
종달이가 거들었다.
"신발도 깜장(검은) 구두, 연탄재 뒤집어쓴 껌정투성이."
아버지가 시장 경비원인 순철이도 한마디 했다.
"그래, 나 까마귀 새끼다. 그러는 니들은 뭐가 달라서."
"너네 아버지는 콧물도 까맣더라."
귀달네 아버지는 포장마차에서 장사를 하는데, 귀달이도 나를 놀린다. 나도 뻥튀기 장수 아들 영길이와 번데기 장수 동생 종달이의 별명을 불렀다.
"영길이는 뻥, 종달이는 뻔."

↗ [A]만 해당
① *외양을 묘사하여 인물의 성격을 드러내고 있다. * 겉모습을 말로 자세하게 설명하여

근거 [A] ❷-2~6 아버지는 노상 시커먼 몰골을 하고 다녔다. ~ 눈 하나만은 퀭하니 크게 빛났다.

풀이 [A]에서 아버지의 외양을 묘사하고 있지만 〈보기〉에는 나타나지 않는다.

→ 적절하지 않음!

　　　짧은　　　　　　　　인물의 상황을
② 호흡이 긴 문장을 사용하여 인물의 심리를 드러내고 있다.

풀이 〈보기〉는 호흡이 긴 문장이 아니라 짧은 대화를 사용하여 인물들이 서로를 놀리고 있는 상황을 드러내고 있다.

→ 적절하지 않음!

③ 인물의 성격 변화 과정을 제시하여 긴장감을 *고조하고 있다. * 높이고

풀이 〈보기〉에서 인물의 성격 변화 과정은 나타나지 않고 긴장감이 고조되고 있지도 않다.

→ 적절하지 않음!

④ 새로운 인물을 등장시켜 인물 간의 *대립 구도를 드러내고 있다.
* 갈등하는 이야기의 짜임

풀이 [A]에 없는 새로운 인물이 〈보기〉에 나타나지 않는다.

→ 적절하지 않음!

✓⑤ 인물 간의 대화를 보여 주어 상황을 *현장감 있게 제시하고 있다.
* 실제로 일이 이루어지는 장소에 있는 느낌

풀이 [A]에서 서술된 내용을 〈보기〉에서는 인물 간의 대화로 보여 주어 상황을 현장감 있게 제시하고 있다.

→ 적절함!

[036~039] 다음 글을 읽고 물음에 답하시오.

❶ [앞부분의 줄거리] ¹ 가족을 찾아 헤매던 '손(나그네)'은 물이 찬 포구(바닷가 浦 어귀 口 : 배가 드나드는 바닷가의 어귀)에 산봉우리가 비치는 모습이 학이 날아오르는 듯하여 이름 붙여진 선학동에 도착한다. ² '손'은 우연히 찾은 주막의 주인 사내에게서 소리꾼 여자에 대한 이야기를 듣는다.

→ 선학동에 도착한 '손'은 주막의 주인 사내에게서 소리꾼 여자에 대한 이야기를 듣는다.

❷ ¹ 손은 아직도 (소리꾼) 여자와 자신의 인연에 대해선 분명한 말이 한마디도 없었다. ² 하지만 그는 이제 학이 날지 못하는 선학동에 아비(아버지)의 유골을 묻고 간 여자의 일을 제 일처럼 못내(매우) 안타까워하고 있었다. ³ 주인(주막의 주인 사내)은 그것(손이 여자의 일을 제 일처럼 안타까워하는 것)으로 모든 일이 분명해진 것 같았다. ⁴ 그리고 그것으로 만족한 것 같았다.

⁵ 그(주막의 주인 사내)가 다시 입을 열기 시작했다.

⁶ "아니, 노형(남자 어른이 자기보다 나이 많은 비슷한 지위의 남자를 높여 이르는 말, 여기서는 손)은 아까 내 얘길 잊었구먼요. ⁷ 여자가 한 일(선학동을 다시 찾아온 일)은 부질없는(쓸데없는) 것이 아니었어. ⁸ 여자가 간 뒤로 이 선학동에 다시 학이 날기 시작했다니께요. ⁹ 여자가 이 선학동에 다시 학을 날게 했어요. ¹⁰ 포구 물이 막혀 버린 이 선학동에 아직도 학이 날고 있는 것을 본 사람이 그 눈이 먼 여자였으니 말이오……."

¹¹ 주인은 이번에야말로 선학동에 다시 학이 날게 된 사연을 이야기하기 시작했다.

→ 주인 사내는 여자의 일을 안타까워하는 손에게 여자가 선학동에 다시 학을 날게 한 사연을 이야기한다.

(중략)

❸ ¹ 그러자 여자는 정작으로 그 비상학(날 飛 위 上 학 鶴 : 날아오르는 학)을 좇듯이(눈으로 보듯이) 보이지도 않는 눈길로 벌판 쪽을 한참이나 더듬어대었다. ² 그러다 비로소 채비(어떤 일을 하기 위하여 필요한 물건, 자세 따위를 미리 갖추어 차림 또는 그 물건이나 자세)가 제법 만족스러워진 노인(여자와 함께 (여자의) 아버지의 유골을 들고 선학동을 찾은 '초로(初老)의 사내', 전체 줄거리 참고) 쪽을 돌아보며 비탄조(슬플 悲 탄식할 歎 가락 調 : 몹시 슬퍼하면서 탄식하는 어조)로 말했다.

³ "아배('아버지'의 방언)의 소리는 그러니께 그 시절엔 늘 물 위를 날아오른 학(물에 비친 산의 그림자를 의미함)과 함께 노닐었답니다."

⁴ 주인 사내로선 갈수록 예사롭지 않은 소리들이었다. ⁵ 눈 아래 들판엔 이제 물도 없고 산그림자도 없었다. ⁶ 게다가 여자는 어렸을 적 아비의 소망처럼 그 물이나 산그림자의 형용(모양 形 모양 容 : 생긴 모양)을 깊이 눈여겨보았을 리 없었다. ⁷ 하지만 여자는 이제 눈을 못 보기 때문에 오히려 성한 사람이 볼 수 없는 물과 산그림자를 보고 있는지도 몰랐다. ⁸ 두 눈이 성해 있는 사람이라면 그 말라붙은 들판에서 있지도 않은 물과 산그림자를 볼 리가 없었다. ⁹ 있지도 않은 물과 산그림자를 본 것은 그녀가 오히려 앞을 못 보는 맹인이기 때문이었다.

¹⁰ 사내의 그런(앞을 못 보는 여자가 '물'과 '산그림자'를 본다는) 상상은 차츰 어떤 불가사의한(묘한) 믿음으로 변해 갔다.

→ 주인 사내는 여자가 맹인이기 때문에 있지도 않은 물과 산그림자를 본다고 믿게 되었다.

❹ ¹ 망망창해(아득할 茫 아득할 茫 큰 바다 滄 바다 海 : 아득히 드넓은 큰 바다)에 탕탕(蕩蕩)한(광대할 蕩 광대할 蕩 : 크고 거센) 물결이라

² 백빈주(흰 白 풀의 이름 蘋 물가 洲 : 흰 마름꽃이 피어 있는 물가) 갈매기는 홍요안(붉을 紅 여뀌 蓼 언덕 岸 : 붉은 여뀌가 핀 언덕)에 날아들고……

▶ 판소리 「심청가」 중에서 심청이 배를 타고 인당수로 가는 여정을 담은 대목

³ 여자가 마침내 소리를 시작하고 있었다. ⁴ 그런데 사내는 그 여자의 오장(다섯 五 내장 臟 : 간장, 심장, 비장, 폐장, 신장의 다섯 가지 내장)이 끓어오르는 듯한 목소리 속에 문득 자신도 그것(비상학)을 본 것이다. ⁵ 사립(나뭇가지를 엮어서 만든 문짝을 달아서 만든 문)에 기대어 눈을 감고 가만히 여자의 소리를 듣고 있자니 사내의 머릿속에서 오랫동안 잊혀져 온 옛날의 그 비상학(날 飛 위 上 학 鶴 : 날아오르는 학)이 서서히 날개를 펴고 날아오르기 시작한 것이다. ⁶ 그리고 여자의 소리가 길게 이어져 나갈수록 선학동은 다시 옛날의 포구로 바닷물이 차오르고 한 마리 선학이 그곳을 끝없이 노닐기 시작했다.

⁷ 그런 일이 있은 후로 사내는 여자의 학(여자의 소리로 불러내는 학)을 믿지 않을 수 없었다.

8여자는 날마다 밀물 때를 잡아서 소리를 하였다. 9소리는 언제나 이 **선학동을 옛날의 포구 마을로 변하게** 하였고, 그 포구에 다시 선학이 유유히(한가하고 여유있게) 날아오르게 하였다.

→ 여자의 소리는 선학동을 옛날의 포구 마을로 변하게 하였고, 다시 선학이 날아오르게 하였다.

5 1그리고 그러다 여자는 어느 날 밤 문득 선학동을 떠나갔다.

2㉠ 하지만 사내는 여자가 그렇게 선학동을 떠나가고 나서도 그녀의 소리가 여전히 귓전을 맴돌고(기억나거나 떠오르고) 있었다. 3그 소리가 귓전을 울려(가까이에서 소리나는 듯 들려) 올 때마다 선학동은 다시 포구가 되었고, 그녀의 소리는 한 마리 선학과 함께 물 위를 노닐었다. 4아니 이제는 그 소리가 아니라 여자 자신이 한 마리 학이 되어 선학동 포구 물 위를 끝없이 노닐었다.

5그래 사내는 이따금 말했다.

6"여자는 어디로 떠나간 것이 아니여. 7그 여자는 이 **선학동의 학**이 되어 버린 거여. 8학이 되어 **언제까지나 이 고을 하늘을 떠돈**단 말이여."

9여자가 그토록 갑자기 마을을 떠나가 버린 데 대한 아쉬움 때문이었을까. 10주막집 이웃들이나 별판 건너 선학동 사람들마저 사내의 그런(여자가 선학동의 학이 되어 고을을 떠돈다는) 소리엔 그리 허물을 해 오는(잘못을 탓하는) 눈치가 없었다. 11선학동 사람들은 여자가 모셔온 아비의 유골을 모른 체해 주듯 여자가 그렇게 주막을 떠나가고 나서도 그녀의 사연이나 간 곳을 굳이 묻고 드는 일이 없었다. 12뿐더러(그뿐만 아니라) 주막집 **사내가 이따금 그렇게 앞도 뒤도 없는**(말이 되지 않는) 소리를 지껄여대도 그러는 사내를 탓하려 들기는커녕 오히려 **그와 어떤 믿음을 같이하고 싶은 진중한 얼굴들이 되곤** 하였다.

→ 여자가 선학동을 떠나간 뒤 주인 사내와 선학동 사람들은 여자가 선학동의 학이 되었다고 믿는다.

6 1손은 이제 완전히 녹초(힘을 못 쓰는 상태)가 되어 버린 표정이었다. 2이따금 손을 가져가던 술잔마저 이제는 전혀 마음에 없는 모양이었다.

3이야기를 끝내고 난 주인(사내, 주막집 사내) 쪽 역시 마찬가지였다. 4㉡ 가슴 속에 지녀온 이야기들을 손 앞에 모두 털어놓은 것만으로 주인은 이제 자기 할 일을 다해 버린 사람 같았다. 5손이 뭐라고 대꾸를 해 오든 안 해 오든 그로서는 전혀 괘념(마음에 걸릴 掛 생각 念 : 걱정, 염려)을 할 일이 아니라는 태도였다.

6주인은 완전히 손의 반응을 무시하고 있었다. 7뒷산 고개를 넘어오는 솔바람 소리가 아직도 이따금 두 사람의 귓전을 멀리 스쳐가고 있었다. 8그 솔바람 소리에 멀리 둑 너머 바닷물 소리가 섞이는 듯하였다.

→ 이야기를 끝낸 주인 사내와 손은 모두 침묵한다.

7 1㉢ 침묵을 견디지 못한 건 이번에도 결국 손 쪽이 먼저였다.

2"주인장(주인 사내, 주막집 사내) 이야긴 고맙게 들었소."

3이윽고 손이 먼저 주인에게 말했다. 4㉣ 그의 어조는 이제 아무것도 숨길 것이 없다는 듯 낮고 차분했다.

5"하지만 아까 이야기 가운데서 주인장께선 일부러 사람을 하나 빠뜨려 놓고 있었지요."

6주인이 달빛 속으로 손을 이윽히(가만히) 건너다보았다.

7손이 다시 말을 이었다.

8"주인장 어렸을 적에 이 마을에 찾아들었다는 그 소리꾼(소리하는 것을 직업으로 하는 사람) 부녀의 이야기 말이오. 9그때 그 어린 계집아이에겐 **소리 장단을 잡아 주던 오라비**(오빠. '손'의 정체)가 하나 있었을 겝니다. 10그런데 주인장께선 일부러 그 오라비 이야길 빼놓고 있었지요."

11추궁하듯(쫓을 追 다할 窮 : 따지듯) 손이 주인의 얼굴을 마주 바라보았다. 12㉤ 주인도 이젠 더 사실을 숨길 것이 없다는 듯 고개를 두어 번 깊이 끄덕여 보였다.

13"그렇지요. 14난 그 오라비가 뒷날 늙은 아비와 어린 누이를 버리고 혼자 도망을 쳤다는 이야기까지도 여자에게 다 듣고 있었으니까요."

15"그렇담 주인장은 그 오누이가 서로 아비의 피를 나누지 않은 남남 한가지(마찬가지) 사이란 것도 알고 있었겠구만요. 16그리고 그 어린 오라비가 부녀를 버리고 떠난 것은 차마 그 원망스런 의붓아비(어머니가 재혼하여 생긴 아버지)를 죽여 없앨 수가 없어서였다는 것도 말이오."

17주인이 다시 고개를 무겁게 끄덕여 보였다.

→ 손은 주인 사내에게 여자와 자신이 오누이임을 밝힌다.

- 이청준, 「선학동 나그네」 -

• **중심 내용**

선학동에 도착한 손은 주막의 주인 사내에게서 이제 학이 날지 못하는 선학동에 아비의 유골을 묻고 간 눈먼 소리꾼 여자에 대한 이야기를 듣고는 안타까워한다. 그러자 주인 사내는 여자가 선학동에 온 것이 부질없는 일이 아니었다며 여자의 소리를 통해 선학동이 옛날의 포구 마을이 되고, 선학이 다시 날아오르는 것을 느꼈다고 이야기한다. 그리고 주인 사내를 포함한 선학동 사람들은 여자가 학이 되어 선학동을 떠돈다고 믿게 되었다고 말한다. 주인 사내의 이야기를 모두 들은 손은 여자와 자신이 오누이 사이임을 밝힌다.

• **인물 관계도**

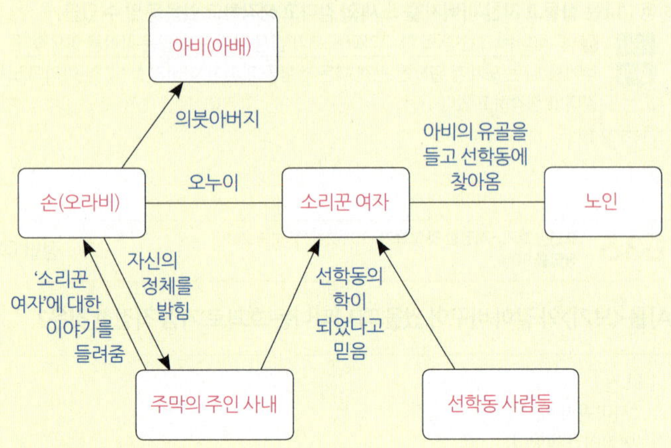

• **전체 줄거리** ([ ] : 지문 내용)

[허름한 몰골의 사내(손)가 선학동을 찾아와 주막에서 하룻밤을 묵는다. 그는 주막집 주인에게서 한 여인에 관한 이야기를 듣고 싶어 한다. 주막집 주인 사내는 그(손)의 정체를 알면서도 모르는 체하며 그에게 여인에 관한 옛이야기를 들려준다.] 30여 년 전 선학동의 주막에 소리꾼 노인이 눈먼 딸과 함께 머물렀던 일이 있었다. 이 소리꾼은 포구에 물이 차오르고 물에 비친 관음봉의 그림자가 비상학의 모습으로 보이기 시작할 때면, 그 비상학을 벗 삼아 혼자 소리를 시작하곤 하였다. 노인은 딸에게 소리를 가르쳤고, 딸의 소리가 더 깊어질 무렵 부녀는 홀연히 주막을 떠났다. 세월이 흘러 선학동 사람들이 소리꾼 부녀를 까마득하게 잊고 있던 어느 날, 눈먼 소리꾼 여자가 아비의 유골을 들고 초로(처음 初 늙을 老 : 노년에 접어드는 나이)의 사내와 함께 포구가 사라져 학의 모습을 볼 수 없는 선학동에 다시 찾아온다. [그리고 여자는 날마다 밀물 때를 잡아서 소리를 하였는데, 주인 사내는 여자의 소리를 들으면서 옛날처럼 포구에 다시 물이 차오르고 비상학이 날아오르는 것을 느낀다. 그러던 어느 날 유난히 힘을 들여 소리를 한 여자는 아비의 유골을 암장한(몰래 暗 장사 지낼 葬 : 남몰래 묻은) 후에 다시 선학동을 떠난다. 여자가 선학동을 떠난 뒤 주인 사내와 선학동 사람들은 여자가 학이 되어 선학동을 떠돈다고 믿는다. 주인 사내의 이야기를 모두 들은 손은 여자의 오라비에 대한 내용이 빠져 있다고 하면서 자신과 여자가 피가 섞이지 않은 오누이 사이임을 밝힌다.] 주인 사내는 여자가 선학동을 떠나면서 오라비가 찾아오더라도 자신의 소식을 알리지 말라고 했지만 여자의 오라비에게 이야기를 전해 주기 위해 계속 기다려왔다고 말한다. 다음 날, 다시 길을 떠나는 손을 배웅하던 주인 사내는 손이 사라진 고개 위에 날개를 펴고 떠도는 학의 모습을 보게 된다.

<table>
<tr><td>**036**</td><td>서술상 특징 - 적절한 것 고르기 2021년 11월 학평 16번
정답률 80%</td><td>정답 ①</td></tr>
</table>

윗글의 서술상 특징으로 가장 적절한 것은?

① 인물의 *회상을 통해 과거와 현재가 연결되고 있다.

* 돌이킬 回 생각할 想 : 지난 일을 돌이켜 생각함

근거 ❷-11 주인은 이번에야말로 선학동에 다시 학이 날게 된 사연을 이야기하기 시작했다.(인물의 과거 회상)

❻-1~3 손은 이제 완전히 녹초가 되어 버린 표정이었다. 이따금 손을 가져가던 술잔마저 이제는 전혀 마음에 없는 모양이었다. 이야기를 끝내고 난 주인 쪽 역시 마찬가지였다.(현재)

풀이 윗글은 주막의 주인 사내가 선학동에 다시 학을 날게 한 여자의 과거 사연을 회상하면서 현재 주막을 찾아온 손에게 이야기하는 방식으로 서술되고 있다. 따라서 인물의 회상을 통해 과거와 현재가 연결되고 있다는 설명은 적절하다.

→ 적절함!

② *풍자적 서술을 통해 인물의 행위를 비판하고 있다. * 부정적 대상을 우스꽝스럽게 표현함
풀이 윗글에는 비판의 대상이 되는 부정적 인물이 등장하지 않으므로 풍자적 서술을 통해 인물의 행위를 비판하고 있다는 설명은 적절하지 않다.
→ 적절하지 않음!

■풍자적 서술을 통해 인물의 행위를 비판하는 작품
• 채만식, 「미스터 방」(2014학년도 6월 모평A, 2023학년도 6월 모평)
신기료장수(헌 신을 고치는 일을 하는 사람) 코삐뚤이 삼복이 미스터 방으로 승차를 하여, S라는 미군 주둔군(한 지역에 일시적으로 머물러 있는 군대) 소위의 통역이 되었다. 주급 십오 불(이백사십 원)가량의. 거진 매일같이 미스터 방은 S 소위를, 낮에는 거리의 구경으로, 밤이면 계집 있는 술집으로 인도하였다(안내하였다). ~ 또 한 번은, 경회루(경복궁에 있는 누각으로 나라에 경사가 있거나 사신이 왔을 때 연회를 베풀던 곳)를 구경하면서 무엇 하던 건물이냐고 물었다. 미스터 방은 서슴지 않고, "킹 듀링크 와인 앤드 딴스 앤드 씽, 위스 땐서."라고 답하였다. 임금이 기생 데리고 술 마시고, 춤추고 노래 부르고 하던 집이란 뜻이었다.
→ 역사적 지식과 교양 없이 S 소위의 통역 노릇을 하는 미스터 방을 풍자함으로써 권력에 붙어 자신의 이득을 위해 행동하는 기회주의적인 인물의 행위를 비판하고 있다.

③ *반어적 표현을 통해 집단 간의 갈등을 부각하고 있다.
* 속마음이나 의도와는 반대로 표현하는 것
풀이 윗글에서는 반어적 표현도, 이를 통해 집단 간의 갈등을 부각하고 있는 부분도 찾아볼 수 없다.
→ 적절하지 않음!

■반어적 표현
현대시 014번 문제 ③번 선지 (2024년 9월 학평) 참고 →013쪽

④ 동시에 진행되는 여러 사건을 *병렬적으로 제시하고 있다.
* 나란히 竝 늘어설 列 ~의 的 : 나란히 배치하여
근거 ❶ 가족을 찾아 헤매던 '손'은 ~ 우연히 찾은 주막의 주인 사내에게서 소리꾼 여자에 대한 이야기를 듣는다.(현재)
❷-11 주인은 이번에야말로 선학동에 다시 학이 날게 된 사연을 이야기하기 시작했다.(과거)
❻-1~3 손은 이제 완전히 녹초가 되어 버린 표정이었다. ~ 이야기를 끝내고 난 주인 쪽 역시 마찬가지였다.(현재)
풀이 윗글에서는 가족을 찾아 헤매던 손(현재)이 주막의 주인 사내로부터 소리꾼 여자에 대한 이야기(과거)를 전해 듣고는 자신의 정체를 밝히고(현재) 있다. 따라서 윗글은 현재와 과거가 교차되어 사건이 전개되는 역순행적 구성으로 볼 수 있다. 한편, 윗글은 손과 주막의 주인 사내가 만나 대화를 나누는 외화(바깥 이야기)와 소리꾼 여자의 과거 이야기인 내화(속 이야기)로 구성되었다는 점에서 액자식 구성으로도 볼 수 있다. 따라서 윗글이 동시에 진행되는 여러 사건을 병렬적으로 제시하고 있다는 설명은 적절하지 않다.
→ 적절하지 않음!

⑤ 장면마다 *서술자를 달리하여 상황을 **입체적으로 보여 주고 있다.
* 소설에서 이야기를 이끌어 나가는 사람 ** 여러 각도에서 종합적으로
근거 ❷-2~4 하지만 그는 이제 학이 날지 못하는 선학동에 아비의 유골을 묻고 간 여자의 일을 제 일처럼 못내 안타까워하고 있었다. 주인은 그것으로 모든 일이 분명해진 것 같았다. 그리고 그것으로 만족한 것 같았다./ ❸-4 주인 사내로선 갈수록 예사롭지 않은 소리들이었다.
풀이 윗글은 작품 밖 서술자가 이야기 속에 등장하는 모든 인물들의 심리까지 전달하고 있는 3인칭 전지적 작가 시점이다. 또한, 윗글은 장면마다 서술자를 달리하지 않고 3인칭 전지적 작가 시점으로만 서술되고 있으므로, 장면마다 서술자를 달리하여 상황을 입체적으로 보여 주고 있다는 설명은 적절하지 않다.
→ 적절하지 않음!

■서술자를 달리하여 상황을 입체적으로 보여 주고 있는 작품
• 이청준, 「줄」(2013년 고1 6월 학평)
"허 노인이 줄을 잘 탔다고 하는 것은 운의 생각입니까, 혹은 노인의 생각입니까?" 나는 트럼펫의 사내가 숨을 좀 돌리게 하기 위하여 이야기로 뛰어들었다. 사내는 한 마디 말을 하기 위해서 거의 한 번씩 숨을 들이쉬었다. "그건 물론 운의 생각이었습니다."(1인칭 관찰자 시점)
그날 주막에서 허 노인은 운에게 술잔을 따라 주고, 그날 밤으로 운을 줄로 오르라고 했다. ~ 운은 비로소 허 노인이 끝끝내 줄타기 자세를 바꾸지 못하는 내력을 알

것 같았다. ~ —아버지, 이젠 줄을 그만두시고 좀 쉬십시오. 운이 말했으나 노인은 조용히 머리를 가로저었다. (전지적 작가 시점)
→ 작품 속 서술자인 '나'가 '트럼펫 사내'로부터 허 노인과 운의 이야기를 듣고 전하는 '1인칭 관찰자 시점'에서, 작품 바깥의 서술자가 인물들의 감정과 행동을 서술하는 '전지적 작가 시점'으로 바뀌면서 허 노인이 줄을 타지 못한 사건을 입체적으로 보여 주고 있다.

---

037 | 내용 이해 - 적절하지 않은 것 고르기 2021년 11월 학평 17번 / 정답률 80% | 정답 ③

윗글에 대해 이해한 내용으로 적절하지 않은 것은?

① 손은 여자의 오라비가 가족을 떠난 이유를 주인 사내에게 이야기하고 있다.
근거 ❼-16 그리고 그 어린 오라비가 부녀를 버리고 떠난 것은 차마 그 원망스런 의붓아비를 죽여 없앨 수가 없어였다는 것도 말이오."
풀이 손은 여자의 오라비가 의붓아비를 죽일 수가 없어서 떠났다며, 여자의 오라비가 가족을 떠난 이유를 주인 사내에게 이야기하고 있다.
→ 적절함!

② 여자는 이전에 온 적이 있는 선학동으로 다시 찾아와서 아비의 유골을 묻었다.
근거 ❷-2 하지만 그는 이제 학이 날지 못하는 선학동에 아비의 유골을 묻고 간 여자의 일을 제 일처럼 못내 안타까워하고 있었다./ ❼-8 "주인장 어렸을 적에 이 마을에 찾아들었다는 그 소리꾼 부녀의 이야기 말이오.
풀이 '주인장 어렸을 적에 이 마을에 찾아들었다는 그 소리꾼 부녀'라는 손의 말과 '그는 이제 학이 날지 못하는 선학동에 아비의 유골을 묻고 간 여자의 일을 제 일처럼 못내 안타까워하고 있었다'라는 서술을 통해 여자가 이전에 아비와 함께 다녀간 적이 있는 선학동으로 다시 찾아와서 아비의 유골을 묻었음을 알 수 있다.
→ 적절함!

선학동에 다시 돌아온 손이 주막의 주인 사내로부터 소리꾼 부녀에 대한
③ 여자는 선학동에 다시 돌아온 손으로부터 아버지에 대한 이야기를 전해 듣고 있다.
근거 ❼-8~10 "주인장 어렸을 적에 이 마을에 찾아들었다는 그 소리꾼 부녀의 이야기 말이오. 그때 그 어린 계집아이에겐 소리 장단을 잡아 주던 오라비가 하나 있었을 겁니다. 그런데 주인장께선 일부러 그 오라비 이야길 빼놓고 있었지요."
풀이 윗글에서는 선학동에 다시 돌아온 손이 주막의 주인 사내로부터 소리꾼 부녀에 대한 이야기를 전해 듣고 있다.
→ 적절하지 않음!

④ 주인 사내는 여자의 소리를 들으며 잊고 있었던 비상학의 모습을 다시 떠올리게 되었다.
근거 ❹-5 사립에 기대어 눈을 감고 가만히 여자의 소리를 듣고 있자니 사내의 머릿속에서 오랫동안 잊혀져 온 옛날의 그 비상학이 서서히 날개를 펴고 날아오르기 시작한 것이다.
풀이 주인 사내는 눈을 감고 여자의 소리를 들으며 오랫동안 잊고 있었던 비상학의 모습을 다시 떠올리고 있으므로 적절한 설명이다.
→ 적절함!

⑤ 주인 사내는 여자와 오라비가 아비의 피를 나누지 않은 오누이라는 사실을 알고 있었다.
근거 ❼-15~17 "그렇담 주인장은 그 오누이가 서로 아비의 피를 나누지 않은 남남 한가지 사이란 것도 알고 있었겠구만요. 그리고 그 어린 오라비가 부녀를 버리고 떠난 것은 차마 그 원망스런 의붓아비를 죽여 없앨 수가 없어였다는 것도 말이오." 주인이 다시 고개를 무겁게 끄덕여 보였다.
풀이 여자의 오라비임을 밝히는 손의 말에 주인이 고개를 끄덕인 것에서 주인 사내가 이 사실을 알고 있었음을 확인할 수 있다.
→ 적절함!

---

038 | 인물의 심리 - 적절하지 않은 것 고르기 2021년 11월 학평 18번 / 정답률 90% | 정답 ④

㉠ ~ ㉤에 대한 설명으로 적절하지 않은 것은?

① ㉠: 인상적이었던 과거의 사건을 잊지 못하는 인물의 심리가 드러나 있다.
근거 ❺-2~4 ㉠하지만 사내는 여자가 그렇게 선학동을 떠나가고 나서도 그녀의 소리가 여전히 귓전을 맴돌고 있었다. 그 소리가 귓전을 울려 올 때마다 신학동은 다시 포구가 되었고, 그녀의 소리는 한 마리 선학과 함께 물 위를 노닐었다. 아니 이제는 그 소

리가 아니라 여자 자신이 한 마리 학이 되어 선학동 포구 물 위를 끝없이 노닐었다.

풀이 사내는 여자의 소리를 들으며 옛날 포구에 비치던 비상학의 모습을 보게 된다. 따라서 여자가 선학동을 떠나가고 나서도 그녀의 소리가 여전히 사내의 귓전을 맴돌고 있었다는 것은 인상적이었던 과거의 사건을 잊지 못하는 사내의 심리가 드러난 것이다.

→ 적절함!

② ㉡ : 하고 싶었던 행동을 마치고 난 인물의 심리가 드러나 있다.

근거 ❻-4 ㉡ 가슴 속에 지녀 온 이야기들을 손 앞에 모두 털어놓은 것만으로 주인은 이제 자기 할 일을 다해 버린 사람 같았다.

풀이 손에게 가슴 속에 지녀 온 소리꾼 부녀에 관한 이야기를 모두 털어놓은 주인이 이제 자기 할 일을 다해 버린 사람 같았다는 것은 하고 싶었던 행동을 마치고 난 인물의 심리가 드러난 것이다.

→ 적절함!

③ ㉢ : 상대방과 이야기를 더 이어가고자 하는 인물의 심리가 드러나 있다.

근거 ❼-1 ㉢ 침묵을 견디지 못한 건 이번에도 결국 손 쪽이 먼저였다.

풀이 손이 침묵을 견디지 못하고 먼저 주인에게 말을 건넨 것에는 상대방과 이야기를 더 이어가고자 하는 손의 심리가 드러나 있다.

→ 적절함!

④ ㉣ : 자신의 속마음을 상대방에게 들켜 *당혹감을 느끼는 인물의 심리가 드러나 있다.

*당할 當 미혹할 惑 느낄 感 : 어찌할 바를 모르는 감정

근거 ❼-4~5 ㉣ 그의 어조는 이제 아무것도 숨길 것이 없다는 듯 낮고 차분했다. "하지만 아까 이야기 가운데서 주인장께선 일부러 사람을 하나 빠뜨려 놓고 있었지요."

풀이 손은 이제 아무것도 숨길 것이 없다는 듯 낮고 차분한 어조로 아까 이야기 가운데서 주인장이 일부러 사람을 하나 빠뜨려 놓고 있었다는 말을 하며 자신의 정체를 밝힌다. 이는 더 이상 자신의 정체를 숨길 필요가 없음을 드러낼 뿐, 자신의 속마음을 상대방에게 들켜 당혹감을 느끼는 인물의 심리가 드러나 있다고 볼 수는 없다.

→ 적절하지 않음!

⑤ ㉤ : 자신의 의도를 알아차린 상대방의 말에 *수긍하는 인물의 심리가 드러나 있다.

*머리 首 수긍할 肯 : 옳다고 인정하는

근거 ❼-8~12 "주인장 어렸을 적에 이 마을에 찾아들었다는 그 소리꾼 부녀의 이야기 말이오. 그때 그 어린 계집아이에겐 소리 장단을 잡아 주던 오라비가 하나 있었을 겁니다. 그런데 주인장께선 일부러 그 오라비 이야길 빼놓고 있었지요." 추궁하듯 손이 주인의 얼굴을 마주 바라보았다. ㉤ 주인도 이젠 더 사실을 숨길 것이 없다는 듯 고개를 두어 번 깊이 끄덕여 보였다.

풀이 주인이 소리꾼 부녀의 이야기를 하면서 오라비의 존재를 일부러 빼놓고 있었다는 손의 추궁하는 듯한 말에 주인은 더 이상 숨길 것이 없다는 듯 고개를 끄덕인다. 따라서 ㉤에는 오라비의 이야기를 일부러 빼놓은 주인의 의도를 알아차린 손의 말에 수긍하는 주인의 심리가 드러나 있다.

→ 적절함!

---

039 | 감상의 적절성 - 적절하지 않은 것 고르기 2021년 11월 학평 19번 | 정답 ③
정답률 65%, 매력적 오답 ④ 15%

<보기>를 참고하여 윗글을 감상한 내용으로 적절하지 않은 것은? [3점]

> | 보기 |
> ¹ 이 작품에는 삶의 아픔을 지닌 인물들이 등장한다. ² 가족을 떠날 수밖에 없었던 아픔을 지닌 '손'은 '여자'를 찾아다니는 행위를 통해, 앞을 보지 못한 채 살아가는 여자는 소리를 통해 각자 자신이 지닌 삶의 아픔에서 벗어나기 위해 노력한다. ³ 그 과정에서 예술적 경지(예술적인 단계에 도달해 있는 상태)에 다다른 여자의 소리는 마을 사람들의 생각이나 행동에까지 영향을 미친다.

① '아비의 유골을 묻고 간 여자의 일을 제 일처럼 못내 안타까워하'는 '손'의 모습에서 가족을 떠날 수밖에 없었던 '손'의 아픔을 짐작할 수 있겠군.

근거 <보기>-2 가족을 떠날 수밖에 없었던 아픔을 지닌 '손'은 '여자'를 찾아다니는 행위를 통해,

❷-2 하지만 그(손)는 이제 학이 날지 못하는 선학동에 아비의 유골을 묻고 간 여자의 일을 제 일처럼 못내 안타까워하고 있었다. / ❼-16 그리고 그 어린 오라비가 부녀를 버리고 떠난 것은 차마 그 원망스런 의붓아비를 죽여 없앨 수가 없어서였다는 것도 말이오."

풀이 '손'이 차마 그 원망스런 의붓아비를 죽여 없앨 수가 없어서 가족을 버리고 떠났고, 이제 학이 날지 못하는 선학동에 아비의 유골을 묻고 간 여자의 일을 전해 듣고 안타까

워하고 있는 것에서 가족을 떠날 수밖에 없었던 '손'의 아픔을 짐작할 수 있다.

→ 적절함!

② '여자가 마침내 소리를 시작'했을 때 '비상학이 서서히 날개를 펴고 날아오르기 시작'했다고 느끼는 '사내'의 모습에서 '여자'의 소리가 예술적 경지에 이르렀음을 확인할 수 있겠군.

근거 <보기>-2~3 앞을 보지 못한 채 살아가는 여자는 소리를 통해 각자 자신이 지닌 삶의 아픔에서 벗어나기 위해 노력한다. 그 과정에서 예술적 경지에 다다른 여자의 소리

❹-3~6 여자가 마침내 소리를 시작하고 있었다. ~ 사립에 기대어 눈을 감고 가만히 여자의 소리를 듣고 있자니 사내의 머릿속에서 오랫동안 잊혀져 온 옛날의 그 비상학이 서서히 날개를 펴고 날아오르기 시작한 것이다. 그리고 여자의 소리가 길게 이어져 나갈수록 선학동은 다시 옛날의 포구로 바닷물이 차오르고 한 마리 선학이 그곳을 끝없이 노닐기 시작했다.

풀이 '여자'의 소리를 들은 '사내'는 머릿속에서 오랫동안 잊혀져 온 옛날의 그 비상학이 서서히 날개를 펴고 날아오르기 시작했다고 느끼는데, 이를 통해 '여자'의 소리가 예술적 경지에 이르렀음을 확인할 수 있다.

→ 적절함!

③ '여자'가 '선학동을 옛날의 포구 마을로 변하게' 하고 선학동을 떠나지 않으며 '소리 장단을 잡아 주던 오라비'를 기다린 것에서 삶의 아픔에서 벗어나기 위해 노력하는 모습을 확인할 수 있겠군.

소리를 통해

근거 <보기>-2 가족을 떠날 수밖에 없었던 아픔을 지닌 '손'은 '여자'를 찾아다니는 행위를 통해, 앞을 보지 못한 채 살아가는 여자는 소리를 통해 각자 자신이 지닌 삶의 아픔에서 벗어나기 위해 노력한다.

❹-9 소리는 언제나 이 선학동을 옛날의 포구 마을로 변하게 하였고, 그 포구에 다시 선학이 유유히 날아오르게 하였다. / ❺-1 그리고 그러다 여자는 어느 날 밤 문득 선학동을 떠나갔다. / ❼-9 그때 그 어린 계집아이에겐 소리 장단을 잡아 주던 오라비가 하나 있었을 겁니다.

풀이 '여자'의 소리가 선학동을 옛날의 포구 마을로 변하게 한 것은 맞지만 '여자'는 그 후에 문득 선학동을 떠난다. 또한 '여자'가 '오라비'를 기다렸다는 내용은 나타나지 않으며 <보기>에 따르면 '여자'가 소리를 통해 삶의 아픔에서 벗어나기 위해 노력했다는 것을 알 수 있다.

→ 적절하지 않음!

④ '여자'가 '선학동의 학이 되어서 '언제까지나 이 고을 하늘을 떠돈'다고 '사내'가 이따금 말하는 모습에서 '여자'의 소리에 대한 믿음을 가지게 된 '사내'의 행동을 확인할 수 있겠군.

근거 <보기>-3 그 과정에서 예술적 경지에 다다른 여자의 소리는 마을 사람들의 생각이나 행동에까지 영향을 미친다.

❺-5~8 그래 사내는 이따금 말했다. "여자는 어디로 떠나간 것이 아니여. 그 여자는 이 선학동의 학이 되어 버린 거여. 학이 되어서 언제까지나 이 고을 하늘을 떠돈단 말이여."

풀이 '여자'가 '선학동의 학'이 되어 '언제까지나 이 고을 하늘을 떠돈'다고 말하는 '사내'의 모습에서 '사내'가 '여자'의 소리에 대한 믿음을 가지게 되었고, 예술적 경지에 다다른 여자의 소리가 '사내'의 생각이나 행동에까지 영향을 미쳤음을 확인할 수 있다.

→ 적절함!

⑤ '사내가 이따금 그렇게 앞도 뒤도 없는 소리를 지껄여대'도 선학동 사람들이 '그와 어떤 믿음을 같이하고 싶은 진중한 얼굴들이 되곤' 했다는 것에서 '여자'의 소리가 마을 사람들의 생각에 영향을 미쳤음을 알 수 있겠군.

근거 <보기>-3 그 과정에서 예술적 경지에 다다른 여자의 소리는 마을 사람들의 생각이나 행동에까지 영향을 미친다.

❺-6~8 "여자는 어디로 떠나간 것이 아니여. 그 여자는 이 선학동의 학이 되어 버린 거여. 학이 되어서 언제까지나 이 고을 하늘을 떠돈단 말이여." / 12 뿐더러 주막집 사내가 이따금 그렇게 앞도 뒤도 없는 소리를 지껄여대도 그러는 사내를 탓하려 들기는커녕 오히려 그와 어떤 믿음을 같이하고 싶은 진중한 얼굴들이 되곤 하였다.

풀이 '사내'가 이따금 '여자'가 선학동의 학이 되어 선학동의 하늘을 떠돈다는 소리를 지껄여대도 선학동 사람들이 '사내'와 어떤 믿음을 같이하고 싶은 진중한 얼굴들이 되곤 했다는 것에서 예술적 경지에 다다른 여자의 소리가 마을 사람들의 생각이나 행동에까지 영향을 미쳤음을 알 수 있다.

→ 적절함!

Ⅳ 현대소설 4. 1980년대 소설

[040~043] 다음 글을 읽고 물음에 답하시오.

1 **[앞부분의 줄거리]** ¹설렁탕집 주인 '달평 씨'는 선행(착할 善 행실 行 : 착한 행위)은 아무도 모르게 해야 한다는 신념(믿을 信 생각 念 : 굳게 믿는 마음)을 가진 인물이다. ²그러나 우연히 신문 기자들에 의해 선행이 과장되어(자랑할 誇 넓힐 張 : 부풀려져) 세상에 알려지면서 달평 씨는 대중들의 시선을 의식하게 되고, 본래 자신의 모습을 잃어버리는 첫 번째 죽음을 맞게 된다.

→ 달평 씨는 대중들의 관심을 받게 되면서 본래의 모습을 잃어버리게 된다.

2 ¹그러나 어쩐 일인지 세상 사람들의 관심은 달평 씨에게서 자꾸 멀어져가고 있었다. ²그것(달평 씨가 대중들의 관심에서 멀어지는 것)을 눈치 못 챌 매스컴(mass communication. 신문이나 방송국과 같이 대중에게 많은 정보를 전달하는 기관)들이 아니었다. ³달평 씨의 미담(아름다울 美 이야기 談 : 사람을 감동시킬 만큼 아름다운 내용을 가진 이야기)이 세상 사람들에게 알려지는 기회가 부쩍 줄어들었다.

⁴그러나 달평 씨는 거기서 물러설 위인(할 爲 사람 人 : 사람)이 아니었다. ⁵그가 **입을 더 크게 벌렸다**(더 심한 거짓말을 하였다).

⁶"나는 전과잡니다. ⁷용서 못 받을 죄를 수없이 지고도 뻔뻔스럽게 살아온 흉악무도한(흉할 凶 악할 惡 없을 無 도리 道 : 성질이 거칠고 도덕적 의리를 소중히 여기는 마음이 없는) 죄인입니다."

⁸달평 씨는 듣기에 **끔찍한 지난날 자기의 악행**(악할 惡 행실 行 : 악독한 행위)을 요목요목(하나하나 빠짐없이) 들추어 만천하(찰 滿 하늘 天 땅 下 : 온 세상)에 공개하기 시작했다. ⁹치한(어리석을 癡 남자 漢 : 여자를 괴롭히는 남자), 사기, 모리배(꾀할 謀 이익 利 무리 輩 : 온갖 수단과 방법으로 자신의 이익만을 꾀하는 사람), 폭력…… 등등, 그는 초빙되어(부를 招 부를 聘 : 청하여 불러) 간 그 강단(강의 講 단 壇 : 강연이나 강의, 설교 따위를 하는 사람이 올라서도록 약간 높게 만든 자리)에 서서 꾸벅꾸벅 조는 사람들의 머리를 들게 하고 그 쳐든 얼굴에 공포를 끼얹었다. ¹⁰그다음에 그가 보여 주는 연기는 참회하는(뉘우칠 懺 뉘우칠 悔 : 잘못을 깨닫고 깊이 뉘우치는)자의 흐느낌과 손수건을 적시는 눈물이었다. ¹¹그리고 그는 결론짓곤 했다.

¹²"여러분은 이제 내가 어째서 내 식구의 배를 굶겨 가면서 나보다 못사는 사람, 나보다 불우한 이웃을 위하는 일에 몸을 던졌는가를 아시게 되었을 겁니다."

¹³청중들이 떠나갈 듯 박수를 치며 고개를 크게 주억거렸다(끄덕였다).

¹⁴"어머니(달평 씨의 부인), 그게 사실입니까? ¹⁵아버지(달평 씨)가 신문에 난 것처럼 그렇게 나쁜 죄를 많이 진 분입니까?"

¹⁶달평 씨의 아들딸이 숨 가쁘게 달려와 어머니의 얼굴을 쳐다보았다. ¹⁷그들은 그제야 어머니의 얼굴에 전에는 전혀 볼 수 없었던 그늘(불안이나 불행으로 인해 나타나는 어두운 표정)이 깔려 있음을 발견했다. ¹⁸그네(달평 씨의 부인)의 입에서 나온 대답 역시 전과는 달리 남편(달평 씨)이 밖에서 한 말을 부정하는 것이었다.

¹⁹"아니다, 느(너의) 아버진 결코 그렇게 나쁜 짓을 할 어른이 아니다."

²⁰"그럼, 뭡니까? ²¹아버진 왜 당신(자기를 아주 높여 이르는 말. 여기서는 달평 씨의 입으로 그런 말을 하시는 겁니까?"

²²그러나 달평 씨의 부인은 더 대답하지 않고, 신문(달평 씨의 선행을 다룬 신문 기사)을 보고 부쩍 늘어난, 얼굴이 험악한 사람들의 식당 방문을 맞기(맞이하기) 위해 일어서고 있었을 뿐이다. ²³어떻든 달평 씨의 그러한 ㉠**폭탄선언**으로 인해 세상 사람들은 **다시 달평 씨를 입에 올리기**(화제로 이야기하기) **시작**했던 것이다. ²⁴얼굴이 험악하게 생긴 사람들이 찾아와 손을 벌리기(돈을 요구하기) 시작했고 그들이 만든 무슨 친선 단체(서로 친밀하게 지낼 목적으로 만든 단체)의 회장직 감투(직위'를 속되게 이르는 말)가 여지없이 달평 씨에게 씌워지기도 했다.

→ 달평 씨는 사람들의 관심이 멀어지자 자신의 죄를 참회하며 살고 있다는 폭탄선언을 하게 된다.

3 ¹그러나 날 샌 원수 없고 밤 지난 은혜 없다(날을 새우고 나면 원수같이 여기던 감정은 풀리고 밤을 자고 나면 은혜에 대한 고마운 감정이 식어진다는 뜻으로, 원한이나 은혜는 시간이 지나면 곧 잊게 됨을 비유적으로 이르는 말)고 세상 사람들은 모든 걸 너무나 쉽게 잊었다. ²세상 사람들은 달평 씨를 다시 그들의 관심 밖으로 내동댕이쳤다. ³보은식당의 종업원들은 식당 안에서 나폴레옹(Napoléon, 프랑스의 황제(1769~1821))처럼 초조하게 서성거리는(주위를 왔다 갔다 하는) 달평 씨의 모습을 더욱 자주 보게 되었다.

⁴"오늘 A 주간 신문(일주일 週 발행할 刊 새 新 소식 聞 : 한 주일에 한 번씩 발행하는 신문) 기자가 왔다 갔지?"

⁵어느 날 밖에 나갔다 들어온 달평 씨가 그의 부인한테 물었다.

⁶"예, 왔었어요."

⁷"와서 뭘 물읍데까?"

⁸"당신이 정말 옛날에 그런 나쁜 짓을 한 사실이 있느냐고 묻더군요?"

⁹"그래서?"

¹⁰"모른다고 했지요, 제가 잘 모르는 일이기 때문에……."

¹¹후우 가슴이라도 쓸어내릴 듯 숨을 내쉬던 달평 씨가 손가락을 동그랗게 해 보이며 물었다.

¹²"그래, (돈은) 얼마나 쥐여 보냈소?"

¹³"아무것도요, 마침 돈이 집에 하나도 없어서."

¹⁴"뭐라구? ¹⁵그래, 그 사람을 빈손으로 보냈단 말이야?"

¹⁶"아무래도 식당 문을 닫아야 할까 봐요. ¹⁷지난 기(분기) 세금도 아직……."

¹⁸"뭐야? ¹⁹도대체 여편네가 장살 어떻게 하길래 그따위 소릴 하는 거야?"

²⁰그러나 달평 씨의 부인은 사자처럼 포효하는(고함지를 咆 성낼 哮 : 고함치는) 남편한테 맞서 대들지 않았다. ²¹언제나처럼 조용한 얼굴로 식당에 찾아온 손님을 맞았을 뿐이다.

→ 또다시 달평 씨가 사람들에게서 잊힌 후 달평 씨는 기자에게 돈을 주지 않았다는 이유로 아내에게 화를 낸다.

4 ¹이때 식당에 와 있던 달평 씨의 **아들딸들**이 어머니 대신 우(한꺼번에 몰려드는 모양), 하고 일어섰던 것이다.

²"아버지, 도대체 왜 이러시는 거예요?"

³"아버지, 지금 우리 집 형편이 어떻게 돌아가고 있는지 아시고나 계신 겁니까?"

⁴"아빠, 아빠보다 열 배, 아니 백 배, 천 배, 만 배도 더 잘사는 사람들도 못하는 일을 아빠가 어떻게 하신다고 그러시는 거예요? ⁵아빠, **오른손이 하는 일을 왼손이 모르게 하라는 말** 생각 안 나세요?"

⁶"아버지, 제발 정신 좀 차리세요!"

⁷자식들이 내쏟는 그 공박(공격할 攻 논박할 駁 : 남의 잘못을 몹시 따지고 공격함)에 속수무책(묶을 束 손 手 없을 無 계책 策 : 손을 묶은 것처럼 어찌할 도리가 없어 꼼짝 못 함)으로 멍청히 듣고만 있던 달평 씨가 벌떡 일어나 종업원들도 다 있는 그 자리에서 ㉡**폭탄선언**을 한 것이 바로 그때였다.

⁸그것은 정말 대형 폭탄이었다. ⁹어쩌면 달평 씨가 가진 마지막 카드(방법. 수단)였을 것이다.

¹⁰"내 이 말은 더 있다가 하려 했었지만…… 기왕(이미 旣 갈 往 : 이미 이렇게 된 바에) 아무 때고 알아야 할 일…… 올 것은 빨리 오는 게 피차(저 彼 이 此 : 서로)……."

¹¹여느(다른 보통의) 때와 달리 말까지 더듬어 대는 달평 씨의 목소리는 사뭇(매우) 비장한(슬플 悲 장할 壯 : 슬프면서도 그 감정을 억눌러 씩씩하고 장한) 느낌까지 드는 것이었다. ¹²종업원들까지 숨을 죽였다.

¹³"너희 셋(여기서는 달평 씨의 자식들)은 모두 내 핏줄이 아냐. ¹⁴기철이 넌 호남선(경부선의 대전과 전라남도 목포 사이를 잇는 철도) 기차간(증기 汽 수레 車 사이 間 : 기차에서 승객이나 짐이 들어갈 수 있도록 만든 칸)에서 주웠고, 기수 넌 서울역 광장에 버려진 걸 주워온 거고, 애숙이 넌 파주 양갈보촌(서양 사람들에게 몸을 파는 여자들이 사는 마을)이 네 고향이지. ¹⁵물론 남들한테야 저기 있는 느덜(너희들) 어머니 배 속으로 난 것처럼 연극을 해 왔다만……."

¹⁶얼굴이 하얗게 질린 달평 씨의 세 남매가 서로 얼굴을 마주 본 다음 황황히(급할 遑 급할 遑 : 어쩔 줄 모를 정도로 급하게) 눈길을 피하며, 구원(도울 救 도울 援 : 도움)이라도 청하듯 카운터에 앉은 그들 어머니 쪽으로 고개를 돌렸다.

¹⁷그때 달평 씨의 부인이 이제까지 그 누구도 보지 못했던 분연한(분할 憤 그럴 然 : 화를 벌컥 내는) 얼굴 표정으로 일어섰던 것이다. ¹⁸그네(달평 씨의 부인)가 소리쳤다.

¹⁹"이보, 이젠 뒹신 자식들끼지 팔아먹을 각경이에요?"

²⁰가속으로(더할 加 빠를 速 : 빠르게) 무너져 내려 더 어찌할 길 없는 남편의 그 두 번째 죽음의 순간에 이처럼 거연히(급히 遽 그럴 然 : 급하게) 부르짖고 일어선 **그네의 외침**은 우리의 **달평 씨를 다시 한번 살려 낼 오직 한 가닥의 빛**이었던 것이다.

현대소설 Ⅳ

- 전상국, 「달평 씨의 두 번째 죽음」-

• 중심 내용

달평 씨는 자신의 선행이 세상에 알려지자 본연의 모습을 잃어버리는 첫 번째 죽음을 맞이한다. 사람들의 관심이 멀어지자 달평 씨는 자신이 선행을 베푸는 이유가 죄를 참회하기 위함이라는 거짓말을 한다. 달평 씨는 돈 문제로 아내에게 화를 내고, 이를 공박하던 자식들에게까지 친자식이 아니라는 거짓말을 한다. 달평 씨의 아내는 달평 씨를 두 번째 죽음에서 살려내기 위해 화를 내며 소리친다.

• 전체 줄거리 ([ ] : 지문 내용)

'왼손이 하는 일을 오른손이 모르게 하라.' 이것이 달평 씨의 신조(믿을 信 가지 條 : 굳게 믿어 지키고 있는 생각)이다. 참된 선행은 내세우면 안 되며 자신조차도 그 일을 잊어버릴 수 있어야 한다는 것이다. 달평 씨는 아내와 함께 공국을 파는 보은식당을 운영하고 있다. 자수성가한 달평 씨는 근검한 사람으로 자식들의 존경을 받고 있으며 주변의 평판도 좋다. 달평 씨의 아내는 조용한 성격으로 달평 씨의 일에 간섭하지 않으며 실질적으로 식당을 운영해 나간다. 그런데 달평 씨는 일 년에 대여섯 번씩 훌쩍 집을 나갔다가 돈을 쓰고 돌아온다. 남몰래 불우한 사람들을 돕는 것이다. 어느 날 달평 씨는 수해를 당한 남쪽 지방에서 가족을 잃은 아이를 도와주러 갔다가 그를 오해한 청년이 던진 돌에 머리를 다치는 사고를 입는다. 이 과정에서 그동안 달평 씨가 베푼 선행이 과장되고 미화되어(아름다울 美 될 化 : 아름답게 꾸며져) 언론에 공개된다. 이후 사람들의 관심이 달평 씨에게 집중되자 달평 씨는 다른 사람의 눈치를 보며 자신의 모습을 잃어버리는 첫 번째 죽음을 맞이한다. 달평 씨의 도움을 받았다며 감사 인사를 전하러 식당에 찾아온 사람이 69명이 된 날, 달평 씨는 갑자기 활기를 되찾는다. 달평 씨는 연설을 다니며 자신이 불우한 어린 시절을 보냈다는 등의 거짓말을 하면서 사람들의 관심을 받고자 한다. [시간이 흘러 사람들의 관심이 점점 사라지게 되자 달평 씨는 강연에서 자신이 전과자였으며 자신의 죄를 참회하기 위해 선행을 베풀고 있다는 거짓말로 사람들의 박수를 받는다. 또다시 사람들의 관심이 사그라들자 달평 씨는 초조한 나날을 보내고, 급기야는 자신을 찾아온 기자에게 돈을 쥐여 보내지 않고 식당 문을 닫아야겠다고 말하는 아내에게 화를 낸다. 이를 본 자식들이 달평 씨를 공박하자 달평 씨는 자식들이 자신의 핏줄이 아니라는 거짓말을 하기에 이른다. 달평 씨의 아내는 달평 씨를 두 번째 죽음에서 살려내기 위해 화를 내며 소리친다.]

• 인물 관계도

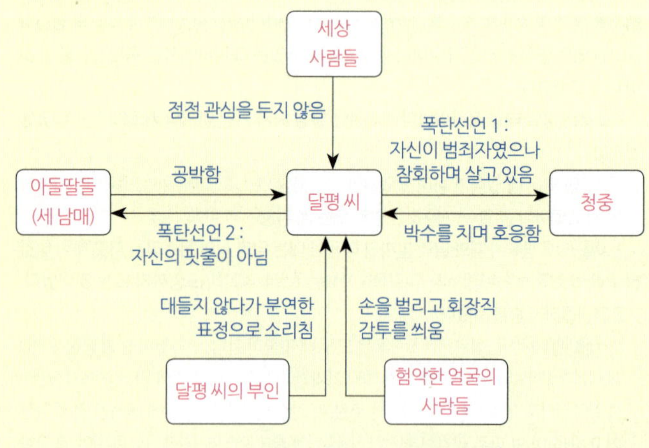

1등급 문제

040 | 서술상 특징 – 적절하지 않은 것 고르기 | 2024년 3월 학평 25번
정답률 60%, 매력적 오답 ⑤ 35% | 정답 ①

윗글에 대한 설명으로 적절하지 않은 것은?

✓인물의 말과 행동을

① **공간적 배경을 통해 인물의 심리를 *암시하고 있다.** * 간접적으로 드러내고

> 풀이 '강연장'과 '식당'이라는 공간적 배경이 나타나 있으나 이를 통해 인물의 심리를 암시하고 있지는 않다. 윗글에서 인물의 심리는 인물의 말이나 행동을 통해 암시되고 있다.

→ 적절하지 않음!

• 김동리, 「역마」 (2013학년도 9월 모평)

뻐꾸기는 또다시 산울림처럼 건드러지게 울고, 늘어진 버들가지엔 햇빛이 젖어 흐르는 아침이었다. 새벽녘에 잠깐 가는 비가 지나가고, 날은 다시 유달리 맑게 갠 화개 장터 삼거리 길 위에서, 성기는 그 어머니와 하직을 하고 있었다. ~ 한 걸음, 한 걸음, 발을 옮겨 놓을수록 그의 마음은 한결 가벼워져, 멀리 버드나무 사이에서 그의 뒷모양을 바라보고 서 있을 어머니의 주막이 그의 시야에서 완전히 사라져 갈 무렵해서는, 육자배기 가락(남도 지방에서 부르는 잡가의 하나)으로 제법 콧노래까지 흥얼거리며 가고 있는 것이었다.

→ 화창한 화개 장터 삼거리 길이라는 공간적 배경을 통해 '성기'의 홀가분하고 흥겨운 심리를 암시하고 있다.

② **비유적 표현을 통해 인물의 행동을 *묘사하고 있다.** * 그림 그리듯이 서술하고

> 근거 **❸**-3 보은식당의 종업원들은 식당 안에서 나폴레옹처럼 초조하게 서성거리는 달평 씨의 모습을 더욱 자주 보게 되었다./ 20 달평 씨의 부인은 사자처럼 포효하는 남편한테 맞서 대들지 않았다.

> 풀이 달평 씨를 '나폴레옹'에 비유하여 식당 안에서 초조하게 서성거리는 행동을, '사자'에 비유하여 아내에게 포효하는 행동을 묘사하고 있다.

→ 적절함!

③ **대화를 통해 인물들 간의 갈등 상황을 드러내고 있다.**

> 근거 **❹**-1~14 달평 씨의 아들딸들이 어머니 대신 우, 하고 일어섰던 것이다. "아버지, 도대체 왜 이러시는 거예요?" ~ "아버지, 제발 정신 좀 차리세요!" 자식들이 내쏟는 그 공박에 속수무책으로 멍청히 듣고만 있던 달평 씨가 ~ "너희 셋은 모두 내 핏줄이 아냐. ~ 물론 남들한테야 저기 있는 늘덜 어머니 배 속으로 난 것처럼 연극을 해왔다만……."/ 17~19 달평 씨의 부인이 이제까지 그 누구도 보지 못했던 분연한 얼굴 표정으로 일어섰던 것이다. ~ "여보, 이젠 당신 자식들까지 팔아먹을 작정이에요?"

> 풀이 대화를 통해 달평 씨와 그의 아들딸 간의 갈등 상황, 달평 씨와 아내와의 갈등 상황을 드러내고 있다.

→ 적절함!

④ **시간의 흐름에 따라 사건을 *순차적으로 전개하고 있다.** * 순서대로

> 풀이 달평 씨가 강연장에서 거짓말을 하고, 사람들에게 또다시 잊힌 후에 돈 문제로 아내에게 화를 내고, 자식들에게 거짓말을 하자 아내가 소리를 지르는 사건이 시간의 흐름에 따라 전개되고 있다.

→ 적절함!

⑤ ***서술자가 **작중 상황에 대해 자신의 생각을 드러내고 있다.**
* 소설에서 이야기를 이끌어 가는 사람 ** 작품 속

> 근거 **❸**-1 그러나 날 샌 원수 없고 밤 지난 은혜 없다고 세상 사람들은 모든 걸 너무나 쉽게 잊었다./ **❹**-20 가속으로 무너져 내려 더 어찌할 길 없는 남편의 그 두 번째 죽음의 순간에 이처럼 거연히 부르짖고 일어선 그네의 외침은 우리의 달평 씨를 다시 한 번 살려 낼 오직 한 가닥의 빛이었던 것이다.

> 풀이 서술자는 세상 사람들의 관심이 달평 씨에게 멀어진 것은 사람들이 모든 걸 너무 쉽게 잊기 때문이라는 생각과 달평 씨의 부인이 달평 씨에게 소리친 것이 달평 씨를 두 번째 죽음의 순간에서 살려 낼 빛이었다는 생각을 드러내고 있다.

→ 적절함!

---

041 | 내용 이해 – 적절한 것 고르기 | 2024년 3월 학평 26번
정답률 85% | 정답 ⑤

윗글을 이해한 내용으로 가장 적절한 것은?

감명받은 모습을 보였다

① **청중들은 달평 씨의 강연을 듣고 나서 *심드렁해했다.** * 거의 관심을 보이지 않았다

> 근거 **❷**-13 청중들이 떠나갈 듯 박수를 치며 고개를 크게 주억거렸다.

> 풀이 청중들은 달평 씨의 강연을 듣고 떠나갈 듯 박수를 치며 고개를 크게 주억거렸으므로 적절하지 않다.

→ 적절하지 않음!

② **달평 씨의 아들딸은 어머니의 발언으로 인해 아버지를 이해하게 되었다.**

> 근거 **❷**-14~15 "어머니, 그게 사실입니까? 아버지가 신문에 난 것처럼 그렇게 나쁜 죄를 많이 진 분입니까?"/ 19~22 "아니다, 느 아버진 결코 그렇게 나쁜 짓을 할 어른이 아니다." "그럼, 뭡니까? 아버진 왜 당신의 입으로 그런 말을 하시는 겁니까?" 그러나 달평 씨의 부인은 더 대답하지 않고, 신문을 보고 부쩍 늘어난, 얼굴이 험악한 사람들의 식당 방문을 맞기 위해 일어서고 있었을 뿐이다.

풀이 달평 씨의 아들딸은 어머니에게 아버지가 사람들에게 거짓말을 하는 이유를 물었으나 어머니는 이에 대해 대답하지 않았으므로 적절하지 않은 설명이다.

→ 적절하지 않음!

③ **종업원들은 달평 씨에게 경제적 어려움을 호소하며 도움을 요청했다.**

풀이 식당의 종업원들이 달평 씨에게 경제적 어려움을 호소하며 도움을 요청한 부분은 나타나지 않는다.

→ 적절하지 않음!

④ **달평 씨는 A 주간 신문 기자를 만나 새로운 선행을 알릴 수 있었다.**

근거 **3**-4~10 "오늘 A 주간 신문 기자가 왔다 갔지?" 어느 날 밖에 나갔다 들어온 달평 씨가 그의 부인한테 물었다. ~ "당신이 정말 옛날에 그런 나쁜 짓을 한 사실이 있느냐고 묻더군요?" ~ "모른다고 했지요, 제가 잘 모르는 일이기 때문에……."

풀이 A 주간 신문 기자는 달평 씨가 없을 때 찾아와 달평 씨의 아내만 만났으므로 적절하지 않은 설명이다.

→ 적절하지 않음!

⑤ **달평 씨의 부인은 어려워진 식당 운영에 대해 화를 내는 남편에게 맞서 대들지 않았다.**

근거 **3**-16~21 "아무래도 식당 문을 닫아야 할까 봐요. 지난 기 세금도 아직……." "뭐야? 도대체 여편네가 장살 어떻게 하길래 그따위 소릴 하는 거야?" 그러나 달평 씨의 부인은 사자처럼 포효하는 남편한테 맞서 대들지 않았다. 언제나처럼 조용한 얼굴로 식당에 찾아온 손님을 맞았을 뿐이다.

풀이 달평 씨의 부인은 어려워진 식당 운영을 아내 탓으로 돌리며 사자처럼 포효하는 남편에게 맞서 대들지 않고 조용한 얼굴로 손님을 맞았다고 하였으므로 적절한 설명이다.

→ 적절함!

> **042** 감상의 적절성 – 적절하지 않은 것 고르기 **2024년 3월 학평 27번**
> 정답률 75%, 매력적 오답 ④ 15% **정답 ③**

〈보기〉를 참고하여 윗글을 감상한 내용으로 적절하지 않은 것은? [3점]

| 보기 |

[1] 이 작품은 주인공인 '달평 씨'가 대중의 시선을 지나치게 의식하게 되면서 **몰락해**(가라앉을 沒 떨어질 落 : 보잘것없어져) 가는 과정을 그리고 있다. [2] 순수한 의도로 선행을 베풀어 오던 달평 씨는 언론에 의해 **유명세를 치르게**(유명해지게) 된 후 그것에 중독되어, 자극적인 정보에만 반응하는 대중과 언론의 관심을 끌기 위해 보여 주기식 선행을 베풀고 거짓을 지어낸다. [3] 그러한 **허위의식**(헛될 虛 거짓 僞 뜻 意 알 識 : 진실이 아닌 것을 진실인 것처럼 꾸미는 태도)으로 인해 그는 점점 자신의 **정체성**(순수할 正 근본 體 성질 性 : 어떤 존재가 본질적으로 가지고 있는 특성)을 잃어 가고, 끝내 가족까지 **파탄**(깨뜨릴 破 터질 綻 : 파괴)에 이르게 한다.

① **'세상 사람들에게 알려지는 기회가 부쩍 줄어들'자 '입을 더 크게 벌'리는 달평 씨의 모습에서 대중의 관심을 얻고자 하는 인물의 욕심이 드러나는군.**

근거 〈보기〉-2 달평 씨는 언론에 의해 유명세를 치르게 된 후 그것에 중독되어, ~ 대중과 언론의 관심을 끌기 위해 보여 주기식 선행을 베풀고 거짓을 지어낸다.

2-3~12 달평 씨의 미담이 **세상 사람들에게 알려지는 기회가 부쩍 줄어**들었다. 그러나 달평 씨는 거기서 물러설 위인이 아니었다. 그가 **입을 더 크게 벌**렸다. "나는 전과잡니다. ~ "여러분은 이제 내가 어째서 내 식구의 배를 굶겨 가면서 나보다 못사는 사람, 나보다 불우한 이웃을 위하는 일에 몸을 던졌는가를 아시게 되었을 겁니다."

풀이 달평 씨는 자신의 미담이 '세상 사람들에게 알려지는 기회가 부쩍 줄어들'자 '입을 더 크게 벌'려 자신이 전과자였다는 더욱 심한 거짓말을 통해 대중의 관심을 얻고자 하는 욕심을 드러내고 있다.

→ 적절함!

② **'끔찍한 지난날 자기의 악행'을 공개하자 '다시 달평 씨를 입에 올리기 시작'하는 사람들을 통해 자극적인 정보에만 반응하는 대중들의 모습을 보여 주는군.**

근거 〈보기〉-2 자극적인 정보에만 반응하는 대중

2-8 달평 씨는 듣기에 **끔찍한 지난날 자기의 악행**을 요목요목 들추어 만천하에 공개하기 시작했다. / 23 어떻든 달평 씨의 그러한 폭탄선언으로 인해 세상 사람들은 **다시 달평 씨를 입에 올리기 시작**했던 것이다.

풀이 달평 씨가 강연에서 '끔찍한 지난날 자기의 악행'을 공개하자 '다시 달평 씨를 입에 올리기 시작'하는 사람들을 통해 부정적인 정보일지라도 자극적인 것에만 반응하는 대중들의 모습을 엿볼 수 있다.

→ 적절함!

---

③ **'달평 씨에게 씌워'진 '친선 단체의 회장직 감투'를 거부하지 않은 것은 불우한 사람들까지도 철저하게 속이려는 달평 씨의 허위의식을 보여 주는군.**

명예와 유명세를 향한 달평 씨의 욕망을

근거 〈보기〉-2~3 달평 씨는 ~ 유명세를 치르게 된 후 그것에 중독되어, ~ 보여 주기식 선행을 베풀고 거짓을 지어낸다. 그러한 허위의식

2-24 얼굴이 험악하게 생긴 사람들이 찾아와 손을 벌리기 시작했고 그들이 만든 무슨 **친선 단체의 회장직 감투**가 여지없이 **달평 씨에게 씌워**지기도 했다.

풀이 달평 씨가 자신에게 씌워진 '친선 단체의 회장직 감투'를 거부하지 않은 것은 명예와 유명세를 얻고 싶어 하는 달평 씨의 욕망을 보여 준다. 불우한 사람들까지도 철저하게 속이려는 허위의식을 보여 준다고 보기는 어렵다.

→ 적절하지 않음!

④ **'오른손이 하는 일을 왼손이 모르게 하라는 말 생각 안 나'느냐고 묻는 '아들딸들'의 말을 통해 달평 씨가 보여 주기식 선행을 베풀고 있음이 드러나는군.**

근거 〈보기〉-2 달평 씨는 ~ 보여 주기식 선행을 베풀고 거짓을 지어낸다.

4-1 이때 식당에 와 있던 달평 씨의 **아들딸들**이 어머니 대신 우, 하고 일어섰던 것이다. / 5 아빠, **오른손이 하는 일을 왼손이 모르게 하라는 말** 생각 안 나세요?"

풀이 '아들딸들'이 달평 씨에게 '오른손이 하는 일을 왼손이 모르게 하라는 말 생각 안 나'느냐고 묻는 것을 통해 달평 씨가 순수한 의도로 선행을 베풀었던 예전과 달리 현재는 보여 주기식 선행을 베풀고 있음이 드러난다.

→ 적절함!

⑤ **'달평 씨를 다시 한번 살려 낼 오직 한 가닥의 빛'인 '그네의 외침'은 달평 씨가 더 이상 파탄의 길로 가지 않도록 하는 아내의 저항이겠군.**

근거 〈보기〉-3 그는 점점 자신의 정체성을 잃어 가고, 끝내 가족까지 파탄에 이르게 한다.

4-19~20 "여보, 이젠 당신 자식들까지 팔아먹을 작정이에요?" 가속으로 무너져 내려 더 어찌할 길 없는 남편의 그 두 번째 죽음의 순간에 이처럼 거연히 부르짖고 일어선 **그네의 외침**은 우리의 **달평 씨를 다시 한번 살려 낼 오직 한 가닥의 빛**이었던 것이다.

풀이 달평 씨의 부인이 달평 씨에게 자식들까지 팔아먹을 작정이냐고 소리친다. 이 '그네의 외침'은 정체성을 잃어버린 달평 씨가 끝내 가족까지 파탄에 이르게 하지 않도록 하는 아내의 저항으로 볼 수 있다.

→ 적절함!

> **043** 내용 이해 – 적절한 것 고르기 **2024년 3월 학평 28번**
> 정답률 85% **정답 ⑤**

㉠, ㉡을 이해한 내용으로 가장 적절한 것은?

2-23 어떻든 달평 씨의 그러한 ㉠ 폭탄선언으로 인해 세상 사람들은 다시 달평 씨를 입에 올리기 시작했던 것이다.

4-7 자식들이 내쏟는 그 공박에 속수무책으로 멍청히 듣고만 있던 달평 씨가 벌떡 일어나 종업원들도 다 있는 그 자리에서 ㉡ 폭탄선언을 한 것이 바로 그때였다.

① **㉠은 사건의 초점을 다른 인물로 전환시키려는 행위이다.**

자신에게 집중시키려는

풀이 ㉠은 달평 씨가 사건의 초점을 자신에게 집중시켜 사람들의 관심을 받고자 하는 행위이지, 다른 인물로 전환시키려는 행위로 볼 수 없다.

→ 적절하지 않음!

② **㉡은 다른 인물들이 과거에 벌인 일들을 *폭로하는 행위이다.**

* 감춰져 있던 사실을 드러내는

풀이 ㉡은 자식들이 자신의 친자가 아니라는 달평 씨의 거짓말로, 다른 인물들이 과거에 벌인 일들을 폭로하는 행위는 아니다.

→ 적절하지 않음!

③ **㉠은 상대의 입장을 이해하기 위한, ㉡은 상대의 의심을 피하기 위한 행위이다.**

공박

풀이 ㉠은 달평 씨가 청중의 입장을 이해하기 위한 행위로 볼 수 없으며, ㉡은 달평 씨가 아들딸의 공박을 피하기 위한 행위이다.

→ 적절하지 않음!

④ **㉡은 ㉠으로 인해 발생한 사건의 *전말을 드러내려는 행위이다.**

* 처음부터 끝까지 일이 진행되어 온 경과

풀이 ㉡은 자식들이 자신의 친자가 아니라는 달평 씨의 거짓말로, 달평 씨가 과거에 범죄자였다고 한 ㉠으로 인해 발생한 사건이 아니다.

→ 적절하지 않음!

✓ ㉠과 ㉡은 모두 *반향을 일으켜 자신이 처한 상황을 바꾸어 보려는 행위이다.

* 어떤 사건이나 발표 따위가 세상에 영향을 미치어 일어나는 반응

풀이 ㉠은 자신이 범죄자였다는 달평 씨의 거짓말로, 반향을 일으켜 점점 대중들에게 잊혀 가는 상황을 바꾸어 보려는 행위이다. ㉡은 자식들이 자신의 친자가 아니라는 달평 씨의 거짓말로, 반향을 일으켜 자식들에게 공박을 받는 상황을 바꾸어 보려는 행위이다.

→ 적절함!

[044~047] 다음 글을 읽고 물음에 답하시오.

1

[A]
¹아내와 (숙부의 장례에) 동행할(함께 同 갈 行 : 같이 갈) 수는 없다고 나는 생각을 굳혔다. ²그녀의 지적(큰 조카며느리인 자신이 장례에 동행하지 않을 경우 비난을 받을 것이라는 지적)처럼 설사 어떤 비난을 당하는 한이 있더라도 말이다. ³숙부(젊을 叔 아버지 父 : 삼촌. 아버지의 남동생)의 갑작스런 죽음이 무엇을 뜻하는가를 비로소 깨달았던 것이다. ⁴적어도 나에게 있어서 그 죽음은 일찍이 내가 속해 있었던 한 세계(여기서는 6·25 전쟁 중 '나'의 가족이 아버지로 인해 겪은 치욕스러운 과거)의 완전한 종언(終焉)(끝 終 어찌 焉 : 끝)을 의미하는 것이었다. ⁵이제 내가 장사(매장할 葬 일 事 : 죽은 사람을 땅에 묻거나 화장하는 일)치를 것은 한 사내(여기서는 숙부)의 시신이 아니라 그것(여기서는 '한 세계')과 연루된(이어질 連 묶을 累 : 연관된) 나의 어둡고 치욕스러운(부끄러울 恥 욕될 辱 : 부끄러운) 과거였다. ⁶그러므로 지금까지 한사코(죽기로 기를 쓰고) 담을 쌓고 은폐해(숨길 隱 덮을 蔽 : 숨겨) 왔던 그 세계(여기서는 '나'의 어둡고 치욕스러운 과거)를 마지막 순간에 내 아내에게 열어 보일 수는 없다고 나는 생각했다.

⁷"뭘 (가방을) 챙긴다구 그래? ⁸내 양말이나 몇 켤레 내주구려. ⁹돈 좀 하구……."
¹⁰불쑥 나는 말했다.

¹¹(아내의 반응은) 예상했던 일이다. ¹²가방을 챙기던 아내의 동작이 딱 멎었다. ¹³아무 말 없이 그녀는 한동안 내 얼굴을 똑바로 쳐다보았다. ¹⁴당신이란 사람은 정말 이해할 수가 없노라는 그런 눈빛이었다. ¹⁵처가(아내 妻 집 家 : 아내의 집안)는 월남(넘을 越 남쪽 南 : 북에서 삼팔선을 넘어 남으로 내려온) 가족이었다. ¹⁶고향도 친지(친할 親 알 知 : 서로 잘 알고 가깝게 지내는 사람)도 다 버리고 온 실향민(잃을 失 고향 鄕 사람 民 : 고향을 잃은 사람)이란 의식이 언제나 강한 사람이었고, 그래서 그런(여기서는 고향과 친지) 것에 대한 **관심과 집착**도 **별난** 데가 있었다. ¹⁷하지만 ㉠ 나는 그렇지 못했다. ¹⁸고향이나 친지, 심지어는 나의 가계(家系)(집 家 혈통 系 : 대대로 이어 내려온 한집안의 계통)에 이르기까지 거의 한 번도 속을 털어놓고 **이야기한 적이 없는** 사람이었다. ¹⁹그 세계(여기서는 '나'의 고향, 친지, 가계)는 이를테면 내 아내에게 있어서는 철저하게 닫혀 있는 세계였는데, 그 앞에서 ㉡ 그녀는 종종 그런(이해할 수 없다는) 눈빛으로 나를 바라보곤 했던 것이다.

²⁰숙부는 그 세계에 속해 있는 마지막 한 사람인 셈이다. ²¹아내로서는 지금까지 단 한 번도 상면해(서로 相 만날 面 : 서로 만나) 본 적이 없는 그런 인물이었다. ²²그녀가 간직하고 있는 결혼 사진첩에도 그의 얼굴은 없다. ²³어머니의 당부(숙부에게 '나'의 결혼을 알리라는 당부)에도 불구하고 우리의 결혼을 알리지 않았었다. ²⁴이번에는 그쪽(숙부 쪽)에서 사정이 있었던 것이다. ²⁵그러므로 이제 와서 새삼스레, 그것도 사자(死者)(죽을 死 사람 者 : 죽은 사람. 여기서는 숙부)의 얼굴을 내 아내에게 보여 줄 수는 없다고 나는 거듭 생각을 다졌다.

²⁶"나 혼자 다녀오는 것이 좋겠소. 당신까지 무리할 건 없어. ²⁷내가 그쪽에 **발길을 들여놓는** 일도 어차피 이번이 **마지막**이 될 테니깐……."

→ '나'는 삼촌의 장례를 치욕스러운 과거와의 결별로 인식하며, 아내의 장례식 동행을 거부한다.

2

[중략 줄거리] ¹고향과 연을 끊은 채 살아가던 '나'는 삼촌의 장례를 치르기 위해 고향으로 향하면서 과거를 떠올린다. ²어린 시절 '나'의 가족은, **사상운동**(생각 思 생각 想 움직일 運 움직일 動 : 어떤 특정한 사상을 널리 보급하고 실현하기 위하여 벌이는 여러 가지의 활동)을 하다 (6·25)전쟁 직전 종적(흔적 蹤 자취 迹 : 자취)을 감춘 아버지로 인해 마을 사람들로부터 수모(받을 受 조롱할 侮 : 모욕)를 당한다. ³가슴에 부상을 입고 전쟁에서 돌아온 삼촌은 파편 제거 수술에 실패하여 상처를 안은 채 살아간다.

→ '나'는 사상 문제로 사라진 아버지와 전쟁의 상처로 고통 속에 살았던 삼촌을 회상한다.

3

¹살아생전에 내가 고인(옛날 故 사람 人 : 죽은 사람. 여기서는 삼촌)을 마지막 본 것은 7~8년 전의 일이 된다. ²내 어머니의 장례 때 참석지 못했던 그는 어느 날 불쑥, 그것도 내 직

장으로 찾아왔던 것이다. ³첫 모습에서 나는 그가 이제 막 출감(出監)하는(나갈 出 감옥 監 : 교도소에서 나오는)길임을 알아볼 수 있었다. ⁴내가 들은 바로는 그때가 네 번째의 출감에 해당했다. ⁵철(계절) 지난 옷을 후줄근하게 걸친 그는 꼭 그 차림에 어울리는 표정을 하고 내게 말했다.

⁶"형수님(여기서는 '나'의 어머니)께서 운명하셨단(죽을 運 목숨 命 : 돌아가셨다는) 소식은 저 안(여기서는 교도소)에서 들었네. ⁷지금이라도 무덤이나마 찾아봤으마 하는데, 자네 그럴 만한 짬(시간)을 낼 수 있겠는가?"

[B]
⁸두말없이(불평이나 덧붙이는 말이 없이) 나는 앞장섰다. ⁹서둘면(서두르면) 퇴근 시간 전에 돌아올 수 있겠다고 어림했지만(짐작으로 헤아렸지만) 물론 그렇게는 되지 않았다. ¹⁰근교(가까울 近 근교 郊 : 도시 변두리)라고는 해도 우리가 묘소(무덤 墓 곳 所 : 무덤)에 닿은 것은 해가 설핏한(빛이 약할. 저물) 때였다. ¹¹내 어머니의 봉분(무덤 封 무덤 墳 : 무덤)에는 잔디가 제법 깊고 넓게 뿌리를 내리고 있었다. ¹²그는 지석(기록할 誌 돌 石 : 죽은 사람의 인적 사항이나 무덤의 소재를 기록해 무덤 앞에 묻는 돌) 앞에다 2홉(부피의 단위. 약 180㎖)들이 소주 한 병과 쥐치포 몇 쪽을 호주머니에서 꺼내 놓았다. ¹³그러고는 허리를 꺾고 무릎을 꿇은 채 오래도록 일어나지 않았다. ¹⁴혼신(온통 渾 몸 身 : 몸 전체)의 힘을 다해 오열(슬플 嗚 목멜 咽 : 목메어 우는 울음)을 참고 있음이 분명했다. ¹⁵그러나 끝내는 땅바닥에 얼굴을 박은 채 그는 신음 같은 울음소리를 냈다.

→ 7~8년 전, 출감한 삼촌은 '나'와 함께 어머니의 묘소를 찾아가 깊은 슬픔을 드러낸다.

4

¹"자네 아버님 제살랑(제사는) 5월 중 적당한 날을 택해 모시도록 하소. ²가급적이면 중순 이전이 좋겠네."

³돌아오는 차 중에서 그는 불쑥 말했다. ⁴나는 멍하니 얼굴을 쳐다보았다. ⁵그때까지도 나는 아버지의 제사를 모시고 있지 않았기 때문이다. ⁶그것(여기서는 아버지의 제사를 모시지 않는 것)은 내 어머니의 줄기찬(끈질긴) 희망 때문이었다. ⁷6·25 한 해 전(1949년)에 영영 행방을 감추어 버린 아버지가 세상 어딘가에 아직도 살아 계시리란 희망을 내 어머니는 마지막 순간까지도 포기하지 않고 있었던 것이다.

⁸㉢ 해마다 주인(여기서는 아버지) 없는 생일상만을 차려 왔던 일을 생각하고 나는 다음 말을 기다렸다. ⁹그러나 그는 어둠이 얇게 깔리기 시작한 창밖 거리만을 내다볼 뿐 더 이상 말이 없었다. ¹⁰버스에서 내리는 길로 그는 곧장 서울역으로 가 버렸다. ¹¹내 집으로 모시마고(모시겠다고) 나는 물론 말했지만 그는 단지 이렇게 대꾸했을 따름이었다.

¹²"도리(길 道 도리 理 : 사람이 마땅히 행하여야 할 바른길)가 아닌 줄은 알지마는 어쩌겠노. ¹³나야 워낙 그런 사람 아닝가? ¹⁴빈 껍데기만 남아서 넝마매로(낡고 해어져서 입지 못하게 된 천조각처럼) 굴러댕긴다 뿐이지, **진짜 모습은 진작에 끝**난 거네. ¹⁵인제사(이제 와서) 생각하마, 기왕 **한 구덩이 묻히지 못한 것**(형과 함께 죽지 못한 것)**만 원통할**(원통할 冤 아파할 痛 : 분하고 억울할) 따름이제…… 자네 집사람한테는 날 만났단 얘기도 하지 마소."

→ 삼촌은 아버지의 죽음을 암시하고, 집으로 모시려는 것을 거절하며 자신의 처지를 비관한다.

5

¹나는 더 이상 그를 잡지 않았고, 그런다고(잡는다고) 돌아설 사람도 아니었다. ²그날 밤 내내 잠을 설치면서 나는 그가 남긴 말을 곰곰 되씹었었다. ³적어도 한 가지 사실만은 분명했다. ⁴그는, ㉣ 삼촌은 내 아버지의 죽음을 목격했던 것이다. ⁵……어쩌면 그의 가슴에 남아 있는 상흔(상처 傷 흔적 痕 : 상처를 입은 자리에 남은 흔적)과도 관계가 있는 건지 모른다고까지 나는 생각했다. ⁶비로소 나는 그를 좀 이해할 수 있을 것 같았다. ⁷제대(제외할 除 군대 隊 : 군대 복무가 해제됨)를 하고 돌아온 삼촌의 모습, 눅눅한(축축한) 골방(좁고 구석진 방)에 드러누워 누에처럼 보내던 생활, 재수술을 거부하며 그가 내뱉었던 말들, 궂은(비나 눈이 내려 날씨가 나쁜) 날이면 육신의 어딘가가 아프다면서 오밤중에도 곧잘 끙끙 앓던 일, 그리고 또 갈수록 말수가 줄어든 대신 뿌리가 점점 더 깊이 느껴지던 기침 소리 등등…… 그랬다. ⁸옛날과는 생판(아주 딴판으로) 모습이 달라져 버린 그 삼촌에게서 나는 문득문득 어딘가로 종적을 감추어 버린 ㉤ 내 아버지의 모습을 발견하곤 했던 것이다.

→ '나'는 삼촌이 아버지의 죽음을 목격했음을 짐작하고, 그의 상처와 고통을 이해하게 된다.

- 이동하, 「파편(깨뜨릴 破 조각 片 : 깨어지거나 부서진 조각)」

• 중심 내용

숙부의 사망 소식을 들은 '나'는 치욕스러운 가족사를 숨기기 위해 아내의 동행을 거절하고 홀로 장례식에 간다. '나'는 과거를 회상하며 삼촌이 어머니의 묘소를 찾아 오열했던 일, 아버지의 죽음을 암시하며 자신의 처지를 비관했던 일을 떠올린다. '나'는 삼촌이 아버지의 죽음을 목격했음을 짐작하고 그의 상처와 고통을 이해하게 된다.

• 전체 줄거리 ([ ] : 지문 내용)

어느 날 저녁, '나'는 숙부가 사망했다는 전보를 받는다. [아내는 장례식에 함께 가기 위해 서둘러 가방을 챙기지만, '나'는 치욕스러운 가족사를 아내에게 드러내고 싶지 않아 동행을 거절한다.] '나'는 홀로 밤차에 올라 고향으로 향하는 길에 과거를 회상한다. (현재) '나'의 가문은 광복 이후 몰락했다. 할아버지는 친일 행적 때문에 치욕을 겪었고, 아버지는 좌익(공산주의) 운동에 가담했다가 종적을 감춰 가족에게 불명예와 고통을 안긴다. 그 과정에서 어머니는 마을 사람들에게 끔찍한 모욕을 당했고, 마침 휴가를 나온 국방군 소속의 삼촌이 소총을 휘두르며 어머니를 구한다. 이후 삼촌은 6·25 전쟁에 참전했다가 가슴에 심각한 부상을 입고 돌아온다. 가슴의 파편을 제거하는 수술에 실패한 후, 그는 골방에 드러누운 채 세상을 비관하며 폐쇄적인 삶을 살아간다. 그리고 멧돼지로 오인했다며(잘못 봤다며) 낯선 사람을 총으로 쏘는 등 기이한 범죄를 저지르기 시작했고, 강도 상해 등으로 감옥을 드나들게 된다. (과거) 장례식장에 도착한 '나'는 삼촌의 시신을 검시하는(시신을 조사하는) 과정을 지켜보며, 그의 가슴에 남은 흉측한 수술 자국을 다시 확인한다. 그리고 화장터에서 삼촌의 유골을 수습하는 과정에서, 가슴에 박혔던 '파편 조각'을 발견하게 된다. ['나'는 7~8년 전, 출감한 삼촌의 부탁으로 삼촌과 함께 어머니의 묘소를 찾아갔다가 삼촌이 오열했던 일과 아버지의 제사를 부탁했던 일을 떠올리며, 그가 아버지의 죽음을 목격했음을 짐작한다.] 결국 '나'는 그 작은 쇳조각이 삼촌의 삶 전체를 짓누른 전쟁과 분단의 상처였음을 깨닫고, 그동안 이를 외면해 온 것에 대해 깊은 자괴감(부끄러움)을 느낀다. (현재)

• 인물 관계도

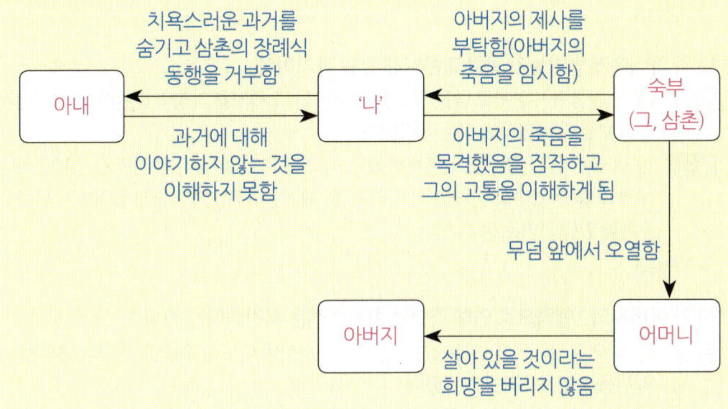

---

044 | 서술상 특징 – 적절한 것 고르기　2025년 9월 학평 34번
정답률 85%　　　　　　　　　　　　　　　　　　정답 ⑤

[A]와 [B]의 서술상 특징에 대한 설명으로 가장 적절한 것은?

[A] ❶-1~6　아내와 동행할 수는 없다고 나는 생각을 굳혔다. 그녀의 지적처럼 설사 어떤 비난을 당하는 한이 있더라도 말이다. 숙부의 갑작스런 죽음이 무엇을 뜻하는가를 비로소 깨달았던 것이다. 적어도 나에게 있어서 그 죽음은 일찍이 내가 속해 있었던 한 세계의 완전한 종언을 의미하는 것이었다. 이제 내가 장사 치를 것은 한 사내의 시신이 아니라 그것과 연루된 나의 어둡고 치욕스러운 과거였다. 그러므로 지금까지 한사코 담을 쌓고 은폐해 왔던 그 세계를 마지막 순간에 내 아내에게 열어 보일 수는 없다고 나는 생각했다.

[B] ❸-8~15　두말없이 나는 앞장섰다. 서둘면 퇴근 시간 전에 돌아올 수 있겠다고 어림했지만 물론 그렇게는 되지 않았다. 근교라고는 해도 우리가 묘소에 닿은 것은 해가 설핏한 때였다. 내 어머니의 봉분에는 잔디가 제법 깊고 넓게 뿌리를 내리고 있었다. 그는 지석 앞에다 2홉들이 소주 한 병과 쥐치포 몇 쪽을 호주머니에서 꺼내 놓았다. 그러고는 허리를 꺾고 무릎을 꿇은 채 오래도록 일어나지 않았다. 혼신의 힘을 다해 오열을 참고 있음이 분명했다. 그러나 끝내는 땅바닥에 얼굴을 박은 채 그는 신음 같은 울음소리를 냈다.

[A], [B] 모두

① [A]는 이야기를 전달하는 방식으로, [B]는 이야기를 전해 듣는 방식으로 인물이 처한 상황을 나타내고 있다.

풀이　[A]는 서술자인 '나'가 자신의 상황을 직접 서술하고 있으므로 이야기를 전달하는 방식으로 인물이 처한 상황을 나타내고 있다고 볼 수 있다. 그러나 [B]는 '나'가 숙부의 행동을 묘사하여 그가 처한 상황을 나타내고 있으므로, 다른 이에게 이야기를 전해 듣는 방식이 사용되었다고 볼 수 없다.

→ 적절하지 않음!

■ 이야기를 전해 듣는 방식으로 인물이 처한 상황을 나타내는 작품
• 임철우, 「눈이 오면」 (2018학년도 9월 모평)
여보. 나가시기 전에 어머님 좀 잠시 들여다보세요. 암만 해도…… ~ 며칠 전부터 몸이 편찮으시다고 누워 계시는 줄은 그도 알고 있었다. ~ 그게 아니라, 저어, 암만 해도 어머님이 좀 이상해지신 것 같단 말예요. ~ 아내는 뭔가 숨기고 있는 듯한 어정쩡한 표정으로 그의 눈치를 살피고 있었다. ~ 아무리 봐도 예전 같지가 않으시다구요. 그렇게 정신이 총총하시던 분이 별안간 무슨 말인지도 모를 헛소리를 하시기도 하고……. 어쩌다가는 또 말짱해 보이시는 것 같다가도 막상 물어 보면 전혀 엉뚱한 대답을 하시는 거예요. 처음엔 일부러 그러시는가 했는데, 글쎄 그게 아니에요.
→ 그가 아내에게 이야기를 전해 듣는 방식으로 치매 초기로 예측되는 '어머니'의 상황을 나타내고 있다.

② [A]는 과거를 회상하는 진술을 통해, [B]는 상황을 *가정하는 진술을 통해 사건 해결의 실마리를 제시하고 있다. *분명하지 않은 것을 임시로 인정하는

풀이　[A]에서 '나'는 숙부의 죽음을 계기로 치욕스러운 과거를 떠올리지만, 이는 내적 갈등의 원인과 관련이 있을 뿐 사건 해결의 실마리를 제시하는 것으로 볼 수 없다. [B]의 '서둘면 퇴근 시간 전에 돌아올 수 있겠다고 어림했지만'에서 상황을 가정하는 진술이 나타나기는 하나, 사건 해결의 실마리와는 관련이 없다.

→ 적절하지 않음!

■ 과거를 회상하는 진술을 통해 사건 해결의 실마리를 제시하는 작품
• 황순원, 「학」
→ 성삼이는 덕재와 대립하는 현재 상황 속에서, 어린 시절 덕재와 함께 학을 놓아 주던 일을 회상한다. 이는 덕재를 풀어 주는 행동으로 이어지며, 우정을 통해 민족적 상처를 치유하게 된다는 점에서 사건 해결의 실마리를 제시한다.

③ [A]는 요약적 서술을 통해, [B]는 *의식의 흐름에 따른 서술을 통해 서술자의 내적 갈등이 해소되는 양상을 보여 주고 있다.
*인물의 머릿속에 떠오르는 생각을 여과 없이 그대로 적는 기법

풀이　[A]는 '나'의 내면 심리를 직접적으로 서술하는 부분으로, 요약적 서술로 보기 어렵다. 또한 내적 갈등의 계기가 되는 과거를 떠올리고 있을 뿐 갈등이 해소되는 양상을 보여 주고 있지 않다. [B]는 서술자가 관찰한 숙부의 행동을 묘사한 부분으로, 의식의 흐름 기법이 사용되지도, 서술자의 내적 갈등이 해소되는 양상을 보여 주고 있지도 않다.

→ 적절하지 않음!

■ 의식의 흐름에 따른 서술을 통해 서술자의 내적 갈등이 해소되는 양상을 보여 주는 작품
• 이상, 「날개」
우리 부부는 숙명적으로 발이 맞지 않는 절름발이인 것이다. ~ 이때 뚜— 하고 정오 사이렌이 울었다. 사람들은 모두 네 활개(팔다리)를 펴고 닭처럼 푸드덕거리는 것 같고 온갖 유리와 강철과 대리석과 지폐와 잉크가 부글부글 끓고 수선(소란)을 떨고 하는 것 같은 찰나(순간), 그야말로 현란을 극한(어수선한) 정오다. 나는 불현듯이 겨드랑이가 가렵다. 아하 그것은 내 인공의 날개가 돋았던 자국이다. 오늘은 없는 이 날개, 머릿속에서는 희망과 야심(욕망)의 말소된(지워진) 페이지가 딕셔너리(사전) 넘어가듯 번뜩였다. 나는 걷던 걸음을 멈추고 그리고 어디 한번 이렇게 외쳐 보고 싶었다. 날개(자유롭고 이상적인 삶)야 다시 돋아라. 날자. 날자. 날자. 한 번만 더 날자꾸나.
→ 인물의 내면 의식을 있는 그대로 서술하는 의식의 흐름 기법을 통해 아내와의 비정상적인 관계로 방황하던 '나'의 내적 갈등이 해소되는 양상을 보여 주고 있다.

④ [A]는 시간의 흐름에 따라 사건이 변화하는 *추이를, [B]는 공간의 이동에 따라 변화하는 인물 간의 관계를 보여 주고 있다. *과정

근거　❸-2　그는 어느 날 불쑥, 그것도 내 직장으로 찾아왔던 것이다.

풀이　[A]는 숙부의 죽음에 대한 '나'의 생각과 인식이 서술된 부분으로, 시간의 흐름에 따른 사건의 변화 추이를 보여 주고 있지 않다. [B]는 '나'의 직장에서 어머니의 묘소로의 공간 이동이 드러나지만 이에 따라 '나'와 숙부 간의 관계가 변화하는 양상은 나타나지 않는다.

→ 적절하지 않음!

■ 공간의 이동에 따라 변화하는 인물 간의 관계를 보여 주는 작품
• 이효석, 「메밀꽃 필 무렵」 (2015년 고1 9월 학평)
(허 생원은) 충줏집 문을 들어서 술좌석에서 짜장(과연 정말로) 동이를 만났을 때에는 어찌 된 서슬엔지 발끈 화가 나 버렸다. ~ 동이 앞에 막아서면서부터 책망(꾸지람)이었다. ~ (동이의) 따귀를 하나 갈겨 주지 않고는 배길 수 없었다. ~ 고개 너머는 바로 개울이었다. ~ 동이는 물속에서 어른(허 생원)을 해깝게(가볍게) 업을 수 있었다. ~ 동이의 탐탁한(만족스러운) 등어리가 뼈에 사무쳐 따뜻하다. 물을 다 건넜을 때에는 도리어 서글픈 생각에 좀 더 업혔으면도 하였다.
→ '술집'에서는 허 생원이 동이를 책망하며 따귀를 때리는 등 갈등 관계에 있었으나, 이후 '개울'에서 허 생원이 동이에게 애정과 따뜻함을 느끼는 변화가 나타나고 있다.

✔ [A]는 내면의 서술을 통해 서술자가 특정 판단을 내린 이유를, [B]는 행동의 묘사를 통해 관찰 대상의 심리를 드러내고 있다.

풀이 [A]는 숙부의 죽음을 어둡고 치욕스러운 세계의 종언으로 인식하고, 그 세계를 마지막까지 아내에게 숨기고자 하는 '나'의 내면 심리를 드러내고 있다. 이는 숙부의 장례식에 아내와 동행할 수 없다고 판단을 내린 이유에 해당한다. [B]에서는 어머니의 무덤에서 보인 숙부의 행동을 '나'의 시선으로 묘사하여, 숙부의 괴로운 심정을 드러내고 있다.

→ 적절함!

---

045 | 내용 이해 – 적절하지 않은 것 고르기 2025년 9월 학평 35번
정답률 65%, 매력적 오답 ④ 20% | 정답 ①

㉠~㉤에 대한 이해로 적절하지 않은 것은?

① ㉠ : '나'가 처가의 상황을 이해하지 못했던 자신의 행동을 성찰하고 있음을 드러낸다.

근거 ❶-15~18 처가는 월남 가족이었다. 고향도 친지도 다 버리고 온 실향민이란 의식이 언제나 강한 사람들이었고, 그래서 그런 것에 대한 관심과 집착도 별난 데가 있었다. 하지만 ㉠ 나는 그렇지 못했다. 고향이나 친지, 심지어는 나의 가계에 이르기까지 거의 한 번도 속을 털어놓고 이야기한 적이 없는 사람이었다.

풀이 ㉠은 고향이나 친지에 대해 관심과 집착을 보이는 처가와 달리, 고향이나 친지와 연을 끊고 살아가는 '나'의 처지를 나타낸다. 이는 처가와 '나'의 입장이 다름을 드러내는 것이지, 처가의 상황을 이해하지 못했던 자신의 행동을 성찰하는 것으로 보기 어렵다.

→ 적절하지 않음!

② ㉡ : 아내가 '나'의 행동을 이해하지 못하는 일이 반복되어 왔음을 나타낸다.

근거 ❶-7~9 "뭘 챙긴다구 그래? 내 양말이나 몇 켤레 내주구려. 돈 좀 하구……." / 13~14 아무 말 없이 그녀는 한동안 내 얼굴을 똑바로 쳐다보았다. 당신이란 사람은 정말 이해할 수가 없노라는 그런 눈빛이었다. / 18~19 고향이나 친지, 심지어는 나의 가계에 이르기까지 거의 한 번도 속을 털어놓고 이야기한 적이 없는 사람이었다. ~ ㉡ 그녀는 종종 그런 눈빛으로 나를 바라보곤 했던 것이다.

풀이 '나'가 숙부의 장례식에 아내와 동행하지 않으려 하자, 아내는 그런 '나'를 이해할 수 없다는 눈빛으로 쳐다본다. ㉡은 아내가 종종 그런 눈빛을 보였다는 것에서 아내가 이와 같은 '나'의 행동, 즉 고향이나 친지, 가계에 대해 숨기는 것을 이해하지 못하는 일이 반복되어 왔음을 나타낸다.

→ 적절함!

③ ㉢ : '나'의 어머니가 남편이 살아 있다는 희망을 가지고 살아왔음을 알려 준다.

근거 ❹-7~8 6·25 한 해 전에 영영 행방을 감추어 버린 아버지가 세상 어딘가에 아직도 살아 계시리란 희망을 내 어머니는 마지막 순간까지도 포기하지 않고 있었던 것이다. ㉢ 해마다 주인 없는 생일상만을 차려 왔던 일

풀이 ㉢의 '주인 없는 생일상'은 돌아오지 않는 아버지를 위해 어머니가 차리던 생일상을 의미한다. 이는 '나'의 어머니가 남편이 세상 어딘가에 살아 있다는 희망을 가지고 살아왔음을 알려 준다.

→ 적절함!

④ ㉣ : 삼촌이 '나'에게 아버지의 제사 시기를 알려 줄 수 있었던 이유를 짐작하게 한다.

근거 ❹-1~2 "자네 아버님 제살랑 5월 중 적당한 날을 택해 모시도록 하소. 가급적이면 중순 이전이 좋겠네."
❺-4 ㉣ 삼촌은 내 아버지의 죽음을 목격했던 것이다.

풀이 삼촌은 '나'에게 5월 중순 이전에 적당한 날을 택해 아버지의 제사를 모시라고 말한다. 이는 ㉣에 언급되어 있듯이 삼촌이 아버지의 죽음을 직접 목격했다는 것을 짐작하게 한다.

→ 적절함!

---

⑤ ㉤ : '나'가 변해 버린 삼촌의 모습을 통해 종적을 감춘 아버지를 떠올렸음을 보여 준다.

근거 ❺-8 옛날과는 생판 모습이 달라져 버린 그 삼촌에게서 나는 문득문득 어딘가로 종적을 감추어 버린 ㉤ 내 아버지의 모습을 발견하곤 했던 것이다.

풀이 ㉤에서 '나'는 전쟁 후 모습이 변해 버린 삼촌에게서 종적을 감춘 아버지의 모습을 발견하곤 했다고 말한다. 이는 '나'가 삼촌의 모습을 통해 종적을 감춘 아버지를 떠올렸음을 보여 준다.

→ 적절함!

1등급 문제

046 | 소재의 의미 – 적절하지 않은 것 고르기 2025년 9월 학평 36번
정답률 60%, 매력적 오답 ③ 20% | 정답 ④

한 세계 에 대해 이해한 내용으로 적절하지 않은 것은?

❶-4 적어도 나에게 있어서 그(숙부의) 죽음은 일찍이 내가 속해 있었던 한 세계 의 완전한 종언을 의미하는 것이었다.

① '나'가 삼촌과 함께 속해 있다고 생각하는 세계이다.

근거 ❶-20 숙부는 그 세계에 속해 있는 마지막 한 사람인 셈이었다.

풀이 '한 세계'는 일찍이 '나'가 속해 있었던 곳이며, 숙부 또한 그 세계에 속한 마지막 인물이라고 하였다. 따라서 '한 세계'는 '나'가 삼촌과 함께 속해 있다고 생각하는 세계로 볼 수 있다.

→ 적절함!

② '나'가 아내에게 털어놓지 못하고 은폐해 왔던 과거이다.

근거 ❶-6 지금까지 한사코 담을 쌓고 은폐해 왔던 그 세계를 마지막 순간에 내 아내에게 열어 보일 수는 없다고 나는 생각했다.

풀이 '한 세계'는 '나'가 담을 쌓고 은폐해 왔던 '나'의 과거이며, '나'는 마지막 순간에도 아내에게 보일 수 없다고 생각한다. 따라서 '한 세계'는 '나'가 아내에게 털어놓지 못하고 은폐해 왔던 과거로 볼 수 있다.

→ 적절함!

③ '나'가 아버지의 *행적으로 인해 겪었던 치욕스러운 시간이다. * 한 일

근거 ❶-5 이제 내가 장사 치를 것은 한 사내의 시신이 아니라 그것(한 세계)과 연루된 나의 어둡고 치욕스러운 과거였다.
❷-2 어린 시절 '나'의 가족은, 사상운동을 하다 전쟁 직전 종적을 감춘 아버지로 인해 마을 사람들로부터 수모를 당한다.

풀이 '나'는 숙부의 죽음, 즉 '한 세계'의 종언을 자신의 어둡고 치욕스러운 과거를 장사 치르는 것으로 여기고 있다. 이때의 치욕스러운 과거는 사상운동을 하다가 종적을 감춘 아버지로 인해 '나'가 겪었던 수모를 의미한다. 따라서 '한 세계'는 '나'가 아버지의 행적으로 인해 겪은 치욕스러운 시간을 의미한다고 볼 수 있다.

→ 적절함!
  숙부

✔ **④** '나'가 어머니의 죽음을 계기로 벗어나고 싶어 하는 과거이다.

근거 ❶-3 숙부의 갑작스런 죽음이 무엇을 뜻하는가를 비로소 깨달았던 것이다.

풀이 '나'는 숙부의 죽음을 계기로 '한 세계'의 완전한 종언을 깨닫고 있다. '나'가 치욕스러운 과거로부터 벗어나고 싶어 한 것은 맞지만, 그 계기는 어머니의 죽음이 아니라 숙부의 죽음이다.

→ 적절하지 않음!

⑤ '나'가 삼촌의 장례에 아내와 동행하지 않으려는 이유가 되는 시간이다.

근거 ❶-1 아내와 동행할 수는 없다고 나는 생각을 굳혔다. / 6 지금까지 한사코 담을 쌓고 은폐해 왔던 그 세계를 마지막 순간에 내 아내에게 열어 보일 수는 없다고 나는 생각했다.

풀이 '나'는 지금까지 은폐해 온 '그 세계'를 마지막 순간에 아내에게 보여 줄 수 없다고 생각하고 있다. 따라서 '한 세계'는 '나'가 삼촌의 장례에 아내와 동행하지 않으려는 이유가 되는 시간으로 볼 수 있다.

→ 적절함!

047 | 감상의 적절성 – 적절하지 않은 것 고르기 2025년 9월 학평 37번
정답률 75%, 매력적 오답 ④ 10% | 정답 ⑤

〈보기〉를 참고하여 윗글을 감상한 내용으로 적절하지 않은 것은? 3점

> | 보 기 |
> [1] 「파편」은 전쟁의 상처와 아픔을 다양한 인물을 통해 **다각도**(많을 多 각도 角 자도 度 : 여러 각도)로 제시하고 있다. [2] 작품에는 전쟁의 폭력성으로 인해 신체적, 정신적 상처를 입고 무기력하게 사는 인물(삼촌), 정신적 상처를 입고 자기 안에 갇혀 부정적 기억을 외면하려는 인물('나'), 고향과 가족을 잃고 살아가는 인물(아내)이 등장한다. [3] 이를 통해 전쟁은 **종전**(끝 終 전쟁 戰 : 전쟁이 끝남) 후에도 인물의 삶에 지속적으로 영향을 미치는 비극적인 사건임을 보여 주고 있다.

① 가슴에 파편이 박힌 채 전쟁에서 돌아온 삼촌의 '가슴에 남아 있는 상흔'은 전쟁의 폭력성을 보여 주는 것이겠군.

근거 〈보기〉-2 전쟁의 폭력성으로 인해 신체적, ~ 상처를 입고

❷-3 가슴에 부상을 입고 전쟁에서 돌아온 삼촌은 파편 제거 수술에 실패하여 상처를 안은 채 살아간다.

❺-5 어쩌면 그의 **가슴에 남아 있는 상흔**과도 관계가 있는 건지 모른다고까지 나는 생각했다.

풀이 삼촌은 전쟁의 폭력성으로 인해 신체적 상처를 입은 인물로 볼 수 있다. 삼촌의 '가슴에 남아 있는 상흔'은 전쟁 중 가슴에 파편이 박히는 부상으로 인해 생긴 것이므로 전쟁의 폭력성을 보여 주는 것으로 이해할 수 있다.

→ 적절함!

② '실향민'인 처가가 고향과 친지에 대해 '관심과 집착'이 '별난' 것은 전쟁으로 고향과 가족을 잃은 아픔을 보여 주는 것이겠군.

근거 〈보기〉-2 고향과 가족을 잃고 살아가는 인물

❶-15~16 처가는 월남 가족이었다. 고향도 친지도 다 버리고 온 **실향민**이란 의식이 언제나 강한 사람들이었고, 그래서 그런 것에 대한 **관심과 집착**도 **별난** 데가 있었다.

풀이 아내는 전쟁으로 인해 고향과 가족을 잃고 살아가는 인물로 볼 수 있다. '실향민'인 처가가 고향과 친지에 대해 '별난' '관심과 집착'을 보이는 것은, 전쟁으로 인해 소중한 고향과 가족을 상실한 아픔을 보여 주는 것이다.

→ 적절함!

③ '나'가 아내에게 자신의 가계에 대해 '이야기한 적이 없'이 살아온 것은 '나'가 정신적 상처로 인해 자기 안에 갇혀 살아가는 모습을 보여 주는 것이겠군.

근거 〈보기〉-2 정신적 상처를 입고 자기 안에 갇혀 부정적 기억을 외면하려는 인물,

❶-18 고향이나 친지, 심지어는 나의 가계에 이르기까지 거의 한 번도 속을 털어놓고 **이야기한 적이 없**는 사람이었다.

풀이 '나'는 과거에 정신적 상처를 입고 자기 안에 갇혀 부정적 기억을 외면하려는 인물로 볼 수 있다. '나'가 아내에게 치욕스러운 과거와 관련된 자신의 '가계'에 대해 '이야기한 적이 없'이 살아온 것은 과거의 상처로 인해 자신을 드러내지 않고 내면에 갇혀 지내는 모습을 보여 주는 것이다.

→ 적절함!

④ '나'가 삼촌의 장례를 치르는 것을 '마지막'으로 더 이상 고향에 '발길을 들여놓'지 않으려는 것은 전쟁의 상처가 '나'의 삶에 지속적으로 영향을 미치고 있음을 보여 주는 것이겠군.

근거 〈보기〉-3 전쟁은 종전 후에도 인물의 삶에 지속적으로 영향을 미치는 비극적인 사건임을 보여 주고 있다.

❶-27 내가 그쪽에 **발길을 들여놓**는 일도 어차피 이번으로 **마지막**이 될 테니깐……."

풀이 '나'가 삼촌의 장례를 치르는 것으로 '마지막'으로 더 이상 고향에 '발길을 들여놓'지 않겠다고 하는 이유는 고향과 관련된 과거의 상처, 즉 전쟁으로 인한 가족의 비극에서 벗어나고 싶기 때문이다. 이는 전쟁의 상처가 현재까지도 '나'의 삶에 영향을 미치고 있음을 보여 주는 것이다.

→ 적절함!

⑤ 삼촌이 '진짜 모습은 진작에 끝'났다며 '한 구덩이 묻히지 못한 것만 원통'하다고 말하는 것은 무기력한 삶에서 벗어나기 위해 전쟁의 기억을 외면하는 모습을 보여 주는 것이겠군.
전쟁의 상처로 인해 무기력하게 살아가는

근거 〈보기〉-2 전쟁의 폭력성으로 인해 ~ 정신적 상처를 입고 무기력하게 사는 인물,

❹-14~15 빈 껍데기만 남아서 넝마매로 굴러댕긴다 뿐이지, **진짜 모습은 진작에 끝난 거네.** 인제사 생각하마, 기왕 **한 구덩이 묻히지 못한 것만 원통**할 따름이제……

풀이 삼촌은 전쟁의 폭력성으로 인해 정신적 상처를 입고 무기력하게 사는 인물로 볼 수

있다. 따라서 삼촌이 자신을 '빈 껍데기'라 칭하고 '진짜 모습은 진작에 끝'났다며 '한 구덩이 묻히지 못한 것만 원통'하다고 말하는 것은, 전쟁으로 인한 정신적 상처로 무기력하게 살아가는 모습을 보여 주는 것이다. 삼촌이 무기력한 삶에서 벗어나기 위해 전쟁의 기억을 외면하는 모습을 보이고 있지는 않다.

→ 적절하지 않음!

[048~051] 다음 글을 읽고 물음에 답하시오.

1 ¹나는 남편의 유품(남길 遺 물건 品 : 생전에 사용하다 남긴 물건)을 정리하면서 어쩌면 이렇게 단 한 가지도 값나가는 게 없을까 놀라고 민망해(안타까워)한 적이 있다. ²그럼에도 불구하고 자식들을 비롯해서 가깝게 지내던 조카들은 그('나'의 남편)가 쓰던 걸 뭐든지 한 가지씩이라도 얻어 갖길 원했다. ³다들 그렇게 아쉬운(경제적으로 어려운) 처지가 아닌데도 그런다는 건 그 뜻이 소유나 쓸모에 있지 않고 (남편의 물건을) 아끼고 간직하려는 데 있으려니 싶어 나는 목이 메게 감격을 했다. ⁴(남편이) 크게 성공하거나 성취한 건 없어도 생전(살아 있는 동안)에 주위 사람들로부터 많이 사랑받았다는 증거 같아서 나는 기쁜 마음으로 그의 유품을 공평하게 나눴다. ⁵그러나 모자는 다 내가 가졌다. ⁶그건 누가 달라지도 않았지만 달라고 해도 안 주었을 것이다.

→ 남편의 유품 중에서 모자는 모두 '나'가 갖는다.

2 ¹(남편이 죽기 전) 마지막 일 년은 참으로 아까운 시절이었다. ²죽을 날을 정해놓은 사람과의 나날의 아까움을 무엇에 비길까. ³애를 끊는(몹시 슬퍼서 창자가 끊어지는) 듯한 애달픔이었다.

→ '나'는 남편이 죽기 전 1년 동안의 슬픈 기억을 떠올린다.

(중략)

3 ¹그런 옛일에 얽힌 농담이라면 얼마든지 재미나게도 그윽하게도(진지하게도) 할 수 있었으련만 나는 고약한 성깔에 잔뜩 치받쳐(감정이 복받쳐 올라) 있었다. ²여북해야(얼마나 심각했으면) 그(남편)가 딱하다는 듯이 그러나 역시 농담으로 받았다.

³"당신('나')이야말로 왜 그래? ⁴꼭 틈바구니에 낀 쥐 같잖아."

⁵그리고 피식 웃더니 탄식하듯 덧붙였다.

⁶"생전 ㉠ 틈바구니에 끼어 봤어야지."

⁷그의 목소리가 하도 연민(불쌍하고 가련하게 여김)에 차 있어서 나는 대꾸하지 못했다. ⁸죽어 가는 사람으로부터의 연민은 감동적이었다. ⁹울어버릴 것 같았다.

→ '나'는 남편의 농담에 '나'를 연민하는 남편의 마음을 느끼고 감동했다.

4 ¹CT(엑스선이나 초음파를 여러 각도에서 인체 내부의 모습을 찍은 사진으로 여러 질병을 진단하는 기술) 촬영은 참으로 놀라운 첨단 과학이었다. ²뇌를 가로세로 여러 장으로 슬라이스하듯이(여러 개의 작은 조각으로 얇게 베어 내듯이) 나누어 찍은 단면 사진은 내 눈으로도 고루 퍼진 암을 확인할 수 있을 만큼 선명했다. ³뇌는 혈관의 회로가 달라서 항암제(대항할 抗 암 癌 약제 劑 : 암세포를 억제하는 물질)가 미치지 못한다고 했다. ⁴그(남편)에게 남아 있는 유일한 치료법은 방사선(원자핵에서 나오는 특정한 빛)을 뇌에 쬐는 거였다. ⁵방사선 치료란 죽는 연습이었다. ⁶그 치료엔 아무도 입회하지(들 入 만날 會 : 들어가지) 못했다. ⁷방사선과 의사까지도 그를 치료대에 혼자 고정시켜 놓고 나와서 밖에서 컴퓨터 화면을 보며 조종했다. ⁸그 안에서 그는 어떤 기분으로 고립되어 있으며, 방사선이란 어떻게 생긴 빛일까? ⁹그 깊이 모를 외로움과, 너무 밝아 차라리 **암흑과 상통할**(서로 相 통할 通 : 같음) 것 같은 빛에 대한 공포감은 죽음에 대한 상상력과 너무도 유사했다(비슷할 類 닮을 似 : 비슷했다). ¹⁰그는 이마가 까맣게 타도록 방사선 치료를 받았지만 다시 해 본 CT 촬영에서 암은 소멸되지도(사라질 消 없어질 滅 : 없어지지도)줄지도 않은 채였다.

→ 암에 걸린 남편은 방사선 치료를 받지만 병은 나아지지 않았다.

5 ¹미국가 있는 막내를 잠시 귀국토록 했다. ²(아버지가) 돌아가신 후 장례에 맞춰 오려고 허둥대는 것보다는 생전에 뵈러 오는 게 효도가 아니겠느냐는 게 딴 자식들의 의견이기도 했다. ³아버지한테 뭐 사다 드리면 좋겠냐고 막내가 전화로 물어 왔다. ⁴약 종류를 묻는 말투였다. ⁵그러나 그의 병세(병의 상태)도 그렇지만, 때도 이미 미국엔 별의별 신효한(신기할 神 효과 效 : 신기한 효과가 있는) 약, 불로초(아닐 不 늙을 老 풀 草 : 신선 세계에 있다는, 먹으면 늙지 않는다고 하는 풀) 같은 것까지도 있는 것처럼 여기던 촌스러운 시대가 아니었다. ⁶나는 막내에게 모자를 사 오라고 말했다. ⁷최고급으로 사 오라는 말도 잊지 않았다. ⁸과연 막내가 사 온 모자는 내 마음속에 있는 그의 모자의 원형(근본 原 모양 形 : 기본 모습)과 가장 가까웠다. ⁹순모(순수할 純 털 毛 : 다른 것이 전혀 섞이지 않은 순수한 털)로 된 통짜(바느질한 흔적 없이 전체 그대로)중절모(가운데 中 꺾을 折 모자 帽 : 꼭대기의 가운데를 눌러쓰는, 챙이 둥글게 달린 신사용 모자)였고 비단 리본이 달려 있었다. ¹⁰그러나 테가 너무 넓어 신사

모자라기보다는 카우보이 모자(미국 서부 지방 등의 목장에서 말을 타고 일하는 남자들이 쓰는 모자, 꼭대기의 가운데가 깊고 테가 넓고 양옆이 올라간 모양)를 연상시켰다(연이을 聯 생각 想 : 떠올리게 했다). ¹¹아니나 다를까, 네 살짜리 손자 녀석이 그 모자를 보더니 "와아, 장고 모자다." ¹²하면서 그걸 빼앗고 싶어 했다. ¹³녀석이 좋아하는 만화 영화의 주인공 장고가 그런 모자를 쓰고 있다고 했다. ¹⁴그는 모자를 쓴 채 안 빼앗기려고 이리저리 도망을 다녔다. ¹⁵여전히 비틀대며, 손자가 울음을 터뜨려도 그는 그 모자를 내놓지 않았다. ¹⁶**손자와의 마지막 장난**이었다. ¹⁷마지막 한 달가량 자리보전하고(병이 들어서 몸져누워) 있을 때를 빼고는 그는 집에서도 **줄창**(줄곧) 그 모자를 쓰고 있었다. ¹⁸막내에 대한 사랑 때문에도 그 모자를 아꼈겠지만, 넓은 테는 방사선 치료로 시꺼멓게 탄 이마를 가려 주는 데 **안성맞춤이었다**(잘 들어맞았다). ¹⁹그 장고 모자가 그의 여덟 번째 모자이자 마지막 모자가 되었다.

→ 남편은 죽기 전, 막내가 선물한 모자를 즐겨 쓰고 아꼈다.

6 ¹나는 요새도 가끔 그가 남긴 여덟 개의 모자를 꺼내 본다. ²그 안에서 (남편의) **머리카락 한 오라기**라도 찾아보려고 더듬어 보지만 번번이 헛손질(쓸데없이 매만지는 일)로 끝난다. ³그 여러 개의 모자는 멋이나 체면을 위한 것이 아니라, 단지 민머리를 가리기 위한 것이었다. ⁴그의 몸을 차디찬 땅속에 묻은 건 확실한데 아침마다 우수수 지던(떨어지던) 그 숱한(아주 많은) 머리카락은 지금 어느 만큼 멀리 흩어져 티끌로 떠도는 걸까. ⁵생명의 가없음이 티끌과 다를 바 없다는 속절없는 생각에 잠기기도 한다. ⁶그의 흔적을, 남긴 물질에서 찾는 것보다는 남긴 말이나 생각에서 찾는 게 그래도 조금은 덜 허전하다. ⁷그는 평범한 사람이고, 잘난 척할 줄도 몰랐기 때문에 담소(말씀 談 웃음 笑 : 웃고 즐기는 이야기)는 즐겼지만 그럴듯한 말은 할 줄 몰랐다. ⁸우리집엔 그 흔한 가훈(집 家 가르칠 訓 : 한집안의 어른이 자손들에게 일러 주는 가르침)도 없다. ⁹그의 말이 생각나는 것도 그가 끼면 편안하고 여유로워지는 담소 분위기이지, 멋있거나 뜻 깊은 말뜻은 아니다.

→ '나'는 남편의 모자를 꺼내 보거나 남편의 말을 떠올리며 남편을 그리워한다.

7 ¹오직 틈바구니만이 예외다. ²내가 생전 틈바구니에 끼여 보지 않았다는 게 무슨 뜻일까? ³그런 생각이 나를 자꾸 심각하게 한다. ⁴그가 나 대신 가 주던 동사무소(지금의 동 주민 센터)나 세무서(세금에 관한 사무를 맡아보는 지방 세무 행정 관청)에 볼일 보러 가서 똑똑지 못하게 굴다가 구박 맞으면 이게 틈바구니가 싶기도 하고, 사용자와 노동자, 가진 자와 못 가진 자, 칼자루 쥔 자(권력을 가진 자)와 칼날 쥔 자(권력을 가지지 못한 자), 통일꾼(통일에 찬성하는 자)과 반통일꾼(통일에 반대하는 자)이 서로 목청을 높여 싸우는 걸 봐도 전처럼 선뜻 어느 쪽이 옳은지 양자택일(둘 兩 것 者 고를 擇 하나 一 : 둘 중에서 하나를 고름)이 안 되고, 또 그놈의 틈바구니에 사로잡히게 된다. ⁵여봐란듯이(우쭐대고 자랑하듯이) 틈바구니에 끼기 위해선 거친 두 목청 사이에 낀 틈바구니의 숨결을 찾아내야만 할 것 같다. ⁶어쩌면 그(남편)는 그때 삶과 죽음의 틈바구니에서 어느 만큼은 내 원색적인(근원 原 빛 色 ~의 的 : 숨김없이 드러내는) 분노를 관조할(볼 觀 비출 照 : 고요한 마음으로 관찰할) 수도 있었기에 해 본 단순한 연민의 소리일 뿐인 것을 내가 괜히 심각하게 굴었는지도 모르겠다. ⁷그래도 여전히 틈바구니는 아무것도 아닌 게 되지 않는다. ⁸그가 남긴 모자가 나에겐 모자라는 **물질**(물건) 이상이듯이 틈바구니란 말 또한 말뜻 이상의 것, 한없이 추구해야 할 화두(이야기 話 첫째 頭 : 중요하게 생각하거나 이야기할 만한 것)임을 면할(피할) 수가 없다.

→ '나'는 남편이 말한 '틈바구니'의 의미를 계속 고민하고 소중하게 여긴다.

- 박완서, 「여덟 개의 모자로 남은 당신」 -

• **중심 내용**

암으로 남편이 죽은 후 '나'는 남편이 쓰던 모자를 소중히 간직하고 남편이 말한 '틈바구니'의 의미를 되새기며 남편을 그리워한다.

• **전체 줄거리** ([ ] : 지문 내용)

['나'는 남편이 남긴 여덟 개의 모자를 보며 그가 죽음을 앞둔 마지막 1년 동안의 일을 떠올린다.] 평소와는 다른 남편의 기침 소리를 들은 '나'는 남편을 병원에 데려가고 남편은 폐암 판정을 받는다. 항암 주사를 맞기 시작한 남편에게 '나'는 암 치료에 좋다는 온갖 생약을 구해 남편에게 먹인다. 항암 주사 치료를 하면서 남편의 머리카락이 빠지게 되자 자식들은 남편에게 모자를 선물한다. '나'는 오래전 결혼 선물로 남편에게 선물한 모자를 떠올리며 자식들에게 최고급의 중절모를 추천하지만 좀처럼 비슷한 것이 없어 실망한다.

하지만 남편은 자식들이 사 온 모자는 뭐든지 좋아하며 번갈아 쓰고 출근한다. 항암제 치료를 한 지 8개월이 지난 후 남편은 폐암이 거의 치료되었다는 진단을 받지만 '나'는 남편의 병이 재발하지 않을까 불안감을 느낀다. 두어 달 후 '나'는 걸음걸이가 이상해 똑바로 걷지 못하는 남편에게 화를 내게 되고 [남편은 '나'에게 '틈바구니에 낀 쥐' 같다며 농담을 건넨다. 남편은 CT 촬영 결과 암이 뇌까지 번져 있어 길어야 1년밖에 살지 못한다는 말을 듣는다. 남편은 방사선 치료를 받지만 병세는 나아지지 않았고 미국에 있는 막내가 남편을 보기 위해 귀국한다. 막내가 사 온 모자는 남편의 여덟 번째 모자가 되었고 남편은 죽을 때까지 그 모자를 즐겨 쓴다. 남편이 죽은 후 '나'는 그의 여덟 개의 모자를 꺼내 보거나 남편이 말한 '틈바구니'의 의미를 떠올리며 남편을 그리워한다.]

• 인물 관계도

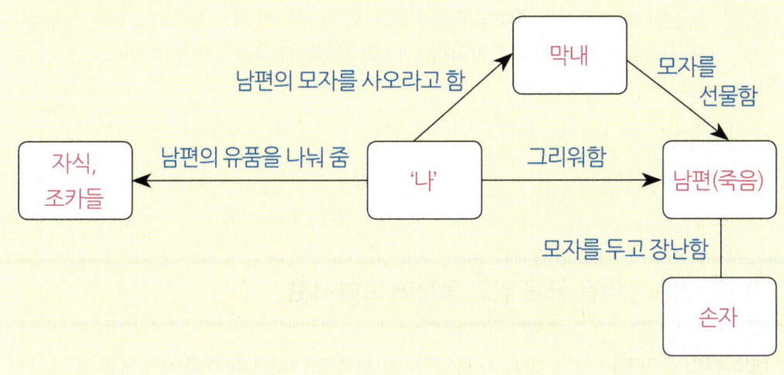

---

048 | 서술상 특징 – 적절한 것 고르기 | 2021년 9월 학평 20번
정답률 85% | 정답 ②

윗글에 대한 설명으로 가장 적절한 것은?

① 인물 간의 대화를 통해 특정 인물을 *풍자하고 있다. * 비웃으면서 비판하고

근거 ❸-3~6 "당신이야말로 왜 그래? 꼭 틈바구니에 낀 쥐 같잖아." ~ "생전 틈바구니에 끼여 봤어야지."

풀이 윗글에 '나'와 남편의 대화가 나타나지만 특정 인물을 풍자하고 있지 않다.

→ 적절하지 않음!

②*독백적 진술을 활용하여 인물의 **내면을 드러내고 있다.
* 마음속 생각을 혼잣말로 드러냄 ** 속마음

근거 ❶~❼ 나는 남편의 유품을 정리하면서 어쩌면 이렇게 단 한 가지도 값나가는 게 없을까 놀라고 민망해한 적이 있다. ~ 그가 남긴 모자가 나에겐 모자라는 물질 이상이듯이 틈바구니란 말 또한 말뜻 이상의 것, 한없이 추구해야 할 화두임을 면할 수가 없다.

풀이 윗글은 '나'의 독백적 진술을 통해 남편과의 추억을 떠올리며 남편을 그리워하는 '나'의 내면을 드러내고 있다.

→ 적절함!

③ 동일한 공간에서 사건이 반복되며 갈등이 심화되고 있다.

근거 ❹~❺ CT 촬영은 참으로 놀라운 첨단 과학이었다. ~ 방사선과 의사까지도 그를 치료대에 혼자 고정시켜 놓고 나와서 밖에서 컴퓨터 화면을 보며 조종했다. ~ 여전히 비틀대며, 손자가 울음을 터뜨려도 그는 그 모자를 내놓지 않았다. ~ 그 장고 모자가 그의 여덟 번째 모자이자 마지막 모자가 되었다.

❻ 나는 요새도 가끔 그가 남긴 여덟 개의 모자를 꺼내 본다. ~ 그의 말이 생각나는 것도 그가 끼면 편안하고 여유로워지는 담소 분위기이지, 멋있거나 뜻 깊은 말뜻은 아니다.

풀이 윗글은 남편이 죽기 전 병원에서 치료를 받고 가족들과 함께 시간을 보냈던 때를 회상하는 내용과 남편의 죽음 이후 '나'가 남편을 떠올리며 그리워하는 내용이 나타날 뿐 동일한 공간에서 반복되는 사건은 나타나지 않으며, 갈등이 심화되고 있지도 않다.

→ 적절하지 않음!

④ *장면이 빈번하게 교차되며 **긴박한 분위기를 조성하고 있다.
* 시간이나 공간적 배경이 자주 바뀌며 ** 매우 급한 분위기를 만들고

풀이 윗글은 장면이 빈번하게 교차되지도 긴박한 분위기를 조성하지도 않는다.

→ 적절하지 않음!

⑤ 인물의 *외양을 사실적으로 **묘사하여 인물의 성격을 드러내고 있다. 상태를
* 겉모습 ** 자세하게 말로 표현하여

근거 ❹-10 그는 이마가 까맣게 타도록 방사선 치료를 받았지만/❺-18 방사선 치료로

시꺼멓게 탄 이마

풀이 이마가 시꺼멓게 탄 남편의 외양을 묘사하여 고된 방사선 치료를 받은 흔적을 드러내고 있을 뿐, 이를 통해 남편의 성격을 드러내고 있지 않다.

→ 적절하지 않음!

---

049 | 내용 이해 – 적절하지 않은 것 고르기 | 2021년 9월 학평 21번
정답률 95% | 정답 ②

윗글에 대한 이해로 적절하지 않은 것은?

① '조카들'은 아쉬운 처지가 아니었지만 '남편'의 유품을 얻기를 바랐다.

근거 ❶-2~3 조카들은 그가 쓰던 걸 뭐든지 한 가지씩이라도 얻어 갖길 원했다. 다들 그렇게 아쉬운 처지가 아닌데도 그런다는 건

풀이 '조카들'은 아쉬운 처지가 아니었지만 '남편'의 유품이라면 무엇이든지 얻기를 바랐다.

→ 적절함!

②'나'는 '남편'의 병세가 방사선 치료를 받으면서 나아지는 것을 느꼈다. 받아도 나아지지 않는

근거 ❹-10 그는 이마가 까맣게 타도록 방사선 치료를 받았지만 ~ 암은 소멸되지도 줄지도 않은 채였다.

풀이 '나'는 방사선 치료를 받아도 '남편'의 병세가 전혀 나아지지 않는 것을 느낀다.

→ 적절하지 않음!

③ '딴 자식들'은 '남편'의 생전에 '막내'를 귀국시켜야 한다고 생각했다.

근거 ❺-1~2 미국 가 있는 막내를 잠시 귀국토록 했다. 돌아가신 후 장례에 맞춰 오려고 허둥대는 것보다는 생전에 뵈러 오는 게 효도가 아니겠느냐는 게 딴 자식들의 의견이기도 했다.

풀이 '남편'의 병세가 나아지지 않자 '딴 자식들'은 미국에 있는 '막내'가 생전에 '남편'을 뵈러 와야 한다고 생각한다.

→ 적절함!

④ '막내'는 '남편'을 위해 카우보이 모자가 연상되는 중절모를 사 왔다.

근거 ❺-8~10 막내가 사 온 모자는 ~ 순모로 된 통짜 중절모였고 비단 리본이 달려 있었다. 그러나 테가 너무 넓어 신사 모자라기보다는 카우보이 모자를 연상시켰다.

풀이 '막내'가 사 온 '남편'의 중절모는 테가 넓어서 카우보이 모자를 연상하게 했다.

→ 적절함!

⑤ '남편'은 잘난 척할 줄 몰랐기 때문에 평소 멋있거나 그럴듯한 말을 하지 않았다.

근거 ❻-7~9 그는 평범한 사람이고, 잘난 척할 줄도 몰랐기 때문에 담소는 즐겼지만 그럴듯한 말은 할 줄 몰랐다. ~ 그의 말이 생각나는 것도 그가 끼면 편안하고 여유로워지는 담소 분위기이지, 멋있거나 뜻 깊은 말뜻은 아니다.

풀이 '남편'은 잘난 척할 줄 모르는 성격이었기 때문에 평소에 멋있거나 그럴듯한 말은 하지 않았다.

→ 적절함!

---

050 | 소재의 기능 – 적절한 것 고르기 | 2021년 9월 학평 22번
정답률 70%, 매력적 오답 ③ 15%, ⑤ 10% | 정답 ②

㉠의 기능에 대한 설명으로 가장 적절한 것은?

❸-6 "생전 ㉠틈바구니에 끼여 봤어야지."

① 이야기의 초점을 '남편'에서 '막내'로 *전환하고 있다. * 바꾸고

풀이 윗글에서 ㉠(틈바구니)을 통해 이야기의 초점이 '남편'에서 '막내'로 바뀌는 내용은 나타나지 않는다.

→ 적절하지 않음!

②'나'에게 쉽게 해결할 수 없는 고민을 *유발하고 있다. * 일으키고

근거 ❼ 오직 틈바구니만이 예외다. 내가 생전 틈바구니에 끼여 보지 않았다는 게 무슨 뜻일까? 그런 생각이 나를 자꾸 심각하게 한다. ~ 틈바구니란 말 또한 말뜻 이상의 것, 한없이 추구해야 할 화두임을 면할 수가 없다.

풀이 '나'는 남편이 생전에 말한 '틈바구니'의 의미에 대해 계속해서 고민하고 있으므로 ㉠(틈바구니)은 '나'에게 쉽게 해결할 수 없는 고민을 유발하는 것으로 볼 수 있다.

→ 적절함!

③ **'남편'의 죽음에 대한 '나'의 미안함을 보여 주고 있다.**
> 풀이 윗글에서 '나가 ㉠(틈바구니)을 통해 '남편'의 죽음에 대해 미안해하는 내용은 나타나지 않는다.

→ 적절하지 않음!

④ **'막내'에게 '남편'의 죽음을 이해하는 실마리를 제공하고 있다.**
> 풀이 윗글에서 '막내'가 ㉠(틈바구니)을 통해 '남편'의 죽음을 이해하는 내용은 나타나지 않는다.

→ 적절하지 않음!

⑤ **'나'의 가족에게 *공동체적 삶의 의미를 **성찰하게 하는 계기를 제공하고 있다.**
* 같이 어울려 사는 ** 돌아보고 살피게
> 풀이 윗글에서 '나'의 가족이 ㉠(틈바구니)을 통해 공동체적 삶의 의미를 성찰하는 내용은 나타나지 않는다.

→ 적절하지 않음!

---

051 감상의 적절성 – 적절하지 않은 것 고르기 2021년 9월 학평 23번
정답률 75%, 매력적 오답 ② 15%   **정답 ③**

〈보기〉를 바탕으로 윗글을 감상한 내용으로 적절하지 <u>않은</u> 것은? [3점]

| 보기 |
[1] 이 작품은 죽음을 앞둔 남편의 모습을 관찰하고 남편의 **내면**(속마음)을 들여다보는 '나'의 시선을 통해 남편에 대한, 그리고 죽음에 대한 '나'의 **인식**(생각)을 드러내고 있다. [2] '나'는 죽은 남편이 남기고 간 모자를 간직하며 남편에 대한 사랑과 그리움을 드러낸다. [3] 또한 남편의 죽음을 앞두고 있는 가족들의 모습을 통해 따뜻한 **가족애**(가족에 대한 사랑)를 보여 주기도 한다.

① **남편의 모자를 '물질 이상'의 것으로 여기며 모자를 모두 간직하는 '나'의 모습에서, 남편에 대한 '나'의 사랑을 확인할 수 있겠군.**
> 근거 〈보기〉-2 '나'는 죽은 남편이 남기고 간 모자를 간직하며 남편에 대한 사랑과 그리움을 드러낸다.
> ❶-5~6 그러나 모자는 다 내가 가졌다. 그건 누가 달라지도 않았지만 달라고 해도 안 주었을 것이다.
> ❼-8 그가 남긴 모자가 나에겐 모자라는 **물질 이상**이듯이
> 풀이 '나'가 남편의 모자를 모두 간직하며 '물질 이상'의 것으로 여기는 모습을 통해 남편에 대한 '나'의 사랑을 확인할 수 있다.

→ 적절함!

② **남편이 농담으로 받은 말에 '울어버릴 것 같다'고 느끼는 '나'의 모습에서, 남편의 말에 '나'에 대한 연민이 담겨 있다고 믿고 있는 '나'의 인식을 확인할 수 있겠군.**
> 근거 〈보기〉-1 이 작품은 죽음을 앞둔 남편의 모습을 관찰하고 남편의 내면을 들여다보는 '나'의 시선을 통해 남편에 대한, ~ '나'의 인식을 드러내고 있다.
> ❸-2~9 여북해야 그가 딱하다는 듯이 그러나 역시 농담으로 받았다. ~ 그의 목소리가 하도 연민에 차 있어서 나는 대꾸하지 못했다. 죽어 가는 사람으로부터의 연민은 감동적이었다. **울어버릴 것 같았다.**
> 풀이 '나'가 남편이 농담으로 받은 말을 듣고 '울어버릴 것 같다'고 느낀 것은 그의 말에 '나'에 대한 연민이 담겨 있다고 생각해 감동했기 때문이다.

→ 적절함!

③ 상상하는
방사선 치료를 받는 남편의 '빛에 대한 공포감'을 덜어 주려는 '나'의 모습에서, '암흑과 상통할 것 같은' 죽음에 대해 느끼는 '나'의 두려움을 확인할 수 있겠군.
> 근거 ❹-8~9 그 안에서 그는 어떤 기분으로 고립되어 있으며, 방사선이란 어떻게 생긴 빛일까? 그 깊이 모를 외로움과, 너무 밝아 차라리 **암흑과 상통할 것 같은 빛에 대한 공포감**은 죽음에 대한 상상력과 너무도 유사했다.
> 풀이 윗글에서 '나'가 방사선 치료를 받는 남편의 '빛에 대한 공포감'을 덜어 주려는 모습은 나타나지 않는다. 다만 '나'는 방사선 치료를 받는 남편의 '빛에 대한 공포감'을 상상하며 남편에 대한 안타까움과 '암흑과 상통할 것 같은' 죽음에 대한 두려움을 드러내고 있다.

→ 적절하지 않음!

④ **힘겹지만 '손자와의 마지막 장난'을 하며 가족들과 평범한 일상을 보내고 있는 남편의 모습에서, 가족에 대한 남편의 사랑을 확인할 수 있겠군.**
> 근거 〈보기〉-3 또한 남편의 죽음을 앞두고 있는 가족들의 모습을 통해 따뜻한 가족애를 보여 주기도 한다.
> ❺-14~16 그는 모자를 쓴 채 안 빼앗기려고 이리저리 도망을 다녔다. 여전히 비틀

대며, 손자가 울음을 터뜨려도 그는 그 모자를 내놓지 않았다. **손자와의 마지막 장난**이었다.
> 풀이 병으로 힘든 상황에서도 모자를 두고 '손자와의 마지막 장난'을 하며 가족들과 함께하는 남편의 모습을 통해 가족에 대한 남편의 사랑을 확인할 수 있다.

→ 적절함!

⑤ **남편이 남긴 모자에서 '머리카락 한 오라기'라도 찾고 싶어 하는 '나'의 모습에서, 남편을 그리워하는 '나'의 애틋한 마음을 확인할 수 있겠군.**
> 근거 〈보기〉-2 '나'는 죽은 남편이 남기고 간 모자를 간직하며 남편에 대한 사랑과 그리움을 드러낸다.
> ❻-1~2 나는 요새도 가끔 그가 남긴 여덟 개의 모자를 꺼내 본다. 그 안에서 **머리카락 한 오라기**라도 찾아보려고 더듬어 보지만 번번이 헛손질로 끝난다.
> 풀이 남편이 쓰던 모자를 꺼내 남편의 '머리카락 한 오라기'라도 찾으려고 더듬어 보는 '나'의 모습을 통해 남편을 그리워하는 '나'의 애틋한 마음을 확인할 수 있다.

→ 적절함!

[052~054] 다음 글을 읽고 물음에 답하시오.

① **[앞부분의 줄거리]** [1]'나'는 취재 차 중앙아시아로 향하면서 강제 **이주된**(옮길 移 살 住 : 다른 지역으로 이동해 살게 된) 고려인(예전 소련 지역에 살고 있는 한국 민족. 소련은 현재의 러시아를 중심으로 유럽 동부와 아시아 북부에 형성되었던 소비에트 연방 국가) 동포들의 삶을 목격한다. [2]또한 한국을 그리며 '말 배우는 아이'라는 글을 쓴 고려인 '류다'를 만나길 희망한다. [3]**알마아타**(카자흐스탄의 옛 수도, 현재의 알마티)에 도착한 '나'는 인근 **우슈토베**(카자흐스탄 남동부의 도시) 지역을 여행하며 고려인 '미하일'로부터 류다가 **이식쿨 호수**(키르기스스탄 톈산산맥에 있는 큰 호수) 근처에 살고 있음을 듣게 된다.

→ 취재 일로 중앙아시아에 가게 된 '나'는 류다를 만나길 기대하고, 미하일로부터 류다가 이식쿨 호수 근처에 살고 있다는 말을 듣는다.

② [1]"여기 사람들이 말하는데, **그 호수**(여기서는 이식쿨 호수) 밑에 옛날 도시가 가라앉아 있다고 그렇게 말합니다."
[2]내가 그 호수에 관심을 보이자 미하일이 말했다. [3]그는 드물게도 서울 동숭동에 있는 해외동포교육원의 **초청**(부를 招 청할 請 : 초대)을 받아 어느새 한국에도 갔다 왔다고 했는데, **우리말을 꽤 정확하게 구사하고**(몰 驅 쓸 使 : 사용하고) 있었다. [4]그의 말에 나는 더욱 흥미를 갖지 않을 수 없었다(가졌다).
[5]"호수 밑에……"
[6]나는 음료수와 함께 나온 깡통 맥주를 한 모금 마시며 **그 먼 호수**(여기서는 이식쿨 호수)를 머릿속에 그렸다. [7]미하일의 말에 의하면 키르기스말로 이식쿨의 **이식**(Issyk)은 뜨겁다는 뜻이며, **쿨**(Kul)은 호수라고 했다. [8]또, 이식쿨의 물은 위는 **민물**(호수 물), 아래는 **짠물**(바닷물)이며, 이에 비교되어 **발하슈 호수**(카자흐스탄 남동부에 있는 호수)는 한쪽이 민물, 다른 쪽이 짠물로서, 서로 차이를 보인다는 것이었다. [9]그리고 키르기스스탄의 소설가 아이트마토프가 쓴 《**하얀 배**》라는 소설까지 들먹거렸다. [10]부모가 이혼하는 바람에 그 호숫가의 할아버지 집으로 와 살고 있는 한 소년이 호수를 떠가는 **하얀 배**를 보면서, 커다란 물고기가 되어 **배를 따라가기를 꿈꾸는** 이야기라는 것이었다. [11]그의 말을 들으면서 나는 나대로 학교 시절에 읽은 독일 소설가 슈토름의 소설 《이멘 호수》를 떠올리고도 있었다.
[12]㉠"하얀 배라……"
[13]신비하고 아름다운 광경이 내 머리를 자극했다.

→ '나'는 미하일로부터 소설 《하얀 배》의 배경인 이식쿨 호수에 대한 이야기를 듣고 그곳에 관심을 갖게 된다.

③ [1]그러던 나는 한글 선생이나 미하일 누구에게랄 것 없이 **그곳**(이식쿨 호수)까지 가볼 수는 없느냐고 조심스럽게 물었다. [2]미하일이 들려주는 이야기는 모두 그 호수를 향한 내 마음을 한층 북돋기에 부족함이 없는 것이었다.
[3]그러나 미하일에 의하면, 알마아타에서 **호수**(이식쿨 호수)까지는 직선거리는 그리 멀지 않지만 **천산 산맥**(톈산산맥, 중국, 키르기스스탄, 우즈베키스탄, 카자흐스탄의 4개국에 걸쳐 있는 산맥)이 가로막혀 있어서 서남쪽 고갯길이 뚫린 곳으로 빙 돌아가야 하기 때문에 상당히 멀다는 것이었다.
[4]㉡"꼭 거길(이식쿨 호수를) 가봤으면 하는데…… [5]무슨 방법이 없었을까요?"
[6]나는 한글 선생과 미하일을 번갈아 쳐다보며 **간청하다시피**(간절할 懇 청할 請 : 애원하다시피) 했다. [7]내 말에 미하일은 한참 동안 생각을 하는 듯하다가 마침내 자기도 이 기회

에 비탈리(전체 줄거리 참고, 류다의 오빠)를 찾아가서 한번 만날 겸 같이 가보자고 말했다. [8]알마아타로 가서 차편을 알아보자는 것이었다. [9]이렇게 되어 나는 정말 뜻하지 않게 그 호수를 향하여 떠나게 된 것이었다.

[10]우슈토베에(우슈토베. 카자흐스탄 남동부의 도시)의 여행에서 얻은 것은 적지 않은 셈이었다(많았다). [11]다른 것은 그렇다 치더라도 무엇보다 우리 동포들의 무덤을 보았고, 그들(우리 동포들)이 저 1937년에 내동댕이쳐 버려졌던(1937년 소련에 살던 한국 동포들이 스탈린 정부에 의해 중앙아시아로 강제 이주되었던) 처절한 삶의 뿌리를 내리기 위해 **광야에 파놓은 갈대 움막집**(추위나 비바람을 가릴 정도로 임시로 지은 집)**의 혼적**을 보았다. [12]오늘날 그곳(중앙아시아)에 문을 연 한글학교도 보았다. [13]© 그러나 무엇보다도 내 가슴을 뛰게 한 것은 새로운 세계, 산속의 호수를 향해 가게 된 것이었다.

→ 이식쿨 호수를 직접 보고 싶어진 '나'는 미하일에게 부탁해 갑작스럽게 호수로 떠나게 된다.

(중략)

[4] [1]그 호수(이식쿨 호수)를 보겠다고 해서, 카라가지나무와 주다나무와 미루나무와 버드나무를 이정표(里 里 길 程 길 標 : 목적지까지 거리 및 방향을 알려 주는 표지)로 달려왔고, 드디어 (이식쿨 호수를) 보았다. [2]그러나……

[3]나는 머리에 '그러나'가 꼬리표처럼 따라붙는 것을 어찌지 못했다.(류다를 만나지 못해 아쉬움을 느꼈다는 의미) [4]서울에서의 문제들은 서울에 가서의 일이다. [5]@ 나는 그 꼬리표를 떼어내려고 머리를 흔들었다. [6]그러나……

→ '나'는 이식쿨 호수를 직접 보았지만 무언가 이루지 못해 부족한 마음을 느낀다.

[5] [1]그때였다. [2]유원지(놀 遊 동산 園 곳 地 : 돌아다니며 구경하거나 놀기 위하여 여러 가지 시설을 갖춘 곳)의 돌 축대(돌을 높이 쌓아 올려 만든 대)를 바라보던 나는 거기 웬 나무가 한 그루 우뚝 서 있는 것을 보았다. [3]들어올 때는 눈에 띄지 않은 까닭을 알 수 없었다. [4]아니다. [5]그 나무만 서 있었다면 그냥 스쳐 지나갔을지도 모른다. [6]그러니까 나는 그 나무만을 본 것이 아니라 그 옆에 서 있는 한 여자를 함께 본 것이었다. [7]젊고 환한 얼굴이 나무 그늘에 묻혀 있었다.

[8]"류다!"

[9]미하일이 소리쳤다. [10]우리는 돌 축대를 올라가 그 나무 아래로 걸음을 옮겼다. [11]서로 몇 마디의 러시아말이 오가고 난 뒤 내가 소개되었다.

[12]"안녕하십니까."

[13]맑은 눈동자가 나를 바라보았다. [14]순간, 나는 **너무나 또렷한 우리말**에 놀라지 않을 수 없었다. [15]중앙아시아에서 처음 들어 보는 또렷한 우리말이었다. [16]그리고 그 말 뒤에 '이 말은 우리 민족 말입니다' 하는 말이 소리 없이 뒤따르고 있음도 또렷이 느낄 수 있었다.

[17]"아, 안녕하십니까."

[18]© 나는 엉겁결에(뜻하지 않게) 똑같이 따라하고 말았다. [19]그와 함께 나는 그 단순한 인사말이 왜 그렇게 깊은 울림으로 온몸을 떨리게 하는지 형언할(나타낼 形 말 言 : 말로 표현할) 수 없는 감동에 휩싸였다. [20]@ 개양귀비 꽃밭이 **수런거리고**(웅성거리고), 숲 속의 들고양이들이 귀를 쫑긋거리고, 커다란 까마귀들이 전나무 가지를 치고 날았으며, 사막쥐들이 이리 뛰고 저리 뛰고, 돌소금이 하얗게 깔린 사막으로 큰바람이 이는 광경이 눈에 어른거렸다. [21]천산(톈산산맥)에서 빙하가 우르르르 무너지는 소리가 들린다고도 생각되었다.

[22]나는 호수 건너 눈 덮인 천산을 바라보았다. [23]'그러나'라고 (무언가 이루지 못해) 미진했던(아닐 未 다할 盡 : 부족했던) 마음이 그녀(류다)의 "안녕하십니까"에 눈 녹듯 스러지는 듯 싶었다. [24]건너편의 천산이 내게 "안녕하십니까"의 새로운 의미를 배워 주고 있다고 받아들여졌다. [25]**멀리 동방의 조상 나라**(여기서는 한국)를 동경하며(그리워할 憧 그리워할 憬 : 간절히 그리워하며) 하얀 배를 그리는(간절히 생각하는) 모습이 거기 있음을 알 수 있었다.

[26]그녀(류다)가 그 그늘에 서 있던 나무가 바로 러시아말로 '키파리스'인 **사이프러스**(키가 큰 상록수 나무의 한 종류)였다. [27]스타니슬라브(전체 줄거리 참고, 미하일의 친구)는 그 나무가 본래 중앙아시아에는 없는 나무로서 **그루지야**(조지아의 예전 이름. 조지아는 유럽 동부에 있는 나라)에나 가야 많다고 설명해 주었다. [28]아마도 유원지가 북적거리던 시절, 무슨 기념으로 심은 나무일 것이라고도 했다.

→ 류다를 만난 '나'는 부족했던 마음이 채워지는 것을 느끼고 그녀의 또렷한 우리밀에 고국에 대한 그리움이 담겨 있음을 일게 뵌다.

[6] [1]그날 그녀(류다)를 만나서 이야기를 나눈 시간은 매우 짧을 수밖에 없었다. [2]우리는 곧 알마아타로 돌아가야 했고, 또 내가 그녀와 오랫동안 함께 있어야 할 이유도 특별히 없는 것이었다. [3]그러나 나는 그 어느 때보다도 많은 느낌을 받았다.

[4]ⓑ 키르기스스탄의 사이프러스나무 아래 우리 민족의 말인 "안녕하십니까"의 의미

를 전혀 새롭게 말하는 처녀(여기서는 류다)가 있었다. [5]나는 돌아오는 차 안에서도 내내 그 모습이 머리에서 떠나지를 않았다. [6]그리고 그 나무 아래서 호수를 바라보았을 때 물에 비치던 하얀 만년설(일 만 萬 해 年 눈 雪 : 아주 추운 지방이나 높은 산지에 언제나 녹지 않고 쌓여 있는 눈)의 산봉우리를 눈에 그렸다. [7]그리고 그것이 바로 하얀 배의 또 다른 모습이라고(류다의 '안녕하십니까'에 담긴 고국에 대한 그리움이 소설 속 소년의 하얀 배에 대한 그리움과 닮았다고) 깨달은 나는 입속으로 가만히 "안녕하십니까"를 되뇌었다.

→ '나'는 고국을 그리워하는 류다가 《하얀 배》라는 소설에서 배를 따라가기를 꿈꾸는 소년의 모습과 닮았음을 깨닫는다.

- 윤후명, 「하얀 배」 -

- **중심 내용**

중앙아시아를 여행하던 '나'는 이식쿨 호수에 대한 이야기를 듣고 호수를 직접 찾아갔다가 그곳에서 류다를 만나게 되고 류다의 또렷한 우리말에 고국에 대한 그리움이 담겨 있음을 깨닫는다.

- **전체 줄거리**([ ] : 지문 내용)

'나'는 얼마 전에 이사한 집 앞의 사이프러스나무를 보고 중앙아시아에서 그 나무를 보았던 일을 떠올린다. 작년에 '나'는 카자흐스탄의 한국교육원으로부터 중앙아시아에 살고 있는 우리 동포들의 이야기인 '말 배우는 아이'라는 글에 대한 평을 써 달라는 부탁을 받는다. '나'는 그 글의 작가인 '문루다'에게 관심을 갖게 되고, 류다를 만나고 싶은 마음에 취재 차 러시아에 가면서 카자흐스탄을 들르게 된다. 알마아타(카자흐스탄의 옛 수도. 현재의 알마티)에 도착한 '나'는 한국교육원 직원의 안내를 받으며 여행하는데, 류다를 만나고 싶다는 말을 쉽게 꺼내지 못해 고민한다. 그러던 중 우연히 한글학교 선생과 우슈토베(카자흐스탄 남동부의 도시)를 방문하게 되고, 한글 선생의 소개로 류다의 오빠 친구인 미하일을 만난다. '나'는 미하일을 통해 류다가 여자라는 사실과 류다 가족이 몇 달 전 키르기스스탄으로 이사 갔다는 소식을 알게 된다. [미하일은 키르기스스탄의 이식쿨 호수와 그 호수를 배경으로 한 《하얀 배》라는 소설에 대해 이야기하고, 그 호수를 직접 보고 싶어진 '나'는 미하일에게 부탁해 키르기스스탄으로 떠나게 된다. '나'와 미하일은 미하일의 친구 스타니슬라브의 차를 빌려 고된 여행 끝에 키르기스스탄에 도착하고, 그곳에서 류다의 오빠 비탈리를 만나 함께 이식쿨로 향한다. 이식쿨 호수에 도착한 '나'는 호수를 직접 보았지만 애써 이곳까지 온 목적을 이루지 못했다는 생각에 사로잡힌다. '나'는 미진한 마음으로 돌아가던 중 유원지의 사이프러스나무 아래 서 있는 류다를 발견하게 된다. 류다를 소개받게 된 '나'는 류다의 "안녕하십니까"라는 또렷한 우리말을 듣고 미진했던 마음이 채워지는 것을 느낀다. '나'는 류다와 짧은 만남 후 알마아타로 돌아가면서 류다의 '안녕하십니까'에 고국에 대한 그리움이 담겨 있고 그것은 하얀 배의 또 다른 모습이라고 생각한다.]

- **인물 관계도**

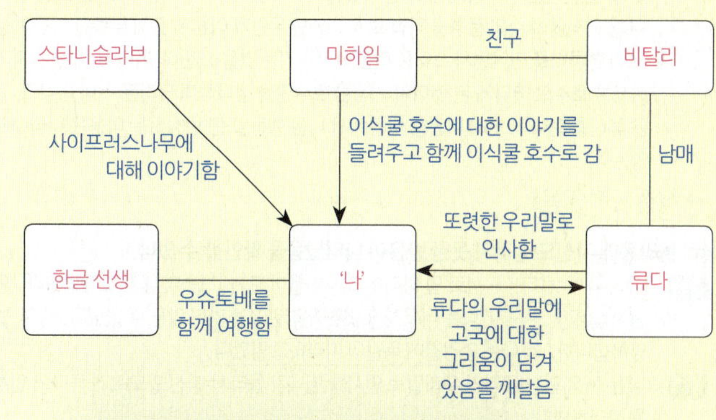

◀ 이식쿨 호수

㉠ ~ ㉤에 대한 이해로 적절하지 않은 것은?

① ㉠ : 이식쿨 호수와 관련된 이야기를 듣고 흥미를 느끼고 있음이 드러난다.

근거 ❷-7~❸-2 미하일의 말에 의하면 키르기스말로 이식쿨의 이식은 뜨겁다는 뜻이며, 쿨은 호수라고 했다. ~ 《하얀 배》라는 소설까지 들먹거렸다. ~ 한 소년이 호수를 떠가는 하얀 배를 보면서, 커다란 물고기가 되어 배를 따라가기를 꿈꾸는 이야기라는 것이었다. ~ ㉠ "하얀 배라……" 신비하고 아름다운 광경이 내 머리를 자극했다. ~ 미하일이 들려주는 이야기는 모두 그 호수를 향한 내 마음을 한층 북돋기에 부족함이 없는 것이었다.

풀이 '나'는 미하일로부터 이식쿨 호수에 대한 정보와 호수를 배경으로 한 《하얀 배》라는 소설의 이야기를 듣고 호수의 아름다운 풍경을 상상하며 흥미를 느낀다.

→ 적절함!

② ㉡ : 이식쿨 호수에 가고 싶어 하는 간절한 마음을 확인할 수 있다.

근거 ❸-4~6 ㉡ "꼭 거길 가봤으면 하는데……무슨 방법이 없었을까요?" 나는 한글 선생과 미하일을 번갈아 쳐다보며 간청하다시피 했다.

풀이 ㉡에서 '나'는 이식쿨 호수로 가는 방법을 물으며 그곳에 가고 싶은 간절한 마음을 드러내고 있다.

→ 적절함!

③ ㉢ : 계획에 없었던 새로운 *여정에 대한 기대감과 설렘이 나타난다. * 여행 일정

근거 ❸-9 이렇게 되어 나는 정말 뜻하지 않게 그 호수를 향하여 떠나게 된 것이었다./ 13 ㉢ 그러나 무엇보다도 내 가슴을 뛰게 한 것은 새로운 세계, 산속의 호수를 향해 가게 된 것이었다.

풀이 ㉢에는 계획에 없었던 이식쿨 호수를 갑자기 여행하게 된 '나'의 기대감과 설렘이 나타난다.

→ 적절함!

✓ **④ ㉣** : 이식쿨 호수만을 생각하며 달려왔던 것을 반성하는 마음이 드러난다.

근거 ❶-1~2 '나'는 취재 차 중앙아시아로 향하면서 ~ 말 배우는 아이'라는 글을 쓴 고려인 '류다'를 만나길 희망한다.

❸-9 나는 정말 뜻하지 않게 그 호수를 향하여 떠나게 된 것이었다.

❹ 그 호수를 보겠다고 해서, 카라가지나무와 주다나무와 미루나무와 버드나무를 이정표로 달려왔고, 드디어 보았다. 그러나…… 나는 머리에 '그러나'가 꼬리표처럼 따라붙는 것을 어쩌지 못했다. ~ ㉣ 나는 그 꼬리표를 떼어내려고 머리를 흔들었다. 그러나……

❺-23 '그러나'라고 미진했던 마음이 그녀의 "안녕하십니까"에 눈 녹듯 스러지는 듯싶었다.

풀이 '나'는 취재 일로 중앙아시아를 방문하면서 류다를 만나길 기대하는데 우연히 이식쿨 호수에 대한 이야기를 듣고 갑작스럽게 호수를 찾아가게 된다. 고된 여행 끝에 '나'는 이식쿨 호수의 풍경을 직접 보게 되지만 무언가 이루지 못해 부족한 마음이 들고 이후 류다를 만나면서 그러한 마음이 사라지는 것을 느낀다. 따라서 '나'는 갑자기 이식쿨 호수로 떠나게 된 것이지 이식쿨 호수만을 생각하며 달려온 것이 아니고, ㉣은 류다를 만나지 못해 미진한 마음에서 나온 행동일 뿐 반성하는 마음은 나타나지 않는다.

→ 적절하지 않음!

⑤ ㉤ : 놀라움에 자신도 생각지 못한 반응이 나타났음을 확인할 수 있다.

근거 ❺-8~18 "류다!" ~ 서로 몇 마디의 러시아말이 오가고 난 뒤 내가 소개되었다. "안녕하십니까." ~ 순간, 나는 너무나 또렷한 우리말에 놀라지 않을 수 없었다. ~ "아, 안녕하십니까." ㉤ 나는 엉겁결에 똑같이 따라하고 말았다.

풀이 '나'는 처음 만난 류다가 우리말로 인사를 건네자 놀라서 자신도 모르게 류다의 인사를 따라하였다.

→ 적절함!

ⓐ와 ⓑ에 대한 설명으로 가장 적절한 것은?

❺-20~21 ⓐ 개양귀비 꽃밭이 수런거리고, 숲 속의 들고양이들이 귀를 쫑긋거리고, 커다란 까마귀들이 전나무 가지를 치고 날았으며, 사막쥐들이 이리 뛰고 저리 뛰고, 돌소금이 하얗게 깔린 사막으로 큰바람이 이는 광경이 눈에 어른거렸다. 천산에서 빙하가 우르르르 무너지는 소리가 들린다고도 생각되었다.

❻-4~7 ⓑ 키르기스스탄의 사이프러스나무 아래 우리 민족의 말인 "안녕하십니까"의 의미를 전혀 새롭게 말하는 처녀가 있었다. 나는 돌아오는 차 안에서도 내내 그 모습이 머리에서 떠나지 않았다. 그리고 그 나무 아래서 호수를 바라보았을 때 물에 비치던 하얀 만년설의 산봉우리를 눈에 그렸다. 그리고 그것이 바로 하얀 배의 또 다른 모습이라고 깨달은 나는 입속으로 가만히 "안녕하십니까"를 되뇌었다.

✓ **①** ⓐ는 상상 속 장면을 활용하여, ⓑ는 과거 *회상을 활용하여 인물의 내면 상황을 드러내고 있다. * 돌이켜 떠올림

근거 ❺-19 나는 그 단순한 인사말이 왜 그렇게 깊은 울림으로 온몸을 떨리게 하는지 형언할 수 없는 감동에 휩싸였다.

풀이 ⓐ는 류다의 우리말을 듣게 된 '나'의 감동을 상상 속의 아름다운 풍경을 활용해 드러냈고, ⓑ는 류다가 우리말로 인사를 건네던 순간을 떠올리며 그 의미에 대해 생각하고 깨닫는 '나'의 내면 상황을 드러내고 있다.

→ 적절함!

② ⓐ는 *내적 독백을 사용하여, ⓑ는 **구어체를 사용하여 인물 사이의 대립 양상을 제시하고 있다. * 등장인물의 마음속 생각을 혼잣말로 드러내는 표현 방법 ** 글에서 쓰는 말투가 아닌, 일상적인 대화에서 주로 쓰는 말투

풀이 ⓐ는 '나'의 생각이 드러나 있으나 혼잣말 형식의 내적 독백은 사용하지 않았으며, 인물 사이의 대립 양상을 제시하고 있지도 않다. ⓑ는 일상적인 대화에서 사용되는 구어체를 사용하지 않았으며, 인물 사이의 대립 양상도 나타나지 않는다.

→ 적절하지 않음!

> **■ 내적 독백을 사용하여 인물 사이의 대립 양상을 제시하는 작품**
> • 김유정, 「봄·봄」 (2009년 고1 6월 학평, 2016학년도 6월 모평A)
> 우리 장인님은 약이 오르면 이렇게 손버릇이 아주 못됐다. 또 사위에게 이 자식 저 자식 하는 이놈의 장인님은 어디 있느냐. ~ 그러나 내겐 장인님이 감히 큰소리할 계제(형편)가 못 된다. 뒷생각은 못하고 뺨 한 개를 딱 때려 놓고는 장인님은 무색해서(무안해서) 덤덤히 쓴 침만 삼킨다. 난 그 속을 퍽 잘 안다. ~ 한창 바쁜 때인데 나 일 안 하고 우리 집으로 그냥 가면 고만이니까. 작년 이맘때도 트집을 좀 하니까 늦잠 잔다구 돌멩이를 집어 던져서 자는 놈('나')의 발목을 삐게 해 놨다. 사날(3~4일)씩이나 건숭(건성) '끙. 끙.' 앓았더니 종당(마지막)에는 거반(거의 절반) 울상이 되지 않았는가…….
> → '장인님'에 대한 '나'의 내적 독백을 제시함으로써 '나'와 장인 사이의 대립 양상을 제시하고 있다.
>
> **■ 구어체를 사용하여 인물 사이의 대립 양상을 제시하는 작품**
> • 채만식, 「치숙(어리석은 아저씨)」
> 저번에도 (내가 아저씨를) 한 번 혼을 단단히 내 주었지요. 아, 그랬더니 아주머니(아저씨의 아내)더러 한다는 소리가 그 녀석('나') 사람 버렸더라고, 아무짝에도 못 쓰게 길이 들었더라고 그러더라나요. 내 원, 그 소리를 듣고 하도 어처구니가 없어서! ~ 사람 속 차릴(철들) 여망(앞으로의 희망) 없어요. 그저 어디로 대나 손톱만치도 쓸모는 없고 남한테 사폐(해)나 끼치고, 세상에 해독만 끼칠 사람이니, 머 하루바삐 죽어야 해요. 죽어야 하고 또 죽어서 마땅해요.
> → '나'가 독자에게 말을 건네는 방식의 구어체를 사용하여 '나'와 '아저씨' 사이의 대립 양상을 제시하고 있다.

③ ⓐ는 전해 들은 이야기를 통해, ⓑ는 직접 경험한 사건을 통해 인물의 성격을 구체적으로 보여 주고 있다.

풀이 ⓐ는 전해 들은 이야기가 나타나지도 않고 인물의 성격을 구체적으로 보여 주고 있지도 않다. ⓑ는 '내'가 '류다'를 직접 만났던 사건이 나타나지만 이를 통해 인물의 성격을 구체적으로 보여 주고 있지 않다.

→ 적절하지 않음!

④ ⓐ는 외부 세계를 *묘사하여, ⓑ는 인물 간의 대화를 서술하여 인물이 처한 상황을 객관적으로 전달하고 있다. * 그림을 그리듯이 자세하게 말로 표현하여

풀이 ⓐ는 '나'가 상상하는 세계가 묘사되고 있을 뿐 외부 세계를 묘사하고 있지 않고, '나'의 감동이 드러나므로 인물이 처한 상황을 객관적으로 전달한다고 볼 수 없다. ⓑ에 인물 간의 대화는 나타나지 않으며, '나'의 깨달음이 드러날 뿐 인물이 처한 상황을 객관적으로 전달하고 있지 않다.

→ 적절하지 않음!

⑤ ⓐ는 앞으로 일어날 일들을 제시하여, ⓑ는 이전에 일어난 일들을 제시하여 인물의 심리 변화 과정을 나타내고 있다.

풀이 ⓐ는 '나'가 현재 느낀 감동을 표현한 것이므로 앞으로 일어날 일들을 제시하고 있지 않으며, '나'의 심리 변화 과정도 나타나지 않는다. ⓑ는 이전에 '류다'를 만났던 일을 제시하고 있으나, '나'의 심리 변화 과정은 나타나지 않는다.

→ 적절하지 않음!

1등급 문제

054 감상의 적절성 - 적절하지 않은 것 고르기 2023년 6월 학평 28번
정답률 40%, 매력적 오답 ④ 25%, ⑤ 15%, ②, ③ 10%
정답 ①

〈보기〉를 바탕으로 윗글을 감상한 내용으로 적절하지 않은 것은? **3점**

> | 보 기 |
> 1 이 작품에서 '하얀 배'는 외부 세계에 대한 동경(간절한 그리움)을 상징하는(나타내는) 것으로, 중앙아시아 동포들의 고국에 대한 그리움을 서정적으로(감정이나 분위기를 가득 담아) 드러내는 기능을 한다. 2 '나'는 하얀 배를 그리는(간절히 생각하는) 소년과 류다를 연결지어 이해하면서, 류다를 포함한 중앙아시아 동포(같은 민족)들이 시련이 연속되는 삶 속에서도 언어를 통해 민족의 정체성(원래의 참된 성질)을 잃지 않으려는 모습에 주목한다.

① '호수 밑에 옛날 도시'는 소년이 '하얀 배'를 타고 가고자 하는 동경의 공간으로 '나'가 지향하는 곳이군.

근거 ❷-1 "여기 사람들이 말하는데, 그 **호수 밑에 옛날 도시**가 가라앉아 있다고 그렇게 말합니다." / 10 한 소년이 호수를 떠가는 **하얀 배**를 보면서, 커다란 물고기가 되어 배를 따라가기를 꿈꾸는 이야기라는 것이었다.

풀이 '호수 밑에 옛날 도시'는 이식쿨 호수에 대해 미하일이 들려준 이야기 속 공간일 뿐, 호수에 살던 소년이 '하얀 배'를 타고 떠나고자 하는 동경의 공간도 아니고 '나'가 지향하는 공간으로 볼 수도 없다.

→ 적절하지 않음!

② 미하일이 '우리말을 꽤 정확하게 구사하'는 것은 민족의 정체성을 잃지 않으려는 동포들의 모습으로 볼 수 있군.

근거 〈보기〉-2 중앙아시아 동포들이 시련이 연속되는 삶 속에서도 언어를 통해 민족의 정체성을 잃지 않으려는 모습에 주목한다.
❶-3 알마아타에 도착한 '나'는 ~ 고려인 '미하일'로부터
❷-3 그(미하일)는 ~ 한국에도 갔다 왔다고 했는데, **우리말을 꽤 정확하게 구사하고** 있었다.

풀이 〈보기〉를 통해 윗글은 중앙아시아 동포들이 '언어를 통해 민족의 정체성을 잃지 않으려는 모습'을 나타내고 있음을 알 수 있다. 따라서 중앙아시아에 살고 있는 미하일이 '우리말을 꽤 정확하게 구사하'는 것은 민족의 정체성을 잃지 않으려는 동포들의 모습으로 볼 수 있다.

→ 적절함!

③ '광야에 파놓은 갈대 움막집의 흔적'은 중앙아시아 동포들이 겪었던 시련을 증명하는 것이겠군.

근거 〈보기〉-2 중앙아시아 동포들이 시련이 연속되는 삶
❶-1 '나'는 취재 차 중앙아시아로 향하면서 강제 이주된 고려인 동포들의 삶을 목격한다.
❸-10~11 우슈토베에의 여행에서 ~ 우리 동포들의 무덤을 보았고, 그들이 저 1937년에 내동댕이쳐 버려졌던 처절한 삶의 뿌리를 내리기 위해 **광야에 파놓은 갈대 움막집의 흔적**을 보았다.

풀이 '우슈토베에'에서 본 '광야에 파놓은 갈대 움막집의 흔적'은 중앙아시아로 강제 이주되었던 우리 동포들의 시련을 나타내는 것으로 볼 수 있다.

→ 적절함!

④ '나'는 류다의 '너무나 또렷한 우리말'에서 동포들의 고국에 대한 그리움을 읽어 내고 있군.

근거 〈보기〉-1 이 작품에서 ~ 중앙아시아 동포들의 고국에 대한 그리움
❺-8~14 "류다!" ~ "안녕하십니까." ~ 순간, 나는 **너무나 또렷한 우리말**에 놀라지 않을 수 없었다. / 16 그리고 그 말 뒤에 '이 말은 우리 민족 말입니다' 하는 말이 소리 없이 뒤따르고 있음도 또렷이 느낄 수 있었다. / 25 멀리 동방의 조상 나라를 동경하며 하얀 배를 그리는 모습이 거기에 있음을 알 수 있었다.

풀이 '나'는 류다의 '너무나 또렷한 우리말'을 듣고 그 말에 동포들의 고국에 대한 그리움이 담겨 있음을 알게 된다.

→ 적절함!

⑤ '나'는 '멀리 동방의 조상 나라'를 꿈꾸는 류다와 '배를 따라가기를 꿈꾸는' 소년을 연관 지었군.

근거 〈보기〉 이 작품에서 '하얀 배'는 외부 세계에 대한 동경을 상징하는 것으로, ~ '나'는 하얀 배를 그리는 소년과 류다를 연결지어 이해하면서,
❷-10 한 소년이 호수를 떠가는 하얀 배를 보면서, 커다란 물고기가 되어 **배를 따라가기를 꿈꾸는** 이야기라는 것이었다.
❺-23~25 그녀의 "안녕하십니까"에 ~ **멀리 동방의 조상 나라**를 동경하며 하얀 배를 그리는 모습이 거기에 있음을 알 수 있었다.

풀이 '나'는 류다의 인사말을 통해 고국에 대한 류다의 그리움을 느끼고, 미하일에게서 들은 소년과 하얀 배 이야기를 떠올린다. 이를 통해 '멀리 동방의 조상 나라'를 꿈꾸는 류다와 하얀 '배를 따라가기를 꿈꾸는' 소년을 연관 짓고 있음을 알 수 있다.

→ 적절함!

IV 현대소설

[055~058] 다음 글을 읽고 물음에 답하시오.

1 [앞부분의 줄거리] 국민학교(초등학교) 2학년생인 '나'는 궐기대(궐기대회(일어설 蹶 일어날 起 클 大 모일 會 : 어떤 문제에 대하여 해결책을 촉구하기 위해 뜻있는 사람들이 일어나 행동하는 모임)가 열릴 때마다 멧돼지('메시지'를 '멧돼지'로 알아들음)를 서너(3, 4) 마리씩 미국 대통령이나 유엔 사무총장(국제연합 사무국의 장)과 같은 외국 귀인(귀할 貴 사람 人 : 사회적 지위가 높고 귀한 사람)들에게 보낸다는 것을 알고 의아해한다(이상하게 생각한다).

→ 어린 '나'는 궐기대회 때마다 외국 귀인들에게 멧돼지를 보낸다는 사실을 의아해한다.

2 ¹어린 소견(바 所 견해 見 : 생각)에 도무지 알다가도 모를 노릇이었다. ²그런 식으로 마구 (멧돼지를) 보내 주다가는 오래지 않아 나라 안의 멧돼지는 깡그리(하나도 남김없이) 씨가 마를(모조리 없어질) 판이었다. ³그렇잖아도 가뜩이나 육고기가 부족한 가난뱅이 나라(우리나라를 의미)에서 서양 부자 나라의 지체(사회에서 차지하고 있는 신분이나 지위) 높은 양반들한테 뭣 때문에 툭하면 그 귀한 멧돼지들을 보낸단 말인가. ⁴또 보낸다면 그 멀고 먼 나라까지 무슨 수로, 그리고 어떤 모양으로 그 짐승들을 보낸단 말인가.

→ '나'는 외국에 멧돼지를 보내는 것을 도무지 이해할 수가 없다.

3 ¹멧돼지 보내기가 몇 번이나 되풀이된 다음, 마지막 순서로 혈서(피 血 글 書 : 제 몸의 피를 내어 자기의 결심, 청원, 맹세 따위를 담은 글) 쓰기가 시작되었다. ²검정색 학생복(교복) 차림의 피 끓는 청년 학도(배울 學 무리 徒 : 학생)들이 차례차례 연단(행할 演 강단 壇 : 연설이나 강연을 하는 사람이 올라서는 단)에 올라 손가락을 깨물어 하얀 천 위에다 붉게 혈서를 쓰고 있었다. ³그쯤에서 진력이 날 대로 나버린(다할 盡 힘 力 : 힘이 다 빠지고 싫증이 날 대로 나버린, '진력'은 있는 힘을 다함을 의미) 급우(등급 級 친구 友 : 같은 반) 녀석들이 나를 향해 자꾸만 눈짓을 보내왔다. ⁴엎어지면 코 닿을 자리(매우 가까운 곳)에 집이 있는 내가 몇몇 친한 녀석들을 데리고 몰래 광장을 빠져나와 걸구대가 끝날 때까지 우리 식당에서 즐거운 시간을 함께 보낸 적이 종종 있었던 까닭이었다. ⁵녀석들과 함께 걸구대에서 막 도망쳐 나오려는 순간이었다. ⁶바로 그때 새롭게 연단에 오른 청년(여기서는 창권이 형)의 모습이 내 발목을 꽉 붙잡았다. ⁷그보다 앞서 혈서를 쓴 학생들과 달리 그는 학생복 차림이 아니었다. ⁸검정물로 염색한 군복(군사 軍 옷 服 : 군인의 제복)을 걸친 그 헙수룩한(옷차림이 어지럽고 허름한) 모습이 먼빛(멀리서 언뜻 보이는 모양)으로 봐도 어쩐지 많이 눈에 익어(익숙해) 보였다. ⁹잠시 후에 열 손가락을 모조리 깨물어 혈서를 쓴, 참으로 보기 드문 열혈(더울 熱 피 血 : 열렬한 정신이나 격렬한 정열을 지닌) 애국 청년(여기서는 창권이 형)이 등장했음을 걸구대 사회자가 확성기(넓힐 擴 소리 聲 도구 器 : 소리를 크게 하여 멀리까지 들리게 하는 기구)를 통해 널리 알렸다. ¹⁰곧이어 '북진(북녘 北 나아갈 進 : 북쪽으로 진출하거나 공격하기 위해 나아감)통일'이라고 대문짝만 하게 적힌 혈서가 청중에게 공개되었다. ¹¹치솟는 박수갈채(칠 拍 손 手 우쪔 喝 풍채 采 : 손뼉을 치고 소리를 질러 환영함)로 역전(역 驛 앞 前 : 역의 앞쪽) 광장이 갑자기 떠나갈 듯 요란해졌다(흔들 搖 어지러울 亂 : 시끄럽고 떠들썩해졌다). ¹²설마 그럴(창권이 형일) 리가 있겠느냐고, 혹시 내가 잘못 봤을지도 모른다고 생각하면서 나는 고개를 저었다. ¹³나는 몇몇 급우들과 함께 슬며시(눈에 띄지 않게 가만히) 광장을 벗어나고 말았다.

→ '나'는 궐기대회에서 열 손가락을 깨물어 혈서를 쓰는 청년의 모습이 눈에 익어 보였다.

4 ¹내가 결코 잘못 본 게 아니라는 사실이 이윽고 밝혀졌다. ²창권이 형은 열 손가락에 빨갛게 핏물이 밴 붕대를 친친 감은 채 식당에 돌아옴으로써 어머니와 나를 기절초풍케(기절하거나 까무러칠 정도로 몹시 놀라 질겁을 하게) 만들었다. ³너무도 어처구니가 없는 나머지 어머니는 형이 돌아오면 퍼부으려고 잔뜩 별러서(준비를 단단히 해서) 장만했던 욕바가지를 꺼내들 엄두(마음)조차 못 낼 정도였다. ⁴아프지 않더냐는 내 걱정에 형은 마치 남의 살점 얘기하듯 심상하게(생각할 尋 예사로울 常 : 별일 아니라는 듯이) 대꾸했다.

⁵"괜찮어(괜찮아). ⁶어째피 남아도는 피니깨."

→ 열 손가락에 붕대를 감은 채 돌아온 창권이 형을 본 어머니와 '나'는 기절초풍한다.

5 ¹그 혈서 사건 이후부터 창권이 형은 자기 몸 안에 들끓는 더운 피를 덜어내기 위해 이따금 주먹으로 자신의 코쭝배기(코)를 후려쳐 일부러 코피를 쏟아 내야 하는 수고를 더 이상 할 필요가 없게 되었다. ²그리고 어머니 말마따나(말처럼) 형은 정말 우리 식당에서 아무짝에도 쓸모없는 인간으로 완전히 바뀌어 버렸다. ³역전 광장에서는 사흘(3일)이 멀다 하고 크고 작은 걸구대가 잇달아 벌어졌다. ⁴덕분에 형의 상처 난 손가락들은 좀체(좀처럼)

아물(상처가 나을) 새(사이)가 없었다. ⁵걸구대 때마다 단골로 혈서를 쓰는 열혈 애국 청년 노릇에 워낙 바쁘다 보니 식당 안에 진드근히(참을성 있고 의젓하게) 붙어 있을 겨를도 없었다. ⁶어머니는 결국 역마살(역 驛 말 馬 제약할 煞 : 늘 분주하게 이리저리 떠돌아다니게 된 운수)이 뻗쳐 하고많은 날들을 밖으로만 나대는 형의 발을 묶어 식당 안에 주저앉히려는 노력을 포기할 지경에 이르렀다. ⁷형은 어느덧 장국밥(더운 장국에 밥을 만 음식)을 전문으로 하는 식당의 허드재비(그다지 중요하지 않은 일(을 하는)) 심부름꾼에서 당당한 손님으로 격(자리 格 : 지위)이 달라져 있었다.

→ 창권이 형은 궐기대회 때마다 단골로 혈서를 쓰는 열혈 애국 청년 노릇에 빠졌다.

6 ¹중요한 일로 높은 사람들을 만나러 간다며 아침 일찍 집을 나선 창권이 형이 해 질 녘에 다다가(난데없이 갑자기) 고등학생으로 변해 돌아왔다. ²그동안 형의 변모(변할 變 모양 貌 : 바뀐 모습)는 너무나 급격해서 그러잖아도 눈알이 팽팽 돌 지경이었는데, 방금 새로 사 입은 빳빳한 학생복에 어엿이(당당하고 떳떳하게) 어느 학교의 교표(학교 校 표할 標 : 학교를 상징하는 무늬를 새긴 리본이나 배지)까지 붙인 학생모(학생이 쓰는 모자) 차림은 상상을 뛰어넘는 것이라서 어머니와 나는 다시 한번 할 말을 잃고 말았다.

³"일트레면은(이를테면) 가짜배기 나이롱(가짜) 고등과 학생인 심이지(셈이지)."

⁴언제 학교에 들어갔느냐는 내 물음에 형은 천연덕스레(아무렇지 않은 척) 대꾸하고 나서 한바탕 히히거렸다. ⁵가짜 대학생 이야기는 더러 들어봤어도 가짜 고등학생은 형이 처음이었다.

⁶"핵교도 안 댕기는 반거충이(무엇을 배우다가 중도에 그만두어 다 이루지 못한 사람) 청년이 단골 혈서가란 속내(드러나지 않은 일)가 알려지는 날이면 넘들 보기에도 모냥이 숭칙허다고(모양이 흉측하다고), 날더러 당분간 고등과 학생 숭내(흉내)를 내고 댕기란다."

⁷형은 모자에 붙은 교표에 호호 입김을 불어 소맷부리로 정성스레 광을 내기 시작했다. ⁸안 그래도 새것임을 만천하(찰 滿 하늘 天 땅 下 : 온 세상)에 광고하듯 ⓐ너무 번뜩여서 오히려 탈이 난 그 금빛의 교표를 형은 내친김에(일을 시작한 김에) 아예 순금제(순수할 純 금 金 만들 製 : 순수한 금으로 만든 것)로 바꿔 놓을 작정인 듯 시간 가는 줄 모르고 일삼아 닦고 또 닦아 댔다. ⁹나는 국민학교 졸업이 학력의 전부인 형을 한동안 물끄러미 바라보았다. ¹⁰가정 형편이 어려워 어릴 때부터 남의집살이(남의 집안일을 하여 주며 그 집에 붙어사는 일)로 잔뼈를 굵혀 나온(오래 일해 온) 형은 자신을 진짜배기 고등학생으로 착각하고 있는 기색(기운 氣 얼굴빛 色 : 얼굴빛)이었다.

¹¹"요담번 궐기대회 때부텀 나가(내가) 맥아더 원수(Douglas MacArthur : 태평양 전쟁 미군 최고사령관. 6 · 25 전쟁 때는 인천 상륙 작전을 지휘하여 큰 성과를 냄)에게 보내는 멧세지(메시지) 낭독(소리 높이 朗 읽을 讀 : 글을 소리 내어 읽음)까장 맡어서 허기로 결정이 나뿌렀다."

¹²형은 교표 닦기를 끝마친 후 호주머니에서 피난민(피할 避 난리 難 백성 民 : 재난을 피하여 가는 백성) 시체로부터 선사(선물 膳 줄 賜 : 선물)받은 금장의(금 金 꾸밀 裝 : 금으로 장식한) 회중시계(品을 懷 안 中 때 時 셈 計 : 몸에 지닐 수 있게 만든 작은 시계)를 꺼내어 더욱더 공력(공 功 힘 力 : 정성과 힘)을 들여 삐까번쩍 광을 내기 시작했다. ¹³정말 갈수록 태산이었다. ¹⁴형은 걸구대에서 자신이 맡은 역할이 단골 혈서가 노릇 말고 다른 중요한 것이 더 있음을 자랑스레 밝히는 중이었다. ¹⁵나는 멧돼지를 멧세지라 잘못 발음한 형의 실수를 부득이(마지못하여 하는 수 없이) 지적하지 않을 수 없었다. ¹⁶하지만 무식한 가짜 고등학생(여기서는 창권이 형)은, 멧돼지가 아니라고, 꼬부랑말(영어 따위의 서양 말을 낮추어 이르는 말)로 멧세지가 맞다고 턱도 없는 우김질(우기는 짓)을 끝까지 계속했다.

▲ 회중시계
(**ⓐ**-12)

→ 고등학생 차림으로 귀가한 창권이 형은 궐기대회에서 메시지 낭독까지 맡아 하게 되었음을 자랑스럽게 밝힌다.

(중략)

7 ¹창권이 형의 마지막 활약상(살 活 뛸 躍 모습 相 : 활발히 활동하는 모습)은 그리 오래 지속되지 못했다. ²그날도 형은 군산(전라북도에 있는 지역)으로 원정(멀 遠 갈 征 : 먼 곳으로 떠남)을 떠나 적성중립국 감시위원들의 추방을 요구하는(참고) 1953년 6 · 25 전쟁이 휴전으로 일단락되면서, 유엔군 측과 공산군 측은 휴전 협정의 준수 여부를 감시하기 위해 유엔군 측이 추천한 스웨덴과 스위스, 공산군 측이 추천한 폴란드, 체코슬로바키아 등 네 나라로 구성된 중립국 감시위원단이 구성되었음. 그런데 1955년 여름, 폴란드와 체코슬로바키아가 중립국 감시 위원회 활동을 하면

서 북측을 위해 스파이 활동을 했다는 사실이 발표되자 전국에서 적성 감시 위원단을 몰아내기 위한 대규모 규탄 대회와 시위가 벌어졌음) **시위대의 선두**(앞 先 맨 앞 頭 : 맨 앞)에 섰다. ³시위 분위기가 무르익자 형은 그만 흥분을 **가누지**(다스리지) 못하고 미군 부대 철조망을 타 넘는 **만용**(거칠 蠻 과감할 勇 : 분별없이 함부로 날뛰는 객기나 허세)을 부렸다. ⁴바로 그때 경비병들이 송아지만 한 **셰퍼드**(shepherd : 개 품종의 하나)들을 풀어놓았다. ⁵형은 셰퍼드들의 집중 공격을 받아 엉덩이 살점이 **뭉텅**(제법 크게) 뜯겨 나가고 왼쪽 발뒤꿈치의 **인대**(질길 靭 띠 帶 : 관절의 뼈 사이와 관절 주위에 있는, 노끈이나 띠 모양의 결합 조직)가 끊어지는 **중상**(무거울 重 상처 傷 : 심한 부상)을 **입**었다. ⁶형이 병원에서 퇴원할 때는 이미 한쪽 다리를 저는 **불구**(아닐 不 온전할 具 : 몸의 어느 부분이 온전하지 못한 상태)의 몸으로 변해 있었다.

→ 시위대의 선두에 섰던 창권이 형은 만용을 부리다가 불구의 몸이 된다.

8 ¹퇴원한 뒤에도 창권이 형은 한동안 우리 집에 계속 머물렀다. ²형의 그 가짜배기 애국 학도 **행각**(다닐 行 다리 脚 : 행동)을 **애초부터**(맨 처음부터) 꼴같잖게(못마땅하게) 여기던 어머니는 **쩔쑥쩔쑥**(절뚝절뚝) 기우뚱거리는 걸음걸이로 하릴없이(달리 어떻게 할 도리가 없이) 식당 안팎을 서성이는 **먼촌붙이**(먼 촌수의 피붙이) 조카를 **눈엣가시**(밉거나 싫어 눈에 거슬리는 사람)로 알고 **노골적으로**(드러낼 露 뼈 骨 : ~의 的 : 숨김없이 다 내놓음) **박대했**다(야박할 薄 대접할 待 : 인정 없이 모질게 대했다). ³우리 식당에 빌붙어(기대어) **눈칫밥**(남의 눈치를 보아 가며 얻어먹는 밥)이나 축내며 지내던 어느 날, 형은 마침내 시골집으로 돌아갈 결심을 굳혔다.

→ 어머니의 박대를 받던 창권이 형은 시골집으로 돌아갈 결심을 한다.

9 ¹떠나기 전날 밤, 창권이 형은 **보퉁이**(물건을 싸서 꾸려 놓은 보따리)를 다 꾸린 다음 크게 **선심**(착할 善 마음 心 : 남에게 베푸는 후한 마음)이라도 쓰는 척하면서 내게 금장 회중시계를 만져 볼 기회를 딱 한 차례 허락했다. ²**행여**(혹시) 닳기라도 할까 봐 오래 구경시키는 것마저도 꺼려 하던(싫어하던) 그 **귀물**(귀할 貴 물건 物 : 귀중한 물건. 여기서는 금장 회중시계) 단지(참고) 앞에 나온 '귀물'을 낮잡아 이르는 말을 형이 내 손에 통째로 맡긴 것은 그때가 처음이자 마지막이었다. ³피난민 시체로부터 받은 선물이라고 주장하던 그 **회중시계**가 내 작은 손바닥 위에 제법 묵직한 **중량감**(무게 重 잴 量 느낄 感 : 물체의 무게에서 오는 묵직한 느낌)으로 올라앉아 있었다. ⁴등잔불 그늘 안에서도 **말갛고**(맑고) 은은한 광휘(빛 光 빛날 輝 : 환하고 아름다운 빛)를 발산하는 금시계를 **일삼아**(계속하여) 들여다보고 있자니 마치 형의 금빛 찬란하던 한때를 **그것**(여기서는 금장 회중시계)이 째깍째깍 **증언하는**(증명할 證 말할 言 : 증명하는) 듯한 느낌이 언뜻 들었다. ⁵전쟁 기간을 통틀어 형의 **수중**(손 手 안 中 : 손의 안)에 남겨진 **유일한 전리품**(싸움 戰 이익 利 물건 品 : 전쟁 때에 적에게서 빼앗은 물품)이었다.

⁶"형이 옳았어."

⁷회중시계를 되돌려 주면서 형의 **호의**(좋을 好 뜻 意 : 친절한 마음씨. 여기서는 금장 회중시계를 만져 보게 해 준 것)에 대한 답례 삼아 뭐가 형에게 위로가 될 적당한 말을 찾느라 나는 복잡한 머릿속을 한참이나 **뒨장질하지**(뒤져내지) 않으면 안 되었다.

⁸"멧돼지가 아니었어. ⁹멧세지가 맞는 말이여."

¹⁰내 말에 아무런 대꾸 없이 형은 그저 보일락말락 미소만 **시부저기**(슬쩍) 흘리고 있을 따름이었다.

→ 떠나기 전날 밤, 창권이 형은 내게 회중시계를 만져 보게 해 주고, '나'는 멧돼지가 아니라 멧세지가 맞다며 형이 옳았음을 인정한다.

- 윤흥길, 「**아이젠하워**(Eisenhower. 미국의 제34대 대통령(1953~1961))에게 보내는 멧돼지」 -

---

• **윤흥길** 〔중요 작가〕

「날개 또는 수갑」(2025학년도 9월 모평), 「아홉 켤레의 구두로 남은 사내」(2016학년도 수능B), 「매우 잘생긴 우산 하나」(2022학년도 수능) 기출. 고3 평가원 시험에 3번 이상 출제된 작가이다. 왜곡된 역사 현실과 삶의 부조리를 드러내며, 그것을 극복하려는 인간의 노력을 묘사하는 작품을 썼다. 윤흥길의 대표 작품들은 기본 줄거리와 특징을 정리해 두는 것이 좋다.

• **중심 내용**

궐기대회에서 단골 혈서가 노릇을 하던 창권이 형은 시위대 선두에서 만용을 부리다가 불구의 몸이 된다. 시골집으로 떠나기 전날 밤, 형은 내게 형의 유일한 전리품인 금장 회중시계를 만져 볼 기회를 주고, '나'는 멧돼지가 아니라 멧세지가 맞다며 형이 옳았음을 인정한다.

• **전체 줄거리** ([ ] : 지문 내용)

오랫동안 동창회와 담을 쌓은 채 소식이 없던 하인철이 갑자기 동창회에 참석한다. 무역업을 한다고 밝힌 인철에 대해 아는 사람은 아무도 없었다. 김 교장이 인철을 다음 이야기 당번으로 지목하자, 그가 이야기를 들려준다. (외화)

'**나**(인철)'가 겪은 6·25 전쟁은 이리역을 수원역으로 잘못 안 미군의 폭격으로부터 시작되었다. 국민학교 2학년이었던 '나'는 친구들과 폭격을 피해 학교 **방공호**(적의 항공기 공습이나 대포, 미사일 따위의 공격을 피하기 위하여 땅속에 파 놓은 굴이나 구덩이)에 숨었다가 비행기 폭격에 직접적인 피해를 입었다는 철도역을 구경하러 달려간다. 역전 광장 입구에서 '나'는 우리 식당 허드레꾼으로 일하는 **먼촌**(먼 친척)인 창권이 형을 만난다. 형은 피난민 시체 옆에서 주운 것이라는 금장 회중시계를 자랑스럽게 꺼내 보인다.

전쟁이 터진 지 한 달 만에 **인민군**(북한 군대)이 시내를 점령하자 우리 식당은 문을 닫게 되었고, 그 바람에 창권이 형은 고향집으로 돌아갔다가 두 달 후 유엔군이 시내에 **주둔하자**(임무 수행을 위해 머무르자) 다시 돌아온다. **수복**(잃었던 땅을 되찾음)이 되자 역전 광장에서는 궐기대회가 종종 열렸고, 우리 학교는 전교생이 궐기대회에 동원되곤 하였다. [그날도 역전 광장에서는 북진통일을 부르짖는 궐기대회가 열렸고, '나'는 그곳에서 열 손가락을 깨물어 혈서를 쓰는 창권이 형을 보게 된다. 이후 궐기대회에서 단골 혈서가 노릇을 하던 창권이 형은 어느 날 고등학생 차림으로 귀가하여 앞으로는 궐기대회에서 자기가 메시지 낭독까지 맡아 하게 되었음을 자랑스럽게 밝힌다. 그러자 '나'는 멧돼지를 멧세지라 잘못 발음하였다며 형의 실수를 지적한다.] 형은 단골 혈서가에서 소문난 **반공**(공산주의에 반대함) 웅변가로 확실하게 자리를 잡아간다. 각종 궐기대회에서 영웅적인 활약을 하는 형이 자랑스러웠던 '나'는 그만 급우들 앞에서 형의 정체가 우리 식당 심부름꾼으로 일하는 가짜배기 나이롱 학생이라는 것을 밝히고 만다. 형의 실체를 놓고 '나'와 급우들 사이에 시비가 벌어지자 담임 선생님은 내게 그런 소리를 함부로 떠들면 안 된다고 엄중한 경고를 한다.

한편, 휴전 반대 시위의 실패로 기세가 꺾이기 시작한 [형은 군산으로 원정을 떠나 적성 중립국 감시위원들의 추방을 요구하는 시위대의 선두에 서서 만용을 부리다가 불구의 몸이 되고 만다. 시골집으로 떠나기 전날 밤, 형은 내게 자신의 유일한 전리품인 금장 회중시계를 만져 볼 기회를 주고, '나'는 멧돼지가 아니라 멧세지가 맞다며 형이 옳았음을 인정한다.] 시골집으로 돌아간 형은 이후 두 번 다시 돌아오지 않았다. (내화)

창권이 형을 두고 '영웅이다, 전시 상황에서 흔히 있을 수 있는 이용물에 불과하다, 자기가 이용당하는 줄도 모르고 허수아비 노릇에 고꾸라진 불쌍한 종자다' 등의 **설왕설래**(말씀 說 갈 往 말씀 說 갈 來 : 무슨 일의 옳고 그름을 따지느라고 말로 옥신각신함)가 이어지자 김지겸은 하인철에게 결론을 내려보라고 한다. 그러나 하인철은 수수께끼 같은 웃음만 보일 뿐이다. (외화)

• **인물 관계도**

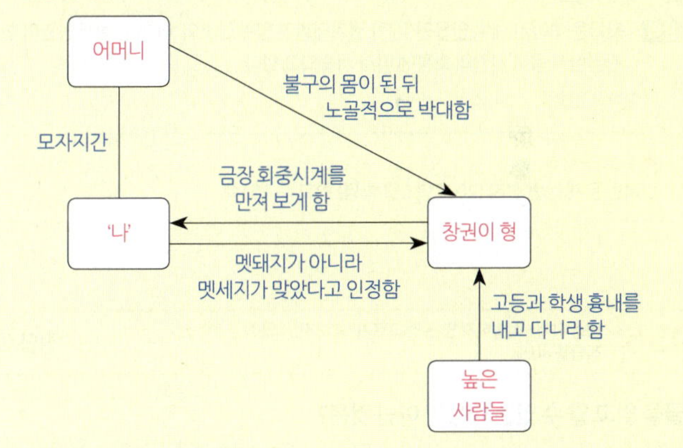

---

055 | 서술상 특징 - 적절한 것 고르기 2023년 3월 학평 34번
정답률 80% | 정답 ①

윗글에 대한 설명으로 가장 적절한 것은?

① 이야기 내부 인물이 중심인물의 행동과 그에 대한 자신의 생각을 서술하고 있다.

〔근거〕 ❻-7~10 형은 모자에 붙은 교표에 호호 입김을 불어 소맷부리로 정성스레 광을 내기 시작했다. ~ 나는 국민학교 졸업이 학력의 전부인 형을 한동안 물끄러미 바라보았다. 가정 형편이 어려워 어릴 때부터 남의집살이로 잔뼈를 굵혀 나온 형은 자신을 진짜배기 고등학생으로 착각하고 있는 기색이었다. / 12~13 형은 교표 닦기를 끝마친 후 호주머니에서 피난민 시체로부터 선사 받은 금장의 회중시계를 꺼내어 더욱 더 공력을 들여 삐까번쩍 광을 내기 시작했다. 정말 갈수록 태산이었다.

〔풀이〕 윗글은 이야기 내부 인물인 '나'가 중심인물인 창권이 형의 행동과 그에 대한 자신의 생각을 서술하고 있는 1인칭 관찰자 시점의 작품이다.

→ 적절함!

② 이야기 내부 인물이 인물과 인물 사이의 갈등을 해소하는 과정을 보여 주고 있다.

근거 **8**-2 형의 그 가짜배기 애국 학도 행각을 애초부터 꼴같잖게 여기던 어머니는 쩔쑥쩔쑥 기우뚱거리는 걸음걸이로 하릴없이 식당 안팎을 서성이는 먼촌붙이 조카를 눈엣가시로 알고 노골적으로 박대했다.

풀이 윗글에서는 창권이 형을 못마땅하게 여기는 어머니가 형을 노골적으로 박대하는 부분 등에서 인물과 인물 사이의 갈등이 나타난다고 볼 수 있다. 그러나 이야기 내부 인물이 인물과 인물 사이의 갈등을 해소하는 과정을 보여 주고 있지는 않다.

→ 적절하지 않음!

③ 이야기 내부 인물이 과거와 현재를 반복적으로 *교차하며 자신의 경험을 전달하고 있다. *번갈아 보여 주며

풀이 윗글에서는 이야기 내부 인물인 '나'가 창권이 형과 얽힌 경험들을 시간의 흐름에 따라 전달하고 있을 뿐 과거와 현재를 반복적으로 교차하고 있지는 않다.

→ 적절하지 않음!

이야기 내부 인물이
④ 이야기 외부 서술자가 특정 소재와 관련된 인물의 내면 심리를 묘사하고 있다.

근거 **9**-4~5 등잔불 그늘 안에서도 말갛고 은은한 광휘를 발산하는 금시계를 일삼아 들여다보고 있자니 마치 형의 금빛 찬란하던 한때를 그것이 째깍째깍 증언하는 듯한 느낌이 언뜻 들었다. 전쟁 기간을 통틀어 형의 수중에 남겨진 유일한 전리품이었다.

풀이 창권이 형의 금장 회중시계와 관련된 '나'의 내면 심리가 묘사된 부분은 있으나, 이를 묘사한 주체는 이야기 외부 서술자가 아닌 이야기 내부 인물인 '나'이다.

→ 적절하지 않음!

■ 이야기 외부 서술자가 특정 소재와 관련된 인물의 내면 심리를 서술하고 있는 작품
• 윤영수, 「착한 사람 문성현」 (2019년 고1 6월 학평)
조용해지고부터, 체머리를 흔들지 (머리가 저절로 계속 흔들리지) 않고부터, 입을 다물고부터 그는 텔레비전을 보기 시작했다. 그 속에 산과 들, 밀림이 있었다. ~ 먼 나라에는 이상한 풍습을 가진 이상한 사람들이 있었다. 세상은 볼수록 흥미진진한 것들로 가득 차 있었다. 다른 이처럼 앉지도 서지도 걸어다닐 수도 없는 그에게는 텔레비전을 통해 보는 다른 이들의 삶이 한편으로는 가슴 떨리는 열망이었으나 또 한편으로는 부서뜨리고 싶은 안타까움이기도 했다.
→ 이야기 외부 서술자가 '텔레비전'과 관련된 '그'의 내면 심리를 서술하고 있다.

⑤ 이야기 외부 서술자가 서로 다른 공간에서 동시에 일어나는 사건들을 *나열하고 있다. *죽 늘어놓고

풀이 윗글은 이야기 내부 인물인 '나'가 궐기대회가 열린 장소와 '나'의 집에서 창권이 형을 관찰한 내용이 시간의 흐름에 따라 서술되고 있다.

→ 적절하지 않음!

■ 소설의 시점
004번 문제 ③번 선지 (2021년 6월 학평) 참고 → 151쪽

---

056 내용 이해 – 적절하지 않은 것 고르기 2023년 3월 학평 35번
정답률 80% 정답 ②

윗글을 읽고 알 수 있는 내용이 <u>아닌</u> 것은?

① '나'는 궐기대회가 끝나기 전 친구들과 도중에 나온 적이 있었다.

근거 **3**-4 엎어지면 코 닿을 자리에 집이 있는 내가 몇몇 친한 녀석들을 데리고 몰래 광장을 빠져나와 궐구대가 끝날 때까지 우리 식당에서 즐거운 시간을 함께 보낸 적이 종종 있었던 까닭이었다.

풀이 '나'는 몇몇 친한 녀석들과 몰래 광장을 빠져나와 궐기대회가 끝날 때까지 우리 식당에서 즐거운 시간을 함께 보낸 적이 종종 있었다고 하였다. 따라서 '나'가 궐기대회가 끝나기 전 친구들과 도중에 나온 적이 있었음을 알 수 있다.

→ 적절함!

직접 목격했고, 차후에 확실히 알게 되었다
② '나'는 창권이 형이 궐기대회에서 혈서를 쓴 사실을 어머니를 통해 전해 들었다.

근거 **3**-8 검정물로 염색한 군복을 걸친 그 헙수룩한 모습이 먼빛으로 봐도 어쩐지 많이 눈에 익어 보였다./ 12 설마 그럴 리가 있겠느냐고, 혹시 내가 잘못 봤을지도 모른다고 생각하면서 나는 고개를 저었다./ **4**-1~2 내가 결코 잘못 본 게 아니라는 사실이 이윽고 밝혀졌다. 창권이 형은 열 손가락에 빨갛게 핏물이 밴 붕대를 친친 감은 채 식당에 돌아옴으로써 어머니와 나를 기절초풍케 만들었다.

풀이 '나'는 창권이 형이 궐기대회에서 혈서를 쓴 사실을 어머니를 통해 전해 들은 것이 아니다. '나'는 궐기대회에서 혈서를 쓰는 청년을 먼빛으로 보고 많이 눈에 익다고 생각했고, 열 손가락에 빨갛게 핏물이 밴 붕대를 친친 감은 채 식당에 돌아온 형을 봄으로

써 궐기대회에서 군복 차림으로 혈서를 쓴 인물이 창권이 형임을 확실하게 알게 된 것이다.

→ 적절하지 않음!

③ 창권이 형은 열혈 애국 청년 노릇으로 바빠지게 되자 식당 심부름꾼으로 일할 겨를이 없었다.

근거 **5**-5 궐구대 때마다 단골로 혈서를 쓰는 열혈 애국 청년 노릇에 워낙 바쁘다 보니 식당 안에 진드근히 붙어 있을 겨를도 없었다./ 7 형은 어느덧 장국밥을 전문으로 하는 식당의 허드재비 심부름꾼에서 당당한 손님으로 격이 달라져 있었다.

풀이 식당의 허드재비 심부름꾼이던 창권이 형은 궐기대회 때마다 단골로 혈서를 쓰는 열혈 애국 청년 노릇으로 바빠져서 식당에 붙어 있을 겨를조차 없게 되었다고 하였으므로 적절하다.

→ 적절함!

④ 창권이 형은 퇴원 후 어머니에게 노골적인 박대를 받던 끝에 고향으로 돌아갈 결심을 했다.

근거 **8**-2~3 어머니는 쩔쑥쩔쑥 기우뚱거리는 걸음걸이로 하릴없이 식당 안팎을 서성이는 먼촌붙이 조카를 눈엣가시로 알고 노골적으로 박대했다. 우리 식당에 빌붙어 눈칫밥이나 축내며 지내던 어느 날, 형은 마침내 시골내로 돌아갈 결심을 굳혔다.

풀이 창권이 형이 퇴원한 후 어머니는 먼촌붙이 조카인 창권이 형을 노골적으로 박대했고, 이로 인해 형은 마침내 시골집으로 돌아갈 결심을 굳히게 되었으므로 적절하다.

→ 적절함!

⑤ 어머니는 창권이 형이 궐기대회에서 박수갈채를 받으며 애국 학도로 행세하는 것을 못마땅하게 여겼다.

근거 **8**-2 형의 그 가짜배기 애국 학도 행각을 애초부터 꼴같잖게 여기던 어머니

풀이 어머니는 창권이 형의 가짜배기 애국 학도 행각을 애초부터 꼴같잖게 여겼으므로 적절하다.

→ 적절함!

---

057 소재의 의미 – 적절한 것 고르기 2023년 3월 학평 36번
정답률 65%, 매력적 오답 ① 15%, ④ 10% 정답 ⑤

㉠에 대한 이해로 가장 적절한 것은?

6-8 안 그래도 새것임을 만천하에 광고하듯 ㉠ 너무 번뜩여서 오히려 탈인 그 금빛의 교표를 형은 내친김에 아예 순금제로 바꿔 놓을 작정인 듯 시간 가는 줄 모르고 일삼아 닦고 또 닦아 댔다.

신분을 위장하기
① 빛나는 교표로는 오히려 창권이 형의 *능청스러운 성격을 **은폐하기 어려움을 의미한다. *엉큼한 마음을 숨기고 겉으로는 아무렇지 않게 행동하는 ** 숨기기

풀이 '교표'는 창권이 형을 고등학생으로 위장하는 역할을 하는 것으로, 창권이 형의 능청스러운 성격을 은폐하기 위한 소재로 볼 수 없다.

→ 적절하지 않음!

② 교표가 빛이 날수록 오히려 창권이 형이 자신의 행동을 부끄럽게 생각할 수 있음을 의미한다.

근거 **6**-3~4 "일트레면은 가짜배기 나이롱 고등과 학생인 심이지." 언제 학교에 들어갔느냐는 내 물음에 형은 천연덕스레 대꾸하고 나서 한바탕 히히거렸다./ 10 가정 형편이 어려워 어릴 때부터 남의집살이로 잔뼈를 굵혀 나온 형은 자신을 진짜배기 고등학생으로 착각하고 있는 기색이었다.

풀이 창권이 형은 자신을 가짜배기 나이롱 고등과 학생이라고 하며 한바탕 히히거리고, 자신을 진짜배기 고등학생으로 착각하고 있는 기색이었으므로 자신의 행동을 부끄럽게 생각한다고 보기 어렵다.

→ 적절하지 않음!

③ 번뜩이는 교표로 인해 궐기대회에서 창권이 형이 맡는 역할이 오히려 축소될 수 있음을 의미한다.

근거 **6**-11 "요담번 궐기대회 때부텀 나가 맥아더 원수에게 보내는 멧세지 낭독까장 맡어서 허기로 결정이 나뿌렀다."/ 14 형은 궐구대에서 자신이 맡은 역할이 단골 혈서가 노릇 말고 다른 중요한 것이 더 있음을 자랑스레 밝히는 중이었다.

풀이 '교표'는 궐기대회에서 단골 혈서가 노릇을 하고 있는 창권이 형의 신분을 고등학생으로 위장하기 위한 것이었고, 다음번 궐기대회 때부터는 형이 맥아더 원수에게 보내는 메세지 낭독까지 하는 것으로 역할이 확대되었으므로, 번뜩이는 교표로 인해 궐기대회에서 창권이 형이 맡는 역할이 오히려 축소되었다고 이해하는 것은 적절하지 않다.

→ 적절하지 않음!

④ 교표를 정성스럽게 닦는 행위 때문에 오히려 창권이 형이 불안감을 더 크게 느끼게 됨을 의미한다.
  근거 ❻-8 형은 내친김에 아예 순금제로 바꿔 놓을 작정인 듯 시간 가는 줄 모르고 일삼아 닦고 또 닦아 댔다./ 10 가정 형편이 어려워 어릴 때부터 남의집살이로 잔뼈를 굵혀 나온 형은 자신을 진짜배기 고등학생으로 착각하고 있는 기색이었다.
  풀이 창권이 형은 시간 가는 줄 모르고 교표를 정성스럽게 닦았고, 자신을 진짜배기 고등학생으로 착각하고 있는 기색이었으므로 창권이 형이 불안감을 더 크게 느끼게 되는 것과는 거리가 멀다.

→ 적절하지 않음!

⑤ 지나치게 새것으로 보이는 교표 때문에 오히려 창권이 형의 학력 위조가 쉽게 탄로 날 수 있음을 의미한다.
  풀이 '교표'는 창권이 형을 고등학생으로 위장하는 역할을 하지만 너무 번뜩여서 오히려 창권이 형이 가짜 고등학생임을 탄로 나게 할 위험이 있다. 따라서 지나치게 새것으로 보이는 교표 때문에 오히려 창권이 형의 학력 위조가 쉽게 탄로 날 수 있을 것이라는 설명은 적절하다.

→ 적절함!

1등급 문제

058 | 감상의 적절성 – 적절하지 않은 것 고르기 2023년 3월 학평 37번
정답률 60%, 매력적 오답 ④ 20%, ① 10%   정답 ⑤

〈보기〉를 바탕으로 윗글을 감상한 내용으로 적절하지 <u>않은</u> 것은? [3점]

| 보기 |
  ¹이 작품은 6·25 전쟁으로 인해 혼란해진 사회를 배경으로 한다. ²창권이 형은 궐기대회에서 애국 학도로 활약하게 되는 과정에서 권력층에 편승하는(편할 便 탈 乘 : 남의 세력을 이용하여 자신의 이익을 거두는) 모습을 보인다. ³정치적 목적을 위해 대중(클 大 무리 衆 : 많은 사람의 무리)을 기만하는(속일 欺 속일 瞞 : 속이는) 권력층에 이용당하다 결국 몰락하게(가라앉을 沒 떨어질 落 : 약해져서 보잘것없어지게) 되는 창권이 형을 통해 어리석은 인물이 가진 욕망의 허망함(공허할 虛 헛될 妄 : 어이없고 허무함)을 풍자하고(풍자할 諷 꾸짖을 刺 : 경계하거나 비판하고) 있다. ⁴그리고 궐기대회에서 벌어지는 일을 제대로 이해하지 못하는 어린 '나'를 통해 궐기대회가 희화화된다(희롱할 戱 그릴 畫 될 化 : 우스꽝스럽게 묘사되거나 풍자된다).

① '멧세지'를 보내는 것을 '멧돼지 보내기'로 오해한 '나'를 통해 궐기대회가 희화화되는군.
  근거 〈보기〉-4 궐기대회에서 벌어지는 일을 제대로 이해하지 못하는 어린 '나'를 통해 궐기대회가 희화화된다.
  ❸-1 멧돼지 보내기가 몇 번이나 되풀이된 다음, 마지막 순서로 혈서 쓰기가 시작되었다.
  ❻-16 하지만 무식한 가짜 고등학생은, 멧돼지가 아니라고, 꼬부랑말로 멧세지가 맞다고 턱도 없는 우김질을 끝까지 계속했다.
  풀이 국민학교 2학년생인 '나'는 궐기대회에서 벌어지는 일을 제대로 이해하지 못해 '멧세지'를 보내는 것을 '멧돼지 보내기'로 오해하는데, 이러한 '나'를 통해 궐기대회가 우스꽝스럽게 희화화되고 있다.

→ 적절함!

② '좀체 아물 새가 없'는 '손가락들'은 표면적으로는 애국심의 증거이지만 *이면적으로는 창권이 형이 권력층에 이용당하는 인물임을 엿볼 수 있게 하는군.
  *속 裏 겉 面 ~의 的 : 겉으로 나타나거나 눈에 보이지 않는 부분의 측면에서는
  근거 〈보기〉-3 정치적 목적을 위해 대중을 기만하는 권력층에 이용당하다
  ❺-4 덕분에 형의 상처 난 손가락들은 좀체 아물 새가 없었다.
  풀이 궐기대회 때마다 단골로 혈서를 쓰는 열혈 애국 청년 노릇에 바쁜 창권이 형의 '좀체 아물 새가 없'는 '손가락들'은 표면적으로는 애국심의 증거로 볼 수 있지만 이면적으로는 그가 정치적 목적을 위해 대중을 기만하는 권력층에 이용당하는 인물임을 엿볼 수 있게 한다.

→ 적절함!

③ '고등과 학생 숭내를 내고 댕기'라고 지시하는 것에서 자신들의 목적을 위해 대중을 속이는 권력층의 부정적 면모가 드러나는군.
  근거 〈보기〉-3 정치적 목적을 위해 대중을 기만하는 권력층
  ❻-1 중요한 일로 높은 사람들을 만나러 간다며 아침 일찍 집을 나선 창권이 형이 해 질 녘에 다따가 고등학생으로 변해 돌아왔다./ 6 "핵교도 안 댕기는 반거충이 청

IV
현대
소설

년이 단골 혈서가란 속내가 알려지는 날이면 넘들 보기에도 모냥이 숭칙허다고, 날더러 당분간 고등과 학생 숭내를 내고 댕기란다."
  풀이 높은 사람들이 단골 혈서가인 창권이 형의 실체가 탄로 날 것을 우려하여 그에게 '고등과 학생 숭내를 내고 댕기'라고 지시한 것에서 정치적 목적을 위해 대중을 기만하는 권력층의 부정적 면모가 드러난다.

→ 적절함!

④ '시위대의 선두에 섰'다가 '중상을 입'은 비극을 통해 권력층에 편승하려는 창권이 형의 *부질없는 욕망이 풍자되고 있군. *쓸모없는
  근거 〈보기〉-2~3 창권이 형은 궐기대회에서 애국 학도로 활약하게 되는 과정에서 권력층에 편승하는 모습을 보인다. ~ 결국 몰락하게 되는 창권이 형을 통해 어리석은 인물이 가진 욕망의 허망함을 풍자하고 있다.
  ❼-2 그날도 형은 군산으로 원정을 떠나 적성중립국 감시위원들의 추방을 요구하는 시위대의 선두에 섰다./ 5 형은 셰퍼드들의 집중 공격을 받아 엉덩이 살점이 뭉텅 뜯겨 나가고 왼쪽 발뒤꿈치의 인대가 끊어지는 중상을 입었다.
  풀이 궐기대회에서 애국 학도로 활약하게 되는 과정에서 권력층에 편승하는 모습을 보인 창권이 형은 '시위대의 선두에 섰'다가 '중상을 입'는 비극을 겪는데, 이를 통해 어리석은 인물이 가진 욕망의 허망함이 풍자되고 있다.

→ 적절함!

⑤ '유일한 전리품'이었던 '회중시계'는 전쟁 시기에 애국 학도로서의 신념을 지키지 못한 창권이 형의 고뇌를 상징하는군.
  근거 〈보기〉-2~3 창권이 형은 궐기대회에서 애국 학도로 활약하게 되는 과정에서 권력층에 편승하는 모습을 보인다. ~ 창권이 형을 통해 어리석은 인물이 가진 욕망의 허망함을 풍자하고 있다.
  ❾-3 피난민 시체로부터 받은 선물이라고 주장하던 회중시계가 내 작은 손바닥 위에 제법 묵직한 중량감으로 올라앉아 있었다./ 5 전쟁 기간을 통틀어 형의 수중에 남겨진 유일한 전리품이었다.
  풀이 '나'는 창권이 형의 '유일한 전리품'이었던 '회중시계'를 들여다보며 시계가 형의 금빛 찬란하던 한때를 증언하는 듯한 느낌을 받는다. 그러나 '회중시계'가 전쟁 시기에 애국 학도로서의 신념을 지키지 못한 창권이 형의 고뇌를 상징한다고 볼 수는 없다. 애초에 창권이 형에게는 애국 학도로서의 신념이 존재하지 않았고, 다만 자신의 욕망을 위해서 열혈 애국 청년 노릇에 몰두했다고 이해하는 것이 적절하기 때문이다.

→ 적절하지 않음!

[059~062] 다음 글을 읽고 물음에 답하시오.

1 ¹아버지와 나는 십여 년 전까지 돼지축사(돼지우리. 돼지를 가두어 기르는 곳)로 쓰였다는, 낡은 베니어판(나무를 얇게 쪼개 붙여 만든 널빤지) 문 다섯 개가 나란히 붙어 있는 건물에서 살고 있다. ²쪽마루(기둥 밖으로 덧달아 낸 마루)도 없는데다 처마(지붕이 건물 기둥 밖으로 내민 부분)마저 참새 꼬리처럼 짧아 아침이면 이슬에 젖은 신발을 신고 학교에 가야 한다. ³며칠 전 주인아주머니는 누런 갱지(다시 更 종이 紙 : 지면이 좀 거칠고 품질이 낮은 종이)에 '빈 방 있음'이라고 써 3호실 문짝에 붙여 놓았다. ⁴그 방 앞을 지나던 나는 열린 문틈으로 안을 들여다 보았다. ⁵벽에는 얼룩과 곰팡이와 낙서가 가득했고, 들뜬 황갈색 비닐 장판 위로는 뽀얀 먼지가 살얼음처럼 깔려 있었다. ⁶비스듬하게 세워진 낡은 캐비닛(cabinet. 서류나 물품 따위를 넣어 보관하는 장) 뒤쪽 벽에는 쥐가 들락거릴 정도의 작고 새까만 구멍이 뚫려 있는데, 구멍 주위로 자잘한 시멘트 가루와 흙덩이가 흩어져 있어 마치 상처 부위에 엉겨붙은 피딱지처럼 보였다. ⁷총알에 맞아 쿨럭쿨럭 피를 쏟아내는 심장을 본 것 같은 섬뜩함이 가슴을 오그라뜨렸다.

→ '나'는 돼지축사를 고쳐 만든 건물의 한 방에서 아버지와 함께 살고 있다.

2 ¹그 방(3호실)에 살던 파키스탄(Pakistan. 인도반도 서북부에 있는 공화국) 청년 알리는 도둑질을 하고 마을을 떠났다. ²강풍이 불던 날 밤의 어둠과 소란을 틈타 한방(같은 방)을 쓰던 비재 아저씨의 ㉠돈을 훔쳐 달아난 것이다. ³비재 아저씨는 송금 비용(보낼 送 돈 金 쓸 費 쓸 用 : 돈을 보낼 때 드는 비용)을 아끼려고 벽에 구멍을 파서 돈을 숨겨놓았다고 한다. ⁴그날 밤 알리가 돈을 꺼낼 때 나던 조심스런 부스럭거림을 아저씨는 왜 듣지 못했을까. ⁵하긴, 이틀 연속 철야근무(통할 徹 밤 夜 일 勤 일 務 : 잠을 자지 않고 밤을 새워 하는 근무)에 특근(특별할 特 일 勤 : 정해진 근무 시간 외에 특별히 더 하는 근무)까지 했으니 그럴 만도 하다. ⁶게다가 그날따라 2호실 방글라데시(Bangladesh. 인도 동부에 있는 인민 공화국) 아주머니의 갓난아기는 밤새 잠을 자지 않고 보챘고, 저녁 내내 텔레비전 앞에서 시끄럽게 떠들던 1호실 미얀마
[A]

(Myanmar, 동남아시아 인도차이나반도 서쪽에 있는 연방 공화국) 아저씨들은 나중엔 취한 목소리로 노래를 불러대기까지 했다. [7] 밤에 일하는 5호실의 러시아(Russia, 유럽 대륙의 동부에서 시베리아에 걸쳐 있는 나라) 아가씨 마리나는 아예 집에 들어오지도 않았다. [8] 4호실에서 사는 아버지와 나만이 일찌감치 불을 끄고 어둠 속에 누워 있었다. [9] 하지만 우리들 역시 머릿속으로는 매우 혼란스러운 생각, 집 나간 어머니 생각에 빠져 있어서 누군가 돈을 훔치느라 바스락대는 소리를 들을 수 없었다.

[10] 사실 알리는 비재 아저씨 아들의 생명을 훔쳐 도망간 거나 다름없다. [11] 아저씨는 막내아들의 심장수술 비용을 마련하려고 여기(한국에) 왔으니까. [12] 이 마을에선 불행이 너무나 흔해 발에 차일(여기저기 흔하게 널려 있음) 지경이다. [13] 그래서 웬만한 일에는 누구도 신경 쓰지 않는다. [14] 하지만 비재 아저씨가 그날 새벽에 내지른 절망과 분노에 찬 비명 소리는 한동안 잊히지 않을 것 같다.

(중략)

3 [1] "안녕?" [2] 창문에 매달린 코끼리(퍼체우라에 수놓인 코끼리. 커튼 대신에 퍼체우라를 창문에 달아 놓음)는 여전히 말이 없다. [3] 무심한 눈길로 먼 곳을 쳐다볼 뿐. [4] 일곱 개의 코를 가진, 퍼체우라(네팔 남자들이 몸에 걸치는 직사각형의 천)에 은사(은 銀 실 絲 : 은색 실)로 화려하게 수놓인 그 코끼리는 원래 인도 신들의 왕 인드라(Indra, 인도의 베다 신화에 나오는 비와 천둥의 신. 하늘의 제왕으로 몸은 모두 갈색이고, 팔은 네 개이며, 두 개의 창을 들고 코끼리를 타고 다님)를 태우는 구름이었다고 한다. [5] "그래요?" [6] 창문에 퍼체우라를 달다가 그 이야기(코끼리가 인드라를 태우는 구름이었다는 이야기)를 들은 나는 흥분해서 아버지를 재촉했다. [7] "어느 날 창조주(세상 만물을 만든 신. 하느님) 브라마(Brāhma. 브라흐마. 힌두교의 창조신)가 '세계의 알'을 깨뜨리면서 코끼리의 격이 낮아져 그만 우주를 떠받치는 기둥이 되었단다." [8] 나는 눈을 질끈 감았다. [9] 아버지는 슬쩍 내 안색(얼굴 顔 색 色 : 얼굴에 나타나는 표정이나 빛깔)을 살폈다. [10] "어차피 그건 힌두교(Hindu. 인도의 토착 신앙과 브라만교가 융합한 종교. 인도 신화를 바탕으로 하는 종교로, 인도를 비롯한 남아시아에서 널리 믿음) 신화일 뿐이지. [11] 신이 깨뜨린 알이란 없어." [12] 순간 못대가리에서 미끄러져 엇나간 망치가 아버지의 손톱을 찧었다. [13] 손톱 끝에 침을 바르고 통증을 참던 아버지는 떨어진 못을 찾으려고 두 손을 뻗어 바닥을 더듬었다. [14] 문득 아버지가 ⓒ 코끼리처럼 여겨졌다. [15] 구름보다 높은 히말라야(Himalaya, 인도와 중국 티베트 사이에 있는 산맥)에서 태어나 이곳, 후미진(구석지고 으슥한) 공장지대에서 살아가고 있으니……

4 [1] 어디선가 ⓒ 노랫소리가 들려온다. [2] 가늘게 떨리는 그 목소리 주인은 2호실 토야 엄마다. [3] 모레니에 절로 세이데세, 모레니에 절로 세이데세, 날 그곳으로 데려다 주세요, 날 그곳으로 데려다 주세요…… [4] 지난봄에 단속반을 피해 뒷산으로 도망치다가 발목을 삐어 결국 잡히고 만 토야 아빠는 스리랑카(Sri Lanka, 인도반도의 동남쪽에 있는, 섬으로 이루어진 공화국)로 추방된 뒤 돌아오지 못하고 있다. [5] 혼자 남은 토야 엄마는 집에서 기계부품에 나사를 꿰어 버는 푼돈(얼마 되지 않는 돈)으로 연명하는(이을 延 목숨 命 : 목숨을 겨우 이어 살아가는) 눈치다. [6] 훌둘리아 푸자토레 게노 펠레라코 헬라거리, 탈 모르넷 아게 슈두 바레크 피레아쇼크, 기도꽃을 꺾어 왜 그냥 버렸을까, 사랑하는 사람이 죽기 전에 다시 돌아오세요…… [7] 갑자기 어머니 생각이 난다. [8] ⓔ 신 김치와 미역국 냄새, 연한 레몬로션 냄새, 그리고 뭐라고 이름 붙일 수 없지만 스르르 잠이 오게 하는 신비한 살내(살에서 나는 냄새)까지. [9] 지난봄에 어머니가 남기고 간 냄새는 한동안 방 안 어딘가에 남아 미풍(작을 微 바람 風 : 약하게 부는 바람)이 불 때마다 언뜻언뜻 맡아졌다. [10] 하지만 이제 방 안에선 그 냄새가 나지 않는다. [11] 퀴퀴한(상하고 찌들어 비위에 거슬릴 정도로 냄새가 구린) 홀아비(아내를 잃고 혼자 지내는 사내) 냄새와 지독한 곰팡내가 진동할 뿐이다.

5 [1] 환기를 시키려고 (창문의) 퍼체우라를 젖힌다. [2] 노란 햇빛이 반대편 벽에 있는 히말라야 ⓓ 달력 사진에 내려앉아 너울댄다(부드럽고 느릿하게 계속 굽이져 움직인다). [3] 투명하고 생생한 햇빛, 푸른 티크나무(열대성 낙엽수의 한 종류) 숲, 눈 덮인 안나푸르나(Annapurna, 네팔 히말라야 중앙부에 있는 산봉우리), 잔잔하게 물결치는 페와호(Phewa, 네팔 포카라 남쪽에 위치한 호수), 그리고 사탕수수(농작물의 한 종류. 설탕을 만드는 데 쓰임)를 빨아 먹으며 환하게 웃는 아이들…… [4] 아버지는 해마다 똑같은 달력을 사 온다. [5] 아버지가 그(히말라야 달력) 사진을 보면서 기쁨을 얻듯이 나도 그렇게 되기를 바라는 걸까? [6] 하지만 내 눈엔 오후 빛을 받은 히말라야가 금으로 씌워 어금니처럼 보일 뿐이다. [7] 햇빛에 녹아내리기 직전의 노란 바닐라 아이스크림이거나. [8] 달력에서는 여전히 검고 굵은 동그라미(아버지 생일을 표시한 것. 전체 줄거리 참고)가 소용돌이치고 있다. [9] 마음이 편치 않다. [10] 요즘엔 이상하게

도 입에서 아무 말이나 튀어나온다. [11] 학교에서 내내 긴장하다가 집에 돌아오면 모든 게 귀찮고, 무엇보다 화가 난다. [12] 오늘은 소영이 오빠가 친구들을 데리고 쉬는 시간마다 우리 교실로 내려왔다. [13] 나는 화장실에 숨어 있다가 수업이 시작된 뒤에야 교실로 들어갈 수 있었다. [14] 겁이 나서가 아니었다. [15] 일대일(한 사람이 한 사람을 상대함)이라면 자신 있었다. [16] 하지만 한꺼번에 덤벼들어 쥐 잡듯(꼼짝 못 하게 해 놓고 마구 잡는 모양을 빗댄 말) 나를 짓밟는다면, 앞으로 나를 볼 때마다 누구든 그 장면을 떠올릴 것이다. [17] 그것만은 정말 견디기 힘들 것 같았다.

6 [1] 아기 손바닥만큼 작아진 빛은 퍼체우라가 흔들릴 때마다 놀란 듯 부르르 떤다. [2] 갑자기 잠이 몰려온다. [3] 아버지처럼 고향 가는 꿈이라도 꿀 수 있다면 좋겠다. [4] 밤마다 아버지는 낡은 춤바(네팔 전통 의상으로, 두꺼운 겉옷)를 입고 고향 마을로 찾아가는 **꿈**을 꾼다. [5] 노란 유채꽃 언덕 너머 보이는 눈부신 설산(눈 雪 산 山 : 눈 덮인 산)과 낯익은 황토 집, 정다운 마을 사람들이 있는 곳으로. [6] 꿈에서 아버지는 가녀린 퉁게꽃과 붉은 비저꽃이 흐드러진 고향집 마당으로 들어서서 가족과 친지에 둘러싸여 달(콩 수프)과 바트(밥), 더르가리(야채 반찬), 물소고기에 토마토 양념을 발라 구운 첼라를 실컷 먹는다고 했다. [7] 하지만 다음날 공항에서 비행기에 오르려고 하면 누군가 아버지 앞을 가로막으며 거칠게 끌어낸다고 했다. [8] "난 **한국으로 돌아가야** 돼. [9] 거기 내 **가족**이 있어. [10] 제발, 보내줘. [11] 일자리도, 이웃도, 내 청춘도 거기 두고 왔단 말이야. [12] 제발……!" [13] 잠꼬대 끝에 몸을 벌떡 일으키는 아버지는 매번 황급히 사방을 둘러본다. [14] 그러고는 땀으로 흥건해진 속옷을 벗으며 어둠 속에서 긴 안도의 숨을 내쉰다.

[15] 그렇지만 나보다는 낫겠지. [16] 난…… [17] **태어난 곳은 있지만 고향이 없다.** [18] 한국에 네팔 대사관(높을 大 사신 使 관청 館 : 외교관이 다른 나라에 머물러 공적 업무를 처리하는 기관)이 없어 아버지는 혼인신고를 못했다. [19] 그래서 내겐 **호적**(집 戶 문서 籍 : 개인의 신분에 관한 사항, 가족 관계에 관한 사항 따위를 기록한 공문서)도 없고 **국적**(나라 國 문서 籍 : 한 나라의 구성원이 되는 자격)도 없다. [20] 학교에서조차 **청강생**(들을 聽 배울 講 날 生 : 정규 학생으로 등록되어 있지 않으면서 강의를 듣도록 허락받은 학생)**일 뿐**이다. [21] 살아 있지만 태어난 적이 없다고 되어 있는 아이……

- 김재영, 「코끼리」-

• **중심 내용**

돼지축사를 고쳐 만든 건물의 한 방에서 네팔인인 아버지와 함께 살고 있는 '나'는 얼마 전 옆방의 알리가 비재 아저씨의 돈을 훔쳐 달아난 일을 떠올린다. '나'는 집을 나간 엄마를 그리워하고, 호적도 국적도 없는 자신과 달리 고향이 있는 아버지를 부러워한다.

• **인물 관계도**

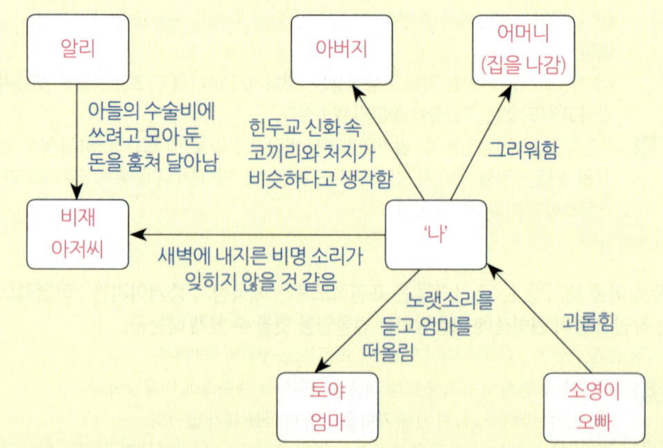

• **전체 줄거리** ([ ]:지문 내용)

네팔인 아버지와 조선족 어머니 사이에서 태어난 ['나'는 돼지축사를 개조한 건물의 한 방에서 아버지와 함께 살고 있다. '나'는 비어 있는 3호실을 지나다가 그 방에 살던 파키스탄 청년 알리가 아들의 수술비에 쓰려고 모아 둔 비재 아저씨의 돈을 훔쳐 달아난 일을 떠올린다.] '나'는 달력의 검은 동그라미를 보고 오늘이 아버지 생일임을 깨닫고, 그 동그라미가 미얀마 말로 '소용돌이'를 뜻하는 '외'처럼 보인다고 생각한다. '나'는 방을 나와 공장이 늘어선 골목을 걷다가 쿤 형과 마주치고 그가 공장에서의 사고로 손가락이 잘렸다는 것을 알게 된다. '나'는 쿤 형의 잘린 손가락을 감나무 밑에 묻으며 아버지와 자신의 손가락을 보살펴 달라고 신에게 기도한다. [방에 들어선 '나'는 힌두교 신화 속 코끼리, 집을 나

간 어머니, 매일 밤 고향을 찾는 꿈을 꾸는 아버지에 대한 생각 따위를 하다가] 깜빡 잠이 든다. 잠에서 깬 '나'는 생일을 맞은 아버지를 위해 네팔 음식을 만들어 주려고 슈퍼에 간다. '나'는 거림머셀라 (여러 가지 양념을 말려 가루로 낸 아시아 남부 지역의 향신료) 한 봉지와 음료 한 병을 훔치다가 슈퍼 주인에게 들켜 도망친다. '나'는 해가 질 때까지 골목을 돌아다니다가 비재 아저씨가 인도인인 노랭이 아저씨의 지갑을 뺏는 모습을 목격한다. 그 순간 '나'는 소용돌이 같은 '외'에 빠져나오지 못하는 코끼리의 모습을 환상처럼 본다.

---

059 내용 이해 - 적절한 것 고르기 2025년 6월 학평 34번
정답률 70%, 매력적 오답 ③ 10% **정답 ②**

윗글을 이해한 내용으로 가장 적절한 것은?

① '비재 아저씨'는 자신의 돈을 훔쳐 달아난 '알리'의 처지를 이해하고 있다. (행동에 분노하고)

근거 ❷-1~2 알리는 도둑질을 하고 마을을 떠났다. 강풍이 불던 날 밤의 어둠과 소란을 틈타 한방을 쓰던 비재 아저씨의 돈을 훔쳐 달아난 것이다. / 14. 비재 아저씨가 그날 새벽에 내지른 절망과 분노에 찬 비명 소리

풀이 '알리'가 자신의 돈을 훔쳐 달아난 사실을 알게 된 '비재 아저씨'는 절망과 분노에 찬 비명을 지른다. 그가 '알리'의 처지를 이해하는 모습은 나타나지 않는다.

→ 적절하지 않음!

② '나'는 마을에 불행이 잦아 사람들이 웬만한 일에는 무신경하다고 여기고 있다.

근거 ❷-12~13 이 마을에선 불행이 너무나 흔해 발에 차일 지경이다. 그래서 웬만한 일에는 누구도 신경 쓰지 않는다.

풀이 '나'는 자신이 사는 마을에는 불행한 일이 자주 일어나 사람들이 웬만한 일에는 신경 쓰지 않는다고 생각한다.

→ 적절함!

③ '아버지'는 힌두교 신화에 대한 '나'의 반응을 못마땅해하고 있다. (살피고)

근거 ❸-7~9 "어느 날 창조주 브라마가 '세계의 알'을 깨뜨리면서 코끼리의 격이 낮아져 그만 우주를 떠받치는 기둥이 되었단다." 나는 눈을 질끈 감았다. 아버지는 슬쩍 내 안색을 살폈다.

풀이 '아버지'는 힌두교 신화를 들려주며 '나'의 반응을 살피고 있을 뿐, 못마땅해하고 있지 않다.

→ 적절하지 않음!

④ '토야 엄마'는 스리랑카로 추방된 '남편'을 무책임하다고 생각하고 있다.

근거 ❹-4~5 지난봄에 단속반을 피해 뒷산으로 도망치다가 발목을 삐어 결국 잡히고 만 토야 아빠는 스리랑카로 추방된 뒤 돌아오지 못하고 있다. 혼자 남은 토야 엄마는 집에서 기계부품에 나사를 꿰어 버는 푼돈으로 연명하는 눈치다.

풀이 '토야 엄마'는 '남편'이 스리랑카로 추방된 후 홀로 힘들게 생활하고 있지만 '남편'을 원망하는 내용은 나타나지 않는다.

→ 적절하지 않음!

⑤ '아버지'는 고향에 돌아가지 못하고 한국에서 살아야만 하는 현실에 절망하고 있다.

근거 ❻-4~14 밤마다 아버지는 낡은 춤바를 입고 고향 마을로 찾아가는 꿈을 꾼다. ~ 하지만 다음날 공항에서 비행기에 오르려고 하면 누군가 아버지 앞을 가로막으며 거칠게 끌어낸다고 했다. "난 한국으로 돌아가야 돼. 거기 내 가족이 있어. 제발, 보내 줘. 일자리도, 이웃도, 내 청춘도 거기 두고 왔단 말이야. 제발……!" 잠꼬대 끝에 몸을 벌떡 일으키는 아버지는 ~ 어둠 속에서 긴 안도의 숨을 내쉰다.

풀이 '아버지'는 밤마다 고향에 갔다가 한국으로 돌아가지 못하게 되자 가족이 있는 한국에 돌아가야 한다고 외치는 꿈을 꾼다. 그리고 땀범벅으로 잠에서 깬 뒤에 안도의 숨을 내쉰다. 이를 통해 '아버지'가 고향을 그리워하고 있다는 것을 확인할 수 있으나, 고향에 돌아가지 못하고 한국에서 살아야만 하는 현실에 절망하고 있다고 볼 수 없다.

→ 적절하지 않음!

---

060 서술상 특징 - 적절하지 않은 것 고르기 2025년 6월 학평 35번
정답률 75%, 매력적 오답 ④ 10% **정답 ③**

[A]에 대한 설명으로 적절하지 않은 것은?

[A] ❷ 그 방에 살던 파키스탄 청년 알리는 도둑질을 하고 마을을 떠났다. 강풍이 불던 날 밤의 어둠과 소란을 틈타 한방을 쓰던 비재 아저씨의 돈을 훔쳐 달아난 것이다. 비재 아저씨는 송금비용을 아끼려고 벽에 구멍을 파서 돈을 숨겨놓았다고 한다. 그날

밤 알리가 돈을 꺼낼 때 나던 조심스런 부스럭거림을 아저씨는 왜 듣지 못했을까. 하긴, 이틀 연속 철야근무에 특근까지 했으니 그럴 만도 하다. 게다가 그날따라 2호실 방 글라데시 아주머니의 갓난아기는 밤새 잠을 자지 않고 보챘고, 저녁 내내 텔레비전 앞에서 시끄럽게 떠들던 1호실 미얀마 아저씨들은 나중엔 취한 목소리로 노래를 불러대기까지 했다. 밤에 일하는 5호실의 러시아 아가씨 마리나는 아예 집에 들어오지도 않았다. 4호실에서 사는 아버지와 나만이 일찌감치 불을 끄고 어둠 속에 누워 있었다. 하지만 우리들 역시 머릿속으로는 매우 혼란스러운 생각, 집 나간 어머니 생각에 빠져 있어서 누군가 돈을 훔치느라 바스락대는 소리를 들을 수 없었다. 사실 알리는 비재 아저씨 아들의 생명을 훔쳐 도망간 거나 다름없다. 아저씨는 막내아들의 심장수술 비용을 마련하려고 여기 왔으니까. 이 마을에선 불행이 너무나 흔해 발에 차일 지경이다. 그래서 웬만한 일에는 누구도 신경 쓰지 않는다. 하지만 비재 아저씨가 그날 새벽에 내지른 절망과 분노에 찬 비명 소리는 한동안 잊히지 않을 것 같다.

① 특정 사건이 지닌 의미를 서술자가 제시하고 있다.

근거 [A] ❷-10~11 사실 알리는 비재 아저씨 아들의 생명을 훔쳐 도망간 거나 다름없다. 아저씨는 막내아들의 심장수술 비용을 마련하려고 여기 왔으니까.

풀이 [A]에서 서술자인 '나'는 알리가 훔친 비재 아저씨의 돈이 아들의 심장수술 비용이었다는 점을 들어, 이는 비재 아저씨 아들의 생명을 훔쳐 도망간 거나 다름없다며 사건이 지닌 의미를 제시하고 있다.

→ 적절함!

② 특정 사건의 전말을 서술자가 *요약적으로 설명하고 있다. *간단히 줄여서

근거 [A] ❷-1~5 그 방에 살던 파키스탄 청년 알리는 도둑질을 하고 마을을 떠났다. 강풍이 불던 날 밤의 어둠과 소란을 틈타 한방을 쓰던 비재 아저씨의 돈을 훔쳐 달아난 것이다. 비재 아저씨는 송금비용을 아끼려고 벽에 구멍을 파서 돈을 숨겨놓았다고 한다. 그날 밤 알리가 돈을 꺼낼 때 나던 조심스런 부스럭거림을 아저씨는 왜 듣지 못했을까. 하긴, 이틀 연속 철야근무에 특근까지 했으니 그럴 만도 하다.

풀이 [A]에서 서술자인 '나'는 비재 아저씨가 고된 근무에 지쳐 잠든 사이에 알리가 아저씨의 돈을 훔쳐 달아난 사건을 요약하여 설명하고 있다.

→ 적절함!

③ 특정 사건을 일으킨 인물의 *내적 동기를 서술자가 분석하여 제시하고 있다.
* 정신이나 마음의 작용으로 어떤 일이나 행동을 일으키게 하는 계기

풀이 [A]에서 서술자인 '나'는 알리가 비재 아저씨의 돈을 훔쳐 달아난 사건을 설명하고 있지만 사건을 일으킨 알리의 내적 동기를 분석하여 제시하고 있지 않다.

→ 적절하지 않음!

④ 특정 사건이 발생한 시점에 주변에서 벌어진 여러 정황을 *나열하고 있다.
* 나란히 늘어놓고

풀이 [A]에서 서술자인 '나'는 알리가 비재 아저씨의 돈을 훔쳐 달아날 때 이를 눈치채지 못했던 이웃들의 여러 상황을 나열하고 있다.

→ 적절함!

⑤ 특정 사건의 피해자가 보인 행동에 대한 서술자의 심리적 반응을 보여 주고 있다.

근거 [A] ❷-14 비재 아저씨가 그날 새벽에 내지른 절망과 분노에 찬 비명 소리는 한동안 잊히지 않을 것 같다.

풀이 [A]에서 서술자인 '나'는 알리가 자신의 돈을 훔쳐 달아났음을 알게 된 비재 아저씨의 절망과 분노에 찬 비명 소리를 잊을 수 없을 것이라고 하였다. 이를 통해 사건의 피해자인 비재 아저씨가 보인 행동에 대한 서술자의 심리적 반응이 나타나고 있음을 알 수 있다.

→ 적절함!

1등급 문제

061 소재의 의미 - 적절한 것 고르기 2025년 6월 학평 36번
정답률 60%, 매력적 오답 ②, ④ 15% **정답 ③**

㉠ ~ ㉤에 대한 이해로 가장 적절한 것은?

① ㉠: 경제적으로 풍족해지고 싶은 비재 아저씨의 물질적 욕망이 담긴 소재이다. (아들이 건강해지길 바라는 / 소망이)

근거 ❷-1~2 그 방에 살던 파키스탄 청년 알리는 도둑질을 하고 마을을 떠났다. 강풍이 불던 날 밤의 어둠과 소란을 틈타 한방을 쓰던 비재 아저씨의 ㉠돈을 훔쳐 달아난 것이다. / 10~11 사실 알리는 비재 아저씨 아들의 생명을 훔쳐 도망간 거나 다름없다. 아저씨는 막내아들의 심장수술 비용을 마련하려고 여기 왔으니까.

풀이 ㉠(돈)은 비재 아저씨가 아들의 심장 수술을 위해 모은 것이므로 아들이 건강해지길 바라는 비재 아저씨의 소망이 담긴 것이지 경제적으로 풍족해지고 싶은 욕망이 담긴 것이 아니다.

→ 적절하지 않음!

② ⓛ : 아버지의 현재 삶과 대조되는 것으로 아버지에 대한 '나'의 안타까운 심정을 *대변하는 소재이다. * 어떤 사실이나 의미를 대표적으로 나타내는

근거 ❸-4~7 코끼리는 원래 인도 신들의 왕 인드라를 태우는 구름이었다고 한다. ~ "어느 날 창조주 브라마가 '세계의 알'을 깨뜨리면서 코끼리의 격이 낮아져 그만 우주를 떠받치는 기둥이 되었단다."/ 14~15 문득 아버지가 ⓛ코끼리처럼 여겨졌다. 구름보다 높은 히말라야에서 태어나 이곳, 후미진 공장지대에서 살아가고 있으니……

풀이 '나'는 힌두교 신화에서 하늘의 구름이었다가 신의 실수로 우주를 떠받치는 기둥으로 내려오게 된 코끼리가 마치 높은 히말라야에서 태어났지만 구석진 땅으로 내려와 살고 있는 아버지와 비슷하다고 생각한다. 따라서 ⓛ(코끼리)은 아버지의 현재 삶과 동일시되는 것이지, 대조되는 것으로 볼 수 없다.

→ 적절하지 않음!

③ⓒ : *부재하는 가족에 대한 '나'의 그리움의 정서를 **유발하는 소재이다.
* 곁에 없는 ** 어떤 것이 다른 일을 일어나게 하는

근거 ❹-1~7 어디선가 ⓒ노랫소리가 들려온다. 가늘게 떨리는 그 목소리 주인은 2호실 토야 엄마다. ~ 탈 모르넷 아게 슈두 바레크 피레아쇼크, 기도꽃을 꺾어 왜 그냥 버렸을까, 사랑하는 사람이 죽기 전에 다시 돌아오세요…… 갑자기 어머니 생각이 난다.

풀이 '나'는 토야 엄마가 부르는 노래를 듣고 집을 나간 어머니를 떠올리며 그리워한다. 따라서 ⓒ(노랫소리)은 부재하는 가족, 즉 엄마에 대한 '나'의 그리움의 정서를 유발하는 소재로 볼 수 있다.

→ 적절함!

기억 속의 어머니를   '나'에게 어머니에 대한 그리움을
④ ⓔ : 어머니가 떠난 이후 *방치된 가정의 모습을 **표상하는 것으로 아버지에게 쓸쓸함을 느끼게 하는 소재이다. * 내버려 두어진 ** 구체적으로 드러내는

근거 ❹-7~9 갑자기 어머니 생각이 난다. ⓔ신 김치와 미역국 냄새, 연한 레몬로션 냄새, ~ 신비한 살내까지. 지난봄에 어머니가 남기고 간 냄새는 한동안 방 안 어딘가에 남아 미풍이 불 때마다 언뜻언뜻 맡아졌다.

풀이 ⓔ(신 김치)은 어머니를 생각하면 떠오르는 것으로 이를 통해 어머니에 대한 '나'의 그리움이 드러나는 것이지, ⓔ(신 김치)이 어머니가 떠난 이후 방치된 가정의 모습을 나타내는 것도, 아버지에게 쓸쓸함을 느끼게 하는 소재도 아니다.

→ 적절하지 않음!

공감하지 못하는
⑤ ⓜ : 아버지가 고향에 대해 느끼는 감정에 '나'가 공감하게 되는 소재이다.

근거 ❺-2 히말라야 ⓜ달력 사진에 내려앉아 너울댄다./ 4~7 아버지는 해마다 똑같은 달력을 사 온다. 아버지가 그 사진을 보면서 기쁨을 얻듯이 나도 그렇게 되기를 바라는 걸까? 하지만 내 눈엔 오후 빛을 받은 히말라야가 금으로 씌운 어금니처럼 보일 뿐이다. 햇빛에 녹아내리기 직전의 노란 바닐라 아이스크림이거나.

풀이 ⓜ(달력 사진)의 히말라야를 보며 아버지는 고향을 떠올리고 기쁨을 얻는다. 그러나 '나'는 그 달력 사진을 보며 히말라야가 '금으로 씌운 어금니'가 '녹아내리기 직전의 노란 바닐라 아이스크림' 같다고 느끼며 아버지의 감정에 공감하지 못하는 모습을 보인다.

→ 적절하지 않음!

---

062 | 감상의 적절성 - 적절하지 않은 것 고르기 | 2025년 6월 학평 37번
정답률 80%   정답 ③

〈보기〉를 바탕으로 윗글을 감상한 내용으로 적절하지 <u>않은</u> 것은?   [3점]

| 보 기 |
[1]「코끼리」는 더 나은 삶을 꿈꾸며 고향을 떠나 한국으로 온 이주 노동자(취업을 위해 본래 살던 곳을 떠나 다른 지역이나 국가에 정착한 노동자)들이 차별 속에서 힘겹게 살아가는 모습을 이주 노동자 2세인 '나'의 시각을 통해 사실적으로 묘사하고(자세하게 그려내듯이 말로 표현하고) 있는 작품이다. [2]이들은 열악한 주거 환경과 궁핍한 경제적 상황 속에서 사회적, 정서적으로 고립된 삶을 살아간다. [3]특히 네팔인 아버지와 조선족 어머니 사이에서 태어나 편견(공정하지 못하고 한쪽으로 치우친 생각)과 정체성(원래의 참된 모습)의 혼란 속에서 소외감을 느끼는 '나'의 모습은 이주 노동자 2세가 마주하는 현실을 드러내고 있다. [4]또한, 이주 노동자가 겪는 문제가 다음 세대에 이어질 수도 있음을 보여 준다.

① '아버지'와 '나'가 '돼지축사'를 개조한, '낡은 베니어판 문 다섯 개가 나란히 붙어 있는 건물에서 살고 있'는 것은 이주 노동자들의 열악한 삶을 사실적으로 보여 주는 것이군.
근거 〈보기〉-1~2 「코끼리」는 더 나은 삶을 꿈꾸며 고향을 떠나 한국으로 온 이주 노동자들이 차별 속에서 힘겹게 살아가는 모습을 ~ 사실적으로 묘사하고 있는 작품이다. 이들은 열악한 주거 환경 ~ 속에서 사회적, 정서적으로 고립된 삶을 살아간다.
❶-1 아버지와 나는 십여 년 전까지 돼지축사로 쓰였다는, 낡은 베니어판 문 다섯 개가 나란히 붙어 있는 건물에서 살고 있다.

풀이 〈보기〉에서 윗글은 이주 노동자들이 힘겹게 살아가는 모습을 사실적으로 묘사하고 있다고 하였다. 따라서 '아버지'와 '나'가 '돼지축사'를 개조한, '낡은 베니어판 문 다섯 개가 나란히 붙어 있는 건물에서 살고 있'는 것은, 이주 노동자들의 열악한 삶을 사실적으로 보여 주는 것이라 할 수 있다.

→ 적절함!

② '혼자 남은 토야 엄마'가 '집에서 기계부품에 나사를 꿰어 버는 푼돈으로' 생계를 이어가는 모습은 궁핍한 경제적 상황 속에서 살아가는 이주 노동자의 현실을 보여 주는 것이군.
근거 〈보기〉-1~2 「코끼리」는 더 나은 삶을 꿈꾸며 고향을 떠나 한국으로 온 이주 노동자들이 ~ 궁핍한 경제적 상황 속에서 사회적, 정서적으로 고립된 삶을 살아간다.
❹-4~5 지난봄에 단속반을 피해 뒷산으로 도망치다가 발목을 삐어 결국 잡히고 만 토야 아빠는 스리랑카로 추방된 뒤 돌아오지 못하고 있다. 혼자 남은 토야 엄마는 집에서 기계부품에 나사를 꿰어 버는 푼돈으로 연명하는 눈치다.
풀이 남편이 추방당한 후 '혼자 남은 토야 엄마'가 '집에서 기계부품에 나사를 꿰어 버는 푼돈으로' 겨우 생계를 이어가는 모습을 통해 이주 노동자들이 경제적으로 궁핍한 상황 속에서 살아가는 현실을 엿볼 수 있다.

→ 적절함!

③ 아버지가 '꿈'에서 '가족이 있어' '한국으로 돌아가야' 한다는 것은 이주 노동자들이 받는 차별과 그 아픔이 다음 세대에게 이어진 현실을 보여 주는 것이군.
안정감을 느끼지 못하고 정서적으로 소외된
근거 ❻-4~14 밤마다 아버지는 낡은 춤바를 입고 고향 마을로 찾아가는 꿈을 꾼다. ~ 하지만 다음날 공항에서 비행기에 오르려고 하면 누군가 아버지 앞을 가로막으며 거칠게 끌어낸다고 했다. "난 한국으로 돌아가야 돼. 거기 내 가족이 있어. 제발, 보내 줘. 일자리도, 이웃도, 내 청춘도 거기 두고 왔단 말이야. 제발……!" 잠꼬대 끝에 몸을 벌떡 일으키는 아버지는 ~ 어둠 속에서 긴 안도의 숨을 내쉰다.
풀이 아버지는 '꿈'에서 고향에 갔다가 한국행 비행기에 오르려는 것을 가로막는 누군가에게 자신은 '가족이 있어' '한국으로 돌아가야' 한다고 애원하다가 잠에서 깬다. 이는 아버지가 고향에서도 한국에서도 안정감을 느끼지 못하고 정서적으로 소외된 현실을 보여 주는 것이지 이주 노동자들이 받는 차별과 그 아픔이 다음 세대에게 이어진 현실을 보여 주는 것은 아니다.

→ 적절하지 않음!

④ '나'가 '태어난 곳은 있지만 고향이 없다'라고 생각하는 것은 이주 노동자 2세가 *이방인으로서 느끼는 정체성의 혼란을 보여 주는 것이군. * 다른 나라에서 온 사람
근거 〈보기〉-3 네팔인 아버지와 조선족 어머니 사이에서 태어나 편견과 정체성의 혼란 속에서 소외감을 느끼는 '나'의 모습은 이주 노동자 2세가 마주하는 현실을 드러내고 있다.
❻-16~19 난…… 태어난 곳은 있지만 고향이 없다. 한국에 네팔 대사관이 없어 아버지는 혼인신고를 못했다. 그래서 내겐 호적도 없고 국적도 없다.
풀이 네팔인인 아버지가 한국에서 혼인신고를 하지 못해 호적도 국적도 없는 '나'가 자신은 '태어난 곳은 있지만 고향이 없다'라고 생각하는 것을 통해 이주 노동자 2세가 이방인으로서 느끼는 정체성의 혼란을 확인할 수 있다.

→ 적절함!

⑤ '나'가 '학교에서조차' 자신의 존재를 인정받을 수 없는 '청강생일 뿐'이라고 인식하는 것은 이주 노동자 2세가 느끼는 소외감과 정서적 고립을 보여 주는 것이군.
근거 〈보기〉-2~3 이들은 ~ 사회적, 정서적으로 고립된 삶을 살아간다. 특히 네팔인 아버지와 조선족 어머니 사이에서 태어나 편견과 정체성의 혼란 속에서 소외감을 느끼는 '나'의 모습
❻-18~21 한국에 네팔 대사관이 없어 아버지는 혼인신고를 못했다. 그래서 내겐 호적도 없고 국적도 없다. 학교에서조차 청강생일 뿐이다. 살아 있지만 태어난 적이 없다고 되어 있는 아이……
풀이 '나'가 신분을 증명할 호적도 국적도 없어 '학교에서조차' 인정받지 못한 '청강생일 뿐'이라고 스스로를 인식하는 것을 통해 이주 노동자 2세가 느끼는 소외감과 정서적 고립을 확인할 수 있다.

→ 적절함!

[063~066] 다음 글을 읽고 물음에 답하시오.

1 ¹지금 그 자식들(여기서는 덕님의 자식들)은 저희들이 나고 자란, 저희들의 탯자리(태어난 곳. 고향)인 집이 수몰(물 水 빠질 沒 : 물속에 잠김)이 되건 말건 관심이 없다. ²수몰 보상금(도울 補 보상 償 돈 金 : 피해를 보상하기 위해서 주는 돈)을 나눠 가진 뒤에는 제 어미(여기서는 덕님)가 어찌 살든 내려와 보지도 않는다. ³이제 물이 들어차면(마을이 수몰되면) 덕님은 순천의 막내딸년 집으로 가기로 되어 있긴 하지만, 시부모와 영감(남편) 산소를 지척(가까울 咫 길이 尺 : 눈앞)에 두고 떠나야 하는 심정은 천 갈래 만 갈래(아주 많은 여러 갈래)로 찢어지는 것만 같았다. ⁴그러나 그 심정 누가 알아주랴(알아줄 사람이 없다). ⁵평생을 살면서 영감 죽을 때 빼고는 이렇게 애통해(슬플 哀 아플 痛 : 슬퍼하고 가슴 아파해) 본 적이 없었다. ⁶설이 가까워 오건만 어느 자식이 내려온다는 기별(소식)도 없다. ⁷혼자서 설을 쇠어야(보내야) 하나, 아니면 오라는 소리는 없어도 어느 자식 집으로 쇠러 가야 하나, 팔십 노구(늙을 老 몸 軀 : 늙은 몸)가 그저 거추장스러울(귀찮을) 뿐이다.

→ 덕님의 자식들은 수몰 보상금을 챙긴 뒤 연락이 없고, 덕님은 수몰 예정지가 된 집을 떠나야 함에 슬퍼한다.

2 ¹생전에 사람 기척도 없던 집에 오늘은 무슨 방송국에서 촬영을 왔었다. ²수몰민(물속에 잠겼거나 잠길 지역에 사는 주민)들이 마지막 설 준비하는 것을 촬영한다고 했다. ³사진 박히는(찍히는) 건 질색이지만 그쪽(방송국 사람)에서 하도(너무) 마지막 설 준비하는 기분이 어떠냐고 물어대싸서(물어서), 그만 울음을 터뜨리고 말았다. ⁴그랬더니 방송국에서 나온 젊은 처자(아가씨)가 하는 말이, 왜 눈물을 흘리지 않고 우시냐고 물었다.

[A]
⁵"눈물이 보타부러서(말라 버려서) 그러는개비(그런가 봐)."
⁶"할머니 이제 금방 하신 말씀 한 번만 더 해보세요."
⁷그래서 또 쑥스럽지만,
"눈물이 보타부렀어(말라 버렸어)."
⁸처자가 깔깔대며 웃었다. ⁹설 준비하는 흉내를 내라는데 솥에 넣고 끓일 것이 없어서 물이라도 붓고 불을 땠더니(지폈더니), 불 때는 것이 무슨 구경거리라고 또 사진을 박았다.

→ 덕님은 촬영을 위해 방송국 사람의 요구대로 설을 준비하는 흉내를 낸다.

3 **[중략 줄거리]** ¹만수는 남도(남쪽 南 도시 都 : 남쪽 도시)의 한 수몰 예정지에 살면서 월남전(1960년에 베트남의 독립과 통일을 위하여 미국과 벌인 전쟁)에 함께 참전했던(참여할 參 전쟁 戰 : 전쟁에 참가했던) 대석을 부른다. ²뚝방(둑(홍수를 예방하거나 물을 가두어 두기 위해 하천이나 호수, 바다의 둘레를 돌아나 흙 따위로 높이 막아 쌓은 언덕)의 방언) 동네에 살던 대석은 수몰 예정지에 사업거리(여기서는 고물을 모아서 파는 일)가 있다는 만수의 말을 듣고 어린 아들 명호를 데리고 만수를 찾아가고 세 사람(만수, 대석, 명호)은 동네를 돌아다닌다.

→ 수몰 예정지에 사업거리가 있다는 만수의 연락을 받은 대석은 아들 명호를 데리고 만수를 찾아간다.

4 ¹명호의 노랫가락 덕분인지 그날 밤새 달빛조차 그득했다(가득했다). ²그득한 달빛 아래 그들이 모은 고물들은 내일 새벽 광주의 고물상(고물을 사고파는 가게)으로 반출이 될(옮길 搬 나갈 出 : 옮겨질) 거였다. ³문짝을 떼어 내느라 힘을 쓸 때 처음에는 용기가 나지 않다가 나중에는 우지끈 소리에도 흥이 났다. ⁴땀이 비 오듯 쏟아졌다.

→ 한밤중에 만수와 대석, 명호는 동네를 돌아다니며 고물을 주워 모은다.

5 ¹두 사나이(여기서는 대석과 만수)가 그렇게 고물을 주워 담는 동안 반지 남편 칠환이는 짐승 수집에 나서고 있는 참이었다. ²칠환이는 작년까지 경기도 광주의 가구 공장에 다녔다. ³그곳(가구 공장)에서 아내인 반지를 만났다. ⁴두 사람은 열심히 살아 보려고 했으나 칠환이 사고를 당했다. ⁵술을 먹고 오토바이를 타고 퇴근을 하다 오토바이와 함께 전봇대에 부딪혀 칠환은 장애인이 되고 말았다. ⁶행복과 불행은 늘 칠환에게 교대로(오갈 交 교체할 代 : 번갈아 차례대로) 왔다. ⁷아내를 만나자 사고를 당했고, 사고를 당하자 고향 집이 수몰 지구(물속에 잠겼거나 잠길 지역)가 되었으니 보상금을 타 가라는 연락이 온 것이다. ⁸집이라고 해 봤자 이미 폐가(무너질 廢 집 家 : 버려두어 낡아 빠진 집)가 된 지 오래인 집으로 내려와 보상금을 타서 제 병원비로 다 써 버린 칠환은, 이제 남이 버리고 간 집에 제가 들어가 살고 있다. ⁹그러나 그 집은 기름 보일러(기름을 연료로 물을 끓여 증기를 발생시키는 보일러)로 개조한(고친 改 지을 造 : 고쳐 지음) 집이라 칠한네는 기름 살 돈이 없어 고생을 하고 있는 중이었다. ¹⁰요즘 마을 주변에는 떠난 사람들이 버리고 간 짐승들이 심심찮게(꽤 많이) 돌아다니고 있었다. ¹¹그 짐승들을 물막이(물이 흘러들거나 넘쳐 나지 않도록 막는 일) 공사하는 인부(사람 人 일꾼 夫 : 일꾼)들이 더러는 키우기도 하고 더러는 잡아먹기도 하는 모양이었다. ¹²오늘 칠환은 그 짐승들(마을을 떠난 사람들이 버리고 간 짐승들)을 잡아다가 팔아서 돈을 마련해 볼 생각인 것이다. ¹³그러나 낮에는 용기가 없어 밤에 도둑고양이처럼

살금살금 동네를 돌아다니고 있는 중이었다. ¹⁴값나가는 소나 개는 이미 처분(처리할 處 나눌 分 : 처리)을 하고 떠난 뒤여서 동네는 값 안 나가는 고양이나 염소와 닭들의 세상이 되어 있었다.

→ 오토바이 사고로 장애인이 된 칠환은 수몰 예정지가 된 고향에 내려오고, 생활이 어려워 돈이 될 만한 짐승을 잡으러 한밤중에 동네를 돌아다닌다.

6 ¹이왕이면 염소를 잡으려고 칠환이 막 동네 고샅길(좁은 골목길)을 거슬러 올라가고 있는데 어디선가 우지끈, 하고 집 무너지는 소리가 났다. ²집에 대한 철거(거둘 撤 버릴 去 : 건물, 시설 따위를 무너뜨려 없애거나 걷어치움) 공사는 이주(옮길 移 살 住 : 이사)가 완전히 이루어진 후에 한다고 했는데 벌써부터 철거 공사가 시작되었는가 싶어 가슴이 철렁 내려앉았다. ³그러나 소리가 났으므로 본능적으로 몸을 숨겼다. ⁴몸을 숨기고 고개만 내밀어 바라본즉 저쪽에서도 뭔가 불길했던지, 두 명의 사나이(여기서는 대석과 만수)가 담 너머로 고개를 내밀어 사방(사방 四 방향 方 : 주위)을 살피고 있는 중이다. ⁵작은 머리통(여기서는 명호)이 하나 더 나오는 것을 보니 사람 수는 세 명인 것이 분명했다.

⁶"누구시오?"
⁷㉠"집쥔(집주인)이오."
⁸칠환이 목소리를 가다듬어 점잖게 말했다. ⁹왜 제(자신의) 입에서 집주인이란 말이 나왔는지는 알 수 없었다. ¹⁰그러나 생각건대 임기응변(임할 臨 틀 機 응할 應 변 變 : 그때그때 처한 사태에 맞추어 즉각 그 자리에서 결정하거나 처리함), 그것은 막다른 길(더는 어떻게 할 수 없는 절박한 경우를 빗대 말)에 접어든 인생에 있어서는 항상 최대의 무기가 아닐 수 없었다. ¹¹칠환의 대답이 끝나기도 전에 저쪽에서 고개를 쑥 집어넣어 버렸다. ¹²아마 대책(대할 對 계획 策 : 대처할 방법)을 모의하는(꾀할 謀 의논할 議 : 의논하는) 모양이다. ¹³대책을 모의해야 할 만한 상황인 것이 저자(저 사람)들이 필시(반드시 必 무릇 是 : 분명) 그리 떳떳한 일을 도모하는(꾀할 圖 꾀할 謀 : 계획하는) 자들은 아닐 거라는 확신이 들면서 칠환의 머릿속에 재미있는 생각 하나가 휙 지나갔다.

¹⁴㉡"누가 이 야심한(밤 夜 깊을 深 : 밤이 깊은) 밤에 남의 빈집을 털고(뒤지어 훔치고) 있는 거요?"
¹⁵그때 다시 고개들이(대석과 만수) 연달아 쑥쑥 나왔다. ¹⁶작은 머리통(명호)은 나오지 않는 걸 보니 그놈은 겁이 좀 많은 모양이다.
¹⁷㉢"우리는 수자원공사(농업, 공업, 발전용 따위의 자원이 되는 물인 수자원에 대한 일을 맡아 관리하는 공기업)에서 나온 직원이오."
¹⁸칠환은 찔끔했다(놀라서 몸을 움츠렸다). ¹⁹그러나 다시 목소리를 가다듬어,
㉣"아직 집을 완전히 비우지도 않았는데 철거를 하다니요. ²⁰그것은 사유재산(사사로울 私 있을 有 재물 財 생길 産 : 개인 소유의 재산)에 대한 침해가 된다는 것을 아시오, 모르시오."
²¹최대한 머리를 짜내어(온 힘을 다해 생각하여) 구사한(나아갈 驅 쓸 使 : 꺼낸) 말이긴 하지만 여간 떨리는 게 아니다(매우 떨렸다). ²²그러나 절대로 떨고 있는 표시를 내면 안 된다.
²³저쪽에서 응답이 돌아왔다.
²⁴"여보시오, 집주인이란 자가 어째 몸을 숨기는 거요. ²⁵당신의 재산에 손을 대고 있는 자 앞에 떳떳하게 나와 보시오."
²⁶"그럼 나도 묻겠소. ²⁷당신들이야말로 고개만 내밀고 있는 이유가 뭐요?"
²⁸"우리야 집주인인 당신이 무서워서 이러는 것 아니오."
²⁹"그렇다면 협상(조정할 協 헤아릴 商 : 함께 의논함)을 하십시다. ³⁰집주인 허락도 없이 남의 재산에 손을 댔으니 손댄 물건값을 나에게 쳐주면(지불하면) 없던 일로 하리다."
³¹다시 머리 둘이 쑥 들어갔다.

→ 한밤중에 빈집에서 갑자기 마주친 칠환과 두 사나이(대석과 만수)는 거짓말로 자신의 정체를 속인다.

7 ¹머리가 언제 다시 나오려나, 칠환은 침을 꼴깍 삼키며 기다렸는데, 느닷없이(갑자기) 건장한(튼튼할 健 굳셀 壯 : 몸이 튼튼한) 두 사나이(대석과 만수)가 제 앞에 쑥 나타났다. ²칠환은 그만 생포된(살 生 잡을 捕 : 산 채로 잡힌) 짐승같이 바들바들 떨며 그 자리에서 꼼짝도 할 수가 없었다.
³㉤"겁내지 마시오. ⁴우리는 고물 장수들이오. ⁵당신은 뭐 하는 사람이오?"
⁶"주민이오. ⁷아내와 아이가 기름이 없어 냉골(차가운 방)에서 떨고 있어요. ⁸짐승들을 본 적 있소?"
⁹"사람은 없고 사방에 고양이 새끼들이던데 고양이 잡으러 나왔소?"
¹⁰"그래라우(그럼소)."
¹¹난데없이 본토박이 말(사투리)이 불쑥 튀어나왔다.
¹²"우리도 일은 대충 끝냈으니 어디 한번 고양이나 잡아 봅시다."
¹³"이왕이면 염소를 잡아 주시오."
¹⁴그렇게 해서 오밤중(깊은 밤)에 버려진 짐승들에 대한 사냥이 시작되었다. ¹⁵겨울 달밤에 벌이는 짐승 쫓기는 명호한테는 신나는 놀이가 아닐 수 있었다(놀이였다).

→ 두 사나이(대석과 만수)는 자신들이 고물 장수임을 밝히고
칠환과 함께 짐승을 잡으러 나선다.

- 공선옥, 「먼 바다」-

· 중심 내용

덕님은 마을이 수몰 예정지가 되자 살던 집을 떠나게 되어 슬퍼하고 방송국 사람은 촬영을 위해 덕님에게 설 준비하는 흉내를 내어 달라고 요구한다. 칠환은 한밤중에 짐승을 잡으러 나섰다가 고물을 주우러 다니던 대석과 만수, 명호와 빈집에서 마주치고 당황하여 자신이 집주인이라고 거짓말을 한다. 이후 칠환의 사정을 알게 된 대석과 만수, 명호는 칠환을 도와 짐승을 잡으러 나선다.

· 전체 줄거리 ([ ] : 지문 내용)

[양대석은 남도의 수몰 지구에 사업거리가 있다는 만수의 연락을 받고 2년간 살던 부대 동을 떠나 아들 명호를 데리고 만수를 찾아간다. 만수가 말한 사업이란 수몰 예정지에서 고물을 모아 파는 일이었고, 한밤중에 대석과 명호는 만수를 따라 고물을 주우러 마을을 돌아다닌다. 수몰 보상금을 챙긴 후로 자식들도 찾아오지 않던 덕님의 집에 방송국에서 촬영을 오고 덕님은 방송국 사람이 시키는 대로 설을 준비하는 흉내를 낸다.] 덕님의 친구인 영산댁 며느리 영녀는 수몰 보상금을 받아 자신을 다방에서 빼내어 준 남편 종만이 농협 빚을 갚느라 돈이 한 푼도 없다는 사실을 안 뒤부터는 사는 것이 재미없다. 영녀에게 유일하게 위로가 되는 친구는 필리핀에서 시집온 반지다. 종만은 수몰 지구의 작물 보상금을 노리고 국화를 심기 위해 덕필에게 비닐하우스를 빌린다. 종만에게서 하우스 임대료를 챙긴 덕필은 영녀를 꼬드겨 함께 달아나고 충격을 받은 종만은 댐에 빠져 죽는다. [한편 반지의 남편 칠환은 작년까지 경기도의 가구 공장을 다녔는데 퇴근하다가 오토바이 사고로 장애인이 된다. 칠환은 때마침 받은 고향 집의 수몰 보상금을 병원비로 모두 쓰고 반지와 함께 고향으로 내려와 빈집에서 지낸다. 칠환은 돈이 될 만한 짐승을 잡으러 밤중에 나섰다가 빈집에서 고물을 줍고 있던 만수 일행과 마주치고 당황하여 집주인인 척한다. 자신들이 고물 장수라는 사실을 밝힌 만수 일행은 칠환의 사정을 듣고 함께 짐승을 잡으러 나선다.] 이후 마을에서 다목적댐 유수 전환식(댐 건설 지점에 하천에 흐르는 물을 차단하는 공사)이 열리고 대석과 만수, 명호는 마을을 떠나 바다로 향한다.

· 인물 관계도

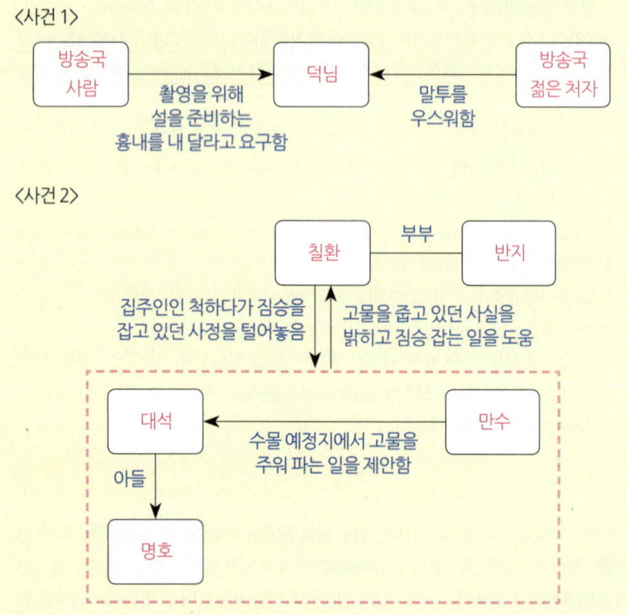

---

063 | 내용 이해 – 적절하지 않은 것 고르기 | 2024년 9월 학평 29번
정답률 80% | 정답 ③

윗글에 대한 이해로 적절하지 <u>않은</u> 것은?

① '덕님'은 살던 집을 떠나야 하는 상황을 슬퍼하고 있다.

근거 ❶-3 이제 물이 들어차면 덕님은 ~ 시부모와 영감 산소를 지척에 두고 떠나야 하는 심정은 천 갈래 만 갈래로 찢어지는 것만 같았다.

풀이 '덕님'은 마을이 수몰 예정지가 되어 살던 집을 떠나야 하는 것에 슬퍼하고 있다.

→ 적절함!

② '두 사나이'가 동네에서 뜯은 문짝은 고물상으로 옮겨질 것이다.

근거 ❹-2~3 그들이 모은 고물들은 내일 새벽 광주의 고물상으로 반출이 될 거였다. 문짝을 떼어 내느라 힘을 쓸 때 처음에는 용기가 나지 않다가 나중에는 우지끈 소리에도 흥이 났다.

풀이 '두 사나이'는 동네를 돌아다니면서 모은 고물들을 내일 새벽 광주의 고물상에 팔려고 한다. 따라서 그들이 동네에서 뜯은 문짝이 고물상에 옮겨질 것이라는 설명은 적절하다.

→ 적절함!

오토바이를 타고 퇴근하던 중
✓③ '칠환'은 가구 공장에서 작업 중 사고를 당해 장애를 입었다.

근거 ❺-5 술을 먹고 오토바이를 타고 퇴근을 하다 오토바이와 함께 전봇대에 부딪혀 칠환은 장애인이 되고 말았다.

풀이 '칠환'이 장애를 입은 것은 술을 먹고 오토바이를 타고 퇴근하던 중에 사고를 당해서이지 가구 공장에서 작업을 하다가 일어난 사고 때문이 아니다.

→ 적절하지 않음!

④ '칠환'은 고향 집에 대한 보상금을 자신의 병원비로 모두 사용하였다.

근거 ❺-5 술을 먹고 오토바이를 타고 퇴근을 하다 ~ 칠환은 장애인이 되고 말았다./ 7~8 사고를 당하자 고향 집이 수몰 지구가 되었으니 보상금을 타 가라는 연락이 온 것이다. ~ 보상금을 타서 제 병원비로 다 써 버린 칠환은,

풀이 오토바이 사고로 장애인이 된 '칠환'은 고향 집에 대한 수몰 보상금을 자신의 병원비로 모두 사용하였다.

→ 적절함!

⑤ '명호'는 버려진 짐승들을 쫓는 달밤의 사냥에 *동참하였다. * 같이 참가하였다

근거 ❼-14~15 오밤중에 버려진 짐승들에 대한 사냥이 시작되었다. 겨울 달밤에 벌이는 짐승 쫓기는 명호한테도 신나는 놀이가 아닐 수 없었다.

풀이 '명호'는 한밤중에 칠환과 두 사나이(대석과 만수)가 벌이는 짐승 사냥을 신나는 놀이로 여기며 그들을 따라다녔다.

→ 적절함!

---

064 | 인물의 심리 – 적절하지 않은 것 고르기 | 2024년 9월 학평 30번
정답률 80% | 정답 ④

㉠ ~ ㉢에 대해 이해한 내용으로 적절하지 <u>않은</u> 것은?

① ㉠ : 예상치 못한 상황에 임기응변으로 대처하고 있다.

근거 ❻-1~10 이왕이면 염소를 잡으려고 칠환이 막 동네 고샅길을 거슬러 올라가고 있는데 어디선가 우지끈, 하고 집 무너지는 소리가 났다. ~ 벌써부터 철거 공사가 시작되었는가 싶어 가슴이 철렁 내려앉았다. ~ 두 명의 사나이가 담 너머로 고개를 내밀어 사방을 살피고 있는 중이다. ~ "누구시오?" ㉠ "집쥔이오." ~ 왜 제 입에서 집주인이란 말이 나왔는지는 알 수 없었다. 그러나 생각건대 임기응변, 그것은 막다른 길에 접어든 인생에 있어서는 항상 최대의 무기가 아닐 수 없었다.

풀이 밤중에 남몰래 짐승을 잡으러 다니던 칠환은 갑자기 빈집에서 마주친 사람들에게 자신이 집주인이라고 거짓말을 한다. 따라서 ㉠에서 칠환은 예상치 못한 위기 상황에 임기응변으로 대처하고 있음을 알 수 있다.

→ 적절함!

② ㉡ : 상대방이 떳떳한 일을 하는 사람들이 아닐 것이라는 확신이 담겨 있다.

근거 ❻-11~14 칠환의 대답이 끝나기도 전에 저쪽에서 ~ 대책을 모의해야 할 만한 상황인 것이 저자들이 필시 그리 떳떳한 일을 도모하는 자들은 아닐 거라는 확신이 들면서 칠환의 머릿속에 재미있는 생각 하나가 휙 지나갔다. ㉡ "누가 이 야심한 밤에 남의 빈집을 털고 있는 거요?"

풀이 ㉡에서 칠환은 상대방이 숨어서 의논하는 것을 보고 그들이 떳떳한 일을 하는 사람들이 아닐 것이라 확신하고 따져 묻고 있다.

→ 적절함!

③ ㉢ : 위기를 *모면하기 위해 자신들의 정체를 속이고 있다.
* 어떤 일이나 책임을 꾀를 써서 벗어나기

근거 ❻-14~17 "누가 이 야심한 밤에 남의 빈집을 털고 있는 거요?" 그때 다시 고개들이 연달아 쏙쏙 나왔다. ~ ㉢ "우리는 수자원공사에서 나온 직원이오."

❼-4 우리는 고물 장수들이오.

풀이 빈집에 몰래 들어와 고물을 줍던 두 사나이는 갑자기 마주친 칠환에게 자신들이 고물 장수임을 숨기고 수자원공사 직원이라고 거짓말을 한다. 따라서 ㉢에서 두 사나이는 위기를 벗어나기 위해 자신들의 정체를 속이고 있음을 알 수 있다.

→ 적절함!

✔ ④ ㉣ : 자신에게 유리하게 진행되는 상황에 자신감을 얻어 상대방의 행동을 지적하고 있다.

근거 ❻-17~22 “우리는 수자원공사에서 나온 직원이오.” 칠환은 찔끔했다. 그러나 다시 목소리를 가다듬어, ㉣ “아직 집을 완전히 비우지도 않았는데 철거를 하다니요. 그것은 사유재산에 대한 침해가 된다는 것을 아시오, 모르시오.” 최대한 머리를 짜내 구사한 말이긴 하지만 여간 떨리는 게 아니다. 그러나 절대로 떨고 있는 표시를 내면 안 된다.

풀이 집주인이라고 거짓말을 한 칠환은 상대방이 수자원공사 직원이라는 말을 듣고 당황하지만 겉으로는 내색하지 않고 계속 집주인인 척하며 상대방의 행동을 지적한다. 따라서 ㉣에서 칠환은 자신에게 불리해진 상황에서 불안감을 감추고 있는 것이지 유리한 상황으로 자신감을 얻고 있지 않다.

→ 적절하지 않음!

⑤ ㉤ : 떨고 있는 상대방을 안심시키기 위한 의도가 담겨 있다.

근거 ❼-1~5 느닷없이 건장한 두 사나이가 제 앞에 쑥 나타났다. 칠환은 그만 생포된 짐승같이 바들바들 떨며 그 자리에서 꼼짝도 할 수가 없었다. ㉤ “겁내지 마시오. 우리는 고물 장수들이오. 당신은 뭐 하는 사람이오?”

풀이 건장한 두 사나이가 갑자기 모습을 드러내자 칠환은 놀라서 떨게 되고 두 사나이는 자신들이 고물 장수라는 사실을 밝히며 칠환을 안심시킨다.

→ 적절함!

---

065 | 장면의 기능 – 적절한 것 고르기 2024년 9월 학평 31번 정답률 85% | 정답 ③

[A]에 대한 이해로 가장 적절한 것은?

> [A] ❷ 생전에 사람 기척도 없던 집에 오늘은 무슨 방송국에서 촬영을 왔다. 수몰민들이 마지막 설 준비하는 것을 촬영한다고 했다. 사진 박히는 건 질색이지만 그쪽에서 하도 마지막 설 준비하는 기분이 어떠냐고 물어대싸서, 그만 울음을 터뜨리고 말았다. 그랬더니 방송국에서 나온 젊은 처자가 하는 말이, 왜 눈물을 흘리지 않고 우시냐고 물었다. “눈물이 보타부러서 그러는개비.” “할머니 이제 금방 하신 말씀 한 번만 더 해보세요.” 그래서 또 쑥스럽지만, “눈물이 보타부렀어.” 처자가 깔깔대며 웃었다. 설 준비하는 흉내를 내라는데 솥에 넣고 끓일 것이 없어서 물이라도 붓고 불을 땠더니, 불 때는 것이 무슨 구경거리라고 또 사진을 박았다.

① 덕님과 *논쟁하는 방송국 사람의 모습을 통해 **언론의 비인간적인 속성을 부각한다. * 자기의 주장을 내세워 다투는 ** 매체를 통하여 어떤 사실을 밝혀 알리거나 어떤 문제에 대하여 대중의 의견을 형성하는 활동

풀이 [A]에는 덕님과 방송국 사람이 촬영하는 모습만 나타날 뿐 논쟁하는 모습은 나타나지 않는다.

→ 적절하지 않음!

② 덕님의 생활을 관찰하는 방송국 사람의 모습을 통해 수몰민의 *실상을 **폭로하려는 언론의 의도를 드러낸다. * 실제 모습 ** 알려지지 않았거나 감춰져 있던 사실을 드러내려는

풀이 방송국 사람은 자신들의 요구에 따라 설 준비를 흉내 내는 덕님을 촬영하고 있을 뿐 덕님의 생활을 관찰하고 있지도 않고 수몰민의 실상을 폭로하려는 언론의 의도도 나타나지 않는다.

→ 적절하지 않음!

✔ ③ 덕님의 상황에 공감하지 못하고 촬영하는 방송국 사람의 모습을 통해 타인의 고통에 무관심한 언론의 면모를 드러낸다.

풀이 수몰로 인해 살던 집을 떠나게 된 덕님이 울음을 터뜨리지만 방송국 사람들은 덕님을 위로하기는커녕 덕님의 말투를 우스워하고 덕님에게 촬영을 위해 설을 준비하는 흉내를 내어 달라고 요구한다. 이를 통해 방송국 사람이 덕님의 상황에 공감하지 못하고 촬영하는 모습에서 타인의 고통에 무관심한 언론의 면모가 드러난다고 볼 수 있다.

→ 적절함!

④ 방송국 사람을 이용하여 자신의 처지를 알리려는 덕님의 모습을 통해 어려운 상황을 극복하려는 수몰민의 의지를 부각한다.

풀이 덕님은 방송국 사람의 요구에 따라 행동하고 있을 뿐 방송국 사람을 이용하여 자신의 처지를 알리려 하고 있지 않다.

→ 적절하지 않음!

⑤ 방송국 사람의 요구를 순순히 들어주는 덕님의 모습을 통해 보상금을 받기 위해 애쓰는 수몰민의 *이중적인 태도를 드러낸다. * 상황에 따라 동일하지 않은 기준을 가지고 대하는 자세

풀이 [A]에서 덕님은 방송국 사람의 요구를 순순히 들어주고 있을 뿐 보상금을 받기 위해 애쓰는 모습은 나타나지 않는다.

→ 적절하지 않음!

---

066 | 감상의 적절성 – 적절하지 않은 것 고르기 2024년 9월 학평 32번 정답률 85% | 정답 ④

〈보기〉를 바탕으로 윗글을 감상한 내용으로 적절하지 않은 것은? 3점

> | 보기 |
> [1] 이 작품은 수몰 예정지에 사는 수몰민들의 모습을 통해 개발 난민(어려울 難 사람 民 : 재난을 당하여 곤경에 빠진 사람)이 겪는 현실을 보여 준다. [2] 수몰 예정지인 마을에서는 생계 유지 문제로 주민들 사이에 갈등이 일어나기도 하고 보상금으로 인해 가족 공동체의 붕괴(무너질 崩 무너질 壞 : 파괴)가 가속화되기도(더할 加 빠를 速 될 化 : 진행이 빨라지기도) 한다. [3] 또한 빈집이 늘어난 마을에 주민들의 눈을 피해 들어온 외지인(바깥 外 땅 地 사람 人 : 그 마을 사람이 아닌 사람)과 아직 떠나지 못한 주민이 문제를 일으키기도 한다. [4] 한편 수몰 예정지에서 유랑하는(떠돌 流 유랑할 浪 : 일정하게 머무는 곳 없이 떠돌아다니는) 이들끼리의 연대(이어질 連 띠 帶 : 여럿이 함께 무슨 일을 하거나 함께 책임을 짐)를 통해 어려운 이들이 서로 돕는 따뜻한 모습을 보여 주기도 한다.

① 덕님의 자식들이 ‘수몰 보상금을 나눠 가진’ 후 ‘제 어미가 어찌 살든 내려와 보지도 않’는 모습을 통해 개발 과정에서 가족 공동체가 붕괴되는 모습을 보여 주고 있군.

근거 〈보기〉-2 수몰 예정지인 마을에서는 ~ 보상금으로 인해 가족 공동체의 붕괴가 가속화되기도 한다.

❶-1~2 지금 그 자식들은 저희들이 나고 자란, 저희들의 탯자리인 집이 수몰이 되건 말건 관심이 없다. **수몰 보상금을 나눠 가진** 뒤에는 **제 어미가 어찌 살든 내려와 보지도 않**는다./ 6~7 설이 가까워 오건만 어느 자식이 내려온다는 기별도 없다. ~ 팔십 노구가 그저 거추장스러울 뿐이다.

풀이 덕님의 자식들은 고향이 수몰된다는 사실에 관심도 없고 ‘수몰 보상금을 나눠 가진’ 후에는 ‘제 어미가 어찌 살든 내려와 보지도 않’고 명절을 앞두고도 연락이 없다. 이를 통해 수몰 지역의 개발 과정에서 가족 공동체가 붕괴되는 모습을 확인할 수 있다.

→ 적절함!

② 칠환이 ‘남이 버리고 간 집’에 살면서 ‘짐승들을 잡아다가 팔아서 돈을 마련’하려는 모습을 통해 삶의 *기반을 잃고 유랑하는 이의 비참한 현실을 보여 주고 있군. *기초가 되는 바탕

근거 〈보기〉-4 수몰 예정지에서 유랑하는 이들

❺-7~9 고향 집이 수몰 지구가 되었으니 보상금을 타 가라는 연락이 온 것이다. 집이라고 해 봤자 이미 폐가가 된 지 오래인 집으로 내려와 ~ 이제 **남이 버리고 간 집**에 제가 들어가 살고 있다. ~ 칠환네는 기름 살 돈이 없어 고생을 하고 있는 중이었다./ 12 오늘 칠환은 그 **짐승들을 잡아다가 팔아서 돈을 마련**해 볼 생각인 것이다.

풀이 칠환이 수몰 예정지가 된 고향으로 내려와 ‘남이 버리고 간 집’에 살면서 형편이 어려워 ‘짐승들을 잡아다가 팔아서 돈을 마련’하려는 모습을 통해 삶의 기반을 잃고 유랑하는 이의 비참한 현실이 나타난다.

→ 적절함!

③ 사람들이 ‘소나 개’를 처분하고 떠나 ‘고양이나 염소와 닭들의 세상이 되어 있’는 마을의 모습을 통해 주민들이 떠나 빈집이 늘어난 수몰 예정지의 상황을 보여 주고 있군.

근거 〈보기〉-3 빈집이 늘어난 마을

❺-14 값나가는 **소나 개**는 이미 처분을 하고 떠난 뒤여서 동네는 값 안 나가는 **고양이나 염소와 닭들의 세상이 되어 있**었다.

풀이 전에 살던 주민들이 값나가는 동물인 ‘소나 개’만 처분하고 떠나고 ‘고양이나 염소와 닭들의 세상이 되어 있’는 마을의 모습을 통해 주민들이 떠나 빈집이 늘어난 수몰 예정지의 상황을 확인할 수 있다.

→ 적절함!

✔ ④ 칠환이 두 사나이에게 ‘손댄 물건값을 치르라고 말하는 모습을 통해 보상금을 노린 외지인과 생계 유지를 위해 자신의 재산을 지키려는 주민 사이의 갈등을 보여 주고 있군.

근거 ❸-2 내석은 수몰 예정시에 사업거리가 있나는 만수의 말을 믿고 어린 아들 명호를 데리고 만수를 찾아가고 세 사람은 동네를 돌아다닌다.

❹-2 그들이 모은 고물들은 내일 새벽 광주의 고물상으로 반출이 될 거였다.

❻-1~7 이왕이면 염소를 잡으려고 칠환이 막 동네 고샅길을 거슬러 올라가고 있는데 ~ 두 명의 사나이가 담 너머로 고개를 내밀어 사방을 살피고 있는 중이다. ~ “누구

시오?" "집쥔이오." **14~17** "누가 이 야심한 밤에 남의 빈집을 털고 있는 거요?" 그때 다시 고개들이 연달아 쑥쑥 나왔다. ~ "우리는 수자원공사에서 나온 직원이오." / **30** 집주인 허락도 없이 남의 재산에 손을 댔으니 **손댄 물건값**을 나에게 쳐주면 없던 일로 하리라."

풀이 윗글에서 주민들의 눈을 피해 들어온 외지인인 대석과 만수는 수몰 예정지인 마을을 돌아다니며 고물을 줍고 있을 뿐 수몰 보상금을 노리는 모습은 나타나지 않는다. 한편 주민인 칠환은 남몰래 짐승을 잡으러 다니다가 빈집에서 두 사나이(대석과 만수)와 마주치자 당황하여 집주인인 척하고 그들에게 '손댄 물건값'을 치르라고 말한다. 즉 칠환이 말한 '손댄 물건값'은 실제로는 칠환의 재산이 아니다. 따라서 칠환이 두 사나이에게 '손댄 물건값'을 치르라고 말하는 모습에서 보상금을 노린 외지인과 생계 유지를 위해 자신의 재산을 지키려는 주민 사이의 갈등이 나타난다고 볼 수 없다.

→ 적절하지 않음!

⑤ 두 사나이가 칠환의 이야기를 듣고 나서 *경계를 풀고 그를 도와 '어디 한번 고양이나 잡아' 보자고 제안하는 모습을 통해 유랑하는 이들끼리 연대하는 모습을 보여 주고 있군. * 뜻밖의 사고가 생기지 않도록 조심하여 단속함

근거 <보기>-4 수몰 예정지에서 유랑하는 이들끼리의 연대를 통해 어려운 이들이 서로 돕는 따뜻한 모습을 보여 주기도 한다.

3-2 대석은 수몰 예정지에 사업거리가 있다는 만수의 말을 듣고 어린 아들 명호를 데리고 만수를 찾아가고 세 사람은 동네를 돌아다닌다.

4-2 그들이 모은 고물들은 내일 새벽 광주의 고물상으로 반출이 될 거였다.

7-3~8 "겁내지 마시오. 우리는 고물 장수들이오. 당신은 뭐 하는 사람이오?" "주민이오. 아내와 아이가 기름이 없어 냉골에서 떨고 있어요. 짐승들을 본 적 있소?" / **12** "우리도 일은 대충 끝냈으니 **어디 한번 고양이나 잡아** 봅시다."

풀이 두 사나이와 칠환은 생계를 위해 각각 고물을 줍거나 짐승을 잡으며 마을을 돌아다니다가 마주치고, 두 사나이가 칠환의 사정을 들은 후 경계를 풀고 '어디 한번 고양이나 잡아' 보자고 제안하며 칠환을 돕는 모습에서 유랑하는 이들끼리 연대하는 모습이 나타난다.

→ 적절함!

[**067~070**] 다음 글을 읽고 물음에 답하시오.

1 [1]만두 집을 했던 엄마가 어떻게 피아노를 가르칠 생각을 했는지 알 수 없다. [2]욕심이거나 뭔가 강요하려 한 것은 아니었다. [3]엄마는 배움이 짧았고, 자신의 교육적 선택에 늘 자신감을 갖지 못했다. [4]다만 그때 엄마는 어떤 '보통'의 기준들을 따라가고 있었으리라. [5]놀이 공원에 가고, **엑스포**(국제 박람회)**에 가는 것**처럼, 어느 시기에는 어떠어떠한 것을 해야 한다는 풍문(바람 風 소문 聞 : 소문)들을 말이다. [6]돌이켜보면 어릴 때 엑스포에 가고 박물관에 간 것이 그렇게 재미있었던 것 같지는 않다. [7]하지만 나를 엑스포에 보내주고, 놀이 공원에 함께 가 준 엄마에게 고마운 마음이 든다. [8]누구나 겪는, **평범한 유년**(어릴 幼 나이 年 : 어린 나이)**의 프로그램** 중 하나였을 뿐이지만, **무지한**(없을 無 알 知 : 아는 것이 없는) 눈으로 시대의 풍문들에 고개 끄덕였을, 김밥을 싸고 관광버스에 올랐을 엄마의 피로한 얼굴이 떠오르는 까닭이다. [9]이따금 내가 회전목마 위에서 비명을 지르는 동안, 한 손으로 얼굴을 가린 채 벤치에 누워 있던 엄마의 모습이 떠오르곤 한다. [10]신을 벗고 짧은 잠을 청하던 엄마의 얼굴은 **도**(첫 번째 계이름) — 처럼 낮고 고요했던가 그렇지 않았던가. [11]엄마를 따라 하느라, 피아노 의자 위에 누워 있던 나를 보고, 선생님은 **라**(여섯 번째 계이름) — 처럼 놀랐던가 그렇지 않았던가. [12]**일과**(날 日 공부할 課 : 매일 규칙적으로 하는 일) 중 가장 중요한 일이 '엄마 100만원(**주세요**'인 줄 알았던 때이긴 했지만. [13]나는 헨델이 없는 헨델의 방에서 음악을 했고, 엄마는 **베토벤같이 풀린 파마머리를 한 채 귀머거리처럼 만두를 빚었다.** [14]㉠ 마침 동네에 음악 학원이 생겼고, 엄마의 만두가 **불티나게**(매우 빨리, 아주 잘)팔리던 시절이라 (내가 피아노 학원을 다니는 것이) 가능했던 일인지도 모른다.

→ '나'의 어린 시절에 엄마는 만두 가게를 하면서 '나'의 교육을 위해 노력했고 '나'에게 피아노를 배우게 한다.

2 [1]엄마는 내게 피아노를 사줬다. [2]**읍내**(시내)서부터 **먼짓길**(비포장도로)을 달려 온 **파란 트럭**이 집 앞에 섰을 때, 엄마가 무척 기뻐했던 기억이 난다. [3]**세탁기도 냉장고도 아닌 피아노라니.** [4]어쩐지 우리 삶의 질이 **한 뼘쯤 세련돼진** 것 같았다. [5]피아노는 노릇한 **원목**(근원 原 나무 木 : 가공하지 않은 나무)으로 돼, 학원에 있는 어떤 것보다 좋아 보였다. [6]ⓛ 원목 위에 양각된(양각할 陽 새길 刻 : 조각으로 새겨진) 우아한 넝쿨무늬, 은은한 **광택**(빛)의 금속 페달(음의 강약과 울림 조절을 위해 발로 밟는 부분), 건반 위에 깔린 레드 카펫(빨간색 건반 덮개)은 또 얼마나 **선정적**(자극적)인 빛깔이던지. [7]그것은 우리 집에 있는 **가재**(집 家 물건 財 : 살림 도구)들과 때깔부터 달랐다. [8]다만 좀 **멋쩍은**(어색하고 쑥쓰러운) 것은 피아노가 가

정집 '거실'이 아닌, ⓐ **만두 가게 안에 놓인다**는 사실이었다. [9]우리 가족은 **생계와 주거**(가게 일과 살림살이)를 한 건물 안에서 해결하고 있었다. [10]ⓒ 낮에는 방에 (만두 가게) 손님을 들이고, 밤에는 식구들이 이불을 펴고 자는 식으로 말이다. [11]피아노는 나와 언니가 쓰는 작은방에 놓였다. [12]안방은 주방을, 작은방은 **홀**(가게의 넓은 공간)을 마주보고 있었다.

→ 엄마가 사준 피아노는 우리 가족이 생활하는 집이자 만두 가게인 공간에 놓이게 된다.

3 [1]나는 오후 **내**(동안) 가게에 붙어 피아노를 연주했다. [2]울림 폭을 크게 해주는 오른쪽 페달을 밟고, 멋을 부려 「소녀의 기도」나 「아드린느를 위한 발라드」와 같은 곡을 말이다. [3](만두를 찌는) 찜통에선 수증기가 푹푹 나고, 홀에서는 장사꾼과 농부들이 흙 묻은 장화를 신은 채 **우적우적**(음식을 입안에 가득 넣으면서 급하게 먹는 모양) 만두를 씹고 있는 공간에서, 누구라도 만두를 삼키다 말고 울고 가게 만들었을 그런 연주를. [4]쉽고 아름답지만 촌스러워서 누구라도 가게 앞을 지나다 **얼굴을 붉히게 만들었을**, 그러나 좀더 정직한 사람이라면 만두 접시를 집어던지며 '다 때려치우라 그래!' 소리쳤을 **그런**(어설픈) 연주를 말이다. [5]한번은 연주가 끝난 뒤 박수 소리가 들려 고개를 돌린 적이 있다. [6]홀에서 웬 백인 남자가 **손뼉을 치며** "**원더풀**(Wonderful, 멋져)"이라 외치고 있었다. [7]외국인과 나 사이에 어정쩡한 침묵이 흘렀다. [8]나는 부끄러웠지만 수줍게 한마디 했다. [9]땡큐…… [10]집 안에선 밀가루 입자가 햇빛을 받으며 분분히 날렸고, 건반을 짚은 손가락 아래론 지문이 하얗게 묻어났다.

→ '나'는 만두 가게 손님들 앞에서 피아노를 친다.

4 [중략 줄거리] [1]아빠의 빚보증(다른 사람이 돈을 빌리고 갚을 것을 증명해 주고 책임을 짐) 때문에 **가계**(집 家 살림살이 計 : 집안의 경제적 사정)가 어려워졌지만 엄마는 피아노만은 빼앗기지 않고 싶어 했다. [2]대학 진학을 앞두고 언니의 서울 반지하방(반 정도가 지하에 있는 방)으로 이사되게 된 '나'는, 피아노를 가지고 가 달라는 엄마의 부탁을 받게 된다.

→ 아빠가 선 빚보증 때문에 집안 형편이 어려워지고 '나'는 엄마가 사준 피아노를 가지고 서울에 있는 언니의 반지하방으로 이사한다.

5 [1]언니의 표정은 **뜨악했다**(당황스러웠다). [2]외삼촌이 담배를 피우는 사이, 나는 (피아노를 가지고 오게 된) 사정을 설명하느라 애를 먹었다(힘들었다). [3]엄마가 다 얘기한 줄 알았는데, 언니는 아무것도 모르고 있었다. [4]언니가 답답한 듯 말했다.

[5]"여기, ⓑ 반지하야."

[6]나는 조그맣게 대꾸했다.

[7]"나도 알아."

[8]우리는 트럭 앞에 모여 피아노를 올려다봤다. [9]ⓓ 그것(피아노)은 몰락한 러시아 귀족처럼 끝까지 체면을 차리며 우아하고 담담하게 서 있었다. [10]**외삼촌의 트럭**은 길 한가운데를 막고 있었다. [11]우리는 서둘러 목장갑(면장갑)을 꼈다. [12]외삼촌이 피아노의 한쪽 끝을, 언니와 내가 반대쪽을 잡았다. [13]외삼촌이 신호를 보냈다. [14]나는 깊은 숨을 쉰 뒤 피아노를 번쩍 들어 올렸다. [15]1980년대 **산**(産)(생산한) **피아노가 잠시 세기말**(시대 世 해 紀 끝 末 : 한 세기의 끝) **도시의 하늘 위로 비상**했다. [16]그 모습이 꽤 아름다워 하마터면 **탄성**(탄식할 歎 소리 聲 : 감탄하는 소리)을 지를 뻔했다. [17]우리는 한 걸음씩 이동했다. [18]다리가 후들거리고 진땀이 났다. [19]사람들이 우리를 흘깃거렸다. [20]뒤에서 승용차 한 대가 비켜달라는 듯 경적을 울려댔다.

→ 피아노를 본 언니가 당황해하고 삼촌과 언니, '나'는 피아노를 반지하방으로 옮기기 시작한다.

6 [1]곧 건물 2층에 사는 집주인이 체육복 차림으로 내려왔다. [2]동글동글한 체구에, 아침 체조를 빼먹지 않을 것같이 생긴 50대 중반의 사내였다. [3]그(집주인)는 집 앞에서 벌어진 풍경이 믿기지 않는다는 듯 **아연한**(놀랄 啞 그러할 然 : 황당하고 놀란) 표정으로 서 있었다. [4]나는 피아노를 든 채 어색하게 웃으며 **목례했다**(눈 目 인사 禮 : 눈짓으로 가볍게 인사했다). [5]언니 역시 눈치껏 **사내**(집주인)에게 인사했다. [6]**좁고 가파른 계단** 아래로 피아노가 천천히 머리를 디밀고 있었다. [7]세탁기도, 냉장고도 아닌 피아노라니. [8]우리 삶이 **세 뼘쯤 민망해지는 기분**이었다. [9]갑자기 쿵 — 하는 소리가 났다. [10]외삼촌이 피아노를 놓친 모양이었다. [11]우당탕탕 — 피아노가 계단을 미끄러져 나갔다. [12]언니와 나는 다급하게 피아노 다리를 붙잡았다. [13]윙 — 하는 **공명감**(한가지 共 울릴 鳴 느낄 感 : 소리가 울리는 느낌) 사이로, 악기 속 여러 개의 시간이 뭉개지는 소리가 났다. [14]피아노 넝쿨무늬가 (떨어져) 고장난 스프링처럼 흔들리고 있는 모습이 보였다. [15]충격 때문에 몸에서 떨어져 나간 모양이었다. [16]그제야 나는 내가 **오랫동안 양각된**(조각으로 새겨진) **거라 믿어온 문양**(장식 모양)**이 사실은 본드로 붙여져 있던 것**이라는 걸 깨달았다. [17]우리는 외삼촌의 **안색**(얼굴 顔 빛 色 : 얼굴빛)을 살폈다. [18]외삼촌은 괜찮다는 신호를 보낸 뒤 다시 계단을 내려갔다. [19]나는 외삼촌의 부상이나 피아노의 상태가 걱정되지 않았다. [20]그보다는 쿵 — 소리, 내가 처음 도착한 도시에 울려 퍼지는 그 사실적이고, 커다랗고, 노골적인 소리에 **얼굴이 붉어졌다**.

---

²¹ 집주인은 어이없고 못마땅하다는 표정으로 ⓓ 언니와, 나와, 피아노와, 외삼촌과, 다시 피아노를 번갈아 쳐다봤다.

²² "학생."

²³ 주인 남자가 언니를 불렀다. ²⁴ 언니는 재빨리 계단을 올라갔다. ²⁵ 출구 쪽, 네모난 햇살 아래 뭔가 열심히 설명하고 있는 언니의 모습이 보였다. ²⁶ 언니는 승용차 운전자에게도 양해를 구했다. ²⁷ 우리는 결국 관리비를 더 내고, 피아노를 절대 치지 않겠다는 조건으로 집주인을 돌려보냈다. ²⁸ 집주인은 돌아서며 한마디 했는데, 치지도 않을 피아노를 왜 갖고 있느냐는 거였다.

> → 피아노를 옮기며 '나'는 부끄러움을 느끼고, 피아노를 들이는 것을 못마땅해하는 집주인에게 언니는 피아노를 절대 치지 않겠다는 약속을 한다.

- 김애란, 「도도한 생활」-

· 중심 내용

어린 시절에 '나'는 엄마가 사 준 피아노를 만두 가게 손님들 앞에서 연주하곤 했다. 이후 아빠의 빚보증 때문에 가계가 어려워지고, 서울로 진학하면서 언니의 반지하방으로 이사하게 된 '나'는 엄마의 부탁으로 피아노를 가져가게 된다. 언니는 피아노를 들이는 것을 못마땅해하는 집주인에게 피아노를 절대 치지 않겠다고 약속한다.

· 전체 줄거리 ([ ] : 지문 내용)

[만두 가게를 하는 엄마는 어린 '나'에게 피아노를 사 주고, 그 피아노는 살림집이자 가게로 쓰이는 공간에 놓인다. '나'는 만두 가게에 놓인 피아노를 손님들 앞에서 치고, 엄마는 그 모습을 좋아한다. '나'는 중학교에 올라가서는 가끔 악보를 사다가 유행가를 연주하지만 고등학교에 가서는 더 이상 피아노를 치지 않는다. 고등학교 3학년 겨울 방학에 아빠가 선 빚보증 때문에 집안 형편이 어려워지고, '나'는 서울에 있는 대학의 컴퓨터학과에 합격한다. '나'는 피아노를 가지고 서울에 있는 언니의 반지하방으로 이사하고, 피아노를 들이는 것을 못마땅해하는 집주인에게 언니는 피아노를 절대 치지 않겠다고 약속을 한다.] 언니는 전문대학 치기공과(치과 진료에 필요한 장치를 전문적으로 제작 · 수리 · 가공하는 등의 치과 업무를 배우는 학과)를 다니다가 영문과에 편입하기 위해 휴학한 후 낮에는 식당에서 아르바이트를 하고 새벽에는 학원에서 공부를 한다. '나'는 디근 자가 잘 입력되지 않는 컴퓨터로 학원 교재나 시험지를 작성하는 일을 하며 등록금을 모은다. 하루는 비가 내려 반지하방으로 빗물이 새는 것을 보고 '나'는 놀라서 언니에게 전화를 걸지만 언니는 걸레로 닦아내면 된다고 담담하게 말한다. 그러나 빗물은 계속해서 들어와 이내 발등까지 차오르고 '나'는 쓰레받기로 빗물을 퍼내기 시작한다. 그러던 중 아빠에게 전화가 오고 돈이 필요하다는 아빠의 말에 '나'는 "어떻게든 해 보겠다."라고 한 뒤 전화를 끊는다. 이후 언니의 예전 애인이 술에 취해 찾아와 언니의 이름을 부르며 현관 앞에 고꾸라진다. '나'는 그를 피아노 의자로 옮기고 빗물을 퍼내려 노력하지만 물은 어느새 무릎까지 찬다. 더 이상 물을 퍼내기가 어려워진 '나'는 피아노가 물에 잠기고 있다는 사실을 깨닫고 검은 비가 출렁이는 반지하방에서 피아노를 치기 시작한다.

· 인물 관계도

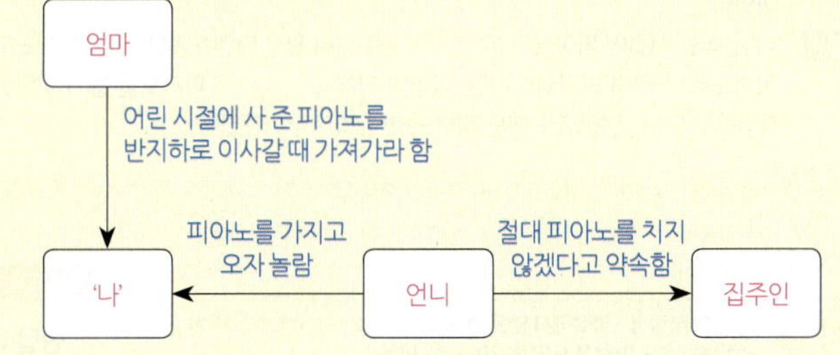

윗글의 서술상 특징으로 가장 적절한 것은?

① **동일한 사건을 여러 인물의 관점에서 다양하게 서술하고 있다.**

근거 ❶~❻ 만두 집을 했던 엄마가 어떻게 피아노를 가르칠 생각을 했는지 알 수 없다. ~ 나는 오후 내 가게에 붙어 피아노를 연주했다. ~ "여기, 반지하야." 나는 조그맣게 대꾸했다. "나도 알아." 우리는 트럭 앞에 모여 피아노를 올려다봤다. ~ 집주인은 돌아서며 한마디 했는데, 치지도 않을 피아노를 왜 갖고 있느냐는 거였다.

풀이 윗글은 어린 시절에 엄마가 '나'에게 피아노를 사 준 사건, '나'가 만두 가게에 놓인 피아노를 치는 사건, 어른이 된 '나'가 언니의 반지하방으로 이사하면서 피아노를 가져간 사건 등 여러 사건이 '나'의 관점에서 서술되고 있다.

→ 적절하지 않음!

② *서술자가 교체되면서 인물 간의 갈등을 **다각적으로 조명하고 있다.
  * 이야기를 이끌어 가는 이가 바뀌면서 ** 여러 측면에서 다양하게 보여 주고

근거 ❻-21~27 집주인은 어이없고 못마땅하다는 표정으로 언니와, 나와, 피아노와, 외삼촌과, 다시 피아노를 번갈아 쳐다봤다. ~ 우리는 결국 관리비를 더 내고, 피아노를 절대 치지 않겠다는 조건으로 집주인을 돌려보냈다.

풀이 윗글에는 '나'와 언니가 반지하방으로 피아노를 옮기면서 집주인과 갈등하는데, 이를 서술자인 '나'의 시점에서 서술하고 있을 뿐 서술자를 교체하면서 다각적으로 조명하고 있지 않다.

→ 적절하지 않음!

③ 이야기 **외부의** 서술자가 특정 인물의 관점에서 사건을 해석하고 있다.
  내부의 서술자인 '나'의

근거 ❶~❻ 만두 집을 했던 엄마가 어떻게 피아노를 가르칠 생각을 했는지 알 수 없다. ~ 다만 그때 엄마는 어떤 '보통'의 기준들을 따라가고 있었으리라. ~ 집주인은 돌아서며 한마디 했는데, 치지도 않을 피아노를 왜 갖고 있느냐는 거였다.

풀이 윗글은 1인칭 주인공 시점(이야기 내부의 서술자인 '나'가 자신의 경험과 속마음을 말하는 시점)으로, 이야기 내부의 서술자인 '나'의 관점에서 사건을 해석하고 있다.

→ 적절하지 않음!

④ 사건에 개입되지 않은 인물의 관점을 통해 사건을 *객관적으로 전달하고 있다.
  개입된   주관적으로
  * 감정이나 생각을 담지 않고

근거 ❶-7 나를 엑스포에 보내주고, 놀이 공원에 함께 가 준 엄마에게 고마운 마음이 든다.

❷-3~4 세탁기도 냉장고도 아닌 피아노라니. 어쩐지 우리 삶의 질이 한 뼘쯤 세련돼진 것 같았다.

❸-8 나는 부끄러웠지만 수줍게 한마디 했다.

❻-7~8 세탁기도, 냉장고도 아닌 피아노라니. 우리 삶이 세 뼘쯤 민망해지는 기분이었다.

풀이 윗글은 1인칭 주인공 시점으로, 사건을 경험한 '나'의 관점에서 감정이나 생각을 드러내며 사건을 주관적으로 전달하고 있다.

→ 적절하지 않음!

⑤ 이야기 내부의 서술자가 인물의 행위를 *묘사하며 자신의 내면을 드러내고 있다.
  * 눈으로 보는 것처럼 자세하게 표현하며

근거 ❶-7 나를 엑스포에 보내주고, 놀이 공원에 함께 가 준 엄마에게 고마운 마음이 든다. ('나'의 내면)

❶-9 한 손으로 얼굴을 가린 채 벤치에 누워 있던 엄마의 모습/ 13 엄마는 베토벤같이 풀린 파마머리를 한 채 귀머거리처럼 만두를 빚었다. (엄마의 행동 묘사)

❸-6~8 홀에서 웬 백인 남자가 뽀뽀를 치며 "원더풀"이라 외치고 있었다. ~ 나는 부끄러웠지만 (백인 남자의 행동 묘사와 '나'의 내면)

❺-12~14 외삼촌이 피아노의 한쪽 끝을, 언니와 내가 반대쪽을 잡았다. 외삼촌이 신호를 보냈다. 나는 깊은 숨을 쉰 뒤 피아노를 번쩍 들어 올렸다. (외삼촌, 언니, '나'의 행동 묘사)

❻-3~5 그는 집 앞에서 벌어진 풍경이 믿어지지 않는다는 듯 아연한 표정으로 서 있었다. 나는 피아노를 든 채 어색하게 웃으며 목례했다. 언니 역시 눈치껏 사내에게 인사했다. (집주인, 언니, '나'의 행동 묘사)

❻-8 우리 삶이 세 뼘쯤 민망해지는 기분이었다. ('나'의 내면)

풀이 윗글은 1인칭 주인공 시점으로, 이야기 내부의 서술자인 '나'가 여러 인물들의 행위를 묘사하며 자신의 내면을 드러내고 있다.

→ 적절함!

■ **소설의 시점**
004번 문제 ③번 선지 (2021년 6월 학평) 참고 → 151쪽

068 표현상 특징 – 적절하지 않은 것 고르기 2021년 3월 학평 35번
정답률 75%, 매력적 오답 ⑤ 10% | 정답 ③

⊙ ~ ⑩에 대한 이해로 적절하지 **않은** 것은?

① ⊙은 추측과 짐작을 드러내는 표현을 사용하여 현재의 시각에서 지나간 일의 의미를 진술하고 있다.

근거 **①**-14 마침 동네에 음악 학원이 생겼고, 엄마의 만두가 불티나게 팔리던 시절이라 가능했던 일인지도 모른다.

풀이 ⊙에서는 '가능했던 일인지도 모른다'라는 추측과 짐작을 드러내는 표현을 사용하여 '나'의 현재 시각에서 어린 시절에 피아노를 배울 수 있었던 이유에 대해 이야기하고 있다.

→ 적절함!

② ⓒ은 *외양에 대한 묘사를 나열하여 인물이 대상에서 받은 인상의 근거를 제시하고 있다. * 겉모습

근거 **②**-5~6 피아노는 노릇한 원목으로 돼, 학원에 있는 어떤 것보다 좋아 보였다. ⓒ 원목 위에 양각된 우아한 넝쿨무늬, 은은한 광택의 금속 페달, 건반 위에 깔린 레드 카펫은 또 얼마나 선정적인 빛깔이던지.

풀이 ⓒ은 피아노의 넝쿨무늬, 금속 페달, 카펫에 대한 묘사를 나열하여 '나'가 자신의 피아노가 학원에 있는 피아노보다 좋아 보였다고 느낀 근거를 제시하고 있다.

→ 적절함!

대해 구체적인 설명을 서술하고 있다
③ ⓒ은 앞서 언급한 내용을 *부연하여 자신의 경험에 대한 이해의 폭이 확장되었음을 강조하고 있다. * 더 자세하게 덧붙여

근거 **②**-9~10 우리 가족은 생계와 주거를 한 건물 안에서 해결하고 있었다. ⓒ 낮에는 방에 손님을 들이고, 밤에는 식구들이 이불을 펴고 자는 식으로 말이다.

풀이 ⓒ은 앞서 언급한 내용에 대해 덧붙여 말함으로써 자신의 경험에 대해 더 구체적으로 설명하고 있을 뿐 자신의 경험에 대한 이해의 폭이 확장되었음을 강조하고 있지 않다.

→ 적절하지 않음!

④ ⓔ은 *비유적인 표현을 사용하여 어울리지 않는 곳에 놓이게 된 대상을 바라보는 마음을 드러내고 있다. * 표현하려는 대상을 비슷한 다른 대상에 빗댄

근거 **⑤**-5 "여기, 반지하야." / 8~9 우리는 트럭 앞에 모여 피아노를 올려다봤다. ⓔ 그것은 몰락한 러시아 귀족처럼 끝까지 체면을 차리며 우아하고 담담하게 서 있었다.

풀이 ⓔ은 피아노를 '몰락한 러시아 귀족'에 빗대어, '반지하'라는 어울리지 않는 공간에 놓이게 된 피아노를 바라보는 '나'의 안타까움을 드러내고 있다.

→ 적절함!

⑤ ⑩은 쉼표를 *빈번하게 사용하여 **예기치 않은 상황에 대한 인물의 불편한 심리를 ***부각하고 있다. * 자주 ** 예상하지 *** 강조

근거 **⑥**-21 집주인은 어이없고 못마땅하다는 표정으로 ⑩ 언니와, 나와, 피아노와, 외삼촌과, 다시 피아노를 번갈아 쳐다봤다.

풀이 ⑩은 쉼표를 여러 번 사용하여 '나'와 언니, 외삼촌이 반지하방으로 피아노를 옮기고 있는 예상치 못한 상황에 대한 집주인의 불편한 심리를 강조하고 있다.

→ 적절함!

---

069 내용 이해 – 적절하지 않은 것 고르기 2021년 3월 학평 36번
정답률 65%, 매력적 오답 ⑤ 15% | 정답 ②

ⓐ와 ⓑ를 바탕으로 윗글을 이해한 내용으로 적절하지 **않은** 것은?

②-8 다만 좀 멋쩍은 것은 피아노가 가정집 '거실'이 아닌, ⓐ 만두 가게 안에 놓인다는 사실이었다.
⑤-5 "여기, ⓑ 반지하야."

① '파란 트럭'에 의해 ⓐ로 옮겨져 엄마를 기쁘게 했던 피아노는, '외삼촌의 트럭'에 의해 ⓑ로 옮겨지면서 언니를 당황하게 했다.

근거 **②**-1~2 엄마는 내게 피아노를 사줬다. 읍내서부터 먼짓길을 달려 온 **파란 트럭**이 집 앞에 섰을 때, 엄마가 무척 기뻐했던 기억이 난다.

⑤-1~10 언니의 표정은 뜨악했다. ~ 언니가 답답한 듯 말했다. "여기, ⓑ 반지하야." ~ 우리는 트럭 앞에 모여 피아노를 올려다봤다. ~ **외삼촌의 트럭**은 길 한가운데를 막고 있었다.

풀이 '나'의 어린 시절에 피아노가 '파란 트럭'에 실려 ⓐ(만두 가게)로 왔을 때 엄마는 기뻐했지만, '나'가 성인이 되어 언니가 살고 있는 ⓑ(반지하)로 이사할 때 피아노가 '외삼촌

의 트럭'에 실려 오자 언니는 당황한다.

→ 적절함!

칭찬하자 부끄러워하고
② ⓐ에서 '나'는 '손뼉을 치'는 사람이 **부끄러워하는 모습을 발견하고 있고, ⓑ에서 '나'는 '우리를 흘깃거'리는 시선에서 부끄러움을 느끼고 있다.

근거 **③**-6~8 홀에서 웬 백인 남자가 **손뼉을 치**며 "원더풀"이라 외치고 있었다. ~ 나는 부끄러웠지만 수줍게 한마디 했다.

⑤-14~19 나는 깊은 숨을 쉰 뒤 피아노를 번쩍 들어 올렸다. ~ 사람들이 **우리를 흘깃**거렸다.

⑥-7~8 세탁기도, 냉장고도 아닌 피아노라니. 우리 삶이 세 뼘쯤 민망해지는 기분이었다.

풀이 ⓐ(만두 가게)에서 '나'의 피아노 연주를 듣고 백인 남자가 손뼉을 치자 부끄러워한 것은 '나'이지 백인 남자가 아니다. 한편 '나'는 피아노를 ⓑ(반지하)로 옮기면서 자신들을 흘깃거리는 사람들의 시선에 부끄러움을 느끼고 있다.

→ 적절하지 않음!

③ ⓐ는 우리 가족이 '생계와 주거'를 모두 해결해야 했던 공간이고, ⓑ는 '나와 언니가 '좁고 가파른 계단'을 오르내리며 살아야 하는 공간이다.

근거 **②**-8~9 다만 좀 멋쩍은 것은 피아노가 가정집 '거실'이 아닌, ⓐ 만두 가게 안에 놓인다는 사실이었다. 우리 가족은 **생계와 주거**를 한 건물 안에서 해결하고 있었다.

⑥-6 **좁고 가파른 계단** 아래로 피아노가 천천히 머리를 디밀고 있었다.

풀이 ⓐ(만두 가게)는 만두를 파는 가게이자 우리 가족이 생활하는 살림집이기도 해 '생계와 주거'를 모두 해결했던 공간이고, ⓑ(반지하)는 '좁고 가파른 계단'을 오르내리며 '나'와 언니가 함께 살게 된 공간이다.

→ 적절함!

④ ⓐ에서 '나'가 누구라도 '얼굴을 붉히게 만들었을' 연주를 했던 피아노는 ⓑ로 옮겨지는 과정에서 '쿵 ― 하는 소리'로 '나'의 '얼굴이 붉어'지게 했다.

근거 **③**-4 쉽고 아름답지만 촌스러워서 누구라도 가게 앞을 지나다 **얼굴을 붉히게 만들**었을. ~ 그런 연주를 말이다.

⑥-9~10 갑자기 **쿵 ― 하는 소리**가 났다. 외삼촌이 피아노를 놓친 모양이었다. / 20 쿵 ― 소리, 내가 처음 도착한 도시에 울려 퍼지는 그 사실적이고, 커다랗고, 노골적인 소리에 **얼굴이 붉어**졌다.

풀이 '나'는 어린 시절에 ⓐ(만두 가게)에서 누구라도 얼굴을 붉히게 만들었을 피아노 연주를 했고, 성인이 되어 ⓑ(반지하)로 이사하면서 피아노를 옮기다가 떨어뜨려 소리가 나자 얼굴을 붉히며 부끄러워한다.

→ 적절함!

⑤ ⓐ에서 피아노에 대한 반가움을 드러내던 '세탁기도 냉장고도 아닌 피아노라니.'라는 표현은, ⓑ로 피아노가 옮겨지는 과정에서 나타나는 *무안함을 드러내는 데 활용되고 있다. * 창피함

근거 **②**-1~5 엄마는 내게 피아노를 사줬다. ~ 세탁기도 냉장고도 아닌 피아노라니. 어쩐지 우리 삶의 질이 한 뼘쯤 세련돼진 것 같았다. 피아노는 ~ 학원에 있는 어떤 것보다 좋아 보였다.

⑥-7~8 **세탁기도, 냉장고도 아닌 피아노라니**. 우리 삶이 세 뼘쯤 민망해지는 기분이었다.

풀이 '나'는 어린 시절에 피아노가 ⓐ(만두 가게)로 실려 왔을 때엔 '세탁기도 냉장고도 아닌 피아노라니.'라며 반가워했지만, 성인이 되어 ⓑ(반지하)로 피아노를 옮기게 되었을 때에 '세탁기도, 냉장고도 아닌 피아노라니.'라며 무안해한다.

→ 적절함!

1등급 문제
070 감상의 적절성 – 적절하지 않은 것 고르기 2021년 3월 학평 37번
정답률 55%, 매력적 오답 ② 20%, ⑤ 15% | 정답 ④

〈보기〉를 참고하여 윗글을 감상한 내용으로 적절하지 **않은** 것은? 3점

| 보 기 |
[1] 엄마가 내게 사 준 피아노는 엄마가 꿈꾸었던 '도도한 생활'의 상징(구체적으로 보여 주는 것)으로, 부모로서 자녀가 누리기를 희망했던 삶의 기준을 의미한다. [2] '나'는 성년(성인)이 되면서 엄마가 애써 마련해 준 환경에서 벗어나 새로운 환경에 직면하게(마주하게) 되는데, 이 환경은 '나'의 욕구를 제한하고(집주인이 피아노를 치지 못하게 하고) 지금까지 '나'가 살아왔던 환경을 재평가하도록 한다. [3] 윗글은 이러한 과정에서 인물이 겪는 각성(피아노의 양각 문양이 사실은 본드로 붙여져 있던 것임을 깨달음)의 순간을 포착하고 있다.

---

① '놀이공원에 가고, 엑스포에 가는 것'과 같은 '평범한 유년의 프로그램'은, 엄마가 자녀에게 마련해 주고 싶었던 환경의 일부이겠군.

> **근거** 〈보기〉-2 '나'는 ~ 엄마가 애써 마련해 준 환경에서
> **❶**-4~5 그때 엄마는 어떤 '보통'의 기준들을 따라가고 있었으리라. **놀이 공원에 가고, 엑스포에 가는 것처럼,/ 8** 누구나 겪는, **평범한 유년의 프로그램** 중 하나였을 뿐이지만, 무지한 눈으로 시대의 풍문들에 고개 끄덕였을,

> **풀이** 놀이공원이나 엑스포에 가는 것과 같은 '평범한 유년의 프로그램'은 자녀 교육을 위해 다른 사람들이 하는 만큼 엄마가 '나'에게 마련해 주고 싶었던 환경의 일부로 볼 수 있다.

→ 적절함!

② '베토벤같이 풀린 파마머리를 한 채 귀머거리처럼 만두를 빚'던 모습은, 피아노가 상징하는 삶에 가까워지기 위한 엄마의 수고를 보여 주는군.

> **근거** 〈보기〉-1 엄마가 내게 사 준 피아노는 엄마가 꿈꾸던 '도도한 생활'의 상징으로, 부모로서 자녀가 누리기를 희망했던 삶의 기준을 의미한다.
> **❶**-1 만두 집을 했던 엄마가 어떻게 피아노를 가르칠 생각을 했는지 알 수 없다./ 13 엄마는 **베토벤같이 풀린 파마머리를 한 채 귀머거리처럼 만두를 빚었다.**

> **풀이** 〈보기〉에서 피아노는 엄마가 꿈꾸던 '도도한 생활'의 상징으로, 부모로서 자녀가 누리기를 희망했던 삶의 기준이라고 말한다. 이를 통해 엄마가 '베토벤같이 풀린 파마머리를 한 채 귀머거리처럼 만두를 빚'는 수고를 하면서 '나'를 피아노 학원에 보냈던 것은 피아노가 상징하는 '도도한 생활'을 '나'가 누리길 원했기 때문이라고 볼 수 있다.

→ 적절함!

③ '한 뼘쯤 세련돼진' 느낌을 주던 피아노에서 '세 뼘쯤 민망해지는 기분'을 느끼게 된 것은 '나'를 둘러싼 환경의 변화 때문이겠군.

> **근거** 〈보기〉-2~3 '나'는 성년이 되면서 엄마가 애써 마련해 준 환경에서 벗어나 새로운 환경에 직면하게 되는데, ~ 이러한 과정에서 인물이 겪는 각성의 순간을 포착하고 있다.
> **❷**-3~4 세탁기도 냉장고도 아닌 피아노라니. 어쩐지 우리 삶의 질이 **한 뼘쯤 세련돼진** 것 같았다.
> **❺**-5 "여기, 반지하야."
> **❻**-6~8 좁고 가파른 계단 아래로 피아노가 천천히 머리를 디밀고 있었다. 세탁기도, 냉장고도 아닌 피아노라니. 우리 삶이 **세 뼘쯤 민망해지는 기분**이었다.

> **풀이** '나'는 어린 시절에 엄마가 사준 피아노를 보았을 땐 '한 뼘쯤 세련돼진' 삶을 누리게 된 느낌을 받았지만 성인이 되어 언니의 반지하방으로 이사(환경의 변화)하며 피아노를 옮길 땐 '세 뼘쯤 민망해지는 기분'을 느끼게 된다.

→ 적절함!

✓④ '피아노가 잠시 세기말 도시의 하늘 위로 비상'하는 모습에서 '나'는 자신의 욕구를 *제한해 온 환경이 변화하고 있음을 확인하게 되는군. * 막아

> **근거** **❺**-14~15 나는 깊은 숨을 쉰 뒤 피아노를 번쩍 들어 올렸다. 1980년대 산 **피아노가 잠시 세기말 도시의 하늘 위로 비상**했다.

> **풀이** '피아노가 잠시 세기말 도시의 하늘 위로 비상'하는 모습은 피아노가 들어 올려진 모습을 나타낸 것일 뿐, '나'가 자신의 욕구를 제한해 온 환경이 변화하고 있음을 확인하게 되는 것은 아니다.

→ 적절하지 않음!

⑤ '오랫동안 양각된 거라 믿어온 문양이 사실은 본드로 붙여져 있던 것'임을 깨달으면서, '나'는 엄마가 애써 마련해 준 환경이 그리 *견고하지 못한 것이었음을 알게 되는군. * 굳고 단단하지

> **근거** 〈보기〉-2 '나'는 성년이 되면서 엄마가 애써 마련해 준 환경에서 벗어나 새로운 환경에 직면하게 되는데, ~ 지금까지 '나'가 살아왔던 환경을 재평가하도록 한다.
> **❷**-6 원목 위에 양각된 우아한 넝쿨무늬,
> **❻**-14~16 피아노 넝쿨무늬가 고장 난 스프링처럼 흔들리고 있는 모습이 보였다. 충격 때문에 몸에서 떨어져 나간 모양이었다. 그제야 나는 내가 **오랫동안 양각된 거라 믿어온 문양이 사실은 본드로 붙여져 있던 것**이라는 걸 깨달았다.

> **풀이** '나'는 어린 시절에 엄마가 사준 피아노의 넝쿨무늬가 양각된 것으로 믿었는데 성인이 되어 반지하방으로 피아노를 옮기다가 떨어져 나간 넝쿨무늬를 보며, 사실은 본드로 붙여져 있던 것임을 알게 된다. 이를 통해 '나'는 엄마가 마련해 주었던 환경이 견고하지 못한 것임을 깨닫게 되었다고 볼 수 있다.

→ 적절함!

[071~074] 다음 글을 읽고 물음에 답하시오.

1

[A] [1] 만수 씨는 명절 앞두고 업자들(일 業 사람 者 : 그 사업을 직접 경영하는 사람들)한테서 들어오는 구두표(표시된 돈의 액수만큼 구두를 살 수 있도록 만든 표) 같은 **상품권**은 사양하다 못해 (어쩔 수 없이) 받아서는 자신은 가지지 않고 구두 많이 닳은 사람부터 순서대로 나눠 줬다. [2] 그것(구두 닳은 사람에게 구두표 상품권을 나눠 주는 것)도 평소에 사람 하나하나를 잘 지켜보지 않으면 힘든 일이었다. [3] 그렇게 시간이 흘렀다.

[4] ⓐ구내식당(직장 안에 있는 식당) 아줌마들이나 여직원들 사이에서 만수 씨는 노총각에 사람 좋고 하니 인기가 하늘을 찌를 듯했다. [5] 공장 전체 인원 육백 명 중 여자는 서른 명도 안 되는데 그중 삼분의 일이 구내식당에 있었다.

[6] 그런데 어느 때부터인가 여자들 사이에 이상한 소문이 났다. [7] 만수 씨와 내(진주)가 전부터 사귀던 사이이고 둘 사이에 아기가 있는데 그 아이를 만수 씨가 키우고 있다는 식이었다. [8] 내가 딴 남자하고 바람이 나서 아기를 버리고 떠나갔다가 그 남자한테 싫증이 나자 다시 만수 씨에게 빌붙어(기대어) 피를 빨아먹고(돈을 받고) 있다는 것이었다. [9] 소문이라는 게 원래 어처구니없는(일이 너무 뜻밖이어서 기가 막히는) 것이지만 해도 너무하다 싶었다. [10]ⓒ건드리면 더 커질 것 같아서 아예 아무 말도 하지 않았다. [11] 하지만 몇 달이 지나기도 전에 소문은 온 공장 안에서 기정사실(이미 旣 정할 定 일 事 내용 實 : 이미 결정되어 있는 사실)이 되었다. [12] 여자들 모두가 나를 질투하고 미워하게 되었다. [13] 지옥이 따로 없었다. [14] 내 칫솔에 새똥이 묻어 있기도 하고 면도날이 내가 조리(어울릴 調 다스릴 理 : 요리)를 담당한 냄비 속에 들어 있기도 했다. [15]ⓑ도저히 견딜 수가 없어 만수 씨를 찾아갔다.

[16] — 미안합니다. [17] 저(여기서는 만수) 때문에 오해를 받아서 많이 괴로우신 걸 잘 압니다. [18] 제가 아무리 아니라고 해도 사람들이 의심을 더 하니까 어쩔 수가 없네요. [19] 좀 잠잠해질 때까지 다른 데가 계시면 어떨까요. [20] 제 여동생이 결혼하고 나서 저 사는 동네 중학교 앞에서 ⓒ분식집을 합니다. [21] 거기를 좀 도와주세요. [22] 월급은 지금보다 많이 드리라 할게요. [23] 부탁합니다.

[24] 만수 씨는 그렇게 말했다. [25]ⓒ오래도록 생각했지만 다른 도리(방법 道 도리 理 : 방법)가 없었다. [26] 사실 나는 만수 씨를 좋아했다. [27] 만수 씨를 처음 봤을 때부터 좋아하고 있었다.

> → 공장에서 '나(진주)'와 만수에 대한 이상한 소문으로 인해 '나'가 곤란해지자 만수는 '나'에게 여동생의 분식집을 도와 달라고 부탁한다.

2

[B] [1] 오빠(만수)가 그 여자(진주)를 데리고 와서 (분식집) 주방을 맡기라고 했을 때는 억장이 무너지는 것 같았다(무척 괴로웠다). [2] 튀김, 어묵, 떡볶이 같은 아이들 주전부리(군것질) 음식 파는 가게 크기라는 게 어른 세 사람만 서 있어도 꽉 차는데 어떻게 사람을 더 들이라는 것인가. [3] 칼과 도마, 싱크대는 여자들한테는 양보할 수 없는 고유 영역 같은 것인데 하루아침에 물러나라니 말도 안 되는 소리였다. [4] 떡볶이나 어묵에 무슨 솜씨를 부릴 일이 있는가. [5] 어린 학생들 코 묻은 돈(어린아이가 가지고 있는 적은 돈) 받아서 월급을 주고 월세 내고 나면 남는 게 뭐가 있을 것인가. [6] 내(만수의 여동생)가 거기까지 얘기했을 때 오빠가 점퍼 안주머니에서 **적금 통장**을 꺼내 놓았다. [7] 그동안 나온 월급을 모은 것이라며 건물 주인한테 이야기해서 가게를 키워 가지고 제대로 된 식당을 해 보자고 했다. [8] 이제까지 무슨 생각으로 아무 말도 하지 않았는지 원망스러웠고 그다지 고맙지도 않았다.

> → '나(만수의 여동생)'에게 오빠(만수)는 그 여자(진주)에게 주방을 맡기라고 했고 적금 통장을 내밀며 제대로 된 식당을 해 보자고 했다.

3 [중략 줄거리] [1] 구내식당에서 일하던 여자(진주)의 음식 솜씨 덕분에 새로 차린 기사 식당(주로 운전기사들이 이용하는, 음식값이 싸고 이용이 간편한 식당)은 자리를 잡는다. [2] 하지만 IMF(국제통화기금. 여기서는 우리나라가 외환위기로 IMF에 구제금융을 신청한 1997년을 의미함) 이후 공장을 되살리려는 투쟁에 여자가 참여하면서 식당 운영에 차질(미끄러질 蹉 넘어질 跌 : 하던 일이 계획이나 의도에서 벗어나 틀어지는 일)이 생긴다. [3] 이에 (만수의) 여동생의 남편이 만수에게 불만을 토로한다.

4

[1] — 아니, 형님(여기서는 만수) 다니던 회사가 형님이 게으르고 일 안 해서 망한 겁니까. [2] 망해도 그렇지, 자본가(회사 경영자)라는 놈들이 어떤 놈들인데 그놈들이 형님네처럼 아무것도 없이 나갔겠냐고요. [3] 지금도 홍콩이나 하와이 해변 같은 데 가서 빼돌린 돈 가지고 떵떵거리면서 잘살고 있어요.

[C] [4] 처남(아내 妻 남자 男 : 아내의 남자 형제. 여기서는 만수)이 착하다는 건 인정한다. [5] 성실하기도 했다. [6] 그런데 방향이 틀렸다. [7] 같이 해야 할 일은 같이 열심히 하겠지만 싸울 일은 싸워서 해결해야 하지 않는가. [8] 또 싸울 때도 상대를 제대로 골라서 싸워야지 제 편, 제 식구에게 피해를 입혀 가며 제 살 깎아 먹기 식으로 하는(자

신을 희생하는) 건 **나**(여기서는 만수 여동생의 남편)부터 **용납할**(받아들일 容 받아들일 納 : 받아들일) 수 없었다. ⁹ 그냥 놔두니까 처남은 계속 주절주절 말을 이어가고 있었다.

¹⁰ — 우리 어릴 때 굶기를 밥 먹듯 하던 때를 생각해 봐. ¹¹ **나**(여기서는 만수)는 원망하는 사람이 없어. ¹² 내 팔자가 그런 걸 뭐. ¹³ 또 원망해서 뭐해? ¹⁴ **그 사람들**(자본가, 회사 경영자)이 잘못을 뉘우치고 제자리로 돌려놓을 것도 아니고 그럴 능력도 없고. ¹⁵ 그 사람들이 그러고 싶어서 그러겠냐고. ¹⁶ **부도내고**(아닐 不 줄 渡 : 회사를 망하게 하고) 싶어 부도내는 회사가 어디 있겠어? ¹⁷ 나는 이렇게 가난하지만 소박하게, 보통 사람 나름의 행복을 누리면서 살아가면 된다고 생각하네.

¹⁸ ⓔ 그런 건 **내**(만수 여동생의 남편) 알 바가 아니었다. ¹⁹ 나부터 살길을 찾아야 했다.

²⁰ — 지금 저 주방에 있는 아줌마(진주)하고는 무슨 사이인 겁니까?

²¹ — 진주 씨? ²² 우리는 같이 싸우고 있어. ²³ 투쟁.

²⁴ — 뭐 때문에 투쟁하는데요? ²⁵ 누구를 상대로요?

²⁶ — 우리가 공장을 지키기 위해서 싸우다 보면 사장님이 투자자를 데리고 돌아오실 거야. ²⁷ 그럼 회사 주식을 **담보**(떠맡을 擔 책임질 保 : 민법에서 빚진 사람이 빚을 갚지 않을 경우를 대비하여 그 빚을 대신할 수 있는 수단)로 가지고 있는 **채권단**(빚 債 권리 權 모일 團 : 특정 대상에게 일정한 행위의 이행을 청구할 수 있는 사람들의 무리)한테 빚도 갚고 공장이 다시 돌아가는 거지. ²⁸ 우리는 희망이 있어. ²⁹ 희망 때문에 싸우는 거야.

³⁰ — 그런데 수민이 **엄마**(만수의 여동생)가 저 아줌마(진주)하고 앞으로 어쩔 거냐고 자꾸 그러는데요. ³¹ 계속 이렇게 살 수는 없다고.

³² — 지금처럼 일이 있으면 (진주 씨가) 투쟁 현장에 가서 밥도 해 주고 옛날 회사 사람들하고 일주일에 한 번 만나는 데 같이 가고 끝나면 여기 와서 바쁠 때 음식 제대로 하는지 감독하고 하면 되지.

³³ — 우리 식당 하루 스물네 시간 돌아가는 덴니다. ³⁴ **누구**(진주)는 자기 하고 싶은 대로 멋대로 일했다 말았다 하고 월급은 사장보다 더 챙겨 가고 **누구**(수민이 엄마)는 하루 스물네 시간 꼬박 일하고 있는데……. ³⁵ 수민이 엄마가 무슨 죄를 겼습니까. ³⁶ 그런다고 형님(만수)이 돈이나 많이 주는 것도 아니고. ³⁷ 집도 그렇지요. ³⁸ 지금 애들 자꾸 크니까 교육 문제도 그렇고 집을 옮겨야 되고 하는데 돈 생기는 데는 ⓒ 기사 식당밖에 없잖습니까. ³⁹ 그런데 그 돈을 형님이 다 통장에 집어넣고 꼭 **움켜쥐고**(마음대로 쓰고) 있다고…….

⁴⁰ — 아니, 그건 아닌데. ⁴¹ 여기 재료비하고 인건비, 월세 **제하고**(덜 除 : 덜어 내고) 나서 또 우리 공장에서 같이 투쟁하는 식구들 먹고 자고, 각자 가족이 있으니까 최소한 앞가림은 해야 하고 그러느라고 다 썼지. ⁴² 우리 공장 때문에 **소송**(호소할 訴 송사할 訟 : 재판에 의하여 원고와 피고 사이의 권리나 의무 따위의 법률관계를 확정하여 줄 것을 법원에 요구함. 혹은 그런 절차)도 걸려 있고 거기도 **돈**이 엄청나게 들어가서 말이지. ⁴³ 내가 뭘 쥐고 있겠어. ⁴⁴ 내가 **장부**(장부책 帳 장부 簿 : 돈이나 물건의 수입과 지출을 기록하는 책)에 다 기록해 놨어.

⁴⁵ ⓔ 어처구니가 없었다. ⁴⁶ 아이들이 좁아터진 집 안에서 **열대야**(더울 熱 띠 帶 밤 夜 : 방 밖의 온도가 25℃ 이상인 무더운 밤)가 기상 관측 **이래**(어느 일정한 때로부터 지금에 이르기까지) 신기록을 내고 있는 한여름에 온몸에 땀띠가 나서 잠을 못 자고 울고 아내는 손이 불어 터지도록 설거지하고 일해서 번 돈을 엉뚱한 데 처넣어 왔다는 말이었다.

> → 공장을 되살리려는 투쟁 때문에 식당 운영에 차질이 생기자 '나(만수 여동생의 남편)'는 만수에게 불만을 토로한다.

- 성석제, 「투명 인간」 -

[D]

6남매를 키운다. 첫째 아들인 백수는 공부를 잘해 서울대에 입학하지만, 학비를 마련하기 위해 베트남 전쟁에 참전했다가 목숨을 잃는다. 백수의 죽음으로 가족의 생계를 책임지게 된 둘째 아들 만수는 공업 고등학교에 입학하여 기술을 배우고, 큰딸인 금희는 상경하여 구로 공단에 취직한다. 대학생이 된 셋째 아들 석수는 **공활**(공장 체험 활동. 대학생이 신분을 속이고 공장에 취업하여 노동자의 지위 향상과 근무 조건 개선을 위한 노동 운동에 참여하는 활동) 운동에 참여했다가 수사 기관에 끌려가 모진 고문을 받고 그들의 밑에서 일하게 된다. 서울 생활 도중 첫째 딸 금희와 둘째 딸 명희가 연탄가스 사고를 당하지만 하나밖에 없는 고압 산소 치료 탱크에 금희가 먼저 들어가게 되면서 명희는 치료 시기를 놓쳐 바보가 되고, 자동차 부품 회사에 취직한 만수는 명희를 돌보며 살아간다. 만수는 종적을 감춘 석수를 대신해 그의 아들을 키우고, 막내 여동생 옥희의 결혼 자금과 집을 마련해 준다. [만수의 직장 구내식당에서 일하는 진주가 만수와 얽힌 소문으로 인해 동료들에게 괴롭힘을 당하자 만수는 진주가 여동생의 분식집에서 일할 수 있게 돕는다. 그 후 분식집은 만수의 도움으로 기사 식당으로 규모가 커진다. IMF로 인해 만수가 다니던 공장이 부도가 나자, 만수는 공장을 되찾기 위해 동료들과 함께 투쟁한다.] 그 과정에서 만수는 공장을 불법 점거하게 되고, 손해 배상 소송에 휘말려 큰 빚을 지게 된다. 결국 만수는 새벽부터 밤 늦게까지 쉬지 않고 돈을 벌어 빚을 갚다가 '투명 인간'이 되고 만다.

· **제목 '투명 인간'의 의미**

(1) 보이지 않는 인간 : 물질 만능의 사회에서 소외된 인물, 즉 가족과 동료를 위해 자신을 희생하며 살았지만 그에 대한 보상을 받지 못한 존재를 의미한다.

(2) 내면이 투명한 인간 : 자신의 이익을 추구하지 않고 내면을 있는 그대로 드러내는 **우직한**(어리석고 고지식한) 존재를 의미한다.

· **인물 관계도**

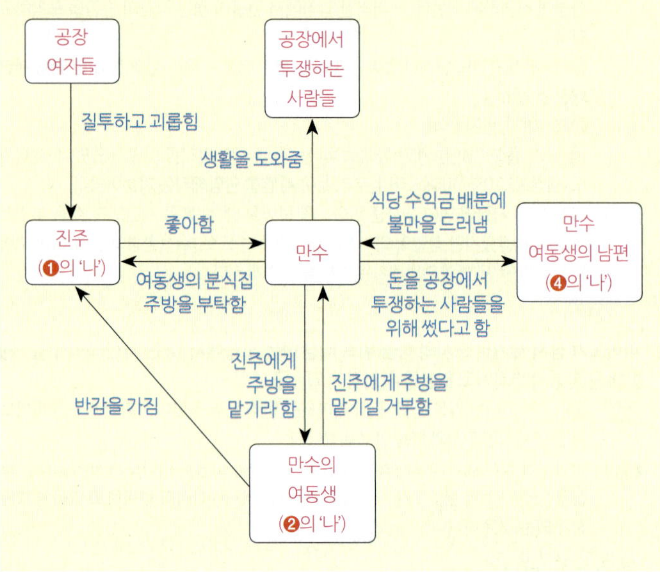

---

071 | 내용 이해 - 적절하지 않은 것 고르기   2022년 9월 학평 35번
     | 정답률 75%, 매력적 오답 ④ 10%   정답 ⑤

윗글의 내용에 대한 이해로 적절하지 <u>않은</u> 것은?

① 진주가 느끼는 만수에 대한 호감은 첫 만남에서부터 시작되었다.

[근거] ❶-26~27 사실 **나**(진주)는 만수 씨를 좋아했다. 만수 씨를 처음 봤을 때부터 좋아하고 있었다.

[풀이] 진주는 만수를 처음 봤을 때부터 좋아하고 있었다고 하였으므로 적절하다.

→ 적절함!

② 만수의 노력에도 진주에 대한 공장 사람들의 오해는 풀리지 않았다.

[근거] ❶-17~18 **저**(만수) 때문에 오해를 받아서 많이 괴로우신 걸 잘 압니다. 제가 아무리 아니라고 해도 사람들이 의심을 더 하니까 어쩔 수가 없네요.

[풀이] 만수가 공장 사람들에게 진주와의 소문이 오해라고 아무리 말해도 사람들이 의심을 더 한다고 하였으므로 적절하다.

→ 적절함!

③ 만수는 공장이 다시 돌아갈 것이라는 기대를 품고 투쟁을 계속하였다.

[근거] ❹-26~29 우리가 공장을 지키기 위해서 싸우다 보면 사장님이 투자자를 데리고

돌아오실 거야. 그럼 회사 주식을 담보로 가지고 있는 채권단한테 빚도 갚고 공장이 다시 돌아가는 거지. 우리는 희망이 있어. 희망 때문에 싸우는 거야.

풀이 만수는 사장님이 투자자를 데리고 오면 채권단에게 빚을 갚고 공장이 다시 돌아갈 것이라는 희망을 품고 투쟁을 계속하고 있으므로 적절한 설명이다.

→ 적절함!

④ **만수 여동생의 남편은 식당 운영에 따른 *수익금 배분의 불공평함을 문제 삼았다.**
* 이익으로 들어오는 돈

근거 **④-34~36** 누구(진주)는 자기 하고 싶은 대로 멋대로 일했다 말았다 하고 월급은 사장보다 더 챙겨 가고 누구(만수의 여동생)는 하루 스물네 시간 꼬박 일하고 있는데…… 수민이 엄마가 무슨 죄를 졌습니까. 그런다고 형님(만수)이 돈이나 많이 주는 것도 아니고. / 39 그런데 그 돈을 형님이 다 통장에 집어넣고 꼭 움켜쥐고 있다고…….

풀이 만수 여동생의 남편은 멋대로 일했다 말았다 하는 진주가 쉬지 않고 일하는 자신의 아내보다 월급을 더 많이 챙겨 간다는 것과 만수가 식당 수익금을 모두 관리하는 것을 문제 삼고 있으므로 적절한 설명이다.

→ 적절함!

⑤ **만수의 여동생은 불성실함 때문에 진주에 대한 생각이 부정적으로 바뀌게 되었다.**
근거 **②-1~5** 오빠(만수)가 그 여자(진주)를 데리고 와서 주방을 맡기라고 했을 때는 억장이 무너지는 것 같았다. 튀김, 어묵, 떡볶이 같은 아이들 주전부리 음식 파는 가게 크기라는 게 어른 세 사람만 서 있어도 꽉 차는데 어떻게 사람을 더 들이라는 것인가. 칼과 도마, 싱크대는 여자들한테는 양보할 수 없는 고유 영역 같은 것인데 하루아침에 물러나라니 말도 안 되는 소리였다. ~ 어린 학생들 코 묻은 돈 받아서 월급을 주고 월세 내고 나면 남는 게 뭐가 있을 것인가. / **③-2** IMF 이후 공장을 되살리려는 투쟁에 여자(진주)가 참여하면서 식당 운영에 차질이 생긴다. / **④-30~31** 수민이 엄마(만수의 여동생)가 저 아줌마(진주)하고 앞으로 어쩔 거냐고 자꾸 그러는데요. 계속 이렇게 살 수는 없다는.

풀이 만수의 여동생은 만수가 진주에게 분식집 주방을 맡길 때부터 주방은 여자에게 있어 양보할 수 없는 고유 영역인 데다가 월급을 줄 여유도 없다면서 진주에 대한 부정적인 생각을 갖는다. 이후에 새로 차린 기사 식당에서 진주가 투쟁 때문에 식당 일을 제대로 하지 않자 만수의 여동생은 계속 이렇게 살 수는 없다며 진주에 대한 불만을 토로한다. 따라서 만수의 여동생은 진주에 대한 부정적인 생각을 처음부터 계속 가지고 있으며, 바뀐 것이 아니다.

→ 적절하지 않음!

---

072 인물의 심리 - 적절한 것 고르기 **2022년 9월 학평 36번**
정답률 80%

정답 ②

㉠ ~ ㉤에 대한 설명으로 가장 적절한 것은?

① **㉠ : 주변 상황에 신경 쓰지 않는 '나'의 *무던함을 보여 준다.** * 너그럽고 순함
근거 **①-9~10** 소문이라는 게 원래 어처구니없는 것이지만 해도 너무다다 싶었다. ㉠ 건드리면 더 커질 것 같아서 아예 아무 말을 하지 않았다.
풀이 '나'는 사람들 사이에 퍼진 소문이 너무하다고 생각했지만 건드리면 더 커질 것 같아서 아무 말을 하지 않으므로 ㉠은 주변 상황에 신경 쓰지 않는 무던함이 아니라 '나'의 신중함을 보여 주는 것이다.

→ 적절하지 않음!

② **㉡ : 질투와 괴롭힘으로 인한 '나'의 고통이 한계점에 이르렀음을 보여 준다.**
근거 **①-11~15** 소문은 온 공장 안에서 기정사실이 되었다. 여자들 모두가 나를 질투하고 미워하게 되었다. 지옥이 따로 없었다. 내 칫솔에 새똥이 묻어 있기도 하고 면도날이 내가 조리를 담당한 냄비 속에 들어 있기도 했다. ㉡ 도저히 견딜 수가 없어 만수 씨를 찾아갔다.
풀이 만수와의 소문으로 인해 여자들 모두가 '나'를 질투하고 미워하게 되어 괴롭힘이 심해졌고 '나'는 이에 대해 지옥이 따로 없다고 느낀다. 따라서 '나'가 만수를 찾아간 것은 질투와 괴롭힘으로 인한 '나'의 고통이 한계점에 이르렀음을 보여 준다.

→ 적절함!

③ **㉢ : 상대가 제시한 대안이 '나'가 내심 바라고 있었던 내용임을 드러낸다.**
근거 **①-19~25** 좀 잠잠해질 때까지 다른 데 가 계시면 어떨까요. 제 여동생이 결혼하고 나서 저 사는 동네 중학교 앞에서 분식집을 합니다. 거기를 좀 도와주세요. 월급은 지금보다 많이 드리라 할게요. 부탁합니다. 만수 씨는 그렇게 말했다. ㉢ 오래도록 생각했지만 다른 도리가 없었다.
풀이 만수는 공장의 소문이 잠잠해질 때까지 '나'에게 자신의 여동생이 운영하는 분식집을 도와 달라고 부탁한다. '나'는 오래도록 생각했지만 다른 도리가 없어 만수의 제안을 받아들인다. 만수가 제시한 대안이 '나'가 내심 바라고 있었던 것이라는 내용은 나

타나지 않는다.

→ 적절하지 않음!

④ **㉣ : 이상적인 삶의 방식만을 고집하는 상대에 대해 *빈정거리는 '나'의 태도를 드러낸다.** * 은근히 비웃는 태도로 자꾸 놀리는
근거 **④-17~19** 나(만수)는 이렇게 가난하지만 소박하게, 보통 사람 나름의 행복을 누리면서 살아가면 된다고 생각하네. ㉣ 그런 건 내(만수 여동생의 남편) 알 바가 아니었다. 나부터 살길을 찾아야 했다.
풀이 '나'는 가난하지만 소박하게 보통 사람 나름의 행복을 누리며 살고 싶다는 만수의 말에 일단 자신부터 살길을 찾아야겠다는 현실적인 생각을 하고 있다. 따라서 ㉣에서 이상적인 삶의 방식을 고집하는 만수에 대해 '나'가 빈정거리는 태도를 드러내고 있다고 볼 수 없다.

→ 적절하지 않음!

⑤ **㉤ : 공장에서 투쟁하는 사람들에 대한 '나'의 안타까운 심정을 드러낸다.**
근거 **④-41~46** 여기 재료비하고 인건비, 월세 제하고 나서 또 우리 공장에서 같이 투쟁하는 식구들 먹고 자고, 각자 가족이 있으니까 최소한 앞가림은 해야 하고 그러느라고 다 썼지. 우리 공장 때문에 소송도 걸려 있고 거기도 돈이 엄청나게 들어가서 말이지. ~ ㉤ 어처구니가 없었다. 아이들이 좁아터진 집 안에서 열대야가 기상 관측 이래 신기록을 내고 있는 한여름에 온몸에 땀띠가 나서 잠을 못 자고 울고 아내는 손이 불어 터지도록 설거지하고 일해서 번 돈을 엉뚱한 데 처넣어 왔다는 말이었다.
풀이 기사 식당 수익금을 공장에서 투쟁하는 사람들의 생활비와 소송 비용으로 썼다는 만수의 말에 '나'는 어처구니가 없었다고 하였다. 이는 '나'의 가족이 경제적 어려움으로 고생하고 있는데도 돈을 엉뚱한 데 쓴 것에 기가 막혔기 때문이지 공장에서 투쟁하는 사람들에 대한 '나'의 안타까운 심정을 드러내는 것은 아니다.

→ 적절하지 않음!

1등급문제

073 갈등 양상 - 적절한 것 고르기 **2022년 9월 학평 37번**
정답률 55%, 매력적 오답 ③ 20%, ② 10%

정답 ⑤

@ ~ ⓒ를 이해한 내용으로 가장 적절한 것은?

①-4 @ 구내식당
①-20 ⓑ 분식집
④-38 ⓒ 기사 식당

① **@에서 *조성된 인물 간의 긴장감은 ⓑ에서 심화된다.** * 만들어진
근거 **①-6~14** 여자들 사이에 이상한 소문이 났다. 만수 씨와 내(진주)가 전부터 사귀던 사이이고 둘 사이에 아기가 있는데 그 아이를 만수 씨가 키우고 있다는 식이었다. 내가 딴 남자하고 바람이 나서 아기를 버리고 떠나갔다가 그 남자한테 싫증이 나자 다시 만수 씨에게 빌붙어 피를 빨아먹고 있다는 것이었다. ~ 여자들 모두가 나를 질투하고 미워하게 되었다. 지옥이 따로 없었다. 내 칫솔에 새똥이 묻어 있기도 하고 면도날이 내가 조리를 담당한 냄비 속에 들어 있기도 했다. / 19~25 좀 잠잠해질 때까지 다른 데 가 계시면 어떨까요. 제(만수) 여동생이 결혼하고 나서 저 사는 동네 중학교 앞에서 분식집을 합니다. 거기를 좀 도와주세요. ~ 오래도록 생각했지만 다른 도리가 없었다.
풀이 @(구내식당)에서 조성된 긴장감은 공장에 퍼진 소문으로 인해 진주와 여자들 사이에 형성된 것이다. 견디다 못한 진주는 ⓑ(분식집)의 일을 도와 달라는 만수의 제안을 받아들이므로 @(구내식당)에서 조성된 인물 간의 긴장감이 ⓑ(분식집)에서 심화된다는 것은 적절하지 않다.

→ 적절하지 않음!

② **@로 인한 인물 간 *유대감은 ⓒ에서 **반감된다.**
* 서로 밀접하게 연결되어 있는 느낌 ** 줄어든다
풀이 @(구내식당)로 인해 인물 간의 유대감이 형성되는 부분은 찾아볼 수 없으므로 적절하지 않다.

→ 적절하지 않음!

③ **ⓑ에서의 인물과 사회와의 갈등이 ⓒ에서 인물 간의 갈등으로 전환된다.**
풀이 진주가 분식집에서 일하는 것을 두고 만수와 만수의 여동생이 갈등하므로 ⓑ(분식집)에서는 인물과 사회와의 갈등이 아닌 인물 간의 갈등이 드러난다. 또한 ⓒ(기사 식당)에서 만수와 만수 여동생의 남편이 갈등하는 인물 간의 갈등이 드러지만, 이는 기사 식당의 수익금 분배 문제로 인한 것이므로 ⓑ(분식집)에서의 갈등이 전환된 것으로 볼 수 없다.

→ 적절하지 않음!

④ ⓐ, ⓒ에서는 특정 인물이 갈등 해결의 실마리를 제공한다.

> 풀이 ⓐ(구내식당)에서 일어난 진주와 여자들의 갈등 상황에서 만수가 진주에게 여동생의 분식집에 가 있도록 하는 대안을 제시하지만 이것이 갈등 해결의 실마리를 제공한다고 보기는 어렵다. ⓒ(기사 식당)에서는 수익금 분배 문제로 인해 만수와 만수 여동생의 남편이 갈등하고 있지만 특정 인물이 갈등 해결의 실마리를 제공하고 있지 않다.

> → 적절하지 않음!

⑤ ⓑ, ⓒ와 관련된 갈등은 특정 인물이 타인을 대하는 태도가 원인으로 작용한다.

> 근거 ❷-1 오빠(만수)가 그 여자(진주)를 데리고 와서 주방을 맡기라고 했을 때는 억장이 무너지는 것 같았다. / 6~8 오빠가 점퍼 안주머니에서 적금 통장을 꺼내 놓았다. 그동안 나온 월급을 모은 것이라며 건물 주인한테 이야기해서 가게를 키워 가지고 제대로 된 식당을 해 보자고 했다. ~ 원망스러웠고 그다지 고맙지도 않았다. / ❹ -20~23 주방에 있는 아줌마(진주)하고는 무슨 사이인 겁니까? — 진주 씨? 우리는 같이 싸우고 있어. 투쟁. / 30~32 수민이 엄마(만수의 여동생)가 저 아줌마(진주)하고 앞으로 어쩔 거냐고 자꾸 그러는데요. 계속 이렇게 살 수는 없다고. — 지금처럼 일이 있으면 투쟁 현장에 가서 밥도 해 주고 옛날 회사 사람들하고 일주일에 한 번 만나는데 같이 가고 끝나면 여기 와서 바쁠 때 음식 제대로 하는지 감독하고 하면 되지. / 41 여기 재료비하고 인건비, 월세 제하고 나서 또 우리 공장에서 같이 투쟁하는 식구들 먹고 자고, 각자 가족이 있으니까 최소한 앞가림은 해야 하고 그러느라고 다 썼지.

> 풀이 만수는 진주에게 분식집 주방을 맡기려는 것을 여동생이 반대하자 적금 통장까지 내놓으며 여동생을 설득하려 하지만, 여동생은 오히려 만수를 원망스럽게 생각한다. 따라서 ⓑ(분식집)와 관련된 만수와 만수 여동생의 갈등은 진주에게 호의를 베푸는 만수의 태도가 원인으로 작용했다고 볼 수 있다. 이후 ⓒ(기사 식당)에서는 진주와 공장 사람들을 옹호하는 만수의 태도로 인해 만수와 만수 여동생의 남편이 갈등하게 되므로 적절한 설명이다.

> → 적절함!

---

074 | 감상의 적절성 - 적절하지 않은 것 고르기 | 2022년 9월 학평 38번 | 정답 ②
정답률 65%, 매력적 오답 ⑤ 15%, ③ 10%

〈보기〉를 참고하여 윗글을 감상한 내용으로 적절하지 <u>않은</u> 것은? [3점]

| 보 기 |
　¹「투명 인간」은 선량한(착할 善 어질 良 : 착하고 어진) 주인공이 근현대사(가까울 近 지금 現 시대 代 역사 史 : 근대와 현대의 역사)를 관통하면서(꿸 貫 통할 通 : 거쳐 가면서) 물질 만능의(돈을 가장 소중히 여기는) 한국 사회로부터 어떻게 소외되어(소통할 疏 벗어날 外 : 인간성이 상실되고 인간다운 삶을 잃어버리게 되어) 가는지를 그린 장편 소설이다. ² 특히 주인공은 가족과 동료를 위해 자신의 것을 나누며 희생하다 결국 '투명 인간'이 된다. ³ '투명 인간'이 된 주인공 대신 주변인들이 서술자로 등장하면서 주인공에 관한 이야기를 풀어낸다. ⁴ 이런 서술 방식은 주인공에 관한 다양한 정보를 제공하고 이 정보들을 통해 주인공의 삶을 다각도(여러 각도)에서 조명한다(비출 照 밝힐 明 : 보여 준다). ⁵ 이를 통해 주인공을 입체적으로 드러낸다.

① [A]의 '상품권'을 동료들에게 나눠 주는 모습을 통해 주인공의 선량한 성품을 확인할 수 있겠군.

> 근거 〈보기〉-1 「투명 인간」은 선량한 주인공이 근현대사를 관통하면서 물질 만능의 한국 사회로부터 어떻게 소외되어 가는지를 그린 장편 소설이다.
> [A] ❶-1~2 만수 씨는 명절 앞두고 업자들한테서 들어오는 구두표 같은 상품권은 사양하다 못해 받아서는 자신은 가지지 않고 구두 많이 닳은 사람부터 순서대로 나눠 줬다. 그것도 평소에 사람 하나하나를 잘 지켜보지 않으면 힘든 일이었다.
> 풀이 만수가 평소에 사람들을 잘 지켜봤다가 구두가 많이 닳은 사람부터 순서대로 자신이 받은 '상품권'을 나눠 주는 모습을 통해 그의 선량한 성품을 확인할 수 있다.

> → 적절함!

주인공이 가족과 동료를 위해 자신의 것을 나누며 희생하는 모습
② [B]의 '적금 통장'을 통해 물질 만능의 한국 사회로부터 주인공이 소외당하고 있는 현실을 확인할 수 있겠군.

> 근거 〈보기〉-2 주인공은 가족과 동료를 위해 자신의 것을 나누며 희생
> [B] ❷-6~7 오빠가 점퍼 안주머니에서 적금 통장을 꺼내 놓았다. 그동안 나온 월급을 모은 것이라며 건물 주인한테 이야기해서 가게를 키워 가지고 제대로 된 식당을 해 보자고 했다.
> 풀이 만수가 여동생에게 자신의 월급을 모은 '적금 통장'을 내놓은 것은 가족과 진주를 위해 제대로 된 식당을 차리자는 것으로, 만수가 가족과 동료를 위해 자신의 것을 나누며 희생하는 인물임을 보여 주는 것이다. 따라서 '적금 통장'은 물질 만능의 한국 사

회로부터 주인공이 소외당하고 있는 현실과는 관계가 없다.

> → 적절하지 않음!

③ [D]의 '돈'의 사용처를 통해 주변인들을 위해 자신의 것을 나누며 희생하는 주인공의 면모를 확인할 수 있겠군.

> 근거 〈보기〉-2 주인공은 가족과 동료를 위해 자신의 것을 나누며 희생하다 결국 '투명 인간'이 된다.
> [D] ❹-41~42 여기 재료비하고 인건비, 월세 제하고 나서 또 우리 공장에서 같이 투쟁하는 식구들 먹고 자고, 각자 가족이 있으니까 최소한 앞가림은 해야 하고 그러느라고 다 썼지. 우리 공장 때문에 소송도 걸려 있고 거기도 돈이 엄청나게 들어가서 말이지.
> 풀이 만수가 기사 식당에서 번 '돈'을 공장에서 투쟁하는 동료들의 생활비와 공장에 걸려 있는 소송 비용으로 쓴 것을 통해 주변인들을 위해 자신의 것을 나누며 희생하는 주인공의 면모를 확인할 수 있다.

> → 적절함!

④ [A], [B]에서 주인공을 지칭하는 표현을 통해 주변인들이 서술자로 등장하고 있음을 확인할 수 있겠군.

> 근거 〈보기〉-3 '투명 인간'이 된 주인공 대신 주변인들이 서술자로 등장하면서 주인공에 관한 이야기를 풀어낸다.
> [A] ❶-1 만수 씨는 명절 앞두고 업자들한테서 들어오는 구두표 같은 상품권은 사양하다 못해 받아서는 자신은 가지지 않고 구두 많이 닳은 사람부터 순서대로 나눠 줬다.
> [B] ❷-1 오빠가 그 여자를 데리고 와서 주방을 맡기라고 했을 때는 억장이 무너지는 것 같았다.
> 풀이 [A]에서는 만수를 '만수 씨'로 지칭하는 것으로 보아 서술자가 '진주'임을, [B]에서는 만수를 '오빠'로 지칭하는 것으로 보아 서술자가 '만수의 여동생'임을 알 수 있다. 이를 통해 주인공의 주변인들이 서술자로 등장하고 있음을 확인할 수 있다.

> → 적절함!

⑤ [B], [C]에서 주변인들이 제공한 정보를 통해 주인공의 삶을 다각도에서 조명하고 있음을 확인할 수 있겠군.

> 근거 〈보기〉-3~4 '투명 인간'이 된 주인공 대신 주변인들이 서술자로 등장하면서 주인공에 관한 이야기를 풀어낸다. 이런 서술 방식은 주인공에 관한 다양한 정보를 제공하고 이 정보들을 통해 주인공의 삶을 다각도에서 조명한다.
> [B] ❷-1 오빠가 그 여자를 데리고 와서 주방을 맡기라고 했을 때/ 6~7 오빠가 점퍼 안주머니에서 적금 통장을 꺼내 놓았다. 그동안 나온 월급을 모은 것이라며 건물 주인한테 이야기해서 가게를 키워 가지고 제대로 된 식당을 해 보자고 했다.
> [C] ❹-4~8 처남이 착하다는 건 인정한다. 성실하기도 했다. 그런데 방향이 틀렸다. 같이 해야 할 일은 같이 열심히 하겠지만 싸울 일은 싸워서 해결해야 하지 않는가. 또 싸울 때도 상대를 제대로 골라서 싸워야지 제 편, 제 식구에게 피해를 입혀 가며 제 살 깎아 먹기 식으로 하는 건 나부터 용납할 수 없었다.
> 풀이 [B]에서는 만수 여동생, [C]에서는 만수 여동생의 남편이 각각 서술자로 등장하여 만수에 대해 제공한 정보를 통해 만수의 삶을 다각도에서 조명하고 있음을 확인할 수 있다.

> → 적절함!

Ⅴ 고전소설 | 1. 영웅 소설 ❶

마더텅 전국연합 학력평가 기출문제집 고1 국어 문학

[001~003] 다음 글을 읽고 물음에 답하시오.

1 [앞부분의 줄거리] **1** 명나라 시절 홍 시랑(나라의 정책을 결정하는 높은 관직 이름)과 부인 양 씨 사이에서 태어난 계월은 남장을 한 채 길러진다. **2** 이후 장사랑의 난으로 부모와 헤어진 계월은 여공에게 구출된 뒤, 이름을 평국이라 고치고, 여공의 아들 보국과 함께 수학하여(닦을 修 배울 學 : 학문을 닦아) 과거에 장원급제를 한다. **3** 이후 오랑캐가 침략하자, 평국(계월)은 원수(으뜸 元 장수 帥 : 군사를 통솔하던 으뜸 장수), 보국은 중군장(가운데 中 군대 軍 장수 將 : 원수의 명령을 받아 핵심 부대를 이끄는 장수)이 되어 이를 평정한다(평정할 平 안정시킬 定 : 반란을 잠재운다). **4** 이후 평국이 여자임이 밝혀지지만, 천자는 그녀를 벌하지 않고 보국과의 결혼을 중매한다.

→ 남장을 한 채 평국이라는 이름으로 장원급제를 한 계월은 원수로서 오랑캐의 침략을 평정하고, 천자는 여자임이 밝혀진 계월과 보국을 중매한다.

2 **1** 이때 남관장(남관 지역의 우두머리)이 장계(왕명을 받고 지방에 나가 있는 신하가 자신이 관할하는 곳의 중요한 일을 왕에게 보고하는 문서)를 올리거늘, 천자(하늘 天 아들 子 : 황제)가 급히 뜯어 보았다.

2 '오왕과 초왕이 반역하여 지금 황성(임금 皇 성 城 : 황제가 있는 나라의 서울)을 침범하려고 합니다. **3** 오왕은 구덕지로 대원수를 삼고 초왕은 장맹길로 선봉(앞 先 앞장 鋒 : 군대의 맨 앞자리)을 삼아, 장수 천여 명과 군사 십만을 거느리고 쳐들어왔습니다. **4** 호주 북쪽 지방의 십여 성으로부터 항복을 받고, 형주자사 이왕태를 베고, 마구 쳐들어오고 있습니다. **5** 소장(작을 小 장수 將 : '남관장'이 자신을 낮춰 이르는 말)의 힘으로는 방비할(막을 防 준비할 備 : 막을) 길이 없어서 소식을 올립니다. **6** 원컨대 황상은 어진 명장(이름날 名 장수 將 : 이름난 장수)을 보내셔서 적을 막아 주십시오.'

7 천자가 깜짝 놀라 조정의 모든 신하들과 의논했다. **8** 우승상(황제 아래에서 관리들을 이끄는 높은 관직 이름) 정영태가 말했다.

9 ㉠"이 도적(여기서는 오나라와 초나라)은 좌승상(황제 바로 아래의 최고 관직 이름) 평국을 보내 막아야 합니다. **10** 급히 평국을 부르십시오."

11 천자가 듣고 지긋이 생각하다가 말했다.

12 ㉡"평국이 전일(예전)에는 세상에 나왔기에(사회에서 활동을 했으니) 불렀지만, 지금은 규중(규방 閨 가운데 中 : 부녀자가 거처하는 곳)에 머물러 있는 여자인지라 차마 불러낼 수 없도다. **13** 어찌 전쟁터로 보내리오?"

14 신하들이 말했다.

15 "평국이 지금 규중에 있으나, 이름이 조야(朝野)(조정 朝 민간 野 : 조정과 민간)에 있고 또한 작록(爵祿)(작위 爵 녹 祿 : 벼슬과 그에 따라 받는 녹봉)을 거두지 않았으니, 어찌 규중에 있다 하여 거리끼겠습니까?"

16 천자가 마지못해 급히 평국을 불러냈다. **17** 이때 평국이 규중에서 홀로 지내면서 날마다 시녀들과 함께 장기와 바둑으로 세월을 보내고 있었다. **18** 사관(辭官)(말씀 辭 벼슬아치 官 : 임금의 명령을 전달하는 일을 맡아보던 벼슬아치)이 와서 천자가 부르는 명령을 전하자, 평국이 깜짝 놀라, 급히 여자 옷을 벗고 조복(조정 朝 옷 服 : 관리가 조정에 나아가 예를 차릴 때에 입던 옷)으로 갈아입은 후에 사관을 따라 들어가 천자 앞에 엎드렸다. **19** 천자가 매우 기뻐하며 말했다.

20 "네(여기서는 평국)가 규중에 머문 후로는 오래 보지 못하여 밤낮으로 보고 싶더니, 이제 경(벼슬 卿 : 임금이 이품 이상의 신하를 가리키던 말. 여기서는 평국)을 보니 매우 기쁘도다. **21** 내가 덕이 없어 지금 오나라와 초나라 양국(두 兩 나라 國 : 두 나라)이 반역하여, 호주 북쪽 지방을 쳐서 항복을 받고 남관을 헤치고 황성을 침범한다고 하니, 경은 나아가 나라와 조정을 편안하게 지키도록 하라."

22 평국이 엎드려 아뢰었다.

23 "신첩(신하 臣 첩 妾 : 여자가 임금을 상대하여 자기를 낮추어 이르던 말)이 외람되게(함부로 猥 넘칠 濫 : 분수에 지나치게) 폐하를 속이고(남장을 한 채 여자라는 사실을 감춘 것을 말함) 높은 공후(公侯)(제후 公 제후 侯 : 귀족 계급인 공작과 후작. 여기서는 높은 벼슬) 작록(작위 爵 녹 祿 : 벼슬과 그에 따라 받는 녹봉)을 영화롭게 지내기가 황공합니다(두려울 惶 두려울 恐 : 분에 넘쳐 두렵습니다). **24** 신첩의 죄를 용서하시고 이처럼 사랑하시니, ㉢신첩이 비록 어리석으나 힘을 다해 성은(임금 聖 은혜 恩 : 임금의 큰 은혜)을 만분의 일이나 갚고자 합니다. **25** 폐하는 근심치 마소서."

→ 오나라와 초나라가 명나라를 침범하자 천자는 규중의 평국을 불러 나라를 지키라 명하고, 평국은 천자를 안심시킨다.

3 **1** 천자가 매우 기뻐하며 즉시 천병만마(千兵萬馬)(일천 千 병사 兵 일만 萬 말 馬 : 천 명의 군사와 만 마리의 군마라는 뜻으로, 아주 많은 수의 군사와 군마)를 뽑아 모으도록 했다. **2** 삼남원에 진을 치고 원수가 친히 붓을 잡아 보국에게 전령하기를(전할 傳 명령할 令 : 명령을 전하여 보내기를), '적병(역적 賊 군사 兵 : 적의 군대)이 (쳐들어와) 급하니 중군(가운데 中 군대 軍 : 원수의 명령을 받아 핵심 부대를 이끄는 장수. 여기서는 '보국')은 급히 대령하여(기다릴 待 명령할 令 : 명령을 기다려) 군령(군대 軍 명령할 令 : 군대에 내리는 명령)을 어기지 말라' 했거늘, 보국이 전령을 보고 분함을 이기지 못하여 부모께 여쭈었다.

3 "계월이 또 소자를 중군으로 부리려 하니, 이런 일이 어디 있습니까?"

4 여공(보국의 아버지. 계월(평국)의 시아버지)이 말했다.

5 "전일에 너에게 무엇이라 이르더냐? **6** 계월을 괄시하다가(소홀히 할 恝 볼 視 : 업신여겨 하찮게 대하다가) 이런 일을 당하니, 어찌 그르다 하리오? **7** 국사(나라 國 일 事 : 나랏일)가 매우 중하니, 어떻게 해 볼 수가 없다."

8 여공이 보국에게 바삐 가라고 재촉했다.

9 보국이 할 수 없어 갑주(갑옷 甲 투구 胄 : 갑옷과 투구)를 갖추고 진중(진 陣 가운데 中 : 군대의 진영 안)에 나아가 원수 앞에 엎드리니, 홍 원수(평국. 계월)가 분부했다.

10 "만일 명령을 거역하는 자가 있으면, 군법을 시행할 것이다."

11 보국이 두려워하며 중군 처소로 돌아와 명령 내리기를 기다렸다.

→ 보국은 계월이 자신을 또 중군으로 부리려 하자 분통을 터뜨리지만 결국 진중에 나아가 계월의 명령을 기다린다.

4 **1** 홍 원수가 장수들에게 각각의 임무를 정하고 추구월 갑자일에 행군했다(다닐 行 군대 軍 : 군대가 대열을 지어 먼 거리를 이동했다). **2** 십일 월 초일 일에 남관에 당도하여 삼 일 동안 군사를 머물게 하고, 즉시 떠나 오일에 천촉산을 지나 영경루에 다다랐다. **3** 적병이 평원광야에 진을 쳤는데(자리를 점령했는데), 군세가 철통같았다.

4 원수가 적진을 대하여 진을 치고 명령했다.

5 "장령(장수 將 명령할 令 : 군대를 거느리는 장수의 명령)을 어기는 자가 있으면, 세워 두고 벨 것이다."

6 호령(명령 號 명령할 令 : 명령)이 서릿발 같았다(매우 엄했다). **7** 모든 장수들과 군졸들이 두려워하며 어찌할 줄을 몰라 했다. **8** 보국 또한 매우 조심했다.

9 이튿날 원수(계월)가 중군(보국)에게 분부했다.

10 "오늘은 중군이 나가 싸우라."

11 중군이 명령에 순종하여 말에 올라 삼 척(길이의 단위. 약 30.3cm) 장검을 들고, 적진을 가리키며 외쳤다.

12 "나는 명나라 중군대장 보국이다. **13** 대원수(계월)의 명을 받아 너희 머리를 베려 하니, 너희는 바삐 나와 칼을 받으라."

14 적장(역적 賊 장수 將 : 적의 장수) 운평이 이 소리 듣고 대로하여(클 大 성낼 怒 : 크게 화를 내며) 말을 몰고 나와 싸웠다. **15** 세 번을 채 겨루지도 못해서 보국의 칼이 빛나더니, 그 순간 운평의 머리가 말 아래로 떨어졌다. **16** 적장 운경이 운평의 죽음을 보고, 분을 내며 말을 몰아 달려들었다. **17** 보국이 승리의 기세가 등등하여(기운 氣 형세 勢 오를 騰 오를 騰 : 기세가 매우 높고 힘차) 창검을 높이 들고 싸웠다. **18** 두어 차례 겨루기도 전에 보국이 칼을 날려 칼을 들고 있는 운경의 팔을 치니, 운경이 미처 손을 놀리지 못하고 칼을 든 채 말 아래로 떨어졌다. **19** 보국이 운경의 머리를 베어 들고 본진(근본 本 진 陣 : 지휘를 하는 본부가 있던 군영)으로 돌아오고 있었다. **20** 그때 적장 구덕지가 크게 노하여 장검을 높이 들고 말을 몰아 고함치며 달려들었고, 또 난데없는 적병들이 사방에서 달려들었다.

21 보국이 매우 다급하여 피하고자 했으나, 한순간에 적들이 함성을 지르며 보국을 천여 겹 에워쌌다. **22** 사세(일 事 기세 勢 : 일이 되어가는 형세)가 위급하매 보국이 하늘을 우러러 탄식했다. **23** 이때 원수가 장대(장수 將 대 臺 : 장수가 올라서서 명령·지휘하던 대)에서 북을 치다가 보국의 위급함을 보고, 급히 말을 몰아 장검을 높이 들고 좌충우돌하여(왼쪽 左 찌를 衝 오른쪽 右 부딪칠 突 : 이리저리 마구 찌르고 부딪쳐) 적진을 헤치고 들어가 구덕지의 머리를 베어 들고 보국을 구해 낸 후, 몸을 날려 적진 속을 헤집고 다녔다. **24** ㉣동에 번쩍하더니 어느 새 서쪽에 있는 적장을 베고, 남쪽으로 가는 듯하더니 어느 새 북쪽에 있는 장수를 베고, 좌충우돌하여 적장 오십여 명과 군사 천여 명을 한 칼로 쓸어버리고 본진으로 돌아왔다.

²⁵보국이 원수 보기를 부끄러워하니, 원수가 보국을 꾸짖으며 조롱했다.

²⁶ⓔ "저러하고 평일(평소)에 남자라 칭하리요? ²⁷나를 업신여기더니 이제도 그러할까?"

²⁸원수가 장대에 앉아 구덕지의 머리를 함(옷이나 물건 따위를 넣을 수 있도록 네모지게 만든 통)에 넣어 황성(황제가 있는 서울)으로 보냈다.

> → 원수의 분부대로 적진에 나아가 싸우던 보국이 위기에 처하자 원수는 영웅적인 활약을 펼치며 보국을 구한다.

- 작자 미상, 「홍계월전」 -

· 중심 내용

오나라와 초나라가 반역하여 명나라를 침범하자 천자는 규중의 평국을 불러 나라를 지키라 명하고, 평국은 보국을 진중으로 불러 중군으로 부린다. 원수의 명을 받아 적진에 나아가 싸우던 보국은 위기에 빠지고, 이에 원수는 종횡무진하며 적장과 적병을 한칼에 제압하고 보국을 구출한다.

· 전체 줄거리 ([ ]:지문 내용)

명나라 시절 홍계월은 홍 시랑과 양 씨 부인 사이에서 무남독녀로 태어난다. 계월이 다섯 살 되던 해에 간신 장사랑이 반란을 일으키자, 어머니는 도적에게 끌려가고 계월은 수적 장맹길에 의해 물에 던져진다. 몸을 던진 계월은 여공에게 구출되고, 여공의 아들 보국과 함께 곽 도사에게서 수학한다. 평국으로 이름을 바꾼 계월은 보국과 함께 과거에 응시하고 계월은 장원, 보국은 부장원으로 급제한다. 이때 서번과 가달국이 침입하자 홍계월은 대원수, 보국은 부원수가 되어 출전한다. 보국이 원수인 계월의 말을 듣지 않고 크게 패하자, 계월은 보국을 크게 꾸짖는다. 마침내 전쟁에서 승리하여 큰 공을 세운 계월은 도적을 잡으러 벽파도에 들어갔다가 헤어졌던 부모와 상봉한다. 천자는 전쟁에서 이긴 공을 인정하여 계월을 좌승상에, 보국을 이부시랑에 각각 봉한다. 이후 계월이 병이 들어서 어의가 계월을 진맥하다가 계월이 여자임이 드러나자 계월은 여복으로 갈아입고 천자를 속인 죄를 청한다. 하지만 천자는 계월의 벼슬을 그대로 두고, 계월과 보국의 혼인을 성사시킨다. 계월이 혼례 전 마지막 군례(군대에서 행하는 예식)에서 보국의 태만함을 꾸짖자, 보국은 몹시 억울해한다. 계월은 그런 보국을 비웃으며 자신이 남자로 태어나지 못한 것을 원통해한다. 이후 [오나라와 초나라가 반역하여 명나라를 침범하자 계월은 대원수로, 보국은 중군장으로 출전한다. 전장에서 보국이 죽을 위기에 처하자 계월은 뛰어난 능력으로 적을 제압하여 보국을 구하고,] 위기에 빠진 천자도 구출해 낸다. 이후 보국은 계월의 우월함을 인정하고, 두 사람은 3남 1녀를 두어 자손 대대로 공후 작록(높은 벼슬과 녹봉)을 누린다.

· 인물 관계도

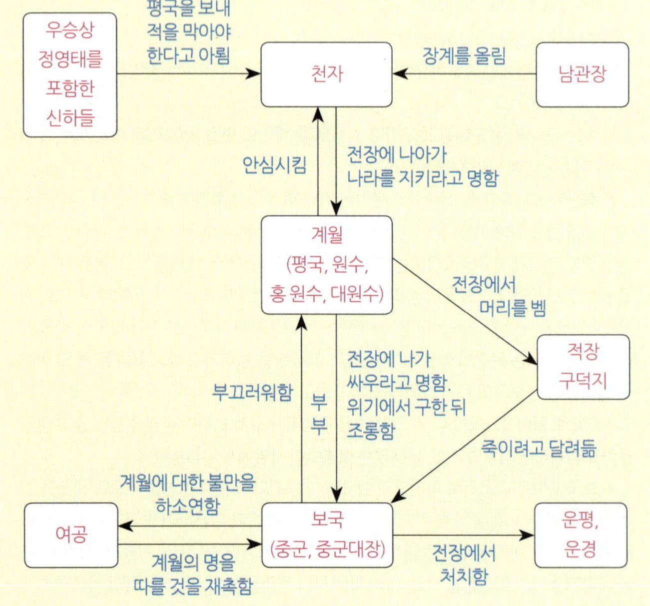

윗글에 대한 설명으로 가장 적절한 것은?

① *고사를 활용하여 인물 간 갈등 양상을 제시하고 있다. * 유래가 있는 옛날의 일

근거 ③-2~3 보국이 전령을 보고 분함을 이기지 못하여 부모께 여쭈었다. "계월이 또 소자를 중군으로 부리려 하니, 이런 일이 어디 있습니까?"
④-26~27 "저러하고 평일에 남자라 칭하리요? 나를 업신여기더니 이제도 그러할까?"

풀이 윗글에는 남녀의 사회적 지위와 능력이 역전된 계월과 보국 사이의 갈등이 나타난다. 그러나 갈등 제시 과정에서 고사를 활용하고 있지는 않다.

→ 적절하지 않음!
순행적 구성

② *시간의 역전적 구성을 통해 사건의 **인과 관계를 드러내고 있다.
* 사건이 시간 순서대로 나열되지 않고, 현재에서 과거로 거슬러 가는 구성 방식   ** 원인과 결과

풀이 윗글은 시간의 흐름에 따른 순행적 구성을 통해 사건의 인과 관계(계월에 대한 보국의 불만 → 계월이 보국을 구출함 → 보국의 부끄러움과 계월의 조롱)를 드러내고 있다.

→ 적절하지 않음!

③ 서술자가 직접 개입하여 상황에 대한 독자의 판단을 유도하고 있다.

풀이 서술자가 직접 개입하여 상황이나 인물에 대해 논평하는 것은 고전소설에서 흔히 볼 수 있는 서술상의 특징이다. 하지만 윗글에서는 이러한 서술자의 개입이 나타나지 않는다.

→ 적절하지 않음!

> **■ 서술자가 직접 개입하여 상황에 대한 독자의 판단을 유도하고 있는 작품**
>
> **· 홍석중, 「황진이」**
> 이른 아침이어서 집 안의 바깥채가 떠들썩하겠건만 안채, 행랑채 할 것 없이 모두 호기심에 들떠서 벌써부터 담장 너머 구경꾼들 속에 섞여 버린 모양인지 쥐 죽은 듯 조용했다.
> 참으로 박정한(인정이 없는) 세상이다. 남의 경사나 기쁜 일을 구경하고 즐긴다면 모르겠지만 남의 고통이나 슬픔을 구경해서 자기의 호기심을 만족시킨다면 그것은 벌써 선한 마음이 아니다. 하기는 오정문 밖 장터에서 죄인의 목을 벤다면 먼 촌에서 도시락까지 싸 들고 구경을 온다니 그 무지몰각한(지각이나 상식이 도무지 없는) 마음의 선악을 구태여 따져서 무엇하랴.
> → 제시된 부분은 황진이를 짝사랑하다가 죽은 총각의 상여가 황진이의 집 앞을 지나간다는 소문을 듣고 사람들이 이를 구경하고자 몰려든 상황이다. 서술자는 이에 직접 개입하여 남의 고통과 슬픔을 구경하면서 자신들의 호기심을 충족시키는 박정한 세태에 대한 부정적 시각을 드러냄으로써 독자의 판단을 유도하고 있다.
>
> **· 작자 미상, 「정을선전」** (2025학년도 수능)
> 부인이 눈을 떠 보니 승상이 왔거늘 정신 아득하여 인사를 모르다가(정신을 차리지 못하다가) 겨우 인사를 차려(정신을 차려) 왈(말하기를) "이것이 꿈인가 생시인가 구년지수(아홉 九 해 年 ~의 之 홍수 水 : 오랫동안 계속되는 큰 홍수)의 해 같고 칠년대한(일곱 七 해 年 클 大 가물 旱 : 오랫동안 계속되는 큰 가뭄)의 빗발같이(오랫동안 애타게 기다리던 일이 이루어짐을 빗댄 말) 바라더니 지금 구덩이에서 만날 줄 알았으리까. 승상은 나의 누명을 씻겨 주소서." 하며 인사를 모르는지라(정신을 잃었다). 그 참혹한(비참할 慘 심할 酷 : 비참하고 끔찍한) 형상(모양 形 모양 象 : 모습)을 어디에 비하리오(비교할 比 : 견주리오).
> → 서술자가 직접 개입하여 부인이 구덩이에 갇힌 참혹한 상황에 대한 안타까움을 드러냄으로써 독자의 판단을 유도하고 있다.

④ 인물의 활약상을 구체적으로 묘사하여 상황의 *긴박함을 고조하고 있다. * 매우 다급함

근거 ④-14~24 적장 운평이 이 소리 듣고 대로하여 말을 몰고 나와 싸웠다. 세 번을 채 겨루지도 못해서 보국의 칼이 빛나더니, ~ 동에 번쩍하더니 어느 새 서쪽에 있는 적장을 베고, 남쪽으로 가는 듯하더니 어느 새 북쪽에 있는 장수를 베고, 좌충우돌하여 적장 오십여 명과 군사 천여 명을 한 칼로 쓸어버리고 본진으로 돌아왔다.

풀이 적장과 차례차례 맞서는 보국의 활약상과 위기에 처한 보국을 구출하기 위해 모든 적을 단칼에 무찌르는 계월의 영웅적인 활약상을 구체적으로 묘사하여 전장 상황의 긴박함을 고조하고 있다.

→ 적절함!

⑤ 현실적 공간과 비현실적 공간의 교차를 통해 환상적 분위기를 조성하고 있다.

풀이 윗글에는 궁궐, 전장과 같은 현실적 공간이 나타날 뿐 비현실적 공간이 나타나지는 않으며, 이를 통해 환상적 분위기를 조성하고 있지도 않다.

→ 적절하지 않음!

■현실적 공간과 비현실적 공간의 교차를 통해 환상적 분위기를 조성하고 있는 작품
• 김시습, 「만복사저포기」 (2007년 고2 6월 학평, 2016년 고3 10월 학평)
양생은 그곳(비현실적 공간)에 사흘을 머물렀는데, 즐거움이 평상시와 같았다. ~ "이곳(비현실적 공간)의 사흘은 인간 세상의 삼 년과 같습니다. 낭군은 이제 집으로 돌아가셔서 생업을 돌보십시오." ~ 양생은 여인의 말대로 은그릇 하나를 들고 보련사로 가는 길가(현실적 공간)에서 기다리고 있었는데, 정말 어떤 귀족의 집안에서 딸자식의 대상을 치르려고 수레와 말을 길에 늘어세우고서 보련사로 올라가는 것이었다. ~ 여인은 절 문에 들어서자 먼저 부처에게 예를 드리고 곧 흰 휘장 안(비현실적 공간)으로 들어갔다. 그의 친척과 절의 스님들은 모두 그 말을 믿지 못하고, 오직 양생만이 혼자서 보았다.
→ 현실적 공간인 이승(인간 세상)과 비현실적 공간인 저승의 교차를 통해 이승과 저승을 넘나드는 남녀 간의 애틋한 사랑을 형상화함으로써 환상적 분위기를 조성하고 있다.

---

002 | 인물 이해 - 적절하지 않은 것 고르기 | 2025년 6월 학평 27번
정답률 65%, 매력적 오답 ② 15%, ④10%　　　　　　　**정답 ⑤**

윗글의 인물에 대한 이해로 적절하지 않은 것은?

① '남관장'은 반란군의 규모와 *위세를 구체적으로 언급하면서 조정에 다급하게 도움을 요청하고 있다. * 사납고 세찬 기세
　근거　❷-1~6 이때 남관장이 장계를 올리거늘, 천자가 급히 뜯어 보았다. '오왕과 초왕이 반역하여 지금 황성을 침범하려고 합니다. ~ 장수 천여 명과 군사 십만을 거느리고 쳐들어왔습니다.(규모) 호주 북쪽 지방의 십여 성으로부터 항복을 받고, 형주자사 이왕태를 베고, 마구 쳐들어오고 있습니다.(위세) 소장의 힘으로는 방비할 길이 없어서 소식을 올립니다. 원컨대 황상은 어진 명장을 보내셔서 적을 막아 주십시오.(조정에 도움 요청)'
　풀이　'남관장'이 천자에게 올린 장계를 보면 장수 천여 명과 군사 십만이라는 반란군의 규모와 호주 북쪽 지방의 십여 성으로부터 항복을 받고, 형주자사 이왕태를 베고, 마구 쳐들어오는 반란군의 엄청난 위세를 구체적으로 언급하고 있다. 그러면서 '어진 명장'을 보내어 적을 막아 달라며 조정에 도움을 요청하고 있다.
　→ 적절함!

② '천자'는 반란이 일어난 원인을 자신의 *부덕함으로 돌리면서 평국에게 반란을 진압하도록 명을 내리고 있다. * 덕이 없음
　근거　❷-19~21 천자가 매우 기뻐하며 말했다. ~ 내가 덕이 없어 지금 오나라와 초나라 양국이 반역하여, ~ 경은 나아와 나라와 조정을 편안하게 지키도록 하라."
　풀이　'천자'는 자신이 덕이 없어 오나라와 초나라가 침범하였다고 했으므로 반란의 원인을 자신의 부덕함으로 돌리고 있다고 볼 수 있다. 또한, 평국에게 나라와 조정을 편안하게 지키도록 하라며 반란을 진압하라는 명을 내리고 있다.
　→ 적절함!

③ '평국'은 자신의 죄를 용서한 천자에게 감사해하며 은혜를 갚으려 하고 있다.
　근거　❷-23~25 "신첩(평국)이 외람되게 폐하를 속이고 높은 공후 작록을 영화롭게 지내기가 황공합니다. 신첩의 죄를 용서하시고 이처럼 사랑하시니, 신첩이 비록 어리석으나 힘을 다해 성은을 만분의 일이나 갚고자 합니다. 폐하는 근심치 마소서."
　풀이　'평국'은 여자라는 사실을 숨긴 자신의 죄를 용서한 천자에게 감사하며 힘을 다해 성은을 갚겠다고 하였다.
　→ 적절함!

④ '여공'은 사적인 일보다 공적인 일을 중시하면서 보국이 계월의 명령을 따라야 한다고 판단하고 있다.
　근거　❸-4~8 여공이 말했다. "전일에 너에게 무엇이라 이르더냐? 계월을 괄시하다가 이런 일을 당하니, 어찌 그르다 하리요? 국사가 매우 중하니, 어떻게 해 볼 수가 없다." 여공이 보국에게 바삐 가라고 재촉했다.
　풀이　계월에 대한 불만을 늘어놓는 보국에게 '여공'은 국사가 매우 중하니, 어떻게 해 볼 수가 없다며 보국에게 계월의 명을 받들어 전장으로 바삐 갈 것을 종용하였다.
　→ 적절함!

⑤ '보국'은 계월의 지시를 *두둔하는 여공의 말에 불만을 표출하고 있다. * 편들어 감싸는 　순응하고 있다
　근거　❸-8~9 여공이 보국에게 바삐 가라고 재촉했다. 보국이 할 수 없어 갑주를 갖추고 진중에 나아가 원수 앞에 엎드리니,
　풀이　'보국'은 계월의 명을 따를 것을 재촉하는 여공의 말을 따라 갑주를 갖추고 진중에 나아갔으므로 '보국'이 여공의 말에 불만을 표출했다는 설명은 적절하지 않다.
　→ 적절하지 않음!

---

003 | 감상의 적절성 - 적절하지 않은 것 고르기 | 2025년 6월 학평 28번 | **1등급 문제**
정답률 35%, 매력적 오답 ② 25%, ③ 20%, ①, ④ 10%　　　　**정답 ⑤**

〈보기〉를 바탕으로 ㉠~㉣을 감상한 내용으로 적절하지 않은 것은? | 3점

| 보기 |
[1]「홍계월전」에서 주인공 계월은 자신이 지닌 우월한 능력을 사회적으로 인정받아 여러 문제를 해결하는데, 이는 기존 여성 영웅 소설의 주인공이 남성의 권위에서 벗어나지 못했던 한계를 탈피한 것이다. [2]특히 계월이 국가에 충성하는 신하이자 국난(나라 國 어려울 難 : 나라의 위기)을 극복하는 영웅으로 그려지는 것은 여성도 삶의 주체로 사회적 자아(사회에 진출하여 공적인 역할을 수행하는 자아)를 실현할 수 있는 존재임을 보여 주고 있다. [3]또한 여성의 사회 진출이 제한되었던 당대 남성 중심의 사회적 현실과 제도에 대한 비판도 담고 있다. [4]한편 이 작품에 등장하는 남성들은 조선시대의 통념적인(통할 通 생각 念 ~의 的 : 사회에서 일반적으로 생각하는) 남성상과는 달리 권위적이지 않으며 나약한 모습으로도 그려지고 있다.

① ㉠은 계월이 여성임을 알고 있으면서도 정영태가 장수로서의 그녀의 능력을 인정하는 장면으로, 남성의 권위를 내세우는 조선시대의 통념적인 남성상과는 다른 모습으로 볼 수 있군.
　근거　〈보기〉-4 한편 이 작품에 등장하는 남성들은 조선시대의 통념적인 남성상과는 달리 권위적이지 않으며
　❷-8~10 우승상 정영태가 말했다. ㉠ "이 도적은 좌승상 평국을 보내 막아야 합니다. 급히 평국을 부르십시오."
　풀이　㉠에서 우승상 정영태는 계월이 여성임을 알면서도, 계월을 보내어 적의 침범을 막아야 한다고 주장한다. 이는 장수로서의 그녀의 능력을 인정하는 것으로, 성별보다 능력을 중시한다는 점에서 남성의 권위를 내세우는 조선시대의 통념적인 남성상과는 다른 모습으로 볼 수 있다.
　→ 적절함!

② ㉡은 전쟁터에 계월이 출정해야 한다는 제안에 천자가 망설이는 장면으로, 여성의 사회 진출에 대한 당대 사회의 인식이 드러난 것으로 볼 수 있군.
　근거　〈보기〉-3 또한 여성의 사회 진출이 제한되었던 당대 남성 중심의 사회적 현실과 제도에 대한 비판도 담고 있다.
　❷-12~13 ㉡ "평국이 전일에는 세상에 나왔기에 불렀지만, 지금은 규중에 머물러 있는 여자인지라 차마 불러낼 수 없도다. 어찌 전쟁터로 보내리오?"
　풀이　우승상 정영태가 적의 침략을 평정할 인물로 평국을 추천하자 천자는 ㉡에서 평국이 여성이라는 이유로 전쟁터에 출정시키는 것을 망설이는 모습을 보인다. 이를 통해 여성의 사회 진출을 제한했던 당대 남성 중심 사회의 인식을 엿볼 수 있다.
　→ 적절함!

③ ㉢은 계월이 나라를 구하기 위해 천자의 명령을 따르는 장면으로, 국가에 충성하는 신하이자 국난을 극복하는 주체로서 사회적 자아를 실현하고자 하는 여성의 모습으로 볼 수 있군.
　근거　〈보기〉-2 특히 계월이 국가에 충성하는 신하이자 국난을 극복하는 영웅으로 그려지는 것은 여성도 삶의 주체로 사회적 자아를 실현할 수 있는 존재임을 보여 주고 있다.
　❷-21 나라와 조정을 편안하게 지키도록 하라."/ 24~25 ㉢ 신첩이 비록 어리석으나 힘을 다해 성은을 만분의 일이나 갚고자 합니다. 폐하는 근심치 마소서."
　풀이　㉢은 계월이 나라와 조정을 지켜 달라는 천자의 명령을 따르는 장면으로, 이를 통해 계월이 당대 여성에게 가해지던 여러 가지 제약에서 벗어나 국가에 충성하는 신하이자 국난을 극복하는 주체로서 사회적 자아를 실현할 수 있는 존재라는 점을 확인할 수 있다.
　→ 적절함!

④ ㉣은 원수 계월이 위기에 처한 중군장 보국을 구한 후 적진을 평정하는 장면으로, 여성 영웅이 우월한 능력으로 *당면한 문제를 해결하는 모습으로 볼 수 있군. * 눈앞에 있는
　근거　〈보기〉-1 「홍계월전」에서 주인공 계월은 자신이 지닌 우월한 능력을 사회적으로 인정받아 여러 문제를 해결하는데,
　❹-23~24 좌충우돌하여 적진을 헤치고 들어가 구덕지의 머리를 베어 들고 보국을 구해 낸 후, 몸을 날려 적진 속을 헤집고 다녔다. ㉣ 동에 번쩍하더니 어느 새 서쪽에 있는 귕징을 베고, 남쪽으로 기는 듯하더니 이는 새 북쪽에 있는 장수를 베고, 좌충우돌하여 적장 오십여 명과 군사 천여 명을 한 칼로 쓸어버리고 본진으로 돌아왔다.
　풀이　㉣은 위기에 빠진 보국을 구덕지로부터 구해 낸 후 적장 수십 명과 적병 천여 명을 단숨에 제압하여 적진을 평정하는 계월의 영웅적 활약상이 나타난다. 이는 여성 영웅인 계월이 자신의 우월한 능력으로 당면한 위기 상황을 타개하고 문제를 해결해 나가는 모습으로 볼 수 있다.

V
고전소설

→ 적절함!

평상시에

✓ ⑥ ㉤은 여자라는 이유로 전쟁터에서 자신을 무시한 보국을 계월이 조롱하는 장면으로, 남성 중심의 사회 제도에 대한 비판 의식을 담고 있다고 볼 수 있군.

근거 **〈보기〉-3** 또한 여성의 사회 진출이 제한되었던 당대 남성 중심의 사회적 현실과 제도에 대한 비판도 담고 있다.

❹-26~27 ㉤ "저러하고 평일에 남자라 칭하리요? 나를 업신여기더니 이제도 그러할까?"

풀이 ㉤은 계월이 평상시에 자신을 무시한 보국의 행실을 지적하면서 조롱하는 장면으로, 당대 남성 중심의 사회적 현실과 제도에 대한 비판 의식을 담고 있다고 볼 수 있다. 참고로 보국은 전장에서 계월을 두려워하며 그녀의 명령에 복종하는 모습을 보이고 있다.

→ 적절하지 않음!

[004~006] 다음 글을 읽고 물음에 답하시오.

1 ¹ 여공(여씨 성을 가진 사람을 높여 부른 말)이 물러 나오자 위공(명나라의 벼슬 이름인 위국공의 다른 말, 여기서는 홍계월의 아버지)과 정렬 부인(남편에 대한 의리를 굳게 지킨 부인에게 내리는 칭호, 여기서는 홍계월의 어머니)이 다시 일어나 칭찬하기를,
"어지신 덕택으로(마음이 넓으신 덕분에) (물에 빠졌던) 계월을 구하사 친자식같이 길러 입신양명하게(설 立 몸 身 날릴 揚 이름 名 : 출세하여 이름을 세상에 떨치게) 하시니 은혜가 백골난망이로소이다(흰 白 뼈 骨 어려울 難 잊을 忘 : 죽어서도 잊을 수 없습니다. 여공이 계월을 구해 준 것에 깊이 감사한다는 뜻)."
² 하며 슬픈 감회를 금치(딸인 홍계월과 헤어졌던 지난 일을 돌이키며 슬픔을 참지) 못하거늘 여공이 더욱 감사하며 공손히 응답하더라(예의 바르게 대답하더라). ³ ㉠ 평국(홍계월)과 보국이 또한 엎드려 먼 길에 평안히 행차하심(무사히 여공이 오신 것)을 치하하더라(감사히 여기더라). ⁴ 위공과 정렬 부인이며 기주후(명나라의 벼슬 이름. 여기서는 보국의 아버지인 여공)와 공렬 부인(보국의 어머니)과 춘랑(도적들에게 잡혔다가 정렬 부인과 함께 도망친 여인)도 또한 자리에 참례(참여)하고 양윤(정렬 부인의 여자 종)이 또한 마음에 기꺼움을 헤아리지 못할지라(몹시 기뻤다는 의미). ⁵ 이날 큰 잔치를 배설하고(벌이고) 삼 일을 즐기니라.

→ 홍계월의 부모님이 홍계월을 키워준 여공에게 감사 인사를 하고 함께 모여 잔치를 벌인다.

2 ¹ 이때 천자(명나라의 황제) 신하들을 돌아보고 이르기를,
"평국(홍계월)과 보국을 한 궁궐 안에 살게 하리라."
² 하시고, 종남산 아래에 터를 닦고 집을 지을새, 천여 칸을 불일성지(不日成之)로 지으니(아닐 不 날 日 이룰 成 之 : 며칠 안 걸려서 지으니), 그 장함을 헤아리지 못할지라(매우 화려하고 으리으리하다는 의미). ³ 집을 다 지은 후에 노비(종) 천 명과 수성군(집을 지키는 군사) 백 명씩 내려 주시고 또 채단과 보화(온갖 비단과 보물)를 수천 바리(말의 등에 잔뜩 실은 짐을 세는 단위)를 상으로 내려 주시니, 평국과 보국이 황은(황제의 은혜, 여기서는 천자의 은혜)을 축수(두 손을 모아 감사)하고 그 궁궐 안에 침소(잠을 자는 곳)를 정하고 거처하니(사니) 그 궁궐 안 넓이가 십 리(약 4km)가 남은지라(넘어) 위의(위엄)와 거동(행동)이 천자나 다름이 없더라(황제에 뒤지지 않더라).

→ 황제가 홍계월과 보국에게 으리으리한 집과 많은 재산을 준다.

3 ¹ 이때 평국(홍계월)이 전장(전쟁터)에 다녀온 후로 자연(저절로) 몸이 곤하여(기운이 없어) ㉡병이 침중(심각)하니 집안이 경동하여(집안사람들이 놀라) 주야(밤낮) 약으로 치료하니, 천자께서 이 말을 들으시고 매우 놀라사 명의(병을 잘 고쳐 이름난 의사)를 급히 보내어,
"병세(병의 상태)를 자세히 보고 오라. ² 만일 위중하면(병이 심각하면) 짐(천자가 자신을 가리키는 말)이 친히 가 보리라."
³ 하시고 어의(御醫)(거느릴 御 의원 醫 : 궁에서 임금이나 왕족을 치료하던 의사. 명의)를 명하사 보내시니, 어의 황명(황제의 명령, 여기서는 천자의 명령)을 받자와 평국의 침소에 와 병세를 진맥(손목의 맥박을 짚어 진찰)하니 병세 위중하지 아니한지라. ⁴ 속히(급히) 약을 가르쳐 쓰라 하고 돌아와 천자께 사실을 아뢰더라(말씀드리더라).
⁵ 어의 다녀와 아뢰기를,
"평국의 병세는 위중하지 아니하옵기로 약을 가르쳐 쓰라 하옵고 왔사오나 또한 괴이한(이상한) 일이 있어 수상하여이다."
하더라. ⁶ 천자 놀라 묻기를,

[A]
"무슨 연고(까닭)가 있더냐."
⁷ 어의 땅에 엎드려 아뢰기를,
"평국의 맥을 보오니(맥박을 짚어 보니) 남자의 맥이 아니오매 이상하여이다."
⁸ 천자 그 말을 들으시고 이르기를,
"평국이 여자면 어찌 적진(적의 군대가 있는 곳)에 나가 적진 십만 대병을 소멸하고(10만 명의 군대를 물리치고) 왔으리오. ⁹ 평국의 얼굴이 도화색(桃花色)(복숭아 桃 꽃 花 빛 色 : 복숭아꽃의 빛깔과 같은 색)이요, 체격이 작고 약하여 혹 미심(여자일 수도 있다고 의심)하거니와 아직은 누설하지(비밀을 말하지) 말라."
¹⁰ 하시고 자주 문병하시니라.

→ 홍계월을 진찰한 어의가 홍계월이 여자인 것 같다고 천자에게 말한다.

4 ¹ 이때 평국(홍계월)이 병세 점점 나으매 생각하되,
'어의가 나의 맥을 보았으니 필시 본색이 탄로날지라(반드시 여자라는 정체가 밝혀질 것이니) 이제는 할 일(전쟁에 나가 싸울 일) 없이 되었으니, 여복(여자들이 입는 옷)을 갈아입고 규중(여인들이 머물러 지내는 곳)에 몸을 숨겨 세월을 보냄이 옳다.'
² 하고, 즉시 남복(남자들이 입는 옷)을 벗고 여복을 입고 ㉢부모 앞에 뵈어 느끼며(서럽게 울며) 뺨에 두 줄기 눈물이 종횡하거늘(마구 흐르거늘) 부모 또한 눈물을 흘리며 위로하더라.

→ 홍계월은 자신이 여자인 것이 탄로날 것이라고 생각해 남복을 벗고 여자로서 살기로 한다.

5 [중략 줄거리] ¹ 이후 홍계월(평국)은 천자의 주선(도움)으로 보국과 혼인(결혼)을 하게 되는데, 군영(군대가 머무는 곳. 여기서는 아내인 홍계월이 남편인 보국보다 벼슬이 더 높아 보국이 불만을 가짐) 및 집안에서의 사건(홍계월이 보국의 첩인 영춘을 죽임) 등으로 남편 보국과 갈등을 겪으면서 남편과 떨어져 홀로 지내게 된다.

² 각설(화제를 돌려 다른 이야기를 꺼낼 때 쓰는 말) ³ 이때 남관장(남관 지역을 다스리는 관리)이 장계(狀啓)(문서 狀 啓 : 중요한 일을 상부에 보고하는 문서)를 올리거늘 천자 즉시 뜯어 열어 보시니 하였으되(장계에 쓰여 있기를),

[B]
'오왕(吳王)과 초왕(楚王)('오왕과 초왕'은 중국 한나라의 황제 아래에서 일정한 지역을 맡아 다스리는 제후였음. 여기서는 명나라를 침범한 오랑캐의 의미)이 반하여(명나라를 배신하여) 지금 장안을 범하고자 하옵나이다(황제가 있는 서울을 침범하고자 합니다). ⁴ 오왕은 구덕지를 얻어 대원수(군대를 이끄는 최고 계급)를 삼고, 초왕은 장맹길을 얻어 선봉(제일 앞에서 군대를 이끄는 장수)을 삼아 장수 천여 명과 군사 십만을 거느려 호주 북지 십여 성(중국의 호주 지역의 북쪽에 있는 10개 정도의 성)을 항복 받고 형주자사(형주 지역을 다스리는 최고 관리) 완태를 베고 짓쳐오매(함부로 마구 쳐들어오므로) 소장(신분이 높은 사람을 상대해 자신을 낮춘 말, 여기서는 남관장)의 힘으로는 방비할(적을 막을) 길이 없사와 감히 아뢰오니(죄송함을 무릅쓰고 말씀드리니) 엎드려 바라옵건대 황상(황제. 천자)은 어진 명장(싸움을 잘하기로 이름난 장수)을 보내어 막으소서.'
⁵ 하였거늘, 천자(황제) 보시고 크게 곤란하사(걱정하셔서) 온 조정(임금이 신하들과 나랏일을 의논하던 곳)의 신하들을 모아 의논하시되 우승상(관리들을 이끌고 관리하는 벼슬) 명연태 아뢰기를,
"이 도적(오왕과 초왕이 보낸 무리들)을 좌승상(우승상보다 위의 계급) 평국(홍계월)을 보내어 방비하올(적을 막을) 것이니 급히 영(명령)을 내려 부르옵소서."
⁶ 천자 들으시고 한참 뒤에,
"평국이 전일(예전)에는 출세하였기로(벼슬을 했으므로) 불러 국사(나랏일)를 의논하였거니와 ㉣ 지금은 규중(여인들이 머물며 지내는 곳) 여자라 어찌 영으로 불러 들여 전장에 보내리오."
⁷ 하시되 신하들이 아뢰기를(말씀드리기를),
"평국이 지금 규중에 처하오나(머물며 지내지만) 이름이 조야에 있삽고(홍계월의 이름이 온 나라에 유명하고) 또한 작록이 영구(홍계월의 벼슬이 영원)하오니 어찌 혐의하오리오(마음에 걸려 부르기를 꺼리겠습니까)."
⁸ 하거늘, 천자 마지못하여 급히 평국을 영으로(명령을 내려) 부르시니라.

→ 오왕과 초왕의 무리가 쳐들어오자 신하들이 황제에게 홍계월을 전장에 내보내라고 한다.

6 ¹ 이때 평국(홍계월)이 규중에 홀로 있어 매일 시비(여자 종)를 데리고 장기와 바둑으로 세월을 보내더니 사관(천자의 명령을 전달하던 벼슬)이 나와 천자가 부르는 명을 전하거늘, 평국이 크게 놀라 급히 여복을 벗고 조복(관리가 입는 옷)으로 사관을 따라 어전(천자의 앞)에 엎드리니 천자 크게 기뻐하며 이르기를,

"ⓐ경(임금이 신하를 가리키는 말, 여기서는 홍계월)이 규중에 처한(머물며 지내는) 까닭에 오래 보지 못하여 주야로 사모(그리워)하더니 이제 경을 보매(보니) 기쁘기 헤아릴 수 없거니와 짐(천자가 자기를 가리키는 말)이 덕이 없어 지금 오초 양국이 반하여(오나라와 초나라가 배신하여) 호주 북지를 항복 받고 남관을 넘어 황성을 범하고자(호주의 북쪽 지역을 정복하고 남관 지역을 지나 황성 지역으로 쳐들어오려고) 한다 하니 경(홍계월)은 마땅히 출사하야(군대를 이끌고 전쟁터에 나가) 사직을 안보하게 하라(나라를 지켜라)."

2 하시되 평국이 엎드려 아뢰기를(말씀드리기를),

"신첩(여자가 자기를 낮춘 말, 여기서는 홍계월)이 외람하와(행동이나 생각이 분수에 넘쳐) 폐하를 속이옵고 공후 작록(공후라는 관직, 여기서는 좌승상)을 받자와 영화로(귀하고 유명하게) 지내옵기 황공하온데(죄송한데) 죄(여자인 사실을 감춘 죄)를 사하시고(용서하시고) 이토록 사랑하옵시니 신첩이 비록 우매하오나(어리석으나) 힘을 다하여 폐하의 성은(천자의 큰 은혜)을 만분의 일이나(조금이라도) 갚을까 하오니 근심하지 마옵소서."

하더라.

→ 홍계월은 천자의 명령을 받고 오왕과 초왕의 무리를 무찌르러 가겠다고 약속한다.

- 작자 미상, 「홍계월전」-

• 중심 내용

여자인 것이 탄로 난 홍계월은 벼슬에서 물러나 보국과 혼인하지만 다시 황제의 명을 받아 적을 무찌르러 간다.

• 전체 줄거리

[001~003]번 문제 (2025년 6월 학평) 참고 →214쪽

• 인물 관계도

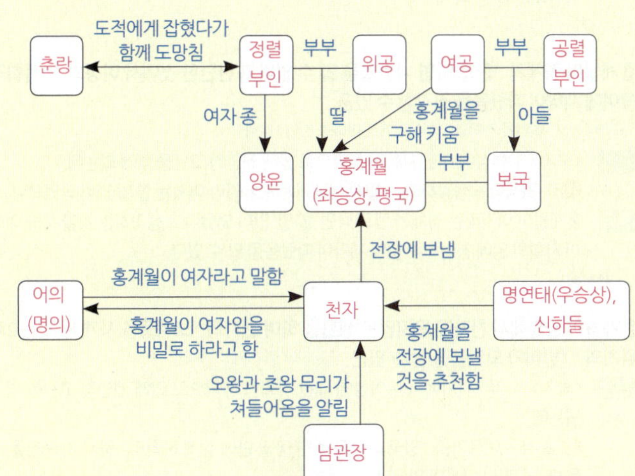

[A]와 [B]에 대한 설명으로 가장 적절한 것은?

[A] ❸-5~9 어의 다녀와 아뢰기를, "평국의 병세는 위중하지 아니하옵기로 약을 가르쳐 쓰라 하옵고 왔사오나 또한 괴이한 일이 있어 수상하여이다." 하더라. 천자 놀라 묻기를, "무슨 연고가 있더냐." 어의 땅에 엎드려 아뢰기를, "평국의 맥을 보오니 남자의 맥이 아니오매 이상하여이다." 천자 그 말을 들으시고 이르기를, "평국이 여자면 어찌 적진에 나가 적진 십만 대병을 소멸하고 왔으리오. 평국의 얼굴이 도화색이요, 체격이 작고 약하여 혹 미심하거니와 아직은 누설하지 말라."

[B] ❺-3~4 '오왕과 초왕이 반하여 지금 장안을 범하고자 하옵나이다. 오왕은 구덕지를 얻어 대원수를 삼고, 초왕은 장맹길을 얻어 선봉을 삼아 장수 천여 명과 군사 십만을 거느려 호주 북지 십여 성을 항복 받고 형주자사 완태를 베고 짓쳐오매 소장의 힘으로는 방비할 길이 없사와 감히 아뢰오니 엎드려 바라옵건대 황상은 어진 명장을 보내어 막으소서.'

① [A]와 [B]는 모두 *정황을 전달하는 주체에 대한 부정적인 태도가 나타나 있다.
* 상황을 전달하는 사람

근거 [A] ❸-5~9 어의 다녀와 아뢰기를, ~ 천자 놀라 묻기를 ~ 천자 그 말을 들으시고 이르기를, ~ 아직은 누설하지 말라."
[B] ❺-3~4 남관장이 장계를 올리거늘 ~ 황상은 어진 명장을 보내어 막으소서.'

풀이 [A]에서는 어의가, [B]에서는 남관장이 정황을 전달한다. 그러나 정황을 전해 들은 천자가 어의와 남관장에 대해 부정적인 태도를 보이지는 않는다.

→ 적절하지 않음!

✓ ② [A]는 대화를 통해, [B]는 *요약적 제시를 통해 사건에 대한 정보를 제공하고 있다.
* 이야기를 간단히 줄여서 보여 줌

풀이 [A]는 어의와 천자의 대화를 통해 평국(홍계월)이 여자라는 정보를 제공하고, [B]는 남관장이 보낸 문서로 오왕과 초왕의 무리들이 쳐들어온다는 정보를 요약하여 제공한다.

→ 적절함!

③ [A]는 인물의 *외양 묘사를 통해, [B]는 **과장된 표현을 통해 ***장면을 극대화하고 있다. `- [A], [B] 모두×`
* 겉모습을 말로 자세하게 한 설명 ** 사실보다 부풀린 *** 장면을 매우 길게 설명하며 나열

근거 [A] ❸-9 평국의 얼굴이 도화색이요, 체격이 작고 약하여
풀이 [A]에는 평국의 외양 묘사가 나타나지만, [B]에는 과장된 표현이 드러나지 않으며, [A]와 [B]는 모두 장면을 극대화하지 않는다.

→ 적절하지 않음!

■ 인물의 외양 묘사를 통해 장면을 극대화하는 작품
• 작자 미상, 「흥부전」 (2015학년도 6월 모평A)
흥부 ~ 치장을 볼작시면(옷차림새가 어떤가 보면), 편자 없는 헌 망건(띠 없는 낡은 망건)에 박쪼가리 관자(망건에 다는 작은 단추 모양의 고리) 달고 물렛줄로 당끈 달아 대가리 터지게 동이고(물레에서 사용하던 줄을 당끈(상투와 망건을 연결하는 줄)처럼 사용하여 머리가 터지도록 바짝 동여매고), 깃만 남은 중치막(낡아 빠진 윗옷), ~ 형의 집에 들어가서
→ 흥부의 볼품없는 옷차림새를 통해 장면을 극대화하여 나타내고 있다.

④ [A]와 [B]는 모두 여러 가지 사건이 동시에 발생하여 *긴박한 분위기를 **조성하고 있다. `- [B]만 해당`
* 매우 급하고 절실한 ** 만들고

풀이 [A]는 어의와 천자가 대화하는 사건만 나타나고, [B]는 오왕과 초왕의 무리들이 쳐들어온 긴박한 사건을 순서대로 말하고 있어 여러 사건이 동시에 발생한 것이 아니다.

→ 적절하지 않음!

■ 여러 가지 사건이 동시에 발생하여 긴박한 분위기를 조성하는 작품
• 작자 미상, 「박씨전」 (2017학년도 수능, 2022학년도 예시문항)
용울대(청나라의 장군)가 의기양양하여 피화당(박씨가 있는 곳)을 겁칙하려(침범하려) 달려드니, 불의에(미처 생각하지 못하던 사이) 하늘이 어두워지며 흑운(검은 구름)이 자욱하고 뇌성벽력(천둥소리와 벼락)이 진동하며, 좌우 전후에 늘어섰던 나무들이 일시에 변하여 무수한 갑옷 입은 군사가 되어 점점 에워싸고, 가지와 잎이 변하여 기치창검(군대에서 쓰던 깃발, 창, 칼 따위)이 되어 상설(눈과 서리) 같으며, 함성 소리가 천지신농한지라.
→ 용울대가 피화당을 침범하자 박씨의 도술로 하늘이 어두워지고, 천둥과 번개가 치는 등 여러 가지 사건이 동시에 발생하여 긴박한 분위기를 조성한다.

⑤ [A]에는 문제를 *즉각적으로 해결해야 할 상황이, [B]에는 문제 해결을 **유보해야
할 상황이 제시되어 있다. * 바로 당장 ** 나중으로 미뤄야
- 근거 [A] ❸-9 평국의 얼굴이 ~ 아직은 누설하지 말라."
- 근거 [B] ❺-3~4 '오왕과 초왕이 반하여 지금 장안을 범하고자 하옵나이다. ~ 막으소서.'
- 풀이 [A]와 [B]의 상황이 바뀌었다. [A]의 천자는 평국(홍계월)이 여자라는 사실을 밝히는
  것을 유보하고 있으며, [B]의 남관장은 오왕과 초왕의 무리가 쳐들어오니 즉각적으
  로 막아야 한다고 말한다.

→ 적절하지 않음!

1등급 문제

005 구절의 의미 - 적절하지 않은 것 고르기 고3 | 2016학년도 6월 모평A 39번   **정답 ⑤**
정답률 55%, 매력적 오답 ①, ③ 15%

㉠ ~ ㉤에 대한 이해로 적절하지 <u>않은</u> 것은?

① ㉠ : 홍계월과 보국이 멀리서 온 여공에게 고마움을 *표하는 모습을 보여 준다. * 나타내는
- 근거 ❶-3 ㉠ 평국(홍계월)과 보국이 또한 엎드려 먼 길에 평안히 행차하심을 치하하더라.
- 풀이 홍계월과 보국이 여공에게 엎드려 멀리서부터 무사히 도착해 준 것에 대한 고마움을
  표시하고 있다.

→ 적절함!

② ㉡ : 홍계월이 병이 나자 집안사람들이 많이 놀라며 지극한 정성으로 치료하는 모습을
보여 준다.
- 근거 ❸-1 평국(홍계월)이 ~ ㉡ 병이 침중하니 집안이 경동하여 주야 약으로 치료하니,
- 풀이 홍계월이 병이 나자 집안사람들이 놀라며 밤낮으로 정성스럽게 치료한다.

→ 적절함!

③ ㉢ : 홍계월이 부모 앞에서 울음을 터트리며 서러움을 드러내는 모습을 보여 준다.
- 근거 ❹-1~2 필시 본색이 탄로날지라 ~ 할 일 없이 되었으니, 여복을 갈아입고 규중에
  몸을 숨어 ~ ㉢ 부모 앞에 뵈어 느끼며 뺨에 두 줄기 눈물이 종횡하거늘
- 풀이 홍계월은 자신이 여자라는 사실이 탄로나면 더 이상 전쟁에서 싸울 수 없게 될 것을
  알고 스스로 벼슬에서 물러난다. 이로 인한 홍계월의 서러움이 부모 앞에서 울음을
  터뜨리는 장면에서 잘 드러난다.

→ 적절함!

④ ㉣ : 천자가 조정에서 물러나 있는 홍계월을 다시 전쟁터로 보내야 하는지 고민하는 모
습을 보여 준다.
- 근거 ❺-6 ㉣ 지금은 규중 여자라 어찌 영으로 불러 들여 전장에 보내리오.
- 풀이 천자는 조정에서 물러나 규중에 머물고 있는 홍계월을 불러서 다시 전쟁터에 보내야
  하는지 고민한다.

→ 적절함!

규중에서 홀로 시간을 보내는
✓ ⑤ ㉤ : 천자가 집안일에 매달려 있는 홍계월을 오랫동안 보지 못해 그리워하는 모습을 보여
준다.
- 근거 ❻-1 평국(홍계월)이 ~ 장기와 바둑으로 세월을 보내더니 ~ 천자 크게 기뻐하며 이
  르기를, "㉤ 경이 규중에 처한 까닭에 오래 보지 못하여 주야로 사모하더니
- 풀이 천자가 홍계월에게 오랫동안 보지 못해 그리워했다고 말하는 것은 맞지만, 홍계월
  은 집안일에 매달려 있었던 것이 아니라 규중에서 장기나 바둑을 두며 지내고 있었
  다.

→ 적절하지 않음!

---

006 감상의 적절성 - 적절하지 않은 것 고르기 고3 | 2016학년도 6월 모평A 40번   **정답 ③**
정답률 85%

<보기>를 참고하여 윗글을 감상한 내용으로 적절하지 <u>않은</u> 것은?   **3점**

| 보 기 |
[1]「홍계월전」은 *비범한(특별히 뛰어난) 능력을 가진 여성 영웅(지혜와 재능이 뛰어난 사람)
홍계월의 활약상(활발히 활동하는 모습)을 그린 작품이다. [2]'고난 - 위기 - 극복'의 영웅 소설
구조를 유지하면서도 여성 영웅의 형상(모습)을 그려 낸다. [3]특히 주인공은 여러 차례 위
기를 겪게 되는데, 어린 시절에 겪는 1차 위기에서는 조력자(도와주는 사람)의 도움으로 고
난을 극복하게 된다. [4]2차 위기에서는 여성에 대한 사회적 제약(사회에서 행동이 제한됨)으
로 인해 개인적 고난을 겪게 되는데, 그런 중에 국가의 위기가 발생함으로써 모든 난관(어
려운 고비)을 극복할 수 있는 기회를 갖게 된다.

■ 영웅 소설 구조 vs「홍계월전」구조

영웅소설	홍계월전	
비범한 출생, 훌륭한 집안과 능력	꿈에 선녀가 나타난 후 홍계월이 태어남	
어린 시절의 1차 위기	전쟁 중에 도망치다가 물에 빠져 부모님과 헤어짐	
조력자의 도움으로 위기 극복	여공의 도움으로 목숨을 구하고 여공에게 길러짐	❶
자라서 뛰어난 능력 발휘	과거 시험에 합격하고 전쟁에 나가 오랑캐를 물리침	❷
2차 위기	여자인 것이 탄로 나 조정에서 물러나고, 보국과 결혼하였으나 갈등을 겪음	❸~❺
스스로의 힘으로 위기 극복	오왕과 초왕의 무리가 쳐들어온 때에 장수로서 전쟁에 나가 적을 무찌르고 나라를 지킴	❺~❻

① 신하들이 나라의 위기를 해결할 인물로 홍계월을 적극 추천하는 것에서 홍계월의 뛰어
난 능력을 짐작할 수 있군.
- 근거 <보기>-1 「홍계월전」은 비범한 능력을 가진 여성 영웅 홍계월의 활약상을 그린 작
  품이다.
  ❺-5 우승상 명연태 아뢰기를, ~ 평국을 보내어 방비하올 것이니 급히 영을 내려 부
  르옵소서."/ 7 신하들이 아뢰기를, "평국이 ~ 이름이 조야에 있삽고 또한 작록이 영
  구하오니
- 풀이 신하들이 나라의 위기를 해결할 인물로 홍계월을 추천하는 것에서 홍계월의 능력이
  뛰어남을 알 수 있다.

→ 적절함!

② 홍계월이 정체가 *탄로 나면 나랏일을 할 수 없다고 판단한 것에서 여성의 **사회적
참여에 제약이 따랐음을 짐작할 수 있군.
* 드러나면 ** 직업을 가지고 사회생활에 참여하는 것이 제한됨
- 근거 <보기>-4 여성에 대한 사회적 제약으로 인해 개인적 고난을 겪게 되는데,
  ❹-1 평국이 ~ 생각하되, ~ 필시 본색이 탄로날지라 이제는 할 일 없이 되었으니,
- 풀이 홍계월이 여자라는 정체가 탄로 나면 '할 일 없이 되었다고 생각하는 것을 통해 여성
  이 사회의 일에 참여하는 것에 제약이 따랐음을 알 수 있다.

→ 적절함!

✓ ③ 홍계월이 궁궐에서 천자에 못지않은 생활을 하여 천자의 *노여움을 사게 된 것은 2차
위기의 **빌미가 되었음을 알 수 있군. * 분하고 화가 남 ** 원인
- 근거 <보기>-4 2차 위기에서는 여성에 대한 사회적 제약으로 인해 개인적 고난을 겪게
  되는데,
  ❷ 천자 ~ 이르기를, "평국과 보국을 한 궁궐 안에 살게 하리라." 하시고, ~ 집을 지
  을새 ~ 천자나 다름이 없더라.
- 풀이 천자가 직접 명령하여 홍계월에게 궁궐에 집을 지어 주고 천자와 다름없이 살게 해
  주었다. 그러나 이로 인한 '천자의 노여움'은 윗글에 나타나지 않는다. 윗글에서 2차
  위기는 여성에 대한 사회적 제약에서 비롯된 것이다.

→ 적절하지 않음!

④ 여공이 어린 홍계월을 구하여 *입신양명하게 한 것에서 주인공이 1차 위기를 조력자
의 도움으로 극복했음을 확인할 수 있군. * 출세하여 이름을 세상에 떨치게
- 근거 <보기>-3 주인공은 ~ 어린 시절에 겪는 1차 위기에서는 조력자의 도움으로 고난을
  극복하게 된다.
  ❶-1 여공이 물러 나오자 위공과 정렬 부인이 다시 일어나 칭찬하기를, "어지신 덕
  택으로 계월을 구하사 친자식같이 길러 입신양명하게 하시니
- 풀이 홍계월의 부모인 '위공과 정렬 부인'이 여공에게 감사 인사하는 것을 통해 홍계월이
  조력자인 여공의 도움으로 1차 위기를 극복했음을 알 수 있다.

→ 적절함!

⑤ 홍계월이 천자의 부름을 받아 *사직을 보전하라는 명을 받은 것에서 국가의 위기와
개인적 고난을 동시에 극복할 기회를 얻었다는 사실을 알 수 있군.
* 나라를 지키라는 명령
- 근거 <보기>-4 2차 위기에서는 ~ 개인적 고난을 겪게 되는데, 그런 중에 국가의 위기가
  발생함으로써 모든 난관을 극복할 수 있는 기회를 갖게 된다.
  ❹-1~2 필시 본색이 탄로날지라 이제는 할 일 없이 되었으니, 여복을 갈아입고 규
  중에 몸을 숨어 세월을 보냄이 옳다. ~ 뺨에 두 줄기 눈물이 종횡하거늘/ ❺-1 홍계
  월(평국)은 ~ 보국과 혼인을 하게 되는데, ~ 남편 보국과 갈등을 겪으면서 ~ 홀로 지
  내게 된다./ ❻-1 평국이 규중에 홀로 있어 ~ 천자 크게 기뻐하며 이르기를, ~ 경(홍

계월은 마땅히 출사하야 사직을 안보하게 하라."
풀이 홍계월이 조정에서 물러나 규중에 머물게 되고 홍계월이 보국과 결혼 후 갈등을 겪는 중에 천자의 부름을 받은 것에서, 국가의 위기와 개인의 고난을 동시에 해결할 기회를 얻었음을 알 수 있다.

→ 적절함!

[007~010] 다음 글을 읽고 물음에 답하시오.

1 1 서 공자는 부모 생각이 더욱 간절해졌다. 2 모친(어머니 母 친할 親 : 어머니)의 행적(갈 行 자취 蹟 : 행방)을 찾고 부친(아버지 父 친할 親 : 아버지)의 소식을 남방(남쪽 南 방향 方 : 남쪽)에 가 자세히 듣고자 하여 산을 넘고 물을 건너 길을 가려 하였다. 3 왕 공자가 (서 공자를) 말리며 말했다.
4 "형(나이가 비슷한 사이에서 상대방을 대접하여 부르는 말. 여기서는 서 공자)은 다만 공부에 힘써 과거에 급제하면(급제 及 과거 第 : 합격하면) (부모의 소식을) 자연(저절로 自 그럴 然 : 저절로) 알 것이니, 어찌 작정한(지을 作 정할 定 : 결정한) 방향도 없이 세월을 헛되이 보낼 수 있으리오."
5 왕 공자가 권유하여 떠나지 못하게 하니, 서 공자가 그대로 머물러 있었다.

→ 서공자가 부모님의 소식을 찾아 떠나려고 하자 왕 공자는 그를 말리며 공부에 전념하라고 말한다.

2 1 이때, 서 공자가 구슬을 넣은 비단 주머니가 해어진(닳아서 떨어진) 것을 보고서 석파에게 그 비단 주머니를 보여 주며 똑같이 하나를 새로 지어 달라고 하니, 석파가 말했다.
2 "이것을 지어 무엇 하시려 하느뇨?"
3 서 공자가 눈물을 흘리며 구슬에 관한 내력(올 來 겪을 歷 : 사연)을 말하니, 석파 또한 왕 소저(여기서는 왕혜란. '소저'는 아가씨를 뜻함)의 구슬에 관한 이야기를 알고 있어서 놀라며 말했다.
4 "그 구슬을 조금 구경하사이다."
5 서 공자가 구슬을 내어 보이니, 고운 빛이 눈부시게 밝았고 웅(雄)(수컷 雄 : 수컷) 글자가 뚜렷하였다. 6 인하여(그리하여) 구슬을 가지고 안채(두 채 이상의 집이 있을 때 안에 있는 집)로 들어가 부인 유 씨(왕 공자와 혜란의 어머니)에게 이 곡절(굽을 曲 꺾을 折 : 이런저런 복잡한 사정이나 까닭)을 고하였다(알릴 告 : 말했다).

→ 서 공자의 구슬에 대한 내력을 들은 석파는 부인 유 씨에게 이에 대해 알린다.

3 1 이때 부인 유 씨는 혜란 소저(아가씨)가 점점 나이 들어가며 장성하는데(클 長 완성할 成 : 성장하는데) (웅 글자가 쓰인) 구슬이 있는 곳을 알지 못해 밤낮으로 걱정하였다. 2 그러던 차에 석파의 말을 듣고 몹시 놀라며 기뻐하여 구슬을 받아 보니, 웅 글자도 뚜렷이 있고 혜란 소저의 구슬과도 신통히(귀신 神 통할 通 : 신기할 정도로 묘하게) 같았다. 3 부인 유 씨가 왕 공자(유 씨의 아들. 혜란의 오빠)를 불러 그 까닭을 이르니, 왕 공자도 구슬을 보고 손뼉을 치며 크게 웃으며 말했다.
4 "어찌 이와 같은 신통한 일이 고금에(옛 古 지금 今 : 예전과 지금을 통틀어) 또 있으리까?"
5 부인 유 씨가 마음 가득히 아주 기뻐하며 말했다.
6 "이 구슬의 자웅(雌雄)(암컷 雌 수컷 雄 : 남녀가 서로 배필임을 나타내는 구슬 한 쌍)을 가지고 가서 서 공자에게 그 내력을 일러주고 (딸 혜란과) 혼인하기로 정하여 멀지 아니한 가까운 장래에 혼례(혼인할 婚 예도 禮 : 결혼식)를 행하도록 하라."

→ 부인 유 씨는 서 공자의 구슬이 혜란의 구슬과 짝인 것을 알게 되자 둘을 혼인시키려 한다.

4 1 왕 공자가 자웅의 구슬을 가지고 사랑채(손님을 대접하는 집채)에 나아가 서 공자를 향해 말했다.
2 "형(여기서는 서 공자)은 만일 자(雌)(암컷 雌 : 암컷) 글자가 쓰인 구슬이 있으면 그곳에 정혼하려(정할 定 혼인할 婚 : 혼인을 정하려) 하느냐?"
3 서 공자가 어떠한 곡절(여기서는 서 공자와 혜란의 구슬이 한 쌍인 사실)인지도 모르고 웃으며 말했다.
4 "형(여기서는 왕 공자)은 지나치게 조롱하지(비웃을 嘲 희롱할 弄 : 놀리지) 말라. 5 소제(小弟)(작을 小 아우 弟 : 나이가 가장 어린 이유. 여기서는 서 공자가 자신을 가리킨 말)도 미덥지(믿음직하지) 아니한 일인 줄 알지만, 부모님께서 주신 물건이니 버리지 못할 것이라서 몸에 지니고 있었다. 6 마침 구슬을 넣은 비단 주머니가 해졌기 때문에 석파에게 고쳐 달라고 하였더니, 실없는(주책없는) 석파가 널리 퍼뜨려 형에게 조롱을 받음이로다."
7 왕 공자가 구슬 자웅을 내어 놓고 말했다.

8 "다름 아니라 나에게 누이동생이 있는데 나이가 열다섯 살이로다. 9 누이동생이 태어날 때 꿈꾼 이야기가 이상하였지만 자(암컷 雌 : 암컷) 글자가 쓰인 구슬을 얻었도다. 10 그래서 지금까지 웅(수컷 雄 : 수컷) 글자가 쓰인 구슬을 가지고 있는 이를 찾느라 정혼하지 못하였도다. 11 그랬는데 누가 형에게 이 구슬이 있을 줄 생각하였으랴. 12 누이동생은 비록 배운 것이 없으나 사람됨이 영민하고(뛰어날 英 영리할 敏 : 슬기롭고) 지혜로워 군자(군자 君 사람 子 : 어질고 현명한 사람)의 아내는 감당할 것이니, 형은 쾌히(기꺼이) 허락하라."
13 서 공자도 또한 신기하게 여기며 고마워하여 말했다.

[A]
14 "형(여기서는 왕 공자)의 은혜를 여러 해 입었고 또 아름다운 숙녀(여기서는 혜란)를 용렬하고(어리석을 庸 못할 劣 : 보잘것없고) 어리석은 사람(여기서는 서 공자 자신)의 배우자로 정해 진(秦)나라와 진(晉)나라의 왕실이 혼인을 맺고 지낸 것처럼 아주 가까운 정의(情誼)(진진지의(진나라 秦 진나라 晉 뜻 갈 之 옳을 誼 : 혼인을 맺은 두 집 사이의 가까운 정. 중국의 진(秦)나라와 진(晉)나라의 왕실이 혼인을 맺고 지낸 데서 유래함)를 맺고자 하시니 어찌 사양하리오만, 소제(小弟)(여기서는 서 공자 자신)는 이 세상의 죄인이나이다. 15 부모의 생사(날 生 죽을 死 : 삶과 죽음)를 모르는데, 다만 혼인하려는 마음을 생각할 수 있으리오(없소). 16 구슬은 소제 또한 부모님으로부터 받은 것이라 신기하오나, 부모님의 소식을 듣기 전에는 혼인하려는 마음을 두지 않으리이다. 17 형은 다시 말을 하지 마소서."
18 왕 공자가 말했다.
19 "형의 말은 사리(일 事 다스릴 理 : 일의 이치)에 맞지 않도다. 20 자친(慈親)(사랑 慈 친할 親 : 남에게 자기 어머니를 높여 이르는 말)의 소식을 모르니 실로 사람의 자식으로서 뼈에 사무치게 고통스러운 일이나, 형이 장가를 들지 않으면 조상 대대의 제사는 어찌하려는 것이오. 21 마땅히 서둘러 장가를 든 후라도 부모 소식을 알아봄이 옳은 데다 또 조상에게 죄인되는 것도 면할지니 거듭거듭 생각해 보라."

→ 왕 공자는 서 공자에게 그와 혜란의 구슬이 한 쌍임을 알려 주고 둘의 혼인을 권유한다.

5 [중략 줄거리] 1 서 공자와 왕 공자는 과거에 합격하고 천자(하늘 天 아들 子 : 황제)의 허락으로 서 공자와 왕혜란이 혼인한다. 2 이후 서 공자는 남만(중국의 남쪽 오랑캐 지역)으로 출정하는(나갈 出 칠 征 : 전쟁에 나가는) 한편, 제왕(황제 아래의 여러 왕. 여기서는 황제의 숙부)이 왕혜란을 흠모해(공경할 欽 그리워할 慕 : 사모해) 납치하려 한다.

→ 과거 급제한 서 공자는 혜란과 혼인한 후 출정하고, 제왕은 혜란을 납치하려 한다.

6 1 차설(또 且 말할 說 : 이제까지 이야기를 그만두고 다른 이야기로 돌리는 말). 2 제왕은 무뢰배(일정한 소속이나 직업이 없이 불량한 짓을 하며 돌아다니는 무리를 보내어 왕 씨(여기서는 혜란)를 데려다가 후원(뒤 後 동산 園 : 집 뒤에 있는 정원이나 작은 동산)의 깊은 별당(나눌 別 집 堂 : 본 건물과 떨어져 뒤에 따로 지은 집이나 방)에 들이고서 매우 기뻐하고 즐거워하여 들어가 소저(아가씨. 여기서는 혜란)를 보았다. 3 지난번 여자의 옷으로 갈아입고 유명 승상(지금의 국무총리 정도 되는 벼슬)의 집에 가서 보았던 왕 소저가 아니니, 크게 놀라 물었다.
4 "그대는 누구이뇨?"
5 월향이 도적에게 잡혀서 이곳에 도착해 제왕을 보니 분한 마음이 격렬히 일어나는지라 바로 칼을 들어 두 조각을 내고(죽이고) 싶었으나 억지로 참으면서 큰 소리로 말했다.

[B]
6 "나는 서 원수(서 공자. '원수'는 군대를 이끄는 최고 우두머리)의 부인(여기서는 혜란)의 시비(모실 侍 여자 종 婢 : 여자 종) 월향이오. 7 우리 부인이 비록 여자이시나, 모든 일을 헤아리시는 것이 귀신같다오(추측과 눈치가 매우 정확하다오). 8 환관(임금의 시중을 드는 일을 맡아보던 남자. 내시)이 친히(직접) 와 사내종들에게 술 먹이는 것을 보고 그날 밤에 변고(재앙 變 사건 故 : 갑작스러운 재앙이나 사고)가 있을 줄 짐작하시고, 나를 대신 있게 한 뒤에 부인은 몸을 피하셨나이다. 9 제왕은 당당한 만승천자(萬乘天子)(일만 萬 탈 乘 하늘 天 아들 子 : 황제를 높여 이르는 말)의 금지옥엽(金枝玉葉)(쇠 金 가지 枝 옥 玉 잎 葉 : 금으로 된 가지와 옥으로 된 잎이라는 뜻으로, 임금의 가족을 높여 이르는 말)이요 천승군왕(千乘君王)(일천 千 탈 乘 임금 君 왕 王 : 황제 아래의 여러 왕)이거늘, 어찌 차마 이같이 어질지 못하고 의롭지 못한 일을 자행하시나이까(제멋대로 恣 행할 行 : 제멋대로 행동하시나이까)? 10 일반 백성의 범상한(보통 凡 항상 常 : 평범한) 여자라도 그렇게(빼앗으려) 하지 못하려든, 군부(君父)(임금 君 아버지 父 : 임금)의 명(명령 命 : 명령)을 꾸며 만들고 불측하(아닐 不 깨달을 測 : 괘씸하고 엉큼한) 마음을 품어서 감히 조정(왕조 朝 조정 庭 : 임금이 나랏일을 신하들과 의논하는 곳)의 경상가(卿相家)(벼슬 卿 정승 相 집 家 : 삼품 이상의 벼슬 집안)의 부인(여기서는 혜란)을 밝은 대낮에 도적하고자(훔칠 盜 도둑질할 賊 : 몰래 빼앗고자) 했으니 어찌 처벌이 없으리오. 11 죄는 개인의 사사로운(사적인) 사정으로 봐주는 것이 없나니, 옛날 진(秦)나라 상앙(商鞅)은 태자가

법을 범하자 그 스승까지 형벌하였나니(중국 진나라의 재상인 상앙은 태자가 법을 어기자 태자의 최고 스승의 코를 베고 다른 스승들은 이마에 문신을 새기는 처벌을 내렸나니), 제왕은 어찌 몸을 보전하려 하오."

12말을 다 마쳤는데, (월향의) 아름다운 목소리가 비분강개하여(슬플 悲 분할 憤 슬플 慷 슬퍼할 慨 : 올바르지 못한 일에 슬프고 분한 마음이 가슴속에 가득 차) 기운이 추상같았다(가을 秋 서리 霜 : 기세, 위엄 등이 매우 대단하거나 날카로웠다). 13제왕이 한편으로는 왕 소저를 잃은 것을 분하게 여기고 다른 한편으로는 월향의 꾸짖음에 크게 화를 내었다. 14그래서 궁노(宮奴)(궁전 宮 종 奴 : 왕족의 시중을 드는 사내종)에게 명하여 월향을 잡아매어 죽이고자 하였지만, 월향이 조금도 겁내지 아니하고 말했다.

15"나는 주인을 위하여 죽으려 하나니 빨리 죽이소서."

→ 헤란 대신 납치된 월향은 제왕을 꾸짖고, 제왕은 화를 내며 월향을 죽이려 한다.

- 작자 미상, 「쌍주기연」-

• 중심 내용

서 공자의 구슬과 왕혜란의 구슬이 짝인 것을 알게 된 부인 유 씨와 왕 공자는 서 공자와 왕혜란을 결혼시키려 한다. 왕혜란 대신 제왕에게 납치된 월향은 제왕의 부도덕한 행동을 꾸짖고, 제왕은 월향을 죽이려 한다.

• 전체 줄거리 ([ ] : 2025년 9월 학평 지문 내용 / [ ] : 2025년 3월 학평 지문 내용)

명나라 성화 연간(어느 왕이 왕위에 있는 동안)에 소주 화계촌에 사는 서경은 한홍사라는 절의 화주승에게 시주한(절이나 승려에게 물건을 베풀어 준) 공덕(착한 일을 하여 쌓은 업적과 어진 덕)으로 아들 서천흥(서 공자)을 얻는다. 서경이 벼슬에서 물러나 고향으로 돌아와 한가롭게 지내던 즈음, [남만국이 명나라 변방을 침범하자 황제는 서경을 불러 남만국에 안무사로 파견한다.] 서 안무사가 남만으로 들어가니 만왕은 도리어 서경의 항복을 받으려 한다. 이에 서경이 만왕을 크게 꾸짖자 만왕은 서경을 감옥에 가두고 중원을 침공하기 위해 군사를 크게 일으킨다. [만왕의 태자는 서경의 충절(충성스러운 절개)에 감복하여(감탄하여) 만왕이 모르게 서경을 후하게 대접하고, 만왕은 항복하지 않는 서경을 섬으로 유배 보낸다.]

한편, 서경의 부인 이 씨는 아들 서천흥을 키우면서 외로이 지내다가 산적에게 납치된다. 그러나 이 씨는 산적으로부터 탈출하여, 꿈속에서 여승이 알려 준 대로 남경에 있는 백화암을 찾아가 그곳에서 숨어 지낸다. 서천흥은 산적들에 의해 길가에 버려졌으나, 왕 어사의 노비였던 장삼에게 발견되어 그의 집에서 길러진다. 한편, 왕 어사의 부인 유 씨는 남편과 사별한 뒤 자식인 왕희령(왕 공자), 왕혜란과 함께 살았는데, 딸 왕혜란은 어머니가 태몽에서 선녀로부터 받은 구슬의 짝을 가진 낭군을 기다리고 있었다. 유 씨는 장삼의 집에서 우연히 만난 서천흥의 재주와 외모가 마음에 들어 그를 자신의 집에서 지내게 한다. [하루는 서천흥이 장삼(석파)에게 구슬 주머니를 지어 달라고 하며 자신의 구슬에 대해 이야기한다. 장삼은 그 구슬을 유 씨에게 보여 주고 유 씨는 서천흥의 구슬이 왕혜란의 구슬과 짝인 것을 확인하고 기뻐하며 왕희령을 시켜 서천흥에게 청혼하게 한다.] 이후 서천흥과 왕혜란은 약혼을 하고, 서천흥이 과거 시험에 합격한 뒤 결혼하기로 약속한다.

이후 서천흥은 문무과에 모두 장원 급제하고, 왕희령은 문과에 급제한다. 이때 황제의 숙부인 제왕이 부인과 사별하고 새로운 혼처(혼인할 자리)를 찾다가, 왕 어사의 딸이 어질고 정숙하며 아름답다는 말을 듣고는 황제를 움직여 왕 어사의 딸과 혼인하고자 한다. 한림편수가 된 왕희령은 황제 앞에 나아가 자신의 동생인 왕혜란이 한림학사 서천흥과 약혼했다고 말하고, 쌍주(雙珠)의 내력을 아뢴다. 황제는 그 인연을 기특히 여겨 서천흥을 불러 물어보고는 제왕과 왕혜령을 혼인시키려던 뜻을 도로 거두어들이고, 서천흥과 왕혜란이 혼례를 치를 수 있도록 한다. [이때 남만이 중원(중국(명나라) 땅)을 침공하니 서천흥이 자원하여 대원수가 되어 출정한다. 제왕은 왕혜란을 납치하려 하고 왕혜란은 제왕의 계략을 눈치채 달아나고 시비(여자 종) 월향이 대신 남아 납치된다.] 이 사실을 알게 된 황제는 제왕의 지위를 빼앗고, 월향은 풀려난다. 왕혜란은 왕희령이 있는 양주로 가던 중에 백화암에 들렀다가 서천흥의 어머니인 이 씨를 만나게 된다. [한편 서 원수는 전장에서 적국의 장수 길협을 생포하여 서경의 생사를 확인한 뒤 놓아준다. 생환한 길협을 통해 서경과 서 원수가 부자지간임을 알게 된 만왕은 서경을 볼모로 삼아 원수를 귀순하게 하려 한다. 남만 태자는 이 사실을 서경에게 알려 명나라 진영으로 도망가게 하고, 결국 서경은 아들과 상봉하게 된다. 만군을 격파한 서 원수는 만국 태자의 활달한 기상과 부친이 태자로부터 입은 은혜를 생각하여 태자를 새로운 만왕으로 봉하자는 표문을 황제에게 올리고는] 서경과 함께 명나라로 돌아온다. 이후 서천흥은 부귀공명을 누리다가 꿈속에서 예전에 선녀로부터 받았던 구슬을 하늘에 바치고는 왕혜령과 함께 한날한시에 죽는다.

• 인물 관계도

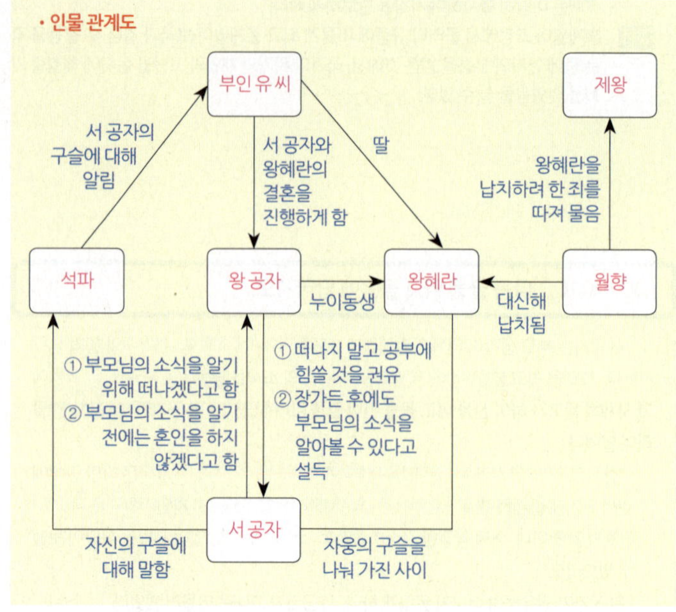

---

007 | 내용 이해 – 적절하지 않은 것 고르기 2025년 9월 학평 42번
정답률 65%, 매력적 오답 ③, ④ 10% | 정답 ⑤

윗글을 이해한 내용으로 적절하지 않은 것은?

① 서 공자는 부친의 소식을 알기 위해 남방으로 가고자 하였다.

근거 ❶-1~2 서 공자는 부모 생각이 더욱 간절해졌다. ~ 부친의 소식을 남방에 가 자세히 듣고자 하여 산을 넘고 물을 건너 길을 가려 하였다.

풀이 서 공자는 헤어진 부친에 대한 소식을 알아보려고 남방으로 가고자 하였다.

→ 적절함!

② 왕 공자는 떠나려는 서 공자를 말리며 공부에 힘쓸 것을 권유했다.

근거 ❶ 서 공자는 ~ 모친의 행적을 찾고 부친의 소식을 남방에 가 자세히 듣고자 ~ 길을 가려 하였다. 왕 공자가 말리며 말했다. "형은 다만 공부에 힘써 과거에 급제하면 자연 알 것이니, ~ 왕 공자가 권유하여 떠나지 못하게 하니,

풀이 서 공자가 부모님의 소식을 알기 위해 떠나려고 하자 왕 공자는 서 공자를 말리며 과거에 급제하면 부모님 소식을 저절로 알게 될 것이라며 공부에 힘쓸 것을 권했다.

→ 적절함!

③ 제왕은 납치해 온 대상이 왕혜란이 아니라는 사실에 분함을 느꼈다.

근거 ❻-2~3 제왕은 무뢰배를 보내어 왕 씨를 데려다가 ~ 들어가 소저를 보았다. ~ 왕 소저가 아니니, 크게 놀라 물었다./ 13 제왕이 한편으로는 왕 소저를 잃은 것을 분하게 여기고

풀이 제왕은 무뢰배를 시켜 납치해 온 여인이 왕혜란이 아닌 것을 알고 분함을 느꼈다.

→ 적절함!

④ 왕혜란은 자신에게 변고가 일어날 것을 짐작하여 미리 몸을 피하였다.

근거 ❻-6~8 "나는 서 원수의 부인의 시비 월향이오. 우리 부인이 ~ 환관이 친히 와 사내종들에게 술 먹이는 것을 보고 그날 밤에 변고가 있을 줄 짐작하시고, 나를 대신 있게 한 뒤에 부인은 몸을 피하셨나이다.

풀이 월향은 제왕에게 왕혜란이 환관의 행동을 이상하게 여기고 변고가 있을 줄 짐작해 몸을 피했다고 말했다. 이를 통해 왕혜란이 자신에게 생길 변고를 짐작하고 미리 피했음을 알 수 있다.

→ 적절함!

빠른 시일 내에
⑤ 부인 유 씨는 서 공자에게 ~~과거에 합격하는 대로~~ 혼인할 것을 제안했다.

근거 ❸-5~6 부인 유 씨가 마음 가득히 아주 기뻐하며 말했다. "이 구슬의 자웅을 가지고 가서 서 공자에게 그 내력을 일러주고 혼인하기로 정하여 멀지 아니한 가까운 장래에 혼례를 행하도록 하라."

풀이 부인 유 씨가 왕혜란과 서 공자의 혼인을 추진하고는 있지만 과거에 합격하는 대로 혼인하라고 제안하고 있지 않다.

→ 적절하지 않음!

008 | 말하기 방식 – 적절한 것 고르기 2025년 9월 학평 43번
정답률 70%, 매력적 오답 ③ 10% | 정답 ②

[A], [B]에 대한 이해로 가장 적절한 것은?

① [A]에서는 상대에게 받은 은혜를 **고마워하며** 상대의 제안을 흔쾌히 받아들이고 있다.
고마워하지만 / *정중히 거절하고*

근거 [A] ④-14~16 "형(왕 공자)의 은혜를 여러 해 입었고 또 아름다운 숙녀를 용렬하고 어리석은 사람의 배우자로 정해 ~ 아주 가까운 정의를 맺고자 하시니 어찌 사양하리오만, ~ 부모의 생사를 모르는데, 다만 혼인하려는 마음을 생각할 수 있으리오. ~ 부모님의 소식을 듣기 전에는 혼인하려는 마음을 두지 않으리이다.

풀이 [A]에서 서 공자는 왕 공자에게 받은 은혜를 고마워하지만, 왕혜란과 결혼하라는 왕 공자의 제안은 거절하고 있다.

→ 적절하지 않음!

② [B]에서는 상대의 신분을 언급하며 상대의 지위에 맞지 않는 비도덕적인 행동을 *질책하고 있다. * 꾸짖고

근거 [B] ⑥-9~10 제왕은 당당한 만승천자의 금지옥엽이요 천승군왕이거늘, 어찌 차마 이같이 어질지 못하고 의롭지 못한 일을 자행하시나이까? ~ 불측한 마음을 품어서 감히 조정의 경상가 부인을 밝은 대낮에 도적하고자 했으니 어찌 처벌이 없으리오.

풀이 [B]에서 월향은 제왕에게 왕족이라는 신분에 맞지 않게 남의 부인을 빼앗으려 한 비도덕적인 행동을 질책하고 있다.

→ 적절함!

③ [B]에서는 상대에게 행동의 이유를 물으며 상대의 행동으로 인해 자신이 입게 될 피해를 *염려하고 있다. * 걱정하고
상대가 처벌을 받게 될 것을 경고하고

근거 [B] ⑥-9~10 제왕은 ~ 어찌 차마 이같이 어질지 못하고 의롭지 못한 일을 자행하시나이까? ~ 불측한 마음을 품어서 감히 조정의 경상가 부인을 밝은 대낮에 도적하고자 했으니 어찌 처벌이 없으리오.

풀이 [B]에서 월향은 제왕에게 왕혜란을 납치하려고 한 이유를 따지고 잘못에 대해 처벌을 받게 될 것이라고 경고하고 있을 뿐, 제왕의 행동으로 인해 자신이 입게 될 피해를 염려하고 있지는 않다.

→ 적절하지 않음!
[A]에서는

④ [A]와 [B]에서는 모두 자신이 처한 문제 상황을 언급하며 문제 해결을 위해 상대에게 도움을 요청하고 있다.

근거 [A] ④-15 부모의 생사를 모르는데,

풀이 [A]에서 부모의 소식을 알지 못하는 서 공자의 문제 상황이 언급되고는 있지만 문제 해결을 위해 왕 공자에게 도움을 요청하고 있지는 않다. [B]에서 월향은 자신의 문제 상황을 언급하지도, 문제 해결을 위해 제왕에게 도움을 요청하지도 않는다.

→ 적절하지 않음!

⑤ [A]와 [B] 모두 *고사를 인용하여, [A]에서는 상대를 설득하고 있고, [B]에서는 상대에 대한 두려움을 나타내고 있다. * 옛날부터 전해 내려오는 이야기를 가져와서

근거 [A] ④-14~16 아름다운 숙녀를 용렬하고 어리석은 사람의 배우자로 정해 진(秦)나라와 진(晉)나라의 왕실이 혼인을 맺고 지낸 것처럼 아주 가까운 정의를 맺고자 하시니 어찌 사양하리오만, ~ 부모님의 소식을 듣기 전에는 혼인하려는 마음을 두지 않으리이다.

[B] ⑥-10~11 군부의 명을 꾸며 만들고 불측한 마음을 품어서 감히 조정의 경상가 부인을 밝은 대낮에 도적하고자 했으니 어찌 처벌이 없으리오. ~ 옛날 진(秦)나라 상앙은 태자가 법을 범하자 그 스승까지 형벌하였나니, 제왕은 어찌 몸을 보전하려 하오."

풀이 [A]에서 서 공자는 중국의 두 왕실이 혼인을 맺고 지낸 고사를 인용하여 혼인에 대한 긍정적인 태도를 드러내면서도 왕 공자가 제안한 혼인을 거절하고 있으므로 상대를 설득하고 있다고 볼 수 없다. [B]에서 월향은 진나라 상앙의 고사를 인용하여 죄를 지은 제왕에게 마땅히 벌을 받게 될 것이라고 경고하고 있을 뿐 상대에 대한 두려움을 드러내고 있지 않다.

→ 적절하지 않음!

1등급 문제

009 | 소재의 기능 – 적절하지 않은 것 고르기 2025년 9월 학평 44번
정답률 50%, 매력적 오답 ② 20%, ①, ③, ⑤ 10% | 정답 ④

자웅의 구슬과 관련한 설명으로 적절하지 않은 것은?

① 부인 유 씨가 딸의 혼사를 추진하지 않고 기다려 온 계기가 되는 소재이다.

근거 ❸-1 부인 유 씨는 혜란 소저가 점점 나이 들어가며 장성하는데 구슬이 있는 곳을 알지 못해 밤낮으로 걱정하였다.

---

④-7~10 왕 공자가 구슬 자웅을 내어 놓고 말했다. "다름 아니라 나에게 누이동생이 있는데 ~ 태어날 때 꿈꾼 이야기가 이상하였지만 자 글자가 쓰인 구슬을 얻었도다. 그래서 지금까지 웅 글자가 쓰인 구슬을 가지고 있는 이를 찾느라 정혼하지 못하였도다.

풀이 부인 유 씨는 왕혜란의 자 글자가 쓰인 구슬과 짝인 웅 글자가 쓰인 구슬을 가진 사람을 찾지 못해 딸을 결혼시키지 못하고 있다. 따라서 '자웅의 구슬'은 유 씨가 딸의 혼사를 추진하지 않고 기다려 온 계기가 되는 소재로 볼 수 있다.

→ 적절함!

② 왕 공자가 서 공자에게 왕혜란에 대한 과거 내력을 알리는 계기가 되는 소재이다.

근거 ④-7~10 왕 공자가 구슬 자웅을 내어 놓고 말했다. "다름 아니라 나에게 누이동생이 있는데 ~ 태어날 때 꿈꾼 이야기가 이상하였지만 자 글자가 쓰인 구슬을 얻었도다. 그래서 지금까지 웅 글자가 쓰인 구슬을 가지고 있는 이를 찾느라 정혼하지 못하였도다.

풀이 왕 공자는 왕혜란과 서 공자의 구슬이 '자웅의 구슬'로 한 쌍임을 알게 되자 서 공자에게 왕혜란이 자신의 구슬과 짝인 구슬을 찾느라 지금까지 결혼하지 못한 사실을 말한다. 이를 통해 '자웅의 구슬'은 왕 공자가 서 공자에게 왕혜란의 과거 내력을 알리는 계기가 되는 소재임을 알 수 있다.

→ 적절함!

③ 서 공자와 왕혜란이 태어날 때부터 서로의 *배필로 정해져 있음을 보여 주는 소재이다. * 부부로서의 짝

근거 ④-7~11 왕 공자가 구슬 자웅을 내어 놓고 말했다. "다름 아니라 나에게 누이동생이 있는데 ~ 태어날 때 꿈꾼 이야기가 이상하였지만 자 글자가 쓰인 구슬을 얻었도다. 그래서 지금까지 웅 글자가 쓰인 구슬을 가지고 있는 이를 찾느라 정혼하지 못하였도다. 그랬는데 누가 형에게 이 구슬이 있을 줄 생각했으랴.

풀이 왕 공자는 왕혜란이 태어날 때 자 글자가 쓰인 구슬을 얻었는데 이와 한 쌍인 웅 글자가 쓰인 구슬을 가진 사람과 결혼하기 위해 지금까지 기다렸다고 말한다. 따라서 '자웅의 구슬'은 서 공자와 왕혜란이 태어날 때부터 서로의 배필로 정해져 있음을 보여 주는 소재로 볼 수 있다.

→ 적절함!

④ 서 공자가 자신의 정혼 상대로 왕혜란을 만나게 될 것이라고 확신하게 만드는 소재이다.

근거 ④-1~3 왕 공자가 자웅의 구슬을 가지고 사랑채에 나아가 서 공자를 향해 말했다. "형은 만일 자 글자가 쓰인 구슬이 있으면 그곳에 정혼하려 하느냐?" 서 공자가 어떠한 곡절인지도 모르고

풀이 서 공자는 왕 공자의 말을 듣기 전까지 왕혜란이 자신과 한 쌍인 구슬을 가지고 있다는 것을 알지 못했다. 따라서 서 공자가 자신의 정혼 상대로 왕혜란을 만나게 될 것이라고 확신했다고 볼 수 없다.

→ 적절하지 않음!

⑤ 왕 공자가 자신의 누이와 서 공자가 서로 인연임을 우연히 알아차리도록 만드는 소재이다.

근거 ❷-3~❸-4 서 공자가 ~ 구슬에 관한 내력을 말하니, 석파 또한 왕 소저의 구슬에 관한 이야기를 알고 있어서 ~ 구슬을 가지고 안채로 들어가 부인 유 씨에게 이 곡절을 고하였다. ~ 구슬을 받아 보니, 웅 글자도 뚜렷이 있고 혜란 소저의 구슬과도 신통히 같았다. 부인 유 씨가 왕 공자를 불러 그 까닭을 이르니, 왕 공자도 구슬을 보고 손뼉을 치며 웃으며 말했다. "어찌 이와 같은 신통한 일이 고금에 또 있으리까?"

풀이 왕 공자는 석파가 가져온 서 공자의 구슬이 왕혜란의 구슬과 '자웅의 구슬'로 한 쌍인 것을 보고 자신의 누이인 왕혜란과 서 공자가 서로 인연임을 알게 되었다.

→ 적절함!

---

010 | 감상의 적절성 – 적절하지 않은 것 고르기 2025년 9월 학평 45번
정답률 65%, 매력적 오답 ④ 15% | 정답 ③

〈보기〉를 참고하여 윗글을 감상한 내용으로 적절하지 않은 것은? [3점]

| 보기 |
[1] 「쌍주기연」은 중심인물의 애정 서사(남녀 간의 사랑을 주제로 하는 이야기)를 바탕으로 임금이나 주인에 대한 충성, 부모에 대한 효, 여성의 절개(믿음과 의리를 지키려는 꿋꿋한 태도)라는 당대의 보편적(일반적) 가치를 수호하는(지키고 실천하는) 모습을 담아내고 있다. [2] 이 과정에서 보조 인물이 사건 전개에 능동적으로(적극적으로) 개입하여 중심인물의 애정 서사에 도움을 주거나, 보편적 가치(임금이나 주인에 대한 충성, 부모에 대한 효, 여성의 절개)를 훼손하는 악인형 인물과 대립하여 작품의 주제 의식을 형상화하는(구체적으로 표현하는) 데 기여하는 모습을 보인다.

중심인물	서 공자 : 부모에 대한 효라는 보편적 가치를 수호
보조 인물	석파 : 중심인물의 애정 서사를 도움
	왕 공자 : 보편적 가치를 강조하여 중심인물의 애정 서사에 능동적으로 개입
	월향 : 보편적 가치를 훼손하는 악인과 대립하여 주제 의식 형상화에 기여
악인형 인물	제왕 : 여성의 절개라는 보편적 가치를 훼손하려 함

① 석파가 부인 유 씨에게 '곡절을 고하'여 왕혜란의 혼례를 추진하는 데 영향을 주는 것으로 보아 보조 인물이 중심인물의 애정 서사에 도움을 주고 있음을 알 수 있군.

근거 <보기>-2 보조 인물이 사건 전개에 능동적으로 개입하여 중심인물의 애정 서사에 도움을 주거나,

❷-3~❸ 서 공자가 눈물을 흘리며 구슬에 관한 내력을 말하니, 석파 또한 왕 소저의 구슬에 관한 이야기를 알고 있어서 ~ 구슬을 가지고 안채로 들어가 부인 유 씨에게 이 **곡절을 고하**였다. ~ 석파의 말을 듣고 몹시 놀라며 기뻐하여 구슬을 받아 보니, 웅 글자도 뚜렷이 있고 혜란 소저의 구슬과도 신통히 같았다. ~ 부인 유 씨가 마음 가득히 아주 기뻐하며 말했다. "이 구슬의 자웅을 가지고 가서 서 공자에게 ~ 가까운 장래에 혼례를 행하도록 하라."

풀이 석파가 부인 유 씨에게 서 공자의 구슬에 대해 '곡절을 고하'자 유 씨는 서 공자의 구슬이 왕혜란의 구슬과 한 쌍임을 알게 되어 서 공자와 왕혜란의 혼례를 진행시킨다. 따라서 석파는 중심인물인 서 공자와 왕혜란의 애정 서사에 도움을 주는 보조 인물로 볼 수 있다.

→ 적절함!

② 서 공자가 '부모님의 소식을 듣기 전에는 혼인하'지 않으려는 것으로 보아 중심인물이 부모에 대한 효라는 당대의 보편적 가치를 수호하고 있음을 알 수 있군.

근거 <보기>-1 「쌍주기연」은 중심인물의 ~ 부모에 대한 효, ~ 라는 당대의 보편적 가치를 수호하는 모습을 담아내고 있다.

❹-16 부모님의 소식을 듣기 전에는 혼인하려는 마음을 두지 않으리이다.

풀이 서 공자가 왕 공자에게 헤어진 '부모님의 소식을 듣기 전에는 혼인하지 않겠다고 말하는 것을 통해 중심인물이 부모에 대한 효라는 보편적 가치를 수호하고 있음을 알 수 있다.

→ 적절!

③ 왕 공자가 '서둘러 장가'를 들어 '조상에게 죄인되는 것'을 면하라고 하는 것으로 보아 보조 인물이 보편적 가치에 얽매이지 않고 사건 전개에 능동적으로 개입하고 있음을 알 수 있군.
초점을 두고

근거 ❹-18~21 왕 공자가 말했다. ~ 형이 장가를 들지 않으면 조상 대대의 제사는 어찌하려는 것이오. 마땅히 **서둘러 장가**를 든 후라도 부모 소식을 알아봄이 옳은 데다 또 **조상에게 죄인되는 것**도 면할지니 거듭거듭 생각해 보라."

풀이 왕 공자가 서 공자에게 '서둘러 장가'를 들고 조상의 제사를 이어받아 '조상에게 죄인되는 것'을 면하라고 말하는 것은 '효'라는 보편적 가치를 강조하며 둘의 혼인에 능동적으로 개입하는 것으로 볼 수 있다.

→ 적절하지 않음!

④ 제왕이 '무뢰배를 보내어 왕 씨를 데려'가려 하는 것으로 보아 악인형 인물이 여성의 절개라는 당대의 보편적 가치를 훼손하려 하고 있음을 알 수 있군.

근거 <보기> 「쌍주기연」은 ~ 여성의 절개라는 당대의 보편적 가치를 ~ 훼손하는 악인형 인물과

❺-2 제왕이 왕혜란을 흠모하여 납치하려 한다.

❻-2 제왕은 **무뢰배를 보내어 왕 씨를 데려**다가 후원의 깊은 별당에 들이고서 매우 기뻐하고 즐거워하여

풀이 제왕이 '무뢰배를 보내어' 이미 결혼한 '왕 씨를 데려'가려 하는 것은 악인형 인물이 당대의 보편적 가치인 여성의 절개를 훼손하려는 것으로 볼 수 있다.

→ 적절함!

⑤ 월향이 '조금도 겁내지' 않고 '죽으려 하'는 것으로 보아 보조 인물이 악인형 인물과의 대립 상황에서도 주인에 대한 충성을 다하여 주제 의식을 형상화하는 데 기여하고 있음을 알 수 있군.

근거 <보기> 「쌍주기연」은 ~ 주인에 대한 충성, ~ 당대의 보편적 가치를 수호하는 모습을 담아내고 있다. 이 과정에서 보조 인물이 ~ 보편적 가치를 훼손하는 악인형 인물과 대립하여 작품의 주제 의식을 형상화하는 데 기여하는 모습을 보인다.

❻-13~15 제왕이 한편으로는 왕 소저를 잃은 것을 분하게 여기고 ~ 궁노에게 명하여 월향을 잡아매어 죽이고자 하였지만, 월향이 **조금도 겁내지** 아니하고 말했다. "나는 주인을 위하여 **죽으려 하**나니 빨리 죽이소서."

풀이 <보기>에 따르면 윗글은 주인에 대한 충성이라는 당대의 보편적 가치를 수호하는 모습을 드러낸다. 따라서 월향이 자신을 죽이려는 제왕을 '조금도 겁내지' 않고 주인을 위해 '죽으려 하'는 모습에서 보조 인물이 악인형 인물과의 대립 상황에서도 주인에 대한 충성을 다하여 주제 의식을 형상화하고 있음을 알 수 있다.

→ 적절함!

[011~013] 다음 글을 읽고 물음에 답하시오.

1 [앞부분의 줄거리] 1(명나라의) 제후국(모두 諸 제후 侯 나라 國 : 제후가 다스리는 나라. 제후는 봉건 시대에 일정한 영토를 가지고 그 영내의 백성을 지배하는 권력을 가지던 사람)인 남만국이 명나라(작품의 배경) 변방(가장자리 邊 장소 方 : 변두리의 땅)을 침범하자, 천자(하늘 天 아들 子 : 황제)는 이를 해결하기 위해 서경('서천흥'의 아버지)을 남만국에 안무사(일종의 사신(使臣). 외교 사절)로 파견한다. 2서경이 사신으로 떠난 후 남만국에 잡혀 돌아오지 않자 그의 아들 서천흥은 아버지를 구하고 국난(나라 國 난리 難 : 나라의 위기. 여기서는 남만국의 명나라 침범)을 해결하기 위해 대원수(클 大 으뜸 元 장수 帥 : 국가의 군(軍) 전체를 통솔하는 최고 계급인 원수를 더 높여 이르는 말)로 출정한다(나갈 出 칠 征 : 전쟁터에 나간다). 3이때 남만 태자(클 太 아들 子 : 임금의 자리를 이을 임금의 아들)는 섬으로 유배된 서경을 극진히 대접한다.

→ 남만국이 명나라를 침범하자 서천흥은 남만국에 붙잡혀 있는 아버지를 구하고 국난을 해결하기 위해 대원수로 출정한다.

2 1어느 날 태자가 근심하는 빛이 얼굴에 가득하여 말했다.
2"그사이에 부왕(아버지 父 임금 王 : 남만 태자의 아버지. 남만국의 왕)께서 명나라와 전쟁하셨는데, 우리의 장수와 군사들이 죽은 것이 이루 셀 수가 없다 하나이다. 3듣자니 명나라 장수 가운데 대원수는 공의 아드님(서천흥)이란 말이 있나이다. 4부왕께서 이를 아시고 대인(클 大 사람 人 : 말과 행실이 바르고 점잖으며 덕이 높은 사람. 여기서는 서경)을 군중(군대 軍 안 中 : 군대의 안)에 데려다 볼모(인질)로 삼아 아드님으로 하여금 귀순케(따를 歸 순응할 順 : 복종하게) 하고자 하시나이다. 5그래서 소자(작을 小 사람 子 : 자기를 낮추어 이르는 일인칭 대명사. 여기서는 태자)에게 대인을 군중으로 데려오라고 명하셨지만, 아무리 **부왕의 명**이라도 소자가 이(서 안무사를 군중으로 데려가 볼모로 삼는 것)를 차마 행하지 못하오리다. 6소자가 심복(마음 心 속마음 腹 : 마음 놓고 믿을 수 있는 부하)으로 하여금 천리마(일천 千 리 里 말 馬 : 하루에 천 리를 달릴 수 있을 정도로 좋은 말) 두 필(마리)을 준비하게 하였사오니, 산골짜기의 좁은 길로 남모르게 **명나라 진영**(진 칠 陣 진영 營 : 군대가 진을 치고 있는 곳)**으로 가**옵소서. 7그 후에 부왕의 목숨을 구하여 만국(남만국)이 아주 망하게 하지 마소서."
8서 안무사(서경)가 위로하여 말했다.
9"내 어찌 그대의 인정 어린 마음을 잊으랴."
10그러고는 작별하였다. 11곧바로 천리마를 타고 종자(좇을 從 사람 者 : 남에게 종속되어 따라다니는 사람)와 함께 명나라 진영을 향하였다.

→ 남만 태자가 부왕의 계략을 알려 주며 도망칠 방안을 마련해 주자 서경은 명나라 진영으로 달아난다.

3 1이때 서 원수(서천흥, 명나라 대원수)가 길협(만국의 장수로, 명나라 진영에 생포되었다가 서경의 생사와 안위를 묻는 서 원수의 물음에 사실대로 고한 대가로 만국으로 살아 돌아옴. 전체 줄거리 참고)을 놓아 보낸 뒤로 또 싸우러 나아가 **적장 수십 명을 죽이며 승승장구**하여(이길 乘 이길 勝 길 長 나아갈 驅 : 싸움에 이긴 형세를 타고 계속 몰아쳐) **잃었던 고을들을 회복**하고 남만국의 수만 병사들을 죽이니, 위엄(권위 威 엄할 嚴 : 의젓하고 엄숙한 태도나 기세)이 만국에서 크게 떨쳤다. 2만왕은 군영(군대 軍 진영 營 : 군대가 주둔하는 곳)의 문을 닫고 서 안무사 잡아 오기를 기다렸다(명나라 진영에서 살아 돌아온 길협을 통해 서경과 서 원수가 부자지간임을 알게 된 만왕은 서경을 잡아다 볼모로 삼아 서 원수로 하여금 귀순하게 하려는 계획을 세움. 전체 줄거리와 ❷에서 태자가 서경에게 했던 말 참고).
3서 원수가 여러 날 싸움을 돋우었지만(부추겼지만) 만왕이 끝내 안전한 곳에 들어앉아서 나오지 않으니, 달리 어떻게 할 도리가 없어 승전한(이길 勝 싸움 戰 : 싸움에서 이긴) 표문(表文)(밝힐 表 글월 文 : 마음에 품은 생각을 적어서 임금에게 올리는 글)을 천자에게 보낸 뒤 여러 장수들과 묘책(묘할 妙 꾀 策 : 매우 교묘한 꾀. 여기서는 만왕을 사로잡을 방안)을 의논하고 있었다. 4갑자기 비밀스레 한 병사가 들어와 고했다.
5"군영 바깥문 밖에 우리나라 사람 한 명과 만국 사람 한 명이 와 서찰(글 書 편지 札 : 편지) 한 통을 전해 달라고 하기에 바치옵니다."
6서 원수가 그 서찰을 떼어 보니, 서찰은 이러하다.
7'나는 다른 사람이 아니라 만왕의 명으로 십여 년 동안 만국에서 치욕을 감내하던(견딜 堪 참을 耐 : 참고 견디던) 안무사 서경이라. 8도움을 준 사람(남만 태자)이 있어서 목숨을 보전하여 달아나 왔나니, 오신 대원수는 뉘(누구)신지 몰라도 바삐 만나 보기를 바라오.'
9서 원수가 서찰을 다 읽고 나서 마음이 떨리고 정신이 아득하였지만 바삐 군영의 문

밖까지 나아가 맞으니, 서 안무사의 머리가 백발이었고 모습이 수척하였으나(마를 瘦 야월 瘠 : 마르고 야위었으니) 뚜렷한 부친이었다. 10 서 원수가 부친을 한 번 부르고는 몹시 슬프고 가슴 아파 정신이 혼미하여(어두울 昏 흐릿할 迷 : 의식이 흐려져) 까무러쳤다. 11 서 안무사가 서 원수를 보니 사신으로 떠날 때에는 6세 어린아이였거늘 지금은 엄연한(엄연할 儼 그럴 然 : 뚜렷한) 대장이니 어찌 알아보리오(편집자적 논평). 12 서 안무사는 서 원수가 아버지라고 부르는 소리를 따라 역시 통곡하였다. 13 그리고 서 원수를 안아 보니 호흡이 멎었는지라 크게 놀라 주물렀다. 14 이윽고 서 원수가 눈을 뜨니, 서 안무사가 어루만져 위로하며 말했다.

15 "살아서 서로 만났으니 기쁘기 그지없다만, 이롭지 못한 시름과 슬픔을 드러내지 말거라."

16 모든 장수들이 또한 위로하며 축하하는 소리가 떠들썩하였다. 17 서 원수가 조용히 부친을 모시고서 서로 그간의 고난과 재앙을 슬퍼하며 근심스럽게 말했다.

(중략)

4 1 이때 남만의 태자가 서 안무사를 보낸 뒤 곡 승상(벼슬 이름)과 의논하였다.

[A]

2 "아무 때라도 아군(남만국의 군대. 즉 만왕)이 반드시 패할 것이오. 3 서 원수는 장수로서의 지략(슬기 智 꾀 略 : 슬기와 계략)이 손무(중국 춘추 시대의 병법가), 오기(중국 전국 시대의 병법가)와 제갈량(중국 삼국 시대 촉한의 뛰어난 군사 전략가)에 버금가오. 4 까마귀가 모인 것 같은 병졸(오합지졸(까마귀 烏 모을 合 ∼의 之 군사 卒) : 까마귀가 모인 것처럼 질서가 없이 모인 병졸이라는 뜻으로, 임시로 모여들어서 규율이 없고 무질서한 병졸 또는 군중을 이르는 말)로서 어찌 당할 수 있으리오. 5 이 때문에 서 안무사를 살려 내보내 은혜를 끼친 것이라오. 6 대왕(만왕. 태자의 아버지)께서 만일 봉변을 당하실지라도 서 안무사는 인자하고 후덕한(두터울 厚 덕 德 : 덕이 두터운) 어른이요, 서 원수는 충성하고 효성스러운 군자이니, 필시(반드시 必 무릇 是 : 틀림없이) 구하여 줄 것이오. 7 경(卿)(벼슬 卿 : 이품 이상의 신하를 가리키던 이인칭 대명사. 여기서는 곡 승상)과 함께 나아가 부왕께 귀순하시도록(복종하시도록) 간하여(간할 諫 : 말하여) 보사이다."

5 1 그러고서 명나라의 군영을 향해 떠났는데, 도중에 패잔군(질 敗 남을 殘 군대 軍 : 싸움에 진 나머지 군사들을 모아 편성한 군대)을 만나 만왕이 사로잡혔다는 소식을 듣고 태자가 목 놓아 슬프게 울며 말했다.

2 "부왕께서 내 말을 듣지 않으시더니, 이 봉변을 당하신 것은 국운(나라 國 운명 運 : 나라의 운명)이 불행함이로다."

3 급히 길을 재촉해 명나라 군영에 다다르자, 태자가 윗옷 한쪽을 벗고 등에 형장(형벌 刑 몽둥이 杖 : 예전에, 죄인을 신문할 때에 쓰던 몽둥이)을 진 채로 손가락을 깨물어 항복 문서를 쓰고서 통곡하였다. 4 명나라의 선봉 군대(부대의 맨 앞에 나서서 작전을 수행하는 군대)가 태자를 잡아 중군(中軍)(가운데 中 군대 軍 : 전체 군대의 한가운데에 자리 잡고 있던 중심 부대)에 아뢰니, 서 원수가 명을 내려 '태자를 진중(陣中)(진 칠 陣 가운데 中 : 군대의 안)으로 들이라.' 하였다. 5 태자가 코를 땅에 대고 엉금엉금 무릎으로 기어가 항복 문서를 올렸다. 6 서 원수가 항복 문서를 받고는 태자가 부친 서 안무사를 후하게 대접한 은혜를 생각하니 어찌 감격하지 않으리오(편집자적 논평). 7 군사에게 명하여 큰 칼과 옥새(구슬 玉 옥새 璽 : 국권의 상징으로 국가적 문서에 사용하던 임금의 도장)를 빼앗고 장막 안으로 불러올리니, 태자가 두 번 절하며 말했다.

8 "부왕의 죄는 마땅히 면치 못하려니와 **부왕의 본심**이 아니라 간신의 **충동질**(부추김)에 말미암은 것이니, 원수는 다시 살려 주는 은혜를 내리고자 천자께 아뢰어 부왕의 목숨을 살려 주시면, 대대로 황제의 은혜에 감사하고 원수의 덕을 잊지 않으리다."

9 이렇게 말하며 눈물이 얼굴에 가득하였다. 10 서 원수가 태자를 보니, 언사(말 言 말씀 辭 : 말이나 말씨)가 부드럽고 온화한 데다 기상이 활달하여(타고난 기개와 마음씨가 넓고 커) 아닌 게 아니라 정말로 천승(千乘)(일천 千 다스릴 乘 : 제후가 다스리는 나라. 여기서는 제후국인 남만국)의 국왕다움이 외모에 나타나는지라 아무렇지 아니한 듯이 말했다.

[B]

11 "만왕의 죄악은 천벌을 면하기 어렵고, 내(여기서는 서 원수)가 또한 남만의 씨 하나라도 남기지 않아 후세 사람의 근심이 없도록 하려 했었는데, 그대(여기서는 태자)를 보니 하늘이 오히려 남만에게 복을 주심이로다. 12 내 어찌 하늘의 뜻을 거역할 것이며, 가친(家親)(집 家 어버이 親 : 아버지. 서 안무사)께서 십여 년 동안 그대의 은혜를 많이 입었으니, 당연히 천자께 아뢰어 만왕의 목숨을 구할 것이로다. 13 그리고 즉시 군대를 돌이킬 것이니, 그대는 어진 사람을 얻어 남만의 백성을 살피고 어루만져 다른 근심이 없게 할지어다."

---

14 태자가 거듭거듭 절하며 고마워하고 마음속으로 칭송하였다(칭찬할 稱 칭송할 頌 : 칭찬하였다).

15 '내 서 안무사가 오늘날에 제일로 알았더니, 그 아들은 젊었는데도 풍채(겉모양)가 갑절(어떤 수나 양을 두 번 합한 만큼)이나 더 낫도다.'

16 서 원수가 표문을 올렸으니, 만왕을 사로잡고 남만의 태자가 귀순해 왔는데 태자는 인자한 데다 효성스러워(효도 孝 정성 誠 : 부모를 섬기는 태도가 있어) 가히 남만의 왕이 됨 직하나 만왕은 용렬한 데다(어리석을 庸 졸렬할 劣 : 사람이 변변하지 못하고 졸렬한 데다) 어리석어 비록 죄를 용서할지언정 다시 나랏일을 맡게 할 수 없으리니, 태자를 봉하여(봉할 封 : 임명하여 임금의 자격을 주어) 대대로 천자의 은혜를 감사하도록 하게 하자고(서 원수가 천자에게 올린 표문의 내용) 아뢴 것으로 황제의 명을 기다렸다.

- 작자 미상, 「쌍주기연(쌍 雙 구슬 珠 기이할 奇 인연 緣 : 두 개의 신비로운 구슬로 맺어진 인연. 남녀 주인공인 서천흥과 왕혜란의 운명적인 만남과 인연을 상징함. 전체 줄거리 참고)」-

• 중심 내용

명나라 변방을 침범한 남만에 안무사로 파견된 서경이 남만국에 붙잡히자 서천흥은 아버지 서경을 구하고 국난을 해결하기 위해 대원수로 출정한다. 남만 태자의 도움으로 명나라 진영으로 도망 온 서경은 아들 서 원수와 상봉하고, 만왕이 명군에 사로잡혔다는 소식을 들은 태자는 서 원수에게 항복 문서를 올린다. 이에 서 원수는 태자의 국왕다운 기상과 부친이 입은 은혜를 생각하여 천자에게 만왕의 죄를 용서하고 태자를 만국의 왕으로 봉하자는 표문을 올린다.

• 전체 줄거리

[007~010]번 문제 (2025년 9월 학평) 참고 → 220쪽

• 인물 관계도

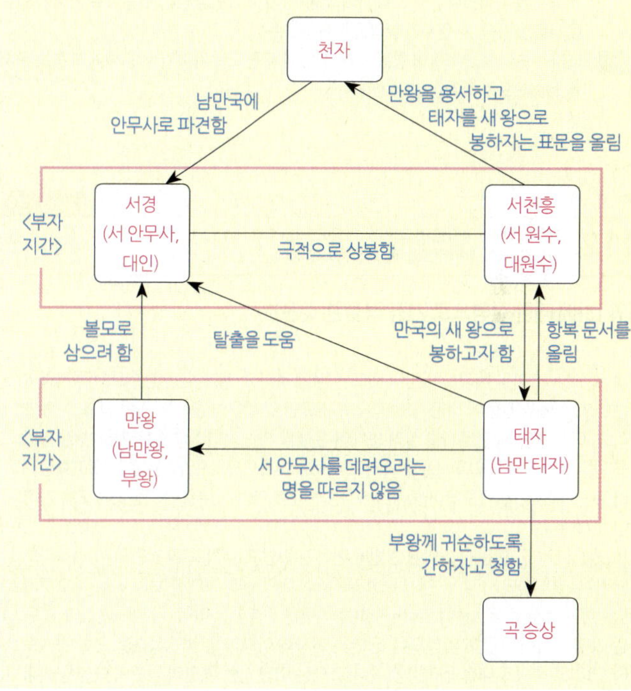

011 내용 이해 – 적절하지 않은 것 고르기 2025년 3월 학평 43번
정답률 50%, 매력적 오답 ③ 20%, ④ 15%   정답 ②

윗글을 이해한 내용으로 적절하지 않은 것은?

① 서 안무사는 재회 전에 서 원수에게 서찰을 먼저 보냈다.

근거 ③-5~8 "군영 바깥문 밖에 우리나라 사람 한 명과 만국 사람 한 명이 와 서찰 한 통을 전해 달라고 하기에 바치옵니다." 서 원수가 그 서찰을 떼어 보니, ~ '나는 다른 사람이 아니라 만왕의 명으로 십여 년 동안 만국에서 치욕을 감내하던 안무사 서경이라. 도움을 준 사람이 있어서 목숨을 보전하여 달아나 왔으니, 오신 대원수는 뉘신지 몰라도 바삐 만나 보기를 바라오.'

태자의 도움을 받아 명나라 진영에 당도한 서 안무사는 자신이 안무사 서경이라는 사실과 대원수를 만나 보기를 바란다는 내용의 서찰을 서 원수에게 먼저 전달한 후 서 원수와 재회하게 된다.

→ 적절함!

알아차리지 못했다

✓ ② 서 안무사는 서 원수를 보자마자 자신의 아들임을 알아차렸다.

근거 ❸-11 서 안무사가 서 원수를 보니 사신으로 떠날 때에는 6세 어린아이였거늘 지금은 엄연한 대장이니 어찌 알아보리오.

풀이 서 안무사가 사신으로 떠날 때 6세 어린아이였던 아들이 세월이 흘러 엄연한 대장이 된 상황이므로 서 안무사는 서 원수가 자신의 아들임을 알아차리지 못했다.

→ 적절하지 않음!

③ 서 원수는 만왕을 잡기 전에 승전한 표문을 천자께 보냈다.

근거 ❸-3 서 원수가 여러 날 싸움을 돋우었지만 만왕이 끝내 안전한 곳에 들어앉아서 나오지 않으니, 달리 어떻게 할 도리가 없어 승전한 표문을 천자에게 보낸 뒤 여러 장수들과 묘책을 의논하고 있었다.

풀이 서 원수는 여러 날 싸움을 돋우었지만 만왕이 안전한 곳에 들어앉아서 끝내 나오지 않자 승전한 표문을 천자에게 먼저 보낸다. 따라서 서 원수가 만왕을 잡기 전에 승전한 표문을 천자께 보냈다는 이해는 적절하다.

→ 적절함!

④ 태자는 패잔군으로부터 부왕이 사로잡혔다는 소식을 들었다.

근거 ❺-1 그러고서 명나라의 군영을 향해 떠났는데, 도중에 패잔군을 만나 만왕이 사로잡혔다는 소식을 듣고 태자가 목 놓아 슬프게 울며 말했다.

풀이 태자는 부왕에게 귀순을 간하고자 명나라 군영으로 향하던 도중에 남만국의 패잔군을 만나 만왕이 명군에게 사로잡혔다는 소식을 듣는다.

→ 적절함!

⑤ 태자는 항복 문서를 직접 작성하여 서 원수에게 올렸다.

근거 ❺-3 태자가 윗옷 한쪽을 벗고 등에 형장을 진 채로 손가락을 깨물어 항복 문서를 쓰고서 통곡하였다. / 5~6 태자가 코를 땅에 대고 엉금엉금 무릎으로 기어가 항복 문서를 올렸다. 서 원수가 항복 문서를 받고는

풀이 태자는 손가락을 깨물어 항복 문서를 쓴 뒤 무릎으로 기어가 서 원수에게 항복 문서를 올렸으므로 적절한 설명이다.

→ 적절함!

1등급 문제

012 말하기 방식 - 적절한 것 고르기 2025년 3월 학평 44번
정답률 40%, 매력적 오답 ④ 25%, ①, ③ 15% **정답 ②**

[A]와 [B]에 대한 설명으로 가장 적절한 것은?

> [A] ❹-2~7 "아무 때라도 아군이 반드시 패할 것이오. 서 원수는 장수로서의 지략이 손무, 오기와 제갈량에 버금가오. 까마귀가 모인 것 같은 병졸로서 어찌 당할 수 있으리오. 이 때문에 서 안무사를 살려 보내어 은혜를 끼친 것이라오. 대왕께서 만일 봉변을 당하실지라도 서 안무사는 인자하고 후덕한 어른이요, 서 원수는 충성하고 효성스러운 군자이니, 필시 구하여 줄 것이오. 경과 함께 나아가 부왕께 귀순하시도록 간하여 보사이다."
>
> [B] ❺-11~13 "만왕의 죄악은 천벌을 면하기 어렵고, 내가 또한 남만의 씨 하나도 남기지 않아 후세 사람의 근심이 없도록 하려 했는데, 그대를 보니 하늘이 오히려 남만에게 복을 주심이로다. 내 어찌 하늘의 뜻을 거역할 것이며, 가친께서 십여 년 동안 그대의 은혜를 많이 입었으니, 당연히 천자께 아뢰어 만왕의 목숨을 구할 것이로다. 그리고 즉시 군대를 돌이킬 것이니, 그대는 어진 사람을 얻어 남만의 백성을 살피고 어루만져 다른 근심이 없게 할지어다."

[B]는

① [A]는 [B]와 달리 객관적 근거를 들어 현실에 대한 기존의 판단이 바뀐 과정을 언급하고 있다.

근거 ❺-10 서 원수가 태자를 보니, 언사가 부드럽고 온화한 데다 기상이 활달하여 아닌 게 아니라 정말로 천승의 국왕다움이 외모에 나타나는지라 아무렇지 아니한 듯이 말했다.

풀이 [A]에서 태자는 서 원수의 지략과 아군의 병력에 대한 주관적 판단을 근거로 남만국이 명나라에 패할 것임을 예측하고 있다. 객관적 근거를 들어 현실에 대한 기존의 판단이 바뀐 과정을 언급한 것으로 볼 수 없다. [B]에서 서 원수는 남만 전체를 멸하려고 했으나 태자의 인품, 부친이 입은 은혜와 같은 주관적 요소를 근거로 만왕의 목숨을 살려 주고 태양을 만왕에 봉하는 것으로 마음을 바꾸었다. 따라서 [B]는 현실에 대한 기존의 판단이 바뀐 과정을 언급하고 있으나 객관적 근거를 들었다고 보기는

어렵다.

→ 적절하지 않음!

✓ ② [B]는 [A]와 달리 *초월적 권위를 **명분으로 삼아 자신의 생각이 바뀌게 된 이유를 언급하고 있다. * 하늘이나 신적 존재의 힘 ** 일을 꾀할 때 내세우는 구실이나 이유

풀이 [B]에서 서 원수는 남만을 멸하려고 했으나 태자를 보고 그가 하늘이 남만에게 내려 준 복이라 여겨 하늘의 뜻을 거역할 수 없다는 판단에 만왕의 목숨을 살려 주고 태자를 남만의 왕으로 봉하기로 마음을 바꾸었다. 따라서 '하늘'이라는 초월적 권위를 명분으로 삼아 처음의 생각을 바꾸었다고 이해하는 것은 적절하다. 그러나 [A]에서 태자는 초월적 권위를 명분으로 삼지 않았으며, 태자의 생각이 바뀌었다고 볼 근거도 없다.

→ 적절함!

전세(전쟁의 형세)에 맞는 행동을 함께할 것을

③ [A]는 *신의에 어긋난 행동을, [B]는 사회적 지위에 어울리는 행동을 할 것을 상대에게 요구하고 있다. * 믿음과 의리

풀이 [A]에서 태자가 곡 승상에게 함께 나아가 부왕께 귀순하시도록 간하여 보자고 요구한 것은 신의에 어긋난 행동을 할 것을 상대에게 요구한 것이 아니라 사세(일 事 기세 勢 : 일이 되어가는 형세)를 살펴 그에 적절한 행동을 함께하자고 상대에게 요청한 것으로 이해하는 것이 적절하다. 한편, [B]에서 서 원수가 태자에게 어진 사람을 얻어 남만의 백성을 살피고 어루만져 다른 근심이 없게 하라고 당부한 것은, 만국의 새로운 왕이라는 사회적 지위에 어울리는 행동을 할 것을 상대(태자)에게 요구한 것으로 이해할 수 있다.

→ 적절하지 않음!

④ [A]는 타인의 힘을 빌려, [B]는 자신의 *역량으로 자신이 처한 문제 상황을 해결하려는 의지를 밝히고 있다. * 힘

풀이 [A]에서 태자는 부왕(대왕)이 붙잡혀 봉변을 당할지라도 서 안무사와 서 원수가 구하여 줄 것을 기대하고 있으므로 타인의 힘을 빌려 부왕(대왕)이 처할지도 모르는 문제 상황이 해결될 것을 기대하고 있다. 한편 [B]에 나타난 문제 상황은 발화자인 서 원수가 처한 문제 상황이 아니라 만왕과 태자가 처한 문제 상황이므로, 서 원수가 자신의 역량으로 만왕과 태자가 처한 문제 상황을 해결하려는 의지를 밝히고 있다고 설명하는 것이 적절하다.

→ 적절하지 않음!

⑤ [A]와 [B]는 모두 자신의 신분을 내세우는 방법을 활용하여 상대의 행동 변화를 촉구하고 있다.

풀이 [A]에서 남만 태자와 [B]에서 서 원수는 모두 '태자'와 '대원수'라는 자신의 신분을 내세우고 있지 않다. 한편, [A]에서 태자가 곡 승상에게 '부왕께 귀순하시도록 간하여 보'자며 특정한 행동을 함께할 것을 촉구하고는 있으나, 이것이 곡 승상의 행동 변화를 촉구하고 있다고 보기는 어렵다. 또한 [B]에서 서 원수는 태자에게 어진 사람을 얻어 남만의 백성을 살피고 어루만져 다른 근심이 없게 하라고 당부하고 있으나 이것이 태자의 행동 변화를 촉구하는 것이라고 보기는 어렵다.

→ 적절하지 않음!

1등급 문제

013 감상의 적절성 - 적절하지 않은 것 고르기 2025년 3월 학평 45번
정답률 40%, 매력적 오답 ⑤ 25%, ① 15%, ②, ③ 10% **정답 ④**

〈보기〉를 바탕으로 윗글을 감상한 내용으로 적절하지 않은 것은? [3점]

> | 보기 |
> [1]「쌍주기연」은 서천흥의 천자(황제) 중심의 위계질서를 회복하고 충효의 가치를 구현하는 내용의 영웅 소설이다. [2]이 작품의 인물들은 전형적인(어떤 부류의 특징을 가장 잘 나타내는) 영웅 소설과는 다른 행동 양상을 보이기도 한다. [3]이를테면, 영웅과 적대국 인물이 충효의 가치를 각자의 방식으로 구현하는 것, 적대국 인물이 영웅의 효 실천에 일조하는(얼만간의 도움이 되는) 것, 위기 상황에서 적대국 인물 간의 현실 대응 태도가 다른 것 등이다.

① 태자가 서 안무사를 볼모로 삼으라는 '부왕의 명'을 거역한 것에서 적대국 인물 간의 현실 대응이 다름을 알 수 있군.

근거 〈보기〉-3 위기 상황에서 적대국 인물 간의 현실 대응 태도가 다른 것

❷-4~5 부왕께서 이를 아시고 대인을 군중에 데려다 볼모로 삼아 아드님으로 하여금 귀순케 하고자 하시나이다. 그래서 소자에게 대인을 군중으로 데려오라고 명하셨지만, 아무리 부왕의 명이라도 소자가 이를 차마 행하지 못하오리다.

풀이 서 안무사를 군중에 데려다 볼모로 삼아 서 원수로 하여금 귀순케 하고자 하는 부왕과 이러한 '부왕의 명'을 거역하는 태자의 모습에서 적대국 인물 간의 현실 대응 태

가 다른 것을 확인할 수 있다.

→ 적절함!

② 태자가 서 안무사를 '명나라 진영으로 가'도록 풀어 준 것에서 적대국 인물이 영웅의 효 실천에 일조함을 확인할 수 있군.

근거 <보기>-3 적대국 인물이 영웅의 효 실천에 일조하는 것,

❷-6 소자가 심복으로 하여금 천리마 두 필을 준비하게 하였사오니, 산골짜기의 좁은 길로 남모르게 **명나라 진영으로 가**옵소서.

풀이 태자는 부왕의 명을 어기고 서 안무사가 명나라 진영으로 가도록 돕는다. 이로 인해 원수(영웅)가 명나라 진영으로 도망 온 아버지를 만날 수 있게 되었으므로 태자가 영웅의 효 실천에 일조했다고 보는 것은 적절하다.

→ 적절함!

③ 서 원수가 '적장 수십 명을 죽이며 승승장구'하고 '잃었던 고을들을 회복'하는 것에서 영웅적 활약상을 알 수 있군.

근거 <보기>-1 「쌍주기연」은 서천홍이 천자 중심의 위계질서를 회복하고 충효의 가치를 구현하는 내용의 영웅 소설이다.

❸-1 이때 서 원수가 길협을 놓아 보낸 뒤로 또 싸우러 나아가 **적장 수십 명을 죽이며 승승장구**하여 잃었던 고을들을 회복하고 남만국의 수만 병사들을 죽이니, 위엄이 만국에서 크게 떨쳤다.

풀이 적장 수십 명을 죽이며 승승장구하여 잃었던 고을들을 회복하고 남만국의 수만 병사들을 죽여 만국에서 위엄을 크게 떨치는 서 원수의 모습에서 영웅 소설 속 주인공의 영웅적 활약상을 확인할 수 있다.

→ 적절함!

✓④ 태자가 '부왕의 본심'을 서 원수에게 전한 것이 **결정적 원인이 되어** 부왕의 목숨을 구하고 나라가 망하지 않게 한 것에서 충효를 실천하려는 모습을 알 수 있군.

근거 ❺-8 "부왕의 죄는 마땅히 면치 못하려니와 **부왕의 본심**이 아니라 간신의 충동질에 말미암은 것이니,/ 10~13 서 원수가 태자를 보니, 언사가 부드럽고 온화한 데다 기상이 활달하여 아닌 게 아니라 정말로 천승의 국왕다움이 외모에 나타나는지라 ~ 그대를 보니 하늘이 오히려 남만에게 복을 주심이로다. ~ 가친께서 십여 년 동안 그대의 은혜를 많이 입었으니, 당연히 천자께 아뢰어 만왕의 목숨을 구할 것이로다. ~ 그대는 어진 사람을 얻어 남만의 백성을 살피고 어루만져 다른 근심이 없게 할지어다."

풀이 태자가 서 원수에게 부왕의 명나라 침범이 간신의 충동질에 따른 것이며, '부왕의 본심'이 아니었다고 전한 것은 사실이나 이것이 결정적 원인이 되어 부왕의 목숨을 구하고 나라가 망하지 않게 된 것은 아니다. 서 원수가 태자의 부드럽고 온화한 언사와 활달한 기상 등에서 천승의 국왕다움을 본 것과 서 안무사가 태자의 은혜를 입었다는 점 때문에 만왕이 목숨을 구하고 남만국이 망하지 않게 된 것이라고 보는 것이 적절하다.

→ 적절하지 않음!

⑤ 서 원수가 태자를 만왕으로 봉하여 '천자의 은혜를 감사하도록 하게 하자'고 아뢴 것에서 천자와 제후 간의 위계질서를 회복하려는 의도를 알 수 있군.

근거 <보기>-1 「쌍주기연」은 서천홍이 천자 중심의 위계질서를 회복하고 충효의 가치를 구현하는 내용의 영웅 소설이다.

❺-16 태자를 봉하여 대대로 **천자의 은혜를 감사하도록 하게 하자**고 아뢴 것

풀이 서 원수가 태자를 만국의 새로운 왕으로 봉하여 대대로 '천자의 은혜를 감사하도록 하게 하자'고 천자에게 표문을 올린 것은, 제후국인 남만국의 명나라 침범으로 무너졌던 천자 중심의 위계질서를 회복하고자 하는 의도가 담겨 있다고 볼 수 있다.

→ 적절함!

[014~017] 다음 글을 읽고 물음에 답하시오.

① 이날 부마(임금의 사위. 여기서는 임호은)가 장신부적(사고를 막아 주고 몸을 지켜 주는 부적)을 써서 부모(여기서는 임준일과 그 부인)와 승상(지금의 국무총리 정도 되는 벼슬. 여기서는 임호은의 장인. 전체 줄거리 참고) 부부와 육개(여섯 명의) 첩첩(아내 妻 첩 妾 : 아내와 첩)과 비복(여자종 婢 사내종 僕 : 남녀 하인) 등을 각각 한 장씩 (장신부적을) 맡겨 옷깃 속에 감추어 어려운 일을 면하게(피하게) 하고 외당(바깥 外 집 堂 : 집의 안채와 떨어져 있는, 손님을 대접하는 곳)에 거하여(살 居 : 머물러) 천명(하늘 天 목숨 命 : 하늘의 뜻)을 기다리더라.

→ 임호은은 가족들에게 부적을 지니게 하여 위험을 막는다.

② 1 이튿날 양처상과 사일보 등이 위조 서간(거짓 僞 지을 造 편지 書 편지 柬 : 거짓으로 꾸며 적은 편지)을 만들어 천자(하늘 天 아들 子 : 황제)께 드려 왈(말할 曰 : 말하기를),

"신(신하 臣 : 신하가 임금을 대하며 자기를 가리키는 말. 여기서는 양처상과 사일보) 등이 임호은의 간정(간사할 姦 뜻 情 : 간사한 마음)을 잡았사오니 폐하는 바삐 혼인의 부자(아버지 父 아들 子 : 아버지와 아들. 여기서는 임준일과 임호은)를 잡게 하소서."

2 상(천자)이 그 서간을 보시니, 임호은의 글씨와 박지근(양처상이 임호은을 모함하자 임호은의 편에서 양처상을 간신이라 비판한 인물)의 필적(글씨 筆 자취 跡 : 글씨)이라. 3 글의 사연이 나라를 비방하여(헐뜯을 誹 헐뜯을 謗 : 헐뜯고 비난하여) 찬역코자(빼앗을 篡 배반할 逆 : 임금의 자리를 빼앗고자) 하는 글이어늘, 상이 남필(볼 覽 마칠 畢 : 끝까지 읽음)에 익노하사(더할 益 성낼 怒 : 더욱 화를 내어) 왈,

"바삐 준일 부자를 잡아들여라."

4 하시니, 양처상 등이 수명하고(받을 受 명령 命 : 명령을 받고) 우림장군(羽林將軍 : 황제를 호위하고 시중을 드는 장군) 호연수(胡連洙)를 불러 왈,

"그대는 우림군 삼백을 거느려 임호은의 집을 둘러싸고 호은의 머리를 베어 오라."

→ 양처상과 사일보 등의 모함으로 천자는 임준일과 임호은을 붙잡아 올 것을 명령한다.

③ 1 호연수가 청령하고(들을 聽 명령 令 : 명령을 듣고) 갑옷을 갖추고 군사를 거느려 임부(임호은의 집)를 둘러싸고 연수가 큰 칼을 들고 바로 각로(재상. 지금의 장관 정도 되는 벼슬. 여기서는 임호은) 부자에게 달려들어 베고자 하였더니, 홀연(갑자기 忽 그러할 然 : 갑자기) 공중에서 철갑(쇠 鐵 갑옷 甲 : 쇠로 만든 갑옷) 입은 신장(귀신 神 장수 將 : 귀신 가운데 무력을 맡은 장수 신)이 내려와 방천극(본뜰 方 하늘 天 창 戟 : 창 옆에 날카로운 달 모양의 칼날이 있는 무기)을 들어 (호연수의) 칼을 막으며 꾸짖어 왈,

"군명(임금 君 명령 命 : 임금의 명령)이 아무리 엄혹한들(엄할 嚴 독할 酷 : 엄하다 해도) 네(여기서는 호연수) 어찌 이렇듯 방자하리오(방자할 放 방자할 恣 : 무례하리오). 2 각로 부자(여기서는 임준일과 임호은)는 송국(중국 송나라) 출신이어늘 네 감히 충신(충성 忠 신하 臣 : 임금과 나라에 충성을 다하는 신하)을 해치려 하는다(하느냐)."

3 (신장이) 언파(말 言 마칠 罷 : 말을 끝냄)에 연수를 잡아 문밖에 내치고 문득 간 데 없는지라(사라졌다). 4 연수가 황급하여 칼을 던지고 땅에 엎드려 애걸(슬플 哀 빌 乞 : 빌며) 왈,

"황명(임금 皇 명령 命 : 황제의 명령)이 급하오니 바라건대 각로 부자는 어명(거느릴 御 명령 命 : 임금의 명령)을 순종하소서(따를 順 따를 從 : 따르십시오)."

5 각로 부자가 왈,

[A] "신자(신하 臣 사람 子 : 신하)가 되어 어찌 군명을 거역하리오. 6 그대(여기서는 호연수)는 우리 부자의 몸을 결박하라(묶을 結 묶을 縛 : 묶어라)."

→ 신장은 임호은 부자를 호연수에게서 보호하고, 임호은 부자는 황제의 명을 따르겠다고 한다.

④ 1 연수가 바야흐로(한창) 각로 부자(임준일과 임호은)를 결박하여 돌아와 황상(황제)께 임준일 잡아 온 사연을 주달하온데(아뢸 奏 전할 達 : 말씀드리는데), 천자(황제)가 승정전(承政殿)(임금과 신하가 조회하는 곳)에 어좌하시고(거느릴 御 앉을 座 : 앉으시고) 형구(형벌 刑 연장 具 : 형벌에 쓰는 도구)를 갖춘 후 각로 부자를 잡아들여 계하(층계 階 아래 下 : 계단 아래)에 꿇리고 수죄(헤아릴 數 죄 罪 : 죄를 열거함) 왈,

"짐(임금이 자기를 가리키는 말)이 너의 부자를 박대함(야박할 薄 대할 待 : 모질게 대함)이 없거늘 무엇이 부족하여 찬역(임금의 자리를 빼앗으려 함)을 도모하느뇨(꾀할 圖 꾀할 謀 : 꾀했느냐). 2 이실직고(以實直告)하라(써 以 열매 實 곧을 直 말할 告 : 있는 그대로 말하라)."

3 임 부마(임호은)가 고두(조아릴 叩 머리 頭 : 머리를 조아리며) 주 왈(아뢸 奏 말할 曰 : 말씀드리기를),

"신(여기서는 임호은)의 부자가 다만 군상(임금 君 임금 上 : 임금)만 아옵고(알고) 충성을 다하여 성은(임금 聖 은혜 恩 : 임금의 은혜)을 만분지일(일 만 萬 나눌 分 ~의 之 한 一 : 만으로 나눈 것의 하나라는 뜻으로, 아주 적은 경우)이나 갚고자 하였더니, 이렇듯 (거짓으로 꾸며진) 죄상(죄 罪 형상 狀 : 죄를 지은 사실)이 나타났사오니 무슨 말씀을 주달하오리까(드리겠습니까)."

4 상(임금)이 크게 꾸짖어 가라사대,

"가난한 도적(여기서는 임호은)이 무엇을 발명코자(밝힐 發 결백할 明 : 변명하고자) 하느뇨."

5 하시고, 좌우(왼 左 오른 右 : 주위 사람들)를 호령(명령 號 명령 令 : 명령)하여 각로 부자를 올려 매고 치라 하신데, 집장무사(執杖武士)(잡을 執 몽둥이 杖 무인 武 관리 士 : 곤장으로 볼기를 치는 관리. 집장)가 힘을 다하여 칠새, 삼백여 장(번)을 치되 각로 부자는 조금도 상하는 곳이 없고 형장(형벌 刑 몽둥이 杖 : 죄인을 조사하여 사실을 캐물을 때 쓰던 몽둥이) 소리만 산천이 뒤덮는 듯하니(온 세상이 울릴 만큼 매우 크니), 상이 더욱 대로하사(클 大 성낼 怒 : 크게 화가 나) 집장을 갈아(바꾸어) 엄히 칠새, 팔백여 장에 이르도록 집장 소리만 날 뿐이요, 각로 부자는 조금도 상하는 데 없는지라.

→ 임호은과 임준일은 집장무사의 거센 곤장을 맞고도 조금도 다치지 않는다.

Ⅴ
고전소설

5 [중략 줄거리] 절도(끊어질 絕 섬 島 : 외딴섬)에 유배된(죄인이 되어 먼 곳에 가서 제약을 받으며 살게 된) 임호은은 천기(하늘 天 기운 氣 : 하늘에 나타난 조짐)를 살펴 천자(황제)에게 향하던 중 금화산 유수 선생에게 갑옷과 보검(보배 寶 칼 劍 : 보배로운 칼) 등을 얻는다.

→ 유배된 임호은은 천기를 읽고 위험에 빠진 천자를 구하러 간다.

6 **1** 임 부마(임호은)가 정신을 차려 동정(움직일 動 고요할 靜 : 일이 벌어지고 있는 낌새)을 살펴보니, 호진 장졸(오랑캐 胡 진 陣 장수 將 군사 卒 : 오랑캐 장수와 병사)이 모두 연석(잔치 宴 자리 席 : 잔치를 베푸는 자리)에 향하였으니, 부마가 들어오는 줄 알지 못하고 풍류소리(음악 소리)와 살벌지성(殺伐之聲)(죽일 殺 칠 伐 ~의 之 소리 聲 : 음악의 곡조가 거칠고 급하여 무시무시한 느낌을 주는 소리)이 낭자하더라(어지러울 狼 어지러울 藉 : 떠들썩했다).

2 부마가 몸을 솟아 연석에 들어가니, 천자가 호왕(오랑캐 胡 왕 王 : 오랑캐 왕)과 빈주(손님 賓 주인 主 : 손님과 주인)분좌하시고(나눌 分 앉을 座 : 자리를 나누어 앉으시고) 호왕의 등 뒤에 여덟 장수가 창검(창 槍 검 劍 : 창과 검)을 들고 섰으니, 살기가 등등하고(무시무시한 기운이 가득하고) 천자를 모신 세 장수는 (겁에 질려) 얼굴이 백지장 같아(핏기 하나 없이 창백해) 병기(무기 兵 도구 器 : 무기)를 잡지 못하였으며, 황상의 용안(임금 龍 얼굴 顏 : 얼굴)이 사상(죽을 死 형상 狀 : 거의 다 죽게 된 모습)이 되어 일신(한 一 몸 身 : 자기 한 몸)을 안정치 못하시거늘, 부마가 바로 짓치고자(함부로 마구 치고자) 하다가 적의 동정(낌새)을 보려 하고 몸을 날려 천자 뒤에 은신하고(숨을 隱 몸 身 : 몸을 숨기고) 살피니, 이윽고 달세통, 장운간(호왕의 신하)이 여복(여자 女 옷 服 : 여자의 옷)을 장속하고(꾸밀 裝 맬 束 : 입고) 각각 비수(비수 匕 칼자루 首 : 날이 예리하고 짧은 칼)를 들고 들어와 호왕께 검무(칼 劍 춤 舞 : 칼춤)를 청하거늘, 호왕이 쾌히(기꺼이) 허하니(허락할 許 : 허락하니) 양장(두 兩 장수 將 : 두 명의 장수. 여기서는 달세통과 장운간)이 연석에서 검무하는지라.

3 임 부마가 벽력도를 들고 급히 내달아 달세통, 장운간을 각각 발길로 차서 던지니, 양인(두 兩 사람 人 : 두 사람. 달세통과 장운간)이 비수(날이 예리하고 짧은 칼)를 던지고 거꾸러져 피를 토하거늘, 부마가 전포(싸움 戰 도포 袍 : 장수가 입는 긴 겉옷)로 천자를 가리우며 봉안(봉황 鳳 눈 眼 : 봉황의 눈같이 가늘고 긴 눈)을 높이 떠 호왕을 보며 꾸짖어 왈,

"무도한(없을 無 도리 道 : 인간의 도리에 어긋난) 오랑캐 감히 만승천자(일 만 萬 수레 乘 하늘 天 아들 子 : 황제를 높여 이르는 말)를 해코자(해치고자) 하니 어찌 살려 하느뇨."

4 하고, 벽력도를 한 번 들어 치니, 한 줄 화광(불 火 빛 光 : 불빛)이 일어나며 호왕의 시위(侍衛)(모실 侍 지킬 衛 : 임금을 호위함) 팔장(八將)(여덟 八 장수 將 : 여덟 장수)의 머리 일시에(동시에) 내려지는지라(떨어지는지라).

5 호왕이 천자를 해하려(해치려) 하더니 불의에(뜻밖에) 신장(귀신 가운데 무력을 맡은 장수 신. 여기서는 임호은을 빗댄 말)이 내려 양장을 차서 거꾸러뜨리고, 팔장(여덟 장수)의 머리 베임을 보고 혼비백산(魂飛魄散)(넋 魂 날 飛 넋 魄 흩을 散 : 몹시 놀라 어쩔 줄을 몰라 하여) 면색(面色)(낯 面 빛 色 : 얼굴색)이 여토(如土)하여(같을 如 흙 土 : 흙과 같아) 동인 듯이(묶인 듯이, 꼼짝없이) 앉았거늘, 부마가 호왕을 베고자 하나 행여(혹시) 천자의 옥체(옥 玉 몸 體 : 몸) 상할까 하여 천자를 옆에 끼고 몸을 날려 나올새, 벽력도를 들고 좌우충돌하니(왼 左 오른 右 찌를 衝 부딪칠 突 : 이리저리 마구 찌르고 부딪치니) 칼이 이는 곳에 호진 장졸(오랑캐 장수와 병사)의 머리 추풍낙엽(가을 秋 바람 風 떨어질 落 잎 葉 : 가을바람에 떨어지는 나뭇잎) 같으니, 감히 막을 자가 없는지라.

→ 임호은은 오랑캐 장수들을 무찌르고 붙잡혀 있던 천자를 구한다.

7 **1** 부마가 천자를 옆에 끼고 성을 넘어와 마상(말 馬 윗 上 : 말의 등 위)에 뫼시고 복지(엎드릴 伏 땅 地 : 엎드려) 통곡 왈,

"폐하는 용체(천자 龍 몸 體 : 몸)를 진중하소서(소중할 珍 귀중할 重 : 소중히 하십시오). **2** 소신(작을 小 신하 臣 : 신하가 자신을 낮춰 부르는 말) 임호은이 이에 왔나이다."

3 천자가 호왕의 간계(간사할 奸 꾀할 計 : 간사한 꾀)에 빠져 사지(죽을 死 곳 地 : 죽을 상황이 닥칠 만큼 매우 위험한 곳)에 들었으매 죽기만 바라시더니, 뜻밖에 신장(귀신 가운데 무력을 맡은 장수 신. 여기서는 임호은을 빗댄 말)이 내려와 호장(오랑캐 胡 장수 將 : 오랑캐 장수) 벰을 보시매 아무런(어찌된 일인) 줄 모르시더니, 임호은 삼자(석 三 글자 字 : 이름 세 글자)를 들으시고 경희하여(경사 慶 기쁠 喜 : 기뻐하여) 반향이나 어린 듯하시다가(얼떨떨하시다가) 정신을 진정하사 왈,

"짐(임금이 자신을 가리키는 말)이 지금 호진(오랑캐 胡 진 陣 : 오랑캐 군대가 있는 곳)에 있느냐. **4** 아까 짐을 옆에 끼고 나온 장수 진실로 경(임금이 신하를 가리키는 말. 여기서는 임호은)이렷다."

5 언흘(말 言 마칠 訖 : 말을 끝냄)에 통곡하시거늘, 부마가 돈수(조아릴 頓 머리 首 : 머리가 땅에 닿도록 절하는) 통곡 왈,

"소신 임호은이 불충하와(아닐 不 충성 忠 : 충성스럽지 못해) 폐하 이렇듯 욕을 당하심이로소이다."

6 천자가 부마의 손을 잡으시고 낙루(떨어질 落 눈물 淚 : 눈물을 흘림) 왈,

"짐이 불명하여(아닐 不 밝을 明 : 사리에 어두워. 어리석어) 경의 충성을 알지 못하고 간신

(간사할 奸 신하 臣 : 간사한 신하. 여기서는 양처상과 사일보)의 꾀에 빠져 경으로 하여금 해외에 고초하게(괴로울 苦 괴로울 楚 : 고난을 겪게) 하니, 이제 백번(여러 번) 뉘우치나 미치지 못하는지라. **7** 어찌 용히(재주가 뛰어나게) 짐의 위태함을 알아 이렇듯 짐의 목숨을 구하뇨."

8 부마가 천자를 위로 왈,

"폐하는 옥체를 진중하옵소서. **9** 신이 적소(귀양 갈 謫 곳 所 : 유배지)에서 천기(하늘 天 기운 氣 : 하늘에 나타난 조짐)를 보온즉 폐하의 주성(황제를 상징하는 별)이 운무(구름 雲 안개 霧 : 구름과 안개)에 싸였기로 주야(낮 晝 밤 夜 : 쉬지 않고) 배도하여(갑절 倍 갈 道 : 이틀에 갈 길을 하루에 걸어) 이르렀삽더니, 폐하의 이렇듯 하심은(위험에 빠지심은) 신의 불충이로소이다. **10** 그러나 신이 (유배된) 죄인으로 폐하의 부르시는 명(명령 命 : 명령)이 없사오니, 신의 죄(여기서는 천자의 명령 없이 유배지에서 벗어난 죄)가 더욱 중하여이다(무거울 重 : 무겁습니다)."

11 상(황제)이 위유하사(위로할 慰 타이를 諭 : 위로하고 타일러) 왈,

[B] "짐이 불명하여 간신의 참언(헐뜯을 讒 말 言 : 거짓으로 꾸며 남을 헐뜯는 말)을 살피지 못하니, 어찌 하늘이 벌하지 아니시리오. **12** 용담호구(매우 위태로운 처지)에 들었거늘 경의 충성으로 독행만리(獨行萬里)하여(홀로 獨 다닐 行 일 만 萬 마을 里 : 홀로 먼 길을 걸어) 사지(죽을 死 곳 地 : 죽을 상황이 닥칠 만큼 매우 위험한 곳)에 있던 임금을 구하니, 경의 충성은 고금에(옛 古 지금 今 : 예전과 지금을 통틀어) 쌍이(비교할 만한 일이) 없으리로다."

13 하시며 추회(追悔)하시거늘(거슬러 올라갈 追 뉘우칠 悔 : 지나간 일을 후회하시거늘), 부마가 다시 주 왈,

"이는 간신의 무리 폐하의 성총(임금 聖 총명할 聰 : 임금의 총명)을 가리움이요, 또한 신의 운명이오니 어찌 폐하의 과실(잘못 過 허물 失 : 잘못)이리까. **14** 신하가 되어 군부(임금 君 아버지 父 : 임금)의 위급함을 구함은 상사(평범할 常 일 事 : 보통 있는 일)이옵거늘, 어찌 과도히 응대하시나이까(응할 應 대접할 待 : 대접하십니까)."

→ 천자는 간신들의 말을 믿고 임호은을 유배 보냈던 일을 뉘우친다.

8 **1** 인하여(뒤이어) 황상을 모셔 대진(마주할 對 진 칠 陣 : 적과 마주하여 군대를 배치한 곳)으로 돌아올새, 일진(한 一 무리 陣 : 군사 무리) 장졸(장수 將 군사 卒 : 장수와 병졸)이 부마의 용맹함(용감할 勇 사나울 猛 : 용감하고 사나움)을 보고 희열(기쁠 喜 기쁠 悅 : 기뻐하고 즐거워함) 왈,

"임 부마가 와 계시니, 아 등(우리)의 성명(생명 性 목숨 命 : 목숨)은 보전하리라."

2 하고 만세를 부르니, 그 소리 원근(멀 遠 가까울 近 : 멀고 가까운 곳)에 진동하더라.

→ 임호은이 황제를 구해 돌아오자 장수와 병사들은 임호은을 칭찬하고 기뻐한다.

- 작자 미상, 「임호은전」-

중심 내용

양처상과 사일보 등의 모함으로 유배되었던 임호은은 호국의 침입으로 위험에 빠진 황제를 구해 돌아온다.

• 전체 줄거리 ([ ] : 지문 내용)

중국 송나라 때 임준일은 지장암의 스님에게 시주하고(절이나 승려에게 곡식이나 물건을 바치고) 소원을 빌어 아들 임호은을 낳는다. 임호은은 8세 때 전쟁으로 부모와 이별하고 떠돌아다니다가 금화산 유수 선생의 제자가 되어 무예를 익힌다. 몇 년 뒤 산을 내려온 임호은은 악귀(나쁜 귀신)에게 시달리는 장선옥을 구해 결혼을 약속하고, 황룡사에서 만난 기녀(잔치에서 흥을 돋우는 여자) 미애와도 인연을 맺는다. 이후 과거에 장원(1등)으로 급제한 임호은은 정정 공주와 혼인하여 천자의 부마(황제의 사위)가 되고, 이 승상(지금의 국무총리 정도 되는 벼슬)의 딸 이정옥과도 결혼한다. 한편, 임준일 부부는 협서에서 우연히 만난 장선옥에게 아들 임호은과 인연을 맺은 사실을 듣게 되고 장선옥은 임준일 부부를 지극히 모신다. 임호은은 점괘를 쳐 부모님을 찾아가던 중에 만난 조윤옥과 인연을 맺고, 협서에 이르러 부모님과 장선옥을 다시 만난다. 이후 임호은은 계모의 학대를 견디지 못해 자살하려는 계화를 구해 인연을 맺고, 이제까지 인연을 맺은 여섯 여인들(장선옥, 정정 공주, 이정옥, 조윤옥(4명의 처), 미애, 계화(2명의 첩))과 혼례를 치른다. [한편 천자가 임호은을 아끼는 것을 시기한 양처상 등 간신들은 박지근과 임호은 부자(임준일과 임호은)가 반역(임금의 자리를 빼앗으려 함)을 꾀했다고 모함하고 임호은은 절도(외딴섬)로 유배된다. 이후 호국이 송나라를 침략하고 천자는 호왕에게 잡혀간다. 유배지에 있던 임호은은 천기를 읽고 천자가 위험에 처한 사실을 알게 된다. 임호은은 유수 선생에게 갑주(갑옷과 투구)와 보검(보배로운 칼), 용마(훌륭한 말)를 얻어 호군을 무찌르고 천자를 구한다.] 천자는 임호은에게 좌승상(지금의 국무총리 정도 되는 벼슬) 겸 연왕(지금의 북경 지역을 다스리는 관리) 벼슬을 내리고, 임호은은 여섯 부인과 함께 부귀를 누리다가 하늘로 올라간다.

• 인물 관계도

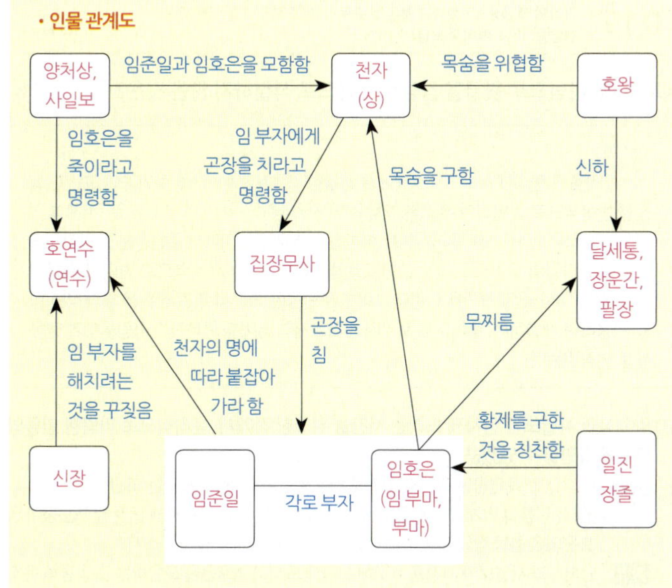

■ 꿈과 현실을 교차 서술하여 사건의 실마리를 밝히는 작품
• 작자 미상, 「임장군전」(2019학년도 수능)
이날 밤 한 꿈을 얻으니, 경업이 나아가 주왈(말씀드리기를), "흉적(나쁜 도적) 자점이 소신(여기서는 임경업)을 죽이고 반심(임금을 배신할 마음)을 품어 거의 일이 되었사오니 바삐(서둘러) 국문하옵소서(죄인에게 사실을 물어 사건을 조사하옵소서)." 하고 울며 가거늘, 상(임금)이 놀라 깨달으시니 경업이 앞에 있는 듯한지라. 상이 슬픔을 이기지 못하시고 날이 밝으매 자점을 올려 국문하시니(죄인에게 사실을 물어 사건을 조사하시니), 자점이 자복하여(죄를 자백하고 복종하여) 역심(임금을 배신할 마음)을 품은 일과 경업을 모해한(나쁜 꾀를 써서 해친) 일을 승복하거늘(죄를 스스로 고백하거늘),
→ 임금은 임경업이 김자점에게 죽임을 당했다고 말하는 꿈을 꾼 후 김자점을 불러 자백을 받고 임경업의 억울함을 풀어 준다.

④ *시간의 역전을 통해 사건을 새로운 **국면으로 ***전환하고 있다.
* 과거와 현재가 뒤바뀜 ** 상황 *** 바꾸고
풀이 윗글의 사건은 시간 순서대로 진행되고 있을 뿐 시간의 역전은 나타나지 않는다.
→ 적절하지 않음!

⑤ *비유적 표현을 사용하여 인물이 처한 상황을 드러내고 있다.
* 표현하려는 대상을 비슷한 다른 대상에 빗댄
근거 4-5 집장무사가 힘을 다하여 칠새, ~ 형장 소리만 산천이 뒤덮는 듯하니,
6-2 호왕의 등 뒤에 여덟 장수가 창검을 들고 섰으니, 살기가 등등하고 천자를 모신 세 장수는 얼굴이 백지장 같아/ 5 부마가 ~ 벽력도를 들고 좌우충돌하니 칼이 이는 곳에 호진 장졸의 머리 추풍낙엽 같으니,
풀이 '형장 소리만 산천을 뒤덮는 듯하니'에서 임준일과 임호은이 매를 맞는 상황을, '세 장수는 얼굴이 백지장 같아'에서 천자의 장수들이 적들의 기세에 눌려 두려워하는 상황을, '호진 장졸의 머리 추풍낙엽 같으니'에서 임호은이 적들을 무찌르는 상황을 비유적 표현을 사용하여 드러내고 있다.
→ 적절함!

014 | 서술상 특징 – 적절한 것 고르기 **2023년 11월 학평 42번** | **정답 ⑤**
정답률 60%, 매력적 오답 ② 15%, ④ 10%

윗글에 대한 설명으로 가장 적절한 것은?

① *언어유희를 통해 인물의 성격을 비판하고 있다.
* 소리는 같지만 뜻이 다른 단어나 비슷한 말을 반복하는 것 등을 이용하여 재미있게 꾸미는 말의 표현
풀이 윗글에 언어유희를 통해 인물의 성격을 비판하는 내용은 나타나지 않는다.
→ 적절하지 않음!

■ 언어유희를 통해 인물을 비판하는 작품
• 작자 미상, 「열녀춘향수절가」(2013학년도 9월 모평)
"그저 왔다." "갑갑하여 나 죽겠소! 일러주오. 꿈 가운데 임을 만나 만단정회하였더니(온갖 마음과 생각을 털어놓았더니), 혹시 서방님께서 기별(소식) 왔소? 언제 오신단 소식 왔소? 벼슬 띠고(하고) 내려온단 노문(조선 시대에, 지방에 가는 벼슬아치의 도착 예정일을 미리 그곳 관청에 알리던 공문) 왔소? 애고, 답답하여라!" "너의 서방인지 남방인지, 걸인 하나 내려왔다!"
→ 춘향 모친은 '서방인지 남방인지'에서 동음이의어를 활용한 언어유희를 통해 거지꼴이 되어 돌아온 어사또를 못마땅하게 여기는 마음을 드러내고 있다.

② 인물의 *희화화를 통해 **해학성을 드러내고 있다.
* 우스꽝스럽게 표현함 ** 우습고 익살스러운 성질
풀이 윗글은 인물을 희화화하고 있지 않고, 해학성도 나타나지 않는다.
→ 적절하지 않음!

■ 인물의 희화화를 통해 해학성을 드러내는 작품
• 작자 미상, 「임이 오마 하거늘」(2022년 고2 3월 학평, 2015학년도 9월 모평A))
임이 오마 하거늘 저녁밥을 일찍 지어 먹고/ 중문 나서 대문 나가 지방 위에 올라가 앉아 손을 이마에 대고 오는가 가는가 건넌 산 바라보니 거머희뜩 서 있거늘 저것이 임이로구나. 버선을 벗어 품에 품고 신 벗어 손에 쥐고 곰비임비 임비곰비(이리저리 계속해서 왔다갔다 하는 모양) 천방지방 지방천방(몹시 급하게 허둥대는 모양) 진 데 마른 데를 가리지 말고 워렁퉁탕 건너가서 정엣말 하려 하고 곁눈으로 흘깃 보니 작년 칠월 사흗날(3일) 껍질 벗긴 주추리 삼대가 살뜰히도 날 속였구나./ 모쳐라 밤이기에 망정이지 행여나 낮이런들 남 웃길 뻔하였어라.
→ 임이 왔다고 착각한 화자가 '버선'과 '신'을 신지 않고 허둥대며 가는 모습을 희화화하여 해학성을 드러내고 있다.

③ 꿈과 현실을 *교차 서술하여 사건의 실마리를 밝히고 있다. * 뒤섞어
풀이 윗글에 꿈의 내용은 나타나지 않으므로 꿈과 현실을 교차 서술하여 사건의 실마리를 밝히는 부분이 나타난다고 볼 수 없다.
→ 적절하지 않음!

015 | 내용 이해 – 적절하지 않은 것 고르기 **2023년 11월 학평 43번** | **정답 ③**
정답률 45%, 매력적 오답 ④ 20%, ①, ② 10%, ⑤ 15%

윗글에 대한 이해로 적절하지 않은 것은?

① 임호은은 천기를 읽어 천자의 위험을 예측했다.
근거 5 절도에 유배된 임호은은 천기를 살펴 천자에게 향하던 중
7-8~9 부마(임호은)가 천자를 위로 왈, ~ 신이 적소에서 천기를 보온즉 폐하의 주성이 운무에 싸였기로 주야 배도하여 이르렀삽더니,
풀이 임호은은 천기를 읽어 천자가 위험에 빠졌음을 알아차리고 천자를 구하러 간다.
→ 적절함!

② 양처상은 호연수에게 임호은을 죽이라고 명령했다.
근거 2-4 양처상 등이 ~ 호연수를 불러 왈, "그대는 우림군 삼백을 거느려 임호은의 집을 둘러싸고 호은의 머리를 베어 오라."
풀이 양처상은 호연수를 불러 임호은을 죽일 것을 명령한다.
→ 적절함!

③ 임호은은 천자의 몸이 상할까 걱정하며 호왕을 베었다. 베지 못했다
근거 6-5 호왕이 천자를 해치려 하더니 ~ 부마(임호은)가 호왕을 베고자 하나 행여 천자의 옥체 상할까 하여 천자를 옆에 끼고 몸을 날려 나올새,
풀이 임호은은 호왕을 공격하다가 가까이에 있던 천자의 몸이 상할까 걱정되어 호왕을 베지 못하고 천자를 구해 나오기만 한다.
→ 적절하지 않음!

④ 호연수는 공중에서 내려온 신장에 의해 문밖으로 내쳐졌다.
근거 3-1~3 호연수가 ~ 큰 칼을 들고 바로 각로 부자(임준일과 임호은)에게 달려들어 베고자 하였더니, 홀연 공중에서 철갑 입은 신장이 내려와 방천극을 들어 칼을 막으며 ~ 연수를 잡아 문밖에 내치고 문득 간 데 없는지라.
풀이 호연수가 임준일과 임호은을 공격하자 갑자기 공중에서 내려온 신장이 호연수를 잡아 무밖으로 내친다.
→ 적절함!

⑤ 호진의 장졸들은 임호은이 성에 침입한 것을 눈치채지 못했다.
근거 6-1 임 부마(임호은)가 ~ 살펴보니, 호진 장졸이 모두 연석에 향하였으니, 부마가 들어오는 줄 알지 못하고

💡 **어떻게 풀까?** 이 문제는 등장인물의 관계를 정리하는 것이 중요하다. 생소한 작품은 <보기>를 통해 줄거리 및 주제, 인물 관계 등을 짐작해 볼 수 있다. 문제 004번의 <보기>를 보면 이 작품은 영웅 소설이며, 충신인 주인공과 타락한 신하들 간의 갈등 구조가 나타남을 알 수 있다. 이를 참고하여 지문을 읽고 인물 관계를 정리하면 자연스럽게 세부 내용을 파악할 수 있다.

---

016 말하기 방식 – 적절한 것 고르기 2023년 11월 학평 44번
정답률 75%
정답 ⑤

[A]와 [B]에 대한 설명으로 가장 적절한 것은?

[A] ❸-5~6 "신자가 되어 어찌 군명을 거역하리오. 그대는 우리 부자의 몸을 결박하라."
[B] ❼-11~12 "짐이 불명하여 간신의 참언을 살피지 못하니, 어찌 하늘이 벌하지 아니시리오. 용담호구에 들었거늘 경의 충성으로 독행만리하여 사지에 있던 임금을 구하니, 경의 충성은 고금에 쌍이 없으리로다."

명령하고
① [A]는 자신의 *신념을 밝히며 상대에게 **조언하고 있고, [B]는 자신의 잘못을 변명하며 상대를 탓하고 있다. * 믿음 ** 충고하고
인정하며 스스로를
풀이 [A]에서 각로 부자(임준일과 임호은)는 신하는 임금의 뜻을 거역하지 않는다고 말하며 호연수에게 자신을 붙잡아 갈 것을 명령하고 있을 뿐 조언하고 있지 않다. [B]에서 천자는 자신의 잘못을 인정하며 스스로를 탓하고 있을 뿐 자신의 잘못을 변명하지도 임호은을 탓하고 있지도 않다.

→ 적절하지 않음!

② [A]는 미래를 예측하여 상대의 배려를 기대하고 있고, [B]는 과거를 *회상하며 상대의 용서를 바라고 있다. * 돌이켜 떠올리며
풀이 [A]에서 각로 부자(임준일과 임호은)는 미래를 예측하지도 호연수의 배려를 기대하지도 않는다. [B]에서 황제는 과거를 회상하며 자신의 잘못을 후회하고 있을 뿐 임호은의 용서를 바라는 내용은 나타나지 않는다.

→ 적절하지 않음!

③ [A]는 상대의 능력을 무시하며 상대를 비난하고 있고, [B]는 자신의 능력을 *과시하며 상대의 문제를 해결하고 있다. * 자랑해 보이며
풀이 [A]에서 각로 부자(임준일과 임호은)는 호연수의 능력을 무시하며 상대를 비난하고 있지 않고, [B]에서 황제는 자신의 능력을 과시하며 임호은의 문제를 해결하고 있지 않다.

→ 적절하지 않음!

④ [A]는 자신이 입을 피해를 언급하며 상대를 설득하고 있고, [B]는 자신이 얻을 이익을 설명하며 상대의 이해를 구하고 있다.
풀이 [A]에서 각로 부자(임준일과 임호은)는 자신이 입을 피해를 언급하며 호연수를 설득하고 있지 않고, [B]에서 황제는 자신이 얻을 이익을 설명하며 임호은의 이해를 구하고 있지 않다.

→ 적절하지 않음!

⑤ [A]는 복종의 *당위성을 인정하며 상대의 요구를 수용하고 있고, [B]는 자신의 행동을 후회하며 상대의 능력을 인정하고 있다. * 마땅히 그렇게 하거나 되어야 할 성질
풀이 [A]에서 각로 부자(임준일과 임호은)는 신하는 임금에 복종해야 한다는 당위성을 인정하며 황제의 명령에 따라 자신을 붙잡아 가려는 호연수의 요구를 수용하고 있다. [B]에서 황제는 간신의 말을 듣고 임호은을 의심한 것을 후회하고 자신을 위험에서 구한 임호은의 능력을 인정하고 있다.

→ 적절함!

---

017 감상의 적절성 – 적절하지 않은 것 고르기 2023년 11월 학평 45번
정답률 65%, 매력적 오답 ③ 10%
정답 ④

<보기>를 바탕으로 윗글을 감상한 내용으로 적절하지 않은 것은? [3점]

| 보기 |
[1] 이 작품은 천상계(하늘 위의 세계)에서 하강한(인간 세상에 내려온) 주인공이 고난과 행운을 반복적으로 경험하며 유교적 가치(유학에서 강조하는 가치. 부모께 효도, 임금께 충성, 형제간 우애, 친구 사이의 믿음 등을 말함)를 실현하는 영웅 소설이다. [2] 주인공은 윤리적으로 타락한 신하들의 모함으로 겪는 고난을 비범한(특별히 뛰어난) 능력으로 견디며 충신(충성스러운 신하)의 소임(책임)을 다한다. [3] 이후 주인공은 국가적 위기 상황을 절대적인 힘을 사용하여 해결하며, 천자(황제)로부터 신하로서의 명예를 회복하고 사람들에게 영웅으로 인정받는다.

① 양처상과 사일보가 천자께 드리는 서간을 위조한 점에서, 윤리적으로 타락한 인물의 모습을 확인할 수 있겠군.
근거 <보기>-2 주인공은 윤리적으로 타락한 신하들의 모함으로 겪는 고난
❷-1 이튿날 양처상과 사일보 등이 위조 서간을 만들어 천자께 드려 왈, "신 등이 임호은의 간정을 잡았사오니 폐하는 바삐 호은의 부자를 잡게 하소서."
풀이 양처상과 사일보가 서간을 위조해 천자께 드리고 임호은을 모함하는 것을 통해 윤리적으로 타락한 인물의 모습을 확인할 수 있다.

→ 적절함!

② 임 부마가 집장무사가 힘을 다해 치는 장을 맞고도 조금도 상하는 곳이 없다는 점에서, 비범한 능력으로 고난을 견디는 인물의 모습을 확인할 수 있겠군.
근거 <보기>-2 주인공은 윤리적으로 타락한 신하들의 모함으로 겪는 고난을 비범한 능력으로 견디며
❹-5 집장무사가 힘을 다하여 칠새, 삼백여 장을 치되 각로 부자는 조금도 상하는 곳이 없고 ~ 집장을 갈아 엄히 칠새, 팔백여 장에 이르도록 집장 소리만 날 뿐이요, 각로 부자는 조금도 상하는 데 없는지라.
풀이 집장무사가 있는 힘을 다해 장을 치지만 임 부마는 조금도 다치지 않는 것에서 비범한 능력으로 고난을 견디는 인물의 모습을 확인할 수 있다.

→ 적절함!

③ 임 부마가 한 번 들어 치면 화광이 일어나는 벽력도로 적들을 물리치며 천자를 구하는 것에서, 국가적 위기 상황에서 절대적인 힘을 발휘하는 인물의 모습을 확인할 수 있겠군.
근거 <보기>-3 주인공은 국가적 위기 상황을 절대적인 힘을 사용하여 해결하며, 천자로부터 신하로서의 명예를 회복하고
❻-4~5 벽력도를 한 번 들어 치니, 한 줄 화광이 일어나며 호왕의 시위 팔장의 머리 일시에 내려지는지라. ~ 부마가 ~ 천자를 옆에 끼고 몸을 날려 나올새, 벽력도를 들고 좌우충돌하니 칼이 이는 곳에 호진 장졸의 머리 추풍낙엽 같으니, 감히 막을 자가 없는지라.
풀이 임 부마가 벽력도로 화광을 일으켜 적들을 물리치고 천자를 구하는 것에서 천자가 오랑캐에게 붙잡힌 국가적 위기 상황에서 절대적인 힘을 발휘하는 인물의 모습을 확인할 수 있다.

→ 적절함!

천자가 임호은의 이름을 듣고 자신을 구한 사람이 임 부마임을 알게 되는 것에서
④ 임 부마가 달세통과 장운간을 물리치고 전포로 천자를 가리며 호왕을 꾸짖는 것에서, 천자로부터 신하로서의 명예를 회복한 인물의 모습을 확인할 수 있겠군.
근거 ❻-3 임 부마가 벽력도를 들고 급히 내달아 달세통, 장운간을 각각 발길로 차서 던지니, 양인이 비수를 던지고 거꾸러져 피를 토하거늘, 부마가 전포로 천자를 가리우며 봉안을 높이 떠 호왕을 보며 꾸짖어 왈, "무도한 오랑캐 감히 만승천자를 해코자 하니 어찌 살려 하느뇨."
❼-1~4 부마가 천자를 옆에 끼고 성을 넘어와 마상에 뫼시고 복지 통곡 왈, "폐하는 용체를 진중하소서. 소신 임호은이 이에 왔나이다." 천자가 ~ 임호은 삼자를 들으시고 ~ 정신을 진정하사 왈, "짐이 지금 호진에 있느냐. 아까 짐을 옆에 끼고 나온 장수 진실로 경이렷다."/12 경의 충성으로 독행만리하여 사지에 있던 임금을 구하니, 경의 충성은 고금에 쌍이 없으리로다."
풀이 임 부마가 달세통과 장운간을 물리치고 호왕을 꾸짖을 때, 천자는 전포에 가려져 있어 자신을 구하러 온 사람이 임 부마인 줄 모르고 있었다. 따라서 이때 임 부마가 천자로부터 신하로서의 명예를 회복했다고 볼 수는 없다. 이후 성 안을 빠져 나온 천자가 임호은의 이름을 듣고 자신을 구한 사람이 임 부마였음을 알고 칭찬하는 것에서 천자로부터 신하로서의 명예를 회복한 임 부마의 모습을 확인할 수 있다.

→ 적절하지 않음!

⑤ 일진 장졸이 부마의 용맹함을 보고 희열하며 만세를 부르는 것에서, 사람들에게 영웅으로 인정받는 인물의 모습을 확인할 수 있겠군.

근거 <보기>-3 이후 주인공은 국가적 위기 상황을 절대적인 힘을 사용하여 해결하며, 천자로부터 신하로서의 명예를 회복하고 사람들에게 영웅으로 인정받는다.

⑧ 황상을 모셔 대진으로 돌아올새, 일진 장졸이 부마의 용맹함을 보고 희열 왈, "임 부마가 와 계시니, 아 등의 성명은 보전하리라." 하고 만세를 부르니, 그 소리 원근에 진동하더라.

풀이 임 부마가 천자를 구해 돌아오자 일진 장졸이 희열하며 만세를 부르는 것에서 사람들에게 영웅으로 인정받는 임 부마의 모습을 확인할 수 있다.

→ 적절함!

[018~021] 다음 글을 읽고 물음에 답하시오.

1 ¹선봉장(앞 先 앞장 鋒 장수 將 : 맨 앞에 선 부대를 지휘하는 장수) 원이정이 내달아(뛰어나가) 양주 자사(벼슬 이름) 양운을 맞아 싸우다가 (적에게) 사로잡힌 바 되니, 또 도원수(우두머리 都 으뜸 元 장수 帥 : 전쟁이 났을 때 군사를 통괄하던 임시 무관 벼슬) 양경이 내달아 적을 상대하더니 물러나며 두어 번 싸우는 척하다가 실수하여 (적에게) 사로잡히는 체하고 적진(대적할 敵 진 칠 陣 : 적의 진영)으로 들어갔다. ²황제는 그 연유(이유 緣 까닭 由 : 까닭)를 알지 못하고 경황실색하며(놀랄 驚 두려울 惶 바꿀 失 얼굴빛 色 : 놀라고 두려워 얼굴색을 바꾸며) 이렇게 물었다.

³"하신(아래 下 신하 臣 : 신하) 중 누가 대적하리요(마주할 對 겨룰 敵 : 맞서 싸우리오)?"

⁴좌우(왼 左 오른 右 : 주변)의 모두가 일제히 아뢰었다(말하였다).

⁵"이제 형세(형세 形 형세 勢 : 일이 되어 가는 형편)가 곤궁하오니(난처할 困 궁할 窮 : 이러지도 저러지도 못하니 난처하니) 마땅히 항복하기만 같지 못합니다(항복하여야 합니다)."

⁶천자(하늘 天 아들 子 : 황제)가 크게 분하여(분할 憤 : 화가 나) 대답하지 않고 좌우를 돌아보며 말하기를,

"누가 능히 흉적(흉악할 凶 도둑 賊 : 흉악한 도적)을 소멸하고(제거할 掃 없어질 滅 : 없애고) 짐(나 朕 : 임금이 자기를 가리키는 말)의 분을 덜겠는가?"

⁷그러나 하신의 모든 무리가 거의 다 양경의 세력에 들었는지라 누가 대적하겠는가? ⁸급함이 경각(잠깐 頃 시각 刻 : 짧은 시간)에 달리게 되었다.

→ 원이정과 양경은 적에게 사로잡히고, 하신들은 황제에게 항복을 권한다.

2 ¹태자비(클 太 아들 子 태자의 아내 妃 : 황제의 아들의 아내)가 이 시랑(벼슬 이름) 댁에서 조정(조정 朝 조정 庭 : 임금이 나라의 정치를 신하들과 의논하거나 집행하는 곳)에서 (자신을) 모시러 오기를 기다리며 밤낮으로 국가 소식을 탐지하였는데(찾을 探 알 知 : 알아보았는데) 하루는 피난하는(피할 避 난리 難 : 난리를 피해 도망가는) 백성이 길을 막고 울었다. ²태자비가 소애(작을 少 예쁠 艾 : 젊고 예쁜 여자)를 시켜 위로하며 백성에게 물으니 백성이 말하기를,

"양경의 동족(同族)(같을 同 일가 族 : 친족)인 황주, 익주, 서주, 강주, 성주, 형주 도읍이 다 반역하여(배반할 反 배반할 逆 : 황제에게서 나라를 다스리는 권한을 빼앗으려고 해) 조정을 침노하였는데(침노할 侵 빼앗을 擄 : 쳐들어갔는데), 천자께서 몸소(직접 제 몸으로) 공격하시다가 도적에게 패하여 거의 죽게 되셨으니 백성이 당하지 못하여 피난하나이다."

³태자비가 듣고 하늘을 우러러 탄식하며(한탄할 歎 숨 쉴 息 : 한탄하여 한숨을 쉬며) 말하기를,

"전쟁터에는 나라를 일으켜 세울 신하가 없고 양경 같은 소인(소인 小 사람 人 : 마음이 좁고 악한 사람)이 있어 백성을 다 없어지게 하고 임금을 해치니 어찌 통한치(원한 痛 한할 恨 : 몹시 분하고 한스럽지) 아니하리오. ⁴황상이 이제 (흉적과의 싸움을) 친행(親行)하신다(몸소 親 행할 行 : 직접 행하신다) 하니 그 흉적의 세력을 어찌 당하리오. ⁵내 비록 여자이나 한번 소리쳐 역적(배반할 逆 역적 賊 : 반역자)을 깨뜨리고 백성을 건지며(구하며) 임금을 구원하리라(구원할 救 도울 援 : 구하리라)."

→ 태자비는 양경의 동족인 자사들이 반역했다는 말을 듣고 천자를 구하려 한다.

(중략)

3 ¹태자비가 분기충천하여(분할 憤 기운 氣 찌를 衝 하늘 天 : 분한 마음이 하늘을 찌를 듯 격렬하게 북받쳐 올라) 천조검(검의 이름)을 높이 들고 말하기를,

"너희는 어떤 도적이기에 성질이 억세게(심하게) 고집스럽고 사납기가 그지없어(끝이 없어) 우리 황상(임금 皇 임금 上 : 황제)을 이리도 핍박하는가(핍박할 逼 핍박할 迫 : 괴롭게 하는가)? ²나(여기서는 태자비)는 성제(聖帝)(뛰어날 聖 임금 帝 : 어질고 덕이 뛰어난 임금)의

명을 받아 주 씨 강산(주 씨 왕조의 나라)을 구하러 왔으니 나를 대적할 이 있거든 모두 나와 승부를 겨루자."

³하는 소리 진동하니 양주 자사 양운이 소리에 응답하여 크게 소리쳐 말하기를,

[A]
"이제 주 씨의 부조(父祖)(아버지 父 할아버지 祖 : 아버지와 할아버지)가 덕망(덕 德 명성 望 : 어진 행실로 얻은 명성)을 잃어 천하 백성이 도탄(진흙 塗 숯불 炭 : 진구렁에 빠지고 숯불에 탄다는 뜻으로, 생활이 몹시 어려워 고통스러운 지경을 이르는 말)에 들어 눈을 뜨지 못함을 차마 보지 못하여 주 씨를 들어 내쳐서(내쫓아서) 만민(많을 萬 백성 民 : 모든 백성)을 건지고자(구하고자) 하나니, 너는 어떠한 사람이기에 시절 돌아감을 알지 못하고 우리로 하여금 대공(클 大 공 功 : 큰 공적)을 세우지 못하게 하는가?"

⁴태자비가 대답하여 말하기를,

[B]
"자고로(~서부터 自 옛 古 : 예로부터) 신하는 그 위(임금)를 범하지(침범할 犯 : 건드리지) 못하나니, 너희가 주 씨(주 씨 왕조)의 녹(녹 祿 : 벼슬아치에게 나누어 주던 금품을 통틀어 이르는 말)을 먹었으나 임금의 은혜를 갚기는커녕 도리어 이리 하느냐. ⁵옥체(옥 玉 몸 體 : 임금의 몸)를 빌린 임금의 마음은 하해(강 河 바다 海 : 큰 강과 바다)와 같으니 어찌 하늘의 벌이 없겠는가? ⁶급히 항복하면 죄를 용서하려니와, 끝내 하늘 뜻에 순종하지(좇을 順 따를 從 : 순순히 따르지) 않으면 아득히 살아날 길이 없는 곳으로 나아가게 하리니 급히 결단하라."

⁷양운이 노하여(성낼 怒 : 화를 내어) 달려들거늘, 태자비가 맞아 싸워 두 합(싸울 合 : 칼이나 창으로 싸울 때, 칼이나 창이 서로 마주치는 횟수를 세는 단위)에 태자비의 칼이 번뜩하더니 양주 자사 양운의 머리를 베어 칼끝에 꿰어 들고 재주를 자랑하며 쳐들어갔다. ⁸적진에서 양운의 죽음을 보고 또 한 장수가 내닫거늘,

태자비가 바라보니 신장(몸 身 길이 長 : 키)이 구 척(길이 尺 : 길이의 단위. 한 척은 약 30.3cm)이고 얼굴은 수묵(물 水 먹 墨 : 빛이 엷은 먹물)을 갈아 뿌린 듯하고 눈은 커서 세 치(길이의 단위. 한 치는 약 3.03cm) 닷(다섯) 푼(길이의 단위. 한 푼은 약 0.3cm)이나 되었다. ⁹창검(창 槍 칼 劍 : 창과 검)이 엄숙하여(엄숙할 嚴 엄숙할 肅 : 씩씩하고 위엄이 있어) 청천(靑天)(푸를 靑 하늘 天 : 푸른 하늘)의 번개 같으니 이는 황주 자사였다.

¹⁰태자비가 크게 꾸짖어 말하기를,

"이런 도적이 시정(시가 市 마을 井 : 마을)에 있으나 무엇에 쓸 수 있겠는가? ¹¹너와 더불어 대적함이 욕되나(수치스러울 辱 : 부끄럽고 치욕적이나) 위국충신(지킬 衛 나라 國 충성 忠 신하 臣 : 나라를 지키는 충성스러운 신하)이 있는 고로 마지못해 다투니 급히 결단하라." ¹²황주 자사가 크게 노하여 달려들어 태자비와 싸우기를 20여 합이나 승부를 가리지 못했다.

→ 태자비는 양운과의 싸움에서 승리한 뒤, 황주 자사와 맞서 싸운다.

4 ¹이때에 천자가 대상(臺上)(대 臺 위 上 : 대(흙이나 돌을 쌓아 올린 높은 곳)의 위)에서 바라보니 난데없는(갑자기 나타나 어디서 왔는지 알 수 없는) 장군(태자비)이 필마(匹馬)(마리 匹 말 馬 : 한 필의 말)로 들어와 적장을 모두 죽이는 것이었다. ²이를 보고 의아한(의심할 疑 의심할 訝 : 의심스럽고 이상한) 중에 안심되어 말씀하시기를,

"밝으신 하늘이 주 씨 강산(강 江 산 山 : 나라의 영토)을 보전케(지킬 保 온전할 全 : 온전하게 유지하게) 하시도다."

³이어 기뻐하며 일월기(日月旗)(해 日 달 月 기 旗 : 천자가 행차할 때 천자의 위엄을 보이기 위한 깃발)를 둘러 (장군을) 접응하였다(대접할 接 응할 應 : 맞이할 예를 차렸다).

→ 천자는 어떤 장군(태자비)이 적장을 죽이는 것을 보고 의아한 중에 안심한다.

5 ¹태자비가 황주 자사와 싸우기를 30여 합에 결단하지 못하였는데, 문득(갑자기) 태자비가 입은 전포(戰袍)(전쟁 戰 도포 袍 : 장수가 입던 긴 웃옷)의 용두(용 龍 머리 頭 : 용의 머리)에서 청황룡(푸를 靑 누를 黃 용 龍 : 청룡과 황룡. 푸른빛의 용과 누런빛의 용)이 엎드려 있다가 붉은 기운을 토하니(내뿜으니), 삼태호총마(회색빛의 말)가 귀를 세우는 가운데 안개가 자욱하여 양진(두 兩 진 陣 : 서로 대적하는 두 편의 진)을 분별하지 못하였다. ²그런데 문득 태자비의 몸이 공중에 솟구치더니 칼을 들어 황주 자사의 목을 베어 말 아래로 내리치니 누가 감히 당하리오. ³태자비가 드디어 모든 역적을 함몰시키고(함락당할 陷 패망할 沒 : 없애 버리고) 군사는 놓아 보내니, 적진에 잡혀갔던 양경과 원이정의 몸이 살아와서 태자비를 보고 칭송하며(칭찬할 稱 기릴 頌 : 칭찬하며) 말하기를,

"우리들은 대국 도원수와 선봉장이나 재주가 없어 적진에 잡혀 죽게 되었더니 장군의 은혜를 입어 목숨을 보전하고 흉적을 격파하였으니(칠 擊 깨뜨릴 破 : 공격하여 무찔렀으니) 은혜 난망(難忘)이로소이다(어려울 難 잊을 忘 : 잊지 못하겠습니다)."

→ 태자비가 황주 자사를 포함한 모든 역적을 함몰하자 적진에서 풀려난 양경과 원이정이 태자비를 칭송한다.

6 ¹태자비가 한 꾀를 생각하고 이렇게 말하였다.

²"정말 몰랐습니다."

³그러고는 양경을 데리고 천자 계신 곳에 가서 육도(여섯 六 행정 구역 단위 道 : 여섯 개의 도. 여기서는 황주, 익주, 서주, 강주, 성주, 형주) 자사의 머리를 올리니 천자가 크게 기뻐하시며 자리에서 내려와 태자비의 손을 잡으시고 말씀하시었다.

⁴"장군의 충성은 무엇보다도 크니 금수강산(비단 錦 수 繡 강 江 산 山 : 나라 전체)으로도 갚지 못하리라."

⁵태자비가 엎드려 아뢰었다.

⁶"폐하의 홍복(洪福)(클 洪 행복 福 : 큰 행복)이라, 신(신하 臣 : 신하가 임금을 상대하여 자기를 가리키는 말. 여기서는 태자비)이 무슨 공이 있겠습니까?"

⁷천자가 매우 칭찬하자, 태자비가 다시 여쭈어 아뢰었다.

⁸"이제 육도 자사가 죽고 자리가 비었으니 엎드려 바라옵건대 폐하께서는 여섯 자사를 정하여 각각 모든 병사를 다스리게 하옵소서."

⁹이에 천자가 이를 따랐다.

→ 태자비는 꾀를 내어 양경과 원이정을 데려오고, 천자는 태자비를 칭찬한다.

7 ¹이어 태자비가 천자를 모시고 황성(임금 皇 도읍 城 : 황제가 있는 나라의 서울)에 올라왔는데, 남쪽 성문 위에 천자가 전좌한(궁궐 殿 자리 座 : 나랏일을 보러 자리에 앉은) 뒤, 태자비가 황상에게 이렇게 아뢰었다.

²"또한 성 안에 육도 자사의 남은 무리가 무수하오니(없을 無 헤아릴 數 : 매우 많으니) 다시 성에 들어가 반적(叛賊)(배반할 叛 역적 賊 : 역적)을 다 없앤 후 환궁하겠습니다(돌아올 還 대궐 宮 : 대궐로 돌아오겠습니다)."

³천자가 크게 놀라 그대로 윤허하시니(믿음 允 허락할 許 : 허락하시니), 태자비가 즉시 차환(가닥 叉 여자 종 鬟 : 여자 종) 등을 호령하여(명령 號 명령할 令 : 명령하여), 양경과 원이정을 잡아들이라는 소리가 천지를 진동하였다(흔들릴 震 움직일 動 : 울렸다).

→ 천자를 모시고 황성에 온 태자비는 양경과 원이정을 잡아들이려 한다.

- 작자 미상, 「정각록」-

· 중심 내용

흉적과의 싸움 중에 원이정과 양경이 적에게 사로잡히고, 하신들은 천자에게 항복을 권한다. 태자비는 모든 역적을 무찌른 뒤 천자와 함께 황성에 돌아와 양경과 원이정을 잡아들이려 한다.

· 인물 관계도

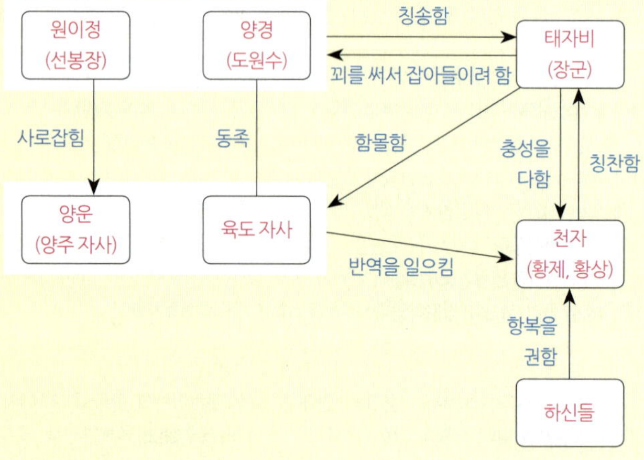

· 전체 줄거리 ([ ] : 지문 내용)

중국 명나라 황제의 후궁(첩. 정식 아내 외에 데리고 사는 여자)인 양귀비의 오빠 양경은 권력을 마음대로 휘두르는 간신이다. 양경은 정욱의 딸인 정 소저를 자신의 아들과 혼인시키려 하지만 정욱에게 거절당한다. 앙심을 품은 양경은 황제에게 말하여 정욱을 전쟁터에 내보낸다. 강제로 양경의 며느리가 될 위기에 처한 정 소저는 죽은 것으로 위장하여 위기를 모면한다. 한편 정 소저를 마음에 품고 있던 태자는 여자로 변장하여 정 소저에게 접근하고, 둘은 가까운 사이가 된다. 태자는 정 소저에게 자신의 정체를 밝힌 후 정 소저를 설득하여 태자비(태자의 아내)로 맞아들인다. 궁중에 들어온 태자비(정 소저)는 황제와 황후(황제의 아내. 태자의 어머니)를 비롯한 궁중 사람들의 사랑을 받는다. 그러던 중 태자비가 임신을 하게 되고, 이에 위기감을 느낀 양귀비는 황제에게 태자와 태자비가 역심(반역할 마음)을 품고 있는 것처럼 모함한다. 또한 양귀비는 자신의 어린 아들이 병으로 죽자 그 죄를 태자비에게 덮어씌운다. 이를 사실이라 믿은 황제는 태자비를 영안궁에 가두어 버린다. 태자비가 아들을 낳자 황제는 황손(황제의 손자)만 데려오게 하고 태자비에게 사약을

내린다. 죽을 위기에 처한 태자비는 태자의 도움으로 본궁 후원에 숨어 살게 된다. 태자는 후원에 자주 찾아가 태자비를 몰래 만나고, 이 때문에 태자비가 살아 있다는 소문이 퍼지게 된다. 황후는 태자와 태자비가 화를 당할까 걱정되어 강문창을 시켜 태자비를 이 시랑의 집에 머무르게 한다. 남장을 한 태자비는 이 시랑의 집에서 지내게 되고, 태자비의 용모와 재주를 눈여겨본 이 시랑은 태자비를 자신의 딸 이요영과 혼인시킨다. 요영은 태자비가 자신과 함께 잠을 자지 않는 것을 수상히 여겨 이 시랑에게 이야기하고, 결국 태자비는 이 시랑에게 자신의 정체를 밝힌다. 한편 양경의 동족인 육도 자사가 반란을 일으키자 황제는 원이정과 양경을 전쟁터로 보낸다. [싸움 중에 원이정과 양경은 일부러 적에게 사로잡히고, 신하들은 황제에게 항복을 권한다. 태자비는 양경의 동족인 자사들이 반역했다는 말을 듣고 황제를 구하러 간다. 태자비가 모든 역적을 함몰하자 적진에서 풀려난 양경과 원이정이 태자비를 칭송하고, 태자비는 그들이 역적인 것을 일부러 모른 척한다. 황성에 온 태자비는 원이정과 양경을 잡아들여] 처형한다. 또한 양귀비를 비롯한 양씨 가족들과 양경과 한패인 무리들을 잡아들여 처형한다. 황제는 태자비를 의심했던 자신의 잘못을 뉘우치고, 정욱과 이 시랑, 강문창에게 높은 벼슬을 내린다. 그리고 태자비의 추천으로 요영은 태자의 후궁이 된다. 황제는 자신의 지위를 태자에게 물려주고 태자와 태자비는 행복을 누린다.

---

018 | 서술상 특징 - 적절한 것 고르기 2023년 9월 학평 39번
정답률 75% | **정답 ③**

윗글에 대한 설명으로 가장 적절한 것은?

인물과 사건에 대해 평가하고
① 서술자가 직접 개입하여 인물을 *희화화하고 있다. * 우스꽝스럽게 표현하고

근거 ❶-7 그러나 하신의 모든 무리가 거의 다 양경의 세력에 들었는지라 누가 대적하겠는가?/ ❺-2 그런데 문득 태자비의 몸이 공중에 솟구치더니 칼을 들어 황주 자사의 목을 베어 말 아래로 내리치니 누가 감히 당하리오.

풀이 '그러나 하신의 모든 무리가 ~ 누가 대적하겠는가'와 '그런데 문득 태자비의 ~ 누가 감히 당하리오.'에서 서술자가 개입하여 인물과 사건에 대한 자신의 생각을 드러내고 있다. 서술자가 개입하여 인물을 희화화하고 있지는 않다.

→ 적절하지 않음!

■ 서술자가 직접 개입하여 인물을 희화화하는 작품

· 작자 미상, 「흥부전」 (2015학년도 6월 모평A)

슬근슬근 칠팔 번이나 타다가 놀부 부부 궁금증이 또 나서 톱을 멈추고 양편에 마주 앉아 들여다보니 별안간 박 속에서 모진 바람이 쏘아 나오며 벼락같은 소리가 나더니 똥 줄기가 무자위(물을 높은 곳으로 퍼 올리는 기계) 줄기처럼 내쏘는지라. 놀부 부부가 똥 벼락을 맞고 나동그라지며 똥 줄기는 천군만마(수많은 군사와 말)가 달려 나오는 듯 태산을 밀치고 바다를 메울 듯 삽시간에 놀부 집 안팎채(안팎에 있는 집)에 가득하니 놀부 부부 온몸이 황금 덩이가 되어 달아나 멀찍이서 바라보니 온 집안이 똥에 묻혔는지라. 만일 왕십리 거름 장사가 알게 되면 한밑천 잡게 되었더라.

→ 놀부의 온 집안이 똥에 묻힌 상황에서 '만일 왕십리 거름 장사가 알면 한밑천 잡게 되었더라.'라는 서술자의 개입을 통해 똥 벼락을 맞은 놀부 부부의 상황을 희화화하고 있다.

순행적
② *역순행적 구성을 통해 사건의 **인과 관계를 밝히고 있다.
* 현재에서 과거로 거슬러 가는 구성 ** 원인과 결과

풀이 윗글은 시간의 흐름에 따라 사건을 전개하는 순행적 구성을 통해 흉적이 반역을 일으키게 된 원인과 결과를 밝히고 있다. 따라서 역순행적 구성을 통해 사건의 인과 관계를 밝히고 있다는 설명은 적절하지 않다.

→ 적절하지 않음!

■ 역순행적 구성을 통해 사건의 인과 관계를 밝히는 작품

· 이청준, 「눈길」 (2017년 고1 9월 학평)

아내는 마침내 내가 가장 거북스럽게(불편하게) 시선을 피해오던 곳으로 화제를 끌어들이고 있었다. 바로 그 옷궤(옷장) 이야기였다. (현재) 십칠팔 년 전, 고등학교 1학년 때였다. 술버릇이 점점 사나워져 가던 형이 전답을 팔고 선산을 팔고, 마침내는 그 아버지 때부터 살아온 집까지 마지막으로 팔아넘겼다는 소식이 들려왔다. K시에서 겨울 방학을 보내고 있던 나는 도대체 일이 어떻게 되어 가는지나 알아보고 싶어 옛 살던 마을엘 찾아가 보았다. ~ 그날 밤 노인('나'의 어머니)은 옛날과 똑같이 저녁을 지어 내왔고, 그날 밤을 거기서 함께 지냈다. ~ 노인은 그렇게 나에게 저녁밥 한 끼를 지어 먹이고 마지막 밤을 지내게 해주고 싶어, 새 주인의 양해를 얻어 그렇게 혼자서 나를 기다리고 있었다 했다. ~ 그날 밤 그 옷궤 한 가지로나마 옛집의 분

위기를 되살려 내 괴로운 잠자리를 위로하고 싶었음에 분명한 물건이었다. (과거) ~ 이번에도 물론 마찬가지였다. 노인의 방을 들어선 순간에 벌써 기분을 불편스럽게 해오던 옷궤였다. (현재)
→ 현재, 과거, 현재로 이어지는 역순행적 구성을 통해 '나'가 옷궤를 불편해하는 이유가 어머니의 사랑이 떠오르기 때문임을 밝히고 있다.

✔ ③ *전기적 요소를 활용하여 비현실적인 장면을 부각하고 있다. * 비현실적
근거 ❺-1~2 문득 태자비가 입은 전포의 용두에서 청황룡이 엎드려 있다가 붉은 기운을 토하니, 삼태호총마가 귀를 세우는 가운데 안개가 자욱하여 양진을 분별하지 못하였다. 그런데 문득 태자비의 몸이 공중에 솟구치더니 칼을 들어 황주 자사의 목을 베어 말 아래로 내리치니 누가 감히 당하리오.
풀이 황주 자사와의 전투에서 태자비가 입은 전포의 청황룡이 붉은 기운을 토하고 안개가 자욱해지는 장면, 태자비의 몸이 공중에 솟구치는 장면에서 전기적 요소를 활용하여 비현실성을 부각하고 있다.

→ 적절함!

인물의 영웅적 면모를
④ 공간을 환상적으로 *묘사하여 인물의 **내적 갈등을 보여 주고 있다.
* 표현하여 ** 내면에서 일어나는 갈등
근거 ❺-1 태자비가 입은 전포의 용두에서 청황룡이 엎드려 있다가 붉은 기운을 토하니, ~ 안개가 자욱하여 양진을 분별하지 못하였다.
풀이 태자비가 입은 전포의 청황룡이 붉은 기운을 토하자 안개가 자욱해지는 전장의 모습에서 공간의 환상적 묘사가 드러난다고 볼 수 있다. 그러나 이는 태자비의 영웅적 면모를 드러낼 뿐, 인물의 내적 갈등을 보여 주고 있지는 않다.

→ 적절하지 않음!

■ 공간을 환상적으로 묘사하여 인물의 내적 갈등을 보여 주는 작품
• 김만중, 「구운몽」 (2007학년도 6월 모평, 2014학년도 6월 모평A)
승상이 말하기를, "사부는 어찌하면 저로 하여금 춘몽(꿈)을 깨게 하실 수 있나이까?" 노승(나이 많은 승려)이 이르기를 "이는 어렵지 않다." 하고 손에 잡고 있던 지팡이를 들어 돌난간을 두어 번 두드렸다. 갑자기 네 골짜기에서 구름이 일어나 누각 위를 뒤덮어 지척(가까운 곳)을 분별하지(구별하지) 못하였다. 승상이 정신이 아득하여 마치 꿈속에 있는 듯하다 소리를 질러 말하기를, "사부는 어찌하여 정도(正道)(올바른 방법으로)로 소유(승상)를 인도하지 아니하고 환술(幻術)(눈을 속이는 요술)로써 희롱하시나이까(놀리십니까)?"
→ 구름이 누각 위를 뒤덮어 지척을 분별하지 못하는 부분에서 공간을 환상적으로 묘사하여 사부의 도술에 혼란스러워하는 소유의 내적 갈등을 보여 주고 있다.

⑤ 장면에 따라 서술자를 달리하여 사건을 *입체적으로 드러내고 있다. * 다양한 측면으로
풀이 윗글은 작품 밖에 있는 전지전능한 서술자가 사건을 전달하는 전지적 작가 시점이 일관되게 나타난다. 따라서 장면에 따라 서술자를 달리하여 사건을 입체적으로 드러내고 있다는 진술은 적절하지 않다.

→ 적절하지 않음!

■ 장면에 따라 서술자를 달리하여 사건을 입체적으로 드러내는 작품
• 성석제, 「투명 인간」 (2022년 고1 9월 학평)
오빠(만수)가 그 여자(진주)를 데리고 와서 주방을 맡기라고 했을 때는 억장이 무너지는 것 같았다(무척 괴로웠다). 튀김, 어묵, 떡볶이 같은 아이들 주전부리(군것질) 음식 파는 가게 크기라는 게 어른 세 사람만 서 있어도 꽉 차는데 어떻게 사람을 들이라는 것인가. (서술자 : 만수의 여동생) ~ 처남(만수)이 착하다는 건 인정한다. 성실하기도 했다. 그런데 방향이 틀렸다. 같이 해야 할 일은 같이 열심히 하겠지만 싸울 일은 싸워서 해결해야 하지 않는가. 또 싸울 때도 상대를 제대로 골라서 싸워야지 제 편, 제 식구에게 피해를 입혀 가며 제 살 깎아 먹기 식으로 하는 건 나부터 용납할 수 없었다. (서술자 : 만수 여동생의 남편)
→ 전반부의 서술자는 만수의 여동생, 후반부의 서술자는 만수 여동생의 남편이다. 장면에 따라 서술자가 달라지면서 만수가 진주로 하여금 여동생의 분식집을 돕도록 한 사건을 입체적으로 드러내고 있다.

---

019 | 내용 이해 – 적절하지 않은 것 고르기 2023년 9월 학평 40번
정답률 55%, 매력적 오답 ④ 25%, ③ 10%   정답 ②

윗글에 대한 이해로 적절하지 않은 것은?

① 도원수 양경은 적과 싸우는 척하다 일부러 적진에 잡혀갔다.
근거 ❶-1 도원수 양경이 내달아 적을 상대하더니 물러나며 두어 번 싸우는 척하다가 실수하여 사로잡히는 체하고 적진으로 들어갔다.
풀이 도원수 양경이 적과 두어 번 싸우는 척하다가 사로잡힌 체했다고 한 것을 통해 양경이 일부러 적진에 잡혀간 것을 알 수 있다.

→ 적절함!

권했다
✔ ② 하신의 무리들은 전장의 형세를 이유로 천자의 항복을 *만류했다. * 못 하게 말렸다
근거 ❶-2~5 황제(천자)는 그 연유를 알지 못하고 경황실색하며 이렇게 물었다. "하신 중 누가 대적하리요?" 좌우의 모두가 일제히 아뢰었다. "이제 형세가 곤궁하오니 마땅히 항복하기만 같지 못하옵니다."
풀이 천자가 하신들에게 누가 적과 대적할 것인지를 묻자 하신들은 전장의 형세를 이유로 천자에게 항복을 권했다. 천자가 적에게 항복하려고 하지 않았고, 하신의 무리들이 천자의 항복을 만류하지도 않았다.

→ 적절하지 않음!

③ 태자비는 이 시랑 댁에서 지내며 나라의 상황을 알기 위해 노력하였다.
근거 ❷-1 태자비가 이 시랑 댁에서 조정에서 모시러 오기를 기다리며 밤낮으로 국가 소식을 탐지하였는데
풀이 태자비는 이 시랑 댁에서 밤낮으로 국가의 소식을 탐지하였다고 하였으므로 태자비가 나라의 상황을 알기 위해 노력하였다는 것은 적절하다.

→ 적절함!

④ 천자는 전장에 말을 타고 나타난 장군이 태자비임을 알아보지 못했다.
근거 ❹-1~2 천자가 대상에서 바라보니 난데없는 장군이 필마로 들어와 적장을 모두 죽이는 것이었다. 이를 보고 의아한 중에 안심되어 말씀하시기를, "밝으신 하늘이 주 씨 강산을 보전케 하시도다."
풀이 천자는 전장에 말을 타고 나타나 적장을 모두 죽이는 장군을 보고 의아해하였으므로 장군이 태자비임을 알아보지 못했음을 알 수 있다.

→ 적절함!

⑤ 태자비는 천자에게 반적을 없앤 후 환궁하겠다는 의사를 밝혔다.
근거 ❼-1~2 태자비가 황상(천자)에게 이렇게 아뢰었다. "또한 성 안에 육도 자사의 남은 무리가 무수하오니 다시 성에 들어가 반적을 다 없앤 후 환궁하겠습니다."
풀이 태자비는 천자에게 성 안에 육도 자사의 남은 무리가 무수하다며 반적을 다 없앤 후 환궁하겠다고 하였으므로 적절하다.

→ 적절함!

---

020 | 말하기 방식 – 적절한 것 고르기 2023년 9월 학평 41번
정답률 75%   정답 ⑤

[A]와 [B]에 대한 설명으로 가장 적절한 것은?

[A] ❸-3 "이제 주 씨의 부조가 덕망을 잃어 천하 백성이 도탄에 들어 눈을 뜨지 못함을 차마 보지 못하여 주 씨를 들어 내쳐서 만민을 건지고자 하나니, 너는 어떠한 사람이기에 시절 돌아감을 알지 못하고 우리로 하여금 대공을 세우지 못하게 하는가?"
[B] ❸-4~6 "자고로 신하는 그 위를 범하지 못하나니, 너희가 주 씨의 녹을 먹었으나 임금의 은혜를 갚기는커녕 도리어 이리 하느냐. 옥체를 빌린 임금의 마음은 하해와 같으니 어찌 하늘의 벌이 없겠는가? 급히 항복하면 죄를 용서하려니와, 끝내 하늘 뜻에 순종하지 않으면 아득히 살아날 길이 없는 곳으로 나아가게 하리니 급히 결단하라."

① [A]와 [B]는 모두 자신의 처지를 *하소연하며 상대의 **동정심을 불러일으키고 있다.
* 말하며 ** 남의 어려운 처지를 안타깝게 느끼는 마음
풀이 [A]와 [B]는 모두 상대의 잘못을 비판하고 있을 뿐, 자신의 처지를 하소연하며 상대의 동정심을 불러일으키고 있지 않다.

→ 적절하지 않음!

② [A]는 [B]와 달리 실행을 위한 *방안을 요구하며 상대의 제안을 **수용하지 않고 있다. * 방법 ** 받아들이지
풀이 [A]는 자신을 방해하는 태자비를 질책하고 있을 뿐, 실행을 위한 방안을 요구하며 상

V
고전
소설

대의 제안을 수용하지 않고 있지 않다.

→ 적절하지 않음!

③ [B]는 [A]와 달리 상대의 의도를 *추측하며 자신이 해야 할 일을 계획하고 있다.
　* 미루어 생각하며
　풀이 [B]는 상대인 양운의 의도를 이미 알고 있으므로 상대의 의도를 추측하고 있다고 볼
　수 없다. 또한 상대가 자신의 말을 받아들이지 않으면 살아남지 못할 것이라고 경고
　하고 있을 뿐, 자신이 해야 할 일을 계획하고 있지 않다.

→ 적절하지 않음!

④ [A]는 *성인의 말을 인용하여, [B]는 역사적 사실에 빗대어 자신이 처한 상황을 드러
내고 있다. ＊ 지혜와 덕이 매우 뛰어나 길이 우러러 본받을 만한 사람
　풀이 [A]는 성인의 말을 인용하여 자신이 처한 상황을 드러내고 있지 않다. [B]는 예로부
　터 신하는 임금을 범하지 못한다는 사실을 들고 있으나, 역사적 사실에 빗대어 자신
　이 처한 상황을 드러내고 있지는 않다.

→ 적절하지 않음!

⑤ [A]는 자신의 행동이 *정당함을 말하며, [B]는 상대가 지켜야 할 태도의 **당위성을
내세우며 상대의 행동을 비판하고 있다.
　* 이치에 맞아 올바르고 마땅함 ** 마땅히 그렇게 하여야 함
　풀이 [A]는 도탄에 빠진 백성을 구하기 위해 천자를 몰아내려는 자신의 행동이 정당하다
　고 말하며 자신을 막는 태자비의 행동을 비판하고 있다. [B]는 신하로는 마땅히 임금
　을 따라야 한다는 당위성을 내세워 반역을 일으킨 양운의 행동을 비판하고 있다.

→ 적절함!

1등급 문제

021 감상의 적절성 – 적절하지 않은 것 고르기 2023년 9월 학평 42번
정답률 55%, 매력적 오답 ② 15%, ③, ④, ⑤ 10%　　**정답 ①**

＜보기＞를 바탕으로 윗글을 감상한 내용으로 적절하지 않은 것은? [3점]

> | 보기 |
> [1]「정각록」은 여성 영웅 소설로, 주인공 정 소저(태자비)는 백성들에게 인정(사람 人 마
> 음 情 : 따뜻한 마음)을 베풀어야 한다는 신념(믿을 信 생각 念 : 굳은 믿음)을 지니고, 유교 이
> 념(이치 理 생각 念 : 사상)을 구현하기(갖출 俱 드러낼 現 : 드러내기) 위해 신하로서의 도리(도
> 리 道 도리 理 : 사람이 어떤 입장에서 행해야 할 바른길)를 다하는 인물로 그려진다. [2] 태자비
> 가 된 정 소저는 국가 위기를 초래하는 반역 세력을 숙청함(엄할 肅 분명할 淸 : 처벌함)으
> 로써 현(지금 現 : 현재의) 체제(체제 體 규정 制 : 사회의 상태)를 유지하고 국가 질서를 수호
> 하려고(지킬 守 보호할 護 : 지키고 보호하려고) 한다. [3] 이처럼 이 작품은 여성을 영웅적 인물
> 로 설정하여 국가적 위기를 해결하는 주체적인(주체 主 몸 體 ~의 的 : 자유롭고 자주적인)
> 인물로 그려 내고 있다.

① 태자비가 양경과 원이정의 '목숨을 보전'해 주는 것에서, 정 소저는 백성들에게 인정을
베풀어야 한다는 신념을 지니고 있는 인물로 볼 수 있겠군.
　근거 ❷-3 "양경 같은 소인이 있어 백성을 다 없어지게 하고 임금을 해치니 어찌 통한치
　아니하리오./ ❺-3~❻-2 적진에 잡혀갔던 양경과 원이정의 몸이 살아와서 태자비
　를 보고 칭송하며 말하기를, "우리들은 대국 도원수와 선봉장이나 재주가 없어 적진
　에 잡혀 죽게 되었더니 장군의 은혜를 입어 목숨을 보전하고 흉적을 격파하였으니
　은혜 난망이로소이다." 태자비가 한 꾀를 생각하고 이렇게 말하였다. "정말 몰랐습
　니다."/ ❼-2~3 "또한 성 안에 육도 자사의 남은 무리가 무수하오니 다시 성에 들어
　가 반적을 다 없앤 후 환궁하겠습니다. ~ 태자비가 즉시 차환 등을 호령하여, 양경
　과 원이정을 잡아들이라는 소리가 천지를 진동하였다.
　풀이 태자비는 '양경'을 백성을 없어지게 하고 임금을 해치는 소인이라고 칭하였으며, 마
　지막 부분에서 양경과 원이정을 잡아들이라고 호령하고 있다. 이를 통해 태자비가
　양경과 원이정을 역적으로 인식하고 있으며, 이들의 '목숨을 보전'해 준 것은 남은 반
　적의 무리를 모두 잡아들이기 위한 태자비의 계략으로 볼 수 있다.

→ 적절하지 않음!

② 태자비가 '조정을 침노'한 반역 무리를 *응징하려고 하는 것에서, 정 소저는 현 체제를
유지하고 국가 질서를 수호하고자 한다고 볼 수 있겠군.
　* 잘못을 깨우쳐 뉘우치도록 벌을 내리려고
　근거 ＜보기＞-2 태자비가 된 정 소저는 국가 위기를 초래하는 반역 세력을 숙청함으로써
　현 체제를 유지하고 국가 질서를 수호하려고 한다.
　❷-2~5 "양경의 동족인 황주, 익주, 서주, 강주, 성주, 형주 도읍이 다 반역하여 조정
　을 침노하였는데, ~ 태자비가 듣고 하늘을 우러러 탄식하며 ~ 내 비록 여자이나 한
　번 소리쳐 역적을 깨뜨리고 백성을 건지며 임금을 구원하리라."

　풀이 태자비는 반역을 일으켜 '조정을 침노'한 무리를 깨뜨려 백성을 구하고 임금을 구원
　하려 한다. 이를 통해 정 소저가 천자의 왕권이 지속되는 현 체제를 유지하고 국가 질
　서를 수호하고자 함을 알 수 있다.

→ 적절함!

③ 태자비가 *전장에 나가 '모든 역적을 함몰'시킨 것에서, 정 소저는 국가적 위기를 해결
할 수 있는 영웅적 능력을 지니고 있는 인물로 볼 수 있겠군. * 전쟁터
　근거 ＜보기＞-3 이 작품은 여성을 영웅적 인물로 설정하여 국가적 위기를 해결하는 주체
　적인 인물로 그려 내고 있다.
　❸-7 태자비의 칼이 번뜩하더니 양주 자사 양운의 머리를 베어 칼끝에 꿰어 들고 재
　주를 자랑하며 쳐들어갔다./ ❺-2~3 태자비의 몸이 공중에 솟구치더니 칼을 들어
　황주 자사의 목을 베어 말 아래로 내리치니 누가 감히 당하리오. 태자비가 드디어 모
　든 역적을 함몰시키고
　풀이 태자비는 전장에서 영웅적 능력을 발휘하여 양운과 황주 자사를 포함한 '모든 역적
　을 함몰'시킨다. 이를 통해 정 소저가 국가적 위기를 해결할 수 있는 영웅적 능력을
　지니고 있는 인물임을 알 수 있다.

→ 적절함!

④ 태자비가 '내 비록 여자이'지만 적진에 나서 싸우겠다고 말하는 것에서, 정 소저는 주
체적으로 판단하고 행동하는 여성으로 볼 수 있겠군.
　근거 ＜보기＞-3 이 작품은 여성을 ~ 주체적인 인물로 그려 내고 있다.
　❷-5 내 비록 여자이나 한번 소리쳐 역적을 깨뜨리고 백성을 건지며 임금을 구원하
　리라."
　풀이 태자비가 '내 비록 여자이'지만 역적과 싸워 백성과 임금을 구하겠다고 마음먹은 것
　에서 정 소저가 주체적으로 판단하고 행동하는 여성임을 알 수 있다.

→ 적절함!

⑤ 태자비가 '임금을 구원하'기 위해 전장에 직접 나가 싸우는 것에서, 정 소저는 유교 이
념을 구현하기 위해 신하로서의 도리를 다하려 한다고 볼 수 있겠군.
　근거 ＜보기＞-1 정 소저는 ~ 유교 이념을 구현하기 위해 신하로서의 도리를 다하는 인물
　로 그려진다.
　❷-5~❸-1 내 비록 여자이나 한번 소리쳐 역적을 깨뜨리고 백성을 건지며 임금을
　구원하리라." 태자비가 분기충천하여 천조검을 높이 들고 말하기를, "너희는 어떤
　도적이기에 성질이 억세게 고집스럽고 사납기가 그지없어 우리 황상을 이리도 핍박
　하는가?/ 4 "자고로 신하는 그 위를 범하지 못하나니, 너희가 주 씨의 녹을 먹었으나
　임금의 은혜를 갚기는커녕 도리어 이리 하느냐.
　풀이 태자비는 임금의 은혜를 갚아야 한다는 유교 이념을 바탕으로 위기에 처한 '임금을
　구원하'기 위해 역적들과 싸운다. 이를 통해 정 소저가 유교 이념을 구현하기 위해 신
　하로서의 도리를 다하려 함을 알 수 있다.

→ 적절함!

V 고전소설

2. 영웅 소설 ❷

[022~025] 다음 글을 읽고 물음에 답하시오.

1 ¹㉠황성(임금 皇 도읍 城 : 황제가 있는 나라의 서울)에 병란(兵亂)(싸움 兵 어지러울 亂 : 나라 안의 싸움)이 일어났고, 살기(殺氣)(죽일 殺 기운 氣 : 남을 해치거나 죽이려는 무시무시한 기운)가 등등하며(오를 騰 오를 騰 : 높고), 천자(하늘 天 아들 子 : 황제)는 피신한(피할 避 몸 身 : 위험을 피하여 몸을 숨긴) 모양이라. ²국진은 재빨리 방으로 들어와 무장(전술 武 행장 裝 : 전투에 필요한 장비)을 갖추고, 머리에 황금 투구(군인이 전투할 때 머리를 보호하는 모자)를 쓰고, 몸에 풍운갑(갑옷의 이름)을 입고, 좌수(왼 左 손 手 : 왼손)에 절륜도(검의 이름)와 우수(오른 右 손 手 : 오른손)에 청학선(푸를 靑 학 鶴 부채 扇 : 손잡이가 날개를 편 푸른 학의 모양으로 생긴 부채), 이런 식으로 무장(전술 武 행장 裝 : 전투에 필요한 장비)을 갖추자 잠시도 지체없이(늦추지 않고) 말에 뛰어오르리라.

³그리하여 국진은 필마단기(匹馬單騎)(마리 匹 말 馬 혼자 單 말 탈 騎 : 혼자 한 필의 말을 타고) 나는 듯이 달렸고, 달리면서도 자기의 중대한 임무(나라를 위기에서 구하는 일)를 잊지 않은 터라. ⁴그의 빛나는 준마(준마 駿 말 馬 : 빠르게 잘 달리는 말)는 순식간에 그(국진)를 황성으로 옮겨 주니, 그의 마음과 몸과 말은 실로 혼연일체(뒤섞일 渾 그럴 然 하나 一 몸 體 : 하나)가 된 듯하더라.

⁵아니나 다르랴, 그가 읽은 천기(하늘 天 기운 氣 : 하늘에 나타난 조짐)는 정확하였으니, 달마국의 수십만 대군은 명나라 군을 무찔러 없애고, 이때 황성으로 쳐들어와 황성의 운명은 경각(잠깐 頃 때 刻 : 아주 짧은 순간)에 달하였으니(달렸으니), 국진은 즉시 궐내(대궐 闕 안 內 : 대궐 안)로 들어가 어전(다스릴 御 앞 前 : 천자 앞)에 꿇어 엎드려 가로되,

[A]

⁶"소신(작을 小 신하 臣 : 신하가 임금을 상대하여 자기를 낮추어 이르던 말. 여기서는 국진)이 중임(무거울 重 책무 任 : 중대한 임무. 서주 어사로서의 임무(전체 줄거리 참고))을 맡아 원방(遠方)(멀 遠 곳 方 : 먼 곳)에 갔사와 폐하께 근심(걱정)을 끼쳤사오니 이것은 모두가 신의 죄인 줄로 아뢰오. ⁷적병(대적할 敵 병사 兵 : 적의 병사)을 파한(부술 破 : 무찌른) 후에 죄를 당하여지이다(죄에 대한 벌을 받겠다는 의미)."

하고 아뢰더라.

⁸절망한 천자는 그것이 누군가 처음에는 잘 모르시는 듯하다가 장국진이라는 것을 아시자 놀라시며, 계하(층계 階 아래 下 : 계단 아래)로 뛰어내려가 그의 손을 잡고 반가워서 어쩔 줄을 몰라 하시며,

[B]

⁹"경(벼슬 卿 : 임금이 신하를 가리키던 말. 여기서는 국진)이 있었으면 무슨 근심을 하리오. ¹⁰경은 힘을 다하여 사직(社稷)(모일 社 합할 稷 : 나라)을 안보(安保)하고(편안할 安 보호할 保 : 보호하고) 짐(임금이 자신을 가리키는 말)의 근심을 덜라."

하고는 눈물을 뿌리며 애걸하듯이(슬플 哀 빌 乞 : 애원하듯이) 하교하시더라(임금 下 명령할 敎 : 명령을 내리시더라).

→ 달마국이 황성을 쳐들어오자 국진은 천자께 나아가 적병을 물리치겠다고 약속한다.

2 ¹적(달마국)은 어느새 도성(도읍 都 도시 城 : 서울)에 다다르고 도성의 백성들은 아우성치니, 이는 지옥을 상상하게 하더라. ²그것은 도무지 구할 도리(방법 道 이치 理 : 방법)가 없는 완전한 파멸(파괴할 破 없어질 滅 : 파괴되어 없어짐)을 보는 듯하더라. ³이것을 어느 누구의 힘으로 구원하여(구원할 救 도울 援 : 구하여) 밝은 빛을 뿌려 터인가(뿌릴 것인가).

⁴국진은 다시 말에 오르자, 한 손에 절륜도, 또 한 손에 청학선을 흔들며 성문을 빠져나가 물밀 듯 밀려드는 수십만 ㉡적군의 진영(진 陣 칠陣 진영 營 : 군대가 진을 치고 있는 곳)으로 비호(날 飛 범 범 虎 : 나는 듯이 빠르게 달리는 호랑이)처럼 달리더라. ⁵그(국진)의 절륜도가 닿는 곳마다 번갯불이 번쩍 일더니 적장(대적할 敵 장수 將 : 적의 장수)과 적 군사는 추풍낙엽(가을 秋 바람 風 떨어질 落 낙엽 葉 : 가을바람에 떨어지는 나뭇잎)같이 쓰러지니, 적군에게는 전혀 예상하지 못한 일대(하나 一 클 大 : 아주 광장한) 혼란이 일더라. ⁶그들의 시체는 산을 이루고 피가 바다를 이루면서 (적군이) 물러가니라.

→ 국진은 도성에 다다른 달마국의 적병을 단숨에 물리친다.

3 **[중략 줄거리]** ¹국진은 달마국을 정벌하기로 결심하고 이를 위해 전장(전쟁 戰 장소 場 : 전쟁터)으로 떠난다. ²달마국은 천원국과 합력하여(모을 合 힘 力 . 힘을 입하어) 국신을 내석한다(대할 對 겨룰 敵 : 맞서 겨룬다).

³결국 국진이 병을 얻어 누운(일어나지 못하는) 것도 당연한 이치일 터라. ⁴이것(국진이 병을 얻어 누운 것)은 전투 중에 치명적인 일로, 국진은 군중(군대 軍 안 中 : 군대 안)에 엄명(엄

할 嚴 명령 命 : 엄한 명령)을 내려 진문(진 陣 문 門 : 진영으로 드나드는 문)을 굳게 닫게 하고 이 어려운 지경을 어찌 구할 것인지 궁리(연구할 窮 이치 理 : 깊은 생각)에 궁리를 더하더라. ⁵적은 몇 번이고 (진문을 깨뜨리려고) 도전하니, 이쪽의 진(국진의 진영) 앞에서 호통(큰소리)을 지르곤 하더라. ⁶그러나 국진의 진(진영)에서 아무런 답이 없자 백운도사와 오금도사는 장국진에게 중대한 곡절(굽을 曲 꺾을 折 : 복잡한 사정)이 있음을 의심하기 시작하더라.

⁷며칠이 지나도 국진의 **신병**(몸 身 병 病 : 몸에 생긴 병)**은 조금도 차도**(나을 差 정도 度 : 병이 나아가는 정도)가없으니, 이 위급함을 무엇으로 해결하여야 한단 말인가.

→ 국진이 병을 얻어 진문을 닫자 백운도사와 오금도사는 의심을 품는다.

4 ¹이때 어려서부터 닦아 온 천문지리(하늘 天 학문 文 땅 地 학문 理 : 천문과 지리)가 누구보다 능통한(능할 能 통할 通 : 막힘없이 훤히 아는) 이 부인(국진의 아내)이 천기(하늘 天 기운 氣 : 하늘에 나타난 조짐)를 보고 있던 터라, 남편(국진)의 이런(병이 든) 사실을 깨닫고는 놀라움을 금치 못하더라. ²더욱이 옆에 있던 유 부인(국진의 아내) 역시 남편의 위험에 애통해슬플 哀 아플 痛 : 슬퍼하고 가슴 아파) 하니, 장 승상(국진의 아버지)이나 왕씨(국진의 어머니)도 이 소식을 듣고 달려와 울 따름이더라. ³육도삼략(중국의 병서(전쟁하는 방법에 대해 쓴 책)인 육도와 삼략)과 손오병법(중국의 손무와 오기가 쓴 병서)에도 능통한 이 부인은 생각 끝에 결연히(결단할 決 그럴 然 : 확고한 마음가짐으로) 일어서더니, ㉢달마국 전장으로 달려가 병을 앓는 남편을 구하고 이 싸움을 결단 지으리라 결심하더라.

⁴이 부인은 즉시 남장을 하고 머리에 용인 투구(용 龍 비늘 鱗 : 용의 비늘 모양으로 만든 투구)를 쓰고, 몸에 청사(푸를 靑 실 絲 : 푸른 실) 전포(전투 戰 옷웃 袍 : 군사를 거느리는 장수가 입던 긴 웃옷)를 입고, 왼손에 비린도(검의 이름), 오른손에 홀기(홀 笏 기록할 記 : 임금에게 보고할 사항을 적은 글)를 들고, 시부모와 유 부인과 주위 사람들에게 이별을 고하고(알리고) 필마단기로(마리 匹 말 馬 혼자 單 말 탈 騎 : 혼자 한 필의 말을 타고) 달마국을 향하여 ㉣집을 떠나리라.

→ 국진의 위기를 알게 된 이 부인은 남장을 하고 국진을 구하기 위해 집을 떠난다.

5 ¹유 부인은 멀리 전송(보낼 餞 보낼 送 : 예를 갖추어 떠나보냄)을 나와 이 부인의 전도(앞 前 길 途 : 앞길)를 근심하며, 봉서(봉할 封 편지 書 : 편지) 한 통과 바늘 한 쌍을 유 부인의 품속에서 내어 주더라.

²그리고 이 부인에게 말하되,

"이것(봉서와 바늘)을 가지고 동정호(중국 후난성에 있는 호수) 물 건널 제 물에 던지면 용왕 부인이 (용궁에) 청할(부를 請 : 초대할) 것이니, 들어가 보옵소서. ³동정호 용왕은 첩(여기서는 유 부인)의 전생 부모이니 부모가 보오면 반가워할 터요, 이제 가장 좋은 선약(仙藥)(신선 仙 약 藥 : 효험이 좋은 약)을 얻어 가야 승상(벼슬 이름. 여기서는 국진)의 목숨을 구할 것이오. ⁴다음은 선녀 한 쌍(두 명)을 얻어 가야 천원 왕과 달마 왕을 잡으리라."

하니, 이 부인은 그것(봉서와 바늘)을 받아 가지고 질풍(빠를 疾 바람 風 : 빠른 바람)처럼 달리더라.

⁵동정호에 왔을 때 이 부인은 유 부인이 시킨 대로 하여 ㉤용궁에 인도되어(이끌 引 안내 導 : 안내되어) 들어가자, 용왕 내외(안 內 바깥 外 : 부부)가 반가워하며 만년주(萬年酒)(많을 萬 해 年 술 酒 : 오래 살 수 있는 술)를 권하더라. ⁶그리고는 유 부인의 말대로 선약과 선녀 한 쌍을 이 부인에게 내리시며,

"천원 왕과 달마 왕은 욕이나 뵈옵되(고생시키되) 죽이지는 마옵소서. ⁷두 사람(천원 왕과 달마 왕)은 천상 선관(신선 仙 벼슬 官 : 벼슬살이를 하는 신선)으로 인간(인간 세상)에 적거(謫居)하였으니(귀양 갈 謫 살 居 : 귀양살이를 하고 있으니), 만일(천원 왕과 달마 왕을) 죽이면 일후(날 日 뒤 後 : 후일)에 원(怨)(원망할 怨 : 불평을 품고 미워함)이 되리라."

하고 교시하더라(가르칠 敎 보일 示 : 알려 주더라).

⁸또한 용왕 부인은 선녀들에게 분부하여(나눌 分 맡길 付 : 명령을 내려) **이 부인을 잘 모시고 가서 공**(功 : 성과)**을 이루라고 특별히 당부하더라.**

⁹이렇게 하여 이 부인은 용궁에서 나와 전장으로 질풍같이 달려가니, 마음이 든든하기만 하더라.

→ 이 부인은 유 부인의 도움으로 용왕 내외를 만나 선약과 선녀 한 쌍을 얻는다.

6 ¹이때 명나라 진영(진 칠陣 진영 營 : 군대가 진을 치고 있는 곳)은 **적병들**(달마국과 천원국의 군사들)에 의해 완전히 **포위되고**(감쌀 包 에워쌀 圍 : 둘러싸여) 있었으며, 진문(진 陣 문 門 : 진영으로 드나드는 문)은 열지 않고 굳게 닫혀 있었으니, 적병은 이것(진문)을 깨칠(깨뜨릴) 속

V 고전소설

셈으로 그 준비에 **분주하더라**(달릴 奔 달릴 走 : 바쁘더라). [2]**명나라 군의 운명은 경각**(잠깐 頃 때 刻 : 아주 짧은 순간)에 있음이더라.

[3]이를 본 이 부인은 잠시도 **지체할**(늦을 遲 머무를 滯 : 시간을 끌) 여유가 없으니, 투구를 고쳐 쓰고, 비린도를 높이 들어 **만리청총**(일 만 萬 리 里 푸를 靑 청총마 驄 : 매우 빨리 달리는, 갈기와 꼬리가 푸른 흰말)의 **고삐**(말의 재갈에 잡아매어, 몰거나 부릴 때 손에 잡고 끄는 줄)를 바싹 쥐어 잡고, 좌우에 따라온 선녀들은 앞에 서서 길을 인도하라고 분부하고 즉시 급하게 채찍질을 하니, 만리 청총마는 화살처럼 적의 포위를 일직선으로 밟아 넘어서며 명나라 진문으로 향하여 달리더라.

[4]적병들은 이 **돌발적인**(갑자기 突 일어날 發 ~의 的 : 뜻밖의) **사태**(일 事 모습 態 : 상황)를 만나 몹시 **어리둥절할**(무슨 일인지 몰라 얼떨떨할) 뿐이더라. [5]**난데없이**(갑자기) 천지에 소나기가 퍼붓고 **번갯불과 천둥이 무섭게 진동**하니 어느 누구든 **공포 속에서 정신을 잃는** 것은 당연한 일이라, 적병들이라고 해서 무섭지 않으랴. [6]**그들**(적병들)은 이 사태를 운명에 맡길 뿐이더라.

→ 이 부인이 적병의 포위를 뚫고 명나라 진문으로 달려가자 적병들은 두려워한다.

- 작자 미상, 「장국진전(張國振傳)」-

• **중심 내용**

달마국이 명나라 황성을 쳐들어오자 국진은 적병을 단숨에 물리친다. 달마국은 천원국과 연합하여 국진을 대적하고, 그러던 중 국진이 병을 얻어 진문을 굳게 닫는다. 한편 국진의 위기를 알아차린 이 부인은 남장을 하고 집을 나선다. 이 부인은 유 부인과 용왕 내외의 도움을 받아 적병의 포위를 뚫고 국진을 구하기 위해 명나라 진문으로 향한다.

• **전체 줄거리** ([ ] : 지문 내용)

중국 명나라 때, 좌승상이었다가 간신의 모함으로 시골에서 살고 있던 장경구는 늦도록 자식이 없어 **명산대찰**(이름난 산과 큰 절)에 **발원하여**(기도하여) 아들 국진을 얻는다. 달마국의 침입으로 부모와 헤어진 국진은 백운도사에 의해 물에 빠져 죽을 위기에 처하지만 청의동자의 도움으로 목숨을 건지고 여학도사 밑에서 학문과 무예를 익힌다. 국진은 수소문 끝에 헤어졌던 부모와 만나게 되고, 이창옥의 딸 **계양**(이 부인)에게 **구혼하지만**(결혼을 청하지만) 거절당한다. 그 후 과거에 장원 급제한 국진은 천자의 주선으로 계양과 혼인하고 병부상서 **유봉의 딸**(유 부인)도 부인으로 맞아들인다. 국진은 서주 어사가 되어 각 지역을 돌아다니며 가난한 백성들을 구제한다. 이때 다시 달마국이 명나라를 침입하는데, [천기를 보고 나라의 위급함을 알게 된 국진은 천자에게 적을 물리칠 것을 약속한 뒤 단숨에 적병을 물리친다.] 이에 달마국의 백운도사는 국진이 어렸을 때 죽이지 못한 것을 한탄한다. 달마왕은 구미호를 명나라의 공주로 둔갑시켜 **부마**(천자의 사위. 공주의 남편)를 이용해 국진을 죽이고자 하지만 여학도사의 개입으로 실패한다. 천자가 나이 들어 죽고 나이 어린 세자가 **즉위한**(임금의 자리에 오른) 뒤 이참의 모함으로 귀양을 가게 된 국진은 달마국에 붙잡히게 된다. 그 틈을 타 달마국이 명나라를 침입하자 국진이 탈출하여 대원수로 전장에 나가 적을 무찌르고 공을 세운다. [국진은 달마국을 정벌하고자 적진으로 향하고 달마국은 천원국과 연합하여 국진을 대적한다. 전투는 사흘 동안 계속되고 이로 인해 국진은 신병이 들어 눕게 된다. 이때 천기를 보고 국진의 위기를 알아챈 이 부인이 남장을 하고 용왕의 도움을 받아 적진으로 달려가] 국진의 병을 치료한다. 이 부인과 선녀의 도움으로 국진은 마침내 달마국을 정벌한다. 천자는 국진을 초나라 왕에 봉하고, **두 부인**(이 부인, 유 부인)은 왕비가 되어 부귀영화를 누린다.

• **인물 관계도**

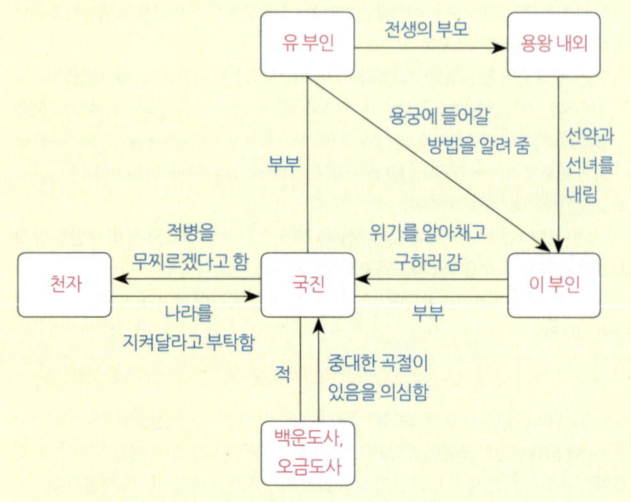

022 서술상 특징 - 적절한 것 고르기 2023년 6월 학평 29번
정답률 60%, 매력적 오답 ⑤ 15%, ①, ③ 10%

정답 ④

윗글의 서술상 특징으로 적절한 것은?

① 연속되는 대화를 활용해 인물 간의 갈등을 고조시키고 있다.

[풀이] 윗글에는 국진과 황제의 대화만 제시되어 있으며, 적병을 물리치겠다는 국진의 말에 황제가 반기며 나라의 안보를 부탁하고 있으므로 갈등 상황이 드러나 있는 것도 아니다.

→ 적절하지 않음!

■ **연속되는 대화를 활용해 인물 간의 갈등을 고조시키는 작품**
• 김원일, 「도요새에 관한 명상」(2015학년도 9월 모평)
"너(여기서는 병식) 그날 석교천 방죽(물이 밀려들어 오는 것을 막기 위해 쌓은 둑)에서 새를 독살하고 오던 길이지?" "그게 뭘 어쨌다는 거야?" 병식의 표정에서 장난기가 사라졌다. "뻔뻔스런 자식. 언제부터 그 짓 시작했어? 왜 새를 죽여. 죽인 새로 뭘 해?" 병국이 언성(목소리)을 높였다. "별 말코 같은 소릴 다 듣는군. 날아다니는 새도 임자 있나? 지구의 새를 형(여기서는 병국)이 몽땅 사들였어?" ~ "누가 그 일을 시켜? 그 사람 대." 병국이 잔을 밀치며 소리쳤다. "형이 고발할 테야? 날아다니는 새 잡아 박제한다구(죽은 동물을 썩지 않게 처리하여 살아 있을 때와 같은 모습으로 만든다구)? 그건 죄가 되구, 허가 낸 사냥총으로 새 잡는 치('사람'을 낮잡아 이르는 말)들은 죄가 안 된단 말이지?" 병식이 코웃음 쳤다.
→ 형인 '병국'와 동생인 '병식'의 대화가 연속되며 새를 잡는 일과 관련하여 둘 사이의 갈등이 고조되고 있다.

② 과거와 현재의 *빈번한 교체로 인물의 **내력을 소개하고 있다. * 잦은 ** 살아온 과정

[근거] [5]-7 두 사람(천원 왕과 달마 왕)은 천상 선관으로 인간에 적거하였으니,

[풀이] 용왕 내외를 통해 천원 왕과 달마 왕이 천상 선관이었다가 인간에 적거하였다는 내력이 소개되어 있으나, 과거와 현재의 빈번한 교체가 일어나지는 않는다. 따라서 과거와 현재의 빈번한 교체로 인물의 내력을 소개하고 있다는 설명은 적절하지 않다.

→ 적절하지 않음!

③ 한 인물의 동일한 행위를 반복함으로써 사건의 *전환을 **예고하고 있다.
행동과 내면을 제시함으로써
* 변화 ** 미리 알리고

[근거] [4]-3~4 이 부인은 생각 끝에 결연히 일어서더니, ~ 병을 앓는 남편을 구하고 이 싸움을 결단 지으리라 결심하더라. 이 부인은 즉시 남장을 하고 ~ 달마국을 향하여 집을 떠나리라.

[풀이] 뛰어난 능력을 지닌 이 부인이 남편을 위해 전장에 나갈 것을 결심하는 부분에서 명나라와 국진의 위기가 극복될 것임을 예고하고 있으나 한 인물의 동일한 행위를 반복하고 있지는 않다.

→ 적절하지 않음!

④ *서술자의 개입을 통해 **작중 상황에 대한 주관적 판단을 제시하고 있다.
* 서술자가 이야기 중간에 끼어들어 인물이나 사건을 평가하는 것 ** 작품 속

[근거] [2]-1 이는 지옥을 상상하게 하더라. / [3] 이것을 어느 누구의 힘으로 구원하여 밝은 빛을 뿌려 터인가. / [3]-7 이 위급함을 무엇으로 해결하여야 한단 말인가. / [6]-5 난데없이 천지에 소나기가 퍼붓고 번갯불과 천둥이 무섭게 진동하니 어느 누구든 공포 속에서 정신을 잃는 것은 당연한 일이라, 적병들이라고 해서 무섭지 않으랴.

[풀이] 달마국이 명나라 도성을 침략한 상황과 국진의 병에 차도가 없는 상황, 이 부인이 적병의 포위를 깨뜨리는 상황에 서술자가 개입하여 주관적 판단을 제시하고 있다.

→ 적절함!

⑤ 특정 인물의 *외양이나 행동을 과장되게 표현하여 인물을 **희화화하고 있다.
* 겉모습 ** 우스꽝스럽게 표현하고

[풀이] 인물의 외양이나 행동을 과장되게 표현하고 있지 않으며, 인물을 희화화하고 있지도 않다.

→ 적절하지 않음!

■ **특정 인물의 외양이나 행동을 과장되게 표현하여 인물을 희화화하는 작품**
• 채만식, 「태평천하」
"종학이 놈이 경시청(경찰청)에 붙잽혔다구요!" "으엉?" 외치는 소리도 컸거니와 엉덩이를 꿍— 찧는 바람에, 하마(하마터면) 방구들(온돌. 방을 덥히는 장치)이 내려앉을 뻔했습니다. ~ 그러다가 이윽고 으르렁거리면서 잔뜩 쪼글트리고(쪼그리고) 앉습니다. ~ 집이 떠나게 큰 소리로 포효(사나운 짐승이 울부짖음)를 합니다. ~ "……오죽이나 좋은 세상이여? 오죽이나……." 윤 직원 영감은 팔을 부르걷은 주먹으로 방바닥

을 땅—치면서 성난 황소가 **영각**(소가 길게 우는 소리)을 하듯 고함을 지릅니다.
→ 윤 직원의 행동을 동물에 비유하는 등 과장되게 표현하여 일제 강점기를 태평천하로 인식하는 윤 직원을 희화화하고 있다.

---

023 내용 이해 – 적절하지 않은 것 고르기 **2023년 6월 학평 30번**
정답률 65%, 매력적 오답 ⑤ 20% **정답 ④**

㉠ ~ ㉤을 중심으로 윗글을 이해한 내용으로 적절하지 않은 것은?

① ㉠에서의 *병란은 국진이 자신의 중대한 임무를 수행하기 위해 이동하는 **계기가 된다. * 나라 안의 싸움 ** 원인

근거 **❶**-1 ㉠ 황성에 병란이 일어났고, 살기가 등등하며, 천자는 피신한 모양이라./3 그리하여 국진은 필마단기로 나는 듯이 달렸고, 달리면서도 자기의 중대한 임무를 잊지 않은 터라.

풀이 국진은 황성에 병란이 일어나자 위기에 처한 나라를 구하는 임무를 수행하기 위해 황성을 향해 필마단기로 달렸으므로 적절한 설명이다.

→ 적절함!

② ㉡에서 국진은 고통에 시달리는 *도성의 백성들을 구원하기 위해 적병과 맞서 싸운다. * 서울

근거 **❷**-1 적은 어느새 도성에 다다르고 도성의 백성들은 아우성치니, 이는 지옥을 상상하게 하더라./4~5 국진은 ~ 수십만 ㉡ 적군의 진영으로 비호처럼 달리더라. 그의 절륜도가 닿는 곳마다 번갯불이 번쩍 일더니 적장과 적 군사는 추풍낙엽같이 쓰러지니,

풀이 적이 도성에 쳐들어와 도성의 백성들은 고통에 시달리고, 국진은 이들을 구원하기 위해 적군의 진영으로 달려가 적병과 맞서 싸우므로 적절한 설명이다.

→ 적절함!

③ ㉢에서 국진에게 일어나는 일은 이 부인이 남장을 결심하는 원인이 된다.

근거 **❸**-1 국진은 달마국을 정벌하기로 결심하고 이를 위해 전장으로 떠난다./3 결국 국진이 병을 얻어 누운 것도 당연한 이치일 터라./7 국진의 신병은 조금도 차도가 없으니, 이 위급함을 무엇으로 해결하여야 한단 말인가./**❹**-3~4 이 부인은 생각 끝에 결연히 일어서더니, ㉢ 달마국 전장으로 달려가 병을 앓는 남편을 구하고 이 싸움을 결단 지으리라 결심하더라. 이 부인은 즉시 남장을 하고 ~ 달마국을 향하여 집을 떠나리라.

풀이 국진은 달마국을 정벌하기 위해 달마국 전장으로 가지만 그곳에서 병을 얻게 된다. 이에 이 부인이 남편을 구하기 위해 남장을 결심하고 달마국을 향하게 되므로 적절한 설명이다.

→ 적절함!

④ ㉣에서 이 부인은 미래를 예측하여 위기에 *대비할 수 있는 방법을 국진에게 알려 주고 있다. * 미리 준비할

근거 **❹**-1 이 부인이 천기를 보고 있던 터라, 남편의 이런 사실을 깨닫고는 놀라움을 금치 못하더라./3~4 달마국 전장으로 달려가 병을 앓는 남편을 구하고 이 싸움을 결단 지으리라 결심하더라. ~ 달마국을 향하여 ㉣ 집을 떠나리라.

풀이 이 부인은 천기를 보고 국진이 현재 달마국 전장에서 병에 걸렸다는 사실을 알게 되어 남편을 구하기 위해 집을 떠나 달마국으로 향한다. 따라서 이 부인이 집에서 미래를 예측했다고 볼 수 없으며, 위기에 대비할 수 있는 방법을 국진에게 알려 주고 있지도 않다.

→ 적절하지 않음!

⑤ ㉤에서 용왕 내외는 *적장의 전생 신분을 밝힘으로써 앞날을 **경계하고 있다.
* 적의 장수 ** 조심하게 하고

근거 **❺**-5~7 동정호에 왔을 때 이 부인은 유 부인이 시킨 대로 하여 ㉤ 용궁에 인도되어 들어가자, 용왕 내외가 ~ "천원 왕과 달마 왕은 욕이나 뵈옵되 죽이지는 마옵소서. 두 사람은 천상 선관으로 인간에 적거하였으니, 만일 죽이면 일후에 원이 되리라." 하고 교시하더라.

풀이 용왕 내외는 용궁에 온 이 부인에게 적장인 천원 왕과 달마 왕이 전생에 천상 선관이었음을 밝히며 그들을 죽이면 앞날의 원이 될 것이라 경계하고 있으므로 적절하다.

→ 적절함!

---

024 말하기 방식 – 적절한 것 고르기 **2023년 6월 학평 31번**
정답률 80% **정답 ⑤**

[A], [B]에 대한 설명으로 가장 적절한 것은?

[A] **❶**-6~7 "소신이 중임을 맡아 원방에 갔사와 폐하께 근심을 끼쳤사오니 이것은 모두가 신의 죄인 줄로 아뢰오. 적병을 파한 후에 죄를 당하여지이다."
[B] **❶**-9~10 "경이 있었으면 무슨 근심을 하리오. 경은 힘을 다하여 사직을 안보하고 짐의 근심을 덜라."

① [A]는 *자신의 실망감을 **우회적으로 표현하고 있고, [B]는 ***상대에 대한 원망을 ****직설적으로 표현하고 있다.
* 여기서는 '국진' ** 간접적으로 돌려서 *** 여기서는 '국진' **** 꾸미거나 둘러대지 않고 바른대로

풀이 [A]에서 국진은 자신의 실망감을 표현하고 있지 않으며, [B]에서 천자는 국진을 원망하고 있지 않다.

→ 적절하지 않음!

② [A]는 자신의 목적을 달성하기 위해 거짓으로 말하고 있고, [B]는 상대의 질문에 답하기 위해 사건 내용을 밝히고 있다.

풀이 [A]에서 국진은 자신의 목적을 달성하기 위해 천자에게 거짓을 말하고 있지 않으며, [B]에서 천자는 국진의 질문에 답하기 위해 사건 내용을 밝히고 있지 않다.

→ 적절하지 않음!

③ [A]는 자신의 손해를 줄이기 위해 *상대의 요청을 거절하고 있고, [B]는 상대의 손해를 줄이기 위해 상대를 설득하고 있다. * 여기서는 '천자'

풀이 [A]에서 국진은 자신의 손해를 줄이기 위해 천자의 요청을 거절하고 있지 않으며, [B]에서 천자는 국진의 손해를 줄이기 위해 국진을 설득하고 있지 않다.

→ 적절하지 않음!

④ [A]는 상대에 대한 호감을 바탕으로 상대를 *격려하고 있고, [B]는 사건 해결을 위해 상대에게 용기를 **북돋워 주고 있다. * 기운이나 힘을 높여 주고 ** 높여 주고

풀이 [B]에서 천자는 나라의 위기를 해결하기 위해 국진이 있으면 근심할 것이 없다며 국진에게 용기를 북돋워 주고 있다. 그러나 [A]에서 국진은 자신의 잘못을 밝히며 적병을 파할 것을 약속하고 있을 뿐 천자를 격려하고 있지는 않다.

→ 적절하지 않음!

⑤ [A]는 상대의 근심을 덜기 위해 그 원인을 자신의 탓으로 돌리고 있고, [B]는 상대에 대한 믿음을 바탕으로 명령하고 있다.

풀이 [A]에서 국진은 적병이 쳐들어온 원인을 자신이 변방에 가 있었던 탓으로 돌리고 있으므로 천자의 근심을 덜기 위해 그 원인을 자신의 탓으로 돌리고 있다고 할 수 있다. [B]에서 천자는 국진이 있으면 근심할 것이 없다고 하며 사직을 안보하라고 하였으므로 상대에 대한 믿음을 바탕으로 명령하고 있다고 볼 수 있다.

→ 적절함!

1등급 문제

025 감상의 적절성 – 적절하지 않은 것 고르기 **2023년 6월 학평 32번**
정답률 60%, 매력적 오답 ③ 15%, ② 10% **정답 ⑤**

〈보기〉를 바탕으로 윗글을 감상한 내용으로 적절하지 않은 것은? 3점

| 보기 |
1 이 작품은 장국진이라는 영웅의 일생을 다룬 영웅소설이다. 2 주인공의 영웅적 활약과 더불어 여성 영웅의 활약도 중요하게 나타나고, 이들은 위기 상황에서 주변 인물이나 초월적 존재(인간의 한계를 뛰어넘는 존재)의 도움으로 위기를 극복해 간다. 3 이 과정에서 초월적(현실을 넘어서는) 세계와 현실 세계의 상호 작용, 남성과 여성의 상호 작용을 통해 영웅성이 강화되고 있다.

① 국진이 말에 올라 '한 손에 절륜도, 또 한 손에 청학선을 흔들며' 수십만 적군을 '추풍낙엽같이 쓰러'뜨리는 데에서, 주인공의 영웅적 활약상을 확인할 수 있다.

근거 〈보기〉-1~2 이 작품은 장국진이라는 영웅의 일생을 다룬 영웅소설이다. 주인공의 영웅적 활약

❷-4~5 국진은 다시 말에 오르자, 한 손에 절륜도, 또 한 손에 청학선을 흔들며 성문을 빠져나가 물밀 듯 밀려드는 수십만 적군의 진영으로 비호처럼 달리더라. 그의 절륜도가 닿는 곳마다 번갯불이 번쩍 일더니 적장과 적 군사는 추풍낙엽같이 쓰러지니,

풀이 <보기>에 따르면 이 작품은 장국진의 영웅적 활약이 나타나는 영웅소설이라 하였다. 따라서 국진이 말에 올라 '한 손에 절륜도, 또 한 손에 청학선을 흔들며' 수십만 명이나 되는 적군을 단숨에 '추풍낙엽같이 쓰러'뜨리는 데에서, 주인공의 영웅적 활약상을 확인할 수 있다.

→ 적절함!

② 전투 중 '신병은 조금도 차도가 없'는 국진이 '적병들에 의해 완전히 포위'된 장면에서, 영웅이 처한 위기 상황을 확인할 수 있다.

근거 <보기>-2 이들(영웅들)은 위기 상황에서 주변 인물이나 초월적 존재의 도움으로 위기를 극복해 간다.

❸-7 며칠이 지나도 국진의 신병은 조금도 차도가 없으니, 이 위급함을 무엇으로 해결하여야 한단 말인가./ ❻-1~2 이때 명나라 진영은 적병들에 의해 완전히 포위되고 있었으며, 진문은 열지 않고 굳게 닫혀 있었으니, 적병은 이것을 깨칠 속셈으로 그 준비에 분주하더라. 명나라 군의 운명은 경각에 있음이더라.

풀이 <보기>에 따르면 윗글의 영웅들은 위기 상황을 겪는다고 하였다. 따라서 국진이 전투 중에 '신병'을 얻어 '조금도 차도가 없'는 상황에서 '적병들에 의해 완전히 포위'된 것을 통해 영웅이 겪는 위기 상황을 확인할 수 있다.

→ 적절함!

③ '가장 좋은 선약(仙藥)을 얻어' 국진의 병을 구하려는 데에서, 초월적 존재의 도움으로 위기를 극복해 나간다는 점을 확인할 수 있다.

근거 <보기>-2 이들은 위기 상황에서 주변 인물이나 초월적 존재의 도움으로 위기를 극복해 간다.

❺-3 동정호 용왕은 첩의 전생 부모이니 부모가 보으면 반가워할 터요, 이제 **가장 좋은 선약을 얻어** 가야 승상의 목숨을 구할 것이오.

풀이 <보기>에 따르면 영웅들은 위기 상황에서 초월적 존재의 도움으로 위기를 극복해 나간다고 하였다. 따라서 이 부인이 동정호 용왕에게 '가장 좋은 선약을 얻어' 국진의 병을 구하려는 데에서 초월적 존재의 도움으로 위기를 극복해 나간다는 점을 확인할 수 있다.

→ 적절함!

④ 용왕 부인이 선녀들에게 '이 부인을 잘 모시고 가서 공을 이루라고 특별히 당부하'는 장면에서, 초월적 세계와 현실 세계의 상호 작용을 확인할 수 있다.

근거 <보기>-3 이(영웅이 주변 인물이나 초월적 존재의 도움으로 위기를 극복해 가는) 과정에서 초월적 세계와 현실 세계의 상호 작용.

❺-8 또한 용왕 부인은 선녀들에게 분부하여 **이 부인을 잘 모시고 가서 공을 이루라**고 특별히 당부하더라.

풀이 <보기>에 따르면 영웅이 위기를 극복해 가는 과정에서 초월적 세계와 현실 세계의 상호 작용이 일어난다고 하였다. 따라서 초월적 세계의 인물인 용왕 부인이 선녀들에게 현실 세계의 인물인 '이 부인'을 도와 '공을 이루라고 특별히 당부하'는 장면에서 초월적 세계와 현실 세계의 상호 작용을 확인할 수 있다.

→ 적절함!

✓⑤ 이 부인이 국진을 구하기 위해 '번갯불과 천둥이 무섭게 진동'하여 '공포 속에서 정신을 잃는' 상황을 이겨 내는 데에서, 남성과 여성 영웅의 활약을 확인할 수 있다. *(적병들이 / 만들어 / 여성 영웅의 활약을 확인할 수 있다)*

근거 <보기>-3 남성과 여성의 상호 작용을 통해 영웅성이 강화되고 있다.

❻-5~6 난데없이 천지에 소나기가 퍼붓고 번갯불과 천둥이 무섭게 진동하니 어느 누구든 공포 속에서 정신을 잃는 것은 당연한 일이라, 적병들이라고 해서 무섭지 않으랴.

풀이 '번갯불과 천둥이 무섭게 진동'하여 '공포 속에서 정신을 잃는' 주체는 이 부인이 아닌 적병들이므로 적절하지 않은 감상이다. 이 부인이 국진을 구하기 위해 '번갯불과 천둥'을 만들어 내어 적병들을 두려움에 떨게 하는 장면은 여성 영웅의 활약을 보여 주는 것이다. 남성과 여성의 상호 작용은 이 부인의 도움으로 국진이 달마국을 정벌하는 내용(전체 줄거리 참조)에서 알 수 있으나 지문에는 제시되어 있지 않다.

→ 적절하지 않음!

[026~029] 다음 글을 읽고 물음에 답하시오.

1 [앞부분의 줄거리] 1 정소저(정 씨 성을 가진 아가씨)는 양경의 계략(꾀할 計 꾀 略 : 어떤 일을 이루기 위한 꾀)으로 전쟁에 나가게 된 정원수(정소저의 아버지. '원수'는 군대의 최고 계급)를 그리워하며 힘든 나날을 보낸다. 2 이때 민가(백성 民 집 家 : 일반 백성이 사는 집)를 잠행하던(숨을 潛 다닐 行 : 남몰래 오고 가던) 태자(클 太 아들 子 : 황제의 아들)가 우연히 정소저를 보게 되고, 그녀의 아름다움과 기상(기운 氣 형상 像 : 타고난 마음씨, 또는 그것이 겉으로 드러난 모양)에 반하여 그녀를 아내로 삼겠다고 결심한다.

→ 정소저는 전쟁터에 나간 아버지를 그리워하고 태자는 정소저에게 한눈에 반한다.

2 1 정소저 시비(모실 侍 여자 종 婢 : 여자 종)를 데리고 관음사(절의 이름)로 행하거늘(가거늘) 태자 또한 여복(女服)(여자 女 옷 服 : 여자들이 입는 옷)으로 갈아 입고 시비를 데리고 이날 관음사로 찾아가니 모든 스님들이 합장하며(합할 合 손바닥 掌 : 두 손바닥을 합해 인사하며) 2 "소저(여기서는 태자)는 누구 집 행차이온지 알지 못하겠거니와 이런 누지(陋地)(천할 陋 곳 地 : 누추한 곳)에 왕림하셨습니까(굽을 枉 접근할 臨 : 찾아오셨습니까)?"
3 하니, (주소저의) 시비 답하기를
"**주상공 댁 소저**(여기서는 태자)인데 부친께서 임지(맡을 任 장소 地 : 임무를 받아 근무하는 곳)로 가셔서 (부친의) 안위(편안 安 위로할 慰 : 몸과 마음의 편안함)를 위하여 발원코자(필 發 기원할 願 : 부처께 소원을 빌고자) 왔나이다."
4 하니, 노승(늙을 老 승려 僧 : 나이 많은 승려)이 말하기를
"**정강로댁 소저**(정소저)도 부친의 안위를 위하여 왔거니와 소저(여기서는 태자)와 같은 딱한 사연이 있나이다."
5 하니, 주소저(여기서는 태자) 짐짓(일부러) 탄식하며(탄식할 歎 숨 쉴 息 : 한숨을 쉬며) 말하기를
"그 소저(정소저)의 정도(처지)가 나와 같도다."
6 하며, 슬퍼하니 노승이 위로하기를
"주소저와 정소저 다 같이 발원코자 왔다 하니 함께 발원함이 좋겠습니다."
7 하고, 정소저를 보고 주소저의 사연을 설명하고 서로 생면함(날 生 얼굴 面 : 만남)을 간청하니(간절할 懇 청할 請 : 간절히 청하니) 정소저 듣고 말하기를
"세상에 또한 나와 같은 사람이 어디 있는가?"
8 하며,
"나도 딱한 사정을 듣고 서로 보고 슬픈 마음을 위로하고자 합니다."
하였다. 9 노승이 반기며
"주소저의 사연도 같으니 지성(지극할 至 정성 誠 : 지극한 정성)으로 발원하여 소원을 이루소서."
10 하고, 즉시 불전(부처 佛 집 殿 : 부처를 모신 집)에 나아가 분향하고(태울 焚 향 香 : 향을 피우고) 주소저를 청하여 각각 시비를 데리고 좌정하였다(앉을 坐 머무를 定 : 자리 잡아 앉았다). 11 잠시 후 주소저 눈을 들어 정소저를 살펴보니 **탁월한 풍채**(모습 風 풍채 采 : 겉모습)와 **늠름한 기상**이 사람의 정신을 놀라게 하였다.

→ 정소저가 아버지의 안위를 위해 관음사로 가자 태자는 여장을 하고 정소저를 따라간다.

3 1 **주소저**(태자) 이르기를
"노승의 말씀을 들으니 낭자(정소저)의 심정이 나와 같습니다. 2 부친이 전장(전쟁 戰 장소 場 : 전쟁터)에 가서 소식이 적조하옵기로(쌓을 積 막힐 阻 : 연락이 끊겨 오랫동안 소식이 막혀) 슬픈 마음을 이기지 못하여 불전에 발원하여 부친을 위로하고자 왔나이다."
3 하니, 정소저 탄식하며 말하기를

[A] "제(정소저) 팔자가 기구하여(험할 崎 험할 嶇 : 삶이 순조롭지 못해) 열 살 전에 모친을 이별하고 다만 부친만 바라고 지냈더니 항명(降命)(항복할 降 명령 命 : 임금에게 받은 명)이 지중하여(지극할 至 무거울 重 : 매우 크고 무거워) 부친(정원수)은 전장에 가시고 실로 몸이 의지할 곳이 없사와 불전에 지성으로 발원하와 부친께서 입성하여(들 入 성 城 : 전쟁에서 이기어) 쉬(곧) 돌아오시기를 바라고 있습니다."

4 하고, **서로 슬픈 정회**(뜻 情 품을 懷 : 마음)를 **위로**하였다. 5 주소저 같이 앉으면 소저(정소저) **옥수**(아름다울 玉 손 手 : 여자의 곱고 아름다운 손)를 **잡고 만난 정회를 설하는**(말 說 : 풀어 이야기하는) 듯하되 정소저 조금도 싫어하는 거동(태도)이 없었다.

→ 정소저는 주소저(여장한 태자)가 자신과 비슷한 처지라고 여기고 가깝게 지낸다.

4 1 이러구러 황혼이 되어 (주소저가) 욕탕에 목욕하고 불전에 나가 빌기를
"분명 정낭자(정소저)와 배필(짝지을 配 배우자 匹 : 부부)이 되게 하시려거든 이 금전(금 金 돈 錢 : 금으로 만든 돈)이 방중(방 房 안 中 : 방 안)에 내려오소서."
2 하며, 돈을 던지니 빈 공중에 솟았다가 방 가운데로 떨어졌다. 3 주소저가 신통히 여겨

또 금전을 잡고 축원하며(빌 祝 기원할 願 : 부처께 빌며) 말하기를
"황상(임금 皇 임금 上 : 황제. 태자의 부친)께서 양경의 딸로 (하여금 나와 혼인하도록) 간택하였으니(가릴 揀 가릴 擇 : 왕자의 배우자로 골라 뽑았으니), 만일 양 씨를 퇴할 수거든(양 씨와의 혼인을 피할 수 있는 운수라면) 금전이 스스로 방 밖에 내려지게 하소서."

⁴하고, 금전을 던지나 금전이 여러 번 돌다가 문 밖에 내려지는지라.

⁵주소저 신기하게 여기던 차(때 次 : 순간) 정소저 또한 다가와 금전을 던지며 축원하기를
"부친께서 전장에 나가 성공하고 쉬이 돌아오시게 하거든 금전이 방중에 내려지소서."

⁶하고, 금전을 던지니 이 금전이 방문 밖으로 내려가는지라. ⁷또다시 축원하고 재배하여(두 再 절 拜 : 두 번 절하여) 독축하기를(읽을 讀 빌 祝 : 신께 고하는 글인 축문을 읽기를)
"이 몸(정소저)이 비록 여자이오나 어릴 적부터 병서(전쟁 兵 글 書 : 군사를 지휘하여 전쟁하는 방법인 병법에 대하여 쓴 책)를 공부하였사오니 부친(정원수)을 위로하려 전장에 나아가 선전(善戰)(잘할 善 싸울 戰 : 있는 힘을 다하여 잘 싸움)하려 하시거든 금전이 방중에 내려지소서."

⁸하고, 금전을 던지니 금전이 높이 올랐다가 방중에 내려오는지라.

⁹소저(정소저) 한편 기뻐하며 독축하기를
"이후로는 다시 험한 일이 없고 심중(마음 心 속 中 : 마음속)에 먹은 마음대로 되게 하시려거든 금전이 방중에 떨어지소서."

¹⁰하고, 던지니 금전이 다시 방중에 떨어지는지라. ¹¹소저(정소저) 일희일비하여(하나 一 기쁠 喜 하나 一 슬플 悲 : 한편으로는 기쁘고 한편으로는 슬퍼하여) 물러나오니 주소저 이르기를
"동전 축사(祝辭)(동화 銅 화폐 錢 빌 祝 말씀 辭 : 신께 바라는 바를 고하고 동전을 던져 운수를 점치는 것)는 어떻게 되었습니까?"

¹²"길흉(길할 吉 흉할 凶 : 운이 좋고 나쁨)이 상반되는 것 같소이다(첫 번째 축원은 이루어지지 않을 것으로, 두 번째와 세 번째 축원은 이루어질 것으로 나왔기 때문)."

¹³주소저가 다시 위로하며
"이는 다 팔자이오니 너무 실망하지 마옵소서."

¹⁴하니, 정소저 말하길
"우리 피차(저 彼 이 此 : 서로) 함께하였으니 대강 말씀을 통하게 되었거니와 저(정소저)는 그렇다하더라도 조금 전에 말씀을 들어보니 (주소저의) 부친께서는 만리(매우 萬 리 里 : 아주 먼 거리) 전장에 가시고 단 한 몸 의지할 곳이 막연하오니 가련하고(옳을 可 불쌍히 여길 憐 : 불쌍하고) 애연하지(슬플 哀 그러할 然 : 슬프지) 아니하오리까?"

¹⁵하며, 서로 위로하더니 한 노승이 마침 들어오시며 말하기를
"정원수(정소저의 부친) 전장에서 패했다는(패할 敗 : 졌다는) 소식이 왔으니 이 난국(어지러울 亂 사태 局 : 어려운 상황)이 큰 근심(걱정)이로다."

→ 주소저와 정소저는 동전 축사를 하며 바라는 바를 축원하고 정소저는 아버지가 전장에서 패했다는 소식을 듣게 된다.

(중략)

⁵ ¹이때, 정원수 여러 달 적진(대적할 敵 진 칠 陣 : 적이 모여 있는 진지나 진영) 중에 있어 명이 경각에 있었더니(거의 죽게 될 지경에 처했더니) 안남국 황제 항복했다는 소식을 듣고 마음이 즐거워 이르기를

²"이제 이 사람(자기 자신. 정원수) 고향에 돌아가 우리 황상(임금 皇 임금 上 : 황제)을 뵈옵고 조상 향화(향 좁 태울 火 : 제사)를 받들고 정녕 그리던 자식(정소저)을 보겠도다."

³하는데, 밖에 한 장수(장수 將 장수 帥 : 군사를 지휘하는 우두머리. 정소저) 찾아와 원수를 기다리더라. ⁴나와 보니 소년(정소저)이 대하며 앞에 와 재배하고(두 再 절 拜 : 두 번 절하고) 뵙거늘 정원수 백수(白首)(흴 白 머리 首 : 허옇게 센 머리) 풍진(바람 風 티끌 塵 : 싸움터의 티끌. 전쟁터의 어지러운 분위기)에 눈물을 흘리며 슬퍼하며 소년에게 이르기를

[B] "소장(작을 小 장수 將 : 자신을 낮추어 이르는 말. 정원수)은 재주 용렬하여(떳떳할 庸 못할 劣 : 변변치 못하여) 대공(클 大 공 功 : 큰 공적)을 이루지 못하고 또한 황상을 생각하니 어찌 한심치 아니하며 생전에 고향 돌아가지 못하고 이 땅에 죽음을 면치 못하게 되었더니 천만으로 장군(정소저)의 구조함(구원할 救 도울 助 : 구원함)을 입어 종명(終命)(마칠 終 목숨 命 : 남은 목숨)을 보존하여 본국에 돌아가 부모와 자식을 상봉하게(서로 相 만날 逢 : 서로 만나게) 하니 그 은혜를 어찌 만분의 일이나마(조금이나마) 갚으리오."

⁵하며, 양 볼에 흐르는 눈물을 그치지 못하거늘 소저 그 말씀을 듣고 일희일비하여(하나 一 기쁠 喜 하나 一 슬플 悲 : 한편으로는 기쁘고 한편으로는 슬퍼하여) 좌우(왼 左 오른 右 : 주위 사람)를 물리치고 붙들고 대성통곡하며(클 大 소리 聲 슬퍼할 痛 울 哭 : 큰 소리로 슬피 울며) 말하기를

"여식(여자 女 자식 息 : 딸) 정모(정소저)는 부친의 위급함을 듣고 잠깐 남자 되어 적진을 진정시키고 그 간에 그리던 부친 일시도(하나 一 때 時 : 잠시도) 그냥 있을 수 없어 불초 하나마(아닐 不 닮을 肖 : 못나고 어리석지만) 부친을 위하고자 하였사오니 부친은 안심하옵소서."

⁶하고, 소저도 눈물을 금치 못함이 그지없으니 정원수 그 말을 듣고 대경(클 大 놀랄 驚 : 크게 놀라고) 질색하여(막힐 窒 막힐 塞 : 숨이 막혀) 한참 말을 못하다가 정신을 진정하여 다시 보니 비록 남자 의복으로 환역(換易)하였으나(바꿀 換 바꿀 易 : 바꾸어 입었으나) 얼굴이(딸 정소저가) 분명한지라.

→ 정원수는 자신을 구하고 적을 물리친 소년 장수가 딸 정소저임을 확인한다.

- 작자 미상, 「정비전」-

・중심 내용
정소저는 양경의 계략으로 전쟁터에 나간 아버지(정원수)를 그리워하고, 태자는 우연히 본 정소저에게 반한다. 정소저가 아버지의 안위를 위해 부처께 발원하러 관음사로 가자, 태자는 여장을 하고 따라간다. 태자는 자신을 주소저라 칭하고, 정소저는 주소저가 자신과 처지가 비슷하다고 여겨 가깝게 지낸다. 정소저와 주소저가 동전 축사를 하고 서로 위로하던 중에 정소저는 정원수의 패전 소식을 듣게 된다. 남장을 하고 전쟁터에 나가 아버지를 구하고 적을 무찌른 정소저는 아버지에게 자신의 정체를 밝힌다.

・인물 관계도

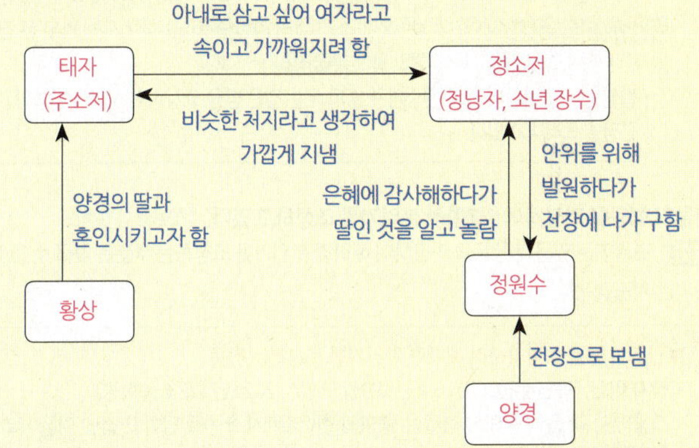

・전체 줄거리 ([ ]:지문 내용)
중국 당나라 현종 때 정공의 딸 정비(정소저)는 아름다울 뿐만 아니라 어려서부터 무술에 훌륭한 재주를 보인다. 후궁(황제가 정식 부인 외에 맞이한 여자. 첩) 양귀비의 동생 양경은 정비에게 청혼하지만 거절을 당하고 이에 [양경은 복수심을 품고 정원수(정소저의 아버지)가 전쟁에 나가도록 황제에게 이야기한다. 한편 정비를 마음에 품고 있던 태자는 여자로 변장해 정비와 가까운 사이가 된다. 이후 정비는 아버지가 전쟁터에서 적군에게 포위됐다는 소식을 듣고 남자로 변장해 전쟁터에 나가 아버지를 구하고 적을 물리친다.] 돌아온 정비는 태자의 마음을 받아들여 태자비가 된다. 이에 위기감을 느낀 양경은 누나인 양귀비와 함께 정비와 정공을 없애려는 음모를 꾸민다. 양귀비는 자신의 어린 아들이 병으로 죽자 그 죄를 정비에게 덮어씌워 모함한다. 양귀비의 음모를 사실이라 믿은 황제는 임신한 정비를 궁 깊은 곳에 가둔다. 시간이 흘러 정비가 아들을 낳자 황제는 아기를 유모(남의 아이를 돌봐 주는 여자)에게 기르도록 하고 정비에게 사약(독약)을 내리지만, 정비는 황후(황제의 아내)의 도움으로 도망가게 된다. 이후 양경이 반란을 일으켜 황제와 태자가 죽을 위험에 처하자 정비는 반란군을 무찔러 이들(황제와 태자)을 구한다. 모든 음모가 탄로 난 양경은 죽임을 당하고 양귀비는 쫓겨난다. 정비는 다시 태자비에 올라 행복하게 살아간다.

---

026 | 서술상 특징 - 적절한 것 고르기 2021년 11월 학평 33번
정답률 90% | 정답 ④

윗글에 대한 설명으로 가장 적절한 것은?

① 언어유희를 사용하여 시대의 현실을 비판하고 있다. * 재미있게 꾸미는 말의 표현

풀이 윗글에는 동음이의어(소리는 같으나 뜻이 다른 단어)나 발음의 유사성 등을 이용해 말을 재미있게 꾸미는 표현인 언어유희는 사용되지 않았으며, 시대의 현실을 비판하고 있지도 않다.

→ 적절하지 않음!

■ 언어유희를 사용하여 시대의 현실을 비판하는 작품
• 작자 미상, 「하회 별신굿 탈놀이」
양반 : 나는 사대부의 자손일세.
선비 : 아니 뭐라고, 사대부? 나는 팔대부의 자손일세.
양반 : 아니, 팔대부? 그래, 팔대부는 뭐로?
선비 : 팔대부는 사대부의 갑절이지.
→ 선비는 사(士 : 선비)의 동음이의어인 숫자 '사(四)'를 활용해 그 두 배인 '팔(八)'을 붙인 '팔대부'라는 말을 만들어 자신의 지위가 더 우월함을 나타내고 있다. 이와 같은 언어유희를 사용하여 지배층의 무지함을 드러내어 시대 현실을 풍자하고 있다.

② *배경 묘사를 통해 인물의 내면 심리를 표출하고 있다. * 배경을 그림 그리듯 표현함
[풀이] 윗글에 '관음사'라는 배경이 등장하지만 이를 묘사하고 있지는 않다.
→ 적절하지 않음!

■ 배경 묘사를 통해 인물의 내면 심리를 표출하는 작품
• 작자 미상, 「적성의전」 (2018학년도 6월 모평)
십이 세 적공자(성의)가 불량한 사형에게 두 눈을 상하고서 일시에 맹인이 되어 외로운 암석 상에 홀로 앉아 자탄하니(탄식하니) 그 아니 처량한가. 적적무인(寂寂無人)(사람이 없어 고요한) 야삼경(깊은 밤)의 추풍(가을바람)은 삽삽하여(쌀쌀하여) 원객(나그네. 여기서는 성의)의 수심(근심. 걱정)을 자아내고, 강수동류원야성(江水東流猿夜聲)(물결 너머 들려오는 밤의 원숭이 소리)의 잔나비(원숭이) 슬피 울고, 유의한(마음 깊이 파고드는) 두견새(두견새 울음소리)과 창파만경(물결치는 넓은 바다)의 백구(흰 갈매기)들은 비거비래(飛去飛來)(날아가고 날아오며) 소리 질러 자탄으로(탄식하다 지쳐) 겨우 든 잠을 놀라 깨니 첩첩원한(쌓이고 쌓인 원한) 무궁이라(끝이 없다).
→ 쌀쌀한 가을바람이 불고 원숭이가 슬피 우는 깊은 밤을 묘사하여 성의의 쓸쓸함과 근심을 드러내고 있다.

③ 인물의 행동을 과장하여 *해학적 분위기를 조성하고 있다. * 웃음을 유발하는
[풀이] 윗글에는 인물의 행동을 과장하여 해학적 분위기를 조성하는 부분은 찾을 수 없다.
→ 적절하지 않음!

■ 인물의 행동을 과장하여 해학적 분위기를 조성하는 작품
• 작자 미상, 「옥단춘전」 (2016학년도 9월 모평A, 2021년 고2 6월 학평)
그중에서 각 읍(고을)의 수령들은 불의의 변(암행어사 출두)을 당하고 겁낸 거동(모습)가관이다(볼만하다). 칼집 쥐고 오줌 싸고 안장 없는 말을 타고, 개울로 빠져들고, 말을 거꾸로 타기도 하고, 동서를 분별하지 못하여 이리저리 갈팡질팡 도망친다. ~ 김 감사는 ~ 연광정 누다락의 높은 마루 밑에서 떨어져서 삼혼칠백(사람의 모든 혼) 간 데 없고, 두 눈에 동자부처가 벌써 떠나 멀리 가고(두 눈에 초점이 없고), 청보(푸른색 보자기)에 똥을 싸고, 신발들메 하느라고(신발을 끈으로 동여매느라고) 야단이라.
→ 암행어사가 나타나자 놀라서 도망치는 수령들과 김 감사의 행동을 과장하여 해학적 분위기를 조성하고 있다.

✔ 인물 간의 대화를 통해 인물이 처한 상황을 드러내고 있다.
[근거] ❸-3 정소저 탄식하며 말하기를 "제 팔자가 기구하여 열 살 전에 모친을 이별하고 다만 부친만 바라고 지냈더니 항명이 지중하여 부친은 전장에 가시고 실로 몸이 의지할 곳이 없사와 불전에 지성으로 발원하와 부친께서 입성하여 쉬 돌아오시기를 바라고 있습니다."/ ❺-4 정원수 백수 풍진에 눈물을 흘리며 슬퍼하며 소년(정소저)에게 이르기를 "소장은 재주 용렬하여 대공을 이루지 못하고 또한 황상을 생각하니 어찌 한심치 아니하며 생전에 고향 돌아가지 못하고 이 땅에 죽음을 면치 못하게 되었더니 천만으로 장군(정소저)의 구조함을 입어 종명을 보존하여 본국에 돌아가 부모와 자식을 상봉하게 하니 그 은혜를 어찌 만분의 일이나마 갚으리오."
[풀이] 정소저와 주소저의 대화를 통해 정소저가 모친과 이별하고 부친이 전쟁터에 나가 있어 의지할 곳 없는 상황임을 알 수 있다. 또한 정원수와 소년의 대화를 통해 정원수가 전장에서 죽을 뻔했지만 소년의 도움으로 목숨을 보존해 본국에 돌아갈 수 있게 된 상황이 드러난다.
→ 적절함!
동전 축사의 결과
⑤ 꿈과 현실의 *교차를 통해 앞으로 일어날 사건을 **암시하고 있다.
* 번갈아 나타냄 ** 간접적으로 드러내고
[풀이] 윗글에는 꿈속 장면이 나타나지 않으므로 적절하지 않은 설명이다. 참고로 앞으로 일어날 사건을 암시하는 것은 동전 축사로, 태자와 정소저가 혼인하게 될 것과 정소저가 아버지를 구하고 적군을 평정할 것임을 암시한다.
→ 적절하지 않음!

---

027 인물의 심리 – 적절한 것 고르기 2021년 11월 학평 34번
정답률 65%, 매력적 오답 ③ 20%
정답 ④

[A]와 [B]에 대한 설명으로 가장 적절한 것은?

[A] ❸-3 "제(정소저) 팔자가 기구하여 열 살 전에 모친을 이별하고 다만 부친만 바라고 지냈더니 항명이 지중하여 부친은 전장에 가시고 실로 몸이 의지할 곳이 없사와 불전에 지성으로 발원하와 부친께서 입성하여 쉬 돌아오시기를 바라고 있습니다."
[B] ❺-4 "소장(정원수)은 재주 용렬하여 대공을 이루지 못하고 또한 황상을 생각하니 어찌 한심치 아니하며 생전에 고향 돌아가지 못하고 이 땅에 죽음을 면치 못하게 되었더니 천만으로 장군(정소저)의 구조함을 입어 종명을 보존하여 본국에 돌아가 부모와 자식을 상봉하게 하니 그 은혜를 어찌 만분의 일이나마 갚으리오."

① [A]에는 *낙관적인 미래에 대한 확신이, [B]에는 부정적인 미래에 대한 불안이 나타나 있다. * 희망적
[풀이] [A]에서 정소저는 의지할 곳 없는 자신의 처지를 이야기하며 부친이 돌아오기를 바라고 있으므로 낙관적인 미래에 대한 확신이 있다고 볼 수 없다. [B]에서 정원수는 장군의 덕택으로 목숨을 보존하고 본국에 돌아가 가족을 만날 수 있음에 감사해하고 있으므로 부정적인 미래에 대한 불안이 나타나 있다고 할 수 없다.
→ 적절하지 않음!

② [A]에는 인물 간의 갈등을 해결한 *주체가, [B]에는 인물 간의 갈등을 유발한 주체가 나타나 있다. * 인물
[근거] ❶-1 정소저는 양경의 계략으로 전쟁에 나가게 된 정원수를 그리워하며 힘든 나날을 보낸다.
[풀이] 앞부분의 줄거리에서 정소저와 양경의 갈등을 확인할 수 있지만 [A]에서 갈등이 해결되고 있지는 않으며, [B]에 갈등을 유발한 주체인 양경이 등장하지 않는다.
→ 적절하지 않음!

③ [A]에는 자신이 처한 어려움에 대한 *체념이, [B]에는 상대가 처한 어려움에 대한 공감이 나타나 있다. * 희망을 버리고 단념함
[풀이] [A]에서 정소저는 전쟁터에 나간 아버지가 곧 돌아오시기를 바라고 있을 뿐, 자신의 어려움에 대한 체념은 드러나 있지 않다. 또한 [B]에서 정원수는 상대인 장군의 어려움에 공감하고 있지 않다.
→ 적절하지 않음!

✔ ④ [A]에는 특정 인물과의 재회를 바라는 이유가, [B]에는 특정 인물과의 재회가 가능해진 이유가 나타나 있다.
[풀이] [A]에서 정소저는 어머니를 여의고 부친이 전장에 나가 의지할 곳 없게 된 자신의 처지를 이야기하며 부친이 전쟁에서 이겨 곧 돌아오시길 바란다고 하였으므로 [A]에는 특정 인물인 부친과의 재회를 바라는 이유가 나타난다고 할 수 있다. [B]에서 정원수는 장군의 도움으로 자식을 만날 수 있게 되었다고 하였으므로 [B]에는 특정 인물인 정소저와의 재회가 가능해진 이유가 나타나 있다.
→ 적절함!

⑤ [A]에는 기대가 *실현된 상황에 대한 인물의 심경이, [B]에는 기대가 어긋나 버린 상황에 대한 인물의 심경이 나타나 있다. * 이루어진
[풀이] [A]에서 부친이 전쟁터에서 돌아오길 바라는 정소저의 기대는 아직 실현되지 않았으며, [B]에서 정원수는 그리던 고국에 돌아가 자식을 만날 수 있게 되었으므로 기대가 어긋난 상황에 처했다고 할 수 없다.
→ 적절하지 않음!

풀이 ⑨에서 정소저는 앞으로는 험한 일이 없고 심중에 먹은 마음대로 된다면 금전이 방
중에 떨어지게 해달라고 하였고 동전은 방중에 떨어졌다. 따라서 '동전의 위치'는 '동
전을 던지는 인물'인 정소저가 바라는 대로 나타났다고 할 수 있다.

→ 적절함!

1등급 문제

028 | 내용 이해 – 적절하지 않은 것 고르기 | 2021년 11월 학평 35번
정답률 60%, 매력적 오답 ④ 15% | **정답 ②**

다음은 동전 축사(祝辭)를 정리한 것이다. 이에 대한 반응으로 적절하지 않은 것은?

구분	동전을 던지는 인물	알고 싶은 내용	동전의 위치	
			방중	방 밖
㉠	주소저	정낭자와 배필이 될 수 있는가?	○ (이루어짐)	
㉡	주소저	간택된 양 씨를 퇴할 수 있는가?		○ (이루어짐)
㉢	정소저	부친이 전장에서 성공하고 쉽게 돌아올 수 있는가?		○ (이루어지지 않음)
㉣	정소저	전장에 나아가 선전할 수 있는가?	○ (이루어짐)	
㉤	정소저	이후 험한 일 없이 마음먹은 대로 일이 될 수 있는가?	○ (이루어짐)	

① ㉠에서 '동전을 던지는 인물'은 '동전의 위치'를 보고 자신이 바라는 일이 이루어질 것
이라고 생각했겠군.

근거 ❹-1~2 (주소저가) 불전에 나가 빌기를 "분명 정낭자와 배필이 되게 하시려거든 이
금전이 방중에 내려오소서." 하며, 돈을 던지니 빈 공중에 솟았다가 방 가운데로 떨
어졌다.

풀이 주소저는 정낭자와 배필이 될 것이라면 금전이 방중에 떨어지게 해달라고 하였고 동
전은 방중에 떨어졌다. 따라서 ㉠에서 '동전을 던지는 인물'인 주소저는 '동전의 위치'
를 보고 자신이 바라는 일이 이루어질 것이라고 생각했을 것이다.

→ 적절함!

② 바라는
㉡에서 '동전의 위치'는 '동전을 던지는 인물'이 꺼리는 일이 이루어질 것이라는 뜻으로
해석되겠군.

근거 ❹-3~4 주소저가 신통히 여겨 또 금전을 잡고 축원하며 말하기를 "황상께서 양경
의 딸로 간택하였으니, 만일 양 씨를 퇴할 수거든 금전이 스스로 방 밖에 내려지게 하
소서." 하고, 금전을 던지나 금전이 여러 번 돌다가 문 밖에 내려지는지라.

풀이 주소저는 황상께서 자신의 배우자로 간택한 양 씨와 혼인하지 않게 된다면 금전이
방 밖에 떨어지게 해달라고 하였고 동전은 방 밖에 떨어졌다. 따라서 ㉠에서 '동전의
위치'는 '동전을 던지는 인물'인 주소저가 바라는 일이 이루어질 것이라는 뜻으로 해
석된다.

→ 적절하지 않음!

③ ㉢에서 '동전의 위치'는 '동전을 던지는 인물'이 바라는 것이 이루어지지 않을 것이라는
뜻으로 해석되겠군.

근거 ❹-5~6 정소저 또한 다가와 금전을 던지며 축원하기를 "부친께서 전장에 나가 성
공하고 쉬 돌아오시게 하거든 금전이 방중에 내려지소서." 하고, 금전을 던지니 이
금전이 방문 밖으로 내려가는지라.

풀이 정소저는 금전을 던지며 부친께서 전장에 나가 성공하시고 쉬 돌아오신다면 동전
이 방중에 떨어지게 해달라고 하였으나 동전은 방 밖에 떨어진다. 이는 '동전을 던지
는 인물'인 정소저가 바라는 일이 이루어지지 않을 것이라는 뜻으로 해석된다.

→ 적절함!

④ ㉣에서 '알고 싶은 내용'은 '동전을 던지는 인물'이 하고자 하는 행동과 관련이 있겠군.

근거 ❹-7~8 또다시 축원하고 재배하여 독축하기를 "이 몸이 비록 여자이오나 어릴 적
부터 병서를 공부하였사오니 부친을 위로하려 전장에 나아가 선전하려 하시거든 금
전이 방중에 내려지소서." 하고, 금전을 던지니 금전이 높이 올랐다가 방중에 내려오
는지라.

풀이 정소저는 자신이 부친을 위해 전장에 나아가 선전할 수 있다면 금전이 방중에 떨어
지게 해달라고 하였고 동전은 방중에 떨어진다. ㉣에서 '동전을 던지는 인물'인 정소
저가 '알고 싶은 내용'은 자신이 전장에 나아가 부친을 구하고 선전할 수 있는지에 대
한 것으로, 정소저가 앞으로 하고자 하는 행동과 관련이 있다.

→ 적절함!

⑤ ㉤에서 '동전의 위치'는 '동전을 던지는 인물'이 바라는 대로 나타났다고 할 수 있겠군.

근거 ❹-9~10 소저 한편 기뻐하며 독축하기를 "이후로는 다시 험한 일이 없고 심중에 먹
은 마음대로 되게 하시려거든 금전이 방중에 떨어지소서." 하고, 던지니 금전이 다시
방중에 떨어지는지라.

1등급 문제

029 | 감상의 적절성 – 적절하지 않은 것 고르기 | 2021년 11월 학평 36번
정답률 60%, 매력적 오답 ① 15%, ④ 10% | **정답 ③**

<보기>를 참고하여 윗글을 감상한 내용으로 적절하지 않은 것은? [3점]

| 보기 |
¹ 고전소설에서 '복장전환(남장, 여장과 같이 이성의 옷을 입는 행위)'이라는 화소(이야기 話
바탕 素 : 이야기 요소, 모티프)는 주체적인(주인 主 몸 體 ~의 的 : 자유롭게 자신이 선택하는) 삶
을 살고자 하는 인물의 의지를 보여 준다. ² 복장전환은 자신의 실체(본질 實 몸 體 : 정체,
본모습)를 상대에게 숨기는 수단으로 쓰이는데 이를 통해 인물들은 다양한 욕구를 실현
하고자 한다. ³ 이 작품에서는 사회적 한계(사회적으로 허용되는 범위)를 극복하고, 위기 국
면(사태 局 모습 面 : 상황)에서 고난에 적극적으로 대처하고, 때로는 이성과 교우(사귐)를
맺기 위해 복장전환이 사용된다.

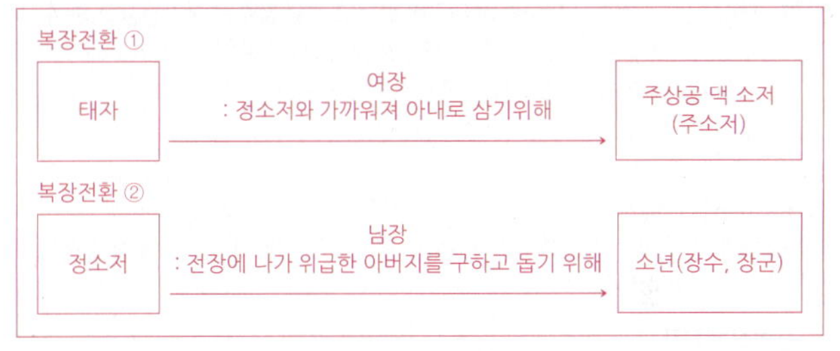

① 태자가 '여복으로 갈아 입'고 정소저를 뒤따라 '관음사로 찾아가'는 것에서, 애정 욕구
를 실현하기 위해 복장전환을 선택한 인물의 의지를 확인할 수 있군.

근거 <보기>-2 복장전환은 자신의 실체를 상대에게 숨기는 수단으로 쓰이는데 이를 통
해 인물들은 다양한 욕구를 실현하고자 한다.

❶-2 태자가 우연히 정소저를 보게 되고, 그녀의 아름다움과 기상에 반하여 그녀를
아내로 삼겠다고 결심한다. / ❷-1 정소저 시비를 데리고 관음사로 행하거늘 태자
또한 여복으로 갈아 입고 시비를 데리고 이날 관음사로 찾아가니

풀이 태자는 정소저에게 반하여 그녀를 아내로 삼기로 결심한 후 여복을 입고 정소저를
뒤따라 관음사로 찾아간다. 이를 통해 정소저와 인연을 맺으려는 애정 욕구를 실현
하기 위해 복장전환을 선택한 태자의 의지를 확인할 수 있다.

→ 적절함!

② 태자가 자신을 '주상공 댁 소저'로 속이고 정소저와 '서로 슬픈 정회를 위로'하며 '옥수
를 잡'을 수 있었던 것에서 복장전환이 이성과의 교우를 가능하게 해 주는 수단으로 쓰
였음을 확인할 수 있군.

근거 <보기>-3 이성과 교우를 맺기 위해 복장전환이 사용된다.

❷-3 "주상공 댁 소저인데 부친께서 임지로 가셔서 안위를 위하여 발원코자 왔나이
다." / ❸-4~5 서로 슬픈 정회를 위로하였다. 주소저 같이 앉으면 소저 옥수를 잡고
만난 정회를 설하는 듯하되 정소저 조금도 싫어하는 거동이 없었다.

풀이 태자는 정소저와 가까워지기 위해 여장을 하고 자신을 '주상공 댁 소저'로 속인다. 그
래서 정소저는 아무 거리낌 없이 주소저와 이야기를 나누고 정소저의 손을 잡을 정
도로 가까워질 수 있었다. 이를 통해 복장전환이 이성과의 교우를 가능하게 해 주는
수단으로 쓰였음을 확인할 수 있다.

→ 적절함!

③ 주소저가 '탁월한 풍채와 늠름한 기상'을 지닌 정소저를 보고 놀라는 것에서 정소저가
자신의 실체를 상대에게 숨기는 수단으로 복장전환을 사용했음을 확인할 수 있군.

근거 ❷-4 노승이 말하기를 "정강로댁 소저(정소저)도 부친의 안위를 위하여 왔거니와 소
저와 같은 딱한 사연이 있나이다." / 11 잠시 후 주소저 눈을 들어 정소저를 살펴보니
탁월한 풍채와 늠름한 기상이 사람의 정신을 놀라게 하였다.

❺-5 여식(정소저) 정모는 부친의 위급함을 듣고 잠깐 남자 되어 적진을 진정시키고

풀이 노승은 주소저에게 정소저에 대해 정강로댁 소저라고 소개하고 있으므로 이 장면에
서 정소저가 복장전환을 했다는 것은 알 수 없다. 참고로 정소저의 복장전환은 부친
의 위급함을 듣고 적진에 나간 장면에서 드러난다.

→ 적절하지 않음!

④ '여자이오나 어릴 적부터 병서를 공부'했다고 한 정소저가 '남자 되어 적진을 진정시'켰다고 하는 것에서 복장전환을 한 인물이 자신의 사회적 한계를 극복하고 능력을 발휘했음을 확인할 수 있군.

근거 <보기>-3 이 작품에서는 사회적 한계를 극복하고, 위기 국면에서 고난에 적극적으로 대처하고, 때로는 이성과 교우를 맺기 위해 복장전환이 사용된다.

④-7 "이 몸(정소저)이 비록 **여자이오나 어릴 적부터 병서를 공부**하였사오니 부친을 위로하려 전장에 나아가 선전하려 하시거든 금전이 방중에 내려지소서."/ **⑤-5** "여식 정모는 부친의 위급함을 듣고 잠깐 **남자 되어 적진을 진정시키**고

풀이 여자의 몸으로 어릴 적부터 병서를 공부했다고 한 정소저가 남장을 하고 전장에 나아가 적진을 진정시켰다는 것에서 복장전환을 한 인물인 정소저가 여성이라는 사회적 한계를 극복하고 능력을 발휘했음을 확인할 수 있다.

→ 적절함!

⑤ 정소저가 '부친의 위급함을 듣고' '소년' '장수'가 되었다는 것에서 인물이 위기 국면에서 고난에 적극적으로 대처하기 위해 복장전환을 선택했음을 확인할 수 있군.

근거 <보기>-3 이 작품에서는 ~ 위기 국면에서 고난에 적극적으로 대처하~ 기 위해 복장전환이 사용된다.

⑤-3~4 밖에 한 **장수** 찾아와 원수를 기다리더라. 나와 보니 **소년**이 대하며 앞에 와 재배하고 뵙거늘/ 5 "여식 정모는 **부친의 위급함을 듣고** 잠깐 남자 되어 적진을 진정시키고

풀이 정소저는 전장에 나간 부친의 위급함을 듣고 소년 장수로 복장전환을 하여 부친을 구하고 적진을 진정시킨다. 이를 통해 인물이 위기 국면에서 고난에 적극적으로 대처하기 위해 복장전환을 선택했음을 확인할 수 있다.

→ 적절함!

■ 모티프(motif)

'모티프'는 문학 작품에서 자주 반복되어 나타나는 동일한 이야기 요소를 말한다. 다음을 참고로 읽어 보자.

① 변신 모티프

사람이나 동물 등이 다른 종이나 성, 모습으로 변신하는 것을 소재로 하고 있는 이야기이다.

- 작자 미상, 「박씨전」(2017학년도 수능, 2022학년도 예시문항)
"내 간밤에 허물을 벗었으니, 대감께 여쭈어 옥함을 짜 주옵소서 하라." 할 제, 계화가 보니 아씨가 허물을 벗고 옥 같은 얼굴이며 달 같은 태도가 사람을 놀래며 향기가 방안에 가득한지라. 계화가 도리어 정신을 진정하여, 보고 또다시 보니 그 아름답고 고운 태도는 옛날 서시(중국 원나라의 미인)와 양귀비(중국 당나라 현종의 아내)라도 미치지 못하겠더라.
→ 변신 모티프를 기점으로 추녀인 박씨가 변신하기 전까지의 전반부와 변신 후 병자호란에서 영웅으로 활약하는 후반부로 나뉜다. 이러한 변신으로 가정 내에서의 갈등은 해소되고 박씨의 활약 무대가 가정 밖(국가)으로 바뀌며 이야기가 전개된다.

② 속죄양 모티프

인류의 죄를 대신하여 십자가에 못 박힌 예수의 삶처럼, 자신을 희생하여 인류나 민족을 구원하는 자기희생의 과정이다.

- 이육사, 「광야」
지금 눈 내리고/ 매화 향기 홀로 아득하니/ 내 여기 가난한 노래의 씨를 뿌려라.
→ 자신의 몸을 희생해서 싹을 틔우는 '씨앗'을 뿌리는 행위는 조국 광복을 위해 자신을 희생하려는 시인의 의지를 드러낸다. 여기서 속죄양 모티프가 잘 드러난다.

③ 적강 모티프

천상적 존재(하늘 나라의 인물)가 하늘에서 지은 죄 때문에 지상(인간 세상)으로 쫓겨 내려 오는 이야기 요소이다.

- 정철, 「사미인곡」(2006학년도 9월 모평, 2013학년도 6월 모평, 2021학년도 수능)
엊그제 임을 모셔 광한전(달 속에 있다는 궁전. 여기서는 '임금 계신 곳'을 의미)에 올랐는데/ 그 사이 어찌하여 하계(인간 세상)에 내려오니
→ 예전엔 '광한전(천상계)'에 있었지만, 지금은 '하계(지상계)'에 있는 화자에게서 적강 모티프가 잘 드러난다.

[030~033] 다음 글을 읽고 물음에 답하시오.

1 [1] 수적(해적)들이 현의 다리를 잡고 물에 던졌을 때, 풍랑(바람 風 물결 浪 : 바람과 물결)이 현을 휩쓸다가 모래사장으로 굴렸다. [2] 어린 현이 물을 끝없이 토하며 어머니를 부르고 통곡하다가(소리를 높여 울다가) 사방(주변)을 둘러보니 무인지경(無人之境)(없을 無 사람 人 갈 之 곳 境 : 아무도 없는 외진 곳)이었다.

[3] 이때 절강 소흥부(중국의 지역 이름)에 유 소사라는 재상(지금의 장관 정도 되는 벼슬)이 있었다. [4] 황성(황제가 있는 도시)에서 벼슬을 하다가 나이가 들어 퇴사(退仕)(물러날 退 벼슬 仕 : 관직에서 물러나고) 고향으로 돌아오는 중이었는데, 문득 울음소리가 들려왔다. [5] 사공(배를 부리는 일을 하는 사람)에게 분부(지시)하여 그 울음소리가 나는 곳에 배를 대고 내려와 보니 한 아이(여기서는 최현)가 울고 있었다.

[6] 유 소사가 그 아이에게 다가가 물었다.

[7] "네 어찌 된 아이이건대 홀로 이렇게 슬피 우느냐?"

[8] 현이 울음을 그치고 올려다보니 한 백발(흰머리)노인이었다. [9] 유 소사가 이어서

"네 어디에 살고 나이는 몇이며 이름은 무엇이냐?"

[10] 하고 묻자 현이 대답했다.

[11] "나이는 일곱 살이옵고 성명(이름)은 최현이오며, 모친(어머니)을 따라 부친(아버지) 적소(귀양살이하는 곳)로 찾아가다가 모친도 없사옵고 시종(시중드는 사람)도 없삽기로 갈 바를 알지 못해 홀로 울었나이다."

[12] 소사(유 소사)가 다시금 묻기를

"부친이 어디로 갔건대 찾아가느냐?"

[13] 라 하니, 현이 대답하였다.

[14] "부친은 벼슬을 하시다가 참소(讒訴)(참소할 讒 헐뜯을 訴 : 모함을 받아)에 들어 유배(귀양살이) 가셨기로, 모친과 그 적소에 찾아가는 길이었사옵니다."

→ 최현은 수적을 만나 어머니와 헤어지고 홀로 남겨져 울고 있다가 유 소사를 만나게 된다.

2 [1] 유 소사가 현을 데리고 집으로 돌아와서는 부인에게 말했다.

[2] "간밤(어젯밤)에 한 꿈을 얻었는데, 백발(흰머리)노인이 이르되 '그대 일생(평생) 자식 없음을 서러워하매 양자(남의 자식을 데려다가 자신의 자식처럼 기른 아들)를 데려왔으니 수양아들(양자)로 삼아 잘 기르라' 하시기로 이 아이(최현)를 데려왔소이다."

[3] 그러자 부인이 말하기를,

"첩(유 소사 부인이 자신을 낮춘 말)도 간밤에 한 꿈을 얻었는데, 하늘에서 칠성(七星)(북두칠성)이 떨어져 치마에 싸이거늘 이를 더욱 사랑하였습니다. [4] 지금 짐작하옵건대 그 꿈이 허사(헛된 일)가 아니옵니다."

[5] 하였다.

→ 유 소사는 최현을 집으로 데려오고, 유 소사와 부인은 간밤에 꾼 꿈이 최현을 양자로 삼도록 미리 알려 준 것이라고 이야기한다.

3 [중략 줄거리] 유 소사의 양자로 살아가던 최현은 유 소사 부부가 죽자 의지할 곳이 없어 양식을 빌며(구걸하며) 정처 없이 떠돌던 중 한 도사(여기서는 공신술)를 만나게 된다.

→ 유 소사 부부가 죽은 후 혼자 남겨진 최현은 구걸하며 떠돌아다니다가 한 도사를 만나게 된다.

4 [1] "이 칼은 천사검(天賜劍)(하늘 天 줄 賜 칼 劍 : 하늘이 내린 칼)이요, 이 책은 옥갑경(玉甲經)(구슬 玉 갑옷 甲 글 經 : 귀신을 쫓는 주술이 적힌 책)이라. [2] 성인군자(지혜와 덕이 뛰어나 본받을 만한 사람)가 가질 만한데, 만일 그대 곧 아니면 가질 사람이 없는 까닭으로, 사해(온 세상)를 두루 돌아 이제야 전하노라. [3] 그대는 삼가 누설하지(말하지) 말라."

[4] 현이 일어나 두 번 절하고,

"소생(최현이 자신을 낮춘 말)은 인간의 천한(신분이나 지위가 낮은) 것이라, 이 두 보배(천사검과 옥갑경)를 어찌 지니리까? [5] 바라노니 존공(공신술을 높인 말)은 지닐 사람에게 주옵소서."

[6] 라 하니, 도사(공신술)가 웃으며 말했다.

[7] "하늘이 그대를 내실 때 대명(大明)(중국 명나라)을 위하여 내셨도다. [8] 또한 천사옥갑(천사검과 옥갑경)은 그대를 위하여 내신 것이니, 어찌 사양(거절)하리오?"

[9] "설령 보배라 한들 내어 쓰지 못하오니 그 어찌 소생이 가질 바이리까? [10] 엎드려 바라건대 존공은 가져가시어 제 임자에게 전하옵소서."

[11] "어찌 이같이 고집하는가? [12] 이 두 가지(천사검과 옥갑경)를 가지면 영화(榮華)(영화 榮 빛날 華 : 영광)를 누리며 대국(중국 명나라)을 편안하게 하고 이름이 사해(四海)에 진동할(온 세상에 알려질) 것이니, 어찌 사양함이 이같이 심하리오? [13] 이 칼(천사검)이 비록 서리었으나 쓸 때를 당하면 자연히 저절로 빠져나

[A] 와 펼치면 길이가 팔 척(길이의 단위, 1척은 약 30.3cm)이라. 14 이 두 가지 보배는 서천서역국(西天西域國)(인도의 옛 이름)에 떨어져서 서기(복되고 좋은 일이 일어날 조짐이 있는 기운)가 천하(온 세상)에 비추었으되 찾아갈 사람이 없어 이 늙은 것(여기서는 공신술)이 삼 년을 수고하고 그대를 찾다가, 오늘 여기에 와서 전하는 것이니 부디 잘 간수하라. 15 (천사검과 옥갑경을 가진 덕분에) 멀지 아니하여 상장군의 절월(節鉞)과 대원수의 인신(印信)을 찰(상장군과 대원수라는 높은 지위에 오를) 것이니, 그때를 당하면 이 노인의 말을 생각하리라.”

16 현이 공손히 대답했다.

17 “정녕 그러하오면 사양할 수 없삽거니와, 미천한 소생을 위하여 여러 세월을 수고하시니 마음에 황송무지하옵니다(분에 넘치게 감사합니다). 18 감히 묻고자 하니, 존공의 거주(사는 곳)와 존호(尊號)(높을 尊 이름 號 : 성함)를 알고 싶습니다.”

19 “나의 이름은 ㉠ 공신술이요, 살기는 공동산에 있으니, 차후(이후)에 혹여 급한 일이 있거든 공동산으로 찾아오라. 20 할 말은 무궁하나(끝이 없으나) 급히 떠나니, 그대는 칠 년 전에 갔던 남경(중국 명나라의 수도) 순천부(중국 명나라의 지역 이름)로 찾아가라.”

21 도사가 떠나가더니 불과 몇 걸음에 홀연히(갑자기) 사라져 보이지 않아 어디로 가는지 알 수 없었다.

→ 공신술은 최현에게 천사검과 옥갑경을 잘 간직하면 이름을 떨치고 높은 지위에 오를 것이라고 말한다.

5 1 현이 도사를 이별하고, 천사옥갑(천사검과 옥갑경)을 품에 품고 남경으로 향했다. 2 현이 여러 날만에 순천부에 이르러서는 밥을 빌러(구걸하러) 한 집에 들어갔는데, 그 주인(여기서는 완삼)이 현의 구걸하는 소리를 듣고 불쌍하게 여겨 가까이 부르고는 물었다.

3 “그대는 어디 사람이며 어찌 이리 빌어먹는가?”

4 “가화공참(家禍孔慘)(집 家 재앙 禍 구멍 孔 참혹할 慘 : 집안이 매우 심각한 화를 당함)하기로 자연히 걸식(구걸)하오이다.”

5 주인(완삼)이 가만히 현을 보다가 다시 물었다.

6 “그대의 이름과 얼굴이 본 듯하니 알지 못할 일이라. 7 그대 혹여 남에게 적선한(도움을 준) 일이 있는가?”

8 “구걸하는 아이가 어찌 사람을 구제함이 있으리오?”

9 “칠 년 전에 진주강 모래사장에서 금은보화로 사람을 구제한 일이 없는가? 10 공자(지위 높은 집안의 아들, 여기서는 최현)는 숨기지 말고 바로 이르소서.”

11 현이 말했다.

12 “서촉(명나라 지역 이름)으로 가려 하던 중 상인 완삼이 파선하고(바람이 심하게 불거나 장애물에 부딪쳐 배가 파괴되고) 물가에서 울거늘, 자연히 마음에 측은하여서(가여운 마음이 들어) 약간 물건을 준 일이 있는데, 이것을 어찌 구제하였다 하리오?”

13 주인이 이 말을 듣고는 크게 놀라고 크게 기뻐하며 현을 붙들고 반기며 말했다.

14 “공자는 나를 몰라보나이가? 15 내가 바로 ㉡ 완삼이로소이다. 16 간밤(어젯밤)에 한 꿈을 얻었는데 공자를 만나 은혜를 갚는 꿈이었으나, 내 어찌 공자를 뵈올 줄 알았으리오?”

17 완삼이 현을 붙잡고 집으로 들어가 못내 반가워하며 처자(아내와 자식)를 불러 말했다.

18 “진주강에서 나를 구하던 공자가 이제 오셨으니, 만일 이 공자가 아니었던들 너희들이 순천부(중국 명나라의 지역 이름) 관비(관청의 노비)될 것을 어찌 면하였으며(피할 수 없었으며), 오늘날 먹고 입는 것이 어찌 군색(窘塞)(군색할 窘 막힐 塞 : 가난함)을 면했으리오? 19 이제 (최현을) 뵈옵기는 천만몽매(千萬夢寐)(일천 千 일 만 萬 꿈 夢 잘 寐 : 꿈꾸던, 간절히 바라던)일이요 하늘이 지시함이라.

20 완삼이 못내(매우) 사례하니(고마워하니) 현이 또한 공손히 대답했다.

21 “작은 것을 주고 큰 인사를 받으니 도리어 민망하오이다.”

22 완삼이 즉시 현의 의복(옷)을 갈아입히고는 아침저녁으로 공경을 극진히 하였다.

→ 완삼은 구걸하러 온 최현이 7년 전에 자신을 도와주었던 사람임을 알게 되자 최현을 자신의 집에 머물게 하고 정성껏 모신다.

- 작자 미상, 「최현전」-

• 중심 내용

수적을 만나 어머니와 헤어져 홀로 남겨진 최현은 자신을 구해준 유 소사의 양자가 된다. 이후 유 소사 부부가 죽고 다시 혼자가 되어 구걸하며 떠돌아다니다가 공신술을 만나 천사검과 옥갑경을 받게 되고, 완삼은 7년 전 자신을 도와주었던 최현에게 은혜를 갚기 위해 최현을 자신의 집에 머물게 한다.

• 전체 줄거리 ([ ] : 지문 내용)

중국 명나라 때 최현은 최윤성과 석부인의 아들로 태어난다. 아버지가 소경과 황윤의 모함을 받아 유배(죄인이 되어 먼 곳에 가서 제약을 받으며 살게 됨)를 가게 되자 최현은 어머니와 함께 아버지를 찾아가던 중에 수적(해적)을 만나 어머니와도 헤어지게 된다. 홀로 남겨진 최현은 유 소사를 만나 그의 양자(남의 자식을 데려다가 자신의 자식처럼 기른 아들)가 되었다가, 유 소사가 죽은 후에는 구걸하며 떠돌아다니게 된다. 그러던 중 엄 승상의 딸 월계를 만나 결혼을 약속한 후 떠나게 되고, 공신술로부터 도술을 익힌 뒤] 남경(중국 명나라의 수도)에서 완삼의 딸 영애와 결혼하게 된다. 이후 최현은 과거에 장원급제하고(과거 시험에서 1등으로 합격하고), 월계와 어머니를 다시 만나 기쁨을 나눈다. 한편 서달이 명나라를 침략하자 최현은 대원수(군대를 이끄는 최고 우두머리)가 되어 공신술에게서 받은 천사검과 옥갑경을 가지고 전쟁에 나서서 서달을 무찌르고, 서역 땅에 갇혀 있던 아버지를 찾아 구하게 된다. 이후 소경의 아들 소명이 가달과 함께 다시 반란을 일으키자 최현은 아들 최홍을 시켜 가달을 물리치게 하고 최현은 가달왕의 관직을 받게 된다.

• 인물 관계도

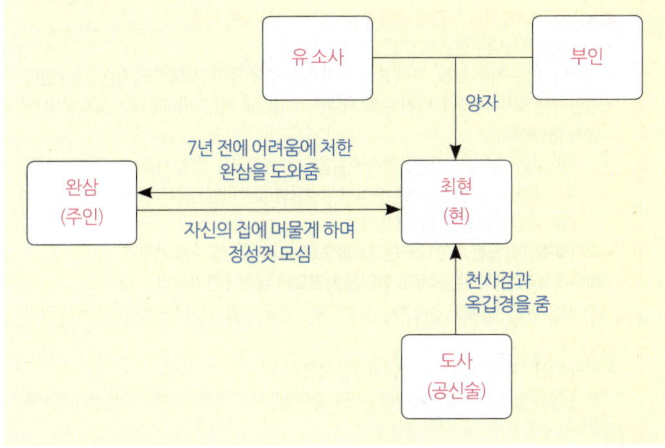

---

030 | 서술상 특징 – 적절한 것 고르기 2020년 9월 학평 42번
정답률 75% | 정답 ③

윗글에 대한 설명으로 가장 적절한 것은?

① *언어유희를 활용하여 인물을 **희화화하고 있다. * 발음은 우연히 같으나 그 뜻은 다른, 동음이의어를 활용하거나 말과 말 사이의 발음의 유사성 등을 활용하여 재미있게 꾸미는 말의 표현으로 일종의 말장난 ** 우스꽝스럽게 표현함

풀이 윗글에 언어유희를 활용한 부분도, 인물을 희화화하는 부분도 나타나지 않는다.

→ 적절하지 않음!

② 세밀한 *외양 묘사를 통해 인물의 심리를 나타내고 있다.

* 인물의 겉모습을 글로 자세히 표현함

풀이 윗글에서 세밀한 외양 묘사는 나타나지 않는다.

→ 적절하지 않음!

■ 외양 묘사를 통해 인물의 심리를 나타내는 작품

• 김소진, 「자전거 도둑」 (2020학년도 수능)

집에 도착해서 한숨을 돌린 뒤 자루를 풀고 물건을 정리해 보니 스무 병이 와야 할 소주가 두 병이 모자란 채 열여덟 병만 온 것이었다. 아버지의 얼굴은 맞보기(마주 보기)가 민망할 정도로 금세 하얗게 질렸다. 왜냐하면 그 돈 온 두 병을 빼고 나면 나머지 것들을 몽땅 팔아 봤자 결국 본전치기(본전만 겨우 건지는 일)일 뿐이었기 때문이다.

→ 아버지의 얼굴이 '하얗게 질렸다'라고 묘사하여 소주가 2병이 모자라서 당황한 아버지의 심리를 드러내고 있다.

③ 대화를 통해 이전에 일어난 사건의 *정황을 드러내고 있다. * 상황

근거 ❶ 5·14 유 소사가 그 아이에게 다가가 물었다. “네 어찌 된 아이이건대 홀로 이렇게 슬피 우느냐?” ~ 현이 대답하였다. “부친은 벼슬을 하시다가 참소에 들어 유배 가셨기로, 모친과 그 적소에 찾아가는 길이었사옵니다.”

❺ 2~18 주인이 현의 구걸하는 소리를 듣고 ~ “서촉으로 가려 하던 중 상인 완삼이 파선하고 물가에서 울거늘, 자연히 마음에 측은하여서 약간 물건을 준 일이 있는데, ~ “진주강에서 나를 구하던 공자가 이제 오셨으니,

 최현과 유 소사의 대화를 통해 최현이 유배를 간 아버지를 만나러 가던 중에 수적을
만나 어머니와 헤어지게 된 사건이 나타나고, 최현과 완상의 대화를 통해 7년 전에
최현이 완상을 도와주었던 사건이 나타난다.

→ 적절함!

④ *풍자적 기법을 통해 인물의 부정적 성격을 강조하고 있다.* 주어진 사실을 곧이곧대로 드
러내지 않고 대상을 과장하거나 왜곡, 비꼬아서 우스꽝스럽게 표현함으로써 대상에 대한 비판적인 웃음
을 유발하는

풀이 윗글에 풍자적 기법도, 인물의 부정적 성격을 강조하는 부분도 나타나지 않는다.

→ 적절하지 않음!

⑤ *서술자가 개입하여 사건에 대해 주관적인 평가를 하고 있다.*
* 이야기를 이끌어 가는 사람이 이야기 속에 끼어들어

풀이 윗글에서 서술자가 개입하여 사건에 대해 주관적인 평가를 하는 부분은 나타나지 않
는다.

→ 적절하지 않음!

■ 서술자가 개입하여 사건에 대해 주관적인 평가를 하는 작품

• 작자 미상, 「서대주전」(2017년 고2 3월 학평)
세상의 아동, 적은 것들, 부녀 또는 가마 메는 졸부 등이 (서대주의 자손들을) 만나
기만 하면 죽여 버리니, 이것은 즉 서대주가 사람을 해친 마음에 대한 앙갚음이 아
닌가 생각한다.
→ 서대주의 자손들이 사람들에게 죽임을 당하는 장면을 보고, 서술자는 과거에 서대
주가 한 나쁜 일들로 인해 사람들이 앙갚음한 것이 아닐까 하고 추측하면서 사건에
대해 주관적인 평가를 하고 있다.
• 작자 미상, 「심청전」(2012학년도 6월 모평, 2021학년도 9월 모평)
아무리 소리친들 해는 저물고 행인은 끊겼으니 뉘라서 건져주리
→ 서술자가 개입해 개천에 빠진 심봉사를 구해 줄 사람이 없다는 생각을 드러내고 있
다.
• 작자 미상, 「흥부전」(2015학년도 6월 모평A)
흥부 마음 인후하여 청산유수와 곤륜옥결이라 (마음이 어질고 넓어서 푸른 산과 맑은 물
같으며, 중국 곤륜산의 옥처럼 깨끗하다)
→ 서술자가 개입해 흥부의 성품을 평가하고 있다.
• 작자 미상, 「정을선전」(2025학년도 수능)
노태 금은을 욕심내어 삼척장검(길고 큰 칼)을 집고 달 밝은 밤에 소저 침소(유 소저가
자는 방)에 이르러 동정(낌새)을 살피고 입에 담지 못할 말로 유소저를 갱참(坑塹)(깊
고 길게 파 놓은 구덩이)에 넣으니 가련하다.
→ 서술자가 개입해 노태가 유 소저를 구덩이에 넣고 위험에 빠뜨린 것에 대해 안타까
운 마음을 드러내고 있다.
• 작자 미상, 「이춘풍전」(2011년 고1 6월 학평, 2024년 고1 3월 학평)
저 잡놈 거동(행동) 보소. 없던 교태(거만한 태도) 지어 내어 제 아내 꾸짖으되,
→ 서술자가 개입해 이춘풍의 거만함을 비판하고 있다.
• 남영로, 「옥루몽」(2010학년도 9월 모평)
뇌천풍이 ~ 강남홍에게 달려들더니 홀연 몸을 솟구치며 말에서 떨어졌다. 어찌된
일인지 모르겠구나. 다음 회를 보시라.
→ 서술자가 개입해 뇌천풍이 강남홍에게 달려들자마자 말에서 떨어졌다고 한 다음
에 궁금증을 유발하며, 다음 회에 대한 안내를 하고 있다.

031
말하기 방식 - 적절한 것 고르기 2020년 9월 학평 43번
정답률 80%   정답 ③

[A]에 대한 이해로 가장 적절한 것은?

[A] ④-11~15 "어찌 이같이 고집하는가? 이 두 가지를 가지면 영화를 누리며 대국을
편안하게 하고 이름이 사해에 진동할 것이니, 어찌 사양함이 이같이 심하리오? 이 칼이
비록 서리었으나 쓸 때를 당하면 자연히 저절로 빠져나와 펼치면 길이가 팔 척이라. 이
두 가지 보배는 서천서역국에 떨어져서 서기가 천하에 비추었으되 찾아갈 사람이 없어
이 늙은 것이 삼 년을 수고하고 그대를 찾다가, 오늘 여기에 와서 전하는 것이니 부디 잘
간수하라. 멀지 아니하여 상장군의 절월과 대원수의 인신을 찰 것이니, 그때를 당하면
이 노인의 말을 생각하리라."

① 자신의 *권위를 내세우며 상대방의 책임을 **추궁하고 있다.
* 권력과 지위 ** 따져 밝히고

풀이 [A]에서 공신술은 자신의 권위를 내세우고 있지도 않고 최현에게 책임을 추궁하고

있지도 않다.

→ 적절하지 않음!

② 과거와 현재를 비교하며 상대방의 달라진 태도를 비판하고 있다.
근거 [A] ④-11~12 "어찌 이같이 고집하는가? ~ 어찌 사양함이 이같이 심하리오?"
풀이 공신술은 자신의 제안을 거절하는 최현의 태도를 꾸짖고 있을 뿐, 과거와 현재를 비
교하지도 않고 상대방의 달라진 태도를 비판하고 있지도 않다.

→ 적절하지 않음!

③ 제안을 *수용할 경우 일어날 일을 언급하며 상대방을 설득하고 있다.* 받아들일
근거 [A] ④-12 이 두 가지(천사검과 옥갑경)를 가지면 영화를 누리며 대국을 편안하게 하
고 이름이 사해에 진동할 것이니,
풀이 공신술은 최현이 '천사검'과 '옥갑경'을 가지면 나라에 공을 세우고 유명해질 것이라
고 말하며 '천사검'과 '옥갑경'을 받으라고 최현을 설득하고 있다.

→ 적절함!

④ 자신의 본심을 숨긴 채 질문을 던지며 상대방의 궁금증을 *유발하고 있다.
* 불러일으키고
근거 [A] ④-11~12 "어찌 이같이 고집하는가? ~ 어찌 사양함이 이같이 심하리오?"
풀이 공신술이 최현에게 '어찌 이같이 고집하는가?', '어찌 사양함이 이같이 심하리오?'라
고 말한 것은 '천사검'과 '옥갑경'을 거절하지 말고 받으라는 뜻을 강조하기 위해 질문
의 형식을 사용한 것일 뿐, 자신의 본심을 숨긴 채 질문을 던져 최현의 궁금증을 유발
하고 있는 것이 아니다.

→ 적절하지 않음!

⑤ 상대방의 말과 행동이 불일치함을 지적하며 자신의 *결백을 입증하고 있다.
* 죄가 없음
풀이 [A]에서 공신술은 최현의 말과 행동이 불일치함을 지적하고 있지도 않고 자신의 결
백을 입증하고 있지도 않다.

→ 적절하지 않음!

032
인물 이해 - 적절한 것 고르기 2020년 9월 학평 44번
정답률 70%   정답 ②

㉠과 ㉡에 대한 이해로 가장 적절한 것은?

① ㉠과 달리 ㉡은 뛰어난 *지략을 활용해 최현을 돕는다.* 지혜와 계략
근거 ⑤-22 완상이 즉시 현의 의복을 갈아입히고는 아침저녁으로 공경을 극진히 하였
다.
풀이 ㉡(완상)은 떠돌아다니던 최현에게 갈아입을 옷을 주고 자신의 집에서 편하게 지내
도록 도움을 주고 있을 뿐, 뛰어난 지략을 활용해 최현을 돕는다고 볼 수 없다.

→ 적절하지 않음!

② ㉠과 달리 ㉡은 최현이 베푼 *선행에 대한 보답으로 최현을 돕는다.* 착하고 어진 행동
근거 ④-7~8 "하늘이 그대를 내실 때 ~ 천사옥갑은 그대를 위하여 내신 것이니,
⑤-9~12 "칠 년 전에 진주강 모래사장에서 금은보화로 사람을 구제한 일이 없는
가? ~ "서촉으로 가려 하던 중 상인 완상이 파선하고 물가에서 울거늘, 자연히 마음
에 측은하여서 약간 물건을 준 일이 있는데,/ 17~22 완상이 현을 붙잡고 집으로 들
어가 못내 반가워하며 ~ "진주강에서 나를 구하던 공자가 이제 오셨으니, ~ 완상이
즉시 현의 의복을 갈아입히고는 아침저녁으로 공경을 극진히 하였다.
풀이 ㉠(공신술)은 하늘이 정한 일이므로 '천사검'과 '옥갑경'을 최현에게 건네어 도움을 주
는 반면, ㉡(완상)은 최현이 7년 전에 자신을 도와주었기 때문에 그에 대한 보답으로
최현을 자신의 집에 지내게 해 도움을 준다.

→ 적절함!
㉠과 ㉡은 모두
③ ㉡과 달리 ㉠은 최현이 처한 개인적 위기를 해결할 수 있도록 최현을 돕는다.
근거 ④-12~15 이 두 가지를 가지면 영화를 누리며 대국을 편안하게 하고 이름이 사해
에 진동할 것이니, ~ 멀지 아니하여 상장군의 절월과 대원수의 인신을 찰 것이니,
⑤-22 완상이 즉시 현의 의복을 갈아입히고는 아침저녁으로 공경을 극진히 하였
다.
풀이 구걸하며 떠돌아다니는 최현에게 ㉠(공신술)은 나라에 공을 세워 높은 지위를 얻을
수 있도록 '천사검'과 '옥갑경'을 주고 ㉡(완상)은 자신의 집에서 지내도록 도움을 준
다. 따라서 ㉠(공신술)과 ㉡(완상) 모두 최현이 처한 개인적 위기를 해결하도록 돕는다
고 볼 수 있다.

→ 적절하지 않음!

④ ㉠과 ㉡은 모두 **최현과의 약속을 지키기 위해 최현을 돕는다.**

[풀이] 윗글에서 ㉠(공신술)과 ㉡(완삼)이 최현과의 약속을 지키기 위해 최현을 돕는 내용은 나타나지 않는다.

→ 적절하지 않음!

㉡과 달리 ㉠은

⑤ ~~㉠과~~ ㉡은 모두 최현이 *초월적 능력을 가질 수 있도록 최현을 돕는다.

* 인간의 한계를 넘어선

[근거] ❹-7~8 "하늘이 ~ 천사옥갑은 그대를 위하여 내신 것이니, 어찌 사양하리오?"/ 13~15 이 칼이 비록 서리었으나 쓸 때를 당하면 자연히 저절로 빠져나와 펼치면 길이가 팔 척이라. 이 두 가지 보배는 서천서역국에 떨어져서 서기가 천하에 비추었으되 ~ 멀지 아니하여 상장군의 절월과 대원수의 인신을 찰 것이니,

❺-22 완삼이 즉시 현의 의복을 갈아입히고는 아침저녁으로 공경을 극진히 하였다.

[풀이] ㉠(공신술)은 하늘이 내린 '천사옥갑'을 최현에게 전해 주고 있으므로 최현이 초월적 능력을 가질 수 있도록 돕는다고 볼 수 있다. 반면 ㉡(완삼)은 구걸하며 떠돌아다니던 최현을 자신의 집에서 편하게 지내도록 도움을 주고 있을 뿐 초월적 능력을 가질 수 있도록 도움을 준 것은 아니다.

→ 적절하지 않음!

---

033 | 감상의 적절성 – 적절하지 않은 것 고르기　2020년 9월 학평 45번
정답률 75%　　　　　　　　　　　　　　　　　　　　　정답 ②

〈보기〉를 참고하여 윗글을 감상한 내용으로 적절하지 않은 것은?　[3점]

| 보기 |
　1「최현전」과 같은 영웅 소설(뛰어난 능력을 가진 주인공이 등장하는 소설)에는 공통적인 서사(이야기) 구조가 나타난다. 2 주인공은 하늘이 낸 비범한(특별히 뛰어난) 인물로, 어린 시절 고난을 겪지만 새로운 인물들과 운명적으로 만나며 고난을 극복해 간다. 3 주인공은 고난과 극복의 과정을 반복하다가 결국 승리하도록 예정되어 있다.

① 하늘이 대명을 위해 최현을 냈다고 공신술이 말하는 것을 보니 최현은 비범한 인물이라고 볼 수 있겠군.

[근거] 〈보기〉-2 주인공은 하늘이 낸 비범한 인물로,

❹-7 "하늘이 그대를 내실 때 대명을 위하여 내셨도다.

[풀이] 공신술은 최현에게 '하늘이 그대를 내실 때 대명을 위하여 내셨도다'라고 말하고 있으므로 최현은 하늘이 내린 비범한 인물이라고 볼 수 있다.

→ 적절함!

②✓ 천사옥갑을 자신이 지닐 수 없다고 최현이 말하는 것을 보니 **최현의 승리가 예정되어 있다고 볼 수 있겠군.**

[근거] ❹-1~4 "이 칼은 천사검이요, 이 책은 옥갑경이라. 성인군자가 가질 만한데, ~ 현이 ~ "소생은 인간의 천한 것이라, 이 두 보배를 어찌 지니리까?/ 9 "설령 보배라 한들 내어 쓰지 못하오니 그 어찌 소생이 가질 바이리까?/ 15 멀지 아니하여 상장군의 절월과 대원수의 인신을 찰 것이니,

[풀이] 최현은 천사옥갑이 자신의 분수에 넘치는 물건이라서 지닐 수 없다고 거절하는데 이는 최현이 자신의 능력을 낮춰 겸손하게 말하고 있는 것일 뿐 최현의 승리가 예정된 것과는 아무 관련이 없다. 최현의 승리가 예정된 것은 공신술이 최현에게 '상장군의 절월과 대원수의 인신을 찰 것'이라고 말한 것에서 나타난다고 볼 수 있다.

→ 적절하지 않음!

③ 최현이 수적을 만나 어머니와 헤어지게 되는 것을 보니 최현은 어린 시절에 고난을 겪는다고 볼 수 있겠군.

[근거] 〈보기〉-2 주인공은 ~ 어린 시절 고난을 겪지만

❶-1~2 수적들이 현의 다리를 잡고 물에 던졌을 때, 풍랑이 현을 휩쓸다가 모래사장으로 내굴렸다. 어린 현이 물을 끝없이 토하며 어머니를 부르고 통곡하다가 사방을 둘러보니 무인지경이었다./ 11 "나이는 일곱 살이옵고 ~ 모친도 없사옵고 시종도 없삽기로 갈 바를 알지 못해 홀로 울었나이다."

[풀이] 최현이 일곱 살에 수적을 만나 어머니와 헤어져 홀로 남겨진 것을 통해 어린 시절에 고난을 겪는 것을 알 수 있다.

→ 적절함!

④ 유 소사 부부가 죽어서 최현이 의지할 곳을 잃은 것을 보니 최현은 또다시 고난을 겪게 된다고 볼 수 있겠군.

[근거] 〈보기〉-3 주인공은 고난과 극복의 과정을 반복하다가

❸ 유 소사의 양자로 살아가던 최현은 유 소사 부부가 죽자 의지할 곳이 없어 양식

을 빌며 정처 없이 떠돌던 중

[풀이] 최현은 어머니와 헤어진 후 유 소사의 양자로 지내다가 유 소사 부부가 죽은 후 의지할 곳이 없어 떠돌아다닌다. 이를 통해 최현이 또다시 고난을 겪게 됨을 알 수 있다.

→ 적절함!

⑤ 유 소사가 꿈속 암시대로 최현을 만나게 되는 것을 보니 최현과 유 소사의 만남은 운명적이라고 볼 수 있겠군.

[근거] 〈보기〉-2 주인공은 ~ 새로운 인물들과 운명적으로 만나며 고난을 극복해 간다.

❷-1~2 유 소사가 현을 데리고 집으로 돌아와서는 ~ "간밤에 한 꿈을 얻었는데, 백발노인이 와 이르되 '그대 일생 자식 없음을 서러워하매 양자를 데려왔으니 수양아들로 삼아 잘 기르라' 하시기로 이 아이를 데려왔소이다."

[풀이] 유 소사가 백발노인이 자신을 위해 양자를 데려왔다는 꿈을 꾼 다음날 최현을 만나게 되는 것을 통해 최현과 유 소사의 만남은 운명적이라고 볼 수 있다.

→ 적절함!

[034~036] 다음 글을 읽고 물음에 답하시오.

① 1 길동 등(홍길동이 도술을 부려 만든 '가짜 홍길동' 8명)이 임금에게 아뢰었다(말씀드렸다).

[A]
2 "신의 아비(저의 아버지, '신'은 신하가 임금에게 말할 때 자기를 가리키는 말로 여기서는 '홍길동'을 말함)가 나라의 은혜를 많이 입었사온데, 신이(제가) 어찌 감히 (나라에) 나쁜 짓을 하오리까마는(하겠습니까마는), 신은(저는) 본래 천한(신분이 낮은) 종의 몸에서 났는지라(태어났는지라)(아버지는 양반이나) 어머니가 천한 몸종이라), 그 아비를 아비라 못 하옵고 그 형을 형이라 못 하와(양반인 아버지를 아버지라 부르지 못하고 형을 형이라 부르지 못해, 호부호형을 못 해), 평생 한이 맺혔기에 집을 버리고 도적의 무리에 참여하였사옵니다. 3 그러나 백성은 추호도 범하지(조금도 해를 끼치지) 않고 각 읍 수령(마을의 최고 관리)이 백성들을 들볶아 착취한(강제로 빼앗은) 재물만 빼앗았을 뿐입니다. 4 이제 십 년이 지나면 조선을 떠나 갈 곳(새 나라)이 있사오니, 엎드려 빌건대 성상(성인 聖 윗 上 : 임금)께서는 (제가 나라에 나쁜 짓을 할까 봐) 근심하지 마시고 신을(저를) 잡으라는 공문(관청 公 문서 文 : 공식적으로 쓴 문서)을 거두어 주십시오."

5 하고, 말을 마치며 여덟 명(도술을 부려 만든 '가짜 홍길동' 8명)이 한꺼번에 넘어지므로, 자세히 보니 다 풀로 만든 허수아비였다. 6 임금이 더욱 놀라며 진짜 길동을 잡으라는 공문을 다시 팔도(전국)에 내렸다.

　　→ 가짜 홍길동들이 임금에게 홍길동을 잡으라는 명령을 거두어 달라고 부탁하지만 임금은 진짜 홍길동을 잡으라는 명령을 전국에 다시 내린다.

② 1 길동이 허수아비(도술로 가짜 홍길동을 만들었던 허수아비)를 없애고 두루(이곳저곳을) 다니다가 사대문(조선 시대에 서울의 성을 둘러싼 4개의 큰 문. 동쪽의 흥인지문, 서쪽의 돈의문, 남쪽의 숭례문, 북쪽의 숙정문을 말함)에 글을 써 붙였는데, 그 글에다,

2 "소신(작을 小 신하 臣 : 자신을 낮춘 말) 길동은 아무리 (잡으려) 하여도 잡지 못할 것이오니, 병조판서(군사와 국방 일을 맡아 하는 최고 관리) 벼슬을 내리시면 잡히겠습니다."

고 하였다. 3 임금이 그 글을 보고 신하들을 모아 의논하니, 여러 신하들이 말했다.

4 "이제 그 도적(홍길동)을 잡으려 하다가 잡지 못하고 도리어 (홍길동에게) 병조판서를 제수하심(벼슬을 내리심)은 이웃 나라에도 창피스러운 일입니다."

5 임금이 (여러 신하의 말이) 옳다고 여기고 다만 경상 감사(경상도 지역을 다스리는 최고 관리. 여기서는 홍길동의 형)에게 길동 잡기를 재촉하니, 경상 감사가 왕명(임금 王 명령 命 : 임금의 명령)을 받고는 황공하고(분에 넘쳐 고맙고도) 죄송하여 어쩔 줄을 몰랐다.

　　→ 홍길동은 병조판서 벼슬을 받게 되면 잡히겠다는 글을 써 붙이지만 임금은 이를 받아들이지 않고 경상 감사(홍길동의 형)에게 홍길동을 잡으라고 명령한다.

③ 1 하루는 길동이 공중으로부터 내려와 (홍길동의 형에게) 절하고 말했다.

2 "제가 지금은 진짜 길동이오니, 형님께서는 아무 염려(걱정) 마시고 (저를) 결박하여 (묶어) 서울(임금이 계신 곳)로 보내십시오."

3 감사(홍길동의 형)가 이 말을 듣고는 (홍길동의) 손을 잡고 눈물을 흘리면서 말했다.

4 "이 철없는 아이야, 5 너(홍길동)도 나와 동기(한가지 同 기운 氣 : 형제)인데 부형(아버지 父 형 兄 : 아버지와 형)의 가르침을 듣지 않고 (도적이 되어) 온 나라를 떠들썩하게 하니, 어찌 애닲지(안타깝지) 않으랴. 6 네가 이제 진짜 몸이 와서 나를 보고 ㉠ 줍혀가기를 조원ᄒᆞ니도로혀긔특ᄒᆞᆫ 우히로다(잡혀가겠다고 스스로 나섰으니 도리어 기특한 아이구나)."

7 하고, 급히 길동의 왼쪽 다리를 보니, 과연 혈점(피가 맺혀 생긴 점. 홍길동의 아버지가 진짜 홍길동의 왼쪽 다리에는 혈점이 있다고 말함)이 있었다. 8 즉시 팔다리를 단단히 묶어 죄인 호

송용(데려가는 용도의) 수레에 태운 뒤, 건장한 장교(기운이 센 군인) 수십 명을 뽑아 철통같이(빈틈없이) 싸고 풍우같이(비바람처럼 거세게) 몰아가도, 길동의 안색(얼굴빛)은 조금도 변치 않았다.

4 ¹여러 날 만에 서울(임금이 계신 곳)에 다다랐으나, 대궐 문에 이르러 길동이 한번 몸을 움직이자, (홍길동을 묶은) 쇠사슬이 끊어지고 수레가 깨어져, 마치 매미가 허물 벗듯(몸만 빠져나가) 공중에 올라가며, (하늘을) 나는 듯이 운무(구름 雲 안개 霧 : 구름과 안개)에 묻혀 가 버렸다. ²장교와 모든 군사가 어이없어 다만 (길동이 사라진) 공중만 바라보며 넋을 잃을 따름이었다. ³어쩔 수 없이 이 사실(홍길동이 도술을 부려 도망친 사실)을 보고하니, 임금이 듣고,

⁴"천고(오랜 세월 동안)에 이런 일이 어디 있으랴?"
하며, 크게 근심을 했다. ⁵이에 여러 신하 중 한 사람이 아뢰기를(말씀드리기를),

⁶"길동의 소원이 병조판서(군사와 국방 일을 맡아 하는 최고 관리)를 한번 지내면 조선을 떠나겠다는 것이라 하오니, 한번 제 소원을 풀면 제 스스로 은혜에 감사하오리니, 그때를 타(기회로 삼아) (홍길동을) 잡는 것이 좋을까 하옵니다."
고 했다. ⁷임금이 옳다 여겨 즉시 길동에게 병조판서를 제수하고(병조판서 벼슬을 내리고) 사대문(조선 시대에 서울의 성을 둘러싼 4개의 큰 문)에 글을 써 붙였다.

5 ¹그때 길동이 이 말(자신에게 병조판서 벼슬을 내린다는 말)을 듣고 즉시 고관의 복장인 사모관대에 서띠를 띠고(벼슬아치들이 쓰는 모자를 쓰고 관복을 입고 허리띠를 두르고) 덩그런(우뚝한) 수레에 의젓하게(점잖게) 높이 앉아 큰 길로 버젓이(당당히) 들어오면서 말하기를,

²"이제 홍 판서(홍길동) 사은(謝恩)하러(감사할 謝 은혜 恩 : 임금의 은혜에 감사드리러) 온다."
고 했다. ³병조(조선 시대에 군사와 국방 일을 맡아 하던 기관)의 하급(지위가 낮은) 관리들이 (홍길동을) 맞이해 궐내(궁궐 안)에 들어간 뒤, 여러 관원(관리)들이 의논하기를,

⁴"길동이 오늘 사은하고(임금께 감사드리고) 나올 것이니 도끼와 칼을 쓰는 군사를 매복시켰다가(숨어 있게 했다가) (홍길동이) 나오거든 일시에(한번에) 쳐 죽이도록 하자."
하고 약속을 하였다. ⁵길동이 궐내에 들어가 (임금께) 엄숙히(정중하게) 절하고 아뢰기를(말씀드리기를),

⁶"소신의 죄악이 지중하온데(저의 죄가 무거운데), 도리어 은혜를 입사와(임금의 은혜로 벼슬을 받아) 평생의 한을 풀고 돌아가면서 전하(임금)와 영원히 작별하오니, 부디 만수무강하소서(건강하게 오래 사십시오)."
⁷하고, 말을 마치며 몸을 공중에 솟구쳐 구름에 싸여 가니, 그 가는 곳을 알 수가 없었다.

(중략)

6 ¹한편, 길동이 (아버지의) 제사를 극진히 받들어 삼년상(부모가 돌아가신 후 3년 동안 상중에 있는 일)을 마치고 나서는, 모든 영웅을 모아 무예(무술)를 익히며 농업에 힘을 쓰니, 병사는 잘 조련되고(훈련되고) 양식도 풍족했다. ²남쪽에 율도국이라는 나라가 있으니, 기름진 평야가 수천 리(거리의 단위, 1리는 약 0.393km)나 되어 실로(참으로) 살기 좋은 나라라, 길동이 매양(항상) 마음속으로 생각해 오던 바였다. ³모든 사람을 불러 말하기를,
"내가 이제 율도국을 치고자 하니 그대들은 최선을 다하라."
⁴하고는 그날 진군을 하였다(군대를 이끌고 율도국을 공격했다). ⁵길동은 스스로 선봉장(제일 앞에서 군대를 이끄는 장군)이 되고, 마숙(홍길동의 부하)으로 후군장(뒤따르는 군대를 이끄는 장군)을 삼아, 잘 훈련된 병사 오만(5만 명)을 거느리고 율도국 철봉산에 다다라 싸움을 걸었다. ⁶율도국 태수(율도국을 다스리는 최고 관리) 김현충이 난데없는(어디서 왔는지 알 수 없는) 군사가 이름을 보고(홍길동과 그 외 군대가 철봉산에 온 것을 보고) 크게 놀라, 왕(율도국의 왕)에게 보고하는 한편 한 부대의 군사를 거느리고 내달아 싸웠다. ⁷길동이 이를 맞아 싸워 한 번의 접전에(승부를 겨뤄) 김현충을 베고 철봉을 얻어(철봉산을 차지해) 백성을 달래어 위로하였다. ⁸정철(홍길동의 부하)로 철봉을 지키게 하고, 대군(군사의 수가 많은 군대)을 지휘해 움직여 바로 도성(임금이 있던 수도, 여기서는 율도왕이 있는 곳)을 치는데, 격서(檄書)(격문 檄 글 書 : 적에게 보내는 글)를 율도국에 보냈으니, 그 내용은 이러하였다.

[B]
⁹"의병장(나라의 잘못을 바로 잡기 위해 군사를 일으킨 장수) 홍길동은 글을 율도왕에게 부치나니, 대저(무릇) 임금은 한 사람의 임금이 아니요, 천하(온 세상) 사람의 임금이라. ¹⁰내 하늘의 명(명령)을 받아 병사를 일으켜 먼저 철봉을 파하고(철봉산을 쳐서 차지하고) 물밀듯(율도국의 도성으로) 들어오고 있으니, 왕은 싸우고자 하거든 싸우고, 그렇지 않으면 일찍 항복하여 살기를 도모하라(살 방법을 찾으라)."

¹¹왕(율도왕)이 다 보고 나서 소리쳐 말하기를,
"우리 나라가 철봉을 (적에게 빼앗기지 않을 것이라고) 굳게 믿거늘, 이제 (철봉산을) 잃었으니 어찌 대항하랴(맞서 싸우겠느냐)."
¹²하고는, 모든 신하를 거느리고 항복했다.
¹³길동이 성중(율도국 성 안)에 들어가 백성을 달래어 안심시키고 왕위에 오른(율도국의 왕이 된) 후, 전의 율도왕으로 의령군을 봉했다(그전 율도국의 왕을 의령군 지역을 다스리는 관리로 임명했다). ¹⁴마숙과 최철(홍길동의 부하)로 각각 좌의정과 우의정을 삼고(좌의정과 우의정의 벼슬을 내리고), 나머지 여러 장수에게도 각각 벼슬을 내리니, 조정(임금과 신하들이 나랏일을 하던 곳)에 가득 찬 신하들이 만세를 불러 하례하였다(감사의 마음을 전했다). ¹⁵왕(홍길동)이 나라(율도국)를 다스린 지 삼 년에 산에는 도적이 없고, 길에서는 떨어진 물건을 주워 가지지 않으니, 태평세계(왕이 나라를 잘 다스려서 평안한 세상)라고 할 만하였다.

- 허균, 「홍길동전」-

- **홍길동전** 중요 작품
2014학년도 수능A, 2019학년도 9월 모평 기출. 모순된 사회 제도를 비판하고 개혁하려는 작가 의지가 잘 드러난 소설이다. 언제든 다시 나올 수 있는 작품이므로 기본 줄거리와 특징을 알아 두는 것이 좋다

- **중심 내용**
조선의 임금이 홍길동을 잡기 위해 홍길동에게 병조판서의 벼슬을 내리자 홍길동은 임금에게 감사드린 후 도술을 써서 달아나고 이후 율도국을 공격해 율도국의 왕이 된다.

- **전체 줄거리** ([ ]:지문 내용)
홍길동은 조선 세종 때 홍 판서의 시비(곁에서 시중을 드는 종) 춘섬의 아들로 태어난다. 길동은 어려서부터 도술을 익히고 장차 훌륭한 인물이 될 가능성을 보였으나, 서자(양반과 일반 백성 사이에서 낳은 아들)로 태어난 탓에 벼슬을 할 수 없었다. 어느 날 홍 판서의 첩(정식 부인이 아닌 아내)이 길동을 죽이려 하자 길동은 도술로써 위기를 벗어난다. 그리고 집을 떠나 도적 무리의 우두머리가 되어 '활빈당'을 조직한다. 활빈당은 전국을 돌아다니며 부정부패한 관리들을 벌하고 부정적인 재물을 빼앗아 가난한 백성들에게 나누어 주는 활동을 한다. 이로 인해 사회가 혼란스러워지자 [임금은 길동을 잡으라는 명령을 전국에 내리지만 길동의 재주를 당해내지 못하고 결국 길동에게 병조판서의 벼슬을 주어 길동의 마음을 돌리려고 한다. 길동은 임금의 명령을 받아들여, 병조판서 벼슬을 받은 후, 임금 앞에 나타나 서자로서 벼슬을 못 하는 한을 풀어 준 것에 감사하고 도술을 써서 공중으로 사라진다.] 그 후 길동은 벼슬에서 물러나 부하들을 데리고 조선을 떠나 남경에서 자신이 꿈꾸는 나라를 세우는 데 힘을 쏟는다. 그리고 아버지가 돌아가시자 [조선으로 돌아와 아버지의 삼년상을 마친 후, 율도국을 공격하여 스스로 율도국의 왕이 되어 나라를 잘 다스리다가] 평화롭게 지내다가 신선이 된다.

- **인물 관계도**

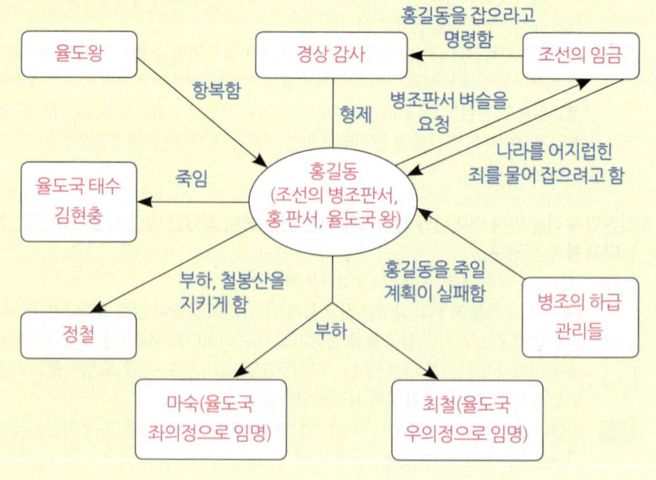

---

034 1등급 문제

구절의 의미 - 적절한 것 고르기 2017년 9월 학평 43번
정답률 55%, 매력적 오답 ② 20%, ③, ④ 10%

정답 ①

㉠은 「홍길동전」의 *경판본을 옮긴 것이다. <보기>를 바탕으로 ㉠을 바르게 끊은 것은? * 서울 京 널빤지 板 책 本 : 조선시대 서울에서 인쇄한 고전 소설

| 보 기 |
¹ 고소설(고전 소설)은 띄어쓰기도 되어 있지 않고 지금은 쓰지 않는 문자도 있어 내용 파악이 쉽지 않다. ² 이때 어절(문장을 구성하는 기본 문법 단위, 띄어쓰기 단위와 일치함) 단위로 끊어 읽는 것이 의미 파악의 시작이다.

✓ ① 줍혀가기롤∨ㅈ원ᄒ니∨괴도로혀∨괴특ᄒᆫ∨ᄋᆞ히로다

근거 <보기>-2 이때 어절 단위로 끊어 읽는 것이 의미 파악의 시작이다.

풀이 ㉠을 현대어로 풀이하면 '잡혀가기를 자원하니 도리어 기특한 아이로다'라는 뜻이므로 이에 따라 ㉠은 '줍혀가기롤∨ㅈ원ᄒ니∨도로혀∨괴특ᄒᆫ∨ᄋᆞ히로다'로 끊어 읽는다.

→ 적절함!

② 줍혀가기롤∨ㅈ원ᄒ니∨도로∨혀괴∨특ᄒᆫ∨ᄋᆞ히로다

풀이 잡혀가기를∨자원하니∨도리∨어기∨특한∨아이로다

→ 적절하지 않음!

③ 줍혀∨가기롤∨ㅈ원ᄒ니∨도로혀괴∨특ᄒᆫ∨ᄋᆞ히로다

풀이 잡혀∨가기를∨자∨원하니∨도리어기∨특한∨아이로다

→ 적절하지 않음!

④ 줍혀∨가기롤∨ㅈ원ᄒ니∨도로혀∨괴특ᄒᆫ∨ᄋᆞ∨히로다

풀이 잡혀∨가기를∨자∨원하니∨도리어∨기특한∨아∨이로다

→ 적절하지 않음!

⑤ 줍혀가∨기롤∨ㅈ원∨ᄒ니∨도로∨혀괴∨특ᄒᆫ∨ᄋᆞ히로다

풀이 잡혀가∨기를∨자원∨하니∨도리∨어기∨특한∨아∨이로다

→ 적절하지 않음!

💡 **어떻게 풀까?** 이 문제는 완벽하게 현대어로 풀이하지 않아도 앞뒤 문맥을 통해 밑줄 친 ㉠의 의미를 파악하면 풀 수 있다. 임금이 길동의 형에게 길동을 잡으라고 명령한 상황에서 길동이 스스로 자기를 잡아가라고 형 앞에 왔으므로 형 입장에서는 고마울 것이다. 이러한 상황 파악을 통해 '잡혀가기를 자원하니 도리어 기특한 아이로다'라는 뜻으로 해석할 수 있다. 띄어쓰기 표시대로 소리 내어 여러 번 읽어보면 의미가 통하는 선지를 고를 수 있다.(마치 '아버지가 방에 들어가신다'를 '아버지∨가방에∨들어가신다'처럼 잘못 띄어 읽은 것들은 오답)

035

말하기 방식 - 적절한 것 고르기 2017년 9월 학평 44번
정답률 75%, 매력적 오답 ③ 10%

정답 ⑤

[A]와 [B]에 대한 설명으로 적절한 것은?

[A] ❶-2~4 "신의 아비가 나라의 은혜를 많이 입었사온데, 신이 어찌 감히 나쁜 짓을 하오리까마는, 신은 본래 천한 종의 몸에서 났는지라, 그 아비를 아비라 못 하옵고 그 형을 형이라 못 하와, 평생 한이 맺혔기에 집을 버리고 도적의 무리에 참여하였사옵니다. 그러나 백성은 추호도 범하지 않고 각 읍 수령이 백성들을 들볶아 착취한 재물만 빼앗았을 뿐입니다. 이제 십 년이 지나면 조선을 떠나 갈 곳이 있사오니, 엎드려 빌건대 성상께서는 근심하지 마시고 신을 잡으라는 공문을 거두어 주십시오."
[B] ❻-9~10 "의병장 홍길동은 글을 율도왕에게 부치나니, 대저 임금은 한 사람의 임금이 아니요, 천하 사람의 임금이라. 내 하늘의 명을 받아 병사를 일으켜 먼저 철봉을 파하고 물밀듯이 들어오고 있으니, 왕은 싸우고자 하거든 싸우고, 그렇지 않으면 일찍 항복하여 살기를 도모하라."

① [A]는 자신의 *권위를 내세워 상대에게 충고하고 있다.   예의를 갖춰   누락   * 권력과 지위

근거 [A] ❶-2~4 "신의 아비가 나라의 은혜를 많이 입었사온데, 신이 어찌 감히 나쁜 짓을 하오리까마는, 신은 본래 천한 종의 몸에서 났는지라 ~ 엎드려 빌건대 성상께서는 근심하지 마시고 신을 잡으라는 공문을 거두어 주십시오."

풀이 [A]에서 '신'은 임금 앞에서 신하가 자기 자신을 일컫는 말이며 '어찌 감히, 엎드려 빌

건대' 등을 통해 홍길동이 임금에게 신하로서의 예의를 갖춰 부탁하고 있다는 것을 알 수 있다. 따라서 자신의 권위를 내세워 상대에게 충고하고 있다는 설명은 적절하지 않다.

→ 적절하지 않음!

② [B]는 상대와 같은 입장임을 내세워 동의를 구하고 있다.

근거 [B] ❻-10 내 하늘의 명을 받아 병사를 일으켜 먼저 철봉을 파하고 물밀듯 들어오고 있으니, 왕은 싸우고자 하거든 싸우고, 그렇지 않으면 일찍 항복하여 살기를 도모하라.

풀이 [B]에서 홍길동은 율도왕에게 자신은 하늘의 명령을 받아 율도국을 공격하는 것이므로 항복할 것을 요구하고 있다. 따라서 율도왕과 같은 입장임을 내세우고 있지도 않고 동의를 구하고 있지도 않다.

→ 적절하지 않음!
[A]와 [B]는 모두   있는 것이 아니다

③ [B]는 [A]와 달리 상대의 의도를 알고 이에 답하고 있다.

근거 [A] ❶-4 엎드려 빌건대 성상께서는 근심하지 마시고 신을 잡으라는 공문을 거두어 주십시오."
[B] ❻-10 왕은 싸우고자 하거든 싸우고, 그렇지 않으면 일찍 항복하여 살기를 도모하라."

풀이 홍길동은 [A]에서 임금에게 공문을 거두어 달라고 부탁하고 있으며 [B]에서 율도왕에게 항복할 것을 요구하고 있다. 따라서 [A]와 [B] 모두 상대의 의도를 알고 그에 대해 답하고 있는 것이 아니다.

→ 적절하지 않음!

④ [A]와 [B]는 모두 상황을 *가정하여 상대의 행위를 평가하고 있다.   * 사실이 아니거나 또는 사실인지 아닌지 분명하지 않은 것을 임시로 인정하여

근거 [A] ❶-4 이제 십 년이 지나면 조선을 떠나 갈 곳이 있사오니, 엎드려 빌건대 성상께서는 근심하지 마시고 신을 잡으라는 공문을 거두어 주십시오."
[B] ❻-10 왕은 싸우고자 하거든 싸우고, 그렇지 않으면 일찍 항복하여 살기를 도모하라."

풀이 [A]에서 홍길동은 '십 년이 지'난 상황을 가정하여 자신이 조선을 떠날 것이므로 임금에게 자신을 잡으라는 명령을 거두어 달라고 부탁하고, [B]에서는 율도왕이 '싸우고자 하거'나 '그렇지 않은 상황을 가정해 율도왕에게 항복하라고 요구하고 있다. 따라서 [A]와 [B]는 상황을 가정하고는 있지만 상대의 행위를 평가하고 있지는 않다.

→ 적절하지 않음!

✓⑤ [A]와 [B]는 모두 자신의 행위를 *정당화하며 상대의 태도 변화를 꾀하고 있다.   * 올바르고 마땅한 것으로 내세우며

근거 [A] ❶-2~4 도적의 무리에 참여하였사옵니다. 그러나 백성은 추호도 범하지 않고 각 읍 수령이 백성들을 들볶아 착취한 재물만 빼앗았을 뿐입니다. ~ 성상께서는 근심하지 마시고 신을 잡으라는 공문을 거두어 주십시오."
[B] ❻-10 내 하늘의 명을 받아 병사를 일으켜 먼저 철봉을 파하고 물밀듯 들어오고 있으니, 왕은 싸우고자 하거든 싸우고, 그렇지 않으면 일찍 항복하여 살기를 도모하라."

풀이 [A]에서 홍길동은 수령들이 백성들로부터 강제로 빼앗았던 재물만을 훔친 것이라고 자신의 도둑질을 정당화하며 임금에게 자신을 잡으라고 내린 명령을 거두어 달라고 부탁한다. [B]에서 홍길동은 하늘의 명령에 따라 율도국을 공격하는 것이라고 자신의 침략을 정당화하며 율도왕에게 항복할 것을 요구한다. 따라서 [A]와 [B]는 모두 홍길동이 자신의 행위를 정당화하며 상대의 태도 변화를 꾀하고 있는 것이다.

→ 적절함!

036

감상의 적절성 - 적절하지 않은 것 고르기 2017년 9월 학평 45번
정답률 75%

정답 ⑤

<보기>를 참고하여 윗글을 이해한 내용으로 적절하지 <u>않은</u> 것은?   [3점]

| 보 기 |
¹「홍길동전」이 지금까지 인기를 얻는 이유는 독자들의 흥미를 불러일으키는 길동의 활약(활발한 활동)이 돋보이기 때문이다. ² 길동은 백성의 편에 서서 백성이 살기 좋은 세상을 구현하려고(만들려고) 하며, 초월적(현실에서 보기 힘든, 비현실적) 능력을 발휘하여 위기를 극복한다. ³ 또한 새 나라를 건설하며, 자신이 가진 신분적 한계(천한 종의 몸에서 태어나 축세에 제약이 따르는 것)를 극복한다. ⁴ 이러한 모습은 독자들의 기대를 충족시키며(만족시키며) 공감을 이끌어낸다.

① 새 나라를 건설하려는 모습은 길동이 율도국을 공격하는 것에서 드러나는군.

근거 <보기>-3 또한 새 나라를 건설하며
❻-3~15 "내가 이제 율도국을 치고자 하니 그대들은 최선을 다하라." 하고는 그날

진군을 하였다. ~ 왕이 나라를 다스린 지 삼 년에 산에는 도적이 없고, 길에서는 떨어진 물건을 주워 가지지 않으니, 태평세계라고 할 만하였다.

풀이 홍길동은 율도국을 공격해 율도국의 왕이 되어 평화로운 나라를 만든다. 따라서 홍길동이 율도국을 공격하는 것에서 새 나라를 건설하려는 모습이 드러난다.

→ 적절함!

② ***초월적 능력을 발휘하는 모습은 잡히지 않기 위해 길동이 도술을 부리는 것에서 나타나는군.** * 현실에서 보기 힘든, 비현실적

근거 〈보기〉-2 초월적 능력을 발휘하여 위기를 극복한다.

❶-5~6 여덟 명이 한꺼번에 넘어지므로, 자세히 보니 다 풀로 만든 허수아비였다. 임금이 더욱 놀라며 진짜 길동을 잡으라는 공문을 다시 팔도에 내렸다.

❹-1 길동이 한번 몸을 움직이자, 쇠사슬이 끊어지고 수레가 깨어져, 마치 매미가 허물 벗듯이 공중으로 올라가며, 나는 듯이 운무에 묻혀 가 버렸다.

❺-7 몸을 공중에 솟구쳐 구름에 싸여 가니, 그 가는 곳을 알 수가 없었다.

풀이 홍길동이 초월적 능력을 발휘하는 모습은 잡히지 않기 위해 허수아비를 이용해 '가짜 홍길동'을 만들거나 자신을 묶고 있던 쇠사슬을 끊거나 공중으로 솟아올라 사라지는 등의 도술을 부리는 것에서 나타난다.

→ 적절함!

■ **초월적 능력을 발휘하는 모습이 나타나는 작품**

• 작자 미상, 「홍계월전」(2016학년도 6월 모평A)
평국이 곽 도사에게 배운 술법을 베푸니(도술을 부리니), 눈 깜짝할 사이에 태풍이 일어나며 검은 구름 안개 자욱하여 지척(咫尺)(가까울 咫 길이 尺 : 아주 가까운 거리)을 분별치 못할러라.
→ '평국'이 '곽 도사'에게 배운 도술로 태풍을 일으키고 검은 구름과 안개를 만드는 등의 비현실적 요소가 나타난다.

• 작자 미상, 「전우치전」(2016학년도 6월 모평B, 2021학년도 6월 모평)
우치가 재주를 행하는데, 이윽고 천지가 자욱하며 지척을 분별치 못하게 되었다. 임금이 괴이히(이상하게) 여기다가 주위를 둘러보니, 갑자기 맑은 바람이 일어나며 구름과 안개가 걷히고 날씨가 명랑하였다(흐린 데 없이 맑고 환했다). 그제야 자세히 보니 명경창파(밝을 明 거울 鏡 큰 바다 滄 물결 波 : 맑고 넓은 바다) 가운데 자신이 한 조각의 배를 타고 앉았는데, 배 가는 곳을 알 수가 없었다.
→ '우치'의 도술로 왕이 바다 한가운데의 배를 타게 되는 비현실적 요소가 나타난다.

---

③ **신분적 한계를 극복하는 모습은 *미천한 신분이었던 길동이 왕위에 오르는 것에서 알 수 있군.** * 하찮고 천한

근거 〈보기〉-3 자신이 가진 신분적 한계를 극복한다.

❶-2 신은 본래 천한 종의 몸에서 났는지라, (신분적 한계)

❻-13 길동이 성중에 들어가 백성을 달래어 안심시키고 왕위에 오른 후, (왕위에 오름)

풀이 종의 아들로 태어나 신분이 낮던 홍길동이 율도국의 왕이 된 것에서 신분적 한계를 극복하는 모습이 나타난다.

→ 적절함!

④ **백성의 편에 서서 펼치는 *활약은 수령이 백성들에게 **착취한 재물을 길동이 빼앗았다는 것에서 파악할 수 있군.** * 활발한 활동 ** 강제로 빼앗은

근거 〈보기〉-2 길동은 백성의 편에 서서 백성이 살기 좋은 세상을 구현하려고 하며

❶-3 백성은 추호도 범하지 않고 각 읍 수령이 백성들을 들볶아 착취한 재물만 빼앗았을 뿐입니다.

풀이 홍길동이 백성의 편에 서서 활약을 펼친 모습은 수령들이 백성들에게 강제로 빼앗은 재물을 훔친 것에서 나타난다.

→ 적절함!

⑤ **백성이 살기 좋은 세상을 *구현하려는 노력을 인정받는 모습은 길동이 **병조판서에 제수되는 것에서 확인할 수 있군.** * 만들려는 ** 병조판서의 벼슬을 받게 되는

근거 〈보기〉-2 길동은 백성의 편에 서서 백성이 살기 좋은 세상을 구현하려고 하며

❷-2 "소신 길동을 ~ 병조판서 벼슬을 내리시면 잡히겠습니다."

❹-6~7 "길동의 소원이 병조판서를 한번 지내면 조선을 떠나겠다는 것이라 하오니, 한번 제 소원을 풀면 제 스스로 은혜에 감사하오리니, 그때를 타 잡는 것이 좋을까 하옵니다."고 했다. 임금이 옳다 여겨 즉시 길동에게 병조판서를 제수하고 사대문에 글을 써 붙였다.

풀이 홍길동이 병조판서의 벼슬을 받게 된 것은 백성이 살기 좋은 세상을 만들려는 홍길동의 노력이 인정받아서가 아니라 홍길동을 잡기 위해 신하들이 꾸민 계획 때문이다.

→ 적절하지 않음!

1 [앞부분의 줄거리] ¹ 홍 판서와 시비(모실 侍 여자 종 婢 : 시중을 드는 여자 종) 춘섬 사이에서 서자(정식 부인이 아닌 첩에게서 태어난 아들)로 태어난 길동은 자신의 처지를 괴로워하다가 부친께 호부호형(부를 呼 아버지 父 부를 呼 형 兄 : 아버지를 아버지라 부르고 형을 형이라 부르는 것)을 허락받고, 집을 나와 활빈당 활동(살 活 가난할 貧 무리 黨 : 무리 지어 가난한 사람을 도와주는 활동)을 벌여 조정(나라의 정부)과 대립하다가(갈등하다가) 병조판서 벼슬(군사와 국방 일을 담당하는 높은 벼슬)을 받는다.

² 음력 구월 보름에 임금이 달빛을 받으며 후원을 걸으실새(궁의 뒤뜰을 걷고 있을 때), 문득 맑은 바람이 일어나며 공중에서 피리 소리 청아한(맑고 아름다운) 가운데 한 소년(홍길동)이 내려와 주상(임금) 앞에 엎드렸다. ³ 임금이 놀라 묻기를,

⁴ "선동(仙童)(신선 仙 아이 童 : 신선 세계의 아이)이 어찌 인간 세상에 내려왔으며 무슨 일을 말하고자 하나뇨?"

⁵ 소년(홍길동)이 땅에 엎드려 아뢰기를,

"신(신하가 임금에게 자신을 이르는 말. 홍길동)은 전임 병조판서(이전에 병조판서였던) 홍길동이옵니다."

⁶ 상이(임금이) 놀라 또 묻기를,

"네가 어찌 심야에(깊은 밤에) 왔느냐?"

⁷ 길동이 대답해 가로되,

"신(홍길동)이 전하(임금)를 받들어 만세를 모실까 했으나(영원히 존경하고 모시려고 했으나), 천한 종의 몸에서 태어났기에 문(文)으로는(문관 쪽으로는) 홍문관 벼슬(문관 벼슬을 할 수 있는 길)이 막히고 무(武)로는(무관 쪽으로는) 선전관 벼슬길(무관 벼슬을 할 수 있는 길)이 막히었습니다. ⁸ 이런 까닭에 활빈당으로 더불어 사방을 멋대로 떠돌아다니며 관청에 폐를 끼치고 조정에 죄를 지었던 것이온데, 이는 전하로 하여금 아시게 하려 함이었습니다. ⁹ 이제 벼슬을 내리어 신의 소원을 풀어 주셨으니 전하를 하직하고(작별을 고하고) 조선을 떠나가옵니다. ¹⁰ 엎드려 바라건대 전하는 만수무강하소서."

하더니 공중에 올라 아득히(멀리 희미하게) 날아가거늘, 임금이 그 재주를 못내 칭찬하였다. ¹¹ 그 후로는 길동의 폐단이(문제를 일으키는 행동이) 없으니 사방이 태평하였다.

¹² 길동이 조선을 하직하고 남경 땅 제도라는 섬으로 들어가, 수천 호(많은 수의) 집을 짓고 농업에 힘쓰고 무기 창고를 지으며 군법을 연습하니(군대를 이끌어 나가니), 병사는 잘 훈련되고 양식은 풍족하게 되었다.

→ **홍길동은 벼슬에서 물러나 섬에 들어간다.**

(중략)

2 ¹ 상주(부모가 돌아가신 후 장례를 이끄는 사람으로 주로 장남) 인형(길동의 형)이 자세히 보니, 곧 길동이라 붙잡고 통곡하며,

"아우야, 그 사이 어디 갔더냐? ² 아버지께서 평소에 유언이 간절하셨는데, 이제 오니 어찌 자식의 도리이겠느냐?"

³ 하며, 손을 이끌고 내당(안방, 안주인이 거처하는 방)에 들어가 모부인(母夫人)을(남의

어머니를 높여 부르는 말. 인형의 어머니를) 뵈옵고 **춘섬**(길동의 어머니)을 **상면하여**(서로 만나 얼굴을 보고)한바탕 통곡하였다.

⁴ "네가 어찌 중이 되어 다니느냐?"

하니, 길동이 대답했다.

⁵ "**소자**(홍길동이 자신을 낮춘 말)가 조선을 떠나 머리 깎고 중이 되어 **지술(地術)**을(땅 地 재주 術 : 풍수지리설에 바탕을 두고 묏자리나 집터 등의 좋고 나쁨을 아는 재주를) 배웠습니다. ⁶ 이제 부친을 위하여 좋은 터를 구했으니, 모친은 염려 마소서."

⁷ 인형이 크게 기뻐 말하였다.

⁸ "너의 재주 **기이한지라**(신기하여), 좋은 터를 얻었으면 무슨 염려가 있으리오."

→ **홍길동은 아버지가 돌아가셨다는 이야기를 듣고, 가족을 찾아간다.**

[A]

3 ¹ 다음날 길동이 **운구하여**(시체를 넣은 관을 운반하여) 제 모친을 모시고 서강 강변에 이르니, 지휘해 놓은 대로 배가 기다리고 있었다. ² 배에 올라 화살같이 빨리 저어 한 곳에 다다르니, 여러 사람이 수십 척의 배를 대어 놓고 있었다. ³ 서로 반기며 **호위하여**(곁에서 보호하고 지키며) 가니 그 광경이 대단하였다. ⁴ **어언간**(어느덧) 산 위에 다다르매, 인형이 자세히 본즉 **산세가 웅장한지라**(산의 모습이 굉장하여), 길동의 지식을 못내 **탄복하였다**(크게 감탄하였다). ⁵ 일을 마치고 함께 길동의 처소로 돌아오니, 백씨와 조씨(홍길동의 아내들)가 시어머니(홍길동의 어머니. 춘섬)와 **시숙을**(홍길동의 형을. 인형을) 맞아 뵈옵는 한편, 인형과 춘섬은 **못내**(이루 다 말할 수 없이) 길동의 지식을 탄복하였다.

→ **홍길동이 아버지의 묏자리를 정하여 관을 옮긴다.**

4 ¹ 여러 날이 되자, 인형(길동의 형)은 길동과 춘섬(홍길동의 어머니)을 이별하면서 산소를 **극진히**(정성껏) 모시라 **당부한**(부탁한) 후, 산소에 **하직하고**(작별 인사를 하고) 출발했다. ² **본국**(조선)에 이르러 모부인을 뵈옵고 전후 사실을 고하니, 부인(인형의 어머니)이 신기하게 여겼다. ³ 길동이 제사를 극진히 받들어 **삼년상**(부모가 돌아가셔서 3년 동안 상중에 있는 일)을 마치매 모든 영웅을 모아 무예를 익히며 농업에 힘쓰니, 병사는 잘 **조련되고**(훈련을 거듭하여 가르침을 받고) 양식도 풍족했다.

→ **홍길동이 아버지의 삼년상을 마치고, 섬을 잘 다스린다.**

5 ¹ 남쪽에 율도국이라는 나라가 있었으니, **기름진 평야**(농사짓기 좋은 땅)가 수천 리나 되며 **덕화(德化)**가 행해지니(덕 德 될 化 : 도덕적 행동으로 나라가 다스려지니) 실로 살기 좋은 나라라, 길동이 **매양**(항상) 생각해 오던 바였다. ² 모든 사람을 불러 말하기를,

"내가 이제 율도국을 치고자 하니 그대들은 정성을 다하라."

하고는 그날로 **진군하였다**(율도국을 공격하였다). ³ 길동은 스스로 **선봉장**(제일 앞에서 군대를 이끄는 장수)이 되고 마숙으로 **후군장**(뒤따르는 군대를 이끄는 장군)을 삼아, 정예병(뛰어난 병사) 오만을 거느리고 율도국 철봉산에 다다라 싸움을 걸었다. ⁴ 율도국 태수(한 고을을 다스리는 가장 높은 벼슬) 김현충이 난데없는 군사가 이름을 보고 크게 놀라 왕에게 보고하는 한편, 한 부대의 군사를 거느리고 내달아 싸웠다. ⁵ 길동이 이를 맞아 싸워 한 번에 김현충을 베고 철봉을 얻어 백성을 달래어 위로하였다. ⁶ 정철로 철봉을 지키게 하고, **대군**(큰 무리의 군대)을 지휘하여 바로 **도성**(왕이 있던 도읍지. 율도국의 서울)을 칠새, **격서**(격문 檄글 書 : 적에게 보내는 글)를 율도국에 보냈으니, 내용은 이러하였다.

⁷ "**의병장**(나라의 잘못을 바로 잡기 위해 군사를 일으킨 장수) 홍길동은 글을 율도왕에게 부치나니, 대저(무릇) 임금은 한 사람의 임금이 아니요 천하 사람의 임금이라. ⁸ 내 하늘의 명을 받아 병사를 일으키매, 먼저 철봉을 깨뜨리고 물밀듯 들어오니, 왕은 싸우고자 하거든 싸우고, 그렇지 않으면 일찍 항복하여 **살기를 도모하라**(살 방법을 찾으라)."

⁹ 왕(율도왕)이 보기를 마치자 크게 놀라,

"우리나라가 철봉을 굳게 믿었거늘, 이제 잃었으니 어찌 대항하리오."

하고는, 모든 신하를 거느리고 항복했다.

¹⁰ 길동이 성중에 들어가 백성을 달래어 안심시키고 왕위에 오른 후, 율도왕을 **의령군에 봉했다**(율도국의 의령군 지역을 다스리게 했다). ¹¹ 마숙과 최철로 각각 좌의정과 우의정을 삼고, 나머지 여러 장수에게도 각각 벼슬을 내리니, 조정에 가득 찬 신하들이 만세를 불러 **하례하였다**(축하하였다). ¹² 왕(홍길동)이 나라를 다스린 지 삼 년에 산에는 도적이 없고 길에 떨어진 물건도 주워 갖지 않으니, **태평세계**(왕이 나라를 잘 다스려서 평안한 세상)라고 할 만하였다.

→ **홍길동이 율도국을 침략하여 율도국의 왕이 된다.**

- 허균, 「홍길동전」-

• **전체 줄거리**

[034~036]번 문제 (2017년 9월 학평) 참고 → 244쪽

• **인물 관계도**

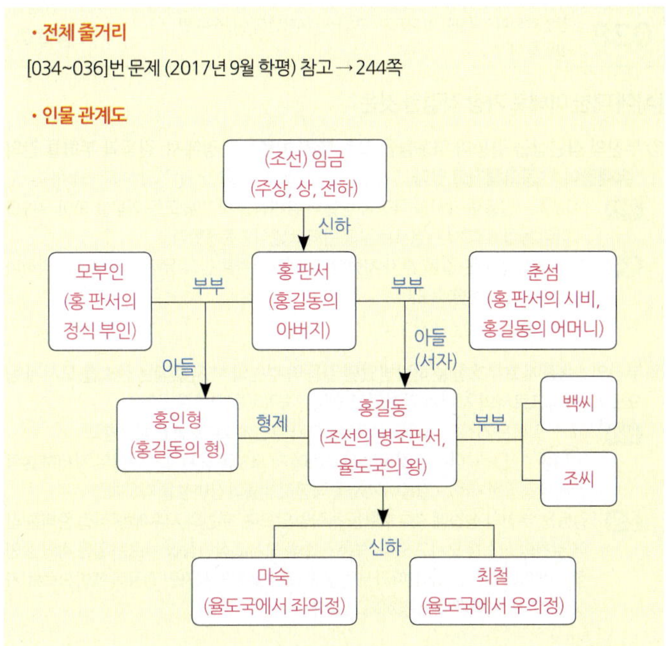

---

037 | 내용 이해 - 적절하지 않은 것 고르기 | 고3 | 2014학년도 수능A 41번 정답률 65% | 정답 ④

윗글에 대한 이해로 적절하지 않은 것은?

① 길동이 하늘에서 내려오자 임금은 그를 선동으로 오해했다.
근거 ❶-4 "선동이 어찌 인간 세상에 내려왔으며 무슨 일을 말하고자 하나뇨?"
풀이 임금은 길동이 하늘에서 내려오자 '선동'으로 부르면서 오해하고 있다.
→ 적절함!

② 인형은 부친의 장례식에 나타난 길동을 동생으로 대했다.
근거 ❷-1 상주 인형이 자세히 보니, 곧 길동이라 ~ "아우야, 그 사이 어디 갔더냐?
풀이 인형은 '길동'을 '아우'라고 부르며 동생으로 대하고 있다.
→ 적절함!

③ 길동은 잘 훈련된 정예병을 이끌고 율도국을 공격했다.
근거 ❺-3 길동은 스스로 선봉장이 되고 마숙으로 후군장을 삼아, 정예병 오만을 거느리고 율도국 철봉산에 다다라 싸움을 걸었다.
풀이 '길동'이 정예병 오만을 이끌고 직접 율도국을 공격했다.
→ 적절함!

④ ✓ 율도국 태수는 길동이 보낸 격서에 놀라 ~~항복했다.~~ 왕은
근거 ❺-4~9 율도국 태수 김현충이 ~ 크게 놀라 왕에게 보고하는 한편, 한 부대의 군사를 거느리고 내달아 싸웠다. 길동이 이를 맞아 싸워 한 번에 김현충을 베고 ~ 격서를 율도국에 보냈으니, ~ 왕이 보기를 마치자 크게 놀라, ~ 모든 신하를 거느리고 항복했다.
풀이 율도국 태수 '김현충'은 왕에게 길동이 쳐들어온 사실을 보고하고 길동과 싸우다가 죽는다. 그 후 길동이 율도국 왕에게 '격서'를 보내자, 왕이 '모든 신하를 거느리고 항복'한다.
→ 적절하지 않음!

⑤ 길동은 부하들에게 벼슬을 주고 율도국을 다스렸다.
근거 ❺-11~12 마숙과 최철로 각각 좌의정과 우의정을 삼고, 나머지 여러 장수에게도 각각 벼슬을 내리니, ~ 왕이 나라를 다스린 지 ~ 태평세계라고 할 만하였다.
풀이 '길동'은 율도국을 차지한 후 부하들에게 벼슬을 주었으며 나라를 잘 다스렸다.
→ 적절함!

V 고전소설

[A]에 대한 이해로 가장 적절한 것은?

① 부친의 삼년상을 길동이 영웅들을 모아 함께 치르는 과정에서, 길동과 부하들 간의
혼자
*유대감이 **공고해지고 있다. * 서로 밀접하게 연결되어 있는 느낌 ** 단단하고 튼튼해지고
- 근거 [A] ❹-3 길동이 제사를 극진히 받들어 삼년상을 마치매 모든 영웅을 모아 무예를
익히며 농업에 힘쓰니, 병사는 잘 조련되고 양식도 풍족했다.
- 풀이 '부친의 삼년상'은 '길동' 혼자 치렀다. 길동과 부하들 간의 유대감은 무예를 익히며
쌓인 것으로 짐작할 수 있다.

→ 적절하지 않음!

② 부친의 *생전에 호부호형을 허락받았던 길동이 부친의 **사후에는 산소를 모시게 됨
으로써, 자식으로서의 지위가 강화되고 있다. * 살아 있을 때 ** 죽은 후에는
- 근거 ❶-1 길동은 자신의 처지를 괴로워하다가 부친께 호부호형을 허락받고
[A] ❸-1~❹-3 다음날 길동이 운구하여 제 모친을 모시고 ~ 인형이 자세히 본즉
산세가 웅장한지라, ~ 길동이 제사를 극진히 받들어 삼년상을 마치매
- 풀이 길동은 '부친의 생전에 호부호형을 허락받'았으며, '부친의 사후에는' 직접 준비한 산
에 부친의 산소를 모시고 있다. 보통 산소를 모시고 삼년상을 치르는 일은 장남인 인
형이 했어야 하는 일이다. 따라서 장남이 해야 할 일을 서자인 길동이 행함으로써 '자
식으로서의 지위가' 더욱 강화되고 있다.

→ 적절함!

③ 부친을 *운구하는 일에 많은 사람들이 **엄숙하게 참여함으로써, 부친의 평소 넓은
인간관계가 사회적 차원에서 확인되고 있다. * 시신이 있는 관을 옮기는 일 ** 진지하게 함께
- 근거 [A] ❸-1~2 다음날 길동이 운구하여 제 모친을 모시고 서강 강변에 이르니, ~ 여러
사람이 수십 척의 배를 대어 놓고 있었다.
- 풀이 '운구하는 일'에 참여한 사람들은 모두 '길동'이 준비한 사람들로, 부친의 인간관계와
는 관련이 없다.

→ 적절하지 않음!

④ 부친을 산소에 모시는 자리에 모부인이 참석하였다는 점에서, 부친 사후 모부인을 중
심으로 길동의 가족 관계가 *재편되고 있다. * 다시 만들어지고
- 근거 [A] ❹-1~2 인형은 길동과 춘섬을 이별하면서 산소를 극진히 모시라 당부한 후, 산
소에 하직하고 출발했다. 본국에 이르러 모부인을 뵈옵고 전후 사실을 고하니,
- 풀이 인형이 산소에 하직하고 본국에 이르러 모부인을 만난 것으로 보아, 산소를 모시는
자리에 모부인은 참석하지 않았음을 알 수 있다.

→ 적절하지 않음!

⑤ 부친을 위해 좋은 터를 마련하고자 *지술을 배운 길동을 모친이 염려하는 데서, **주
술을 용인하지 않으려는 가족의 태도가 드러나고 있다.
염려하는
* 풍수지리설을 바탕으로 묏자리의 좋고 나쁨을 아는 재주 ** 주술은 불행 등을 막으려고 주문을 외거
나 술법을 부리는 일을 말함, 여기서는 길동의 신기한 재주를 받아들인다는 의미임
- 근거 [A] ❷-4~8 길동이 대답했다. "소자가 ~ 지술을 배웠습니다. 이제 부친을 위하여
좋은 터를 구했으니, 모친은 염려 마소서." 인형이 크게 기뻐 말하였다. "너의 재주 기
이한지라, 좋은 터를 얻었으면 무슨 염려가 있으리오."
- 풀이 윗글에 모친이 '지술을 배운 길동'을 염려하는 부분은 나오지 않는다. 그리고 길동이
'부친을 위하여 좋은 터를 구했'다고 하자 형인 인형이 크게 기뻐하므로, 길동의 가족
은 '주술을 용인'한다고 볼 수 있다.

→ 적절하지 않음!

1등급 문제

<보기>를 참고하여 윗글을 감상한 내용으로 적절하지 않은 것은? 3점

> | 보기 |
> ¹ 서자 홍길동의 일생은 신분의 한계를 극복하는 과정이다. ² 이 과정에서 당대 사회
> 가 안고 있는 문제뿐만 아니라 개인의 이기적 욕망에서 비롯되는 문제도 드러난다. ³ 즉
> 신분의 한계를 극복하는 과정에서 길동은 부당한 사회와 충돌(옳지 못한 사회와 갈등)하
> 기도 하고, 개인적 욕망 성취를 위해 사회 부조리와 타협하거나(옳지 못한 것을 받아들이거
> 나) 명분과 괴리되는(마땅히 지켜야 할 도리에서 벗어나는) 행위를 하여 스스로 모순에 빠지
> 기도(앞뒤가 어긋나는 행동을 하기도) 하는 것이다.

① 비범한 능력을 가지고 있음에도 천한 종의 몸에서 태어났다는 이유로 길동의 벼슬길
이 막히는 것을 보면, 당대 사회가 *인재를 등용하는 데에 폐쇄적이었음을 알 수 있어.
* 재능이 있는 사람에게 관직을 주는 데 제한이 많았음
- 근거 <보기>-1~2 서자 홍길동의 일생은 신분의 한계를 극복하는 과정이다. 이 과정에서
당대 사회가 안고 있는 문제 ~ 드러난다.
❶-7 길동이 대답해 가로되, ~ 천한 종의 몸에서 태어났기에 문으로는 홍문관 벼슬
이 막히고 무로는 선천관 벼슬길이 막히었습니다.
- 풀이 길동은 '천한 종의 몸에서 태어났기에 벼슬길이 막혔다고 말하므로, 당대 사회가 인
재를 등용하는 데에 폐쇄적이었음을 알 수 있다.

→ 적절함!

② 신분 차별에 저항했던 길동이 벼슬을 받자 *자신의 행적을 '죄'라고 부르는 것을 보면,
길동이 욕망 성취 과정에서 당대의 사회 제도와 타협하고 있음을 알 수 있어.
* 자신이 그동안 한 일
- 근거 <보기>-3 즉 신분의 한계를 극복하는 과정에서 길동은 ~ 개인적 욕망 성취를 위해
사회 부조리와 타협하거나 명분과 괴리되는 행위를 하여
❶-7~9 벼슬길이 막히었습니다. 이런 까닭에 활빈당으로 더불어 ~ 관청에 폐를 끼
치고 조정에 죄를 지었던 것이온데, ~ 벼슬을 내리어 신의 소원을 풀어 주셨으니
- 풀이 '길동'은 임금이 '벼슬'을 내리자 자신의 '소원'이 풀렸다고 하며, 활빈당 활동을 '폐를
끼치고 죄를 지었던 것'이라고 말한다. 이것은 '활빈당' 활동을 '당대의 사회 제도'의
기준으로 판단하여 말한 것이다. 따라서 길동이 '욕망 성취 과정에서' 당대의 사회 제
도와 타협했음을 알 수 있다.

→ 적절함!

③ 봉건 체제의 상징인 임금이 당대 사회 제도의 부당함에 공감하여 길동의 재주를 칭
길동을 달래기 위해
찬하는 것을 보면, 당대 사회가 개인의 이기적인 욕망을 **제도적으로 승인하고 있음
일시적으로 만족시키고
을 알 수 있어.
* 신분 제도 ** 법으로 인정하고 있음
- 근거 <보기>-1~2 서자 홍길동의 일생은 신분의 한계를 극복하는 과정이다. 이 과정에서
당대 사회가 안고 있는 문제 ~ 드러난다.
❶-9~12 이제 벼슬을 내리어 신의 소원을 풀어 주셨으니 ~ 공중에 올라 아득히 날
아가거늘, 임금이 그 재주를 못내 칭찬하였다. ~ 길동이 조선을 하직하고 남경 땅 제
도라는 섬으로 들어가, ~ 양식은 풍족하게 되었다.
- 풀이 임금이 '길동의 재주를 칭찬'한 것은 맞으나, '당대 사회 제도의 부당함에 공감'했다는
내용은 나오지 않는다. 또한 병조판서의 벼슬을 내려 홍길동 개인의 '이기적인 욕망
을' 만족시킨 것은 맞으나, 이는 나라를 시끄럽게 만드는 길동을 달래기 위함이었지
서자에 대한 차별을 '제도적으로' 없앤 것은 아니다. 길동이 '조선을 하직하고' 섬으로
들어간 이유도 조선에서는 자신의 욕망이 '제도적으로 승인'될 수 없음을 알았기 때
문이다.

→ 적절하지 않음!

④ *분란을 일으킨 길동에게 임금이 벼슬을 내려 길동의 불만을 달랠 뿐 그 근본 원인은
해소하지 않는 것을 보면, 당대 사회가 사회 문제를 해결하는 데에 한계가 있었음을 알
수 있어. * 세상을 소란스럽게 만든
- 근거 <보기>-1~2 서자 홍길동의 일생은 신분의 한계를 극복하는 과정이다. 이 과정에서
당대 사회가 안고 있는 문제 ~ 드러난다.
❶-7~9 천한 종의 몸에서 태어났기에~ 벼슬길이 막히었습니다. ~ 이제 벼슬을 내
리어 신의 소원을 풀어 주셨으니
- 풀이 임금은 '분란을 일으킨 길동'의 불만을 달래고자 벼슬을 내렸을 뿐, 근본 원인인 신분
제도는 개혁하지 않는다. 따라서 당대 사회가 문제를 해결하는 데에 한계가 있었음
을 알 수 있다.

→ 적절함!

⑤ 길동이 율도국을 침략하여 '살기 좋은 나라'를 위기에 빠뜨리면서도 스스로를 '의병장'
이라 부르며 침략을 *정당화하는 것을 보면, 길동의 욕망 성취 과정에서 행위와 명분
사이에 **괴리가 있음을 알 수 있어.
* 정당성이 없는 것을 우겨서 정당한 것으로 만드는 것 ** 서로 동떨어짐
- 근거 <보기>-3 길동은 ~ 개인적 욕망 성취를 위해 사회 부조리와 타협하거나 명분과 괴
리되는 행위를 하여 스스로 모순에 빠지기도 하는 것이다.
❺-1~2 남쪽에 율도국이라는 나라가 있었으니, 기름진 평야가 수천 리나 되며 덕
화가 행해지니 실로 살기 좋은 나라라, 길동이 매양 생각해 오던 바였다. ~ "내가 이
제 율도국을 치고자 하니/ ⁷ "의병장 홍길동은 글을 율도왕에게 부치나니
- 풀이 '길동'은 율도국이 '덕화가 행해지니 실로 살기 좋은 나라'라고 말한다. 이런 나라라면
그대로 두는 것이 맞는데, 길동은 스스로를 '의병장'이라고 부르며 율도국을 침략한
다. 따라서 길동이 '개인적 욕망 성취를 위해' '모순'된 행위를 하고 있음을 알 수 있다.

→ 적절함!

Ⅴ 고전소설 3. 전기 소설

[040~042] 다음 글을 읽고 물음에 답하시오.

1 [앞부분의 줄거리] ¹전생(前 앞 前 生 살 生 : 이 세상에 태어나기 이전의 생애)에 부부였던 남해 용왕의 딸과 동해 용왕의 아들은 각각 금방울과 해룡으로 환생한다(다시 날 還 살 生 : 죽은 후 다시 태어난다). ²해룡은 피란(피할 避 난리 亂 : 전쟁을 피해 옮겨 감) 도중에 부모와 헤어져 장삼과 변 씨의 집에서 자라게 된다.

→ 금방울과 해룡은 전생에 부부였고, 해룡은 전쟁 중에 부모와 헤어지고 장삼과 변 씨와 함께 살게 된다.

2 ¹어느 추운 겨울날, 눈보라가 내리치는 밤에 변 씨는 소룡과 함께 따뜻한 방에서 자고 해룡에게는 방아질(방아로 곡식을 찧는 일)을 시켰다. ²해룡은 어쩔 수 없이 밤새도록 방아를 찧었는데, 얇은 홑옷(한 겹으로 지은 옷)만 입은 아이(여기서는 해룡)가 어찌 추위를 견딜 수 있겠는가(추위를 견딜 수 없었다)? ³추위를 이기지 못해 잠깐 쉬려고 제(해룡의) 방에 들어가니, 눈보라가 방 안에까지 들이치고 덮을 것이 하나도 없었다. ⁴해룡이 몸을 잔뜩 웅크리고 엎드려 있는데, 갑자기 방 안이 대낮처럼 밝아지고 여름처럼 더워져 온몸에 땀이 났다. ⁵놀라고 또 이상해 바로 일어나 밖을 자세히 살펴보니, 아직 날이 밝지 않았는데 하얀 눈이 뜰에 가득했다. ⁶방앗간(방아로 곡식을 찧거나 빻는 곳)에 나가 보니 밤에 못 다 찧은 것이 다 찧어져 그릇에 담겨 있었다. ⁷해룡이 더욱 놀라고 괴이하게(기이할 怪 괴이할 異 : 이상하게) 여겨 방으로 돌아오니 방 안은 여전히 밝고 더웠다.

⁸아무리 생각해도 이상한 방 안을 두루(빠짐없이 골고루) 살펴보니, 침상(잘 寢 평상 牀 : 침대) 위에 예전에 없었던 북만 한(북 정도 크기의) 방울 같은 것이 놓여 있었다. ⁹해룡이 잡으려 했으나, 방울이 이리 미끈 달아나고 저리 미끈 달아나며 요리(이리) 구르고 저리 굴러 잡히지 않았다. ¹⁰더욱 놀라고 신통해서(신령 神 통할 通 : 신기해서) 자세히 보니, 금빛이 방 안에 가득하고, 방울이 움직일 때마다 향취(향기 좀 냄새 臭 : 향기로운 냄새)가 가득히 퍼져 코를 찔렀다(향기가 강하게 느껴졌다). ¹¹이에 해룡은 생각했다.

¹²'이것은 반드시 무슨 까닭이 있어서 일어난 일일 테니, 좀 더 두고 지켜봐야겠다.'

¹³해룡은 마음속으로 기뻐하며 자리에 누웠다. ¹⁴그동안 굶주림과 추위에 시달린 몸이 따뜻해지니, 마음이 절로 놓여 아침 늦도록 곤히(곤할 困 : 몹시 지쳐 깊이 잠든 상태로) 잠을 잤다.

→ 겨울밤에 변 씨는 해룡에게 방아질을 시키는데 해룡은 금방울의 도움으로 일을 끝내고 따뜻하게 잠을 잔다.

3 ¹이때 변 씨 모자(어머니 母 아들 子 : 어머니와 아들. 여기서는 변 씨와 소룡)는 추워 잠을 자지 못하고 떨며 앉아 있다가 날이 밝자마자 밖으로 나와보니, 눈이 쌓여 온 집 안을 뒤덮었고 찬바람이 얼굴을 깎듯이 세차게 불어 몸을 움직이는 것마저 어려웠다. ²이에 변 씨는 생각했다.

³'해룡이 틀림없이 얼어 죽었겠구나.'

⁴해룡을 불러도 대답이 없자, 해룡이 얼어 죽었으리라 생각하고 눈을 헤치고 나와 문틈으로 방 안을 엿보았다. ⁵그랬더니 해룡이 벌거벗은 채 깊이 잠들어 있는데 놀라서 깨우려다가 자세히 살펴보니 하얀 눈이 온 세상 가득 쌓여 있는데, 오직 해룡이 자고 있는 사랑채(바깥주인이 머물며 손님을 대접하는 집채) 위에는 눈이 한 점도(조금도) 없고 더운 기운이 연기처럼 일어나고 있었다. ⁶이것이 어찌 된 일인지 알 수가 없었다.

⁷변 씨가 놀라 소룡에게 이런 상황을 이야기했다.

⁸"매우 이상한 일이니, 해룡의 거동(행할 擧 움직일 動 : 행동)을 두고 보자꾸나."

→ 변 씨는 해룡이 밤새 추위에 얼어 죽지 않은 것을 보고 놀라고 이상하게 생각한다.

4 ¹문득 해룡이 놀라 잠에서 깨어 내당(안 內 집 堂 : 안방. 안주인이 머무는 방)으로 들어가 변 씨에게 문안(물을 問 편안 安 : 안부 인사)을 올린 뒤 비(빗자루)를 잡고 눈을 쓸려 하는데, 갑자기 한 줄기 광풍(사나울 狂 바람 風 : 거센 바람)이 일어나며 반 시간도 채 안 되어 눈을 다 쓸어버리고는 (바람이) 그쳤다. ²해룡은 이미 (금방울의 도움으로 일어난 일임)을 짐작하고 있었으나, 변 씨는 그 까닭을 전혀 알지 못해 더욱 신통히(신기할 神 통할 通 : 신기하게) 여기며 마음속으로 생각했다.

³'분명 해룡이 요술을 부려 사람을 속인 것이로다. ⁴만약 해룡을 집에 오래 두었다가는 큰 화(재앙 禍 : 불행한 일)를 당하리라.'

→ 변 씨는 해룡이 바람을 일으켜 눈을 다 쓸어버리는 것을 보고 해룡이 요술을 부린다고 생각한다.

5 ¹변 씨는 어떻게든 해룡을 죽여 없앨 생각으로 이리저리 궁리하다가, 한 가지 계교(꾀 計 꾀 巧 : 나쁜 꾀)를 생각해 내고는 해룡을 불러 말했다.

[A] ²"가군(집 家 남편 君 : 남에게 자기 남편을 이르는 말. 여기서는 장삼)이 돌아가신 뒤 우리 가산(집 家 재산 産 : 한집안의 재산)이 점점 줄어들게 된 것은 너(여기서는 해룡) 또한 잘 알 것이다. ³구호동에 우리 집 논밭이 있는데, 근래(가까울 近 올 來 : 요즈음, 최근)에는 호환(범 虎 근심 患 : 호랑이에게 당하는 화)이 자주 일어나 사람을 다치게 해 농사를 짓지 못하고 묵혀둔(사용하지 않고 그대로 둔) 지 벌써 수십여 년이 되었구나. ⁴이제 그 땅을 다 일구어(가꾸어) 너를 장가보내고 우리(여기서는 변 씨와 소룡)도 네 덕에 잘살게 된다면, 어찌 기쁘지 않겠느냐(매우 기쁠 것이다)? ⁵다만 너를 그 위험한 곳에 보내면, 혹시 후회할 일이 생길까 걱정이구나."

⁶해룡이 기꺼이(기쁘게) 허락하고 농기구를 챙겨 구호동으로 가려 하니, 변 씨가 짐짓(마음으로는 그렇지 않으나 일부러 그렇게) 말리는 체했다. ⁷이에 해룡이 웃으며 말했다.

⁸"사람의 목숨은 하늘에 달려 있으니, 어찌 짐승에게 해를 당하겠나이까?"

⁹해룡이 가벼운 발걸음으로 집을 나서자, 변 씨가 문밖에까지 나와 당부(마땅 當 부탁할 付 : 부탁)하며 말했다.

¹⁰"쉬이 잘 다녀오너라."

→ 변 씨는 해룡을 죽일 생각으로 호랑이가 자주 나타나는 구호동으로 보내 농사짓게 한다.

6 ¹해룡이 공손하게 대답하고 구호동으로 들어가 보니, 사면(넉 四 낯 面 : 동서남북의 모든 방향)이 절벽으로 둘러싸여 있고 그(절벽) 사이에 작은 들판이 하나 있는데, 초목(풀 草 나무 木 : 풀과 나무)이 아주 무성했다. ²해룡이 등나무 넝쿨(길게 뻗어 나가면서 다른 것을 감거나 땅바닥에 퍼지기도 하는 식물의 줄기)을 붙들고 들어가니, 오직 호랑이와 표범, 승냥이와 이리의 자취(흔적)뿐이요, 인적(사람 人 발자취 跡 : 사람의 발자취)은 아예 없었다. ³해룡은 조금도 두려워하지 않고 옷을 벗은 뒤 잠깐 쉬었다. ⁴해가 서산으로 넘어가려 할(저물) 무렵 자리에서 일어나 밭을 두어(둘품 되는) 이랑(불룩하게 흙을 쌓아 만든 곳) 갈고 있는데, 갑자기 바람이 거세게 불고 모래가 날리면서 산꼭대기에서 이마가 흰 칡범(몸에 줄무늬가 있는 호랑이)이 주홍색 입을 벌리고 달려들었다. ⁵해룡이 정신을 바싹 차리고 손으로 호랑이를 내리치려 할 때, 또 서쪽에서 큰 호랑이가 벽력같은(벼락 霹 벼락 靂 : 벼락같은. 크고 요란한) 소리를 지르며 달려들어 해룡이 매우 위급한 상황에 처하게 되었다. ⁶그 순간 갑자기 등 뒤에서 금방울이 달려와 두 호랑이를 한 번씩 들이받았다. ⁷호랑이들이 소리를 지르며 달려들었으나, 금방울이 나는 듯이 뛰어서 연달아 호랑이를 들이받으니 두 호랑이가 동시에 거꾸러졌다(엎어졌다).

⁸해룡이 달려들어 호랑이가 두 마리를 다 죽이고 돌아보니, 금방울이 번개같이 굴러다니며 한 시간도 채 안 되어 그 넓은 밭을 다 갈아 버렸다. ⁹해룡은 기특하게 여기며 금방울에게 거듭거듭(여러 번) 사례했다(사례할 謝 인사 禮 : 고마운 뜻을 나타냈다). ¹⁰해룡이 죽은 호랑이를 끌고 산을 내려오면서 돌아보니, 금방울은 어디로 갔는지 사라지고 없었다.

→ 구호동에서 금방울이 나타나 호랑이로부터 해룡을 구한 후 밭을 다 갈고 사라진다.

7 ¹한편, 변 씨는 해룡을 구호동 사지(죽을 死 땅 地 : 죽을 지경의 매우 위험한 곳)에 보내고 생각했다.

²'해룡은 반드시 호랑이에게 물려 죽었을 것이다.'

³변 씨가 집 안팎을 들락날락하며 매우 기뻐하고 있는데, 문득 밖에서 사람들이 요란하게 떠드는 소리가 들려와 급히 나아가 보니, 해룡이 큰 호랑이 두 마리를 끌고 왔다. ⁴변 씨는 크게 놀랐지만 무사히 잘 다녀온 것을 칭찬했다. ⁵또한 큰 호랑이를 잡은 것을 기뻐하는 체하며 해룡에게 말했다.

⁶"일찍 들어가 쉬어라."

⁷해룡이 변 씨의 칭찬에 감사드리고 제 방으로 들어가 보니, 방울이 먼저 와 있었다.

→ 변 씨는 해룡이 호랑이를 잡아 무사히 돌아오자 기뻐하는 척하고, 해룡이 방에 들어가니 방울이 먼저 와 있었다.

- 작자 미상, 「금방울전」 -

· 중심 내용
변 씨는 해룡을 죽이기 위해 여러 위험에 빠뜨리지만 해룡은 그때마다 금방울의 도움으로 위기에서 벗어난다.

원래 해룡은 동해 용왕의 아들이고 금방울은 남해 용왕의 딸이었다. 이 둘은 결혼을 하고 신부의 집으로 가는 길에 요괴의 공격을 받아 남해 용왕의 딸은 죽고 동해 용왕의 아들은 장원 부인의 몸속으로 피한다. 그 후 동해 용왕의 아들은 장원의 아들 해룡으로, 남해 용왕의 딸은 막 씨에게서 금방울로 태어난다. 금방울은 여러 재주로 막 씨를 도와 온갖 어려움을 극복한다. 금방울은 장원의 부인이 병을 얻었을 때 목숨을 구해 주게 되는데, 이를 계기로 장원 부부는 막 씨와 친해지고 금방울은 장원 부인의 사랑을 받는다. 한편 해룡은 세 살 때 전쟁 중에 부모인 장원 부부와 헤어지고 장삼과 함께 살게 된다. 장삼이 죽자 그의 아내 [변 씨는 해룡에게 한겨울 추위에 밤새 방아를 찧게 하거나 호랑이가 자주 나타나는 곳에서 농사를 짓게 해 해룡을 죽이려 하지만 그때마다 해룡은 금방울의 도움으로 위기에서 벗어난다.] 결국 해룡은 변 씨의 구박을 견디지 못해 변 씨 집을 나와 산으로 들어가는데 금색 털을 가진 머리 아홉 개의 요괴를 만나 위태롭게 된다. 이때 갑자기 나타난 금방울이 해룡을 구하고 요괴에게 대신 먹힌다. 그 후 해룡은 지하국을 찾아가 요괴를 죽여 금방울을 구하고, 요괴에게 납치되었던 금선 공주를 구해 금선 공주와 결혼하여 황제의 사위가 된다. 이후 해룡은 전쟁에 나가 금방울의 도움으로 적을 물리치고, 금방울은 막 씨와 장원 부부에게 돌아가 방울의 껍질을 벗고 아름다운 여인으로 변신한다. 전쟁에서 돌아온 해룡이 나랏일을 하러 지방에 갔다가 장원 부부를 만나게 되고, 금방울이 여인이 된 사실을 알게 된다. 한편 황제는 금방울의 도움으로 전쟁에서 이겼다는 해룡의 말을 듣고 금방울을 양녀로 삼아 금령 공주라고 칭하고 해룡과 결혼시킨다. 해룡은 금선 공주, 금령 공주와 함께 행복하게 살다가 하늘로 올라가 신이 된다.

· 인물 관계도

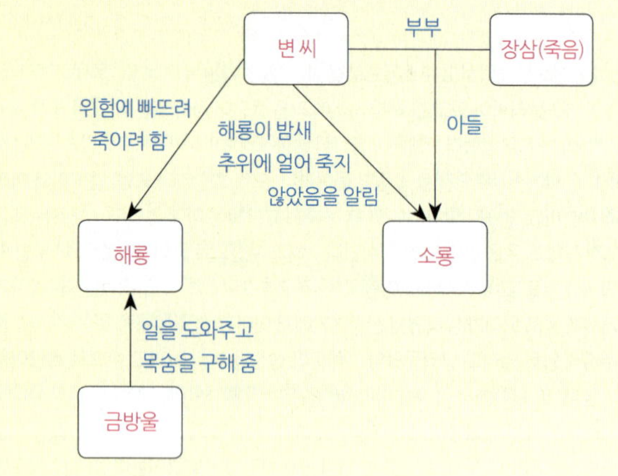

---

040 | 내용 이해 - 적절하지 않은 것 고르기 2023년 3월 학평 43번
정답률 80% | 정답 ①

윗글의 내용에 대한 이해로 적절하지 않은 것은?

① 변 씨는 소룡에게 잠자는 해룡을 깨우라고 지시했다.
해룡이 밤새 얼어 죽지 않은 사실을 전한다

근거 ❸-4~7 (변 씨는) 해룡을 불러도 대답이 없자, ~ 깨우려다가 자세히 살펴보니 하얀 눈이 온 세상 가득 쌓여 있는데, 오직 해룡이 자고 있는 사랑채 위에는 눈이 한 점도 없고 더운 기운이 연기처럼 일어나고 있었다. ~ 변 씨가 놀라 소룡에게 이런 상황을 이야기했다.

풀이 변 씨는 잠자는 해룡을 깨우려다가 해룡이 밤새 추위에 얼어 죽지 않은 것을 확인하고 이를 소룡에게 알려 주고 있을 뿐 소룡에게 잠자는 해룡을 깨우라고 지시하고 있지 않다.

→ 적절하지 않음!

② 변 씨는 해룡을 도운 것이 금방울이라는 것을 몰랐다.

근거 ❸-5~6 해룡이 벌거벗은 채 깊이 잠들어 있는데 놀라서 깨우려다가 자세히 살펴보니 하얀 눈이 온 세상 가득 쌓여 있는데, 오직 해룡이 자고 있는 사랑채 위에는 눈이 한 점도 없고 더운 기운이 연기처럼 일어나고 있었다. 이것이 어찌 된 일인지 알 수가 없었다.

❹ 해룡이 ~ 비를 잡고 눈을 쓸려 하는데, 갑자기 한 줄기 광풍이 일어나며 반 시간도 채 안 되어 눈을 다 쓸어버리고는 그쳤다. ~ 변 씨는 그 까닭을 전혀 알지 못해 더욱 신통히 여기며 마음속으로 생각했다. '분명 해룡이 요술을 부려 사람을 속인 것이로다. 만약 해룡을 집에 오래 두었다가는 큰 화를 당하리라.'

풀이 변 씨는 해룡이 밤새 추위 속에 얼어 죽지 않고 방아를 모두 찧고 광풍으로 순식간에

눈을 쓸어버리는 것을 보고 해룡이 요술을 부린다고 생각할 뿐 금방울이 해룡을 도운 것임을 알지 못한다.

→ 적절함!

③ 해룡은 밤에 방아질을 하다가 추위 방 안으로 들어갔다.

근거 ❷-1~3 어느 추운 겨울날, 눈보라가 내리치는 밤에 변 씨는 ~ 해룡에게는 방아질을 시켰다. 해룡은 어쩔 수 없이 밤새도록 방아를 찧었는데, 얇은 홑옷만 입은 아이가 어찌 추위를 견딜 수 있겠는가? 추위를 이기지 못해 잠깐 쉬려고 제 방에 들어가니,

풀이 해룡은 한겨울 밤에 얇은 홑옷만 입고 방아질을 하다가 추위를 견디지 못해 방 안으로 들어간다.

→ 적절함!

④ 해룡은 방 안에서 움직이는 금방울을 보고 *신통해했다. * 신기해

근거 ❷-8~10 방 안을 두루 살펴보니, ~ 방울 같은 것이 놓여 있었다. 해룡이 잡으려 했으나, 방울이 이리 미끈 달아나고 저리 미끈 달아나며 요리 구르고 저리 굴러 잡히지 않았다. 더욱 놀라고 신통해서 자세히 보니,

풀이 해룡은 방 안에서 이리저리 움직이면서 잡히지 않는 금방울을 보고 신통하게 여겼다.

→ 적절함!

⑤ 금방울은 구호동에서 사라진 후 해룡보다 먼저 방에 도착했다.

근거 ❻-1 해룡이 ~ 구호동으로 들어가 보니, / 7~10 호랑이들이 소리를 지르며 달려들었으나, 금방울이 나는 듯이 뛰어서 연달아 호랑이를 들이받으니 두 호랑이가 동시에 거꾸러졌다. 해룡이 달려들어 호랑이 두 마리를 다 죽이고 돌아보니, 금방울이 번개같이 굴러다니며 한 시간도 채 안 되어 그 넓은 밭을 다 갈아 버렸다. ~ 해룡이 죽은 호랑이를 끌고 산을 내려오면서 돌아보니, 금방울은 어디로 갔는지 사라지고 없었다.

❼-7 해룡이 ~ 제 방으로 들어가 보니, 방울이 먼저 와 있었다.

풀이 구호동에서 해룡이 호랑이의 공격으로 위기에 처하자 금방울은 갑자기 나타나 해룡이 호랑이를 잡도록 도와주고 밭을 모두 갈아 버리고는 사라진다. 그 후 집에 도착한 해룡이 방에 들어가 보니, 금방울은 해룡보다 먼저 방에 와 있었다.

→ 적절함!

---

041 | 말하기 방식 - 적절한 것 고르기 2023년 3월 학평 44번
정답률 70%, 매력적 오답 ② 15% | 정답 ④

[A]에 대한 설명으로 가장 적절한 것은?

[A] ❺-2~5 "가군이 돌아가신 뒤 우리 가산이 점점 줄어들게 된 것은 너 또한 잘 알 것이다. 구호동에 우리 집 논밭이 있는데, 근래에는 호환이 자주 일어나 사람을 다치게 해 농사를 짓지 못하고 묵혀둔 지 벌써 수십여 년이 되었구나. 이제 그 땅을 다 일구어 너를 장가보내고 우리도 네 덕에 잘살게 된다면, 어찌 기쁘지 않겠느냐? 다만 너를 그 위험한 곳에 보내면, 혹시 후회할 일이 생길까 걱정이구나."

① 지난 일의 책임을 상대방에게 *전가하며 태도 변화를 **촉구하고 있다.
* 떠넘기며 ** 재촉하여 요구하고

풀이 변 씨가 남편이 죽은 후 집안 사정이 어려워진 지난 일을 말하고는 있지만 그 책임을 해룡에게 전가하고 있지는 않다.

→ 적절하지 않음!

② 상대방으로 인한 자신의 손해를 언급하며 요청 사항을 전달하고 있다. 이익을

풀이 변 씨는 구호동의 묵혀 둔 땅을 일구면 자신이 부유하게 살 수 있을 것이라고 말하며 해룡에게 구호동으로 가서 농사지을 것을 요구하고 있다. 따라서 변 씨는 상대방으로 인한 자신의 손해가 아닌 이익을 언급하며 요청 사항을 전달하고 있음을 알 수 있다.

→ 적절하지 않음!

③ 상대방의 역할에 대해 의문을 제기하며 자신의 입장을 수정하고 있다.

풀이 [A]에서 변 씨가 해룡의 역할에 의문을 제기하거나 자신의 입장을 수정하는 부분은 찾을 수 없다.

→ 적절하지 않음!

④ 자신이 제안한 바가 서로에게 이익이 됨을 근거로 상대방을 설득하고 있다.

풀이 변 씨는 자신의 제안대로 해룡이 구호동의 묵혀 둔 땅을 일구어 집안 사정이 나아지면 해룡이 결혼하는 데에도 도움이 되고 자신도 부유하게 살 수 있을 것이라고 말한다. 따라서 변 씨는 자신의 제안이 서로에게 이익이 됨을 근거로 해룡을 설득하고 있

음을 알 수 있다.

→ 적절함!

⑤ 상대방이 취하려는 행위를 *만류하기 위해 상대방과 자신의 관계를 언급하고 있다.
* 못 하도록 말리기

[풀이] [A]에서 변 씨가 해룡이 취하려는 행위를 만류하거나 해룡과 자신의 관계를 언급하는 부분은 찾을 수 없다.

→ 적절하지 않음!

---

042 | 서사 구조 - 적절하지 않은 것 고르기 2023년 3월 학평 45번
정답률 75%   **정답 ⑤**

〈보기〉는 윗글의 서사 구조를 *도식화한 것이다. ㄱ ~ ㄹ에 대한 설명으로 적절하지 않은 것은? * 그림으로 나타낸   [3점]

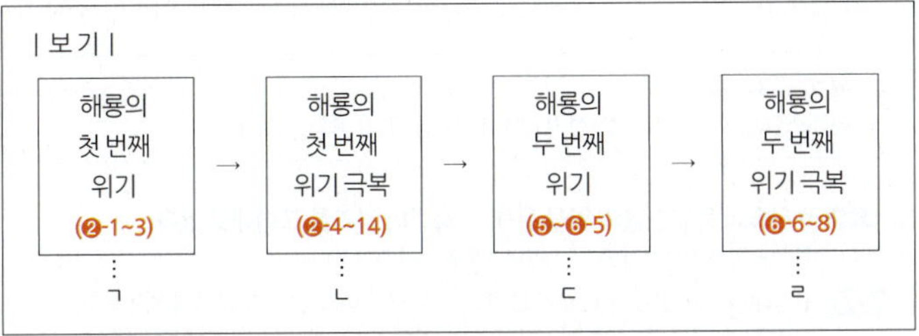

① ㄱ은 집에서 얼어 죽게 될, ㄷ은 구호동에서 짐승에게 *해를 입게 될 상황이다. * 피해

[근거] ❷-1~3 어느 추운 겨울날, 눈보라가 내리치는 밤에 ~ 해룡은 어쩔 수 없이 밤새도록 방아를 찧었는데, 얇은 홑옷만 입은 아이가 ~ 추위를 이기지 못해 잠깐 쉬려고 제 방에 들어가니, 눈보라가 방 안에까지 들이치고 덮을 것이 하나도 없었다.
❻-1 해룡이 ~ 구호동으로 들어가 보니,/4~5 칡범이 주홍색 입을 벌리고 달려들었다. ~ 또 서쪽에서 큰 호랑이가 벽력같은 소리를 지르며 달려들어 해룡이 매우 위급한 상황에 처하게 되었다.

[풀이] ㄱ은 해룡이 한겨울 추위에 얇은 홑옷만 입고 덮을 것이 전혀 없는 방에서 얼어 죽게 될 상황이고, ㄷ은 구호동에서 호랑이들이 달려들어 해룡이 해를 입게 될 위험한 상황이다.

→ 적절함!

② ㄱ과 ㄷ은 모두 해룡에게 수행하기 어려운 *과제가 주어지는 상황이다.
* 처리하거나 해결해야 할 문제

[근거] ❷-1 어느 추운 겨울날, 눈보라가 내리치는 밤에 변 씨는 ~ 해룡에게는 방아질을 시켰다.
❺-3~4 구호동에 우리 집 논밭이 있는데, 근래에는 호환이 자주 일어나 사람을 다치게 해 농사를 짓지 못하고 묵혀둔 지 벌써 수십여 년이 되었구나. 이제 그 땅을 다 일구어 너를 장가보내고 우리도 네 덕에 잘살게 된다면, 어찌 기쁘지 않겠느냐?/❻-4~5 밭을 두어 이랑 갈고 있는데, ~ 칡범이 주홍색 입을 벌리고 달려들었다. ~ 또 서쪽에서 큰 호랑이가 벽력같은 소리를 지르며 달려들어 해룡이 매우 위급한 상황에 처하게 되었다.

[풀이] ㄱ은 한겨울 추위 속에서 방아를 찧어야 하는 상황이고 ㄷ은 호랑이가 나타나는 위험한 곳에서 농사를 지어야 하는 상황이므로 ㄱ과 ㄷ은 모두 해룡에게 수행하기 어려운 과제가 주어지는 상황임을 알 수 있다.

→ 적절함!

③ ㄴ은 *장차 해룡에게 화를 입을 것을 **염려한 변 씨가 ㄷ을 계획하는 ***계기가 된다. * 앞으로 ** 걱정한 *** 결정적인 원인

[근거] ❸-2~6 변 씨는 생각했다. '해룡이 틀림없이 얼어 죽었겠구나.' ~ 해룡이 자고 있는 사랑채 위에는 눈이 한 점도 없고 더운 기운이 연기처럼 일어나고 있었다. 이것이 어찌 된 일인지 알 수가 없었다.
❹-2~❺-4 변 씨는 ~ '분명 해룡이 요술을 부려 사람을 속인 것이로다. 만약 해룡을 집에 오래 두었다가는 큰 화를 당하리라.' 변 씨는 어떻게든 해룡을 죽여 없앨 생각으로 이리저리 궁리하다가, 한 가지 계교를 생각해 내고는 해룡을 불러 말했다. ~ 구호동에 우리 집 논밭이 있는데, ~ 그 땅을 다 일구어 너를 장가보내고 우리도 네 덕에 잘살게 된다면, 어찌 기쁘지 않겠느냐?

[풀이] ㄴ에서 해룡이 밤새 추위에 얼어 죽지 않는 것을 본 변 씨는 해룡이 요술을 부렸다고 생각하고 해룡을 집에 오래 두면 화를 입을 것을 염려해 해룡을 구호동으로 보내 죽이려는 ㄷ을 계획하게 된다.

→ 적절함!

④ ㄴ과 ㄹ은 *신이한 능력을 지닌 **금방울에 의해 주도적으로 진행된다.
* 신기하고 이상한 ** 금방울이 주체가 되어

[근거] ❷-3~4 추위를 이기지 못해 잠깐 쉬려고 제 방에 들어가니, 눈보라가 방 안에까지 들이치고 덮을 것이 하나도 없었다. 해룡이 몸을 잔뜩 웅크리고 엎드려 있는데, 갑자기 방 안이 대낮처럼 밝아지고 여름처럼 더워져 온몸에 땀이 났다./8~10 방 안을 두루 살펴보니, ~ 방울 같은 것이 놓여 있었다. ~ 자세히 보니, 금빛이 방 안에 가득하고, 방울이 움직일 때마다 향취가 가득히 퍼져 코를 찔렀다.
❻-4~7 칡범이 주홍색 입을 벌리고 달려들었다. ~ 또 서쪽에서 큰 호랑이가 벽력같은 소리를 지르며 달려들어 해룡이 매우 위급한 상황에 처하게 되었다. ~ 금방울이 나는 듯이 뛰어서 연달아 호랑이를 들이받으니 두 호랑이가 동시에 거꾸러졌다.

[풀이] 금방울은 ㄴ에서 방 안을 따뜻하게 해 해룡이 추위에 얼어 죽지 않게 하고 ㄹ에서 해룡을 공격하는 호랑이를 들이받아 해룡의 목숨을 구한다. 따라서 ㄴ과 ㄹ은 신이한 능력을 지닌 금방울에 의해 주도적으로 진행되고 있음을 알 수 있다.

→ 적절함!

✓⑤ ㄱ ~ ㄹ의 과정에서 해룡은 겉과 속이 다르게 자신을 대하는 변 씨의 *이중성을 눈치채고 **반발하게 된다. * 서로 다른 두 가지의 성질 ** 거스르고 반항하게
눈치채지 못하고 변 씨를 따르게 된다

[근거] ❷-1 어느 추운 겨울날, 눈보라가 내리치는 밤에 변 씨는 ~ 해룡에게는 방아질을 시켰다.
❸-2~3 변 씨는 생각했다. '해룡이 틀림없이 얼어 죽었겠구나.'
❺-1~6 변 씨는 어떻게든 해룡을 죽여 없앨 생각으로 이리저리 궁리하다가, 한 가지 계교를 생각해 내고는 해룡을 불러 말했다. ~ 구호동에 우리 집 논밭이 있는데, 근래에는 호환이 자주 일어나 사람을 다치게 해 농사를 짓지 못하고 묵혀둔 지 벌써 수십여 년이 되었구나. 이제 그 땅을 다 일구어 너를 장가보내고 우리도 네 덕에 잘살게 된다면, 어찌 기쁘지 않겠느냐? 다만 너를 그 위험한 곳에 보내면, 혹시 후회할 일이 생길까 걱정이구나." 해룡이 기꺼이 허락하고 농기구를 챙겨 구호동으로 가려 하니, 변 씨가 짐짓 말리는 체했다.
❼ 한편, 변 씨는 해룡을 구호동 사지에 보내고 생각했다. '해룡은 반드시 호랑이에게 물려 죽었을 것이다.' 변 씨가 집 안팎을 들락날락하며 매우 기뻐하고 있는데, ~ 해룡이 큰 호랑이 두 마리를 끌고 왔다. 변 씨는 크게 놀랐지만 무사히 잘 다녀온 것을 칭찬했다. 또한 큰 호랑이를 잡은 것을 기뻐하는 체하며 해룡에게 말했다. ~ 해룡이 변 씨의 칭찬에 감사드리고

[풀이] 변 씨는 해룡이 죽기를 바라고 해룡을 추위 속에 방아를 찧게 하거나 호랑이가 자주 나타나 위험한 구호동으로 보내면서 겉으로는 해룡을 걱정하는 척하고 해룡이 구호동에서 무사히 살아 돌아오자 기뻐하는 척하는데 해룡은 이를 알지 못하고 변 씨의 요구를 따르고 있다. 따라서 ㄱ ~ ㄹ의 과정에서 해룡은 겉과 속이 다르게 자신을 대하는 변 씨의 이중성을 눈치채지도 못하고 반발하고 있지도 않다.

→ 적절하지 않음!

[043~046] 다음 글을 읽고 물음에 답하시오.

❶ 1 막 씨 졸연(갑자기) 복통이 있어(배가 아파서) 마치 태중(뱃속)에 아이 놀(아기를 밴) 듯하여 점점 (배가) 불러 오거늘 심히 괴이히 여겨(이상하게 여겨) 행여 남이 알까 근심하더니, 십 삭에 미쳐는(임신 열 달에 이르러서는) 산점이 있어(아이를 낳을 것 같은 기운이 있어) ㉠초막(草幕)(초가집)에 엎드렸더니, 해산하고(아이를 낳고) 돌아보니 아이는 아니요, 금방울 같은 것이 금광이 찬란하거늘(금빛이 화려하게 빛나고 있으니), 막 씨 대경(크게 놀라)하여 괴히(이상하게) 여기며 손으로 누르되 터지지 아니하고 돌로 깨쳐도 깨어지지 아니하거늘, 이에 집어다가 멀리 버리고 돌아보니 금방울이 굴러 따라오는지라. 2 더욱 의심하여 집어다가 깊은 물에 들이치고 돌아오니 금방울이 물 위에 가볍게 떠다니다가 막 씨의 가는 양을 보고 여전히 굴러 따라오는지라.

3 막 씨 헤아리되(생각하되),

4 '나의 팔자 기구하여(인생이 뜻하는 대로 되지 않고 힘든 일이 많아) 이 같은 괴물(금방울)을 만나 타일(훗날)에 이로 인하여 반드시 큰 화근이 되리로다(큰 문제가 생길 것이다).'

5 하고 불 땔 때에 아궁이에 들이쳤더니(아궁이 불 속에 금방울을 집어 던졌더니), 닷새 후에 헤쳐 본즉 금방울이 뛰어나오되 상하기는커녕 새로이 금빛이 더욱 씩씩하고 ㉡ 향내 진동하거늘, 막 씨 하릴없이 두고 보니(어쩔 수 없어 두고 보니) 밤이면 품속에 들어 자고 낮이면 굴러다니며 혹 칩떠 나는 새도 잡고(가끔씩 뛰어올라 날아가는 새도 잡고) 나무에 올라 과실(과일)도 따 가지고 와 앞에 놓으니, 막 씨 자세히 본즉 속에서 실 같은 것이 온갖 것을 물어 오되 그 털이 출입이 있어 평시에는 반반하고 뵈지 아니하거늘, 추위를 당하여도 방울

이 굴러 품에 들면 조금도 춥지 아니하여 **엄동설한**(한겨울의 심한 추위)에 한데서 남의 방아를 찧어 주고(추운 곳에서 남의 집 곡식 따위를 찧어 주고 돈을 벌어) 저녁에 초막으로 돌아오니 방울이 굴러 막에서 내달아 반기는 듯 뛰놀거늘 막 씨 추위를 견디지 못하여 막 속으로 들어가니 그 속이 놀랍게 더우며 방울(금방울)이 빛을 내어 밝기 낮 같거늘, 막 씨 기이히 여겨 남이 알까 저어하여(두려워하여) 낮이면 **막**(겨우 비바람을 막을 정도로 지은 집) 속에 두고 밤이면 품속에 품고 자더니, 방울이 점점 자라마 **산에 오르기를 평지같이 다니며**(평지를 걷듯이 쉽게 산에 오르며) 진 데와 마른 데 없이 굴러다니되 몸에 흙이 묻지 아니하더라.

→ 막 씨가 금방울을 낳고 놀라서 금방울을 없애려 했으나 금방울의 신비한 능력으로 함께 살게 된다.

2 [중략 줄거리] 금방울을 탐내다 뜻을 이루지 못한 자가 금방울이 **요괴롭다**(정상적이지 않고 귀신같다)고 비방한다(헐뜯는다). **2** 이에 고을 수령인 장 공은 막 씨를 잡아서 금방울을 제압하고자 하나(금방울이 자유롭게 행동하지 못하게 하고자 하나), 오히려 금방울이 신통력(무슨 일이든 해낼 수 있는 신기한 힘)을 발휘하여 장 공은 먹고 자는 것조차 **여의치 않게 된다**(힘들게 된다).

→ 장 공이 막 씨를 잡아 가두려 하자 금방울이 신통력을 발휘하여 장 공을 힘들게 만든다.

3 1 부인(장 공 부인)이 막 씨 놓음을 권하니 장 공이 깨닫고 즉시 막 씨를 놓으니 그날부터 **침식**(먹고 자는 것)이 여전한지라(전과 같게 되었다). **2** 장 공이 막 씨의 효행(부모를 잘 섬기는 행동)을 듣고 크게 뉘우쳐 초막을 헐고 그 터에 크게 집을 지으며 ⓒ **정문**(旌門)(충신·효자·열녀들을 표창하기 위해 집 앞에 세우는 붉은 문)을 세워 **잡인을 금하고**(관계없는 사람들은 드나들지 못하게 하고) 달마다 월음을 **주어**(돈을 주어) 일생을 편안케 하니라.

→ 장 공 부인이 장 공에게 권유하여 막 씨를 풀어주고 장 공은 막 씨가 편안하게 지내도록 도와준다.

4 1 차설(한편). **2** 장 공이 뇌양에 온 후로 몸이 평안하나 **주야**(밤낮으로, 쉬지 않고 계속) **해룡**(장 공의 아들, 전쟁 중에 헤어짐)을 생각하고 부인으로 더불어 슬퍼하더니, 부인이 이로 인하여 **침석에 위독하여**(병이 깊어 누웠는데, 침석은 잠을 자는 곳을 말함) **백약이 무효하매**(모든 약이 듣지 않으니) **공**(장 공)이 주야 병측(하루 종일 앓아누워 있는 부인의 곁)을 떠나지 아니하더니, 일일은 부인이 공의 손을 잡고 눈물을 흘려 왈(말하기를),

3 "첩(장 공 부인이 자신을 낮춘 말)의 팔자 **기박하여**(사납고 복이 없어) 한 낱 자식(해룡)을 난중(亂中)에(전쟁 중에) 잃고 지금 **보전함**(지금까지 목숨을 유지함)은 요행(뜻밖의 행운으로) (해룡을) 생전에 만나 볼까 하였더니 십여 년 **존망**(살았는지 죽었는지)을 모르매 병입골수하여(병이 아주 깊이 들어) **명**(목숨)이 오늘뿐이라. **4** ⓐ **구천에 돌아간들**(저승에 가서도) 어찌 눈을 감으리오? **5** 바라건대 공은 길이 **보중하소서**(몸 관리를 잘하여 건강을 유지하소서)."

6 하고 인하여 명이 진하니(목숨이 다하니), 장 공이 낯을 대고 **애통하여**(슬프고 가슴 아파하여) 자로 기절하매 **좌우**(양옆 사람)가 붙들어 **구호하더니**(부축하니), 밖에서 방울이 굴러 부인 시신(죽은 부인의 몸) 앞으로 들어가거늘, 모두 보니 풀잎 같은 것을 물어다 놓고 가는지라. **7** 급히 집어 보니 나뭇잎 같은 것이로되 가늘게 썼으되 '**보은초**(報恩草)(은혜를 갚는 풀)'라 하였거늘, 공이 대희(크게 기뻐하며) 왈,

8 "이는 막 씨가 **보은한**(은혜를 갚은) 것이로다."

9 하고, 그 풀을 부인 입에 넣으니, **식경**(잠깐) 후에 부인이 몸을 운동하여 돌아눕거늘, 좌우가 울음을 그치고 **수족을 주무르니**(팔과 다리를 주무르니) 그제야 부인이 숨을 길게 쉬는지라. **10** 공이 병을 물은대(아픈 것은 어떠냐고 물으니), 부인이 자고 나매 정신이 씩씩하다고 대답하니, 공이 **대열**(매우 기뻐) 하여 방울의 수말을 다하고(방울이 은혜 갚은 것을 이야기하며) 못내 기뻐하더라.

→ 해룡(아들)에 대한 걱정에 장 공 부인이 병들어 죽자 금방울이 약초를 가져와서 장 공 부인을 살려 은혜를 갚는다.

5 그 후로 부인의 병세 과연 **평복되니**(병이 나아 건강해지니) 부인이 친히 막 씨의 ⓓ 집에 가 **재생지은**(再生之恩)(거의 죽게 된 목숨을 다시 살려 준 은혜)을 **만만사례하고**(말과 행동, 선물 등으로 매우 고마운 뜻을 나타내고) 맺어 형제 되매, 그 후로는 방울이 굴러 부인 앞에 오거늘 장 공 부부 사랑하여 손에 놓지 아니하니, 방울이 아는 듯 이리 안기며 저리 품기어 **영민함**(매우 영리하고 슬기로움)이 사람 뜻대로 하는지라, 이름을 ⓔ '**금령**(金鈴)(금방울)'이라 했다.

→ 금방울은 장 공 부부에게 사랑을 받는다.

- 작자 미상, 「금방울전」-

· 중심 내용
금방울이 신통력을 발휘하여 막 씨와 장 공 부부에게 사랑을 받는다.

[A]

· 전체 줄거리
[040~042]번 문제 (2023년 3월 학평) 참고 → 250쪽

---

043 서술상 특징 - 적절한 것 고르기 고3 | 2013학년도 수능 13번 | 정답률 95% **정답 ②**

[A]에 대한 이해로 가장 적절한 것은?

작품 밖에서 사건을 전지적으로
① **서술자가 주인공으로 등장하여 자신의 체험을 사실적으로** 서술하고 있다.

근거 [A] ❹-2~10 장 공이 뇌양에 ~ 못내 기뻐하더라.

풀이 '서술자가 주인공으로 등장하여 자신의 체험'을 서술하는 것은 1인칭 주인공 시점을 말한다. 그러나 [A]는 서술자가 작품 밖에서 등장인물의 말과 행동, 속마음을 전달해 주는 전지적 작가 시점이다.

→ 적절하지 않음!

■ 소설의 시점
현대소설 004번 문제 ③번 선지 (2021년 6월 학평) 참고 → 151쪽

✔ ②***요약적 서술과 등장인물의 말을 통해 **사건의 경과를 드러내고 있다.**
* 이야기를 간단히 줄여서 보여 줌 ** 시간의 흐름을 보여 주고 있다

근거 [A] ❹-2~3 장 공이 뇌양에 온 후로 ~ 부인이 이로 인하여 침석에 위독하여 백약이 무효하매 공이 주야 병측을 떠나지 아니하더니, ~ 한 낱 자식을 난중에 잃고 ~ 십여 년 존망을 모르매 병입골수하여 명이 오늘뿐이라./ 9 그 풀을 부인 입에 넣으니, 식경 후에 부인이 몸을 운동하여 돌아눕거늘,

풀이 장 공 부인이 전쟁 중에 아들을 잃고 병이 들어 죽었다가 금방울이 준 보은초를 먹고 다시 살아난 사건을 '요약적 서술'과 장 공과 부인의 '말'을 통해 드러내고 있다.

→ 적절함!

③ **인물 간의 갈등 ***양상을 통해 **불신의 감정을** 표현하고 있다.
* 모습 ** 다른 사람을 믿지 않음

풀이 [A]에는 인물 간의 갈등과 다른 사람을 믿지 않는 마음이 나타나지 않는다.

→ 적절하지 않음!
서술자의 서술을
④ **배경 묘사를 통해 인물의 ***내면 심리를 표출하고 있다. * 속마음을 드러내고

근거 [A] ❹-2 장 공이 ~ 부인으로 더불어 슬퍼하더니/ 6~7 장 공이 낯을 대고 애통하여 ~ 공이 대희 왈/ 10 공이 대열하여 ~ 못내 기뻐하더라.

풀이 인물의 심리가 직접적으로 서술되고 있으나, 배경 묘사는 나타나지 않는다.

→ 적절하지 않음!

⑤ **부정적 인물에 대한 ***비판 의식을 표현하고 있다. * 옳고 그름을 판단하려는 생각이 나타나고

풀이 [A]에 등장하는 인물은 부정적인 인물로 보기 어렵고 이들에 대한 비판 의식도 나타나지 않는다.

→ 적절하지 않음!

■ 부정적인 인물에 대한 비판 의식이 나타나는 작품
• 김만중, 「사씨남정기」 (2006학년도 9월 모평, 2008·2018학년도 수능)
사람의 사귐에는 마음을 알기 어렵다고 하듯이, 교씨는 교언영색으로 말은 겸손한 탈을 쓰고 있었으므로 사부인은 교씨가 겉 다르고 속 다른 본심을 알 수 없었다. 사부인이 교씨를 훈계한 것은 조금도 질투에서 한 말은 아니었다. 다만 실로 교씨에게 정숙한 여자의 몸가짐을 하라는 심정에서 충고한 데 지나지 않았던 것이다. 그러나 교씨는 사부인의 충고에 원한을 품고 교묘한 말로 유 한림에게 은연한 **참언을 하여**(거짓으로 꾸며 윗사람에게 다른 사람을 헐뜯는 말을 하여) **내화**(집안 내 갈등)를 빚어 내게 하였으니 이것은 교씨의 요악한 **투기**(사나운 질투) 때문이었다.
→ '교씨'는 거짓으로 꾸며 '유 한림'에게 '사씨'를 헐뜯는 말을 하는 부정적인 인물이다. 이에 대해 서술자는 '교씨'가 '겉 다르고 속 다른 본심을 알 수 없는 인물이며, '요약한 투기'를 하는 인물이라고 말하고 있다. 따라서 부정적인 인물 '교씨'에 대한 비판 의식이 드러난다.

044 | 소재의 의미 - 적절하지 않은 것 고르기 | 고3 | 2013학년도 수능 14번 | 정답 ④
정답률 95%

㉠ ~ ㉤에 대한 설명으로 적절하지 않은 것은?

① ㉠ : 막 씨의 당시 처지를 보여 주는 공간이다.

근거 ❶-1 막 씨 졸연 복통이 있어 ~ ㉠초막에 엎드렸더니,
❶-5 엄동설한에 한데서 남의 방아를 찧어 주고 저녁에 초막으로 돌아오니

풀이 ㉠은 '풀이나 짚으로 이어 조그마하게 지은 집'으로 가난하게 사는 막 씨의 처지를 보여 준다.

→ 적절함!

② ㉡ : 금방울의 *신이한 **면모를 보여 준다. * 신기하고 이상한 ** 모습

근거 ❶-5 아궁이에 들이쳤더니, 닷새 후에 헤쳐 본즉 금방울이 뛰어나오되 상하기는커녕 새로이 금빛이 더욱 씩씩하고 ㉡향내 진동하거늘,

풀이 ㉡은 막 씨가 금방울을 아궁이에 넣고 5일 후에 꺼냈을 때, 금방울에서 나는 향기를 의미하는 것으로 금방울의 신기하고 평범하지 않은 모습을 보여 주는 것이다.

→ 적절함!

③ ㉢ : 막 씨의 효행에 대한 *사회적 보상을 상징한다. * 지역 사회나 나라에서 주는 상을 의미

근거 ❸-2 장 공이 막 씨의 효행을 듣고 크게 뉘우쳐 초막을 헐고 그 터에 크게 집을 지으며 ㉢정문을 세워 잡인을 금하고

풀이 ㉢은 장 공이 막 씨의 효행을 널리 알려 칭찬하기 위해 세운 것으로 막 씨의 효행을 칭찬하는 의미로 주는 상을 의미한다.

→ 적절함!

▲ 정문(旌門)(❸-2)
: 충성스러운 신하·효자·열녀(절개가 굳은 여자)들을 표창하기 위해 그 집 앞에 세우던 붉은 문.

관계가 긍정적으로 변화되는
④ ㉣ : 막 씨와 장 공 부인의 *갈등이 심화되는 공간이다. * 다툼이 심해지는 장소

근거 ❺ 그 후로 부인의 병세 과연 평복되니 부인이 친히 막 씨의 ㉣집에 가 재생지은을 만만사례하고 맺어 형제 되매,

풀이 ㉣은 장 공 부인이 병이 나은 후 막 씨를 찾아가 자신의 목숨을 구해 준 것에 대해 고마움을 표시하고 형제 관계를 맺는 공간이다. 따라서 ㉣은 막 씨와 장 공 부인의 갈등이 심화되는 공간이 아니라 막 씨와 장 공 부인의 관계가 긍정적으로 변화되는 공간이다.

→ 적절하지 않음!

⑤ ㉤ : 금방울이 존재 가치를 인정받았음을 보여 준다.

근거 ❺ 그 후로는 방울이 굴러 ~ 이름을 ㉤'금령'이라 했다.

풀이 이름을 붙여 주는 것은 대상의 존재를 인정하는 행위이다. 이름이 없던 금방울에게 장 공 부부가 '금령(金鈴)'이라는 이름을 지어 주었다는 것은 금방울이 존재 가치를 인정받게 되었음을 의미한다.

→ 적절함!

045 | 감상의 적절성 - 적절하지 않은 것 고르기 | 고3 | 2013학년도 수능 15번 | 정답 ①
정답률 95%

〈보기〉를 참고하여 윗글을 감상한 내용으로 적절하지 않은 것은?

| 보기 |
　¹「금방울전」은 비정상적인 모습으로 태어난 주인공이 온갖 고난과 시련을 극복한 후, 방울을 깨고 사람으로 변신하는 과정을 그리고 있다. ² 금방울은 태어나자마자 어머니(막 씨)로부터 시련을 겪지만, 방울의 모습을 한 채로 자신의 의지를 지니고 다양한 능력을 발휘한다. ³ 또 주인공이면서도 타인을 돕는 조력자(도와주는 사람)로서의 모습을 강하게 지닌다.

금방울을 없애기
① 막 씨가 금방울을 '손으로 누르'고 '돌로 깨'는 것은 금방울의 변신을 돕기 위한 행동이다.

근거 〈보기〉-2 금방울은 태어나자마자 어머니로부터 시련을 겪지만,
❶-1 막 씨 대경하여 괴이히 여기며 **손으로 누르되** 터지지 아니하고 **돌로 깨쳐도** 깨어지지 아니하거늘, 이에 집어다가 멀리 버리고

풀이 막 씨가 금방울을 '누르고' '돌로 깨'려 한 것은 금방울의 변신을 도우려는 게 아니라 없애려고 한 것이다. 따라서 이는 금방울이 어머니(막 씨)로부터 겪는 '시련'을 의미한다.

→ 적절하지 않음!

② 막 씨가 금방울을 '깊은 물'과 '아궁이'에 들이치는 행위는 어머니에 의한 금방울의 *시련을 형상화한 것이다. * 시련을 보여 주는 것이다

근거 〈보기〉-2 금방울은 태어나자마자 어머니로부터 시련을 겪지만,
❶-2 더욱 의심하여 집어다가 **깊은 물**에 들이치고/4~5 '나의 팔자 기구하여 ~ 화근이 되리로다.' **아궁이**에 들이쳤더니,

풀이 막 씨는 금방울의 모습이 이상하여 자신에게 화가 될 수 있다고 생각하여 금방울을 '깊은 물'에 넣고, '아궁이'에 넣는다. 이러한 막 씨의 행동이 금방울에게는 어머니(막 씨)에 의한 시련이다.

→ 적절함!

▲ 아궁이(❶-5)
: 방이나 솥 따위에 불을 때기 위하여 만든 구멍.

③ 막 씨가 금방울을 거듭 버려도 '여전히 굴러 따라오는' 것은 금방울의 의지를 드러낸 것이다.

근거 〈보기〉-2 방울의 모습을 한 채로 자신의 의지를 지니고 다양한 능력을 발휘한다.
❶-1~2 이에 집어다가 멀리 버리고 돌아보니 금방울이 굴러 따라오는지라. 더욱 의심하여 집어다가 ~ **여전히 굴러 따라오는지라.**

풀이 막 씨가 금방울을 거듭 버려도 금방울은 막 씨를 계속 따라가며 막 씨와 함께 살고자 하는 의지를 드러낸다.

→ 적절함!

④ 금방울이 '나는 새도 잡고' '산에 오르기를 평지같이 다니'는 것 등은 금방울의 다양한 능력을 보여 준 것이다.

근거 〈보기〉-2 방울의 모습을 한 채로 자신의 의지를 지니고 다양한 능력을 발휘한다.
❶-5 밤이면 품속에 들어 자고 낮이면 굴러다니며 혹 칩떠 **나는 새도 잡고** ~ 방울이 점점 자라매 **산에 오르기를 평지같이 다니며**

풀이 '나는 새를 잡고 산에 오르기를 평지같이' 하는 것은 평범한 사람이 하기 어려운 일로 금방울이 다양한 능력을 지니고 있음을 보여 주는 것이다.

→ 적절함!

⑤ 금방울이 '보은초'를 구해 와 장 공의 부인을 살려 내는 것은 조력자로서의 성격을 보여 주는 것이다.

근거 〈보기〉-3 주인공이면서도 타인을 돕는 조력자로서의 모습을 강하게 지닌다.
❹-7 급히 집어 보니 나뭇잎 같은 것이로되 가늘게 썼으되 '**보은초**'라 하였거늘
❹-9 그 풀을 부인 입에 넣으니, ~ 부인이 숨을 길게 쉬는지라.

풀이 금방울이 '보은초'를 구해 와 장 공 부인을 살리는 것은 다른 사람을 도와주는 모습으로, 금방울이 조력자임을 보여 주는 것이다.

→ 적절함!

◀ 금방울

ⓐ의 상황을 나타내는 말로 가장 적절한 것은? [1점]

> ❹-3~4 "첩의 팔자 기박하여 한 낱 자식을 난중(亂中)에 잃고 지금 보전함은 요행 생전에 만나 볼까 하였더니 십여 년 존망을 모르매 병입골수하여 명이 오늘뿐이라. ⓐ **구천**에 돌아간들 어찌 눈을 감으리오?
> → 장 공 부인이 죽기 전에 한 말로, 자식(해룡)을 잃고 다시 만나지 못하고 죽게 되니, 자식을 잃은 슬픔에 죽어도 눈을 감지 못한다는 부인의 한스러움이 담겨 있다.

= 각골지통(刻骨之痛)

✓① **각골통한(刻骨痛恨)** * 새길 刻 뼈 骨 아플 痛 한할 恨 : 뼈에 새길 만큼 잊을 수 없고 고통스러운 한

풀이 ⓐ에서 장 공 부인이 자식을 잃은 슬픔에 죽어도 눈감지 못한다는 것은 뼈에 새겨 놓을 만큼 고통스런 한을 나타낸다.

→ 적절함!

= 고비를 넘기고 겨우 살아남

② **구사일생(九死一生)** * 아홉 九 죽을 死 한 一 살 生 : 여러 차례 죽을 고비를 넘기고 간신히 목숨을 건짐

풀이 ⓐ는 죽음을 앞둔 상황으로 간신히 목숨을 건진 것이 아니다.

→ 적절하지 않음!

= 모든 일은 바른길로 돌아감

③ **사필귀정(事必歸正)** * 일 事 반드시 必 돌아갈 歸 바를 正 : 무슨 일이든 결국 올바른 길로 돌아감

풀이 무슨 일이든 결국 올바른 길로 돌아간다는 뜻으로 ⓐ의 상황과는 어울리지 않는다.

→ 적절하지 않음!

≒ 고장난명(孤掌難鳴)

④ **순망치한(脣亡齒寒)** * 입술 脣 잃을 亡 이 齒 찰 寒 : 입술이 없으면 이가 시리다는 뜻으로 가까운 사이에 한쪽이 없어지면 다른 한쪽도 영향을 받아 멀쩡하지 못함

풀이 서로 도우며 떨어질 수 없는 사이를 이르는 말이므로 ⓐ의 상황과는 어울리지 않는다.

→ 적절하지 않음!

= 육지행선(陸地行船)

⑤ **연목구어(緣木求魚)** * 가장자리 緣 나무 木 구할 求 고기 魚 : 나무에 올라가서 물고기를 얻으려고 한다는 뜻으로 목적과 그 방법이 맞지 않아 불가능한 일을 굳이 하려고 하는 것을 비유함

풀이 목적과 그 방법이 맞지 않아 불가능한 일을 굳이 하려 함을 비유하는 말로 ⓐ의 상황과는 어울리지 않는다.

→ 적절하지 않음!

[047~049] 다음 글을 읽고 물음에 답하시오.

① ¹중국 황제가 크게 화를 내어 신라를 **침공하고자**(침범할 侵 공격할 攻 : 침범하여 공격하고자) 하여 계란을 솜으로 여러 번 싸서 **돌함**(돌로 만든 상자)에 넣고 **황초**(초)를 불에 녹여 그 안을 채워서 흔들리지 않게 하고 또 구리쇠를 녹여 함에 부어 열어 보지 못하게 하여 **봉서**(봉투를 단단히 붙여 닫은 편지)와 함께 신라에 보내었다. ²봉서의 내용인즉,

> ㉠ '너희 나라(여기서는 신라)가 만약 이 함(상자) 속에 있는 물건을 알아내어 시를 바치지 못한다면, 너희 나라를 **도살하여**(마구 죽여) 없애 버리겠다.'
> 하였더라.

→ 중국 황제는 돌함에 있는 물건을 알아내어 시를 써 바치지 못하면 신라를 침략하겠다는 편지를 써서 신라에 보낸다.

② ¹대국(중국) **사신**(나라를 대표해 임금의 명을 전하러 외국에 가는 신하)이 **조서**(임금의 명을 적은 문서)를 받들고 신라에 도착하니 신라왕이 **몸소**(직접) 사신을 맞이하고 조서를 읽어 보시고는 즉시 나라의 선비들을 불러 모아 이르시기를,

> ㉡ "너희 **유생**(유학을 공부하는 선비) 중에 이 함 속에 있는 물건을 알아내어 시를 짓는 사람은 **장차**(앞으로) 관직을 높여 땅을 나누어 줄 것이다."
> 하시매 아무도 그 속 물건을 알아내지 못하여 온 **조정**(임금이 나랏일을 신하들과 의논하는 곳)이 들끓더라.

→ 신라왕은 신하들에게 함 속 물건을 알아내어 시를 지으면 관직과 땅을 주겠다고 말하지만 아무도 알아내지 못한다.

③ ¹이때 아이(여기서는 최치원)도 왕이 내린 명령을 들었다. ²또 나 승상의 딸아이가 아름답고 **재예**(재주 才 기예 藝 : 재능과 솜씨)가 뛰어나며 게다가 **절개**(절개 節 절개 概 : 믿음과 의

리를 지키려는 꿋꿋한 태도)가 있다는 소문을 들은 터인지라, 떨어진 옷으로 갈아입고 거울을 수선하는 장사로 **사칭하고는**(이름, 직업 등을 거짓으로 속여 말하고는) 서울로 들어갔다. ³그러고는 승상 댁 문 앞에 이르러 '거울 수선하라'는 말을 여러 차례 외쳤다. ⁴이에 나 승상의 딸이 그 소리를 듣고 낡은 거울을 유모에게 주어 보내고, 인해 유모를 따라 외문 밖으로 나와 사립문 틈으로 엿보았다. ⁵그 장사(여기서는 최치원) 역시 몰래 눈으로 바라보고 아름다운 아가씨라 여기는 쥐고 있던 **거울**을 고의로 떨어뜨려 깨뜨렸다. ⁶유모가 발을 구르며 다급하게 화를 내자 장사 아이가 말하기를,

> "이미 거울이 깨졌으니 발은 굴러 무엇하겠습니까? ⁷이 몸이 **노복**(사내종)이 되어 거울 깨뜨린 보상을 하겠으니 **청**(청할 請 : 부탁)을 들어주소서."
> 하는지라. ⁸유모가 돌아가 승상께 **고하니**(알려 말하니) 승상께서 허락하시고 묻기를,
> "너의 이름은 무엇이며 어디에 살고 있느냐?"
> ⁹아이(최치원)가 대답하되,
> "거울을 고치다 깨뜨렸으니 **파경노**(깨뜨릴 破 거울 鏡 종 奴 : 거울을 깨뜨린 노비)라 불러 주시옵고, 일찍 부모를 여의고 갈 곳이 없나이다."
> 하는지라.

→ 아이(최치원)는 거울 장수로 신분을 속여 나 승상의 노복이 된다.

④ ¹승상은 파경노(최치원)에게 말 먹이는 일을 하도록 하였다. ²파경노가 말을 타고 나가면 말 무리들이 열(줄)을 지어 뒤따랐으며 조금도 싸우는 일이 없었다. ³이후로 말들이 살찌고 여윈 말이 없었다. ⁴㉢아침에 파경노가 말 무리들을 이끌고 나가 사방에 흩어 놓고 숲속에서 온종일 시를 읊으면, **청의동자**(신선의 심부름을 한다는 푸른 옷을 입은 사내아이) 수 명이 어디서 왔는지 혹은 말을 먹이고 혹은 채찍으로 훈련시키더라. ⁵해가 지면 말들이 구름같이 모여 파경노 앞에 늘어서서 머리를 조아리니 보는 이마다 신기함을 칭찬하지 않는 이 없더라. ⁶나 승상 부인께서 이 소문을 듣고 승상에게 말하기를,

> "파경노는 생김새가 **기이하고**(기이할 奇 기이할 異 : 신기하고 이상하고) 말 다룸도 또한 기이하니 필시(아마도 틀림없이) **비범한**(아닐 非 평범할 凡 : 특별히 뛰어난) 사람일 것입니다. ⁷**천한**(신분이나 지위가 낮은) 일을 맡게 하지 마옵소서."
> 하니 승상도 옳게 여기고 그 말을 따랐다. ⁸예전에 동산에다 나무와 꽃을 많이 심었으나 잘 가꾸지 못하여 거칠어지고 매몰되어(파묻혀) 잡초 속에 묻혀 버렸는지라, 파경노로 하여금 꽃밭 가꾸는 일을 맡기었다. ⁹파경노는 또한 한가로이 꽃밭에 앉아서 시만 읊고 있을 뿐 가꾸는 일은 하지 않으나 하늘에서 **선녀**(하늘 나라에 산다는 상상 속의 여자)가 밤에 내려와 혹은 거름을 주어 가꾸고 혹은 풀을 뽑으니 (나무와 꽃이) 전보다 배나 더 아름답고 무성하였다.

→ 파경노(최치원)가 시를 읊으면 청의동자와 선녀가 나타나 파경노 대신 일을 한다.

⑤ **[중략 줄거리]** ¹승상은 시를 지으라는 임금의 명을 받고 시름에 빠진다. ²파경노(최치원)의 비범함을 알아차린 딸의 권유로 승상이 파경노에게 시 짓는 일을 명하자 파경노는 자신을 사위로 삼는다면 시를 짓겠다고 말한다. ³파경노가 노비라는 이유로 혼인을 반대하던 승상은 딸이 설득하자 결국 파경노를 사위로 맞이한다.

→ 시를 지으라는 임금의 명을 받고 나 승상이 고민하자 파경노(최치원)는 나 승상의 사위가 되는 조건으로 시를 짓기로 한다.

⑥ ¹다음날 아침 승상이 사람을 시켜 시 짓는 모습을 엿보라 하였다. ²이때 파경노(최치원)가 자기 이름을 지어 치원이라 하고, **자**(본래 이름 외에 부르는 이름)를 고운이라 하더라. ³승상의 딸이 옆에 앉아서 시 짓기를 재촉하니 치원이 말하기를,

> "시는 내일 중으로 지을 것이니 너무 재촉하지 마오."
> ⁴하고는 승상의 딸더러 종이를 벽 위에 붙여 놓도록 하고 스스로 붓 대롱을 잡아 발가락에 끼우고 잤다. ⁵승상의 딸이 근심하다가 **고단하여**(피곤해) 자는데 꿈속에 **쌍룡**(한 쌍의 용)이 하늘에서 내려와 **함**(상자) 위에서 서로 벗하며 무늬 옷을 입은 **동자**(남자아이) 십여 명이 함을 받들고 서서 소리 내어 노래하니 함이 열리는 듯하였다. ⁶이윽고 쌍룡의 콧구멍에서 여러 가지 빛깔의 **상서로운**(복되고 좋은 일이 일어날 조짐이 있는) 기운이 나와 함 속을 환히 비추니 그 안에 붉은 옷을 입고 푸른 수건을 쓴 사람이 **좌우로**(양옆으로) 늘어서서 어떤 자는 시를 지어 읊고 어떤 자는 붓을 잡아 글씨를 쓰는데, 승상이 빨리 시를 지으라고 재촉하는 소리에 놀라 깨어 보니 꿈이더라.

→ 나 승상의 딸은 쌍룡이 하늘에서 내려와 함 속을 비추니 함에서 신비로운 사람들이 나타나 시를 짓는 꿈을 꾼다.

⑦ ¹㉣치원 역시 깨어나 시를 지어 벽에 붙인 종이에다 써 놓으니 용과 뱀이 놀라 꿈틀거리는 듯하더라. ²시의 내용인즉,

> ³둥글고 둥근 함 속의 물건은
> ⁴반은 희고 반은 노란데,

⁵ 밤마다 때를 알아 울려 하건만

⁶ 뜻만 머금을 뿐 토하지(소리나 말로 힘 있게 드러내지) 못하도다.

이더라.

→ 잠에서 깬 최치원이 함 속 물건을 알아내어 시를 짓는다.

8 ¹ 치원이 승상의 딸을 시켜 승상께 바치게 하니 승상이 믿지 않다가 딸의 꿈 이야기를 듣고서야 믿고 대궐로 들어가 왕께 바치었다. ² 왕이 보시고서 크게 놀라 물으시기를,

"경(임금이 신하를 가리키던 말)이 어떻게 (함 속의 물건을) 알아 가지고 시를 지었느뇨?"

하시니 대답하여 아뢰되,

³ ㉣ "신(신하가 임금을 대할 때 자신을 가리키는 말)이 지은 것이 아니옵고 신의 사위(여기서는 최치원)가 지은 것이옵니다."

⁴ 하니 왕은 사신(나라를 대표해 임금의 명을 전하러 외국에 가는 신하)으로 하여금 대국(중국) 황제께(최치원이 지은 시를) 바치었다.

→ 신라왕은 나 승상으로부터 받은 최치원의 시를 중국 황제에게 바친다.

9 ¹ 황제가 그 시(최치원이 지은 시)를 보시고 말씀하시기를,

"둥글고 둥근 함 속의 물건은 반은 희고 반은 노란데'는 (함 속에 달걀이 있으니) 맞는 구절이나 '밤마다 때를 알아 울려 하건만 뜻만 머금을 뿐 토하지 못하도다'라 한 것은 잘못이로다."

² 하고 함(상자)을 열고 달걀을 보시니 여러 날 따뜻한 솜 속에서 병아리로 되어 있으매 황제가 탄복(감탄)하면서 말하기를,

"이는 천하의 기재(아주 뛰어난 재주를 가진 사람)로다."

³ 하고 학사를 불러 (최치원이 지은 시를) 보이시니, 칭찬하지 않는 자가 없었다.

→ 중국 황제는 최치원의 시를 읽고 감탄하며 칭찬한다.

- 작자 미상, 「최고운전」-

· 최고운전 중요 작품

2005학년도 수능, 2021학년도 수능 기출. 실존 인물인 최치원의 일생을 허구화한 소설로, 주인공의 문제 해결 과정을 전기적으로 그린 소설이다. 언제든 다시 출제될 수 있는 작품이므로 기본 줄거리와 특징을 알아 두는 것이 좋다.

· 중심 내용

중국 황제가 돌함에 있는 물건을 알아내어 시를 써 바치라고 신라에 명령하지만 신라 신하들은 아무도 알아내지 못하고, 나 승상의 사위가 된 최치원이 함 속 물건에 대해 시를 써서 중국 황제에게 보낸다.

· 인물 관계도

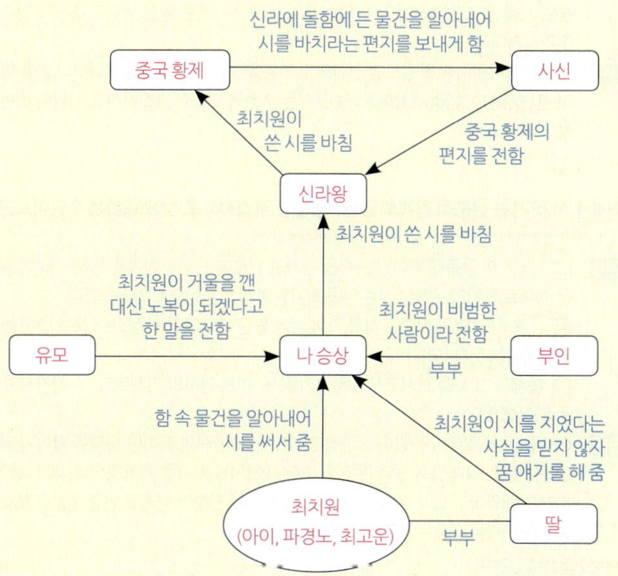

· 전체 줄거리 ([ ] : 지문 내용)

신라 시대에 최충이라는 사람이 있었다. 최충의 아내가 금돼지에게 납치당하자 최충은 미리 아내에게 묶어 놓은 색실로 아내를 구출한다. 아내는 돌아와 아이를 낳는데, 이 아이가 최치원이다. 최충은 최치원을 금돼지의 아들로 의심하고 내다 버리지만 온갖 동물

과 하늘 나라 선녀의 보살핌으로 아이(최치원)가 혼자 자라자, 최충은 아이를 다시 데려온다. [한편 중국 당나라 황제는 신라를 공격할 이유를 만들기 위해 상자에 달걀을 넣고 단단히 봉한 다음 신라로 보내, 그 안에 무엇이 들어 있는지 알아내어 시를 지어 바치라 한다. 신라왕의 명령을 받은 나 승상은 당시 나 승상의 딸을 좋아해 그 집안의 하인으로 일하던 최치원에게 시를 짓게 한다.] 최치원이 지은 시를 보고 황제는 최치원이 장차 중국에 위협이 될 것으로 여겨 그를 즉시 죽이려고 중국으로 부른다. 최치원은 중국으로 가는 길에 온갖 일을 겪지만 결국 무사히 중국에 도착하고, 황제는 직접 그를 만난 후 그의 재능을 귀하게 여겨 신하로 삼는다. 그러나 최치원의 활약에 질투를 느낀 간신(간사한 신하)들의 모함으로 최치원은 귀양(죄인을 먼 시골이나 섬으로 보내 일정 기간 그곳에서 살게 함)을 가게 되고, 그는 꾀를 부려 다시 신라로 돌아가 가야산에 숨어 산다.

※ 2020년 4월 24일에 시행된 3월 전국연합 학력평가는 자율 원격 시험으로 시행되어 교재에 기입된 정답률은 실제와 다를 수 있습니다.

1등급 문제

047 | 내용 이해 - 적절하지 않은 것 고르기 | 2020년 3월 학평 35번
정답률 60%, 매력적 오답 ⑤ 15%

정답 ①

윗글에서 알 수 있는 내용으로 적절하지 않은 것은?

① '아이'는 승상 댁의 *노복이 된 이후에 돌함의 존재에 대해 알게 되었다. * 남자 종

돌함의 존재에 대해 알게 된 / 승상 댁의 노복이

근거 **②**-1~**③**-7 신라왕이 ~ "너희 유생 중에 이 함 속에 있는 물건을 알아내어 시를 짓는 사람은 장차 관직을 높여 땅을 나누어 줄 것이다." 하시매 ~ 이때 아이도 왕이 내린 명령을 들었다. 또 나 승상의 딸아이가 ~ 절개가 있다는 소문을 들은 터인지라, ~ 승상 댁 문 앞에 이르러 ~ 이 몸이 노복이 되어 거울 깨뜨린 보상을 하겠으니 청을 들어주소서."

풀이 '아이'는 신라왕이 돌함 속에 있는 물건을 알아내어 시를 짓게 한 사실과 나 승상의 딸이 아름답다는 소문을 들은 후 나 승상 댁으로 찾아가 노복이 된다. 따라서 '아이'는 돌함의 존재에 대해 알게 된 이후에 승상 댁의 노복이 된 것이다.

→ 적절하지 않음!

② '승상의 부인'은 파경노의 외모와 행동을 근거로 그가 *범상한 인물이 아님을 알아보았다. * 평범한

근거 **④**-6 나 승상 부인께서 ~ "파경노는 생김새가 기이하고 말 다룸도 또한 기이하니 필시 비범한 사람일 것입니다.

풀이 '승상의 부인'은 파경노의 외모와 행동이 기이하므로 그가 범상한 인물이 아닐 것이라고 말한다.

→ 적절함!

③ '승상'은 파경노에게 천한 일을 맡기지 말라는 부인의 말을 따랐다.

근거 **④**-6~7 나 승상 부인께서~ "파경노는 ~ 필시 비범한 사람일 것입니다. 천한 일을 맡게 하지 마옵소서." 하니 승상도 옳게 여기고 그 말을 따랐다.

풀이 승상의 부인이 파경노가 비범한 사람일 것이므로 천한 일을 맡기지 말라고 말하자 '승상'은 부인의 말을 따르게 된다.

→ 적절함!

④ '파경노'는 승상의 딸과 결혼한 이후 자신의 이름을 스스로 치원이라 지었다.

근거 **⑤**-3~**⑥**-2 승상은 딸이 설득하자 결국 파경노를 사위로 맞이한다. ~ 파경노가 자기 이름을 지어 치원이라 하고, 자를 고운이라 하더라.

풀이 '파경노'는 승상의 딸과 결혼한 후 자신의 이름을 스스로 치원이라고 짓는다.

→ 적절함!

⑤ '승상의 딸'은 치원이 지은 시에 대해 *회의적인 태도를 보이는 승상에게 자신의 꿈 이야기를 들려주었다. * 어떤 일에 의심을 품는

근거 **⑧**-1 치원이 승상의 딸을 시켜 승상께 바치게 하니 승상이 믿지 않다가 딸의 꿈 이야기를 듣고서야 믿고

풀이 승상은 처음에는 치원이 지은 시에 대해 믿지 않다가 딸의 꿈 이야기를 듣고 시에 대해 믿게 된다. 따라서 '승상의 딸'은 치원이 지은 시에 대해 회의적인 태도를 보이는 승상에게 자신의 꿈 이야기를 들려주었음을 알 수 있다.

→ 적절함!

048 소재의 기능 - 적절한 것 고르기 2020년 3월 학평 36번
정답률 55%, 매력적 오답 ① 20%, ⑤ 10% | 정답 ③

윗글의 거울에 대한 설명으로 가장 적절한 것은?

> **3-5** 그 장사(아이, 최치원) 역시 몰래 눈으로 바라보고 아름다운 아가씨라 여기고는 쥐고 있던 거울을 고의로 떨어뜨려 깨뜨렸다.

① 아이가 승상에게 자신의 능력을 증명하는 데 사용된 소재이다.

근거 **5-2** 파경노(아이)는 자신을 사위로 삼는다면 시를 짓겠다고 말한다.

근거 **8-1~3** 치원(아이)이 승상의 딸을 시켜 승상께 바치게 하니 승상이 믿지 않다가 딸의 꿈 이야기를 듣고서야 믿고 ~ "신이 지은 것이 아니옵고 신의 사위가 지은 것이옵니다."

풀이 윗글에서 아이는 거울이 아니라 시를 지어 보임으로써 승상에게 자신의 능력을 증명한다.

→ 적절하지 않음!

② 승상 댁에 노복으로 들어간 아이가 겪게 될 고난을 암시하는 소재이다.

근거 **3-7** 이 몸이 노복이 되어 거울 깨뜨린 보상을 하겠으니 청을 들어주소서."

근거 **4** 승상은 파경노에게 말 먹이는 일을 하도록 하였다. 파경노가 말을 타고 나가면 말 무리들이 열을 지어 뒤따랐으며 ~ 파경노로 하여금 꽃밭 가꾸는 일을 맡기었다. ~ 전보다 배나 더 아름답고 무성하였다.

풀이 윗글에서 아이는 거울을 깨뜨린 것을 핑계로 승상 댁의 노복으로 들어가는데, 노복으로서 맡은 일을 훌륭하게 처리하고 있을 뿐 고난을 겪고 있지 않다. 따라서 거울이 승상 댁에 노복으로 들어간 아이가 겪게 될 고난을 암시한다고 볼 수 없다.

→ 적절하지 않음!

③ 아이가 승상의 사위가 되려는 내적 욕망을 실현하는 데 동원된 소재이다.

근거 **2-1~3-7** 신라왕이 ~ "너희 유생 중에 이 함 속에 있는 물건을 알아내어 시를 짓는 사람은 장차 관직을 높여 땅을 나누어 줄 것이다." 하시매 ~ 이때 아이도 왕이 내린 명령을 들었다. 또 나 승상의 딸아이가 아름답고 재예가 뛰어나며 게다가 절개가 있다는 소문을 들은 터인지라, 떨어진 옷으로 갈아입고 거울을 수선하는 장사로 사칭하고는 ~ 승상 댁 문 앞에 이르러 '거울 수선하라'는 말을 여러 차례 외쳤다. ~ 쥐고 있던 거울을 고의로 떨어뜨려 깨뜨렸다. ~ 이 몸이 노복이 되어 거울 깨뜨린 보상을 하겠으니 청을 들어주소서."

근거 **5** 승상은 시를 지으라는 임금의 명을 받고 시름에 빠진다. ~ 파경노는 자신을 사위로 삼는다면 시를 짓겠다고 말한다. ~ 승상은 딸이 설득하자 결국 파경노를 사위로 맞이한다.

풀이 아이는 신라왕이 신하들에게 돌함 속에 있는 물건을 알아내어 시를 지으라고 명령한 사실과 나 승상의 딸이 아름답다는 소문을 들은 후 거울 장수로 신분을 속이고 나 승상 댁을 찾아간다. 아이는 승상 딸의 거울을 고치다가 일부러 깨뜨려 이를 핑계로 승상의 노복이 되고, 이후 시를 지어 주는 조건으로 승상의 사위가 된다. 따라서 거울은 아이가 승상의 사위가 되려는 내적 욕망을 이루는 데 동원된 소재임을 알 수 있다.

→ 적절함!

④ 혼인을 둘러싸고 아이와 승상 사이에 긴장감이 *조성될 것을 예고하는 소재이다.
* 만들어질

근거 **5-3** 파경노가 노비라는 이유로 혼인을 반대하던 승상

풀이 승상이 자신의 딸과 아이의 혼인을 반대한 것은 아이가 노비이기 때문이지 거울 때문이 아니다. 따라서 거울이 혼인을 둘러싸고 아이와 승상 사이에 긴장감이 조성될 것을 예고한다고 볼 수 없다.

→ 적절하지 않음!

⑤ 아이가 승상 딸의 뛰어난 재예와 절개를 시험할 수 있는 기회를 제공하는 소재이다.

근거 **3-2** 나 승상의 딸아이가 아름답고 재예가 뛰어나며 게다가 절개가 있다는 소문을 들은 터인지라,

풀이 윗글에서 아이는 승상 딸이 뛰어난 재예와 절개를 지녔다는 소문을 들었을 뿐, 이를 시험해 보고 있지 않다.

→ 적절하지 않음!

---

049 감상의 적절성 - 적절하지 않은 것 고르기 2020년 3월 학평 37번
정답률 75% | 정답 ④

<보기>를 바탕으로 ㉠ ~ ㉤을 이해한 내용으로 적절하지 않은 것은? 3점

> | 보기 |
> ¹「최고운전」은 '시 짓기'를 통해 주인공과 국가가 당면한(처한) 문제 상황이 해결되는 구조로 서사가 전개되고(이야기가 펼쳐지고) 있다. ²이 작품은 뛰어난 능력을 가지고 있으나 신분적 한계로 인해 자신의 능력을 제대로 펼치지 못했던 실존 인물 최치원의 삶을 바탕으로 창작되었다. ³최치원의 삶이 주인공에 투영(반영)되어 형상화되는(구체적으로 나타나는) 과정에서 그의 비범함(특별히 뛰어남)이 극적으로 부각(강조)되며, 이는 주로 '시 짓기'를 통해 발휘된다.

① ㉠에서 '시 짓기'는 중국 황제가 신라를 문제 상황에 빠뜨리기 위해 내세운 *불합리한 요구로군. * 이치에 맞지 않는

근거 **<보기>-1**「최고운전」은 '시 짓기'를 통해 주인공과 국가가 당면한 문제 상황

근거 **❶** 중국 황제가 크게 화를 내어 신라를 침공하고자 하여 계란을 솜으로 여러 번 싸서 돌함에 넣고 ~ ㉠'너희 나라가 만약 이 함 속에 있는 물건을 알아내어 시를 바치지 못한다면, 너희 나라를 도살하여 없애 버리겠다.' 하였더라.

풀이 ㉠에서 중국 황제는 함 속의 물건을 알아내어 시를 바치지 못하면 신라를 침략하겠다고 위협한다. 따라서 ㉠에서 '시 짓기'는 중국 황제가 신라를 문제 상황에 빠뜨리기 위해 내세운 불합리한 요구로 볼 수 있다.

→ 적절함!

② ㉡에서 '시 짓기'는 국가적 문제를 해결할 수 있는 인재가 없는 신라의 상황을 보여 주는군.

근거 **<보기>-1**「최고운전」은 '시 짓기'를 통해 주인공과 국가가 당면한 문제 상황이 해결되는 구조로 서사가 전개되고 있다.

근거 **❷** 신라왕이 ~ 나라의 선비들을 불러 모아 이르시기를, ㉡ "너희 유생 중에 이 함 속에 있는 물건을 알아내어 시를 짓는 사람은 장차 관직을 높여 땅을 나누어 줄 것이다." 하시매 아무도 그 속 물건을 알아내지 못하여 온 조정이 들끓더라.

풀이 ㉡에서 신라왕은 신하들에게 함 속의 물건을 알아내어 시를 지으면 높은 관직과 땅을 주겠다고 말하지만 아무도 알아내지 못한다. 따라서 ㉡에서 '시 짓기'는 국가적 문제를 해결할 수 있는 인재가 없는 신라의 상황을 보여 준다.

→ 적절함!

③ ㉢에서 '시 짓기'는 *초월적 요소와 결합하여 인물의 비범함을 드러내는군.
* 현실 세계를 넘어선

근거 **<보기>-3** 최치원의 삶이 주인공에 투영되어 형상화되는 과정에서 그의 비범함이 극적으로 부각되며, 이는 주로 '시 짓기'를 통해 발휘된다.

근거 **❹-4** ㉢ 아침에 파경노가 말 무리들을 이끌고 나가 사방에 흩어 놓고 숲 속에서 온종일 시를 읊으면, 청의동자 수 명이 어디서 왔는지 혹은 말을 먹이고 혹은 채찍으로 훈련시키더라.

풀이 ㉢에서 최치원이 시를 읊으면 신선의 심부름을 하는 청의동자들이 나타나 말을 먹이고 훈련시킨다. 따라서 ㉢에서 '시 짓기'는 초월적 요소와 결합하여 최치원의 비범함을 드러내고 있다.

→ 적절함!

④ ㉣에서 '시 짓기'는 신분적 한계로 인한 *울분을 직접적으로 **토로하는 수단이로군.
* 답답하고 분함 ** 마음에 있는 것을 모조리 드러내어 말하는

근거 **<보기>-2** 이 작품은 뛰어난 능력을 가지고 있으나 신분적 한계로 인해 자신의 능력을 제대로 펼치지 못했던 실존 인물 최치원의 삶을 바탕으로 창작되었다.

근거 **❼-1** ㉣ 치원 역시 깨어나 시를 지어 벽에 붙은 종이에다 써 놓으니 용과 뱀이 놀라 꿈틀거리는 듯하더라.

근거 **❾** 황제가 그 시를 보시고 말씀하시기를, ~ "이는 천하의 기재로다." ~ 칭찬하지 않는 자가 없었다.

풀이 <보기>에 언급된 바와 같이 신분적 한계로 인해 자신의 뛰어난 능력을 펼치지 못했던 최치원의 실제 삶과 달리, 윗글의 ㉣에서 최치원은 시를 지어 중국 황제가 제시한 문제를 해결하고 있다. 따라서 ㉣에서 '시 짓기'가 신분적 한계로 인한 울분을 토로하는 수단이라는 이해는 적절하지 않다.

→ 적절하지 않음!

⑤ ㉤에서 '시 짓기'는 개인의 능력을 드러냄과 동시에 국가의 위기를 해결하는 방법이 되는군.

근거 **<보기>-1**「최고운전」은 '시 짓기'를 통해 주인공과 국가가 당면한 문제 상황이 해결되는 구조로 서사가 전개되고 있다. / 3 최치원의 삶이 주인공에 투영되어 형상화되

는 과정에서 그의 비범함이 극적으로 부각되며, 이는 주로 '시 짓기'를 통해 발휘된다.

❸-2~4 왕이 보시고서 크게 놀라 물으시기를, "경이 어떻게 알아 가지고 시를 지었느뇨?" 하시니 대답하여 아뢰되, ⓔ "신이 지은 것이 아니옵고 신의 사위가 지은 것이옵니다." 하니 왕은 사신으로 하여금 대국 황제께 바치었다.

풀이 신라왕은 최치원이 함 속 물건을 알아내어 시를 지은 것에 놀라워하며 최치원의 시를 중국 황제에 바친다. 따라서 ⓔ에서 '시 짓기'는 최치원의 능력을 드러냄과 동시에 국가가 당면한 문제 사항을 해결하는 방법이 된다.

→ 적절함!

[050~052] 다음 글을 읽고 물음에 답하시오.

1 ¹ 승상(지금의 국무총리 정도 되는 벼슬) 나업은 딸 하나가 있었다. ² 재예(才藝)(재주 才 재주 藝 : 재능과 솜씨)가 당대(그 當 시대 代 : 그 시대)에 빼어났다. ³ 아이(여기서는 최치원)는 이 말을 듣고 헌 옷으로 갈아입고 거울 고치는 장사(장수. 물건 파는 사람)라 속여 승상 집 앞에 가서 "거울 고치시오!"라 외쳤다. ⁴ 소저(작을 小 여자 姐 : 아가씨, 여기서는 승상의 딸)는 이 말을 듣고 거울을 꺼내 유모(남의 아이를 그 어머니 대신 돌봐 주는 여자)에게 주어 보냈다. ⁵ 소저는 유모 뒤를 따라 바깥문 안쪽까지 나가 문틈으로 엿보았다. ⁶ 장사(여기서는 최치원)가 소저의 얼굴을 언뜻 보고 반해, 손에 쥐었던 거울을 일부러 떨어뜨려 깨뜨렸다. ⁷ 유모가 놀라 화내며 때리자 장사가 울며 말했다.

⁸ "거울이 이미 깨졌거늘 때려 무엇 하세요? ⁹ 저를 노비로 삼아 거울 값을 갚게 해 주세요."

→ 아이(최치원)는 소저를 보기 위해 거울 장사인 척하며 승상의 집에 갔다가 일부러 거울을 깨뜨려 노비가 되려 한다.

2 ¹ 유모가 들어가 이(거울을 깬 대신 노비가 되겠다는 최치원의 말)를 승상께 아뢰니(말씀드리니) (최치원이 집의 노비가 되는 것을) 허락하였다. ² 승상은 그(최치원)의 이름을 거울을 깨뜨린 노비라는 뜻으로 파경노(破鏡奴)(깨뜨릴 破 거울 鏡 사내종 奴)라 짓고 말 먹이는 일을 시켰다. ³ 말들은 저절로 살쪄 여윈 것이 하나도 없었다.

⁴ 하루는 천상(하늘 天 위 上 : 하늘)의 선관(신선 仙 벼슬 官 : 신선 세계에서 벼슬살이를 하는 신선)들이 구름처럼(한꺼번에 많이) 몰려와 말 먹일 꼴(말이나 소에게 먹이는 풀)을 다투어 그에게 주었다. ⁵ 이에 파경노(최치원)는 말들을 풀어놓고 누워만 있었다. ⁶ 날이 저물어 말들이 파경노가 누워 있는 곳에 와 그를 향해 머리를 숙이며 늘어서자 보는 자마다 모두 기이하게(기이할 奇 이상할 異 : 신기하고 이상하게) 여겼다.

→ 승상이 파경노(최치원)에게 말 기르는 일을 맡기자 선관들이 나타나 파경노를 돕는다.

3 ¹ 승상 부인은 이 말(말들이 최치원에게 머리를 숙이며 늘어섰다는 이야기)을 듣고 승상에게 말했다.

² "파경노는 용모(겉모습)가 기이하고(신기하고) 탄복할(칭찬할 歎 따를 服 : 감탄할) 일이 많으니 필시(반드시) 비범한(아닐 非 평범할 凡 : 특별히 뛰어난) 사람일 것입니다. ³ 마부(말 馬 사내 夫 : 말을 부리는 사람)일도, 천한(천할 賤 : 신분이나 지위가 낮은)일도 맡기지 마세요."

⁴ 승상이 옳게 여겨 그 말을 따랐다. ⁵ 이전에 승상은 동산에 꽃과 나무를 많이 심었는데, 파경노에게 이를 기르게 했다. ⁶ 이때부터 동산의 화초(꽃 花 풀 草 : 꽃과 나무)가 무성하며 조금도 시들지 않아, 봉황(전설에 나오는, 복을 상징하는 상상의 새)이 쌍쌍이 날아들어 꽃가지에 깃들었다.

→ 승상은 파경노(최치원)가 비범한 인물이라 생각하여 천한 일 대신 화초 기르는 일을 맡긴다.

4 ¹ 열흘이 지났다. ² 파경노는 소저(승상의 딸)가 동산의 꽃을 보고 싶으나 파경노가 부끄러워 오지 못한다는 말을 들었다. ³ 이에 파경노는 승상을 뵙고 말했다.

⁴ "제가 이곳에 온 지 여러 해 지났습니다. ⁵ 한 번도 노모(늙을 老 어미 母 : 늙은 어머니)를 뵙지 못했으니, 노모를 뵙고 올 말미(시간)를 주십시오."

⁶ 승상은 닷새(5일)를 주었다. ⁷ 소저는 파경노가 귀향했다는(돌아갈 歸 고향 鄕 : 고향에 갔다는) 소식을 듣고 동산에 들어와 꽃을 보고,

"꽃이 난간 앞에서 웃는데 소리는 들리지 않네."라고 시를 지었다. ⁸ 파경노는 꽃 사이에 숨어 있다가,

"새가 숲 아래서 우는데 눈물 보기 어렵네."라고 시로 화답했다(화답할 和 대답할 答 : 시나 노래로 대답했다). ⁹ 소저가 부끄러워 얼굴을 붉히며 돌아갔다.

→ 소저가 꽃을 보러 동산에 오고 싶어 한다는 말을 들은 파경노는 동산에 숨어 있다가 소저와 만난다.

5 [중략 줄거리] ¹ 중국 황제는 신라 왕에게 석함(돌 石 함 函 : 돌로 만든 상자)을 보내, 그 안에 있는 물건을 알아내 시를 지어 올리라 명(명령 命 : 명령)한다. ² 신라 왕은 이(석함에 있는 물건을 알아내 시를 짓는 일)를 해결하지 못하고 나업(승상)에게 과업(부과할 課 일 業 : 임무)을 넘긴다.

→ 중국 황제가 석함 속 물건을 알아내 시를 지으라고 명하자 신라 왕은 나업에게 이를 맡긴다.

6 ¹ 나업은 집으로 돌아와 석함을 안고 통곡했다(몹시 痛 울 哭 : 큰 소리로 몹시 슬프게 울었다). ² 파경노는 이 말을 듣고 사람들에게 (나업이) 왜 우는지를 물었다. ³ 사람들이 (나업이 석함 속 물건을 알아내 시를 지어야 한다는 사실을) 모두 말해 주자, (파경노는) 자못(매우) 기쁨을 띠며 꽃가지를 꺾어 외청(여기서는 소저가 있는 곳)으로 갔다.

⁴ 소저가 (나업을 걱정하며) 슬피 울다가 문득 벽에 걸린 거울에 비친 (파경노의) 그림자를 보았다. ⁵ 속으로 놀라 창틈으로 엿보니 파경노가 꽃을 들고 서 있었다. ⁶ 소저가 이상히 여겨 묻자, 시치미를 떼며 말했다.

⁷ "그대가 이 꽃을 보고 싶다 하여 그대를 위해 가져 왔소. ⁸ 시들기 전에 받아 보시오."

⁹ 소저가 한숨을 크게 쉬니, 파경노가 위로하며 말했다.

¹⁰ "거울 속에 비친 이(여기서는 파경노)가 반드시 그대 근심을 없애 줄 것이오. ¹¹ 근심치 말고 꽃을 받으시오."

¹² 소저가 꽃을 받고 부끄러워하며 안으로 들어갔다.

→ 소저가 아버지를 걱정하자 파경노는 자신이 소저의 걱정을 해결해 줄 것이라고 말한다.

7 ¹ 얼마 뒤 소저는 파경노의 (자신이 소저의 걱정을 해결해 줄 것이라고 한) 말을 괴이히(기이할 怪 이상할 異 : 이상하게) 여겨 승상께 말했다.

² "파경노가 비록 어리지만 재주가 남보다 뛰어나고, 신인(神人)(귀신 神 사람 人 : 신과 같이 신기하고 묘한 사람)의 기운이 있어 석함 속의 물건을 알아내어 시를 지을 수 있을 것입니다.

³ 승상이 말했다.

⁴ "너는 어찌 쉽게 말하느냐? ⁵ 만약 파경노가 할 수 있다면 나라의 이름난 선비 가운데 한 명도 시를 짓지 못해 이 석함을 나에게 맡겼겠느냐?"

⁶ 소저가 말했다.

⁷ "뱁새(오목눈이과의 작은 새. 여기서는 '파경노'를 비유)는 비록 작지만 큰 새매(수릿과의 큰 새. 여기서는 '승상'을 비유)를 살린다 합니다. ⁸ 그(파경노)가 비록 노둔하나(둔할 駑 미련할 鈍 : 둔하고 미련하나) 큰 재주를 지니고 있는지 어찌 알겠습니까?"

⁹ 이어서 파경노가 걱정하지 말라고 했음을 고했다(알릴 告 : 알렸다).

¹⁰ "만약 그가 시를 지을 수 없다면 어찌 그런 말을 냈겠습니까? ¹¹ 원컨대 그를 불러 시험 삼아 시를 짓게 하소서."

→ 소저는 승상에게 파경노가 석함 속 물건에 대해 시를 지을 수 있을 것이라고 말한다.

8 ¹ 승상이 파경노를 불러 구슬리며(부추기며) 말했다.

² "만약 이 석함 속의 물건을 알아내 시를 짓는다면 후한(큰) 상을 줄 것이며, 마땅히 네 뜻을 이루어 주겠다."

³ 파경노가 거절하며 말했다.

⁴ "비록 후한 상을 준다 한들 제가 어찌 시를 짓겠습니까?"

⁵ 소저가 이 말을 듣고 승상에게 말했다.

⁶ "살고 싶고 죽기 싫은 것이 인지상정(사람 人 갈 之 항상 常 뜻 情 : 사람이면 누구나 가지는 보통의 마음)입니다. ⁷ 옛날에 어떤 이가 사형을 당하게 되었을 때, 그에게 '네가 만약 시를 짓는다면 내 마땅히 사면해(용서할 赦 면할 免 : 용서하고 벌을 받지 않도록 해) 주겠다.' 했습니다. ⁸ 그 사람은 무식한 이였으나 그 명(명령)을 따랐습니다. ⁹ 하물며 파경노는 문학이 넉넉해 시를 지을 수 있지만 거짓으로 못하는 체하고 있습니다. ¹⁰ 지금 아버님께서 그를 겁박하시면(위협할 劫 핍박할 迫 : 위협하시면) 어찌 삶을 좋아하고 죽음을 싫어하는 마음이 없어 복종치 않겠습니까(죽는 것이 싫어 복종할 수밖에 없을 것이라는 의미)?"

¹¹ 승상이 (소저의 말이) 그럴듯하다 여기고 파경노를 불렀다.

→ 파경노가 시를 지으면 상을 주겠다는 승상의 제안을 거절하자 소저는 승상에게 파경노를 위협해 시를 짓게 하라고 말한다.

- 작자 미상, 「최고운전」-

V

고전소설

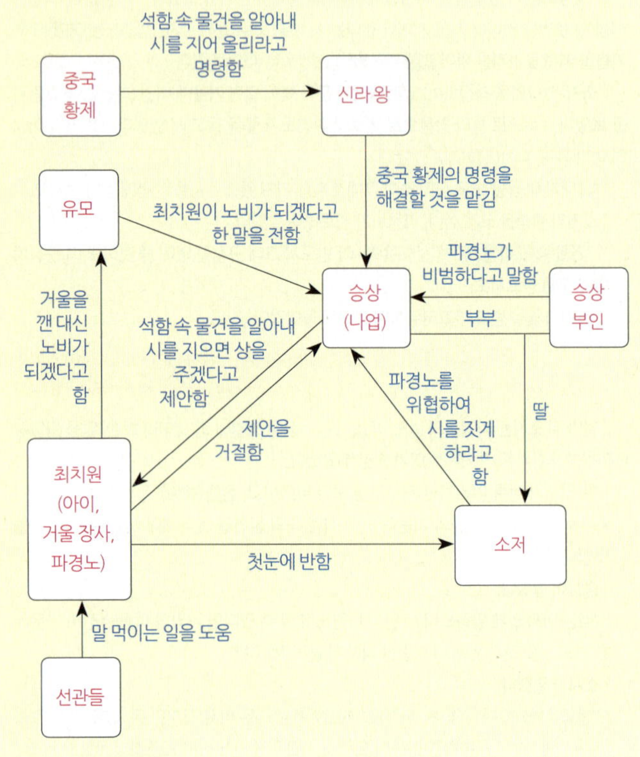

---

050 서술상 특징 - 적절한 것 고르기   고3 | 2021학년도 수능 31번   정답률 90%   정답 ④

윗글의 서술상 특징으로 가장 적절한 것은?

① ***시간의 역전을 통해 사건의 **진상을 밝히고 있다.** * 과거와 현재가 뒤바뀜 ** 참된 모습

풀이   윗글은 시간의 흐름에 따라 사건이 진행되고 있으며, 시간의 역전은 나타나지 않는다.

→ 적절하지 않음!

② ***서술자의 개입을 통해 사건의 **전모를 밝히고 있다.**

* 작품 밖의 서술자가 이야기 중간에 끼어들어 인물이나 사건을 평가하는 것 ** 전체 내용

풀이   윗글에 작품 밖의 서술자가 작품 안에 등장하여 인물과 사건에 대해 자신의 생각을 나타내는 서술자의 개입은 나타나지 않는다.

→ 적절하지 않음!

③ **인물의 *희화화를 통해 **사건의 반전 효과를 나타내고 있다.**

* 우스꽝스럽게 표현함 ** 일의 형세가 뒤바뀜

풀이   윗글에서 인물의 희화화를 통해 사건이 반전되는 효과는 나타나지 않는다.

→ 적절하지 않음!

④ **인물 간의 대화를 통해 사건 해결의 방안을 제시하고 있다.**

근거   **7**-**8** 소저는 ~ 승상께 말했다. "파경노가 ~ 석함 속 물건을 알아내어 시를 지을 수 있을 것입니다." ~ 파경노는 문학이 넉넉해 시를 지을 수 있지만 거짓으로 못하는 체하고 있습니다. 지금 아버님께서 그를 겁박하시면 어찌 삶을 좋아하고 죽음을 싫어하는 마음이 없어 복종치 않겠습니까?" 승상이 그럴듯하다 여기고 파경노를 불렀다.

풀이   소저는 승상에게 파경노가 석함 속 물건을 알아내 시를 지을 수 있을 것이므로 파경

노를 위협해서 시를 짓게 하라고 말하고 승상은 이를 받아들인다. 따라서 소저와 승상의 대화를 통해 신라 왕이 승상에게 석함 속 물건으로 시를 지어 올리라고 명령한 사건의 해결 방안이 제시되고 있음을 알 수 있다.

→ 적절함!

⑤ **꿈과 현실의 *교차를 통해 앞으로 일어날 사건을 암시하고 있다.** * 번갈아 나타남

풀이   윗글에 꿈의 내용은 나타나지 않으므로 꿈과 현실의 교차는 나타나지 않고, 앞으로 일어날 사건을 암시하는 부분도 확인할 수 없다.

→ 적절하지 않음!

---

051 소재의 기능 - 적절하지 않은 것 고르기   고3 | 2021학년도 수능 32번   정답률 65%, 매력적 오답 ⑤ 15%   정답 ②

윗글의 내용에 대한 이해로 적절하지 않은 것은?

① 유모에게 주어 보낸 '거울'은 아이가 소저의 얼굴을 보게 되는 계기를 만들고, 벽에 걸린 '거울'은 파경노가 소저에게 자신의 존재감을 드러내는 계기를 만든다.

근거   **1**-4~6 소저는 ~ 거울을 꺼내 유모에게 주어 보냈다. 소저는 유모 뒤를 따라 바깥문 안쪽까지 나가 문틈으로 엿보았다. 장사가 소저의 얼굴을 언뜻 보고 반해,

6-4~5 소저가 슬피 울다가 문득 벽에 걸린 거울에 비친 그림자를 보았다. 속으로 놀라 창틈으로 엿보니 파경노가 꽃을 들고 서 있었다.

풀이   소저가 유모에게 '거울'을 보낸 뒤 문틈으로 엿보고, 그 모습을 아이가 보게 되므로 이때의 '거울'은 아이가 소저의 얼굴을 보게 되는 계기를 만든다고 볼 수 있다. 또한 벽에 걸린 '거울'에 그림자가 비친 것을 보고 소저가 창밖의 파경노를 보게 되므로 이때의 '거울'은 파경노가 소저에게 자신의 존재감을 드러내는 계기를 만든다고 볼 수 있다.

→ 적절함!

② 깨뜨린 '거울'은 아이가 파경노라는 이름을 얻고 승상의 집안으로 들어가는 계기가 되고, 파경노가 관리한 동산의 '화초'는 승상 부인으로부터 인정받는 계기로 작용한다.

비범하다는 사람들의 말은

근거   **1**-6~**2**-2 장사가 소저의 얼굴을 언뜻 보고 반해, 손에 쥐었던 거울을 일부러 떨어뜨려 깨뜨렸다. ~ 저를 노비로 삼아 거울 값을 갚게 해 주세요." 유모가 들어가 이를 승상께 아뢰니 허락하였다. 승상은 그의 이름을 거울을 깨뜨린 노비라는 뜻으로 파경노라 짓고 말 먹이는 일을 시켰다.

2-3 말들은 저절로 살쪄 여윈 것이 하나도 없었다./ 6 날이 저물어 말들이 파경노가 누워 있는 곳에 와 그를 향해 머리를 숙이며 늘어서자 보는 자마다 모두 기이하게 여겼다./ **3**-1~2 승상 부인은 이 말을 듣고 승상에게 말했다. "파경노는 용모가 기이하고 탄복할 일이 많으니 필시 비범한 사람일 것입니다.

풀이   깨뜨린 '거울' 값을 노비가 되어 갚겠다는 아이의 말을 승상이 허락하고, 거울을 깨뜨린 노비라는 뜻으로 승상이 파경노라는 이름을 지어 주었으므로, '거울'은 아이가 파경노라는 이름을 얻고 승상의 집안으로 들어가는 계기가 된다. 그러나 파경노가 승상 부인으로부터 인정받은 것은 파경노가 말을 먹인 후로 모든 말이 살찌고 말들이 파경노에게 머리를 숙이며 늘어섰다는 이야기를 승상 부인이 들었기 때문이지, 파경노가 관리한 동산의 '화초' 때문이 아니다. 참고로 파경노가 동산의 '화초'를 관리하게 된 것은 승상 부인으로부터 인정을 받은 이후의 일이다.

→ 적절하지 않음!

③ 동산의 '꽃'은 소저가 보고 싶었으나 파경노로 인해 접근하기 어렵게 된 대상이고, 파경노가 들고 서 있던 '꽃'은 소저에게 자신의 마음을 전달하기 위한 수단이다.

근거   **4**-2 파경노는 소저가 동산의 꽃을 보고 싶으나 파경노가 부끄러워 오지 못한다는 말을 들었다.

6-4~11 소저가 슬피 울다가 문득 ~ 창틈으로 엿보니 파경노가 꽃을 들고 서 있었다. ~ 파경노가 위로하며 말했다. ~ 근심치 말고 꽃을 받으시오."

풀이   소저는 동산의 '꽃'이 보고 싶었지만 동산을 관리하는 파경노를 만나는 것이 부끄러워 동산에 가지 못했으므로 동산의 '꽃'은 소저가 보고 싶었으나 파경노로 인해 접근하기 어렵게 된 대상이고, 파경노가 들고 서 있던 '꽃'은 울고 있는 소저를 위로하고자 하는 마음을 전달하기 위한 수단이다.

→ 적절함!

④ 동산에서 화답한 '시'는 파경노가 소저와 교감하기 위해 읊은 것이고, 석함 속 물건에 대한 '시'는 파경노가 해결할 수 있다고 소저가 기대하는 과제이다.

근거   **4**-7~8 소저는 파경노가 귀향했다는 소식을 듣고 동산에 들어와 꽃을 보고, "꽃이 난간 앞에서 웃는데 소리는 들리지 않네."라고 시를 지었다. 파경노는 꽃 사이에 숨어 있다가, "새가 숲 아래에서 우는데 눈물 보기 어렵네."라고 시로 화답했다.

7-1~2 소저는 파경노의 말을 괴이히 여겨 승상께 말했다. "파경노가 비록 어리지만 재주가 남보다 뛰어나고, 신인의 기운이 있어 석함 속의 물건을 알아내어 시를 지

을 수 있을 것입니다."

[풀이] 동산에서 소저가 지은 '시'에 파경노가 '시'로 화답한 것은 소저와 교감하기 위한 것이다. 또한 소저는 승상에게 석함 속 물건에 대해 '시' 짓는 일을 파경노에게 맡기라고 하였으므로 석함 속 물건에 대한 '시'는 파경노가 해결할 수 있다고 소저가 기대하는 과제이다.

→ 적절함!

⑤ 석함 속 물건에 대한 '시'는 나업에게 슬픔을 유발하는 과업이지만, 파경노에게는 소저의 슬픔을 해소시켜 줄 수 있는 수단이다.

[근거] ⑤~⑥-1 중국 황제는 신라 왕에게 석함을 보내, 그 안에 있는 물건을 알아내 시를 지어 올리라 명한다. 신라 왕은 이를 해결하지 못하고 나업에게 과업을 넘긴다. 나업은 집으로 돌아와 석함을 안고 통곡했다.

⑥-9~10 소저가 한숨을 크게 쉬니, 파경노가 위로하며 말했다. "거울 속에 비친 이가 반드시 그대 근심을 없애 줄 것이오.

[풀이] 석함 속 물건을 알아내 '시'를 짓는 일을 맡게 된 나업은 집에 돌아와 통곡한다. 따라서 석함 속 물건에 대한 '시'는 나업에게 슬픔을 유발하는 과업이다. 한편 파경노는 석함 속 물건에 대한 '시' 때문에 걱정하는 소저에게 자신이 그 문제를 해결해 줄 것이라고 말하고 있으므로 석함 속 물건에 대한 '시'는 파경노에게 있어 소저의 슬픔을 해소시켜 줄 수 있는 수단이다.

→ 적절함!

---

052 | 감상의 적절성 - 적절하지 않은 것 고르기 | 고3 | 2021학년도 수능 33번
정답률 70%, 매력적 오답 ④ 15%
정답 ⑤

〈보기〉를 참고하여 윗글을 감상한 내용으로 적절하지 않은 것은? [3점]

> | 보기 |
> [1] 「최고운전」은 비범한(특별히 뛰어난) 인물로서의 최치원을 형상화했다(구체적으로 표현했다). [2] 주인공(여기서는 최치원)은 문제 해결의 국면(사태 局 모습 面 : 상황)에서 치밀함, 기지(재치 機 지혜 智 : 재치 있게 대응하는 지혜), 당당함을 보인다. [3] 또한 초월적(뛰어넘을 超 넘을 越 ~의 的 : 인간의 한계를 넘어선) 존재의 도움을 받으면서도 이에 전적으로(모두) 의존하지 않고 자신이 지닌 신이한(신기하고 이상한) 능력을 발휘하여 개인의 문제와 국가의 과제를 직접 해결한다. [4] 이는 당대(작품이 쓰인 당시) 독자들이 원했던 새로운 영웅상을 최치원에 투영하여(던질 投 그림자 影 : 반영하여) 작품 속에서 구현한(표현한) 것이다.

① 아이가 헌 옷으로 바꾸어 입고 거울 고치는 장사라 속이는 장면은 최치원이 치밀한 면모를 지닌 인물임을 보여 주는군.

[근거] 〈보기〉-2 주인공은 문제 해결의 국면에서 치밀함, 기지, 당당함을 보인다.

❶-1~3 승상 나업은 딸 하나가 있었다. 재예가 당대에 빼어났다. 아이는 이 말을 듣고 헌 옷으로 갈아입고 거울 고치는 장사라 속여 승상 집 앞에 가서 "거울 고치시오!"라 외쳤다.

[풀이] 소저의 얼굴을 보기 위해 아이(최치원)가 헌 옷으로 바꿔 입고 거울 고치는 장사라고 속여 소저의 집을 찾아간 장면에서 최치원의 치밀한 면모가 드러난다.

→ 적절함!

② 파경노에게 선관들이 몰려와 말먹이를 가져다주는 장면은 최치원이 초월적 존재에게 도움을 받는 인물임을 보여 주는군.

[근거] 〈보기〉-3 초월적 존재의 도움을 받으면서도

❷-2~4 승상은 그의 이름을 ~ 파경노라 짓고 말 먹이는 일을 시켰다. ~ 하루는 천상의 선관들이 구름처럼 몰려와 말 먹일 꼴을 다투어 그에게 주었다.

[풀이] 마부 일을 하게 된 파경노(최치원)를 돕기 위해 선관들이 몰려와 말먹이를 가져다주는 장면은 최치원이 초월적 존재에게 도움을 받는 인물임을 보여 준다.

→ 적절함!

③ 파경노가 기른 뒤로 화초가 시들지 않아 봉황이 날아드는 장면은 최치원이 신이한 능력을 지닌 인물임을 보여 주는군.

[근거] 〈보기〉-3 자신이 지닌 신이한 능력을 발휘하여 개인의 문제와 국가의 과제를 직접 해결한다.

❸-5~6 이전에 승상은 동산에 꽃과 나무를 많이 심었는데, 파경노에게 이를 기르게 했다. 이때부터 동산의 화초가 무성하며 조금도 시들지 않아, 봉황이 쌍쌍이 날아들어 꽃가지에 깃들었다.

[풀이] 파경노(최치원)가 동산의 화초를 기른 뒤로는 화초가 전혀 시들지 않고 무성해져 봉황이 날아든다. 이를 통해 최치원이 신이한 능력을 지녔음을 보여 준다.

→ 적절함!

④ 파경노가 노모를 핑계 삼아 말미를 얻는 장면은 최치원이 원하는 바를 얻기 위해 기지를 발휘하는 인물임을 보여 주는군.

[근거] 〈보기〉-2 주인공은 문제 해결의 국면에서 치밀함, 기지, 당당함을 보인다.

❹-2~8 파경노는 소저가 동산의 꽃을 보고 싶으나 파경노가 부끄러워 오지 못한다는 말을 들었다. 이에 파경노는 ~ 한 번도 노모를 뵙지 못했으니, 노모를 뵙고 올 말미를 주십시오." ~ 소저는 파경노가 귀향했다는 소식을 듣고 동산에 들어와 꽃을 보고, "꽃이 난간 앞에서 웃는데 소리는 들리지 않네."라고 시를 지었다. 파경노는 꽃 사이에 숨어 있다가, "새가 숲 아래서 우는데 눈물 보기 어렵네."라고 시로 화답했다.

[풀이] 소저가 동산의 꽃을 보고 싶어 한다는 말을 들은 파경노(최치원)는 노모를 핑계 삼아 말미를 얻어 고향으로 떠난 척하며 동산에 숨어 있다가 꽃을 보러 온 소저와 만난다. 이를 통해 최치원이 원하는 바를 얻기 위해 기지를 발휘하는 인물임을 알 수 있다.

→ 적절함!

⑤ 자신이 원하는 보상을 얻기 위해 기지를 발휘하는 파경노가 승상의 제안을 거절하는 장면은 최치원이 <s>보상을 추구하기보다 스스로 국가의 과제를 해결하려는 당당한</s> 인물임을 보여 주는군.

[근거] 〈보기〉-2 주인공은 문제 해결의 국면에서 치밀함, 기지, 당당함을 보인다.

❻-9~10 소저가 한숨을 크게 쉬니, 파경노가 위로하며 말했다. "거울 속에 비친 이가 반드시 그대 근심을 없애 줄 것이오.

❽-1~4 승상이 파경노를 불러 구슬리며 말했다. "만약 이 석함 속의 물건을 알아내 시를 짓는다면 후한 상을 줄 것이며, 마땅히 네 뜻을 이루어 주겠다." 파경노가 거절하며 말했다. "비록 후한 상을 준다 한들 제가 어찌 시를 짓겠습니까?"/ 9 파경노는 문학이 넉넉해 시를 지을 수 있지만 거짓으로 못하는 체하고 있습니다.

[풀이] 석함 속 물건에 대한 시 때문에 고민하는 소저에게 파경노(최치원)는 자신이 해결해 줄 것이라고 말해 놓고는 정작 승상이 석함 속의 물건을 알아내어 시를 지으면 상을 주겠다고 제안하자 시를 짓지 못하는 척하며 거절하고 있다. 이는 최치원이 보상을 추구하기보다 국가의 과제를 스스로 해결하려는 인물임을 보여 주는 것이 아니라, 자신이 진정으로 원하는 보상을 얻기 위해 기지를 발휘한 것으로 이해할 수 있다.

→ 적절하지 않음!

4. 판소리 및 판소리계 소설

[053~056] 다음 글을 읽고 물음에 답하시오.

1
¹이때 춘향 어미는 삼문간(관청 앞에 세운 세 문 사이)에서 (춘향을) 들여다보고 땅을 치며 우는 말이,
²"신관(새 新 벼슬아치 官 : 새로 부임한 관리) 사또는 사람 죽이러 왔나? ³팔십 먹은 늙은 것(여기서는 춘향 어미)이 무남독녀(없을 無 사내 男 홀로 獨 여자 女 : 아들이 없는 집안의 외동딸. 여기서는 춘향) 딸 하나를 금이야 옥이야 길러내어 이 한 몸 의탁코자(의지할 依 맡길 托 : 의지하여 맡기고자) 하였더니, 저 지경을 만든단 말이오? ⁴마오 마오. ⁵너무 마오!"
⁶와르르 달려들어 춘향을 얼싸안고,
⁷"아따, 요년아. ⁸이것이 웬일이냐? ⁹기생(잔치나 술자리에서 노래나 춤 또는 풍류로 흥을 돋우는 것을 직업으로 하는 여자. '춘향'의 신분)이라 하는 것이 수절(지킬 守 절개 節 : 정절을 지킴)이 다 무엇이냐? ¹⁰열 소경의 외막대 같은(열 명의 소경이 함께 쓰는 하나의 막대로, 매우 긴요하고 소중한. '소경'은 눈이 보이지 않는 사람) 네가 이 지경이 되었으니 어디 가서 의탁하리? ¹¹할 수 없이 죽었구나."
¹²향단(춘향의 몸종)이 들어와서 춘향의 다리를 만지면서,
¹³"여보 아가씨(춘향), 이 지경이 웬일이오? ¹⁴한양 계신 도련님(이 도령)이 내년 삼월 오신댔는데, 그동안을 못 참아서 황천객(나라의 이름 黃 저승 泉 사람 客 : 죽은 사람)이 되시겠네. ¹⁵아가씨, 정신 차려 말 좀 하오. ¹⁶백옥(흴 白 옥 玉 : 빛깔이 하얀 옥) 같은 저 다리에 유혈(흐를 流 피 血 : 흘러나오는 피)이 낭자하니(어지러울 狼 뒤섞여 어지러울 藉 : 여기저기 흩어져 어지러우니) 웬일이며, 실낱(실의 가닥)같이 가는 목에 큰 칼(죄인에게 씌우던 형틀)이 웬일이오?"

[A]

→ 춘향 어미와 향단은 칼을 쓰고 유혈이 낭자한 춘향의 모습에 안타까워한다.

(중략)

2
¹칼머리(형벌을 가하는 기구인 칼에서 사람의 머리가 드나드는 구멍이 있는 끝부분) 세워 베고 우연히 잠이 드니, 향기 진동하며 여동(여자 女 아이 童 : 여자아이) 둘이 내려와서 춘향 앞에 꿇어앉으며 여쭈오되,
²"소녀(여동)들은 황릉묘 시녀(모실 侍 여자 女 : 항상 몸 가까이에서 시중을 드는 여자)로서 부인의 명(명령 命 : 명령)을 받아 낭자(예전에, '처녀'를 높여 이르던 말. 여기서는 춘향)를 모시러 왔사오니 사양치(사양할 辭 사양할 讓 : 거절하지) 말고 가사이다."
³춘향이 공손히 답례하는(답할 答 예절 禮 : 예를 갖추어 답하는) 말이,
⁴"황릉묘(고대 중국의 순임금의 두 아내인 아황과 여영을 모신 사당)라 하는 곳은 소상강(중국 호남성 장사현에 위치한 강) 만 리 밖 멀고도 먼 곳인데, 어떻게 간단 말인가?"
⁵"(황릉묘에) 가시기는 염려(생각할 念 걱정할 慮 : 걱정) 마옵소서."
⁶(여동이) 손에 든 봉황(중국의 전설에 나오는 상상의 새) 부채 한 번 부치고 두 번 부치니 구름같이 이는 바람 춘향의 몸 훌쩍 날려 공중에 오르더니 여동이 앞에 서서 길을 인도하여 석두성을 바삐 지나 한산사 구경하고, 봉황대 올라가니 왼쪽은 동정호(중국 양자강 주변에 있는 호수)요 오른쪽은 팽려호(중국 양자강 주변에 있는 호수)로다. ⁷적벽강 구름 밖에 열두 봉우리 둘렀는데, 칠백 리 동정호의 오초동남(나라 이름 吳 초나라 楚 동녘 東 남녘 南 : 동쪽에는 오나라 남쪽에는 초나라) 여울목(물살이 세차게 흐르는 곳)에 오고 가는 상인들은 순풍(따를 順 바람 風 : 배가 가는 쪽으로 부는 바람)에 돛을 달아 범피중류 떠나가고(뜰 泛 저 彼 가운데 中 흐를 流 : 배가 물 한가운데로 떠나가고), 악양루(중국 후난성에 있는 누각)에서 잠깐 쉬고, 푸른 풀 무성한 군산(모일 群 산 山 : 한데 모여 있는 산)에 당도하니(당할 當 이를 到 : 다다르니), 흰 마름꽃 핀 물가에 갈까마귀 오락가락 소리하고, 숲속 원숭이가 자식 찾는 슬픈 소리, 나그네 마음 처량하다(쓸쓸할 凄 슬퍼할 凉 : 외롭거나 쓸쓸하다). ⁸소상강 당도하니 경치도 기이하다(기이할 奇 이상할 異 : 기묘하고 이상하다). ⁹대나무는 숲을 이루어 아황 여영(고대 중국의 순임금의 두 아내로서 절개가 굳은 열녀의 상징임) 눈물 흔적 뿌려 있고, 거문고 비파(현악기의 하나) 소리 은은히 들리는데, 십층 누각(다락 樓 집 閣 : 사방이 탁 트이게 높이 지은 다락집)이 구름 속에 솟았도다. ¹⁰영롱한 전주발(구슬 珠 : 문맥상 진주로 만든 발(줄 따위를 여러 개 나란히 늘어뜨려 무엇을 가리는 데 쓰는 물건)을 의미한다고 보는 것이 적절함)과 안개 같은 비단 장막으로 주위를 둘렀는데, 위의(위엄 威 거동 儀 : 위엄이 있고 엄숙한 태도나 차림새)도 웅장하고 기세(기운 氣 기세 勢 : 기운차게 뻗치는 모양이나 상태)도 거룩하다(성스럽다).

→ 꿈에서 춘향은 황릉묘 시녀들의 인도를 받아 황릉묘로 간다.

3
¹여동이 앞에 서서 춘향을 인도하여(끌 引 이끌 導 : 이끌어) 문 밖에 세워 두고 대전(클 大 궁궐 殿 : 임금이 거처하는 궁전)에 고하니(알릴 告 : 알리니),
²"춘향이 바삐 들라 하라."
³춘향이 황송하여(황공해할 惶 송구스러울 悚 : 분에 넘쳐 고맙고도 송구하여) 계단 아래 엎드리니 (아황과 여영) 부인이 명령하시되,
⁴"대전 위로 오르라."
⁵춘향이 대전 위에 올라 손을 모아 절을 하고 공손히 자리에서 일어나 좌우를 살펴보니, 제일 층 옥가마 위에 아황 부인 앉아 있고 제이 층 황옥가마에는 여영 부인 앉았는데, 향기 진동하고 옥으로 만든 장식 소리 쟁쟁하여(옥 소리 琤 옥 소리 琤 : 또렷하고 맑아) 하늘나라가 분명하다. ⁶춘향을 불러다 자리를 권하여 앉힌 후에,
⁷"춘향아, 들어라. ⁸너는 전생(앞 前 살 生 : 이 세상에 태어나기 이전의 생애) 일을 모르리라. ⁹너(춘향)는 부용성 영주궁의 운화 부인 시녀(춘향의 전생)로서 서왕모(중국 신화에 나오는 선녀) 요지연(신선이 살았다는 중국 곤륜산에 있다는 연못)에서 장경성(이 도령의 전생)에 눈길 주어 복숭아로 희롱하다(놀 戱 희롱할 弄 : 서로 즐기며 놀다가) 인간 세상에 귀양(죄인을 먼 곳으로 보내어 일정한 기간 동안 제한된 곳에서만 살게 하던 형벌) 가서 시련을 겪고 있거니와 머지않아 장경성(현생의 이 도령)을 다시 만나 부귀영화(부유할 富 귀할 貴 영예로울 榮 빛날 華 : 많은 재산과 높은 지위로 누릴 수 있는 영광스럽고 호화로운 생활)를 누릴 것이니 마음을 변치 말고 열녀(굳셀 烈 여자 女 : 절개가 굳은 여자)를 본받아 후세에 이름을 남기라."

→ 부인들은 춘향에게 전생 일을 알려 주고, 열녀를 본받으라고 말한다.

4
¹춘향이 일어서서 두 부인(아황과 여영 부인)께 절을 한 후에 달나라 구경하려다가 발을 잘못 디뎌 깨달으니 한바탕 꿈이라. ²잠을 깨어 탄식하는(탄식할 歎 숨 쉴 息 : 한숨을 쉬며 한탄하는) 말이,
³"이 꿈이 웬 꿈인가? ⁴뜻 이룰 큰 꿈인가? ⁵내가 죽을 꿈이로다."

[B]
⁶칼을 비스듬히 안고
⁷"애고 목이야, 애고 다리야. ⁸이것이 웬일인고?"
⁹향단이 원미(으뜸 元 맛 味 : 쌀을 굵게 갈아 쑨 죽)를 가지고 와서,
¹⁰"여보, 아가씨. ¹¹원미 쑤어 왔으니 정신 차려 잡수시오."
¹²춘향이 하는 말이,
¹³"원미라니 무엇이냐, 죽을 먹어도 이죽(멥쌀로 쑨 부드러운 죽)을 먹고, 밥을 먹어도 이밥(멥쌀로 지은 부드러운 밥)을 먹지, 원미라니 나는 싫다. ¹⁴미음(쌀 米 마실 飮 : 멥쌀이나 좁쌀에 물을 충분히 붓고 푹 끓여 체에 걸러 낸 음식으로 죽보다 묽음)물이나 하여다오."
¹⁵미음을 쑤어다가(만들어다가) 앞에 놓고,

[C]
¹⁶"이것을 먹고 살면 무엇할꼬? ¹⁷어두침침 옥방(감옥 獄 방 房 : 감옥에서, 죄수를 가두어 두는 방) 안에 칼머리(형벌을 가하는 기구인 칼에서 사람의 머리가 드나드는 구멍이 있는 끝부분) 비스듬히 안고 앉았으니, 벼룩 빈대 온갖 벌레 무른(여리고 부드러운) 등의 피를 빨고, 궂은 비는 부슬부슬, 천둥은 우루루, 번개는 번쩍번쩍, 도깨비는 휙휙, 귀신 우는 소리 더욱 싫다. ¹⁸덤비는 것이 헛것이라. ¹⁹이것이 웬일인고? ²⁰서산에 해 떨어지면 온갖 귀신 모여든다. ²¹살인하고 잡혀 와서 아흔(90세) 되어 죽은 귀신, 나라 곡식 훔쳐 먹다 곤장(몽둥이 棍 몽둥이 杖 : 예전에, 죄인의 볼기를 치던 형벌 기구) 맞아 죽은 귀신, 죽은 아낙 능욕하여(범할 凌 욕되게 할 辱 : 욕보이고 더럽혀) 고문당해 죽은 귀신, 제각기 울음 울고, 제 서방 해치고 남의 서방 즐기다가 잡혀 와서 죽은 귀신 처량히(쓸쓸할 凄 슬퍼할 凉 : 외롭거나 쓸쓸히) 슬피 울며 '동무 하나 들어왔네' 하고 달려드니 처량하고 무서워라. ²²아무래도 못 살겠네. ²³동방(동녘 東 방위 方 : 동쪽)의 귀뚜라미 소리와 푸른 하늘에 울고 가는 기러기는 나의 근심 자아낸다."
²⁴한없는 근심과 그리움으로 날을 보낸다.

→ 꿈에서 깬 춘향은 옥에 갇힌 자신의 처지를 비관하며 근심과 그리움으로 날을 보낸다.

5
¹이때 이 도령은 서울 올라가서 밤낮을 가리지 않고 공부하여 글짓는 솜씨가 당대(그 當 시대 代 : 바로 그 시대)에 제일이라. ²나라가 태평하고(매우 太 무사할 平 : 안정되고) 백성이 평안하니(무사할 平 편안할 安 : 걱정이나 탈이 없이) 태평과(나라에 경사가 있을 때 특별히 실시하던 관리 선발 시험)를 보려 하여 팔도(여덟 八 길 道 : 우리나라 전체)에 널리 알려 선비를 모

으니 **춘당대**(서울 창경궁 안에 있는, 옛날에 관리 선발 시험을 실시하던 곳) 넓은 뜰에 구름 모이듯 모였구나. ³이 도령 **복색**(옷 服 빛 色 : 예전에, 신분이나 직업에 따라서 다르게 맞추어서 차려입던 옷의 꾸밈새와 빛깔) 갖춰 차려 입고 시험장 뜰에 가서 글 제목 나오기 기다린다.

⁴시험장이 요란하여 **현제판**(매달 懸 제목 題 널빤지 板 : 관리 선발 시험을 볼 때 문제를 써서 내걸던 널빤지)을 바라보니 '**강구문동요**(칭송할 康 네거리 衢 들을 聞 아이 童 노래 謠 : 길거리에서 태평세월을 칭송하는 아이들 노래를 들음)'라 하였겠다. ⁵(이 도령이) 시험지를 펼쳐놓고 한번에 붓을 휘둘러 맨 먼저 글을 내니, 시험관이 받아보고 글자마다 **붉은 점**(뛰어난 표현 옆에 찍는 점)이요 구절마다 **붉은 동그라미**(훌륭한 문장의 옆에 치는 동그라미)를 치는구나. ⁶이름을 뜯어 보고 **승정원**(조선 시대, 임금의 명령을 전달하고 여러 가지 사항들을 임금에게 보고하는 일을 맡아보던 관아) **사령**(부릴 使 벼슬 令 : 조선 시대에, 각 관아에서 심부름하던 사람)이 **호명하니**(부를 呼 이름 名 : 이름을 부르니), 이 도령 이름 듣고 임금 앞에 나아간다.

→ 서울의 이 도령은 태평과에 응시하여 탁월한 실력을 발휘한다.

- 작자 미상, 「춘향전」 -

· 춘향전 <중요 작품>

2018학년도 9월 모평 기출. 봉건 사회에서 신분을 초월한 남녀 간의 사랑을 다루고 있는 판소리계 소설로 언제든 다시 나올 수 있는 작품이므로 기본 줄거리와 특징을 알아 두는 것이 좋다.

· 중심 내용

정절을 지키려다 신관 사또 때문에 옥에 갇혀 수난을 겪는 춘향의 모습에 춘향 어미와 향단은 안타까워한다. 옥중에서 잠이 든 춘향은 꿈에서 황릉묘로 가게 되는데 그곳에서 아황 부인과 여영 부인을 만나 자신의 전생 일을 알게 되고, 열녀를 본받으라는 말을 듣는다. 꿈에서 깬 춘향은 자신의 처지를 비관하며 근심과 그리움으로 날을 보낸다. 한편 서울로 올라간 이 도령은 태평과에 응시하여 탁월한 실력을 발휘한다.

· 전체 줄거리 ([ ] : 지문 내용)

전라도 남원 부사의 아들 이몽룡은 단옷날 광한루에 갔다가 그네를 타는 춘향의 모습을 보고 반한다. 몽룡은 춘향의 집으로 찾아가 춘향과 부부의 연을 맺고, 행복한 나날을 보낸다. 그러던 어느 날, 몽룡은 남원 부사의 임기가 끝난 아버지를 따라 **한양**(서울)으로 가게 되어 춘향과 이별한다. 그 후 남원 부사로 새로 부임한 신관 사또인 변학도가 춘향에게 **수청**(기생이 높은 벼슬아치에게 몸을 바쳐 시중을 들던 일)을 강요하고, 춘향이 이를 거절하자 춘향을 옥에 가두어 버린다. [옥에 갇혀 갖은 수난을 겪던 춘향은 꿈속에서 순임금의 두 왕비였던 아황 부인과 여영 부인을 만나 자신의 전생에 관한 이야기와 열녀를 본받으라는 말을 듣는다. 한편 한양에서 장원 급제한 몽룡] 암행어사의 신분으로 남원에 와서, 변학도의 횡포에 대해 모두 듣게 된다. 이몽룡은 변학도의 생일잔치에서 변학도를 **봉고파직**(봉할 封 곳간 庫 그만둘 罷 직책 職 : 어사가 못된 짓을 많이 한 관리를 파면하고, 관가의 창고를 봉하여 잠금)하고, 옥에 갇힌 춘향을 구한다. 한양으로 간 춘향은 **정렬부인**(지조를 굳게 지킨 부인에게 내리던 칭호)에 봉해지고, 이몽룡은 벼슬이 좌의정까지 이른다. 이후에 춘향과 몽룡은 슬하에 여러 자녀를 두고 행복하게 산다.

· 인물 관계도

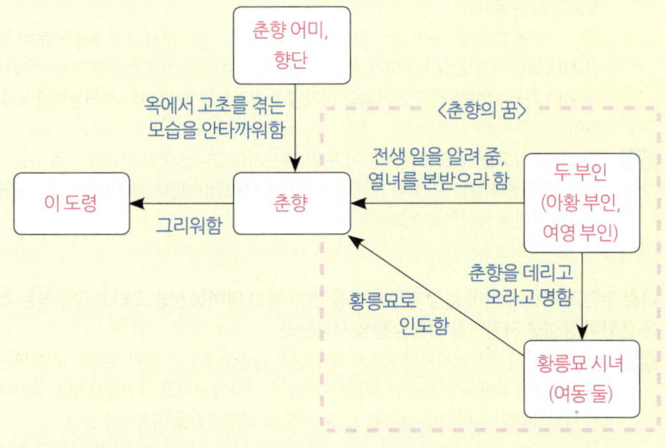

1등급 문제

053 | 인물 이해 - 적절한 것 고르기 2022년 3월 학평 42번
정답률 55%, 매력적 오답 ④ 20%, ② 10% | **정답 ③**

[A]와 [B]를 통해 인물을 이해한 내용으로 가장 적절한 것은?

① [A]에서는 '춘향 어미'의 비난을 통해, [B]에서는 '향단'의 *옹호를 통해 '신관 사또'에 대한 두 인물의 **상반된 인식을 알 수 있다.
　* 끌어안을 擁 보호할 護 : 감싸 주고 편들어 지킴 ** 서로 相 어긋날 反 : 서로 반대되거나 어긋남

　근거 [A] ❶-2~3 "신관 사또는 사람 죽이러 왔나? 팔십 먹은 늙은 것이 무남독녀 딸 하나를 금이야 옥이야 길러내어 이 한 몸 의탁코자 하였더니, 저 지경을 만든단 말이오? [B] ❹-10~11 "여보, 아가씨. 원미 쑤어 왔으니 정신 차려 잡수시오."

　풀이 [A]에서 '춘향 어미'는 춘향을 옥에 가둔 '신관 사또'에 대해 '신관 사또는 사람 죽이러 왔'냐고 비난하고 있다. 그러나 [B]에서는 '춘향'에게 원미를 권하는 '향단'의 말만 확인할 수 있을 뿐, '신관 사또'에 대한 '향단'의 옹호는 나타나지 않는다.

　→ 적절하지 않음!

② [A]에서는 '춘향 어미'의 *만류를 통해, [B]에서는 '향단'의 재촉을 통해 '춘향의 수절에 대한 두 인물의 상반된 인식을 알 수 있다. * 붙들고 못 하게 말림
　'춘향 어미'의 인식

　근거 [A] ❶-9 기생이라 하는 것이 수절이 다 무엇이냐?

　풀이 [A]에서는 '기생이라 하는 것이 수절이 다 무엇이냐'는 말을 통해 '춘향 어미'가 '춘향'의 수절을 만류하고 있음을 알 수 있다. 그러나 [B]에서는 '향단'이 '춘향'에게 무언가를 재촉하는 내용도, '춘향'의 수절에 대한 '향단'의 인식도 나타나지 않는다.

　→ 적절하지 않음!

✓③ [A]에서는 앞날을 걱정하는 '춘향 어미'를 통해, [B]에서는 '춘향'의 현재 상태를 염려하는 '향단'을 통해 '춘향'의 고난에 대한 *상이한 반응을 확인할 수 있다. * 서로 다른

　근거 [A] ❶-10~11 열 소경의 외막대 같은 네가 이 지경이 되었으니 어디 가서 의탁하리? 할 수 없이 죽었구나." [B] ❹-10~11 "여보, 아가씨. 원미 쑤어 왔으니 정신 차려 잡수시오."

　풀이 옥에서 갖은 고초를 겪고 있는 '춘향'에게 [A]에서는 어디 가서 의탁하냐며 자신의 앞날을 걱정하는 '춘향 어미'의 반응을, [B]에서는 원미를 쑤어 와 '춘향'에게 권하며 '춘향'의 현재 상태를 염려하는 '향단'의 반응을 확인할 수 있다. 따라서 [A]와 [B]에서 '춘향'의 고난에 대한 '춘향 어미'와 '향단'의 상이한 반응을 각각 확인할 수 있다.

　→ 적절함!

④ [A]에서는 *격앙된 '춘향 어미'를 진정시키는 모습을 통해, [B]에서는 '춘향'에게 음식을 정성스레 건네는 모습을 통해 '향단'의 침착한 태도를 확인할 수 있다.
　* 기운이나 감정 따위가 격렬히 일어나 높아진

　근거 [A] ❶-1 이때 춘향 어미는 삼문간에서 들여다보고 땅을 치며 우는 말이, / 6 와르르 달려들어 춘향을 얼싸안고, [B] ❹-10~11 "여보, 아가씨. 원미 쑤어 왔으니 정신 차려 잡수시오."

　풀이 [A]에서는 땅을 치며 울고, 와르르 달려들어 춘향을 얼싸안는 등의 행동을 통해 격앙된 '춘향 어미'의 모습을 확인할 수는 있으나, 이를 진정시키는 '향단'의 모습은 확인할 수 없다. 한편, [B]에서는 '향단'이 '춘향'을 걱정하며 원미를 쑤어 와 '춘향'에게 권하고는 있지만 '춘향'에게 음식을 정성스레 건네는 구체적인 모습은 나타나지 않으며, 이를 통해 '향단'의 침착한 태도를 확인할 수 있다고 보기도 어렵다.

　→ 적절하지 않음!

⑤ [A]에서 '도련님'의 약속을 신뢰하는 '춘향 어미'의 모습과 [B]에서 '춘향'의 앞날을 걱정하는 '향단'의 모습으로 인해 '춘향'의 *내적 갈등이 심화되고 있음을 확인할 수 있다.
　언급하는 '향단'　* 한 인물의 내면의 심리적인 갈등

　근거 [A] ❶-12~14 향단이 들어와서 춘향의 다리를 만지면서, "여보 아가씨, 이 지경이 웬일이오? 한양 계신 도련님이 내년 삼월 오신댔는데, 그동안을 못 참아서 황천객이 되시겠네.

　풀이 [A]에서 '도련님'의 약속을 언급하고 있는 인물은 '향단'이며, '춘향 어미'가 '도련님'의 약속을 신뢰하는 모습은 확인할 수 없다. 또한, 이로 인해 '춘향'의 내적 갈등이 심화되는 부분도 확인할 수 없다. 한편, [B]에서 '향단'은 '춘향'에게 원미를 권하고 있을 뿐, '춘향'의 앞날을 걱정하는 모습은 찾아볼 수 없으며, 이로 인해 '춘향'의 내적 갈등이 심화되는 부분 역시 확인할 수 없다.

　→ 적절하지 않음!

V
고전소설

054 인물의 심리 - 적절하지 않은 것 고르기 2022년 3월 학평 43번
정답률 60%, 매력적 오답 ③, ④ 15% | 정답 ⑤

[C]에 대한 이해로 적절하지 <u>않은</u> 것은?

① 공간의 특징을 *열거하여 자신의 비참한 처지를 드러내고 있다. * 죽 늘어놓아
- 근거 [C] ❹-17 어두침침 옥방 안에 칼머리 비스듬히 안고 앉았으니, 비록 빈대 온갖 벌레 무른 등의 피를 빨고, 궂은 비는 부슬부슬, 천둥은 우루루, 번개는 번쩍번쩍,
- 풀이 [C]에서는 어두침침한 옥방의 특징을 열거하여 옥방에 갇힌 춘향의 비참한 처지를 드러내고 있다.
  → 적절함!

② 비현실적인 존재를 언급하며 자신이 느끼는 두려움을 드러내고 있다.
- 근거 [C] ❹-17 도깨비는 휙휙, 귀신 우는 소리 더욱 싫다./ 20~21 서산에 해 떨어지면 온갖 귀신 모여든다. 살인하고 잡혀 와서 아흔 되어 죽은 귀신, 나라 곡식 훔쳐 먹다 곤장 맞아 죽은 귀신, ~ 처량히 슬피 울며 '동무 하나 들어왔네' 하고 달려드니 처량하고 무서워라.
- 풀이 [C]에서는 춘향이 도깨비, 귀신과 같은 비현실적인 존재를 언급하며, 그 존재에 대한 춘향의 무서움을 드러내고 있다.
  → 적절함!

③ 청각적 경험을 자극하는 자연물을 통해 자신의 근심을 드러내고 있다.
- 근거 [C] ❹-23 동방의 귀뚜라미 소리와 푸른 하늘에 울고 가는 기러기는 나의 근심 자아낸다."
- 풀이 [C]에서 귀뚜라미 소리와 울고 가는 기러기가 춘향의 근심을 자아낸다고 하였으므로 청각적 경험을 자극하는 자연물을 통해 춘향의 근심을 드러내고 있다.
  → 적절함!

④ 미래에 대한 부정적 전망과 함께 자신의 신세에 대한 한탄을 드러내고 있다.
- 근거 [C] ❹-16 "이것을 먹고 살면 무엇할꼬?/ 18~19 덤비는 것이 헛것이라. 이것이 웬일인고?
- 풀이 [C]에서 춘향은 앞에 놓인 미음을 먹고 살면 무엇하겠느냐며 미래에 대한 부정적 전망을 드러내고 있다. 또한 춘향은 옥에 갇힌 자신의 처지에 대해 '이것이 웬일인고?'라 하면서 자신의 신세에 대해 한탄하고 있다.
  → 적절함!

⑤ 자신과 같이 억울한 처지에 놓인 사람들에 대한 *연민의 감정을 드러내고 있다. * 불쌍하게 여김
- 근거 [C] ❹-20~21 서산에 해 떨어지면 온갖 귀신 모여든다. 살인하고 잡혀 와서 아흔 되어 죽은 귀신, ~ 처량히 슬피 울며 '동무 하나 들어왔네' 하고 달려드니 처량하고 무서워라.
- 풀이 [C]에서 죽은 귀신들에 대해 열거한 내용들을 토대로 볼 때 이들이 춘향과 같이 억울한 처지에 놓인 사람들이라고 볼 수 없으며, 이들에 대한 연민의 감정도 드러나지 않는다.
  → 적절하지 않음!

※ <보기>를 참고하여 055번과 056번의 두 물음에 답하시오.

| 보 기 |
[1] 서사적 모티프란 전체 이야기를 구성하는 작은 이야기 단위이다. [2] 이 작품에서는 황릉묘의 주인이자 정절(곧을 貞 절개 節 : 여자의 곧은 절개)의 표상(모범 表 상징할 象 : 대표적인 상징)인 아황 부인과 여영 부인이 등장하는 황릉묘 모티프가 사용되었다. [3] 이는 천상계(하늘 天 위 上 세계 界 : 하늘 위의 세계)와 인간 세상, 전생(앞 前 살 生 : 이 세상에 태어나기 이전의 생애)과 현생(지금 現 살 生 : 지금 살고 있는 이 세상에서의 삶), 꿈과 현실의 대응(대할 對 응할 應 : (주어진 어떤 관계에 의하여) 서로 짝이 되는 일)을 형성하면서 공간적 상상력을 풍요롭게 하는 동시에 주인공의 또 다른 정체성(본 正 근본 體 성질 性 : 어떤 존재가 본질적으로 가지고 있는 특성)을 드러낸다. [4] 서사적 모티프는 작품을 읽는 독자에게 서사(펼 敍 일 事 : 시간의 흐름에 따른 사건의 서술) 이해의 실마리를 제공함으로써 작품의 전개 방향을 예측하게 한다. [5] 황릉묘 모티프에서 '머지않아 장경성을 다시 만나 부귀영화를 누릴 것'이라는 두 부인의 말을 감안하여(헤아릴 勘 생각 案 : 참고하여), 독자는 이어지는 내용에서 ⟨㉮⟩.

---

055 서사 구조 - 적절하지 않은 것 고르기 2022년 3월 학평 44번
정답률 60%, 매력적 오답 ④ 15% | 정답 ③

<보기>를 참고하여 윗글을 감상한 내용으로 적절하지 <u>않은</u> 것은? 3점

① 춘향이 잠이 들어 '황릉묘 시녀'를 만난 것은 황릉묘 모티프를 통해 꿈과 현실의 연결이 일어나게 됨을 보여 주는군.
- 근거 <보기>-2~3 이 작품에서는 ~ 황릉묘 모티프가 사용되었다. 이는 ~ 꿈과 현실의 대응을 형성하면서
  ❷-1~2 칼머리 세워 베고 우연히 잠이 드니, 향기 진동하며 여동 둘이 내려와서 춘향 앞에 꿇어앉으며 여쭈오되, "소녀들은 황릉묘 시녀로서 부인의 명을 받아 낭자를 모시러 왔사오니 사양치 말고 가사이다."
- 풀이 <보기>를 참고할 때 우연히 잠이 든 춘향이 자신을 모시러 왔다는 '황릉묘 시녀'를 만난 것은 황릉묘 모티프를 통해 꿈과 현실의 연결이 일어나게 됨을 보여 주는 것이라고 할 수 있다.
  → 적절함!

② '봉황 부채'에 의한 '구름 같이 이는 바람'을 타고 '소상강 만리 밖' 황릉묘까지 춘향이 날려가는 것은 꿈속 공간의 *초월적 성격을 드러내는군.
  * 넘을 超 넘을 越 ~의 的 : 비현실적인
- 근거 <보기>-3 이는 천상계와 인간 세상, 전생과 현생, 꿈과 현실의 대응을 형성하면서 공간적 상상력을 풍요롭게 하는 동시에
  ❷-4~6 "황릉묘라 하는 곳은 소상강 만 리 밖 멀고도 먼 곳인데, 어떻게 가잔 말인가?" "가시기는 염려 마옵소서." 손에 든 봉황 부채 한 번 부치고 두 번 부치니 구름같이 이는 바람 춘향의 몸 훌쩍 날려 공중에 오르더니/ 8 소상강 당도하니
- 풀이 춘향의 꿈속에서 '황릉묘 시녀'들은 '봉황 부채'로 '구름 같이 이는 바람'을 일으켜 춘향을 '소상강 만리 밖' 황릉묘까지 날아가게 한다. 이러한 비현실적인 요소는 꿈속 공간의 초월적 성격을 드러내는 것으로 볼 수 있다.
  → 적절함!

③ 황릉묘에 당도한 '춘향'을 반갑게 맞이하고 있음
  ✓ 아황 부인과 여영 부인이 '춘향이 바삐 들라'라고 명령하는 것은 자신의 문제를 서둘러 해결하고자 하는 춘향에게 인간 세상에 *대비되는 천상계의 질서가 있음을 보여 주는군. * 대할 對 견줄 比 : 대조되는
- 근거 ❸-1~2 여동이 앞에 서서 춘향을 인도하여 문 밖에 세워 두고 대전에 고하니, "춘향이 바삐 들라 하라."
- 풀이 윗글에서 춘향은 옥에 갇힌 자신의 처지를 비관하고는 있으나 자신의 문제를 서둘러 해결하고자 하는 모습은 나타나지 않는다. 또한 아황 부인과 여영 부인이 '춘향이 바삐 들라'라고 명령하는 것이 춘향에게 인간 세상에 대비되는 천상계의 질서가 있음을 보여 주는 것이라고 보기도 어렵다. 아황 부인과 여영 부인이 춘향에게 이같이 명령하는 것은 황릉묘에 당도한 춘향에 대한 두 부인의 반가움의 표현으로 이해하는 것이 적절하다.
  → 적절하지 않음!

④ '전생'에 춘향이 '운화 부인 시녀'였다는 아황 부인과 여영 부인의 말은 전생과 현생의 대응을 드러내면서 공간적 상상력의 확장을 유도하는군.
- 근거 <보기>-3 이는 ~ 전생과 현생, 꿈과 현실의 대응을 형성하면서 공간적 상상력을 풍요롭게 하는 동시에
  ❸-7~9 "춘향아, 들어라. 너는 전생 일을 모르리라. 너는 부용성 영주궁의 운화 부인 시녀로서 서왕모 요지연에서 장경성에 눈길 주어 복숭아로 희롱하다 인간 세상에 귀양 가서 시련을 겪고 있거니와 머지않아 장경성을 다시 만나 부귀영화를 누릴 것이니
- 풀이 <보기>를 참고할 때 '전생'에 춘향이 '운화 부인 시녀'였다는 아황 부인과 여영 부인의 말은 전생(운화 부인 시녀)과 현생(춘향)의 대응을 드러내면서, 이야기를 전생과 연결하며 공간적 상상력을 풍요롭게 한다.
  → 적절함!

⑤ 아황 부인과 여영 부인이 춘향에게 '마음을 변치 말고 열녀를 본받'으라고 당부하는 것은 춘향이 정절을 지켜나갈 인물임을 암시하는군.
- 근거 <보기>-2 이 작품에서는 황릉묘의 주인이자 정절의 표상인 아황 부인과 여영 부인이 등장하는 황릉묘 모티프가 사용되었다./ 4 서사적 모티프는 작품을 읽는 독자에게 서사 이해의 실마리를 제공함으로써 작품의 전개 방향을 예측하게 한다.
  ❸-9 머지않아 장경성을 다시 만나 부귀영화를 누릴 것이니 마음을 변치 말고 열녀를 본받아 후세에 이름을 남기라."
- 풀이 <보기>를 참고할 때 정절의 표상인 아황 부인과 여영 부인이 춘향에게 '마음을 변치 말고 열녀를 본받'으라고 당부하는 것은 독자로 하여금 앞으로 춘향이 정절을 지켜나갈 것을 예측하게 한다.
  → 적절함!

---

056 | 감상의 적절성 – 적절한 것 고르기 2022년 3월 학평 45번
정답률 65%, 매력적 오답 ③, ④ 10% | 정답 ①

〈보기〉의 ㉮에 들어갈 내용으로 가장 적절한 것은?

① '내가 죽을 꿈이로다'라는 춘향의 말보다는 이 도령이 과거에 *급제한 상황에 주목하며 두 인물의 **재회를 예상할 것이다.
*급제 及 과거 第 : 합격한 **다시 한 번 再 만날 會 : 다시 만남

근거 〈보기〉-2~3 이 작품에서는 ~ 황릉묘 모티프가 사용되었다. 이는 천상계와 인간 세상, 전생과 현생, 꿈과 현실의 대응을 형성/ 5 황릉묘 모티프에서 '머지않아 장경성을 다시 만나 부귀영화를 누릴 것'이라는 두 부인의 말을 감안하여,
❹-3~5 "이 꿈이 웬 꿈인가? 뜻 이룰 큰 꿈인가? 내가 죽을 꿈이로다."/ ❺-5~6 시험지를 펼쳐놓고 한번에 붓을 휘둘러 맨 먼저 글을 내니, 시험관이 받아보고 글자마다 붉은 점이요 구절마다 붉은 동그라미를 치는구나. 이름을 뜯어 보고 승정원 사령이 호명하니, 이 도령 이름 듣고 임금 앞에 나아간다.

풀이 〈보기〉에 따르면 황릉묘 모티프는 전생과 현생의 대응을 형성한다고 하였으므로, 전생의 운화 부인 시녀와 장경성은 현생에서 각각 춘향과 이 도령에 대응된다고 볼 수 있다. 따라서 춘향이 장경성을 다시 만나 부귀영화를 누릴 것이라는 두 부인의 말을 감안할 때, 독자는 이어지는 내용에서 '내가 죽을 꿈이로다'라는 춘향의 말보다는 이 도령이 과거에 급제한 상황에 주목하며 두 인물의 재회를 예상하게 될 것이다.

→ 적절함!

② 꿈에 대해 *자문하며 탄식하는 춘향의 모습을 보고 춘향이 현실에서의 **정체성에 의문을 갖게 되리라고 예상할 것이다. *스스로 自 물을 問 : 자신에게 물으며 **본 正 근본 體 성질 性 : 어떤 존재가 본질적으로 가지고 있는 특성

근거 〈보기〉-5 황릉묘 모티프에서 '머지않아 장경성을 다시 만나 부귀영화를 누릴 것'이라는 두 부인의 말을 감안하여,
❹-2~5 잠을 깨어 탄식하는 말이, "이 꿈이 웬 꿈인가? 뜻 이룰 큰 꿈인가? 내가 죽을 꿈이로다."

풀이 윗글에서 춘향이 꿈에 대해 자문하며 탄식하고 있는 것은 맞지만 ㉮의 앞부분에 두 부인이 춘향의 긍정적인 미래를 언급하고 있으므로 춘향이 현실에서의 정체성에 의문을 갖게 되리라고 예상할 것이라는 말은 ㉮에 들어갈 내용으로서 적절하지 않다.

→ 적절하지 않음!

③ 두 부인과의 만남이 꿈임을 깨닫는 춘향의 모습을 보고 꿈과 현실의 대비가 주는 허무함을 *절감하게 될 것이다. *간절히 切 느낄 感 : 절실히 느끼게

근거 〈보기〉-5 황릉묘 모티프에서 '머지않아 장경성을 다시 만나 부귀영화를 누릴 것'이라는 두 부인의 말을 감안하여,
❹-2~5 잠을 깨어 탄식하는 말이, "이 꿈이 웬 꿈인가? 뜻 이룰 큰 꿈인가? 내가 죽을 꿈이로다."

풀이 윗글에서 춘향은 두 부인과의 만남이 꿈임을 깨닫고 있다. 그러나 이러한 춘향의 모습을 보고 독자는 꿈과 현실의 대비가 주는 허무함을 절감하기보다는 춘향이 곧 장경성과 재회할 것이라는 두 부인의 예언에 주목하여, 춘향의 앞날에 대해 긍정적인 전망을 할 것이다.

→ 적절하지 않음!

④ 춘향이 자신의 실수로 꿈에서 깨어나는 장면을 춘향의 고난이 지속될 것이라는 암시로 받아들일 것이다.

근거 〈보기〉-5 황릉묘 모티프에서 '머지않아 장경성을 다시 만나 부귀영화를 누릴 것'이라는 두 부인의 말을 감안하여,
❹-1~2 춘향이 일어서서 두 부인께 절을 한 후에 달나라 구경하려다가 발을 잘못 디뎌 깨달으니 한바탕 꿈이라. 잠을 깨어 탄식하는 말이,

풀이 춘향이 달나라를 구경하려다가 실수로 발을 헛디뎌 꿈에서 깨어나지만 독자는 이를 춘향의 고난이 지속될 것이라는 암시로 받아들이기보다는 춘향의 앞날에 대한 두 부인의 예언을 바탕으로 춘향의 앞날을 긍정적으로 전망할 것이다.

→ 적절하지 않음!

⑤ 꿈에서 '달나라 구경'을 이루지 못하고 깨어난 춘향이 꿈에 대한 미련을 보이리라고 예상할 것이다.

근거 〈보기〉-5 황릉묘 모티프에서 '머지않아 장경성을 다시 만나 부귀영화를 누릴 것'이라는 두 부인의 말을 감안하여,
❹-1~2 춘향이 일어서서 두 부인께 절을 한 후에 달나라 구경하려다가 발을 잘못 디뎌 깨달으니 한바탕 꿈이라. 잠을 깨어 탄식하는 말이,

풀이 춘향은 '달나라 구경'을 하려다가 발을 잘못 디뎌 꿈에서 깨어난다. 그러나 독자는 이를 바탕으로 춘향이 꿈에 대한 미련을 보이리라고 예상하기보다는 춘향의 앞날에 대한 두 부인의 예언에 주목하여 춘향의 긍정적인 미래를 예상할 것이다.

→ 적절하지 않음!

[057~058] 다음 글을 읽고 물음에 답하시오.

1 ¹만금 같은(아주 많은 돈처럼 귀한) 너(춘향)를 만나 백년해로하잤더니(부부가 되어 한평생을 즐겁게 지내고 함께 늙어 가려고 하였더니), 금일(오늘) 이별 어이하리(어찌한단 말인가)! 너(춘향)를 두고 어이(어찌) 가잔 말이냐? ²나(이 도령)는 아마도 못 살겠다! 내(이 도령) 마음에는 어르신네(이 도령이 자신의 아버지를 가리킴) 공조참의 승진(정3품의 벼슬로 직책이 올라감) 말고, 이 고을 풍헌(風憲)(바람 風 법 憲 : 면이나 마을의 일을 맡아보는 직책)만 하신다면 이런 이별 없을 것을, 생눈 나올(멀쩡한 두 눈이 튀어나올 정도로 놀라운 일) 일을 당하니, 이를 어이한단 말인고? ³귀신이 장난치고 조물주(우주의 만물을 만들고 다스리는 신)가 시기하니(샘을 내고 미워하니), 누구를 탓하겠냐마는 속절없이(달리 어찌할 방법이 없이) 춘향을 어찌할 수 없네! ⁴네(춘향) 말이 다 (현실적으로) 못 될 말이니, 아무튼 잘 있거라!

→ 이 도령은 춘향에게 이별을 이야기한다.

2 ¹춘향이 대답하되, 우리 당초에(맨 처음에) 광한루에서 만날 적에 내(춘향)가 먼저 도련님더러 살자 하였소? ²도련님이 먼저 나(춘향)에게 하신 말씀은 다 잊어 계시오? ³이런 일(이별할 일)이 있겠기로(있을 것 같아) 처음부터 마다하지 아니하였소(거절하지 않았습니까, 싫다고 하지 않았습니까)? ⁴우리가 그때 맺은 금석 같은(쇠붙이와 돌처럼 굳고 단단했던) 약속 오늘날 다 허사로세(헛된 일, 쓸데없는 일이 되었네)! ⁵이리해서 분명 못 데려가겠소? ⁶진정 못 데려가겠소? ⁷떠보려고(내 속을 은근히 알아보려고) 이리하시오? ⁸끝내 (나를) 아니 데려가시려 하오? ⁹정 아니 데려가실 터이면 날 죽이고 가오!

→ 춘향의 대답 ① : 자신을 함께 데리고 갈 것을 얘기한다.

3 ¹그렇지 않으면(날 데려가지 않으면) (당신이) 광한루에서 날 호리려고(유혹하려고) ㉠명문(明文)(밝을 明 글월 文 : 글로 명백히 기록된 문구) 써 준 것이 있으니, ㉡소지(所志)(백성들이 관청에 내는 고소장, 청원서) 지어 가지고 본관(고을의 수령) 원님(고을을 다스리던 수령을 높여 부르는 말, 여기서는 이 도령의 아버지)께 이 사연을 하소연하겠소. ²원님이 만일 당신(원님)의 귀공자(귀한 집 아들, 여기서는 이 도령) 편을 들어 패소시키시면(재판에서 지게 하시면), 그 소지를 덧붙이고(추가하여) 다시 글을 지어 (본관보다 더 높은 기관인) 전주 감영(조선 시대 관찰사가 직무를 보는 관아)에 올라가서 순사또께(관찰사를 높여 부르는 말) 소장(訴狀)(호소할 訴 문서 狀 : 소송을 제기하기 위하여 제출하는 서류)을 올리겠소. ³도련님은 양반이기에 (도련님이 순사또께) ㉢편지 한 장만 부치면 순사또도 (도련님과) 같은 양반이라 (편을 들어) 또 나(춘향)를 패소시키거든, 그 글을 덧붙여 한양 안에 들어가서, 형조(조선 시대에 법률, 소송과 같은 일을 맡아보던 관아)와 한성부(조선 시대에 서울의 행정, 사법을 맡아보던 관아)와 비변사(조선 시대에 군대와 나라의 업무를 맡아보던 관아)까지(중앙 정부에까지) 올리면 도련님은 사대부라 여기저기 청탁하여(지위가 높은 사람에게 부탁하여) 또다시 (저를) 송사(소송, 재판)에서 지게 하겠지요.

→ 춘향의 대답 ② : 자신을 데려가지 않으면 본관과 전주 감영, 한양의 관아에 송사를 벌일 것을 얘기한다.

4 ¹그러면 그 ㉣판결문(관아에서 판결을 내린 사실, 이유 등을 적은 문서)을 모두 덧보태어 똘똘 말아 품에 품고 팔만장안(수많은 사람이 사는 곳, 서울) 억만가호마다(모든 집집마다) 걸식하며(음식을 구걸하며) 다니다가, 돈 한 푼씩 빌어 얻어서 동이전(항아리와 그릇을 파는 가게)에 들어가 바리뚜껑(놋쇠로 만든, 여자의 밥그릇의 뚜껑) 하나 사고, 지전(종이 파는 가게)으로 들어가 장지(두껍고 질기며 질이 좋은 종이) 한 장 사서 거기에다 언문으로(한글로) ㉤상언(上言)(위 上 말씀 言 : 백성이 임금에게 글을 올리던 일)을 쓸 때, 마음속에 먹은 뜻을 자세히 적어 (추운) 이월이나 (더운) 팔월이나, 동교(東郊)(동녘 東 성 밖 郊 : 동대문 밖)로나 서교(西郊)(서녘 西 성 밖 郊 : 서대문 밖)로나 임금님이 능(임금이나 왕후의 무덤)에 거둥하실(나들이하실) 때, 문밖으로 내달아(힘차게 달려) 백성의 무리 속에 섞여 있다가, 용대기(龍大旗)(용 龍 클 大 기 旗 : 임금이 거둥할 때에 행렬의 앞에 세우던 깃발)가 지나가고, 협연군(挾輦軍)(낄 挾 가마 輦 군사 軍 : 임금이 탄 가마의 호위를 맡은 군사들)의 자개창(호위 군사들이 드는 창)이 들어서며, 붉은 양산(임금님의 행차 때 빛을 가리기 위해 사용하던 것)이 따라오며, 임금님이 가마나 말 위에 당당히 지나가실 제, 왈칵 뛰어 내달아서(힘차게 달려서) (동이전에서 산) 바리뚜껑 손에 들고, 높이 들어 땡땡하고 세 번만 쳐서 억울함(이 도령과 헤어져 분하고 답답한 마음)을 하소연하는(억울하고 애처로운 사정을 말하는) 격쟁(擊錚)(칠 擊 쇳소리 錚 : 조선 시대에, 분하고 억울한 일을 당한 사람이 임금이 거둥하는 길에서 꽹과리를 쳐서 억울함을 하소연하고 임금으로부터 이에 대한 답을 받던 일)을 하오리다! 애고애고 설운지고(서럽구나)!

→ 춘향의 대답 ③ : 송사에서 지게 되면, 임금님이 거둥하실 때 임금님께 하소연하는 격쟁을 할 것을 얘기한다.

5 ¹그것도 안 되거든(임금에게 하소연하는 것도 실패하게 되면), 애쓰느라(마음과 힘을 다해 무엇을 이루려고 힘쓰느라) 마르고 초조해하다(초조한 마음 속이 타서 조마조마하다가) 죽은 후에

V
고전소설

넋(영혼, 정신)이라도 삼수갑산(우리나라에서 가장 사납고 가파른 산골이라 이르던 삼수와 갑산)
험한(평탄하지 않고 울퉁불퉁하거나 가파른) 곳을 날아다니는 제비가 되어 도련님 계신 처마
에 집을 지어, 밤이 되면 집으로 들어가는 체하고 도련님 품으로 들어가 볼까! ² 이별 말
이 웬 말이오?

→ 춘향의 대답 ④ : 죽어서 제비가 되어 도련님 곁에 있을 것을 얘기한다.

6 ¹ 이별이란 두 글자 만든 사람은 **나**(춘향)와 백 년 **원수**(원한이 맺힐 정도로 자기에게 해를
끼친 사람)로다! ² **진시황**(중국 진나라의 제대 황제)이 **분서**(焚書)(분사는 焚 글 書 : 책을 불태워
버림. 진시황이 정치적 비판을 막기 위해 실생활에 필요한 책만 빼고 모든 책을 불태웠음)할 때 이
별 두 글자를 잊었던가? ³ 그때 불살랐다면 이별이 있을소냐? ⁴ **박랑사**(博浪沙)(중국 지명.
장량이 진시황을 암살하려 했던 곳)에서 (진시황을 몰래 죽이는 데) 쓰고 남은 **철퇴**(쇠로 만든
몽둥이)를 천하장사 **항우**(진나라 말기의 장수로, 군사를 일으켜 유방과 함께 진나라를 무너뜨리고
서초의 왕이 되었다가 뒷날 유방에게 패하여 스스로 목숨을 끊은 인물)에게 주어 힘껏 **둘러메어**
(들어 올려서 어깨에 메어) 이별 두 글자를 **깨치고**(깨뜨리고) 싶네! ⁵ **옥황전**(옥황상제가 살고 있
는 하늘의 궁전)에 솟아올라 억울함을 호소하여, 벼락을 담당하는 **상좌**(높은 신하)가 되어
내려와(벼락을 내려) 이별 두 글자를 깨치고 싶네!

→ 춘향의 대답 ⑤ : 이별의 상황에 대한 슬픈 마음을 얘기한다.

- 작자 미상, 「춘향전」 -

- **중심 내용**

아버지의 승진으로 한양에 가게 된 이 도령이 춘향에게 이별을 고하자 춘향은 여러 상황
을 **가정하며**(임시로 정하며) 이별하고 싶지 않은 마음을 나타낸다.

- **전체 줄거리**

[053~056]번 문제 (2022년 3월 학평) 참고 → 261쪽

- **인물 관계도**

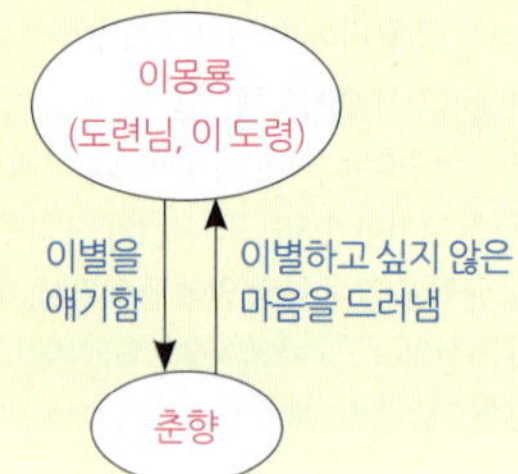

1등급 문제

057	말하기 방식 – 적절하지 않은 것 고르기 고3	2018학년도 9월 모평 33번 정답률 50%, 매력적 오답 ② 25%, ⑤ 15%	**정답 ④**

윗글에 대한 이해로 적절하지 않은 것은?

① '도련님'은 이별의 상황이 자신의 입장에서는 *불가피한 것임을 드러내고 있다.
  * 피할 수 없는

> [근거] ❶-2 **나**(이 도령)는 아마도 못 살겠다! **내**(이 도령) 마음에는 **어르신네**(이 도령의 아버지)
> 공조참의 승진 말고, 이 고을 풍헌만 하신다면 이런 이별 없을 것을, 생돈 나올 일을
> 당하니, 이를 어이한단 말인고?

> [풀이] '내 마음에는 어르신네 공조참의 승진 말고, 이 고을 풍헌만 하신다면 이런 이별 없을
> 것을'이라는 부분에서 이별의 상황이 아버지의 승진으로 인한 것이기에 불가피한 것
> 임을 드러내고 있다.

→ 적절함!

② '춘향'은 '도련님'을 처음 만날 때부터 이별의 상황을 *우려하였음을 말하고 있다.
  * 걱정하였음

> [근거] ❷-3 이런 일이 있겠기로 처음부터 마다하지 아니하였소?

> [풀이] '춘향'은 처음부터 이별의 상황이 있을 것을 걱정하여 '도련님'과 만나는 것을 거절했
> 다고 이야기하고 있다.

→ 적절함!

③ '춘향'은 '도련님' 곁에 머물고 싶은 마음을 자연물에 *의탁하여 드러내고 있다.
  * (몸이나 마음을) 의지하여

> [근거] ❺-1 애쓰느라 마르고 초조해하다 죽은 후에 넋이라도 삼수갑산 험한 곳을 날아다
> 니는 제비가 되어 도련님 계신 처마에 집을 지어, 밤이 되면 집으로 들어가는 체하고

도련님 품으로 들어가 볼까!

> [풀이] '춘향'은 죽어서 제비가 되어 '도련님' 계신 처마에 집을 지어 그 곁에 있고 싶다고 이
> 야기하고 있다. 따라서 자신의 마음을 자연물인 '제비'에 의탁하여 드러내고 있음을
> 알 수 있다.

→ 적절함!

④ '춘향'은 *고사를 활용하여 자신의 상황이 **역사적 사건과 관련되어 있음을 말하고
있다. * 중국 고사, 중국 역사나 구전(말로 전해 내려오던 이야기)에 나타난 예부터 전해 내려오는 과거
의 일 ** 역사로 기록될 만큼 중요한 사건
  도련님과 이별하고 싶지 않은 마음을

> [근거] ❻-2~4 진시황이 분서할 때 이별 두 글자를 잊었던가? 그때 불살랐다면 이별이 있
> 을소냐? 박랑사에 쓰고 남은 철퇴를 천하장사 항우에게 주어 힘껏 둘러메어 이별
> 두 글자를 깨치고 싶네!

> [풀이] '춘향'은 이별이라는 글자를 깨뜨리고 싶은 마음(이별하고 싶지 않은 마음)을 '진시
> 황'과 '항우'의 고사를 활용하여 표현하고 있다. 그러나 자신의 상황이 역사적 사건과
> 관련되어 있음을 말하고 있지는 않다.

→ 적절하지 않음!

⑤ '춘향'은 *천상의 존재에게 억울함을 전하는 상황을 **설정하여 자신의 감정을 드러
내고 있다. * 하늘 위 ** 새로 만들어

> [근거] ❻-5 옥황전에 솟아올라 억울함을 호소하여, 벼락을 담당하는 상좌가 되어 내려와
> 이별 두 글자를 깨치고 싶네!

> [풀이] '춘향'은 천상의 존재인 옥황상제가 있는 옥황전에 솟아올라 억울함을 호소하는 상
> 황을 설정하여, 이별하고 싶지 않은 자신의 감정을 드러내고 있다.

→ 적절함!

058	소재의 기능 – 적절한 것 고르기 고3	2018학년도 9월 모평 34번 정답률 80%, 매력적 오답 ⑤ 10%	**정답 ④**

㉠ ~ ㉤에 대한 설명으로 가장 적절한 것은?
  '춘향'의 마음을 얻기 위해 '도련님'이 쓴 글

① ㉠ : '도련님'의 마음을 확인하고자 '춘향'이 쓴 글이다.

> [근거] ❸-1 광한루에서 날 호리려고 ㉠명문 써 준 것

> [풀이] ㉠(명문)은 '춘향'의 마음을 얻기 위해 '도련님'이 써 준 것이지, '춘향'이 쓴 글이 아니
> 다.

→ 적절하지 않음!
  '춘향'이 자신의 억울한 사연을 적은 글

② ㉡ : '도련님'이 자신의 *무고함을 밝히는 내용이 담길 것이다. * 아무런 잘못이 없음

> [근거] ❸-1 ㉡소지 지어 가지고 본관 원님께 이 사연을 하소연하겠소.

> [풀이] ㉡(소지)은 '춘향'이 '도련님'과 이별하는 자신의 억울한 사연을 적은 글이지, '도련님'
> 이 자신의 무고함을 밝히는 내용을 담은 것이 아니다.

→ 적절하지 않음!
  의 소장에 맞받아치기 위한 ㅤ 입장을

③ ㉢ : '춘향과의 *친밀감을 **강화하려는 '도련님'의 마음을 전하는 내용이 담길 것이
다. * 매우 친하고 가까운 느낌 ** 더 튼튼하고 강하게 하려는

> [근거] ❸-3 도련님은 양반이기에 ㉢편지 한 장만 부치면 순사또도 같은 양반이라 또 나를
> 패소시키거든,

> [풀이] ㉢(편지 한 장)은 '도련님'이 '춘향'이 쓴 소장을 맞받아치기 위해 자신의 입장을 적어 순
> 사또에게 보내는 것으로, '춘향과의 친밀감을 강화하려는 마음이 담긴 것이 아니다.

→ 적절하지 않음!

④ ㉣ : '도련님'에게는 약속 *파기의 책임을 물을 수 없음을 밝히는 내용이 담길 것이다.
  * 깨뜨려 버림

> [근거] ❸-3~❹-1 도련님은 사대부라 여기저기 청탁하여 또다시 송사에서 지게 하겠지
> 요. 그러면 그 ㉣판결문을 모두 덧보태어

> [풀이] 춘향의 송사의 결과가 ㉣(판결문)인데, '송사에서 지게 하겠지요.'라는 말을 통해 춘향
> 의 송사가 패하는 내용이 담길 것임을 알 수 있다. 이는 '도련님(과의 이별)'으로 인한
> 억울함을 이야기하고 있는 '춘향'의 송사의 내용에 '도련님'이 책임이 없다는 판결이
> 내려지는 것으로, 함께하겠다는 약속을 깬 책임을 '도련님'에게 물을 수 없음을 밝히
> 는 내용이 담길 것이라고 추측할 수 있다.

→ 적절함!

⑤ ㉤ : '춘향'이 '순사또'의 힘을 빌려 '임금'에게 자신의 입장을 전하는 내용이 담길 것이
다.

> [근거] ❹-1 지전으로 들어가 장지 한 장 사서 거기에다 언문으로 ㉤상언을 쓸 때, 마음속
> 에 먹은 뜻을 자세히 적어

> [풀이] '춘향'이 자신의 마음속에 먹은 뜻을 자세히 적어 임금님께 ㉤(상언)을 쓴다고 했으므
> 로 '순사또'의 힘을 빌린다는 설명은 옳지 않다.

→ 적절하지 않음!

[059~062] 다음 글을 읽고 물음에 답하시오.

1 ¹"여보 마누라, 슬퍼 마오. ²가난 **구제**(도울 救 구제할 濟 : 어려운 처지에 있는 사람을 도와 줌)는 나라에서도 못한다 하니 **형님**(여기서는 놀부)인들 어찌하시겠소? ³우리 부부가 **품이나 팔아**(잡일로 돈을 벌어) 살아갑시다."

⁴흥부 아내 이 말에 순종하여 서로 나가서 품을 팔기로 하였다. ⁵흥부 아내는 **방아**(곡식을 찧는 기구) 찧기, 술집의 술 거르기, 초상난 집 **제복**(장사 지낼 때 입는 옷) 짓기, **대사**(중히 여길 大 일 事 : 결혼, 초상 따위의 큰 잔치나 예식) 치르는 집 그릇 닦기, 굿하는 집의 떡 만들기, 얼음이 풀릴 때면 나물 캐기, 봄보리 갈아 보리 놓기. ⁶흥부는 **이월 동풍에 가래질하기**(봄바람 부는 2월에 논이나 밭을 고르거나 흙을 떠서 옮기기), 삼사월에 **부침질하기**(논이나 밭을 갈아엎기), **일등 전답의 무논 갈기**(가장 좋은 논밭에 물을 대어 흙을 걸쭉하게 만들기), 이 집 저 집 돌아가며 **이엉 엮기**(초가집의 지붕이나 담을 덮기 위해 짚 따위로 엮기) 등 이렇게 **내외**(안 內 바깥 外 : 부부)가 **온갖 품을 다 팔았다**. ⁷그러나 역시 **살기는 막연**하였다(그윽할 漠 그럴 然 : 막막했다).

> → 흥부 부부는 먹고살기 위해 온갖 궂은일을 하지만 가난한 형편은 나아지지 않는다.

(중략)

2 ¹큰 구렁이가 제비 새끼를 모조리 잡아먹고 남은 한 마리가 **허공**(빌 虛 공중 空 : 공중)으로 뚝 떨어져 피를 흘리며 발발 떠는 것이다. ²흥부 아내가 명주실을 급히 찾아내어 주니 흥부는 얼른 받아 제비 새끼의 상한 다리를 곱게 감아 매어 찬 이슬에 얹어 두었다. ³그랬더니 하루 지나고 이틀 지나고 이리하여 십여 일이 지나자 상한 다리가 제대로 **소생되어**(되살아날 蘇 살 生 : (거의 죽어 가다가) 다시 살아나게 되어) 날아다니게 되니, 줄에 앉아 재잘거리며 울고 둥덩실 떠서 날아갈 때 소상강 기러기는 왔노라 하고 강남 가는 제비는 가노라 **하직**(이별 인사)하는 것이었다.

> → 흥부 부부가 구렁이에게 쫓기다가 다리를 다친 제비를 치료해 준다.

3 ¹이리하여 제비가 강남 **수천 리**(아주 먼 거리, '리'는 거리의 단위로 1리는 약 0.4km)를 훨훨 날아가서 **제비 왕**을 뵈러 가니 제비 왕이 물었다.

²"**경**(벼슬 卿 : 임금이 신하를 가리키던 말, 여기서는 제비)은 어찌하여 다리를 절며 들어오느냐?"

³"**신**(신하 臣 : 신하가 임금에게 말할 때 자기를 가리키는 말. 여기서는 제비)의 부모가 조선국에 나가 흥부의 집에 **깃들었는데**(둥지를 지어 머물렀는데) 뜻밖에 큰 구렁이의 화를 입어 다리가 부러져 죽을 것을 흥부의 구조를 받아 살아서 돌아왔습니다. ⁴흥부의 가난을 **면케**(벗어나게) 해주신다면 **소신**(낮을 小 신하 臣 : 신하가 자신을 낮춘 말)은 그 **은공**(은혜 恩 공로 功 : 은혜와 공로)을 **만분의 일**(아주 조금)이라도 갚을까 합니다."

⁵"흥부는 과연 **어진**(마음이 너그럽고 착하며 슬기로운) 사람이오. ⁶공 있는 자에게 **보은함**(갚을 報 은혜 恩 : 은혜를 갚음)은 **군자**(어질고 현명한 사람)의 도리이니, 그 은혜를 어찌 아니 갚으랴? ⁷내가 **박씨** 하나를 줄 테니 경은 가지고 나가 은혜를 갚도록 하라."

> → 제비가 자신의 다리를 고쳐 준 흥부에게 은혜를 갚고 싶다고 말하자 제비 왕은 제비에게 박씨 하나를 준다.

4 ¹제비가 왕께 감사드리고 물러 나와서 그럭저럭 그 해를 넘기고 **이듬해**(바로 다음의 해) **춘삼월**(봄 春 석 三 달 月 : 봄 경치가 한창인 음력 3월)을 맞으니 모든 제비가 **타국**(다른 他 나라 國 : 다른 나라)으로 건너갈 때였다. ²그 제비(흥부 부부의 도움으로 목숨을 구한 제비) **허공**(공중) **중천**(가운데 中 하늘 天 : 하늘의 한가운데)에 높이 떠서 박씨를 입에 물고 **너울너울**(날개 따위를 활짝 펴고 자꾸 위아래로 부드럽게 움직이는 모양) 자주자주 바삐 날아 흥부네 집 동네를 찾아들어 너울너울 넘노는 **거동**(움직일 擧 움직일 動 : 모습)은 마치 북해 **흑룡**(북쪽 바다의 검은 용)이 **여의주**(용의 턱 아래에 있는 신비하고 기묘한 구슬)를 물고 **오색구름**(여러 가지 빛깔로 빛나는 구름) 사이로 넘는 듯, **단산**(봉황이 산다는 전설 속의 산)의 어린 **봉**(봉황, 전설 속의 새)이 **대씨**(대나무 씨앗)를 물고 오동나무에서 노니는 듯, 황금 같은 꾀꼬리가 봄빛을 띠고 수양버들 사이를 오가는 듯하였다. ³이리 기웃 저리 기웃 넘노는 (제비의) 거동을 흥부 아내가 먼저 보고 반긴다.

⁴"여보, 아이 아버지, 작년에 왔던 제비가 입에 무엇을 물고 와서 저토록 넘놀고 있으니 어서 나와 구경하오."

⁵흥부가 나와 보고 이상히 여기고 있으려니 그 제비가 머리 위를 날아들며 입에 물었던 것을 앞에디 떨어뜨린다. ⁶깁이 보니 흰기운데 **보은**(報恩)(갚을 報 은혜 恩 : 은혜를 갚음) 박이란 글 석 자가 쓰인 박씨였다.

> → 제비는 제비 왕에게 받은 박씨를 흥부 부부에게 가져다준다.

5 ¹그것(박씨)을 울타리 밑에 터를 닦고 심었더니 이삼일에 싹이 나고, **사오일에 순**(싹 筍 : 나뭇가지나 풀의 줄기에서 새로 돋아 나온 연한 싹)이 뻗어 마디마디 잎이 나고, 줄기마다 꽃이

피어 박 네 통이 열린 것이다. ²추석날 아침이었다. ³배가 고파 죽겠으니 **영근**(잘 익은) 박 한 통을 따서 박속이나 **지져**(익혀) 먹자하고 박을 따서 **먹줄**(먹을 묻혀 곧게 친 줄)을 반듯하게 긋고서 흥부 **내외**(부부)는 톱을 마주 잡고 켰다. ⁴이렇게 밀거니 당기거니 켜서 툭 타 놓으니 오색 채운(여러 가지 빛깔로 빛나는 구름)이 서리며(나타나며) **청의동자**(신선의 심부름을 한다는 푸른 옷을 입은 사내아이) 한 쌍이 나오는 것이었다.

⁵왼손에 약병을 들고 오른손에 쟁반을 눈 위로 높이 받쳐 들고 나온 그 동자들은,

"이것을 값으로 따지면 억만 **냥**(예전에 돈을 세던 단위)이 넘으니 팔아서 쓰십시오."

⁶라고 말하며 **홀연히**(갑자기) 사라져 버렸다.

⁷박 한 통을 또 따놓고 슬근슬근(물체가 서로 맞닿아 가볍게 스치며 자꾸 비벼지는 모양) 톱질이다. ⁸쓱삭 쿡칵 툭 타 놓으니 속에서 온갖 **세간붙이**(살림살이)가 나왔다.

⁹또 한 통을 따서 먹줄 쳐서 톱을 걸고 툭 타 놓으니 **순금 궤**(상자 櫃 : 상자)가 하나 나왔다. ¹⁰금거북 자물쇠를 채웠는데 열어 보니 황금, 백금, 밀화, 호박, 산호, 진주, 주사, 사향(여러 보석과 귀한 약재) 등이 가득 차 있었다. ¹¹그런데 쏟으면 또 가득 차고 또 가득 차고 해서 밤낮 쏟고 나니 큰 부자가 된 것이다.

¹²다시 한 통을 툭 타 놓으니 일등 목수들과 **각종 곡식**이 나왔다. ¹³그 목수들은 우선 **명당**(밝을 明 명당 堂 : 풍수지리에서, 좋은 일이 많이 생기게 된다는 땅)을 가려 터를 잡고 집을 지었다. ¹⁴그다음 또 사내종, 계집종, 아이종이 나오며 온갖 것을 여기저기 다 쌓고 **법석**(소란)이니 흥부 내외는 좋아하고 춤을 추며 돌아다녔다.

¹⁵이리하여 흥부는 좋은 집에서 즐거움으로 세월을 보내게 되었다.

> → 제비가 준 박씨를 심어 열린 박에서 온갖 재물이 쏟아져 나와 흥부 부부는 부자가 된다.

6 ¹이런 소문이 놀부 귀에 들어가니,

"이놈이 도둑질을 했나? ²내가 가서 **욱대기면**(난폭하게 윽박질러 협박하면) 반재산을 뺏어 낼 것이다."

³**벼락같이**(매우 빠르게) 건너가 닥치는 대로 살림살이를 쳐부수는 것이었다.

⁴한참 이렇게 소란을 피우고 있을 때 마침 **출타**(나갈 出 다른 곳 他 : 외출) 중이던 흥부가 들어왔다.

⁵"네 이놈, 도둑질을 얼마나 했느냐?"

⁶"형님 그 말씀이 웬 말씀이오?"

⁷흥부가 앞뒷일(자신이 치료해 준 제비가 물어다 준 박씨를 심고 난 박에서 재물이 나와 부자가 된 일)을 자세히 말하자, 그럼 네 집 구경을 자세히 하자고 놀부가 나섰다.

⁸흥부는 형(여기서는 놀부)을 데리고 돌아다니며 집 구경을 시키는데 놀부가 재물이 나오는 **화초장**(문짝에 유리를 붙이고 화초 무늬를 채색한 옷장)을 달라고 했다. ⁹그러고는 흥부가 화초장을 하인을 시켜 보내겠다는 것도 **마다하고**(거절하고) **스스로**(화초장을) **짊어지고** 가서 집에 이르니 놀부 아내는 눈이 휘둥그레진다. ¹⁰그리고 그 출처와 흥부가 부자가 된 **연유**(까닭 緣 까닭 由 : 까닭)를 알게 되자,

"우리도 다리 부러진 제비 하나 만났으면 그 아니 좋겠소?"

¹¹라며, 그해 **동지섣달**(동짓달과 섣달, 동짓달과 섣달은 음력 12월로 한겨울을 의미)부터 제비를 기다렸다.

> → 놀부는 흥부가 부자가 된 사연을 들은 후 제비가 오기를 기다린다.

- 작자 미상, 「흥부전」-

• **중심 내용**

제비는 자신의 다리를 고쳐 준 흥부 부부에게 은혜를 갚고자 박씨를 물어다 주고, 그 박씨를 심어 열린 박에서 온갖 재물이 나와 흥부 부부는 부자가 된다.

• **인물 관계도**

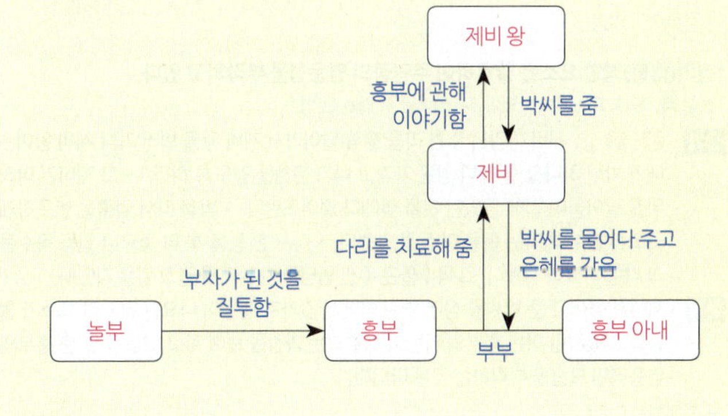

• **전체 줄거리**([ ]: 지문 내용)

충청, 전라, 경상도 사이에 심술 고약한 놀부와 착하고 순한 흥부가 살고 있었다. 형 놀부는 부모가 남긴 재산을 독차지하고 동생 흥부를 쫓아낸다. 아내와 자식들을 거느리고 굶주린 채 갖은 고생을 하면서 묵묵히 살아가던 [흥부는 온갖 궂은일을 도맡아 하지만 가난에서 벗어나지 못한다. 그러던 어느 날 흥부는 구렁이의 습격을 받은 새끼 제비의 부러진 다리를 치료하고 돌봐 준다. 그리고 다음 해에 그 제비가 흥부에게 은혜를 갚으려고 박씨 하나를 물어다 준다. 그 박씨를 심은 흥부는 가을이 되어 박을 타서 열어 보는데, 박에서 온갖 금은보화가 쏟아져 나와 부자가 된다.] 이 소문을 들은 놀부는 일부러 제비의 다리를 부러뜨리고는 치료하여 날려 보낸다. 놀부도 다음 해에 제비가 물어다 준 박씨를 심었는데, 가을이 되어 박을 타 보니 온갖 괴물이 나와서 놀부를 혼내고 망하게 한다. 흥부가 이 소식을 듣고 놀부에게 재물을 나눠 주며 함께 살자고 하여 형제는 화목하게 살아가게 된다.

◀ 화초장(❻-8)
: 재물이 나오는 흥부의 화초장을 스스로 짊어지고 가는 놀부의 모습에서 탐욕스러움이 드러난다.

〈출처 : 국립민속박물관〉

1등급 문제

059 서술상 특징 - 적절한 것 고르기 2021년 6월 학평 29번
정답률 55%, 매력적 오답 ③ 25% **정답 ①**

윗글에 대한 설명으로 가장 적절한 것은?

✓① 인물의 반복적 행위와 결과를 나열하여 *극적 효과를 높이고 있다.
 * 큰 긴장이나 감동을 불러일으키는

근거 ❺-3~13 박을 따서 먹줄을 반듯하게 긋고서 흥부 내외는 톱을 마주 잡고 켰다. 이렇게 밀거니 당기거니 켜서 툭 타 놓으니 오색 채운이 서리며 청의동자 한 쌍이 나오는 것이었다. ~ 박 한 통을 또 따놓고 슬근슬근 톱질이다. 쏙삭 쿡칵 툭 타 놓으니 속에서 온갖 세간붙이가 나왔다. 또 한 통을 따서 먹줄 쳐서 톱을 걸고 툭 타 놓으니 순금 궤가 하나 나왔다. ~ 다시 한 통을 툭 타 놓으니 일등 목수들과 각종 곡식이 나왔다. 그 목수들은 우선 명당을 가려 터를 잡고 집을 지었다.

풀이 흥부 부부가 박을 타는 행위를 반복적으로 제시하고 박에서 나온 온갖 재물들을 나열하여 가난했던 흥부네가 부자가 되는 사건을 극적으로 나타내고 있다.

→ 적절함!

작품 밖 서술자가 인물의 행동을 구체적으로 서술하여
② 서술자를 작중 인물로 설정하여 사건의 *현장감을 조성하고 있다.
 * 사건이 일어나는 장소에 있는 느낌

근거 ❶-4~6 흥부 아내 이 말에 순종하여 서로 나가서 품을 팔기로 하였다. ~ 흥부가 나와 보고 이상히 여기고 있으려니 ~ 박을 따서 먹줄을 반듯하게 긋고서 흥부 내외는 톱을 마주 잡고 켰다. ~ 박 한 통을 또 따놓고 슬근슬근 톱질이다. 쏙삭 쿡칵 툭 타 놓으니 속에서 온갖 세간붙이가 나왔다. ~ 그해 동지섣달부터 제비를 기다렸다.

풀이 윗글은 작품 밖의 서술자가 인물의 행동과 속마음을 서술하는 전지적 작가 시점으로 서술자는 작중 인물이 아니라 작품 밖에 위치해 있다. 참고로 윗글은 인물들의 행동을 구체적으로 표현하여 사건의 현장감이 나타난다.

→ 적절하지 않음!

어려움이 해결되는 과정
③ *전기(傳奇)적인 요소를 활용하여 주인공의 영웅성을 부각하고 있다.
 * 전할 傳 기이할 奇 ~의 的 : 현실에서 일어날 수 없는 신기한

근거 ❸-❺-13 제비가 강남 수천 리를 훨훨 날아가서 제비 왕을 뵈러 가니 제비 왕이 ~ 내가 박씨 하나를 줄 테니 경은 가지고 나가 은혜를 갚도록 하라." ~ 그 제비가 머리 위를 날아들며 입에 물었던 것을 앞에다 떨어뜨린다. ~ 박을 따서 먹줄을 반듯하게 긋고서 흥부 내외는 톱을 마주 잡고 켰다. ~ 다시 한 통을 툭 타 놓으니 일등 목수들과 각종 곡식이 나왔다. 그 목수들은 우선 명당을 가려 터를 잡고 집을 지었다.

풀이 제비가 물어다 준 박씨를 심어 열린 박에서 갖가지 재물이 나오는 전기적 요소가 활용되고 있지만 이는 흥부의 가난이 해결되는 과정을 보여 주고 있는 것일 뿐 흥부의 영웅적인 모습을 부각하는 것은 아니다.

→ 적절하지 않음!

도움을 주고
④ *권위 있는 새로운 인물이 등장하여 인물 간의 갈등을 해소하고 있다. * 권력과 지위

근거 ❸ 제비가 강남 수천 리를 훨훨 날아가서 제비 왕을 뵈러 가니 제비 왕이 물었다. ~ 구렁이의 화를 입어 다리가 부러져 죽을 것을 흥부의 구조를 받아 살아서 돌아왔습니다. ~ 내가 박씨 하나를 줄 테니 경은 가지고 나가 은혜를 갚도록 하라."

풀이 윗글에서 권위 있는 인물로 '제비 왕'이 등장하고 있지만 '제비 왕'은 제비가 흥부에게 은혜를 갚을 수 있도록 도움을 주고 있을 뿐 인물 간의 갈등을 해소하고 있지 않다.

→ 적절하지 않음!

⑤ 꿈과 현실을 *교차적으로 서술하여 사건을 **입체적으로 구성하고 있다.
 * 뒤섞어 ** 다양하고 복잡하게

풀이 윗글에서 꿈속 장면은 나타나지 않으므로 꿈과 현실을 교차하여 사건을 입체적으로 구성하고 있다고 볼 수 없다.

→ 적절하지 않음!

---

060 내용 이해 - 적절하지 않은 것 고르기 2021년 6월 학평 30번
정답률 85% **정답 ③**

윗글에 대한 이해로 적절하지 않은 것은?

① 흥부 부부는 먹고살기 위해 온갖 노력을 다하였다.

근거 ❶-5~6 흥부 아내는 방아 찧기, 술집의 술 거르기, 초상난 집 제복 짓기, 대사 치르는 집 그릇 닦기, 굿하는 집의 떡 만들기, 얼음이 풀릴 때면 나물 캐기, 봄보리 갈아 보리 놓기. 흥부는 이월 동풍에 가래질하기, 삼사월에 부침질하기, 일등 전답의 무논 갈기, 이 집 저 집 돌아가며 이엉 엮기 등 이렇게 내외가 온갖 품을 다 팔았다.

풀이 흥부 부부는 온갖 잡다한 일을 하며 먹고살기 위해 노력한다.

→ 적절함!

② 박에서 나온 목수들은 흥부 부부를 위해 좋은 터에 집을 지어 주었다.

근거 ❺-12~13 다시 한 통을 툭 타 놓으니 일등 목수들과 각종 곡식이 나왔다. 그 목수들은 우선 명당을 가려 터를 잡고 집을 지었다.

풀이 박에서 나온 목수들이 좋은 터를 골라서 흥부 부부의 집을 지어 준다.

→ 적절함!

흥부 아내는 자신들이
③ 흥부는 자신이 치료해 준 제비가 박씨를 물고 온 사실을 알아채고 그를 매우 반겼다.

근거 ❹-3~6 흥부 아내가 먼저 보고 반긴다. "여보, 아이 아버지, 작년에 왔던 제비가 입에 무엇을 물고 와서 저토록 넘놀고 있으니 어서 나와 구경하오." 흥부가 나와 보고 이상히 여기고 있으려니 그 제비가 머리 위를 날아들며 입에 물었던 것을 앞에다 떨어뜨린다. 집어 보니 ~ 박씨였다.

풀이 흥부는 자신이 치료해 준 제비가 입에 무언가를 물고 온 모습을 보고 이상하게 생각하다가 이후 제비가 그것을 떨어뜨린 후에야 박씨인 것을 알게 된다. 따라서 흥부는 제비가 박씨를 물고 온 사실을 알아채고 반겼다고 볼 수 없다. 또한 제비를 보고 반긴 사람은 흥부 아내로 흥부 아내 역시 제비가 입에 무언가 물고 있는 것만 알았을 뿐 그것이 박씨인지는 몰랐다.

→ 적절하지 않음!

④ 제비는 다리를 다친 사연을 제비 왕에게 말하며 흥부에게 받은 은혜를 갚기를 원하였다.

근거 ❸-3~4 "신의 부모가 ~ 뜻밖에 큰 구렁이의 화를 입어 다리가 부러져 죽을 것을 흥부의 구조를 받아 살아서 돌아왔습니다. 흥부의 가난을 면케 해주신다면 소신은 그 은공을 만분의 일이라도 갚을까 합니다."

풀이 제비는 구렁이의 공격을 받고 다리를 다쳤으나 흥부의 도움을 받아 목숨을 구한 사실을 제비 왕에게 말하며 흥부에게 은혜를 갚고 싶다고 말한다.

→ 적절함!

⑤ 놀부는 흥부의 집을 방문하기 전까지 흥부가 어떻게 부자가 되었는지를 정확히 알지 못했다.

근거 ❻-1~7 이런 소문이 놀부 귀에 들어가니, "이놈이 도둑질을 했나? ~ 벼락같이 건너가 ~ 네 이놈, 도둑질을 얼마나 했느냐?" "형님 그 말씀이 웬 말씀이오?" 흥부가 앞뒷일을 자세히 말하자,

풀이 놀부는 흥부가 도둑질을 해서 부자가 된 것이라고 넘겨짚어 생각하다가 흥부의 집을 방문해 흥부로부터 부자가 된 사연을 듣게 된다. 따라서 놀부는 흥부의 집을 방문하기 전까지 흥부가 어떻게 부자가 되었는지를 정확히 알지 못했다고 볼 수 있다.

→ 적절함!

---

061 | 감상의 적절성 – 적절하지 않은 것 고르기 2021년 6월 학평 31번
정답률 90% | 정답 ②

〈보기〉를 참고하여 윗글을 감상한 내용으로 적절하지 않은 것은? [3점]

| 보 기 |

[1] 조선 후기에는 잦은 자연재해와 관리들의 **횡포**(사나울 橫 사나울 暴 : 제멋대로 굴며 사나움) 때문에 백성들은 아무리 노력해도 가난에서 벗어날 수 없었다. [2] 이러한 시대적 배경에서 창작된 「흥부전」은 최소한의 **의식주**(옷 衣 밥 食 사는 집 住 : 인간 생활의 3가지 기본 요소로 옷을 입고 밥을 먹고 집에서 생활하는 일)라도 해결하고 싶었던 당시 백성들의 소망이 반영된 작품으로 볼 수 있다. [3] 특히 당시의 백성들은 성품이 착한 흥부 **내외**(부부)가 **초월적인**(뛰어넘을 超 넘을 越 ~의 的 : 인간 한계를 넘어선) 존재의 도움으로 가난을 벗어나는 장면을 통해 **대리만족**(다른 사람의 성공이나 행복을 보며 마치 자신의 일인 것처럼 느끼며 만족함)을 얻기도 하였다. [4] 하지만 착한 흥부에게 주어지는 보상이 **환상성(幻想性)**(헛보일 幻 생각 想 성질 性 : 현실에서 일어나기 힘든 성질)을 띠고 있다는 점은 가난이 실제 현실에서는 극복되기 어렵다는 것을 **우회적으로**(에돌 迂 돌 廻 ~의 的 : 돌려 말하는 방식으로) 보여 주고 있다.

① 흥부 내외가 '온갖 품을 다 팔았'지만 여전히 '살기는 막연'했던 것은 창작 당시의 시대적 배경과 관련이 있겠군.
> **근거** 〈보기〉-1~2 조선 후기에는 ~ 백성들은 아무리 노력해도 가난에서 벗어날 수 없었다. 이러한 시대적 배경에서 창작된 「흥부전」
> ❶-5~7 흥부 아내는 방아 찧기 ~ 흥부는 ~ 이 집 저 집 돌아가며 이엉 엮기 등 이렇게 내외가 **온갖 품을 다 팔았**다. 그러나 역시 **살기는 막연**하였다.
> **풀이** 〈보기〉에서 윗글은 백성들이 아무리 노력해도 가난에서 벗어날 수 없었던 시대적 배경에서 창작되었다고 한다. 이를 통해 흥부 내외가 '온갖 품을 다 팔았'지만 여전히 '살기는 막연'했던 것은 창작 당시의 시대적 배경과 관련한 것으로 볼 수 있다.
> → 적절함!

② 흥부 집을 찾아간 놀부가 '화초장'을 '스스로 짊어지고' 간 것은 가난을 극복하기 위한 백성들의 노력으로 볼 수 있겠군.
> **근거** ❻-8~9 흥부는 형을 데리고 돌아다니며 집 구경을 시키는데 놀부가 재물이 나오는 **화초장**을 달라고 했다. 그러고는 흥부가 화초장을 하인을 시켜 보내주겠다는 것도 마다하고 **스스로 짊어지고** 가서 집에 이르니
> **풀이** 놀부가 흥부에게 재물이 나오는 '화초장'을 얻어 '스스로 짊어지고' 곧장 집으로 간 것은 얼른 자신의 집으로 가져다 놓고 싶은 욕심 때문이지 가난을 극복하기 위한 백성들의 노력이라고 볼 수 없다.
> →적절하지 않음!

③ '제비 왕'이 제비에게 준 '박씨'를 통해 흥부가 가난을 벗어날 수 있었다는 점에서 초월적 존재의 도움을 확인할 수 있겠군.
> **근거** 〈보기〉-3 흥부 내외가 초월적인 존재의 도움으로 가난을 벗어나는 장면
> ❸ 제비가 ~ 훨훨 날아가서 **제비 왕**을 뵈러 가니 제비 왕이 물었다. ~ 흥부의 가난을 면케 해주신다면 소신은 그 은공을 만분의 일이라도 갚을까 합니다." ~ 내가 **박씨** 하나를 줄 테니 경은 가지고 나가 은혜를 갚도록 하라."
> ❺-4~11 툭 타 놓으니 오색 채운이 서리며 청의동자 한 쌍이 나오는 것이었다. ~ 또 한 통을 따서 먹줄 쳐서 톱을 걸고 툭 타 놓으니 순금 궤가 하나 나왔다. ~ 쏟으면 또 가득 차고 또 가득 차고 해서 밤낮 쏟고 나니 큰 부자가 된 것이다.
> **풀이** 제비는 '제비 왕'으로부터 받은 '박씨'를 흥부에게 물어다 주고, 흥부가 그 '박씨'를 심어 자란 박에서 온갖 재물이 나와 부자가 되었으므로 흥부가 초월적 존재의 도움으로 가난을 벗어날 수 있었음을 알 수 있다.
> → 적절함!

④ 흥부가 타는 박 속에서 '세간붙이'와 '각종 곡식'이 나온 것은 의식주 문제를 해결하고 싶었던 백성들의 소망과 관련이 있겠군.
> **근거** 〈보기〉-2 「흥부전」은 최소한의 의식주라도 해결하고 싶었던 당시 백성들의 소망이 반영된 작품으로 볼 수 있다.
> ❺-7~8 박 한 통을 ~ 툭 타 놓으니 속에서 온갖 **세간붙이**가 나왔다./ 12 다시 한 통을 툭 타 놓으니 일등 목수들과 **각종 곡식**이 나왔다.
> **풀이** 〈보기〉를 통해 윗글은 의식주 문제를 해결하고 싶은 백성들의 소망이 반영되었음을 알 수 있다. 이를 바탕으로 볼 때, 흥부가 타는 박에서 '세간붙이'와 '각종 곡식'이 나온 것은 의식수 문제를 해결하고 싶었던 백성들의 소망과 관련된다고 볼 수 있다.
> → 적절함!

⑤ '사오일' 만에 열린 박에서 '순금 궤'가 나와 부자가 된다는 점에서 흥부에게 주어진 보상이 환상성을 띠고 있음을 알 수 있겠군.
> **근거** 〈보기〉-4 착한 흥부에게 주어지는 보상이 환상성을 띠고 있다는 점

> ❺-1 그것을 울타리 밑에 터를 닦고 심었더니 이삼일에 싹이 나고, **사오일**에 순이 뻗어 마디마디 잎이 나고, 줄기마다 꽃이 피어 박 네 통이 열린 것이다./ 9~11 또 한 통을 따서 먹줄 쳐서 톱을 걸고 툭 타 놓으니 **순금 궤**가 하나 나왔다. ~ 쏟으면 또 가득 차고 또 가득 차고 해서 밤낮 쏟고 나니 큰 부자가 된 것이다.
> **풀이** 박씨를 심고 '사오일' 만에 열린 박에서 '순금 궤'와 여러 보물들이 자꾸 나와 흥부가 부자가 되는 것을 통해 흥부에게 주어지는 보상이 환상성을 띠고 있음을 알 수 있다.
> → 적절함!

---

062 | 관용적 표현 – 적절한 것 고르기 2021년 6월 학평 32번
정답률 90% | 정답 ③

윗글의 놀부를 평가하는 말로 가장 적절한 것은?

① *불난 집에 부채질하는 인물이군.
> * 남의 재난을 더 커지게 만들거나 화난 사람을 더욱 화나게 하는
> **풀이** 윗글에서 놀부는 남의 재난을 더 크게 만드는 행동을 하고 있지 않다.
> → 적절하지 않음!

② *소 잃고 외양간 고치는 인물이군.
> * 일이 이미 잘못된 후에 뒤늦게 대책을 세워 소용없는 행동을 하는
> **풀이** 윗글에서 놀부는 일이 잘못된 후에 뒤늦게 대책을 세우는 행동을 하고 있지 않다.
> → 적절하지 않음!

③ *사촌이 땅을 사면 배 아파하는 인물이군. * 남이 잘되는 것을 질투하는
> **근거** ❺-15~❻-3 이리하여 흥부는 좋은 집에서 즐거움으로 세월을 보내게 되었다. 이런 소문이 놀부 귀에 들어가니, "이놈이 도둑질을 했나? 내가 가서 욱대기면 반재산을 뺏어 낼 것이다." 벼락같이 건너가 닥치는 대로 살림살이를 쳐부수는 것이었다.
> **풀이** 놀부는 흥부가 부자가 되었다는 소문을 듣고 이를 못마땅하게 생각하고 질투하며 행패를 부리고 있으므로 '사촌이 땅을 사면 배 아파하는 인물'이라고 평가하는 것이 적절하다.
> → 적절함!

④ *간에 붙었다 쓸개에 붙었다 하는 인물이군.
> * 자신의 줏대를 지키지 않고 이익이나 상황에 따라 이편에 붙었다 저편에 붙었다 하는
> **풀이** 윗글에서 놀부는 줏대 없이 이쪽저쪽의 편을 오가는 행동을 하고 있지 않다.
> → 적절하지 않음!

⑤ *오르지 못할 나무는 쳐다도 보지 않는 인물이군.
> * 자신의 능력 밖의 불가능한 일에 대해서는 처음부터 욕심을 내지 않는
> **근거** ❻-10~11 그 출처와 흥부가 부자가 된 연유를 알게 되자, "우리도 다리 부러진 제비 하나 만났으면 그 아니 좋겠소?"라며, 그해 동지섣달부터 제비를 기다렸다.
> **풀이** 놀부는 흥부가 제비 다리를 치료해 준 덕분에 부자가 되었다는 말을 듣고 제비를 기다리며 부자가 되겠다는 욕심을 부리고 있으므로 자신의 능력 밖의 불가능한 일에 대해 욕심을 내지 않는 인물이라고 볼 수 없다.
> → 적절하지 않음!

[063~065] 다음 글을 읽고 물음에 답하시오.

[1] [**아니리**(판소리에서 소리꾼이 장단 없이 말로 내용을 전개해 나가는 부분)] [1] 우리 세상 같고 보면 **일품**(벼슬자리 중 제일 높은 등급) 제상님네(재상님들. '재상'은 이품 이상의 벼슬아치)가 먼저 차례로 들어오실 터인데, **수국(水國)**(물 水 나라 國 : 바다의 세계, 용궁)이라 물고기 **등물**(무리 等 사물 物 : 종류)이 각각 벼슬 이름을 맡아 가지고 들어오는데, 용국(용 龍 나라 國 : 용왕의 나라)의 벼슬 이름이 **사기(史記)**(역사 史 기록할 記 : 중국의 역사책)에 있던 바라, 꼭 이렇게 들어오것다.

[**자진모리**(휘모리보다 느리고 중중모리보다 빠른 장단)]

[2] 승상은 거북, 승지는 도미, 판서 민어, 주서 오징어, 한림 박대, 대사성 도루묵, **방첨사** 조개, 해우곡 방게, **병사** 철어, 군수 해구, 현감 홍어, **조부장** 조기, 비변랑 낭청 장대, 성대, 청달이, 가오리, 좌우 **나졸**(하급 병졸) 금군 모조리, 상어, 솔치, 눈치, 준치, 삼치, 멸치, 미끈 장어, **사수**, 자가사리며, 꺽지, 금리어, 장똥어, 망둥이, **빠각 빠각**(빼곡. 빈틈없이 꽉 차게) 들어와서 **대왕전**(앞 前 : 용왕 앞에)에 절을 꾸벅 꾸벅 꾸벅 꾸벅 하는구나.

[A]

* ▒ : 벼슬 이름

2 [아니리] ¹용왕이 요만하고 보시더니, "경들(벼슬 卿 : 임금이 이품 이상의 신하를 가리키던 이인칭 대명사)중에 세상을 나가서 ㉠천년 토끼 간을 얻어 짐(나 朕 : 임금이 자기를 가리키는 일인칭 대명사)의 병을 구원할 자 뉘(누가) 있나뇨?"

²좌우 신하들이 서로 보기만 하고 묵묵부답이 되었것다(묵묵할 黙 묵묵할 黙 아닐 不 대답할 答 : 잠자코 아무 대답도 하지 않았다) ³용왕이 또다시 탄식하시는데,

[중모리] (진양조보다 조금 빠르고 중중모리보다 조금 느린 중간 빠르기의 장단) ⁴왕이 똘똘(작고 둥근 물건이 구르는 소리나 모양. 여기서는 못마땅해 혀를 끌끌 차며) 탄식헌다(탄식할 歎 숨 쉴 息 : 한숨을 쉰다).

⁵"남의 나라는 충신이 있어서, 할고사군 개자추와 광초망신 기신(임금을 위해 희생한, 옛이야기 속 충신들)이는 죽을 임금을 살렸건마는, 우리나라는 충신이 있어도 어느 누가 날 살리리오?"

⁶정언(벼슬 중 하나) 잉어가 여짜오되(말씀을 올리되),

⁷"세상이라 허는 곳은 인심이 박하여(야박할 薄 : 너그럽지 못하고 쌀쌀하여) 지혜 용맹 없는 자는 성공을 하지 못하리라."

⁸"좌승상(벼슬 중 하나) 거북이 어떠하뇨."

⁹"승상 거북은 지략(슬기 智 다스릴 略 : 뛰어난 슬기와 꾀)이 넓사오나 (몸의) 복판(한가운데)이 모두 다 대모(장식품이나 공예품을 만드는 데 쓰이는 바다거북의 등껍질)인 고로, 세상에를 나가오면 인간들이 잡어다가 복판 떼어 대모장도, 밀이개살짝, 탕건 묘또기, 쥘쌈지 끈('인간들'이 '거북'의 '대모'로 만드는 각종 공예품들)까지 대모가 아니면은 할 줄을 모르니 보내지는 못하리라."

[아니리] ¹⁰이때 해운공(벼슬 중 하나) 방게가 열 발을 쩍 벌리고 살살 기어 들어와서 공손히 엎드리더니, 장담하여(굳셀 壯 말씀 談 : 자신 있게) 말을 하는데,

[중중모리] (중모리보다 빠르고 자진모리보다 느린 장단) ¹¹"신(신하 臣 : 신하가 임금을 상대하여 자기를 가리키는 일인칭 대명사. 여기서는 방게)의 고향 세상이오. ¹²(육지가) 신의 고향 세상이라. ¹³청림벽계(靑林碧溪)(푸를 靑 수풀 林 푸를 碧 시내 溪 : 푸르고 무성한 숲과 물이 맑아 푸른빛이 도는 시내) 산천수(산山 내川 물水 : 산과 개천의 물) 가만히 몸 담그고 천봉만학(千峯萬壑)(일천 千 봉우리 峯 일 만 萬 산골짜기 壑 : 수많은 산봉우리와 산골짜기)을 바라보니, 산토끼 달토끼 안면(얼굴 顔 낯 面 : 서로 얼굴을 알 만한 친분)이 있사오니, 소신(소인 小 신하 臣 : 신하가 임금을 상대하여 자기를 낮추어 이르던 일인칭 대명사. 여기서는 방게)의 엄지발로 토끼놈의 가는 허리를 바드드드득 안어다가 대왕전(용왕의 앞에다가) 바치리다."

[아니리] ¹⁴"네(방게) 말은 그러하나, 너 생긴 눈이 허망하게(빌 虛 허망할 妄 : 거짓되고 미덥지 못하게) 폭 솟았기로 왔다갔다를 잘하니, 가다가 뒷걸음질을 잘할 테니, 저리 물렀거라(물러가거라)."

[중모리] ¹⁵방첨사(벼슬 중 하나) 조개가 어떠하뇨?"

¹⁶정언('정언 잉어)이 여짜오되,

¹⁷"방첨사 조개는 철갑(쇠 鐵 갑옷 甲 : 단단한 갑옷. '조개껍질'을 비유한 말)이 곳곳 방신제도(제 몸을 지키는 방법)가 좋사오나, 옛글에 이르기를, 휼조(도요새)와 싸우다가 어부의 공이 된다 하였으니(어부지리(漁父之利). 도요새가 무명조개의 속살을 먹으려고 부리를 조개껍질 안에 넣는 순간 무명조개가 껍데기를 꼭 다물고 부리를 안 놔주자, 서로 다투는 틈을 타서 어부가 둘 다 잡아 이익을 얻었다는 것에서 유래함), 세상을 나가오면, 휼조라는 새가 있어, 수루루 펄펄 펄펄 날아 들어, 휼조는 조개를 물고, 조개는 휼조를 물고, 서로 놓지를 못하다가 어부에게 잡히어 속절없이 죽을 터이니, 보내지를 못하리라."

[아니리] ¹⁸"그리하면 어찌하면 옳단 말이냐?"

[자진모리] ¹⁹"그럼 수문장(벼슬 중 하나) 메기가 어떠한고?"

²⁰정언이 여짜오되,

²¹"메기는 수염 길고 입 크고 풍채(모습 風 풍채 采 : 드러나 보이는 겉모양) 좋거니와, 아가리('입'을 속되게 이르는 말)가 너무 커서 식량이 너룬(많이 먹는) 고로, 세상을 나가오면 요깃감(배고픔을 해소줄 대상)을 얻으려고 조그마한 산천수 이리저리 기댈 제, 사립(도롱이 蓑 삿갓 笠 : 비옷인 '도롱이'와 머리에 쓰는 '삿갓') 쓴 어옹(고기 잡을 漁 늙은이 翁 : 고기를 잡는 노인)들이 비바람이 불어도 (메기를 잡으려고) 돌아가지 않는지라, 입감('미끼'의 방언) 꿰어서 물에 풍, (메기가) 탐식(탐할 貪 먹을 食 : 탐내어 먹음)으로 (미끼를) 덜컥 삼켜 꼼짝없이 죽게 되면 탁 채어 낚어다가 인간의 이질, 복질, 설사, 배앓이 하는 데(여러 가지 병에 걸렸을 때) 약으로 먹사오니 보내지는 못하리라."

3 [아니리] ¹한참 이리 결정을 못하고 있을 적에, 저 영덕전('수궁'의 이름) 뒤에서 한 신하가 들어오는데,

[진양조] (가장 느린 장단) ²영덕전 뒤로 한 신하가 들어온다. ³눈 작고 다리 짧고, 목 길고 주둥이는 까마귀 부리 같구나. ⁴등에다 방패를 지고 앙금앙금(작은 동작으로 느릿느릿) 기

어 들어오더니, 몸을 굽혀 재배하고(두 再 절할 拜 : 두 번 절하고) 상소(임금 上 소통할 疏 : 임금에게 올리는 글)를 올리거늘,

[아니리] ⁵왕이 상소를 받아 보시니, 별주부(자라 鱉 주관할 主 문서 簿 : '주부'라는 관직을 맡은 자라) 자라였다.

(중략)

4 [아니리] ¹용왕이 상소 받아 보시고 칭찬 왈,

²"신하라! ³별주부가 신하다, 충신(충성 忠 신하 臣 : 충성스러운 신하)이라! ⁴별주부가 충신이로다. ⁵참으로 충신이다. ⁶그러나 우리 수국 충신이 다 세상 사람의 고기밥이 된다 하니, 그 아니 원통한고?"

⁷별주부 여짜오되,

⁸"소신(소인 小 신하 臣 : 신하가 임금을 상대하여 자기를 낮추어 이르던 일인칭 대명사. 여기서는 별주부)은 네 발이 갖춰 있어 강상(江上)(강 江 위 上 : 강 위)에 높이 떠 망보기(멀리서 상대의 움직임을 살피기)를 잘하와 인간에게 잡힐 걱정은 없사오나, 바닷속에 태어나 토끼 얼굴을 모르오니, 화상(畫像)(그림 畫 형상 像 : 얼굴을 그림으로 그린 형상)을 하나 그려주사이다."

⁹"글랑은(그러면) 그리 하여라."

[중중모리] ¹⁰"화공(그림 畫 장인 工 : 화가)을 불러라."

¹¹화공을 불러 들여 토끼 화상을 그린다. ¹²동정호(경치가 아름답기로 유명한 중국의 호수) 유리(유리같이 맑은 물)로 만든 벼루(먹을 가는 데 쓰는 문방구)에 비단같은 물결 담은 거북 연적(벼루에 먹을 갈 때 쓰는, 물을 담아 두는 그릇) 오징어로 먹 갈아, 붓을 풀어 단청(붉을 丹 푸를 靑 : 여러 가지의 고운 빛깔) 채색(고운 빛깔 彩 빛깔 色 : 여러 가지의 고운 빛깔)을 두루 묻히어서 이리저리 그린다.

¹³천하명산승지간(하늘 天 아래 下 이름 名 산 山 훌륭할 勝 땅 地 사이 間 : 온 세상에 이름난 산과 경치가 좋은 곳)의 경개(경치 景 풍채 槪 : 경치) 보던 눈 그리고, 두견앵무(두견새와 앵무새) 지지(지지배배) 울 제 소리 듣던 귀 그리고, 난초지초(난초와 지초라는 풀) 온갖 향초(향기 좁 풀 草 : 향기로운 풀) 꽃 따먹던 입 그리고, 봉래 방장 운무(신선이 사는 산의 안개) 중의 냄새 잘 맡던 코 그리고, 대한엄동(24절기의 하나인 대한의 몹시 추운 겨울) 설한풍(눈 雪 찰 寒 바람 風 : 눈과 함께 휘몰아치는 차가운 바람) 어한(禦寒)하던(막을 禦 추울 寒 : 추위를 막아주던) 털 그리고, 만화방창(일 만 萬 될 化 모두 方 번성할 暢 : 따뜻한 봄날에 온갖 생물이 나서 자라 흐드러지는)꽃밭에서 펄펄 뛰던 발 그리고, 두 귀는 쫑긋, 눈은 도리도리, 허리는 늘씬, 꼬리가 뭉퉁, 좌편(왼쪽이) 청산(푸를 靑 산 山 : 푸른 산)이요, 우편은(오른쪽은) 녹순(푸를 綠 물 水 : 푸른 물)데, 녹수청산(푸를 綠 물 水 푸를 靑 산 山 : 푸른 물과 푸른 산)의 애굽은(약간 휘어져 굽은) 장송(큰 소나무), 휘느러진 버드나무, 들랑달랑 오락가락 엉거주춤 기는 토끼 산토끼 달토끼 얼풋 그려, 아미산(중국의 유명한 산) 위에 뜬 반달이 가을이 되었다(중국 최고의 시인 '이백'이 쓴 시, '아미산월가,의 한 구절는 말이 이에서 더할쏘냐'(토끼 화상'을 정말 잘 그렸다는 의미)

[B]

¹⁴"아나, 엿다(옛다. 가까이 있는 사람에게 무엇을 주면서 하는 말), 별주부야. ¹⁵어서 가지고 나가거라."

- 유성준 창본(판소리 사설을 기록한 책), 「수궁가」-

· 중심 내용

수국의 용왕과 여러 신하들이 토끼의 간을 얻어 용왕의 병을 구원할 자를 결정하지 못하고 있을 때 별주부 자라가 용왕에게 상소를 올리러 들어와 토끼의 얼굴을 그려 주면 자기가 토끼를 잡아 오겠다고 한다. 이에 용왕은 화공을 불러 토끼 화상을 그려서 별주부에게 주게 한다.

· 전체 줄거리 ([ ] : 지문 내용)

수국의 용왕이 갑자기 병이 났는데 모든 약이 아무런 효과가 없어 탄식을 하고 있던 중, 도사가 나타나 토끼의 간을 먹으면 낫는다고 일러 준다. [용왕은 용궁의 신하들을 모아놓고 토끼의 간을 구하러 육지에 나갈 자를 정하려고 하지만, 결정에 어려움을 겪는다. 이때 별주부 자라가 나타나 토끼의 얼굴을 그려주면 토끼를 잡아오겠다고 한다. 그러자 용왕은 화공을 불러 토끼 화상을 그려서 별주부에게 주도록 한다.] 별주부는 토끼 화상을 가지고 육지에 이르러 토끼를 만나고, 수궁에 가면 높은 벼슬을 준다고 토끼를 유혹한다. 이에 속아 넘어간 토끼는 별주부를 따라 용궁에 가게 된다. 용궁에 도착해서야 속았다는

것을 알게 된 토끼는 꾀를 내어 자신의 간을 육지에 두고 왔다고 한다. 이에 용왕은 토끼에게 잔치를 크게 베풀어 주고는 다시 육지로 가서 간을 가져오라고 한다. 별주부와 함께 육지에 도착한 토끼는 별주부의 어리석음을 조롱하면서 숲속으로 도망가 버린다. 별주부는 토끼의 똥을 약으로 가져가 용왕을 살리고, 토끼는 독수리에게 붙잡혔으나 또다시 꾀를 내어 위기에서 벗어난다.

• 인물 관계도

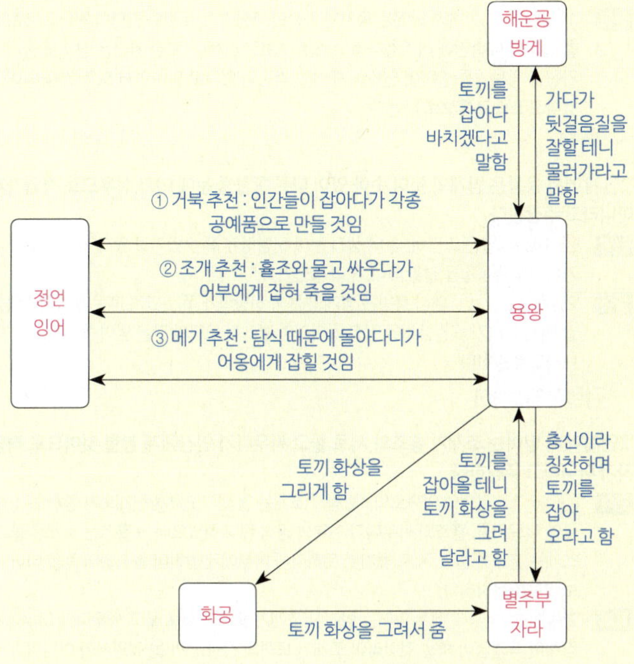

• 옛이야기 속 충신들(❷-5)

(1) 할고사군 : 자신의 허벅지 살을 베어 굶주린 임금을 살린 충신

(2) 개자추 : 문공의 망명 생활 동안 그를 모시며 고생을 함께 겪었으나 왕이 된 문공은 그를 등용하지 않음. 이에 실망한 개자추는 산에 들어가고 자신의 잘못을 뉘우친 문공은 개자추를 산에서 나오게 하기 위해 불을 질렀으나 끝내 나오지 않음

(3) 광초망신 : 초나라를 속여 목숨을 희생한 충신

(4) 기신 : 유방이 항우에게 포위되자 유방 행세를 하고 유방을 피신시킨 후 본인은 항우가 지른 불에 타 죽음

• 판소리 장단(빠르기 순서)

(1) 진양조 장단 : 가장 느린 장단. 가사의 내용이 한가롭다든지 장중한 느낌이 나는 경우에 쓰임.

(2) 중모리 장단 : 보통 빠르기의 장단. 제일 많이 쓰이는 장단으로 서정적인 내용이나 서사적인 내용에 두루 쓰임.

(3) 중중모리 장단 : 중모리 장단보다 조금 빠르고 흥겨운 장단. 춤을 추거나 반가운 인물이 등장하는 대목에서 쓰임.

(4) 자진모리 장단 : 중중모리 장단보다 빠른 장단. 극정 상황을 빠르게 열거하거나 위급한 상황이 벌어져서 서둘러야 할 대목에서 쓰임.

(5) 휘모리 장단 : 자진모리 장단보다 빠른 장단. 어떤 상황이 차츰 빨라져서 매우 빠르게 진행되는 대목에서 쓰임.

---

063 | 내용 이해 – 적절한 것 고르기 2022년 6월 학평 26번
정답률 85% | 정답 ②

윗글에 대한 이해로 적절한 것은?

토끼 간을 얻어 자신의 병을 구원하고자 적극적으로 나서지 않는
① **용왕은 자신에게 *신임을 얻기 위해 다투는 신하들을 못마땅하게 생각한다.**

* 믿을 信 맡길 任 : 믿음

근거 ❷-1~5 "경들 중에 세상을 나가서 천년 토끼 간을 얻어 짐의 병을 구원할 자 뉘 있나뇨?" 좌우 신하들이 서로 보기만 하고 묵묵부답이 되었것다. 용왕이 또다시 탄식하시는데, 왕이 똘똘 탄식헌다. "남의 나라는 충신이 있어서, 할고사군 개자추와 광초

망신 기신이는 죽을 임금을 살렸건마는, 우리나라는 충신이 있어도 어느 누가 날 살리리오?"

풀이 용왕은 세상에 나가서 토끼 간을 얻어와 자신의 병을 구원하고자 적극적으로 나서는 신하가 없는 것을 탄식하며 못마땅하게 여긴다. 용왕이 자신의 신임을 얻기 위해 다투는 신하들을 못마땅해하는 내용은 나타나지 않는다.

→ 적절하지 않음!

② **잉어는 지혜와 용맹이 있는 인물이 토끼의 간을 얻어 올 수 있을 것이라고 생각한다.**

근거 ❷-6~7 정언 잉어가 여짜오되, "세상이라 허는 곳은 인심이 박하여 지혜 용맹 없는 자는 성공하지를 못하리다."

풀이 인심이 박한 세상에서 지혜 용맹 없는 자는 토끼의 간을 얻는 데 성공하지 못할 것이라는 잉어의 말에서 지혜와 용맹이 있는 인물이 토끼의 간을 얻어 올 수 있을 것이라는 생각을 알 수 있다.

→ 적절함!

지략은 넓으나 복판이 대모인 까닭에 인간들의 공예품 재료가 될 것이므로 토끼의 간을 구해 올 적임자가 아니라고 말한다
③ **잉어는 승상인 거북이 다양한 재주가 있으나 지략이 없는 것을 한탄한다.**

근거 ❷-9 "승상 거북은 지략이 넓사오나 복판이 모두 다 대모인 고로, 세상에를 나가오면 인간들이 잡어다가 복판 떼어 대모장도, 밀이개살짝, 탕건 묘또기, 쥘쌈지 끈까지 대모가 아니면은 할 줄을 모르니 보내지는 못하리다."

풀이 잉어는 승상 거북이 지략이 넓으나 복판이 모두 다 대모인 까닭에 세상에 나가면 인간들이 거북의 복판을 떼어다가 각종 공예품을 만들 것이라며 거북이 토끼의 간을 구해 올 적임자가 아니라고 하였다.

→ 적절하지 않음!

자신의 고향인 육지로 가서 토끼를 잡아다 대왕전에 바치고
④ **방게는 수국에서 벼슬을 얻지 못하자 자신의 고향인 육지로 돌아가고 싶어 한다.**

근거 ❷-10~13 이때 해운공 방게가 열 발을 쩍 벌리고 살살 기어 들어와서 공손히 엎드리더니, 장담하여 말을 하는데, "신의 고향 세상이오. 신의 고향 세상이라. 청림벽계 산천수 가만히 몸 담그고 천봉만학을 바라보니, 산토끼 달토끼 안면이 있사오니, 소신의 엄지발로 토끼놈의 가는 허리를 바드드드득 안어다가 대왕전 바치리다."

풀이 방게는 '해운공'이라는 벼슬을 가지고 있으며, 자신의 고향인 육지로 가서 토끼를 잡아다 용왕 앞에 바치겠다고 말하고 있으므로 적절하지 않은 설명이다.

→ 적절하지 않음!

자라에게 토끼 화상을 그려서 준다
⑤ **화공은 토끼의 모습을 모르는 자라를 돕기 위해 육지로 동행한다.**

근거 ❹-14~15 "아나, 엿다, 별주부야. 어서 가지고 나가거라."

풀이 화공은 용왕의 명을 받아 '토끼 화상'을 그려서 별주부 자라에게 주고는 육지로 나가라고 말한다. 따라서 화공이 토끼의 모습을 모르는 자라를 돕기 위해 육지로 동행한다는 설명은 적절하지 않다.

→ 적절하지 않음!

---

064 | 장면 이해 – 적절한 것 고르기 2022년 6월 학평 27번
정답률 85% | 정답 ②

[A]와 [B]에 대한 이해로 가장 적절한 것은?

[A] ❶-2 승상은 거북, 승지는 도미, 판서 민어, 주서 오징어, 한림 박대, 대사성 도루묵, 방첨사 조개, 해운공 방게, 병사 청어, 군수 해구, 현감 홍어, 조부장 조기, 비변랑 낭청 장대, 성대, 청달이, 가오리, 좌우 나졸, 금군 모조리, 상어, 솔치, 눈치, 준치, 삼치, 멸치, 미꼰 장어, 사수, 자가사리며, 꺽지, 금리어, 장뚱어, 망둥이, 빠각 빠각 들어와서 대왕전에 절을 꾸벅 꾸벅 꾸벅 꾸벅 하는구나.

[B] ❹-13 천하명산승지간의 경개 보던 눈 그리고, 두견앵무 지지 울 제 소리 듣던 귀 그리고, 난초지초 온갖 향초 꽃 따먹던 입 그리고, 봉래 방장 운무 중의 냄새 잘 맡던 코 그리고, 대한엄동 설한풍 어한하던 털 그리고, 만화방창 꽃밭에서 펄펄 뛰던 발 그리고, 두 귀는 쫑긋, 눈은 도리도리, 허리는 늘씬, 꼬리가 뭉툭, 좌편 청산이요, 우편은 녹순데, 녹수청산의 애굽은 장송, 휘느러진 버드나무, 들랑달랑 오락가락 엉거주춤 기는 토끼 산토끼 달토끼 얼풋 그려, 아미산 위에 뜬 반달이 가을이 되었다는 말이 이에서 더할쏘냐.

① **[A]는 용궁의 모습을, [B]는 육지의 모습을 묘사하여 공간적 배경을 *대비하고 있다.**

* 서로 비교하여 차이를 드러내고

풀이 [A]는 용궁의 모습을 묘사한 것이 아니라 수국 신하들의 벼슬과 이름을 나열한 것이다. 또한 [B]는 육지의 모습이 아니라 화공이 그리고 있는 토끼의 모습을 상세하게 묘사하고 있다.

→ 적절하지 않음!

✔ ② [A]는 수국의 신하를, [B]는 토끼의 신체 부위를 *열거하여 **장면을 구체화하고 있다. * 죽 늘어놓아 ** 소설, 극 등에서 동일한 인물들이 동일한 공간 안에서 벌어지는 사건의 광경

> 풀이 [A]는 수국 신하의 벼슬과 이름을 일일이 열거하여 신하들이 들어와 용왕에게 절을 하는 장면을 구체화하고 있다. [B]는 토끼의 눈, 귀, 입, 코, 털, 발, 허리, 꼬리 등의 신체 부위를 상세히 열거하여 화공이 토끼 화상을 그리고 있는 장면을 구체화하고 있다.

→ 적절함!

③ [A]는 신하들의 생활 모습을, [B]는 토끼의 생활 모습을 제시하여 인물의 성격을 보여 주고 있다.

> 풀이 [A]에서는 신하들의 벼슬과 이름이 일일이 열거될 뿐 신하들의 생활 모습을 제시하고 있지도, 이를 통해 인물의 성격을 보여 주고 있지도 않다. [B]에서는 '천하명산승지간의 경계 보던', '두견앵무 지지 울 제 소리 듣던', '온갖 향초 꽃 따먹던', '대한엄동 설한풍 어한하던', '만화방창 꽃밭에서 펄펄 뛰던' 등의 구절에서 토끼의 생활 모습을 제시하고는 있으나 이를 통해 인물의 성격을 보여 주고 있다고 보기는 어렵다.

→ 적절하지 않음!

④ [A]는 용왕이 처한 문제를, [B]는 이에 대한 해결책을 제시하여 사건의 전개 방향을 예고하고 있다.

> 풀이 [A]는 용왕에게 절하는 신하들의 벼슬과 이름이 열거되고 있을 뿐, 용왕이 처한 문제를 제시하고 있지 않으며 이를 통해 사건의 전개 방향을 예고하고 있지도 않다. 또한 [B]에서는 화공이 그리는 토끼의 모습이 상세히 묘사되고 있을 뿐, 용왕이 처한 문제에 대한 해결책을 제시하고 있지 않으며 앞으로의 사건 전개 방향을 예고하고 있지도 않다.

→ 적절하지 않음!

⑤ [A]는 용궁을 긍정적으로, [B]는 토끼를 부정적으로 평가하여 인물에 대한 작가의 태도를 드러내고 있다.

> 풀이 [A]와 [B]에서는 각각 용궁과 토끼에 대한 평가가 드러나지 않는다. 따라서 [A]에서 용궁을 긍정적으로, [B]에서는 토끼를 부정적으로 평가하여 인물에 대한 태도를 드러내고 있다는 것은 적절하지 않다.

→ 적절하지 않음!

> ■ 인물을 부정적으로 평가하여 인물에 대한 작가의 태도를 드러내고 있는 작품
> • 김만중, 「사씨남정기」 (2006학년도 9월 모평, 2008·2018학년도 수능)
> 범을 그리매 뼈를 그리기 어렵고 사람을 사귀매 그 마음을 알기 어렵다니, 교씨 공교한(工巧할 工 책략 巧 : 약삭빠르고 묘한) 말과 아리따운 빛으로 외모 공순하매(공손할 恭 순할 順 : 공손하고 온순하매) 사 부인이 교씨 안과 밖이 다름을 어찌 알리요. 예사 사람으로 알고 다만 음탕한 노래가 장부를 미혹하게 할까 염려하여 교씨를 진심으로 경계함이요, 조금도 투기함이 아니어늘, 교녀 문득 한을 품고 공교한 말을 지어 가화(집 家 불행할 禍 : 집안에 일어난 재앙)를 빚어내니 교녀의 요악함(괴이할 妖 악할 惡 : 요사하고 간사하며 악독함)이 여차하도다(이와 같도다).
> → '교씨'에 대해 '안과 밖이 다르다, 가화를 빚어낸다, 요악하다' 등과 같이 부정적으로 평가하여 인물에 대한 작가의 부정적인 태도를 드러내고 있다.

1등급 문제

065 | 내용 이해 – 적절하지 않은 것 고르기 | 2022년 6월 학평 28번 | 정답률 55%, 매력적 오답 ① 20%, ⑤ 10% | 정답 ②

㉠을 선정하는 과정을 다음과 같이 정리할 때, 이에 대한 설명으로 적절하지 않은 것은? [3점]

> ❷-1 "경들 중에 세상을 나가서 ㉠ 천년 토끼 간을 얻어 짐의 병을 구원할 자 뉘 있나뇨?"

① '1단계'에서 방게와 자라는 스스로 후보로 나선다.

> 근거 ❷-10~13 이때 해운공 방게가 열 발을 쩍 벌리고 살살 기어 들어와서 공손히 엎드리더니, 장담하여 말을 하는데, "신의 고향 세상이오. 신의 고향 세상이라. ~ 산토끼 달토끼 안면이 있사오니, 소신의 엄지발로 토끼놈의 가는 허리를 바드드드득 안어다가 대왕전 바치리다." / ❸-4~5 몸을 굽혀 재배하고 상소를 올리거늘, 왕이 상소를 받아 보시니, 별주부 자라였다. / ❹-8 "소신은 네 발이 갖춰 있어 강상에 높이 떠 망보기를 잘하와 인간에게 잡힐 걱정은 없사오나, 바닷속에 태어나 토끼 얼굴을 모르오니, 화상을 하나 그려주사이다."

> 풀이 '1단계(후보 추천)'에서 방게는 육지가 자신의 고향이고, 토끼와 안면이 있으므로 토끼를 잡아다 대왕전에 바치겠다며 스스로 후보로 나선다. 또한 자라는 상소를 올리며 자신은 망보기를 잘하여 인간에게 잡힐 걱정이 없다고 말하면서 토끼 간을 얻어오겠다고 스스로 후보로 나선다.

→ 적절함!

왔다갔다를 잘해 뒷걸음질을 할 것이므로
✔ ② '2단계'에서 용왕은 방게의 눈이 솟아 있어 다른 동물들 눈에 띄기 쉬우므로 적임자가 아니라고 주장한다.

> 근거 ❷-14 "네 말은 그러하나, 너 생긴 눈이 허망하게 폭 솟았기로 왔다갔다를 잘하니, 가다가 뒷걸음질을 잘할 테니, 저리 물렀거라."

> 풀이 '2단계(적합성 검토)'에서 용왕은 방게의 눈이 허망하게 폭 솟았기 때문에 왔다갔다를 잘하니, 가다가 뒷걸음질을 잘할 것이라며 방게가 토끼의 간을 얻어 올 적임자가 아니라고 주장한다.

→ 적절하지 않음!

③ '2단계'에서 잉어는 조개가 휼조와 서로 물고 싸우다가 인간에게 잡힐 것이므로 적임자가 아니라고 주장한다.

> 근거 ❷-16~17 정언이 여짜오되, "방첨사 조개는 철갑이 굿굿 방신제도가 좋사오나, 옛글에 이르기를, 휼조와 싸우다가 어부의 공이 된다 하였으니, ~ 휼조는 조개를 물고, 조개는 휼조를 물고, 서로 놓치를 못하다가 어부에게 잡히어 속절없이 죽을 터이니, 보내지를 못하리다."

> 풀이 '2단계(적합성 검토)'에서 잉어는 방첨사 조개가 휼조와 서로 물고 싸우다가 어부에게 잡히어 속절없이 죽을 것이라며 조개가 토끼의 간을 얻어 올 적임자가 아니라고 주장하였다.

→ 적절함!

④ '2단계'에서 잉어는 메기가 탐식 때문에 돌아다니다가 인간들에게 잡힐 것이므로 적임자가 아니라고 주장한다.

> 근거 ❷-20~21 정언이 여짜오되, "메기는 수염 길고 입 크고 풍채 좋거니와, 아가리가 너무 커서 식량이 너룬 고로, ~ 입감 꿰어서 물에 풍, 탐식으로 덜컥 삼켜 꼼짝없이 죽게 되면 탁 채어 낚어다가 인간의 이질, 복질, 설사, 배앓이 하는 데 약으로 먹사오니 보내지는 못하리다."

> 풀이 '2단계(적합성 검토)'에서 잉어는 메기가 탐식 때문에 어옹들이 꿰어 놓은 미끼를 덜컥 삼켜 꼼짝없이 죽게 될 것이라며 메기가 토끼의 간을 구해 올 적임자가 아니라고 주장하였다.

→ 적절함!

⑤ '3단계'에서 자라가 선정된 것은, 망보기를 잘하여 인간에게 잡힐 염려가 없다는 자라의 주장이 받아들여졌기 때문이다.

> 근거 ❹-7~9 별주부 여짜오되, "소신은 네 발이 갖춰 있어 강상에 높이 떠 망보기를 잘하와 인간에게 잡힐 걱정은 없사오나, 바닷속에 태어나 토끼 얼굴을 모르오니, 화상을 하나 그려주사이다." "글랑은 그리 하여라."

> 풀이 '3단계(최종 선정)'에서 자라가 토끼의 간을 얻어 올 자로 최종 선정된 것은, 강상에 높이 떠 망보기를 잘해 인간에게 잡힐 걱정은 없다는 자라의 주장이 용왕에게 받아들여졌기 때문이다.

→ 적절함!

[066~069] 다음 글을 읽고 물음에 답하시오.

1 ¹**각설**(앞서 하던 이야기에서 화제를 돌려 다음 이야기를 꺼낼 때 쓰는 말) 토끼는 만수산에 들어가 바위 구멍에 숨어 사니 신세가 **태평하고**(클 太 편안할 平 : 아무 근심 걱정이 없고) **만사에 무심하여**(여러 일에 걱정을 하거나 관심을 두지 않아) 혹은 일어났다 앉았다 하고 혹은 벽에 기대어 눕기도 하는 중 용왕의 말이 귀에 들리는 듯하고 용궁의 경치가 눈앞에 **삼삼하여**(또렷하여) 기쁨을 이기지 못한 채 마음에 생각하기를,

²'내 만수산의 **일개**(한 一 낱 介 : 보잘것없는 한 낱) 토끼로서 간사한 놈의 꼬임으로 거의 죽을 뻔하였지. ³ 그러나 두세 **치**(길이의 단위로, 한 치는 약 3cm에 해당)밖에 안 되는 혀로 **만승**(일 만 萬 탈 乘 : 일만 대의 수레를 거느릴 수 있는 사람. 하늘의 뜻을 대신하여 천하를 다스리는 사람인 천자를 이르는 말)의 임금을 유혹하여 용궁을 두루 구경하고 만수산으로 돌아왔으니 비록 **소장의 구변**(소진과 장의의 뛰어난 말솜씨)이나 **양평의 지혜**(장량과 진평의 빼어난 지혜)라도 이(토끼 자신의 뛰어난 말솜씨와 지혜)보다 낫지 못할 거야. ⁴ 이후에 다시는 동해 **가**(주위)를 밟지도 말고 맹세코 용궁 사람들과 말도 말고 돌베개에 팔이나 괴고 살아갈 뿐야.'

→ 용궁에서 살아 돌아온 토끼는 자신의 구변과 지혜를 자화자찬하며, 소박하게 살겠다는 다짐을 한다.

2 ¹ 이때 **홀연히**(갑자기) 한 떼의 검은 구름이 남쪽으로부터 오더니 조금 있다가 **광풍**(미칠 狂 바람 風 : 사납게 부는 바람)이 일어나 소나기가 쏟아진다. ² 또 우레 소리가 울리고 번갯불이 번쩍번쩍하더니 조용하고 컴컴해져 **지척**(가까울 咫 길이 尺 : 아주 가까운 거리)을 분간할 수 없었다. ³ 토끼가 크게 놀라,

'이는 **필시**(반드시 必 무릇 是 : 아마도 틀림없이) 용왕의 **조화**(만들 造 될 化 : 꾸민 일)야.'

⁴ 하고, 막 피하여 숨으려 할 제 **뇌공**(우레 雷 존칭 公 : 천둥을 맡고 있다는 신)이 바위 구멍으로 쳐들어오더니 토끼를 잡아가는데 날아가듯 빨라 잠깐 사이에 남천문 밖에 이르렀다. ⁵ 토끼가 혼이 나가고 기운을 잃어 땅에 엎어졌다가 다시 깨어나 머리를 들고 보니 **천상의 백옥경**(하늘 위에 옥황상제가 사는 수도)이었다. ⁶ 토끼가 **영문**(일이 돌아가는 형편)을 몰라 **섬돌**(집채의 앞뒤에 오르내릴 수 있게 놓은 돌층계) 아래에 기고 있는데 **문지기**(드나드는 문을 지키는 사람)가 달려들어와,

"동해용왕 광연이 명을 받아 문 밖에 왔습니다."

한다. ⁷ 토끼가 이 말을 듣고 크게 놀라 마음속으로 생각하기를,

'이는 반드시 용왕이 **상제**(옥황상제)에게 **고하여**(알릴 告 : 알려) 나를 죽이려 하는구나. ⁸ 지난 번에는 **궤변**(속일 詭 말 辯 잘할 辯 : 이치에 맞지 않는 말솜씨)으로 죽을 고비를 넘겼으나 이번에는 죽음을 면할 수 없을 거야.'

⁹ 하고, 머리를 구부리고 턱을 고인 채 말없이 정신 나간 듯 있었더니 조금 이따가 **전상**(궁궐 殿 위 上 : 궁전의 위)에서 한 **선관**(신선 仙 벼슬 官 : 신선의 세계에서 벼슬살이를 하는 신선)이 부른다.

¹⁰ **"상제의 명이니**(명령이니) **용왕과 토끼를 판결하라."**

¹¹ 말이 끝나기도 전에 용왕은 **전하**(궁궐 殿 아래 下 : 궁궐 아래)에 꿇어 앉고 토끼를 바라보면서 몹시 한스러워 했다. ¹² 한 선관이 **지필묵**(종이 紙 붓 筆 먹 墨 : 종이와 붓과 먹)을 두 사람 앞에 놓더니,

"상제의 명이니 각자 느낀 바를 진술하고 **처분을 기다리라.**"

한다. ¹³ 용왕이 붓을 잡고 **진술**(늘어놓을 陳 말할 述 : 일이나 상황에 대해 자세히 이야기함)을 하는데 그 **대강**(기본적인 줄거리)은 이러했다.

→ 천상의 백옥경으로 잡혀 간 토끼는 상제의 명으로 용왕과 함께 각자 느낀 바를 진술한다.

3 ¹ "엎드려 생각건대 **소신**(작을 小 신하 臣 : 신하가 임금을 상대하여 자기를 낮추어 이르던 말. 여기서는 용왕)은 모든 관리들의 **장**(어른 長 : 우두머리)으로서 직책이 **사해**(온 세상, 천하)의 우두머리가 되어 구름과 안개를 일으키는 변화를 부리고 하늘에 오르내려 비를 내립니다. ² **삼가**(조심스럽고 정중하게) 나라의 신을 받들어 아래로 수많은 백성을 훈육하고 감히 어리석은 정성을 다하여 위로 임금님의 은혜에 보답하여 왔습니다. ³ 하온데 한 병이 깊이 들어 몸의 위태로움이 바늘 방석에 앉은 듯하고 백 가지 약이 **효험**(효과 效 효과 驗 : 효과)이 없으니 목숨이 **조석**(아침 朝 저녁 夕 : 곧 결판나거나 끝장날 상황)에 달려 있습니다. ⁴ 그러나 **삼신산**(진시황과 한무제가 늙지 않고, 죽지도 않는 약을 구하기 위하여 남자아이와 여자아이 수천 명을 보냈다고 하는, 중국 진나라에 나오는 산)이 아득히 머니 **선약**(신선 仙 약 藥 : 효험이 뛰어난 약)을 어디서 구하며 **편작**(중국 전국 시대의 이름난 의사)이 이미 죽고 **양의**(훌륭할 良 의원 醫 : 의술이 뛰어난 의사)가 다시 나오지 않았습니다만 도사의 한마디 말을 듣고 만수산에서 토끼를 얻었으나 마침내 그 **간교한**(간사할 奸 교묘할 巧 : 간사하고 교활한) 꾀에 빠져 후회한들 무슨 소용이 있겠습니까마는 세

[A]

상에 놓쳐버렸으니 다만 **속수무책**(묶을 束 손 手 없을 無 계책 策 : 어찌할 도리가 없음)일 뿐입니다. ⁵ 오늘 이렇게 다시 와 뵈오니 굶은 자가 밥을 얻은 듯하고 온갖 병이 다 나아 고목에 꽃이 핀 듯합니다. ⁶ 엎드려 원하옵건대 전하께서는 제왕께서 작은 것을 가지고 큰 것을 바꾼 인자함을 본받아 소신의 병으로 죽게 된 목숨을 구해주소서. ⁷ 엎드려 임금님께 비오니 가엾고 불쌍히 여겨 주소서."

→ 용왕은 자신의 지위가 높고 중요한 일을 한다는 점을 강조하면서 목숨을 구해달라고 진술한다.

4 ¹ 토끼가 또한 진술하기를,

"엎드려 생각건대 소신은 만수산에서 낳고 만수산에서 자라 오로지 **성명**(생명 性 목숨 命 : 생명)을 산중에서 다하였을 뿐 세상에 **출세함**(높은 지위에 오름)을 구하지 않았습니다. ² 수양산에서 고사리 캐 먹다 죽은 백이(중국 은나라 시기의 충신)의 높은 **절개**(우뚝할 節 절개 槪 : 신념을 굽히지 않는 꿋꿋한 태도)를 본받고 동고에서 시를 읊은 **도잠**(중국 동진의 시인인 도연명의 본명)의 **기풍**(기운 氣 모습 風 : 타고난 마음씨와 모습)을 따랐습니다. ³ 아침에 구름 낀 산에 올라 고라니 사슴들과 짝하여 놀고 밤에는 **월궁**(달 月 궁전 宮 : 전설에서. 달 속에 있다는 궁전)에서 **상아**(항아 嫦 항아 娥 : 달 속에 있다는 전설 속의 선녀)와 함께 약방아를 찧었습니다. ⁴ 그러는 동안에 세상 사람들에게 해를 끼치지 않았는데 어찌하다 용왕에게 원망을 사서 **결박하여**(맺을 結 묶을 縛 : 몸을 마음대로 움직이지 못하게 단단히 묶어) 섬돌 아래 놓이니 절인 생선이 줄에 꾀인 듯하고 **전상**(궁궐 殿 위 上 : 궁전의 위)에서 호령하니 뜨거운 불바람이 부는 듯합니다. ⁵ 사는 것을 좋아하고 죽는 것을 싫어하는 마음에 어찌 **대소**(클 大 작을 小 : 큰 것과 작은 것)가 있겠습니까? ⁶ 목숨을 살려 몸을 보전함에 **귀천**(귀할 貴 천할 賤 : 귀함과 천함)이 있을 수 없고 더불어 **죄 없이 죽게 됨**('용왕'이 원하는 바)은 속여서라도 살아남(토끼가 원하는 바)과 같지 않으니 오늘 뜻밖에 용왕의 **비위**(지라 脾 위 胃 : 어떤 것을 좋아하거나 싫어하는 성미)를 거슬렸으니 어찌 감히 삶을 구하겠으며 다시 위태로운 땅을 밟아 스스로 화를 받을 것을 알겠습니다. ⁷ 말을 이에 마치고자 하오니 엎드려 비옵건대 살펴주소서."

[B]

→ 토끼는 자신이 다른 존재에게 해를 끼친 적이 없다는 점과 모든 존재의 생명은 소중하다는 점을 들면서 자신을 살려달라고 진술한다.

5 ¹ **옥황**(상제)이 다 읽고 나서 여러 신선들과 의논하니 일광노가 나와 말한다.

² "두 사람이 진술한 바로 그 옳고 그름이 불을 보듯 환하게 되었습니다. ³ **폐하**(옥황. 상제)께서 병든 자(용왕)를 위하여 **죄 없는 자**(토끼)를 죽인다면 그 원망을 어찌하겠습니까? ⁴ **강자**(용왕)를 누르고 **약자**(토끼)를 도와 공정한 **처결**(처리할 處 결단할 決 : 결정하여 처리함)을 하소서."

⁵ 옥황이 그 말이 옳다 하고 다음과 같이 판결하였다.

⁶ "대체로 천지는 만물이 머물다 가는 여관과 같고 세월은 백 대에 걸쳐 지나는 손님과 같다(삶은 일시적인 것이다). ⁷ **낳으면 늙고 늙으면 죽는 것은 인간의 일상적 일**이오 사물의 항상 되는 일인즉(태어나 늙고 죽는 것은 자연스러운 일이므로) 진실로 이에 **초연하여**(넘을 超 그러할 然 : 아랑곳하지 않고 의연하게) 혼자 존재함을 듣지 못했고 날개가 돋아 신선이 된다함을 듣지 못하노라. ⁸ 또 혹 병이 들어 일찍 죽는 자나 혹 상처를 입어 죽는 자는 모두 다 **명**(목숨 命 : 이미 정해져 있는 목숨이나 처지)이니 어찌 **원혼**(원통할 冤 넋 魂 : 억울하게 죽은 사람의 넋)이겠는가? ⁹ 동해용왕 광연은 병이 들었으나 도리어 살고 만수산 토끼는 죄가 없으나 죽는다면 이는 마땅히 살 자가 죽는 것이다. ¹⁰ 광연이 비록 살아날 약이 있다 하나 **토끼인들 어찌 죽음을 싫어하는 마음이 없겠는가?** ¹¹ 광연은 용궁으로 보내고 토끼는 세상으로 놓아주어 그 **천명**(하늘 天 목숨 命 : 타고난 수명)을 즐기게 함이 하늘의 뜻에 순응함이라."

¹² 이에 다시 **뇌공**(우레 雷 존칭 公 : 천둥을 맡고 있다는 신)을 시켜 토끼를 만수산에 **압송하니**(누를 押 보낼 送 : 보내니) 토끼가 백배사례하며(일백 百 절 拜 사례할 謝 예도 禮 : 거듭 절을 하며 고맙다는 뜻을 나타내며) 가버렸다.

→ 일광노의 말을 들은 옥황은 생로병사는 자연스러운 일이니 용왕과 토끼가 각자의 천명을 즐기는 것이 맞다고 판결한다.

6 ¹ 이날 용왕이 적혼공에게,

"옥황이 죄 없이 죽는다 하여 토끼를 보내주는 모양이니 너는 문 밖에 **그**(토끼)가 나오는 것을 기다리고 있다가 바로 죽여라. ² 그렇지 않으면 죽음을 면할 수 없으리니 입조심을 하여 비밀이 새어나지 않도록 해라."

³ 하니 적혼공이,

"**대왕**(용왕)의 입에서 나와 **소신**(적혼공)의 귀에 들어온 말을 어찌 아는 이가 있겠습니까?"

[C]

⁴ 말을 마치자 우레 소리가 나고 **광풍**(미칠 狂 바람 風 : 사납게 부는 바람)이 갑자

기 일어 **뇌공**(우레 雷 존칭 公 : 천둥을 맡고 있다는 신)이 토끼를 압령하여(누를 押 거느릴 領 : 맡아서 데리고 와)북쪽을 향하여 가니 날아가는 화살 같고 추상 같았다(가을 秋 서리 霜 : 기세등등하고 엄했다). ⁵적혼공이 감히 손도 못 대고 손을 놓고 물러가니 용왕이 크게 탄식하며,

"하늘이 망해놓은 화이니 다시 바랄 게 없구나."

⁶하고 적혼공과 더불어 손을 잡고 통곡하며 돌아갔다.

→ 용왕은 적혼공에게 명령하여 문 밖으로 나오는 토끼를 바로 죽이려고 하나, 이에 실패한다.

- 작자 미상, 「토공전」-

· 중심 내용

용궁에서 살아 돌아온 토끼는 천상의 백옥경으로 잡혀 가서 상제의 명으로 용왕과 함께 각자 느낀 바를 진술하고 상제는 생로병사는 자연스러운 일이니 용왕과 토끼가 각자의 천명을 즐기는 것이 맞다고 판결한다. 판결 후 용왕은 문 밖으로 나오는 토끼를 죽이려고 시도하나 실패한다.

· 전체 줄거리 ([ ] : 지문 내용)

용왕이 병이 나자 도사가 나타나 육지에 있는 토끼의 간을 먹으면 낫는다고 한다. 용왕은 토끼의 간을 구해 오도록 명령하고, 이에 자라가 육지로 가서 토끼를 잡아 용궁으로 데려온다. 자신을 용궁으로 데려 온 내막을 알게 된 토끼는 꾀를 내어 자신의 간을 몸 밖으로 꺼내 볕에 말려 놓고 왔다고 거짓말을 하여 위기를 모면한다. 토끼를 놓친 것을 안 용왕은 옥황상제에게 글을 올려 토끼를 다시 용궁으로 보내달라고 간청하고, 이에 [옥황상제는 토끼와 용왕을 불러들여 각자의 진술을 들은 뒤 용왕은 용궁으로 보내고 토끼는 세상으로 놓아주어 각자의 천명을 즐기게 하라는 판결을 내린다.]

· 인물 관계도

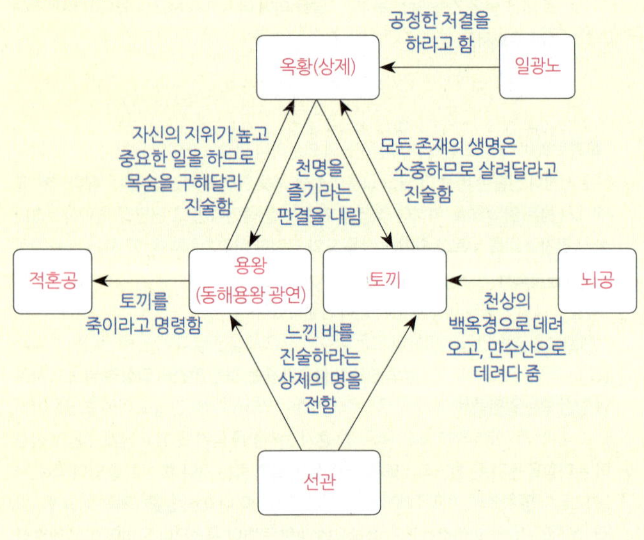

---

066 | 인물의 심리 - 적절하지 않은 것 고르기 | 2021년 3월 학평 42번
정답률 35%, 매력적 오답 ② 35%, ③ 15%, ④ 10% | **정답 ①**

윗글을 이해한 내용으로 적절하지 <u>않은</u> 것은?

① 만수산에서 토끼는 갑작스러운 날씨 변화가 옥황 때문이라고 생각하여 두려워했다.
  _{용왕}

근거 ❷-1~4 이때 홀연히 한 떼의 검은 구름이 남쪽으로부터 오더니 조금 있다가 광풍이 일어나 소나기가 쏟아진다. ~ 토끼가 크게 놀라, '이는 필시 용왕의 조화야.' 하고, 막 피하여 숨으려 할 제

풀이 만수산에서 토끼는 갑자기 검은 구름이 오고, 광풍이 불며 소나기가 쏟아지는 등의 날씨 변화에 대해 용왕의 조화라고 생각하여 두려워한다.

→ **적절하지 않음!**

② 토끼는 백옥경에서 용왕을 만나기 전까지는 자신이 잡혀 온 이유를 알지 못했다.

근거 ❷-5~7 다시 깨어나 머리를 들고 보니 천상의 백옥경이었다. 토끼가 영문을 몰라 섬돌 아래에 기고 있는데 문지기가 달려들어와, ~ 토끼가 이 말을 듣고 크게 놀라 마음속으로 생각하기를, '이는 반드시 용왕이 상제에게 고하여 나를 죽이려 하는구나.

풀이 천상의 백옥경에 잡혀 온 토끼는 용왕이 문 밖에 와 있다는 문지기의 말을 듣고서 용왕이 상제에게 고하여 자신을 죽이려 한다고 추측하고 있으므로, 용왕을 만나기 전까지는 자신이 잡혀 온 이유를 모르는 상황이다.

→ **적절함!**

③ 만수산에서 토끼는 자신의 뛰어난 말솜씨에 대해 자부심을 느꼈다.

근거 ❶-3 그러나 두세 치밖에 안 되는 혀로 만승의 임금을 유혹하여 용궁을 두루 구경하고 만수산으로 돌아왔으니 비록 소장의 구변이나 양평의 지혜라도 이보다 낫지 못할 거야.

풀이 만수산으로 돌아온 토끼는 소진과 장의의 뛰어난 말솜씨나 장양과 진평의 빼어난 지혜라도 토끼 자신의 뛰어난 말솜씨와 지혜보다는 낫지 못할 것이라며 자부심을 느끼고 있다.

→ **적절함!**

④ 토끼는 용궁에서 만수산으로 돌아온 것에 대해 만족감을 느꼈다.

근거 ❶-1 토끼는 만수산에 들어가 바위 구멍에 숨어 사니 신세가 태평하고 만사에 무심하여 / 3 용궁을 두루 구경하고 만수산으로 돌아왔으니

풀이 토끼는 용궁을 두루 구경하고 만수산으로 돌아와 바위 구멍에 숨어 사는 것에 대해 신세가 태평하고 만사에 무심하다면서 만족감을 느끼고 있다.

→ **적절함!**

⑤ 만수산에서 지내던 토끼는 용궁에서의 기억을 떠올렸다.

근거 ❶-1 혹은 일어났다 앉았다 하고 혹은 벽에 기대어 눕기도 하는 중 용왕의 말이 귀에 들리는 듯하고 용궁의 경치가 눈앞에 삼삼하여

풀이 만수산으로 돌아온 토끼는 용왕의 말이 귀에 들리는 듯하고, 용궁의 경치가 눈앞에 뚜렷하다고 하면서 용궁에서 있었던 일을 떠올리고 있다.

→ **적절함!**

067 | 말하기 방식 - 적절하지 않은 것 고르기 | 2021년 3월 학평 43번
정답률 55%, 매력적 오답 ④ 20% | **정답 ③**

[A]와 [B]를 비교한 내용으로 적절하지 <u>않은</u> 것은?

① [A]와 [B]는 모두 자신의 *내력을 요약하며 진술을 시작하고 있다. * 겪어 온 자취

근거 [A] ❸-1~2 소신은 모든 관리들의 장으로서 직책이 사해의 우두머리가 되어 ~ 삼가 나라의 신을 받들어 아래로 수많은 백성을 훈육하고 감히 어리석은 정성을 다하여 위로 임금님의 은혜에 보답하여 왔습니다.
　　　[B] ❹-1~2 소신은 만수산에서 낳고 만수산에서 자라 오로지 성명을 산중에서 다 하였을 뿐 세상에 출세함을 구하지 않았습니다. ~ 백이의 높은 절개를 본받고 동고에서 시를 읊은 도잠의 기풍을 따랐습니다.

풀이 [A]에서 용왕은 모든 관리들의 우두머리로서 나라의 신을 받들고 백성을 훈육해 온 자신의 내력을 요약하며 진술을 시작하고 있다. [B]에서 토끼는 만수산에서 태어나고 자라 백이의 절개를 본받고 도잠의 기풍을 따르며 세상에 출세함을 구하지 않았던 자신의 내력을 요약하며 진술을 시작하고 있다.

→ **적절함!**

② [A]와 [B]는 모두 *비유적 표현을 사용하여 자신이 고난에 처했음을 부각하고 있다.
　* 어떤 대상을 비슷한 다른 대상에 빗댄 표현

근거 [A] ❸-3 하온데 한 병이 깊이 들어 몸의 위태로움이 바늘 방석에 앉은 듯하고
　　　[B] ❹-4 어쩌다 용왕에게 원망을 사서 결박하여 섬돌 아래 놓이니 절인 생선이 줄에 꾀인 듯하고 전상에서 호령하니 뜨거운 불바람이 부는 듯합니다.

풀이 [A]의 용왕은 자신의 처지를 '바늘 방석에 앉은 듯'하다고 빗댐으로써, [B]의 토끼는 자신의 상황이 '절인 생선이 줄에 꾀인 듯'하고 '뜨거운 불바람이 부는 듯'하다고 빗댐으로써 각자 자신이 고난에 처했음을 부각하고 있다.

→ **적절함!**

③ [A]는 *제안의 문제점을 스스로 인정하고 있고, [B]는 제안에 대한 확신을 드러내고 있다. * 의견으로 내놓음

근거 [A] ❸-6 엎드려 원하옵건대 전하께서는 제왕께서 작은 것을 가지고 큰 것을 바꾼 인자함을 본받아 소신의 병으로 죽게 된 목숨을 구해주소서.
　　　[B] ❹-6~7 오늘 뜻밖에 용왕의 비위를 거슬렸으니 어찌 감히 삶을 구하겠으며 다시 위태로운 땅을 밟아 스스로 화를 받을 것을 알겠습니다. 말을 이에 마치고자 하오니 엎드려 비옵건대 살펴주소서."

풀이 [A]에서 용왕은 제왕의 인자함을 본받아 자신의 목숨을 구해달라고 제안하지만, 그 제안의 문제점을 스스로 인정하는 부분은 나타나지 않는다. [B]에서 토끼는 '엎드려 비옵건대 살펴'달라고 요청 혹은 제안하는 부분이 나타나지만, 자신이 용왕의 비위

를 언짢게 했기 때문에 화를 받을 것임을 안다고 말한 부분을 통해 자신의 제안에 대한 확신이 나타난다고 볼 수 없다.

→ 적절하지 않음!

④ [A]에는 자신에게 유리한 결과를 기대하는 모습이, [B]에는 자신에게 불리한 결과를 예상하는 모습이 나타나 있다.

근거 [A] ❸-5 오늘 이렇게 다시 와 뵈오니 굶은 자가 밥을 얻은 듯하고 온갖 병이 다 나아 고목에 꽃이 핀 듯합니다.

[B] ❹-6 오늘 뜻밖에 용왕의 비위를 거슬렀으니 어찌 감히 삶을 구하겠으며 다시 위태로운 땅을 밟아 스스로 화를 받을 것을 알겠습니다.

풀이 [A]에서 용왕이 굶은 자가 밥을 얻은 듯하고 병이 나아 고목에 꽃이 핀 듯하다며 긍정적인 상황을 언급하는 것으로 볼 때, 용왕이 자신에게 유리한 결과를 기대하고 있음을 짐작할 수 있다. [B]에서 토끼가 스스로 화를 받을 것을 알고 있다고 언급하는 것을 통해 자신에게 불리한 결과를 예상하고 있음을 알 수 있다.

→ 적절함!

⑤ [A]와 [B]는 모두 자신의 요구를 제시하며 진술을 마무리하고 있다.

근거 [A] ❸-6~7 엎드려 원하옵건대 전하께서는 ~ 소신의 병으로 죽게 된 목숨을 구해 주소서. 엎드려 임금님께 비오니 가엾고 불쌍히 여겨 주소서."

[B] ❹-7 말을 이에 마치고자 하오니 엎드려 비옵건대 살펴주소서."

풀이 [A]에서 용왕은 병으로 죽게 된 자신의 목숨을 구해달라는 요구를 제시하며 진술을 마무리하고 있다. [B]에서 토끼는 죄 없이 죽게 된 자신의 입장과 처지를 살펴달라는 요구를 제시하며 진술을 마무리하고 있다.

→ 적절함!

1등급 문제

068 감상의 적절성 – 적절하지 않은 것 고르기　2021년 3월 학평 44번
정답률 60%, 매력적 오답 ③ 15%, ② 10%　　**정답 ④**

〈보기〉를 바탕으로 윗글을 감상한 내용으로 적절하지 <u>않은</u> 것은?　3점

| 보기 |

¹ 윗글은 『토끼전』을 고쳐 쓴 한문 소설로 재판을 통해 갈등을 해결하는 **송사 설화**(송사할 訟 일 事 말씀 說 말씀 話 : 억울한 일을 관청에 호소하여 해결하는 과정을 주요 내용으로 하는 이야기)의 **모티프**(motif, 이야기 요소)가 나타난다. ² 용왕과 토끼는 옥황상제가 주관하는(주인 主 주관할 管 : 책임지고 맡아 관리하는) 재판 상황에 놓이게 되고, 이 상황에서는 **지위**(지위 地 자리 位 : 사회적 신분에 따르는 위치)의 **우열**(뛰어날 優 못할 劣 : 나음과 못함)보다는 **진술**(늘어놓을 陳 말할 述 : 일이나 상황에 대한 자세한 이야기)의 **우위**(뛰어날 優 자리 位 : 남보다 나은 위치나 수준)가 판결에 영향을 미친다. ³ 이 판결의 내용은 지위의 높고 낮음보다 생명의 가치를 존중하는 작가의 의식을 드러내고 있다.

■ 송사 설화의 모티프가 나타나는 작품

• 작자 미상, 「황새결송」(2016년 고2 9월 학평)
→ 뇌물을 받은 **형조**(법률, 소송 등에 관한 일을 맡아보던 관아) 관원들의 잘못된 판결로 재산을 빼앗기게 된 부자가 뇌물을 받은 황새의 잘못된 판결에 관한 이야기를 꾸며서 들려주고, 이를 들은 형조 관원들은 대답할 말이 없어 부끄러워한다.

• 작자 미상, 「서대주전」(2017년 고2 3월 학평)
→ 서대주(쥐)가 타남주(다람쥐)가 모아 놓은 밤을 몰래 훔치자 타남주는 서대주를 관가에 고소한다. 그러나 서대주는 형리와 옥졸에게 뇌물을 주고, 원님 앞에서는 타남주의 고발이 거짓말이라고 교묘하게 꾸며서 말한다. 이에 속아 넘어간 원님은 서대주를 돌려보내고 타남주를 **무고죄**(허위 사실을 신고한 죄)로 멀리 귀양 보낸다.

① '상제의 명이니 용왕과 토끼를 판결하라.'라는 말에서, 송사 설화의 모티프가 쓰였음을 확인할 수 있군.

근거 〈보기〉-1 재판을 통해 갈등을 해결하는 송사 설화의 모티프가 나타난다.
❷-10 "상제의 명이니 용왕과 토끼를 판결하라."

풀이 상제의 명에 따라 용왕과 토끼 사이에 있었던 사건에 대해 판결하라는 말에서, 재판을 통해 갈등을 해결하는 송사 설화의 모티프가 쓰였음을 확인할 수 있다.

› 적절함!

② 꿇어 앉아 함께 '처분을 기다리'는 것에서, 용왕과 토끼가 재판 당사자로서 *대등한 처지에 놓이게 되었음을 알 수 있군.　* 대할 對 가지런할 等 : 서로 비슷한

근거 〈보기〉-2 용왕과 토끼는 옥황상제가 주관하는 재판 상황에 놓이게 되고, 이 상황에서는 지위의 우열보다는 진술의 우위가 판결에 영향을 미친다.

---

❷-11~12 말이 끝나기도 전에 용왕은 전하에 꿇어 앉고 토끼를 바라보면서 몹시 한스러워 했다. ~ "상제의 명이니 각자 느낀 바를 진술하고 **처분을 기다리**라."

풀이 높은 지위의 용왕이 꿇어 앉아 토끼와 함께 상제의 처분을 기다리는 장면을 통해 옥황상제가 주관하는 재판 상황에서 용왕과 토끼는 재판 당사자로서 대등한 처지에 놓이게 되었음을 알 수 있다.

→ 적절함!

③ '강자를 누르고 약자를 도와 공정한 처결을 하소서.'라는 일광노의 말에서, 토끼의 진술에 대한 *지지를 확인할 수 있군.　* 어떤 사람의 정책 · 의견 등을 옳거나 좋다고 여겨 이를 위하여 힘을 씀

근거 〈보기〉-2 용왕과 토끼는 옥황상제가 주관하는 재판 상황에 놓이게 되고, 이 상황에서는 지위의 우열보다는 진술의 우위가 판결에 영향을 미친다.
❺-2~4 "두 사람이 진술한 바로 그 옳고 그름이 불을 보듯 환하게 되었습니다. 폐하께서 병든 자를 위하여 죄 없는 자를 죽인다면 그 원망을 어찌하겠습니까? **강자를 누르고 약자를 도와 공정한 처결을 하소서.**"

풀이 용왕과 토끼의 진술 이후 일광노는 두 사람의 진술을 바탕으로 강자인 용왕을 누르고, 약자인 토끼를 도와 공정한 처결을 할 것을 옥황에게 조언한다. 따라서 일광노는 토끼의 진술을 지지하고 있음을 확인할 수 있다.

→ 적절함!

옥황은 판결을 망설이지 않았음을

④ '낳으면 늙고 늙으면 죽는 것은 인간의 일상적 일'이라는 말에서, **옥황이 판결을 망설이는 이유**를 짐작할 수 있군.

근거 〈보기〉-3 이 판결의 내용은 지위의 높고 낮음보다 생명의 가치를 존중하는 작가의 의식을 드러내고 있다.
❺-7 **낳으면 늙고 늙으면 죽는 것은 인간의 일상적 일**이오 사물의 항상 되는 일인즉 진실로 이에 초연하여 혼자 존재함을 듣지 못 했고 날개가 돋아 신선이 된다함을 듣지 못 했노라.

풀이 옥황은 판결에서 삶은 일시적이며 생로병사('낳으면 늙고 늙으면 죽는 것')는 일상적인 일이므로, 각자 타고난 수명을 즐기는 것이 마땅하다는 판결을 내리면서 토끼를 지지한다. 옥황이 이러한 판결을 내리는 과정에서 망설이는 모습은 찾아볼 수 없다.

→ 적절하지 않음!

⑤ '토끼인들 어찌 죽음을 싫어하는 마음이 없겠는가?'라는 말에서, 모든 생명은 소중하다는 작가의 의식을 확인할 수 있군.

근거 〈보기〉-3 이 판결의 내용은 지위의 높고 낮음보다 생명의 가치를 존중하는 작가의 의식을 드러내고 있다.
❺-10 광연이 비록 살아날 약이 있다 하나 **토끼인들 어찌 죽음을 싫어하는 마음이 없겠는가?**

풀이 토끼를 통해 용왕이 살 수 있는 방법이 있다 하더라도 토끼 또한 살고 싶은 마음이 있을 것이라는 옥황의 판결에서 지위의 높고 낮음보다 생명의 가치를 존중하는 작가의 의식을 확인할 수 있다.

→ 적절함!

---

069 서사적 기능 – 적절한 것 고르기　2021년 3월 학평 45번
정답률 65%, 매력적 오답 ③, ⑤ 10%　　**정답 ②**

[C]의 *서사적 기능으로 가장 적절한 것은?　* 이야기 전개 과정에서의 역할

① 적혼공의 말을 통해 앞서 일어난 사건을 평가하고 있다.

근거 [C] ❻-3 "대왕의 입에서 나와 소신의 귀에 들어온 말을 어찌 아는 이가 있겠습니까?"

풀이 적혼공은 비밀이 새어나갈 염려가 없음을 강조하고 있을 뿐 앞서 일어난 사건을 평가하고 있지 않다.

→ 적절하지 않음!

② 용왕의 시도가 실패하였음을 보여 주어 주제 의식을 강조하고 있다.

근거 [C] ❻-4~5 말을 마치자 우레 소리가 나고 광풍이 갑자기 일어 뇌공이 토끼를 압령하여 북쪽을 향하여 가니 날아가는 화살 같고 추상 같았다. 적혼공이 감히 손도 못 대고 손을 놓고 물러가니 용왕이 크게 탄식하며,

풀이 문 밖으로 나오는 토끼를 적혼공의 손을 빌려 죽이려던 용왕의 시도가 실패하였음을 보여 줌으로써 용왕으로 대표되는 권력층의 이기심과 폭력성을 폭로하고, 지위와 상관없이 모든 생명은 소중하다는 주제 의식을 강조하고 있다.

→ 적절함!

③ 용왕의 탄식을 통해 용왕과 옥황 간의 새로운 갈등을 예고하고 있다.

근거 [C] ❻-5~6 용왕이 크게 탄식하며, "하늘이 망해놓은 화이니 다시 바랄 게 없구나." 하고 적혼공과 더불어 손을 잡고 통곡하며 돌아갔다.

풀이 토끼를 죽이려던 시도가 실패로 끝나자 용왕은 크게 탄식하며 자포자기하며 돌아가고 있으므로, 용왕과 옥황 간의 새로운 갈등을 예고하고 있다는 설명은 적절하지 않다.

→ 적절하지 않음!

비현실성, 환상성이 드러나고 있다
④ 뇌공에 의해 공간이 전환되는 과정에서 공간적 배경의 사실성을 강조하고 있다.

근거 [C] ❻-4 말을 마치자 우레 소리가 나고 광풍이 갑자기 일어 뇌공이 토끼를 압령하여 북쪽을 향하여 가니 날아가는 화살 같고 추상 같았다.

풀이 뇌공에 의해 토끼가 천상의 백옥경에서 만수산으로 이동할 때, 우레 소리가 나고 거센 바람이 갑자기 불며 날아가는 화살과 추상과 같았다고 서술되어 있다. 이를 통해 공간이 전환되는 과정에서 비현실성과 환상성이 드러나고 있다. 따라서 공간적 배경의 사실성을 강조한다고 보기 어렵다.

→ 적절하지 않음!

⑤ 용왕의 지시를 따르지 않는 적혼공의 반응을 제시하여 독자의 흥미를 유발하고 있다.

근거 [C] ❻-3~5 "대왕의 입에서 나와 소신의 귀에 들어온 말을 어찌 아는 이가 있겠습니까?" ~ 뇌공이 토끼를 압령하여 북쪽을 향하여 가니 ~ 적혼공이 감히 손도 못 대고 손을 놓고 물러가니

풀이 적혼공은 문 밖으로 나오는 토끼를 죽이라는 용왕의 지시를 따르려 했으나 토끼가 뇌공에 의해 순식간에 만수산으로 이동하는 바람에 이에 실패한 것일 뿐 용왕의 지시를 따르지 않은 것은 아니다.

→ 적절하지 않음!

5. 애정 및 가정 소설

[070~073] 다음 글을 읽고 물음에 답하시오.

1 [앞부분의 줄거리] ¹정 소저는 계모 박 씨의 모함을 의심 없이 받아들인 아버지 정공 때문에 위기에 처하고, 집에서 나와 숨어 다니던 중 도적을 만나 강물에 몸을 던진다. ²이때, 정혼자(정할 定 혼인할 婚 사람 者 : 약혼자) 조무(용흥)와 동생 조성이 정 소저를 우연히 발견하여 구출한다.

2 ¹소저가 매우 놀라며 말하였다.

²"내가 외가로 가지 않고 구차하게(구차할 苟 구차할 且 : 떳떳하지 못하게) 길가에서 분주하게(달릴 奔 달릴 走 : 몹시 바쁘게) 다닌 것은 조숙모(아버지 동생의 아내)에게 부끄럽고, 아버지의 허물(잘못)을 드러내고 싶지 않아서였다. ³뜻밖에 저 공자들(여기서는 조무와 조성)을 만나니 내가 차마 사실(계모의 모함으로 집을 나온 일)을 말하여 부끄러움을 더하겠는가? ⁴은인(은혜 恩 사람 人 : 은혜를 베푼 사람)의 덕이 산과 바다 같으나 차마 근본을 아뢰게 되어 저 집(조무의 집)에서 우리 집의 허물을 알게 되면 매우 부끄럽게 될 것이다. ⁵모름지기(반드시) 너(여기서는 정 소저의 여종인 벽난과 춘앵)는 다만 대답하기를 내가 타향(다를 他 고향 鄕 : 고향이 아닌 곳)에서 떠돌아다니다가 서울의 친척을 찾으러 왔다가 도적을 만나 물에 빠져 죽을 뻔했다고 말하여라. ⁶조 공자(귀인 公 아들 子 : 지체가 높은 집의 아들)가 이미 우리가 여자인 줄을 알았으니 남녀는 구별이 있는 것이다. ⁷생명을 구해준 은혜에 몸소(직접) 사례하지(사례할 謝 예절 禮 : 고마운 뜻을 나타내지) 못함을 아뢰어라."

⁸벽난과 춘앵이 굳이 근본(뿌리 根 근본 本 : 정체)을 이르지 말라는 소저의 말을 듣고 나와서 상의하여 말하였다.

⁹"이제 하늘이 도와주셔서 조 공자를 만났으나 어찌 차마 좋은 기회를 놓치게 되면 우리 주인(여기서는 정 소저)과 노비(여기서는 벽난과 춘앵)는 어디에 의지하며 소저의 백년가약(일백 百 해 年 아름다울 佳 약속 約 : 젊은 남녀가 부부가 되어 평생을 같이 지낼 것을 굳게 다짐하는 아름다운 언약)을 어느 날 이루겠는가? ¹⁰우리들이 가만히 사실을 아뢰어 조 공자가 일을 처리하는 것을 보아야겠구나."

→ 정 소저는 조 공자에게 자신의 정체를 숨기려 했으나 벽난과 춘앵은 소저를 위해 사실을 알리고자 한다.

3 ¹이에 (벽난과 춘앵이) 조 공자의 안전(눈 眼 앞 前 : 앞)에 나가 말하였다.

²"우리 소저께서는 타향에서 떠돌아다니시다 친척을 찾으러 왔다가 도적을 만나 물에 빠져 죽게 되었습니다. ³은인께서 생명을 구해준 은혜를 입어 남은 목숨을 회생하게(돌아올 回 살 生 : 다시 살아나게) 되었습니다. ⁴우리 소저께서 은혜는 태산 같사오나 몸소 사례치 못함을 아뢰라 하셨습니다."

[A]

⁵조 공자들이 크게 아쉬워하고 섭섭해하며 어떻게 일을 처리할까를 마음속 깊이 생각하고 주저하고(머뭇거릴 躊 머뭇거릴 躇 : 망설이고) 있었다. ⁶두 명의 시비(모실 侍 여자 종 婢 : 여자 종)가 다시 머리를 조아리며 말하였다.

⁷"소저께서 차마 상공(정승 相 귀인 公 : 젊은 선비를 높여 부르는 말. 여기서는 조 공자)께 근본을 바로 고하지 못하여 이리 하였습니다만, 저희들이야 상공을 만나 사실대로 고하지 아니하겠습니까? ⁸더욱 대공자(여기서는 조 공자. 조무)는 저희들의 주군(主君)(주인 主 임금 君 : 주인)이시고 은인이시니 어찌 숨기는 죄를 더하며 주인의 평생을 매몰되게(묻을 埋 가라앉 沒 : 사라지게) 하겠습니까? ⁹저희의 주인은 정참정(여기서는 정공)의 딸로 외가에서 조 공자와 정혼하였습니다. ¹⁰그러나 소저가 본댁(본가 本 집 宅 : 친정)으로 돌아오신 후에 가내(집 家 안 內 : 집안)에 어질지 못한 사람(여기서는 계모 박 씨)이 있어서 수많은 방법으로 정참정을 보채고 소저를 재해(재앙 災 해할 害 : 재앙)에 빠지게 하였습니다. ¹¹마침내는 소저를 정참정 부인의 사촌인 박수관의 후실(뒤 後 아내 室 : 첩)로 위협하고 명령하여 시집보내려 하였습니다. ¹²그래서 소저가 외가로 가시고자 하나 석공 어르신(정 소저의 외할아버지)께서 성품이 엄숙하셔서(엄할 嚴 엄숙할 肅 : 엄격하셔서) 반드시 정공과 더불어 큰 사단(소동)을 일으키실 것이라 생각하였습니다. ¹³일의 형세(형상 形 기세 勢 : 상황)가 매우 난처하여 남장으로 바꿔 입고 강기의 이평강 부인은 土지의 고모이신데, 그 분을 찾아가 의지하고자 하셨습니다. ¹⁴그러나 이평장 부인이 이사를 가신 지 수일(몇 數 날 日 : 며칠)이 지났고 가신 곳을 모르기 때문에 강변에서 방황하시다가 따르는 도적을 만나서 소저께서 억울하고 원통하게도 강물에 몸을 던졌습니다. ¹⁵상공께서 저희의 목숨을 살려주신 은혜를 만나 주인과 노비 세 사람이 살아나니

이 은덕은 분골쇄신하더라도(부서질 粉 뼈 骨 부서질 碎 몸 身 : 몸과 뼈가 부서져도) 다 갚지 못할 것입니다."

¹⁶두 공자가 이 말을 들으니 참혹함(슬플 慘 심할 酷 : 처참하고 슬픔)은 말할 것도 없고 정 소저의 굳은 절개와 아름다운 행동은 깊이 사람을 감동시킬 만하였다. ¹⁷또한 그 계모 박 씨가 자애롭지(사랑 慈 넉넉할 愛 : 사랑이 깊지) 못해 이 변을 일으킴을 짐작하고 사람의 마음이 자연스럽게 측은하였다(슬퍼할 惻 불쌍히 여길 隱 : 가엾게 여겼다). ¹⁸정 소저의 절행(절개 節 행할 行 : 절개)이 빼어나 자기를 위하여 온갖 고생이 이 지경에 미쳤음에 감복하고(느낄 感 복종할 服 : 감동하고) 하물며 평생의 아름다운 배필(아내 配 짝 匹 : 배우자)과 하늘이 정한 연분이 심상치 않다는 것을 알았다. ¹⁹용흥(조무) 공자의 두 눈에는 가을 물처럼 고운 광채(빛날 光 빛날 彩 : 아름다운 빛)가 어리었다. 용흥이 말하였다.

²⁰"소저의 수많은 고초(쓸 苦 처음 初 : 많은 고생과 괴로움)와 슬픈 한이 이 조생(조무)을 위함이니 어찌 감사하지 않겠는가? ²¹너희들(여기서는 벽난과 춘앵)은 우리가 집에 들어가 일을 처리할 사이에 소저를 보호하라."

→ 벽난과 춘앵이 정 소저의 사정을 조 공자에게 알리자 그는 정 소저의 절행에 감동하여 그녀를 돕고자 한다.

(중략)

4 ¹석공(정 소저의 외할아버지)이 소저의 얼굴을 쓰다듬으며 길게 탄식하며 말하였다.

²"일이 이미 여기에 이르렀으니 설마 어찌하겠느냐? ³손녀가 어린 나이에 효성과 절개와 지혜가 모두 갖추어졌으니 완고한(완고할 頑 고루할 固 : 고집 센) 아비와 어리석은 어미의 흉계(흉할 凶 꾀할 計 : 사악한 꾀)에서 벗어나 목숨을 보전하여 명철보신(明哲保身)한(밝을 明 밝을 哲 지킬 保 몸 身 : 지혜롭게 몸을 보존한) 것이다. ⁴부모가 낳아준 몸을 보전하고 죽은 어미의 남긴 가르침을 이으니 네 아비가 흙과 나무 같은 마음(무디고 무뚝뚝한 마음)을 지니고 있다고 하더라도 성혼한(이룰 成 혼인할 婚 : 혼인을 이룬) 후에 서로 만나서 부녀가 상봉하는(서로 相 만날 逢 : 만나는) 즐거움을 얻는다면 어찌 너를 책망하며(꾸짖을 責 책망할 望 : 꾸짖으며) 혼인을 한 것을 그르다고(잘못했다고) 하겠느냐? ⁵모든 일에는 원래의 계획을 변경할 때와 임기응변(임할 臨 바꿀 機 응할 應 변할 變 : 상황에 따라 대처함)의 방법이 있다. ⁶이제 조 상국(조무의 아버지)이 밖에 와서는 너와의 혼인을 완전하게 정하고 너의 뜻을 알려고 하니 어찌 고상하지 못한(높을 高 숭상할 尙 : 점잖지 못한) 모습으로 (혼인을) 사양하느냐? ⁷내가 네 부모를 대신하여 혼인을 관장할(관리할 管 주관할 理 : 맡아서 주관할) 것이다. ⁸너에게 혼인을 묻는 말이 아니니 너는 다시 이상한 말을 내지 마라."

[B]

⁹소저가 조 상국이 왔다는 말을 듣고 더욱 불안하고 놀라며 부끄러워 옥 같은 얼굴이 발그스레해졌다. ¹⁰눈썹을 나직하게 낮추고 또 아뢰었다.

¹¹"소녀의 도리로 차마 아버지를 속이고 혼인을 못 하겠습니다. ¹²조 상국은 당세(當世)(마땅할 當 세상 世 : 지금 이 시대)의 군자이십니다. ¹³원컨대 조부(할아버지 祖 어른 父 : 할아버지. 여기서는 석공)께서는 손녀의 보잘 것 없는 마음을 살피시어 뜻을 이루게 해 주십시오."

¹⁴그런 후에 조모와 삼촌의 안부와 동생의 무사함을 묻고는 슬프고 참혹하여 눈물을 흘릴 뿐이었다. ¹⁵석공이 밖으로 나와 조공(여기서는 조 상국)을 보고 손녀와 묻고 대답한 말을 일일이 전하고는 탄식하며(한탄할 歎 숨 쉴 息 : 한숨을 쉬며) 말하였다.

¹⁶"손녀의 마음이 금석(金石)같아서(굳고 변치 않아서) 저의 용렬하고(어리석을 庸 못할 劣 : 부족하고) 어리석은 말로 알아듣도록 타이를 방법이 없으니 어찌하겠습니까?"

¹⁷조공이 무릎을 치며 몹시 탄복하고(찬탄할 嘆 복종할 服 : 감탄하고 감동하여) 칭찬하며 말하였다.

¹⁸"정 소저의 일과 행동은 여자 중에 군자입니다. ¹⁹이것은 다 현형(賢兄)(어질 賢 벗 兄 : 친구의 높임말. 여기서는 석공)의 높은 교훈에 힘입은 것입니다. ²⁰제가 이와 같은 며느리를 얻으니 어찌 아버지의 어질지 못함을 한탄하겠습니까? ²¹이것은 신부와 의논할 말이 아니니 현형이 혼인을 관장하십시오."

²²석공이 이 말을 옳게 여겨 다시 소저에게 묻지 않고 혼례를 준비하였다. ²³석 학사 부인이 나오고 석공 부인이 정 공자(정 소저의 남동생)와 함께 나와 소저를 보았는데 서로 붙들고 매우 오열함(흐느껴 울 嗚 목멜 咽 : 목메어 욺)을 이기지 못하였다. ²⁴소저는 그리워하던 아우를 만나니 반갑고 기쁜 뜻이 서로 뒤섞여 일어났다.

- 작자 미상, 「현몽쌍룡기」-

• 중심 내용

계모의 모함으로 집을 나온 후 위기에 처한 정 소저는 정혼자 조 공자에게 구출되고, 자신의 의지와 상관없이 시비들의 도움과 석공, 조 상국의 결정으로 결국 혼례를 진행하게 된다.

• 전체 줄거리 ([ ]:지문 내용)

송나라 진종황제 시절, 영승상 평남후 조숙의 부인 위씨는 황룡 태몽을 꾸고 지혜와 능력을 갖춘 쌍둥이 아들 조무와 조성을 낳는다. 형 조무는 기상이 호탕하고 동생 조성은 군자의 품성을 지니고 성장한다. 조무는 금가락지를 정표로 지닌 정참정의 딸 정채임(정소저)과 정혼한다. 정채임은 일찍 어머니를 여의고 어리석은 아버지와 간악한 계모 박 씨 밑에서 힘들게 자란다. [고생 끝에 집을 나온 정채임은 도적을 만나 강물에 몸을 던졌다가 조무 형제에게 구조된다. 정채임은 자신의 의지와 상관없이 시비들의 도움과 석공, 조 상국의 결정으로 조무와 혼례를 치른다.] 한편 조성은 옥가락지를 정표로 지닌 양태사의 딸 양옥설(양소저)과 혼인한다. 이후 조무와 조성은 나란히 과거에 장원 급제하여 조무는 한림학사, 조성은 금문직사에 오른다. 이후 황제는 조무를 박귀비(후궁)의 딸인 금선공주와 혼인시켜 부마(황제의 사위)로 삼는다. 어머니(박귀비)를 닮아 간악한(간사하고 악한) 금선공주는 현숙한(어질고 정숙한) 정부인(정채임)을 시기하여 모해한다(꾀를 써서 해친다). 박귀비의 동생인 박수관은 양부인(양옥설)의 미모를 탐내 양부인의 오빠 양세는 재산을 독차지하려 박수관과 결탁한다. 박수관과 양세는 조성과 양부인 사이를 이간질하고, 조성은 결국 양부인을 친정으로 내쫓는다. 한편 계모 박 씨는 조카 박수관에게 정부인을 주려 하고, 정부인은 친정에서 광인 행세를 하며 위기를 모면한다. 계속되는 모함과 위기에 정부인은 외조부의 집으로 피신하고, 양부인은 죽은 것으로 위장하고 윤시랑의 집으로 피신하여 윤소저와 의자매를 맺는다. 조성은 광동자사로 부임하고 조무는 정토대원수가 되어 전쟁에 출정한다. 이때 박수관이 조성이 황제를 시해하려(죽이려) 했다며 역모의 누명을 씌우자, 양부인은 황제에게 피로 쓴 상소문을 올려 조성의 무죄를 증명한다. 황제는 조성의 결백을 인정하고 양부인을 다시 첫 부인으로 복위시킨다. 조성은 양부인과 감격적으로 재회하고, 양소저의 청과 황제의 명으로 윤소저와도 혼인한다. 이후 양세는 시비 계월을 양부인의 모습으로 변신시켜 조성을 유혹하려다 발각되어 흉계가 만천하에 드러난다. 이에 격분한 아버지 양공이 양세를 벌하려 하자, 양세는 아버지를 구타하고 달아나 초왕에게 의탁한다. 양세가 초왕과 함께 반란을 일으키자 조성이 이들을 격파하고 양세와 박수관 일당을 처단한다. 박귀비의 죄상도 드러나 처형되고 금선공주는 유배된다. 조무는 거란과 운남의 반란을 평정하는 공을 세워 진국공, 후에 평진왕에 봉해진다. 조성 또한 동진과 서초의 변란을 평정하고 선정을 베풀어 초공공에 봉해진다. 시간이 흘러 새 황제가 즉위하면서 금선공주가 사면되어(죄를 용서받아) 돌아오고, 개과천선하여(지난날의 잘못이나 허물을 고쳐 올바르고 착하게 되어) 조씨 가문의 평화에 기여하게 된다.

• 인물 관계도

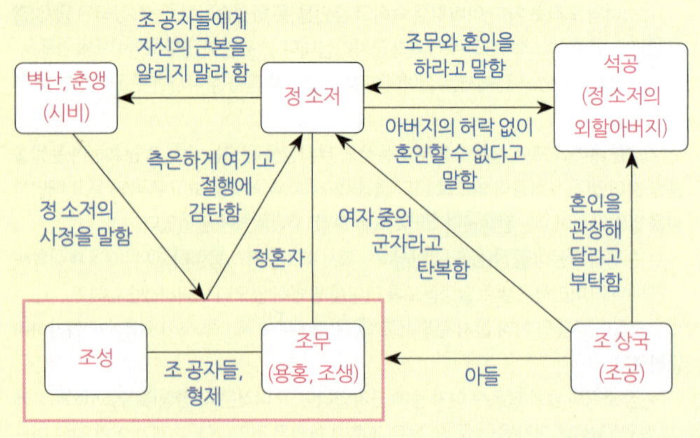

1등급 문제

070 | 서술상 특징 – 적절한 것 고르기 2024년 10월 학평 42번
정답률 55%, 매력적 오답 ①, ③ 15%, ⑤ 10% 정답 ②

윗글에 대한 설명으로 가장 적절한 것은?

① 과장된 상황을 설정하여 *해학성을 유발하고 있다. * 익살스럽고 우스꽝스러운 성질

풀이 ┃ 윗글에서 과장된 상황을 설정하여 해학성을 유발한 부분은 찾아볼 수 없다.

→ 적절하지 않음!

■ 과장된 상황을 설정하여 해학성을 유발하는 작품
• 채만식, 「미스터 방」(2023학년도 6월 모평)
미스터 방이 그 걸쭉한 양칫물을 노대(발코니) 아래로 아낌없이 좍 뱉는 바로 그 순간이었다. 그 순간이 공교롭게도(우연하게도), 마침 그를 찾으러 온 S 소위가 현관으로 일단 들어서려다 말고(미스터 방이 노대로 나오는 기척이 들렸기 때문에) 뒤로 서너 걸음 도로 물러나, "헬로." 부르면서 웃는 얼굴을 쳐드는 순간과 그만 일치가 되었다. "에구머니!" 놀라 질겁을 하였으나 이미 뱉어진 양칫물은 퀴퀴한 냄새와 더불어 백절 폭포(여러 번 꺾여 쏟아져 내리는 폭포)로 내리쏟아져 웃으면서 쳐드는 S 소위의 얼굴 정통에 가 차르르.
→ S 소위의 웃는 얼굴에 미스터 방이 내뱉은 양칫물이 '백절 폭포'처럼 내리쏟아지는 과장된 상황을 통해 해학성을 유발하고 있다.

② 비유법을 사용하여 인물의 *외양을 표현하고 있다. * 겉모습

근거 ┃ ❸-19 용흥 공자의 두 눈에는 가을 물처럼 고운 광채가 어리었다.
❹-9 소저가 조 상국이 왔다는 말을 듣고 더욱 불안하고 놀라며 부끄러워 옥 같은 얼굴이 발그스레해졌다.

풀이 ┃ '가을 물처럼', '옥 같은'과 같은 비유적 표현을 활용하여 각각 용흥 공자와 정 소저의 외양을 표현하고 있다.

→ 적절함!

③ 배경 묘사를 통해 인물의 성격 변화를 암시하고 있다.

풀이 ┃ 윗글에는 배경 묘사가 드러나 있지 않으며, 성격 변화 또한 암시되어 있지 않다.

→ 적절하지 않음!

④ 꿈과 현실을 교차하여 사건을 *입체적으로 구성하고 있다. * 여러 각도에서 종합적으로

풀이 ┃ 윗글에는 현실에서 벌어지는 사건만 제시되어 있을 뿐, 꿈 장면은 나타나지 않는다.

→ 적절하지 않음!

⑤ *전기적 요소를 활용하여 비현실적인 장면을 부각하고 있다. * 비현실적

풀이 ┃ 윗글에는 비현실적 요소나 장면이 나타나지 않는다.

→ 적절하지 않음!

■ 전기적 요소를 활용하여 비현실적인 장면을 부각하는 작품
• 작자 미상, 「김원전」(2016년 고2 11월 학평, 2024학년도 수능)
아귀가 크게 웃고 말하길, "아까는 내 숨을 들이쉬니 모기 같은 것(여기서는 사람)도 삼켰으니 지금은 숨을 내쉴 것이니 네 눈을 부릅뜨고 자세히 보라." 하고 입을 벌려 숨을 내뿜니 황상(황제)과 만조백관(여러 신하)이 오 리(약 2km, '리'는 거리의 단위)나 밀려갔다.
→ 요괴인 아귀가 숨을 들이쉬어 사람을 잡아먹고 숨을 내쉬어 사람을 밀어내는 전기적 요소를 활용하여 비현실적인 장면을 부각하고 있다.

1등급 문제

071 | 내용 이해 – 적절하지 않은 것 고르기 2024년 10월 학평 43번
정답률 45%, 매력적 오답 ③ 20%, ①, ④ 15% 정답 ②

윗글의 내용에 대한 이해로 적절하지 않은 것은?

① 벽난과 춘앵은 정 소저가 조 공자와 *정혼한 인물임을 밝혔다. * 혼인을 약속한

근거 ┃ ❸-9 저희의 주인은 정참정의 딸(정 소저)로 외가에서 조 공자와 정혼하였습니다.

풀이 ┃ 벽난과 춘앵은 자신의 주인인 정 소저가 외가에서 조 공자와 정혼하였음을 밝히고 있다.

→ 적절함!

② 정 소저는 이평장 부인이 이사해 살고 있는 곳으로 찾아갔다. 곳을 몰라 부인과 만나지 못했다

근거 ┃ ❸-13~14 일의 형세가 매우 난처하여 남장으로 바꿔 입고 강가의 이평장 부인은 소저의 고모이신데, 그 분을 찾아가 의지하고자 하였습니다. 그러나 이평장 부인이

이사를 가신 지 수일이 지났고 가신 곳을 모르기 때문에 강변에서 방황하시다가

풀이 벽난과 춘앵은 정 소저가 이평장 부인을 찾아가 의지하고자 하였으나 부인이 이사 간 지 수일이 지났고 가신 곳을 몰라 방황했다고 하였다. 따라서 정 소저가 이평장 부인이 이사해 살고 있는 곳으로 찾아갔다는 설명은 적절하지 않다.

→ **적절하지 않음!**

③ 조 공자는 정 소저를 보호할 것을 명령했다.

근거 ❸-20~21 "소저의 수많은 고초와 슬픈 한이 이 조생을 위함이니 어찌 감사하지 않겠는가? 너희들은 우리가 집에 들어가 일을 처리할 사이에 소저를 보호하라."

풀이 조 공자는 벽난과 춘앵에게 자신들이 집에 들어가 일을 처리할 사이에 정 소저를 보호할 것을 명령했다.

→ **적절함!**

④ 석공은 조 상국이 정 소저의 뜻을 알려고 한다고 말했다.

근거 ❹-1 석공이 소저의 얼굴을 쓰다듬으며 길게 탄식하여 말하였다./ 6 이제 조 상국이 밖에 와서는 너와의 혼인을 완전하게 정하고 너의 뜻을 알려고 하니 어찌 고상하지 못한 모습으로 사양하느냐?

풀이 석공은 정 소저에게, 혼인에 대한 정 소저의 뜻을 알기 위해 조 상국이 찾아왔다고 말하였다.

→ **적절함!**

⑤ 석공 부인이 정 공자와 함께 나와 정 소저를 보았다.

근거 ❹-23 석공 부인이 정 공자와 함께 나와 소저를 보았는데 서로 붙들고 매우 오열함을 이기지 못하였다.

풀이 석공 부인이 정 공자와 함께 나와 정 소저를 붙들고 매우 오열했다고 하였으므로 적절하다.

→ **적절함!**

1등급 문제

072 말하기 방식 - 적절한 것 고르기 | 2024년 10월 학평 44번
정답률 55%, 매력적 오답 ④ 20%, ③ 10% | **정답 ⑤**

[A]와 [B]에 대한 이해로 가장 적절한 것은?

> **[A]** ❸-2~4 "우리 소저께서는 타향에서 떠돌아다니시다 친척을 찾으러 왔다가 도적을 만나 물에 빠져 죽게 되었습니다. 은인께서 생명을 구해준 은혜를 입어 남은 목숨을 회생하게 되었습니다. 우리 소저께서 은혜는 태산 같사오나 몸소 사례치 못함을 아뢰라 하셨습니다."
>
> **[B]** ❹-2~8 "일이 이미 여기에 이르렀으니 설마 어찌하겠느냐? 손녀가 어린 나이에 효성과 절개와 지혜가 모두 갖추어졌으니 완고한 아비와 어리석은 어미의 흉계에서 벗어나 목숨을 보전하여 명철보신한 것이다. 부모가 낳아준 몸을 보전하고 죽은 어미의 남긴 가르침을 이으니 네 아비가 흙과 나무 같은 마음을 지니고 있다고 하더라도 성혼한 후에 서로 만나서 부녀가 상봉하는 즐거움을 얻는다면 어찌 너를 책망하며 혼인을 한 것을 그르다고 하겠느냐? 모든 일에는 원래의 계획을 변경할 때와 임기응변의 방법이 있다. 이제 조 상국이 밖에 와서는 너와의 혼인을 완전하게 정하고 너의 뜻을 알려고 하니 어찌 고상하지 못한 모습으로 사양하느냐? 내가 네 부모를 대신하여 혼인을 관장할 것이다. 너에게 혼인을 묻는 말이 아니니 너는 다시 이상한 말을 내지 마라."

[B]는

① [A]는 [B]와 달리 상대의 행동에 변화를 *촉구하고 있다. * 재촉하여 요구하고

근거 [B] ❹-4 부모가 낳아준 몸을 보전하고 죽은 어미의 남긴 가르침을 이으니 네 아비가 흙과 나무 같은 마음을 지니고 있다고 하더라도 성혼한 후에 서로 만나서 부녀가 상봉하는 즐거움을 얻는다면 어찌 너를 책망하며 혼인을 한 것을 그르다고 하겠느냐?

풀이 [A]에서 벽난과 춘앵이 조 공자의 행동에 변화를 촉구하고 있지는 않다. 오히려 [B]에서 석공이 혼인을 거절하려는 소저의 행동에 변화를 촉구하고 있다고 볼 수 있다.

→ **적절하지 않음!**

[A]는

② [B]는 [A]와 달리 상대에게 다른 인물의 말을 전하고 있다.

풀이 [A]에서 벽난과 춘앵은 조 공자에게 '은혜는 태산 같사오나 몸소 사례치 못'한다는 정 소저의 말을 전하고 있다. [B]에서는 석공이 소저에게 다른 인물의 말을 전하는 부분이 나타나지 않는다.

→ **적절하지 않음!**

③ [A]와 [B]는 모두 상대의 의도에 *의문을 제기하고 있다. * 의심하여 따지고 있다

풀이 [A]에서 벽난과 춘앵은 조 공자의 의도에 의문을 제기하고 있지 않다. [B]에서 석공

은 '설마 어찌하겠느냐', '그르다고 하겠느냐?', '어찌 고상하지 못한 모습으로 사양하느냐?'라는 질문의 형식을 활용하였으나 이는 소저를 설득하는 것일 뿐, 그녀의 생각에 의문을 제기한 것으로 볼 수 없다.

→ **적절하지 않음!**

[B]는

④ [A]와 [B]는 모두 상대가 처한 어려움에 대해 공감하고 있다.

근거 [B] ❹-3 손녀가 어린 나이에 효성과 절개와 지혜가 모두 갖추어졌으니 완고한 아비와 어리석은 어미의 흉계에서 벗어나 목숨을 보전하여 명철보신한 것이다.

풀이 [B]에서 석공은 소저가 완고한 아비와 어리석은 어미의 흉계로 인해 겪은 어려움에 대해 공감하고 있다. 그러나 [A]에서 벽난과 춘앵은 조 공자가 처한 어려움에 공감하고 있지 않다.

→ **적절하지 않음!**

✓⑤ [A]와 [B]는 모두 과거에 일어난 일을 상대에게 언급하고 있다.

풀이 [A]에서 벽난과 춘앵은 소저가 타향에서 떠돌다가 친척을 찾으러 왔다가 도적을 만나 물에 빠진 과거의 일을 조 공자에게 언급하고 있다. [B]에서 석공은 소저가 완고한 아비와 어리석은 어미의 흉계에서 벗어나 목숨을 보전한 과거의 일을 소저에게 언급하고 있다.

→ **적절함!**

1등급 문제

073 감상의 적절성 - 적절하지 않은 것 고르기 | 2024년 10월 학평 45번
정답률 60%, 매력적 오답 ① 15%, ②, ③ 10% | **정답 ⑤**

〈보기〉를 참고하여 윗글을 감상한 내용으로 적절하지 않은 것은? 3점

> **| 보기 |**
> [1]「현몽쌍룡기」는 가부장적 사회(집안의 남자 어른이 가장 큰 권력을 가지는 사회)를 살아가는 여성의 삶을 담고 있다. [2] 이 작품 속 여성 인물은 친정 식구들로 인해 혼사가 지연되는(더딜 遲 늘일 延 : 늦추어지는) 등의 고난을 겪음에도 당대 여성에게 요구되던 덕목(덕 德 조목 目 : 추구하고 실현해야 할 가치)을 지킬 뿐 아니라 자식으로서의 도리를 지키고, 친정 가문의 일원(하나 一 인원 員 : 한 구성원)으로서의 소속감을 유지하기 위해 애쓴다. [3] 이러한 점에서 이 작품은 당시 여성 독자층의 큰 공감을 얻을 수 있었다는 의의를 지닌다.

① 정 소저가 친정 가문의 허물을 조 공자가 알게 되면 부끄러울 것이라고 생각하는 것에서 친정 가문의 일원으로서 소속감을 지니고 있음을 알 수 있군.

근거 〈보기〉-2 친정 가문의 일원으로서의 소속감을 유지하기 위해 애쓴다.

❶-1 정 소저는 계모 박 씨의 모함을 의심 없이 받아들인 아버지 정공 때문에 위기에 처하고, 집에서 나와 숨어 다니던 중

❷-4 은인의 덕이 산과 바다 같으나 차마 근본을 아뢰게 되어 저 집에서 우리 집의 허물을 알게 되면 매우 부끄럽게 될 것이다.

풀이 정 소저는 친정 가문의 허물, 즉 계모의 모함과 이를 받아들인 아버지로 인해 자신이 집을 나온 것을 조 공자가 알게 되면 부끄러울 것이라고 생각하고 있다. 이는 정 소저가 친정 가문의 일원으로서 소속감을 지니고 있음을 드러낸 것이다.

→ **적절함!**

② 가내의 어질지 못한 인물로 인해 정 소저가 죽을 위기를 겪었다는 것에서 고난이 친정 식구로부터 비롯되었음을 알 수 있군.

근거 〈보기〉-2 이 작품 속 여성 인물은 친정 식구들로 인해 혼사가 지연되는 등의 고난을 겪음

❶-1 정 소저는 계모 박 씨의 모함을 의심 없이 받아들인 아버지 정공 때문에 위기에 처하고, 집에서 나와 숨어 다니던 중 도적을 만나 강물에 몸을 던진다.

❸-10 소저가 본댁으로 돌아오신 후에 가내에 어질지 못한 사람이 있어서 수많은 방법으로 정참정을 보채고 소저를 재해에 빠지게 하였습니다.

풀이 정 소저는 가내의 어질지 못한 인물, 즉 계모 박 씨로 인해 집을 나왔다가 도적을 만나 물에 빠져 죽을 뻔한다. 따라서 정 소저의 고난이 친정 식구로부터 비롯되었다는 감상은 적절하다.

→ **적절함!**

③ 두 공자가 정 소저의 사연을 듣고 굳은 절개에 감동받았다는 것에서 정 소저가 당대에 요구되던 여성이 덕목을 갖춘 인물임을 알 수 있군.

근거 〈보기〉-2 이 작품 속 여성 인물은 ~ 당대 여성에게 요구되던 덕목을 지킬 뿐 아니라

❸-18 정 소저의 절행이 빼어나 자기를 위하여 온갖 고생이 이 지경에 미쳤음에 감복하고 하물며 평생의 아름다운 배필과 하늘이 정한 연분이 심상치 않다는 것을 알았다.

풀이 두 공자는 정 소저가 자기를 위해 고생한 사연을 듣고 그 빼어난 절행에 감복하였다.

V 고전소설

따라서 정 소저가 당대에 요구되던 여성의 덕목을 갖춘 인물임을 알 수 있다는 감상은 적절하다.

→ 적절함!

④ 정 소저가 아버지를 속인 채로는 혼인하지 못하겠다는 것에서 자식으로서의 도리를 따르고자 함을 알 수 있군.

근거 〈보기〉-2 이 작품 속 여성 인물은 ~ 자식으로서의 도리를 지키고,
④-11 "소녀의 도리로 차마 아버지를 속이고 혼인을 못 하겠습니다.

풀이 정 소저는 예정대로 조 공자와 혼인을 치르라는 석공의 말에 아버지를 속인 채로는 혼인하지 못하겠다고 말한다. 이를 통해 정 소저가 자식으로서의 도리를 따르고자 함을 알 수 있다.

→ 적절함!

⑤ 조공이 정 소저를 군자라고 칭하며 혼인을 진행하려는 것에서 정 소저가 가부장적 사회에서도 혼사를 주관할 수 있는 권리를 인정받았음을 알 수 있군.

근거 〈보기〉-1 「현몽쌍룡기」는 가부장적 사회를 살아가는 여성의 삶을 담고 있다.
④-18~21 "정 소저의 일과 행동은 여자 중에 군자입니다. 이것은 다 현형의 높은 교훈에 힘입은 것입니다. 제가 이와 같은 며느리를 얻으니 어찌 아버지의 어질지 못함을 한탄하겠습니까? 이것은 신부와 의논할 말이 아니니 현형이 혼인을 관장하십시오."

풀이 조공은 정 소저를 군자라고 칭찬하며 석공에게 혼인을 관장할 것을 부탁하고 있다. 정 소저가 가부장적 사회에서 혼사를 주관할 수 있는 권리를 인정받은 것은 아니다.

→ 적절하지 않음!

[074~077] 다음 글을 읽고 물음에 답하시오.

[앞부분의 줄거리] 왕언의 딸 왕시는 홍관 땅의 김유령을 만나 혼인을 했지만 나라의 늙은 신하에 의해 이별하게 되었다.

❶ 1 김유령이 무릎을 꿇고 대답하였다.

2 "제 나이 스무 살 되었을 때 아내(왕시)를 얻었는데, 나라의 노신하(늙을 老 신하 臣 신하 下 : 늙은 신하)가 (아내를) 궁녀(대궐 宮 여자 女 : 궁궐 안에서 왕과 왕비를 가까이 모시던 여자)로 들이니 늘 서러워하며 지내고 있습니다. 3 세상일도 잊은 채, 다만 아내의 소식이나 한번 듣고 싶어 그것만을 희망하고 살고 있었습니다. 4 그런데 어느날 꿈에 선할아버님(신선. 여기서는 월궁도사)께서 이르시기를, '어찌 화산도사를 찾아가 보지 않는가? 5 그 도사가 못할 일이 없으니 네가 가보면 소원을 이룰 수 있으리라. 6 갈 때 돈 일만 관(돈꿰미 貫 : 엽전을 묶어 세던 단위. 한 관은 엽전 열 냥을 이름)을 가져가라.'라고 하셨습니다. 7 그래서 꿈에서 깨어나자마자 돈을 장만하여 가지고 이렇게 온 것입니다."

8 그러자 도사(화산도사)가 말했다.

9 "네 아내(왕시)를 도로(다시) (궁궐) 밖으로 내어다 (함께) 살고자 하느냐? 10 네 뜻을 자세히 말해라."

11 김유령이 말했다.

12 "도로 내어다 살기야 바랄 수 있겠습니까? 13 그저 나와 하루만이라도 만나보아 서로 말이나 나누었으면 합니다."

14 도사가 그 말을 듣고 말했다.

15 "네 뜻을 바로 말하지 않는구나. 16 하루만 보고 헤어지면 더욱 슬플 것이다. 17 그러니 어떻게 해 주었으면 좋겠다고 사실대로 다 말해라."

18 그러자 김유령이 다시 대답하였다.

19 "함께 살기야 어찌 바라지 않을까마는 불가능할 일이라 차마 말씀드리지 못할 뿐입니다. 20 만약 함께 살게만 해 주신다면 제가 두엄(풀, 짚 또는 가축의 배설물 따위를 썩힌 거름)을 지고 다니는 사람이 되라 한다 해도 원망하지 않겠습니다.

→ 김유령은 화산도사에게 궁녀가 된 아내와 함께 살고 싶다는 소원을 말한다.

(중략)

❷ 1 "접때(지난번에) 이 땅(화산)에 오라고 하시던 사람(여기서는 김유령)인데 다시 왔습니다."

2 그러자 도사가 대답하였다.

3 네(김유령)가 인간 세계에 태어나서도 착실한(차분하고 성실한) 사람이므로 월궁도사(김유령의 꿈에 나타난 선할아버님)가 너에게 알려 준 것이다. 4 그래서 그대(김유령)의 일이 이루어지도록 정(인정 情 : 따뜻한 마음)으로 가르침으로써 그대가 선간(仙間)(신선 仙 사이 間 : 신선이 산다는 곳)에서 저지른 일이 잘못되었다 하고 인간 세상에서 일 년만 좋은 일을 하면 선간에서 전에 지은 죄를 없애주려고 그대의 말을 들으려 했더니, 그대 무엇 때문에 짐승을 살게 하였단 말인가? 5 비록 하늘이 생겨나게 했으나 뱀이란 모질어(매섭고 독해) 죄 없는 사람이며 불쌍한 짐승을 다 잡아먹느니라. 6 또 남의 것을 빼앗고 죄 없는 사람을 죽이는 도적을 어째서 살려 주었느냐? 7 불쌍한 것을 구제하라(구원할 救 도울 濟 : 도와주라) 하였지 그런 것들(뱀과 도적)을 살려내라 하더냐? 8 이 두 가지 일(뱀과 도적을 살려 준 일)을 또 저질렀으니 삼 년간 조심하고 사 년 만에 오너라. 9 그때 보자."

[A]

10 이러고는 간데없이 사라졌다.

→ 화산도사는 김유령이 뱀과 도적을 살려 준 탓으로 소원을 들어주는 것을 미룬다.

❸ 1 김유령이 애닲고(안타깝고) 민망해(부끄러워) 집에 와서 문을 닫고는 들어앉아 조심하여 그릇된(옳지 못한) 일을 전혀 하지 않았다. 2 그렇게 행실(행할 行 행적 實 : 행동)을 삼가고(조심하고) 있다가 사 년 만에 화산으로 들어갔다. 3 그제서야 도사는 김유령이를 보고 이렇게 말했다.

4 "네 뜻이 보통이 아니로다. 5 돌이 굳지만 모래 될 때가 있고 쇠가 굳다 하나 녹을 때가 있으되 너는 돌이나 쇠보다도 더욱 굳은 사람이로다. 6 네게 이루어질 게 있으리라. 7 네 돈(준비한 일만 관)을 내라."

[B]

8 김유령이 돈을 내어 바치니 그 도사가 동쪽으로 그중의 일백을 던지니 이윽고(얼마 있다가) 푸른 옷 입은 사람이 오는 것이었다. 9 다시 서쪽으로 일백을 던지자 이윽고 흰 옷 입은 사람이 오고 또 일백을 북쪽으로 던지니 검은 옷 입은 사람이 오고 나머지를 공중에다 던지자 이윽고 쇠머리(소의 머리) 쓴 사람과 용의 몸을 지닌 사람과 귀밑머리(이마 한가운데를 중심으로 좌우로 갈라 귀 뒤로 넘겨 땋은 머리)가 단정한 사람 등이 오는 것이었다. 10 도사가 그중 검은 옷 입은 사람더러 말했다.

11 "유령이를 죽여 대령하고(기다릴 待 명령할 令 : 준비하고), 궁궐에 가 왕시도 죽이고 오라."

12 그러자 그 검은 옷 입은 사람이 즉시 유령이를 죽여 대령하고 왕시도 죽이고 와서는 보고하였다(알릴 報 알릴 告 : 알렸다).

13 "왕시를 죽이고 왔습니다."

14 그러자 이번에는 푸른 옷 입은 사람더러 말했다.

15 "유령이를 살려 내라."

16 그러자 (푸른 옷 입은 사람이 김유령을) 살려 내는 것이었다. 17 도사가 김유령더러 말했다.

18 "네 집에 가서 들어보아라. 19 왕시가 죽었다며 장례를 치를 것이다. 20 담당 관리를 내어(보내) (왕시를) 석 달(세 달) 만에 묻으면 네 소원이 이루어질 것이지만, 석 달 안에 묻지 못하면 네 소원이 이루어지지 못할 것이니라. 21 그러니 빨리 가라."

22 유령이 청원하였다(청할 請 원할 願 : 부탁하였다).

23 "집이(집까지 가는 데) 두 달 걸리니 어찌하면 좋겠습니까?"

24 그러자 그 도사가 사람을 불러 이렇게 일렀다.

25 "김유령이로 하여금 그 집에 들어가도록 하여라."

26 이윽고 서쪽으로부터 구름이 일고 천둥치며 하늘과 땅이 자욱하게(흐릿하게) 어두워졌다가 밝아지는 것이었다. 27 살펴보니 어느 결(사이)에 자기 집에 도착해 있었다. 28 들어보니 왕시가 죽었다며 장례 담당 관원(벼슬 官 관원 員 : 관리)을 내어 묻으려 하였다.

29 김유령이 장례 담당 관원에게 소청하여(호소할 訴 청할 請 : 간절히 부탁하여) 스무 날 내에 묻었다. 30 김유령이 생각하니, 도사 말이 자신(김유령)의 소원을 이룰 수 있다고 해서 기쁘기는 하나 그(왕시의) 시신을 묻고 보니 슬픈 심사(마음 心 생각 思 : 마음)가 더욱 그지없었다(끝이 없었다). 31 다시 화산으로 즉시 가서 도사에게 왕시를 묻었다고 아뢰려고(말하려고) 하였다.

→ 화산도사는 도술을 부려 김유령과 왕시를 죽인 후 김유령을 살려 내고, 김유령은 집에 돌아가 왕시를 묻는다.

❹ 1 화산에 가니 마침 그 도사가 월궁도사를 만나러 간 지 열흘이 넘도록 오지 않고 있었다. 2 매우 민망하여(불쌍히 여길 憫 명할 惘 : 답답하여) 음식을 먹지 않은 지 이레(일주일)가 되어 기운과 정신이 아주 없었다. 3 도사를 모시고 다니는 아이더러 그 서러운 사정을 말하니, 그 아이도 (화산도사가) 도무지 어디에 들어가 있는지 몰라 더욱 민망해하고 있었다.

4 이윽고 천지가 자욱하고 천둥치고 바람불고 비내리고 어두워져 심사가 더욱 아득하여(막막하여) 어쩔 줄을 몰랐다. 5 그러더니 문득 날도 밝아지고 바람도 그치고 비도 개면서 도사가 내려오는 것이었다.

⁶김유령이 나아가 뵙고, 왕시 묻은 일을 말하였다. ⁷그러자 도사가 조그만 종이에 주사(朱砂)(붉을 朱 단사 砂 : 수은으로 이루어진 황화 광물)를 갈아서 부적을 써서 공중으로 치올리니 이윽고 도끼 가진 것과 괭이(땅을 파거나 흙을 고르는 데 쓰는 농기구) 가진 귀신이 모두 오는 것이었다. ⁸또 동방(동쪽 東 방향 方 : 동쪽)에서 (부적을) 내치니(던지니) 이윽고 푸른 옷 입은 사람이 왔다.

⁹도사가 푸른 옷 입은 사람에게 말했다.

¹⁰"저 귀신(도끼와 괭이를 든 귀신)을 데리고 왕시의 무덤을 파내 화산 밑에다가 두고 와라."

¹¹그러자 푸른 옷 입은 놈이 그 귀신을 데리고 갔다. ¹²이윽고 북방(북쪽 北 방향 方 : 북쪽)의 검은 옷 입은 사람더러 말했다.

¹³"옛집에 가서 무빙 등 왕시를 알던 종들을 다 잡아다가 유희국(저승)에다가 두어라."

¹⁴그러자 (검은 옷 입은 사람이) 하직하고(아래 下 곧을 直 : 작별을 고하고) 가는 것이었다. ¹⁵도사가 김유령더러 말했다.

¹⁶"이제야 그대의 소원이 이루어질 것이다. ¹⁷(화산 밑으로) 내려가라. ¹⁸다만 왕시의 종들을 다 잡아온 것은 행여(혹시) 일이 생기면 네가 잘못될 것이므로 (종들을) 죽여온(죽여 유희국으로 데려간) 것이니 서러워 말라."

→ 화산도사는 왕시의 시신을 화산 밑에 두게 하고 왕시의 종들을 유희국으로 보낸다.

- 작자 미상, 「왕시전」-

· **중심 내용**

김유령은 화산도사에게 궁녀가 된 아내(왕시)와 함께 살게 해 달라는 소원을 말한다. 화산도사는 도술을 부려 김유령과 왕시를 죽인 후 김유령을 다시 살려 낸다. 김유령은 화산도사의 말대로 왕시를 땅에 묻고 화산도사는 왕시의 종들을 유희국으로 보낸다.

· **전체 줄거리** ([ ] : 지문 내용)

부모를 여읜 후 늙은 여종 무빙과 함께 살던 왕시는 19세 때 어질고 글 잘하는 선비인 김유령과 혼인을 한다. 하지만 결혼한 지 한 달 만에, 왕시의 어짊을 안 늙은 신하가 왕시를 궁녀로 들인다. 실의에 빠져 죽으려던 김유령은 무빙의 설득으로 목숨을 부지하지만 왕시를 항상 그리워하며 지낸다. 어느 날 김유령의 꿈에 도사가 나타나 돈 1만 관을 가지고 화산도사를 찾아가라는 말을 전하고, 김유령은 가까스로 화산도사를 찾아간다. [왕시와 함께 살고 싶다는 김유령의 소원을 들은 화산도사]는 1년간 남에게 악행을 저지르지 말고 짐승이라도 구해 주라는 요구를 한다. [1년 후 김유령이 덩굴에 걸린 뱀과 옥에 갇힌 도둑을 구해 주고 오자, 화산도사는 해악을 끼치는 것들을 살려 주는 실수를 저질렀다며 4년 만에 다시 오라고 한다. 또한 이번 일로 김유령이 선계(신선 세계)에 있을 때 저지른 죄를 용서해 주려고 했다는 말도 한다. 김유령이 3년간 행실을 삼간 후에 화산도사를 찾아가자 화산도사는 그 정성을 갸륵히 여겨, 김유령의 소원을 들어주기로 한다. 화산도사는 김유령이 준 돈을 던져 신이한 존재들을 부른 후, 김유령과 왕시를 죽여서 데려오게 한다. 그 후 화산도사는 김유령을 되살리고, 그에게 집에 돌아가 석 달 안에 왕시의 장사를 치르라고 한다. 김유령은 20일 만에 왕시의 장사를 지낸 후 다시 화산도사를 찾아간다. 화산도사는 귀신과 신이한 존재에게 왕시의 무덤을 파서 시신을 화산 밑에 두고 오라고 명한다. 그리고 무빙을 포함한 왕시의 종들을 유희국으로 보내라고 명한다.] 화산도사와 작별한 김유령은 화산 밑에서 울고 있는 왕시를 만난다. 김유령과 왕시는 이전에 살던 집을 팔고 새로운 곳에서 살아간다. 이후 김유령은 높은 벼슬에 올라 왕시와 함께 부귀영화를 누린다. 왕시는 80살에 먼저 세상을 떠나고, 이어 김유령도 죽었으나 본래 신선이었으므로 세상에 흔적이 남지 않았다.

· **인물 관계도**

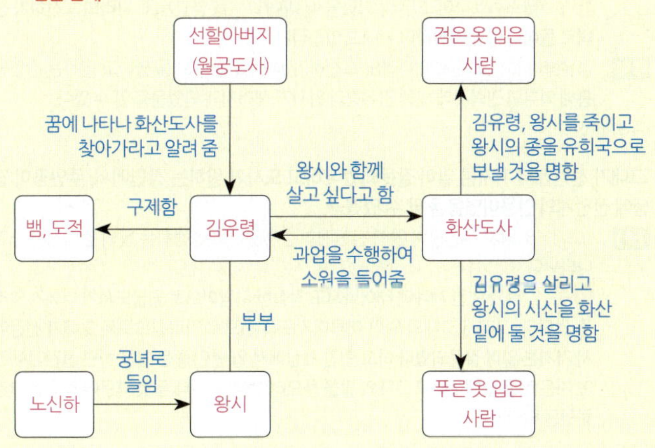

---

074 서술상 특징 - 적절한 것 고르기 2024년 6월 학평 31번
정답률 85%

정답 ①

윗글의 서술상 특징으로 가장 적절한 것은?

① 인물 간의 대화를 중심으로 사건을 전개하고 있다.

근거 ❶~❹ 김유령이 무릎을 꿇고 대답하였다. "제 나이 스무 살 되었을 때 ~ 그러자 도사가 말했다. "네 아내를 도로 밖으로 내어 오너 ~ 김유령이 말했다. "도로 내어다 살기야 ~ 도사가 그 말을 듣고 말했다. "네 뜻을 바로 말하지 않는구나. ~ 도사가 김유령더러 말했다. "이제야 그대의 소원이 이루어질 것이다. ~ 서러워 말라."

풀이 윗글은 김유령과 화산도사의 대화를 중심으로 사건이 전개되고 있다.

→ 적절함!

② *현재와 과거의 교차 서술로 주제를 부각하고 있다.

* 현재와 과거를 번갈아 가며 서술하는 방식

풀이 윗글은 현재의 시점만 나타나 있으므로 현재와 과거를 교차하여 서술하고 있다는 설명은 적절하지 않다.

→ 적절하지 않음!

> ■ **현재와 과거의 교차 서술로 주제를 부각하는 작품**
> • **현진건, 「고향」** (2014년 고2 3월 학평B)
> 그러자 그의 신세타령의 실마리는 풀려 나왔다. (현재) 그의 고향은 대구에서 멀지 않은 K군 H란 외딴 동리였다. ~ 남의 밑천을 얻어서 농사를 짓고 보니, 가을이 되어 얻는 것은 빈주먹뿐이었다. ~ 영양 부족한 몸이 심한 노동에 지친 탓으로 그의 어머니 또한 죽고 말았다. (과거) "모친꺼정 돌아갔구마." "돌아가실 때 흰 죽 한 모금 못 자셨구마." 하고 이야기하던 이는 문득 말을 뚝 끊는다. 그의 눈이 번들번들함은 눈물이 쏟아졌음이리라. ~ "그래, 이번 길에 고향 사람은 하나도 못 만났습니까?" "하나 만났구마, 단지 하나." (현재) 그 여자는 자기보다 나이 두 살 위였는데, 한 이웃에 사는 탓으로 같이 놀기도 하고 싸우기도 하며 자라났다. ~ 그런데 그 처녀가 열일곱 살 된 겨울에 별안간 간 곳을 모르게 되었다. 알고 보니, 그 아비 되는 자가 20원을 받고 대구 유곽에 팔아먹은 것이었다. (과거)
> → 현재와 과거의 교차 서술로 일제 강점기 우리 민족의 비참한 삶을 부각하고 있다.

③ 인물의 *외양 묘사로 성격의 변화를 드러내고 있다. * 겉모습을 그림을 그리듯이 표현함

풀이 윗글은 인물의 외양 묘사도, 인물의 성격 변화도 드러나 있지 않다.

→ 적절하지 않음!

> ■ **인물의 외양 묘사로 성격의 변화를 드러내는 작품**
> • **전상국, 「우상의 눈물」**
> 이제 아이들은 아무도 기표를 무서워하지 않았다. 형이라고 호칭하는 아이도 드물었다. 아무나 곁에 가서 말을 걸 수가 있었고 때로는 어깨도 쳤다. 그것은 기표가 아주 부끄러움을 잘 타는 아이로 변해버렸기 때문이다. 누구를 만나도 수줍어하는 그 아이는 그렇게 당당하던 체구마저도 왜소하게 짜부라진 채 우리가 보통 사진을 찍을 적에 '치이즈' 하고 웃듯 그런 미소를 얼굴에 담고 있었다.
> → 왜소하게 짜부라진 채 수줍게 미소를 짓는 기표의 외양을 묘사하여 기표가 폭력적 존재에서 유순한 존재로 변화한 모습을 드러내고 있다.

④ *서술자가 개입하여 인물의 행동에 대해 평가하고 있다.

* 이야기를 이끌어 가는 사람이 이야기 속에 끼어들어

풀이 윗글은 서술자가 개입하여 인물의 행동에 대해 평가하는 부분이 나타나지 않는다.

→ 적절하지 않음!

⑤ 인물의 심리를 서술하여 인물 간의 갈등을 *표출하고 있다. * 드러내고

근거 ❸-30 김유령이 생각하니, 도사 말이 자신의 소원을 이룰 수 있다고 해서 기쁘기는 하나 그 시신을 묻고 보니 슬픈 심사가 더욱 그지없었다. / ❹~1~3 도사가 월궁도사를 만나러 간 지 열흘이 넘도록 오지 않고 있었다. 매우 민망하여 음식을 먹지 않은 지 이레가 되어 기운과 정신이 아주 없었다. 도사를 모시고 다니는 아이더러 그 서러운 사정을 말하니,

풀이 왕시의 시신을 묻은 후 기뻐하면서도 슬퍼하고, 화산도사의 부재에 답답해하는 김유령의 모습이 나타나 있으나 이를 통해 인물 간의 갈등을 표출하고 있지는 않다.

→ 적절하지 않음!

V
고전소설

윗글에 대한 이해로 적절하지 않은 것은?

① 김유령은 도사에게 처음부터 숨김없이 소원을 말하였다.

근거 **①**-9~20 "네 아내를 도로 밖으로 내어다 살고자 하느냐? 네 뜻을 자세히 말하라." 김유령이 말했다 "도로 내어다 살기야 바랄 수 있겠습니까? 그저 나와 하루만이라도 만나보아 서로 말이나 나누었으면 합니다." 도사가 그 말을 듣고 말했다. "네 뜻을 바로 말하지 않는구나. ~ 어떻게 해 주었으면 좋겠다고 사실대로 다 말해라." 그러자 김유령이 다시 대답하였다. "함께 살기야 어찌 바라지 않을까마는 불가능할 일이라 차마 말씀드리지 못할 뿐입니다. 만약 함께 살게만 해 주신다면 제가 두엄을 지고 다니는 사람이 되라 한다 해도 원망하지 않겠습니다."

풀이 도사가 김유령에게 아내와 다시 함께 살고 싶냐고 묻자 김유령은 하루만이라도 만나기를 원한다고 하였다. 하지만 도사가 김유령의 마음을 알아채고 사실대로 말하라고 하자 김유령은 아내와 함께 살게만 된다면 두엄을 지고 다니는 사람이 된다 해도 원망하지 않겠다고 하였다. 따라서 김유령이 도사에게 처음부터 숨김없이 소원을 말했다고 볼 수는 없다.

→ 적절하지 않음!

② 도사는 김유령에게 소원을 이루기 위한 *과업을 제시하였다. * 꼭 하여야 할 일이나 임무

근거 **②**-7~8 불쌍한 것을 구제하라 하였지 그런 것들을 살려 내라 하더냐? 이 두 가지 일을 또 저질렀으니 삼 년간 조심하고 사 년 만에 오너라.

풀이 도사는 뱀과 도적을 구제한 김유령을 꾸짖으며 삼 년간 조심하고 사 년 만에 오라는 과업을 제시하였다.

→ 적절함!

③ 김유령은 담당 관원에게 소청하여 왕시의 시신을 스무 날 안에 묻었다.

근거 **③**-28~29 들어보니 왕시가 죽었다며 장례 담당 관원을 내어 묻으려고 하였다. 김유령이 장례 담당 관원에게 소청하여 스무 날 내에 묻었다.

풀이 김유령은 집에 돌아가 왕시의 죽음을 확인한 후 담당 관원에게 소청하여 왕시의 시신을 스무 날 안에 묻었다.

→ 적절함!

④ 김유령은 왕시의 시신을 묻고 난 이후 도사에게 이를 알리기 위해 화산으로 갔다.

근거 **③**-31~**④**-1 다시 화산으로 즉시 가서 도사에게 왕시를 묻었다고 아뢰려고 하였다. 화산에 가니

풀이 김유령은 왕시의 시신을 묻고 나서 화산도사에게 이를 아뢰기 위해 화산으로 갔다.

→ 적절함!

⑤ 도사는 검은 옷 입은 사람에게 무빙 등 왕시를 알던 종들을 유회국으로 데려가게 했다.

근거 **④**-12~13 북방의 검은 옷 입은 사람더러 말했다. "옛집에 가서 무빙 등 왕시를 알던 종들을 다 잡아다가 유회국에다가 두어라."

풀이 화산도사는 검은 옷 입은 사람에게 명하여 무빙 등 왕시를 알던 종들을 잡아다가 유회국으로 데려가게 하였다.

→ 적절함!

[A]와 [B]에 대한 이해로 가장 적절한 것은?

> [A] **②**-3~9 "네가 인간 세계에 태어나서도 착실한 사람이므로 월궁도사가 너에게 알려준 것이다. 그래서 그대의 일이 이루어지도록 정으로 가르침으로써 그대가 선간에서 저지른 일이 잘못되었다 하고 인간 세상에서 일 년만 좋은 일을 하면 선간에서 전에 지은 죄를 없애주려고 그대의 말을 들으려 했더니, 그대 무엇 때문에 짐승을 살게 하였단 말인가? 비록 하늘이 생겨나게 했으나 뱀이란 모질어 죄 없는 사람이며 불쌍한 짐승을 다 잡아먹느니라. 또 남의 것을 빼앗고 죄 없는 사람을 죽이는 도적을 어째서 살려 주었느냐? 불쌍한 것을 구제하라 하였지 그런 것들을 살려 내라 하더냐? 이 두 가지 일을 또 저질렀으니 삼 년간 조심하고 사 년 만에 오너라. 그때 보자."
>
> [B] **③**-4~7 "네 뜻이 보통이 아니로다. 돌이 굳지만 모래 될 때가 있고 쇠가 굳다 하나 녹을 때가 있으되 너는 돌이나 쇠보다도 더욱 굳은 사람이로다. 네게 이루어질 게 있으리라. 네 돈을 내라."

① [A]에는 상대를 *회유하려는 의도가, [B]에는 상대를 **조롱하려는 의도가 드러난다. * 잘 달래어 말을 듣게 하려는 ** 비웃거나 깔보면서 놀리려는

풀이 [A]에서 화산도사는 뱀과 도적을 살려 준 김유령을 꾸짖고 있을 뿐, 회유하려는 의도는 드러나지 않는다. [B]에서 화산도사는 김유령의 성품을 진심으로 칭찬하고 있을 뿐, 조롱하려는 의도는 나타나지 않는다.

→ 적절하지 않음!

② [A]에는 상대의 행동을 *질책하는 태도가, [B]에는 상대의 성품을 칭찬하는 태도가 드러난다. * 꾸짖어 나무라는

풀이 [A]에서 화산도사는 죄 없는 사람과 불쌍한 짐승을 잡아먹는 뱀과 남의 것을 빼앗고 죄 없는 사람을 죽이는 도적을 살려 준 김유령을 질책하고 있다. [B]에서 화산도사는 김유령이 돌이나 쇠보다 더 굳은 사람이라고 하며 김유령의 성품을 칭찬하고 있다.

→ 적절함!

자신의 뜻에 따라   인물에 대한 평가를
③ [A]에서는 다른 이의 조언을 바탕으로, [B]에서는 자신의 경험을 바탕으로 의사 결정을 하고 있다.

풀이 [A]에서 화산도사는 다른 이의 조언이 아니라 자신의 뜻에 따라 의사 결정을 하고 있다. 또한 [B]에서 화산도사는 자신의 경험이 아니라 김유령에 대한 평가를 바탕으로 소원을 들어주는 일을 결정하고 있다.

→ 적절하지 않음!

④ [A]와 [B]에는 모두 상대의 미래에 대한 불안한 마음이 드러난다.

풀이 [A]와 [B]에서 화산도사가 김유령의 미래에 대해 불안해하는 마음을 드러내고 있지는 않다.

→ 적절하지 않음!

[A]에서는
⑤ [A]와 [B]에서는 모두 과거의 사건을 근거로 들어 문제 해결을 *유보하고 있다. * 나중으로 미루어 두고

근거 **③**-1~2 김유령이 애닯고 민망해 집에 와서 문을 닫고는 들어앉아 조심하여 그릇된 일을 전혀 하지 않았다. 그렇게 행실을 삼가고 있다가 사 년 만에 화산으로 들어갔다.

풀이 [A]에서 화산도사는 김유령이 뱀과 도적을 구제한 사건을 근거로 들어 김유령과 왕시의 재회를 유보하고 있다. 그러나 [B]에서는 김유령이 삼 년간 행실을 조심한 것을 근거로 들어 김유령이 처한 문제를 해결해 주기로 결심하였으므로 적절하지 않은 설명이다.

→ 적절하지 않음!

1등급 문제

〈보기〉를 바탕으로 윗글을 감상한 내용으로 적절하지 않은 것은? 3점

> | 보기 |
> [1] 「왕시전」은 여인을 향한 남성의 애틋한(깊고 절실한) 사랑을 그린 작품이다. [2] 혼인한 남녀 주인공이 외부의 힘에 의해 헤어질 수밖에 없었지만, 이를 극복하고 재회하는 행복한 결말을 맞이한다. [3] 그 과정에서 초월적 존재(인간의 한계를 넘어선 신적인 존재)의 힘을 빌려 문제를 해결하거나 남자 주인공이 원래 신선계의 존재였다고 설정하는 등의 전기적(傳奇的)(전할 傳 기이할 奇 ~의 的 : 비현실적) 요소가 나타난다.

① '나라의 노신하가 궁녀로 들이니'라고 김유령이 말하는 장면에서, 외부의 힘에 의해 남녀 주인공이 헤어지게 되었음을 알 수 있겠군.

근거 〈보기〉-2 혼인한 남녀 주인공이 외부의 힘에 의해 헤어질 수밖에 없었지만,

①-2 "제(김유령) 나이 스무 살 되었을 때 아내(왕시)를 얻었는데, 나라의 노신하가 궁녀로 들이니 늘 서러워하며 지내고 있습니다.

풀이 김유령이 화산도사에게 '나라의 노신하가' 아내를 '궁녀로 들'였다고 말하는 장면을 통해 외부의 권력자에 의해 김유령과 왕시가 헤어지게 되었음을 알 수 있다.

→ 적절함!

② '그대가 선간에서 저지른 일이 잘못되었다'라고 도사가 말하는 장면에서, 주인공이 전생에 신선계의 인물이었음을 알 수 있겠군.

근거 〈보기〉-3 남자 주인공이 원래 신선계의 존재였다고 설정하는 등의 전기적 요소가 나타난다.

②-3~4 "네가 인간 세계에 태어나서도 착실한 사람이므로 월궁도사가 너에게 알려준 것이다. 그래서 그대의 일이 이루어지도록 정으로 가르침으로써 그대가 선간에서 저지른 일이 잘못되었다 하고 인간 세상에서 일 년만 좋은 일을 하면 선간에서 전에 지은 죄를 없애주려고 그대의 말을 들으려 했더니, 그대 무엇 때문에 짐승을 살게 하였단 말인가?

풀이 화산도사가 김유령에게 '그대가 선간에서 저지른 일이 잘못되었다'라고 말하는 장면을 통해 주인공이 전생에 신선계에서 잘못을 저질러 인간 세계로 내려온 인물임을 알 수 있다.

→ 적절함!

③ '그릇된 일을 전혀 하지 않았다'라는 장면에서, 왕시에 대한 김유령의 애틋한 사랑을 알 수 있겠군.

근거 <보기>-1 「왕시전」은 여인을 향한 남성의 애틋한 사랑을 그린 작품이다.
❷-4 그대의 일(왕시와 함께 살고 싶은 소망)이 이루어지도록 정으로 가르침으로써/ 7~8 불쌍한 것을 구제하라 하였으니 그런 것들(뱀, 도적)을 살려 내라 하더냐? 이 두 가지 일을 또 저질렀으니 삼 년간 조심하고 사 년 만에 오너라.
❸-1 김유령이 애닯고 민망해 집에 와서 문을 닫고는 들어앉아 조심하여 그릇된 일을 전혀 하지 않았다.

풀이 김유령은 뱀과 도적을 구제한 잘못을 저질렀으니 삼 년간 조심하고 사 년 만에 오라는 화산도사의 말에 따라 '그릇된 일을 전혀 하지 않는다. 이는 왕시를 만나기 위한 것이므로 왕시에 대한 김유령의 애틋한 사랑을 확인할 수 있다.

→ 적절함!

✔ ④ '어느 결에 자기 집에 도착해 있었다'라는 장면에서, 김유령이 부리는 도술이 초월적 존재의 힘을 빌린 것임을 알 수 있겠군.

근거 <보기>-3 초월적 존재의 힘을 빌려 문제를 해결하거나
❸-20~27 석 달 안에 묻지 못하면 네 소원이 이루어지지 못할 것이니라. ~ "집이 두 달 걸리니 어찌하면 좋겠습니까?" 그러자 그 도사가 사람을 불러 이렇게 일렀다. "김유령으로 하여금 그 집에 들어가도록 하여라." 이윽고 서쪽으로부터 구름이 일고 천둥치며 하늘과 땅이 자욱하게 어두워졌다가 밝아지는 것이었다. 살펴보니 어느 결에 자기 집에 도착해 있었다.

풀이 김유령은 집으로 가는 데 걸리는 시간 때문에 왕시를 석 달 안에 묻지 못할까 봐 걱정한다. 이에 화산도사는 사람을 불러 김유령을 집으로 보내도록 명하고, 그가 도술을 부려 김유령은 '어느 결에 자기 집에 도착하게 된다. 김유령이 직접 도술을 부린 것은 아니므로 적절하지 않은 설명이다.

→ 적절하지 않음!

⑤ '그대의 소원이 이루어질 것'이라고 도사가 말하는 장면에서, 남녀 주인공이 다시 만나는 행복한 결말을 암시하고 있음을 알 수 있겠군.

근거 <보기>-2 혼인한 남녀 주인공이 외부의 힘에 의해 헤어질 수밖에 없었지만, 이를 극복하고 재회하는 행복한 결말을 맞이한다.
❹-16 "이제야 그대의 소원이 이루어질 것이다.

풀이 김유령의 소원은 왕시와 만나 함께 살아가는 것이다. 화산도사가 김유령에게 '그대의 소원이 이루어질 것'이라고 말하는 것을 통해 남녀 주인공이 다시 만나는 행복한 결말을 암시하고 있음을 확인할 수 있다.

→ 적절함!

💡 **어떻게 풀까?** 이 문항은 <보기>의 설명이 어렵지는 않았다. 다만, 지문의 내용과 <보기>를 잘 연결하지 못하고, 선지를 꼼꼼하게 보지 못해 오답률이 높았다.
매력적 오답으로 많이 선택한 선지 ③은 김유령이 '왜 그릇된 일을 전혀 하지 않았는지'를 생각해야 했다. 그릇된 일을 하지 않은 것과 왕시에 대한 김유령의 애틋한 사랑을 바로 연결 짓기는 어렵다. 그릇된 일을 하지 말라는 것은 화산도사가 김유령에게 지시한 것으로, 이 지시를 지켜야만 왕시와 함께 살고 싶다는 김유령의 소원이 이뤄진다. 여기까지 생각을 확장해야 <보기>의 내용과 연결할 수 있다. 아무리 <보기>가 술술 읽혀도 지문에서 제대로 된 근거를 찾지 못하면 정답을 찾을 수 없다.

[078~081] 다음 글을 읽고 물음에 답하시오.

1 1 춘풍 아내 (춘풍의) 곁에 앉아 하는 말이
"마오 마오 그리 마오. 2 청루미색(푸를 靑 다락 樓 아름다울 美 낯 色 : 기생집의 아름다운 기녀) 좋아 마오. 3 자고로 이런 사람(청루미색을 즐기는 사람)이 어찌 망하지 않을까? 4 내(춘풍 아내) 발늘 사세히 늘어보소. 5 비나리골 박화신(청루미색을 즐기다가 망한 사례 ①)이라는 이는 청루미색 즐기다가 나중에는 굶어 죽고, 남산 밑에 이 패두(청루미색을 즐기다가 망한 사례 ②. '패두'는 형조에 속하여 죄인의 볼기 치는 일을 맡아 하던 사령)는 소년 시절 부자였으나 주색(술 酒 여색 色 : 술과 여자)에 빠져 다니다가 늙어서는 상거지(아주 비참할 정도로 형편없는 불쌍한 거지) 되
[A]

고, 모시전골 김 부재(청루미색을 즐기다가 망한 사례 ③)는 술 잘 먹기 유명하여 누룩(밀이나 콩으로 만든, 술을 빚는 데 쓰는 발효제) 장수가 도망을 다니기로 장안에 유명터니 수만금을 다 없애고 끝내 똥 장수가 되었다니, 이것으로 두고 볼지라도 청루잡기(푸를 靑 다락 樓 섞일 雜 기술 技 : 기생집에서 하는 잡스러운 여러 가지 노름) 잡된 마음 부디부디 좋아 마소."

6 춘풍이 대답하되,
"자네(춘풍의 아내) 내(춘풍) 말 들어보게. 7 그 말이 다 옳다 하되, 이 앞집 매갈쇠(주색잡기를 안 해도 못산 사례 ①)는 한잔 술도 못 먹어도 돈 한 푼 못 모으고, 비우고개 이도명(주색잡기를 안 해도 못산 사례 ②)은 오십이 다 되도록 주색을 몰랐으되 남의 집만 평생 살고, 탁골 사는 먹돌이(주색잡기를 안 해도 못산 사례 ③)는 투전(싸울 鬪 종이 牋 : 노름의 일종) 잡기(섞일 雜 기술 技 : 잡스러운 여러 가지 노름) 몰랐으되 수천 금 다 없애고 나중에는 굶어 죽었으니, 이런 일을 두고 볼지라도 주색잡기(술 酒 여색 色 섞일 雜 재주 技 : 술과 여자와 노름) 안 한다고 잘 사는 바는 없느니라. 8 내 말 자네 들어보게. 9 술 잘 먹던 이태백(중국 당나라의 시인. 주색잡기를 좋아했으나 성공한 사례 ①)은 호사스런(사치 豪 사치 奢 : 화려한) 술잔으로 매일 장취(오래도록 長 취할 醉 : 술에 늘 취해) 놀았으되 한림학사(중국 당나라 때에, 한림원에 속한 벼슬) 다 지내고 투전에 으뜸인 원두표(조선 인조 때의 무신. 주색잡기를 좋아했으나 성공한 사례 ②)는 잡기를 방탕하여 소년부터 유명했으나 나중에 잘되어서 정승 벼슬 하였으니, 이로 두고 볼진대 주색잡기 좋아하기는 장부(어른 丈 남자 夫 : 성인 남자)의 할 바라. 10 나도 이리 노닐다가 나중에 일품(첫째 一 품계 品 : 뛰어난) 정승 되어 후세(뒤 後 세대 世 : 다음 세대)에 (이름을) 전하리라."
[B]

→ 청루미색을 경계하라는 아내의 말에도 불구하고 춘풍은 자신의 주색잡기를 합리화한다.

2 1 (춘풍이) 아내의 말을 아니 듣고 수틀리면(마음에 들지 않으면) 때리기와 전곡(돈 錢 곡식 穀 : 돈과 곡식) 남용(함부로 할 濫 쓸 用 : 함부로 씀) 일삼으니 이런 변(재앙 變 : 불행한 일)이 또 있을까? 2 이리저리 놀고 나니 집안 형용(모양 形 모양 容 : 모습) 볼 것 없다.
3 ㉠ "다 내 몸에 정해진 일이요, 내 이제야 허물(잘못)을 뉘우치고(나를) 책망하는(꾸짖을 責 책망할 望 : 잘못을 꾸짖는) 마음이 절로 난다."
4 아내에게 지성으로(지극할 至 정성 誠 : 지극한 정성으로) 비는 말이
"노여워 말고 슬퍼 마소. 5 내 마음에 자책하여(자기 自 꾸짖을 責 : 잘못을 뉘우쳐) 가끔 말하기를, '오늘의 옳음과 어제의 잘못을 깨달았노라'고 한다오. 6 지난 일은 고사하고(잠깐 姑 내버려 둘 捨 : 말할 것도 없고) 가난하여 못 살겠네. 7 어이 하여 살잔 말인고? 8 오늘부터 집안의 모든 일을 자네(춘풍의 아내)에게 맡기나니 마음대로 치산하여(다스릴 治 재산 産 : 집안 살림살이를 잘 돌보고 다스려) 의식(옷 衣 밥 食 : 의복과 음식)이 염려(생각 念 걱정 慮 : 걱정) 없게 하여 주오."
9 춘풍 아내 이른 말이,
㉡ "부모 유산 수만금을 청루(푸를 靑 다락 樓 : 기생들이 있는 집) 중에 다 들이밀고 이 지경이 되었는데 이후에는 더욱 근심이 많을 것이니, 약간 돈냥(많지 않은 돈)이나 있다 한들 그 무엇이 남겠소?"
10 춘풍이 대답하되,
"자네 하는 말이 나를 별로 못 믿겠거든 이후로는 주색잡기 아니하기로 결단하는(결심 決 결단 斷 : 결심하는) 각서(깨달을 覺 글 書 : 약속을 지키겠다는 내용을 적은 문서)를 써서 줌세."

→ 주색잡기로 가산을 탕진한 춘풍은 집안의 모든 일을 아내에게 맡기고, 주색잡기를 금하겠다는 각서를 쓰고자 한다.

3 [중략 줄거리] 1 춘풍 아내가 열심히 품을 팔아(일해) 집안을 일으키자 춘풍은 다시 교만해지고(교만할 驕 거만할 慢 : 잘난 체하며 남을 업신여기고), 아내의 만류(당길 挽 붙잡을 留 : 붙들고 못 하게 말림)에도 호조(호적상 집의 수효와 식구 수, 나라에 바치던 물건과 세금, 돈과 곡식에 관한 일을 맡아보던 관아)에서 이천 냥을 빌려 평양으로 장사를 떠나게 된다. 2 춘풍이 평양에서 기생 추월의 유혹에 넘어가 장사는 하지 않고 재물을 모두 탕진한(방탕할 蕩 없어질 盡 : 다 써서 없앤) 채 추월의 하인이 되었다는 소식을 듣고 춘풍의 아내가 통곡한다.

→ 아내의 만류에도 불구하고 평양으로 장사를 떠난 춘풍은 재물을 탕진하고 추월의 하인이 된다.

4 1 (춘풍의 아내가) 이리 한참 울다가 도로 풀고 생각하되,
2 '우리 가장(춘풍) 경성(서울 京 도시 城 : 한양)으로 데려다가 호조 돈 이천 냥을 한 푼 없이 다 갚은 후에 의식 염려 아니하고 부부 둘이 화락하여(화목할 和 즐거워할 樂 : 화평하게 즐기며) 백년 동락하여(함께 同 즐거울 樂 : 같이 즐겨) 보자. 3 평생의 한이로다.'
4 마침 그때 김 승지(조선 시대에, 승정원에 속한 벼슬) 댁이 있으되 승지는 이미 죽고, 맏자제(맏아들)가 문장을 잘해(글을 뛰어나게 잘 지어) 소년 급제하여(어려서 과거에 급제하여) 한림

옥당(조선 시대 벼슬 이름) 다 지내고 도승지(승정원의 으뜸 벼슬)를 지낸 고로, 작년에 평양 감사(조선 시대에 둔, 각 도의 으뜸 벼슬) 두 번째 물망에 있다가(유력한 인물이었다가) 올해 평양 감사 하려고 도모한단(계획할 圖 꾀할 謀 : 계획한단) 말을 사환(심부름꾼 使 부를 喚 : 관청 등에서 잔심부름을 시키기 위하여 고용한 사람) 편에 들었것다. 5승지 댁이 가난하여 아침저녁으로 국록(나라 國 녹봉 祿 : 나라에서 벼슬아치에게 주던 곡식, 명주, 베, 돈 따위)을 타서 많은 식구들이 사는 중에 그 댁에 노부인 있다는 말을 듣고, 바느질품(바느질을 해 주고 돈을 받아 생계를 잇는 일)을 얻으려고 그 댁에 들어가니, 후원(뒤 後 동산 園 : 집 뒤에 있는 정원)별당(따로 別집 堂 : 몸채의 곁이나 뒤에 따로 지은 집이나 방) 깊은 곳에 도승지의 모부인(어머니)이 누웠는데 형편이 가난키로 식사도 부족하고 의복도 초췌하다(파리할 憔 시들 悴 : 낡고 해졌다). 6춘풍 아내 생각하되,

'이 댁에 붙어서 우리 가장 살려내고 추월에게 복수도 할까.'

7하고 바느질, 길쌈(실을 내어 옷감을 짜는 일) 힘써 일해 얻은 돈냥 다 들여서 승지 댁 노부인에게 아침저녁으로 진지를 올리고, 노부인께 맛난 차담상(손님을 대접하기 위해 내놓은, 차와 과자 따위를 차린 상)을 특별히 간간히(기쁘고 즐거운 마음으로) 차려드리거늘, 부인이 감지덕지(감동할 感 어조사 之 은혜 德 어조사 之 : 매우 고맙게 여겨) 치사하며(이를 致 사례할 謝 : 고맙다는 뜻을 표시하며) 하는 말이,

8"이 은혜를 어찌할꼬?"

9주야로(낮 晝 밤 夜 : 계속) 유념하니(머무를 留 생각 念 : 마음속에 깊이 간직하여 생각하니), 하루는 춘풍의 처더러 이르는 말이,

ⓒ "내 들으니 네가 집안이 기울어서 바느질품으로 산다 하던데, 날마다 차담상을 차려 때때로 들여오니 먹기는 좋으나 불안하도다."

10춘풍 아내 여쭈되,

"소녀(춘풍의 아내)가 혼자 먹기 어렵기로 마누라님(도승지의 모부인. 대부인) 전(어른이 계신 자리의 앞을 높여 이르는 말)에 드렸는데 칭찬을 받사오니 오히려 감사하여이다."

11대부인이 이 말을 듣고 춘풍의 처를 못내(매우) 기특히 생각하더라.

12하루는 도승지가 대부인 전에 문안하고(물을 問 편안 安 : 안부 인사를 드리고) 여쭈되,

"요사이는 어머님(도승지의 모부인. 대부인) 기후(기운 氣 상황 候 : 몸과 마음의 형편)가 좋으신지 화기(화할 和 기운 氣 : 생기 있는 기색)가 얼굴에 가득하옵니다."

13대부인 하는 말씀이,

"기특한 일 보았도다. 14앞집 춘풍의 지어미(아내)가 좋은 차담상을 매일 차려오니 내 기운이 절로 나고 정성에 감격하는구나."

15승지가 이 말을 듣고 춘풍의 처를 귀하게 보아 매일 사랑하시더니, 천만 의외로(일천 千 일만 萬 뜻 意 밖 外 : 뜻밖에) 김 승지가 평양 감사가 되었구나. 16춘풍 아내, 부인 전에 문안하고 여쭈되,

"승지 대감, 평양 감사 하였사오니 이런 경사(경사 慶 일 事 : 축하할 만한 기쁜 일) 어디 있사오리까?"

17부인이 이른 말이,

ⓔ "나도 평양으로 내려 갈 제, 너도 함께 따라가서 춘풍이나 찾아보아라."

18하니 춘풍 아내 여쭈되,

"소녀는 고사하옵고 오라비가 있사오니 비장(도울 裨 장수 將 : 감사를 따라다니며 일을 돕는 무관 벼슬)으로 데려가 주시길 바라나이다."

19대부인이 이른 말이,

ⓔ "네 청(청할 請 : 부탁)이야 아니 듣겠느냐? 20그리하라."

21허락하고 감사에게 그 말을 하니 감사도 허락하고,

"회계 비장 하라."

22하니 좋을시고, 좋을시고. 23춘풍의 아내 없던(있지도 않은) 오라비를 보낼 쏜가? 24제가 손수(직접) 가려고 여자 의복 벗어놓고 남자 의복 치장한다(다스릴 治 꾸밀 粧 : 갖추어 입는다).

→ 도승지와 대부인의 마음을 얻은 춘풍의 아내는 평양 감사가 된
승지와 동행하고자 비장 차림으로 남장을 한다.

- 작자 미상, 「이춘풍전」-

가 5년간 쉴 새 없이 바느질품을 팔아 돈을 모아서 의식 걱정 없이 지내게 된다. 하지만 춘풍은 다시 방탕한 마음이 일어 아내의 만류에도 불구하고 호조에서 돈 이천 냥을 빌려 평양으로 장사를 떠난다. 평양에서 춘풍은 기생 추월의 계획적 유혹에 빠져 일 년 만에 재물을 모두 탕진하고는 오갈 데가 없어 급기야는 추월의 집 하인이 된다. 한양에서 춘풍의 소식을 듣고 분노하던 김 씨는 평양 감사의 물망에 오른 도승지 댁을 찾아가 대부인의 마음을 얻는다. 마침내 평양 감사가 된 도승지로부터 비장 자리를 얻은 김 씨는 남장을 한 채 감사의 평양길에 동행한다.] 평양에서 김 씨는 회계 비장을 맡아 유능한 일솜씨로 감사의 신임을 얻는다. 어느 날, 비장 차림으로 추월의 집을 찾은 김 씨는 남루한 행색의 춘풍을 보고는 추월에 대한 복수를 재차 다짐한다. 추월은 유능하다고 소문난 회계 비장을 유혹해 보지만, 비장은 며칠 뒤 춘풍과 추월을 잡아들여 호조에서 빌려 간 돈을 갚으라며 형벌로 다스린다. 곤장을 맞은 추월은 열흘 안에 춘풍에게 오천 냥을 갚기로 약속한다. 추월에 대한 복수를 마친 김 씨는 상경하여 춘풍의 귀향을 기다린다. 돈을 되찾은 춘풍은 장사로 큰돈을 번 것처럼 의기양양하게 집으로 돌아와 아내 앞에서 거드름을 피운다. 춘풍의 철없는 행동에 김 씨는 회계 비장의 차림으로 춘풍 앞에 나타나 평양에서의 춘풍의 행적을 폭로하며 꾸짖는다. 비장이 자신의 아내임을 알게 된 춘풍은 부끄러워하면서 지난 일을 뉘우친다.

• 인물 관계도

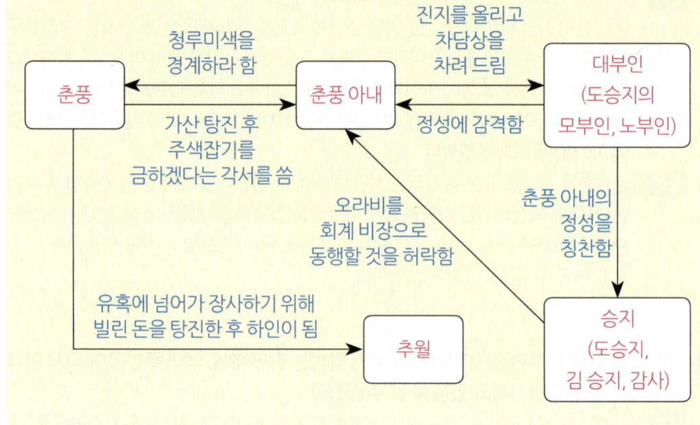

---

078 | 내용 이해 – 적절하지 않은 것 고르기 2024년 3월 학평 29번
정답률 80% | 정답 ④

윗글을 이해한 내용으로 적절하지 않은 것은?

① 춘풍은 호조 돈 이천 냥을 빌려 평양으로 떠났다.

근거 ❸-1 춘풍은 아내의 만류에도 호조에서 이천 냥을 빌려 평양으로 장사를 떠나게 된다.

풀이 춘풍은 아내의 만류에도 불구하고 호조에서 돈 이천 냥을 빌려 평양으로 장사를 떠났다.

→ 적절함!

② 춘풍 아내는 바느질품을 팔며 생계를 이었다.

근거 ❹-7 바느질, 길쌈 힘써 일해 얻은 돈냥 다 들여서 승지 댁 노부인에게 아침저녁으로 진지를 올리고,/ 9 "내 들으니 네가 집안이 기울어서 바느질품으로 산다 하던데,

풀이 춘풍 아내는 춘풍이 가산을 탕진하자 바느질품을 팔고, 길쌈을 해서 생계를 이어 나갔다.

→ 적절함!

③ 춘풍 아내는 춘풍의 잘못에도 가정의 화목을 바라고 있다.

근거 ❸ 아내의 만류에도 호조에서 이천 냥을 빌려 평양으로 장사를 떠나게 된다. 춘풍이 평양에서 기생 추월의 유혹에 넘어가 장사는 하지 않고 재물을 모두 탕진한 채 추월의 하인이 되었다는 소식을 듣고 춘풍의 아내가 통곡한다./ ❹-2 '우리 가장 경성으로 데려다가 호조 돈 이천 냥을 한 푼 없이 다 갚은 후에 의식 염려 아니하고 부부 둘이 화락하여 백 년 동락하여 보자.

풀이 춘풍이 평양에서 기생 추월의 유혹에 넘어가 재물을 모두 탕진하고 급기야는 추월의 하인이 되었다는 소식을 들은 춘풍 아내는 한참을 통곡하다가 호조에서 빌린 돈을 모두 갚고 부부 둘이 화목하게 백 년을 함께 즐기며 살아보자는 다짐을 한다. 따라서 춘풍의 아내는 춘풍의 잘못에도 불구하고 가정의 화목을 소망하고 있음을 알 수 있다.

→ 적절함!

④ 도승지는 평양 감사직을 연이어 두 번 맡게 되었다. (올해 처음으로)

- 근거 **④-4** 작년에 평양 감사 두 번째 물망에 있다가/ **15** 천만 의외로 김 승지가 평양 감사가 되었구나.
- 풀이 작년에 평양 감사 두 번째 물망에 있던 도승지는 처음으로 평양 감사가 되었다. 따라서 도승지가 평양 감사직을 두 번 연임하게 되었다는 설명은 적절하지 않다.

→ 적절하지 않음!

⑤ 대부인은 도승지에게 춘풍 아내의 정성을 칭찬하였다.

- 근거 **④-12~14** 하루는 도승지가 대부인 전에 문안하고 여쭈되, "요사이에 어머님 기후가 좋으신지 화기가 얼굴에 가득하옵니다." 대부인 하는 말씀이, "기특한 일 보았도다. 앞집 춘풍의 지어미가 좋은 차담상을 매일 차려오니 내 기운이 절로 나고 정성에 감격하는구나."
- 풀이 대부인은 '화기가 얼굴에 가득'하다는 아들 도승지의 말에 춘풍의 아내가 매일 좋은 차담상을 차려오는 덕분에 기운이 난다며 춘풍 아내의 정성을 칭찬했다.

→ 적절함!

---

079 | 말하기 방식 – 적절한 것 고르기 | 2024년 3월 학평 30번
정답률 85% | 정답 ④

[A], [B]에 대한 설명으로 가장 적절한 것은?

> [A] **❶-1~5** "마오 마오 그리 마오. 청루미색 좋아 마오. 자고로 이런 사람이 어찌 망하지 않을까? 내 말을 자세히 들어보소. 미나리골 박화진이라는 이는 청루미색 즐기다가 나중에는 굶어 죽고, 남산 밑에 이 패두는 소년 시절 부자였으나 주색에 빠져 다니다가 늙어서는 상거지 되고, 모시전골 김 부자는 술 잘 먹기 유명하여 누룩 장수가 도망을 다니기로 장안에 유명터니 수만금을 다 없애고 끝내 똥 장수가 되었다니, 이것으로 두고 볼지라도 청루잡기 잡된 마음 부디부디 좋아 마소."
>
> [B] **❶-6~10** "자네 내 말 들어보게. 그 말이 다 옳다 하되, 이 앞집 매갈쇠는 한잔 술도 못 먹어도 돈 한 푼 못 모으고, 비우고개 이도명은 오십이 다 되도록 주색을 몰랐으되 남의 집만 평생 살고, 탁골 사는 먹돌이는 투전 잡기 몰랐으되 수천 금 다 없애고 나중에는 굶어 죽었으니, 이런 일을 두고 볼지라도 주색잡기 안 한다고 잘 사는 바 없느니라. 내 말 자네 들어보게. 술 잘 먹던 이태백은 호사스런 술잔으로 매일 장취 놀았으되 한림학사 다 지내고 투전에 으뜸인 원두표는 잡기를 방탕히 하여 소년부터 유명했으나 나중에 잘되어서 정승 벼슬 하였으니, 이로 두고 볼진대 주색잡기 좋아하기는 장부의 할 바라. 나도 이리 노닐다가 나중에 일품 정승 되어 후세에 전하리라."

① [A]는 *권위를 내세워 행위의 **당위성을 강조하고 있다. (다른 사람의 사례를 근거로)
　* 힘, 영향력 　** 마땅히 그렇게 해야 할 성질

- 근거 **[A] ❶-1~3** "마오 마오 그리 마오. 청루미색 좋아 마오. 자고로 이런 사람이 어찌 망하지 않을까?/ **5** 이것으로 두고 볼지라도 청루잡기 잡된 마음 부디부디 좋아 마소."
- 풀이 [A]는 청루미색을 경계하라는 춘풍 아내의 말로, 청루미색을 즐기다가 망한 사람들(박화진, 이 패두, 김 부자)의 사례를 주장의 근거로 삼고 있다. [A]에서는 춘풍 아내가 청루미색을 경계해야 할 당위성을 강조하고는 있으나 그 과정에서 자신의 권위를 내세우고 있지는 않다.

→ 적절하지 않음!

② [B]는 상대의 주장을 수용하여 태도에 변화를 보이고 있다. (반박하며 자신의 입장을 고수하고 있다)

- 근거 **[B] ❶-9~10** 이로 두고 볼진대 주색잡기 좋아하기는 장부의 할 바라. 나도 이리 노닐다가 나중에 일품 정승 되어 후세에 전하리라."
- 풀이 [B]에서 춘풍은 주색잡기를 안 해도 못산 사람들(매갈쇠, 이도명, 먹돌이)과 주색잡기를 좋아했으나 성공한 사람들(이태백, 원두표)을 근거로 들어 청루미색을 좋아하면 망한다는 아내의 논리에 반박하며 자신의 주색잡기를 합리화하고 있다. 따라서 [B]에서 춘풍은 상대인 아내의 주장을 수용하지 않았고, 자신의 태도를 변함없이 고수하고 있다.

→ 적절하지 않음!

③ [A]는 [B]의 내용을 예측하여 *반박의 **여지를 차단하고 있다.
　* 반대하여 말함 　** 가능성

- 풀이 [A]는 청루미색에 빠져 망한 사람들의 사례를 근거로 청루미색에 대한 경계를 주장하고 있다. [B]의 내용을 예측하는 부분도, 이를 통해 반박의 여지를 차단하는 부분도 나타나지 않는다.

→ 적절하지 않음!

④ [B]는 [A]의 *반례를 들어서 자신의 행동을 **합리화하고 있다.
　* 반대되는 사례 　** 올바르고 마땅하다고 하고

[B] ❶-7~10 이 앞집 매갈쇠는 ~ 나도 이리 노닐다가 나중에 일품 정승 되어 후세에 전하리라."

- 풀이 [B]는 [A]에서 말한 청루미색에 빠져 망한 사람들과는 반대되는 사례, 즉 주색잡기에 빠지지 않았으나 가난하게 산 사람들과 주색잡기에 빠졌더라도 높은 벼슬에 오른 사람들의 사례를 들어 주색잡기를 좋아하는 자신의 행동을 합리화하는 근거로 삼고 있다.

→ 적절함!

⑤ [A]와 [B]는 모두 *영웅의 **행적을 주장의 근거로 삼고 있다. (대체로 주변 인물들의)
　* 지혜와 재능이 뛰어나고 용맹하여 보통 사람이 하기 어려운 일을 해내는 사람. 위인 　** 평생 한 일

- 근거 **[A] ❶-5** 미나리골 박화진이라는 이는 ~ 남산 밑에 이 패두는 ~ 모시전골 김 부자는
　[B] ❶-7~9 이 앞집 매갈쇠는 ~ 비우고개 이도명은 ~ 탁골 사는 먹돌이는 ~ 술 잘 먹던 이태백은 ~ 투전에 으뜸인 원두표는
- 풀이 [B]에서 춘풍이 언급한 '이태백'이나 '원두표'는 위인으로 볼 수 있지만, 그 외 [A]와 [B]에서 아내와 춘풍이 언급한 인물들은 그들의 주변 인물들로 이해하는 것이 적절하다.

→ 적절하지 않음!

---

080 | 인물의 심리 및 태도 – 적절하지 않은 것 고르기 | 2024년 3월 학평 31번
1등급 문제
정답률 60%, 매력적 오답 ③ 25% | 정답 ①

㉠ ~ ㉤을 이해한 내용으로 적절하지 않은 것은?

① ㉠ : 다른 사람의 잘못을 자신의 탓으로 여기고 있다. (자신의)

- 근거 **❷-3** ㉠ "다 내 몸에 정해진 일이요, 내 이제야 허물을 뉘우치고 책망하는 마음이 절로 난다."
- 풀이 아내의 만류에도 불구하고 주색잡기로 가산을 탕진한 춘풍은 ㉠에서 자신의 허물을 뉘우치고 책망하고 있으므로, 다른 사람의 잘못을 자신의 탓으로 여기고 있다는 이해는 적절하지 않다.

→ 적절하지 않음!

② ㉡ : 앞으로의 상황이 악화될 것을 *염려하고 있다. (* 걱정하고)

- 근거 **❷-9** ㉡ "부모 유산 수만금을 청루 중에 다 들이밀고 이 지경이 되었는데 이후에는 더욱 근심이 많을 것이니, 약간 돈냥이나 있다 한들 그 무엇이 남겠소?"
- 풀이 춘풍 아내는 춘풍이 부모로부터 물려받은 많은 유산을 기생집에 다 들이밀고 가산을 탕진한 상황에서 '이후에는 더욱 근심이 많을 것'이라며 앞으로의 상황이 현재보다 더 나빠질 것을 걱정하고 있다.

→ 적절함!

③ ㉢ : 상대방의 *호의를 부담스럽게 생각하고 있다. (* 친절한 마음씨)

- 근거 **❹-9** ㉢ "내 들으니 네가 집안이 기울어서 바느질품으로 산다 하던데, 날마다 차담상을 차려 때때로 들여오니 먹기는 좋으나 불안하도다."
- 풀이 ㉢에서 대부인은 바느질품으로 생계를 잇는다는 춘풍 아내가 차담상을 매일같이 차려오는 것이 마음이 편하지 않다(불안하도다)고 말하고 있다. 여기에는 춘풍 아내의 호의에 부담감을 느끼고 있는 대부인의 심정이 담겨 있다.

→ 적절함!

④ ㉣ : 상대의 처지를 고려해 *동행을 권유하고 있다. (* 같이 길을 감)

- 근거 **❹-17** ㉣ "나도 평양으로 내려 갈 제, 너도 함께 따라가서 춘풍이나 찾아보아라."
- 풀이 춘풍 아내의 상황을 알고 있던 대부인은 춘풍 아내에게 자신과 평양에 함께 가서 남편을 찾아볼 것을 권유하는데, 이는 상대의 입장과 처지를 배려한 것으로 볼 수 있다.

→ 적절함!

⑤ ㉤ : *신의를 바탕으로 요청을 **흔쾌히 수락하고 있다. (* 믿음과 의리 　** 기쁘고 즐겁게)

- 근거 **❹-19~20** ㉤ "네 청이야 아니 듣겠느냐? 그리하라."
- 풀이 어려운 형편에도 날마다 차담상을 차려오는 춘풍 아내의 정성에 감격해 그에 대한 신의가 두터웠던 대부인은 자신의 오라비를 비장으로 평양에 데려가 달라는 춘풍 아내의 요청을 흔쾌히 수락하고 있다.

→ 적절함!

<보기>를 바탕으로 윗글을 감상한 내용으로 적절하지 <u>않은</u> 것은? [3점]

| 보 기 |
[1]이 작품은 남편이 저지른 일을 아내가 수습하는(거두어 바로잡는) 서사(이야기)가 중심이 된다. [2]춘풍은 가장이지만 경제관념(재물을 유용하게 쓰려고 하는 생각) 없이 현실적 쾌락(즐거움)만을 추구하며 자신이 초래한(일으킨) 문제를 해결하려 하지 않는다. [3]반면, 춘풍 아내는 적극적으로 현실의 문제를 해결하려는 의지를 갖고 주도면밀하게(빈틈없이) 목적을 달성한다. [4]이러한 두 인물의 대비되는(비교되어 차이가 드러나는) 특징으로 인해 무능한(일을 해결할 능력이 없는) 가장의 모습과 주체적인(일을 스스로 처리하는) 아내의 역할 및 능력이 부각된다.

① 춘풍이 가난을 불평하며 아내에게 집안일에 대한 모든 권리를 넘기는 것에서 무책임한 가장의 모습을 엿볼 수 있군.

근거　<보기>-2 춘풍은 가장이지만 경제관념 없이 현실적 쾌락만을 추구하며 자신이 초래한 문제를 해결하려 하지 않는다.

②-6~8 지난 일은 고사하고 가난하여 못 살겠네. 어이 하여 살잔 말인고? 오늘부터 집안의 모든 일을 자네에게 맡기나니 마음대로 치산하여 의식이 염려 없게 하여 주오."

풀이　춘풍은 가장이지만 현실적 쾌락만을 추구하다 가산을 탕진하고는 가난하여 못 살겠다며 아내에게 집안의 모든 일을 맡기고 걱정 없게 해 달라고 한다. 이처럼 자신이 초래한 문제를 해결하려 들지 않고 아내에게 책임을 미루는 춘풍의 모습에서 무책임한 가장의 면모를 엿볼 수 있다.

→ 적절함!

② 춘풍이 전곡을 남용하고 주색잡기에 빠져 있는 것에서 경제관념 없이 현실적 쾌락을 추구하는 모습을 엿볼 수 있군.

근거　<보기>-2 춘풍은 가장이지만 경제관념 없이 현실적 쾌락만을 추구하며

②-1 아내의 말을 아니 듣고 수틀리면 때리기와 전곡 남용 일삼으니/ 9 춘풍 아내 이른 말이, "부모 유산 수만금을 청루 중에 다 들이밀고 이 지경이 되었는데

풀이　집안의 전곡을 남용하고 주색잡기에 빠진 춘풍의 모습에서 가장이지만 생활인으로서의 경제관념이 전혀 없고 현실적 쾌락만을 추구하는 면모를 엿볼 수 있다.

→ 적절함!

③ 춘풍 아내가 사환에게 정보를 얻고 김 승지 댁 대부인에게 의도적으로 접근한 것에서 주도면밀한 모습을 엿볼 수 있군.

근거　<보기>-3 춘풍 아내는 적극적으로 현실의 문제를 해결하려는 의지를 갖고 주도면밀하게 목적을 달성한다.

④-4 마침 그때 김 승지 댁이 있으되 ~ 맏자제가 ~ 작년에 평양 감사 두 번째 물망에 있다가 올해 평양 감사 하려고 도모한단 말을 사환 편에 들었것다./ 6~7 '이 댁에 붙어서 우리 가장 살려내고 추월에게 복수도 할까.' 하고 바느질, 길쌈 힘써 일해 얻은 돈냥 다 들여서 승지 댁 노부인에게 아침저녁으로 진지를 올리고, 노부인께 맛난 차담상을 특별히 간간히 차려드리거늘,

풀이　춘풍 아내는 작년에 평양 감사 두 번째 물망에 있던 김 승지 댁 맏자제가 올해 평양 감사를 도모한단 말을 사환을 통해 듣고 그 댁 대부인에게 의도적으로 접근한다. 이를 통해 춘풍 아내의 주도면밀한 면모를 엿볼 수 있다.

→ 적절함!

④ 춘풍 아내가 춘풍을 구하기 위해 비장의 지위를 획득하고 남장을 하는 것에서 적극적인 문제 해결 의지를 엿볼 수 있군.

근거　<보기>-3 춘풍 아내는 적극적으로 현실의 문제를 해결하려는 의지를 갖고 주도면밀하게 목적을 달성한다.

④-18 "소녀는 고사하옵고 오라비가 있사오니 비장으로 데려가 주시길 바라나이다."/ 23~24 춘풍의 아내 없던 오라비를 보낼 쏜가? 제가 손수 가려고 여자 의복 벗어놓고 남자 의복 치장한다.

풀이　춘풍 아내는 춘풍이 평양에서 재물을 모두 탕진하고 추월의 하인이 되자 그를 구하기 위해 대부인에게 접근해 비장의 지위를 얻고 남장을 한다. 이 모습에서 현실의 문제에 대한 적극적인 해결 의지를 갖고 주도면밀하게 목적을 하나씩 달성해 나가는 춘풍 아내의 면모를 확인할 수 있다.

→ 적절함!

■ 남장을 하여 적극적인 문제 해결 의지를 보이는 작품

• 작자 미상, 「홍계월전」(2016학년도 6월 모평A)
어의 땅에 엎드려 아뢰기를, "평국(홍계월)의 맥을 보오니 남자의 맥이 아니오매 이상하여이다." 천자 그 말을 들으시고 이르기를, "평국이 여자면 어찌 적진에 나가 적진 십만 대병을 소멸하고 왔으리오. ~ '어의가 나의 맥을 보았으니 필시 본색이 탄로 날지라 이제는 할 일 없이 되었으니, 여복을 갈아입고 규중에 몸을 숨어 세월을 보냄이 옳다.'
→ 서달이 전쟁을 일으키자 남장을 한 평국은 원수가 되어 전쟁터에 나가 서달을 잡고, 적군을 소멸한다.

• 작자 미상, 「장국진전」(2023년 고1 6월 학평)
이 부인은 즉시 남장을 하고 머리에 용인 투구를 쓰고, 몸에 청사 전포를 입고, 왼손에 비린도, 오른손에 홀기를 들고는, 시부모와 유 부인과 주위 사람들에게 이별을 고하고 필마단기로 달마국을 향하여 집을 떠나리라.
→ 달마국을 정벌하기 위해 전장으로 떠난 남편 장국진이 병으로 앓아눕자 그의 아내 이 부인은 남편을 구하고 싸움을 결단 짓기 위해 남장을 한 채 전장으로 향한다.

⑤ 춘풍이 각서를 쓰고, 춘풍 아내가 차담상을 차리는 것에서 신분 상승을 통해 목적을 달성하려는 의도를 엿볼 수 있군.

근거　②-10 "자네 하는 말이 나를 별로 못 믿겠거든 이후로는 주색잡기 아니하기로 결단하는 각서를 써서 줌세."

④-6~7 '이 댁에 붙어서 우리 가장 살려내고 추월에게 복수도 할까.' 하고 바느질, 길쌈 힘써 일해 얻은 돈냥 다 들여서 승지 댁 노부인에게 아침저녁으로 진지를 올리고, 노부인께 맛난 차담상을 특별히 간간히 차려드리거늘,

풀이　주색잡기로 가산을 탕진한 춘풍은 아내의 신뢰를 얻고자 주색잡기를 하지 않겠다는 각서를 썼다. 따라서 춘풍이 각서를 쓴 것은 '신분 상승을 통해 목적을 달성하려는 의도'와는 무관함을 알 수 있다. 또한 춘풍 아내는 춘풍을 살려내고 추월에게 복수를 하기 위해 대부인에게 차담상을 차려 주었다. 이는 대부인의 신뢰를 얻어 자신의 목적을 달성하려는 의도일 뿐, 신분 상승을 통해 목적을 달성하려는 의도로는 볼 수 없다.

→ 적절하지 않음!

[082~085] 다음 글을 읽고 물음에 답하시오.

1　[1]숙향이 선녀들에게 말하기를,
"천상(하늘 나라)에서 내가 저지른 죄가 매우 크도다. [2]그러나 내가 인간 세상에서 겪은 고초(괴로울 苦 아플 楚 : 고난) 가운데 부모와 헤어진 일과 장 승상 댁에서 악명을 입은 일(전체 줄거리 참고, 여자 종인 사향의 음모로 숙향이 도둑의 누명을 쓰고 장 승상 집에서 쫓겨난 일)은 더욱 망극하니(없을 罔 한계 極 : 매우 슬프니), 차라리 죽어서 모르고자 하노라."
[3]하니 그 선녀가 공손하게 대답했다.
[4]"그것(숙향이 인간 세상에서 겪은 고초)은 조금도 염려하지 마소서. [5]그 모든 것이 이미 천상에서 마련하신 일이니 다시 고칠 길이 없나이다. [6]낭자(젊은 여자, 여기서는 숙향)의 부모도 전생에 지은 죄로 낭자를 잃고 간장을 썩이며(몹시 속상해하며) 고행(괴로울 苦 고행 行 : 고난)을 겪게 한 것이니, 어찌 한탄하리오(한 恨 탄식할 歎 : 한숨 쉬고 안타까워하리오). [7]장 승상 댁에서도 십 년만 머물도록 정한 것이니, 그것도 한탄할 일이 아니옵니다. [8]또한 항아(상아 姮 미인 娥 : 달 속에 있다는 전설 속의 선녀)께서 사향(장 승상 댁의 계집종)이 낭자를 모함한(꾀 謀 빠뜨릴 陷 : 나쁜 꾀로 남을 어려운 처지에 빠지게 한) 것을 아시고 이미 상제(옥황상제, 하느님)께 아뢰어 벼락을 치게 했으며, 장 승상 부부와 모든 종들도 다 낭자가 억울한 처지인 줄 알고 있나이다. [9]그리하여 상상께서 종을 이 물가에 보내어 낭자를 찾아 모셔 오도록 명(명령 命 : 명령)했으나 종이 낭자를 못 찾고 돌아갔으니, 그것도 염려하지 마소서. [10]그러나 앞으로도 두 번이나 죽을 액(재앙 厄 : 불행한 운수)이 남아 있으니, 낭자께서는 부디 조심하소서."
[11]"무슨 액이 또 있을꼬?"
[12]"갈대밭에서 화재를 만나 죽을 위기에 처하고, 또 낙양(중국 허난성 서북부에 있는 지역) 옥중(옥 獄 안 中 : 감옥 안)에 가서 곤욕(시달릴 困 치욕 辱 : 심한 모욕)을 치르게 될 것이옵니다. [13]그런 후에야 태을선군을 만나 영화(영광 榮 빛날 華 : 영광)를 누릴 것이니, 너무 염려하지 마소서."
[11]"무슨 액이 또 있을꼬?"
[12]"갈대밭에서 화재를 만나 죽을 위기에 처하고, 또 낙양(중국 허난성 서북부에 있는 지역) 옥중(옥 獄 안 中 : 감옥 안)에 가서 곤욕(시달릴 困 치욕 辱 : 심한 모욕)을 치르게 될 것이옵

니다. 13 그런 후에야 태을선군을 만나 영화(영광 榮 빛날 華 : 영광)를 누릴 것이니, 너무 염려하지 마소서."

14 이에 숙향이 탄식하며(탄식할 歎 숨 쉴 息 : 한숨을 쉬고 안타까워하며) 말하기를,

"이미 지나간 고행도 생각하면 천지가 망극하거늘(매우 슬프거늘), 이제 남은 두 액을 어떻게 견디리오? 15 장 승상 부인이 나를 지극히 사랑하시고 또 내게 잘못이 없다는 것을 아신다고 하니, 도로 그리(장 승상 댁에) 가서 두 액을 면할까(벗어날 免 : 피할까) 하노라."

16 하니 그 선녀가 웃으면서 말했다.

[A]
17 "하늘이 벌써 정하신 일이기 때문에 낭자 마음대로 할 수 없나이다. 18 이제 낭자께서는 비록 돌로 만든 갓을 쓰고 무쇠 두멍(단단한 철로 만든 큰 가마나 독)에 들어가는 액일지라도 어찌 그 액을 면할 수 있겠나이까? 19 장 승상 댁과의 인연은 십 년뿐이요, 거기 계시면 태을선군이 사는 곳과는 삼천삼백육십오 리(거리의 단위. 1리는 약 0.4km)나 떨어져 있기 때문에 선군(태을선군)을 쉽게 만날 수도 없나이다. 20 또한 선군이 아니면 낭자의 힘으로는 결코 부모님을 다시 만나지 못하리이다."

21 숙향이 그 말을 듣고 탄식하며 묻기를,

"선군이 인간 세상에 왔다니, 이름은 무엇이라 하는가?"

22 하니 선녀가 대답했다.

23 "예전에 항아의 말씀을 듣자오니, '이름은 선이요, 자(본래 이름 외에 부르는 이름)는 태을이며, 낙양 땅 이위공의 아들이 되어 천하의 부귀공명(부유할 富 귀할 貴 공 功 이름 名 : 재산이 많고 지위가 높으며 이름을 떨침)을 누리리라.' 하시더이다."

24 "똑같은 일로 죄를 지어 인간 세상에 귀양(죄인을 먼 시골이나 섬으로 보내 일정 기간 그곳에 살게 하던 형벌) 왔다고 했는데, 나는 어찌 이렇듯 고행을 겪게 하고, 선군은 호화롭게 지내게 했는고?"

25 "천상에 계실 때 낭자께서 먼저 선군을 희롱했기에(놀 戲 놀 弄 : 유혹했기에) 낭자의 죄가 더 무겁나이다. 26 선군은 상제께서 가장 사랑하시어 잠시도 곁을 떠나지 못하게 했으나, 항아께서 선군도 벌을 주어야 한다고 요청한 까닭에 상제께서 마지못해 선군을 인간 세상에 귀양 보냈나이다. 27 그러나 상제께서는 선군을 너무 사랑하시어 인간 세상에서도 부귀영화를 누리게 했나이다."

→ 선녀는 숙향에게 앞으로 두 액이 남아 있다고 말하고, 숙향은 함께 죄를 지은 선군(이선)과 달리 고난을 겪어야 하는 자신의 운명을 한탄한다.

2 [중략 줄거리] 1 숙향은 온갖 시련을 겪지만 이선(태을선군)을 만나 부부의 연(인연 緣 : 인연)을 맺는다. 2 이후 황태후(임금 皇 왕후 太 왕후 后 : 황제의 어머니)가 병이 들자, 병부 상서 이선은 선약(신선 仙 약 藥 : 신선 세계의 약)을 구하기 위해 떠난다.

→ 숙향과 결혼한 이선은 황태후의 병을 낫게 할 선약을 구하러 떠난다.

3 1 병부 상서(지금의 국방부 장관 정도 되는 벼슬, 여기서는 이선)가 용왕께 사례한(사례할 謝 인사 禮 : 감사를 표한) 후 선관(신선 仙 벼슬 官 : 신선)의 의복(옷 衣 옷 服 : 옷)으로 갈아입고 물가로 나오니, 용자(용 龍 아들 子 : 용왕의 아들)가 벌써 붉은 조롱박(호리병박으로 만든 바가지) 하나를 가지고 기다리고 있었다. 2 상서가 용자와 함께 그 박(조롱박)을 (배처럼) 타고 가니, 노(물을 헤쳐 배를 나아가게 하는 기구)를 젓지 않는데도 화살처럼 빠르게 바다 위를 떠갔다.

3 얼마쯤 가다가 용자가 상서에게 말했다.

4 "저(여기서는 용자) 혼자 가면 아무 데도 걸릴 것 없이 쉽게 갈 수 있사오나, 여러 신령(신 神 신령 靈 : 신)들이 지키고 있기 때문에 인간 세상 사람은 마음대로 선계(신선 仙 세계 界 : 신선이 사는 세계)에 들어갈 수 없나이다. 5 지금 상공(남자를 높여 이르는 말. 여기서는 이선)께서는 인간 세상에 내려와 진객(귀할 珍 손님 客 : 귀한 손님. 여기서는 하늘 나라에서 쫓겨나 인간 세상의 사람이 된 존재)이 되었사오니, 어디를 가든 제가 하라는 대로만 하소서. 6 가는 곳마다 용왕께서 주신 공문(공적인 것 公 문서 文 : 공식적으로 작성한 서류)을 보여 주고 가겠나이다."

7 이에 상서가 묻기를,

"수궁(물 水 궁전 宮 : 용궁)에서는 용왕이 으뜸이라. 8 바로 수로(물 水 길 路 : 바닷길)로 가면 쉬울 터인데, 어찌하여 번거롭게 육지에 있는 나라들을 거쳐 가려 하는가?"

9 하니 용자가 대답했다.

[B]
10 "수로로 곧장 가면 얼마나 좋겠나이까? 11 그러나 상제(옥황상제. 하느님)께서 그것을 아시게 되면 용궁(용 龍 궁전 宮 : 바닷속에 있는 용왕의 궁전)에 큰 변(재앙 變 : 재앙)이 일어나고, 각 지경(장소 地 경계 境 : 지역)을 맡은 신령들에게도 좋지 않은 일이 생길 것이옵니다. 12 번거롭더라도 여러 나라를 지나면서 공문을 보여 주고 가야만 하나이다."

→ 용자는 상서(이선)가 인간이라서 수로로 가지 못하고 용왕이 준 공문을 보이며 육지의 나라들을 거쳐 가야 한다고 말한다.

4 1 상서(이선)와 용자가 한 나라에 이르렀는데, 그 나라 이름은 ㉠ 회회국이었다. 2 그곳 사람들은 똑바로 걷지 못하고 게처럼 옆으로 다녔으며, 왕의 이름은 경성이었다. 3 용자가 물가에 배를 대고 혼자 들어가 왕에게 공문을 드리니 왕이 공문을 보고 물었다.

4 "함께 가는 사람이 태을성(이선)인가?"

5 용자가 대답하기를,

"그러하옵니다."

6 하니 왕이 즉시 공문에 날인해(누를 捺 도장 印 : 도장을 찍어) 용자에게 돌려주었다. 7 왕이 용자와 함께 물가로 나와 상서에게 반갑게 인사했으나, 상서는 그 왕이 누구인지 몰라 공경하기만(공손할 恭 공경할 敬 : 공손히 받들기만) 하더라.

→ 상서(이선)와 용자는 회회국을 지나게 되고 이선이 태을성임을 알게 된 회회국의 왕(경성)은 반가워한다.

5 1 용자가 왕에게 하직(아래 下 곧을 直 : 작별) 인사를 올린 후 상서를 모시고 또 한 나라에 가니, 그곳은 함밀국이었다. 2 그곳 사람들은 화식(불 火 음식 食 : 불에 익힌 음식)은 먹지 않고 꿀만 먹고 살며, 왕의 이름은 필성이었다. 3 용자가 공문을 드리니, 왕이 보고 말하기를,

"그대가 태을성을 모시고 가는데, 이 앞이 제일 험하니 조심하라."

4 하고 날인한 후 공문을 돌려주었다.

→ 상서(이선)와 용자는 함밀국을 지나게 되고 함밀국의 왕(필성)은 이 앞이 제일 험하니 조심하라고 알려 준다.

6 1 또 한 나라에 가니, 그곳은 유리국이었다. 2 그 땅에 사는 사람들은 모두 중국 사람과 비슷했으나 생선처럼 비린 것을 먹지 않았으며, 왕의 이름은 기성이었다. 3 용자가 왕에게 공문을 드리니 왕이 화를 내며 묻기를,

"선계(신선 세계)는 인간 세상과 다른데, 어떻게 진객(인간 세상의 사람)이 마음대로 이곳에 들어왔는가?"

4 하고 공문을 본 척도 하지 않았다. 5 용자가 사정하며 말하기를,

"태을성이 인간 세상에 내려와 중국의 병부 상서가 되었는데, 황제의 명(명령)을 받들어 ㉡ 봉래산(중국의 옛 이야기에서 신선이 산다고 전해지는 산)의 개언초(먹으면 막혔던 말문이 열린다는 전설상의 풀)를 얻으러 가다가 우리 ㉢ 용궁에 왔나이다. 6 그리하여 소자(자신을 낮추어 이르는 말. 여기서는 용자)가 모시고 가는 길이오니, 저의 낯(얼굴)을 보아 허락해 주소서."

7 하니 왕이 말하기를,

"이번엔 통과시켜 주겠지만, 다시는 분수에 넘치는 일을 하지 말라."

8 하고 마지못해 날인하고 공문을 돌려주었다.

→ 인간인 상서(이선)가 온 것을 못마땅해하던 유리국의 왕(기성)은 용자의 부탁으로 유리국을 지나가는 것을 허락한다.

- 작자 미상, 「숙향전」-

· 중심 내용

숙향은 고난이 계속되는 자신의 운명을 한탄하고, 후에 이선을 만나 결혼한다. 이선은 황태후를 살리는 선약을 구하기 위해 봉래산으로 떠나고 용자와 함께 여러 나라를 지나간다.

· 전체 줄거리 ([ ] : 지문 내용)

중국 송나라 때 김전과 부인 장 씨 사이에서 숙향이 태어난다. 숙향은 3살 때 전쟁으로 부모와 헤어지고, 사슴이 나타나 숙향을 장 승상의 집 앞에 데려다 놓는다. 이후 숙향은 장 승상의 집에서 딸처럼 키워지는데, 여자 종인 사향의 음모로 도둑의 누명을 쓰고 장 승상 집에서 쫓겨나 표진강에 몸을 던진다. 이때 하늘에서 선녀들이 내려와 숙향을 구해 주고 [숙향은 선녀들을 통해 자신이 천상에서 죄를 짓고 태을선군과 함께 인간 세상으로 귀양 왔음을 알게 된다. 선녀들은 숙향에게 앞으로 두 번 더 죽을 고비가 있으니 조심하라고 당부하고] 떠난다. 정처 없이 떠돌던 숙향은 갈대밭에서 큰 불이 나 죽을 위기에 처하는데 갑자기 나타난 노인이 부채로 불을 끄고 사라진다. 이후 숙향은 우연히 만난 마고할미의 도움을 받아 함께 생활하게 된다. 어느 날 숙향은 꿈에서 본 신선 세계의 모습을 수놓아 상인에게 판다. 상인은 글을 잘 쓰는 이선을 찾아가 숙향의 수 옆에 시를 써 달라고 부탁하는데, 이선은 숙향의 수가 자신이 꾼 꿈의 모습과 똑같아서 놀란다. 이선은 상인에게 물어 마고할미를 찾아가고, 이선의 고모인 여 부인의 도움으로 숙향과 결혼하게 된다. 그러나 이선의 아버지인 이 상서는 아들이 멋대로 결혼한 것에 화가 나 이선을 서울로 불러 공부시키고, 낙양 사또인 김전에게 숙향을 죽이라고 명령한다. 그러나 김전은 숙향이 잃어버린 자신의 딸과 비슷해 숙향을 차마 죽이지 못한다. 화가 난 이 상서는 김전을 계양의 사또로 보내 버린다. 이후 숙향은 여 부인의 도움으로 풀려나지만 마고할미가 죽자 혼

자 살기 어려워 자살을 결심한다. 이때 우연히 지나가던 이선의 부모가 숙향의 울음소리를 듣고 숙향을 구해 데려온다. 이 상서는 숙향의 행동이 곧고 마음씨가 착함을 보고, 과거에 급제한 [이선과의 결혼을 허락한다.] 이후 숙향은 김전과 만나 부녀지간임을 확인하게 된다. [한편 황제의 어머니가 병이 들자 병부 상서인 이선이 약을 구하기 위해 봉래산으로 떠나게 되고] 숙향은 자신의 옥반지를 정표(간절한 정을 드러내 보이기 위해 주는 물품)로 준다. 이선은 배를 타고 가는 중에 용왕을 만나게 되는데 이선의 옥반지를 본 용왕은 예전에 김전의 도움을 받았을 때 자신이 그 보답으로 준 것이라 말한다. 용왕은 이선이 봉래산까지 갈 수 있도록 공문을 써 주고 용자(용왕의 아들)를 이선과 함께 보낸다. [이선은 용자와 함께 용왕의 공문으로 여러 나라를 지나] 봉래산에 이르러 무사히 약을 구해 오고, 이선과 숙향은 행복하게 살다가 신선 세계로 올라간다.

- **인물 관계도**

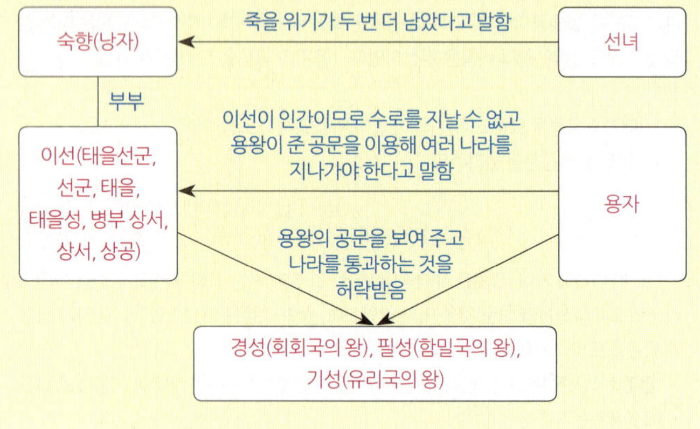

---

082 내용 이해 - 적절한 것 고르기 2022년 9월 학평 39번
정답률 50%, 매력적 오답 ④ 20%, ③ 15%, ① 10%   정답 ②

윗글의 내용에 대한 이해로 가장 적절한 것은?

공문을 사용해야 하는 이유를 설명하였다
① 용자는 상서에게 공문의 사용을 주의하라고 당부하였다.

근거 ❸-3~6 용자가 상서에게 말했다. "저 혼자 가면 아무 데도 걸릴 것 없이 쉽게 갈 수 있사오나, 여러 신령들이 지키고 있기 때문에 인간 세상 사람은 마음대로 선계에 들어갈 수 없나이다. 지금 상공께서는 인간 세상에 내려와 진객이 되었사오니, ~ 가는 곳마다 용왕께서 주신 공문을 보여 주고 가겠나이다."/ 9~12 용자가 대답했다. "수로로 곧장 가면 얼마나 좋겠나이까? 그러나 상제께서 그것을 아시게 되면 용궁에 큰 변이 일어나고, 각 지경을 맡은 신령들에게도 좋지 않은 일이 생길 것이옵니다. 번거롭더라도 여러 나라를 지나면서 공문을 보여 주고 가야만 하나이다."

풀이 용자는 상서에게 여러 나라를 지나기 위해 용왕이 준 공문을 사용해야 한다고 설명하고 있을 뿐 공문의 사용을 주의하라고 당부하고 있지 않다.

→ 적절하지 않음!

✓② 용자는 상서가 원하는 곳까지 혼자 갈 수 없는 이유를 설명해 주었다.

근거 ❸-3~4 용자가 상서에게 말했다. "저 혼자 가면 아무 데도 걸릴 것 없이 쉽게 갈 수 있사오나, 여러 신령들이 지키고 있기 때문에 인간 세상 사람은 마음대로 선계에 들어갈 수 없나이다.
❻-5 "태을성이 인간 세상에 내려와 ~ 황제의 명을 받들어 봉래산의 개언초를 얻으러 가다가

풀이 상서는 개언초를 얻기 위해 선계인 봉래산으로 향하는데 용자는 상서가 인간 세상 사람이기 때문에 혼자서는 선계에 들어갈 수 없다고 설명하고 있다.

→ 적절함!

알고
③ 장 승상은 사향이 숙향을 모함한 사실을 알지 못한 채 숙향을 찾았다.

근거 ❶-8~9 항아께서 사향이 낭자를 모함한 것을 아시고 ~ 장 승상 부부와 모든 종들도 다 낭자가 억울한 처지인 줄 알고 있나이다. 그리하여 승상께서 종을 이 물가에 보내어 낭자를 찾아 모셔 오도록 명했으나

풀이 장 승상은 사향이 숙향을 모함한 사실을 알고 종을 시켜 숙향을 찾게 하였으므로 적절하지 않다.

→ 적절하지 않음!

조심하라고 당부하였다
④ 필성은 용자에게 일어날 *불미스러운 일을 피할 방법에 대해 안내하였다.   * 좋지 않은

근거 ❺-2~3 왕의 이름은 필성이었다. 용자가 공문을 드리니, 왕이 보고 말하기를, "그대가 태을성을 모시고 가는데, 이 앞이 제일 험하니 조심하라."

풀이 필성은 용자에게 불미스러운 일이 일어날 것이니 조심하라고 당부하고 있을 뿐, 불미스러운 일을 피할 방법에 대해 안내하고 있지 않다.

→ 적절하지 않음!

치를 것이라고 숙향에게 알려 주었다
⑤ 선녀는 갈대밭과 낙양 옥중에서 곤욕을 치른 숙향의 어리석음을 *질타하였다.
* 꾸짖었다

근거 ❶-12 "갈대밭에서 화재를 만나 죽을 위기에 처하고, 또 낙양 옥중에 가서 곤욕을 치르게 될 것이옵니다.

풀이 선녀는 숙향에게 갈대밭과 낙양 옥중에서 곤욕을 치를 것이라고 알려 주고 있을 뿐 숙향의 어리석음을 질타하고 있지 않다. 또한 선녀의 말을 통해 갈대밭과 낙양 옥중에서의 곤욕은 숙향이 겪은 과거의 일이 아니라 숙향이 겪을 미래의 일임을 알 수 있다.

→ 적절하지 않음!

💡 **어떻게 풀까?** 이 문항의 매력적 오답이 여러 선지인 이유는 지문 내용 파악이 부족했던 것으로 보인다. 내용 이해 문제는 인물의 관계를 파악한 후 그들 사이의 중심 사건을 정리해 보는 것이 중요하다. 선지에서 지문 내용과 다른 부분을 찾고, 바르게 고쳐 보는 연습을 해 보자. 처음에는 시간이 오래 걸리겠지만 꾸준히 하면, 처음 보는 고전 소설의 내용도 수월하게 이해할 수 있다.

---

083 공간의 의미 - 적절하지 않은 것 고르기 2022년 9월 학평 40번
정답률 60%, 매력적 오답 ③ 15%, ⑤ 10%   정답 ④

㉠ ~ ㉢에 대한 설명으로 적절하지 않은 것은?

① ㉠은 용왕의 *조력을 통해 상서가 통과할 수 있는 공간이다.   * 도움

근거 ❸-5~6 지금 상공께서는 인간 세상에 내려와 진객이 되었사오니, ~ 가는 곳마다 용왕께서 주신 공문을 보여 주고 가겠나이다."/ 12 번거롭더라도 여러 나라를 지나면서 공문을 보여 주고 가야만 하나이다."
❹-1 상서와 용자가 한 나라에 이르렀는데, 그 나라 이름은 ㉠ 회회국이었다./ 3~6 용자가 물가에 배를 대고 혼자 들어가 왕에게 공문을 드리니 ~ 왕이 즉시 공문에 날인해 용자에게 돌려주었다.

풀이 상서는 용왕이 준 공문을 회회국의 왕에게 보여 주고 회회국을 지나갈 수 있게 되므로 ㉠(회회국)은 용왕의 조력을 통해 상서가 통과할 수 있는 공간이라고 볼 수 있다.

→ 적절함!

② ㉠은 천상계 존재인 태을성을 *호의적으로 생각하는 왕이 지키는 공간이다.   * 좋게

근거 ❹-3~7 왕이 공문을 보고 물었다. "함께 가는 사람이 태을성인가?" 용자가 대답하기를, "그러하옵니다." 하니 왕이 즉시 공문에 날인해 용자에게 돌려주었다. 왕이 용자와 함께 물가로 나와 상서에게 반갑게 인사했으나,

풀이 ㉠(회회국)의 왕은 상서가 천상계 존재인 태을성임을 알게 되자 직접 나와 상서에게 반갑게 인사하므로 ㉠(회회국)의 왕이 태을성을 호의적으로 생각한다는 것을 알 수 있다.

→ 적절함!

③ ㉢은 상제의 *권위에 의해 영향을 받는 공간이다.   * 권력과 지위

근거 ❸-10~11 "수로로 곧장 가면 얼마나 좋겠나이까? 그러나 상제께서 그것을 아시게 되면 용궁에 큰 변이 일어나고, 각 지경을 맡은 신령들에게도 좋지 않은 일이 생길 것이옵니다.
❻-5 "태을성이 ~ 황제의 명을 받들어 봉래산의 개언초를 얻으러 가다가 우리 ㉢ 용궁에 왔나이다.

풀이 인간인 상서가 마음대로 수로를 지나간 것을 상제가 알게 되면 용궁에 좋지 않은 일이 생길 것이라는 용자의 말을 통해 ㉢(용궁)은 상제의 권위에 의해 영향을 받는 공간임을 알 수 있다.

→ 적절함!

인간에게
✓④ ㉠과 ㉡은 누구에게도 자유로운 이동을 허용하지 않는 공간이다.

근거 ❸-3~6 용자가 상서에게 말했다. "저 혼자 가면 아무 데도 걸릴 것 없이 쉽게 갈 수 있사오나, 여러 신령들이 지키고 있기 때문에 인간 세상 사람은 마음대로 선계에 들어갈 수 없나이다. 지금 상공께서는 인간 세상에 내려와 진객이 되었사오니, ~ 가는 곳마다 용왕께서 주신 공문을 보여 주고 가겠나이다."

풀이 용자가 선계를 자유롭게 드나들 수 있는 자신과 달리 인간인 상서는 마음대로 선계에 들어갈 수 없고 용왕의 공문을 보여 주어야 여러 나라를 지나갈 수 있다고 말하는 것을 통해 선계인 ㉠(회회국)과 ㉡(봉래산)은 인간에게는 자유로운 이동을 허용하지 않는 공간임을 알 수 있다.

→ 적절하지 않음!

---

⑤ ⓒ은 용자와 상서가 육지의 ㉠을 *경유하여 향하는 곳이다. * 거쳐 지나

근거 ④-1 상서와 용자가 한 나라에 이르렀는데, 그 나라 이름은 ㉠ 회회국이었다.

⑥-5 "태을성이 인간 세상에 내려와 중국의 병부 상서가 되었는데, 황제의 명을 받들어 ⓒ 봉래산의 개언초를 얻으러 가다가

풀이 용자와 상서는 개언초를 구하기 위해 ⓒ(봉래산)으로 향하는 중에 육지에 있는 나라인 ㉠(회회국)을 지나게 된다.

→ 적절함!

1등급 문제

084 | 말하기 방식 – 적절한 것 고르기 2022년 9월 학평 41번
정답률 60%, 매력적 오답 ③, ④ 15%

정답 ②

[A], [B]에 대한 설명으로 가장 적절한 것은?

> [A] ❶-17~20 "하늘이 벌써 정하신 일이기 때문에 낭자 마음대로 할 수 없나이다. 이제 낭자께서는 비록 돌로 만든 갓을 쓰고 무쇠 두멍에 들어가는 액일지라도 어찌 그 액을 면할 수 있겠나이까? 장 승상 댁과의 인연은 십 년뿐이요, 거기 계시면 태을선군이 사는 곳과는 삼천삼백육십오 리나 떨어져 있기 때문에 선군을 쉽게 만날 수도 없나이다. 또한 선군이 아니면 낭자의 힘으로는 결코 부모님을 다시 만나지 못하리이다."
>
> [B] ❸-10~12 "수로로 곧장 가면 얼마나 좋겠나이까? 그러나 상제께서 그것을 아시게 되면 용궁에 큰 변이 일어나고, 각 지경을 맡은 신령들에게도 좋지 않은 일이 생길 것이옵니다. 번거롭더라도 여러 나라를 지나면서 공문을 보여 주고 가야만 하나이다."

① [A]는 과거의 사건을 *요약적으로 진술하여 현재 상황을 변화시키기 위한 인물의 의지가 필요함을 강조하고 있다. * 간단히 줄여

풀이 [A]는 과거의 사건을 요약적으로 진술하고 있지도 않고, 현재 상황을 변화시키기 위한 인물의 의지가 필요함을 강조하고 있지도 않다. 오히려 앞으로 일어날 낭자의 액은 하늘이 정한 것이므로 변화시킬 수 없음을 강조하고 있다.

→ 적절하지 않음!

② [B]는 가정적 상황을 제시하여 상대방이 예상하지 못한 결과가 일어날 수 있음을 전달하고 있다.

근거 [B] ❸-10~11 "수로로 곧장 가면 얼마나 좋겠나이까? 그러나 상제께서 그것을 아시게 되면 용궁에 큰 변이 일어나고, 각 지경을 맡은 신령들에게도 좋지 않은 일이 생길 것이옵니다.

풀이 [B]에서 용자는 상서가 수로를 지나간 것을 상제가 알게 되면 용궁에 나쁜 일이 생길 것이라고 말한다. 따라서 [B]는 가정적 상황을 제시하여 상대방이 예상하지 못한 결과가 일어날 수 있음을 전달하고 있다.

→ 적절함!

③ [A]는 [B]와 달리 구체적인 *수치를 언급하여 인물이 처한 상황의 다급함을 부각하고 있다. * 숫자

근거 ❶-15 장 승상 부인이 나를 지극히 사랑하시고 또 내게 잘못이 없다는 것을 아신다고 하니, 도로 그리 가서 두 액을 면할까 하노라."

[A] ❶-19 장 승상 댁과의 인연은 십 년뿐이요, 거기 계시면 태을선군이 사는 곳과는 삼천삼백육십오 리나 떨어져 있기 때문에 선군을 쉽게 만날 수도 없나이다.

풀이 [A]는 [B]와 달리 '십 년', '삼천삼백육십오 리'에서 구체적인 수치를 언급하고 있는데, 이를 통해 숙향이 장 승상 댁에 갈 수 없는 이유를 강조하고 있을 뿐 숙향이 처한 상황의 다급함을 부각하고 있지 않다.

→ 적절하지 않음!

[A]   [B]

④ [B]는 [A]와 달리 의문의 형식을 활용하여 정해진 운명에서 벗어날 수 없음을 강조하고 있다.

근거 [A] ❶-17~18 "하늘이 벌써 정하신 일이기 때문에 낭자 마음대로 할 수 없나이다. 이제 낭자께서는 비록 돌로 만든 갓을 쓰고 무쇠 두멍에 들어가는 액일지라도 어찌 그 액을 면할 수 있겠나이까?

[B] ❸-10 "수로로 곧장 가면 얼마나 좋겠나이까?

풀이 [B]가 의문의 형식을 활용하여 수로로 곧장 가고 싶지만 그럴 수 없음을 강조하고 있는 것과 달리 [A]는 의문의 형식을 활용하여 숙향이 정해진 운명에서 벗어날 수 없음을 강조하고 있다.

→ 적절하지 않음!

⑤ [A]는 *유사한 상황을 나열하는, [B]는 여러 인물의 **발화를 반복하는 방식으로 미래에 대한 ***우려를 드러내고 있다. * 비슷한 상황을 늘어놓는 ** 말 *** 걱정

풀이 [A]에서는 유사한 상황을 나열한 부분도, 미래에 대한 우려를 드러낸 부분도 찾아볼

수 없다. [B]는 용자의 발화만 나타날 뿐 여러 인물의 발화를 반복하고 있지 않고, 미래에 대한 우려도 드러내고 있지 않다.

→ 적절하지 않음!

1등급 문제

085 | 감상의 적절성 – 적절하지 않은 것 고르기 2022년 9월 학평 42번
정답률 50%, 매력적 오답 ②, ③, ④ 15%

정답 ①

〈보기〉를 참고하여 윗글을 감상한 내용으로 적절하지 않은 것은? [3점]

> | 보기 |
> ¹「숙향전」은 이질적(다를 異 성질 質 ~의 的 : 성격이 다른)인 두 개의 서사(펼 敍 일 事 : 이야기)로 이루어진 작품이다. ² 두 남녀 주인공의 지상(인간 세상)에서의 삶에는 천상(하늘 나라)의 죄업(죄 罪 일 業 : 훗날 괴로움을 부르는 원인이 되는 죄)이 공통으로 전제되었지만 그 죄업의 책임은 여성에게 두고 있다. ³ 숙향이 지상에서 겪은 고난의 과정은 천상의 죄업에 대한 징벌적(벌줄 懲 벌할 罰 ~의 的 : 벌을 주는) 의미이다. ⁴ 이러한 숙향의 서사는 가부장제(집 家 아버지 父 어른 長 규제 制 : 가정 내에서 남자가 최고 권력을 갖는 제도) 사회에서 열세에 놓인(적을 劣 권세 勢 : 세력이 약한) 여성의 현실적 상황을 반영한 것이다. ⁵ 반면 이선의 서사는 입신양명(설 立 몸 身 날릴 揚 이름 名 : 출세하여 이름을 세상에 떨침)이라는 당대 남성의 이상적(상상할 수 있는 가장 완전한) 소망을 형상화(모양 形 모양 象 될 化 : 구체적으로 표현한) 것이다. ⁶ 이러한 소망을 이루려는 과정에는 환상성(환상 幻 생각 想 성질 性 : 현실에서 일어나기 힘든 성질)이 드러난다. ⁷ 이 같은 이질적 서사는 당대 인식에 내재된(안 內 있을 在 : 담긴) 남녀 차별적 시선이 개입한 결과라 할 수 있다.

① 상제가 이선을 인간 세상에 보냈다는 것에서 입신양명이라는 당대 남성의 이상적 소망이 형상화되었음을 알 수 있군.
천상의 죄업에 대한 징벌적 의미가

근거 〈보기〉-2 두 남녀 주인공의 지상에서의 삶에는 천상의 죄업이 공통으로 전제

❶-24 "똑같은 일로 죄를 지어 인간 세상에 귀양 왔다고 했는데, 나는 어찌 이렇듯 고행을 겪게 하고, 선군은 호화롭게 지내게 했는고?"/26 항아께서 선군도 벌을 주어야 한다고 요청한 까닭에 상제께서 마지못해 선군을 인간 세상에 귀양 보냈나이다.

풀이 상제가 이선을 인간 세상으로 보낸 것은 천상에서 지은 죄를 벌하기 위한 것일 뿐, 입신양명이라는 당대 남성의 이상적 소망을 형상화한 것으로 볼 수 없다.

→ 적절하지 않음!

② 선녀가 숙향의 죽을 액을 하늘이 정했다고 말하는 것에서 숙향의 고난의 과정이 징벌적인 의미를 지님을 알 수 있군.

근거 〈보기〉-3 숙향이 지상에서 겪은 고난의 과정은 천상의 죄업에 대한 징벌적 의미이

❶-5 그 모든 것이 이미 천상에서 마련하신 일이니 다시 고칠 길이 없나이다. / 10 앞으로도 두 번이나 죽을 액이 남아 있으니, 낭자께서는 부디 조심하소서." / 17 "하늘이 벌써 정하신 일이기 때문에 낭자 마음대로 할 수 없나이다.

풀이 선녀가 숙향의 죽을 액을 하늘이 정했으니 피할 수 없다고 말하는 것에서 숙향이 지상에서 겪는 고난의 과정이 하늘이 내리는 징벌적인 의미를 지녔음을 알 수 있다.

→ 적절함!

③ 이선이 조롱박을 타고 바다 위를 떠가거나 *신이한 세계의 인물들을 만나는 과정에서 이선의 서사는 환상성이 드러남을 알 수 있군. * 신기하고 이상한

근거 〈보기〉-6 소망을 이루려는 과정에는 환상성이 드러난다.

❸-1~2 병부 상서가 용왕께 사례한 후 선관의 의복으로 갈아입고 물가로 나오니, 용자가 벌써 붉은 조롱박 하나를 가지고 기다리고 있었다. 상서가 용자와 함께 그 박을 타고 가니, 노를 젓지 않는데도 화살처럼 빠르게 바다 위를 떠갔다.

④~⑥ 상서와 용자가 한 나라에 이르렀는데, ~ 그곳 사람들은 똑바로 걷지 못하고 게처럼 옆으로 다녔으며, ~ 왕이 말하기를, "이번엔 통과시켜 주겠지만, 다시는 분수에 넘치는 일을 하지 말라." 하고 마지못해 날인하고 공문을 돌려주었다.

풀이 이선이 개언초를 얻기 위해 봉래산으로 가는 중에 조롱박을 타고 바다 위를 떠가거나 용왕, 용자와 같은 신이한 세계의 인물들을 만나는 과정에서 환상성이 드러난다.

→ 적절함!

④ 상제가 선군을 마지못해 귀양 보낸 것과 달리 숙향은 고행을 겪도록 한 것에서 천상의 죄입에 대한 책임을 여성에게 두고 있음을 알 수 있군.

근거 〈보기〉-2 두 남녀 주인공의 지상에서의 삶에는 천상의 죄업이 공통으로 전제되었지만 그 죄업의 책임은 여성에게 두고 있다.

❶-24 "똑같은 일로 죄를 지어 인간 세상에 귀양 왔다고 했는데, 나는 어찌 이렇듯 고행을 겪게 하고, 선군은 호화롭게 지내게 했는고?"/26 선군은 상제께서 가장 사랑하시어 잠시도 곁을 떠나지 못하게 했으나, 항아께서 선군도 벌을 주어야 한다고

요청한 까닭에 상제께서 마지못해 선군을 인간 세상에 귀양 보냈나이다.

풀이 선군과 숙향이 천상에서 함께 죄를 지었는데 상제는 선군을 마지못해 귀양 보내고 인간 세상에서 호화롭게 살게 한 것과 달리 숙향은 고행을 겪도록 한 것에서 천상의 죄업에 대한 책임을 여성에게 두고 있음을 알 수 있다.

→ 적절함!

⑤ 이선이 호화롭게 지내는 것과 달리 숙향은 여러 차례 죽을 위기에 처한다는 것에서 가부장제 사회에서 열세에 놓인 여성의 현실적 상황이 반영되었음을 알 수 있군.

근거 <보기>-4 숙향의 서사는 가부장제 사회에서 열세에 놓인 여성의 현실적 상황을 반영한 것이다.

❶-10 그러나 앞으로도 두 번이나 죽을 액이 남아 있으니, 낭자께서는 부디 조심하소서."/ 24 "똑같은 일로 죄를 지어 인간 세상에 귀양 왔다고 했는데, 나는 어찌 이렇듯 고행을 겪게 하고, 선군은 호화롭게 지내게 했는고?"

풀이 숙향과 이선이 천상에서 함께 죄를 지었음에도 이선은 호화롭게 지내고 숙향은 여러 차례 죽을 위기에 처해 고난을 겪는 것에서 가부장제 사회에서 남성보다 열세한 여성의 현실적 상황이 반영되었음을 알 수 있다.

→ 적절함!

[**086~088**] 다음 글을 읽고 물음에 답하시오.

① **[앞부분의 줄거리]** 명나라 효종 때, 김생이라는 선비는 상사동 길가에서 영영을 보고 사랑에 빠진다. ² 영영을 만날 궁리를 하던 김생은 막동의 도움으로 영영의 이모인 노파(늙은 여자)에게 접근한다.

→ 영영에게 반한 김생은 영영의 이모인 노파에게 접근한다.

② ¹ 그 날도 두 사람(김생과 노파)은 술이 떨어질 때까지 마셨다.

² 김생은 빨간 보자기를 풀어 비단 적삼(저고리 모양의 윗도리)하나를 내놓았다.

³ "매일 할머니를 괴롭히고도 갚을 것이 없어 걱정했는데 이것이라도 제 정성으로 아시고 받아 주시오."

⁴ 노파는 김생의 마음 씀씀이에 감동하면서도 그 속마음을 알 수 없어 근심이 되었다. ⁵ 노파는 아무래도 안 되겠다 싶었는지 바로 일어나서 절을 하였다.

⁶ "제가 과부(젊어서 남편을 잃고 혼자가 된 여자)되어 살아온 지 오래지만 이웃 사람조차 도와주지 않았습니다. ⁷ 그런데 도련님(김생)께서 이렇게 마음을 써 주시니 몸 둘 바를 모르겠습니다. ⁸ 혹 도련님께서 소망이 있으시다면 비록 죽는 일이라도 말씀하소서."

⁹ 그제야 김생은 얼굴에 슬픈 빛을 띠고 입을 열기 시작했다.

¹⁰ "그렇게 말씀하시니 어찌 사실대로 말하지 않겠소? ¹¹ 제가 어느 날 집으로 가는 길에 한 낭자(젊은 여자, 여기서는 영영)를 보았습니다. ¹² 나이 어린 협기(씩씩하고 의협심이 강한 기운)로 뒤를 쫓아왔더니 그 낭자가 들어 간 곳이 바로 이곳이었소. ¹³ 그런데 그 낭자를 본 뒤부터 마음이 취한 듯 모든 일에 흥미를 잃고 그 낭자만 생각하니, 애끊는(몹시 슬픈)괴로움이 벌써 여러 날이라오."

¹⁴ 노파는 김생이 여인을 본 날짜와 여인의 복장을 물었다. ¹⁵ 노파는 짚이는 사람이 있는 모양이었다.

¹⁶ "도련님께선 제 죽은 언니의 딸을 보신 것 같습니다. ¹⁷ 그 애의 이름은 영영(英英)이라 하는데 정말 탐스러운 아이지요. ¹⁸ 하지만……."

¹⁹ "하지만 뭐란 말이오?"

²⁰ 김생은 노파가 무슨 말을 할지 걱정되었다. ²¹ 그걸 아는지 모르는지 노파는 김생보다 더 심각한 표정으로 말을 이었다.

²² "도련님은 그 애(영영)를 만나는 것조차 어려울 것입니다."

²³ "그건 무슨 말이요?"

²⁴ "그 애는 회산군(檜山君)의 시녀입니다. ²⁵ **궁중에서 나고 자라 문 밖을 나서지 못합니다.**"

²⁶ "그렇다면 전에 내가 본 날은 어인(어찌 된)나들이였소?"

²⁷ "그 때는 마침 그 애 부모의 제삿날이라 제가 회산군 부인께 청(부탁)하고 겨우 데려왔었지요."

²⁸ "……."

²⁹ "영영은 자태(모습이나 태도)가 곱고 음률(노래나 음악의 가락)이나 글에도 능통해(실력이 뛰어나)회산군께서 첩(정식 아내 외에 데리고 사는 여자)을 삼으려 하신답니다. ³⁰ 다만 그 부인의 투기(질투)가 두려워 뜻대로 못할 뿐이랍니다."

³¹ 김생은 크게 한숨을 내쉬며 탄식하였다(안타까워했다).

---

³² "결국 하늘이 나를 죽게 하는구나!"

³³ 노파는 김생의 병이 깊은 것을 보고 안타까워했다. ³⁴ 노파는 그렇게 김생을 바라보고 있다가 한참만에 입을 열었다.

³⁵ "(영영을 만날) 방법이 없는 것은 아닙니다."

³⁶ "그래요? ³⁷ 그, 그것이 무엇이오? ³⁸ 빨리 말해 보시오."

³⁹ "단오(음력 5월 5일, 여자는 창포물에 머리를 감고 그네를 뛰며 남자는 씨름을 함)가 한 달이 남았으니 그 때 다시 작은 제사상을 벌이고 부인(회산군 부인)에게 영아(아이, 여기서는 영영)를 보내 주십사고 청(부탁)하면 그리 될 수도 있습니다(영영을 만날 수도 있습니다)."

⁴⁰ 김생은 그 말을 듣고 뛸 듯이 기뻐했다.

⁴¹ "할머니 말대로 된다면 인간의 오월 오일(김생이 영영과 만나게 될 5월 5일)은 곧 천상의 칠석이오(하늘 나라의 칠석과 같을 것이오, '칠석'은 음력 7월 7일로, 견우와 직녀가 1년에 한 번 만나는 날)."

⁴² 김생과 노파는 그렇게 서로 이야기를 하면서 영영을 불러낼 계획을 세웠다.

→ 김생은 노파로부터 영영을 만날 수 있는 방법을 듣고 영영과 만날 계획을 세운다.

③ ¹ 마침내 노파와 약속한 날이 되었다. ² 김생은 날이 밝기도 전에 그 집(회산군의 집)으로 달려갔다.

→ 영영을 만나기로 계획을 한 날이 되자 김생은 서둘러 회산군의 집에 간다.

(중략)

④ ¹ 영영을 그리는 마음은 예전보다 두 배나 더 간절하였다. ² 그러나 (영영으로부터) 청조(파랑새)가 오지 않으니 소식을 전하기 어렵고, 흰기러기는 오래도록 끊기어 편지를 전할 길도 없었다. ³ 끊어진 거문고 줄은 다시 맬 수가 없고 깨어진 거울은 다시 합칠 수가 없으니, 가슴을 졸이며 근심을 하고 이리저리 뒤척이며 잠 못 이룬들 무슨 소용이 있겠는가? ⁴ 김생은 마침내 몸이 비쩍 마르고 병이 들어 자리에 누워 있었다. ⁵ 그렇게 두어 달이 지나니 김생은 죽은 몸이나 다름없었다. ⁶ 마침 김생의 친구 중에 이정자(李正字)라고 하는 이가 문병을 왔다. ⁷ 정자는 김생이 갑자기 병이 난 것을 이상해했다. ⁸ 병들고 지친 김생은 그의 손을 잡고 모든 이야기를 털어놓았다. ⁹ 정자는 모든 이야기를 듣고 놀라며 말했다.

[A]
¹⁰ "자네의 병은 곧 나을 걸세. ¹¹ 회산군 부인은 내겐 고모가 되는 분이라네. ¹² 그 분은 의리가 있고 인정이 많으시네. ¹³ 또 부인이 소천(所天)(남편, 여기서는 회산군)을 잃은 후로부터, 가산(집家 재산 産 : 집안의 재산)과 보화(보배 寶 재물 貨 : 귀한 가치가 있는 소중한 물건)를 아끼지 아니하고 희사(喜捨)와 보시(布施)(다른 사람을 위해 돈이나 물건을 베풂)를 잘 하시니, 내 자네를 위하여 애써 보겠네."

¹⁴ 김생은 뜻밖의 말을 듣고 너무 기뻐서 병든 몸인데도 일어나 정자의 손이 으스러져라 꽉 잡을 정도였다. ¹⁵ 김생은 신신(거듭해서 간곡하게 부탁하는 모양) 부탁하며 정자에게 절까지 하였다.

→ 김생이 영영을 그리워하다가 병이 나자 이정자가 병문안을 오게 되고, 이정자는 자신의 고모인 회산군 부인에게 김생이 영영과 만날 수 있도록 부탁하겠다고 말한다.

⑤ ¹ 정자는 그 날로 부인(회산군 부인) 앞에 나아가 말했다.

² "얼마 전에 장원 급제한 사람(과거 시험에서 1등으로 합격한 사람, 여기서는 김생)이 문 앞을 지나다가, 말에서 떨어져 정신을 차리지 못한 것을 고모님이 시비(여자 종)에게 명(명령)하여 사랑(바깥주인이 머물며 손님을 대접하는 곳)으로 데려간 일이 있사옵니까?"

³ "있지."

⁴ "그리고 영영에게 명하여 차를 올리게 한 일이 있사옵니까?"

⁵ "있네."

[B]
⁶ "그 사람은 바로 저의 친구로 김 모(김생, '모'는 '아무개'라는 뜻)라 하는 이옵니다. ⁷ 그(김생)는 재기(才氣)(재주 才 기운 氣 : 재주)가 범인(凡人)(무릇 凡 사람 人 : 평범한 사람)을 지나고(뛰어넘고) 풍도(風度)(모습 風 풍채 度 : 겉모습과 태도)가 속되지(천하지) 않아, 장차 크게 될 인물이옵니다. ⁸ 불행하게도 상사(서로 相 생각 思 : 남녀가 그리워하여 생긴 마음)의 병이 들어 문을 닫고 누워서 신음하고 있은 지 벌써 두어 달이 되었다 하더이다. ⁹ 제가 아침저녁으로 왔다 갔다 하면서 문병하는데, 피부가 파리해지고(생기가 없어지고) 목숨이 아침저녁으로 불안하니, 매우 안타까이 여겨 병이 든 이유를 물어 본 즉 영영으로 인함이라 하옵니다. ¹⁰ 영영을 김생에게 주시는 것이 어떻겠습니까?"

¹¹ 부인(회산군 부인)은 듣고 나서,

"내 어찌 영영을 아껴 사람이 죽도록 하겠느냐?"

하였다. ¹² 부인은 곧바로 영영을 김생의 집으로 가게 하였다.

→ 이정자로부터 김생의 사연을 들은 회산군 부인은 영영을 김생에게 보낸다.

6 ¹그리하여 꿈에도 그리던 **두 사람**(김영과 영영)이 서로 만나게 되니 그 기쁨이야 말할 수 없을 정도였다. ²김생은 기운을 차려 다시 깨어나고, **수일**(며칠) 후에는 일어나게 되었다. ³이로부터 김생은 **공명**(功名)(공 功 이름 名 : 공을 세워 이름을 떨침, 벼슬)을 **사양**(거부)하고, **영영과 더불어 평생을 해로하였다**(부부가 한평생 같이 살며 함께 늙었다).

→ 김생은 영영을 다시 만나 평생을 함께한다.

- 작자 미상, 「영영전」-

· **중심 내용**

영영을 그리워하다가 병든 김생은 노파와 정자의 도움으로 영영을 다시 만나 평생을 함께하게 된다.

· **전체 줄거리**

명나라 효종 때, 김생은 성 밖 경치 좋은 곳에서 놀다가 한 낭자를 발견하고 사랑에 빠진다. 김생은 하인인 막동의 도움으로 낭자의 이모인 노파와 친해지고, 그 낭자가 회산군의 시녀 영영임을 알게 된다. 영영을 그리워하던 김생은 노파의 도움으로 회산군의 집에 들어가 영영을 만나 정을 나누게 된다. 그러나 영영이 궁녀라서 궐 밖 출입이 자유롭지 못해 김생은 영영을 더 이상 만나지 못하고 3년이 지난다. 김생은 영영을 그리워하다가 죽을 생각까지 하지만 마음을 잡고 과거 시험을 치러 **장원 급제한다**(과거 시험에서 1등으로 합격한다). **삼일유가**(과거에 급제한 사람이 3일 동안 스승과 선배, 친척을 찾아 인사드리는 일)를 나왔다가 회산군의 집 앞을 지나게 된 김생은 일부러 술에 취한 척 말에서 떨어진 후 회산군의 집에 들어가게 된다. 그곳에서 김생은 영영을 다시 만나지만 주변 사람들의 시선이 두려워 마음을 표현하지 못하고 영영의 편지를 전해 받고 돌아와 그리움으로 병이 든다. 이후 김생의 친구이자 회산군 부인의 조카인 이정자의 도움으로 김생과 영영은 다시 만나게 되고 김생은 벼슬도 마다하고 영영과 평생을 함께하게 된다.

· **인물 관계도**

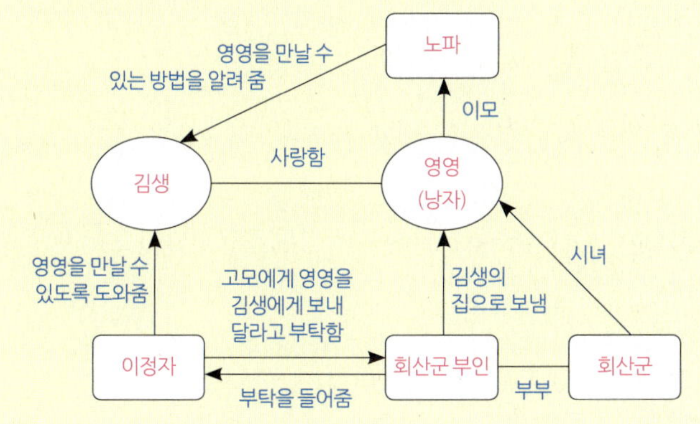

1등급 문제

086 | 서술상 특징 – 적절한 것 고르기 | 2020년 6월 학평 26번
정답률 55%, 매력적 오답 ① 25% **정답 ⑤**

윗글에 대한 설명으로 가장 적절한 것은?

① *전기적 요소를 활용해 **긴박한 분위기를 조성하고 있다.
　　* 현실에서 일어나기 힘든 기이한 ** 다급하고 절박한 분위기를 만들고
　풀이　윗글에는 전기적 요소도 긴박한 분위기도 나타나지 않는다.
　→ 적절하지 않음!

인물이 처한 상황을 드러내고
② 비유적 표현을 활용해 인물 간의 갈등을 심화하고 있다.
　근거　**2**-41 인간의 오월 오일은 곧 천상의 칠석이오."
　　　　4-3 끊어진 거문고 줄은 다시 맬 수가 없고 깨어진 거울은 다시 합칠 수가 없으니,
　풀이　김생은 영영을 만나는 오월 오일을 견우와 직녀가 만나는 칠월 칠석에 비유하여 영영을 만나는 기쁨을 드러내고 있다. 또한 '끊어진 거문고'와 '깨어진 거울'에 빗대어 김생이 영영을 만나지 못하는 상황을 드러내고 있다. 따라서 비유적 표현을 활용해 인물 간의 갈등을 심화하고 있다는 설명은 적절하지 않다.
　→ 적절하지 않음!

인물의 심리
③ 인물의 *외양 묘사를 통해 영웅적 면모를 보여 주고 있다.
　　* 겉모습을 자세하게 그려내듯이 표현함
　근거　**4**-4 김생은 마침내 몸이 비쩍 마르고

---

⑤-9 피부가 파리해지고
　풀이　김생의 야위고 해쓱해진 외양을 묘사하여 영영에 대한 간절한 그리움을 보여 주고 있을 뿐 영웅적인 모습은 나타나지 않는다.
　→ 적절하지 않음!

> ■ 인물의 외양 묘사를 통해 영웅적 면모를 보여 주는 작품
> • 작자 미상, 「홍계월전」(2016학년도 6월 모평A)
> 부인이 시랑을 청하여 아이를 보인대 얼굴이 **도화**(복숭아꽃) 같고 향내 진동하니 진실로 **월궁항아**(전설 속에서 달에 산다는 선녀로, 아름다운 여인을 빗댄 말)더라. ~ 계월이 점점 자라나매 얼굴이 화려하고 또한 영민한지라. ~ 곽도사라 하는 사람을 청하여 계월의 **상**(얼굴이나 체격의 됨됨이)을 보인대, 도사 지그시 보다가 말하기를, "이 아이 상을 보니 ~ **공후작록을 올릴**(높은 지위에 오를) 것이오, **명망**(명예와 사람들이 따르는 덕)이 천하에 가득할 것이니 가장 **길하도다**(운이 좋고 복스럽다)."
> → 홍계월의 아름다운 외양을 묘사하여 영웅적인 면모를 보여 주고 있다.

④ *역순행적 구성을 통해 사건을 **입체적으로 구성하고 있다.
　　* 시간의 흐름을 바꾸어 현재에서 과거로 거슬러 가는 구성 ** 다양하고 복잡하게
　근거　**2**-1 그날도 두 사람은 술이 떨어질 때까지 마셨다.
　　　　3-1 마침내 노파와 약속한 날이 되었다.
　　　　4-5 그렇게 두어 달이 지나니 김생은 죽은 몸이나 다름없었다.
　　　　6-2 김생은 기운을 차려 다시 깨어나고, 수일 후에는 일어나게 되었다.
　풀이　윗글은 김생이 영영을 만나지 못해 그리워하는 사건부터 다시 만나 함께하기까지의 사건이 시간의 흐름에 따라 순차적으로 진행되고 있다.
　→ 적절하지 않음!

⑤ *서술자의 주관적 논평을 통해 인물의 심리를 드러내고 있다.
　　* 작품 밖에서 이야기를 이끌어 가는 사람이 이야기 중간에 끼어들어 인물이나 사건을 평가하는 것
　근거　**4**-3 끊어진 거문고 줄은 다시 맬 수가 없고 깨어진 거울은 다시 합칠 수가 없으니, 가슴을 졸이며 근심을 하고 이리저리 뒤척이며 잠 못 이룬들 무슨 소용이 있겠는가?
　풀이　서술자의 주관적 논평을 통해 영영에 대한 김생의 그리움을 드러내고 있다.
　→ 적절함!

---

087 | 말하기 방식 – 적절한 것 고르기 | 2020년 6월 학평 27번
정답률 90% **정답 ③**

[A]와 [B]에 나타난 인물의 말하기에 대한 설명으로 가장 적절한 것은?

> [A] **4**-10~13 "자네(김생)의 병은 곧 나을 걸세. 회산군 부인은 내(이정자)겐 고모가 되는 분이라네. 그 분은 의리가 있고 인정이 많으시네. 또 부인이 소천을 잃은 후로부터, 가산과 보화를 아끼지 아니하고 회사와 보시를 잘 하시니, 내 자네를 위하여 애써 보겠네."
>
> [B] **5**-6~10 "그 사람은 바로 저의 친구로 김 모라 하는 이옵니다. 그는 재기가 범인을 지나고 풍도가 속되지 않아, 장차 크게 될 인물이옵니다. 불행하게도 상사의 병이 들어 문을 닫고 누워서 신음하고 있은 지 벌써 두어 달이 되었다 하더이다. 제가 아침저녁으로 왔다 갔다 하면서 문병하는데, 피부가 파리해지고 목숨이 아침저녁으로 불안하니, 매우 안타까이 여겨 병이 든 이유를 물어 본 즉 영영으로 인함이라 합니다. 영영을 김생에게 주시는 것이 어떻겠습니까?"

① [A]는 상대에게 조언하고, [B]는 상대에게 거래를 제안하고 있다.
　풀이　이정자는 [A]에서 김생에게 조언하고 있지도 않고, [B]에서 회산군 부인에게 거래를 제안하고 있지도 않다.
　→ 적절하지 않음!

② [A]는 상대에게 칭찬하고, [B]는 상대에게 서운함을 *토로하고 있다. * 털어놓고
　풀이　이정자는 [A]에서 김생에게 칭찬하고 있지도 않고, [B]에서 회산군 부인에게 서운함을 토로하고 있지도 않다.
　→ 적절하지 않음!

③ [A]는 상대에게 위로하고, [B]는 상대에게 원하는 것을 부탁하고 있다
　풀이　[A]에서 이정자는 회산군 부인이 자신의 고모이며, 의리와 인정이 있으므로 영영과 김생이 만나도록 도움을 줄 것이라며 김생을 위로하고 있다. [B]에서 이정자는 회산군 부인에게 영영을 김생에게 보내줄 것을 부탁하고 있다.
　→ 적절함!

V
고전소설

④ [A]는 상대에게 **공감하고**, [B]는 상대에게 **자신의 능력을** 자랑하고 있다.
> **풀이** 이정자는 [A]에서 김생에게 공감하고 있지도 않고, [B]에서 회산군 부인에게 자신의 능력을 자랑하고 있지도 않다.
>
> → 적절하지 않음!

⑤ [A]는 상대에게 **충고하고**, [B]는 상대에게 자신의 친구를 소개하고 있다.
> **근거** [B] ⑤-6 "그 사람은 바로 저의 친구로 김 모라 하는 이옵니다.
> **풀이** [A]에서 이정자는 김생에게 충고하고 있지 않고, [B]에서 이정자는 회산군 부인에게 자신의 친구인 김생에 대해 말하고 있다.
>
> → 적절하지 않음!

---

088 감상의 적절성 – 적절하지 않은 것 고르기 2020년 6월 학평 28번
정답률 80% | **정답 ②**

〈보기〉를 참고하여 윗글을 감상한 내용으로 적절하지 않은 것은? [3점]

> | 보 기 |
> [1]「영영전」은 궁녀(궁궐 안에서 왕과 왕의 가족을 모시는 여인)인 영영과 선비인 김생의 신분을 초월한(뛰어넘는) 사랑을 그린 작품이다. [2] 주인공 영영을 통해 조선 시대 궁녀들의 폐쇄적인(외부와 단절된) 생활상을 엿볼 수 있으며, 영영의 신분은 김생과의 사랑을 가로막는 장애물로 작용한다. [3] 김생은 영영을 만나기 위해 노력하며, 이 과정에서 김생이 영영을 만나도록 도와주는 인물들이 등장한다. [4] 결국, 조력자(도움을 주는 사람)들의 도움으로 영영과 김생은 사랑의 장애물을 극복하고 사랑을 성취하여 행복한 결말을 맞이하게 된다.

① '궁중에서 나고 자라 문밖을 나서지 못합니다.'에서 조선 시대 궁녀들의 폐쇄적인 생활상을 확인할 수 있군.
> **근거** 〈보기〉-2 주인공 영영을 통해 조선 시대 궁녀들의 폐쇄적인 생활상을 엿볼 수 있으며,
> ❷-24~25 "그 애는 회산군의 시녀입니다. **궁중에서 나고 자라 문 밖을 나서지 못합니다.**"
> **풀이** 노파가 회산군의 궁녀인 영영에 대해 '궁중에서 나고 자라 문 밖을 나서지 못합니다.'라고 말하는 것을 통해 조선 시대 궁녀들의 폐쇄적인 생활상을 확인할 수 있다.
>
> → 적절함!

② '부인의 투기가 두려워 뜻대로 못할 뿐이랍니다.'에서 회산군 부인의 투기가 **김생과 영영의 사랑을 가로막는** 장애물임을 확인할 수 있군.

회산군이 영영을 첩으로 들이지 못하게 막는

> **근거** 〈보기〉-2 영영의 신분은 김생과의 사랑을 가로막는 장애물로 작용한다.
> ❷-29~30 "영영은 ~ 회산군께서 첩을 삼으려 하신답니다. 다만 그 **부인의 투기가 두려워 뜻대로 못할 뿐이랍니다.**"
> **풀이** '부인의 투기가 두려워 뜻대로 못할 뿐이랍니다.'는 회산군 부인의 투기 때문에 회산군이 영영을 첩으로 삼지 못하고 있다는 말이지 김생과 영영의 사랑이 방해받고 있다는 말이 아니다. 참고로 윗글에서 김생과 영영의 사랑을 가로막는 장애물은 회산군 부인의 투기가 아니라 궁녀라는 영영의 신분이다.
>
> → 적절하지 않음!

③ '영아를 보내 주십사고 청하면 그리 될 수도 있습니다.'에서 노파도 김생이 영영을 만나도록 도와주는 조력자임을 확인할 수 있군.
> **근거** 〈보기〉-3 김생이 영영을 만나도록 도와주는 인물들이 등장한다.
> ❷-34~39 노파는 ~ "방법이 없는 것은 아닙니다." ~ "단오가 한 달이 남았으니 그때 다시 작은 제사상을 벌이고 부인에게 **영아를 보내 주십사고 청하면 그리 될 수도 있습니다.**"
> **풀이** 김생이 영영을 그리워해 병이 들자 노파가 부인에게 '영아를 보내 주십사고 청하면 그리 될 수도 있습니다.'라며 김생에게 영영을 만날 수 있는 방법을 알려 준다. 따라서 노파는 김생이 영영을 만나도록 도와주는 조력자임을 확인할 수 있다.
>
> → 적절함!

④ '영영을 불러낼 계획을 세웠다.'에서 김생이 영영을 만나기 위해 노력하고 있음을 확인할 수 있군.
> **근거** 〈보기〉-3 김생은 영영을 만나기 위해 노력하며,
> ❷-42 김생과 노파는 그렇게 서로 이야기를 하면서 **영영을 불러낼 계획을 세웠다.**
> **풀이** '영영을 불러낼 계획을 세웠다.'를 통해 김생은 회산군의 집으로 찾아가 영영을 불러낼 계획을 세우며 영영을 만나기 위해 노력하고 있음을 알 수 있다.
>
> → 적절함!

⑤ '영영과 더불어 평생을 해로하였다.'에서 영영과 김생이 사랑을 성취하여 행복한 결말을 맞이했음을 확인할 수 있군.
> **근거** 〈보기〉-4 영영과 김생은 사랑의 장애물을 극복하고 사랑을 성취하여 행복한 결말을 맞이하게 된다.
> ❻-3 김생은 공명을 사양하고, **영영과 더불어 평생을 해로하였다.**
> **풀이** '영영과 더불어 평생을 해로하였다.'에서 김생이 영영과 사랑을 이뤄 평생을 함께하는 행복한 결말을 맞이했음을 알 수 있다.
>
> → 적절함!

Ⅴ 고전소설 6. 설화

마더텅 전국연합 학력평가 기출문제집 고1 국어 문학

[089~091] 다음 글을 읽고 물음에 답하시오.

1 ¹"도련님은 어디서 온 누구십니까? ² 지금 어디를 가시는 길인지 물어봐도 될까요?"

³ "네, 저는 하늘 옥황(하느님이 있는 하늘. 천상) 문왕성(의 아들) 문 도령입니다. ⁴ 지금 아랫마을 거무 선생님께 글공부 가는 길이오."

⁵ 자청비가 문 도령을 찬찬히 살펴보는데 인물이 단정하고(바를 端 바를 正 : 옷차림이나 몸가짐 따위가 바르고) 눈빛이 깊은 것이 마음에 들었다. ⁶ 게다가 거무 선생께 글공부를 간다 하니 같이 글공부하러 가고 싶은 생각이 불쑥 솟아났다.

⁷ "도련님, 우리 집에도 나와 닮은 남동생이 있는데 마침 거무 선생께 글공부하러 가고 싶어 합니다. ⁸ 이름은 자청 도령이라 하니 같이 벗하여 가는 것이 어떻겠습니까?"

⁹ 조금이라도 자청비와 더 있고 싶은 문 도령은 선선히(시원스럽게) 그러겠다고 대답하고는 자청비를 따라갔다. ¹⁰ 자청비는 문 도령을 집 앞 골목에 세워 놓고, 부모님 방으로 달려갔다.

→ 문 도령이 마음에 든 자청비는 함께 글공부하러 가고 싶은 생각에 그와 집으로 향한다.

2 ¹"아버님, 어머님, 저도 다른 선비들처럼 글공부하러 가고 싶습니다."

² 대감(자청비의 아버지)이 펄쩍 뛰었다.

³ "계집아이(자청비)가 글을 배워 무엇에 쓴단 말인고?"

⁴ 어머니도 자청비의 손을 잡으며 달랬다.

⁵ "시집갈 나이가 다 되었는데 밖으로 나돌아다니면 안 좋은 소문만 난다. ⁶ 그러니 그냥 집에서 살림이나 배우는 게 좋을 것 같다."

⁷ 자청비가 차분하게 부모님을 설득했다.

⁸ "아버님, 어머님, 늘그막에 딸자식(자청비) 하나 얻었는데 내일이라도 아버님 어머님이 세상을 떠나면 기일(기일 忌 날 日 : 해마다 돌아오는 제삿날) 제사 때 축지방(제사 때 읽어 천지의 신령에 고하는 글을 적은 종이 조각)은 누가 쓸 겁니까?"

⁹ 그 말끝에 부모님이 뭐라 대답을 못 하고 있는데 자청비는 계속해서 말을 이었다.

¹⁰ "나에게 오라비가 있습니까? ¹¹ 형제가 있습니까? ¹² 그저 집안에 자식이라곤 나 하나밖에 없는데, 여자라도 배워 놓으면 다 써먹을 데가 있습니다. ¹³ 저라도 공부를 해서 축지방이나 쓰게 해 주세요."

¹⁴ 자청비의 말을 들은 대감은 마음이 움직였다.

¹⁵ "듣고 보니 그럴듯한 말이구나. ¹⁶ 늘그막에 귀한 딸자식 하나 얻었더니 부모 기일 제사까지 벌써부터 챙기려고 마음을 쓰니 기특하구나. ¹⁷ 그렇다면 거무 선생께 가서 글공부하도록 하거라."

→ 자청비는 부모님을 설득하여 거무 선생께 가서 글공부를 하라는 허락을 받아낸다.

3 ¹부모님께 허락을 받은 자청비는 방으로 들어가 입고 있던 옷을 벗어 두고 남자 옷으로 갈아입었다. ² 그러고는 책을 한 아름 안고, 붓도 몇 자루 감쥐고는 부모님께 이별 인사를 드리는 둥 마는 둥 하고 밖으로 뛰쳐나갔다.

³ 골목에 나가 보니 문 도령이 서성이며 기다리고 있었다. ⁴ 자청비는 시침을 뚝 떼고(자청비가 아닌 체하고) 다가가 인사를 했다.

⁵ "처음 뵙겠습니다. ⁶ 저는 자청 도령인데 누님(자청비)한테 말씀 잘 들었습니다."

⁷ "예, 저는 하늘 옥황 문왕성 문 도령이오."

⁸ 문 도령은 자청 도령을 위아래로 훑어보며 고개를 갸웃했다.

⁹ '아무리 남매간이라고 하여도 이렇게 닮을 수가 있는가? ¹⁰ 자청 도령도 곱상하니(얼굴이 예쁘장하고 얌전하니) 아가씨라고 해도 믿겠구나.'

¹¹ 문 도령과 자청 도령은 나란히 아랫마을 거무 선생에게 갔다.

→ 남장을 한 자청비는 자청 도령으로 위장하여 문 도령과 나란히 거무 선생에게로 간다.

4 **[중략 줄거리]** ¹자청 도령이 자청비임을 알게 된 문 도령은 자청비와 결혼을 한다. ² 한편, 이들(자청비와 문 도령)을 시기한(시기할 猜 질투할 忌 : 잘되는 것을 샘하여 미워한) 하늘 무리들이 문 도령을 죽이고, 군졸(군사 軍 군사 卒 : 군사)들을 보내 자청비를 강제로 데려가려고 하자 자청비는 매미, 등에(파리와 비슷한 곤충), 봉황새를 죽은 문 도령이 있는 방에 걸어 둔다.

→ 결혼한 자청비와 문 도령을 시기한 하늘 무리들은 문 도령을 죽이고, 자청비를 강제로 데려가려고 한다.

5 ¹"저 위에 보면 우리 낭군(문 도령)이 깔고 앉았던 방석이 있습니다. ² 그걸 내려서 깔고 앉아 보십시오. ³ 그것(방석)이 조금 무겁긴 하지만 사나이(여기서는 군졸)라면 그 정도는 거뜬히(가볍게) 들 수 있어야 하지 않겠습니까? ⁴ 그리하면 제(자청비)가 스스로 가겠습니다."

⁵ 선반 위에 놓인 무쇠 방석을 가리키며 말하자 군졸들이 달려들어 방석을 내리려 하였다. ⁶ 그러나 어찌나 무거운지 꼼짝도 하지 않았다.

⁷ "문 도령이 이렇게 힘센 장수였구나. ⁸ 아무래도 소문대로 보통 인물이 아니로군. ⁹ 잘못하다가는 무슨 변(재앙 變 : 재앙. 사고)이라도 당하는 게 아닌지 모르겠어."

¹⁰ 군졸들은 겁이 나서 누구도 선뜻 나서려고 하지 않았다. ¹¹ 그러자 군졸들을 이끌고 온 우두머리가 문 도령이 누워 있는 방을 쳐다보며 한마디 했다.

¹² "이놈들아, 걱정들 하지 마라. ¹³ 그래봐야 (문 도령은) 죽은 목숨 아니냐? ¹⁴ 죽은 목숨 아무 소용 없다."

¹⁵ "맞는 말이로구나. ¹⁶ 제아무리 잘 난 문 도령이라도 이미 죽은 목숨인데 어떻게 할 수 있겠는가."

¹⁷ 그런데 죽은 줄 알았던 문 도령이 코를 골며 자는 소리가 들렸다. ¹⁸ 주얼(등에의 제주 방언)재열(매미의 제주 방언) 매미, 등에가 나는 소리, 봉황새 꺽꺽 부리 벌리는 소리가 코 고는 소리로 들렸던 것이었다.

¹⁹ "어이? ²⁰ 이거 무슨 소리인가?"

²¹ "문 도령이 코 골며 자는 소리 같은데. ²² 문 도령은 죽은 것이 아닌가?"

²³ 그때 방 밖에 서 있던 머슴이 자청비가 시킨 대로 손을 한 번 탁 쳤다. ²⁴ 그러자 화들짝 놀란 군졸들이 겁을 집어먹고 앞다투어 도망쳐 버렸다. ²⁵ 위기를 모면한 자청비는 죽은 남편을 살려 내기 위해 서천꽃밭(저승의 동쪽 끝에 위치한 신비의 공간. 삼색물을 경계로 하여 이승과 연결되어 있음)으로 들어가 갖가지 꽃을 얻어 왔다. ²⁶ 자청비가 가져온 살살이꽃(살을 되살리는 꽃), 피살이꽃(피를 돌게 하는 꽃), 도환생꽃(죽은 사람을 되살리는 꽃)을 남편의 시체 위에 뿌리자 문 도령이 기지개를 켜며 일어나 앉았다.

²⁷ "아, 잘 잤다! ²⁸ 그런데 무슨 일인가? ²⁹ 주변이 왜 이처럼 어지럽소?"

³⁰ 자청비는 그 사이에 있었던 일을 소상히(밝힐 昭 자세할 詳 : 자세히) 일러(말해) 주었다.

³¹ "아, 그러니까 부인 덕에 내가 이리 살아났구려."

³² 문 도령은 또 한 번 자청비의 기지(기이할 奇 슬기 智 : 특별하고 뛰어난 지혜)에 감탄하며 부인의 손을 꼭 잡았다.

→ 자청비의 기지로 군졸들은 달아나고, 죽은 문 도령은 살아난다.

6 ¹하늘 옥황 천자국에 큰 사변(일 事 재앙 變 : 사람의 힘으로는 피할 수 없는 큰 사건)이 일어났다. ² 검은 무리가 난(난리 亂 : 전쟁)을 일으켜 천자국이 큰 혼란에 빠지게 된 것이다. ³ 옥황상제 천지왕(하늘을 관장하는 신)은 여기저기 방(고시할 榜 : 어떤 일을 널리 알리기 위하여 사람들이 다니는 길거리나 많이 모이는 곳에 써 붙이는 글)을 붙이도록 했다.

⁴ "이 난을 평정하는(편안할 平 평정할 定 : 진정시키는) 자에게 하늘 옥황의 땅 한 조각 물 한 조각을 갈라 주겠노라."

⁵ 자청비는 문 도령과 함께 서천꽃밭에서 가져온 수레멸망악심꽃을 들고 천자국으로 갔다. ⁶ 수레멸망악심꽃은 뿌리면 뿌리는 대로 많은 사람이 죽는 꽃이었다. ⁷ 천지왕은 난을 평정하기 위해 왔다는 문 도령과 자청비에게 임무를 맡겼다. ⁸ 전장(전쟁 戰 장소 場 : 전쟁터)으로 가 보니 삼만 명의 군사들이 칼을 치고 활을 받으며 치열하게 싸우고 있었다. ⁹ 자청비는 천자국 병사들을 철수시키고는(거둘 撤 거둘 收 : 물러나게 하고는) 수레멸망악심꽃을 동서(동쪽 東 서쪽 西 : 동쪽과 서쪽)로 뿌려댔다. ¹⁰ 그러자 난을 일으킨 군사들이 검삼밭의 늙은 삼 쓰러지듯(맥없이 쓰러지는 모습을 빗댄 말) 동서로 즐비하게(늘어설 櫛 설 比 : 줄지어 빽빽하게 늘어서) 쓰러지며 숨이 끊어져 버렸다. ¹¹ 곧 난은 평정되고 천자국이 평온해졌다. ¹² 천지왕은 크게 기뻐하며 둘(자청비와 문 도령)의 공을 치하했다(부를 致 하례할 賀 : 고마워하고 칭찬했다).

¹³ "내 너희들에게 하늘나라에 있는 기름진 땅을 갈라 주겠으니 잘 맡아 다스리도록 하여라."

¹⁴ 그러나 사성비는 이(하늘나라의 기름진 땅)를 사양하고 인간 세상에 내려가 살고자 하니 대신 씨앗을 달라고 청을 드렸다.

¹⁵ "하늘님(천지왕)아, 하늘나라 기름진(양분이 많은) 땅 대신 제주 땅에 내려가서 심을 오곡(다섯 五 곡식 穀 : 쌀, 보리, 콩, 조, 기장의 다섯 가지 중요한 곡식)의 씨앗을 내려 주십시오. ¹⁶ 제주 백성들 농사짓고 살게 해 주겠습니다."

¹⁷ 천지왕은 자청비를 **기특하게**(기특할 奇 뛰어날 特 : 대견하게) 여기고 인간을 널리 이롭게 하라며 **여러 곡식**을 내려 주었다.

→ 천자국의 큰 사변을 평정한 자청비는 천지왕에게 제주 땅에 내려가서 심을 오곡의 씨앗을 달라고 청한다.

- 작자 미상, 「세경본풀이(농사를 관장하는 신인 세경신의 내력을 풀이하는 노래. 제주도의 큰굿에서 연행되는 무가(巫歌)로 세경신에 관한 신화이며, 내용은 주로 자청비(세경신)와 문 도령의 연애담과 결혼담으로 구성되어 있음)」-

· 중심 내용

문 도령이 마음에 든 자청비는 그와 함께 글공부하러 가고 싶은 생각에 부모님을 설득하고, 남장을 한 채 문 도령과 동행한다. 자청비와 문 도령은 결혼을 하고 이들을 시기한 하늘 무리들은 문 도령을 죽인 후 군졸들을 보내 자청비를 강제로 데려가려 하지만 자청비의 기지로 군졸들은 달아나고, 죽은 문 도령은 살아난다. 이후 자청비와 문 도령이 천자국의 난을 평정하자 천지왕은 하늘나라의 기름진 땅을 주고자 하나, 자청비는 천지왕에게 제주 땅에 심을 오곡의 씨앗을 달라고 청한다.

· 인물 관계도

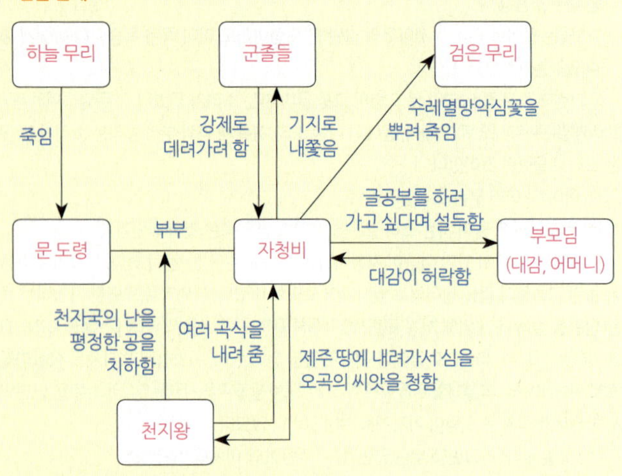

· 전체 줄거리 ([ ] : 지문 내용)

김진국과 조진국 부부는 혼인 후 오래도록 자식이 없자 **불공**(부처 앞에 음식, 꽃 따위를 바침)을 드려 딸을 얻는데, **자청하여**(스스로 自 청할 請 : 스스로 청하여) 낳은 자식'이라 하여 이름을 '자청비'라 짓는다. 귀하게 자라던 자청비는 15세가 된 어느 날 하녀를 따라 빨래터에 나갔다가 [글공부를 하러 길을 나선 **하늘 옥황**(하늘나라) 문왕성의 아들인 문 도령을 만나게 되고, 문 도령과 함께 있고 싶은 마음에 부모님을 설득하여 남장을 한 채 그와 동행한다.] 함께 글공부를 한 지 3년이 지나고 문왕성의 명령으로 문 도령이 서수왕의 셋째 딸과 혼인을 하기 위해 하늘로 돌아가게 되자 자청비는 두 사람이 처음 만났던 빨래터에서 자신이 여자라는 사실을 밝힌다. 서로의 사랑을 확인한 후, 문 도령은 돌아오겠다는 약속을 하고 홀로 떠난다. 시간이 흘러도 문 도령은 돌아오지 않고, 문 도령을 기다리던 자청비는 하인 정수남의 꼬임에 빠져 문 도령을 찾아 숲속에 들어갔다가 정수남에게 봉변을 당할 위기에 처한다. 자청비는 기지를 발휘하여 정수남을 죽이고 홀로 집으로 돌아오지만, 그녀의 부모는 하인을 죽였다는 이유로 그녀를 집에서 내쫓는다. 남장을 하고 서천꽃밭에 간 자청비는 서천꽃밭을 어지럽히는 부엉이를 잡아 준 공로로 환생꽃을 얻고 꽃감관의 셋째 딸과 혼인을 약속한다. 자청비는 환생꽃으로 정수남을 살려 데려가지만 그녀의 부모는 사람을 죽였다 살렸다 한다며 자청비를 다시 내쫓는다. 문 도령을 찾아가던 자청비는 청태국 마귀할망을 만나 그의 수양딸이 된다. 마귀할망은 문 도령의 혼사에 쓰일 베를 짜는 일을 하는데, 자청비는 그 베에 수를 놓는 것을 돕는다. 자청비의 수를 알아본 문 도령은 마귀할망의 집을 찾아와 문밖에서 자청비를 부른다. 자청비는 문 도령이 맞는지 확인하기 위해 바늘로 그의 손가락을 찌르고, 이에 화가 난 문 도령은 하늘로 돌아간다. 자청비는 천상에 올라가 문 도령의 어머니가 낸 어려운 시험을 통과한 후 마침내 문 도령과 혼인하게 된다. 자청비는 자신과 부부의 연을 맺은 꽃감관의 딸이 생각나 문 도령을 서천꽃밭으로 보내어 한 달에 15일은 자신과 살고 나머지 15일은 꽃감관의 딸과 살게 한다. 하지만 서천꽃밭으로 간 문 도령이 3년이 지나도록 돌아오지 않자 자청비는 시부모가 죽었다는 거짓 편지를 보내 그를 돌아오게 만든다. 하늘 옥황에 자청비의 미모가 소문이 나면서 [하늘 무리들은 문 도령을 죽이고 자청비를 강제로 데려가려 한다. 자청비는 기지를 발휘하여 상황을 모면하고 서천꽃밭으로 가서 환생꽃을 따다가 문 도령을 살려낸다. 한편, 천자국에 큰 사변이 일어나자 자청비는 서천꽃밭에서 가져온 꽃으로 천자국

의 변란을 평정한다. 천지왕은 하늘나라에 있는 기름진 땅을 내리지만 자청비는 이를 사양하고 제주 땅에 심을 오곡 씨를 내려 달라고 청한다.] 이후 인간 세상으로 내려온 자청비는 **중세경**(농사의 신), 문 도령은 **상세경**(농사의 신)이 되고, 정수남은 **하세경**(목축의 신)이 된다.

윗글에 대한 설명으로 가장 적절한 것은?

① 비현실적 요소를 통해 인물의 *비범한 능력을 드러내고 있다. * 뛰어난

근거 ❺-25~26 서천꽃밭으로 들어가 갖가지 꽃을 얻어 왔다. 자청비가 가져온 살살이꽃, 피살이꽃, 도환생꽃을 남편의 시체 위에 뿌리자 문 도령이 기지개를 켜며 일어나 앉았다.

❻-9~10 자청비는 천자국 병사들을 철수시키고는 수레멸망악심꽃을 동서로 뿌려 댔다. 그러자 난을 일으킨 군사들이 건삼밭의 늙은 삼 쓰러지듯 동서로 즐비하게 쓰러지며 숨이 끊어져 버렸다.

풀이 자청비가 서천꽃밭에서 가져온 갖가지 꽃을 남편(문 도령)의 시체 위에 뿌리자 죽었던 남편이 다시 살아나는 장면, 자청비가 수레멸망악심꽃을 동서로 뿌려대자 난을 일으킨 군사들의 숨이 끊어져 버리는 장면 등에서 비현실적 요소가 나타나며, 이를 통해 서천꽃밭에서 가져온 꽃을 이용해 사람을 살리고 죽일 수 있는 자청비의 비범한 능력을 드러내고 있다.

→ 적절함!

② 꿈과 현실을 *교차하여 앞으로 일어날 사건을 암시하고 있다. * 번갈아 나타내어

풀이 윗글은 자청비를 중심으로 하여 현실에서 벌어진 사건이 서술되어 있을 뿐, 꿈의 내용은 나타나지 않는다.

→ 적절하지 않음!

■ 꿈과 현실을 교차하여 앞으로 일어날 사건을 암시하는 작품

• 작자 미상, 「소학사전」 (2023년 고2 6월 학평)
부인이 아들 형제를 생각하고 슬픈 마음을 진정하지 못하여 잠자리에 누웠다가(현실) 비몽사몽간(아닐 非 꿈 夢 닮을 似 꿈 夢 사이 間 : 완전히 잠이 들지도 잠에서 깨어나지도 않은 어렴풋한 순간)에 승상이 들어와 부인을 대하여 말하기를, "오늘 부인의 손자가 올 것이니 보소서."라고 하므로 놀라 깨어 보니 한바탕 꿈이었다.(꿈) 부인이 더욱 마음이 편안하던 차에 비자(여자 종 婢 사람 子 : 여자 종)가 하는 말을 들으니 어린 듯 취한 듯 반가우면서도 괴이하여 곧 외당에 나가 문틈으로 공자의 상(모양 相 : 생김새)을 보았는데 영락없는 학사였다(부인의 아들인 소 학사와 많이 닮은 외모였다).(현실)
→ 현실과 꿈이 교차되는 구조를 통해 부인이 손자를 만나게 될 것을 암시하고 있다.

③ 비유적 표현을 사용하여 인물의 심리적 갈등을 드러내고 있다. 모습을

근거 ❻-10 그러자 난을 일으킨 군사들이 건삼밭의 늙은 삼 쓰러지듯 동서로 즐비하게 쓰러지며 숨이 끊어져 버렸다.

풀이 '건삼밭의 늙은 삼 쓰러지듯'에서 비유적 표현을 사용하고 있지만 이를 통해 힘없이 쓰러지는 군사들의 모습을 드러내고 있을 뿐 인물의 심리적 갈등을 드러내고 있지는 않다.

→ 적절하지 않음!

■ 비유적 표현을 사용하여 인물의 심리적 갈등을 드러내는 작품

• 김주영, 「고기잡이는 갈대를 꺾지 않는다」 (2022년 고2 3월 학평)
나는 오랫동안 지독(종이를 삶아 마구 찧어서 만든 항아리)을 물끄러미 바라보며 앉아 있었다. 이 많은 곡식을 다락(주로 부엌과 지붕 사이에 공간을 만들어서 물건을 넣어 두는 곳) 위에다 채워 두고도 우리 세 식구는 속절없이(어찌할 도리 없이) 배를 주려(굶주려) 왔던 것이었다. ~ 나는 사냥꾼에게 불을 맞고 죽을 때를 기다리는 짐승처럼 처절한(슬퍼할 悽 끊어질 絶 : 처참한, 끔찍한) 기분이었다.
→ '나'는 어머니가 많은 곡식을 모았음에도 가족들을 굶주리게 한 것을 알고 '사냥꾼에게 불을 맞고 죽을 때를 기다리는 짐승'에 자신을 비유하여 심리적 갈등을 드러내고 있다.

④ 공간적 배경에 대한 묘사를 통해 *낭만적 분위기를 형성하고 있다. * 감미롭고 감상적인

풀이 윗글에서 공간적 배경에 대해 묘사한 부분은 없으며, 낭만적 분위기가 형성된 부분 또한 없다.

→ 적절하지 않음!

■ **공간적 배경에 대한 묘사를 통해 낭만적 분위기를 형성하는 작품**
• 조위한, 「최척전」 (2023학년도 수능)
　일찍이 날씨가 맑은 어느 봄날 밤이었는데, 어둠이 깊어 갈 무렵 미풍(조금 微 바람 風 : 약하게 부는 바람)이 잠깐 일며 밝은 달이 환하게 비쳤으며, 바람에 날리던 꽃잎이 옷에 떨어져 그윽한 향기가 코끝에 스며들었다. 이에 최척은 옥영과 술을 따라 마신 후, **침상**(잘 寢 평상 牀 : 침대)에 기대 피리를 부니 그 **여음**(남을 餘 소리 音 : 소리가 그치거나 거의 사라진 뒤에도 아직 남아 있는 음)이 하늘거리며 퍼져 나갔다.
　→ 최척과 옥영이 함께 있는 공간적 배경을 구체적으로 묘사하여 낭만적 분위기를 형성하고 있다.

⑤ **서술자가 직접적으로 개입하여 인물을 주관적으로 평가하고 있다.**
　풀이　윗글에서는 서술자가 인물이나 사건에 직접적으로 개입하여 인물을 주관적으로 평가한 부분이 나타나지 않는다.

→ 적절하지 않음!

■ **서술자가 직접적으로 개입하여 인물을 주관적으로 평가하는 작품**
• 허균, 「홍길동전」 (2019학년도 9월 모평, 2014학년도 수능A)
　길동이 **재배**(두 再 절 拜 : 두 번 절함) 하직하고(아래 下 곧을 直 : 작별을 고하고) 문을 나서니, 구름 낀 산이 첩첩하여 지향없이 행하니 어찌 가련치 아니하리오.
　→ '어찌 가련치 아니하리오'는 서술자가 직접적으로 개입하여 길동의 처지에 대해 주관적으로 평가하는 부분이다.
• 작자 미상, 「조웅전」 (2020학년도 6월 모평, 2014학년도 6월 모평B)
　삼십여 합에 승부를 **결치**(가릴 決 : 가리지) 못하였으나 강장의 **형세**(모양 形 형세 勢 : 상황)가 급한지라, 원수가 **진전**(진 칠 陣 앞 前 : 진지의 앞)에서 두 장수의 싸움을 보고 칼을 들고 내달아 삼대의 우편을 쳐들어가니 삼대가 아무리 재주가 용한들 어찌 창을 한 손으로 쓰리오.
　→ '삼대가 아무리 재주가 용한들 어찌 창을 한 손으로 쓰리오'는 서술자가 직접적으로 개입하여 삼대의 창을 쓰는 능력에 대해 주관적으로 평가하는 부분이다.
• 작자 미상, 「춘향전」 (2018학년도 9월 모평)
　어사, **짐짓**(일부러) 춘향 **모**(어머니 母 : 어머니)의 하는 **거동**(행할 擧 움직일 動 : 행동)을 보려 하고, "**시장하여**(배가 고파) 나 죽겠네. 나 밥 한 술 주소." 춘향 모 밥 달라는 말을 듣고, "밥 없네." 어찌 밥 없을까마는, **홧김에**(화가 나서) 하는 말이었다.
　→ '어찌 밥 없을까마는, 홧김에 하는 말이었다'는 서술자가 직접적으로 개입하여 춘향 모의 발화에 대해 주관적으로 평가하는 부분이다.

090　내용 이해 - 적절하지 않은 것 고르기　2024년 9월 학평 44번　정답률 70%　**정답 ⑤**

윗글에 대한 이해로 적절하지 않은 것은?

① **자청비는 문 도령에게 자청 도령을 만날 것을 제안했다.**
　근거　❶-7~8 "도련님, 우리 집에도 나와 닮은 남동생이 있는데 마침 거무 선생께 글공부하러 가고 싶어 합니다. 이름은 자청 도령이라 하니 같이 벗하여 가는 것이 어떻겠습니까?"
　풀이　자청비는 거무 선생께 글공부 가는 문 도령에게 자신의 남동생인 자청 도령을 만나 같이 벗하여 글공부하러 가는 것은 어떻겠냐는 제안을 했다.

→ 적절함!

② **대감은 부모의 제사를 걱정하는 자청비를 기특하게 여겼다.**
　근거　❷-14~16 자청비의 말을 들은 대감은 마음이 움직였다. ~ 늘그막에 귀한 딸자식 하나 얻었더니 부모 기일 제사까지 벌써부터 챙기려고 마음을 쓰니 기특하구나.
　풀이　대감(자청비의 아버지)은 부모의 기일 제사 때 축지방 쓸 일을 걱정하는 자청비의 말에 부모 기일 제사까지 벌써부터 챙기려고 마음을 쓰니 기특하다고 말했다.

→ 적절함!

③ **군졸들은 문 도령이 살아 있다고 생각해 겁을 먹고 도망쳤다.**
　근거　❺-17~24 죽은 줄 알았던 문 도령이 코를 골며 자는 소리가 들렸다. 주얼재열 매미, 등에가 나는 소리, 봉황새 꺽꺽 부리 벌리는 소리가 코 고는 소리로 들렸던 것이었다. "어이? 이거 무슨 소리인가?" "문 도령이 코 골며 자는 소리 같은데. 문 도령은 죽은 것이 아닌가?" 그때 방 밖에 서 있던 머슴이 자청비가 시킨 대로 손을 한 번 탁 쳤다. 그러자 화들짝 놀란 군졸들이 겁을 집어먹고 앞다투어 도망쳐 버렸다.
　풀이　매미, 등에, 봉황새 소리를 들은 군졸들은 문 도령이 코를 고는 것 같다며 문 도령의 죽음에 의혹을 품다가 방 밖의 머슴이 손을 탁 치자 문 도령이 살아 있다고 생각하여 화들짝 놀라 겁을 먹고 앞다투어 도망쳐 버렸다.

→ 적절함!

④ **난을 일으킨 군사들은 자청비가 뿌린 꽃에 의해 숨이 끊어졌다.**
　근거　❻-9~10 자청비는 천자국 병사들을 철수시키고는 수레멸망악심꽃을 동서로 뿌려댔다. 그러자 난을 일으킨 군사들이 건삼밭의 늙은 삼 쓰러지듯 동서로 즐비하게 쓰러지며 숨이 끊어져 버렸다.
　풀이　자청비가 수레멸망악심꽃을 동서로 뿌려대자 난을 일으킨 군사들은 맥없이 쓰러지며 숨이 끊어져 버렸다.

→ 적절함!

왔다는 문 도령과 자청비에게 임무를 맡긴다
⑤ **천지왕은 천자국의 난을 평정하기 위해 자청비를 찾아가 도움을 구했다.**
　근거　❻-3~5 옥황상제 천지왕은 여기저기 방을 붙이도록 했다. "이 난을 평정하는 자에게 하늘 옥황의 땅 한 조각 물 한 조각을 갈라 주겠노라." 자청비는 문 도령과 함께 서천꽃밭에서 가져온 수레멸망악심꽃을 들고 천자국으로 갔다. / 7 천지왕은 난을 평정하기 위해 왔다는 문 도령과 자청비에게 임무를 맡겼다.
　풀이　천지왕이 천자국의 난을 평정하기 위해 자청비를 찾아가 도움을 구했다는 내용은 나타나지 않는다. 천지왕이 난을 평정할 자를 구하는 방을 붙이도록 하자 자청비가 문 도령과 함께 수레멸망악심꽃을 들고 천자국으로 갔고, 이에 천지왕이 문 도령과 자청비에게 난을 평정하는 임무를 맡긴 것이다.

→ 적절하지 않음!

091　감상의 적절성 - 적절하지 않은 것 고르기　2024년 9월 학평 45번　정답률 70%　**정답 ③**

<보기>를 참고하여 윗글을 감상한 내용으로 적절하지 않은 것은?　[3점]

| 보기 |
　[1]「세경본풀이」는 자청비가 농사를 **관장하는**(맡을 管 맡을 掌 : 일을 맡아 주관하는) '세경신'이 되기까지의 과정을 담은 제주도 **서사무가**(제사를 받는 신의 내력을 읊은 긴 가사의 노래)이다. [2] 이 과정에서 자청비는 여성이라는 이유로 사회적 제약을 받거나, 여러 **난관**(어려울 難 관문 關 : 어려운 고비)에 **봉착한다**(만날 逢 붙을 着 : 부닥친다). [3] 그때마다 자청비는 거짓말이나 속임수를 사용하여 상대와 **동질성**(같을 同 성질 質 성질 性 : 비슷한 성질)을 이뤄 상대방의 수용을 얻기도 하고, 상황을 미리 조작하여 자신의 불리한 상황을 **반전시키기도**(돌이킬 反 구를 轉 : 뒤바뀌어 변하게 하기도) 한다. [4] 또한, 유인책(꾈 誘 끌 引 계책 策 : 주의나 흥미를 유발시켜 꾀어낼 계책이나 방책)을 사용해 상대를 함정에 빠뜨려 목적을 달성하기도 한다.

① **자청비가 '자청 도령' 행세를 한 것은 문 도령과의 동질성을 획득하기 위한 속임수로 볼 수 있겠군.**
　근거　<보기>-2~3 이 과정에서 자청비는 여성이라는 이유로 사회적 제약을 받거나, 여러 난관에 봉착한다. 그때마다 자청비는 거짓말이나 속임수를 사용하여 상대와 동질성을 이뤄 상대방의 수용을 얻기도 하고,
　❶-7~8 "도련님, 우리 집에도 나와 닮은 남동생이 있는데 마침 거무 선생께 글공부하러 가고 싶어 합니다. 이름은 **자청 도령**이라 하니 같이 벗하여 가는 것이 어떻겠습니까?"
　❸-1 부모님께 허락을 받은 자청비는 방으로 들어가 입고 있던 옷을 벗어 두고 남자 옷으로 갈아입었다. / 4~6 자청비는 시침을 뚝 떼고 다가가 인사를 했다. "처음 뵙겠습니다. 저는 자청 도령인데 누님한테 말씀 잘 들었습니다."
　풀이　자청비는 문 도령에게 '자청 도령'이라는 남동생이 있다는 거짓말을 한 뒤 남장을 하고 '자청 도령' 행세를 하는 속임수를 사용함으로써 상대인 문 도령과 같은 남성이라는 동질성을 획득하여 함께 글공부를 하러 갈 수 있었다.

→ 적절함!

② **자청비가 '계집아이가 글을 배워 무엇에' 쓰냐며 부모로부터 글공부를 *제지당하는 것은 자청비가 받는 사회적 제약으로 볼 수 있겠군.**　* 금지당하는
　근거　<보기>-2 이 과정에서 자청비는 여성이라는 이유로 사회적 제약을 받거나,
　❷-3 "계집아이가 글을 배워 무엇에 쓴단 말인고?" / 5 "시집갈 나이가 다 되었는데 밖으로 나돌아다니면 안 좋은 소문만 난다.
　풀이　자청비의 아버지는 '계집아이가 글을 배워 무엇에' 쓰냐며 자청비의 글공부를 제지하고, 자청비의 어머니 또한 시집갈 나이가 다 되었는데 밖으로 나돌아다니면 안 좋은 소문만 난다며 자청비가 글공부하러 가는 것을 반대한다. 이는 자청비가 여성이라는 이유로 사회적 제약을 받는 모습으로 볼 수 있다.

→ 적절함!

✓③ 자청비가 무쇠 방석을 '우리 낭군이 깔고 앉았던 방석'이라고 말한 것은 상대방을 함정에 빠뜨려 자신의 편으로 만들기 위한 유인책으로 볼 수 있겠군.

- **근거** ⑤-1~6 "저 위에 보면 **우리 낭군이 깔고 앉았던 방석**이 있습니다. ~ 사나이라면 그 정도는 거뜬히 들 수 있어야 하지 않겠습니까? 그리하면 제가 스스로 가겠습니다." 선반 위에 놓인 무쇠 방석을 가리키며 말하자 ~ 꼼짝도 하지 않았다.

- **풀이** 자청비가 선반 위에 놓인 무쇠 방석을 가리키며 '우리 낭군이 깔고 앉았던 방석'이라고 말한 것은 군졸들로 하여금 문 도령이 보통 인물이 아니라고 생각하게끔 만들어 자신이 목표한 바를 달성하기 위한 함정일 뿐, 군졸들을 자신의 편으로 만들기 위한 유인책과는 거리가 멀다.

→ 적절하지 않음!

④ 자청비가 '매미', '등에', '봉황새', 박수 소리를 이용한 것은 문 도령이 살아 있는 것처럼 상황을 미리 조작하여 자신의 불리한 상황을 반전시키기 위한 것으로 볼 수 있겠군.

- **근거** 〈보기〉-3 상황을 미리 조작하여 자신의 불리한 상황을 반전시키기도 한다.

  ④-2 하늘 무리들이 문 도령을 죽이고, 군졸들을 보내 자청비를 강제로 데려가려고 하자 자청비는 매미, 등에, 봉황새를 죽은 문 도령이 있는 방에 걸어 둔다.

  ⑤-18~24 주얼재열 **매미, 등에**가 나는 소리, **봉황새** 꺽꺽 부리 벌리는 소리가 코 고는 소리로 들렸던 것이었다. "어이? 이거 무슨 소리인가?" "문 도령이 코 골며 자는 소리 같은데. 문 도령은 죽은 것이 아닌가?" 그때 방 밖에 서 있던 머슴이 자청비가 시킨 대로 손을 한 번 탁 쳤다. 그러자 화들짝 놀란 군졸들이 겁을 집어먹고 앞다투어 도망쳐 버렸다.

- **풀이** 하늘 무리들이 문 도령을 죽이고, 군졸들을 보내 자청비를 강제로 데려가려고 하자 자청비는 '매미', '등에', '봉황새'를 죽은 문 도령이 있는 방에 걸어 둔다. 자청비를 데려가려고 온 군졸들은 '매미', '등에', '봉황새' 소리에 문 도령이 코를 골며 자는 소리라고 생각하여 겁을 먹고, 때마침 들리는 박수 소리에 화들짝 놀라 앞다투어 도망쳐 버린다. 따라서 자청비가 '매미', '등에', '봉황새', 박수 소리를 이용한 것은 문 도령이 살아 있는 것처럼 상황을 미리 조작하여 자신의 불리한 상황을 반전시키고, 위기를 모면하기 위한 것으로 볼 수 있다.

→ 적절함!

⑤ 자청비가 천지왕에게 '제주 땅에 내려가서 심을 오곡의 씨앗을 내려' 달라고 요청하여 '여러 곡식'을 받는 것은 자청비가 지닌 세경신으로서의 면모로 볼 수 있겠군.

- **근거** 〈보기〉-1 「세경본풀이」는 자청비가 농사를 관장하는 '세경신'이 되기까지의 과정을 담은 제주도 서사무가이다.

  ⑥-15~17 "하늘님아, 하늘나라 기름진 땅 대신 **제주 땅에 내려가서 심을 오곡의 씨앗을 내려** 주십시오. 제주 백성들 농사짓고 살게 해 주겠습니다." 천지왕은 자청비를 기특하게 여기고 인간을 널리 이롭게 하라며 **여러 곡식**을 내려 주었다.

- **풀이** 자청비는 난을 평정한 대가로 하늘나라의 기름진 땅을 주겠다는 천지왕에게 하늘나라의 땅 대신 '제주 땅에 내려가서 심을 오곡의 씨앗을 내려' 달라고 청하였고, 이에 천지왕으로부터 '여러 곡식'을 받는다. 이것은 제주 백성이 농사짓고 살게 해 주기 위한 자청비의 요청으로 볼 수 있으며, 이를 통해 자청비가 지닌 세경신으로서의 면모를 엿볼 수 있다.

→ 적절함!

Ⅵ 극 | 1. 희곡

[001~002] 다음 글을 읽고 물음에 답하시오.

1 [앞부분의 줄거리] ¹동물원의 코끼리들이 도심(도시 都 중심 心 : 도시의 중심부)으로 탈출했다. ²근처 선거 유세장(유세 遊 유세할 說 장소 場 : 유세하는 장소)에서는 정치인이 부상을 당하였고, 일대(모든 一 근처 帶 : 일정 지역 전부)는 쑥대밭(엉망)이 되었다. ³조련사는 유세(유세 遊 유세할 說 : 자기 의견 또는 자기 소속 정당의 주장을 선전하며 돌아다님)를 방해하기 위해 일부러 코끼리를 풀어 준 혐의로 경찰서에 붙잡혀 와 조사를 받는다. ⁴참고인(범죄 수사를 위하여 수사 기관에서 조사를 받는 사람 가운데 피의자(여기서는 조련사) 이외의 사람) 자격의 의사와 아들(여기서는 조련사)의 면회를 온 어머니도 함께 있다.

→ 동물원을 탈출한 코끼리들이 선거 유세장을 엉망으로 만들자 조련사는 경찰서에 붙잡혀 와 조사를 받는다.

2 조련사 ①   ¹정말인데. ²코끼리들은 공연하면서 많이 우는데. ³답답하다고 우는데. ⁴슬퍼서 우는데. ⁵난 다 알고 있었는데. ⁶코끼리들이 며칠 전서부터 도망갈 조짐을 보인 것도 알았는데. ⁷(코끼리들이) 도망가려고 의논하는 소릴 들었는데. ⁸그리고 그날(코끼리들이 동물원을 탈출한 날)은 공원에 갈 때 (코끼리들이) 다른 날과 다르게 빨리 걸었는데. ⁹난 눈치를 챘는데. ¹⁰오늘이구나. ¹¹다른 조련사들이 (코끼리들을) 나한테 다 맡기고 매점에 갔을 때, 코끼리들이 주위를 살피기 시작했는데. ¹²거위들이 꽥꽥댈 때 서로 눈을 마주쳤는데. ¹³나도 코끼리랑 눈이 마주쳤지만 휘파람을 불었는데. ¹⁴못 본 척 휘파람만 불었는데. ¹⁵도망가라고. ¹⁶가서 가족들 애인들 만나라고 일부러 못 본 척했는데.

어머니(조련사의 어머니) ①   ¹(아들이) 겁을 많이 먹었어요. ²두려우면 말이 많아져요.

¹어머니가 손수건을 꺼내 조련사를 닦아 주려 하나 조련사가 피한다.

의사 ①   ¹(조련사에게) 도망치지 마세요. ²선생님(조련사)은 지금 또 다른 거짓말을 만들고 그리로 도망가는 겁니다. ³용기를 내서 직면하세요. ⁴직면이 무슨 뜻인 줄 아시죠? ⁵정정당당하게 직접 부딪치는 거예요. ⁶지금이 가장 중요한 순간입니다.

²조련사가 외면한다(얼굴을 돌린다).

형사 ①   ¹(담배를 비벼 끄고) 야, 인마(조련사)! ²나 똑바로 쳐다봐. ³너 아까 시인했지(옳을 是 인정할 認 : 인정했지)? ⁴시켜서 했다고. ⁵그들(유세를 방해하려는 상대 정당 세력)이 널 1년 전부터 코끼리 조련에 투입했잖아.

³조련사가 외면한다.

어머니 ②   ¹있는 그대로 말씀드려. ²넌 그저 착한 마음에 코끼리들을 풀어 주고 싶었잖아. ³네가 그랬잖니? ⁴동물들이 밧줄에 묶여 있는 것 보면 마음이 아프다고. ⁵꼭 네가 묶인 것처럼 마음이 아프다고. ⁶왜 말을 못 해? ⁷왜 그렇게 말을 못 해?

⁴조련사는 자신의 말이 받아들여지지 않는 것에 대해 너무 답답하다. ⁵그는 발을 구르고 팔을 휘두르고 고개를 흔들며 몸으로 그 답답함을 호소한다.

조련사 ②   ¹진짜 그랬는데(코끼리들이 답답해서 도망친 건데). ²왜 내 말을 안 믿는데.
형사 ②   (소리를 지른다) 가만히 않아!
의사 ②   직면하기 힘들어서 그런 겁니다.
어머니 ③   얘야, 정신 차려.

→ 코끼리들이 도망가려고 의논하는 소리를 들었다는 조련사의 말을 아무도 믿어 주지 않고, 각자의 생각대로 조련사가 말해 주기를 종용한다.

(중략)

3 조련사 ③   ¹(꽤 지쳐 있다) 내가 했는데. ²다 내가 했는데.
형사 ③   ¹(조련사의 어깨를 두드리며) 그만, 그만. ²진정해. ³거기까지. ⁴잘했어. ⁵오후에 기자단이 오면 나한테 했던 말을 그대로 하면 돼. ⁶그러면 모든 일이 마무

리되는 거야. ⁷어마어마한 음모(그늘 陰 꾀 謀 : 나쁜 목적으로 몰래 꾸민 흉악한 일)가 드러나는 거지. ⁸걱정 마. ⁹년 가벼운 문책(물을 問 꾸짖을 責 : 잘못을 캐묻고 꾸짖음)을 받는 데 그치도록 손써 줄게.

¹이때, 친절한 노크 소리. ²느닷없이(갑자기) 코끼리가 들어온다. ³코끼리는 오로지 조련사에게만 보인다. ⁴따라서 조련사와 코끼리의 대화는 아무도 들을 수 없다.

조련사 ④   삼코(코끼리의 이름)!

⁵코끼리가 조련사에게 다가와 그를 일으켜 세운 후 가슴에 번호표를 달아 준다.

코끼리   57621번째 코끼리가 된 걸 축하해.

⁶코끼리가 조련사의 목에 화환(꽃 花 고리 環 : 꽃을 모아 고리같이 둥글게 만든 물건)을 걸어 준다. ⁷코끼리가 조련사를 형사가 있는 쪽으로 보낸다. ⁸이때부터 말하는 사람에게만 차례로 조명이 비춰진다. ⁹조련사에게 조명이 비춰질 때마다 그는 조금씩 코끼리로 변해 있다.

형사 ④   ¹(조련사에게) 넌 톱기사(top 기록할 記 일 事 : 신문에서, 첫머리에 싣는 중요한 기사)로 다뤄질 거야. ²다른 얘긴 집어치우고 유세장 얘기만 해. ³어떻게 유세장으로 코끼리를 유인했는지(꾈 誘 이끌 引 : 끌고 갔는지). ⁴고생했다. ⁵배고프지? ⁶좀 이따 따뜻한 국밥이라도 먹자. ⁷기자 회견 때는 김창건 의원 이름을 분명히 말해. ⁸그래야 네 혐의가 쉽게 풀릴 테니까.

¹⁰조련사가 편안한 미소를 지으며 오른손을 올려 이마에 경례를 붙인다. ¹¹조련사가 어둠으로 사라지면 어둠 속에 있던 코끼리가 그에게 조끼를 입힌다. ¹²코끼리가 그를 의사에게 보낸다.

의사 ③   ¹고백한 내용, 모두 녹음했어요. ²코끼리를 사랑할 순 있지만 그건 병(여기서는 성도착증. 성적 행동에 있어서의 변태적인 이상 습성)이에요. ³병을 고치는 건 문제점을 인정하는 데서 출발하죠. ⁴선생님의 인정은 정말 용감한 일입니다. ⁵고비를 넘기셨어요. ⁶선생님께도 곧 진짜 애인이 생길 수 있습니다. ⁷코끼리가 아닌 진짜 여자.

¹³조련사가 행복한 미소를 지으며 감사의 인사를 정중하게 한다. ¹⁴조련사가 어둠으로 사라지면 코끼리가 그에게 화려한 벨벳(velvet. 거죽에 곱고 짧은 털이 촘촘히 돋게 짠 비단) 모자를 씌운다. ¹⁵코끼리가 그를 어머니에게 보낸다.

어머니 ④   ¹어쩌겠니. ²순진하기만 한 걸. ³그렇게 생겨 먹은 걸. ⁴인생 뭐 있니? ⁵생긴 대로 사는 거지. ⁶그래도 넌 여전히 착하고 멋지다. ⁷그럼, 누구 아들인데. ⁸누가 너처럼 용감할 수 있니? ⁹그래, 다 풀어 줘. ¹⁰다 초원으로 데리고 가. ¹¹개구리도 코끼리도, 엄마도 아빠도 다, 다 데리고 가. ¹²사람들이 나중엔 알 거야. ¹³네가 얼마나 좋은 일을 했는지. ¹⁴혹시 아니? 노벨 평화상이라도 줄지.

¹⁶조련사가 어머니를 살짝 포옹했다 푼다. ¹⁷조련사가 어둠으로 사라지면 코끼리가 그에게 커다란 코가 붙어 있는 머리를 씌워 준다. ¹⁸어느새 조련사는 코끼리와 똑같은 형상(모양 形 모양 象 : 모습)을 갖췄다. ¹⁹조명이 서서히 무대 전체를 비춘다. ²⁰형사, 의사, 어머니는 자신의 의지가 관철된(꿸 貫 통할 徹 : 끝까지 밀고 나아가 목적을 이룸) 듯, 결의(결단할 決 뜻 意 : 결심)에 찬 박수를 친다. ²¹박수 소리가 점점 커져 우레(천둥) 같은 박수 소리가 된다. ²²마치 서커스를 보려고 몰려든 관중의 박수 소리처럼. ²³조련사와 코끼리는 형사, 의사, 어머니 사이를 돌며 쇼를 시작한다.

→ 형사, 의사, 어머니는 각자 자신의 의지가 관철되었다고 믿고, 진실을 인정받지 못한 조련사는 코끼리의 형상으로 변해 쇼를 시작한다.

- 이미경, 「그게 아닌데」-

· 중심 내용
동물원을 탈출한 코끼리들이 선거 유세장을 엉망으로 만들자 조련사는 경찰서에 붙잡혀
가 조사를 받는다. 조련사는 진실을 말하지만 형사, 의사, 어머니는 그 말을 믿어 주지 않
고 각자의 주장을 그에게 관철시키고자 한다. 진실을 인정받을 수 없게 된 조련사는 마침
내 코끼리로 변해 쇼를 한다.

· 전체 줄거리 ([ ]: 지문 내용)
[어느 날 동물원에서 코끼리 다섯 마리가 탈출하여 도시를 엉망으로 만들고, 유력한 대선
후보의 선거 유세장을 아수라장으로 만든다. 선거 유세를 방해하기 위해 일부러 코끼리
들을 풀어 줬다는 혐의로 경찰서에 붙잡혀 온 조련사는 코끼리들이 며칠 전부터 도망갈
조짐을 보였으며, 도망가려고 코끼리들이 의논하는 소리를 들었다는 말을 한다. 그러나
수사를 맡은 형사는 이 사건을 단순한 코끼리의 난동이 아닌, 상대 정당의 사주(남을 부추
겨 좋지 않은 일을 시킴)를 받은 조련사가 대선 후보의 유세를 계획적으로 방해한 '정치적인
사건'으로 몰아간다.] 또한, 피의자 인권 보호 임무를 맡은 [의사는 조련사가 동물과의 성
적 접촉을 통해 쾌감을 느끼는 성도착증 환자일 뿐 범죄 행위와는 무관하다는 주장을 편
다. 한편, 조련사를 면회 온 그의 어머니 역시] 조련사가 어렸을 적부터 억압당하고 있는
동물이나 사람을 풀어 주는 것을 좋아했고, [이번 일도 묶여 있는 코끼리들이 안타까워
착한 마음에 풀어 준 것이며] 급기야는 아들이 일을 저지른 것은 감옥으로 가서 죄수들을
풀어 주기 위한 것이라는 주장까지 편다. 결국 조련사는 사실은 코끼리가 진짜 코끼리가
아니라 원래 사람이었고 예전의 가족과 애인을 만나려고 도망친 것이라고 하지만, 이마
저도 아무도 귀담아듣지 않은 채 각자의 주장만을 막무가내로 관철시키려는 상황이 계
속된다. 조련사는 결국 의사, 형사, 어머니가 각각 원하는 대답을 해 준다. [그러던 중 느
닷없이 코끼리가 들어와 조련사에게 57621번째 코끼리가 된 걸 축하한다고 말한다. 조
련사는 점차 코끼리의 형상으로 변해 가고, 마침내 코끼리가 된 조련사는 형사, 의사, 어
머니 사이를 돌며 쇼를 시작한다.]

· 인물 관계도

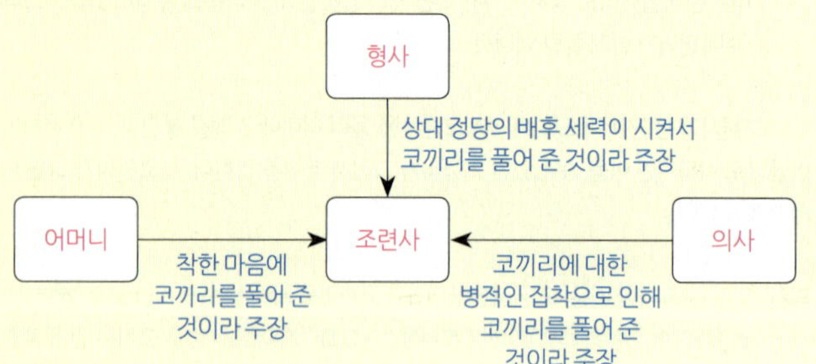

· 인물 간의 소통 양상과 코끼리의 상징성
사건의 당사자인 '조련사'를 둘러싼 주변 인물인 '형사', '의사', '어머니'는 모두 당사자의
말은 전혀 듣지 않고 오로지 자신의 입장과 관점에서만 사안을 바라보고 해석한다. 이들
과의 소통에 장벽을 느낀 '조련사'는 "그게 아닌데……."라는 말을 반복하며 정상적으로
소통이 되지 않는 상황에 대한 문제의식을 드러낸다. '코끼리'가 사실은 동물이 아니라 말
이 통하지 않는 사회에 지쳐버린 사람들이란 점, '조련사' 역시 소통의 벽에 부딪혀 결국
은 '코끼리'로 변해버렸다는 점에서 비현실적인 설정을 통해 진정한 소통이 이루어지지
않는 사회적 문제를 우화적 기법으로 지적한 작품으로 볼 수 있다.

<table><tr><td>001</td><td>내용 이해 - 적절하지 않은 것 고르기　2024년 3월 학평 44번
정답률 70%</td><td>정답 ⑤</td></tr></table>

윗글을 이해한 내용으로 적절하지 않은 것은?

① 조련사는 코끼리들이 동물원에서 탈출하려는 모습을 보고도 *방관했다고 말했다.
  * 직접 나서지 않고 곁에서 보기만 했다고

  근거　조련사❶-14~16　못 본 척 휘파람만 불었는데. 도망가라고. 가서 가족들 애인들 만
나라고 일부러 못 본 척했는데.

  풀이　조련사는 코끼리들이 동물원에서 탈출하려고 할 때 이를 알아차렸으나 일부러 못 본
척하며 이를 방관했다고 말했다.

  → 적절함!

② 형사는 조련사에게 *배후 세력의 지시를 받았다는 것을 인정하라고 **다그쳤다.
  * 뒤에서 어떤 일이나 행동을 조종하는 세력　** 몰아붙였다

  근거　형사❶　(담배를 비벼 끄고) 야, 인마! 나 똑바로 쳐다봐. 너 아까 시인했지? 시켜서

했다고. 그들(상대 정당의 배후 세력)이 널 1년 전부터 코끼리 조련에 투입했잖아.

  풀이　형사는 조련사에게 배후 세력이 시켜서 코끼리들을 탈출시켰고 그들이 1년 전부터
계획적으로 조련사를 코끼리 조련에 투입시켰다는 점을 인정하라고 다그쳤다.

  → 적절함!

③ 어머니는 조련사가 한 행동의 원인을 조련사의 심리나 성품에서 찾았다.
  근거　어머니❷-2~5　넌 그저 착한 마음에 코끼리들을 풀어 주고 싶었잖아. 네가 그랬잖
니? 동물들이 밧줄에 묶여 있는 것 보면 마음이 아프다고. 꼭 네가 묶인 것처럼 마음
이 아프다고.

  풀이　어머니는 아들인 조련사가 밧줄에 묶여 있는 동물들의 모습에 마음이 아파 착한 마
음에 코끼리들을 풀어 준 것이라며 조련사의 착한 성품에서 그의 행동의 원인을 찾
고 있다.

  → 적절함!

④ 의사는 조련사의 말과 행동을 병과 연관 지어 해석했다.
  근거　의사❸-2　코끼리를 사랑할 순 있지만 그건 병이에요.

  풀이　의사는 조련사의 말과 행동을 코끼리를 사랑하는 병에서 비롯된 것으로 바라보고 있
다.

  → 적절함!

⑤ 서로 의견 교환 없이, 그저 각자의 주장을 조련사에게 관철시키려고만 했다
　형사, 의사, 어머니는 서로 의견을 교환하며 조련사를 설득할 방법을 *모색했다.
  * 찾았다

  풀이　코끼리의 동물원 탈출 사건에 대한 조련사의 말은 전혀 받아들여지지 않고, 이에 대
해 조련사는 답답함을 호소한다. 형사, 의사, 어머니는 각자의 입장과 관점에서만 사
안을 해석할 뿐 조련사의 말을 귀담아듣지도, 서로의 의견에 귀 기울이지도 않는다.
따라서 세 사람이 서로 의견을 교환하는 모습은 나타나지 않으며, 함께 조련사를 설
득할 방법을 모색한 것이 아니라 각자의 주장을 조련사에게 관철시키고자 했을 뿐
이다.

  → 적절하지 않음!

<table><tr><td>002</td><td>감상의 적절성 - 적절하지 않은 것 고르기　2024년 3월 학평 45번
정답률 75%, 매력적 오답 ④ 10%</td><td>정답 ③</td></tr></table>

<보기>를 바탕으로 윗글을 감상한 내용으로 적절하지 않은 것은?　[3점]

> | 보기 |
> [1] 이 작품은 사람들 사이의 소통 단절(흐름이 연속되지 아니함)의 문제를 조련사가 코끼
> 리로 변해 가는 과정을 통해 상징적으로 나타낸다. [2] 조련사는 상대가 자신만의 논리(생
> 각)를 일방적으로 강요하는 것에 답답함과 무력감(스스로 힘이 없음을 알았을 때 드는 허탈하
> 고 맥 빠진 듯한 느낌)을 느낀다. [3] 결국 조련사는 자기 생각을 버리고 타인의 의지에 맞추
> 어 순응하는(따르는) 수동적인(스스로 움직이지 않고 다른 것의 작용을 받아 움직이는) 처지가
> 된다. [4] 조련사가 코끼리가 되는 결말은 그가 회복 불가능한 단절 상황에 놓이게 되었음
> 을 의미한다.

① 조련사가 어머니의 손길을 피하고, 의사와 형사의 말을 외면하는 것에서 소통이 단절
된 상황을 엿볼 수 있군.
  근거　<보기>-1　이 작품은 사람들 사이의 소통 단절의 문제
  ❷-1~3　어머니가 손수건을 꺼내 조련사를 닦아 주려 하나 조련사가 피한다. ~ 조련
사가 외면한다.

  풀이　조련사의 정황 설명을 어머니, 의사, 형사가 귀담아듣지 않고 자신들의 말만 하자 조
련사는 손수건으로 자신을 닦아 주려는 어머니를 피하고, 의사와 형사의 말을 외면
한다. 이를 통해 사람들 사이에 소통이 단절된 상황을 엿볼 수 있다.

  → 적절함!

② 조련사가 꽤 지쳐 있는 상태에서 자신이 했다는 말을 반복하는 것에서 소통이 어려운
상황에 대한 *자포자기의 심정을 엿볼 수 있군.
  * 절망에 빠져 자신을 스스로 포기하고 돌아보지 아니함

  근거　<보기>-2　조련사는 상대가 자신만의 논리를 일방적으로 강요하는 것에 답답함과
무력감을 느낀다.
  조련사❸　(꽤 지쳐 있다) 내가 했는데. 다 내가 했는데.

  풀이　상대가 자신만의 논리를 일방적으로 강요하는 것에 꽤 지쳐 있는 상태에서 조련사가
자신이 했다는 말을 반복하는 것은 소통이 되지 않는 상황에 대한 무력감, 자포자기
의 심정이 반영된 것으로 이해할 수 있다.

  → 적절함!

③ 조련사가 코끼리로 조금씩 변하면서 형사, 의사의 말에 미소를 짓는 것에서 소통이 단절된 상황에서 벗어났음을 엿볼 수 있군.
그가 회복 불가능한 단절 상황에 놓이게 되었음을 알 수 있군

근거 〈보기〉-3~4 결국 조련사는 자기 생각을 버리고 타인의 의지에 맞추어 순응하는 수동적인 처지가 된다. 조련사가 코끼리가 되는 결말은 그가 회복 불가능한 단절 상황에 놓이게 되었음을 의미한다.

❸-10 조련사가 편안한 미소를 지으며 오른손을 올려 이마에 경례를 붙인다./ 13 조련사가 행복한 미소를 지으며 감사의 인사를 정중하게 한다.

풀이 점차 코끼리로 변해 가던 조련사는 여전히 각자의 생각과 주장만을 말하고 있는 형사, 의사 앞에서 미소를 지으며 경례를 붙인다거나 정중히 감사 인사를 한다. 〈보기〉를 바탕으로 볼 때 이러한 조련사의 모습은 그가 회복 불가능한 단절 상황에 놓이게 되었음을 의미하는 것이다.

→ 적절하지 않음!

④ 조련사가 코끼리의 형상을 갖춘 뒤 형사, 의사, 어머니가 결의에 찬 박수를 치는 것에서 자신들의 의지가 관철된 만족감을 엿볼 수 있군.

근거 〈보기〉-3 결국 조련사는 자기 생각을 버리고 타인의 의지에 맞추어 순응하는 수동적인 처지가 된다.

❸-18 조련사는 코끼리와 똑같은 형상을 갖췄다 / 20 형사, 의사, 어머니는 자신의 의지가 관철된 듯, 결의에 찬 박수를 친다.

풀이 〈보기〉를 바탕으로 볼 때 조련사가 코끼리가 되는 것은 자기 생각을 버리고 타인의 의지에 맞추어 순응하는 수동적인 처지가 되는 것을 의미한다. 따라서 코끼리와 똑같은 형상을 갖춘 조련사 앞에서 자신의 의지가 관철된 듯, 결의에 찬 박수를 치는 형사, 의사, 어머니의 모습에서는 자신들의 생각대로 목적을 이룬 만족감을 엿볼 수 있다.

→ 적절함!

⑤ 조련사가 코끼리가 되어 형사, 의사, 어머니 사이를 돌며 쇼를 하는 것에서 동물원의 코끼리와 다를 바 없는 수동적인 처지로 *전락했음을 엿볼 수 있군. * 나쁜 상태에 빠졌음

근거 〈보기〉-3~4 결국 조련사는 자기 생각을 버리고 타인의 의지에 맞추어 순응하는 수동적인 처지가 된다. 조련사가 코끼리가 되는 결말은 그가 회복 불가능한 단절 상황에 놓이게 되었음을 의미한다.

❸-18 조련사는 코끼리와 똑같은 형상을 갖췄다./ 23 조련사와 코끼리는 형사, 의사, 어머니 사이를 돌며 쇼를 시작한다.

풀이 〈보기〉에 따르면 조련사가 코끼리로 변한 것은 자기 생각을 버리고 타인의 의지에 맞추어 순응하는 수동적인 처지가 된 것을 의미한다. 따라서 코끼리가 된 조련사가 형사, 의사, 어머니 사이를 돌며 쇼를 시작하는 것은 그가 동물원의 코끼리들과 다를 바 없는 수동적인 처지로 전락해 버렸음을 의미한다고 볼 수 있다.

→ 적절함!

2. 시나리오

[003~005] 다음 글을 읽고 물음에 답하시오.

S#49. 몽타주(각각 촬영한 화면을 이어 붙여 다양한 효과를 연출하는 기법으로, 사건을 속도감 있게 보여 주는 효과를 주기도 함)

○ ¹산채 정식(산나물과 여러 가지 음식으로 차려진 상차림)처럼 각종 산나물과 된장찌개를 정갈하게(깨끗하고 깔끔하게) 무치고 끓이고 소박한 상을 정사(나라를 대표해 외국에 가는 신하의 우두머리, 여기서는 중국을 대표해 조선에 온 신하들의 우두머리)에게 올리는 장금.

○ ²사신(나라를 대표해 외국에 가는 신하, 여기서는 정사), 먹으며 가운데 미간(두 눈썹의 사이)이 찡그려진다.

○ ³(정사를) 보는 장금과 장번 내시(궁에서 살면서 교대하지 않고 근무하는 내시), 오경호, 불안하고,

○ ⁴다음날은 각종 해조류(바다에서 나는 조류, 미역, 김 등) 반찬이 눈에 띄게 많은 밥상.

○ ⁵(밥상을) 보는 정사. ⁶미역국에 고기 대신 생선이 들어가 있다.

○ ⁷(미역국을) 먹고는 역시 가운데 미간이 찡그려지는 정사.

○ ⁸(정사를) 보는 장금과 장번 내시, 오경호, 불안.

○ ⁹흰 생선 살을 잘 발라내고 있는 장금.

○ ¹⁰생선 살을 넣은 두부로 두부전골을 끓이는 장금.

○ ¹¹두부전골을 중심으로 올려지는 상.

○ ¹²먹어 보고는 역시 미간이 심하게 찡그려지는 사신 정사.

○ ¹³말린 나물과 버섯들을 걷어 가는 장금.

○ ¹⁴대나무 밥(대나무 통에 넣어 지은 밥)을 하는 장금.

○ ¹⁵사신에게 올려지는 상. ¹⁶보면 물김치와 톳(해조류의 한 종류)나물, 버섯나물과 산나물 그리고 대나무 밥이 올려져 있고.

○ ¹⁷먹고는 미간을 찡그리는 사신의 모습.

○ ¹⁸(정사를) 보는 장금의 모습.

▲ 톳(#49-16)

S#55. 태평관(조선 시대에, 중국 사신이 와서 머무르던 숙소) **연회장**(잔치를 하는 장소)

¹들어오는 장금, 보면, 화려하게 차려진 음식상이 있다. ²이때, 오경호와 장번 내시가 사신(여기서는 정사)을 모시고 나오고, 상을 보는 정사, 놀라는데, 그를 바라보는 (음식을 준비한) 최 상궁(궁에서 왕족을 모시는 최 씨)과 금영(장금과 함께 생활하는 궁녀로 장금의 요리 실력을 질투함)의 표정에 자신감이 넘친다. ³한 켠(쪽)에는 불안한 표정으로 서 있는 장금.

오경호 ① 그동안 (장금을 보며) 궁녀(여기서는 장금)의 불경한 짓거리(예의가 없는 행동, 여기서는 정사의 입맛에 맞지 않는 소박한 음식을 올린 일)로 본의 아니게 무례를 저질렀습니다.

정 사 ① ……．

오경호 ② 하여(그리하여)오늘부터는 만한전석(100가지 이상의 요리를 3일 동안 먹는 청나라 황실 음식)을 올릴 것입니다!

정 사 ② ¹만한전석을? ²(장금을 본다.)

오경호 ③ 오늘은 저 불경한 것(여기서는 장금)의 처결이 있는(벌주는) 날이니 원하시는 대로 벌을 내리고 마음껏 드십시오!

장 금 ① ……．

금 영 (장금을 보는데)

⁴정사, 역시 장금을 본다. ⁵그러고는 자신의 앞에 놓인 음식을 보고, 다시 한 번 장금을 보고는 수저를 들어 음식을 먹기 시작한다. ⁶(음식을 먹는 정사를) 보는 최 상궁과 금영, 희색(기쁜 빛)이 가득하고, 정사는 계속 먹어 보는데, 미간(두 눈썹의 사이)이 찌푸려지지(찡그려지지) 않는다. ⁷오경호(가)정사의 (찡그려지지 않는) 미간을 보고는 입가에 미소를 띠며 (안심하고) (만한전석을 준비한) 최 상궁을 보면 최 상궁(에게) 목례(눈인사)를 하고, 불안한 장금, 계속 먹는 사신 정사. ⁸최 상궁과 장번 내시의 표정, 이제는 끝이라는(정사의 입맛에 맞는 음식을 올렸다는) 듯(음식을 먹는 정사를) 바라보는 금영의 표정. ⁹절망에 휩싸이는 장금의 표정.

S#56. 태평관 연회장 안

¹모두가 지켜보는 가운데 음식을 먹던 정사, 수저를 놓는다. ²모두들 정사를 바라보는데,

오경호 ④ ¹대인(여기서는 정사를 높인 말)! ²대인을 능멸한(깔본) 나인(궁녀, 여기서는 장금)이옵니다.

정 사 ③ ……．

오경호 ⑤ (장금에게 벌주는 것을) 어찌 하올까요?

정 사 ④ 앞으로 산해진미(산 山 바다 海 보배 珍 맛 味 : 산과 바다에서 나는 온갖 귀한 재료로 차린, 맛이 좋은 음식)는 이것으로 끝이오!

모 두 ① ……？

정 사 ⑤ (장금에게) (몸에 나쁜 음식이지만) 이 정도 먹은 것은 용서해 주겠느냐?

장 금 ② ……．

정 사 ⑥ 오늘의 만한전석(100가지 이상의 요리를 3일 동안 먹는 청나라 황실 음식)은 참으로 훌륭하였소.

오경호 ⑥ 예, 앞으로 연회(잔치)는 이틀 동안 계속될 것이옵니다.

정 사 ⑦ 정성은 고마우나, 사양해야 할 듯하오.

오경호 ⑦ ¹대인, 그게 무슨 말씀이온지, 그동안, (정사의 입에 맞지 않는 소박한 음식을 올린) 저 나인(여기서는 장금)의 방자한(예의가 없고 건방진) 행동으로 입에 맞지 않는 음식을 드시느라 고생하셨던 것을 송구하게(죄송하게) 생각하여 준비한 음식(여기서는 만한전석)입니다. ²어찌하여 마다시는지요(거절하시는지요).

정 사 ⑧ (웃으며) 저 방자한 나인 때문이오.

오경호 ⑧ 무슨 말씀이신지?

정 사 ⑨ ¹그동안 나는 맛있고 기름진 음식만을 탐해(즐겨 먹어) 왔소. ²하여(그리하여), 지병(오랫동안 잘 낫지 아니하는 병)인 소갈(갈증으로 물을 많이 마시고 음식을 많이 먹으나 몸은 여위고 오줌의 양이 많아지는 병)을 얻었음에도, 사람이란 참으로 (의지가) 약한 존재인지라, (몸에 나쁜 줄) 알면서도 그런 (기름진) 음식을 끊을 수가 없었소이다.

모 두 ② ……．

정 사 ⑩ ¹(장금에게) 나는 조선의 사람도 아니며, (조선에) 오래 있을 사람도 아니다. ²대충 내가 원하는(내 입맛에만 맞는) 음식을 해 주어 보내면 될 것을, 어찌하여 (건강에 좋은 음식을 만들려고) 고집을 피웠느냐?

장 금 ③ ……．

장번 내시 어서 아뢰어라(말씀드려라).

장 금 ④ 저는 다만 마마님(상궁을 높여 부르는 말, 여기서는 장금의 스승인 한 상궁)의 뜻을 따랐을 뿐이옵니다.

정 사 ⑪ 그 뜻이 무엇이냐?

장 금 ⑤ ¹그 어떠한 경우에도, 먹는 사람에게 해(나쁜 일)가 되는 것을, (밥상에) 올려서는 안 된다는 것입니다. ²그것이 음식을 하는 자의 도리라 (마마님께서 말씀)하셨습니다.

정 사 ⑫ 그로 인해 자신에게 크나큰 위험이 닥쳐도 말이냐?

장 금 ⑥ 이미, 한 상궁 마마님께서 끌려가시며 (자신이 위험해져도 먹는 사람의 건강에 나쁜 음식은 올리면 안 된다는 것을) 제게 몸소(직접) 보여 주시지 않으셨습니까?

정 사 ⑬ (웃으며) 참으로 고집불통인 스승(여기서는 한 상궁)과 제자(여기서는 장금)로다.

모 두 ③ (정사와 장금을) (보면)(보며)

정 사 ⑭ ¹그래, 하여, 알았다. ²음식을 하는 자가 도리(마땅히 해야 할 바른길)와 소신(굳은 믿음)이 있듯이 음식을 먹는 자 또한 도리가 있어야 한다는 것을.

모 두 ④ ……．

정 사 ⑮ ¹음식을 해 주는 자가 올곧은 마음으로 내 몸을 지켜 주려는데 정작 먹는 자인 내가 내 몸을 소홀히 하여, 나를 해치는(나쁘게 하는) 음식을 먹는다는 것이 말이 안 되지. ²먹는 자에게도 도리가 있는 것이었어.

모 두 ⑤ ……．

정 사 ⑯ ¹갖은(여러 가지의) 향신료(음식에 맵거나 향기로운 맛을 더하는 조미료)에 절어(푹 빠져) 있던 차(때)라 네(장금)가 올린 음식이 처음에는 풀 냄새만 나더니 먹으면 먹

을수록, 그 재료 고유의 맛이 느껴지면서 참으로 맛있었다. 2또 다른 맛의 공간(세계)이더구나. 3비록 (장금이) 조선의 작은 땅덩어리에 사나, 네 배포와 심지(용감하고 굳은 의지)는 대륙(중국)의 땅보다도 크구나.

장 금⑦ …….
정 사⑰ (중국으로 돌아)가는 날까지 내 음식은 고집불통인 네 스승(여기서는 한 상궁)과 너(장금)에게 맡기겠노라!

- 김영현 각본, 「대장금(大長今)」-

· 중심 내용

장금이 정사의 입에 맞지 않는 소박한 음식을 올리자 오겸호는 정사에게 만한전석을 올리며 장금을 벌주라고 말하지만 정사는 장금이 자신의 건강을 생각해 음식을 만들었다는 것을 알게 되고 장금에게 음식을 맡긴다.

· 전체 줄거리 ([ ]:지문 내용)

장금은 어린 시절 궁궐 내의 세력 싸움에 휘말려 부모를 잃게 된다. 그리고 돌아가신 어머니의 억울함을 밝혀내기 위해 궁궐로 들어가 수라간(궁궐에서 음식을 만들던 곳) 궁녀(궁궐 안에서 임금의 가족을 모시는 여인)가 된다. 장금은 곧 따뜻한 마음과 뛰어난 음식 솜씨로 많은 사람들의 관심을 받는다. 그리고 [스승인 한 상궁(궁에서 왕족을 모시는 한 씨)을 도와 한 상궁이 최고 상궁(궁에서 왕족을 모시는 여인들을 관리하는 최고 담당자)이 될 수 있도록 경합을 치르지만(경쟁을 하지만),] 반대편인 최 상궁(상궁 최 씨)의 꾀로 한 상궁은 죽고 장금은 제주도로 쫓겨 가게 된다. 제주도에서 장금은 의녀(의술을 익혀 의료 기관에서 일하는 여자) 장덕을 만나 의술(병이나 상처를 치료하는 기술)을 배운다. 그리고 장금은 의녀가 되어 궁궐로 다시 돌아온다. 궁궐로 돌아온 장금은 최 상궁의 잘못을 밝혀내어 돌아가신 한 상궁의 억울함을 풀어 준다. 또한 뛰어난 의술을 인정받아 조선 시대 최초로 임금의 병을 치료하는 여자 어의가 되고 '대장금'이란 칭호를 받는다. 장금은 이 과정에서 민정호와의 사랑도 이룬다.

· 인물 관계도

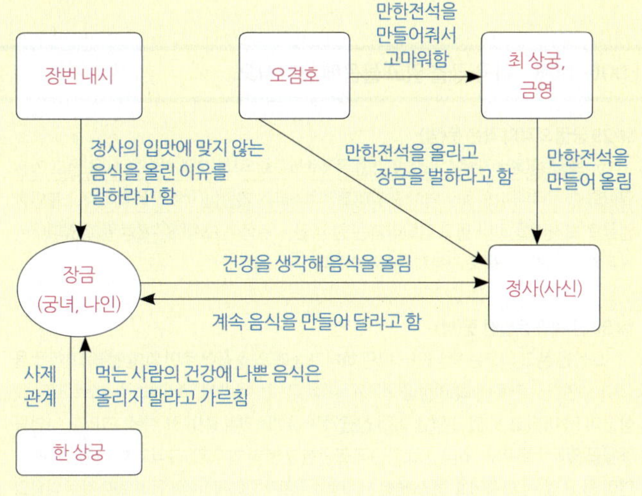

---

003 | 내용 이해 - 적절한 것 고르기 2019년 3월 학평 39번 / 정답률 80% | **정답 ⑤**

윗글을 통해 알 수 있는 내용으로 적절한 것은?

① 한 상궁은 정사의 뜻을 알고 장금에게 음식을 준비하도록 했다.

풀이 윗글에서 한 상궁이 정사의 뜻을 알고 장금에게 음식을 준비하도록 한 내용은 나타나지 않는다.

→ 적절하지 않음!

혼자
② 장금과 금영은 정사가 먹을 음식을 기쁜 마음으로 함께 준비하였다.

근거 S#49-1 산채 정식처럼 ~ 소박한 상을 정사에게 올리는 장금./ 9~10 흰 생선 살을 ~ 두부전골을 끓이는 장금./ 14 대나무 밥을 하는 장금.

풀이 윗글에서 장금은 정사가 먹을 음식을 혼자서 정성껏 준비하고 있지만 장금이 기쁜 마음으로 준비했는지는 알 수 없다.

→ 적절하지 않음!

③ 정사는 오겸호의 조언에 따라 장금이 만든 음식을 억지로 먹고 있었다.

근거 오겸호❷ 오늘부터는 만한전석을 올릴 것입니다!
오겸호❸ 저 불경한 것의 ~ 벌을 내리고 마음껏 드십시오!
오겸호❼-1 저 나인의 방자한 행동으로 입에 맞지 않는 음식을 드시느라 고생하셨던 것을 송구하게 생각하여 준비한 음식입니다.

풀이 윗글에서 오겸호는 정사에게 장금이 만든 음식이 정사의 입맛에 맞지 않았던 것을 사과하면서 만한전석을 올리고 있을 뿐, 정사에게 장금이 만든 음식을 먹으라고 조언하는 내용은 나타나지 않는다. 따라서 정사는 오겸호의 조언에 따라 장금의 음식을 억지로 먹고 있었다고 볼 수 없다.

→ 적절하지 않음!

준비해 정사에게 드렸다
④ 오겸호는 만한전석을 준비하라고 한 정사의 지시에 불만을 가지고 있었다.

근거 S#55-2 상을 보는 정사, 놀라는데,
오겸호❷ 오늘부터는 만한전석을 올릴 것입니다!
정 사❷-1 만한전석을?

풀이 윗글에서 정사가 오겸호에게 만한전석을 준비하라고 지시하는 내용은 나타나지 않는다. 오히려 정사는 만한전석을 준비했다는 오겸호의 말을 듣고 놀라고 있으므로 정사가 오겸호에게 만한전석을 준비하라는 지시를 했다고 볼 수 없다.

→ 적절하지 않음!

✓⑤ 정사는 떠나는 날까지 음식을 준비하라고 할 만큼 장금에 대한 신뢰를 보였다.

근거 정 사⑰ 가는 날까지 내 음식은 고집불통인 네 스승과 너(장금)에게 맡기겠노라!

풀이 정사는 장금에게 자신이 중국으로 떠나는 날까지 음식을 준비하라고 할 만큼 장금에 대한 신뢰를 보이고 있다.

→ 적절함!

---

004 | 감상의 적절성 - 적절하지 않은 것 고르기 2019년 3월 학평 40번 / 정답률 70%, 매력적 오답 ③ 10% | **정답 ④**

⟨보기⟩를 통해 윗글을 감상한 내용으로 적절하지 않은 것은? 3점

| 보기 |

1음식은 먹는 사람의 건강을 지키는 수단이자 맛에 대한 욕망을 충족하는(채우는) 수단이기도 하다. 2이 둘은 상충되기도(서로 어긋나기도) 하지만 조화를 이루기도 한다. 3「대장금」은 다양한 음식을 소재로 한 일련의(하나로 이어지는) 사건과 음식에 대한 소신(굳은 믿음)을 지키는 장금의 모습에서 전통 음식 문화에 대한 자부심(자신 또는 자신과 관련되어 있는 것에 대하여 가치나 능력을 믿고 당당히 여기는 마음)을 느끼게 한다.

① 정사는 '소갈'에 걸리고도 맛있고 '기름진 음식'을 끊을 수 없었다는 점에서 맛에 대한 욕망을 *제어하지 못하였음을 알 수 있군. * 억누르지

근거 ⟨보기⟩-1 음식은 먹는 사람의 ~ 맛에 대한 욕망을 충족하는 수단이기도 하다.
정 사❾ 그동안 나는 맛있고 기름진 음식만을 탐해 왔소. 하여, 지병인 소갈을 얻었음에도, ~ 알면서도 그런 음식을 끊을 수가 없었소이다.

풀이 '소갈'이라는 병에 걸린 정사는 맛있고 '기름진 음식'이 몸에 나쁜 걸 알면서도 끊을 수 없었다는 점에서 맛에 대한 욕망을 제어하지 못했음을 알 수 있다.

→ 적절함!

② 장금이 정사가 싫어하는 것을 알면서도 '생선'과 '산나물'을 이용하여 만든 음식을 올리는 것은 정사의 건강을 *우선시했기 때문이군. * 더 중요한 것으로 생각했기

근거 ⟨보기⟩-1 음식은 먹는 사람의 건강을 지키는 수단/ 3 음식에 대한 소신을 지키는 장금의 모습
S#49-1~2 산채 정식처럼 각종 산나물과 ~ 사신, 먹으며 가운데 미간이 찡그려진다./ 6~12 생선이 들어가 있다. 먹고는 역시 가운데 미간이 찡그려지는 정사. 보는 장금 ~ 생선 살을 넣은 두부로 두부전골을 끓이는 장금. ~ 먹어 보고는 역시 미간이 심하게 찡그려지는 사신 정사/ 16~17 산나물 ~ 올려져 있고. 먹고는 미간을 찡그리는 사신의 모습.
정 사⑩-2 대충 내가 원하는 음식을 해 주어 보내면 될 것을, 어찌하여 고집을 피웠느냐?
장 금⑤-1 그 어떠한 경우에도, 먹는 사람에게 해가 되는 것을, 올려서는 안 된다는 것입니다.

풀이 장금은 먹기 싫어하는 정사의 표정을 보고도 계속 '생선'과 '산나물'을 올린 이유에 대해, 정사의 몸에 나쁜 음식을 올릴 수 없었기 때문이라고 말한다. 따라서 장금이 정사가 싫어하는 것을 알면서도 '생선'과 '산나물'로 만든 음식을 올린 것은 정사의 건강을 우선시했기 때문임을 알 수 있다.

→ 적절함!

③ 정사는 장금이 만든 음식에서 '재료 고유의 맛을 느끼며 건강을 지키는 것과 맛에 대한 욕망이 조화를 이룰 수 있음을 깨닫게 되는군.
- **근거** <보기>-1~2 음식은 먹는 사람의 건강을 지키는 수단이자 맛에 대한 욕망을 충족하는 수단이기도 하다. 이 둘은 상충되기도 하지만 조화를 이루기도 한다.
  - 정 사**15**-1 음식을 해 주는 자가 올곧은 마음으로 내 몸을 지켜 주려는데 ~ 나를 해치는 음식을 먹는다는 것이 말이 안 되지.
  - 정 사**16**-1 먹으면 먹을수록, 그 재료 고유의 맛이 느껴지면서 참으로 맛있었다.
- **풀이** 정사는 장금이 만든 음식이 자신의 건강을 지켜 주는 음식이라는 것을 알게 되고 '재료 고유의 맛'도 느끼게 되면서 건강을 지키는 것과 맛에 대한 욕망이 조화를 이룰 수 있음을 깨닫게 된다.

→ 적절함!

✓ ④ 장금은 정사가 '만한전석'과 같이 건강을 해치는 음식을 *선호하는 것을 보고 음식을 먹는 자의 도리를 지키지 않는다고 말하며 안타까워했군. * 특별히 골라 좋아하는
- **근거** 오겸호**2** 오늘부터는 만한전석을 올릴 것입니다!
  - S#55-4~5 정사, ~ 수저를 들어 음식을 먹기 시작한다./ 7 불안한 장금, 계속 먹는 사신 정사./ 9 절망에 휩싸이는 장금의 표정.
  - 장 금**5**-1 그 어떠한 경우에도, 먹는 사람에게 해가 되는 것을, 올려서는 안 된다는 것입니다.
- **풀이** 장금은 정사가 '만한전석'과 같이 건강을 해치는 음식을 선호하는 것을 보며 안타까워하고 있지만, 장금이 정사에게 음식을 먹는 자의 도리를 지키지 않는다고 말하는 내용은 윗글에 나타나지 않는다.

→ 적절하지 않음!

⑤ 장금이 위험을 무릅쓰고 먹는 사람의 건강에 도움이 되는 음식을 고집하는 것에서 '음식을 하는 자의 도리'를 지키고자 하는 소신을 확인할 수 있군.
- **근거** <보기>-1 음식은 먹는 사람의 건강을 지키는 수단/ 3 음식에 대한 소신을 지키는 장금의 모습
  - 장 금**5** 그 어떠한 경우에도, 먹는 사람에게 해가 되는 것을, 올려서는 안 된다는 것입니다. 그것이 음식을 하는 자의 도리라 하셨습니다.
  - 정 사**12** 그로 인해 자신에게 크나큰 위험이 닥쳐도 말이냐?
- **풀이** 장금은 어떠한 경우에도 먹는 사람의 건강을 나쁘게 할 음식을 올리지 않을 것이며, 이것이 음식을 하는 자의 도리라고 말한다. 따라서 장금은 위험을 무릅쓰고 '음식을 하는 자의 도리'를 지키고자 하는 소신을 가지고 있음을 알 수 있다.

→ 적절함!

005 연출 계획 - 적절하지 않은 것 고르기 | 2019년 3월 학평 41번
정답률 55%, 매력적 오답 ② 20%, ① 15% | **정답 ④**

S#49를 제작하기 위한 회의 내용으로 적절하지 <u>않은</u> 것은?

① 음식을 정성스럽게 만드는 장금의 솜씨를 강조할 필요가 있습니다. 음식을 만드는 손을 *클로즈업하면 좋겠습니다. * Close-Up, 대상의 일부를 두드러지게 강조하기 위해 크게 찍거나 화면에 크게 나타내는 촬영 기법
- **근거** S#49-1 산채 정식처럼 각종 산나물과 된장찌개를 정갈하게 무치고 끓이고 소박한 상을 정사에게 올리는 장금./ 9~10 흰 생선 살을 ~ 두부전골을 끓이는 장금./ 14 대나무 밥을 하는 장금.
- **풀이** 음식을 만드는 장금의 손을 클로즈업하여 먹는 사람의 건강을 생각하며 음식을 정성스럽게 만드는 장금의 솜씨를 강조하는 것은 적절하다.

→ 적절함!

② 이틀에 걸친 사건을 짧은 장면으로 이어 붙인 장면입니다. 사건이 속도감 있게 전달될 수 있도록 편집하면 좋겠습니다.
- **근거** S#49-4 다음날은 각종 해조류 반찬이 눈에 띄게 많은 밥상.
- **풀이** 이틀에 걸쳐 '다음날'까지 장금이 정사에게 밥상을 차려 올리는 일이 짧은 장면으로 이어지고 있으므로 사건이 속도감 있게 전달될 수 있도록 편집하는 것은 적절하다.

→ 적절함!

③ 불안해하는 오겸호를 담은 장면이 반복됩니다. 배우의 표정 연기를 통해 긴장감이 *고조되도록 연출을 하면 좋겠습니다. * 높아지도록
- **근거** S#49-2~3 사신, 먹으며 가운데 미간이 찡그려진다. ~ 오겸호, 불안하고,/ 7~8 먹고는 역시 가운데 미간이 찡그려지는 정사. ~ 오겸호, 불안.
- **풀이** 음식을 먹으면서 찡그리는 정사의 표정을 보면서 불안해하는 오겸호를 담은 장면이 반복되고 있으므로, 오겸호라는 인물을 연기하는 배우의 불안해하는 표정 연기를 통해 긴장감이 고조되도록 연출하는 것은 적절하다.

→ 적절함!

→ 적절함!

✓ ④ '음식 준비 - 사신의 *시식 - 장금의 기대 - 사신의 평가'가 이어지고 있습니다. 이 순서대로 장면들을 편집하면 좋겠습니다. * 먹어 봄
(빨간 상단 주석: 사신의 시식과 반응'이)
- **근거** S#49-1 산채 정식처럼 ~ 소박한 상을 정사에게 올리는 장금. (음식 준비)
  - S#49-2 사신, 먹으며 가운데 미간이 찡그려진다. (사신의 시식과 반응)
  - S#49-4~6 다음날은 각종 해조류 반찬이 ~ 고기 대신 생선이 들어가 있다. (음식 준비)
  - S#49-7 먹고는 역시 가운데 미간이 찡그려지는 정사. (사신의 시식과 반응)
  - S#49-9~11 흰 생선 살을 잘 발라내고 ~ 두부전골을 중심으로 올려지는 상. (음식 준비)
  - S#49-12 먹어 보고는 역시 미간이 심하게 찡그려지는 사신 정사. (사신의 시식과 반응)
  - S#49-13~16 말린 나물과 버섯들을 걷어 ~ 대나무 밥이 올려져 있고. (음식 준비)
  - S#49-17 먹고는 미간을 찡그리는 사신의 모습. (사신의 시식과 반응)
- **풀이** S#49는 '음식 준비 - 사신의 시식과 반응'이 이어지고 있을 뿐 '장금의 기대 - 사신의 평가'는 나타나지 않는다. 따라서 '음식 준비 - 사신의 시식과 반응'의 순서대로 장면을 편집하는 것이 적절하다.

→ 적절하지 않음!

⑤ 조선 시대를 배경으로 하고 있습니다. *사실성이 드러나도록 당시의 의복과 소품을 **고증하여 준비하는 것이 좋겠습니다.
* 실제로 일어나는 느낌 ** 옛날 책이나 물건을 기초로 해
- **근거** 정 사**10**-1 나는 조선의 사람도 아니며,
  - 정 사**16**-3 비록 조선의 작은 땅덩어리에 사나,
- **풀이** 정사의 말을 통해 윗글의 배경이 '조선' 시대임을 알 수 있으므로 사실성이 드러나도록 조선 시대의 의복과 소품을 준비하는 것은 적절하다.

→ 적절함!

[006~008] 다음 글을 읽고 물음에 답하시오.

S# 29 궁궐 외각의 작은 문(밤)
1 ⊙ 보쌈 한(몰래 자루에 넣은) 박 나인(궁에서 왕족을 모시는 일을 하는 박 씨)을 들고 가는 일단의(한 무리의) 나인들. 2 역시 은밀하고(비밀스럽고) 기민한(재빠른) 동작이다. 3 불안한 얼굴로 보자기를 하나 들고 뒤따라가는 한 나인. 4 온몸이 사시나무처럼 떨고 있다(몹시 떨고 있다). 5 몸도 마음도 진정시키기가 어렵다.

S# 30 산 계곡 은밀한 곳(밤)
1 보쌈을 풀고 나오는 박 나인. 2 나인 하나가 눈과 입을 풀어 주면 앞의 전경(전체적인 풍경)이 보인다. 3 가운데 최고 상궁(궁에서 왕족을 모시는 내명부를 관리하는 최고 담당자)인 최 상궁이 떡 버티고 서 있고 옆엔 기미 상궁(왕의 음식을 미리 검사하는 상궁), 그리고 나인들 예닐곱 명(6~7명)이 서 있다. 4 그 가운데 불안한 눈빛의 최 나인, 그리고 한 나인, 또 나인이 들고 있는, 보자기를 벗긴 술병(박 나인을 죽이기 위한 부자탕이 든 술병)까지. 5 이윽고 바닥에 꿇려지는 박 나인. 6 박 나인, 뭔가 일이 크게 잘못되었음을 깨닫는데, 그런 상황에서 주변을 살피며 재빨리 술병 안에 무언가(부자탕의 독을 해독하기 위한 녹두물)를 넣는 한 나인.

박 나인 ① (영문(일이 돌아가는 형편)을 모르는 채 두려움에 떨고)
최고 상궁 ① 네 죄를 인정하겠느냐?
박 나인 ② 무엇을 말씀하시는 것입니까?
ⓛ 최고 상궁 ② 1 다시 묻겠다! 2 네 죄를 인정하느냐?
박 나인 ③ 1 (더욱 안타까워) 마마님(최고 상궁), 무엇이옵니까? 2 무슨 연유(이유)로 이리 하시는지 알려 주시옵소서.
한 나인 ① ……

(중략)

S# 47 암자(작은 절) 안(밤)
1 들어오는 천수, 보면 박 나인이 한삼(손을 가리기 위해 여자의 윗옷 소매 끝에 길게 덧대는 소매)으로 입을 막은 채 토악질을 하고 있다(토하고 있다). 2 천수, 얼른 들어와,

ⓒ **천수**　　　¹ 막지 마시오! ² 토악질을 해야 살아난다고 했소.

³ 하고는 얼른 박 나인의 옆으로 가 등을 쓰다듬고, 두드려 주며 토악질을 돕는다. ⁴ 한참을 그러고 나니, 잠시 토악질을 멈추는 박 나인. ⁵ 힘없이 누우려는데, 박 나인이 누웠던 곳에 작은 쪽지 하나가 있다. ⁶ 쪽지를 발견하는 천수. ⁷ 박 나인에게 말없이 쪽지를 건넨다. ⁸ 박 나인, 받아 들어 펴 본다. ⁹ 수라간(궁에서 음식을 만들던 곳)에서 급히 썼는지, 종이에 간장으로 쓴 나인의 옛 한글 서찰(편지)이다. ¹⁰ 보는 박 나인의 눈에 금방 눈물이 맺히고, 천수도 같이 보게 되나 천수의 얼굴은 복잡하다.

한 나인②　　　¹ (E)('Effect'의 약자. 어떤 상황이나 장면을 생생하게 느끼게 하기 위해 넣은 효과음을 말함. 여기서는 말하는 장면은 보이지 않고 목소리만 나오는 경우를 가리킴) 명이(박 나인)야, 살았느냐? ² 살았느냐? ³ 지금 너를 죽일 약병을 들고 어찌할 줄을 모르겠다.

S# 48 수라간(회상(현재 상황에서 과거를 떠올리는 것. 여기서는 지난 사건에 대한 정보가 담긴 서찰 내용을 다시 눈앞에 보여 주는 것을 가리킴)**, 밤)**

　　　¹ 급히 들어오는 한 나인. ² ⓐ 이리저리 휘돌아보다가 선반 옆 서랍 속에서 무언가를 급히 찾는다.

한 나인③　　　¹ (E) 순간, 부자탕은 감두탕이나 녹두로 해독할 수 있다는('부자탕'의 독을 '감두탕'이나 '녹두'로 없앨 수 있다는) 네 말이 떠올랐다. ² 그러나, 네가 이걸로 살아날 수 있을지 알 수가 없구나. ³ 살았느냐, 명이야…….

　　　³ 이윽고 녹두물 그릇을 찾은 듯 급히 품에 넣고 나간다.

S# 49 암자 안(밤)

　　　¹ 눈물을 흘리며 보고 있는 박 나인, 옆에서 보는 천수. ² 박 나인에게 연민과 동질감(불쌍한 마음과 함께 자신과 같은 처지라는 느낌)이 느껴질수록 마음이 복잡하다.

한 나인④　　　(E) 혹, 죽었거든 나를 용서치 말며 혹, 살았거든 내 말을 들어다오.

S# 50 수라간(회상, 밤)

　　　¹ 급히 글을 쓰고 있는 한 나인의 모습. ² ⓑ 글을 쓰며, 하염없이 눈물이 흐르고 있다.

한 나인⑤　　　¹ (E) 나도 일의 전모(전체적인 일의 상황)는 알 수 없으나, 네가 남자와 통정했다(남자와 사랑을 나누었다)는 말을 나는 믿지 않는다. ² 믿지 않기에 너는 다시 궁으로 돌아와서는 안 된다. ³ 그들의 눈에 띄어서도 안 된다. ⁴ 멀리 도망가서 살아라. ⁵ 살아다오! ⁶ 그리해서 힘없이 너를 보낸 나를, 그들의 협박에 무릎 꿇은 나를 벌해 다오! ⁷ 이를 어찌하면 좋으냐, 명이야…….

S# 51 암자 안(밤)

　　　박 나인, 하염없이(계속해서) 눈물을 흘리는데……, 천수, 조용히 나오고.

- 김영현, 「대장금」 -

· 중심 내용

남자와 통정했다는 누명을 쓰고 죽을 위기에 처한 박 나인을 한 나인이 몰래 살린다.

· 전체 줄거리

[003~005]번 문제 (2019년 3월 학평) 참고 → 299쪽

· 인물 관계도

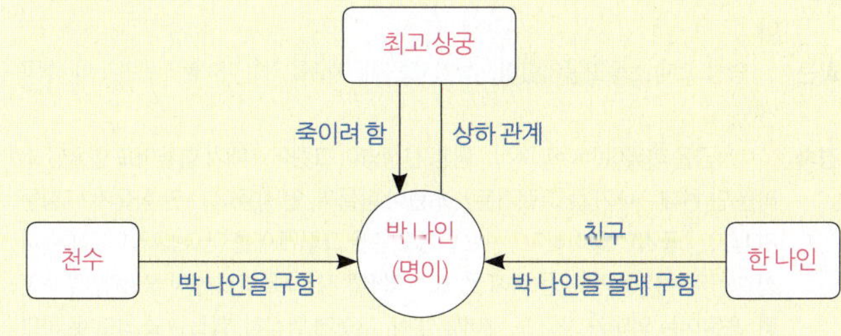

006　| 서술상 특징 - 적절한 것 고르기　고3 | 2012학년도 6월 모평 37번　정답률 65%, 매력적 오답 ① 15%　　**정답 ④**

윗글에 대한 설명으로 가장 적절한 것은?

① ***암시적이고 비유적인 대사들이 활용되고 있다.**
　* 그 의미를 넌지시 알리고, 다른 비슷한 것에 빗대는 대사
　근거 　**최고 상궁①** 네 죄를 인정하겠느냐?
　　　　　박 나인② 무엇을 말씀하시는 것입니까?
　　　　　한 나인②-1 명이야, 살았느냐?
　　　　　천수 막지 마시오! 토악질을 해야 살아난다고 했소.
　풀이 등장인물인 최고 상궁, 박 나인, 한 나인, 천수는 모두 직접적으로 하고 싶은 말을 하고 있다.
　→ 적절하지 않음!

② **사건의 발생 순서에 따라 장면이 연결되고 있다.**
　근거 　S# 29 궁궐 외각의 작은 문(밤) (시간 순서 ③)
　　　　　S# 30 산 계곡 은밀한 곳(밤) (시간 순서 ④)
　　　　　S# 47 암자 안(밤) (시간 순서 ⑤)
　　　　　S# 48 수라간(회상, 밤) (시간 순서 ①)
　　　　　S# 49 암자 안(밤) (시간 순서 ⑥)
　　　　　S# 50 수라간(회상, 밤) (시간 순서 ②)
　　　　　S# 51 암자 안(밤) (시간 순서 ⑦)
　풀이 S# 48과 S# 50이 회상 장면이므로 사건의 발생 순서에 따라 장면이 연결되고 있지 않다.
　→ 적절하지 않음!

③ **시간적 배경에 의해 *고즈넉한 분위기가 조성되고 있다.**
　* 조용하고 아늑한 분위기가 만들어지고
　근거 　S# 29 궁궐 외각의 작은 문(밤), S# 30 산 계곡 은밀한 곳(밤), S# 47 암자 안(밤), S# 48 수라간(회상, 밤), S# 49 암자 안(밤), S# 50 수라간(회상, 밤), S# 51 암자 안(밤)
　풀이 윗글의 시간적 배경은 모두 '밤'이다. 그러나 누명을 씌워 박 나인을 죽이려 하고, 그런 박 나인을 한 나인이 몰래 구하려 하며, 천수의 도움으로 살아나는 박 나인의 모습은 '고즈넉한 분위기'와는 거리가 멀다.
　→ 적절하지 않음!

④ ✓ **인물 간의 *우호적 관계와 대립적 관계가 드러나고 있다.** * 사이가 좋은 관계와 나쁜 관계
　근거 　**최고 상궁①** 네 죄를 인정하겠느냐?
　　　　　박 나인② 무엇을 말씀하시는 것입니까? (대립적 관계)
　　　　　천수 막지 마시오! 토악질을 해야 살아난다고 했소.
　　　　　S# 47-3 하고는 얼른 박 나인의 옆으로 가 ~ 토악질을 돕는다.
　　　　　S# 30-6 주변을 살피며 재빨리 술병 안에 무언가를 넣는 한 나인.
　　　　　한 나인③-1~2 부자탕은 감두탕이나 녹두로 해독할 수 있다는 네 말이 떠올랐다. 그러나, 네가 이걸로 살아날 수 있을지 알 수가 없구나. (우호적 관계)
　풀이 박 나인에게 없는 죄를 씌우는 최고 상궁은 박 나인과 '대립적 관계', 박 나인을 살리기 위해 애쓰는 천수와 한 나인은 '우호적 관계'임을 알 수 있다.
　→ 적절함!

⑤ **장소의 변화에 따라 *갈등이 해결되는 양상을 보이고 있다.** * 문제가 풀리는 모습
　근거 　S# 29 궁궐 외각의 작은 문-4 온몸이 사시나무처럼 떨고 있다.
　　　　　S# 30 산 계곡 은밀한 곳-박 나인① (영문을 모르는 채 두려움에 떨고)
　　　　　S# 47 암자 안-10 보는 박 나인의 눈에 금방 눈물이 맺히고,
　　　　　S# 48 수라간-한 나인③-3 살았느냐, 명이야…….
　　　　　S# 49 암자 안-1 눈물을 흘리며 보고 있는 박 나인,
　　　　　S# 50 수라간-한 나인⑤-2 너는 다시 궁으로 돌아와서는 안 된다.
　풀이 궁궐 외각의 작은 문에서 암자 안까지 장소의 변화는 있으나, 박 나인이 누명을 쓰게 된 사건은 해결되지 않는다.
　→ 적절하지 않음!

007　| 내용 이해 - 적절하지 않은 것 고르기　고3 | 2012학년도 6월 모평 38번　정답률 80%　　**정답 ③**

서찰과 관련지어 윗글을 이해한 내용으로 적절하지 않은 것은?

① '한 나인'은 '박 나인'의 ***생존에 대해 확신하지 못했다.** * 살아 있음
　근거 　**한 나인③-2~3** 그러나, 네가 이걸로 살아날 수 있을지 알 수가 없구나. 살았느냐,

명이야…….

한 나인❹ 혹, 죽었거든 나를 용서치 말며 혹, 살았거든 내 말을 들어다오.

풀이 한 나인은 박 나인의 '생존'을 확신하지 못한다.

→ 적절함!

② '박 나인'은 남자와 통정했다는 *혐의를 받고 징벌을 당했다. * 의심을 받고 벌을 받았다

근거 한 나인❺-1 나도 일의 전모는 알 수 없으나, 네가 남자와 통정했다는 말을 나는 믿지 않는다.

풀이 한 나인의 '서찰'에서 박 나인이 남자와 통정했다는 '혐의를 받고 징벌'을 당한 것임을 알 수 있다.

→ 적절함!

③ '한 나인'은 구체적인 *증거물에 근거하여 '박 나인'이 **결백하다고 보았다.
* 증거가 되는 물건을 이유로 삼아 ** 죄가 없다고

근거 한 나인❺-1 나도 일의 전모는 알 수 없으나, 네가 남자와 통정했다는 말을 나는 믿지 않는다.

풀이 한 나인은 '일의 전모는 알 수 없'다고 했으므로 '구체적인 증거물' 때문에 박 나인을 결백하다고 본 것이 아니다.

→ 적절하지 않음!

④ '박 나인'이 '한 나인'에게 알려 준 정보 덕분에 '박 나인'이 살 수 있었다.

근거 한 나인❸-1 순간, 부자탕은 감두탕이나 녹두로 해독할 수 있다는 네(박 나인) 말이 떠올랐다.

S# 49-1 눈물을 흘리며 보고 있는 박 나인,

풀이 한 나인은 박 나인에게 줄 '서찰'에 '네 말이 떠올랐다'라고 썼고, 살아나서 그 서찰을 읽고 있는 박 나인이 눈물을 흘리고 있다. 따라서 박 나인은 자신이 한 나인에게 알려 준 정보 덕분에 살 수 있었다.

→ 적절함!

⑤ '한 나인'은 '박 나인'을 살리려는 시도가 *발각될지도 모른다는 생각에 불안해했다.
* 드러날지도

근거 S# 29-3~5 불안한 얼굴로 보자기를 하나 들고 뒤따라가는 한 나인. 온몸이 사시나무처럼 떨고 있다. 몸도 마음도 진정시키기가 어렵다.

S# 30-6 그런 상황에서 주변을 살피며 재빨리 술병 안에 무언가를 넣는 한 나인.

풀이 S# 29에서 한 나인의 몹시 떠는 모습이나, S# 30에서 재빨리 술병 안에 무언가를 넣는 모습에서 박 나인을 살리려는 자신의 행동이 들킬까 봐 불안해하는 '한 나인'의 모습을 볼 수 있다.

→ 적절함!

---

008 촬영 기법 - 적절한 것 고르기 고3 | 2012학년도 6월 모평 39번
정답률 85%   정답 ②

㉠ ~ ㉤ 중 <보기>의 촬영 *기법을 적용하기에 가장 적절한 것은? * 방법

| 보기 |

앙각(仰角, Low-angle) : 주로 인물의 권위나 위세를 시각적으로 표현하기 위해(남에게 미치는 영향력과 힘을 나타내도록) 카메라를 인물보다 아래쪽에 설치하여 올려 찍는 기법.

① ㉠

근거 S# 29-1~2 ㉠ 보쌈 한 박 나인을 들고 가는 일단의 나인들. 역시 은밀하고 기민한 동작이다.

풀이 ㉠에는 '나인들'만 나오므로 권위나 위세가 드러나지 않는다.

→ 적절하지 않음!

② ㉡

근거 박 나인❷ 무엇을 말씀하시는 것입니까?

ⓛ ㉡ 최고 상궁❷ 다시 묻겠다! 네 죄를 인정하느냐?

풀이 최고 상궁이 박 나인을 내려다보며 죄를 묻는 장면이므로, 최고 상궁의 권위나 위세가 잘 드러나도록 '앙각'을 사용하여 촬영하기에 적절하다.

→ 적절함!

③ ㉢

근거 ㉢ 천수 막지 마시오! 토악질을 해야 살아난다고 했소.

S# 47-3 하고는 얼른 박 나인의 옆으로 가 등을 쓰다듬고, 두드려 주며 토악질을 돕는다.

풀이 박 나인의 등을 두드려 주는 천수의 행동에는 권위나 위세가 드러나지 않는다.

→ 적절하지 않음!

④ ㉣

근거 S# 48-2 ㉣ 이리저리 휘돌아보다가 선반 옆 서랍 속에서 무언가를 급히 찾는다.

풀이 급하게 무엇인가를 찾는 한 나인의 모습에는 권위나 위세가 드러나지 않는다.

→ 적절하지 않음!

⑤ ㉤

근거 S# 50 급히 글을 쓰고 있는 한 나인의 모습. ㉤ 글을 쓰며, 하염없이 눈물이 흐르고 있다.

풀이 글을 쓰며 눈물을 흘리는 한 나인의 모습에는 권위나 위세가 드러나지 않는다.

→ 적절하지 않음!

[009~011] 다음 글을 읽고 물음에 답하시오.

S#90. 전철역 안 / 오후
¹ 경숙, 비틀거리며 뒤편에 있는 의자로 가서 앉는다. ² 점점 일그러지는 그녀의 표정. ³ 조금씩 새어 나오는 신음 소리. ⁴ 배를 움켜쥔 손. ⁵ 의자로 점점 기울어져 눕다시피 되는 경숙. ⁶ 점점 흐려지는 눈빛.

⁷ (플래시백(flashback, 영화가 시간의 흐름에 따라 진행되는 도중 추억이나 회상 등 과거의 장면을 끼워 넣는 기법))

동물원의 인파(사람의 물결이란 뜻으로, 수많은 사람을 이르는 말) 속에 서 있는 젊은 경숙과 어린 초원. ⁸ 초원은 한쪽 손에 풍선을 들고 멍하게 서 있고, 경숙은 초원의 손을 잡고 있다. ⁹ 우울한 표정의 경숙, 초원을 바라보고 서 있다. ¹⁰ ⓐ 스르륵 풀리는 초원의 손. ¹¹ 초원, 사람들 틈으로 마술처럼 사라진다.

S#93. 병원 병실 / 밤
경숙 ① ¹ (전체 줄거리 참고, 초원이가 자폐증(언어, 의사소통 등의 발달 장애)을 가졌지만) 이왕 이렇게 세상에 태어난 이상, 뭐 하나라도 즐길 수 있는 거, 살아 있다는 기분 느낄 수 있는 거 하나쯤 엄마(여기서는 경숙)가 만들어 주고 떠나자. ² 그런데 어느 날 보니……. ³ 그러면서, 내가 좋아하고 꿈꾸고 위로받고 있는 거였어. ⁴ 아무것도 모르는 애(초원)를 (마라톤을 시킨다고) 멋대로 굴려 가면서. ⁵ 하지만 그만둘 수가 없었어. ⁶ 그럼 난 살 수가 없을 것 같았거든. ⁷ (눈물을 떨군다) …… ⁸ 애가 기억하더라구. ⁹ 옛날에 동물원에서 (초원이를) 잃어버렸던 걸……. ¹⁰ 기억나지 당신도? ¹¹ 사실은 말야, 그때, 내가 초원이를 버렸던 거야. ¹² 사람들 틈에서 (초원이의) 손을 놓았지. ¹³ 도저히, 키울 자신이 없었거든……. ¹⁴ 그러니까, 제 살자고(자폐증이 있는 초원이를 키우기 힘들어서) 애를 버렸던 엄마가, 이제 또 제가 살려고(자폐증이 있는 초원이가 마라톤을 하는 것을 보며 위로 받으려고) 애를 그렇게 한평생 못살게 군 거야.

희근 당신 그때 스물일곱이었어(어렸기 때문에 자폐증을 가진 아이를 키우기 어려웠을 거야).

경숙 ② ¹ 지금은 아니야(어리지 않아). ² 담임 선생님이 그랬어. ³ 애가 힘들어도 힘들단 소리를 안 한대. ⁴ 내가 늘 그랬거든. ⁵ 초원이 힘들어, 안 힘들어? ⁶ 안 힘들지? ⁷ 힘들지 않지? ⁸ 좋지? ⁹ 좋아하지? …… ¹⁰ 십오 년을 그렇게 애를 다그쳤어. ¹¹ 그래서 이젠 힘들다, 하기 싫단 말을 아예 못 해. ¹² 어떡하지? ¹³ 우리 초원이 불쌍해서? ¹⁴ 어쩜, 초원이는 엄마가 자길 또 내버릴까 봐, 그렇게 열심히, 힘들단 소리도 못 하고 지금껏 산 거 아닐까, 여보? ¹⁵ 어떡하지? ¹⁶ 그럼 나 정말 지옥 갈 거야, 그치?

S#94. 병원 정원 / 낮

정욱① 예전에 초원이 마라톤 좋아한다고 했을 때, 내가 직접 달려 보지도 않고 그딴 소리하지 말라고 한 거 기억나요?

허공을 바라보고 있는 경숙에게 진지하게 계속 말하는 정욱.

정욱② ¹그건(마라톤을 좋아한다는 건) (안 뛰어 본 사람들은) 정말 모르는 거예요. ²직접 뛰어 본 사람만 아는 거죠. ³승부를 위해, 기록을 위해, 다른 사람을 위해 뛰는 거랑은 다른 거거든요. ⁴그럴 땐 멈추고 싶죠. ⁵그리고 멈춰 서 있으면……. ⁶그 느낌(마라톤을 좋아하는 마음)은 쉽게 까먹어요. ⁷그럼 영영 다시 뛸 수 없죠. ⁸(경숙을 바라보며) 제가 페이스메이커(pacemaker, 달리기 경기에서 선수와 함께 뛰면서 선수의 달리기 속도를 조절해 주는 사람) 할게요. ⁹(초원이와) 같이 뛴다구요.

경숙③ ¹하지만, 우리 앤(자폐증이 있는 초원이는) 달라요, 남들과 달라요. ²똑같지 않다구요! ³그걸 깨닫는 데 20년 걸렸어요. ⁴바보처럼……. ⁵그깟 200시간(전체 줄거리 참고, 정욱이 음주운전으로 200시간 사회봉사 활동을 명령 받고 장애인 학교로 와서 초원이를 지도한 시간)으로 뭐가 달라졌을 것 같아요? ⁶어림도 없어요. ⁷애(초원이) 맘을 아냐구요? ⁸그걸 알면, 난 지금 당장 죽어도 소원이 없어요. ⁹(큰 목소리로) 가세요! ¹⁰이젠, 안 해요! ¹¹내가 그놈의 걸(초원이의 속마음을) 알 때까지 하루라도 더 살기 위해서라도 이제 마라톤 안 해요!

S#95. 몽타주(montage, 주로 영화에 쓰이는 기법으로, 각각 다른 화면들을 한 장면에 합쳐서 나타냄)

• ¹학교로 가는 승합차(많은 사람을 태울 수 있는 대형 자동차)에 올라타는 초원. ²차에 타기 전 아파트를 올려다보지만 엄마(경숙)가 늘 손 흔들어 주던 자리엔 아무도 없다.…… ㉠

• ³병원에서 탁상(책상이나 탁자 위) 달력을 바라보는 경숙. ⁴10월 10일(마라톤 대회가 열리는 날) 날짜에 눈이 간다. ⁵미련(깨끗이 잊지 못한 마음)을 버리려는 듯, 텔레비전을 켠다. ㉡

• ⁶아파트 복도 구석에 앉아 정욱이 사준 얼룩말 러닝화(운동화)를 박스에서 꺼내 보는 초원. ⁷냄새를 킁킁(콧구멍으로 숨을 세차게 띄엄띄엄 내쉬는 소리) 맡아 본 후, 다시 박스에 넣는다. ㉢

[중략 줄거리] ¹경숙은 퇴원하고, 초원은 정욱에게 마라톤 훈련을 받지 않으나 깊은 밤 운동장을 스스로 달린다. ²10월 10일 마라톤 대회가 열리는 날, 초원은 혼자 대회 현장으로 향한다. ³초원이 사라지자 놀란 경숙과 동생 중원은 초원을 찾아 나서고, 대회 현장에서 초원을 발견한다.

S#101. 춘천 공설(국가나 공공 단체에서 일반 사람들을 위하여 만들어 세움) 운동장 / 아침

¹경숙, (마라톤을 뛰지 못하게) 초원을 잡아끌지만, 초원은 움직일 생각을 안 한다.

경숙④ ¹너 뛰다가 쓰러지면 또 주사 맞잖아. ²주사 맞을 거야?
초원① ¹(머뭇거리다가 이내) 안 쓰러져. ²초원이 안 쓰러져.

²그 순간 '타앙' 울리는 출발 총성. ³'와아' 하는 함성 소리와 함께 물밀 듯이 밀려 나가기 시작하는 사람들. ⁴그 틈바구니(마라톤을 뛰는 사람들 속)에서 손을 붙잡은 채, 서로 노려보고 있는 초원과 경숙.

중원 (가운데에 서서 간절한 표정으로) 엄마!
경숙⑤ ¹초원아, 나중에 오자. ²오늘은 안 돼. ³너 혼자선 안 돼.

⁵초원 모자(어머니 母 아들 子 : 어머니와 아들, 여기서는 경숙과 초원)와 거칠게 부딪치면서 출발하는 사람들. ⁶달려 나가는 수많은 사람들 틈에서, 보였다 안 보였다 하는 초원과 경숙. ⁷하지만 초원의 손을 꼭 잡고 있는 경숙.

경숙⑥ ¹초원아, 엄마가 잘못했어. ²이제, 이런 거(마라톤) 안 시킬게.
초원② 초원이 다리는(마라톤을 하기 전에 늘 경수과 주문처럼 주고받던 말)……

⁸경숙, 숨이 멎는 듯

초원③ 초원이 다리는……?

경숙⑦ (경숙의 눈가가 젖어 들고) 백만 불짜리(불은 미국의 화폐 단위. 100만 불은 약 11억, 여기서는 매우 가치 있다는 뜻) 다리…….

⁹어느새, ⓑ스르르 손이 풀리고, 초원은 바람처럼 군중들(마라톤 뛰는 사람들) 틈으로 사라진다.
- 정윤철, 윤진호, 송예진 각본, 「말아톤(마라톤, 자폐증을 가진 초원이가 쓴 글자)」-

• 중심 내용
경숙은 초원이가 자신의 눈치를 보며 마라톤을 억지로 하고 있을지도 모른다고 생각해 괴로워하다가 초원이가 진심으로 달리고 싶어 한다는 것을 알고 마라톤 대회에 나가게 한다.

• 전체 줄거리 ([ ]:지문 내용)
자폐증(언어, 의사소통 등의 장애)을 가진 20살 초원이는 행동이나 말투는 5살 어린애에 머물러 있지만 달리기에서 재능을 보인다. 엄마 경숙은 초원이가 마라톤 대회에 나가 '마라톤 서브쓰리(마라톤 전체 거리인 42.195km를 3시간 안에 달리는 것)'를 달성하는 것을 목표로 정하고 훈련을 시작한다. 유명한 마라톤 선수였던 정욱이 음주운전으로 사회봉사 명령을 받고 초원이의 학교로 오자 경숙은 정욱에게 마라톤을 가르쳐 달라고 정욱에게 부탁한다. 정욱은 초원이의 순수한 마음과 재능을 알아보고 마라톤을 가르친다. 그러나 경숙은 정욱의 훈련이 불성실해 보여 정욱과 다투게 되고 [자기 욕심으로 초원이에게 억지로 마라톤을 시키고 있었던 것은 아닌지 고민하게 된다. 결국 경숙은 초원이를 마라톤 대회에 내보내는 것을 포기한다. 마라톤 대회가 있는 날 초원이는 스스로 경기장에 가고, 경숙은 초원이가 진심으로 달리고 싶어 한다는 것을 알게 돼 초원이가 원하는 대로 마라톤 경기를 뛰게 한다.] 초원이는 경기에서 '마라톤 서브쓰리'를 달성한다.

• 인물 관계도

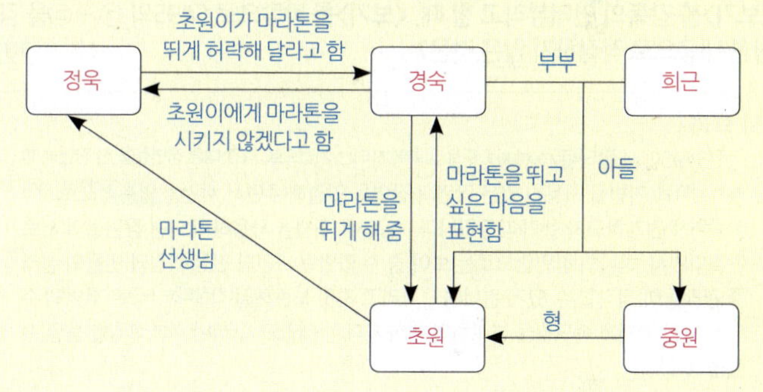

---

009 | 연출 계획 - 적절하지 않은 것 고르기 2018년 3월 학평 34번
정답률 85% | **정답 ③**

윗글을 영화로 연출하기 위한 *연출자의 주문 사항으로 적절하지 <u>않은</u> 것은?
* 연극이나 방송극 등에서 무대 공연을 전문적으로 지도하는 사람

① S#93에서 경숙이 말할 때, *자책감을 담아낼 수 있는 표정으로 연기해 주세요.
* 스스로 뉘우치고 꾸짖음

근거 경숙❶-3~14 내가 좋아하고 꿈꾸고 위로받고 있는 거였어. 아무것도 모르는 애를 멋대로 굴려 가면서. ~ (눈물을 떨군다) ~ 애를 그렇게 한평생 못살게 군 거야./ 경숙❷-3~14 애가 힘들어도 힘들단 소리를 안 한대. ~ 초원이는 엄마가 자길 또 내버릴까 봐, 그렇게 열심히, 힘들단 소리도 못 하고 지금껏 산 거 아닐까,

풀이 S#93에서 경숙은 자기 욕심 때문에 초원이를 힘들게 했고 초원이가 경숙의 눈치를 보느라 힘들어도 힘들다는 말을 못하고 있는 것은 아닌지 걱정하며 울고 있다. 따라서 초원이에 대한 그동안의 자신의 행동을 자책하는 표정으로 연기하는 것은 적절하다.

→ 적절함!

② S#94에서 정욱이 경숙을 설득할 때, 진지한 태도가 드러나는 *어조로 대사를 해 주세요. * 말투

근거 S#94 허공을 바라보고 있는 경숙에게 진지하게 계속 말하는 정욱.
정욱❷ 그건 정말 모르는 거예요. ~ 제가 페이스메이커 할게요. 같이 뛴다구요.

풀이 S#94에서 정욱은 경숙에게 자신이 초원이와 함께 뛸 테니 초원이가 마라톤을 하게 허락해 달라고 진지하게 말하고 있으므로, 진지한 태도가 드러나는 어조로 대사를 하는 것은 적절하다.

→ 적절함!

③ S#94에서 경숙이 정욱의 제안을 거절할 때, 감정을 억누르려는 차분한 목소리로 연기해 주세요.

근거 경숙❸ 하지만, 우리 앤 달라요, ~ (큰 목소리로) 가세요! 이젠, 안 해요! 내가 그놈의 걸 알 때까지 하루라도 더 살기 위해서라도 이제 마라톤 안 해요!

풀이 S#94에서 경숙은 초원이에게 더 이상 마라톤을 시키지 않겠다는 감정을 숨기지 않고 큰 소리로 드러내고 있으므로 감정을 억누르려는 차분한 목소리로 연기하는 것은 적절하지 않다.

→ 적절하지 않음!

④ S#101에서 마라톤 대회가 시작되는 상황일 때, 생생한 *현장감이 **부각될 수 있는 효과음을 넣어 주세요. * 실제로 일이 이루어지는 장소에 있는 느낌 ** 뚜렷하게 드러날

근거 S#101-2~3 그 순간 '타앙' 울리는 출발 총성. '와아' 하는 함성 소리

풀이 S#101에서 마라톤 대회가 시작될 때 생생한 현장감이 부각될 수 있도록 출발 총성과 사람들의 함성 소리를 효과음으로 넣는 것은 적절하다.

→ 적절함!

⑤ S#101에서 초원과 경숙이 대화할 때, *마라토너들은 **일시에 그들의 주변을 빠르게 지나쳐 가도록 해 주세요. * marathoner, 마라톤을 뛰는 사람 ** 한꺼번에

근거 S#101-3~5 물밀 듯이 밀려 나가기 시작하는 사람들. ~ 초원 모자와 거칠게 부딪치면서 출발하는 사람들.

풀이 S#101에서 초원과 경숙이 대화할 때, 마라톤 대회가 시작되고 마라토너들이 초원과 경숙의 주변을 빠르게 지나쳐 가고 있으므로 적절한 주문 사항이다.

→ 적절함!

---

010 감상의 적절성 - 적절하지 않은 것 고르기 2018년 3월 학평 35번
정답률 70%, 매력적 오답 ③ 10%   정답 ④

〈보기〉를 감독의 인터뷰라고 할 때, 〈보기〉를 바탕으로 S#95의 ㉠ ~ ㉢을 감상한 내용으로 적절하지 않은 것은?   [3점]

| 보기 |
[1]"S#95에서 몽타주(montage, 주로 영화에 쓰이는 기법으로, 각각 다른 장면들을 한 장면에 합쳐서 나타냄) 기법을 사용한 것은 장면과 장면을 연결해 주면서 사건을 압축적으로(간단히 줄여서) 전개하고자 했기 때문입니다. [2]몽타주 기법을 사용하게 되면 장면들이 서로 연결되면서, 하나의 장면만으로는 보여 줄 수 없었던 사건의 진행 과정과 인물의 심리를 관객들이 짐작할 수 있게 됩니다. [3]그리고 자칫 느슨해질(긴장되는 느낌이 풀어질) 수 있는 사건 전개에 속도감을 부여하여 영화에 대한 몰입도(집중하게 하는 정도)를 높일 수 있습니다."

㉠ S#95-1~2 학교로 가는 승합차에 올라타는 초원. 차에 타기 전 아파트를 올려다보지만 엄마가 늘 손 흔들어 주던 자리엔 아무도 없다.
㉡ S#95-3~5 병원에서 탁상 달력을 바라보는 경숙. 10월 10일 날짜에 눈이 간다. 미련을 버리려는 듯, 텔레비전을 켠다.
㉢ S#95-6~7 아파트 복도 구석에 앉아 정욱이 사준 얼룩말 러닝화를 박스에서 꺼내 보는 초원. 냄새를 킁킁 맡아 본 후, 다시 박스에 넣는다.

① ㉠은 S#90과 *연계된 S#93에서 경숙이 입원한 것과 관련하여 초원의 **일상에 변화가 생겼음을 알 수 있게 하는군. * 연결된 ** 날마다 반복되는 생활

근거 〈보기〉-2 몽타주 기법을 사용하게 되면 장면들이 서로 연결되면서, 하나의 장면만으로는 보여 줄 수 없었던 사건의 진행 과정과 ~ 짐작할 수 있게 됩니다.
㉠ S#95-1~2 학교로 가는 승합차에 올라타는 초원. ~ 엄마(경숙)가 늘 손 흔들어 주던 자리엔 아무도 없다.
S#90-1~6 경숙, 비틀거리며 ~ 배를 움켜쥔 손. ~ 점점 흐려지는 눈빛.
S#93 병원 병실

풀이 ㉠은 S#90에서 경숙이 쓰러진 후 S#93에서 경숙이 입원한 것과 관련하여 초원이가 학교에 갈 때마다 경숙이 늘 손을 흔들어 주던 일상에 변화가 생겼음을 나타낸다.

→ 적절함!

② ㉡은 S#94에서의 대사와는 달리 초원의 마라톤 대회 참가에 대해 경숙이 *미련을 가지고 있었음을 알 수 있게 하는군. * 깨끗이 잊지 못한 마음

근거 〈보기〉-2 몽타주 기법을 사용하게 되면 장면들이 서로 연결되면서, ~ 인물의 심리를 관객들이 짐작할 수 있게 됩니다.
㉡ S#95-3~5 병원에서 탁상 달력을 바라보는 경숙. 10월 10일 날짜에 눈이 간다. 미련을 버리려는 듯, 텔레비전을 켠다.

경숙❸-10~11 이젠, 안 해요! ~ 이제 마라톤 안 해요!

풀이 경숙은 S#94에서 정욱에게 '이제 마라톤 안 해요'라고 말하지만 ㉡에서는 마라톤 대회 날짜를 바라보다가 '미련을 버리려는 듯' 눈길을 돌리고 있으므로, 경숙이 초원의 마라톤 대회 참가에 대해 미련이 있음을 알 수 있다.

→ 적절함!

③ ㉢은 S#101에서 마라톤을 하고 싶어 하는 모습을 보이는 초원과 연결하여 이해할 수 있겠군.

근거 〈보기〉-2 몽타주 기법을 사용하게 되면 장면들이 서로 연결되면서, ~ 인물의 심리를 관객들이 짐작할 수 있게 됩니다.
[중략 줄거리]1~2 초원은 ~ 깊은 밤 운동장을 스스로 달린다. 10월 10일 마라톤 대회가 열리는 날, 초원은 혼자 대회 현장으로 향한다.
㉢ S#95-6 정욱이 사준 얼룩말 러닝화를 박스에서 꺼내 보는 초원.
초원❶ 안 쓰려. 초원이 안 쓰려져. 초원❷ 초원이 다리는……/ 초원❸ 초원이 다리는……?

풀이 ㉢에서 초원이가 정욱이 사준 마라톤 운동화를 꺼내 보는 것은 S#101에서 마라톤을 하고 싶은 마음을 드러내는 모습과 연결할 수 있다.

→ 적절함!

④ ㉡, ㉢을 통해 초원과 경숙의 모습을 *대비하여 S#101에서 중원에 의해 두 사람의 갈등이 해소될 것임을 나타내는군. * 둘의 다른 점을 밝혀 비교하여

근거 ㉡ S#95-3~5 병원에서 탁상 달력을 바라보는 경숙. 10월 10일 날짜에 눈이 간다. 미련을 버리려는 듯, 텔레비전을 켠다.
㉢ S#95-6 정욱이 사준 얼룩말 러닝화를 박스에서 꺼내 보는 초원.
중원 (가운데에 서서 간절한 표정으로) 엄마!
경숙❺ 초원아, 나중에 오자. 오늘은 안 돼. 너 혼자선 안 돼.
초원❷ 초원이 다리는……/ 초원❸ 초원이 다리는……?
경숙❼ (경숙의 눈가가 젖어 들고) 백만 불짜리 다리…….
S#101-9 어느새, 스르르 손이 풀리고, 초원은 바람처럼 군중들 틈으로 사라진다.

풀이 ㉡에서 경숙은 초원이의 마라톤 대회 참가에 미련을 갖고 있으며, ㉢에서 초원이는 마라톤 대회에 참가하고 싶어 하므로 초원이와 경숙의 모습이 대비되고 있지 않다. S#101에서 경숙이 마라톤 대회에 참가하려는 초원이를 말리면서 갈등하지만, 결국에는 경숙이 초원이가 원하는 대로 마라톤을 뛸 수 있게 허락해 줌으로써 갈등이 해소되는 것이지 중원에 의해 갈등이 해소되는 것이 아니다.

→ 적절하지 않음!

⑤ ㉠ ~ ㉢을 나열한 것은 초원과 경숙의 일상을 *압축적으로 보여 줌으로써 속도감 있게 사건을 전개하기 위한 것이군. * 간단히 줄여서

근거 〈보기〉-3 자칫 느슨해질 수 있는 사건 전개에 속도감을 부여하여 영화에 대한 몰입도를 높일 수 있습니다.

풀이 ㉠ ~ ㉢에서는 초원과 경숙의 일상을 간단하게 나열해 보여 줌으로써 속도감 있게 사건이 전개되고 있다.

→ 적절함!

---

011 구절의 의미 - 적절한 것 고르기 2018년 3월 학평 36번
정답률 75%, 매력적 오답 ⑤ 15%   정답 ①

ⓐ와 ⓑ를 *연계하여 초원에 대한 경숙의 **인식 변화를 이해한 것으로 가장 적절한 것은? * 연결해 ** 생각

S#90-10 ⓐ스르륵 풀리는 초원의 손.
S#101-9 ⓑ스르르 손이 풀리고,

① 책임을 져야 하는 부담스러운 존재에서 의지를 지닌 *주체적인 존재로 인정하게 되었음을 알 수 있다. * 자기 스스로의 생각과 의지를 가진

근거 S#90-7~10 동물원의 인파 속에 서 있는 젊은 경숙과 어린 초원. ~ ⓐ스르륵 풀리는 초원의 손.
경숙❶-9~13 옛날에 동물원에서 잃어버렸던 걸……. ~ 사실은 말야, 그때, 내가 초원이를 버렸던 거야. 사람들 틈에서 손을 놓았지. 도저히, 키울 자신이 없었거든…….
경숙❺ 초원아, 나중에 오자. 오늘은 안 돼. 너 혼자선 안 돼.
초원❷ 초원이 다리는……/ 초원❸ 초원이 다리는……?
경숙❼ (경숙의 눈가가 젖어 들고) 백만 불짜리 다리…….
S#101-9 어느새, ⓑ스르르 손이 풀리고, 초원은 바람처럼 군중들 틈으로 사라진다.

풀이 ⓐ는 경숙이 초원이를 키울 자신이 없어서 동물원에서 초원이의 손을 놓았던 것이므로 초원이를 자신이 책임져야 하는 부담스러운 존재로 여겼음을 알 수 있다. ⓑ는 경숙이 초원이가 마라톤을 뛰지 못하게 붙잡다가 초원이가 진심으로 달리고 싶어 한다는 것을 알게 된 후 초원이의 손을 놓아 주는 것이므로 초원이를 의지를 지닌 주체적인 존재로 인정하게 되었음을 알 수 있다.

→ 적절함!

② **보살핌을 받지 못하던 소외된 존재에서 남을 위해 애쓰는 대견한 존재로 인식하게 되었음을 알 수 있다.**

풀이 경숙은 ⓐ에서 초원이를 보살피기에 벅찬 존재로 생각하는 것이지 보살핌을 받지 못해 소외된 존재로 생각하지 않으며, ⓑ에서 초원이를 남을 위해 애쓰는 대견한 존재로 생각하지 않는다.

→ 적절하지 않음!

③ **다가가기 어려운 *고독한 존재에서 먼저 마음을 열고 다가오는 **살가운 존재로 인식하게 되었음을 알 수 있다.** * 외롭고 쓸쓸한 ** 부드럽고 상냥한

풀이 경숙은 ⓐ에서 초원이를 다가가기 어려운 고독한 존재로 생각하지 않으며, ⓑ에서 초원이를 먼저 마음을 열고 다가오는 살가운 존재로 생각하지 않는다.

→ 적절하지 않음!

④ **가르침에 잘 따르는 *순종적인 존재에서 자기 고집만 내세우는 **야속한 존재로 받아들이게 되었음을 알 수 있다.** * 순순히 따르는 ** 섭섭하고 마음에 들지 않는

풀이 경숙은 ⓐ에서 초원이를 가르침을 잘 따르는 순종적인 존재로 생각하지 않는다. ⓑ에서 경숙은 초원이의 마음을 존중해 주는 것이지 초원이를 자기 고집만 내세우는 야속한 존재로 받아들인 것이 아니다.

→ 적절하지 않음!

⑤ **함께하며 *위안을 얻는 존재에서 뒤늦게 속마음을 알게 되어 미안함을 느끼는 존재로 생각하게 되었음을 알 수 있다.** * 위로

풀이 경숙은 ⓐ에서 초원이를 책임을 져야 하는 부담스러운 존재로 생각하는 것이지 초원이로부터 위안을 얻고 있지 않고, ⓑ에서 초원이를 미안함을 느끼는 존재로 생각하지 않는다.

→ 적절하지 않음!

[012~013] 다음 글을 읽고 물음에 답하시오.

[앞부분의 줄거리] [1] 노비 소이는 한자를 몰라 이도(세종)가 심온에게 보낸 비밀 명령(밀지)이 바뀐 것을 눈치 채지 못한다. [2] 이로 인해 심온과 (심온의 노비였던) 소이의 가족은 모두 죽게 되고, 소이는 충격으로 실어증(말을 못하는 병)에 걸린다. [3] 그 후 소이는 궁궐 나인(궁녀)이 되어 한자를 익히게 된다. [4] 한편 이도(세종)는 농민들을 위해 '농사직설(농부들에게서 들은 농사에 관한 지식을 모아 엮은 책)'을 편찬하지만(만들지만), 한자를 몰라 이(농사직설)를 활용하지 못하는 백성들을 목격한다.

#23. 이도(세종)**의 집무실**(높은 지위에 있는 사람들이 일을 처리하는 방, 사무실)**(밤, 회상)**

[1] 어두운 얼굴로 터덜터덜 들어오는 이도. [2] 탁자 위에 그사이 늘어난 작은 모형들이 있다. [3] 자격루(세종 때 만들어진 물시계), 혼천의(별의 이동과 위치를 관측하는 도구), 향약집성방(세종 때 펴낸 의학 책), 앙부일구(세종 때 널리 쓰인 해시계)(이름 모두 자막 표기) 등등을 보는 이도.

이도 ①   [1] (스스로 비웃듯이 보며) 또…… 지랄을 했단 말인가……. [2] 헛지랄…….

[4] 하고는 자격루를 들어 보인다. [5] 무표정하게 내던지는 이도. [6] 놀라는 근지, 목야, 덕금. [7] 이도, 하나씩 때려 부순다. [8] 무표정하게. [9] '농사직설'을 집어 찢으려는데, 그때 들어온 정인지가 몸으로 말린다.

정인지 ①   [1] ((임금을) 감히 몸으로 안으며) 전하! [2] 아니 되옵니다!

이노 ②   (박부가내로 씻으려는데)

정인지 ②   [1] 전하, 실패가 아니옵니다! [2] 농사직설이 보급되어(사람들에게 널리 퍼져서), 실제로 수확량(농작물을 거두어들인 양)이 늘고 백성들의 살림이 풍요로워지고 있지 않사옵니까!

이도 ③   [1] (확 노려보며) 네깟 놈도 정치 가랍시고, 숲(늘어난 수확량을 빗댄 말)만 보는 것이냐? [2] 나무(백성들을 빗댄 말)는 보지 않아? [3] 풍성해진 숲 안에 한 그루 한 그루 썩어 가는 나무들은(나라의 수확량은 늘었지만 한자를 읽지 못해 농사직설을 활용하지 못하고 힘들게 살아가는 백성들은) 상관없단 말이냐!

정인지 ③   (아무 말 못하는데)

[10] 이도, 정인지를 밀치고 확 나가려는데, 구석에 서 있는 소이가 보인다. [11] 앞에서 벌벌 떨고 있는 궁녀들(근지, 목야, 덕금)과 달리 차가운 무표정의 소이.

이도 ④   (그런 소이에게 시선 고정한 채) 너희들 모두 나가 있거라.

[12] 정인지, 불안하게 보다가 근지, 목야, 덕금을 데리고 나간다. [13] 소이, 역시 무표정한 얼굴로 서 있는데.

이도 ⑤   어찌 그리 보는 것이야.

소이 ①   (무표정하게 보고) …….

이도 ⑥   [1] (소이에게 한 발짝씩 다가가며) 그 긴 세월 조금도 변하지 않는구나. [2] 그 마음은 얼마나 단단하기에 그리 열리지 않는 것이냐.

소이 ②   (역시 반응 없이 무표정하게 본다) …….

이도 ⑦   [1] 이해를 구했고, 용서를 구했다. [2] 이 나라의 임금인 내가! [3] 너에게 다 자세히 설명했다.

이도 ⑧   [1] 너희들(심온과 소이의 가족들)을 살리려 밀지를 보냈지만, 밀지가 바뀌었다고! [2] 내가 죽이려고 한 것이 아니었다고. [3] 난 누구에게도 당당히 말할 수 있어! [4] 할 만큼 했다고! [5] 헌데(하지만) 바뀌지 않아. [6] 너도, 세상도, 변하지 않는다.

소이 ③   …….

이도 ⑨   [1] 네가 이리된(가족을 잃고 말을 못하게 된) 것이 온전히 나의 책임이냐? [2] 네가 인생을 그따위로 사는 것도 온전히 내 책임이냐? [3] 너의 남은 삶이 모두 내 책임인 것이냐? [4] 아니다!

소이 ④   …….

이도 ⑩   [1] (멱살을 잡으며) 넌 네 인생을 위해 아무 것도 하지 않는다! [2] 너희들은(백성들은) 세 살배기 아기처럼 세상을 향해 떼를 쓰고 있을 뿐이야! [3] 아니냐? [4] 말을 해봐! [5] 말을!

소이 ⑤   (무표정하게) …….

이도 ⑪   [1] (보다가 체념한(희망을 버리고 단념한) 듯) 너도…… 말…… 못하는 게 벼슬이냐(내세워 대접받을 일이냐)? [2] 좋겠구나…….

[14] 하고 돌아서 나가려는데, 소이가 탁자에 있던 붓을 들어 종이에 한자로 무엇인가를 쓴다. [15] 나가다 말고 소이가 쓴 것을 읽어 보는 이도. [16] 자막 '아기라면 키우셔야지요.' [17] 놀라서 소이와 종이를 번갈아 보는 이도에서 cut(장면을 중지함).

#24. 글자방(밤, 회상)

[1] 글자 없는 글자방. [2] 세필 붓(작은 글씨를 쓰는 가느다란 붓)을 쾅 놓는 이도.

이도 ⑫   앞으로 이걸로 네 의견을 적거라.

소이 ⑥   (이도 보다가 세필 붓 보는데)

이도 ⑬   지금 내가 얘기하는 것에 대해 네 생각을 적어 보거라.

소이 ⑦   (보면)

이도 ⑭   (약간 긴장한 채) 글자를…… 만들려 한다.

소이 ⑧   (보면) ……?

이도 ⑮   [1] 쉬운 글자……. [2] 너무나 쉬운 글자……. [3] 어떠하냐?

소이 ⑨   (약간 놀라고) ……!

이도 ⑯   아기(백성을 빗댄 말)를…… 키우라고 하지 않았느냐?

소이 ⑩   …….

이도 ⑰   [1] (초조한(애가 타서 조마조마한) 듯 설명을 덧붙이며) (백성들이) 제아무리 멍청하다 해도, 배울 수 있는 쉬운 글자, 그런 걸 만들려 한다. [2] 어찌 생각하느냐?

[3] 소이 드디어, 붓을 든다. [4] 그리고 수첩에 뭔가 쓰는 소이. [5] '튠(옳을 시)(옳습니다).' [6] ㉠결연한(마음과 태도가 굳센) 표정의 이도.

- 김영현·박상연, 「뿌리 깊은 나무」 -

· **중심 내용**

이도는 백성들이 한자를 읽지 못하고 어렵게 사는 것을 안타까워하며 백성들이 쉽게 익힐 수 있는 글자를 만들겠다고 결심한다.

· **전체 줄거리** ([ ]: 지문 내용)

왕이 되기 전 세자 이도(세종)는 억압적인 정치를 펼친 아버지 태종과는 달리 백성을 구하는 왕이 되고자 다짐한다. [왕이 된 이도는 집현전(조선 때 학문 연구 기관) 학자들과 한글 창제(만드는) 작업에 몰두한다.] 하지만 이도와 함께 글자를 만들던 학자들이 시체로 발견되고, 이도는 '밀본'이라는 세력이 학자들을 죽였음을 알게 된다. 신하들은 이도가 새로운 글자를 만들어 반포하려는(세상에 널리 퍼뜨려 알게 하려는) 것을 반대하는 시위를 하지만, 이도는 한글 창제를 완성하고 이를 반포할 계획을 세운다. 이에 '밀본'의 대장인 정기준은 한글 반포와 관련한 여러 사람들을 죽이며 한글 반포를 막으려 한다. 하지만 소이, 채윤 등의 희생으로 이도는 무사히 백성들 앞에서 한글을 반포하게 되고, 이후 정기준은 관군들에게 쫓겨 죽음을 맞이한다.

· **인물 관계도**

▲ 자격루(#23-3)　　▲ 혼천의(#23-3)　　▲ 앙부일구(#23-3)

〈출처: 국립중앙박물관〉

---

012 | 연출 계획 - 적절한 것 고르기　2017년 3월 학평 41번
정답률 85% | 정답 ②

㉠의 *연출 계획으로 가장 적절한 것은?
* 연극이나 방송극에서 배우의 연기, 무대 장치 등을 지도함

#24-6　㉠ 결연한 표정의 이도.

① **이도의 불안감이 잘 드러나도록 화면이 흔들리는 효과를 주어야겠어.**
　풀이 ㉠에서 이도는 백성을 위한 글자를 만들겠다는 굳은 마음을 드러내고 있을 뿐, 불안감을 드러내고 있지 않다.
　→ 적절하지 않음!

② **굳은 의지가 잘 드러나도록 이도 역을 맡은 배우의 얼굴을 *근접해서 찍어야겠어.**
* 가까이에서
　근거 이도⑰-1 제아무리 멍청하다 해도, 배울 수 있는 쉬운 글자, 그런 걸 만들려 한다.
　풀이 ㉠은 백성들이 쉽게 배울 수 있는 글자를 만들겠다고 결심한 이도의 결연한 표정을 강조하고 있으므로 굳은 의지가 잘 드러나도록 이도 역을 맡은 배우의 얼굴을 근접해서 찍어야 한다.
　→ 적절함!

---

③ **이도의 결정에 영향을 끼친 인물이 드러나도록 여러 인물의 모습을 *삽입해야겠어.**
* 끼워 넣어야겠어
　근거 #24-4~5 수첩에 뭔가 쓰는 소이. '툰(옳을 시).'
　풀이 이도의 결정에 영향을 끼친 인물은 여러 명이 아니라 소이 한 사람으로 나타난다. 또한 ㉠은 이도의 표정을 강조하고 있는 것이므로 다른 인물들의 모습은 삽입하지 않아야 한다.
　→ 적절하지 않음!

④ **충격을 받은 모습이 잘 드러나도록 이도 역을 맡은 배우를 높은 곳에서 내려다보듯이 찍어야겠어.**
　풀이 ㉠에서 이도가 충격을 받은 모습은 드러나지 않는다.
　→ 적절하지 않음!

⑤ ***내면의 갈등을 숨기고 있는 이도의 심리가 잘 드러나도록 배우의 목소리를 **내레이션으로 넣어야겠어.** * 마음속 ** narration, 화면 밖에서 해설하는 것
　풀이 ㉠에서 이도가 내면의 갈등을 숨기는 모습은 드러나지 않는다.
　→ 적절하지 않음!

1등급 문제

013 | 감상의 적절성 - 적절하지 않은 것 고르기　2017년 3월 학평 42번
정답률 60%, 매력적 오답 ③ 15%, ⑤ 10% | 정답 ②

〈보기〉를 참고하여 윗글을 감상한 내용으로 적절하지 않은 것은?　[3점]

| 보기 |
1 이 작품은 '세종(이도)이 한글을 창제하였다(처음으로 만들었다).'라는 역사적 사실의 기록에 작가의 허구적(사실이 아닌, 꾸며낸) 상상력이 더해져 있다. 2 이러한 허구적 상상력의 하나가 한글 창제의 과정에서 세종이 노비 출신의 나인(시녀) '소이'를 비롯한 하위 계층(낮은 신분의 사람들)과도 소통하였다는 설정이다. 3 작가는 이러한 설정을 통해 백성의 입장에서 고뇌하고(고민하고) 좌절한 끝에 한글을 창제하게 되는 인간 이도의 모습을 강조하고자 하였다.

① **'농사직설'이 한자로 씌어져 백성들에게 소용이 없었기 때문에 이도가 '쉬운 문자'를 만들고자 한 것으로 볼 수 있군.**
　근거 〈보기〉-3 백성의 입장에서 고뇌하고 좌절한 끝에 한글을 창제하게 되는 인간 이도의 모습을 강조하고자 하였다.
　　[앞부분의 줄거리]-4 이도는 농민들을 위해 '농사직설'을 편찬하지만, 한자를 몰라 이를 활용하지 못하는 백성들을 목격한다.
　　이도⑰-1 제아무리 멍청하다 해도, 배울 수 있는 쉬운 글자, 그런 걸 만들려 한다.
　풀이 이도는 '농사직설'이 한자로 쓰여 백성들이 읽을 수 없어 활용하지 못하는 것을 보고 백성들이 배우기 '쉬운 문자'를 만들고자 한다.
　→ 적절함!

② **'나무는 보지 않아?'라는 이도의 말은 자신에 대한 *당대 정치가들의 비판으로 인해 좌절하는 이도의 모습을 보여 주고 있군.** * 그 당시
백성들의 힘든 상황을 생각하지 못하는 당대 정치가들을 비판하는
　근거 〈보기〉-3 백성의 입장에서 고뇌하고 좌절한 ~ 인간 이도의 모습
　　이도③ 네깟 놈도 정치가랍시고, 숲만 보는 것이냐? 나무는 보지 않아? 풍성해진 숲 안에 한 그루 한 그루 썩어 가는 나무들은 상관없단 말이냐!
　풀이 '나무는 보지 않아?'라는 이도의 말은 백성들의 힘든 상황은 생각하지 못하는 당대 정치가들을 비판하는 모습을 보여 주고 있는 것이지 자신에 대한 당대 정치가들의 비판으로 좌절하는 모습을 보여 주는 것이 아니다.
　→ 적절하지 않음!

③ **'아기'의 *함축적 의미를 활용하여 백성을 '떼를 쓰는' '아기'로 여기는 이도의 **인식과 '아기라면 키우셔야지요.'라는 소이의 글을 연결하고 있군.** * 속에 담고 있는 ** 생각
　근거 〈보기〉-2 세종이 노비 출신의 나인 '소이'를 비롯한 하위 계층과도 소통하였다는 설정이다.
　　이도⑩-2 너희들은 세 살배기 아기처럼 세상을 향해 떼를 쓰고 있을 뿐이야!
　　#23-14~16 소이가 탁자에 있던 붓을 들어 종이에 한자로 무엇인가를 쓴다. ~ '아기라면 키우셔야지요.'
　풀이 '보살펴 키워야 하는 존재'라는 '아기'의 의미를 활용하여 백성을 '떼를 쓰는' '아기'라고 여기는 이도의 인식과 '아기라면 키우셔야지요.'라고 답한 소이의 글을 연결하고 있다.
　→ 적절함!

④ 이도가 소이에게 자신의 뜻을 밝히고 이에 대한 의견을 묻는 것은 백성의 입장을 고려하는 이도의 모습을 보여 주는 것으로 볼 수 있군.

> **근거** **<보기>-3** 백성의 입장에서 고뇌하고 좌절한 ~ 인간 이도의 모습
> **이도⓮** (약간 긴장한 채) 글자를…… 만들려 한다./ ⓯ 쉬운 글자……. 너무나 쉬운 글자……. 어떠하냐?/ ⓱ (초조한 듯 설명을 덧붙이며) 제아무리 멍청하다 해도, 배울 수 있는 쉬운 글자, 그런 걸 만들려 한다. 어찌 생각하느냐?
>
> **풀이** 이도가 소이에게 백성들이 쉽게 배울 수 있는 글자를 만들겠다는 뜻을 밝히고 소이의 의견을 묻는 것을 통해 백성의 입장을 고려하는 이도의 모습을 볼 수 있다.

→ 적절함!

⑤ '글자방'은 한글 창제 과정에서 이도가 소이와 같은 하위 계층과 소통하는 공간이군.

> **근거** **<보기>-2** 세종이 노비 출신의 나인 '소이'를 비롯한 하위 계층과도 소통하였다는 설정이다.
>
> **#24. 글자방**
> **이도⓱** 제아무리 멍청하다 해도, 배울 수 있는 쉬운 글자, 그런 걸 만들려 한다. 어찌 생각하느냐?
> **#24-4~5** 수첩에 뭔가 쓰는 소이. '是(옳을 시).'
>
> **풀이** '글자방'에서 이도는 궁녀인 소이에게 백성들을 위한 글자를 만들겠다는 자신의 뜻에 대해 묻고 소이의 답을 듣고 있으므로, '글자방'은 한글 창제 과정에서 이도가 소이와 같은 하위 계층과 소통하는 공간이라고 할 수 있다.

→ 적절함!

[001~003] 다음 글을 읽고 물음에 답하시오.

작품 이해 단계 ① 화자 ② 상황 및 대상 ③ 정서 및 태도 ④ 주제

(가)

→ ② 대상 : '여승'(여자 스님)
→ 합할 合 손바닥 掌 : 두 손바닥을 모으고
1 여승(女僧)은 합장(合掌)하고 절을 했다
→ 가지취 냄새. 가지취는 취나물의 일종. 절에 들어온 지 오래되었다는 뜻
2 가지취의 내음새가 났다
→ 여승이 되었어도 여전히 삶의 힘듦이 느껴졌다(옛날에 만난 적이 있음)
3 쓸쓸한 낯이 옛날같이 늙었다
→ ① 화자 : '나'   → ② 상황 : 여승과 재회한 상황
4 ⓐ 나는 불경(佛經)처럼 서러워졌다   → ③ 정서 : 서러워졌다.
→ 삶을 고통이라 여기는 불경의 말처럼

→ 지금의 평안남도와 평안북도에 해당
→ 어느   → 금광의 일터
1 평안도(平安道)의 어늬 산(山) 깊은 금점판
→ 마르고 얼굴에 핏기가 없는
2 나는 파리한 여인(女人)에게서 옥수수를 샀다
→ 나이   → 때리고   → ② 상황 : 여인이 옥수수를 팔며 어린 딸아이와 힘겹게 살았던 상황
3 여인은 나 어린 딸아이를 때리며 가을밤같이 차게 울었다

→ 재래종(토종)의 일벌   → 남편
1 섶벌같이 나아간 지아비 기다려 십 년(十年)이 갔다   → ② 상황 : 남편이 (돈 벌러) 집을 나간 지 십 년이 지났고 딸은 죽은 상황
2 지아비는 돌아오지 않고
→ '딸의 죽음'을 의미
3 어린 딸은 도라지꽃이 좋아 돌무덤으로 갔다

→ ③ (대상의) 정서 : 산꿩이 서럽게 운다.('산꿩'은 '여승'의 감정이 이입된 대상)
1 산(山)꿩도 섧게 울은 슬픈 날이 있었다
→ 서럽게   → '머리카락'의 북한말
2 산(山)절의 마당귀에 여인의 머리오리가 눈물방울과 같이 떨어진 날이 있었다
→ 마당의 한쪽 귀퉁이   → ② 상황 : 여인이 머리를 깎고 여승이 된 상황

- 백석, 「여승」 -

④ 주제 : '여승이 된 한 여인의 비극적 삶에 대한 연민'이다.

(나)

→ 병원, 의원
1 김천의료원 6인실 302호에 산소마스크를 쓰고 암 투병 중인 그녀가 누워 있다   → ② 대상 및 상황 : 암 투병 중인 '그녀'(시인의 큰어머니)가 병실에 누워 있는 상황

→ 가자미   → ①③ 화자의 태도 : '나'는 그녀의 옆에 나란히 눕는다.
2 ㉠바닥에 바짝 엎드린 가재미처럼 그녀가 누워 있다
3 ㉡나는 그녀의 옆에 나란히 한 마리 가재미로 눕는다   → ③ 정서 : 공감, 연민. 애정을 느끼고 교감한다.
→ '나'   → '그녀'
4 가재미가 가재미에게 눈길을 건네자 그녀가 울컥 눈물을 쏟아낸다
→ 마르고 파리한   → ②③ (대상의) 상황 및 정서 :
5 한쪽 눈이 다른 한쪽 눈으로 옮아 붙은 야윈 그녀가 운다   그녀가 울고 있는 상황
6 그녀는 죽음만을 보고 있고 ⓑ나는 그녀가 살아온 파랑 같은 날들을 보고 있다   → 물결 파(波) 물결 랑(浪) : 잔물결과 큰 물결. 힘겨웠던 삶들   → ② 상황 : '나'가 '그녀'의 과거를 회상하는 상황

→ 건강했던   → 또렷이 솟아오르던   → 집家 셈計 : 집안의 살림 형편
7 좌우를 흔들며 살던 그녀의 물속 삶을 나는 떠올린다
8 그녀의 오솔길이며 그 길에 돋아나던 대낮의 뻐꾸기 소리며
→ 가는   → 흙으로 쌓아 만든 담   → 여러 대
9 ㉢가늘은 국수를 삶던 저녁이며 흙담조차 없었던 그녀 누대의 가계를 떠올린다   → ② 상황 : 그녀의 가난하고 힘들었던 삶을 회상하는 상황

→ 곧게 서 있지 못하여 갈라지고
10 두 다리는 서서히 멀어져 가랑이지고   → ② 상황 : '그녀'의 육체가 점점 쇠약해지던 상황
11 폭설을 견디지 못하는 나뭇가지처럼 등뼈가 구부정해지던 그 겨울 어느 날을 생각한다
→ 허리가 굽어가던
12 ㉣그녀의 숨소리가 느릅나무 껍질처럼 점점 거칠어진다   → ② 상황 : 그녀의 죽음이 점점 가까워지는 상황
13 ㉤나는 그녀가 죽음 바깥의 세상을 이제 볼 수 없다는 것을 안다
14 한쪽 눈이 다른 쪽 눈으로 캄캄하게 쏠려버렸다는 것을 안다   → ③ 정서 및 태도 : 연민과 위로. 애정을 드러내며
→ 삶을 보지 못하고 죽음만을 바라보는
15 나는 다만 좌우를 흔들며 헤엄쳐 가 그녀의 물속에 나란히 눕는다   나란히 눕는다.
16 산소호흡기로 들이마신 물을 마른 내 몸 위에 그녀가 가만히 적셔준다   → ③ 정서 : '나'와 그녀는 교감을 나눈다.

- 문태준, 「가재미」 -

④ 주제 : '죽음을 앞둔 존재에 대한 위안과 삶에 대한 성찰'이다.

• 지문 이해

현재 (①)	합장하고 절을 하는 여승을 보고 여인의 과거를 떠올림	→ 서러움을 느낌
과거 1 (②)	옥수수를 팔며 어린 딸아이와 힘들게 살았던 여인	
과거 2 (③)	돈 벌러 간 남편은 돌아오지 않고 어린 딸은 죽음	→ 비극적인 여인의 삶
과거 3 (④)	산속의 절 마당에서 머리를 깎고 여승이 됨	

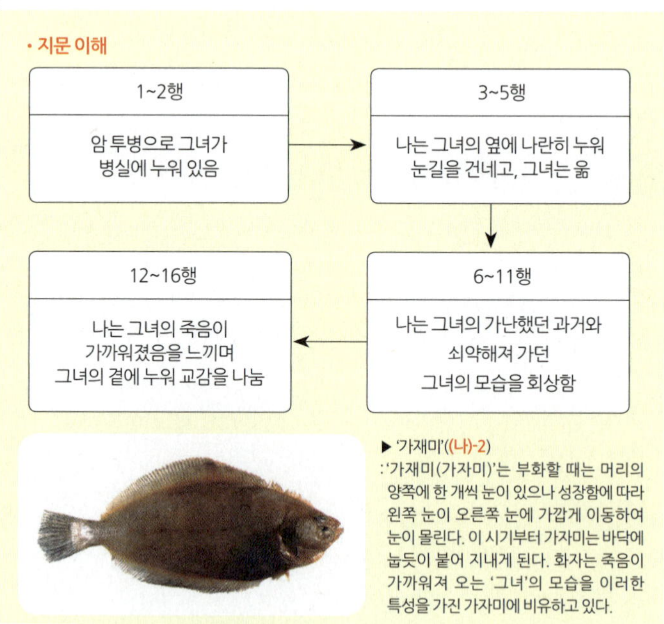

• 지문 이해

| 1~2행 | → | 3~5행 |
| 암 투병으로 그녀가 병실에 누워 있음 | | 나는 그녀의 옆에 나란히 누워 눈길을 건네고, 그녀는 욺 |

| 12~16행 | ← | 6~11행 |
| 나는 그녀의 죽음이 가까워졌음을 느끼며 그녀의 곁에 누워 교감을 나눔 | | 나는 그녀의 가난했던 과거와 쇠약해져 가던 그녀의 모습을 회상함 |

▶ '가재미'((나)-2)
: '가재미(가자미)'는 부화할 때는 머리의 양쪽에 한 개씩 눈이 있으나 성장함에 따라 왼쪽 눈이 오른쪽 눈에 가깝게 이동하여 눈이 몰린다. 이 시기부터 가자미는 바닥에 눕듯이 붙어 지내게 된다. 화자는 죽음이 가까워져 오는 '그녀'의 모습을 이러한 특성을 가진 가자미에 비유하고 있다.

◀ 가지취((가)①-2)
: 산속에 있는 '가지취'의 내음새가 여승에게서 난다고 표현함으로써 속세의 번뇌를 잊은 듯한 '여승'의 모습을 감각적으로 형상화하고 있다.

도라지꽃((가)③-3) ▶
: 청색의 도라지꽃은 죽음의 차가운 이미지를 연상시킨다.

001 | 표현상 공통점 - 적절한 것 고르기 2019년 6월 학평 30번
정답률 70%, 매력적 오답 ① 15% **정답 ②**

(가)와 (나)의 공통점으로 가장 적절한 것은?

선지	핵심 체크 내용	(가)	(나)
①	자연물에 감정 이입	O	X
	화자의 심리 드러냄	X	X
②	비유적 표현 → 시적 상황의 효과적 표현	O	O
③	현재 시제 → 시적 상황을 현장감 있게 제시	X	O
④	상승과 하강의 이미지 대비 → 시적 의미 강화	X	X
⑤	음성 상징어 → 시적 대상의 정서를 생동감 있게 제시	X	X

↗ (가)만 해당

① 자연물에 *감정을 이입하여 화자의 심리를 드러내고 있다.

* 자기가 느끼는 감정을 대신 느끼는 것처럼 표현하여

근거 **(가) ❹-1** 산꿩도 섧게 울은 슬픈 날이 있었다

풀이 (가)에는 '산꿩도 섧게 울었'다고 하며 한과 서러움이라는 감정을 산꿩에 이입하고 있지만, 이는 화자의 심리가 아니라 시적 대상인 여승의 심리이다. (나)에는 자연물에 감정을 이입하는 표현이 드러나지 않는다.

→ 적절하지 않음!

② *비유적 표현을 통해 **시적 상황을 효과적으로 나타내고 있다.

* 어떤 대상을 유사한 사물이나 현상에 빗대어 표현하는 방법 ** 시 속에 펼쳐지는 상황

근거 **(가) ❷-3** 여인은 나 어린 딸아이를 따리며 가을밤같이 차게 울었다// **❸-1** 섶벌같이 나아간 지아비 기다려 십 년이 갔다

(나)-2 바닥에 바짝 엎드린 가재미처럼 그녀가 누워 있다/ **12** 그녀의 숨소리가 느릅나무 껍질처럼 점점 거칠어진다

풀이 (가)는 '가을밤같이 차게 울었다', '섶벌같이 나아간 지아비'라는 비유적 표현을 사용하여 지아비를 찾아 어린 딸과 떠돌며 사는 여인의 힘들고 기구한 삶을, (나)는 '바닥에 바짝 엎드린 가재미처럼', '느릅나무 껍질처럼 점점 거칠어진다'라는 비유적 표현을 사용하여 병실에 누워 투병을 하는 그녀의 죽음이 가까워지고 있는 상황을 효과적으로 나타낸다.

→ 적절함!

↗ (나)만 해당

③ *현재 시제를 사용하여 시적 상황을 **현장감 있게 제시하고 있다. * 시간이 현재임을 나타내는 문법 표현(-는-, -ㄴ-) ** 실제로 일이 이루어지는 장소에 있는 느낌이 들게

근거 **(가) ❶** 했다, 났다, 늙었다, 서러워졌다// **❷** 샀다, 울었다// **❸** 갔다// **❹** 있었다

(나)-1, 2, 6 있다/ **3, 15** 눕는다/ **4** 쏟아낸다/ **5** 운다/ **7, 9** 떠올린다/ **11** 생각한다/ **12** 거칠어진다/ **13, 14** 안다/ **16** 적셔준다

풀이 (나)는 현재 시제를 사용하여 화자가 병실에서 그녀를 보고 있는 상황을 지금 일어나는 일처럼 전달한다. 한편 (가)는 과거 시제를 사용하여 '나'가 여승을 만난 과거의 일을 제시하고 있다.

→ 적절하지 않음!

④ *상승과 **하강의 이미지를 대비하여 ***시적 의미를 강화하고 있다.

* 위로 올라감 ** 아래로 내려옴 *** 시의 의미를 강조하고

근거 **(가) ❹-2** 산절의 마당귀에 여인의 머리오리가 눈물방울과 같이 떨어진 날이 있었다

(나)-4 가재미가 가재미에게 눈길을 건네자 그녀가 울컥 눈물을 쏟아낸다

풀이 (가)와 (나) 모두 하강적 이미지는 드러나지만 상승적 이미지는 드러나지 않는다. 따라서 상승과 하강의 이미지를 대비하여 시적 의미를 강화하고 있다는 설명은 적절하지 않다.

→ 적절하지 않음!

⑤ *음성 상징어를 사용하여 시적 대상이 지닌 정서를 **생동감 있게 드러내고 있다.

* 소리를 흉내 낸 의성어와 모양을 흉내 낸 의태어 ** 눈에 보이듯 생생하게

풀이 (가)와 (나)는 모두 음성 상징어를 사용하지 않았다.

→ 적절하지 않음!

002 | 화자의 태도 - 적절한 것 고르기 2019년 6월 학평 31번
정답률 70% **정답 ④**

ⓐ, ⓑ에 대한 설명으로 적절한 것은?

(가)-❶ 여승(시적 대상)은 합장하고 절을 했다/ 가지취의 내음새가 났다/ 쓸쓸한 낯이 옛날같이 늙었다/ ⓐ 나(화자)는 불경처럼 서러워졌다

(나)-6 그녀(시적 대상)는 죽음만을 보고 있고 ⓑ 나(화자)는 그녀가 살아온 파랑 같은 날들을 보고 있다

① ⓐ는 자신과 시적 대상의 삶을 비교하고 있다.

풀이 (가)에서 화자는 시적 대상의 삶에 초점을 두고 여승의 삶을 서러워하지만, 자신과 여승의 삶을 비교하지는 않는다.

→ 적절하지 않음!

② ⓐ는 시적 대상으로 인해 삶을 바라보는 *관점이 변하고 있다. * 태도나 시각

풀이 (가)에서 화자는 시적 대상인 여승의 삶을 관찰하고, 여승의 기구한 삶을 통해 가족 공동체가 붕괴하는 모습을 보게 되지만 삶을 바라보는 관점이 변하는 것은 아니다.

→ 적절하지 않음!

③ ⓑ는 시적 대상을 통해 자신이 *추구하는 삶의 모습을 드러내고 있다. * 바라는

풀이 (나)에서 화자는 시적 대상인 그녀에게 연민을 느끼고 위로와 공감을 건네지만 그녀의 모습에서 화자가 추구하는 삶의 모습이 드러난 부분은 찾을 수 없다.

→ 적절하지 않음!

④ ⓑ는 시적 대상과의 *상호작용을 통해 **정서적으로 교감하는 모습을 드러내고 있다. * 서로 영향을 주고받음 ** 마음으로 통하는

근거 **(나)-4** 가재미가 가재미에게 눈길을 건네자 그녀가 울컥 눈물을 쏟아낸다/ **15~16** 나는 다만 좌우를 흔들며 헤엄쳐 가 그녀의 물속에 나란히 눕는다/ 산소호흡기로 들이마신 물을 마른 내 몸 위에 그녀가 가만히 적셔준다

풀이 (나)에서 '가재미가 가재미에게 눈길을 건네자 그녀가 울컥 눈물을 쏟아'내는 모습과 '나'가 '그녀의 물속에 나란히 눕'자 '그녀'가 '산소호흡기로 들이마신 물을 마른 내 몸 위에' 가만히 적셔주는 모습은 화자와 시적 대상인 그녀가 상호작용을 통해 정서적 교감을 나누고 있다는 것을 보여 준다.

→ 적절함!

⑤ ⓐ와 ⓑ는 모두 *시상이 전개되면서 시적 대상과 하나가 되려는 의지를 드러내고 있다. * 시에 담긴 시인의 생각이나 감정이 펼쳐지면서

풀이 (가)와 (나)의 화자 모두 시적 대상에 대해 연민을 느끼기는 하지만 시적 대상과 하나가 되려는 의지를 드러내지는 않는다. 특히 (나)에서 화자가 시적 대상인 그녀에게 위로를 건네고, 교감을 나누는 것을 의미하는 '나란히 눕는다'를 시적 대상과 하나가 되려는 의지로 이해하지 않도록 주의해야 한다.

→ 적절하지 않음!

003 | 시구의 의미 - 적절하지 않은 것 고르기 2019년 6월 학평 33번
정답률 65%, 매력적 오답 ② 15%, ③ 10% **정답 ⑤**

㉠ ~ ㉤에 대한 이해로 적절하지 않은 것은?

① ㉠ : *병상에 누워 **투병하는 그녀의 모습에서 납작한 가재미를 떠올리고 있다.
* 병원의 침대 ** 병과 싸우는

근거 **(나)-1~2** 김천의료원 6인실 302호에 산소마스크를 쓰고 암 투병 중인 그녀가 누워 있다/ ㉠ 바닥에 바짝 엎드린 가재미처럼 그녀가 누워 있다

풀이 김천의료원 병실에 누워 암 투병 중인 그녀의 모습을 '바닥에 바짝 엎드린' 모습으로 인식하고, 그녀의 모습에서 물속 바닥에 붙어서 사는 '납작한 가재미'를 떠올리고 있다.

→ 적절함!

② ㉡ : 투병 중인 그녀에 대한 나의 *연민과 위로가 **구체적 행위로 드러나 있다.
* 가엾고 불쌍하게 여기는 마음 ** 실제적인 행동

근거 **(나)-3** ㉡ 나는 그녀의 옆에 나란히 한 마리 가재미로 눕는다

풀이 '나'가 그녀 옆에 '한 마리 가재미'처럼 그녀와 비슷한 모습으로 눕는 행동은 그녀에 대한 '나'의 연민과 위로를 드러낸 것이다.

→ 적절함!

③ ⓒ : 가난하고 힘들게 살았던 그녀의 과거 삶이 드러나 있다.

근거　(나)-9 ⓒ 가늘은 국수를 삶던 저녁이며 흙담조차 없었던 그녀 누대의 가계를 떠올린다

풀이　'가늘은 국수'는 보잘것없는 식사이며, '흙담조차 없었던' 살림살이는 집이 초라하다는 것을 의미한다. 따라서 이를 통해 그녀가 과거에 가난하고 힘들게 살았다는 것을 알 수 있다.

→ 적절함!

④ ⓔ : 죽음이 *임박해지고 있는 그녀의 현재 상황이 드러나 있다.　* 가까이 다가오고

근거　(나)-12 ⓔ 그녀의 숨소리가 느릅나무 껍질처럼 점점 거칠어진다

풀이　죽음에 임박해진 그녀의 숨소리가 거칠어지는 것을 '느릅나무 껍질'에 빗대어 표현하고 있다.

→ 적절함!

그녀의 죽음이 임박했음을 화자가 알게 된 것이
✓⑤ ⓜ : 죽음을 받아들일 수밖에 없는 그녀의 *체념적 태도가 나타나 있다.
* 희망을 버리고 단념한 태도

근거　(나)-13 ⓜ 나는 그녀가 죽음 바깥의 세상을 이제 볼 수 없다는 것을 안다

풀이　'나'가 '그녀가 죽음 바깥의 세상을 이제 볼 수 없다는 것을 안다'고 한 것은 그녀의 죽음이 임박했음을 화자가 알게 된 것이다. 이는 그녀의 태도를 드러내는 말이 아닌 화자의 생각이다. 따라서 그녀의 체념적 태도가 나타난 것으로 볼 수 없다.

→ 적절하지 않음!

[004~008] 다음 글을 읽고 물음에 답하시오.

작품 이해 단계　① 화자　② 상황 및 대상　③ 정서 및 태도　④ 주제

(가)

1
임금 聖 은혜 恩 : 임금의 은혜로구나
없을 罔 다할 極 : (임금의 은혜) 끝이 없구나
1 어와 성은(聖恩)이야 **망극(罔極)할사 성은(聖恩)이다**　③ 태도 : 임금의 끝없는 은혜에 감사한다.
편안할 安 늙은이 老 : 편안히 늙는 것
2 강호(江湖) 안로(安老)도 분(分) 밧긔 일이어든
강과 호수 湖 : 강과 호수, 즉 자연　분수에 넘치는 일인데
3 하물며 두 아들 정성을 다해 (나를) 봉양함은 또 어인가 하노라
받들어 모시는 것은
〈제2수〉

2
1 전나귀 바삐 몰아 다 저문 날 오신 손님　② 상황 : 손님이 날이 저물 때 찾아온 상황
다리를 저는 나귀
2 보리피 거친 밥에 찬물(饌物)이 아조 업다
보리 껍질　반찬이 될 만한 것
3 아희야 배 내어 띄워라 그물 놓아 보리라
〈제4수〉

3
1 달 밝고 바람 잔잔하니 물결이 비단일다
작을 短 배 艇 : 작은 배
2 단정(短艇)을 비스듬히 놓아 오락가락 하는 흥(興)을　②③ 상황 및 정서 : 작은 배를 타고 한가로움을 즐기는 상황에서 흥취를 느낀다.
너무
3 백구(白鷗)야 하 즐겨 마라 **세상(世上) 알가 하노라**
흰 白 갈매기 鷗 : 흰 갈매기　속세, 자연과 대비되는 인간 세상
〈제5수〉

4
경치 風 멋 趣 : 아담한 정취가 있는 풍경
한가하구나
1 모래 우희 자는 ⓐ 백구(白鷗) 한가(閑暇)할샤　① 화자 : '내(나)'
위에
2 강호(江湖) 풍취(風趣)를 네가 지닐 때 내가 지닐 때　② 대상 : '네(백구)'
3 석양(夕陽) 반범귀흥(半帆歸興)은 너도 날만 못 하리라
돛을 반쯤 올리고 돌아오는 흥
〈제6수〉

5
고기 잡을 漁 낚시 釣 : 낚시질
1 **식록(食祿)을 긋친 후(後)로 어조(漁釣)을 생애(生涯)하니**
먹을 食 녹 祿 : 관리가 봉급을 받는 것, 즉 벼슬
2 혬 업슨 아이들은 괴롭다 하지마는　③ 정서 및 태도 : 자연에서 한가롭게 지내는 것을 자기의 분수로 여긴다.
헤아림, 생각
3 두어라 강호한적(江湖閑適)이 **이 내 분(分)인가 하노라**
강 江 호수 湖 한가할 閑 즐길 適 : 자연에서 한가롭게 지내는 것
〈제9수〉

④ 주제 :
소박하지만 한가로운 자연에서 정취를 느끼고 임금의 은혜에 감사한다.
－ 나위소, 「강호구가(江湖九歌)」 －
자연에서 부르는 아홉 수의 노래

• 지문 이해

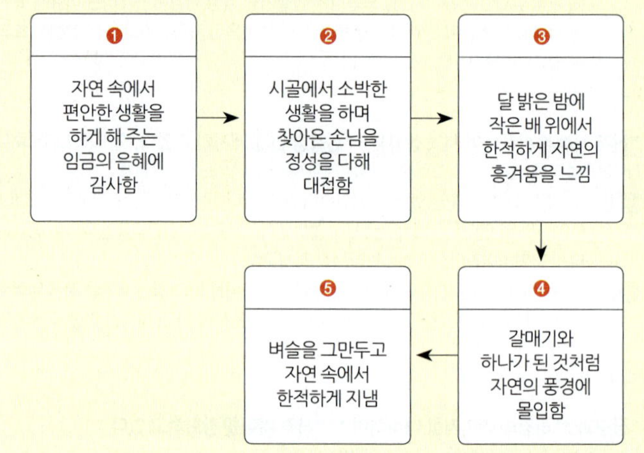

(나)

1
1 이자(李子)(이씨 성을 가진 사람)가 저녁의 서늘함을 맞아, 뜰에 나가 거닐다가 ⓒ 거미가 있는 것을 보았다. 2 짧은 처마(지붕이 밖으로 내민 부분) 앞에 거미줄을 날리며 해바라기 가지에 그물을 펴고 있었다. 3 (거미가 거미줄을) 가로로 치고 세로로 치고 벼리(그물의 위쪽 코를 꿰어 놓은 줄로, 잡아당기면 그물을 오므렸다 폈다 할 수 있는 줄)로 하고 줄로 하는데, 그 너비는 한 자(약 30cm)가 넘고 그 제도(구조의 체계)는 규격에 맞으며 촘촘하며 성글지(사이가 뜨지) 않아 실로 교묘하고도 기이하였다. 4 이자는 그것이 간교한(간사하고 교활한) 마음이 있다고 여겨 지팡이를 들어서 거미줄을 걷어 버렸다. 5 그것(거미줄)을 다 걷어내고는 또 (거미를) 내치려고 하는데, 거미줄 위에서 소리치는 것이 있는 듯하였다.

6 "나(거미)는 내 줄을 짜서 내 배를 도모하려(배를 채워 먹고살려고) 하거늘 그대(이자)에게 무슨 관계가 있다고 이같이 나를 해치는가?"

7 이자가 성내어 말하였다.

8 "(너는) 덫을 설치하여 산 것을 죽이니 벌레들의 적이다. 9 나(이자)는 다시 또 너(거미)를 제거하여 다른 벌레들에게 덕을 베풀려고 한다."

→ 이자가 거미줄을 걷어내고 거미에게 거미줄로 벌레를 잡는 것은 산 것을 죽이는 죄라고 꾸짖는다.

2 ¹(거미가) 다시 웃으며 말하는 것이 있었다. ²"아, 어부가 설치한 그물에 바닷물고기가 걸려드는 것이 어부가 **포학해서이겠는가**(잔인하고 난폭해서이겠는가)? ³우인(虞人)(고대 중국에서 산림(山林)을 맡아보던 벼슬아치)이 놓은 그물에 들짐승이 (잡혀) 푸줏간(정육점)에 올려지는 것이 어찌 우인의 **교(敎)**(가르침)이겠는가? ⁴법관이 내건 **법령**(법에 따라 내린 명령)에 **뭇**(여러, 많은) **완악한**(고집스럽고 사나운) 사람이 옥에 갇히는 것이 어찌 법관의 잘못이겠는가? ⁵그대는 어찌하여 복희씨(伏羲氏)의 그물(복희씨는 중국 신화 속에 나오는 사람으로 노끈을 맺어 그물을 만들어서 사냥하고 고기를 잡았다고 함)을 **시비하지**(옳고 그름을 따지지) 아니하고 백익(伯益)의 불태움(백익은 순임금의 신하로 산에 불을 질러 태우자 짐승들이 도망가서 숨었다고 함)을 부정하지 아니하며 고요(皐陶)의 형벌 제정(고요는 순임금의 신하로 법률을 만들고 맡아서 관리했다고 함)을 **책망하지**(꾸짖지) 아니하는가? ⁶무엇이 이것과 다르겠는가?

→ 거미가 자신이 곤충을 잡는 행위는 인간이 형벌을 내리고 고기 등을 잡는 것과 다르지 않다고 반박한다.

3 ¹더구나 그대(이자)는 내(거미) 그물에 걸려든 놈을 알기나 하는가? ²나비는 **허랑방탕한**(착실하지 못하고 행실이 지저분한) 놈일 뿐 **분단장을 하여**(얼굴에 화장을 하여 예쁘게 꾸며) 세상을 속이고 **번화함**(화려함)을 좋아하여 좇으며 흰 꽃에 **아첨하고**(남에게 잘 보이려고 알랑거리고) 붉은 꽃에 아양 떤다. ³이 때문에 내가 (나비를) 그물로 잡게 되는 것이다. ⁴파리는 참으로 **소인배라**(마음이 좁고 간사한 무리다). ⁵옥 또한 참소를 입었고(옥(玉)에 파리가 똥을 묻혀 옥이 죄가 있는 것처럼 꾸며졌고) (파리는) 술과 고기에 자기 목숨을 잊어버리고 이익을 좋아하여 싫증 내지 않는다. ⁶이 때문에 내가 (파리를) 그물로 잡게 되는 것이다. ⁷매미는 **자못**(제법) **청렴**(성품이 깨끗하고) 정직하여 글(학문)하는 선비와 비슷하지만 '**선명(善鳴)**'('착한 울음'이라는 뜻이지만 매미의 울음, 시끄러운 소리라는 뜻을 가진 선명(蟬鳴)이라는 단어의 언어유희적 표현)'이라 스스로 자랑하며 시끄럽게 울어 그칠 줄 모른다. ⁸이리하여 (매미가) 내 그물에 걸려들게 된 것이다. ⁹벌은 **실로**(사실) **시랑**(승냥이와 이리) 같은 놈이라. ¹⁰제 몸에 꿀과 칼을 지니고 **망령되이**(말과 행동이 올바르지 못하게) **관아**(관공서)에 나아간다고 하면서 **공연히**(아무 이유없이 괜히) 봄꽃 탐하기를 일삼는다. ¹¹이리하여 (벌이) 내 그물에 걸려든 것이다. ¹²모기는 가장 **엉큼한**(엉뚱한 욕심을 품고 분수에 넘치는 짓을 하는) 놈이라. ¹³성질이 흉악한 짐승 같아 낮에는 숨고 밤에는 나타나서 사람의 **고혈**(기름 膏 피 血 : 기름과 피)을 빨아댄다. ¹⁴그렇기에 (모기가) 내 그물에 걸려든 것이다. ¹⁵잠자리는 **품행**(품성과 좋은 행실)이 없어 **경박한**(신중하지 못하고 행동이 가벼운) **공자**(지체 높은 집안의 아들)처럼 편안히 있을 겨를이 없으며 **홀연히**(갑자기) 회오리바람인 **양**(것처럼) 날아다닌다. ¹⁶그렇기에 또한 내가 (잠자리를) 그물로 잡게 되는 것이다. ¹⁷그 밖에 부나방이 **화(禍)**(재앙)를 즐기는 것, 초파리가 일을 좋아하는 것, 반딧불이가 허장성세하여(빌 虛 베풀 張 소리 聲 형세 勢 : 허세를 부려) 불빛을 내는 것, 하늘소가 함부로 그 이름을 훔치는 것, 선명한 옷차림을 한 하루살이 무리, 수레바퀴를 막아서는 말똥구리 무리와 같은 것들은 재앙을 스스로 만들어 **흉액**(나쁜 운수)을 피할 줄 모르니 그물에 몸이 걸려 간과 뇌가 땅바닥을 칠하게(죽게) 된다.

→ 거미가 자신의 거미줄에 걸리는 곤충들이 가지고 있는 부정적인 속성을 이자에게 설명한다.

4 ¹아, 세상은 **성강(成康)의 시절**(주나라의 성왕과 강왕이 다스려서 나라가 편안하고 행복하던 시절)이 아니어서 형벌을 놓아두고 쓰지 않을 수 없고(형벌이 필요하고), 사람은 신선이나 부처가 아니어서 **소찬(素餐)**(고기나 생선이 없는 반찬)만 먹을 수도 없다. ²**저들**(곤충들)이 그물에 걸린 것은 곧 저들의 잘못이지 내(거미)가 그물을 쳤다고 하여 어찌 나를 미워한단 말인가? ³또 그대(이자)가 저들에게 어찌하여 사랑을 베풀면서 나에게만은 어찌하여 화를 내고, 나를 훼방하면서까지 도리어 저들을 감싸준단 말인가?

→ 거미가 다른 곤충들을 모두 감싸주며 자신에게만 화를 내는 이자의 행동의 부당함을 비판한다.

5 ¹아, **기린**(고대의 중국 상상 속의 성스러운 동물)은 사로잡을 수 없는 것이고 **봉황**(신성하고 고귀한 상상의 새)은 유인할 수 없는 것이니 **군자**(행실이 점잖고 어질며 덕과 학식이 높은 사람)는 **도**(마땅히 지켜야 할 도리)를 알아서 죄를 지어 구속됨으로써 재앙을 입지 않아야 한다. ²이러한 것(곤충들의 부정적인 속성)을 거울 삼아 **삼가고**(조심하고) (도리를 지키기 위해) 힘쓸지어다! ³그대의 이름을 팔지 말며 그대의 재주를 자랑하지 말며 **이욕**(이익을 탐내는 욕심)으로 화를 부르지 말며 재물에 목숨을 바치지 마라. ⁴**경박하거나**(신중하지 못하고 행동이 가볍거나) **망령되이**(말이나 행동이 정상을 벗어난 상태로) 굴지 말며 원망하거나 **시기하지**(남이 잘 되는 것을 미워하지) 말며 땅을 잘 가려서 밟고 때에 맞추어 오고 가야 한다. ⁵그렇지 않으면 세상에는 더 큰 거미가 있으니 그 그물이 나보다 **천 배, 만 배가 될 뿐이 아닐 것이다**(천 배, 만 배보다 클 것이다)."

→ 거미가 군자로서의 도리를 지키며 바르게 살아야 함을 충고한다.

6 ¹이자가 이 말을 듣고, 지팡이를 던지고 달아나다가 세 번이나 자빠지면서 문지방에 이르렀는데 문에 자물쇠를 채우고서야 몸을 구부리고 비로소 한숨을 쉬었다. ²거미는 그 실을 내어 다시 처음과 같이 그물을 치고 있었다.

→ 이자가 거미의 말을 모두 듣고 부끄러워 달아난다.

- 이옥, 「거미를 읊은 부(사물에 대한 감상을 적은 글의 일종)」-

・중심 내용

거미가 이자에게 도리에 어긋나는 인간들의 행동을 비판하며, 군자로서의 도리를 지키며 살아가야 함을 충고한다.

・지문 이해

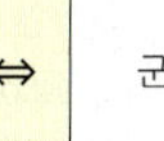

군자와 대조되는 곤충들의 부정적인 속성		
나비	허랑방탕하고 아첨을 잘 함	
파리	소인배여서 이익을 좇음	
매미	자만심이 강하고 시끄러움	
벌	몸에 칼을 지니고 봄꽃을 탐함	⇔ 군자
모기	엉큼하고 흉악함	
잠자리	품행이 경박함	
부나방, 초파리, 반딧불이, 하늘소, 하루살이, 말똥구리	스스로 재앙을 만들고 화를 자초함	

004 화자 및 서술자의 태도 - 적절한 것 고르기   2018년 9월 학평 38번
정답률 70%   정답 ④

(가)와 (나)에 대한 설명으로 가장 적절한 것은?

① (가)에는 *유한한 삶에 대한 **회의적 태도가 드러나 있다.
   자연 속에서 사는 삶   긍정적 태도

   * 일정한 기간이 있어 한정된 삶 ** 의심을 품는

근거 (가) **⑤**-3 두어라 강호한적이 이 내 분인가 하노라

풀이 (가)의 화자는 자연 속에서 살아가는 삶이 자신의 분수에 맞는다고 생각하며 그 삶에 만족해한다. 그러므로 인간의 유한한 삶에 대해 회의적인 태도를 보여 주고 있다는 설명은 적절하지 않다.

→ 적절하지 않음!

② (가)에는 *초월적 세계에 대한 **동경의 태도가 드러나 있다.
   자연 속에서 사는 삶   만족하는 태도

   * 현실적이지 않은 세계 ** 어떤 것을 간절히 그리워하여 그것만을 생각하는 태도

근거 (가) **❸**-2~3 단정을 비스듬히 놓아 오락가락 하는 흥을/ 백구야 하 즐겨 마라 세상 알가 하노라

풀이 (가)의 화자는 자연 속에서 사는 삶에 대해 만족하는 태도를 지니고 있으므로 초월적 세계에 대한 동경의 태도가 드러난다는 설명은 적절하지 않다.

→ 적절하지 않음!

③ (나)에는 자신의 한계를 극복하려는 의지적 태도가 드러나 있다.
근거 (나) ⑥-2 거미는 그 실을 내어 다시 처음과 같이 그물을 치고 있었다.
풀이 (나)에는 거미가 다시 실을 내어 처음과 같이 그물을 치는 내용이 드러나 있긴 하지만 이것은 '이자'를 꾸짖은 후 '이자'가 걷어낸 자신의 그물을 다시 치는 것일 뿐, 자신의 한계를 극복하려는 의지적 태도로 볼 수는 없다.
→ 적절하지 않음!

④ (나)에는 부정적인 세상의 모습을 비판하는 태도가 드러나 있다.
근거 (나) ④-1~2 아, 세상은 성강의 시절이 아니어서 형벌을 놓아두고 쓰지 않을 수 없고, 사람은 신선이나 부처가 아니어서 소찬만 먹을 수도 없다. 저들이 그물에 걸린 것은 곧 저들의 잘못이지 내가 그물을 쳤다고 하여 어찌 나를 미워한단 말인가?/ ⑤-1~2 아, ~ 군자는 도를 알아서 죄를 지어 구속됨으로써 재앙을 입지 않아야 한다. 이러한 것을 거울 삼아 삼가고 힘쓸지어다!
풀이 (나)에서 거미는 인간들의 부정적인 속성을 곤충들의 모습에 빗대어 비판하고 있으며 부정적인 이들이 가득한 현재의 세상은 태평성대(어진 임금이 잘 다스려 살기 좋은 세상이나 시대)가 아니므로 형벌을 놓아두고 다스릴 필요가 있음을 설명하고 있다.
→ 적절함!

⑤ (가)와 (나)에는 이상과 현실의 *괴리에 대해 **고뇌하는 태도가 드러나 있다.
* 동떨어짐 ** 괴로워하는
근거 (가) ⑤-3 두어라 강호한적이 이 내 분인가 하노라
(나) ⑤-2~5 이러한 것을 거울 삼아 삼가고 힘쓸지어다! 그대의 이름을 팔지 말며 ~ 때에 맞추어 오고 가야 한다. 그렇지 않으면 세상에는 더 큰 거미가 있으니 그 그물이 나보다 천 배, 만 배가 될 뿐이 아닐 것이다."
풀이 (가)에는 자연 속에서 한가롭게 지내는 현실에 대해 만족하는 태도가, (나)에는 인간 세상의 부정적인 모습에 대한 비판적인 태도가 드러나고 있다. 두 작품 모두 이상과 현실의 사이에서 괴로워하는 태도는 드러나지 않는다.
→ 적절하지 않음!

---

005 소재의 의미 - 적절한 것 고르기 2018년 9월 학평 39번
정답률 75%, 매력적 오답 ④ 10%　　　　정답 ③

㉠과 ㉡을 비교한 내용으로 가장 적절한 것은?

(가) ④-1 모래 우희 자는 ㉠ 백구 한가할샤
(나) ①-1 이자가 저녁의 서늘함을 맞아, 뜰에 나가 거닐다가 ㉡ 거미가 있는 것을 보았다.

① ㉠은 화자의, ㉡은 이자의 심리적 갈등을 *해소시켜 주는 소재이다. * 해결해
근거 (가) ①-2 강호 안로도 분 밧긔 일이어든
(나) ⑤-1~2 군자는 도를 알아서 죄를 지어 구속됨으로써 재앙을 입지 않아야 한다. 이러한 것을 거울 삼아 삼가고 힘쓸지어다!/ ⑥-1 이자가 ~ 지팡이를 던지고 달아나다가 세 번이나 자빠지면서 문지방에 이르렀는데 문에 자물쇠를 채우고서야 몸을 구부리고 비로소 한숨을 쉬었다.
풀이 (가)의 화자는 자연 속에서 소박하지만 한가롭게 지내는 것에 만족하고 있으므로 심리적 갈등을 겪고 있지 않다. 따라서 ㉠(백구)은 화자의 심리적 갈등을 해소해 주는 소재가 아니다. (나)의 이자는 ㉡(거미)으로 인해 자신의 잘못된 생각을 깨닫고 부끄러워하고 있다.
→ 적절하지 않음!

② ㉠은 화자에게, ㉡은 이자에게 인생의 *무상함을 느끼게 하는 소재이다.
* 모든 것이 덧없음
근거 (가) ⑤-3 두어라 강호한적이 이 내 분인가 하노라
(나) ⑥-1 이자가 이 말을 듣고, 지팡이를 던지고 달아나다가 세 번이나 자빠지면서 문지방에 이르렀는데 문에 자물쇠를 채우고서야 몸을 구부리고 비로소 한숨을 쉬었다.
풀이 (가)의 화자는 자연에서 한적하게 살아가고 있는 자신의 삶에 대해 만족하고 있으므로 인생의 무상함을 느끼고 있다고 볼 수 없다. 따라서 ㉠(백구)은 화자에게 인생의 무상함을 느끼게 하는 소재가 아니다. (나)의 ㉡(거미)은 이자에게 깨달음을 주고 그로 인해 이자를 부끄럽게 만든다. 따라서 ㉡(거미)은 이자에게 자신의 잘못된 생각에 대한 부끄러움을 느끼게 만드는 소재로, 무상함을 느끼게 하는 소재가 아니다.
→ 적절하지 않음!

---

③ ㉠은 화자의 정서를 *부각하는 소재이고, ㉡은 이자에게 깨달음을 주는 소재이다.
* 뚜렷하게 드러내는
근거 (가) ④-2~3 강호 풍취를 네가 지닐 때 내가 지닐 때/ 석양 반범귀흥은 너도 날만 못 하리라
(나) ④-1~2 아, 세상은 성강의 시절이 아니어서 ~ 없다. 저들이 그물에 걸린 것은 곧 저들의 잘못이지 내가 그물을 쳤다고 하여 어찌 나를 미워한단 말인가?/ ⑤-1~2 군자는 도를 알아서 죄를 지어 구속됨으로써 재앙을 입지 않아야 한다. 이러한 것을 거울 삼아 삼가고 힘쓸지어다!
풀이 (가)의 ㉠(백구)은 화자가 자연에서 느끼는 '흥'을 함께 지니고 있다고 생각하는 존재이다. 화자는 ㉠(백구)에게 해질녘에 배를 타고 돌아오는 흥이 '너도 날만 못 하리라'고 말함으로써 자신의 흥이 매우 크다는 것을 강조하고 있다. (나)의 ㉡(거미)은 자신의 거미줄을 걷어내고 자신을 쫓아내려 하는 이자에게 자신의 거미줄에 걸리는 곤충들이 모두 그릇된 모습을 가지고 있으며, 이들을 잡기 위해 거미줄을 치는 것은 인간이 잘못해서 형벌을 받는 것과 다를 것이 없음을 설명하여 이자의 생각이 잘못되었음을 깨닫게 해 준다.
→ 적절함!

흥겨움　　　　　　깨달음
④ ㉠은 화자가 외로움을 느끼게 하는 소재이고, ㉡은 이자에게 두려움을 주는 소재이다.
근거 (가) ④-2 강호 풍취를 네가 지닐 때 내가 지닐 때
(나) ⑤-1~2 군자는 도를 알아서 죄를 지어 구속됨으로써 재앙을 입지 않아야 한다. 이러한 것을 거울 삼아 삼가고 힘쓸지어다!
풀이 (가)의 ㉠(백구)은 화자가 강호의 풍취를 함께 느끼고 있다고 생각하는 존재이므로 화자에게 흥겨움을 느끼게 하는 소재로 볼 수 있다. (나)의 ㉡(거미)은 이자에게 군자는 도리를 지켜 재앙을 입지 않아야 한다는 깨달음을 주는 소재이다.
→ 적절하지 않음!

⑤ ㉠은 화자의 과거를 떠올리게 하는 소재이고, ㉡은 이자가 미래를 예측하게 하는 소재이다.
풀이 (가)의 ㉠(백구)은 화자의 과거를 떠올리는 것과는 관련이 없고, (나)의 ㉡(거미)도 이자가 미래를 예측하게 하는 소재가 아니다.
→ 적절하지 않음!

1등급 문제
006 표현상 특징 - 적절한 것 고르기 2018년 9월 학평 40번
정답률 55%, 매력적 오답 ② 20%　　　　정답 ④

(가)의 표현상의 특징으로 가장 적절한 것은?

① 과거와 미래를 *대비하여 주제를 **부각하고 있다. * 맞대어 차이를 비교하여 ** 강조하고
근거 (가) ④-3 석양 반범귀흥은 너(백구)도 날만 못 하리라
풀이 '너(백구)'와 '나(화자)'를 비교하여 화자가 자연에서 느끼는 흥취가 매우 크다는 것을 강조하고 있을 뿐 과거와 미래를 대비하는 구절은 나타나지 않는다.
→ 적절하지 않음!

영탄법
② *연쇄법을 사용하여 시적 의미를 강조하고 있다.
* 앞 구절의 끝말을 다음 구절의 첫말에 이어서 표현하는 방법
근거 (가) ①-1 어와 성은이야// ③-3 백구야
풀이 (가)에서는 연쇄법이 아닌 영탄법을 통해 자신이 느끼는 임금에 대한 감사한 마음과 자연에서 느끼는 흥겨움을 강조하고 있다.
→ 적절하지 않음!

③ *반어적 표현을 통해 **시적 긴장감을 조성하고 있다. * 속마음과 반대로 말하는 표현 ** 시의 표현이 주는 색다른 느낌을 통해 독자가 마음을 놓지 못하고 집중하게 만듦
풀이 (가)에는 반어적 표현이 나타나지 않으며, 따라서 이를 통한 시적 긴장감도 조성되고 있지 않다.
→ 적절하지 않음!

④ *영탄적 어조를 통해 화자의 정서를 표현하고 있다.
* '아아'와 같은 감탄사, '~구나, ~구려, ~도다, ~로다' 등의 감탄형 어미, '~이여!' 등의 부르는 말, '얼마나 ~ㄴ가' 등을 사용하여 감정을 강하게 나타내는 말투
근거 (가) ①-1 어와 성은이야 망극할사 성은이다
(가) ③-3 백구야 하 즐겨 마라 세상 알가 하노라
(가) ④-1 모래 우희 자는 백구 한가할샤
풀이 감탄사 '어와(아아)'를 사용해서 임금의 은혜에 감사하는 마음, 부르는 말 '백구야(갈매기야)', 감탄형 어미 '한가할샤(한가하구나)' 등을 통해 자연에서 느끼는 흥겨움을 표현하고 있다.
→ 적절함!

---

⑤ ***근경에서 원경으로 시선을 이동하며** ****시상을 전개하고 있다.**
* 가까운 곳에서 먼 곳으로 ** 시의 흐름을 펼쳐나가고

근거 (가) ❸-1 달 밝고 바람 잔잔하니 물결이 비단일다
근거 (가) ❹-1 모래 우희 자는 백구 한가할샤

풀이 '달'과 '백구(갈매기)'에게 시선이 머물기는 하지만 이것을 근경에서 원경으로 시선을 이동하며 시상을 전개하고 있는 것으로 볼 수 없다.

→ 적절하지 않음!

1등급 문제

007 감상의 적절성 – 적절하지 않은 것 고르기 2018년 9월 학평 41번
정답률 60%, 매력적 오답 ① 15%, ② 10%

정답 ③

<보기>를 참고하여 (가)를 감상한 내용으로 적절하지 않은 것은? [3점]

> | 보기 |
> [1]「강호구가」는 나위소가 관직(벼슬)에서 물러난 뒤 고향인 나주에 돌아와 영산강을 배경으로 지은 작품이다. [2] 이 작품은 나이가 들어 벼슬에서 물러난 처지에서 성은(聖恩)(임금의 은혜)의 감격을 드러내며, 강호에서 자연을 즐기며 소박하게 살아가는 어부의 생활을 노래하였다. [3] 또한 세속(속세, 인간 세상)의 삶을 부러워하지 않고, 강호(자연)의 삶에 만족하는 태도가 잘 표현되어 있다.

① '망극할사 성은이다'에는 자연을 즐기며 자식의 *봉양을 받는 것을 임금의 은혜로 여기는 모습이 드러나 있군. * 보살핌
근거 <보기>-2 이 작품은 ~ 성은의 감격을 드러내며
근거 (가) ❶ 어와 성은이야 **망극할사 성은이다**/ 강호 안로도 분 밧긔 일이어든/ 하물며 두 아들 정성 다해 봉양함은 또 어인가 하노라
풀이 화자는 강호에서 편안하게 늙어가는 것도, 두 아들의 정성 어린 봉양을 받는 것도 모두 임금의 은혜라고 말하며 임금의 은혜에 대한 감사함을 나타내고 있다.

→ 적절함!

② '아희야 배 내어 띄워라 그물 놓아 보리라'에는 손님을 대접하기 위해 낚시를 하는 소박한 삶의 모습이 드러나 있군.
근거 <보기>-2 강호에서 자연을 즐기며 소박하게 살아가는 어부의 생활을 노래하였다.
근거 (가) ❷ 전나귀 바삐 몰아 다 저문 날 오신 손님/ 보리피 거친 밥에 찬물이 아조 업다/ 아희야 배 내어 띄워라 그물 놓아 보리라
풀이 화자는 강호에서 자연을 즐기고 낚시를 하며 살아간다. 손님이 왔는데 반찬이 될 것이 없으니 배를 띄워 그물을 놓아 물고기를 잡아 보려고 하는 소박한 삶의 모습이 잘 드러나 있다.

→ 적절함!

③ '세상 알가 하노라'에는 자연에서 누리는 흥을 세속의 사람들에게 알리고자 하는 모습이 드러나 있군.
세상 사람들은 몰랐으면
근거 <보기>-3 세속의 삶을 부러워하지 않고, 강호의 삶에 만족하는 태도가 잘 표현되어 있다.
근거 (가) ❸-2~3 단정을 비스듬히 놓아 오락가락 하는 흥을/ 백구야 하 즐겨 마라 **세상 알가 하노라**
풀이 '세상 알가 하노라'는 '세상이 알까 봐 걱정이 되는구나'라는 뜻으로, 아름다운 자연에서 느끼는 흥과 즐거움을 세상 사람들은 모르고 화자 자신만 알았으면 하는 마음이 드러난 표현이다.

→ 적절하지 않음!

④ '식록을 긋친 후로 어조을 생애하니'에는 관직에서 물러난 뒤 강호에서 어부의 삶을 살고 있는 모습이 드러나 있군.
근거 <보기>-1~2 「강호구가」는 나위소가 관직에서 물러난 뒤 고향인 나주에 돌아와 ~ 강호에서 자연을 즐기며 소박하게 살아가는 어부의 생활을 노래하였다.
근거 (가) ❺-1 **식록을 긋친 후로 어조을 생애하니**
풀이 '식록을 긋친 후로 어조을 생애하니'는 관직에서 물러나 물고기를 잡으며 어부로서 자연 속에서 소박하게 살아가는 화자의 모습을 보여 주고 있다.

→ 적절함!

⑤ '이 내 분인가 하노라'에는 자연에서 *유유자적하는 삶에 만족하는 모습이 드러나 있군. * 여유 있고 한가하여 편안히 지내=
근거 <보기>-3 강호의 삶에 만족하는 태도가 잘 표현되어 있다.
근거 (가) ❺-3 두어라 강호한적이 **이 내 분인가 하노라**
풀이 화자는 강호에서 한가롭게 사는 것이 자신의 분수에 맞는다고 말하며 자연에서 유유자적하는 삶에 만족하는 모습을 드러내고 있다.

→ 적절함!

---

008 작품의 구조 – 적절하지 않은 것 고르기 2018년 9월 학평 42번
정답률 80%

정답 ⑤

<보기>를 바탕으로 (나)를 이해한 내용으로 적절하지 않은 것은?

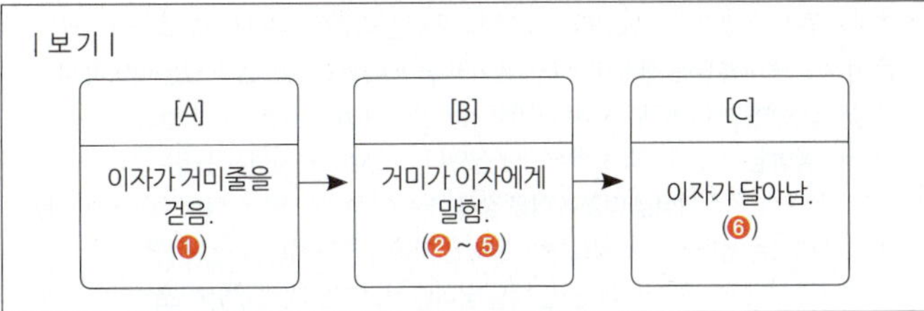

① 이자는 다른 벌레들을 살리기 위해 [A]의 행동을 하는군.
근거 (나) ❶-8~9 "덫을 설치하여 산 것을 죽이니 벌레들의 적이다. 나(이자)는 다시 또 너(거미)를 제거하여 다른 벌레들에게 덕을 베풀려고 한다."
풀이 이자는 거미가 덫을 설치하여 살아 있는 벌레들을 죽이니 거미를 제거하고 거미줄을 걷어내 다른 벌레들에게 덕을 베풀어 살려주려고 한다.

→ 적절함!

② 거미는 [B]에서 벌레들이 그물에 걸린 이유를 설명하고 있군.
근거 (나) ❸ 더구나 그대(이자)는 내(거미) 그물에 걸려든 놈(벌레)을 알기나 하는가? 나비는 허랑방탕한 놈일 뿐 ~ 파리는 참으로 소인배라. ~ 매미는 ~ 스스로 자랑하며 시끄럽게 울어 그칠 줄 모른다. 벌은 실로 시랑 같은 놈이라. ~ 모기는 가장 엉큼한 놈이라. ~ 사람의 고혈을 빨아댄다. 잠자리는 품행이 없어 ~ 내가 그물로 잡게 되는 것이다. 그 밖에 부나방이 ~ 재앙을 스스로 만들어 흉액을 피할 줄 모르니 그물에 몸이 걸려 간과 뇌가 땅바닥을 칠하게 된다.
풀이 거미는 이자에게 각 벌레들의 나쁜 습성을 바탕으로 벌레들이 그물에 걸린 이유를 설명하고 있다.

→ 적절함!

③ 거미는 [B]에서 벌레들의 모습을 인간들의 삶의 모습으로 확장하고 있군.
근거 (나) ❺ 군자는 도를 알아서 죄를 지어 구속됨으로써 재앙을 입지 않아야 한다. 이러한 것을 거울 삼아 삼가고 힘쓸지어다! 그대(이자)의 이름을 팔지 말며 ~ 때에 맞추어 오고 가야 한다. 그렇지 않으면 세상에는 더 큰 거미가 있으니 그 그물이 나보다 천 배, 만 배가 될 뿐이 아닐 것이다."
풀이 거미는 벌레들의 모습을 인간들의 삶의 모습에 적용·확장하여 이자에게 군자의 도리를 지키고 부적절한 행동을 경계하라고 말하고 있다.

→ 적절함!

④ [B]에서 거미는 근거를 들어 [A]의 행동이 잘못되었음을 지적하고 있군.
근거 (나) ❷-2~6 "아, 어부가 설치한 그물에 바닷물고기가 걸려드는 것이 어부가 포악해서이겠는가? ~ 무엇이 이것과 다르겠는가?/ ❸-1 더구나 그대(이자)는 내(거미) 그물에 걸려든 놈을 알기나 하는가?/ ❹-1~2 아, 세상은 성강의 시절이 아니어서 형벌을 놓아두고 쓰지 않을 수 없고, ~ 저들이 그물에 걸린 것은 곧 저들의 잘못이지 내가 그물을 쳤다고 하여 어찌 나를 미워한단 말인가?
풀이 거미는 자신의 거미줄에 벌레들이 잡히는 것은 그들이 잘못이 있어 스스로 나쁜 운세를 만드는 것이므로 자신의 잘못이 아니라고 말한다. 또한 자신이 거미줄을 치는 것은 인간이 잘못하여 형벌을 내리는 것과 다를 바가 없으니 이자가 거미줄을 걷는 행동은 잘못된 것이라고 비판하고 있다.

→ 적절함!

⑤ [C]에서 이자는 [B]에 의문을 품고 이를 해결할 방법을 모색하고 있군.
[B]로 인해 잘못을 깨닫고
근거 (나) ❻-1 이자가 이 말을 듣고, 지팡이를 던지고 달아나다가 세 번이나 자빠지면서 문지방에 이르렀는데 문에 자물쇠를 채우고서야 몸을 구부리고 비로소 한숨을 쉬었다.
풀이 이자가 거미의 말을 듣고 허겁지겁 달아나 문에 자물쇠를 채우고 나서야 비로소 한숨을 쉬는 것으로 보아, 거미의 말에 부끄러움을 느끼고 자신의 생각이 잘못되었음을 깨달았다고 보는 것이 더 적절하다. 따라서 거미의 말에 의문을 품고 이를 해결할 방법을 모색하고 있다는 설명은 적절하지 않다.

→ 적절하지 않음!

1 ¹우리 집안은 일찍부터 논이나 밭때기(얼마 안 되는 자그마한 밭) 한 두렁(논이나 밭의 가장자리에 경계를 이룰 수 있도록 불룩하게 만든 것)도 가져 본 적 없었으므로, 아버지는 낫이나 호미 자루 한 번 잡아 보지 않았다. ²그렇다고 일정한 직업을 가져 본 적도 없었다. ³일 년을 따져 평균 아홉 달은 집을 떠나 어디론가 떠돌아 다녔고, 집에 붙어 있는 나머지 달은 낚시로 소일했다(낚시에 재미를 붙여 세월을 보냈다). ⁴이태(두 해) 전 봄까지만도 우리는 읍내 거리 장마당(장이 서는 곳. 장터) 부근에 살았다. ⁵그때 역시 엄마는 근동(가까울 近 동네 洞 : 가까운 이웃 동네) **장터를 떠돌며 어물 장사**(생선이나 생선을 가공해서 말린 것을 파는 일)를 했고, 아버지는 읍내에서 사 킬로 정도 떨어진 지금 우리가 사는 **주남 저수지**(경상남도에 위치한 저수지)에 낚시를 다니며, 늘 집 떠날 궁리만 하고 지냈다. ⁶새마을 도로(지역 사회를 개발하기 위해 1970년부터 시작된 새마을 운동 당시, 교통 환경 개선을 위하여 확장하거나 새로 만든 도로)가 확장되는 통에 우리가 세 든 읍내 장터 집이 헐리게(무너뜨려지게) 되자, 아버지는 엄마를 졸라 주남 저수지 옆 민 씨 별채(중심이 되는 집채와는 별도로 지은 집)로 이사를 오게 되었다.

⁷"주남 저수지는 우리나라에서 알아주는 철새(계절에 따라 이리저리 옮겨 다니며 사는 새) 도래지(건널 渡 올 來 땅 地 : 철새 따위가 다른 곳에서 들어와 머무는 곳) 아인가. ⁸내가 새를 무척 좋아하거덩."

⁹아버지가 말했다.

¹⁰㉠"**당신이사**(당신이야) **땅으로 걸어댕기는 철새인께**(땅에서 철새처럼 여기저기 옮겨 다니며 지내는 사람이니까) 날아댕기는 철새가 좋겠지예. ¹¹그런데 새 구경하는 거도 좋지만 그 구경 댕기모 밥이 생기요 떡이 생기요?"

¹²엄마는 말도 되잖은 소리라는 듯 한숨을 내쉬며 돌아앉고 말았다.

¹³"그거 말고도, 관리인 민 씨 말이 타지(다를 他 땅 地 : 다른 지방이나 지역)에서 오는 낚시꾼들 뒷바라지나 해 주모(해 주면) 찬값(반찬거리를 사는 데 드는 돈) 정도는 번다 안카나(번다고 하지 않니)……."

2 ¹엄마는 그쪽으로 이사하면 당장 장사 다니는 길이 먼 줄을 알면서도, 어떻게 아버지가 집에 눌러 있을까 싶었던지 그 말에 선선히(선뜻 시원스럽게) 동의했다. ²그러나 주남 저수지 쪽으로 이사 와서 보름(15일 동안)을 채 못 넘겨 아버지는 슬그머니 집을 떠나고 말았다. ³부산과 마산의 낚시꾼들이 떡밥(고기를 낚기 위한 미끼의 하나)은 물론 술이며 안주 접시까지 심부름시키는 데 아버지는 더 참아 낼 수 없었던 것이다. ⁴더러운 세상, 나쁜 놈들이라며 전에는 입에 담지 않던 욕설을 술김에 종종 뱉더니, 기어코 **그 떠돌이 병에 발동이 걸렸다**(또 집을 떠나 여기저기 떠돌아다니기 시작했다). ⁵늘 궁금한 일이지만, 아버지는 집을 떠나 떠도는 동안 숙식(묵을 宿 밥 食 : 자고 먹는 일)을 어떻게 해결하고 다니는지 알 수 없었다. ⁶그로부터 두 달 뒤, 여름이 끝날 무렵에서야 아버지는 돌아왔다. ⁷그 행려(다닐 行 나그네 旅 : 나그네가 되어 여기저기 돌아다니는 일) 끝에 무슨 결심을 굳혔는지 돌배산 자락(논밭이나 산 따위의 넓은 부분을 덮은 민 씨네 대나무 밭의 굵은 대(대나무) 몇 그루를 쪄와(베어 와서) **방패연**(방패 모양으로 만든 연)을 만들기 시작했다. ⁸내가 어릴 때 아버지는 더러(가끔) 방패연을 만들어 주기도 했지만, 근래에는(요즘에는) 한 번도 없던 짓거리(어떤 행동이나 행위를 낮잡아 이르는 말)였다. ⁹대나무를 가늘게 쪼개어 햇빛에 말려선, 장두칼(장도칼. 주머니 속에 넣고 다니는, 칼집이 있는 작은 칼)로 다듬고, 한지(닥나무 껍질 등을 원료로 하여 우리나라 고유의 방식으로 만든 종이)에 바람 구멍을 뚫어, 거기에 다섯 개 댓개비(대를 쪼개 가늘게 깎은 조각)를 붙여 방패연을 만드는 솜씨는 아버지가 지닌 유일한 기술 같아 보였다.

▲ 방패연

¹⁰천장 가운데 태극무늬나 붉은 원을 오려 붙여 만든 연이 큰 놈은 두 번 접은 신문지만 했고 작은 놈은 교과서만 한 크기도 있었다.

3 ¹㉡"겨울도 아인데 그 많은 연을 어데다 팔라 캅니꺼?"

²내가 물었다.

³"머 꼭 돈이 목적이라서 맹그나(만드나). ⁴쓸모읎어도 맹글고 싶으이께 맹글제(쓸모가

---

5 ²참새가 날라 카모 기러기만큼 와 하늘 높이 몬 날겠노(참새가 날려고 하면 기러기만큼 왜 하늘 높이 못 날겠니). ⁶먼 데꺼정 갈 필요가 읎으이께(먼 데까지 갈 필요가 없으니까) 지 오를 만큼 오르고 말지러."

⁷아버지가 쓸데없이 비유까지 곁들여 말했다.

⁸"옛적에 연 맹글어 줬다는 돌아가신 할아부지 생각이 나서 맹글어예?"

⁹"사람은 어데(어디에) 갈 **목적**이 읎어도 어떤 때는 **연맨크로**(연처럼) **그냥 멀리 떠나 댕기고 싶은 꿈이 있는 기라**. ¹⁰㉢그런 꿈 읎이 일만 하는 사람은 꼭 개미 같아. ¹¹사람은 개미가 아이잖나. ¹²돈 벌라고 밤낮으로 일만 하는 사람을 **보모**(보면) 사람 사는 목적이 저런가 싶을 때가 있지러. ¹³그 사람들이 보모 **내 같은 사람이 쓸모읎이 보일란지 몰라도**……."

¹⁴아버지가 어설픈 미소를 띠어 보였다.

¹⁵"묵고살기 바쁘모 그래 산천(뫼 山 내 川 : 산과 시내, 자연의 경치) 구경하고 싶어도 몬 떠나는 거 아입니꺼."

하며, 나는 엄마를 생각했다.

¹⁶"그렇기사 하겠제(그렇기야 하겠지). ¹⁷그라고 보모(그러고 보면) 나는 아매(아마도) 떠돌아댕기는 팔자를 타고났나 보제."

¹⁸아버지가 시무룩이(못마땅한 모습으로) 말했다.

4 **[중략 줄거리]** ¹나와 아버지는 낚시꾼들에게 방패연을 팔러 가지만 연은 거의 팔리지 않는다. ²그 무렵 아버지는 훌쩍 또 집을 떠나고, 장마가 시작된 여름밤에 다시 돌아온다. ³나는 장사 가신 어머니를 마중 나가기 위해 자전거를 끌고 장터로 간다.

⁴뇌성(우레 雷 소리 聲 : 천둥소리)이 다시 한차례 하늘 복판(한가운데)에서 쪼개졌다. ⁵엄마는 흠칫(몸을 움츠리며 갑작스럽게 놀라는 모양) 어깨를 떨었고, 나는 몸이 오그라드는 듯한 놀람으로 무심결에 자전거 핸들을 눌러 잡았다.

⁶"짝대기라 캤나(아버지가 막대기를 짚고 있다고 했나)? ⁷그라모(그러면) (아버지가) 어데(어딘가를) 다쳤단 말인가?"

⁸"그렇지는 않은 거 같고……."

⁹"늘 배창자(큰창자인 대장과 작은창자인 소장을 통틀어 이르는 말)가 아푸다더니 속병(몸속의 병 혹은 위장병)이 생긴 게로구나. ¹⁰객지로(자기 집이 아닌 곳으로) 돌아댕기며 굶기도 오지게(매우 심하게) 굶었을끼고(굶었을 테고)."

¹¹그럴 줄 알았다는 듯 엄마는 아무렇지 않게 말했다.

¹²㉣"참, 양석(양식 糧 밥 食 : 양식, 살아가는 데 필요한 먹을거리) 떨어졌을 낀데 너그들 저녁밥은 우쨌노?"

¹³"장 씨 집에서 라면 두 봉지 꿔다(꾸어다, 빌려다) 묵었지예."

¹⁴"아부지는?"

¹⁵"읍내서 묵고 왔다 캅디더."

¹⁶자전거 짐받이(자전거의 뒤에 짐을 실을 수 있도록 만들어 놓은 것)에 얹힌 함지박(통나무의 속을 파서 큰 바가지같이 만든 그릇)을 고무줄로 묶고, 나는 천천히 자전거를 몰았다. ¹⁷함지박 쪽에서 쿰쿰한(냄새가 신선하지 못하고 구린) 비린내가 코끝을 따라왔다. ¹⁸그 냄새는 이미 후각에 익은 엄마의 냄새이기도 했다.

¹⁹㉤"엄마, 자전거에 타예(타세요). ²⁰그라모(그러면) 퍼뜩(얼른) 갈 수 있을 낀데."

²¹다른 때 같으면 사양했을 엄마가 오늘따라 아무 말없이 안장(자전거에 사람이 앉도록 되어 있는 자리) 앞쪽 파이프(막대)에 머릿수건(머리에 쓰는 수건)을 깔고 올라앉았다. ²²내색은 않았지만 엄마 역시 아버지를 빨리 만나고 싶은 모양이었다. ²³힘주어 페달을 밟자 엄마 온몸에서 풍겨 나는 비린내가 내 쪽으로 옮아왔다.

²⁴"쯧쯧, 그래도 숨질이 붙었으몬(숨이 붙어 있으면, 살아 있으면) **더러**(이따금 드물게) **처자속은**(처자식은, 아내와 자식은) **보고 싶은지 집구석이라고 찾아드니**……. ²⁵원쑤도, 그런 원쑤가 어딨노. ²⁶그런 남정네가 이 시상에 멫이나(몇이나) 될꼬. ²⁷그래 굶으미(그렇게 굶으면서) 맥 놓고(정신을 차리지 못하고 멍하게) 떠돌아댕기도(떠돌아다녀도) 우째 안죽(아직) 객사(집이 아닌 다른 지역에서 죽음)를 안 하는공 모리겠데이(안 하는지 모르겠구나)."

²⁸엄마는 한숨 끝에 아버지를 두고 혼잣말을 중얼거렸다.

5 ¹뙤약볕(여름날에 강하게 내리쬐는 몹시 뜨거운 볕) 아래 장터마다 싸다니느라(여기저기를 바쁘게 돌아다니느라) 까맣게 그을린 엄마 얼굴을 떠올리자, 나는 공연히(아무 까닭이나 실속이 없이) 코허리가 찡하게 쓰렸다(눈물이 날 것처럼 몹시 슬펐다). ²엄마는 키가 작고 몸매가 깡마른데다 살결이 검어, 볼 때마다 안쓰럽고 측은한 마음이 마음 귀퉁이에 그늘을 만들었다(걱정이 되어 마음이 편하지 않았다). ³그럴 적마다 아버지에 대한 원망 또한 반사적으로

(무의식적으로) 감정을 자극했다. 4 아버지에 대한 원망 섞인 감정은 증오(미워하는 마음)라기보다 썰물(바닷물의 표면이 낮아지면서 바닷물이 빠지는 현상)이 되어 당신(아버지)을 내 옆에서 멀리로 밀어내는 작용을 했다. 5 아버지에 대한 그런 마음('나'가 아버지에게서 느끼는 심리적 거리감)은 엄마의 경우도 비슷하리라 여겨졌다. 6 다만 순환의(주기적으로 자꾸 되풀이하여 도는) 법칙을 좇아(따라) 한때의 미움도 시간이 흐르면 연민(불쌍히 여길 憐 불쌍히 여길 愍 : 불쌍하고 가련하게 여기는 마음)으로 녹아, 끝내 밀물(바닷물의 표면이 높아져 해안의 바닷물이 육지 쪽으로 들어오는 것)이 되어 엄마 여윈(핼쑥하고 메마른) 마음을 다시 채워 주리란 점만이 다를 뿐이었다.

→ '나'는 '엄마'에 대해 안쓰럽고 측은한 마음이 들 때마다
'아버지'에 대한 원망과 심리적 거리감을 느꼈다.

- 김원일, 「연(鳶)연 鳶」-

· 김원일 중요 작가

「도요새에 관한 명상」(2015학년도 9월 모평B), 「잠시 눕는 풀」(2011학년도 9월 모평) 기출. 김원일은 고3 평가원 문제에 2번 이상 출제된 작가이다. 주로 남북 분단에 관한 소설과 하층민의 삶을 다룬 소설을 많이 썼다. 대표 작품들의 기본 줄거리와 주제 정도는 정리해 두는 것이 좋다.

· 중심 내용

집을 떠나 어디론가 떠돌아다니기를 좋아하던 '아버지'는 어느 날 방패연을 만들면서 사람은 목적이 없어도 어떤 때는 연처럼 그냥 멀리 떠나 다니고 싶은 꿈이 있는 거라고 내게 말하지만 '나'는 가족들을 내팽개치고 떠돌아다니는 '아버지'로 인해 고생을 하는 '엄마'를 볼 때마다 '아버지'에 대한 원망과 심리적 거리감을 느낀다.

· 전체 줄거리 ([ ] : 지문 내용)

역마살(역 驛 말 馬 죽일 煞 : 한곳에 정착하지 못하고 늘 이리저리 떠돌아다니는 운명)이 있는 할아버지는 방물장사(여자가 쓰는 화장품이나 바느질 기구 등을 팔러 다니던 일을 하던 사람)로 늘 떠돌아다니다가 가끔 집에 머물 때면 '아버지'에게 연을 만들어 주었으며 어느 겨울 눈밭에서 객사했다고(자기 집을 멀리 떠나 고향이 아닌 다른 지역에서 죽었다고) 한다. '아버지'는 어릴 때 연싸움을 하다가 끊어진 연을 따라 닷새 동안 산 너머 마을을 떠돌아다닌 사건 이후로 계속해서 떠돌이 삶을 산다. ['아버지'는 가정을 이룬 뒤에도 일정한 직업도 없이 떠돌이 생활을 계속하고, 그런 아버지를 대신해 '엄마'와 서울에 간 누나가 생계를 위해 일을 한다. '아버지'는 가끔 집에 머물 때면 연을 만들곤 하였는데, 연을 만드는 이유를 묻는 '나'에게 '아버지'는 쓸모가 없어도 만들고 싶으니까 만든다며, 사람은 어딘가로 갈 목적이 없어도 어떤 때는 연처럼 그냥 멀리로 떠나 다니고 싶은 꿈이 있다는 대답을 한다.] 계속해서 떠돌이 삶을 살던 '아버지'는 전라도 진도에서 객사한다.

· 지문 이해

<table>
<tr><td colspan="1" align="center">**'연'의 의미**</td></tr>
<tr><td>· (할아버지)-'아버지'-'나'의 연결고리 : '연'은 역마살이 있어 떠돌이 생활을 하던 할아버지가 '아버지'에게 만들어 줬던 것이며(전체 줄거리 참조), 할아버지와 마찬가지로 줄곧 떠돌이 생활을 했던 '아버지'가 이따금 집에 머무를 때면 '나'에게 만들어 줬던 것으로, '연'은 할아버지와 '아버지' 그리고 '나'를 잇는, 일종의 연결고리 역할을 함.</td></tr>
<tr><td>· '아버지'의 심리 표출 : '사람은 어데 갈 목적이 읎어도 어떤 때는 연맨크로 그냥 멀리로 떠나 댕기고 싶은 꿈이 있는 기라'라는 '아버지'의 말에서 연처럼 떠나 다니며 살고 싶은 '아버지'의 심리가 드러남.</td></tr>
<tr><td>· '아버지'의 삶을 비유 : 떠돌이 생활을 하다 이따금씩 가족이 있는 집으로 돌아오곤 하는 '아버지'의 삶은 하늘을 이리저리 떠돌지만 연줄에 매어 있어 지상으로 돌아올 수밖에 없는 '연'의 속성과 닮아 있음.</td></tr>
</table>

---

009 | 서술상 특징 - 적절한 것 고르기 2018년 3월 학평 25번 | 정답 ②
정답률 75%

윗글의 *서술상 특징에 대한 설명으로 적절한 것은?
* 이야기가 진행되는 중 눈에 띄는 점

① *장면마다 다른 **서술자를 설정하여 사건을 ***다각도로 제시하고 있다.
* 같은 인물이 동일한 공간 안에서 벌이는 사건의 광경으로, 등장하는 인물이나 시 · 공간적 배경 등이 달라지면 장면이 달라졌다고 말함 ** 소설에서 이야기를 전달해 주는 사람 *** 여러 방면으로

근거 ❶-1 **우리**(말하는 사람을 포함하여 일정한 범위 안에 속하는 여러 사람을 가리키는 1인칭 대명사) 집안은 일찍부터 논이나 밭뙈기 한 두렁도 가져 본 적 없었으므로, 아버지는 낫이나 호미 자루 한 번 잡아 보지 않았다.

❷-8 내가 어릴 때 아버지는 더러 방패연을 만들어 주기도 했지만, 근래에는 한 번도 없던 짓거리였다.

❸-2 내가 물었다.

❹-5 엄마는 흠칫 어깨를 떨었고, 나는 몸이 오그라드는 듯한 놀람으로 무심결에 자전거 핸들을 눌러 잡았다.

❺-1 뙤약볕 아래 장터마다 싸다니느라 까맣게 그을린 엄마 얼굴을 떠올리자, 나는 공연히 코허리가 찡하게 쓰렸다.

풀이 윗글은 장면이 바뀌어도 이야기를 전달해 주는 서술자는 '나'로 동일하게 계속 유지되고 있다. 따라서 '장면마다 다른 서술자를 설정하여 사건을 다각도로 제시하고 있다'는 설명은 적절하지 않다.

→ 적절하지 않음!

✓② 사건을 체험한 서술자가 중심인물과 관련된 자신의 생각을 드러내고 있다.

근거 ❺-3~6 그럴 적마다 아버지에 대한 원망 또한 반사적으로 감정을 자극했다. 아버지에 대한 원망 섞인 감정은 증오라기보다 썰물이 되어 당신을 내 옆에서 멀리로 밀어내는 작용을 했다. 아버지에 대한 그런 마음은 엄마의 경우도 비슷하리라 여겨졌다. 다만 순환의 법칙을 좇아 한때의 미움도 시간이 흐르면 연민으로 녹아, 끝내 밀물이 되어 엄마 여윈 마음을 다시 채워 주리란 점만이 다를 뿐이었다.

풀이 윗글은 집을 떠나 줄곧 떠돌이 생활을 하다가 이따금씩 집에 들르곤 했던 '아버지'를 중심으로 한 사건을 '나'의 시선으로 바라보고 있으며, 그러한 '아버지'에 대해 '나'가 느끼고 있는 원망이나 심리적 거리감과 같은 감정과 생각을 드러내고 있다.

→ 적절함!

③ *외부 이야기에서 내부 이야기로 장면을 전환하면서 사건을 **전개하고 있다.
* 하나의 이야기 속에 또 하나의 이야기가 들어 있는 액자식 구성에서, 내부 이야기를 둘러싸고 있는 겉 이야기에서 이야기의 핵심 내용인 안 이야기로 장면을 바꾸면서 ** 펼쳐나가고 있다

풀이 윗글에 제시된 것은 떠돌이 삶을 살았던 '아버지'와 관련된 사건과 이에 관한 서술자 '나'의 생각일 뿐, 외부 이야기와 이와는 다른 내부 이야기가 각각 제시되고 있지는 않다.

→ 적절하지 않음!
작품 속 등장인물인 서술자 '나'가 중심인물과 관련된 사건과 그에 대한 자신의 감정과 생각을

④ 작품 밖의 서술자가 *중심인물의 **내적 갈등이 ***해소되는 과정을 서술하고 있다. * 사건의 중심이 되는 인물 ** 한 인물의 마음속에서 두 가지 이상의 서로 다른 생각이 부딪쳐 나타나는 고민 *** (문제가) 해결되어 없어지는

풀이 윗글은 작품 밖의 서술자가 아닌 작품 속에 등장하는 인물인 '나'에 의해 서술되고 있으므로 '작품 밖의 서술자'라는 표현은 적절하지 않다. 또한, 윗글은 중심인물인 '아버지'와 관련된 사건과 그에 대한 서술자 '나'의 생각과 감정을 서술하고 있을 뿐 중심인물의 내적 갈등이 해소되는 과정을 서술하고 있지 않다.

→ 적절하지 않음!
· '아버지'와 관련된 사건들이 시간적 순서대로 제시되어 있음

⑤ 동시에 일어나는 두 개의 사건을 *병렬적으로 배치하여 **긴장감을 조성하고 있다. * 나란히 늘어서는 방식으로 두어 ** 긴장이 되는 느낌과 분위기를 만들고 있다

풀이 윗글은 집을 떠나 여기저기를 떠돌아다니다가 이따금씩 집에 들르곤 하던 '아버지'와 관련된 사건, 즉 '아버지'가 집에 잠시 머물 때 방패연을 만들던 일, 또다시 집을 떠나 떠돌이 생활을 하던 '아버지'가 병이 들어 집에 돌아온 일 등을 시간적 순서대로 제시하고 있다. 또한 이러한 '아버지'에 대한 서술자 '나'의 생각과 감정이 차분하게 서술되어 있을 뿐, '긴장감을 조성하고 있다'고 보기는 어렵다.

→ 적절하지 않음!

㉠ ~ ㉤에 대한 이해로 적절하지 않은 것은?

① ㉠ : 저수지 근처로 이사를 가자는 아버지의 제안을 못마땅해하는 어머니의 *푸념이 담겨 있다. * 마음속에 품은 불평을 늘어놓는 말

근거 ❶-10~11 ㉠ "당신이사 땅으로 걸어댕기는 철새인께 날아댕기는 철새가 좋겠지예. 그런데 새 구경하는 거도 좋지만 그 구경 댕기모 밥이 생기요 떡이 생기요?"

풀이 '주남 저수지에 낚시를 다니며, 늘 집 떠날 궁리만 하고 지냈던 '아버지'는 '우리가 세든 읍내 장터 집이 헐리게 되자', 주남 저수지 근처로 이사를 가자며 '엄마'를 조른다. 이에 '엄마'는 '땅으로 걸어댕기는 철새'처럼 집을 떠나 여기저기 떠돌아다니길 좋아하는 '아버지'야 '날아댕기는 철새'를 맘껏 볼 수 있는 주남 저수지 근처로 이사를 가고 싶겠지만, 그렇게 한다고 해서 생계(먹고살아 나갈 방법이나 길)에 도움이 되는 것은 아니라며 '아버지'의 제안을 못마땅해하고 있다.

→ 적절함!

② ㉡ : *뜬금없이 많은 연을 만드는 아버지의 행동에 대해 **의아해하는 '나'의 심리가 담겨 있다. * 갑작스럽고 엉뚱하게 ** 의심할 疑 의심할 訝 : 의심스럽고 이상해하는

근거 ❸-1~2 ㉡ "겨울도 아닌데 그 많은 연을 어데다 팔라 캅니꺼?" 내가 물었다.

풀이 '주남 저수지 쪽으로 이사 와서 보름을 채 못 넘겨' 또다시 집을 나갔던 '아버지'는 두 달 뒤에 집으로 돌아온 뒤 '방패연을 만들기 시작했다'. 이를 지켜보던 '나'는 사람들이 연을 많이 날리곤 하는 겨울철도 아닌데 그렇게 많은 연을 만들어서 어디에다 팔려고 하는 것인지를 궁금해하며 그 이유를 '아버지'에게 묻는다. 따라서 ㉡에 대한 설명은 적절하다.

→ 적절함!

③ ㉢ : *생계를 위한 경제적 활동에 얽매이고 싶지 않은 아버지의 삶의 태도가 담겨 있다. * 먹고살기 위해 일을 하는 행위

근거 ❸-9~12 "사람은 어데 갈 목적이 읎어도 어떤 때는 연맨크로 그냥 멀리로 떠나 댕기고 싶은 꿈이 있는 기라. ㉢ 그런 꿈 읎이 일만 하는 사람은 꼭 개미 같아. 사람은 개미가 아이잖나. 돈 벌라고 밤낮으로 일만 하는 사람을 보모 사람 사는 목적이 저런가 싶을 때가 있지러.

풀이 '아버지'는 '사람은 어데 갈 목적이 읎어도 어떤 때는 연맨크로 그냥 멀리로 떠나 댕기고 싶은 꿈이 있는 기라.'라고 하면서 그런 꿈이 없이 일만 하는 사람은 꼭 개미와 같으며 돈을 벌기 위해 밤낮으로 일만 하는 사람들, 즉 생계를 위한 경제적 활동에 얽매여서 사는 사람들을 보면 사람이 사는 목적이 저런건가 싶은 회의가 든다(마음속으로 의심을 품게 된다)고 말한다. 따라서 ㉢에 대한 설명은 적절하다.

→ 적절함!

④ ㉣ : 어려운 가정 형편 속에서 자식들을 걱정하는 어머니의 애정이 담겨 있다.

근거 ❹-12 ㉣ "참, 양식 떨어졌을 낀데 너그들 저녁밥은 우쨌노?"

풀이 일정한 직업도 없이 집을 떠나 줄곧 떠돌이 생활을 하던 '아버지'를 대신하여 '엄마'는 '장터를 떠돌며 어물 장사'를 하면서 가족의 생계를 책임지고 있다. 또 집을 나갔던 '아버지'가 다시 집으로 돌아온 어느 여름밤, '장사 가신 어머니를 마중 나간 '나'에게 '엄마'는 먹을거리도 다 떨어지고 없을 터인데 저녁밥은 어떻게 해결했느냐며 자식들의 끼니를 걱정한다. 따라서 ㉣에 대한 설명은 적절하다.

→ 적절함!
오랜만에 귀가한 '아버지'를 빨리 만나보고 싶은 '엄마'의 마음을 헤아려
✓⑤ ㉤ : 아버지의 끼니를 염려하는 마음에 어머니를 빨리 모셔 가려는 '나'의 의도가 담겨 있다.

근거 ❹-14~15 "아부지는?" "읍내서 묵고 왔다 캅디더." / 19~22 ㉤ "엄마, 자전거에 타예. 그라몬 퍼뜩 갈 수 있을 낀데." 다른 때 같으면 사양했을 엄마가 오늘따라 아무 말 없이 안장 앞쪽 파이프에 머릿수건을 깔고 올라앉았다. 내색은 않았지만 엄마 역시 아버지를 빨리 만나고 싶은 모양이었다.

풀이 장사를 나간 '엄마'를 마중 나간 '나'는 자신의 자전거에 엄마도 함께 타면 집으로 더 빨리 갈 수 있다며 '엄마'에게 자전거를 같이 탈 것을 권한다. 자신이 권유한 대로 아무 말 없이 자전거에 타는 '엄마'를 보며 '나'는 '엄마 역시 아버지를 빨리 만나고 싶은 모양이었다'고 생각한다. 따라서 ㉤에는 오랜만에 귀가한 '아버지'를 빨리 만나보고 싶은 '엄마'의 마음을 헤아려 어머니를 빨리 집으로 모셔 가고자 하는 '나'의 의도가 담겨 있다고 보는 것이 적절하다.

→ 적절하지 않음!

〈보기〉를 참고하여 윗글을 감상한 내용으로 적절하지 않은 것은? [3점]

| 보기 |

[1] 이 작품은 역마살(역 驛 말 馬 죽일 煞 : 한곳에 정착하지 못하고 늘 이리저리 떠돌아다니는 운명)을 타고나 여기저기 떠돌아다니는 아버지의 삶과, 생계(먹고살아 나갈 방법)를 책임진 채 아버지에 대한 원망과 애정을 안고 살아가는 어머니의 삶을 그리고 있다. [2] 작품의 주요 소재인 '연'은 바람이 부는 대로 하늘을 날아다니지만 연줄(연을 매어서 날리는 데 쓰는 실)로 '얼레(연줄을 감는 데 쓰는 기구)'에 매여 있어 지상(땅 地 위 上 : 땅의 위)으로 돌아올 수밖에 없다. [3] '연'과 '얼레'의 이러한 속성(성질이나 특징)은 이리저리 떠돌다 가족들이 있는 집으로 돌아오는 아버지의 삶을 형상화하는(구체적으로 보여 주는) 데 기여하고(도움이 되고) 있다.

① '장터를 떠돌며 어물 장사를' 하는 것에서, 가족의 생계를 떠안고 사는 어머니의 삶을 엿볼 수 있어.

근거 〈보기〉-1 생계를 책임진 채 아버지에 대한 원망과 애정을 안고 살아가는 어머니의 삶을 그리고 있다.

❶-1~5 우리 집안은 일찍부터 논이나 밭뙈기 한 두렁도 가져 본 적 없었으므로, 아버지는 낫이나 호미 자루 한 번 잡아 보지 않았다. 그렇다고 일정한 직업을 가져 본 적도 없었다. 일 년을 따져 평균 아홉 달은 집을 떠나 어디론가 떠돌아 다녔고, 집에 붙어 있는 나머지 달은 낚시로 소일했다. 이태 전 봄까지만도 우리는 읍내 거리 장마당 부근에 살았다. 그때 역시 엄마는 근동 장터를 떠돌며 어물 장사를 했고, 아버지는 읍내에서 사 킬로 정도 떨어진 지금 우리가 사는 주남 저수지에 낚시를 다니며, 늘 집 떠날 궁리만 하고 지냈다.

풀이 〈보기〉를 참고하여 윗글을 보면, '일정한 직업을 가져 본 적 없이' '일 년을 따져 평균 아홉 달은 집을 떠나 어디론가 떠돌아 다녔고, 집에 붙어 있는 나머지 달은 낚시로 소일했던' 아버지를 대신하여 '근동 장터를 떠돌며 어물 장사를 했던' '어머니'가 가족의 생계를 떠안고 살았음을 알 수 있다.

→ 적절함!

② '목적이 읎어도 어떤 때는 연맨크로 그냥 멀리로 떠나 댕기'는 삶에 대해 말한 부분에서, 아버지가 하늘을 나는 연처럼 자유롭게 떠돌며 살기를 원한다는 것을 알 수 있어.

근거 〈보기〉-2~3 작품의 주요 소재인 '연'은 바람이 부는 대로 하늘을 날아다니지만 연줄로 '얼레'에 매여 있어 지상으로 돌아올 수밖에 없다. '연'과 '얼레'의 이러한 속성은 이리저리 떠돌다 가족들이 있는 집으로 돌아오는 아버지의 삶을 형상화하는 데 기여하고 있다.

❸-9 "사람은 어데 갈 목적이 읎어도 어떤 때는 연맨크로 그냥 멀리로 떠나 댕기고 싶은 꿈이 있는 기라.

풀이 〈보기〉를 참고하여 윗글을 보면, 연을 만드는 이유를 묻는 '나'에게 '아버지'가 '사람은 어데 갈 목적이 읎어도 어떤 때는 연맨크로 그냥 멀리로 떠나 댕기고 싶은 꿈이 있는 기라.'라고 말한 부분을 통해 '아버지'는 하늘을 나는 연처럼 자유롭게 그냥 멀리로 떠나 다니며 사는 삶을 원한다는 것을 알 수 있다.

→ 적절함!
아버지는 연처럼 떠나 다니며 자유롭게 사는 삶을 동경한다는 것을 알 수 있어
✓③ '내 같은 사람이 쓸모읎이 보일란지 몰라도'라고 말한 부분에서, 아버지가 역마살로 인해 무능할 수밖에 없었던 자신의 삶을 후회하고 있음을 엿볼 수 있어.

근거 〈보기〉-1 이 작품은 역마살을 타고나 여기저기 떠돌아다니는 아버지의 삶과, 생계를 책임진 채 아버지에 대한 원망과 애정을 안고 살아가는 어머니의 삶을 그리고 있다.

❸-9~13 "사람은 어데 갈 목적이 읎어도 어떤 때는 연맨크로 그냥 멀리로 떠나 댕기고 싶은 꿈이 있는 기라. 그런 꿈 읎이 일만 하는 사람은 꼭 개미 같아. 사람은 개미가 아이잖나. 돈 벌라고 밤낮으로 일만 하는 사람을 보모 사람 사는 목적이 저런가 싶을 때가 있지러. 그 사람들이 보모 내 같은 사람이 쓸모읎이 보일란지 몰라도……"

풀이 〈보기〉를 바탕으로 윗글을 보면, 연을 만드는 이유를 묻는 '나'에게 '아버지'는 연처럼 멀리로 떠나 다니고 싶은 꿈이 없이 일만 하는 사람들은 도대체 왜 사는 건가 하는 의심이 들게 된다고 말한다. 따라서 '아버지가 역마살로 인해 무능할 수밖에 없었던 자신의 삶을 후회하고 있음을 엿볼 수 있다'는 설명은 적절하지 않으며, 오히려 '연처럼 자유롭게 떠나 다니는 삶'에 대한 아버지의 동경(어떤 것을 간절히 그리워하며 그것만을 생각함)이 분명하게 드러난다고 보는 것이 적절하다.

→ 적절하지 않음!

④ '더러 처자슥은 보고 싶은지 집구석이라고 찾'든다는 말에서, 어머니는 아버지에게 가족들이 얼레와 같은 역할을 하고 있다고 생각하고 있음을 알 수 있어.

근거 〈보기〉-2~3 작품의 주요 소재인 '연'은 바람이 부는 대로 하늘을 날아다니지만 연줄

로 '얼레'에 매여 있어 지상으로 돌아올 수밖에 없다. '연'과 '얼레'의 이러한 속성은 이리저리 떠돌다 가족들이 있는 집으로 돌아오는 아버지의 삶을 형상화하는 데 기여하고 있다.

④-24 "꿋꿋, 그래도 숨질이 붙었으몬 **더러 처자슥은 보고 싶은지 집구석이라고 찾아드니……**.

풀이 <보기>를 참고하여 윗글을 보면, 오랜 기간 집을 떠나 있었던 '아버지'의 귀가 소식을 접한 '어머니'는 '꿋꿋, 그래도 숨질이 붙었으몬 더러 처자슥은 보고 싶은지 집구석이라고 찾아드니…….'라고 말한다. 이는 하늘을 날아다니는 '연'이 '얼레'에 매어 있어 지상으로 돌아올 수밖에 없듯이 여기저기를 떠돌아다니는 '아버지'에게도 가족('처자슥')이 있어 '아버지'가 집으로 이따금씩 돌아오는 것이라고 여기는 '어머니'의 생각이 표현된 것이다. 따라서 어머니는 아버지에게 가족들이 얼레와 같은 역할을 하고 있다고 생각하고 있음을 알 수 있다.

→ 적절함!

⑤ '순환의 법칙을 좇아' 미움도 시간이 흐르면 연민이 되어 '밀물'처럼 마음을 채워 준다는 부분에서, 아버지에 대한 원망과 애정을 안고 사는 어머니에 대한 나의 *인식을 엿볼 수 있어. * 판단, 생각

근거 <보기>-1 이 작품은 역마살을 타고나 여기저기 떠돌아다니는 아버지의 삶과, 생계를 책임진 채 아버지에 대한 원망과 애정을 안고 살아가는 어머니의 삶을 그리고 있다.

⑤-2~6 엄마는 키가 작고 몸매가 깡마른데다 살결이 검어, 볼 때마다 안쓰럽고 측은한 마음이 마음 귀퉁이에 그늘을 만들었다. 그럴 적마다 아버지에 대한 원망 또한 반사적으로 감정을 자극했다. 아버지에 대한 원망 섞인 감정은 증오라기보다 썰물이 되어 당신을 내 옆에서 멀리로 밀어내는 작용을 했다. 아버지에 대한 그런 마음은 엄마의 경우도 비슷하리라 여겨졌다. 다만 **순환의 법칙을 좇아** 한때의 미움도 시간이 흐르면 연민으로 녹아, 끝내 **밀물**이 되어 엄마 여윈 마음을 다시 채워 주리란 점만이 다를 뿐이었다.

풀이 <보기>를 참고하여 윗글을 보면, '아버지'에 대해 원망과 심리적 거리감을 느끼는 '나'와 달리 '엄마'는 '아버지'를 원망도 하지만 그런 원망과 미움도 '순환의 법칙을 좇아' 연민과 애정이 되어 엄마의 마음을 채워준다고 '나'는 인식하고 있다.

→ 적절함!

[012~015] 다음 글을 읽고 물음에 답하시오.

1 ¹(이성의) 계모(이을 繼 어머니 母 : 아버지가 재혼함으로써 생긴 어머니) 장씨는 이성이 왕실(임금 王 일가 室 : 임금의 집안)의 한 사람이 되어 그(이성의) 권세(권력 權 기세 勢 : 권력과 세력)가 가볍지 않음을 알고 늘상 혜랑(장씨의 유모)과 신광 법사(불교의 진리 法 스승 師 : 승려)에게 의논하였다. ²그러던 차(기회)에 이성과 화양 공주가 화목하지(화할 和 친할 睦 : 사이가 좋지) 않음을 알아챈 혜랑이 말하였다.
³"이러한 기회는 두 번 다시 오지 않습니다. ⁴부인(여기서는 장씨)께서 뜻(이성을 해치고 자신의 아들인 이무가 대를 잇는 것 <전체 줄거리 참고>)을 이루실 때입니다."
⁵"무슨 말이냐?"
⁶혜랑이 헤헤헤 웃으며 말하였다.
⁷"이렇게 저렇게 하면 묘하지(뛰어난 방법이지) 않겠습니까?"
⁸장씨가 잠시 동안 생각하더니 말하였다.
⁹"이는 정말 중요한 일이니 다른 꾀를 생각해 보아라."
¹⁰혜랑이 신광 법사를 돌아보며 말하였다.
¹¹"부인(여기서는 장씨)께서 이처럼 (마음이) 약하시니 어떻게 소원을 이루겠습니까?"
¹²신광 법사가 말하였다.
¹³"이때가 정말 좋으니 부인은 의심하거나 걱정하지 마십시오."
¹⁴그러고는 비밀스럽게 계교(꾀 計 공교할 巧 : 요리조리 헤아려 보고 생각해 낸 꾀)를 행하였다.

→ 장씨는 권세가 높아진 이성을 해치기 위해 혜랑, 신광 법사와 계교를 꾸민다.

2 ¹한편 (화양 공주의) 보모(지킬 保 유모 姆 : 왕의 자식을 기르던 여자) 정 상궁(조선 시대에, 궁중에서 벼슬을 받은 여성)은 이성이 화양 공주를 박대하자(야박할 薄 대우할 待 : 인정 없이 모질게 대하자) 통한히(아플 痛 한할 恨 : 몹시 한스럽게) 여기고 말하였다.
²"공주께서는 임금님의 아주 귀한 딸입니다. ³더욱이 임금님께서 특별히 부탁하신 혼인인데 부마(임금 사위. 여기서는 이성)께서 이렇게 매몰차시니(쌀쌀맞으시니) 어찌 분하지(분할 憤 : 억울하고 화나지) 않겠습니까?"

⁴화양이 그 말을 듣고는 볼을 붉히며 말하였다.
⁵"이 무슨 말인가? ⁶서방님(여기서는 이성)이 드러나게 나를 박대함이 없고 도리어 나의 불초함(아닐 不 닮을 肖 : 못나고 어리석음)을 예로(예절 禮 : 예를 갖추어) 대한다. ⁷이로 인해 내가 항시(항상 恒 때 時 : 늘) 조심하고 있거늘 네(여기서는 정 상궁)가 주인(여기서는 이성)을 원망하며 권세를 운운하니(이룰 云 이룰 云 : 이러쿵저러쿵 말하니) 어찌 한심하지 않겠는가?"

→ 정 상궁이 이성이 화양을 박대함을 통한하자 화양은 정 상궁을 꾸짖는다.

3 ¹(화양의) 말의 기운이 엄숙하니(엄할 嚴 엄숙할 肅 : 위엄이 있으니) 정 상궁이 두려워하며 물러났다. ²그때 갑자기 신발 소리가 나며 이성이 ㉠ 방으로 들어왔다. ³화양이 물러 내려서며 이성을 맞은 후 자리를 잡고 앉았다. ⁴이성이 화양의 기색(기운 氣 얼굴빛 色 : 얼굴빛)을 살펴보니 조금도 방자함(멋대로 할 放 방자할 恣 : 어려워하거나 조심스러워하는 태도가 없이 무례하고 건방짐)이 보이지 않았고, 잘난 척하는 마음이 조금도 얼굴에 드러나지 않았다. ⁵이에 화양을 지극히 후대하며(후할 厚 대접할 待 : 아주 잘 대하며) 정이 점점 솟아났다. ⁶(이성은) 한밤중 동안 그곳(화양의 방)에 있다가 부모가 있는 곳으로 가 문안(물을 問 편안할 安 : 안부) 인사를 정성껏 올렸다.

→ 이성은 방자함이 없는 화양의 기색을 보고는 화양을 지극히 후대한다.

4 ¹혜랑은 장씨와 매일 화양을 해칠 계교를 짜는 한편, 신광 법사에게는 이렇게 저렇게 하되 비밀이 탄로나지 않게 하라고 당부하고 보냈다. ²혜랑의 가르침(화양을 해칠 계교가 탄로 나지 않게 하라는 당부)을 들은 신광 법사는 개용단(마음 먹은 대로 모습을 바꿔 주는 신통한 효험을 지닌 약)으로 이성의 모습을 한 채 ㉡ 명월루에 숨었다. ³밤이 깊어 인적(사람 人 발자취 跡 : 사람의 발소리)이 고요해지자, 바로 ㉢ 화양 공주의 방으로 뛰어 들어가 칼을 빼어 즉시 화양을 찌르려고 하였다. ⁴때마침 방 밖에 시비(모실 侍 여자 종 婢 : 곁에서 시중을 드는 여자 종)들의 소리가 시끄럽게 들리자 마음이 급해진 신광 법사는 엉겁결에(뜻하지 않게) (화양을) 비껴(비스듬히) 찌르고 도망갔다. ⁵(화양의) 비명소리를 들은 시비들이 놀라 들어와 시신(시체 屍 몸 身 : 시체)이 침상(잘 寢 평상 牀 : 침대) 위에 놓여 있는 것을 보고, 목놓아 울며 말하였다.
⁶"이 무슨 일이란 말인가?"

→ 혜랑과 장씨의 계교대로 신광 법사는 이성의 모습을 한 채 화양을 찌른다.

5 ¹(시비들은) 발을 구르고 ㉣ 외당(밖 外 집 堂 : 집의 안채와 떨어져 있는, 바깥주인이 거처하며 손님을 접대하는 곳)에 사실을 알리며 우왕좌왕하였다(오른 右 갈 往 왼 左 갈 往 : 이리저리 왔다 갔다 하였다). ²이성이 미처 나오지 못한 사이에 이영준(이성의 아버지)이 이성을 급히 불렀다. ³이성이 나와 보니 명월루에 울음소리가 진동하였다. ⁴시비들은 급히 뜻하지 않은 재앙이 화양의 몸에 미쳤다고 전하였다. ⁵이성은 크게 놀라면서도 얼굴빛을 태연히(편안할 泰 그럴 然 : 아무렇지 않은 듯이) 하였다. ⁶(이성을) 화양을 찔렀다는 소식을 들은 이영준은 (이성을) 보자마자 어디에 있었는지 물었다. ⁷이성이 정당(본 正 집 堂 : 여러 채로 된 집에서 가장 주된 집채)에 있었다고 답하자, 이영준은 장씨를 의심하면서도 여러 시녀들이 이성이 (화양을) 찔렀다고 하는 말을 듣고는 정신없이 이성과 함께 명월루로 갔다. ⁸시비들이 울부짖으며 어찌할 바를 모르다가 이영준과 이성을 보고 놀랐다. ⁹이영준이 휘장(휘두를 揮 장막 帳 : 장막) 밖에 서서는 이성에게 들어가 보라고 하였다. ¹⁰화양은 침상 아래 거꾸러진(거꾸로 엎어진) 채로 유혈(흐를 流 피 血 : 흘러나오는 피)이 낭자하니(어지러울 狼 어지러울 藉 : 여기저기 흩어져 어지러우니) 그 모습이 매우 잔혹하였다(잔인할 殘 심할 酷 : 잔인하고 끔찍했다). ¹¹왕실의 금지옥엽(금 金 가지 枝 구슬 玉 후손 葉 : 귀한 자손. 여기서는 화양)으로 이런 일을 당하였고, 그(화양을 죽인) 누명(더러울 陋 이름 名 : 사실이 아닌 일로 이름을 더럽히는 억울한 평판)이 이성에게 미칠 수 있으니 어찌 멸문지화(멸망할 滅 집안 門 ~의 之 재앙 禍 : 한집안이 다 죽임을 당하는 끔찍한 재앙)를 면할(면할 免 : 피할) 수 있겠는가? ¹²(이성은) 그럼에도 얼굴빛이 전혀 흔들리지 않고 천천히 나아가 공주를 살폈다. ¹³두 눈이 감긴 채 두 뺨에는 혈기(피 血 기운 氣 : 생명을 유지하는 피와 기운)가 없고 손과 발은 얼음처럼 차가웠다. ¹⁴살 방도(방법 方 방법 道 : 방법)가 전혀 없어 보였으나 비단 저고리를 걷고 자세히 보니 눈같이 흰 피부에 붉은 피가 가득하되 약간의 생기(날 生 기운 氣 : 생생한 기운)가 있었다. ¹⁵주머니에서 침(침 鍼 : 사람의 몸에 있는 혈을 찔러서 병을 다스리는 데에 쓰는 의료 기구)을 내어 기를 통하게 할 곳을 짚어 찔렀다. ¹⁶이성의 침법(침 鍼 방법 法 : 침을 놓는 방법)이 원래 신이하였기(신기할 神 기이할 異 : 신기하고 이상하였기)에 얼마 지나지 않아 얼굴에 붉은빛이 통하고 생기가 돌았다. ¹⁷약을 주자 잠시 후 화양이 숨을 쉬더니 소스라치게 놀라며 깨어났다.

→ 이영준과 함께 명월루로 간 이성은 신이한 침법으로 화양을 깨어나게 한다.

6 [중략 줄거리] (화양을 죽이려 했다는) 누명을 쓰고 유배되었던(귀양 보낼 流 귀양 보낼 配 : 먼 시골이나 섬으로 보내어 일정한 기간 동안 제한된 곳에서만 사는 형벌을 받았던) 이성은 외적이 쳐들어오자 풀려나 전장(싸울 戰 장소 場 : 전쟁터)에서 활약하고, 반역(배반할 反 거스를 逆 :

통치자에게서 나라를 다스리는 권한을 빼앗으려고 함)의 무리를 제압하는 과정에서 누명을 벗는다.

7 ¹그때 사신(부릴 使 신하 臣 : 임금의 명령을 받은 신하)이 이르렀다는 전갈(전할 傳 외칠 喝 : 사람을 시켜 전하는 말)이 오자 이영준이 이상하게 여겨 즉시 당(대청 堂 : 한옥에서, 몸채의 방과 방 사이에 있는 큰 마루)에서 내려가 임금의 교지(교령 敎 조서 旨 : 왕의 명령을 담은 문서)를 받았다. ²(교지를) 보니 장씨의 허물(죄)이 적지 않게 들어 있었다. ³궁궐에서 자기 집의 허물이 드러나 모든 관리에게 파다하게(뿌릴 播 많을 多 : 소문이 널리 퍼져) 알려진 사실이 부끄러운 한편 장씨의 심술에 통분하였다(아플 痛 성낼 忿 : 원통하고 분해함). ⁴이에 노비를 호령하여 장씨를 모시던 시녀와 유모(젖 乳 어머니 母 : 남의 아이에게 그 어머니 대신 젖을 먹여 주는 여자) 혜랑을 잡아들이게 한 후 실상(본질 實 상황 狀 : 실제의 사정)을 파헤쳤다. ⁵혜랑이 비록 크게 간악하지만(간사할 奸 악할 惡 : 간사하고 악독하지만) 일이 이 지경에 이르렀으니 어찌 속일 수 있겠는가? ⁶처음에 자객(찌를 刺 사람 客 : 사람을 몰래 죽이는 일을 하는 사람)을 보내어 이성을 해치려고 한 일부터 화양을 해쳐 그 죄를 이성에게 뒤집어씌운 일까지 바로 자백하였다(스스로 自 아뢸 白 : 죄를 스스로 고백하다).

⁷'장씨가 마음이 좁은 여자여서 이미 짐작은 하고 있었지만 간교함(간사할 奸 약삭빠를 巧 : 간사하고 교활함)이 이 정도일 줄은 생각조차 하지 못하였다.'

⁸생각이 이에 미치자 소리를 높여 꾸짖었다.

⁹"너(여기서는 혜랑)의 간악한 꾀로 명공(이름 名 제후 公 : 유명한 재상 혹은 훌륭한 재상)의 집안(여기서는 이영준 자신의 집안)에 화란(재앙 禍 난리 亂 : 재앙과 난리)을 짓고, 요악한(요사할 妖 악할 惡 : 요사하고 악독한) 도사(여기서는 신광 법사)와 결탁하여(맺을 結 의지할 託 : 한통속이 되어) 그 화(재앙 禍 : 재앙)가 국가에까지 미쳤다. ¹⁰또한 너의 주인(여기서는 장씨)을 아주 못된 아녀자(여자)로 만들었으니 어찌 죽음을 면하겠느냐?"

¹¹말을 마치고는 노비를 명하여 지져(불에 달군 물건을 대어) 죽이는 형벌을 더해 죽였다. ¹²장씨는 아들(여기서는 이무)의 얼굴을 보아 ⓓ후원(뒤 後 동산 園 : 집 뒤에 있는 정원이나 작은 동산) 냉옥(찰 冷 옥 獄 : 감옥)에 가두었다가 개과천선하기(고칠 改 허물 過 달라질 遷 착할 善 : 지난 허물을 고치고 착하게 되기)를 기다린 후 다시 처치하고자 하였다. ¹³이때 장씨는 자기 허물이 온 나라에 시끄럽게 드러나자 크게 부끄러워하며 사람을 멀리하였다.

8 ¹한편 열한 살인 이무(장씨의 아들)는 모든 일에 어른처럼 노련하였다(익숙할 老 익숙할 鍊 : 많은 경험으로 익숙하고 솜씨가 있었다). ²이 일을 당하니 마치 벼락에 온몸이 부서지는 듯하였다. ³어머니 장씨의 허물이 이처럼 심한 것에 새롭게 놀라며 부끄러워 죽고 싶은 마음이 들었다. ⁴그러나 죄를 받은 어머니를 보살필 사람이 없음을 알고 목숨을 유지하다가 아버지 이영준의 분노가 조금 가라앉자 이성과 함께 나아가 울며 말하였다.

⁵"소자들(작을 小 아들 子 : 아들이 부모를 상대하여 자기를 낮추어 이르는 말. 여기서는 이무와 이성)은 천륜(하늘 天 인륜 倫 : 부모와 자식 간에 하늘의 인연으로 정하여져 있는 관계)의 죄인입니다. ⁶엎드려 바라오니 아버님께서는 어머니의 망극한(근심할 罔 지극할 極 : 지극히 슬픈) 죄를 더하지 마시어 불초한(아닐 不 닮을 肖 : 못나고 어리석은) 저희들로 하여금 만고의(일 만 萬 옛 古 : 세상에 비할 데 없는) 죄인이 되지 않게 해 주십시오."

⁷말을 하며 눈물을 비처럼 흘리니 그 효성스러운 거동(행위 擧 움직임 動 : 태도)이 사람의 분한 마음을 봄눈 녹듯이 사라지게 할 정도였다.

- 작자 미상, 「화산기봉(華山奇逢)」-

• **중심 내용**

혜랑과 장씨의 계교대로 신광 법사는 이성의 모습을 한 채 화양을 찌르고, 이성은 신이한 침법으로 화양을 구한다. 유배된 이성은 여러 활약 끝에 누명을 벗게 되고, 이성의 모든 허물을 알게 된 이영준은 혜랑을 죽이고 장씨를 가두지만, 이성과 이무는 이영준에게 장씨의 죄를 용서해 달라고 한다.

• **전체 줄거리** ([ ]:지문 내용)

중국 당나라 때 이영준은 뒤늦게 아들 이성을 얻었는데, 이성이 9세 되던 해에 아내가 병으로 죽으니 장씨를 후처(두 번째 아내)로 맞아들인다. 장씨는 성질이 고약하나 이성이 효성을 다하니, 이성을 자기가 낳은 아들처럼 사랑한다. 그러나 장씨는 아들 이무를 낳은 뒤부터 이무가 집안의 대를 잇게 하기 위해 유모 혜랑과 작당하여 이성을 없앨 음모를 꾸민다. 장씨는 이성을 산속에 있는 절에 수학하러(닦을 修 학문 學 : 학문을 닦으러) 가게 해놓고는 자객을 보내 죽이려 하지만, 자객은 이성의 기세에 눌려 감동하고는 그간의 일을 모

두 자백한다. 이성은 자하도인을 만나 무예와 병서(병사 兵 글 書 : 군사를 지휘하여 전쟁하는 방법에 대해 쓴 책)를 익힌 후 집으로 돌아온다. 이성은 과거에 장원 급제하여 문헌각 태학사가 되고, 평장사 강진모의 딸 강 소저와 혼인하여 화목하게 지낸다. 한편, 황제의 총애를 받는 설귀비는 이성을 자신의 딸 화양 공주와 혼인시키려 거절당하자, 강진모를 모함하여 귀양 보낸다. 그리고 이성에게 강 부인을 내보내게 하고, 황제에게는 이성을 부마(임금의 사위)로 간택하라고(가릴 揀 가릴 擇 : 선택하라고) 한다. 이성은 마지못해 화양 공주와 혼인하게 된다. [장씨는 혜랑과 계교를 꾸며 신광 법사로 하여금 이성의 모습을 한 채 화양을 죽이게 한다. 급히 달려온 이성은 화양을 신이한 침술로 살려내지만, 이 일을 알게 된 황제가 이성을 유배 보낸다.] 한편, 화양은 강에 투신하려던 강 부인을 구해 주고는 태청관에서 함께 지내고, 설귀비는 황후(황제의 아내)와 태자(황제의 아들)를 모함하여 몰아내려고 한다. [이때 서번왕이 나라를 침입하자 황제는 유배된 이성을 출전하게(날 出 싸움 戰 : 싸우러 나가게) 한다. 이성이 외적을 격파하고 돌아오자] 황제는 이성에게 병부상서의 벼슬을 내린다. 외적의 침공으로 황후와 태자를 내치는 데 실패한 설귀비는 지방 절도사들로 하여금 반란을 일으키게 한다. [또한 설귀비의 조카인 간신 어침은 황성을 포위하고 반역을 꾀하는데, 이성이 어침을 사로잡고 황제를 구출한다.] 황제는 간악한 무리들을 처단하고 설귀비에게 사약을 내리나, 태자의 간청으로 본가로 돌려보낸다. [교지를 받고서 장씨의 모든 허물을 알게 된 이영준은 장씨를 후원 냉옥에 가두었으나, 이성과 이무의 지극한 효성으로] 장씨는 풀려난다. 이성은 강 부인, 화양과 함께 화목하게 살아간다.

• **인물 관계도**

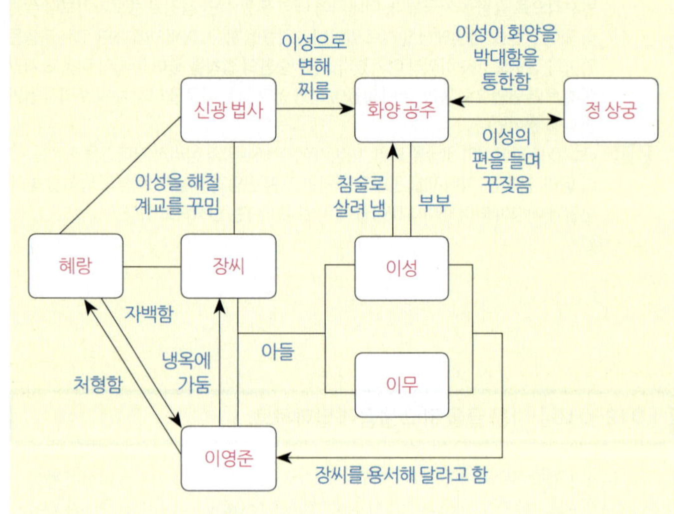

1등급 문제

| **012** | 내용 이해 – 적절한 것 고르기 2022년 11월 학평 42번
정답률 55%, 매력적 오답 ③ 20% | 정답 ⑤ |

윗글에 대한 이해로 가장 적절한 것은?

이성의 말을 듣고 장씨를
① 이영준은 직접 화양의 상태를 확인하고 이성을 의심했다.

근거 **5**-6~7 이성이 화양을 찔렀다는 소식을 들은 이영준은 보자마자 어디에 있었는지 물었다. 이성이 정당에 있었다고 답하자, 이영준은 장씨를 의심하면서도 여러 시녀들이 이성이 찔렀다고 하는 말을 듣고는 정신없이 이성과 함께 명월루로 갔다./ 9 이영준이 휘장 밖에 서서는 이성에게 들어가 보라고 하였다.

풀이 이영준은 휘장 밖에서 이성에게 화양이 있는 방 안으로 들어가 보라고 하였으므로 이영준이 직접 화양의 상태를 확인하지는 않았다. 또한, 정당에 있었다는 이성의 말에 이영준은 장씨를 의심하였다고 했으므로 이영준이 이성을 의심했다고 보기도 어렵다.

→ 적절하지 않음!

드러나자 부끄러워하며 사람을 멀리했다
② 장씨는 자신의 잘못이 드러났음에도 끝까지 *결백을 주장했다. * 아무 죄가 없음

근거 **7**-13 이때 장씨는 자기 허물이 온 나라에 시끄럽게 드러나자 크게 부끄러워하며 사람을 멀리하였다.

풀이 장씨는 자기 허물이 온 나라에 시끄럽게 드러나자 크게 부끄러워하며 사람을 멀리하였다고 하였다. 따라서 장씨가 자신의 잘못이 드러났음에도 끝까지 결백을 주장했다는 설명은 적절하지 않다.

→ 적절하지 않음!

장씨를 부추겨 집안과 국가에 화를 불러온
③ 이영준은 혜랑이 자백하는 척하며 장씨를 모함한 것을 꾸짖었다.

근거 ❼-5~6 혜랑이 비록 크게 간악하지만 일이 이 지경에 이르렀으니 어찌 속일 수 있겠는가? 처음에 자객을 보내어 이성을 해하려고 한 일부터 화양을 해쳐 그 죄를 이성에게 뒤집어씌운 일까지 바로 자백하였다./8~10 소리를 높여 꾸짖었다. "너(혜랑)의 간악한 꾀로 명공의 집안에 화란을 짓고, 요약한 도사와 결탁하여 그 화가 국가에까지 미쳤다. 또한 너의 주인을 아주 못된 아녀자로 만들었으니 어찌 죽음을 면하겠느냐?"

풀이 혜랑은 처음에 자객을 보내어 이성을 해하려고 한 일부터 화양을 해쳐 그 죄를 이성에게 뒤집어씌운 일까지 바로 자백하였다. 혜랑은 자백하는 척하며 장씨를 모함하지는 않았으므로 이에 대해 이영준이 혜랑을 꾸짖었다는 것 또한 적절하지 않다. 이영준은 혜랑이 간악한 꾀로 장씨를 부추겨 집안과 국가에 화를 미친 것을 꾸짖고 있다.

→ 적절하지 않음!

④ 이성은 화양이 습격을 당할 것을 예상하고 미리 그녀에게 주의를 주었다.

근거 ❺-4~5 시비들은 급히 뜻하지 않은 재앙이 화양의 몸에 미쳤다고 전하였다. 이성은 크게 놀라면서도 얼굴빛을 태연히 하였다.

풀이 시비들에게서 화양이 뜻하지 않은 재앙을 겪었다는 소식을 들은 이성이 크게 놀랐다는 점에서 이성이 화양이 습격을 당할 것을 예상했다고 볼 수 없으며, 이성이 미리 화양에게 이러한 점에 대해 주의를 주었다는 사실 역시 윗글에서 확인할 수 없다.

→ 적절하지 않음!

⑤ 혜랑은 이성과 화양의 *불화가 자신의 계획에 유리하게 작용한다고 판단했다.

* 아닐 不 화목할 和 : 서로 사이좋게 지내지 못함

근거 ❶-2~4 그러던 차에 이성과 화양 공주가 화목하지 않음을 알아챈 혜랑이 말하였다. "이러한 기회는 두 번 다시 오지 않습니다. 부인께서 뜻을 이루실 때입니다."

풀이 이성과 화양 공주가 화목하지 않음을 알아챈 혜랑은 장씨에게 이러한 기회는 두 번 다시 오지 않으니 지금이 장씨가 뜻을 이룰 때라고 말하였다. 이를 통해 혜랑은 이성과 화양의 불화가 자신의 계획에 유리하게 작용한다고 판단했음을 알 수 있다.

→ 적절함!

1등급 문제

013 | 서술상 특징 - 적절한 것 고르기 | 2022년 11월 학평 43번
정답률 55%, 매력적 오답 ④ 20%, ① 10% | 정답 ⑤

윗글의 서술상 특징으로 가장 적절한 것은?

① 외양을 세밀하게 묘사하여 인물을 *희화화하고 있다.

* 희롱할 戱 그릴 畫 될 化 : 우스꽝스럽게 표현하고

풀이 윗글에서는 인물의 외양을 세밀하게 묘사하여 인물을 희화화하고 있는 부분이 나타나지 않는다.

→ 적절하지 않음!

이영준이 혜랑에게 자백하게 함으로써
② 꿈과 현실의 교차를 통해 사건의 *진상을 밝히고 있다.

* 참 眞 형상 相 : 거짓 없는 모습이나 내용

근거 ❼-4~6 장씨를 모시던 시녀와 유모 혜랑을 잡아들이게 한 후 실상을 파헤쳤다. 혜랑이 비록 크게 간악하지만 일이 이 지경에 이르렀으니 어찌 속일 수 있겠는가? 처음에 자객을 보내어 이성을 해하려고 한 일부터 화양을 해쳐 그 죄를 이성에게 뒤집어씌운 일까지 바로 자백하였다.

풀이 윗글은 현실의 사건이 전개될 뿐, 꿈속의 내용은 나타나지 않는다. 윗글에 나타난 사건의 진상은 이영준이 장씨를 모시던 시녀와 혜랑을 잡아들여 추궁하는 과정에서 혜랑이 모든 죄를 자백함으로써 밝혀지게 된다.

→ 적절하지 않음!
행동을
③ 대화와 삽입된 노래를 통해 인물들의 *심회를 드러내고 있다.

* 마음 心 품을 懷 : 마음속에 품고 있는 생각이나 느낌

근거 ❶-3~13 "이러한 기회는 두 번 다시 오지 않습니다. 부인(장씨)께서 뜻을 이루실 때입니다." ~ 신광 법사가 말하였다. "이때가 정말 좋으니 부인은 의심하거나 걱정하지 마십시오."

풀이 윗글은 장씨, 혜랑, 신광 법사의 대화와 행동을 통해 이성을 해치고 싶은 그들의 생각을 드러내고 있다. 윗글에 노래가 삽입된 부분은 나타나지 않는다.

→ 적절하지 않음!

④ 비현실적인 소재를 활용하여 낭만적 분위기를 형성하고 있다.

근거 ❹-2 혜랑의 가르침을 들은 신광 법사는 개용단으로 이성의 모습을 한 채 명월루에 숨었다.

풀이 신광 법사가 개용단을 먹고 이성의 모습으로 변한 것에서 비현실적인 소재가 사용되었음을 알 수 있다. 그러나 이성의 모습을 한 신광 법사가 화양을 칼로 찌르는 사건이

벌어지므로 낭만적인 분위기가 형성된다고 볼 수 없다.

→ 적절하지 않음!

⑤ *서술자가 개입하여 사건에 대한 주관적 판단을 드러내고 있다.

* 서술자가 이야기 중간에 끼어들어 인물이나 사건을 직접 평가하여

근거 ❺-11 왕실의 금지옥엽으로 이런 일을 당하였고, 그 누명이 이성에게 미칠 수 있으니 어찌 멸문지화를 면할 수 있겠는가?

❼-5 혜랑이 비록 크게 간악하지만 일이 이 지경에 이르렀으니 어찌 속일 수 있겠는가?

❽-7 그 효성스러운 거동이 사람의 분한 마음을 봄눈 녹듯이 사라지게 할 정도였다.

풀이 '왕실의 금지옥엽으로 이런 일을 ~ 멸문지화를 면할 수 있겠는가?'에서는 이성이 화양의 죽음으로 큰 화를 입게 될 것이라는 서술자의 판단이 드러난다. '혜랑이 비록 크게 간악하지만 ~ 어찌 속일 수 있겠는가?'에서는 혜랑의 인물됨과 혜랑이 죄를 고백할 수밖에 없을 것이라는 서술자의 판단이 드러난다. '그 효성스러운 거동이 ~ 정도였다.'에서는 이성과 이무의 효성스러움에 대한 서술자의 판단이 드러난다.

→ 적절함!

---

014 | 공간의 기능 - 적절하지 않은 것 고르기 | 2022년 11월 학평 44번
정답률 65%, 매력적 오답 ③ 10% | 정답 ④

㉠ ~ ㉤에 대한 설명으로 적절하지 않은 것은?

① ㉠은 이성이 화양의 태도를 확인하고 화양에게 긍정적 감정을 느끼는 곳이다.

근거 ❸-2 그때 갑자기 신발 소리가 나며 이성이 ㉠ 방으로 들어왔다./4~5 이성이 화양의 기색을 살펴보니 조금도 방자함이 보이지 않았고, 잘난 척하는 마음이 조금도 얼굴에 드러나지 않았다. 이에 화양을 지극히 후대하며 정이 점점 솟아났다.

풀이 방(㉠)으로 들어온 이성은 화양의 기색에서 방자함이나 잘난 척하는 마음이 드러나지 않자 화양에 대한 정이 점점 솟아나게 된다. 따라서 ㉠(방)은 이성이 화양의 태도를 확인하고 화양에게 긍정적 감정을 느끼는 곳으로 볼 수 있다.

→ 적절함!

② ㉡은 신광 법사가 혜랑의 지시를 *이행하기 위해 이동한 곳이다. * 실제로 행하기

근거 ❹-1~2 혜랑은 ~ 신광 법사에게는 이렇게 저렇게 하되 비밀이 탄로나지 않게 하라고 당부하고 보냈다. 혜랑의 가르침을 들은 신광 법사는 개용단으로 이성의 모습을 한 채 ㉡ 명월루에 숨었다.

풀이 혜랑은 신광 법사에게 이렇게 저렇게 하라고 지시를 하였고, 혜랑의 가르침을 들은 신광 법사는 개용단으로 이성의 모습을 한 채 명월루(㉡)에 숨는다. 따라서 ㉡(명월루)은 신광 법사가 혜랑의 지시를 이행하기 위해 이동한 곳으로 볼 수 있다.

→ 적절함!

③ ㉢은 신광 법사가 외부적인 요인으로 인해 *조급히 행동하는 곳이다. * 매우 급하게

근거 ❹-3~4 밤이 깊어 인적이 고요해지자, 바로 ㉢ 화양 공주의 방으로 뛰어 들어가 칼을 빼어 즉시 화양을 찌르려고 하였다. 때마침 방 밖에 시비들의 소리가 시끄럽게 들리자 마음이 급해진 신광 법사는 엉겁결에 비껴 찌르고 도망갔다.

풀이 신광 법사는 화양 공주의 방(㉢)으로 뛰어 들어가 칼을 빼어 화양을 찌르려고 하던 차에 방 밖에서 시비들의 소리가 시끄럽게 들리자 마음이 급해져 엉겁결에 화양을 비껴 찌르고 도망간다. 따라서 ㉢(화양 공주의 방)은 신광 법사가 방 밖에서 들리는 시비들의 소리라는 외부적인 요인으로 인해 조급히 행동하는 곳으로 볼 수 있다.

→ 적절함!

④ ㉣은 이영준과 이성이 문제 해결에 대한 의견 차이를 드러내는 곳이다.

근거 ❺-1~2 발을 구르고 ㉣ 외당에 사실을 알리며 우왕좌왕하였다. 이성이 미처 나오지 못한 사이에 이영준이 이성을 급히 불렀다./6~7 이성이 화양을 찔렀다는 소식을 들은 이영준은 보자마자 어디에 있었는지 물었다. 이성이 정당에 있었다고 답하자, 이영준은 장씨를 의심하면서도 여러 시녀들이 이성이 찔렀다고 하는 말을 듣고는 정신없이 이성과 함께 명월루로 갔다.

풀이 시비들이 화양이 칼에 찔렸다는 사실을 외당(㉣)에 알리자 이영준은 이성을 불러 어디에 있었는지 묻고, 이에 이성은 정당에 있었다고 답한다. 이후 이영준과 이성은 함께 명월루로 이동한다. 따라서 ㉣(외당)은 이영준과 이성이 문제 해결에 대한 의견 차이를 드러내는 곳으로 볼 수 없다.

→ 적절하지 않음!

⑤ ㉤은 장씨가 자신의 행위를 반성하도록 이영준에 의해 보내진 곳이다.

근거 ❼-12 장씨는 아들의 얼굴을 보아 ㉤ 후원 냉옥에 가두었다가 개과천선하기를 기다린 후 다시 처치하고자 하였다.

1등급 문제

015 감상의 적절성 – 적절하지 않은 것 고르기 | 2022년 11월 학평 45번
정답률 55%, 매력적 오답 ③, ⑤ 15% | **정답 ②**

〈보기〉를 참고하여 윗글을 감상한 내용으로 적절하지 않은 것은? [3점]

| 보기 |

[1]「화산기봉」에서 주인공(이성)의 혼인은 계모와의 갈등이 심화되는 계기가 된다. [2] 이
로 인해 가문 전체에 위협이 되는 사건이 초래되지만(부를 招 올 來 : 생겨나게 되지만), 주
인공은 비범한(아닐 非 보통 凡 : 보통 수준보다 훨씬 뛰어난) 능력을 발휘하여 위기에 대응한
다. [3] 한편 이러한 갈등의 해결 과정에서 가족 외 인물은 갈등 유발의 책임이 전가되어
(구를 轉 떠넘길 嫁 : 넘겨씌워져) 처벌되는 반면, 가족 내 인물은 유교적 윤리를 바탕으로
포용(감쌀 包 용납할 容 : 너그럽게 감싸거나 받아들임)의 대상이 된다. [4] 이를 통해 가문의 안
정을 지향하는 사대부(학식은 있으나 벼슬을 하지 않았던 선비(士)와 벼슬길에 나아갔던 대부(代
夫))의 면모(모습 面 모양 貌 : 모습)를 보여 주고 있다.

① 장씨가 왕실의 사람이 된 이성을 경계하여 계교를 꾸미는 것을 보니, 주인공의 혼인으
로 인해 계모와 주인공 사이의 갈등이 심화되고 있음을 엿볼 수 있군.

근거 〈보기〉-1 「화산기봉」에서 주인공의 혼인은 계모와의 갈등이 심화되는 계기가 된다.
❶-1 장씨는 이성이 왕실의 한 사람이 되어 그 권세가 가볍지 않음을 알고 늘상 혜
랑과 신광 법사에게 의논하였다. / 14 그러고는 비밀스럽게 계교를 행하였다.

풀이 장씨는 이성이 공주와의 혼인으로 왕실에 속한 사람이 되어 그 권세가 가볍지 않음
을 경계하여 혜랑, 신광 법사와 함께 비밀스럽게 계교를 꾸미므로, 주인공의 혼인이
계모와의 갈등이 심화되는 계기가 되었음을 알 수 있다.

→ 적절함!

✓② 화양이 이성을 원망하는 정 상궁을 *질책하는 것을 보니, 가족 내 갈등이 유발된 책임
을 가족 외 인물에게 돌리고 있는 상황을 확인할 수 있군. * 꾸짖을 叱 꾸짖을 責 : 꾸짖는

근거 〈보기〉-3 갈등의 해결 과정에서 가족 외 인물은 갈등 유발의 책임이 전가되어 처벌
되는 반면,
❷ 한편 보모 정 상궁은 이성이 화양 공주를 박대하자 통한히 여기고 말하였다. ~
"이 무슨 말인가? ~ 네가 주인을 원망하며 권세를 운운하니 어찌 한심하지 않겠는
가?"

풀이 화양을 박대하는 것을 통한히 여겨 이성을 원망하는 정 상궁을 화양이 질책하는 것
은 맞으나, 이를 통해 가족 내 갈등이 유발된 책임을 가족 외 인물에게 돌리고 있는
상황을 확인할 수 있다고 볼 수는 없다.

→ 적절하지 않음!

③ 장씨와 혜랑에 의해 이성이 누명을 쓰는 일이 멸문지화로 이어질 수 있다는 것을 보니,
계모가 일으킨 사건이 가문의 *존속을 위협할 수 있음을 짐작할 수 있군.
* 있을 存 이을 續 : 그대로 있거나 계속됨

근거 〈보기〉-2 가문 전체에 위협이 되는 사건이 초래되지만,
❺-11 그 누명이 이성에게 미칠 수 있으니 어찌 멸문지화를 면할 수 있겠는가?

풀이 장씨와 혜랑이 화양을 해칠 계교를 짜고 이를 이성이 저지른 것으로 누명을 씌우는
것이 한집안의 끔찍한 재앙인 멸문지화를 면할 수 없다고 한 것으로 보아, 장씨가 일
으킨 사건은 가문 전체에 위협이 되는, 즉 가문의 존속을 위협할 수 있는 사건임을 짐
작할 수 있다.

→ 적절함!

④ 이성이 신이한 침술로 목숨이 위태로운 화양을 *소생시키는 것을 보니, 주인공이 비
범한 능력을 통해 급박한 상황에 대응하고 있음을 확인할 수 있군.
* 되살아날 蘇 살 生 : 다시 살아나게 하는

근거 〈보기〉-2 주인공은 비범한 능력을 발휘하여 위기에 대응한다.
❺-15~16 주머니에서 침을 내어 기를 통하게 할 곳을 짚어 찔렀다. 이성의 침법이
원래 신이하였기에 얼마 지나지 않아 얼굴에 붉은빛이 통하고 생기가 돌았다.

풀이 이성이 신이한 침법으로 목숨이 위태로운 화양을 소생시키는 것으로 보아, 주인공
이 비범한 능력을 발휘하여 위기에 대응하고 있음을 확인할 수 있다.

→ 적절함!

⑤ 이무와 이성이 장씨를 용서해 달라고 *간청하는 것을 보니, 효라는 유교적 윤리를 바
탕으로 **악행을 저지른 가족 내 인물을 포용하려는 모습을 엿볼 수 있군.
* 간절할 懇 청할 請 : 간절히 청하는 ** 악할 惡 행위 行 : 악독한 행위

근거 〈보기〉-3 가족 내 인물은 유교적 윤리를 바탕으로 포용의 대상이 된다.
❽-5~6 "소자들은 천륜의 죄인입니다. 엎드려 바라오니 아버님께서는 어머니의
망극한 죄를 더하지 마시어 불초한 저희들로 하여금 만고의 죄인이 되지 않게 해 주
십시오."

풀이 이무와 이성은 이영준에게 장씨를 용서해 달라고 간청한다. 이를 통해 악행을 저지
른 가족 내 인물인 장씨는 효라는 유교적 윤리를 바탕으로 포용의 대상이 됨을 확인
할 수 있다.

→ 적절함!

2회 미니모의고사

[001~004] 다음 글을 읽고 물음에 답하시오.

작품 이해 단계 ① 화자 ② 상황 및 대상 ③ 정서 및 태도 ④ 주제

(가)

1 ⓐ해는 출렁거리는 빛으로
2 내려오며
    └ 양이 지나쳐 감당할 수 없어
3 제 빛에 겨워 흘러 넘친다
   → ② 대상 및 상황 : '해'가 빛으로 내려오는 상황

4 ㉠모든 초록, 모든 꽃들의
5 왕관이 되어
  └ '해'를 의미 └ '나무'를 의미
6 자기의 왕관인 초록과 꽃들에게
   → ② 대상 및 상황 : '해'가 '나무'와 '꽃'을 비추는 상황 (해, 나무, 꽃이 한데 어울려 있는 모습)
7 웃는다, 비유의 아버지답게
    └ '해'를 빗댄 말
8 초록의 샘답게
9 하늘의 푸른 넓이를 다해 웃는다
   → ② 대상 및 상황 : '푸른 하늘'에 '해'가 가득히 비치는 상황
10 하늘 전체가 그냥
   → ③ 정서 : 눈부신 하늘에 기쁨을 느낀다.
11 기쁨이며 신전이다
    └ 신들의 궁전. 해가 빛나는 '하늘'을 빗댄 말

2
1 해여, 푸른 하늘이여,
2 그 빛에, 그 공기에
3 취해 찰랑대는 자기의 즙에 겨운,
   → ② 대상 및 상황 : '해'의 빛과 '푸른 하늘'의 공기에 취한 '나뭇가지'들이 공중에서 흔들리고 있는 상황
4 공중에 뜬 물인
5 나뭇가지들의 초록 기쁨이여
    └ '나무의 푸른 잎'을 의미

3
1 흙은 그리고 깊은 데서
2 ㉡큰 향기로운 눈동자를 굴리며
    └ 드러나지 않게 가만히
3 넌지시 주고받으며
   → ② 대상 및 상황 : '흙'이 싱글거리는 상황
4 싱글거린다
    └ 소리 없이 정답게 자꾸 웃는다

4
1 오 이 향기
2 싱글거리는 흙의 향기
    └ ① 화자 : '내(나)'
3 ㉢내 코에 댄 깔때기와도 같은
    └ '깔때기'가 표준어
   → ②③ 상황 및 정서 : '나'는 코에 깔때기를 댄 것처럼 흙과 하늘과 나무들의 향기를 맡으며 봄의 기쁨을 느낀다.
4 하늘의, 향기
5 나무들의 향기!

          - 정현종, 「초록 기쁨 — 봄숲에서」-

④ 주제 :
햇빛이 비치는 봄의 숲에서 기쁨과 향기로움을 느낀다.

• 지문 이해

❶	❷	❸	❹
숲에 비치는 햇빛의 아름다움	초록으로 빛나는 나뭇가지	흙의 향기로움과 싱그러움	흙, 하늘, 나무들의 향기

(나)

① 화자 : 안 드러남
    └ 황톳길이 되고
1 ㉣들길은 마을에 들자 붉어지고
2 마을 골목은 들로 내려서자 푸르러졌다
   → ② 상황 : 마을의 길은 붉어지고 들은 푸르러진 상황
    └ 밭을 갈아 오목하고 볼록하게 만든 모양
3 바람은 넘실 천 이랑 만 이랑
    └ 부드럽게 굽이쳐 흔들리며
4 ㉤이랑 이랑 햇빛이 갈라지고
   → ② 상황 : 이랑에 햇빛이 비치고 바람에 보리가 흔들리는 상황
    └ '보리 줄기'를 비유
5 보리도 허리통이 부끄럽게 드러났다
6 꾀꼬리는 엽태 혼자 날아 볼 줄 모르나니
    └ 여태. 지금까지
7 암컷이라 쫓길 뿐
8 수놈이라 쫓을 뿐
    └ 어지러울
   → ② 상황 : 꾀꼬리 한 쌍이 날고 있는 상황
9 황금빛 난 길이 어지럴 뿐
    └ 진하지 않게 곱게 꾸미고
10 얇은 단장하고 아양 가득 차 있는
    └ 애교스러운 태도
   → ② 상황 : (산봉우리가) 초록으로 물들기 시작한 상황
11 ⓑ산봉우리야 오늘밤 너 어디로 가 버리련?
   → ③ 정서 : 밤이면 산봉우리가 보이지 않아 아쉬워한다.

          - 김영랑, 「오월」-

④ 주제 :
봄날의 생동감을 느낀다.

• 지문 이해

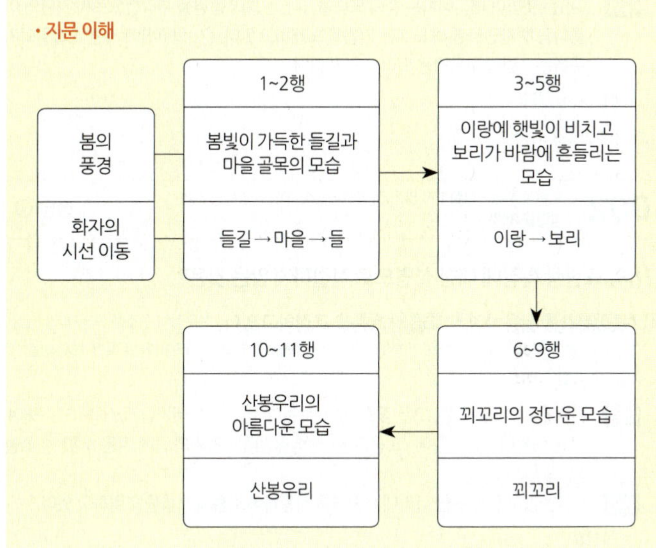

봄의 풍경 / 화자의 시선 이동

1~2행	→	3~5행
봄빛이 가득한 들길과 마을 골목의 모습		이랑에 햇빛이 비치고 보리가 바람에 흔들리는 모습
들길→마을→들		이랑→보리

10~11행	←	6~9행
산봉우리의 아름다운 모습		꾀꼬리의 정다운 모습
산봉우리		꾀꼬리

---

001 | 작품 간 공통점 – 적절한 것 고르기 | 2020년 6월 학평 29번
정답률 90% | 정답 ④

(가)와 (나)의 공통점으로 가장 적절한 것은?

선지	핵심 체크 내용	(가)	(나)
①	사물의 특징 → 삶의 교훈	X	X
②	이상과 현실의 대비 → 이상에 대한 화자의 염원	X	X
③	과거와 현재의 교차 → 현실의 삶에 대한 반성적 태도	X	X
④	자연물에 인격 부여 → 화자와 자연의 교감	O	O
⑤	자연의 모습 부각	O	O
	자연에 합일되지 못하는 인간의 고독감	X	X

① 화자가 *인식한 사물의 특징에서 삶의 교훈을 이끌어 내고 있다. * 느끼고 판단하여 알게 된

풀이 (가)와 (나)의 화자는 자연의 아름다움에 감탄하고 있을 뿐, 사물의 특징을 인식하고 그것에서 삶의 교훈을 이끌어 내고 있지는 않다.

→ 적절하지 않음!

② *이상과 **현실을 ***대비시켜 이상에 대한 화자의 ****염원을 나타내고 있다.

* 가장 완전하다고 여겨지는 상태 ** 실제로 존재하는 상태 *** 서로 맞대어 비교하여 **** 간절한 바람

풀이 (가)와 (나)에는 이상과 현실을 대비시키는 부분이나 화자가 이상을 염원하는 부분은 나타나지 않는다.

→ 적절하지 않음!

③ 과거와 현재를 *교차시켜 현실의 삶에 대한 반성의 태도를 나타내고 있다.

* 엇갈리게 나열하여

풀이 (가)와 (나)에는 과거와 현재가 교차되는 부분이나 화자가 현실의 삶에 대해 반성하는 부분은 나타나지 않는다.

→ 적절하지 않음!

④ 자연물에 *인격을 부여하여 화자가 자연과 **교감하는 모습을 보여 주고 있다.

* 사람이 가지는 특성을 가진 것처럼 표현하여 ** 서로 감정이 통하는

근거 **(가)** ❶-1~7 해는 출렁거리는 빛으로/ ~ 자기의 왕관인 초록과 꽃들에게/ 웃는다,// ❸ 흙은 ~/ 큰 향기로운 눈동자를 굴리며/ ~ 싱글거린다// ❹ 오 이 향기/ 싱글거리는 흙의 향기/ 내 코에 댄 갈대기와도 같은/ 하늘의, 향기/ 나무들의 향기!
(나)-10~11 얇은 단장하고 아양 가득 차 있는/ 산봉우리야 오늘밤 너 어디로 가 버리련?

풀이 (가)의 화자는 해, 흙 등의 자연에 인격을 부여하여 '해가 웃는다', '흙이 싱글거린다'와 같이 표현하고 흙, 하늘, 나무들의 향기를 맡는 모습을 통해 자연과 교감하는 화자의 모습을 나타내고 있다. (나)의 화자는 산에 인격을 부여하여 산이 '얇은 단장하고 아양'에 가득 차 있다고 표현하고 '산봉우리야 오늘밤 너 어디로 가 버리련?'이라고 묻는 모습을 통해 자연과 교감하는 화자의 모습을 보여 주고 있다.

→ 적절함!

⑤ 자연의 모습을 *부각하여 자연에 **합일되지 못하는 인간의 ***고독감을 드러내고 있다. *두드러지게 하여 ** 합하여져 하나가 되지 *** 외롭고 쓸쓸한 마음

자연의 아름답고 생명력 넘치는 모습을

풀이 (가)는 햇빛이 내리비치는 숲의 모습을, (나)는 봄의 풍경을 부각함으로써 자연의 아름다움과 자연을 통해 느끼는 기쁨을 노래하고 있다. (가)와 (나)에 자연에 합일되지 못하는 인간의 고독감은 드러나 있지 않다.

→ 적절하지 않음!

---

002 | 표현상 특징 - 적절하지 않은 것 고르기 | 2020년 6월 학평 30번
정답률 80% | **정답 ②**

(가)의 표현상 특징에 대한 설명으로 적절하지 않은 것은?

① *문장부호를 활용하여 **호흡의 흐름을 조절하고 있다. * 문장의 구조를 드러내거나 글쓴이의 의도를 정확히 전달하기 위해 문장에서 사용하는 쉼표나 마침표, 물음표 등의 여러 가지 부호 ** 시를 읽는 속도

근거 **(가)** ❶-4 모든 초록, 모든 꽃들의/ 7 웃는다, 비유의 아버지답게// ❷-1~3 해여, 푸른 하늘이여,/ 그 빛에, 그 공기에/ 취해 찰랑대는 자기의 즙에 겨운,// ❹-4 하늘의, 향기

풀이 (가)는 끊어 읽는 곳을 나타내는 쉼표를 사용하여 호흡의 흐름을 조절하고 있다.

→ 적절함!

② *반어적 표현을 사용하여 **숨은 의미를 나타내고 있다.

* 화자가 말하고자 하는 의도와 반대되는 표현 ** 시의 표면에 드러나지 않는 의미

풀이 (가)에는 반어적 표현을 사용하여 숨은 의미를 나타내는 부분이 드러나지 않는다.

→ 적절하지 않음!

③ 동일한 시어를 반복함으로써 의미를 강조하고 있다.

근거 **(가)** ❶-4, 6, 8, ❷-5 초록/ ❶-7, 9 웃는다/ ❶-11, ❷-5 기쁨/ ❹-1, 2, 4, 5 향기

풀이 '초록'이라는 시어를 반복하여 봄의 싱그러움을, '웃는다'라는 시어를 반복하여 햇빛이 내리비치는 봄의 화창함을, '기쁨'이라는 시어를 반복하여 봄에 느껴지는 정서를, '향기'라는 시어를 반복하여 봄에 느낄 수 있는 자연의 향기를 강조한다. 이처럼 동일한 시어를 반복함으로써 시어가 가진 의미를 강조하고 있다.

→ 적절함!

④ *감각적 이미지로 대상에 대한 **인상을 표현하고 있다.

* 시각, 청각, 후각, 미각, 촉각 등의 감각을 드러내는 ** 받은 느낌

근거 **(가)** ❶-1 해는 출렁거리는 빛으로/ 8 초록의 샘답게/ 9 하늘의 푸른 넓이를 다해 웃는다// ❷-1 해여, 푸른 하늘이여,/ 5 나뭇가지들의 초록 기쁨이여 (시각적 이미지)
(가) ❸-2 큰 향기로운 눈동자를 굴리며/ ❹-1~2 오 이 향기/ 싱글거리는 흙의 향

기/ 4~5 하늘의, 향기/ 나무들의 향기! (후각적 이미지)

풀이 '출렁거리는 빛', '초록의 샘', '푸른 하늘', '초록 기쁨' 등의 시각적 이미지와 '흙의 향기', '하늘의 향기', '나무들의 향기' 등의 후각적 이미지를 사용하여 봄을 맞은 자연을 보며 느끼는 인상을 표현하고 있다.

→ 적절함!

⑤ *영탄적 표현을 사용하여 **화자의 정서를 나타내고 있다.

* 부르는 말이나 감탄사 등을 이용하여 감정을 강하게 드러내는 ** 시에서 말하는 이의 감정

근거 **(가)** ❷-1 해여, 푸른 하늘이여,// ❹-1 오 이 향기

풀이 '해여, 푸른 하늘이여'에서는 부르는 표현을 통해, '오 이 향기'에서는 감탄사를 통해 봄에 느끼는 화자의 벅찬 감정을 나타내고 있다.

→ 적절함!

---

003 | 시어의 의미 - 적절한 것 고르기 | 2020년 6월 학평 31번
정답률 75%, 매력적 오답 ② 10% | **정답 ⑤**

ⓐ와 ⓑ에 대한 설명으로 가장 적절한 것은?

(가) ❶-1~3 ⓐ 해는 출렁거리는 빛으로/ 내려오며/ 제 빛에 겨워 흘러 넘친다/ 6~7 자기의 왕관인 초록과 꽃들에게/ 웃는다,
(나)-10~11 얇은 단장하고 아양 가득 차 있는/ ⓑ 산봉우리야 오늘밤 너 어디로 가 버리련?

① ⓐ는 화자의 지난 삶을 떠올리게 하는 대상이다.

풀이 ⓐ(해)는 화자가 현재 보고 있는 대상으로, 화자의 과거를 떠올리게 하는 대상이 아니다.

→ 적절하지 않음!

② ⓐ는 기쁨을 느끼는 화자와 *동일시되는 대상이다. * 같은 것으로 여겨지는

풀이 화자는 ⓐ(해)가 봄의 숲에 내리비치는 모습을 바라보며 기쁨을 느끼고 있지만, ⓐ(해)가 화자와 동일시되고 있는 대상은 아니다.

→ 적절하지 않음!

③ ⓑ는 화자에게 새로운 행동을 *촉구하는 대상이다. * 재촉하여 요구하는

풀이 ⓑ(산봉우리)는 화자가 바라보며 말을 건네는 대상으로, ⓑ(산봉우리)가 화자에게 새로운 행동을 하도록 촉구하지는 않는다.

→ 적절하지 않음!

밤이 되기 전에

④ ⓑ는 화자가 밤의 시간에 관찰하여 파악한 대상이다.

풀이 '오늘밤 너 어디로 가 버리련?'이라는 말을 통해 화자가 밤이 오기 전에 ⓑ(산봉우리)를 관찰하였음을 알 수 있다.

→ 적절하지 않음!

⑤ ⓐ, ⓑ는 모두 화자가 관심을 갖고 *주관적으로 인식하는 대상이다.

* 자신의 관점으로 판단하는

풀이 (가)의 화자는 ⓐ(해)를 '출렁거리는 빛'으로 '흘러 넘친다'고 인식하고 있으며 '웃는다'라고 표현하고 있다. (나)의 화자는 ⓑ(산봉우리)가 '얇은 단장을 하고 아양 가득 차 있'다고 인식하고 있으며, '산봉우리야 ~ 가 버리련?'이라고 말을 건네고 있다. 따라서 ⓐ(해)와 ⓑ(산봉우리)는 화자가 관심을 가지고 주관적으로 인식하는 대상이다.

→ 적절함!

---

004 | 감상의 적절성 - 적절하지 않은 것 고르기 | 2020년 6월 학평 32번
정답률 80% | **정답 ②**

〈보기〉를 참고하여 ㉠ ~ ㉤을 감상한 내용으로 적절하지 않은 것은? [3점]

| 보 기 |
1 두 시는 모두 봄을 소재(글을 쓰기 위한 글감)로 한 작품이다. 2 (가)는 숲을 배경으로 해, 하늘, 나무, 꽃, 흙 등이 어우러지는(여럿이 잘 어울려 섞이는) 조화로움을 보여 준다. 3 (나)는 보리밭이 펼쳐진 시골을 배경으로 봄날의 정감(情 뜻 정 感 느낄 감 : 정서와 느낌)을 표현하고 있다. 4 이 시에서는 들, 보리, 꾀꼬리, 산봉우리 등으로 화자의 시선(화자가 바라보는 눈길의 방향)이 움겨간다.

① ㉠ : 햇빛이 나무와 꽃에 비쳐 빛나는 모습을 '왕관'으로 표현한 것이라 볼 수 있어.

근거 〈보기〉-2 (가)는 ~ 해, 하늘, 나무, 꽃, 흙 등이 어우러지는 조화로움을 보여 준다.

(가) ❶-1~5 해는 출렁거리는 빛으로/ 내려오며/ 제 빛에 겨워 흘러 넘친다/ ㉠ 모든 초록, 모든 꽃들의/ 왕관이 되어

풀이 해가 빛으로 내려오며 흘러 넘쳐 모든 초록, 모든 꽃들의 '왕관'이 되었다는 것은 해에 비친 나뭇잎과 꽃잎의 윗부분이 밝게 빛나는 모습을 '왕관'에 비유한 것으로 볼 수 있다.

→ 적절함!

✓② ㉡ : '큰 향기로운 눈동자를 굴리며'의 *주체는 흙을 바라보는 **화자라 볼 수 있어.   〔흙이라〕

* 행동이나 작용의 주가 되는 대상 ** 시에서 말하는 이

근거 〈보기〉-2 (가)는 ~ 흙 등이 어우러지는 조화로움을 보여 준다.

(가) ❸ 흙은 그리고 깊은 데서/ ㉡ 큰 향기로운 눈동자를 굴리며/ 넌지시 주고받으며/ 싱글거린다

풀이 '흙은 ~ 깊은 데서 큰 향기로운 눈동자를 굴리며'라는 구절을 통해 '큰 향기로운 눈동자'를 굴리고 있는 주체는 흙을 바라보는 화자가 아니라 흙이라는 것을 알 수 있다.

→ 적절하지 않음!

③ ㉢ : 자연의 향기가 코로 전해지는 것을 *비유적으로 나타낸 것이라 볼 수 있어.

* 직접 설명하지 않고 다른 비슷한 현상이나 사물에 빗대어

근거 〈보기〉-2 (가)는 숲을 배경으로 ~ 조화로움을 보여 준다.

(가)-❹ 오 이 향기/ 싱글거리는 흙의 향기/ ㉢ 내 코에 댄 깔대기와도 같은/ 하늘의, 향기/ 나무들의 향기!

풀이 화자는 '깔대기와도 같은'이라는 직유법을 통해 흙, 하늘, 나무들의 향기가 코로 흘러 들어가는 듯한 모습을 비유적으로 나타내고 있다.

→ 적절함!

④ ㉣ : 화자가 본 시골길과 들판의 모습을 *감각적으로 표현한 것이라 볼 수 있어.

* 감각을 자극하는 표현을 사용하여

근거 〈보기〉-3 (나)는 ~ 시골을 배경으로 봄날의 정감을 표현하고 있다.

(나)-1~2 ㉣ 들길은 마을에 들자 붉어지고/ 마을 골목은 들로 내려서자 푸르러졌다

풀이 붉은 들길과 푸른 들판이 펼쳐진 시골의 모습을 붉은색과 푸른색의 색채어를 통해 감각적으로 표현하고 있다.

→ 적절함!

⑤ ㉤ : 보리밭의 이랑 사이로 햇빛이 비쳐 반짝이는 모습을 나타낸 것이라 볼 수 있어.

근거 〈보기〉-3 (나)는 보리밭이 펼쳐진 ~ 봄날의 정감을 표현하고 있다.

(나)-3~5 바람은 넘실 천 이랑 만 이랑/ ㉤ 이랑 이랑 햇빛이 갈라지고/ 보리도 허리통이 부끄럽게 드러났다

풀이 보리밭의 이랑과 이랑 사이에 햇빛이 갈라진다고 표현한 것은 보리밭의 이랑 사이로 반짝이고 있는 햇빛의 모습을 나타낸 것이다.

→ 적절함!

[005~007] 다음 글을 읽고 물음에 답하시오.

작품 이해 단계 ① 화자 ② 상황 및 대상 ③ 정서 및 태도 ④ 주제

(가) ① 화자 : 안 드러남

② 대상 : '태산'   • 산

1 태산이 놉다 하되 하늘 아래 뫼히로다.
  └ 중국 산둥성에 있는 높은 산. 크고 높은 산
2 오르고 또 오르면 못 오를 리 업건마는 ─┐
  └ 노력하면   • 실천하지 않고   │ ③ 태도 :
3 사람이 제 아니 오르고 뫼만 놉다 하더라.─┘ 노력과 실천 없이 산에 오르기를 포기한다.

④ 주제 : '꾸준히 노력하며 실천하는 태도의 중요성'이다.

- 양사언의 시조 -

· 현대어 풀이

1 태산이 높다 해도 하늘 아래에 있는 산이로다.

2 오르고 또 오르면 못 오를 리 없건마는

3 사람이 자기가 아니 오르고 산만 높다 하더라.

· 지문 이해

초장(1)	중장(2)	종장(3)
높은 태산도 하늘 아래에 있음	→ 노력하면 오를 수 있음	→ 직접 실천하지 않고 높다고 포기함

(나)

② 상황 : 날씨가 변하듯 '세상 인정'도 변덕스럽게 변하는 상황
  • 갑자기 • 맑아졌다가

[A]
1 乍晴還雨雨還晴
  사 청 환 우 우 환 청
언뜻 개었다가 다시 비가 오고 비 오다가 다시 개이니,
  └ 자연의 이치. 여기서는 변덕스러운 날씨   • 세상 사람들의 마음
2 天道猶然況世情
  천 도 유 연 황 세 정
하늘의 도도 그러하거늘, 하물며 세상 인정이라.
  └ 세상 인정은 말할 것도 없다

  • 높이고 칭찬하다가
[B]
3 譽我便是還毁我
  예 아 편 시 환 훼 아
나를 기리다가 문득 돌이켜 나를 헐뜯고,
  └ ① 화자 : '나' └ 갑자기 • 마음을 바꾸어 • 흉보고
4 逃名却自爲求名
  도 명 각 자 위 구 명
공명을 피하더니 도리어 스스로 공명을 구함이라.
  └ 공 功 이름 名 : 공을 세워 자신의 이름을 널리 알림

② 상황 : 사람들이 '나'를 기리다 헐뜯고, 공명을 피하더니 구하는 상황

[C]
5 花門花謝春何管
  화 문 화 사 춘 하 관
꽃이 피고 지는 것을, 봄이 어찌 다스릴고.
  • 쉽게 변하는 존재   • 자연의 순리에 따르는 변함없는 존재
6 雲去雲來山不爭
  운 거 운 래 산 부 쟁
구름 가고 구름 오되, 산은 다투지 않음이라.

② 대상 및 상황 : '봄'은 '꽃'을 다스리려 하지 않고 '구름'과 달리 '산'은 다투지 않는 상황

[D]
7 寄語世人須記認
  기 어 세 인 수 기 인
세상 사람들에게 말하노니, 반드시 기억해 알아 두라.
8 取歡無處得平生
  취 환 무 처 득 평 생
기쁨을 취하려 한들, 어디에서 평생 즐거움을 얻을 것
  └ 여기서는 '변함없는 자연의 순리'에서 즐거움을 얻을 수 있다는 의미
인가를.

②③ 대상 및 태도 : '세상 사람들'에게 어디에서 평생 즐거움을 얻을지 알아야 한다고 말한다.

잠깐 乍 갤 晴 잠깐 乍 비 雨 : 날이 맑았다 비가 오다 함, 변덕스런 날씨를 가리킴 •

- 김시습, 「사청사우(乍晴乍雨)」-

④ 주제 : '변덕스러운 세상 인심에 대한 비판과 자연의 순리를 따르는 삶의 지향'이다.

· 지문 이해

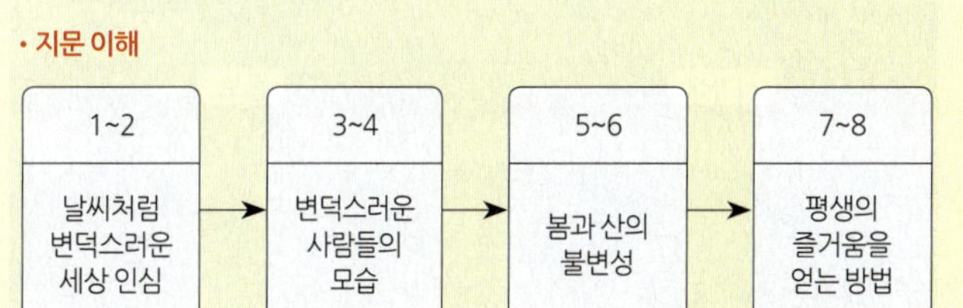

1~2	3~4	5~6	7~8
날씨처럼 변덕스러운 세상 인심	→ 변덕스러운 사람들의 모습	→ 봄과 산의 불변성	→ 평생의 즐거움을 얻는 방법

(다)

1 1 행랑채(주택의 바깥 부분인 대문 양쪽에 붙어 있는 집)가 퇴락하여(무너질 頹 떨어질 落 : 낡아서 무너지고 떨어져) 지탱할(지탱할 支 버틸 撑 : 오래 버틸) 수 없게끔 된 것이 세 칸이었다. 2 나는 마지못하여(어쩔 수 없이) 이(세 칸의 행랑채)를 모두 수리하였다. 3 그런데 그 두 칸은 앞서 장마에 비가 샌 지가 오래 되었으나, 나는 그것을 알면서도 망설이다가 손을 대지 못했던 것이고, 나머지 한 칸은 비를 한 번 맞고(비가) 샜던 것이라 서둘러 기와(지붕을 덮는 데에 쓰기 위하여 흙을 구워서 만든 것)를 갈았던(바꿨던) 것이다. 4 이번에 (세 칸의 행랑채를) 수리하려고 본즉(보니) 비가 샌 지 오래된 것(두 칸의 행랑채)은 그 서까래(지붕의 뼈대를 이루는 나무), 추녀(지붕 네 귀퉁이에 있는 큰 서까래), 기둥, 들보(지붕을 떠받치기 위해 두 기둥을 가로지르는 나무)가 모두 썩어서 못 쓰게 되었던 까닭으로 수리비가 엄청나게 들었고, 한 번밖에 비를 맞지 않았던 한 칸의 재목(나무)들은 완전하게 (수리)하여 다시 쓸 수 있었던 까닭으로 그 비용이 많지 않았다.

→ '나'는 퇴락한 행랑채를 수리한 경험이 있다.

2 1 나는 이(행랑채를 수리한 일)에 느낀 것이 있었다. 2 사람의 몸에 있어서도 마찬가지라는 사실을. 3 잘못을 알고서도 바로 고치지 않으면 곧 그 자신이 나쁘게 되는 것이 마치 나무가 썩어서 못 쓰게 되는 것과 같으며, 잘못을 알고 고치기를 꺼리지 않으면(고치려고 하면) 해(害)(나쁜 영향)를 받지 않고 다시 착한 사람이 될 수 있으니, 저(한 번밖에 비를 맞지 않았던) 집의 재목처럼 말끔하게(조금도 남김이 없이) 다시 쓸 수 있는 것이다.

→ 사람도 잘못을 알고 고치면 다시 착한 사람이 될 수 있다.

3 1 뿐만 아니라 나라의 정치도 이와 같다. 2 백성을 좀먹는(해치는) 무리들(탐관오리들)을 내버려두었다가는 백성들이 도탄(진흙 塗 숯불 炭 : 진흙 구렁에 빠지고 숯불에 탈 정도의 고통)에 빠지고 나라가 위태롭게 된다. 3 그런 연후(뒤)에 급히 바로잡으려 하면 이미 썩어 버린

재목처럼 때는 늦은 것이다. ⁴ 어찌 <u>삼가지</u>(조심하지) 않겠는가.

<u>→ 나라의 정치도 나라가 위태로워지기 전에 바로잡아야 한다.</u>

- 이규보, 「이옥설(理屋說)」-
고칠 理 집 屋 이야기 說 : 집을 수리한 이야기

· **중심 내용**
집을 고친 경험에서 잘못을 미리 알고 그것을 고쳐 나가는 자세가 중요함을 깨닫는다.

· **지문 이해**

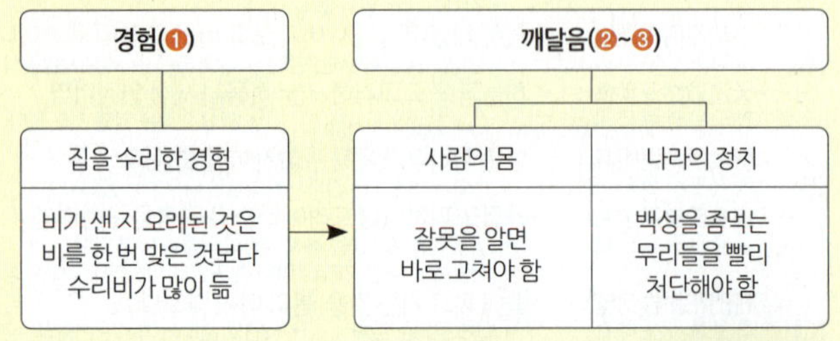

---

005 | 작품 간 공통점 - 적절한 것 고르기 2020년 6월 학평 42번
정답률 65%, 매력적 오답 ① 15% | 정답 ③

(가) ~ (다)의 공통점으로 가장 적절한 것은?

선지	핵심 체크 내용	(가)	(나)	(다)
①	자신의 가치관을 성찰하며 개선함	X	X	X
②	현재 처한 상황을 극복하고자 노력함	X	X	X
③	바른 삶을 살아가는 자세에 대해 말함	O	O	O
④	이념과 현실 사이의 갈등 속에서 방황함	X	X	X
⑤	추구하는 이상 세계의 모습을 구체적으로 언급함	X	X	X

① 자신의 *가치관을 **성찰하며 ***개선하고 있다.
* 세계와 대상에 대해 가지는 생각과 태도 ** 돌아보며 *** 고쳐서 바로잡고

풀이 (가), (나), (다)의 화자는 자신의 가치관을 돌아보며 개선하고 있지 않다. 오히려 다른 사람들의 잘못된 생각과 태도를 지적하면서 이를 바로잡아야 한다는 가르침을 주고 있다. (가)에서는 노력하지 않고 포기하는 태도, (나)에서는 수시로 변하는 태도, (다)에서는 잘못을 알면서도 고치지 않는 태도를 각각 비판하며 이를 개선해 바람직한 삶의 태도를 가질 것을 충고하고 있다.

→ 적절하지 않음!

② 현재 처한 상황을 극복하고자 노력하고 있다.

풀이 (가), (나), (다)의 화자는 현재 처한 상황을 극복하고자 노력하는 모습을 보이지 않는다. (나)의 경우 세상 사람들이 화자를 헐뜯는 상황이 제시되어 있기는 하지만 화자는 이를 비판할 뿐, 극복하고자 노력하고 있지는 않다.

→ 적절하지 않음!

③ 바른 삶을 살아가는 자세에 대해 말하고 있다.

근거 (가)-2~3 오르고 또 오르면 못 오를 리 업건마는/ 사람이 제 아니 오르고 뫼만 놉다 하더라.
(나)-7~8 세상 사람들에게 말하노니, 반드시 기억해 알아 두라./ 기쁨을 취하려 한들, 어디에서 평생 즐거움을 얻을 것인가.
(다) ❷-3 잘못을 알고 고치기를 꺼리지 않으면 해를 받지 않고 다시 착한 사람이 될 수 있으니,// ❸-3~4 그런 연후에 급히 바로잡으려 하면 ~ 때는 늦은 것이다. 어찌 삼가지 않겠는가.

풀이 (가)는 포기하지 않고 노력하는 자세, (나)는 자연의 순리를 따르는 변함없는 삶의 자세, (다)는 잘못을 알고 고치는 자세에 대해 말하고 있다.

→ 적절함!

④ *이념과 현실 사이의 갈등 속에서 **방황하고 있다.
* 바람직하다고 여기는 생각이나 의견 ** 방향이나 목표를 정하지 못하고 갈팡질팡하고

풀이 (가), (나), (다)에서 화자가 추구하는 이념과 현실 사이의 차이로 인한 갈등 속에서 방황하는 모습은 나타나지 않는다.

→ 적절하지 않음!

⑤ *추구하는 이상 세계의 모습을 구체적으로 **언급하고 있다.
* 자신이 바라는 가장 완전한 세상 ** 이야기하고

풀이 (가), (나), (다)는 바른 삶을 살아가는 자세에 대해 언급하고 있을 뿐, 화자가 바라는 이상 세계의 모습을 구체적으로 언급하고 있지는 않다.

→ 적절하지 않음!

1등급 문제

006 | 내용 이해 - 적절하지 않은 것 고르기 2020년 6월 학평 43번
정답률 40%, 매력적 오답 ①, ② 20%, ③, ④ 10% | 정답 ⑤

[A] ~ [D]에 대한 설명으로 적절하지 않은 것은?

① [A]에서는 *자연 현상에 빗대어 세상 인정에 대한 화자의 부정적 인식을 드러내고 있다. * 인간의 의지와 상관없이 자연에서 저절로 일어나는 현상

근거 [A] (나)-1~2 언뜻 개었다가 다시 비가 오고 비 오다가 다시 개이니,/ 하늘의 도도 그러하거늘, 하물며 세상 인정이라.

풀이 [A]에서는 날씨가 갰다가 비가 왔다가 다시 개는 변덕스러운 자연 현상에 빗대어 세상 인정도 쉽게 변한다는 사실을 언급함으로써, 세상 인정에 대한 화자의 부정적 인식을 드러내고 있다.

→ 적절함!

② [B]에서는 *대구법을 사용하여 세상 인정에 대한 구체적인 **사례를 들고 있다.
* 비슷한 문장 구조를 반복하는 표현 방법 ** 예

근거 [B] (나)-3~4 나를 기리다가 문득 돌이켜 나를 헐뜯고,/ 공명을 피하더니 도리어 스스로 공명을 구함이라.

풀이 [B]에서는 '~를(을) ~다가(더니) ~를(을) ~고(이라)'의 문장 구조를 반복하여 '나'를 기리다가 '나'를 헐뜯고, 공명을 피하더니 공명을 구하는 사람들의 모습(변덕스러운 사람들의 모습)을 보여 준다. 이는 쉽게 변하는 세상 인정에 대한 구체적인 사례이다.

→ 적절함!

③ [C]에서는 *가변적인 대상과 **불변적인 대상을 ***대조하여 화자의 의도를 분명히 하고 있다. * 변하는 ** 변하지 않는 *** 서로 맞대어 다른 점을 나타내어

근거 [C] (나)-5~6 꽃이 피고 지는 것을, 봄이 어찌 다스리고./ 구름 가고 구름 오되, 산은 다투지 않음이라.

풀이 [C]에서 피고 지는 '꽃'과 가고 오는 '구름'은 가변적인 대상이며, 주변의 상황을 다스리지 않는 '봄'과 다투지 않는 '산'은 불변적인 대상이다. [C]에서는 이를 대조하여 변하지 않는 삶의 태도를 가져야 한다는 화자의 의도를 분명히 하고 있다.

→ 적절함!

④ [D]에서는 *도치법을 활용하여 화자가 전달하고자 하는 바를 강조하고 있다. * 문장에서 단어의 순서인 어순을 뒤바꾼 표현

근거 [D] (나)-7~8 세상 사람들에게 말하노니, 반드시 기억해 알아 두라./ 기쁨을 취하려 한들, 어디에서 평생 즐거움을 얻을 것인가를.

풀이 | [D]에서는 '기쁨을 취하려 한들, 어디에서 평생 즐거움을 얻을 것인가'를 '반드시 기억해 알아 두라'의 어순을 바꾼 도치법을 활용하여 자연의 순리를 따르는 변함없는 삶의 자세를 강조하고 있다.

→ 적절함!

[D]에서는 / 말을 건네는 방식으로
⑥ [A] ~ [D]에서는 세상 사람들을 청자로 설정하여 묻고 답하며 시상을 전개하고 있다.

근거 | [D] (나)-7~8 세상 사람들에게 말하노니, 반드시 기억해 알아 두라. / 기쁨을 취하려 한들, 어디에서 평생 즐거움을 얻을 것인가.

풀이 | [D]에서 세상 사람들을 청자로 설정하여 말을 건네고 있지만, 이에 대한 세상 사람들의 답변이 드러나 있지는 않으므로 청자와 묻고 답하며 시상을 전개하고 있다고 할 수 없다. [A] ~ [C]에서는 구체적인 청자가 설정되어 있지도 않고, 청자와 묻고 답하는 부분도 나타나지 않는다.

→ 적절하지 않음!

---

007 내용 전개 과정 - 적절한 것 고르기 | 2020년 6월 학평 44번
정답률 75%
정답 ④

<보기>를 참고하여 (다)를 이해한 내용으로 가장 적절한 것은? [3점]

| 보 기 |
1 설(設)(사물의 이치를 풀이하고 의견을 덧붙여 서술하는 한문 양식의 한 종류)은 일반적으로 두 단계의 구조로 나뉜다. 2 글쓴이의 개인적인 경험을 들려주는 ⓐ 전반부와 그로부터 얻은 결과를 독자에게 전하는 ⓑ 후반부로 구분된다. 3 글쓴이의 주관(자신 主 생각 觀 : 자기만의 생각과 의견)이 직접적으로 드러나고 경험담이 기반(기초 基 받침 盤 : 기초, 바탕)이 되기 때문에 수필과 비슷하다.

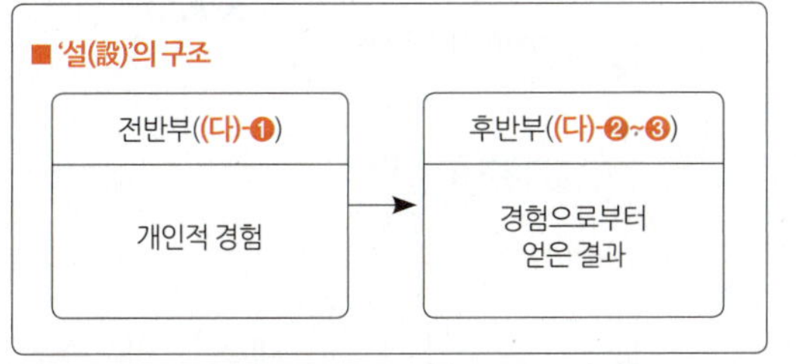

자신의 개인적인 경험을
① ⓐ은 문제에 대해 다양한 해결책을 제시하고 있다.

풀이 | ⓐ(전반부)은 '행랑채'가 퇴락하여 수리한 경험에 대해 언급하고 있을 뿐, 문제에 대한 다양한 해결책을 제시하고 있지 않다.

→ 적절하지 않음!

밀접하게 관련된다
② ⓐ과 ⓑ은 서로 *상반되는 **견해를 제시하고 있다.
* 반대되는 ** 생각이나 의견

풀이 | 글쓴이는 집을 수리한 경험을 사람의 몸과 나라의 정치에 적용하고 있으므로, ⓐ(전반부)과 ⓑ(후반부)에서 서로 상반된 견해가 드러난다는 설명은 적절하지 않다.

→ 적절하지 않음!

원인이라면   결과에
③ ⓐ이 사건의 결과라면 ⓑ은 그 원인에 해당한다.

풀이 | 잘못을 알면 고쳐야 한다는 깨달음으로 인해 행랑채를 수리한 것이 아니다. 오히려 행랑채를 수리한 경험으로 인해 깨달음이라는 결과를 얻었다고 할 수 있다. 따라서 ⓐ(전반부)이 사건의 원인이라면 ⓑ(후반부)은 그 결과에 해당한다.

→ 적절하지 않음!

④ ⓑ은 ⓐ의 사실적 상황을 바탕으로 *유추한 것이다.
* 하나의 사건이나 개념을 유사한 다른 사건이나 개념으로 확장하여 적용한

근거 | (다) ❶-4 비가 샌 지 오래된 것은 ~ 모두 썩어서 못 쓰게 되었던 까닭으로 수리비가 엄청나게 들었고, 한 번밖에 비를 맞지 않았던 한 칸의 재목들은 완전하게 하여 다시 쓸 수 있었던 까닭으로 그 비용이 많지 않았다. / ❷ 나는 이에 느낀 것이 있었다. 사람의 몸에 있어서도 마찬가지라는 사실을. 잘못을 알고서도 바로 고치지 않으면 곧 그 자신이 나쁘게 되는 것이 마치 나무가 썩어서 못 쓰게 되는 것과 같으며, / ❸ -1~3 뿐만 아니라 나라의 정치도 이와 같다 백성을 좀먹는 무리들을 내버려두었다가는 ~ 이미 썩어 버린 재목처럼 때는 늦은 것이다.

풀이 | 글쓴이는 행랑채를 수리한 경험을 '사람의 몸'과 '나라의 정치'에 적용하여 확장하고 있다. 이렇듯 하나의 사건을 유사한 다른 사건으로 확장하여 적용하는 방법을 '유추'라고 한다. 따라서 ⓑ(후반부)이 ⓐ(전반부)의 사실적 상황을 바탕으로 유추한 것이라는 설명은 적절하다.

→ 적절함!
ⓑ   ⓐ
⑤ ⓐ은 ⓑ에서 얻은 깨달음을 자신의 생활에 적용한 것이다.

풀이 | 글쓴이는 ⓑ(후반부)에서 얻은 깨달음을 자신의 생활에 적용하여 ⓐ(전반부)에서 행랑채를 수리한 것이 아니다. 행랑채를 수리한 경험에서 얻은 깨달음을 자신의 생활에 적용하여 집을 제때 수리해야 하듯이 잘못을 알면 바로 고쳐야 한다고 생각하게 된 것이다.

→ 적절하지 않음!

[008~010] 다음 글을 읽고 물음에 답하시오.

1 ¹103동 502호 김석만씨는 내가 입금한 돈 칠백만 원을 돌려 주시오! ²붉은색 매직펜으로 큼지막하게 쓴 그 글씨들을 읽고 나는 남자(권순찬)의 얼굴을 다시 한번 바라보았다. ³분명, 어젯밤 호프집에서 만난 그 남자가 맞았다. ⁴부스스한 머리칼도, 검은색 양복도 그대로였다. ⁵남자는 사람들을 향해 대자보(큰 大 글자 字 알릴 報 : 자기의 주장을 알리기 위해 큰 글씨로 쓴 글)를 높이 쳐들지도 않았고, 아파트 쪽도 쳐다보지 않은 채, 그저 가만히 고개를 숙인 채 앉아만 있었다. ⁶돗자리가 끝나는 부분엔 남자의 것으로 보이는 감색(어두운 남색) 운동화 한 켤레가 가지런히 놓여 있었다.

→ '나'는 어젯밤 호프집에서 만난 '남자'가 대자보를 들고 앉아 있는 것을 본다.

2 ¹나는 창문을 올리고 다시 차를 움직였다. ²정문 경비가 내 차를 보자 인사를 했고, 나도 꾸벅 고개를 숙였다. ³망신을 주려고 온 사람이었구나. ⁴나는 핸들을 돌리면서 그렇게 생각했다. ⁵뭐야, 그럼 어젯밤부터 저기에 저러고 있었다는 건가? ⁶502호? ⁷502호에 누가 살지? ⁸저런다고 소용이 있을까? ⁹직접 찾아가서 담판(말씀 談 판가름할 判 : 문제와 관련된 쌍방이 의논하여 옳고 그름을 판단함)을 내야지. ¹⁰나는 속도를 높이면서 그런 생각들을 하다가 이내 다시 그날 작성해야 할 서류들과 학과 취업률 따위들을 떠올렸다. ¹¹칠백만 원이든 천칠백만 원이든 남과 남 사이에 벌어진 일이었다. ¹²내가 참견할 만한 일도, 참견할 수도 없는 일이었다. ¹³그저 누군지 모를 사람의 망신을 한 번 보았을 뿐, 저러다가 금세 말겠지. ¹⁴나는 그렇게 생각했다. ¹⁵나는 학교에 도착한 후 인터넷으로, 죽은 아이의 아빠가 단식을 시작했다는 기사와, 교육부에서 대학의 구조조정(변화하는 환경에 대응하기 위해 기존의 조직 구조 등을 더욱 효율적으로 개선하려는 전반적인 개혁 작업) 로드맵(road map : 어떤 일을 추진하기 위해 필요한 목표, 기준 등을 담아 만든 종합적인 계획)을 발표했다는 기사를 차례로 읽었고, 교무처와 인재개발원 팀장들과 길게 통화를 했다. ¹⁶그러다보니 어느 순간 점심시간이 되었고, 자연스레 아침에 보았던 남자를 잊을 수 있었다.

→ '나'는 남과 남 사이에 벌어진 일이라 생각하며 자연스레 '남자'를 잊는다.

3 ¹그러나 저러다가 말겠지, 했던 남자는 내 예상과는 다르게 몇 날 며칠 그 자리에 계속 앉아 있었다. ²그사이 파란 천막 모서리에는 커튼처럼 얇은 비닐이 사면으로(넉 四 방면 面 : 네 개의 면으로) 매달렸고, 돗자리 위에는 새로 스티로폼 두 장이 깔렸다. ³밤이 되면 비닐을 내리고, 스티로폼 위에 침낭(잠잘 寢 주머니 囊 : 겹으로 된 천 사이에 솜, 깃털 따위를 넣고 자루 모양으로 만든 침구)을 깔고 자는 모양이었다. ⁴그리고 다시 아침이 되면 비닐을 둘둘 말아올린 후, 합판(합할 合 널빤지 板 : 얇은 나무 판자를 여러 겹 붙여 만든 널빤지)에 붙인 대자보를 자신의 무릎 앞에 세웠다. ⁵남자는 여전히 말이 없었고, 아파트 단지 안으로 들어오는 일도 없었으며, 아파트로 들어가는 사람들을 붙잡고 말을 거는 일도 없었다. ⁶그는 그저 고요하게 거기에 앉아 있을 뿐이었다.

→ '나'의 예상과 달리 '남자'는 몇 날 며칠 그 자리에 계속 고요하게 앉아 있는다.

4 ¹그 며칠 사이 나는 '참좋은 마트' 사장에게서 남자에 대한 사정을 좀더 자세히 듣게 되었다. ²그게요, 사정이 좀 딱하게 됐더라구요. ³'참좋은 마트' 사장은 나를 비치파라솔(beach parasol : 주로 해수욕장 따위에서 햇볕을 가리기 위하여 쳐 놓는 큰 양산) 의자에 앉힌 후 음료수 한 병을 따주면서 말을 이었다. ⁴저 사람이 어린 시절부터 부모 떠나서 어렵게 지낸 모양인데, 아, 얼마 전까지는 인천에 있는 무슨 세차장에서 일을 했다고 하더라구요. ⁵한데, 저 사람 어머니라는 분이 몇 달 전에 갑자기 찾아와서는 자기가 빚을 졌으니 조금 도와달라고 하면서 계좌번호를 놓고 간 모양이에요. ⁶알고 봤더니 이 사람 어머니라는 분이 사채(사사로울 私 빚 債 : 공인된 금융 기관이나 공공 기관이 아닌 개인이 주는 빚. 일반적으로 금융 기관보다 이자가 비쌈)를 쓴 모양인데…… ⁷추어탕집 주방에서 일했다나 어쨌다나. ⁸뭐 아무튼 거기에서 일하다가 관절염 때문에 그만두고 철없이 사채를 썼나봐요. ⁹처음에 이백만 원을 빌린 게 금세 사백만 원이 되고 육백만 원이 되고 칠백만 원이 된 모양이

에요. 10그러니 덜컥 겁이 났겠죠. 11그래서 할 수 없이 오래전부터 왕래(往來 : 가고 오고 함)가 없던 아들을 찾아간 모양인데…… 12남자도 선뜻 돈을 보내진 못한 모양이에요. 13당장 그만한 돈을 마련하기도 어려웠겠지만, 뭐 안 봐도 뻔한 거 아니겠어요. 14거 왜 섭섭하고 원망 같은 게 없었겠어요. 15딱 봐도 해준 것도 없는 어머니 같은데, 갑자기 찾아와서 도와달라고 하니…… 16아무튼 그래도 이 사람이 몇 달 뒤에 그 계좌로 돈을 넣은 모양이에요. 17군소리(쓸데없는 말) 없이 칠백만 원 전부.

18'참좋은 마트' 사장은 그 대목(이야기의 특정한 부분)에서 잠시 말을 끊었다. 19언제부터인가 '란 헤어센스' 여사장도 우리 옆에 와서 자리를 잡고 앉아 있었다. 20매미가 울고, 날파리가 많은 여름 저녁이었다.

21한데, 여기서부터가 더 안타까운 얘기인데…… 22그사이에 저 사람 어머니도 그 돈을 갚았다는 거예요. 23살고 있던 방 보증금도 빼고 여기저기 아는 사람들한테 조금씩 융통(融通 : 돈을 빌리거나 구하여 씀)도 하고…… 24그리고 그 돈을 갚고 얼마 뒤에 바로 돌아가셨대요.

→ '나'는 '참좋은 마트' 사장에게서 '남자'의 딱한 사정을 자세히 듣게 된다.

(중략)

5 1아, 그래도 저 남자하고 정이 참 많이 들었는데…… 2뭘 한 것도 없지만 몇 달 동안 매일매일 얼굴 보고 인사했는데……

3그나마 첫서리(그해 가을에 처음으로 내리는 서리) 내리기 전에 일이 이렇게 돼서 얼마나 다행이에요. 4저러다가 겨울 맞으면 큰일나죠.

5502호 할머니는 나서지 않을 거 같으니까 우리가 직접 전하는 거로 하죠, 뭐. 6절차가 따로 필요 있나요?

7나는 거기까지만 듣고 '참좋은 마트'를 나섰다. 8바로 집으로 들어가려다가 말고 나는 걸음을 멈춘 채 뒤돌아 남자를 한 번 바라보았다. 9남자는 대자보판을 아예 양팔로 끌어안은 채 꾸벅꾸벅 졸고 있었다. 10남자는 이제 어디로 가게 될까? 11인천으로 돌아가겠지. 12나는 남자의 인천 거처(일정하게 자리를 잡고 사는 곳. 주거지)가 그때까지도 무사히 남아 있기를 바라보았다. 13거기까지가 내가 남자를 위해 할 수 있는 전부라고 생각했다.

→ '나'는 일이 해결되어 다행이라는 얘기까지 듣고 '참좋은 마트'를 나서며
'남자'의 안녕(아무 탈 없이 편안함)을 바란다.

6 1후에, 호프집 여주인으로부터 전해들은 이야기에 따르면, 다음날 그 남자는, 권순찬 씨의 행동은, 편지봉투에 정성껏 오만 원권 지폐로 칠백만 원을 마련해간 아파트 입주민들을 충분히 당혹스럽게 만들었다고 한다.

2입주민 대표는 여비조로(오고 가고 하는 데에 드는 비용 명목으로) 따로 이십만 원이 든 편지봉투도 들고 갔고, 신문기자를 부르진 않았지만 '참좋은 마트' 사장이 스마트폰으로 그 모든 과정을 동영상으로 남기기로 했고, 사람들은 남자와 일일이 악수를 하며 박수를 칠 생각이었으며, 기꺼이 남자의 천막 철거 작업을 도울 작정이었지만……

3하지만, 남자는 사람들의 그 모든 선의(착할 善 뜻 意 : 좋은 뜻)를 거부했다.

4저는 이 돈을 받을 수가 없습니다.

5남자는 그렇게 말하고 다시 대자보 판을 잡고 제자리에 앉았다.

6아니, 권순찬씨. 7이게 우리가 다른 뜻이 있는 게 아니고요. 8502호 할머니 대신해서 전해드리는 겁니다. 9여기 502호 할머니 돈도 포함되어 있어요.

10입주민 대표가 그렇게 말했지만, 남자는 요지부동(흔들릴 搖 갈 之 아니 不 움직일 動 : 흔들어도 꼼짝하지 않음)이었다.

11저는 원래 그 할머니한테 돈을 받을 생각이 없었습니다. 12저는 김석만씨를 만나러 온 거예요. 13그 사람을 직접 만나서 일을 해결하려고요……

14모여 있던 사람들의 탄식이 흐르고, 몇 번의 실랑이가 더 오갔지만, 남자는 뜻을 굽히지 않았다. 15그는 아무 일 아니라는 듯 천연스럽게(하늘 天 그러할 然 : 시치미를 뚝 떼어 겉으로는 아무렇지 않은 체하며) 스티로폼 위로 올라온 모래를 손바닥으로 쓸어내리기도 했다.

16그만 갑시다! 17사람들의 성의를 원 저렇게 무시해서야……

18누군가 그렇게 외쳤고, 사람들은 하나둘 다시 단지 정문 쪽으로 되돌아왔다. 19그것이 내가 전해들은 그날 일의 전부였다.

20㉠아파트엔 그가 칠백만 원에 대한 이자를 받으려 한다는 소문이 돌기 시작했다.

→ '나'는 호프집 여주인으로부터 '권순찬' 씨가 입주민들의 선의를 거부한
그날 일에 대해 전해 들었고, 아파트에는 '권순찬' 씨에 관한 소문이 돌기 시작한다.

- 이기호, 「권순찬과 착한 사람들」-

• **중심 내용**

'나'는 '권순찬' 씨의 딱한 사정과 그가 입주민들의 선의를 거부한 일에 대해 전해 듣는다.

• **전체 줄거리 ([ ] :지문 내용)**

작가이자 교수인 '나'는 지방 소도시 변두리의 임대아파트에 임시로 살고 있다. [어느 날 '103동 502호 김석만씨는 내가 입금한 돈 칠백만 원을 돌려주시오!'라는 대자보를 든 한 남자가 아파트에 나타난다. 그는 '권순찬' 씨로, 얼마 전 돌아가신 양어머니가 당신이 쓴 사채 칠백만 원을 갚아달라며 주고 간 계좌로 뒤늦게 칠백만 원을 입금하고 보니, 그 사이 양어머니도 그 돈을 이미 갚은 상태여서 중복 입금을 한 것이었다. 그래서 중복 입금된 칠백만 원을 돌려달라며 사채업자 김석만의 어머니가 살고 있는 아파트 앞에서 텐트를 치고 시위를 하는 것이었다. 김석만이 나타나지 않아 7월에 시작한 시위는 찬바람이 불도록 계속되었고, 폐지를 주워 근근이 살아가던 김석만의 어머니는 집 밖으로 나오지도 못한다. 권순찬의 딱한 사정에 입주민들은 불우 이웃 돕기 성금 대신 돈을 걷어, 김석만의 어머니를 대신해서 전해 주는 것으로 생각하라며 권순찬에게 칠백만 원을 건넨다. 하지만 권순찬은 김석만을 직접 만나서 일을 해결하려고 한다며 그 돈을 거부한다. 이에 입주민들은 권순찬이 사람들의 성의를 무시한다며 화를 낸다.] 결국 누군가의 신고로 권순찬은 노숙인 쉼터로 끌려간다. 그리고 얼마 후 '나'는 외제차 한 대가 아파트에 주차되고 그곳에서 내린 한 사내(김석만)가 502호로 올라가는 것을 보게 된다.

• **인물 관계도**

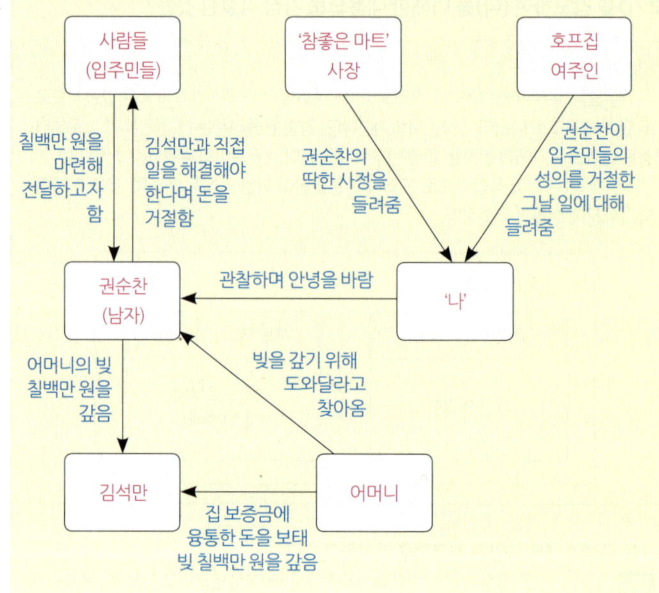

---

008 | 내용 이해 - 적절한 것 고르기 2020년 9월 학평 26번 정답률 75%, 매력적 오답 ⑤ 15% | **정답 ③**

윗글의 내용과 일치하는 것은?

① 권순찬은 아파트로 들어가는 사람들을 붙잡고 김석만의 *행방을 물었다. 말을 거는 일도 없었다
  * 다닐 行 방향 方 : 간 곳이나 방향

  근거 3-5 남자(권순찬)는 여전히 말이 없었고, 아파트 단지 안으로 들어오는 일도 없었으며, 아파트로 들어가는 사람들을 붙잡고 말을 거는 일도 없었다.

  풀이 권순찬은 아파트로 들어가는 사람을 붙잡거나 말을 걸지도 않았으므로, 사람들에게 김석만의 행방을 물었다는 설명은 적절하지 않다.

  → 적절하지 않음!

② 권순찬은 502호 할머니에게 자신의 일을 해결해 달라고 호소하고 있다. 김석만을 직접 만나서 일을 해결하려고 하고 있다

  근거 6-11~13 저(권순찬)는 원래 그 할머니한테 돈을 받을 생각이 없었습니다. 저는 김석만씨를 만나러 온 거예요. 그 사람을 직접 만나서 일을 해결하려고요……

  풀이 권순찬은 김석만을 직접 만나서 일을 해결하려고 할 뿐 502호 할머니에게 돈을 받을 생각이 없었다고 말한다. 따라서 권순찬이 502호 할머니에게 자신의 일을 해결해 달라고 호소하고 있다는 설명은 적절하지 않다.

  → 적절하지 않음!

③✓ 나는 권순찬의 인천 거처가 권순찬이 돌아갈 때까지 무사히 남아 있기를 바라고 있다.

  근거 5-10~12 남자는 이제 어디로 가게 될까? 인천으로 돌아가겠지. 나는 남자의 인천 거처가 그때까지도 무사히 남아 있기를 바라보았다.

  풀이 '나'는 권순찬의 일이 잘 해결될 것이라는 얘기까지 듣고 '참좋은 마트'를 나서면서 권

순찬의 인천 거처가 권순찬이 돌아갈 때까지 무사히 남아 있기를 바란다.

→ 적절함!

④ 나는 처음부터 권순찬이 아파트 단지 앞에서 오랫동안 **머물 것이라고** 예상하고 있었다. ~~머물지 않을 것이라고~~

근거 ❸-1 그러나 저러다가 말겠지, 했던 남자는 내 예상과는 다르게 몇 날 며칠 그 자리에 계속 앉아 있었다.

풀이 '저러다가 말겠지'라는 부분을 통해 '나'는 권순찬이 아파트 단지 앞에서 오랫동안 머물지 않을 것이라고 예상하고 있었음을 알 수 있다.

→ 적절하지 않음!

⑤ 나는 작성해야 할 서류에 대한 생각 때문에 권순찬의 일에 참견하는 것을 다음으로 미루고 있다.

근거 ❷-10~12 나는 속도를 높이면서 그런 생각들을 하다가 이내 다시 그날 작성해야 할 서류들과 학과 취업률 따위들을 떠올렸다. 칠백만 원이든 천칠백만 원이든 남과 남 사이에 벌어진 일이었다. 내가 참견할 만한 일도, 참견할 수도 없는 일이었다.

풀이 '나'는 자연스럽게 그날 작성해야 할 서류들과 학과 취업률 따위들을 떠올렸고, '권순찬의 일'은 '남과 남 사이에 벌어진 일'로 자신이 참견할 만한 일도, 참견할 수도 없는 일이라고 생각하고 있다. 따라서 자신이 작성해야 할 서류에 대한 생각 때문에 권순찬의 일에 참견하는 것을 다음으로 미루고 있다는 설명은 적절하지 않다.

→ 적절하지 않음!

※ 다음을 참고하여 009번과 010번의 두 물음에 답하시오.

> **선생님** : [1] 이 작품의 뒷부분에서 권순찬은 누군가의 신고로 아파트에서 쫓겨납니다. [2] 그 후, '나'는 외제차를 타고 나타난 김석만 씨를 목격하고 자신과 입주민들의 모습을 돌아보게 됩니다. [3] 입주민들은 작품의 제목처럼 착한 사람들입니다. [4] 그러나 문제의 원인과 해결책을 자신들의 입장에서만 찾은 입주민들은 자신들이 베푼 **선의**(착할 善 뜻 意 : 좋은 뜻)를 거절하였다는 이유로 권순찬에게 화를 냅니다. [5] 이 작품은 문제의 진짜 원인을 보지 못하고 **애꿎은**(아무런 잘못 없이 억울한) 사람에게 화를 냈던 우리의 모습을 반성하게 합니다.

---

009 구절의 의미 - 적절한 것 고르기 | 2020년 9월 학평 27번 | 정답률 75% | **정답 ③**

⊙을 통해 *추론할 수 있는 내용으로 가장 적절한 것은?

* 밀 推 논할 論 : 미루어 생각

> ❻-20 ⊙ 아파트엔 그가 칠백만 원에 대한 이자를 받으려 한다는 소문이 돌기 시작했다.

① 입주민들과 권순찬의 관계가 회복될 것임을 알 수 있군.

근거 선생님-4 입주민들은 자신들이 베푼 선의를 거절하였다는 이유로 권순찬에게 화를 냅니다.

❻-16~17 그만 갑시다! 사람들의 성의를 원 저렇게 무시해서야……

풀이 입주민들이 마련해 간 칠백만 원을 권순찬이 거절하자 입주민들은 그가 사람들의 성의를 무시한다며 그에게 화를 낸다. 그 후 아파트에 권순찬이 칠백만 원에 대한 이자를 받으려 한다는 **악의적인**(좋지 않은 의도를 가진) 소문이 돌기 시작하므로 입주민들과 권순찬의 관계가 회복될 것임을 알 수 있다고 보기는 어렵다.

→ 적절하지 않음!

② 권순찬이 입주민들의 관심을 끌고 싶어 함을 알 수 있군.

근거 선생님-4 입주민들은 자신들이 베푼 선의를 거절하였다는 이유로 권순찬에게 화를 냅니다.

풀이 권순찬이 칠백만 원에 대한 이자를 받으려 한다는 소문이 아파트에 돌기 시작한 것은 권순찬에 대한 입주민들의 **악의**(나쁜 마음)가 표출된 것으로 이해할 수 있다. 따라서 ⊙을 통해 권순찬이 입주민들의 관심을 끌고 싶어 함을 알 수 있다고 추론하는 것은 적설하지 않다.

→ 적절하지 않음!

③ 권순찬에 대한 입주민들의 생각이 바뀌고 있음을 알 수 있군. ✓

풀이 권순찬의 딱한 사정에 안타까워하며 그를 위해 칠백만 원을 마련해서 전달하고자 했던 입주민들은 그가 칠백만 원을 거절하자 사람들의 성의를 무시한다며 화를 낸다.

이후 권순찬이 칠백만 원에 대한 이자를 받으려 한다는 악의적인 소문이 아파트에 돌기 시작하므로 권순찬에 대한 입주민들의 생각이 바뀌고 있음을 알 수 있다.

→ 적절함!

④ 권순찬이 기다리는 **김석만이** 아파트에 **나타날 것임을 알** 수 있군.

풀이 ⊙은 권순찬에게 자신들의 성의를 무시당했다고 생각하는 입주민들이 권순찬에 대한 악의를 표출한 결과일 뿐, ⊙을 통해 권순찬이 기다리는 김석만이 아파트에 나타날 것임을 알 수는 없다.

→ 적절하지 않음!

⑤ 입주민들이 권순찬을 오해했던 자신들의 실수를 인정하고 있음을 알 수 있군.

근거 선생님-4 입주민들은 자신들이 베푼 선의를 거절하였다는 이유로 권순찬에게 화를 냅니다.

풀이 입주민들은 권순찬이 자신들의 성의를 무시했다며 화를 내며 돌아갔고, 이후 ⊙과 같은 일이 벌어진 것이므로 ⊙을 통해 입주민들이 권순찬을 오해했던 자신들의 실수를 인정하고 있다고 추론하기는 어렵다.

→ 적절하지 않음!

---

010 감상의 적절성 - 적절하지 않은 것 고르기 | 2020년 9월 학평 28번 | 정답률 85% | **정답 ④**

윗글을 감상한 내용으로 적절하지 않은 것은? [3점]

① 권순찬이 김석만을 기다린 것은 김석만을 자신이 해결하고자 하는 문제의 원인이라고 생각했기 때문이겠군.

근거 선생님-5 이 작품은 문제의 진짜 원인을 보지 못하고

❻-12~13 저(권순찬)는 김석만씨를 만나러 온 거예요. 그 사람을 직접 만나서 일을 해결하려고요……

풀이 권순찬은 입주민들이 건넨 칠백만 원을 거절하면서 김석만을 직접 만나서 일을 해결하려 한다는 말을 한다. 따라서 권순찬은 김석만을 자신이 해결하고자 하는 문제의 진짜 원인이라고 생각하고 김석만을 기다린 것으로 볼 수 있다.

→ 적절함!

② 입주민들이 돈을 모아 권순찬에게 주려고 한 것은 문제의 해결책을 입주민들의 입장에서 찾은 결과로 볼 수 있겠군.

근거 선생님-4 그러나 문제의 원인과 해결책을 자신들의 입장에서만 찾은 입주민들은 자신들이 베푼 선의를 거절하였다는 이유로 권순찬에게 화를 냅니다.

❻-1~2 편지봉투에 정성껏 오만 원권 지폐로 칠백만 원을 마련해간 아파트 입주민들을 ~ 사람들은 남자와 일일이 악수를 하며 박수를 칠 생각/ 3 하지만, 남자는 사람들의 그 모든 선의를 거부했다.

풀이 입주민들은 칠백만 원을 모아 권순찬에게 주려고 하는데, 권순찬은 이를 거절한다. 이는 문제의 원인과 해결책을 자신들의(입주민들의) 입장에서 찾은 결과로 볼 수 있다.

→ 적절함!

③ 입주민들이 권순찬에게 화를 낸 것은 문제의 진짜 원인을 보지 못하고 애꿎은 사람에게 화를 낸 것으로 볼 수 있겠군.

근거 선생님-4~5 그러나 문제의 원인과 해결책을 자신들의 입장에서만 찾은 입주민들은 자신들이 베푼 선의를 거절하였다는 이유로 권순찬에게 화를 냅니다. 이 작품은 문제의 진짜 원인을 보지 못하고 애꿎은 사람에게 화를 냈던 우리의 모습을 반성하게 합니다.

❻-16~17 그만 갑시다! 사람들의 성의를 원 저렇게 무시해서야……

풀이 문제의 원인과 해결책을 자신들의 입장에서만 찾은 입주민들은 권순찬에게 건넨 칠백만 원을 거절당하자 그에게 화를 내는데, 이것은 문제의 진짜 원인을 보지 못하고 애꿎은 사람에게 화를 낸 것으로 볼 수 있다.

→ 적절함!

④ '참좋은 마트' 사장이 권순찬의 사연을 나에게 들려주는 것은 **권순찬이 지닌 문제의 진짜 원인을 파악했기 때문이겠군.** ✓

근거 ❹-1 그 며칠 사이 나는 '참좋은 마트' 사장에게서 남자에 대한 사정을 좀더 자세히 듣게 되었다./ ❻-2 입주민 대표는 여비조로 따로 이십만 원이 든 편지봉투도 들고 갔고, 신문기자를 부르진 않았지만 '참좋은 마트' 사장이 스마트폰으로 그 모든 과정을 동영상으로 남기기로 했고,/ 12~13 저(권순찬)는 김석만씨를 만나러 온 거예요. 그 사람을 직접 만나서 일을 해결하려고요……

풀이 '참좋은 마트' 사장은 권순찬이 칠백만 원을 돌려받지 못한 것이 문제의 원인이라 생각하여 입주민들과 함께 권순찬에게 돈을 건네주는 것으로 그의 문제를 해결하려 한다. 하지만 권순찬이 원하는 해결책은 김석만을 만나 문제를 해결하는 것이다. 따

라서 '참좋은 마트' 사장이 권순찬이 지닌 문제의 진짜 원인을 파악하여 그의 사연을 나에게 들려준 것이라는 설명은 적절하지 않다.

→ 적절하지 않음!

⑤ 권순찬이 입주민들의 선의를 거부한 것은 입주민들의 돈을 받는 것이 권순찬이 원하는 해결책이 아니었기 때문이겠군.

근거 선생님-4 그러나 문제의 원인과 해결책을 자신들의 입장에서만 찾은 입주민들은 자신들이 베푼 선의를 거절하였다는 이유로 권순찬에게 화를 냅니다.
❻-3 하지만, 남자는 사람들의 그 모든 선의를 거부했다. / 12~13 저는 김석만씨를 만나러 온 거예요. 그 사람을 직접 만나서 일을 해결하려고요……

풀이 입주민들이 건넨 칠백만 원을 권순찬이 거부한 것은 단순히 돈을 받는 것이 권순찬이 원하는 해결책이 아니라 김석만을 직접 만나서 일을 해결하는 것이 그가 원하는 해결책이었기 때문이다.

→ 적절함!

[011~013] 다음 글을 읽고 물음에 답하시오.

1 [앞부분의 줄거리] 안평대군은 열 명의 궁녀를 뽑아 자신의 궁에 두고서 외부와의 교류를 금하고(궁 밖의 사람들을 만나는 것을 금지하고) 시 짓기를 가르쳤다.

→ 안평대군은 궁녀들에게 바깥출입을 금지하고 시 짓기를 가르친다.

2 ¹"처음 보았을 때에는 우열(뛰어남과 뛰어나지 못함)을 가릴 수 없었으나 거듭(되풀이하여) 읽노라니 자란의 시가 뜻이 심원하여(깊고 넓어) 나도 모르게 감탄하고 흥겨운 마음이 드는구나. ² 나머지 시들 또한 모두 맑고 좋은데, 유독 운영의 시만은 서글피(쓸쓸하고 외로워 슬프게) 누군가를 그리워하는 마음이 보이거늘 그리는 사람이 누군지 모르겠다. ³ 준엄히(엄하게) 캐물을 일이로되 그(시 짓는) 재주가 아까워 그냥 덮어두기로 한다."

⁴ 저(운영)는 뜰로 내려가 엎드려 울며 대답했습니다.

[A] ⁵"시를 짓는 중에 우연히 나온 말이지. ⁶ 어찌 다른 뜻(누군가를 그리워하는 마음)이 있겠습니까? ⁷ 지금 주군(섬기는 왕족, 여기서는 안평대군)께 의심을 받으니 첩(예전에 여자가 윗사람에게 자기를 낮춘 말)은 만 번 죽어도 유감이 없나이다(죽어도 섭섭함이 없습니다. '누군가를 그리워하는 마음이 절대 없다'는 의미)."

⁸ 대군은 자리에 앉으라 명하고(명령하고) 이렇게 말했습니다.

⁹ "시는 진정한 마음에서 우러나오는 것이라서 가리고 숨길 수가 없는 법이다. ¹⁰ 너(운영)는 더 말하지 말아라."

¹¹ 그리고는 (상으로) 비단 열 꾸러미를 내어 우리(궁녀) 열 사람에게 나누어 주었습니다. ¹² 대군이 일찍이 제게 사사로운(특별히 아끼는) 마음을 보인 적이 없으나 궁중 사람은 모두 대군의 마음이 제게 있다는(안평대군이 운영을 아낀다는) 걸 알고 있었습니다.

→ 안평대군이 운영이 누군가를 그리워하고 있다고 의심하자 운영이 울며 부정한다.

3 ¹ 우리(궁녀) 열 사람은 방으로 돌아와 아름다운 등불을 환히 밝히고는 칠보(금, 은, 유리, 거거, 산호, 마노, 진주'의 7가지 보석과 같은 여러 가지 색을 내는 물건을 만드는 공예 기법)로 만든 책상 위에 『당율(당나라 시집)』 한 권을 놓아두고 궁녀들의 원망을 담은 옛사람들의 시 중 어떤 작품이 훌륭한지 토론을 벌였습니다. ² 저(운영) 혼자 병풍에 기대어 흙으로 빚어 놓은 인형처럼(기운 없이) 근심스레 말이 없자 소옥(궁녀)이 저를 돌아보고 말했습니다.

³"낮에 연기를 읊은 시(연기를 소재로 지은 시)로 주군(안평대군)에게 (누군가를 그리워한다고) 의심을 받더니 그 때문에 근심스러워 말이 없는 거니? ⁴ 아니면 주군의 뜻이 네게 있겠기에(안평대군이 너를 특별히 아껴) 속으로 기뻐서 말이 없는 거니? ⁵ 네 속을 모르겠구나."

⁶ 제(운영)가 옷깃을 여미고 대답했습니다.

⁷"너는 내가 아닌데 어찌 내 마음을 안단 말이니? ⁸ 지금 막 시 한 편을 지으려는데, 묘안(좋은 생각)이 떠오르지 않아 고심(고민)하느라 말하지 않았던 것뿐이야."

[B] ⁹ 은섬(궁녀)이 이렇게 말했습니다.

¹⁰"어딘가 뜻이 향하는 곳이 있어(그리워하는 누군가를 생각하느라) 마음이 여기(궁녀들이 시를 토론하고 있는 것) 있지 않으니 옆 사람의 말이 지나가는 바람 소리처럼 들리겠지(들리지 않겠지). ¹¹ 네가 말하지 않는 까닭을 알긴 어렵지 않아. ¹² 어디 내가 한번 맞혀 볼까?"

¹³ 그러더니 창밖의 포도 시렁(포도 덩굴을 올려 받치기 위해 나무를 엮어 만든 지지

대)을 주제로 칠언 사운의 시(1구가 7글자이고 8구 4연으로 이루어진 한시. '사운(四韻)'은 운이 네 번 들어가는 한시, '운(韻)'은 동일한 위치에 규칙적으로 반복되는 비슷한 음으로 영어의 라임(rhyme)에 해당)를 지어보라 재촉하더군요.

→ 소옥과 은섬은 운영이 누군가를 그리워하고 있다고 추측하고 있다.

4 [중략 줄거리] 운영은 진사와 처음 만났을 때의 일을 들려주며 진사에 대한 자신의 마음을 자란(궁녀)에게 털어 놓는다.

→ 운영은 자란에게 진사에 대한 그리움을 털어 놓는다.

5 ¹"나(운영)는 이때부터 자려 해도 잠을 이루지 못하고 먹는 것이 줄었으며 마음이 답답하여 모르는 사이에 옷과 허리띠가 헐렁해졌단다(야위었단다). ² 너(자란)는 이 일(진사를 처음 만난 날의 일)을 기억 못하겠니?"

³ 자란이 이렇게 대답했습니다.

⁴"잊고 있었는데 지금 네 말을 듣고 보니 술에서 막 깨어난 듯 어슴푸레(희미하게) 생각이 날 듯 말 듯 하구나."

→ 운영은 자란에게 진사에 대한 그리움으로 답답한 마음을 하소연한다.

6 ¹ 그 뒤로 대군(안평대군)이 진사와 자주 만났으나 저희들(궁녀들)을 가까이 두지 않았기에 저(운영)는 그때마다 문틈으로 (진사를) 엿보고 했답니다. ² 하루는 고운 종이에 오언 사운의 시(1구가 5글자이고 4연으로 이루어진 한시) 한 수(시나 노래를 세는 단위)를 적었어요.

³ 베옷 입고 가죽 띠 두른 선비(벼슬이 없는 가난한 선비, '베옷'은 선비들이 산속에서 생활할 때 입는 옷. 여기서는 진사)

⁴ 옥 같은 얼굴 신선과 같네.

⁵ 늘 주렴(구슬을 꿰어 만든 발) 사이로만 바라보나니

⁶ 월하노인의 인연('월하노인'은 부부의 인연을 맺어 준다는 중국 옛이야기에 나오는 노인. 부부가 될 인연) 어디 없는지?

⁷ 얼굴 씻으매 눈물이 물을 이루고

⁸ 거문고 타매 한스러움(몹시 원망스럽거나 안타까워 슬픈 마음) 현(거문고의 줄)을 울리네.

⁹ 가슴 속 원망 끝이 없어서

¹⁰ 고개 들고 하늘에 하소연하네.

¹¹ 이 시와 금비녀 하나를 함께 싸서 열 겹으로 거듭 봉하여(싸서) 진사에게 주고자 했지만 전달할 방법이 없었답니다.

→ 운영은 진사를 생각하며 쓴 시와 금비녀를 싸 두지만 진사에게 전하지 못한다.

7 ¹ 그날, 달 밝은 밤에 대군이 술자리를 크게 열어 손님을 모으고 진사의 재주를 매우 칭찬하며 일전에(얼마 전에) 진사가 지은 시 두 편을 내보였습니다. ² 모인 사람들이 돌려 보며 칭찬하기를 마지않더니(앞말('칭찬하기를')를 강조하는 말) 모두들 진사를 한번 만나보고 싶어 했습니다. ³ 대군이 즉시 하인과 말을 보내 진사를 초청(초대)했습니다. ⁴ 잠시 후 진사가 도착하여 자리로 오는데, 얼굴이 수척하고(야위고) 몸은 홀쭉한 것이 예전의 기상(기운)이라곤 전혀 찾아볼 수가 없었습니다. ⁵ 대군이 위로하며 이렇게 말했습니다.

⁶"진사는 굴원의 마음(모함을 받아 벼슬에서 물러나 연못에 빠져 죽은 굴원(중국 초나라 때 정치가이자 시인)처럼 억울함)이 있는 것도 아니면서 연못가에서의 초췌한(얼굴이나 몸이 여위고 얼굴빛이 좋지 않은) 모습부터 미리 가진 게요?"

⁷ 모여 있던 이들이 한바탕 크게 웃었지요. ⁸ 진사가 일어나 인사하고 말했습니다.

⁹"저는 빈천한 유생(가난한 선비)으로서 외람되이 나리의 은총(분에 넘치는 안평대군의 은혜)을 받았습니다. ¹⁰ 그러나 복이 지나치면 재앙(나쁜 일)이 생기는 법인지, 질병(운영을 그리워하여 생긴 병을 말함)이 온몸을 휘감아 요사이 식음을 전폐하고(음식을 전혀 먹지 못하고) 있습니다. ¹¹ 다른 사람의 도움 없이는 움직이기 어려우나 지금 (안평대군의) 부르심을 받자와 겨우 부축을 받고 와서 인사드립니다."

¹² 손님들이 모두 몸가짐을 바루어 공손함을 표했습니다(바르게 고치고 예의를 갖춰 미안함을 드러냈습니다). ¹³ 진사는 나이 어린 유생(선비)으로서 말석(맨 끝 자리)에 앉았기에 저희(궁녀)가 있던 안쪽 방과는 단지 벽 하나를 사이에 두고 있을 뿐이었습니다.

→ 안평대군의 술자리에 온 손님들은 진사가 쓴 시를 칭찬하고, 진사는 운영에 대한 그리움 때문에 마음에 병이 들어 야윈 몸으로 술자리에 나타난다.

8 ¹ 밤이 이미 다하여(깊어져) 손님들이 모두 취했을 때입니다. ² ㉠제(운영)가 벽에 구멍을 뚫고 엿보니 진사 역시 제 뜻을 알고 모퉁이를 향해 앉아 있더군요. ³ 저는 봉한(봉투로 싼) 편지를 구멍 사이로 던졌습니다. ⁴ 진사는 편지를 주워 집으로 돌아가서 뜯어보고는 슬픔을 이기지 못해 편지를 차마 손에서 놓지 못했답니다. ⁵ 그리워하는 정이 지난날보다 곱절이(두 배가) 되어 버틸 수 없을 지경이었고, (운영에게) 답장을 보내고자 하나 전할 방

도(방법)가 없는지라 홀로 수심(근심)에 잠겨 탄식할(한숨 쉬며 안타까워할) 뿐이었지요.

→ 운영이 진사에게 몰래 편지를 전하고 편지를 읽은 진사는
운영을 더욱 그리워하며 마음 아파한다.

- 작자 미상, 「운영전」-

• 중심 내용

안평대군의 궁녀인 운영과 선비인 진사는 사랑하지만 자유롭게 만나지 못해 서로 그리워하며 슬퍼한다.

• 전체 줄거리 ([ ] : 지문 내용)

조선 선조 때, 선비 유영이 안평대군의 옛집이었던 수성궁에 들어가 놀다가 술에 취해 잠이 든다. 밤중에 잠에서 깨어난 유영은 운영과 김 진사를 만나 그들의 이야기를 듣는다. 어느 날, [안평대군의 궁녀인 운영과 안평대군을 찾아온 선비 김 진사는 사랑에 빠지게 된다. 둘은 몰래 편지를 주고받거나,] 궁의 담을 넘어 사랑을 나누다가 도망갈 계획을 한다. 그러나 김 진사의 종인 특이 중간에서 운영의 재물을 빼내고, 김 진사와 운영의 일이 안평대군의 귀에 들어가게 된다. 이에 운영은 감옥에서 목을 매어 자살하고 이 소식을 들은 김 진사도 슬픔에 빠져 운영을 따라 자살하게 된다. 운영과 김 진사는 자신들의 사랑 이야기를 사람들에게 전해 달라고 유영에게 당부한다. 유영이 술에 취하여 졸다가 깨어 보니 운영과 김 진사는 사라지고, 그들의 일을 기록한 책만 남아 있었다. 유영은 그 책을 가지고 돌아와 세상을 두루 돌아다녔는데, 그(유영)가 어떻게 죽었는지는 알 수 없다.

• 인물 관계도

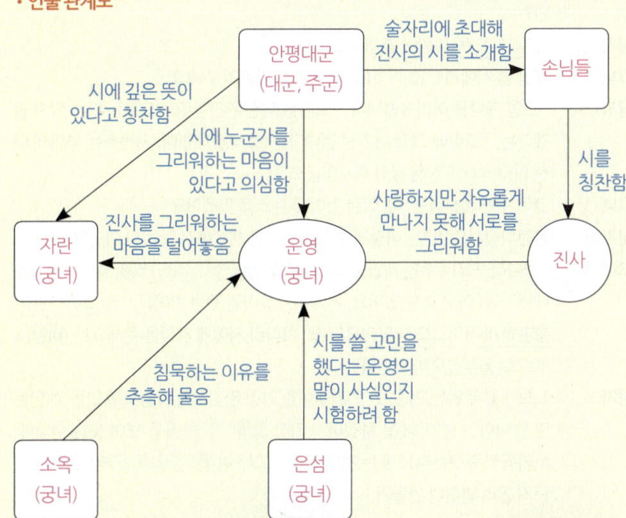

▲ ❸-2~3 제가 벽에 구멍을 뚫고 엿보니 진사 역시 제 뜻을 알고 모퉁이를 향해 앉아 있더군요. 저는 봉한 편지를 구멍 사이로 던졌습니다.

---

011 | 말하기 방식 - 적절하지 않은 것 고르기 2017년 3월 학평 38번
정답률 65%, 매력적 오답 ② 10%   **정답 ④**

[A], [B]에 대한 설명으로 적절하지 않은 것은?

① [A]에서 대군은 여러 궁녀들의 시와 비교하면서 운영의 시에 대한 평가를 내리고 있다.

근거 [A] ❷-1~2 자란의 시가 뜻이 심원하여 나도 모르게 감탄하고 흥겨운 마음이 드는구나. 나머지 시들 또한 모두 맑고 좋은데, 유독 운영의 시만은 서글피 누군가를 그리워하는 마음이 보이거늘

풀이 [A]에서 대군은 자란의 시는 뜻이 깊어 흥겹고 다른 궁녀들의 시도 맑고 좋은데 운영의 시만은 서글프게 누군가를 그리워하는 마음이 느껴진다고 평가한다.

→ 적절함!

② [A]에서 대군은 시에 대한 자신의 생각을 근거로 운영의 대답을 거짓이라고 판단하고 있다.

근거 [A] ❷-2 운영의 시만은 서글피 누군가를 그리워하는 마음이 보이거늘 (안평대군의 생각)
❷-5~6 "시를 짓는 중에 우연히 나온 말이지. 어찌 다른 뜻이 있겠습니까? (운영의 대답)
❷-9~10 "시는 진정한 마음에서 우러나오는 것이라서 가리고 숨길 수가 없는 법이다. 너는 더 말하지 말아라." (안평대군의 판단)

풀이 [A]에서 운영은 누군가를 그리워하는 마음을 담아 시를 쓴 것이 아니라고 말하지만, 대군은 시는 진심에서 우러나오는 것이라는 자신의 생각을 근거로 운영의 대답을 거짓이라고 판단하고 있다.

→ 적절함!

③ [B]에서 소옥은 [A]의 상황에 근거하여 운영이 침묵하는 이유를 추측하고 있다.

근거 [A] ❷-2 "운영의 시만은 서글피 누군가를 그리워하는 마음이 보이거늘
[B] ❸-3 "낮에 연기를 읊은 시로 주군(대군)에게 의심을 받더니 그 때문에 근심스러워 말이 없는 거니?

풀이 [A]에서 대군은 운영이 다른 누군가를 그리워하고 있다고 의심하는데, 이 상황에 근거하여 [B]에서 소옥은 운영이 대군의 의심을 받아 걱정스러워 침묵하고 있다고 추측하고 있다.

→ 적절함!

④ 운영은 [A]의 대군과 [B]의 소옥 모두에게 자신의 진심을 *우회적으로 드러내고 있다. (전혀 드러내지 않고)
* 직접적으로 드러내지 않고 돌려서

근거 [A] ❷-5~6 "시를 짓는 중에 우연히 나온 말이지. 어찌 다른 뜻이 있겠습니까?
[B] ❸-7~8 "너는 내가 아닌데 어찌 내 마음을 안단 말이니? 지금 막 시 한 편을 지으려는데, 묘안이 떠오르지 않아 고심하느라 말하지 않았던 것뿐이야." / ❹-❺ -1 운영은 ~ 진사에 대한 자신의 마음을 자란에게 털어 놓는다. "나는 이때부터 자려 해도 잠을 이루지 못하고 먹는 것이 줄었으며 마음이 답답하여

풀이 운영은 진사가 그리워 답답해하고 있지만 [A]의 대군에게 누군가를 그리워하는 마음은 없다고 거짓말을 하고, [B]의 소옥에게 시를 짓는 생각으로 근심하고 있었을 뿐이라고 핑계를 댄다. 따라서 운영은 돌려서 말하는 것(우회적)이 아니라 [A]의 대군과 [B]의 소옥 모두에게 자신의 진심을 아예 드러내지 않고 있다.

→ 적절하지 않음!

⑤ [B]에서 은섬은 운영이 딴 곳에 마음을 두고 있음을 언급하면서 운영의 말이 사실인지를 시험하려 하고 있다.

근거 [B] ❸-8 지금 막 시 한 편을 지으려는데, 묘안이 떠오르지 않아 고심하느라 말하지 않았던 것뿐이야." / 10~13 "어딘가 뜻이 향하는 곳이 있어 마음이 여기 있지 않으니 옆 사람의 말이 지나가는 바람 소리처럼 들리겠지. ~ 어디 내가 한번 맞혀 볼까?" ~ 시를 지어보라 재촉하더군요.

풀이 운영은 시를 지을 고민으로 말하지 않고 있었다고 말하지만, [B]에서 은섬은 운영이 딴 곳에 마음을 두고 있어 말하지 않은 것이라고 언급하면서 운영에게 시를 지어보라고 재촉하며 운영의 말이 사실인지를 시험하려 하고 있다.

→ 적절함!

012 | 내용 이해 - 적절하지 않은 것 고르기 2017년 3월 하평 39번
정답률 70%, 매력적 오답 ⑤ 15%   **성답 ④**

윗글과 관련하여 이 시를 이해한 내용으로 적절하지 않은 것은?

① '베옷 입고 가죽 띠 두른 선비 / 옥 같은 얼굴 신선과 같지'는 진사에 대한 운영의 *호감을 **반영한 표현으로 볼 수 있군. * 좋은 감정 ** 나타낸

근거 6-3~4 베옷 입고 가죽 띠 두른 선비/ 옥 같은 얼굴 신선과 같지.
풀이 운영이 '베옷 입고 가죽 띠 두른' 가난한 선비인 진사를 '옥 같은 얼굴 신선과 같'이 아름다운 모습이라고 표현한 것은 진사에 대한 운영의 호감을 반영한 표현으로 볼 수 있다.

→ 적절함!

② '주렴 사이로만 바라보나니'는 진사를 문틈으로 엿볼 수밖에 없었던 운영의 처지와 *유사한 구절로 볼 수 있군. *비슷한
근거 6-5 늘 주렴 사이로만 바라보나니
6-1 대군이 진사와 자주 만났으나 저희들을 가까이 두지 않았기에 저는 그때마다 문틈으로 엿보고 했답니다.
풀이 '주렴 사이로만 바라보나니'는 운영이 진사를 가까이에서 보지 못하고 문틈으로 엿보던 상황과 비슷하다.

→ 적절함!

③ '월하노인의 인연 어디 없는지?'는 진사와 인연을 맺기 어려운 자신의 처지에 대한 운영의 *한탄이 담긴 것으로 볼 수 있군. *한숨 쉬며 안타까워함
근거 6-6 월하노인의 인연 어디 없는지?
❶ 안평대군은 열 명의 궁녀를 뽑아 자신의 궁에 두고서 외부와의 교류를 금하고
풀이 '월하노인의 인연 어디 없는지?'는 운영이 궁녀이기 때문에 궁궐 밖의 생활이 금지되어 진사와 인연을 맺기 어려운 자신의 처지에 대한 한탄이 담긴 것으로 볼 수 있다.

→ 적절함!

진사와의 사랑을 이룰 수 없는 자신의 처지에 대한 안타까움
✓④ '얼굴 씻으매' 흐르는 '눈물'은 자신의 마음을 알아채지 못했던 자란에 대한 운영의 서운함을 드러낸 것으로 볼 수 있군.
근거 6-7 얼굴 씻으매 눈물이 물을 이루고
❹ 운영은 ~ 진사에 대한 자신의 마음을 자란에게 털어 놓는다.
풀이 '얼굴 씻으매' 흐르는 '눈물'은 진사와의 사랑을 이룰 수 없는 자신의 처지에 대한 안타까움을 드러낸 것일 뿐, 자신의 마음을 알아채지 못했던 자란에 대한 운영의 서운함을 드러낸 것이 아니다.

→ 적절하지 않음!

⑤ '거문고를 타매' 드러나는 '한스러움'은 혼자 병풍에 기대어 *근심스레 말이 없던 운영의 심정과 연결할 수 있군. *걱정하며 편치 못한 마음으로
근거 6-8 거문고 타매 한스러움 현을 울리네.
3-2 저(운영) 혼자 병풍에 기대어 흙으로 빚어 놓은 인형처럼 근심스레 말이 없자
풀이 '거문고를 타매' 드러나는 '한스러움'과 혼자 병풍에 기대어 근심스레 말이 없던 운영의 심정은 모두 진사를 그리워하는 운영의 마음으로 연결된다.

→ 적절함!

---

013 관용적 표현 - 적절한 것 고르기 **2017년 3월 학평 40번**
정답률 85% | 정답 ①

⊙을 나타내기에 가장 적절한 것은?

8-2 ⊙제가 벽에 구멍을 뚫고 엿보니 진사 역시 제 뜻을 알고 모퉁이를 향해 앉아 있더군요.

내 생각 = 네 생각, = 교외별전(敎外別傳), 염화미소(拈華微笑)
✓① *이심전심(以心傳心) * 써 以 마음 心 전할 傳 마음 心 : 마음과 마음으로 서로 뜻이 통함
풀이 ⊙에서 운영이 벽에 구멍을 뚫고 진사를 엿보니 진사 또한 운영의 마음('제 뜻')을 알고 벽 쪽을 향해 앉아 있었으므로 '이심전심'이 적절하다.

→ 적절함!
= 뿌린 대로 거둔다
② *인과응보(因果應報) * 원인 因 결과 果 응할 應 갚을 報 : 원인과 결과는 서로 관계가 있음, '착한 일을 하면 좋은 결과가, 악한 일을 하면 나쁜 결과가 있다'는 뜻
풀이 원인과 관계있는 결과가 이어지고 있는 상황이 아니다.

→ 적절하지 않음!
= 눈에 보이면 욕심이 생김
③ *견물생심(見物生心) * 볼 見 물건 物 날 生 마음 心 : '좋은 물건을 보면 누구나 그것을 갖고 싶은 마음이 생긴다'는 뜻
풀이 운영과 진사가 물건을 욕심내는 것이 아니다.

→ 적절하지 않음!
↪ 아전인수(我田引水) : 자기에게만 이롭게 생각함
④ *역지사지(易地思之) * 바꿀 易 처지 地 생각 思 갈 之 : 입장을 바꾸어서 생각해 봄
풀이 운영과 진사가 서로 입장을 바꿔 생각하는 것이 아니다.

→ 적절하지 않음!

= 호랑이도 죽을 때면 굴에 가서 죽는다
⑤ *수구초심(首丘初心) * 머리 首 언덕 丘 처음 初 마음 心 : 여우는 죽을 때 자기가 살던 언덕을 향해 머리를 돌린다는 뜻, '고향을 그리워하는 마음'을 나타내는 말
풀이 운영과 진사가 서로를 그리워하는 것은 맞지만, 고향을 그리워하는 것은 아니다.

→ 적절하지 않음!

[014~015] 다음 글을 읽고 물음에 답하시오.

남자① 1 네, 어떤 돌은 말입니다. 2 사람들이 다듬어서 보석을 만들지요. 3 (보석을 가리키며) 이걸 보십쇼. 4 부인의 그이께서 밤새껏 다듬으신 겁니다. 5 참, 다시 없는(더 나은 게 없는, 훌륭한) 솜씨에요. 6 여든 여덟, 이 각면체(各面體)(각각 各 면 面 몸 體 : 88개의 각면)들이 서로 치밀하게 아물려서(맞춰져서) 한 점 빈틈이 없거든요. 7 부인, 이건 보석으로서의 가장 완전한 모양입니다. 8 일단 이 안으로 들어온 빛은 밖으론 절대 새어나갈 수가 없습니다. 9 그래서 시간이 오래될수록 이 보석의 내부엔 자꾸만 빛이 축적되는(쌓이는) 겁니다. 10 마침내는 하늘에서 방금 뜯어내온 별처럼 찬란하다 못해…… 그렇습니다, 부인. 11 이건 한낱(단지) 여인을 장식하기보다 저 장엄한(거대한) 하늘의 별이 되어야 하는 겁니다.

그녀① 1 그런 건 상관없어요. 2 저에게 지금 소중한 건 그이에요. 3 어디계시죠, 그인?

남자② ㉠(재가 되어) 바람에 흩어지고 있군요.

그녀② 제발 좀 저에게 (그이가 어떻게 된 건지) 가르쳐 주세요.

남자③ 1 그인 계약을 어기셨습니다. 2 보석을 이런 완전한 모양으로는 다시 깎지 않겠다는. 3 그런데 그걸 어기신 겁니다. 4 (보석을 내밀며) 사랑하는 부인께 대신 이걸(보석을) 전해 달라 하시더군요.

그녀③ 그이가 안 계신다면, 아, 이런 것이 무슨 소용 있겠어요!

남자④ 진정하십시요, 부인, 이렇게 깎여진 보석은 세상에서 단 하나 이것뿐입니다.

그녀④ 1 하나라구요! 2 수천 개인들 그게 무엇일까요(무슨 소용이 있을까요)! 3 (보석을 내던지며) 아무 소용 없어요, 저에게. 4 그이면 됐던 거예요. 5 ㉡ 그이라면 다 황홀하게 꾸미고도 남았어요! 6 오, 차라리 저에게 재앙을 주세요! 7 (비탄(슬픔)으로 울부짖으며 나간다)

남자⑤ 1 (보석을 주워들고) 쯧쯧, 인간들이란 가장 완전하며 가장 소용없는 걸 만든단 말이야. 2 난 이해 못 하겠어. 3 기껏 그들(인간들) 꼴을 보며 웃는 수밖에. 4 (키득키득 웃는다) 5 웃는 것도 싫군. 6 그저 이 돌(그이가 깎은 보석)을 하늘에 던져 올려 별이나 만들자.

1 (암전(暗轉)(어두울 暗 구를 轉 : 연극에서 무대를 어둡게 한 상태에서 무대 장치나 장면을 바꾸는 일). 2 울려 퍼지는 결혼 축하곡. 3 사원(寺院)(절 寺 집 院 : 절이나 교회 등 종교 단체의 건물)의 종소리. 4 사람들의 환호성이 거리를 메운다. 5 그이는 창 밖을 바라본다. 6 노인. 7 구부러진 허리. 8 백발(白髮)(흰 白 머리털 髮 : 흰머리). 9 살갗은 고목의 껍질 같다(나무껍질처럼 쭈글쭈글하다). 10 그이는 한숨을 쉰다. 11 남자, 어느 사이에 들어와 구석진 자리에서 지긋이 한탄하는(한숨 쉬며 안타까워하는) 그이를 지켜본다.)

[중략 줄거리] 자신의 일생을 바쳐 완벽한 보석을 세공한(손으로 정밀하게 깎아 만든) '그이'는 보석이 세상에서 가장 완벽한 형태로 완성되었지만 그 보석을 위해 모든 것을 다 포기하고 살아온 자신의 현실을 한탄한다.

남자⑥ 1 참으로 묘한(신기한) 일이군요. 2 ㉢ 일생을 다 바쳐 마침내 바랐던 걸 성취하고서도 한탄해야 하니 말입니다.

그이① 이 부질없는(쓸모없는) 것에 평생을 매달렸다니…….

남자⑦ 전혀 없습니까, (보석을) 드릴 만한 사람이?

그이② 1 있다면야 왜 내가 후횔 하겠소? 2 보시오, 나를. 3 머리는 새하얗고 허리는 굽어 버렸소. 4 목소리는 쉬어터졌으며(맑지 않고 거칠어졌으며) 살갗은 어느새 흉칙하게 찌그러졌소. 5 어리석다는 건 바로 이렇소. 6 차라리 이따위 걸(완벽한 보석을) 소망하기보다 한 여인을 사랑하는 쪽이 더 옳았던 것 같소. 7 더구나 오늘 거리엔 결혼식의 행렬이 지나갔소. 8 난 어여쁜 신부를 보았소. 9 그리고 하염없이(계속) 울었소. 10 만약 나에게 다시 젊음을 준다면, 한번 다시 젊음을 준다면…….

남자 ⑧	왜 말씀을 그만 두십니까?
그이 ③	아, 그건 불가능한 거요.
남자 ⑨	¹궁금한데요. ²다시 젊음을 준다면 어떻게 하시겠습니까?
그이 ④	한 여인을 사랑하겠소.
남자 ⑩	¹글쎄요. ²그것 역시 결국엔 후회되지 않을까요?
그이 ⑤	¹아니요. ²난 결코 후회하지 않을 거요!
남자 ⑪	¹사랑 역시 당신이 늘 소망했던 그 완전한 보석과 같은 거지요. ²말하자면 당신은 한 여인을 완전히 사랑하고자 할 겁니다.
그이 ⑥	물론이오, 나는.
남자 ⑫	¹그렇다면 어찌 될 것 같습니까? ²당신은 그 여인에게 당신의 사랑을 드러내 보이기 위해, 이 세상에서 가장 완전한 형태의 보석을 다듬어 주고자 할 겁니다.
그이 ⑦	당연히 난 그럴 거요.
남자 ⑬	¹아, 욕심도 많으시군요. ²ⓔ완전한 사랑과 완전한 보석, 그 두 가지를 모두 갖고 싶지 않는 사람이 어디 있겠습니까? ³그 중 하나만이라도 가질 수 있다는 것에 만족하셔야지요.
그이 ⑧	(손 위에 놓인 보석을 바라보며) 내가 한 여인을 사랑할 수 있게 된다면 난 이것(보석)을 기꺼이 포기하겠소.
남자 ⑭	¹(냉소하며 쌀쌀맞게 비웃으며) 그랬다가 다시 만드시려구요? ²ⓓ만약 당신이 터득한 그 완전한 형태의 보석 세공술(細工術)(가늘 細 장인 工 재주 術 : 손으로 정밀하게 물건을 만드는 기술)을 포기하신다면, 난 당신의 사랑을 위해 젊음을 다시 드릴 수도 있겠습니다만…….
그이 ⑨	¹누구요? ²당신이 누구이기에 다시 젊음을 주시겠다는 거요?
남자 ⑮	자, 어떻게 하시렵니까?
그이 ⑩	당신이 설마……?
남자 ⑯	¹그것 보십시오. ²당신은 후회한다는 말은 하면서도 보석을 포기하진 못하는군요.
그이 ⑪	¹(보석을 남자에게 내던진다) ²젊음을 주시오! ³당신이 그렇게 할 수 있다면!
남자 ⑰	계약하셔야 합니다.
그이 ⑫	¹좋소. ²어떤 계약이요?
남자 ⑱	¹만약 당신이 이런 완전한 형태의 보석을 깎을 경우엔 당신은 늙어버립니다. ²ⓕ그리고 그 즉시 재로 변해지고 말 겁니다.
그이 ⑬	계약하겠소!

- 이강백, 「보석과 여인」-

• **이강백** 〈중요 작가〉

「느낌, 극락같은」(2017학년도 수능), 「결혼」(2016학년도 6월 모평AB), 「파수꾼」(2009학년도 9월 모평) 기출. 이강백은 사회의 부정적인 면을 비판하는 작품을 많이 썼다. 앞으로도 출제 가능성이 높으므로 대표 작품들의 기본 줄거리와 특징을 정리해 두는 것이 좋다.

• **중심 내용**

'그이'는 '남자'와 보석을 깎지 않는 대신 젊음을 얻는 조건으로 계약을 한다.

• **인물 관계도**

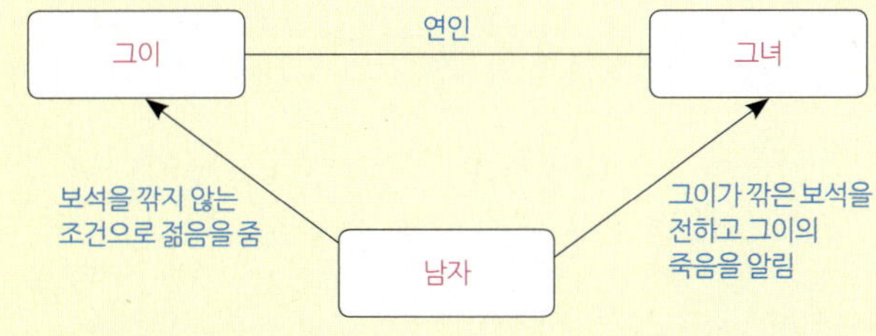

• **전체 줄거리** ([ ] : 지문 내용)

[정교한 보석을 만드는 데 평생을 보낸 늙은 '그이'는 정체 모를 '남자'와 젊음을 얻는 계약을 한다. 젊음을 얻는 대신 더 이상 보석을 깎는 작업을 하지 않아야 하고, 만일 보석을 깎게 된다면 '그이'는 재로 변한다는 것이 계약 조건이다.] 계약 후 '그이'는 '남자'의 명령대로 기차를 타게 되고 거기서 한 여인을 만나 사랑에 빠진다. 결혼을 앞두고 '그이'는 여인에게 완벽한 보석반지를 선물해 주고 싶어져 갈등하게 된다. 결국 '그이'는 완벽한 사랑을

위해서는 최선을 다해야 한다는 '남자'의 말에 넘어가 보석을 깎아 여인에게 남기고 자신은 재로 변해 죽게 된다.

---

014 | 인물 이해 - 적절한 것 고르기　2016년 11월 학평 38번　정답률 75% | 정답 ①

'남자'에 대한 설명으로 가장 적절한 것은?

✔① '그이'의 행동을 부추겨서 '그이'의 선택을 이끌어 내고 있다.

> **근거** 남자 ⑨-2 다시 젊음을 준다면 어떻게 하시겠습니까?/ ⑮~⑰ 자, 어떻게 하시렵니까? 그것 보십시오. 당신은 후회한다는 말은 하면서도 보석을 포기하진 못하는군요. 계약하셔야 합니다.

> **풀이** '남자'는 지난 삶을 후회하는 '그이'에게 보석을 깎는 작업을 하지 않는 대신에 젊음을 주겠다는 계약을 제안하고 '그이'를 부추겨서 계약을 선택하도록 이끌어 내고 있다.

> → 적절함!

② '그이'의 상황을 전달하여 '그녀'와의 관계 회복을 *유도하고 있다. *이끌고

> **근거** 남자 ② 바람에 흩어지고 있군요. / ③ 그인 계약을 어기셨습니다. ~ 사랑하는 부인께 대신 이걸 전해 달라 하시더군요.
> 그녀 ④ 하나라구요! ~ 오, 차라리 저에게 재앙을 주세요! (비탄으로 울부짖으며 나간다)

> **풀이** '남자'는 '그이'가 계약을 어기고 보석을 깎아 '그녀'에게 그 보석을 남기고 죽은 상황을 전달하여 '그녀'를 괴롭게 한다. 따라서 '그녀'와의 관계 회복을 유도하고 있는 것이 아니다.

> → 적절하지 않음!

③ '그이'의 행동을 예측하여 '그이'의 미래를 *낙관적으로 전망하고 있다.
*앞으로 잘될 것으로

> **근거** 남자 ⑫-2 당신은 그 여인에게 ~ 이 세상에서 가장 완전한 형태의 보석을 다듬어 주고자 할 겁니다. / ⑱ 만일 당신이 이런 완전한 형태의 보석을 깎을 경우엔 당신은 늙어버립니다. 그리고 그 즉시 재로 변해지고 말 겁니다.

> **풀이** '남자'는 '그이'가 사랑하는 '그녀'에게 보석을 다듬어 줄 것이라는 행동을 예측하며 보석을 깎을 시엔 늙어버리고 재가 될 것이라는 계약 조건을 확인하고 있을 뿐, '그이'의 미래를 낙관적으로 전망하고 있지 않다.

> → 적절하지 않음!

④ '그녀'의 태도를 비판하여 '그녀'의 *내면적 갈등을 유발하고 있다. *마음속

> **풀이** 윗글에서 '남자'가 '그녀'의 태도를 비판하여 '그녀'의 내면적 갈등을 유발하는 내용은 나타나지 않는다.

> → 적절하지 않음!

⑤ '그녀'에게 기회를 부여하여 '그이'와의 갈등 해소의 *실마리를 제공하고 있다.
*단서, 열쇠

> **근거** 남자 ④ 진정하십시요, 부인, 이렇게 깎아진 보석은 세상에서 단 하나 이것뿐입니다.

> **풀이** '남자'는 '그녀'에게 '그이'가 남긴 보석의 가치를 전하고 있을 뿐, 기회를 부여하여 '그이'와의 갈등 해소의 실마리를 제공하고 있지는 않다.

> → 적절하지 않음!

---

015 | 감상의 적절성 - 적절하지 않은 것 고르기　2016년 11월 학평 39번　정답률 75% | 정답 ②

〈보기〉를 참고하여 윗글을 감상한 내용으로 적절하지 않은 것은?

> | 보 기 |
> ¹이 작품은 고도의 상징성을 바탕으로 인간의 보편적이면서도 실존적인(일반적이면서도 인간다운 존재의) 측면을 형상화하여(구체적으로 표현하여) 관객의 공감을 이끌어 내고자 했다. ²즉 현실적 가치를 상징하는 '보석'과 이상적(가장 완전한) 가치를 상징하는 '사랑'을 통해, 양립할(동시에 이뤄질) 수 없는 가치를 동시에 추구하는 인간의 일반적인 속성과 삶의 본질적 한계를 보여 주고 있는 것이다. ³또한 계약 모티프(계약을 바탕으로 전개되는 내용)를 바탕으로 이야기의 결말 부분을 먼저 제시하는 원점회귀(결말 부분에서 처음 내용으로 되돌아옴)의 구성 방식을 취하면서 운명적 비극성을 극대화하고(불행함을 강조하고) 있다.

① ㉠과 ㉤을 통해 관객들은 결말 부분이 먼저 제시되고 있음을 확인할 수 있겠군.

근거 <보기>-3 이야기의 결말 부분을 먼저 제시하는 원점회귀의 구성 방식을 취하면서

남자② ㉠ 바람에 흩어지고 있군요. / **⑱** 만일 당신이 이런 완전한 형태의 보석을 깎을 경우엔 당신은 늙어버립니다. ㉤ 그리고 그 즉시 재로 변해지고 말 겁니다.

풀이 '그이'가 재가 되어 바람에 흩어진다는 결말 부분인 ㉤이 이야기의 처음 부분인 ㉠에서 먼저 제시되고 있음을 알 수 있다.

→ 적절함!

이상적 가치인 '사랑'을

✓② ㉡을 통해 관객들은 ~~양립할 수 없는 가치를 동시에 추구하는~~ 인간의 모습을 떠올릴 수 있겠군.

근거 <보기>-2 현실적 가치를 상징하는 '보석'과 이상적 가치를 상징하는 '사랑'을 통해, 양립할 수 없는 가치를 동시에 추구하는 인간의 일반적인 속성과 삶의 본질적 한계를 보여 주고 있는 것이다.

그녀④-3~5 (보석을 내던지며) 아무 소용 없어요, 저에게. 그이면 됐던 거예요. ㉡ 그이라면 다 황홀하게 꾸미고도 남았어요!

풀이 ㉡에서 '그녀'는 현실적 가치인 '보석'을 거부하고 이상적 가치인 '사랑'을 추구하고 있으므로 양립할 수 없는 가치를 동시에 추구하고 있는 것이 아니다.

→ 적절하지 않음!

③ ㉢을 통해 관객들은 현실적 가치만으로는 만족하지 못하는 인간의 모습을 떠올릴 수 있겠군.

근거 <보기>-2 현실적 가치를 상징하는 '보석'과 이상적 가치를 상징하는 '사랑'을 통해, 양립할 수 없는 가치를 동시에 추구하는 인간의 일반적인 속성과 삶의 본질적 한계를 보여 주고 있는 것이다.

[중략 줄거리] '그이'는 보석이 세상에서 가장 완벽한 형태로 완성되었지만 그 보석을 위해 모든 것을 다 포기하고 살아온 자신의 현실을 한탄한다.

남자⑥-2 ㉢ 일생을 다 바쳐 마침내 바랐던 걸 성취하고서도 한탄해야 하니 말입니다.

풀이 ㉢에서 '그이'는 완벽한 형태의 '보석'을 완성하고도 자신의 삶을 후회하고 있으므로 현실적 가치만으로 만족하지 못하는 인간의 모습이 드러난다.

→ 적절함!

④ ㉣을 통해 관객들은 인간의 보편적 속성을 떠올릴 수 있겠군.

근거 <보기>-1~2 인간의 보편적이면서도 실존적인 측면을 형상화하여 ~ 현실적 가치를 상징하는 '보석'과 이상적 가치를 상징하는 '사랑'을 통해, 양립할 수 없는 가치를 동시에 추구하는 인간의 일반적인 속성과 삶의 본질적 한계를 보여 주고 있는 것이다.

남자⑬-2 ㉣ 완전한 사랑과 완전한 보석, 그 두 가지를 모두 갖고 싶지 않은 사람이 어디 있겠습니까?

풀이 ㉣에서 사람들이 '사랑'과 '보석' 모두를 갖고 싶어 한다는 것을 통해 이상적 가치와 현실적 가치를 동시에 추구하는 인간의 보편적 속성을 떠올릴 수 있다.

→ 적절함!

⑤ ㉤을 통해 관객들은 인물들 간의 계약을 바탕으로 내용이 전개되고 있음을 확인할 수 있겠군.

근거 <보기>-3 '계약 모티프'를 바탕으로 ~ 운명적 비극성을 극대화하고 있다.

남자⑭-2 ㉤ 만약 당신이 터득한 그 완전한 형태의 보석 세공술을 포기하신다면, 난 당신의 사랑을 위해 젊음을 다시 드릴 수도 있겠습니다만……/ **⑰** 계약하셔야 합니다.

풀이 ㉤에서 '남자'가 '그이'에게 보석 세공술을 포기하면 젊음을 다시 주겠다는 계약 조건을 말하는 것을 통해 인물들 간의 계약을 바탕으로 내용이 전개되고 있음을 알 수 있다.

→ 적절함!

2028학년도 대학수학능력시험 예시문항

[001~003] 다음 글을 읽고 물음에 답하시오.

1 ¹홍 낭자가 양창곡의 뜻을 (알아)보고자 하여 **선비로 남장해** 묻길,

²"나는 저 사람의 마음을 아나 저 사람은 내 마음을 모른다면, 이 또한 '지기(알 知 자기 己 : 자기의 속마음을 참되게 알아주는 친구)'라 할 수 있으리오?"

³양 공자(여기서는 양창곡. '공자'는 지체가 높은 집안의 아들)가 웃으며,

⁴"백아가 거문고를 연주하여야 종자기가 있거늘(백아절현(伯牙絕絃). 중국 춘추 시대에 백아(伯牙)는 거문고를 매우 잘 탔고 그의 벗 종자기(鍾子期)는 그 거문고 소리를 잘 들었는데, 종자기가 죽어 그 거문고 소리를 들을 사람이 없게 되자 백아가 절망하여 거문고 줄을 끊어 버리고 다시는 거문고를 타지 않았다고 하는 고사를 인용함), 사람이 지조(뜻 志 절개 操 : 원칙과 신념을 굽히지 아니하고 끝까지 지켜 나가는 꿋꿋한 의지)를 닦아 마음속에 간직했다가 (지조를) 밖으로 드러내면, **구름이 용을 따르고 바람이 호랑이를 따르듯**(비슷한 기운을 가진 것이 서로 끌리듯), **같은 소리로 서로 응하며 같은 기운으로 서로 구하리니**, (진정한 지기를) 어찌 모를 리가 있으리오?"

⁵**선비**(여기서는 남장한 홍 낭자)가 말하길,

⁶"세간(세상 世 사이 間 : 세상)에 신의(믿을 信 의리 義 : 믿음과 의리) 없은 지 오래되어 곤궁한(가난할 困 가난할 窮 : 가난하여 살림이 구차한) 처지였을 때 사귄 정을 부귀한(부유할 富 귀할 貴 : 재산이 많고 지위가 높아진) 후 잊는 자들이 흔히 있더이다. ⁷부귀와 궁달(가난할 窮 구비할 達 : 빈궁(가난하고 궁색함)과 영달(지위가 높고 귀함))에 있어서 **처음과 끝이 한결같은 자**를 볼 수 있으리오?"

⁸양 공자가 웃으며,

⁹"옛말에 이르되 '가난하고 천할 때의 친구는 잊어서는 안 되고, 지게미(술을 거르고 남은 찌꺼기)와 쌀계(쌀을 찧을 때 나오는 가장 고운 껍질)를 먹으며 고생한 아내(조강지처(糟糠之妻))는 집에서 내보내서는 안 된다.' 하니, 부귀와 궁달에 따라 친소(친할 親 소원할 疏 : 친함과 친하지 않음)를 달리하면 이는 경박한(가벼울 輕 엷을 薄 : 언행이 신중하지 못하고 가벼운) 일이라. ¹⁰어찌 이 때문에 세상을 의심하리오?"

¹¹선비가 웃으며,

¹²"형(여기서는 양창곡)은 **충직한**(충성 忠 바를 直 : 충성스럽고 정직한) 사람이로다. ¹³저는 본디 지조가 없는 사람이라. ¹⁴신하가 임금을 섬기고 선비가 친구를 사귐에, 그 명망(평판 名 명예 望 : 명성과 인망)을 닦고 예절을 지켜 도리에 부합하게(붙을 附 맞을 合 : 들어맞게) 사귐을 하는 사람도 있으며, 그(자신의) 재주를 드러내면서 형편에 따른 방도(방법 方 도리 道 : 방법과 도리)로써(인격 수양 대신에 자신의 재주와 형편에 맞춰) 사귐을 하는 사람도 있소. ¹⁵형은 어떻게 생각하시오?"

¹⁶양 공자가 답하길,

¹⁷"사람의 나아가고 물러남(몸가짐이나 행동)을 어찌 가벼이 논하리오? ¹⁸성인(성인 聖 사람 人 : 지혜와 덕이 매우 뛰어나 길이 우러러 본받을 만한 사람)에게도 **공명정대한**(공평할 公 밝을 明 바를 正 클 大 : 하는 일이나 태도가 사사로움이나 그릇됨이 없이 아주 정당하고 떳떳한) 원칙과 형편에 따른 방도가 있나니, 군신(임금 君 신하 臣 : 임금과 신하)과 붕우(벗 朋 벗 友 : 친구) 사이에 마음 한구석을 비춰 볼 따름이라. ¹⁹나 역시 과거에 응시하려는 선비로, 덕을 닦아 이름을 드날리지 못하고 문장 찌꺼기(보잘것없는 글재주)로 망령되이(망령될 妄 정신 靈 : 분수에 넘치고 어리석게) 임금의 은혜를 얻고자 하니, 이 어찌 규중(안방 閨 속 中 : 부녀자가 거처하는 곳) 처녀가 얼굴을 가리고 스스로 짝을 구함과 다르리오(자신의 행동이 규중 처녀가 스스로 짝을 찾는 부끄러운 행동과 다름없다는 의미)? ²⁰이로써 보건대(이렇게 본다면) 나아가고 물러남이 정대하고(바를 正 클 大 : 올바르고) 깨끗하여 옛사람에게 부끄럽지 않은 자가 몇이나 있는고?"

²¹선비가 미소하고 몸을 일으키며,

²²"밤이 깊었고 여행 중에 잠을 못 자는 것이 몸을 보살피는 도리가 아니니, **무궁무진한**(없을 無 다할 窮 없을 無 다할 盡 : 끝이 없는) 정담(인정 情 이야기 談 : 정다운 이야기)은 내일을 기약할지라(기약할 期 약속할 約 : 약속할지라)."

²³양 공자가 차마 떠나지 못해 하더라.

→ 홍 낭자가 양창곡의 인품과 생각을 알아보고자 남장을 하고
지기와 신의, 교우에 대해 묻는다.

2 [중략 줄거리] 홍 낭자는 양창곡과 이별한 후 오랑캐 장수가 되었다가, 명나라 원수(으뜸 元 장수 帥 : 군대를 통솔하던 으뜸 장수)가 된 양창곡과 다시 만나 그의 군영(군대 軍 경영할 營

: 군대가 주둔하는 곳)에서 사마(맡을 司 벼슬 이름 馬 : 군사에 관한 일을 맡아보던 벼슬)라는 직책을 받고 축융 왕의 항복을 받아 낸다.

3 ¹일지련이 부친 축융 왕을 모시고 막사(장막 幕 집 舍 : 군인들이 얼마 동안 머물 수 있도록 만든 건물)로 돌아가 가만히 생각하길,

²'내(여기서는 일지련)가 아무리 사람 보는 안목(눈 眼 눈 目 : 사람이나 사물을 분별하는 능력)이 없다 해도 홍 장군(홍 낭자)은 분명 남자가 아닐지라. ³만약 여자라면 누구를 위해 만리 밖에서 종군했으리오(좇을 從 군대 軍 : 군대를 따라 전쟁터로 나갔으리오)? ⁴양 원수(양창곡)의 용모(얼굴 容 모양 貌 : 외모)와 풍채(모습 風 풍채 采 : 겉모습)를 보건대 비범한(아닐 非 보통 凡 : 매우 뛰어난) 장수요, 또 홍 장군의 기색(기운 氣 빛 色 : 표정)과 언사(말씀 言 말씀 辭 : 말)를 살피건대 (홍 장군이 양 원수를 대할 때) 자못(매우) 조심해 무례한 뜻을 드러내지 않으나 은근한 정을 띤 듯하니, 이 어찌 지기를 따르려고 남자로 변복해(변할 變 옷 服 : 옷을 바꾸어 입고) 종군한 것이 아니리오?'

⁵또 의심하길,

⁶'여자의 질투는 세상 부녀자의 일반적인 정이라. ⁷남자가 아니라면 홍 장군은 **어째서 이처럼** 나를 사랑하는고(양 원수 곁에 있는 자신을 경계하거나 질투하지 않는 것이 이상하다는 의미)?'

→ 일지련은 홍 장군이 여자이며 양 원수를 따르기 위해 남장을 하고 종군했을 것이라
짐작하면서도, 자신을 아끼는 태도에 혼란스러워한다.

4 ¹(일지련은 홍 장군이 자신을 아끼는 이유를) 끝내 깨닫지 못하고, 총명하고 지혜로운 마음에 조급한 심정을 참지 못해 홍 사마(홍 장군)의 본색(본디 本 빛 色 : 정체)을 알고자 조용히 그의 막사로 가거늘, 마침 홍 사마가 고요히 홀로 앉아 있더라. ²일지련이 앞으로 나아가 아뢰길,

³"제가 장군께서 살려 주신 은덕(은혜 恩 덕 德 : 은혜로운 덕)을 입어 휘하(기 麾 아래 下 : 장군이나 지휘관의 바로 아래)에서 모시며 정성을 다하고자 하였으나, 다시 생각건대 제 처지가 남자와 다르고 군중(군대 軍 가운데 中 : 군대 안)에 여자가 있는 것은 예로부터 꺼리는 바라, 저의 부친(여기서는 축융 왕)이 이미 군중에 계시니 저는 마땅히 본국(근본 本 나라 國 : 고국. 여기서는 축융)으로 돌아가 행동이 어그러짐(어긋남)을 면할까 하나이다."

⁴홍 사마가 웃으며,

[A]
⁵"낭자(여기서는 일지련)의 말이 지나치도다. ⁶옛날 목란(중국의 서사시 〈목란사〉에 나오는 주인공. 여자의 몸으로 아버지를 대신하여 남장을 하고 싸움터에 나가서, 공을 세우고 고향으로 돌아왔다고 함)은 그의 아버지를 대신해 만 리 밖에서 종군했으나 일찍이 그녀를 비판하는 사람이 없었거늘, 낭자만 어찌 이에 구애되리오(잡힐 拘 거리낄 礙 : 얽매이리오)?"

⁷일지련이 눈길을 흘려 홍 사마를 보고 웃으며,

⁸"제가 오랑캐 땅에서 자라 예법을 배우지 못했으나, 남자와 여자가 같은 자리에 앉으면 안 된다는 것은 성인의 밝은 가르침이라, 만약 군중에 처한즉 어찌 남자와 어깨를 나란히 하고 자리를 함께하지 않을 수 있으리이까(군중에서는 남자와 자리를 함께할 수밖에 없다는 의미)? ⁹그러므로 목란이 충효(충성 忠 효도 孝 : 충성과 효도)는 극진하나(다할 極 다할 盡 : 정성을 다했으나) 규방(안방 閨 방 房 : 부녀자가 거처하는 방)의 아녀자가 지켜야 하는 단정한(바를 端 바를 正 : 얌전하고 바른) 행실은 부족했던 것으로 생각하나이다."

¹⁰홍 사마가 이 말을 듣고 눈을 들어 일지련을 보며 양 볼에 홍조(붉을 紅 조수 潮 : 부끄러워 붉어짐) 만발하여(찰 滿 필 發 : 가득하여) 오랫동안 말이 없더니 (일지련이) 자신의 본색을 알고자 함인 줄 짐작하고 자기 행장(다닐 行 꾸밀 裝 : 길을 떠날 때 사용하는 물건)을 수습하여(거둘 收 주울 拾 : 정돈하여) 길게 탄식해(탄식할 歎 숨 息 : 한숨을 쉬며),

[B]
¹¹"세상에 한결같이 단정해 규방 예절을 어기지 않은 여자가 몇이나 되리오? ¹²혹은 환난(근심 患 재앙 難 : 근심과 재난)을 당해 어쩔 수 없이 어기는 자도 있고, 혹은 지기를 좇아 예절을 돌아보지 못하는 자도 있으니, 어찌 한 가지로 논할 수 있으리오?"

¹³일지련이 사례하고(사례할 謝 예도 禮 : 감사해 하고) 돌아와 마음속으로 웃으며,

¹⁴'나의 안목이 과연 틀리지 않았도다. ¹⁵홍 사마가 어떠한 여자로서 종군한 것인지 모르나, 그의 말과 **의로운 기상**(기운 氣 모양 像 : 사람이 타고난 기개나 마음씨)을 보건대 분명히 내 평생을 저버리지(등지거나 배반하지) 않으리라. ¹⁶내가 맹세코 번화한(번성할 繁

빛날 華 : 번성하고 화려한) **명나라**를 구경하리라(홍 사마를 따라 명나라로 가겠다는 의미).'
하더라.

- 남영로, 「**옥루몽**(옥 玉 다락 樓 꿈 夢 : 옥으로 장식한 화려한 누각에서 꾼 꿈)」-

· 중심 내용

홍 낭자는 남장을 한 채 양창곡의 인품을 확인한다. 이후 홍 낭자는 전장에서 양창곡을 만나 사마의 직책을 맡는다. 홍 사마의 본색을 알고자 그녀를 떠본 일지련은 홍 사마의 의로운 기상을 보고 평생을 함께하고자 한다.

· 전체 줄거리 ([ ] : 지문 내용)

천상계의 선관(仙官)(벼슬살이를 하는 신선) 문창성이 인간계를 그리워하자, 신불(신령과 부처)은 문창성을 그와 인연이 있는 다섯 선녀와 함께 인간 세상으로 내려보낸다. 문창성은 양창곡으로, 홍란성은 기생 강남홍(홍랑)으로, 제천선녀는 기생 벽성선으로, 제방옥녀는 윤 소저로, 천요성은 황 소저(= 황 부인)로, 도화성은 공주 일지련으로 태어난다. 명나라의 처사(벼슬을 하지 않고 자연에 묻혀 살던 선비) 양현의 아들로 태어난 양창곡은 과거를 보러 가던 중에 기생 강남홍을 만난다. [강남홍(= 홍 낭자)은 남장을 한 채 양창곡의 인품과 지조를 시험해 본 뒤] 그와 깊은 인연을 맺고, 그의 배필로 사대부 집안의 여인인 윤 소저를 추천한다. 이후 강남홍은 자신을 탐하는 소주자사 황공을 피해 강물에 몸을 던지지만, 윤 소저의 도움으로 목숨을 구한다. 배를 타고 표류하던 강남홍은 탈탈국에서 한 도사를 만나 무예와 도술을 익힌다. 한편 장원 급제한 양창곡은, 여러 권세가의 청혼을 거절하고 강남홍의 뜻에 따라 윤 소저와 혼인한다. 이에 앙심을 품은 황 각로와 노 상서의 모함으로 양창곡은 강주로 유배를 간다. 양창곡은 유배지에서 음률에 뛰어난 기생 벽성선을 만나 인연을 맺는다. 유배에서 풀려난 양창곡은 천자의 명으로 결국 황 각로의 딸(황 부인)과도 혼인하게 된다. 이후 남쪽 오랑캐가 반란을 일으키자 양창곡은 대원수가 되어 출정한다. 양창곡은 적장이 된 강남홍(= 홍 장군, 홍 사마)과 극적으로 재회하여 함께 전장을 누비고, 제갈량 정령의 도움을 받아 연전연승한다(싸울 때마다 계속 승리한다). 그러던 중, 축융국의 왕이 싸움을 걸어오자 양창곡은 축융국의 군대를 크게 물리친다. 이에 축융국의 공주 일지련이 직접 출전하는데, 오히려 양창곡의 모습에 반하게 된다. 결국 일지련은 아버지(축융 왕)를 설득하여 명나라에 항복하게 만든다. 이후 [일지련은 강남홍이 남장한 여자임을 간파하고, 대화를 통해 그녀의 의로운 인품에 반해 평생을 따르기로 결심한다.] 한편 양창곡의 집안에서는 황 부인이 벽성선을 시기하여 모함하는 사건이 벌어진다. 전쟁에서 승리하고 돌아온 양창곡은 연왕(燕王)에 봉해진다. 이때 간신 노균이 요사스러운 도사를 이용해 황제를 속이고 국정을 어지럽힌다. 이들의 모함으로 양창곡은 다시 유배를 가게 되고, 황제는 신선술에 빠져 나라를 돌보지 않는다. 그러던 중 우연히 황제 앞에 서게 된 벽성선이 자신의 정체를 숨긴 채 연주로 간언하여(옳지 못하거나 잘못된 일을 고치도록 말하여) 황제의 잘못을 깨우친다. 한편 황 부인은 모든 죄상이 밝혀져 벌을 받고 집에서 쫓겨난다. 잘못을 뉘우친 황 부인이 병으로 죽을 위기에 처하자, 강남홍과 벽성선이 그녀를 구해 줌으로써 화해에 이른다. 양창곡은 윤 부인과 황 부인을 정실로, 강남홍·벽성선·일지련을 첩으로 맞이하여 화목한 가정을 이룬다. 양창곡의 자식들도 나라에 공을 세우며 가문의 영광을 잇는다. 양창곡과 부인들은 꿈을 통해 자신들이 천상계의 존재였음을 깨닫고, 천수(타고난 수명)를 다한 후에 하늘로 돌아간다.

· 인물 관계도

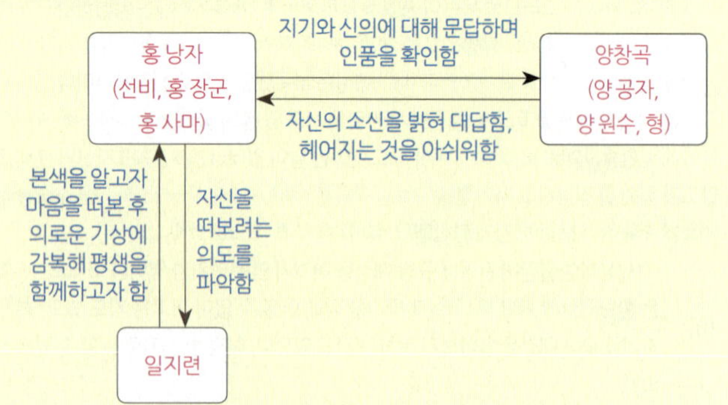

---

001 내용 이해 - 적절한 것 고르기 2028학년도 예시문항 31번 **정답 ③**

윗글의 내용에 대한 이해로 가장 적절한 것은?

① 홍 낭자는 양 공자가 자신의 속마음을 알아주지 않는 점에 서운함을 느꼈다.

근거 ❶-1~2 홍 낭자가 양창곡의 뜻을 보고자 하여 선비로 남장해 묻길, "나는 저 사람의 마음을 아나 저 사람은 내 마음을 모른다면, 이 또한 '지기'라 할 수 있으리오?"/ 11~12 선비(홍 낭자)가 웃으며, "형(양 공자)은 충직한 사람이로다./ 21~22 선비가 미소하고 ~ 무궁무진한 정담은 내일을 기약할지라."

풀이 홍 낭자는 양 공자에게 미소를 보이고 그를 충직한 사람이라고 하는 등 호의적인 태도를 보이고, 대화를 마친 후에는 내일을 기약하고 있다. 홍 낭자가 양 공자가 자신의 속마음을 알아주지 않아 서운함을 느끼는 내용은 확인할 수 없다. '나는 저 사람의 마음을 아나 저 사람은 내 마음을 모른다면'은 홍 낭자가 양 공자의 생각을 알아보기 위해 상황을 가정한 것으로 볼 수 있다.

→ 적절하지 않음!

② 양 공자는 선비와의 이별을 아쉬워하며 선비로부터 다시 만날 약속을 받아 냈다.

근거 ❶-21~23 선비가 ~ "밤이 깊었고 여행 중에 잠을 못 자는 것이 몸을 보살피는 도리가 아니니, 무궁무진한 정담은 내일을 기약할지라." 양 공자가 차마 떠나지 못해 하더라.

풀이 선비가 밤이 깊었으니 정담은 내일을 기약하자고 제안하자 양 공자는 선비와의 이별을 아쉬워하며 차마 떠나지 못하는 모습을 보인다. 하지만 양 공자가 주도적으로 선비에게 다시 만날 약속을 받아 내는 내용은 확인할 수 없다.

→ 적절하지 않음!

③ 일지련은 홍 장군이 양 원수를 대하는 태도를 보고 두 사람의 관계에 대한 호기심을 가졌다.

근거 ❸-4 홍 장군의 기색과 언사를 살피건대 자못 조심해 무례한 뜻을 드러내지 않으나 은근한 정을 띤 듯하니, 이 어찌 지기를 따르려고 남자로 변복해 종군한 것이 아니리오?'

풀이 일지련은 홍 장군이 양 원수에게 은근한 정을 보이는 태도를 근거로, 그가 양 원수를 따르기 위해 남자로 변복해 종군한 것으로 짐작한다. 이는 일지련이 홍 장군과 양 원수의 관계에 대한 호기심이 생겼음을 보여 준다.

→ 적절함!

④ 일지련은 양 원수의 비범함을 눈치채고 그의 휘하에 장수로 들어가고자 하였다.

근거 ❸-4 양 원수의 용모와 풍채를 보건대 비범한 장수요,/ ❹-3 "제가 장군(홍 사마)께서 살려 주신 은덕을 입어 휘하에서 모시며 정성을 다하고자 하였으나,

풀이 일지련은 양 원수가 '비범한 장수'라고 생각했지만, 그의 휘하로 들어가고자 했다는 내용은 나타나지 않는다. 참고로 일지련은 홍 사마가 자신을 살려 준 은덕에 보답하기 위해 홍 사마를 휘하에서 모시고 있다.

→ 적절하지 않음!

일지련이 자신의 본색을 알고자 함을 짐작하고
⑤ 홍 사마는 일지련의 말을 듣고 조급한 *성정을 꾸짖기 위해 오랫동안 침묵하였다.
*타고난 본성

근거 ❹-10 홍 사마가 이 말을 듣고 눈을 들어 일지련을 보며 양 볼에 홍조 만발하여 오랫동안 말이 없더니 자신의 본색을 알고자 함인 줄 짐작하고

풀이 홍 사마가 침묵한 이유는 일지련이 자신의 본색을 알고자 함을 짐작했기 때문이지, 일지련의 조급한 성정을 꾸짖기 위함이 아니다.

→ 적절하지 않음!

---

002 말하기 방식 - 적절한 것 고르기 2028학년도 예시문항 32번 **정답 ⑤**

[A], [B]를 이해한 내용으로 가장 적절한 것은?

[A] ❹-5~6 "낭자의 말이 지나치도다. 옛날 목란은 그의 아버지를 대신해 만 리 밖에서 종군했으나 일찍이 그녀를 비판하는 사람이 없었거늘, 낭자만 어찌 이에 구애되리오?"

[B] ❹-11~12 "세상에 한결같이 단정해 규방 예절을 어기지 않은 여자가 몇이나 되리오? 혹은 환난을 당해 어쩔 수 없이 어기는 자도 있고, 혹은 지기를 좇아 예절을 돌아보지 못하는 자도 있으니, 어찌 한 가지로 논할 수 있으리오?"

① [A]에서는 목란의 *고사에 나타난 옛날의 일과 일지련의 상황은 서로 다르다고 설명하고 있다. _{비슷하다고}
* 유래가 있는 옛날의 일

근거 ❹-3 제 처지가 남자와 다르고 군중에 여자가 있는 것은 예로부터 꺼리는 바라, 저의 부친이 이미 군중에 계시니 저는 마땅히 본국으로 돌아가 행동이 어그러짐을 면할까 하나이다.”

풀이 홍 사마는 [A]에서 여자인 목란이 아버지를 대신해 종군한 일을 언급하여, 일지련 또한 군중에 머무는 것이 문제 되지 않는다고 말하고 있다. 이는 목란의 고사에 나타난 옛날의 일과 일지련의 상황이 유사함을 언급한 것이지, 서로 다르다고 설명하는 것이 아니다.

→ 적절하지 않음!

② [B]에서는 사례를 들어 여인이 군중에 머무를 때 발생할 수 있는 문제를 일지련에게 알려 주고 있다. _{규방 예절을 지키지 못할 수 있음을}

근거 ❹-8~9 남자와 여자가 같은 자리에 앉으면 안 된다는 것은 성인의 밝은 가르침이라, 만약 군중에 처한즉 어찌 남자와 어깨를 나란히 하고 자리를 함께하지 않을 수 있으리이까? 그러므로 목란이 ~ 규방의 아녀자가 지켜야 하는 단정한 행실은 부족했던 것으로 생각하나이다.”

풀이 홍 사마는 [B]에서 환난을 당해 어쩔 수 없이 규방 예절을 어기는 경우, 지기를 좇아 예절을 돌아보지 못하는 경우를 사례로 들고 있다. 이는 상황에 따라 규방 예절을 지키지 못할 수 있음을 말하고 있는 것일 뿐, 일지련에게 여인이 군중에 머무를 때 발생할 수 있는 문제를 알려 주고 있지는 않다.

→ 적절하지 않음!

③ [A]에서는 군중에 머무는 것은 잘못된 행동이라는 일지련의 걱정을 위로하고, [B]에서는 군중에 머무를 수 있는 현실적인 방안을 제시하고 있다. _{말을 반박하고}

근거 ❹-3 제 처지가 남자와 다르고 군중에 여자가 있는 것은 예로부터 꺼리는 바라, 저의 부친이 이미 군중에 계시니 저는 마땅히 본국으로 돌아가 행동이 어그러짐을 면할까 하나이다.”

풀이 홍 사마는 [A]에서 목란의 사례를 들어 여성이 종군하는 것이 잘못된 행동이 아님을 언급하고 있을 뿐, 군중에 머무는 것이 잘못된 행동이라는 일지련의 걱정을 위로하고 있다고 볼 수 없다. 또한 [B]에서 홍 사마는 규방 예절을 지키기 쉽지 않음을 말하고 있을 뿐, 군중에 머무를 수 있는 현실적인 방안을 제시하고 있지 않다.

→ 적절하지 않음!

④ [A]에서는 본국으로 돌아가려는 일지련의 계획을 실현 불가능성을 이유로 들어 *만류하고, [B]에서는 그 계획을 시기의 문제를 이유로 들어 만류하고 있다.
* 못 하게 말리고

근거 ❹-3 제 처지가 남자와 다르고 군중에 여자가 있는 것은 예로부터 꺼리는 바라, 저의 부친이 이미 군중에 계시니 저는 마땅히 본국으로 돌아가 행동이 어그러짐을 면할까 하나이다.”

풀이 홍 사마는 [A]에서 일지련이 여성의 신분에 지나치게 구애받고 있음을 언급할 뿐, 본국으로 돌아가려는 일지련의 계획을 실현 불가능성을 이유로 만류하고 있지 않다. [B]에서 홍 사마는 여러 사정으로 규방 예절을 지키지 못하는 경우가 있음을 언급할 뿐, 일지련의 계획을 시기를 이유로 만류하고 있지 않다.

→ 적절하지 않음!

✔⑤ [A]에서는 여인이 지켜야 할 행동에 대한 일지련의 의견이 과도하다고 평가하고, [B]에서는 *당위적 윤리 규범을 내세우는 일지련의 생각을 바꾸도록 설득하고 있다.
* 반드시 따라야 하는 도덕 규칙

근거 ❹-3 제 처지가 남자와 다르고 군중에 여자가 있는 것은 예로부터 꺼리는 바라, 저의 부친이 이미 군중에 계시니 저는 마땅히 본국으로 돌아가 행동이 어그러짐을 면할까 하나이다.”/8~9 남자와 여자가 같은 자리에 앉으면 안 된다는 것은 성인의 밝은 가르침이라, 만약 군중에 처한즉 어찌 남자와 어깨를 나란히 하고 자리를 함께하지 않을 수 있으리이까? 그러므로 목란이 ~ 규방의 아녀자가 지켜야 하는 단정한 행실은 부족했던 것으로 생각하나이다.”

풀이 일지련은 홍 사마에게 여자의 신분으로 군중에 머무는 것이 잘못된 일이므로 본국으로 돌아가 행동을 바로잡겠다고 하였다. 이에 홍 사마는 [A]에서 아버지 대신 종군한 목란을 언급하며 여인이 지켜야 할 행동에 대한 일지련의 의견이 지나치다고 평가하고 있다. 또한 일지련이 규방의 아녀자가 지켜야 하는 행실에 대해 언급하자 홍 사마는 [B]에서 여러 사정으로 규방 예절을 지키지 못하는 경우도 있을 수 있기에 한 가지로 논할 수 없다고 말하고 있다. 이는 당위적 논리 규범을 내세우는 일지련의 생각을 바꾸도록 설득하는 것으로 볼 수 있다.

→ 적절함!

<table><tr><td>**003**</td><td>감상의 적절성 – 적절하지 않은 것 고르기   2028학년도 예시문항 33번</td><td>정답 ⑤</td></tr></table>

〈보기〉를 참고하여 윗글을 감상한 내용으로 적절하지 <u>않은</u> 것은? [3점]

| 보기 |
[1] 「옥루몽」에서는 다양한 지기 관계 형성을 중심으로 서사(늘어놓을 敍 일 事 : 사건)가 진행된다. [2] 지기란 서로 마음을 알아주고 뜻을 함께하는 사람으로, 인물들은 이상적인 인물과의 지기 관계를 추구한다. [3] 인물들은 자신의 의도를 우회적으로(멀 迂 돌 廻 ~의 的 : 간접적으로 돌려) 드러내면서, 상대의 의중(생각 意 속 中 : 마음속)을 탐색하는 대화를 통해 성별과 신분, 처지에서 비롯된 사회적 제약을 뛰어넘는 관계를 모색한다(찾을 摸 찾을 索 : 일이나 사건 따위를 해결할 수 있는 방법을 찾는다). [4] 이러한 지기 관계의 양상을 통해 유교적 질서를 존중하면서도 개인적 욕망을 인정하는 작가의 인식을 엿볼 수 있다.

① 홍 낭자가 ‘선비로 남장해’ 양 공자의 뜻을 확인하는 데서, 지기 관계 형성에서 성별이 사회적 제약이 될 수 있음을 알 수 있군.

근거 〈보기〉-3 상대의 의중을 탐색하는 대화를 통해 성별과 신분, 처지에서 비롯된 사회적 제약을 뛰어넘는 관계를 모색한다.
❶-1 홍 낭자가 양창곡의 뜻을 보고자 하여 선비로 남장해 묻길,

풀이 홍 낭자는 양 공자의 의중을 탐색하기 위해 ‘선비로 남장해’ 그와 대화를 나눈다. 이는 지기 관계 형성에 있어서 성별이 사회적 제약이 될 수 있음을 보여 주는 것이다.

→ 적절함!

② 양 공자가 지기는 ‘같은 소리로 서로 응하며 같은 기운으로 서로 구하리’라고 하는 데서, 지기 관계는 일방적인 것이 아니라 *쌍방적인 것이라고 여김을 알 수 있군.
* 양쪽 모두에게 관련되는

근거 〈보기〉-2 지기란 서로 마음을 알아주고 뜻을 함께하는 사람
❶-2~4 “나는 저 사람의 마음을 아나 저 사람은 내 마음을 모른다면, 이 또한 ‘지기’라 할 수 있으리오?” 양 공자가 웃으며, “백아가 거문고를 연주하여야 종자기가 있거늘, 사람이 지조를 닦아 마음속에 간직했다가 밖으로 드러내면, 구름이 용을 따르고 바람이 호랑이를 따르듯, 같은 소리로 서로 응하며 같은 기운으로 서로 구하리니, 어찌 모를 리가 있으리오?”

풀이 홍 낭자가 지기에 대해 묻자 양 공자는 지기란 백아와 종자기, 구름과 용, 바람과 호랑이처럼, ‘같은 소리로 서로 응하며 같은 기운으로 서로 구하’는 것이라고 답한다. 이를 통해 양 공자가 지기 관계에 대해 일방적인 것이 아니라 서로 마음을 알아주고 뜻을 함께하는 쌍방적인 것으로 여김을 알 수 있다.

→ 적절함!

③ 일지련이 홍 사마가 ‘어째서 이처럼’ 자신을 아끼는지 알고자 하면서도 예법에 대해 문답하는 데서, 지기 관계 형성을 위한 탐색 과정에서 인물이 의도를 우회적으로 드러냄을 알 수 있군.

근거 〈보기〉-3 인물들은 자신의 의도를 우회적으로 드러내면서, 상대의 의중을 탐색하는 대화를 통해 성별과 신분, 처지에서 비롯된 사회적 제약을 뛰어넘는 관계를 모색한다.
❸-7 남자가 아니라면 홍 장군은 어째서 이처럼 나를 사랑하는고?’
❹-3 제 처지가 남자와 다르고 군중에 여자가 있는 것은 예로부터 꺼리는 바라,/8 남자와 여자가 같은 자리에 앉으면 안 된다는 것은 성인의 밝은 가르침이라,

풀이 일지련은 홍 사마가 자신을 아끼는 이유를 알고자 하면서도 이를 직접적으로 묻지 않고, 부녀자의 예법에 대한 문답을 통해 그녀가 스스로 정체를 드러내도록 유도하고 있다. 이를 통해 지기 형성을 위한 탐색 과정에서 인물이 자신의 의도를 우회적으로 드러내고 있음을 확인할 수 있다.

→ 적절함!

④ 홍 낭자가 양 공자에게 ‘처음과 끝이 한결같은 자’에 대해 묻는 것과 일지련이 홍 사마의 ‘의로운 기상’을 믿는 데서, 인물들이 지기 관계에서 상대방의 도덕성을 중시함을 알 수 있군.

근거 〈보기〉-4 지기 관계의 양상을 통해 유교적 질서를 존중
❶-7 부귀와 궁달에 있어서 처음과 끝이 한결같은 자를 볼 수 있으리오?”
❹-15 홍 사마가 어떠한 여자로서 종군한 것인지 모르나, 그의 말과 의로운 기상을 보건대 분명히 내 평생을 저버리지 않으리라.

풀이 홍 낭자가 양 공자에게 ‘처음과 끝이 한결같은’ 신의 있는 자에 대해 묻고, 일지련이 홍 사마의 ‘의로운 기상’을 신뢰하여 평생을 따를 생각을 하는 것에서 인물들이 모두 지기 관계에서 유교적 덕목인 상대방의 도덕성을 중요하게 여기고 있음이 드러난다.

→ 적절함!

⑤ 양 공자가 덕이 모자란데도 '임금의 은혜'를 얻겠다는 것과 일지련이 '명나라' 구경을 결심하는 데서, 지기 관계에서 유교적 질서와 개인적 욕망의 추구가 동시에 인정됨을 알 수 있군.
→ 개인적 욕망의 추구가 나타남을

근거 <보기>-4 지기 관계의 양상을 통해 유교적 질서를 존중하면서도 개인적 욕망을 인정하는 작가의 인식을 엿볼 수 있다.

❶-19 나(양 공자) 역시 과거에 응시하려는 선비로, 덕을 닦아 이름을 드날리지 못하고 문장 찌꺼기로 망령되이 임금의 은혜를 얻고자 하니, 이 어찌 규중 처녀가 얼굴을 가리고 스스로 짝을 구함과 다르리오?

❹-16 내(일지련)가 맹세코 번화한 명나라를 구경하리라.'

풀이 양 공자는 자신이 덕이 모자람에도 보잘것없는 글재주로 '임금의 은혜'를 얻으려는 것을 규중 처녀가 스스로 짝을 구하는 것과 다름없는 부끄러운 일로 여기고 있다. 이는 유교적 질서를 존중하는 태도가 아니라 개인적 욕망 추구에 대한 자기반성적 인식에 가깝다. 또한 일지련이 홍 사마의 나라인 '명나라' 구경을 결심한 것은 홍 사마와 평생의 지기가 되고 싶다는 개인적 욕망의 표현이다. 따라서 양 공자가 '임금의 은혜'를 얻으려 하는 것과 일지련이 '명나라' 구경을 결심한 것은 모두 개인적 욕망의 추구와 관련이 있다고 볼 수 있다.

→ 적절하지 않음!

[004~008] 다음 글을 읽고 물음에 답하시오.

작품 이해 단계 ① 화자 ② 상황 및 대상 ③ 정서 및 태도 ④ 주제

(가)

풍속 俗 손님 客 : 속세의 사람
① 화자 : '나'(머리 있는 용, 백룡)

1 그대는 속객(俗客)이라 내 이름 어이 알까
→ 여기서는 '우물을 판 여인'

2 오늘날 내 이름을 그대에게 이르려니
→ 우두머리
② 상황 : 자신의 정체가 '용'임을 밝히는 상황

3 비늘 가진 동물 중에 머리 있는 용이로세
→ 거룩할 聖 현명할 賢 : 지혜와 덕이 뛰어난 성인과 현인

4 조선이 천명을 받아 성현이 나셨도다
→ 하늘 天 명령 命 : 하늘의 명령
③ 태도 : 조선 건국의 정당성을 밝히고, 번성한 한양의 모습을 예찬한다.

5 삼한을 어루만져 한양에 도읍하니
→ 셋 三 나라 韓 : 한반도 전체
→ 도읍 都 도읍 邑 : 나라의 수도를 정하니

6 인물이 번성하고 인가(人家)가 가득하다
→ 사람 人 집 家 : 사람이 사는 집
→ 번성할 蕃 성할 盛 : 성하게 일어나고

7 아, 옥황상제 건천문을 여시고
→ 하늘 乾 하늘 天 문 門 : 하늘의 문

8 중국 땅을 바라보고 하토를 굽어보시어
→ 멀 遐 흙 土 : 서울에서 멀리 떨어진 지방. 여기서는 중국에서 멀리 떨어진 땅인 조선

9 한 폭 조서(詔書)를 ㉠수국(水國)에 전하시되
→ 水 나라 國 : 물의 나라
→ 조서 詔 글 書 : 임금의 명령을 적은 문서

[A]

10 동문 밖 십 리 땅은 청룡이 네가 지키고
→ 푸를 靑 용 龍 : 푸른빛의 용
② 상황 : 옥황상제가 용들에게 조선의 백성을 이롭게 하라는 명을 내린 상황

11 남문 밖 십 리 땅은 적룡이 네가 지키고
→ 붉을 赤 용 龍 : 붉은빛의 용

12 서문 밖 십 리 땅은 백룡이 네가 지키고
→ 흰 白 용 龍 : 흰빛의 용

13 북문 밖 십 리 땅은 흑룡이 네가 지키고
→ 검을 黑 용 龍 : 검은빛의 용

14 왕성 안 십 리 땅은 황룡이 네가 지키어
→ 누를 黃 용 龍 : 누런빛의 용
→ 왕 王 성 城 : 임금이 사는 성. 여기서는 한양 도성

15 우물의 물을 뿜어 백성을 이롭게 하라
→ 책임질 主 맡을 管 : 책임지고 관리하여

16 우리는 백룡이라 서쪽을 주관하여
→ 여기서는 서문 밖

17 반송방 노첨정계 ㉡팔각정 내린 맥에
→ 한양 서문(서대문) 밖에 있던 지명
→ 혈맥 脈 : 풍수지리에서, 산맥이나 지세의 정기가 흐르는 줄기
→ 여덟 八 모 角 정자 亭 : 지붕을 여덟모가 지도록 지은 정자
② 상황 : 화자(백룡)가 서문 밖의 초리우물을 다스리는 상황

18 자리를 정지하여 삼백 년 걸쳐 있어
→ 미리 정하여

19 (내가) 꼬리를 한 번 치면 감천이 솟아나니
→ 달 甘 샘 泉 : 물맛이 좋은 샘

20 이러하여 세상 사람 이르기를 ㉢초리우물
→ 서문 밖 미근동에 있었던 우물. '초리'는 '꼬리'의 옛말

21 그러나 수근(水根)은 유한하고 먹을 이도 많구나
→ 있을 有 한정할 限 : 한정이 있고
→ 물 水 근본 根 : 물이 나오는 곳
② 상황 : 물의 근원은 한정되어 있는데 물을 필요로 하는 사람이 많은 상황

22 아침이야 저녁이야 새벽이야 밤중이야
→ 재상 宰 정승 相 : 임금을 돕고 관리를 지휘하고 감독하는 일을 맡아보던 관리

23 재상의 집 선비의 집 무반의 집 한량의 집
→ 한가할 閑 양반 良 : 놀고먹던 말단 양반 계층
→ 무인 武 차례 班 : 군사 일을 맡아보던 관리

[B]

24 국숫집 팥죽집 떡집이며 엿집이라

25 통이로세 물동이로세 장군이야 항아리야
→ 액체를 담아서 옮길 때에 쓰는 그릇

26 긴거니 푸거니 이 우물에 모여드니
→ 줄을 길게 달아 우물물을 긷는 데 쓰는 기구

27 두레박도 빠지고 쪽박도 깨지고
→ 작은 바가지
② 상황 : 물을 길으려는 사람들이 몰려들어 싸움이 벌어지는 상황

28 아이구야 사람 죽네 싸움으로 시끌하고

29 워그적워그적 휩쓸려 붐비는 게 더욱 심해
→ 여럿이 너른 곳에서 계속 시끄럽게 들끓는 소리나 모양

[C]

30 쌀을 씻고 팥을 갈든 물 없이 밥이 되며

31 미역과 찐 다시마는 바리바리 쌓여 있고
→ 짐 따위를 잔뜩 꾸려 놓은 모양

32 채소와 대하 꾸러미 아무리 쌓였던들
→ 보리새웃과의 하나
③ 태도 : 물이 없으면 음식을 만들 수 없다고 생각한다.

33 이 물이 없게 되면 국이 어이 되겠는가

34 서문 밖 천만 집에 ㉣ 물싸움 심하더니
→ 수많은
→ 빼어날 豪 뛰어날 傑 : 지혜와 용기가 뛰어나고 기개와 풍모가 있는 사람

35 그대는 슬기로워 여인 중에 호걸이라
→ ②③ 대상 및 태도 : 물싸움 중에 스스로 문제를 해결하는 '그대'의 슬기로움을 예찬한다.

36 가만히 생각하니 새 물 어이 못 파리오

[D]

37 오른손에 자를 들고 뒤뜰로 들어가서
→ 땅 地 계통 脈 : 풍수지리에서, 땅속의 정기가 순환한다는 줄

38 지맥을 헤아리고 사방을 둘러보아
→ ② 상황 : '그대'가 지맥을 헤아려 여종에게 우물을 파라고 명하는 상황

39 여종에게 분부하되 이곳을 깊이 파라

40 정성이 극진하니 내 마음 감동하여
→ ③ 정서 : '그대'의 극진한 정성에 감동한다.

[E]

41 넓은 바다에 쌓인 물을 머금어 뿜어내니
→ 북쪽 北 창문 窓 : 북쪽 창문
→ ② 상황 : '나'의 신이한 힘으로 '그대'가 판 우물에서 감로수가 솟아나는 상황

42 그대네 북창 아래 ㉤감로수가 절로 난다
→ 달 甘 이슬 露 물 水 : 맛이 좋은 물
→ 팔 鑿 우물 井 노래 歌 : 우물을 파는 노래

- 이운영, 「착정가」-

④ 주제 : 초리우물의 유래와 물 부족으로 인한 갈등 및 이를 해결한 여인의 주체적 행동

• 현대어 풀이

1 그대는 속세의 사람이라 내 이름을 어찌 알겠는가.
2 오늘 내 이름을 그대에게 말하려 하니,
3 비늘 가진 동물 중에 으뜸인 용이로구나.
4 조선이 하늘의 명을 받아 성현이 태어나셨도다.
5 삼한을 어루만져 한양에 도읍을 정하니
6 인물이 번성하고 집들이 가득하다.
7 아, 옥황상제께서 하늘의 문을 여시고
8 중국 땅을 바라보시고 (멀리 떨어진) 조선을 굽어보시어
9 한 폭의 조서를 수국에 전하시되,
10 동문 밖 십 리 땅은 청룡, 네가 지키고
11 남문 밖 십 리 땅은 적룡, 네가 지키고
12 서문 밖 십 리 땅은 백룡, 네가 지키고
13 북문 밖 십 리 땅은 흑룡, 네가 지키고
14 도성 안 십 리 땅은 황룡, 네가 지키어
15 우물의 물을 뿜어내어 백성을 이롭게 하라
16 우리는 백룡이라 서쪽을 주관하여
17 반송방 노첨정계의 팔각정에서 뻗어 내린 산줄기에
18 자리를 정하여 삼백 년 동안 걸쳐 있어
19 꼬리를 한 번 치면 샘에서 단물이 솟아나니
20 이 때문에 세상 사람들이 이르기를 초리우물이라 부른다
21 그러나 물의 근원은 한정되어 있고 먹을 이는 많구나
22 아침이나 저녁이나 새벽이나 밤중이나
23 재상의 집, 선비의 집, 무관의 집, 한량의 집
24 국숫집, 팥죽집, 떡집, 엿집까지
25 통이며 물동이며 장군이며 항아리며
26 물을 긷고 푸느라 이 우물에 모여드니
27 두레박도 빠지고 쪽박도 깨지는구나
28 "아이구야, 사람 죽네!" 싸움으로 시끄럽고

▲ 오방색((가)-10~14)
오방색은 오행사상에서 유래되었으며 방(方)은 각각의 빛들이 방위를 뜻한 데서 붙었다. 오방색들은 의상, 건축, 풍습 등에 쓰이며 문화적인 상징성을 지닌다.

29 워그적워그적 휩쓸려 붐비는 것이 더욱 심해
30 쌀을 씻고 팥을 간들 물 없이 밥이 되며
31 미역과 찐 다시마는 바리바리 쌓여 있고
32 채소와 대하 꾸러미 아무리 쌓였던들
33 이 물이 없으면 국을 어찌 끓일 수 있겠는가
34 서문 밖 수많은 집에 물싸움이 심하더니
35 그대는 슬기로워 여인 중에 호걸이로구나
36 (그대가) 가만히 생각하니 '새 우물을 어찌 못 파겠는가?'
37 오른손에 자를 들고 뒤뜰로 들어가서
38 땅의 맥을 헤아리고 사방을 둘러보아
39 여종에게 명령하여 "이곳을 깊이 파라." 하니
40 그 정성이 지극하여 내 마음이 감동하여
41 넓은 바다에 가득한 물을 머금어 뿜어내니
42 그대 집 북창 아래에 맛 좋은 물이 저절로 솟아나는구나

· 지문 이해

배경 (초리우물의 유래)	• 옥황상제 건천문을 여시고 ~ 서문 밖 십 리 땅은 백룡이 ~ 우물의 물을 뿜어 백성을 이롭게 하라 → 옥황상제가 용에게 물을 뿜어 백성을 이롭게 하라는 명을 내림 • 우리는 백룡이라 서쪽을 주관하여 ~ 감천이 솟아나니 ~ 세상 사람 이르기를 초리우물 → 백룡이 서문 밖에 있는 초리우물을 다스림
문제 발생 (물싸움)	• 수근은 유한하고 먹을 이도 많구나 → 물은 한정되어 있는데 물을 필요로 하는 사람이 많음 • 우물에 모여드니 ~ 싸움으로 시끌하고 ~ 붐비는 게 너무 심해 → 사람들이 몰려들어 물싸움이 벌어짐
문제 해결 (새 우물 파기)	• 그대는 슬기로워 ~ 새 물 어이 못 파리오 ~ 지맥을 헤아리고 ~ 이곳을 깊이 파라 → 슬기로운 그대가 주체적으로 우물을 팜 • 정성이 극진하니 내 마음 감동하여 ~ 물을 머금어 뿜어내니 ~ 감로수가 절로 난다 → '나'가 그대의 정성에 감동하여 우물에 감로수가 솟아나게 함

(나)

1 1 '풍속(풍속 風 풍속 俗 : 옛날부터 전해 오는 생활 전반에 걸친 습관) 중에 청명일(맑을 淸 밝을 明 날 日 : 일 년 중 날이 가장 맑다는 때. 24절기의 하나로 4월 5일경)에 우물을 쳐낸다[俗以淸明日淘井(속이청명일도정)]'라는 글(소동파의 문집 '동파지림(東坡志林)'에 실린 글)이 있어, 운서(韻書)(운 韻 책 書 : 한자의 운을 분류하여 일정한 순서로 배열한 서적)에서 '도(淘)'(씻을 淘) 자의 의미를 찾아봤지만 없었다. 2 '씻어서 깨끗이 한다'라는 뜻인 듯했지만, 사실 정확하지는 않았다. 3 그래서 의문이 남았지만 그냥 내버려두었다.

→ '나'는 청명일에 우물을 쳐낸다는 내용의 글에서 글자 '도(淘)'의 의미에 대해 의문을 품은 적이 있다.

2 1 바닷가(여기서는 글쓴이가 유배된 곳인 경상북도 '흥해'. 지금의 포항)에 와서 거처(살 居 곳 處 : 사는 곳)를 세 번 옮겼다. … (중략) … 2 그곳 땅이 본래 낮아 습한데 내가 거처한 마지막 집은 더욱 심했다. 3 다른 집보다 좋은 점은 우물이 있는 것이었다. 4 우물은 울안(울타리를 둘러친 안) 동남쪽에 있었는데, 지세(땅 地 형세 勢 : 땅의 생긴 모양이나 형세)가 낮은 중에도 낮았다. 5 우물 곁 연못에 부들(부들과의 여러해살이풀)과 피(볏과의 한해살이풀)가 자랐고, 그 옆 마구간에서 소와 말을 길렀다. 6 **실로 모두가 꺼리는 것**(낮은 지세와 비위생적인 주변 환경)이 모여 있었다. 7 집을 옮기자마자 종들에게 그릇을 도르래(바퀴에 홈을 파고 줄을 걸어서 돌려 물건을 움직이는 장치)에 묶어 물을 긷게 하여 우물을 쳐냈다(퍼냈다). 8 마침 겨울이라 힘을 적게 쓰고도 효과는 컸다. 9 봄이 지나고 또 우물을 쳐냈는데, 그릇이 우물 안 물에 닿으니 그 깊이가 거의 두 길(사람의 키 정도 되는 길이)이었다. 10 그러나 **깨끗이 쳐**내도 물은 맑아지지 않고 **쳐내기 전과 같았다.** 11 이것(우물을 쳐내도 물이 맑아지지 않는 것)이 어찌 **물의 성질** 때문이랴? 12 물의 맑고 딕힘과 밝고 직음은 땅의 높낮이와 춥고 더움에 관계가 있을 뿐이다. 13 그래도 소동파(중국 북송 때의 시인)가 새집을 지으며 사십 척(길이의 단위. 약 30.3cm)이나 파고서야 물을 얻은 일보다는 나았다.

→ '나'는 거처를 옮기자마자 집의 더러운 우물을 여러 번 쳐냈으나 물이 맑아지지 않았다.

3 1 **사람**에게도 어찌 **본성**이 없겠는가? 2 기질(기운 氣 바탕 質 : 타고난 성질)에 얽매이고 욕망에 빠질 뿐이니, 또한 이 우물이 낮은 곳에 있는 것과 같다. 3 맑고 쾌활한 본성은 비록 하늘로부터 받은 것이나, 맑게 다스리는 노력 또한 현명한 스승과 어진 벗이 이끌어 주고 도와주는 것에 달려 있지 않겠는가? 4 성현(거룩할 聖 현명할 賢 : 지혜와 덕이 뛰어난 성인과 현인)이 이르지 않았는가? 5 "생각하는 것은 슬기로운 것이고, 슬기로운 이가 성인이 된다."라고 했듯이 생각하기를 우물 쳐내듯 하면, 처음에는 흐린 물이 있겠지만 **오래도록 끌어 올리면** 차츰 맑은 물이 나오는 법이다. 6 사람의 생각도 처음에는 혼탁하지만(섞일 混 흐릴 濁 : 깨끗하지 못하고 흐리지만) (생각을) 오래 할수록 명쾌해진다(밝을 明 시원할 快 : 명백하고 시원해진다). 7 이 우물도 비록 처음에는 흐린 물이 나오더라도 오래도록 쳐내면 맑은 물이 어찌 나오지 않겠는가? 8 또한 이는 사람이 학문을 하는 것과 같으니, 생각하고 생각하면 귀신이라도 통하게 해 주는 것이다.

9 내가 오늘 우물 쳐낸 일을 보고, 생각을 지극히 해서 **성인이 되는 노력**을 깨달았다. 10 이에 노비에게 물이 맑아지기를 기다려 마시게 하고, 항상 노력하고 경계하는 뜻을 마음에 새겨 응당(응할 應 마땅할 當 : 마땅히) 청명일을 기다려 다시 우물을 쳐내고자 한다.

→ '나'는 우물을 계속 쳐내면 맑은 물이 나오듯이 끊임없이 노력하면 성인의 경지에 이를 수 있다는 것을 깨닫는다.

- 박장원, 「치정설(다스릴 治 우물 井 말씀 說 : 우물을 쳐낸 이야기)」-

· 중심 내용
'나'는 집의 우물을 쳐낸 경험을 통해, 꾸준히 학문에 힘쓰고 수양하면 본성을 회복하여 성인의 경지에 이를 수 있다는 깨달음을 얻는다.

· 지문 이해

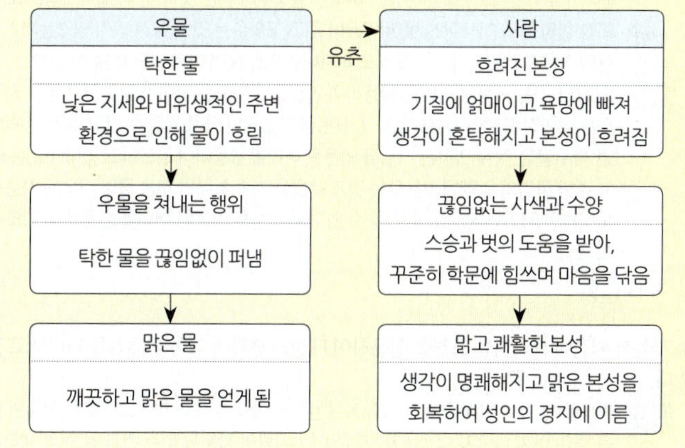

---

004 | 표현상 공통점 - 적절한 것 고르기 2028학년도 예시문항 34번 | 정답 ④

(가)와 (나)의 공통점으로 가장 적절한 것은?

선지	핵심 체크 내용	(가)	(나)
①	음성 상징어 → 어수선한 분위기 표출	O	X
②	구체적 수치	O	O
	대상의 정도 차이 제시	X	X
③	대구 표현		
	긴장감이 강해지는 양상 형상화	O	X
④	의문형 어미 → 전달하고자 하는 의미가 당연한 것임을 강조	O	O
⑤	계절적 배경이 드러나는 표현 → 대상의 변화에 대한 기대감	X	O

↳ (가)만 해당

① **음성 상징어**를 활용하여 어수선한 분위기를 표출하고 있다.
* 소리를 흉내 낸 의성어와 모양을 흉내 낸 의태어

근거 **(가)-28~29** 아이구야 사람 죽네 싸움으로 시끌하고 / 워그적워그적 휩쓸려 붐비는 게 더욱 심해

풀이 (가)의 '워그적워그적'은 '여럿이 너른 곳에서 계속 시끄럽고 수선스럽게 들끓는 소리. 또는 그 모양'을 의미하는 음성 상징어로, 물을 얻으려는 사람들이 시끄럽게 싸우는 어수선한 분위기를 나타내고 있다. 그러나 (나)에는 음성 상징어가 나타나지 않는다.

→ 적절하지 않음!

② 구체적 수치를 활용하여 **대상의 정도 차이를** 제시하고 있다.

근거 **(가)-10~14** 동문 밖 십 리 땅은 청룡이 네가 지키고/ ~ /왕성 안 십 리 땅은 황룡이 네가 지키어

(나) ❷-1 거처를 세 번 옮겼다./ **9** 그 깊이가 거의 두 길이었다.

풀이 (가)의 '십 리'는 대상이 맡은 영역의 범위를 나타내는 수치이지, 정도의 차이를 제시하는 것은 아니다. (나)의 '세 번'은 거처를 옮긴 횟수를, '두 길'은 우물의 깊이를 드러내는 말이지, 대상의 정도의 차이를 제시하는 것으로 보기 어렵다.

→ 적절하지 않음!

③ *대구 표현을 활용하여 긴장감이 강해지는 양상을 **형상화하고 있다.

* 같거나 비슷한 어구를 나란히 늘어놓는 표현 ** 표현하고

근거 **(가)-22~27** 아침이야 저녁이야 새벽이야 밤중이야/ 재상의 집 선비의 집 무반의 집 한량의 집/ 국숫집 팥죽집 떡집이며 엿집이라/ 통이로세 물동이로세 장군이야 항아리야/ 긴거니 푸거니 ~/ 두레박도 빠지고 쪽박도 깨지고

(나) ❷-12 물의 맑고 탁함과 많고 적음은

풀이 (가)는 유사한 시구를 반복하는 대구 표현을 활용하여 물을 긷기 위해 사람들이 몰려드는 상황을 제시하고, 물싸움으로 인해 긴장감이 고조되는 양상을 형상화하고 있다. (나)의 '맑고 탁함'과 '많고 적음'에 대구 표현이 활용되었다고 볼 여지가 있으나 물의 속성을 언급한 것일 뿐 긴장감 고조와는 관련이 없다.

→ 적절하지 않음!

④ *의문형 어미를 활용하여 전달하고자 하는 의미가 당연한 것임을 강조하고 있다.

* 의문의 뜻을 나타내는 활용 어미. '-느냐', '-ㄴ가' 등

근거 **(가)-33** 이 물이 없게 되면 국이 어이 되겠는가/ **36** 새 물 어이 못 파리오

(나) ❷-11~12 이것이 어찌 물의 성질 때문이랴? 물의 맑고 탁함과 많고 적음은 땅의 높낮이와 춥고 더움에 관계가 있을 뿐이다./ **❸-1** 사람에게도 어찌 본성이 없겠는가?/ **3~4** 맑고 쾌활한 본성은 비록 하늘로부터 받은 것이나, 맑게 다스리는 노력 또한 현명한 스승과 어진 벗이 이끌어 주고 도와주는 것에 달려 있지 않겠는가? 성현이 이르지 않았는가?/ **7** 오래도록 쳐내면 맑은 물이 어찌 나오지 않겠는가?

풀이 (가)와 (나)는 의문형 어미를 활용하여 전달하고자 하는 의미가 당연한 것임을 강조하는 설의적 표현이 사용되었다. (가)는 물이 없으면 국을 끓일 수 없고, 마음만 먹으면 새 우물을 팔 수 있다는 사실을 의문형 어미를 활용하여 강조하고 있다. (나)는 물이 주변 환경의 영향을 받는다는 것과 우물을 계속 쳐내면 맑은 물이 나오듯 꾸준히 노력하면 사람의 본성도 맑아질 수 있다는 사실을 의문형 어미를 활용하여 강조하고 있다.

→ 적절함!

⑤ 계절적 배경이 드러나는 표현을 활용하여 대상의 변화에 대한 기대감을 나타내고 있다.

근거 **(나) ❸-7~10** 이 우물도 비록 처음에는 흐린 물이 나오더라도 오래도록 쳐내면 맑은 물이 어찌 나오지 않겠는가? 또한 이는 사람이 학문을 하는 것과 같으니, 생각하고 생각하면 귀신이라도 통하게 해 주는 것이다. 내가 오늘 우물 쳐낸 일을 보고, 생각을 지극히 해서 성인이 되는 노력을 깨달았다. 이에 노비에게 물이 맑아지기를 기다려 마시게 하고, 항상 노력하고 경계하는 뜻을 마음에 새겨 응당 청명일을 기다려 다시 우물을 쳐내고자 한다.

풀이 (나)는 '청명일'이라는 계절적 배경을 통해, 흐린 우물물이 맑아지기를 기대하며 다시 우물을 쳐내려는 의지를 드러낸다. 이는 자신의 본성 또한 노력을 통해 맑아질 수 있다는 기대감으로 확장되고 있다. 그러나 (가)에는 계절적 배경도, 대상의 변화에 대한 기대감도 드러나지 않는다.

→ 적절하지 않음!

---

005 | 내용 이해 - 적절하지 않은 것 고르기 2028학년도 예시문항 35번 | 정답 ②

[A]~[E]에 대한 이해로 적절하지 않은 것은?

① **[A] : 옥황상제의 조서라는 형식을 빌려 우물에도 백성에 대한 하늘의 뜻이 담겨 있음을 암시하고 있다.**

근거 **(가)-7** 아, 옥황상제 건천문을 여시고/ **9** 한 폭 조서를 수국에 전하시되

[A] (가)-10~15 동문 밖 십 리 땅은 청룡이 네가 지키고/ 남문 밖 십 리 땅은 적룡이 네가 지키고/ 서문 밖 십 리 땅은 백룡이 네가 지키고/ 북문 밖 십 리 땅은 흑룡이 네가 지키고/ 왕성 안 십 리 땅은 황룡이 네가 지키어/ 우물의 물을 뿜어 백성을 이롭게 하라

풀이 [A]는 옥황상제가 다섯 용에게 각자의 구역을 지키며 우물로 백성을 이롭게 하라고 명하는 조서의 내용이다. 이는 옥황상제의 조서라는 형식을 빌려 우물에도 백성을 이롭게 하려는 하늘의 뜻이 담겨 있음을 암시하는 것으로 볼 수 있다.

혼잡한 상황을 제시

② **[B] : 우물을 사용하려는 사람들의 모습을 *열거하여 우물을 **독점하려는 욕망을 비판하고 있다.** * 죽 늘어놓아 ** 혼자서 모두 차지하려는

근거 **[B] (가)-22~26** 아침이야 저녁이야 새벽이야 밤중이야/ 재상의 집 선비의 집 무반의 집 한량의 집/ 국숫집 팥죽집 떡집이며 엿집이라/ 통이로세 물동이로세 장군이야 항아리야/ 긴거니 푸거니 이 우물에 모여드니

풀이 [B]는 다양한 시간대, 계층, 상점, 도구를 열거하여 물을 긷기 위해 사람들이 모여드는 혼잡한 상황을 제시하고 있다. 우물을 독점하려는 욕망을 비판하는 내용은 나타나지 않는다.

→ 적절하지 않음!

③ **[C] : 식생활에 관련된 소재를 활용하여 살아가는 데 있어서 우물의 중요성을 강조하고 있다.**

근거 **[C] (가)-30~33** 쌀을 씻고 팥을 간들 물 없이 밥이 되며/ 미역과 찐 다시마는 바리바리 쌓여 있고/ 채소와 대하 꾸러미 아무리 쌓였던들/ 이 물이 없게 되면 국이 어이 되겠는가

풀이 [C]는 쌀, 팥, 미역, 다시마 등 식생활과 직접적으로 관련된 소재들을 제시하여, 물이 없으면 이러한 음식을 만들 수 없다는 점에서 일상생활에서 우물이 지니는 중요성을 강조하고 있다.

→ 적절함!

④ **[D] : 여성의 *주체적인 행위를 **묘사하여 새로운 우물을 찾는 과정을 드러내고 있다.** * 자기 일을 자유롭게 스스로 처리하는 ** 그림 그리듯 구체적으로 표현하여

근거 **[D] (가)-35~39** 그대는 슬기로워 여인 중에 호걸이라/ 가만히 생각하니 새 물 어이 못 파리오/ 오른손에 자를 들고 뒤뜰로 들어가서/ 지맥을 헤아리고 사방을 둘러보아/ 여종에게 분부하되 이곳을 깊이 파라

풀이 [D]는 여성인 '그대'가 자를 들고 뒤뜰로 들어가 지맥을 헤아리고 사방을 둘러본 후 여종에게 땅을 파라고 분부하는 주체적인 행위를 묘사하여 새로운 우물을 찾는 과정을 구체적으로 드러내고 있다.

→ 적절함!

⑤ **[E] : *신이한 힘이라는 환상적 요소를 도입하여 우물에서 물이 솟아나게 된 상황을 극적으로 표현하고 있다.** * 신기하고 이상한

근거 **[E] (가)-40~41** 정성이 극진하니 내(화자) 마음 감동하여/ 넓은 바다에 쌓인 물을 머금어 뿜어내니

(가)-42 그대네 북창 아래 감로수가 절로 난다

풀이 [E]에서 화자인 백룡은 여인의 정성에 감동하여 바닷물을 머금어 뿜어내는 신이한 힘을 발휘하고 있다. 이와 같은 환상적 요소를 통해 여인이 판 새 우물에서 감로수가 솟아나는 상황을 극적으로 표현하고 있다.

→ 적절함!

---

006 | 시어의 의미와 기능 - 적절한 것 고르기 2028학년도 예시문항 36번 | 정답 ③

㉠~㉤을 중심으로 (가)를 이해한 내용으로 가장 적절한 것은?

(가)-9 한 폭 조서를 ㉠수국에 전하시되/ 16~20 우리는 백룡이라 서쪽을 주관하여/ 반송방 노첨정계 ㉡팔각정 내린 맥에/ 자리를 점지하여 삼백 년 걸쳐 있어/ 꼬리를 한 번 치면 감천이 솟아나니/ 이러하여 세상 사람 이르기를 ㉢초리우물/ 34 서문 밖 천만 집에 ㉣물싸움 심하더니/ 42 그대네 북창 아래 ㉤감로수가 절로 난다

하늘의 뜻이 담긴

① **㉡의 근원이 ㉠에 있는 것으로 제시하여 우물이 소망을 기원하는 장소임을 보여 주고 있다.**

풀이 '팔각정 내린 맥(㉡)'은 초리우물이 있는 위치이고, 그 근원은 옥황상제가 조서를 내린 '수국(㉠)'에 있다고 볼 수 있다. 이는 우물이 하늘의 뜻이 담겨 있는 장소임을 나타낸다. 우물이 소망을 기원하는 장소라는 근거는 윗글에서 찾아볼 수 없다.

→ 적절하지 않음!

② **㉢의 *작명 **유래를 설명하여 우물에 대해 세상 사람들이 느끼는 ***위압감을 해소하고 있다.** * 이름을 지음 ** 사물이나 일이 생겨난 바 *** 위엄이나 위력 따위로 압박당하거나 정신적으로 억눌리는 느낌

풀이 백룡이 꼬리를 치자 감천이 솟아났다고 하여 초리우물이라 불리게 되었다는 점에서 '초리우물(㉢)'의 작명 유래를 확인할 수 있다. 하지만 세상 사람들이 우물에 대해 위압감을 느꼈다거나 이를 해소했다는 내용은 윗글에 나타나지 않는다.

→ 적절하지 않음!

---

③ ⓒ에 마을 사람들이 북적이는 현상으로 인해 ⓔ이 발생했다고 판단하고 있다.
- 근거 **(가)-21** 수근은 유한하고 먹을 이도 많구나/ **26** 긷거니 푸거니 이 우물에 모여드니
- 풀이 물은 한정되어 있는데 필요로 하는 사람이 많아 마을 사람들이 '초리우물'(ⓒ)에 북적이게 되었고, 이로 인해 '물싸움'(ⓔ)이 벌어졌으므로 적절한 설명이다.

→ 적절함!

④ ⓒ과 ⓜ의 자리를 찾는 데에 **마을 사람들의 역할이 중요함**을 밝히고 있다.
- 근거 **(가)-35~39** 그대는 슬기로워 여인 중에 호걸이라/ 가만히 생각하니 새 물 어이 못 파리오/ 오른손에 자를 들고 뒤뜰로 들어가서/ 지맥을 헤아리고 사방을 둘러보아/ 여종에게 분부하되 이곳을 깊이 파라
- 풀이 '초리우물'(ⓒ)의 자리를 점지한 것은 화자인 백룡이고, '감로수'(ⓜ)가 솟아난 새 우물의 자리는 여인이 직접 찾아낸 것이다. 따라서 '초리우물'(ⓒ)과 '감로수'(ⓜ)의 자리를 찾는 데에 마을 사람들의 역할이 중요했다는 설명은 적절하지 않다.

→ 적절하지 않음!

⑤ ⓔ로 인한 불편을 해소하기 위해 외부의 도움을 받은 결과물인 ⓜ을 부정적으로 바라
긍정적으로
보고 있다.
- 풀이 '감로수'(ⓜ)는 '물싸움'(ⓔ)으로 인한 불편을 해소하기 위해 그대(여인)가 지맥을 찾고 여종으로 하여금 우물을 파라고 명한 자리에서 나온 물을 칭한 것으로, 그대의 이러한 정성에 감동한 화자인 백룡이 뿜어낸 결과물이다. 따라서 백룡의 도움을 외부의 도움으로 본다면 '감로수'(ⓜ)는 외부의 도움으로 받은 결과물이며, 백룡은 이를 '감로수(맛이 썩 좋은 물)'라 칭하며 긍정적으로 바라보고 있다.

→ 적절하지 않음!

---

007 | 인물의 태도 – 적절하지 않은 것 고르기 | 2028학년도 예시문항 37번 | 정답 ④

다음은 학생이 (나)를 읽고 작성한 감상문의 일부이다. ⓐ~ⓔ 중 적절하지 않은 것은?

> 오늘은 수업 시간에 「치정설」을 읽었는데, 시간의 흐름에 따라 '의문, 경험, **사유**(생각 思 생각할 惟 : 생각), 의지'가 이어지는 구조로 되어 있음을 알 수 있었다. 글쓴이는 과거에 ⓐ 한자 '도(淘)'의 의미에 대한 의문을 가졌다. 시간이 지나고 글쓴이는 **표층적**(겉 表 층 層 ~의 的 : 겉으로 드러난, 표면적) 의미의 '도(淘)'를 경험하게 되는데, 그것은 ⓑ 맑은 물을 얻기 위해 우물을 쳐낸 일이었다. 그리고 이런 노력에도 불구하고 우물물이 깨끗해지지 않았던 경험을 한 글쓴이는 ⓒ 인간의 **심성**(마음 心 성품 性 : 타고난 마음씨)을 맑게 다스리기 위해 필요한 노력이 '도(淘)'의 **또 다른 의미**(내면적 의미)라고 사유한다. 우물물을 쳐내는 일처럼 ⓓ 주변 사람의 영향에서 벗어나서 혼자 끊임없이 생각해야 슬기로워질 수 있음을 깨달은 것이다. 이렇게 우물물과 인간이 다르지 않다는 인식을 통해 '도(淘)'의 또 다른 의미를 **도출한**(이끌 導 날 出 : 이끌어 낸) 글쓴이는 ⓔ 앞으로 '도(淘)'를 실천하겠다는 의지를 드러냈다.

• 도(淘)의 이중적 의미

표층적 의미의 '도(淘)'	맑은 물을 얻기 위해 우물을 쳐낸 일
'도(淘)'의 또 다른 의미 (내면적 의미의 '도(淘)')	인간의 심성을 맑게 다스리기 위해 끊임없는 사색과 노력을 통해 생각을 명쾌하게 하고 마음을 수양하는 과정

① ⓐ : 한자 '도(淘)'의 의미에 대한 의문을 가졌다.
- 근거 **(나) ❶** 운서에서 '도(淘)' 자의 의미를 찾아봤지만 없었다. '씻어서 깨끗이 한다'라는 뜻인 듯했지만, 사실 정확하지는 않았다. 그래서 의문이 남았지만 그냥 내버려두었다.
- 풀이 (나)의 글쓴이는 '도(淘)' 자의 의미를 운서에서 찾아보았으나 정확하지 않아 의문이 남았다고 하였으므로 적절하다.

→ 적절함!

② ⓑ : 맑은 물을 얻기 위해 우물을 쳐낸 일이었다.
- 근거 **(나) ❷-7~9** 집을 옮기자마자 종들에게 그릇을 도르래에 묶어 물을 긷게 하여 우물을 쳐냈다. 마침 겨울이라 힘을 적게 쓰고도 효과는 컸다. 봄이 지나고 또 우물을 쳐냈는데,
- 풀이 (나)의 글쓴이는 새로 옮기 집의 우물물이 탁하자, 종들을 시켜 우물을 쳐냈고, 봄이 지나고 또 우물을 쳐냈다. 이는 맑은 물을 얻기 위한 것이므로 적절하다.

→ 적절함!

---

③ ⓒ : 인간의 심성을 맑게 다스리기 위해 필요한 노력이 '도(淘)'의 또 다른 의미라고 사유한다.
- 근거 **(나) ❸-5~8** 생각하기를 우물 쳐내듯 하면, 처음에는 흐린 물이 있겠지만 오래도록 끌어 올리면 차츰 맑은 물이 나오는 법이다. 사람의 생각도 처음에는 혼탁하지만 오래 할수록 명쾌해진다. 이 우물도 비록 처음에는 흐린 물이 나오더라도 오래도록 쳐내면 맑은 물이 어찌 나오지 않겠는가? 또한 이는 사람이 학문을 하는 것과 같으니, 생각하고 생각하면 귀신이라도 통하게 해 주는 것이다.
- 풀이 (나)의 글쓴이는 탁한 우물도 계속 쳐내면 맑은 물이 나오듯, 사람의 혼탁한 생각도 오래도록 이어 나가면 명쾌해질 수 있다고 말한다. 따라서 글쓴이가 인간의 심성을 맑게 다스리는 노력이 '도(淘)'의 **또 다른 의미**(내면적 의미)라고 사유했다는 감상은 적절하다.

→ 적절함!

도움을 받아 노력하면
④ ⓓ : 주변 사람의 영향에서 벗어나서 혼자 끊임없이 생각해야 슬기로워질 수 있음
- 근거 **(나) ❸-3** 맑고 쾌활한 본성은 비록 하늘로부터 받은 것이나, 맑게 다스리는 노력 또한 현명한 스승과 어진 벗이 이끌어 주고 도와주는 것에 달려 있지 않겠는가?
- 풀이 (나)의 글쓴이는 하늘로부터 받은 본성을 맑고 쾌활하게 다스리는 노력이 현명한 스승과 어진 벗이 이끌어 주고 도와주는 것에 달려 있다고 하였다. 이는 본보기가 될 만한 사람의 영향을 강조한 것이므로, 글쓴이가 주변 사람의 영향에서 벗어나 혼자 끊임없이 생각해야 슬기로워질 수 있음을 깨달았다고 보기 어렵다.

→ 적절하지 않음!

⑤ ⓔ : 앞으로 '도(淘)'를 실천하겠다는 의지를 드러냈다.
- 근거 **(나) ❸-10** 항상 노력하고 경계하는 뜻을 마음에 새겨 응당 청명일을 기다려 다시 우물을 쳐내고자 한다.
- 풀이 (나)의 글쓴이는 항상 노력하고 경계하는 뜻을 마음에 새기고, 청명일을 기다려 다시 우물을 쳐내고자 한다고 하였다. 이는 우물을 치는 행위(표층적 의미의 '도(淘)')뿐만 아니라 사색과 수양의 노력(내면적 의미의 '도(淘)') 역시 실천하겠다는 의지를 드러낸 것이므로 적절하다.

→ 적절함!

---

008 | 감상의 적절성 – 적절하지 않은 것 고르기 | 2028학년도 예시문항 38번 | 정답 ②

〈보기〉를 참고하여 (가), (나)를 감상한 내용으로 적절하지 않은 것은? [3점]

> | 보기 |
> [1] (가)와 (나)는 모두 조선 후기 사대부가 겪은 **결핍**(없을 缺 모자랄 乏 : 있어야 할 것이 없거나 모자람)의 상황에 대한 관찰을 바탕으로 창작한 작품이다. [2] 작품에서 **재구성된**(다시 再 얽을 構 이룰 成 : 다시 새롭게 짜여진) 일상은 대상을 재현하고 작가의 의식을 **투영한다**(던질 投 그림자 影 : 반영하여 나타낸다). [3] (가)는 공동체에 대한 작가의 관심을 바탕으로, **초현실적**(넘을 超 나타날 現 내용 實 ~의 的 : 현실을 벗어난) 존재를 화자로 설정하여 일상을 묘사함으로써 대상에 대한 작가의 참신한 발상을 보여 준다. [4] (나)는 개인의 **수양**(닦을 修 기를 養 : 몸과 마음을 갈고닦아 품성, 지식, 도덕 따위를 기름)에 대한 작가의 관심을 바탕으로, 유배 생활의 경험을 통해 사고를 확장함으로써 인간의 본성에 대한 작가의 성찰적 태도를 보여 준다.

① (가)에서 '그대'에게 '내 이름'을 '용이로세'라고 하면서 말을 이어 가는 설정에서 초현실적 존재의 입장으로 일상의 문제에 접근하려는 작가의 참신한 발상을 엿볼 수 있군.
- 근거 **〈보기〉-3** (가)는 ~ 초현실적 존재를 화자로 설정하여 일상을 묘사함으로써 대상에 대한 작가의 참신한 발상을 보여 준다.
- **(가)-1~3** 그대는 속객이라 내 이름 어이 알까/ 오늘날 **내 이름**을 그대에게 이르려니/ 비늘 가진 동물 중에 머리 있는 **용이로세**
- 풀이 (가)의 화자가 청자인 '그대'에게 자신을 '용'이라고 밝히며 말을 이어 가는 설정은 초현실적 존재의 입장으로 우물과 관련된 일상의 문제에 접근하려는 작가의 참신한 발상을 드러낸 것으로 볼 수 있다.

→ 적절함!

② (나)에서 우물에 '실로 모두가 꺼리는 것이 모여 있다'고 주목한 데서 공간적 여건으로 인해 개인의 수양이 가로막힐 수 있음을 드러내려는 작가의 의도를 알 수 있군.
우물의 수질이 나빠질 것을 염려하는
- 근거 **(나) ❷-4~6** 우물은 울안 동남쪽에 있었는데, 지세가 낮은 중에도 낮았다. 우물 곁 연못에 부들과 피가 자랐고, 그 옆 마구간에서 소와 말을 길렀다. **실로 모두가 꺼리는 것이 모여 있었다.**
- 풀이 (나)에서 우물에 '실로 모두가 꺼리는 것이 모여 있다'고 한 것은, 낮은 지세와 비위생적인 환경이라는 공간적 여건으로 인해 우물의 수질이 나빠질 것을 염려하는 태도

를 드러낸 것이다. 따라서 공간적 여건으로 인해 개인의 수양이 가로막힐 수 있음을 드러내려는 의도가 담겨 있다고 볼 수 없다.

→ 적절하지 않음!

③ (나)에서 우물을 '깨끗이 쳐'내면서 '오래도록 끌어 올리'는 행위를 '성인이 되는 노력'에 빗댄 데서 작가가 유배 중의 경험을 통해 사고를 확장하고 있음을 알 수 있군.

근거 <보기>-4 (나)는 ~ 유배 생활의 경험을 통해 사고를 확장함으로써 인간의 본성에 대한 작가의 성찰적 태도를 보여 준다.

(나) ❷-10 깨끗이 쳐내도 물은 맑아지지 않고 쳐내기 전과 같았다. / ❸-5 생각하기를 우물 쳐내듯 하면, 처음에는 흐린 물이 있겠지만 오래도록 끌어 올리면 차츰 맑은 물이 나오는 법이다. / 9 내가 오늘 우물 쳐낸 일을 보고, 생각을 지극히 해서 **성인이 되는 노력**을 깨달았다.

풀이 (나)의 글쓴이는 우물을 '깨끗이 쳐'내고 '오래도록 끌어 올리'는 구체적인 경험을 '성인이 되는 노력'에 빗대어, 인간의 본성을 성찰하고 심성을 수양하는 이치를 깨닫는다. 이는 유배 생활의 경험을 바탕으로 사고를 확장해 나가는 과정으로 볼 수 있다.

→ 적절함!

④ (가)에서 '수근은 유한하고 먹을 이도 많다'는 것과 (나)에서 우물이 '쳐내기 전과 같았다'는 것에서 작가가 관찰을 통해 확인한 결핍의 양상을 알 수 있군.

근거 <보기>-1 (가)와 (나)는 모두 조선 후기 사대부가 겪은 결핍의 상황에 대한 관찰을 바탕으로 창작한 작품이다.

(가)-21 그러나 **수근은 유한하고 먹을 이도 많구나**

(나) ❷-10 그러나 깨끗이 쳐내도 물은 맑아지지 않고 **쳐내기 전과 같았다.**

풀이 (가)의 '수근은 유한하고 먹을 이도 많다'는 것은 작가가 사람들이 초리우물에 몰려드는 상황을 관찰함으로써 물의 양적인 결핍을 인식했음을 보여 준다. 한편 (나)의 우물이 '쳐내기 전과 같았다'는 것은 글쓴이가 우물을 쳐낸 뒤에도 물이 맑아지지 않는 상황을 관찰함으로써 물의 질적인 결핍을 확인했음을 보여 준다.

→ 적절함!

⑤ (가)에서 '인물이 번성하고 인가가 가득하다'라고 한 데서 공동체의 *번영에 대한, (나)에서 '물의 성질'과 '사람의 본성'을 연결한 데서 개인의 성찰에 대한 작가의 관심을 엿볼 수 있군. * 번성하고 영화롭게 됨

근거 <보기>-3~4 (가)는 공동체에 대한 작가의 관심 ~ (나)는 개인의 수양에 대한 관심

(가)-6 **인물이 번성하고 인가가 가득하다**

(나) ❷-11 이것이 어찌 **물의 성질** 때문이랴? / ❸-1 사람에게도 어찌 **본성**이 없겠는가? / 7~8 이 우물도 비록 처음에는 흐린 물이 나오더라도 오래도록 쳐내면 맑은 물이 어찌 나오지 않겠는가? 또한 이는 사람이 학문을 하는 것과 같으니,

풀이 (가)의 '인물이 번성하고 인가가 가득하다'는 한양의 번성한 모습을 나타낸 것으로, 공동체의 번영에 대한 작가의 관심을 보여 준다. 한편 (나)에서 '물의 성질'과 '사람의 본성'을 연결한 것은 맑은 본성을 회복하여 성인의 경지에 이르려는 노력과 관련된 것으로, 개인의 수양에 대한 작가의 관심을 보여 준다.

→ 적절함!

[009~012] 다음 글을 읽고 물음에 답하시오.

1 1 작년, 더위가 찔(뜨거운 김을 쐬는 것같이 더워질) 무렵이었다. 2 B 공단(공업 工 집단 團 : 공업 단지) 성창비료 석교공장의 노무과장(일할 勞 힘쓸 務 부서 課 우두머리 長 : 회사에서 직원의 채용, 해고, 임금 등 노동 관련 업무를 담당하는 부서의 책임자)이 장정(씩씩할 壯 장정 丁 : 나이가 젊고 기운이 좋은 남자) 셋을 거느리고 집에 들이닥친 일이 있었다. 3 그날은 종옥이(여기서는 '나'의 집에서 일하는 가정부)가 시장에 나가 홀로 집을 지키던 참이었다.

4 ㉠ "김병국이란 작자(지을 作 사람 者 : 다른 사람을 낮잡아 이르는 말)가 누구요? 5 어떤 위인(할 爲 사람 人 : 사람)인가 상판(얼굴을 속되게 이르는 말) 좀 봅시다." 6 힘꼴깨나 써 보이는(힘이 세 보이는) 한 장정이 기세등등하게(기운 氣 기세 勢 오를 騰 오를 騰 : 기세 좋게) 말했다.

7 ㉡ "내 아들놈인데 다, 당신네는 누, 누구요?" 8 기세에 눌려 내 목소리가 더 더듬거렸다.

9 ㉢ "그렇담 마빡 새파란(이마에 피도 안 마른, 나이가 어린) 놈이겠군. 10 그 새끼 좀 봅시다!" 11 다른 장정이 옥박질렀다(위협했다). 12 "아들은 집에 없소. 13 무, 무슨 일인데 이러오?"

14 "그 자식(여기서는 병국) 당장 작살낼 테야. 15 암모니아 가스(ammonia gas, 질소와 수소의 화합물. 자극적인 냄새가 나는 무색의 기체로 물에 잘 녹고 액화하기 쉬움. 질소 비료나 요소 수지를 만드는 데 씀)가 아니라 진짜 똥물을 아가리에 퍼 넣어야 정신 차릴 개새끼!" 16 또 다른

장정이 방문 열린 큰방과 건넌방을 기웃거렸다.

17 ㉣ "소란 피워 죄송합니다만, 병국이란 자제분(아들 子 아우 弟 : 남을 높여 그의 아들을 이르는 말)을 만날 수 없겠습니까?" 18 마흔쯤 된 노무과장이란 자가 내게 정중하게 말했다.

19 "마루에라도 앉아요." 20 노무과장을 상대로 내가 말했다. 21 "병국이를 차, 찾자면 힘들겠네요. 22 늘 자정(밤 열두 시)쯤 돌아오니, 난들 그놈 행선지(갈 行 먼저 先 땅 地 : 간 곳)를 모르오."

23 "사실을 말씀드리자면……" 24 노무과장이 병국이를 찾아온 이유를 설명했다.

25 ㉤ "선생 자제분이 우리 회사를 상대로 관계 요로(관계할 關 연관될 係 중요할 要 지위 路 : 영향력이 있는 관련 부서나 담당 기관)에 진정설(밝힐 陳 사정 情 글 書 : 실정이나 사정을 진술하여 적은 글. 주로 문제 해결을 위하여 관공서나 공공 기관 등에 진정서를 냄) 냈습니다. 26 여기 시 보건과(지킬 保 건강할 健 부서 課 : 건강을 온전하게 잘 지키기 위한 업무를 담당하는 부서)에서 접수한 진정서 사본(베낄 寫 근본 本 : 원본을 그대로 베낀 문서)을 보십시오."

27 마루에 걸터앉은 노무과장이 복사판 서류(여기서는 '진정서 사본')를 꺼냈다. 28 방으로 들어가 돋보기안경을 찾아 낄 틈도 없이 어릿어릿한(흐릿하고 잘 보이지 않는) 글자를 대충 훑어보았다.

→ 비료 공장의 노무과장과 장정들이 병국이 쓴 진정서 때문에 '나'의 집으로 찾아온다.

2 1 ……성창비료 석교공장은 연간 40억 규모의 흑자(검을 黑 글자 字 : 수입이 지출보다 많아 이익이 생기는 일. 정부에 수입 초과액을 쓸 때 흑색 잉크를 쓰는 데서 유래한 말)를 내면서도 폐기 처리 과정에 근본적 개선책(고칠 改 좋을 善 계책 策 : 더 좋게 고치는 방법)이 전무함(온전할 수 없을 無 : 전혀 없음)이 입증되었다. 2 8월 4일 새벽 2시 20분, 당 공장(해당 공장. 여기서는 성창비료 석교공장)은 야음(밤 夜 그늘 陰 : 밤의 어둠)을 틈타 암모니아 가스를 다량으로 배출해, 가스가 폐수천(못 쓰게 될 廢 물 水 내 川 : 공장이나 가정에서 쓰고 버리는 더러운 물이 흐르는 하천)(석교천)을 따라 안개처럼 덮쳐 동진강(전라북도의 남부를 흐르는 강) 하류로 확산된(넓힐 擴 흩어질 散 : 흩어져 널리 퍼짐) 바 있다. 3 이로 인해 새벽 4시 10분 동진강 하류에서 오징어잡이 나가던 어민(고기 잡을 漁 백성 民 : 어부) 18명이 심한 두통과 구토증으로 실신한(잃을 失 정신 神 : 정신을 잃은) 사건이 있었다. 4 당사(마땅할 當 단체 社 : 이 회사. 여기서는 성창비료 석교공장)는 기계의 밸브가 고장 나서 (암모니아) 가스가 샜다고 변명하지만 이런 일이 일주일을 주기로 수십 차례 반복되었음을 입증하며(관계 자료 별첨(따로 달리 別 더할 添 : 서류 따위를 따로 덧붙임)), 이로 미루어 당사는 고의로 밸브를 틀어 야밤에 가스를 배출함이 객관적으로 입증됨(존재할 立 증거 證 : 증명됨)으로써……

→ 병국이 쓴 진정서에는 성창비료가 고의로 유해 가스를 배출한 내용이 담겨 있다.

3 1 "정신병자 놈이 쓴 낙서는 더 읽을 필요가 없소." 2 장정이 진정서를 낚아챘다.

3 "아, 아들놈이 낸 진정서가 틀림없습니까?" 4 노무과장에게 물었다.

5 "분명합니다. 6 뒷조사해 보니 자제분은 이 방면(기업의 환경 오염 문제를 고발하는 일)에 상습범(항상 常 버릇 習 범할 犯 : 어떤 범죄를 반복해서 버릇처럼 저지르는 사람)이더군요. 7 6월에는 풍천화학을 상대로 진정서를 낸 바 있었습니다. 8 풍천화학도 야음에 카드뮴과 수은 등 중금속 물질을 배출시켜 동진강 하류 삼각주 지대에 서식하는(거처할 棲 살 息 : 일정한 곳에 자리를 잡고 사는) 각종 새 3백여 마리와 물고기가 떼죽음을 당했다나요. 9 사람이 아닌, 한갓(겨우) 새나 물고기가 말입니다. 10 노무과장이 '새나 물고기'란 말을 강조했다. 11 그는 이어, **국민 소득**(보통 1년 동안 한 나라의 국민이 생산 활동의 결과로 얻은 최종 생산물의 총액) 1천 달러 달성에, 오늘날 조국 근대화(조상 祖 나라 國 가까울 近 시대 代 될 化 : 나라를 근대적인 상태로 발전시킴)가 무엇으로 이루어졌는지는 선생도 잘 알지요?" 했다.

12 "사람이 아닌, 한갓 새와 물고기가 죽었다구 진정을 내? 13 ⓐ 빈대(여기서는 '환경 오염') 잡겠다고 초가삼간(여기서는 '경제 발전', '근대화') 태우겠다(손해를 크게 볼 것은 생각하지 않고 당장 마음에 들지 않은 것을 없애려고 그저 덤비기만 하는 경우를 비유적으로 이르는 말)는 미친놈 짓거리를 이번에는 아예 뿌릴 뽑아야 해!" 14 한 장정이 주먹을 내두르며 소리쳤다.

→ 노무과장은 경제 성장을 내세워 환경 오염을 정당화하고 장정들은 병국에게 분노한다.

(중략)

4 1 "요즘 제(여기서는 병국이) 딴에는(생각으로는) 조류(새 鳥 무리 類 : 새의 무리)와 공해(널리 公 해할 害 : 산업이나 교통의 발달에 따라 사람이나 생물이 입게 되는 여러 가지 피해) 문제를 여, 연구한답시고…… 모르긴 하지만 그 일 때문에 시, 심려(마음 心 걱정 慮 : 걱정)를 끼치지 않았나……"

2 "자제분은 군(군사) 통제 구역(군사적인 목적에 따라 출입을 제한하거나 제약하는 구역) 출입이 어떤 처벌을 받는지 알 만한 식견(알 識 볼 見 : 사물을 분별할 줄 아는 능력)이 있음에도 무

모한(없을 無 살필 謀 : 앞뒤를 잘 헤아려 깊이 생각하는 신중함이 없는) 행동을 했어요. 3 설령(만약 設 가령 令 : 비록. 아무리) 그 일(조류와 공해 문제를 연구하는 일)이 정당해도 사전에 부대(거느릴 部 군대 隊 : 군부대)의 양해를 구해야지요."

4 "야영하다 자신도 모르는 사이에 워, 월경했겠죠(넘을 越 경계 境 : 경계선을 넘었겠죠). 5 부대장(한 부대를 지휘·통제하는 최고 지휘관)님의 선처(착할 善 처리할 處 : 형편에 따라 너그럽게 처리함)를 바랍니다. 6 내보내 주시면 **아비 된 제가 단단히 주의를 주겠**습니다."

7 윤 소령이 당번병(맡을 當 차례 番 병사 兵 : 자질구레한 심부름을 맡아 하는 병사)을 불러 차를 내오라고 일렀다. 8 그리고 1968년 11월 울진·삼척 지구(땅 地 나눌 區 : 지역)의 무장 공비(병사 武 물품 裝 함께 共 비적 匪 : 전투에 필요한 장비를 갖춘 공산당의 유격대) 출현과 그들(여기서는 무장 공비)이 저지른 만행(미개할 蠻 행위 行 : 야만스러운 행위)을 예로 들었다.

9 "……야음을 틈타 쾌속정(빠를 快 빠를 速 배 艇 : 속도가 매우 빠른 작은 배)을 이용해서 동해안 따라 남하했던(남쪽 南 아래 下 : 북쪽에서 남쪽으로 내려왔던) 겁니다." 10 아울러 국내 유수(있을 有 셀 數 : 손꼽을 만큼 두드러지거나 훌륭함)의 공업 단지 보안과 경비의 중요성을 강조했다. 11 "우리는 실전이 없달 뿐 지금도 전쟁 중입니다. 12 국민이 평안(편안할 平 편안할 安 : 걱정없이 무사함)을 원한다면, 그 평안을 확보하기 위해 한시도 경각심(경계할 警 깨달을 覺 마음 心 : 정신을 차리고 주의 깊게 살펴 경계하는 마음)을 늦출 수 없어요. 13 국민 복지의 향상과 제반(모두 諸 일반 般 : 관련된 모든) 산업의 발전도 안보(편안 安 지킬 保 : 다른 나라의 침략이나 위협으로부터 국가의 주권과 국민의 안전을 지키는 일)**의 확립**(굳을 確 설 立 : 체계나 견해, 조직 따위가 굳게 섬) 위에서만 가능합니다."

→ '나'는 군부대에 잡힌 병국을 빼내기 위해 윤 소령에게 선처를 구하고, 윤 소령은 안보의 중요성을 강조하며 병국의 무모함을 비판한다.

[5] **[A]**

1 차를 마시고 나자 소령은 당번병에게, 김병국 군을 데려오라고 말했다. 2 한참 뒤, 아들이 중위와 함께 파견 대장실로 왔다. 3 쑥대머리(머리털이 마구 흐트러져 어지럽게 된 머리)에 땟국(꾀죄죄하게 묻은 때) 앉은 꾀죄죄한(매우 지저분한) 아들놈 몰골(볼품없는 모양새)이 중병(무거울 重 병 病 : 목숨이 위태로울 정도로 몹시 앓는 병) 든 환자 꼴이었다. 4 점퍼와 검정 바지도 뻘(거무스름하고 미끈미끈한 흙)투성이여서 하수도 공사라도 하다 나온 듯했다. 5 꺼진 눈자위에 번들거리는 눈만이 살아, 나를 보았다.

6 "넌 도대체 어, 어떻게 돼먹은 놈인가! 7 통금 시간(통할 通 금할 禁 때 時 사이 間 : 일반인이 거리를 지나다니거나 집 밖으로 활동하는 것을 금지하던 시간(밤 10시부터 새벽 4시까지). 1945년에 시작되어 1982년에 폐지됨)에 허가증 없이는 해안 일대에 모, 못 다니는 줄 알면서." 8 내가 노기(성낼 怒 기운 氣 : 화가 난 기색)를 띠며 말했다.

9 "**본의**(본래 本 생각 意 : 본래의 의도나 생각)는 아니었어요. 10 사나흘(삼사일) 사이에 동진강 하구 삼각주(셋 三 구석 角 모래톱 洲 : 강이 바다로 들어가는 어귀에, 강물이 운반하여 온 모래나 흙이 쌓여 이루어진 편평한 지형)에서 갑자기 새들이 집단으로 죽기에, 이유를 좀 캐내 보려던 게……" 11 병국이는 머리를 떨구었다.

→ '나'는 초췌한 모습으로 풀려난 병국을 꾸짖고, 병국은 새들이 집단으로 죽은 원인을 밝히려 했다고 말한다.

- 김원일, 「도요새에 관한 명상」-

• **중심 내용**

공해 문제를 고발하는 진정서를 제출하고 새들의 죽음을 조사하다 군사 통제 구역에 들어간 병국 때문에, '나'는 회사 관계자들과 윤 소령 앞에서 곤경에 처한다.

• **전체 줄거리** ([ ] : 지문 내용)

[1부 - 병식의 시점 : '나' = 병식]
재수생인 '나'(병식)는 명문대생이었으나 학생 운동으로 퇴학당한 형 병국과 무능력한 실향민 아버지를 한심하게 여긴다. '나'는 현실에 대한 불만을 유흥으로 해소하며, 친구와 함께 동진강의 도요새를 밀렵해 박제상에게 팔아 용돈을 마련하는 등 타락한 삶을 살아간다.

[2부 - 병국의 시점 : '나' = 병국]
시국(현재 당면한 국내 및 국제 정세) 사건에 연루되어 제적당한 후 고향에 내려온 '나'(병국)는 깊은 무력감에 빠져 지낸다. 그러다 동진강의 철새들이 사라지는 원인이 심각한 환경 오염 때문이라는 사실을 알게 된다. '나'는 이를 파헤치는 것을 새로운 소명(일이나 임무를 하도록 부르는 명령)으로 삼고 동진강 주변을 조사하기 시작한다.

[3부 - 아버지의 시점 : '나' = 아버지]
6·25 전쟁 당시 월남한 '나'(아버지)는 동진강을 자유롭게 날아다니는 도요새를 보며 북에 두고 온 가족에 대한 그리움을 달랜다. 대조적인 성격의 아내와 갈등을 겪으며 외로운 나날을 보내던 '나'는, 신문 광고를 보고 옛 약혼녀를 찾기 위해 편지를 띄웠다가 간첩 사건에 휘말려 조사를 받은 후 특별한 혐의 없이 풀려난다. ['나'는 아들 병국이 환경 문제를 파

헤치다 '성창비료'라는 회사에 진정서를 냈다는 이유로, 집에 찾아온 회사 관계자들에게 협박을 당하는 곤욕을 치른다. 설상가상으로, 병국이 새들의 죽음을 조사하다가 군사 통제 구역에 들어갔다는 이유로 군부대에 붙잡혀 가자, '나'는 병국을 빼내기 위해 윤 소령에게 선처를 구한다. 초췌한 모습으로 돌아온 병국을 꾸짖자, 그는 새들의 죽음을 밝히기 위한 일이었다고 설명한다.]

[4부 - 전지적 작가 시점]
병국은 철새의 죽음이 병식과 관련이 있음을 알게 되고, 병국과 병식은 이 문제를 두고 크게 다툰다. 집을 나온 병국은 술집에 들렀다가, 우연히 아버지가 친구와 통일의 염원을 이야기하며 슬퍼하는 모습을 엿듣게 된다. 그는 자신의 환경 운동이 아버지의 상실감과 아픔 앞에서는 아무런 도움이 되지 못한다는 무력감을 느끼고 발길을 돌린다. 버스를 타고 웅포리에 다다른 병국은 자유롭게 비상하는 도요새의 환상을 보며, 자신의 힘으로 동진강을 예전의 모습으로 만들겠다고 결심한다.

• **인물 관계도**

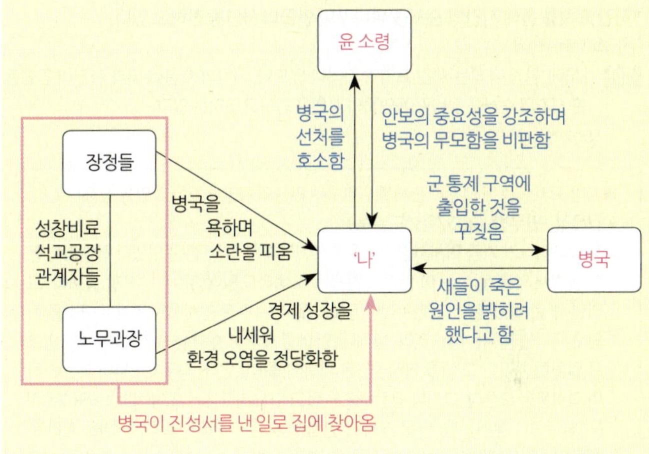

---

009 | 서술상 특징 - 적절한 것 고르기 2028학년도 예시문항 39번 | 정답 ③

[A]의 서술상 특징으로 가장 적절한 것은?

[A] **⑤**-1~5 차를 마시고 나자 소령은 당번병에게, 김병국 군을 데려오라고 말했다. 한참 뒤, 아들이 중위와 함께 파견 대장실로 왔다. 쑥대머리에 땟국 앉은 꾀죄죄한 아들놈 몰골이 중병 든 환자 꼴이었다. 점퍼와 검정 바지도 뻘투성이여서 하수도 공사라도 하다 나온 듯했다. 꺼진 눈자위에 번들거리는 눈만이 살아, 나를 보았다.

① **공간적 배경을 비유적으로 표현하여 갈등의 원인을 암시하고 있다.**

풀이 [A]에는 공간적 배경인 '파견 대장실'을 다른 대상에 빗대어 갈등의 원인을 암시하고 있지 않다.

→ 적절하지 않음!

■**공간적 배경을 비유적으로 표현하여 갈등의 원인을 암시하고 있는** 작품
• **염상섭, 「만세전」** (2006학년도 9월 모평, 2014학년도 6월 모평B)
→ 일제 강점기의 조선을 '무덤'에 비유('무덤이다! 구더기가 끓는 무덤이다!')하여 암울한 시대 현실이 '나'가 겪는 내적 갈등의 원인임을 암시하고 있다.

② **사건에 대한 인물의 판단을 그 판단에 대한 *논평과 함께 제시하고 있다.**
* 개입하여 평가함

풀이 [A]에는 소령이 당번병을 시켜 병국을 파견 대장실로 오게 한 사건이 제시되어 있으나 이에 대한 인물의 판단과 그 판단에 대한 논평을 제시하고 있지는 않다.

→ 적절하지 않음!

■**사건에 대한 인물의 판단을 그 판단에 대한 논평과 함께 제시하고 있는** 작품
• **채만식, 「태평천하」**
윤 주사가 조금 아까야 일어나서, 간밤에 동경서 온 전보(전신을 이용한 통신) 때문에 억지로 억지로 큰댁 행보(걸음)를 하던 것입니다. ~ "해가 서쪽으서 뜨겄구나?" 윤 직원 영감은 아들(윤 주사)의 이렇듯 부르지도 않은 걸음을, 더욱이나 안방까지 들어

온 것을, 이상타고 꼬집은 소립니다. "…… 멋 허러 오냐? 돈 달라러 오지?" "동경서 전보가 왔는데요……." 지체(지위)를 바꾸어 윤 주사를 점잖고 너그러운 아버지로, 윤 직원 영감을 속 사납고 경망스런(가볍고 조심성 없는) 어린 아들로 둘러놓았으면(바꾸어 놓았으면) 꼬옥 맞겠습니다.

   → 윤 직원 영감은 아들의 방문 목적을 돈 때문이라고 판단하며 못마땅해하고 있다. 이에 대해 서술자는 그를 '속 사납고 경망스런 어린 아들'에 빗대어 풍자적으로 논평하고 있다.

③ 인물의 *외양을 **묘사하여 그 인물의 심리를 간접적으로 제시하고 있다.
* 겉모습 ** 구체적으로 제시하여

풀이 [A]는 꾀죄죄한 모습의 병국을 묘사하여 그가 겪었을 고초와 극심한 피로감을 짐작할 수 있게 한다. 그럼에도 번들거리는 눈이 살아 있는 모습은 병국의 꺾이지 않는 의지와 정신력을 간접적으로 보여 주는 것으로 이해할 수 있다.

→ 적절함!

④ *시간 표지를 통해 시간의 순서를 뒤바꾸며 인물의 사연을 전하고 있다.
* 시간을 나타내는 말

풀이 [A]에 '한참 뒤'라는 시간 표지가 나타나 있으나, 시간의 흐름에 따라 사건이 진행될 뿐 시간의 순서를 뒤바꾸어 인물의 사연을 전하고 있지는 않다.

→ 적절하지 않음!

> **■ 시간 표지를 통해 시간의 순서를 뒤바꾸며 인물의 사연을 전하고 있는 작품**
> • 김유정, 「만무방」(2007학년도 수능)
> 응오의 아내가 지금 기지사경(거의 죽을 지경)이매 (타작할) 틈은 없었다 하더라도 돈이 놓아서 약을 못 쓰는 이 판이니 진시(진작) 벼라도 털어야(타작해야) 할 것이다. 그러면 왜 안 털었던가. 그것은 작년 응오와 같이 지주 문전(집 앞마당)에서 타작을 하던 친구라면 묻지는 않으리라. 한 해 동안 애를 졸이며 홀자식(하나뿐인 자식) 모양으로 알뜰히 가꾸던 그 벼를 거둬들임은 기쁨에 틀림없었다. 꼭두새벽부터 엣, 엣, 하며 괴로움을 모른다. 그러나 캄캄하도록 털고 나서 지주에게 도지(남의 논밭을 빌려서 부치는 대가로 해마다 내는 벼)를 제하고, 장리쌀(50%의 이자율로 빌려 주는 쌀)을 제하고, 색초(잡초를 제거하는 데 들어가는 비용)를 제하고(빼고) 보니 남은 것은 등줄기를 흐르는 식은땀이 있을 따름. 그것은 슬프다 하기보다 끝없이 부끄러웠다.
>   → 현재 응오가 벼를 타작하지 않는 것에 의문을 제기하고, '작년'이라는 시간 표지를 통해 열심히 농사지은 것을 모두 수탈당했던 그의 과거 사연을 제시하고 있다.

⑤ 여러 인물의 시선에 의존하며 사건에 대한 *상반된 입장을 드러내고 있다.
* 서로 반대되는

풀이 [A]는 서술자인 '나'의 시선만 드러나 있을 뿐, 여러 인물의 시선에 의존하여 사건에 대한 상반된 입장을 드러내고 있지 않다.

→ 적절하지 않음!

---

010 | 말하기 방식 - 적절하지 않은 것 고르기 2028학년도 예시문항 40번 | 정답 ④

㉠~㉤에 대한 이해로 적절하지 않은 것은?

① ㉠은 ㉡의 말투에서 나타나는 증상이 더 심해지게 한 말이다.
근거 ❶-4~6 ㉠ "김병국이란 작자가 누구요? 어떤 위인인가 상판 좀 봅시다." 힘꼴깨나 써 보이는 한 장정이 기세등등하게 말했다.
❶-7~8 ㉡ "내 아들놈인데 다, 당신네는 누, 누구요?" 기세에 눌려 내 목소리가 더 더듬거렸다.

풀이 ㉠에서 장정이 '나'에게 한 위협적인 말은, ㉡에서 말을 더듬는 '나'의 증상을 더 심해지게 만들었으므로 적절하다.

→ 적절함!

② ㉢은 ㉡에 담긴 정보를 추측의 단서로 활용하면서도 '나'의 질문은 무시하는 말이다.
근거 ❶-7 ㉡ "내 아들놈인데 다, 당신네는 누, 누구요?"
❶-9~10 ㉢ "그렇담 마빡 새파란 놈이겠군. 그 새끼 좀 봅시다!"

풀이 장정은 ㉡에서 '나'가 병국을 '내 아들놈'이라 밝힌 것을 단서로 ㉢에서 그가 젊을 것이라고 추측하고 있다. 동시에 '나'가 ㉡에서 상대의 정체에 대해 물은 질문은 ㉢에서 무시하고 있으므로 적절하다.

→ 적절함!

---

③ ㉣은 ㉢으로 인해 고조되는 상황의 긴장감을 일시적으로 *완화하는 계기가 되는 말이다.
* 누그러뜨리는

근거 ❶-9~11 ㉢ "그렇담 마빡 새파란 놈이겠군. 그 새끼 좀 봅시다!" 다른 장정이 윽박질렀다.
❶-17~18 ㉣ "소란 피워 죄송합니다만, 병국이란 자제분을 만날 수 없겠습니까?" 마흔쯤 된 노무과장이란 자가 내게 정중하게 말했다.

풀이 ㉢에서 장정들이 비속어를 사용하며 '나'를 위협함으로써 고조된 긴장감을, ㉣에서 노무과장이 정중한 태도로 '나'에게 사과하면서 일시적으로 완화되고 있다.

→ 적절함!

④ ㉣은 ㉤에서 드러나는 인물의 *행적에 대해 존중의 태도를 드러내는 말이다.
* 한 일

근거 ❶-17~18 ㉣ "소란 피워 죄송합니다만, 병국이란 자제분을 만날 수 없겠습니까?" 마흔쯤 된 노무과장이란 자가 내게 정중하게 말했다.
❶-25~26 ㉤ "선생 자제분이 우리 회사를 상대로 관계 요로에 진정서 냈습니다. 여기 시 보건과에서 접수한 진정서 사본을 보십시오."
❸-6 뒷조사해 보니 자제분은 이 방면에 상습범이더군요.

풀이 노무과장은 자신의 회사를 상대로 시 보건과에 진정서를 낸 병국을 '상습범'이라 칭하면서 그의 행적을 문제 삼고 있다. 따라서 ㉣에서 노무과장이 병국을 '자제분'이라 지칭한 것은 형식적인 표현일 뿐, 병국의 행적에 대해 존중의 태도를 드러낸 것으로 볼 수 없다.

→ 적절하지 않음!

⑤ ㉤은 ㉠에서 드러나는 분위기의 이유를 짐작할 수 있는 말이다.
근거 ❶-4~6 ㉠ "김병국이란 작자가 누구요? 어떤 위인인가 상판 좀 봅시다." 힘꼴깨나 써 보이는 한 장정이 기세등등하게 말했다.
❶-25~26 ㉤ "선생 자제분이 우리 회사를 상대로 관계 요로에 진정서 냈습니다. 여기 시 보건과에서 접수한 진정서 사본을 보십시오."

풀이 ㉤에서 노무과장은 병국이 회사에 불리한 진정서를 제출한 사실을 밝히고 있다. 이는 ㉠에서 회사 관계자들이 험악한 분위기를 조성하며 '나'의 집을 찾아온 이유를 짐작하게 하므로 적절한 설명이다.

→ 적절함!

---

011 | 문맥적 의미 - 적절한 것 고르기 2028학년도 예시문항 41번 | 정답 ①

'한 장정'이 @를 인용하여 전하려는 의도로 가장 적절한 것은?

① 작은 목표에 집착하다가 큰 손해를 끼치는 어리석음을 탓하고자 한다.
근거 ❸-11~14 "국민 소득 1천 달러 달성에, 오늘날 조국 근대화가 무엇으로 이루어졌는지 선생도 잘 알지요?" ~ "사람이 아닌, 한갓 새와 물고기가 죽었다구 진정을 내? @ 빈대 잡겠다고 초가삼간 태우겠다는 미친놈 짓거리를 이번에는 아예 뿌릴 뽑아야 해!" 한 장정이 주먹을 내두르며 소리쳤다.

풀이 @는 손해를 크게 볼 것은 생각하지 않고 당장의 마땅치 아니한 것을 없애려고 그저 덤비기만 하는 경우를 비유적으로 이르는 말이다. '한 장정'의 관점에서 '빈대'는 사소한 문제인 '환경 오염'을, '초가삼간'은 '조국 근대화'나 '경제 성장'과 같은 더 큰 가치를 의미한다. 즉, '한 장정'은 @를 인용하여 병국이 진정서를 낸 것이 '환경 오염'이라는 작은 문제를 해결하기 위해 경제 성장과 조국의 근대화에 큰 손해를 끼치는 어리석은 행동임을 탓하고 있는 것이다.

→ 적절함!

② *의로운 목표를 정당하지 못한 방법으로 이루려는 **위선을 탓하고자 한다.
* 정의로운. 올바른 ** 겉으로만 착한 체하는 일

풀이 '한 장정'은 동진강 주변의 환경을 보호하려는 병국의 목표를 사소하게 여기고 있을 뿐, 의롭다고 생각하고 있지 않다.

→ 적절하지 않음!

③ 목표는 설정하지 않으면서 섣부르게 행동만 앞서는 무모함을 탓하고자 한다.
풀이 병국은 동진강 주변의 새와 물고기를 보호하려는 분명한 목표를 가지고 있으므로 목표 없이 행동부터 앞선다는 설명은 적절하지 않다.

→ 적절하지 않음!

④ 목표는 *거창하면서도 성취할 방법은 잘 알지 못하는 **미숙함을 탓하고자 한다.
* 대단하면서도 ** 익숙하지 못하여 서투름

풀이 병국은 동진강 주변의 환경 보호라는 목표를 이루기 위해 성창비료 석교공장을 상대로 시에 진정서를 제출했다. 따라서 '한 장정'이 목표를 성취할 방법을 잘 알지 못하는 병국의 미숙함을 탓하려 했다고 볼 수 없다.

→ 적절하지 않음!

⑤ *당면한 목표를 달성하는 데 있어 꼭 해야 할 일을 미루는 **나태함을 탓하고자 한다.
　* 눈앞에 있는　** 게으름

> 풀이　병국은 환경 보호라는 목표를 달성하기 위해 즉각적으로 행동을 취했으므로 당면한 목표를 달성하는 데 있어 꼭 해야 할 일을 미루는 나태함을 보였다고 할 수 없다.

→ 적절하지 않음!

012　감상의 적절성 - 적절하지 않은 것 고르기　2028학년도 예시문항 42번　정답 ④

다음은 윗글을 읽고 진행한 교과 융합 수업의 〈학습 활동〉이다. 〈학습 활동〉의 결과로 적절하지 않은 것은?　[3점]

───── 〈학습 활동〉 ─────

다음은 '인간과 자연의 관계'에 관한 글이다. 이를 바탕으로 작품에서 확인할 수 있는 작가의 인식을 정리해 보자.

> [1] 사회 생태주의는 환경 오염에 대한 생태주의(생물 生 모양 態 주견 主 의미 義 : 생물이 살아가는 모양이나 상태를 보존하는 일을 중요하게 여기는 사상이나 태도)의 인식을 사회적 차원으로 확장한다. [2] 생태주의는 자연의 가치를 인정하고 공존(함께 共 있을 存 : 함께 살아감)을 모색하는(찾을 摸 찾을 索 : 방법을 찾는) 등 인간과 자연의 관계를 재정립하는(다시 再 바를 正 설 立 : 다시 바로 세우는) 데 초점이 있다. [3] 사회 생태주의는 환경 오염이 자연의 훼손이면서 사회적 문제라는 점에서, 이러한 재정립이 사회적 담론(단체 社 모일 會 ~의 이야기할 談 논할 論 : 특정 주제에 대한 사회적인 논의)에 대한 비판에 기반해야(기초 基 바탕 盤 : 바탕을 두어야) 한다고 본다. [4] 한 사회의 지배 담론은 특정 가치나 필요에 따라 자연의 훼손을 당연시하고 이(자연의 훼손)를 해결하기 위한 노력을 무가치한 것으로 왜곡할(기울 歪 굽을 曲 : 사실과 다르게 만들) 수 있기 때문이다. [5] 사회 생태주의는 근대화, 경제 개발, 권위주의(권세 權 권위 威 주견 主 의미 義 : 권위를 내세우거나 권위에 순종하는 태도), 안보 위기 등 생태주의와 충돌할 수 있는 우리 사회의 지배 담론에 주목하면서 이에 대한 비판과 대응을 촉구한다(재촉할 促 구할 求 : 요구한다).

① 공장의 오염 물질이 '새와 물고기'뿐 아니라 어민의 삶도 위태롭게 한다는 설정에서, 환경 오염을 자연에 대한 훼손으로 보는 관점을 넘어 사회적 문제로 확장하는 인식을 확인할 수 있다.

> 근거　〈학습 활동〉-3 사회 생태주의는 환경 오염이 자연의 훼손이면서 사회적 문제라는 점
> ❷-2~3 당 공장은 야음을 틈타 암모니아 가스를 다량으로 배출해, 가스가 폐수천(석교천)을 따라 안개처럼 덮혀 동진강 하류로 확산된 바 있다. 이로 인해 새벽 4시 10분 동진강 하류에서 오징어잡이 나가던 어민 18명이 심한 두통과 구토증으로 실신한 사건이 있었다.
> ❸-8 풍천화학도 야음에 카드뮴과 수은 등 중금속 물질을 배출시켜 동진강 하류 삼각주 지대에 서식하는 각종 새 3백여 마리와 물고기가 떼죽음을 당했다나요. / 12 "사람이 아닌, 한갓 새와 물고기가 죽었다구 진정을 내?

> 풀이　병국이 시에 제출한 진정서에는 공장이 고의로 배출한 유해 물질로 인해 '새와 물고기'가 떼죽음을 당하고, 어민들이 심한 두통과 구토증으로 실신한 사건이 담겨 있다. 이를 통해 환경 오염을 자연에 대한 훼손으로 보는 관점을 넘어 사회적 문제로 확장하는 작가의 인식을 확인할 수 있다.

→ 적절함!

② 공장 관계자가 병국을 '상습범'으로 *폄훼하며 '국민 소득 1천 달러 달성'을 언급하는 설정에서, 환경 오염의 해결 노력이 경제 개발 담론에 의해 왜곡될 수 있다는 인식을 확인할 수 있다.　* 깎아내리며

> 근거　〈학습 활동〉-4 한 사회의 지배 담론은 특정 가치나 필요에 따라 자연의 훼손을 당연시하고 이를 해결하기 위한 노력을 무가치한 것으로 왜곡할 수 있기 때문이다.
> ❸-6 뒷조사해 보니 자제분은 이 방면에 상습범이더군요. / 11 그는 이어, "국민 소득 1천 달러 달성에, 오늘날 조국 근대화가 무엇으로 이루어졌는지는 선생도 잘 알지요?"

> 풀이　공장 관계자인 노무과장은 병국을 '상습범'이라고 폄훼하며 환경 오염을 해결하려는 그의 노력을 개인의 문제 행동으로 여기고 있다. 또한 '국민 소득 1천 달러 달성'이라는 경제 개발 담론을 내세워, 환경 보호가 경제 성장에 방해가 되는 것처럼 상황을 애곡하고 있다. 이를 통해 환경 오염의 해결 노력이 경제 개발 담론에 의해 왜곡될 수 있다는 작가의 인식을 확인할 수 있다.

→ 적절함!

③ 공장 관계자가 환경 오염의 피해를 무시하며 '조국 근대화'를 강조하는 설정에서, 환경 오염의 해결을 위해 우리 사회의 지배 담론에 비판적으로 접근해야 한다는 인식을 확인할 수 있다.

> 근거　〈학습 활동〉-5 사회 생태주의는 근대화, 경제 개발, 권위주의, 안보 위기 등 생태주의와 충돌할 수 있는 우리 사회의 지배 담론에 주목하면서 이에 대한 비판과 대응을 촉구한다.
> ❸-11 그는 이어, "국민 소득 1천 달러 달성에, 오늘날 조국 근대화가 무엇으로 이루어졌는지는 선생도 잘 알지요?"

> 풀이　공장 관계자인 노무과장은 '조국 근대화'라는 우리 사회의 지배 담론을 내세워 환경 오염의 피해를 무시하는 부정적인 모습을 보이고 있다. 이를 통해 환경 오염의 해결을 위해 우리 사회의 지배 담론에 비판적으로 접근해야 한다는 작가의 인식을 확인할 수 있다.

→ 적절함!

✔④ 병국이 '공해 문제'를 연구하지 못하도록 '아비 된 제가 단단히 주의를 주겠'다고 '나'가 말하는 설정에서, 권위주의 담론이 자연의 훼손을 당연시한다는 인식을 확인할 수 있다.

> 근거　〈학습 활동〉-4 한 사회의 지배 담론은 특정 가치나 필요에 따라 자연의 훼손을 당연시하고 이를 해결하기 위한 노력을 무가치한 것으로 왜곡할 수 있기 때문이다.
> ❹-1~2 "요즘 제 딴에는 조류와 공해 문제를 여, 연구한답시고…… 모르긴 하지만 그 일 때문에 시, 심려를 끼치진 않았나……" "자제분은 군 통제 구역 출입이 어떤 처벌을 받는지 알 만한 식견이 있음에도 무모한 행동을 했어요. / 6 내보내 주시면 아비 된 제가 단단히 주의를 주겠습니다."

> 풀이　'나'가 윤 소령에게 '아비 된 제가 단단히 주의를 주겠'다고 한 것은, 병국이 '공해 문제'를 연구하지 못하게 하겠다는 것이 아니라 군 통제 구역에 출입하지 않도록 주의를 주겠다는 것이다. 또한 '나'는 군부대에 붙잡힌 아들의 선처를 요구하고 있을 뿐, 권위주의 담론에 동조하여 자연 훼손을 당연하게 여기는 태도를 보이고 있는 것도 아니다.

→ 적절하지 않음!

⑤ 새 떼를 조사하다 통제 구역을 넘은 병국을 두고 윤 소령이 '안보의 확립'을 강조하는 설정에서, 환경 오염의 해결 노력이 안보 위기 담론과 부딪칠 수 있다는 인식을 확인할 수 있다.

> 근거　〈학습 활동〉-5 사회 생태주의는 근대화, 경제 개발, 권위주의, 안보 위기 등 생태주의와 충돌할 수 있는 우리 사회의 지배 담론에 주목하면서 이에 대한 비판과 대응을 촉구한다.
> ❹-13 국민 복지의 향상과 제반 산업의 발전도 안보의 확립 위에서만 가능합니다."

> 풀이　윤 소령은 새 떼를 조사하다 군 통제 구역을 넘은 병국을 두고 '안보의 확립'을 최우선 가치로 내세우고 있다. 따라서 안보를 이유로 병국의 환경 문제에 대한 노력을 무모한 행동으로 여기는 윤 소령의 모습을 통해, 생태주의적 가치가 안보 담론과 충돌할 수 있다는 인식을 확인할 수 있다.

→ 적절함!

[013~015] 다음 글을 읽고 물음에 답하시오.

(가)

> [1] 시에서 시간과 공간은 화자의 경험이나 기억이 감각적 이미지를 통해 형상화되는(모양 形 표현할 象 될 化 : 구체적으로 나타나는) 배경으로 기능한다. [2] 이때 시간과 공간은 화자의 과거 경험과 현재 상황을 잇는 회상 형식이나, 상징적 공간과 화자가 처한 현실의 동일시 등을 통해 현재 시점으로 표현되기도 한다. [3] 화자의 경험이나 기억은 실제로 존재하는 것이든 내면에서 떠올린 것이든, ㉠ 시간과 공간의 감각적 이미지화(시간과 공간을 감각적인 인상으로 마음에 떠오르도록 만듦)를 통해 화자가 직면한(당할 直 만날 面 : 직접 마주한) 현실로 받아들여져 독자의 공감을 유도하는 시적 장치로 구조화된다.

> • 중심 내용
> 시에서 시간과 공간은 감각적 이미지로 형상화되어 화자의 현실을 드러내고 독자의 공감을 유도하는 장치로 기능한다.

(나)

1 나의 소년 시절은 은빛 바다가 엿보이는 그 긴 언덕길을 어머니의 상여(죽을 喪 가마 輿 : 사람의 시체를 실어서 묘지까지 나르는 도구)와 함께 꼬부라져 돌아갔다.
└→ 3 태도 : '그 긴 언덕길'로 어머니의 상여가 나가던 소년 시절을 회상한다.
└→ 1 화자 : '나'

2 내 첫사랑도 그 길 위에서 조약돌(작고 동글동글한 돌로, 소중하지만 쉽게 놓칠 수 있는 존재를 의미)처럼 집었다가 조약돌처럼 잃어버렸다. ─→ 3 태도 : '그 길' 위에서 첫사랑과 이별했던 과거를 회상한다.

3 그래서 나는 푸른 하늘빛에 호져(홀려. 마음을 빼앗겨) 때 없이 그 길을 넘어 강가로 내려갔다가도 노을에 함북(함빡. 빛에 푹 젖은 모양을 나타내는 말) 자줏빛으로 젖어서 돌아오곤 했다. ─→ 3 정서 :
'그 길'을 노을이 질 때까지 배회하며 슬픔과 그리움을 느낀다.

4 ¹ 그 강가에는 봄이, 여름이, 가을이, 겨울이 나의 나이와 함께 여러 번 댕겨 갔다. ² 까마귀도 날아가고 두루미도 떠나간 다음에는 누런 모래둔(모래 언덕)과 그리고 어두운 내 마음이 남아서 몸서리쳤다(몸이 떨렸다). ³ ⓐ 그런 날은 항용(항상 恒 할 用 : 늘) 감기를 만나서 돌아와 앓았다. ─→ 2 상황 : 시간이 흘러 나이를 먹은 상황
└→ 3 정서 : 상실감과 외로움에 고통스러워한다.

5 ¹ 할아버지도 언제 난지(생긴지)를 모른다는 동구(골 洞 입구 口 : 동네 입구) 밖 그 늙은 버드나무 밑(과거를 회상하는 공간)에서 나는 지금도 돌아오지 않는 어머니, 돌아오지 않는 계집애(첫사랑의 대상), 돌아오지 않는 이야기가 돌아올 것만 같애 멍하니 기다려 본다. ² 그러면 어느새 어둠이 기어와서 내 뺨의 얼룩(눈물 자국)을 씻어준다. ─→ 3 태도 : 지금도 돌아오지 않는 어머니, 계집애, 이야기를 기다린다.
└→ 2 상황 : 어둠이 눈물 자국을 씻어주며 위로해 주는 상황

- 김기림, 「길」 -

4 주제 :
길 위에 어린 시절 추억을 회상하며 떠나보낸 이들을 그리워한다.

· 지문 이해

길	· 어머니의 죽음, 첫사랑과의 이별을 경험한 공간
	· 화자에게 슬픔과 상실의 기억을 환기하는 공간
	· 과거(소년 시절)에서 현재(지금도)로 이어지며 상실감과 그리움이 지속되는 공간
	→ 화자의 정서가 드러나고, 삶의 흐름을 상징하는 공간

(다)

1 ¹ 한밤중에 혼자 ─→ 2 상황 :
² 깨어 있으면   한밤중에 홀로 깨어 있는 상황
³ 세상의
⁴ 온도가 내려간다

2   ·→ 사이 間 사이 間 : 가끔씩
¹ ⓑ 간간이
        · 갈빗대 肋 뼈 骨 : 갈비뼈
² 늑골 사이로 ─→ 2 상황 :
³ 추위가 몰려온다   늑골 사이로 추위가 스며드는 것을 느끼는 상황

3 ¹ 등산도 하지 않고
² 땀 한번 안 흘리고 ─→ 1 화자 : '나'
³ 내 속에서 마주치는 ─→ 3 태도 :
⁴ 한계령 바람 소리   내면에서 한계령의 바람 소리(고통)를 인식한다.
        ·→ 찰 寒 시내 溪 고개 嶺 : 강원도 양양군 강현면, 인제군 북면 사이에 있는 고개

4 ¹ (한계령의 바람이 모든 곳을) 다 불어버려

---

² 갈 곳이 없다
³ 머물지도 떠나지도 못한다 ─→ 2 3 상황 및 정서 :
⁴ 언 몸 그대로   눈보라 속에 한계에 부딪친 상황에서
⁵ 눈보라 속에 놓인다.   절박함과 절망감을 느낀다.
└→ 한계(限界)에 부딪힌 모습

- 천양희, 「한계」 -

4 주제 :
존재의 한계 상황에서 절망감을 느낀다.

· 지문 이해

❶	세상의/ 온도가 내려간다	
❷	늑골 사이로/ 추위가 몰려온다	화자의 고통과 절망이 점차 심화됨 (점층적 시상 전개)
❸	내 속에서 마주치는/ 한계령 바람 소리	
❹	머물지도 떠나지도 못한다/ 언 몸 그대로/ 눈보라 속에 놓인다	

· 제목 '한계'의 의미

동음이의어인 '한계(단어 ① 찰 寒 시내 溪 : 차가운 계곡, 단어 ② 끝 限 한계 界 : 극한 상황에 다다름)'를 활용하여, 화자의 고통스러운 내면을 구체적 공간인 한계령에 빗댐
→ 중의적 표현

---

013 표현상 특징 - 적절한 것 고르기 2028학년도 예시문항 43번   정답 ②

㉠을 중심으로 (나), (다)를 이해한 내용으로 가장 적절한 것은?

(가)-3 ㉠ 시간과 공간의 감각적 이미지화를 통해 화자가 직면한 현실로 받아들여져 독자의 공감을 유도하는 시적 장치로 구조화된다.

선지	핵심 체크 내용	(나)	(다)
①	색채 이미지	O	-
	자연물에 대한 화자의 심리적 거리감을 표현함	X	
②	공감각적 이미지 → 자연물이 형성하는 시적 분위기로 화자의 내면을 드러냄	O	-
③	하강 이미지	-	O
	주변 상황의 변화를 아쉬워하는 화자의 마음을 드러냄		X
④	청각적 이미지	-	O
	동적 대상을 정적 대상으로 수용하려는 화자의 인식을 드러냄		X
⑤	밝음과 어둠의 대비	O	X
	화자가 지향하는 세계 제시	X	

·'그 길'의 모습과 화자의 상황 및 정서를

① (나)는 색채 이미지를 활용하여 자연물에 대한 화자의 심리적 거리감을 표현하고 있다.
근거 (나)-❶ 은빛 바다// ❸ 푸른 하늘빛에 ~ 자줏빛으로 젖어서// ❹-2 누런 모래둔
풀이 (나)는 '은빛', '푸른', '자줏빛', '누런'과 같은 색채 이미지를 활용하여 화자가 어린 시절에 본 '그 길'의 풍경과 화자의 쓸쓸한 처지, 그리움의 정서를 드러내고 있다. 자연물에 대한 화자의 심리적 거리감을 표현하고 있지는 않다.
→ 적절하지 않음!

② (나)는 *공감각적 이미지를 활용하여 자연물이 형성하는 시적 분위기로 화자의 내면을 드러내고 있다. * 하나의 감각을 다른 영역의 감각으로 전이하여 표현하는 것
근거 (나)-❸ 노을에 함북 자줏빛에(시각) 젖어서(촉각) 돌아오곤 했다.
풀이 (나)의 '노을에 함북 자줏빛으로 젖어서'는 해 질 녘의 풍경(시각적 이미지)을 흠뻑 젖은 느낌(촉각적 이미지)으로 전이시킨 공감각적 이미지이다. 이를 통해 부재하는 대상인 어머니와 첫사랑에 대한 상실감과 그리움을 형상화하고 있다.
→ 적절함!

화자의 고통과 절망이 심화되는 과정을

③ (다)는 *하강의 이미지를 통해 주변 상황의 변화를 아쉬워하는 화자의 마음을 드러내고 있다. * 위에서 아래로 내려가는 이미지

근거 (다) ❶-3~4 세상의/ 온도가 내려간다// ❹-4~5 언 몸 그대로/ 눈보라 속에 놓인다.

풀이 (다)에서 온도의 하강은 결국 화자가 언 몸 그대로 눈보라 속에 놓이는 상황으로 이어진다. 이는 주변 상황의 변화, 즉 온도가 내려가는 상황에 대한 아쉬움을 드러낸 것이 아니라 한계 상황 속에서 화자의 고통과 절망이 심화되는 과정을 나타낸 것으로 볼 수 있다.

→ 적절하지 않음!

■하강의 이미지를 통해 주변 상황의 변화를 아쉬워하는 화자의 마음을 드러내는 작품
• 김영랑, 「모란이 피기까지는」(2015학년도 9월 모평B, 2022년 고1 6월 학평)
모란이 뚝뚝 떨어져 버린 날/ 나는 비로소 봄을 여읜 설움에 잠길 테요/ 오월 어느 날 그 하루 무덥던 날/ 떨어져 누운 꽃잎마저 시들어 버리고는/ 천지에 모란은 자취도 없어지고/ 뻗쳐오르던 내 보람 서운케 무너졌느니
→ 화자는 모란이 떨어지는 하강의 이미지를 통해 봄이 지나간 계절의 변화를 인식하고, 이에 따른 상실감과 아쉬움을 드러내고 있다.

심리적 고통을 동적 대상으로

④ (다)는 청각적 이미지를 활용하여 동적 대상을 정적 대상으로 수용하려는 화자의 인식을 드러내고 있다.

근거 (다) ❸-3~4 내 속에서 마주치는/ 한계령 바람 소리

풀이 (다)에 '한계령 바람 소리'라는 청각적 이미지가 활용되었으나, 이는 화자가 겪는 괴로움을 '바람'이라는 동적 대상으로 나타낸 것이지 동적 대상을 정적 대상으로 수용하려는 인식을 드러낸 것으로 볼 수 없다.

→ 적절하지 않음!

(나)는

⑤ (나)와 (다)는 모두 밝음과 어둠의 이미지를 대비하여 화자가 지향하는 세계를 제시하고 있다.

근거 (나)-❶ 은빛 바다// ❹-2 어두운 내 마음

풀이 (나)는 '은빛 바다'와 '어두운 내 마음'에서 밝음과 어둠의 대비가 나타난다고 볼 수 있으나, 이를 통해 화자가 지향하는 이상 세계를 제시하고 있지는 않다. '은빛 바다'는 '그 길'의 아름다운 모습을, '어두운 내 마음'은 화자의 공허한 내면을 드러낸 것으로 볼 수 있다. (다)에는 밝음과 어둠의 대비가 나타나지 않는다.

→ 적절하지 않음!

■밝음과 어둠의 이미지를 대비하여 화자가 지향하는 세계를 제시하는 작품
• 박두진, 「해」(2012년 고2 11월 학평B)
해야 솟아라. 해야 솟아라. 말갛게 씻은 얼굴 고운 해야 솟아라. 산 넘어 산 넘어서 어둠을 살라 먹고, 산 넘어서 밤새도록 어둠을 살라 먹고, 이글이글 앳된 얼굴 고운 해야 솟아라.
→ 밝음(해)과 어둠의 이미지를 대비하여 화자가 지향하는 평화로운 세계를 제시하고 있다.

---

014 시구의 의미 - 적절한 것 고르기 2028학년도 예시문항 44번 정답 ④

ⓐ, ⓑ에 대한 이해로 가장 적절한 것은?

(나) ❹-3 ⓐ그런 날은 항용 감기를 만나서 돌아와 앓았다.
(다)-❷ ⓑ간간이/ 늑골 사이로/ 추위가 몰려온다

괴로움을 감당하지 못하는 상태를

① ⓐ는 화자가 내면의 괴로움에 맞서려 하는 태도를 드러낸다.

근거 (나) ❹-2 어두운 내 마음이 남아서 몸서리쳤다.

풀이 ⓐ에서 화자가 감기를 앓는 것은 상실감과 고통으로 인해 무기력해진 상태를 의미한다. 이는 내면의 괴로움에 적극적으로 맞서려는 태도와는 거리가 멀다.

→ 적절하지 않음!

내면이 고통을 느끼고 있음을

② ⓑ는 화자가 자신이 느낀 고통을 회피하려는 것을 드러낸다.

풀이 ⓑ는 화자가 내면의 고통을 '추위'라는 신체적 감각으로 느끼고 있음을 나타낸 것이다. 내면의 고통을 회피하려는 모습은 드러나지 않는다.

→ 적절하지 않음!

③ ⓐ와 ⓑ는 화자에게 고통을 더할 새로운 갈등 상황이 발생했음을 드러낸다.

풀이 ⓐ와 ⓑ는 모두 심리적 고통을 겪는 화자의 모습을 나타낼 뿐, 새로운 갈등이 발생했음을 암시하고 있지는 않다.

→ 적절하지 않음!

✔④ ⓐ와 ⓑ는 화자가 심리적 고통을 신체적 반응과 연결하여 인지하고 있음을 드러낸다.

근거 (나) ❹-2 어두운 내 마음이 남아서 몸서리쳤다.
(다) ❸-3~4 내 속에서 마주치는/ 한계령 바람 소리

풀이 (나)의 화자는 어머니와 첫사랑의 상실에서 비롯된 어두운 마음으로 인해 감기에 걸려 앓았다고 하였다. 따라서 ⓐ는 화자가 심리적 고통을 신체적 반응과 연결하여 인지하고 있음을 드러낸 것이다. (다)의 화자는 늑골 사이로 몰려오는 추위를 느끼고 있다. 따라서 ⓑ는 화자가 내면의 고통을 추위라는 몸의 감각과 연결하여 인지하고 있음을 드러낸 것이다

→ 적절함!

가끔씩 찾아오는

⑤ ⓐ는 화자의 아픔이 반복적으로 찾아오는 것임을, ⓑ는 화자의 아픔이 끊임이 없이 이어지는 것임을 드러낸다.

풀이 ⓐ의 '항용'은 '흔히 늘'이라는 뜻으로, 화자의 아픔이 반복적으로 찾아온다는 것을 나타낸다. 그러나 ⓑ의 '간간이'는 '시간적인 사이를 두고서 가끔씩'을 의미하므로, 화자의 아픔이 끊임없이 이어지는 것이 아니라 가끔씩 찾아온다는 것을 나타내고 있다.

→ 적절하지 않음!

---

015 감상의 적절성 - 적절하지 않은 것 고르기 2028학년도 예시문항 45번 정답 ④

(가)를 참고하여 (나), (다)를 감상한 내용으로 적절하지 않은 것은? [3점]

① (나)는 '어머니의 상여'에 대한 경험을 '늙은 버드나무 밑'에서 떠올리는 것으로 표현하여, 회상 형식을 통해 화자의 현재 상황과 이어지는 과거의 상실감을 그려내는군.

근거 (가)-2 시간과 공간은 화자의 과거 경험과 현재 상황을 잇는 회상 형식
(나)-❶ 나의 소년 시절은 은빛 바다가 엿보이는 그 긴 언덕길을 어머니의 상여와 함께 꼬부라져 돌아갔다.// ❺-1 할아버지도 언제 난리를 모른다는 동구 밖 그 늙은 버드나무 밑에서 나는 지금도 돌아오지 않는 어머니, ~ 돌아올 것만 같애 멍하니 기다려 본다.

풀이 (나)의 화자는 '늙은 버드나무 밑'이라는 현재의 공간에서 과거 '어머니의 상여'에 대한 경험을 떠올리며 그리워하고 있다. 이는 회상의 형식을 통해 과거의 상실감이 현재까지 이어지고 있음을 드러낸 것으로 볼 수 있다.

→ 적절함!

② (나)는 '조약돌처럼' 잃어버린 대상을 '동구 밖'에서 여전히 '기다려 본다'라고 하는 것을 통해, 과거에 함께했던 대상에 대한 그리움을 현재 시점으로 표현하는군.

근거 (가)-2 화자가 처한 현실의 동일시 등을 통해 현재 시점으로 표현
(나)-❷ 내 첫사랑도 그 길 위에서 조약돌처럼 집었다가 조약돌처럼 잃어버렸다.// ❺-1 동구 밖 그 늙은 버드나무 밑에서 나는 지금도 ~ 돌아오지 않는 계집애, ~ 돌아올 것만 같애 멍하니 기다려 본다.

풀이 (나)의 화자는 과거에 '조약돌처럼' 잃어버린 첫사랑을 '동구 밖'에서 지금도 '기다려 본다'라고 하였다. 이는 과거에 함께했던 대상, 즉 첫사랑에 대한 그리움이 현재에도 지속되고 있음을 나타낸 것이다.

→ 적절함!

③ (다)는 '머물지도 떠나지도 못'하는 상황을 '눈보라 속에 놓인' 모습으로 표현하여, 현재 화자가 처한 한계 상황을 형상화하는군.

근거 (가)-1 시간과 공간은 화자의 경험이나 기억이 감각적 이미지를 통해 형상화
(다) ❹-3~5 머물지도 떠나지도 못한다/ 언 몸 그대로/ 눈보라 속에 놓인다.

풀이 (다)는 '머물지도 떠나지도 못'하는 상황을 언 몸 그대로 '눈보라 속에 놓인' 모습으로 표현하고 있다. 이는 화자가 처한 한계 상황을 형상화한 것이라고 볼 수 있다.

→ 적절함!

✔④ (나)는 '까마귀'와 '두루미'가 떠난 '강가'에서 계절이 바뀜을 통해, (다)는 '세상'에서 '바람 소리'와 마주침을 통해 상징적 공간이 현재 화자가 처한 현실과 동일시됨을 보여 주는군.

근거 (가)-2 시간과 공간은 ~ 상징적 공간과 화자가 처한 현실의 동일시 등을 통해 ~ 표현되기도 한다.
(나) ❹-1~2 그 강가에는 봄이, 여름이, 가을이, 겨울이 나의 나이와 함께 여러 번 댕겨갔다./ 까마귀도 날아가고 두루미도 떠나간 다음에는 누런 모래둔과 그리고 어두운 내 마음이 남아서 몸서리쳤다.

예시문항 2028학년도

(다) ❶-3~4 세상의/ 온도가 내려간다// ❸-3~4 내 속에서 마주치는/ 한계령 바람 소리

풀이 (다)의 화자가 내면에서 '바람 소리'를 마주하는 것은 극한 상황을 상징하는 한계령과 화자의 절망적인 현실이 동일시됨을 보여 준다고 할 수 있다. 하지만 (나)는 '까마귀' 와 '두루미'가 떠난 '강가'에서 계절이 바뀌는 것은 화자가 상실로 인해 괴로워했던 시 간이 오래되었음을 나타낸 것이다. 따라서 '강가'라는 상징적 공간이 상실의 대상을 그리워하는 화자의 현재 상황과 동일시된다는 설명은 적절하지 않다.

→ 적절하지 않음!

⑤ (나)는 떠나간 대상을 기다리는 상황이 '지금도' 계속됨을 통해, (다)는 '한밤중' 깨어 있 는 상황이 '내 속'에서 떠올린 '한계령'으로 연결됨을 통해 화자가 직면한 현재를 보여 주는군.

근거 (가)-3 화자의 경험이나 기억은 ~ 화자가 직면한 현실로 받아들여져
(나) ❺-1 나는 지금도 돌아오지 않는 어머니, 돌아오지 않는 계집애, 돌아오지 않는 이야기가 돌아올 것만 같애 멍하니 기다려 본다.
(다) ❶-1~2 한밤중에 혼자/ 깨어 있으면// ❷-2~3 늑골 사이로/ 추위가 몰려온 다// ❸-3~4 내 속에서 마주치는/ 한계령 바람 소리

풀이 (나)는 '지금도'라는 시어를 통해 과거의 그리움이 현재까지 이어짐을 보여 주고 있 다. 한편 (다)는 '한밤중'에 깨어 추위를 느끼는 상황이 '내 속'에서 떠올린 '한계령'과 연결됨으로써 화자가 처한 극한의 현실을 드러내고 있다.

→ 적절함!

마더텅 연습용 답안지
고1 국어 문학

OMR 카드가 추가로 필요한 수험생분들은 마더텅 홈페이지에서 OMR 카드의 PDF 파일을 내려받을 수 있습니다.

이용방법 1 ① 주소창에 www.toptutor.co.kr 입력 또는 포털에서 [마더텅] 검색
② 학습자료실 → 교재관련자료 → [고등] [까만책] [과목] [교재] 선택 → OMR 카드 내려받기

이용방법 2 QR 코드 스캔 → OMR 카드 내려받기

DAY 1일차

I . 현대시 문제편 p.8

문번	답 란
001	① ② ③ ④ ⑤
002	① ② ③ ④ ⑤
003	① ② ③ ④ ⑤
004	① ② ③ ④ ⑤
005	① ② ③ ④ ⑤
006	① ② ③ ④ ⑤
007	① ② ③ ④ ⑤
008	① ② ③ ④ ⑤
009	① ② ③ ④ ⑤
010	① ② ③ ④ ⑤

DAY 2일차

I . 현대시 문제편 p.14

문번	답 란
011	① ② ③ ④ ⑤
012	① ② ③ ④ ⑤
013	① ② ③ ④ ⑤
014	① ② ③ ④ ⑤
015	① ② ③ ④ ⑤
016	① ② ③ ④ ⑤
017	① ② ③ ④ ⑤
018	① ② ③ ④ ⑤
019	① ② ③ ④ ⑤
020	① ② ③ ④ ⑤
021	① ② ③ ④ ⑤
022	① ② ③ ④ ⑤

DAY 3일차

I . 현대시 문제편 p.22

문번	답 란
023	① ② ③ ④ ⑤
024	① ② ③ ④ ⑤
025	① ② ③ ④ ⑤
026	① ② ③ ④ ⑤
027	① ② ③ ④ ⑤
028	① ② ③ ④ ⑤
029	① ② ③ ④ ⑤
030	① ② ③ ④ ⑤
031	① ② ③ ④ ⑤
032	① ② ③ ④ ⑤
033	① ② ③ ④ ⑤
034	① ② ③ ④ ⑤

DAY 4일차

I . 현대시 문제편 p.30

문번	답 란
035	① ② ③ ④ ⑤
036	① ② ③ ④ ⑤
037	① ② ③ ④ ⑤
038	① ② ③ ④ ⑤
039	① ② ③ ④ ⑤
040	① ② ③ ④ ⑤
041	① ② ③ ④ ⑤
042	① ② ③ ④ ⑤
043	① ② ③ ④ ⑤
044	① ② ③ ④ ⑤
045	① ② ③ ④ ⑤
046	① ② ③ ④ ⑤

DAY 5일차

II . 고전시가 및 시 복합 문제편 p.38

문번	답 란
001	① ② ③ ④ ⑤
002	① ② ③ ④ ⑤
003	① ② ③ ④ ⑤
004	① ② ③ ④ ⑤
005	① ② ③ ④ ⑤
006	① ② ③ ④ ⑤
007	① ② ③ ④ ⑤
008	① ② ③ ④ ⑤
009	① ② ③ ④ ⑤
010	① ② ③ ④ ⑤

DAY 6일차

II . 고전시가 및 시 복합 문제편 p.44

문번	답 란
011	① ② ③ ④ ⑤
012	① ② ③ ④ ⑤
013	① ② ③ ④ ⑤
014	① ② ③ ④ ⑤
015	① ② ③ ④ ⑤
016	① ② ③ ④ ⑤
017	① ② ③ ④ ⑤
018	① ② ③ ④ ⑤
019	① ② ③ ④ ⑤
020	① ② ③ ④ ⑤

마더텅 연습용 답안지
고1 국어 문학

DAY 7일차

Ⅱ. 고전시가 및 시 복합 — 문제편 p.50

문번	답 란
021	① ② ③ ④ ⑤
022	① ② ③ ④ ⑤
023	① ② ③ ④ ⑤
024	① ② ③ ④ ⑤
025	① ② ③ ④ ⑤
026	① ② ③ ④ ⑤
027	① ② ③ ④ ⑤
028	① ② ③ ④ ⑤

DAY 8일차

Ⅲ. 갈래 복합 — 문제편 p.54

문번	답 란
001	① ② ③ ④ ⑤
002	① ② ③ ④ ⑤
003	① ② ③ ④ ⑤
004	① ② ③ ④ ⑤
005	① ② ③ ④ ⑤
006	① ② ③ ④ ⑤
007	① ② ③ ④ ⑤
008	① ② ③ ④ ⑤
009	① ② ③ ④ ⑤

DAY 9일차

Ⅲ. 갈래 복합 — 문제편 p.58

문번	답 란
010	① ② ③ ④ ⑤
011	① ② ③ ④ ⑤
012	① ② ③ ④ ⑤
013	① ② ③ ④ ⑤
014	① ② ③ ④ ⑤
015	① ② ③ ④ ⑤
016	① ② ③ ④ ⑤
017	① ② ③ ④ ⑤
018	① ② ③ ④ ⑤

DAY 10일차

Ⅲ. 갈래 복합 — 문제편 p.62

문번	답 란
019	① ② ③ ④ ⑤
020	① ② ③ ④ ⑤
021	① ② ③ ④ ⑤
022	① ② ③ ④ ⑤
023	① ② ③ ④ ⑤
024	① ② ③ ④ ⑤
025	① ② ③ ④ ⑤
026	① ② ③ ④ ⑤
027	① ② ③ ④ ⑤
028	① ② ③ ④ ⑤
029	① ② ③ ④ ⑤
030	① ② ③ ④ ⑤
031	① ② ③ ④ ⑤

DAY 11일차

Ⅲ. 갈래 복합 — 문제편 p.70

문번	답 란
032	① ② ③ ④ ⑤
033	① ② ③ ④ ⑤
034	① ② ③ ④ ⑤
035	① ② ③ ④ ⑤
036	① ② ③ ④ ⑤
037	① ② ③ ④ ⑤
038	① ② ③ ④ ⑤
039	① ② ③ ④ ⑤
040	① ② ③ ④ ⑤
041	① ② ③ ④ ⑤
042	① ② ③ ④ ⑤
043	① ② ③ ④ ⑤
044	① ② ③ ④ ⑤
045	① ② ③ ④ ⑤
046	① ② ③ ④ ⑤

DAY 12일차

Ⅲ. 갈래 복합 — 문제편 p.79

문번	답 란
047	① ② ③ ④ ⑤
048	① ② ③ ④ ⑤
049	① ② ③ ④ ⑤
050	① ② ③ ④ ⑤
051	① ② ③ ④ ⑤
052	① ② ③ ④ ⑤
053	① ② ③ ④ ⑤
054	① ② ③ ④ ⑤
055	① ② ③ ④ ⑤
056	① ② ③ ④ ⑤
057	① ② ③ ④ ⑤
058	① ② ③ ④ ⑤
059	① ② ③ ④ ⑤
060	① ② ③ ④ ⑤

III. 갈래 복합 문제편 p.86

문번	답 란
061	① ② ③ ④ ⑤
062	① ② ③ ④ ⑤
063	① ② ③ ④ ⑤
064	① ② ③ ④ ⑤
065	① ② ③ ④ ⑤
066	① ② ③ ④ ⑤
067	① ② ③ ④ ⑤
068	① ② ③ ④ ⑤
069	① ② ③ ④ ⑤
070	① ② ③ ④ ⑤
071	① ② ③ ④ ⑤
072	① ② ③ ④ ⑤

III. 갈래 복합 문제편 p.94

문번	답 란
073	① ② ③ ④ ⑤
074	① ② ③ ④ ⑤
075	① ② ③ ④ ⑤
076	① ② ③ ④ ⑤
077	① ② ③ ④ ⑤
078	① ② ③ ④ ⑤
079	① ② ③ ④ ⑤
080	① ② ③ ④ ⑤
081	① ② ③ ④ ⑤
082	① ② ③ ④ ⑤
083	① ② ③ ④ ⑤
084	① ② ③ ④ ⑤
085	① ② ③ ④ ⑤
086	① ② ③ ④ ⑤
087	① ② ③ ④ ⑤
088	① ② ③ ④ ⑤
089	① ② ③ ④ ⑤
090	① ② ③ ④ ⑤

IV. 현대소설 문제편 p.102

문번	답 란
001	① ② ③ ④ ⑤
002	① ② ③ ④ ⑤
003	① ② ③ ④ ⑤
004	① ② ③ ④ ⑤
005	① ② ③ ④ ⑤
006	① ② ③ ④ ⑤
007	① ② ③ ④ ⑤
008	① ② ③ ④ ⑤
009	① ② ③ ④ ⑤

IV. 현대소설 문제편 p.108

문번	답 란
010	① ② ③ ④ ⑤
011	① ② ③ ④ ⑤
012	① ② ③ ④ ⑤
013	① ② ③ ④ ⑤
014	① ② ③ ④ ⑤
015	① ② ③ ④ ⑤
016	① ② ③ ④ ⑤
017	① ② ③ ④ ⑤
018	① ② ③ ④ ⑤
019	① ② ③ ④ ⑤
020	① ② ③ ④ ⑤

IV. 현대소설 문제편 p.116

문번	답 란
021	① ② ③ ④ ⑤
022	① ② ③ ④ ⑤
023	① ② ③ ④ ⑤
024	① ② ③ ④ ⑤
025	① ② ③ ④ ⑤
026	① ② ③ ④ ⑤
027	① ② ③ ④ ⑤
028	① ② ③ ④ ⑤
029	① ② ③ ④ ⑤
030	① ② ③ ④ ⑤
031	① ② ③ ④ ⑤

IV. 현대소설 문제편 p.122

문번	답 란
032	① ② ③ ④ ⑤
033	① ② ③ ④ ⑤
034	① ② ③ ④ ⑤
035	① ② ③ ④ ⑤
036	① ② ③ ④ ⑤
037	① ② ③ ④ ⑤
038	① ② ③ ④ ⑤
039	① ② ③ ④ ⑤
040	① ② ③ ④ ⑤
041	① ② ③ ④ ⑤
042	① ② ③ ④ ⑤
043	① ② ③ ④ ⑤
044	① ② ③ ④ ⑤
045	① ② ③ ④ ⑤
046	① ② ③ ④ ⑤
047	① ② ③ ④ ⑤

DAY 19일차

IV. 현대소설　문제편 p.130

문번	답 란
048	① ② ③ ④ ⑤
049	① ② ③ ④ ⑤
050	① ② ③ ④ ⑤
051	① ② ③ ④ ⑤
052	① ② ③ ④ ⑤
053	① ② ③ ④ ⑤
054	① ② ③ ④ ⑤
055	① ② ③ ④ ⑤
056	① ② ③ ④ ⑤
057	① ② ③ ④ ⑤
058	① ② ③ ④ ⑤

DAY 20일차

IV. 현대소설　문제편 p.136

문번	답 란
059	① ② ③ ④ ⑤
060	① ② ③ ④ ⑤
061	① ② ③ ④ ⑤
062	① ② ③ ④ ⑤
063	① ② ③ ④ ⑤
064	① ② ③ ④ ⑤
065	① ② ③ ④ ⑤
066	① ② ③ ④ ⑤
067	① ② ③ ④ ⑤
068	① ② ③ ④ ⑤
069	① ② ③ ④ ⑤
070	① ② ③ ④ ⑤
071	① ② ③ ④ ⑤
072	① ② ③ ④ ⑤
073	① ② ③ ④ ⑤
074	① ② ③ ④ ⑤

DAY 21일차

V. 고전소설　문제편 p.146

문번	답 란
001	① ② ③ ④ ⑤
002	① ② ③ ④ ⑤
003	① ② ③ ④ ⑤
004	① ② ③ ④ ⑤
005	① ② ③ ④ ⑤
006	① ② ③ ④ ⑤
007	① ② ③ ④ ⑤
008	① ② ③ ④ ⑤
009	① ② ③ ④ ⑤
010	① ② ③ ④ ⑤
011	① ② ③ ④ ⑤
012	① ② ③ ④ ⑤
013	① ② ③ ④ ⑤

DAY 22일차

V. 고전소설　문제편 p.154

문번	답 란
014	① ② ③ ④ ⑤
015	① ② ③ ④ ⑤
016	① ② ③ ④ ⑤
017	① ② ③ ④ ⑤
018	① ② ③ ④ ⑤
019	① ② ③ ④ ⑤
020	① ② ③ ④ ⑤
021	① ② ③ ④ ⑤
022	① ② ③ ④ ⑤
023	① ② ③ ④ ⑤
024	① ② ③ ④ ⑤
025	① ② ③ ④ ⑤
026	① ② ③ ④ ⑤
027	① ② ③ ④ ⑤
028	① ② ③ ④ ⑤
029	① ② ③ ④ ⑤

DAY 23일차

V. 고전소설　문제편 p.163

문번	답 란
030	① ② ③ ④ ⑤
031	① ② ③ ④ ⑤
032	① ② ③ ④ ⑤
033	① ② ③ ④ ⑤
034	① ② ③ ④ ⑤
035	① ② ③ ④ ⑤
036	① ② ③ ④ ⑤
037	① ② ③ ④ ⑤
038	① ② ③ ④ ⑤
039	① ② ③ ④ ⑤

DAY 24일차

V. 고전소설　문제편 p.170

문번	답 란
040	① ② ③ ④ ⑤
041	① ② ③ ④ ⑤
042	① ② ③ ④ ⑤
043	① ② ③ ④ ⑤
044	① ② ③ ④ ⑤
045	① ② ③ ④ ⑤
046	① ② ③ ④ ⑤
047	① ② ③ ④ ⑤
048	① ② ③ ④ ⑤
049	① ② ③ ④ ⑤
050	① ② ③ ④ ⑤
051	① ② ③ ④ ⑤
052	① ② ③ ④ ⑤

DAY 25일차

V. 고전소설　문제편 p.178

문번	답 란
053	① ② ③ ④ ⑤
054	① ② ③ ④ ⑤
055	① ② ③ ④ ⑤
056	① ② ③ ④ ⑤
057	① ② ③ ④ ⑤
058	① ② ③ ④ ⑤
059	① ② ③ ④ ⑤
060	① ② ③ ④ ⑤
061	① ② ③ ④ ⑤
062	① ② ③ ④ ⑤
063	① ② ③ ④ ⑤
064	① ② ③ ④ ⑤
065	① ② ③ ④ ⑤
066	① ② ③ ④ ⑤
067	① ② ③ ④ ⑤
068	① ② ③ ④ ⑤
069	① ② ③ ④ ⑤

DAY 26일차

V. 고전소설　문제편 p.188

문번	답 란
070	① ② ③ ④ ⑤
071	① ② ③ ④ ⑤
072	① ② ③ ④ ⑤
073	① ② ③ ④ ⑤
074	① ② ③ ④ ⑤
075	① ② ③ ④ ⑤
076	① ② ③ ④ ⑤
077	① ② ③ ④ ⑤
078	① ② ③ ④ ⑤
079	① ② ③ ④ ⑤
080	① ② ③ ④ ⑤
081	① ② ③ ④ ⑤

DAY 27일차

V. 고전소설　문제편 p.194

문번	답 란
082	① ② ③ ④ ⑤
083	① ② ③ ④ ⑤
084	① ② ③ ④ ⑤
085	① ② ③ ④ ⑤
086	① ② ③ ④ ⑤
087	① ② ③ ④ ⑤
088	① ② ③ ④ ⑤
089	① ② ③ ④ ⑤
090	① ② ③ ④ ⑤
091	① ② ③ ④ ⑤

DAY 28일차

VI. 극　문제편 p.200

문번	답 란
001	① ② ③ ④ ⑤
002	① ② ③ ④ ⑤
003	① ② ③ ④ ⑤
004	① ② ③ ④ ⑤
005	① ② ③ ④ ⑤
006	① ② ③ ④ ⑤
007	① ② ③ ④ ⑤
008	① ② ③ ④ ⑤
009	① ② ③ ④ ⑤
010	① ② ③ ④ ⑤
011	① ② ③ ④ ⑤
012	① ② ③ ④ ⑤
013	① ② ③ ④ ⑤

1회 미니모의고사

문제편 p.210

문번	답 란
001	① ② ③ ④ ⑤
002	① ② ③ ④ ⑤
003	① ② ③ ④ ⑤
004	① ② ③ ④ ⑤
005	① ② ③ ④ ⑤
006	① ② ③ ④ ⑤
007	① ② ③ ④ ⑤
008	① ② ③ ④ ⑤
009	① ② ③ ④ ⑤
010	① ② ③ ④ ⑤
011	① ② ③ ④ ⑤
012	① ② ③ ④ ⑤
013	① ② ③ ④ ⑤
014	① ② ③ ④ ⑤
015	① ② ③ ④ ⑤

2회 미니모의고사

문제편 p.218

문번	답 란
001	① ② ③ ④ ⑤
002	① ② ③ ④ ⑤
003	① ② ③ ④ ⑤
004	① ② ③ ④ ⑤
005	① ② ③ ④ ⑤
006	① ② ③ ④ ⑤
007	① ② ③ ④ ⑤
008	① ② ③ ④ ⑤
009	① ② ③ ④ ⑤
010	① ② ③ ④ ⑤
011	① ② ③ ④ ⑤
012	① ② ③ ④ ⑤
013	① ② ③ ④ ⑤
014	① ② ③ ④ ⑤
015	① ② ③ ④ ⑤

2028학년도
수능 예시문항

문제편 p.228

문번	답 란
001	① ② ③ ④ ⑤
002	① ② ③ ④ ⑤
003	① ② ③ ④ ⑤
004	① ② ③ ④ ⑤
005	① ② ③ ④ ⑤
006	① ② ③ ④ ⑤
007	① ② ③ ④ ⑤
008	① ② ③ ④ ⑤
009	① ② ③ ④ ⑤
010	① ② ③ ④ ⑤
011	① ② ③ ④ ⑤
012	① ② ③ ④ ⑤
013	① ② ③ ④ ⑤
014	① ② ③ ④ ⑤
015	① ② ③ ④ ⑤

연습용

문번	답 란
001	① ② ③ ④ ⑤
002	① ② ③ ④ ⑤
003	① ② ③ ④ ⑤
004	① ② ③ ④ ⑤
005	① ② ③ ④ ⑤
006	① ② ③ ④ ⑤
007	① ② ③ ④ ⑤
008	① ② ③ ④ ⑤
009	① ② ③ ④ ⑤
010	① ② ③ ④ ⑤
011	① ② ③ ④ ⑤
012	① ② ③ ④ ⑤
013	① ② ③ ④ ⑤
014	① ② ③ ④ ⑤
015	① ② ③ ④ ⑤

연습용

문번	답 란
001	① ② ③ ④ ⑤
002	① ② ③ ④ ⑤
003	① ② ③ ④ ⑤
004	① ② ③ ④ ⑤
005	① ② ③ ④ ⑤
006	① ② ③ ④ ⑤
007	① ② ③ ④ ⑤
008	① ② ③ ④ ⑤
009	① ② ③ ④ ⑤
010	① ② ③ ④ ⑤
011	① ② ③ ④ ⑤
012	① ② ③ ④ ⑤
013	① ② ③ ④ ⑤
014	① ② ③ ④ ⑤
015	① ② ③ ④ ⑤

연습용

문번	답 란
001	① ② ③ ④ ⑤
002	① ② ③ ④ ⑤
003	① ② ③ ④ ⑤
004	① ② ③ ④ ⑤
005	① ② ③ ④ ⑤
006	① ② ③ ④ ⑤
007	① ② ③ ④ ⑤
008	① ② ③ ④ ⑤
009	① ② ③ ④ ⑤
010	① ② ③ ④ ⑤
011	① ② ③ ④ ⑤
012	① ② ③ ④ ⑤
013	① ② ③ ④ ⑤
014	① ② ③ ④ ⑤
015	① ② ③ ④ ⑤

연습용

문번	답 란
001	① ② ③ ④ ⑤
002	① ② ③ ④ ⑤
003	① ② ③ ④ ⑤
004	① ② ③ ④ ⑤
005	① ② ③ ④ ⑤
006	① ② ③ ④ ⑤
007	① ② ③ ④ ⑤
008	① ② ③ ④ ⑤
009	① ② ③ ④ ⑤
010	① ② ③ ④ ⑤
011	① ② ③ ④ ⑤
012	① ② ③ ④ ⑤
013	① ② ③ ④ ⑤
014	① ② ③ ④ ⑤
015	① ② ③ ④ ⑤

연습용

문번	답 란
001	① ② ③ ④ ⑤
002	① ② ③ ④ ⑤
003	① ② ③ ④ ⑤
004	① ② ③ ④ ⑤
005	① ② ③ ④ ⑤
006	① ② ③ ④ ⑤
007	① ② ③ ④ ⑤
008	① ② ③ ④ ⑤
009	① ② ③ ④ ⑤
010	① ② ③ ④ ⑤
011	① ② ③ ④ ⑤
012	① ② ③ ④ ⑤
013	① ② ③ ④ ⑤
014	① ② ③ ④ ⑤
015	① ② ③ ④ ⑤